BOUQUINS
Collection fondée par Guy Schoeller

D1447208

OUVRAGE PUBLIÉ AVEC LE CONCOURS
DU CENTRE NATIONAL DU LIVRE

CROISADES
ET
PÈLERINAGES

RÉCITS, CHRONIQUES ET VOYAGES
EN TERRE SAINTE
XIIᵉ-XVIᵉ SIÈCLE

ÉDITION ÉTABLIE SOUS LA DIRECTION DE
DANIELLE RÉGNIER-BOHLER
Professeur à l'université de Bordeaux III, Michel-de-Montaigne

ROBERT LAFFONT

Première édition 1997
Première réimpression 2002

ISBN : 2-221-06826-2
Dépôt légal : avril 2002 - N° d'éditeur : L 06826 (E02)

Ce volume contient :

La Conquête de Constantinople
Traduit de l'ancien français, présenté et annoté
par Jean Dufournet
Professeur émérite à l'université de Paris III Sorbonne nouvelle

La Fleur des histoires de la terre d'Orient
Traduit du moyen français, présenté et annoté
par Christiane Deluz
Professeur émérite à l'université François-Rabelais de Tours

PÈLERINAGES EN ORIENT

Récits de saint Willibald, Bernard le Moine, Thietmar,
Symon Semeonis, Guillaume de Boldensele, Ludolph de Sudheim,
Nompar de Caumont, Louis de Rochechouart, l'Anonyme de Rennes
Traduits du latin et du moyen français,
présentés et annotés par Christiane Deluz
et Béatrice Dansette
Docteur en histoire

Traité sur le passage en Terre sainte
Traduit du moyen français, présenté et annoté
par Danielle Régnier-Bohler

RÉCITS DE VOYAGE HÉBRAÏQUES AU MOYEN ÂGE

Récits de Benjamin de Tudèle, Pétahia de Ratisbonne,
Jacob ben Natanel ha-Cohen, Samuel ben Simson,
David Reübeni, Obadiah de Bertinoro, Élie de Pesaro
Textes rassemblés, traduits de l'hébreu, présentés et annotés
par Joseph Shatzmiller
Professeur à l'université de Duke, États-Unis

ANNEXE : UN VOYAGE FABULÉ

Le Livre de Messire Jean de Mandeville
Traduit du moyen français, présenté et annoté
par Christiane Deluz

GLOSSAIRE DES TERMES DE CIVILISATION
INDEX
BIBLIOGRAPHIE GÉNÉRALE

PRÉFACE
par Jean Subrenat

Quelle joie quand on m'a dit :
allons à la maison de Yavhé !
Nous y sommes, nos pas ont fait halte
dans tes portes, Jérusalem !
(Ps 122, 1-2)

Voici que nous montons à Jérusalem...
(Mt xx, 18 ; Mc x, 33 ; Lc xviii, 31)

Il est tout de même étonnant, et sans doute unique, dans l'histoire de l'humanité, qu'un lieu, un pays, une ville aient exercé une aussi grande fascination pendant de si nombreux siècles — depuis la fuite d'Égypte sous la conduite de Moïse jusqu'à nos jours — et, sans doute, jusqu'à la fin du monde, sur des civilisations et des courants spirituels aussi différents, en notre Occident, que le monde juif, le monde musulman, le monde chrétien. Et c'est, assurément, dans ce qu'il est convenu d'appeler le Moyen Âge que cet enthousiasme apparaît le plus fortement dans sa diversité. Telle est l'une des constatations immédiates que suggèrent l'abondance et la variété des textes réunis dans le présent livre.

Jérusalem, ville sainte et centre de la Terre promise aux pères par l'Éternel, ville du Temple et de l'Alliance, terre où vénérer les tombeaux des prophètes et des « grands maîtres de l'époque talmudique ».

Jérusalem, « fief » de Jésus, qu'il convient de restituer au seigneur auquel il appartient — qui est précisément le Seigneur. Tout chevalier conscient de ses engagements et de ses devoirs féodaux pouvait faire la transposition de son allégeance vassalique au suzerain suprême, le « Seigneur des seigneurs » ; tout chrétien ne pouvait que désirer « d'un grand désir » mettre ses pas humains dans ceux, terrestres, de son Seigneur et se préparer ainsi à le suivre jusque vers la Jérusalem céleste, apothéose de celle d'ici-bas.

Tout bon musulman, fils d'Abraham lui aussi, souhaitait évidemment garder l'accès à des tombeaux chers à sa foi et se trouvait idéologiquement tout à fait désemparé devant la guerre que lui fait le monde chrétien pour « *vangier Jhesu* », alors qu'il n'a eu aucune responsabilité dans la crucifixion du Christ à une date où son Prophète n'avait pas encore fondé sa foi ; l'auteur de *La Conquête de Jérusalem* a raison de le faire dire au roi (musulman) de Jérusalem.

On conçoit que cette multiplicité de points de vue ait donné lieu à un foisonnement assez extraordinaire de textes, reflet d'opinions plus ou moins nécessairement conflictuelles, même si l'on s'en tient à l'Occident latin du Moyen Âge, sans intégrer de textes arabes ; les musulmans, pour simplifier, n'allaient pas « outre-mer » à Jérusalem ; ils y étaient.

À ces données fondamentales, essentielles, celles de la foi, s'ajoutent assez vite des points de vue plus immédiats : l'attrait de l'Orient fabuleux, merveilleux, le tourisme, mais aussi à travers lui un désir de découverte, d'admiration pour un monde qu'il faut comprendre, au-delà même de Jérusalem. L'on songe au voyage de Marco Polo, mais lisons ici le *Livre* de messire Jean de Mandeville et, plus encore, *La Fleur des histoires de la terre d'Orient* dans lesquels se constatent des intentions scientifiques, voire encyclopédiques : Hayton traite d'abord de la Chine et des autres royaumes d'Asie, des Arabes, des Turcs et des Mongols, avant d'aborder le problème des croisades. Cette soif de découverte et d'explication qui annonce évidemment la Renaissance n'est pas en contradiction avec l'esprit d'« outre-mer » ; c'est un hommage indirect à la Création. Lorsque Christophe Colomb, sachant que la Terre était ronde, part vers l'Occident pour rejoindre l'Orient, il croit un moment avoir redécouvert le Paradis terrestre ; en cela, il ne fait guère, à son tour, qu'une synthèse, qui a sa cohérence, de « l'Histoire sainte ».

Jérusalem est d'abord, fondamentalement, le terme d'une marche, d'un pèlerinage, d'un retour. Il s'agit de la Terre promise à « nos pères », vers laquelle il faut toujours tendre. J. Shatzmiller insiste sur « l'importance des pèlerinages et des voyages pour la vie juive de tous les temps », conformément aux prescriptions scripturaires. On en mesure le désir et l'ardeur pour une diaspora nombreuse et très solidaire, avide de redécouvrir ses lieux saints, d'en reprendre, à tout le moins, comme une possession spirituelle, ainsi qu'en témoignerait le grand voyage en 1211 de trois cents rabbins de France et d'Angleterre.

Qu'un mouvement analogue — même si ses finalités sont différentes — inspire les chrétiens n'étonne pas dans la mesure où nous y sommes habitués. Ce n'était pas cependant toujours aussi évident. Tout d'abord, le centre de gravité du christianisme est, de fondation même, Rome, le tombeau de Pierre (« Tu es Pierre et sur cette pierre... »), Rome où il y a des reliques tangibles à vénérer, comme à Compostelle, alors qu'à Jérusalem le pèlerin va se recueillir devant un cénotaphe. Mais ce tombeau vide

est précisément preuve de résurrection ; c'est pourquoi il est important de
« suivre » les pas du Christ, pour sortir à son tour de son propre tombeau
quand les temps seront accomplis. Jérusalem est le lieu d'une piété très
christocentrique, mais aussi très spiritualisée, qui va à l'essentiel : constater que Dieu s'est incarné pour sauver. C'est pourquoi il faut, sur place,
toucher la terre qu'homme Il a touchée et s'assurer, si l'on ose dire, que
le tombeau est bien vide. Un voyageur à l'esprit curieux de tout, formé à
la spiritualité, tel le jeune évêque Louis de Rochechouart, ne manque pas
d'insister sur cette nécessité d'un contact quasi charnel avec la réalité tangible, le Sépulcre en particulier. Ainsi, en la seconde moitié du XVe siècle,
perdure cette caractéristique du pèlerinage déjà visible dans les premiers
récits que nous pouvons ici lire, celui de Bernard le moine en un certain
sens et celui, très recomposé, de saint Willibald.

À la respectable dévotion du pèlerinage qui fit toujours partie de la spiritualité chrétienne, rattachée à la tradition vétéro-testamentaire, mais
aussi symbole de la vie terrestre qui n'est qu'une longue marche, qu'un
passage, s'ajoute, dans un certain nombre de cas, la conception du pèlerinage comme source d'une grâce de pardon, comme « satisfaction » d'une
pénitence, imposée par un confesseur. Telle est la situation de Guillaume
de Boldensele en 1334-1335. Son cas ne doit pas être exceptionnel ; la
littérature profane, qui accorde une large place aux pèlerins, raconte quelques pèlerinages émouvants, comme celui de Renaut de Montauban, le
héros de la célèbre légende des *Quatre Fils Aymon*, qui, après avoir reçu
l'absolution du pape en personne, ira vénérer le Saint-Sépulcre pour
obtenir une réconciliation avec son seigneur Charlemagne. Aller à Jérusalem, c'est, dans cette optique, revivre presque en vraie grandeur les souffrances de la Passion — la dévotion du chemin de croix se développe à
partir du XIVe siècle — et s'assurer donc de son propre salut.

Partir en pèlerinage pour Jérusalem, reconquérir par les armes la Terre
sainte, deux notions, à nos yeux contemporains, radicalement différentes,
deux aspects d'une même et unique réalité aux yeux d'un monde fort
éloigné de subtilités politiques parfois hypocrites et qui vit volontiers sa
relation à Dieu comme celle à son seigneur humain. La « croisade »,
terme dont les connotations sont le plus souvent perçues comme négati-
ves, n'est à l'origine que la libre décision de « prendre la croix », de
« porter sa croix », le symbolisme de la cérémonie religieuse de départ
est limpide sur ce point. Que la réalité historique, avec ses violences, ses
exactions, parfois une volonté délibérée de meurtres et de destructions,
soit douloureuse, la relation de Robert de Clari est là, parmi d'autres, pour
le montrer presque jusqu'à la caricature puisque l'on sait le fâcheux aboutissement de la quatrième croisade.

Il n'empêche que la version romancée, si l'on ose dire, de l'histoire
de la première croisade, celle que les poètes épiques ont aimé retenir et
développer pour un public en totale communion avec leur propre adapta-

tion apologétique, sans gommer les violences, les souffrances, propose une finalité plus subtile au déroulement des événements. Restituer, en effet, à Dieu son domaine (l'« héritage du crucifié », disait Rutebeuf au XIIIᵉ siècle), c'est aussi préparer la parousie. Il fallait que Jérusalem redevînt terre du Christ, afin qu'Il pût, conformément à la vision prophétique de Jean, la « glorifier » à la fin des temps. C'est, en somme, une méditation composée avec un siècle de recul par rapport à la réalité historique. Le déroulement des faits, tant sur le plan géographique qu'événementiel, est respecté, mais le regard a changé. Il s'agit d'interpréter l'histoire et aussi de glorifier ses acteurs.

La lecture de *La Chanson d'Antioche* montre qu'il n'est guère fait silence sur l'horreur que fut la prise de la ville. Le siège de Jérusalem, tel que le chant épique le présente, repose encore sur des données réelles. Mais là ne semble plus être l'essentiel. La Ville sainte devait être, conformément à la réalité historique, conquise, mais dans quel but ? Établir un royaume stable ? Non. Tous les grands chevaliers se récusent pour en prendre la couronne. Un miracle est nécessaire pour forcer la main à Godefroy de Bouillon, encore n'accepte-t-il qu'une couronne de branchages qui lui sera imposée sur la tête par le plus pauvre des chefs militaires. Tous ces brillants chevaliers n'ont qu'une hâte : retrouver leurs domaines européens où se situe leur devoir d'état, où les attendent fidèlement des êtres chers, mais après avoir — car là strictement était leur serment de croisés — vénéré le Sépulcre. La croisade n'avait plus alors été qu'un long pèlerinage plus douloureux, donc plus méritoire sans doute, qu'un autre, faisant courir aux chevaliers les risques inhérents à leur ordre. La mission était accomplie : permettre l'accès libre aux Lieux saints ; ils en avaient fait la preuve par leur expérience même. Historiquement, les choses furent moins limpides, mais que pouvaient représenter pour l'opinion publique occidentale les implications politiques et militaires de la constitution d'un royaume chrétien à Jérusalem ?

Une telle idéalisation littéraire des faits rejoint une évolution des esprits au XIIIᵉ siècle. Il devient difficile de trouver des renforts militaires, un certain pacifisme se fait jour. L'acte le plus marquant de ce nouvel état d'esprit sera le voyage malheureux mais hautement symbolique de François d'Assise en terre musulmane. La lecture du récit de Thietmar, frère mineur précisément, à cette époque, fait comprendre son attention chaleureuse aux êtres humains qu'il rencontre, ainsi que son estime presque admirative pour la foi des musulmans qu'il sent confusément comme « aimés de Dieu » eux aussi.

Ces divers points de vue occidentaux devaient être assez incompréhensibles pour les musulmans, des musulmans d'ailleurs souvent assez tolérants à l'égard des voyageurs et des pèlerins. L'auteur de *La Conquête de Jérusalem* en a conscience au fond de lui-même. Contrairement à nombre de ses confrères en poésie épique de la fin du XIIᵉ ou du début du xiiie siècle, il ne brosse pas un tableau totalement négatif ou indifférent des ennemis. Il va jusqu'à une certaine tendresse dans la description de leurs malheurs ; il donne à plusieurs une personnalité attachante, Cornumaran au grand cœur par exemple. Tout le personnage du beau Saladin procède du même état d'esprit, comme si ces guerres étaient déjà démodées et que l'on devait aller vers une réconciliation totale de l'humanité entière, qui, du point de vue de nos auteurs, ne pouvait évidemment être que chrétienne. C'est encore ce que suggère, mais sur un mode dégradé et peu sérieux, *Le Bâtard de Bouillon*, montrant la chrétienté étendue, au-delà de La Mecque, jusqu'à la mer Rouge, c'est-à-dire jusqu'aux extrémités de la terre.

Une autre ambiguïté demeure dans cette littérature d'imagination, néanmoins appuyée sur des événements historiques. Quel degré de bonne conscience y trouvons-nous ? Très bonne conscience, quand il s'agit d'un pèlerinage pacifique, comme celui qu'une légende attribue à un Charlemagne dont l'humilité n'est pas la vertu cardinale. Mais quand il s'agit d'une expédition armée ? Certes, c'est un acte de foi et, de ce point de vue, une conduite positive. Cependant, les grandes pertes humaines dans les rangs chrétiens ressemblent parfois à une punition infligée par Dieu en des terres arides à un peuple pécheur. Il devait, d'autre part, être difficile, à la fois pour les personnages et pour le public, de rester insensible aux souffrances supportées par l'ennemi, tout autant qu'à la propre cruauté des croisés qui en était la cause. L'on se rassérène en pensant aux quarante années de la longue marche du peuple choisi dans le désert, et les poètes, s'appuyant sur des récits de première main, font état d'encouragements célestes : inventions de reliques (la sainte lance à Antioche), apparitions, miracles, assistance militaire de légions célestes surgissant, toutes blanches, à la droite des armées. N'y a-t-il pas là comme une sorte d'occultation d'un jugement sain sous une imagination symbolique destinée à rassurer le croisé sur le bien-fondé de sa démarche, quand le clergé s'agite beaucoup devant des chevaliers plus réservés, parfois réticents ?

L'émotion individuelle des grands chevaliers devant Jérusalem, telle que la présentent les œuvres de fiction, dut être bien réelle. Plusieurs historiens ou témoins l'attestent ; presque tous les grands voyageurs font état, chacun pour son propre compte, de la spontanéité de leurs impressions et de la vivacité de leurs sentiments. Il s'agit d'une attitude complexe faite d'action de grâce religieuse, de soulagement humain et d'admiration plus ou moins profane. L'ouverture du chant II de *La Conquête de Jérusalem* donne bien le ton. Pierre l'Ermite ne cache pas son émotion en décrivant, à la manière d'un guide, le panorama de Jérusalem : beauté de la ville, rappel historique qui s'ancre dans la foi et promesse de salut. Dans la réalité, le voyageur juif Benjamin de Tudèle aura une attitude qui présente quelques points communs lors de son voyage en Terre sainte.

Les historiens et chroniqueurs nous ramènent évidemment à une appréhension des faits plus immédiate et objective. On verra le scrupule
« scientifique » de Guillaume de Tyr qui justifie le soin avec lequel il a
travaillé, et revendique même la consultation de recueils arabes pour
écrire sa chronique. Il adopte le point de vue réaliste de l'homme politique qu'il est et le concilie avec le regard chrétien de l'évêque qu'il est
également, parlant par exemple « des hommes vaillants et des princes
chers à Dieu, qui, sortant des royaumes d'Occident à l'appel du Seigneur,
entrèrent dans la Terre promise et revendiquèrent presque toute la Syrie
à la force du poignet ». Pour lui, la croisade est une expédition militaire
voulue par Dieu ; il rejoint en cela l'opinion des évêques mis en scène
dans les épopées de croisade.

Robert de Clari, en revanche, quelques décennies plus tard, adopte, par
la force des choses, un point de vue beaucoup plus modeste ; il laisse voir
à la fois sa curiosité devant sa découverte de l'Orient, cette fois-ci chrétien, de Constantinople, et aussi ses inquiétudes religieuses devant la per-
version de la croisade à laquelle il participe. Sa chronique de modeste
chevalier se rapproche en cela de certains récits de voyages.

Les relations particulières de pèlerinages, rassemblées ici en un faisceau très riche, vont nous renseigner, en outre, sur les conditions matérielles de routes et de transports, les motivations individuelles de différentes
personnalités dans ces déplacements.

Ces textes, même si l'on devine parfois l'existence d'un genre littéraire
qui a ses stéréotypes, mêlent le regard curieux de l'honnête homme
souvent étonné ou admiratif à la méditation du pèlerin. Visiter, comme
l'ont fait l'Anonyme de Rennes au xvᵉ siècle ou Guillaume de Boldensele, les hauts lieux de l'Ancien Testament — le Sinaï en particulier où
sont érigés, il est vrai, des monastères chrétiens — participe de l'association des deux motivations. Une constante perdure donc depuis l'*Itinéraire
de Bordeaux à Jérusalem*, au ivᵉ siècle, jusqu'au xvᵉ siècle, avec des
vicissitudes diverses selon les situations politiques ou militaires, tandis
que l'on voit se mettre en place divers circuits de voyage surtout maritimes, au départ de Venise en particulier, ainsi que des réseaux d'accompagnement et d'accueil sur les routes et à Jérusalem, où les Franciscains
s'implantent officiellement dès la fin du xiiiᵉ siècle : accueil hospitalier,
mais aussi direction de conscience.

Tonalités des textes très diverses donc, reflets des personnalités et des
circonstances également. Certains, comme Nompar de Caumont, prennent plaisir à raconter leurs découvertes d'étapes : la Sicile, Chypre,
Rhodes, glissant même des anecdotes personnelles. Symon Semeonis,
quant à lui, parti de la lointaine Irlande, laisse voir, dès la traversée de
Londres et de Paris, son admiration un peu naïve pour des grandes villes
comme il n'en avait encore jamais vues. En revanche, un homme réfléchi
comme l'évêque Louis de Rochechouart, qui avait sérieusement préparé

son voyage par diverses lectures, montre dans son récit un intérêt particulier pour la géopolitique du Moyen-Orient. Et Guillaume de Boldensele profite même de son pèlerinage pour visiter l'Égypte, dont il donne des descriptions attentives.

Ces différences d'approche font découvrir des personnalités souvent originales et donnent à l'ensemble des récits un aspect attachant. À côté de la dévotion du pèlerin apparaissent la curiosité du voyageur, la découverte de nouveaux horizons, l'admiration pour de riches civilisations (musulmane ou byzantine) qui, à leur tour, se sont reflétées dans la littérature profane. Une constante de la plupart de ces récits, il est important de le remarquer, est l'ouverture d'esprit, un sens de l'accueil intellectuel. La littérature d'outre-mer ne véhicule que très rarement la haine, tout au plus un sentiment d'incompréhension que l'auteur tente de résoudre, quand il ne découvre pas, comme Hayton, les mérites de l'Étranger ou qu'il n'affine sa foi à la lumière de la raison, comme Guillaume de Boldensele, esprit particulièrement ouvert et chaleureux.

À cela s'ajoute une impression générale d'enthousiasme, d'attirance permanente de tous. Il faut aller, pour y retrouver ses sources, fouler la terre symbolique des ancêtres où doit renaître le royaume de David selon la Promesse dont on attend l'accomplissement. Il faut « prendre sa croix », selon le précepte évangélique, pour « suivre » Jésus. Cette démarche, presque processionnelle, passant par le Tombeau vide, ne peut donc se continuer que vers l'Éternité, la Jérusalem céleste, entrevue déjà par Isaïe et Baruch, annoncée par l'Apocalypse, où Dieu séchera toutes larmes, les larmes de la croisade, comme pour les Hébreux s'étaient séchées les larmes de la déportation. Fascination, désir d'incarnation (et de conquête) pour restituer à Dieu son héritage terrestre, alors même qu'Il avait bien dit que son royaume n'était pas de ce monde et qu'Il avait refusé, pour lui-même, l'intervention des anges du Père ; ce n'est pas le moindre paradoxe.

Jérusalem, quitte ta robe de tristesse et de misère,
revêts pour toujours la beauté de la gloire de Dieu,
prends la tunique de la justice de Dieu,
mets sur ta tête le diadème de gloire de l'Éternel
car Dieu veut montrer ta splendeur partout sous le ciel [...]
Jérusalem,
lève-toi, tiens-toi sur la hauteur
et regarde vers l'Orient ;
vois tes enfants du couchant au levant rassemblés
sur l'ordre du Saint, jubilants, car Dieu s'est souvenu (Ba, V, 1-3, 5)

Et je vis la Cité sainte, Jérusalem nouvelle, qui descendait du ciel, de chez Dieu ; elle s'était faite belle, comme une jeune mariée parée pour son époux (Ap, XXI, 3)

J. S.

INTRODUCTION GÉNÉRALE

par Danielle Régnier-Bohler

... notre maître marinier cria à ses marins, qui étaient à la proue de la nef, en leur disant : « Êtes-vous parés ? » Et ils répondirent : « Oui, sire ; que les clercs et les prêtres s'avancent. » Dès qu'ils furent venus, il leur cria : « Chantez, de par Dieu. » Et ils entonnèrent tous d'une voix : *Veni, creator Spiritus.* Et il cria à ses marins : « Faites voile, de par Dieu » ; et ainsi firent-ils. Et en peu de temps le vent remplit les voiles et nous déroba la vue de la terre, et nous ne vîmes que le ciel et l'eau, et chaque jour le vent nous éloigna des pays où nous étions nés. Et je vous raconte ces faits, parce qu'il est bien follement téméraire celui qui ose s'exposer à un tel péril avec le bien d'autrui ou en état de péché mortel, car on s'endort le soir sans savoir si on se retrouvera le matin au fond de la mer.

C'est en ces termes que le chroniqueur champenois Jean de Joinville, ami et conseiller du roi Louis IX, relate l'embarquement des croisés à Marseille, au mois d'août 1248. Il s'agit du grand départ pour la septième croisade, dite « croisade Saint Louis » (1248-1254). Le célèbre chroniqueur a laissé des faits et des saintes paroles du roi un témoignage irremplaçable [1]. Le passage ci-dessus évoque l'enthousiasme, la solennité du départ, ainsi que ses périls, qui sont bien davantage ceux de l'âme que ceux de la mer.

De ces grandes entreprises qui mirent en mouvement la chrétienté, le volume *Outre-mer* a voulu se faire l'écho, comme un lieu où sont rassemblés des textes qui ont tous pour objet le passage vers le monde d'au-delà de la mer, cet *Outre-mer* dont parlent les chansons de geste dites « de la croisade » et dont les historiographes relatent la conquête. Ce pays d'outre-mer est l'Orient des Lieux saints qui portent la mémoire des dates

---

1. Grâce à l'édition de Jacques Monfrin, le texte de Joinville est enfin accessible : *La Vie de Saint Louis* par Joinville. Texte établi, traduit, présenté et annoté avec variantes par Jacques Monfrin (Bibliographie générale). Le passage cité se trouve aux paragraphes 126 et 127, p. 63.

fondatrices de la chrétienté : la naissance et la mort du Christ, la Passion, la mise au tombeau dans le Saint-Sépulcre. De cette sacralisation de l'Orient témoignent tout particulièrement les récits de pèlerins placés dans ce volume à la suite des chansons de geste et des chroniques : les pèlerins, au fil des siècles, se sont rendus outre-mer pour y accomplir le parcours de leur rédemption.

Épopées, chroniques et récits de voyageurs chrétiens — itinéraires auxquels répondent les récits de voyageurs juifs en Orient — sont fortement liés par le désir de parler du même espace et d'effectuer le même et remarquable parcours. Au terme se profile Jérusalem. Les combattants héroïques que chantent les laisses de la chanson de geste, les guerres et fondations que relatent les chroniqueurs, les appels à l'union des princes chrétiens pour asseoir la domination chrétienne en Orient, enfin les épreuves et les joies des voyageurs atteignant leur but, concernent l'ensemble des textes proposés ici dans une traduction moderne. Tous sont inédits.

De l'âpreté des entreprises guerrières à la joie de la découverte et au sens du devoir accompli : un lien attache très fortement ici l'Histoire et l'écrit. Les chansons de la croisade remodèlent les figures de l'épopée carolingienne [1] ; elles prennent pour héros les acteurs de la première croisade et quelques grands lignages bien connus de l'Occident médiéval. Dans les chroniques, celui qui écrit — Guillaume de Tyr ou Robert de Clari, d'autres encore — veut rendre compte d'une suite authentique des événements. Et les récits des pèlerins sont nourris de la crainte des périls et du désir d'un parcours essentiel à la vie du chrétien. Quant aux voyageurs juifs retrouvant la terre de leurs pères, ils ont un regard très spécifique sur leur culture. Outre les repères religieux, quelques-uns de nos textes évoquent de façon remarquable la mosaïque ethnique du Proche-Orient médiéval [2].

S'il est convenu d'accorder à l'imaginaire littéraire sa part de liberté, fût-elle cette fois paradoxalement liée à l'événement historique, la chronique se réclame quant à elle d'une vérité dont les marques s'imposent plus particulièrement pour définir un genre. Historiographe, le chroniqueur fait état de ses sources. Il veut être cru, il s'appuie sur des autorités, il peut rapporter ce qu'il a vu, ce qui est le cas de Robert de Clari et de Joinville [3]. Il en est autant des pèlerins. Mais Jean de Mandeville, dont le voyage ne fut probablement que fabulation et compilation, est là pour nous rappeler qu'il y a dans la culture médiévale un élément singulier,

---

1. Charlemagne et ses proches, figures célèbres, sont également engagés dans une guerre sainte. Voir la *Chanson de Roland*.
2. À la lecture des récits de *Voyageurs juifs en Orient*, ici traduits et présentés par Joseph Shatzmiller, on ajoutera celle du *Traité pour le passage en Terre sainte* d'Emmanuel Piloti. Traduction et présentation par D. Régnier-Bohler.
3. Voir dans ce volume *La Conquête de Constantinople* de Robert de Clari, texte traduit et présenté par Jean Dufournet.

peut-être, aux yeux du lecteur d'aujourd'hui : l'usage du faux pour affirmer du « vrai », l'usage d'un parcours crédible mais susceptible d'intégrer des mythes. Dans une culture désormais ouverte à l'espace oriental et aux lointains parcours, voyager en chambre et faire croire au voyage furent les exploits de l'énigmatique Jean de Mandeville [1].

Le champ de l'écrit est l'écho de ces vastes aspirations qu'anime la foi. On y trouve les accents les plus prenants, les plus révélateurs, les plus riches. Dans la perspective des larges territoires linguistiques concernés par la croisade, le domaine français affirme une grande vitalité, et ce volume en offre maints témoignages [2]. L'idéal, certes, a pu se mêler à l'espoir de bénéfices de tous genres : que le terme de la croisade soit Jérusalem apparaît parfois par des détours qui révèlent que l'enthousiasme épique est relayé par des stratégies territoriales qui visent un Orient et un espace maritime propices aux échanges entre les hommes. Au XVᵉ siècle, la Terre sainte peut devenir le gage d'une libre circulation des biens et des mœurs [3].

Les chansons de geste organisées en cycles s'attachent à ces événements qui ont bouleversé le monde occidental ; à leur tour, les chroniques rapportent des faits avec une précision souvent louable, et les récits de pèlerins apparaissent comme des journaux de voyage d'un intérêt remarquable, mais on n'oubliera pas les échos des croisades dans le monde de la lyrique et dans les fictions de type romanesque. L'ampleur et la véhémence des appels à la croisade apparaissent en effet dans les poèmes de trouvères, anonymes ou poètes célèbres ; on y entend la tristesse d'une séparation ainsi que la crainte de la durée. Dans ces poèmes, des femmes pleurent le départ, et l'art lyrique ne fait pas oublier que les croisades furent des événements exaltants, mais difficiles. Du chant militant à la douleur de la séparation qu'exprime l'amant sur le point de partir, jusqu'à l'indignation d'un trouvère du Nord accusant sa dame de lui avoir été infidèle durant son absence, la croisade apporte à la création lyrique la dimension d'une réalité humaine et des motifs poétiques nouveaux.

Pour le lecteur qui cherche sous l'élaboration littéraire la réalité de l'époque, les écrits médiévaux — littérature, chroniques et récits — évoquent souvent avec force la matérialité même de l'entreprise, les emblèmes des combattants, l'âpreté de la lutte, la constitution des États

---

1. On lira ici la version liégeoise du *Livre* de Jean de Mandeville, traduit et présenté par Christiane Deluz.

2. Pour le domaine littéraire en langue allemande, par exemple, les faits historiques ont nourri l'imaginaire du thème de la croisade. Voir Danielle Buschinger, « La signification de la croisade dans la littérature allemande du Moyen Âge tardif », dans Actes du colloque d'Amiens de 1987 *La Croisade : réalités et fictions*, p. 51 à 60 (Bibliographie générale).

3. On n'oubliera pas qu'il y eut des combats de religion également dans le nord-est de l'Europe dans le but de convertir des païens en Livonie, Estonie, Prusse et Lituanie par exemple. Comme pour les croisades d'Orient, les bénéfices commerciaux ne furent pas exclus de ces entreprises guerrières.

d'Orient, bref l'occupation d'une terre balisée après avoir été convoitée, et qui resta fragile ; la Terre sainte fut conquise mais reprise, reconquise et à nouveau perdue [1]. On n'oubliera pas non plus, à lire ces témoignages, que le Moyen Âge, période d'explorations, vit des témoins importants partir au loin jusque dans l'Empire mongol — et plus loin encore — pour y porter leur foi et assurer les fondements de contacts rassurants.

LES ÉVÉNEMENTS

La terre à conquérir est sacrée, les Lieux saints sont aux mains des musulmans. Les buts de la croisade apparaissent comme des *leitmotive*, aussi bien dans l'œuvre littéraire que dans la chronique : la délivrance du Saint-Sépulcre et la terre où Jésus a vécu et souffert, la vengeance de Dieu et la conquête de la terre sur les infidèles [2]. Ces buts « confèrent à la première croisade les caractères d'une guerre juste, d'une guerre sainte et d'une conquête universelle de la chrétienté sur les infidèles [3]. Le but d'une croisade est de conquérir le Sépulcre du Christ à Jérusalem [4] : à cette fin, durant deux siècles, l'Occident fut animé d'un immense élan et du sentiment qu'il existait bien une unité à travers la foi, que le pape avait voix d'autorité et de prestige, que la chevalerie et l'Église avaient partie liée. Pourtant, à lire ces récits et ces chroniques, on n'oublie jamais que sur le plan matériel également, la croisade a favorisé l'échange des biens et la circulation des marchandises, et que des conflits sont nés des entraves que le négoce subissait en un espace où les luttes allaient bon train.

Pour ce qui concerne les causes du départ en croisade, elles furent d'ailleurs multiples. Outre le désir légitimé par la dévotion chrétienne, il existe bien d'autres facteurs pour expliquer la mobilité et la disponibilité aux départs. Ainsi, du XIᵉ au XIIIᵉ siècle, l'essor démographique agite les contrées et la population devient plus mobile. La classe chevaleresque peut à peine contenir ceux qui prétendent à des droits sur des terres. *L'Histoire des Lusignan*, en s'appuyant sur un conte de fée fondatrice de lignage — la belle figure de Mélusine —, retrace l'expansion des Lusignan vers l'Orient et l'installation des fils aînés, par des mariages avec la fille du roi d'Arménie et celle du roi de Chypre [5]. En procurant des espaces aux fils de Mélusine, cette chronique d'un lignage fabuleux laisse

---

1. Voir dans ce volume les cartes des États d'Orient, p. LXIV-LXVII.
2. Voir Hermann Kléber « Pèlerinage, vengeance, conquête. La conception de la première croisade dans le cycle de Graindor de Douai », dans *Au carrefour des routes d'Europe...*, t. II, *Senefiance* n° 21, p. 757-775.
3. H. Kléber, *ibid.*, p. 764.
4. Certes la croisade a pu avoir pour objet d'autres terres et pour ennemis d'autres que les Sarrasins : la croisade contre les Albigeois fut une lutte contre l'hérésie cathare. Voir *La Chanson des Albigeois*, texte et traduction, Le Livre de Poche, « Lettres gothiques ».
5. On retrouvera ce beau récit dans la traduction qu'en a donnée Michèle Perret, *L'Histoire des Lusignan*, Postface de Michèle Perret, Préface de Jacques Le Goff, Stock, « Moyen Âge », 1979, rééditions postérieures.

affleurer le beau rêve d'une féodalité non menacée : les historiens savent ce qu'il en coûtait d'être fils cadet et destiné soit à l'Église soit au départ.

À travers l'idéal religieux, les croisades proposent ainsi l'espoir d'exploits et de gains tout à la fois. Aux yeux des combattants, mettre au service de Dieu leur désir d'action et leur force était plus glorieux que de servir d'autres causes en Occident. Pour ce qui concerne l'entreprise sainte, la noblesse française — moins exposée que les Allemands sur l'est de l'Europe, ou les Espagnols dans une péninsule occupée par l'Islam — devait s'engager plus loin pour prouver son désir d'y contribuer. Ainsi l'Italie du Sud et la Sicile ont-elles connu l'arrivée des Normands. Les États chrétiens en Espagne — la Galice, la Castille, la Navarre par exemple — reçoivent l'aide de combattants venus de Bourgogne et de Champagne : la Reconquista est une œuvre commune. Tolède est reprise aux Sarrasins en 1075 par la Castille. La Sicile est conquise par Roger, frère de Robert Guiscard. Le détroit de Sicile s'ouvre aux armées chrétiennes, en particulier celles qui les premières apportèrent leur aide aux croisés, Pise et Gênes [1]. À ces faits politiques et économiques s'ajoute le désir cristallisé par les lieux saints : Rome, Compostelle, et surtout Jérusalem. Le pénitent s'engage sur le chemin du pèlerinage : des récits très anciens témoignent de ces voyages-là [2]. On comprend que l'idéal d'un parcours de pèlerinage associé à la notion de guerre sainte puisse mener à ces mouvements de masse que furent précisément les croisades.

Lorsque fut lancé l'appel à la première croisade, en 1095, bien des facteurs d'ébranlements étaient réunis, et le désir en était plus ou moins formulé au sein même de la classe chevaleresque occidentale. Déjà les pèlerinages se perçoivent aisément comme des vagues d'hommes en mouvement. Des villages se mettent en route, avec des familles entières, et des migrations s'organisent, menées par de saintes figures, appelant le peuple à se croiser — prédicateurs mal vêtus aux côtés de paysans indigents — avec le seul secours de quelques gens d'Église et chevaliers. De ces entreprises, la plus connue est la Croisade des enfants [3]. Ces mouvements de masse font connaître un idéal du sacrifice : ici s'impose la mémoire de la Passion du Christ rédemptrice pour les pécheurs, puisque le pèlerinage devait assurer la rémission de tous les péchés. Ainsi la valorisation de ce parcours, associée aux espoirs d'une guerre sainte, anima les siècles dont parlent les textes retenus ici.

Les combattants et les pèlerins, d'ailleurs, n'étaient pas les seuls

---

1. Il faut rappeler également la défaite d'Alexis Comnène : Byzance se voit débordée, sur le plan économique et commercial comme sur le plan des forces armées.

2. On trouvera dans ce volume une ample mise en situation des récits de pèlerinage par Béatrice Dansette : « Les relations du pèlerinage outre-mer : des origines à l'âge d'or ».

3. On devrait plutôt dire « croisade des jeunes ». Voir Peter Raedts, « La Croisade des enfants a-t-elle eu lieu ? », dans Les Croisades, p. 55 sqq. (Bibliographie générale).

concernés : les populations étaient à cette fin lourdement imposées[1].
Parmi les ordres religieux, certains eurent pour mission le combat.
L'ordre des Hospitaliers, l'ordre des Chevaliers teutoniques, celui des
Templiers, furent des forces remarquables, dont l'archéologie permet
d'évaluer l'efficacité. L'ordre de l'Hôpital existe dès 1099, et quelques
décennies plus tard est fondé celui des Chevaliers teutoniques ; quant au
Temple, il fut créé au début du XIIe siècle, en 1118, pour la défense du
royaume latin de Jérusalem. Même si l'on voit en ces moines-chevaliers
des banquiers, le souvenir de la classe chevaleresque fournit bien la charpente de cette fondation. La papauté tenait en effet à avoir une arme auto-
nome, aux côtés des combattants laïcs. L'ordre des Templiers, ordre
guerrier, a été vu comme « la gendarmerie des Lieux saints[2] », alors que
l'Hôpital avait pour fonction d'assurer aux chrétiens de Terre sainte, ainsi
qu'aux pèlerins de passage, l'aide matérielle et morale, les soins et l'accueil.

Quant aux événements, ils se déroulent au sein d'une chronologie
serrée : en 1095, le pape Urbain II prêche la croisade, et les chrétiens
l'entendent dans l'enthousiasme. Les chroniques rendent compte de cet
esprit, même si l'écrit devient ici volontiers partisan. Par petits groupes
de pèlerins ou sous la forme de grandes expéditions, le phénomène du
pèlerinage a précédé les croisades elles-mêmes. Que les chiffres indiqués
par les chroniques soient réels ou non, ils indiquent la gloire du parcours.
Jérusalem est un « pôle d'attraction » remarquable à partir du XIe siècle :
or la Cité sainte était entre les mains des infidèles, et un sentiment de
souillure, devant la présence de non-chrétiens, rappelle P.A. Sigal, mena
au geste d'expulsion des juifs et musulmans, lorsque les croisés purent
s'emparer de Jérusalem en 1099.

Si la spiritualité des croisés se révéla vivement motivée, l'événement
pourtant ne surgit pas de façon abrupte. Des causes en sont connues, mais
la place prise par Jérusalem est l'aboutissement d'une longue cristallisation. Lieu chargé de diverses interprétations symboliques et allégoriques[3], Jérusalem était connue sous des formes riches de sens : d'un côté
la Jérusalem céleste, le paradis, la cité de la paix, de l'autre la Jérusalem
terrestre, lourde du souvenir de la mort du Christ. Si cette Jérusalem-là
était perçue comme miroir de la ville céleste, il convenait d'y voir le lieu
où le Christ avait été mis en croix. Ainsi, très tôt, ce lieu de mémoire
suscita des voyages, des trouvailles de reliques ramenées en Occident,
tels des fragments du Saint-Sépulcre. Ce dernier en particulier fit l'objet
de multiples donations dont témoignent déjà des textes du XIe siècle.

---

1. En outre, des dons étaient sollicités.
2. Pour emprunter ces termes à Jean Favier, « Les templiers ou l'échec des banquiers de
la croisade », *Les Croisades*, p. 82.
3. Comme le montre avec pertinence P.A. Sigal, « Et les marcheurs de Dieu prirent les
armes », *Les Croisades*, p. 111-125.

Se croiser, c'était se préparer à la fois moralement et matériellement. Les actes de purification consistaient à réparer le mal fait et les indélicatesses commises, à rendre les biens qu'on avait mal acquis, à faire des donations. À cela s'ajoutaient les rites essentiels de la confession et de l'absolution avant le départ[1]. Quant à la préparation matérielle, elle concernait pour commencer des marques d'identification. Joinville partant avec Louis IX pour la septième croisade prend la besace et le bourdon[2]. Les croisés portaient une tunique sur les autres vêtements, en signe d'humilité. Michel Pastoureau attire l'attention sur le fait que les signes arborés par les croisés étaient des emblèmes, et non des symboles « renvoyant à un sens caché[3] ». La coquille, la croix, les armoiries sont des signes de reconnaissance. Si la croix, cousue sur les vêtements, marquait les pèlerins, elle devint l'emblème favori du voyage vers Jérusalem[4]. Elle signifiait le don de soi à Dieu. Pourtant, après la troisième croisade et surtout la quatrième, la croix semble avoir perdu de sa popularité. Quant à la coquille, elle fut l'attribut préféré par le pèlerin chrétien, mais cette adoption s'est faite assez tard, et ce n'est qu'au XIIIᵉ siècle que l'iconographie la représente fréquemment, et plus souvent que le bourdon, bâton du pèlerin, et la sacoche portée en bandoulière. À la fin du Moyen Âge, la coquille est devenue le signe unique du pèlerin. À ces signes s'ajoutent ceux qui appartiennent à toute entreprise guerrière de la noblesse occidentale, gonfanons, bannières, enseignes, etc. Pour les expéditions vers Jérusalem, on portait une bannière blanche avec une croix rouge, ou encore un étendard représentant l'image de la Vierge[5]. De cette matérialité de la croisade, les textes littéraires rendent compte au moyen de scènes visuelles parfois somptueuses.

Dans les conditions d'un tel idéal, avec ces signes pieusement et fièrement arborés, le parcours et l'issue semblaient guidés par Dieu. La prise de Jérusalem en 1099 fut accordée, disait-on, grâce à la procession que firent autour de la ville les croisés, pieds nus, avant de lancer l'attaque.

---

1. Jusque dans la lyrique, on peut trouver des traces du rite d'accompagnement par les proches et amis : le croisé est « convoié ». Voir dans ce volume les poèmes de la croisade.
2. Voir J. Monfrin, *op. cit.*, p. 61, paragraphe 122 : « Cet abbé de Cheminon me donna mon écharpe et mon bâton de pèlerin. Et alors je partis de Joinville, sans rentrer au château jusqu'à mon retour, à pied, sans chausses et la laine sur le corps et j'allai ainsi en pèlerinage à Blécourt et à Saint-Urbain et aux autres corps de saints qui se trouvent là. Et tandis que j'allai à Blécourt et à Saint-Urbain, je ne voulus jamais retourner mes yeux vers Joinville, de peur que mon cœur ne s'attendrisse sur le beau château que je laissais et sur mes deux enfants. »
3. Michel Pastoureau, « La coquille et la croix : les emblèmes des croisés », dans *Les Croisades*, textes rassemblés et présentés par Robert Delort, précédemment parus dans la revue *Histoire*, Éditions du Seuil, 1988, p. 132.
4. Toutes les formes et couleurs ont été utilisées, signale M. Pastoureau, *ibid.*, p. 133 : « La plus utilisée paraît avoir été une croix latine simple, de dimensions réduites, découpée dans une étoffe de couleur rouge et cousue sur l'épaule gauche. »
5. Pour ces aspects matériels et symboliques de l'identification, on relira avec profit les travaux de M. Pastoureau (voir Bibliographie générale).

L'orgueil des combattants, au contraire, rendit les choses plus difficiles à Antioche. Saint Bernard explique l'échec de la deuxième croisade par les fautes des croisés, et Joinville à son tour éclaire par ces causes l'échec de la première croisade du roi Louis IX : les préceptes de Dieu n'avaient pas été observés. Il est vrai que, vue comme rédemption de l'âme, la mort durant la croisade était enviable. Au cours des événements, les miracles ne manquèrent pas. Le départ de la première croisade fut accompagné de colonnes de feu et de nuages de sang. Au cours du siège d'Antioche, en 1098, le Christ apparut à un prêtre en lui donnant pour mission de transmettre aux croisés un message essentiel : il fallait Lui faire confiance. Une vision encore devait révéler à un pèlerin de Provence le lieu où pouvait se trouver la lance de Longin qui perça le flanc du Christ.

La première croisade eut pour but la prise de Jérusalem. Le départ eut lieu le 15 août 1096. Successivement, les places d'Édesse et d'Antioche furent prises, et des comtés furent alors formés, auxquels s'ajouta plus tard Tripoli. Jérusalem fut prise le 15 juillet 1099, ce qui permit la formation d'un royaume. L'année suivante, le héros de la première croisade meurt, et Baudouin Ier, le premier fondateur du royaume de Jérusalem, en est couronné roi. Ainsi la Terre sainte est-elle conquise. Les seigneurs d'Occident organisent leur domination et la monarchie franque s'affermit.

La deuxième croisade se donne pour but de prendre Édesse, tombée aux mains des infidèles en 1144. Deux ans plus tard, le pape Eugène III proclame une croisade, et saint Bernard appelle au départ. Louis VII, accompagné d'Aliénor d'Aquitaine, se croise, ainsi que l'empereur Conrad III. Le siège de Damas marque l'échec de cette deuxième croisade. Nûr al-Dîn prend possession d'Édesse et du comté. Mais en 1175, Saladin devient gouverneur d'Égypte et de Syrie, et il s'empare d'Alep.

La troisième croisade a pour mission de secourir les Latins d'Orient en lutte contre Saladin. Après l'échec, les chevaliers et les moines soldats sont en effet contraints à la défensive. Les États francs sont ébranlés. La croisade est proclamée en 1187 : cette année-là, Saladin vainc les croisés à Hattin, et Jérusalem capitule. La troisième croisade voit s'unir le roi de France Philippe Auguste et Richard Cœur de Lion. Frédéric Barberousse meurt de noyade. Les croisés sont victorieux : Richard Cœur de Lion enlève Chypre aux Byzantins ; le siège d'Acre est levé : la ville est aux mains des chrétiens. Richard Cœur de Lion est maître des termes de la trève : les Francs contrôlent la côte entre Tyr et Jaffa, et les pèlerins sont libres de venir. La quatrième croisade a pour but de reprendre Jérusalem ; elle est menée par le marquis Boniface de Montferrat. Les Vénitiens acceptent de soutenir l'entreprise, et les croisés s'emparent de Constantinople en avril 1204. L'Empire latin remplace désormais l'Empire byzantin. Après ces faits, la cinquième croisade a pu sembler vaine : le roi de

Jérusalem, Jean de Brienne, s'empare de Damiette en 1219, mais les croisés sont encerclés et doivent renoncer à la ville deux ans plus tard. La sixième croisade sera le grand espoir de Frédéric II, qui se croise en 1223. Il obtient en 1229 que les villes de Jérusalem, Bethléem et Nazareth soient cédées aux chrétiens. La croisade dite des Barons réussit à se faire restituer une belle partie du royaume de Jérusalem. Quant à la septième croisade, le roi Louis IX, le futur Saint Louis, en est la grande figure [1]. Le sultan d'Égypte s'est emparé de Jérusalem en 1244, et cette perte est définitive. L'appel à la croisade est lancé par le pape Innocent IV. L'armée croisée, menée par Louis IX, débarque à Chypre, prend Damiette et veut conquérir l'Égypte, mais les Francs sont battus à Mansourah ; le roi est fait prisonnier et rançonné. Il lui faudra rendre Damiette. La huitième croisade [2] sera appelée par Urbain IV à la suite des opérations du sultan mamelouk Baybars qui s'empare d'Antioche en 1268 et, après la mort de Louis IX devant Tunis, de la Syrie, de Césarée, de Jaffa, du mont Thabor, de Beaufort et du Krak des Chevaliers, en 1271. Pressé par Édouard d'Angleterre, le sultan accorde une trêve aux Latins, mais Acre tombe définitivement en 1291 : sa chute signe la fin des États latins d'Orient.

À ce parcours chronologique est liée la constitution progressive, mais constamment menacée, des États croisés. Baudouin de Boulogne, appelé par des chefs arméniens, constitue le début du comté d'Édesse, formé de seigneuries arméniennes placées sous la domination d'un baron franc. Il s'agit d'un « état féodal dont les cadres sont latins [3] ». La principauté d'Antioche est due à Bohémond de Sicile : les croisés s'étaient emparés d'Antioche, et Bohémond s'y installa non sans difficulté. Le comté de Tripoli fut constitué plus tard par Raymond de Saint-Gilles qui s'empara de Tortose en 1101 et assiégea Tripoli. Le royaume de Jérusalem fut fondé par les croisés qui avaient confié la garde de leurs possessions à Godefroy de Bouillon : il devint le protecteur laïc d'une seigneurie ecclésiastique. À sa mort, son frère Baudouin, appelé d'Édesse, est couronné roi de Jérusalem [4]. Jean Richard parle à juste titre de « l'idée d'une dynastie latine installée sur le trône de David et de Salomon [5] ».

Dans l'ensemble, ces États semblent se constituer indépendamment les uns des autres. Pourtant, à voir les choses de près — comme le comte d'Édesse, Baudouin Ier d'abord, puis Baudouin II, est roi de Jérusalem —,

---

1. On lira avec grand profit l'ouvrage récemment paru de Jacques Le Goff, *Saint Louis*, Gallimard, « Bibliothèque des histoires », 1996.

2. Dite « dernière croisade » : cette désignation concerne la série des grandes entreprises, mais n'exclut pas les tentatives des croisades ultérieures.

3. Pour l'ensemble de la question, voir Jean Richard, « Vie et mort des États croisés », dans *Les Croisades*, éd. cit., p. 157-166.

4. Il reçoit le titre de « *rex Latinorum Hierusalem* ».

5. J. Richard, art. cité, p. 161.

ce roi est suzerain des trois autres principautés. Chaque État est formé sur le modèle féodal : une aristocratie franque, de rite latin, superposée à une société de Syriens chrétiens. Les musulmans peuvent conserver leur culte, mais ne gouvernent aucunement. Pour l'occupation de l'espace oriental, l'effet en est l'édification d'un ensemble remarquable de forteresses dans les zones particulièrement vulnérables.

Dans ce Proche-Orient, l'Égypte se confirme comme un véritable empire dont le souverain est un khalife soumis à un sultan mamelouk. Son but est de repousser les Mongols, battus en 1260, mais qui n'abandonnent pas les hostilités, et les Francs leur prêtent main-forte. Déjà pour la campagne de 1260 les Mongols avaient été soutenus par le roi chrétien d'Arménie et le prince d'Antioche. Deux ans plus tard, le chef mongol de Perse demande à Louis IX de l'aider à lutter contre Le Caire. Le sultan rompt alors les trêves, saccage la Galilée et la banlieue d'Acre, et à partir de 1265, s'empare des places franques, dont certaines pourtant étaient remarquablement fortifiées. En 1266, il s'attaque à Safet, forteresse des Templiers : ce fut un grand massacre. En 1272 seulement, il conclut des trêves avec des États bien affaiblis. L'Occident chrétien s'en émeut. Les ambassadeurs de Byzance et ceux des Mongols de Perse assurent du soutien de leurs souverains. Finalement, il semble bien que la chute des États francs ait été causée par l'affrontement de l'Empire mongol et de l'empire d'Islam[1]. Et de tous ces efforts devenus vains, des vestiges peuvent encore témoigner. Les châteaux des croisés ont résisté au temps. Le Krak des Chevaliers reste la plus illustre de ces traces de la Syrie franque.

LA CROISADE ET LA CHANSON DE GESTE

Autre chose est de vivre l'événement, de s'y illustrer, d'y mourir ou d'y voir mourir ses proches, autre chose en est le récit. La chanson de geste et la chronique sont les lieux privilégiés de cette parole.

Or, dans le contexte d'une guerre sainte, le genre narratif de la chanson de geste prend un statut particulier, car l'action y est proche de la réalité des croisés et du motif de la terre convoitée pour sa richesse, et bien au-delà, elle concerne la mémoire de la chrétienté. François Suard le précise, « la thématique guerrière, l'idéal héroïque » s'y articulent admirablement. Les chansons de geste, comme genre narratif, accueillent l'enthousiasme militant des premières croisades[2]. Certes la chanson de croisade s'intègre dans la tradition épique, et on ne saurait la lire ou l'entendre sans se glisser à la place de l'auditoire médiéval, sans ramener à la mémoire

1. Pour l'extension des États latins avant leur démantèlement, voir dans ce volume la carte, p. LXVI-LXVII.
2. Voir François Suard, « L'épopée », dans *Précis de littérature française du Moyen Âge*, sous la direction de Daniel Poirion, Paris, PUF, 1983, p. 60 *sqq*.

l'importance de la relation du vassal et de son seigneur, la place du lignage, la valeur de l'exploit dans la littérature épique. L'organisation des chansons de geste en cycles, qui caractérise le genre, se reconnaît dans la chanson « de croisade[1] », car c'est bien au genre épique ainsi constitué que se rattache le « cycle de la croisade » dont le lien avec l'événement contemporain est explicite. Dans les chansons de croisade enfin, le genre épique laisse deviner les tensions et les mutations des structures d'un pouvoir : le thème de la croisade maintient la belle représentation d'un mythe de pouvoir[2].

Outre ce lien à la matière même du récit, on trouve dans les chansons de la croisade les procédés bien connus de la communication prétendue orale dont l'écrit veut rendre compte, l'accent insistant sur le rôle de la mémoire pour la transmission des exemples héroïques susceptibles de consolider l'esprit de la communauté[3]. Ici la chanson de geste remplit bien son rôle de « littérature de guerre », au travers des exploits accomplis par les chrétiens et par les Sarrasins. Mais, pour suivre encore François Suard, « la fiction épique déréalise l'histoire et réalise la légende[4] ». Il est en effet une différence « entre un récit sur un événement historique écrit par un historien, et ce qui est écrit ou chanté dans une chanson de geste [...]. Toute la littérature sur les croisades est une littérature pour l'Occident, pour un public qui veut savoir ce qui se passe dans les lointaines terres d'Orient où sont allés les grands seigneurs et les petits croisés[5] ». Dans la tradition, la chanson de geste avait toujours pour objet la lutte contre les Sarrasins, fût-ce à travers un détournement qui fait de Guillaume d'Orange un héros qui à la fois conquiert « la dame et la cité ». À la lumière de cette matière guerrière qui prend peu à peu une dimension romanesque, on peut observer le large champ des fictions qui font état de

---

1. On se souviendra de la matière épique organisée en cycle du roi, autour de Charlemagne — telle la *Chanson de Roland* —, du cycle des Narbonnais, dont le héros le plus célèbre est Guillaume d'Orange, enfin du cycle dit des Vassaux rebelles.

2. « Le mythe impérial a finalement besoin de la croisade pour survivre », D. Boutet et A. Strubel, *La Littérature française du Moyen Âge*, p. 25 (Bibliographie générale). Voir des mêmes auteurs *Littérature, politique et société, Moyen Âge*, PUF, 1979. Pour un accès commode au système littéraire du XIIᵉ et du XIIIᵉ siècle, on consultera *La Littérature française du Moyen Âge*, Michel Zink, PUF, 1992.

3. Sur tous ces points, voir François Suard, *op. cit.*, p. 60 *sqq.*

4. François Suard, *op. cit.*, p. 64.

5. Martin de Riquer, table ronde dirigée par Daniel Poirion, *Au carrefour des routes d'Europe : la Chanson de geste*, t. II, p. 201, et il poursuit : « Villehardouin veut expliquer la grande politique de la croisade, les événements historiques réels sous l'aspect de la stratégie militaire, pour que les grands seigneurs restés en Occident apprennent ce qui est advenu en Orient. Mais il y a aussi l'humble croisé, dont le rôle est essentiel, car pour une expédition on compte surtout sur le bas peuple. Il faut maintenir ce bas peuple dans l'illusion. Or il ne lit pas, ne sait même pas lire, parfois ; pour son information il dépend de la chanson de croisade, des jongleurs qui jouent le rôle de journalistes, de rapporters (reporters d'aujourd'hui) », *ibid.*, p. 203.

la croisade durant les XIIIᵉ et XIVᵉ siècles, et jusqu'au milieu du XVᵉ siècle [1]. Ainsi — ce livre en témoigne — l'épopée de la croisade ne saurait être considérée comme un sous-genre de l'épopée traditionnelle. Au contraire, ces chansons permettent d'apprécier la vitalité d'une forme narrative, puisqu'elles en attachent le fond à des genres proches, comme la chronique, la vie de saint, le roman de chevalerie, voire des motifs de conte [2].

Pour l'ensemble des épopées de la croisade dans le domaine français, des contributions importantes [3] éclairent notre connaissance des textes : c'est ainsi que K.H. Bender situait le premier cycle de la croisade « entre la chronique et le conte de fées », formulation d'apparence provocante. Comment en effet faire la part de l'histoire, du fait réel et d'un vécu authentifié — ou presque — par les hommes de l'époque, et la part de l'irréel, celle du conte et du merveilleux ? Godefroy de Bouillon et Saladin, deux personnalités centrales — à la fois de l'histoire et de la légende —, constituent les pivots autour desquels l'écrit déploie ses grandes fresques. Ces figures sollicitent la cristallisation de la légende et du romanesque ; Godefroy et Saladin permettent d'ancrer le récit dans la succession des événements qui font l'objet des chroniques, tout en accordant à l'imaginaire la liberté de constituer autour du héros réel, bénéfique ou redoutable, des élaborations de type légendaire et romanesque. Si Godefroy de Bouillon est le fondateur du royaume latin de Jérusalem, Saladin est le grand adversaire qu'affronte l'armée des chrétiens, le destructeur du royaume de Jérusalem.

Les États croisés, on l'a vu pour la réalité historique, naissent et disparaissent au sein d'une fourchette de deux siècles. Voici les éléments à partir desquels le phénomène d'une littérature de croisade a pu donner ses fruits. Les événements principaux que développent les épisodes épiques sont la première croisade, à la suite de laquelle est fondé le royaume de Jérusalem, puis les affrontements, vers le milieu du XIIᵉ siècle, avec les forces sarrasines, qui révèlent la fragilité des conquêtes chrétiennes. La première perte de Jérusalem en 1187 est réparée par la troisième croisade, qui permet la fondation du second royaume de Jérusalem. La Terre sainte est définitivement perdue en 1291 et les espoirs sont abolis vers l'an 1300. Si par la suite l'idéal de la croisade se révèle tenace, comme le prouvent les nombreuses exhortations et les rêves dans la longue durée, ce ne sont plus que vœux et illusions.

Ainsi « les épopées de la croisade sont restées des documents précieux moins pour l'histoire événementielle que pour l'histoire de la littérature

---

1. Voir par exemple *Florent et Octavien, La Belle Hélène de Constantinople*, le *Roman de Charles de Hongrie*, bien d'autres encore.
2. Voir l'ensemble des contributions du colloque d'Amiens de 1978, *Littérature et Société au Moyen Âge*, Amiens, en particulier p. 160.
3. À la suite de S. Duparc-Quioc (*Le Cycle de la Croisade*, Champion, 1955) et aux côtés de F. Suard.

et des mentalités collectives [1] ». La littérature de croisade se structure en deux cycles dont l'élaboration s'étend sur quatre siècles : ce qu'il est convenu d'appeler « le premier cycle » concerne la période des XIIᵉ et XIIIᵉ siècles qui voient les entreprises chrétiennes se risquer en Orient. Le « deuxième cycle » reprend les mêmes périodes, mais il permet l'élaboration littéraire des siècles suivants, le XIVᵉ et le XVᵉ siècle, qui illustrent la vie tenace d'un « esprit de croisade [2] ». La « continuation » littéraire que constitue ce deuxième cycle témoigne des profondes incidences de l'événement dans les esprits, dans l'image de soi, dans la fascination pour des terres découvertes, et qui cette fois appartiennent à l'Autre.

Objet de la nostalgie des temps forts de la chrétienté, l'idéologie de la croisade jouira de la longue durée [3] : il suffit d'évoquer les grandes fêtes de la cour de Bourgogne, les fameux *Vœux du Faisan* prononcés au cours du banquet de Lille fastueusement organisé par le duc Philippe [4]. Le *Vœu du Faisan* révèle un superbe effort de propagande : scénarios, rôles, tapisseries, pantomimes, « entremets », « qui tous faisaient allusion au triste sort qui menaçait la chrétienté [5] ». Mais ces festivités n'eurent pas de résultat : le temps des croisades était révolu.

Pour revenir à la constitution de cette littérature de croisade — témoin s'il en est de l'effet produit non seulement sur la conscience morale des contemporains, mais sur l'inventivité des poètes de l'époque et sur ceux qui devaient en perpétuer le souvenir —, un ensemble important de textes est présenté dans ce volume. Du premier cycle, on trouvera *La Chanson d'Antioche* et *La Conquête de Jérusalem*. Le premier de ces textes a été situé entre la chronique et l'hagiographie : c'est un événement littéraire, car pour la première fois dans le genre épique, l'histoire contemporaine est cernée de façon directe [6]. Ce sont des personnages contemporains de la première croisade qui apparaissent ici. Dans l'autre texte, en revanche, la tradition de la chanson de geste apparaît plus nettement. *La Conquête de Jérusalem* se situerait plutôt entre l'épopée et l'historiographie : la fidélité aux événements de l'histoire cède le pas à la séduction de la forme

---

1. K.H. Bender, « La geste d'Outremer ou les épopées françaises des croisades », dans *La Croisade : réalités et fictions*, Actes du colloque d'Amiens de 1987, p. 30.

2. Nous renvoyons ici encore aux études très pertinentes de K.H. Bender dans le *Grundriss des romanischen Literaturen des Mittelalters*, volume III, et *Les Épopées romanes*, tome 1/2, fascicule 5, p. 35-87.

3. On pourra se reporter, pour ces rêves de croisade durant le Moyen Âge tardif, au volume *Splendeurs de la cour de Bourgogne*, en particulier aux contributions de Bruno Laurioux et de Colette Beaune, Robert Laffont, collection « Bouquins », 1995.

4. Le nom de la fête vient de l'oiseau emblématique, le faisan, sur lequel Philippe jure de partir en Orient, comme Alexandre le créateur de la chevalerie l'avait fait avant ses conquêtes.

5. *Splendeurs de la cour de Bourgogne, ibid.*, C. Beaune, p. 1133.

6. Alors que la chanson de geste s'attache généralement à « l'époque lointaine des Caroligiens » (K.H. Bender, « La geste d'Outremer... », p. 20).

narrative [1]. Si le récit s'intéresse à une gamme très large de la société des hommes concernés par la croisade — « des couches les plus basses de la société jusqu'au niveau le plus élevé de la féodalité [2] » —, le style épique l'emporte pourtant sur la fresque sociale.

Progressivement, on le verra, les thèmes de la croisade rejoignent l'évolution du genre épique. Des textes se composent qui s'attachent à la biographie de Godefroy et à la dynastie de Bouillon. La chanson de geste tend au romanesque, comme en témoignent *Le Chevalier au Cygne* et les textes qui sont attachés à ce noyau légendaire. Vers 1200 en effet, des poèmes épiques développent la jeunesse du héros et les éléments dynastiques autour de la glorieuse figure. Mais les dernières épopées du premier cycle se rapprochent de l'histoire proprement dite : elles prennent pour objet l'histoire du premier royaume de Jérusalem. Cet intérêt pour ce que les chroniqueurs ont pu connaître de leur côté pourrait s'expliquer — c'est une hypothèse — par la conscience du danger que représente l'activité des Mamelouks [3]. En tout état de cause, le phénomène remarquable pour le développement du genre épique fut donc le rapprochement avec la politique et l'historicité : la société occidentale chrétienne, avec les risques qu'elle osait prendre, déterminait le jeu des formes littéraires [4]. Et lorsque les figures héroïques s'organisent autour d'une généalogie et sur sept générations, les figures historiques se mêlent aux figures de la fiction [5]. Dans le deuxième cycle de croisade, le matériau épique s'élargit et se réorganise : il s'agit de l'*Histoire du Chevalier au Cygne et Godefroy de Bouillon*, de *Baudouin de Sebourg* et du *Bâtard de Bouillon* [6], enfin d'un texte en vers dont le héros était Saladin et dont il ne nous est

---

1. Nous renvoyons ici à l'introduction de Jean Subrenat pour le récit qu'il a traduit et présenté, *La Conquête de Jérusalem*.

2. Voir K.H. Bender dans Actes du colloque *Littérature et Société au Moyen Âge*, « Les épopées de la croisade ou la gloire épique du peuple dans *La Conquête de Jérusalem* », p. 159-176 ; p. 163 : « ... le peuple et les pauvres forment une force indépendante des hauts aristocrates, des nobles moyens et petits, peu nombreux, des ermites et des clercs, tous nommément cités, ainsi que du groupement des chevaliers. Cette apparition du peuple comme une force propre, c'est un phénomène tout à fait nouveau pour une chanson de geste ! »

3. Les Mamelouks sont des esclaves turcs et caucasiens, qui furent d'abord des gardes du corps des sultans. Ils furent achetés au XIIe siècle et amenés en Égypte. En 1249, les Mamelouks assassinent le sultan et imposent leur propre domination en Égypte et en Syrie. Pour la période plus tardive, on pourra consulter le document extrêmement intéressant d'Emmanuel Piloti. À l'époque des croisades, les Mamelouks menaçaient le deuxième royaume de Jérusalem.

4. Voir sur ces points l'ensemble des publications de K.H. Bender, dans la Bibliographie générale.

5. K.H. Bender, « La geste d'Outremer... », p. 24 ; les deux premières générations sont composées uniquement de personnages fictifs, et la troisième génération fait place aux figures historiques. Ainsi se dessine « une tendance à l'historicité dans cette généalogie qui a été créée tout au long du XIIIe siècle ».

6. Cette chanson de geste est traduite et introduite dans le présent volume par Jean Subrenat.

resté qu'une version en prose, *Saladin* [1]. Ainsi, pour l'ensemble de ces poèmes, on a pu dire qu'au premier cycle est assignée la tâche de dire, par une élaboration littéraire, le prestige des premiers croisés, à travers Godefroy de Bouillon et son lignage ; au deuxième cycle est assignée la belle mission d'exalter la chevalerie chrétienne à travers celui même qui l'a vaincue, le très grand Saladin.

Pour le lecteur qui s'attachera à ce genre premier de notre littérature qu'est la chanson de geste, souvent perçue comme un genre stéréotypé, le phénomène littéraire à retenir est que la chanson de croisade n'exploite pas le prestige de l'époque carolingienne. L'époque contemporaine est directement concernée ; il s'agit de la première croisade et des héros qui en ont fait la gloire. En outre, jusque lors les lois de la chanson de geste étaient telles que seuls des héros de la très haute noblesse l'animaient par leurs exploits : plus proche des hommes de l'époque, la chanson de croisade s'attache à des personnages moins prestigieux. Pierre l'Ermite, prédicateur de cette croisade, joue un rôle aussi important que les grands. C'est ici qu'apparaissent les Tafurs et les Ribauds, que *La Chanson d'Antioche* mettait déjà en scène. Les Tafurs sont des asociaux, qui constituent des combattants de très grande efficacité [2]. Un personnage de la haute noblesse, Thomas de Marle, se fait vassal du roi des Tafurs, car il souhaite entrer le premier à Jérusalem. Ce roi donne à Godefroy la couronne d'épines et c'est de lui encore que Godefroy veut tenir Jérusalem :

> *Jerusalem voil tenir de lui et de son don* [3].

Par la suite, le roi des Tafurs veut rester en Palestine pour défendre le Saint-Sépulcre [4].

On voit combien la malléabilité de la forme épique permet d'intégrer le fonds historique ; la constitution des chansons de croisade est un phénomène complexe et fascinant, aussi bien pour le médiéviste que pour le lecteur contemporain, aux yeux de qui la chanson de geste bien souvent apparaît comme un genre figé et peu mobile dans l'usage de la tradition [5].

---

1. Également traduite et présentée dans le présent volume, par Micheline de Combarieu.
2. Voir les chansons de croisade traduites dans le présent volume par Jean Subrenat et Micheline de Combarieu.
3. Vers 4842.
4. Les sources historiographiques latines, rappelle K.H. Bender (*op. cit.*, p. 166), relatent que les croisés pauvres étaient tout à fait prêts à rester en Terre sainte, et bien plus que les croisés nobles.
5. La célèbre *Chanson de la croisade albigeoise* suit l'exemple de *La Chanson d'Antioche* : elle s'intéresse aux événements qui se déroulèrent entre les années 1208 et 1219, et fut composée par un poète proche des croisés, du moins pour le début du texte ; la suite fut composée par un poète anonyme de Toulouse, proche du camp méridional.

ESPACES LITTÉRAIRES

Un fait important, on le voit, est le lien de l'Histoire et de la légende. Le second cycle de la croisade s'attache aux origines familiales de Godefroy de Bouillon : son ancêtre mythique est le Chevalier au Cygne. Par l'intégration de ce schème de contes, la matière épique intégrerait-elle une tendance au romanesque ? La séduction de ces schèmes renvoie au mythe de la naissance du héros [1]. C'est dire que pour un récit qui se veut véridique, le mystère des légendes inquiète, et l'auteur de *La Chanson du Chevalier au Cygne et de Godefroy de Bouillon* souligne que son récit n'est pas un roman de la Table ronde, mais une histoire véritable :

> *Segnor, oiiés por Dieu, le pere espiritable,*
> *Que Jhesus vos garisse de la main au diable ;*
> *Tés i a qui vos cantent de la reonde table,*
> *Des mantiaux engoulés de samis et de sable ;*
> *Mais je ne vous veux dire ne mençogne ne fable ;*
> *Ains vos dirai canchon, ki n'est mie corsable,*
> *Car ele en l'estoire, ce est tout veritable [2].*

Beatrix, l'épouse du roi de l'Île de Mer, calomnie une mendiante : on ne peut avoir de jumeaux sans péché de commerce sexuel avec deux hommes. Mais elle-même est enceinte et accouche de sept enfants : chacun porte au cou un chaîne d'argent. La belle-mère décide de faire périr les enfants merveilleux [3], en l'absence du père à qui l'on fait croire que la reine a accouché de chiots. Les enfants sont exposés près d'une rivière où un ermite les recueille. La vieille reine les découvre, leur fait enlever leurs colliers. Voici les enfants changés en cygnes. Le septième, qui a pu garder son collier, va visiter ses frères : il apprend qu'il est fils de roi, l'ermite lui découvre son origine et lui confère un nom, Elyas [4]. L'enfant redonne les colliers à ses frères qui reviennent à la forme humaine, sauf l'un dont le collier a été fondu et qui restera cygne. Elyas épouse la dame de Bouillon, leur fille épouse le comte Eustache de Boulogne : elle sera mère de trois fils illustres, Eustache, Godefroy et Baudouin.

Si la littérature de croisade est liée à l'histoire, elle y mêle volontiers la légende et use de motifs tirés de la littérature, de la culture de l'époque, avec les entrelacements de registres dans lesquels puise le récit de croisade. Ainsi le motif de la « reverdie », connu de la lyrique tout comme d'un début de récit chez Chrétien de Troyes, inaugure *Le Bâtard de Bouil-*

---

1. Voir Otto Rank, *Le Mythe de la naissance du héros* (Bibliographie générale).
2. *La Chanson du Chevalier au Cygne et de Godefroy de Bouillon*, laisse I, éd. Ch. Hippeau.
3. *Ibid.*, laisse III : « *Au naistre des enfants* » ; VII : « *fees i avoit / Qui les enfans destinent que cascun avenroit. / Ensi que li uns enfes après l'autre naissoit, / Au col une caîne de fin argent avoit.* »
4. *Ibid.*, laisse III.

lon[1]. De très beaux tableaux sollicitent le regard émerveillé, en mettant en scène les destriers, les bannières d'or et d'azur, les lances et les blasons. Ainsi les armées s'avancent dans l'espace d'Orient. Dans *La Conquête de Jérusalem*, apparaît la cité de Jérusalem, avec « ses murailles, ses donjons, ses hautes tours de pierre, ses brillantes tentures[2] ». Et le regard du croisé rêve à des merveilles du jardin oriental ainsi qu'à la prospérité de sa propre terre, face à la terre désertique dont le comte de Flandre se demande comment Jésus, le fils de Marie, a pu y vivre :

> On devrait y trouver encens, pyrèthre, garingal, gingembre, roses fleuries, herbes médicinales pour soulager les hommes. J'aime mieux la grande seigneurie d'Arras, les grandes routes d'Aire et de Saint Pol, les pêches abondantes dans mes beaux viviers que toute cette terre et la ville antique.

Les monts de Roncevaux ont été célébrés, car Roland y mourait d'une mort glorieuse. L'espace des chansons de geste de la croisade, s'il est moins dramatique, impressionne l'auditeur ou le lecteur, d'une part parce que la chrétienté y déploie ses armées et ses fastes, d'autre part parce que l'Orient fascine. Jérusalem est le lieu par excellence de la nostalgie, de l'émerveillement, du désir et du désespoir. On ne s'étonnera pas de trouver la ville prestigieuse évoquée dans les poèmes des trouvères, mais les chansons de geste font plus que l'évoquer : elle est mise en scène comme le lieu par excellence où le Sarrasin redouté attend son adversaire, où le chrétien enfin couronné par la victoire devient fondateur d'un royaume.

Au-delà de Jérusalem, les paysages d'Orient deviennent « landes » ou « champs », où la chevalerie occidentale arbore ses emblèmes, fait claquer ses bannières et ses oriflammes. Les armées sont accompagnées de tentes, d'abris, de chaudrons, de fourneaux. Les ambitions de conquête sont à l'aune des espaces envahis : dans *La Conquête de Jérusalem*, les armées « avancent à travers les plaines de Syrie, dépassent la riche cité de Damas, laissant sur leur gauche Tibériade pour prendre la direction de La Mecque ».

À parcourir ces grandes fresques de la Terre sainte, grâce au talent de leurs auteurs, on n'oublie guère que le temps des croisades vit se développer en Occident la littérature en langue vernaculaire : *Floire et Blanche-flor*, le *Roman de Thèbes*, le *Roman de Rou*, le *Roman de Troie* pendant la deuxième croisade ; entre la deuxième et la troisième croisade, Chrétien de Troyes, Gautier d'Arras, Marie de France composent leurs

---

1. Laisse I : « C'était la belle saison, le début du mois de mai : les prés sont en fleurs, les oisillons chantent, les amants se réjouissent de leur sort [...] c'est à cette époque de l'année, seigneurs, que se réunirent dans le temple de Salomon le roi Baudouin le propre frère de Godefroy de Bouillon, Tancrède, Bohémond, Corbaran d'Oliferne au clair visage, Huon de Tibériade, Pierre l'Ermite, Baudouin de Sebourg au cœur de lion et ses trente bâtards de grande renommée. »

2. *La Conquête de Jérusalem*, laisse VII.

poèmes ; le temps de la quatrième croisade est celui des *Continuations de Perceval*, et celui des récits en prose. La cinquième et la sixième croisade sont parallèles aux grands accomplissements en prose, le *Lancelot*, le *Perlesvaus*, la *Quête du saint Graal*. Ici aussi la croisade a pu suggérer des accents nouveaux. À travers les vers d'amour et leurs motifs convenus, on peut cerner l'événement : « Beau doux ami [dit la dame à l'absent], comment pourrez-vous endurer le grand regret de moi sur la mer salée, puisque rien ne pourrait décrire la grande souffrance qui m'est entrée au cœur[1] ? »

Très proche des événements, la chanson de croisade parle ainsi d'un événement réel et communautaire, avec les échos de la vie individuelle, qui s'exprime par la plainte, la douleur de devoir quitter sa dame, ou l'indignation du chrétien qui s'alarme de l'indifférence et de la lâcheté de ses contemporains face à l'importante mission de la croisade. La chanson de croisade est liée aux émotions collectives et individuelles de l'Occident chrétien. Le rapport avec l'actualité est parfois très clair. La première croisade, qui aboutit à la prise de Jérusalem, n'a légué au temps aucune chanson, mais on sait, par les pages d'un chroniqueur, que des croisés auraient alors chanté une chanson appelée « chanson d'outrée » (« en avant ! »), cri de guerre des croisés. La deuxième croisade, qui fut un échec, est évoquée par une seule chanson anonyme[2]. La troisième croisade en revanche inspira un nombre plus important de poèmes. Sous l'influence des troubadours et de la *canso*, les poètes du Nord, les trouvères, ont composé des poèmes, et leurs noms sont connus : Huon d'Oisi, le Châtelain de Cambrai, Conon de Béthune, le Châtelain de Coucy. Les croisades ultérieures ont suscité quelques pièces lyriques[3]. De la sixième croisade en particulier on a conservé quatre chansons d'un très grand seigneur, d'un illustre trouvère, Thibaut de Champagne. Deux autres poèmes ont été composés dans son entourage, et enfin trois chansons anonymes ont été écrites à l'occasion de la croisade menée par Saint Louis[4].

La chanson de croisade peut être une sorte de poème politique, proche du sirventès de pays d'Oc : les poèmes parlent de l'angoisse du chrétien face à une terre ravagée où le Christ a souffert la Passion. Il s'agit alors de venger le Crucifié, l'appel et l'exhortation viennent de Dieu même. Quant aux auteurs de ces poèmes, certains ont été des seigneurs-croisés, des seigneurs-poètes, d'autres des clercs ou des jongleurs ; l'audience, si l'on suit l'accent des textes, pourrait avoir été faite de chevaliers, ou d'un public plus populaire.

---

1. Voir J. Bédier et P. Aubry, *Les Chansons de croisade*, p. 287-289 (Bibliographie générale).
2. On lira au début de ce volume la traduction de la chanson « *Chevalier, mult estes guariz* ».
3. Ainsi, celle de Hugues de Berzé, seigneur bourguignon.
4. La septième croisade.

Dans l'engagement au départ se devine le vécu, voire le drame, et la chanson de croisade rejoint alors le registre de la chanson qui parle de la *fin'amor*, de l'amour parfait. Le chevalier-poète, conscient de son devoir de croisé, déplore la séparation d'avec sa dame, car il n'est pas facile de concilier le service de Dieu et celui dû à la dame [1]. Enfin, la chanson de croisade peut réellement être un poème de départ : la longue séparation envisagée concerne alors les dangers de l'entreprise et l'incertitude de son issue. Parfois le poème préfigure le chant de deuil. Genre « pluridimensionnel », comme le formulait Pierre Bec, la chanson de croisade, qui repose indiscutablement sur l'événement de l'histoire, touche ainsi à plusieurs genres lyriques : au chant d'amour de l'amant, à la complainte de femme, au chant politique [2].

CHRONIQUES

Prête-t-on l'oreille au conteur de la *La Conquête de Jérusalem*, il affirme de sa chanson : « Personne n'en a encore composé ni entendu de semblable. » La croisade attache le mérite à la guerre sainte, car Dieu sait rétribuer celui qui l'a bien servi :

> De même qu'un roi, lorsqu'il réunit sa cour, prend souci des grands, de même Dieu là-haut accorde sa joie à l'âme dont le corps l'a bien servi. Un roi fait asseoir ducs et comtes à côté de lui et accepte les pauvres chevaliers à sa cour ; chacun prend la place qu'il peut tenir. Ainsi en est-il des âmes, je peux bien vous l'affirmer, car Dieu placera les meilleurs à côté de lui pour leur partager ses bienfaits [3].

La gravité est le ton majeur d'une chronique. L'énonciation est centrée sur un locuteur qui veut dire une vérité et affirme l'authenticité de sa parole. Ici la réalité historique de la croisade semble cernée, traquée et vérifiée [4]. « Les historiographes marchent entre deux précipices », dit Guillaume de Tyr, car il s'agit de « rapporter sans l'altérer la suite des actions et ne pas s'écarter de la règle de la vérité ».

L'écrit des chroniques occupe une large place dans le présent volume. Pourtant, dans l'abondance des textes, un choix a été fait, et deux voix en ont eu le privilège : l'une est celle du grand historien du XIIe siècle, qui relate l'histoire de l'Orient latin depuis sa conquête par les croisés jusqu'en 1183. L'autre voix est celle de Robert de Clari, petit seigneur de

---

1. Jean Frappier voyait là une tension que pour sa part Pierre Bec estime moins évidente : il semblerait plutôt que la chanson de croisé se greffe sur un chant d'amour, ou inversement.
2. Voir Pierre Bec, *La Lyrique française au Moyen Âge*, p. 157 (Bibliographie générale).
3. *Le Bâtard de Bouillon*, laisse XX.
4. Voir le Prologue de Guillaume de Tyr : il importe de « ne pas laisser ensevelir dans le silence et tomber dans l'oubli les actions qui se sont passées autour de nous durant un espace d'environ cent ans, mais, d'une plume appuyée, en conserver diligemment le souvenir pour la postérité ». On lira dans le présent volume la *Chronique* de Guillaume de Tyr *(Historia rerum in partibus transmarinis gestarum)*, traduite et présentée par Monique Zerner.

Picardie « qui se fond dans la masse des croisés[1] ». Robert de Clari dit avoir raconté « l'exacte vérité » et avoir « passé sous silence une bonne partie, ne pouvant tout rappeler ». Son œuvre sera lue en regard de la *Conquête de Constantinople* relatée par Geoffroi de Villehardouin, homme politique important dont la chronique accueille, par sa facture littéraire, les divers registres de l'écrit ; elle se fait l'écho de la chanson de croisade, de l'historiographie en vers et des romans antiques. Maréchal de Champagne, il se croisa aux côtés de son seigneur le comte Thibaut III, en 1199. Négociateur, orateur habile, homme d'ambassades, homme de guerre, il fut chargé de protéger Constantinople. Sa chronique de la quatrième croisade va de la prédication de Foulques de Neuilly en 1198 à la mort de Boniface de Montferrat. Villehardouin impose la langue vernaculaire dans l'historiographie : le chroniqueur donne à son récit « la forme la plus apte à dire la vérité[2] ».

On suivra également le regard et le savoir d'Hayton, neveu du roi d'Arménie, religieux prémontré à Chypre, dont *La Fleur des histoires de la terre d'Orient*, après une description des royaumes d'Asie, s'attache à l'histoire des dynasties arabes et turques, puis à l'histoire des Mongols depuis Genghis Khân, et enfin — ce qui nous intéresse particulièrement ici — à un traité sur la croisade. Lui aussi suit avec précision les faits et les dates, et son traité reste l'une des meilleures sources pour la connaissance du Proche-Orient à la fin du XIIIe et au début du XIVe siècle[3] :

> Moi, frère Hayton, je dois traiter ce sujet sur ordre du seigneur pape et dire qu'en vérité les chrétiens ont une raison juste de faire la guerre aux Sarrasins et à la lignée prostituée de Mahomet, car ils ont occupé leur héritage, la Terre sainte, promise par Dieu aux chrétiens et tiennent le Saint-Sépulcre de Notre Seigneur Jésus-Christ qui est à la source de la foi chrétienne.

C'est en effet sur l'ordre du pape Clément V qu'il dit avoir écrit ce traité sur « le passage en Terre sainte ».

Pour esquisser l'abondance des chroniques, on rappellera ici que la première croisade a été relatée par Raymond d'Aguilers[4], puis par l'auteur des *Gesta Francorum et aliorum Hierosolimitanorum*, enfin par Pierre Tudebode qui aurait, dit-on, plagié l'auteur anonyme des *Gesta*. Ces trois auteurs ont donné à leurs chroniques une physionomie relativement per-

---

1. À son tour il exprime ses scrupules : « Il y eut tant d'autres chevaliers d'Île-de-France, de Flandre, de Champagne, de Bourgogne et d'autres pays qu'il nous est impossible de tous vous les citer, de valeureux et preux chevaliers. » On trouvera dans ce volume la traduction et la présentation de Jean Dufournet de *La Conquête de Constantinople*.

2. Comme le rappelle Jean Dufournet dans son Introduction à *La Conquête de Constantinople* de Robert de Clari.

3. Ch. Deluz parle de la connaissance de « l'échiquier compliqué du Proche-Orient » à l'époque. Voir ci-dessous la traduction et la présentation de *La Fleur des histoires de la terre d'Orient*, par Ch. Deluz.

4. Chapelain du comte de Saint-Gilles qu'il accompagna. Le récit qu'il fit de la croisade est enthousiaste : il s'agit de l'*Historia Francorum qui ceperunt Jherusalem*.

sonnelle. Foucher de Chartres, chapelain de Bourgogne, a écrit une *Historia* qui parle remarquablement de la croisade des Français du Nord [1]. Dans le même domaine, Raoul de Caen, qui n'est pas un témoin à part entière, tout en ayant fait le trajet pour la Terre sainte, a rédigé des *Gesta Tancredi* [2]. Par la suite, et à partir du début du XIIᵉ siècle, des chroniqueurs rédigent des relations d'une croisade à laquelle ils n'ont pas participé : il en est ainsi de Baudri de Bourgueil, de Guibert de Nogent et de Robert, moine à Saint-Remi de Reims. Leurs écrits, on l'a souligné, sont également alimentés de souvenirs personnels, et, si l'on suit Gilette Tyl-Laborit, ils ont même pris parfois des positions personnelles face aux événements et aux hommes [3].

De la deuxième croisade, il n'est resté que la relation d'Eudes Deuil, qui fut le compagnon de Louis VII, et dont le récit ne va pas au-delà de la date de 1148. La troisième croisade est relatée en langue vernaculaire dans l'*Estoire de la guerre sainte*, long poème en octosyllabes composé par un auteur nommé Ambroise, compagnon de Richard Cœur de Lion à la croisade [4]. La quatrième croisade bénéficie de la faveur de la prose, au début du XIIIᵉ siècle : il s'agit de Geoffroi de Villehardouin [5] et de Robert de Clari, dont le texte intégral est traduit dans le présent volume [6]. La cinquième croisade, hormis la prise de Damiette en 1219, n'a pas laissé de trace écrite en langue française, pas plus que la sixième croisade menée par Frédéric II. En revanche, la septième croisade — la première que mena le roi Louis IX — est remarquablement éclairée par le mémorialiste du grand roi, Jean de Joinville, auteur de la *Vie de Saint Louis* [7]. Dans les souvenirs qu'il a dictés, il s'attache aux moments de sa propre vie dans l'intimité du roi, relate ses vertus chrétiennes et politiques, ses faits et ses propos. Intégrant à ses Mémoires un récit de la croisade, il sait remarquablement décrire des moments forts de l'expédition, les navires en péril, la défense du pont sur le Nil, le départ de la flotte. Il s'agit d'un récit rétrospectif, et les marques de ce discours intéressent très particulièrement les historiens de la littérature [8]. Quant à la dernière croisade, ce sont les biographies royales qui la prennent en compte. Ainsi la mémoire de la croi-

---

1. Texte qui fut traduit au XIIIᵉ siècle, abrégé sous le titre *Estoire de Jerusalem et d'Antioche* ; il inclut des détails légendaires.
2. Il était le chapelain de Tancrède.
3. Gilettre Tyl-Laborit trace un excellent et riche parcours dans *Dictionnaire des Lettres françaises. Le Moyen Âge*, p. 358 à 363 (Bibliographie générale).
4. Il s'agit là d'un véritable témoin des événements. Son texte fut par la suite traduit en latin et intégré dans l'*Itinerarium peregrinorum et gesta regis Ricardis*, de Richard de la Sainte-Trinité de Londres, G. Tyl-Laborit, *ibid.*
5. Dont le récit sera continué par Henri de Valenciennes.
6. Voir la présentation et la traduction de Jean Dufournet.
7. Voir l'édition et la traduction de Jacques Monfrin, citées plus haut.
8. Voir dans la Bibliographie générale les articles de Philippe Ménard, Michèle Perret, Michel Zink ainsi que l'ensemble des contributions de Jacques Monfrin.

sade appartient à la longue durée, et hors du domaine de la chronique, elle sollicitera largement l'imaginaire littéraire [1].

Ce volume accorde une belle place à Guillaume de Tyr, cet homme d'outre-mer qui s'attache aux faits jusqu'à la date de 1184. Il fut traduit et continué, à partir de la date à laquelle il s'arrête, jusqu'en l'an 1197. Sa *Chronique* ainsi augmentée servira de base aux historiens postérieurs. Pour les écrits rédigés en terre orientale, on peut lire les *Mémoires* de Philippe de Novare qui suivit le baron de Chypre au siège de Damiette. Philippe s'engagea en faveur du parti guelfe à Chypre et en Syrie. Ce qu'on appelle les *Gestes des Chiprois* apparaît comme un ensemble de chroniques composées en Orient, dont la seconde partie concerne précisément la plume de Philippe de Novare. Cette compilation est au demeurant fort intéressante, car elle fut composée en Orient au XIIIe et au XIVe siècle [2]. Quant à l'Arménien Hayton, sa précieuse *Fleur des histoires d'Orient* s'attache à un fait remarquable de la culture occidentale : le contact et la connaissance des Mongols. Henri de Valenciennes, qui prend part à la croisade vers l'an 1200, est le continuateur de Villehardouin et suit Baudouin de Flandre, élu empereur latin de Constantinople en 1204. Pour notre propos, son *Histoire de l'empereur Henri de Constantinople* [3] rend compte de faits très importants : la campagne contre les Bulgares, la guerre des Lombards, l'opposition aux successeurs de Boniface de Montferrat à Salonique [4].

VOYAGES ET PÈLERINAGES

Dans *La Fleur des histoires de la terre d'Orient*, Hayton rappelle qu'il eut pour fonction de représenter les souverains arméniens auprès des khans tartares. Or le Moyen Âge vit se multiplier les ambassades vers les Mongols et les récits de voyage abondent [5]. Témoignage important pour la connaissance politique du Proche-Orient, le livre d'Hayton révèle « l'élargissement à la fois dans l'espace et le temps [6] » des horizons des

---

1. Ainsi au XVe siècle, à la cour de Bourgogne, des romans se profilent sur fonds de croisade, tels *Le Livre de Baudouin comte de Flandre*, le *Roman de Gillion de Trazegnies, La Belle Hélène de Constantinople* : voir *Splendeurs de la cour de Bourgogne*, éd. cit.

2. Il s'agit d'une chronique des royaumes de Jérusalem et de Chypre entre 1131 et 1224, et de la partie attribuée à Philippe de Novare, qui s'attache à la lutte du royaume de Chypre contre Frédéric II entre 1228 et 1243 ; il s'agit enfin de l'histoire des royaumes latins d'outre-mer, de 1243 jusqu'au début du XIVe siècle. Pour tous ces détails, nous nous appuyons sur la notice très riche de Gilette Tyl-Laborit citée plus haut.

3. Henri est frère de Baudouin, il fut couronné en 1206.

4. Pour ce texte qui semble la suite de la chronique de Villehardouin, nous renvoyons à l'article de Jean Dufournet, « Robert de Clari, Villehardouin et Henri de Valenciennes... » (Bibliographie générale).

5. Celui de Jean de Plan Carpin en 1326, celui de Guillaume de Rubrouck en 1253, *Le Devisement du Monde* de Marco Polo en 1298.

6. Voir ci-dessous, p. 807, Ch. Deluz dans son introduction au texte d'Hayton.

Occidentaux et des Orientaux : cet élargissement a été permis par la paix mongole.

Les hommes au Moyen Âge se déplacent plus souvent que nous ne le pensons ; les parcours sont longs, pour des échanges de tous genres, le commerce ou l'étude, les guerres et les croisades, les marchés, les pèlerinages. Déjà une attention très fine est portée, Jean Subrenat l'a montré, à l'attitude des hommes en face du voyage dans la littérature [1]. Pour cette étonnante mobilité des hommes du Moyen Âge [2], il est des descriptions remarquables de l'attitude des héros au moment du départ ou en chemin [3]. Des parcours souvent extravagants sont assignés aux héros ou aux héroïnes, sur terre ou sur mer, et la portée symbolique en apparaît à la lecture. Bien plus, même les fils d'une fée, les aînés de la bonne Mélusine, empruntent les trajets d'un parcours de croisé, et laissent leur nom aux lignages d'Orient. Et plus tard, lorsque les parcours dans les romans auront adopté une plus grande fidélité à la géographie des terres, lorsque l'Espagne par exemple entre réellement en littérature, les déplacements d'un Jacques de Lalaing témoignent là aussi de la valeur politique et idéologique des messages ainsi portés [4].

Le Moyen Âge est une période de voyages incessants qui mènent à la découverte de l'autre. Les explorations et les missions y furent nombreuses. Le voyage du pèlerin est un genre narratif qui témoigne des pratiques de dévotion et de la permanence d'un discours dont les articulations se retrouvent, de récit à récit. Mais le pèlerinage se veut événement : même si le récit de pèlerin relève d'une longue tradition, il veut être cru comme récit d'un vécu s'inscrivant dans le temps. Ainsi le pèlerin raconte sa hâte vers les Lieux saints et impose Jérusalem comme pôle puissant de son désir.

Il est des voyages dictés par la dévotion, il en est d'autres guidés par la curiosité, le goût du nouveau, le désir du profit. Si la tradition du pèlerinage est un fait qui intéresse toute la chrétienté, et si les pèlerinages ont suscité des élaborations de guides, des descriptions d'étapes, de lieux d'accueil, la signalisation de sanctuaires, c'est plus largement dans un monde qui voit reculer ses frontières que ces parcours doivent être

---

1. Voir Jean Subrenat, « L'attitude des hommes en face du voyage d'après quelques textes littéraires », Actes du colloque d'Aix-en-Provence, p. 395 à 409 (Bibliographie générale).
2. Étonnante pour nos propres normes de parcours.
3. J. Subrenat, *ibid.*, p. 397. Qu'il s'agisse en effet des fabliaux et des paysans qui s'y montrent actifs, du bonimenteur chez Rutebeuf, qui fait état de ses voyages d'étude, du *Roman de Renart* ou des fictions de type romanesque, à commencer par les quêtes du monde arthurien, les déplacements sont des faits essentiels. On pourra évaluer le dynamisme du roman arthurien en se reportant à *La Légende arthurienne*, Paris, Robert Laffont, coll. « Bouquins », 1989.
4. On peut en avoir quelque idée en se reportant au *Livre des faits de messire Jacques de Lalaing*, présenté et traduit par C. Beaune dans *Splendeurs de la cour de Bourgogne*, éd. cit.

évalués. Plan Carpin fut chargé d'une exploration en Mongolie en 1245-1246 [1], Guillaume de Rubrouck fut également chargé d'une mission et écrivit un véritable rapport de voyage, en 1255. Des messagers furent envoyés par le pape vers la Syrie et la Mésopotamie, puis vers la Chine, comme le franciscain Giovanni da Monte Corvino en 1291. Odoric de Pordenone sera envoyé en Chine de 1314 à 1329 : il s'agit là d'un voyageur séduit par les « merveilles » et les faits étonnants. On connaît la ténacité de la légende du Prêtre Jean, et *Le Devisement du Monde* de Marco Polo devait montrer encore mieux la fascination pour les nouveautés, pour les étrangetés de la vie des hommes tout autant que pour la géographie.

Les descriptions de la Terre sainte sont nombreuses. À la fin du XIIIe et au début du XIVe siècle, la littérature des projets de croisade prospère : il s'agit de ces « passages en Terre sainte » dont les témoins sont multiples. Trente projets « français » de croisade en témoignent au début du XIVe siècle. Le quatrième livre d'Hayton précisément comporte un plan de reconquête de la Terre sainte. Le XVe siècle voit une efflorescence des projets de croisade : Bertrandon de La Bronquière traduit pour Philippe le Bon l'*Advis sur la conqueste de Grece et de la Terre sainte* du chambellan de l'empereur de Constantinople, Jean Torzelo. Emmanuel Piloti, grand marchand vénitien, passe une quarantaine d'années en Orient, de 1396 à 1438 : il veut convaincre le pape de lancer une expédition sur Alexandrie, la clef du passage vers Jérusalem [2].

Le rapport au réel engage ce que l'on croit et ce que l'on croit savoir. Les voyageurs font état de prodiges stupéfiants et de monstres vus : ils y croient, ou prétendent y croire [3]. De là à susciter la vogue des voyages « littéraires », il n'y a qu'un pas. Ceux-ci se multiplient à partir de début du XVe siècle. Même dans ces cas-là, le simulacre de la découverte et de l'étonnement désigne l'usage du faux : il s'agit d'un faux pour créer un effet de vérité, phénomène qui éclaire le fameux *Livre* de Jean de Mandeville.

Souvent le pèlerin — tel Ludolph de Sudheim au XIVe siècle — est très désireux de dire ce qu'il a vu et ce qu'il sait « des habitants et de leurs mœurs et les merveilles que peuvent apercevoir ceux qui traversent la mer ». Les pèlerins, s'ils puisent dans la topique des parcours convenus, ne manquent pas de signaler qu'ils sont au cœur de l'événement. Ludolph situe son statut de témoin, la transmission par des sources secondes, son désir d'élaborer un récit authentique :

---

1. Qui fut à l'origine de l'*Historia Mongolorum*.
2. Son traité, écrit en dialecte vénitien, peut-être en latin, est traduit en français, peut-être par l'auteur lui-même, et peut-être à l'attention du duc de Bourgogne, Philippe le Bon.
3. Voir l'ouvrage de Claude Kappler, *Monstres, démons et merveilles à la fin du Moyen Âge* (Bibliographie générale).

J'ai été dans ces régions d'outre-mer de l'an du Seigneur 1336 à l'an du Seigneur 1341. Que l'on ne s'attende pas à ce que je dise tout ce que j'ai vu, je m'inspirerai des écrits de mes nobles prédécesseurs et je dirai ce que j'ai pu apprendre sur place d'hommes dignes de confiance. Je pourrais en dire bien plus encore, mais je craindrais d'être traité de menteur par ceux qui sont indignes d'apprendre et auxquels tout semble inouï et incroyable.

De même Thietmar décrivait son « ardent désir » de voir en personne ce dont il avait entendu parler. Et il ne croit « pas inutile de confier à l'écrit » ce qu'il a vu lui-même, ou « appris sûrement de témoins dignes de foi ». Ce qui engage aussi des événements exceptionnels, les périls des coups de vent, le danger des pirates, celui des monstres marins [1]. L'œil du pèlerin en Orient est vif de curiosité. Thietmar, sur les bords de la mer Rouge, parle des coquillages « admirables et ravissants ainsi que des pierres non moins belles d'un blanc éclatant comme des cornes de cerf, ou de teintes dorées ». Aux yeux de l'Occidental, ce sont là des « merveilles », mais il est question aussi des délices et saveurs de l'Orient. Pour Symon Semeonis, Alexandrie est une ville étonnante, dont le pain est particulieusement délicieux, où les « pommes de paradis » ont une consistance « des plus douces » : « si on les coupe transversalement, on y voit clairement la figure du Christ pendu à la croix ». On ne saurait plus clairement associer la légende, le goût et la dévotion.

Le regard sur l'Autre dont témoignent ces textes sont des regards étonnés et bien souvent émerveillés. L'Autre habite un espace enviable : on le voit déjà dans certains passages de chansons de geste qui par ailleurs mettent en scène des guerriers redoutables. À la fascination d'un Orient somptueux s'attache le cliché de l'adversaire à affronter. L'image du musulman et de son univers engage une évaluation à la fois critique et positive. Chez Robert de Clari par exemple, il n'est pas assez de mots pour décrire le palais de Boucoléon :

> ... ce palais qu'occupait le marquis [de Montferrat] comportait cinq cents appartements reliés les uns aux autres, tous faits de mosaïques d'or et il y avait bien trente chapelles, grandes et petites, dont l'une était appelée la Sainte Chapelle, si riche et si grandiose qu'il n'y avait ni gond ni verrou ni aucune pièce, à l'ordinaire en fer, qui ne fût tout en argent, ni de colonne qui ne fût de jaspe ou de porphyre ou de pierres précieuses.

Ainsi Robert de Clari rapporte l'émerveillement des Français devant Sainte-Sophie et devant les Jeux de l'empereur, ces trente ou quarante gradins surmontés de « loges élégantes et magnifiques », tout comme devant les automates à fonction allégorique [2]. Bref, Robert avoue l'impuissance du narrateur à énumérer toutes ces merveilles.

---

1. Ludolph de Sudheim écrit : « J'ai vu près de la Sardaigne trois poissons qui, en respirant, projetaient en l'air une grande quantité d'eau avec un bruit de tonnerre. »

2. Il s'agit de deux statues de femmes en cuivre, de vingt pieds de haut : « L'un tendait sa main vers l'Occident et portait cette inscription : "Du côté de l'Occident viendront ceux

Outre sa mission religieuse, Guillaume de Rubrouck a su trouver un regard pour les populations mongoles qu'il découvrait : « Les femmes se font faire de très beaux chariots que je ne pourrais vous décrire qu'avec une peinture : bien plus, je voudrais vous les peindre tous, si je savais peindre. » À l'émerveillement se joint le sentiment d'entrer « dans un autre monde ». Altérité bénéfique, puisque Guillaume revient tolérant et riche d'informations. Hayton lui-même livre des notations sur les comportements : ainsi les Tartares « ne savent tenir secrets leurs projets. Ils ont coutume en effet, à la première lune de janvier, de décider de tout ce qu'ils feront dans l'année. » Bénéfique usage de la diffusion publique, à laquelle s'opposent les comportements des Sarrasins qui, eux, « savent cacher leurs projets », ce qui leur a été bien utile. Déjà le sentiment d'une relativité des mœurs se fait jour. La chanson de la croisade se prête à des évocations de mœurs surprenantes, à ce qu'on a appelé le « réalisme parfois à peine soutenable » dans *La Chanson d'Antioche* par exemple [1]. Au merveilleux — sous la forme d'un fantastique que suscite l'imagination de peuples éloignés, voire la superstition redoutée — s'ajoutent des scènes de tortures et de mutilations, des scènes d'anthropophagie. Ainsi la réalité des guerres se mêle à des projections craintives des mœurs barbares.

Le regard sur l'Autre dont témoignent ces textes peut révéler la peur, certes, mais surtout l'étonnement et l'émerveillement. Sous la plume patiente et persuasive d'un Emmanuel Piloti, l'espace de l'Autre est un espace souvent judicieusement aménagé. Alexandrie et Le Caire au début du XVe siècle témoignent d'une architecture et de modes de vie fort valorisés.

Dans le domaine du rapport de voyage, le franciscain Guillaume de Rubrouck accordait à l'Autre un regard de qualité. Mais cet Autre, si divers, si surprenant, prêtait à fantasmes, et le Moyen Âge ne s'est guère privé d'évoquer ce glissement qui va de l'humain, proche encore par la morphologie, par son mode de vie et ses coutumes, à ce qui relève du monstrueux et d'une fantasmagorie corporelle, dont les récits de voyageurs font état. De là à fabuler le voyage, la tentation est grande. Puisque la vérité pouvait être alléguée à propos de ce qui probablement n'avait jamais été vu, pourquoi ne pas prétendre avoir fait le voyage tout en restant « en chambre » ? Ce fut vraisemblablement le cas de Jean de Mandeville.

La fascination d'un Orient merveilleux n'exclut pas le coup d'œil d'évaluation critique et positive. Le lecteur appréciera lui-même, à travers les exploits des croisés ou leurs défaites, ce que signifient la force, la stra-

---

qui conquerront Constantinople", l'autre tendait la main vers un vilain endroit avec cette inscription : "C'est là qu'on les fourrera". »

1. Voir Robert Deschaux, « Le merveilleux dans *La Chanson d'Antioche* », dans *Au carrefour des routes d'Europe*, t. I, *Senefiance*, n° 20, p. 431 à 443.

tégie, la richesse de ceux qu'ils affrontent. Loin de nuire à l'image de l'Orient en en soulignant les périls, la littérature s'est plu à en exalter les grandeurs, en faisant appel, par exemple, à des récits de lignage qui attachent le grand Saladin à une grande famille du nord de la France [1]. Ainsi la littérature, en accueillant les grandes figures héroïques, témoigne bien de son pouvoir de remodeler l'histoire.

Saladin est loué pour « sa libéralité et sa largesse de cœur », pour son goût de la juste rétribution : « ... dès le début de son règne, sa générosité lui valut l'amour des Babyloniens et il s'acquit ainsi la bienveillance de tant de gens que jamais, bien au contraire, il ne devait ensuite manquer d'hommes pour participer à ses entreprises ». Mieux encore, c'est un musulman intéressé par les rites de la chrétienté [2]. Entrant à Jérusalem, il s'adresse au seigneur de Tabarie « qu'il considérait comme un des plus vaillants chevaliers de la chrétienté », et par sa curiosité et sa finesse, le musulman rejoint sans peine son interlocuteur chrétien :

> ... je vous prie, sur la foi que vous devez à votre dieu, que vous me montriez quels sont les usages des chrétiens pour faire un chevalier. [...] Je veux que vous me le montriez en me faisant chevalier... [*Au refus de son interlocuteur, il réplique :*] Je ne crois pas qu'à me faire chevalier, vous porteriez atteinte à la puissance de votre religion, ni que votre honneur en serait atteint...

Pour ce qui apparaît, dans un grand nombre de récits de voyages, comme une perception extravagante de l'Autre, la question d'une altérité exotique se pose clairement. Il s'agit bien là d'une question anthropologique. Pouvait-on croire aux mythes ? Pouvait-on croire à ces populations étranges, en deçà ou au-delà de l'humain, à ces figures mythiques dont on meuble un lointain que, somme toute, on a vu à travers la grille projetée sur toute altérité ? Pour Christiane Deluz, Jean de Mandeville est l'un des auteurs les plus singuliers et les plus mystérieux du Moyen Âge, un auteur dont on ne sait s'il fut réel ou fictif. Il parcourt le monde, va de la Terre sainte à la lointaine Asie en passant par l'Afrique : il s'agit d'un érudit hors pair, d'un explorateur à placer aux côtés de Marco Polo, de Christophe Colomb, d'Amerigo Vespucci. Mais ce ne sont que rumeurs glorieuses, dont le plus bel épisode est la découverte d'un fragment du *Myreur des histoires* de Jean d'Outremeuse — au XIVᵉ siècle — qui relate la mort d'un Jean de Bourgogne dit « à la Barbe », qui aurait révélé à d'Outremeuse que son nom était... Jean de Mandeville. Y eut-il là aussi fabulation et leurre ? C'est dire que l'identité de Jean de Mandeville reste un beau mystère : certes le Je de la chronique donne à l'énonciateur un

---

1. Voir, dans le présent volume, le *Saladin* en prose traduit et présenté par Micheline de Combarieu. Le lecteur retrouvera probablement avec plaisir les ancêtres de Saladin dans l'ouvrage *Splendeurs de la cour de Bourgogne*. Voir les très beaux passages du *Cycle de Jean d'Avesnes*, en particulier *La Fille du comte de Ponthieu*, traduits par Danielle Queruel.

2. Voir par exemple le chapitre x du *Saladin* traduit ici.

statut quasi juridique, et le *Livre* de Mandeville fournit des témoignages d'une éducation, la connaissance d'Isidore de Séville, celle du récit de Guillaume de Boldensele[1] et d'Oderic de Pordenone ; Mandeville a certainement disposé de *La Fleur des histoires* d'Hayton, des encyclopédies connues de l'époque, et de ce que Christiane Deluz appelle la littérature récréative sur les merveilles de l'Orient, le *Roman d'Alexandre* et la *Lettre du Prêtre Jean*[2]. Ces documents permettaient une belle compilation, incluant la culture biblique. En outre, la littérature de pèlerinage fournissait à Mandeville suffisamment de témoignages marqués des traces d'une véritable expérience pour qu'il pût en assumer le vécu. Et non seulement Jean de Mandeville lit, mais il écoute les légendes, dont certaines sont très belles, comme celle de la demoiselle de Cos se peignant devant un miroir[3], ou encore celle des fées des montagnes du Taurus et des îles grecques.

La césure géographique semble bien marquer là où s'arrête la vérité de Mandeville et où commence sa fiction. Lorsqu'il parle des îles et des régions éloignées, il se repose sur des emprunts, mais il semble avoir été un pèlerin de Terre sainte. Le succès du livre fut grand : traduit dans de nombreuses langues européennes, il est imprimé, voire accompagné de gravures[4]. Vérité ou fiction, c'est à une mesure du monde qu'invite Jean de Mandeville : « Par deçà » désigne le monde connu de la chrétienté d'Occident, l'espace des pèlerinages, les sanctuaires, ce qui mène jusqu'en Perse. « Par delà », en revanche, est l'espace où la merveille prospère : les villes y apparaissent sans mesure ; le Cathay possède plus de deux mille cités. Le palais du grand khan abonde d'or et de pierres précieuses. Jongleurs et magiciens savent faire apparaître « dans l'air l'image du soleil et de la lune pour lui rendre hommage ». C'est au rêve qu'invite ici le chevalier masqué. Un fleuve de pierres précieuses sort du Paradis terrestre, des arbres féeriques croissent à l'aube et rentrent sous terre au soleil couchant. La tradition rapportait que les peuples monstrueux appartenaient à l'ensemble des étrangetés rapportées par les voyageurs[5] : cyclopes, panotii, troglodytes, géants et pygmées, cannibales et incestueux. Il s'agit là de l'image inverse du monde occidental dont parlait Jacques Le Goff[6].

Ainsi la moisson des textes ici rassemblés concerne à la fois le réel et les rêves de l'homme médiéval. La réalité des croisades, la mort en terre

---

1. Récit de pèlerin traduit et présenté par Ch. Deluz dans le présent volume.
2. Voir Ch. Deluz, p. 1394, Introduction.
3. Figure mélusinienne, inséparable de sa chevelure, femme à la toilette, dangereusement visible.
4. Les lecteurs de Mandeville appartiennent aussi bien à la noblesse qu'au monde monastique et à la bourgeoisie des villes.
5. Voir encore Claude Kappler, *op. cit.* (Bibliographie générale).
6. J. Le Goff, « L'Occident médiéval et l'océan Indien, un horizon onirique », *Pour un autre Moyen Âge*, p. 280-298 (Bibliographie générale).

d'Orient fondent un idéal dynamique et de longue durée. Les témoins en sont à la fois des chroniques et des œuvres littéraires qui s'inscrivent dans la belle fermentation de la littérature en langue vernaculaire. Les chansons de geste ne sont pas les seules à parler de l'Occident médiéval chrétien face à l'Orient : les chroniques constituent des sources historiographiques souvent sérieuses. Si elles révèlent souvent la volonté de constituer un discours sur une « réalité », les interventions vigoureuses en faveur d'une union des princes chrétiens précisément ne font pas oublier, sous la plume d'Emmanuel Piloti au xvᵉ siècle encore, que la nécessité politique prend en charge les intérêts chrétiens, et que les intérêts commerciaux n'hésitent pas à se mêler très franchement à la fidélité aux Lieux qu'il faut garder à la chrétienté. Vers ces Lieux, les pas du pèlerin sont à l'égal du parcours de l'âme : difficile à ébranler, mue par le désir, éblouie par l'accès à ces lieux de mémoire. À leur tour, les récits des voyageurs sont des retrouvailles parfois émouvantes avec une mémoire culturelle et sacrée, mais également un regard sur une altérité qui est source de crainte, et plus souvent encore d'émerveillement. Le contact avec l'Autre, la découverte d'un monde différent, d'hommes aux visages nouveaux se fait par la perception de ce qui se propose à l'œil et à l'oreille des voyageurs. L'Imaginaire en dicte souvent les lois.

                                                                    D. R.-B.

NOTE SUR LA PRÉSENTE ÉDITION

Ce volume présente un ensemble de textes traduits et introduits par des spécialistes de la culture médiévale, historiens et historiens de la littérature. Chaque texte traduit (du latin, de l'ancien français, du moyen français ou de l'hébreu) est accompagné d'une introduction spécifique et d'indications bibliographiques destinées à mener le lecteur vers un horizon plus large qu'il pourrait vouloir consulter.

Une Préface et une Introduction générale fournissent les éléments nécessaires pour aborder les textes traduits : les faits historiques, la littérature de croisade, les chroniques de croisades, les récits de voyageurs, la découverte de l'Orient à travers la guerre sainte et les manifestations de piété.

Un ensemble de cartes permet d'éclairer les chroniques et les récits de voyages : cartes des trajets des différentes croisades, cartes des territoires musulmans, cartes de Jérusalem et des Lieux saints. Des arbres généalogiques et des repères chronologiques complètent un ensemble d'éléments qui situent les textes du présent volume dans leur contexte géographique, historique et culturel.

À la fin du volume figure une Bibliographie générale qui, outre les ouvrages généraux, reprend un certain nombre de références propres à chaque œuvre traduite. Elle est suivie d'un Index rassemblant et situant les personnes et les lieux dans les œuvres au sein desquelles ils apparaissent. Un Glossaire explique, selon les vœux des différents collaborateurs de l'ouvrage, quelques termes de civilisation utiles à la lecture et pour lesquels n'existe pas d'équivalent moderne.

La longueur de certains textes exigeait que l'on fît des coupes. Lorsqu'une œuvre a dû être abrégée et que des coupes ont été opérées, le passage supprimé est remplacé par un petit résumé entre crochets : la logique de la lecture a ainsi été maintenue.

Pour les principes de traduction, chaque texte imposait sa spécificité :

sécheresse alerte ou emphase, raideur ou extrême élaboration de la phrase, temps des verbes en particulier, pour lesquels les changements sont fréquents même à l'intérieur d'une phrase et ne correspondent à aucune intention stylistique. Chaque spécialiste — phi!ologue, historien de la littérature, historien des sociétés — aura eu le souci, en fonction de la nature du texte, de concilier lisibilité et perception des écarts.

D. R.-B.

Repères chronologiques

REPÈRES CHRONOLOGIQUES
HISTORIQUES [1]

AVANT LES CROISADES

632 : mort de Mahomet.
632-634 : début des conquêtes arabes.
711-712 : conquête arabe de l'Espagne.
717 : échec des Arabes devant Constantinople.
969 : reprise d'Antioche par les Byzantins — occupation de l'Égypte par les Fatimides.
1054 : schisme entre Rome et Constantinople.
1060-1091 : conquête de la Sicile par les Normands.
1080 : attaque de l'Épire par les Normands.
1082 : privilège d'Alexis Comnène pour les Vénitiens.
1092 : mort du sultan seljuqide Malik Shah.

L'ÉPOQUE DES CROISADES

Première croisade 1095-1099 :
Cette croisade aboutit à la prise de Jérusalem.
1095 : concile de Clermont. Appel du pape Urbain II à la croisade. La croisade populaire est prêchée par Pierre l'Ermite.
1096, *15 août* : départ des croisés.
1097-1098 : siège et prise d'Antioche (comté d'Antioche).
1098 : prise d'Édesse (comté d'Édesse).
1099, *15 juillet* : prise de Jérusalem (royaume de Jérusalem). Bataille d'Ascalon (Ashkelon).
1100 : mort de Godefroy de Bouillon. Baudouin est couronné premier roi de Jérusalem.
1109 : prise de Tripoli (comté de Tripoli).
1124 : prise de Tyr.
1128 : installation de Zengî à Alep. Il organise le *jihâd* contre les Francs.

---

1. Béatrice Dansette et Christiane Deluz sont ici remerciées pour le regard attentif de spécialistes qu'elles ont bien voulu apporter à ces documents.

1135 : sac d'Amalfi par les Pisans.
1144 : prise d'Édesse par Zengî.

Deuxième croisade 1146-1149 :

Prêchée par saint Bernard en 1146, accomplie en 1147 par le roi de France Louis VII et l'empereur Conrad III, cette croisade aboutit à un échec.

1146 : avènement de Nûr al-Dîn à Alep. Prise de Tripoli d'Afrique par les Normands.

Appel du pape Eugène III pour la croisade.

1147 : saint Bernard à Vézelay appelle à la croisade. Louis VII et Aliénor d'Aquitaine se croisent, ainsi que l'empereur Conrad III.

1148 : Damas assiégée.

1149 : Nûr al-Dîn s'empare du comté d'Édesse.

1153 : prise d'Ascalon par les Francs.

1154 : traité de Pise avec les Fatimides.

1159 : Manuel Comnène à Antioche.

1169 : Saladin occupe l'Égypte.

1171 : massacre des marchands italiens à Constantinople.

1174 : mort de Nûr al-Dîn.

1175 : Saladin devient gouverneur d'Égypte et de Syrie, puis s'empare d'Alep. Défaite des Byzantins à Myrioképhalon.

1186 : Saladin reconnu souverain à Moussoul.

Troisième croisade 1187-1197 :

Entreprise par l'empereur Frédéric Barberousse, le roi de France Philippe Auguste et le roi d'Angleterre Richard Cœur de Lion. Son but est de secourir les États latins d'Orient.

1187 : les Latins d'Orient résistent à Saladin, la troisième croisade est proclamée. Victoire de Saladin à Hattin, capitulation de Jérusalem le *2 octobre*.

1190 : départ de Philippe Auguste et de Richard Cœur de Lion. Frédéric Barberousse se noie.

1191 : Richard Cœur de Lion s'empare de Chypre.

Les croisés s'emparent d'Acre assiégée depuis deux ans. Saladin se voit imposer une trêve par Richard Cœur de Lion. Les Francs garderont la côte (entre Tyr et Jaffa) et la liberté des pèlerinages est assurée.

1193 : mort de Saladin.

Quatrième croisade 1198-1204 :

1198 : le pape Innocent III organise une expédition pour reprendre Jérusalem. L'expédition est confiée à Boniface de Montferrat.

1201 : les croisés obtiennent une flotte de Venise.

Alexis Ange s'adresse aux croisés pour redonner à son père le trône de Constantinople.

1203 : Alexis Ange et son père reprennent leur trône.

1204 : le père d'Alexis, Isaac II, est renversé. Les croisés prennent Constantinople. L'Empire latin remplace l'Empire byzantin. Fondation de l'empire de Venise en Orient.

1208 : Innocent III appelle à la croisade contre les Albigeois.

1212 : la croisade dite Croisade des enfants anticipe la croisade organisée par le IVe concile de Latran en 1215.

1213 : Simon de Montfort victorieux du roi d'Aragon et de Raymond VI de Toulouse.

Cinquième croisade 1217-1220 :
1217 : le roi de Chypre et le roi de Hongrie partent en expédition contre le mont Thabor.
1219 : siège de Damiette.
1221 : les croisés abandonnent Damiette.

Sixième croisade 1228-1229 :
1228 : l'empereur Frédéric II se croise.
1229 : traité de Jaffa : Jérusalem, Bethléem et Nazareth sont cédées à Frédéric II.
1239 : croisade des Barons, qui obtient la restitution d'une partie du royaume de Jérusalem.
1242 : invasion de l'Asie Mineure par les Mongols.
1244 : prise de Jérusalem par le sultan d'Égypte. La ville est pillée par les Khwarezmiens.

Septième croisade 1245-1250 :
La grande figure en est Louis IX, Saint Louis.
1245 : appel d'Innocent IV pour la septième croisade. Le roi Louis IX se croise.
1248 : débarquement de l'armée des croisés à Chypre.
1249 : prise de Damiette.
1250 : les Francs, partis pour la conquête de l'Égypte, sont vaincus à la bataille de Mansourah. Louis IX captif : il sera rançonné et devra rendre Damiette. Les Mamelouks prennent le pouvoir en Égypte.

1258 : prise de Bagdad par les Mongols.
1260 : invasion de la Syrie par les Mongols, leur défaite par les Mamelouks.
1261 : reprise de Constantinople par les Byzantins.
À partir de 1263, le Mamelouk Baybars saccage Nazareth, la Galilée, il s'empare de Jaffa. Il conquiert des places franques, Sfat, la forteresse des Templiers, Antioche, Tripoli.

Huitième croisade 1268-1270 :
1268 : prise d'Antioche par Baybars.
1270 : Louis IX se met en route, il meurt devant Tunis.
1272 : croisade d'Édouard d'Angleterre. Trêve avec le sultan.
1274 : le pape Grégoire IX essaie de persuader les Mongols et l'empereur byzantin de la nécessité de participer à la croisade.
1289 : prise de Tripoli par le sultan Qalaoun.
1291 : Acre tombe. Chute des États latins d'Orient.
1307 : les Templiers sont accusés d'hérésie. L'ordre est dissous par le concile de Vienne.
1309 : le pape prêche une croisade : l'île de Rhodes est conquise et confiée aux Hospitaliers.

APRÈS LA GRANDE ÉPOQUE DES CROISADES[1] :

1365 : coup de main de Pierre de Lusignan sur Alexandrie.

1373 : prise de Satalie par les Turcomans. Famagouste occupée par les Génois.

1396 : défaite de Nicopolis. Deux cents prisonniers croisés deviennent mamelouks.

1401 : sac de Damas par Tamerlan.

1402 : Bajazet Ier vaincu par Tamerlan à Ancyre. Les ambassadeurs de Tamerlan viennent au Caire.

1404 : Piloti reçu par le sultan Faradj.

1408 : Piloti rachète, pour le compte du même sultan, cent cinquante prisonniers sarrasins.

1410 : élection de l'empereur Sigismond.

1412 : révolte contre le sultan Faradj en Syrie : le sultan est exécuté. Avènement d'Al-Mueyyad.

1413 : guerre entre Venise et l'empereur Sigismond.

1414 : la paix est signée. Reprise de la piraterie des Chypriotes contre les Mamelouks sous Barsbey.

1424 : le sultan Barsbey occupe La Mecque et Djedda et ferme le Saint-Sépulcre. Le roi Éric VII fait un pèlerinage au Saint-Sépulcre que l'on rouvre pour cette occasion.

1426 : victoire de Barsbey à Chypre.

1429-1434 : guerre de Barsbey contre Kara Yuluk, à la frontière de la Syrie.

1430 : les Turcs prennent Salonique.

1433 : l'empereur Sigismond est couronné à Rome.

1435 : Philippe le Bon se réconcilie avec Charles VII.

1438 : mort du sultan Barsbey.

---

1. Ce sont les principaux événements auxquels fait allusion Emmanuel Piloti dans son *Traité sur le passage en Terre sainte*. Voir l'édition du texte de P.-H. Dopp, Louvain et Paris, Publications de l'université Lovanium de Léopoldville 4, 1958, Introduction, p. XXXII et XXXIII.

REPÈRES CHRONOLOGIQUES
LITTÉRAIRES

Ces datations — souvent approximatives pour les œuvres littéraires — s'appuient sur les matériaux fournis par le *Précis de littérature française du Moyen Âge*, sous la direction de Daniel Poirion, Paris, Presses universitaires de France, 1983. Ce volume peut être consulté avec grand profit, pour tout l'ensemble de la production littéraire du Moyen Âge.

1088 : *Chanson de Roland.*
Chanson de Guillaume.
1120 : Benedeit, *Voyage de saint Brendan.*
1130 : *Vie de saint Grégoire.*
1134 : Geoffroy de Monmouth, *Prophetia Merlini.*
1136 : Geoffroy de Monmouth, *Historia regum Britanniae.*
1137 : *Le Couronnement de Louis.*
1138 : *Le Charroi de Nîmes.*
1140 : Apollonius de Tyr, *Floire et Blancheflor.*
1150 : *Historia Karoli Magni*, du Pseudo-Turpin.
1152 : *Roman de Thèbes.*
1160 : Alain de Lille, *De planctu Naturae.*
La Prise d'Orange.
Bernard de Ventadour, troubadour.
1160 : *Roman d'Enéas.*
Robert Wace, *Roman de Rou.* Benoît de Saint Maure, *Roman de Troie.*
1174 : Thomas, *Tristan et Iseult.*
Roman de Renart (début de sa composition).
1175-1176 : Peire Vidal, troubadour.
Arnaut Daniel, troubadour.
Chrétien de Troyes, *Cligès, Yvain, ou le Chevalier au lion.*
Gautier d'Arras, *Éracles, Ille et Galeron.*
1180 : Conon de Béthune, trouvère.
Gace Brûlé, trouvère.
Marie de France, *Les Lais.*

Tristan, Béroul.

Chrétien de Troyes, *Perceval ou le conte du Graal*.

1181 : *Les Chétifs*.

Chanson de Jérusalem.

1201 : Jean Renart, *L'Escoufle*.

1203 : Première Continuation de *Perceval*.

1206 : Robert de Boron, *L'Estoire dou Graal*.

Seconde Continuation de *Perceval*.

1220-1230 : *Lancelot* en prose — *Perlesvaus* — *Queste du saint Graal*.

1224 : Gautier de Coincy, *Miracles de Notre-Dame*.

1230 : *La Mort Artu*.

Guillaume de Lorris, *Roman de la Rose*.

1251 : mort de Thibaut de Champagne, trouvère.

1266 : *Huon de Bordeaux*.

1270 : Jean de Meun, *Roman de la Rose*.

1271 : Adenet le Roi, *Berte au grand pied*.

1276 : Adam de La Halle, *Jeu de la Feuillée*.

Enfances Ogier.

1281 : Girard d'Amiens, *Escanor*.

1285 : Girard d'Amiens, *Meliacin*.

1289 : Adenet le Roi, *Cléomadès*.

1298 : Marco Polo, *Livre des Merveilles*.

1309 : *Vie de Saint Louis*, chronique de Joinville.

1313 : Dante, *La Divine Comédie*.

1317 : *Perceforest*.

1341 : Guillaume de Machaut, *Remède de Fortune*.

1360 : Guillaume de Machaut, *La Fontaine amoureuse* et *Le Voir Dit*.

1370 : Jean Froissart, *L'Espinette amoureuse, La Prison amoureuse*.

Début des *Chroniques* de Jean Froissart.

1393 : Jean d'Arras, *Mélusine ou l'histoire des Lusignan*.

1404 : Christine de Pisan, *Le Chemin de Longue Estude*.

1405 : Christine de Pisan, *Livre des Faits de Charles V*.

CARTES

ET

ARBRES GÉNÉALOGIQUES

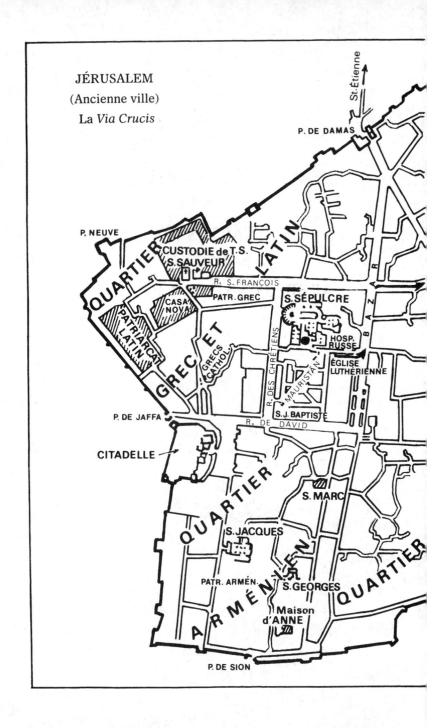

JÉRUSALEM
(Ancienne ville)
La *Via Crucis*

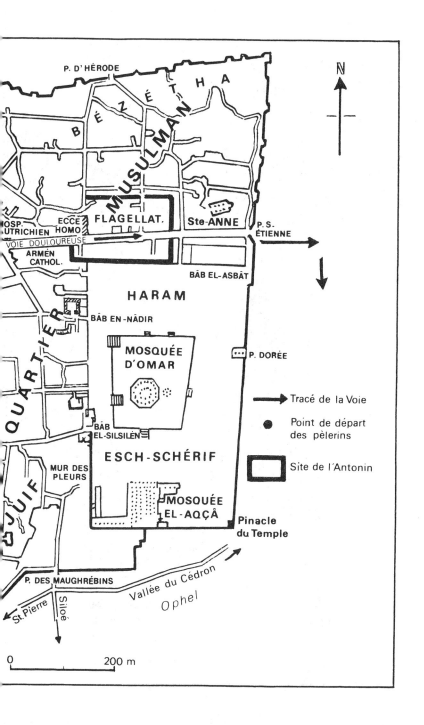

N

P. D'HÉRODE

BÉZÉTHA

MUSULMAN

OSP.-
UTRICHIEN

ECCE
HOMO

FLAGELLAT.

Ste-ANNE

P. S.
ÉTIENNE

VOIE DOULOUREUSE

ARMÉN.
CATHOL.

BÂB EL-ASBÂT

HARAM

QUARTIER

BÂB EN-NÂDIR

MOSQUÉE
D'OMAR

P. DORÉE

BÂB
EL-SILSILÈN

Tracé de la Voie

Point de départ
des pèlerins

Site de l'Antonin

ESCH-SCHÉRIF

MUR DES
PLEURS

JUIF

MOSQUÉE
EL-AQÇÂ

Pinacle
du Temple

P. DES MAUGHRÉBINS

St-Pierre

Siloé

Vallée du Cédron

Ophel

0   200 m

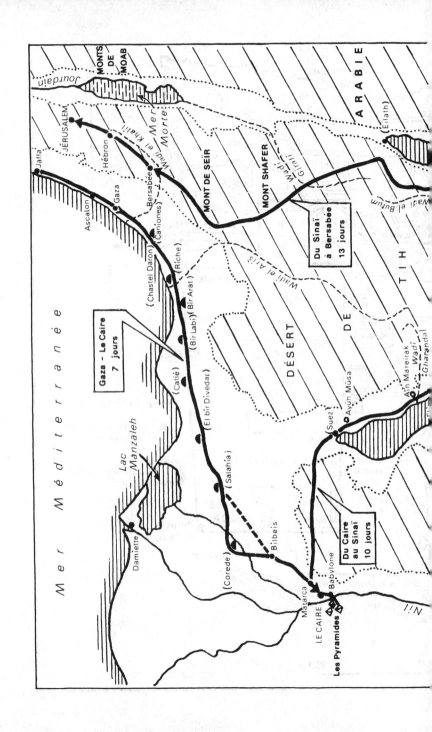

Mer Méditerranée

Jaffa
JÉRUSALEM
Hébron
Ascalon
Gaza
Bersabée
(Caniones)
(Chastel Daron)
(Riche)
(Bir Arat)
(Bir Labi)
(Catié)
(El bir Divedar)
(Salahia)
(Corede)
Bilbeis
Damiette
Lac Manzaleh
Matarca
LE CAIRE
Les Pyramides
Babylone
Ayūn Musa
Suez
Aïn Mareirak
Nil

Wadi el Khalil
Mer Morte
Jourdain
MONTS DE MOAB
MONT DE SEÏR
MONT SHAFER
Wadi Girafi
(Eilath)
Wadi el Butum
ARABIE
DÉSERT   DE   TIH
Wadi el Aris
Wadi Gharandal

Gaza - Le Caire 7 jours

Du Sinaï à Bersabée 13 jours

Du Caire au Sinaï 10 jours

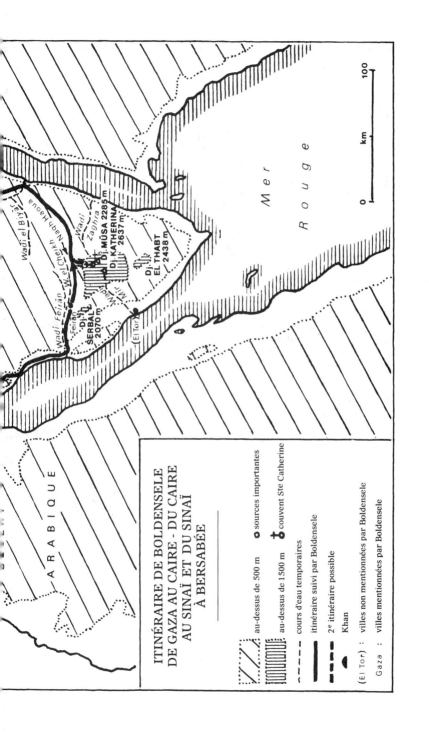

ITINÉRAIRE DE BOLDENSELE
DE GAZA AU CAIRE - DU CAIRE
AU SINAÏ ET DU SINAÏ
À BERSABÉE

	au-dessus de 500 m	⊙ sources importantes
	au-dessus de 1500 m	☨ couvent Ste Catherine
---	cours d'eau temporaires	
---	itinéraire suivi par Boldensele	
···	2e itinéraire possible	
▬	Khan	

(El Tor) : villes non mentionnées par Boldensele

Gaza : villes mentionnées par Boldensele

ARABIQUE

Mer Rouge

0   km   100

Wadi el Biyâr
Naqb Haoua
Wadi Zaghra
Dj. MÛSA 2285 m
Dj. KATHERINA 2637 m
Wadi el Cheïkh
Dj. EL THABT 2438 m
Wadi Fêrrân
Fêrrân
Dj. SERBÂL 2070 m
(El Tor)

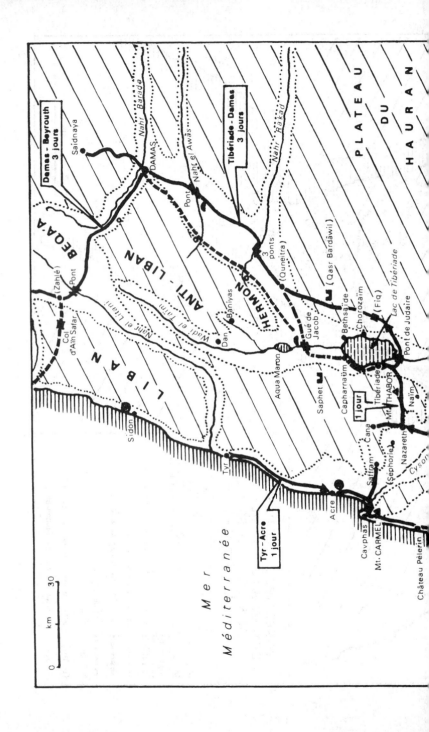

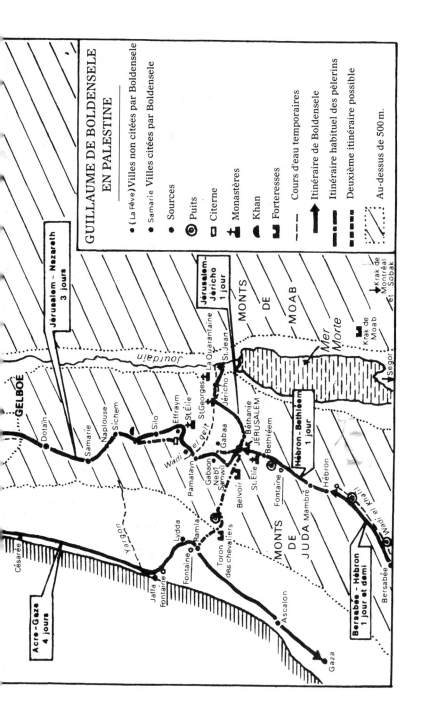

GUILLAUME DE BOLDENSELE
EN PALESTINE

- (La Fève) Villes non citées par Boldensele
- Samarie Villes citées par Boldensele
- Sources
⊚ Puits
☐ Citerne
✝ Monastères
◖ Khan
▥ Forteresses
----- Cours d'eau temporaires
→ Itinéraire de Boldensele
▮▮▮ Itinéraire habituel des pèlerins
▪▪▪ Deuxième itinéraire possible
///// Au-dessus de 500 m.

Acre-Gaza
4 jours

Jérusalem – Nazareth
3 jours

Jérusalem-
Jéricho
1 jour

Hébron-Bethléem
1 jour

Bersabée – Hébron
1 jour et demi

GELBOÉ

MONTS DE MOAB

MONTS DE JUDA

Mer Morte

Jourdain

Césarée
Dotaïn
Samarie
Naplouse
Sichem
Silo
Effraym
St Élie
St Georges
La Quarantaine
St Jean
Jéricho
Béthanie
JÉRUSALEM
Bethléem
Gabaa
Ramataym
Gabaon
Nebi Samwil
Belvoir
St Élie
Fontaine
Mambré
Hébron
Lydda
Ramla
Toron
des chevaliers
Jaffa
Fontaine
Fontaine
Yarqon
Wadi el Qelt
Wadi el Khalil
Bersabée
Ascalon
Gaza
Segor
Krak de Moab
Krak de Montréal et Sobak

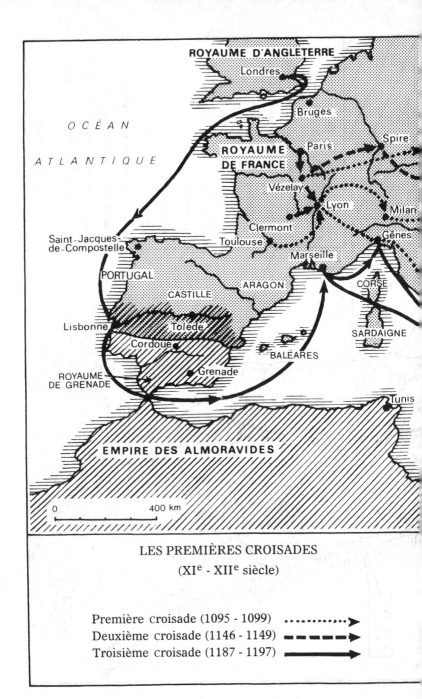

LES PREMIÈRES CROISADES
(XIe - XIIe siècle)

Première croisade (1095 - 1099) ·········>
Deuxième croisade (1146 - 1149) ---->
Troisième croisade (1187 - 1197) ——>

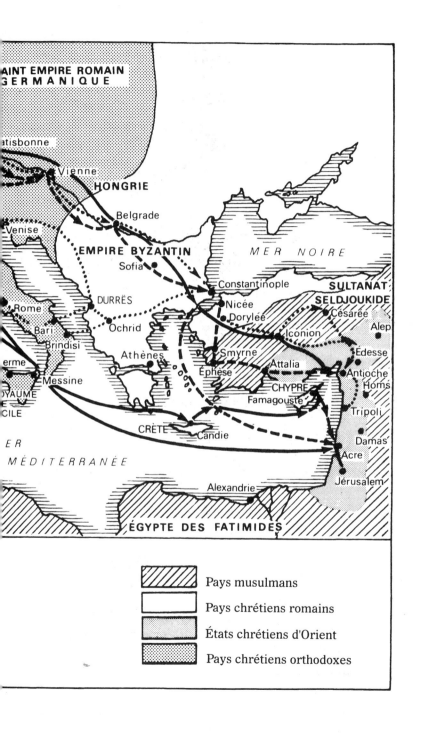

SAINT EMPIRE ROMAIN
GERMANIQUE

atisbonne

Vienne

HONGRIE

Belgrade

Venise

EMPIRE BYZANTIN   MER   NOIRE

Sofia

DURRËS   Constantinople   SULTANAT
                                              SELDJOUKIDE
Rome   Nicée   Césarée
                          Dorylée   Alep
Bari   Ochrid   Iconion
Brindisi   Édesse
           Athènes   Smyrne
erme   Éphèse   Attalia   Antioche
Messine   Homs
OYAUME   CHYPRE
E   Famagouste   Tripoli
CILE
                    CRÈTE   Damas
ER   Candie   Acre
  MÉDITERRANÉE

                    Alexandrie   Jérusalem

        ÉGYPTE DES FATIMIDES

////	Pays musulmans
⬜	Pays chrétiens romains
▦	États chrétiens d'Orient
▨	Pays chrétiens orthodoxes

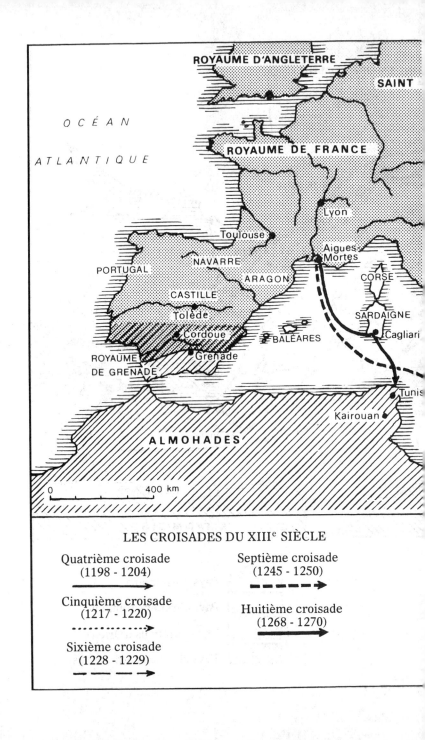

ROYAUME D'ANGLETERRE

SAINT

OCÉAN
ATLANTIQUE

ROYAUME DE FRANCE

Lyon

Toulouse

Aigues-Mortes

NAVARRE

ARAGON

CORSE

PORTUGAL

CASTILLE

SARDAIGNE

Tolède

Cagliari

Cordoue

BALÉARES

Grenade

ROYAUME
DE GRENADE

Tunis

Kairouan

ALMOHADES

0   400 km

LES CROISADES DU XIIIᵉ SIÈCLE

Quatrième croisade
(1198 - 1204)

Septième croisade
(1245 - 1250)

Cinquième croisade
(1217 - 1220)

Sixième croisade
(1228 - 1229)

Huitième croisade
(1268 - 1270)

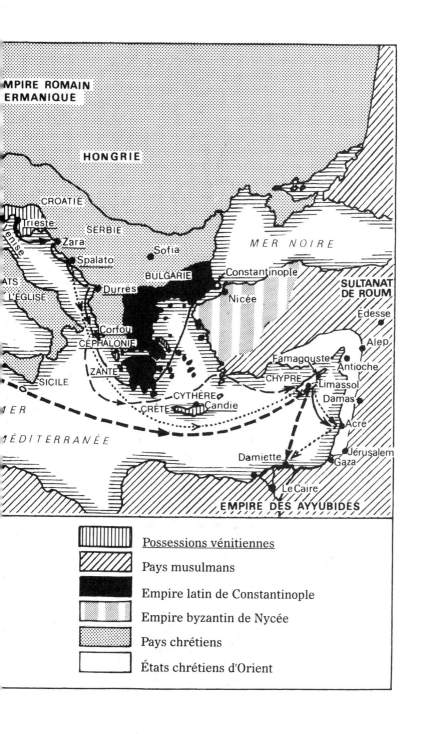

EMPIRE ROMAIN
ERMANIQUE

HONGRIE

CROATIE

Trieste

SERBIE

Zara

Spalato

Sofia

MER NOIRE

BULGARIE

Constantinople

ATS
L'ÉGLISE

Durrès

Nicée

SULTANAT
DE ROUM

Edesse

Corfou

CÉPHALONIE

Alep

ZANTE

Famagouste

Antioche

CHYPRE

Limassol

SICILE

CYTHÈRE

CRÈTE

Candie

Damas

Acré

1 ER

ÉDITERRANÉE

Jérusalem

Damiette

Gaza

Le Caire

EMPIRE DES AYYUBIDES

	Possessions vénitiennes
	Pays musulmans
	Empire latin de Constantinople
	Empire byzantin de Nycée
	Pays chrétiens
	États chrétiens d'Orient

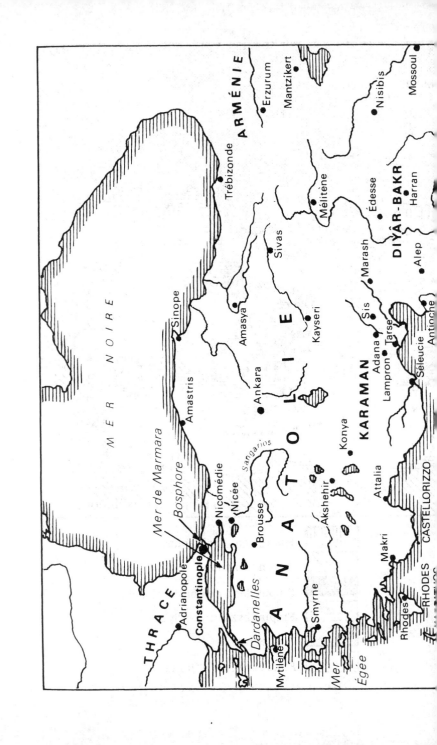

GÉNÉALOGIE DES AYYUBIDES (Maison de Saladin)
Shâdi, chef kurde de Tovin, en Grande-Arménie

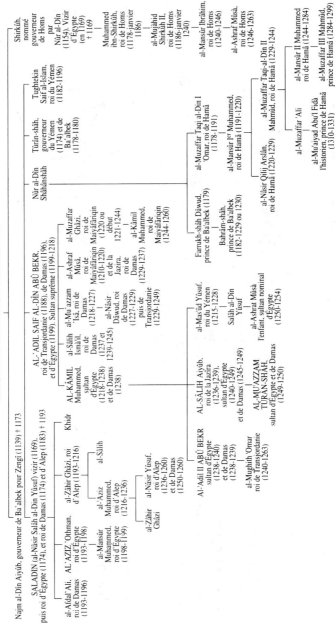

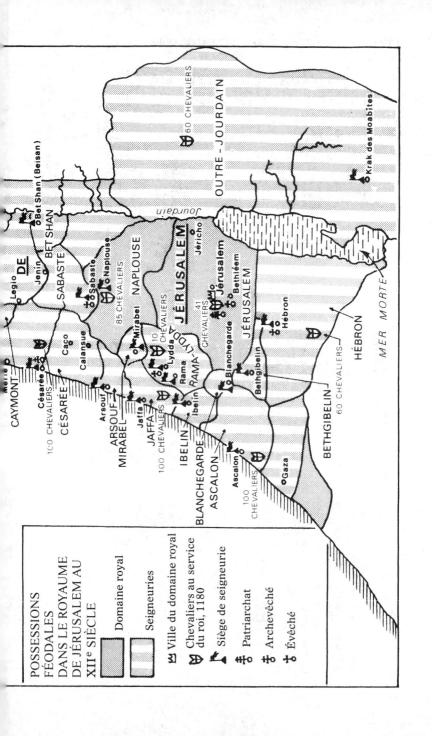

POSSESSIONS
FÉODALES
DANS LE ROYAUME
DE JÉRUSALEM AU
XIIᵉ SIÈCLE

Domaine royal

Seigneuries

Ville du domaine royal

Chevaliers au service
du roi, 1180

Siège de seigneurie

Patriarchat

Archevêché

Évêché

MER MORTE

CAYMONT

Legio

Bet Shan (Beisan)

Jenin

BET SHAN

SABASTE

Sabaste

Naplouse

NAPLOUSE

85 CHEVALIERS

Mirabel

Calansue

Caco

Césarée

CÉSARÉE

100 CHEVALIERS

Merle

Arsouf

ARSOUF
MIRABEL

Lydda

10
CHEVALIERS

Rama

RAMA-
LYDDA

Jaffa

JAFFA

Ibelin

IBELIN

100 CHEVALIERS

BLANCHEGARDE

Blanchegarde

Bethgibelin

BETHGIBELIN

60 CHEVALIERS

Ascalon

ASCALON

100
CHEVALIERS

Gaza

Jourdain

OUTRE - JOURDAIN

60 CHEVALIERS

Krak des Moabites

Jéricho

Jérusalem

Bethléem

JÉRUSALEM

41
CHEVALIERS

Hébron

HÉBRON

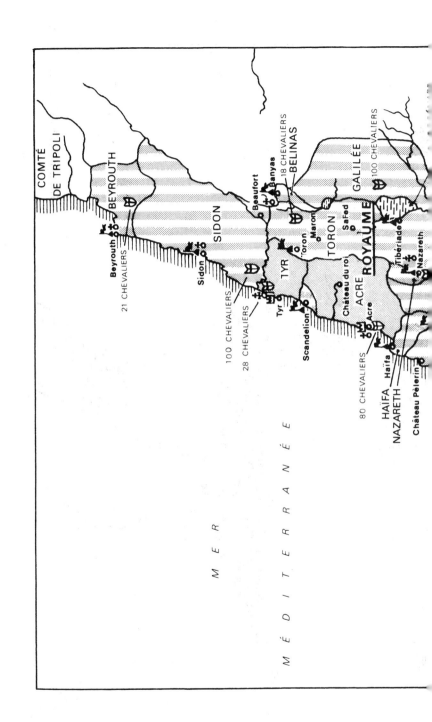

COMTÉ
DE TRIPOLI

BEYROUTH

21 CHEVALIERS

Beyrouth

Sidon

SIDON

100 CHEVALIERS

28 CHEVALIERS

Tyr

TYR

Scandelion

80 CHEVALIERS

HAÏFA

NAZARETH

Château Pèlerin

Haïfa

Acre

ACRE

Château du roi

Beaufort

Banyas

18 CHEVALIERS
BELINAS

Maron

Toron

TORON

Safed

ROYAUME

GALILÉE

100 CHEVALIERS

Tibériade

Nazareth

M E R

M É D I T E R R A N É E

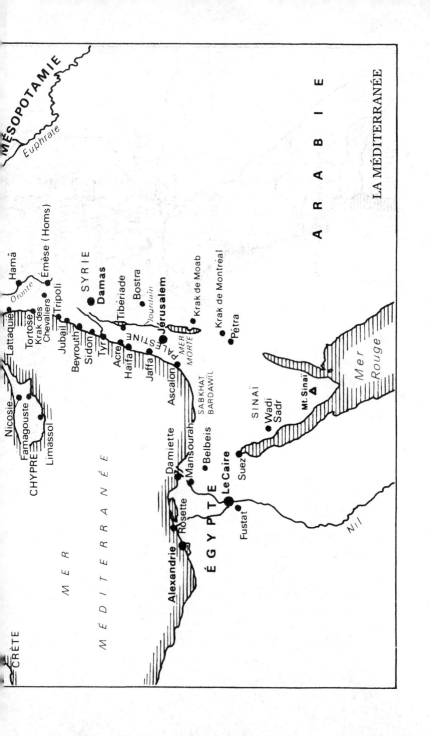

ROIS D'ARMÉNIE (Cilicie), DYNASTIE HÉTHOUMIENNE

Oshin [I], émigre vers 1072 de la Grande-Arménie en Cilicie. Devient seigneur de Lampron

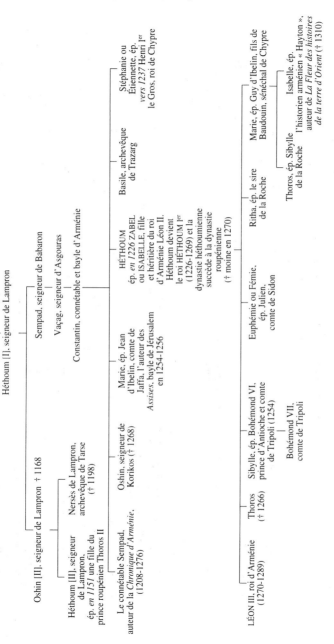

Héthoum [I], seigneur de Lampron

Oshin [II], seigneur de Lampron † 1168

Nersès de Lampron, archevêque de Tarse († 1198)

Héthoum [II], seigneur de Lampron, ép. *en 1151* une fille du prince roupénien Thoros II

Le connétable Sempad, auteur de la *Chronique d'Arménie*. (1208-1276)

LÉON III, roi d'Arménie (1270-1289)

Sempad, seigneur de Babaron

Vaçag, seigneur d'Asgouras

Constantin, connétable et bayle d'Arménie

Oshin, seigneur de Korikos († 1268)

Marie, ép. Jean d'Ibelin, comte de Jaffa, l'auteur des *Assises*, bayle de Jérusalem en 1254-1256

Thoros († 1266)

Sibylle, ép. Bohémond VI, prince d'Antioche et comte de Tripoli (1254)

Bohémond VII, comte de Tripoli

HÉTHOUM ép. *en 1226* ZABEL ou ISABELLE, fille et héritière du roi d'Arménie Léon II. Héthoum devient le roi HÉTHOUM Iᵉʳ (1226-1269) et la dynastie héthoumienne succède à la dynastie roupénienne († moine en 1270)

Euphémie ou Fémie, ép. Julien, comte de Sidon

Basile, archevêque de Trazarg

Stéphanie ou Étiennette, ép. *vers 1237* Henri Iᵉʳ le Gros, roi de Chypre

Ritha, ép. le sire de la Roche

Marie, ép. Guy d'Ibelin, fils de Baudouin, sénéchal de Chypre

Thoros, ép. Sibylle de la Roche

Isabelle, ép. l'historien arménien « Hayton », auteur de *La Fleur des histoires de la terre d'Orient* († 1310)

GÉNÉALOGIE DE LA MAISON D'ANTIOCHE
Robert Guiscard, duc normand de Pouille et de Calabre

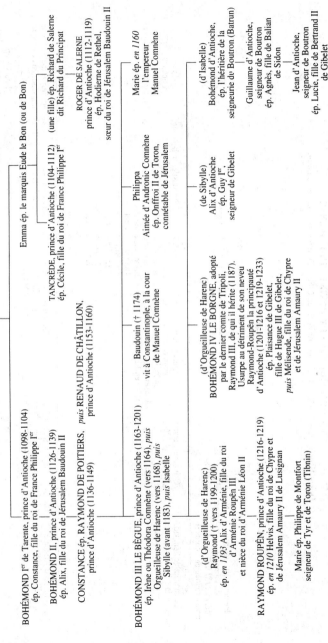

BOHÉMOND Iᵉʳ de Tarente, prince d'Antioche (1098-1104)
ép. Constance, fille du roi de France Philippe Iᵉʳ

BOHÉMOND II, prince d'Antioche (1126-1139)
ép. Alix, fille du roi de Jérusalem Baudouin II

CONSTANCE ép. RAYMOND DE POITIERS, *puis* RENAUD DE CHÂTILLON,
prince d'Antioche (1136-1149)   prince d'Antioche (1153-1160)

BOHÉMOND III LE BÈGUE, prince d'Antioche (1163-1201)
ép. Irène ou Théodora Comnène (vers 1164), *puis*
Orgueilleuse de Harenc (vers 1168), *puis*
Sibylle (avant 1183), *puis* Isabelle

(d'Orgueilleuse de Harenc)
Raymond († vers 1199-1200)
ép. *en 1193* Alix d'Arménie, fille du roi
d'Arménie Roupên III
et nièce du roi d'Arménie Léon II

RAYMOND ROUPÊN, prince d'Antioche (1216-1219)
ép. *en 1210* Helvis, fille du roi de Chypre et
de Jérusalem Amaury II de Lusignan

Marie ép. Philippe de Montfort
seigneur de Tyr et de Toron (Tibnin)

Emma ép. le marquis Eude le Bon (ou de Bon)

TANCRÈDE, prince d'Antioche (1104-1112)
ép. Cécile, fille du roi de France Philippe Iᵉʳ

(une fille) ép. Richard de Salerne
dit Richard du Principat

ROGER DE SALERNE
prince d'Antioche (1112-1119)
ép. Hodierne de Rethel,
sœur du roi de Jérusalem Baudouin II

Baudouin († 1174)
vit à Constantinople, à la cour
de Manuel Comnène

Philippa
Aimée d'Andronic Comnène
ép. Onffroi II de Toron,
connétable de Jérusalem

Marie ép. *en 1160*
l'empereur
Manuel Comnène

(d'Orgueilleuse de Harenc)
BOHÉMOND IV LE BORGNE, adopté
par le dernier comte de Tripoli,
Raymond III, de qui il hérite (1187).
Usurpe au détriment de son neveu
Raymond-Roupên la principauté
d'Antioche (1201-1216 et 1219-1233)
ép. Plaisance de Gibelet,
fille de Hugue III de Gibelet,
puis Mélisende, fille du roi de Chypre
et de Jérusalem Amaury II

(de Sibylle)
Alix d'Antioche
ép. Guy Iᵉʳ,
seigneur de Gibelet

(d'Isabelle)
Bohémond d'Antioche,
ép. l'héritière de la
seigneurie du Boutron (Batrun)

Guillaume d'Antioche,
seigneur de Boutron
ép. Agnès, fille de Balian
de Sidon

Jean d'Antioche,
seigneur de Boutron
ép. Lucie, fille de Bertrand II
de Gibelet

GÉNÉALOGIE DE LA MAISON DE JÉRUSALEM AU XIIIᵉ SIÈCLE

ISABELLE DE JÉRUSALEM, fille du roi de Jérusalem Amaury Iᵉʳ, † vers 1208
ép.

en 1190 : CONRAD DE MONTFERRAT, seigneur de Tyr, reconnu héritier du royaume de Jérusalem en 1191 († 1192)

en 1192 : HENRI DE CHAMPAGNE, seigneur du royaume de Jérusalem (1192-1197)

en 1197 : AMAURY II DE LUSIGNAN, roi de Chypre depuis 1194, roi de Jérusalem (1197-1203)

MARIE DE JÉRUSALEM-MONTFERRAT, reine de Jérusalem (1205)
ép. en 1210 JEAN DE BRIENNE qui devint roi de Jérusalem (1210-1225), dépossédé en 1225 par son gendre Frédéric II

Alix de Jérusalem-Champagne († 1246)
ép. en 1208 Hugue Iᵉʳ de Lusignan, roi de Chypre († 1218)

Mélisende de Jérusalem-Lusignan
ép. Bohémond IV, prince d'Antioche et comte de Tripoli

ISABELLE ou YOLANDE DE JÉRUSALEM († 1228)
ép. en 1225 l'empereur FRÉDÉRIC II DE HOHENSTAUFFEN qui devint roi de Jérusalem (1223-1250)

Henri Iᵉʳ le Gros (Henri Gras) roi de Chypre (1218-1252)

MARIE D'ANTIOCHE-JÉRUSALEM, prétendante à la couronne de Jérusalem, cède en 1277 ses droits à CHARLES D'ANJOU, roi de Sicile qui devient anti-roi de Jérusalem (1277-1285)

CONRAD IV de Hohenstauffen-Jérusalem, empereur germanique, roi titulaire de Jérusalem (1230-1254)

Hugue dit Huguet, roi de Chypre (1252-1267)

Isabelle de Lusignan († 1264)
ép. Henri d'Antioche, fils cadet du prince d'Antioche Bohémond IV et bayle d'Acre en 1263 († 1276)

CONRADIN, duc de Souabe, roi titulaire de Jérusalem (1254-1268)

HUGUE III LE GRAND d'Antioche-Lusignan, roi de Chypre (1267-1284), roi de Jérusalem (1269-1284) ép. Isabelle d'Ibelin

JEAN Iᵉʳ roi de Chypre (1284-1285)

HENRI II roi de Chypre (1285-1324), roi de Jérusalem (1286-1291) (dernier roi effectif de Jérusalem)

Amaury connétable de Jérusalem († 1310)

Guy († 1303)

LITTÉRATURE ET CROISADE

Chansons de croisade [1]

Poèmes des XIIᵉ et XIIIᵉ siècles

1. *Chevalier, mult estes gariz...*

Ce poème est la plus ancienne chanson de croisade ; anonyme, elle fut composée en 1146. C'est un chant d'exhortation sous la forme d'une « rotrouenge » : les chevaliers sont engagés à suivre le roi Louis VII, pour libérer la Terre sainte et assurer leur propre salut [2]. La mélodie de ce poème est conservée.

> Chevaliers, Dieu vous a accordé sa protection
> puisqu'il vous a fait connaître sa plainte
> contre les Turcs et les Almoravides
> qui l'ont traité avec infamie.
> Ils ont fait fi du droit, ils ont pris ses fiefs.
> Notre accablement doit être grand :
> ce sont les premiers lieux où Dieu fut
> servi et reconnu pour seigneur.

> *(Refrain)*

> Celui qui partira maintenant avec Louis [3]
> Ne craindra pas l'Enfer.
> Son âme ira en Paradis
> avec les anges de Notre-Seigneur.

> Vous l'avez appris : Édesse est tombée.
> Les chrétiens s'en affligent.

---

1. Traduit de l'ancien français, présenté et annoté par Danielle Régnier-Bohler.
2. Pour le texte original, voir Pierre Bec, *La Lyrique française au Moyen Âge*, p. 85-87.
3. Il s'agit du roi Louis VII se préparant pour la deuxième croisade.

Les églises sont incendiées et ravagées :
On n'y célèbre plus le service de Dieu.
Chevaliers, il faut que vous le sachiez,
vous qui êtes loués pour vos prouesses,
faites don de vous-mêmes
à Celui qui pour vous a été crucifié !

(Refrain)

> Celui qui partira maintenant avec Louis
> Ne craindra pas l'Enfer.
> Son âme ira en Paradis
> avec les anges de Notre-Seigneur.

Prenez exemple sur Louis :
il est plus riche que vous,
il est plus puissant
que tous les autres rois couronnés.
Il a laissé ses bonnes fourrures,
ses châteaux, ses villes, ses cités.
Il est allé vers Celui
qui a pour vous été crucifié.

(Refrain)

> Celui qui partira maintenant avec Louis
> ne craindra pas l'Enfer.
> Son âme ira en Paradis
> avec les anges de Notre-Seigneur.

Dieu s'est livré aux Juifs
pour nous tirer de l'Enfer.
Ils l'ont blessé de cinq plaies,
Il a souffert la Passion et la mort.
Maintenant Il vous fait savoir que les Cananéens
et les hommes du cruel Sanguin[1]
l'ont indignement traité.
Rendez-leur donc ce qu'ils méritent !

(Refrain)

> Celui qui partira maintenant avec Louis
> Ne craindra pas l'Enfer.
> Son âme ira en Paradis
> auprès des anges de Notre-Seigneur

---

1. Texte original *in* P. Bec, *op. cit.*, p. 87 : le Sanguin est Zenghi, prince de Mossoul et d'Alep, qui fit tomber Édesse en 1144. Il s'agit d'un jeu sur le nom propre.

Dieu a fait proclamer un tournoi
où s'affronteront Enfer et Paradis.
Que tous ceux qui l'aiment
et veulent apporter leur secours
ne lui manquent pas en cette occasion
[trois vers manquent ici]

(Refrain)

    Celui qui partira maintenant avec Louis
    Ne craindra pas l'Enfer.
    Son âme ira en Paradis
    avec les anges de Notre-Seigneur.

Le fils du Créateur
a fixé un jour pour être à Édesse.
Les pécheurs seront alors sauvés
[un vers manque]
ceux qui se battront bien
et qui, pour l'amour de Dieu,
Le serviront dans cette détresse.
[un vers manque]
pour venger leur Dieu.

(Refrain)

    Celui qui partira maintenant avec Louis
    Ne craindra pas l'Enfer.
    Son âme ira en Paradis
    avec les anges de Notre-Seigneur.

Allons conquérir la tombe de Moïse
sur le mont Sinaï.
Ne la laissons pas aux Sarrasins,
ainsi que la verge dont
il s'est servi pour fendre la mer Rouge.
Son peuple le suivait,
Pharaon les poursuivait,
mais il fut vaincu avec les siens.

(Refrain)

    Celui qui partira maintenant avec Louis
    Ne craindra pas l'Enfer.
    Son âme ira en Paradis
    avec les anges de Notre-Seigneur.

2. *Ahi ! Amors come dure departie*

Cette chanson a été composée par le trouvère Conon de Béthune, qui a vécu entre 1150 et 1220. Elle suit la forme de la « canso », le grand chant d'amour courtois. Ce poème apparaît comme une « chanson de départie » : elle a dû être écrite au début de 1188 et semble avoir joui d'un grand succès. On en possède la mélodie [1].

Ha ! Amours, quelle dure séparation
lorsqu'il me faut quitter la meilleure
dame qui fût jamais aimée et servie !
Que Dieu me ramène à elle, dans sa bonté,
car, en vérité, je la quitte dans la douleur.
Malheureux ! qu'ai-je dit ? Je ne la quitte pas.
Le corps va servir Notre Seigneur,
mais mon cœur reste tout entier en son pouvoir.

Pour elle je m'en vais soupirant en Syrie,
Car nul ne doit manquer à son Créateur.
Celui qui en ce besoin lui refusera son aide,
Dieu l'abandonnera, sachez-le, dans la détresse.
Que tous sachent, les petits et les grands,
qu'on doit accomplir des prouesses,
car on conquiert ainsi le Paradis et l'honneur,
la gloire, la renommée et l'amour de sa dame.

Dieu ! nous avons été preux si longtemps dans l'oisiveté.
On verra maintenant qui saura être vraiment preux !
Et nous irons venger la honte douloureuse,
car tous doivent être remplis de colère et de rage
C'est en notre temps que le Saint Lieu a été perdu
où Dieu souffrit pour nous une mort pleine d'angoisse.
Si nous y laissons nos ennemis mortels,
pour toujours notre vie sera plongée dans la honte.

Celui qui ne veut vivre dans l'affliction,
qu'il aille mourir pour Dieu, dans l'allégresse et le bonheur !
Elle est douceur et saveur, la mort
par laquelle on accède au royaume précieux.
Pas un seul ne mourra vraiment de mort,
car tous iront vers une vie glorieuse.

---

1. Texte original *in* P. Bec, *op. cit.*, p. 94-95.

Celui qui reviendra possédera le bonheur,
À jamais Honneur sera son épouse.

Tous les clercs et les hommes d'âge
qui s'adonnent à l'aumône et aux bienfaits
partiront pour ce pèlerinage,
et les dames qui vivront dans la chasteté
seront fidèles à ceux qui partent.
Et si, mal inspirées, elles agissent follement,
elles le feront avec des lâches et des mauvais,
car tous les hommes de valeur partiront pour la croisade.

Dieu est assiégé dans sa propre terre.
On verra bien ceux qui lui donneront du secours,
ceux qu'Il tira de la sombre prison
quand Il fut sur la croix qui est aux mains des Turcs.
Honnis tous ceux qui resteront,
Sauf si la pauvreté ou l'âge ou la maladie les en empêchent.
Ceux qui sont jeunes, riches et en bonne santé
ne peuvent rester sans se couvrir de honte.

3. *À vous, amant, plus k'a nulle autre gent*

*Ce poème fut composé par le Châtelain de Coucy, qui vécut entre 1160 (?)
et 1203. Le célèbre trouvère a composé ici une « chanson de départie », dont
la mélodie est conservée. Le poète doit quitter sa dame pour se croiser : les
accents de son poème sont tragiques.*

*Le Châtelain de Coucy participa à la troisième croisade et partit pour la
quatrième, mais il mourut au début de l'expédition. Par son destin, le Châtelain de Coucy fut jugé digne de devenir le héros d'un roman : à la fin du
XIIIᵉ siècle, un auteur nommé Jakemes composa* Le Roman du Châtelain de
Coucy et de la Dame de Fayel, *récit de « Cœur mangé* [1] *». Le roman fut mis
en prose au XVᵉ siècle* [2].

Auprès de vous, amants, plus qu'à nul autre,
il est juste que je pleure ma douleur
car il me faut partir outre-mer
et me séparer de ma fidèle compagne.

---

1. Ce motif est largement représenté dans la littérature médiévale : un mari jaloux fait
manger à sa femme le cœur de son amant. Après ce funèbre repas, elle refusera toute autre
nourriture et mourra. Voir la présentation de l'œuvre dans l'ouvrage *Les Plus Beaux Manuscrits français*, Bibliothèque nationale de France, sous la direction d'Annie Angremy, présentation par D. Régnier-Bohler de l'œuvre de Jakemes, p. 26 à 29. Voir en particulier les
très belles illustrations du roman.
2. Texte original du poème *in* P. Bec, *op. cit.*, p. 96-97.

Si je la perds, j'ai tout perdu.
Sachez, Amour, en toute certitude,
si jamais la douleur peut être cause d'une mort,
je mourrai et ne composerai plus ni vers ni lais.

Noble Seigneur Dieu, que deviendrai-je ?
Faudra-t-il que je prenne congé ?
Oui, par Dieu, il ne peut en être autrement ;
Il faut m'en aller, sans elle, en terre étrangère !
Il semble que je ne puisse à l'avenir éprouver de souffrance
puisque je n'ai aucun réconfort
et que je n'ai de joie d'aucune autre
si ce n'est d'elle. Retrouverai-je un jour cette joie ?

Noble Seigneur Dieu, quelle sera notre séparation,
et où seront nos plaisirs et nos rencontres
et les douces paroles que m'adressait
celle qui était ma dame, ma compagne, mon amie ?
Et quand je me souviens de sa présence si douce
et des réconforts qu'elle m'accordait,
comment mon cœur peut-il
ne pas quitter ma poitrine ? Sa lâcheté est grande !

Dieu ne voulut pas me donner sans contrepartie
les plaisirs dont j'ai joui durant ma vie.
Il me les fait très cher payer,
et j'ai grand-peur qu'Il ne m'enlève la vie.
Amour, pitié ! Si un jour Dieu a commis un acte condamnable,
c'est en séparant ceux qui s'aiment ainsi.
Je ne peux arracher cet amour de mon cœur,
et pourtant il faut que je laisse ma dame.

Ils seront heureux, ces fourbes losengiers [1]
qui jalousaient ce qui était ma joie.
Jamais je ne serai envers eux un vrai pèlerin
et jamais je ne leur voudrai de bien.
Peut-être perdrai-je le bénéfice de mon pèlerinage,
Car ces traîtres m'ont tant nui
que si Dieu me voulait bienveillant à leur égard
Il ne pourrait m'imposer fardeau plus pesant.

Je m'en vais, ma dame ! En quelque lieu que je sois,
je vous recommande à Dieu, le Créateur.

---

1. Il s'agit là des ennemis des amants : les fourbes, les jaloux, les lâches, les flatteurs qui nuisent à l'amour.

Je ne sais si vous me verrez revenir.
Le sort voudra-t-il que je vous retrouve ?
Pour l'amour de Dieu, où que je sois,
je vous en prie, soyez fidèle à nos serments,
que je revienne ou que je tarde, et je prie Dieu
qu'Il veuille accroître mon honneur,
de même que j'ai toujours été votre sincère amant.

4. *Chanterai por mon corage*

Ce poème fut composé par Guiot de Dijon, durant le premier tiers du XIIIe siècle. Il s'agit d'une « rotrouenge », très proche d'une « chanson de femme ». C'est en effet une femme qui pleure la séparation. La chanson a été écrite pendant la troisième croisade, et sa mélodie est conservée [1].

Je chanterai pour consoler mon cœur
et j'ai besoin de réconfort,
car je veux éviter la mort ou la folie
dans mon grand malheur,
puisque je ne vois nul revenir
de cette terre sauvage
où se trouve celui qui apaise
mon mal, lorsqu'on me parle de lui.

(Refrain)

Dieu, quand ils crieront « Outree [2] ! »,
Seigneur, secourez le pèlerin
pour qui je suis remplie de peur.
Qu'ils sont cruels, les Sarrasins !

Je supporterai ma douleur
jusqu'à ce que je le voie revenir.
Il est en pèlerinage,
J'attends éperdument son retour,
car malgré tout mon lignage,
je ne veux accepter
d'en épouser un autre.
Quelle folie de m'en parler !

---

1. Texte original *in* P. Bec, *op. cit.*, p. 92 à 94.
2. Il s'agit du cri de marche des pèlerins : « En avant ! » Voir P. Aubry et J. Bédier, *Les Chansons de croisade*, p. 115.

(Refrain)

> Dieu, quand ils crieront « Outree ! »,
> Seigneur, secourez le pèlerin
> pour qui je suis remplie de peur.
> Qu'ils sont cruels, les Sarrasins !

Je suis si accablée
qu'il ne soit pas en Beauvaisis,
celui à qui je ne cesse de penser.
Je n'ai plus le goût du rire ni de la joie.
Il est beau et je suis belle.
Seigneur, pourquoi l'as-tu voulu ainsi ?
Puisque l'un désire l'autre,
pourquoi nous as-tu séparés ?

(Refrain)

> Dieu, quand ils crieront « Outree ! »,
> Seigneur, secourez le pèlerin
> pour qui je suis remplie de peur.
> Qu'ils sont cruels, les Sarrasins !

Mais j'attends avec espoir,
car j'ai reçu son hommage [1].
Quand vente le doux souffle
qui vient du très doux pays
où se trouve celui que je désire,
je tourne mon visage de ce côté.
Dieu, il me semble que je le sens
sous mon mantel [2] gris.

(Refrain)

> Dieu, quand ils crieront « Outree ! »,
> Seigneur, secourez le pèlerin
> pour qui je suis remplie de peur.
> Qu'ils sont cruels, les Sarrasins !

Je suis pleine de regrets
de n'avoir pu l'escorter [3].
La tunique qu'il portait alors,

---

1. Il s'agit du cérémonial propre à l'amour courtois, qui fait de l'amant le vassal de sa dame suzeraine.
2. Le « mantel » est un vêtement d'apparat.
3. Il s'agit du « convoier », première étape du départ du pèlerin : ses proches et amis l'accompagnent au début de son parcours.

il me l'a envoyée pour que je l'étreigne.
La nuit, quand l'amour me presse,
je la place à mes côtés,
toute proche de ma chair nue,
pour soulager mon mal.

(Refrain)

> Dieu, quand ils crieront « Outree ! »,
> Seigneur, secourez le pèlerin
> pour qui je suis remplie de peur.
> Qu'ils sont cruels, les Sarrasins !

5. *Dame, ensi est q'il m'en couvient aler*

Ce poème fut composé par Thibaut de Champagne. Il s'agit également d'une « chanson de départie », composée vraisemblablement en mai 1239. Vers la fin du mois de juin, le comte Thibaut IV de Champagne (1201-1253) quitte la Champagne pour se rendre à Marseille et prendre la mer. Ce grand seigneur, dont l'activité politique est bien connue et qui fut très actif durant la période des croisades, est considéré comme un très grand trouvère. La mélodie en est conservée [1].

Dame, puisqu'il me faut partir
et quitter la douce contrée
où j'ai appris à souffrir,
Puisque je vous laisse, il est juste que je me prenne en haine.
Dieu ! pourquoi cette terre d'outre-mer,
qui aura séparé tant d'amants
dont l'amour n'a plus trouvé de réconfort
et qui n'ont pu raviver leur joie !

Sans amour, je ne pourrai vivre :
c'est l'objet de toutes mes pensées,
et mon cœur sincère ne s'en écarte pas,
car je suis avec lui, vers ce qu'il désire.
J'ai appris à aimer :
comment continuer à vivre,
sans la joie de celle que je désire
plus qu'aucun homme n'a jamais désiré ?

---

1. Texte original *in* P. Bec. *op. cit.*, p. 98-99.

Puisque je suis loin d'elle,
quel bien, quelle joie, quel réconfort ?
car jamais rien ne m'a autant coûté
que de vous laisser, vous que j'espère revoir [1].
J'en suis accablé et hors de moi.
Bien souvent, je me serai repenti
d'avoir entrepris ce voyage
et je me souviens de vos douces paroles.

Noble Seigneur Dieu, je me suis tourné vers vous.
Pour vous je laisse ce que j'aimais tant.
La récompense doit en être belle, puisque je perds,
pour l'amour de vous, mon cœur et ma joie.
Je suis prêt, tout préparé à vous servir.
Je me livre à vous, noble Jésus-Christ.
Je ne pourrais avoir meilleur seigneur :
celui qui vous sert ne peut être trahi.

Mon cœur doit être à la fois triste et joyeux,
triste parce que je quitte ma dame
et plein de joie car j'ai le désir
de servir Dieu, qui est à la fois mon corps et mon âme.
Cet amour-là est parfait et puissant.
Les plus justes savent qu'il faut y tendre,
c'est le rubis, l'émeraude, la pierre précieuse
qui guérit de tout vil péché puant.

Dame des cieux, reine très puissante,
secourez-moi dans ma grande détresse !
Que je puisse brûler de la belle flamme de l'amour pour vous !
Puisque je perds ma dame, Dame, venez à mon aide !

6. *Seigneurs, sachiez qui or ne s'en ira*

Ce poème a également été composé par Thibaut de Champagne [2], et la mélodie est connue.

Seigneurs, sachez que celui qui ne s'en ira pas
vers cette terre où Dieu a vécu et où il est mort,
et qui ne prendra pas la croix d'outre-mer,

---

1. P. Aubry et J. Bédier interprétaient ce vers comme « une application à la dame de la formule de serment : "se je ja mès Dieu voie" », c'est-à-dire : « J'en jure sur mes chances de vous revoir un jour », *op. cit.*, p. 195.
2. Texte en langue originale *in* P. Aubry et J. Bédier, *op. cit.*, p. 171 et 172.

à grand-peine ira au Paradis.
Celui qui s'en souvient et éprouve de la compassion
doit chercher à venger le noble Seigneur
et délivrer son pays et sa terre.

Tous les lâches resteront par-deçà [1],
ceux qui n'aiment Dieu, le bien, l'honneur, le mérite.
Et chacun dit : « Et ma femme, que deviendra-t-elle ?
Je ne laisserai mes amis à aucun prix ! »
Ceux-ci s'attardent dans de folles pensées,
car le seul ami, en vérité, est Celui
qui pour nous subit le supplice de la croix.

Ils s'en iront, les vaillants chevaliers
qui aiment Dieu et l'honneur de ce monde,
ceux qui sagement veulent aller vers Lui,
et les lâches, les frileux resteront.
Ils sont aveugles, je n'en doute pas,
ceux qui ne viennent secourir Dieu
et qui pour si peu mettent en péril la gloire du monde.

Pour nous Dieu subit le supplice de la croix,
et Il nous dira au Jugement dernier :
« Vous qui m'avez aidé à porter ma croix,
vous irez en ce lieu où se trouvent mes anges.
Vous m'y verrez avec ma mère Marie,
et vous qui ne m'avez porté aucun secours,
vous descendrez tous dans l'Enfer profond. »

Chacun s'imagine pouvoir vivre heureux
sans jamais subir le moindre mal.
C'est ainsi que l'Ennemi et le péché les possèdent,
de sorte qu'ils n'ont plus sagesse, hardiesse ni puissance.
Noble seigneur Dieu, chassez d'eux ces pensées
et prenez-nous dans votre royaume
avec tant de piété que nous puissions vous voir !

Douce dame, reine couronnée,
priez pour nous, Vierge bienheureuse !
Ainsi nous serons préservés de tout mal.

---

1. « Par-deçà » désigne l'Occident, face à un « par-delà » qui désigne Outre-mer.

Le premier cycle de la croisade [1]
par Micheline de Combarieu du Grès

Au tournant du xiᵉ et du xiiᵉ siècle, la première croisade draine, par Constantinople et jusqu'à Jérusalem, des armées venues des différents pays de la chrétienté occidentale. L'Histoire nous dit que le but premier de cette expédition était de venir en aide aux communautés chrétiennes d'Orient, soumises à la pression de plus en plus grande d'un Islam conquérant. Mais le sens en devait vite changer : l'aboutissement de la première croisade sera, après la prise de Jérusalem, la constitution de l'empire latin d'Orient. Les récits (chroniques en latin, épopées en langue romane), écrits parfois dans le temps même de l'action, plus souvent médités avec celui de la réflexion, voire réécrits en versions successives, nous montrent les rapports entretenus par les premiers croisés avec ce pays d'« outre-mer » — au moins par la traversée du Bosphore —, cette « terre de repromission » dont ils pensent que, d'abord « promise » au peuple d'Israël, elle fut « repromise » — quand celui-ci ne reconnut point dans Jésus le Messie qu'il attendait — aux fidèles de la Nouvelle Alliance, c'est-à-dire au peuple chrétien.

Deux chansons de geste en particulier, dont nous n'avons gardé qu'une relation de la fin du xiiᵉ siècle, attribuée à un certain Graindor de Douai, *La Chanson d'Antioche* et *La Conquête de Jérusalem*, narrent, ou plutôt chantent, cet « itinéraire du Saint-Sépulcre ».

« Pèlerins », « gens de Jésus », « armée de Notre-Seigneur », « armée de Dieu » : ces termes, qui s'appliquent aux mêmes personnes/personnages, abolie la différenciation des pèlerins non armés et des croisés armés, renvoient cependant à des attitudes de corps et d'esprit que l'on peut distinguer.

Le pèlerin, c'est l'homme en route — *homo viator* — mais dont le

---

1. Le texte de cette Introduction résume une communication présentée au colloque du Centre d'études médiévales d'Orléans en 1990 sous le titre « La *terre de repromission* », in *Terres médiévales*, Paris, 1993, p. 71-99.

voyage a un but (souvent le tombeau d'un saint), une raison d'être (œuvrer pour son salut) et des modalités en rapport : les difficultés de la route sont pénitence et le contact avec les reliques est élément de re-ligion avec le sacré. « Marcher », puis « voir et toucher ». Ce schéma s'applique superlativement aux *Hierosolimitani* qui vont prendre la *via* (ou *iter*) *sancti sepulchri.* « Le comte Hue... s'en ira au Saint-Sépulcre », dit *La Chanson d'Antioche.* Le saint par excellence est bien Jésus-Christ, et tout ce qui a trait à lui l'est également, d'où l'expression « *le* Saint-Sépulcre », parfois même « *le* Sépulcre » qui suffit, sans autre détermination, à le désigner.

Ils marchent donc pour le voir, non mus par la curiosité, mais par la piété ; ils vont « voir le monument où eut lieu la Résurrection », « le baiser avec une dévotion profonde », « y implorer le pardon de leurs fautes [1] ». C'est ainsi que tous définissent leur projet. Arrivés sur place, ils s'empliront en effet les yeux de la ville : *La Conquête de Jérusalem* s'ouvre sur une série de « vues » de la cité par les différents corps de troupe ; on en aura une autre avant l'assaut général, quand les bataillons se disposeront autour de la ville (chant IV).

Mais si cette terre recèle encore des reliques du Seigneur — *La Chanson d'Antioche* rapportera l'invention de la lance de Longin, *La Conquête de Jérusalem*, celle de la vraie Croix —, le tombeau est vide. Cette absence du corps mort, loin de dévaloriser le Sépulcre, est ce qui lui donne sa prééminence : car, lorsqu'ils l'embrassent en pleurant, les pèlerins ne baisent pas le lieu de déposition d'un corps saint disparu, mais celui d'où le Dieu incarné est ressuscité : il est donc désigné comme le lieu où Dieu fut « mis », « déposé... pour y reposer », « enseveli », mais aussi comme celui « d'où il ressuscita », voire « où il eut mort et vie », « où il fut mort et vivant ».

Le Sépulcre est à la fois le but du voyage et le centre d'une série de cercles définissant de plus vastes espaces, saints eux aussi et donc vénérables, parce qu'ils ont été en contact, mieux qu'avec le corps d'un saint, avec celui d'un Dieu qui « vécut sur terre ».

La « Ville sainte » est le premier de ces cercles. La prédication du pape, au début de *La Chanson d'Antioche*, évoque une Jérusalem encore très stylisée, centrée sur l'entrée triomphale de Jésus dans la ville « le jour de Pâques fleuries [2] », sur la crucifixion et l'ensevelissement. L'approche de la ville fera plus précise et nombreuse l'énumération des lieux, jusqu'à celles de *La Conquête de Jérusalem*, où l'auteur réitère le motif avec l'arrivée des différents groupes ou armées. Ceux qui la voient pour la pre-

---

1. Ces citations sont empruntées à la chanson *Les Chétifs*, que nous ne reproduisons pas dans ce volume et qui établit une liaison romanesque entre *La Chanson d'Antioche* et *La Conquête de Jérusalem*.
2. C'est-à-dire le jour des Rameaux.

mière fois se contentent de dire : « Jésus qui souffrit sa Passion est passé par ici. » Il faut quelqu'un qui connaisse l'endroit pour que la vue d'ensemble se détaille : Pierre l'Ermite[1] nomme ces lieux et les désigne aux croisés, en rappelant quels épisodes de la Passion s'y sont déroulés, quels acteurs y ont participé : le « prétoire », lieu du procès et de la trahison par Judas, le pilier de la flagellation, le mont du Calvaire, lieu de la crucifixion, où le flanc du Seigneur fut percé par la lance de Longin (la terre fut imprégnée de son sang), le sépulcre où le déposa Joseph d'Arimathie. Les Lieux saints sont désignés par eux-mêmes et non par les monuments (églises ou autres) qui les rendent visibles de loin, puisque cette vue de Jérusalem est « prise » de l'extérieur de la ville, du haut du « tertre de Josaphat » où les barons sont rassemblés. Vision déjà plutôt que vue à proprement parler. Le Sépulcre, vide, témoigne de la Résurrection, donc de la divinité du Messie rédempteur. De même, Jérusalem dans son entier témoigne du triomphe de Jésus avant la Passion : Pierre l'Ermite montre « la porte dorée » par où le Christ est entré dans la ville le jour des Rameaux. Enfin, elle témoigne de la vie du ressuscité : Pierre montre le lieu où le Christ est apparu à ses disciples : « le saint temple fondé par Salomon », et celui de la Pentecôte. D'autres événements sont également liés à ces lieux : le temple de Salomon est présenté comme le lieu de l'Annonciation et comme celui de l'offrande à Dieu de Jésus enfant. Ville de l'enfance, de la Passion et de la Résurrection, elle résume à elle seule toute la vie du Christ dont elle porte d'ailleurs encore la marque visible dans ses pierres : « Le jour des Rameaux, la terre se creusa sous les pieds de Jésus-Christ et n'est plus jamais redevenue plane » (*La Conquête de Jérusalem*, chant II).

Tout autour de la ville, il faut tracer un second cercle, qui inclut les collines et vallées avoisinantes où l'on évoque Jésus et les siens. Souvent d'ailleurs, le panorama de Jérusalem les intègre, comme dans le désir de tout ramener à une unité de lieu. Le regard des croisés sur la ville, porté de l'extérieur et du sommet d'une colline, comprend normalement ces environs, et le tableau de Pierre l'Ermite les place sur le même plan : le mont des Oliviers (où Jésus demanda qu'on lui amène l'ânesse sur laquelle il devait entrer dans la ville), le mont Sion (lieu de la mort de la Vierge) et le val de Josaphat, qui est celui de sa sépulture, et, toujours dans ce souci de recentrer le plus de lieux possibles sur la Ville sainte, fût-ce au détriment d'une géographie réaliste, Béthanie, lieu de la résurrection de Lazare ; de même, l'énumération des lieux autour de la ville, ou à proximité, où les armées vont établir leurs camps, inclura Bethléem.

La Terre sainte comme lieu de dévotion s'inscrit donc surtout dans ce cercle restreint dont le centre serait cette « dalle où Dieu ressuscita après sa Passion » — Godefroy de Bouillon y pose son cierge lors d'une veillée

---

1. Pierre l'Ermite (1050-1115), prédicateur de la première croisade.

au Saint-Sépulcre dans l'attente angoissée de l'armée du sultan en marche sur Jérusalem pour la reprendre — et la circonférence, ces collines d'où l'on voit la ville, périmètre sacré dont on embrasse le sol en pleurant et dont on va jusqu'à ingérer — comme une autre communion — la terre.

Il y a cependant un troisième cercle qui comprend quelques lieux plus éloignés géographiquement, mais on serait tenté de dire aussi spirituellement. Leur ordre d'apparition dans les textes respecte l'itinéraire des croisés. Le premier est Antioche, la ville de saint Pierre : quand les croisés ne parviennent pas à se rendre maîtres de la citadelle et sont donc arrêtés dans leur progression vers Jérusalem, un prêtre a une vision dans laquelle il voit l'apôtre intervenir auprès de Jésus pour que celui-ci vienne en aide aux chrétiens. Symétriquement, si l'on peut dire, après la prise de Jérusalem, lorsque la plupart des croisés décident de s'en retourner, ils passent par des lieux « évangéliques » : Jéricho (lieu où Jésus jeûna au désert), le Jourdain, lieu de son baptême et où ils se baigneront (en mémoire et en figure ?), la Galilée et plus précisément le site de la multiplication des pains et des poissons. Cela est limité en nombre et dans l'espace du texte.

Faire le tour des sites évangéliques n'apparaît donc pas comme une démarche prioritaire chez Graindor de Douai. On notera que, même après la prise de Jérusalem, si tous vont faire leurs dévotions au Saint-Sépulcre, il n'y aura pas de ces processions, chemins de croix qui n'en portent pas encore le titre, que les récits de pèlerinage nous rapportent depuis les premiers siècles de l'Église. C'est que, si les croisés « mettent leurs pas dans ceux du Christ[1] », ils voient d'abord en lui celui « par qui ils avaient été rachetés de l'enfer[2] ». Voilà pourquoi l'essentiel de l'itinéraire de Jésus qui a été retenu est celui de la Passion, et voilà pourquoi l'itinéraire de ce pèlerinage sera avant tout un itinéraire de souffrance, comme *La Chanson d'Antioche* l'annonce d'emblée et comme les deux poèmes ne cesseront de l'illustrer.

La Terre sainte a bien une réalité géographique, puisqu'elle est le pays où un Dieu s'est incarné et a vécu trente-deux ans (« la terre où il a grandi »), mais elle se concentre dans les lieux où fut opérée notre rédemption par la mort et la résurrection du fils de Dieu. Découle de cela un choix par rapport aux textes de l'Évangile, qui énumèrent aussi les sites des miracles et de la prédication ; ainsi qu'une totale absence de souci descriptif : ce qui compte, ce n'est pas le lieu tel qu'il s'offre au regard, mais l'événement qui s'y est déroulé autrefois. Rien de moins pittoresque, au sens de la peinture, que les vues de la Terre sainte et plus particulièrement de Jérusalem données par Graindor de Douai — à tel point, par exemple,

---

1. Citation empruntée à la plus ancienne chronique latine de la première croisade, l'*Histoire anonyme de la première croisade*, édition et traduction par L. Bréhier, Paris, Les Belles Lettres, 1964.

2. *Ibid.*

qu'il mentionne, comme nous l'avons déjà signalé, le Sépulcre et non l'église qui l'abrite et que la sépulture de la Vierge au val de Josaphat ne s'accompagne qu'exceptionnellement de la mention de l'édifice qui en signale l'emplacement. Pour la même raison, on peut dire que, si l'itinéraire des croisés est donné avec précision(s) et si Graindor de Douai cite les villes et les lieux-dits ou accidents géographiques par lesquels ils passent, alors qu'il ne se soucie cependant pas d'évoquer à leur propos tel ou tel site évangélique, c'est parce que la parenté entre cette marche et les « pas du Christ » existe plutôt dans l'expérience d'une souffrance pénitente et salvatrice : les difficultés d'approvisionnement en vivres pendant le siège d'Antioche seront longuement évoquées, celles en eau aussi, surtout pendant les opérations autour de Jérusalem. De façon générale, la terre du Seigneur paraît bien aride et bien pauvre à ces barons venus de contrées plus verdoyantes et plus fertiles. Ils laissent parfois éclater leur surprise et leur déception : malgré ce qu'on avait pu leur dire et prêcher des souffrances à attendre, ils ont du mal à accepter l'idée d'un Dieu créateur du monde, choisissant de venir en un lieu si déshérité... de Lui ! L'auteur qui sait, après coup, à quoi s'en tenir et qui perd moins de vue la portée spirituelle de l'épreuve, peut bien écrire : « Ils partirent loin de chez eux dans des déserts où ils se firent sauvages pour sauver leurs âmes. » Les barons mêmes (surtout ?), en vue de Jérusalem, diront : « Il n'y a là ni forêt, ni source ni rivière, ni mer ; pas de blé, rien que de la bruyère ; l'eau est hors de prix : elle se vend à cent sous la charge d'un cheval ; et il n'y a pas même de bois pour faire bouillir pots et marmites. » L'un d'eux dit clairement sa surprise : « Je m'étonne que Dieu, le fils de sainte Marie, soit venu se loger dans pareil désert. Il devrait y avoir là une bonne terre cultivée où poussent les épices, l'encens, les herbes médicinales qui guérissent les malades, et où fleurisse la rose. » Comment la terre de Dieu peut-elle être plus dure à vivre que celle des hommes ? « J'aime mieux le grand château d'Arras [...] et mes beaux viviers que toute cette terre avec son antique cité. » Ainsi, la royauté à Jérusalem, qui pourrait passer pour le plus grand honneur à recevoir, sera-t-elle récusée par tous à la fin. L'évêque de Mautran a beau faire valoir le « prix » de la ville, « cette cité de roi », l'un ne voudra pas en entendre parler (« La Pouille et la Calabre sont à moi [...] et je n'ai nulle envie de tenir cette terre, pas plus que de devenir roi de Jérusalem un jour de ma vie ») et un autre s'excusera à son tour : « J'ai déjà trop souffert ici ; je ne pourrais pas rester en bonne santé ; l'ardeur du soleil y est trop brûlante. »

Voilà donc que la terre du médecin suprême est malsaine. Bref, tous n'ont qu'une hâte : repartir au plus vite dans leur pays : celui-ci, où a vécu leur Dieu, demeure, pour eux, terre étrangère.

Encore ne s'agit-il pas seulement d'y vivre mais de s'y battre : si, à Jérusalem, Dieu est mort pour sauver les hommes, ceux-ci vont risquer leur vie pour « aquiter » son sépulcre, sa ville, sa terre. Ces pèlerins sont aussi des croisés : « l'armée de Dieu ».

En effet, la Terre sainte n'est pas seulement celle du Christ dans la mesure où il y est né (« vous êtes né à Bethléem ») et où il y a vécu jusqu'à sa mort ; elle est aussi sa terre au sens où il en est le roi (« roi de Bethléem » précisément) ; ou plutôt, il devrait en être le roi, car il en a été dépossédé.

Certes, sa royauté est universelle, et elle est royauté dans le ciel : s'Il nous a sauvés du « Tartare », Il n'a pas fait de la Palestine un jardin où couleraient le lait et le miel ; dans la vision que Pierre l'Ermite a au Saint-Sépulcre, Jésus promet à chacun de ses fidèles qu'« il logera en paradis dans le ciel », et qu'il échappera à l'enfer, « cette maudite demeure ». Mais lorsque le récitant de *La Chanson d'Antioche* rapporte à son public l'histoire du bon larron, on voit que la royauté de Jésus s'instaure à deux niveaux, celui du ciel et celui de la terre : « Il n'est pas encore né, dit le Messie, le peuple qui me vengera de ses épieux acérés. Dans mille ans, il recevra le baptême et viendra vénérer le Saint-Sépulcre. Ces gens me serviront comme leur père et ils seront mes fils, et moi leur garant. »

Ce second niveau occupe constamment plus de place dans nos textes parce que c'est celui dans lequel va s'inscrire l'action historique — militaire et politique — des croisés.

En effet, cette terre, Dieu l'avait d'abord donnée aux juifs (*La Chanson d'Antioche*, chant I), et c'est dans cette terre qu'Il avait choisi de venir au monde. Mais ceux à qui elle avait été donnée à habiter et à « tenir » y ont perdu leur droit en ne reconnaissant pas Jésus pour Dieu et en le mettant à mort. Mais ce ne sont plus eux qui occupent la Terre sainte, ce sont les « Turcs », les « Sarrasins », qui n'y ont pas plus de droits, puisque ce sont des « païens » qui ne reconnaissent pas le vrai Dieu (« Cette terre est perdue, ce sont les fidèles de Mahomet qui la détiennent »). C'est la raison pour laquelle les textes effectuent sans cesse une sorte d'amalgame entre les juifs et les Sarrasins : il n'y a pas seulement entre eux succession historique mais identité, car les uns et les autres sont des « Infidèles », les premiers pour avoir rompu l'Alliance et avoir été oublieux de la « promission », les seconds, si l'on peut dire, pour s'être refusés à la conclure. Quand le bon larron suggère à Jésus de se venger des juifs, celui-ci répond en parlant des « païens », dont il sera fait justice mille ans plus tard, c'est-à-dire des « Sarrasins ». La formule qu'emploie un chrétien dans une prière traduit, en la ramassant dans le jeu des temps, cette appréhension des choses : « Vous êtes allé à Jérusalem, dit-il en s'adressant au Christ, qu'occupent les Arabes. » Entre les mains des uns ou des autres, cette terre doit être considérée comme « morte » (*La Chanson d'Antioche*, chant I).

Cependant, si le Christ règne sur *la* terre et singulièrement sur *sa* terre, il ne peut le faire seul : comme tout seigneur ou souverain terrien, il la confie à des hommes qui lui auront engagé leur foi et devront lui en assurer le service ; les Turcs, Persans, Esclavons, bref les Sarrasins qui ne se réclament que d'un droit de conquête n'en sont donc pas de légitimes occupants. Certes, ils sont braves à la guerre, témoin l'éloge de leur chef Cornumaran qui clôt singulièrement, on en conviendra, *La Conquête de Jérusalem* : un des barons croisés fait ôter de sa poitrine le cœur du héros dont tous admirent la taille, symbole de sa valeur : « S'il avait cru en Dieu, il n'aurait pas eu d'égal ; je n'ai jamais vu chevalier qui sache mieux jouter [...], donner de plus forts coups d'épée et se battre avec plus de vaillance. » Mais, malgré cela, lui et les siens sont « les fidèles de l'Antéchrist » : « Ceux qui ne croient pas en Dieu, qui ne le servent ni ne lui obéissent et ignorent de leur mieux ses commandements, il n'est que juste de les confondre et de les chasser de cette terre jusqu'au dernier. » Cette terre appartient légitimement à ceux qui croient dans le Christ, ceux qui sont dits pour cela « chrétiens », ceux qu'Il a adoptés pour fils et dont Il est le père. Les deux premiers chants de *La Chanson d'Antioche* insistent sur ce point de façon significative, pour bien exposer les buts et la raison d'être de la croisade, et peut-être encore plus sur les devoirs que crée pour les chrétiens cette situation. La foi mais aussi le service : garder la terre du Christ à des chrétiens et en chasser ceux qui ne le sont pas et qui, par leur présence infidèle, insultent Dieu, que les vrais croyants doivent donc « venger », au sens médiéval de « faire justice », « faire rentrer dans le droit » (*La Chanson d'Antioche*, chant I). Fils féaux du Père-Roi, ils doivent lui garder sa terre qui est aussi la leur (*ibid.*, I, v. 158-162) et éventuellement la reconquérir, la libérer si, ce qui est le cas, ils se sont rendus coupables de ne pas la lui avoir gardée : « Nous avons perdu la terre promise [...], elle est perdue puisque ce sont les fidèles de Mahomet qui la détiennent, et perdue pour toujours si nous ne la leur reprenons pas de force [...]. Allez venger Jésus des ravages que Persans et Esclavons ont fait subir à sa terre » (*ibid.*, I).

L'évêque Aÿmer érige cette tâche en œuvre de miséricorde, l'ajoutant à celles de l'Évangile en une évocation personnelle du Jugement dernier. Pierre l'Ermite l'avait déjà dit : « J'ai fait ce voyage pour venger le seigneur Dieu de la honte qu'on lui a faite en sa terre. [Les païens] l'occupent de père en fils, j'ai voulu leur en contester le droit » (*ibid.*, I). Graindor de Douai s'éloigne sensiblement de la réalité historique pour ce qui est de l'origine de la croisade ; si l'idée en naît d'abord dans l'esprit d'un homme, Pierre l'Ermite, scandalisé par l'état dans lequel il a vu le Saint-Sépulcre, état auquel le patriarche de la Ville sainte se déclare impuissant à remédier et pour lequel il demande le secours des chrétiens d'Occident, c'est Dieu lui-même qui, en apparaissant à Pierre, en justifie le bien-fondé, si l'on ose dire, en la reprenant à son compte et en lui recommandant de se faire confier son propre sceau — celui du Saint-Sépulcre — qui montrera en lui un authentique ambassadeur de Dieu.

Muni de cet objet, symbole de la marque personnelle de Dieu sur la Terre sainte, Pierre aura toute l'autorité nécessaire pour commander au pape et, par son intermédiaire, aux rois.

« Mon peuple », dit Jésus. Il en est donc bien le roi et ils sont ses hommes, « les fidèles de Jésus ». Sa terre est la leur en tant que chrétiens : « Envoyez dire à Corbaran, recommande un évêque, que ce royaume est nôtre, parce qu'il nous a appartenu avant que ses gens ne s'en soient emparés par la force [...]. Nous sommes prêts à faire la preuve qu'il n'a sur lui aucun droit [...]. Nous avons bien entendu le mandement de Dieu [...]. Nous sommes tous ses fils et nous le vengerons » (*La Chanson d'Antioche*, chant VII, laisse XXII).

Droit à la terre, devoir de la libérer, le combat des croisés repose sur cette double base. Le fait que l'ennemi à battre (qu'il s'agisse de conquérir la terre ou de libérer le pays selon le point de vue auquel on se place) est humain, alors que son seigneur est le roi du ciel, entraîne une appréhension et une conduite double des événements.

Il y a une conduite et une appréhension des lieux purement militaires. De même qu'on souffre de la faim et de la soif sur la terre du Seigneur, autant, voire plus, qu'en Flandre et qu'en Italie, de même Antioche et Jérusalem sont aussi difficiles à investir que pourraient l'être des citadelles chrétiennes, et peut-être davantage à cause de la valeur des Turcs et du climat du pays. En matière de tactique et d'approvisionnements, les chefs de l'armée de Dieu se comportent à la façon habituelle : quand ils sont sur le point d'assiéger une place, ils envoient des détachements de soldats dans les environs pour approvisionner en vivres les hommes et les animaux, ils s'inquiètent des sources ; avant de donner l'assaut, ils essaient de chercher les points faibles de la défense, ils font construire des machines de guerre. On pourrait donc, à partir de nos textes, suivre le récit ordinaire d'une expédition qui le serait tout autant.

La géographie de Jérusalem et de ses environs, et de la Terre sainte devient, l'espace du récit, une géographie militaire. Si Saint-Étienne est si souvent mentionné, ce n'est pas parce que l'exemple du protomartyr est particulièrement important pour les croisés ; et le val de Josaphat avec le tertre qui le domine ne renvoie pas à l'image d'un culte marial pourtant largement développé en ce XIIᵉ siècle ; quant au « très saint temple », un des deux lieux de la ville le plus souvent cités, il ne l'est certes ni pour l'Annonciation, ni pour l'offrande de Jésus sur son autel. Quel est d'ailleurs l'autre lieu le plus souvent mentionné ? Nous ne l'avons pas encore rencontré parce qu'il s'agit de la « tour de David » — c'est ainsi que tous les textes désignent la citadelle de Jérusalem et aucun souvenir évangélique ou « christique » ne lui est rattaché. Mais les différents corps de troupe installent leur campement « au mont Syon », « au val de Josaphat », « au mont des Oliviers », « à Saint-Étienne », « à la porte de David », « par-dedans Bethléem ».

Mais les combats les plus acharnés auront lieu au mont Sion, au mont des Oliviers, au val de Josaphat, à la porte Dorée, à la porte Saint-Étienne : leur mention, au demeurant brute, sans plus de rappel des personnages ou des événements auxquels leur nom les associe, ne signifie plus que le renouvellement et l'acharnement des affrontements. Une hiérarchie, de ce point de vue, s'instaure, où « Saint-Étienne » est plus « important » que le « mont des Oliviers », où le « val de Josaphat » est plus souvent nommé que le « mont du Calvaire ». À l'intérieur de la ville, la « tour de David » est le lieu militaire par excellence : point surélevé d'où les chefs peuvent donner le signal de la bataille, en observer l'évolution, regrouper les troupes avant et après l'assaut ; le Temple et son esplanade sont plutôt lieux de réunion et de délibération. Godefroy de Bouillon y remplacera l'émir qui l'y avait précédé, et le texte les appellera l'un comme l'autre « roi de Jérusalem ».

De façon générale, l'entrée des croisés dans Jérusalem n'ayant pas mis fin aux combats, on continuera de parler, pour les mêmes motifs militaires, du val de Josaphat et de la porte Saint-Étienne.

Mais l'histoire se déroule aussi sur un second plan, surnaturel celui-là. Le roi céleste n'est pas (exactement) un roi terrien. Sa toute-puissance, associée au fait que pour se « venger » il a recours à des forces humaines, et, en même temps, l'exigence que sa « compagnie » respecte, au sein même des combats menés pour lui, ses commandements — en l'entendant non au sens d'un ordre de bataille mais des « commandements de Dieu » — ont une conséquence qui peut apparaître comme paradoxale : c'est que son action répressive se fait sentir plus sur l'armée de Dieu que sur « les gens de l'Antéchrist ».

La marche sur Jérusalem est ralentie par les difficultés que la géographie physique et humaine du pays oppose aux croisés. Elle l'est aussi par leurs péchés. Graindor de Douai attribue, par exemple, à cette raison leur situation à Antioche : ils sont entrés dans la ville, mais sont pris entre la citadelle dont ils n'ont pu se rendre maîtres et une armée venue de l'extérieur qui les assiège, leur coupant de surcroît quasiment toute possibilité d'approvisionnement : Dieu punit ainsi la fornication de sa « gent » avec des mécréantes. La renonciation à ces errements, la pénitence manifestée publiquement par processions, prières, etc. (ainsi que la médiation de saint Pierre au nom de son Église rendue au culte) seront nécessaires pour qu'Antioche tombe définitivement entre les mains des chrétiens.

Une fois ceux-ci venus à résipiscence, Dieu leur enverra un signe (l'invention de la lance de Longin), à la fois relique et étendard ; elle symbolise en quelque sorte la présence du Tout-Puissant à la tête de ses troupes, puisqu'elle doit leur donner la victoire à tous coups, en même temps qu'elle est le gage de leur réconciliation. Cette toute-puissance sera également manifestée par l'intervention de combattants célestes. À la fin de *La Chanson d'Antioche*, seul un ange donne le signal de la reprise de la marche sur Jérusalem en déclarant : « Voici le terme fixé par Dieu pour la vengeance du Seigneur qui souffrit toutes les affres de la mort. » Dans *La Conquête de Jérusalem*, ce sont des colombes, messagères divines, qui seront chargées de « brefs » célestes.

Certes, visions, apparitions, interventions surnaturelles ne sont pas inconnues des autres épopées, en particulier lorsqu'il s'y agit de la lutte contre les Sarrasins. Cependant, elles sont beaucoup moins fréquentes qu'ici et si Dieu y envoie parfois ses anges aux hommes, il ne leur apparaît pas en personne comme au prêtre d'Antioche, en une scène qui anime quelque retable : le Christ en majesté entre de saints intercesseurs.

Les combats pour Jérusalem font intervenir un temps que l'on peut dire sacré. Ne pas livrer un combat le jour du Seigneur n'est encore que se conformer à une règle établie par l'Église. Mais le temps dans lequel se déroule la prise de la ville n'est pas un temps réaliste : les échecs des premiers assauts correspondent à la volonté de Dieu d'éprouver ses fidèles : « Il leur signifia par là qu'il n'était pas aisé de conquérir Dieu. »

La quête de Dieu et la conquête de la Ville s'articulent l'une sur l'autre ; mais, alors qu'au départ prendre la ville apparaissait comme un moyen de s'assurer son salut, on voit maintenant qu'il faut d'abord chercher Dieu pour pouvoir conquérir la ville.

Le temps de la prise de Jérusalem se calque sur celui de la Passion : la première brèche dans le mur est faite « à l'heure de midi [...] où Notre-Seigneur se laissa élever sur la vraie Croix pour sauver son peuple » : « Ce fut un vendredi à l'heure où Jésus accomplit sa Passion que nos Français entrèrent dans la ville. »

La dernière partie de *La Conquête de Jérusalem*, quand, après la prise de la ville, les « rois » pressentis choisissent de s'en aller, disant qu'ils préfèrent leur terre à celle du Seigneur, marque le retour au seul niveau humain des événements. Est-ce méfiance vis-à-vis d'un avenir où cette terre ne connaîtrait plus que les lois de la nature naturelle ? Quand Bohémond refuse de tenir Jérusalem, disant qu'il préfère « ses » Pouilles et « sa » Calabre, terre pour terre, eau pour eau, ville pour ville, c'est bien ce regard commun qu'il porte sur l'Italie et la Palestine : trop chaud, trop sec, trop aride — les colombes et la lance ne font pas partie de son discours. Ou bien, ce qu'il refuse, n'est-ce pas en même temps la perspective de demeurer dans ce monde où, pour l'emporter, certes on peut tuer et même massacrer, mais où il faut s'abstenir des captives et aller prendre son ordre de bataille auprès de quelque ermite ?

On sait quelle histoire de déceptions sera celle des (autres) croisades. Que l'empire latin, aussitôt constitué, sera menacé. Que Jérusalem ne demeurera pas longtemps aux mains des chrétiens. Que, de toute façon, de Constantinople à Saint-Jean-d'Acre et à Tripoli, les préoccupations politiques et personnelles des chefs (nos deux textes en parlent déjà) auront vite fait de prendre le pas sur les spirituelles. Que les chrétiens d'Occident se lasseront de renouveler des expéditions inefficaces. Qu'ils finiront par s'interroger sur leur légitimité et se demander si prêcher la parole de Dieu aux infidèles n'est pas un meilleur moyen de libérer le Sépulcre que de tuer ceux qui l'occupent. Le premier Cycle de la croisade contient en germe, sous-jacent au discours de l'épreuve et de la libération, de la victoire et du salut, l'histoire d'une impossibilité : celle d'hommes pris entre une terre qui les déçoit parce qu'elle n'est que ce qu'elle est et qui les décourage parce qu'elle exige d'eux qu'ils soient plus que ce qu'ils sont.

M. de C. du G.

LES TEMPS DE LA NARRATION

L'usage du français contemporain est d'employer un seul temps à l'intérieur d'une séquence narrative (le plus souvent le passé simple, parfois le présent). L'usage de l'ancien français est beaucoup moins fixé : les changements de temps y sont fréquents et ne correspondent souvent à aucune intention stylistique. Trois possibilités s'offrent donc aux traducteurs : respecter tous les changements de temps du texte médiéval afin de mieux rendre sensibles au lecteur des pratiques grammaticales différentes des siennes ; se conformer en tout à l'usage moderne afin de rendre le texte traduit le plus immédiatement lisible ; adopter une attitude intermédiaire pour tenter de concilier lisibilité et perception des écarts. Chaque traducteur aura ici, en fonction de la nature du texte, choisi la solution qui lui paraissait la plus appropriée.

La Chanson d'Antioche [1]

[Richard le Pèlerin et Graindor de Douai]
Chanson de geste, fin du XIIᵉ siècle

INTRODUCTION

Le texte que nous avons conservé date de la fin du XIIᵉ siècle et semble avoir été écrit pour inciter les chrétiens à participer à la troisième ou à la quatrième croisade. On s'accorde à penser qu'une ou plusieurs versions antérieures ont existé et que les textes en ont été perdus. Il est rédigé en alexandrins regroupés en laisses. Deux noms y sont inscrits, donnés l'un comme celui de l'auteur-source (Richard le Pèlerin), l'autre comme celui du remanieur (Graindor de Douai) ; mais on ignore tout de ceux qui les ont portés, et certains doutent qu'ils soient les seuls à être intervenus dans l'élaboration de la chanson.

La Chanson d'Antioche relate les événements qui sont à l'origine de la première croisade et le début de celle-ci jusqu'à la prise d'Antioche, place forte dont la conquête ouvrait aux croisés la route de Jérusalem. De tous les textes en langue vulgaire, c'est celui qui est le plus proche de la réalité historique, même si — épopée oblige — il n'ignore ni les simplifications, ni les amplifications.

Cette traduction a été établie à partir de l'édition de *La Chanson d'Antioche* due à P. Paris, Paris, 1832-1848 (Reprints, Genève, 1969). Nous avons conservé la répartition du texte en « chants », introduite par l'éditeur, dans la mesure où elle facilite au lecteur moderne l'approche du poème ; mais seule la division en laisses est d'origine. Les lecteurs qui désireraient avoir une approche directe de la *Chanson* peuvent se référer à l'édition de S. Duparc-Quioc, 2 vol., Paris, Geuthner, 1977-1978.

MICHELINE DE COMBARIEU DU GRÈS

---

1. Traduit de l'ancien français, présenté et annoté par Micheline de Combarieu du Grès.

BIBLIOGRAPHIE : Sur l'ensemble des épopées de croisade : *Les Épopées de la croisade*, Actes du colloque international de Trèves, 6-11 août 1984, dans *Zeitschrift für französische Sprache und Literatur* (ZFSL), n° 11, Stuttgart, Franz Steiner 1986.

SUARD F., « Chanson de geste traditionnelle et épopée de croisade », dans *Au carrefour des routes d'Europe : la chanson de geste* (X^e congrès Rencesvals, Strasbourg, 1985), Aix-en-Provence, 1987, t. 2, p. 1033-1055.

Sur le premier cycle de la croisade (et en particulier *La Chanson d'Antioche*) : DUPARC-QUIOC S., *Le Cycle de la croisade*, Paris, Champion, 1955.

BENDER K.H., « Des chansons de geste à la première épopée de la croisade : la présence de l'Histoire dans la littérature française du XIIe siècle », dans Actes du VIe congrès Rencesvals (Aix-en-Provence, 1973), Aix-en-Provence, 1975, p. 484-500.

DESCHAUX R., « Le merveilleux dans *La Chanson d'Antioche* », dans *Au carrefour des routes d'Europe : la chanson de geste* (X^e congrès Rencesvals, Strasbourg, 1985), Aix-en-Provence, 1987, t. 1, p. 431-443.

KLÉBER H., « Pèlerinage, vengeance, conquête : la conception de la première croisade dans le cycle de Graindor de Douai », dans *Au carrefour des routes d'Europe : la chanson de geste* (X^e congrès Rencesvals, Strasbourg, 1985), Aix-en-Provence, 1987, t. 2, p. 757-765.

COMBARIEU DU GRÈS M. DE, « La "terre de repromission" », dans *Terres médiévales*, Paris, Klincksieck (Coll. « Sapience »), 1993, p. 71-99.

CHANT I

I

Faites silence, seigneurs, et tenez-vous en paix si vous voulez entendre chanson de gloire. Nul jongleur n'en peut dire de plus haute : elle parle de la Ville sainte — louée soit-elle ! — où Dieu se laissa supplicier et mettre en croix, jusqu'au coup de lance. Jérusalem, tel est son nom. De nos jours, les jongleurs qui chantent l'histoire omettent son vrai début, mais pas Graindor de Douai qui, lui, l'a réécrite entièrement. Vous allez donc entendre parler de Jérusalem et de ceux qui allèrent adorer le Saint-Sépulcre ; vous saurez comment on rassembla les armées par tous les pays : on convoqua les gens de France, du Berri comme de l'Auvergne, des Pouilles, de Calabre jusqu'au port de Barlette [1], et même du pays de Galles et de beaucoup d'autres terres que je suis incapable de nommer. Jamais on n'a entendu parler d'un tel pèlerinage. Ils allaient tous être à la peine pour Dieu, souffrir le chaud et le froid, les veilles et les jeûnes. Le Seigneur ne peut que les récompenser en accueillant leurs âmes dans la gloire.

II

Faites silence, barons, et prêtez-moi l'oreille ; je vais vous dire une chanson qui mérite d'être écoutée. Si vous voulez tout savoir sur Jérusalem, approchez-vous de moi, je vous en prie au nom de Dieu. Je ne veux recevoir de vous ni palefroi ni destrier, ni pelisse de vair ou de gris, sauf si vous me les donnez au nom de Dieu, — et alors, qu'Il vous le rende ! Je vais vous parler de la Ville sainte et vous raconter comment les nobles barons partirent outre-mer pour faire justice de la honte de Dieu et comment Il les soutint dans leur entreprise. Ils eurent pour guide Pierre [2]

---

1. Port situé dans le royaume de Naples, le plus fréquenté par les pèlerins d'Occident.
2. Pierre l'Ermite, prédicateur populaire de la croisade, prit en effet la tête d'une troupe composée essentiellement de gens du peuple (on a parlé de la « croisade des pauvres gens »)

dont le Seigneur avait fait son messager ; mais sa première troupe joua de malheur : tous périrent sans recours ou furent faits prisonniers. Seul, il réussit à s'échapper et à revenir. Alors s'assemblèrent maints princes et maints guerriers de haut rang : il y avait là Hue le puîné [1], Tancrède et Bohémond, les justes vassaux, le duc Godefroy, un fidèle ami de Dieu, et le duc de Normandie avec ses gens et ceux du pays picard ; il y avait aussi Robert de Flandre [2] et les combattants flamands. Quand tous furent réunis par-delà Montpellier, l'histoire atteste qu'ils étaient bien cent mille. Ils allaient s'emparer par la force de Nicée avec sa citadelle, de Rohais [3] et d'Antioche, la ville des églises, et, enfin, après avoir ouvert une brèche dans ses remparts, de Jérusalem. Mais avant, ils devront longuement jeûner et veiller, supporter la pluie, la neige et la grêle. Voici donc une chanson qu'il fait bon écouter.

III

Que le Dieu qui ressuscita Lazare à Béthanie et livra pour nous son corps à la Passion accorde une foi solide à tous ceux qui L'aiment et espèrent en Lui du fond de leur cœur ! Et qu'Il confonde pour leur malheur ceux qui croient en Mahomet et adorent son idole ! Seigneurs, il n'est point de fantaisie dans notre chanson, rien que des paroles de vérité pure et de sainteté. Voici la chanson de la troupe de Pierre, et d'abord comment il était venu prier au Sépulcre. Dieu lui apparut pendant son sommeil et lui ordonna de retourner en France, après avoir pris Son sceau pour qu'on le croie plus facilement, et de dire à Son peuple de venir libérer les très saintes reliques dont des traîtres s'étaient emparés. Qu'ils viennent Le venger : ceux qui y mourront auront rémission de leurs péchés et entreront au paradis. Vous avez déjà entendu raconter cette histoire, mais les vers en étaient différents ; nous l'avons refaite et mise soigneusement en

---

qui devança les armées des chevaliers et fut décimée en Asie Mineure. Les survivants seront plus ou moins bien intégrés aux forces régulières (voir ci-dessous, chant IV, n. 1, p. 66). En revanche, le rôle qui lui est prêté dans *La Chanson d'Antioche* d'initiateur de la croisade par inspiration divine (laisses II-III et X-XII), voire de chef militaire à lui conféré par le pape, n'est pas historique ; il en est de même pour le récit des laisses XXIX *sqq.*

1. Hugues de Vermandois, frère cadet du roi de France Philippe Ier qui, excommunié pour cause d'adultère — ce que ne dit pas la *chanson* —, ne pouvait participer à la croisade : Hugues y représente donc son frère. Il est dit *li maines* en ancien français : on peut comprendre « le grand » (d'après le latin *magnus*) ou *li mainsnes* (par opposition à l'aîné), ce qui correspond en effet à sa relation d'âge avec Philippe.

2. Énumération incomplète des chefs des grandes armées de la croisade. Bohémond commandait les Lombards et les gens d'Italie du Sud : la chanson l'associera surtout, avec Tancrède, aux régions des Pouilles et de la Calabre ; Bohémond est sans doute le héros féodal le plus important de ce poème puisque c'est lui qui sera responsable de la prise d'Antioche. On reconnaît aussi, dans ces vers, Robert de Normandie et Godefroy de Bouillon, le futur avoué du Saint-Sépulcre (voir *La Conquête de Jérusalem*).

3. L'ancienne Édesse.

rimes. Que Dieu accorde le salut de son âme à qui l'écoutera avec attention afin qu'il ne voie jamais le séjour maudit de l'enfer !

IV

Rappelez-vous, seigneurs, ce que rapporte la Sainte Écriture : comment Dieu vous a tous créés et placés dans un lieu de paix. Sans le péché d'Adam, vous auriez à jamais ignoré la souffrance. Puis Il envoya Son fils sur terre pour vous arracher à l'enfer en livrant son corps au supplice de la croix : Pilate et les juifs s'acharnèrent sur lui. Et il nous a aimés au point de nous donner son nom : c'est d'après lui, Christ, que nous nous appelons chrétiens. Et puisque nous croyons qu'il est mort pour nous, il ne serait que juste de prendre la croix en souvenir de lui : c'est aux chrétiens de faire justice de cette engeance d'Antéchrist qui n'a ni foi ni obéissance envers lui et qui méprise à toute force ses commandements. Chassons-les jusqu'au dernier ! Tuons-les tous ! Et que Jésus nous en sache gré !

V

Seigneurs, écoutez un poème qui en vaut la peine. Le monde d'ici-bas est traître, il veut nous abuser. Il n'y a plus de justice, personne n'y voit clair et il est bien difficile de sauver son âme. Le diable est là, tout près, pour nous tromper ; prenons donc garde à ses pièges ! Notre-Seigneur nous commande d'aller à Jérusalem anéantir la gent maudite qui ne veut pas le reconnaître pour Dieu et croire en lui, ni suivre ses saints commandements de son mieux. Nous devrions renverser les idoles de Mahomet et de Tervagant [1], et les mettre en pièces en hommage à Dieu, et restaurer et bâtir églises et couvents. Bref, acquitter le tribut du pèlerinage demandé par les Turcs de telle sorte qu'il n'y ait plus de païens pour oser le réclamer. Sans attendre, les bons barons de France partirent dans ces pays lointains et déserts et s'y firent sauvages pour le salut de leurs âmes.

VI

Pour l'amour de Dieu, seigneurs, écoutez-moi si vous voulez aller en paradis après votre mort ! Après son arrestation, après les mauvais traitements que les juifs lui firent subir, Dieu fut cloué sur la croix et on mit à

---

1. Dans la représentation médiévale courante, les musulmans, désignés sous le terme de « Sarrasins », sont polythéistes : Mahomet, Tervagant, mais aussi Apollon et Cahu sont les noms des dieux qu'on leur prête.

sa droite un brigand du nom de Dimas, mais (Dieu soit loué !) ce n'était pas un mécréant. Quand il vit Jésus supplicié, il lui demanda en homme qui se savait sur le point de mourir : « Roi, fils de la Vierge, si grande est ta miséricorde ! Sauve-moi avec toi, quand tu seras au ciel, d'où tu devrais bien te venger de ces juifs perfides et de tout ce qu'ils te font subir. »

VII

À ces mots, Notre-Seigneur se tourna vers lui : « Ami, lui dit-il, il n'est pas encore né ni baptisé le peuple qui viendra me venger avec ses épieux aiguisés en tuant ces païens du diable qui n'ont pas voulu m'écouter. Alors, mon pays sera libéré et reconquis. Alors, la sainte chrétienté sera exaltée. Mais il faudra bien attendre mille ans pour que le Saint-Sépulcre devienne lieu de pèlerinage et objet de vénération. Alors, des hommes de ce temps viendront me servir comme s'ils étaient mes fils, et je les traiterai comme tels : je serai leur garant et ils entreront en possession de leur héritage dans le paradis. Quant à toi, sois, dès aujourd'hui, couronné à mes côtés. »

VIII

À sa gauche, on avait pendu un autre brigand appelé Gestas. C'était un camarade du fidèle de Jésus, et il le voyait s'affliger des souffrances du crucifié, des clous, de la boisson amère que lui avaient donnée ces traîtres maudits et du coup de lance qu'ils lui avaient porté. « Camarade, dit-il, mécréant qu'il était, tu es bien fou de croire qu'il va te venir en aide. Il ne peut pas se sauver lui-même ; comment pourrait-il te tirer d'affaire ? Il dit lui-même que nous devrons attendre mille ans le secours ! Quand on en sera là, il y a longtemps que toi et tous ceux qui l'ont espéré, vous serez morts ; il ne sera plus temps de verser une rançon. Il faut avoir perdu la tête pour se fier à de telles promesses. »

IX

« Malheureux, rétorqua celui qui croyait en Jésus, comment oses-tu parler ainsi du Dieu tout-puissant ? Toi et moi, nous avons mérité de souffrir : nous avons passé notre temps à voler et à commettre de mauvaises actions ; mais ce n'est pas le cas du Seigneur du monde, lui qui voit et mène tout. Qui croira en Lui n'aura pas à craindre le venin puant de l'enfer. — Ami, dit Notre-Seigneur, tu peux être sûr que, d'outre-mer, des gens viendront venger la mort de leur père. Il ne demeurera pas un païen d'ici jusqu'au plus lointain Orient. Les Francs resteront maîtres de la terre sans que personne la leur conteste et l'âme de quiconque périra en chemin sera sauvée. Qu'il en soit aujourd'hui ainsi de la tienne, car je le veux, et de tous ceux qui croient en moi. »

X

Voici l'histoire que je vous ai promise. Elle parle d'abord de la troupe de Pierre. Natif du pays d'Amiens, il y demeurait ; les gens l'aimaient et lui faisaient confiance. Depuis le temps des apôtres, personne n'avait aussi bien prêché que lui. Ayant pris l'écharpe et le bourdon [1], il partit monté sur un âne et s'achemina tout droit jusqu'à l'église de Saint-Pierre [2] où il fit ses dévotions. Puis il s'embarqua à Barlette en homme décidé et parvint à Jérusalem pour l'Annonciation. Au moment où il se prosternait pour prier devant le Sépulcre, il vit un spectacle qui le fit frissonner : le lieu servait d'écurie pour les chevaux, et à d'autres sacrilèges. Il alla donc trouver le patriarche qu'il apostropha en ces termes : « Qui es-tu, ami, pour négliger pareillement le sépulcre de Dieu ? — Qu'y puis-je, frère ? Le tribut est lourd à payer pour demeurer ici et c'est par la souffrance que nous gagnons le salut de nos âmes. Va dire aux chrétiens que si on ne vient pas à notre secours, c'en est fini du Sépulcre. — C'est un message dont je m'acquitterai volontiers », répondit l'ermite.

XI

« Seigneur, je vais vous dire mon intention, si vous voulez me faire confiance et si je pensais que ce fût vraiment la volonté de Dieu : ce serait de faire venir les guerriers de France, les chevaliers renommés et les ducs, princes, comtes et seigneurs, ainsi que tous les barons. — Voilà une bonne parole, ami, répond le patriarche. S'il vous plaît, donnez-moi un délai : demain matin, je vous dirai le fond de ma pensée. — À vos ordres », répond Pierre.

Maître Pierre retourna au Sépulcre où il se coucha pour dormir après avoir dit sa prière. Dieu en majesté lui apparut dans son sommeil. « Mon cher fils en charité, lui dit-il d'une voix douce, je vous sais bon gré de votre service et vous en remercie. Allez trouver le patriarche, demandez-lui mon sceau et rentrez en France : vous direz à mon peuple que le temps est venu pour la sainte chrétienté de m'apporter son aide. J'aurai plaisir à voir tous ces hommes : je les ai si longtemps attendus ! Je veux qu'ils échappent à l'emprise du démon qui a tendu tous ses pièges pour les y

---

1. Insignes visibles de l'état de pèlerin. Le bourdon est un gros bâton de marche.
2. À Rome.

faire tomber. La porte du paradis leur est grande ouverte, la couronne [1] les y attend ! » Dieu disparut alors et Pierre s'éveilla. Après avoir réfléchi un moment, il se rendit auprès du patriarche et lui dit qu'il avait eu un songe : « Racontez-moi cela, seigneur, fit le pontife. — Voici ce qu'il en a été sans mentir. » Il ne fallut qu'un moment pour que Pierre se vît accorder, volontiers et sans délai, tout ce qu'il demandait, y compris le sceau du Seigneur Dieu. Sur ce, il salua le patriarche et toute sa suite.

XII

À nouveau, il retourna prier au Saint-Sépulcre avant de prendre congé. Ce ne fut pas sans difficulté qu'il quitta le pays. Après avoir traversé la mer, il débarqua à Brindes et s'en fut à Rome, toujours sous le coup du chagrin et de la tristesse. Il y eut une entrevue avec le pape [2] qui s'enquit de ce qu'il avait fait. Pierre lui raconta ce qu'il avait entrepris après avoir vu le sépulcre où Dieu avait été enseveli servir d'écurie pour les chevaux, mulets et bêtes de somme. Ce récit affligea fort le pontife. « Au nom de Dieu, seigneur, conclut Pierre, secourez les malheureux que les Sarrasins ont faits prisonniers et emmenés loin de Jérusalem. — Cher frère et ami, répondit le pape, je suis très désireux d'agir à votre gré ; de toute ma vie, je ne vous ferai défaut. Dites-moi ce que vous voulez faire et honte à ceux qui ont ainsi maltraité Dieu et Ses fidèles ! — Envoyez des messagers à Paris, convoquez princes et marquis de France pour qu'ils aillent venger Dieu. Il leur a promis de prendre auprès de Lui ceux qui y mourront. Donnez-moi aussi le commandement de vos nobles chevaliers, tous autant que vous pourrez en rassembler, heaumes en tête ; et j'irai venger Dieu de bon cœur ! » Le pape donne son accord en riant de joie.

Le pontife rassemble ses hommes par tout le pays : ils étaient soixante mille à ce que dit la chronique, avec Pierre à leur tête comme seigneur et maître, comme avoué et garant, — et il s'entendait à la tâche. Dans cette troupe, il y avait le puissant comte de Bourges, Harpin le hardi qui avait remis sa terre au roi parce qu'il n'avait eu de sa femme ni fils ni fille ; il y avait aussi Richard de Caumont et le seigneur Jean d'Alis, Baudouin de Beauvais au fier visage et son frère Ernaut qui devait connaître un sort épouvantable : il fut dévoré par un dragon sur le mont du Tigre et son frère le vengea de son épée d'acier. Il y avait des prêtres et des moines consacrés, peu de barons mais une masse de gens de toute sorte. Le pape traça sur eux le signe de la croix et les bénit : « Je vous ordonne d'obéir tous au seigneur Pierre l'Ermite qui est votre chef et votre guide. Il vous mènera jusqu'aux fidèles de l'Antéchrist cependant que j'enverrai un

---

1. La couronne est celle du martyre.
2. Urbain II.

message en France par lequel j'ordonnerai au roi de Saint-Denis d'aller venger Dieu de ses ennemis. » Les barons acquiescèrent tous et prirent congé.

Une fois prêts, ils se mirent en route sous la conduite de Pierre qui connaissait bien le pays. Hélas, Pierre, pourquoi agis-tu ainsi ? Ce fut une folie de ne pas attendre les Français. Car tous ces gens, tout ce peuple que tu emmenas au pays des Sarrasins devaient y trouver la défaite et la mort.

XIII

Maître Pierre se met en route avec sa compagnie, plein de confiance dans le fils de sainte Marie. Ils traversent Pouille et Calabre sans s'écarter du droit chemin jusqu'à Constantinople, passent le Bras-Saint-Georges[1] sur quelques navires et s'avancent au-delà de la montagne de Civetot[2] qui projette sa grande ombre à une lieue et demie de Nicée. Arrivés enfin en vue de la ville, ils pensèrent qu'ils allaient la prendre sur leur lancée, mais ils n'y parvinrent pas, et c'est là qu'ils commencèrent à souffrir douloureuse angoisse.

Les Français ont installé leur camp dans une prairie. Hélas ! Pourquoi notre noble troupe s'y est-elle arrêtée ? Elle va y être mise à mal et ne s'en remettra jamais. Car voici que Corbaran[3] arrive de Syrie avec cent mille Turcs, tous des païens. Soudan[4] de Perse l'avait envoyé à Soliman[5] de Nicée pour lui réclamer la redevance annuelle — quinze mulets de Syrie portant de l'or et des besants d'Esclavonie[6], et vingt chevaux chargés de draps d'Almeria — qu'il n'était pas venu lui remettre à sa cour solennelle. Corbaran a mis pied à terre dans la riche Nicée et la ville fourmille des hommes qui l'accompagnent. Sa maisonnée a pris canton-

1. Le Bras-Saint-Georges : le Bosphore. Historiquement, Pierre et les siens ont gagné Constantinople par la voie de terre, à travers Allemagne et Hongrie.

2. Civetot était une place forte située dans le golfe de Nicomédie (voir P. Rousset, *Histoire des croisades*, Paris, 1978, p. 53).

3. Corbadas ou Kerbogast, selon les chroniqueurs. « Kerbogast que les nôtres appelaient ordinairement Corbaram », écrit Jacques de Vitry. En fait, le chef turc qui commandait les troupes auxquelles les premiers croisés eurent affaire s'appelait Elc-janes. *La Chanson d'Antioche* est, en particulier dans la représentation des faits du point de vue chrétien, la plus historique des épopées de croisade ; mais elle est beaucoup plus fantaisiste pour ce qui a trait à l'ennemi : la description des mœurs, des relations sociales et politiques, etc. est le plus souvent calquée sur la féodalité occidentale ; les noms de personnes et de lieux mêlent essais de transcription, invention, nouvelles nominations conférées par les chrétiens. Nous signalerons au passage les plus notables de ces déformations.

4. L'ancien français « soldan » induit la traduction « sultan », mais le mot est souvent dans la chanson (et c'est le cas ici) employé comme un nom propre et non comme un titre. Cette alternance a été respectée.

5. Nommé ainsi par les Occidentaux qui lui prêtent le nom de son père, il s'appelait Kilidg-Arsan.

6. Pays des Croates et des Serbes.

nement dans des logis divers et lui-même est descendu dans la maison
Murgalie[1].

XIV

Corbaran est descendu dans la maison Murgalie où, la nuit même,
Soliman l'a couvert de présents. Le lendemain, dès l'aube, quand on y vit
clair, il ordonna à ses émirs de se mettre en selle pour faire une sortie.
Voici les Sarrasins à cheval. Trompettes et cors d'airain retentissent. Corbaran quitte l'enceinte par la porte aux Dormants[2] et va prendre position
avec ses hommes dans la vallée en contrebas de Civetot. Soliman de
Nicée le suit avec ses Turcs malfaisants et son armée était nombreuse : il
y avait bien là cent cinquante mille mécréants. C'est un grand danger qui
menace les nôtres.

XV

Le temps était beau et clair, il faisait chaud. Au milieu de la vallée se
tenait Corbaran d'Oliferne[3]. Monté sur une mule bien sellée, Soliman
vint le saluer : « Seigneur roi, dites-moi franchement pourquoi vous êtes
venu de si loin pour me trouver. — J'ai un message du sultan, répond
aussitôt Corbaran. Il est irrité contre toi parce que tu n'es pas allé à la fête
solennelle qu'il a donnée. Il te réclame donc une ânesse chargée d'or fin
à n'en plus pouvoir, et si tu refuses, il a juré sur sa propre tête de te faire
pendre. Mais les choses se passeront plus raisonnablement, car ta renommée est grande et tu m'as fidèlement servi. Tu ne perdras donc pas ton
fief. » À ces paroles, Soliman s'incline devant lui.

XVI

Au mont de Civetot, dans la vaste vallée — à une portée d'arc de
Nicée —, Corbaran a mis pied à terre pour discuter avec Soliman dont il
avait à faire justice : le sultan lui avait donné tout pouvoir et cent mille
Turcs au moins l'accompagnaient. De son côté, Soliman rallia les siens :
ils étaient bien cinquante mille, et pas un seul fantassin parmi eux : tous
ont un bon et rapide destrier, et portent leurs armes avec eux. Pour apaiser
Corbaran, Soliman lui fit droit : pour le tribut de l'année, il lui remit un
cheval tout chargé de besants, de pierres précieuses et d'or fin ainsi

---

1. Nom de fantaisie ou nom déformé, on l'ignore (voir n. 3, p. 33).
2. Est-ce une façon de nommer les cariatides qui peuvent soutenir un édifice ? Le Moyen
Âge connaissait aussi la légende des *Sept Dormants*... mais on ignore quel pourrait être le
rapport avec une porte d'enceinte.
3. Oliferne : Alep.

qu'une boîte pleine de myrrhe. Mais voici qu'un Turc surgit, poussant des cris : « Hélas, seigneur Soliman, malheur à nous ! Laissez cette discussion, c'est trop de temps perdu ! Des chrétiens sont en train de jeter la désolation sur vos terres et de s'emparer de tous les châteaux qui se présentent à eux ; ils seront devant Nicée avant le coucher du soleil. — Aux armes, chevaliers ! s'écrie Corbaran. Par mon dieu Mahomet, ils ne s'en tireront pas ainsi ; nous allons les tuer sur place jusqu'au dernier. »

XVII

Aussitôt, Corbaran d'Oliferne fait sonner ses cors et ordonne à ses Turcs de s'armer. Soliman de Nicée en fait autant. Vingt mille hommes marchèrent à la rencontre de l'armée de Pierre. Quand Harpin de Bourges les voit charger, il éperonne son destrier pour le lancer au galop ; Richard de Caumont laisse courre le sien tandis que Baudouin de Beauvais pique des deux pour prendre de l'élan, imité par le seigneur Jean d'Alis, par Fouque le brave, par Ernaut le renommé ainsi que par les autres barons, — que Jésus les garde ! De toute la vitesse de leurs chevaux, ils se lancent contre les Turcs qui tournent bride sans s'arrêter jusqu'au mont de Civetot. Les Français qui ne les portent pas dans leur cœur se jettent à leur poursuite. Hélas ! Seigneur ! Quelle sinistre journée ils allaient vivre ! Jamais on n'entendit parler d'un tel malheur.

[XVIII-XXXIII. La bataille se solde par un échec complet : tous les hommes sont tués ou faits prisonniers. Seul, Pierre l'Ermite réussit à s'échapper. Il gagne Rome. Le pape décide un appel général à la croisade, qu'il va lancer depuis Clermont...]

XXXIV

Faites silence, seigneurs, et que Dieu vous bénisse ! On était en mai quand tous les oiseaux font entendre leurs pépiements, que le rossignol chante, ainsi que le merle et la pie, et que l'alouette s'envole à tire-d'aile en gazouillant. Les feuilles couvrent les arbres de leurs touffes et les prés reverdissent. Toute la chevalerie de France, d'Angleterre et de Normandie — princes, ducs et comtes, chacun avec ses gens — était rassemblée à Clermont en Auvergne. Après la messe, le pape sortit du château dans la prairie où tous s'assirent sur l'herbe verdoyante. Le pontife se tint debout et prononça le sermon que voici : « Seigneurs, laissez-moi vous dire, au nom de Dieu, ce que je suis venu chercher en France et ce que j'ai à vous demander. Mille quatre-vingt-quinze ans se sont écoulés depuis que Marie conçut Jésus-Christ sans connaître d'homme et qu'elle le mit au monde sans souffrir. Il vécut plus de trente-deux ans au milieu des siens jusqu'à ce jour de Pâques fleuries [1] où il fit son entrée à Jérusalem et à ce soir où Judas le livra par trahison à ces juifs perfides, — que Dieu les maudisse ! Ils s'acharnèrent sur lui à coups de poings et de verges avant de le crucifier au Calvaire ; on déposa son corps dans un tombeau où il revint de la mort à la vie ; il devait ensuite monter au ciel sous les yeux des siens. Il nous avait laissé sa Croix et son Sépulcre. Eh bien, il y a eu des misérables pour s'emparer de Jérusalem et pour faire souiller par leurs chevaux les autels et les cryptes des églises. Ils en ont fait des écuries, les maudits ! Ils tiennent en leur pouvoir le Sépulcre et la Croix que l'on a cessé d'honorer, de servir et d'exalter. Je vous en prie, seigneurs, au nom de Dieu et de sainte Marie, ayez pitié de cette terre morte ! Prenez tous la croix ! Que la Sainte Vierge vous aide et vous secoure dans l'autre monde, et qu'elle vous donne ici-bas honneur et richesses ! »

XXXV

« Seigneurs, dit le pape, entendez-moi ! Je suis, selon un des articles de notre foi, votre père en Dieu qui ne doit vous parler que pour votre bien. Nous avons perdu la terre promise par Dieu à ceux qui étaient retenus malgré eux en Égypte par Pharaon. Il les délivra de leur captivité par la main de Moïse et de son frère Aaron, et leur remit Jérusalem et tout le pays d'alentour qu'ils gardèrent dès lors à toute force et volonté. Dieu y fut condamné à mort pour nous après la trahison de son disciple Judas. Ils Le crucifièrent, ces perfides, ces criminels ! Notre Père endura ce supplice pour nous sauver, pour libérer nos âmes captives de l'enfer auquel nous étions tous condamnés sans espoir de rançon. Or, cette terre est tombée entre les mains des mahométans ; païens et Esclavons l'ont occupée ; elle est à jamais perdue pour nous, à moins que nous ne la leur reprenions par les armes. Souvenez-vous, barons, de la Passion que le seigneur Dieu a soufferte pour notre salut ! Prenez tous la croix, l'écharpe et le bourdon et allez venger Jésus de l'offense que Persans et Esclavons ont faite à sa terre. Ne restez pas assis davantage : à genoux, battez votre coulpe pour tous les péchés dont vous vous êtes rendus coupables, et je vous les remettrai au nom de Jésus. » Tous s'agenouillèrent en silence sans rien dire, reconnurent dans le fond de leur cœur qu'ils étaient des pécheurs et attendirent de recevoir l'absolution. Seul resté debout au milieu de la foule, le pape pria à voix haute : « Seigneur Dieu de gloire qui souffrit passion, et qui ressuscita saint Lazare — cela est vrai et nous le croyons fermement —, vrai Dieu et Père, gardez de toute mauvaise

---

1. Dimanche des Rameaux.

pensée ceux qui, prosternés, implorent votre pardon. N'ayez point égard aux péchés qu'ils ont commis envers vous, pardonnez-leur. Je les absous en votre nom : que, bons ou mauvais, ils soient quittes de tout mal ! »

XXXVI

Le roi de France [1] fut le premier à se redresser. « Écoutez, seigneur, au nom de Dieu, dit-il au pape. Je suis un homme âgé, j'ai souffert beaucoup de maux et de peines, je ne pourrais pas faire un croisé digne de ce nom, mais mon frère Hue, qui est un chevalier renommé, ira, lui : qu'il fasse ce voyage de bon cœur pour mes péchés ! Et qu'il dispose de tous mes biens à son gré ! » Quand il entend le roi parler d'un don pareil, Hue ne se connaît plus de joie et se jette aux genoux et aux pieds de son frère. Et il prend la croix, imité de tous côtés par une centaine d'hommes, princes, ducs et comtes. On se réjouissait d'être parmi les premiers à se croiser, et la presse était grande : tous se précipitaient. Ils furent près de deux cent mille à prendre la croix et à jurer sur leur tête de s'efforcer de faire honte de leur mieux à Mahomet si Jésus leur accordait de parvenir outre-mer.

XXXVII

Le comte Hue remercie le roi du don qu'il vient de lui faire, — geste d'honneur et de courtoisie — et déclare noblement qu'il ira au sépulcre où Dieu, de mort qu'il était, revint à la vie. « J'irais même si on me le défendait. Mais veillez à me confier assez de vos chevaliers pour que l'armée de Dieu soit augmentée de notre fait. » Le roi lui engagea sa parole de bon gré. Mon Dieu, combien de croix on distribua ce jour-là ! Sur combien de capes et de manteaux on les fixa ! Beaucoup des Français se croisent ; quant à ceux qui n'étaient pas là, dès qu'ils eurent appris la nouvelle, ils se hâtèrent d'en faire autant. Le comte Robert de Flandre quitte l'assemblée et regagne Arras où il prévient doucement son épouse Clémence : « J'ai pris la croix, dame, mais ne vous inquiétez pas ! Je veux votre congé pour aller en Syrie délivrer le Sépulcre qui est tombé aux mains des païens. » À ces mots, la comtesse change de couleur : « Si vous vous souciez de moi, vous n'irez pas, seigneur. Vous avez deux beaux fils, que Dieu les bénisse ! Ils ont trop besoin de vous. » Alors, le comte la serre étroitement contre lui et l'embrasse : « Allons, dame, prenez ma main : je vous promets, sans mentir, que, aussitôt mon offrande portée au Sépulcre, dès que j'y aurai dit ma prière et posé mes lèvres, je n'attendrai pas quinze jours pour prendre le chemin du retour, si Dieu me prête vie. »

---

1. Le roi de France n'était pas à Clermont.

La dame prend sa main et le comte s'engage auprès d'elle. Tous deux ne peuvent retenir leurs larmes. Godefroy de Bouillon, lui aussi, fixe la croix sur ses vêtements, ainsi que Baudouin et Eustache et, avec eux, tous les autres barons. Comment pourraient-ils ne pas se croiser, Dieu leur soit en aide !

XXXVIII

L'assemblée de Clermont était nombreuse. Dieu ! Combien de princes, de ducs et de barons ! Voici le sermon tel que le prêcha le pape Urbain : « Généreux chrétiens, délivrez le Saint-Sépulcre, au nom de Dieu ! Ceux qui y mourront recevront digne pardon de leurs fautes ; leur récompense, c'est Dieu même, dans sa gloire, qui la leur donnera. » Le comte Hue, Raymond de Saint-Gilles, Godefroy de Bouillon et Robert le Frison se lèvent ainsi que l'évêque du Puy qui parla en leur nom à tous : « Il est bon que nous organisions cette armée de façon que personne n'y fasse tort ni trahison ; et si cela venait à se produire quand même, que la victime reçoive, sans discussion, une compensation des compagnons du fautif. Nous ne devons jamais, pour quelque malencontre que ce soit, nous manquer les uns aux autres. — Voilà ce que nous ferons ! s'écria tout le peuple. Nous devons nous aider les uns les autres, c'est juste et raisonnable. » C'est avec piété qu'ils s'en iront venger Dieu.

XXXIX

À Clermont en Auvergne, en pleine campagne, se trouvait le bon roi Philippe avec tous les siens ; il y avait là des Anglais, des Flamands, des Normands et des Allemands qui se sont tous croisés, que Dieu les guide et les ramène ! Le pontife de Rome trace sur eux le signe de la croix et les bénit. Il les invite à s'entraider et à marcher du même pas, tous, parents et étrangers. Il ordonne à l'évêque du Puy [1] de se mettre à leur tête et de porter l'étendard ; qu'il fasse droit à quiconque viendra se plaindre et, au nom de Dieu, qu'il veille à ce que personne ne fasse semblant de partir ; on doit avancer à longues étapes par monts et par vaux et traverser rapidement la France, l'Allemagne, la Lombardie et la campagne romaine. « Que Jésus leur donne de vaincre cette engeance démoniaque ! — À vos ordres, seigneur, répond Aÿmer avec bonne grâce, je les guiderai et porterai l'étendard. Et à Dieu vat ! »

---

1. Adhémar (ou Aymar) de Monteil est le légat pontifical qui accompagna les armées des barons. Le texte l'appelle Aÿmer.

CHANT II

I

À Clermont en Auvergne, il y eut une grande assemblée pour former l'armée de Jésus ; en France et en maint pays, on s'y engagea par serment. Les dames et les jeunes filles ne tardèrent pas à l'apprendre et toutes se prirent à se lamenter sur leur malheur : « Hélas, se disaient-elles les unes aux autres, quel triste destin est le nôtre ! L'assemblée des barons a mal tourné pour nous ! Demain, il n'y aura plus de tapisseries aux murs des chambres [1], plus de chansons ni de fêtes. La plus puissante se retrouvera abandonnée. » Toutes répétaient qu'elles étaient nées sous une mauvaise étoile.

II

Les jeunes filles se lamentent tandis que les dames en appellent à leurs maris : « Seigneurs, Dieu a été le témoin de nos épousailles, nous vous avons engagé notre foi. Quand vous aurez conquis les terres où Il a vécu et que vous verrez la ville où Il a souffert, qu'il vous souvienne de nous, prenez garde à ne pas nous oublier ! » Dieu, que de larmes furent alors versées ! Beaucoup de dames prirent elles-mêmes la croix et beaucoup de nobles jeunes filles aimées de Dieu partirent avec leurs pères.

Princes et barons ont rassemblé leurs armées, chargé les mules de vivres et révisé soigneusement leurs armes. Les bataillons s'ébranlent, les voilà en route. Le valeureux duc de Bouillon assure le commandement des troupes : c'est lui qui les guide au mieux par monts et par vaux. Elles gagnent Constantinople à marches forcées et y arrivent un matin.

[III-XVI. Tancrède et Bohémond, venus d'Italie, arrivent à leur tour. Les rapports entre les croisés et l'empereur grec Alexis sont difficiles : celui-ci projette de les faire tuer, puis de les affamer (en refusant de les approvisionner). Ils ont cependant des partisans à la cour, en particulier Estatin l'Énasé [2], neveu de l'empereur. Finalement, un accord est conclu : des bateaux sont mis à la disposition des croisés pour traverser le Bosphore ; Estatin va les accompagner en Asie Mineure. Sauf Tancrède et Bohémond, les croisés se lient à l'empereur par un serment d'hommage, et il promet de les aider. L'armée arrive en vue de Nicée. Soliman, qui commande la ville, a le temps d'aller chercher des renforts.]

---

1. Selon une coutume festive.
2. *Énasé* : au nez coupé ou mutilé.

XVII

Quand les Français voient tout le pays s'animer et les Turcs couvrir tertres et vallées, ne vous étonnez pas si certains d'entre eux perdent courage ; mais cela ne fit que renforcer l'ardeur des plus nobles et des plus preux. Ils rivalisent de rapidité à se mettre en selle cependant que le bon évêque du Puy les harangue : « Seigneurs, écoutez la promesse de Dieu : le Sauveur qui fut crucifié a prédit que ses fils le vengeraient à coups d'épée. On lit dans les Écritures que quatre cors sonneront sur le mont Thabor au jour solennel du Jugement dernier. Les morts ressusciteront, tous les hommes seront rendus à la vie. Alors notre Père qui nous a envoyés ici-bas, dira : "Viens à moi, mon peuple qui a suivi mes commandements. Tu m'as vu mort et tu m'as enseveli, tu m'as vu nu et tu m'as vêtu et chaussé, tu m'as vu sans toit et tu m'as hébergé ; enfin tu es venu me venger de mes ennemis. Vous qui avez agi ainsi, venez à ma droite dans mon paradis ! Vous y trouverez saint Georges et saint Démétrius, avec cent mille élus." Regardez ces Sarrasins, ces maudits traîtres ! Vous entendez ce vacarme, ces cris ! Montrez-vous adroits au maniement des armes et protégez-vous de vos écus au nom de Notre-Seigneur. Je prends sur moi vos péchés, petits et grands. Votre pénitence sera de frapper sur les Arabes. Tous ceux des nôtres qui mourront, chacun peut le croire sans risque de se tromper, auront leur lit préparé au ciel à côté de ceux des Innocents. »

XVIII

L'exhortation du vaillant Aÿmer fit réclamer la bataille même aux plus couards. [...]

[XIX-XXIV. La bataille est d'abord indécise.]

XXV

Voici par le champ de bataille Godefroy de Bouillon qui interpelle le comte Étienne : « Seigneur, prenez avec vous Baudouin Cauderon, Baudouin de Gand qui est un preux de grande valeur et son frère Droon de Noiele avec quatre mille braves. Rendez-vous sur l'autre versant de cette montagne au sommet arrondi, pour éviter que les Turcs, ces fieffés traîtres, ne nous surprennent. » À entendre ces mots du bon duc, Étienne aurait mieux aimé être à Blois, chez lui. Il tremblait des pieds à la tête quand il prit son enseigne, et tout son sang fourmillait. Godefroy ne pensait pas à mal. Hélas ! pourquoi fit-il cela ? Car Étienne devait le lui faire payer cher dans la bataille. Par sa faute, les nobles barons allaient subir de lourdes pertes.

XXVI

Les nobles chevaliers s'en vont, montant à droite par un sentier depuis longtemps frayé. Ils font halte sur le versant d'un pic élevé, laissant flotter au vent leurs enseignes. Le comte Étienne avait chevauché en tête. De son côté, Turnican sonne du cor pour rallier ses gens et le son en parvient à Soliman que Dieu n'aime guère. « Ne perdons pas de temps, dit-il à ses hommes, prêtons main-forte à Hisdent et au fier Turnican. » À ces mots, quinze mille[1] Turcs s'élancèrent, Soliman à leur tête (puisse Dieu mettre des obstacles sur sa route !), prêt à frapper, lance[2] baissée. Comme ils étaient nombreux, ces traîtres de brigands ! Bientôt, les Turcs (puisse Dieu s'opposer à leur action !) furent aperçus, depuis la montagne, par nos nobles chevaliers. Quand le comte Étienne voit les enseignes se balancer au vent, il aurait donné tout l'or de Montpellier pour être ailleurs. C'est Baudouin de Gand qui prit la parole : « Soyez prêts, seigneurs barons ! Nous allons affronter les ennemis de Dieu. — Voilà qui est bien », répondirent les Français.

XXVII

Quand les Turcs virent nos chevaliers français, ils se dépêchèrent de monter sur leurs chevaux maures et de les laisser courre jusqu'en bas en bordure de la lande. De leur côté, nos barons les chargent par toute la plaine. Ou plutôt, deux mille Français sont restés en arrière avec Étienne

---

1. L'emploi de ces chiffres énormes, traditionnel dans l'épopée, ne tend pas à donner une vue exacte de la réalité : il grandit le fait raconté et parfois, comme ici, peut servir à traduire la disproportion des forces en présence (les chrétiens sont soixante).

2. L'armement défensif du chevalier comprend le haubert, tunique de mailles rivetées (cotte de mailles) fendue dans le bas pour faciliter la chevauchée, qui se prolonge en un capuchon couvrant la tête, sur lequel on lace une sorte de chapeau de fer (heaume). Il s'y ajoute l'écu, grand bouclier triangulaire en cuir peint renforcé en son centre (la *bocle*, d'où bouclier) et sur ses bords par des éléments métalliques ; l'écu se porte suspendu au cou par une courroie et, pendant le combat, on le tient, par le même moyen, serré contre soi avec le bras gauche. Son armement offensif comprend la lance (ou l'épieu qui est une lance à la hampe plus résistante, donc plus meurtrière) et l'épée utilisée dans le combat à cheval quand la lance a été brisée, mais surtout dans le combat à pied, quand le combattant a été désarçonné.

Enfin, le chevalier est, par définition, cavalier : le cheval de combat est le destrier.

L'armement des Sarrasins est décrit sensiblement dans les mêmes termes que celui des chrétiens et on a de bons exemples de cette confusion dès les premières laisses qui narrent des combats. Une différence cependant : l'usage de l'arc, signalé de façon récurrente chez les Turcs.

de Blois et les deux mille autres se battirent contre les Turcs, brisant leurs gorgerins et déchirant leurs vêtements brodés d'or. Ils laissèrent deux mille cadavres tout froids sur le terrain. Le preux et courtois Baudouin Cauderon parcourt les rangs avec Baudouin de Gand, un chevalier entendu, tous deux armés de leur bonne épée de Vienne. Que Jésus le crucifié leur vienne en aide !

[XXVIII. La bataille se poursuit.]

XXIX

Voici l'émir Soliman qui arrive faisant force d'éperons. « La terre de France est bien puissante, s'écrie-t-il de sa voix qui portait loin, quand je vois devant moi tant de chevaliers valeureux qui ne daignent pas fuir devant des Turcs et des Persans. — Ils n'en réchapperont pas, fait Orchenais. Chargeons-les en l'honneur de Tervagant. » Sûrs d'eux, les perfides firent sonner du cor. La bataille fut longue et acharnée. Que de lances brisées, de païens gisant morts à terre, de cottes de mailles faussées et cassées, que de Turcs et de Francs abattus morts et sanglants ! « Faites sonner du cor, ordonne Dreux de Noele au jeune Baudouin, et retirons-nous. Deux mille guerriers nous attendent sur la montagne ; si ces fieffés traîtres nous pourchassent jusque-là, nous pouvons faire une belle prise. »

XXX

« Ne vous fiez pas au comte Étienne, noble chevalier, dit Baudouin de Gand ; il faudrait aller jusqu'à Besançon pour trouver un lâche comme lui ; quand il verra s'approcher les fidèles de Mahomet, toute sa prouesse sera restée chez lui. » Cependant, les Francs rebroussent chemin vers la montagne au galop de leurs chevaux et ne s'arrêtent qu'une fois arrivés. « Et nous, qu'allons-nous faire ? interrogent les deux mille jusque-là restés en réserve. Chargeons ces brigands ! — Certes non, réplique le comte Étienne. Ils sont au moins trente mille tant Turcs qu'Esclavons. Si nous rejoignons le gros de l'armée, nous aurons du renfort. »

XXXI

Olivier de Jusy parla pour tous : « Écoutez-moi, seigneurs, nobles chevaliers vaillants. Nos écus brillants sont intacts, nos hauberts n'ont perdu aucune maille et nous-mêmes n'avons reçu aucune blessure. Si nous nous

replions sur le gros de l'armée, les Bavarois et les Allemands se moque-
ront de nous. Allons plutôt nous battre contre les Turcs, au nom du Tout-
Puissant ! » C'est ainsi que nos braves guerriers leur ont couru sus. Que
la bataille fut longue et acharnée ! Baudouin Cauderon a dégainé son épée
qui reluit ; Dreux de Noiele et Baudouin de Gand, ce cœur vaillant de Gui
de Provence, ainsi qu'Hue de Saint-Pol avec son fils Enguerrand vont
fendant la presse avec leurs épées d'acier. Le comte Étienne de Blois s'est
mis à leur tête, mais dès qu'il voit combien la lutte est difficile, tous ses
membres se mettent à trembler d'angoisse et de peur. « À notre aide,
Dieu, cher Père rédempteur, prie-t-il. Ah ! si je pouvais être à Blois dans
ma grand-salle ! Godefroy s'est moqué de moi en m'envoyant affronter
les Turcs dans ce défilé. Que Dieu m'abandonne si j'y reste plus longtemps ! » Et jetant bas son enseigne, il s'enfuit.

XXXII

Quand Orchenais vit l'enseigne jetée à terre, il dit à ses Turcs : « Braves gens, allons venger Hisdent l'avisé. » C'est ce qu'ils s'empressent de
faire, cette engeance enragée ! Que de coups frappés par les épées nues,
que de païens et de Francs qui gisent par le pré ! De verte qu'elle était,
l'herbe en est devenue couleur de sang. Cependant Étienne s'enfuit à
bride abattue, tandis que les Français se regroupent dans la vallée quand
ils voient que l'enseigne est tombée à terre. « Nobles gens de France, dit
Baudouin de Gand, le seigneur Étienne de Blois a machiné notre mort. »

XXXIII

« Ne vous laissez pas abattre, fait Dreux de Noiele, et que chacun
frappe bien, pour Dieu le fils de Marie ! Vendons cher notre vie aux
Turcs ! J'aime mieux avoir la tête tranchée en refusant de m'avouer
vaincu plutôt que de mourir honteusement en fuyant. Je ne veux pas
qu'après ma mort on puisse dire du mal de moi. Mais ce qui est sûr, c'est
que nous sommes trahis : Étienne de Blois est le coupable. » Ils s'avancent dans la prairie, faisant bloc, cependant que les Turcs les pourchassent
et leur tranchent la tête de leurs épées fourbies. Certes, ils ne les portent
pas dans leur cœur. À cette vue, les barons ne peuvent retenir leurs
larmes, mais ils sont incapables de leur venir en aide car l'ennemi détesté
est trop nombreux. Quatre-vingts chevaliers y perdirent la vie. Cependant, Dreux de Noiele et le seigneur Gui rallient les autres. Quand nos
Français voient qu'ils ne recevront pas de renfort, ils poussent leur cri
de « Montjoie ! ». « À l'aide, Saint-Sépulcre ! Au secours, dame sainte
Marie ! Reine couronnée, amie de Dieu qui l'avez porté et mis au monde

sans souffrir, venez à notre aide à la mesure de notre foi en vous ! » Et ils se regroupèrent dans la lande déserte.

XXXIV

Dès que les Français se sont regroupés, ils ne font pas plus de cas des Sarrasins que d'un pois [1], mais ils chargent droit sur eux, comme ils s'en étaient d'abord montrés capables, et leur coupent la tête de leurs épées viennoises. Ils déchirent leurs turbans et leurs vêtements brodés d'or. Quels hurlements poussent Sarrasins et Persans ! Ils étaient à plus de quarante contre un. Le vacarme des épées d'acier retentit si loin que le bon duc Godefroy l'entendit de l'autre côté de la montagne. « Saint-Sépulcre, cria-t-il, en avant, Français ! »

XXXV

« Écoutez-moi, dit Tancrède de Pouille. Nous avons entendu un vrai vacarme qui provient de l'autre côté de la montagne, en bas. — Moi aussi, dit le duc de Bouillon. — Allons-y, barons ! » fait le comte de Flandre. Et Hue le puîné : « J'y vais ; suivez-moi ! Anseau de Ribemont, Raoul de Beaugency, Gérard de Gournay et Gérard de Cerisy resteront ici à garder l'armée. — Nous avons là de bons garants », font les comtes. Les autres partent aussitôt en éperonnant ; en chemin, ils tombent sur Étienne qui ne savait plus où il en était. « Que s'est-il passé ? interroge le comte Robert. — C'est la déconfiture », répond Étienne. À ces mots, les hardis chevaliers regardent autour d'eux et voient la bonne enseigne tombée à terre. « De quel côté s'est-il enfui Dreux de Noiele ? s'enquièrent calmement le comte Robert de Flandre et Thomas de Coucy. Où sont Baudouin de Gand et Olivier de Jusy ? — Sans mentir, ils sont encore à se battre, leur blanc haubert sur le dos », répond Étienne. À ces mots, le comte Robert dirige son cheval vers la bonne enseigne abandonnée par le seigneur de Blois et s'en saisit. Aussitôt ramassée, il la serre et la brandit. Que leur vienne en aide le Seigneur qui pardonna à Longin ! La journée va être mauvaise pour les Persans et les Arabes.

[XXXVI-XLII. La bataille tourne à l'avantage des croisés. Soliman s'enfuit ; la ville capitule ; les croisés y font leur entrée.]

---

1. Façon imagée (il y en avait beaucoup d'autres) de dire qu'ils n'en font aucun cas.

CHANT III

I

Écoutez, seigneurs — et que Dieu vous vienne en aide ! —, une chanson qui en vaut la peine, toute tissue de vers bien rimés. Que Dieu bénisse et absolve la France pour tous les braves auxquels elle donne naissance. Ce sont eux qui ont conquis les terres sur les mécréants, délaissant leurs amies et la chasse à l'oiseau ; la vraie Croix est leur seule pensée, et le Saint-Sépulcre pour lequel l'armée s'est mise en route. À Jérusalem les choses en étaient venues à un tel point qu'on n'y entendait plus prêcher la parole de Dieu. Maintenant la ville est aux mains des Français, les païens l'ont perdue. Bénis soient ceux qui la leur ont reprise.

Les Français se sont emparés de Nicée par force et l'ont remise à Estatin l'Énasé. Après avoir lourdement chargé les mulets de vivres, ils ont quitté la ville sans plus attendre et sont partis pour Antioche. Ah ! Dieu ! quelle épreuve les attend ce jour même car la gent des traîtres vient sur eux ! Leur chemin passe par le val de Gurbenie où ils vont tomber sur les cent mille Turcs de Soliman.

II

Nos nobles jeunes gens chevauchent joyeusement ; ils ont des chevaux pour eux, des bêtes de bât pour porter les vivres et des tentes pour se protéger de la chaleur. Mais ils ignorent tout de la rencontre qu'ils doivent faire. Bohémond de Sicile entreprit de se séparer de l'armée, pensant libérer le pays par ses seules forces. Il se dit aussi qu'il irait se réapprovisionner, ce qu'on avait du mal à faire. Mais avant la tombée du jour, vous le verrez saisi d'effroi ; il aurait donné tout l'or du monde pour être ailleurs. Sans Godefroy qui se montra digne de tous les éloges, il aurait passé le reste de sa vie à pleurer.

III

Les pèlerins de Dieu chevauchent joyeusement ; longeant un vallon, ils parviennent à un pont voûté où la rivière se sépare en deux. C'est là que Bohémond quitta le gros de l'armée avec les gens de sa terre. Avec lui, les comtes de Normandie et du Perche se mirent en quête à travers le val de Gurbenie.

IV

Le duc Godefroy suit de loin en bon ordre les barons mais il ne tarde pas à faire halte au pied d'une haute montagne au débouché d'un défilé. C'est là qu'ils entendront le bruit du malheur survenu au vaillant Bohémond du fait des Sarrasins. Leur avant-garde s'approche à vive allure ; ils sont bien cinquante mille tant Persans que Turcs. « Seigneurs, dit Richenet [1], nobles et hardis chevaliers, voici l'armée des Français qui ont déjà fait beaucoup de mal en ravageant nos terres. Contournons par ici la pente de la colline. — À vos ordres », font-ils. Les perfides effectuent un mouvement tournant et tombent sur le quartier des femmes : ils enlèvent sur leurs chevaux celles qui leur plaisent, arrachent les seins aux vieilles. À la mort des mères répondent les cris des enfants qui se blottissent sur leurs poitrines, cherchant leurs seins et tétant des mortes. Quelle douleur ce fut ! Ils doivent être au ciel avec les saints Innocents.

V

« Loué soit Tervagant, seigneurs, dit Richenet, nous avons réussi à surprendre les Francs. Frappez fort de vos épées tranchantes ! Voici Bohémond et Tancrède de Pouille : si vous pouvez vous emparer d'eux, ils seront pour le sultan. » Ces paroles rendent Sarrasins et Persans tout joyeux. Ils lâchent les rênes à leurs chevaux qui dévalent la pente jusqu'en bas. « Barons, dit Bohémond, nobles chevaliers vaillants, voici que les mécréants sont sur nous. Chargeons-les ! » C'est ce qu'ils font tous sans exception, et ils auraient causé bien des dommages aux Turcs si Soliman n'était apparu au débouché de la vallée.

VI

« Seigneurs et nobles chevaliers, dit Soliman, je vois que les nôtres sont à dure épreuve dans cette vallée, du fait des Francs ; secourons-les, ils ont bien besoin d'aide ! » Ces méchants ribauds laissent aussitôt courre leurs chevaux ; la mêlée n'en est que plus farouche et démesurée. Neuf de nos chevaliers y eurent la tête coupée. À cette vue, Tancrède pense perdre l'esprit, et le chagrin de Bohémond est grand devant les hommes abattus à terre. Il va frapper un Turc de sa bonne épée d'acier et lui enfonce la pointe en plein cœur ; sa blanche cotte de mailles ne sert de

---

1. Richenet est peut-être le même qu'Orchenais, nommé dans le chant précédent (laisses XXIX et XXXII).

rien au guerrier qui tombe de son cheval à la renverse sur le sentier. Les démons emportent son âme au milieu des hurlements des païens, ces fieffés traîtres.

VII

Voici par la bataille le frère du seigneur Tancrède : on l'appelait Guillaume et c'était un chevalier renommé ; il était très beau et on l'avait adoubé depuis peu. Bouillant d'impatience, il dirige son cheval au plus épais de la presse et va frapper Orgai de sa lance damasquinée : il lui fend le cœur en deux dans la poitrine et l'abat mort dans le gué de toute la longueur de sa lance. Puis il atteint mortellement Daheris au côté et le désarçonne à la pointe de sa lance. Quand la hampe finit par se briser, il dégaine son épée acérée et leur tue Wiltré et Barofle qui s'effondrent à terre.

VIII

Quel vacarme faisait la bataille ! Guillaume met l'épée au clair pour se défendre et prie le Seigneur Dieu qui voulut souffrir passion et mort pour nous : « Glorieux seigneur, Père et maître du monde, je recommande à ta volonté mon corps et mon âme. » Il va frapper Corsolt de Tabarie sur son heaume et lui enfonce la lame de son épée en pleine tête. Soliman, à cette vue, frémit de douleur : « Voilà que vous mourez sous mes yeux, mon cher neveu ! Si je suis incapable de vous venger, je ne mérite plus de tenir une terre. » Il éperonnait déjà son cheval pour s'occuper de tuer Guillaume quand, jetant un coup d'œil du côté d'une friche, il en voit surgir Robert de Normandie qui s'était mis en embuscade.

IX

Dès que les Normands se furent abattus sur la vile engeance des mécréants, la bataille prit une allure inhabituelle et surhumaine. Quel spectacle offrit Guillaume, affronté à ces étrangers, allant frapper Richenet de son épée dégouttant de sang puis frappant Saladin et le décapitant. Les Turcs s'émeuvent de ce malheur et, du ressentiment qu'ils en éprouvent, n'en font que retentir plus fort leur cri de guerre. À cette vue, Soliman ne reste pas sans réagir. Il répartit cinq cents archers dans la montagne et leur ordonne de tirer contre le jeune homme qui met ses gens à mal. De la plaine, l'enfant se trouble à les voir et en appelle à Tancrède : « Où est ton enseigne ? Regarde tous ces gens qui me prennent pour cible ! » Bohémond pousse son cri de guerre et ses hommes, en peu de temps, viennent à bout de deux mille Turcs. Mais c'est là aussi qu'on nous tua Guillaume sans rémission. Tancrède manque d'en perdre le sens. Fou furieux, il dégaine : autant de coups, autant de morts.

X

Mais que font Persans et Esclavons ? Ils ont tranché net la tête sous le menton à cinquante des chevaliers de Bohémond. Au galop, un messager se rend d'une traite au camp de Godefroy, le bon duc de Bouillon, qui demande aussitôt des nouvelles au Bourguignon. « Seigneur, noble fils de baron, au nom de Celui qui souffrit la Passion et du Saint-Sépulcre but de notre pèlerinage, secourez Bohémond et son compagnon Tancrède ! » À ces mots, le duc fronça les sourcils et l'évêque du Puy versa des larmes. Trois cents cors sonnèrent à l'unisson dans l'armée de Dieu. Français, Flamands et Frisons s'arment et montent sur leurs chevaux d'Espagne et d'Aragon ; ils s'élancent bride abattue jusqu'au champ de bataille où Tancrède et le preux Bohémond sont en train de se battre.

XI

Le soleil était levé et il faisait beau temps ; à midi, la chaleur se fit pesante ; la soif commence d'accabler les barons : les chevaliers de Tancrède ne pensent plus qu'à boire. Les dames et jeunes filles de leur pays qui se trouvaient là en grand nombre leur rendent un signalé service. Retroussant leurs manches et se débarrassant de leurs longs manteaux, elles portent à boire aux chevaliers épuisés dans des pots, des écuelles et des hanaps dorés. D'avoir bu rend toute leur vigueur aux barons. C'est alors qu'arrive le secours qu'ils avaient tant attendu[1]. Cela va mal tourner pour les Persans et les Esclers. Les chrétiens laissent courre leurs chevaux jusqu'en bas des prés. Quelle honte va connaître Soliman !

XII

Comme Soliman était occupé à attaquer les nôtres, il ne se méfiait pas de l'armée de Dieu. L'ennemi détesté ne s'aperçut de rien jusqu'au moment où il entendit le bon duc pousser son cri de guerre. Ils pensèrent alors faire retraite par une vieille route, mais voici qu'à l'entrée du défilé apparaît Raymond[2] au fier visage ; il a avec lui l'évêque du Puy, Robert de Normandie et Estatin l'Énasé revêtu de

---

1. Il s'agit de l'armée de Godefroy.
2. Raymond de Saint-Gilles, le comte de Toulouse.

son grand justaucorps clouté. Ils défient les païens et prennent la vie
à près de cinq mille d'entre eux. « Hélas ! dit Soliman, mon dieu
ne m'est pas favorable quand les chrétiens se sont emparés de ma
terre, de ma femme et de mes enfants, et de ma forte cité. » La
bataille fut acharnée. Quel vacarme font les hurlements des païens !
Ils ne pourront jamais se remettre de leurs pertes. Toute leur armée
y aurait péri si la nuit n'avait été près de tomber. Comme ils allaient
établir leur camp dans une prairie, saint Georges et saint Démétrius
les attaquèrent. Dieu voulut alors qu'ils soient saisis de panique : ils
se mettent à pousser leurs cris de guerre les uns contre les autres et
à se porter de grands coups d'épée. Confiants à l'envi dans la
rapidité de leurs chevaux, ils se poursuivent comme s'ils avaient lieu
de se combattre. La poursuite dura sept lieues et demie. Dieu !
combien de richesses ils abandonnèrent derrière eux ! Tentes et pavillons laissés sur place tout dressés, or rouge et blanc argent, et tapis
de Syrie ! L'armée de Dieu profita des vivres des Turcs et regagna
son campement au plus tôt.
    La suite de la chanson en vaut la peine.

XIII

    Ce jour même, l'évêque revêtit ses vêtements liturgiques ; on bénit de
l'eau et on enterra les corps. « Écoutez-moi, barons, dit le prélat. Je vous
le dis en vérité, celui qui meurt dans cette entreprise est sauvé. Les âmes
des corps qui gisent là sont déjà en paradis et demeureront éternellement
dans la joie. » Ils passèrent la nuit sur place, et ce ne fut pas à contrecœur.

XIV

    Le lendemain dès l'aube, Bourguignons, Flamands et Français, Nor-
mands et Bretons se levèrent. On sait que ce fut un samedi, ce jour où
devait sévir une tempête de sable et de poussière et où il devait malencontreusement faire si chaud. La soif, à elle seule, fit périr mille personnes,
tant dames et jeunes filles que sergents et valets d'armes. Les bons
chevaux gascons sont fourbus, ils n'en peuvent plus. Enfin, on arriva à
une rivière au courant impétueux où les hommes et les chevaux purent
boire. Cette nuit, le camp fut établi aux sources de Raymond [1]. C'est là
que les compagnons de Jésus vont se séparer. Bohémond partit avec les
siens et gagna Tarse d'une seule traite.

---

1. Le nom est typiquement occidental. Mais on a vu que cela ne gêne pas l'auteur (voir
des noms comme Richenet, Hisdent, etc.). Il peut aussi s'agir d'un lieu-dit nommé après

XV

Le païen Soliman s'éloigne dans la douleur, partagé entre colère et chagrin, entre deuil et indignation. « Hélas ! quel malheur c'est de vous, seigneur Turnican mon fils ! Et vous, Hisdent et Richenet, mon affliction est grande quand je pense à vous. Quand j'arriverai à Tarse, ma forte et bonne cité, Sarrasins et Persans viendront à ma rencontre pour me demander où j'ai laissé mes enfants, qui étaient si courtois et dont on estimait tant la valeur. Et je leur dirai : "Les barons francs les ont tués ; le sage Orgai gît au val de Gurbenie." » Il serait tombé de sa mule qui va l'amble si l'un de ces hérétiques ne l'avait retenu par le bras.

XVI

Soliman s'éloigne, irrité et chagrin. « Hélas ! quel malheur c'est de vous, Turnican mon fils ! Et de vous, Richenet et Hisdent ! C'est ma faute si vous êtes morts. » Et dégainant son épée à la lame fourbie, il s'en serait enfoncé la pointe dans le cœur si le preux et hardi Butor ne la lui avait arrachée des mains. Il parvint à Tarse au petit galop ; la citadelle était bien fournie en pain, vin [1] et viande. Il s'enfuit, n'osant attendre les Français.

XVII

Après avoir soigneusement mis la cité en état de résister, Soliman partit pour Mamistra, emmenant ses fils avec lui, et y installa une garnison de ses hommes.

Revenons-en maintenant au chemin suivi par les Français. Ils franchissent le val de Butentrot et gagnent Tarse d'une traite. Et voici qu'un autre groupe quitte l'armée dans l'idée de rejoindre Tancrède : il comprenait Pierre d'Estranor et le sage Renaud auxquels se joignit Baudouin de Boulogne. Ils se mettent en quête de vivres dont ils ne rassemblent qu'une petite quantité, échouant à trouver du fourrage et du blé. Les chevaux sont à bout de forces tant ils ont galopé ; la fatigue et la faim les rendent incapables de continuer à avancer ; les écuyers sont réduits à porter les hauberts tandis que les chevaliers vont à pied, partagés entre colère et inquiétude ; leurs chausses sont déchirées, leurs souliers troués ; ils saignent des pieds et ne peuvent retenir leurs larmes.

Quatre jours ils errèrent sans trouver de quoi manger, sans savoir où ils

coup, d'après le nom d'un des chrétiens présents, et pourquoi pas, ici, d'après Raymond de Saint-Gilles ?

1. Un élément de l'assimilation des coutumes musulmanes aux chrétiennes.

étaient ; la faim faillit les rendre fous. Quand ils tombèrent sur la route de Tarse, des chrétiens étaient en vue. C'étaient les gens de Tancrède et de Bohémond. Ils les prirent d'abord pour des dissidents turcs et coururent aux armes : ils marchèrent une lieue entière, haubert au dos, épée au côté, avant d'identifier ceux qu'ils avaient si longtemps désirés. Baudouin était tout en joie d'avoir retrouvé les nôtres. Tous s'embrassèrent tendrement avec humilité. Les comtes se mirent en selle pour aller reconnaître les murailles de la ville et repérer un emplacement pour la tente de Baudouin. À cette vue, les Turcs sont saisis d'épouvante : « Nous voilà pris au piège. Soliman a mal fait de nous laisser là en emmenant avec lui tous ses parents et alliés. Si les Français parviennent à s'emparer de nous, nous voilà dans de beaux draps ! »

XVIII

Voici à quelle extrémité Baudouin est réduit : on n'a trouvé à acheter ni pain, ni vin, ni viande, pour ne pas parler de perdrix ou de chapons ; et il n'y a plus rien à manger. Il envoie donc des messagers à Tancrède de Pouille en lui demandant, pour l'amour du Seigneur qui fut mis en croix, de lui faire l'aumône de vivres, car il n'en peut plus de faim. « De grand cœur, chers amis, lui fait répondre Tancrède ; nous partagerons avec vous tout ce que nous avons. » Baudouin se réjouit fort de cette réponse et en rend grâce à Dieu. C'était un homme de grand sens : il se rappelle les recommandations de sa mère, la belle au clair visage, quand il a pris congé d'elle, de donner généreusement de ses avoirs. Il répartit donc tout également entre les chevaliers, sans rien se réserver et sans vouloir manger à part.

Mais voici qu'arrive en toute hâte, venant de la ville, un messager qui se jette à ses genoux : « Ah ! Baudouin, noble chevalier ! Le pays est à vous et à vos hommes : faites-moi confiance ! Ces Turcs maudits de Dieu qui n'ont pas eu le courage de se battre au corps à corps vont quitter la ville à la nuit tombée : vous pouvez me croire. » La nouvelle eut le don de réjouir Baudouin [1] et ses hommes eurent vite fait de s'armer.

---

1. Le passage qui suit donne un bon exemple des rivalités qui pouvaient opposer les barons chrétiens les uns aux autres (ici Tancrède à Baudouin) : d'après notre poème, Tancrède ne s'était pas engagé à remettre les villes conquises à l'empereur de Constantinople et il préfère traiter avec les Turcs alors que Baudouin reçoit l'appui des éléments grecs de la population (d'où le messager qui vient le trouver). Historiquement, Tancrède et Bohémond s'étaient bien engagés auprès de l'empereur Alexis mais n'en tinrent guère compte ; le passage montre aussi l'appui dont les croisés purent bénéficier auprès des populations locales chrétiennes.

XIX

Cependant, les Turcs sortent de la forte cité après avoir chargé les bêtes de bât avec du pain, du vin et du blé. Mais ils ne réussirent pas à en emporter beaucoup avec eux, car les Français, qui n'attendaient que cette occasion, leur en prirent la plus grande partie. Ils firent donc retraite, affligés et épouvantés, trop contents d'en être réchappés.

Et voici Tancrède qui arrive à la citadelle au triple galop et plante en haut de la muraille son enseigne de soie. Grande fut la tristesse des gens du pays quand ils la virent dressée sur leurs murs. À cette vue, le cœur de Baudouin, lui aussi, s'émut de colère ; il chargea un de ses proches amis de la remplacer par la sienne qui était rayée d'or, ce qu'on devait par la suite beaucoup lui reprocher. À ce spectacle, le sang de Tancrède ne fit qu'un tour : il fait sonner de la trompette, les siens se dépêchent de s'armer. Si on l'avait écouté, il aurait marché sur Baudouin ; mais des avis contraires le retinrent. Aussi, après avoir chargé les chevaux de bât, sans plus s'attarder, il quitte la ville avec ses hommes, tous en bon ordre, y laissant Baudouin et ses barons. D'une seule traite, ils chevauchent jusqu'à Mamistra.

XX

Tancrède s'en va, que Dieu le bénisse ! D'une seule traite il chevauche jusqu'à Mamistra où il rejoint Bohémond avec ses gens. Averti de leur arrivée, le seigneur de la ville — maudit soit-il ! — monta sur les remparts. « Ouvrez la porte, chevalier, au nom de sainte Marie, lui crie aussitôt Bohémond, pour que je puisse y entrer à la tête des miens ! Si vous ne le faites pas de bon gré, vous êtes perdu. — Par ma barbe blanche, réplique le Turc, vous devrez la gagner pour la passer ! » Non sans regret, Bohémond ordonna à ses hommes d'endosser leurs hauberts. « À l'assaut, braves chevaliers ! — Ce n'est pas de refus », répondent-ils. Sur ce, on sonne du cor et l'armée se met en mouvement.

XXI

Bohémond de Sicile s'est armé et tous ses hommes s'empressent d'en faire autant. Dans la cité, les païens ont ouvert les portes et baissé les ponts, mais avant qu'ils puissent sortir de l'enceinte, ils se heurtent aux Français avec une violence telle qu'ils doivent retourner sur leurs pas. Voilà Turcs et Français aux prises, s'affrontant à l'épée d'acier. Les premiers font confiance à leurs arcs tendus de cuir pour l'emporter et leurs flèches d'acier blessèrent en effet beaucoup de leurs adversaires. L'assaut dura tout le jour, et les Français auraient dû céder la place si Tancrède de Pouille n'avait réussi à tuer le seigneur de la ville, lui faisant voler la tête à plus d'une toise. À cette vue, les païens sont saisis de panique ; ils font retraite par une porte dérobée, abandonnant le champ de bataille aux Français qui y demeurent, sains et saufs : comme on dit, la force [1] tond le pré. Dieu ! quelle bonne maison et quelle bonne ville ils avaient trouvées là ! Rien n'y manquait ; ils eurent à suffisance pain, viande et vin, ils mangèrent et burent tout leur saoul. Cependant que nos barons prolongeaient là leur étape, Baudouin s'était, lui aussi, reposé à Tarse. Après quoi, il voulut implorer le pardon de Tancrède : une fois les bêtes de somme chargées, ses hommes et lui quittent la cité et se mettent en route en bon ordre.

Mais revenons à Tancrède. Il avait quitté Mamistra avec ses barons et gagné Sucre [2] à marches forcées. À le voir, les Turcs sont saisis d'épouvante : « Nous voilà pris ! » se disent-ils les uns aux autres. À la tête de sa puissante baronnie, il leur livra un assaut qui dura tout le jour. Le soir venu, le roi Soliman, qui se trouvait dans la ville, s'enfuit ; il ne les affrontera plus jusqu'au siège d'Artaise [3].

Baudouin arrive à la citadelle où Tancrède se battait avec les siens armés de pied en cap, et établit son camp à la lisière d'un bois feuillu. Le prince Richard [4] qui s'en aperçut avertit Tancrède : « À force de vous poursuivre, Baudouin, votre ennemi juré, vous a trouvé. Convoquez vos plus proches barons et battons-nous avec lui en guerriers éprouvés que nous sommes. — Volontiers, cher seigneur, puisque vous me le conseillez. » Il fit donc sonner du cor pour que ses hommes allassent s'armer et envoya à Baudouin un messager courtois et qui savait bien parler, chargé de lui annoncer qu'il était inutile de discuter : il était décidé à l'affronter. Cette nouvelle ne plut guère à Baudouin qui fit dire à Tancrède par quatre chevaliers de le laisser en paix au nom de Dieu : il lui en saurait gré car il n'avait nulle envie de se battre contre des chrétiens. S'il avait mal agi avec lui, il lui en ferait réparation. « Je ne suis pas d'accord », répondit Tancrède.

Quand Baudouin vit le messager regagner son camp, il fit sonner du cor et les barons coururent s'armer. Revêtu de son haubert, il chevaucha à leur tête et, lâchant les rênes à son cheval, brandit sa lance et en désarçonna un chevalier qui s'appelait Girart et était né à Saint-Gilles ; d'un seul coup, il l'abat à terre. Quand, depuis la ville, les Turcs virent les chrétiens en venir aux mains, ils se mirent en selle, ouvrirent les portes et chargèrent au milieu des Français, frappant de tous côtés. Tous les nôtres

---

1. Jeu de mots sur le double sens du mot « force » : « violence » et « ciseaux à tondre ».
2. Aujourd'hui Choros (on trouve aussi la forme « Zidre »).
3. Ou Artais : aujourd'hui Ertesi, en Asie Mineure.
4. Richard de Principet, dit le prince Richard, était un de ceux qui avaient refusé l'hommage à l'empereur de Constantinople.

auraient été tués ou mis en fuite sans l'intervention de Bohémond qui ne se laissa pas prendre au dépourvu. Il mande au comte Baudouin qu'on lui fera droit en tout point, mais qu'il doit retourner à sa tente ; sinon les païens vont avoir le dessus. Baudouin répondit qu'il le ferait volontiers pour le seigneur Dieu, et la Sainte Trinité, car il ne voulait pas que Son peuple fût mis en déroute. Il rassemble les siens au son de la trompette et leur interdit de poursuivre le combat contre les gens de Bohémond et de Tancrède. Ils chargent alors les païens, cependant que les forces de Bohémond les empêchent de retourner se mettre à l'abri des murs : beaucoup y furent blessés ou tués, et nos barons firent leur entrée dans la cité où ils trouvèrent en suffisance blé, pain et vin.

Bohémond de Sicile envoie trois cents chevaliers mander Baudouin. À force de le prier, ils le convainquirent de les suivre et l'emmenèrent avec eux dans la cité. Tancrède s'avança à sa rencontre, pieds nus et en chemise, en signe de grande amitié, et il lui cria merci. Baudouin lui accorda son pardon et ils s'embrassèrent publiquement pour manifester leur réconciliation.

Mais voici qu'arrive un messager au galop de son cheval. Dès qu'il voit Baudouin, il l'interpelle : « Seigneur, écoutez-nous au nom du vrai Dieu. Le Vieux de la Montagne[1] vous fait dire par nous qu'il vous donnera sa fille en mariage, si vous en êtes d'accord, et vous aidera à défendre la sainte chrétienté. » Cette nouvelle comble Baudouin de joie : il fait sonner ses cors, ses hommes se mettent en selle et tous s'en vont droit à Rohais où le comte se marie devant Dieu.

XXII

Je vais laisser Baudouin au clair visage s'acheminer vers Rohais à la garde de Dieu et revenir au bon duc de Bouillon qui chevauche avec toute la troupe de ses compagnons : le comte Hue, Robert le Frison et tous les pèlerins du royaume de Charles[2]. Ils trouvent l'enceinte et le maître donjon de Tarse conquis ; Guillaume[3], qui était un homme sage et preux et avait épousé une sœur du vaillant Bohémond, gardait la ville. Piquant des deux, il s'avance au-devant de l'armée. « Où en êtes-vous ? l'interroge Godefroy dès qu'il l'a reconnu. — Tout va bien grâce à Dieu. Nous

---

1. Il s'agit d'un Grec qui, sous la dépendance de l'empereur de Constantinople, avait le commandement de toutes les places de l'ancienne Mésopotamie non encore tombées aux mains des Turcs.
2. L'historique et légendaire Charlemagne.
3. Baron normand, époux d'une fille de Robert Guiscard, qui s'était retiré à Constantinople après de longues querelles avec ses beaux-frères. Historiquement, il combattit d'abord aux côtés de Godefroy de Bouillon, puis de Bohémond.

avons conquis Tarse et Mamistra ; et Bohémond occupe le château de Sucre. » Godefroy en rend grâce à Dieu.

XXIII

Ensemble, ils pénétrèrent à cheval dans l'enceinte. Godefroy agit en homme sage en emmenant le seigneur Guillaume avec lui. Puis le duc quitta Tarse, y laissant une garnison de cent chevaliers, et poursuivit outre, non sans difficulté, sa chevauchée jusqu'à la ville qu'occupait le baron Tancrède. Celui-ci fit bel accueil à Godefroy et Bohémond lui aussi reçut force accolades. Ils passèrent la nuit sur place et, le lendemain, laissant à Sucre une garnison de chevaliers armés, ils reprirent la route de concert à travers montagnes et gués. Après un temps de réflexion, le duc qui regardait autour de lui demanda où était Baudouin. « Il est parti pour Rohais, seigneur, dit Tancrède ; le Vieux de la Montagne lui a fait dire qu'il voulait lui donner sa fille en mariage et faire de lui son héritier. — Voilà qui me plaît, repartit le duc, la sainte chrétienté en tirera profit. »

XXIV

À la tête de tous les siens, Baudouin ne perdit pas de temps jusqu'à Ravenel [1]. Là, ils se heurtèrent à sept mille païens de Syrie dont ils durent venir à bout pour s'emparer de l'antique cité. Après y avoir installé une garnison, Baudouin poursuivit sa route à marches forcées jusqu'à Rohais où il fit son entrée avec ses chevaliers. Le seigneur de la ville lui en remit la clef et lui donna sa fille qu'il avait richement dotée.

Voulez-vous savoir la coutume du pays ? Le jour où un homme marie sa fille, le garçon doit revêtir une chemise de sa fiancée pour qu'elle lui soit plus soumise de cœur. Le seigneur de la cité était un homme très âgé ; Baudouin, lui, était chevalier de grand courage et les richesses qu'il reçut ce jour-là devaient lui être très utiles : c'est grâce à elles qu'il eut la vie sauve au siège d'Antioche.

Puis Godefroy prit avec lui les gens de Romanie [2] et gagna Artais, une place forte habitée de Grecs et d'Arméniens. Quand les Turcs voient que ceux-ci sont en train de se rendre maîtres de la ville, ils se précipitent à l'abri des tours au pied desquelles les chrétiens se rassemblent et, à force de coups, enfoncent les portes ; les Turcs leur défendent vaillamment le passage, jetant sur eux une grêle de grosses pierres ; mais les nôtres finissent par les tuer et par conquérir le donjon. Les deux fils de Soliman qui

---

1. Sans doute l'ancienne Arudis.
2. L'Asie Mineure.

en avaient la garde y perdirent la vie, précipités du haut en bas : leurs armes en furent mises en pièces et eux-mêmes eurent le cou brisé. Que le diable les emporte en enfer et que Dieu, le fils de sainte Marie, conduise nos gens !

XXV

Nos Français sont entrés dans Artais et ont planté leurs enseignes au sommet de la plus haute tour. On rapporta à Soliman de Nicée que la ville avait été prise et que deux de ses fils y avaient eu la tête fracassée car on les avait précipités du haut de la tour jusqu'en bas des fossés. Cette nouvelle le rendit quasi fou de douleur : « Hélas, seigneur Mahomet ! faut-il que vous me détestiez ! Il y a longtemps, je m'en suis bien aperçu, que vous ne vous occupez plus de moi. » Il convoqua ses Turcs qui, une fois rassemblés, étaient bien trente mille, montés sur leurs chevaux. Une rapide chevauchée les mena à Artais en même temps que le soleil se levait. À leur vue, les Français montèrent au sommet du donjon d'où ils les couvrirent de huées et d'insultes, tout en se défendant en guerriers valeureux qu'ils étaient : ils firent tomber nombre de leurs assaillants dans les fossés et en tuèrent beaucoup. Puis, à cent, ils tentèrent une sortie par surprise : il fallut que le cri de « Montjoie ! » révèle leur présence ! Quand il les voit, Soliman éperonne son cheval et va frapper Gosson sur son écu à bandes : lui enfonçant sa lance acérée dans le côté, il l'abat de son cheval à la pointe de son arme ; puis, il lui tranche la tête de son épée acérée. Aiguillonnés par la douleur qu'ils en ressentent, les Français attaquent les païens avec fureur : ils leur font arpenter en tous sens le champ de bataille, malgré qu'ils en aient, blessant mortellement près de cinq mille d'entre eux.

XXVI

Voici les illustres barons à l'intérieur de la ville. Aussitôt, le père du seigneur Gosson réclame son fils et on lui dit où on a amené le corps. Quel spectacle que celui de ce père à genoux, couvrant son enfant mort de baisers, le prenant dans ses bras, se couchant sur lui de tout son long : « Voilà que j'ai perdu un de mes enfants ! Hélas ! cher fils, seigneur Gosson, dans quelle peine me laisses-tu ! J'irai au Sépulcre, mais toi, tu ne pourras pas y être. — Seigneur, lui dit Lambert, silence, au nom de Dieu ! Il n'y a pas lieu de s'affliger pour la mort de mon frère puisque son âme est en paradis, vous pouvez en être assuré. » Dans son chagrin, le père s'évanouit. À voir le deuil qu'il mène, cent chevaliers pleurent par amour pour lui.

XXVII

« Pourquoi vous lamenter ? demande l'évêque du Puy. Laissez-là votre chagrin et réjouissez-vous, et priez le Seigneur Dieu en majesté, qui nous donne la vie, d'avoir merci de lui ! Puisqu'il est mort, son âme sera sauvée. Je vous en conjure au nom de Dieu, ne vous laissez pas aller, car demain nous serons au pont [1] et il y aura beaucoup à faire. » Sur le conseil du sage évêque, le deuil se calma. Les Français passèrent la nuit dans la ville, occupés à fourbir heaumes et hauberts. À l'aube, tous étaient levés. Ils écoutèrent matines [2] et messe, puis, après avoir chargé les bêtes de bât de pain et de blé, ils laissèrent les Grecs et les Arméniens pour garder les murs et se mirent en route droit vers le Pont-de-Fer. Ils établirent leur camp sur la rive même du fleuve [3] et quand ils virent qu'il n'y avait ni planches, ni bateaux, ni gué, ils prièrent le seigneur Dieu qui souffrit en croix de leur montrer le chemin, par ses saintes bontés.

XXVIII

L'armée — que Dieu la bénisse ! — chevaucha d'une traite, le cœur en liesse, jusqu'au Pont-de-Fer, sous lequel passe un fleuve tumultueux portant abondance de bateaux. C'était un pont à arches, un chef-d'œuvre de construction. Aux deux extrémités, il y avait deux tours solidement fortifiées où Soliman [4] de Syrie avait installé ses gardes ; il y détenait prisonniers — que Dieu le maudisse ! — beaucoup de gens de Romanie qu'il avait pris à Pierre ; ils y menaient triste vie, criant à l'envi : « Seigneur Dieu, Saint-Sépulcre, au secours ! » Quand le bon évêque du Puy les eut entendus, il appela les Français pour leur dire ce qu'il en était.

XXIX

« Nobles chevaliers et barons, quand Il a racheté le monde, Dieu notre Père a dit que ses fils viendraient après lui le venger. On a prêché là-dessus en Auvergne à Clermont : Angevins et Bretons ont juré, en pré-

---

1. Le Pont-de-Fer, qui subsista sous ce nom (Dschibr-Haddid) jusqu'en 1822 lorsqu'un tremblement de terre l'emporta. Il était situé à quatre heures de marche d'Antioche. Il tirait en fait son nom du fleuve qu'il permettait de traverser, l'Oronte, qu'on appelait, d'après Guillaume de Tyr, « Far » ou « Fer ».
2. Les heures des offices monastiques découpent le temps quotidien ; ces repères temporels ponctuent régulièrement le récit (voir Glossaire).
3. L'Oronte ; voir ci-dessus, n. 1.
4. À l'arrivée des croisés, la ville appartenait à l'émir turc Yâghi Siyan, vassal du roi seldjoukide d'Alep.

sence de trente mille hommes de notre pays, de prendre le chemin du Saint-Sépulcre. Nous avons prêté serment sur les reliques d'aller jusqu'au bout de la route, pour venger Dieu, ou d'y mourir jusqu'au dernier. Prions-Le, par Sa Rédemption, de nous montrer par où nous devons passer. » Tous nos Français se prosternèrent aussitôt.

Or écoutez ce que Jésus, en Qui nous devons croire, fit pour confondre Mahomet.

XXX

Écoutez, barons qui êtes de bons croyants, écoutez quel miracle fit Jésus le Rédempteur ! Un jour, Enguerrand de Saint-Pol, une fois levé, avait endossé son haubert et attaché sur sa tête son heaume brillant. À son côté gauche pendait sa bonne épée, et à son cou un lourd et solide écu. Il prit en main un dur épieu au fer tranchant et, monté sur son bon et rapide cheval, sortit du camp lentement à l'amble et commença de suivre la rivière aux flots sonores. Jetant un coup d'œil en aval sur la pente d'une colline, il en vit descendre un chevalier persan qui s'engageait dans le courant : il était venu épier les vaillants barons. Cette vue réjouit le cœur d'Enguerrand qui se dépêcha de le suivre, piquant des deux pour mieux voir par où il passait. Quand il fut arrivé au gué, il descendit de cheval et, tendant ses mains vers l'orient, pria Dieu le Père Rédempteur de lui permettre de traverser le fleuve sans y laisser la vie. Puis il se remit en selle et, après avoir défié le païen, passa à la nage sur l'autre rive où beaucoup de ces mécréants s'étaient rassemblés. Écoutez ce qu'il fit quand il les vit : sans se laisser effrayer, il mit l'épée au clair et, parvenu au pont au galop de son cheval, coupa les chaînes qui le retenaient ; le pont abaissé, il alla se camper au beau milieu, criant de sa voix qui portait bien : « Aux armes, chevaliers, par le Tout-Puissant ! », tout en surveillant les deux portes pour ne pas être surpris par les traîtres mécréants. Le seigneur Hue de Saint-Pol fut le premier à l'entendre : « À moi, chevaliers ! s'écria-t-il. Mon fils a réussi à passer, je crois ! » Cette nouvelle mit les barons au comble de la joie : il fallait voir tous ces braves pleurer et prier Dieu de les garder en vie assez longtemps pour qu'ils puissent s'emparer du pont. Or, voici ce qu'Il fit pour ses fidèles : le seigneur Hue de Saint-Pol traversa le premier, suivi par les autres Français. Tous passent le pont, bon gré mal gré, sans que ces maudits hérétiques s'en rendent compte. Les Français ont le temps de se rassembler en masse : la tâche des Turcs va s'en trouver compliquée.

XXXI

Dès que nos Français eurent franchi le pont, et qu'ils virent les Turcs face à eux dans le pré, Enguerrand de Saint-Pol prit la parole : « Prêtez-moi attention, nobles et sages chevaliers ! À force de chevauchées, de jours passés à endurer la faim et la soif, nous voici près d'Antioche ; mais nous resterons sans pain, ni vin, ni blé si nous ne nous en emparons à la pointe de nos épées d'acier. Au nom de Dieu, seigneurs, prenons tout en gré car, si nous y mourons, nos âmes à tous seront sauvées et nous irons devant Dieu portant la couronne du martyre. Voyez ces Turcs, là devant nous ; tous autant qu'ils sont, ils nous craignent si peu qu'ils ne bougent même pas. Si nous nous interposons entre eux et la ville, et que l'autre moitié de nos forces prend position du côté des tours, le butin que nous ferons suffira largement à nos besoins. Regardez tout ce qu'ils nous ont apporté ! Si nous avions tous ces vivres, nous serions en état de faire le siège d'Antioche ! Rien ne nous manquerait plus notre vie durant. » Les Français firent tout ce qu'il avait dit. Le comte Robert de Flandre s'avança avec ses barons en direction de l'armée turque, prêt à se battre, tandis qu'Enguerrand de Saint-Pol marchait vers la ville pour couper la voie aux Turcs et les empêcher d'y entrer.

Les Turcs affrontèrent les Flamands avec fureur. Que de rudes coups on échangea aux épées d'acier ! Nos chevaliers en ont si bien frappé les Sarrasins que leurs bras sont rouges de sang jusqu'aux coudes. Quand les païens voient que les choses tournent mal pour eux, ils prennent tout droit la direction d'Antioche. Mais là ils se heurtent à Enguerrand de Saint-Pol, à Bernard de Doméart et au sage Gautier qui les pressent tant de leurs épées d'acier qu'ils doivent reculer jusqu'à l'autre partie de notre armée : quelle n'est pas, à cette vue, la joie de nos gens ! Enguerrand va frapper Aceré et le fend en deux jusqu'aux oreilles ; il leur abat aussi, mort, l'un des fils de Garsion. Désarçonnés, les Sarrasins tombent à terre, rougissant les prés de leur sang. Dans leur affolement, ils entrent dans la rivière : quatre mille s'y noyèrent. Les survivants, en cherchant refuge dans la ville, trouvèrent Garsion au maître palais : « Les Français ont passé le Pont-de-Fer, lui crient-ils aussitôt, et on ne peut compter ceux qu'ils nous ont tués. — Qu'avez-vous donc ? s'empresse-t-il de leur demander : on dirait des fous ! Avez-vous libéré le pays de Soliman ? » À l'entendre, l'indignation saisit ce dernier : « Vous nous faites des reproches, roi Garsion, mais combien de temps vous faudra-t-il pour venger la mort de votre fils cadet que les barons de France viennent d'abattre ? » À ces mots, le roi, jetant les yeux en bas des degrés, vit le corps qu'on venait d'amener au palais : il n'y a pas lieu d'être surpris s'il laissa libre cours à son chagrin.

XXXII

Garsion pleura son fils sans que princes, émirs, ni Turmat, ni Toricle ni même son frère Carcan pussent le consoler. « Je vous le disais bien, seigneur, fit Soliman, que la venue des Francs vous coûterait cher. Voici que j'ai perdu Nicée, ma forte et vaillante cité, et Tarse et Mamistra et Artaise la grande. Si tous les Persans se réunissaient pour les combattre, les chrétiens les auraient tués avant le coucher du soleil, — Mahomet et Tervagant n'y pourraient rien. Et s'ils nous assiègent ici, vous pouvez être sûrs qu'ils ne s'en iront pas avant d'avoir pris la ville et tué ses habitants, à moins que l'émir Soudan ne vienne à notre secours avec toute son armée ainsi que le roi Corbaran. » En entendant ces paroles, Garsion devint si pensif qu'il n'aurait pas dit un mot pour tout l'or du monde.

XXXIII

Garsion d'Antioche pleurait son fils le jour où on l'enterra selon le rite des païens, cependant que les Français se partageaient leurs prises. Les Turcs commis à la garde des deux tours ne les avaient pas oubliés et pensaient même pouvoir les tailler en pièces ; dans ce but, ils tentèrent une sortie de nuit, mais leur chef commit la folie de dégarnir entièrement les tours de leurs soldats. Ils ne furent que deux cents à s'introduire sans bruit dans le camp des Français auxquels Dieu allait montrer son amitié. Enguerrand de Saint-Pol et Thomas le hardi montaient la garde cette nuit-là avec trois cents hommes armés de pied en cap. Les Turcs n'entendirent aucun bruit de chevaux jusqu'au moment où ils arrivèrent sur les Français en sentinelle. « Malheur à moi, dit Butor à Claré, j'ai aperçu les écus de Thomas et d'Enguerrand. Il faut les attaquer en passant par la droite et les frapper en pleine tête. » Et, lâchant les rênes à son cheval, il alla frapper Eude au beau milieu du crâne, l'abattant mort à la renverse sur le sol. Son frère Claré, lui, nous a tué Aluis, un Flamand de Furnes.

XXXIV

« Nobles et vaillants chevaliers, dit Thomas de la Fère, Sarrasins et Persans nous ont suivis jusque-là ; assurément, j'aime mieux mourir plutôt que de les laisser se moquer de nous ; affrontons-les et frappons-les en plein sur la tête ! » C'est ce que nos courageux chrétiens s'empressèrent de faire, contraignant leurs ennemis à reculer par le Pont-de-Fer et tuant cent quarante mécréants. Quand les braves combattants revinrent sur leurs pas, ils occupèrent les tours abandonnées par cette gent féroce, et y trouvèrent en larmes les Allemands de l'armée de Pierre qui avaient été faits prisonniers à Nicée. Ils les détachèrent et les délivrèrent puis rentrèrent au camp au comble de la joie. Quand Godefroy les vit, il rendit grâce à Dieu, cependant que les soixante Turcs survivants s'enfuyaient vers la ville où ils racontèrent ce qui s'était passé au malheureux Garsion.

XXXV

Quand nos Français eurent pris position de l'autre côté du pont, l'évêque du Puy leur tint ce discours : « Écoutez-moi, seigneurs, nobles et braves chevaliers ! Antioche est sous nos yeux. Je crains fort Garsion, car nous sommes dispersés au milieu de tous ces prés. Qui assurera la garde ? Arrangez-vous pour que ces infidèles ne puissent venir faire irruption au milieu de l'armée ! — Je vais m'en charger, fit le duc de Bouillon, et je ne demande pas d'autre aide que celle de mon cheval. À l'aube, quand nous y verrons clair, Persans et Esclavons se seront repliés. — Que Dieu en soit béni ! », font les Français.

Godefroy de Bouillon monta donc la garde cette nuit-là. Cependant, Soliman et tous ses compagnons s'étaient mis en selle et se glissèrent comme des voleurs dans le camp de l'armée de Dieu. Aussitôt, le bon duc perçut comme un frémissement dans l'air. Il appela son écuyer et lui demanda de lui apporter son haubert et son heaume rond et de s'asseoir ensuite sans faire de bruit devant sa tente. Le duc au cœur de lion endosse son haubert, ceint son épée au côté gauche, suspend son écu à son cou, lace son enseigne et monte sur son cheval gascon par l'étrier gauche. Que Dieu soit avec lui au besoin dans sa chevauchée ! Or voici que s'élancent parmi l'armée de Dieu, éperonnant au galop leurs chevaux, saint Georges et saint Démétrius. Le duc, qui ne les reconnut pas, n'eut pas un mot pour eux. Or voici que les trois compagnons s'avancent de conserve. Les Sarrasins, eux, ont reconnu la milice céleste ; ils fuient, ces traîtres fieffés, cependant que le duc les poursuit et les abat dans son élan ; il en a pris quatorze à qui il a coupé la tête sous le menton : pas question de les mettre à rançon. Les autres, vaincus, la tête basse, tournent bride. Français et Bretons ignorent tout de cet incident jusqu'au matin quand l'armée se lève ; ils trouvent alors les têtes des païens gisant sur le sable et en louent le seigneur Dieu par sa Passion.

XXXVI

Tôt le lendemain quand il fit jour, nos Français se sont habillés et préparés ; ils assistent pieusement à la messe.

Mais disons ce que font les Turcs qui se rendent auprès de Garsion.

« Par Mahomet, seigneur, les choses ont mal tourné. Butor et Claré ont agi bien à la légère : ils ont fait sortir tous les Turcs des deux tours sur le pont, ce qui a permis aux Français — de sages chevaliers, eux ! — d'y entrer et de libérer tous les prisonniers que vous y déteniez. » Cette nouvelle rend Garsion fou de rage ; il fait appeler Soliman de Nicée : « Pourvoyez bien nos tours, par mon dieu Mahomet ! Que, dans huit jours, il y ait là pain et blé ! — À votre volonté », répond Soliman, qui parcourt Antioche pour acheter des vivres et faire d'abondantes provisions en pain, vin et viande.

Campés dans le pré, les Français s'y attardaient. Rotou, le comte du Perche, fut le premier à prendre la parole : « Seigneurs, il ne faut pas vous dissimuler que nous avons trop de patience avec ces païens — maudits soient-ils ! — en les laissant tranquilles comme nous le faisons. — Nous ne devons pas attendre davantage, par Dieu !, fit le duc de Bouillon ; nous donnerons l'assaut avant les vêpres. »

XXXVII

Les barons sortirent de leurs tentes. Le premier à prendre la parole fut Godefroy de Bouillon en son nom et en celui des deux Robert, le Normand et le Frison, ainsi que de Tancrède de Pouille et du duc Bohémond : « Décidons de notre ordre de bataille et de la façon de faire au mieux pour donner l'assaut à Antioche. Nous prendrons la tête de l'armée pour la guider et nous emmènerons avec nous le seigneur Hue de Saint-Pol, Enguerrand et Thomas de la Fère avec Haton son compagnon. Le duc de Normandie sait déjà qu'il en sera lui aussi, de même que le comte de Bretagne, Alain pour le nommer. Thierry de Blansdras, le cousin du roi Philippe et Gilbert de Reims feront l'arrière-garde, en nobles barons, avec Bégon, Herbert le duc de Bascle, Godeschal et Simon, ainsi que Rainier d'Arsie — enseigne lacée [1] — ; Roger l'empereur et Anseau de Ribemont iront de l'autre côté pour garder l'armée. Quant au seigneur Hue, le cadet du roi Philippe, à Payen de Garlande, homme d'une si noble lignée, à Gautier de Doméart et au comte de Clermont, ils tiendront compagnie au bon duc de Bouillon. — À vos ordres », répondent-ils. Après avoir chargé mulets et chevaux de pain et d'autres vivres, ils partent à cheval, sans bruit et en bon ordre, pour assaillir Antioche, malgré qu'on en ait. Garsion se tenait au sommet de la tour avec Soliman de Nicée et son neveu Rubion. Jetant un regard en bas, Soliman reconnut l'enseigne royale. Quatre fois, il perdit conscience, sans pouvoir dire un mot. Quand les Sarrasins l'eurent remis sur ses pieds, Garsion lui

---

1. Les lances portaient une oriflamme (= enseigne, gonfalon) que l'on repliait et attachait à la hampe au moment de la charge.

demanda, par Mahomet, ce qu'il avait. « Vous êtes mat et déshonoré, lui répondit-il, vous avez perdu votre ville et le pays alentour. » À ces mots, Garsion, fronçant les sourcils, fit sonner de la trompette aux quatre coins du donjon. Le bruit qu'on entendait à une lieue et demie fit s'émouvoir Antioche : les Esclavons mettent les pierrières turques en position et jurent à Mahomet que les chrétiens ne réussiront pas à s'emparer de la ville par la force.

CHANT IV

I

Écoutez donc, seigneurs, nobles et francs chevaliers, et vous entendrez une bonne chanson mise en vers avec soin : elle parle des barons de France, les bien-aimés de Dieu, qui se rendirent outre-mer jusqu'au Saint-Sépulcre pour faire justice du peuple mécréant. Les voici qui s'avancent tout droit vers Antioche.

Face à la première porte ouverte dans les murs, s'installe Tancrède au cœur avisé ; il avait avec lui le seigneur Hungier l'Allemand et Rogier du Rosoy le boiteux. Assurément, ce n'est point par là que la ville pourra recevoir du ravitaillement, car l'accès en sera défendu à l'épée. Devant la porte de Tancrède qui était haute et large, il y avait une énorme tour qui avait été fortifiée par des géants ; deux pierrières turques étaient dressées en bas, et un païen de male engeance l'occupait, qui jure, par Mahomet son dieu, de tuer Tancrède de Pouille : « Il a eu tort, dit-il, de monter sa tente si près. »

II

Face à la deuxième porte en suivant le rempart, s'installe Bohémond de Sicile ; il dresse sa tente devant une antique tour où il avait quatre cents Achoparts comme adversaires ; tous jurent à Mahomet de l'empêcher, de leur vivant, de rentrer en France ; de son côté, il se promet de ne pas lever le camp avant de les avoir réduits à la famine, ces maudits brigands.

III

Face à une autre porte, du côté qui regarde vers Capharda, au pied de la montagne, Robert le Frison, Enguerrand de Saint-Pol et son père Hue ont installé leur campement sous la tour de Josian qui la défendait avec Clarion et trois mille païens farouches. « Faisons bonne garde, se disent-ils les uns aux autres : le comte de Flandre dresse ici sa tente. Si nous faisons une sortie contre lui, c'est la captivité ou la mort qui nous attend. Sans le secours de Mahomet, nous perdrons Antioche. »

IV

Au pied de la montagne, du côté de la tour Fauseré, le bon comte de Bretagne a dressé sa tente avec Herbert de Bascle, le duc au cœur sage, son frère Godeschal et Simon l'avisé. Par là, ni pain, ni vin, ni blé ne passera pour les assiégés et s'ils tentent une sortie, ils y resteront tous. De leur côté, ils se promettent de vendre cher le passage aux chrétiens.

V

Au pied de la montagne, face à la tour maîtresse, sont rassemblés tous les Normands et les Bretons. Le duc de Normandie fait dresser sa tente dans la plaine avec les barons d'Anjou et du Maine. Les assiégés n'auront rien à gagner par là et si un Turc essaie de passer, il aura fort à faire.

VI

Après le Pont-de-Fer en regardant du côté de la Romanie, s'est installé le bon évêque du Puy et après lui Raymond de Saint-Gilles, avec les Provençaux et les Gascons. Du haut de sa tour, Carcan de Syrie jure par Mahomet et la religion des païens que pas un Français ne passera et que mille y perdront la vie. Quant au comte Raymond, il se promet d'aller les attaquer. Dieu le fils de sainte Marie lui soit en aide !

VII

Plus bas, Estatin au cœur vaillant s'est installé dans la plaine sablonneuse et, à sa suite, le comte de Nevers. Tous se promettent de rester sur place tant que la ville ne sera pas prise. Ni pain ni vivres n'y entreront par là et les Turcs qui s'y risqueront seront saisis d'épouvante.

VIII

Face à une autre porte donnant vers le sud, s'installèrent Olivier de Jusy, le comte Rotou du Perche, Raoul de Beaugency et Richard de Dijon avec Raimbaut de Camely et Acart de Montmarle le hardi. Tous jurent par le vrai Dieu de donner à Garsion sujet de s'irriter et de gémir. Sorgalon, en compagnie de tous ses Turcs, les regarde et les excommunie de par son ami Mahomet : « Ah ! pauvres Français, c'est pour votre malheur que vous êtes venus ici, car ce qui vous attend tous, c'est la défaite, le mal et la mort. »

IX

Du côté qui regarde vers Jérusalem, face à la porte d'Hernaut, le long de la rivière qui coule en torrent, c'est un noble guerrier qui fit dresser sa tente : le duc de Bouillon expert en assauts. Il devait être roi de Jérusalem, mais sans couronne d'or fin ni d'autre métal ; on lui en fit une avec une branche cueillie au jardin de saint Abraham et le bon roi des ribauds [1] la lui mit sur la tête ; c'est lui qui ouvrit la première brèche dans les murs de la Ville [2] et fut le premier à prendre pied sur les remparts. Sa tente était faite d'un immense tissu de drap, et elle était entourée de beaucoup d'autres, violettes, rouges et jaunes. L'émir Bernaut les regarde du haut de la tour et les maudit par Mahomet qui règle le froid et le chaud : « Ah ! Français, mauvaise et fausse engeance, c'est votre honte et votre malheur que vous êtes venus chercher ici. Je vous verrai tous succomber sous les flèches des archers : pas un de vous n'en réchappera, tous autant que vous êtes. »

X

Face à la porte Fabur qui regarde la Romanie, le comte Robert de Flandre a installé son campement dans un pré en pente ; il avait quinze mille chevaliers avec lui. Que de tentes dressées, que de pavillons brillant sous le soleil ! Il jure par le fils de sainte Marie que, si les païens viennent défier l'armée, il frappera tant de son épée fourbie qu'elle sera noire de leur sang jusqu'à ses poings. Fabur les regarde du haut de son antique tour et les excommunie tous de par son dieu Mahomet : « Que Mahomet vous maudisse, misérables ! Vous avez bien tort de mettre le siège devant Antioche ; vous n'arriverez à rien car la ville est trop forte pour que vous puissiez la prendre. »

---

1. Voir ci-dessous, n. 1, p. 66.
2. Jérusalem. Cela sera raconté dans *La Conquête de Jérusalem*.

XI

Face à une autre porte, commandée par Brunamont l'intraitable, près de la tour que défendent les Dormants, le comte Hue et les Français vont établir leur camp : ils n'étaient pas moins de dix mille combattants. Que de pavillons sont dressés là, que de tentes violettes et rouges resplendissantes d'or ! Brunamont les regarde du haut de sa tour et les excommunie au nom de son dieu Tervagant : « Ah ! misérables, pauvres malheureux, c'est votre honte et votre douleur que vous êtes venus chercher là ! Bientôt vous serez prisonniers de l'émir Soudan, il vous fera repeupler les déserts d'Abilant ! »

XII

Face à la porte suivante, au pied de la tour commandée par Princeple, le frère de Gondremont, se trouve le roi Tafur[1] avec les ribauds : ils jurent par le Seigneur Dieu créateur du monde que, s'ils font des prisonniers, ils les dévoreront à belles dents et mènent un vacarme énorme, poussant des hurlements et faisant entendre leur cri de « Tafur ! ». Princeple les regarde et son front se plisse de colère : « Apollon ! D'où viennent ces misérables et où vont-ils ? Ils ne valent pas un pois : que de nourriture ils vont gaspiller ! Les voilà tous nus, sans armes. Ils ont bien de l'audace de s'approcher si près du pont : d'après moi, ce sont des démons qui sont là pour s'emparer de la ville. »

XIII

À proximité de la rivière, face à la porte commandée par Mahon, le frère de l'émir, Thomas au cœur loyal, le seigneur de Marle, a installé son camp sur la pente avec beaucoup d'autres guerriers. Le comte de Saint-Gilles a pris place un peu en aval, et face à l'autre porte qui est construite à même le rocher, c'est Étienne d'Aubemarle que l'on trouve. Il y avait bien là quinze mille chevaliers de force égale. Mahon les regarda du haut de sa tour royale : « Ah ! misérables, perfides chrétiens, c'est votre douleur et votre mal que vous êtes venus chercher là ! Car vous y tomberez sous les flèches des archers. Jamais vous ne prendrez la ville, ses murailles sont trop fortes ; nos portes sont en fer et nous avons tant de

---

1. Reconnu comme chef par les survivants (les « ribauds ») de l'armée de Pierre l'Ermite (voir ci-dessus, chant I, n. 2, p. 27-28), et de façon générale par les non-chevaliers, surtout par les moins recommandables, socialement parlant, d'entre eux : mendiants, voleurs, bohémiens. *La Chanson d'Antioche*, tout en louant leur courage, montre bien l'inquiétude que leur sauvagerie et leur indiscipline inspirent à l'armée « régulière » des barons et des chevaliers..., quitte à leur prêter commodément certains des actes les plus barbares de ces derniers

hautes tours ! Vous resterez dehors à mourir de faim et à la peine : dans sa détresse, chacun de vous mangera son cheval. »

XIV

Nos gens ont soigneusement encerclé Antioche : chacun de nos barons s'est chargé de garder une porte. Ils préparent leur repas devant les tentes au milieu de nuages de fumée. Le temps était beau et clair, et la chaleur commença de se faire sentir. Les païens se sont rassemblés à la porte d'Escivant au pied de la tour carrée. Garsion leur expose le fond de sa pensée : « Voici mon avis, nobles barons sarrasins : les chrétiens ont ravagé ma terre à plus d'une journée de distance et ils ont mis le siège devant ma vaste cité. Nous sommes en état de les combattre sans fin ni cesse ; et si on s'empare d'un Français, qu'on lui coupe la tête ! — Voilà qui nous convient, émir ! s'écrient-ils. Antioche sera bien gardée, et tant pis pour les Français s'ils ont traversé la mer. » Les chefs païens s'en retournent et font s'équiper leurs gens : tous ont la tête soigneusement protégée.

Le long de la rivière s'étend un vaste pré où le bon destrier de Fabur à la croupe ronde vient paître la rosée, gardé par dix Sarrasins, chacun armé d'une hache au fer acéré pour veiller sur cet illustre cheval. Nos Français les regardent depuis l'autre rive toute desséchée ; ils aimeraient bien franchir le fleuve, mais ils ont peur d'essayer.

XV

Le long de la rivière s'étendait un beau pré fleuri où paissait le destrier de Fabur l'Arabe, gardé par dix païens tous en armes. C'est un très bon cheval, rapide et vif : vingt lieues au galop ne suffiraient pas à ralentir sa course ni à le fatiguer. Écoutez comme il était beau à voir : un de ses flancs était noir et l'autre blanc comme lis. Sa croupe était large et carrée, ses sabots fendus et arqués, ses narines bien ouvertes et ses yeux bruns brillaient d'un vif éclat. Il n'avait pas son pareil dans le royaume d'Antioche. Un Turc lui avait mis une selle vernie d'or et passé un mors très précieux ; son harnais était de cuir bouilli. Attaché à un pieu par le jarret, il gratte la terre du sabot et lance des ruades en hennissant.

XVI

Le cheval était tout fier sous le harnais ; farouche, il hennit en grattant le sol du sabot et en lançant des ruades. Il fait très envie aux Français qui sont de l'autre côté de la rivière, mais aucun d'eux n'ose se risquer à la traverser. Écoutez donc l'idée qui vint à un simple écuyer du nom de Gautier Daire. Il accroche à sa ceinture deux éperons dorés et se ceint une épée au côté gauche. Après s'être signé en se recommandant à Dieu, il descend à la rivière et se met à l'eau ; comme c'était un bon nageur, il réussit à passer. Puis, parvenu sur l'autre rive, il s'arrête juste le temps de s'attacher les éperons aux pieds et, l'épée à la main, il s'avance dans le pré. Dès que les Turcs l'aperçoivent, ils s'écrient : « Tant pis pour vous, coquin, voilà qui va vous coûter cher ! » Et, hache brandie, tous marchent sur lui. Gautier les voit s'approcher sans crainte : il frappe le premier et, d'un coup de son épée ciselée, il lui fait voler la tête à plus d'une toise ; le deuxième, il le fend en deux jusqu'aux mâchoires et enfonce son épée du crâne à la poitrine du troisième. Bref, il en tua cinq et tous les autres s'enfuirent. Puis il vint au cheval, se mit en selle et piqua des deux ; l'animal partit comme une flèche. Gautier rattrapa les païens et les tailla en pièces jusqu'au dernier. Il avait alors pénétré dans Antioche sur une portée de flèche, y tuant trois autres païens avant de faire demi-tour. Des cris s'élèvent parmi la ville et plus de deux mille Esclers surgissent, éperonnant leurs montures, cependant que les Français qui, depuis leurs tentes, voient Gautier en appellent, dans leurs cris, à l'aide du Saint-Sépulcre.

XVII

Persans et Esclavons se lancent aux trousses de Gautier qui, sur son élan, s'engage dans la rivière. Dans sa course impétueuse, son cheval l'emporte droit jusqu'aux sables de l'autre rive : jamais on n'entendit parler de plus grand exploit. Princes et barons vont l'entourer en foule.

Robert le Frison est là, qui lui embrasse les yeux, les joues et le menton : « Cousin Gautier, tu as le cœur d'un brave. Tes enfants auront de qui tenir. Si je peux rentrer en Flandre sain et sauf, je n'aurai pas d'autre sénéchal en ma terre que toi, ni de conseiller en ma cour qui ait le pas sur toi. Tu as conquis un cheval qui n'a pas son pareil dans l'armée. Qui chercherait à te le disputer serait impardonnable, car tu t'en es emparé de main de maître. — Assurément, cher comte, intervient le duc de Bouillon, et nous le ferons chevalier dès qu'il le voudra. — Dieu en soit béni, seigneurs, dit Gautier, mais je ne veux pas être adoubé avant d'être parvenu au Saint-Sépulcre. » Tous nos barons retournent à leurs tentes et font largesse aux pauvres de l'armée à cette occasion. Épouvantés, les

Turcs d'Antioche racontèrent à Garsion ce qui s'était passé ; depuis sa tour, il leur ordonna de s'en retourner dans leurs maisons et de se garder de sortir de l'enceinte à moins d'avoir l'avantage du nombre.

XVIII

Dans Antioche, les Turcs regrettent la perte de l'animal. Sans attendre, ils sonnèrent d'un cor à longue portée et rassemblèrent leurs gens à la porte de fer. Dix mille archers à cheval firent une sortie et réussirent à se dissimuler dans un vieux châtelet sans que ceux de l'armée de Dieu s'en aperçussent. La nuit venue, ils passèrent à l'attaque, et de quelle façon ! Du port Saint-Siméon venaient dix chevaux de bât, tous chargés de pain et d'autres victuailles. Raymond conduisait le convoi avec ses chevaliers, mais ils étaient restés une lieue en arrière ; il n'y avait avec les bêtes que des sergents à pied. Les Turcs — que Dieu les accable ! — s'élancèrent sur eux et les contraignirent avec leurs arcs à tout abandonner sur place. Les sergents furent obligés de faire retraite sans recours. « Où êtes-vous, Raymond ?, se mirent-ils à crier, au secours ! Les païens nous ont attaqués, ils sont plus de cent mille ! » Le duc entendit le vacarme et fut saisi de colère : « Vite, dit-il à ses compagnons, les Turcs ont fait une sortie et s'en prennent à nos gens. » Tous les barons éperonnent leurs chevaux, mais en vain car ils ont trop tardé ; les Turcs chassent nos chevaux de bât devant eux vers le Pont-de-Fer : les premiers en passent déjà les arches.

XIX

Déjà les Turcs ont repoussé nos chevaux sur le pont quand Raymond arrive au triple galop. Déjà avec ses compagnons il affronte l'ennemi. Il n'est pas question de jouter à la lance, c'est avec les bonnes épées d'acier qu'on assène des coups. Le bruit et les cris parviennent jusqu'au camp. Aussitôt, on s'y arme et on gagne le pont en criant « Montjoie ! ». Les Français récupèrent les bêtes de force, cependant que les Turcs rentrent dans la ville, levant le pont et fermant la porte sur eux. De leur côté, nos barons s'en retournent et, parvenus à leurs tentes, mettent pied à terre. La nuit était belle et claire et le ciel plein d'étoiles. Bohémond et Tancrède montèrent la garde jusqu'au lever du jour. Tous les barons se réunissent alors en conseil et d'un commun accord décident d'assiéger la ville de plus près pour empêcher les Sarrasins de sortir de l'enceinte sans se faire repérer. Les ordres sont aussitôt mis à exécution : tous déplacent leurs tentes pour les remonter si près d'Antioche qu'une flèche tirée de là serait retombée dans la ville. Ils ont soigneusement encerclé la cité et ses fossés, et le camp s'étend sur une lieue, tant en long qu'en large. Mais cela ne les avance à rien car les Turcs continuent de sortir à leur gré.

XX

Les chrétiens ont encerclé la ville de leur mieux. La porte de fer de la mahomerie [1] ouvrait sur un pont qui avait été construit dans l'ancien temps : les hérétiques y avaient mis tout leur art. Les arches qui franchissaient le courant aux eaux bruyantes remontaient au temps de la première Loi [2] établie par Dieu ; elles coiffaient des voûtes soigneusement appareillées et étaient si bien renforcées par des tours à machicoulis qu'Antioche n'avait rien à craindre d'une armée de ce côté. Ce pont était vraiment un fort ouvrage, ne vous y trompez pas ! C'est par là que passent les Turcs — que Dieu les maudisse ! — quand ils font des sorties pour massacrer les chrétiens ; quand on les rencontre, on peut dire adieu à la vie : à tous ils coupent la tête sans rémission. Jésus le fils de sainte Marie en a le cœur lourd, comme les barons qui sont en charge de l'armée.

L'évêque les réunit tous et leur demande ce qu'il faut faire à leur avis avec cette engeance venue du désert qui leur livre de tels assauts à partir du pont. Quelle tuerie ils ont déjà faite des nôtres ! Aussitôt, ils s'écrièrent d'une seule voix qu'il n'y avait qu'à détruire le pont, au nom de sainte Marie. Personne ne s'attarda davantage et la nouvelle se répandit dans toute l'armée. Tous les chrétiens en rendent grâce à Dieu. Cette nuit, on monta la garde jusqu'au lever du jour.

XXI

Le lendemain à l'aube, dès qu'on y vit clair, sergents et chevaliers s'armèrent tous. Munis de masses de fer et de gros pieux d'acier, ils sortirent du camp en bon ordre. Plus de quatre cents cors retentissaient. Ils s'avancèrent droit jusqu'au redoutable fleuve pour tenter d'abattre le pont et de le détruire en renversant les piliers et cassant les solives. Mais un mois entier n'aurait pas suffi à la tâche et le soir, au retour, ils n'auront pas brisé de quoi charger un seul cheval de somme. Ils avaient une machine de guerre qui leur fut fort utile : ils l'avaient assemblée avec des clous et des chevilles et fait transporter sous le pont. C'est là que se trouvaient sergents et arbalétriers, valets d'armes et courageux archers. C'est là qu'on se battait en tirant flèches et traits, car les Turcs étaient accourus pour nous disputer le pont ; ils étaient plus de mille devant la porte à se

---

1. Littéralement : le lieu de Mahomet, la mosquée.
2. Celle donnée par Dieu à Moïse.

défendre sans se ménager. Que de heaumes se brisent, que de crânes saignent sous les coups de masse ! Que de hauberts mis en pièces, que de poings et de têtes tranchés ! Combien de Sarrasins trébuchent en tombant du pont dans l'eau où ils se noient ! Dehors comme dedans, les pierrières lancent leurs projectiles : ce fut vraiment une bataille farouche qui ne prit fin qu'à la tombée de la nuit, quand le soleil fut près de se coucher et que l'heure de vêpres ramena l'obscurité.

XXII

Sur le Pont-de-Fer, la bataille est acharnée : barons, sergents et jusqu'à la piétaille frappent à qui mieux mieux ; chacun y va de toutes ses forces. Voici Hungier au cœur ferme : il a mis pied à terre près de l'embrasure d'une tourelle et laissé aller son cheval dont il ne se soucie guère ; puis, ayant dégainé son épée à la lame aiguisée, tenant son écu serré contre sa ventaille, il va droit à la porte de fer et, entre cent Sarrasins, frappe le roi de l'Escaille que son bouclier ne protège pas plus qu'un morceau de tissu, ni son heaume et son gorgerin qu'une coquille d'œuf de caille : le voilà abattu mort sans heurt ni quasiment d'échange de coups. Hungier parsème le pont des fidèles du diable.

XXIII

Quand les païens voient les Francs se rapprocher, puis les mettre en pièces avec leurs épées d'acier, ils comprennent qu'ils n'ont pas l'avantage : aussi passent-ils la porte et la font-ils verrouiller derrière eux ; après quoi, prenant appui sur les créneaux, ils se retournent contre les chrétiens. C'est une véritable grêle de dards et de traits qui s'abat. Les suppôts du démon se défendent farouchement ; leurs arcs turcs sont des armes éprouvées et ils ont soigneusement enduit de soufre les pointes et les hampes de leurs flèches : à force d'en lancer contre la machine de guerre, ils les ont plantées si serrées qu'il n'y avait aucun interstice entre elles et que, encochées l'une dans l'autre, chacune avait la longueur d'une lance. Ils prirent alors du feu grégeois — arme redoutable ! — et le lancèrent tout allumé sur l'engin. La flamme l'embrase à la vitesse d'une flèche ; bois et planches brûlent sans rémission ; sergents et chevaliers n'y peuvent rien. Quand nos barons le voient, quelle n'est pas leur colère !

XXIV

Le feu grégeois crépite tandis que la machine craque et brûle dans des nuages de fumée, et que les cordes roussissent et tombent en morceaux jusqu'à la dernière. Nos barons, incapables d'y tenir, doivent faire demi-tour, perdant sans recours leur engin. Ils ont échoué à prendre le pont, ce qui leur déplaît fort. Tous en ont l'air accablé.

Sur ce, cette sale engeance d'orgueilleux fait une sortie et blesse mortellement ou tue sur place nombre des nôtres avant de s'en retourner et de fermer la porte. Et chaque matin, et aussi à none et à la tombée du jour, ils renouvellent leurs assauts, blessant et tuant souvent de nos gens.

XXV

Quand nos barons voient qu'ils ne peuvent pas échapper au danger, ils se réunissent en assemblée dans la prairie. « Notre armée est dans une triste situation, se disent-ils les uns aux autres : nous ne pouvons nous protéger de cette engeance détestée. Construisons donc un fort face à la mahomerie, puisque c'est là que passent les Turcs, — Dieu les maudisse ! — et dédions-le à sainte Marie : si le Seigneur tout-puissant permet que la ville tombe en notre pouvoir, Sa douce mère aura un lieu consacré à son service ; nous y bâtirons une abbaye et y installerons des moines. » Tous sont d'accord pour dire que c'est bien là ce à quoi il faut humblement se consacrer. Nos nobles seigneurs font donc sonner leurs cors à grand éclat et vont s'armer de concert tandis qu'on commence d'entendre le vacarme des charpentiers. Le bastion fut élevé au-dessus d'une citerne creusée dans le roc et on dit encore chez les mahométans que les Français ne craignent personne pour ce qui est de construire des créneaux. Mais qui voudra garder cette construction sera souvent inquiet pour ses membres et sa vie.

Dans un enclos devant la porte de la bonne cité, ils trouvèrent des sarcophages en marbre de Perse ; ils en ôtèrent les corps de leurs adversaires détestés, ainsi que les traits et les carquois, beaucoup d'épées fourbies, des heaumes et des gorgerins ornés d'or brillant, enfin de tous ces objets que les Turcs portent sur eux de leur vivant. Une seule de ces armes extraites de la terre pouvait valoir bien des besants en or d'Esclavonie. Ils y ont trouvé force or et draps d'Almeria, de l'argent, des tissus de soie et des fourrures de zibeline qu'ils répartirent entre les pauvres de l'armée de Dieu. Quand les Sarrasins l'apprirent, ils rassemblèrent leurs gens et allèrent attaquer la fortification. L'assaut fut impétueux et farouche la bataille. Les chrétiens affrontent les païens avec beaucoup de courage et en mettent à mal un bon nombre. Incapables de résister, les Turcs font demi-tour et rentrent dans l'antique cité tandis que nos barons retournent à leur campement. Des cent Turcs qu'ils avaient faits prisonniers, ils n'en laissèrent pas un seul en vie : tous eurent la tête tranchée. Puis ils déterrent les morts des Persans — ils étaient quinze cents, vous pouvez le croire sans risque de vous tromper — et à eux aussi ils coupent la tête sous les oreilles ; et après avoir dressé des pierrières à la façon des Turcs, ils les lancent une par une par-dessus les murs d'Antioche dont la pierre est polie. Cette vue plongea les païens dans l'affliction. Pères, mères, sœurs, amies, reconnaissant les têtes des leurs, poussaient des hurlements. « Malheur à nous, quand ils déterrent nos morts, ces démons, et que, dans leur audace, ils nous tuent les vivants ! Que Mahomet exauce nos prières et nous venge car nous ne pouvons plus sortir de ce côté-là. Sans l'aide de l'émir, nous y mourrons jusqu'au dernier à grande douleur. » Toute la cité est l'image du deuil.

XXVI

De la porte d'Hercule, le frère de l'émir, partait une grande route qui, tournant le dos à la ville, allait tout droit au port par la colline. Quand les Turcs le voulaient, ils gagnaient un vieux fortin qui avait été construit de ce côté par les Syriens et coupaient la tête sans rémission à tous les chrétiens qui passaient par là. Ce fut un nouveau sujet de douleur pour les chrétiens : « Seigneurs, leur dit Bohémond, nobles et braves chevaliers, ce châtelet nous cause beaucoup de dommages : ces traîtres de mécréants ont là une cachette commode. Si vous en êtes d'accord, nous devrions installer une garde. — Voilà qui est bien parler », font les barons. Tous les gens d'âge et d'expérience approuvèrent le projet, mais même les plus courageux et vaillants n'osèrent pas se proposer : personne n'avait l'audace d'aller se loger là. C'est alors que le brave Tancrède se leva, dans ses beaux vêtements de toile rouge : « Écoutez-moi, dit-il aux barons. Je me charge de garder le poste à condition d'avoir avec moi mille hommes et mille sergents d'armes ; il faut aussi que vous me donniez de quoi acheter des vivres car nous en manquons. » Dès qu'on lui eut remis quatre cents marcs d'argent, Tancrède, le fils du marquis [1], fit sonner ses cors, démonter ses tentes et s'en alla tout droit à la fortification. La première nuit qu'il y coucha avec sa troupe, il lui arriva une belle aventure. Quatre cents marchands, tant bulgares et arméniens que grecs et syriens, descendirent de la montagne, transportant depuis le port Saint-Siméon des vivres qu'ils allaient proposer à l'émir Garsion. Tancrède les chargea au galop avec cinq cents chevaliers, l'épée au clair. Les Turcs ne se défendirent même pas ; on les emmena enchaînés et les chrétiens, poussant le convoi

---

1. Eude, dit « le bon marquis ».

devant eux, revinrent au châtelet et s'y désarmèrent. Leur butin valait mille marcs d'or fin d'Arabie.

XXVII

La première nuit se passa bien pour Tancrède : son butin valait plus de trois mille marcs d'argent. Il en fit de riches présents aux barons en signe d'amitié, et sa réputation s'en accrut d'autant dans l'armée. On le voit prendre soin du ravitaillement et garder la vallée au débouché de la montagne pour que ni païens ni étrangers n'y passent. Il est assuré d'y gagner, celui qui s'attache à Tancrède.

Dans toute l'armée, nos gens se réjouissent, mais avant quinze jours les choses iront mal pour eux. La faim et la soif vont faire des ravages, — même la mère ne pourra rien pour son enfant. Et si le Maître du monde [1] n'est pas vigilant, toute l'armée sera plongée dans le tourment et la douleur. Les chrétiens multipliaient les assauts contre Antioche, mais la ville était si forte qu'elle n'avait rien à craindre ; ils auraient pu continuer jusqu'au jour du Jugement dernier sans pouvoir s'en emparer par la force ou autrement. Longtemps, ils demeurèrent autour de la cité, que le Seigneur maître du monde leur vienne en aide ! Car tous les vivres commencent à manquer, ce qui prend au dépourvu les petites gens ; mais les princes et les comtes, eux aussi, en ont fort peu.

XXVIII

La douce et courageuse gent se trouvait en une terre dont elle n'avait rien à espérer. On va chercher la nourriture jusqu'à trente lieues du camp ; tenaillés par la faim, tous se demandent quoi faire. Quand les barons en quête de butin rencontrent les Turcs, ils leur mènent grande guerre ; mais ils n'ont plus de quoi manger et s'en désespèrent. Que le Seigneur Dieu les secoure, Lui qui en a le pouvoir !

XXIX

Quand la nourriture vint à manquer, l'accablement s'abattit sur l'armée ; personne ne trouvait rien à dire ni à faire pour aider les autres. La disette sévissait au point qu'on mangeait les chevaux de bât, et les bons destriers d'Espagne étaient si affamés qu'ils se défonçaient le poitrail pour pouvoir ronger leurs harnais. Jeunes gens et sergents, pucelles au clair visage déchiraient leurs vêtements en poussant des cris : « Secourez-

---

1. Dieu.

nous, Dieu qui avez été mis en croix ! » Les affres de la faim leur avaient
à tous pâli le visage. Et voici que l'orage gronde, que la foudre tombe ;
des tempêtes de neige et de grêle jettent l'épouvante de tous côtés ; la
panique saisit même les plus puissants barons. Le piétinement des mulets
et des chevaux, les battements d'ailes des faucons et des gerfauts s'entendent nettement à une lieue. Si le Seigneur Dieu qui règne en paradis ne
fait rien, cette sainte compagnie va être anéantie.

C'est alors que Godefroy de Bouillon le hardi prit la parole : « Seigneurs, nobles chrétiens, au nom du Dieu de paradis, ne vous effrayez pas
de la dureté de ces temps. C'est pour l'amour de Dieu que nous sommes
venus ici ; Il ne laissera pas outrager Son peuple. Dans la pire détresse,
nous n'abandonnerons pas le siège, mais nous prendrons Antioche et son
palais voûté, puis le Sépulcre où Dieu est passé de la mort à la vie, et nous
le délivrerons de tous ses ennemis. Nous briserons les palissades et les
murs de La Mecque, nous en sortirons Mahomet qui siège en l'air avec
les deux candélabres [1] devant lui, lesquels, autrefois, ont été donnés à
Rome en paiement du tribut ; ils ne s'éteindront pas pour autant mais
continueront de brûler à tout jamais : même plongés dans la mer, ils le
feraient jusqu'au jour du Jugement dernier. Ils seraient plus à leur place
devant l'autel du Saint-Sépulcre qu'utilisés pour honorer et servir un
démon. — Nous les conquerrons », répondent les barons. Dieu bénisse le
lignage qui leur a donné naissance à chacun, et la terre qui les a nourris !
Leur prouesse à tous est si éclatante que le Seigneur Dieu de gloire les
reconnaîtra pour Ses fils. Les valeureux pèlerins qui prirent le Sépulcre
où Dieu passa de la mort à la vie et tout le pays où Il grandit seront à
jamais bénis jusqu'au jour du Jugement dernier. Et le deuil des Turcs n'en
aura pas de fin.

XXX

Il faut dire que les chrétiens souffrirent durement de la faim pour le
salut de leurs âmes : un petit pain se serait facilement vendu deux deniers
et une cuisse d'âne crue s'achetait cent sous ; une poire valait le même
prix (encore fallait-il en trouver une !) et deux fèves, un denier, si grande
était la disette. Il ne reste guère de chausses ni de souliers de cuir à
ronger ; même les semelles, on les mange, et sans sel ! Combien de gens
s'évanouissent de faim ! À cette vue, la colère et la tristesse saisissent
nos barons. S'étant réunis en conseil, ils font crier publiquement par toute
l'armée que celui qui a des vivres de côté ne doit pas les garder pour lui
mais les distribuer aux autres : on doit s'entraider et ne pas laisser les uns
mourir de faim tant que d'autres ont encore de quoi. Celui qui s'y refusera

---

1. Il est plusieurs fois fait allusion, dans la *Chanson*, à cette légende des candélabres qui
a aussi été mise en œuvre dans le *Roman de Mahomet*.

se verra réquisitionner ce qu'il possède. Aucun de ceux qui entendirent le ban ne chercha à tricher. Ils n'osèrent pas dire non et partagèrent leurs réserves, car ils avaient pitié de ceux dont la faim faisait gonfler le ventre. Armés de pied en cap, les chrétiens s'en vont au port Saint-Siméon, comme on l'appelle, pour acheter des vivres si on ne veut pas leur en donner. Les Turcs, par ruse, l'avaient fait approvisionner. Les Français (que Dieu puisse les sauver !) partent donc sous la conduite du noble et courageux Bohémond, d'Évrard de Puisac à la bonne renommée et de Hue de Saint-Pol, Cœur-de-sanglier. Le comte Rotou du Perche les accompagne pour escorter le convoi avec Raymond de Saint-Gilles qui mérite tant d'être aimé. Tous les pauvres se sont joints à eux. Après s'être ravitaillés contre argent, ils ne pensèrent plus qu'à s'en retourner chacun pour soi sans s'attendre, ce en quoi ils commirent une lourde erreur que les Turcs mirent à profit pour les attaquer par en haut : au nombre d'environ quinze mille (que Dieu les anéantisse !), ils s'abattent sur les Français au port Saint-Siméon et en font un tel massacre que les mots me manquent pour le dire. Tous nos gens sont mis en déroute ; celui qu'on rattrape est sûr de se faire couper la tête. Incapable de résister, Bohémond tourna le dos ainsi qu'Évrard de Puisac et Raymond au clair visage, imités par tous les autres barons, auxquels les Turcs donnèrent la chasse à coups de flèches ; aucun n'osa faire face pour jouter sauf Hue de Saint-Pol qui, ne se résignant pas à fuir, laissa courre son cheval, tenant son écu embrassé et brandissant son épieu en l'air : il va frapper Matamore[1] sur la bosse de son bouclier et le lui fend en deux du haut en bas ; du même coup, il décercle et brise le gorgerin de son heaume et lui passe son arme au travers du cœur, fer et bois. Matamore tombe mort et s'en va chercher abri en enfer. Qui aurait vu le baron empoigner son épée aurait gardé le souvenir d'un vrai chevalier ! Il fait voler la tête à quatorze païens cependant que Sarrasins et Esclers poursuivent Bohémond.

XXXI

Bohémond longe une barre de rochers gris avec Évrard de Puisac et Raymond de Saint-Gilles ; les Turcs les poursuivent au galop de leurs chevaux, leur décochant des flèches en hurlant. Évrard de Puisac, qui avait pris la tête, cria à Bohémond qu'ils devaient faire demi-tour : « Regardez, noble duc : Hue de Saint-Pol est aux prises avec ces félons ! Sans l'aide de Dieu, nous ne le reverrons plus. Allons à son secours : ce sera une honte pour nous si nous l'abandonnons. — Sur ma foi, dit Bohémond,

---

1. Curieux nom donné à un Sarrasin, puisque Matamore signifie « celui qui tue les Maures ».

retournons-y ! Si nous ne le sortons pas de là, nous n'aurons pas sujet de nous en vanter. En tout cas, nous le ferons payer cher aux Turcs. »

XXXII

« Fais demi-tour, seigneur duc, dit Évrard. Tu es déjà renommé pour ta prouesse. Et tu es fils de ce Robert Guiscard qui reçut tant d'honneurs et qui était venu tout seul de Normandie, armé de son seul bouclier comme on le sait. Or, à force d'exploits, il réussit à se rendre maître des Pouilles et de la Calabre. Il y a bien lieu de te rappeler le souvenir de ton père et de ses belles qualités. Regarde dans quelle situation désespérée se trouve Hue de Saint-Pol, encerclé de tous côtés par les Turcs et les Persans. Si nous n'allons à son secours, c'est un homme mort. Les païens nous ont déjà causé beaucoup de pertes, ils ont tué nos dames et nos hommes. Embrassons-nous, sur ma foi, et à la guerre comme à la guerre ! — Qu'il en soit ainsi, répond Bohémond, mais nous avons peu de gens, alors qu'eux sont très nombreux. Puisse Jésus qui souffrit en croix nous venir en aide, car je suis décidé à leur montrer ce dont je suis capable, fût-ce au prix de ma vie. » Sur ce, ils font tous faire demi-tour à leurs chevaux — on a su qu'ils n'étaient que deux cents — et les laissent courre la bride sur le cou : les voici au contact des Turcs. De leurs épieux niellés, ils leur assènent de tels coups qu'à la première charge ils en ont abattu quatre cents. Le seigneur Hue de Saint-Pol avait eu son cheval tué sous lui, pour son plus grand déplaisir ; tombé à terre, il aurait été rapidement tué ou fait prisonnier si Raymond de Saint-Gilles ne s'était précipité au galop de son cheval, brandissant son épée à la lame ciselée : il en frappe le roi Alis d'Antioche qui s'effondre : sa tête tombe aux pieds de Hue et les démons emportent son âme. Raymond de Saint-Gilles se penche en avant pour saisir le cheval par sa bride dorée et le remet aussitôt à Hue de Saint-Pol : quelle fut la joie du baron de se voir à nouveau en selle ! Nos cinq braves sont réunis et ont la ferme intention de se venger avec leurs épées aiguisées. On l'apprend dans Antioche : au moins trente mille Turcs en armes font une sortie. Que la Sainte Trinité n'oublie pas nos gens ! Un messager s'achemine de leur part jusqu'à l'armée de Dieu pour l'avertir. Il s'arrête d'abord auprès du bon évêque du Puy : « Par Dieu, seigneur, le temps presse. Les Turcs sont en train de tailler les nôtres en pièces. » Cette nouvelle afflige fort le prélat mais il se ressaisit car c'était un preux. Après en avoir appelé à l'aide du Saint-Sépulcre, il fait sonner du cor par tout le camp, tout en demandant confirmation au messager : « C'est bien vrai, ami ? Les barons français sont aux prises avec les Sarrasins ? — Oui, seigneur, sur ma foi, vous auriez tort d'en douter. »

XXXIII

En toute hâte, le messager explique : « Par Dieu, seigneur évêque, ce n'est pas le moment de discuter : les Turcs massacrent les nôtres. Ils les ont mis en fuite au port Saint-Siméon et sont en train de tuer tous nos frères et nos amis ; j'ai laissé Bohémond en grande détresse de mort, ainsi qu'Évrard de Puisac, Raymond de Saint-Gilles, Hue de Saint-Pol et le comte Rotou. » L'évêque ne put s'empêcher de frémir de colère. Saisissant un cor, il le fit retentir de toutes ses forces. Tous les Français s'armèrent aussitôt, chacun là où il était installé. Que de barons on pouvait voir dans l'armée de Dieu revêtir leurs hauberts sur le pas de leurs tentes ! Que de heaumes brillants, que d'écus frappés du lion, que de bonnes enseignes et de riches oriflammes, que de coursiers arabes et gascons, caparaçonnés de drap jusqu'aux sabots, certains de pourpre, d'autres de soie.

Godefroy de Bouillon fit au plus vite : Antelme d'Avignon l'aida à enfiler ses chausses et le duc endossa son haubert, laça son heaume rond et, après avoir ceint son épée au côté gauche, il se mit en selle sur son bon cheval gascon. Son écu d'azur blasonné d'or au cou, il saisit son épieu sommé de l'enseigne et se mit en route avec ses compagnons. Longeant la rivière au triple galop, voici le comte Robert de Flandre, au bas de la montagne, et le duc de Normandie avec les siens ; de son côté, l'évêque du Puy chevauche à l'envi. Tous passèrent le pont [1] pour aller venger les leurs. De toutes ses forces, Godefroy éperonne son destrier ; il y a là Hungier l'Allemand, un vrai preux, Enguerrand de Saint-Pol, le fils du comte Hue, avec son père, frère du roi Philippe, à la tête de sept cents chevaliers dont pas un n'était un lâche. Loin de fuir le bruit des armes, ils vont tout droit vers la colline où se tient Garsion. C'est là que s'affrontent chrétiens et Turcs : ce ne sont que morceaux de lances brisées volant en l'air, vacarme assourdissant du fer et de l'acier. Faisant force d'éperons, Godefroy s'abat sur un Turc de tout son élan ; il le frappe en haut de la poitrine et le fait tomber, mort, à bas de la selle, à la pointe de sa lance. Quand celle-ci se brise, il la jette sur le sable et, mettant l'épée au clair, en fend un autre en deux jusqu'aux poumons : les deux moitiés du corps tombent dans le sable. Persans et Esclavons, impressionnés par ce coup, se mirent à hurler.

XXXIV

Quand la lance de Godefroy eut volé en éclats, il mit aussitôt la main à l'épée et en frappa un Sarrasin à la tête, le fendant en deux jusqu'au cœur : les deux moitiés du corps tombent dans le pré de part et d'autre. Cette

---

1. Le pont que Godefroy avait fait établir en amont du Pont-de-Fer.

sale engeance d'enragés en fut impressionnée, mais ils ne vont pas tarder à voir spectacle plus effrayant encore, car le duc de Bouillon, dans sa grande colère et son ressentiment, voit sa force doublée : personne ne peut lui résister. Il aperçoit, sur sa gauche, à la lisière d'un champ, Claré de La Mecque qui venait de couper le cou à un Français avec son épée. D'indignation, Godefroy grince des dents. « Traître, s'écrie-t-il, en secouant la tête, tu as osé le toucher ! Eh bien ! tant pis pour toi ! Tu es un homme mort ! » Il laisse courre son cheval à perdre haleine et lui assène à l'épée d'acier un coup qui le frappe par le travers. Écoutez-moi ça : le duc l'a fendu de part en part au niveau de l'échine : une moitié du Turc tombe au milieu du pré, tandis que l'autre reste sur la selle dorée. Son corps se raidit car l'âme l'a quitté : ses jambes deviennent dures comme du bois. À cette vue, les Français mènent grande liesse, criant hautement « Montjoie ! » pendant que le cheval s'enfuit au galop tout droit vers Antioche. Ces païens de Turcs se pressent sur les traces ensanglantées qu'il laisse derrière lui dans les rues de la noble cité. À cette vue, l'engeance du diable est saisie de frayeur : « Ce sont des fous, se disent-ils, maudite soit la terre où ils sont nés, et maudit celui qui a frappé pareil coup ! Si les autres sont comme lui, Antioche est prise et le pays ravagé. » Les hurlements des Turcs au combat s'entendent à plus d'une lieue. Il y en eut bien mille à voir cet exploit qui ne devaient plus se risquer à la charge ni à la mêlée.

XXXV

Un messager alla raconter à Garsion d'Antioche ce qui venait de se passer : « Par Mahomet, seigneur émir, apprenez que les chrétiens et nos gens sont aux prises depuis un bon moment, et si vous n'allez pas à leur secours, cela tournera mal pour eux. » Garsion prit un cor et en sonna quatre fois. Les païens courent aux armes et gagnent le champ de bataille ; mais nos chrétiens, ces bien-aimés de Dieu, s'acharnent à l'envi sur eux : plus il en vient, plus ils en tuent. Quel vacarme dans les deux camps ! Garsion se met en haut à une fenêtre et fait appeler son fils Sansadoine : « Sans mentir, cher fils, quelle bataille ! Mais dans peu de temps, les nôtres auront le dessous, je le sais. Il pourra s'estimer heureux, celui qui en réchappera. » À entendre son père, Sansadoine eut un soupir de pitié. Déjà, il courait s'armer, quand Garsion jura par Mahomet et Apollon qu'il avait tort d'y songer : il aurait vite fait de voir quelle est la puissance de son dieu et si celui des chrétiens n'en a pas davantage. « Traître soit celui qui honorerait encore le plus faible ! — Comme vous voulez, seigneur », dit Sansadoine.

XXXVI

Nous laisserons ici les païens pour en revenir à nos barons. La bataille au Pont-de-Fer est acharnée. Tancrède et Bohémond s'y distinguent ainsi que Robert de Normandie et Robert le Frison, le comte Lambert de Liège et le puissant Gaidon, Thomas de la Fère avec Quene le Breton, Enguerrand de Saint-Pol, le seigneur Raimbaut Creton avec Roger de Barneville et Baudouin Cauderon ; quant au duc Godefroy, il se bat comme un lion. S'y trouvent aussi Baudouin et Eustache aux clairs visages, Guillaume le Charpentier, Anseau de Vaubeton, et le seigneur Alain de Nantes, et Fouque de Clermont et Hue le jeune frère du roi Philippe. Je m'arrête car je ne peux tous les nommer. Si la rivière est profonde, le pont est étroit ; les corps des Sarrasins qui en sont tombés sont si nombreux qu'ils empêchent l'eau de s'écouler, à ce que dit la chanson. Le roi Tafur et ses compagnons y frappent à l'envi.

XXXVII

On ferraille avec acharnement sur le pont d'Antioche ; les chrétiens ont réduit les Turcs à tel point qu'ils en ont tué dix mille de leurs épées d'acier et jeté quinze cents dans la rivière : or, celui qui y tombe est un homme mort. Quand les païens comprennent qu'ils se sont si bien laissé surprendre par les Français qu'aucun d'eux ne peut leur résister, ils se retirent dans la ville comme ils peuvent ; mais ceux-ci ne renoncent pas et les poursuivent jusque-là. Le baron Raynaud Porquet, un chevalier de mérite, se bat contre les Turcs dans Antioche : au pied de la porte, il en a abattu en tas pas moins de quinze, et à tous il a coupé la tête ; mais voilà qu'ils ferment la porte : ils sont cent à se jeter sur lui, qui se défend en chevalier hardi. On lui tue sous lui son cheval à coups de flèches, mais aussitôt, il se remet debout, face à un des ouvrages fortifiés du pont, sous une arcade, se protégeant de son écu ; tous ceux qu'il réussit à atteindre sont des hommes morts.

Je vais laisser le baron à la garde de Dieu, mais vous saurez bientôt s'il s'en sortit ou y mourut. Sachez donc ce qu'il advint de ceux des Turcs — les maudits de Dieu — qui sont restés en vie dans les prés sans avoir passé le pont. Quand ils voient les battants de la porte se refermer, ils n'en croient pas leurs yeux et la peur de la mort les saisit : ils s'élancent droit jusqu'à la rivière et tentent, sur leur élan, de la passer à la nage. Que de cris poussent les païens, que d'appels à l'aide ils adressent à Mahomet !

XXXVIII

Les Turcs tentent de traverser le fleuve à la nage ; certains s'accrochent aux piliers du pont, mais nos hardis sergents d'armes les en repoussent avec leurs longues piques de fer dont ils les frappent à la poitrine et aux jambes, les faisant retomber en plein courant ; ils les tuent sans en épargner aucun : les arches du pont et l'eau de la rivière en sont toutes sanglantes. Et voici qu'arrivent Bohémond et Tancrède de Pouille, avec Évrard de Puisac et Robert le Normand : « En avant, chevaliers ! crient-ils de toutes leurs forces. Prenez garde de ne pas laisser échapper ceux qui sont dans l'eau ! »

XXXIX

Sous les arches du pont, il y avait des pilotis où les Turcs avaient attaché des filets de pêche. Ils furent deux cents à ne pas aller plus loin et à s'y noyer, désarmés qu'ils étaient. Les chrétiens les regardent tant en amont qu'en aval et vont répétant que, par tous les saints du monde, ce sera grand-honte s'ils réussissent à passer. « Que font nos bons nageurs ? demande Bohémond. Sans eux, ils vont tous nous échapper. » Écoutez, seigneurs, ce que fit alors Raimbaut Creton.

XL

Raimbaut Creton était un homme preux et connu pour son courage. Il n'était pas très grand mais solide et bien membré. Quand il vit ces coquins, il descendit de son cheval gris et se dépêcha de se jeter à l'eau. Emportant avec lui sa lance et son épée aiguisée, il nagea jusqu'au pont. Ce jour-là, princes et ducs ne tarirent pas d'éloges sur son compte.

XLI

Sous les arches du pont, les Turcs sont partagés entre la colère et la peur : si on allait les tuer, leur couper la tête ! Mais là où ils sont, on ne peut les atteindre et la nuit, d'après moi, ils pourront se sauver. Quand nos barons voient qu'ils sont hors de portée de leurs coups, ils en sont fort chagrins ; mais personne n'ose y aller : profond et rapide comme il est, le courant est dangereux et, du haut des murs, les archers décochent une pluie de traits à l'arc et à l'arbalète. Mais voici ce que fit Raimbaut Creton, — on ne peut raconter plus grand exploit. Après avoir délacé son heaume, mais en gardant son haubert car il ne voulait pas s'exposer désarmé, il prit avec lui son épée de brillant acier et une longue lance au fer forgé outremer. C'était un excellent nageur, pas de risque qu'il aille par le fond ! Il entra dans l'eau et nagea tout droit du côté où il avait vu se diriger les Turcs. Parvenu aux pilotis, il commença d'y grimper. Les Français descendent sur la rive pour le voir faire et implorent Jésus du fond du cœur, par le Saint-Sépulcre où s'achèvera leur voyage, pour qu'il permette à Raimbaut Creton de revenir sain et sauf. Il n'en est pas un qui ne se soit mis en prières, que Dieu sauve leurs âmes !

XLII

Raimbaut Creton a gagné les pilotis le long desquels il grimpe jusqu'à la claie qui y avait été installée et sur laquelle il peut se mettre à genoux, à gauche des arches sous lesquelles il voit les Turcs blottis sur la plate-forme. Pointant sa lance au fer bien fourbi, il en frappe l'un d'eux en pleine poitrine, la lui enfonçant dans le cœur de part en part. Quand les païens s'en aperçoivent, ils n'en croient pas leurs yeux. Même les plus hardis n'eurent pas le temps de se défendre ; on aurait dit qu'ils avaient en face d'eux plusieurs de nos meilleurs guerriers. Sa lance brisée ne ralentit pas son action : il dégaine son épée à la lame aiguisée et en assène de multiples coups aux Turcs, en vrai chevalier qu'il est : il leur coupe bras, poitrines et têtes, jambes et pieds, taille fronts et crânes. De deux cents qu'ils étaient, il en a tué la moitié ; les autres sautent dans l'eau et le courant les emporte. Pas un n'en réchappa.

XLIII

Quand Raimbaut eut jeté dans la rivière les corps des Turcs qu'il avait tués jusqu'au dernier, le courant les emporta vers l'aval. Il fut l'objet de tous les regards et les barons ne tarirent pas d'éloges sur lui. L'évêque du Puy, qui était homme de courage et de sens, le bénit au nom de Notre-Seigneur qui souffrit en croix, le Dieu de gloire rédempteur du monde. Raimbaut se met à descendre sous les cris des Turcs qui l'interpellent du haut des murs : « Vous n'êtes pas tiré d'affaire, coquin ! » et le prennent pour cible de leurs arcs. Les flèches mettent en pièces le dos de son haubert et ne lui font pas moins de quinze blessures d'où jaillit un sang rouge. « Revenez donc, seigneur, lui crient les Français. Si vous restez plus longtemps, c'est à nous que vous ferez de la peine, car vous êtes perdu. » En les entendant, Raimbaut se dirige à la nage de leur côté, non sans mal, car il n'a plus guère de forces. Et les Turcs continuent de tirer contre lui force flèches qui l'atteignent au dos et à la tête : il finit par perdre conscience et par couler : que le bon Dieu le protège ! À cette vue, les chrétiens laissent éclater leur désolation et en appellent à grands cris au Saint-Sépulcre. Et il y a plus de quatre-vingt-dix jeunes gens, lestes et courageux, qui, ôtant leurs vêtements pour être plus légers, sautent à l'eau, couverts par les autres Français. Vous allez entendre le récit d'un grand miracle, jamais on ne vous parlera de plus éclatant. Grâce à Dieu, Raimbaut réussit à enlever son haubert pendant qu'il était au fond de la rivière, et l'ange saint Michel le fit remonter à la surface. Quand les nageurs l'aperçurent, ils furent bien vingt à le saisir, qui par les jambes, qui par les bras, pour le ramener à la rive hors de l'eau. Il n'était pas mort, Dieu soit loué ! Le prenant par le cou, tous l'embrassèrent et comme la perte de sang l'avait rendu très pâle, on le porta jusqu'à la tente du duc de Bouillon où on le coucha sur de somptueux tapis. Godefroy fit venir de savants médecins qui le guérirent de ses blessures et le remirent sur pied. Il allait être un bon chevalier et se faire aimer de tous. Il sera là au moment de la conquête de Jérusalem et il y baisera le Sépulcre où reposa le corps de Dieu, et les autres reliques. C'est ce que vous m'entendrez raconter si vous continuez de m'écouter.

Nos barons retournèrent à leur campement et, ce même jour, firent prisonnier l'émir des Esclers qu'on enferma dans la tente de Hue le puîné. Il était neveu de Garsion par sa mère, et son oncle sera fort affligé quand il apprendra sa capture. Mais je vais un moment le laisser là où il est et, si vous voulez m'écouter, vous raconter la délivrance de Raynaud Porquet. Quand il se vit dans Antioche, la porte fermée, avec sa lourde barre abaissée, il comprit qu'il était un homme mort. Il se mit donc à prier pieusement le seigneur Dieu : « Glorieux Père qui souffrit en croix, aie pitié de mon âme, car le corps est venu à sa fin. Je n'aurai pas de prêtre pour me confesser, mais vous savez, mon Dieu, les péchés dont je suis accablé. C'est ma faute, seigneur, pardonnez-les-moi. Hélas ! belle amie, nous ne nous reverrons pas, c'est cela qui me peine le plus. Hier, au départ comme au retour, vous m'avez donné quatre baisers en signe de votre grand amour pour moi. Que Dieu honore celui qui se montrera bon avec vous ! Et vous, Robert de Flandre, cœur vaillant, mon ami, je vous adresse mon salut ainsi qu'à tous les barons rassemblés ici : que Dieu vous le transmette ! » Sur ces mots, il s'adosse au mur : le voilà donc protégé sur ses arrières, mais il est fort à la peine par-devant.

XLIV

Écoutez, seigneurs (et que Dieu vous honore !), la grande douleur de Raynaud Porquet. Mais, avant d'être pris, il leur a tué maint des leurs. Les Turcs l'assaillent à l'envi et il se défend courageusement en combattant aguerri, à grands coups d'épée devant la porte d'un cellier. Encerclé, il s'élance et va frapper un chef sarrasin qu'il fend en deux, — ils furent nombreux à en être témoins ; une moitié du corps tomba à terre au milieu des hurlements. Les maudits brigands furent très impressionnés par ce coup quand l'un d'eux en eut fait le récit à Garsion dans sa tour.

XLV

« Seigneur, fait le païen, il faut que je vous dise qu'il y a là, en bas, un Français qui malmène fort nos gens ; tous nos traits ne peuvent rien contre lui et il vient de fendre en deux l'émir de Montine. » La nouvelle rend Garsion à moitié enragé : « Hélas ! dit-il, quels piètres combattants nous avons là ! Que la male mort les frappe alors qu'à eux tous ils ne sont pas capables de venir à bout de ce Français ! » Aussitôt, il s'arma sur un tapis de Syrie, se mit en selle et partit, accompagné d'une foule de gens qui, tous, voulaient voir le Français, — que Dieu qui peut tout sauver l'ait en sa garde ! Car alors, même s'ils étaient mille, je peux vous assurer que, du pire au meilleur, tous y succomberaient.

XLVI

Garsion et son fils Sansadoine, escortés d'une foule de gens qui brûlaient du désir de voir le Français, chevauchèrent à vive allure. Garsion s'arrêta à l'abri d'un renfoncement devant le cellier. Plus de quinze cents Turcs se pressent autour de lui : « Quel mal nous a déjà fait la prouesse de ce Français, seigneur roi d'Antioche !, s'écrient-ils d'une voix lamentable. À lui seul, il vaut toute une armée. Si on pouvait s'emparer de lui, nous aurions l'avantage dans la négociation et nous pourrions parvenir à un accord en vue de la paix. » À ces mots, Garsion s'avance et interpelle Raynaud : « Qui es-tu, chevalier, dis-moi ? — Sans mentir, on m'appelle Raynaud Porquet et j'appartiens, comme tous les miens, à une grande famille. Je sais bien que ce qui m'attend, c'est la peine, la mort et le jugement ; je suis prêt à mourir pour Dieu et le salut de mon âme, mais je me vengerai d'avance sur ces Turcs. — Vous parlez comme un insensé, vassal », dit Garsion.

XLVII

« Ce sont là paroles de fou, dit Garsion ; écoute-moi plutôt : si tu acceptes de te convertir à nos dieux Mahomet et Tervagant, je t'enverrai à l'émir Soudan et il fera de toi un chef, un émir ou un roi. — Quel sermon me prêches-tu là, païen ? fait Raynaud. Je ne fais pas plus cas de toi ni de tous tes dieux que d'un besant. Je suis venu dans ce pays pour venger le seigneur Dieu le Père rédempteur sur les mécréants que vous êtes ; j'en ai déjà tué trois cents d'après mon compte et j'espère en faire encore autant si je peux ou même mieux. Quelle joie si je prends la ville ! Je donnerai le palais au vaillant Bohémond, le fils de Robert Guiscard le hardi combattant. Puis, s'il plaît à Dieu, nous poursuivrons la route jusqu'à Jérusalem et nous nous emparerons du Sépulcre où Jésus a tant souffert ; après quoi, nous conquerrons tout l'Orient. » Ces paroles eurent le don d'irriter Garsion : « Qu'attendez-vous, Persans ? cria-t-il. Si vous n'arrivez pas à le prendre ou à le tuer, ce sera la honte pour vous ! » Garsion mit alors pied à terre et, par la porte de la maison, s'avança jusqu'au cellier ; il avait avec lui plus de trois cents païens qui firent pleuvoir sur Raynaud une nuée de flèches, imités par ceux qui étaient restés dehors. Le chrétien se défend vaillamment : son premier coup tue le frère de l'émir, le deuxième, Principle et le troisième, Malquidant ; au quatrième, il abat le roi des Asnes, au cinquième, Roboant, au sixième, Clariel et au septième, Morgant. Alors, tous les païens se ruent en avant et se saisissent de lui, ces lâches mécréants ! Ils l'assomment à coups de masse avec tant de brutalité que tout son corps saigne et qu'il crache le sang. Cependant, il implore Dieu le Père tout-puissant d'avoir pitié de son âme, par Sa sainte volonté.

XLVIII

Sarrasins et Esclers se sont saisis de Raynaud Porquet après l'avoir grièvement blessé de leurs lourdes masses de plomb. Ils l'auraient même tué sur place si Garsion n'était intervenu, prenant Mahomet à témoin qu'il ne fallait plus toucher au Français et que si quelqu'un s'en prenait encore à lui, il le paierait cher. Son fils Sansadoine l'arrache aux mains des Turcs. Garsion s'avança pour lui prendre son épée, le mit sur son cheval comme il était, sanglant et privé de conscience, et les Turcs l'emmenèrent au palais royal où on le désarma sur un tapis jeté au milieu de la salle. « Eh bien ! Raynaud, lui demanda Garsion, as-tu réfléchi ? Veux-tu croire en Mahomet et en sa sainte bonté ? — Oh non ! pas plus qu'en un chien crevé. Tuez-moi, pour Dieu, c'est là tout ce que je désire. — Mon intention est tout autre », dit Garsion qui le confia aux soins d'un de ses bons médecins qui le guérit de ses blessures. Vingt Turcs le gardaient nuit et jour et on l'avait, de surcroît, attaché à un anneau. Il avait tous les vêtements qu'il voulait, à boire et à manger tout son content et on le promenait souvent à travers la ville. Mais comme il va devoir payer ce traitement de faveur, c'est ce que vous saurez pas plus tard qu'aujourd'hui si vous vous montrez assez généreux avec moi pour que je poursuive mon histoire.

CHANT V

I

Je veux maintenant vous parler de l'armée des chrétiens qui campe hors les murs. Les vivres manquent ; c'est la famine ; on ne sait plus quoi faire. Le seigneur Pierre l'Ermite était assis devant sa tente ; le roi Tafur vint le trouver, escorté d'au moins mille des siens : tous ont le corps gonflé d'inanition. « Conseillez-moi, seigneur, par charité, car nous mourons de faim et de misère. — C'est bien votre faute. Qu'attendez-vous pour prendre ces cadavres de Turcs qui gisent là ? Salez-les et mettez-les à cuire : ils seront bons à manger[1]. — Vous avez raison », dit le roi. Sans s'attarder davantage auprès de Pierre, il rassemble ses ribauds. Une fois réunis, ils étaient plus de dix mille. Ils écorchent les Turcs, les vident et les font rôtir ou bouillir. Puis ils les mangent, même sans pain[2]. L'odeur de viande attira les païens sur les murs : ils furent vingt mille à contempler ce que faisaient les Tafurs et à s'en effrayer ; tous sont en larmes. « Hélas, seigneur Mahomet, quelle cruauté ! Venge-toi de la honte qu'on te fait ! Il faut qu'ils soient dénaturés pour manger nos gens : ce ne sont plus des Français mais des démons incarnés. Que Mahomet les maudisse, eux et leur religion ! Si nous les laissons agir ainsi impunément, quelle honte pour nous ! »

II

Le roi Tafur se sent tout ravigoté. Lui et les siens (et ils étaient nombreux !) écorchaient les Turcs au beau milieu des prés à la lame de leurs couteaux aiguisés. Sous les yeux des païens, ils découpaient les corps et les mettaient à bouillir ou à griller ; puis ils les mangeaient avec plaisir, même sans sel, en se disant les uns aux autres : « Fini le carême ! C'est meilleur que du porc ou du jambon à l'huile. Maudit qui se laissera mourir de faim tant qu'il y en a ! » Cependant que le roi et ses gens font bombance, l'odeur des Turcs en train de rôtir se dégage et la nouvelle se répand dans Antioche que les Français mangent les corps de ceux qu'ils ont tués. Les païens grimpent en foule sur les murs et les païennes occupent toutes les places qui restent. Garsion monte à sa plus haute fenêtre avec son fils Sansadoine et son neveu Isoré ; jeunes ou vieux, mille

---

1. D'après certains chroniqueurs (cités par R. Grousset, *L'Épopée des croisades*, Paris, 1939 et CML, 1958, p. 23), c'est Bohémond qui fit « rôtir » des prisonniers turcs pour décourager des espions musulmans déguisés en Arméniens.
2. La restriction peut surprendre. Mais le pain est la nourriture de base ; la viande est un accompagnement. L'époque contemporaine, en Occident, a inversé les rapports.

hommes les accompagnent. « Regardez, leur dit l'émir : par Mahomet, ces démons mangent les nôtres ! Mais regardez donc ! »

De son côté, le roi Tafur voit la foule des païens et les dames et les jeunes filles, nombreuses elles aussi. Alors, il rassemble tous ses ribauds et il les emmène aux cimetières déterrer les cadavres [1] qu'ils entassent tous au même endroit. Après avoir jeté dans le fleuve ceux qui étaient pourris, ils écorchent les autres et les mettent à boucaner au vent. Le comte Robert y vient, ainsi que Bohémond et Tancrède, avec le duc de Bouillon qui devait recevoir de grands honneurs ; le comte Hue le puîné y est allé aussi et le sage évêque du Puy et tous les autres barons sans exception, tous armés de pied en cap. Ils font halte devant le roi Tafur et lui demandent en riant comment il se porte. « Fort bien, par ma foi : il ne me manque que de quoi boire, mais la chère est abondante. — Pour la boisson, je vais m'en occuper », dit le duc de Bouillon ; et il lui fit porter une bonbonne de bon vin auquel le roi Tafur goûta avant de la faire circuler. Depuis la pièce où il s'était accoudé à la fenêtre, Garsion interpella Bohémond et le comte Hue qui l'entendirent sans peine : « Seigneurs, c'est un mauvais conseil qu'on vous a donné là de déterrer nos morts et de les écorcher. Par Mahomet, sachez-le, c'est une honte ! — Cela s'est fait sans notre aveu, répond Bohémond. Ne croyez surtout pas que nous ayons donné de tels ordres. Tout est venu du roi Tafur qui est le chef de cette méchante engeance et dont nous ne pouvons pas nous rendre maîtres. Ils aiment mieux chair de Turc que paons au poivre. »

III

« Convenons d'une trêve de quinze jours, s'il vous plaît, Bohémond, dit le roi Garsion ; nous la mettrons à profit pour discuter et convenir d'un accord. Nous détenons un des vôtres qui dit s'appeler Raynaud et vous, de votre côté, vous avez fait prisonnier mon neveu. Si vous le voulez, échangeons-les aux conditions qu'il nous reste à fixer. — Très volontiers, seigneur ; mais nous devons d'abord consulter les barons de France ; nous reviendrons aussitôt vous dire ce qu'il en est. — C'est entendu », dit le roi.

Bohémond et le seigneur Hue réunissent les barons et leur font part de la proposition de Garsion. « Répondez-lui que nous acceptons volontiers, disent les chrétiens. Ce sera une grande joie que Raynaud soit à nouveau parmi nous : c'est le meilleur chevalier de nous tous. Nous sommes d'accord pour quatre jours de trêve. »

Bohémond s'en retourne au galop, accompagné par Hue monté sur son

---

1. L'*Histoire anonyme* rapporte l'épisode mais ne parle pas d'anthropophagie et en désigne les barons comme auteurs.

cheval gascon ; les deux barons vont trouver le roi : « Voici nos propositions, Garsion : quatre jours de trêve, mais pas plus. Si vous voulez faire
la paix, nous ne dirons pas non, et si vous ne voulez pas, nous nous en
passerons. Mais je ne vois pas d'accord possible si nous n'avons pas la
cité. Voulez-vous la trêve ? Si oui, nous vous l'accordons. — De notre
côté, nous la garantissons aussi à condition que nous puissions enterrer
nos morts. Vous ne chercherez pas à entrer dans la ville et nous, nous ne
ferons pas de sortie. — Nous le promettons, répondit le duc, sauf à y venir
pour négocier. » C'est ainsi qu'ils conviennent de la trêve sans arrière-
pensée.

IV

Après avoir tous deux convenu de la trêve, Bohémond et Garsion s'en
retournèrent chacun de son côté. Ce même jour, était mort dans Antioche
un païen, fils d'émir, pour qui Garsion avait beaucoup d'amitié ; il avait
été en charge d'une des principales portes qui donnent sur Bise. Le père
du mort fit prévenir Garsion qui s'empressa d'y aller et mena grand deuil.
L'émir fit faire une toilette solennelle au corps. Après avoir fait habiller
son enfant, il le fit revêtir de toutes les armes qu'il portait en bataille. Il
avait un gorgerin et un bon heaume qui jetaient mille feux ; l'épée qu'on
lui ceignit au flanc avait été forgée par un maître artisan puis trempée à
nouveau pendant un an par Galant, ce pourquoi on l'appelait « Recuite ».
Après en avoir affûté le tranchant, il l'avait essayée sur un tronc qu'elle
avait fendu en deux jusqu'au sol. Elle avait d'abord appartenu à Alexandre qui conquit le monde, puis à Tholomé avant de revenir à Judas Maccabée. À force de passer de main en main, c'est Vespasien, le vengeur de
Dieu, qui en avait hérité et il l'avait déposée en offrande au Sépulcre où
Notre-Seigneur ressuscita. Puis elle fut la possession de Cornumaran, le
père de Corbadas, qui l'avait donnée à celui qui lui livra Jérusalem, lequel
quitta aussitôt la ville et vint s'installer à Antioche. Il y épousa la sœur de
Garsion selon le rite de sa religion et c'est ainsi que naquit celui qui la
porte maintenant. Quand tout cela eut été fait, le père plaça une couronne
sur la tête de son fils. De son côté, la nuit venue, l'émir Garsion manda
mille Turcs qui emportèrent le corps pour l'enterrer. Tous deux sortirent
d'Antioche avec le cortège. « Seigneurs, dit Garsion, si les Français s'en
aperçoivent, cela tournera mal, car le roi des Tafurs déterrera le cadavre
et le mangera. — Personne ne le saura », affirment les païens. Ils allèrent
enfouir le corps dans un vieux cimetière où on n'allait plus guère ; chacun
mit la main à la tâche ; à la tête de son fils, le père plaça une image de
Mahomet et, sous ses pieds, deux mille besants d'or. On déposa le corps
dans un riche sarcophage et on l'enterra. Après quoi, chacun s'en
retourna, tandis que le père se lamentait et regrettait son fils.
    Le lendemain matin, au lever du soleil, accoudé aux fenêtres de son

palais, Garsion contempla l'armée des Français, se désolant de la voir si nombreuse et implorant Mahomet.

V

Du haut de la fenêtre de marbre où il est monté s'accouder, Garsion contemple l'immense armée des Français. Il s'en désole et en appelle à Mahomet : « Que de gens rassemblés ici, par Apollon ! Ils ne s'en iront pas avant d'avoir pris ma cité. Plutôt mourir que d'être sans terre. » C'est alors qu'il s'avise d'une ruse : il fait venir Raynaud Porquet qui était richement vêtu et chaussé : « Nous irons ensemble trouver les Français ; si vous arrivez à me faire conclure un accord avec eux, votre fortune est faite pour le restant de vos jours. — À vos ordres », répond Raynaud. Garsion d'Antioche se met à cheval, emmenant avec lui son fils Sansadoine et quinze mille païens dans le plus brillant appareil. À la porte d'Hercule, on fait venir Bohémond, Tancrède de Pouille, le duc de Bouillon et le comte Hue le puîné, homme de grand honneur. Le duc de Normandie les accompagne et on n'oublie pas Robert de Flandre. Tous nos barons les escortent, et cela fait du monde ! Que la Sainte Trinité les assiste dans cette réunion ! Car, avant vêpre, on va leur proposer de grandes richesses, mais s'ils les acceptent, ils les paieront cher : beaucoup d'entre eux y perdront la vie.

L'assemblée des barons se tient sur le pont.

VI

Garsion leur propose une grande partie de son trésor. « Vous aurez aussi Antioche une fois que vous vous serez emparés de Jérusalem. D'autre part, vous me rendrez mon neveu, l'émir de Perse, et moi, je vous remettrai Raynaud Porquet sain et sauf et en bonne santé. Avec tout cela, je vous donnerai à titre d'aide trois cents chevaux de bât chargés de vivres. » L'accord allait être conclu et entériné, mais le duc de Bouillon réclama préalablement la libération de Raynaud et la remise du vieux donjon. À l'entendre, Garsion rougit de colère.

VII

Quand Garsion voit que nos barons vont repousser sa proposition : « Ne croyez pas, leur dit-il fermement, que je cherche à vous tromper. D'ailleurs, vous allez vous rendre compte si j'ai la moindre haine pour vous. » Sur ce, il fit amener Raynaud Porquet monté sur un mulet richement harnaché. Nos barons lui demandent le sort qui lui a été réservé et il leur raconte en détail avec quels honneurs Garsion l'a traité. Ce récit leur plut fort et ils se disaient les uns aux autres : « Il ne nous manquera pas de parole. » Ils allaient tomber dans le piège, sachez-le, mais le duc s'obstina : « Je n'en ferai rien si on ne me livre pas le palais sur l'heure. »

VIII

Quand Garsion, ce coquin de mécréant, voit qu'il n'arrivera pas à abuser nos Francs, il interpelle Bohémond, l'air irrité : « Faites-moi venir mon neveu, l'émir de Perse, et échangeons nos prisonniers. — Sur ma foi, tu vas l'avoir », dit Robert le Normand. On amena l'émir qui était dans un triste état : il avait reçu trois coups d'épieu acéré et ses blessures étaient trop graves pour qu'il puisse en guérir. À cette vue, le sang de Garsion ne fit qu'un tour, car il comprit bien que son neveu ne s'en remettrait jamais.

IX

Quand Garsion comprend que son neveu a trop perdu de sang pour jamais s'en remettre, son cœur est plein de colère et il se jure, par Mahomet et Cahu, de ne pas rendre Raynaud en échange avant de le lui avoir fait cher payer. « Seigneurs, dit-il, je suis un homme d'âge [1] et vous savez bien ce dont nous sommes convenus : je tiendrai la parole que je vous ai donnée de ne pas vous affronter à la lance et à l'écu dans la mesure où cela dépendra de moi. Mais je vais éloigner ceux de mes gens qui m'ont accompagné : je ne veux pas qu'ils soient au courant de notre arrangement. C'est entendu, vous aurez le donjon, le palais de Capalu, je vous le livrerai en cachette des miens. » Nos barons, après l'avoir écouté, le saluèrent tous.

X

Garsion appelle son neveu et lui demande discrètement à voix basse si l'armée est bien fournie en vivres. « Non, mon oncle, par Mahomet : la famine règne ; ils sont quasiment fous de faim. Dans huit jours, ce sera la déroute ; les deux tiers d'entre eux ont le corps déjà gonflé d'inanition. Gardez-vous de rendre la cité en échange de moi : ils m'ont blessé mortellement, je n'ai plus rien à attendre. » Ce discours arracha des larmes à Garsion qui demanda aussitôt à nos barons un congé qu'ils lui accordèrent

---

1. C'est-à-dire dont la mort est proche et qui a soin de ne pas manquer de parole par crainte du jugement de Dieu, devant qui il aura bientôt à comparaître.

volontiers. Mais écoutez ce que fit le roi Tafur. Tandis que Français et païens parlementaient, il avait fait prisonnier un chef sarrasin nommé Josué[1]. Un païen alla en avertir Garsion qui en fut saisi de colère ; cela lui inspira un acte perfide. Il envoya aussitôt dire à Bohémond de venir lui parler devant la tour, ce que le chrétien fit. « Seigneur, lui dit Garsion, vous avez mal agi, vous avez brisé la trêve que nous avions jurée : vous avez fait prisonnier un de nos capitaines, là-dehors, au beau milieu du pré. — Jamais au grand jamais, ne serait-ce qu'en pensée, répondit Bohémond. Et si l'un des vôtres a été capturé, je vous le ferai rendre sain et sauf. N'ayez aucun doute là-dessus. — Eh bien ! dit Garsion, soit, puisque vous me le garantissez. » Bohémond retourna à sa tente où il mit pied à terre. La nuit, l'armée put manger à sa faim. Le roi Tafur amène son prisonnier à Bohémond et le lui remet, ce dont le baron le remercie ; puis, il retint le captif à dîner avec lui. Le lendemain, quand il fit jour, Garsion se leva et convoqua toute sa baronnie en son palais : « Seigneurs, voici comment je vois les choses. Les Français, ces gens cruels, ont mis le siège devant notre cité et, pour faire la paix avec eux, il faudrait que je la leur livre, avec le palais bien décoré. Par Mahomet, j'aimerais mieux qu'on me coupe la tête. Ils font périr les nôtres dans les supplices ; hier, alors que nous avions conclu une trêve, ils ont capturé un de nos chefs : ils m'ont donc manqué de parole. Je le ferai payer cher au Franc que nous détenons ; avant de le leur rendre, je l'aurai mis hors d'état de nuire : plus jamais il n'éperonnera de cheval. » Dans sa colère, Garsion élève la voix : « Allez ! Amenez-moi ce maudit Français ! » Les païens coururent le lui chercher.

XI

Garsion d'Antioche était plein de rancœur. Sur deux pieds de marbre poli, il fit poser un plateau en bois verni de grandes dimensions. Puis il appela huit de ces maudits païens. « Il n'y a pas plus cruels que vous dans tout ce pays. Prenez Raynaud Porquet qui nous a tué tant des nôtres et faites-le étendre sur cette table ; qu'on lui brûle les jarrets au soufre et au fer rouge et qu'on lui cautérise nerfs et veines car, de mon vivant, je n'aurai d'amitié pour les Français. — Nous allons le mettre à mal », répondent-ils. On se saisit de Raynaud de toutes parts et on le bat avec des fouets garnis de nœuds : de trente plaies son sang jaillit. Il implore Dieu le roi de paradis : « Seigneur de gloire, Père qui fut crucifié, vous qui avez ressuscité Lazare, qui avez protégé des lions le prophète Daniel, qui avez soutenu Jonas dans le ventre de la baleine et l'en avez sauvé, aussi vrai, cher Seigneur, que vous êtes né d'une vierge et avez vécu

---

1. Exemple type, avec ce nom de l'Ancien Testament, de l'amalgame entre juifs et musulmans fait à plusieurs reprises dans le cycle de la croisade.

trente-deux ans révolus sur terre, comme le rapporte l'Écriture sainte ; vous vous rendîtes alors à Jérusalem que les Arabes occupent, où vous attendait un sort honteux et douloureux : les juifs, ces gens sans foi ni loi, vous clouèrent sur la croix, et Longin qui n'y voyait goutte vous frappa au côté de sa lance au fer épais ; on m'a enseigné que du sang et de l'eau avaient coulé, tout le long de la hampe, jusqu'à ses mains, qu'il s'en était frotté les yeux et avait recouvré la vue, puis, qu'il vous avait crié merci et que vous lui aviez pardonné ; vous avez été couché et enseveli dans le sépulcre et le troisième jour après votre mort, vous en êtes ressuscité et vous êtes descendu dans les ténèbres de l'enfer pour en libérer vos filles et vos fils ; puisque tout ce que je viens de rappeler est vrai, ayez pitié de mon âme car, pour le corps, c'est fini. » Et, battant sa coulpe, il implore le pardon de Dieu.

XII

Les cruels Sarrasins se sont saisis de Raynaud Porquet et l'ont fait étendre en croix tout de son long sur la table. Après lui avoir attaché pieds et bras, ils lui ont brûlé les jarrets avec des charbons ardents et du soufre enflammé, puis avec du plomb fondu ; et ils lui en ont fait autant aux veines des bras et aux chevilles. Raynaud pousse des hurlements et en appelle à Dieu dans ses cris : « Dieu de gloire, Père qui avez souffert passion, pardonnez-moi et ayez pitié de mon âme ! Hélas ! cher seigneur Bohémond, et vous Hue le puîné, et vous duc de Bouillon, quel dommage que vous ignoriez les mauvais traitements que me font subir ces coquins ! Il ne serait pas question d'échange de prisonniers ! Si, pour me ravoir, vous rendez les Turcs que vous détenez, vous ferez une folie, car jamais plus je ne porterai éperons aux pieds pour jouter, jamais plus je ne pourrai me mettre en selle. Ah ! si j'avais vécu plus longtemps, que de païens j'aurais encore fendus en deux jusqu'au menton ! » Cette parole suscita l'indignation de Garsion qui, ne se connaissant plus de colère, lui asséna quatre coups de bâton qui lui firent couler le sang jusqu'au menton. « Lâche, dit Raynaud, c'est un crime que tu as commis en me faisant tuer après m'avoir donné à manger [1]. Mahomet et Tervagant n'empêcheront pas les chrétiens de me venger de toi. »

---

1. Ce geste d'hospitalité créait un lien très fort : on considérait donc comme un crime particulièrement odieux de s'en prendre à celui qui était devenu comme un allié.

XIII

Garsion ordonne de détacher Raynaud ; puis il le confie aux soins de médecins qui guérissent ses plaies et pansent ses nerfs à vif ; mais il demeure incapable de se tenir debout et de marcher. Le roi le fait alors habiller de pied en cap de somptueux draps de soie ; et il ordonne qu'on le mette en selle sur un destrier, solidement attaché aux arçons pour qu'il ne puisse pas tomber ; enfin, il le fait accompagner jusqu'à la porte et mande à Bohémond de venir parlementer avec lui : qu'il amène le prisonnier et il aura le Français.

Bohémond s'y rendit avec une nombreuse escorte de ducs, de comtes et de princes. Dès que Raynaud les aperçoit, il se met à crier : « Au nom de Dieu, je vous prie, Bohémond de Sicile, — et je le demande aussi à tous nos barons — de ne pas donner pour moi le montant d'un denier car on m'a cautérisé les jarrets et je suis invalide : c'est pour cela qu'on m'a attaché sur le cheval. À quoi bon vivre puisque me voilà infirme ! » À cette nouvelle, la colère saisit les barons et ils laissent courre leurs chevaux dans l'intention de le venger. Mais les païens firent demi-tour, ces traîtres, ces lâches, et Garsion — que Dieu lui règle son compte ! — en fit autant. Ils passèrent la porte et la verrouillèrent sur eux tandis que Raynaud — que Dieu l'aide ! — restait à l'extérieur des murs. Les chrétiens font retentir leurs cors à l'envi ; ils sont bien quarante mille à prendre les armes. Il fallait les voir se mettre en rangs sur le pont, chercher à enfoncer la porte avec de lourds pics d'acier, mais en pure perte car elle était toute en fer et en acier. Les Turcs montent sur les remparts avec leurs arcs d'ébène, et flèches et traits se mettent à voler. Ce jour-là, nous subîmes de lourdes pertes : les Turcs ont fait mordre la poussière à au moins soixante de nos hommes.

XIV

Si vous aviez vu cela, seigneurs, je vous assure que vous auriez pu affirmer sans mentir que vous n'aviez jamais vu si vaillantes gens. Et que de plaintes et de regrets pour Raynaud, dont tous rappellent à l'envi le grand courage ! Personne ne peut calmer la douleur de son amie, ni l'empêcher de s'arracher les cheveux et de s'égratigner le visage. « En voilà assez, dame, lui disent les barons, tout votre chagrin n'y peut rien. »

Nos barons se réunirent et convoquèrent le roi Tafur à leur assemblée ; ils firent couper la tête au neveu de Garsion et une catapulte la projeta dans la ville. À cette vue, saisis d'indignation, les païens firent sonner aux armes : plus de soixante mille hommes se précipitèrent à la porte et la firent ouvrir. Les chrétiens reviennent sur ces ennemis jurés qui font pleuvoir sur eux une grêle de traits ; mais plus les Turcs se pressaient en foule,

plus ils étaient nombreux à s'y faire couper la tête : plus de quinze mille
y trouvèrent la mort. Quand ils eurent compris qu'ils ne pourraient pas
l'emporter, ils rentrèrent à l'intérieur de l'enceinte et fermèrent la porte.
La panique s'était emparée d'eux ; même Garsion poussait les hauts cris
et frappait dans ses mains avec tant de brutalité que le sang en jaillissait
sous ses ongles. Quant aux Français de l'armée (que Dieu les sauve !), ils
vont en couples se désarmer avant de dîner. Princes et pairs se mettent à
table, puis, après s'être restaurés, vont se reposer. Cette nuit-là, c'est le
comte de Saint-Gilles qui fut de garde avec les siens.

XV

Quand le jour parut et qu'on commença d'y voir clair, toute l'armée se
leva avec entrain. On alluma les feux, on prépara le repas. Tous avaient
la joie au cœur, que Dieu les bénisse !
De son côté, Garsion d'Antioche prit tout son temps pour se lever et se
faire habiller avec ses vêtements sarrasins : manteau de drap, tunique de
pourpre tyrienne et chausses de soie blanche comme lis. Depuis la fenêtre
où il est allé s'asseoir, il observe l'armée des Français ; il entend les hennissements des chevaux et des mulets, les cris des éperviers et les aboiements des chiens ; il voit la fumée qui monte des feux et des chaudrons
bouillants, et le va-et-vient des chevaux, entre le camp et la mer, qui
apportent le ravitaillement nécessaire à l'armée. Le voilà sûr qu'il ne les
verra pas partir, mais qu'ils s'empareront d'Antioche et le mettront en
fuite ou le supplicieront s'ils le font prisonnier. À cette idée, il ne peut
retenir ses larmes et ses gémissements.

XVI

Garsion d'Antioche se lamente, s'arrachant les cheveux et se tordant
les mains. Il convoque ses hommes et ils sont si nombreux à se rassembler
qu'ils remplissent toute la grande salle du palais. « Seigneurs, leur dit-il
après s'être levé et s'être placé au milieu d'eux, écoutez-moi. Quand
j'étais jeune, j'ai conquis cent royaumes et j'ai tué force chrétiens, leur
donnant sujet de se plaindre de moi ; à leur tour maintenant, ils m'accablent de leur haine. J'ai fait du mal aux pères, je les ai tués, et voilà que
je crains d'être chassé de ma terre et mis à mort par leurs enfants. Quant
à mon fils Sansadoine, on parlera de lui comme d'un malheureux. L'un
de vous aurait-il l'habileté et le courage nécessaires pour aller me chercher du secours auprès de l'émir Soudan, puisque c'est de lui que je tiens
toutes mes terres et tout ce que j'ai, et qu'il est seigneur et roi reconnu de
la Perse ? Celui qui ira le trouver de ma part peut être sûr qu'il sera quitte

du service dû pour son fief et je lui augmenterai ses revenus de mille marcs d'or ; sa vie durant, je le considérerai comme un ami de confiance. » Les païens restèrent tous muets ; seul, Sansadoine se leva et, s'agenouillant devant son père, fit entendre sa voix : « J'irai, si vous le voulez, seigneur. Je ne dois pas vous faire défaut, quelles que soient les circonstances. — Mille mercis, mon cher fils. » De douleur et d'attendrissement, il se pencha vers son fils cependant que les larmes lui coulaient à grosses gouttes le long du nez. Puis il prit Sansadoine dans ses bras et l'embrassa.

XVII

« Il est juste que vous vous proposiez, mon cher fils, car, depuis votre enfance, je vous ai élevé de mon mieux. Dans ma jeunesse, j'ai conquis ce royaume qui vous reviendra, sauf si on me le prend ; et le port Saint-Siméon vous rapportera aussi beaucoup. Allez trouver l'émir et dites-lui, par Mahomet son dieu, de venir à mon secours sans retard, à cause des Francs, ces traîtres fieffés, qui ont envahi ma terre et planté cent mille tentes autour de ma cité : ils sont tous là à nous serrer de près, Godefroy de Bouillon, Bohémond, Tancrède et le reste des barons, Robert de Normandie au cœur de lion, Raymond de Saint-Gilles et le seigneur Raimbaut Creton, Enguerrand de Saint-Pol avec Hue son père, ainsi que le comte Robert de Flandre qui déteste les traîtres et le seigneur Hue le puîné, le jeune frère du roi Philippe, sans oublier leur aumônier, l'évêque du Puy. S'ils prennent Antioche, il peut être sûr qu'ils iront l'attaquer en Perse, bon gré mal gré. Aucune ville ne pourra tenir contre eux et ils jetteront Mahomet hors de La Mecque. Hélas ! malheureux ! que deviendrons-nous, s'ils y arrivent ? — C'est une sage décision que la vôtre, répondent-ils unanimement ; mais il faut réfléchir à ceux que nous enverrons avec votre fils. — C'est tout décidé, fait le roi Garsion, ce seront Cahu et Sardion, et les meilleurs de mes hommes les accompagneront. Ils partiront de nuit, à la dérobée, afin que ces maudits chrétiens ne l'apprennent pas. Que Mahomet, par son très saint nom, fasse qu'il en soit ainsi ! »

XVIII

Garsion dicte une lettre qu'il ferme de son sceau, puis fait appeler son fils Sansadoine : « Cher fils, tu vas te rendre auprès de l'émir Soudan. Salue-le amicalement de ma part et dis-lui de venir à mon secours avec l'ensemble de sa baronnie, car tous les chrétiens ont passé la mer pour mettre le siège devant Antioche la très belle cité et ils iront en force jusqu'à La Mecque : les deux candélabres, ils les emporteront à Jérusalem pour les allumer devant leur dieu Jésus. S'il refuse de te croire, présente-lui cette moitié de ma barbe. » Et prenant un rasoir bien affilé, il en coupa un côté : il aurait préféré donner mille marcs d'or ou défier Mahomet !

XIX

Une fois la nuit tombée, tous les messagers se mettent en route après s'être préparés. Sansadoine s'était soigneusement armé de pied en cap : son gorgerin était incrusté d'or et le bord de son heaume brillant était travaillé avec art de fines ciselures d'or ; il avait ceint à son côté gauche une épée d'une toise de long et dont la lame ne mesurait pas moins d'une paume et deux pouces en largeur ; il n'avait pas oublié carquois et arc qui lui avaient déjà servi à blesser et à tuer bien des chrétiens. On lui amena son cheval qui était de grande taille, à la fois robuste et rapide, jamais las, et nommé Bayard. Sansadoine se mit en selle ; il était très grand et avait l'air fier. S'il avait été baptisé, il serait venu à bout de dix Turcs en duel judiciaire.

Les messagers ne sont pas téméraires ; ils ont même très peur des Français qui campent sous les murs de la ville. Aussi, quand tous les cinquante furent montés à cheval, ils ne voulurent pas tous sortir par la même issue. Sansadoine agit fort sagement : il s'esquiva furtivement par une porte dérobée avec trente hommes (selon le compte qu'il fit) et dit aux autres de passer par le pont, ce qu'ils firent aussitôt sans hésitation. Ils longent le camp de si près, par un étroit passage, qu'ils voient les tentes ; ils chevauchent sans souffler mot, mais leurs heaumes reluisaient au clair de lune.

Ce sont Bohémond et Tancrède qui étaient de garde cette nuit-là, ainsi que de nombreux chevaliers d'autres terres, en particulier le comte Rotou du Perche, homme sage et courageux, et qui avait toute la confiance et l'amitié de Tancrède. Quand ils virent les Turcs sortir de la ville, ils allèrent à leur rencontre à un endroit où un pont étroit avait été établi sur un gué, tout en laissant cent chevaliers en face de la porte. Ils les chargèrent en poussant de grands cris et les tuèrent tous jusqu'au dernier : pas un ne rentra dans la ville.

La tuerie ne se fit pas sans bruit. Il parvint aux oreilles d'Enguerrand de Saint-Pol qui se leva aussitôt — il était armé — et dit à ses compagnons de se dépêcher car l'armée était en rumeur. Sur ce, lui-même monte à cheval, écu au cou, et part au galop suivi de ses fidèles. Voici ce qui leur arriva et qui fut sans exemple. Parti sur la droite de la ville, il se heurta aux Turcs sur une colline en dehors du camp. « Barons, s'écrie-t-il à l'adresse de ses compagnons, voici des païens, que chacun fasse au mieux ! » Quand les Turcs ont reconnu nos gens, le meilleur d'entre eux donnerait mille marcs d'or pour être ailleurs. Tous font faire demi-tour à leurs chevaux et prennent la fuite, ne pensant qu'à sauver leur vie. Nos barons les poursuivent au galop de leurs montures.

XX

Les Francs rattrapent les païens dans un large vallon au moment où il y avait assez de jour pour y voir clair. Enguerrand de Saint-Pol lâche les rênes à son cheval et va frapper un Turc sur son bouclier à quartiers. Il lui enfonce sa lance en plein cœur et l'abat de son cheval devant lui sur le chemin. À cette vue, Sansadoine ne se connaît plus : il va le venger, se dit-il. Ayant tendu son arc, il prend une flèche à la hampe en bois de pommier et dont le fer acéré avait été enduit de poison, et la tire contre Enguerrand, lui perçant écu et haubert à double épaisseur de mailles ; mais, grâce à Dieu, la pointe dévia entre fer et chair, et le guerrier ne fut pas touché. Il dégaina son épée au pommeau d'or pur et éperonna son cheval, mais il ne put rattraper Sansadoine dont la monture était plus rapide qu'épervier en vol. « Que Dieu se charge de toi, maudit ! » Il réussit mieux avec un autre Turc à qui il coupa sans pitié la tête coiffée du heaume. Et les autres barons, qui ne voulurent pas demeurer en reste, firent vider les arçons à quatorze païens. C'est alors que la pluie se mit à tomber, si dru qu'elle permit aux derniers de ces méchants rustres de s'échapper.

XXI

Sansadoine renvoie un païen apporter de ses nouvelles à son père : qu'il se rassure ; son fils se porte bien et est en route pour la Perse. Cependant nos barons — que Dieu leur soit en aide ! — s'en retournent au camp où ils font porter les corps des Turcs tués ou achevés. Et ils ont une grande joie à couper les têtes des cadavres et à les enfoncer sur des pieux qu'ils plantent tout droits dans le sol au milieu du campement.

Quand, au matin, Garsion eut décidé de se lever et qu'il fut allé s'accouder aux fenêtres de marbre, il jeta les yeux sur l'armée de Notre-Seigneur et vit les têtes des siens : quelle ne fut pas son indignation ! Pensant que son fils bien-aimé était mort, il laissa éclater sa douleur, se tordant les mains et s'arrachant les cheveux, frappant ses deux poings l'un contre l'autre : « Hélas, malheureux que je suis, comment vivre désormais ? Hélas, seigneur Mahomet, tu ne veux plus penser à moi ! Tu dois être plongé dans un sommeil bien profond ! Je vais aller vous casser un pieu sur l'échine ! » Je crois que la folie le menaçait quand il vit entrer au palais le messager qui lui annoncera de bonnes nouvelles.

XXII

Le messager monta jusqu'en haut du palais et, se tenant droit debout devant Garsion, il lui donna des nouvelles de son courageux fils qui, monté sur son cheval, s'achemine sans encombre vers le Korassan : « Il m'a chargé de vous dire de bien garder ce palais, ainsi que la ville et son pont de métal : tout ce qu'il vous demande, c'est de penser à Antioche. Avant un mois, il vous amènera une armée de coalisés commandée par trente rois portant couronne d'émail, et qui couvrira plaines et montagnes : ces traîtres fieffés ne pourront en réchapper. » À l'entendre, Garsion se dresse sur ses pieds : « Mes princes, s'écrie-t-il, je veux donner un bal où nous danserons la farandole ! »

XXIII

« N'ayez pas peur, seigneurs ; quant à moi je ne crains pas les chrétiens plus qu'un chien crevé. »

Mais revenons-en à la chevauchée des messagers. La tristesse au cœur, Sansadoine et les Turcs survivants passent montagnes et plaines et gagnent tout droit Alep à marches forcées. Le fils de l'émir y met pied à terre et monte au palais. Plus de soixante Turcs vont au-devant de lui ; le roi lui-même n'est pas en reste pour l'accueillir : « Comment vous portez-vous, mon cher neveu ? — Pas trop bien, sur ma foi, seigneur. Les Français nous assiègent, ces fieffés mécréants ; ils sont si nombreux que l'on ne peut trouver tout autour d'Antioche un espace de terre libre de la longueur d'une lance. À ce train, ils ne nous laisseront pas une poignée de terre de tout notre royaume ; et ils ne s'en tiendront pas là : ils poursuivront leur avancée jusqu'en Orient. C'est pourquoi je m'en vais demander de l'aide à l'émir Soudan. — Faites étape ici, ami : vos chevaux n'en peuvent plus. Demain, dès l'aube, je vous donnerai à choisir tous les meilleurs et plus rapides coursiers que vous voudrez ; les plus lourds vous paraîtront encore agiles ! » Sur ce, on demanda l'eau pour se laver les mains et on se mit à table : tous furent traités à leur souhait. Le lendemain, quand il fit grand jour, on leur amena des chevaux du pays sur lesquels ils se mirent en selle pour partir, laissant les leurs sur place. Sansadoine cependant garda l'infatigable Bayard. Après avoir laissé sur leur droite Tornacele la grande, et sur leur gauche Aramargant, ils passèrent l'Euphrate au cours impétueux, — c'est un des fleuves chéris de Dieu : l'Écriture nous dit qu'il sort du paradis et que saint Jean y a baptisé Notre-

Seigneur[1]. Après l'avoir traversé, ils arrivent à Charran[2] ; puis, en faisant des détours, ils franchirent, non sans peur, les monts du Mogres et les défilés de Barbais. À quoi bon en dire plus ? Ces diables de Turcs finirent par arriver, vingt-cinq jours après avoir quitté Antioche, au pont d'argent sous Sarmasane où se trouvait le Soudan de retour de l'armée qui était dans les montagnes de Bocidant.

Sous Sarmasane, un verger planté de cyprès et de lauriers parfumés ondulait. Des oiseaux y chantaient gaiement. On y trouvait toutes les plus précieuses plantes du monde. C'est là que le Soudan avait fait dresser son enseigne et sa tente et que les Turcs venus de tout l'Orient s'étaient rassemblés : Mahomet devait y faire montre de l'éclat de sa puissance. C'est là que, suants et épuisés, les messagers mettent pied à terre : les nouvelles qu'ils apportent ne vont guère réjouir les Turcs.

XXIV

Sous Sarmasane, il y avait un précieux verger de lauriers et de cyprès où ne manquaient non plus ni les oliviers ni les arbres à baume. C'est là que le roi Soudan avait fait dresser sa tente : les piquets en étaient tous d'or pur ou d'argent, et les pans de drap de quatre couleurs, les uns à carreaux verts, les autres jaunes — une belle couleur[3] ! — ou violets pour être mieux assortis, ou enfin blancs comme fleurs de pommier ; d'innombrables galons les bordaient, chacun incrusté de plus de mille pierres précieuses qui étincelaient : ni Césaire ni Angobier son frère n'auraient mieux su les choisir. Vingt mille hommes au moins pouvaient s'y abriter. Au sommet, Soudan avait fait placer une idole d'or et d'argent, représentant Mahomet, grand et bien découplé, le visage farouche ; elle avait été sculptée avec art et, assurément, on n'aurait pu en voir ni en imaginer de plus belle. L'émir la fait descendre — les rois païens lui rendent hommage en la baisant — et installer sur quatre aimants de telle sorte qu'elle ne risque pas de pencher d'un côté ou d'un autre. Dressé en l'air, Mahomet se met à tourner sur lui-même au gré du vent. Et les rois de s'agenouiller, de lui embrasser les pieds et de lui offrir de riches présents ; de tous côtés, ce ne sont que paroles de prière et d'adoration.

---

1. Deux difficultés se présentent ici : c'est dans le Jourdain que Jésus s'est fait baptiser par Jean ; d'autre part, à tenir compte des données de la déclinaison, le texte se lit : « où Notre-Seigneur baptisa saint Jean ».

2. Le texte dit « Carcan » ; ce peut être Charran, près d'Édesse ; mais l'identification des lieux cités dans ce passage, et dans beaucoup d'autres, ne peut être qu'hypothétique, étant donné tous les changements intervenus dans l'onomastique de la région. Sarmasane serait Kirmanshah.

3. Tant il est vrai que chaque couleur peut être chargée de valeurs opposées : il y a le jaune des traîtres et le jaune du soleil. Il est plus notable que la connotation soit ici positive bien qu'appliquée à une effigie de Mahomet.

XXV

La force de l'aimant maintenait Mahomet en l'air ; les païens s'inclinent devant lui pour l'adorer et lui offrent or et argent, draps, bracelets, tout ce qu'ils avaient sur eux. C'est alors qu'arrivent les messagers. À ce spectacle, la colère saisit Sansadoine qui les apostrophe aussitôt : « Espèce de fous, vous avez perdu la tête ! Pourquoi adorez-vous ce morceau de bois ? Mahomet ne vaut pas deux fèves : pour avoir cru en lui, j'ai perdu mes hommes. Si on m'écoute, il faut le rouer de coups et ne plus jamais le prendre pour Dieu. » Et brandissant un poing solide et carré, il en frappe la statue sur le cou et la fait tomber par terre ; puis il lui monte sur le ventre sous les yeux de tous les mécréants qui étaient là. À cette vue, les païens se prennent à le huer et à faire pleuvoir de loin sur lui une grêle de traits acérés. « Qu'on le pende sur l'heure », s'écrie le Soudan. Et c'est ce qu'on allait faire quand on le reconnut.

XXVI

Dans son indignation, Sansadoine avait frappé et foulé aux pieds Mahomet comme un chien. « Eh bien ! d'où es-tu ? l'interroge le Soudan. — Je suis d'Antioche, seigneur, et fils aîné de Garsion. — Je vous connais bien, mon ami. Qu'êtes-vous venu chercher ? Sans doute la nécessité vous pousse-t-elle car vous avez l'air bouleversé. — Oui, seigneur, par Mahomet, et c'est même la plus grande nécessité du monde, car toutes les forces de la chrétienté ont pénétré sur nos terres ; Antioche est encerclée ; nous ne sommes plus maîtres des ponts et des gués si bien que nous ne pouvons plus nous ravitailler en pain, en blé ni en vin ; et nous avons perdu les bois et les prés. Si nombreux sont les Français avec leurs écus larges trois fois comme les nôtres et leurs épées à la poignée en croix comme celle où leur dieu a été supplicié ! Il y en a qui sont armés d'arcs et de flèches au talon garni de plumes ; d'autres portent des lances au fer acéré. Quand ils sont tous rangés en bon ordre, nous avons beau faire, impossible d'en ébranler un seul ; et chacun d'eux pourrait mettre à ma quatre des nôtres. — Sur ma tête, dit le Soudan, on voit que tu as grand peur : tu es tout pâle. — Mais non, dit Corbadas, c'est qu'il a trop bu — Certes, et le vin lui est monté à la tête. Alors, je comprends : il est ivre. » Ces paroles rendent Sansadoine à moitié fou, mais il va se faire écouter : « Sur ma tête, émir de Perse, vous avez tort : je ne suis pas ivre et ce que je dis est vrai. Le roi Garsion vous demande de le secourir. Et si vous refusez de me croire, vous verrez des preuves qui vous convaincront. » Aussitôt, il tira de sa bourse la barbe au poil grisonnant et la remit au roi en présence de tous les siens. L'émir l'étale et se convainc qu'elle provient bien du menton de Garsion, ce qui lui donne sujet de s'affliger. « Ce sont là des preuves auxquelles on peut se fier : quelle pitié que Garsion se soit coupé la barbe ! Il doit être en grand danger. Préparez-vous à partir à son secours », dit-il à ses hommes qui écoutèrent ses paroles dans le plus grand silence.

XXVII

Quand Sansadoine vit les païens réduits au silence — aucun n'osait plus souffler mot —, il se dressa droit debout, et son visage respirait la fierté : « Je ne plaisante pas, émir de Perse. Les chrétiens ont assiégé mon père dans Antioche et s'ils s'en emparent, je vous garantis qu'ils viendront vous attaquer dans Bagdad la belle, dont ils abattront jusqu'aux dernières les tours et les salles voûtées ; ils démoliront l'enceinte de La Mecque, arracheront de son piédestal la statue de Mahomet et transporteront au sépulcre de leur dieu ressuscité les deux candélabres qui y brûlent jour et nuit. Certes, s'ils y réussissent, vous serez en mauvaise posture : vous serez contraint de fuir, sans terre et sans avoir, et notre religion sera méprisée et anéantie pour toujours. » Ces paroles troublèrent tous les Sarrasins et prirent au dépourvu même les plus sages d'entre eux.

XXVIII

L'émir Soudan changea de couleur, mais il ne tarda pas à avoir encore plus sujet de s'irriter. Comme il jetait un regard vers une oliveraie plantée en contrebas, il vit quarante Turcs en train de mettre pied à terre tout en implorant Mahomet et Tervagant à grands cris : « Hélas, malheureux que nous sommes ! Comment résister à l'effort des chrétiens pour nous faire honte et nous mettre à mal ? » Tandis qu'on panse les graves blessures qu'ils ont reçues, Soliman de Nicée laisse aller son cheval où il veut et s'occupe de les réconforter.

XXIX

Un regard de Soudan sous les oliviers dans les prés lui révèle la présence des Turcs en train de descendre de leurs chevaux caparaçonnés. Tous avaient, qui les poings coupés, qui un œil crevé, voire les deux, qui le nez ou les lèvres percés : autant de mutilations sans exemple ! Soliman les avait amenés avec lui de Nicée après la défaite qu'il y avait subie. Ayant mis pied à terre sous les oliviers dans les prés et ôté son turban, il se prit à s'arracher la barbe par touffes, faisant ainsi éclater sa colère et sa douleur. Puis il pénétra dans la tente et, écartant la presse, s'avança

vers Soudan devant qui il s'inclina jusqu'à terre. Un roi portant couronne
— il s'appelait Malingre et avait plus de cent ans — le reconnut au visage,
à ses cheveux gris et à une petite cicatrice sous le nez et le releva.
« Qu'avez-vous, Soliman ? lui demanda Soudan. Vous voilà quasiment
seul et sans rien, vous qui aviez coutume de vous présenter à ma cour
dans vos plus beaux atours ! Vous étiez entouré d'hommes prêts à s'acquitter du service qu'ils vous devaient et tu n'as plus avec toi qu'une trentaine de misérables, — on dirait des palefreniers. Et toi-même [1], te voilà
livide. Dis-moi, sans mentir, qui t'a réduit à pareil état et sachez, par
Mahomet, que vous serez vengé. »

XXX

« La vérité, seigneur, c'est que les chrétiens se sont emparés de mon
pays où ils ont pénétré par la route. Jamais on ne vit ni n'entendit parler
d'armée si nombreuse. Et à voir avec quelle violence ils ont donné l'assaut à une forte cité comme Nicée, on ne faisait pas, en regard, plus de
cas des païens que d'une pomme pourrie. Ils ont pris la ville et la mahomerie, se sont emparés de mon palais après avoir violé ma femme ; et
ont, je crois, décapité un de mes fils [2]. L'empereur s'est installé avec ses
chevaliers dans mon vaste palais de pierre de taille. Si vous ne venez pas
à mon aide, par Mahomet le dieu que j'adore et prie, avant un mois je me
serai tué d'un coup de mon épée. »

XXXI

Corbaran d'Oliferne fut le premier à prendre la parole ; il était sénéchal
de Soudan pour l'ensemble de ses barons : « Par Mahomet mon dieu qui
fait pousser le blé, je n'en reviens pas : au pied de la montagne de Civetot,
j'ai taillé en pièces trente mille de ces gens ; je pensais ne plus jamais
entendre parler d'eux. — Tu ne sais pas ce que tu dis. Ceux à qui nous
avions eu affaire étaient des pèlerins, un ramassis de gens de peu, épuisés
et amaigris, de misérables crève-la-faim : ils faisaient partie de la troupe
de Pierre, celui dont la barbe descend jusqu'à la ceinture. Mais mainte-

---

1. Ce n'est sans doute pas la première fois que le lecteur remarque un passage du vou-
voiement au tutoiement (ou le contraire) dans le discours d'un personnage. L'emploi de
tu/vous n'est pas fixé en ancien français et autorise même l'alternance. Parfois cependant
ce passage peut correspondre à un effet particulier : d'un ton plus officiel à un ton plus
familier, de la colère à l'attendrissement, etc. Quand nous avons cru pouvoir déceler cette
sorte d'intention, nous avons respecté le changement de pronom.
2. À Nicée, Soliman a perdu ses trois fils, Hisdent, Turnican et Richenet : c'est ce dernier
qui a été décapité (chant III, laisse IX).

nant, nous avons payé cher ce succès, car nous avons contre nous la fleur de la chrétienté, et ce sont des chevaliers sans égal. Je vous ai dit la vérité, émir de Perse, les Français peuvent se vanter des plus grandes prouesses. »

XXXII

« Émir de Perse, dit le roi Soliman, croyez-moi, voilà ce qu'il en est. Si vous aviez été sous Nicée par monts et par vaux, que de vaillants chevaliers vous auriez vus ! Que de cottes de maille et de heaumes resplendissant d'or, que de grands écus à bosse, et de chevaux caparaçonnés, roux, bruns et balzans, que de riches enseignes de drap flottant au vent, que d'épées somptueuses et d'épieux acérés ! Ne me blâmez donc pas si j'ai fui pour vous demander protection. Si vous refusez, vous pouvez être sûr, j'en prends à témoin mon dieu Mahomet que je salue, que vous ne me reverrez plus vivant : demain matin, je me tuerai, car j'aime mieux mourir que vivre après avoir dû reconnaître ma défaite. — Mon aide vous est acquise, dit l'émir Soudan, mais calmez-vous et écoutez-moi, vous ferez bien. Nous irons d'abord au secours du vaillant Garsion. Mais que cela ne vous contrarie pas et ne vous amène pas à penser que je cherche des délais. Vous participerez à l'expédition à mes côtés et j'augmenterai votre fief de cent de mes châteaux. — Grand merci, seigneur, dit Soliman, j'approuve tout ce que vous venez de dire : qu'il en soit à votre volonté ! »

XXXIII

Quand Soliman eut fini de parler, Brohadas, qui était le fils de la première femme de Soudan, se leva et, écartant la presse, interpella son père à très haute voix : « Vous m'avez adoubé, on le sait, à Coronde dans votre chambre pavée et, cher seigneur, vous m'y avez ceint une fort longue épée ; je m'afflige de ne pas l'avoir encore montrée ni ensanglantée du sang des Français. Corbaran a en garde tout votre pays ; convoquez vos hommes depuis la mer gelée et chevauchons en force sans retard jusqu'aux prés sous Antioche. Si je peux rencontrer de ces imprudents Français, ils se retrouveront tous la chaîne au cou et je vous les amènerai à Bagdad la fameuse. Ils repeupleront notre terre qui n'a pas été labourée depuis plus d'un siècle. Quant à Bohémond, je lui ferai couper la tête, à moins qu'il veuille renier sa foi et se convertir à notre sainte religion ; car alors, il deviendrait mon frère et je lui donnerais la moitié de la Perse, ou le Korassan [1] tout entier à son choix. » Ces paroles suscitèrent beaucoup de rires qui devaient se changer en larmes de douleur et de honte.

---

1. Province de Perse.

XXXIV

Le roi Hangot de Nubie se hâta d'intervenir : « Par Mahomet, dit-il à l'émir Soudan, n'attendez pas pour faire écrire votre message. Dépêchez des courriers jusqu'en Orient : à Bagdad en son défilé, à destination du calife qui a la seigneurie sur les pays de l'Est et que l'on considère comme le plus puissant de tous les monarques ; mandez les Turcs depuis les confins de la terre, qu'ils se rassemblent tous sous Coronde et qu'ils nous y attendent pour marcher avec nous. — Voilà qui est bien parler », dit l'émir. Il fait rédiger son message par un clerc de Nubie et charge au moins quatre mille courriers de l'acheminer, revêtu de son sceau. Avant un mois, je pense, il aura été présenté en cinquante langues.

XXXV

Le roi Soudan de Perse envoya aussitôt son message à Bagdad à destination de Calife, le pontife [1], lui demandant de venir au plus vite. Celui-ci se dépêcha d'aller retrouver l'émir à Coronde avec tous les hommes dont il pouvait disposer. Les armées opérèrent, l'une après l'autre, leur jonction. Tous ceux qui avaient été prévenus répondirent en foule, car le pontife avait affirmé sous la foi du serment que Mahomet leur dieu pardonnerait leurs fautes à ceux qui y seraient.

XXXVI

Le Soudan a donc fait écrire de nombreuses lettres. Il convoque d'abord les Arabes, un peuple nombreux que Dieu a maudit parce qu'il ne croit pas qu'Il est né de la Vierge et qu'Il est sorti, ressuscité, du sépulcre où on l'avait déposé mort. Seigneur ! que de chevaux ils amènent, que de destriers de prix, rapides à la course, robustes et courageux ! Et comme ils seront utiles à l'élite de nos barons dans leurs fréquents combats contre les suppôts de l'Antéchrist !

---

1. Le texte dit « Calife l'apostole ». Le titre est devenu nom propre, comme dans le cas de « soldan » (voir chant I, n. 4, p. 33). Le personnage est présenté comme un chef à la fois militaire et religieux et désigné par le terme qui s'applique par ailleurs au pape.

XXXVII

Puis le Soudan manda le roi Sublicanan et le Rouge-Lion[1] nommé Satan : à eux deux, ils amènent quatre cent mille Turcs qu'ils joignent à ceux de Calife sous Coronde. C'est là que, sans rire, Mahomet doit leur accorder son pardon.

XXXVIII

Puis il manda son ami Sucaman, cousin germain du roi Cornumaran, dont le pouvoir s'étendait jusqu'à Jérusalem d'où il avait chassé l'émir African[2] : il a amené avec lui au moins cent mille combattants syriens, tous armés à la manière des mécréants. Eux aussi se regroupent sous Coronde. L'émir de Perse a également envoyé son message dans un royaume d'Orient à main droite de Sarmasane. En arrivent des gens extraordinaires qui n'ont de blanc que les yeux et les dents[3], chacun armé d'une épée dont la lame, de fort acier trempé, tranche à merveille. Aucun homme né de Dieu ne peut lutter contre eux. La mère de Corbaran les accompagne, une vieille aux oreilles pleines de poils, qui s'entendait à lire le cours de la lune, du soleil et des étoiles. Le ciel, l'air et le tonnerre avaient moins de secrets pour elle qu'ils n'en eurent jamais pour Morge et son frère Morgan[4]. Elle avait cent quarante ans ou tout comme. Dans une île, au pied d'une falaise, elle avait lu dans les sorts que les chrétiens seraient victorieux et elle voulait en avertir son fils. Cela lui donna l'idée de faire demi-tour, mais en pure perte. La vieille met pied à terre en bas d'une colline sous Coronde. Sarrasins et Persans lui font fête. Des poils lui sortent des oreilles et elle avait aussi de longs sourcils et des cheveux tout gris. Elle s'appelait Calabre et était fille de Rubiant[5] qui avait été le maître de deux des trois parties du monde.

---

1. Rouge-Lion correspond à l'arabe Kizil-Arslan.
2. African est un autre exemple de transposition : le terme désignant l'origine géographique devient nom propre. L'opposition entre Cornumaran et African peut être un écho, confus, de la vision qu'aurait l'auteur des rivalités opposant les Fatimides d'Égypte aux Seldjoukides de Turquie. Un an avant la prise de Jérusalem par les croisés, la ville passera des seconds aux premiers. En fait, un certain nombre de chefs croisés surent jouer de cette rivalité et de bien d'autres qui opposaient les différentes dynasties ; il y eut même des alliances entre chrétiens et musulmans contre d'autres musulmans.
3. Ces gens « extraordinaires » sont simplement des Noirs.
4. Morge et Morgan, deux astrologues qui ont reçu des noms rappelant ceux de la fée Morgue, sœur du roi Arthur.
5. Rubiant et Calabre sont des personnages de fantaisie.

XXXIX

L'émir adressa aussi son message à trois rois de La Mecque, trois frères également fiers. Il leur fait dire de le rejoindre avec toutes leurs forces sous peine d'avoir la tête tranchée, et d'amener avec eux la statue de Mahomet. Les rois répondent qu'ils iront volontiers ; ils convoquent à leur tour les hommes qui dépendent d'eux et chargent un convoi de vivres, se préparant à partir en grand apparat.

XL

Les païens mènent grand bruit ; on escorte Mahomet au milieu de la liesse générale. Cors, trompes et trompettes retentissent à l'envi. On joue de la harpe, de la vielle, de la flûte. Chalumeaux et flageolets d'argent résonnent tandis qu'on chante et qu'on danse. C'est dans l'allégresse qu'on accompagne la statue jusqu'au lieu de rassemblement où Calife les attend. Dès qu'il vit Mahomet, il se prosterna devant lui.

XLI

Quand Mahomet arriva devant les barons, une immense armée de nos ennemis jurés était réunie. Toute d'or et d'argent resplendissant, la statue était posée sur un piédestal qui représentait un éléphant en mosaïque. Sculptée avec art, elle était creuse et incrustée de nombreuses pierres précieuses qui brillaient de tous leurs feux au point qu'elle éclairait tout autour d'elle. Un démon s'y introduisit par enchantement et, menant grand bruit de cor et de tambour, s'adressa aux Sarrasins assez haut pour être clairement entendu : « Allons, écoutez-moi ! Voici ce que j'ai à vous faire savoir : les chrétiens qui croient en Dieu, ces imbéciles, n'ont aucun droit sur ma terre ; c'est à tort qu'ils s'en sont emparés. Que le Seigneur Dieu reste au ciel, la terre m'appartient. » À ces mots, les Sarrasins lui rendent grâce et se disent les uns aux autres qu'ils ont vu une grande puissance se manifester : « Voilà le dieu auquel on doit croire ; fou qui ne lui fait confiance ! Nous voyons bien que, loin de nous haïr, il nous comblera de ses bienfaits et que nous pouvons compter sur son aide. — Assurément, dit ce Satan, vous auriez tort d'en douter. Mais dépêchez-vous de tous gagner Antioche la forte cité. »

XLII

Quand les païens eurent entendu les paroles du démon, tous lui rendirent louanges et grâces. Le premier à parler fut Calife de Bagdad : « Écoutez ce que mon seigneur Mahomet veut vous dire, et comment il vous accordera son précieux pardon. Je vous parle en son nom, car c'est lui qui m'a ordonné d'être son interprète. Celui qui a cinq femmes peut en avoir dix, quinze, vingt, trente ou autant qu'il lui plaira. Que chacun pense à engendrer le plus d'enfants qu'il pourra ! Ainsi, notre peuple s'accroîtra en nombre et pourra faire face aux attaques de ces chrétiens. Écoutez le profit que vous en retirerez si vous allez vous battre pour l'amour de Mahomet en implorant son pardon. Quand un des nôtres mourra, il devra porter deux besants dans la main gauche et une pierre dans la droite ; et Mahomet lui posera une deuxième pierre sur la poitrine. Le païen montera tout droit au paradis que le seigneur Dieu de gloire avait donné à Adam ; il offrira les deux besants à saint Pierre le portier, pour payer son entrée ; si celui-ci le repousse, il brandira la pierre et l'en frappera en plein sur le front ; et il fera de même avec l'autre pierre si bien que, de gré ou de force, il entrera, car Mahomet sera là pour l'aider et le guider. Alors, il donnera les deux besants à Dieu pour faire sa paix avec lui. En s'y prenant aussi adroitement, Mahomet nous sauvera tous. — Seigneur, font les païens, marchons donc sur l'armée des Français et maudit soit qui reculera. Honte à qui n'y frappera pas de beaux coups ! » L'émir Soudan appela Corbadas : « Allez-y, ami ! Moi, je resterai ici avec le bon roi Soibaut, Mariagaut et le roi Darius. Nous aurons aussi Calife pour nous prêcher et Mahomet qui nous réconfortera. — À votre gré, seigneur ! Mais votre fils Brohadas viendra avec moi, vous pouvez me le confier sans crainte. » À ces mots, le Soudan fronça les sourcils et jeta un regard farouche sur Corbaran d'Oliferne.

XLIII

« Tu veux emmener mon fils, Corbaran ? Je vais te le confier, mais tu veilleras bien sur lui. Sache à quoi tu t'engages : si je ne le retrouve pas vivant, je te le ferai payer : tu y perdras les membres et la tête. — J'y aviserai, seigneur », dit Corbaran. Sur ce, on fait battre les tambours et sonner les cors et les trompettes d'airain. Corbaran d'Oliferne dispose son armée en trente-deux bataillons comprenant chacun trente-deux mille Esclers. Avant de se mettre en selle, il se hâte d'aller dire au revoir à sa mère. « As-tu l'intention d'aller te battre, mon cher fils ? lui demande la vieille en le prenant par le cou. — Oui, sans mentir, car les chrétiens veulent nous mettre à mal pour notre plus grande honte. Ils ont déjà passé le Bras-Saint-Georges et sont venus s'installer sous Antioche pour l'anéantir. Mais si je peux me trouver face à face avec eux, ce sont autant de prisonniers et de morts. — As-tu perdu la tête ? Si tu veux m'en croire, renonce à ce projet. Viens plutôt te reposer avec moi à Oliferne car je sais (et je veux te le montrer) que, de toute cette armée, tu en verras peu revenir ; tous y perdront la vie sans recours. » À ces mots, Corbaran ne se connaît plus : « Trêve de discours, dit-il ; vous êtes gâteuse et bonne à tuer. » Puis, éperonnant son cheval, il donne le signal du départ ; sa mère le suivit, car elle l'aimait beaucoup, mais en se tenant à dix bonnes lieues de l'armée...

CHANT VI

[I-IV. L'armée venue de Perse chevauche, cependant que les combats se poursuivent devant Antioche.]

V

Les Turcs attaquent l'armée de Bohémond avec vigueur, y faisant de nombreux morts. Cette nouvelle chagrine fort nos barons qui courent aussitôt tous aux armes et contraignent les païens à rentrer dans la ville pour s'y mettre à l'abri. La bataille fait rage devant la grand-porte où les Turcs battent le rappel et repoussent les Français, leur faisant repasser le pont sous une pluie de flèches.

Pendant cette escarmouche, les nôtres avaient fait prisonnier un enfant la volonté de Notre-Seigneur, le Dieu de paradis, était que la ville et son palais devaient être conquis par son entremise. C'était le fils de l'homme le plus puissant du pays [1] qui possédait un des palais voûtés d'Antioche et avait la garde de la grand-porte sur le Pont tournant. Quand le père apprit sa capture par les Français, il en pleura de chagrin et d'émotion. Puis il fit charger un dromadaire de tissus de drap et l'envoya à nos barons dans l'armée de Dieu ; il leur demandait en même temps par lettre de ne pas mettre son enfant à mort ; en échange, il leur donnera deux chevaux lourdement chargés de besants et sera leur ami jusqu'à la fin de ses jours.

---

1. La chanson l'appelle, on le verra, Dacien. C'était un Arménien nommé Firouz et passé à l'islam.

VI

Le père éprouva une grande douleur pour ce fils qu'il aimait tant. Il se hâta de charger un grand dromadaire de draps d'argent — dans notre langue, on appelle ces tissus des « samits » — et de les envoyer aux nôtres, les preux, les courageux ! Par un interprète, il leur fit aussi dire qu'il leur donnera la rançon qu'ils voudront et qu'il sera l'ami des Français jusqu'à la fin de ses jours. Il envoya encore soixante chevaux de bât, des meilleurs qu'on puisse trouver en Orient, et il y ajouta un grand et rapide destrier, lourdement chargé de besants et d'or fin et brillant, afin qu'ils lui gardent son enfant pour l'amour du Dieu qui naquit de la Sainte Vierge à Bethléem. Nos barons reçurent le courrier avec honneur et le message dont il était porteur les mit au comble de la joie ; le comte Hue se prit à rire en lisant la lettre qu'on s'était hâté de lui remettre. Quant à Baudouin de Bourg, il eut un beau geste : enlevant sa pelisse d'hermine, il en revêtit le mécréant, cependant que Hue de Saint-Pol le grisonnant lui faisait endosser un vêtement de toile rouge. Puis l'ayant fait monter sur un mulet qui allait l'amble, il le promena par toute l'armée pour le divertir, mais en le tenant à l'écart des pauvres gens qui étaient nus et mouraient de faim tant ils étaient démunis. Le messager fut introduit au conseil des barons qui se tenait dans un pré verdoyant et il les observa longuement. Et voici que Hue de Saint-Pol, à cheval, amène devant eux l'enfant du Turc que les barons, tour à tour, prennent dans leurs bras.

VII

Nos barons avaient fait revêtir à l'enfant de riches vêtements et l'avaient armé à la française avec les plus petites armes qu'on avait pu trouver dans l'armée : une cotte de mailles et un heaume étincelant ainsi qu'un écu bordé d'or ; il avait aussi une épée au côté gauche et une lance à la hampe peinte sommée d'une enseigne brodée. Puis on lui amène un destrier pommelé, un bel animal vif mais allant doucement l'amble. Ils remirent l'enfant paré de tous ses atours au Turc qui l'emmena avec lui après avoir pris congé d'eux. Ils entrèrent dans la ville par le pont sous les regards curieux des païens : « Où ce Turc est-il allé ? demandent les uns. Sans doute a-t-il revêtu les armes d'un Français qu'il a tué. — Vous avez raison », répondent les autres. Le messager et l'enfant passèrent outre et ne s'arrêtèrent qu'une fois arrivés au palais. Le père vint au-devant d'eux et put apaiser le désir qu'il avait de serrer son fils contre lui et de l'embrasser. Après quoi, il s'enquit des Français auprès de lui. « Sur ma foi, seigneur, je ne peux pas vous cacher qu'ils n'ont pas leur pareil au monde et qu'ils sont on ne peut plus généreux. Ils servent un dieu qui fait tout ce qu'ils veulent : sachez que c'est Lui et Lui seul qui nous donne le vin et le blé. Notre dieu Mahomet n'en a nul pouvoir : je ne fais pas cas de lui plus que d'un chien crevé et je veux devenir le fidèle de Jésus, le créateur de la lumière. — Dites-vous vrai, cher fils ? — Oui, la charité m'en soit témoin. — Alors, parlez plus bas, car si les Turcs vous entendent, on vous coupera la tête. »

VIII

« Dis-moi la vérité, cher fils, crois-tu en Jésus le Père tout-puissant ? — Oui, répond l'enfant, je vous le dis en vérité : si je ne suis pas baptisé, je ne vivrai pas longtemps. — Parlez plus bas, car si les païens vous entendent, vous aurez à souffrir de leur part. Moi aussi, je veux faire comme vous, si Dieu me le permet. Mais agissons discrètement pour ne pas être surpris. — Comme vous voulez », dit l'enfant. Cette nuit-là, le Turc se rendit au camp sans faire de bruit et parla avec Bohémond : il lui dit tout net qu'une armée de secours arrivait d'Orient et que les chrétiens devaient penser à assurer leur sauvegarde. Après quoi, il se retira sans rien ajouter. Bohémond ne dormit pas du reste de la nuit et au matin, monté sur un cheval de Syrie, il réunit en conseil tous les barons de l'armée.

IX

Les barons de l'armée de Dieu sont réunis en conseil.

Bohémond leur rapporta sans ambages ce que le Turc lui avait dit dans sa tente : une grande armée est en route (on n'en a jamais vu d'aussi nombreuse) et ces traîtres de Turcs ne sont plus qu'à trois journées de marche. Cette nouvelle laissa les barons sans voix et ce fut l'évêque du Puy qui prit la parole : « Voyez, seigneurs, qui envoyer pour surveiller l'approche des forces des mahométans. — Le comte Étienne, lui répondent-ils. Celui-ci se mit aussitôt en selle avec trente compagnons, tous des chevaliers et des gens de haut rang. Le seigneur Étienne s'éloigna au galop, piquant des deux. Il parvint à la montagne noire où il vit d'abord les cuisines des gens de Mahomet, puis, à sa gauche, dans le val Corbon, sur un espace de plus de quatorze lieues, le campement de toute l'armée. Il fait halte et s'appuie sur l'arçon de sa selle. Tous les bruits du camp lui parviennent, avec le son des cors d'airain et des timbres de laiton, et il en conçoit une grande peur ; la tête baissée sous son capuchon, il retourne à l'armée de Dieu, plein de trouble, l'air morne et accablé. Beaucoup de gens de bonne renommée l'entourent pour lui demander si les Turcs sont nombreux ; mais du diable s'il ouvre la bouche ! Dès qu'il l'aperçoit, Godefroy de Bouillon intervient : « Laissez-le tranquille, seigneurs, il ne peut pas parler ; il doit être blessé au foie ou au poumon. Qu'il aille à Alexandrette en passant par la montagne à main gauche.

X

« Laissez-le tranquille, seigneurs, dit le duc de Bouillon, il est malade : son visage devient livide. Qu'il se fasse porter à Alexandrette et s'y repose. Puis il reviendra ici, s'il peut se remettre. — J'entends ce que vous dites, fait le comte Étienne, et je vous en remercie, seigneur duc. » On prépara une litière et le comte s'y fit porter par douze des plus pauvres gens de l'armée à qui il donna douze deniers de Lucques. Les porteurs marchèrent jusqu'au moment où, le soleil commençant de baisser, ils se trouvèrent hors de vue d'Antioche. Alors, le comte, ne voulant pas rester davantage dans la litière (il n'avait nul mal), sauta à terre et se mit à avancer à grands pas ; puis il prit le trot, emmenant avec lui les douze malheureux, car il se refusa à en laisser retourner ne serait-ce qu'un seul. Conduite honteuse que la sienne, s'il en fut.

Cependant nos barons — que Dieu les honore ! — sont restés sur place. Cette nuit-là, jusqu'au point du jour, c'est le brave comte Raymond qui monta la garde, avec le comte de Flandre, un homme digne de tout éloge ainsi que leurs suites respectives qu'ils avaient fait armer.

XI

Bohémond de Sicile était couché dans sa tente : épuisé de fatigue — il avait effectué dans la journée le trajet depuis le port Saint-Siméon —, il dormait à poings fermés. Il fit un songe qui le surprit fort : il voyait le ciel s'ouvrir et la terre s'éloigner sous lui ; une échelle descendait depuis les murs d'Antioche jusque dans sa tente, et la ville resplendissait de mille feux ; quant aux Sarrasins, ils disaient que Mahomet était mort ; le soleil et la lune l'attiraient à eux si loin qu'un pan de sa cotte de mailles suffisait à lui cacher la vue de la terre ; le plus grand palais lui paraissait bien petit tant il était suspendu haut au-dessus de la ville ; un des barons de l'armée grimpait à l'échelle et, l'un après l'autre, d'autres le suivaient ; mais, avant qu'ils aient pu tous atteindre le sommet du rempart, l'échelle se rompait et ceux qui étaient déjà en haut étaient saisis de frayeur. Après avoir longtemps dormi, Bohémond s'éveilla et se confia à Dieu, lui demandant que ce songe tourne à son honneur. Puis regardant vers Antioche et ses murs bien droits : « Malheur à toi, dit-il, les païens ont fait de toi une ville maudite. Que Dieu me prête vie assez longtemps pour qu'on y serve le Seigneur que Longin frappa au côté droit, et qu'on y honore son corps sacré et ses saints, — bénis soient-ils ! »

XII

Antioche était une place très forte avec ses murs hauts et massifs, ses cinquante tours de marbre et de liais et les douze émirs dignes de tout éloge qui en avaient la garde : chacun d'eux en commandait quatre, sauf un qui assurait la charge de six d'entre elles ; et c'était ce dernier qui, sous Garsion, commandait en chef.

Un matin, quand les douze princes se furent levés, ils accompagnèrent Garsion dans le temple du démon[1] et chacun le pressa de questions : « Qu'allons-nous faire, seigneur ? Nous avons besoin de renforts. Sansadoine et nos messagers tardent à revenir, et je crois que l'armée de secours ne sera pas là de sitôt. Le Soudan l'a emmenée en Nubie. Proposons donc une trêve d'un mois aux Français et faites-la jurer par les deux camps. Cela donnera à l'armée le temps d'arriver. — D'accord », répondit Garsion qui chargea deux de ses interprètes, l'un grec, l'autre arménien, et tous deux habiles orateurs, d'aller présenter cette offre aux Français.

Les messagers se rendirent aussitôt à la tente de Bohémond et le saluèrent courtoisement : « Prêtez-nous une oreille bienveillante, lui dirent-ils en hommes entendus. Nous venons vous proposer au nom du roi Garsion de convenir par serment d'une trêve de soixante[2] jours. Quiconque l'enfreindra sera décapité. Si vous en êtes d'accord, vous pourrez acheter à boire et à manger et nous emploierons ce délai à trouver un arrangement aux termes duquel nous vous livrerons la ville sans combat. — Je dois consulter mon conseil », dit Bohémond. Sans attendre, il manda nos barons, les bien-aimés de Dieu, et leur rapporta la proposition de trêve sous serment. D'abord, ils ne dirent pas un mot, y compris ceux dont la sagesse était reconnue. Puis tous, humbles et puissants, se prirent à crier qu'il fallait, par Dieu, faire jurer la trêve, et sans tarder.

XIII

Quand Bohémond voit que tous les nôtres, humbles et puissants, sont d'accord pour jurer la trêve, il va demander aux messagers de s'y engager par serment ; sur ce, ceux-ci s'en retournent et se hâtent d'aller dire à Garsion d'Antioche qu'ils ont obtenu une trêve en bonne et due forme, ce dont il rend grâce à Mahomet.

Les chrétiens de l'armée — que Jésus les ait en sa sainte garde ! — de leur côté, montrent une grande joie à cause de la trêve ; mais si Jésus, le

---

1. Ce démon est celui de la statue parlante.
2. Comme on le voit, les messagers allongent la durée de la trêve qu'ils ont mission de demander.

Sauveur du monde, ne s'en mêle, ils devront la payer cher, car les armées de Perse sont redoutables et jamais on n'en vit de si nombreuses. Si les Turcs d'Antioche savent y faire, cela va mal tourner pour les nôtres.

Sarrasins et Esclers peuplaient la ville. Il y avait là douze émirs redoutables dont chacun assurait la garde de quatre tours, sauf l'un d'entre eux, le plus puissant et qui n'avait pas son égal, qui, lui, en défendait pas moins de six. Chaque nuit dans son sommeil, Dieu lui apparaissait en songe, lui ordonnant de se convertir et de se régénérer dans l'eau du baptême, ainsi que de s'entendre avec les Français pour leur livrer la ville. Il décida de cacher ses intentions à tous les membres de sa famille, y compris à sa femme qu'il chérissait beaucoup. Que Dieu le protège et le garde en vie !

XIV

Ce Turc était précisément celui à qui on avait rendu son fils. Tandis qu'il reposait dans son lit — un meuble somptueux ! —, voici qu'un messager de Dieu lui apparaît : « Dors-tu, ami, ou es-tu réveillé ? Écoute ce que j'ai à te dire. Dieu, le roi de Bethléem, celui que ces mécréants de juifs ont supplicié sur la croix, t'ordonne, par mon entremise, de faire entrer les chrétiens qui sont là, dehors, exposés à la pluie, à la grêle et au vent. » Sur ce, le messager se retire, laissant le Turc plongé dans ses pensées. Quand il se fut endormi, l'envoyé divin lui apparut de nouveau : « Dors-tu, ami, ou es-tu réveillé ? Tu me donnes du mal ! Notre-Seigneur t'ordonne de rendre cette cité aux chrétiens sans délai. Fabrique une échelle de cuir solide qui leur permette de grimper en haut des murailles. Je m'en vais ; fais vite, ne perds pas de temps ! » Sur ce, l'ange se retire, laissant le Turc en larmes : il ne put fermer l'œil de la nuit.

XV

Le Turc se leva avec l'aube et s'habilla selon l'usage des siens. Après avoir pris la précaution de se munir de deux solides couteaux d'acier, de poinçons et d'alènes, il s'enferma seul dans une cave voûtée où il se rendit à l'insu de tous et où un bon millier de peaux de cerfs avaient été entreposées. Il découpa de larges lanières dans les peaux, rejetant celles des ventres, ne gardant que les dos : chacune lui fournit vingt-huit courroies qu'il cousit l'une à l'autre à points très serrés. Puis il prit les mesures pour les échelons et calcula qu'il devait y avoir une distance de deux pieds entre eux ; chacun fut attaché avec un double nœud et était assez large et solide pour porter trois chevaliers en armes. Mais il n'avait pas fait assez attention : au milieu de l'échelle, il y avait un endroit où le cuir était un peu écorché et mal noué. Dieu ! à combien des nôtres cet oubli devait être fatal ! Combien devaient s'en tordre les poings et s'en arracher les cheveux ! Quand l'échelle fut assez longue, elle mesurait cent quatorze pieds. Le Turc se lève alors et se signe avant de sortir de la cave ; puis il va observer les Français du haut des remparts : « Ah ! nobles chrétiens, dit-il en son cœur, quel dommage que vous ne sachiez pas que je vous suis tout acquis ! Mon intention est de livrer la cité à votre bon plaisir. » La nuit venue, il descendit sans faire de bruit, s'introduisit dans le camp et alla trouver Bohémond qui lui vouait une affection particulière : « Écoutez-moi : demain soir, la ville sera à vous. Soyez prêts pour l'heure de vêpres ! — Entendu, seigneur. Et si vous voulez vous convertir, votre âme sera sauvée. »

XVI

« Sur votre foi, Bohémond, demande le Turc, quel profit aurait celui qui vous remettrait la ville ? — Vous pouvez tenir pour assuré que sa terre et ses biens seraient libres de toute astreinte [1], que ce haut fait lui vaudrait une rente de mille besants, et que, de mon vivant, personne ne pourrait, pour cela, s'en prendre à lui. »

XVII

Le Turc a juré sur sa foi à Bohémond de lui livrer la ville le lendemain soir et lui a amené son fils en otage. Bohémond, de son côté, lui a engagé sa parole. Après quoi, l'homme s'en retourne sans faire de bruit et en se dissimulant. Ceux de nos gens qui le voient sont loin d'imaginer qu'il est venu pour convenir de livrer la ville ; ils pensent qu'il s'agissait de donner à la trêve de meilleures garanties. Mais l'astucieux Bohémond réunit tous les barons de l'armée : « Seigneurs, voici mon idée. Je voudrais prier chacun de vous, au nom de Dieu et de la charité, et si vous en êtes d'accord, de m'octroyer Antioche où nous avons tant été à la peine, pour le cas où on me la livrerait. — Nous n'avons rien contre », dirent la plupart, mais le comte de Saint-Gilles protesta : « Jamais je n'y consentirai. À quoi bon avoir tant supporté, et la faim, la soif, la fatigue si je n'en ai pas la part qui sera estimée juste [2] ! » Ce refus valut aux barons de passer deux jours entiers de plus à s'épuiser en vains efforts pour s'emparer de la ville. Encore ne savent-ils pas l'ouragan qui les menace avec l'armée des païens qui s'approche : jamais les chrétiens, eux, n'ont pu aligner autant d'hommes.

---

1. Il ne tiendrait pas sa terre en fief pour lequel est dû un service, mais en toute « franchise ».
2. En fait, d'après l'accord passé avec l'empereur Alexis, c'est à lui qu'Antioche aurait dû revenir.

Corbaran d'Oliferne a envoyé un messager à Garsion pour l'avertir que l'armée de secours sera là dans deux jours ; il lui amène toutes les forces de la Perse. Le courrier s'en va sans chercher de chemin à l'épreuve des fers des chevaux ; monté sur son dromadaire et piquant des deux, il arrive dans Antioche à la nuit tombante et met pied à terre au bas de l'escalier devant le palais.

XVIII

Le messager de Perse mit pied à terre au perron [1] et monta rapidement jusqu'à la grande salle où il expliqua au puissant roi Garsion que Corbaran arrivait à la tête de Turcs et d'Esclavons : « Il amène avec lui trente rois et le Rouge-Lion. » L'émir en rend grâce à Mahomet et fait dire à Bohémond le hardi qu'il renonce à la trêve. Quand nos Français l'apprirent, ils se mirent à trembler, et les barons firent retomber le blâme sur le comte de Saint-Gilles : « Votre aide ne nous servira guère, seigneur. Sans votre orgueil, la ville serait à nous. Tandis que, maintenant, avant de l'avoir, nous la paierons cher ! »

Garsion d'Antioche mande les douze émirs à la bonne renommée dans le donjon. « Seigneurs, leur dit-il une fois qu'ils sont tous là, gardez bien la ville et guettez attentivement : l'armée de secours approche ; on n'en a jamais vu d'aussi nombreuse. »

XIX

« Faites bien attention, seigneurs : j'ai dénoncé la trêve qui nous liait aux Français ; ils mettraient à mort quiconque tomberait entre leurs mains. » Les douze pairs sortent du palais de Garsion et s'en retournent dans les leurs, où ils descendent de leurs palefrois.

Cependant le Turc — béni soit-il ! — qui s'était entendu avec Bohémond ne perdit pas de temps. Il envoya les siens dormir, mais lui-même resta éveillé toute la nuit. Il fit venir secrètement le fils de Robert Guiscard qui se rendit à ce rendez-vous sans faire de difficulté. « Bohémond, lui dit-il, je suis prêt à tenir ma promesse en toute bonne foi, mais tu tardes trop : prends la cité ou rends-moi mon fils. Si vous laissez se lever le jour sans rien faire, vous êtes morts et anéantis sans recours, car demain la grande armée d'Orient sera là. Pensez à ce que vous devez faire, noble seigneur, et préparez-vous. Pour moi, j'agirai sans délai : je vais aller chercher nos barons au galop. » Tout en l'incitant à se hâter, le Turc donne son accord. Sur ce, ils se quittent et chacun s'en va de son côté, Bohémond au camp, faisant force d'éperons, et le païen plongé dans ses pensées vers son palais où sa femme se présente inopinément à sa vue.

---

1. Pierre servant aux cavaliers pour monter à cheval ou en descendre.

XX

« D'où venez-vous donc, seigneur ? demande la païenne. Par Mahomet, je vois bien ce que vous êtes en train de manigancer. Que cherchez-vous à tant parler aux Français ? Je pense que vous voulez vous faire chrétien ou que vous préparez quelque trahison avec eux. Mais par notre dieu Mahomet dont je suis la fidèle, dès demain matin au lever du soleil, pourvu que je vive jusque-là, j'avertirai mon père et mon frère aîné, et on vous coupera la tête dans le palais de Garsion. — Vous vous trompez, dame, je n'agirais pas ainsi, dût-on m'écarteler ! Venez avec moi sur le rempart : je vous montrerai les tentes des Français et tous ceux qui y campent. Vous y verrez notre fils tout revêtu d'armes à leur façon, et combien ces gens l'aiment. » Par l'escalier dans la muraille, ils montent jusqu'au dernier étage adossé contre le rempart et s'accoudent à une des fenêtres. « Écoutez-moi un peu, dame ! J'insiste pour que vous croyiez en Jésus que la Sainte Vierge porta dans son flanc et qui fut crucifié. » À ces mots, le sang de la païenne ne fait qu'un tour : « Ah ! traître, je le savais bien, et vous êtes incapable de dissimuler votre malignité. Mais c'est pour votre malheur que vous en avez soufflé mot : c'est l'écartèlement qui vous attend. » L'entendant proférer de telles menaces, Dacien, sous le coup de la colère, se tourna vers elle, la prit à bras-le-corps et la jeta en bas de la muraille où elle alla s'écraser atteinte de multiples fractures. C'est ainsi qu'elle est allée à sa fin, et les diables emportent son âme.

Le Turc descend dans la cave voûtée, y prend l'échelle où il s'attelle, ainsi que deux de ses chiens, et la tire, avec leur aide, jusqu'à un créneau où il l'attache solidement par un bout, jetant l'autre par-dessus le mur : elle traînait à terre sur quatre pieds de long.

Cependant, Bohémond de Sicile, qui n'était guère rassuré — c'est le moins qu'on puisse dire —, allait trouver Godefroy dans sa tente : « Seigneur, dépêchez-vous, par Dieu ! La ville et le palais vont nous être livrés. — Loué en sois-tu, seigneur Dieu », dit le duc.

XXI

Le duc de Bouillon tend ses mains vers Dieu et lui rend humblement grâce. Non content de s'armer aussitôt avec sa suite, il parcourt le camp donnant l'ordre à tous, barons, chevaliers et hardis sergents (que Dieu les aide !), de prendre les armes. Ils furent ainsi mille sept cents braves qui suivirent le duc sans savoir où. Ils pensent qu'ils vont devoir combattre les Turcs de l'armée venue de Perse — que Dieu les maudisse ! Bohémond et le duc se mettent en route. Les sergents vont à pied, non sans mal : les semelles de leurs souliers et leurs chausses ne résistent pas aux inégalités du terrain ; les chevaliers doivent parfois rebrousser chemin pour trouver un passage praticable pour leurs chevaux, mais s'ils en pleurent, ils ne soufflent mot. Tous s'avancent en rangs serrés à la clarté de la lune. « N'ayez pas peur, seigneurs, leur recommande Godefroy. Si les Turcs (que Dieu les maudisse !) vous attaquent, que chacun se défende de son mieux à l'épée ! — Vous auriez tort de douter de nous, répliquent les chrétiens : vous pouvez compter sur nous jusqu'à la mort. » Et le bon duc les en remercie. On met pied à terre dans une prairie au fond d'un vallon et on envoie en avant Robert de Normandie, le comte de Flandre au hardi visage, Tancrède et Bohémond (le duc avait toute confiance en eux) et les autres barons qui commandaient l'armée.

XXII

Faisant force d'éperons, nos barons arrivent à la ville en silence et à l'insu de tous. Au pied du mur, ils trouvèrent l'échelle et le cadavre de la femme du païen. Sur le rempart, le Turc tenait une lanterne allumée dont il avait camouflé la flamme du côté de la cité et qui éclairait en plein l'échelle. Sa joie fut grande de voir arriver nos barons : « Tu tardes trop, noble duc de Sicile, dit-il rapidement à Bohémond : il est plus de minuit, bientôt ce sera l'aube. Si les païens m'aperçoivent, ils me feront couper la tête, et, dans la journée, votre armée sera massacrée. Prends donc cette ville puisque je te l'ai offerte, ou alors rends-moi mon fils, et ta parole sera sauve. Les Francs ne valent pas grand-chose : un rien leur fait peur. » À ces mots, Robert de Flandre changea de couleur : « L'échelle est en place, dit-il à Bohémond, à toi d'y monter le premier puisque c'est à toi qu'on donne la ville. — Vous parlez pour rien, dit Bohémond ; par ma foi, je n'y monterais pas pour une tour emplie d'or : vous ne tarderiez guère à me voir tomber. »

XXIII

Sur le rempart, le Turc tenait la lanterne allumée. « Tiens ta parole, dit-il à Bohémond : ou tu prends la ville, ou tu me rends mon enfant. Par le seigneur Dieu de gloire, les Francs ont vite fait de renoncer : ils sont preux et hardis tant qu'ils ont du succès, mais la moindre difficulté les fait reculer. Pourquoi tardes-tu tant, Bohémond ? Il est plus de minuit ; bientôt, ce sera l'aube. Si on me surprend, vous pouvez être sûrs que demain on me coupera la tête dans le palais de l'émir. Gardez-vous de penser que j'ai manigancé quelque trahison : vous pouvez me faire confiance. Par le Dieu qui est né de la Vierge en Orient [1], je ne le ferais

---

1. Cette « orientation » est évidemment pensée par rapport à l'Occident chrétien.

pas, dussé-je y perdre la tête : vous avez mon fils en otage. » Sur ce, nos barons se mirent à s'agiter, mais aucun n'avait le courage de se risquer à monter le premier.

XXIV

La couardise des Français arrache des larmes de douleur au comte de Flandre. Il retourne au vallon où le bon duc de Bouillon était resté pour garder le gros de la troupe. Du plus loin qu'il l'aperçoit, le duc l'interpelle : « Sur ma foi, seigneur cousin, que de temps perdu ! Il est minuit passé, bientôt il fera jour. À qui avez-vous laissé la cité en garde ? À Bohémond à qui on doit la donner ? Il faudrait que nous y entrions car, si les Turcs nous surprennent, ils sont capables de nous causer bien du tort et de massacrer les blessés que nous avons laissés au camp. — Ne m'en parlez pas, dit le comte ; nos chevaliers ont un comportement honteux. Ils sont au pied de l'échelle et n'osent y monter. » En entendant cela, le duc ne se tient plus de colère : « J'y vais, dit-il au comte Robert. — Non, mon cousin, vous devez rester ici pour empêcher les païens d'atteindre le camp s'ils faisaient une sortie. » À ces mots, le bon duc se mit à prier Dieu : « Père de gloire, qui vous êtes laissé supplicier sur la très sainte Croix pour sauver votre peuple, Dieu ! aussi vrai que cela est et que je le crois fermement, donnez-nous de nous emparer de la ville cette nuit ! » Et il ajoute à l'adresse du comte : « Vous êtes digne de tout éloge, je ne sais pas plus valeureux que vous aux armes. Montez-y le premier ou laissez-moi le faire ! » Sur quoi, le comte Robert s'en retourna.

XXV

Le comte Robert s'en retourna en hâte à la cité, poussant son cheval au galop. Il trouva nos barons toujours au pied de l'échelle, abattus et apeurés, tous au comble de l'inquiétude. Sur son mur, le Turc lui aussi avait grand-peur. « Hé ! seigneur noble duc, dit-il à Bohémond en agitant l'échelle dans sa direction, viens donc et pense à ce que te vaudra cette escalade ! Le premier qui l'accomplira — toi ou un autre —, la ville sera à lui. » Les Français firent silence mais continuèrent de se regarder les uns les autres. « Rassurez-vous, leur jeta le comte, j'ai quitté la Flandre et tous mes fiefs, ma femme Clémence qui m'aimait tant et mes deux jeunes fils sur qui Dieu veillera. En l'honneur du seigneur Dieu créateur du monde, c'est moi qui monterai le premier. » Il se signa, se recommanda à Dieu et, après avoir rejeté son écu sur son dos par la courroie, il empoigna l'échelle à deux mains et se prépara à grimper. C'est alors que Foucart l'orphelin, un valeureux chevalier de Flandre, le retint : « Écoutez-moi, seigneur ! Vous êtes le fils de saint Georges, c'est ainsi qu'on vous a appelé. Si nous vous perdons, ce sera un grand dommage ; tandis que, si je meurs, personne ne me pleurera. C'est moi qui vais monter avec l'aide de Jésus. » À ces mots, le comte Robert repoussa Foucart de la main, puis il se signa et monta les deux premiers échelons.

XXVI

Sur son élan, le comte Robert de Flandre monta tranquillement les deux premiers échelons. Mais Foucart l'orphelin le retint : « Pour Dieu, seigneur comte, ôte-moi du souci où je suis. Il n'y a pas meilleur mainteneur de fief que toi ; ce sera une grande perte si tu dois mourir, car tu es en charge de vastes terres et tu as femme et enfants, — que Dieu te donne le temps d'en profiter ! Tandis que, si je meurs, ce sera sans importance : je n'ai rien à donner et ne convoite rien. Et pour moi, je ne m'en afflige pas puisque ce sera au service de Dieu. Par le Saint-Esprit, laisse-moi grimper le premier ! Nombreux sont ceux qui valent mieux que moi dans l'armée et qui méritent plus d'être aimés. — Acceptez, seigneur duc, font les barons. Laissez Foucart monter le premier. » En les entendant, Robert se prit à soupirer.

XXVII

« Seigneur Robert de Flandre, font les barons, permettez à Foucart de monter le premier, nous vous en prions tous pour l'amour de Jésus-Christ. — Soit, dit le comte, qu'il monte ! Je le recommande à saint Siméon qui porta l'Enfant Jésus dans ses bras. » Cependant, Dacien les appelle à voix basse : « Dépêchez-vous, par Dieu ! C'est le point du jour. » À ces mots, Foucart prit l'écu au lion, en rejeta le blason dans son dos et se mit en prière avant de monter à l'échelle : « Seigneur Dieu et Père, par votre très saint nom, vous qui êtes né de la Sainte Vierge, avez sauvé Jonas du ventre du poisson, ressuscité Lazare et pardonné ses péchés à Marie-Madeleine quand elle pleura à vos pieds dans la maison de Simon : des larmes qui lui venaient du cœur, elle vous lava les pieds puis les oignit de parfum, ce en quoi elle agit très sagement et en fut dignement récompensée. Dieu ! vous avez souffert passion sur la sainte Croix où Longin vous frappa brutalement de sa lance ; on sait qu'il était aveugle de naissance ; or, quand le sang eut coulé en abondance le long de la hampe jusqu'à sa main, il l'essuya sur ses yeux et recouvra la vue. "Merci, Seigneur", s'écria-t-il du fond du cœur, et à lui aussi vous avez remis tous ses péchés. Vous fûtes enseveli dans un tombeau gardé par des coquins, et le troisième jour, vous en êtes ressuscité ; vous êtes descendu aux enfers sans rencontrer de résistance et en avez fait sortir vos fidèles, Noël [1] et Aaron ;

---

1. Vraisemblablement Noé.

puis vous êtes monté au ciel le jour de l'Ascension après avoir ordonné
aux apôtres d'aller prêcher le saint Évangile par le monde. Sous leurs
yeux, vous êtes retourné dans votre demeure, là-haut dans le ciel, où il
n'y a pas de place pour les traîtres. Dieu, aussi vrai que cela est et que
nous y croyons fermement, faites que je sorte sain et sauf de cette escalade et protégez les Français de la captivité et de la mort, en sorte que
nous devenions les maîtres de cette ville. » Puis, levant sa main, il fit le
signe de la croix et monta à l'échelle, suivi de Tancrède et de Bohémond.
Après eux, vinrent Raimbaut Creton, le comte Rotou du Perche, puis
Ivon, Gautier d'Aire, l'écuyer du Frison, Thomas de la Fère et Droon de
Moncy, Évrard de Puisac, et Hue le neveu de Gui, Enguerrand de Saint-
Pol et Fouchier d'Alençon, et Robert de Normandie qui, toute sa vie,
détesta les traîtres, et le comte Robert de Flandre, — que Dieu sauve son
âme ! Les Français se dépêchent de grimper et ils sont déjà trente-cinq à
être arrivés en haut. Hélas, Dieu ! quelle catastrophe ce fut quand
l'échelle céda ! Deux chevaliers y périrent pour le plus grand chagrin de
leurs compagnons. Quand ceux qui étaient sur le rempart regardèrent en
bas et qu'ils virent l'échelle rompue, ils ne surent plus que faire.

XXVIII

Quand l'échelle se rompit, ce fut une grande douleur. Deux chevaliers
de l'armée de Notre-Seigneur y perdirent la vie ; leurs âmes retournèrent
au Créateur. Ceux qui étaient sur le rempart se regardèrent avec effroi,
mais Dieu leur donna force et courage. « Montrez-vous vaillants, seigneurs, leur dit Dacien, n'ayez pas peur et frappez de beaux coups. Je
vous donne mon palais et mon donjon pour vous aider. Je crois depuis
longtemps en Dieu notre sauveur. Je vais éteindre la lanterne : elle éclaire
trop. D'ailleurs, l'aube commence de poindre ; bientôt, il fera jour. »

XXIX

« N'ayez pas peur, seigneurs, dit Dacien ; je crois sincèrement en le fils
de sainte Marie et vous pouvez compter sur moi jusqu'à la mort. » Le
comte Robert de Flandre le remercie courtoisement. « Combien sommes-
nous ?, ajoute-t-il. — Trente-cinq, répond Robert, le comte de Normandie. — Sur ma foi, dit Tancrède, c'est bien peu. — Courage, seigneurs,
fait Dacien, le Dieu en qui vous avez foi vous aidera. Que la moitié
d'entre vous aille au vieux donjon et que les autres descendent défoncer
la porte à coup de cognée : ce sera vite fait et permettra à vos chevaliers
d'entrer. Puis nous irons à la porte de la mahomerie. Certes, la ville ne va
pas tarder à être en émoi. Aussi, que chacun frappe de son mieux avec

son épée fourbie et s'arrange pour tuer tous les païens qu'il rencontrera.
— Qui agirait autrement serait un lâche », répliquent nos barons. Ils se
séparent aussitôt en deux groupes et s'en vont pleins d'allant. Le Turc
— béni soit-il ! — qui avait organisé son coup depuis longtemps, donna
une cognée à chacun et les guida jusqu'en bas.

XXX

Voilà nos chrétiens qui s'acheminent en deux groupes séparés. Vingt
d'entre eux descendent à la porte et en brisent le fléau à coup de cognée.
Dacien leur avait aussi donné des pieux de chêne pour dégager l'accès au
portail[1]. Le Turc béni adresse courtoisement une prière aux Français :
« Barons, j'ai un frère que j'aime tendrement. Il est là-haut dans cet
antique palais ; venez avec moi lui demander ses intentions. S'il veut
croire en Dieu, qu'il ait la vie sauve ; et s'il refuse, qu'on lui coupe la
tête. Car s'il vous échappait, cela irait mal pour nous : il pourrait tous
nous faire tuer. J'aime mieux qu'il meure plutôt que de vous voir échouer
à prendre la ville. »
Le comte Robert de Flandre emmena Dacien avec lui en haut du palais,
ainsi que Bohémond, Tancrède et Robert de Normandie. Le Turc les vit
arriver par la porte de la salle et jeta un cri : « Celui qui vous a introduits
ici est un traître ! Hélas, seigneur Garsion, voici venu le jour où vous allez
perdre votre cité ! » Ces paroles déplurent fort aux barons qui se précipitèrent sur lui pour le maîtriser ; après lui avoir attaché les mains et bandé
les yeux, ils revinrent à son frère qui les attendait dans l'escalier. Une fois
là, ils lui ôtèrent le bandeau et Dacien lui parla.

XXXI

Dacien pria son frère avec beaucoup de douceur : « Crois en Dieu le
fils de sainte Marie et renie les sortilèges de Mahomet qui n'a pas plus de
puissance qu'une pomme pourrie. Il faut avoir perdu la tête pour le servir
et l'adorer. — Quelle folie j'entends là ! Je ne le renierai pas, dussé-je y
perdre la vie. Quelle trahison vous avez machinée, lâche, coquin ! Hélas,
seigneur Garsion, votre cité est trahie ! — Qu'attendez-vous, seigneurs,
s'écrie Dacien quand il l'entend proférer ces paroles. Gardez-vous de lui
laisser la vie sauve ! » Sur ce, le comte de Flandre dégaine son épée
fourbie, lui tranche la tête sous les oreilles et la lance en bas derrière lui.
Les voilà plus tranquilles dans la ville forte. Cependant, le bon duc de

---

1. Pour renforcer les défenses, les portes étaient, de l'intérieur, condamnées par des rem-
blais de terre (voir laisse XXXII) : il ne servait donc à rien aux assiégeants de les enfoncer.

Bouillon était dans les prés au milieu du vallon où il guettait l'armée venue de Perse pour l'empêcher d'attaquer les chrétiens par surprise. Ne recevant aucune nouvelle de nos chevaliers, n'entendant aucun bruit ni retenir aucun cri de guerre, il se mit en selle sans plus attendre avec les siens, craignant que les Français n'aient péri.

Piquant des deux, il gagna l'enceinte de l'antique cité et y trouva nos gens accablés et découragés : un morceau de l'échelle, rompu, gisait à leurs pieds ; l'autre, attaché au créneau, pendait le long du mur. Cette vue ne lui plut guère et c'est d'un air inquiet qu'il interrogea les barons : « Pour Dieu, où sont Robert de Normandie et mon cousin Robert qui est en charge de la Flandre, et Tancrède et Bohémond, et tous les autres ? — Ils sont trente ou plus, nous ne savons pas exactement, qui sont montés sur le rempart et sont maintenant dans la ville. Que Dieu les aide ! L'échelle a rompu sous leur poids et celui de leurs armes : ils étaient trop nombreux. Un Turc d'Esclavonie les attendait en haut avec une lanterne allumée. Il les a emmenés et, depuis, on n'entend plus rien. — Dieu, fait le duc, c'est qu'on est en train de les tuer à grande douleur ! Hélas ! pourquoi ne suis-je pas avec eux ! Avec l'aide de Dieu qui ne nous manquerait pas, j'en suis sûr, ils ne mourraient pas, mais nous aurions déjà tué mille païens. » Le duc n'a pas le cœur à la fête ; il pleure et se lamente.

XXXII

Godefroy de Bouillon se désole. Sans plus attendre, il envoie un messager au camp : que tous s'arment et accourent, car il a grand besoin d'aide à cause des pertes subies. Le messager s'acquitte de sa mission auprès de l'armée de Notre-Seigneur et la nouvelle qu'il apporte leur donne sujet de craindre. Tous ont vite fait de s'armer.

Mais revenons-en aux barons aimés de Dieu, ceux qui se trouvent dans la cité aux murs de pierre. Avec leurs pics pointus, ils dégagèrent les portes de leurs contreforts de terre. Le bon Dacien monta alors sur le mur et, interpellant ceux du dehors : « Dépêchez-vous d'aller à la porte, barons : vous allez pouvoir entrer. Tous vos compagnons sont sains et saufs. — Dieu soit loué ! », dit le duc. Et il amène tous les siens devant la porte cependant que le Turc béni descendait du rempart. Enguerrand de Saint-Pol s'était rendu au palais avec treize autres barons ; Dacien leur avait servi de guide. Ils y avaient décapité dans leur sommeil les cent Turcs qui se trouvaient là. Au sommet d'une tour, on dressa l'enseigne marquée de la croix d'or aux armes de Bohémond pour signifier la prise de la cité. Cependant, les efforts des barons avaient réussi à dégager de la terre les vantaux de la porte et à ôter les barres posées en travers. Quand le jour fut bien levé, le fléau de la grand-porte était brisé, et le portail était ouvert, avec ses vantaux repoussés en arrière. Le bon duc de Bouillon fut le premier à entrer, suivi de ses compagnons et des autres barons : ils étaient dix mille dedans quand le soleil se montra. Les Turcs continuaient de dormir tranquillement alors que les nôtres avaient déjà installé des garnisons suffisantes dans les six tours commandées par Dacien.

XXXIII

Après le lever du soleil, quand on y vit clair, il y avait là plus de treize mille Français. Ils commencèrent par occuper les six tours du païen et par dresser leurs enseignes de soie au sommet. Dès que ceux qui étaient restés aux tentes les virent se balancer au vent, ils sonnèrent à l'envi de la trompette et tous nos barons s'armèrent, se préparant au combat, puis mirent leurs gens en rang. Le seigneur Raymond de Saint-Gilles dirige l'arrière-garde : il fait transporter à bras d'homme les blessés incapables de se déplacer qu'on avait allongés sur des civières. Ils gagnèrent la ville d'une seule traite et y entrèrent tous sans exception, que Dieu les protège ! Partout s'élevait le cri de « Montjoie ! ». Tirés de leur sommeil, les Sarrasins se voyaient attaqués. « Alerte, alerte ! crient-ils, quel malheur, Mahomet ! Hélas, seigneur Garsion, vous tardez trop, votre ville est prise sans coup férir. » Il fallait voir, au milieu du vacarme et des hurlements, nos barons parcourir Antioche, démembrer et tuer les païens, les faisant tomber à la renverse en tas. Leurs bras sont tout souillés de sang et de cervelle. Nombreuses aussi étaient les belles païennes qui, épouvantées, se tordaient les mains et s'arrachaient les cheveux, implorant Mahomet et Apollon et maudissant les Français qui donnent aux leurs sujet de s'affliger : « Quel malheur de penser que ces démons vont occuper nos terres ! » Tous les païens s'unirent comme un seul homme : ils étaient au moins trente mille qui se jetèrent dans la bataille et elle fut acharnée. Que de lances à la hampe épaisse furent rompues et que d'écus percés ! Que de gorgerins brisés et de hauberts démaillés, que d'arcs de corne tendus par les Sarrasins ! Que de flèches et de dards furent tirés ! Combien de javelots furent lancés et se fichèrent dans leurs cibles ! Combien de coups assénés par les masses de plomb ! Les rues sont jonchées de blessés et de morts. La bataille dura tout le jour et se prolongea pendant la nuit et jusqu'au lendemain soir. On peut bien dire et croire que l'affaire fut chaude.

XXXIV

Ce fut une grande bataille qui n'eut pas de cesse durant deux jours et guère davantage pendant les nuits. Garsion descendit du maître château [1] et entra dans le combat avec dix mille Turcs tous armés d'un arc et de

---

1. Le château principal.

flèches. Il prit position dans la grand rue pour affronter les Français qui s'y trouvaient. Les Turcs firent de leur mieux et nos Français durent reculer jusqu'au bout de la rue. « Faites retraite, nobles barons chrétiens, hurla Godefroy de Bouillon : si nous avançons davantage, ils seront trop nombreux pour nous. » Et voici Robert de Flandre descendu des remparts avec le comte Hue, l'ennemi juré des païens, et son fils Enguerrand le hardi ainsi que Tancrède et Bohémond. Avec leurs hommes, ils se sont déjà rendus maîtres de quatre rues où ils ont tué tous les Turcs : pas un n'en a réchappé. Quand ils voient les nôtres aux prises, ils s'élancent tous en criant : « Saint-Sépulcre ! On va voir ce qu'on va voir, barons ! Honte à jamais à qui ne se distinguera pas : seul celui qui frappera de beaux coups aura notre estime. Accordons à chacun ce qu'il conquerra ! »

Piquant des deux, Enguerrand de Saint-Pol dépassa le gros de nos troupes et s'enfonça au cœur du bataillon principal des Sarrasins. Son épieu fut bien employé : il en tua, sous ses yeux, le neveu de Garsion. Il avait abattu cinq Turcs avant que l'arme se rompît. Puis, mettant l'épée au clair, il l'abattit sur le roi Bredalan, lui tranchant la tête. Garsion d'Antioche lui lança un fer de serpe qui traversa son cheval de part en part. Le destrier s'écroula, mort, mais Enguerrand se remit debout : l'épée à la main, tenant son écu serré contre lui, sans peur, il courut sus aux païens, leur assénant force coups de sa lame à l'acier fourbi. Mais à moins que Jésus le créateur du monde ne veille sur lui, il n'en réchappera pas, car ils sont trop nombreux à l'encercler. Cette vue déplut à nos barons qui se précipitèrent tous en criant : « Saint-Sépulcre ! », prêts à le défendre pour lui éviter la mort.

XXXV

La bataille fit rage pour secourir Enguerrand : que de lances brisées et d'écus mis en pièces ! Que de hauberts démaillés et de gorgerins en éclats ! Mille cinq cents païens y furent tués dont les âmes peuplèrent éternellement l'enfer. Hungier l'Allemand a dégainé son épée fourbie et va frapper Corbarel, le seigneur de Lutis dont il fend le crâne en deux. À cette vue, Garsion est saisi de crainte : il aimerait mieux être en haut dans la salle voûtée. Il fait faire demi-tour à son cheval pour se retirer, imité par les autres païens que voilà vaincus.

Voici que les maris abandonnent leur femme et les amis leur amie, sans prendre congé : les Francs les contraignent à chercher refuge au cœur de la place. Tous les païens s'y rassemblent et la bataille fait rage. Du haut des tours, les Turcs, avec leurs arcs de corne courbés, accablent de traits nos gens. Mais le roi Tafur, furieux, arrive avec Pierre l'Ermite au poil grisonnant : dix mille braves ribauds les suivent. « Bohémond de Sicile, franc chevalier, et vous, Robert de Flandre, noble et valeureux comte, et vous aussi, barons bénis de Dieu, s'écrie-t-il assez haut pour être clairement entendu, occupez-vous des Turcs qui sont restés dans la ville. Qu'aucun d'eux n'en réchappe ! Pour ceux qui tirent sur vous depuis le palais voûté, je vous les livrerai tous, morts ou vifs ! » Il fit beau voir alors les ribauds attaquer avec ardeur : ils projetaient d'énormes cailloux avec leurs frondes, enfonçaient les portes de leurs lourds maillets et grimpaient aux échelles en se mettant à couvert. Ils ont investi le palais par plus de trente lieux ; pas un ne recula devant les païens : seuls, les blessés et les morts renoncèrent. Ils s'emparent des murs, des palissades et des tours, y tuant quinze cents païens, et prenant leur plaisir avec les belles Sarrasines sans l'aveu de Jésus [1] le roi du ciel. Des Turcs, cependant, réussirent à s'échapper en passant par une porte dérobée et à gagner la tour maîtresse construite à même le roc.

XXXVI

Les gens du roi Tafur eurent une conduite digne de tout éloge : ils furent les premiers à entrer dans huit des tours maîtresses. Les autres n'étaient pas à la traîne et nos barons ne ménagent pas les Turcs. « Nous ne pouvons avoir bonne opinion de nous à voir ces fieffés coquins nous résister, dit le duc de Bouillon. J'aime mieux perdre la vie dans la mêlée plutôt que de les laisser maîtres de ce château. Saint-Sépulcre ! », s'écriat-il pour faire se rallier les Français et, s'élançant sur les païens l'épée au clair, il alla en frapper le roi Briquemer sur son heaume dont le cercle d'or ne résista pas plus qu'un rameau d'olivier : voilà le païen fendu en deux jusqu'au cheval ! À cette vue, la colère saisit les païens, mais aucun n'ose plus affronter les Francs ; tous s'enfuient sans rémission. Certains avaient là une amie, une sœur ou une épouse que la peur de la mort les pousse à abandonner. Les chrétiens aimés et estimés de Dieu les poursuivent jusqu'au maître château, jonchant la terre de blessés et de morts. Ah ! si vous aviez vu toutes ces belles païennes se tordant les mains et s'arrachant les cheveux : « Hélas, Mahomet ! qu'attendez-vous pour nous aider ? » Pour protéger sa vie, Garsion s'enfuit jusqu'au sommet du donjon taillé dans le roc qui s'élevait aussi haut qu'une portée d'arbalète. Il se fiait dans la porte qu'il y a plus de mille ans, en vérité, les diables avaient fabriquée et installée. Ils avaient confié cette tâche à un de leurs artisans, Cerbère, qui était commis à la garde des portes infernales. Pour les Turcs qui chutent de toute la hauteur de la falaise, il n'y a plus rien à dire ni à faire : autant vaudrait tomber en enfer.

---

1. Il s'agit de païennes (voir aussi ci-dessous, chant VII, laisse XVI), que Dieu avait interdit aux chrétiens de fréquenter.

XXXVII

Le sommet où perchait le château de Garsion s'élevait à la hauteur d'une portée d'arc ; il était construit à même le roc sur un à-plat de pierre grise. À la porte d'Esquinart qu'avait bâtie Néron, le suppôt d'enfer, les escarpements de la falaise avaient servi de carrière pour construire le donjon. C'est de là que beaucoup de Turcs chutent tant ils s'y pressent en foule. La peur de la mort leur fait chercher un refuge. Mais quiconque tombe n'échappe pas à la mort : jamais plus on n'entendra parler de lui en ce monde. Garsion est là-haut dans sa demeure avec dix mille Turcs et Esclers. Le château ne manquait de rien ; on y avait entassé suffisamment d'armes de toutes sortes pour ne pas avoir à craindre les Français plus qu'un nouveau-né ; et il y a des voies sûres qui donnent accès tant à la ville qu'à la campagne. Que Dieu n'oublie pas les Français ! Les Turcs, eux, sont à l'abri.

Les barons ratissèrent Antioche pour y chercher des vivres, mais ils en trouvèrent fort peu, car les Turcs les avaient rendus inconsommables avant de s'enfuir. « Pour l'amour de Dieu, dit le duc de Bouillon, n'oublions pas que nous avons laissé les blessés et les malades au camp avec tout un convoi de magnifiques tentes et une partie des bagages. — Vous avez raison, seigneur, dit Bohémond ; chargeons Robert de Normandie d'y aller avec le comte de Flandre et sa suite, ainsi que Hue de Saint-Pol au cœur de lion et l'évêque du Puy, notre aumônier. — La bénédiction de Dieu soit sur eux ! », répondent les barons.

XXXVIII

Les barons partirent aussitôt et eurent soin de ne pas s'attarder en route. Ils firent porter avec précaution jusqu'à Antioche tous les malades et les blessés. Puis ils chargèrent sur des charrettes les vivres et le reste des bagages. Armes et tentes furent acheminées dans la ville et on ensevelit en terre sainte les morts chrétiens, dont l'évêque du Puy recommanda les âmes à Dieu.

Quand les Turcs les virent se livrer à ces activités, ils auraient bien tenté une sortie ; mais le courage leur manqua ; aussi les laissèrent-ils circuler en paix. « Cette armée de secours qui n'en finit pas d'arriver me rendra fou », dit Garsion. « Rassurez-vous, seigneur, fait Crucados, je vois un gros nuage au-dessus de la montagne. Je vous le dis, c'est l'armée qui arrive, semant la terreur : demain, avant midi, vous la verrez camper sous vos yeux. » Il disait vrai (Dieu l'anéantisse !), car les Turcs étaient déjà au val de l'Escoler et leur nombre s'élevait à dix fois cent mille. Cependant, nos nobles chrétiens — que Jésus les ait en sa garde ! — ont débarrassé Antioche de tous les cadavres de Turcs qu'ils sont allés enterrer hors les murs dans un charnier, recouverts de terre à cause de la puanteur. Et ils ont tenu sur les fonts baptismaux beaucoup de belles païennes qui ont accepté de croire sincèrement dans le Seigneur Dieu et de l'adorer. De son côté, le Turc Dacien n'oublie pas ce à quoi il s'était engagé : il se fit baptiser par l'évêque en même temps que son fils bien-aimé. Les Français font chanter la messe dans les églises où l'on bénit et consacre le corps de Notre-Seigneur. Mais le répit ne dura guère et ils furent à nouveau à la peine, car les attaques des païens les eurent vite forcés à reprendre les armes.

CHANT VII

I

La prise d'Antioche eut lieu un mercredi soir, et le lendemain, le convoi venu du camp entrait dans la ville. Mais les vivres et tout le nécessaire manquaient. De plus, les Turcs retranchés dans la citadelle ne laissaient pas de répit aux chrétiens et leur causaient colère et peine, en effectuant de nuit des sorties en force qui faisaient beaucoup de morts ; la perte de leurs amis ne cessait pas d'éprouver les nôtres.

[II]

III

Depuis qu'ils ont pris Antioche la grande, nos Français sont partagés entre peine et colère. Et voici qu'ils aperçoivent, s'élevant dans le ciel à contre-jour, un nuage de poussière que soulevait une troupe de chevaux au galop. « Ce doit être l'empereur qui nous amène du secours, disent les uns. — Mais non, disent les autres ; vous perdez la tête : c'est l'armée de Perse, celle des hommes de l'émir. » Ce sont eux qui ont vu juste, car les païens chevauchent, fiers et allègres, avec, à leur tête, leur chef Corbaran. Il a avec lui Arabes et Persans, Amoraves [1] et Popelicans [2], Turcs et Mèdes (une race de guerriers) ainsi que ceux de Samaire et d'Agolant (de fieffés orgueilleux, ceux-là), armés de leur seule épée affilée. Il faut savoir encore, ce qui peut étonner, que pour rien au monde ils ne voudraient charger leurs chevaux de lances, d'écus ni d'étendards : ils les font porter par un homme qui court à leurs côtés. Ceux qui galopent en tête de

---

1. Marocains, parfois aussi désignés comme habitants du royaume de « Lutis » (voir laisse IX).
2. Terme qui désigne les Manichéens.

l'armée sont arrivés en vue du donjon d'Antioche. Ils font alors halte dans un défilé. Quand ces traîtres de mécréants se furent regroupés, Corbaran leur tint ce discours : « Que nos éclaireurs aillent engager le combat dans la cité ! Nous les suivrons sans précipitation. Si nous pouvons attirer dehors ces mécréants, nous les tuerons tous sans rémission. »

[IV-V. Exploit et mort de Roger de Barneville.]

VI

Les Persans ont mis le siège devant Antioche. Or, un de leurs amis Turcs trouva, abandonnées dans un coin de lande, une lance et une vieille épée dont la lame était en fort mauvais état, toute cabossée et noircie de rouille ; quant au fourreau, il était à moitié pourri. Cela eut le don de faire rire Corbaran : « Dis-moi, frère, où as-tu déniché ces armes ? — Elles appartenaient à ces misérables vantards qui se sont emparés des places fortes de Romanie. — Eh bien ! dit Corbaran, je vous garantis qu'ils sont complètement fous s'ils pensent pouvoir conquérir le pays avec des armes pareilles. Par Mahomet qui me protège, c'est pour leur malheur qu'ils seront venus en Syrie, si Dieu me prête vie. »

VII

Ils ne prolongèrent pas davantage leur entretien et Corbaran fit appeler son chancelier qui était chargé d'écrire ses lettres et de les fermer de son sceau. « Dépêche-toi de prendre encre et parchemin. Allons, ne traîne pas ! Je veux faire savoir par lettre au pontife Caïphe — loué soit-il ! — et au roi Soudan, lequel nous doit protection, que ces misérables venus d'outre-mer sont dans Antioche, mais que nous les y tenons enfermés sans qu'ils puissent s'échapper. Lorsque je l'ai quitté, il m'a bien recommandé de leur arracher à tous les membres et la vie, et je vais m'y employer de mon mieux. Quant aux plus riches d'entre eux, si je peux les lui amener chargés de chaînes et s'il peut jeter en prison le frère du roi de France, le comte Hue le puîné, et se moquer de lui, pour s'amuser à son plaisir, en l'accablant de quolibets et d'insultes, voire le mettre à mort en lui faisant couper la tête, on le craindra d'autant plus. Il nous faut réduire en servage ceux qui veulent nous faire prisonniers et nous traiter en serfs. Et que, pendant ce temps, mon seigneur Soudan, à qui mon amitié ne doit pas manquer, se fasse saigner dans sa chambre et poser des ventouses[1], qu'il se divertisse à chasser en rivière et s'occupe à engendrer des enfants qui le protégeront dans sa vieillesse si jamais les Français venaient pour

---

1. Pratiques traditionnellement associées au Moyen Âge avec une vie tranquille et oisive.

conquérir son royaume. » Voilà quels étaient les projets de Corbaran, et il n'en dit pas plus. Aussitôt après, d'après ce que j'ai entendu raconter, sa mère vint le trouver.

VIII

« Écoutez-moi un peu, cher fils, dit la dame. Vous êtes mon réconfort et ma joie, l'objet de toutes mes pensées et de tout l'amour de mon cœur. Pendant que j'étais dans ma capitale, Oliferne, un messager est venu me prévenir que vous aviez été convoqué avec vos hommes pour aller vous battre contre les Français. Je suis vite venue voir si c'est vrai. — Comme vous le voyez, dame, puisque telle est la volonté du Soudan, notre seigneur légitime. — Voilà qui me crève le cœur, mon cher fils. Qui a eu le malheur de vous donner un si mauvais conseil ? Vous avez été bien mal avisé de ne pas m'en parler. Il n'est pas de dieu plus puissant que celui des Français : c'est ce qu'affirme l'Écriture et elle dit vrai. Vous ignorez l'étendue de son pouvoir, mon fils : si vous entrez en lutte avec lui, ce sera folie. Il a couvert de honte Pharaon en délivrant le peuple d'Israël : quand les Hébreux eurent traversé la mer Rouge sans pont ni gué, il noya le roi et tous ses barons. Il a détrôné le roi du Maroc, chassé de leurs terres Edom et Chanaan pour les donner à ses fidèles, protégeant et défendant si bien ces derniers qu'ils ont vaincu en bataille tous ceux, si nombreux fussent-ils, qui se sont opposés à eux. C'est ce peuple qui s'est levé en Occident et qui va conquérir les terres de nos pères. » Ces paroles rendirent Corbaran fou de colère.

IX

« N'insistez pas, dame, je suis décidé à me battre. — Voilà qui me fend le cœur, mon cher fils. Je sais que vous ne mourrez pas dans la bataille, mais qu'avant un an c'en sera fini de votre joie de vivre. Actuellement, vous êtes respecté à la cour de notre roi ; mais si vous êtes vaincu, on vous y méprisera. Si aimé que vous y ayez été, vous y serez encore plus déconsidéré et outragé. Vous avez avec vous Turcs et Marocains, Mèdes et Perses, Syriens et Lutis, tandis que les Français sont bien peu nombreux. Si vous vous faites battre, de votre vie vous n'aurez plus jamais le courage d'affronter un adversaire un peu difficile. Semblable au lièvre qui fuit à travers champs devant les chiens qui lui aboient aux trousses et lui donnent la chasse, vous fuirez les épées fourbies des Francs. » À ces mots, Corbaran ne se connaît plus de colère.

X

« Je crois, mon cher fils, que le jour est venu : il y a plus de cent ans que nos ancêtres ont prédit qu'un peuple viendrait de la terre des Aïeux [1] et qu'il conquerrait ce royaume de vive force. Ce sera pure folie de votre part de vous opposer à eux. Depuis qu'on m'a appris que vous convoquiez vos païens, je me suis appliquée à connaître votre avenir : le plus souvent, la réponse a été que vous ne mourriez pas au combat, mais qu'avant un an je serai dans la douleur à cause de vous. Quant à Brohadas, je crains fort pour lui : les devins disent que sa fin est proche. — En voilà assez, dame : je ne renoncerais pas à les affronter, si j'en ai l'occasion, pour tout l'empire de l'Inde. » Ce discours effraya beaucoup la dame qui, après avoir demandé congé, s'en retourna d'où elle était venue.

XI

Après avoir pris congé, la dame s'en retourna dans son royaume, emportant avec elle tout ce qu'elle pouvait et considérant tout le reste comme perdu. Corbaran, lui, demeura avec ses barons.

Mais revenons à Antioche et aux exploits de nos Francs. Enserrés étroitement dans l'enceinte, tous nos courageux barons endossent le haubert et attachent sur leur tête le heaume orné de pierreries. Tous les jours, devant la porte de la cité, ils affrontent les Turcs avec ardeur et en tuent un grand nombre ; de leur côté, ceux-ci blessent mortellement et tuent beaucoup des nôtres. Que Jésus, dans sa bonté, accueille leurs âmes ! Chaque nuit, ils montent la garde en selle sur leurs chevaux caparaçonnés. Quelles fatigues, quelles épreuves ils endurent ! On rapporte aussi — et c'est la pure vérité — qu'au bout de peu de temps les vivres se firent si rares que même les plus riches d'entre eux se retrouvèrent démunis.

XII

La disette accabla si bien les gens de Notre-Seigneur que même les plus riches manquèrent de nourriture ; les princes voyaient leurs forces diminuer et leur état se dégrader ; il en était de même pour les rapides destriers ; quant aux petites gens, poussés par la faim, ils arrachaient des plantes et les mangeaient sans même les faire cuire : feuilles, racines, ils ne faisaient pas de restes. Pour un petit pain, on aurait volontiers donné un

1. C'est ainsi que les Francs appellent leur pays : comme souvent, un point de vue « occidental » est prêté à un personnage « oriental ».

besant d'or fin. Quand on pouvait trouver une cuisse d'âne, on l'achetait soixante sous ; mais l'argent aussi était rare et, quand on en avait, on n'hésitait pas à marchander. On écorchait ânes, mulets et chevaux et on en faisait bouillir ou griller la chair pour la manger. Quant à la peau, on la posait sur un lit de braises, encore chargée des poils, et sergents et écuyers mangeaient le tout sans pain. Quand une mère voulait donner le sein à son enfant, elle s'apercevait que son lait était tari ; les yeux clos, le petit [1] ne tardait pas à mourir de faim. C'est pour répandre notre foi et conquérir par leurs mérites le saint paradis que nos gens endurèrent toutes ces souffrances. [...]

Nombreux sont ceux qui, la nuit venue, s'enfuient pour se mettre en quête de pain : ils attachent des cordes en haut des créneaux et se laissent glisser jusqu'au sol, puis gagnent la mer où les marins qui gardaient les bateaux leur demandent des nouvelles de ces barons « qui servent le seigneur Dieu avec une loyauté sans faille. — Hélas ! répondent les fuyards, ils n'ont plus rien ; c'est la famine : ils sont tous voués à une mort sans recours. » Quand les marins savent ce qu'il en est, ils n'osent s'attarder davantage et gagnent la haute mer.

Je voudrais maintenant, seigneurs, vous parler de ce noble guerrier, le comte Étienne. Dans l'armée, on le considérait comme un lâche parce que, avant que les nôtres aient pu se loger dans Antioche, la ville aux murs massifs, il avait été frappé d'un mal qui l'avait empêché de chevaucher et amené à rester reprendre des forces à l'abri d'un château.

XIII

Sa maladie l'avait beaucoup affaibli. Il séjourna un temps avec ses intimes dans un château dont il était le seigneur ; mais quand il eut repris des forces, il resta à ne rien faire. Les fuyards vinrent se plaindre à lui de ce que ses gens étaient réduits à la dernière extrémité, accablés qu'ils étaient par la faim et la soif. Il monta tout seul dans un poste de guet d'où il pouvait voir les murs et le donjon d'Antioche : Corbaran et son armée de Perse s'offrirent à ses yeux. Aussitôt, il s'en retourne là où il s'était logé, rassemble tout ce qui lui appartient et s'en va droit en direction de Constantinople la forte cité, sans plus se soucier des chevaliers de Dieu qui, de leur côté, pensaient qu'il ne les oublierait pas et leur enverrait des secours contre la gent détestée. Mais que Dieu le fils de sainte Marie leur vienne en aide car, le jour des Rameaux, ils seront toujours à les attendre. Comme l'aube se levait, il parvint au Loseignor [2] où il trouva l'empereur avec ses barons. L'appelant en conseil, il lui dit tranquillement : « Sei-

---

1. Le texte est ambigu : on peut aussi comprendre que c'est la mère qui meurt.
2. Philomelium, aujourd'hui Akschet, non loin de Konieh.

gneur et légitime empereur, je dois vous dire que nos gens se sont emparés d'Antioche, cela est sûr, mais ceux qui sont dans la citadelle ne se privent pas de les assaillir, cependant que, hors les murs, il y a Corbaran avec une armée gigantesque. Sachez aussi que la disette sévit dans la ville et qu'il n'y a pas ou peu de survivants. » Ces nouvelles ne réjouirent guère l'empereur et se répandirent très vite dans toute l'armée.

XIV

La nouvelle ne tarda guère à se répandre dans toute l'armée. Elle parvint aux oreilles d'un ami de Bohémond, un de ses intimes qu'on appelait Gui dans notre langue ; c'était un chevalier vaillant et redouté, que l'empereur tenait en grande affection pour ses hauts faits et toutes ses qualités. Son chagrin fut tel qu'il s'évanouit et tomba à terre. Revenu à lui, il se lamenta sur son malheur : « Hélas, Père de gloire, Jésus en majesté, c'étaient vos barons qui s'étaient rassemblés là, c'est pour vous qu'ils avaient quitté villes et châteaux, et vous avez permis qu'ils soient mis en déroute ! Hélas ! seigneur Bohémond, franc chevalier renommé, fleur de chevalerie, vous étiez sans égal pour la sagesse, la prouesse et la générosité, et les pauvres n'avaient pas de meilleur avocat que vous. Comment un Sarrasin a-t-il pu avoir l'audace de frapper celui qui brillait d'un tel éclat sous les armes ? Si vous êtes mort, je ne veux pas qu'on me dise vivant quand pourriront en terre votre bouche, votre nez, vos yeux, et tout votre visage avec son front et ses joues ! Hélas ! Dieu de gloire, qu'est devenue votre puissance ? Quelle tristesse et quelle douleur accablent mon cœur, si ce que dit cet homme est vrai ! Je ne sais plus à quoi me prendre. Comment le Saint-Sépulcre sera-t-il délivré ? Les païens pourront tenir tranquillement toutes leurs terres héréditaires. Seigneurs et nobles chevaliers qui pleurez de pitié, et vous, légitime empereur, écoutez ce que j'ai à vous dire. Je me refuse à croire que tous ces barons si puissants qui sont passés par ici aient pu être réduits à pareil état par quiconque. S'ils avaient eu à combattre en champ de bataille l'armée des Sarrasins et celle, innombrable, des peuples d'Orient, avant d'être honteusement mis à mal et d'être vaincus ou tués, ils l'auraient fait payer cher à leurs adversaires à grands coups de leurs épées aiguisées. De plus, les nôtres occupaient les murs et les fossés ; ceux qui les ont tués ne doivent plus être fort nombreux. Seigneur et légitime empereur, si vous voulez m'écouter, il ne dépendra que de vous de prendre Antioche. Chevauchez hardiment, vous vaincrez les Turcs. Si les fidèles du Seigneur Dieu qui souffrit la Passion sur la croix ont été tués, vous donnerez une sépulture chrétienne à leurs corps et vous les vengerez. Quoi qu'en dise cet homme, sachez que c'est la peur de la défaite qui l'a fait fuir. » Malgré les dire de Gui, l'empereur fit demi-tour[1] avec sa puissante baronnie et Gui lui-même l'accompagna, au comble de la tristesse : jamais vous ne verrez personne mener plus grand deuil.

XV

L'empereur s'en retourna en Romanie, mais, auparavant, il eut recours à une ruse de guerre : il fit le désert dans le pays des Agariens[2], afin que les Turcs soient mis dans l'impossibilité de s'y ravitailler s'ils faisaient une expédition de ce côté.

Je vais maintenant laisser là ces maudits Turcs et parler de nos gens de la Bonne Terre, qui sont en peine et en crainte dans Antioche, où la faim et la soif les accablent. Depuis vingt-cinq jours, il n'y a plus ni pain ni avoine. Si le Seigneur Dieu du monde les oublie, bientôt, ils seront tous morts.

Il y avait dans Antioche une vieille église dédiée à la Vierge Marie. Pendant que son desservant dormait par une nuit tranquille, Jésus lui apparut, en haute compagnie, et le lieu fut tout illuminé de Sa beauté.

XVI

Le prêtre avait fini par s'endormir après avoir longuement prié le Tout-Puissant pour les nôtres. Jésus lui apparut trônant en majesté entre saint Pierre et saint Paul, avec la Vierge sa mère — et l'éclat de leur beauté aurait fait pâlir la lumière même du soleil un jour d'été. Notre-Seigneur appelle doucement le prêtre qui, en réponse, le salue jusqu'à terre et tombe à ses pieds : « Pitié, Seigneur, secours ton peuple, par ta bonté !
— Crois-tu que je ne les ai pas déjà aidés beaucoup ? dit Notre-Seigneur. Je leur ai fait prendre Nicée la forte cité, et si nombreux qu'aient été leurs ennemis, ils ont toujours eu le dessus sur eux. Je les ai rassasiés pendant qu'ils assiégeaient Antioche et ils ont pu s'emparer de la ville comme ils le voulaient. Quant aux maux qu'ils endurent à présent, c'est en punition de leur désobéissance : ils ont fait l'œuvre de chair avec des Sarrasines, des païennes, passant les nuits avec elles, sans tenir compte — les fous ! — de l'interdiction que je leur en avais faite. » À ces mots, Notre-Dame, n'écoutant que sa pitié, tombe aux pieds de Jésus ainsi que saint Pierre et saint Paul, l'aimé de Dieu.

---

1. L'empereur renonça en effet à secourir les croisés.
2. Ce terme ne peut désigner ici que le pays des Sarrasins.

XVII

La mère de Dieu s'est jetée aux pieds de son fils, suppliant tendrement celui qu'elle a élevé d'avoir pitié de son peuple et de lui venir en aide. « Seigneur, dit saint Pierre, je vous en prie du fond du cœur ! Ils m'ont rendu un fier service en me restituant l'église qui m'avait été consacrée et que Turcs et Arabes détenaient depuis si longtemps en leur pouvoir. Anges et apôtres en sont dans la liesse ; tous se réjouissent pour moi. » Dans sa bienveillance, Notre-Seigneur écouta leurs prières avec faveur : « Va trouver mon peuple, dit-il avec douceur au prêtre, et dis-leur de ma part qu'ils n'oublient pas les fautes qu'ils ont commises et qu'ils les avouent en confession : alors, dans un délai de cinq jours, ils seront exaucés et on viendra à leur secours. » Après avoir ainsi parlé, il disparut, remontant au paradis d'où il était venu. Le prêtre, lui, resta où il était, au comble de la joie de ce qu'il avait vu et entendu, et en rendant grâce au Dieu de vérité. Le matin quand il fit clair, il se leva.

XVIII

Il fait clair et le soleil brille. Turcs et Marocains s'arment en toute hâte et courent à la porte fortifiée par les soins des nôtres, bien décidés à leur infliger des pertes. Trompettes et cors d'airain retentissent tandis que l'ennemi couvre nos gens de quolibets et d'insultes : « Vous n'en réchapperez pas, fils de putes ! » crient-ils. Avertis par le bruit, nos barons vont s'armer et ouvrent la porte. Des deux côtés, les traits se mettent à pleuvoir.

On m'a raconté que c'est vers l'heure de tierce que le prêtre arriva, pleurant et criant : « Arrêtez, nobles chevaliers ! Venez entendre ce que j'ai à vous dire ! » À ces mots, les barons font fermer la porte et tous se rassemblent autour de lui : « Écoutez-moi, s'il vous plaît ! Je vous parle au nom de Jésus de gloire : cette nuit, sachez-le, Dieu m'est apparu et m'a dit ce que je vais vous répéter. Confessez vos fautes aux prêtres et gardez-vous de retomber dans les mêmes péchés. Avant huit jours, Sa grâce illuminera vos cœurs. Si vous ne me croyez pas, je suis prêt à me soumettre à n'importe quelle épreuve judiciaire. » Aÿmer, l'évêque du Puy, lui fit présenter les reliques et jurer qu'il disait la vérité. Quant à Pierre l'Ermite, il parla aux barons pour confirmer ce que le prêtre avait dit. Voici le discours qu'il leur tint.

XIX

« Prêtez-moi un peu attention, seigneurs. Avant que vous n'ayez pris cette ville, comme je dormais dans mon lit, là-dehors au milieu des prés, un homme, très beau, m'apparut : son nom de baptême était saint André [1] : "Écoutez-moi, ami, me dit-il. Quand vous serez entré dans Antioche, vous irez droit à l'église dédiée à saint Pierre, le céleste portier ; creusez au pied du mur de droite et vous y trouverez la lance dont Dieu fut frappé quand il fut supplicié sur la croix." Puis, ayant ainsi parlé, il disparut. Le lendemain matin, après m'être levé, je crus avoir rêvé. Beaucoup de temps a passé depuis. Or, la nuit dernière, saint André m'est à nouveau apparu et m'a fait voir l'endroit exact où vous trouverez la lance. Venez, s'il vous plaît, je vais vous le montrer. Mais le saint a ajouté que vous deviez tous faire une confession sincère, et que cela se retournerait contre vous si vous ne le croyiez pas. Dans toutes les batailles livrées en l'honneur de Dieu, si vous portez la lance, vous serez vainqueurs. Si vous ne me faites pas confiance, je suis prêt à me soumettre à n'importe quelle épreuve judiciaire, par le fer ou l'eau selon ce que vous déciderez. — Que Dieu en soit adoré, mon ami », dit l'évêque. Pierre montre le chemin, l'évêque marchant à ses côtés, et tous les barons les suivent ; il les mena aussi facilement que si ç'avait été son lieu de naissance à un endroit qu'il leur désigna en leur disant de creuser là et qu'il voulait bien être brûlé vif si on n'y trouvait pas la lance. Douze ouvriers munis de solides pics pointus se mirent à la tâche et on trouva l'étui où la lance était couchée à l'heure de vêpres. Quand on l'eut sortie de terre, tous les gens d'église allèrent célébrer un service solennel.

XX

La découverte de la lance les exalta tous : d'une seule voix, ils jurèrent de ne jamais fuir un champ de bataille pour épargner leur vie et de ne pas s'arrêter avant de s'être emparés de Jérusalem — si Jésus le leur accordait — et d'être arrivés au Saint-Sépulcre. Ce serment mit les pauvres au comble de la joie. « Voilà un engagement de pris qui est bel et bon, se disaient-ils les uns aux autres. Grâces en soient rendues à Dieu le maître du monde ! » La nuit suivante, selon la chronique, un orage venu de l'ouest s'abattit avec une violence effroyable sur l'armée des chrétiens. Les nôtres prirent peur, mais les païens encore plus, car c'est sur eux que la foudre tomba et ils ne voulurent pas rester là davantage. Les plus sages s'affligèrent de ce qui était arrivé et seraient volontiers repartis en Orient,

---

1. Sa canonisation est évidemment anticipée.

mais l'avis des fous l'emporta : ils furent plus nombreux à refuser de faire demi-tour. Tous s'installent dans la citadelle sans difficulté et, de là, commencent de mener des assauts répétés contre les nôtres.

XXI

L'armée de Corbaran, ce ramassis de traîtres, s'installe à sa volonté dans la citadelle d'où ils envoient force corps de troupes affronter les nôtres. Quand les uns sont fatigués, d'autres s'avancent en rangs serrés bien alignés tandis que nos gens n'ont personne pour les relayer. C'est pourquoi nos barons eurent l'idée d'élever un mur entre leurs ennemis et eux pour pouvoir mieux se défendre quand ils seraient en difficulté.

Lors d'un de leurs affrontements, les nôtres leur donnèrent la chasse jusqu'à une tour où ils voulurent se réfugier et en chassèrent — les perfides ! — trois hommes à nous. Deux d'entre eux, dès l'abord grièvement blessés, eurent la tête tranchée quand ils voulurent sortir ; quant au troisième, forcé de monter à l'étage, il se défendit jusqu'au bout, mais lui aussi finit par être décapité. Le bon duc Bohémond, que cela affligea, aurait bien voulu venir à son secours, mais la faim avait trop affaibli ses hommes. Il dut se contenter d'allumer lui-même un feu dans un vieux palais mitoyen de la tour. Le vent attisant le brasier, les coquins ne purent y tenir longtemps. Mais le diable, lui aussi, se mit de la partie : commencé aux environs de tierce, l'incendie se propagea jusqu'à minuit dans la bonne cité ; il y eut, sans mentir, deux mille édifices, tant maisons qu'églises, de brûlés, avant qu'il ne s'éteigne. Les nôtres en furent saisis de crainte et de tristesse à cause des églises.

XXII

Les nôtres étaient partagés entre colère et tristesse : « Tout va de mal en pis. Nous ne pouvons pas continuer ainsi ; tous les pauvres meurent déjà de faim. — Seigneurs, leur dit l'évêque, d'après moi, voici ce qu'il faut faire : envoyez dire à Corbaran (que Dieu le maudisse !) que ce royaume est nôtre [1] parce qu'il nous a appartenu avant que ses gens ne s'en soient emparés par la force : nous sommes donc venus reprendre ce qui est à nous. Nous sommes prêts à faire la preuve qu'il n'a sur lui aucun droit, par combat à vingt comme à dix chevaliers, ou à un seul (un courageux champion !). S'il dit non, nous nous y prendrons autrement : nous

---

1. Comment entendre ce possessif ? « Nous » désigne-t-il les chrétiens ou les croisés ? Ceux-ci ont, on l'a vu, tendance à oublier la seigneurie longtemps exercée par Byzance sur le pays.

avons bien entendu le mandement de Dieu et nous détenons — nous en sommes sûrs — la lance, instrument de son supplice et de la mort qu'il a soufferte pour nous. Nous sommes tous ses fils et nous le vengerons. — Malheur à qui n'est pas d'accord », répondent les barons.

XXIII

Les nobles guerriers approuvent la proposition et se demandent qui ils vont pouvoir envoyer. Personne ne voulait y aller sauf Pierre l'Ermite [1], qui fut le premier à prendre la parole : « Seigneurs, dit-il aux princes, si vous le voulez, je me chargerai de votre message pour l'honneur de Dieu. J'accepte d'avance d'y perdre la vie, car j'en serai récompensé au Jugement dernier. » Il y avait là, aussi, au milieu des barons, un chevalier du nom d'Herluin qui eut un comportement au-dessus de tout éloge : « Seigneurs, dit-il aux princes, j'ai une demande à vous présenter : je veux accompagner le seigneur Pierre. — Soyez-en remercié, font les barons. Si, grâce à vous, nous réussissons, vous serez notre ami à la vie, à la mort. Vous emmènerez avec vous un de nos interprètes qui connaisse bien la langue. Faites vite, fils de vrai chevalier ! » Les messagers partent en toute hâte. Tous trois quittent la ville après que l'évêque du Puy a tracé sur eux le signe de la croix et s'en vont débattre avec Corbaran de ses droits sur le royaume.

XXIV

Les messagers partent de la bonne cité, somptueusement habillés et chaussés. Pierre monte un âne portant une selle d'apparat, les deux autres des mulets qui marchent docilement à l'amble. Ils vont d'une traite jusqu'à la tente de Corbaran.

Celui-ci trônait sur un siège doré, les jambes croisées, l'air fier, entouré de la plupart de ses barons. Il était vêtu à la façon des gens de son pays et, à le voir, on reconnaissait un seigneur, maître de vastes terres. Nos messagers s'arrêtent sans le saluer ni s'incliner devant lui, ce qui indigna fort les Turcs qui se trouvaient dans la tente ; s'il ne s'était agi de messagers, ils les auraient tués sur l'heure. C'est le seigneur Pierre l'Ermite qui fut leur porte-parole : « Corbaran, écoute ce que te font dire les Francs. Ils ont grande honte et grande peine de ce que tu as osé marcher contre eux les armes à la main. Les dieux auxquels tu voues un culte fidèle se sont cruellement moqués de toi. Nos barons affirment, preuves à l'appui,

---

1. Peu auparavant, il avait tenté de fuir la ville affamée — ce que la chanson ne dit pas. On peut donc douter qu'il se soit ainsi désigné lui-même ; mais qu'il l'ait été prouve le prestige qu'il avait gardé.

que ce royaume est leur parce qu'il leur a appartenu avant toi, et que vos gens l'ont méchamment usurpé sur eux par la force. C'est pourquoi ils sont venus réclamer leur héritage et ils sont prêts à se battre pour défendre leur droit, là, dans le pré, à vingt ou à dix, ou à un seul — et hardi ! — champion : le vaincu s'en retournera dans son pays ainsi que tous ceux de sa religion. » À ces mots, Corbaran éclate de rire.

XXV

À ces mots, Corbaran ne peut s'empêcher de rire : « Que voilà des gens sensés et astucieux ! Et quelle bizarre rêverie me mandent-ils là ! D'après eux, ce royaume est leur parce qu'il a appartenu à leurs ancêtres, et ils sont prêts à en faire la preuve par combat à jour fixé, à vingt ou dix, dans ce pré, ou à un seul champion, si nous en sommes d'accord ! Ils voudraient donc en être tous quittes au prix de la vie d'un seul d'entre eux ! Mais par la foi qui a toujours été la mienne, autant vaut une alise ! Ils ne s'en tireront pas comme ça : ils devront tous mourir ou passer en mon pouvoir. Mieux, s'ils acceptent de renier leur maudite foi, je donnerai de vastes domaines aux grands seigneurs et les pauvres auront de quoi manger à leur faim. Je ferai présent d'un mulet de Syrie à ceux qui sont à pied et je les accompagnerai à Jérusalem. Ils seront assurés de ma bienveillance et de mon amitié : je leur laisse même la seigneurie sur tout ce royaume. — Malheur à moi si j'accepte », répond fièrement Herluin.

XXVI

Herluin est tout près d'éclater de douleur et de colère : « Vous ne savez pas ce que vous dites, répond-il à Corbaran ; vous êtes un méchant fou et un perfide. Si vous saviez quel péché c'est que de renier Jésus le maître du monde, sa chère mère et ses saints, vous n'empuantiriez pas votre bouche de telles paroles. Avant la fin de la semaine, si je sais compter, vous pourrez voir de vos yeux tant de jeunes et valeureux chevaliers, tant de heaumes et de cottes de mailles, tant de riches armures qu'il vous faudra avoir le cœur bien ferme pour n'en être pas ébranlé. Par l'or de Bénévent, vous ne resterez pas à attendre leurs coups, ou vous serez tous tués, dans la douleur et le tourment. » Devant cette cruelle évocation, Corbaran jure par ses dieux que, s'il n'avait affaire à un messager, il le ferait pendre sur l'heure. À ces mots, Herluin ne s'attarde pas davantage et les trois hommes se dépêchent de quitter la tente.

[XXVII]

XXVIII

Sans attendre le retour des messagers dans Antioche, les barons français ont chargé Robert de Flandre de trouver les cent, les soixante ou les vingt combattants dont on aurait besoin ; mais il y avait tant de volontaires qu'on n'avait jamais vu autant d'hommes se proposer : tous préfèrent la bataille au profit. Finalement, pour le combat à un contre un, on choisit, pour sa prouesse et sa bravoure, Godefroy de Bouillon qui était apparenté à Charlemagne. Quand le duc de Normandie l'apprit, furieux, il regagna sa tente et commença de faire seller ses chevaux : « Que voulez-vous faire, seigneur ? s'enquit Fouchier d'Alençon. — Sur ma foi, je m'en retourne au pays. Ne suis-je pas descendant de Renaud le fils d'Aymon [1] à qui jamais chevalier ne put faire vider les étriers ? C'est moi qui aurais dû être choisi : où y a-t-il eu bataille à laquelle je n'aie pas participé ? Je considère comme une honte de m'être vu préférer quelqu'un d'autre. Le duc n'a jamais eu parent qui vaille ; il n'aurait pas dû avoir une telle prétention. — Calmez-vous, seigneur, font les barons. Par Dieu le créateur, il est de haute naissance [2] et vous connaissez son histoire. C'est un cygne qui a conduit son aïeul jusqu'à la plage de Nimègue où il a abordé au pied du maître donjon, tout seul dans un bateau sans rames ; il était bien chaussé et portait un vêtement de duvet ; ses cheveux brillaient plus que plumes de paon. L'empereur l'a retenu à son service tout en lui promettant de le laisser partir quand il voudrait. Puis il l'a marié à une femme du pays, une de ses parentes qui était cousine du duc Bégon, et lui a donné en fief une bonne terre fertile, celle de Bouillon. Après quoi, le duc est devenu son porte-enseigne et le commandant en chef de son armée, et il l'a bien et fidèlement servi jusqu'au retour du cygne. Quand ce temps fut venu, l'animal remmena le guerrier sur un petit bateau qui voguait sur la mer salée sans voile ni pilote. Et tous les présents du souverain furent impuissants à retenir le duc, pour le plus grand chagrin de la maisonnée qui ne devait jamais plus entendre parler de lui. Une fille lui était née au château de Bouillon, et c'est d'elle que descend Godefroy. Nous l'avons choisi, car il a le cœur d'un brave et il s'y entend à s'escrimer de l'écu et du bâton. Lorsqu'il se tient en armes sur son destrier de Gascogne, on se ridiculiserait à chercher plus capable que lui. À pied comme à cheval, c'est un champion tout désigné. — Sur ma tête, dit le duc, vous avez la langue bien pendue : dans toute l'armée, il n'y a pas de clerc qui sache mieux prêcher. »

---

1. Les héros de chansons de geste (ici, il s'agit de Renaud de Montauban, protagoniste des *Quatre Fils Aymon*) sont perçus comme des personnes réelles.
2. Il était apparenté à Charlemagne.

XXIX

Quand le duc de Bouillon fut averti que Robert de Normandie voulait
s'en aller, il se rendit à son cantonnement en belle compagnie. Dès qu'il
l'aperçut, il descendit de son mulet syrien et le salua humblement :
« Noble comte Robert, courageux comme vous l'êtes, vous valez mieux
que moi, je le reconnais. N'ayez ni rancune, ni jalousie à cause de la
bataille : je vous l'abandonne tout bonnement ; m'obstiner serait folie.
Elle ne pourrait pas revenir à meilleur chevalier que vous, car vous n'avez
pas de rival d'ici jusqu'en Hongrie. Je suis d'accord avec vous sans
arrière-pensée, mais ce sont les chrétiens qui m'avaient choisi. » Quand
le comte entend les humbles paroles de Godefroy, il s'avance pour le
remercier : « Par sainte Marie, lui dit-il calmement, vous vous battrez,
mais je serai à vos côtés pour vous aider à confondre la vile engeance de
nos ennemis. » Sur ces entrefaites, voici qu'arrive l'Ermite sur son âne de
Hongrie ; il est très pressé de les mettre au courant.

XXX

« Écoutez-moi, seigneurs. Corbaran pense que vous êtes en train de
mourir de faim. Il m'a dit publiquement, en orgueilleux qu'il est, qu'il
était inutile que vous cherchiez à en découdre parce que vous serez incapables de blesser fût-ce l'un des siens. Il a l'intention de vous faire tous
prisonniers avant ce soir et de vous faire brûler ou démembrer, sauf les
plus riches qu'il emmènera en captivité chargés de chaînes. — Il faut nous
battre, fait Tancrède. — Par Dieu, attendez un moment, lui répond Bohémond ; je veux d'abord consulter les petites gens qui sont épuisés de
fatigue et savoir s'ils sont d'accord ou non. » On s'entendit sur ce point
et, le soir venu, les barons regagnèrent leur cantonnement. Le lendemain
au lever du soleil, Bohémond monta sur son destrier et parcourut en long
et en large le camp des vilains et des bourgeois. « Battez-vous, seigneur,
lui crie-t-on de tous côtés. Nous aimons mieux nous faire tuer, là-dehors
dans ces prés, que de rester ici à mourir de faim comme vous le voyez.
— C'est vendredi qu'aura lieu la bataille, répond Bohémond, et vous la
livrerez au nom de ce Seigneur qui souffrit sur la croix. — Dieu en soit
adoré ! », s'écrient-ils d'une seule voix. Sur ce, il s'en retourna auprès
des barons qui l'interrogèrent. « Écoutez-moi un peu, leur dit-il. J'ai rassemblé la foule des petites gens et je les ai sondés pour être sûr qu'ils
voulaient se battre ; après quoi, je leur ai dit que ce serait pour vendredi.
Que chacun de vous s'apprête donc car, pour l'or de vingt cités, on ne
pourra pas remettre à plus tard. — Tant mieux donc, répondent-ils d'une
seule voix. Plût à Dieu que ce jour fût déjà là ! — Écoutez-moi, seigneurs,

dit l'évêque. Je vous prie, pour l'amour de Dieu, de jeûner pendant ces trois jours, de visiter les églises en chemise et pieds nus et de ne pas oublier de faire de larges aumônes. Que celui qui a des réserves de vivres les remette aux pauvres afin que, dans Sa gloire, le seigneur Dieu vous prenne en pitié et soit, ce jour, votre soutien et votre garant ! — Qu'il en soit ainsi ! », répondent-ils.

Durant ces trois jours, on fait comme si l'abondance régnait : pauvres et riches mangèrent à leur faim. On astiqua les cottes de mailles et on les roula dans le son, on fit reluire les heaumes, on changea les courroies des écus, on fourbit les épées : chacun fit son possible pour s'équiper au mieux et être prêt à se défendre. Un espion alla prévenir l'armée païenne que nos barons étaient affamés et que la disette était telle qu'ils mangeaient les chevaux de somme ; la nouvelle rassura fort l'ennemi. Corbaran fit jeter l'homme en prison en menaçant de le faire décapiter s'il avait menti. De plus, tout en se préparant, il réfléchit et fit venir Amédélis, à qui il ordonna de s'introduire dans Antioche pour observer le comportement des Français et de revenir au matin. « J'y vais de ce pas », dit l'homme, qui partit aussitôt et réussit en se dissimulant à franchir la porte de la ville. Il passa la nuit à l'abri d'un vieux fossé à épier les Français aguerris : il vit les haubers, les heaumes, les écus à bosse, les palefrois et les destriers bien nourris et dispos, l'apparat des barons et des grands seigneurs ; il entendit ces derniers établir le plan de bataille, regrouper les chevaliers armés en fiers bataillons et dire lesquels seraient à l'avant-garde, au centre et sur les ailes. Après quoi, dès qu'il le put, il regagna l'armée pour rapporter ce qu'il avait vu.

[XXXI]

XXXII

Corbaran se leva, interpellant Amédélis : « Dis-moi ce qu'il en est de ces chiens qui crèvent de faim : se rendront-ils si je les attaque ? — Sur ma foi, seigneur, dit l'Arabe, je n'ai jamais vu si beaux hommes, à l'air si preux et hardi, ni de chevaux et d'armes en aussi bon état. Vous pouvez vous attendre à une fière bataille jusqu'à ce soir vêpres, car je les ai vus rangés en bon ordre et désireux d'en découdre. — Tu n'es qu'un couard, mon ami, réplique Corbaran. Quand je t'ai amené de Perse avec moi, je croyais que tu étais un chevalier aguerri. Sur ta foi et ton dieu, garde-toi désormais de te donner pour tel. — Vous verrez ce qu'il en est avant la fin du jour, je vous en donne ma parole. »

XXXIII

Ce fut le vendredi, une fois l'aube venue, quand la lumière du soleil brilla sur tout le pays. Toutes les portes étaient encore fermées dans Antioche. La bonne gent renommée de France, de Lorraine et d'autres contrées se lève par la ville. L'évêque du Puy chante la messe et tous l'écoutent avec piété. Combien d'hommes on vit là se confesser, battant leur coulpe pour Notre-Seigneur et pleurant d'amour et de pitié, car ils ne pensaient pas vivre jusqu'au soir. Après s'être signés, ils s'écrièrent : « Saint-Sépulcre ! » et retournèrent dans les maisons pour s'armer. Que de cuirasses endossées, de heaumes attachés et d'épées ceintes, que de chevaux gris à la croupe ronde ! Tous se rassemblent au centre d'Antioche et se répartissent en bataillons qui se mettent en rangs dans l'ordre fixé pour le combat, là-dehors dans les prés.

Écoutez donc maintenant une chanson illustrée par les exploits qu'elle rapporte ! Je ne le dis pas dans l'intention de vous demander de l'argent, bonnes gens de renom. Si cette fière chanson ne vous satisfait pas, ne restez pas à l'écouter et passez votre chemin. Mais il faut garder le souvenir de cette prouesse car on ne reverra plus de tels faits de chevalerie.

CHANT VIII

I

L'évêque du Puy était un homme à la fois vaillant, éloquent et tout dévoué au service de Dieu. Depuis l'entrée de l'armée en pays étranger, il n'avait jamais porté les armes, si graves qu'aient été les circonstances. Mais il ne va pas refuser de le faire pour cette bataille décisive. Après avoir dit la messe, il sort de l'église et se dépêche de rentrer à la maison où il était logé pour échanger ses habits liturgiques contre un magnifique équipement de guerre. Il revêt une cotte de mailles aux pans dorés et y lace un heaume garni de pierreries. On lui attache des éperons d'or aux pieds, il ceint l'épée à son côté gauche. Le destrier gris qu'on lui amène et sur lequel il monte en selle par l'étrier gauche vaut plus de cent livres en pièces de monnaie. L'écu au cou, une étole jetée sur ses épaules, en main une lance à la hampe roide sommée d'une enseigne portant deux dragons, il éperonne son cheval qui bondit sous lui de trente pieds en avant. Il s'avance vers les Français et les salue. Le bon duc de Bouillon va à sa rencontre : « D'où venez-vous, chevalier ? J'ignore qui vous êtes pour arborer ces dragons. Je ne comprends pas : je ne vous ai jamais vu dans l'armée. — Je suis votre évêque affectionné, seigneur, celui qui ne vous a jamais donné que de bons conseils. Vous savez qu'en ce jour vous allez combattre. Souvenez-vous que Dieu a souffert sur la croix. Vous gagnerez aujourd'hui avoir et richesses, sauf si vos péchés mortels vous en empêchent. Pensez surtout à frapper de beaux coups ! Vous verrez se battre à vos côtés les anges emplumés que la Majesté divine vous enverra. Quant à ceux qui mourront, leur sort sera heureux puisqu'ils trôneront parmi les martyrs. » Ces paroles émurent nos gens qui tendirent, tous, leurs bras vers le ciel. « Je dois vous dire, seigneur, fit le duc, que je suis plus content de vous voir ainsi armé que si un renfort de mille chevaliers prêts au combat venait de nous arriver là dans ces prés. »

II

Quand l'évêque du Puy, qui était chargé de la prédication, vit les barons rassemblés autour de lui, il les interpella l'un après l'autre par leur nom : « Venez, seigneur Robert le Frison et prenez la lance que nous avons trouvée : vous la porterez au nom de ce Seigneur que nous devons servir. — Vous parlez en vain : je ne la porterais pas, même si on devait me donner Soissons en échange. J'ai plus envie de me battre contre les infidèles qui, je le vois, couvrent monts et vallées. Mes Flamands m'accompagneront ; nous serons plus de dix mille sur nos destriers gascons. Je frapperai tant de coups avec mon épée au pommeau d'or que ma pelisse d'hermine en sera tout ensanglantée. »

III

L'évêque répond au refus solennel du comte en s'adressant à Robert de Normandie : « Je veux que vous portiez cette lance, au nom de ce Seigneur que nous devons adorer et qui souffrit pour nous sur la sainte Croix. On déposa son corps dans un sépulcre que l'on fit garder ; mais il ressuscita le troisième jour — c'était assez y rester — et descendit en enfer dont il brisa la porte pour libérer ses fidèles qui y étaient emprisonnés. — N'insistez pas, répondit Robert ; je ne la porterais pas pour l'or de cent cités. J'ai plus envie de me battre et d'assommer sous mes coups cette sale engeance. Que Dieu les anéantisse ! Je veux emmener avec moi les gens de mon pays et je frapperai tant de mon épée d'acier brillant qu'elle sera toute tachée de sang. Ce coquin de Corbaran qui est à leur tête et le Rouge-Lion n'auront pas de quoi se vanter. »

IV

Quand l'évêque comprend que Robert de Normandie n'acceptera à aucun prix de porter la lance, il s'adresse sur le ton de la prière au bon duc de Bouillon dont le visage respire la hardiesse : « Portez la lance, seigneur, au nom de sainte Marie ! — Je ne le ferais pas, même si on me donnait tout l'or de Russie. J'aurai à mes côtés Lorrains et Frisons et je frapperai si bien de l'épée fourbie qu'elle sera toute noircie de sang, lame et poignée ! »

V

Quand le bon évêque du Puy comprend que le duc de Bouillon n'a nullement l'intention de se charger de la lance, il se dépêche d'interpeller Tancrède et le prie courtoisement de la porter au nom du Seigneur maître du monde. « Vous perdez votre temps, car je ne le ferais pas pour l'or du Bénévent. J'ai plus envie de me battre contre ces gens qui ne cessent de nous attaquer. J'aurai avec moi beaucoup de jeunes guerriers : nous serons plus de dix mille, je crois. Si ce coquin de Corbaran qui nous attend là-dehors et le Rouge-Lion osent m'affronter, toute leur valeur ne les mettra pas à l'abri de mes coups. »

VI

Quand l'évêque entend les excuses de Tancrède — pour personne au monde il ne porterait la lance —, il se tourne vers le marquis Bohémond : « Venez, noble chevalier sans reproche, vous porterez la lance du divin Jésus qui est mort sur la croix pour nos péchés. — Inutile d'en parler, je ne le ferais pas, même si on me donnait Paris. J'ai plus envie de me battre contre ces Arabes dont je vois les landes et les monts couverts. J'aurai avec moi ceux du Mont-Cenis, les Lombards, les Toscans et tous mes nobles vassaux. Je frapperai si bien de mon épée fourbie qu'elle sera noire du sang ennemi jusqu'au pommeau. »

VII

Quand l'évêque entend Bohémond affirmer hautement qu'il refuse de prendre la lance, il appelle Hue le puîné, un noble guerrier : « Venez, seigneur ! Je veux vous prier, pour Dieu, de porter la lance en bataille, au nom de ce Seigneur qui gouverne le monde. — Pas question, fait le comte, même pour tout l'or de Montpellier. Ce que je ferai pour l'honneur de Dieu, c'est de frapper le premier coup. Inutile de continuer : vous ne trouverez personne qui veuille la prendre. »

VIII

« Vous avez grand tort, ajoute le comte Hue, de nous demander de porter cette lance. Ce n'est pas à nous de le faire, mais à vous qui avez été ordonné prêtre et évêque. Nous, nous sommes des chevaliers, tous renommés. Notre tâche est d'engager la bataille et de la gagner. Vous, vous marcherez devant nous sur votre destrier caparaçonné et vous porterez la lance dont Dieu fut frappé à grande douleur sur la sainte Croix ; nous vous ouvrirons la voie avec nos épées aiguisées, et tous ceux que nous frapperons seront bien près d'y perdre la tête ! Si ce coquin de Corbaran qui les a amenés là et si le Rouge-Lion osent s'en prendre à nous, tout fiers qu'ils sont, ils n'échapperont pas à nos coups. — Comme vous voulez, seigneurs, fait l'évêque. »

IX

« Écoutez-moi, poursuit-il. Je porterai la lance puisqu'on me la confie. Mais si nous quittons tous l'enceinte, le fameux émir Garsion d'Antioche qui occupe le donjon aura vite fait de mettre la ville à feu et à sang avec sa gent maudite, et de tuer nos malades et nos blessés : ce serait une perte irréparable pour nous. C'est pourquoi je proposerai, si vous en êtes d'accord, qu'un de nous reste dans la cité, avec une troupe en armes suffisamment nombreuse. — Vous avez raison », répondent les barons. C'est Raymond de Saint-Gilles qu'on choisit pour cette tâche. Tous le prient de rester à l'intérieur de l'enceinte et de faire bonne garde. Quand le comte s'entend désigner, il change de couleur : « Je ne suis pas d'accord, seigneur évêque. Je veux me battre. » Mais le prélat lui fait entendre raison : s'il reste, son âme sera sauvée ; nulle part il ne pourrait mieux occuper son temps. Bon gré mal gré, il donne sa parole. Puis il répartit ses hommes par moitié : il met les uns à la disposition de l'évêque et garde les autres avec lui, armés et prêts à faire face et à défendre la ville jusqu'au bout.

X

L'évêque du Puy exhorte avec douceur la foule des barons qui est rassemblée dans Antioche : « N'ayez pas peur, barons et nobles chevaliers, car l'âme de celui qui mourra dans ce combat sera sauvée. Le premier à oser se risquer dehors dans la prairie, s'il se fait tuer, sera un martyr et

son âme ira s'épanouir devant Notre-Seigneur. » Pas un ne souffle mot ;
tous se taisent, tant ils craignent pour leur vie, sauf Hue le puîné, le frère
du roi de France : « Je ne vais pas me faire prier, répond-il à l'évêque,
car, s'il plaît à Dieu, je ne veux pas faire honte à ma famille. Celui qui
craint plus la mort que le déshonneur ne mérite pas sa seigneurie. Je sortirai le premier, par sainte Marie, et je frapperai le premier coup de mon
épée fourbie. » Il se trouva trois de ses hommes — de mauvais serviteurs ! — pour voir là de l'orgueil et de la démesure, et ils désertèrent son
bataillon, craignant pour leur vie. Je les connais, mais je ne les nommerai
pas : que le seigneur Dieu leur pardonne cette trahison !

Le comte Hue sort avec ses gens. Que d'enseignes, que de heaumes et
de boucliers d'or resplendissant, que de lances roides et d'écus peints à
fleurs, que de destriers gascons et briards passent le pont et se répandent
dans le pré ! Les hommes se rangent comme ils en étaient convenus pour
la bataille. À cette vue, Corbaran appela son espion : « Dis-moi, Amédélis ; qui sont ces gens ? S'apprêtent-ils raisonnablement à partir en chasse
ou sont-ils assez fous pour vouloir nous attaquer ? — Ce sont les Français
de la Terre de Joie, seigneur, et celui qui est à la tête du bataillon, c'est
Hue le puîné, le frère du roi, un bon chevalier, vraiment. C'est pour
donner le signal d'une bataille générale qu'il opère ce mouvement.
— C'est la peur qui te fait parler, mon ami. Quand je t'ai amené de Perse
avec moi, je pensais que tu avais plus de ressource. Désormais, on aura
beau dire, je ne me fierai plus à toi. — J'ignore si c'est là trahir, dit le
Rouge-Lion, mais cet homme a une telle allure que je ne resterais pas à
l'attendre pour tout l'or de Russie. — Vous exagérez », répond Corbaran.

XI

Le comte Robert de Flandre est le deuxième à sortir, entouré d'une
nombreuse troupe de vassaux illustres, armés de hauberts, de heaumes et
d'écus à bosse. Tenant en main leurs lances roides sommées de sombres
oriflammes, ils s'avancent sur leurs destriers à longue crinière. Le baron
fait halte au-delà du Pont-de-Fer : « Courage, par Dieu ! dit-il à ses
compagnons ; nous allons faire un massacre de ces fieffés mécréants :
nous leur couperons la tête avec nos épées d'acier aiguisé. Plût à Dieu qui
fait des miracles du haut du ciel que tous les peuples d'Orient fussent
rassemblés ici ! Il ne nous faudrait qu'un jour pour les vaincre tous. »
Après les avoir soigneusement observés, Corbaran interroge Amédélis : « Et ceux-là, tu les connais ? — C'est le sage, le fort Robert : toute
la Flandre est sous son obédience. — Est-ce pour chasser qu'il est venu
là ? — Vous êtes trop irascible, seigneur : je ne veux pas courir le risque
que vous pensiez du mal de moi ni m'exposer à vos insultes. — À le voir,

on ne peut imaginer plus preux que lui, intervient le Rouge-Lion qui les avait entendus : je ne resterais pas là à l'attendre pour tout l'or de Cahu. »

XII

Le fier comte de Normandie avait rassemblé à ses côtés près de dix mille valeureux chevaliers, armés de hauberts et de heaumes de fer et d'acier, et d'écus écartelés où brillent l'or et l'argent. Tenant en main des lances roides dont ils ont replié les enseignes, ils s'avancent, sombres, sur leurs rapides destriers. Ils font halte dans le pré au-delà du pont à côté de deux lauriers, et le comte leur parle calmement et sur un ton affectueux : « Haut les cœurs, barons ! Que chacun se comporte aujourd'hui en soldat de Dieu ! »

XIII

Puis, c'est au tour de Godefroy de Bouillon de s'avancer à la tête de nombreux et braves chevaliers, armés de hauberts et de heaumes diversement façonnés. Ils franchissent la porte au pas ou au trot et font halte au-delà du pont. Godefroy les interpelle l'un après l'autre et ajoute calmement : « Vous voyez là-bas flotter cet étendard royal ? Je pense que Corbaran et le Rouge-Lion sont là, avec les Turcs d'au-delà de Capharnaüm. Que leur nombre ne vous effraie pas, pensez seulement à frapper de toutes vos forces ! — Nous vous obéirons, seigneur », répondent-ils.

En entendant le bruit qu'ils font, Corbaran tourne ses regards vers eux : « Comment s'appelle celui qui mène ce bataillon avec l'enseigne au dragon vermeil ?, s'enquiert-il auprès d'Amédélis. — Sur ma foi, je vais vous le dire, seigneur. On l'appelle Godefroy. Jamais meilleur chevalier n'a chaussé les éperons. Il aime mieux se battre qu'entasser or fin et besants ou s'amuser avec les jeunes filles ou à la chasse au vol. C'est lui qui a tué tant des nôtres et a fendu l'émir en deux par le travers, si bien qu'une moitié de son corps est tombée par terre tandis que l'autre restait en selle sur le destrier d'Aragon. » En entendant cela, Corbaran baissa la tête et le farouche Rouge-Lion laissa échapper un grognement. « Eh bien ! resterons-nous là à attendre ces gens ? demanda-t-il en souriant. Par mon dieu Mahomet, quant à moi, sûrement pas. »

[XIV-XV. Tancrède, puis Bohémond sortent à leur tour.]

XVI

Les vétérans sortent de la ville ; ils étaient au moins sept mille à cheval ; leurs barbes sont plus blanches que les fleurs des prés et leurs cheveux grisonnants dépassent de la ventaille. À les voir, on les prendrait pour des esprits venus du paradis terrestre. Tous franchissent la porte en bon ordre. Que d'écus solidement cerclés, de hauberts et de heaumes niellés d'or fin, que de lourdes lances aux fers aiguisés, que d'oriflammes de soie flottant au vent ! Ils ont fait halte dans le pré sous un olivier et ils se disent l'un à l'autre : « Dieu nous a maintes fois montré l'amour qu'Il a pour nous en nous faisant échapper à tant de dangers ! Nous sommes venus ici pour nous rendre maîtres de l'héritage qu'Il nous a légué. Celui qui fuira d'un demi-pied devant les païens n'est qu'un pleutre : maudit soit-il ! Voici la tente de Corbaran : c'est celle qui est sommée d'un dragon doré. Si les jeunes gens fraîchement adoubés nous surpassent, on se moquera de nous. »

Corbaran les regarde et demande en riant à Amédélis s'il connaît ces gens qui viennent de s'arrêter là : « Ils ne ressemblent pas aux autres et, à vrai dire, ils m'inquiètent fort. — En vérité, seigneur, ce sont les vétérans, de bons chevaliers assurément. Ce sont eux qui ont conquis l'Espagne de vive force et, depuis leur naissance, ils ont tué plus de païens que vous n'en avez amenés avec vous. Quoi que les autres fassent, eux sont assez aguerris pour ne pas fuir, si difficile que soit le combat. » En entendant cela, Corbaran hoche la tête : « Les choses se présentent mal, se dit-il à lui-même. Si Mahomet que j'adore nous oublie, je ne reverrai plus mes puissants parents. — Nous voilà dans de beaux draps, ajoute le Rouge-Lion ; je ne resterais pas à attendre ces gens pour mille marcs d'or. »

XVII

Les quatre barons qui ont pour noms Gautier de Doméart (un homme digne de tout éloge), Bernard l'Amène (c'est le surnom que je lui a entendu donner), Hue de Saint-Pol et Enguerrand le brave avaient un bataillon sous leur commandement. Ce jour-là, Enguerrand de Saint-Pol portait une cotte de mailles toute brillante et on lui avait lacé sur la tête un heaume vert qui étincelait. On n'aurait pas trouvé son pareil dans l'armée de Notre-Seigneur.

Aÿmer, l'évêque du Puy, commença de les asperger d'eau bénite. À cette vue, Enguerrand se prit à crier : « Arrêtez de nous arroser ainsi, seigneur ! Vous allez mouiller mon heaume — et j'y tiens ! — et le ternir j'aimerais mieux le montrer intact aux Sarrasins. — Ami, lui répondi l'évêque en riant, que le Sauveur du monde te protège ! Tu as encore une bonne chance d'en réchapper ! »

Ils franchissent la porte pour aller en découdre avec les païens et vont se mettre en rangs après avoir passé le pont. Enguerrand de Saint-Pol ne voulut pas faire halte ; éperonnant son cheval, il le mit au galop, le faisant virevolter à trois reprises en un arpent. Il attira les regards de Corbaran d'Oliferne qui demanda à Amédélis s'il connaissait le nom de cet homme qui avait si fière mine sous ses armes. « Outre-mer, on l'appelle Enguerrand, seigneur, et on lui a donné le surnom de Taillefer ; les médecins ne peuvent plus rien pour celui qu'il atteint. — Voilà qui est dangereux, dit le Rouge-Lion. Si les autres sont comme lui, nous sommes morts. »

XVIII

Après lui, sortit de la ville le loyal et valeureux évêque du Puy, que la naissance avait fait prince. Une troupe nombreuse de nobles vassaux le suivait, tous armés de hauberts, de heaumes et d'écus peints, tenant en main de lourdes lances avec des oriflammes de soie. Ils prirent position dans le pré au-delà du pont. D'un ton joyeux et décidé, l'évêque harangua ses compagnons : « N'ayez pas peur de ces faillis brigands ! Veillez à leur faire payer cher toutes les peines que vous avez endurées et les durs assauts que vous avez dû soutenir. » Le grand et beau Corbaran les regarde et interroge son sénéchal : « Dis-moi, Amédélis, qui est ce prince ? On le dirait de sang royal. — C'est leur évêque, seigneur, et il est cardinal. C'est lui qui leur dit la messe le matin. Il aime mieux se battre que chasser au gerfaut et porte la lance en vrai émir [1]. »

[XIX]

XX

De la cité sort le bataillon des gens d'église, revêtus de l'aube mais portant aussi le haubert et les armes qui leur sont permises. Ils s'alignent tous dans le pré au-delà du pont et le plus sage d'entre eux les exhorte : « Ne vous laissez pas effrayer, barons ! Au pays, la plupart d'entre vous menaient une vie facile : ils portaient de beaux vêtements, prenaient des bains et se faisaient masser. Néanmoins, vous avez renoncé à tout cela pour l'amour de Dieu. Celui qui mourra pour Lui aura gagné au change puisqu'il aura droit à un lit dans le saint paradis. — Nous ne reculerons

---

1. Pour désigner les chefs sarrasins, le terme le plus couramment employé est « ami-rans ».

pas, disent-ils d'une seule voix ; nous nous battrons volontiers pour l'amour de Dieu. »

À leur vue, Corbaran redressa la tête : « Qui sont ces tonsurés, Amédélis ? — Des hommes qui mènent joyeuse vie [1] : ils sont vertueux, courtois et ont reçu la meilleure éducation ; ce sont eux qui enseignent les vérités de leur foi à tous les baptisés. Mais, dans leur pays, ils n'ont pas le droit de porter les armes ni de se servir de la lance ou de l'épée. — Alors, dit Corbaran en exprimant le fond de sa pensée, ils ne seront guère à craindre. — C'est là une autre affaire, car on leur a expliqué clairement que, s'ils ne se défendent pas, ils n'échapperont pas à la mort ; et qui sent peser sur lui pareille menace ne se montre guère accommodant. Avant qu'ils soient tous tués, ils auront fait diminuer le nombre de nos Turcs. — Ceux-là, j'irai les affronter, dit le Rouge-Lion, car ils sont bien mal armés et seront faciles à distancer : je suis sur mon cheval, ils ne me rattraperont pas à pied. »

<h2 style="text-align:center">XXI</h2>

Le roi Tafur sort à son tour avec sa puissante armée, ainsi que Pierre l'Ermite, le sage pèlerin, tenant à la main son gros bourdon carré. Il y avait là une foule de ribauds aguerris qu'on peut estimer à près de dix mille. Que de vieux vêtements déchirés, de longues barbes et de chevelures hérissées ! Que de visages hâves et livides, d'échines bossues et de ventres gonflés, que de jambes déjetées et de pieds boiteux, que de souliers percés ! Ils sont armés de haches danoises, de couteaux aiguisés, de guisarmes, de massues et de pieux dont la pointe a été durcie au feu. Le roi porte une faux du meilleur acier : tous ceux qu'il en frappera seront bien mal en point.

Les voici qui font halte dans le pré au-delà du pont. « Écoutez-moi, soldats, commence leur roi. Vous avez assez souffert comme cela de la faim et de la fatigue. Le proverbe a raison de dire que mieux vaut mourir par les armes que souffrir interminablement en captivité. Voyez l'or et l'argent briller par ces prés ! Qui s'en emparera ne pourra plus passer pour pauvre. Chacun de vous peut donc changer de vie. — À vos ordres, seigneur, font-ils. Les fuyards se verront montrer du doigt comme des lâches et puissent-ils ne jamais contempler la sainte majesté de Dieu ! »

À leur vue, Corbaran se lève : « Regarde donc, dit-il à Amédélis, connais-tu ces gens que je vois rassemblés là ? Comme ils sont laids ! On les croirait déguisés, presque nus comme ils sont, et on dirait des diables échappés de l'enfer. — Pour répondre à votre question, on peut dire que

---

1. « Joyeuse vie », par rapport aux chevaliers toujours à la peine. Une critique des gens d'Église, habituelle dans les chansons de geste, perce ici : pour les *bellatores*, la vie des *oratores* est une vie de plaisirs.

ce sont des suppôts de Satan. Ils aiment mieux la chair humaine que celle des cygnes au poivre : ils mangent les nôtres après les avoir fait cuire. » Corbaran en est saisi de frayeur : « Sur la foi que vous me devez, Amédélis, pas un pas de plus ! » Et le Rouge-Lion qui les avait écoutés d'ajouter : « Je ne les attendrai pas comme les tonsurés ! »

XXII

Voici maintenant, seigneurs, un bataillon qui mérite qu'on en parle : c'est celui des dames qui étaient parties pour servir Notre-Seigneur. Réunies en conseil dans Antioche, elles se disent les unes aux autres que leurs maris s'apprêtent à attaquer les Turcs mais que, si Dieu permet qu'ils y meurent, « ces canailles s'empareront de nous et nous déshonoreront. Mieux vaut que nous allions ensemble subir le martyre. Qu'il en soit ainsi, et à la grâce de Dieu », s'écrient-elles d'une seule voix. Elles courent à leurs logis pour prendre leurs bourdons, et attachent leurs guimpes sur le haut de leurs têtes pour se protéger du vent. Nombre d'entre elles entassent des pierres dans leurs manches, d'autres remplissent des bouteilles d'eau : les assoiffés auront de quoi se désaltérer. Puis elles passent la porte pour rejoindre leurs maris.

À cette vue, Corbaran demande à Amédélis qui était assis à côté de lui si ce sont bien les femmes qu'il voit là s'avancer. « Oui, seigneur, sur ma foi, je peux bien vous dire que ça va être la bataille : pensez aux coups que vous allez donner ! — Je ne sais plus de quel côté me tourner, dit Corbaran pour lui-même en soupirant. — Voilà qui me comble, fait le Rouge-Lion : mais j'ai si peur que je ne parviens pas à m'en réjouir. »

XXIII

Quand les maris virent leurs épouses rassemblées dans le pré, d'amour et de pitié pour elles, ils changèrent de couleur. Puis ils fermèrent les ventailles de leurs heaumes et vérifièrent le fil de leurs épées qu'ils brandirent à bout de bras. Et dans leur rancœur, ils jurèrent qu'avant de perdre leurs femmes, ils le feront payer cher à ces traîtres de païens qui seront punis d'avance.

Corbaran les a beaucoup regardées depuis sa tente : « On me les présentera, Amédélis, dit-il, et je les emmènerai avec moi sur des mules bien sellées pour les marier à mes notables. — Vous les avez vues, mais vous connaissez mal leurs maris. Avant de vous les abandonner, ils endureront force coups et raseront la barbe à maints de vos Sarrasins. Si vous voulez les avoir, vous les paierez cher. — Sur ma foi, il me vient une curieuse idée : quand je pense à toutes tes railleries et aux éloges que tu fais de leurs bataillons, je me dis que tu te feras chrétien et que, pour ta peine, ils te donneront les tours et les salles pavées d'Antioche. — C'est vous qui me les donnerez, seigneur, quand vous les aurez vaincus. Puis vous envahirez leur vaste pays et vos femmes y seront couronnées reines. » Ainsi se termina leur entretien.

XXIV

À la fin de cet entretien, tous nos gens étaient sortis de la ville. L'évêque du Puy fut alors le premier à prendre la parole, ce fut un beau sermon que le sien : « Puissiez-vous être nés sous une bonne étoile, barons ! Souvenez-vous de tout ce que vous avez enduré : faim, soif, épuisement. Vous êtes tous filles et fils d'une même lignée puisque vous descendez tous d'Adam : vous devez donc vous aimer les uns les autres. Vos ennemis sont là devant vous : ne vous laissez pas effrayer par leur nombre, pensez seulement aux coups que vous allez leur porter et au Dieu qui trône en majesté et vous enverra ses légions d'anges en armes. On le verra aujourd'hui dans la bataille ; aussi bien y sont-ils déjà venus. Et celui qui mourra pour Dieu aura remporté une grande victoire : il aura sa récompense au Jugement dernier quand il recevra la couronne des martyrs. Que Dieu vous pardonne tout ce que vous avez fait de mal ! Pour pénitence, je vous ordonne, au nom de Dieu, de frapper bien et fort, en ce jour, sur les fidèles de Satan. » Ces paroles rendent courage aux nôtres : chacun aimerait mieux se faire couper la tête plutôt que de fuir d'un demi-pied devant les païens. Les hommes des différents bataillons se rangent en bon ordre dans le pré et leurs files s'étendent depuis le fleuve jusqu'à la montagne (celui qui l'a affirmé l'avait vu de ses yeux) sur une distance de deux lieues.

« Ces gens-là, dit Corbaran en exprimant le fond de sa pensée, sont vraiment rangés en bon ordre ; à les voir ainsi équipés avec armes et chevaux, on comprend qu'ils sont déterminés à ne pas se laisser faire. » Et, s'adressant au Provençal qui lui avait affirmé qu'ils mouraient de faim et manquaient de tout, il ajoute : « Où es-tu allé chercher, fils de pute, qu'ils en étaient réduits à manger leurs chevaux ? Tu t'es moqué de nous, comme un traître que tu es, mais tu vas le payer cher, et tout de suite ! » Sur ce, il ordonne à un Turc de lui couper la tête : voilà le perfide bien récompensé ! Le cœur plein de sombres pressentiments, Corbaran fait venir son chambellan et lui donne ses ordres en secret : « Tiens pour assuré que nous allons être vaincus et mis en déroute. Aussi, dès que tu verras les flammes s'élever au milieu du camp, prends mon trésor dont tu as la charge et veille à le sauvegarder. » C'est ce que cet homme allait faire.

XXV

Corbaran d'Oliferne se redressait de toute sa taille ; il était habillé d'un précieux vêtement qui avait été tissé à Carthage : on y voyait toutes les fleurs et tous les animaux du monde, y compris les oiseaux et les poissons. Il était grand, solide et son visage respirait la fierté. « Va dire aux Français, ordonne-t-il en sa langue à Amédélis, ces fils de putes, ces sauvages, — que Mahomet les confonde, eux et toute leur engeance ! — que, s'ils le veulent, je soutiendrai la bataille contre eux, là dans le pré, à vingt contre vingt ou à dix contre dix, ou à un contre un (en choisissant un champion valeureux). Si le leur est vaincu, je n'exigerai d'eux aucun autre gage ; mais ils rentreront chez eux et me paieront tribut. Si c'est le nôtre, le royaume de Syrie leur reviendra sans opposition de ma part, ainsi que Jérusalem : on ne leur demandera aucune prestation d'hommage. — Vous devriez avoir honte, répond Amédélis. Quand ils vous l'ont fait proposer, vous avez refusé avec orgueil. — Tu parles comme un fou, vassal ; mais peu importe ! » Le preux Amédélis descendait d'une noble famille ; aussitôt, il s'en va sur son destrier d'Aragon et se rend sans tarder auprès des Français.

[XXVI. Cette fois, c'est au tour des croisés de refuser, car ils comptent bien anéantir l'armée des païens.]

XXVII

[...] Corbaran d'Oliferne se met en selle. C'était un beau spectacle que de voir le prince piquer des deux en chevauchant au milieu de l'armée, redonnant courage et allégresse à ses hommes, et les répartissant en fiers bataillons, — j'ai entendu dire qu'il en fit cinquante dont il confia le commandement à autant de païens. « Je veux que vous engagiez la bataille contre ceux qui sont du côté de la mer, dit-il au Rouge-Lion. Moi, je marcherai avec mes gens contre ceux qui sont du côté de la montagne. Quant aux archers, ils encercleront les Francs de telle sorte que pas un seul ne soit en état de retourner dans son pays. — Je suis à vos ordres, cher seigneur. »

XXVIII

Les forces turques se sont séparées en trois. Cependant qu'une partie reste dans le camp, prête à faire face, une autre se dirige vers la mer, sous le commandement du Rouge-Lion. C'est là que le bataillon du seigneur Raynaud, qui comprenait près de dix mille hommes, tous valeureux guer-

riers, avait pris position. Quand ils virent les Turcs arriver au galop et
qu'ils entendirent le roulement des tambours et les cris des hommes
résonner du fond de la vallée au sommet de la montagne, ils s'avancèrent
à cheval à leur rencontre. Quel vacarme ce fut quand ils se heurtèrent,
que de lances brisées, que d'écus troués, de gorgerins mis en pièces et
de cuirasses faussées ! Les Turcs étaient si nombreux qu'ils semèrent la
panique et la mort dans nos rangs. Tous ceux qui ne réussirent pas à s'enfuir eurent la tête coupée. Le sage Raynaud de Toul eut son cheval à la
croupe pommelée tué sous lui, son écu percé et son haubert arraché. La
malchance voulut qu'il ne put échapper à la foule de ses assaillants.

Blessé de quatre traits acérés, le brave Raynaud de Toul a mis pied à
terre. À se voir près de mourir, la colère le saisit : l'épée au clair, l'écu
étroitement serré contre lui, il tue tous ceux qu'il atteint. Mais le sang qui
jaillit de ses plaies ne tarde pas à le laisser sans forces : il tombe à terre,
en appelant au Dieu tout-puissant : « Seigneur de gloire, Père éternel,
ayez pitié de mon âme, car c'en est fait de mon corps. » Il adressa tous
ses saluts à nos gens de France puis, ayant cueilli trois brins d'herbe, il
les avala en l'honneur de la Trinité en signe de foi. L'âme quitte le corps
qui reste gisant. Les anges l'emportèrent au ciel, en chantant le *Te Deum*,
de par la volonté du roi Jésus. Il fut donné à l'évêque ami de Dieu de voir
cette scène.

[XXIX]

XXX

Raynaud a donc péri, le courtois chevalier, et le Rouge-Lion parcourt
les éteules à la tête de trente mille Turcs sur leurs destriers mores. Nombreux sont les siens qui, portant du feu grégeois dans des coffrets d'airain,
le jettent sur les Français, enflammant leur équipement et blessant leurs
destriers. Nos gens sont étreints par l'angoisse ; mais quand l'évêque du
Puy, ce savant homme d'Église, crie à nos barons que ce serait un grand
exploit que de chevaucher contre pareil adversaire, « car, sans cela, c'est
nous qui devrons subir leur assaut », et ajoute qu'il marchera devant eux
« au nom de la sainte Croix », ils répondent que c'est bien en effet ce qu'il
faut faire.

Robert de Normandie et le duc Godefroy commandaient un bataillon
de Bretons et de Tiois. Ils lancèrent au galop leurs chevaux bruns, bais ou
mores et se mirent à frapper à grands coups de leurs épieux de Vienne,
arrachant les gorgerins et les casques d'orfroi, sans se soucier du feu plus
que d'une noix. Dieu ! combien de morts persans et hindous il y eut !
Vraiment, ils se défendent mal contre les nôtres.

XXXI

Le comte de Normandie était un combattant aguerri et le duc de Bouillon était redouté pour son courage : tous ceux qu'ils atteignaient étaient autant d'hommes morts. Combien y eut-il là de lances brisées et de hauberts faussés, de Sarrasins blessés, mortellement touchés et tués dont le sang rougit le pré ! Quand leur chef, le Rouge-Lion, vit la violence farouche des comtes, il ne resterait pas à les attendre pour tout l'or de Balaguer : faisant faire demi-tour à son cheval, il prend la fuite, un poursuivant à ses trousses, et galope d'une traite jusqu'à la tente de Corbaran.

« Presque tous mes hommes ont péri. Qu'allez-vous faire, émir ? », l'interroge-t-il précipitamment. Ces mots rendent Corbaran quasi fou : « Qu'en pensez-vous, mes vassaux ? Vengez-moi de ces brigands et pendez leurs princes. J'emmènerai les prisonniers enchaînés en Perse afin que mon seigneur décide de leur sort. — À vos ordres », font-ils. Que de trompettes et de cors d'airain retentissent ! Si Jésus qui fut supplicié sur la croix oublie les nôtres, que de blessés et de morts il va y avoir parmi eux ! Mais le comte Robert les a rejoints ; les voici tous alignés en rangs serrés.

XXXII

Corbaran s'avança du côté de la montagne à la tête des Arabes et des Persans, là où se trouvait le vaillant Bohémond. La bataille s'engagea, pesante et acharnée. Oh ! Dieu, combien de nobles hommes y perdirent la vie et ne devaient jamais revoir femme et enfants !

Conduits par leurs chefs, les autres bataillons francs s'avancent au pas de leurs chevaux, en rangs si serrés qu'un gant n'aurait pas la place de tomber par terre au milieu. Mais les Turcs les poursuivent en faisant pleuvoir sur eux une grêle de flèches. Si on restait à découvert, on était à la peine. Je ne sais combien de petites gens y furent tués et combien de destriers impétueux sous leur cavalier ; celui qui se retrouve à pied a, certes, sujet de s'affliger, l'écu rejeté sur le dos, exposé à tous les coups. Les grandes peines d'Olivier et de Roland, celles qu'endurèrent Aumont et Agolant, et le courageux Vivien [1] en Aliscans, ne sont rien en comparaison. Quand ils sont parvenus assez près de ces traîtres de mécréants pour espérer les frapper de leurs épées d'acier, ceux-ci font demi-tour et s'enfuient par les champs.

---

1. Il s'agit là d'une énumération de héros épiques chrétiens (Olivier, Roland, Vivien) et sarrasins (Aumont et Agolant) ; (voir aussi laisses LI et LV).

XXXIII

Quand nos braves eurent chevauché assez loin pour penser être à même de frapper les Turcs, ceux-ci n'osèrent pas les attendre et prirent la fuite. « Par Dieu le Tout-Puissant, se disent-ils les uns aux autres, la bataille nous fuit ; allons donc la chercher ailleurs ! » Or voici qu'un messager arrive à fond de train ; il s'adresse en pleurant au comte Hue : « Le bon duc Bohémond vous demande d'aller à son secours, par le Rédempteur, car il en a le plus grand besoin : ces traîtres de mécréants l'ont encerclé. » Cette nouvelle peina fort le baron qui s'écria : « Dieu le veut, chevaliers ! En avant ! » Quand le duc de Bouillon, qui faisait aise à regarder, voit le comte s'éloigner au galop (il l'aimait plus que tout autre au monde), il s'élance à sa suite avec les siens.

Le comte Hue le puîné se dirigea vers la bataille à fond de train, sa lance dressée portant l'enseigne déployée. Le premier sur qui il tomba fut un Persan occupé à mettre les nôtres à mal. La colère du comte arma si bien son bras que ni écu ni gorgerin ne protégèrent le païen : Hue lui enfonce son épieu acéré en plein cœur et l'abat, mort, sur la pente. Puis, dégainant son épée au pommeau d'or étincelant, il s'enfonce dans la mêlée en vrai guerrier.

Je vais raconter la suite si on me la réclame. [...]

[XXXIV-XXXV]

XXXVI

Le bon duc de Bouillon est venu se battre avec un guerrier connu, l'Allemand Hungier qu'il chérissait pour sa prouesse. Il avait aussi près de deux mille écus dans sa suite. Il s'enfonce bravement au plus épais de la presse et tous ceux qu'il atteint sont autant d'hommes morts. Il tombe sur un Arabe que sa grande taille rendait redoutable et qui lui court sus dès qu'il l'aperçoit. A cette vue, Godefroy est saisi de colère et lui assène de son épée tranchante un coup qui lui fend le crâne en deux jusqu'aux dents. Quand il arrache l'arme de la plaie, l'homme s'effondre, mort. De leur côté, les siens frappent à grands coups de leurs épées aiguisées ; chacun tue qui un ennemi, qui deux, qui plus. Plus de mille Sarrasins s'y font couper la tête. Que de bons destriers roux, gris ou balzans s'enfuient par monts et par vaux, la selle sous le ventre et les rênes rompues ! Mais la foule de ces mécréants est telle que si Dieu, dans sa puissance, ne pense aux nôtres, beaucoup connaîtront la défaite et la mort.

XXXVII

Le valeureux et hardi comte de Flandre, monté sur un destrier de prix, s'avance au combat avec mille hommes, armés comme lui. Il s'enfonce au cœur de la mêlée et tombe sur un émir persan en train de malmener les fidèles de Notre-Seigneur. Tout marri de ce spectacle, le comte lui assène, de son épée fourbie, un tel coup sur le sommet de son heaume ciselé à fleurs qu'il lui fend le crâne en deux. Ce fut là une fière bataille. Les compagnons de Robert frappent à grands coups de leurs épées de couleur, mais les Persans et les Arabes sont trop nombreux : si Dieu qui règne en paradis les oublie, beaucoup des nôtres vont être mis à mal et vaincus.

XXXVIII

Le comte de Normandie respirait la fierté. Armé de pied en cap sur un destrier gris, il s'enfonce au cœur de la mêlée, semblable à un léopard, suivi de ses hommes qui ne déméritent pas, et fait un massacre parmi les rangs des farouches Sarrasins. Corbaran se tenait devant son enseigne, revêtu d'armes précieuses, ne craignant ni lance ni trait ; à son cou était suspendu un magnifique bouclier courbe [1] sur lequel était peint un perroquet ; son heaume, forgé à Bagdad, était orné d'une escarboucle sur le nasal, et il tenait en main une lance roide et lourde ; il était aussi armé d'un cimeterre [2]. Son bataillon s'avance en bon ordre au combat. Dès que le comte l'aperçoit, il va contre lui et lui assène sur son bouclier un coup qui le fait tomber jambes en l'air en pleine mêlée. Il s'en fallut de peu qu'il y perdît la tête, mais le coup était parti trop tard, et Persans et Achopards vinrent au secours de leur seigneur qu'ils emportent jusqu'à son enseigne.

XXXIX

On emporte Corbaran droit jusqu'à sa grand-tente où des Africains monteront la garde sur lui près de la mahomerie. La tente était faite d'un tissu dont les pans étaient bordés de galons d'or ; les cordes en étaient de soie, les piquets d'ivoire et des Syriens l'avaient peinte avec grand art : sur le pan gauche étaient inscrites toutes les vieilles lois remontant au temps d'Adam ; sur l'autre, on pouvait lire la vie d'Abraham et de ses

---

1. « Courbé en tonneau » (Littré).
2. Nous traduisons ainsi le terme de « fausart » qui désigne en fait une arme portée par les gens de pied, qui se terminait en fer de serpe. En la « prêtant » à un chevalier sarrasin, au lieu de l'épée, l'auteur semble faire un effort (rare) pour distinguer l'armement du cavalier oriental.

descendants jusqu'à Moïse, Aaron et Josué d'après la Bible. On y a couché Corbaran sur un lit d'or brillant, mais avant qu'il se soit remis, Bavarois et Allemands, Français, Bourguignons, Manceaux et Angevins lui ont causé de tels désagréments qu'il aimerait mieux être de l'autre côté du Jourdain. Dès qu'il entend le vacarme que mènent les Français, il se met en selle sur son rapide destrier. Plus de quarante mille hommes, tant Arabes que Persans, en firent retentir trompes et cors d'ivoire.

XL

Voici, éperonnant par le champ de bataille, à la tête de trente mille Turcs du lignage de Judas, Brohadas qui portait un gorgerin d'or fin fait à Damas, un heaume forgé sur les rives de l'Euphrate et un écu solide qui avait appartenu au roi Jonathan. Les manches de sa tunique et son turban avaient été taillés dans deux tissus fort chers : de la soie de Samos et du drap de Constantinople. « Je vais humilier ces insolents, s'écrie-t-il d'une voix forte. J'emmènerai, enchaînés, les plus puissants de leurs barons et je les livrerai à mon père dans la cité de Bagdad. » Éperonnant son cheval, il le fait passer au galop et, abaissant sa lourde lance, il en tue un Auvergnat du bataillon de l'évêque : quelle n'est pas sa joie ! Le bon duc de Bouillon, qui avait entendu ses rodomontades, se dit à lui-même : « Voilà qui va te porter malheur, coquin ! J'espère ne pas tarder à te le faire payer cher ! »

XLI

Le bon duc de Bouillon a entendu les rodomontades du païen et ses cris. Ce serait une honte pour lui, pense-t-il, que de ne pas aller l'attaquer. Éperonnant son cheval arabe, il brandit la hampe de son épieu et l'abat sur le coquin. Bien ajusté, le coup touche l'écu sous la bosse, le faisant voler en éclats, brise le gorgerin d'or fin et s'enfonce en plein cœur : sous la violence du choc, le païen tombe à terre. « Vous en avez menti, se moque le comte. Vous n'insulterez plus les nôtres ! » À cette vue, la douleur des Sarrasins est telle que plus de cinquante mille laissèrent éclater un chagrin dont les échos retentirent à une lieue.

XLII

Le deuil fut général pour la mort de Brohadas ; ce jour, plus de cinquante mille hommes en versèrent des larmes. Corbaran dit le regret qu'il en a avec ces paroles d'amitié : « Hélas pour votre valeur, seigneur ! C'est pitié de votre force ! Je vous considérais comme le meilleur de nos chevaliers. Nombreux sont ceux pour qui votre mort est une grande perte. Grands et petits vont vous regretter, et d'abord votre père et votre mère au clair visage. Que pourrai-je dire à votre père, mon seigneur, lui qui m'avait adressé de si tendres prières pour que je vous protège des Français ? Comment pourrai-je retourner en pays païen ? » Corbaran avait raison d'avoir peur, car le Soudan devait le considérer pour cela comme un traître.

XLIII

Corbaran fait retentir son cri de guerre ; plus de cinquante mille de ces suppôts de Satan s'enfoncent dans la mêlée pour venger Brohadas. Le proverbe a bien raison de dire que « tel qui veut venger sa honte l'augmente », car nos bonnes gens de la Terre d'Honneur [1] ne refusent pas l'affrontement. Que de têtes furent coupées en ce jour, que de pieds, de poings, de jambes y furent mutilés ! Que de destriers rapides à la croupe ronde fuyaient dans la montagne, la selle sous le ventre ! Les païens furent contraints de reculer.

XLIV

À moitié fou de douleur, Corbaran pousse son cri de guerre pour rallier les siens. Armés d'arcs, ils sont plus de cinquante mille à retourner au combat pour venger Brohadas. Sous la grêle de traits qui s'abattait sur eux, nos chevaliers furent contraints de reculer jusqu'à l'endroit où le cadavre gisait sur le sentier. Corbaran se pencha à terre pour prendre dans ses bras le corps du jeune homme qu'il chérissait ; en toute hâte, il le charge sur le cou de son destrier et l'emporte à l'écart, ne voulant pas le laisser au milieu de la bataille. Il recommande à ses Turcs de prendre soin de lui au mieux. Ceux-ci le déshabillèrent puis le lavèrent de toutes ses souillures et l'enveloppèrent étroitement dans un précieux drap de soie damassé ; puis ils l'étendirent sur une civière recouverte d'un riche linceul et quatre destriers l'emportèrent. Corbaran retourna alors au combat pour rallier les siens.

XLV

Ce fut là une bataille rude et acharnée. Enguerrand de Saint-Pol, un chevalier sans reproche, et son père, le seigneur Hue, y font bonne figure, tuant force Sarrasins. Voici que s'avance Amédélis, piquant des deux. À voir morts les émirs persans qui lui avaient donné des fourrures de vair et de petit-gris, il est à moitié fou de douleur ; et apercevant Corbaran, il

---

1. La « Terre d'Honneur » est le pays des Francs.

s'écrie : « Hélas, mon seigneur, comme vous voilà en mauvaise posture !
Vous n'avez pas voulu m'écouter quand je vous ai conseillé d'accepter la
bataille à vingt ou dix champions ; et maintenant, vos barons sont sur le
point d'être vaincus et anéantis, et vous-même amoindri et déshonoré
pour le restant de vos jours. Il me reste le temps de vous montrer combien
je vous aime. » Et éperonnant son destrier, il brandit son épieu et va
frapper Guillaume, un vaillant chevalier de Senlis, sur son écu gris : le fer
pénètre sous la bosse, déchire la cotte de mailles et s'enfonce en plein
cœur. Le cavalier tombe de son cheval, mort, sur le sol. Amédélis repart
en poussant son cri de guerre.

XLVI

Des deux côtés, on frappe de beaux coups. Avec leurs arcs de corne,
les Turcs ont réussi à se dégager. Mais voici le roi Tafur avec ses va-nu-
pieds, sans hauberts ni heaumes, ni courroies d'écu pendues au cou.
Quand ils entraient en bataille, ils frappaient à tour de bras, en se servant
de pierres, de massues, de couteaux tranchants et de haches affûtées qui
faisaient jaillir la cervelle des crânes. Ils étaient terribles à voir avec leurs
cheveux hérissés ; aucun autre bataillon ne suscitait autant de crainte. Ils
s'enfoncent en courant dans la mêlée, jetant de grosses pierres là où elle
est la plus épaisse. À les voir grincer des dents, on les croirait prêts à vous
dévorer. Le seigneur Pierre l'Ermite s'évertue de son mieux à assommer
les Turcs, tant que le voilà en sueur : tous ceux qu'il atteint de son
bourdon ferré sont renversés à terre. Quant aux dames, elles se servent de
pierres bosselées comme projectiles et portent à boire aux assoiffés. Mais
voici que les Turcs reçoivent des renforts. Si Dieu oublie nos gens, ils
vont connaître la défaite et la mort. Lorsque l'évêque du Puy entend le
bruit des chevaux au galop, il prie d'une voix forte : « À l'aide, sainte
Marie ! Dieu, jetez vos regards clairvoyants sur ceux qui ont déjà supporté tant de peines pour vous ! »

XLVII

L'évêque du Puy arpente la bataille en faisant force d'éperons, entouré
de nombreux et vaillants chevaliers, et de gens appartenant au comte
Raymond qui, malgré qu'il en eût, était resté pour garder la ville : il y en
avait beaucoup, mais je suis incapable de dire combien. L'évêque, en
armes, montait un rapide destrier et tenait la lance dont ses cruels bourreaux avaient frappé le Seigneur Dieu crucifié. Il parcourt le champ et
encourage les nôtres : « Barons et nobles chevaliers, n'ayez pas peur. Ne
craignez pas la mort, recherchez-la au contraire. Souvenez-vous des

saints commandements de notre Dieu qui a humblement voulu souffrir la mort par amour pour nous. Celui qui mourra pour Lui L'accompagnera, je le crois fermement, au royaume éternel. Que tous les péchés que vous avez commis depuis votre enfance vous soient en ce jour pardonnés ! » Quand humbles et puissants eurent entendu ces paroles, même les plus craintifs aspirèrent au combat. Sarrasins et Persans vont le payer cher. Il fallut peu de temps pour que le nombre de leurs morts fût tel qu'aucun jongleur ne pourrait l'évaluer.

XLVIII

C'est merveille que de voir bataille si acharnée. Tous les princes y frappent à l'envi : le comte Hue le puîné, frère du roi Philippe, et Dreux de Noiele sur son destrier gascon, le très noble comte Raynaud, Clarembaut de Vandeuil et Anseau de Ribemont, sans oublier Acard de Montmerle au clair visage ; il y avait là le comte Raimbaut d'Orange, Olivier de Marsan, Étienne d'Aubemarle, fils du comte Eude, et Gérard de Gournay, l'enseigne attachée à sa lance ; Raynaud de Beauvais et Mahuis de Clermont, Gérard de Cerisy avec le vailland Wallon, Gautier de Doméart et sa suite, et Thomas de la Fère qui ne ménage pas ses coups, le seigneur Hue de Saint-Pol au cœur courageux et son fils Enguerrand qui méprise les lâches ; Robert le comte de Flandre qu'on appelle le Frison était là lui aussi avec Eustache de Boulogne, frère du duc de Bouillon ainsi que Baudouin de Mons portant son enseigne vermeille. Le Lorrain Hernaut et le Dijonnais Hue, le comte Lambert de Liège, un homme d'une loyauté sans faille, et Rotou le comte du Perche qui ne porte pas dans son cœur ces méchants fidèles de Mahomet, et Geoffroy de la Tour dont tous les coups sont mortels ; et Foucart l'orphelin en compagnie de Raimbaut Creton, Païen de Camely et Gérard du Dognon, et Roger du Rosoy le boiteux ; il y a encore Tancrède de Sicile avec Bohémond, et l'évêque du Puy, leur aumônier ; Godefroy le duc au cœur de lion avec Hungier l'Allemand, son vaillant compagnon, le duc de Normandie et Fouchier d'Alençon et le jeune Guillaume qui avait pris belle vengeance pour la mort d'Eude de Beauvais, le sénéchal de Hue. Tous ceux d'Allemagne, du Danemark et de Flandre s'élancent sur les Turcs à fond de train et tombent sur eux avec une telle violence que chacun abat le sien d'un coup d'épieu acéré : le sang et la cervelle se répandent sur le sol.

XLIX

Nombreux sont les combattants et acharnée la bataille. Corbaran, lui aussi, frappe à tour de bras avec tous ses compagnons : rien qu'à compter les rois, ils étaient quatre-vingt-dix. L'auteur de la chanson, c'est-à-dire Richard le pèlerin de qui nous la tenons, connaissait leurs noms. Il y avait là Brudalan, Rodamus et Grandon, Elyas et Clérème, Brumont et Dérion, l'émir Gramange, Margain et Fauferon, Judas Maccabée, Ténébreux et Samson, Antiochus le rouge, David et Salomon, Hérode et Pilate, Gaifier et Lucion, Claré de Sarmazane, Corbas et Lirion, Dinemont et Malart, Noson et Firmion, Arbulant, Lamusard, Alori, Guénedon, Madoine d'Oliandre et le roi Lorion ; avec eux se trouvaient Sansadoine, Soliman et Néron, le brave Amédélis et le Rouge-Lion.

L

Nombreux sont les combattants et acharnée la bataille ; nos gens de la Terre d'Honneur y accomplissent des exploits. Le sage comte de Normandie éperonne son destrier en poussant son cri de guerre et va frapper le Rouge-Lion sur son écu marqué de roues qu'il lui brise d'un coup en dessous de la bosse ; le gorgerin est arraché et la chair entaillée ; le cavalier tombe mort et son âme s'en va hanter l'enfer hideux.

Le bon duc de Bouillon, d'un coup de son épée tranchante, fait voler la tête à Soliman et le seigneur Hue le puîné qui s'était jeté au galop aux trousses de Sansadoine le pourfend en deux jusqu'à la poitrine d'un coup d'épée. À cette vue, les Sarrasins poussent des clameurs qui retentissent à une lieue. Que de Turcs s'enfoncèrent dans la mêlée ! Que de flèches au talon garni de fils d'or furent tirées ! Combien de puissantes dames furent foulées aux sabots des chevaux et restèrent par terre mortes et couvertes de sang ! Les Turcs ont fait un vrai massacre des nôtres. Si le Dieu tout-puissant les oublie, ils vont être vaincus et anéantis.

LI

Nombreux sont les combattants et farouche est la bataille. Les suppôts de Satan multiplient les coups d'épée. Les nôtres ont beau frapper, il leur semble qu'ils ne peuvent rien contre la force de leurs adversaires : aussi, quelle n'est pas leur angoisse ! Mais quand l'évêque du Puy, le bien-aimé de Dieu, tourne ses regards vers la montagne qui était couverte d'ennemis, il voit s'avancer fièrement un bataillon à cheval, en rangs si larges et si profonds que nul ne pourrait les compter, mais je crois qu'ils étaient plus de cinq cent mille cavaliers, plus blancs que la neige de mars. Saint Georges était à leur tête, ainsi que le baron saint Maurice qui a la réputation d'être un guerrier de valeur ; Démétrius et Mercure[1] portaient les enseignes. N'était la pensée de Jésus, nos gens seraient restés figés de peur sur place : on aurait pu les attacher et les emmener couplés en laisse comme des lévriers. Cependant, l'évêque les rassure : « N'ayez pas peur, barons, on vient à notre aide ; ce sont les anges de Dieu que je vous ai annoncés hier. » À cette vue, les Turcs furent frappés d'accablement : ils auraient donné mille livres d'or pour être ailleurs. Ils firent faire demi-tour à leurs rapides destriers et cherchèrent leur salut dans la fuite, tandis que les nôtres leur donnaient la chasse avec une telle ardeur qu'ils durent abandonner leurs chevaux, essoufflés, et les changer contre ceux dont les maîtres gisaient morts par les prés : ils n'eurent pas de mal à en trouver, et de vigoureux !

Écoutez, seigneurs, ce que fit le bon guerrier Hungier. Quand il vit les païens fuir devant la chasse des Francs et l'enseigne flotter au vent, il demanda à Dieu, le maître du monde, de lui donner le prix de la journée. Il s'enfonça au cœur de la mêlée ; autant de coups, autant de morts ! Mais ces orgueilleux de Turcs — que Dieu les anéantisse ! — lui tuent son cheval sous lui. Se protégeant de son écu écartelé[2], il se mit bravement à frapper les barons sarrasins de son épée d'acier ; il fallait le voir, les faisant tomber par terre les uns sur les autres, faisant pâlir le souvenir de Roland et d'Olivier. Les Turcs n'osent l'approcher d'aussi loin que porte la lance d'un fantassin. Ils ont beau lancer des javelots ou tirer des flèches contre lui, il continue d'avancer vers leur enseigne qu'il finit par renverser du rocher en coupant sa hampe. Ces coquins, ces lâches l'auraient tué sans l'intervention des Allemands, des Bavarois, des Lorrains, des Normands et des Picards. Que de coups d'épée ! Quelle bataille ! Les Turcs ne purent soutenir le choc ; non contents de se replier, ils furent contraints de fuir. Cette vue rend Corbaran fou de rage.

LII

Corbaran voit la fuite de ses gens et le massacre qu'en font les Francs à coups d'épée. Quand son étendard est renversé, il en appelle à Mahomet d'une voix forte : « Ah ! seigneur, moi qui vous aimais tant ! Si jamais je peux revenir dans ma terre, je vous ferai brûler et je jetterai vos cendres au vent. » Il donne l'ordre de mettre le feu à la prairie ; et comme l'herbe

---

1. Saint Georges (qui deviendra le patron des croisés), saint Démétrius et saint Mercure étaient les saints patrons des armées byzantines. L'iconographie chrétienne a coutume de les représenter en guerriers.
2. Partagé en quatre quartiers égaux.

était épaisse et sèche et qu'elle avait poussé haut, elle prend bien, opposant aux nôtres un obstacle difficile à franchir. Quand ceux qui étaient
près des tentes virent les flammes s'élever, ils se saisirent du trésor dans
l'intention de l'emporter. Mais les Syriens et les Arméniens s'y opposèrent, le leur ravirent et leur coupèrent la tête. Voici les païens abandonnés
à leur courte honte ; les exploits des barons d'outre-mer en ce jour sont
impossibles à raconter et même à imaginer. Je suis incapable de vous les
détailler, mais je ne veux point passer sous silence ceux du duc de Bouillon, de Hungier l'Allemand, le chevalier sans reproche, ni du comte
Robert qui est en charge de la Flandre. Le comte Hue le puîné, Bohémond
le brave et Robert de Normandie au clair visage parcourent le champ de
bataille, hargneux comme sangliers. Ils requièrent les païens de leurs
épées d'acier entre le fleuve et la montagne, et les chassent de leur cantonnement, les contraignant à prendre la fuite.

LIII

Les païens s'enfuient, pleins de colère et de douleur. Arrivés au pied
de la falaise qui domine la vaste vallée, ces coquins de mécréants tentent
de faire volte-face quand, au galop de son cheval gris, surgit Gérard, un
homme grisonnant, né à Melun, qui, tombé malade, avait dû garder le lit
depuis longtemps. Il s'enfonce au cœur de la mêlée, ce qui, à mon sens,
est pur enfantillage de sa part, car les païens ont vite fait de le tuer. Mais
voici qu'Évrard, un courageux combattant de Puisac, se précipite en
piquant des deux, ainsi que Droon, Clarembaut, le vaillant Thomas et
Païen de Beauvais sur son cheval gris. De voir Gérard mort leur cause un
cuisant chagrin et ils n'ont plus qu'un désir : venger leur ami. Chacun
frappe à grands coups de son épée aiguisée : autant de coups, autant de
morts. La victoire passe décidément dans le camp des fidèles de Notre-
Seigneur, tandis que le nombre des Turcs, avec tout leur orgueil, va diminuant : ils finissent par tourner le dos et par prendre la fuite.

LIV

Accablé de douleur par la défaite de ses hommes, Corbaran s'enfuit.
Le nuage de poussière soulevé par les sabots des chevaux obscurcit la
clarté du jour. Les païens se dirigent droit vers le Pont-de-Fer, poursuivis
par les nôtres qui ne les aiment guère ; et quand ils furent arrivés près du
château tenu par Tancrède, la nuit venue leur permit de s'échapper.
   Nos barons regagnent leurs tentes dans le cantonnement, mais le duc
de Bouillon passe outre. Il continue la poursuite avec acharnement ainsi
qu'une grande partie de sa baronnie. Il rattrapa Corbaran au fond d'une

vallée : « C'en est fait de vous, poltron ! s'écrie-t-il d'une voix forte. Je demande la joute : faites faire demi-tour à votre cheval ! » En l'entendant, Corbaran jette un regard sur ses poursuivants et ordonne à ses nobles chevaliers de s'arrêter car, dit-il, « ces gens qui nous donnent la chasse sont des fous d'après moi ». Le jour tombe, la nuit est là. Ce fut un dur affrontement et il tourna au désavantage des nôtres : il ne restait plus un seul compagnon au duc. Là furent tués Hungier l'Allemand, un combattant aguerri : deux flèches tirées par Claré de Sarmazane lui faussèrent son haubert et lui transpercèrent le corps ; mortellement touché, il tomba à terre avec le nom de Dieu à la bouche : « Seigneur, Père de gloire, toi qui m'as fait naître, aie pitié de mon âme, car mon corps est à bout. Secours le duc et préserve-le de la mort. » Et sur ce, il trépassa. Le bon duc de Bouillon se retrouve encerclé, et on lui a tué sous lui son rapide destrier. Quand il se voit à pied, partagé entre crainte et colère, il s'adosse contre un gros rocher et, tenant serré contre lui son écu d'or, fait face à la foule des païens qui le pressent de toutes parts.

LV

Inutile de demander si le duc fut chagrin de voir son destrier abattu sous lui et Hungier l'Allemand qu'il chérissait tant gésir à terre, son corps foulé aux sabots des chevaux. Ramenant devant lui son écu bordé de cercles d'or, son épée d'acier clair à la main, il se défend, hargneux comme un sanglier. À démembrer les Sarrasins et à les faire tomber par terre en tas l'un sur l'autre, le prince faisait pâlir le souvenir de Bertrand et d'Aÿmer. Quand Corbaran vit son courage, il lui demanda, de sa voix qu'il avait claire, comment il s'appelait. « Je peux bien te le dire, vassal : on m'appelle Godefroy de Bouillon. — Sur ma foi, j'ai souvent entendu faire ton éloge. Laisse-toi donc prendre vivant ; mon intention est de te présenter à mon seigneur le Soudan et de te donner terre et avoirs. — Tu perds ton temps. Affronte-moi plutôt corps à corps, d'égal à égal. Si tu peux me vaincre, tu auras de quoi te vanter. Mais si je m'en tire sain et sauf, ce que je veux, c'est me rendre en Perse pour la conquérir. Je ferai pendre haut et court votre émir Soudan ou bien je lui ferai crever les yeux avec une longue tarière. Et au retour, je compte passer par La Mecque et y prendre les deux candélabres qui sont devant la statue de Mahomet pour les faire mettre devant le Saint-Sépulcre. » Ces paroles rendent Corbaran fou de rage : « Malheur à vous si vous le laissez échapper ! », dit-il à ses hommes. Il fallut alors entendre les hurlements des Turcs qui réussirent à renverser le duc de vive force. Dès qu'il fut à terre, il se remit sur pied d'un bond pour éviter la mort, mais le sang jaillissait de son nombril.

Quand nos bonnes gens d'outre-mer eurent regagné leurs tentes pour se reposer, ils ne trouvèrent pas trace du duc de Bouillon ; et au moment de dîner, arriva un messager : « Seigneurs, dit-il aux princes, écoutez-moi ! J'ai vu le duc de Bouillon franchir une montagne d'où il n'est pas revenu ; il est mort ou prisonnier ! » Cette nouvelle arracha des larmes à nos barons qui se mirent en selle sans perdre de temps. Que le Rédempteur les conduise !

LVI

Nos barons chevauchent en éperonnant leurs chevaux. Cependant, le duc s'est adossé contre le rocher et, tenant en main son épée au pommeau de laiton, et son écu serré contre lui, il commence de se défendre, brave comme un lion. Mais les Turcs étaient trop nombreux, et il fut blessé au foie et aux poumons. Tremblant de peur devant la mort, il implora Notre-Seigneur : « Père de gloire, vous avez ressuscité Lazare par votre bénédiction. La belle Marie-Madeleine s'approcha assez de vous dans la maison de Simon, en se faufilant sous un lit de repos, pour se trouver à vos pieds. Des larmes venues de son cœur qui lui montaient aux yeux, elle vous les lava entièrement, puis elle les oignit de myrrhe par inspiration divine. Ce en quoi elle fit preuve de sagesse et s'en vit bien récompensée puisque vous lui avez pardonné tous ses péchés. Puisque cela est vrai et que nous avons raison de le croire, protégez-moi de la mort et de la captivité et faites que ces Sarrasins félons ne puissent pas me vaincre ! »

LVII

Après avoir terminé sa prière et avoir battu sa coulpe devant Notre-Seigneur, le bon duc de Bouillon ramena son écu devant lui et, l'épée à la main, offrit une fière résistance à ces maudits. Cependant, nos bonnes gens de la Terre d'Honneur étaient parvenus, sur leurs chevaux, à portée des hurlements que les païens poussaient en bas, dans la vallée. Qu'il fit bon alors entendre le fameux cri de « Montjoie ! ». Ils lancent leurs chevaux au galop et chacun va frapper un ennemi de sa lance acérée. La bataille fut longue et acharnée. Claré de Sarmazane y eut la tête coupée ; Brudalan et Hérode restèrent sur le pré avec plus de quatre cents hommes de leur pays. Le bataillon des Turcs fut mis en déroute, et le bon et sage duc fut sauvé. On le remonta sur un destrier à la selle dorée et tous s'en retournèrent au camp où la liesse allait être générale.

LVIII

Les barons mirent pied à terre dans le camp devant les tentes, délacèrent leurs heaumes et enlevèrent leurs hauberts. Mais avant de se désarmer, l'évêque du Puy les admonesta ainsi dignement : « Écoutez-moi, seigneurs ! On n'a jamais vu depuis la création du monde tant de chevaliers affrontés en bataille et ceux qui y ont participé étaient certes dans les bonnes grâces de Dieu, car ce n'est pas vous qui avez tué et mis en fuite les Turcs, mais la gloire de Jésus et Sa sainte puissance. Par amour pour Lui, je vous demande de vous abstenir de mentir et de plaisanter. — C'est entendu, seigneur », répondirent-ils. La nuit, tous se désarmèrent dans les riches tentes, car ils étaient recrus de fatigue. Ce n'est pas une histoire à dormir debout, mais la pure vérité, la chronique en témoigne et vous auriez tort de ne pas y ajouter foi : il y eut, en ce jour, cent mille chevaliers païens tués, sans compter les gens de pied qui y périrent en si grand nombre qu'aucun homme ne pourrait en faire le compte.

LIX

Nos barons passèrent la nuit à se reposer dans leurs tentes, car ils étaient recrus de fatigue. Écoutez donc ce qu'avaient fait ces fous de Sarrasins : dès l'heure de vêpres, ils avaient mis leur dîner à cuire, ne pensant pas qu'un seul des nôtres oserait sortir contre eux depuis la cité. Mais — que Dieu soit loué pour Sa bonté ! — les voilà morts ou prisonniers pour leur courte honte. Quant aux nôtres, ils ont de quoi boire et manger tout leur content et passent toute la nuit dans les jeux et les plaisirs sans rien se refuser.

Le lendemain, ils ont donc rassemblé tout leur butin : quinze mille chameaux et des mulets et chevaux de bât à ne pas les compter, non plus que tout le reste du bétail. Ils entrent dans la ville avec toutes ces richesses ; abbés, moines et prêtres vont au-devant d'eux, portant croix et reliques, et rendant grâce au Seigneur Dieu : quand même il ne leur fût pas arrivé de blé pendant trois ans, la ville n'aurait manqué de rien. Tel qui avait peu se retrouve à présent bien pourvu.

Revenons-en maintenant à ceux qui s'étaient enfermés dans la tour. De là, ils avaient pu observer la bataille à laquelle avaient pris part les chevaliers blancs comme fleurs des prés, et avaient compris que c'était une manifestation de la puissance divine, puisque, dès qu'on les avait vus combattre à nos côtés, les leurs avaient été vaincus et mis en fuite. Ils firent demander une enseigne à l'armée de Notre-Seigneur et Raymond de Saint-Gilles leur remit la sienne ; l'émir la fit dresser au sommet de la plus haute tour, mais ceux de Lombardie et des Pouilles lui dirent que ce n'était pas là celle de Bohémond ni de Tancrède ; ce pourquoi les Turcs se dépêchèrent de l'amener et ordonnèrent à un messager à eux de bien vouloir aller trouver « le fameux Bohémond ; et qu'il vienne parler avec l'émir ». Le messager partit au galop, se rendit auprès des Français, les bien-aimés de Dieu, et leur demanda où était Bohémond. « Il est là, assis auprès de Tancrède. » Le messager s'avança et le salua de par Dieu, ce à quoi Bohémond répondit en homme sensé qu'il était : « Que Dieu te garde, ami, par sa bonté ! — Seigneur, l'émir a un message important pour vous : il veut vous parler en secret. — J'y suis tout prêt », fait Bohémond, qui se met aussitôt en selle sur un destrier frais et monte d'une traite, avançant lentement à l'amble, au sommet du rocher où s'élevait le donjon. L'émir fut ravi de le voir.

LX

L'émir salue le marquis : « Bienvenue, cher ami Bohémond ! — Et bonne chance à vous, ami ! — Voici ce que j'ai à vous dire. J'ai ici avec moi nombre de Turcs et de Persans, certains illustres. Je voudrais avoir l'assurance que tous ceux qui choisiront de s'en retourner dans leur pays recevront un sauf-conduit pour les protéger, et qu'ils pourront emmener avec eux palefrois et chevaux de somme. Pour ceux qui voudront croire en la résurrection de Dieu, faites-les baptiser et ils serviront fidèlement le roi céleste. À ces conditions, je vous remettrai le donjon et le palais voûté. » Ces paroles réjouirent fort Bohémond, qui répondit calmement en homme de sens : « Ne vous inquiétez pas, seigneur. Je vais aller consulter nos barons et je reviendrai vous trouver le plus tôt possible. » L'émir y consentit bien volontiers et Bohémond, après avoir pris congé, s'en retourna, très satisfait, auprès des gens de son pays.

LXI

Bohémond s'en retourna sur son destrier d'Aragon. Une fois de retour auprès des fiers barons, il les interpelle calmement dans sa langue : « Seigneurs, l'émir vous fait dire, par mon intermédiaire, qu'il a avec lui beaucoup de barons turcs. Remettez un sauf-conduit à ceux qui s'en iront pour que ni leurs biens ni eux-mêmes ne souffrent aucun dommage ; faites baptiser au nom et à l'image de Dieu ceux qui voudront renier leur foi de sauvages et servir Dieu jusqu'à leur mort. À ces conditions, il me remettra la citadelle avec son donjon. — Ce sont des conditions honnêtes, répondent les barons. Il faudrait être fous pour refuser. Dieu qui donna des ailes aux oiseaux et s'incarna dans la Sainte Vierge en soit loué ! »

LXII

Dès que Bohémond a consulté les barons et qu'il les a tous vus d'accord, il repart d'une traite jusqu'à la tour. Appelant l'émir, il prononce ces paroles de sagesse : « Seigneur, nos barons acceptent de s'engager à faire ce que vous avez dit. » Et afin qu'il ait toute sûreté, il le jure sur sa foi. On ouvrit alors les portes et on fit sortir ceux qui se trouvaient à l'intérieur. Ceux qui ne voulaient pas croire à la régénération par le baptême reçurent un sauf-conduit valable dans tout le pays. Et ceux qui voulurent croire en Dieu et en sa sainte religion furent baptisés par les prêtres.

Nos gens d'honneur laissent éclater leur liesse. Quant à l'émir, voici ce qu'il leur raconta : « J'ai vu hier, pendant que la bataille faisait rage dans la prairie, un bataillon d'hommes en armes venir se ranger à vos côtés ; leurs files étaient si longues et si large leur front qu'on ne pouvait les compter, et ils étaient plus blancs que neige sur les branches. Dès qu'ils eurent attaqué les nôtres, nous avons été vaincus et mis en déroute. Toute la terre — montagne et vallée — s'est mise à trembler et notre tour, là-haut, a failli s'effondrer. Nous avons eu si peur, en vérité, que, tous, nous aurions préféré être outre-mer [1]. »

---

1. Si, dans le thème du présent volume, « outre-mer » désigne la Terre sainte, dans la chanson dont le cadre est la Terre sainte, « outre-mer » c'est, pour les chrétiens, le pays d'Europe d'où ils sont venus et, pour les Sarrasins, tantôt ces mêmes pays d'où viennent les croisés, tantôt comme ici, un ailleurs lointain et peu précisé.

La Conquête de Jérusalem [1]

[Richard le Pèlerin et Graindor de Douai]
Chanson de geste, fin du XIIe siècle

INTRODUCTION

Il faut sans doute être bien conscient du caractère passionnel des relations entre chrétienté et Islam à travers les siècles pour raison garder devant *La Conquête de Jérusalem*. Le lecteur, en effet, qui, faisant confiance au titre, espérait trouver une relation historique des événements de la première croisade aura été bien surpris et peut-être scandalisé, même s'il se doute bien qu'un historien du XIIe siècle n'a pas la même conception de sa discipline que son homologue contemporain. Or, précisément, *La Conquête de Jérusalem* n'est pas, ne veut pas être un document d'histoire, même si son auteur, conformément à la tradition, fait semblant de la présenter comme tel.

En effet, ce texte est composé en langue vulgaire, dans une forme poétique, pour une récitation publique ; c'est une chanson de geste, au même titre que la *Chanson de Roland*, la *Chanson de Guillaume*, la *Chanson d'Aspremont* ou *La Prise d'Orange*. Elle repose certes sur un événement historique important, l'épisode central de la première croisade, mais la *Chanson de Roland*, par exemple, se fondait aussi sur un événement historique, puisqu'il y eut bien une bataille à Roncevaux le 15 août 778 qui aboutit à une cruelle défaite de l'arrière-garde de l'armée franque.

Il est vrai que *La Conquête de Jérusalem* suit la réalité historique de plus près ; mais il y a à cela deux explications majeures.

– Entre l'événement de Roncevaux et le récit poétique conservé se sont écoulés plus de trois siècles ; entre la première croisade et la chanson de *La Conquête de Jérusalem* ne s'est écoulé qu'un siècle ; l'on s'accorde en effet généralement à dater notre texte de la fin du XIIe siècle.

– Graindor de Douai, son auteur probable, a travaillé — tend à penser la critique contemporaine — à partir du récit d'un croisé, Richard le Pèle-

1. Traduit de l'ancien français, présenté et annoté par Jean Subrenat.

rin ; il se trouvait, de ce fait, davantage captif de la réalité des événements.

Il n'est en revanche pas inintéressant, sur le plan historique précisément, de s'interroger sur la raison d'être de ce texte, sur les intentions de l'auteur, sur la réception du public. En effet, à cette époque, le règne de Philippe Auguste, la croisade reste un événement d'actualité pour encore presque un siècle ; exalter les exploits des glorieux précurseurs n'était sans doute pas innocent et le genre épique s'y prête particulièrement bien ; n'oublions pas que la chanson de geste traditionnelle met très souvent en scène des affrontements avec les Sarrasins en Occident et, en un certain sens, le mouvement de la *Reconquista* en Espagne procède d'un état d'esprit qui a des points communs avec la croisade.

On va donc, dans *La Conquête de Jérusalem*, retrouver tout d'abord l'esprit et la forme de l'épopée ; et c'est seulement lorsque l'on aura fait la part des choses sur ce point qu'il sera possible de se demander quelle originalité présente cette chanson de croisade.

De la chanson de geste, *La Conquête de Jérusalem* garde la forme extérieure : succession de strophes assonancées ou rimées, nombreuses répétitions, parfois lancinantes pour un lecteur du XXe siècle, justifiées non seulement par le respect d'une poétique, mais aussi par le caractère oral de la diffusion et le goût incontestable d'un public qui attend cela. Ainsi voit-on, par exemple, plusieurs laisses signaler le détail de la composition des armées et les bénédictions individuelles de l'évêque avant le combat (III, III-IV ; IV, II *sqq.* ; VII, XXXI *sqq.*) ; ainsi entend-on souvent le jongleur assurer qu'il dit la vérité, que sa chanson est la meilleure ; ainsi peut-on s'étonner des effectifs démesurés de combattants dans un camp comme dans l'autre, avec leur corollaire, l'indifférence devant les massacres complaisamment évoqués qui ne servent que de toile de fond aux grands combats des chefs, les seuls valorisés ; ainsi retrouve-t-on sans cesse des expressions stéréotypées, appliquées à la description des armes ou à l'attitude des chevaliers selon une rhétorique bien connue depuis *L'Iliade* ou *L'Odyssée* ; ainsi remarque-t-on des descriptions physiques totalement fantaisistes de contingents militaires païens, comme les habitants de Buridane qui se nourrissent d'épices (VIII, V) ou les « Espics » qui ont une anatomie partiellement zoomorphique (VIII, VII).

Les noms propres mêmes d'un certain nombre de seigneurs musulmans se retrouvent (et parfois il s'agit d'un pur emprunt) dans des épopées évoquant la lutte contre les Sarrasins d'Espagne : les noms d'Aerofle, Butor, Fabur (VII, I) se trouvent aussi dans *Aliscans* ; Galafre (VII, I) est le grand ennemi de Guillaume dans *Le Couronnement de Louis* ; presque tous les fils de Sultan (VIII, II) portent des noms répertoriés ailleurs ; le fait même que Sultan et Calife (le « pape » sarrasin !) soient des noms propres est également révélateur. Les peuples ennemis enfin procèdent d'un amalgame identique dans toute l'épopée romane, puisqu'on trouve aussi bien des Turcs, des Arabes que des Slaves, des Bulgares musulmans, comme le sont ailleurs les Saxons ou les Bretons.

Tout cela fait donc partie d'une forme littéraire, mais aussi d'un fond commun propre au genre ; ce serait une erreur d'y chercher quelque originalité que ce soit.

Si l'on prête maintenant attention à la construction dramatique de *La Conquête de Jérusalem*, on retrouve une structure en deux parties tout à fait caractéristique ; il s'agissait de conquérir Jérusalem, tel semblait être le sujet « historique » de la chanson ; or la victoire est acquise à la fin du chant V. Cependant l'action rebondit avec une contre-attaque de la totalité des mondes païens, neutralisée grâce au retour des chrétiens déjà repartis vers la France, et la chanson se termine sur cette victoire dans les « plaines de Rames », apparemment définitive, même si Acre reste encore à conquérir. Or, sur le plan *littéraire*, saute aux yeux un parallélisme non fortuit avec d'autres textes épiques ; tout simplement par exemple, la *Chanson de Roland* commence par le douloureux combat de Roncevaux (une « chanson de Roland » proprement dite) ; l'armée impériale était repartie et elle doit faire demi-tour pour l'affrontement décisif contre une coalition générale du monde païen (sur les bords de l'Èbre) qui assurera la victoire apparemment définitive ; cependant, il restera Imphe à libérer, parce que rien n'est jamais acquis et qu'il faut prévoir l'ouverture vers d'« autres aventures ». Les rapprochements de détail sont également importants ; signalons seulement l'arrêt du soleil pour assurer la victoire comme dans la *Chanson de Roland* ; la source biblique passe par l'épopée carolingienne. D'ailleurs l'auteur ne s'impose-t-il pas lui-même la référence quasi obligée à la *Chanson de Roland* (VII, xxiv) ?

Là où, enfin, on aurait pu attendre un reportage historique, c'est dans la peinture des musulmans et de leur religion. Sur ce point encore, *La Conquête de Jérusalem* suit, non la pensée exacte de la fin du xiie siècle beaucoup plus nuancée déjà, mais les idées admises comme évidentes dans le genre littéraire ; ainsi constate-t-on, selon la tradition épique, une admiration certaine pour le luxe et les merveilles de la civilisation musulmane (la richesse, les étoffes, les armements, certaines techniques de combat), un respect pour la personnalité des « grands » chevaliers, dont on regrette l'entêtement dans leur foi païenne et auxquels on propose amitié et respect s'ils se convertissent.

Il s'agit, en effet, d'un conflit à la fois militaire et religieux, toujours sous-tendu par l'idéologie épique selon laquelle la chrétienté et la féodalité, hors lesquelles il n'y a point de salut, vont de pair. Être chrétien, c'est participer au système féodal. Être musulman, c'est être en dehors et, sur le plan religieux, adhérer à une religion caricaturale qui n'est pas réellement l'islam, mais un syncrétisme étrange de paganisme, d'idolâtrie, de satanisme aussi. Les divinités sont multiples, souvent présentées par trois

(Mahomet, Apollon, Tervagant), par symétrie sans doute avec la Trinité chrétienne ; ce sont parfois de pures idoles (dont les caractéristiques à l'origine remontent sans doute au psaume 115) et les païens accuseront leur dieu de dormir ; parfois, Mahomet intervient matériellement ; ainsi a-t-il lui-même décoré la tente de Sultan (VI, XIII-XV). Il est toutefois bien clair que c'est une divinité de rang inférieur et surtout dépendante du démon qui intervient d'ailleurs dans notre poème (VI, XVI-XVII). Si l'on veut se faire une meilleure idée de cet imaginaire épique, il suffit de se rapporter à la proclamation de Satan en personne (VI, XVI) : la terre est son royaume ; on doit l'adorer parce qu'il donne les biens d'ici-bas, tandis que le Dieu des chrétiens règne dans le ciel. C'est déjà ce que disait Corsolt dans *Le Couronnement de Louis*, prétendant même que Dieu n'ose plus descendre sur terre, car il a peur de Satan. L'origine de cette profession de foi se trouve évidemment dans la tentation du Christ auquel Satan offre les royaumes de la terre (Mt IV, 8 ; Lc IV, 5-7).

Ainsi donc, en écoutant *La Conquête de Jérusalem*, les auditeurs contemporains — qui n'étaient peut-être pas plus dupes que ne l'est l'actuel public des œuvres de science-fiction — devaient-ils apprécier une atmosphère à laquelle ils étaient habitués, retrouver un monde manichéen qui les rassurait et les inquiétait tour à tour. Si le poète ou le jongleur n'avaient pas joué le jeu, ils n'auraient pas été crédibles, ils n'auraient pas été... pris au sérieux.

Cela étant acquis, *La Conquête de Jérusalem* fait montre d'une certaine spécificité qui nous paraît résider dans une tonalité religieuse plus précise et plus orientée que celle des épopées des autres cycles.

Il faudrait d'abord presque croire l'auteur lorsque, au début du chant VII, il a l'aplomb d'affirmer que sa chanson « est véridique car elle se trouve dans la Bible ».

Si, en effet, le miracle du soleil arrêté (dont le premier bénéficiaire fut Josué), si la longue et très belle prière de Godefroy (VII, XXVI) — un « credo épique » selon l'expression consacrée — ressortissent au genre épique et ne sont donc pas directement issus des deux Testaments, on ne peut manquer de sentir une imprégnation scripturaire, sans doute transmise par l'intermédiaire de la liturgie chrétienne. L'abondance, par exemple, de formules comme : « Si Dieu ne les aide, si Dieu ne s'en soucie... », parfois chevilles rhétoriques il est vrai, ne peut cependant que faire référence à la formule usuelle d'ouverture des offices : « *Deus in adjutorium meum intende.* » De même, les « N'ayez pas peur, soyez sans crainte... » renvoient aux multiples péricopes évangéliques (Mt X, 28 ; XVII, 7 ; Lc VI, 50 ; etc.), reprises par saint Paul ; ou encore les allusions à Dieu qui n'oublie pas ses amis (par exemple VII, XXV) rappellent le « Dieu fidèle éternellement » de l'Ancien Testament ; il serait aisé de multiplier les exemples. L'on se contentera d'insister sur un motif plus surprenant mais fréquent : il s'agit du tableau de la terre jonchée de cadavres (I, XXII ; II, XXX, XXXIII ; VI, III, IX, X ; VII, IX...) ; ce ne peut être qu'une référence implicite au psaume 110 (109) (« *Dixit Dominus domino meo...* »), l'un des plus connus puisqu'il se chantait habituellement à l'office de vêpres des dimanches et des grandes fêtes, dont les versets 5 et 6 proclament : « Il brisera les rois au jour de sa colère. [...] Et partout sur la terre s'entassent les cadavres, il leur a fracassé la tête ». L'action de notre chanson se présente ainsi comme la réalisation de la prophétie. C'est incontestablement très rassurant pour la bonne conscience des croisés qui ont d'ailleurs bien le sentiment de n'être pas uniquement des guerriers.

Car *La Conquête de Jérusalem* est aussi le récit d'un pèlerinage accompli avec piété (« Qu'il prenne sa croix et me suive... »). Là encore quelques exemples permettront de comprendre l'atmosphère que veut sans doute établir l'auteur. Il y a d'abord un désir sans cesse répété, celui de voir, de toucher, de vénérer le Saint-Sépulcre, où a été déposé le corps du Christ et d'où il est ressuscité. Le but du pèlerinage ou de la croisade est là, non ailleurs, ce n'est pas le Temple où Il enseigna, le Golgotha où Il fut crucifié, le Cénacle où Il institua l'Eucharistie, le mont des Oliviers lieu de la douleur et de l'arrestation, ni Bethléem... Ces lieux saints ne sont pas négligés, mais le poète va à l'essentiel : la mort rédemptrice et la Résurrection, gage du salut de l'humanité. C'est de très bonne théologie ; c'est aussi une piété tout à fait adaptée à ces hommes qui souffrent avec l'Espérance de faire ainsi leur salut. Cela est tout particulièrement sensible en deux occasions. Tout d'abord, sitôt la ville conquise, sans prendre un instant de repos, sans même prendre soin de leurs chevaux, Godefroy, Robert de Frise et Thomas de Marne vont nettoyer le Sépulcre, puis le Temple (V, XIII). Ensuite, au moment de l'élection du roi de Jérusalem, tous les « barons » se récusent en invoquant en général leurs engagements familiaux ou féodaux, ce qui est parfaitement honorable ; Robert le Frison et Robert de Normandie se justifient en précisant qu'ils considèrent leur mission comme accomplie parce qu'ils ont vénéré le Sépulcre (V, XVIII, XIX) [1] ; c'est leur point de référence. Tous souhaitent alors prendre le chemin du retour en emportant des palmes, signe de l'accomplissement du pèlerinage de Jérusalem — comme la coquille était le signe du pèlerinage de Saint-Jacques —, et qui valait le nom de « palmier/paumier » au pèlerin de Terre sainte.

Ainsi s'explique aussi leur émotion devant les lieux mémorables de la vie du Christ, qui apparaît en filigrane tout au long du poème mais se

---

1. C'est d'ailleurs — et ce n'est pas un hasard — ce que rappelle l'ultime vers de la chanson : « *Adont fu nostre Sires graciiés et loés, / Et li verais sepulcre des barons honerés.* »

manifeste plus intensément en quelques occasions : lorsque Pierre l'Ermite commente le panorama sur la ville (II, I-VI) ; lorsque les armées prennent successivement position autour des murailles (IV, I-X) ; lors du couronnement de Godefroy (V, XVII *sqq.*) ; lorsque l'armée des croisés au retour passe par le Jourdain et Tibériade (V, XXX-XXXII). Au-delà du récit et de la volonté pédagogique, l'auteur décrit l'émotion de ses personnages pour la faire partager à son public.

C'est sans doute dans la même perspective qu'il convient de situer la présence et la conduite de divers personnages : le clergé, bien sûr, mais aussi les personnages féminins, peu fréquents d'ordinaire, du moins sur les champs de bataille, qui participent ici réellement à la victoire, manifestant ainsi que tout le « peuple de Dieu » est à la recherche de Jérusalem, comme il avait marché quarante ans dans le désert sous la conduite de Moïse, en ayant faim et soif. Les petites gens sont aussi actifs que les dignitaires et les nobles ; c'est cet étrange peuple des « Ribauds », sous la conduite du roi Tafur, qui accomplit les combats les plus rudes et qui emporte la victoire, rappelant évidemment la prédilection du Christ pour les « pauvres ». L'humilité d'ailleurs devient une vertu chevaleresque puisque à diverses reprises des chevaliers abandonnent leurs montures pour attaquer les murailles au pic et à la pioche, sans craindre de déroger. La manifestation la plus admirable de cette humilité réside dans la conduite de Godefroy et dans les conditions qu'il pose à sa royauté sur Jérusalem : pressé par le peuple, puis désigné par Dieu (*vox Dei, vox populi*), il n'accepte qu'une couronne de ronces et veut tenir son royaume du roi Tafur (V, XVII, XXII-XXVIII). C'est une des scènes les plus émouvantes avec celle du deuil pour la mort d'Enguerran de Saint-Pol (VIII, XX, L-LI) et celle de l'étonnement devant le cœur de Cornumaran (VIII, LVII).

Dans cet ordre d'idées enfin, l'on est bien tenté d'interpréter l'échec assez lamentable de l'armée chrétienne, peu combative au vrai, devant Tibériade, lors du retour vers la France (V, XXXI), comme un avertissement divin à l'adresse de chevaliers qui déclarent en quelque sorte forfait alors qu'ils avaient enduré des souffrances innombrables en communion avec celles du Christ.

Ainsi donc, l'auteur se sent parfaitement à l'aise dans le cadre épique traditionnel, au point d'inscrire sa chanson, avec La Prise d'Antioche, Les Chétifs, puis La Chrétienté Corbaran, La Prise d'Acre, dans un cycle que la critique moderne appellera Le Cycle de la Croisade et placera à côté du Cycle du roi ou du Cycle de Garin de Monglane et qui aura des développements merveilleux autour de la légende du Chevalier au cygne [1]. Comme tout poète épique d'ailleurs, il se sent confusément serviteur d'une cause politique et sociale. Plus précisément ici, se fondant sur des

---

1. Voir ci-dessous Le Bâtard de Bouillon, laisse IX, n. 1, p. 361.

événements historiques qu'il utilise assez librement, suivant une idéologie communément admise (faite de foi sincère et d'intolérance quasi viscérale vis-à-vis de « l'autre »), il parvient néanmoins à infléchir le ton de son œuvre pour dépasser le cadre de la guerre, pour essayer de la relativiser en quelque sorte par rapport à quelque chose qui pour lui est l'essentiel, une foi incarnée, « charnelle », qui se manifeste dans la liberté de pèlerinage, de vénération des sites fondateurs de sa religion, retrouvant en cela la tradition judéo-chrétienne la plus profonde. Il faut certes regretter l'intolérance (ou, selon une terminologie récente, le « racisme ») du texte, — encore que la chanson se termine sur l'admiration pour le cœur de Cornumaran et la cérémonie funèbre en l'honneur du roi païen. La tolérance n'eût pas été concevable au XIIe siècle — *La Conquête de Jérusalem* en témoigne brutalement —, même si Pierre le Vénérable, qui avait fait traduire le Coran, avait déjà écrit, au milieu du siècle, à l'adresse des musulmans : « Je vais à vous, non, comme font souvent les nôtres, avec des armes, mais avec des paroles, non par la force mais par la raison, non avec haine mais avec amour. » Et en 1250, Innocent IV pourra dire à son tour : « Il est clair qu'on ne doit pas faire la guerre aux Sarrasins pour qu'ils deviennent chrétiens », Louis IX n'en prendra pas moins encore la tête d'une croisade.

N.B. : Le texte de *La Conquête de Jérusalem* commence *ex-abrupto* : les païens s'arment à l'intérieur de Jérusalem, tandis que Richard et ses hommes approchent de la ville. Il y a donc des allusions aux événements précédents contenus dans *La Prise d'Antioche* et *Les Chétifs*.

Il faut savoir que « les Chétifs » (c'est-à-dire : les prisonniers) désignent un contingent de croisés faits prisonniers à la bataille de Civetot, réduits en esclavage par Corbaran qui les libérera ensuite en reconnaissance de multiples (et spectaculaires) services rendus ; ils garderont ce surnom.

D'autres part les « Ribauds » (les bandits, les brigands) du roi Tafur sont un contingent assez hétéroclite de combattants, non chevaliers, dont les techniques, atypiques, sont particulièrement redoutables.

JEAN SUBRENAT

BIBLIOGRAPHIE : le texte est traduit d'après l'édition publiée par C. HIPPEAU, *La Conquête de Jérusalem, faisant suite à la Chanson d'Antioche, composée par le Pèlerin Richard et renouvelée par Graindor de Douai au XIIIe siècle* [1], collection des Poètes français du Moyen Âge, t. VII, Paris, 1877, Slatkine Reprints, Genève, 1969.

Il faut maintenant utiliser l'édition de N.R. THORP, *The Old French Crusade Cycle*,

---

1. Le découpage du texte en chants n'est pas médiéval. C'est un parti-pris de l'éditeur du XIXe siècle, sur le modèle de l'épopée antique.

vol. VI, *La Chanson de Jérusalem*, The University of Alabama Press, Tuscaloosa and London, 1992.

On pourra consulter :
— sur l'idéologie, l'opinion publique et la littérature : ALPHANDÉRY P. et DUPRONT A., *La Chrétienté et l'idée de croisade*, 2 vol., coll. « Évolution de l'Humanité », Paris, Albin Michel, 1954 et 1959 ; rééd. 1994.

FLORI J., *La Première Croisade, l'Occident chrétien contre l'Islam*, Paris, Éditions Complexe, 1992.

ROUSSET P., *Histoire d'une idéologie : la croisade*, Lausanne, L'Âge d'homme, 1983.

VILLEY M., *La Croisade, essai sur la formation d'une théorie juridique*, Paris, Vrin, 1942.

Les Épopées de la croisade, colloque publié par K.H. BENDER, in *Zeitschrift für französische Sprache und Literatur*, Beiheft 11, Stuttgart, Franz Steiner, 1986.

La Croisade : réalités et fictions, Actes du colloque d'Amiens (18-22 mars 1987), publiés par DANIELLE BUSCHINGER, Göppingen, Kümmerle Verlag, 1989.

— sur le point de vue inverse : MAALOUF A., *Les Croisades vues par les Arabes*, Paris, J'ai lu, 1983 ; réimpr. 1992.

CHANT I

I

Les païens, nos ennemis, s'armaient à l'intérieur de Jérusalem. Ces bandits orgueilleux — plus de cinquante mille — étaient en alerte au temple de Salomon.

Richard et les Chétifs [1] approchent à bride abattue. Ils chevauchaient en vérité vers leur mort ; mais Dieu, par son très saint Nom, les en préserva. Quiconque met en Lui sa foi est à l'abri du mal. Nos barons se trouvaient à la mosquée. Godefroy de Bouillon s'éloigne de l'armée avec Richard de Normandie, Robert le Frison, Robert du Rosoy qui boite du talon, Étienne d'Aubemarle, le fils du comte Eudes et dix mille chevaliers ; il n'y avait pas de fantassins. Ils ont cheminé au grand trot le long d'un vallon ; et maintenant qu'ils voient la tour de David, le Temple et sa forteresse, la porte Saint-Étienne et le Charnier du Lion [2], ils se prosternent devant Jérusalem avec grande dévotion ; chacun, le visage et le menton mouillés de larmes, embrasse le sol, mord la terre, disant :

« C'est ici que passa Jésus qui souffrit sa Passion, avec ses saints apôtres et ses disciples, bienheureux sommes-nous d'avoir subi tant de souffrances, la faim, la soif, les persécutions, les grands vents, l'orage, la neige, la glace, puisque nous contemplons maintenant la ville et sa puissante forteresse où Dieu reçut la mort pour notre rédemption ! »

Ils remontent alors à cheval, en prenant appui sur leurs étriers et partent à la recherche de vivres de tous côtés, du val de Josaphat jusqu'au mont Sion, allant même jusqu'à Siloé. Devant Béthanie, là où Dieu ressuscita Lazare, ils s'emparent, au prix d'un grand massacre, d'un butin si important qu'il est impossible d'en faire le compte, tant en chameaux qu'en buffles et en moutons gras. Ils ne s'arrêtent qu'au mont des Oliviers et s'ils peuvent rester sains et saufs et conserver leur prise sans trop de dommages, ils devront en rendre grâce à Dieu. Mais avant le soir et le coucher

---

1. Voir Introduction, p. 176.
2. Voir ci-dessous, chant VIII, LIV-LV, où se trouve une explication de ce toponyme.

du soleil, le meilleur donnerait toutes les richesses de Soissons pour être au loin.

II

Le butin recueilli par les Francs était considérable. Ils font demi-tour, sans plus s'attarder, par le val de Josaphat jusqu'à Sainte-Marie, là où la mère de Dieu mourut et fut mise au tombeau [1]. Le roi de Jérusalem fait retentir la trompe, un cor d'airain, pour rassembler les païens. En haut de la tour de David, là où flamboie l'aigle d'or, le sonneur souffle avec force. Le son portait bien à cinq grandes lieues, si bien que notre armée se mit en état d'alerte à la mosquée. Le roi sortit avec un grand nombre de ses nobles, ainsi que Cornumaran, accompagné de sa grande escorte. Ils étaient plus de cinquante mille de la sale race haïe, équipés de leurs hauberts et de leurs heaumes, montés sur leurs destriers de Syrie. Ils lancent une attaque horrible, affreuse, pour récupérer le butin : chacun doit se défendre au péril de sa vie et au risque d'y laisser irrémédiablement sa tête ; ce fut un grand malheur, croyez-m'en, à dix mille contre cinquante mille ; personne ne vous dira le contraire.

Le butin ramené par les Français le long du val de Josaphat était considérable. Ceux de Jérusalem, païens et Sarrasins, sortaient, pleins d'ardeur, en ordre de bataille ; ils étaient cinquante mille qui haïssaient Dieu Notre-Seigneur. Tambours et tambourins résonnaient, les cors d'airain retentissaient, les vallées en vibraient, les collines en renvoyaient l'écho. Pour récupérer le butin, ils se jettent sur nos hommes. Les Français chrétiens résistèrent bien au choc, mais il faisait une si grande chaleur qu'ils souffraient intensément de la soif.

III

Leur angoisse était grande au val de Josaphat. Les hommes de Jérusalem étaient sortis au pas et avaient lancé une attaque massive pour récupérer le butin. Les Français leur résistent à coups de lance et de javelot. Quand les lances, brisées, eurent volé en éclats, ce fut alors un grand fracas d'épées sur les heaumes brillants qui sont fendus tout comme les écus et les larges boucliers. Dieu, comme ces compagnons de Judas les malmènent ! Nos Français n'ont pas le moindre répit.

Mais le duc Godefroy jure par saint Thomas, et le comte Robert de Flandre par saint Luc, qu'ils préféreraient être en un cercueil à Reims ou à Arras plutôt que de laisser les Turcs avoir ne serait-ce qu'un mouton

---

1. Il n'y a pas contradiction avec la croyance en l'Assomption. Une tradition rapporte que Marie reposa, comme son Fils, trois jours dans un tombeau avant d'être enlevée au ciel.

gras. Alors le duc cria « Saint André et Patras ! », les barons « Saint-Sépulcre ! », quelques-uns « Saint Nicolas ! » : « Frappez, barons, il ne s'agit pas de plaisanter : celui qui met sa confiance en Dieu ne doit pas être vaincu ! »

IV

L'angoisse était grande, seigneurs, en ce jour où les Francs poussaient leur butin hors de ce grand vallon où sainte Marie, la mère du Créateur, mourut et fut mise au tombeau, avant que les anges ne l'emportent au ciel auprès de Notre-Seigneur. Dieu ! comme cette engeance de païens les malmène ! Ils les attaquent de tous côtés avec leurs arcs et leurs flèches. On pouvait y voir nombre de vavasseurs — mon Dieu ! — percés de flèches, nombre de bons chevaux et de destriers tués ; on pouvait y admirer nombre de princes et de comtes frappant avec leurs épées, à deux mains. Le soleil brillait fort ; il faisait très chaud. Plusieurs étaient en grand tourment ; nos nobles combattants avaient une soif dévorante. Ils boivent, dans leur détresse, l'urine et la sueur de leurs chevaux, et aussi le sang ! Ah ! Dieu, quelle immense douleur !

V

Le combat était acharné, la mêlée épuisante. Dieu ! Comme le roi Cornumaran et son père, le vieux Corbadas aux cheveux blancs, les malmènent. On pouvait voir là des chevaux et des destriers, percés de flèches, aller par les vallées en traînant leurs boyaux. C'était un drame affligeant de perdre son cheval, car on se retrouvait à pied dans le combat comme un simple fantassin. Les Français se défendaient avec leurs bonnes lances aiguisées ; et lorsqu'elles sont brisées, ils tirent leurs épées. Aux Turcs, ils tranchent les têtes, percent les flancs et les côtés ; le champ de bataille est couvert de sang et de cervelles. Nos Francs, en regardant du côté de Saint-Étienne que Dieu avait tant aimé, en direction du mont des Oliviers, voient nos Chétifs sur leurs rapides chevaux — ce sont Richard et ses hommes —, ils aperçoivent les boucliers et les armes qui flamboient, les enseignes de soie qui flottent sur les lances. Seigneurs, c'étaient vraiment Richard le vaillant chevalier, Harpin qui croit en Dieu, avec ses hommes ; ils avaient été prisonniers (mais Jésus ne les avait pas abandonnés) dans la cité d'Oliferne, fief du roi Corbaran, pendant trois ans et quinze jours [1]. Dieu les en a délivrés, telle était sa volonté ; qui a foi en Lui trouve son réconfort. Cette terrible bataille fut très éprouvante pour les Français.

---

1. Allusion à la chanson des *Chétifs*. Voir Introduction, p. 176-177 et chant II, n. 2, p. 204.

VI

Seigneurs, nobles et vaillants chevaliers, écoutez quelle était la grande détresse de nos Français : les Turcs s'acharnaient contre eux avec leurs arcs, leurs flèches d'acier, leurs javelots acérés et les repoussèrent jusqu'à Saint-Étienne à coups d'épées d'acier sur les heaumes, tuant leurs chevaux de leurs lances pointues. Le convoi du butin s'était arrêté sur une hauteur escarpée où prirent position nos vaillants combattants, les princes et les barons qui ont foi en Dieu. Aucun clerc ne pourrait dire, aucun jongleur ne pourrait chanter l'angoisse des barons qui se défendaient là. Il n'y avait pas de chevalier, si riche ou si puissant soit-il, qui n'eût grand-peur de perdre la vie. Tous s'écrient : « Saint-Sépulcre, au secours ! » C'est alors que Robert le Frison arrive au galop auprès de Godefroy, lui criant :

« Seigneur duc, écoutez-moi ; vous voyez cet escadron de cavaliers, arrêté là-bas près de la colline ? Il me semble que ce sont des Arabes, des gens orgueilleux et présomptueux. Si nous perdions ce butin, au nom de Dieu notre rédempteur, je préférerais être mort !

— À Dieu ne plaise que les Turcs s'en emparent jamais ! Envoyons deux messagers de toute la vitesse de leurs chevaux, auprès du comte de Saint-Gilles et de Tancrède de Pouille, pour qu'ils nous portent immédiatement secours, au nom du Dieu tout-puissant. S'ils tardent à venir, jamais plus ces princes guerriers ne nous reverront. »

Ils s'inclinent alors l'un devant l'autre.

VII

« Qui pourrons-nous envoyer au comte de Saint-Gilles pour lui faire part de notre situation désastreuse ? », demande le duc de Bouillon.

— Anthiaume de Châlons et Foucher de Chartres, répond Thomas de la Fère, tous deux sont loyaux et dignes de confiance. »

Il fallait voir les Turcs éperonner leurs chevaux et sortir des rangs pour frapper à mort de leurs épées tranchantes, et nos Français leur résister par le fer et l'acier. On aurait pu voir aussi Godefroy ne pas ménager les grands coups, abattre, tuer, tailler en pièces les Sarrasins. Ce fut le début d'une bataille si horrible et si violente contre cette race maudite que plus de cent quarante archers y perdirent la vie.

Les princes s'écrient : « Quel magnifique chevalier ! Que Dieu lui donne longue vie ; allons lui porter secours. »

Anthiaume passe par un autre chemin pour atteindre sans délai le camp des chrétiens à la mosquée où étaient établis ses quartiers ; il transmet à Raymond le guerrier, Bohémond, Tancrède (que Dieu l'assiste !) et à tous les puissants barons aimés et chéris de Dieu la demande urgente de secours pour nos gens : « Envoyez-leur des renforts, hâtez-vous, ils ne vont plus pouvoir tenir. »

Quand les barons entendirent le messager transmettre les paroles du duc et des barons, il y eut un grand trouble ; l'on vit pleurer les évêques, les puissants seigneurs, les nobles épouses, les courtoises jeunes filles ; dans leurs sanglots, ils ne peuvent empêcher les larmes de leur monter du cœur et de mouiller leurs poitrines ; on pouvait voir, je vous assure que je dis la vérité, les chevaliers en larmes, tandis qu'ils endossaient leurs brillantes cuirasses à doubles mailles, ceignaient leurs épées, laçaient leurs heaumes dont l'or brille aux rayons du soleil. Sitôt armés, ils montent à cheval et se mettent sans plus attendre en route en bon ordre. Si les Turcs, ces bandits perfides, qui sont à Saint-Étienne, au pied de la solide muraille, n'y prennent garde, ils auront tout intérêt, me semble-t-il, à fuir au lieu de se servir de leurs arcs. Aucun tir de flèche, aucun jet de javelot ne les protégera d'une mort inexorable.

VIII

Nos vaillants chevaliers, princes et barons, qui ont foi en Dieu, quittent le camp. Les dames, sur le sable brûlant, apportent, chargée à leurs cous, sur leurs poitrines, l'eau dont les Francs sont assoiffés. Plusieurs sont sans chaussures, les talons et les plantes de pieds en sang ; elles en louent Dieu le Rédempteur. Bohémond et Tancrède chevauchaient en tête. Le menton appuyé sur la main, ils pleurent en silence et prient humblement Dieu le Père qu'il protège par sa sainte volonté le duc, le comte Eustache, le jeune Baudouin, Robert le Frison et Robert le Normand.

« Ah ! Dieu, dit Bohémond, vais-je pouvoir vivre assez pour rejoindre le duc ? Accorde-moi, Seigneur, si telle est ta volonté, de le retrouver sain et sauf, libre et vivant ! Je me battrai avec une telle fougue que j'enverrai à la mort tous ceux que je frapperai. »

Français et chevaliers de Pouille chevauchent de concert, les lances en arrêt, les gonfanons au vent ; leurs chevaux avaient fière allure. Ils quittaient les tentes du camp, sous le regard inquiet des malades. Les dames continuent d'apporter l'eau dont ils sont toujours avides.

Je me tais maintenant sur les secours qui arrivaient, et j'en reviens au duc, le courageux combattant, Godefroy de Bouillon que Dieu aimait tant. Il est arrivé, en éperonnant son cheval auprès des Chétifs ; et lorsqu'il fut près d'eux, il leur cria :

« Holà ! Qui êtes-vous ? Croyez-vous en Dieu, le fils de sainte Marie, le tout-puissant Seigneur de gloire ? Ou bien croyez-vous en Apollon, Mahomet et Tervagant, ces méchantes idoles en lesquelles ont foi les Persans ? »

Et Richard, qui était en tête, puissamment armé sur un rapide destrier, Harpin de Bourges qui était à côté de lui, les autres Chétifs qui les suivent, tous répondirent :

« Et qui êtes-vous, vous-mêmes, qui prononcez le nom de Dieu ? Cela fait bien trois ans que nous ne l'avons pas entendu ; ne refusez pas de nous dire, chers seigneurs, ce que vous êtes en train de chercher. Comment vont nos hommes et nos barons normands ?

— Je m'appelle Godefroy de Bouillon ; je suis venu d'outre-mer pour vénérer le Saint-Sépulcre. Ici, nous combattons contre les païens qui ne croient pas en Dieu le Rédempteur.

— Et nous, répondit aussitôt Richard, nous étions les prisonniers du puissant roi Corbaran, mais nous nous sommes évadés de son infecte prison. Aucun clerc ne pourrait dire, aucun jongleur ne pourrait chanter les douleurs et les peines que nous avons vécues. »

IX

Tous, en vérité, laissèrent éclater leur grande joie, les Chétifs à l'entendre, le duc au cœur hardi, parce qu'ils croient en Dieu et en l'Esprit saint.

« Nobles chevaliers, pitié ; voyez comme nous oppressent Turcs, Persans et Arabes, tous ces Sarrasins — que Jésus les maudisse ! Ils ne veulent pas croire qu'Il est né d'une vierge, qu'Il a subi la mort, qu'Il est ressuscité. C'est pour leur foi que les nôtres ont péri. Nos chevaux ont été tués, nous sommes très affaiblis. Seigneurs, venez à notre secours, je vous en prie au nom de Dieu, au nom de cette mort qu'Il souffrit pour nous sur la sainte Croix où Il fut cloué, sur le mont Calvaire quand Il y versa son sang. »

Alors tous nos Chétifs s'écrient d'une seule voix : « Saint-Sépulcre, à l'aide, nous voici ! »

Ils se lancent dans le combat au galop ; chacun d'eux frappe un Turc, perce son écu, déchire son haubert, lui arrache la poitrine et les entrailles. Chaque Français abat son ennemi, et les Chétifs, cent quarante, ne sont pas en reste. Vous auriez pu voir là les lances puissantes brandies, les solides boucliers transpercés, les cuirasses déchirées, les têtes coupées et les corps tranchés en deux.

C'est alors que le seigneur Jean d'Alis, un noble chevalier né dans le Berry, a brandi sa lance ; c'était un compagnon de Richard et aussi des Chétifs. D'un coup, il brise le bouclier d'un émir, fils de Barbas, l'émir de Perse. Sa victime tombe morte à terre sur son écu décoré de fleurs. Son âme s'en va ; les diables s'en emparent. Il saisit le rapide et fougueux destrier et le donne aussitôt à l'un de ses compagnons, un des Chétifs, qui le reçoit sans attendre, saute en selle sans prendre appui sur les étriers et se lance dans la mêlée, l'épée d'acier brillante au poing. Il frappe un autre émir qui ne croyait pas en Dieu, l'atteint à la cervelle et jette à terre ce maudit infidèle. Son âme s'échappe, les diables s'en emparent, pour l'emporter aussitôt dans l'abomination de l'enfer.

X

Richard de Chaumont, sans attendre, éperonne son fougueux destrier, brandit sa lance au gonfanon déployé et frappe de plein fouet un Turc sur son bouclier, déchire sa cotte, lui transperce le corps et le jette à terre, mort, tout en criant :

« Frappez, barons ! Vengez-vous des païens qui vous ont infligé tant de douleurs et de souffrances ! »

XI

Harpin de Bourges, en armes, pique son cheval de ses éperons d'or. Dieu ! comme il était bien armé : un bon haubert à doubles mailles, un casque brillant orné de pierreries, un bouclier écartelé avec un lion blanc comme fleur de mûrier. Et il brandissait une lance au fer d'acier aiguisé où pendait un gonfanon de riche soie vermeille. Il s'élance contre un Turc qui s'approchait, le jette mort à bas de son destrier ; sa lance a résisté au choc. Le corps tombe à terre brutalement. Il se met alors à crier : « Saint-Sépulcre, en avant ! Dieu, à l'aide ! »

A force de coups, sa lance se brise ; il tire alors son épée d'acier (ce n'était pas lui qui l'avait fait forger), frappe un Turc sur la tête, lui brise la coiffe et son heaume d'acier. Le païen tombe mort sur le sable : « Adieu, traître, dit-il, Dieu fasse ton malheur ! »

Il fallait le voir tuer païens et Turcs, frapper et combattre de son épée tranchante : aucun de ceux qu'il atteint n'échappe à la mort.

XII

Baudouin de Beauvais était un chevalier courageux. Dieu ! Comme il était bien armé sur son bon destrier ! Il portait une cotte d'excellente qualité, un heaume étincelant au cercle d'or, rehaussé de pierreries et surmonté d'une topaze du fleuve de paradis. Le puissant roi Corbaran y tenait beaucoup ; il l'avait donnée à Baudouin, son grand ami, qui avait tué le dragon du mont de Tygris, qui dévastait tout le pays alentour [1]. Il avait au côté une épée à la lame brillante. Abraham, le vieillard aux

---

1. Dans la chanson des *Chétifs*.

cheveux blancs, la lui avait donnée ; elle avait été forgée par un Juif sur le mont Sinaï et Corbaran, l'excellent chevalier, la lui avait transmise. Sur le bouclier qu'il portait au cou n'était pas écrit le nom de Jésus, mais était dessiné un petit lion. Il tenait une lance à la hampe de frêne avec un gonfanon d'un tissu précieux de soie dont les franges d'or vont claquer jusqu'à ses poignets et sa poitrine. Il pique son cheval de ses lourds éperons et frappe un émir du nom de Patris, né à Bagdad et seigneur d'un grand fief. Son père Justamon l'avait envoyé commander la région et organiser sa défense contre nos barons.

Baudouin l'atteint sur son bouclier renflé, le lui fend et brise au-dessous de la bosse d'or, puis lui déchire et démaille sa cotte et lui transperce le cœur avec sa lance à l'enseigne gris et vert. Le païen, désarçonné, tombe mort à terre. Les diables emportent son âme en enfer pour l'éternité. Alors Baudouin s'écrie : « Dieu, Père, Jésus-Christ ! Venez à notre aide, ayez pitié de nous. »

Il a tant combattu que sa lance s'est brisée ; il tire alors son épée à la lame décorée, frappe un émir sur son heaume orné de fleurs et le pourfend jusqu'aux dents ; le païen tombe mort à terre. Puis il brise la nuque d'un autre. Comme le loup au milieu des brebis, le noble baron fait un massacre des maudits traîtres qui meurent en hurlant. C'est un désastre pour eux.

XIII

Voici que se précipite Jean d'Alis bien armé sur son destrier de Syrie. Il avait revêtu une cotte aux mailles polies que Corbaran avait donnée au roi de La Berrie et avait lacé sur sa tête un heaume de Pavie au cercle d'or qui étincelle. Ayant au côté une épée aiguisée, bien brillante, il éperonne son cheval, la lance tendue où flottait une enseigne en soie d'Aumarie dont les franges d'or claquaient jusqu'à ses poings. Il atteint un émir sur son bouclier décoré de fleurs, le lui perce, déchire sa cuirasse et lui transperce le cœur et le foie ; il l'abat mort sur la lande désolée : « Allons, dit-il, traître, que Dieu te maudisse ! »

Et les diables emportent son âme dans leurs demeures. Alors le noble chevalier s'écrie d'une voix forte :

« Frappez, loyaux chevaliers de la douce Terre ! Dieu, venez aujourd'hui à notre secours, et vous aussi Notre-Dame sainte Marie ! »

Le comte Robert de Flandre au visage farouche, le duc Godefroy qui met toute sa foi en Dieu, ainsi que tous les puissants barons de la riche France avaient reconnu Richard, le seigneur Jean d'Alis, Foucher de Meulan, Renaut de Pavie, Harpin de Bourges et toute l'armée de Dieu, ainsi que l'abbé de la puissante abbaye de Fécamp, l'évêque du Forez qui mène la vie dure aux païens et en a tué dix de sa solide lance acérée, et tous les Chétifs. Tous se jettent en masse contre les Turcs. Comme le loup tenaillé par la faim s'élance dans les troupeaux d'une grande bergerie, dévaste tout autour de lui et a vite dépecé la brebis qu'il a saisie, ainsi font les Chétifs au milieu des païens détestés. Quand nos barons les voient se battre aussi farouchement, il n'y en a pas un qui n'en rie de joie et ne les bénisse de sa main.

XIV

Le combat était gigantesque et la mêlée redoutable. Voici Richard le Frison, Thomas de la Fère au clair visage et les puissants barons du royaume de Charles qui se jettent de tout leur élan contre les Turcs. Pas un qui ne tue Slave ou Turc, Sarrasin, Perse ou Bédouin. Harpin de Bourges, Richard de Chaumont, Jean d'Alis et tous les soldats de Dieu se battent, de leur côté, contre les suppôts de Mahomet.

L'évêque du Forez, bien armé, sur son cheval gascon, d'un haubert étincelant, d'un heaume luisant de l'atelier de Salomon et d'une épée tranchante pendue à son côté, tenait bien en main sa lance au gonfanon vermeil où était figurée une croix d'or en signe de sa foi et dont les franges d'or venaient claquer jusqu'à ses éperons. Il se trouve face à l'émir Pharaon, le neveu du roi Corbadas, né à Capharnaüm, seigneur d'un vaste fief et d'une grande province. L'évêque l'atteint si bien qu'il lui fend son bouclier, déchire sa cuirasse, lui tranche la poitrine, le foie, le poumon, le cœur, la rate et le rein ; il le jette mort à terre devant lui. « Va-t'en, traître, lui crie-t-il, et que ton âme soit maudite à jamais ! »

Il s'empare du destrier, monte sur la selle aux arçons d'or ciselé. Les brides, les courroies et les boucles valaient de nombreux écus d'or fin. Richard le Frison et le duc de Bouillon disent : « Voilà un bon clerc tonsuré. Par Dieu, allons à son aide ! »

Les Sarrasins, les Perses et les Slaves contre-attaquent en tirant à grand bruit des volées de flèches.

XV

La bataille était générale, particulièrement violente. L'évêque du Forez en fournit la preuve en tuant un émir de grande renommée. Richard et les Chétifs ont eu le bonheur de remporter la victoire. Autour de l'émir, il y avait grand rassemblement de Turcs et de Perses, en plein désarroi, s'arrachant les cheveux, se tirant la barbe, se battant la poitrine, se griffant le visage ; si grande était leur douleur qu'on ne peut la décrire.

Cornumaran se serait transpercé le cœur si on ne lui avait ôté l'épée qu'il tenait. Les épouses aussi accouraient en grand nombre. Les Turcs se sont regroupés à la porte Saint-Étienne et ont bien attaché en travers la chaîne de fer. Les Français se retirent en emmenant leur butin, mais ils l'ont payé cher.

Le comte de Normandie ne pouvait plus relâcher son épée car sa main était toute crispée sur la poignée ; il ne put la desserrer qu'après l'avoir arrosée d'un peu d'eau chaude et de vin pour détendre les muscles.

Sur la hauteur, à une demi-lieue, ils rencontrent Bohémond et ses hommes bien armés. Les dames apportent de l'eau aux Francs assoiffés : plusieurs ont déjà de l'écume qui leur sort de la bouche. Il y eut un grand rassemblement autour de nos Chétifs ; les Français les écoutent attentivement raconter ce qui leur était arrivé et pleurent à chaudes larmes. Puis l'armée est retournée à la mosquée : cette nuit-là, nos chevaliers ne manquèrent de rien.

XVI

Nos barons retournent à la mosquée ; le butin qu'ils rapportent a été bien partagé, à chacun selon son rang. Il n'y eut pas de pauvre qui n'en rît de joie. Toute l'armée de Dieu a été comblée et rassasiée.

Ces grands chevaliers, ces puissants barons, confiants en Dieu, en étaient à ce point d'épuisement qu'ils ne placèrent pas de sentinelles cette nuit-là, mais se couchèrent en armes sur la prairie. Ils ne réclament ni matelas, ni draps, ni couvertures, ni soie d'Aumarie, mais seulement la terre bien dure, le bouclier sous la tête et la cuirasse sur eux.

Bohémond se leva dans le calme de minuit. Tout affligé en lui-même — croyez-le bien — pour n'avoir pas participé à la grande chevauchée du val de Josaphat contre les ennemis détestés, ceux qui n'aiment pas Dieu, ne croient pas en Jésus, le fils de Marie, que les Juifs firent souffrir sur la croix par jalousie. Il revêtit alors sa grande cuirasse de mailles, laça sur sa tête un heaume de Pavie, ceignit son épée tranchante bien aiguisée et pendit à son cou un bouclier décoré. Il prit à la main sa lance, où flotte l'enseigne d'un riche tissu de soie, cousue en Russie. Avec les dix mille hommes dont il était le seigneur, il sort du camp pendant la nuit et prend la direction de Césarée pour s'emparer d'un butin avant de se replier en hâte par le val de Syrie jusqu'à Caïphas. Mais sous la tour des Mouches dans la lande déserte, voici que les Turcs de Césarée s'élancent brutalement en ordre de bataille : Dieu les maudisse ! Si Notre-Seigneur, maître du monde, ne s'en soucie, le butin qu'ils convoient fera leur malheur ; il n'en arrivera pas une patte d'animal à leur campement.

Païens et Sarrasins ont fortifié la cité et ont envoyé dix messagers dans un navire pour chercher aide et secours à Ascalon. Ils hissent les voiles, le vent les entraîne plus vite qu'une flèche quand elle est décochée. Ils abordèrent au port d'Ascalon à tierce passée.

XVII

Les messagers abordent en hâte, enlèvent leurs bliauts de Césarée pour se présenter devant l'émir et transmettre leur demande. On aurait alors pu voir les païens pleurer et se lamenter, s'arracher les cheveux, déchirer leurs vêtements.

« Ah ! Émir, noble et loyal chevalier, les barons de Césarée te demandent du secours. Une troupe maudite, tout armée de fer, qui ne craint ni lance ni flèche, leur a dérobé leurs vivres. »

Quand l'émir les entend, il redresse la tête et fait battre tambour au haut de la grande tour.

XVIII

Quand l'émir entendit les paroles des navigateurs, la plainte de Césarée et les exactions des Français, il fit battre tambour à son plein. L'émir prit ses armes, son bouclier en or, bordé de pierres précieuses du fleuve du Liban, et revêt son riche haubert. Viennent auprès de lui un Sarrasin traître et belliqueux et le duc d'Ascalon, l'émir Fanios, qui n'a de cesse de s'élancer contre les nôtres.

XIX

Bohémond et Tancrède avaient mené à bien leur attaque devant Césarée, près du ruisseau. Ils avaient rassemblé des troupeaux de chameaux, de buffles, de brebis, de chèvres avec de nombreux agneaux. Nos chevaliers repartent par-devant Mirabel, parviennent à Saint-Georges de Rames avec leur immense butin ; ils mettent pied à terre pour prier devant le très bel autel que gardaient des Syriens et des habitants de Nazareth et se battent la poitrine avec grande humilité, suppliant Dieu et son saint Nom, le seigneur saint Pierre ainsi que le noble saint Georges, pour le pardon de leurs péchés.

Tandis qu'ils faisaient leurs dévotions, voici que surgissent les Turcs d'Ascalon, en armes, au galop de leurs chevaux. L'émir était monté sur un cheval blanc d'Aragon, recouvert d'un drap de soie, de la tête à la croupe. Il portait son oriflamme, une enseigne avec un dragon, dont les franges d'or claquaient contre ses éperons. Ces païens chevauchent à bride abattue, entourant et suivant leur émir. On pouvait y voir haubert brillants, casques étincelants décorés de pierres, solides cottes de mailles, lances rigides à riches enseignes de soie décorées d'étoffes vermeilles.

Quand nos barons les aperçoivent, ils sautent en selle et se hâtent de passer leur bouclier au bras. Bohémond les exhorte en ces termes :

« Seigneurs, nobles chevaliers, nous sommes tous de la même terre, du même peuple. Nous n'avons ni château, ni forteresse, ni tour où nous replier et nous mettre à l'abri. Voici que nous attaquent au galop les païens qui ne croient pas en Dieu, ni en sa Résurrection, ni à la mort qu'Il a acceptée, à la Passion qu'Il a subie pour nous sauver des prisons de l'enfer. Seigneurs, ceux qui mourront ici recevront la bénédiction que Dieu donna à ses apôtres au jour de l'Ascension. Quiconque sera tué aura la récompense promise, la délivrance au jour solennel du Jugement. »

À peine a-t-il fini son exhortation qu'arrivent au galop les Turcs de Césarée ; les nôtres font face, sans leur accorder aucune estime. Au corps à corps avec les soldats de Mahomet, ils en étaient à pouvoir se donner des coups de poing sur la nuque. Là on aurait pu voir des combats acharnés à l'épée, les têtes coupées, les poitrines, les mentons lacérés, et les hommes morts pour leur malheur éternel. Dans cet assaut, au moins quatre cents canailles sont mortes ; les diables ont conduit leurs âmes au gouffre d'enfer ; aucune rançon ne les en fera sortir.

XX

La bataille était violente, les combats furieux. Les Turcs les assaillent à coups de lances et de flèches. On ne comptait plus les boucliers percés, les heaumes brisés, les hauberts déchirés, les païens jetés à terre — ces brigands félons —, les chevaux et les fougueux destriers blessés avec leurs rênes arrachées qui traînaient au sol. Ah ! Dieu, comme nos farouches seigneurs se défendent ! Bohémond les commande, son enseigne déployée ; que Dieu lui vienne en aide ! Quand il frappe un ennemi, rien ne résiste, ni bouclier, ni cuirasse ; il transperce fer et entrailles de sa lame d'acier. Là on entendait les Turcs gémir et hurler. Ils allaient prendre la fuite, ces traîtres infâmes, quand ils virent arriver les troupes de secours. À droite dans la direction du château de Gaiffier, surgissent les Turcs de Jaffa, plus de quinze mille, puissamment armés, tous à cheval. Devant cette armée farouche, les nôtres s'inquiètent. Bohémond les réconforte et les exhorte : « Seigneurs, dit-il, nobles chevaliers, pour l'amour du Dieu de gloire, et pour le Saint-Sépulcre, je vous en prie tous, ne vous effrayez pas. Mais soutenez le choc de ces Turcs avec force et adresse. Quiconque mourra ici aura sa récompense : Dieu le fera reposer au paradis et lui accordera de partager le bonheur des saints Innocents.

XXI

« Seigneur, dit Bohémond, voyez le cours des choses. Nous avions mis en déroute les Sarrasins, sans ces nouveaux venus ! Quelle malédiction ! Voyez comme ils nous encerclent avec arrogance. Si vous les attaquez bien, vous serez absous et purifiés, et vous verrez Dieu face à face. Je vous le dis en vérité, seigneurs, quiconque reçoit la mort pour Dieu peut être assuré de se retrouver au paradis pour vivre avec les anges. »

On put alors voir les Turcs brandir leur étendard, l'or et l'argent briller et reluire, les pierres précieuses étinceler comme du feu ; ils attaquaient nos barons de leurs lances tranchantes, perçant et déchirant les bandes décorées de leurs blasons, frappant les casques de leurs épées nues. Bohémond ne pouvait ni l'admettre ni le supporter. Avec cinq mille hommes, il va se battre et croiser le fer auprès de l'étendard, jusqu'à ce qu'il l'abatte de vive force. Alors on aurait pu entendre les Turcs gémir et hurler, les cors et les trompes sonner et retentir. Tous se précipitent en vociférant sur les Français. Nos barons et nos soldats étaient bien près de leur fin. Mais Dieu, qui veut toujours réconforter dans le malheur ses fidèles, leur envoya de précieux renforts. On put voir saint Georges arrêter nos barons et entendre Bohémond crier : « Saint-Sépulcre, au secours, saint Georges, puissant seigneur ! »

De même qu'un chien attaque le sanglier qui se précipite contre la meute et la disperse, ainsi les Turcs attaquaient-ils nos Français qui n'auraient pu, à mon avis, résister, si Dieu le tout-puissant ne les avait secourus.

XXII

Seigneurs, nobles chevaliers, écoutez comme était grande l'angoisse des Français que les Turcs accablaient avec les flèches de leurs arcs, leurs lances aiguisées, leurs javelots pointus, tout comme les chiens s'en prennent au sanglier qu'ils poursuivent lorsqu'il échappe aux épieux ; c'est ainsi que les Turcs repoussent nos Français. Ils n'auraient pu résister davantage, croyez-le bien, si Dieu n'était venu à leur secours par sa sainte volonté. Voici, en effet, saint Georges, saint Barthélemy, saint Démétrius sur son blanc coursier, saint Denis de France avec une grande armée, toute une légion d'anges, qui se jettent, comme un vol de faucons, sur les Turcs et les abattent à terre, morts, tous, Sarrasins, Perses, Turcs, Bédouins ou autres païens mécréants.

Nos barons se laissent aller à leur joie. Tel qui était à terre, blessé, se remet sur pied, ressaisit son bouclier, brandit son épée. Saint Georges, au galop de son cheval, va frapper l'émir et lui déchire le cœur en deux dans sa poitrine.

« Qui sont ces diables ? disent les Syriens. Nous ne pouvons rien contre les pointes de leurs lances. »

Ils prennent alors la fuite, s'exposant de dos. Bohémond et saint Georges les poursuivent, avec tous les puissants barons sur leurs chevaux. La terre est recouverte de morts et de blessés ; le combat fait rage de tous côtés. Ils repoussent ainsi les païens jusqu'à la mer où quatre mille se noyèrent. Les diables ont emporté leurs âmes dans la puanteur de l'enfer.

XXIII

Voici saint Georges devant sa belle église de Rames dans la vaste campagne sablonneuse, là où il y eut grande bataille et combat acharné contre les Turcs et les Perses ! Que Dieu les maudisse, car ils ne veulent pas croire qu'Il prit chair en Notre-Dame et qu'Il se fit baptiser. Bohémond les pourchasse, sans leur laisser de répit, avec saint Georges de Rames qui les bouscule. Ils ne cessent de les repousser jusqu'à la mer. Là succombent quatre mille hommes en bas de la falaise ; diables et démons emportent leurs âmes. On aurait pu voir saint Georges aller et venir le long du rivage, et rejoindre saint Démétrius pour jouter ; on aurait dit des éperviers. Bohémond s'écrie à leur adresse :

« Saint Georges, puissant seigneur, comme je dois vous aimer ! Je ferai glorifier votre très sainte église.

« Seigneurs, nobles barons, ajoute Bohémond, nous devons aimer et chérir le Seigneur Dieu qui a protégé nos corps et nos vies. Maintenant, il faut couper les têtes des païens et les attacher aux queues des chevaux pour les emmener jusqu'à Jérusalem et les lancer dans la ville par-dessus les hautes murailles. Ce sera un spectacle qui terrifiera nos ennemis. »

Les hauberts, les armures, les arcs en bois de sorbier, les épées tranchantes, les javelots, ils font tout emporter, ne voulant rien laisser. Il fallait voir nos gens mettre pied à terre, détacher les épées, délacer les heaumes, ôter les hauberts des dos des morts. Ils ont chargé de toutes ces armes quinze mille chameaux et autant de chevaux de bât ; puis, rassemblant les troupeaux, ils reprennent la route.

XXIV

Nos chevaliers s'arrêtent à Saint-Georges avec trente mille bêtes de somme chargées de brillants hauberts à fines mailles, de solides boucliers bombés, d'épées aiguisées, de flèches empennées ; puis ils rassemblent l'abondant butin, et s'engagent dans le large chemin. Ils passent sous Mirabel et arrivent au camp chrétien. Le soleil était levé et le duc de Bouillon va à leur rencontre avec le sage et vaillant Thomas de la Fère et le seigneur Hugues le Maine qui est en armes sur son cheval.

« Bohémond, d'où venez-vous ? dit le duc Godefroy. Quel gibier nous apportez-vous ? Où vous êtes-vous emparé du butin que vous convoyez ?

— Vous allez le savoir, répond Bohémond. Nous sommes tombés sur des païens dans la plaine de Rames, nous les avons défaits, Dieu en soit loué ! Que ces biens que nous apportons soient offerts à tous, qu'on les partage et qu'on les répartisse entre pauvres et riches. À celui qui n'a plus d'armes, nous donnerons tout ce qu'il lui faut : haubert, casque brillant, bonne épée d'acier. »

Dieu ! Comme tout le monde a bien entendu cette parole réconfortante ! Ils furent plus de trente mille Francs à faire l'éloge du duc pour ces mots qu'ils apprécièrent grandement. Tous s'arrêtent auprès des tentes et descendent de cheval.

XXV

Les princes et les barons ont mis pied à terre ; on leur enlève aussitôt leurs haubers, puis ils détachent leurs épées, délacent leurs heaumes. Ils étaient tout souillés de sang et de cervelle. Pendant la nuit, jusqu'au lever du jour, les sentinelles veillèrent. Puis les évêques, les abbés et tous les membres du clergé ont chanté une messe d'action de grâces à Jésus, et récité les litanies.

Bohémond et Tancrède avaient mis pied à terre dans leur camp avec tous leurs hommes qui ont confiance en Dieu. Le bon duc de Bouillon, revêtu d'une large cuirasse, avait monté la garde toute la nuit jusqu'au lever du jour. Les évêques et les abbés avec tout le clergé ont chanté la messe et récité les litanies. Ce jour-là, Bohémond fit une généreuse distribution : quiconque voulait avoir cheval, forte cuirasse à mailles fines, épée aiguisée, solide bouclier décoré, Bohémond le lui donnait ; ce fut grande largesse. L'armée chrétienne fut bien pourvue et rassasiée. Il n'y avait si pauvre qui n'en exulte de joie.

Ils chargent mulets et chevaux de bât, puis se mettent en route en direction de Jérusalem sur la grande route désolée. L'avant-garde était assurée par le duc de Normandie au teint basané, au visage farouche. Ils arrivent sur une colline et voient Jérusalem. Alors ils descendent de cheval sur l'herbe de la prairie.

XXVI

Les princes et les barons ont mis pied à terre ; ils avaient leurs chausses coupées, déchirées, arrachées devant le pied au-dessous des chevilles. Ils avaient tant marché et cheminé sur le sol raboteux qu'ils souffraient de douloureuses blessures. Mais arrivés sur la colline, ils se sont agenouillés et prosternés avec grande dévotion devant Jérusalem.

XXVII

Nos chevaliers étaient arrivés sur la hauteur ; les évêques et les abbés chantent avec une grande dévotion un *Alleluia, laudamus te Deum*. Vous y auriez entendu de longues litanies ; les Bavarois et les Allemands chantaient leurs cantiques. On pouvait voir les fidèles de Jésus embrasser et mordre la terre avec une extrême ferveur. Ils se donnaient entre eux des explications : « C'est par ici qu'est passé Jésus avec ses saints apôtres et tous ses disciples, quand Il allait souffrir sa Passion ; nous avons éprouvé souffrances, faim, soif, persécution pour son nom, les tempêtes, les orages, la neige, la glace. Mais maintenant nous contemplons la sainte cité de Dieu, là où Il subit la mort pour notre rédemption ! »

Sur les murs de la cité, était déployé un nombre insolent de riches enseignes en tissu de soie, en étoffes d'or ou en draps d'Orient ; les païens, Sarrasins, Perses et Slaves étaient partout sur les remparts.

XXVIII

Les Français se sont arrêtés sur la hauteur et se sont prosternés devant Jérusalem, remplis de joie et d'allégresse à la vue de la cité, de ses murs, de ses garnisons, de ses imposantes fortifications ; tous, princes et seigneurs, riches et pauvres, chevaliers avisés, versent des larmes d'émotion. Ils voient la tour de David surmontée de l'étendard que les Sarrasins y avaient dressé, avec l'aigle qui brille comme un soleil de feu et le drapeau de soie que les Turcs avaient tendu ; il avait vingt aunes de long et vingt de large. C'est sur lui qu'était écrite la loi que suivent ces démons, ces Sarrasins traîtres et sans foi. Les bons chevaliers et les courageux seigneurs s'établirent pour assiéger la ville avec toute leur puissance, là où il n'y avait ni herbe, ni pâturage, ni pré, ni source, ni fontaine : la plus proche était Siloé, où ne coulait qu'une méchante eau saumâtre [1].

XXIX

Seigneurs, c'était la source fortement salée, que les Écritures appellent Siloé. On apportait l'eau à l'armée dans des barillets, par des canalisations ; on la faisait porter par des ânes et des chevaux de bât. Les princes et les seigneurs de France la vénérée étaient trop heureux d'en boire même avec parcimonie. Ils n'exigeaient pas de salle bien décorée, ni d

---

1. La source qui alimente la « fontaine » de Siloé n'est pas signalée comme saumâtre par la Bible (cf. Is VIII, 6 ; Jn IX, 7.)

déguster dans le calme de bons vins ou de manger des chapons gras et du gibier à la sauce au poivre. Ils se contentaient de viande mal cuite, presque crue, mal salée, au milieu des peines, des souffrances et des grands dénuements, de la faim, de la soif, de toutes privations.

Nos chevaliers ont dû affronter de redoutables combats avant de prendre et de délivrer la Ville sainte. Il y eut quantité de hauberts et de larges boucliers déchirés, nombre d'hommes blessés, mutilés ou tués, quantité de mains, de corps, de jambes coupés. Ce fut l'épreuve de vérité pour les uns et pour les autres.

CHANT II

I

Voici la suite d'une chanson édifiante ! Personne n'en a encore composé ni entendu de semblable.

II

Pierre l'Ermite monta sur son âne et se fit accompagner des seigneurs, des princes et de tous les puissants barons que Dieu avait gratifiés de grands honneurs. Du haut de la colline qui domine Josaphat, il parcourut du regard et contempla la grande ville de Jérusalem. Voici ce qu'il dit et les explications qu'il donna à ses compagnons :

« Je me suis autrefois trouvé dans la Ville sainte, chers seigneurs. Vous voyez là le mont des Oliviers, où Dieu demanda une ânesse et son petit ; et on les lui amena. Voici les Portes d'Or, par lesquelles Jésus était entré dans la ville, quand on a placé sous ses pas des vêtements de fourrure. Les enfants des Juifs s'y pressaient en foule : ils jonchaient le chemin et les rues de rameaux d'oliviers et de palmes. Toute la ville était émue aux larmes et la terre avait pris l'empreinte des pieds du Christ qu'elle a encore conservée. Là, il y a le prétoire où eut lieu le procès après que Judas L'eut vendu pour trente deniers seulement, quand il L'avait trahi. Et puis, il y a là le pilier où on L'a attaché, ainsi que le lieu de la flagellation ; le mont Calvaire, où on L'a conduit au jour de la crucifixion ; c'est là que Longis [1] lui perça le flanc d'un coup de lance et son sang coula sur le Golgotha. Et là-bas, c'est le Sépulcre où Le fit reposer Joseph, ce noble

---

1. Une tradition ancienne rapporte que le centurion romain qui transperça le flanc du Christ s'appelait Longis (en grec : *lonkhê* = lance) : il était aveugle et, se frottant les yeux avec le revers de sa main mouillé du sang du Christ, recouvra la vue (c'est-à-dire qu'il découvrit la foi).

soldat qui avait demandé à son seigneur ce seul salaire pour sept années de service, mais ce fut une grande récompense que le roi lui accorda ainsi. Vous voyez aussi le Temple saint construit par Salomon. C'est à l'intérieur que se trouvaient les apôtres quand Dieu les rassura en leur disant : "La paix soit avec vous." Et ils crurent en Lui. C'est là-bas qu'Il leur enseigna les quatre-vingt-dix-neuf langues. Voilà enfin le mont Sion où mourut la mère de Jésus-Christ quand ce fut pour elle l'heure de quitter cette terre ; puis le lieu dit Josaphat où se trouve le tombeau dans lequel on déposa son corps [1].

« Prions Notre-Dame que Dieu a tant aimée puisqu'Il envoya ses anges pour qu'ils l'escortassent jusqu'au ciel ; et que Lui, le créateur du monde, nous pardonne tous les péchés, mortels et véniels, que nous avons commis !

— Amen, Dieu, notre Père », s'écrie chacun d'eux.

III

Comtes, barons, princes, évêques, abbés, tous les dignitaires tendent les mains vers Dieu en s'écriant :

« Jésus de Nazareth, doux Seigneur, heureux sommes-nous d'avoir laissé nos fiefs et nos pays, nos riches possessions et nos belles demeures, nos nobles épouses qui faisaient notre joie, nos compagnons et nos jeunes enfants [2], quand maintenant nous voyons la ville où Jésus fut trahi, battu, insulté, frappé, couvert de crachats. Puisque Tu es ressuscité en vérité et que Tu es sorti du tombeau le troisième jour, laisse-nous tirer vengeance de tes odieux ennemis, Turcs, Persans et Arabes qui se pressent sur ces murailles de pierre grise. »

Ils prennent alors leurs chevaux, endossent leurs hauberts, lacent leurs heaumes bruns, ceignent leurs épées aux lames brillantes, pendent à leurs cous les solides boucliers bombés ; puis ils saisissent les lances et les épieux de frêne dont les enseignes de soie et d'étoffes précieuses claquent et battent à la brise. Chacun avait l'impression d'être au paradis.

IV

Pierre l'Ermite s'adresse à eux :

« Seigneurs, nobles chevaliers, leur dit-il, princes, barons, puissants soldats, et vous, évêques et abbés, qui avez la charge de renouveler la

---

1. Voir ci-dessus, chant I, n. 1, p. 180.
2. Cf. Mt x, 37-38 : « Qui aime son père ou sa mère plus que moi n'est pas digne de moi. Qui aime son fils ou sa fille plus que moi n'est pas digne de moi. Qui ne prend pas sa croix et ne vient pas à ma suite n'est pas digne de moi. »

consécration du Corps du Christ, regardez Jérusalem, ses murailles massives, ses hautes tours en pierres scellées à la chaux et au mortier, ses solides portes renforcées de fer et d'acier.

« Nous devons aimer et vénérer le Seigneur Dieu. Quiconque voudra gagner la suprême récompense, attirer sur lui la bénédiction divine, qu'il tende toute son énergie à bien faire, car celui qui mourra ici, Dieu lui donnera au paradis le repos éternel avec les saints Innocents ! »

V

Thomas de la Fère, à l'allure altière, dit :
« Que le Dieu de gloire me vienne en aide, je ne sais comment nous pourrions prendre d'assaut cette grande cité, si puissante, si forte, aux remparts si solides. Les fossés en sont profonds, la terre résistante, les tours plus hautes qu'une portée d'arbalète. Il n'y a à proximité ni forêt, ni source, ni cours d'eau, ni seigle, ni avoine, ni blés, ni pâturages. C'est une région sauvage, couverte de bruyères. L'armée est épuisée et l'eau est chère (elle se vend à au moins cent sous la charge d'un cheval). Il n'y a ni bois, ni buissons, ni broussailles pour faire bouillir une marmite ou un pot de fer. Mais par la fidélité que je dois à mon seigneur saint Pierre, je préférerais être mort et mis en bière plutôt que de refuser le combat contre ces farouches ennemis que je frapperai à deux mains de mon épée acérée : rien ne protégera ces fils du diable. Quant à ceux qui mourront ici, inutile de prier pour eux, Jésus, le juge véritable, sauvera leurs âmes. »

VI

Le comte de Flandre dit :
« Que Dieu me bénisse ! Comment Jésus, le fils de sainte Marie, a-t-il pu vivre en cette terre désertique ? On devrait y trouver encens, pyrèthre, garingal, gingembre, roses fleuries, herbes médicinales pour soulager les hommes. J'aime mieux la grande seigneurie d'Arras, les grandes routes d'Aire et de Saint-Pol, les pêches abondantes dans mes beaux viviers que toute cette terre et la ville antique. Mais par la fidélité que je dois à Clémence que j'aime et à Baudouin mon fils à la pensée duquel mon cœur s'attendrit, je préférerais être fait prisonnier ou tué plutôt que de ne pas lancer une puissante attaque contre cette porte solide où pend cette tenture de soie. Je vous le dis maintenant ; depuis la naissance de Dieu, le fils de Marie, il n'y a pas eu de ville fortifiée dans un tel désert. Il n'y a ici ni forêt ni prairie, source, fontaine ou réserve de pêche. Quiconque mourra ici, son âme doit être comblée ; elle se présentera devant Dieu en chantant, couronnée de fleurs. »

VII

Devant Josaphat, sur les grandes collines arrondies, s'est tenu le conseil des nobles barons, des évêques et des abbés venus de toutes contrées. Ils voient Jérusalem, ses murailles, ses donjons, ses hautes tours de pierre, ses brillantes tentures et, à l'intérieur de la cité, les Sarrasins félons aller et venir, quitter leurs maisons en emportant leurs richesses et leurs pièces d'or de grande valeur. Ils veulent rassembler, dans le Temple fondé par Salomon, femmes, enfants et nourrissons.

« Seigneurs, nobles chevaliers, dit Bohémond, toutes les cités que nous avons conquises étaient faibles en comparaison de celle-ci, nous le savons bien. À Antioche la belle, où mourut Garsion comme un lion blessé, pas un de ses compagnons ne put éviter la mort ou la captivité ; nous étions là-bas en grand péril, mais ce sera pis ici, car je ne vois ni prairie où dresser notre campement, ni forêt, ni pâturage pour nourrir nos chevaux. Ici, hors de la ville, nous serons dépourvus de tout ; mais nous supporterons toutes les peines pour l'amour de Dieu et pour le salut de nos âmes à la fin de notre vie. »

VIII

C'est ensuite Tancrède, le courageux et le vaillant, qui prit la parole :
« Ah, seigneur Bohémond ! Que dis-tu là ? Tu m'avais souvent répété dans la plaine de Rames, quand nous chevauchions nos montures arabes, que si Dieu t'accordait de vivre assez longtemps pour que tu voies la ville où Jésus fut trahi, battu, flagellé, frappé, couvert de crachats, où Il accepta la mort pour nous, pauvres pécheurs, tu mangerais la terre comme un gâteau croustillant, comme du pain blanc, comme une galette de fine farine. Et je te vois maintenant tellement inquiet, triste, soucieux ! N'aie pas peur ! Dieu sera notre ami. Nous boirons l'urine et le sang des chevaux. Et quand on sait que l'on sera sauvé et protégé, il ne faut pas se laisser aller à la tentation de la lâcheté, du renoncement, de l'abandon, mais toujours chercher à se surpasser.

— Seigneur, répond Tancrède, n'en parlons plus ; qu'on prépare immédiatement l'assaut tout autour de la ville, à coups de pics et de marteaux. Si les Turcs ouvraient une porte ou une poterne, et se précipitaient d'aventure sur nous, ils pourraient bien se trouver en mauvaise situation au retour ; je les poursuivrais et le combat continuerait à l'intérieur des murs, jusqu'au Temple saint. »

Sur ces paroles, ils ont pris leurs armures et l'on a entendu soixante mille trompettes. Ce sera un combat cruel où mourront dix mille parmi les meilleurs, si Dieu, le roi du ciel, n'intervient pas.

IX

Bohémond et Tancrède mettent pied à terre, ainsi que le comte de Normandie, Thomas et tous les puissants barons, remplis de sagesse et de courage ; ils prennent des masses, des pioches, des pics pointus. C'est devant la porte où saint Étienne fut lapidé à coups de pierres et de balles de fronde que vinrent les compagnies de guerriers hardis pour donner l'assaut aux murailles et aux fossés.

Hugues le Maine s'approche sur le cheval qu'il avait conquis devant Antioche et qui était couvert d'une housse de soie blanche ; il dit :

« Arrêtez, nobles chevaliers ! Pour l'amour de Dieu, écoutez-moi. Si vous donnez immédiatement l'assaut aux portes de la ville, ce sera une catastrophe irrémédiable pour nos troupes. »

X

Hugues le Maine, qui était comte de Péronne et frère du roi de France, dit :

« Cette ville est plus solidement fortifiée que ne le sont Ascalon, Antioche la belle, Duras ou Avallon ; lancer un assaut sans machines de siège ne servirait à rien.

— Cela est vrai », répond le duc Godefroy.

XI

Hugues le Maine, comte du Vermandois dit encore :

« Seigneurs, nobles chevaliers, ne le prenez pas à la légère. Nous sommes tous frères ; ensemble nous avons supporté la faim et la soif, les vents et les orages, les pluies, la neige ; nous avons conquis des terres et sommes venus à bout de bien des dangers. Nous nous trouvons devant Jérusalem qui est puissamment défendue par de hautes tours de pierre et des murailles construites selon la technique sarrasine. Attaquer sans machines de siège n'aboutirait à rien ; en revanche, vous auriez alors la douleur de voir mourir Angevins et Bretons, Écossais et Anglais, Provençaux et Gascons, Pisans et Genevois. Agissons sans précipitation, ce sera sagesse. Il faut des machines pour s'emparer de ces tours et de ces murs. Et, moi aussi, j'aurai ma part des palais exotiques.

— Fort bien assurément », jugent le duc Godefroy, le comte de Normandie et Robert le Thiois.

XII

« Écoutez-moi, seigneurs, dit le duc Godefroy, Hugues le Maine vient
de donner un bon conseil et il faut le suivre. Voici comment nous agirons
pour nous emparer de la ville. Moi, j'irai m'installer sur le mont Sion avec
les hommes de mon fief et de mon pays. J'y ferai dresser ma tente décorée
afin de surveiller la porte jour et nuit. Les perfides seront prisonniers à
l'intérieur. »

XIII

Girard de Gournay et Thomas de Marne dirent :
« Quant à nous, nous nous installerons dans le val de Josaphat, juste à
Saint-Pierre de Galilée, là où l'apôtre s'enfuit quand son compagnon
Judas fit arrêter Jésus pour qu'on le conduise devant Pilate. De là, nous
ferons apporter l'eau de Siloé sur trente solides chevaux de bât à la
démarche ferme et rapide et nous la ferons distribuer dans l'armée aux
hommes affaiblis ou épuisés. Et je ferai construire des machines pour
abattre les fortifications. Les suppôts de Satan ne pourront rien faire à
l'intérieur ! »

XIV

Et le comte de Saint-Gilles dit :
« Moi, je dresserai ma tente sur le mont des Oliviers et je partirai en
quête de ravitaillement dans les terres arabes, je parcourrai les rives du
fleuve et j'apporterai à l'armée tout ce que je pourrai trouver. Je ferai un
partage équitable entre riches et pauvres et je ne garderai que ma part,
égale à celle du plus démuni. Je monterai une garde attentive devant les
riches Portes d'Or et je harcèlerai païens et Sarrasins. Je ferai construire
des machines pour détruire les murailles.
— Très bien, mon ami », dit Girard de Gournay.

XV

« C'est ici, à Saint-Étienne, seigneurs, si Dieu m'accorde sa bénédiction, dit Richard, duc de Normandie, que je ferai dresser mes tentes pour
moi et mes compagnons. Contre cette porte solide où flottent les étendards de soie, mes hommes lanceront de violentes attaques. Si les Turcs
font une sortie et tentent une offensive contre nous, j'aurai tellement à
cœur de me battre avec mon épée brillante que je les poursuivrai à l'intérieur — que soit sagesse ou folie — et le soir, quant la nuit sera tombée,

revêtu de ma grande cuirasse, je monterai la garde avec dix mille hommes jusqu'au lever du jour et tout ce dont je pourrai m'emparer sera, sans mentir, distribué dans l'armée de Dieu, aux pauvres comme aux riches. »

XVI

Le comte de Flandre au cœur intrépide dit à son tour :
« Nous, tous les hommes de mon pays présents ici, nous camperons à la porte de David. Nous harcèlerons vigoureusement les Turcs matin, midi et soir. À la nuit tombée, dix mille hommes monteront la garde. Tout ce dont je pourrai m'emparer sera partagé dans l'armée. »

XVII

« Seigneur, dirent Tancrède et le vaillant Bohémond, nous nous installerons dans Bethléem et ferons dresser nos tentes le long de la grande voie. Tout ce que nous pourrons prendre, nous le partagerons dans l'armée de Dieu. »
Et le comte Eustache dit :
« Écoutez-moi, seigneurs barons ; nous, nous nous placerons au Charnier du Lion[1] ; nous chercherons du ravitaillement le long de la mer, à Tyr, à Jaffa, jusqu'à Ascalon et même au port d'Acre, et nous reviendrons du côté de Nazareth. Nous inspecterons ensuite le grand chemin de Naplouse et nous apporterons à l'armée l'eau de la source des Mals pour en donner équitablement aux pauvres et aux riches, aux plus petits serviteurs autant qu'aux puissants. »

XVIII

Voici ce que dit Hugues le Maine, qui méritait tous les éloges et pour lequel les chevaliers avaient la plus grande estime, car il était toujours de bon et loyal conseil :
« Seigneurs, grand merci ; mais soyez bien économes du pain et des vivres ; que les chevaux n'aillent pas en désordre, mais qu'ils soient encadrés et escortés comme pour le combat quand ils partiront faire provision d'eau ; que chacun de nous désigne, à leur retour, un responsable de la distribution de l'eau qui prêtera serment de n'accepter aucune rétribution

---

1. Voir ci-dessous, chant VIII, LIV-LV.

ni en or, ni en argent, ni en monnaie d'aucune sorte. Vous engagez-vous
à approuver cela ?

— Oui, noble comte », s'exclament-ils.

XIX

Voilà donc, seigneurs, comment ils se mirent d'accord. Les princes et
les comtes donnèrent leur parole sous la foi du serment : le pain et les
vivres seront distribués et répartis selon leur décision.

On s'intéresse alors à la ville ; et vous auriez pu voir dresser les tentes,
établir des baraquements et des abris avec des aigles dorées. Maintenant
la chanson devient plus édifiante ; aucune, d'une telle valeur, n'a jusqu'à
présent été composée ni chantée ; elle va raconter comment la ville fut
prise et comment le sage Thomas de Marne se laissa projeter à l'intérieur [1], au milieu de ces gens enragés, avec son haubert sur le dos, la ventaille fermée, l'écu passé au cou et l'épée au poing droit.

XX

Les Francs ont mis le siège devant Jérusalem et l'on pouvait voir une
multitude de tentes et d'abris avec les aigles fixées au sommet, les oriflammes lumineuses au bout de hampes de fer étincelantes. Le jour est
passé, la nuit est venue.

Le roi de Jérusalem était dans sa tour bien fortifiée ; il prend Cornumaran par la main et va à sa fenêtre de marbre sculpté.

« Mon cher fils, dit-il, ces hommes sont enragés ; ils sont venus
d'outre-mer en abandonnant leurs terres pour assiéger, dans leur orgueil,
la nôtre. Ils se sont emparés de mes biens ; mes hommes en sont fâchés.
Fils, donne-moi un conseil et réconforte mes gens ! Comment me
conduire en face de ces odieux ennemis ? »

XXI

« Cornumaran, mon cher fils, dit Corbadas le roi, il y a plus de cinq
cents ans que les Grecs, les Syriens, les Arméniens, les Paterons, les
Genevois avaient prédit que les Francs viendraient pour venger leur seigneur qui est mort ici après avoir été flagellé, puis attaché sur la croix, où
il reçut un coup de lance. Ce sont les Juifs qui sont responsables de cela,
nous n'y sommes pour rien. Tu peux voir, mon fils, de tes propres yeux,

---

1. Voir ci-dessous, chant V, IX-X.

les Français, les Angevins et les Bretons, les Écossais et les Anglais, les Provençaux et les Gascons, les Pisans et les Genevois ; ils portent des armures de fer, ils ne craignent ni les tirs d'arcs turcs, ni les flèches empoisonnées, ni les lances rigides. Donne-moi un conseil, mon fils, comme c'est ton devoir. Comment dois-je me conduire en face de ces Français ?

— Père, répond le jeune homme, ne vous inquiétez pas, puisque je peux ceindre mon épée sarrasine, porter mon bouclier par la bretelle ornée d'orfroi, frapper du glaive ou de la lance rigide. Nous avons d'abondantes réserves, pour au moins soixante mois, de pain, de vin, de viande, de blé, de seigle et d'avoine ; notre cité est solide avec ses puissantes murailles bâties à la chaux ; je ne crains pas le moindre assaut au monde. »

XXII

« Père, dit le jeune homme, ne perdez pas de temps, puisque je peux ceindre mon épée d'acier, porter mon bouclier, monter à cheval. Nous avons des provisions pour plus d'un an ; nous avons une cité bien fortifiée, construite à la chaux et au mortier ; il n'y a pas d'assaut au monde que je craigne. Les Français ne pourront pas rester longtemps en campagne, le manque d'eau les obligera à replier leurs tentes et à partir. »

XXIII

Le roi de Jérusalem, du haut de son donjon, voit par la fenêtre de marbre luisant l'armée des Français qui campe alentour de lui dans les tentes bien arrimées ; il entend les hennissements des chevaux et les cris des mulets ; il regarde les chevaliers et les jeunes gens s'entraîner au combat, les dames et les jeunes filles danser, les hommes du roi Tafur, patrouillant sous les murailles.

« Ah ! dit-il, misérables, comme vous me faites souffrir ! »

Voici le duc Godefroy en armes, sur son cheval, accompagné de Thomas de la Fère le chevalier hardi, du comte Eustache et du jeune Baudouin qui recherchent l'endroit où ils pourraient placer la catapulte.

Tandis qu'ils examinent le terrain, voici que trois oiseaux arrivent en tournoyant au-dessus du bulbe de la grande tour de David et se précipitent sur deux blanches colombes. Le duc tient un arc solide, robuste, bien tendu ; il décoche une flèche, si bien ajustée qu'il atteint immédiatement les trois oiseaux, qui tombent morts sur le coup près d'un étendard brillant, à côté de la synagogue[1] de Mahomet et de Tervagant. Le duc ne cache pas sa joie, les Français se mettent à rire, car beaucoup savent ce que cela signifie ; c'est un grand présage que Dieu leur envoie.

Corbadas montre cela à son fils Cornumaran. Les païens se disent discrètement entre eux :

« Nous allons être vaincus ici, rien ne peut l'empêcher.

— Oui, c'est bien ce qui semble. »

XXIV

Le roi de Jérusalem voit tomber les oiseaux que le duc de Bouillon avait atteint avec une telle vigueur. La flèche avait transpercé les corps des trois écoufles. Il s'adresse alors à Lucabel de Montir, un frère de son père, qui était seigneur d'un fief important ; il avait cent quarante ans, les cheveux blancs comme fleur de lis ; il n'y avait pas de païen plus sage et qui sût mieux faire le départ entre le tort et le droit. Le roi de Jérusalem va le chercher.

« Veux-tu, mon oncle, apprendre ce qui vient d'arriver ? dit Corbadas. J'ai vu trois oiseaux atteints par une seule flèche. Viens avec moi t'en rendre compte. »

Les deux rois ont hâte de se trouver auprès de l'étendard de Mahomet, à côté de la synagogue où le roi tenait d'ordinaire sa cour et ses audiences pour dire le droit. Ils virent les oiseaux à terre. Plus de sept mille Turcs s'étaient approchés, il font trembler la terre dans Jérusalem.

XXV

À l'intérieur de Jérusalem, il y avait grand tumulte autour de la synagogue de Mahomet. Une immense foule de païens s'était rassemblée auprès de l'étendard. Corbadas aux cheveux blancs, debout, s'adressa à tous d'une voix sonore :

« Seigneurs, nobles Sarrasins, Mahomet nous oublie, puisqu'il accepte que les Francs se soient emparés de ma terre. Ils ont déjà pris la puissante Antioche. Rodoman, un Turc de Valérie, m'a rapporté[2] que, dans les prairies sous Antioche, les armées d'Arabie et de Perse ont été anéanties ; ne sont rescapés que deux rois païens de Nubie et Corbaran, le seigneur qui les conduisait et les commandait. Le noble Corbaran en ressentit une pro-

---

1. L'inexactitude du vocabulaire (« synagogue » appliqué à la religion musulmane) correspond bien au syncrétisme de la littérature occidentale vis-à-vis des « autres », les païens les Sarrasins.
2. Commence ici un rappel d'événements de la chanson des *Chétifs*.

fonde douleur en son cœur. Les ennemis emportèrent Brohadas qui avait été décapité. Corbaran fut alors poursuivi pour félonie ; car Sultan l'accusa d'avoir trahi les siens. Il y eut un combat à mort d'un Français contre deux Turcs ; ce fut une folie, le Français tua les Turcs de son épée luisante. Notre religion en a été bien affaiblie et l'armée chrétienne en éprouva un grand réconfort ; c'est pourquoi, entre autres, elle nous oppresse. Ils ont dressé leurs tentes et installé leurs quartiers pour faire le siège de notre ville ; leur camp s'étend sur plus d'une lieue et demie. Si je ne reçois ni secours, ni aide de Mahomet, notre riche cité sera dévastée et détruite.

« Et surtout, seigneurs, il faut que je vous parle de la flèche que j'ai vu tirer aujourd'hui et qui me fait peur. Au-dessus de mon donjon de marbre poli, se trouvaient trois écoufles qui volaient vers une pie, quand deux colombes blanches se sont précipitées. Les écoufles ont délaissé la pie pour se jeter ensemble contre les colombes. Deux chrétiens allaient le long de ce mur de porphyre ; l'un tenait un arc avec une flèche encochée ; il tire la flèche empennée vers les écoufles et les tue tous les trois ; c'est de la sorcellerie. Les voici étendus l'un près de l'autre sans vie. »

Il se penche alors, les ramasse et les soulève : chacun avait le cœur et le foie percés et tous les trois sont comme embrochés.

« Seigneur, dit Corbadas, dites-moi ce que cela signifie. »

Tous les païens baissent la tête en silence. Lucabel dit à l'oreille de Malcolon :

« Nous allons être anéantis ici ; rien ne l'empêchera. Celui qui a tiré cette flèche est de grande noblesse ; il sera roi de Jérusalem. Il aura autorité sur elle ; son royaume s'étendra jusqu'à Antioche. »

Quand Malcolon l'entend, il baisse la tête, en proie à une colère noire.

Cornumaran arrive sur la route au galop et crie d'une voix claire :

« Hé ! Roi de Jérusalem, tes hommes sont endormis ; tu n'as pas encore lancé une attaque à l'extérieur contre les Francs !

— Cher fils, répond Corbadas, abandonne cette folle idée ; j'ai vu aujourd'hui une chose qui m'a désespéré. »

XXVI

Lucabel, qui était âgé de plus de cent ans, se leva ; il avait une barbe longue et drue, de grandes et épaisses moustaches, un beau visage coloré. Il n'y avait pas de païen plus sage que lui, car il connaissait bien les sept arts [1]. Il fit venir auprès de lui Malcolon, c'était un de ses intimes qu'il

---

1. Il s'agit du fondement de la science — et de la pédagogie — médiévale : le *trivium* : grammaire, rhétorique, dialectique ; le *quadrivium* : arithmétique, géométrie, musique, astronomie.

aimait beaucoup. Tous les deux se tenaient par la main. Tous les barons se rassemblent autour d'eux. Lucabel prend la parole :

« Corbadas, approche ; tu es roi de Jérusalem, tu en es le seigneur et le maître. Cornumaran, mon neveu, doit avoir ce fief en héritage. Toi, tu es mon frère, mais je suis ton aîné. Tu me demandes conseil avec insistance. Laisse-moi jusqu'à demain matin et tu sauras alors la vérité sur la mort des oiseaux que tu as sous les yeux.

— Frère, dit Corbadas, je te l'accorde volontiers. Mais je te supplie, au nom de Mahomet. Aide-moi à défendre ma ville contre les Francs ; car, s'ils s'en emparent, j'ai tout perdu. Leur Seigneur a souffert ici, il a été torturé, battu, attaché à un pilier, cloué sur une croix au mont Calvaire que vous voyez devant vous ; après l'avoir ôté de la croix, on l'a mis dans ce sépulcre que l'on a refermé. Les chrétiens disent qu'en vérité il est ressuscité le troisième jour. Mais écoutez ce que j'en dis et ce que j'en pense : s'il avait été le seigneur du ciel, il n'aurait pas été traité, torturé ni tué d'une manière aussi honteuse.

— Frère, rétorque Lucabel, telle était sa volonté. Et sachez bien que depuis ma naissance, j'ai vu en divers endroits nombre de ses miracles : des bossus se redressent, des aveugles recouvrent la lumière. Et il a souvent défendu et pris sous sa protection les Français.

— J'ai l'impression que vous radotez, seigneur, dit Corbadas. Si vous croyez cela, vous êtes devenu fou ; gardez-vous bien d'en reparler devant moi, vous auriez vite fait d'effrayer mes hommes.

— Seigneur, dit Malcolon, agissez avec prudence. Donnez ordre à votre fils ici présent de monter la garde avec dix mille hommes en armes.

— Vous avez raison, répond Corbadas, je dois suivre de bon gré ce conseil. »

C'est la fin du jour, la nuit est revenue ; Corbadas est remonté dans la grande tour de David, accompagné de son frère Lucabel, du roi Malcolon et d'un certain nombre d'autres personnages. Appuyés aux fenêtres de marbre, ils regardent les Français, leurs campements et leurs tentes, voient la lumière brillante des cierges, entendent cors et trompes sonner dans les camps. Corbadas appelle sur eux la malédiction d'Apollon, le maître des moissons.

Cornumaran, son fils, sans attendre davantage, s'est empressé de revêtir son équipement pour monter la garde de Jérusalem avec dix mille Turcs en armes.

XXVII

C'était une belle nuit claire, l'air était limpide. Sur le parvis de marbre gris du Temple saint, Cornumaran s'arme avec dix mille soldats. Il endosse une blanche cotte de mailles rehaussée d'or. On le coiffe d'un heaume de Saragosse, fixé par dix boutons en or ; puis il ceint son épée à la lame brillante qu'avait forgée Mateselan dans l'île d'Orféis. On conduit devant lui Plantamor l'arabe qui peut courir vingt lieues sans s'épuiser ni faiblir. Voici son portrait : il avait une tête fine au poil blanc comme fleur de lis, les yeux plus rouges que braise, de larges naseaux, les os fins et robustes, les pattes solides et droites, des sabots bien galbés, un large poitrail au poil noir, un flanc bai et l'autre gris ; une large croupe tachetée comme une perdrix. Qu'ajouter ? Quand il est lancé à pleine allure, aucun lévrier, si rapide fût-il, ne le suivrait. Son harnachement de tête était luxueux, ses sangles et ses étriers étaient de cuir bouilli.

Le noble Cornumaran saute en selle ; il suspend à son cou un bouclier qu'il avait fait fabriquer par un de ses prisonniers. Saisissant sa lance à la hampe de houx, il prend le commandement de dix mille Turcs en armes.

XXVIII

Cornumaran chevauche, préoccupé, avec ses hommes. Ils sortent silencieusement par la porte de David. Mais ils ne rentreront que courroucés et affligés. Si Dieu veille sur Harpin l'audacieux, le meilleur d'entre eux n'aurait pas voulu être ici pour tout l'or de Bethléem.

Nos chevaliers, auxquels Dieu porte un grand amour, sont dans le camp, tout joyeux de l'exploit accompli par le duc avec son arc. Ils prient aimablement Harpin de Bourges de monter la garde pendant la nuit jusqu'au lever du jour. Le baron accepte volontiers. Avec cinq cents chevaliers au courage ardent, il chevauche aussitôt vers la porte de David. Devant Saint-Étienne, c'est Richard de Chaumont qui assure la surveillance, pressé de tuer et de mener à leur perte les Sarrasins ; il était à la tête de cinq cents chevaliers d'aspect farouche. Il s'en trouvait cinq cents autres devant les Portes d'Or avec Jean d'Alis et Foucher de Meulan. Près de la porte suivante, au bas de la pente, se tenait le comte Étienne, seigneur d'Aubemarle, avec cinq cents jeunes chevaliers. Cette nuit-là, l'armée de Dieu était en grande effervescence.

XXIX

Le camp est bien gardé durant la nuit. Il y a cinq cents chevaliers devant chacune des quatre portes. Le noble Harpin de Bourges se met en prière :

« Ah ! Jérusalem ! Que Dieu me donne de veiller[1] assez longtemps pour pouvoir embrasser le Sépulcre, adorer, tenir et étreindre la Croix sur

---

1. Souvenir de la parole du Christ : « Veillez et priez... »

laquelle Dieu se laissa torturer et tourmenter ! Quelle tristesse de voir ces démons occuper la ville ! Puissé-je y soulager mon cœur ! »

Alors le baron s'assure sur ses étriers avec une telle vigueur qu'il fait plier son cheval, il serre devant lui son bouclier, le cœur gonflé d'ardeur en face des Sarrasins.

Cornumaran sortait alors par la porte de David ; il s'avançait sur le terrain sablonneux avec l'intention de conduire une attaque à la lance contre l'armée de Dieu. Mais il va au-devant d'un grand malheur ; bien peu de ses dix mille Turcs repartiront sains et saufs.

Harpin a vu leurs heaumes étinceler ; il dit à ses compagnons :

« J'ai ce que je cherchais ! Voici les païens qui font une sortie. Appliquez-vous à venger notre Dieu qui s'est laissé torturer et tourmenter pour nous. Restez silencieux, pas une flèche, pas un javelot afin qu'ils s'écartent de la ville ! »

Il aurait fallu voir nos soldats se contenir en frémissant, plus impatients en face des Turcs que l'épervier ne l'est devant l'alouette. Ils voient les ennemis s'approcher ; ils sont à plus d'une portée d'arc des portes quand Harpin s'écrie : « Saint-Sépulcre, à l'aide ! À l'attaque, nobles chevaliers ! »

Puis il pique son cheval de ses éperons d'or et va frapper Gorban, le fils de Bréhier ; il lui fend son bouclier au-dessus de la bosse d'or et lui déchire et démaille son haubert, puis lui enfonce sa lance en plein cœur et l'abat mort auprès d'un mauvais chemin. Chacun de nos barons abat son ennemi.

Cornumaran ne retient pas son cheval fougueux et frappe Harpin d'un grand coup bien asséné ; il brise sa lance sur l'écu de son ennemi devant sa poitrine, mais ne peut l'abattre ni le déséquilibrer sur son cheval. Entraîné dans son élan, il tire son épée d'acier, désarçonne deux de nos barons et crie « Damas ! » pour rassembler ses hommes.

XXX

Ce fut une bataille violente et meurtrière où l'on pouvait voir des luttes farouches et acharnées. La puissance des païens était redoutable, ils repoussent les nôtres de plus d'une portée de flèche, les pourchassent et les font reculer avec leurs arcs turcs jusqu'au camp en leur infligeant de grandes pertes. Là, ils ont pris Richard et Foucher le Normand, Roger du Rosoy et Païen l'Allemand, Anthiaume d'Avignon et le jeune Baudouin, ainsi que quatorze autres qui étaient en avant. Ils les frappent de grandes masses de plomb. Le comte Harpin le voit et en ressent une grande douleur ; il crie :

« Dieu, au secours ! Saint-Sépulcre, à l'attaque ! Ces maudits païens emmènent nos compagnons. Si nous les laissons faire, nous sommes déshonorés. »

Ils se lancent de nouveau contre les Turcs, l'épée nue au poing, mais tous leurs efforts sont vains. Les Français entendent le fracas et s'arment en grand nombre ; il est trop tard.

Nos vaillants chevaliers allaient être emmenés quand Richard de Chaumont est arrivé au galop. Comme un autour fond brusquement sur des canards sauvages dès qu'il les a vus, ainsi Richard se précipite contre les Turcs. Rien ne peut protéger de la mort ceux qu'il frappe ; il en tue quatorze de son épée tranchante ; rempli de sombres pensées, il affronte ceux qui emmènent nos Francs et les harcèle si bien de son épée d'acier qu'ils abandonnent leurs prisonniers et prennent la fuite, avec Richard et ses hommes aux trousses. La terre est jonchée de morts et de blessés.

Toute l'armée est en alerte. Que vous dire de chaque baron ? En très peu de temps, il y en eut tant au combat que si tous les Turcs d'Orient les avaient attaqués, ils ne les auraient pas plus effrayés qu'un petit enfant. On entendait sonner les trompes et les trompettes.

Un Sarrasin interpelle Cornumaran :

« Ah ! Roi de Jérusalem ! Qu'attends-tu ? Tous tes hommes sont tués, il ne reste guère de survivants. Si tu t'attardes davantage, ce sera grande folie. Ton père ne pourra plus venir au secours de son fils, car voici l'armée des Français qui se précipite. »

Cornumaran l'entend ; il fait faire demi-tour à son cheval qu'il éperonne en direction de Jérusalem. Richard et Harpin le talonnent, mais ils ne l'auraient pu rattraper avant les limites de l'Orient. Cependant, à la porte de David, le Turc s'attarde : il se retourne en direction de Richard qui se rapprochait de lui et le frappe, en plein élan, d'un grand coup d'épée sur le heaume ; il le lui fend, mais l'épée dévie et glisse. Le Turc est déjà loin, rempli de colère de n'avoir pas tué Richard qui le poursuivait.

XXXI

Le roi Cornumaran était un grand baron, courageux, hardi, excellent cavalier. Il laisse Plantamor aller au grand galop contre Harpin et donne un grand coup sur le heaume émaillé de son adversaire qu'il pourfend jusqu'au nasal. Si Dieu, le Père spirituel, n'avait pas protégé Harpin, tous en auraient porté le deuil ! Le comte s'écrie :

« Traître, bandit, c'est pour votre malheur que vous avez obliqué vers moi. Il vous en arrivera une catastrophe. »

Il tient l'épée au quillon d'or tirée dans l'espoir de frapper le Turc, mais en vain. Voici que toute l'armée s'élance par monts et par vaux. Quand Cornumaran constate qu'il est en mauvaise posture, il éperonne Plantamor, parvient au galop à la porte de David et rentre dans Jérusalem en franchissant les vantaux ouverts. Leur fermeture, ensuite, fut une catastrophe pour ceux qui étaient restés à l'extérieur ; aucun ne survécut. On sonne le rassemblement devant le Temple saint : jeunes et vieux, tous sont frappés de douleur. Corbadas, l'émir Malcolon, puis le sage Lucabel sont là. On pouvait y voir mille torches embrasées. Cornumaran s'écrie :

« Placez des hommes aux créneaux, au-dessus des portes, des ouvrages de défense, sur les chemins de ronde et les murailles. Car l'assaut sera donné dès demain matin. J'ai subi cette nuit un désastre terrible. Nos mauvais faux dieux m'ont trahi quand j'avais besoin d'eux ; mais je vais leur faire infliger une telle correction à coups de bâtons, de gourdins, de massues plombées et de pieux qu'ils n'auront plus jamais envie de danser ni de faire la fête. Ah ! Jérusalem, ville impériale, cité des plaisirs et des jardins, des beaux paysages, des riches vignobles, de l'or fin, des tissus de soie et des draps précieux ! »

Le roi est devenu rouge de colère. Maintes belles païennes déchirent leurs vêtements. Lucabel s'écrie :

« Dressez les catapultes ! Ne vous affolez pas, cher frère Corbadas ! Nous mangerons de la viande crue, les autours, les gerfauts, plutôt que de laisser prendre Jérusalem ; plus d'un Français sera échaudé ; leurs boucliers seront mis en pièces. Les prisonniers serviront de cibles et seront tués. Nous demanderons des secours au roi Mariagaut et au roi d'Orient. Ferraut viendra aussi et conduira toutes les forces de l'empire depuis Guinebaut. »

XXXII

« N'ayez pas peur, barons, dit Lucabel, car nous enverrons un messager au puissant Sultan. Il réunira une armée si redoutable qu'on n'en a jamais vu de telle, celle de l'empire d'Orient et celle du val Beton. Mais, pour l'instant, allons aux murailles et plaçons des hommes sur les fortifications et les ouvrages de défense. Si les Français donnent l'assaut, défendons-nous bien. »

— À vos ordres », répondent les païens.

Ils font alors sonner quatre cors de laiton ; et l'on aurait pu voir une foule innombrable de païens, portant des cailloux, des moellons, des pierres, se déployer le long des chemins de ronde. La nuit se termine, le jour apparaît soudain. Les chrétiens sont dans le camp, que Dieu leur accorde sa grâce ! Sous les murs de Jérusalem, sur une esplanade sablonneuse, les princes, les comtes et les barons se rassemblent. C'est Godefroy de Bouillon qui est arrivé le premier, puis Baudouin et Eustache, Dreux de Mâcon, Raymond de Saint-Gilles, Gautier d'Avallon, Robert de Normandie, Robert le Frison, le vieux marquis Tancrède avec le duc Bohémond, Enguerran de Saint-Pol, Huon à la moustache noire, Thomas de la Fère et Girard du Donjon, le comte Rotrou du Perche qui a en haine les traîtres. Viennent aussi Thomas de Marne au cœur de lion, Harpin de Bourges, Richard de Chaumont, Baudouin de Beauvais dont la réputation n'est plus à faire, Jean d'Alis et Fouque d'Alençon, les évêques et les abbés de grande foi.

Y vint enfin le roi Tafur avec ses compagnons. Ils étaient bien cinq mille. Aucun n'avait l'apparence assez cossue pour avoir revêtu cotte, manteau ou pelisse. Ils n'ont pas de souliers aux pieds, pas de cape ni de chaperon, pas de chemise sur le dos, non plus que de chausses ; mais ils portent des guenilles de chanvre qui sont leurs vêtements d'apparat. Ils ont les cheveux longs et hirsutes, les museaux brûlés comme braise, les jambes, les pieds, les talons écorchés. Chacun est armé d'une massue, ou d'un bâton, d'une masse de plomb, d'un marteau, d'un pic, d'un gourdin, d'une faux acérée, ou d'une grande hache.

Avec la hache qu'il porte, leur roi pourfendrait jusqu'au poumon n'importe quel païen qu'il atteindrait à la volée. Ce roi ne portait ni vêtement de soie, ni riche manteau, mais il était vêtu d'un sac sans pan coupé, bien ajusté au corps, sans manches, avec une fente en son milieu et constellé de trous ; il avait fixé son col avec une chaîne d'éperon. Il portait sur la tête une coiffure de feuilles avec des boutons de fleurs. Tous les regards se dirigèrent vers lui, chacun des barons releva la tête. L'évêque de Mautran lui donna sa bénédiction :

« Ami, que Dieu te protège, Lui qui souffrit sa Passion et ramena Lazare de la mort à la vie.

— Monseigneur, répond le roi, allez-vous nous faire un sermon ? Pourquoi ne donnons-nous pas l'assaut à cette sainte cité ? Nous aurons perdu notre temps si nous ne la prenons pas. »

XXXIII

C'était une belle et claire matinée ; se trouvaient là dans le camp de Dieu comtes et ducs, Français et Bourguignons, Manceaux et Angevins, Lorrains et Gascons, Bretons et Poitevins. Le roi Tafur, qui ignorait la lâcheté, prit la parole :

« Seigneurs, que faisons-nous ? Nous tardons trop à monter à l'assaut de cette ville et de ses habitants de sale race ; nous nous conduisons vraiment comme de mauvais pèlerins. Mais, par le Seigneur qui changea l'eau en vin, le jour où il assistait aux noces de saint Archetéclin [1], n'y aurait-il que moi et ces pauvres misérables, les païens ne rencontreraient jamais pires voisins ! Une chose mal faite ne vaut rien et une action pour être réussie doit être menée à bonne fin. Quiconque parcourrait la terre jusqu'au bord du Rhin ne trouverait nulle part un rassemblement d'aussi

---

1. Nom attribué, dans la tradition médiévale, à l'époux de Cana (Jn II, 1-11).

bons soldats comme il en est dans cette armée. Que Dieu leur accorde une heureuse destinée afin que nous puissions anéantir ces descendants de Caïn et nous emparer de cette cité et de son palais de marbre. »

Il s'avance alors jusque sous une aubépine, regarde Jérusalem et se prosterne devant elle.

C'était une belle journée lumineuse, il faisait un temps chaud et serein. Le duc Godefroy sur son splendide destrier et son frère Eustache sur un cheval blanc font apporter devant eux deux trompes d'airain. Ils sont entourés de nombreux puissants seigneurs. L'évêque de Mautran tenait dans sa main la lance dont fut percé le flanc de Jésus. Il parle d'une voix forte avec beaucoup de noblesse :

« Barons, nobles chrétiens, au nom de Dieu, ayons foi. C'est dans cette ville construite en marbre que Jésus-Christ, le fils de Marie, souffrit la mort. Et quiconque mourra pour Lui vivra du pain de la vie éternelle ; il ne connaîtra plus ni la faim ni la soif. La nuit dernière, ces chiens, ces fils de putes, nous ont attaqués. Grâce à Dieu, créateur d'Adam et Ève, bien peu en réchappèrent qui n'aient été pris au piège. Plus de sept mille gisent là-bas dans cette vallée. Si vous voulez m'en croire, moi votre aumônier, nous les jetterons le matin avec les catapultes turques dans Jérusalem par-dessus les murs bâtis à la chaux [1]. Puis nous donnerons l'assaut cette nuit ou demain. »

Quand nos barons l'entendirent, chacun tira les rênes de son cheval.

XXXIV

Nos barons s'écrièrent tous d'une seule voix : « Il n'y a pas de temps à perdre. Dressez les catapultes, vite ! »

Vous auriez entendu grand bruit, tandis qu'ils les montaient. Grégoire, l'ingénieur, qui était né à Arras, et Nicolas, originaire de Duras, qui était un maître très compétent, les mettent en place près des Portes d'Or. Ils adaptèrent les flèches et chevillèrent les bras, puis fixèrent les frondes par des lanières. Il y avait dix cordes à chacune des flèches avec lesquelles ils projettent en morceaux les Turcs à l'intérieur. Les cervelles, les entrailles volent en tas. Des torrents de sang et de cervelle coulent. Les païens accourent et se rassemblent en foule :

« Ah ! Mahomet, seigneur ! comment nous vengeras-tu de ces misérables, de ces fils du diable qui veulent nous anéantir, nous réduire en esclavage, nous abattre, après avoir conquis nos cités et brûlé nos hommes Calife de Bagdad avait dit la vérité quand il annonçait que viendrait bientôt un peuple qui nous détruirait. »

---

1. Voir ci-dessus, chant I, XXIII.

Arrivent le puissant roi Corbadas, l'émir Lucabel, Malcolon, Butras, Cornumaran et son neveu Quinquenas.

« Ah ! Roi de Jérusalem, dit son fils, que vas-tu faire ? Comment vas-tu défendre ta ville si admirablement construite, s'ils l'investissent ? Nous avons déjà perdu Barbais, Le Caire, Damas. Mais avant que les Français ne l'aient prise, mettons-les en aussi tragique situation ; ils n'en ont encore jamais connu d'aussi douloureuse ! »

Puis il dit à Lucabel :

« Mon oncle, quand révéleras-tu le sens de la mort des trois oiseaux, comme tu l'avais promis ?

— Cher neveu, tu vas le savoir incessamment, mais je suis certain que tu en seras affligé. »

XXXV

« Cher neveu, dit Lucabel, je vais te révéler la vérité, mais je t'assure que tu ne m'en sauras aucun gré. Cependant je vais te la dire, puisque tu me l'as demandée. Celui qui a tué ces trois oiseaux sera roi de Jérusalem et de toute la région. Son pouvoir s'étendra jusqu'à Antioche. »

Quand Cornumaran l'entend, il éclate de rire :

« Par Mahomet, dit-il, tu as perdu la tête. Cela n'arrivera jamais de toute ma vie, tant que je pourrai porter ma solide épée gravée. Vous me verrez sans cesse sortir de la ville pour attaquer les Français à la dérobée, comme un voleur.

— Cher fils, dit Corbadas, c'est toi qui as perdu la tête. Il ne sera pas prudent de sortir d'ici, car les chrétiens sont trop forts. Mais reste à l'intérieur avec tous mes barons pour défendre la ville, alors, tu auras toute mon affection. Tant que tu es à côté de moi, je me sens en sécurité.

— Seigneur, vous l'avez demandé, répond Cornumaran, et je ferai tout ce que vous voulez. »

Dans la grande tour de David, un tambour a résonné, puis l'on a entendu un cor d'airain. Tous les païens se sont rassemblés sur le mont Calvaire. Le roi a demandé instamment à tous les charpentiers présents de s'appliquer à travailler activement. Les forgerons fabriqueront les flèches que l'on tirera contre les chrétiens, de même que les autres armes, les faux, les haches d'acier trempé. Que les charpentiers fassent des manches de frêne et de grandes hampes effilées où seront fixées les pointes. Qu'elles soient cerclées et consolidées de fer et d'acier d'un bout à l'autre afin de résister à tout.

Les païens établissent les gardes et se mettent à leurs postes de combat ; ils sont cinquante mille en armes dont la moitié prend position sur les remparts. Les Français les observent et s'écrient : « Montjoie ! Chevaliers, aux armes ! Immédiatement ! »

Ils obéissent sans le moindre retard. Chacun s'équipe en hâte devant sa tente et fixe son épée au côté gauche. Celui qui a un bon cheval ne l'a pas oublié, il saute en selle dès qu'il en reçoit l'ordre. Tous s'arment le mieux qu'ils peuvent.

XXXVI

Les chrétiens s'arment tous au mieux. Cors, trompes et trompettes sonnent, collines et vallons en retentissent. Ils se rassemblent devant Jérusalem. Il y avait le duc Godefroy tout armé de fer sur son cheval, le comte de Flandre avec son étendard de soie, Hugues le Maine qui porte l'enseigne royale, Bohémond et Tancrède, une foule de nobles vassaux, plus de cinquante mille cavaliers en armes, répartis en dix corps de troupes en vue du combat.

Voici qu'arrive par une terre sablonneuse le roi Tafur avec dix mille Ribauds qui portent houes, pieux, faux, ou pics d'acier du Poitou, ou encore des masses ou des fléaux, des frondes et des pierres. L'évêque les a bénis au nom de Dieu :

« Barons, à l'assaut ! Que Dieu vous protège du mal ! Quiconque mourra aujourd'hui à son service aura sa place en son saint paradis avec les archanges saint Michel et saint Gabriel. »

Le roi Tafur est monté sur une éminence et tous ses hommes s'arrêtent dans le vallon près de la porte Saint-Étienne ; il va y avoir un assaut comme personne n'en a jamais vu.

XXXVII

L'armée rassemblée devant Jérusalem était immense. On pouvait y voir de nombreux princes, casques en tête : Godefroy de Bouillon à la fière allure, Hugues le Maine qui porte l'enseigne, Robert de Normandie, qui est noir comme du poivre, Robert de Flandre habile à l'épée et Raymond de Saint-Gilles qui n'a jamais aimé se battre sauf contre les païens, ces hommes sans foi. Il y avait avec eux l'évêque, ce qui fait plaisir aux barons. Ils se sont divisés en dix corps d'armée. L'un d'eux était commandé par Raymond de Saint-Gilles, composé de dix mille hommes de son pays, armés comme ils le pouvaient pour des gens démunis de tout, épuisés par la faim et les durs chemins, à la peau boursouflée par le vent et la pluie, au teint pâle et mat. Mais ils sont courageux, hardis, leur moral est bon. Il n'y en a pas un qui ne jure qu'il préférerait voir sa vie finir plutôt que de fuir d'une aune devant les païens.

L'évêque de Mautran a levé sa main bien haut et les bénit au nom du Seigneur qui a fait le ciel et la rosée. Le comte Raymond repart et rassemble ses hommes. Il range son armée du côté de Saint-Étienne. Le roi Tafur n'est qu'à quelques pas de là.

CHANT III

Vous allez maintenant entendre la suite d'une très sainte chanson, comme aucune ne fut encore chantée ; elle vous raconte l'assaut et les dramatiques combats pour la prise et la conquête de Jérusalem, la ville sainte où Notre-Seigneur Dieu fut blessé, tué, mis au tombeau, puis ressuscita le troisième jour. Bienheureux celui qui va pieusement vénérer le Sépulcre outre-mer.

I

Notre armée eut une conduite exemplaire devant Jérusalem. L'évêque de Mautran au cœur ferme tenait une verge d'érable à la main ; il n'était vêtu ni de soie ni d'étoffes précieuses, mais portait, en vérité, une haire sur la peau. Très affligé parce que les païens avaient transformé le Sépulcre en écuries, il jure par Dieu le Père de bientôt chanter la messe, s'il le peut (mais qu'on ne lui reproche pas de mentir !), sur l'autel du Temple et d'en expulser les suppôts de Satan.

II

L'évêque de Mautran était soucieux. Les six barons et lui sélectionnent une armée d'hommes mûrs, sans aucun jeune chevalier. Ils sont tous à pied, sans monture, mais portent une cotte de mailles et un haubert, ainsi qu'une épée tranchante ; ils ont de grandes enseignes, mais pas d'oriflammes. L'évêque de Mautran, son anneau épiscopal au doigt, les bénit au nom de Dieu et de saint Daniel.

Le comte Rotrou du Perche les entraîne par un vallon tout droit vers Jérusalem aux belles murailles. Faisant une halte sous un enclos, ils jurent par Dieu qui créa Daniel de massacrer tous les Sarrasins qu'ils pourront rencontrer.

Du haut des remparts et des créneaux, les païens les observent, armés de massues, de fléaux, de faux acérées fraîchement aiguisées, de masses de plomb à chaînes articulées, pour défendre Jérusalem, ses murailles et son donjon. Le sang va ce jour-là couler à flots, il y en aurait assez pour entraîner un petit moulin. À Jérusalem sonnent un grand nombre de flûtes, tambours, trompes, cors et trompettes. Corbadas s'adresse à son frère Lucabel :

« Regardez là-bas tous ces chevaux rapides, ces princes, ces barons, ces ducs, ces jeunes chevaliers. Ils vont donner l'assaut aux murailles, mais les pierres en sont résistantes ; elles ne craignent ni masses d'acier, ni pics, ni marteaux. Ils ne parviendront pas à en abattre le moindre pan. Allons dans cette tour pour suivre le combat et voir les tirs des catapultes. »

Ils montent dans la tour aux fenêtres ciselées, qui datait de l'époque d'Abel.

III

Le roi de Jérusalem était allé s'appuyer à une fenêtre pour regarder l'assaut. Nos nobles barons — que Jésus les protège ! — rangent en ordre de combat leurs armées. Dix mille chevaliers, tous armés de hauberts et de heaumes brillants avec des boucliers ou des rondaches pour se protéger, sont regroupés sous les ordres de Thomas de Marne et de Huon de Saint-Pol qui mérite des éloges, assistés de Rimbaut Creton et Enguerran le noble. On pouvait voir les étendards au vent, le flamboiement des hauberts et des heaumes. Les hommes, rassemblés sous les murs de Jérusalem où l'on entendait trompes, cors et trompettes, étaient impatients de se lancer à l'assaut des murailles. L'évêque de Mautran s'adresse à eux :

« Barons, que Celui qui s'est laissé torturer dans cette ville sainte pour le salut de son peuple vous protège ! Qu'Il nous donne aujourd'hui, s'il Lui plaît, la victoire afin que nous délivrions son Sépulcre dont les Turcs ont fait des écuries, ainsi que je l'ai entendu dire. Pensons tous en nous-mêmes que les païens veulent nous dominer ! Celui qui mourra pour Dieu, je peux vous l'affirmer, le Roi du ciel le couronnera et lui donnera le repos éternel avec les anges. Je vous pardonne au nom de Dieu tous les péchés, en pensée ou en paroles, que vous avez commis. »

Puis il a fait apporter devant lui la lance avec laquelle Jésus se laissa blesser et frapper. Quand les chrétiens la voient, ils fondent en larmes et chacun se met à proclamer d'une voix forte : « Ah ! Jérusalem, comme nous t'avons désirée ! »

Puis ils demandent à l'évêque : « Laissez-nous monter à l'attaque, nous tardons trop !

— Pas de précipitation, seigneurs, dit Godefroy, l'on donnera bientôt l'assaut, vous entendrez les trompettes sonner. »

L'émir Lucabel regarde du haut de la tour de David en marbre clair et voit la lance de Dieu se dresser, au point qu'il eut l'impression qu'elle allait toucher le ciel, puis elle se pointe vers les hommes du roi Tafur. Il eut alors la certitude que ce sont eux qui voudront entrer les premiers dans Jérusalem.

Mais Thomas de Marne fera parler de lui, car il va pénétrer le premier dans la ville, propulsé à l'intérieur par les fers des lances, comme vous m'entendrez vous le raconter[1] si vous voulez bien m'écouter et m'inciter à vous le chanter[2].

Vous allez donc maintenant entendre une glorieuse chanson ; aucun autre jongleur ne vous en chantera de meilleure. Vous saurez comment Thomas de Marne se fit soulever ; il fracassa la barre de la porte et alla vénérer le Sépulcre. Robert de Flandre était avec lui. Il est juste que Notre-Seigneur les récompense pour cet exploit.

L'émir Lucabel était près d'un pilier. Ce qu'il avait vu le fit changer de couleur, il se met à transpirer de crainte et de douleur ; il comprenait que les païens ne pourraient pas résister. Il se serait volontiers enfui, s'il avait pu.

IV

C'était un samedi, le soleil brillait. Le roi de Jérusalem était avec Lucabel à la fenêtre de la grande tour de David. Ils observaient la prodigieuse armée des Français. L'évêque et les barons mettaient en place un corps de troupes de plus de dix mille hommes, tous aussi bien équipés que possible. Godefroy en confia le commandement à Baudouin de Beauvais et Robert de Chaumont, secondés par Harpin de Bourges et Jean d'Alis.

L'évêque de Mautran leva la main et leur donna sa bénédiction au nom de Dieu le créateur du monde, avant qu'ils ne se dirigent vers les murs de Jérusalem et ne prennent position près de la porte Saint-Étienne, attendant la sonnerie du cor pour donner l'assaut. Le roi de Jérusalem les maudit au nom de son dieu Apollon et jure par Mahomet qu'il ne fera grâce à aucun tant qu'ils ne se seront pas tous prosternés à ses pieds et qu'ils n'auront pas prié Mahomet et aussi Apollon de leur pardonner. Il croit être dans la vérité, telle est sa foi. Mais il va bientôt voir ses murs abattus.

Godefroy de Bouillon s'adresse aux barons. Il met en place un autre corps d'armée de dix mille hommes, tous armés de pioches, de masses, de pics pour s'attaquer à la muraille. Ils seront sous les ordres du comte Lambert de Liège. L'évêque leur donna sa bénédiction :

« Barons, que le Créateur du monde vous garde, Lui qui a pris chair dans la Vierge Marie et a jeûné quarante jours. »

Puis il a pris la lance à deux mains, l'a placée devant sa poitrine pour la vénérer. Il ajoute :

« Celui qui vengera aujourd'hui Notre-Seigneur recevra la couronne en son saint paradis. Dieu vous pardonnera tous vos péchés. »

---

1. Voir ci-dessous, chant V, IX-X.
2. Allusion traditionnelle à l'argent que le jongleur espère recevoir en paiement de sa prestation artistique.

Tous s'écrient : « Aucun Turc ne survivra ; ils ne pourront pas nous empêcher de prendre la cité ! »

L'évêque se tourna vers le mont Sion et chacun se préparait à partir à l'assaut. Mais avant la victoire, ils subiront de lourdes pertes puisque plus de mille en mourront, ce sera grande tristesse. Mais celui qui est mort là-bas doit être bienheureux, car le Dieu de gloire a sauvé son âme.

La chaleur était torride ce jour-là ; il n'y avait pas un souffle de vent. Les princes et tous les chevaliers se hâtent de mettre en place les troupes selon les consignes. Ils se demandent entre eux qui donnera l'assaut et frappera les païens le premier aux murs de Jérusalem. Mais le comte de Flandre dit :

« C'est le roi Tafur ; il y a bien trois semaines qu'on lui a accordé cette faveur. »

V

Les armées — grands guerriers et petit peuple — sont rassemblées. Nicolas et Grégoire avaient fait un poste protégé juste devant les Portes d'Or, bien couvert de tuiles, et un abri de palissades et de cuirs, pour protéger les archers qui tireront, sans aucunement craindre les païens. Celui qui se montrera sur la muraille pour se battre aura le cœur et les entrailles transpercés. Les flèches volaient plus que paille au vent. Mais, sans l'aide de Dieu, cela leur serait de peu d'utilité et même le meilleur combattant aurait bien préféré être ailleurs.

Les défenseurs de Jérusalem ont réuni leurs hommes devant la tour de David et vont jeter du feu grégeois pour tout incendier. Mais c'est peine perdue et chacun s'épuise en vain, car ils seront en définitive vaincus, même s'ils ont d'abord obtenu des succès.

VI

Le roi de Jérusalem, du haut de sa tour, voit tout le mal que se donne chaque armée pour prendre position autour des remparts sur le terrain sablonneux. Il leur fait, de sa main, au nom d'Apollon, un signe de malédiction afin que commence leur semaine la plus tragique. Et les nobles barons — que Dieu soit leur guide ! — font confirmer au roi Tafur que le premier assaut du jour lui est réservé. Cette nouvelle lui plut et il jure par Marie-Madeleine qu'il imposera aux païens une cruelle pénitence. Ses hommes se préparent. Ah ! Dieu ! Il y avait tant de fils de châtelains, de princes et de barons de notre noble terre ! Mille trompes résonnent à l'unisson, suivies par le grand cor qui retentit. Les armées se déploient comme les flots d'une source, la sainte lance est portée en tête. Midi était passé ; l'assaut fut lancé en milieu d'après-midi.

VII

Il faisait beau, le soleil brillait. Les Ribauds attaquèrent de toutes leurs forces. Les frondes ennemies projettent sur eux de lourdes pierres, tandis qu'ils creusent avec leurs pioches et leurs pelles comme des taupes et comblent les fossés au point que, sans mentir, un grand chariot aurait pu y circuler. Les païens ne cessaient de leur tirer des flèches ; ils sont mille sept cents à perdre leur sang, blessés à la tête, au côté ou au flanc, mais aucun n'a jamais reculé. Ils s'approchent bien visiblement des murs. Le roi Tafur tenait un grand pic dont il frappe la muraille avec vigueur et courage ; ses hommes, très nombreux autour de lui, piochent avec grande énergie et parviennent à faire un large trou béant dans la muraille. Dix sont douloureusement brûlés par de l'eau bouillante que les Turcs déversent sur eux. Le roi Tafur, accablé, donne l'ordre de repli jusqu'au milieu des champs. Il perdait lui-même du sang par plus de vingt blessures.

Arrivent à cheval deux de nos princes qui demandent au roi de ses nouvelles :

« Roi, vous êtes blessé ! Allez-vous vous en remettre ?

— Seigneurs, répond le roi, ce que je désire par-dessus tout, c'est que nous nous installions dans Jérusalem. Que Jésus me donne assez de vie pour que j'y réside et que je vénère le Sépulcre d'où Il est ressuscité ! »

VIII

Le combat sous les murs de Jérusalem est d'une extrême violence. Les chrétiens ne cessent de se lancer à l'assaut des fortifications. Godefroy de Bouillon s'écrie :

« Barons, en avant ! Nobles chevaliers, c'est la cité où Dieu a vécu et où Il est mort. Pour Lui, nous avons passé maintes nuits sans dormir, nous avons la peau burinée par le vent et la pluie ; nous avons supporté la soif, le froid, les pires tourments. Que personne ne ménage sa peine ! Si nous ne prenons pas possession de la ville, tout ce que nous avons déjà fait est vain. »

— Ah ! Dieu et Notre-Dame sainte Marie ! dit l'évêque. Ayez pitié de vos barons qui ont tant souffert pour vous ! »

Le comte Hugues le Maine a entendu. Il prend son grand cor et sonne la charge. On pouvait alors voir une foule de barons s'élancer lance baissée jusqu'aux grandes portes de la ville. Le duc Godefroy se jette contre la porte de David qui est de chêne renforcé mais, tandis qu'il frappe, sa lance se rompt à la poignée. Il était entouré de nombreux chevaliers, dont les Turcs — que Dieu les maudisse ! — se défendent en leur jetant des pierres. Ceux qui sont atteints par ces projectiles n'ont guère envie de rire, car ils ont la tête brisée et l'oreille déchirée.

Le roi Cornumaran était sur les remparts ; il crie « Jérusalem ! » et redonne du moral à ses troupes :

« Malheureux Français, dites-moi : vous allez à votre perte ; je n'ai que mépris pour vos assauts. »

Godefroy tenait un arc avec une flèche encochée ; il la tire juste sur Cornumaran ; elle perce sa cotte, pénètre dans la chair et se fiche sur son côté droit. Le Turc l'arrache, fou de colère ; il va bientôt venger sa fureur sur Païen de Beauvais qu'il atteint d'un carreau d'arbalète, brisant son heaume et lui fracassant le crâne : il tombe, mort, dans le fossé. L'archange saint Michel reçoit son âme et l'accompagne jusque devant Dieu. L'évêque de Mautran renouvelle sa prière : « Redoublez de vigueur et d'audace », leur crie-t-il.

On assista alors à de grands massacres, dans le retentissement des trompes et des cors, le vacarme et les cris des païens : le tumulte s'entendait à plus d'une lieue et demie. La porte Saint-Étienne était fracturée en sept points. Mais les Turcs la consolident de l'intérieur, avec des poutres et des traverses au point de la rendre plus résistante qu'avant.

IX

Le fossé avait été comblé et aplani devant la porte Saint-Étienne sur cinq toises de profondeur. C'est à cet endroit que l'on approche une machine de siège faite de claies renforcées de cuir. On la pousse jusqu'à ce qu'elle touche la muraille. À l'intérieur, protégés par les palissades, se trouvaient cachés dix chevaliers ; ils surgissent, appuient le sommet de leur échelle au mur, la soulèvent si bien avec des perches et des lances que l'échelon du haut s'encastre dans un créneau ; puis ils s'abaissent et se cachent sans un mot. S'avancent alors mille cinq cents soldats armés de faux, de masses emmanchées, de haches, de massues de plomb, de marteaux d'acier, de javelots aiguisés et de fléaux. Les païens, s'en rendant compte, se précipitent de ce côté en apportant le feu dans des bacs d'airain. Que Dieu qui est mort en croix protège ceux qui se trouvent dans la machine de guerre.

Voici maintenant le récit d'un assaut comme il n'y en eut jamais auparavant. Un chevalier flamand, du nom de Gautier, gravit l'échelle avec une totale inconscience, sans s'arrêter jusqu'au créneau, tandis que les Français montaient à l'assaut de tous côtés en lançant des javelots, des flèches, des carreaux empennés. Les catapultes projetaient de grosses balles de plomb. Il y eut de nombreux blessés dans les deux camps : un millier d'hommes se sont évanouis, terrassés par la soif, et plus d'un, ce jour-là, se désaltéra avec du sang. Ah ! Dieu ! Comme les chrétiens ont souffert de la faim, de la soif, des privations ; même les plus grands d'entre eux boivent l'urine de leurs chevaux. Aucun clerc, si savant fût-il, ne pourrait faire le récit de tous leurs maux, de leurs souffrances, de leurs malheurs.

Quant à Gautier, ce noble chevalier qui était monté à l'assaut ce jour-là, un Turc lui a tranché les deux mains d'un coup de hache, le faisant retomber au sol, désarticulé. Il reçut devant Dieu dans le ciel la couronne du martyre. Quelle tristesse qu'il meure si jeune !

Un messager va annoncer dans l'armée de Notre-Seigneur que Gautier d'Aire est mort. Le comte Robert en éprouve une grande affliction. Les vagues d'assaut se font plus pressantes, mais la sainte cité n'est pourtant pas prise.

Le feu grégeois tombe sur la machine de guerre, qui s'embrase en plus de quinze points. Ses servants, déjà bien éprouvés, n'ont que le temps de s'en échapper, après avoir bien souffert, mais devant l'incendie de leur machine, seule la fuite pouvait les sauver. Les Français sonnent la retraite, les combats cessent. Les Turcs viennent colmater les brèches des remparts, sauf là où ils étaient constitués de terre à l'intérieur.

X

L'assaut est arrêté, le combat a cessé ; les Francs ont reculé ; nombreux sont les blessés et les mutilés sur le terrain, et l'on ne doit pas s'étonner du nombre des morts. Ce fut en effet un combat acharné. Beaucoup souffrirent des tourments de la soif et burent l'urine de leurs chevaux et des bêtes de somme ; de même, le sang qui coulait à terre était vite recueilli ; les hommes en buvaient volontiers, sans dégoût. Ah ! Dieu ! Personne ne songeait à plaisanter ni à s'amuser ou rire. Baudouin de Beauvais avait été blessé en pleine poitrine et Harpin de Bourges au visage. Richard de Chaumont était atteint à la tête et Jean d'Alis avait reçu un coup de masse de plomb ; il en était encore étourdi.

L'évêque de Mantran leur dit :

« Barons, chrétiens loyaux, n'ayez pas peur. Aimez-vous les uns les autres. Même si chacun de vous manque de confort, de commodité et de plaisir, ayez confiance en Dieu qui nous considère comme ses fils. Chacun aura sa place dans la gloire éternelle et vous serez tous couronnés devant Lui. Que personne ne renonce à Le venger, mais restez au contraire attentifs à toujours mieux faire. »

Les chrétiens répondent avec conviction qu'ils mangeraient plutôt la chair de leur chevaux que de renoncer à prendre Jérusalem où Dieu a vécu et où Il est mort, et le véritable Sépulcre d'où Il est ressuscité ; ils le délivreront des traîtres arabes. Bénie soit la terre où de tels hommes grandirent et bienheureux les pères qui les ont engendrés !

Dieu ! Cette parole les a tous réconfortés. C'est la fin du jour, le soir tombe. Ils dormirent cette nuit-là dans le camp sans beaux vêtements fourrés, ni draps, tissus de soie ou étoffes précieuses ; mais ils avaient gardé sur eux leurs hauberts, leurs boucliers au cou, les épées rouillées et ébréchées au côté ; ils étaient tout souillés de sang et de cervelle. Cette nuit-là, c'est Bohémond qui a monté la garde avec dix mille chevaliers courageux, tous originaires de son pays, jusqu'au lendemain, quand le soleil fut dans tout son éclat.

Les Turcs, de leur côté, se préparent contre leurs ennemis ; pas un, si courageux soit-il, qui ne soit effrayé, et cependant chacun est empressé à se défendre.

XI

C'était une belle matinée, le soleil brillait. Les chrétiens se lèvent. Que Dieu leur donne le salut ! La pénurie d'eau est dramatique, il faut le rappeler. Les princes et les barons en parlent entre eux. Le duc Bohémond dit :

« Que faire pour l'eau dont nos hommes manquent à ce point ? Si aucune décision n'est prise, ils ne pourront pas tenir. Ordonnons à un détachement de s'armer et d'aller au fleuve pour en rapporter.

— Vous avez raison, mon cousin », dit le duc Godefroy. Il fait alors transmettre dans l'armée l'ordre d'aller chercher de l'eau jusqu'au fleuve et d'en rapporter dans des outres sur les bêtes de somme. Des chrétiens courent s'armer et prennent avec eux quinze mille animaux de bât. De jeunes chevaliers avec des serviteurs vont à la recherche de ravitaillement dans les possessions turques. Les barons se retirent.

Écoutez une aventure extraordinaire. Ils se heurtent à un roi païen accompagné de trois mille hommes. C'était Gratien, il venait d'Acre sur la mer et escortait une caravane de quatre mille bêtes : des chameaux et des buffles, tous surchargés de pain, de vin, de viande et de grands récipients remplis à ras d'une bonne eau douce. Cornumaran lui en avait transmis l'ordre par un message scellé porté par un pigeon voyageur. Le roi Gratien ne put pas éviter la rencontre. C'était la volonté de Dieu de rassasier son peuple.

Bohémond les repéra, tandis qu'ils descendaient le flanc d'une colline. Il les désigne à ses compagnons en leur ordonnant de ne pas bouger. Puis il regroupe ses hommes en formation serrée dans un vallon encaissé, pour qu'ils ressanglent leurs chevaux, resserrent les bretelles de leurs boucliers et se remettent immédiatement en selle ; en outre, ils abaissent leurs lances pour que les Turcs ne voient pas leurs étendards flotter au vent. Gratien chevauche et se hâte sans être sur ses gardes avec dix mille Turcs autour de lui : les bêtes de somme sont en troupeau derrière lui. Ils ne songent qu'à éperonner, car ils veulent être entrés dans Jérusalem pour le

souper, discrètement à cause des chrétiens. Mais Cornumaran n'aura pas
lieu de s'en vanter, ni le roi Corbadas d'en plaisanter avec Lucabel. Si le
vaillant Bohémond peut s'élancer contre le roi Gratien, il le désarçonnera
et l'emmènera de force dans l'armée, qui aura quinze jours de vivres et
de boissons abondantes.

XII

Le roi païen chevauche en tête le long du sentier, et derrière lui venait
le troupeau des bêtes de somme. Le vallon était encaissé. Jamais colombe
n'a mieux été capturée dans un colombier que les Turcs ce jour-là. Ils
n'avaient aucune chance d'échapper.

Bohémond sort avec ses chevaliers de l'embuscade. Il crie « Montjoie ! », éperonne son destrier, brandit sa lance de pommier et frappe le
roi Gratien sur son bouclier ; il le perce et le fend sous la bosse d'or, puis
il déchire et démaille sa cotte, sans toutefois pouvoir le blesser dans sa
chair, car Dieu le protégeait. Mais de la poussée de sa lance, il l'a abattu
sur le sable. Le roi Gratien s'agrippe à son étrier, lui demande grâce et lui
adresse cette prière :

« Noble chevalier, ne me tue pas, je veux être baptisé. Je croirai en
Jésus-Christ, le maître du monde, qui s'est laissé torturer dans Jérusalem,
lier à un pilier, puis crucifier. C'est en Lui que je veux croire avec ferveur. »

Quand Bohémond l'entend, il ne veut plus lui faire de mal, mais le
confie à quatre de ses hommes. Voyant cela, les païens, remplis de
douleur, prennent la fuite pour préserver leurs vies. Mais ils se trouvent
face au convoi de bêtes qui entrave leur fuite. Nos barons les frappent,
sans aucun souci de les épargner, engluant leurs épées de sang et de cervelle. On pouvait entendre les païens crier : « Ah ! Mahomet, notre seigneur ! Au secours ! Pitié, ils en ont grand besoin ! »

Vous auriez pu alors voir nos soldats se jeter sur eux, les tuer et les
tailler en pièces avec leurs épées d'acier. Tout le vallon était rempli de
morts et de blessés. Sur les quatre mille, il n'en reste que cent quarante
sains et saufs pour escorter les chevaux. Ils leur ont fait charger et solidement fixer par des courroies les morts sur les bêtes de somme. Puis tous
reprennent le grand chemin. Les fantassins conduisent les buffles et les
autres bêtes. Nos chevaliers ont tant et si bien avancé qu'ils sont retournés
au camp de Dieu pour la tombée de la nuit. Ce furent des manifestations
de joie, bruyantes et exaltées : des chevaliers pleuraient d'émotion ; des
jeunes filles et de nobles dames, des princes et des barons versaient des
larmes de tendresse. Tous prenaient le duc dans leurs bras, l'étreignaient ;
on l'embrassait sans cesse sur le cou et le visage. Les dames ne cessaient
de répéter : « Ah ! Jérusalem, vénérable cité ! Que Notre-Seigneur Dieu
nous accorde de vite y loger, d'y bénir et consacrer son Corps, de nettoyer

son saint Sépulcre. C'est pour bientôt, si Dieu veut bien venir en aide à ceux qui ont traversé les mers pour Le venger. Nous aurons toujours à cœur de Vous servir. »

Ah ! Dieu ! Ces paroles réconfortent nos gens.

XIII

La nuit est tombée, la journée est finie. Bohémond et Tancrède montent la garde avec dix mille hommes en armes autour du camp de Dieu jusqu'au lendemain au lever du jour.

La nuit est passée, le soleil est levé, le jour est rayonnant. Les chrétiens sont debout dans le camp et les barons que Dieu aime se rassemblent. Tout le butin est apporté devant eux ; on le partage et on le distribue avec équité dans l'armée, à chacun selon sa situation et son pouvoir. Et on invoque et prie le Saint-Sépulcre. L'évêque de Mautran leur adresse ces mots :

« Seigneurs, écoutez-moi. Chacun a des vivres en abondance pour quinze jours. Mais épargnons-les et économisons l'eau. La bonne cité sera prise. »

Ils répondent :

« À vos ordres. Que Dieu qui souffrit sur la croix nous accorde la victoire. »

Les seigneurs et les princes mandent les prisonniers. Des chrétiens coururent les chercher. Il y en avait cent quarante enchaînés. Leur seigneur marchait devant, sans crainte ; il était habillé d'un samit rehaussé d'or en plus de trente points, serré au corps avec de larges pans. Il portait sur les épaules un manteau très riche : la fourrure en était grise et verte comme roseau écorcé, avec les pans en un magnifique tissu, et les bordures brodées de martre vermeille. Les fibules sont en pierres précieuses et les attaches valent plus de mille sous. Le col était fermé par une émeraude. Le roi avait des cheveux blonds, en courtes boucles, un beau visage coloré, des yeux chatoyants assez grands, une large poitrine, la taille fine, de longues jambes, les pieds larges et cambrés, les mains plus blanches que fleurs des prés. Il était de grande taille, bien bâti. Il avait cinquante ans. Ah ! Dieu ! Quelle joie s'il se convertit !

Quand il se trouve devant nos barons, il s'incline et les salue en sa langue. Le duc Bohémond s'approche de lui, le prend dans ses bras et lui donne l'accolade. Puis on fit appel à un interprète par l'intermédiaire duquel on lui demande ses intentions : veut-il être baptisé et devenir chrétien ? Il répond qu'il croit en Dieu depuis au moins douze ans. « Ah ! Dieu !, dit Bohémond, loué sois-tu ! »

L'évêque de Mautran a préparé les fonts baptismaux. Ensuite le roi fut dépouillé de ses vêtements, on le tient sur l'eau et il est baptisé. Mais il conserve son nom sans changement.

Il va donner maints bons conseils à l'armée. Les autres Turcs s'écrient : « Exécutez-nous ! Nous préférons avoir la tête coupée plutôt que de tromper et trahir Mahomet. »

Le duc Godefroy les entend, il s'avance et les livre aux Ribauds qui les ont décapités, puis dépouillés de leurs vêtements après leur mort. Ils ont traîné ces Turcs sous les murs de Jérusalem et les ont jetés dans la ville avec les catapultes. Ils en ont aussi écorché, éventré et salé d'autres pour les pendre haut et court. Corbadas est monté dans la grande tour de David et s'est appuyé à une fenêtre, courroucé du spectacle. Dans Jérusalem, on bat les tambours à cause des Turcs qui ont été lancés et projetés. Le roi Corbadas a descendu les marches de la grande tour de David. Toute la ville est bouleversée.

XIV

Le tumulte est immense dans Jérusalem. Tous pleurent et crient en voyant les cadavres de Turcs qu'on leur jette. Quand le roi Corbadas l'apprend, il descend aussitôt de la tour antique, avec Lucabel aux cheveux blancs. Ils marchent au milieu de la grande rue et trouvent plus de mille cadavres décapités sur la chaussée. Le roi de Jérusalem maudit les nôtres et maudit leur terre. Il s'arrache les cheveux et se tire la barbe :

« Ah ! malheureux que je suis ! dit-il, nous sommes perdus.

— Seigneur, dit l'émir, ne vous affolez pas. Ayez une prestance ferme, faites beau visage ! Avant qu'ils n'aient pris Damas, Tibériade, Tyr, Ascalon, Acre la riche, les chrétiens seront à court de renforts. »

Cornumaran arrive au galop. Il était armé, tenait son épée brillante, tachée et ébréchée à cause des coups qu'il avait donnés, encore souillée de sang et de cervelle. C'était le païen le plus courageux de toute la Turquie.

À Saint-Étienne ils ont renforcé la porte et obstrué les brèches avec une grande habileté, si bien qu'elle sera plus résistante qu'auparavant. Toute l'esplanade devant le Temple saint est couverte de païens, Turcs et Perses. Tous pleurent, gémissent, se lamentent dans leur grande douleur et maudissent les Français et leurs troupes.

XV

Les hommes de Mahomet, devant le Temple saint, exhalent, dans les larmes, leur grande douleur. Le roi de Jérusalem déchire son vêtement, s'arrache la barbe et les moustaches. Lucabel et le roi Malcolon le réconfortent. Voici Cornumaran qui s'adresse à lui :

« Seigneur, pourquoi pleurez-vous ? Qu'avez-vous ?

— Cher fils, répond le roi, pourquoi le cacher ? Je vous le dis en vérité, nous perdrons Jérusalem. Ces traîtres de chrétiens nous ont fait beaucoup de mal ; j'ai vu hier soir du haut de ce donjon qu'ils amenaient Gratien attaché comme un chien ; il y avait plus de mille païens avec lui qui m'apportaient des approvisionnements en quantité. Puis je l'ai vu baptiser, c'est la vérité, mais aucun de ses hommes n'a échappé à la mort ; ils ont tous été décapités ; les chrétiens nous ont jeté les corps par mépris et ont fiché les têtes sur des pieux dans le désert. Auprès de qui me lamenter, cher fils, sinon auprès de vous ? »

Quand Cornumaran l'entendit, il devient noir comme du charbon et jure par Mahomet qu'il en prendra immédiatement vengeance. Il fait venir les prisonniers qu'il détenait ; ils étaient quatorze, dans un état pitoyable ; car ils n'ont plus ni cotte, ni chape, ni chausses, ni souliers aux pieds, ni manches, ni poignets de fourrure. Ils faisaient partie de l'armée de Pierre, quand Harpin et Richard de Chaumont avaient été pris. Trois était nés à Saint-Droon, le quatrième à Valenciennes, le cinquième à Dijon ; deux étaient du château de Bouillon, proches parents de Robert le Frison et du duc Godefroy au cœur de lion ; l'un s'appelait Henri et l'autre Simon. Chacun de ces quatorze prisonniers était attaché par une chaîne au cou ; ils ont aux bras de grandes moufles de torture et des entraves de laiton. Le roi les fit battre à coups de bâton jusqu'à ce que leur sang clair coule jusqu'aux talons. Il les fait ensuite conduire à coups d'aiguillon à travers Jérusalem jusqu'au temple de Salomon.

Les malheureux adressent d'intenses supplications à Dieu et à sa mère : « Père, Seigneur de gloire qui avez souffert la Passion, regardez-nous, car notre souffrance est extrême. Nous serions maintenant heureux de recevoir la mort, car nos corps sont par amour pour Vous en très grande détresse. »

Au retour, ils passèrent à l'endroit où Jésus fut gardé comme un voleur. Chacun d'eux s'agenouille pour prier. Les Turcs qui les escortent se précipitent pour les frapper de leurs grosses massues renforcées de plomb. Ils leur meurtrissaient la chair au point de leur arracher de grands lambeaux de muscles.

Mais Jésus les a délivrés, comme vous allez bientôt l'entendre dans la suite de la chanson.

XVI

Devant l'état de ces prisonniers battus et malmenés, personne n'aurai pu rester insensible. Le roi de Jérusalem donne l'ordre de les jeter à nouveau au fond de la prison. Mais, pour exécuter l'ordre, on les précipite sans cordes en les poussant et les bousculant l'un après l'autre : « Allez disent leurs gardiens, vous nous aurez tant fait de mal que nous ne nou occuperons jamais plus de vous. Nous verrons bien si votre Dieu a asse de puissance pour nous empêcher de vous fracasser la cervelle. »

Il faut maintenant raconter une chose extraordinaire, car la prison avai bien l'équivalent de quatre lances en profondeur. Écoutez le miracle accompli par Dieu. Pas un seul n'a eu la peau déchirée et chacun fut guéri des grands coups reçus. Dieu les accueillit là en bas sains et saufs. Un ange les réconforte jour et nuit et leur donne en quantité tout ce dont ils ont besoin pendant les trois semaines où ils sont restés prisonniers, jusqu'au moment où Jésus a voulu leur libération. Nous allons cesser de parler d'eux pendant un certain temps ; nous y reviendrons.

Devant le Temple saint sont rassemblés les païens avec les émirs et les plus grands princes. Cornumaran, courroucé, monta sur un bloc de pierre pour s'adresser à tous :

« Seigneurs, vous me tenez pour votre chef légitime. C'est moi qui hériterai du royaume de mon père ; mais les chrétiens me l'ont en grande partie dévasté et ils nous assiègent dans cette cité. Ils ont donné l'assaut et montré leur puissance ; ils se sont attaqués à cette muraille qu'ils ont abattue ; mais elle n'était pas renforcée de terre ; elle est maintenant réparée, les brèches ont été colmatées ; les portes sont renforcées et les tours de défense protégées par des palissades. Tous les chemins de ronde sont en solides blocs de pierre. Les assauts ne sont plus le moins du monde à craindre.

« En revanche, nous avons peu d'avoine et de blé ; les chameaux, les ânes et les autres animaux en ont beaucoup consommé, car ils n'ont rien d'autre à manger.

— Vous avez raison, mon cher neveu, dit Lucabel. Je vous ai déjà donné souvent de bons conseils ; je parlerai encore si vous le voulez bien ; je suis âgé comme en témoignent mes cheveux blancs. Au temps où Hérode avait fait décapiter les petits enfants à coups d'épée, les prophètes, hommes sages et cultivés, annonçaient que viendrait un peuple de grande puissance pour conquérir nos terres et nos richesses. Le voici entré de force dans notre pays, dont il a conquis une grande partie. Et je crois bien que ces informations sont véridiques. Il faut être fou pour affronter les Français. »

Quand Cornumaran l'entend, il en devient rouge de fureur.

XVII

« Cher neveu, disait Lucabel, je vois bien, en vérité, notre faiblesse et nos insuffisances. Faites rédiger des lettres et des messages. Nous avons ici des pigeons voyageurs prêts à s'envoler ; nous leur fixerons les messages au cou, scellés à la cire. Demandons à Damas, à Tyr, à Tibériade toutes les armées, et que personne n'ose refuser ! S'ils ne viennent pas à notre secours, nous serons massacrés. Je vois bien que personne ici ne prend la chose à la légère, car nul n'échappera à la mort. Ils nous tueront, nous taillerons en pièces ; même le plus hardi aura besoin de médecin. Tout Français que vous capturerez, faites-le brûler dans de la cire, ébouillantez-le ou faites-le frire dans l'huile. Ainsi pourrons-nous mieux les vaincre, les abattre et les chasser rapidement de notre pays.

— Voilà d'excellentes paroles », répond Cornumaran.

XVIII

« Cher neveu, dit Lucabel, écoutez-moi. Les pigeons pourront s'envoler pour atteindre leurs destinations là-bas dans la vallée ; ils ne sont pas sortis de mue de la semaine dernière [1]. Faites rédiger vos messages et cachetez-les à la cire. Qu'ils contiennent toutes vos requêtes : que l'on vienne immédiatement à votre secours ; que ceux qui liront les messages n'en gardent pas le contenu pour eux, mais qu'ils transmettent la demande oralement aux princes et aux rois jusqu'à la mer Arctique ; qu'on informe aussi l'émir Sultan afin qu'il ait pitié de nos hommes en difficulté et de la noble et vénérable cité de Jérusalem, assiégée par la foule sans foi des chrétiens. S'ils s'en emparent par la force, en vérité, toute la terre païenne sera ravagée, dévastée, et la religion de Mahomet humiliée et déshonorée. Que les pigeons soient tous prêts avant le jour ; qu'on fixe le billet au cou de chacun, sous la gorge, caché dans les plumes afin que les chrétiens, ces mécréants, ne remarquent rien. Nous les laisserons alors s'envoler tous à la fois ; chacun trouvera sa destination. Qu'il soit en outre mentionné qu'une réponse scellée à la cire soit immédiatement renvoyée par pigeons voyageurs. Ainsi réconfortés et rassurés dans notre cité, les hommes retrouveront-ils hardiesse et courage !

— Je suis tout à fait d'accord, nous suivrons vos propositions. »

XIX

Sans attendre davantage, le roi Cornumaran fait écrire en hâte ses messages : expliquant comment les chrétiens ont mis toutes leurs forces à assiéger Jérusalem et l'attaquent sans cesse ; il demande des renforts jusqu'en Orient, afin que l'on accoure à son aide. Il s'adresse à l'émir Sultan de Babylone, au roi Abraham qui se trouve au-delà du pont d'Argent ; que vienne aussi le roi des Asnes qu'il considère comme un de ses parents ; qu'on informe le puissant roi Corbaran, Étienne le Noir qui réside en Orient, l'émir Calcatras des monts de Baucidant, les garnisons de Coroscane et le roi Glorian, Canebaut d'Odierne, Rubion et Murgalent, le roi de Monuble où ne pousse pas de blé (les habitants de ce royaume sont plus noirs, dit-on, que la suie mouillée, la poix ou l'encre ; ils n'ont de blanc que les yeux et les dents, se nourrissent d'épices, de sucre, de

---

1. Il faut comprendre : « ils sont expérimentés ».

piment et de plantes aromatiques qui poussent chez eux en abondance).
Que l'on convoque tout le monde sans exception jusqu'à l'Arbre-qui-
Fend : les Sarrasins, les païens, les rois, les émirs ; et que tous se précipi-
tent à notre secours.

Sitôt les messages rédigés, on apporte les pigeons, il y en avait plus de
cent, et on leur attache immédiatement les billets au cou.

Que Dieu protège notre armée, car si les pigeons parviennent à destination sains et saufs, ils permettront le rassemblement de si grandes forces
que toute l'armée de Dieu sera livrée à sa perte.

XX

Les pigeons survolent le camp. Les Français les aperçoivent et les
observent attentivement, se disant l'un à l'autre en les montrant du doigt :
« Regardez ces pigeons ; cela fait longtemps qu'on n'en a pas vu autant !
Et ils ont tous des plumes arrachées devant près de la tête. »

Toute l'armée s'agitait et s'inquiétait. Les barons étaient dans un pré
vert, au bas d'une colline, devant les Portes d'Or, en face de Jérusalem,
discutant entre eux de l'assaut et de l'endroit où installer la catapulte.
Avec eux se trouvait Gratien, que Dieu avait converti. Les barons, levant
les yeux vers le ciel, voient les pigeons que Dieu faisait passer au-dessus
de leurs têtes. Gratien s'écrie :

« Nobles chevaliers, ce sont les messagers des païens ; chacun de ces
pigeons porte un billet attaché au cou. Ils vont demander du secours, j'en
suis tout à fait sûr. S'ils peuvent continuer leur vol et arriver sains et saufs,
ils feront venir toutes les armées d'Orient. »

À ces mots, nos barons s'écrient : « Un besant[1] pour chaque bon
tireur ! »

L'armée de Dieu s'agite en tous sens et les archers tirent flèche sur
flèche ; les hommes du roi Tafur utilisent leurs frondes. Bref, tous les
oiseaux sont tués sauf trois qui s'échappent à tire-d'aile.

Les Sarrasins, qui ont tout vu, sont consternés, éprouvant quelque joie
cependant pour les trois qui s'enfuient.

Le duc Godefroy était sur son cheval de combat, Hugues le Maine sur
un cheval à balzanes, le comte Robert sur son rapide Morel. Chacun avait
un faucon sur le poing. Ils éperonnent leurs montures et se précipitent au
galop derrière les pigeons qui volaient, rasant parfois le sol. Ils les rattrapent près du mont des Oliviers et leurs envoient leurs faucons qui se précipitent sur eux. Les pigeons s'abattent alors à terre pour se cacher derrière
une dénivellation, sans plus oser bouger. Les barons s'en saisissent et les

---

1. À l'origine, monnaie d'or frappée à Byzance.

tiennent bien en main. Remontés en selle, ils retournent rapidement dans la direction de Bethléem.

XXI

Les barons mettent pied à terre devant les grandes tentes ; tous les chevaliers se rassemblent autour d'eux. Les pigeons sont confiés à l'évêque de Mautran. On a vite enlevé le message porté par chacun des oiseaux tués. Le duc de Bouillon, Robert le sage et Hugues le Maine qui était sensé et courageux avaient ôté le message des trois pigeons capturés. Après les avoir bien nourris et abreuvés, ils les enferment dans un petit baril percé de trous ; deux valets reçoivent l'ordre de bien les garder. Et l'évêque appelle les barons pour leur dire :

« Seigneurs, vous allez apprendre les informations étonnantes que ces messages contiennent ; le roi a convoqué tous ses barons, de toutes parts jusqu'à l'Arbre Sec. Nous avons ces messages ; Dieu en soit loué !

— Monseigneur, répond aussitôt le duc de Bouillon, écrivez vite trois nouveaux messages disant que Cornumaran mande à travers tout son royaume que l'on continue de bien veiller à la défense des fiefs ; car il n'a, quant à lui, aucune crainte des forces françaises. Qu'on lui fasse savoir en retour ce dont on a besoin. »

L'évêque a rédigé les messages comme il le demandait ; on rapporte les pigeons pour leur mettre les billets au cou. Puis, du mont des Oliviers, on les relâche. Ils s'envolent tout droit jusqu'à Belinas vers une maison où un Sarrasin du nom d'Ysoré les a pris. Il les examine et trouve les billets qu'il fait lire à un païen cultivé : « Il n'y a aucune inquiétude dans Jérusalem, car la ville est invincible ; que chacun administre sa terre, ses bourgs et ses villes. Les malheureux Français sont réduits à la famine. »

Quand le païen entend cela, il est rassuré et se hâte de faire rédiger la réponse. Il envoie son salut et ses amitiés à Cornumaran ; avant quinze jours ou un mois, il mobilisera cent mille Turcs en armes pour s'opposer aux Francs et les harceler, pour anéantir et tuer les Chétifs. La religion chrétienne sera humiliée et Mahomet exalté.

Il a alors pris les pigeons et leur a solidement fixé les billets à la gorge. Puis il leur fait prendre leur envol. Les trois pigeons volent sans se séparer jusqu'au camp français où Dieu les conduisait. Nos barons faisaient le guet et les ont arrêtés en les épouvantant avec leurs faucons. Les pigeons se posèrent côte à côte auprès des tentes. Les Français les prennent et les remettent à l'évêque de Mautran. Lui qui était instruit leur lit tout ce qu'il trouve écrit sur les billets. Nos barons disent : « Dieu soit béni ! Car nous allons savoir les pensées et les intentions des Turcs. »

On avait ôté aux pigeons qu'on avait repris les messages qu'ils portaient et on avait dit à l'évêque de Mautran : « Lisez, monseigneur ! »

Après les avoir dépliés et lus, il avait immédiatement écrit d'autres messages, selon lesquels les seigneurs de Damas exprimaient la grande colère de Sultan contre le roi Corbadas auquel il refusait tout secours : « Qu'il fasse au mieux tout seul ! »

Puis l'évêque avait replié soigneusement les billets et, le lendemain, les pigeons sont renvoyés à Jérusalem.

Corbadas se lève au point du jour, il fait battre tambour pour rassembler les païens sur l'esplanade antique devant le Temple saint ; Lucabel et Malcolon son neveu étaient là. Cornumaran se tient debout, il va apprendre des nouvelles qui les empliront d'angoisse.

XXII

L'esplanade du Temple saint était noire de monde ; on pouvait y voir nombre de belles païennes, vêtues de robes moulantes en soie, venues pour entendre les nouvelles. Corbadas aux cheveux blancs se lève ; accompagné de Lucabel, il traverse la foule. On lui donne les messages pour qu'il les lise. L'émir les prend en main. Quand il les voit, sous le coup de l'émotion, il laisse tomber à terre la baguette d'or qu'il tenait. De sa voix forte, bien reconnaissable, il dit :

« Par Mahomet, quelle mauvaise nouvelle ! Inutile de compter sur l'aide de l'émir Sultan. Notre peine à tous redouble. Sans Mahomet, notre cité est perdue. »

En entendant cela, Cornumaran prit une massue ; il en aurait frappé son oncle si on ne la lui avait pas ôtée des mains.

XXIII

Devant le Temple, on aurait pu voir la douleur des Sarrasins rassemblés. Le roi de Jérusalem se mit à pleurer, s'arrachant les cheveux, tirant sa barbe. Cornumaran, son fils, voulait le réconforter :

« Seigneur, disait-il, laissez cela. Tant que je suis en vie, vous n'avez rien à craindre. Vous me verrez sans cesse à cheval attaquer les Français, les tuer, les écraser. Je n'en atteindrai pas un seul sans le décapiter. Demeurez là dans cette tour et laissez-moi organiser la défense de Jérusalem. Vous n'y verrez jamais aucun Français réussir un assaut contre elle.

— Oui, cher fils », répond Corbadas.

Le roi monte dans la grande tour de David et va s'appuyer aux fenêtres de marbre. Lucabel, pour lequel il avait de l'affection, était avec lui. Tous deux pouvaient bien voir les combats. Cornumaran fit sonner quatre trompes. Alors les païens revêtent leurs cuirasses et prennent leurs armes, puis montent sur les fortifications, mettent en position les machines de siège et les catapultes. Ils formaient une foule si dense qu'il était impossible de lancer un projectile qui n'atteigne pas le casque de l'un ou de l'autre. Je n'ai jamais vu de soldats si bien renforcer les fortifications. Cornumaran a fait sonner le grand cor et les païens se précipitent en tous sens pour se mettre en ordre de combat.

Vous allez pouvoir entendre le récit d'un assaut redoutable.

CHANT IV

I

Le soleil brillait au lever du jour. Nos barons voient les Turcs tout affairés sur les murailles qui entourent Jérusalem ; pas un qui ne soit anxieux. Le duc de Bouillon dit :

« Vous êtes bien inertes alors que vous devriez déjà être en armes, prêts à l'attaque. Les Sarrasins nous ont trop longtemps leurrés. Par saint Denis, faites sonner les cors, et que l'on donne courageusement l'assaut.

— Bénies soient de telles paroles, répondent les barons.

— Écoutez-moi, seigneurs, dit le comte Hugues. Nous n'allons pas mener tous ensemble une seule attaque groupée ; que chaque armée prépare son propre assaut ! Quand les uns attaqueront le mur de terre grise, que les autres assurent leur protection avec leurs arcs. Et quand ils faibliront sous l'effet de la fatigue, que des renforts arrivent en armes. Affectons dix groupes de quinze hommes pour le même poste. N'ayez aucun doute, les Turcs subiront de lourdes pertes, mais n'ouvriront ni porte ni palissade. »

Tout le monde approuva cette proposition qui paraissait excellente et chacun va s'équiper de son mieux.

Arrive alors le roi Tafur avec dix mille Ribauds en armes. Ils portent des pioches, des masses, de grands faussarts, des pics, des gisarmes, des massues, des maillets de fer bien forgés, des poignards effilés, des couteaux tranchants, des chaînes plombées. D'autres portent des frondes et des cailloux gris. Un certain nombre ne sont pas encore remis des blessures reçues lors de la précédente mêlée ; le roi Tafur lui-même avait plus de trente plaies, à la tête, aux épaules, aux bras, au visage, qu'il avait pansées avec de l'étoupe, et il tenait une faux en acier brillant avec un manche massif en frêne, bien cerclé. Un casque de cuir bouilli sur la tête, une cotte serrée sur le corps, juste en face du Temple saint, il s'écrie :

« Je vous en prie, seigneurs, au nom du Roi du paradis, accordez-moi le premier assaut contre ces malheureux qui refusent de croire que Dieu est ressuscité ; et je resterai votre ami pour tous les jours de ma vie ! »

Nos barons accédèrent à sa requête, bien malgré eux ; mais ils n'avaient pas encore revêtu leurs armes. L'évêque de Mautran, qui était de grande piété, fit sur eux le signe de la croix au nom du Dieu crucifié, puis les exhorta à ne pas donner l'assaut avant la sonnerie du cor. Le roi Tafur, après avoir pris congé, s'en va, tout armé, à la tête de ses Ribauds, que l'évêque de Mautran venait de bénir.

II

Les barons forment une autre armée, composée de jeunes gens et de nobles écuyers. Enguerran de Saint-Pol en est le gonfalonier ; mais l'évêque de Mautran annonce à tous que c'est le roi Tafur qui veut partir à l'attaque le premier :

« Barons, restez en place sans tirer de flèches, jusqu'à ce que vous entendiez sonner le grand cor. »

Enguerran fait mouvement avec ses alertes jeunes gens pour prendre position devant Jérusalem. Ils regardent les murailles hautes et solides et voient briller au soleil le Temple saint. Chacun s'incline devant lui et se met à supplier Dieu de lui accorder de bientôt se trouver à l'intérieur de la ville pour vénérer et embrasser son vénérable Sépulcre.

« Ah, Dieu ! dit Enguerran, je vous en supplie : faites qu'aucun ne se laisse aller à la lâcheté au moment de l'attaque. Si je vois le courage de nos hommes pour s'élancer contre les murs, monter, escalader, grimper, alors je serai vraiment comblé.

— Inutile d'en parler, lui répondent ses hommes, car, dès que nous aurons pu appuyer nos échelles aux murailles, nous serions bien méprisables si nous ne les gravissions pas. »

Le roi de Jérusalem est allé s'appuyer à une des fenêtres de son grand palais. Il maudit les Français au nom d'Apollon le diable.

III

Nos barons composent l'armée suivante de plus de dix mille Bretons, Français et Normands, tous courageux soldats. Le comte Robert leur seigneur les mit sous les ordres de Josserant, Thomas son cousin et Foucher le Meulan. L'évêque les bénit au nom du Dieu tout-puissant et leur dit :

« Qu'aucun ne se lance à l'attaque avant d'avoir entendu retentir le cor.

— À vos ordres », répondent-ils.

Ils se sont inclinés devant l'évêque avant d'aller prendre position devant Jérusalem, à côté de l'autre armée ; alors ils regardèrent la cité, ses hautes et grandes murailles et le Temple très saint que Dieu a tant aimé. Il n'en est pas un qui ne soupire d'attendrissement et tous se prosternent devant la ville, les larmes aux yeux : « Ah ! Jérusalem ! Quel tourment pour nous ! »

Le roi se trouvait à sa fenêtre de marbre fin. Il maudit les Français au nom de son dieu Tervagant.

IV

L'armée suivante est composée des Boulonnais — Dieu les bénisse ! —, des Flamands et des Bourguignons, tous très audacieux, en tout au moins quinze mille en un seul corps de troupe. Le bon duc et l'évêque ont désigné Hervin pour les commander et les conduire, ainsi que Huon l'Allemand qui ignore la lâcheté et Rimbaut Creton qui met à mal les païens ; il n'y avait pas meilleurs chefs jusqu'en Romagne. L'évêque les a bénis au nom de Dieu le fils de Marie, puis il leur recommanda de ne pas s'élancer à l'attaque avant que le grand cor ne résonne avec éclat. Les barons approuvent et chacun s'incline humblement. Ils s'en vont alors en hâte pour prendre position devant Jérusalem ; ils regardent la ville et ses murailles de porphyre, ainsi que le Temple saint qui brille avec éclat, tout près du Sépulcre où Dieu reposa et ressuscita. Chacun s'incline et se prosterne avec humilité :

« Ah ! Jérusalem ! Sainte et vénérable cité ! Quelle tristesse, quelle douleur de te voir occupée par les païens. Que le Seigneur Dieu nous donne la force de te reconquérir.

— Je monterai le premier, dit Hongier de Pavie.

— Et moi, dit Hervin, je ne vous laisserai pas seul.

— Si je peux parvenir là-haut dans la cité antique, je vais me vendre cher à la pointe de mon épée tranchante », ajoute Rimbaut Creton.

Le roi de Jérusalem était dans sa tour fortifiée ; il voyait les Français mettre en place leur dispositif pour se lancer à l'assaut des murailles. Il les maudit tous au nom de son dieu Apollon.

V

Nos barons ont constitué une autre armée, la sixième, équipée de pelles et de pics. Ils ont aussi des glaives, des arcs, des épées. C'étaient des Français, des hommes de grande renommée, environ vingt mille hommes. Le comte Hugues le Maine au visage hardi l'a confiée à Thomas de Marne. L'évêque les a bénis au nom du Dieu tout-puissant. Puis il leur demanda de ne pas faire de bruit, de ne pas pousser de cris pour monter à l'assaut avant d'avoir entendu le son puissant du grand cor. Thomas approuve, s'incline devant lui, puis emmène son armée, l'oriflamme levée. Ils ont pris place devant Jérusalem, regardent la grande et vaste cité, où Dieu ressuscita de la mort à la vie. Le vaillant Thomas de Marne s'est prosterné avec ferveur :

« Ah ! dit-il, cité bienheureuse ! Que Dieu nous accorde la réalisation de notre ardent désir de vous prendre et de vous conquérir ; nous l'avons tant souhaité ! Qu'on puisse à nouveau chanter la messe au Sépulcre ! Dieu ! Comme il aura supporté une peine salutaire, comme il aura eu un heureux destin, celui qui aura la gloire dans toute cette armée d'entrer le premier dans la ville prise. J'accepterai de mourir sitôt la porte passée. Quitte à me faire projeter à l'intérieur à la volée [1], j'y pénétrerai le premier ; j'en ai bien l'intention. »

Il regarde les païens en hochant la tête ; son cœur frémit dans sa poitrine et son courage redouble. S'il était au milieu d'eux, il aurait déjà décapité un Sarrasin d'un bon coup d'épée.

Le roi de Jérusalem était en sa tour carrée ; il regarde nos soldats prêts à se battre. Il les maudit avec la plus grande violence.

VI

La septième échelle fut constituée de Provençaux et de beaucoup d'autres chevaliers, des Lorrains, les soldats de Marcal, des Gascons, des Poitevins, tous de la même valeur, ils étaient au moins dix mille fantassins. Raymond de Saint-Gilles au cœur loyal a placé à leur tête Anthiaume et Girart de Toral, Bernard de Tor, Gui le Poitevin, Jean de la Fère, Roger le sénéchal. On aurait pu voir là des pioches et des pieux, ainsi que de riches enseignes de soie et d'étoffes précieuses. L'évêque les a bénis au nom de Dieu. Il leur recommande ensuite — qu'ils y prennent bien garde ! — de ne pas bouger pour tirer des flèches ou pour donner l'assaut avant d'avoir entendu sonner le grand cor de métal. Tous approuvent puis s'en vont prendre position devant Jérusalem. Ils regardent la cité, la muraille et les contreforts, le Temple saint si bien décoré, qui se trouve à côté du Sépulcre, où Dieu reposa. Tous ont les yeux mouillés de larmes : « Ah ! Très sainte cité, disent-ils, quelle douleur et quelle colère de te voir entre les mains de traîtres. Que Dieu nous accorde de briser tes remparts, et que le corps du Christ soit consacré en tes murs pendant une messe. »

Le roi de Jérusalem était dans sa tour royale ; il a vu les Français qui se rangent en bas sur le sable devant la cité pour abattre les murs et les contreforts. Il les maudit à grand bruit au nom de Mahomet.

« Ah ! dit-il, que Mahomet vous perde ! Je me moque de vos assauts, je vous crèverai les yeux de mon éperon, je vous attacherai à un pieu comme cible de tir. »

---

1. Voir ci-dessous, chant V, IX-X.

VII

Nos barons constituèrent la huitième armée : vingt mille hommes venant de Pouille, de Calabre, de Sicile, avec les courageux Vénitiens. Bohémond et Tancrède — de qui dépend cette armée — l'ont confiée à Huon, Bernard de Meulan, Gérin de Pavie et Richer son parent ; chacun d'eux avait un bon domaine et un bon fief. On pouvait y voir des boucliers d'argent, des haubergs, des heaumes et d'excellents équipements. Mais ils étaient à pied portant des pelles et des pioches pour enlever le ciment, de grands pics d'acier pour desceller les murs, des barres et des crochets de fer pour arracher les pierres. L'évêque les a bénis au nom du Dieu tout-puissant, puis il leur commande fermement de ne pas faire mouvement pour l'assaut avant d'avoir entendu le cor sonner avec éclat. Ils approuvent puis s'en vont pour attendre devant Jérusalem. Ils regardent la ville et ses murailles resplendissantes, le Temple très saint, possession des païens, qui se trouve près du Sépulcre, le monument sacré où Dieu ressuscita. Chacun d'eux se prosterne avec tendresse ; tous pleurent, le cœur gros, par pitié pour Dieu qui a été martyrisé : « Cité de Jérusalem, disent-ils, quel fut ton malheur puisque ces chiens abjects te détiennent ! Que Dieu nous accorde, par sa volonté, de te reprendre au plus tôt afin que ton Corps soit très dignement consacré dans tes murs ! »

Le roi de Jérusalem était dans sa tour ; il regarde souvent les armées en bas, impatientes de donner l'assaut. Il les maudit au nom d'Apollon et de toute sa puissance.

VIII

Nos barons regroupent dans la neuvième armée les hommes d'Église, les évêques, les abbés et les autres clercs. Ils portaient tous des vêtements blancs avec une croix d'étoffe vermeille sur la poitrine. Ils ne portaient ni hauberg, ni cuirasse, ni javelot, ni flèche, ni épée affilée. L'évêque a donné à chacun une hostie, le corps de Notre-Seigneur que le prêtre sacrifie. L'évêque du Forez les guide et les conduit. Il fait donner la communion aux hommes de tous les corps de troupe. Puis il se recule afin de bénir l'armée tout entière.

Tous commencent ensemble de saintes prières qu'on entend depuis la tour de David. Le roi, qui était aux fenêtres de marbre et de porphyre, dit à Lucabel :

« Je ne sais que penser. Je vois là-bas une armée rassemblée qui a caché je ne sais quoi dans la bouche des autres soldats.

— Frère, répond l'émir, c'est leur talisman. Ils croient de la sorte avoir l'aide de leur Dieu. Ils n'ont garde de nous ; toute leur armée est remplie d'ardeur. C'est une belle troupe de chevaliers et vous n'avez jamais vu des soldats aussi hardis ; notre cité, soyez-en certain, va être prise. Car les draps de soie et les tissus d'Aumarie que nous avons suspendus aux murailles pour les tenter, aucun Français ne les a encore touchés.

— C'est vrai, répond Corbadas. Que Mahomet les maudisse ! »

IX

Nos barons constituent la dixième armée, qui n'est pas destinée à lancer des flèches ou des javelots, avec les dames qui venaient vénérer le Sépulcre. Elles se disaient entre elles, je n'ai pas à le cacher : « Il y a longtemps que nous avons traversé la mer jusqu'ici. Chacune de nous a un mari — Dieu puisse le protéger ! Nous les avons vus souffrir tant de maux, briser et détruire tant de fortifications et de châteaux. Ils sont là, en vérité, pour conquérir la ville où Dieu se laissa tourmenter, torturer, blesser, frapper d'une lance, tuer. Elle sera aujourd'hui digne d'éloge, la femme qui pourra aller y prier, attaquer la ville et réconforter nos soldats. »

Ces vénérables paroles redonnent courage à tous. Elles amoncellent pierres et cailloux et on pouvait les voir s'affairer, prendre de l'eau dans des pots et des tonnelets pour donner à boire à qui aura soif. Elles vont se placer devant Jérusalem et se mettent à observer la ville, ainsi que le Temple saint qui brillait avec éclat, à côté du Sépulcre où Dieu a voulu ressusciter. Chacune le vénérait en pleurant : « Admirable cité ! disent elles, que Dieu prête à nos soldats assez de force pour y entrer et baiser le Sépulcre que nous devons vénérer. »

Alors, elles s'inclinent devant la ville.

Le roi de Jérusalem, près d'un pilier dans la grande tour de David, regardait les Francs ; il demanda à l'émir Lucabel :

« Savez-vous qui sont ces gens rassemblés là-bas ?

— Frère, répond Lucabel, inutile de vous le cacher ; ce sont les femmes de ces malheureux qui n'ont de cesse de déshonorer, honnir, couvrir de honte notre religion. »

Quand Corbadas l'entend, il se prend à hocher la tête en disant à Lucabel :

« Je les ferai conduire auprès de l'émir Sultan, avec lequel je veux me réconcilier. Il fera revivre sa terre qui a été dévastée. Qu'il donne chacune d'elles à un prince ou un émir qui l'épousera selon sa volonté.

— Frère, répond Lucabel, abandonnez cette idée. Car vous allez voir les murs de Jérusalem renversés et l'armée chrétienne entrer dans la ville. »

Quand Corbadas l'entend, il croit devenir fou.

X

Les barons de France — que Dieu leur accorde sa grâce ! — avaient divisé leurs troupes en dix corps. Ils composèrent maintenant le onzième dans l'armée de Dieu. Je ne vous dirai pas le nom de chacun d'eux ; vous les avez déjà entendus dans la chanson. Ils étaient quinze mille, tous puissamment armés avec enseigne, bannière ou oriflamme, sous le commandement du duc de Bouillon et de son cousin Robert le Frison. Tous les deux vont sur la plaine de sable retrouver le roi Tafur et lui disent :

« Seigneur, vous donnerez l'assaut, quand vous entendrez sonner le grand cor de laiton.

— À la grâce de Dieu ! », répond-il.

Alors les princes font demi-tour sans attendre et vont dire aux écuyers qu'ils pourront agir à leur guise après le roi Tafur ; puis ils se rendent auprès des Normands et des Franciens pour les autoriser à passer à l'action aussitôt après les Ribauds. Rimbaut Creton leur répond :

« C'est ce que nous désirons le plus. »

Les comtes repartent un bâton à la main pour aller dire aux Français de lancer après les Normands quantité d'attaques contre la cité où Dieu souffrit sa Passion afin d'abattre la tour, ses pierres et ses moellons. Après les avoir confiés à Dieu, ils s'en retournent au grand trot.

Voici maintenant le récit de l'assaut le plus violent du monde.

XI

Les barons, en armes, devant Jérusalem, font venir auprès d'eux Nicolas de Duras ; il avait préparé avec Grégoire une machine de siège blindée, couverte de claies et renforcée de poutres transversales. Elle contenait un grand nombre d'archers, bien à l'abri pour tirer sur les défenseurs des murs. Mais ils avaient mal couvert le toit de la machine, si bien que les Turcs l'ont incendiée avec du feu grégeois qui a pris en deux endroits.

Les échelles étaient recouvertes de cuir de bœuf tanné, consolidées sur les côtés par de grandes perches pour mieux les tenir contre le mur de la cité. Chaque corps de troupe en détient une. Nicolas et Grégoire ont un bélier renforcé de fer, fixé sur des rondins et des roues, et ouvert sur l'avant. Ils le poussent tout près de la porte au ras du fossé. Mais leur manœuvre est vaine car les Turcs, de l'intérieur, ont tout observé et ont préparé une contre-offensive. Les hommes qui entourent la machine seront brûlés au feu grégeois et ceux qui sont à l'intérieur avec de la poix bouillante.

Dieu a accepté tout cela, car il voulait que ses fidèles soient tourmentés et épuisés, qu'ils souffrent pour prendre sa ville, comme Il avait lui-même souffert en son corps jusqu'à recevoir la blessure du coup de lance au côté. Tel était le sens de son enseignement : on ne rejoint pas Dieu à vil prix.

XI *bis*[1]

Voici maintenant l'assaut qui commence furieusement. Le bon duc de Bouillon, qui était très farouche, a pris le grand cor et en a sonné avec force. Le roi Tafur crie un ordre ; les Ribauds s'élancent à l'attaque. Tandis qu'on pouvait voir les pluies de cailloux propulsés par les frondes, ils sont plus de mille sept cents à se précipiter dans le fossé sans s'arrêter, à frapper des pics et des pioches, à s'attaquer au mur pour y grimper. Rien, ni tirs de catapultes, ni carreaux d'arbalètes, ne les arrête avant le pied du mur. Ils dressent vivement leurs échelles ; le roi Tafur y monte, mais il l'a payé cher, car un Turc l'atteint d'un coup de fléau et l'abat au pied de la muraille dans le fossé. Toutefois Dieu l'a préservé de la mort. Les occupants de la machine de guerre ont assuré sa protection, chassant de nombreux Turcs avec leurs flèches d'acier. Javelots et flèches volent dru comme pluie d'été.

Le roi Cornumaran lance son cri de ralliement ; les Turcs tirent des flèches et lancent des javelots comme des démons ; en définitive, les Ribauds ont abattu une toise du mur. L'assaut fut long et terrible. Le bon duc de Bouillon a sonné la retraite. Les Ribauds reculent, souillés et meurtris. Ils emportent le roi Tafur tout couvert de sang à cause du coup de fléau qu'il avait reçu ; il avait le nez éclaté, des contusions et des blessures à la tête et au crâne. De nombreux princes réunis auprès de lui le couchèrent sur un bouclier décoré et le confièrent à deux médecins qui l'ont aussitôt guéri.

XII

Les Ribauds eurent une brillante conduite lors de ce premier assaut. Le bon duc de Bouillon sonne de nouveau la charge. On pouvait alors voir écuyers et bacheliers se lancer à l'attaque et se précipiter dans la brèche ouverte par les Ribauds, se protégeant la tête à deux sous un bouclier. Ils sont équipés de pelles, de pioches ou de haches. Après avoir escaladé la roche vers le mur, ils placent leur échelle à côté de l'autre et attachent les deux échelles ensemble, ce qui fut très habile.

Enguerran de Saint-Pol, à la fière allure, monta très courageusement le premier, et Étienne gravit l'autre, celle qui avait été placée ensuite. Il y a cinq hommes sur chaque échelle. Que Dieu les protège ! Avant qu'ils ne

---

1. L'édition de référence comporte ici une erreur de numérotation.

redescendent, ils auront besoin d'aide, car les Turcs au-dessus ont de la poix bouillante qu'ils versent sur eux, puis ils leur jettent quantité de grosses pierres, bien décidés à ne pas les épargner. Nos hommes en ont la chair brûlée ou le crâne brisé sous leurs heaumes. Enguerran avait déjà reçu quatre blessures ; il continue cependant à monter ; ce fut une grande imprudence. Cornumaran tenait solidement en main une masse garnie de grandes broches de fer ; il attend jusqu'à ce qu'Enguerran eût avancé la tête ; puis il dresse sa massue à ras du mur et le frappe à deux mains juste à côté de l'oreille ; il lui brise son heaume de Pavie, lui enfonce la coiffe dans le crâne et le renverse à bas de l'échelle. Tous ceux qui s'étaient agrippés à cette échelle tombèrent lourdement avec lui.

Étienne de Lucheu, qui avait un grande hardiesse, monta, qu'on le veuille ou non, sur l'autre échelle, entraînant d'autres chevaliers derrière lui. Les Turcs tirent des flèches, lancent des javelots. Dieu les maudisse ! Ils ont aussi jeté de nombreuses pierres. Ysabras de Barbais a brandi son pieu et l'a lancé de toutes ses forces ; il atteint Étienne sur son bouclier décoré, lui fausse son haubert et en perce la doublure de cuir ; il lui fiche le pieu d'une bonne longueur dans le corps et l'abat de l'échelle avec ses compagnons. Cette fois-là, quinze des nôtres perdirent la vie, et leurs âmes sont maintenant au paradis.

Le roi de Jérusalem crie d'une voix forte :

« Mauvais démons, malheureux hommes sans foi, je me moque de vos assauts. Que vous le vouliez ou non, je conserverai ma cité. »

Le duc sonna du cor avec force. On emporta les blessés, à une portée d'arc à l'écart. Les dames approchèrent, les manches relevées. Elles humectent la bouche de ceux qui ont soif et donnent à boire à tous, ce leur fut un grand soulagement. Si les dames n'avaient pas été là, l'armée aurait été en difficulté.

XIII

Les soldats furent remarquables dans cet assaut, mais les Ribauds avaient été les meilleurs. Le duc Godefroy sonne de son grand cor ; alors on aurait pu voir les Normands et les Bretons faire mouvement, en passant là où les Ribauds avaient nivelé les fossés, pour abattre et démolir la muraille. Ils ont gravi de vive force le remblai de terre pour atteindre au plus vite le pied du mur dans lequel ils ouvrent une brèche d'une toise et demie. Grâce à Dieu, ils n'ont que mépris pour les Sarrasins.

Les Normands vont appuyer leur échelle contre le mur non sans mal, juste à côté des deux autres. Mais personne n'est assez hardi pour oser monter le premier. Ils frappent et donnent des coups avec leurs grands pics d'acier, tandis que les occupants de la machine tirent des flèches contre la gent démoniaque et infligent à un grand nombre des blessures à la tête aussi bien qu'aux flancs. Les barons s'écrient : « À l'assaut !

Chacun se vantait souvent qu'il attaquerait même avec les dents les murs de Jérusalem, fussent-ils en acier, pour peu que Dieu lui accorde d'en approcher. Et nous vous voyons hésiter à monter ? »

Les dames crient de leur côté : « Ne soyez pas lâches ! »

On aurait alors pu voir les Normands et les Bretons redoubler de courage. Joserant et Thomas en tête, puis Foucher de Meulan le gonfalonier se mirent à escalader. Que Dieu leur donne de revenir ! Les Turcs leur opposent une extraordinaire résistance ; ils ont porté sur la muraille une énorme poutre (il fallait trente Turcs, chacun avec un levier pour la soulever), qu'ils ont précipitée en bas pour écraser les nôtres. Sept hommes ont ainsi trouvé la mort, renversés par sa masse ; ce fut un grand malheur.

Le farouche Cornumaran se mit à crier : « Envoyez-en d'autres ; ceux-là n'auront plus d'occasion de parler. Nous preniez-vous pour des bergers ou des gardiens de troupeaux ? Par mon dieu Apollon, maître de tout, c'est pour votre malheur que vous êtes venus jusqu'ici me disputer mon fief. Avant que vous ne l'ayez conquis, vous l'aurez payé cher ! »

Le roi de Jérusalem, accoudé dans la tour de David, se laissait aller à sa joie. Le bon duc de Bouillon fit sonner du cor : les Bretons et les Normands abandonnent l'assaut ; les barons s'approchent d'eux pour les réconforter. Des médecins font délicatement coucher les blessés ; on pouvait aussi voir les dames retrousser leurs vêtements pour courir de l'un à l'autre et donner à boire à ceux qui avaient soif. Sachez qu'elles étaient bien utiles dans l'armée de Dieu.

XIV

Les Normands s'étaient bien comportés dans cet assaut très violent, mais les Ribauds encore mieux, car ils avaient, dès le début, ouvert de grandes brèches dans les murailles et comblé le fossé avec leurs pelles et leurs pioches, tout en subissant de grandes souffrances ; ils étaient en effet sans armures.

Il faisait beau temps, le soleil était chaud. On entendit le son clair du grand cor de métal. Flamands et Boulonnais aux cœurs loyaux se jettent dans le fossé avec leurs pioches ; ils grimpent sur le remblai jusqu'aux murs, pressés de se lancer à l'assaut. Mais les païens se défendent et tirent de grands carreaux d'arbalètes, brisant leurs beaux casques brillants. Ils subissent en outre une violente attaque de flèches et de javelots, tandis que des Sarrasines musclées leur jetaient des cailloux.

XV

Il faisait beau temps, le soleil brillait. L'assaut était terrible, le tumulte redoublait. Hongier l'Allemand s'écria : « Barons, allez-y, ne faiblissez pas ! »

Les Flamands qui étaient restés en arrière s'avancèrent et dressèrent leur échelle ; il y en avait maintenant quatre. Rimbaut Creton gravit les échelons de l'une, Hervieu de Cherel monte sur une autre, Hongier, sans s'attarder, sur la troisième, tandis que Martin empoigne la quatrième à deux mains. Que Dieu créateur du monde les protège ; car s'il ne vient pas à leur secours, aucun n'en redescendra vivant. Ysabras tenait un croc qu'il lance contre Hongier ; il en planta les pointes dans le col de son haubert, tandis que Morgan le vieux agrippait Hervieu ; ils les ont hissés vivement grâce à l'aide de leurs compagnons. Rimbaut Creton voit cela avec grande douleur ; il lève l'épée nue qu'il tenait au poing et en frappe un Sarrasin auquel il coupe la tête. Païen de Cameli en tua un autre. Ils espéraient venger Hongier, mais en vain. Un Turc assomma Rimbaut d'un coup de massue et le fit culbuter. Un autre Turc frappe Païen de Cameli. Tous tombèrent dans le fossé. Mais Dieu se manifesta par un grand miracle : ils sont tombés assez doucement pour n'éprouver aucun mal. Le vacarme redoubla dans les deux camps. Les dames s'écriaient : « Barons, on va voir la conquête de la ville où Dieu ressuscita. Celui qui Le vengera bien gardera son amour à jamais. »

Quand le duc voit Hongier pris par les Turcs, de même qu'Hervieu pour qui il éprouvait de l'amitié, son sang ne fit qu'un tour. Tout affligé, il prit le grand cor et en sonna puissamment.

XVI

Le duc sonna puissamment du cor une fois, puis une deuxième fois et encore une troisième fois à perdre haleine. Cela signifiait que tous devaient s'élancer à l'assaut sur-le-champ. Alors les Français de la terre bénie, ceux de Pouille, de Calabre et des autres régions quittent leurs positions. Il y eut grand tumulte et grand vacarme. Les chevaliers enfermés dans la machine font pleuvoir dru leurs flèches. Le comte Robert à la fière allure descend de son cheval, ainsi que le duc de Bouillon à l'épée tranchante. Avec eux se trouvait le comte Hugues qui portait l'enseigne, ainsi que Tancrède et Bohémond. Tous, heaume en tête, se précipitent dans le fossé. On pouvait alors admirer la violente détermination de nos gens qui frappent de pics et de pioches la muraille et en arrachent les pierres. Les Sarrasins leur jettent de la poix chauffée et les inondent de cire brûlante.

Sans leurs boucliers qu'ils tiennent au-dessus d'eux, beaucoup auraient été ébouillantés.

Seigneurs, écoutez maintenant par quel magnifique miracle Hongier et Hervieu parvinrent à s'arracher aux mains des mécréants.

XVII

Les princes et les barons attaquent de l'extérieur avec violence la puissante muraille qui entoure Jérusalem. Ils approchèrent leur machine pour donner des coups de bélier dans l'espoir d'abattre la muraille, mais en vain, car elle est renforcée de l'intérieur avec de la chaux et du sable.

Les Turcs félons avaient pris Hervieu et Hongier et voulaient les emmener comme prisonniers dans la tour ; mais Hongier l'Allemand, qui avait un courage de lion, étreint par les flancs l'émir Malcolon. Hervieu s'empare de l'autre païen, Ysabras le roi de Barbais — ce fut une excellente feinte —, et ils les jettent du haut des murs sans leur demander leur avis. Ils ne se sont pas tués, ce fut une grande chance. Le bon duc de Bouillon se saisit de Malcolon ; Ysabras quant à lui accourt vers Robert de Frison dont il implore vivement la pitié :

« Noble seigneur, au nom de Dieu, ne me tue pas. Si tu veux obtenir une rançon pour nous deux, nous te ferons donner tout ce que tu demanderas.

— Tu auras la vie sauve, lui répond le comte, à cette condition que nous ayons en échange de vous deux deux des nôtres qui sont prisonniers.

— C'est une demande méprisable, dit le païen. Je préférerais être mort, tué à coups de bâton, plutôt que d'être libéré pour si peu. Nous avons encore, prisonniers dans cette tour, quatorze des vôtres, qui étaient des hommes de Pierre l'Ermite. Nous allons vous les rendre libres, les quatorze et les deux. Et en outre, par-dessus le marché, vous aurez des mulets d'Aragon, de bons besants d'or pur sans alliage de laiton, cinq pièces de soie décorées et une grande et riche étoffe verte, car ce vaste royaume nous appartient. Nous prononçons ce serment sur notre foi et nous vous jurons notre loyauté.

— Assurément, ajoute Malcolon, au nom de Mahomet, que je ne renierai pas, dussé-je être condamné à être brûlé vif. »

En entendant cela, le bon duc baisse la tête, et rit discrètement derrière son blason, puis il dit au comte Robert :

« Quelle bonne rencontre ; nous avons attrapé du bon poisson ! Sonnez la retraite, reprenons nos positions en arrière en attendant de lancer un nouvel assaut une autre fois. S'il plaît à Dieu, nous prendrons alors la ville.

— À la grâce de Dieu », répond le comte Robert.

On sonne distinctement la retraite. Les Français abandonnent l'attaque, le bruit et le tumulte ; ils emmènent les deux païens dans leur tente.

XVIII

Hervieu de Cherel et Hongier l'Allemand sont en haut, le long des remparts, au milieu des païens, revêtus de leurs blancs haubers, l'épée au poing, tachés et souillés de sang et de cervelle. Ils se défendent farouchement ; leur contenance est admirable, mais la force des païens sans foi est excessive ; ils frappent nos barons sur leurs heaumes et leurs flancs avec d'énormes massues et de lourds fléaux. Ceux-ci se défendent avec toute la vaillance de leur courage, tuant trente Turcs. Que Dieu les protège !

Le farouche Cornumaran s'écrie : « Chrétiens, rendez-vous, voici mes conditions : pas un seul de vous ne sera décapité ; votre défense est vaine ; elle ne vaut rien. Si vous voulez croire en Mahomet, je vous ferai tous riches. »

Quand nos barons entendent les propositions du roi, ils comprennent que leur résistance est vaine. Ils se rendent à lui, car il est le plus fort.

Les Français étaient dans les tentes ; plus d'un est malheureux. On conduit directement les deux Turcs de grand courage à la vaste et haute tente de Godefroy qui est surmontée d'un pommeau brillant et lumineux. Se trouvaient là je ne sais combien de nos grands seigneurs. Les Turcs savaient parler le français et le latin qu'ils avaient appris il y a longtemps. Ils étaient seigneurs de grandes terres perses, dépendant de l'émir Sultan.

XIX

Les Turcs entrent dans la tente de soie grise. Les princes et les seigneurs de l'armée s'étaient réunis pour écouter les propositions des païens. Le bon duc de Bouillon s'adresse à eux en ces termes :

« Païens, croyez en Dieu qui a été crucifié, qui est né d'une Vierge et qui est ressuscité des morts. Vous serez mes amis tous les jours de ma vie. »

Ysabras aux noirs sourcils lui répond :

« Je ne sais pas si je resterai en vie ; mais, même si vous nous donniez tout l'or qu'on trouve jusqu'à Paris, aucun de nous ne se convertirait à votre foi. Notre dieu est très puissant, mais il dormait. S'il s'éveillait — que chacun en soit bien persuadé ! —, vous ne séjourneriez pas plus longtemps dans ce pays. »

Quand le bon duc l'entend, il se met à rire. Gratien, qui avait revêtu une pelisse grise, reconnut bien les rois, car il avait été élevé avec eux. Il est allé les embrasser sur les joues et le visage, puis il les a fait asseoir près de lui, en présence de tous les barons.

« Vous avez ici deux prisonniers, dit-il au duc de Bouillon, deux très puissants seigneurs. S'ils le veulent vous aurez Jérusalem, je vous le jure.

— Taisez-vous, dit Malcolon, maudit renégat, je préférerais notre mort à tous plutôt que de les voir prendre possession de la tour que fit ériger David ou du grand Temple construit par son fils. Mais, en échange de nous deux, nous vous offrons seize prisonniers, deux mulets chargés d'or fin, de précieux tissus et mille cinq cents chevaux chargés de bon vin.

— Si je suis assuré de cela, répond le duc Godefroy, vous repartirez libres, sans être aucunement maltraités.

— Vous avez ma parole loyale, assure Ysabras. Nous tiendrons tous nos engagements. »

XX

« Seigneurs, dit Ysabras, écoutez-moi. Je ne veux pas que vous doutiez de ma parole. Vous nouerez autour de la taille de chacun de nous une corde, puis vous nous laisserez monter sur une échelle appuyée à la muraille jusqu'à ce que nous ayons expliqué notre engagement aux païens et que nous ayons obtenu l'argent et la libération des Français. S'ils n'acceptent pas, alors vous nous tirerez en bas et que chacun de nous soit décapité.

— D'accord, répond le duc de Bouillon, mais j'irai avec vous, tout armé. »

On conduit les Turcs à la porte de David, une échelle est dressée, sur laquelle ils montent, ayant chacun une corde nouée autour de la taille. Le duc de Bouillon est monté avec eux, tenant son épée nue à la lame gravée afin de pourfendre les païens s'il leur venait l'idée de dénouer la corde de chacun des prisonniers. Le duc était protégé par dix mille Français. Ysabras de Barbais est monté jusqu'au haut du mur et il appelle Cornumaran qui s'approche :

« Seigneur, lui dit-il, tenez-vous à l'ecart de moi, et que personne d'autre ne m'approche non plus, avant que je sois libéré de l'engagement que j'ai pris envers les Français. Les quatorze prisonniers que vous gardez, les deux autres qui ont escaladé les murs, sept cents barils pleins à ras de bon vin, deux mules d'Arabie chargées d'or et d'argent, vous donnerez tout cela en échange de nous, si vous tenez à nous !

— Ah ! Mahomet, seigneur, sois adoré ! Je n'aurais pas voulu perdre ces deux compagnons pour quatorze cités », s'écrie Cornumaran avec exaltation.

Il a alors immédiatement convenu d'un accord, avant le coucher du soleil. Il s'est aussitôt éloigné, a gravi les marches de la grande tour de

David, fait chercher les prisonniers pour les libérer. Chacun était tout heureux que Dieu l'ait sauvé. Ils reçoivent de riches équipements et des vêtements de draps de soie ainsi que des mulets harnachés. Hongier et Hervieu ont été traités de même. Le reste des richesses est également réuni. Ils s'approchent des murs de la porte de David pour faire sortir les Français ainsi que le convoi de richesses ; puis ils referment la porte et font basculer les barres, avant de bloquer l'ensemble avec de grandes poutres de chêne.

Les prisonniers que Dieu a délivrés s'en vont. Quand les barons les voient, ils laissent éclater leur joie et invoquent souvent le Saint-Sépulcre.

« Seigneurs, dit Ysabras, sommes-nous quittes ?

— Oui, répond le duc. Allez à la grâce de Dieu, si telle est sa volonté. »

Ils ont détaché les Turcs, les voilà délivrés ; ils rentrent dans la ville en passant par-dessus la muraille. Cornumaran les a pris par le cou pour les embrasser. Dans Jérusalem, mille tambours ont retenti et, par amour pour les deux rois, on a célébré Mahomet.

Nos barons sont revenus aux tentes et aux campements. Dans toute l'immense armée, il y eut abondance de biens et chacun eut du vin et de la nourriture à satiété.

C'est la fin du jour, la nuit est revenue. Bohémond et Tancrède assurent la garde de l'armée de Dieu avec cent quarante chevaliers coiffés de heaumes brillants. Mais les Turcs les ont bien trompés cette nuit-là, en envoyant le feu grégeois dans leur machine de guerre. Le bélier a pris feu, il est entièrement consumé ; il en va de même pour les échelles placées dans les fossés. Personne n'a pu venir les protéger. Un certain nombre de tentes ont également été détruites par le feu. Les païens sont plus forts qu'ils ne l'ont jamais été. Nos soldats sont consternés et courroucés, mais l'évêque de Mautran les réconforte :

« Barons, nobles chrétiens, ne vous inquiétez pas. Dieu, dans sa bonté, a bien voulu que nous subissions ces pertes ; mais quand ce sera sa volonté, vous prendrez Jérusalem.

— C'est vrai, monseigneur, disent les barons, que chacun de nous retrouve une belle assurance ! »

XXI

Tandis que nos chrétiens, dans leur camp, sont comblés de biens, les Turcs, dans Jérusalem, se sont rassemblés devant le Temple saint. Le roi est au milieu d'eux, ainsi que Lucabel aux cheveux gris et nombre d'autres païens. Cornumaran se lève pour s'adresser à eux :

« Nobles Sarrasins, seigneurs, écoutez-moi. Vous m'avez bien servi et je vous aime. Les Français nous assiègent avec une farouche détermination ; ils prendront, s'ils y parviennent, ma cité par la force. Je préférerais avoir la tête coupée plutôt que de perdre aussi honteusement mon héritage. Je vais aller chercher secours auprès de l'émir Sultan ; il aura assurément pitié de moi. Et si j'obtiens son aide, je serai de retour, en vérité, auprès de vous avant un mois. Vous êtes bien pourvus ici à l'intérieur en pain, en vin et en blé ; et les Français, là-dehors, sont quelque peu affaiblis et en ont assez de donner l'assaut des fortifications. Il n'y aura pas de nouvelle attaque. Quant à moi, je vous ramènerai les forces de l'empire d'Orient. »

Corbadas soupire en entendant son fils. Il s'arrache les cheveux, tire sa moustache et s'évanouit quatre fois de douleur. Quand il revient à lui, il parle avec fermeté :

« Ah ! Jérusalem que j'ai si longtemps gouvernée, c'est à cause de vous maintenant que je perds mon fils que j'aime tant. Puisse un mauvais feu grégeois avoir embrasé le Sépulcre, détruit la ville, abattu les murailles. Si seulement les blocs de pierre dont est construite la tour de David, ornée de marbre, avaient été brisés et fendus ! Peu m'importe ma vie, puisque mon dieu m'abandonne. »

Le roi tenait un poignard tranchant et effilé : il s'en serait frappé le cœur si on ne le lui avait arraché des mains. Cornumaran, son fils, l'a réconforté en l'embrassant sur le visage et le serrant dans ses bras. Le roi de Jérusalem est bouleversé. Il maudit sa cité, le Temple, le trône qu'il occupe et le Sépulcre de Dieu, cause de tous ses tourments. Mais Cornumaran son fils lui redonne courage :

« Ah ! Noble roi, as-tu perdu toute raison ? Sache bien que tous les Français sont voués à la mort. Je les ferai prendre et attacher un à un pour qu'ils soient jetés au fond de ta prison ! Je ramènerai toutes les forces de l'empire jusqu'au royaume de La Mecque. »

À ces mots, le roi redresse la tête. Cette promesse fallacieuse lui a rendu joie et bonheur.

XXII

« Ne vous inquiétez pas, dit Cornumaran, j'irai chercher des secours auprès de l'émir de Perse ; il n'y aura pas de Sarrasin en tout le royaume d'Aumarie, ni jusqu'à l'Arbre Sec, ni en toute la Slavonie que je ne ramène avec moi pour qu'il m'aide.

— Cher fils, viens et dis-moi : comment pourras-tu sortir de cette riche ville sans que les Français, cette sale race détestable, t'aperçoivent ?

— Il est juste que je vous explique, répond Cornumaran. Certains de mes hommes s'armeront cette nuit ; qu'ils fassent une manœuvre de diversion d'un côté de la ville et moi, avec toutes mes armes, l'épée tranchante au côté, je sortirai par un autre côté. J'emmènerai Plantamor, mon destrier de Nubie, et j'aurai à mon cou mon bouclier décoré de fleurs d'or, je prendrai mon cor et quand je serai à La Berrie, j'en sonnerai avec force ; vous l'entendrez bien et pourrez savoir que je suis sain et sauf. »

Les Sarrasins se disent entre eux discrètement : « Cornumaran a bien parlé. Que notre dieu vienne à son aide ! »

C'est la fin du jour, la nuit venait. Robert de Normandie montait la garde avec cinq cents de ses chevaliers. Les Turcs et les Sarrasins ne perdirent pas de temps ; ils ont réuni une troupe de quinze mille hommes pour tenter une sortie. Et Cornumaran s'était armé avec grande noblesse. Il avait revêtu une cotte à triples mailles, lacé sur sa tête un heaume qui brille et resplendit ; on lui avait mis au cou un bouclier rehaussé d'or. Puis on lui amène Plantamor, c'est Butor de Salonie qui le lui tend par la bride. Cornumaran saute en selle, empoigne les rênes, puis saisit une lance qu'il manie avec fierté. Il prend le cor d'Hérode qui rend un son strident, audible à plus d'une lieue et demie. On lui ouvre la porte Saint-Étienne. Quant aux autres, ils vont en masse à la porte de David, par où ils sortent pour lancer leur attaque.

XXIII

Les Turcs sortent par la porte de David, et Cornumaran par la porte Saint-Étienne. Il attend un peu jusqu'à ce qu'il entende leur tumulte. Les Turcs se précipitent vers l'armée à grands cris, puis on a refermé les portes sans attendre.

Cornumaran, quant à lui, éperonne Plantamor le cheval arabe, passe à travers nos lignes sans encombre et poursuit son chemin vers La Berrie. Deux chevaliers revêtus de leurs armures le croisent et se rendent bien compte que c'est un Turc ; ils lui crient d'une voix forte : « Vous ne passerez pas ainsi ! »

Cornumaran les entend sans ralentir. Aucune parole ne lui aurait fait perdre son sang-froid. Il éperonne Plantamor et brandit sa lance, frappe un des deux Français, lui fend son bouclier, déchire et brise son haubert, lui enfonçant la pointe de la lance en plein cœur. Comme la hampe résiste au choc, il l'abat de son cheval. Son compagnon, tout affligé de voir ce spectacle, se précipite droit sur le païen, l'atteint sur son écu, le lui brise, mais sa cotte est trop résistante pour qu'il puisse en rompre une maille. Cornumaran éperonne Plantamor et le dépasse plus vite qu'un arc ne se détend. Il aurait parcouru soixante grandes lieues avant midi sans le grand obstacle qui surgit devant lui. Le chevalier crie :

« Saint-Sépulcre, à l'aide ! Ah ! barons français, comme vous êtes lents ! Si ce Turc vous échappe, vous vous couvrirez de honte et de ridicule ! »

Le bon duc de Bouillon a entendu ; il se précipite, l'esprit vif et en alerte, plus rapidement qu'un chevreuil n'aurait bondi. La lune éclairait dans la nuit ; il arrive auprès du chevalier qu'il trouva bouleversé.

XXIV

C'était une belle nuit calme, la lune brillait ; le duc de Bouillon arrive auprès du chevalier qu'il avait entendu crier. L'autre éperonne à sa rencontre et lui crie qu'un Turc va transmettre des informations à l'émir de Perse afin de ramener des secours. « Il a tué en combat singulier mon compagnon et je l'ai frappé, mais ma lance s'est brisée ; je n'ai pas pu le désarçonner ni l'empêcher de s'échapper. Il fait courir son cheval plus vite qu'un archer ne tire une flèche à la chasse. »

En l'entendant, le duc se met en colère ; il tremble de fureur et regarde dans la direction du Sépulcre qu'il voudra vénérer. Rien ne l'empêchera de poursuivre le païen ; il s'élance derrière lui. Que Dieu le protège !

Cornumaran, le noble seigneur, s'en va. En arrivant à La Berrie, il se met à sonner du cor. On l'entend très bien de Jérusalem où les païens laissent éclater leur joie.

Le chevalier approche du camp français et se met à crier : « Ah ! Bohémond, seigneur, vous tardez beaucoup. Le bon duc de Bouillon, votre ami, poursuit un Sarrasin sans pouvoir l'affronter. »

À ces mots, Bohémond fait aussitôt sonner de la trompe. Les chevaliers montent sur leurs chevaux, saisissent leurs boucliers et empoignent leurs lances. Bohémond part à la tête d'un contingent et ordonne aux autres de bien garder le camp. Ils chevauchent sans plus attendre derrière le duc.

Je vais maintenant abandonner un moment nos barons et l'admirable duc Godefroy ; j'en reparlerai quand ce sera le lieu ; car je voudrais vous raconter comment le farouche Cornumaran traversera La Berrie à l'aube.

Il tomba sur Baudouin de Rohais qui allait vers l'armée de Dieu, car le duc l'avait convoqué. Il était à cheval et n'avait pas son égal en toute la Perse ; quatre mille jeunes gens équipés de leurs hauberts et de leurs heaumes l'accompagnaient, hardis comme des sangliers. Baudouin de Rohais voit le Turc dévaler une petite pente par laquelle il devait passer. Il dirige vers lui son cheval pour l'affronter. Cornumaran, quand il l'aperçoit, se prend à avoir peur à cause du nombre de chevaliers qui le suivaient. Rien d'étonnant donc à ce qu'il ne veuille pas s'attarder ! Il lance son infatigable Plantamor, lui faisant couler le sang à coups d'éperons ; aucun oiseau, aucun faucon n'aurait pu voler aussi vite qu'il court. Baudouin crie : « Vous ne pourrez pas résister ! Si Dieu empêche Prinsaut de trébucher, je vous ramènerai dans mon camp quoi qu'il arrive. »

Qui aurait vu le baron piquer son cheval de ses éperons d'or et Prinsaut l'aragonais galoper sous lui, faire de grands sauts, s'élancer sur la terre, garderait le souvenir du plus rapide des chevaux. Il va pouvoir, s'il ne tombe pas, se mesurer au païen et, avant le lever du soleil, il sera à un jet de pierre du Turc. Le destrier du païen commence à transpirer ; Cornumaran s'en rend compte et croit perdre le sens ; tout en courant, le roi se met à frictionner son cheval, à lui essuyer les oreilles et le front avec sa main. Le cheval commence à reprendre son souffle ; ce fut extraordinaire qu'il ne soit pas épuisé.

XXV

Le païen continue d'aller son chemin. Baudouin le poursuit en talonnant son cheval, sans voir ni entendre ses hommes. Prinsaut court plus vite que le vent ne chasse les nuages. Il atteint Cornumaran près d'un rocher escarpé et lui crie : « Païen, retourne-toi vers moi. Le malheur est sur toi. »

Cornumaran l'entend ; tout son sang frémit quand il constate que son ennemi n'est pas suivi de ses hommes. Il fait faire demi-tour à Plantamor, plus rapide qu'un faucon après une grue. Le païen met toute son énergie dans le combat. Baudouin le frappe, lui fend son bouclier ; mais sa cotte est si solide que pas une maille ne se rompt, et la hampe raide se brise contre la poitrine de l'ennemi. Le Turc résiste bien, il ne bouge pas de son cheval. Il frappe en retour Baudouin avec un épieu ; l'écu éclate en morceaux ; le haubert se déchire si bien que le fer atteint sa chair à vif. Ce fut un malheur et il s'écrie : « Saint-Sépulcre, à l'aide ! »

XXVI

Le comte Baudouin se rend compte qu'il est atteint. Furieux, il tire son épée et, avant que Cornumaran n'ait tendu le bras pour tirer du fourreau la sienne, le comte l'a frappé sur son heaume d'or martelé, avec une violence si brutale qu'il a tranché la coiffe de la cotte, au ras de la tête. S'il l'avait plus précisément atteint, il l'aurait complètement pourfendu. Quand le roi voit son sang couler à terre, il redouble de courage selon son habitude. Il prend son bouclier au bras, tient son épée nue et va frapper Baudouin sur son heaume pointu ; il en arrache les fleurs et les pierres qui l'ornaient, tranche la coiffe de son blanc haubert, mais sans l'atteindre dans sa chair ; s'il l'avait atteint de plein fouet, il l'aurait pourfendu jusqu'aux dents. Dieu a protégé le comte. Cornumaran s'écrie :

« J'ai bien senti votre coup ! Mais pensiez-vous que mon courage serait à ce point abattu que, pour un seul Français, j'abandonne la partie ? C'est pour votre malheur que vous êtes passés outre-mer pour venger votre Dieu, vous et les autres malheureux, qui sont tous des mécréants. Cela ne vous aura servi à rien, car tous seront vaincus, tués et anéantis, si je puis revenir. Je vais en effet demander du secours auprès de l'émir Cahu ; je ramènerai toutes les troupes de l'empire jusqu'aux Bornes d'Arthur [1]. Les Français seront écorchés et les comtes pendus. »

Quand le comte Baudouin entend le Turc dire qu'il allait chercher des renforts, il en éprouve une violente colère : « Païen, dit-il, pourquoi as-tu tellement attendu ? Et dis-moi, sur ton âme, qui tu es. »

XXVII

« Païen, écoute-moi, dit le comte Baudouin. Quel est ton nom ? Ne me le cache pas.

— J'accepte, à condition que tu me dises le tien également.

— Je veux bien, répond Baudouin.

— Je m'appelle Cornumaran, je suis le fils de Corbadas, le maître de Jérusalem. Il en est le seigneur et je lui succéderai. C'est à moi qu'appartient la terre et tout le fief. Maintenant dis-moi qui tu es, sans rien me cacher. Et puis battons-nous au mieux.

— Païen, dit le comte, tu es d'un très grand lignage. Moi, je suis Baudouin, le frère du vaillant duc de Bouillon et de l'élégant comte Eustache.

— Tu as nombre de bons parents, conclut Cornumaran. Baudouin sera roi, je le sais bien. Reprenons le combat et cessons de bavarder. »

Cornumaran saisit son bouclier d'argent, il allait donner des coups redoutables, quand il voit les hommes de Baudouin descendre de la colline. Il comprend alors qu'il n'est pas prudent de s'attarder ; aussi éperonne-t-il Plantamor qui part au grand galop. Baudouin le poursuit à toute vitesse. Que Dieu l'ait sous sa protection, car c'est le cœur affligé qu'il reviendra !

XXVIII

Cornumaran chevauche au grand galop et le comte Baudouin le suit à plein élan sur Prinsaut l'Aragonais qui n'est jamais essoufflé. Que Dieu qui a fait le ciel et la rosée l'ait en sa garde, car, avant de faire demi-tour, il recevra en sa chair plus de quinze blessures graves. Le roi Cornumaran retrouve plus de dix mille hommes de son camp, tous en armes, qui patrouillent du côté de La Berrie pour surveiller la région, sous le commandement d'Orcanais qui porte haut son oriflamme. Tout heureux de les voir, car il reconnaît bien Orcanais, il pousse son cri de ralliement. Les Sarrasins s'approchent, en se tenant sur leurs gardes, mais reconnaissent leur seigneur dont le bouclier était fendu et qui tenait toujours au poing son épée nue. Ils remarquent son heaume brisé, sa tête couverte de

---

1. Il s'agit des colonnes d'Hercule, c'est-à-dire du détroit de Gibraltar. Voir ci-dessous, chant VII, n. 1, p. 306.

sang ; il n'en est pas un qui ne change de couleur. Aussi tournent-ils bride
dans la direction de Baudouin, pleins de fureur. Le roi, soulagé par cette
assistance, prend la tête du détachement. Baudouin, de son côté, voit la
terre couverte de Turcs et éprouve, en vérité, une grande peur de la mort.
Il fait faire un écart à Prinsaut en tirant sur les rênes. Cornumaran lui crie :
    « C'en est fait de votre vie ; vous m'avez trop poursuivi et il n'est plus
temps de faire demi-tour. Vous aurez, avant ce soir, la tête coupée.
    — Mais il vous faudra d'abord le payer cher, réplique Baudouin. Que
Dieu m'aide ! Je n'ai que mépris pour votre attaque. »
    Arrivent alors ses hommes dans la prairie. Sans attendre et sans discu-
ter, chacun baisse sa lance à l'enseigne dentelée. Tous se précipitent
furieusement sur les Turcs. On ne comptait plus les lances brisées, les
boucliers percés. Païens et Sarrasins meurent, bouche béante. Le comte
Baudouin prend la lance d'un Turc tombé mort ; il la lui arrache de la
main et éperonne son cheval, rênes relâchées, vers Cornumaran auquel il
donne un tel coup sur son bouclier décoré qu'il l'étend à terre auprès d'un
champ labouré ; puis il saisit Plantamor par la bride dorée et allait entraîner le destrier à la croupe couleur brique quand Orcanais le frappe de sa
lance aiguisée. Avec quatorze hommes en une seule charge, il lui arrache
le bouclier du cou, mais Dieu, par sa puissance, protégea le comte qui ne
bougea pas de ses étriers ni de sa selle rembourrée, mais doit abandonner
Plantamor au milieu du pré, non sans frapper un Sarrasin, Fanin de Valse-
crée, qu'il pourfend jusqu'aux entrailles. Ce païen tombe mort de son
cheval, son âme le quitte. Un Turc reprend Plantamor par la bride et le
rend à Cornumaran près d'un chemin creux. Le roi saute en selle et
redonne vigueur à la bataille. Le pays était dévasté, la terre brûlée, crevas-
sée de place en place. Nos hommes avaient beaucoup souffert pour la traverser. Tous souffraient de la chaleur excessive.

XXIX

    La bataille était acharnée ; les Français ne pouvaient pas faire front
dans la mêlée générale, car ils n'étaient que quatre mille contre dix mille,
sans compter les renforts qui descendaient des montagnes. Le comte Baudouin fit rassembler ses hommes avec l'intention de se replier vers Jérusalem. Mais il leur fut impossible de trouver route, chemin ou sentier.
    « Malheur à eux s'ils s'en vont ! », s'écrie Cornumaran.
    Le comte Baudouin fut rempli de colère à l'entendre. Il aurait pu s'éloi-
gner des Turcs tout seul, mais il ne voulait à aucun prix abandonner ses
hommes. Aussi s'adresse-t-il à eux en ces termes :
    « Seigneurs, mes compagnons, pas d'affolement ! Que chacun s'ef-
force de bien se défendre et de bien se protéger. Si nous pouvons tenir
jusqu'à la nuit, nous n'aurons plus à les redouter du tout. »

Ils chevauchent alors en rangs serrés le long d'un rocher et aperçoivent un vieux fort dans un marais, tout entouré de grands roseaux. La terre était sèche alentour et le terrain sablonneux. Mais un grand nombre de sangsues s'étaient cachées au frais dans les roseaux, pour échapper à la violence du soleil. Quand il pleut, elles vont se rafraîchir dans l'eau. Qui y pénétrera ne pourra éviter la mort. Baudouin de Rohais ne s'en est guère méfié. Il dit à ses compagnons :

« Je vous demande de vite vous réfugier dans ce fort et, moi, j'irai me cacher là-bas dans ces roseaux. Ainsi, quand les Sarrasins seront en train d'attaquer, je galoperai pour apporter des nouvelles à l'armée de Dieu ; ils ne me rattraperont jamais, car j'ai un excellent destrier.

— À vos ordres », répondent ses compagnons.

Sans plus tarder, ils se dirigent vers le fort où ils se laisseront assiéger par les païens.

XXX

Baudouin et ses hommes ont pris la direction du fort, se retournant vers les Turcs pour crier « Montjoie ! », puis ils se sont précipités à l'intérieur, tandis que le comte Baudouin, changeant de direction, s'est discrètement caché dans les roseaux. Que Dieu, dans sa bonté, le protège ! Les sangsues sentent sa présence et, avec un grand chuintement, sortent des anfractuosités et des roseaux creux pour s'attacher aux flancs et aux côtés du bon cheval dont elles entament la peau en plus de trente points.

Les païens se sont lancés à l'assaut de la butte où se trouve le fort. Les assiégés se défendent en vaillants combattants et ne subissent pas la moindre perte, protégés qu'ils étaient par les roseaux alentour au milieu desquels Baudouin était au supplice à cause des sangsues qui rampaient sur lui et le mordaient ; elles avaient pénétré sous les mailles de son haubert : c'était comme si on lui avait saupoudré de poivre ses blessures. Sur plus de deux cents points, elles lui sucent le sang des veines. Ce fut un miracle qu'elles ne l'aient pas tué, mais Dieu eut pitié du baron.

Cornumaran s'adresse à Orcanais : « Il y a un Français qui n'est pas entré là-bas dans la tour, c'est celui qui aujourd'hui m'a poursuivi et grièvement blessé et dont le cheval a épuisé et poussé à bout le mien ; il est dans les roseaux, j'en suis certain. Mettez-y le feu, vous les aurez rapidement incendiés. »

Ils s'empressèrent d'obéir et les roseaux eurent vite fait de s'embraser. Baudouin, voyant la grande lueur de l'incendie, a peur de mourir et supplie Jésus : « Père, alpha et oméga, Vous qui m'avez créé, venez aujourd'hui à mon secours, si telle est Votre volonté. Que mon cheval et moi puissions échapper à ces démons. J'ai peur qu'ils ne tuent mon cheval. »

Les sangsues tombent aussitôt et Baudouin s'en va, le bouclier devant lui, l'épée brillante au poing droit. Quand il est sorti des roseaux, il éperonne son cheval. Cornumaran le voit et crie aux païens : « Vite, nobles Sarrasins ! Le voilà qui s'échappe. »

Alors de nombreux Turcs se lancent à sa poursuite, mais, avant de revenir, ils seront fâchés et affligés, car ils vont se heurter à Bohémond, Tancrède, Godefroy de Bouillon, Robert le sage et Eustache le comte qui porte l'enseigne.

XXXI

Baudouin s'enfuit au galop. Il perd son sang sur les flancs et les côtés ; son cheval également, ce qui l'inquiète davantage, car il craint qu'il ne s'épuise sous lui. Mais ses craintes sont vaines, car il a un souffle puissant. Cornumaran éperonne le rapide Plantamor et rattrape le comte sur les pentes de La Berrie. Ils se seraient de nouveau battus, mais nos barons les voient et poussent des cris. Cornumaran les entend, et, contrarié, jette sa lance à la volée contre Baudouin en lui disant : « Va au diable ! »

Puis il s'enfuit pour rejoindre les païens auxquels il crie d'une voix forte, tout en faisant faire un écart à son cheval : « Barons, prenez garde ; voici plus de trente mille Français au galop. Quiconque pourra se sauver doit aimer Tervagant. »

Il éperonne Plantamor et tourne bride, sans plus se soucier d'aller jusqu'en Orient. Les autres païens s'en vont aussitôt également se cacher dans les collines et les montagnes.

Les princes arrivent à toute vitesse. Ils ont trouvé Baudouin le corps couvert de sang. Le duc est émerveillé de revoir son frère, et il l'aurait volontiers embrassé en lui manifestant sa joie, mais Baudouin s'écrie : « Vite ! Allez au secours de mes hommes, dans ce vallon là-bas ! »

Nos barons se précipitent en piquant des éperons ; ils tuent et massacrent tous les Turcs qu'ils trouvent en train de donner l'assaut au fort, sans laisser de survivants. Délivrés, les assiégés du fort sortent heureux et joyeux et donnent l'accolade à nos princes quand ils les rejoignent. Les barons s'approchent de Baudouin qui s'évanouissait et de Prinsaut l'Aragonais qui défaillait. Ils mettent pied à terre en pleurant doucement. Godefroy prend son frère pour le relever ; il l'embrasse sur la nuque en se lamentant sur lui : « Frère, celui qui a failli vous tuer m'a rempli de tristesse. »

Le baron Thomas de Marne avait un talisman très puissant, qu'il posa sur la tête de Baudouin : le baron se remit aussitôt debout sur ses pieds. Les barons et les princes ne cachent pas leur joie. On le place sur un cheval qui allait bien l'amble et on ramène Prinsaut en le tenant doucement par la bride. Tous regagnent le camp de Dieu avant le coucher du soleil, sans oublier qu'ils devront donner l'assaut à la cité. Ils donnent à manger à Baudouin pour qu'il reprenne des forces, tandis que deux servi-teurs veillaient sur Prinsaut l'Aragonais.

XXXII

Les soldats de Jésus ont rejoint le camp, tout impatients d'assaillir la cité. Le roi Cornumaran ne perd pas son temps et envoie des messagers à travers toute La Berrie. Il fait dire par lettre à Dodequin de Damas de renforcer ses places fortes de Damas et Tibériade. Il traverse, quant à lui, la terre de Syrie et continue son chemin jusqu'au pont d'Argent. Le Turc a tant chevauché, guidé par le diable, qu'il est arrivé auprès de Sultan dans le royaume de Perse. Il a trouvé, dans une prairie devant Sarmesane, l'émir — que Dieu le maudisse ! — Aupatris, le grand seigneur qui était roi de Nubie, et le roi Calcatras du royaume de Syrie. Chacun avait déjà donné des ordres pour l'organisation de son armée, car l'émir Sultan savait que les chrétiens avaient investi Jérusalem et qu'il devrait y envoyer des armées païennes.

Cornumaran arrive, priant, pleurant, se lamentant ; il descend de Plantamor, fend la foule et se jette avec humilité aux pieds de Sultan. Lui prenant la jambe, il l'embrasse. Macabré aux cheveux blancs le relève :

« Dites-moi, Cornumaran, jeune ami au fier visage : quelle est la situation à Jérusalem, ma puissante cité, que votre père Corbadas a sous son autorité ?

— Les Français l'ont assiégée ; ils ont fait une brèche de la taille d'une lance et demie dans ses murs et ils ont ôté la vie à un grand nombre de nos Turcs. Sans secours rapides, ils ne tiendront pas.

— Vous aurez de ma part une aide puissante, cher neveu : toute mon armée rassemblée prête à tous les manger comme de la viande bouillie. Et moi, je veux aller outre-mer à Pavie, conquérir par la force la France et toute la Normandie. »

Il pense réussir, car son courage lui donne confiance, mais il connaît mal la chevalerie de Dieu. Jérusalem sera prise vendredi avant l'heure de complies.

CHANT V

Seigneurs, bons chrétiens, il faut que je vous parle de la sainte cité que Dieu a donnée à ceux qui ont enduré tant de souffrances pour Lui.

Ce matin-là, Robert de Normandie se leva et se demanda avec l'évêque de Mautran et ses conseillers comment installer la catapulte.

I

Robert de Normandie, à son lever ce matin-là, a réuni tous les barons de l'armée.

« Seigneurs, leur dit-il, écoutez-moi. Pour l'amour de Dieu, réfléchissez à la manière de prendre cette sainte cité. Cornumaran est allé chercher des renforts. Attention à l'heure où vous le verrez revenir avec tout l'empire de Perse. »

L'évêque de Mautran, le savant homme d'Église, dit aux barons :

« Écoutez, seigneurs. J'ai reçu, cette nuit, un message de Dieu : il y a au mont des Oliviers un saint homme reclus dans une caverne de roche grise depuis au moins dix ans. Nous ne prendrons pas la ville, sans son aide. Je vous prie, au nom de Dieu, d'aller le voir ; vous reviendrez avec des conseils sur la manière de faire des brèches dans les murailles et de conquérir la cité.

— Qu'il en soit comme vous le dites, monseigneur », répondent les barons.

Ils sortent de leur campement, prennent le chemin du mont des Oliviers, cherchent partout l'ermite sans le trouver et reviennent sur leurs pas. Pourtant il était là, mais telle était la volonté de Jésus. Ils retournent donc, fâchés, auprès de l'évêque :

« Vous vous êtes moqué de nous, monseigneur, lui disent-ils, c'est nous prendre pour des fous ou des sots que de nous faire chercher ce que vous ignorez.

— C'est pourtant la vérité, seigneurs. Venez avec moi ; si vous ne le trouvez pas, je veux bien que vous me condamniez au supplice du feu. Mais que chacun de vous m'accompagne nu-pieds et en chemise.

— Il en sera comme vous avez dit », répond le duc de Bouillon.

Ils descendent alors de leurs chevaux fringants. Chacun s'est vite mis en chemise. L'évêque les bénit au nom de Dieu et ils partent comme des pèlerins.

II

Écoutez, seigneurs, cette glorieuse chanson qui vous raconte comment la cité où Dieu souffrit sa Passion fut prise et délivrée des hommes de Mahomet.

Un saint homme était établi au mont des Oliviers ; il vivait pour la gloire de Dieu et demeurait en contemplation. Il fit venir nos barons par une vision à l'évêque. C'était un dimanche, le jour où Notre-Seigneur suivit dévotement une procession avec ses apôtres. Les barons de France — que Dieu leur accorde sa grâce ! — allèrent ce jour-là jusqu'au rocher où le très pieux ermite se trouvait. Il s'adresse à eux et leur dit : « Écoutez bons chrétiens, et que Dieu vous accorde sa grâce ! Attaquez la ville demain sans faute. Vous trouverez là-bas, au-delà du Castel Dan Gaston, une poutre pour faire un bélier et une grande catapulte, que vous recouvrirez d'un treillis. Dans le bois de Bethléem, vous trouverez les branches pour faire des palissades tout autour. Lancez-vous alors de toutes vos forces à l'assaut de la ville ; vos hommes la prendront de la plus simple façon. Ce sera, symboliquement, la preuve que Dieu ne veut ni orgueil ni trahison. »

III

L'ermite, après avoir ainsi renseigné nos barons, les bénit au nom de Dieu et s'en alla. Il leur a recommandé de bien se garder d'agir le dimanche. Ils le lui promirent volontiers ; c'est pourquoi ils ont évité d'attaquer de tout le jour.

Le lendemain matin, lundi, les barons se sont équipés et armés ; puis ils ont réuni les charpentiers, en particulier Nicolas de Duras et Grégoire à la barbe grise. Nos princes sont allés à ce Castel Dan Gaston et ont trouvé, de l'autre côté d'un vallon, la poutre à raboter pour en faire un bélier. Elle avait été jetée là il y a plus de trente ans ; depuis ce temps, aucun des habitants du royaume ne lui avait pris de bois ; et il était impossible de la bouger ou de l'emporter. Telle était la volonté de Dieu qui lui avait fixé ce destin. Les princes ont attelé leurs chevaux à cette poutre et à d'autres madriers ; ils ont attaché quatre-vingt-quatorze bêtes et chaque tronc est tiré jusqu'au camp de Notre-Seigneur. Ils les ont traînés l'un après l'autre pour les déposer devant la porte de David. Là, les charpentiers les ont taillés et ajustés pour en faire un grand bélier, renforcé de fer à l'avant. Puis ils montent la machine, l'ont renforcée de tous les côtés avec des croisillons transversaux. Ils ont coupé dans le bois de Bethléem les branches pour la recouvrir et ajouté une couche de pierres contre le feu grégeois. Nicolas et Grégoire l'ont très solidement construite, car ils avaient précédemment eu une surprise désagréable. Puis ils l'ont montée sur de très grandes roues pour la pousser.

Les Turcs, dans la cité, préparent une contre-attaque et construisent une machine pour l'opposer à la leur, mais elle ne leur servira à rien, car on déplacera la nôtre avant le soir et les murailles seront détruites et abattues. On l'avait construite un mercredi. Après l'heure des complies, dans le silence de la nuit, ils amènent leur machine près de la porte Saint-Étienne, au ras du fossé, bien protégée par-devant d'une épaisse garniture de cuir. Quatre mille hommes ont, cette nuit-là, monté la garde auprès d'elle jusqu'au lever du jour.

IV

Seigneurs, nobles chevaliers, écoutez cette glorieuse chanson qui vous raconte le premier assaut pour la prise de Jérusalem.

Le jeudi matin au point du jour, les comtes et les princes se lèvent dans le camp, ainsi que les évêques, les abbés, les serviteurs et les écuyers. Il y avait aussi nombre de dames et de jeunes filles. Le soleil était apparu et dardait ses rayons brûlants. Un jeune chevalier vient annoncer à nos barons que Nicolas et Grégoire ont déjà fait charrier leur machine pour la placer devant Saint-Étienne. Ils ont aussi dressé et fixé une grande catapulte avec laquelle ils pensent démolir et abattre le mur. Les barons se mettent alors à implorer : « Seigneur Dieu, notre Père, maître du monde, accorde-nous, si telle est ta volonté, de nous emparer de Jérusalem. »

Dieu les a exaucés. Godefroy de Bouillon, sans plus attendre, a fait sonner le grand cor. Alors, dans le camp, tous s'arment : Français et Berrichons, Flamands des rivages de la mer, Normands et Picards, Gascons, Poitevins et farouches Lorrains, Saxons, Gallois et redoutables Brabançons, habitants des Pouilles et Romains de grande valeur. On pouvait voir le chatoiement brillant d'une multitude d'armes, les enseignes et les oriflammes flotter au vent et flamboyer dans le soleil levant. C'était une immense et redoutable armée qui s'étendait sur plus d'une lieue de sable. Chacun mettait tout son cœur à se surpasser ; ils n'avaient jamais été aussi impatients de monter à l'assaut.

Le roi de Jérusalem est allé s'appuyer à une fenêtre de son grand palais. Rempli de fureur, il regarde nos barons et les maudit au nom d'Apollon ; qu'il leur porte malheur !

Le roi Tafur se met alors à crier : « Où sont les pauvres gens qui ont besoin d'argent ? Qu'ils viennent avec moi, ils auront des deniers par douzaines, car je veux en gagner aujourd'hui, s'il plaît à Dieu, de quoi charger sept mulets. »

Plus de dix mille se rassemblent autour de lui. Ils vont tailler des branches dans le bois de Bethléem pour faire une grande palissade, sous la protection de laquelle le roi Tafur veut saper et abattre le mur, en faire tomber les pierres, la chaux et le mortier. Ce fut un succès ce jour-là, car Dieu lui est venu en aide.

Vous allez maintenant entendre le récit d'un gigantesque assaut qui n'a pas cessé avant le coucher du soleil.

V

C'était jeudi, au point du jour. Nos chrétiens avaient installé et placé leurs machines près de Saint-Étienne. Les Turcs occupent toutes les fortifications, prêts à se défendre, tous armés de masses de fer et de longues massues, de carreaux d'arbalète et d'arcs en corne courbée, de plomb et de poix chauffés ensemble. Près de la porte où saint Étienne a été martyrisé pour Dieu, on apporte les béliers, on les fixe et on les assujettit. Tandis que les Français font leur plan d'attaque, dans la plaine, on appuie un poteau au mur de pierre grise, près de la tour que fit construire David. Un écuyer y monte avec courage et hardiesse ; c'était un cousin germain de Jean d'Alis. Un Sarrasin lui tranche les deux poings d'un coup d'épée. Il tombe au sol, ne pouvant plus se tenir.

Rimbaut Creton y monte à son tour, rempli de colère et de chagrin. Au ras du créneau, il arrache la tête du Turc. Il était tout seul et redescend aussitôt. Dans l'armée chrétienne, on crie qu'il y a déjà des blessés et des mutilés et qu'un écuyer a été tué tandis qu'il montait à l'assaut. Ces rumeurs inquiètent nos barons. Ils font sonner les trompes et résonner les cors. Les Français se mettent en mouvement dès qu'ils entendent les sonneries ; ils avancent avec ardeur. Jérusalem va subir une violente attaque. L'évêque de Mautran bénit nos gens au nom du Dieu crucifié. Il avait à la main la lance de Jésus-Christ, celle qui avait percé sur la croix son cœur sacré, et la montre à nos gens qui en sont tout réjouis. Chacun s'avance avec détermination vers Jérusalem. Ils franchissent les barbacanes, les ouvrages avancés, et les barrages placés en travers par les Turcs ; rien ne les retient, ni barre ni palissade. Ils ont submergé toutes les défenses jusqu'au fossé principal. La catapulte ne cesse d'envoyer ses projectiles sur la muraille, elle en abat du ciment et de gros moellons. Les Turcs se défendent avec fougue. Ils jettent des pierres, du bois, de gros cailloux, de longues piques, tirent des carreaux d'acier avec leurs arbalètes ; les flèches volent plus dru que pluie ou grésil. Puis ils versent de la poix bouillante et du plomb fondu ; enfin ils allument le feu grégeois et ne cessent de le jeter sur nos gens. La peinture et le vernis des boucliers brûlaient, bientôt plus rien n'aurait résisté au feu, ni haubert si solide fût-il, ni boucliers, ni les épais justaucorps et personne n'aurait été épargné. Mais le vent a brusquement tourné en direction des Turcs, dont beaucoup furent atteints de brûlures et grillèrent sur la muraille. Tout le mal s'est retourné contre eux et pas un n'en aurait réchappé s'ils n'avaient eu du vinaigre à leur portée pour combattre et éteindre l'incendie.

VI

Ce fut un grand assaut et une attaque redoutable ; les hommes meurent cruellement dans les deux camps. Les dames étaient là, les manches remontées, leurs robes retroussées. Elles apportaient de l'eau et — ce fut très habile — elles portaient également des pierres. Chacune crie aussi fort qu'elle peut : « Si vous avez envie de boire, au nom de Dieu, dites-le-nous. Vous aurez de l'eau, par sainte Marie. Que chacun défende sa vie. Tous ceux qui se conduiront bien seront au ciel en compagnie des anges pour la vie éternelle. Ils auront là accompli leur destin. »

Ah ! Dieu ! Ces paroles réconfortèrent les nôtres ; ils crient tous d'une seule voix « Saint-Sépulcre ! » et se précipitent vers les fossés, y bondissant à plus d'un millier à la fois : Robert de Normandie, le duc de Bouillon à la fière allure, arrivent en éperonnant ; Tancrède, Bohémond sont avec eux, ainsi que le comte Hugues le Maine, l'épée au poing, Thomas le seigneur de Marne, le comte Rotrou du Perche qui ignore la peur, Étienne d'Aubemarle sur son cheval bai de Syrie ainsi que tous les autres princes, suivis de leurs chevaliers. Tous sont auprès de la porte, la lance baissée.

Mais les Turcs, de l'intérieur, opposent une solide résistance : ils décochent des pluies de flèches avec leurs arcs, lancent et jettent de grosses pierres ; ceux qu'ils atteignent n'ont plus envie de rire et nombre d'entre eux eurent le crâne fracassé par les projectiles de frondes. Tous les barons descendent de leurs chevaux, prennent des pics d'acier, des masses ou des haches et fracturent de vive force la porte Saint-Étienne. Ils seraient alors entrés pour s'emparer de la cité, si les Turcs n'avaient fixé au-dessus une autre porte, grande, lourde, épaisse, qui pendait à des chaînes bien assujetties à des poulies. Quand les Turcs la détachent et la libèrent, elle tombe si brutalement que le mur en vacille et que la terre en tremble. Dans sa chute brutale, elle atteint trois chevaliers qu'elle écrase au sol. Saint Michel emporta leurs âmes, pour les conduire auprès de Dieu.

VII

Nos barons étaient courroucés et affligés. Ils ont fracturé la porte Saint-Étienne, mais les Turcs ont laissé glisser l'autre porte qui a atteint dans sa chute trois de nos chevaliers, les écrasant à terre. Saint Michel emporta leurs âmes en chantant.

Godefroy courut vers le bélier ; après avoir fait remplir les fossés et terrassant à la pelle, il fait conduire la machine au contact du mur. Le duc remonte en criant : « Ah ! Nobles barons, vaillants chevaliers, pour l'amour de Dieu, vite, à l'assaut de la cité, en avant ! »

Les Français se ressaisissent et reprennent courage. Ils dirigent avec vigueur le bélier contre la muraille, tandis que la catapulte projette de gros blocs. Ils ont abattu un pan de mur de la largeur d'une lance. Mais les Turcs se défendent bien, frappant avec de grosses masses de plomb et des massues de fer, jetant des javelots, lançant des pierres. Ils gardent solidement leurs fortifications au grand dam des Français, placent des poutres et des madriers en travers, jettent de la poix brûlante, du soufre et du plomb fondu. Nos gens reculent, par peur du plomb ; les Turcs les ont repoussés à deux lances des murs.

C'est alors qu'arrive le roi Tafur avec ses Ribauds. Ils traînent leur palissade avec des cordes. Sans aucunement s'arrêter, ils s'avancent dans les profonds et larges fossés pour attaquer. Ils grimpent avec les pieds et les mains, plaçant leur palissade au ras du mur ; puis ils l'assujettissent bien en surplomb d'eux, de manière à ne plus craindre carreaux ni pierres de frondes ; ils sapent alors le mur par-dessous avec des pelles et des pioches ; ils ont fait une brèche, en ôtent des moellons, arrachant le ciment avec leurs pics. On les attaque par quarante endroits à la fois, mais ils se défendent bien pour leur salut.

Le bon Thomas de Marne descend de son cheval et s'approche du roi Tafur pour le supplier d'accepter qu'il monte à l'assaut avec lui, s'engageant à devenir son vassal pour tout le fief qu'il possède et à se mettre sous sa protection. Le roi accepte avec grande joie. Thomas lui prête sur place hommage sous les yeux de nombreux témoins. Les païens et les Sarrasins se mettent à crier pour raviver le courage de leurs Turcs. Et, quand ils voient que les nôtres les pressent à ce point, ils leur jettent leur feu grégeois aux flammes vives. Ils ont mis le feu au bélier, pour la plus grande tristesse des Français ; les flammes ont atteint la machine et la consument. Mais Godefroy arrive au galop et éteint l'incendie avec du vinaigre très fort.

Le jour se termine, le soleil se couche. Les Français arrêtent l'assaut ; il ne faut pas s'en étonner car ils étaient à bout de forces. Les dames leur apportent de l'eau douce à boire ; ils en avaient grand besoin, ils étaient tout sales et beaucoup s'évanouissaient d'épuisement.

VIII

L'assaut était redoutable, il faut le dire. Et avant que nos hommes aient pu se rendre maîtres de Jérusalem, ils ont dû affronter de grandes souffrances et de grands tourments. La journée avait été belle, mais c'était le soir et les Français se retirent. Le bon duc de Bouillon s'adresse à eux d'une voix forte :

« Ah ! Nobles barons, vous méritez des reproches. En venant ici, je vous entendais vous vanter de mordre de vos propres dents et de manger les murs de Jérusalem, fussent-ils construits et édifiés en acier, si l'on vous y conduisait pour investir la ville. Et je vous vois maintenant avoir peur de l'investir. Mais, par ce Saint-Sépulcre que je veux vénérer, où le corps de Jésus-Christ reposa, je ne vais plus m'éloigner de cette machine avant que Jérusalem, pour laquelle nous souffrons tant, ne soit prise et que je me précipite à l'intérieur par ce mur. »

Les barons, en l'entendant, se mettent à pleurer et se disent entre eux : « Noble duc, comme tu es courageux ! »

La parole du duc redonna confiance à nos gens. Pas un n'osa retourner au campement pour la nuit ; ils restent près du bélier pour assurer la garde du duc. Dans les deux camps, on entendait sonner les cors, résonner les trompes, les trompettes, les flûtes, les chalumeaux, les tambours, les flageolets, les vielles ; on entendait aussi les Sarrasins et les païens crier et hurler. Il y avait de la musique dans la grande tour de David et les murailles étaient illuminées. Il était impossible de ne pas entendre. Ils restèrent en alerte toute la nuit jusqu'au lever du jour.

Les Ribauds n'ont pas arrêté toute la nuit de creuser et ont réussi à faire une galerie dans le mur, dont ils ont un peu caché l'entrée ; ils n'ont pas osé aller au-delà avant l'assaut.

Le vendredi matin au lever du soleil, nos barons repartent à l'attaque sans délai. Ils heurtent et cognent contre les murs et la porte. Les païens se défendent, mais ils sont près de leur fin.

À midi, à l'heure où Notre-Seigneur se laissa élever sur la croix pour sauver son peuple, à cette heure-là exactement, nos hommes firent, par leurs efforts, tomber un grand pan du mur de Jérusalem. Le bon duc de Bouillon ne s'épargnait pas. Il fit jeter sur le mur la plate-forme de la machine, de sorte que l'on pouvait aller et venir. Les Sarrasins et les païens voulaient la rompre, mais le duc de Bouillon s'interpose et décapite plus de trente païens de ses coups redoutables. Trempé de sueur, il se démenait comme un sanglier.

Le roi Tafur s'avance, car il veut être le premier à entrer dans Jérusalem, mais Thomas de Marne se fit projeter à l'intérieur.

IX

La bataille pour la prise de Jérusalem fut terrible. Le bon duc de Bouillon à la fière allure tenait pied à pied contre les Turcs, l'épée au poing ; il était tout couvert et souillé de sang et de cervelle. Tancrède et Bohémond se précipitent sur la plate-forme avec un grand nombre de nos princes, tous coiffés d'un heaume. Les troupes sarrasines tentent de s'interposer. Le roi Tafur crie à ses hommes : « En avant, entrez, barons, la ville est à nous. »

Thomas de Marne voit que les Turcs ne pourront résister. Il sort du fossé, couvert de sang, et s'approche de la grande porte rectangulaire. À côté, des pierres avaient été ôtées du mur. Le baron crie « Marne ! » et remet en bon ordre ses troupes. Il s'est fait projeter à la volée par trente chevaliers de son pays au moyen des fers de leurs lances. Ce fut extraordinaire, tout à fait admirable. On se le rappellera jusqu'à la fin du monde.

X

Le combat pour la prise de Jérusalem fut redoutable. Le bon Thomas de Marne eut une conduite admirable. Il se fait hisser sur les fers de lance et jeter par-dessus le mur. Une fois ainsi projeté sur le chemin de ronde, il se relève, tire son épée d'acier et descend le long du remblai près de la porte. Mais il aura bien des difficultés avant d'être en bas. En effet, une bédouine se dirige contre lui et le frappe sur la tête d'un coup d'une grosse massue ; elle lui défonce son heaume décoré et le fait tomber bien malgré lui. Les Turcs accourent pour l'achever à coups d'épée, quand le roi Tafur se mit à crier : « Saint-Sépulcre, à l'aide ! Battez-vous, nobles chevaliers. Jérusalem est à nous ; il n'y a plus rien à craindre. »

Alors vous auriez vu les Ribauds mettre à mal les païens, les tuer et les renverser morts les uns sur les autres ; ils n'auraient pas voulu abandonner Thomas de Marne.

Le baron avait un talisman de grande valeur qui le protégeait de tout mal quand il le portait sur lui. Il voit la païenne à la masse d'acier, la bédouine qui l'avait inquiété. Elle s'adresse au baron en lui criant : « Noble seigneur, épargne-moi ; je vais te prédire ta mort. Les Turcs et les païens ne pourront te faire aucun mal. C'est le seigneur dont tu es le vassal qui te mettra à mort. »

Quand Thomas l'entendit, il crut perdre le sens ; de son épée nue au pommeau d'or pur, il frappe la bédouine et la jette à terre.

On entendait grand tumulte, grands cris, grand vacarme. Thomas était à la porte et en fracasse la barre de fermeture. Le roi Tafur court l'aider. Ils tirent alors tous les deux la porte par la corde de la poulie jusqu'à ce qu'ils l'aient entièrement relevée ; puis, plus de trente Ribauds l'attachent solidement. Il fallait voir ensuite les Ribauds se répandre par les rues, frapper les Sarrasins, les tuer et les projeter à terre. Les hommes d'Église commencent à rendre grâce à Jésus. *Te Deum laudamus* : c'est le chant d'action de grâces à Dieu.

XI

C'était un vendredi que nos barons chrétiens conquirent Jérusalem ; ils entrèrent dans la ville à l'heure où Jésus souffrit sa Passion. Thomas fut le premier à y pénétrer, pensons-nous, mais, en vérité, le roi Tafur serait entré avant lui, tout seul sans compagnons. C'est pourquoi Thomas devint ce jour-là son homme-lige.

Seigneurs, écoutez une glorieuse chanson : Les princes et les barons sont entrés dans Jérusalem ; les païens cherchent leur salut dans la fuite. Le bon duc de Bouillon les poursuit avec ardeur, accompagné de Tancrède, Bohémond, son frère Eustache et Rimbaut Creton. Ils en tuent tant qu'ils pataugent dans le sang et les cervelles. Les Sarrasins s'écrient : « Au secours, Mahomet, aie pitié de nos âmes et accorde-nous ton pardon ! Car c'en est fini pour nos corps. Ah ! Cornumaran, seigneur, nous ne te reverrons plus ; malheureux que nous sommes, nous attendons un secours qui arrivera trop tard ! »

Les païens crient, braillent, hurlent comme des chiens. On pouvait voir nombre de belles païennes élégamment vêtues montrer leur affliction en criant : « Ah ! Jérusalem ! Quelle injustice de vous perdre ! »

Le roi de Jérusalem était dans son palais, la tour de David, près d'un piédestal de marbre ; il se tord les mains, déchire son vêtement, tire sa barbe, s'arrache les moustaches et s'évanouit quatre fois de suite. Lucabel le relève en le soutenant par la taille.

XII

Jérusalem est prise ; la cité est aux mains des chrétiens. On voyait les païens fuir par la route ; chacun se sauve comme il peut pour protéger sa vie. Les chrétiens les tuent, c'est un véritable massacre, la terre est couverte de sang et de cervelle. Robert de Normandie se conduisit admirablement ce jour-là ; tous les autres aussi, d'ailleurs ! Ce fut un immense carnage de Turcs et de païens. Tel a abandonné dans la mêlée, par peur de la mort, sa sœur, sa fille ou son amie. La ville sainte fut totalement dévastée ce jour-là ; Sarrasins et païens meurent dans les pires tourments. Tout un groupe s'enfuit par les Portes d'Or ; le comte Huon les poursuit — il les déteste ! — à pied, sans bouclier, l'épée nue à la main avec plusieurs barons hardis. Quand ils rattrapent les Turcs aux Portes d'Or, ce n'est pas pour les épargner. La terre est souillée du sang des infidèles. Les Sarrasines pleurent, crient, hurlent, maudissant la terre où de tels hommes ont grandi. Elles se dirigent vers la grande tour de David, abandonnant leurs maisons et tous leurs biens. Les Ribauds se saisissent d'elles et en violent plusieurs ; chacun fait ce que bon lui semble ; puis ils les dépouillent, ne leur laissant que leurs chemises. Que puis-je ajouter ? Le massacre dura jusqu'à la mort du dernier païen, hors ceux qui se sont réfugiés dans la tour de David. Les barons de France occupent chacun, sans hésiter, une maison pour se loger.

XIII

Les Français songent maintenant à se reposer, chacun prenant maison, palais ou appartement.

Quant au bon duc de Bouillon, à l'illustre Robert le Frison, au farouche Thomas de Marne, ils ne se soucient pas de mettre leurs chevaux à l'écurie, mais vont au Sépulcre pour le nettoyer et lui rendre sa beauté, puis au Temple saint que Dieu aimait, devant lequel ils s'agenouillent. Chacun avait une pièce d'étoffe précieuse ; ils n'y laissèrent ni poussière, ni paille, ni saleté, ni suie, ni éclats de bois, ni ordure, ni boue. On aurait pu les voir tous les trois embrasser le tombeau, le toucher, le serrer de leurs bras, puis aller préparer au Temple l'autel où Jésus fut déposé [1]. Après cela, ils reviennent sur leurs pas et trouvent en sortant du Temple un grand palais où aucun Français n'était venu se loger. Dieu l'avait gardé pour qu'ils s'y reposent tous les trois.

XIV

Après avoir bien nettoyé et orné l'autel, le duc de Bouillon et les deux autres barons franchissent la porte du Temple, puis trouvent un palais où aucun des nôtres n'était encore allé. Le propriétaire de ce palais tenait la clé à la main. Ainsi qu'il le leur dit, il n'avait vu de ses yeux ni lumière ni clarté depuis plus de trente ans. Il avait souvent ouvert et fermé le Temple et savait que nos soldats avaient conquis Jérusalem.

Quand il entend le duc, il lui crie pitié. Le duc tenait l'étoffe précieuse qu'il avait coupée et la lui pose sur le visage. Dès que le tissu lui eut touché les yeux, il vit à nouveau la lumière. Le cœur rempli de joie, il expliqua au duc qu'aveugle depuis plus de trente ans, ce tissu lui avait rendu la vue. Le duc a repris le tissu pour le ranger et le païen l'a fait monter dans le palais ; il lui a aussitôt ouvert son trésor et s'est mis à sa disposition avec tous ses biens. Le duc le prit sous sa protection et assura sa sauvegarde ; puis on le baptisa dans le Temple du Seigneur.

Les barons sont venus ensemble ordonner à tous de jeter hors de la cité les païens morts. Ils obéirent aussitôt et entassèrent les cadavres hors de Jérusalem avant d'y mettre le feu et d'en disperser les cendres au vent. Et ils ont enterré les chrétiens avec honneur ; c'est l'évêque de Mautran qui a chanté la messe.

Ils ont ensuite sonné la grande trompe et, dans Jérusalem, les Français s'équipent, les barons et les princes revêtent leurs armes. Ils ont amené leur bélier devant la tour de David, y ont également installé la catapulte

---

1. Allusion probable à la Présentation de Jésus au Temple (Lc II, 22 *sqq.*).

et préparé la fronde. Corbadas alors interpelle les Français en les désignant bien chacun par son nom.

XV

Le roi de Jérusalem était triste et affligé. Il s'adresse à nos barons :
« Seigneurs, dit Corbadas, écoutez-moi. Cette tour est très résistante, vous aurez du mal à la prendre, vous perdrez beaucoup d'hommes, tués ou blessés, avant de parvenir à l'abattre ou à la démanteler. Barons, laissez-moi partir sain et sauf avec tous les miens que vous voyez ici. Je vous livrerai la tour, si vous l'exigez, pourvu que vous me donniez un sauf-conduit. »
Nos barons acceptent. Ils sont bien sept mille quatre cents à en descendre et à quitter Jérusalem. Le roi prend le chemin de Barbais, proclamant sans cesse son malheur et son infortune. Sans la présence de Lucabel, il se serait suicidé. Ils partent donc tous. Que le diable les emporte !
Les barons de France, que Dieu aime, ont conquis la ville et ses palais. On y dépose tous les équipements. Les dames vont au Temple, se laissant aller à leur bonheur ; l'encens brûle dans les rues et dans les maisons. On chante *Te Deum laudamus*, on rend grâce et louange à Notre-Seigneur.

XVI

Jérusalem était conquise, la grande tour livrée. Ah ! Dieu ! Quelle allégresse en ce jour ! Il n'y avait pas dans la ville de salle, de maison, de rue qui ne fût garnie de tentures et de draps de soie. L'évêque de Mautran célèbre la sainte messe et l'hostie devint visiblement le vrai Corps de Dieu. Ah ! Que de larmes versées ce jour-là ! Après la messe, l'évêque de Mautran a reçu les offrandes présentées et les a partagées entre les pauvres et les petites gens sans rien en garder. Puis il bénit, au nom de Dieu créateur du ciel, nos gens qui retournent alors à leurs logis.
Les princes ont tenu pendant quinze jours une riche cour. Un jeudi matin à l'aube, les barons — que Dieu les protège ! —, sitôt levés, ont rassemblé devant le Temple saint, sur l'esplanade herbue, tous les hommes qui n'avaient pas été vaincus ni battus au combat, ni défaits par les Turcs, mais qui, pour venger Dieu, avaient abattu maintes fortifications et souffert en leur chair peines et tourments. On n'avait jamais vu leurs pareils en ce monde.

XVII

Nos gens étaient devant le Temple. L'évêque de Mautran portait son étole et tenait droite devant lui la sainte lance qui avait frappé Dieu en son corps sur la croix. Il s'adresse à nos barons et leur dit avec sagesse :

« Seigneurs, vous avez conquis cette cité. Il faudrait un roi pour la gouverner, pour protéger les terres alentour contre les païens, et pour revivifier la sainte Église.

— C'est tout à fait vrai », dirent les princes.

Alors le peuple s'écria d'une seule voix : « Que la ville soit confiée au bon duc de Bouillon ! »

L'évêque, quand il entend cette acclamation, se retourne, regarde le duc et s'incline devant lui en disant :

« Seigneur, approchez ; et, par la puissance de Dieu, recevez l'illustre et puissante cité de Jérusalem.

— Monseigneur, répond le duc, loin de moi cette pensée ! Il y a ici tant de puissants princes de grand renom ; je n'aurai pas cet orgueil devant eux. Je veux que la couronne soit offerte auparavant aux autres. »

On versa alors beaucoup de larmes.

XVIII

L'évêque de Mautran entend la réponse du duc de Bouillon qui refuse de recevoir Jérusalem. Il s'adresse à Robert le Frison :

« Approchez, noble fils de baron, recevez Jérusalem et le domaine qui l'entoure.

— Monseigneur, je ne prendrai pas cette charge. Quand j'ai quitté les Flandres, en vérité, j'ai promis à Clémence au clair visage que je prendrai la route du retour sans délai, aussitôt après avoir été au temple de Salomon, embrassé le Sépulcre et fait oraison. Je ne peux rester sans manquer à ma parole. Plût à Dieu et à saint Simon que je sois à Arras chez moi et que Baudouin, mon fils, m'enlace les jambes de ses bras. Je l'embrasserais cent fois sans m'arrêter. Me donnerait-on tout l'or qu'il y a jusqu'aux jardins de Néron [1], je ne reviendrai jamais dans ce pays. »

Quand l'évêque l'entend, il baisse la tête. Il y eut des lamentations. « Ah ! Illustre cité, dit l'évêque, comme ces princes ont peur de vous recevoir ! Et cependant ils ont supporté de si grands dangers pour vous ! Ah ! Vrai Sépulcre ! Quelle honte pour vous ! »

---

1. À Rome, le lieu, selon la tradition, du martyre de Pierre et de Paul.

XIX

L'évêque de Mautran se tenait droit devant le Temple saint en marbre veiné ; il s'adresse à Robert de Normandie :

« Approchez, seigneur, au nom du Dieu de majesté. Recevez l'honneur de régner sur Jérusalem, vous porterez la couronne dans le Temple du Seigneur. C'est, en vérité, le plus prestigieux royaume de la chrétienté et même du monde. Parce que Jésus y eut la tête couronnée d'épines, Jérusalem doit avoir la suprématie universelle. Recevez-la, seigneur, et vos amis en seront grandis et honorés.

— Loin de moi cette pensée, monseigneur, répond Robert, car j'ai déjà un très grand fief ! Et surtout, j'ai promis sous la foi du serment que je prendrai le chemin du retour dès que j'aurai vénéré le Sépulcre. J'ai engagé ma parole. Me donnerait-on tout l'or qui se trouve jusqu'en Duresté, je ne resterais pas, j'ai trop souffert ; je suis perclus de douleurs, j'ai trop porté mon haubert. J'ai cueilli des palmes [1] et préparé mon retour. Je repartirai demain matin au lever du jour. »

Le bon évêque l'entend, il soupire. Il y eut de grandes manifestations de douleur.

XX

L'évêque était sur l'esplanade du Temple saint, entouré d'une grande foule. Il s'adresse à Bohémond sans perdre de temps :

« Seigneur, approchez-vous, au nom du Dieu tout-puissant ! Recevez Jérusalem et tout le fief qui en dépend. Tous vos parents en auront du prestige. Vous serez joyeux si vous avez la ville, car Jésus, qui est né de la Vierge, souffrit sa grande Passion en cette cité. Prenez-la, cher seigneur, et gardez-en le fief.

— Je n'en ferai rien, monseigneur, répond Bohémond. Les fiefs de Calabre et de Pouille m'appartiennent, mais je n'ai aucune envie de gouverner celui-là, ni aucun désir d'être toute ma vie roi de Jérusalem. J'ai cueilli des palmes au jardin de saint Abraham, je les ai fait décorer et envelopper de soie avec des fils d'argent. Je m'en vais demain matin, si Dieu le permet. »

L'évêque l'entend, il en est attristé. Ah ! Dieu ! Que de larmes versées !

---

1. Les palmes sont preuve du pèlerinage à Jérusalem, comme la coquille était la preuve du pèlerinage à Saint-Jacques-de-Compostelle.

XXI

L'évêque de Mautran se tenait debout devant le Temple saint sur une borne de pierre ; il s'adresse à Hugues le Maine au cœur loyal :
« Approchez, seigneur, au nom de Dieu qui est Esprit ; recevez la cité royale de Jérusalem. Dieu y a souffert pour nous peine et tourment mortels.

— Monseigneur, répond le comte Hugues, j'ai trop supporté de maux ; je ne serai jamais en bonne santé dans ce pays aride où l'ardeur du soleil rend la chaleur torride. J'ai cueilli mes palmes, elles sont bordées d'étoffe précieuse. Je partirai demain matin au chant du coq. »
Ah ! Dieu ! Quelle tristesse alentour !

XXII

L'évêque de Mautran, qui était très instruit, se tenait devant le Temple saint ; il s'écrie en présence de tous nos barons : « Ah ! Jérusalem ! Quelle humiliation aujourd'hui pour vous ! C'est dans vos murs qu'autrefois le corps de Dieu fut mis en croix ; c'est pour vous que tous ces peuples ont souffert de la faim et de la soif ; nous avons supporté de grands tourments avant de vous conquérir, et personne ne veut régner sur vous, ni Normand, ni Thiois. On peut vraiment dire que c'est une catastrophe, puisque chacun de nos princes se récuse. Ah ! Jérusalem ! Quel malheur ! »
Et le bon duc Godefroy pleurait en silence.

XXIII

Devant le Temple saint était rassemblée une grande foule en larmes ; tout le monde était très inquiet. L'évêque de Mautran parla avec sagesse :
« Barons, seigneurs, de grâce, au nom du Dieu tout-puissant ! Nous avons conquis de vive force un territoire très important, la cité de Jérusalem, la terre de Bethléem où Dieu naquit pour nous, où Il répandit son très précieux sang pour nous racheter ; nous sommes venus jusqu'en Syrie pour tirer vengeance de ceux qui L'ont traité et trahi si honteusement. Regardez le duc Godefroy, Robert le Normand, Huon, Bohémond, ils n'en veulent pas. Ah ! barons, quelle conduite indigne ! Consacrons une journée au jeûne et à la dévotion. Puis nous passerons la nuit prosternés, genoux et coudes nus sur le sol dur. Que chacun ait un cierge neuf ! Celui dont le cierge s'embrasera par la volonté de Dieu, celui-là sera roi,

il devra l'accepter de bon cœur ; il recevra l'onction du sacre et portera une couronne d'or ou d'argent, comme il la voudra. »

XXIV

Nos barons ont écouté ce sermon. Chacun, avec une grande piété, porte une haire ou son haubert directement sur sa tunique, une simple chemise ou un vêtement grossier. Ils ne prennent que du pain et de l'eau pour que Dieu garde la cité où Il souffrit sa Passion.

Écoutez, seigneurs, au nom de Dieu, ce que fit le bon duc de Bouillon. Il revêt sa haire et son haubert directement sous son pourpoint, il prend des sandales de Cordoue qui n'avaient plus de semelles, puis il est allé se confesser auprès de l'évêque. Les autres, en chevaliers sensés, se conduisent de même. L'évêque leur a donné à tous l'absolution.

XXV

L'heure du repas arriva vite ; les jeunes gens ont mis les nappes et apporté du pain et de l'eau. L'évêque, qui avait chanté ce jour-là une messe solennelle, bénit la nourriture ; il rompt le pain, la croûte et la mie. Il en mange trois morceaux pieusement, les autres également, car il n'y en avait pas davantage. Ils se lèvent de table et rendent grâces à Dieu, puis ils vont au Temple sous la conduite de l'évêque.

« Seigneurs, dit-il, ne soyez pas inquiets. Veillons désormais, et que Dieu vienne à notre secours ! Que chacun tienne un cierge d'une livre et demie ! Il n'y aura de lumière que si Dieu, le fils de Marie, l'envoie. »

Et chacun des barons fait ce qu'il dit.

XXVI

Le soleil baisse, le jour perd de son éclat, la nuit revient entraînant les ténèbres. Les nobles guerriers sont entrés dans le Temple, chacun se prosterne à terre et s'avoue pécheur. Les nobles comtes, les évêques et les abbés, tous, laissent voir leur grande affliction. Dans tout le Temple, il n'y avait ni chandelle ni lumière, seule une lampe éclatante brillait nuit et jour.

Devant les barons remplis de crainte, à minuit, brille un grand éclair. Un vent violent éteint la lampe ; nos barons éprouvent une peur horrible. Le fracas du tonnerre, au sommet de la grande tour, les jette à terre, terrorisés. Alors l'éclair éblouissant allume le cierge du duc Godefroy. C'est à lui que Dieu voulait confier le royaume et la terre de Syrie.

XXVII

Devant la brillante clarté du cierge, nos gens reviennent de leur épouvante et reprennent courage. Ils voient le cierge du duc qui jette une grande lumière, signe de la volonté divine. Tous se remettent debout d'un même mouvement, assuré que Dieu avait exaucé leur prière. Le bon duc de Bouillon a changé de couleur ; des larmes coulent de ses beaux yeux et glissent le long de son visage. Il parle d'une voix ferme, la tête redressée : « Ah ! Jérusalem, sainte et illustre cité, c'est à moi que vous avez été confiée ; je prie Notre-Seigneur qui a sauvé tant d'âmes de me donner la victoire sur les mécréants. »

Voilà une parole qui fait plaisir à nos barons ; tous s'élancent vers lui, les bras levés : « Seigneur, duc de Bouillon, homme d'illustre renom, béni soit le père qui a engendré un tel fils ! Ah ! Jérusalem, vous êtes sous l'autorité du meilleur chevalier qui ait jamais ceint une épée ! Il vous délivrera des païens. Les pèlerins d'outre-mer viendront prier ici, puisque le duc sera désormais roi de la terre de Galilée. C'est Dieu qui a aujourd'hui allumé votre cierge. »

XXVIII

Grande fut la joie des barons qui serrent dans leurs bras le bon duc de Bouillon. Les évêques, les abbés à la foi profonde accompagnent le roi avec dévotion jusqu'au maître-autel, où Jésus enfant fut présenté à Dieu. L'évêque du Forez leur donna sa bénédiction tandis qu'ils le conduisaient en procession. « Nous allons vous couronner, seigneur », disent les princes.

Le duc leur fit une noble réponse : il ne voulait pas de couronne d'or : « Comprenez-le bien, seigneurs ; je n'aurai jamais de couronne d'or sur la tête, car celle de Jésus, lorsqu'il souffrit sa Passion, était d'épines. Jamais donc la mienne ne sera d'or, ni d'argent, ni même de laiton. »

Il fit couper dans le jardin de saint Abraham une pousse de l'arbuste qu'on appelle ronces aussi bien là-bas que de ce côté-ci de la mer, pour en être couronné. Ainsi le voulut-il par amour pour Jésus-Christ.

« Qui la lui posera sur la tête ? demanda Dreux de Mâcon.

— L'homme le plus éminent parmi nous, seigneurs, répondit l'évêque.

— C'est le roi Tafur, dit Rimbaut Creton, il est le seul parmi nous à être roi. Il est juste que ce soit lui qui le couronne. »

Le roi prit la couronne et la posa sur la tête de Godefroy de Bouillon.

Quand Godefroy fut couronné, il y eut une grande acclamation, puis les évêques et le clergé chantèrent un *Te Deum*. Tous les barons font hommage au roi.

Le duc Godefroy leur dit :

« Écoutez-moi. Voici le roi Tafur qui est devenu mon vassal. C'est de lui que je veux tenir Jérusalem et de personne d'autre, hormis de Dieu qui y souffrit sa Passion.

— Vous n'avez jamais aimé les traîtres », lui répondirent les princes.

Le roi Tafur tenait un bâton à la main ; il fait don au roi Godefroy de la terre et du royaume[1] ; puis, les larmes aux yeux, il embrasse son vêtement. Le roi tint une cour de huit jours dans le temple de Salomon et il avait fait de la tour de David son palais.

Le neuvième jour, les princes et les barons firent leurs préparatifs ; ils ont garni leurs palmes de riches étoffes et de broderies ; ils étaient impatients de rentrer. Le roi s'adresse à eux :

« Vous partez, seigneurs, et je sais bien que cela vous est agréable. Mais vous me laissez seul dans ce pays. Nous devons encore prendre les villes fortifiées alentour : Acre, Tyr, Escalon, où se trouvent de nombreux Turcs traîtres. Ce que nous avons fait est très insuffisant. Prenons une bonne décision, au nom de Dieu. Emparons-nous de ces forteresses et celui qui mourra pour Dieu recevra le salut éternel. »

Quand les princes l'entendent, ils ne répondent rien, mais baissent silencieusement la tête.

XXIX

Le roi se tenait juste devant le Temple saint, il s'adresse aux barons en leur disant :

« Par le Dieu de Bethléem, seigneurs, vous voulez vous en aller, c'est clair ; et vous me laissez au milieu des infidèles tout seul. Vous n'avez pas encore conquis Tyr, Acre la grande, Damas, ni Tibériade, qui sont solidement retranchées, ni Belvais, ni Escalon, ni Barbais, ni le Tolant. Aucun pèlerin n'ira jamais se baigner dans le Jourdain si nous devons perdre Jérusalem. Tous nos pèlerinages auront été vains. Mais prenez une sage décision, restez au service de Notre-Seigneur en cette Terre sainte. »

Quand nos barons l'entendent, ils baissent tous la tête.

XXX

Il y avait grande assemblée de barons devant le Temple saint. Le roi Godefroy leur dit :

« Je vois bien, seigneurs, que vous voulez repartir et que vous me laisserez tout seul en cette Terre sainte. Nous avons encore beaucoup de places fortes à investir ici tout autour. Prenez une sage décision ; au nom de Dieu, restez pour servir Notre-Seigneur en cette Ville sainte.

---

1. Cérémonie symbolique : la tradition du bâton « signifie » l'investiture du royaume.

— N'insistez pas davantage, Godefroy, seigneur roi, répond le comte de Flandre. Vous avez grand tort. Nous ne sommes pas construits de fer et d'acier pour pouvoir en supporter autant que vous le demandez. Moi-même, je suis rompu, j'ai la peau arrachée en trente endroits, je suis blessé et lacéré sur les côtes et les flancs ; cela fait bien deux ans que je ne me suis lavé la tête. Je prends la décision de partir, je suis tout prêt. Mais venez avec nous, cher seigneur, si vous le voulez.

— Allez à la grâce de Dieu et que la Sainte Trinité soit avec moi ! », répond Godefroy.

Alors le roi Tafur s'écrie d'une voix forte :

« Moi, je resterai avec vous, seigneur, dans ce royaume, ainsi que les dix mille Ribauds que vous voyez ici. Nous vous apporterons, eux et moi, une précieuse assistance.

— Grand merci, seigneur », lui dit le roi Godefroy.

Le comte de Saint-Gilles s'est aussi présenté devant lui ; Eustache et Baudouin sont également restés ; ils étaient les frères du roi, Eustache était l'aîné. On a compté jusqu'à dix mille chevaliers, en plus des Ribauds, qui étaient les meilleurs de tous. Les Français ont pris congé et se sont mis en chemin. La séparation fut déchirante. Les barons partent tristes et accablés. Ils se dirigent vers Jéricho, là où Dieu, le Roi de majesté, jeûna pendant quarante jours, comme vous le savez ; pendant tout ce temps, il ne mangea que deux fois, en vérité. Chacun dit une prière, puis ils continuèrent sans s'arrêter jusqu'au Jourdain. Ils vinrent à la pierre de couleur vermeille où Dieu fut baptisé par saint Jean. Chacun se déshabille pour entrer dans le fleuve ; puis ils remettent leurs vêtements et continuent leur route.

XXXI

Les soldats de Jésus cheminent en remontant le fleuve en une seule étape jusqu'à Tibériade. C'est à cet endroit que Dodequin de Damas lança une attaque contre eux à la tête de quinze mille Turcs. Nos barons chargent, lances baissées. Sarrasins et païens meurent cruellement. On crie un réconfortant « Montjoie ! ». Quand ils affrontent les Turcs, les nôtres ne se soucient pas de leurs vies. Dodequin s'enfuit, son armée défaite, sans s'arrêter jusqu'à Tibériade. Il fait relever le pont, verrouiller la porte. Robert de Normandie lui crie d'une voix forte :

« Dodequin de Damas, livrez-nous Tibériade, sinon votre vie sera courte.

— Je ne la livrerai pas, répond Dodequin. Cornumaran, mon seigneur, me l'a confiée. Par Mahomet, Français, sans mentir, Cornumaran à la fière allure chevauche à la tête de toutes les armées du royaume de Perse. Il y a soixante rois de religion païenne ; la colonne s'étend sur trois lieues et demie. »

Quand nos barons l'entendent, ils crient « Montjoie ! ». Alors on aurait pu voir un assaut furieux contre la ville. Avec des pelles et des pioches, ils creusent la terre ; les barons et les princes ont sonné l'attaque : tous ensemble montent à l'assaut des murs ; on leur lance et on leur jette quantité de pierres. Aussi, quand nos barons se rendent compte que la ville résistera et que leur assaut est vain, ils sonnent le repli et abandonnent l'attaque. Ils laissent Tibériade, repartent d'une seule traite jusqu'en Galilée et vont voir la table que Dieu avait bénie pour nourrir ses saints apôtres et ses disciples.

XXXII

Les barons de France ont dressé leurs tentes et établi leur campement près de la mer de Galilée ; puis ils vont voir la table où Dieu s'était assis quand il avait rassasié ses apôtres et au moins cinq mille personnes, d'après ce que disent les textes. Il n'avait que cinq poissons et deux pains [1], vous le savez, et après que chacun eut bien mangé, il resta douze corbeilles de surplus. Dieu fit là un grand miracle, qu'Il en soit remercié ! Les chevaliers, tout heureux, se montrent l'un à l'autre les lieux. Ils y restèrent camper cette nuit-là.

Le lendemain matin, à la pointe du jour, les barons se lèvent, s'habillent, se chaussent ; ils sont sur le départ quand une colombe, envoyée par Dieu, leur apporte un message bien fixé sur elle. On le tend à l'évêque du Forez qui s'écrie : « Saint-Sépulcre, à l'aide ! »

Puis il dit à nos barons :

« Vite, au nom de Dieu, hâtez-vous de retourner à Jérusalem ; car un grave danger vient de surgir pour le roi Godefroy. »

XXXIII

L'évêque était très sage et digne d'estime. Il était né en Forez et c'était son fief. Après avoir lu la lettre, il se met à pleurer et dit aux barons :

« Il faut faire demi-tour et retourner dans Jérusalem auprès du roi Godefroy. Car il ne reste pas de païen jusqu'à la mer Rouge, de Turc, de Sarrasin apte à porter les armes, que Cornumaran n'ait rassemblé. Ils chevauchent jour et nuit sans relâche, par centaines, par milliers, il est impossible de les dénombrer. Il y a trente rois, tous païens. Par ce message, Notre-Seigneur nous fait dire qu'il vous faut, par amour pour Lui, affronter une grande bataille, comme il n'y en a jamais eu. Si nous pouvons vaincre, alors le roi conservera Jérusalem. »

---

1. Le texte évangélique dit : « cinq pains et deux poissons » (Mt XIV, 17 ; Mc VI, 39 ; Lc IX, 13 ; Jn VI, 9).

Le roi Robert de Flandre s'écrie :

« Barons, réjouissons-nous ! Dieu veut nous mettre à l'épreuve. Nous ne pourrons pas nous en aller avant cette bataille et nous verrons qui sait bien tailler en pièces les païens ! Dieu veut que nous allions délivrer le Temple. »

En apprenant qu'ils doivent revenir sur leurs pas, un certain nombre de chrétiens ne veulent pas l'accepter et refusent. Ils sont plus de trente mille à vouloir quitter l'armée. Le comte de Normandie se dresse devant eux avec Hugues le Maine et Bohémond :

« Seigneurs, disent-ils, vous voulez vous parjurer, en prétendant repasser la mer sans nous ? Si vous le faites, Dieu ne vous aimera guère. Vous n'auriez même pas dû en avoir la pensée. Il fallait accepter de bonne grâce nos ordres pour l'amour du Seigneur qui s'est laissé torturer, blesser, frapper d'un coup de lance et mettre dans le Sépulcre pour son repos avant d'en ressusciter le troisième jour. Il alla ouvrir la porte des enfers pour libérer ses amis qui étaient emprisonnés. Seigneurs, voilà ce que Dieu a souffert pour sauver nos âmes ! Au nom de ce Seigneur qui se laissa torturer, je vous prie de ne pas troubler l'armée ni les barons ; car l'on ne doit jamais porter tort à autrui. »

Quand le peuple l'entendit parler de la sorte, tous ceux qui voulaient partir reprirent courage et on pouvait les entendre crier : « Faites sonner les cors ; si nous les trouvons, ces Sarrasins sont morts. »

Quand l'évêque entend cela, il en remercie Dieu. Alors l'armée laisse voir sa joie ; chacun prend ses armes pour s'en équiper. Ils feront trembler les païens.

XXXIV

Les princes et les barons de l'armée de Dieu sont en armes. Tout le monde est équipé ; on a chargé les vivres et les bagages sur les bêtes de somme. On aurait pu entendre les cors et les trompes. Ils ont repris la direction de Jérusalem. Mais avant qu'ils l'atteignent, sachez bien qu'il y aura eu des coups terribles échangés devant la ville et nombre de Francs et de païens seront tués et mis en pièces.

CHANT VI

Je vais laisser maintenant l'armée de Dieu qui est en route pour vous parler du farouche Cornumaran qui a chevauché jour et nuit avec ses cent mille Turcs bien armés jusqu'à Barbais. Il rencontre, dans les champs en dehors de la ville, l'armée de son père, tout triste et désorienté. Cornumaran marchait, le gonfanon fixé à la lance, à quelques pas en avant de ses hommes. Il reconnaît bien son père et pique Plantamor de ses éperons dorés. Il le salue, lui donne l'accolade et lui demande :

« Que se passe-t-il, seigneur ? Dites-le moi.

— Cher fils, répond Corbadas, je vais vous répondre. J'ai perdu Jérusalem, il y a douze jours. Les Français m'avaient encerclé dans la tour de David ; ils avaient amené leur machine de guerre, mis en place une catapulte, préparé une grande fronde. Ils auraient rapidement fait une brèche et abattu le mur, puis tué et massacré mes hommes. Je ne pouvais pas le supporter, alors je leur ai immédiatement abandonné la tour. Ils ont couronné roi Godefroy de Bouillon. Leur armée et ses barons sont repartis ; il reste peu de chevaliers dans la ville. J'ai perdu ma terre et tout mon royaume ; et si j'avais en main un poignard, par Mahomet, mon dieu, je me serais déjà tué. »

À ces mots, Cornumaran le réconforte. Lui tenant la main, il lui promet qu'il ne mangera pas avant d'avoir tué les Français. Mais il va jeûner longtemps, le haubert percé et le corps couvert de sang. Le farouche Cornumaran pousse son cri de ralliement, puis prend le cor d'Hérode et sonne puissamment. Les habitants de Barbais sortent pour aller à sa rencontre. Les Sarrasins se plaignent tous des Français et Cornumaran leur dit : « Rassurez-vous. Je vous vengerai d'eux comme vous le souhaitez. »

I

Les païens en sont tout joyeux ; Cornumaran s'écrie de manière que tous l'entendent :

« Père, vite, chevauche au-devant de l'émir qui nous apporte son aide. Il amène une armée comme on n'en a jamais vu. La chrétienté est morte, totalement détruite. L'émir a juré par sa grande barbe blanche que, pour l'amour de Brohadas auquel ils ont tranché la tête, il fera subir un tel sort aux barons de France que jamais plus ils ne verront le ciel ni la clarté du soleil ; ils rempliront les oubliettes de sa grande prison et, dans sa terre aride, il fera atteler les petites gens pour tirer les charrues. Celui qui y mettra de la mauvaise volonté sera frappé au sang avec des fouets à nœuds. Leur religion sera humiliée et abattue ; nous garderons Jérusalem qu'ils nous ont prise, Nicée et Antioche qui étaient aussi perdues. »

Corbadas bondit de joie aux paroles de son fils.

II

« Père, il ne sert à rien de se lamenter, dit Cornumaran. Allez au-devant de l'armée, conduisez-la dans les plaines de Rames pour qu'elle y établisse son camp. Moi, j'irai en avant pour observer les Français. J'ai peur de ne pas pouvoir les trouver en Jérusalem et je ne veux pas qu'un seul en puisse s'échapper vivant. »

Puis il prend le cor d'Hérode et en sonne puissamment. Au moins cent mille païens se remettent en marche derrière lui ; il les conduit d'une seule traite jusqu'à Jérusalem. Au val de Josaphat, il leur fait revêtir leurs armes, monter à cheval et empoigner leurs boucliers. Il en laisse cinquante mille dans le vallon pour rassembler le butin qu'ils pensent ramener. Ils crient tant qu'on les entend distinctement dans Jérusalem. Un messager va, dans la tour de David, pour informer le roi Godefroy qui, courroucé, dit au comte Robert : « Vite, aux armes ! »

Il fait sonner une trompe en haut de la tour. On aurait alors pu voir les princes endosser leurs hauberts et sauter sur leurs chevaux sellés. Chacun a au côté son épée à la lame d'acier brillant et au cou son bouclier. Plus farouches que des sangliers, lance au poing, ils éperonnent leurs montures. Le roi Tafur a reçu l'ordre de garder Jérusalem, avec Pierre l'Ermite qui a l'affection de tous. Le roi galope en tête ; que Dieu le garde ! Car si Jésus qui souffrit sa Passion ne s'en soucie, il aura évité de peu la mort avant de revenir.

III

Cornumaran à la fière allure avait rassemblé sous les murs de Jérusalem le butin pour le conduire aux cinquante mille païens, quand surgit le roi Godefroy avec au moins quatre mille hommes de sa garde qui se jettent courageusement, lances baissées, au galop de leurs chevaux, sur les Turcs sans souci de les épargner. On ne comptait plus les lances brisées, les boucliers fendus, les têtes, les poings, les pieds coupés. Le bon roi Godefroy crie : « Barons, battez-vous au mieux ! Saint-Sépulcre, à l'aide ! Malheur à cette sale race pour sa vantardise ! »

Il pique son destrier, brandit sa lance et atteint Cornumaran sur son bouclier décoré ; il le lui perce et le lui brise sous la bosse d'or. Mais la cotte du païen était si solide que toutes les mailles résistent. Cependant il le désarçonne de Plantamor sur la lande désolée et il lui aurait coupé la tête avec son épée aiguisée sans l'intervention d'un détachement de plus de dix mille Sarrasins, qui ne cessent de crier « Damas et Tibériade ! ». Le bruit, le fracas des armes, les cris des païens portaient à plus d'une lieue et demie. Les Turcs du val de Josaphat l'entendent, se précipitent à la rescousse et font reculer nos hommes de plus d'une portée d'arbalète.

Cornumaran remonte en selle et sonne le cor d'Hérode pour regrouper ses hommes et lancer une contre-attaque en direction du roi Godefroy. Il laisse galoper Plantamor, s'empare au passage de la lance de Raoul d'Alep et, lance baissée, atteint Godefroy sur son bouclier décoré qu'il lui perce sous la bosse ; la lance se brise contre son haubert. Mais Godefroy tient bon ; Jésus le protégeait. Il frappe le roi Murgalent, le seigneur d'Esclaudie. Ni son heaume, ni sa cotte ne résistent ; l'épée s'enfonce dans sa poitrine ; il tombe mort de son cheval sur l'herbe verte. Godefroy tue encore Danemont, Flambart de Turnie, le roi Brincebaut, Calquant d'Aumarie ; il en massacre ainsi quatorze. Cornumaran en devient noir de colère et crie « Damas ! » pour redonner courage à ses hommes. Les arcs turcs décochent flèche sur flèche. Les Sarrasins trouvent un regain de vigueur. Ils sont trop nombreux pour les nôtres et la situation tourne mal ; ce fut un grand massacre de part et d'autre : le terrain est couvert de morts et de blessés.

IV

La bataille était acharnée, les combats redoutables. Devant la multitude des païens, nos vaillants chrétiens ne pouvaient pas résister. Les Sarrasins les repoussent vers Jérusalem. Mais devant la grande porte, nos hommes s'arrêtent pour lancer une contre-attaque meurtrière. Cornumaran s'écrie : « Sarrasins, en avant ! Par Mahomet ! Malheur à ces miséreux pour leur vantardise ! »

Il tenait le cor d'Hérode et en sonne puissamment. Les nôtres se replient à l'intérieur de Jérusalem. C'est alors qu'arrive un grand malheur. Les mécréants ont retenu prisonnier le comte de Saint-Gilles qu'ils malmènent à grands coups de massues plombées. La bataille est terminée, les Turcs sont repartis et nos chrétiens sont rentrés dans Jérusalem, remplis de tristesse. On referme les portes. Godefroy descend de cheval. Le roi Tafur s'avance au-devant de lui avec Pierre l'Ermite le courageux guerrier.

« Seigneur, disent-ils au roi, comment cela s'est-il passé ? Avez-vous pu reprendre le butin au farouche Cornumaran ?

— En vérité, répond le roi, Dieu m'a délaissé. Les Perses emmènent le comte de Saint-Gilles. Jamais plus de ma vie je ne retrouverai le bonheur.

— Ne te lamente pas, lui dit Pierre l'Ermite. Par la foi que j'ai en Jésus de Bethléem, sa capture coûtera aux païens douleur et affliction.

— C'est bien mon avis, ajoute le roi Tafur. Barons, aux armes ! Vite ! »

Ils font sonner une trompe. Les Français se rassemblent avec des haches, des faussarts, des poignards d'acier ou de lourdes massues. Ils sortent de Jérusalem, le roi en tête avec son frère Eustache sur un grand cheval et le comte Baudouin qui, sur le rapide Prinsaut, tient la lance droite, le gonfanon flottant. Le comte s'élance devant tous les autres et rattrape les Turcs dans le val de Josaphat. Il leur crie : « Vous ne m'échapperez pas ! Arrêtez, canailles ! »

Cornumaran le regarde ; il le reconnaît bien, comme il reconnaît aussi Prinsaut à son souffle sonore depuis qu'il était allé cherché du secours auprès de l'émir Sultan. S'il ne l'affronte pas, il n'aurait que mépris pour lui-même. Aussi éperonne-t-il Plantamor et s'élance-t-il, lance brandie, sous le regard de nombreux chevaliers.

V

Quand Baudouin voit le mouvement du cheval, il pointe sa lance pour frapper, mais Cornumaran ne veut pas être en reste. Leurs boucliers d'or se tordent et se brisent, leurs lances de frêne volent en éclats. Le choc a été si violent, si brutal, qu'ils se retrouvent tous deux tombés à terre. Avant qu'ils aient eu le temps de se relever et de continuer, chrétiens et Sarrasins se précipitent. Ce fut un combat redoutable : les Sarrasins tombaient les uns sur les autres, les blessés criaient, hurlaient, gémissaient. Pierre l'Ermite se bat avec une telle violence qu'aucun médecin ne guérira ceux qu'il atteint de ses coups. Les Ribauds ne se ménageaient pas, tout à leur désir de frapper et de détruire Turcs et païens. C'était un combat extraordinaire, la terre retentit du fracas des armes qui s'entend à plus d'une lieue. Les nôtres repoussent les Turcs et les contraignent à reculer de plus d'une portée d'arbalète. Le comte Baudouin court saisir Cornumaran ; il l'attrape par les flancs et le tient fermement pour le maîtriser.

VI

Quand Cornumaran se voit pris par le comte, il tire aussitôt son épée d'acier. Mais Baudouin le paralyse et l'abat à terre. Arrivent au galop le roi Godefroy et son frère Eustache au courage farouche qui crient à Cornumaran : « Vous ne vous sauverez pas de la sorte ! Vous serez pendus aujourd'hui devant la tour de David au vu de vos meilleurs amis. »

Cornumaran, devant cette menace, demande grâce au roi ; de terre où il est étendu, il lui tend son épée, puis se redresse. Le roi, qui a accepté de recevoir son arme, lui accorde la captivité et le fait monter sur un cheval qui trotte lourdement ; Plantamor s'enfuit à travers la lande jusqu'au val de Josaphat où les Arabes le recueillent. Quand ils le voient revenir sans son cavalier, ils se laissent aller à de grands cris, de grandes lamentations, de grandes plaintes. Cornumaran est regretté de tous ses amis et le roi Sucaman dit : « Nous sommes déshonorés. Cornumaran est prisonnier, les Français s'en sont saisis. Si nous le laissons emmener, nous serons coupables de lâcheté. »

Les païens sonnent des trompes, font retentir les tambours et chevauchent en ordre de bataille dans la tristesse et l'affliction. Nos nobles chrétiens, auxquels Dieu a accordé sa bénédiction, sont repartis directement pour Jérusalem. Le comte Baudouin était monté sur Prinsaut que le roi Tafur lui avait présenté par la bride.

VII

Les soldats de Jésus chevauchent vers Jérusalem ; ils progressent en ordre serré de bataille, les Ribauds en tête sous la conduite de leur roi. Pierre l'Ermite à la barbe blanche, et le roi Godefroy à l'allure farouche forment l'arrière-garde. C'est alors que surgissent les Sarrasins dans le vacarme de leurs trompes qui fait vibrer le sol. Le roi, de son côté, crie « Montjoie ! » et le comte Baudouin tenait son épée brillante, tout comme son frère Eustache ; tous trois jurent par le fils de sainte Marie qu'ils préféreraient se laisser couper la tête plutôt que de reculer devant les païens ne serait-ce que de la longueur d'une lance et demie [1]. Voici que le roi Sucaman crie avec force :

« Par Mahomet, Français, vous allez à votre perte. Rendez-nous Cornumaran ou vous y laisserez la vie. Toutes les troupes de Perse vont être ici, c'est la plus grande armée du monde. Et nous détenons le seigneur Raymond qui est de grande noblesse ; il sera pendu demain avant même que l'armée n'ait établi son campement. »

Quand Baudouin l'entend, noir de colère, il pique son destrier de vifs coups d'éperons, empoigne son épée, la tire du fourreau et frappe le roi Sucaman sur son casque brillant ; il en détruit les décorations de pierres et de fleurs, tranche la coiffe de sa solide cuirasse ; mais la lame d'acier glisse de côté, coupant l'oreille droite, le bras et l'épaule du païen dont la main est projetée dans la prairie avec l'épée qu'elle tenait. Le roi tombe lui-même sur l'herbe verte. Ne vous étonnez pas qu'il ait eu peur de mourir !

VIII

Quand le roi Sucaman se rend compte qu'il a perdu l'oreille, le bras et la main qui tenait son épée aiguisée, il s'écrie : « Mahomet, seigneur, au secours ! Apollon, puissant dieu, quel désastre ! Je ne pourrai plus gouverner ma terre et mon fief. »

---

1. Réminiscence probable du vœu de Vivien dans le cycle de Guillaume d'Orange : il fait serment de ne pas reculer d'un seul pas devant les Sarrasins.

On ne comptait plus les lances brisées, les boucliers fendus, les têtes, les pieds, les poings arrachés, les morts et les blessés qui jonchent le sol. Les Français ne cessent de frapper sur la race de mécréants ; Pierre l'Ermite à la barbe blanche, le roi Tafur et les petites gens, tous s'acharnent contre les païens. Mais les renforts turcs arrivent à toute vitesse. Si le Dieu du ciel ne s'en soucie, les nôtres subiront un grand revers sous les coups des Turcs. Le butin allait être repris et la cité perdue, mais le roi Godefroy aux prouesses exceptionnelles s'est interposé avec son épée aiguisée.

IX

Ce fut un grand combat devant la porte de David. Les païens seraient vite entrés dans la ville si le roi Godefroy ne les avait affrontés devant la porte, pourfendant tous ceux qu'il frappe ; il crie à son frère Eustache et à Baudouin, le plus jeune : « Que faites-vous, mes frères ? Vite ! On dit que l'armée de Dieu est la plus vaillante. N'ayez pas peur de la mort ; allez-au-devant d'elle ! »

Ses frères reprennent courage à l'entendre et s'écrient : « Saint-Sépulcre ! Chevaliers, à l'attaque ! Malheur à ces Sarrasins pour leur vantardise ! »

Il fallait voir les frères tuer, tailler en pièces, envoyer à la mort les mécréants. Ils les repoussent à quelques pas de la porte.

Voici qu'arrivent en vociférant le roi Tafur et Pierre l'Ermite. Les hommes portent des haches, de lourdes massues, des poignards, des chaînes plombées, des épieux, des pioches, des piques acérées. Le roi Tafur, une grande faux à la main, se jette au milieu des païens et en met en pièces un grand nombre. Tous ceux qu'il atteint sont arrêtés net. Pierre l'Ermite était sur ses talons avec une hache à large lame qui mesurait plus d'une aune, plus coupante qu'un rasoir affûté à la meule du forgeron. Les coups de Pierre ne sont pas jeu d'enfant, partout où il passe il décime les Turcs, tranchant têtes, bras et pieds. Le roi Tafur, le redoutable Pierre et leurs farouches soldats ont déjà fait reculer les Turcs de plus d'une portée d'arbalète et ne cessent de les poursuivre jusqu'auprès du roi Sucaman. Pas un païen qui fasse front ! Tous s'enfuient, poursuivis par le duc Godefroy et tous les autres barons au galop de leurs chevaux. Ils jonchent la terre de morts et de blessés. Que Dieu, par sa sainte volonté, se soucie de nos hommes ! Car ils sont insensés de poursuivre ainsi les Turcs ; ils n'en reviendront pas sans tristesse et affliction. Les païens et les Sarrasins sonnent des trompes et ont vite fait de regrouper au moins soixante mille mécréants.

X

Le combat était farouche devant Jérusalem. Les Turcs ont sonné des trompes pour regrouper leurs hommes ; ils sont bien soixante mille de cette engeance démoniaque. On pouvait les entendre crier et vociférer, faire un vacarme et un tumulte qui s'entendaient à quatre grandes lieues. Les archers chevauchent en tête pour mettre en déroute les nôtres avec leurs arcs de sorbier. Ils décochent leurs flèches plus dru que la neige ne tombe en février. Puis les porteurs de javelots passent à l'attaque. Un grand nombre des nôtres, atteints de blessures sanglantes à la tête et aux bras, reculent de plus d'une portée d'arbalète. En voyant ses hommes ainsi repoussés, le roi Godefroy entre dans une furieuse colère, prend son bouclier, tire son épée d'acier : il fallait le voir tailler en pièces les Sarrasins, les renverser, les culbuter, morts, les uns sur les autres.

Saint Georges et saint Démétrius viennent à son secours avec plus de trente mille compagnons.

XI

Sitôt le roi monté en selle, surviennent saint Georges et saint Maurice[1] au galop de leurs chevaux, avec plus de trente mille chevaliers vêtus de blanc comme fleurs des prés. Saint Georges dit au roi : « Ami, éperonnez ! Tous ces chevaliers que vous voyez viennent en renfort. Montrez-nous votre valeur. »

Il éperonne son cheval et repart au galop, entraînant à sa suite tous ses bons compagnons ; et le roi Godefroy les suit. Les compagnons de saint Georges, avec de grands cris, mettent en déroute les païens au premier choc des lances ; ils en renversent plus de vingt mille et en écrasent au moins trente mille autres. Les païens prennent la fuite ; c'est la fin du combat.

Mais le roi Sucaman est toujours en danger. On l'a placé sur un cheval arabe. Son fils Barbais, rempli d'affliction, le convoie. On emmène aussi avec lui le comte de Saint-Gilles qui sera mal traité, si Dieu n'y veille.

Les païens fuient sans s'arrêter, jusqu'aux plaines de Rames, où ils font faire demi-tour à leurs chevaux. Le combat reprend jusqu'au soir tout aussi furieux et violent. Un grand nombre de Sarrasins y sont tués et massacrés. Saint Georges repart en entraînant le roi et ses hommes, leurs chevaux chargés des armes des païens et ils peuvent ramener leur butin : Dieu soit béni ! Saint Georges les reconduit sans encombre jusqu'à l'intérieur de Jérusalem ; ils en verrouillent les portes et ferment soigneuse-

---

1. Peut-être faut-il interpréter le texte et comprendre que les trois saints, Georges, Démé trius et Maurice, étaient présents.

ment les issues. Saint Georges les quitte alors. Le roi et ses barons ôtent leurs armes. On fait venir Cornumaran, les pieds enchaînés. Le roi en confie la garde à ses frères. « À vos ordres ! », dit Baudouin.

Le roi monte dans la tour de David ; les nappes sont mises, le repas apprêté. Les chevaliers, assis côte à côte sur les bancs, purent copieusement manger et boire. Les autres sont retournés dans la ville chez eux. Cette nuit-là, chacun a dormi d'un sommeil réparateur. C'était Pierre à la barbe blanche qui montait la garde sur Jérusalem avec quatre mille hommes en alerte jusqu'au lever du jour.

Les Turcs avaient allumé des feux de bivouac dans la plaine de Rames ; ils étaient trente mille sept cents survivants. Pendant la nuit, ils ont tant battu Raymond que son sang coule par plus de vingt blessures. Après quoi, ils l'ont étroitement attaché, les yeux bandés. Le lendemain matin au lever du soleil, les Turcs reprennent leurs armes et se remettent en tenue de combat.

XII

Dès le point du jour, les païens, en armes, le bouclier en main, ont envoyé à Cauquerie des messages pour obtenir l'assistance de l'armée d'Acre et des secours du roi Hérode parce que les Francs les avaient attaqués dans les plaines de Rames et avaient fait prisonnier Cornumaran dans le val de Josaphat. Ils envoient aussi des messages à Belinas et encore ailleurs. Les ambassadeurs qui vont dans la direction d'Acre ne rassemblent que peu de Turcs, car tous les païens avaient pris la fuite ; il ne restait ni Perses ni Arabes à Cauquerie. Ils ont trouvé les forteresses désertes et démantelées. Les habitants de Belinas ont quitté leurs maisons. Barbais et Damas sont vides ; il ne reste ni femmes, ni enfants, ni serviteurs, personne. Tous les Sarrasins, quel que soit leur courage, avaient cédé à une peur panique.

Corbadas était encore à Barbais quand il apprit, de la bouche des Sarrasins, la captivité de son fils. Il laissa éclater sa douleur, s'arrachant les cheveux, se griffant le visage au point de le mettre en sang.

« Mort, dit-il, où es-tu ? Viens et prends-moi. Ah ! Cornumaran, très cher fils bien-aimé, tu étais le meilleur de tous les Turcs et de tous les Arabes. Il n'y eut jamais païen aussi courageux que toi. »

XIII

Quand le roi Corbadas apprend que son fils est prisonnier, tout frémissant, il se tord les mains, arrache sa barbe et s'écrie d'une voix vibrante :

« Cornumaran, cher fils à la fière prestance, je ne te reverrai jamais plus ! Mort cruelle, viens me prendre !

— Calmez-vous, mon frère, dit Lucabel. Allons au-devant de l'armée qui arrive en renfort ; la chrétienté est morte, sa religion détruite. Que l'on tranche la tête du roi Godefroy ! Aucun chrétien si violent soit-il ne pourra s'opposer à Cornumaran. »

Sur ces paroles, ils sonnent la charge. Les hommes de Barbais sortent ensemble, se dirigent vers l'émir sous la conduite de Corbadas ; ils font leur jonction avec l'armée de Sultan à une lieue et demie. Le camp s'étendait sur sept lieues de long et cinq de large. Corbadas a si bien éperonné sa monture de Syrie qu'il est arrivé devant la tente de Sultan, le seigneur de Perse. Cette tente était dressée devant une source, à côté d'une belle prairie. Voici sa description : c'était une pièce unique, elle avait appartenu au roi Alexandre quand il était en vie et personne ne pourrait dire toutes les beautés qu'elle contient. Mahomet Gomelin l'avait décorée d'incrustations d'or par magie et enchantement ; toute l'histoire depuis la création du monde s'y trouvait représentée à la peinture dorée, délicatement rehaussée de cristal et de jaspes : on y voyait la lumière du jour, le soleil et la lune brillante, la terre, les eaux douces et la mer ondoyante, les poissons et les animaux terrestres, le vent qui souffle, les étoiles qui tournent au firmament. Toutes les créatures de Dieu y étaient admirablement reproduites en or et en azur.

XIV

Cette tente splendide n'avait pas sa pareille. Il y avait trente plaques d'émail qui resplendissent plus que des torches sur lesquelles se voient peints les sept arts [1] qui conversent ensemble du bien et du mal. Ces pièces, centrales, sont entourées de lacs bordés de corail avec des poissons d'ivoire ciselé, d'ébène ou de verre miroitant. Les cordes de la tente sont de soie précieuse tissée, tressées plus serrées que fer ou autre métal ; aucune arme d'acier poitevin ne pourrait les trancher. Et cependant chacune est plus légère qu'une courroie de harnachement et il suffirait de deux chevaux pour transporter la tente et ses cordes.

XV

La tente est magnifique, il faut le dire. Mahomet Gomelin l'avait fabriquée ; elle était bordée tout autour de merveilleuses topazes avec des incrustations, dans une résine odorante, de riches pierres au pouvoir magique, comme je vais vous l'expliquer : on ne peut ni envoûter, ni tuer par le poison ou des herbes vénéneuses quiconque l'aura vue pendant le jour. Mais nombre d'autres pierres précieuses faisaient flamboyer

---

1. Voir ci-dessus, chant II, XXVI, n. 1, p. 205.

l'œuvre — des émeraudes, des grenats — et la rendait éblouissante. La toile de tente était d'une étoffe de soie unique au monde : on l'appelle sydor. Arachné l'avait tissée dans une île au milieu de la mer et c'est pourquoi Pallas la changea en araignée ; elle file couchée sur le dos et tire le fil de son ventre. Le piquet parfaitement résistant, c'est Corbadas qui l'avait fait fondre avec l'or le plus fin d'Arabie, purifié quatre fois. Personne ne pourrait en faire le tour avec ses bras. Mahomet Gomelin y a fait graver sa loi. Il voulait à toute force être le vrai dieu pour imposer sa religion et se faire appeler « dieu » dans le monde entier. Mais Notre-Seigneur n'a voulu l'admettre ni le supporter. Un jeudi, Mahomet sortait d'une taverne, enivré d'un vin généreux ; il vit un tas de fumier devant lui, s'y coucha sans plus vouloir en bouger. C'est là que des porcs l'étranglèrent, à ce qu'on m'a dit. Et c'est pourquoi les Juifs ne veulent pas manger de viande de porc. Saladin fit porter son corps à La Mecque auprès d'un Juif, personnage important expert en sorcellerie. On l'a enfermé et scellé dans une chasse ; il n'est plus sur terre ni dans le ciel, mais tourne dans l'air. C'est toujours à La Mecque que les païens vont l'adorer et que les Sarrasins le servent et le vénèrent. Ils croient le voir voler et l'entendre parler[1].

XVI

La tente de Sultan de Perse était admirable. Le pommeau qui la domine était une escarboucle magnifique que l'on voyait resplendir à quinze lieues à la ronde[2]. On avait placé sur la tente l'image en pied d'Apollon, un bâton à la main, en train de menacer les Français ; et, à la base, au milieu de la tente sous un dais de soie, Mahomet, descendu de son piédestal d'or pur, est entouré de quatorze rois d'Afrique qui se précipitent pour l'embrasser.

Le diable entra dans Mahomet, sous les yeux de Sultan de Perse avec tumulte et fracas ; tous les païens entendirent.

« Venez, païens, approchez-vous de moi, disait Satan, je viens vous annoncer que je vais terrasser la religion chrétienne. Que Dieu reste là-haut dans le ciel ; la terre m'appartient, c'est moi qui la dirige, c'est moi qui la gouverne[3]. Malheur à l'homme auquel Dieu accorderait une récompense. Car c'est moi qui vous donne les vignes, les blés à moissonner, les herbes, les fleurs et les prairies à faucher. C'est moi que l'on doit adorer, servir et remercier. »

Quand les païens l'entendent, ils se mettent à genoux et plus de qua-

---

1. Voir ci-dessous, *Le Bâtard de Bouillon*, laisse CI.
2. Ce type de photophore païen est un lieu commun de l'épopée.
3. Rappel du discours de Satan lors des tentations du Christ : Lc IV, 6-7 ; cf. aussi Mt IV, 8-9.

torze mille se prosternèrent devant lui, se disant entre eux : « Il faut avoir foi en un tel dieu, car il veut secourir son peuple. »

En se redressant, ils firent une immense offrande ; quatre chevaux de bât n'auraient pas suffi pour porter les pièces d'or. Calife, leur pape, fit un sermon : « Que celui qui n'a qu'une femme en prenne deux, trois, quatre, cinq, pour exalter notre religion, car les Français sont venus nous arracher nos terres. Mais Sultan nous ordonne d'aller les massacrer. »

XVII

Calife, leur pape, se tenait à côté de Mahomet et disait aux Sarrasins : « Écoutez ma parole. Sultan commande, et nous aussi, nous le commandons : que chacun engendre des héritiers, car les Français sont venus dans ce pays ! Sultan donne l'ordre d'aller les massacrer. Nous restaurerons notre terre dévastée.

— Voilà des paroles raisonnables », dit l'Amulaine.

Et les païens s'écrient : « Nous sommes tous d'accord ! »

C'est alors que Corbadas entre sous la tente avec le sage Lucabel et le vieux Clarion. Ils se tordent les mains, déchirent leurs vêtements, manifestent une immense douleur. Ils tombent à genoux aux pieds de Sultan. Corbadas lui baisa le pied. Canebaut, le frère de Rubion, le redresse ; c'était l'homme le plus savant de la religion païenne. Sultan s'adresse à Corbadas en ces termes : « Dites-moi : tout va bien ? »

Corbadas resta muet de stupéfaction.

« Seigneur, intervient Lucabel, il n'y a pas à vous le cacher. Nous avons perdu hier Cornumaran son fils. Les chrétiens le gardent prisonnier dans la tour de David.

— N'en dites pas davantage, répond Sultan, demain nous le délivrerons. Tous les Français seront conduits en captivité ; et nous donnerons leurs femmes en mariage aux Turcs. »

Corbadas relève la tête quand il l'entend et dit à l'émir : « Si nous réussissions, le royaume de Charlemagne nous serait ouvert. »

Sultan se met debout, lève la main et dit :

« Seigneurs, je vous interdis de manger ni pain ni poisson, de boire ni vin, ni eau, ni liqueur, ni élixir, de vous asseoir ou de retourner chez vous avant d'avoir libéré Cornumaran.

— L'émir a imposé de bonnes interdictions aux disciples de Mahomet, disent les païens. Maintenant Philippe, Robert de Normandie, le duc de Bouillon, le comte Robert de Flandre que l'on surnomme « le Frison », tous peuvent être assurés de leur malheur, si nous les atteignons. Ils auront tous la tête coupée ; pas un seul ne sera libéré contre rançon ! »

Ils font alors sonner mille trompes et mille cors de laiton. Des soldats à pied convoient vers Barbais les bêtes de somme chargées de vêtements, d'armes et de tous les équipements. Leur colonne, sans mentir, couvre bien sept lieues. Les chevaux et les mulets hennissent, les éléphants barrissent à longue haleine, les petits chiens jappent, les mâtins aboient, les éperviers et les gerfauts font un semblable vacarme. C'est Mahomet qui les guide, en compagnie de Calcatras, Néron, Danebur d'Averse et de l'émir Corbon. L'un est monté sur un serpent, un autre sur un lion, le troisième sur un géant, le quatrième sur un griffon. Canebaut, assis sur le fils d'un dragon, conduit l'éléphant que chevauchait Mahomet. Leurs prêtres chantaient ; Perses et Slaves courent aux armes. Le tapage qu'ils font porte à plus de dix lieues.

XVIII

Les armées de l'émir de Perse sont immenses ; le fracas des trompes sonnant toutes ensemble fait trembler montagnes et vallons de la terre ; le bruit porte jusqu'à dix lieues et demie. Sultan était assis sur un trône d'or ciselé, de l'atelier de Salatré. Au-dessus de sa tête était tendue une toile d'Aumarie pour le protéger de la chaleur torride du ciel. Il fallait douze Turcs pour la tenir comme il faut. Il chevauchait un mulet noir comme une pie, qui marchait si confortablement à l'amble qu'il ne ressentait aucune secousse ; pas un de ses cheveux ne bougeait, son manteau ne flottait pas. Il avait revêtu une tunique vermeille ornée de fourrure zébrée. Un homme qui la porte ne souffrira plus jamais des oreilles, ne pourra être empoisonné par aucun philtre magique ni être tué ou blessé ; elle pourrait rester mille ans en terre sans pourrir ; cette tunique était garnie de pierres précieuses dont l'éclat fait resplendir la terre. À son cou, Sultan portait une topaze étincelante, qui protégeait de la cécité. Sa grande barbe, blanche comme flocon de neige, s'étalait sur sa poitrine jusqu'à sa ceinture ; sa chevelure était retenue par-dessus ses épaules grâce à quatre fils d'or avec des boutons de jaspe. Son couvre-chef valait toute la ville de Pavie.

Il est escorté de plus de cinquante rois païens qui, l'épée au poing, empêchent qu'on l'approche à moins d'une lance et demie.

Jusqu'à Tyr et Acre, à Damas, à Césarée et jusqu'à Tibériade, les peuples se mettent en marche, car Sultan venait avec l'armée d'Esclavonie. Plus de cent mille Turcs vont à sa rencontre, à longues chevauchées ; ils lui font de riches présents et chacun lui manifeste sa vénération et lui adresse des prières. Que Dieu, le fils de sainte Marie, ait souci des nôtres, car si les secours tardent, ils seront en mauvaise situation.

Parlons maintenant des Turcs de Rames. Que Dieu les maudisse ! Ils viennent à Jérusalem pour se battre avec acharnement et lancent une attaque devant Saint-Étienne. Nos barons font une sortie brutale ; l'affrontement sera violent.

XIX

Les Turcs ont poussé leur cri de guerre devant Jérusalem. Nos barons sont sortis de toute la vitesse de leurs chevaux. Le roi Godefroy dit à Pierre :

« Seigneur, je vous demande au nom de Dieu de garder la cité.

— Je le ferai contre mon gré », répond Pierre.

Le roi, bien armé, éperonne son cheval et se heurte, dans le val de Josaphat, à Marbrin le fils de Sucaman, le puissant roi auquel Baudouin avait tranché le côté. Marbrin reconnut le roi dès qu'il l'aperçut. Il ne l'aurait pas affronté pour le poids d'un muid d'or. D'aussi loin qu'il le voit, il lui crie grâce et le roi le saisit par le chanfrein doré, mais ne lui fait aucune promesse pour sa vie ou sa mort ; il le confie à quatre chevaliers qui le ramènent dans Jérusalem. Quand ils voient cela, tous les Sarrasins prennent la fuite : pas un seul duel, pas une lance brandie ! Ils se précipitent de toute la force de leurs chevaux, franchissent collines et montagnes comme des fous, ne pensant qu'à se sauver.

Le roi Godefroy fait rentrer ses hommes dans Jérusalem. Les Turcs se sont arrêtés sur une crête pour se regrouper et se rassembler. Ils se lamentent entre eux douloureusement :

« Seigneurs, dit Alis, nous sommes ridiculisés. Nous avons perdu Marbrin, le fils aîné de Sucaman, et nous sommes aussi dans le malheur à cause du jeune Cornumaran. Faites venir le Français et qu'il soit décapité !

— Par ma tête, nous n'en ferons rien, dit le farouche Malcoé, mais nous l'échangerons contre l'un des nôtres. »

XX

« Nous n'en ferons rien par ma tête, dit le farouche Malcoé, mais si on veut bien m'en croire, choisissons un messager pour l'envoyer dans Jérusalem. Nous demanderons une trêve au roi et à ses frères ; ensuite, s'il l'accepte, nous lui rendrons ce Français pourvu que nous ayons Cornumaran ou Marbrin en échange.

— Assistez-nous, saint Mahomet », crient les païens.

Ils envoient, auprès du roi, Margot et Fausaron, ainsi que le roi Quarroble, le frère du Rouge-Lion, escortés de cent Slaves. Tenant des colombes et des rameaux d'olivier en signe de paix et d'amitié, ils vont jusqu'à la tente du roi Godefroy.

« Seigneur, savez-vous ce que nous vous demandons ?, disent les messagers. Restituez aux Turcs un de vos deux prisonniers ; et en échange ils vous rendront le leur qui s'appelle Raymond. Si vous refusez, demain nous le pendrons, à moins que nous ne lui coupions la tête.

— Seigneurs, réfléchissons ensemble, dit le roi à ses conseillers. Pour un de ces païens nous pouvons retrouver le comte.

— Écoutez notre avis, dit Pierre l'Ermite. S'il plaît à Dieu, nous ne devons pas perdre le comte à cause d'un Turc ; nous ferons un échange homme pour homme, si c'est possible. Si Dieu nous faisait revenir le comte, nous lui en rendrions grâce. Seigneur roi, songez-y, au nom de Dieu ! »

Le roi retourne auprès des messagers et leur dit :

« Seigneurs, nous allons vous rendre Cornumaran ou Marbrin, celui que vous voulez, à condition que nous recevions en échange notre compagnon ; nous vous accordons une trêve de trois jours.

— Vous avez notre parole », répondent les messagers.

Ils prennent congé du roi et s'en vont au galop. Le roi Godefroy convoque alors ses compagnons, les uns portent des bliauts, d'autres des vêtements d'étoffe brodée. Tous tiennent à la main une baguette ou un bâton ; ils ont une attitude farouche, un regard de lions. Le roi fait porter aux Ribauds des pourpoints rembourrés, puis ils revêtent des manteaux de riche tissu vermeil.

XXI

Ainsi habillés, les Ribauds ont belle allure. Ils n'avaient pas l'habitude de vêtements aussi luxueux. Le roi Godefroy, qui était homme de grand bon sens, les fait défiler — on en comptait sept mille et, cependant, ils n'étaient que sept cents — devant Cornumaran et Marbrin, le fils de Sucaman, puis revenir ; ainsi sont-ils tous passés dix fois, changeant de vêtements à chaque passage. Ce fut en vérité une grande ruse. Cornumaran avoue discrètement à Marbrin :

« Il vient de passer un très grand nombre de chevaliers ; je croyais qu'ils n'en avaient pas la moitié. Ils assureront une solide défense contre les armées d'Orient. Ils me paraissent être au moins cent mille. Godefroy est d'une très grande puissance. Quelle joie ce serait, s'il croyait en Tervagant ! Je lui donnerais la fille de Sultan comme épouse. Les Francs ne pourraient plus opposer de résistance. Si seulement nous le contenions au-delà du pont d'Argent, il n'en reviendrait jamais, il aurait fait tout ce que nous voulions ou il serait décapité.

— Silence !, dit Marbrin. Parlez plus bas, car si les Français nous entendent, cela ira mal. Ils se vengeront cruellement de nous. »

Le roi fait alors se dévêtir discrètement les Ribauds pour qu'ils remettent leurs pauvres équipements ; ils reviennent les massues à l'épaule et défilent deux par deux, avec fierté et en bon ordre devant les deux païens. Le roi Tafur et Pierre l'Ermite étaient également là, armés chacun d'un

faussart à l'acier brillant. Les Ribauds regardaient les Turcs d'un air farouche, brandissaient leurs massues en grinçant des dents. Marbrin dit :
« Il faut être fou pour les attendre ; on dirait des diables, tant ils sont horribles ! Ceux qu'ils attraperont seront livrés à de cruels tourments. Ce sont des démons, des gnomes ou des dragons. Ils se ressemblent tous, ils doivent être de la même famille.

— Ce sont eux qui mangent nos gens [1] », ajoute Cornumaran.

Quand Marbrin l'entend, il est pris d'une si grande frayeur que son corps se couvre de sueur ; il aurait bien donné tout l'or de l'Orient pour être ailleurs.

XXII

Les deux païens avaient été terrorisés par les Ribauds. Marbrin a failli s'évanouir de peur. Cornumaran appelle le roi Godefroy, le comte de Rohais et Eustache le sage.

« Seigneurs, dit le païen, serons-nous en vérité échangés tous les deux contre Raymond ? Je vous supplie, au nom de votre Dieu, de nous dire ce que vous allez faire de nous, nous laisser la vie ou nous faire mourir ? »

Le roi Godefroy répond : « Nous avons donné notre parole ; l'un de vous deux sera libéré, ainsi en avons-nous décidé. »

Les messagers païens ont ramené Raymond et l'ont remis au roi Godefroy, puis ils ont demandé Cornumaran. Le roi le leur a remis, libre. Quand il l'eut libéré et rendu aux païens, Baudouin de Rohais lui a donné une franche accolade en le suppliant de croire en Jésus, le Roi de majesté, ainsi garderait-il sa terre et son fief en libre possession. « Il n'en est pas question, répond Cornumaran. Je préférerais être décapité et écartelé, plutôt que d'abandonner et renier Mahomet. »

Le comte Baudouin pleure de pitié quand il l'entend.

Cornumaran se lève et demande congé. La trêve doit durer trois jours. Il monte à cheval, quitte la ville, tandis que le roi Godefroy le recommande à Dieu. Mais Cornumaran les défie en s'éloignant ; jamais, pense-t-il, il ne les aimera de sa vie, ils auraient grand tort d'avoir confiance ou foi en lui ; il haïra toujours les Francs et toute la chrétienté.

Éperonnant son cheval, il chemine en compagnie des messagers.

Le roi et tous les barons manifestent leur grande joie pour le comte Raymond qu'ils ont racheté. Ils lui ont fait prendre des bains, l'ont soigné avec des plantes jusqu'à ce qu'il ne ressente plus ses douleurs. Ils ont aussi rendu gloire et louange à Notre-Seigneur. Mais en même temps, ils restent effrayés par l'armée perse ; ce qui n'a rien d'étonnant, car jamais,

---

1. Ce n'est pas la seule allusion à l'anthropophagie dans les chansons de croisade. Voir aussi ci-dessous, chant VII, XI et XXXVI.

dit-on en vérité, il n'y eut d'aussi grande armée. Toutes les nuits, ils éta-
blissaient une garde armée à Jérusalem.

Je vais cesser pour un court moment de parler d'eux ; j'y reviendrai
bientôt.

Cornumaran a si bien chevauché qu'il a atteint les plaines de Rames où
il a retrouvé les Turcs. Sans attendre davantage, il en reprend le commandement ; et tous chevauchent tant en éperonnant leurs montures qu'à dix
lieues de là ils font leur jonction avec l'armée impériale. Les troupes de
l'émir Sultan étaient si nombreuses qu'elles recouvraient toutes les collines, les vallées et les hauteurs. Depuis que Dieu eut créé Adam avec de
la glaise et Ève avec une côte de l'homme, on n'avait jamais vu une aussi
grande armée, à ce qu'on dit. Il y avait au moins cent cinquante rois et
émirs et les hommes se comptaient par trente fois cent mille.

XXIII

L'armée de Sultan s'était établie à dix lieues de Rames ; il est impossible de dénombrer les tentes et les abris. Le camp s'étend sur sept lieues
et demie ; tout le pays en est couvert et la terre brille des éclats des pommeaux et des aigles. L'émir était assis, en grande pompe, sur un trône de
l'atelier de Salatré, entouré de cent rois de religion païenne. Cornumaran
arrive au galop avec son escorte. Il met pied à terre, entre sous la tente,
fend la foule et vient se prosterner aux pieds de Sultan. Il aurait baisé sa
jambe et sa chausse, quand Canebaut aux cheveux blancs le relève. Corbadas voit son fils, il en remercie Mahomet et dit au roi Sultan : « Grande
est votre puissance ; le monde entier obéit à vos ordres ; personne au
monde n'oserait s'opposer à vous. »

À cause du retour de Cornumaran, l'armée se laisse aller à sa joie,
redouble d'allégresse et célèbre Mahomet. Après la joyeuse célébration
de la fête, Cornumaran parla d'une voix distincte :

« Au nom de Mahomet, émir, il faut que je vous le dise : tous mes
hommes sont tués, mon armée est anéantie. Il y a, dans Jérusalem, un
nombre immense de chevaliers. Le jour de mon arrivée, j'ai lancé une
attaque ; j'avais rassemblé du butin dans le val de Josaphat. Les chrétiens
sont sortis en ordre de bataille ; ils combattent avec une terrible violence.
Les lances étaient brisées, les boucliers fendus ; j'ai été fait prisonnier ;
que dire de plus ? Le roi Sucaman a perdu tout le côté droit que Baudouin
lui a tranché avec son épée aiguisée. Aucune arme ne résiste aux coups
des Français. Leurs épées ont toutes une croix au pommeau. Quand le roi
Godefroy tire la sienne et frappe un de nos chevaliers sur son casque brillant, il pourfend cheval et cavalier, comme un rien ; l'âme s'en va sans
que le corps ait le temps de s'en apercevoir. Il garde Marbrin en captivité
dans la grande tour antique. Nous avions capturé un de leurs comtes, le

seigneur Raymond de Saint-Gilles ; c'est en échange de lui que j'ai été libéré, mais ils ont gardé Marbrin. S'il refuse la conversion, sa vie sera courte. »

À ce discours, Sultan frémit. Il jure, par Mahomet qu'il adore et prie, que la ville sera assiégée le lendemain matin et détruite de fond en comble, si les chrétiens ne se rendent pas.

Mais Cornumaran intervient :

« J'ai promis une trêve de trois jours, j'ai donné ma parole. Je préférerais la mort au parjure. Quand ce sera le jour, notre foi sera exaltée, les hommes de Godefroy seront écrasés par notre armée ; ils se rendront tous à nous, la cité sera prise. Nous les emmènerons en captivité dans le royaume de Perse pour les établir dans nos déserts que leurs descendants peupleront et mettront en valeur. Notre religion sera exaltée, la leur humiliée. Notre domination s'étendra jusqu'à la terre de France et si quelqu'un s'oppose à votre puissance, il aura la tête coupée sur-le-champ.

— Par Mahomet, c'est bien parlé », dit le roi de Nubie.

Ils laissèrent là les discours ; la nuit était tombée ; les païens vont sous leurs tentes avec grand bruit. La musique des cors et des trompettes s'entendait jusqu'aux abords de Jérusalem. Puisse Dieu, le fils de sainte Marie, venir à l'aide de nos gens, car si les secours tardent, ils seront dans une situation catastrophique.

XXIV

Il y eut beaucoup de bruit pendant la nuit dans le camp. La terre était illuminée par l'embrasement des lampes allumées. On y voyait sur dix grandes lieues à la ronde. Le lendemain matin à l'aube, les païens replient les tentes, chargent les approvisionnements, préparent leurs armes et tout ce qu'il fallait. Sultan donne l'ordre aux troupes d'avancer en armes, sans faire halte, jusqu'aux plaines de Rames. Les Sarrasins s'équipent immédiatement, au son retentissant de vingt mille cors, et prennent la direction de Jérusalem. Les soldats de Notre-Seigneur sont effrayés par les troupes perses qui s'avancent, déployées sur sept lieues. Sultan chevauche avec grande vigueur sur Maigremor à la tête étoilée, qu'aucun effort ne met en sueur. Il galope mieux dans les collines et les montagnes que d'autres ne le font dans une vallée et ses sabots sont plus durs que de l'acier ; il aurait bien couru trente lieues d'une seule traite avec une pleine charge de fer. Ce cheval était couvert d'une housse de pourpre décorée ; sa selle était en ivoire, ornée de topazes avec des incrustations d'émeraudes dans de la résine odorante qui reluisaient plus que des chandelles allumées. L'émir portait sa grande barbe étalée sur sa poitrine jusqu'à sa ceinture, blanche comme fleur des prés, et ses cheveux rejetés derrière ses épaules, tressés et décorés de boutons de jaspe. Il était couronné d'un cercle d'or de très grande valeur et avait revêtu sa grande tunique à fourrure ; que vous en dire ? On n'en a jamais vu de semblable ; elle avait été fabriquée dans les défilés d'Abilant par la déesse Pallas et la fée Morgain. L'émir tenait une baguette carrée de l'or le plus fin d'Arabie, creusée à l'intérieur et tout ornée de pierres précieuses ; quand le vent en atteignait les entailles et les trous, à chaque souffle l'on entendait des chants, des notes, des voix, des mélodies les plus variées. On jette, sous les pas de sa monture, de la menthe, du baume, des joncs et des roses colorées ; cent cinquante Turcs mécréants l'escortent, l'épée dégainée, qui, tous, lui versent tribut.

Cette immense armée s'avance à travers collines et montagnes ; il fallait presque une journée pour la parcourir d'une extrémité à l'autre. Les cors, les trompes et les trompettes sonnent puissamment ; les monts en retentissent, les vallées en renvoient l'écho. Les rapides chevaux soulè- vent une telle poussière qu'on en voit le nuage depuis Jérusalem. Les soldats de Notre-Seigneur en sont effrayés. Ce n'est pas étonnant, car jamais l'on n'avait vu une armée aussi imposante. L'émir a juré par sa grande barbe qu'il ne reviendra jamais sur ses pas avant d'avoir dévasté la France, capturé et enchaîné tous les chrétiens. Tous ceux qui refuseront de croire en Mahomet auront la tête coupée !

Mais, s'il plaît à Dieu, sa barbe sera victime d'un parjure, si Dieu protège les princes de Terre sainte qui ont fait demi-tour vers Jérusalem. Ils ont repassé l'eau du Jourdain. L'armée de Sultan sera tout entière mise en déroute, les païens vaincus et anéantis.

CHANT VII

Vous allez entendre une magnifique chanson, comme jamais jongleur n'en a raconté de plus belle. Elle est véridique car elle se trouve dans la Bible [1].

I

L'émir chevauche avec son immense armée. L'avant-garde est assurée par cent cinquante mille hommes sous la conduite des dieux Mahomet et Tervagant ; elle convoie le riche trésor de l'émir Sultan.

Calife convoque Canebaut et Morgan, le vieil Amulaine, son frère l'Amustan, Hector le fils d'Aresne, le roi Glorian, Calcatras le seigneur des monts de Baucidant, le vieil Aérofle, oncle de Cornumaran, le roi des Cananéens et son frère Rubant, Cornuble de Monnoble et son frère Ataignant, Miradas de Cordes et l'émir Lucifer qui se faisait accompa-

---

1. L'auteur se donne ainsi une caution historique et morale sans réplique.

gner de Lunor de Moriant, Butor et Danemont, du puissant Marjari, de Galafre, Estele, Corbon, Soupirant, Fabur et Malcoé, le frère de Soliman. Il fait venir aussi avec eux le farouche Cornumaran.

« Seigneur, écoutez mes ordres, dit Calife. Faites exposer vos reliquaires, ainsi que les riches écrins d'or d'Arabie et tous les vases de grande valeur. Que dix mille païens les portent vers Jérusalem. Et vous, avec cent mille Turcs, vous les suivrez. Les Français, devant tout cet or, sortiront de la ville, par cupidité, pour s'en emparer. Vous, vous les attaquerez et leur couperez aussitôt la tête.

— Par Mahomet, c'est une proposition très habile ; le pape Calife est d'excellent conseil. »

Les Sarrasins vont alors aussitôt ouvrir les coffres, en retirent tous les trésors et les étoffes précieuses, les grands reliquaires en or d'Arabie, pour les porter en grande procession dans leurs bras en chantant, tandis que les Achoparts les accompagnaient en dansant. Les perfides mécréants font cela par ruse. Le détachement militaire qui suivait était composé d'abord de soixante mille archers, puis de cent mille hommes choisis pour leur force, tous montés sur des chevaux rapides, bien équipés de cottes de mailles, de heaumes et d'épées affilées, de javelots pointus, de longs pieux, de lourdes massues ; ils restent à distance du trésor de l'émir. C'est Cornumaran leur gonfalonier, monté sur Plantamor son cheval rapide. Le Turc chevauche avec une telle vigueur qu'il fait plier les étriers sous lui. Il brandit orgueilleusement son épée, tout en proférant des menaces à l'encontre du roi Godefroy et de Baudouin. Que Dieu vienne à leur aide par sa sainte volonté ! Si en effet le roi et ses hommes sortent de la ville, ils seront tués ou faits prisonniers ; rien ne pourra les protéger. Malheur à qui convoite les richesses qu'il voit [1] !

II

L'émir et ses puissants barons chevauchent, tous d'une seule traite, depuis les plaines de Rames pour exposer le trésor aux yeux des chrétiens devant Jérusalem, près de la porte où saint Étienne fut lapidé pour l'amour de Dieu. Leurs prêtres disaient : « Prenez-vous par la main pour danser ! »

Le roi Godefroy est monté sur les murs avec l'excellent Baudouin de Rohais, le roi Tafur et Pierre l'Ermite. Il y avait aussi beaucoup de chevaliers et de Ribauds. Le roi s'appuie à la muraille et leur dit :

« Écoutez-moi, seigneurs ! Qu'aucun de vous n'ait l'audace de sortir de la cité, à cause de ce que vous voyez. C'est une ruse des Turcs que d'exposer de la sorte leur or. Ils attendent, tout près, en embuscade, que

---

1. Voir aussi ci-dessous, XV.

nous allions dans les prés pour nous emparer de leur trésor. Toutefois, si Jésus de gloire nous aime tant, qu'il nous permette de le conquérir, il serait partagé équitablement entre vous tous.

— À vos ordres, seigneur, répondent les Français. Nous vous obéirons quoi qu'il arrive. »

Après les avoir ainsi rassurés et exhortés, le roi est remonté tout seul dans la tour de David. Voyant le pays tout couvert d'hommes en armes, il adresse une prière à Dieu :

« Seigneur Dieu, Père, ayez pitié de vos simples fidèles qui sont restés ici pour Vous, pour garder la ville où votre corps a été transpercé et le Saint-Sépulcre où Vous avez reposé. Seigneur Dieu, si telle est votre volonté, n'acceptez jamais qu'on y serve et vénère le diable. Mais si votre volonté est de supporter que votre ville soit reprise par les infidèles et que votre peuple soit tué et massacré, alors, je vous prie, cher Seigneur, exaucez-moi ! Que je sois immédiatement décapité, car je préfère la mort à la captivité.

« Ah ! barons de France ! Où êtes-vous allés ? Vous m'avez laissé seul sur cette terre sainte, totalement isolé au milieu de démons ! Vous m'avez abandonné, vous ne me reverrez jamais plus. Si le Sépulcre est pris et profané, toute la sainte chrétienté en sera humiliée ! »

Le roi se mit alors à pleurer, en se tirant les cheveux. Aucun homme au monde, témoin de sa douleur, n'aurait résisté à la compassion.

III

Après cette lamentation, Godefroy s'adressa encore longuement à Dieu. Puis, voyant la terre couverte de païens, il ceint son épée, la tire du fourreau et la serre dans son poing : « Bonne épée, lui dit-il, je vous plongerai aujourd'hui encore dans le sang des Sarrasins que je tuerai. Avant de mourir, je me battrai si bien contre eux que mon âme en sera sanctifiée, s'il plaît à Dieu et à sa mère. »

IV

Quand le roi Godefroy eut achevé sa prière et l'adresse à son épée, il la remet au fourreau, puis fait le signe de la croix et descend les escaliers de la tour pour rejoindre ses hommes qui lui demandent avec inquiétude :

« Qu'allons-nous faire, seigneur ? Si vous l'ordonnez, nous irons saisir ce trésor.

— Seigneurs, nous n'en ferons rien. Personne ne sortira. Restons à l'intérieur. Ces traîtres de Sarrasins veulent nous tendre un piège. Si nous sortons de la ville, nous ne pourrons plus jamais y rentrer. Observons-les calmement. S'ils nous attaquent, défendons-nous bien ici, dans la ville, pour le meilleur et pour le pire. »

Le roi Tafur l'entend, il en fronce les moustaches et, de colère, jure par saint Lazare qu'il rompt tout lien vassalique avec Godefroy s'il ne le laisse pas tenter une sortie. Il la fera de toute façon, avec ou sans autorisation, quitte à partir furtivement comme un voleur.

« Qu'est-ce ? Diable ! dit-il. Sommes-nous prisonniers ? Ils nous offrent leur trésor et nous n'osons pas le prendre ! Si l'on veut m'en croire, nous l'aurons. Nous savons bien que nous mourrons tous ; alors conquérons ce trésor pour Jésus, afin de ne pas encourir de reproche devant Dieu. Faisons une sortie, par saint Lazare. Que nous mourions ou survivions, il n'y a pas d'autre solution ! Si j'ai un cheval qui m'emporte au galop, j'irai tuer Sultan à l'intérieur de sa tente. Si je meurs, qu'importe, puisque j'aurai fait ce que je voulais !

— Nous vous suivrons tous, sans hésitation et sans peur de la mort, s'écrient les Ribauds.

— Réfléchissez, dit Godefroy. Je préférerais être mort plutôt que de vous perdre. Mais la trêve n'est pas achevée ; ce serait trahison. »

Tandis qu'ils tenaient cette discussion houleuse, voici que Cornumaran se précipite au galop avec cent mille Turcs et Slaves, jusqu'auprès de nos hommes. Il crie :

« Nous rompons la trêve ; vous serez tous tués ou faits prisonniers, si vous n'adorez pas Mahomet. Je vous emmènerai en captivité et Sultan fera pendre votre ermite Pierre. Aucun de vous ne sera libéré contre rançon !

— À la grâce de Dieu », dit le roi Godefroy, puis il crie :

« Aux armes, barons ! Mais je vous demande, au nom de Dieu, de ne pas les poursuivre trop loin. »

Alors Raymond de Saint-Gilles sonna du grand cor.

V

Dès qu'ils entendent le son du grand cor, tous les hommes de Notre-Seigneur se précipitent sur leurs armes et Pierre l'Ermite dit à Godefroy : « Moi aussi, seigneur, par amour pour vous, je vais prendre mes armes. »

Il endosse immédiatement son haubert, Godefroy lui lace son heaume, mais il ne prend pas de chausses de fer. Il porte au côté gauche une épée d'acier et monte sur le cheval qu'on lui avance ; le comte Baudouin lui tend son bouclier et son frère Eustache lui donne une lance. Mais Pierre la trouve trop légère et la jette à terre. Il se saisit d'une grande perche dont il aiguise la pointe et jure par la mort de Dieu qu'il n'en portera pas d'autre ! En armes, Pierre a fière allure ; il assure son assiette à cheval avec une telle fougue qu'il rompt ses étriers et arrache sa selle.

« Dieu ! quel cavalier ! dit le roi Tafur. Cela fait plus de cinq ans qu'il n'est monté à cheval, un haubert sur le dos, pour attaquer à la lance ; il ne saura plus se servir de ses armes. »

Mais Pierre a juré qu'il le fera et que s'il atteint les païens, il en désarçonnera tant qu'il fera l'admiration du puissant Sultan. Il lui faut d'abord remettre pied à terre pour resangler son cheval. Le roi Godefroy l'aide discrètement. Une fois à nouveau en selle, Pierre dit : « On verra bien qui sera le meilleur dans cette bataille. Quel déshonneur pour celui qui ne tiendra pas devant les païens ! »

Pierre affirme bien qu'il s'en moquera à son retour, et que, lui, il fera ses preuves : si son cheval ne bronche pas, il s'emparera de Cornumaran. Mais, sans le secours de Dieu, il ne reviendra jamais !

VI

Le roi sort de Jérusalem avec ses troupes. De toute la vitesse de leurs chevaux, lancés à fond de train, ils se jettent sur les Turcs, sans faire de quartier. Le vacarme des païens, le choc des lances et des épées pouvaient s'entendre à deux lieues.

Pierre l'Ermite, à la barbe blanche, excite des éperons son bon destrier. Il prend son bouclier par les courroies, brandit son épieu. Ce va être une catastrophe ! Dans son attaque, il n'a pas su le relever, mais il l'a placé de travers entre son arçon et lui. Son cheval l'entraîne avec une vigueur extrême vers le trésor. Que Dieu, le fils de sainte Marie, l'ait sous sa garde, car des païens vont à sa rencontre — que Dieu les maudisse ! Au plus fort de la bousculade, sa perche se brise et les odieux ennemis lui ont tué son destrier. Quand il voit son épieu en morceaux et son cheval mort, il n'a guère envie de rire. Il tire aussitôt son épée, laisse tomber à terre son bouclier pour frapper à deux mains de grands coups. Il se défend farouchement, mais il ne recevra pas d'aide, car il est éloigné de nos soldats à plus d'une longue portée d'arc. Il se retrouve environné de païens.

VII

On comprend l'affliction de Pierre quand il se voit encerclé par ces suppôts de Satan. Il frappe de grands coups, en tenant son épée à deux mains ; il parvient à s'appuyer à un rocher pour se défendre par-devant, sans avoir à craindre d'attaque dans le dos. Il fallait le voir mutiler les Sarrasins, les abattre morts et les renverser les uns sur les autres ; aucun chevalier n'aurait mieux fait. Les païens, plus de deux mille, continuaient de l'attaquer, mais aucun n'osait l'approcher. Devant un tel massacre des leurs, les maudits traîtres ont reculé, terrorisés par le courage farouche de Pierre qui les regardait comme s'il voulait les dévorer.

Nous allons maintenant parler de nos soldats — que Dieu vienne au secours de Pierre ! — qui se trouvent dans la grande et redoutable bataille. Le fracas des épées, les cris, le tumulte font trembler la terre sous leurs pieds. On pouvait voir le roi Godefroy en pleine action avec ses frères et les autres guerriers au milieu des rangs ennemis. Ils manient l'épée en vrais chevaliers, obligeant les Turcs à abandonner le terrain sur une portée d'arc, et continuant de les pourchasser sans se laisser arrêter par la présence du trésor.

Quand les Sarrasins se rendent compte qu'ils ne veulent pas y toucher, ils poussent leurs cris de ralliement ; les archers se mettent en position et criblent les nôtres de flèches et de javelots. Les mailles de leurs hauberts, si fines soient-elles, ne peuvent pas les protéger de blessures sanglantes dans les flancs. Dans cette contre-attaque, les païens nous ont tué Gautier, Godescal, Simon, Roger d'Étampes, Acart de Montmartre, Rohart de Poitiers, Gui d'Aubefort et son frère Rainier, créant un grand désarroi dans l'armée. Le roi pense devenir fou de colère et de fureur devant l'importance des pertes humaines parmi les siens, il crie : « Jérusalem ! Chevaliers, à l'attaque ! Que chacun pense à bien défendre sa vie. »

Alors le vacarme et les cris redoublent. Le roi pourfend depuis le heaume jusqu'à la ceinture tous ceux qu'il atteint de son épée. Ses frères et tous les autres se battent avec acharnement ; leurs épées sont trempées de sang et de cervelle.

VIII

Le combat était gigantesque, la bataille furieuse. Voici qu'arrive le roi Tafur avec ses pauvres fantassins. Chacun tient un poignard ou une hache bien tranchante. Tous ces Ribauds coupent sans ménagement les têtes, arrachent les entrailles. Les archers turcs ont beau tirer plus vite que le vent ne chasse la paille, le roi Tafur continue de toutes ses forces à les décimer avec sa faux affilée. Tous ceux qu'il atteint n'ont plus le loisir de s'en aller ; aussi les Turcs le fuient-ils comme les brebis le loup. Personne n'ose plus l'affronter et le meilleur d'entre eux ne l'aurait pas attendu pour un empire.

Cornumaran dit à l'émir de l'Escaille : « Par Mahomet, notre dieu, rien ne va plus pour nous, car sont arrivés je ne sais quels massacreurs, véritables diables sortis de l'enfer pour tuer nos gens. Un vrai carnage ! »

L'émir baisse la tête et, terrorisé, répond avec brutalité : « Par Mahomet, en vérité, nous finirons par être tous anéantis. Nous avons eu bien tort de nous lancer dans cette aventure. »

IX

Quand Cornumaran voit arriver les Ribauds, il crie « Damas ! », tout en brandissant l'épée et en éperonnant Plantamor, son rapide destrier. Douze mille infidèles le suivent au galop pour attaquer les Ribauds et tirent, avec leurs arcs turcs, une pluie de flèches, meurtrière pour leurs adversaires qui ne portaient pas d'armures. Les Ribauds allaient être tués et massacrés, quand le comte Baudouin arrive à la rescousse, frappant sans relâche à coups d'épée et coupant quantité de poings, de pieds, de membres. Le champ de bataille était couvert de morts et de blessés.

Le roi Godefroy, l'épée tranchante à la main, pique Chapalu de ses éperons d'or, il affronte Cornumaran et, d'un grand coup, arrache les décorations et les pierres précieuses de son heaume d'or martelé ; mais le coup dévie et descend brutalement sur le côté gauche contre l'écu, coupant de part en part tout ce qu'il atteint. S'il l'avait mieux asséné, il l'aurait tout entier pourfendu. Quand Cornumaran reconnaît Godefroy, rien ne lui aurait fait attendre le coup suivant ; il fuit au grand galop. Le roi Godefroy va alors frapper Malagu, fils d'Agolant et neveu de l'émir Hu ; il le coupe en deux par le travers du corps ; son bon destrier en emporte une moitié, sans s'arrêter, jusqu'au camp de Sultan. Ce coup sème la panique chez les Sarrasins qui prennent la fuite. On ne les reverra plus au combat ; il n'y aura plus à les attaquer, ni à les poursuivre. Le roi fait demi-tour car il a gagné la bataille ; mais personne n'a touché au trésor. « Hélas, nous avons fait une grande perte, dit le roi. Je ne retrouverai jamais le bonheur, maintenant que Pierre a disparu. »

X

On menait grand deuil dans Jérusalem, et beaucoup s'évanouirent à cause de la disparition de Pierre l'Ermite. Le roi Tafur se lamentait, exhalant sa peine et sa tristesse. Mais le roi Godefroy les réconforte :

« Écoutez-moi, seigneurs, au nom de Dieu ! Il est bienheureux s'il est mort pour Dieu ! Je veux vous dire autre chose. Ayez confiance en ma parole : tant que je vivrai, la cité ne sera pas prise. Je préférerais être démembré, plutôt que d'y voir le diable servi et adoré. Ayez confiance, Dieu est avec nous ! Si sa volonté est de nous venir en aide, il ne faut pas avoir peur. »

Ce discours les rassure et les réconforte. Le roi Godefroy demande ensuite à son frère Eustache :

« Faites chauffer de l'eau. Je ne peux pas lâcher mon épée, tant mon poing est enflé [1].

---

1. Voir aussi ci-dessous, XX.

— À vos ordres », répond Eustache.

Le roi avait le bras et la main tellement meurtris que l'on eut beaucoup de mal à lui retirer son épée du poing. Il donne l'ordre à Anthiaume de monter la garde de la ville avec sept mille hommes d'armes.

Je vais maintenant cesser de parler de nos troupes que Dieu aime, et revenir à Pierre qui, adossé à un rocher, était assailli par une foule de Turcs et de Perses qui tiraient sur lui une pluie de flèches avec leurs arcs turcs. Mais Jésus le préserva des blessures. Cornumaran arrive au galop en lui criant :

« Vieillard, c'est la fin ! Je vais vous frapper avec ma faux tranchante, si vous ne vous rendez pas. Rendez-vous ou mourez ! Je vais vous livrer à Sultan.

— Vous n'en ferez rien, s'il plaît à Dieu, rétorque Pierre l'Ermite. Avant de m'avoir pris, vous le paierez cher. Vous seriez bien audacieux de m'attendre ! »

Il s'avance, prêt à frapper. Cornumaran se précipite comme un fou. Le baron recule en esquivant, il n'est pas touché. Mais Cornumaran lui lance sa faux tranchante, qui l'atteint au flanc. Pierre tombe à terre. Cornumaran crie : « Tenez-moi ce vieillard ! »

Les Sarrasins le saisissent de tous côtés, lui lient les poings, lui bandent les yeux, le tirent et le secouent en tous sens, puis le chargent sur un cheval pour le conduire au camp. On le met en présence de Sultan dans sa grande tente.

L'émir ordonne qu'on le désarme et qu'on lui enlève son heaume. L'Ermite était grand, fort, musclé. Il avait une barbe longue et épaisse, de larges moustaches, les cheveux ébouriffés et emmêlés, car cela faisait bien deux ans qu'il ne les avait pas lavés et qu'il n'avait pas refait sa raie. Son visage était sale et ensanglanté ; avec ses deux yeux bien écartés de part et d'autre d'un grand nez, il avait l'air plus farouche qu'un ours déchaîné ; il serre les dents, relève les moustaches, lance un regard vif aux rois et aux émirs, retrousse ses manches, bande ses muscles quatre fois. Il se serait jeté sur l'émir si on ne l'en avait empêché. Canebaut lui crie : « Tenez-vous tranquille ! Au moindre mouvement, on vous coupe la tête ! »

Sultan lui demande :

« D'où venez-vous ? Quel est votre lignage, qui sont vos parents ? Dites-moi qui vous êtes, sans rien me cacher.

— Seigneur, vous allez tout savoir », répond l'Ermite.

XI

L'émir Sultan s'adresse à Pierre :
« Dites-moi quel est votre nom.

— Je vous répondrai volontiers ; je m'appelle Pierre ici aussi bien qu'outre-mer ; je suis né à Amiens où j'ai toujours ma demeure. »

Avant d'avoir fini de répondre, Pierre s'évanouissait dans la tente. L'émir appelle aussitôt Lucion, le médecin le plus compétent qui soit. « Vite, un remède, dit Sultan, guérissez-moi ce Français immédiatement. »

Le médecin ouvre son coffre, en extrait de la marrube, une herbe sacrée découverte par Salomon, qui avait fait sortir les Sept Sages de prison. Dès que Pierre en eut avalé, la large blessure par laquelle sortait son poumon fut guérie. Il se retrouvait plus vigoureux et agile qu'épervier ou faucon. Sultan le fait asseoir sur un banc d'ivoire aux pieds d'or à côté de Rubion et il fait placer Tahon de l'autre côté. Corsuble et le seigneur Mabon se tenaient à droite ; l'émir, le seigneur Néron étaient également à leurs places et le puissant Amulaine sur un siège façonné en or fin selon la tradition de Salomon. Tous les autres étaient assis alentour. Le sol, parfumé de baume, avait été, par les soins de Selon, couvert de jonc, de menthe, de fleurs d'églantine fraîches ; trente cierges brûlent devant Mahomet. Ce sont donc cent cinquante rois perses et slaves assis sous la tente qui dévisagent Pierre et observent son allure, sa stature, son visage, sa manière d'être, en se disant entre eux : « Ce maudit semble bien être de ceux qui ont mangé les nôtres en grillades [1]. Il a les dents plus acérées qu'alêne ou poinçon. Regardez comme il grince des dents et fronce ses moustaches. On dirait un démon avec un regard de dragon. S'il était seul sous cette tente, il aurait plus vite dégluti un Turc qu'un loup n'avalerait un quartier de mouton ! » Les Sarrasins étaient tout effrayés par Pierre qu'ils ne cessaient de dévisager.

XII

Quand Pierre l'Ermite entend les païens grommeler, il redoute qu'ils ne veuillent le tuer. Aussi retrousse-t-il ses manches et va-t-il empoigner un Turc qu'il envoie mort aux pieds de Sultan d'un violent coup de poing à la mâchoire. Païens, Sarrasins, Slaves bondissent sur lui avec l'intention de le mettre en pièces de leurs épées d'acier. Mais l'émir Sultan s'écrie : « Maudit celui qui osera le toucher ! »

---

1. Allusion à un épisode antérieur raconté dans la chanson des *Chétifs*. Voir aussi ci-dessus, chant VI, XXI.

Puis, il s'adresse à Pierre, en français, pour lui demander de servir et adorer Mahomet, d'abandonner la religion chrétienne et d'abjurer : « Pierre, si tu acceptes, je te donnerai Damas et tu m'accompagneras dans la conquête de la France. C'est toi qui auras le commandement de mon immense armée. Dès la belle saison, nous passerons outre-mer pour anéantir la chrétienté et je recevrai la couronne impériale à Aix-la-Chapelle. »

Pierre l'écoute et lui répond en hochant la tête : « J'accepte. Vite, faites-moi apporter Mahomet. »

L'émir commande qu'on le lui fasse amener, pour voir s'il consentira à faire amende honorable devant lui. « Oui, dit Pierre, s'il veut bien m'entendre, avant qu'il ne me laisse, je pense le faire pleurer. »

XIII

On fait apporter Mahomet dans la tente de l'émir, qui s'éclaire de tout l'or, de toutes les pierres de cristal dont brille l'idole. Plus de mille cierges scintillent devant lui. Pierre se prosterne tout en pensant à autre chose. Puis on apporte un grand taureau de métal, dans lequel entre à grand fracas un Sarrasin. Pierre se prosterne et reste incliné. Mais en son for intérieur, il s'adresse à Dieu, notre Père spirituel, pour qu'il le délivre de cette race criminelle. Sultan lui fait offrir un cor d'ivoire, un sceptre d'or fin incrusté de corail et une coupe précieuse en émail. Les Sarrasins, tout joyeux, organisent une grande fête et de grandes réjouissances, offrant des pièces d'or et de précieux tissus de soie. Ils font introniser Pierre par le roi Mariagaut, le font reculer jusqu'au piédestal et le font heurter le taureau sous le menton. Sultan et Corbadas ne cachent pas leur joie.

XIV

Quand Pierre l'Ermite eut adoré Mahomet et que les Turcs l'eurent intronisé dans leur religion, le roi lui a accordé sa confiance et l'a fait asseoir sur un trône à côté de lui. Il l'a interrogé sur les conquérants de Jérusalem, sur Godefroy qu'ils ont couronné roi ; frappe-t-il de l'épée aussi bien qu'on le lui a dit ?

« Oui, en vérité, répond Pierre, rien ne résiste à la force de ses coups ; et il est si hardi qu'il ne craint ni roi, ni émir ; et sa vaillance est plus grande que je ne saurais dire. »

On fait alors venir Sucaman qui n'avait plus ni bras ni côté droit ; puis est apporté le corps du cheval qu'il montait et que le roi Godefroy avait pourfendu. Sa selle et ses arçons sont rouges de sang. Sucaman, devant le roi, crie pitié.

« Dis-moi, qui t'a mis dans cet état ? interroge l'émir.

— Par Mahomet, seigneur, Baudouin de Rohais, un Français infidèle qui a épousé la fille du Vieux de la Montagne ; il est le frère du roi Godefroy qui nous fait tant de mal, qui détruit notre religion et déshonore Mahomet. Regardez les blessures qu'il m'a faites, et ce cheval coupé en deux : ce fut pour lui un jeu d'enfant. Ils ont emmené mon fils en captivité ; il est maintenant prisonnier, enchaîné dans la tour de David. Mais par la fidélité que je vous dois, si vous ne me rendez pas justice, vous me verrez mourir. »

Sultan est affligé de ce qu'il entend et il jure par Mahomet Gomelin que, s'ils ne lui rendent pas la cité le lendemain, rien ne les protégera de la mort ; il les fera dépecer et brûler sur un bûcher. Tout l'or du monde serait insuffisant à les racheter. Sultan convoque un interprète pour l'envoyer, sur le conseil de Pierre, à Jérusalem mander à Godefroy de se présenter devant lui, sans le moindre délai : « Il aura la tête coupée selon le droit païen, s'il n'abjure pas et ne renie son Dieu. Si, en revanche, il accepte de croire en Mahomet, alors je l'aimerai, j'en ferai mon héritier, il aura mon royaume. En tout état de cause, il ne recevra aucun secours de la chrétienté, car les chevaliers ont repassé la mer depuis plus de deux mois. S'il refuse, il peut en être sûr, son corps sera jeté aux ours et aux lions. »

XV

Quand l'émir Sultan eut exposé la teneur de son message, les Turcs les plus avisés lui ont conseillé de faire approcher son bon destrier, avec une couverture en soie de Carthage, avec sa selle d'or massif décorée d'oiseaux et de poissons en émail ; c'est une selle de facture remarquable ; personne, si grand voyageur soit-il, n'en a jamais vu nulle part de semblable.

« Émir, dit Calife, envoyez aussi votre bouclier ; l'escarboucle qui le surmonte est de grande valeur. Les Français sont très cupides ; dès qu'ils regarderont de ce côté avec convoitise, vous pouvez être sûr qu'ils oublieront tout sens moral. Et s'ils se lancent dans le combat, ce sera pour eux un désastre. L'avare ne trouve souvent que sa honte [1].

— Par Mahomet, voilà un conseil avisé », dit Sultan.

Il donne ordre aussitôt qu'on fasse venir son bon destrier que le roi Marin va équiper.

---

1. Voir aussi ci-dessus, I.

XVI

L'émir fait somptueusement harnacher son destrier. Les freins et la selle sont en or pur ; les étriers sont tenus par des chaînes d'or, constellées d'émeraudes et de topazes. Le harnais était magnifique, personne, en France, n'aurait été assez riche pour l'acquérir ; et il protège du venin. Le cheval était plus blanc que la neige et sa tête plus rouge que de la braise ; il était revêtu d'une couverture vermeille décorée en échiquier et ajourée finement pour que le blanc du poil soit mis en valeur par le rouge. Les brides de sa tête valent le domaine de Poitiers.

Sultan l'envoie à Jérusalem pour tenter le roi, comme monture du messager qui doit persuader Godefroy qu'il sera jeté en pâture aux lions et que ses deux frères seront tués et dépecés s'ils ne veulent pas abjurer et abandonner leur Dieu. Quant aux autres prisonniers, ils seront étroitement attachés pour servir de cible aux archers.

Le messager s'en va sur-le-champ, un rameau d'olivier à la main, sans cesser d'éperonner le cheval farouche jusqu'à Jérusalem. Le roi, qui était sur le mur, le voit bien arriver ; il dit à ses barons :

« Voici un messager qui vient nous dire je ne sais quoi. Le cheval qu'il conduit vaut tout l'or de Montpellier. Écoutez mes instructions : n'acceptez pas un sou de lui : malheur à qui osera l'approcher, car il est clair qu'on l'envoie nous espionner.

— À vos ordres », répondent-ils.

Le messager arrive devant la porte et appelle. Godefroy le fait entrer et escorter jusqu'à un grand palais qui se trouvait devant le Temple saint. On attache le cheval à un anneau ; le roi Godefroy fait venir son interprète et commande à ses hommes de se tenir prêts.

XVII

Devant le Temple saint, il y avait un magnifique palais ; c'est à l'intérieur qu'on conduit le messager. L'interprète du roi parle à l'infidèle en sarrasinois et le païen délivre le message de Sultan. Il dit d'une voix forte devant tout le peuple :

« Que le roi Godefroy se rende au puissant Sultan, qu'il croie en Mahomet, Jupin et Tervagant ; sinon, il peut en être sûr, il sera jeté en pâture aux lions ; ses frères seront tués et dépecés ; quant aux autres chevaliers, étroitement liés, ils serviront de cible aux archers. Vous ne devez espérer aucun renfort de l'armée de France ; mais si vous voulez vous soumettre à sa religion, Sultan fera de vous son héritier et vous régnerez sur l'Orient.

— Ne plaise à Dieu tout-puissant que, de ma vie, je me rende à lui répond Godefroy, et je n'ai aucune envie de livrer Jérusalem, tant que je pourrai me battre à l'épée. Je préfère avoir la tête coupée plutôt que de devenir objet de vantardise pour les païens. »

Puis il dit à l'interprète :

« Traduisez-lui mes exigences : les païens doivent se rendre aux Français et leur payer tribut ; en outre, je lui fais dire — qu'il le retienne bien ! — que, si Dieu que je prends à témoin me protège, j'irai conquérir le royaume de Perse, je ne laisserai pas de ville, de forteresse ou de maison debout ; je ferai tout raser, jusqu'à La Mecque[1]. Les cierges qui brûlent devant Mahomet, je les prendrai pour les mettre au Sépulcre où Dieu est ressuscité. Je livrerai aux Ribauds Mahomet Gomelin, pour qu'ils en fassent ce que bon leur semblera ; ils lui briseront les bras et les flancs, ils en arracheront les pierres précieuses et l'or d'Arabie. Quant à l'émir lui-même, s'il ne renie pas Tervagant, je lui ferai crever les deux yeux, je lui arracherai la tête avec mon épée tranchante, je n'ai pour lui que haine et mépris. »

Le roi a fait tout traduire au messager. C'est alors que défilent ses hommes, bien en rangs, deux par deux, vêtus d'un uniforme de grosse toile. Les Ribauds à l'allure redoutable sont là aussi. Tous s'arrêtent devant le messager, mais ne jettent pas un regard au cheval. Ils sortent par une porte, rentrent par une autre, après avoir changé de vêtements pour qu'on ne les reconnaisse pas. Ils passent ainsi au moins dix fois de suite, avec, à chaque fois, des habits différents. Puis les Ribauds se changent pour ne porter que de grossiers habits et des chemises toutes déchirées. Avec leurs grandes massues, on dirait des monstres. Ils regardent le messager en grimaçant ; le roi Tafur roule des yeux, ouvre et ferme la bouche, grince des dents. Le messager, tremblant de peur, donnerait tout l'or du monde pour être ailleurs. Il en défaille de terreur ; comme il aurait voulu se trouver dans la tente de l'émir Sultan !

XVIII

Le Turc, terrifié par ce qu'il voit, aurait donné tout l'or du monde pour être loin. Il tremble comme s'il avait la fièvre, ne cesse de demander congé, disant qu'il a trop tardé ; il voudrait s'enfuir, mais les Ribauds le retiennent. Quand le roi Godefroy voit le désarroi du Turc, il fait jeter par terre devant lui plus de trente besants d'or que les chevaliers ne cessaient de piétiner. Le messager voit tout cela, le grave dans sa mémoire afin de le raconter, s'il le peut, à Sultan.

Le roi fait venir Marbrin sans vêtements, le fait richement habiller et le prie avec courtoisie de croire en Jésus. Le païen répond : « C'est une

---

1. *Le Bâtard de Bouillon* relate cette conquête, mais Baudouin en sera le héros.

proposition absurde ; jamais, pour tout l'or du monde, je n'abandonnerai le tout-puissant Mahomet, ni Tervagant, ni Apollin pour votre dieu ridicule : je ne croirai jamais en un dieu crucifié par les Juifs. »

Devant la réponse du Turc qui refuse de croire en Dieu, le roi Godefroy éprouva une vive colère. Il ordonne qu'on rende à Marbrin ses armes et qu'on l'en revête ; il lui fait ceindre au côté une bonne épée tranchante. On lui lace sur la tête un solide heaume brillant ; puis on lui amène un bon destrier à longue crinière. Marbrin monte en selle, passe un bouclier à son cou ; le roi lui fait donner une solide lance. Les Français s'étonnent, ne comprennent pas, mais ils vont bientôt voir leur roi mettre en valeur son courage ; il donnera les plus grands coups qu'on ait jamais vus en ce monde, faisant l'admiration de tous ceux qui le regarderont. Le roi, de son côté, revêt son haubert à fines mailles, met le heaume qui avait appartenu au roi Malagu — il n'y avait pas eu de païen plus félon jusqu'aux Bornes d'Arthur[1] — et demande qu'on lui donne son épée d'acier.

« Ah ! Bonne épée, bénie sois-tu ! dit-il. Grâce à toi, j'ai frappé de grands coups, j'ai gagné de nombreux combats et pourfendu beaucoup de Turcs et de païens. Que Dieu te récompense de tes bons services en empêchant qu'après ma mort tu ne tombes aux mains des infidèles. »

Le roi pend à son cou son bon bouclier doré.

XIX

Quand le roi fut équipé, on lui conduisit son cheval, Capalu ; il saute en selle sans prendre appui sur l'étrier. Il ne prend ni lance ni épieu, car il lui aurait semblé méprisable d'affronter le Turc à la lance. Ils vont tous auprès du mont Calvaire ; on y conduit aussi le messager, toujours effrayé de tout, avec le cheval qu'il avait amené. Tout le monde est rassemblé sur une large esplanade ; certains sont montés sur les balcons et les fortifications. Le roi Godefroy dit à Marbrin :

« Ami, crois en Dieu le Roi de majesté ! Tu seras mon grand ami et tu auras un riche domaine.

— Par Mahomet, répond Marbrin, il n'est pas question que je croie en celui qu'on a tué et mis à mort. Voilà le mont Calvaire où les Juifs l'ont fait souffrir. Je ne croirai jamais en Jésus ; il n'a aucun pouvoir.

— Connais-tu alors mes intentions ? Puisque tu as devant moi insulté Jésus-Christ, je ne vais pas te laisser vivre jusqu'à ce soir, car je te déteste. Mais j'ai décidé de t'accorder une grande faveur : j'attendrai que tu te sois précipité contre moi avec ta lance, puis que tu m'aies donné un grand

---

1. Il faut comprendre : « ... jusqu'aux colonnes d'Hercule », c'est-à-dire jusqu'au détroit de Gibraltar. C'est, en tout état de cause, une formule stéréotypée. Voir aussi ci-dessus, chant IV, XXVI.

coup d'épée. Si tu parviens à me tuer, tu auras réussi un exploit et tu partiras libre, sans être inquiété. En revanche, si tu ne me tues ni ne me blesses, je te donnerai un seul coup de mon épée tranchante.

— J'accepte, par Mahomet ! Merci », dit Marbrin.

XX

Le Turc prend du recul, éperonne son cheval en brandissant sa lance au fer tranchant ; il atteint le roi Godefroy sur son bouclier d'or décoré, le lui brise, le lui perce en dessous de la bosse d'or et pousse la lance le long de son flanc. Dieu a protégé le roi, il n'est pas blessé, il est resté ferme sur ses étriers, les rênes bien en mains.

« Par ma tête, dit-il, c'était bien asséné ! Frappez maintenant l'autre coup et vous aurez fini de jouer. »

Marbrin tire l'épée, vise bien le roi et lui donne un grand coup sur son heaume décoré de pierres précieuses, mais sans réussir à l'entamer. Godefroy lui dit : « C'est fini pour vous ! À moi de frapper ; je vous ai regardé bien en face et je vais venger Jésus que vous avez insulté devant moi. » Il met la main à l'épée, la tire du fourreau, tout étincelante, s'approche avec violence du Turc qui se protège de son bouclier décoré. Le roi Godefroy, crispé au point de ruisseler de sueur, lève haut l'épée, l'abat tout en la tirant vers lui ; il atteint si brutalement le Turc qu'il lui fend son heaume en quatre, pulvérise sa coiffe, lui ouvre en deux la poitrine avec un vacarme de tempête (Dieu s'est manifesté par un grand miracle), tranche son destrier en deux moitiés et abat le tout en un tas. Son épée a bien résisté, elle n'est même pas ébréchée. Les chrétiens crient tous ensemble : « Béni soit le père qui engendra un tel fils ! »

Baudouin et Eustache vont le serrer dans leurs bras ; ils embrassent sa main qui était couverte de sang. On lui trempe le bras dans du vin chaud et de l'eau, car, sous le choc, il s'était écorché et foulé le poignet[1].

Après cela, on charge le Sarrasin sur une bête de somme et son cheval mort est attaché sur une autre. Le messager les conduira auprès de l'émir Sultan, il en donne sa parole ; puis, quittant Jérusalem, il prend la route, tout joyeux de s'être sauvé sans que les Ribauds l'aient étranglé et dévoré. Il en rend grâce à Mahomet Gomelin.

---

1. Voir aussi ci-dessus, x.

XXI

Le messager s'en va son chemin, encore tout bouleversé de la frayeur qu'il a éprouvée. L'esplanade devant la tente de Sultan est couverte d'infidèles, Turcs et païens. Sultan s'occupait de ses faucons qui sortaient de mue. Arrive le messager qui fend la foule, laissant des traces de sang sur son passage.

« Ah ! seigneur émir, s'écrie-t-il, mal remis de sa peur, quelle catastrophe nous inflige Godefroy avec l'aide de son Dieu ! Revêtu de sa cuirasse, il a tranché d'un seul coup, comme en se jouant, ce cheval et ce Turc. Les Français sont terribles ; je n'ai jamais vu de telles gens ! Pas un n'a tendu une main pour prendre mon cheval ; j'ai vu jeter de l'or en pleine rue ; ils marchaient dessus comme sur de l'herbe ; ils n'ont que dédain pour l'or et l'argent. Se trouve avec le roi une race de gens diaboliques, aux dents plus aiguës qu'alêne pointue. Ils mangeraient vos hommes comme une purée au poivre. »

Quand Sultan l'entend, son sang ne fait qu'un tour, mais Pierre en a ri dans sa barbe blanche.

XXII

« Émir, puissant seigneur, dit le messager, j'ai vu dans Jérusalem tant de soldats que je n'en saurais dire le nombre. Son roi me charge de vous dire qu'il vous fera ébouillanter, frire ou brûler dans de la poix bouillante ou de la cire ; à tout le moins, tuer et dépecer. Il compte bien vaincre et écraser notre grande armée et ne pas laisser debout tour ni place forte jusqu'à La Mecque. Il en rapportera les chandeliers, il me l'a dit, et choisira les plus belles pièces de votre trésor pour faire des reliquaires destinés au Sépulcre. »

Sultan jette un grand soupir, prend sa barbe dans sa main, la tire et en arrache plus de cent poils.

XXIII

Quand Sultan entend le rapport du messager, il écume de rage et de fureur. Les païens frémissaient à le voir. Il fait enchaîner Pierre l'Ermite sous la garde de quatre rois païens, de peur qu'il ne s'enfuie, puis il fait sonner trente cornes de bœufs. Aussitôt les païens revêtent leurs équipements, prennent leurs armes, endossent les haubergs, fixent les heaumes, ceignent les épées, saisissent les boucliers, empoignent les lances et se rassemblent à cheval devant la tente de Sultan. Ils regardent le Sarrasin tranché en deux et maudissent celui qui est capable de frapper de tels coups. L'émir Sultan a fait crier ses ordres :

« Malheur aux païens, Sarrasins ou Slaves, qui ne porteraient ni lance, ni arc, ni flèches. Que tous aillent donner l'assaut à Jérusalem et en abattre les murailles. Que celui qui se rendra maître de Godefroy se garde bien de le tuer, mais qu'il me le fasse escorter vivant. Je choisirai moi-même son châtiment. »

Les rois païens mettent en place leurs armées ; on pouvait en compter cinquante, sous les ordres de cinquante rois, chacune forte de trente mille hommes.

Puis Sultan s'assied pour jouer aux échecs et au trictrac avec le puissant Amulaine d'au-delà de la mer Rouge. Pendant ce temps, l'armée progressait, sans faire de halte, vers Jérusalem, au son des trompes et des cors d'airain, aux cris et aux hurlements de ces traîtres de païens. Leur vacarme fait trembler la terre et ébranle la ville, les murs et le Temple. Que Notre-Seigneur protège les assiégés, car ils vont subir un assaut comme il n'y en a jamais eu.

XXIV

Sarrasins et Perses montent à l'assaut de Jérusalem que Godefroy et ses hommes défendent avec succès, tuant un grand nombre d'infidèles. Quand le roi en atteint un, rien ne peut lui éviter la mort ; mais les ennemis sont si nombreux que montagnes et collines en étaient couvertes, et nos barons ont l'impression que leur nombre ne cesse de grossir. Ce fut un assaut redoutable ; on criait de tous côtés. Les hommes de Siglai escaladaient les murailles pendant que d'autres creusaient des sapes, arrachant les pierres avec des pics et des pioches ; ils ont fait plus de quinze brèches dans le mur. Les chrétiens les tuent, les rejettent à terre à coups de lances et de javelots, sans pourtant arrêter la progression des hommes de Siglai. La ville aurait été prise si le roi et ses frères n'étaient intervenus ; mais ils en ont tant tués que les fossés en étaient pleins à ras. Les hommes de Siglai attaquent avec une violence redoutable, aboyant de colère et de fureur, tout autour sous les murs, écumant de douleur, menaçant et grinçant des dents. Les hommes de Cornumaran montaient à l'assaut d'un autre côté, fermement exhortés et encouragés par leur roi. Ils se sont tant donné de mal qu'ils ont abattu un pan de mur et qu'ils se bousculaient déjà pour faire une incursion dans la ville ; mais le roi Tafur et ses Ribauds se précipitent là où les Turcs entraient et les repoussent hors de Jérusalem, leur arrachant les tripes avec leurs poignards ; certains leur font sauter la cervelle à coups de massues ; ils les frappent, les écrasent au sol avec leurs masses de fer ou de plomb. Le sang des Sarrasins coulait en ruisseaux dans les fossés. Mais tout cela risquait fort d'être vain, car les Turcs avaient lancé une cinquantaine d'attaques en divers points. La cité aurait, à mon avis, été prise si le soleil était resté plus longtemps dans le ciel et ç'aurait été un grand malheur ! Mais le soleil tombait, la nuit approchait et les Sarrasins se retirèrent. Les cors de Sultan résonnent du côté des plaines de Rames. Les païens repartent à cheval, puis mettent pied à terre près de leurs tentes et se désarment. Nombreux sont les blessés. Le frère de l'émir alla dire à Sultan que Jérusalem aurait été prise, si la nuit n'était pas arrivée, mais que les chrétiens s'enfuiront avant le lever du jour. Quand l'émir l'entend, il ordonne à Roboan : « Faites venir Mahomet et Malcuidant. »

Il y avait là cinquante rois ; il leur a fait jurer, en commençant par l'Amustan, la mort sans rémission de Godefroy. Qu'ils soient tous prêts à son commandement pour massacrer nos hommes plus cruellement que les Turcs ne tuèrent Roland. Après avoir prêté serment, les rois sont repartis, chacun dans ses quartiers. Que Dieu, en sa sainte volonté, ait pitié des nôtres qui sont dans Jérusalem, tristes et dans le deuil. Ils souhaitent vivement la bataille ; ils l'auront, la plus furieuse depuis la création de l'homme.

XXV

Nos chrétiens étaient demeurés dans Jérusalem ; beaucoup étaient blessés. Le roi entre dans le Temple de Salomon avec ses barons et ses chevaliers. À l'intérieur, il leur dit :

« Écoutez-moi, seigneurs, les barons de France sont repartis ; je pense qu'ils ont franchi la mer. Je suis resté ici au milieu des Sarrasins. Peu s'en est fallu hier que la ville ne fût prise. Nous sommes nombreux réunis ici et chacun est resté pour l'amour de Dieu, afin de garder la ville où il souffrit et le Saint-Sépulcre où son corps fut déposé. Je ne veux pas que les murs soient détruits. Demain matin, au lever du soleil, nous ferons une sortie — et que personne ne reste ici enfermé, sinon cette sainte cité sera prise. Il vaut mieux que nous ayons la tête coupée dans l'honneur que d'être conduits en captivité. »

Après l'avoir écouté, ils s'écrièrent tous :

« Seigneur, roi Godefroy, tu es notre chef ; nous te serons fidèles jusqu'à la mort. Chacun de nous préférerait avoir la tête coupée plutôt que d'avoir fui de quatre pas devant les païens.

— Seigneurs, leur dit le roi, rentrez à vos logis et, quand vous aurez mangé, couchez-vous et dormez. Car, cette nuit, si Dieu le veut, c'est moi qui monterai la garde. Et demain matin, vous vous chausserez, vous vous habillerez, puis vous prendrez aussitôt vos hauberts, vos épées, vos heaumes solides, vos boucliers ; vous monterez à cheval. Quand chacun de vous sera bien équipé et armé, au nom de Dieu qui mourut en croix, je vous le demande, pardonnez-vous mutuellement vos fautes. Et chacun ira se battre avec une belle assurance.

— Nous ferons ce que vous demandez, dit le comte de Saint-Gilles. Ne soyez pas inquiet, Dieu nous protégera.

— Quant à moi, dit Baudouin, cette nuit, je ne vais pas déposer mes armes, ni ôter mon haubert, ni enlever mon heaume ; je veux savoir l'issue du combat ; j'ignore ce qui arrivera, mais je ne suis pas plus inquiet que si j'étais à Bouillon. Ayez confiance, croyez-moi ! Avant que soient passés trois jours de cette semaine, vous verrez plus de païens tués et massacrés qu'on n'en a jamais vu nulle part ailleurs. Croyez-vous que Dieu ait oublié ses amis ? Nous les détruirons de nos épées aiguisées. N'ayez pas peur, malgré leur multitude. Si vous détachez un lévrier, il est capable de s'attaquer à deux mille lièvres rassemblés dans un champ ; de même un vaillant chevalier vaut bien cent mauvais ennemis. »

Ah ! Dieu ! comme ces propos leur ont redonné courage ! Ils se présentent devant le roi un par un pour monter la garde avec lui ; il les en remercie. Tous se dirigent alors vers le Sépulcre de Dieu en portant cierges et luminaires qui, tous, s'éteignirent ; pas un seul ne resta allumé. Chacun s'incline et se prosterne.

Écoutez ! C'est le plus grand miracle dont vous pourrez entendre le récit. Avant que le roi ne se relève après avoir prié, descendit du ciel une lumière qui embrasa son cierge [1].

XXVI

Les Francs sont en prière autour du Sépulcre avec beaucoup de cierges et de chandelles. Le roi Godefroy était à genoux, il avait posé son cierge près de la pierre où Dieu ressuscita après sa Passion. Le bon duc, prosterné, priait ainsi [2] :

« Seigneur Dieu, Père, Tu as, par ton saint nom, créé le ciel, la terre, la mer, les animaux, les oiseaux qui volent, l'eau douce et les poissons. Tu as créé Adam du limon de la terre, et Tu lui as confié la garde du paradis. Tu as créé sa femme qui s'appelait Ève. Tu as fait don à Adam de toute la création, sauf du fruit du pommier ; cela lui était interdit. Ève lui en a fait manger — ce fut un grand malheur — à cause d'une ruse de Satan le félon. Ils furent longtemps en grand tourment et toute leur descendance dans la peine et le malheur. Il n'y eut en effet saint ni sainte d'assez grand mérite pour échapper aux enfers. Tu as eu pitié, Seigneur, et Tu es venu dans le monde. Tu as envoyé l'ange Gabriel annoncer à la Vierge Marie que Tu ferais en elle ta demeure. L'ange salua la Vierge, qui était très inquiète, dans le temple de Salomon ; elle accepta l'annonce avec grande dévotion. C'est alors que Tu T'incarnas. La Vierge Te porta jusqu'à ta

---

1. Par ce rappel symbolique de la désignation miraculeuse de Godefroy comme roi (voir ci-dessus, chant V, XXVI-XXVII), son autorité est confirmée.
2. Excellent exemple de la prière épique traditionnelle, dite « prière du plus grand péril » ou « *credo* épique ».

Nativité, le jour de Noël. C'est à Bethléem que Tu es né, comme un petit enfant. Trois rois sont venus Te voir et T'offrirent de l'or, de l'encens et de la myrrhe. Tu les as reçus avec grande affection ; l'un d'eux Te prit sur ses genoux. Saint Siméon avait grand désir de Te voir ; il dit alors à Dieu : "Maintenant Tu peux rappeler ton serviteur", ce qui signifiait : "Dieu, je Te désire." L'on Te plaça sur l'autel, ce fut une riche offrande. Hérode le tyran — il en fut bien puni — fit décapiter à cause de Toi de nombreux petits enfants. Toutes ces jeunes victimes ont leur demeure dans le ciel ; ils sont couronnés et on les appelle : les saints Innocents. Dieu, Tu as vécu trente ans sur terre, comme n'importe quel homme. Les apôtres sont restés avec Toi pour suivre ton enseignement. À Béthanie, Tu as ressuscité Lazare, puis Tu as logé dans la maison de Simon ; Seigneur, Père miséricordieux, c'était par bonté. Marie-Madeleine au clair visage s'approcha de Toi près de ton siège pour embrasser tes pieds. Posant son visage sur eux, elle les inonda de tant de larmes de son cœur qu'elle Te les lava, puis elle les essuya avec ses cheveux ; elle répandit pieusement sur eux un parfum. Elle agit avec sagesse et reçut une grande récompense, puisque Tu lui pardonnas tous ses péchés, là-haut, dans ton ciel où jamais n'entra de traître. Dieu, Tu as souffert ta Passion sur la sainte Croix et Longis[1] T'a donné un violent coup de lance. Il était aveugle comme on le sait, le sang coula le long de son arme jusqu'à sa main ; il s'en frotta les yeux et recouvra la vue. Il Te demanda pardon avec grande piété ; Tu lui as pardonné et remis ses péchés. On Te plaça dans le Sépulcre, surveillé comme un voleur. Mais le troisième jour, Tu es ressuscité et Tu es descendu aux enfers, sans que rien puisse T'arrêter. Tu en as libéré Adam, Noé, Aaron, Jacob, Ésaü et beaucoup d'autres justes. Puis Tu es monté le jour de l'Ascension au ciel où Tu as ta demeure dans la gloire. Tu as confié à Pierre les clés du paradis. Tu as enseigné tes apôtres et leur as dit d'annoncer à travers le monde ton saint Évangile. Dieu, c'est la vérité, c'est notre foi ; donne-nous, cher Seigneur, un signe que nous remporterons la victoire sur le peuple de Mahomet. »

Voici qu'arrive alors une colombe blanche qui porte un parchemin plié, et la mèche du cierge du roi s'enflamma, puis toutes les autres, si bien qu'on y voyait comme en plein jour. Alors, ils versèrent d'abondantes larmes de joie.

XXVII

Quand le roi Godefroy eut fini sa prière, il battit sa coulpe devant Dieu. C'est alors qu'est arrivée à tire-d'aile une blanche colombe qui allume devant lui son cierge, puis revient embraser tous les autres. Elle donne une lettre au roi ; il la déplie et la tend à un clerc qui était de son pays.

---

1. Voir ci-dessus, chant II, ii, n. 1, p. 195.

Quand il en a lu le contenu, il manifeste une grande joie et s'adresse au roi d'une voix forte :

« Godefroy, seigneur roi, homme de grande renommée, Notre-Seigneur vous fait dire que son armée est revenue ; ils ont déjà repassé le Jourdain et seront ici demain à la fraîcheur du matin. »

Le roi est très soulagé et tous se laissent aller à leur joie, embrassant le Sépulcre et pleurant d'amour et d'attendrissement. Ils veillèrent toute la nuit jusqu'au jour sans avoir ôté haubert, heaume, casque ou épée. Les soldats de Notre-Seigneur restèrent toute la nuit en armes pour garder la ville jusqu'à l'aube. Puis ils montent à cheval et sortent de Jérusalem, la lance en arrêt. Le comte de Saint-Gilles garde la ville, tandis que le roi chevauche à grands coups d'éperons et fait sa jonction, près de Jérusalem, avec l'armée de Dieu qui revenait. Il y avait le comte Hugues le Maine qui tenait sa lance garnie d'un pennon galonné, le comte de Normandie qui n'a jamais aimé se battre sauf contre les païens, cette race égarée, le comte Thomas de Marne qui frappe bien de l'épée, et tous les autres princes de la Terre sainte, qui chevauchent de front sur le chemin sablonneux. Ils ont bien reconnu l'enseigne de Godefroy au dragon à la queue pointue [1]. Ils se la montrent entre eux : « C'est l'enseigne dorée du bon duc Godefroy ! Dieu, quelle chance ! »

Ils éperonnent vivement leurs chevaux à sa rencontre et le roi va vers eux, tout heureux du secours qui arrive. Ils se précipitent bras tendus, les uns vers les autres. Ah ! Dieu ! Quelles accolades ! L'armée établit son camp du côté de Bethléem. Maintenant la Ville sainte est sauvée.

On informe le puissant Sultan du retour de l'armée des chrétiens ; à cette nouvelle, il secoue la tête, pâlit de colère et de rage.

Nos nobles barons ont provoqué au combat le puissant Sultan dans les plaines de Rames, au beau paysage. L'émir a accepté ; les deux camps ont échangé leurs paroles : c'est là que la bataille décisive aura lieu le vendredi matin.

Je vais maintenant vous faire le récit d'une bataille longue et terrible ; il n'y en a jamais eu d'aussi horrible. Les documents disent, et c'est vrai, qu'elle a duré plus de deux jours.

La décision était prise, elle ne resta pas secrète, mais l'information s'est répandue dans l'armée païenne. Pierre l'a appris ; il invoque souvent Dieu et sa toute-puissance : « Sainte Marie, Notre-Dame, reine couronnée, que ne suis-je libéré de l'entrave de cette chaîne ! Je donnerais à ce Turc qui me garde un tel coup sur la nuque que je lui ferais voler les yeux jusqu'au milieu de la prairie ! Si je ne participe pas au combat, j'aurai un bien triste destin. »

Et il bat sa coulpe à cause de son reniement.

---

1. « *Qui avoit la qeue gironée* », dit exactement le texte, c'est-à-dire terminée par un triangle, un peu comme une pointe de flèche.

XXVIII

Rendez-vous était pris par un échange de serment, pour la bataille au jour du vendredi. L'armée de Notre-Seigneur était revenue un samedi ; il était plus de midi quand elle avait établi son camp. Les barons, les princes, les clercs, avec leurs ornements liturgiques sont allés porter leurs offrandes au Sépulcre et y ont veillé en prières toute la nuit. Au lever du jour, l'évêque de Mautran et les barons suivirent une procession. Après la sainte messe, ils se séparent et retournent à leurs logements, pour manger. Le lundi, c'est à Bethléem qu'ils entendirent la grand-messe, puis passèrent trois jours à fourbir leurs armes et leurs hauberts, leurs boucliers à courroies et leurs épées brillantes. Chacun est soucieux de se protéger au mieux. Turcs et Sarrasins faisaient de même de leur côté. Les plus courageux ont hâte de se battre, mais les peureux et les lâches éprouvent une grande crainte.

XXIX

L'armée sainte était parfaitement préparée pour la bataille, elle n'a rien à craindre. Au nom de Dieu, un message transmis à l'évêque lui demande que soit apportée la Croix où son corps fut cloué, le vénérable pilier où il fut attaché, la sainte lance dont il fut transpercé. L'évêque de Mautran conduit les barons, les évêques, les abbés et tous les membres du clergé là où on lui avait indiqué la présence de la Croix. Il la prend avec l'aide de l'abbé de Fécamp et la relève toute droite ; elle était encore imprégnée du sang de Dieu. Beaucoup de larmes, remontant des cœurs, coulèrent à ce moment-là. Les comtes, les princes, les barons se prosternèrent tous ensemble et chacun la vénéra avec grande humilité, baisant souvent la terre. Il se mettent ensuite en procession jusqu'au pilier où restaient encore fixées une grande partie des cordes qui attachèrent Notre-Seigneur en chantant un *Te Deum* puis une litanie. Alors, l'armée de Dieu était si courageuse et si hardie que plus personne n'y redoutait la mort. Tous répétaient : « Allons nous battre contre nos odieux ennemis !
— Seigneurs, pas de précipitation, disent les barons ; le combat aura lieu vendredi [1], si Dieu nous prête vie ; mais sachez que cette bataille ne sera pas une partie de plaisir ; il n'y en a jamais eu d'aussi cruelle. »
Le duc Robert de Normandie ajoute :
« Barons, plût à Dieu, le fils de sainte Marie, que toutes les nations païennes soient rassemblées ici ! Par le ciel qui tourne autour de la terre et de la mer, elles seraient alors toutes anéanties vendredi avant l'heure de complies. »

---

1. Jour mémorial de la Passion. Voir aussi ci-dessus, chant IV, XXXII (fin) et chant V, VIII

Le roi Godefroy ne peut s'empêcher de rire à l'entendre, et les autres barons se rassérènent. Ils désirent ardemment la bataille.

XXX

Les soldats de Notre-Seigneur eurent une conduite exemplaire : ils font briller leurs heaumes, ils nettoient leurs hauberts, mettent des courroies neuves à leurs boucliers et à leurs rondaches, fourbissent leurs épées, renforcent leurs selles ; tous les jours, ils se confessaient.

Le vendredi matin au lever du jour, le cor résonne de la tour de David ; on aurait alors pu voir les hommes revêtir leurs armures et prendre leurs armes, ceindre leurs épées, fixer leurs heaumes, mettre leurs chausses de fer, endosser leurs hauberts. L'évêque de Mautran va chanter la messe sur le Sépulcre où Dieu a voulu ressusciter ; les nobles barons allèrent l'entendre ; à la fin de l'office, ils se donnent l'un l'autre le baiser de paix, puis, se prosternant à terre pour invoquer Jésus, ils vénèrent et baisent le Sépulcre.

Ils vont alors se mettre en ordre de combat hors de Jérusalem. Toutes les armées prennent position. On a fait porter devant eux la vraie Croix, la lance dont Dieu se laissa transpercer et le pilier où les Juifs l'attachèrent pour flageller ses bras et son corps. On pouvait entendre le clergé chanter près des portes de la ville.

Les troupes sortent en rangs serrés ; c'était un extraordinaire spectacle d'oriflammes claquant au vent, d'écus et de heaumes éclatants, de chevaux hennissants, piaffants et frémissants. L'armée de Dieu était véritablement redoutable. Les princes, les grands seigneurs, les pairs n'étaient pas encore armés, ils voulaient s'adouber les derniers. Godefroy sort des rangs avec les grands barons. On voyait les hauberts, les ventailles lacées, les casques, les écus, les chevaux montés, avec les oriflammes et les bannières qui flottaient au vent. C'était un spectacle magnifique. L'avant-garde s'étend jusqu'à Jaffa.

XXXI

Le bon roi Godefroy s'adouba ; il prit un pourpoint et endossa son haubert par-dessus ; il mit ses chausses ; puis Baudouin et Eustache lui lacèrent son heaume. Ensuite il ceint son épée qui lui était chère ; le bouclier au cou, il monte sur Capalu ; il y a un dragon peint sur son enseigne. Une fois en selle, il se cale sur ses étriers avec une telle force qu'ils pliaient sous lui et il lève la main pour se signer. Il défile avec son armée devant la vraie Croix et chacun de ses hommes s'incline en passant. L'évêque de Mautran les recommande à Dieu, puis étend le bras pour les bénir. Godefroy et son armée avancent avec noblesse sans s'arrêter jusqu'aux plaines de Rames.

L'émir Sultan se tenait devant sa tente, sur un coffre d'or éclatant. Pierre était assis devant lui. Sultan l'interpelle ; il est entouré de cinquante rois arabes.

« Dis-moi, Pierre l'Ermite, quelle est cette armée, là ? Si tu sais qui ils sont, ne me le cache pas. »

Pierre répond qu'il dira la vérité : « Seigneur, c'est le roi qui coupa en deux le prisonnier païen ; il s'appelle Godefroy, c'est lui dont la mère fut engendrée par le Chevalier au cygne [1] quand il aborda à Nimègue. C'est le meilleur chevalier du monde. »

Quand Sultan l'entendit, il se mit en grande colère, écumant de rage comme un sanglier.

XXXII

Robert, le duc de Normandie, s'est armé ensuite ; il a lacé ses chausses à mailles fines, puis a vite revêtu sa cuirasse, lacé son casque brillant qui avait été fabriqué à Pavie ; il ceint au côté gauche son épée brillante, prend sa lance qu'il tient avec fierté. Puis il jure devant Dieu, le fils de sainte Marie, que, s'il peut se trouver face à l'émir de Perse, il le pourfendra jusqu'à l'oreille, sans que casque ou bouclier d'or puisse le protéger. Il fait sonner devant lui un cor avec force et se met en route avec son armée, conduisant ses hommes devant la vraie Croix. Le comte Robert la vénère, puis la baise. On pouvait voir les enseignes attachées, les hauberts et les heaumes flamboyant d'or, les bons boucliers, les épées brillantes, les chevaux rapides, les destriers de Hongrie. Chacun tient la tête inclinée sous son heaume. Tous impatients de bien faire, ils laissent aller leurs chevaux jusqu'aux plaines de Rames.

Le Sultan les regarde, il ne peut s'empêcher de sourire ; puis il dit à Pierre :

« Ne me le cache pas ; quelle est cette armée qui se rapproche de nous ?

— Je vais vous le dire. C'est Robert de Normandie qui la commande, celui qui a cruellement tué le Rouge-Lion au milieu de la prairie devant Antioche [2] ; il n'y a pas de meilleur chevalier jusqu'au port d'Aumarie.

— Par Mahomet, voilà des paroles étranges ! Je les méprise tous profondément. »

---

1. Allusion aux origines légendaires de la famille de Bouillon : voir ci-dessous, *Le Bâtard de Bouillon*, laisse IX, n. 1, p. 361.
2. Allusion à un épisode de *La Chanson d'Antioche* (ci-dessus, chant VIII, L, p. 162).

XXXIII

C'est maintenant le comte Hugues le Maine qui s'adoube, ainsi que Thomas de Marne. Ils revêtent leurs hauberts, fixent leurs heaumes, ceignent leurs épées au côté gauche, montent sur leurs chevaux vifs et rapides, prennent leurs lances tranchantes et effilées. Chacun avait mille chevaliers en armes sous ses ordres. Le comte passe devant la vraie Croix, la vénère pieusement et la baise longuement. Thomas et tous les autres tournent leurs têtes vers elle en s'inclinant sous leurs casques brillants. Quand l'évêque les a bénis, ils éperonnent leurs chevaux et se mettent en route. Le comte Hugues prend la tête de ses hommes. On pouvait voir leurs solides boucliers, les hauberts à mailles fines, les heaumes décorés de pierreries. Ils vont droit aux plaines de Rames.

L'émir Sultan, qui les a bien observés, dit à Pierre l'Ermite :

« Ne me le cachez pas ; qui sont ces hommes rassemblés là ? Ils ont une noble et fière prestance.

— Vous allez le savoir : c'est le frère du roi de France qui les commande ; il n'y a pas de meilleur chevalier ; c'est lui qui a tué Soliman dans les prairies sous Antioche.

— Par Mahomet, quelles paroles extraordinaires ! Mes dieux ne s'en étaient guère souciés ce jour-là ! Je les méprise tous et je les emmènerai enchaînés en captivité pour repeupler mes déserts d'Abilant.

— Par ma tête, rétorqua Pierre, quand vous repartirez d'ici, j'ai l'impression que vous ne vous en vanterez plus. »

XXXIV

Bohémond et Tancrède de Pouille s'armèrent. Anthiaume et Morant leur lacent leurs chausses ; ils mettent leurs hauberts en mailles de fer, ceignent leurs épées au côté gauche, lacent sur leurs têtes leurs heaumes brillants, et montent sur leurs rapides chevaux arabes. Chacun commandait une armée de mille vaillants chevaliers. Ils portaient au cou de lourds boucliers et tenaient au poing des lances au gonfanon déployé. Ils passent tous devant la vraie Croix en s'inclinant pour la vénérer. L'évêque de Mautran, qui est un savant clerc, les bénit au nom du Dieu tout-puissant. Les deux cousins éperonnent leurs montures, suivis de leurs nombreux chevaliers. Avec leurs heaumes luisants, leurs hauberts ornés d'orfroi, leurs lourds boucliers, leurs grosses lances, leurs oriflammes déployées, ils vont directement prendre position dans les plaines de Rames, en jurant de répandre souffrance et peine dans les rangs païens. Sultan dit à Pierre l'Ermite :

« Et ceux-là, les reconnais-tu ? Ils ont une noble contenance et fière allure. Quel malheur qu'ils ne croient pas en Mahomet !

— Je vais vous dire la vérité, répond Pierre. Celui-ci s'appelle Tancrède ; son père est originaire de Pouille ; il conduit les Normands d'Italie [1] et les Toscans qui tuent volontiers Sarrasins et Persans ; et cette autre armée, si importante et si redoutable, est celle de Bohémond ; il est très vindicatif et préfère la bataille aux pièces d'or et aux richesses.

— Qu'importe ! dit l'émir ; je les méprise profondément. Par Mahomet, mon dieu en qui j'ai foi, j'en tuerai la plupart et emmènerai les autres en captivité pour remettre en valeur les déserts d'Abilant ; ou encore je les ferai brûler vifs ; telle est ma décision.

— Par ma tête, dit Pierre, bientôt vous ne vous vanterez plus, car il ne vous restera guère de troupes. »

XXXV

Le comte Rotrou du Perche se hâte de s'adouber, en même temps qu'Étienne de Blois qu'il considérait comme son frère, le comte de Vendôme à la belle prestance, le comte Lambert de Liège et Huon de Clarvent ; tous ont de très riches armes. Ils se sont réparti quatre armées de soldats très courageux. On pouvait voir leurs magnifiques équipements, des haubergs et des heaumes, toutes sortes d'armes resplendissantes d'or. Ils défilent en bon ordre devant la vraie Croix et tous la vénèrent d'un cœur joyeux. L'évêque de Mautran leur donna sa bénédiction, au nom du Roi du ciel, créateur de la mer et des vents. Les armées s'avancent en bon ordre, sans faire de halte, jusqu'aux plaines de Rames.

Le Sultan était assis devant sa tente en plein air. Il demande encore à Pierre l'Ermite :

« Qui sont maintenant ces hommes ? Dis-moi ; ils ont une belle prestance et se tiennent avec fierté.

— Je vais te le dire, répond Pierre ; ce sont Rotrou du Perche qui a une volonté farouche, Étienne de Blois sur ce destrier à balzanes, le comte de Vendôme sur ce cheval fauve ; vois aussi là-bas Lambert de Liège sur un cheval bai d'Orient, il désire se battre plus que tout. Ils vont tous aujourd'hui faire un grand massacre de votre peuple, car jamais la peur de la mort ne les fera reculer d'un pas. »

À ces mots, l'émir répondit brièvement :

« Par Mahomet Gomelin que mon cœur aime, je les méprise comme des chiens abjects ; je les ferai tous massacrer cruellement. »

---

1. Allusion au royaume normand de Sicile.

XXXVI

S'arment enfin Étienne d'Aubemarle, l'illustre Huon de Saint-Pol, son fils Enguerran au courage de sanglier, et tous les autres princes. L'évêque de Mautran s'équipe d'un haubert et d'un heaume éclatant ; il monte à cheval, portant son étole au cou sous son bouclier bombé. Jérusalem est confiée à la garde du clergé, des dames et de deux cents chevaliers, non pas des jeunes gens, mais des vieillards aux cheveux blancs qui sont néanmoins redoutables. Ils restent malgré eux mais n'ont pas osé contester. On a fait fermer les portes de la cité.

L'évêque de Mautran fait sonner deux trompes. On vit alors nos soldats faire mouvement en rangs serrés. Ils ont envoyé en avant le roi Tafur avec les redoutables Ribauds. L'évêque de Mautran portait la Croix où Dieu se laissa torturer, tourmenter, frapper d'un coup de lance, blesser et tuer. L'évêque de Nobles, qui s'appelait Gui, porte le pilier où, comme je l'ai entendu dire, Dieu se laissa lier et attacher. C'est un abbé qui porte la sainte lance.

Tous chevauchent ensemble d'une seule traite jusqu'aux plaines de Rames ; que Dieu les protège ! Au moment où la vraie Croix allait entrer sur le champ de bataille, tous les soldats des différentes armées se prosternent en pleurant. L'émir les regarde et dit à Pierre l'Ermite :

« Ne me le cache pas, mon ami. Qui sont ces hommes que je vois rassemblés là-bas ? Je n'en ai jamais vu comme eux ; ils me donnent à réfléchir !

— Je ne vais pas te le cacher ; c'est le roi Tafur, mon compagnon habituel, et les Ribauds, tout particulièrement redoutables ; ils mangent vos païens sans poivre ni sel [1]. Et c'est la vraie Croix qui est dressée là-bas, et la lance dont Dieu se laissa transpercer, et puis le pilier auquel on attacha ses membres et son corps à nœuds serrés. Je vous le dis en vérité : vous ne pourrez pas éviter la bataille, elle ne va plus tarder. »

CHANT VIII

I

Quand Sultan voit nos hommes en ordre de bataille, fou de rage et de colère, il fait dresser immédiatement son étendard et ordonne à ses troupes de s'armer et de se préparer au combat. On entend alors les trompes sonner et retentir ; mille cors résonnent ensemble, ébranlant la

---

1. Nouvelle allusion à l'anthropophagie.

terre de Rames jusqu'à Jaffa. On pouvait encore entendre glapir et aboyer les Cananéens, et les gens de Siglai hurler comme des démons. L'étendard païen est élevé sur un chariot de fer, au bout d'une longue colonne dont le pied était d'or pur. Deux hommes auraient eu peine à en faire le tour avec leurs bras. Elle était composée de dix parties ; la première était en olivier, la deuxième d'un bois exotique, la troisième de chêne, la quatrième d'églantier, la cinquième d'ébène, la sixième de poirier, la septième de cytise, la huitième d'alisier, la neuvième d'ivoire, un matériau rare et précieux, et la dixième était en or pur. L'étendard était imprégné de baume végétal. Sultan l'avait voulu ainsi pour son agréable odeur ; et il ne pouvait ni pourrir ni se briser ou se fendre. Il pouvait mesurer cinquante toises de long ; on n'avait jamais vu un clocher aussi haut. Au sommet trônait Apollin, un livre sacré à la main, dans lequel était écrite la loi depuis Adam. Le vent le faisait tournoyer, un bâton à la main comme pour menacer les Français ; il donne l'impression d'enseigner la loi de son doigt et, par magie, on lui fait dire et proclamer que tous les chrétiens doivent s'humilier devant Sultan. Sur sa tête, il avait une belle escarboucle dont on voyait briller la clarté à sept lieues. C'est autour de lui que les Sarrasins vont se ranger en ordre de bataille. L'émir appelle son fils cadet ; il appelle aussi ses treize autres fils, tous chevaliers, et les exhorte à venger hardiment leur frère Brohadas.

II

Les Sarrasins félons faisaient un grand vacarme. L'émir Sultan appelle ses fils : Sinagon, le cadet, aux cheveux blonds et Bréhier, surnommés Acerin et Glorion ; puis Lucifer, Lucion, l'Aufage, Danemont, Corsuble, Corbon, Sanguin, Tahon, Barré, Braimont, Rubion. Chacun avait vingt mille Slaves sous ses ordres.

« Mes fils, écoutez-moi, dit Sultan, nous vous en supplions ; vengez Brohadas.

— Nous vous obéirons, répondent-ils, nous vous apporterons la tête de Godefroy avant la nuit ; nous tuerons de nos lances tous les seigneurs de France, les comtes, les ducs, les princes, les barons ; nous les emmènerons avec nous au royaume de Perse, pour les garder en captivité, si vous le voulez ; nous emmènerons aussi Bohémond et ses plus puissants compagnons au royaume d'Orient ; la chrétienté sera détruite de fond en comble. Seigneur émir, cher père, donnez-nous l'autorisation de partir, c'est l'heure de la bataille, nous ne voulons pas la manquer.

— Allez, dit l'émir, nous vous recommandons à Mahomet Gomelin, vous et tous vos compagnons. »

Les fils de Sultan montèrent sur leurs chevaux d'Aragon, au son puis-

sant des trompes et des cors, ils entraînèrent hors du camp cent mille
Turcs. Ces Sarrasins félons faisaient un très grand vacarme.

III

Les infidèles faisaient grand bruit ; les trompes et les cors en défenses
d'éléphant résonnent. Les Turcs et les païens s'adoubent en avant du
camp. L'émir appelle l'Aupatri et Morgant, le vieil Aérofle oncle de Cornumaran, le roi Calcatras, l'émir Canebaut, le vieil Amulaine, son frère
l'Amustan, Hector, le fils d'Arène, et le vieux Glorian, Calcatras le seigneur des défilés de Baucidant, le roi des Cananéens et son frère Morgan :
    « Répartissez mes armées, je vous l'ordonne, dit-il.
    — À vos ordres », répondent-ils.
Puis ils parcourent le camp païen en éperonnant leurs chevaux et
composent cinquante armées de cent mille Arabes chacune, sous les
ordres de cinquante rois infidèles. La première armée est composée des
gens de Baucidant, ils sont noirs comme de l'encre — qu'ils aillent au
diable ! — sauf les dents et les yeux ; leurs chevaux portent des cornes
plus dangereuses que celles des taureaux ; ils ont de grandes couvertures
de riche étoffe. La deuxième armée regroupait cent mille Maures de Mauritanie ; ils sont plus noirs qu'une décoction de poivre. Les Bulgares
forment la troisième armée, les Africains la quatrième, des Maures la cinquième, les Agolants la sixième, les Slaves la septième, les Samordants
la huitième, les Escarboucles la neuvième, et les Géants la dixième. Les
hommes des dix armées poussent des hurlements et aboient comme des
molosses contre les nôtres. Le pape Calife les bénit au nom de Mahomet
Gomelin et d'Apollin le grand.

IV

L'émir ordonne de mettre en place ses armées. On dispose les dix suivantes : ce sont les païens, les Slaves, les Perses, les Blasfers, les Indiens,
les Bosmers (un peuple de démons d'au-delà de la mer Rouge ; ils sont
les seuls à pouvoir survivre dans ce pays), puis les Aufras, les hommes
d'Oper, les Tabars (qui ont des dents de sangliers ; une race maudite,
aucune ne lui est comparable). Il y a maintenant vingt armées rangées
côte à côte ; ce ne sont que hurlements assourdissants pendant qu'ils prennent place. On n'a jamais vu rassemblement aussi horrible.
Vous entendrez le récit d'une bataille comme il n'y en a jamais eu.

V

C'était une belle journée ; la matinée était lumineuse. Les païens crient, hurlent, font grand vacarme. L'émir ordonne à Calquant d'Outre-mer de mettre en place les dix armées suivantes. Ce sont les Michomans, les hommes d'Arbrin, les Marois, les Fabins, les hommes de Buridane, c'est un peuple particulièrement querelleur qui ne boit pas de vin. Ils vivent sous terre dans de profonds souterrains et mangent du grain, du poivre et du cumin. Leur pays est une région de grands chaos rocheux et de blocs de marbre. Ils ne portent pas de vêtements de laine ni de lin, mais ont une toison de chiens ; ils aboient comme des molosses, courent plus vite que des chevreuils dans la forêt. Leur chef s'appelle Alipatin, et son cheval, Dauphin, nagerait plus vite en mer que les poissons dans le Rhin. Ce jour-là, il a abattu Baudouin de Clarmont, mais Tancrède l'a tué de sa lance de frêne, ainsi qu'ensuite le puissant Amustadin, le roi de Valnuble et le frère de Sanguin.

VI

L'Aupatri met en place les dix armées suivantes : les Indiens, les Lutices, les Gauffres, les Norris, les Basclois, les Antéchrists. Chacun porte un poignard effilé et ils sont sous les ordres d'Estormaran le gris dont le cheval, Pétris, court plus vite en collines et montagnes que les autres en terrain plat ; il avait la tête rouge comme braise, le corps tout blanc, sauf le poitrail qui était noir. Bohémond s'en emparera avant le soir. Le pape Calife a béni les Turcs. Trente armées d'ennemis malfaisants sont déjà en place ; dix autres doivent encore être rassemblées.

VII

On met en place les dix armées suivantes : Les Marins, les Fransions (ils viennent d'un pays situé en Orient, qui s'appelle France ; c'est Mahomet Gomelin qui lui donna son nom), les gens d'Europe, ceux d'Esnaon, ceux d'Argalie, ceux d'Abaion, les Sauvages, les hommes d'Aragon, les Espics qui ont un aspect étrange : ils ont des becs d'oiseaux, des têtes de chiens, des griffes aux mains et aux pieds comme des lions ; quand ils crient ensemble, leurs hurlements font trembler la terre sur trois lieues à la ronde. Pour les faire taire, l'émir les frappe à coups de bâton. La dixième armée est composée des hommes de Bucion ; c'est une peuplade diabolique ; ils portent des cornes de moutons et sont armés de massues de plomb. Ils auraient fait un massacre des nôtres si Godefroy et les autres barons ne les avaient abattus de leurs épées au point que leurs chevaux pataugeaient dans le sang jusqu'à l'articulation du boulet.

La bataille approche, la plus violente depuis le temps de Salomon.

VIII

L'émir Sultan commandait, quant à lui, dix armées : les troupes de Perse, celles de Guinesbaut, les Turcs, les Arabes aux bons chevaux, les païens, les Sarrasins habiles archers, et tous les hommes d'Orient sous les ordres de Canebaut ; les Amoraines aux armes en or massif et en émail et aux solides épées, dont les destriers sont plus rapides qu'un vol de gerfauts — Dieu les damne ! — ; des Turcs et des Africains qui sont d'excellents chevaliers ; enfin des Slaves, ce sont les plus beaux ; ils étaient cinquante mille sous les ordres de Lucabel.

IX

Quand toutes les armées furent rassemblées, Sultan garda avec lui les dix armées les mieux équipées ; en tout cent cinquante mille hommes. Les autres font mouvement pour prendre position dans les plaines de Rames ; ils étaient approximativement vingt fois cent mille hommes. Montagnes, collines et vallées retentissent des puissantes sonneries de cors. On entend pousser les cris de ralliement. Les chevaliers de Notre-Seigneur ont relevé les lances, laissé les oriflammes flotter au vent ; les heaumes brillants et les boucliers dorés scintillent ; ils font le signe de croix, battent leur coulpe, serrent bien leurs boucliers et leurs écus de côté sur la poitrine. Nos armées s'avancent ; elles chevauchent en ordre de bataille sur un front qui couvrait bien vingt portées d'arbalète. Ils ne cessent de supplier Dieu et sa toute-puissance.

Vous allez maintenant entendre le récit d'une bataille violente et farouche.

X

La clameur fut immense lors du choc des armées. L'évêque de Mautran tenait la Croix haut levée ; il l'avait dévoilée et la montrait à nos hommes. Ce n'est plus le moment de discourir et chacun lance son cheval à grande vitesse contre l'ennemi. Godefroy s'avance, la ventaille fermée, et se heurte à Sinagon et ses hommes ; c'était un fils que Sultan avait eu de sa première femme. Ils se dirigent l'un contre l'autre au grand galop ; le choc fut très violent. La lance de Sinagon se brise, mais le roi, resté bien en selle, a atteint le païen, lui a percé sous la bosse son grand bouclier

décoré et lui a enfoncé l'enseigne brodée d'or de sa lance dans le cœur ;
il le jette, mort, à bas de son cheval ; son âme le quitte, les diables l'ont
recueillie dans la puanteur de l'enfer. Et le roi Godefroy lance son cri de
ralliement : « Frappez, nobles chrétiens, contre ces infidèles qui n'ont
jamais voulu croire à la puissance divine. Nous avons remporté le premier
combat. »

Au milieu des cris et du vacarme, on ne comptait plus les têtes, les
poings, les pieds coupés, les chevaliers gisant bouche ouverte, morts, les
chevaux qui erraient à l'abandon, la selle retournée, leurs cavaliers gisant
à terre. L'herbe était toute rouge de sang. Les Turcs tirent avec leurs arcs
une pluie de flèches plus drue que la rosée.

XI

Ce fut une bataille acharnée, un combat farouche. L'aîné des quinze
fils de Sultan est tué ; ses quatorze frères arrivent au grand galop, à la tête
de vingt mille hommes chacun. Devant le corps de leur frère, ils versent
des larmes et se lamentent bruyamment : « Quel malheur, Sinagon, cher
frère ; comme ta mort nous affaiblit ! C'est Godefroy, au bouclier d'or,
qui t'a tué ; mais s'il se trouve sur notre chemin, tu seras vengé ! »

Ils font alors sonner leurs trompes, les tambours retentissent. Lucifer
éperonne son destrier rapide, en criant : « Où avez-vous fui, Godefroy,
monstre perfide, lâche ? »

Dans sa rage, il va frapper Anséis, un noble jeune homme de Pise ; il
lui brise son bouclier sous la bosse, lui déchire et démaille son haubert et
l'abat de son cheval, mort, sur place. Saint Michel emporte son âme en
paradis. Lucifer, détournant son cheval, crie : « Frappez, nobles Sarrasins,
sur ces maudits Français qui ne veulent pas croire que Mahomet est
vivant ! »

Alors reprennent les combats et les massacres au milieu du fracas et
des cris qui s'entendaient jusqu'à Acre.

XII

La bataille était terrible dans les plaines de Rames. Voici Acerin au
galop sur le sol sablonneux ; c'était un fils de Sultan et de sa première
femme. Son cheval était très richement caparaçonné : tête, encolure et
croupière couvertes d'un riche drap de soie. Il portait un heaume et une
cotte fabriqués par Clot de la Rochère, un bouclier plus dur que pierre ; il
s'écrie : « Godefroy, bandit ! Vous avez tué mon frère, par traîtrise et par
lâcheté. Si je peux vous retrouver, vous regretterez d'avoir traversé la
Bavière ! Je vais vous transformer en cadavre ! »

De rage, il frappe Eude du Mohier, son écu ne résiste pas mieux que ne l'aurait fait une feuille de fougère ; son haubert à doubles mailles se déchire, la lance avec toute l'oriflamme lui pénètre en plein cœur. Il tombe de cheval, mort, près d'un rocher. Acerin crie « Damas ! » et fait demi-tour ; il tue encore deux des nôtres, les cris de ces suppôts du diable deviennent plus intenses ; les flèches volent plus dru que la pluie. Il y avait de tels flots de sang dans les plaines de Rames que les chevaux s'y souillent jusqu'à l'étrivière.

XIII

C'était un terrible combat dans les plaines de Rames. Voici qu'arrivent au galop Galiant et Bréhier, Lucion et l'Aufage, Danemont et Gohier, Cariel et Tahon, Rubion le rapide, Fausaron, Esmeré et Sanguin le guerrier. Ils abaissent leurs lances à grand bruit. On pouvait entendre les Turcs hurler et aboyer, et cette race diabolique brailler comme des démons, les Cananéens vociférer et tempêter, les cors, les trompes et les trompettes sonner. Mais les nobles barons — que Jésus leur vienne en aide ! — n'avaient aucune crainte, aucun effroi dans la bataille ; ils lancent de bonnes attaques avec le fer et l'acier. On pouvait y voir Godefroy en pleine action et ses deux frères fendre les rangs à coups d'épée. Depuis la venue de Dieu sur terre pour convertir le monde, on n'avait jamais vu autant de vaillants chevaliers dans la même bataille. Ils tuaient, massacraient, jetaient les Turcs en tas les uns sur les autres.

Mais les nôtres subirent un grave revers ; le cheval de Renaut de Beauvais est tué sous lui ! Ah ! Dieu ! Quel grand malheur qu'il soit tombé à terre ! Renaut se redresse, car il ne manquait pas de courage, passe son bouclier au bras, saisit son épée d'acier et se met à faire un véritable massacre dans la foule adverse. Ceux qu'il atteint n'ont plus besoin de médecin. S'il avait pu rester en vie, il se serait vendu cher. Mais Lucifer l'atteint par-devant d'un seul coup et lui enfonce dans le corps un javelot d'acier. Le baron s'écroule. Ah ! Dieu ! Quelle catastrophe ! Que Dieu ait pitié de son âme en ce moment suprême et protège nos gens du malheur. Il a communié de trois brins d'herbe [1] ; son âme le quitte et Dieu lui donne sa place en paradis. Eustache a vu ; il croit en perdre le sens et se précipite pour le venger.

---

1. La chanson de geste médiévale présente, à plusieurs reprises, des exemples semblables de communion. Il faut en retenir le symbolisme en des circonstances particulièrement dramatiques (le chiffre « trois », évoquant évidemment la Trinité).

XIV

Eustache de Boulogne a bien reconnu Renaut au moment de sa mort ;
il en éprouva une vive tristesse. Éperonnant son cheval au rapide galop,
il brandit sa lance au fer tranchant et va frapper Lucifer par-devant sur
son bouclier ; il le lui brise sous la bosse dorée, lui démaille et déchire
son haubert, lui enfonce la pointe de la lance en plein cœur et l'abat, mort,
de son cheval.

« C'est ta fin, infâme païen, dit-il, maudit sois-tu ! »

Puis il frappe Acerin sur son casque pointu, en arrache les fleurs et les
pierreries, et pourfend le païen jusqu'au milieu de la poitrine ; de ce coup
bien asséné, il l'abat mort. Il tue encore Princeple, le fils de l'émir Hu.
Godefroy arrive au galop sur Chapalu et crie à Eustache :

« Je vous ai bien vu, frère ; vos grands coups vous font ressembler à
notre aïeul, le Chevalier au cygne [1], qui a vaincu le Saxon. Si je ne vous
assiste pas, que je sois damné ! Éperonnons désormais ensemble, vous et
moi. Dieu ! Où est Baudouin ? J'ai peur de l'avoir perdu. »

Le voici qui arrive au galop à travers le pré sur Prinsaut l'Aragonais au
poil blanc. Il tue devant son frère un des fils de Malagu et un des fils de
Sultan, celui qui s'appelait Corsuble. Il a aussi pris en chasse Sanguin,
mais sans avoir pu l'atteindre, ce qui le contrarie ; il trouve sur son
chemin le roi Marchepalu et lui tranche la tête aussi facilement que s'il
s'était agi d'une branche de sureau.

XV

La bataille était acharnée, l'attaque furieuse. Robert de Normandie se
précipite dans le combat avec ses vaillants compagnons. La lance dressée
où l'enseigne flotte au vent, à la pleine vitesse de son cheval, il s'élance
au milieu des Turcs — que Dieu les maudisse ! Il frappe le roi Atenas, le
seigneur d'Esclaudie, lui brise son grand bouclier fleuri, lui déchire sa
cuirasse et lui perce le cœur. Son âme s'en va en enfer où les diables
l'accueillent. Le païen, qui était originaire de Nubie, gît à terre. Robert
s'écrie : « Dame sainte Marie ! »

Puis il met la main à l'épée qu'il tire du fourreau pour en fendre un
Turc jusqu'à l'oreille. Il tue encore l'émir de Nubie. Le duc frappe sans
cesse, mu par la colère ; la terre autour de lui est couverte des païens qu'il
a tués. Les Turcs fuient plus devant lui que la pie devant le faucon, et le
baron les poursuit sur la distance de plus d'une portée d'arc. Mais si Jésus
ne s'en inquiète, sa vie sera courte, car il est encerclé de païens, totale

---

1. Voir ci-dessus, chant VII, XXXI et n. 1, p. 316.

ment isolé de ses hommes. Les païens se sont dirigés vers les Trois
Ombres, là où la mère de Dieu, fatiguée et épuisée, se reposa et, selon la
prophétie, Dieu la protégea du soleil ; la terre se trouva alors ombragée
alentour sur une distance d'une lance et demie, les rayons du soleil ne
l'atteignaient plus. Ce lieu se situe dans la direction de Jaffa, à côté de
Cauquerie. C'est là que Robert est encerclé par des Turcs qui l'assaillent
de flèches ; il y en a tant fichées dans son armure que cela ferait plus
d'une brassée si on les rassemblait. Que vous dire de plus du bon comte
Robert ? Si Dieu ne s'en inquiète pas, il est près de sa fin ; il a sur lui plus
d'une brassée de flèches et les païens continuent à tirer sans relâche. Dans
la plaine de Rames, les cris, le son des cors et des trompes sont tels qu'ils
résonnent jusqu'à Acre. Si Dieu, le fils de sainte Marie, ne s'en inquiète,
la chrétienté sera durement atteinte et la chevalerie de Dieu plongée dans
la douleur. Il y avait tant de païens que la terre en était couverte sur sept
lieues.

XVI

La bataille était rude, les combats acharnés. Ces brutes ont encerclé
Robert de Normandie ; ils tirent de loin sur lui avec leurs arcs turcs, tuant
sous lui son cheval impétueux. Le baron s'est remis sur ses pieds avec
courage ; il tient devant lui son bouclier et tire son épée ; il se défend si
farouchement contre les païens que pas un Turc n'ose l'approcher à moins
d'une lance. Ses chevaliers étaient à sa recherche dans la mêlée, tout affligés de ne pouvoir le retrouver. Deux d'entre eux vont en larmes auprès
de Robert le Frison : « Seigneur, au secours, par Dieu le Rédempteur !
Les Perses emmènent Robert de Normandie. »
Quand le comte entend cela, tout affligé, il crie : « Saint-Sépulcre !
Chevaliers, en avant ! Si vous ne vous souciez pas du comte, je vous
considérerai comme des lâches. »
Puis il fait sonner une trompe et part. Malheur à cette race maudite si
elle s'en vante ! Les chevaliers avaient hâte de se battre. On dit à Bohémond et à Tancrède de Pouille que les Sarrasins emmènent Robert de
Normandie. Bohémond alors soupire du fond du cœur et Tancrède
s'écrie : « Sonnez de ce cor d'ivoire ! Les païens n'en réchapperont pas
plus ici qu'en Orient ! »
Les barons éperonnent à la suite de Robert de Flandre et se jettent avec
fracas dans la foule des Turcs. Ils en abattent tant à terre à coups de lances
que tous ceux qui les voyaient en étaient stupéfaits. Puis ils tirent avec
fureur leurs épées, coupent têtes, bras et pieds sans épargner personne,
frappant sans cesse, sans jamais s'arrêter. Ils font un tel massacre, sans
la moindre crainte des païens, qu'ils ont retrouvé Robert de Normandie,
couvert de sang. Bohémond lui présente un bon destrier ; le duc y monte

sans défaillir. Sitôt à cheval, il s'élance et tue un Turc en passant à côté de lui. Les barons l'étreignent et l'embrassent.

C'est alors qu'arrive au galop Cornumaran avec trente mille infidèles. Il se jette au milieu des nôtres, en tue un grand nombre, criant souvent « Damas et Tibériade ! ».

XVII

Pour dégager Robert, des coups sans nombre avaient provoqué la mort d'une foule de Turcs et de païens. Or voici que se précipite dans la bataille le fils de Sultan de Perse, Esmeré, qui avait été adoubé l'année précédente. Il porte sa lance bien droite avec l'oriflamme fixée et crie à l'adresse de Godefroy de Bouillon : « Je suis bien fâché de ne pas te trouver, misérable ; je te ferai payer la mort de mes trois frères ! »

Il était accompagné de vingt mille païens en armes, tous seigneurs d'une forteresse ou d'une cité. Au milieu de la mêlée, il se trouve en face de l'excellent Roger, le seigneur du Rosoy. Au galop de son cheval, il le heurte de sa lance et l'abat, grièvement blessé. Quand Roger du Rosoy se sent à terre, il bondit aussitôt sur ses pieds, tire son épée aiguisée et, d'un coup, fend en quatre le heaume décoré d'or d'Esmeré qui n'a pas le temps d'esquiver ; l'épée glisse entre le cou et le bouclier et lui coupe le bras gauche. Sous la violence du choc, le Sarrasin trébuche ; Roger du Rosoy saisit son cheval de la main gauche par les rênes, saute en selle sans même prendre appui sur l'étrier. Les Sarrasins poussent des cris en le voyant faire et tous les frères d'Esmeré laissent voir leur douleur. Ils font le ferme serment par Mahomet Gomelin que, pour la mémoire de leur frère, ils tueront vingt mille Français. Ils se mettent tous les onze en ligne sur le champ de bataille, regroupent leurs armées au son du cor. Trente mille hommes au moins sont en place, tous de la race diabolique, de vrais démons !

Que Dieu vienne au secours des chrétiens qui seront lourdement éprouvés dans la bataille. Mais s'ils en reviennent, c'est que Dieu les aime.

XVIII

La bataille était acharnée et le combat farouche. Plus de quarante cors et trompes retentissent à la bouche de soldats hors d'eux-mêmes. Les armées des infidèles approchent. Il y en a qui sont plus noirs que poivre ; d'autres ont des cornes ; tous portent des massues de plomb. Il y a une troupe composée de soldats plus noirs que suie ; même leur barbe est noire. C'est elle qui lance la première attaque à grand fracas ; on ne compte plus les têtes, les poings, les pieds coupés ; le sang des morts coule sur la prairie et l'herbe verte se teint en rouge.

Rotrou du Perche contre-attaque avec ses hommes, accompagné de Hugues le Maine qui porte l'enseigne, du comte de Vendôme à la tête des chevaliers de son domaine, du comte Lambert de Liège qui frappe bien de l'épée. Ils ont tous placé en bon ordre leurs hommes et font sonner dix cors à l'unisson. Le comte Hugues éperonne en criant « Montjoie ! » et, de tout l'élan de son cheval, il se jette au milieu des « barbus ». Avant de briser sa lance, il en a fait un grand carnage, arrachant les entrailles à plus de trente. Sa lance hors d'usage, il tire l'épée et pourfend un Turc jusqu'au ventre. Le comte Rotrou du Perche se bat avec grande ardeur, toujours impatient de frapper les Turcs. Ils ont tué et massacré toute cette armée, la repoussant jusqu'aux Trois Ombres, là où sainte Marie se reposa à l'abri de la chaleur[1]. Les cadavres rempliraient un grand navire.

XIX

Ce fut une grande bataille, la plus farouche que l'on ait jamais vue. Voici maintenant l'armée d'Orient qui arrive au galop, plus de trente mille fieffés félons, sous la conduite de Cornicas des Crêtes de Montribon. Il est monté sur un cheval plus blanc que colombe, qui a deux cornes pointues et acérées sur le front ; ses sabots sont fendus de part en part comme ceux d'un bœuf avec des griffes dures comme de l'acier ou du laiton ; il courait plus vite qu'épervier ou faucon. Le païen l'avait couvert d'un drap vermeil. Portant une enseigne avec un dragon, Cornicas éperonne son cheval qui s'élance comme un émerillon. Il brandit sa lance, déroule l'oriflamme et frappe Thomas de Marne sur son bouclier décoré d'un lion ; il le lui perce sous la bosse, mais ne parvient pas à déchirer son haubert étincelant ; sa lance vole en éclats. Thomas reste ferme sur ses arçons ; il espérait s'en venger à l'épée, mais le Turc le dépasse avec mépris, tant son cheval court plus vite qu'un aigle. Voyant cela, Thomas frémit des moustaches, plus rouge de colère que la braise ; dans sa fureur, il va frapper Clarion, un fils de Sultan, roi de Monbrandon ; ni son bouclier ni son heaume ne l'ont protégé, Thomas le pourfend jusqu'au poumon ; de ce coup bien asséné, il le désarçonne ; puis il tue encore ses deux frères, Bréhier et Lucion.

Surviennent à ce moment au galop Enguerran et Huon de Saint-Pol. Enguerran atteint Tahon, un fils de Sultan qui gouvernait la Perse en son nom ; de son coup de lance, il perce le bouclier comme une simple étoffe et le haubert ne résiste pas mieux qu'une pelisse d'hermine ; il lui enfonce la lance dans le poumon et l'abat, mort, de son cheval ; il tire aussitôt l'épée pendue à son côté pour frapper sur le heaume son frère Clarion qu'il pourfend jusqu'au poumon ; il tue encore Maltriblon, et puis un

---

1. Voir ci-dessus, XV.

autre païen qui s'appelait Danemont ; ils étaient tous frères, fils de Sultan. Il n'en reste plus que deux survivants : ce sont Sanguin et l'Aufage, tous deux dangereux traîtres. Voyant leurs frères morts, ils supplient Mahomet. Tous les autres païens poussent de telles lamentations qu'elles s'entendent jusqu'à la tente de Sultan.

XX

Quand l'Aufage voit ses frères mourir, il croit devenir fou de douleur et de rage ; donnant un violent coup d'éperon à son cheval, il va frapper Enguerran avec le faussart qu'il porte, brise son bouclier, déchire son haubert et lui enfonce la pointe de son arme en pleine poitrine, lui coupant en deux le cœur, et le jetant à terre sous le choc. Enguerran de Saint-Pol prie l'Esprit saint d'avoir pitié de son âme, si telle est sa volonté, et de venir au secours de son peuple, sans l'exposer à la mort, dans sa lutte pour vaincre et mettre en déroute les infidèles. Il lève la main pour se signer ; Dieu l'a fait alors trépasser, la main tendue vers l'orient. Notre-Seigneur a envoyé saint Michel recevoir son âme pour lui donner son siège au paradis ; les saints et les anges sont à son service, comme il est juste, car il est mort en martyr.

Son père éprouve une grande tristesse quand il le voit étendu mort ; il se tord tant les poings que le sang en dégoutte, frissonnant de douleur et d'angoisse. « Dieu ! dit-il, pourquoi as-tu laissé mourir mon fils, alors qu'il était venu ici outre-mer pour ton service ? »

Princes et barons se rassemblaient nombreux auprès du corps pour voir Enguerran une dernière fois, sans cacher leur immense chagrin. Huon se tord les poings, le sang en dégoutte ; il tire l'épée du fourreau pour s'en frapper, mais Robert le Frison se précipite afin de la lui arracher des mains. Personne ne peut supporter la peine que manifeste Huon ; princes et barons pensent mourir de douleur.

XXI

Pour la mort d'Enguerran, la douleur fut immense. Barons et princes pleurèrent en grand nombre ce jour-là. On coucha sur son bouclier le corps du vaillant chevalier pour vite le porter loin de la bataille. Puis tous retournent avec fureur au combat, l'épée au poing, bouleversés par la mort d'Enguerran. Huon de Saint-Pol, assis sur son cheval, recherche l'Aufage dans les rangs païens ; il le rencontre au milieu de ses hommes ; rien n'aurait pu le rendre plus heureux, ni son fief, ni la terre des Indes.

XXII

Quand Huon de Saint-Pol a repéré l'Aufage, il galope vers lui, brandissant son épée nue. Il l'atteint d'un grand coup au milieu de son casque, en arrache les fleurs et les pierreries ; la coiffe du haubert n'y résiste pas ; il l'a pourfendu jusque dans la poitrine et, de ce coup bien asséné, l'a étendu mort. « Holà ! Païen, maudit sois-tu ! », dit-il. Pour la mort d'Enguerran, tu as eu ta récompense ! »

On pouvait entendre de grands cris, des hurlements, un immense vacarme. Plus de cent mille Turcs se sont rassemblés ; il y avait là les Espics, ceux qui ont un bec et le corps velu. Au combat, ils collent aux gens comme de la glu. Quand ils aperçoivent nos Ribauds, ils se précipitent contre eux, leur déchirent la peau à coups de bec et de griffes et leur arrachent les entrailles. Ce fut pour les Ribauds la pire journée qu'ils aient connue.

XXIII

Quand il voit ces sauvages faire un tel massacre de ses hommes, le roi Tafur faillit devenir fou de rage et de colère ; il crie aux siens :

« Pas de mollesse ! N'ayez pas peur de ces barbares ! Ils n'ont ni haubert, ni heaume, ni bouclier, ni lance. Souvenez-vous de notre Dieu créateur des oiseaux ! »

Quand les Ribauds ont entendu leur roi, ils font le signe de croix et retrouvent hardiesse et courage ; de leurs haches et de leurs poignards, ils ont fait un tel carnage que des monceaux de cadavres gisent sur la prairie.

XXIV

Dès que les Ribauds sont au contact des « Beccus », ils leur tranchent têtes, bras et poitrines ; et les autres émettent de leurs becs de grands glapissements, ils aboient, hurlent, poussent des cris, tant et si bien qu'on les entend depuis Saint-Georges de Rames. Le roi Tafur en a tué une centaine ; les Ribauds les ont massacrés à la hache en un carnage tel, dans les plaines de Rames, que l'on marchait dans le sang jusqu'au gras du mollet. Les « Beccus », pris de panique, s'enfuient plus vite que des chevaux, sans se ressaisir avant d'avoir retrouvé l'étendard. Ils s'arrêtent devant la tente de l'émir de Perse qui jouait aux échecs avec le frère de l'Aupatri. Quand Sultan voit devant lui les « Beccus » en déroute, il les menace, mais eux s'en moquent. Dans peu de temps, il sera autrement plus malheureux, car il recevra des informations sur ses quatorze fils qui ont tous eu le cœur transpercé dans la poitrine.

XXV

Ce fut une grande et mémorable bataille. Jamais personne n'a vu ni ne verra la même, tant il y eut d'échanges de coups redoutables, de boucliers percés, de heaumes brisés, de païens et de Sarrasins tués et massacrés qui aboient, geignent et hurlent comme des chiens.

Cornicas d'au-delà de la mer Rouge arrive sur le Cornu, son cheval, qu'il fait galoper plus vite que l'émerillon ne vole pour fondre sur l'alouette. Au premier choc, il tue Raoul et Roger. Quand Baudouin voit cela, il croit enrager et lance son cheval au galop, dans l'espoir de se saisir de la monture du Turc, qu'il se prend à convoiter. S'il y parvenait, il ne le céderait pas pour quatre fois son poids d'or fin. Il éperonne Prinsaut, le fait galoper aussi vite que possible. Le roi Cornicas n'a pas su éviter l'affrontement avec le comte Baudouin. Celui-ci lui donne un tel coup sur son casque qu'il en abat fleurs et pierreries ; le coup descend jusqu'au menton. Baudouin s'empare du destrier, en fait trébucher le roi ; puis, s'éloignant, il fait demi-tour, descend de Prinsaut et monte sur le Cornu. Il donne ordre de ramener son cheval à l'arrière et on le voit s'élancer de nouveau dans la mêlée. Baudouin fait bondir le Cornu plus vite qu'un épervier quand il est à la chasse aux oiseaux. Il peut aller et venir sans risques et s'attaquer aux païens. Il fera ce jour-là payer cher le Cornu aux Turcs ; il crie : « Saint-Sépulcre ! Ces maudits qui refusent d'aimer Dieu ne vont pas tenir longtemps. En avant, barons ! Vous verrez bientôt leur défaite. »

On pouvait entendre crier à voix forte « Montjoie ! » et supplier le Saint-Sépulcre et saint Georges. Ils font reculer les Turcs de plus d'une portée d'arbalète.

XXVI

C'était une immense bataille, furieuse et farouche. Elle redouble de bruit et de violence. Arrivent les Maures de Mauritanie, Nichomas, Aufraix et les hommes de Buriane ; ils sont poilus comme des chiens et ont une horrible figure grimaçante. Tomber entre leurs mains est une affreuse malchance. Mais nos nobles barons les mettent à mal avec leurs épées d'acier ; le champ de bataille est couvert de morts et de blessés ; on ne voit plus que boyaux et entrailles. Les chevaux sont trempés de sang et les Maures vaincus fuient à travers la plaine.

XXVII

L'armée suivante qui monte en ligne est celle des Gauffres, des Bulgares et des Cananéens puants ; ils mangent les cadavres humains décomposés et ont le menton et les mâchoires collés à la poitrine. Avec eux viennent les hommes de Baucidant. Ils sont à dix jours de l'Arbre-qui-Fend et, une fois par an, pour se régénérer, ils vont se plonger dans le fleuve de jouvence. Ils n'ont jamais mangé de froment, ne savent pas ce que c'est, mais ils se nourrissent d'épices, vivent à la belle étoile ; ils sont laids et affreux, et éprouvent une grande envie de se battre. Si Dieu, par sa sainte volonté, ne s'en soucie pas, ils feront un grand massacre des nôtres.

XXVIII

Voici maintenant le roi des Asnes qui éperonne sa monture, suivi par tous ses soldats qui avancent en envoyant des ruades. Ils font un tel bruit, un tel remue-ménage que toutes les plaines de Rames en sont bouleversées. L'armée de Dieu s'en inquiète et tremble. Sans Dieu qui les réconforte et les rassure, rien n'aurait protégé les nôtres du martyre.

L'évêque de Mautran leur apporte la Croix, l'abbé de Fécamp la lance au fer tranchant et l'évêque de Nobles le pilier où les bourreaux battirent de verges Notre-Seigneur Dieu jusqu'à ce qu'Il soit couvert de sang de la tête aux pieds. L'évêque de Mautran s'écrie :

« Regardez par ici, nobles chevaliers, n'ayez pas peur, rassurez-vous ; voici la vraie Croix qui vous protégera. Surtout ne reculez pas, mais allez frapper les maudits à qui mieux mieux. Je vous pardonne au nom de Dieu le Père tout-puissant tous les péchés que vous avez commis en votre vie ; si vous mourez pour lui, sachez-le bien, vous entrerez en chantant dans le paradis ! »

Quand les chrétiens entendent l'exhortation de l'évêque de Mautran, ils reprennent tous courage ; même le plus lâche veut la bataille. Ils se jettent sur le peuple du diable, éventrant les ennemis par centaines et par milliers. Que puis-je ajouter ? Ils en font un carnage plus grand qu'on ne pourrait le dire ou le chanter. Les païens crient, hurlent, gémissent et ils auraient pris la fuite quand arrivent à leur rescousse les Géants difformes qui portent des massues ou de lourdes et grosses lances ; ils tuent de leurs coups un grand nombre de nos chrétiens. L'évêque de Mautran se précipite au galop en tenant devant lui, bien droite, la vraie Croix, qu'il avait fixée à l'encolure de son cheval. Les Géants la regardent, et en sont à ce point fascinés qu'ils se tuent entre eux et se fracassent le crâne avec leurs lourdes massues. Puis ils prennent le feu grégeois et vont se le jeter les uns sur les autres. Que dire de plus ? Ils se tuent tous et sur quinze mille qu'ils étaient, il n'en survit que cinq cents. Le vent pousse le feu sur les autres païens présents et les brûle gravement.

Cornumaran se jette alors dans la bataille avec trente mille Turcs infidèles. Il éperonne Plantamor, l'épée nue au poing. Il frappe Girard de Gournay au milieu de son heaume brillant ; ni le casque ni la coiffe n'ont pu le protéger ; il le pourfend jusqu'au menton et l'abat de son cheval, puis reprend son élan. Le comte Baudouin éperonne à son tour le Cornu pour se lancer, épée dégainée, à la poursuite du Turc, jusqu'à la tente de Sultan. Mais le païen se précipite dans la tente sans oser l'attendre. Baudouin voit Pierre assis à côté de l'étendard ; il le salue en passant à côté de lui sans s'arrêter ; puis il éperonne de nouveau le Cornu qui l'entraîne plus vite que ne vole un oiseau dans le ciel — il serait ainsi allé jusqu'en Orient ! Cornumaran était arrivé au galop en s'écriant : « Que fais-tu, émir ? Tes hommes sont presque tous tués ! Des Bulgares, des Hongrois, des Popelicants, des Amoravis qui étaient si courageux, il ne reste presque plus de survivants ! »

Arrive sur ces entrefaites Sanguin avec vingt mille Maures de Moriant qui avançaient en se tirant les cheveux et en invoquant d'une voix forte Margot, Apollin, Mahomet, Jupin et Tervagant. Sanguin se présente devant son père en se tordant les poings, tandis que les Maures se frappent les mains. Tous s'agenouillent devant Sultan qui s'écrie en les voyant : « Qu'avez-vous, par Mahomet ? Je vous vois tous en piteux état, par mon dieu tout-puissant ! »

XXIX

Sanguin, le fils de Sultan crie alors : « Émir, mon père, vous êtes dans le malheur ; vous avez perdu vos fils, vous ne les reverrez plus jamais ; les barons de France vous les ont tous tués ! »

À ces mots, Sultan s'évanouit quatre fois et, revenant à lui, s'écrie :

« Vite, qu'on m'apporte mes armes !

— À vos ordres », lui répond-on.

Corsus et Barufflé apportent les armes ; ils ont d'abord posé sur le sol un tapis d'or finement ouvragé et par-dessus un drap de soie de couleur. C'est là que s'assied le grand émir. Le roi Matusalé lui mit ses chausses en mailles très fines avec des bandes d'or ; c'était l'ouvrage de Salatré, un très savant artiste juif. Chaque pièce était rivée avec des clous d'argent. L'émir Josué lui fixe ses éperons. Puis il endosse un haubert ancien, fabriqué vingt-cinq ans avant que l'on n'adore Dieu, du temps d'Israël et de Galan le sage qui avaient appris l'art de la forge ; la cotte en était très riche, chaque pan bordé de fils d'or et d'argent qui scintillaient finement et le dessus fait de larges bandes ouvragées. La coiffe est toute en or, de grande beauté ; l'homme qui la porte ne craint pas d'être assommé par aucun coup ; la ventaille brille de pierreries et le heaume se fixe avec trente lacets d'or fin. Il porte une représentation sculptée de Mahomet Gomelin et les noms écrits d'Apollin, Tervagant, Jupin et Mahomet le grand ; l'homme qui l'a vue un jour est protégé de la cécité. L'émir Estelé lui apporte son épée, œuvre d'un diable du nom de Barré qui était emprisonné dans les monts de Loquiferne. L'acier a été trempé pendant un an et demi et quand l'épée fut forgée, il en tua deux démons avec lesquels il avait eu une dispute en enfer. Cette épée était plus noire que de l'encre, elle n'avait pas de croix, mais la lame était gravée ; elle s'appelait Hideuse, en vérité, comme le raconte mon maître. Son fourreau était en ivoire constellé de pierres précieuses ; les courroies en soie et le baudrier en orfroi. La lame, d'une toise, large d'un demi-pied, était plus effilée qu'un rasoir. L'émir l'a ceinte au côté gauche ; il en donnera de nombreux coups redoutables aux nôtres ce jour-là. Son oncle Baufumé lui passe autour du cou son bouclier, parfaitement résistant aux chocs, qui avait trente renflements en résine odorante et le bord en était ourlé d'or fin ; les courroies étaient en cuir d'éléphant et il était recouvert à l'extérieur de peau de cerf et de soie. On fait avancer Maigremor, bien sellé et richement harnaché ; son équipement valait plus que la moitié de l'Espagne. Il était sanglé de quatre solides courroies, avec des étriers en peau de cerf, tannée quatre fois, aux lourdes fixations d'or. Sultan est monté par l'étrier gauche que lui tenaient vingt rois, tous très attentifs à le bien servir. Il a pris en main une lance au fer carré, très solide et résistante, à la pointe trempée dans du poison. Ses blessures sont incurables. Un dragon y était fixé par cinq clous d'or. Sa grande barbe, blanche comme fleurs des prés, est étalée sur sa poitrine et le couvre jusqu'au ventre. Il se cale sur les étriers niellés avec une telle vigueur que Maigremor en transpire sous lui. L'émir avait fière et belle allure, sachez en vérité qu'on n'a jamais vu prince aussi beau. L'on fit grand bruit quand Sultan fut armé. Le cor principal résonne près de l'étendard. Les païens se rassemblent au son des cors, des tambours, des tambourins qui s'entend à dix grandes lieues.

XXX

Quand Sultan fut en armes, il y eut de grands cris ; les cors et les trompettes résonnaient. Chacun des émirs conduit son armée. L'Amulan est monté sur le Blanc, à la croupe couleur de tuile ; c'était le magnifique cheval avec lequel on avait voulu tenter nos chevaliers dans Jérusalem [1]. Sultan était sur Maigremor, capable de courir quinze lieues d'un seul élan ; il jure, par sa foi, que tout païen qui fuira aura la tête tranchée. Que Dieu vienne au secours des nôtres par sa puissance, car ils auront

1. Voir ci-dessus, chant VII, XVI.

une bataille farouche et redoutable, la plus violente de tous les temps passés et à venir.

XXXI

Les armées chevauchent ; Sultan les a placées sous les ordres de soixante émirs. Il fait porter son trésor aux plaines de Rames pour l'exposer aux yeux des chrétiens, avec l'espoir qu'ils iront s'en emparer. Mais pas un seul ne daigna y jeter un regard ; ils préféraient tailler en pièces les païens. L'émir donne l'ordre d'éperonner et cent mille hommes se lancent à l'attaque au galop. Les nobles barons — que Dieu les protège ! — ne se sont pas dérobés à la charge des Turcs. Il y eut un fracas énorme lors de l'affrontement ; on pouvait voir de terribles échanges de coups, les boucliers percés, brisés, fendus, les païens et les Sarrasins mourir taillés en pièces, les poitrines et les entrailles déchirées, les heaumes défoncés. On entendait partout pousser les cris de ralliement. Le désordre était général ; les Turcs et les Sarrasins tiraient sans arrêt des flèches. Il aurait fallu avoir un cœur de pierre pour ne pas trembler, car on pouvait entendre les cris jusqu'à la mer.

XXXII

Corbadas, bien armé sur Glorias, se lance dans la mêlée. Il nous tue Nicolas de Clermont en Auvergne, puis Bérart, le cousin de Thomas, frappant sans relâche les chrétiens. Quand Sultan le voit, il s'empresse de lui crier :
« Par Mahomet, tu reprendras Jérusalem que les Français, ces fils de Satan, t'ont enlevée. J'enchaînerai les plus puissants barons, je ferai d'eux de pauvres prisonniers. J'emmènerai Godefroy de Bouillon jusqu'à Bagdad. Aucun ne m'échappera et quand ils partiront d'ici, ils verront que je ne plaisante pas ! »
Bohémond de Sicile, qui a tout entendu, lui crie :
« Bandit, quelle méchante pensée ! S'il plaît à Dieu et à sa mère, tu vas le payer ! »
Et il s'élance vers le païen.

XXXIII

Bohémond éperonne son destrier de Castille, tenant son épée nue qui brille et scintille ; elle était pourtant toute souillée de sang et de cervelle. Il frappe Corbadas sur son heaume et le lui brise ; il le coupe comme une simple étoffe ; la coiffe ne résiste pas davantage. Il fait sauter tout ce qu'il atteint du bouclier et lui tranche le cœur sous le sein. La lame de l'épée continue de descendre et les entrailles du païen tombent jusqu'au bas des arçons. Bohémond s'écrie :

« Belle vengeance ! Mais ce sera une mauvaise nouvelle pour Cornumaran ! Saint-Sépulcre ! En avant, les enfants ! »

XXXIV

Lucabel se lance maintenant dans la bataille ; il porte sa lance bien droit, l'oriflamme flottant ; il éperonne son cheval, tenant le bouclier de côté et va frapper Daniel, un chevalier du lignage de Charles Martel, dont le bouclier ne résiste pas, non plus que le haubert. Il lui enfonce sa lance dans le corps et l'abat, mort, au pied d'un arbuste. Puis il tire son épée à la lame tranchante et nous tue Raoul et Gui de Monbel ; il fait un affreux carnage de chrétiens. Tancrède, mécontent de ce qu'il a vu, lui donna un tel coup d'épée qu'il lui tranche son heaume et lui fend le crâne. Rien n'a pu le protéger, ni son bouclier, ni son haubert ; il l'a ouvert jusqu'à la poitrine et le désarçonne, mort, au milieu du champ. Tancrède continue sa course en éperonnant Morel, pour aller frapper Pinel sur son heaume et lui ouvrir si bien le ventre que les entrailles en sortent. Il affronte l'Amustan au milieu d'un pré et lui envoie voler la tête au loin. Il crie : « Saint-Sépulcre, frappez, nobles jeunes gens ! »

À voir les combats à l'épée, l'évêque de Mautran jura par saint Daniel qu'il n'y eut jamais de tels combattants depuis l'époque où Dieu créa Abel. Païens et Sarrasins font sonner le rassemblement. Les trompes d'airain, les tambours résonnent ; c'est la plus grande bataille depuis l'époque d'Israël. Comme les chrétiens ont souffert ! Quelle tristesse !

XXXV

C'était une bataille acharnée, d'une extrême violence. Les Sarrasins se sont heurtés à une armée chrétienne particulièrement tenace. Ils ont eu cent mille morts, ce qui fut une aubaine pour les nôtres.

Cornumaran s'élance à toute vitesse et trouve son père mort sur l'herbe ; il transpire d'effroi, écume de violence. Éperonnant Plantamor qui prend le galop, il frappe Gui d'Autemure sur son heaume, le pourfend jusqu'à l'arçon et tranche le cheval du même coup ; rien ne résiste, il abat tout en un tas sur l'herbe. Comment comprendre que Dieu le supporte ? Il continue le carnage avec son épée, mais il le paiera cher avant la nuit. Car le comte Baudouin en prendra vengeance.

XXXVI

C'était un grand combat, une bataille douloureuse. Le farouche Cornumaran, en grande affliction à cause de la mort de son père, tire Murglaie à la lame brillante et tue, sous les yeux de Droon d'Amiens, le propre frère de celui-ci, puis Garnier de Val de Rivière, Garin de Beaufort et Doon de Beaucaire. Ce fut une grande douleur pour le comte Baudouin de l'apprendre ; aussi bien la punition des Turcs ne saurait-elle tarder. Sultan chevauche vigoureusement, faisant triste mine ; l'enchanteur Mabon est à ses côtés ; mais il ne se souciait ni de harpiste ni de joueur de vielle.

XXXVII

L'émir Sultan avait un grand orgueil ; il s'était engagé dans cette bataille avec ses puissants barons — plus de cent mille — et, autour de lui, allaient et venaient rois et émirs. Il éperonne, suivi de soixante mille Turcs qui forment sa garde et, se trouvant face à face avec le comte de Blansdras, lui assène un grand coup sur son bouclier décoré ; il le lui perce et le fend sous la bosse d'or, déchire et rompt le haubert qu'il portait, lui enfonce la lance dans le flanc, l'arrache de son cheval, puis le jette à plat par terre. Retirant sa lance, il éperonne son cheval pour s'éloigner et frappe, en plein galop, Tancrède, mais brise sa lance contre le bouclier de son adversaire. Tancrède n'a pas bougé des étriers et n'a pas été désarçonné. Il a bien reconnu Sultan, aussi lui a-t-il donné sur le dessus de son heaume un grand coup qui l'a tout étourdi. Mais, sans reculer, le païen fit faire un écart à Maigremor pour aller frapper Guirré et lui arracher la tête des épaules.

Les Arabes éperonnent en hurlant et jettent sur nos hommes le feu grégeois, mettant le feu aux vêtements, embrasant les boucliers, tandis que les chevaux tombent sous eux morts ou évanouis. Il y eut beaucoup de chrétiens tués ainsi.

L'évêque de Nobles et l'abbé de Fécamp ont posé sur le feu la sainte lance et le pilier, et aussitôt le feu se retourne vers les païens, les brûlant par centaines, par milliers ; on ne pourra jamais en savoir le nombre.

XXXVIII

Baudouin de Beauvais et Richard de Chaumont, qui n'a jamais aimé les infidèles, se lancent dans la bataille ; l'épée au poing, ils éperonnent leurs destriers et se jettent au plus fort de la mêlée. C'est la mort pour tous ceux qu'ils atteignent. Richard de Chaumont va frapper Orcanais et

Baudouin frappe Baufumé de Rohais ; ils brisent leurs casques brillants et les abattent, morts, près d'un taillis. Ils tuent ensuite Corsuble, Atenas de Lucais, Tahon, Toiron, Gondelot de Rais, en tout sept rois qui ne s'en remettront jamais.

Ce fut un immense combat ! Ah ! Dieu ! Que d'épées ébréchées ou brisées ! Le flot de sang sarrasin était si grand que les chevaux s'y salissaient les sabots et les jarrets.

XXXIX

La bataille était violente et les massacres immenses. Les gens du diable se ressaisissent. L'Amulaine se lance dans la mêlée sur son cheval blanc au souffle sonore ; c'est le magnifique cheval qui fut offert aux chrétiens dans Jérusalem. Le Turc le laisse courir sur une pente et frappe le comte de Vendôme sur son bouclier qu'il fend de part en part, lui enfonce le gonfanon dans le corps, sans que le haubert ait pu le protéger, et le laisse ainsi sans l'avoir tué. Godefroy, qui arrive au galop, est pris de tristesse quand il voit le comte à terre. Il cherche l'Amulaine jusqu'à ce qu'il le trouve en face de lui. Il lui donne un si grand coup, sans mentir, sur son heaume étincelant d'or qu'il en arrache fleurs et pierreries ; il le pourfend jusqu'à la poitrine, l'abat, mort, de son cheval et lui lance par dérision : « Va, maudit ! Tu étais trop vantard ! »

Il s'empare du cheval blanc dont il avait grande envie ; puis il retourne à coups d'éperons auprès du comte, lui donne Capalu qu'il aimait tant et monte lui-même sur le cheval de l'infidèle. Il se jette de nouveau dans la mêlée au milieu des païens, faisant gicler le sang et les cervelles à grands coups d'épée.

C'est alors que s'avance la grande armée de l'émir Sultan, composée des Slaves du lointain Orient. Leurs trompes sonnent à faire trembler la terre. Ils tuent les nôtres avec des javelots et des faussarts et leur jettent le feu grégeois en plein visage, mettant le feu aux boucliers et aux haubergs. Les hommes de Notre-Seigneur faiblissaient, quand l'évêque du Puy se précipite à cheval à travers le champ de bataille en tenant bien droit devant lui la vraie Croix et en exhortant nos hommes : « Barons, du courage ! Ne faiblissez pas ! Vous recevrez la couronne de la gloire éternelle. »

Les chrétiens se ressaisissent à l'entendre et s'écrient : « Saint-Sépulcre ! Chevaliers, en avant ! Malheur à ces Sarrasins qui s'en iraient pleins de jactance ! »

L'évêque se précipite contre le peuple du diable que notre Dieu ne protège pas. Il pose la vraie Croix sur le feu pour l'éteindre. Les Turcs tirent avec leurs arcs contre l'évêque, mais les flèches rebroussent chemin sans lui faire aucun mal, je vous l'affirme, car il était à l'abri de la vraie Croix. Au fur et à mesure que l'évêque avance, les Turcs reculent ; les chrétiens lancent alors une attaque massive, inondant la terre de sang et de cervelles.

Cornumaran, dans la bataille, éperonne Plantamor au souffle sonore ; il nous a tué Guillaume et Pierre de Châlon, criant souvent « Damas et Tibériade ! ». On ne peut pas davantage l'atteindre qu'un oiseau dans le ciel. Si Dieu ne s'en soucie pas, la situation va s'aggraver.

XL

En voyant le païen tuer nos gens de la sorte, le comte Baudouin, en colère, pique le cheval Cornu de ses éperons d'or. Cornumaran, qui l'a vu, se garde bien de l'attendre et prend la fuite plus vite qu'un cerf. Baudouin le prend en chasse avec force et vigueur sur Cornu à la course rapide ; il finit par l'atteindre juste aux Trois Ombres [1] ; Baudouin lui crie (et l'autre entend bien) : « Sarrasin, fais-moi face avant que je ne te frappe ! »

Quand Cornumaran voit que Baudouin est seul, il fait faire demi-tour à son cheval et tire son épée aiguisée. Ils échangent des coups violents sur leurs boucliers. Mais le comte Baudouin l'atteint le premier sur son heaume d'or martelé ; il en fait tomber à terre les fleurs et les pierreries, lui tranche la solide coiffe de son haubert et le pourfend jusqu'au menton. De ce coup bien asséné, il l'a abattu, mort. « Va, païen, dit-il, maudit sois-tu ! C'est de la part de Pierre de Châlon. »

Il a attrapé Plantamor le bon cheval à longue crinière et a enlevé au mort sa ceinture avec l'épée Murglaie. Il revient rapidement sur ses pas, donne Plantamor à son frère Eustache qui ne voudra plus le céder pour le trésor de Cahu. Le comte Baudouin a gardé pour lui la bonne épée. Les Sarrasins en éprouvent une grande tristesse. Il y eut un grand fracas de cors et de trompes et leurs cris se sont entendus jusque dans Jérusalem.

XLI

Cornumaran, à la fière allure, est mort. Les païens en manifestent une grande douleur ; ils sont cent mille à le pleurer en disant : « Ah ! Cornumaran, homme de grande noblesse, quelle perte quand vous êtes mort ! Il n'y avait pas de païen aussi courageux en toute la Turquie ; personne ne savait mieux frapper de l'épée. Seigneur, que Mahomet maudisse votre meurtrier ! »

L'émir Sultan a appris la nouvelle. Il a fait sonner le rassemblement auprès de l'étendard. Sarrasins, Persans et païens s'y regroupent. Ils

---

1. Voir ci-dessus, chant VIII, xv et xviii.

forment encore une armée de cent mille hommes qui lanceront une redoutable attaque contre les nôtres, si le Seigneur Dieu, le fils de sainte Marie, ne s'en inquiète pas. L'évêque de Mautran s'est écrié : « Seigneur, venez au secours de nos hommes et de nos chevaliers qui ont supporté tant de souffrances pour vous ! »

Robert de Normandie et Robert le Frison qui n'a jamais peur se lancent dans la bataille avec Tancrède et Bohémond, ainsi que le roi Godefroy sur Blanchard, Baudouin sur le Cornu et Eustache sur Plantamor, Thomas le seigneur de Marne, Étienne d'Aubemarle à la cuirasse solide, Thomas de la Fère, Joffroi de Pavie, le comte Rotrou du Perche avec son bouclier brisé, Hugues le Maine — que Jésus le bénisse ! —, Huon de Saint-Pol au cœur douloureux à cause de son fils Enguerran qui n'est plus. Baudouin de Beauvais était avec eux ; Richard de Chaumont tire son épée et Harpin de Bourges fait de même. Son épée était tachée de sang jusqu'au pommeau. Tous ces chevaliers chrétiens se regroupent, chacun a son épée souillée de cervelle ; ils se hâtent contre les païens, pour engager une farouche bataille.

XLII

Lors de l'affrontement entre les Français et les Sarrasins, on assista à un violent échange de coups d'épées et de javelots. Les païens meurent dans la douleur et la honte. Nos barons, rassurés, se sont écriés : « Seigneurs, à l'attaque ! Nous en avons trop supporté ! »

Et ils ont repoussé les Sarrasins jusqu'à leur étendard. Alors les Arabes se sont retournés contre les nôtres et la puissante armée des Turcs a lancé une violente contre-offensive. Il y eut de nombreux chevaux tués et les chrétiens allaient être défaits et massacrés, épuisés qu'ils étaient par le combat. L'évêque de Mautran voit venir sur sa droite une troupe de plus de cent mille hommes chevauchant en ordre serré ; ils sont plus blancs que les jeunes pousses de fleurs. Saint Georges était en tête avec son enseigne, à côté de saint Maurice, le gonfanon fixé à la lance. Tous avaient à la pointe de leur lance une oriflamme galonnée, avec une croix d'or étincelant. Ils approchent de l'étendard des païens, y trouvent Pierre l'Ermite. Saint Georges s'abaisse, le délivre, puis se remet en route avec les autres. Pierre se dresse et revêt des armes : il endosse vite un haubert qui se trouvait là, se saisit de la hache de Sultan qui pendait dans sa tente et tranche, avec elle, l'étendard. Un cheval harnaché se trouvait devant lui ; il le monte par l'étrier niellé. Les Sarrasins, qui ont tout vu, le poursuivent, mais prennent la fuite dès qu'ils se trouvent en face des anges. Pierre se heurte à Sanguin le fils de Sultan ; il le fend d'un coup de hache jusqu'à la ceinture en adressant une fervente prière à Dieu. Les païens sont épouvantés à la vue des anges ; le meilleur d'entre eux ne voudrait pas s'attarder pour une mesure d'or. Ils tournent bride et prennent la fuite.

Quand Sultan le voit, son sang ne fait qu'un tour et il dit d'une voix distincte :

« Ah ! Mahomet, mon seigneur, je vous ai tellement aimé, je vous ai servi et honoré de tout mon pouvoir. Mais si jamais je rentre sain et sauf dans mon royaume, je vous ferai brûler sur un bûcher. Je vous briserai les flancs et les côtes ; ne comptez plus que je vous serve ni vous honore ! Maudit le dieu qui trahit les siens ! »

XLIII

Sultan voit les païens s'enfuir en éperonnant leurs chevaux et les Français les tuer et massacrer à outrance, sans épargner personne. Tous crient : « À l'aide ! Mahomet ! »

Et Sultan, éprouvant la plus grande douleur qui soit :

« Ah ! Apollin ! Vers quelle mort laissez-vous à tort aller mes hommes ! J'avais façonné votre corps tout en or, sans une once de laiton ; vous ne m'en avez pas récompensé. Et je tiens Mahomet Gomelin pour traître, car il ne m'a rien dit quand j'étais chez moi. Mais si je peux rentrer sain et sauf, sans être tué ni amené en captivité, pape Calife, jamais plus nous ne nous reverrons ! Hélas ! Je vois mes hommes emmenés. Quelle désolation ! Je ne peux ni les protéger, ni m'y opposer. »

Il appelle l'Amustan et le vieux Rubion :

« Regardez nos hommes vaincus. Jetez le feu grégeois pour nous protéger, car nous ne rallierons plus jamais notre étendard. Je sais bien que c'est Pierre l'Ermite qui l'a tranché. J'ai été bien sot de me lier avec lui. Regardez ces gens nous poursuivre au galop. Bienheureux celui qui pourra se mettre à l'abri. »

Alors ces maudits félons jetèrent le feu. La terre s'embrase, des braises s'envolent, enflammant la tente sous les yeux de Calife qui comprend que les Sarrasins sont perdus. Il se précipite sur Mahomet Gomelin et lui arrache la tête, puis il monte sur un dromadaire pour s'enfuir sans attendre personne et sans s'arrêter avant Acre. Il avait mis la tête de Mahomet dans une pièce d'étoffe et il pleurait à chaudes larmes sur lui.

Les nobles barons — que Dieu leur accorde son pardon ! — font un grand massacre de Turcs et de Persans ; les chevaux pataugent dans le sang jusqu'à l'articulation du boulet. Les païens s'enfuient, ils n'ont plus aucun secours à attendre.

XLIV

Les païens s'enfuient, sans plus aucun espoir de secours ; ils ne choisissent ni chemin, ni voie, ni sentier ; chacun se sauve comme il peut pour préserver sa vie. Et les Français, nos nobles chevaliers, les attaquent, les tuent en masse, plongeant leurs épées dans le sang et les cervelles. Hugues le Maine éperonnant son destrier, le roi Godefroy sur le cheval blanc, Eustache son frère sur Plantamor l'intrépide, et Robert le Frison l'ami de Dieu, Robert de Normandie le vaillant chevalier, les illustres Tancrède et Bohémond, tous les autres chevaliers — que Dieu leur vienne en aide ! —, tous affrontent le peuple du diable et courent tuer les ennemis de leurs épées nues et les empêcher de retourner à leur campement. Sultan, voyant cela, croit devenir fou ; frappant Roger sur son heaume dont les fleurs et les pierreries tombent à terre, il le pourfend en deux jusqu'à la ceinture, l'abattant mort de ce coup bien asséné. Dieu accueille l'âme du défunt dans sa gloire. Sultan se débarrasse de son grand bouclier d'or pour aller plus vite dans sa fuite éperdue avec plus de trente mille Sarrasins. Les rapides destriers soulèvent des nuages de poussière qui assombrissent la clarté du jour.

Le soleil baisse, la nuit arrive. Les Français ne savaient plus où pourchasser les païens. L'évêque de Mautran adresse une prière à Dieu ; que, par sa volonté, Il maintienne la clarté du jour [1]. Dieu exauce son désir ; la nuit disparaît plus vite que ne vole un épervier et Dieu fait à nouveau briller le soleil. Tandis que les chrétiens ne cachent pas leur joie, les païens sont en grand effroi ; ils appellent avec violence Mahomet et Apollin, ainsi que l'émir Sultan, pour qu'ils viennent à leur secours. Mais c'est en vain ; il ne leur reste que leur douleur.

XLV

Dieu fit un grand miracle pour les barons de France ; il abolit la nuit et ramena le jour. Turcs et Sarrasins fuyaient dans toutes les directions, cherchant tous à sauver leurs vies. Et les nobles chevaliers, aimés de Dieu, ne cessent de les frapper par centaines et par milliers, couvrant le sol de sang et de cervelles, leur arrachant les entrailles et les écrasant à terre à coups de lourdes massues. De véritables torrents de sang s'écoulent des cadavres dans les plaines de Rames.

Le comte Hugues le Maine poursuit Malcuidant et lui donne un grand coup sur son casque brillant dont il abat fleurs et pierreries ; la coiffe du haubert ne lui sert à rien, Huon le pourfend jusqu'au menton. Le roi Godefroy, de son épée tranchante, coupe en deux l'Amustan jusqu'au milieu de la poitrine. Et Pierre l'Ermite atteint son fils, le frappe, sans ralentir sa course, de sa hache, à deux mains ; il le met en pièces jusqu'à l'arçon. Les Français ont grande joie à le voir de nouveau. Le comte Baudouin poursuit Sultan, monté sur le cheval Cornu au souffle sonore,

---

1. Cet épisode est à rapprocher, évidemment, du livre de Josué, x, 13-15, mais aussi de la *Chanson de Roland*, v. 2458 *sqq.*

accompagné d'un détachement de vaillants chevaliers ; ils ne s'arrêtent qu'à deux lieues d'Acre et Baudouin crie : « Vous n'échapperez pas, bandits ! »

Quand il l'entend, Sultan exhorte ses hommes : « Barons, demi-tour contre ceux qui nous poursuivent ! Ils sont peu nombreux ; la plupart sont blessés ; malheur à qui s'échappera, par mon dieu Tervagant ! »

Quand les Sarrasins entendent leur seigneur l'émir, ils se retournent contre Baudouin avec une grande fureur.

XLVI

Quand les Sarrasins entendent les exhortations de Sultan, ils font demi-tour contre le comte Baudouin. Ce fut un combat violent et pénible ; beaucoup de Sarrasins furent tués et taillés en pièces. Mais le comte Baudouin est en position délicate, car il ne lui reste pas un seul compagnon vivant ; les Sarrasins les ont tous tués. Rimbaut Creton, dont le cheval est tué sous lui, bondit sur ses pieds en chevalier expérimenté, l'épée au poing droit, et il fait glisser son bouclier devant lui. Il a tant massacré de Sarrasins que les païens n'éprouvent plus qu'effroi à le voir. Alors Rimbaut Creton s'est écrié fièrement :

« Baudouin de Rohais, où êtes-vous ? Noble fils de baron, au secours ! Ah ! Barons de France, quelle perte ce sera pour vous ! Vous ne nous reverrez plus jamais vivant, ni Baudouin ni moi. »

Le comte arrive alors à grande allure sur le cheval Cornu qui ne connaît pas la fatigue et se place à côté de Rimbaut Creton :

« Rimbaut, montez sur ce Cornu, dit le comte, et allez annoncer au roi et aux barons que je suis encerclé devant Acre par les Turcs.

— Vous ne resterez pas seul sans moi, répond Rimbaut Creton, je préfère risquer d'avoir la tête tranchée avec vous plutôt que de vous avoir quitté. Que diraient les barons de France ? Je ne serais plus honoré dans aucune cour ; par ma tête, rien ne m'y fera aller.

— Vous irez néanmoins, cher seigneur », insiste le comte Baudouin.

Il descend du Cornu qui s'échappe et prend la fuite au milieu des cris ; il a abattu plus de vingt Turcs sur son chemin ; les païens s'écartent devant lui ; le cheval se sauve en traînant ses rênes, plus vite que la foudre lorsque les vents d'orage la chassent. Il ne va pas s'arrêter avant d'avoir atteint l'armée. Les Sarrasins ont encerclé les deux comtes et les attaquent avec leurs arcs et leurs faussarts, perçant les boucliers, déchirant les hauberts ; tous deux étaient blessés et meurtris. Que Celui qui est mort en croix vienne à leur secours ! S'Il ne s'en soucie pas dans sa grande bonté rien ne les protégera de la mort.

XLVII

Baudouin de Rohais et Rimbaut Creton sont tous deux à pied, encerclés de perfides Turcs. Sultan arrive au galop et s'adresse orgueilleusement aux deux barons.

« Dites-moi ; qui êtes-vous ?

— Je vais vous le dire volontiers. répond Baudouin. Je suis Baudouin, et lui, c'est Rimbaut Creton. »

Devant cette réponse, Sultan devient rouge comme de la braise.

« Par Mahomet, dit-il, Bouillon est un démon. Toi aussi et ton frère ! Vous avez des cœurs de lion ! Vous avez anéanti mon armée, conquis Jérusalem avec le temple de Salomon. Godefroy en est roi et gouverne le pays. Notre religion est détruite par sa faute ; mais nous nous vengerons de lui sur vous deux. Nous vous ferons écorcher à coups de poignard, puis nous vous jetterons dans de la poix bouillante. À tout le moins, vous aurez la tête coupée.

— S'il plaît à Dieu, nous resterons en vie, dit Baudouin, et Rimbaut Creton crie :

— Baudouin, défendons-nous ! Tant que nous sommes vivants, tuons-en le plus possible pour ne pas encourir de reproches après notre mort. »

Il fallait alors voir les deux compagnons couper pieds et poings aux Sarrasins et aux païens. Les Turcs n'osent pas plus tenir devant eux qu'une alouette devant un faucon ; ils s'esquivent comme petits oiseaux devant un épervier dans un fourré. Cependant, trop de païens continuaient à se regrouper en hurlant contre eux et à leur tirer des flèches avec leurs arcs turcs.

XLVIII

Nos barons étaient accablés par la foule des païens qui ont abattu Rimbaut sous les yeux de Baudouin, en lui enfonçant dans le corps un javelot d'acier. Mais le comte l'a remis debout et frappe un païen qu'il coupe en deux. L'émir Sultan crie aux païens :

« Prenez garde à ce que ces deux-là ne vous échappent pas, car leur lignage et eux m'ont fait les plus grands dommages ; ils ont tué mes quinze fils et dévasté mon royaume. »

Quand les Sarrasins l'entendent, ils sonnent du cor et repartent avec une force renouvelée à l'attaque des deux barons qui, sans l'aide de Dieu, seraient condamnés au martyre.

Mais le roi Godefroy a trouvé le Cornu qui fuit dans les plaines de Rames en traînant ses rênes ; son sang ne fait qu'un tour devant l'absence de Baudouin et il supplie Jésus d'une voix forte. Il poursuit si bien le

Cornu avec ses compagnons qu'ils parviennent à le saisir par les rênes. Mais ils se tordent les poings et se tirent les cheveux de douleur.

« Baudouin, dit le roi, je vois bien que les païens, ces traîtres mécréants, vous ont tué. Mais par le Saint-Sépulcre auquel je me suis consacré, si vous êtes prisonnier, emmené en captivité, les Turcs ne trouveront aucun abri ni en forteresse ni dans une cité. »

Voici alors Pierre l'Ermite qui arrive au grand galop, tenant à deux mains la hache avec laquelle il avait massacré tant de Turcs, et renversé à terre l'étendard païen. Il crie au roi Godefroy : « Seigneur, j'ai vu ton frère, du côté d'Acre. Rimbaut et lui étaient à la poursuite de l'émir avec un groupe de chevaliers en armes. »

À ces mots, le roi rend grâce à Dieu. Eustache sonne puissamment du cor. Tous les barons prennent la direction d'Acre ; si les Turcs les attendent, ils passeront un mauvais quart d'heure.

XLIX

Les princes chevauchent à grands coups d'éperons en direction d'Acre ; montagnes, collines et vallées retentissent de l'éclat des trompes et des cors. Sultan a bien entendu les sonneries et voit la poussière soulevée dans la direction de Rames ; il dit aux Sarrasins :

« Cessons le combat ; l'armée des Français arrive, j'ai entendu sonner l'attaque ; refugions-nous immédiatement dans Acre. C'est la mort pour tous ceux qu'ils vont trouver sur leur chemin. »

Effrayés par ce discours, ils abandonnent l'attaque contre Rimbaut et le comte Baudouin, ils se précipitent dans Acre, ferment les portes et en fixent les barres.

On a préparé un navire pour Sultan ; l'émir à la barbe blanche embarque avec sept cents Arabes de cette race égarée. Ils emportent la tête de Mahomet, bien enveloppée dans un suaire blanc étroitement serré. Ils lèvent l'ancre, dressent la voile, laissant trente mille Turcs pour la défense d'Acre que Sultan a confiée à Abraham. Le navire prend la haute mer ; ils eurent bon vent sur une mer calme jusqu'au port de Siglai.

Et nos nobles barons avaient chevauché si vite qu'ils ont trouvé Baudouin blessé et Rimbaut couvert de sang. Ils laissent éclater leur joie de les voir vivants.

Il y eut ce soir-là une grande rencontre de princes et de barons. À la fin du jour, chacun remonte sur son cheval à la selle dorée et tous nos hommes reviennent sur leurs pas jusqu'au camp des païens. Ils y trouvent des vivres, de bons vins et du claré, ainsi que de l'avoine vannée. L'armée de Dieu fut cette nuit-là bien approvisionnée. Après avoir mangé, tous se sont endormis pour se reposer. C'est Bohémond qui monta la garde jusqu'au lever du jour.

L

Le lendemain matin à l'aube, les comtes, les princes, les ducs, les barons, les vaillants chevaliers, dans le camp, à leur lever, ont fait charger tout le trésor ; les bêtes de somme portaient les tentes et les toiles ; il a fallu trente mille bêtes, buffles, chameaux, chevaux, sans compter le bétail, impossible à dénombrer, mais, à mon avis, au moins cent mille têtes. Ils ont fait démonter et transporter l'étendard. Un éléphant porta le corps de Mahomet, tout entier en or massif ; on le dépeça le lendemain à coups de marteau. Ils reprennent la route de Jérusalem.

Les rois et les princes ont fait fouiller tout le camp. Ils font coucher sur des boucliers les survivants blessés et ceux de leurs morts qu'ils aimaient le plus. Pour Enguerran, il y eut de grandes manifestations de deuil : les chevaliers pleuraient et s'arrachaient les cheveux. Son père laisse voir une terrible douleur au point de déchirer ses vêtements ; personne ne peut le consoler.

« Cher fils, dit le comte Huon, votre père qui vous aimait tellement va désormais vivre dans le malheur. Que Dieu, le maître du monde, m'accorde de mourir avant cette nuit ! »

Il ne cessait de l'étreindre, de le prendre dans ses bras, de lui embrasser la bouche et les yeux, entouré d'un grand nombre de princes en larmes. Il aurait fallu un cœur de démon pour n'en avoir pas pitié ! Pour la mort de Roland, le deuil n'avait pas été aussi cruel. Le comte Hugues le Maine s'adresse à lui :

« Ah ! Je vous en prie, Huon de Saint-Pol, il faut calmer votre douleur ; votre fils est mort, c'était pour venger Dieu, qui lui a déjà donné sa place au paradis avec les anges. »

Le comte ne trouvait pas les mots pour adoucir et apaiser la peine de Huon de Saint-Pol ; elle n'en devenait que plus violente.

LI

Le deuil d'Enguerran était lourd à porter ; la douleur ne cessa de se manifester jusqu'à l'église où l'évêque de Mautran a chanté la messe. Après l'office, on enterre le corps à côté du maître-autel, près d'un pilier. On pouvait voir encore son père pleurer face contre terre et embrasser le sol :

« Mon très cher fils Enguerran, il faut maintenant que je me sépare de vous. Je ne peux plus aimer la vie. Fasse Dieu que je ne voie pas le soir et, que mon pauvre cœur se fende en moi ! »

La douleur de Huon entraîne les larmes de beaucoup d'autres. Le roi Godefroy lui dit :

« Seigneur, laissez cette peine, car le deuil n'apporte rien. Votre fils, c'est vrai, était un jeune homme très courageux ; il n'y avait pas de meilleur chevalier au combat. Jésus-Christ lui a donné la mort à son service et Dieu l'a accueilli, vous ne devez pas être triste. Sachez bien que si l'on avait espéré le retrouver vivant, sain et sauf, nous serions allés le rechercher chez les païens jusqu'à la mer Rouge. Nous devrons tous le suivre dans la mort. »

Le roi a fait monter Huon dans la tour et lui a envoyé, pour le réconforter, l'évêque de Mautran qui savait trouver les paroles qui conviennent.

Les barons font apporter tout le butin devant le Temple saint, où on le met en tas. Puis on fait un partage équitable entre tous, riches et pauvres, sans distinction. Chacun en reçoit tellement qu'il peut se proclamer riche et, s'il pouvait le conserver chez lui, il aurait de quoi vivre jusqu'à la fin de ses jours tout en étant généreux avec autrui.

Les princes et les comtes rendirent grâce à Dieu ; ils ont fait brûler beaucoup d'encens dans Jérusalem et allumer des cierges au Sépulcre et au Temple. Pendant trois jours, ils se reposèrent et se divertirent.

LII

Les hommes de Dieu sont dans Jérusalem, épuisés par les efforts fournis dans la bataille ; ce n'est pas surprenant, car il n'y avait jamais eu de combats aussi acharnés. L'armée resta trois jours, puis, le matin, au lever, Robert de Normandie, Robert le Frison à la fière allure, Tancrède et Bohémond avec eux, le loyal comte Hugues le Maine, Baudouin et Eustache — que Jésus les bénisse ! —, le roi Godefroy et les autres barons, tous les princes de la Terre sainte se réunirent dans le temple de Salomon.

LIII

Une grande assemblée se tenait dans le temple de Salomon. Le comte Hugues le Maine exprima le premier son opinion :

« Seigneurs, pour l'amour de Dieu, qu'allons-nous faire ? Nous avons gagné, grâce à Dieu, la bataille de Rames. Si vous en donnez l'ordre allons à Cauquerie, plaçons des garnisons dans les châteaux alentour puis allons prendre Césarée, Jaffa et Calençon ; ouvrons à Acre un accès à la mer ; nous détruirons autour du port le pays de cette race maudite qui croit en Mahomet.

— Vous avez bien parlé, disent les barons. Si le roi le commande, nous sommes d'accord. »

Godefroy de Bouillon répond :

« Agir ainsi sera très généreux. Que Dieu qui souffrit sa Passion vous en sache gré ! »

Les princes se séparent, retournent chez eux faire d'importants préparatifs. Le lendemain, dès qu'apparurent les rayons du jour, dans la tour de David, en haut du grand donjon, sonnent une trompe et un cor de laiton. Les barons s'arment dans Jérusalem. On pouvait y voir les hauberts étincelants, les enseignes au vent, les oriflammes, les chevaux sellés. Huon de Saint-Pol était tout frémissant de prendre sa revanche pour l'amour d'Enguerran. Il est vite en armes sur son cheval d'Aragon, tout impatient de s'attaquer aux Sarrasins.

LIV

Les barons sont en armes dans Jérusalem ; ils ont tous endossé un haubert et ceint leur épée au côté gauche. Ils sortent de la ville en bon ordre. Mais ne part que la moitié de l'armée, environ vingt-cinq mille hommes dont un certain nombre sont blessés. Que Dieu, le Roi de majesté, les protège ! Ils prennent le chemin des plaines de Rames, mais n'y rencontrent ni Sarrasin, ni Slave ; ces créatures démoniaques ont abandonné le pays.

Un lion avait porté nos chrétiens dans le Charnier du Lion — tel est son nom [1] — et les avait tous placés l'un à côté de l'autre.

Ils n'ont trouvé que Cornumaran dans le camp. Les princes et les seigneurs s'en sont étonnés ; ils se signent et continuent leur chemin en direction de Saint-Georges de Rames, mais n'y rencontrent ni Turc ni païen mécréant. Ils vont alors vers Césarée, entrent en éperonnant dans la ville qu'ils trouvent déserte ; ils la quittent en laissant cent chevaliers pour la garder. Ils parcourent encore le pays en tous sens de Jaffa à Calençon sans rencontrer aucun païen. Les princes en rendent grâce à Dieu ; mais Huon de Saint-Pol en est fâché et se lance au galop en avant des autres ; il serait allé jusqu'à Acre, si on ne l'en avait empêché.

LV

Quand les princes ont constaté que les Turcs avaient fui, que les forteresses sont vides et abandonnées, qu'il ne reste pas un seul Arabe entre Jérusalem et Acre, ils ont laissé des garnisons dans Calençon, Césarée, Jaffa et les places fortes de la côte. Ils n'ont pas ce jour-là poussé jusqu'à Acre, mais sont rentrés avant la tombée de la nuit dans Jérusalem. Ils n'ont pas oublié Cornumaran, mais ont emporté son corps dans la ville.

---

1. Voir aussi ci-dessus, chants I, I et II, XVII.

Les princes, les comtes, les marquis, les évêques, les abbés et tous les clercs se réunissent devant le Temple construit par Salomon.

« Écoutez-moi, seigneurs, dit le roi, Dieu a fait pour nous de grands miracles. Les Turcs ont tous fui des plaines de Rames et tous nos chrétiens sont près d'ici. Un lion les a placés, par la grâce de Dieu, en un beau charnier, je n'en ai jamais vu de plus beau. Celui qui a bien servi Dieu doit être heureux. »

Quand le peuple l'entend, il frémit de joie. Les évêques et les abbés ont revêtu leurs ornements et vont en procession jusqu'au Charnier du Lion. Ils trouvèrent là les Francs ensevelis, chantèrent un *Te Deum laudamus* plein de joie et l'évêque célébra la messe ce lundi-là.

Nos chrétiens ont bien honoré Dieu.

LVI

Nos princes sont très satisfaits de ce qu'ils ont vu. Ils prennent la décision devant le Temple saint que l'armée fera mouvement dès le lendemain. Ils iront donner l'assaut décisif devant Acre et ne laisseront à l'intérieur aucun païen infidèle. Le roi Godefroy fut très heureux de la décision.

Il demande que l'on apporte le corps de Cornumaran. Ses frères vont le chercher sur un bouclier et le placent devant les princes sous une voûte, se disant entre eux : « Ce Sarrasin, quelle tristesse !

— Oui, dit le roi, il avait un grand courage et a donné ces derniers jours de vigoureux coups d'épée ; mais celui qui l'a tué frappe encore mieux.

— Seigneur, intervient Baudouin, que mon âme soit sauvée, mais j'aurais préféré ne pas l'avoir tué pour tout le trésor de Cahu, car je ne l'ai jamais vu s'avouer vaincu dans le combat. »

Et il demande à deux chevaliers :

« Ôtez-lui ses vêtements, puis ouvrez-lui la poitrine avec un couteau bien aiguisé ; car je veux voir son cœur qui n'a jamais faibli. »

LVII

Baudouin a fait désarmer Cornumaran et lui a fait ôter avec un couteau aiguisé son cœur qui aurait rempli à ras un heaume. Tous les barons se rapprochent pour regarder le cœur et se disent entre eux : « Ce païen fut un grand chevalier ; jamais on n'a vu un cœur aussi gros. Quel malheur qu'il n'ait pas voulu adorer le Seigneur Dieu et vénérer et servir la Sainte Vierge.

— Oui, en vérité, ajoute Baudouin, il faut le dire, s'il avait eu foi en

Dieu, il aurait été le meilleur chevalier du monde ; je n'ai jamais vu de chevalier qui sache mieux attaquer à la lance, esquiver, poursuivre, bondir, faire demi-tour ; il savait donner des coups redoutables de son épée et, dans la mêlée, se battre farouchement. »

Ils ont fait envelopper son cœur dans une étoffe précieuse ; puis ils l'ont remis dans sa poitrine. Enfin, ils ont placé son corps sur une civière pour aller l'enterrer en dehors des murs de Jérusalem.

LVIII

Telle fut cette guerre. Les combats sont terminés. Cornumaran est enterré avec honneur. Chacun est retourné chez soi se reposer et dormir, bien récompensé en butin. Les nobles barons se réjouissent et rendent grâce et louange à Notre-Seigneur, dont ils vénèrent le Saint-Sépulcre.

Le Bâtard de Bouillon [1]

Anonyme
Chanson de geste, début du XIVᵉ siècle

INTRODUCTION

On est en droit de s'étonner qu'au début du XIVᵉ siècle un poète ait trouvé plaisir à reprendre le récit poétique des événements de la première croisade, là où *La Conquête de Jérusalem* l'avait laissé et qu'il ait eu un public pour partager avec lui ce plaisir. Telle est pourtant la gageure tenue par l'auteur du *Bâtard de Bouillon*.

En effet, cette chanson de geste « tardive » relate d'abord, sous la forme épique traditionnelle (laisses assonancées, en alexandrins comme le sont un certain nombre d'épopées antérieures), la fin de la conquête chrétienne jusqu'aux limites de la terre et la conversion générale des Sarrasins [2]. Ainsi les croisés atteignent-ils, leur mission accomplie, cette limite, la mer Rouge, au-delà de laquelle se trouve le royaume féerique du roi Arthur. Cependant, l'auteur ne s'arrête pas en si bon chemin puisque la seconde partie du texte raconte la vie du fils bâtard de Baudouin de Bouillon, qui se passe, certes, pour l'essentiel, en terre d'Orient, mais dont les rapports avec la croisade sont des plus ténus. Le texte du manuscrit est, de plus, incomplet.

Autant, au XIVᵉ siècle, les développements merveilleux ou romanesques correspondent à un courant littéraire vivant, autant l'aspect archaïsant de la partie proprement épique peut surprendre.

Or, c'est précisément cette relation romancée des ultimes développements de la première croisade qui permet encore d'imaginer ce qu'est la représentation de l'Outre-mer dans l'imaginaire de cette époque.

Que se passe-t-il en effet dans la première partie du *Bâtard de Bouillon* ? Jérusalem et les terres alentour étaient conquises, organisées et administrées. Baudouin, devenu roi de Jérusalem, prépare une expédition pour s'emparer de La Mecque. La chanson, conformément à un schéma

---

1. Traduit du moyen français, présenté et annoté par Jean Subrenat.
2. Nous donnons ici la traduction de cette seule première partie du *Bâtard de Bouillon* (v. 1-3290).

épique (et romanesque) connu, entoure l'épisode central de cette conquête de deux autres événements militaires. Pour atteindre ce haut lieu, centre de la religion sarrasine (laisse LVI), les armées de Baudouin devront d'abord s'emparer d'une place forte, Rochebrune, qui contrôle les voies d'accès à La Mecque [1]. Cette cité prise, puis La Mecque pacifiée et christianisée, il faudra pousser au-delà pour réduire l'ultime place forte de Salorie où s'est réfugié le dernier résistant à la chrétienté [2]. On le voit, le projet littéraire de l'auteur est cohérent. Il composait une suite plausible à *La Conquête de Jérusalem*, en étendant, selon la logique de la croisade, la conquête jusqu'aux limites du monde : c'était une précaution militaire ; c'était aussi une préoccupation religieuse : « convertir toutes les nations ».

L'histoire authentique est évidemment malmenée : les croisés ne se sont jamais emparés de La Mecque, où n'ont jamais sans doute régné cinq frères, rois en même temps ; et un certain nombre de chevaliers chrétiens, héros de ce texte, étaient morts avant même la conquête de Jérusalem [3]. De même, la géographie est-elle fantaisiste : sans même parler du royaume de Féerie où règne le roi Arthur au-delà de la mer Rouge, il faut noter la présence de villes fictives comme Rochebrune ou Salorie et un cheminement tout à fait aberrant pour aller de Jérusalem à La Mecque en passant par Damas et Tibériade. C'est l'occasion de rappeler à nouveau que la chanson de geste ne veut pas être œuvre historique, quoi qu'elle en dise éventuellement, mais grandissement, exaltation de situations et de personnages réels ou fictifs que tout le monde connaît par les fictions précédentes et selon une complicité certaine entre auteur et public.

Ce public attendait encore et toujours une description à la fois éclatante et inquiétante du monde musulman et de sa richesse ; il trouvera donc dans ce texte les merveilles de l'Orient auxquelles il rêve. De ce point de vue, le morceau de bravoure est sans doute la description de La Mecque (LV-LVI), ville aux fortifications imposantes, située entre la mer et le Jourdain (qui prend sa source au paradis terrestre !), cité sanctuaire de Mahomet, suspendu entre ciel et terre, dans la mosquée (CI).

C'est à la fois à cette tradition orientale dans l'épopée et à l'influence romanesque qu'il faut rattacher le personnage de Sinamonde, la belle païenne passionnée (LXXXVIII). Si, en effet, l'on ne compte plus, dans la chanson de geste traditionnelle, les belles Sarrasines amoureuses et qui se

---

1. De même, les croisés avaient dû forcer Antioche (ce qui fit le sujet d'une chanson de geste entière) avant d'atteindre Jérusalem.
2. De même, dans *La Conquête de Jérusalem*, après la prise de la Ville sainte, les chrétiens durent consolider leur victoire et en étendre le champ jusqu'à la bataille de la « plaine de Rames ».
3. Sur ces libertés prises avec l'histoire, voir l'introduction de l'édition de référence : *Le Bâtard de Bouillon*, chanson de geste, édition critique par Robert Francis Cook, Genève, Droz, 1972, p. XLIV *sqq*.

convertissent éventuellement pour épouser un chevalier chrétien, Sinamonde emprunte davantage à ses consœurs romanesques : sa passion et
sa longue introspection (L-LII, XC, XCII-XCIII) sur les ravages de l'amour
considéré comme une maladie rappellent les affres de Didon ou de Lavine
dans *Le Roman d'Enéas*, puis nombre d'héroïnes de romans courtois qui
se meurent — presque — d'amour.

Ce qui, en revanche, peut surprendre davantage, c'est l'audace, voire
le cynisme, de Sinamonde, rassurant d'abord Baudouin sur sa propre foi
chrétienne (XCIII), lui expliquant ensuite qu'une absolution est vite
obtenue (XCIV)[1]. Mais, dans toute l'épopée traditionnelle, la non-conver-
sion de la païenne est un obstacle rédhibitoire à l'amour, conjugal ou
non ; l'acte de foi de Sinamonde est donc bien essentiel. Quant à la
casuistique sur la confession, il faut sans doute y voir un argument essentiellement dicté par la passion et qui ne dépare pas le portrait (XCV) de
cette jeune femme si tonique et décidée[2].

Pourtant, la foi chrétienne n'est pas traitée avec désinvolture. L'auteur,
à plusieurs reprises, insiste sur le courage, les souffrances et l'abnégation
des soldats (XX, LXVI) ; le roi Baudouin sait faire une présentation
convaincante de sa religion et entraîne la conversion de ses adversaires
(XCI, CXIII).

En définitive, la lecture du *Bâtard de Bouillon*, dans sa partie relatant
l'accomplissement de la croisade, laisse une impression étrange. Texte
exaltant et encourageant en ce qu'il montre l'héroïsme des chevaliers de
Terre sainte, texte réconfortant en ce qu'il annonce la conversion universelle obtenue en grande partie par des arguments intellectuels au lieu de
raconter pour l'essentiel un massacre quasi général des Sarrasins, il fait
aussi une large place à des aspects plus romanesques, plus légers, à une
description aimable ou passionnelle de la vie de cour. Si donc, par bien
des aspects, *Le Bâtard de Bouillon* se situe dans le droit-fil des premières
épopées de croisades, il tend à prendre davantage l'air de son environne-
ment littéraire, dans une symbiose agréable qu'appréciaient incontestablement des auteurs et surtout un public encore ouvert à un mélange des
genres contre lequel le classicisme nous a peut-être trop prévenus.

JEAN SUBRENAT

TEXTE DE RÉFÉRENCE : *Le Bâtard de Bouillon*, chanson de geste, édition critique par Robert Francis Cook, Genève, Droz, 1972.

---

1. Il n'en sera d'ailleurs jamais plus question.
2. Que l'on songe encore à son attitude en face de l'épouse de Baudouin (CV).

I

C'était la belle saison, le début du mois de mai ; les prés sont en fleurs, les oisillons chantent, les amants se réjouissent de leur sort ; c'est le temps du renouveau, le temps où le doux rossignol chante selon son instinct dans les arbres et les buissons ; dames et jeunes gens trouvent le bonheur et nourrissent leurs cœurs de joie. C'est à cette époque de l'année, seigneurs, que se réunirent dans le temple de Salomon le roi Baudouin, le propre frère de Godefroy de Bouillon, Tancrède, Bohémond, Corbaran d'Oliferne au clair visage, Huon de Tibériade, Pierre l'Ermite, Baudouin de Sebourg au cœur de lion et ses trente bâtards de grande renommée, Richard de Chaumont, Baudouin Cauderon, Robert de Rosoy qui boite d'un talon, sans oublier le noble Jean d'Alis, Harpin le bon duc de Bourgogne, l'évêque de Mautran ainsi que de nombreux autres seigneurs dont j'ignore les noms. Tentes et campements, tout était prêt pour l'expédition contre les suppôts de Satan.

Dans Jérusalem restait un grand seigneur pour veiller sur la ville et son royaume, ainsi que l'épouse du roi (elle s'appelait Margalie) et Aurri le petit, le malfaisant, qui ressemblait si peu en cela à tous les seigneurs de Bouillon.

Le bon roi Baudouin, sans tarder, sort de Jérusalem sur son destrier gascon. Il bénit les troupes dont il avait pris la tête, disant : « Seigneur Dieu qui avez pardonné à Longis [1], veuillez nous accorder la victoire sur le peuple de Mahomet et nous faire revenir ici sains et saufs. »

---

1. Nom apocryphe donné au centurion qui frappa au côté Jésus crucifié ; voir ci-dessous, laisse XCI et voir aussi *La Conquête de Jérusalem*, chant II, laisse II, n. 1, p. 195.

II

Baudouin, le noble roi de Syrie, conduit à travers landes et champs ses puissantes armées. On pouvait voir là d'excellents destriers, de riches bannières d'or et d'azur, nombre de solides lances à la pointe massive, de riches blasons bien vernis. Un immense convoi de chars transportait les tentes, leurs piquets et leurs tendeurs, les chaudrons et les fourneaux, les abris.

Baudouin, en tête avec ses amis, jure, par Dieu qui fut crucifié, que, de toute sa vie, il ne rebroussera chemin avant d'avoir totalement libéré le pays. Corbaran le hardi commande l'arrière-garde avec Richard de Chaumont ; c'était ce noble prince qui avait tué deux Turcs sous les yeux des Arabes par amitié pour Corbaran accusé à tort, sans qu'il comprenne pourquoi, de haute trahison [1].

Les princes, serviteurs de Jésus-Christ, chevauchent pour libérer le royaume où Dieu vécut et mourut ; ils ont souffert tous les maux, ils ont supporté la faim, ils ont dormi à la dure. Mais tous ceux qui s'étaient ainsi loyalement engagés ont mérité le royaume du paradis. Dieu l'a dit de sa propre bouche qui est l'Esprit saint. Bienheureux celui qui repose en tel lieu, il y trouvera sa joie pour l'éternité.

III

Les armées avancent à travers les plaines de Syrie, dépassent la riche cité de Damas, laissent sur leur gauche Tibériade pour prendre la direction de La Mecque. Mais à dix lieues de là, du côté de la plaine d'Orbrie, nos bons chrétiens voient une cité, grande, bien défendue. Elle était tenue par un roi, ennemi de notre religion, qui s'appelait Saudoine ; c'était le frère d'Esclamart de La Mecque, de Taillefer, de Marbrun et d'Hector de Salorie. Ils étaient en tout cinq frères de très haute noblesse qui régnaient de droit ancestral sur La Mecque, où Calabre avait un soir effrayé les païens par ses révélations prophétiques. Tel qui avait alors méprisé ses dires a bien vu depuis s'accomplir ses prédictions.

IV

La puissante armée progresse. Le courageux roi Baudouin, apercevant la ville située au bord de la mer, dit :

« Huon de Tibériade, noble seigneur, comment s'appelle cette grande cité ?

---

1. Allusion à un épisode de la chanson des *Chétifs*. Corbaran était accusé de lâcheté par l'émir. Richard, faisant la preuve de l'extrême vaillance des chevaliers chrétiens, a ainsi montré que le courage du païen n'était pas en cause. Voir laisses XVII, XXII, XXX *sqq.*, XLIV.

— Seigneur, répond Dodequin, c'est Rochebrune, une cité de bons barons : Saudoine le jeune a la charge de la gouverner (ils sont en tout cinq frères de haute noblesse), mais avant que vous ne lui ayez fait le moindre tort, lui, s'il le peut, ne vous aura pas fait de cadeau ; car il n'y a pas Turc plus audacieux jusqu'à Carthage ; c'est pourquoi ses frères de La Mecque lui ont confié ici la garde des voies d'accès.

— Au nom de Dieu, rétorque Baudouin, avant de me rendre à La Mecque, je prendrai la puissante Rochebrune. Faites dresser les tentes ici devant, dans le pré. »

L'armée s'avance alors sans plus tarder et le bon roi Baudouin fait immédiatement envoyer un messager dans Rochebrune pour exiger de Saudoine sa soumission et l'abandon sans arrière-pensée de sa cité. Mais dès qu'il apprend la teneur du message, Saudoine n'en ressent que mépris ; il fait sonner ses cors pour nous mettre à mal, jurant par Mahomet, en qui il a foi, qu'il ira sur-le-champ faire payer tribut au roi Baudouin et à tous ses barons.

V

Dans Rochebrune la noble et belle, Saudoine fait armer les Sarrasins. Il fait retentir maints cors et sonner maintes trompettes ; ces païens mènent grand tumulte. C'est à Pinart de Palestine, le fils de la cousine de Saudoine leur roi, qu'est confié l'étendard de Mahomet qui leur réjouit le cœur. Rempli d'audace, il jure par son dieu qu'il ne va pas épargner les chrétiens.

VI

Le roi de Rochebrune dispose ses troupes devant les murs de la grande cité, tandis que les chrétiens approchaient en chevauchant fièrement. En voyant les rangs ennemis, Baudouin, le bon roi de Syrie, fit sonner ses cors et ses trompes d'argent, disant à ses hommes :

« Écoutez-moi, seigneurs. Les païens sont sortis, puissamment armés. Ils veulent la bataille, je le vois bien ! Ils l'auront puisqu'ils la cherchent. À l'attaque ! C'est moi qui conduirai le premier corps d'armée en l'honneur du Maître du monde qui naquit si humblement à Bethléem et mourut en croix pour notre salut. Et puisqu'Il a subi pour nous la mort sans se révolter, nous devons aussi l'accepter nous-mêmes pour Le venger. Attaquons ces vils chiens qui méprisent Dieu et le saint Sacrement. Mon plus grand désir est de me battre.

— Dieu, quelles nobles paroles ! disent les barons. Tous les seigneurs de Bouillon sont de grand mérite. »

VII

Le bon roi Baudouin s'adresse à Corbaran et Richard de Chaumont en ces termes :

« C'est vous qui commanderez le deuxième corps d'armée ; vous viendrez immédiatement derrière moi.

— Vous avez bien dit », lui ont-ils répondu.

Ils prennent dix mille hommes et partent prendre position dans une lande. Puis le roi de Syrie dit avec amabilité à Huon : « C'est vous qui commanderez le troisième corps d'armée au nom du Rédempteur ; vous aurez dix mille hommes en armes. »

Huon approuve et part ; il s'arrête dans un chemin creux près d'un escarpement où il place ses hommes en bon ordre. Vous auriez pu voir là beaucoup de destriers impétueux, de bannières d'or et d'argent, de solides lances, de boucliers grands et résistants. Il y avait un soleil rayonnant : les heaumes d'acier étincellent. Ces chevaliers sont une menace pour la cité de Rochebrune, mais ils seront nombreux à éprouver de grandes souffrances pour la prendre.

VIII

Le roi confia le quatrième corps d'armée à un prince qu'il avait en grande estime : Baudouin de Sebourg qui était accompagné de ses trente bâtards et de dix mille chevaliers bons chrétiens, impatients de combattre contre les Turcs.

Le cinquième corps d'armée des Français — dix mille hommes — était sous les ordres de trois évêques valeureux : l'évêque de Mautran, celui du Forez et celui du Puy. Ils se mettent en ordre de bataille dans la plaine sous le soleil brillant qui fait resplendir les heaumes d'acier, les hauberts en mailles de fer, les boucliers décorés, les lances de frêne et de cytise dont les pointes de fer sont redoutables.

Baudouin fait sonner les cors et résonner les tambours ; les trompettes retentissent par toute la terre alentour. Devant les défenses avancées de la ville sur les prairies vertes, les Sarrasins en bon ordre, lances aux poings, attendaient la bataille. Ils l'auront, immense et cruelle, comme vous allez maintenant en entendre le récit.

IX

Le bon roi organise le sixième corps d'armée ; il est sous les ordres d'un prince courtois : le duc Harpin, le seigneur de Bourges, qui est accompagné de Pierre l'Ermite aux moustaches noires. Baudouin, leur seigneur, leur confia dix mille chrétiens bien équipés. On aurait pu voir leurs bannières d'orfroi, leurs vigoureux chevaux d'Allemagne et d'Artois. Baudouin Cauderon, son cousin Geoffroy, Jean d'Alis aux cheveux noirs, commandent le septième. Ils s'approchent de la ville en criant : « Par Dieu, vous allez tous mourir, maudits traîtres ! Nous allons prendre d'assaut les solides murailles de votre cité. Le frère de Godefroy régnera sur elle ; c'est le noble Baudouin, le roi de Jérusalem. Le lignage du cygne [1] vous a placés en situation désespérée. Votre terre est perdue, votre religion anéantie ; il ne vous restera plus rien d'ici jusqu'à l'Arbre-Sec. » Tels étaient les propos du peuple de Dieu.

X

Bohémond et Tancrède, les deux cousins, assuraient ce matin-là l'arrière-garde afin d'éviter toute surprise, tant ils redoutaient un mauvais coup des païens.

Le roi Saudoine, qui croyait en Jupiter, ne restait pas inactif ; il cria en sa langue à Pinart de Palestine, son cousin :

« Avancez avec l'étendard de Mahomet Jumelin, car voici les chrétiens qui approchent. Ne pensons plus qu'à bien nous battre comme de bons guerriers. Ne vous éloignez, seigneurs, à aucun prix de l'étendard. Quiconque s'en écartera, foi que je dois à Apollon, je le ferai au retour crucifier comme un chien. »

Pinart prit l'enseigne d'or fin et alla se placer au milieu du chemin ; tous les Turcs se rassemblent autour de lui.

C'est alors que le bon roi Baudouin fait mouvement avec ses dix mille chrétiens pour les attaquer d'un côté, tandis que Corbaran et Richard arrivent d'autre part, Huon Dodequin sur le flanc gauche et les trois évêques par le bord de mer. Baudouin de Sebourg approche de la ville avec ses bâtards du côté des défenses de sapin et affronte le prince Corsabrin ; Harpin attaque le roi Estapanart ; Bohémond et Tancrède se lancent contre Escouflart de Monclin, un très puissant seigneur. Baudouin Cauderon et ses hommes se trouvent en face d'un émir. Ce fut alors le début d'un terrible combat où de nombreux chevaliers furent désarçonnés, leurs hauberts déchirés. Les païens poussent de grands cris, font sonner leurs trompes d'ivoire et d'argent. Les chrétiens ont enfoncé leur grande armée et se jettent contre eux comme des éperviers sur des poussins.

---

1. Godefroy de Bouillon, le héros de la première croisade, devient personnage aux origines légendaires : son grand-père serait arrivé à la cour du roi Othon sur une barque tirée par son frère qui avait été transformé en cygne. Cette légende fait le sujet de deux textes : *La Naissance du Chevalier au cygne* et *Le Chevalier au cygne*. On trouve une autre allusion à cette légende à la laisse XXXVII.

XI

C'était devant Rochebrune une bataille farouche. Le bruit des cors et des trompes était assourdissant. C'est à qui frappe le mieux ce jour-là. Ce peuple perfide ne ménage pas sa peine. Le fort roi Saudoine, en première ligne, frappe un chrétien de son épée d'acier brillant et l'abat mort sur le chemin ; ni son haubert ni son pourpoint n'avaient pu le protéger. Puis le païen crie « Rochebrune ! » d'une voix claire. À le voir frapper de tous côtés et abattre les chrétiens à droite et à gauche, on pouvait le considérer comme un homme de grande audace qui n'a que mépris pour ceux dont il fait un redoutable massacre.

Quand le roi Baudouin voit la conduite du Turc, il jure par Dieu et saint Pierre que rien ne l'empêchera d'aller l'affronter.

XII

Baudouin, le roi de Syrie, éperonne son cheval dans sa direction. De la lance qu'il tenait, il va frapper Saudoine le mécréant et l'atteint si violemment sur son bouclier qu'il en rompt les courroies et déchire le haubert. Son pourpoint était renforcé de fer, si bien que, malgré la violence du coup, il ne le blessa pas gravement, mais le jeta en bas de son destrier sur le chemin. Vingt-trois chrétiens se précipitent avec leurs lances et leurs épées contre Saudoine ; mais accourent à travers la lande dix mille païens sous la conduite de Pinart, très anxieux pour son cousin qu'il voyait à terre dans une situation aussi périlleuse. Il crie : « Rochebrune ! » La bataille et les combats sont si violents que devant la poussière soulevée chacun peut dire : « Je n'y vois plus rien. »

XIII

C'était une farouche bataille devant Rochebrune. Le roi est secouru par sa piétaille. Et Baudouin, devant l'attaque dont il était l'objet, priait en disant : « Si je ne viens pas à bout de ce roi, je ne suis plus bon à rien ! » Baudouin de Sebourg les taille en pièces ; Richard de Chaumont les massacre ; tous les chevaliers, tous les fantassins frappent joyeusement à qui mieux mieux. Ce fut pour les païens une belle catastrophe : on leur a pris tout le froment pour ne leur laisser que la paille [1]. Quatre rois sont morts, mais peu m'importe ! Pinart était à terre, car Huon Dodequin lui

---

1. Au sens proverbial et donc figuré, bien sûr.

avait ouvert le ventre ; il ne pouvait plus échapper aux tourments de la mort.

XIV

Chrétiens et païens continuaient de s'affronter violemment devant Rochebrune ; les Turcs étaient dans leur tort et les bons chrétiens vengeaient la mort de Dieu. Le comte Tancrède de Pouille frappa Estapanart d'un grand coup bien enfoncé de son épée ; son haubert ne lui fut d'aucune protection : Tancrède lui perce le foie, lui arrache le cœur et l'abat sans qu'il ait le temps de dire un mot. Puis il crie : « Saint-Sépulcre ! Traîtres et puants de Sarrasins, vous paierez aujourd'hui un douloureux tribut ! »

Ce fut un très sombre spectacle pour Saudoine qui, avec quatre rois accourus sur place, se lamente sur Pinart étendu à terre. « Mahomet, s'écrie Saudoine, comme les chrétiens sont forts ! »

Il emprunte alors une lance à son cousin Ganor et se jette contre Lambert de Monfort. Ah ! Dieu, quelle tristesse qu'il n'ait pas manqué son coup, car il l'a si sauvagement atteint qu'il lui a déchiré le cœur dans sa poitrine, et le sang en jaillit à grands flots. Alors Saudoine, en criant « Rochebrune aux puissantes murailles ! », s'adresse à Apollon et Margot, disant : « Maudits chrétiens, vous allez payer votre tribut ! »

XV

Ce fut une grande bataille, une mêlée redoutable. Le duc Harpin de Bourges frappe à toute volée et le roi Baudouin, l'épée au poing, s'élance à la rencontre de Saudoine. Celui-ci n'est pas heureux de le voir, il reconnaît bien, à son bouclier doré, que c'est le roi et n'a aucune envie de l'affronter à nouveau, car il n'a pas oublié sa vigueur. Il s'attaque à Richard de Chaumont et lui donne, à deux mains, un coup d'épée qui lui a arraché un large pan de son bouclier ; l'épée glisse sur l'encolure du cheval dont il tranche la tête qui tombe à terre. Quatre cents Sarrasins se précipitent sur Richard, prêt à subir le choc. Mais un homme seul ne peut rien contre un si grand nombre. Il était à terre, si bien équipé d'une excellente armure qu'il n'avait pas reçu la moindre blessure. Il aurait cependant été tué, quand Saudoine s'élança en criant : « Emparez-vous de ce chevalier, c'est un important personnage. »

Richard, alors, est fait prisonnier. Le roi le fait conduire dans sa ville. La bataille fut si pénible ce jour-là qu'il n'y eut pas un seul corps d'armée qui ne fût épuisé. Sur le champ de bataille restaient nombre de têtes coupées et plus d'une charretée de jambes et de pieds. Le terrain était couvert de morts et de blessés. Il y avait tant de sang et d'entrailles sur le sol qu'il était impossible de passer sans marcher sur les cadavres. Tous ceux-là ont subi le pire.

XVI

Le vacarme provoqué, ce jour-là, par les cors, les trompes, les trompettes, les tambours, les cris des blessés, était horrible. Tous se battent avec une telle fureur que la seule vue en est insupportable. Fantassins, chevaliers, grands seigneurs, tous étaient souillés de sang et de sueur. Le valeureux roi Baudouin fut rempli de douleur quand il apprit que les Sarrasins avait fait prisonnier Richard, car on le considérait comme le meilleur des chrétiens, hors Huon Dodequin dont la vigueur dépassait tout ce que l'on pouvait imaginer. Sa conversion avait été pour les chrétiens une grande joie en terre de Syrie, car il avait été pendant longtemps au côté des païens. Après sa conversion, il ne pouvait plus les aimer et était incapable de commettre une trahison.

XVII

Huon de Tibériade, le noble chevalier, se bat courageusement contre les Perses. Il les assomme et les abat à ses pieds avec une masse de fer, confortant par sa conduite la hardiesse de ses hommes. Il atteint Aquilant le gris et, sous les yeux de Saudoine, l'abat, mort, de son bon destrier. Il fait subir le même sort à quatorze autres Sarrasins et repousse ainsi devant lui les Turcs. Corbaran d'Oliferne frappe comme un beau diable, imité par Baudouin de Sebourg et ses trente bâtards. Le duc Harpin de Bourges, Pierre l'Ermite aux cheveux gris, les évêques, tous criaient : « Saint-Sépulcre ! En avant ! Nobles chevaliers ! »

Et le roi Baudouin, en pleine bataille, disait : « À l'attaque, chevaliers, au nom de Dieu du paradis ! Prenons vivants de ces Sarrasins, pour les échanger contre Richard de Chaumont qui est prisonnier. »

Richard, disent les textes, avait un frère qui venait d'arriver dans le pays pour le voir et venger Jésus-Christ. Quand il apprend la captivité de son frère, il se lamente et pleure sur lui en ces termes : « Frère bien-aimé, noble et loyal, farouche combattant, preux, courtois, sage et instruit, fleur de la chevalerie, la terreur des antéchrists, tu avais soutenu un combat en champ clos contre deux Persans, Goulias le félon et Murgalé de Vaulis ; on en a beaucoup parlé, on en parlera toujours. Tu as accompli de la sorte une action d'éclat, car tu croupissais dans une infâme prison ; puis tu as accepté la bataille contre les deux païens les plus forts du pays et tu les as vaincus [1]. Tu n'aurais pas pu réussir sans la grâce de Jésus-Christ. Très

---

1. Allusion à un épisode de la chanson des *Chétifs*. Voir ci-dessus, laisse II, n. 1, p. 358.

cher frère, noble chevalier, puisque tu es mort, je ne veux pas te survivre. »

Il se jette alors dans la mêlée, tuant tous ceux qu'il atteint. Il frappe Isaquarius, prince de Lutis, et lui enfonce, à travers son armure qui ne vaut rien, la pointe d'acier en plein cœur et l'abat mort sans qu'il pousse un cri. Alors le noble chevalier proclame : « Chaumont ! Ah ! Richard, cher frère, comme je suis malheureux pour toi ! Me voici, je suis Richard le Restoré, puisque toi, tu es mort. »

Quand Baudouin l'entend, il se dirige en soupirant vers ce Richard rempli d'audace, et ne le quitte plus, car il voit bien qu'il a perdu tout bon sens. Dix fois dans la journée, il se précipite à son secours, et l'arrache à la mort ; Richard le Restoré était en effet dans une telle rage qu'il ne s'attaquait qu'aux grands, délaissant les petits.

XVIII

Bouleversé à cause du sort de Richard de Chaumont, Richard le Restoré, son frère, se jette dans la mêlée comme un loup affamé au milieu des brebis. Corbaran, tout triste parce que Richard était prisonnier, ne quitte pas son frère devenu fou : il coupe aux Sarrasins oreilles et nez, désarçonne les chevaliers, tranche pieds et poings.

« Corbaran, regardez comme se conduit ce chevalier, dit le roi de Syrie. Richard était perdu, il est retrouvé. Appelons-le Richard le Restoré. »

Ce nom lui est resté ; tout le monde l'a désormais appelé ainsi. C'était un des plus hardis au monde pour repousser par la force les Sarrasins. Huon de Tibériade, Bohémond et Tancrède, Baudouin de Sebourg, le redoutable Corbaran, le vieux Pierre l'Ermite, le duc Harpin de la bonne ville de Bourges, Baudouin Cauderon l'illustre chevalier, le baron Jean d'Alis, le bâtard de Sebourg et ses frères, l'évêque de Mautran le savant clerc, l'évêque du Puy, l'évêque du Forez et les puissants barons, tous frappent de leurs lances émaillées. Il n'y avait pas jusqu'au plus petit, si mal armé fût-il, qui ne se soit surpassé en face des Sarrasins au point de les faire reculer jusqu'aux premières défenses de la ville.

Le roi de Rochebrune, avec tristesse et colère, fait fermer les portes et remonter les ponts-levis. Les chrétiens repartent épuisés, tandis que les médecins soignent les blessés. Cette nuit-là, on ne dressa pas les tentes, mais ils dormirent sur le sol sans retirer leurs armures. Ainsi firent-ils pour l'amour de Dieu.

XIX

Il faut, seigneurs, admirer ces hommes qui ont enduré de telles souffrances pour l'amour de Dieu. Ils sont restés en armes toute la nuit sans avoir dressé leurs tentes. Ils dorment ainsi, épuisés, bien loin de ressembler à d'aucuns qui mènent une autre vie, reposant dans des draps blancs et des couvertures douillettes, se vautrant toute la nuit avec des femmes, buvant de bons vins, mangeant des viandes rôties. Ils ne pensent plus à Dieu ni à Notre-Dame, mais à se débaucher et à boire du vin sur lie, à promettre sans payer, à frauder sans cesse, à passer la nuit avec des prostituées. Que vont devenir de pareilles gens, douce et sainte Vierge ? Au nom de Dieu, prêtez attention, changez de vie, écoutez comment, par quels efforts, on gagne la joie exaltante du paradis. Qui se conduit bien en a sa part, mais chacun le gagne selon son mérite. Plus l'homme a de fortune, plus il est honoré. On respecte un bourgeois qui fait fructifier ses biens, un chevalier qui est de haut lignage, un comte encore plus parce qu'il est entouré de jeunes gens de valeur, un duc parce que son domaine lui donne grande puissance ; un roi vaut encore plus et le pape pour sa science. Ainsi en est-il de l'âme lorsqu'elle a quitté le corps. Mieux le corps s'est conduit en cette vie, plus l'âme est appréciée dans les cieux et mieux elle participe à la gloire de Dieu, car chacun est récompensé selon ce qu'il a fait.

XX

De même qu'un roi, lorsqu'il réunit sa cour, prend souci des grands, de même Dieu là-haut accorde sa joie à l'âme dont le corps l'a bien servi. Un roi fait asseoir ducs et comtes à côté de lui et accepte les pauvres chevaliers à sa cour ; chacun prend la place qu'il peut tenir. Ainsi en est-il des âmes, je peux bien vous l'affirmer, car Dieu placera les meilleures à côté de lui pour leur partager ses bienfaits. Il en va de même pour l'enfer ; Dieu nous en préserve ! Plus l'on aura fait le mal, plus l'on devra y être torturé et souffrir de lourdes peines. Nous aurons ce que nous méritons.

Je veux revenir maintenant à mon propos, à nos bons chrétiens, qui ont tant voulu aimer Jésus le Tout-Puissant qu'ils sont devenus martyrs. Ils s'étaient couchés en armes et, tandis qu'un débauché aurait tenu sa petite amie, eux, ils tenaient chacun son épée nue, prêts à se battre si les Sarrasins lançaient une attaque. Ainsi restèrent-ils dans cet inconfort jusqu'au jour.

Je ne dis pas, seigneurs, qu'on ne peut sanctifier son âme chez soi sans aller rencontrer les Sarrasins, mais, en pareille circonstance, ce devient une honte.

XXI

Sous les murs de Rochebrune, les chevaliers étaient étendus dans leurs hauberts jusqu'au lever du jour. Le matin, les princes font dresser leurs tentes, préparer les casernements pour se loger. Toute la journée, chevaliers et soldats montèrent des baraquements pour eux-mêmes et pour abriter les chevaux. Tous, si nobles soient-ils, œuvrèrent de leurs mains. Dieu commande de travailler et aucun homme de bien ne doit négliger les commandements de Dieu.

Saudoine se trouvait dans son grand palais avec les païens perfides. Les Turcs étaient sombres et courroucés. Ayant fait amener Richard son prisonnier, le roi s'adressa à lui en cette manière :

« Chevalier, dites-moi. Comment vous appelle-t-on chez vous ? Je suis bien heureux de vous détenir, car, me semble-t-il, vous avez la prestance d'un grand chevalier. Les Sarrasins vous ont tant blessé au visage que vous en êtes défiguré.

— Seigneur, répond Richard, je puis vous assurer que tous ceux qui m'ont blessé l'ont payé fort cher. »

XXII

« Chevalier, demande Saudoine, comment vous appelez-vous ? Vous donnez l'impression d'être un grand seigneur.

— Je vous le dirai, seigneur, répond Richard ; car il n'est pas honnête homme, celui qui cache son nom. Je m'appelle Richard et je suis né à Chaumont.

— Richard, rétorque le roi, par la foi que j'ai en Mahomet, cela fait plus de dix ans que je désirais ardemment voir à quoi vous ressembliez. Vous aviez mené un combat en champ clos, dans nos contrées, à Sarmasane, l'illustre cité, par amitié pour Corbaran qui avait été accusé de trahison. Vous vous étiez battu contre deux Sarrasins de haut lignage et vous les aviez vaincus, à ce qu'on dit. Vous aviez un compagnon qui parvint à tuer l'horrible dragon [1]. Je vous considère comme un chevalier de haute naissance, fidèle à votre foi. Et je suis heureux de vous garder prisonnier.

— Je m'en moque, seigneur, répond Richard. Et je n'y resterai guère longtemps, si Dieu protège Baudouin de Bouillon, le roi de Syrie, le maître du temple de Salomon, car vous n'aurez aucun moyen de l'empêcher de s'emparer de votre cité. »

Quand Saudoine l'entend, il fronce les moustaches.

---

1. Nouvelle allusion à un épisode de la chanson des *Chétifs* (voir ci-dessus, laisse II, n. 1, p. 358).

XXIII

Saudoine, quoique fâché de cette réponse, le traita avec honneur, le plaçant à côté de lui à sa table d'argent et le faisant servir par quatre chevaliers attentifs à ses désirs. Richard de Chaumont mange volontiers et fait bon visage, bien qu'il soit triste au fond de lui-même, mais son sens de l'honneur et son courage le poussaient à faire bonne contenance, comme s'il n'attachait aucune importance à sa condition de prisonnier. Saudoine l'interroge souvent sur les chrétiens et sur la conduite du roi Baudouin.

« Seigneur, lui dit Richard, de même que la mer s'agite en tous sens, que le ciel recouvre le soleil, le vent, la terre et la mer, il n'y a pas, je vous le dis en vérité, jusqu'à l'Arbre-qui-Fend, prince plus courageux que Baudouin, le roi de Syrie. Il est le plus preux et le meilleur au monde jamais créé par Dieu. Que dire de plus ? On n'aurait pas assez de temps jusqu'au jour du Jugement, pour énoncer toutes les qualités de son cœur. Le seigneur ainsi aimé et apprécié par les siens est vraiment redoutable. »

XXIV

C'est alors que le roi et son armée sortirent des tentes et se mirent en mouvement. Ils avaient vu un troupeau passer en direction de la bonne cité de La Mecque sous la conduite de marchands. Les chrétiens s'arment ; l'alerte est donnée et le puissant roi Saudoine réagit immédiatement pour protéger le convoi, faisant sonner tous ses cors. Les Sarrasins revêtent leurs armes, abaissent les ponts-levis et se précipitent hors de Rochebrune. Richard de Chaumont, resté dans le palais, monte au sommet du donjon d'où il voit les tentes, les abris, les baraquements et les constructions du camp des chrétiens. « Dieu, Père spirituel, dit-il, le cœur en émoi, si seulement j'étais dans ces champs sur mon cheval avec mes armes ! »

Il regarde alors les chrétiens aux prises avec les Sarrasins dans une farouche mêlée. Ce fut une grande bataille meurtrière.

XXV

Sous les murs de Rochebrune, la bataille fait rage sur l'herbe verte pour le contrôle du convoi de vivres. Toute l'armée était en mouvement ; les cors résonnaient. Le roi de Rochebrune, à la tête des païens, éperonne son rapide destrier en tenant une lance dont la pointe d'acier étincelle ; il frappe un chevalier originaire de Troyes, lui enfonce le fer de sa lance dans la jointure de son armure avec une telle violence qu'il lui pourfend le cœur et le foie, l'abattant mort de son cheval. Corbaran d'Oliferne se précipite avec une bonne partie de ses hommes contre Saudoine qui fait un massacre des nôtres. Huon de Tibériade se jette dans le combat, ainsi que Baudouin de Sebourg et ses trente bâtards ; aucun ne ménage sa peine. Le duc Harpin de Bourges allait criant « Montjoie ! » ; Tancrède et Bohémond s'en donnent à cœur joie, ainsi que le roi de Syrie : il ne faut pas l'oublier, c'est le plus audacieux, il ne peut rencontrer un Sarrasin sans se jeter sur lui.

XXVI

Aux abords des portes de la ville monte un grand cri. Il y avait tant de morts qu'ils recouvraient les prés herbus tout alentour. Les Sarrasins étaient sortis si nombreux de la ville qu'ils ont repoussé vers leurs tentes les fidèles de Jésus, au grand dépit du bon roi Baudouin tant redouté ; il crie alors : « Saint-Sépulcre ! » Tous l'entendent et la bataille contre les mécréants redouble : on pouvait voir les têtes coupées, les crânes fendus, nombre de nobles chevaliers abattus à terre. L'acharnement de Saudoine était remarquable ; ce solide Sarrasin, avec son épée, abat et renverse tout ; rien ne lui résiste, ni haubert ni pourpoint. S'il avait cru en Dieu qui fut vendu pour nous sauver, il aurait été un excellent chevalier, puissant et redouté. Il désarçonne Corbaran d'Oliferne et Pierre l'Ermite le vieux. Huon Dodequin s'élance contre lui et l'atteint d'un coup de son énorme lance : il lui perce son bouclier, mais son bon haubert, qui avait été fabriqué au temps d'Arthur, le protégea de la mort. Il est néanmoins tombé à terre et son cheval est tué. Saudoine se remet immédiatement sur ses pieds ; ses barons se précipitent à son secours et lui amènent un nouveau destrier. Le roi saute aussitôt en selle pour s'élancer de nouveau dans le combat. On n'a jamais vu, à ma connaissance, de chevalier aussi hardi : il eut une conduite remarquable en face des chrétiens.

XXVII

Pendant la bataille, alors que nos gens avaient dû reculer un peu, Richard de Chaumont, du haut de la tour bien fortifiée, assistait au combat et souhaitait cent fois se trouver dans la mêlée. Il voit, accrochés à une perche, des armures ciselées, des hauberts de valeur, des boucliers dorés ; se saisissant aussitôt des meilleurs équipements pour s'en revêtir en hâte, il endossa un bon haubert, chaussa des chausses de fer et accrocha à son côté une épée ; il mit un heaume sur sa tête, passa un bouclier autour de son cou et descendit de la tour jusqu'à l'écurie, sans rencontrer d'opposition, car les Sarrasins étaient persuadés que Richard était de leur camp. Il choisit un destrier à la croupe couleur tuile. Une fois à cheval, il prend une lance et se précipite à travers la ville. Nombreux sont ceux qui le voient, mais personne ne lui demande son nom ni d'où il est.

XXVIII

Richard, sur le rapide destrier, traverse Rochebrune et atteint les portes de la ville aux solides murailles, gardées par de nombreux archers. Quand ils voient Richard approcher, ils lui laissent le passage libre et Richard de Chaumont continue d'éperonner son cheval. De l'autre côté du pont, il rencontre un Sarrasin lâche que Saudoine avait renvoyé pour qu'il le reconduise, lui, Richard, dans sa prison. Richard abaisse sa lance, lui enfonce le fer au côté gauche entre le foie et le poumon. Il l'étend mort, à bas de son cheval ; son armure ne lui avait été d'aucun secours. Quand les Sarrasins l'ont vu, ils s'écrient : « Maudit traître, vous vous êtes saoulé du vin de notre cellier pour jeter ainsi à terre vos amis ? »

Richard continue son chemin sans vouloir leur répondre, se jetant sur tous les Sarrasins qu'il rencontre ; il en a tué dix avant d'avoir atteint la mêlée générale.

« Mahomet, disent les païens, avez-vous rendu fou cet homme à cheval ? Il est bien clair qu'il est possédé de tous les diables de l'enfer. »

XXIX

Païens et Sarrasins sont très inquiets quand ils voient Richard, le noble chevalier, abattre et renverser tous ceux qu'il rencontre. Richard est maintenant au milieu de la bataille. Sous les yeux de Saudoine, il frappe un émir dont l'armure a volé en éclats ; il lui enfonce le fer de sa lame jusque dans les entrailles et le laisse mort quand il retire son épée. Le roi Saudoine en est bouleversé ; il éperonne son cheval pour s'approcher de lui : « Chevalier qui portez mon glorieux blason, êtes-vous aveuglé de sang pour mutiler ainsi mes hommes ? »

Quand Richard l'entend, il lève son épée, lui assène un coup sur le sommet de son heaume, mais le roi détourne la tête et l'épée glisse jusqu'au cheval qui a la tête tranchée net. Saudoine se retrouve à terre et Richard lui crie : « Noble roi de Rochebrune, écoute-moi bien : c'est Richard de Chaumont qui vous a caressé de la sorte. Vous l'aviez servi, il vous rend maintenant la politesse. »

XXX

À peine à terre, Saudoine s'était relevé, mais Richard avait déjà abandonné les païens pour rejoindre les rangs chrétiens. Or le roi Corbaran, qui était un peu à l'écart de ce côté-là, voyant Richard approcher, le prend pour un Turc à cause des armes qu'il portait ; il s'élance contre lui, la lance abaissée, sans que Richard prenne garde, car il ne l'avait pas vu venir. Corbaran enfonça si bien la lance à la pointe d'acier qu'il lui perça son haubert ainsi que le pourpoint, atteignit avec violence le cœur et lésa en outre le foie et le poumon. Richard tombe à terre ; il regarde Corbaran et le reconnaît à ses armes. Alors il lui dit d'une voix forte : « Corbaran d'Oliferne, quel malheur ! Tu viens de tuer celui que tu aimais le plus : Richard de Chaumont qui avait tué deux païens en un champ de bataille, en combattant pour toi [1]. »

Quand Corbaran l'entendit, son sang se glaça ; il ressentit en son cœur une si grande douleur qu'il tomba à terre du haut de son bon destrier.

XXXI

Quand le roi Corbaran entendit ce que disait Richard, le seigneur de Chaumont, qu'il avait eu le malheur de frapper de sa lance, il éprouva une telle douleur qu'il se laissa tomber à côté de son étendard et, prenant Richard dans ses bras, il lui dit, en le regardant avec tristesse : « Ah ! Compagnon, j'ai le cœur brûlant de désespoir. »

Il met la main à son poignard et s'en serait frappé le cœur quand sont accourus ses amis. Ils ont remis en selle le roi au cœur douloureux et ont tiré Richard de Chaumont à l'écart de la bataille. Le roi de Syrie, quand il comprit la situation, s'approcha de Corbaran et lui dit :

« Que Dieu vous protège !

— Pendez-moi, répond Corbaran, à une corde, tout de suite, car j'ai tué le meilleur chevalier qui soit jusqu'au phare d'Alexandrie : c'est Richard de Chaumont, qui n'a jamais connu la peur. Hélas ! Je croyais tuer un chef sarrasin, car il en portait les armes. Il est mort ; je l'ai tué ; je m'en suis rendu compte trop tard. Je voudrais être mort ; que Jésus-Christ me garde !

— Par saint Bernard, dit de son côté le roi de Syrie, j'aurais préféré être atteint d'un coup de faussart ! Ah ! Richard de Chaumont, tu n'as jamais imaginé la moindre trahison ! Il n'y avait pas meilleur que toi. »

---

1. Voir ci-dessus, laisse II, n. 1, p. 358 ; laisse XVII, n. 1, p. 364 et laisse XXII, n. 1, p. 367.

XXXII

Le bon roi Baudouin, désespéré à la vue du corps de Richard tué par erreur, par malchance, sans raison, descend de son bon destrier et prend dans ses bras le chevalier qui se tord les poing de douleur sans pouvoir parler. Mais en reconnaissant le roi, il put lui dire en hâte :

« Seigneur, roi de Syrie, j'accorde mon pardon au bon roi Corbaran qui m'a tué ; il ne l'a pas fait exprès ; c'est le diable, toujours à l'affût, qui l'a voulu ; mon cœur va rejoindre Dieu le Tout-Puissant ; c'est là ma consolation. Transmettez mes adieux à mon frère qui était venu me rejoindre et dites-lui de ne pas provoquer Corbaran le noble à cause de moi. Mais je veux qu'il lui pardonne. »

Sur ces paroles, mourut Richard de Chaumont.

XXXIII

Richard est étendu à terre. Ah ! Dieu ! Comme Corbaran en a le cœur endeuillé ! Le roi appelle ses amis et ses intimes : « Seigneurs, leur dit-il, quelle douleur d'avoir tué l'homme que j'aimais le plus au monde ! Richard le Restoré me poursuivra, quand il le saura. Si je reste ici, c'en est fait de moi, je suis mort. Allons à Oliferne aux solides murailles ; je serai à l'abri de tous. »

Tancrède et Bohémond l'ont écouté et lui ont répondu : « Laissez ce discours ! Tant que nous serons en vie, personne ne pourra vous faire de mal. »

XXXIV

Richard le Restoré se battait d'un autre côté contre les païens. Quand on lui annonce que son frère avait été tué par le roi Corbaran, la douleur faillit le rendre fou. Il jura par le Seigneur maître du monde de tuer cruellement le meurtrier ; il abandonne le combat, quitte la bataille, retourne à sa tente et rassemble les siens pour se préparer à tendre une embuscade.

Dès que le roi de Syrie en est informé, [il fait cesser le combat[1]] jusqu'au lendemain au lever du jour quand le soleil illuminera le monde. Puis il fait sonner ses cors, retentir ses trompettes. Les Sarrasins payèrent ce jour-là leur folie. Il y avait une foule innombrable de tués et les hommes de Saudoine furent tant pourchassés qu'il en mourut la moitié avant qu'ils ne rentrent dans la ville. Le roi et tout son entourage en furent catastrophés.

---

1. Le texte comporte une lacune d'un vers ; la traduction est suggérée par le contexte.

XXXV

Il y eut beaucoup de païens tués et dès que les Sarrasins survivants furent en sécurité, ils fermèrent les portes, relevèrent le pont. Nos bons chrétiens sont retournés à leur camp. Le roi Baudouin fit venir Richard le Restoré et lui fit le récit véridique des dernières paroles de son frère, du malheur qui frappa le bon roi et du pardon qui lui fut totalement accordé.

« Et il me pria de vous convaincre de ne pas faire de mal au roi Corbaran ; car il n'aimait personne autant qu'il l'avait aimé. Je vous en prie, cher seigneur, gardez votre sang-froid ; pardonnez à Corbaran, car il ne l'a pas fait exprès. Accordez-lui ce pardon, sans arrière-pensée, en l'honneur du pardon que le Dieu de majesté accorda avec bienveillance à Marie-Madeleine quand elle pleura devant Lui et lui lava les pieds de ses larmes et les essuya ensuite de ses cheveux. Souvenez-vous aussi du saint pardon que Jésus, dans sa bonté, accorda à Longis [1] qui l'avait frappé au côté de sa lance d'acier, si bien que l'on vit couler de sa plaie le précieux sang qui nous a rachetés. »

Et quand le noble Richard a entendu le roi, il regarde autour de lui et voit, sans la tente, Corbaran d'Oliferne qui ne s'était pas présenté devant lui. Richard fend la foule en ôtant son poignard ; il se dirige vers Corbaran. Celui-ci, de peur, quitte précipitamment la tente. Richard, rempli de l'amour de Dieu, court après le roi qui s'enfuit à travers prés, lui criant avec grande affection : « Corbaran, cher seigneur, écoutez-moi. Venez m'embrasser ; je vous ai pardonné la mort de mon cher frère si valeureux ; ce fut un accident ; je ne vous en veux pas. »

XXXVI

Quand le roi Corbaran entend le chevalier, il retourne vers lui et va le prendre dans ses bras. Richard le Restoré embrasse Corbaran. Plus d'un millier de témoins en ont les larmes aux yeux. Un grand nombre de chevaliers en larmes crient : « Saint-Sépulcre ! Dieu, viens à notre aide ! »

Le roi tenait une cour plénière dans sa tente et Saudoine était dans son grand palais à Rochebrune, entouré de ses suppôts du diable. Courroucé, malheureux, bouleversé à cause des chrétiens dont il ne peut se débarrasser et qui lui ont tué plus de quatorze mille hommes, il était si effondré qu'il crut en devenir enragé.

---

1. Voir aussi ci-dessous, laisse XCI.

XXXVII

Abattu et malheureux, le roi Saudoine ne savait que faire ; il convoquait ses hommes et disait qu'il serait sage, celui qui lui donnerait un bon conseil en cette circonstance. Alors parla un païen de grand bon sens ; il devait bien avoir cent ans. S'adressant au roi, il lui dit :

« Seigneur, savez-vous ce qui va arriver ? J'ai été autrefois à La Mecque quand Sultan, votre aïeul, organisait des fêtes ; il avait une cour somptueuse ; j'y ai vu trente rois sarrasins en grand équipage. Il y avait Cornumaran qui régnait à cette époque, et Calabre qui jetait ses sorts dans une nuée obscure ; elle vit dans les étoiles un signe extraordinaire et disait au sultan que les armées des Français passeraient la mer et qu'un chevalier du lignage du cygne [1] prendrait par la force Nicée et Antioche, que rien ne pourrait protéger la tour de David, car il s'emparerait de la ville de Jérusalem et tuerait d'une seule flèche trois oiseaux au-dessus de cette tour ; quand cela arriverait, les païens diraient que le sortilège était véridique ; et celui qui tuerait les trois oiseaux se rendrait maître par sa force et son courage de la Syrie ; son royaume s'étendrait jusqu'en Orient. La Mecque et Rochebrune seraient dévastées.

« J'ai vu décocher la flèche, à ma grande stupeur ; je demeurais alors à Jérusalem où je vivais légalement d'une bonne rente annuelle. J'ai pris la fuite, de nuit, au chant du coq. Si j'étais resté, à ce qu'on voit, je serais, cher seigneur, mort depuis longtemps. Et cependant je vous le dis : si on voulait me croire, nous ferions chercher par mer tout ce que chacun possède et nous irions à La Mecque, la ville forte. Vos quatre frères sont là-bas prêts à vous apporter aide et secours ; chacun donnerait sa vie pour vous. Esclamart l'aîné ne vous abandonnera jamais, non plus que Marbrun et Taillefer qui vous feraient fête et Hector de Salorie qui vous est très attaché. Suivez ce conseil et vous aurez pris la bonne décision. »

Quand Saudoine l'entend, il crut devenir fou et dit que jamais il ne s'enfuirait ainsi par mer, qu'aucun homme au monde ne pourrait jamais lui reprocher d'avoir abandonné Rochebrune. Aussi jura-t-il par Mahomet devant tous ceux qui l'écoutaient de donner l'assaut aux chrétiens le lendemain sans faire sonner trompes ni trompettes de manière à les prendre par surprise.

Se trouvait là un Sarrasin, originaire de Tibériade, qui était un ami fidèle de Huon Dodequin. Dès qu'il entendit les propos de Saudoine, il jura en lui-même à Dieu, en qui il croyait fermement, qu'il irait rejoindre le camp chrétien, se ferait baptiser et transmettrait ces informations à Huon. Il fit exactement ce qu'il avait décidé.

---

1. Voir ci-dessus, laisse IX, n. 1, p. 361.

XXXVIII

Écoutez comment s'est conduit ce Sarrasin. Il a quitté la ville pendant la nuit, s'est présenté au camp et a demandé le duc Huon ; on le conduisit jusqu'à lui et il s'agenouilla devant lui. Il lui révéla comment le puissant roi Saudoine sortirait le lendemain de Rochebrune pour lancer une attaque contre les chrétiens. Quand Huon l'entend, il donne l'accolade au païen et lui demande immédiatement s'il veut recevoir le baptême. « Seigneur, répond le païen, c'est pour cela que je suis ici. »

Huon de Tibériade va rapporter toute l'affaire au roi Baudouin qui convoque tous ses capitaines et leur ordonne de faire armer leurs hommes et de se tenir en alerte dans leurs tentes jusqu'à ce qu'ils entendent son cor sonner ; qu'à ce moment-là ils le rejoignent sous sa tente où il les attendra ! Chacun s'engage à obéir aux ordres du roi et quitte sa tente.

L'émir Saudoine, sans plus tarder, sort de Rochebrune avec tous ses soldats sarrasins sans y laisser personne d'apte à porter les armes. Un certain nombre étaient à cheval. Il croit prendre les nôtres par surprise ; mais la surprise sera pour lui. Tel est pris qui croyait prendre.

XXXIX

Les Sarrasins et les Perses étaient plus de quinze mille à sortir de Rochebrune et à se diriger au trot vers le camp des chrétiens. Pas la moindre sonnerie de cor, de trompe, de trompette ou de tambour ! Ils progressent sans le moindre bruit. Le roi Baudouin était dans sa grande tente avec Huon de Tibériade, Corbaran, Richard le Restoré, Baudouin de Sebourg et ses valeureux bâtards. Quand le roi de Syrie estime que les Sarrasins sont assez proches, il fait sonner du cor par son ordonnance et crier dans tout le camp : « Aux armes ! » Tous, déjà équipés, sautent à cheval et se présentent en bon ordre devant la tente de Baudouin. Ils se retrouvent à plus de cinquante mille avec leurs étendards pour se jeter sur les païens. Chacune crie « Syrie ! », un cri de guerre qui fait plaisir, et « Saint-Sépulcre que nous vénérons ! ».

Les Sarrasins et les Perses sont stupéfaits de se heurter à une défense si bien organisée.

XL

Saudoine, le roi de Rochebrune, ne comprenait pas ce qui lui arrivait : il était en effet parti au moment où la lune disparaissait ; or il a trouvé tout le camp en armes.

« Mahomet ! dit-il. Je constate que le sort veut m'abattre ; je ne vois rien qui puisse me rassurer. Si seulement j'étais à Tunis ! Je vais prendre la fuite à travers les dunes. »

XLI

Le roi de Rochebrune, la rage au cœur d'avoir trouvé nos barons en armes, fit sonner ses trompes pour montrer sa vaillance, mais quand le roi Baudouin eut fait rassembler ses troupes et que les deux armées furent face à face, il s'enveloppa dans un grand manteau, jeta à terre son bouclier et s'engagea dans un vieux chemin pour prendre la fuite. Abandonnant Rochebrune, il va à travers champs jusqu'à la mer et poursuit son voyage jusqu'à La Mecque, adressant à Mahomet une pitoyable prière. Quant à ses hommes, ils ont payé cher leur présence sous ses ordres. Saudoine les a laissés en situation dramatique : nos chrétiens — Dieu les garde ! — imposèrent ce jour-là leur supériorité par un terrible et furieux massacre ; l'étendard païen fut renversé dans le combat.

XLII

Ce fut une redoutable bataille et un grand massacre devant Rochebrune la noble cité. Les païens, qui eurent plus de dix mille morts, étaient à la recherche de leur seigneur ; beaucoup pensaient qu'il avait été tué et voulaient absolument le venger. Il fallait voir Baudouin, Corbaran, Bohémond, Tancrède, Huon de Tibériade au grand courage, Baudouin de Sebourg et ses trente bâtards ! Tous se sont surpassés. Voici que se jette dans la bataille Richard le Restoré, un faussart à la main : il frappe sur son casque un Sarrasin dont l'armure vole en éclats et le pourfend jusqu'à la ceinture. Il s'écrie alors : « Saint-Sépulcre ! sainte Trinité ! Ayez pitié de Richard de Chaumont ! Sarrasins et païens se sont mis dans un mauvais pas ; ils paieront cher, si Dieu le permet, la mort de mon frère bien-aimé, Richard le Redouté ! »

Alors il se précipite comme un démon dans la mêlée. Les païens prennent peur quand ils le reconnaissent, et se gardent bien de faire face. Le roi Baudouin, qui a tout vu, juge en connaisseur et fait en lui-même l'éloge du chevalier : « Ah ! Richard, quelle vaillance ! Tu es bien digne d'être roi ! »

Les païens ont dû battre en retraite, mais tous furent tués sans pouvoir s'échapper, car le roi Corbaran les avait encerclés tout près de la cité. Ceux qui ont tenté de fuir ont été repris.

XLIII

Ce fut, seigneurs, une terrible bataille ; mais les païens et les Sarrasins ont eu le dessous : ils gisent, morts, sur le champ de bataille. Le roi Baudouin se dirige vers la grande cité. Sans retirer d'hommes du combat, il fait donner l'assaut à la ville. Les meilleurs païens étaient morts ; ceux qui restaient se défendaient si mal qu'ils ne purent empêcher nos chrétiens de dépasser les défenses avancées et de se précipiter vers les portes de la ville. Le pont était relevé, mais nos bons combattants franchirent les portes et pénétrèrent dans la ville, qu'ils vidèrent des femmes, des enfants et d'un certain nombre de traîtres. Rochebrune et sa citadelle sont conquises.

XLIV

Rochebrune avait été prise un jeudi matin, et les chrétiens l'ont livrée au bon roi Baudouin qui tint une cour solennelle dans le palais de marbre. Aux nombreux grands seigneurs qui soupaient avec lui, il dit :
« Écoutez-moi, parents et amis. Nous avons pris Rochebrune, les païens sont morts. Loué soit Notre-Seigneur qui changea l'eau en vin. Mais les lourdes pertes que nous avons subies m'ont fort attristé. Richard de Chaumont, l'élégant chevalier, a été tué par malchance au combat, j'en suis particulièrement malheureux, par saint Martin ; c'est pourquoi, si vous en êtes d'accord, je veux donner la verdoyante cité de Rochebrune à Richard le Restoré qui s'est si bien conduit face à l'ennemi et qui a perdu son frère, vainqueur, autrefois, en champ clos du roi Murgalé et du frère de Longin [1] ; il n'y avait pas meilleur que lui ; nous devons rendre hommage à sa conduite et à son lignage.
— Vous avez bien parlé », dit Huon Dodequin.

XLV

Tous les barons approuvent les propositions du roi qui donnait la ville de Rochebrune et sa forteresse à Richard le Restoré, de Chaumont. Les grands seigneurs restèrent là quelque temps pour se reposer : l'un répare son haubert, un autre son pourpoint, un troisième soigne son destrier. Tous se préparent à repartir au combat contre les armées de Mahomet.
Je vais maintenant parler de Saudoine qui s'était enfui, tout seul, vers La Mecque, en plein désarroi.

---

1. Nouvelle allusion à un épisode de la chanson des *Chétifs*. Voir ci-dessus, laisse II, n. 1, p. 358).

« Hélas ! disait le roi. Quelle honte d'abandonner ma cité en détresse et mes hommes en grand danger dans la bataille. Mais il vaut mieux fuir que risquer des coups. Les prédictions de Calabre m'ont réduit à cette extrémité : cela fait longtemps que j'ai entendu mon père et mon aïeul dire qu'il n'y avait pas plus compétente femme jusqu'à Capharnaüm. Elle a prédit à La Mecque notre perte et toutes ses prophéties se réalisent. Il faut être bien présomptueux pour prétendre se défendre contre les seigneurs de Bouillon, alors qu'ils ont déjà conquis le temple de Salomon, Nicée, Antioche, Acre, Ascalon, Tyr, Orbrie et la cité d'Avallon, la puissante et illustre Tibériade, Oliferne et Rohais sur sa montagne ; ils ont déjà plus de quatorze royaumes, et Mahomet mon dieu ne pourra les empêcher de s'emparer de Rochebrune. »

Ainsi pensait Saudoine au fier visage, si triste en son cœur qu'il s'est évanoui trois fois sur son cheval aragonais.

XLVI

Saudoine chevauche à grande vitesse, triste et morne, en direction de La Mecque. Il atteint le pont de fer remarquablement construit et pénètre dans la cité, tenant son épée et un immense bouclier : son harnachement était en assez bon état. Il descend de cheval devant le palais, joyeusement et chaleureusement accueilli par les Sarrasins ; cependant il n'appréciait guère leurs manifestations et disait : « Pauvres malheureux, vous devriez plutôt pleurer, vous les plus grands seigneurs, car les chrétiens arrivent en foule innombrable et vous allez subir le siège de ces odieux traîtres. »

Il monte au palais où il trouve ses quatre frères en compagnie de grands seigneurs. Le roi Mandas avait, cette nuit-là, jeté ses sorts (c'était un cousin de Huon de Damas) et il en expliquait aux païens les résultats. Il n'y avait pas plus savant que lui jusqu'à Bagdad ; c'était un parent de Calabre la magicienne. Ce jour-là, il avait abattu le moral des païens : le puissant roi Esclamart, Taillefer, Marbrun, le vaillant Hector, et Saudoine leur frère qu'ils accueillaient chaleureusement, tous étaient plongés dans une grande tristesse.

XLVII

Le roi Saudoine était entré dans le palais où il avait retrouvé Esclamart, Taillefer, Marbrun, Hector de Salorie, ainsi que Sinamonde sa sœur qui lui faisait fête et ne cessait de l'embrasser. Esclamart l'aîné s'adresse à Saudoine :

« Frère, lui dit-il, par Mahomet, que se passe-t-il ? Vous avez été assiégé là-bas par les chrétiens ? M'avez-vous ramené ici à La Mecque mon ennemi Baudouin de Bouillon, ainsi que Tancrède, Bohémond,

Pierre l'Ermite qui a tué mon oncle, Huon Dodequin qui a renié Mahomet, le roi Corbaran de Calabre, le duc Harpin de Bourges et le chevalier qui avait tué de sa main les deux Turcs en champ clos ? Il s'appelait Richard de Chaumont. Si vous les avez faits prisonniers, dites-le-moi vite. »

Quand Saudoine l'entend, il perd son sang-froid et dit : « Trêve de plaisanteries, Esclamart ! Vous allez bientôt être, vous aussi, leur victime. »

XLVIII

Ces reproches firent beaucoup de peine à Saudoine qui répondit à son frère, Esclamart le païen :

« Par Mahomet, cher seigneur, ne vous moquez pas de moi. Baudouin de Bouillon, ses hommes et ses pairs ne sont pas des oisillons que l'on attrape aisément ; ce sont des chevaliers venus pour conquérir en terre sarrasine tout ce qu'ils voudront. Cités, villes, châteaux, rien ne pourra leur résister ; c'est l'évidence même. Vous ne pourrez pas défendre votre cité contre eux ; ils ne laisseront en paix aucune ville jusqu'à la mer Rouge. Ils se sont emparés de Rochebrune ; je n'ai pas pu la conserver. Que les diables de l'enfer aillent se battre contre eux ! Le moindre des chrétiens n'hésite pas à s'attaquer à dix païens à la fois. Mais il faut pardessus tout admirer Baudouin de Bouillon ; il n'a pas son égal au monde : il est fort, courageux, beau, courtois, sage, il a un cœur de sanglier ; tout serait parfait en lui s'il voulait embrasser notre foi. Trois fois, j'ai lancé mes hommes contre lui, mais, par la foi que l'on doit avoir en Mahomet, je ne l'ai jamais vu frapper personne sans qu'il le jette à terre de sa lance, ou le décapite d'un coup d'épée. Personne ne peut décrire sa force ; il est juste qu'il soit maître des terres et qu'il s'empare des villes, celui qui sait si remarquablement gagner les batailles. Il est le plus preux parmi les preux qui ait jamais régné. On ne saurait trop admirer ses exploits.

— Frère, rétorque Esclamart, laissez cela. Il en faut peu pour effaroucher un lâche. Baudouin vous a fait tourner les sangs. Vous a-t-il donc fait prisonnier, pour que vous en parliez de la sorte ? »

XLIX

Le roi au fier visage était rempli de tristesse, tout comme Taillefer le valeureux.

« Cher frère, je vous en prie, dit le roi Esclamart, cessez de faire devant nous l'éloge de Baudouin de Syrie ; faites-vous plutôt des reproches à vous-même qui avez, pour une simple attaque, abandonné votre cité.

— Seigneurs, se défend Saudoine, c'est absurde ! Quand le roi Bau-

douin aura planté ici sa tente, vous irez l'attaquer avec tous vos barons,
vous le tuerez, lui et tous les siens, puis vous me restituerez mon royaume.
Mais, si j'en crois mon expérience des chrétiens, votre cité si bien fortifiée, le fût-elle deux fois plus que vous ne résisteriez guère contre eux,
car le roi Baudouin est, au combat, beaucoup plus redoutable que je ne
vous le dis. Je l'ai plus d'une fois affronté, je n'y ai rien gagné et ce fut
pour moi une catastrophe. Rassemblez tous vos hommes, c'est ce que je
vous demande, faites creuser plus profondément les fossés — d'au moins
la longueur d'un glaive et demi. Votre cité sera assiégée par les Français
et ils ne partiront pas avant de l'avoir détruite et rasée. Telle est la vaillance du roi Baudouin ! Il suffit de le voir chevaucher, la lance au poing,
le bouclier passé au cou ! Il est si impressionnant qu'on n'ose pas s'approcher de lui. »

Quand Esclamart l'entend, son cœur se met à palpiter. Sinamonde, sa
sœur, appuyée à côté de lui, a bien écouté tout ce qui était dit et particulièrement l'éloge de la prestance du roi ; elle pensait en elle-même : « Quel
bonheur ce serait d'être la dame, l'épouse ou l'amie d'un tel seigneur ! »

L

Quand Sinamonde la belle, sœur d'Esclamart, du roi Taillefer, du seigneur Marbrun, d'Hector de Salorie, du fameux Saudoine, entendit les
éloges sur la beauté et les vertus de Baudouin qui était tout le contraire
d'un lâche, son cœur fut atteint d'une flèche ardente et brûlante d'Amour.
Elle quitte précipitamment la grande salle et se retire dans sa chambre aux
murs décorés de léopards. Assise sur son lit, le cœur battant, elle dit :
« Ah ! Amour ! vous m'avez conduite à aimer parfaitement, en toute
loyauté, quelqu'un que je n'ai jamais vu. J'en ai le cœur tout enflammé. »

LI

Sinamonde, éprise d'Amour, assise dans sa chambre sur son lit magnifique, n'avait de cesse que la cité fût conquise par le roi Baudouin qui
brille par tant de qualités, et qu'elle obtînt de ce roi tout ce que son cœur
imagine. Ce qu'elle a entendu sur lui la bouleverse, la fait changer de
couleur ; elle palpite, frissonne plus que feuille au vent du nord.

« Ah ! roi Baudouin... »

LII

Sinamonde ne peut faire bonne contenance quand elle entend vanter la beauté du roi Baudouin et sa vaillance redoutable. Amour l'agresse tellement qu'elle change de couleur et se prend à trembler. Son désir est si violent qu'elle ne sait comment se maîtriser. Elle se fait réconforter par une dame de compagnie. Sous l'effet de l'amour, elle pâlit, elle blêmit, se lève, se recouche, ouvre ses coffrets sans pouvoir trouver d'herbe médicinale qui la guérisse.

« Ah ! Baudouin, dit-elle, comme tu me fais languir ! Un prince tel que toi doit trouver sa joie dans une amie. Ah ! Mahomet, seigneur, quand pourrai-je voir le roi de Syrie assiéger La Mecque et avoir de ses nouvelles ? Et si l'on devait s'emparer de lui et le jeter ici en captivité, je fais serment à Mahomet que je l'en ferais libérer. S'il voulait bien m'aimer, j'abandonnerais ma religion et ferais tout ce qu'il voudrait ou exigerait. »

C'est alors que le roi Saudoine vient auprès de sa sœur et, en la voyant en cet état sur son lit, il s'adressa à elle en ces termes : « Chère sœur, soyez franche avec moi ; vous étiez heureuse tout à l'heure et maintenant je vous vois en état de langueur. Au nom de Mahomet mon dieu, que nous devons vénérer et servir, qui vous a si vite mise en cet état désespéré ? »

LIII

« Chère sœur, dit le roi, répondez-moi. Qui vous a mise en cet état ? De quel malaise êtes-vous victime pour aller si tôt vous coucher ? Je vous vois pâlir et trembler comme feuille d'églantier.

— Mon frère, répond l'élégante Sinamonde, c'est la peur. Vous m'avez tellement effrayée en présentant le roi de Syrie comme le plus bel homme et le meilleur guerrier. Je crains trop qu'il ne vienne nous assiéger pour détruire et dévaster notre cité. Est-il donc preux à ce point ? Est-il aussi redoutable que vous l'avez dit ?

— Chère sœur, lui répond le roi Saudoine, en vérité, en un mot comme en mille, on ne saurait être trop élogieux pour ce prince. »

À ces mots, Sinamonde se redresse pour lui dire :

« Cher frère, dites-moi bien la vérité. Celui dont vous parlez, est-il marié ? »

LIV

« Ma chère sœur, répond le roi, par Mahomet, je ne sais pas si le roi a une épouse ; je n'ai jamais posé la question. Mais plût à Mahomet que le roi Baudouin eût un cœur sincère et qu'il adorât notre dieu autant que moi ! Et s'il voulait bien vous épouser, vous qui êtes noble et gaie, nous nous en porterions mieux, j'en suis bien certain.

— Seigneur, jamais je ne l'épouserai, répond Sinamonde, s'il ne renie son Dieu que j'ai toujours détesté. Mais s'il voulait croire en Mahomet, je serais heureuse de l'aimer.

— Chère sœur, je m'étais bien rendu compte qu'Amour vous avait mise en tel émoi.

— Je l'avoue, frère, c'est de ce mal que je tremblais. »

LV

La belle Sinamonde, avec son frère, parlait de Baudouin, tout heureuse de ce qu'elle entendait. Amour l'avait tant enflammée qu'elle ne savait comment se comporter ni comment lui faire parvenir son salut. Voilà où elle en était !

Les cinq frères sont bien équipés en machines de guerre pour se défendre. Ils ont fait recreuser les fossés. Il n'y avait pas semblable ville. On l'atteignait par un large et long pont de fer sous lequel coulait l'eau du Jourdain. Au-dessus de la rivière, près de ce solide pont, il y avait trente tours dont la plus petite était visible à quinze lieues : chacune était construite sur un pic rocheux. Les hauts remparts étaient en pierres de taille, couverts de cuivre et de laiton martelé.

LVI

Seigneur, la ville de La Mecque était, pour qui venait de Rochebrune, protégée par le Jourdain, un fleuve d'eau douce qui descend du paradis terrestre. Par-dessus son cours rapide et large était construit un pont de fer qu'il fallait emprunter pour pénétrer dans la cité. À côté du pont, sur la droite, il y avait une dépression protégée par quinze tours bien assises et autant, en vérité, de l'autre côté. Pourtant, à ce qu'on affirme, ce n'est pas l'entrée la mieux défendue, car, de l'autre côté, la haute mer entoure la ville. Il n'y a pas, en toute la terre païenne, de ville mieux fortifiée. C'est là que se tient le Mahomet de ce peuple mécréant ; dans sa mosquée décorée d'or fin, il est suspendu à l'aimant qui fait sa gloire. C'est là que se trouvent le candélabre et le cierge célèbre qui apparurent miraculeusement au moment de la Nativité de Jésus dans l'étable des bœufs. Dieu tout-puissant fit jaillir sa clarté : c'étaient deux cierges qui brûlaient en permanence ; il en reste un sur place, l'autre fut amené à Constantinople où il brûle jour et nuit devant sainte Sophie, une femme vénérée ; ainsi en a voulu Dieu. La Mecque est proclamée centre de tout le monde païen ; elle est illustre et redoutée, moins toutefois que Babylone où fut construite et édifiée la tour de Babel. Le puissant Esclamart, l'aîné, a donné des ordres pour la garde de sa ville et son approvisionnement en vue d'éviter une famine ; et il a fait rehausser les murailles jour après jour. Il redoute plus Baudouin que la brebis le loup affamé, car le roi Baudouin avait déjà montré sa force dans plus d'un combat contre Saudoine. L'homme qui a la réputation de se lever le matin avant l'aube peut sans crainte faire la grasse matinée.

LVII

Tous les païens avaient bien sujet de redouter le bon roi Baudouin qui était rempli de hardiesse. Il régnait sur seize royaumes sans compter Jérusalem et s'était mis en route avec ses barons : Corbaran l'illustre roi, Bohémond de Sicile et son cousin Tancrède, Huon de Tibériade, sans oublier Baudouin de Sebourg et ses trente bâtards farouches, l'évêque du Puy et l'évêque de Mautran, Baudouin Cauderon, Harpin le sage, Pierre l'Ermite et les autres puissants barons. Ils suivent les chemins bien empierrés vers La Mecque, impatients de tuer des Sarrasins, ces traîtres mécréants, et d'anéantir leur vile religion. L'armée s'est tant pressée qu'elle arrive en vue de la bonne ville de La Mecque. Ils regardent les trente hautes tours couvertes de laiton.

« Dieu ! disent les chrétiens, où nous avez-vous conduits, cher roi ? Nous ne nous emparerons jamais de cette ville ; c'est la plus puissante de tout le monde païen. Ce fut un jeu de prendre Jérusalem, Acre, Tyr à côté de celle-ci, devant laquelle nous allons établir notre camp. Aucun assaut ne parviendra à anéantir ces Sarrasins. »

Quand le roi voit ses hommes effrayés par la place forte dont je vous parle, il dit : « Seigneur Dieu, Toi qui as souffert pour nous, envoie-moi la grâce de conquérir avec mes puissants barons les tours et les fossés de La Mecque ; car j'y resterai plutôt sept ans que d'y renoncer ; telle est mon intention. »

Ils ont établi le camp à une lieue, tandis que les habitants de La Mecque relevaient tous les ponts-levis, tous prêts à défendre leur ville.

LVIII

Les cinq rois, dans La Mecque, se préparaient, tandis que la belle Sinamonde, qui se convertira par la suite, était en grand émoi pour le roi Baudouin. Mais quand elle apprit que la bataille contre les chrétiens était imminente, elle se réjouit en elle-même plus qu'on ne saurait dire et pensa qu'elle ferait savoir à Baudouin tout ce qu'elle ressent pour lui, et son désir à en mourir de tendres ébats avec lui.

Je cesse, chers seigneurs, de parler pour l'instant de la belle pour vous raconter comment la prestigieuse armée chrétienne mit le siège devant les hautes fortifications de La Mecque.

LIX

Les chrétiens prennent position : ils alignent leurs troupes pour assiéger La Mecque aux nombreux fortins. Bohémond et Tancrède ont la responsabilité du commandement sur l'armée. En tête sur leurs chevaux, ils organisent le siège, encerclant la ville et ses portes principales, fixant les positions de chaque grand baron. Le roi Baudouin s'est installé du côté de Rochebrune devant le majestueux pont de fer. Il installe sa tente au faîte d'or ; elle avait quinze ouvertures et n'était pas en toile, mais d'un beau tissu de soie.

Le roi, ses conseillers et ses barons attendaient, en armes, impatients, sur le champ de bataille et le roi Esclamart était dans sa haute tour avec ses quatre frères et la noble Sinamonde ; c'était la plus élégante, la plus admirable, la plus gracieuse. La belle s'appuie aux créneaux pour regarder les assiégeants. Elle aurait bien donné quatorze châteaux pour pouvoir rencontrer le roi loyal. Mais Esclamart ne s'en soucie nullement ; au contraire, il profère des menaces envers son ennemi :

« Ah ! Malheureux ! Quel orgueil de votre part ! Je n'ai que mépris pour vous et j'irai vous dire ce que j'en pense avant le coucher du soleil. »

Il fait alors sonner ses cors, ses trompes et ses trompettes. Les Sarrasins revêtent leurs armes, montent à cheval, lances aux poings, avec leurs boucliers blasonnés. Saudoine, tout équipé, jure, par Mahomet en qui il avait foi, que s'il rencontre le roi qui s'est emparé de son fief, il se lancera contre lui pour abattre son orgueil.

La belle Sinamonde aidait à l'armement des chevaliers ; elle laça l'armure de son frère et l'aida à mettre ses jambières ; puis elle lui dit : « Mon frère chéri, quand vous serez sur le champ de bataille, si vous voyez le roi et combattez contre lui, dites-lui bien que s'il accepte de renier ses dieux d'enfer, et d'adhérer à la religion que nous donna Jupiter, il trouvera aussitôt une douce amie fidèle. »

LX

Saudoine, puissamment armé, chevauche dignement avec ses quatre frères jusqu'au pont de fer. Il menace le roi qui a eu l'audace de s'emparer de Rochebrune et du fief alentour, et crie à ses frères :

« Vengez-moi de celui qui s'est iniquement emparé de mon fief.

— Le roi Baudouin qui a tant de hardiesse, répond Esclamart, ne pourra retourner sur ses pas, car je le provoquerai tous les jours en combat singulier. »

Les Sarrasins sortent alors de La Mecque, bannières déployées, et prennent position sur le champ de bataille. Les troupes du roi Baudouin étaient bien en ordre impeccable sur le terrain, tandis qu'un certain nombre d'hommes préparait le camp ou empêchait que des troupes ne sortent de la ville. Mais, dès qu'ils voient la foule des païens qui s'avançaient, ils se mettent en position de combat en face d'eux. Bohémond de Sicile, avec Tancrède son cousin, se dirige contre les Sarrasins qui arrivaient en hâte, suivi par Baudouin de Sebourg et ses trente bâtards, le roi Corbaran d'Oliferne, ainsi que Huon de Tibériade à la tête de ses hommes, l'évêque du Puy et tous les grands barons chrétiens. C'était une immense et magnifique armée où retentissaient plus de cent trompes et trompettes. Le duc Harpin est le premier à s'élancer contre les Sarrasins, ce ne fut pas un tournoi de divertissement, mais un combat douloureusement meurtrier.

LXI

Ce fut une grande bataille et une furieuse mêlée sous les murs de La Mecque. Avant que l'on eût dressé les tentes ce matin-là, les combats avaient déjà commencé. Les cinq frères païens s'élancent à grands cris, l'épée à la main, le bouclier au cou. Esclamart, dans son premier élan, va frapper un noble chrétien de grand renom. L'armure de celui-ci ne lui sert de rien, il est touché à l'épaule gauche, la lame de l'épée descend jusqu'à ses entrailles ; il tombe mort de son cheval. Puisse son âme être sauvée ! Taillefer va frapper Evrart de Pierrelée, qui avait traversé la mer en compagnie de Pierre l'Ermite, lui tranche la nuque d'un coup d'épée et lui fait voler la tête à une enjambée de là. Marbrun, de son côté, en frappe un autre avec violence, coupe la tête du cheval ; le cavalier tombe, il ne se relèvera plus. Hector de Salorie abaisse sa lance, en frappe dans un tel élan un chevalier que la pointe lui traverse les reins et jette à terre cheval et cavalier. C'est alors qu'arrive Saudoine, la tête protégée par son heaume, il frappe Thibaut du Rosoy, lui ôte la vie et crie à pleins poumons : « Eh bien ! roi Baudouin, fils de pute, c'est maintenant que je vais me venger de toi qui m'as iniquement dessaisi de Rochebrune, ma cité, sur laquelle je régnais depuis longtemps. »

Sur ces paroles, il s'approche de lui en le défiant. Lance de frêne au poing, ils s'élancent l'un contre l'autre à travers le champ.

LXII

Le choc des deux rois fut très violent ; ils se frappent de leurs lances rigides avec adresse, de toutes leurs forces, la tête bien droite. Le bon roi Baudouin de Syrie a si bien asséné son coup qu'il a enfoncé la pointe d'acier de sa lance dans le bouclier du roi sarrasin, puis a percé son haubert renforcé, son armure et son riche pourpoint ; il déchira la chemise de lin et le blessa ; mais le païen se pencha vivement pour éviter le coup, ce qui le protégea de la mort. Cependant, le roi Baudouin le souleva de son cheval à quatorze pieds de haut avant de le laisser tomber sur le chemin. Son cheval s'enfuit à travers champs. Baudouin s'approche du roi Saudoine ; il allait lui trancher la tête quand l'autre s'écrie :

« Pitié, au nom d'Apollon ! Seigneur roi de Syrie, écoutez-moi. Ne me tuez pas, ne mettez pas fin à mes jours avant que je ne vous aie dit ce que je dois vous annoncer ; car je suis, par Mahomet Jumelin, le messager de la plus gracieuse jeune fille du monde, ma noble sœur Sinamonde. »

LXIII

« Noble roi Baudouin, dit Saudoine, laissez-moi vous dire quelques mots aimables : Sinamonde, ma sœur aux cheveux blonds, a tellement entendu vanter vos exploits qu'elle s'offre à vous dans toute son élégance et sa beauté, pour peu que vous acceptiez de renier Jésus-Christ et sa croix. Voilà le message qu'elle vous envoie, en vous saluant cent fois. »

Après avoir écouté son adversaire, le roi Baudouin lui répond :

« Saudoine, relevez-vous ! Je vous ai bien entendu. Puisque vous êtes messager, il serait injuste que je vous fasse le moindre mal. Retournez, noble chevalier, dire à votre sœur aux cheveux blonds que je ne repartirai pas, que je n'abandonnerai pas ce pays avant de l'avoir vue, de l'avoir tenue par la main, de l'avoir embrassée sur la bouche selon mes désirs ; et si je puis en faire davantage avec elle, il ne convient pas que je m'en vante. »

LXIV

Saudoine obtint grâce à cause de l'amour de Sinamonde ; en effet, le roi Baudouin l'aurait tué, s'il n'avait rapporté le message de cette jeune fille. Baudouin éperonne son cheval et va frapper Mélior, un païen très robuste né en Afrique ; il l'atteint si bien qu'il le désarçonne, et s'empare alors de son cheval qu'il mène aussi rapidement qu'il le peut pour le donner à Saudoine qui avait perdu le sien ; le païen monte prestement, éperonne et se replie vers ses quatre frères, à la fière prestance. Esclamart s'approche pour lui dire : « Frère, par Mahomet, on vous croyait fou, mais je vous trouve sage : puisque vous ne pouviez pas tenir contre ce roi qui voulait vous frapper, vous vous êtes laissé tomber près du ruisseau ; votre tête, à terre, ressemblait à un oignon. »

LXV

« Frère, disait Esclamart, c'est par jeu que vous vous êtes laissé tomber de votre cheval ? »

Saudoine lui répondit, fou de colère :

« Cessez de vous moquer, seigneur. Mais si vous croyez vaincre et en tirer profit, allez provoquer en duel le puissant roi. Je veux bien que vous me fassiez pendre au gibet si, dans un combat à la lance contre le roi, il ne vous précipite pas à terre, vous et votre cheval, au premier coup.

— Je vous entends bien, Saudoine ; mais je n'en croirai personne de ce côté-ci de la mer, car j'ai bien souvent assumé des combats singuliers, je me suis mesuré aux plus forts seigneurs de tout le monde païen, aussi loin qu'on puisse aller, je n'ai encore jamais trouvé ni Sarrasin, ni païen, ni roi, ni émir, si redoutable fût-il, qui m'ait fait tomber de cheval. Et vous prétendez que ce roi est le meilleur qui soit en terre païenne ! Je ne peux pas l'admettre et je vais immédiatement me battre contre lui ; mais, par la foi que je dois porter à Mahomet mon dieu, si je le jette à bas de son cheval, vous pourrez bien vous vanter de ne plus jamais avoir le moindre arpent de terre à gouverner et je ne vous considérerai plus comme mon frère. Vous passez votre temps à me faire l'éloge de Baudouin de Syrie. Je ne sais que penser ; n'auriez-vous pas l'intention de faire la paix, d'abjurer votre foi et d'adorer Jésus ? On ne peut jamais se protéger des traîtres. »

LXVI

Esclamart, le roi de La Mecque, s'éloigne, à la fois courroucé et tout triste, de son frère l'émir Saudoine. Furieux, il demande une lance de frêne ou de cytise. C'est Amandas, le fils d'un grand seigneur, qui la lui apporte ; et Esclamart se lance dans le combat, repère le roi que l'on prétendait le meilleur en train de frapper avec ardeur des Sarrasins. Il était suivi par Corbaran d'Oliferne, Huon de Tibériade qui n'a jamais aimé les traîtres, Baudouin de Sebourg et ses bâtards, les valeureux Bohémond et Tancrède, le duc Harpin de Bourges, Richard le Restoré, l'ami du roi qui lui avait donné Rochebrune et sa forteresse. Ils se jettent avec entrain contre les Turcs et désirent plus en tuer qu'un amant ne désire les faveurs de sa dame. Ce sont de vrais chrétiens qui, par leur peine, méritent la grâce et la douceur des cieux. Mais on voit sans cesse le monde bouleversé. Beaucoup préfèrent faire une bonne fin à la taverne devant du pâté rôti plutôt que d'avoir leur place au paradis après leur mort ; ce sont vraiment des gens stupides.

LXVII

Esclamart se lance au cœur de la bataille, frappe un chrétien du nom de Gérard dont l'armure vole en éclats et l'abat mort sur place. Le roi Baudouin demande qui est ce seigneur païen qui coupe ainsi têtes, bras et jambes aux siens.

« Seigneur, vous allez le savoir, dit Huon de Damas ; c'est l'aîné des frères ; il est très puissant. Il s'appelle Esclamart ; il a tué un grand nombre des nôtres. Il règne sur La Mecque et la cité de Bagdad. Il n'est pas lâche ; c'est le plus farouche païen d'ici jusqu'à Orbendas. Tant qu'il sera vivant, tu ne pourras pas t'emparer de sa ville. »

— Par saint Thomas, répond Baudouin, je vais aller le provoquer en duel, avec l'aide de Dieu. »

Il saisit aussitôt une lance. Esclamart le voit bien en train de vérifier son équipement ; il abaisse sa lance, plus grosse qu'un épieu, en direction du roi Baudouin qui ne ralentissait pas, pique son destrier fougueux, un solide bouclier au cou, il tient bien sa lance horizontale. Le roi Baudouin vient droit sur lui, les muscles tout tendus pour le frapper.

LXVIII

Les deux rois se dirigent l'un contre l'autre, lance abaissée, pour jouter. Esclamart de La Mecque frappe le roi, mais sa lance se brise. Le roi Baudouin, de sa grande lance, atteint l'émir sur son blason au niveau de l'épaule, mais celui-ci portait une excellente armure. En outre, il était solide et robuste, il n'y avait pas de chevalier aussi grand en toute la terre païenne. Il s'était bien protégé d'un lourd pourpoint, avait revêtu une armure, recouverte d'une cotte de plaques métalliques fabriquée par Galant. Le fer de la lance de Baudouin n'abîma pas l'armure et ne blessa pas le sultan ; mais le roi l'avait frappé avec un tel élan qu'il le renverse, sous l'effet du choc, lui et son cheval. Esclamart, tombé sous son cheval, a bien failli mourir. Baudouin repasse au galop, l'épée au pommeau d'or tirée ; il pense bien frapper à la tête Esclamart, mais il atteint celle du cheval et enfonce sa lame de plus d'une paume et demie.

Voici que surgissent le bon roi Corbaran, Huon de Tibériade, Baudouin de Sebourg et tous ses enfants, Bohémond, Tancrède et nombre d'autres princes vaillants, pour se jeter sur Esclamart qui ne cesse de crier « La Mecque ! ». Taillefer et Saudoine accourent, ainsi qu'Hector de Salorie et le puissant Marbrun à la tête de dix mille Sarrasins. Ils réconfortent leur frère, le remettent en selle sur un autre cheval. Le roi Esclamart abandonne le combat et se dirige vers un arbre dans un pré verdoyant ; là, il met pied à terre sans pouvoir aller plus loin, tant il est courbatu. Épuisé, à bout de forces, il maudit Mahomet. C'est alors qu'approche Saudoine en s'écriant : « Mon frère, je fais apporter par un serviteur un sac pour que vous y jetiez le corps de Baudouin. »

LXIX

« Seigneur roi Esclamart, dit Saudoine le fier, où est l'habile roi Baudouin ? Je pensais bien que vous en viendriez à bout ! Je suis très heureux, par Mahomet, d'avoir été aussi bien vengé. Il faudrait vite le pendre, si vous vouliez m'en croire.

— Taisez-vous, Saudoine, répond Esclamart. Si j'ai été désarçonné, vous l'avez été avant moi. Je vous en prie, cher frère, aidez-moi, j'ai besoin de vous, car je suis gravement contusionné. Il n'a tenu qu'à un fil que je ne sois décapité par les hommes de Baudouin. Leur attaque fut si violente, quand j'étais à terre, qu'ils m'auraient coupé la tête si vous n'étiez venu aussi vite me secourir. Grâce et louange à Mahomet puisque j'en ai réchappé sans mutilation. Ce roi est encore plus redoutable que vous ne le disiez. Je ne m'y frotterai plus, une fois suffit.

— Vous ne vouliez pas me croire, seigneur. Soyez certain qu'il conquerra nos terres et nos fiefs. »

LXX

Le roi Esclamart se fit ramener sur un brancard le long du chemin, en franchissant le pont de fer jusqu'aux grandes portes de la ville et on le porta dans son palais de pierre. Sinamonde, sa sœur, en le voyant si mal en point, lui demande de sa voix claire et légère :

« Noble roi, qui vous a mis en tel état ? Est-ce Baudouin, le roi Fierabrace[1] ?

— Oui, chère sœur, et que la male mort le frappe ! Il est le plus féroce à se battre à l'épée, et le plus beau roi du monde quand il est en armes devant sa bannière. Il ne peut frapper un chevalier sans l'abattre dans le fossé.

— Frère, vous faites grise mine. Puisque vous saviez bien la manière

---

1. « *Li roys Baudouins Brache Fiere* » (v. 1775), « aux bras brutaux » (la *brasse* est l'ensemble des deux bras, ce que l'on prend dans les bras : la brassée), « à l'étreinte violente ». *Fierabrace* ou *Fierebrace* est un qualificatif donné à quelques chevaliers épiques particulièrement redoutables, au célèbre Guillaume d'Orange en particulier.

de se conduire du roi Baudouin, ce fut folie de l'approcher. Saudoine vous avait bien prévenu qu'il n'y avait nulle part prince plus courageux, plus preux, puis puissant. Il disait vrai sans arrière-pensée. Vous ne devez pas l'en blâmer. »

LXXI

Quand le roi Esclamart eut entendu parler sa sœur, il lui dit : « Laissez-moi me reposer, chère sœur ; une femme n'a pas à se mêler de parler ou de poser des questions sur ce qui s'est passé au combat. Allez dans vos appartements vous divertir avec vos dames de compagnie ; oubliez le roi Baudouin ; il m'a couvert de honte, je ne puis que l'en détester davantage. Ne vous évertuez plus à parler de lui. »

Alors Sinamonde, la jeune fille au teint clair, s'en va ; son amour pour Baudouin la tourmente tellement qu'elle ne sait comment garder confiance.

Le roi Saudoine n'a pas pris de repos. Il est ressorti de La Mecque pour ranimer le courage des siens. Il voit son autre frère, Taillefer, lutter avec Baudouin, car il voulait venger Esclamart ; mais le roi Baudouin, sans le ménager, lui donne un tel coup de lance qu'il le fait tomber d'un bloc avec son cheval. Puis c'est au tour d'Hector de Salorie. Baudouin de Syrie lui donne, à deux mains, un coup d'épée si fougueux que la lame descend sur la tête du cheval, en répand la cervelle ; le cheval tombe, le roi aussi ; et avant qu'il ne puisse se relever, des chrétiens sont venus pour lui couper la tête. Marbrun et le roi Saudoine, qui ont tout vu, arrivent avec dix mille hommes au secours d'Hector. Ce fut alors une lutte si violente, si terrible au moment de la mêlée qu'on n'a jamais entendu parler de semblable. Tous étaient si ardents au combat, qu'ils ne parvenaient plus à s'éloigner. On pouvait voir têtes et poings coupés, les morts tomber et s'entasser les uns sur les autres, les chevaux fuir sans cavaliers, les hommes à terre offrir des rançons. On se bat à coups de massues et d'épées. Sitôt à terre, il est impossible de se relever. Le roi faisait sonner ses cors et les Sarrasins faisaient retentir trompes et trompettes : la terre en résonnait et en vibrait. Il fallait voir les coups d'épées ; on aurait dit le bruit d'une armée de bûcherons dans un bois. Tous s'entre-tuaient ; les chrétiens se battent comme des lions, les Sarrasins comme des sangliers. Chacun se surpassait ce jour-là, au point qu'on eût été bien en peine de dire qui était le meilleur, sinon Baudouin, le vainqueur de tous les rois ennemis : il est si courageux qu'il faut sans cesse rappeler sa force. Bohémond et Tancrède, de leur côté, ne méritent que des éloges ; il ne faut pas oublier non plus Huon de Tibériade le noble chevalier, ni le roi Corbaran. Baudouin de Sebourg fut si redoutable qu'il repoussa par sa violence les Sarrasins ; les princes et ses pairs lui décernèrent le prix, disant que s'il pouvait étendre son royaume jusqu'au-delà de la mer Rouge, il en porterait la couronne.

LXXII

Baudouin de Sebourg se conduisit admirablement et régna ensuite pour le reste de ses jours sur la Terre sauvage[1]. Il n'en aurait pas perdu la moindre parcelle, n'eût été le malheur qui frappa nos barons lorsqu'on eut l'audace de pendre Tancrède[2] ; alors la guerre continua de l'autre côté de la mer, ainsi que vous l'apprendrez plus tard.

Les chrétiens firent tant et si bien, cette nuit-là, que les païens orgueilleux durent reculer jusqu'au pont de fer et subirent de lourdes pertes pendant leur repli. Marbrun, Taillefer, l'émir Saudoine et Hector le maître de Salorie, tous les quatre étaient accablés. Ils restèrent toute la nuit sur le champ de bataille à protéger le royaume sans vouloir reculer avant l'aube ; ce ne fut pas raisonnable, car ils perdirent là d'une manière pitoyable, à cause de leur orgueil, des païens parmi les plus importants de leurs fiefs.

LXXIII

Les Sarrasins sont rentrés dans leur ville, ont refermé les portes, relevé les ponts, tandis que les chrétiens retournaient à leurs tentes, plantées, en grand nombre, tout près de la ville qu'ils assiégeaient.

Les Sarrasins sont en proie à une vive colère, tandis que les cinq rois tiennent conseil pour délibérer de la sauvegarde de leur royaume. Ils ont fait dresser tout autour de la ville de nombreuses machines de guerre et placer de puissantes catapultes dans les tours, tandis que les chrétiens, de leur côté, fabriquaient des engins de siège. En moins d'un mois, ils pouvaient en aligner quarante qui projetaient avec violence des pierres sur la ville. Les nôtres, rassemblés devant La Mecque, ont juré de ne jamais abandonner le siège de leur vie.

LXXIV

C'était le début d'avril, le temps du renouveau, quand les amants retrouvent leur joie dans les prés fleuris au chant des oiseaux. Le siège dura quatre mois et demi, pendant lesquels personne ne put ni entrer ni

---

1. Nom (ou surnom) donné ici au royaume de Baudouin ; peut-être tout simplement l'adjectif est-il appelé par la rime.
2. Allusion à une légende selon laquelle Tancrède, accusé d'avoir tué Godefroy, aurait été pendu à Boulogne à la demande de la comtesse Ide, veuve de Godefroy.

sortir, pour quelque raison que ce soit. Pendant ce temps, un samedi, arriva au camp l'épouse de Baudouin, la belle Margalie, avec leur fils Aurri. Il est stupéfiant qu'il soit de bonne souche, fils de Baudouin, car ce fut le plus odieux des êtres ; il n'avait aucune estime pour les gens de bien, ni aucune dévotion envers Jésus. Cependant, il était très beau ; on n'a jamais vu personne qui l'égalât. Le roi, tout heureux de voir sa femme au camp, lui manifesta sa joie et lui dit :

« Pourquoi êtes-vous venue ici, ma dame ? Vous avez quitté la ville où Jésus a souffert jusqu'à la mort, Jérusalem que j'aime tant.

— Noble roi, répond la reine, je suis venue auprès de vous parce que j'ignore si je ne vous manque pas. Je ne veux pas qu'à cause de mon absence vous vous épreniez de quelqu'un d'autre qui vous servirait comme une épouse. Vous pourriez rester, à ce que je sais, longtemps ici et trop vite m'oublier.

— Dame, il n'y a aucun risque, car je ne connais aucune jeune fille, si belle et noble soit-elle, jusqu'à Brindisi, que je veuille rejoindre ou qui vînt avec moi. Je n'aurai jamais d'autre amour que vous. »

Le roi tint une cour solennelle en l'honneur de la reine. Ses barons préférés dînèrent avec lui : Corbaran d'Oliferne, Jean d'Alis, l'aimable Huon de Tibériade, Tancrède et Bohémond, le courageux Baudouin de Sebourg avec Blanche son élégante épouse et ses trente bâtards. On servit avec déférence aux chevaliers tout ce qu'il y avait de bon et tout ce qui leur plaisait. Celui qui est riche reçoit les meilleures parts.

LXXV

Ce fut une grande fête dans le camp chrétien. Ils restèrent deux mois et demi sans combat. Puis il arriva qu'Esclamart le noble dit qu'il allait tirer vengeance du roi de Syrie. Il fait armer ses frères et sa grande armée. On ouvre les portes ; on fait descendre le pont-levis accroché à une poulie et les païens s'élancent sur le pont de fer ; mais les bons soldats chrétiens — que Jésus les bénisse ! — sont aussi allés s'adouber. Les trompes retentissaient ce jour-là, les cors et les trompettes résonnaient. Huon de Tibériade était à la tête d'une armée, Corbaran d'Oliferne en commandait une autre derrière lui ; Baudouin de Sebourg avait la responsabilité de la troisième, tandis que Tancrède et Bohémond entraînaient la quatrième ; le roi vient enfin avec ses chevaliers. Les Sarrasins arrivaient comme des enragés, et Sinamonde était accoudée au plus haut étage du donjon fortifié pour regarder les rangs de l'armée chrétienne ; elle voit l'étendard d'or flamboyant sur lequel est représenté Dieu en croix, avec la sainte lance et la Vierge Marie. Elle demande à un héraut syrien :

« Ami, dites-moi, je vous en prie, le roi Baudouin est-il dans cette armée ?

— Oui, dame, répond-il, en vérité. C'est ce beau chevalier ; il n'y a pas au monde semblable baron. »

Quand la belle l'entend, son cœur se met à palpiter ; elle était en un tel émoi pour l'amour de Baudouin que peu s'en fallut qu'elle ne tombât à terre.

LXXVI

La belle Sinamonde, la sœur des cinq rois, de l'étage du riche palais, voit les troupes chrétiennes s'approcher en ordre de bataille pour attaquer les Turcs ; elle prie alors Mahomet pour que le roi Baudouin ne soit pas tué dans le combat. « Ah ! dit-elle, ami courtois, doux et discret, verrai-je bientôt l'heure, le mois, l'année ou je pourrai embrasser votre bouche, serrer votre corps que le mien désire tant ? »

Ainsi parlait la belle, victime d'Amour.

Le combat commence. Il y eut un grand vacarme au choc des lances. Les chrétiens crient « le Sépulcre et la Croix ! » ; les Sarrasins « La Mecque ! » aux solides murailles. Ils s'attaquent à l'épée, à la lance, au javelot, au faussart, au glaive ; ils luttent à main nue, culbutent les chevaux, frappent au poignard, tirent des flèches. C'est l'affrontement des deux armées. Il fallait voir Baudouin, le roi de Syrie, abattre et renverser les Sarrasins ; on se rendait alors compte de sa puissance. Corbaran d'Oliferne se précipite sur un païen du nom d'Aquilant l'Africain dont l'armement ne résiste pas ; il l'abat mort et s'écrie :

« Saint-Sépulcre ! En avant, chevaliers et bourgeois ! Les Sarrasins et les Turcs sont dans une mauvaise passe ; nous aurons à nous leur ville et leur cité ; leurs défenses et leurs fortifications ne leur serviront à rien ! »

Puis il en frappe un autre ; il brise les attaches de son haubert et lui enfonce dans la chair d'une paume et trois doigts sa lame tranchante comme un rasoir ; il lui a coupé le bras au coup suivant. Huon de Tibériade a tué vingt-trois païens ; Baudouin de Sebourg frappe à coups redoublés ; Bohémond et Tancrède coupaient aux Sarrasins les mains et les doigts, de leurs bonnes épées. Esclamart, effondré, avait le cœur si serré qu'il ne savait plus où aller pour se venger.

LXXVII

Seigneurs, dans les landes devant La Mecque, gisaient les cadavres des Sarrasins tués. C'est alors qu'arrive Hector pour combattre contre Aliaume de Paris qui était depuis quatorze ans outre-mer ; il l'atteint de la courte épée tranchante qu'il avait fixée à sa selle par la garde. Il le frappe par-devant en pleine poitrine, d'un coup bien asséné de sa lame effilée. Le haubert se déchire, la pointe de l'épée, forçant le reste de l'armure, lui fend le foie et le poumon ; Aliaume tombe mort sans un cri ; les anges emportent son âme en paradis, là où n'entreront jamais ni lâches, ni Juifs.

LXXVIII

Hector de Salorie, plein d'audace, fend la mêlée en tuant nombre de nos hommes. Puis c'est au tour du roi Marbrun à la fière allure de frapper à deux mains, de son épée, un Flamand qui avait été des premiers à affronter les tempêtes de la traversée en mer avec Robert de Flandre. Pour l'amour de Dieu le maître du monde, il n'avait pas voulu repartir, mais était resté, pour faire son salut, au milieu des peines et des tourments. Le roi sarrasin lui assène son coup d'épée juste au ras du heaume et lui enfonce la lame dans l'épaule gauche, qu'il lui tranche ; il l'abat à terre. Son âme le quitte selon la volonté divine. Alors le roi sarrasin crie « Salorie ! ». Esclamart montre sa valeur en se battant farouchement ; il frappe avec vigueur d'une masse de fer qui brise et arrache coiffes de fer et heaumes. Saudoine n'est pas en reste. Leurs troupes tiennent longtemps tête aux nôtres, offrant une solide résistance, au grand dam du roi Baudouin. Il crie « Saint-Sépulcre ! » d'une voix claire. Richard le Restoré, rempli de fureur au souvenir de la mort de son frère, se jette au milieu des païens avec une telle rage qu'aucun de ceux qui l'affrontent n'échappe à la mort.

LXXIX

C'était une longue et immense bataille. Le roi Baudouin s'éloigne de la mêlée et se rapproche de la cité pour encercler les païens près du pont aux trente tours. Tandis qu'il retournait vers le lieu du combat, il entendit la voix d'une jeune fille appuyée à la muraille. À la regarder, le roi fut bouleversé par sa beauté. Par courtoisie, il ôta son heaume et lui dit :

« Jeune fille, que soit heureuse votre mère ! et que Jésus notre Créateur vous accorde une bonne journée.

— Seigneur, répond Sinamonde, dites-moi la vérité, êtes-vous bien Baudouin de Bouillon, le frère de Godefroy qui fut empoisonné par Éracle ?

— Oui, belle, c'est la vérité.

— Seigneur, continue la reine, vous êtes prince et beau. Plût à Mahomet mon créateur que je vous reçoive en cette ville dans ma chambre ! Mais, n'ayez crainte, je ne le dirai à aucun de mes frères. Quand il vous plaira, je vous indiquerai comment venir me rejoindre.

— Belle, répond Baudouin, il n'en sera rien ; vous ne me recevrez pas avant qu'on ne m'ait livré la cité que j'aurai moi-même conquise. Je n'en repartirai pas tant qu'il y restera un païen ».

LXXX

« Belle, dit Baudouin, comment vous appelez-vous ?

— Seigneur, répond l'élégante jeune fille, je suis Sinamonde, la sœur des princes Esclamart, Hector, Marbrun, Taillefer et Saudoine. Et si j'étais là en bas, je vous enseignerais une leçon où vous auriez beaucoup à apprendre. Plût à Mahomet, Jupiter et Baraton que je vous retienne ici prisonnier !

— Belle, j'ai bien l'impression que si vous me reteniez selon votre vœu, je n'y trouverais que des avantages.

— C'est ce que l'on dit : mais je n'ai pas à vous révéler mes intentions. Je vous indiquerais bien, en revanche, s'il vous plaisait, comment me rejoindre en peu de temps.

— Belle, répond Baudouin, ces propos ne m'intéressent pas, car je ne viendrais pas pour tout l'or d'Avallon. Qui a confiance en femme est bien fou. Quand j'aurai la cité comme je le veux, je vous rencontrerai sans inquiétude. »

Le roi Baudouin ôte à nouveau sa coiffe, éperonne son cheval, remet sur sa tête son heaume cerclé, brillant. Il s'élance vers les Sarrasins, encerclés bien malgré eux. Ce fut un grand massacre ; on pouvait voir de grands coups d'épée, des têtes et des bras coupés, des chevaux tués, des païens morts, désarçonnés. Les trompes et les cors retentissaient dans toute la campagne alentour. Les païens crient, hurlent dans une grande douleur, suppliant intensément Tervagant et Mahomet. Les cinq rois sarrasins, devant ce désastre, font sonner la retraite avec un grand cor de laiton. Mais ils font fausse route et leurs pertes furent énormes. Ils vont d'une seule traite jusqu'au pont de fer pour rentrer dans la cité ; nos barons se précipitent de vive force derrière eux. Pendant toute la journée, ils continuent les assauts, mais en vain, tant la cité est résistante. Baudouin de Bouillon sonne alors le repli et retourne à sa tente, tandis que les autres barons rejoignent leurs campements.

Il ne fallut plus longtemps, à ce que disent les livres, pour que manquent dans la cité de La Mecque pain, vin et tous approvisionnements. Une grande famine s'installa qui mit en émoi chevaliers et barons, sans épargner même les cinq rois.

LXXXI

Dès que la famine s'abattit sur la cité, une grande crainte s'empara des Sarrasins. Les cinq frères tinrent conseil ; Esclamart prit le premier la parole :

« Seigneurs, nous sommes ici encerclés et assiégés par les chrétiens, depuis si longtemps qu'il n'y a plus ni vin, ni blé, ni foin, ni avoine, ni jambon salé. Et j'ai la certitude que les chrétiens ne veulent pas s'en aller et libérer notre royaume. Délibérons bien et décidons comment nous conduire à leur égard.

— Seigneurs, dit Saudoine le cadet, je suis le plus jeune ; mais il faut que je parle en premier, parce que je constate votre naïveté. Ne vous souvenez-vous donc pas qu'en cette citadelle se réunirent autrefois trente rois avec des évêques [1], des émirs et des sultans en grand nombre ? La mère de Corbaran, qui était si instruite, prophétisa le jour de la Saint-Jean d'été ; elle jeta ses sorts et on a vu se réaliser tout ce qu'elle avait annoncé. C'est dans cette ville qu'elle pratiqua sa sorcellerie et c'est ici que tout se réalisera : les chrétiens s'empareront par la force de la cité, et nous serons tous les cinq tués et massacrés, si nous ne prenons pas une décision pour l'éviter. Suivons le conseil que je donnerai ! Si quelqu'un a une meilleure idée, qu'il la dise ! Sortons de La Mecque en armes ; puis quand nous serons alignés sur le champ de bataille, parlementons avec le roi Baudouin. Nous le ferons entrer dans la ville fortifiée, tandis que l'un de nous restera en otage dans sa tente pendant toute la durée des pourparlers. Et si nous pouvons convenir d'un répit, d'une trêve, d'un accord, voire de la paix, du versement d'un tribut, nous l'accepterons volontiers. Mais si rien n'est possible, alors, que l'on y renonce ! Si le roi ne désire ni n'accepte de compatir à notre malheur, alors combattons comme des chiens enragés sans ménager ni Bohémond, ni Tancrède, ni Corbaran d'Oliferne, ni évêque, ni abbé, ni Huon de Tibériade, ni personne !

— Mahomet, s'écrie Esclamart le courageux, comme mon frère Saudoine est plein de bon sens ! »

LXXXII

Les frères se sont ralliés à la proposition de Saudoine, malheureux qu'ils étaient à cause de la famine. Sinamonde était heureuse de la décision prise ; elle insista tant auprès de Saudoine qu'il fit adouber les païens. C'était un mercredi : les cinq rois en armes franchissent le pont de fer sans tarder. Mais dès qu'ils se rendirent compte de la manœuvre, les chrétiens font sonner les cors et prennent les armes. Leur avant-garde était devant la ville pour éviter toute traîtrise, composée de dix mille barons prêts au combat si on les attaquait. Ils étaient tous parfaitement entraînés à toute forme de combat, de bataille ou d'attaque.

---

1. Des dignitaires de la religion musulmane.

LXXXIII

Le bon roi Baudouin a placé ses barons en face des Sarrasins qui s'approchent et les fait avancer en bon ordre pour qu'ils se battent ; il leur dit : « Conduisez-vous bien, seigneurs ! Si vous mourez, sachez que Dieu vous ouvrira son royaume céleste et vous comblera de la joie et du réconfort éternels. »

Les Sarrasins s'avançaient, ils étaient près de trente mille, tous bien armés avec de bonnes épées ; les cinq frères étaient en tête, tous inquiets à cause des prophéties de Calabre ; le cœur battant, ils s'approchent et ne sont plus qu'à une portée d'arc. Saudoine le cadet éperonne son cheval, enlève son heaume et agite en l'air sa coiffe ; il portait une branche d'olivier à la main. Il éperonne son cheval pour sortir du rang. Quand le roi Baudouin le voit et reconnaît que c'est Saudoine le païen qui avançait de la sorte, il interdit à ses hommes d'attaquer et galopa à sa rencontre pour entendre ce qu'il avait à dire. Il avait bien reconnu le païen aux armes qu'il portait et l'appela quatre fois : « Roi déchu de Rochebrune. »

LXXXIV

Quand Saudoine voit Baudouin, il lui crie d'une voix forte en sa langue :

« Seigneur, roi de Syrie, écoutez ce que j'ai à vous dire ! Nous avons convenu, que, sans ruse, nous laisserions en votre pouvoir, à Huon Dodequin, ou à Corbaran qui croyait autrefois en Jupiter, notre frère Taillefer ou le jeune Marbrun, ou encore Hector le chevalier, ou moi-même, afin qu'un otage demeure aux mains de votre valeureux cousin Baudouin de Sebourg, tandis que vous viendrez ce soir ou demain matin en la cité de La Mecque parmi nous pour que nous discutions et convenions solennellement d'une trêve ou de la paix ; nous parviendrons ainsi à un accord satisfaisant, de sorte que nous nous quitterons en bons termes, grâce aux sages conseils que vous nous donnerez. En effet nous sommes un certain nombre — en particulier mes frères et d'autres nobles — à défendre et vénérer Apollon, qui aimerions connaître la nature de votre religion. Mais les Perses et les Barbares ne veulent pas y croire parce que votre Dieu est mort, à ce que disent souvent les Sarrasins, attaché par les Juifs à une croix de sapin, condamné pour meurtre ou pour vol. »

LXXXV

« Seigneur roi de Syrie, nous appréhendons d'abandonner notre religion pour adhérer à une pire. Aussi voudrions-nous bien savoir ce que vaut votre Créateur et ce qu'il prêche. Si vous pouviez nous enseigner la vérité, nombre d'entre nous l'accepteraient. C'est pourquoi, je vous en prie, seigneur, venez sans tarder à La Mecque rencontrer les nôtres et convertir notre peuple ; c'est dans un sentiment d'amitié que je viens ici vous faire cette aimable proposition. Et pour que vous n'ayez ni hésitation ni crainte, nous laisserons un de nos frères à un grand seigneur là où il vous plaira. Prenez le meilleur, car nous ne voudrions pas perdre le plus petit de nous cinq pour tout l'or de l'Inde.

— Seigneur, répond Baudouin, au nom du Dieu que j'adore, j'irai sans attendre dans la ville et je m'efforcerai de vous convertir.

— Par Dieu le créateur, dit Huon Dodequin, si vous vouliez m'en croire, noble roi, vous n'iriez à aucun prix à La Mecque ! »

LXXXVI

Huon Dodequin disait :

« Ah ! roi de haute noblesse, n'allez pas dans la ville, ils sont trop farouches.

— Huon, répond le roi, puisqu'on me laisse un otage, je puis bien y aller, sans craindre de piège. Les Sarrasins ne se feraient pas tort à eux-mêmes au point de laisser pour moi leur frère en otage ; j'irai donc dans la cité voir tous les leurs. Je saurai vite s'ils ont l'intention et le désir de croire en Jésus-Christ et de l'adorer. »

Il a alors demandé à l'émir Saudoine : « Confiez-moi Taillefer au fier visage ; c'est lui que je veux laisser à mes barons. »

Le roi Saudoine éperonne son cheval à travers le pré et ramena Taillefer au roi Baudouin. Il le lui donna en disant : « Tenez, voici votre otage. »

Baudouin, le maître de nombreux royaumes, a confié le noble Taillefer à Baudouin de Sebourg qui était de son lignage, car il le considérait comme plus loyal et plus sage que ceux qui ne sont pas de ses parents. Le proverbe dit en effet : s'attacher à des étrangers fait du tort.

LXXXVII

Le roi Baudouin fit proclamer que la trêve devait être respectée jusqu'à son retour. Le roi Esclamart a fait rentrer ses troupes dans La Mecque et les a renvoyées à leurs logements, puis il a ordonné à un sergent de proclamer par toute la ville qu'il fallait loyalement respecter une trêve de quatre jours. Le palais est somptueusement décoré.

Quand la belle Sinamonde apprit que le roi devait venir parlementer ici, tout l'or d'outre-mer ne l'aurait pas rendue plus heureuse. Elle fit magnifiquement apprêter ses appartements.

« Ah ! dit-elle, Amour, tu veux me réconforter ! Je vais voir celui que tu m'as fait tant désirer ! Je lui raconterai tous les maux que je ressens et je vais mettre fin à la langueur où je suis, car je prendrai tout, même si on ne veut pas me le donner. »

LXXXVIII

La belle Sinamonde était toute joyeuse d'apprendre cette nouvelle sur le roi Baudouin. Tout l'or d'Orient n'aurait pas pu la rendre plus heureuse. « Ah ! Amour, dit-elle, à te servir loyalement, on obtient une amoureuse récompense ! Tout honneur et toute joie viennent d'Amour sincère. »

C'est alors qu'arrivent le roi Baudouin et son escorte. Saudoine le tenait courtoisement par la main ; il entre dans le palais et rencontre Esclamart à la fière prestance, ainsi que Marbrun et Hector. Ils se lèvent devant le roi et l'accueillent avec honneur, puis le font asseoir au milieu d'eux pour un souper admirablement préparé. Un serviteur sonne du cor pour qu'on apporte l'eau. Voici alors Sinamonde la plus belle jeune fille d'Orient et d'Occident, escortée de deux émirs. Elle a le teint plus blanc que fleurs sur l'arbre, coloré de rose, la taille agréable, deux petits seins qui pointent joliment, une petite bouche aux dents fines, blanches comme ivoire, bien régulières ; une fossette au menton, un nez régulier, les yeux pétillants comme ceux d'un faucon à la chasse aux oiseaux, les sourcils bien dessinés, un front lisse, les cheveux blonds comme l'or qui brille ; elle portait un diadème non pas d'argent, mais de l'or le plus fin, élégamment travaillé, et orné d'un grand nombre de pierres et de saphirs d'une valeur inestimable, car ces pierres avaient de grands pouvoirs magiques. Ainsi, dans toute sa beauté, sa grâce, son éclat, sa sagesse, entra-t-elle dans la salle où se trouvaient déjà ses parents et ses frères qui ont une grande affection pour elle. Quand ils virent leur sœur, si resplendissante, ils se levèrent aussitôt tous les quatre pour la placer, avec courtoisie, à table auprès d'eux. Elle était assise en face du roi de Syrie pour lui faire honneur. Quand le roi voit la belle, tout son cœur défaille et il se dit en lui-même : « Ah ! noble jeune fille, je n'ai jamais vu de ma vie plus belle que vous en vérité ; si j'étais encore à marier, par Dieu tout-puissant, et que j'obtienne une entrevue avec vous, je ferais tant, avec tout mon cœur et mon désir, que je gagnerais votre amour. Oui vraiment, si je le pouvais ! Mais l'homme ne réussit pas tout ce qu'il entreprend. Je suis marié, je suis engagé par serment ; je ne dois plus penser à cela. Dieu me garde !

Il n'est pas honnête, l'homme qui trahit, s'il ne fait amende honorable de sa conduite. »

LXXXIX

Le roi Baudouin était dans le palais de La Mecque, somptueusement servi de vins pendant les divertissements : il regarde Sinamonde au corps élégant. Il n'y avait pas de plus belle jeune fille jusqu'à Aix-la-Chapelle.

« Ah ! dit-il, demoiselle, tous ceux qui vous regardent n'obtiennent pas ce qu'ils souhaitent ! »

La belle Sinamonde au cœur sincère ne pouvait pas manger ; Baudouin buvait à longs traits.

XC

Le bon roi Baudouin, assis dans la grande salle du palais avec les quatre rois, était somptueusement servi, et la belle Sinamonde au clair visage le regarde avec attention.

« Ah ! dit-elle, roi, comme tu es élégant, beau, doux, bien bâti, courtois, de bonne compagnie ! tu ne repartiras pas d'auprès de moi sans être devenu mon ami. »

Le roi Esclamart parla distinctement devant tous :

« Roi Baudouin, noble prince puissant, êtes-vous marié dans votre pays ?

— Oui, au nom du Dieu de paradis, j'ai une épouse noble, courtoise, de grand mérite. »

Quand Sinamonde, l'entend, elle en est toute bouleversée.

« Ah ! Malheureuse que je suis ! Quelle tristesse d'avoir mis tout mon amour en ce roi de grand mérite. Il est marié ! Je suis trahie ! Amour, vous m'avez trompée en me plaçant dans cette situation. Il faut que je m'en détache ; je n'y gagnerai rien. M'en détacher ! Hélas ! Malheur ! Il n'est d'homme que je ne voudrais envoyer au bûcher s'il tentait, par ses paroles ou par sa conduite, de me détourner de l'amour de ce roi si beau et si élégant. Je ne pourrai jamais m'en détacher, mon cœur s'est trop engagé envers lui, au point que j'ai l'impression, quand je vois sa beauté et son visage gracieux, d'être ravie là-haut en paradis. Aurait-il même cinq ou six épouses, je veux tant faire, avant qu'il ne reparte, que mon cœur en sera rassasié. Rassasié ? Que dis-je ? par Mahomet ! Jamais le roi Baudouin n'aura cœur, ni désir, ni envie, ni volonté de s'engager vis-à-vis de moi ; il ne se soucie pas plus de moi que d'une brebis. Il a une femme. Amour s'est refroidi en lui. Si, d'aventure, il m'aimait à la folie, il n'oserait pas me demander de devenir mon ami, car il craindrait trop d'être repoussé. De tous côtés, je vois bien les meurtrissures de mon cœur et que je vais rester languissante de désir, sans remède, sans consolation, sans joie, sans bonheur. Je ne vois plus rien à faire que de me frapper d'un poignard le cœur en ma poitrine. Car ce n'est pas une vie que d'avoir sans cesse un cœur enflammé au point de ne plus savoir, dans ma rage, si je suis morte ou vive. Hélas ! Quelle grande honte, si tu le lui dis toi-même ! Et quand je me regarde, dans quel état je suis ! Elle est insensée, à mon avis, la créature qui se sent souffrante, victime d'un grand mal et qui ne va pas chercher, quand elle connaît le remède, l'herbe qui la guérira. Elle est méprisable. Je vois la plante devant moi, c'est mon loyal ami, je la cueillerai avant ce soir ; il me faut agir à la dérobée, à cause de ma famille qui retient l'herbe et le remède dans son jardin clos. Mais j'attendrai le soir et j'agirai avec adresse et finesse. »

Ainsi pensait la noble jeune fille, et le roi Baudouin, en homme de bonne éducation, la servait à table, lui disant : « Ma dame, au nom de Jésus-Christ, ne soyez pas ainsi inquiète. Votre cœur est trop soucieux. À quoi pensez-vous donc, douce dame, de la sorte ? »

Elle lui répondit à voix basse :

« Puissant et noble roi, je pense en vérité à la pire chose pour moi : vous êtes marié, et mon cœur en est désolé, car je vous avais trouvé une dame en ce pays.

— Belle, répond le roi, par saint Denis, on a souvent de doux plaisirs, sans être marié.

— Dieu ! dit Sinamonde, mon cœur est guéri ! »

XCI

Les nobles princes furent servis dans le palais de La Mecque de si savoureux plats qu'ils n'auraient pu, me semble-t-il, souhaiter mieux ; après le souper, ils allèrent se distraire et se délasser dans un beau jardin. Sinamonde et le roi sont assis sur un coussin, parlant et devisant de choses et d'autres.

Mais le roi Esclamart va s'adresser à Baudouin et lui demande vivement pourquoi le Dieu de gloire, le Maître du monde, s'incarna en la Vierge et se laissa martyriser par les Juifs, prétendant que, s'il avait été Dieu, il aurait bien su se venger et n'aurait pas subi une telle mort. Alors le bon roi Baudouin lui explique l'ordre du monde : la création d'Adam, le fruit interdit qu'Ève lui fit manger, comment, se retrouvant nus et exilés, ils se couvrirent de feuilles de figuier, comment par leur faute leurs descendants allaient en enfer sans aucune autre issue possible, comment Dieu fit annoncer sa venue par l'image du pélican qui se perce le corps pour en faire jaillir son sang qui nourrira ses petits enfants [1] ; comment,

---

1. Une tradition remontant à Isidore de Séville et Hugues de Saint-Victor, fréquemment reprise par les *Bestiaires*, présente le pélican abreuvant de son sang ses petits, comme le

Lui, du haut du ciel, le Tout-Puissant, Il envoya le Saint-Esprit prendre chair et sang pendant neuf mois en la Sainte Vierge ; comment, naissant d'une femme, Il fut à la fois homme et Dieu ; comment les trois rois, guidés par l'étoile, vinrent L'honorer et Lui offrir de l'or, de l'encens et de la myrrhe. Puis il lui parla des miracles de Dieu : comment Il ressuscita le noble Lazare, le frère de Marthe et de Marie, à leur prière, et comme Il alla fêter le mariage de saint Archetéclin qui prenait femme et comment le vin manqua à l'heure du repas, comment Jésus alla bénir l'eau qui — ce fut un miracle — se changea en vin ; comment, à la Cène, ils se trouvaient cinq mille qui devaient dîner avec le Juste, mais n'avaient que cinq pains et trois petits poissons ; c'était tout. Mais Dieu mit sur la table une coupe de très grande valeur : tous ceux qui la voyaient étaient rassasiés et rendaient grâce. Il y eut douze corbeilles de restes, je puis en témoigner. Cette coupe précieuse avait été fabriquée par un bon artisan : c'est le Saint-Graal, dont Perceval a mené l'aventure à son terme [1]. Il lui raconte encore comment Dieu a voulu, par Son précieux sang, ôter Ses fidèles de l'enfer, comment Il se laissa torturer sur la croix et comment Longis Le frappa d'un coup de lance, puis se frotta les yeux avec le sang de Jésus, si bien qu'il recouvra la vue et voulut en rendre grâce ; comment Dieu, ressuscité, alla reprendre sa place là-haut dans le paradis, où Il fit ensuite escorter la douce Vierge qu'on doit vénérer.

« En vérité, dit Esclamart, vous êtes bon prédicateur ; vous croyez en une belle religion, qu'on doit respecter, et je voudrais y engager mon cœur. »

On parle alors d'aller se coucher.

XCII

Il était l'heure pour la cour de se séparer. Le roi Baudouin fut conduit dans une très belle chambre. La belle Sinamonde s'était mise au lit ; mais, une fois couchée, elle ne cessait de se retourner sans jamais pouvoir en aucune façon trouver le sommeil.

« Hélas ! disait-elle, Amour, que va-t-il m'arriver dans mon malheur ? Vais-je me laisser mourir ? Personne en vérité ne viendra à mon aide. Ah ! Roi Baudouin, votre beauté m'a prise en traître. En vérité, je n'ai encore jamais aimé d'homme ; vous êtes le premier vers lequel s'est tourné mon cœur. Ce premier amour me coûtera cher, car je vais en mourir. »

Christ nourrit ses fidèles. Le point de départ scripturaire semble être le Psaume CII (CI), 7 et le commentaire qu'en fit saint Augustin.

1. On constate, dans cet exposé doctrinal, des raccourcis étonnants : il y a syncrétisme, par exemple, entre la multiplication des pains et la Cène ; Baudouin rattache un peu hâtivement la légende du Graal à l'institution de l'Eucharistie.

Puis elle affirme qu'il n'en sera rien et qu'elle ira cueillir l'herbe qui la guérira. La belle se lève aussitôt, met sa pelisse sur ses épaules sans autre vêtement, quitte sa chambre sans qu'aucune chambrière s'en aperçoive et se dirige vers la chambre du roi. La porte était fermée, mais comme elle n'était pas sotte, elle avait apporté les clés, selon qu'elle avait prévu de le faire pendant la journée quand elle réfléchissait à la conduite à tenir. La belle entre dans la chambre, du mieux qu'elle l'imagine, et se dirige vers le lit du roi, le trouve endormi et se glisse sans dire un mot à côté de lui. Sentir et toucher le corps du roi la mit au comble du bonheur ; elle le prend alors dans ses bras. Le roi s'est éveillé, disant :

« Qu'est-ce ?

— Chut ! répond Sinamonde ; retournez-vous, car c'est votre douce amie qui est venue vous rejoindre. »

XCIII

Quand le roi Baudouin entend les paroles de la belle, il la prend à son tour dans ses bras, lui disant :

« Ah ! douce amie, qui vous a poussée à venir vous reposer ici avec moi ?

— C'est Amour, seigneur. Car à peine avais-je entendu parler de vous et faire l'éloge de votre courage et de votre beauté qu'Amour s'était emparé de moi, me tourmentant, me faisant nuit et jour me lamenter, pleurer, gémir, languir, mourir, trembler de peur. Mais je ne savais pas, seigneur, par qui vous demander le remède qui allégerait mon mal ; je suis donc venue auprès de vous pour vous demander de me guérir. Au nom de Dieu, ne me repoussez pas ! Si ma conduite est inconvenante, vous ne devez pas m'en blâmer. Vos reproches ne doivent s'adresser qu'à Amour. C'est Amour qui m'a poussée à vous aimer ; c'est Amour qui m'a fait pâlir, me lamenter, perdre mes couleurs ; c'est Amour qui m'a fait languir et qui m'a fait perdre l'appétit ; c'est Amour qui m'a fait vous désirer ; c'est Amour qui m'a poussée à entrer dans votre chambre. Mettons-nous au service d'Amour. Vous lui devez bien des remerciements quand il vous laisse prendre possession d'une aussi noble dame à votre guise. »

Quand le roi Baudouin l'entend ainsi parler, il la prend dans ses bras et l'attire à lui en disant avec tendresse :

« Madame, il vous faut partir et me quitter, je ne peux pas me laisser aller à mes désirs pour deux raisons : d'abord parce que je ne dois pas trahir mon mariage ; ensuite, parce que je ne dois pas m'unir à une dame sarrasine. Il faut donc que je me garde éloigné de vous. Je vous prie, au nom de Dieu, de ne pas chercher à me tenter, car je préférerais être noyé en mer ou décapité plutôt que de manifester mon amour à une dame sarrasine.

— Laissez cela, seigneur, dit la reine ; je ne suis pas sarrasine, je puis le prouver facilement ; car je crois en Jésus qui s'est laissé torturer, clouer, percer d'un coup de lance sur la sainte Croix, et en la douce Vierge en laquelle il voulut s'incarner. Je renie Mahomet que je ne puis aimer, pour croire en ce Seigneur qui voulut subir la mort sur le mont Calvaire pour le salut des hommes. De la sorte, vous ne pouvez pas refuser de me guérir de mon éprouvante maladie. »

XCIV

« D'autre part, cher seigneur, si vous êtes bien marié à une noble dame, elle n'est pas ici dans la chambre. Et ce péché n'entraînera pas la damnation de votre âme si vous avouez et confessez cette faute à un prêtre de votre religion ; il ne vous en ferait pas reproche ; mais vous serez en vérité absous par la récitation d'un Pater le soir.

« C'est parce que je me suis offerte à vous que vous me repoussez : on apprécie peu ce qui est donné, mais l'on donne du prix à ce que l'on ne cesse de désirer. Ma conduite honteuse me pèse assurément, mais la fureur d'Amour est telle à mon égard que ma honte de ce soir me semble grand honneur. Au point où j'en suis, je ne repartirai pas avant d'être guérie et sauvée. »

XCV

La belle Sinamonde était auprès de Baudouin, lui tenant des propos enjôleurs. Et le roi lui répond :

« Belle, par saint Martin, vos frères, vos amis, vos cousins m'ont traité aujourd'hui dans le palais avec trop d'honneur pour que j'aie à leur égard d'intention déloyale. Je vous en prie, au nom de Dieu qui changea l'eau en vin, restons-en là et repartez.

— Comment ? répond la reine. Redoutez-vous mes frères et tous les hommes de mon lignage ? Ils seront avant quatre jours à vos pieds et tous ces grands seigneurs vous feront hommage. J'ai fort mal employé mon temps, je m'en rends bien compte, en vous aimant, noble roi. Vous êtes le plus lâche qui soit et je ne donnerais pas deux sous de vos prouesses, quand vous tenez auprès de vous la beauté, le miroir, la médecine, le beau corps d'une noble dame, toute d'élégance, blanche comme l'aubépine, colorée comme la rose, potelée comme un poussin et qui s'offre et s'en remet à vous. Je m'attendais à une tout autre conduite de votre part. Vous m'estimez peu ! Et, moi, je me donne à vous d'un cœur aimant et loyal ! Je suis toute à vous, par le Dieu éternel, mais c'est Amour, mon maître, qui m'a fait venir ici sans penser à mal. J'étais blessée par le douloureux javelot d'acier avec lequel Amour me frappe matin et soir au point, cher seigneur, que je ne connais pas de remède pour me guérir ou me soulager ; il va me falloir mourir avant le mois de juin.

— Il n'en sera rien, chère amie, car je vais vous guérir avant que la nuit ne prenne fin. »

XCVI

« Très douce amie, dit le roi Baudouin, puisque vous croyez en Dieu et en la Vierge Marie, vous ne m'échapperez pas avant d'être guérie. »

Il la prend alors dans ses bras, ne cesse de l'embrasser ; elle se laisse faire avec le plus grand bonheur. Le roi Baudouin si valeureux est allé au bout de son désir et a engendré en la belle le Bâtard de Bouillon au fier visage, redoutable pour les païens, le plus audacieux de son temps, fort, courageux, chevaleresque, qui lança nombre d'attaques contre Saladin, s'empara par la force de l'émir d'Orbrie et alla planter sa lance jusqu'à Babylone, comme vous l'entendrez ensuite.

Seigneurs, écoutez et que Dieu vous bénisse ! Voici une bonne chanson qui parle d'armes et d'amours, d'exploits, d'honneur, de noblesse, de sagesse, de courtoisie.

Le bon roi Baudouin était dans les bras de son amie ; il lui prodigua tant de baisers amoureux, avec grande tendresse, selon toutes les règles de l'amour, que Sinamonde en fut tout épanouie.

XCVII

La belle Sinamonde était dans les bras du roi Baudouin de Syrie, le frère de Godefroy, avec qui elle a partagé son plaisir. Ainsi fut engendré, je dois vous le dire, l'élégant Bâtard de Bouillon, excellent chevalier, bon chrétien, qui défendit longtemps notre foi contre les Sarrasins. On ne peut trop l'estimer, je ne dois pas le passer sous silence, car la Chronique le dit et en témoigne ; ce fut le plus beau et le meilleur chevalier, aussi bien dans les combats que dans les tournois, quand il portait l'épée. Il mena une guerre sans merci contre les Sarrasins, ainsi que vous allez l'entendre, si vous vous tenez tranquilles et ne faites pas de bruit... et si vous me payez avec l'argent que vous avez, car tout ce que je gagne est vite dépensé [1].

---

1. Le chanteur de geste vit des dons de son public ; il n'est pas rare de l'entendre demander de l'argent. D'autre part, les jongleurs entretenaient la fâcheuse réputation de gaspiller leur argent à la taverne ou au jeu. Il n'est pas impossible que la formule soit ici ironique.

XCVIII

Seigneurs, pendant toute la nuit, les deux amants, gracieusement dans les bras l'un de l'autre, éprouvèrent un grand bonheur : c'est cette nuit-là que fut engendré le Bâtard de Bouillon. La belle Sinamonde n'a pas dormi de la nuit ; elle redoutait la venue inexorable du jour. Au petit matin, à la fin de leurs ébats, le roi Baudouin lui a dit :

« Belle, reprenez vos vêtements et retournez dans votre chambre, car le jour est là et il convient de préserver son honneur. Si Esclamart apprenait ce qui s'est passé, il vous condamnerait à mort ou vous jetterait sur un bûcher.

— Seigneur, vous me verrez bientôt revenir ; je vous recommande à Dieu. »

Alors elle le serre dans ses bras en silence. « Je retourne dans ma chambre pour que notre rencontre reste secrète. Ne repartez pas dès demain ; car ce soir vous me retrouverez. »

XCIX

« Seigneur, dit Sinamonde, j'ai eu mieux que d'ordinaire. Ne repartez pas demain, je vous l'interdis ; je me précipiterai de nouveau ici. Plût à Dieu que nous soyons à Nanteuil, vous et moi, et que votre femme soit morte : je n'en porterais pas le deuil ! Pendant tout le temps que je vous garde, je ferai de vous tous mes désirs et vous donnerai à manger mieux que du cerfeuil, car tout ce que j'obtiens me plaît trop.

— Oui, répond Baudouin qui était encore dans les draps blancs, ce n'est pas sur un tilleul qu'on cueille de telles feuilles [1]. »

C

La belle Sinamonde reprit son vêtement, puis elle embrasse le roi sur la bouche et le menton et le roi l'étreignait cent fois d'un seul élan, sans pouvoir la laisser partir : elle était potelée, tendre, une douce silhouette, de petits seins fermes, une fossette au menton. Quand le veilleur sonna du cor en haut du donjon, alors Sinamonde dut vraiment partir ; elle quitta Baudouin pour rentrer discrètement dans sa chambre en se cachant. Toutes ses chambrières dormaient. La belle s'endormit aussi, car elle en avait bien besoin. Et Baudouin de Bouillon, quant à lui, se rendormit

---

1. Le cerfeuil et le tilleul ont des vertus lénifiantes. Baudouin file ici la métaphore du mal d'amour et des plantes qui en guérissent.

jusqu'à midi, l'heure du repas. Les quatre frères viennent à sa chambre et le trouvent endormi. Esclamart lui dit à haute voix :

« Seigneur roi Baudouin, tout va-t-il bien ? Avez-vous l'habitude de dormir de la sorte en votre royaume ?

— Non, seigneur, par saint Clair ; mais j'ai senti, cette nuit, une douleur dans le cœur, près du poumon et j'ai cru en mourir subitement. Avec le jour, je me suis rendu compte que j'étais guéri et j'ai alors mieux dormi, ce qui se comprend.

— Très bien, disent Esclamart, Saudoine et Marbrun. Mais levez-vous maintenant, si vous le voulez bien ; nous sommes ici pour trouver un accord. S'il n'y avait Hector, qui a l'esprit fourbe, nous aurions reçu loyalement le baptême. Mais il ne veut pas renier Mahomet.

— Seigneurs, dit le roi, décidez de croire en Jésus-Christ qui souffrit sa Passion. Ne pas croire en lui, ne pas se mettre à son service conduit à une mauvaise mort. »

CI

Baudouin s'est rapidement levé pour aller dans la grande salle avec les quatre rois. Là ils ont parlé jusqu'à ce que les serviteurs sonnent du cor pour le repas ; ils se lavent alors les mains et prennent leurs places. Sinamonde est introduite dans la salle et placée à la droite du roi Baudouin. Tous furent bien servis, de vin, de liqueur et de nourriture en abondance. À la fin du repas, Baudouin se lève et Sinamonde lui dit : « Venez avec moi pour que je vous montre nos richesses. »

Le roi accompagne la belle qui l'aimait et entre dans la mosquée où il voit le chandelier allumé qui brille jour et nuit. C'était le cierge précieux [1] qui éclairait Dieu dans la pauvre étable où il est né humblement, pour nous enseigner le bien et l'humilité. Mahomet était placé devant le chandelier, suspendu en l'air, disent les textes ; quand Baudouin l'aperçoit, il eut un mouvement d'effroi, tout étonné de le voir ainsi suspendu, mais la belle lui dit : « N'ayez pas peur, cher seigneur, si vous voyez Mahomet, notre Dieu, en l'air, c'est à cause d'un aimant — aussi vrai que Dieu est né — qui entraîne, par sa nature même, tout ce qu'il frôle. L'aimant est placé là-haut, attirant à lui Mahomet, comme vous le constatez. Il y a un païen à l'intérieur de ce Mahomet qui répond à toutes nos questions, mais je ne donnerais pas cher de ce qu'il dit. »

Alors le païen qui se trouvait dans Mahomet parla :

« Roi Baudouin, écoutez-moi. Je suis le vrai dieu du ciel ; et il est juste que vous croyiez en moi ; sinon, vous vous en repentirez.

— Taisez-vous, répond Baudouin, seigneur fripon. Sortez de Mahomet, ou vous allez le payer cher ! »

---

1. Voir ci-dessus, laisse LVI.

Il prend alors en main une solide et grosse perche ; dès que le païen le voit, il se laisse glisser à terre, mais le roi Baudouin s'approche de lui et lui brise les bras et les flancs.

CII

Baudouin se trouvait dans la mosquée, tandis que les quatre rois étaient restés dans la grande salle voûtée. Trois étaient d'avis de vénérer Jésus-Christ et la Vierge Marie : c'étaient Esclamart au fier visage, Saudoine qui veut les convaincre, et Marbrun. Mais Hector les défie :

« Puisque vous reniez tous votre foi, je vous méprise et vous déteste. Honte sur moi si je ne vous déclare pas la guerre ! »

Il quitte alors la salle du palais et s'en va avec son armée jusqu'à Salorie, une puissante cité au-delà d'Orbrie. Tandis qu'il part, les autres rois, sans attendre, font chercher Baudouin dans la mosquée. Esclamart parle d'une voix forte :

« Seigneur de Bouillon et roi de Syrie, nous sommes tous les trois d'accord pour nous soumettre et nous voulons adorer le fils de Marie. Nous vous livrerons La Mecque, notre puissante cité. Si quelqu'un ne croit pas en Dieu, il aura la tête tranchée. Demain matin, dès l'aube, vous irez rejoindre vos barons dans votre camp ; notre cité sera prête pour vous accueillir et nous recevrons le baptême au nom de sainte Marie.

— Vous dites d'aimables paroles, seigneurs », répond Baudouin.

Le palais est rempli de joie. Baudouin resta à La Mecque pour la nuit par amour pour Sinamonde qui lui en a fait la demande du fond du cœur. Quand tout le monde fut endormi dans le palais, la reine, comme elle l'avait fait la veille, vint le rejoindre. Je ne dois pas vous en dire davantage : le roi se laissa aller à son plaisir. Le lendemain à l'aube, Baudouin prend congé des païens et retourna à son camp dans la prairie. Huon de Tibériade, Corbaran le seigneur d'Oliferne, les courtois Tancrède et Bohémond, Baudouin de Sebourg, le seigneur Jean d'Alis, le duc Harpin de Bourges et tous les chevaliers vont à sa rencontre et lui font fête, chacun à sa manière. Sa femme Margalie en est heureuse en elle-même. Le roi expose à ses hommes comment les événements se sont déroulés. Il fait venir Taillefer et lui exprime sa satisfaction, lui disant :

« Noble roi, au nom de Dieu, je vous en prie ; acceptez, vous aussi, en toute honnêteté ce qu'Esclamart et toute votre famille ont admis. Abandonnez votre religion dont ils ont reconnu l'erreur et recevez la nôtre qui doit être exaltée ; faites-vous baptiser au nom de sainte Marie.

— Seigneur, répond le baron, j'accepte. »

Alors il se fait baptiser avant de repartir ; il conduisit à La Mecque le roi et tous les bons chrétiens qui manifestent leur joie. Il y avait aussi la reine et tous les chevaliers. Les quatre frères vont, en grande pompe, au-devant du noble Baudouin. L'évêque de Mautran fait immédiatement un sermon aux païens, tous en bon ordre sur la place du marché pour entendre le récit de la vie de Jésus-Christ.

CIII

L'évêque de Mautran était sur l'estrade pour prononcer son sermon d'une voix forte. Il parle de Dieu, ce qui leur fait plaisir et les réjouit. Puis l'évêque, avec les autres prélats et les légats, les baptise. Esclamart reçut le baptême dans la cuve baptismale, ainsi que Saudoine et Marbrun — que Dieu les protège ! Ceux qui refusaient avaient la tête tranchée. Sinamonde la belle enleva son bliaut. L'évêque la baptise. Tous ceux qui la voyaient auraient bien voulu que la belle leur accordât ses faveurs.

CIV

Dans La Mecque, on baptisa tous ceux qui voulaient croire en Dieu, puis il y eut un grand dîner dans le noble et beau palais. Sinamonde se trouve alors en présence de l'épouse du roi, la prend par la main et la fait asseoir en face d'elle. Elle invite aussi Blanche, resplendissante de beauté, c'est la femme de Baudouin de Sebourg. Ces trois dames sont assises ensemble et parlent volontiers du bon et vaillant roi Baudouin.

« Par Dieu, dit Sinamonde l'élégante jeune fille, elle doit être bien heureuse, la dame qui vit avec un tel homme ! Plût à Jésus-Christ qui a créé le firmament que j'en trouve un semblable, car il n'y a pas, à ma connaissance, plus beau que lui jusqu'à l'Arbre-qui-Fend. »

Quand Margalie l'entend, saisie de jalousie, elle répond à Sinamonde :

« Si le roi est très beau à voir, sa valeur morale est encore plus grande, je le jure. Il m'aime tant, il m'estime tant, avec une telle affection, que pour tout l'or de l'Occident, il refuserait de toucher une autre femme ; la simple pensée ne l'effleurerait même pas.

— Dame, je vous crois, mais on se perd néanmoins souvent dans le lieu le plus sûr. »

CV

« Oui, assurément, continue Sinamonde la reine digne d'honneur, ces hommes qui vont dans des pays étrangers trouvent jeune fille, belle, fraîche, sage, élégante, au teint joliment coloré, et en oublient bien vite leurs épouses, car on peut en avoir assez de manger de la viande faisandée ! »

Ces paroles provoquèrent la colère de Margalie qui ne dit plus mot de la journée et évita Sinamonde. Mais si elle avait été bien sûre de ce qui s'était passé — était-elle venue coucher avec le roi Baudouin ? —, elle lui aurait volontiers donné une volée de coups de bâton.

La cour était somptueuse et bien ordonnée. On leur servit à table tout ce qui pouvait leur plaire. Après le repas, quand les nappes furent ôtées, Esclarmart aux bras robustes parla pour dire :

« Roi de Syrie, seigneur de grand renom, je te demande de conduire tes hommes auprès de l'illustre cité de Salorie ; nous assiégerons Hector qui nous a abandonnés avec les siens.

— Je suis du même avis », répond Baudouin.

Le lendemain matin, tous se mettent en route. On prépare les bagages, les chariots, les tentes, les abris, les lances ; la nourriture est portée au bord du fleuve du Jourdain pour être chargée sur de grands navires. L'armée quitte La Mecque. La reine repart pour Jérusalem, escortée par Baudouin de Sebourg, le preux, auquel le roi Baudouin avait confié la mission de retourner au Saint-Sépulcre pour assurer la garde de toute la région et sa défense au fil de l'épée, si les Sarrasins lui lançaient un défi. Le roi Saladin à la barbe grise convoitait en effet depuis longtemps la cité et avait affirmé plusieurs fois dans son palais qu'il la reconquerrait. Or, un Turc avait prophétisé que la grande et vaste terre de Syrie, conquise par Godefroy, serait reprise par Saladin, mais il n'avait pas su dire à quelle date ni quelle année. La prophétie avait été faite, cinquante ans auparavant, de sorte que, dès qu'un roi avait engendré un enfant et que c'était un fils, tous les habitants du pays voulaient unanimement qu'il porte le nom de Saladin pendant toute sa vie. Il y eut en vérité trois Saladin : Saladin le vieux, qui eut une grande renommée ; Saladin le fils, qui combattit tant à l'épée qu'il ne laissa pas de répit aux chrétiens ; Saladin le félon, qui régna du côté d'Orbendée ; c'était le fils d'un save- tier — puisse son âme être damnée ! Il était né à Bagdad, une ville illustre. Baudouin de Sebourg donna la couronne d'or au savetier qui régna sur cette région [1].

Mais je n'en dis pas davantage car mon sujet est l'histoire du roi Bau- douin — que son âme soit sauvée ! — et de ceux qui après lui continuè- rent la guerre contre les armées sarrasines. Il convient de chanter les exploits de tels hommes et il faut que tous les êtres loyaux les écoutent, car il s'agit de la vengeance du saint Fils que la mère de Dieu a porté neuf mois. Écoutez-moi, braves gens, je vais vous faire un récit bien composé, bien rimé, sans mensonge, ni fable, ni invention. Écoutez l'histoire du prestigieux Baudouin qui avait quitté la grande cité de La Mecque avec Esclamart aux bras robustes.

---

1. Une allusion à une tentative de reconquête de la Terre sainte par Saladin ne surprend pas dans ce récit romancé. Toutefois, il faut se rappeler que la légende de Saladin connut un large développement en Europe occidentale.

CVI

Baudouin, le seigneur de Bouillon, avance ; avec lui se trouvaient Bohémond et Tancrède, Corbaran d'Oliferne et le bon duc Huon, Harpin de Bourges, Baudouin Cauderon, l'évêque de Mautran qui prêche bien, ainsi qu'Esclamart au cœur de lion, Taillefer, Saudoine et leur frère Marbrun. En tout, il y avait bien cent mille hommes avec leurs étendards, leurs lances, leurs boucliers dorés et leurs rapides chevaux gascons. Les barons ont tant chevauché qu'ils sont en vue de l'illustre cité de Salorie ; elle n'avait pas sa pareille jusqu'à Capharnaüm : les murailles, tout autour, étaient élevées, les portes élégantes et bien façonnées. Le roi Hector, dans sa cité, avec les païens et les Slaves qui l'avaient suivi, fait armer tous les soldats de Mahomet dès qu'il est informé de l'entrée de ses frères dans son royaume. Ils étaient un contingent de bien trente mille hommes à cheval, équipés de hauberts résistants. Il y avait en outre un corps de trois mille arbalétriers félons, alignés devant, sur le terrain sablonneux, protégés par de solides boucliers.

Le roi Baudouin, sans attendre, fait ranger tous ses hommes en quinze armées.

CVII

Le bon roi Baudouin, sans perdre de temps, organise quinze armées, en position de bataille. Il confie la première au roi Esclamart, la deuxième à Saudoine le bon baron, et la troisième à Taillefer ; après lui, il y a Marbrun. Le roi les a placés ce jour-là en première ligne, car il veut s'assurer de leur loyauté ; ils viennent en effet juste de recevoir le baptême. Le roi donne la cinquième armée au bon duc Bohémond en qui il a toute confiance. Ce furent ensuite le comte Tancrède, Huon de Tibériade et le farouche roi Corbaran. Le duc Harpin de Bourges est à la tête de la neuvième armée. Baudouin Cauderon a la responsabilité de la dixième ; Richard le Restoré entraîne aussi dix mille hommes au combat ; le baron Jean d'Alis qui n'a jamais aimé les Sarrasins reçut le commandement de la douzième armée ; l'évêque de Mautran, le prédicateur de Dieu, conduit dix mille hommes auxquels il a donné sa bénédiction. L'évêque du Forez prend position derrière lui et le roi Baudouin est avec la quinzième armée. Il fait sonner ses cors ; ses hommes s'élancent dans la plaine d'Orbrie à la rencontre d'Hector qui fait front courageusement. Nous sommes à trois contre un en face de lui ; il était insensé de prétendre avoir la victoire.

CVIII

Hector de Salorie voit approcher les chrétiens ; ils étaient plus de cent mille sur le champ de bataille ; la terre en tremble dans le bruit horrible des cors. Il donne ordre à ses arbalétriers de tirer ; les carreaux volent dru et font un massacre. Ceux qui étaient atteints tombaient à terre ; les chrétiens poussent des cris de colère sans pouvoir approcher à ce moment-là des Sarrasins à cause de la violence des tirs ; il fallait renoncer. C'est alors qu'arrivent les quatre frères en première ligne. Esclamart éperonne son cheval pour frapper un païen ; il l'atteint si bien de sa lance qu'il lui en plante le fer dans le corps et lui arrache le cœur, puis il tire aussitôt son épée et se jette dans la mêlée qu'il fend en deux. Saudoine et Marbrun ne veulent pas manquer à leurs devoirs ; ils vont décapiter des ennemis avec leurs solides épées d'acier, jetant à terre cervelles et crânes. Personne ne résiste à leurs coups ; ils mettent en fuite dix mille Sarrasins. Hector de Salorie les renvoyait au combat, mais ils criaient (on pouvait les entendre) : « Hector de Salorie, vous nous envoyez à la mort ! Tout l'or du monde ne saurait nous en préserver ! »

CIX

Ce fut une grande bataille dans les plaines de Salorie. Huon de Tibériade se lance dans le combat, massacrant les Sarrasins de sa bonne épée d'acier. Tous ceux qu'atteignent ses coups y perdent la vie. Il frappe un Sarrasin née à Orbrie, c'était Brunaman, le roi d'Esclandie. Huon lui a donné un tel coup derrière l'oreille que sa collerette de mailles ne put y résister ; le coup lui tranche la nuque, envoie la tête à terre, et l'âme s'en va sous les yeux du roi Hector. On pouvait voir là un immense massacre ; le sol était couvert de morts et de blessés, les chevaux s'enfuient sur les chemins abandonnant leurs cavaliers, dans un horrible état, les uns hennissant, les autres trébuchant. Hector était si accablé qu'il faillit devenir fou.

« Ah ! Mahomet, s'écrie-t-il, ne m'aiderez-vous pas contre ces mécréants qui ont trahi leur foi ? Ce sont mes frères, mais je les renie, puisqu'ils vont maintenant adorer ces gens baptisés. »

Il éperonne alors son cheval, lance baissée, et frappe un chevalier de Lombardie qui avait été pendant quatorze ans au service du bon roi de Syrie, et qui avait été médecin dans sa jeunesse ; il était bon chirurgien et avait guéri bien des blessures ; il avait si bien fait ses preuves contre les païens qu'on l'avait armé chevalier devant Acre l'ancienne ; il s'appelait Nicolas. Le roi Hector le frappe de sa lance aiguisée dans un plein élan de son cheval, avec une telle force, une telle violence qu'il lui fend le cœur et le foie, l'abattant mort de son cheval. Son âme le quitte. Huon de Tibériade va informer le roi : « Ah ! Bon roi, quelle tristesse ! Nous avons perdu Nicolas de Florence. »

Quand le roi l'entend, il change de couleur, éperonne son cheval, l'épée au poing, se jette au milieu des païens, criant : « Saint-Sépulcre ! Ah ! Jérusalem, noble et belle cité, combien de chrétiens sont morts massacrés pour vous conquérir, toi et la terre de désolation ! Combien de bons chevaliers de très haut lignage ont rendu l'âme pour te délivrer ! »

Le roi frappe un païen qui s'attaquait aux nôtres ; c'était Barbaran, le cousin germain de l'émir d'Orbrie ; il n'y avait pas plus violent en toute la terre païenne. Le bon roi de Syrie l'atteint latéralement de son épée flamboyante et lui tranche d'un même coup les deux bras ; l'épée glisse sur l'encolure du destrier et lui coupe la tête qui ne tenait plus que par la peau. Barbaran tombe mort, son cheval aussi. Le puissant roi Hector faillit en devenir fou.

CX

Barbaran gît à terre, tué, à la grande tristesse du roi Hector. Le combat redouble de force et de violence, il y a tant de morts au sol que les vivants doivent les piétiner. Les cors et les trompes résonnent, les trompettes retentissent. Tancrède, le noble prince, frappe un païen du nom de Margalis ; ni son bouclier ni sa cuirasse ne résistent ; la pointe d'acier se fiche entre son foie et son poumon, elle lui tranche le cœur en deux. Bohémond de Sicile frappe le roi Salatris et le désarçonne, mort ; puis il frappe le sultan. Hector avait rassemblé dix mille Sarrasins et quatre nobles rois ; tous sont morts. C'est la défaite ; reculant, il s'enferme dans Salorie triste, malheureux, bouleversé. Le roi Esclamart de La Mecque lui crie :

« Revenez, Hector de Salorie, cher ami ! Vos quatre frères sont ici. Pourquoi fuir ? Vous ne nous reconnaissez pas ? Ni vous ni vos vassaux ?

— Tais-toi, traître, maudit renégat ! Vous avez acheté mes hommes et je les ai tués ! »

CXI

Hector de Salorie, du haut des créneaux, entend bien Esclamart lui parler, mais il méprise profondément ce qu'il lui dit. La forteresse de Salorie était solide. Il fait placer à l'extérieur des machines de guerre et des catapultes. Quant à nos bons chrétiens au cœur loyal, ils ont planté leurs tentes dans les prés et ont juré de faire le siège de la ville. Hector de Salorie fait le compte de ses hommes ; il lui restait vingt mille jeunes gens valides. Il jura, par Mahomet pour lequel on a pris en aversion tous les porcs en terre païenne, qu'il ne fera sonner ni cloches, ni clochettes, ni trompes, ni trompettes, ni cors, mais qu'il fera irruption secrètement

comme le loup se précipite pour étrangler brebis et agneaux. Le siège
établi par nos loyaux Français avait duré quatre mois, quand il fit une
sortie à la clarté des étoiles, espérant surprendre nos chevaliers. Mais le
roi Esclamart, Marbrun le juste, les deux princes Saudoine et Taillefer
montaient, ce jour-là, la garde, en armes sur leurs chevaux. Dès qu'ils se
rendirent compte de l'irruption de ces félons maudits, Esclamart de La
Mecque, qui déteste les traîtres, fut le premier à s'élancer au-devant
d'eux. Ah Dieu ! Quel choc redoutable ! C'est à coups d'épées, de
masses, de poignards, de haches, de glaives, de massues qu'ils se frappaient les uns les autres, partout, aux bras, aux têtes, sur les poitrines,
dans les dos, on voyait les entrailles pendre. Taillefer, à la tête de deux
mille chrétiens tout récemment baptisés, sans être repéré, fait un détour
en chevauchant en silence en direction de la porte Morceau. Il lance là
plusieurs assauts ; mais les défenseurs, derrière les palissades, jetaient des
projectiles, tiraient des flèches et des carreaux d'arbalètes ; les chrétiens
reculent devant la brutalité de la riposte.

CXII

Taillefer, devant la violence des défenses de la porte, renvoie ses
hommes à la bataille et les relance brusquement d'un seul bloc contre les
païens ; chacun frappe, de tout son courage et de toute sa volonté, à la
lance, à l'épée, avec n'importe quelle arme. Ils en ont massacré mille et
Hector est encerclé ; sa situation est désespérée, car il a mené beaucoup
d'hommes à leur perte dans ce combat. Esclamart, voyant son frère, lui
dit d'une voix forte :

« Hector de Salorie, noble roi, si vous vouliez bien me faire confiance,
je vous assure, vous abandonneriez votre religion, elle ne vaut rien.
Croyez en Dieu le Père tout-puissant, le Père éternel.

— Je ne croirai jamais en lui », répond le roi Hector.

Puis il frappe, sous les yeux d'Esclamart, un de ses parents et le
culbute, mort, à terre, en disant :

« Tu as fait ton malheur en reniant ta foi ; c'était une décision insensée ; tu en es mort, sois maudit ! J'aimerais mieux vivre en adorant une
jument qu'être tué en croyant en l'existence d'un autre monde. »

CXIII

Ce fut une bataille longue, dure, dans laquelle Hector de Salorie se
conduisit magnifiquement ; il tua deux païens devant Esclamart. Taillefer
le talonnait par-derrière et le roi de Syrie le mettait à mal d'un autre côté.
Corbaran d'Oliferne cria « Saint-Sépulcre ! ». Huon de Tibériade pousse

le cri de ralliement de sa cité qui lui tenait à cœur ; Bohémond clama
« Sicile ! » et Harpin « Bourges ! ». Robert de Rosoy se comporta très
bien ; Jean d'Alis fit un massacre de Sarrasins. Baudouin Cauderon, lancé
au milieu des païens, se battit comme on ne l'avait jamais vu. Mais le
noble Taillefer prit une décision très habile : il les harcela par-derrière et
mit brutalement en pièces leurs équipements. Puis, voyant son frère
Hector qui massacrait leurs gens, il abaisse alors sa lance, éperonne son
cheval et va le frapper de toutes ses forces, tant et si bien qu'il renverse
en même temps cheval et cavalier. Le choc fut si brutal qu'Hector faillit
en mourir. Le roi Saudoine s'approche de lui, l'attrape brutalement par
son casque qu'il lui arrache avec violence de la tête. Malgré les Sarrasins,
il l'enlève du milieu de la mêlée et va le conduire auprès du roi Esclamart.
Esclamart tire l'épée, décidé à le tuer, mais Marbrun lui crie sa réproba-
tion et lui dit que s'il le tue, il perdra toute joie. Ils viennent donc auprès
du roi et lui disent :

« Seigneur, voici notre frère qui nous a fait tant de mal ; faites-en, cher
seigneur, tout ce qu'il vous plaira. S'il ne reçoit pas le baptême, qu'il
meure ! Honni soit de Dieu qui en aura pitié ! »

Quand le roi l'entend, il l'en félicite en lui-même, se dit qu'il est un
homme loyal, en qui il aura confiance et qu'il a reçu le baptême d'un
cœur sincère. Le bon roi s'adresse à Hector de Salorie :

« Hector, dit le roi, écoutez ce que l'on vous dit. Si vous voulez croire
en Dieu, vous recevrez le baptême (et si vous ne voulez pas, vous savez
ce qui vous arrivera !). On vous laissera libre pour toute votre vie d'aller
à votre guise partout où il vous plaira. Par amour pour vos frères, on ne
vous fera aucun mal ; vous pourrez agir à votre guise. Ne subissez pas le
baptême par contrainte. Cela serait parfaitement vain ; mais ayez foi en
Celui qui nous créa, qui fit le ciel, la terre et l'oiseau qui vole, qui façonna
Adam et Ève et leur confia le paradis terrestre, en leur interdisant le fruit
d'un seul pommier. Mais le diable tenta Ève, la femme d'Adam, tant et si
bien qu'elle fit manger le fruit à Adam. Sitôt qu'il l'eut avalé, il se trouva
nu ; après sa mort, il alla en enfer. Toute leur descendance y séjourna
jusqu'à ce que Dieu vienne prendre chair et sang pendant neuf mois en
une vierge, qui, au bout de neuf mois, toujours vierge pleine de grâces,
lui donna naissance selon le plan de Dieu. Il prêcha pendant trente-deux
ans et Judas le vendit, le livrant par un baiser. Il fut mis en croix, Longis [1]
lui perça le flanc et le cœur, d'où le sang coula et fendit le rocher. La terre
trembla, les oiseaux cessèrent de voler. La lumière s'obscurcit à l'heure
de sa mort. On plaça son corps dans un tombeau où il fut embaumé. Il est
ressuscité le troisième jour et monté au ciel à l'Ascension. À la Pentecôte,
Il rassura ses amis, se présentant à eux sous la forme de feu. Il traita Marie
sa mère avec un si grand honneur qu'Il la ravit en son âme et son corps

1. Voir ci-dessus, laisse I, n. 1, p. 357.

pour l'asseoir à sa droite au paradis et la couronner. Hector, aie pitié du salut de ton âme, car qui ne croit pas en Dieu n'aura jamais le paradis. »

Alors le roi Hector se réconcilia avec le bon roi ; convaincu par sa puissance, il demanda le baptême.

CXIV

Hector reçut le baptême et les habitants de Salorie se firent aussi baptiser sur-le-champ. Le bon roi Baudouin est allé s'installer dans Salorie avec ses chevaliers pour qu'ils prennent confortablement du repos. Plus tard, il repartit avec les princes pour abattre et démanteler les villes et les forteresses. Il ne rencontrait ni ville, ni place forte, ni cité, ni château construit sur un rocher dont on ne vienne immédiatement lui remettre les clés. Il ne négligea ni ville ni fief jusqu'à la dangereuse mer Rouge. Le roi Baudouin arrive jusqu'au littoral et fait planter sa lance dans la mer, en disant :

« Je puis être seigneur de la terre jusqu'ici. Les grands héritiers de Bouillon doivent être fiers d'eux-mêmes et on doit faire leur éloge dans toutes les nations, car ils devront gouverner la terre jusqu'à ce point. Que mes vaillants héritiers, après moi, se gardent bien de la perdre ; car, je l'affirme, si un roi ou un émir m'en reprenait la moindre parcelle, je le lui ferais payer de mon épée d'acier. De toute ma vie, je n'en perdrai pas un arpent, sans y laisser ma tête et mon crâne ; de toute ma vie, je ne compterai pas ma peine. Car un prince n'est pas digne de garder et de gouverner une terre s'il la laisse si peu que ce soit diminuer ; à moins qu'il n'ait la malchance de la perdre en combattant à l'épée contre plus fort que lui ou qu'il n'ait plus de soldats fidèles pour lui prêter main-forte sur le champ de bataille. Un homme ne vaut qu'un homme ou il en vaut un millier. »

Ainsi s'achève (au vers 3290) la partie du Bâtard de Bouillon *consacrée à la croisade. Tout le monde connu est conquis et devient donc terre chrétienne. Au-delà de la mer Rouge s'étend la terre de Féerie, royaume du roi Arthur, où Baudouin passe cinq ans. La chanson raconte alors les aventures — médiocres — du « bâtard », fils de Baudouin et de Sinamonde. Il tue un cousin qui, lors d'une partie d'échecs, l'avait traité de bâtard ; il tue Aurri, le fils légitime de Baudouin, qui préparait le meurtre par empoisonnement de son père. Il part en campagne avec Huon de Tibériade, contre le seigneur païen d'Orbrie, dont il épouse, malgré elle, la fille qui était promise à Corsabrin. Tandis qu'il va conquérir Babylone, son épouse s'enfuit. Déguisé en charbonnier, il réussit à s'introduire auprès d'elle, est fait prisonnier, condamné à être pendu ; mais Huon arrive à temps pour le délivrer.*

Saladin [1]

Anonyme
Deuxième moitié du xvᵉ siècle

INTRODUCTION

De *Saladin* nous n'avons gardé qu'une mise en prose de la seconde moitié du xvᵉ siècle. Celle-ci est la dernière partie du cycle romanesque de *Jehan d'Avesnes* qui reprend, en son début, un conte du xiiiᵉ siècle, *La Fille du comte de Ponthieu* [2] ; on y lit l'histoire d'une femme injustement soupçonnée et persécutée par les siens qui, d'aventure en aventure, passe « outre-mer » et devient sultane d'Aumarie ; ses parents finiront par reconnaître son innocence et, s'étant eux-mêmes croisés, la retrouveront et l'enlèveront pour la ramener avec eux. Elle laisse au sultan une fille, la Belle Malheureuse, qui, mariée à Malaquin de Bagdad, lui donnera une fille, laquelle, après avoir épousé le sultan de Damas, sera la mère de Saladin.

Mais *Saladin* est en même temps la fin du deuxième cycle de la croisade. Le texte raconte comment le héros se constitue progressivement un empire, en unifiant à son profit, parfois par la force, les divers émirats ou « royaumes » du Proche-Orient, et en particulier aux dépens du royaume latin (chrétien) de Jérusalem. Si le premier cycle de la croisade s'achève sur la conquête de Jérusalem et l'instauration d'une « avouerie » (avant la royauté) franque dans le pays, *Saladin* relate comment, un peu moins d'un siècle plus tard (1187), le personnage-titre reprend Jérusalem aux chrétiens. La suite participe d'un roman qui n'a plus rien d'historique : Saladin va affronter, en France et en Angleterre, les meilleurs chevaliers des deux pays, au tournoi et à la guerre, puis rentre dans son pays pour y mourir, après s'être fait armer chevalier et avoir été finalement, suggère l'auteur, touché intérieurement par la grâce chrétienne.

Dans le traitement des faits comme dans leur interprétation, l'auteur mêle donc Histoire, légende et invention personnelle. Le Saladin de l'His-

1. Traduit du moyen français, présenté et annoté par Micheline de Combarieu du Grès.
2. On pourra lire *Jehan d'Avesnes* et *La Fille du comte de Ponthieu* dans *Splendeurs de la cour de Bourgogne*, Robert Laffont, coll. « Bouquins », 1995, p. 373-464.

toire n'a pas hérité d'un empire, il a dû le conquérir ; et si les détails fac-
tuels et chronologiques de cette conquête peuvent être discutés, le sens
général de sa démarche est bien rendu ; c'est lui en tout cas qui a repris
Jérusalem aux chrétiens ; les chroniques attestent aussi de sa générosité
et de sa loyauté — notre texte chante sa « courtoisie » — vis-à-vis des
chrétiens ; de façon générale, l'auteur témoigne de la fascination que le
personnage a exercée au Moyen Âge sur la conscience occidentale. Son
témoignage passe non seulement par la présentation de faits historiques
mais encore par l'exploitation de légendes concernant le personnage,
celles de son « adoubement » ou de son ascendance partiellement occidentale par exemple. Enfin, il[1] invente en imaginant le voyage de son
héros en France et en Angleterre et sa tentative pour conquérir l'Occident.
D'autres personnages tirés de l'Histoire (André de Chavigny, le comte de
Ponthieu, Guillaume Longue-Épée, etc.) sont traités sur le même mode, à
la fois historique (tous se croisèrent à l'époque des faits relatés par
Saladin, lors de la troisième croisade) et fictionnel (on observera leur rôle,
en particulier dans l'épisode franco-anglais, et celui de Chavigny en
gardien de la vertu de la reine). Si l'on ajoute que certains autres personnages empruntent les éléments de leur biographie littéraire à celle de plusieurs personnages historiques (Huon Dodequin est paradoxalement
dessiné à partir de plusieurs personnages chrétiens... et musulmans), ou
sont de pure fantaisie (Lambert de Berri, Guillaume d'Aumarie, etc.), on
voit qu'on ne doit pas lire *Saladin* comme *La Chanson d'Antioche*.

Dans la perspective qui nous occupe, on trouve dans *Saladin* l'inver-
sion du sens de la notion d'« outre-mer ». Pour le héros-titre, l'au-delà de
la mer, ce sont la France et l'Angleterre. Le lecteur verra sa curiosité, ses
réticences, son admiration, sa réussite personnelle (il s'impose au
tournoi), son échec militaire (il ne conquerra ni France ni Angleterre). Ce
Persan d'avant les *Lettres* n'a pas l'œil aussi critique que ses descendants
du XVIIIe siècle. Et ses observations tournent plutôt à la gloire de Paris et
des Français... plus que des Anglais, d'ailleurs. N'est-ce pas une façon
pour l'Occident de prendre, a posteriori, une revanche fantasmatique sur
l'échec des croisades ? Certes, le Saladin de l'Histoire connut aussi des
déboires face aux croisés, que, tout occupé à chanter la louange de son
héros, notre texte ne mentionne guère. Mais, quand celui-ci fut écrit/réé-
crit, l'aventure du royaume latin de Jérusalem était bien terminée, malgré
les rêves d'un Christophe Colomb de reconquérir le Saint-Sépulcre grâce
à l'or du Nouveau Monde.

En le faisant chevalier, en insinuant qu'il aurait pu songer à embrasser
la religion chrétienne, l'auteur de *Saladin* ne rejoint-il pas, finalement, ce
que Graindor de Douai écrivait, à la fin de *La Conquête de Jérusalem*, à

---

1. En toute rigueur, « il » doit désigner ici non l'auteur de la version en prose, qui n'est
qu'un remanieur, mais celui du poème en vers non conservé.

propos de Cornumaran ? Ce héros au grand cœur, n'est-ce pas aussi Saladin ? Ne lui a-t-il pas manqué que d'être chrétien ? L'auteur le dit, en particulier dans les scènes de l'adoubement. Et le langage des chrétiens continue d'être religieux. Mais, mis à part la limite infranchissable de leur refus de la conversion à l'islam, on ne peut qu'être frappé par l'absence d'hostilité avec laquelle ils considèrent les croyances sarrasines. S'agit-il d'un progrès de la tolérance ? Ce n'est pas exactement le cas. Car le Dieu des chrétiens, lui aussi, s'éloigne... ou plutôt ses fidèles ne le perçoivent plus comme se manifestant à eux dans le quotidien de l'Histoire. Dans *La Chanson d'Antioche*, il punissait ses fidèles fautifs, mais leur révélait l'emplacement de la vraie Croix ; dans *Saladin*, il ne sert plus de garant aux duels judiciaires, et le songe de la reconquête de la Ville sainte est illusoire. Les hommes apparaissent comme livrés à eux-mêmes.

L'en deçà et l'au-delà de la mer, en quelque sens qu'on les localise, sont toujours prêts à se mesurer, mais cette mesure semble plutôt maintenant s'entendre d'une comparaison humaine de valeur(s) et non d'un affrontement métaphysique. Les deux terres ne seraient-elles pas devenues équivalentes ? Les hommes se les disputent toujours, mais ils n'y trouvent plus d'autres traces que les leurs.

MICHELINE DE COMBARIEU DU GRÈS

BIBLIOGRAPHIE : cette traduction a été faite à partir de l'édition de *Saladin* due à L.S. Crist, Genève-Paris, Droz, 1972.
Sur le deuxième cycle de la croisade, ses continuations (et en particulier *Saladin*) :
COOK R.F. et CRIST L.S., *Le Deuxième Cycle de la croisade, deux études sur son développement*, Genève, Droz, 1972.

I

Du grand chagrin qu'eut le sultan quand sa femme s'en retourna dans son pays et du mariage de sa fille.

L'histoire raconte que les marins retournèrent rapporter au sultan comment la dame était partie malgré eux. Cette nouvelle le plongea dans une affliction impossible à décrire : jour et nuit, il maudissait son existence, regrettant d'avoir perdu cette belle dame, qui lui avait donné une fille encore plus belle que sa mère [1]. Mais elle comptait peu pour lui et on la surnomma même la Belle Malheureuse [2] parce qu'il refusait de la voir à cause du chagrin qu'elle lui causait en lui rappelant sa femme ; toutefois, elle grandit en science et en vertu. Cependant que le sultan s'abandonnait à sa douleur, le jeune fils du comte de Ponthieu, lui, s'entraînait aux armes ; le temps passant, il fut adoubé et devint un vaillant chevalier, hardi et courtois, faisant largesse aux chevaliers et aux dames pauvres. Mais il vécut peu et passa de ce monde dans l'autre après avoir mené une vie digne d'un homme de son rang. Sa mort fut une grande douleur pour le comte son père, pour sa sœur et toute leur famille.

Quelque temps plus tard, le comte de Ponthieu, devenu un vieillard aux cheveux blancs, présida à une fête solennelle qui rassembla de nombreux chevaliers. Entre autres s'y trouvait le seigneur de Prayaux [3] en Normandie, un certain Raoul ; il avait une fille d'une grande beauté dont le comte de Ponthieu entendit, à cette occasion, dire tant de bien qu'il la maria à son neveu Guillaume d'Aumarie [4]. On célébra les noces et les deux époux

---

1. Sur ces deux personnages, voir l'Introduction.
2. On pourrait aussi comprendre « la Belle Captive » (« la Belle Chétive » en ancien français), mais le texte ne la présente pas comme retenue de force outre-mer.
3. Préaux, non loin de Rouen ; mais ce Raoul n'a pas de correspondant historique.
4. Almeria est un port d'Andalousie, mais *Saladin* en fait un royaume sarrasin du Proche-Orient.

vécurent en bonne entente. À la mort de Raoul, Guillaume obtint la seigneurie de Prayaux et passa sa vie en homme pieux et vertueux, rendant
souvent visite à sa noble dame, la femme de Thibaut de Domart : la tendresse qui l'unissait à son mari devait, dans l'avenir, porter fruit en la
personne de deux beaux fils destinés à devenir — selon l'histoire — l'un,
comte de Ponthieu et l'autre, comte de Saint-Pol après le décès de ceux
qui portèrent ces titres avant eux.

Et si on me demande ce que devint la fille de cette dame — la Belle
Malheureuse —, où elle alla et ce qu'elle fit, l'histoire rapporte que Malaquin de Bagdad, qui avait servi longtemps le sultan son père, la lui
demanda très humblement en mariage. Requête à laquelle le sultan
accéda pour plusieurs raisons : ce Malaquin de Bagdad était fils d'un des
plus grands princes de Syrie ; il l'avait loyalement servi et avait fière
allure. Bref, comme il l'estimait capable de s'élever à un haut niveau de
perfection, il la lui accorda, bien qu'elle fût sa seule héritière. On fit donc
les noces en observant très scrupuleusement et solennellement tous les
rites en usage dans les mariages sarrasins. Une fois la fête finie et les
noces célébrées, Malaquin de Bagdad, qui était un vaillant chevalier,
emmena la Belle Malheureuse, devenue son épouse, dans son pays : une
nombreuse escorte de hauts princes et barons d'Aumarie l'accompagna et
les seigneurs de Syrie lui firent joyeux accueil ; ils allaient dans l'avenir
l'estimer beaucoup, l'aimer et l'honorer. De son côté, elle se conduisit en
bonne et loyale dame, ce qui lui valut les louanges de tous les gens du
pays, et elle eut une fille dont, en grandissant, la beauté surpassa tant
celle de toutes les autres jeunes filles que le sultan de Damas, un homme
aussi riche que puissant, désira la prendre pour femme et l'épousa en
effet. Pour l'amour d'elle, il organisa une fête sans pareille. Et la joie
qu'ils partagèrent fructifia en un beau fils qu'ils nommèrent Saladin en
qui la Nature mit toute sa science à former au mieux les membres et le
corps : on comprend que le sultan se soit réjoui à le voir. Il le fit donc
soigneusement éduquer comme il convenait à son rang ; l'enfant profita
à souhait jusqu'au moment où il apprit la science des armes, ce qui lui
plut particulièrement : il s'instruisait dans l'art de la guerre plus volontiers qu'en tout autre domaine. Dès sa jeunesse, sa vertu était sans
pareille : il était sage et raisonnable, humble et courtois, bref, si bien
élevé que tout le monde l'aimait et prenait plaisir à sa compagnie. Il
grandit sans rien faire qui mérite d'être raconté jusqu'au moment où Baudouin de Sebourg [1] fut couronné roi de Jérusalem. C'est à la même
époque que le sultan de Damas, le père de Saladin, prit en haine

---

1. Ce personnage est dû à la fusion de trois rois de Jérusalem : Baudouin II du Bourg,
Baudouin IV le lépreux (1174-1185) et Gui de Lusignan (1186-1187), fait prisonnier par
Saladin à Hattin, peu avant la reconquête de Jérusalem. Aucun de ses modèles n'est mort
en défendant Jérusalem (voir chap. VI).

— j'ignore à quelle occasion — l'émir qui régnait au Caire dans la grande cité de Babylone [1]. Il manda ses hommes et, depuis Damas, alla jusqu'au Caire avec une grande armée assiéger l'émir. Son fils Saladin l'accompagnait ; il était bien jeune encore, mais pour la subtilité, la sagesse et la courtoisie, il l'emportait sur tous les rois païens. Quelque temps après, le sultan, qui s'appelait Saladin comme son fils [2] — selon le témoignage des chroniques —, mourut avant d'être parvenu à ses fins. Tout ce qu'il possédait échut à son fils qui, après avoir dûment pleuré et porté le deuil de son père, fit vœu de ne jamais porter la couronne à moins de conquérir d'abord celle de Babylone au Caire. C'est pourquoi, en homme hardi et audacieux, il multiplia escarmouches et assauts contre ses ennemis. L'histoire même en ignore le compte. Ce que l'on sait, c'est que, après toutes ces tentatives, sachant que l'émir était effectivement dans les murs mais qu'il était impossible de se rendre maître de lui autrement que par la ruse, il mit sur ses épaules un bât chargé de bois et s'arma d'un couteau qu'il glissa le long de sa cuisse : ce fut là sa seule arme. Puis il réunit quarante chevaliers à qui il fit revêtir des habits de paysans ou de charretiers, mais portant des armes sous leurs vêtements ; à chacun d'eux il remit une badine d'ânier. Avant son départ, il ordonna à ses hommes de s'armer et de pénétrer dans Le Caire pour lui prêter main-forte dès qu'ils l'entendraient sonner du cor. Il n'eut aucun mal à se faire ouvrir la porte, car les portiers, qui le reconnurent aussitôt, pensèrent que c'était là façon d'aller demander humblement merci à leur souverain : c'est ainsi qu'il pénétra dans la ville avec ses chevaliers. Inutile de dire que la foule s'amassa autour de lui dans la grand-rue du Caire quand on le vit marcher à quatre pattes comme un animal suivi par les siens, la badine à la main : le spectacle en valait la peine. Il fit donc accourir petits et grands. On annonça la nouvelle au roi ; lui aussi crut que Saladin venait se rendre à sa merci, reconnaissant qu'il fallait être bien « bête » pour l'avoir attaqué. C'est pourquoi il alla au-devant de lui, ému de pitié pour cet homme qui avouait son « ânerie ». Mais, dès qu'il fut à portée de Saladin, celui-ci se dressa en pied, jeta au loin bât et bûches et, après avoir dit aux siens de faire leur devoir, sonna de son cor. Sur quoi, sans éprouver de crainte, il dégaina son couteau et en frappa l'émir sous les yeux de tous ses princes : il n'y en eut pas un pour oser intervenir, tant ils prirent peur devant l'audace de l'entreprise. Tous se soumirent donc. Quant aux chevaliers qui avaient dissimulé leurs armes, ils s'acquittèrent si bien de leur tâche que tous ceux que Saladin voulut faire mettre à mort périrent, à commencer par le roi. Sur quoi, les princes reconnurent Saladin pour leur maître et lui livrèrent le palais. Il y trouva un magnifi-

---

1. Désigne traditionnellement Le Caire, ou sa banlieue ; dans *Saladin*, Babylone peut aussi désigner le nord de l'Égypte.
2. En fait, il s'appelait Najm al-Dîn.

que cheval que personne n'avait encore osé monter ; il avait été prédit que celui qui en serait capable deviendrait roi de Babylone au Caire et acquerrait une grande renommée parmi les Sarrasins. Dès qu'il le vit, Saladin se mit en selle, et aussitôt, le cheval lui fit fête, hennissant, dressant les oreilles et frappant du pied. Ce qui valut à son cavalier d'être immédiatement honoré du titre de roi par les gens du Caire : « Bienvenue à toi, seigneur, s'écrièrent-ils à grands éclats de voix, et loué soit Mahomet de cette journée où s'accomplit en ta personne la prophétie des augures ! » Du même coup — selon le témoignage de l'histoire —, toute l'armée de Saladin entra dans Babylone sans se voir opposer la moindre résistance, car les habitants et les soldats furent comme privés de toute réaction et comme ensorcelés par la force de Saladin quand ils le virent tuer leur roi en les bravant tous. Oui, quand ils le virent plonger son couteau dans le corps du souverain et l'en retirer dégouttant de sang, ils perdirent toute volonté de s'en prendre à lui : cette action d'éclat lui assura la paix et même l'amitié de ses ennemis les plus déterminés. Ils menèrent aussitôt solennellement, comme leur seigneur légitime, dans une petite chambre magnifiquement décorée où se trouvait le « perron » de Babylone. C'était l'objet le plus précieux et le plus riche qu'il y eût dans tous les royaumes sarrasins : il fallait payer un besant d'or au roi pour le voir. Et si quelqu'un demande ce que c'était que ce « perron », l'histoire répond que c'était la gemme-mère à partir de laquelle devaient être, ensuite, taillées toutes les émeraudes qui circulent dans le monde — et il y en a beaucoup ! —, car, une fois Saladin en possession de ce joyau, il ne voulut pas garder pour lui quelque chose d'aussi précieux, comme les lapidaires l'avaient assuré qu'on pouvait parfaitement tailler en morceaux une si belle pierre. Il commença par se faire couronner roi du Caire et de Babylone et par y recevoir l'hommage de tous les grands et les princes d'Égypte. Au cours d'une cérémonie solennelle, on le couronna et on lui donna à tenir le sceptre royal, ce qu'il méritait bien car, dans sa courtoisie et sa générosité [1], il déclara qu'en ce jour il ferait ce que jamais avant lui roi, ni sultan, ni émir n'avait fait : il fit briser la précieuse gemme d'émeraude et en remit un morceau à chacun des siens, ce pour quoi tous louèrent, selon ce qu'ils avaient reçu, sa libéralité et sa largesse de cœur.

---

1. Deux qualités essentielles du chevalier et du roi. Les autres sont le courage et la loyauté. Saladin les possède toutes. La foi en moins, il représente l'idéal chevaleresque et royal, selon les canons de la féodalité occidentale.

II

Comment, après avoir été reconnu comme seigneur par tous ceux qui dépendaient de l'émir, il réunit une grande armée et se rendit en Arménie où il s'empara du Krak [1], et du geste de courtoisie qu'il eut pour une dame en couches.

Une fois Saladin revêtu de ses habits royaux et couronné, on lui ouvrit les immenses trésors que les prédécesseurs de l'émir et lui-même avaient accumulés dans la grande cité de Babylone. Il s'en réjouit beaucoup, non dans la pensée cupide de les garder pour lui, mais pour les répartir entre ses sujets auxquels il les distribua intégralement, ce que lui reprochèrent ceux qui avaient été jusque-là ses maîtres. Il répondit à ceux qui blâmaient sa largesse que, tant que les siens auraient de quoi vivre, lui-même ne manquerait de rien. Dès le début de son règne, sa générosité lui valut l'amour des Babyloniens et il s'acquit ainsi la bienveillance de tant de gens que jamais, bien au contraire, il ne devait ensuite manquer d'hommes pour participer à ses entreprises. Tandis qu'il était demeuré au Caire, il conçut le projet de se rendre en Syrie pour y assiéger Jérusalem. Il convoqua ses hommes de plusieurs pays, si bien que le roi de Jérusalem fut averti de tout ce rassemblement. Il renforça donc les défenses du Krak qui gardait le premier passage sur la route de Babylone en Syrie et prévint Renaud d'Antioche qui commandait la place d'avoir à faire bonne garde. Égypte, Syrie, pays de Damas se mobilisèrent aux ordres de l'entreprenant Saladin et du roi de Jérusalem. Quand l'armée de Saladin fut prête, il quitta Babylone et marcha sur la frontière de Syrie. Si nombreuses étaient ses troupes que partout où il y eut affrontement, les chrétiens prirent la fuite et se réfugièrent dans les bois et les déserts. Il s'avança ainsi jusqu'au Krak, auquel, aussitôt son camp installé, il fit sans ménagement donner l'assaut. Mais ses occupants se défendirent avec tant d'ardeur que les païens durent faire retraite : au courage des assiégés s'ajoutait la situation de la place qui semblait bien la rendre imprenable. Saladin ne renonça pas pour autant ; il fit dresser sa tente sur place et déclara qu'il persévérerait jusqu'à la reddition de la citadelle.

Les chrétiens ne furent pas peu effrayés quand ils se virent ainsi cernés, et ils eurent bien du mal à faire face à tout ce que le vaillant Turc [2] leur fit endurer de nuit comme de jour, car, après avoir établi un dispositif de siège tout autour de l'enceinte, il multiplia les assauts. Cela en vint au

---

1. Il n'y avait pas de Krak dans cette région. On en connaît trois : le Krak des Moabites (à l'est de la mer Morte), occupé par Renaud de Châtillon (= Renaud d'Antioche) et attaqué en vain par Saladin en 1173 ; le Krak de Montréal (entre la mer Morte et la mer Rouge) pris par Saladin en 1189 ; le Krak des Chevaliers (au nord-est de Tripoli), le plus proche de l'Arménie.
2. Saladin était d'origine kurde.

point que le commandant de la place, Renaud d'Antioche, voyant que la plupart de ses hommes avaient été tués, finit par envisager de trouver une issue dans la fuite. Il entreprit donc de quitter le château avec les siens, sans armes, emmenant avec lui sa femme, enceinte, qui était près de son terme. Les Sarrasins les aperçurent et prévinrent Saladin qui sortit sans tarder de sa tente pour leur donner la chasse ; il n'eut pas à aller loin pour tomber sur le groupe des chrétiens, arrêtés, qui attendaient, mais qu'attendaient-ils ? Envoyé aux nouvelles, un messager revint dire que la dame avait eu si peur que cela avait déclenché le travail de l'enfantement et que sa vie était en grand danger. Ce qui émut fort le courtois Saladin ; aussi, en homme franc et de bonne foi, bien qu'ils fussent ses ennemis, il envoya aux chrétiens et à la dame, pour l'amour d'elle, une de ses plus riches tentes ainsi qu'abondance de nourriture, pain, viande et vin. Puis il prit possession du château, y installa une nombreuse garnison et au moment de partir il recommanda la noble dame aux siens ; il fit plus : il lui envoya un sauf-conduit pour qu'elle puisse passer sans être inquiétée partout où sa puissance avait force de loi. Le lendemain, il partit avec le gros de son armée dans l'intention d'assiéger Ascalon où se trouvait le roi Baudouin. Mais quand il vit que la ville était difficile à prendre, il prit la direction de la plaine de Rames où il donna l'assaut à la cité de Saint-Georges dont il s'empara de vive force, et il la rasa. Pendant qu'il y faisait halte, le roi Baudouin de Jérusalem — celui dont on a dit qu'il était lépreux — quitta secrètement Ascalon avec le gros de ses troupes pour la région de Damas où il ne s'attarda pas. Dès que la reine l'apprit, elle le fit savoir à son fils Saladin, qui, aussitôt prévenu, fit mouvement avec tous ses hommes pour protéger son pays et sa mère. Mais il eut beau se hâter, quand il arriva, le roi Baudouin était déjà reparti pour Jérusalem, chargé de butin, ce qui l'affligea fort. Cependant, il poursuivit sa marche jusqu'à Damas pour voir sa mère qui lui fit grande fête et le fit couronner roi du pays à grand honneur.

III

Comment le sultan Saladin soumit la Perse ; de l'armée qu'il leva pour aller en Syrie, de la bataille qu'il livra aux chrétiens, du siège de Tabarie[1] et comment Huon Dodequin[2] envoya chercher des secours.

En ce temps que Saladin croissait et florissait de jour en jour, et tandis qu'il se faisait couronner à Damas, il entendit tant vanter le royaume de Perse qu'il désira s'en assurer la possession et voulut le conquérir. Il

1. Tibériade.
2. Sur ce personnage, voir l'Introduction.

envoya donc demander une trêve au roi de Jérusalem, laquelle lui fut accordée, et après avoir achevé ses préparatifs, quitta Damas et gagna la Perse. Cependant, le roi Baudouin en profita pour remettre en état de défense une place forte, située sur le Jourdain à l'endroit où Jacob avait lutté avec l'ange, place que Saladin avait auparavant saccagée et à moitié détruite. La nouvelle eut le don de lui déplaire fort, mais il n'en continua pas moins son chemin jusqu'en Perse, où il trouva un pays tout disposé à reconnaître son autorité. Avant même qu'il soit arrivé dans la capitale du royaume, le souverain lui fit envoyer des présents et vint lui faire hommage ; Saladin le reçut donc avec aménité et il ne fut plus question de guerre : il put retourner en Syrie. Il se dépêcha d'abord d'y donner l'assaut au château que Baudouin avait relevé en son absence ; il fut le premier à monter aux créneaux et plus de cent chevaliers le suivirent qui tuèrent les chrétiens jusqu'au dernier ; en outre, ils abattirent toutes les tours et les murailles et les rasèrent si bien qu'il n'en resta pas pierre sur pierre. Saladin poursuivit son avance jusqu'à Tyr où il ne s'attarda pas — car la place était trop forte — mais alla assiéger Césarée qu'il prit d'assaut et fit passer sous son obédience. Une fois le peuple soumis à sa volonté, il apprit par des espions que le roi de Jérusalem était descendu avec une armée importante jusqu'à la plaine où se trouve la fontaine de Séphorie. Il se dépêcha de marcher contre lui ; les chrétiens surent sa venue alors qu'il était déjà tout près. Ils firent tout ce qui dépendait d'eux pour ne pas être surpris, mais voici que, tout à coup, tambours, cors et trompettes retentissent et que Saladin et toute son armée fondent brutalement sur eux. Quels cris, quels hurlements on entendit alors, Dieu le sait, car, dans les deux camps, chrétiens et païens risquèrent le tout pour le tout en une mêlée mortelle. Saladin y accomplit des exploits à peine croyables, car il était robuste et si courageux dans son ardeur audacieuse que personne n'osait se mesurer avec lui. Partout où il se portait, les chrétiens n'osaient même pas le regarder en face et se cachaient de lui. Lui était partout à la fois et sa supériorité leur causa tant de tort qu'ils durent finir par s'avouer vaincus et déconfits. Comme la nuit tombait, il se replia avec ses hommes jusqu'aux montagnes, sans les poursuivre davantage : il se disait qu'il aurait tout le temps d'achever de les vaincre le lendemain. Mais le roi Baudouin et les chefs de son armée s'avisèrent d'un subterfuge : la nuit venue, on alluma torches et lanternes et l'armée commença de mener grande fête à tel point que, tout cela ne semblant pas devoir cesser, Saladin en fut assez surpris pour envoyer un de ses courriers se rendre compte.

Le païen partit aussitôt et ne devait pas avoir de mal à rapporter des nouvelles, car il tomba par hasard sur un chrétien à qui il demanda d'où venait toute cette illumination. Celui-ci, comprenant qu'il avait affaire à un espion, répondit astucieusement que cette grande clarté venait du ciel et qu'elle les illuminait à cause de la sainte Croix qu'ils avaient avec eux.

Le païen retourna donc rapporter cette explication à Saladin : « Par tous nos dieux, seigneur, j'ai accompli la mission dont vous m'aviez chargé : je suis tombé on ne peut mieux puisque j'ai rencontré un chrétien, peut-être un espion comme moi : il était seul. Il m'a appris que cette lumière vient du ciel, ce qui constitue à l'évidence un miracle et est un signe que vos adversaires n'ont pas lieu de désespérer. » Saladin hocha la tête sans répondre à ce discours mais ne fut pas découragé pour autant. À tout hasard, le lendemain matin, il fit lever le camp et marcha sur Tabarie où commandait un vaillant chrétien ; païen autrefois, il s'était fait baptiser. Il résista vaillamment à Saladin, et les païens qui, sitôt arrivés, s'étaient avancés au pied de la muraille dans l'intention de donner l'assaut, durent reculer devant la pluie de traits que leur décochèrent leurs adversaires. Saladin mit donc le siège devant la cité et fit plusieurs tentatives pour investir la place, contre lesquelles le roi Huon se défendit on ne peut mieux. Il envoya aussi demander un prompt secours à Nazareth au roi Baudouin à qui il était apparenté : aussitôt, Baudouin quitta Nazareth avec son armée et se rapprocha de celle des païens à marches forcées. Un soir, il établit son camp tout près d'eux et fit savoir son arrivée à Huon en l'invitant à prendre toutes dispositions pour passer à l'attaque le lendemain, car, pour sa part, tout ce qu'il voulait, c'était l'aider.

IV

Comment, après l'arrivée de l'armée de secours, s'engagea une grande bataille où les chrétiens eurent le dessous ; comment le roi Baudouin fut fait prisonnier et mis à rançon et la ville de Tabarie prise. De la flotte que le sultan envoya.

Quand ils apprirent l'arrivée de Baudouin, ce fut la liesse parmi les chrétiens de Tabarie et en particulier grande fut la joie de Huon, leur roi. Ils passèrent la nuit à fêter l'événement. Quand Saladin le sut, il n'en fut pas effrayé pour autant : « Loué soit Mahomet ! Je ne souhaite rien de mieux car, demain, j'attaquerai l'armée de Baudouin, avec le plaisir de nos saints dieux, et si les gens de la ville font une sortie, je ne doute pas que cela tourne mal pour eux. » Après quoi, il ordonna à tous ses capitaines, émirs et rois, de faire armer leurs hommes dès le point du jour. On fit toute la nuit bonne garde dans le camp jusqu'à l'aurore où chacun se leva et s'arma à grand bruit. Quand ils furent tous prêts, Saladin les disposa en belle ordonnance. Et vous devez savoir que si les païens s'étaient soigneusement préparés, les chrétiens en avaient fait autant. Finalement, les deux camps furent prêts et on fit sonner trompettes et clairons pour réveiller les cœurs ; les deux armées s'avancèrent l'une au-devant de l'autre pour en venir aux mains. Saladin tout le premier abaissa sa lance, et, éperonnant son cheval, s'enfonça à vive allure au milieu des chrétiens, abattant tout devant lui, si bien qu'il ouvrit un passage dans lequel s'engouffrèrent les païens. Ce fut le début d'une très sanglante bataille. Dès les premiers coups échangés, chevaliers et hommes d'armes, tombés à terre, blessés et certains mortellement, décapités, ne purent être dénombrés, car, païens et chrétiens, tous ne pensaient qu'à s'entre-tuer.

La tuerie dépassa toute mesure là où Saladin avait chargé, c'est-à-dire vers l'aile droite. Il y avait déjà mis en fuite tous les chrétiens quand Huon Dodequin et un autre qu'on appelait le Bâtard de Bouillon [1] sortirent de la ville et débouchèrent par hasard là où il se trouvait. Ils firent si bien force d'armes que, reprenant courage, les chrétiens se rallièrent et reprirent le combat. L'affrontement fit beaucoup de morts de part et d'autre, en si grand nombre même qu'il pourrait paraître surprenant eu égard au petit nombre des chrétiens comparé à la masse des païens, mais c'est que jamais combattants ne s'acquittèrent mieux de leur tâche que ne le firent ceux qui s'étaient ressaisis grâce à l'action de Huon et du Bâtard. Mais Saladin ne tarda guère à lancer sur eux plus de cinquante mille païens ; c'en était trop : épuisés, la plupart des chrétiens furent tués. Pendant que le massacre se poursuivait, de tels hurlements s'élevaient autour de Saladin que Huon et le Bâtard, voyant les chrétiens épouvantés se laisser massacrer sur place, voulurent passer au travers des troupes païennes pour aller vers l'aile gauche où se trouvait le roi Baudouin. Mais voici Saladin et les siens qui, anéantissant tous ceux qui se trouvaient sur leur passage, chargent les gens du roi avec tant de violence que les chrétiens furent tous incapables de résister et tournèrent le dos, s'enfuyant à qui mieux mieux en direction de Tyr où ceux qui parvinrent à s'échapper se réfugièrent. Le roi Baudouin fut fait prisonnier, ainsi que beaucoup d'autres chrétiens. Huon et le Bâtard, eux, s'échappèrent et gagnèrent La Mecque où se trouvait la femme de Huon ; ils n'osèrent pas retourner à Tabarie, conscients qu'ils ne pourraient pas défendre la cité contre la puissance de Saladin, lequel, après cette grande victoire, envoya le roi de Jérusalem et ses autres prisonniers à Damas. Puis il marcha sur Tabarie et donna l'assaut avec tant d'ardeur que, malgré la défense des chrétiens, la ville fut prise par les païens qui y pénétrèrent en force. Saladin en disposa à sa volonté et, après y avoir installé une garnison suffisamment forte, il partit avec son armée et alla mettre le siège devant Jaffa, qu'il prit d'assaut. Puis il mena ses troupes devant Ascalon et fit donner l'assaut, mais, là, il subit des pertes considérables car la place était forte ; voyant que l'entreprise s'annonçait difficile, il envoya chercher le roi Baudouin à Damas et lui dit qu'il le libérerait s'il acceptait de lui livrer la ville. Le roi

---

1. Personnage de fiction, fils de Baudouin Ier du Bourg et d'une princesse sarrasine (qui deviendra ensuite la femme de Huon Dodequin). Il est le héros-titre d'une chanson de geste du deuxième cycle de la croisade.

répondit qu'il ferait son possible. Il s'avança au pied de la muraille, héla les habitants et leur expliqua fort bien comment leur reddition paierait sa rançon : mais qu'ils se gardent de rendre la ville à des conditions qui pourraient se retourner contre eux ! Eu égard à la prouesse du vaillant roi Baudouin et prenant en compte le fait que, lui prisonnier, Jérusalem était privée de chef, ils disposèrent de leur ville pour lui et la remirent à Saladin à condition qu'ils aient la vie sauve, eux, leurs femmes et leurs enfants et un sauf-conduit pour se rendre, avec tous leurs biens, dans le pays des chrétiens [1]. C'est ainsi que Saladin devint seigneur d'Ascalon, où il séjourna pendant un temps que j'ignore. Villes et châteaux se rendirent à lui en masse ; de toute la Syrie, seules firent exception Tyr et Jérusalem, objet de tous ses désirs. Avant de laisser partir Baudouin, Saladin lui demanda pourquoi il lui faisait la guerre.

« N'avez-vous pas égard, cher seigneur, à toute la puissance de Babylone et de l'Égypte, de la Perse, de Damas et de presque toute la Syrie [2] que je tiens en mon obédience ? Vous avez tort de me faire la guerre, je vous assure ; cependant, je vous offre 30 000 besants d'or pour vous permettre de fortifier des places dans un rayon de cinq milles autour de Jérusalem et je vous enverrai grande abondance de vivres — je serai généreux ! — à condition que vous me donniez une trêve jusqu'à la prochaine Pentecôte. Si, à cette date, vous avez pu réunir au moins la moitié des effectifs qui constituent aujourd'hui mon armée, vous choisirez, à votre préférence, soit de m'interdire, soit de me livrer la ville, étant entendu que je vous donnerai un sauf-conduit pour que vous puissiez vous rendre dans le pays des chrétiens, là où vous déciderez de résider.

— Je ne peux consentir à ce traité, seigneur sultan, répondit Baudouin, et bien que la renommée de votre pouvoir soit grande, que la volonté de notre Dieu Jésus-Christ soit accomplie en Sa puissance ! Sachez que nous n'avons pas assez besoin de votre argent pour consentir à rendre la ville à un incrédule et à un persécuteur des serviteurs de Dieu.

— En ce cas, je vous jure que, par tout l'amour que je dois aux dieux Mahomet, Apollon et Jupiter, aucun jour de ma vie je n'accorderai merci à Jérusalem ! J'y mourrai plutôt à la tâche. Et, je vous préviens, dès que vous y serez de retour, je n'aurai de cesse avant d'avoir assiégé la ville, de l'avoir prise ou fait d'elle ce qui me plaira. »

Baudouin ne manqua pas d'être assez impressionné par ces serments, bien qu'il fît celui qui n'avait pas sujet de craindre. Finalement, il s'en retourna à Jérusalem, avec le congé de Saladin, très préoccupé par ce qu'il venait d'entendre et, pour parer à toute éventualité, il fit venir quantité de

---

1. La partie du pays, vers le nord, dont les chrétiens pouvaient se considérer comme les maîtres.
2. Cet espace correspond aux territoires actuels de la Syrie, du Liban, d'Israël et de la Jordanie.

vivres, distribua des armes au peuple et se tint le plus attentivement qu'il put sur ses gardes. Cependant que Baudouin pourvoyait à ce dont il avait besoin, Saladin envoya ses ordres en toute hâte en Afrique, à Babylone en Égypte, à Damas, en Perse, en Inde et en Farinde [1], en Mauritanie, à Saragosse en Aragon et jusqu'à l'Arbre-Sec [2] : il y signifiait à leurs princes d'avoir à se rendre auprès de lui à une date fixée, avec toutes les forces dont ils pourraient disposer. Et l'histoire rapporte qu'ils furent bien quatre cent mille païens à se rassembler à Ascalon, au nombre desquels se trouvait Corsuble, le grand-oncle de Saladin. Le sultan fit armer un navire — jamais auparavant on n'avait entendu parler de pareille merveille — qui pouvait porter dix mille combattants avec chevaux, armes, tentes et pavillons, ainsi que trois mois de vivres. Au milieu, était planté un immense étendard sur lequel étaient représentés les quatre dieux sarrasins, une épée au poing comme pour en menacer les chrétiens. Et aux quatre coins, il y avait quatre tours de bois, hautes de deux cents pieds, construites avec art, munies de pièces d'artillerie et de tout ce qui était nécessaire pour défendre la nef. Bref, quand il eut achevé ses préparatifs, il quitta Ascalon avec sa grande armée, et vint installer son camp devant Jérusalem. Il chargea des charpentiers d'y élever des maisons, comme s'il devait y rester toute sa vie. Et, peu de temps après son arrivée, un lundi, il fit donner l'assaut ; mais les habitants firent une sortie en ordre de bataille, et ils étaient si nombreux et offrirent une si belle résistance que les païens en furent très étonnés, car ils se battirent jusqu'au soir et sans subir trop de pertes. Huit jours d'affilée, Saladin revint à l'assaut. Cependant, la place était si forte que, où que portât l'attaque, il n'obtint pas de succès : il y eut certes des morts parmi les habitants, mais lui-même perdit beaucoup des siens. Alors qu'il avait commencé par établir son camp devant la porte de la Maladrerie, il le déplaça et occupa l'autre côté, depuis la porte Saint-Étienne jusqu'à celle de Josaphat, si bien que personne ne pouvait guère sortir de l'enceinte ni y entrer sans qu'il le sache, ce qui causa beaucoup de souci à Baudouin.

V

Comment Baudouin fit dire au Bâtard de Bouillon et à Huon Dodequin de venir le secourir.

Quand Baudouin de Sebourg se vit ainsi encerclé par ses ennemis, et qu'il se fut rendu compte de leur intention — qui était de demeurer sur

---

1. Royaume de fiction.
2. L'Arbre-Sec marque la limite du royaume du légendaire Prêtre Jean ; c'est une façon de désigner un Orient très lointain et de souligner la puissance de Saladin.

place jusqu'à la prise de la ville —, il eut l'idée d'envoyer dire au Bâtard de Bouillon et à Huon Dodequin de Tabarie, qui étaient pour lors à La Mecque, le besoin qu'il avait d'eux. Il expliqua soigneusement au messager ce qu'il devait dire et le fit partir aussitôt prêt. L'homme, qui s'entendait à ce genre de mission, parvint en effet à La Mecque où le Bâtard et Huon étaient en compagnie des rois Esclarmond et Hector de Salerne, tous deux frères de Huon et de Sinamonde, la mère du Bâtard. Le messager s'agenouilla devant les princes et les salua selon l'usage chrétien. Puis il présenta la lettre de Baudouin fermée de son sceau et parla du siège qui avait été mis devant Jérusalem et des forces que les Sarrasins y avaient rassemblées. Ces nouvelles n'impressionnèrent guère le Bâtard, persuadé qu'il lui suffirait de vingt mille combattants et pas plus pour venir à bout des païens, pour peu qu'ils lui ressemblent : il faut dire que sa valeur était sans égale. Mais elles plongèrent Huon Dodequin dans l'accablement : il se mit à soupirer de façon pitoyable comme s'il avait vu ses deux enfants à l'agonie. Cela ne passa pas inaperçu aux yeux du Bâtard :

« Qu'avez-vous, cher seigneur Huon ? Par tous les saints, vous avez l'air inquiet ; on dirait que d'avoir entendu parler du nombre des Sarrasins vous fait perdre cœur !

— Non, assurément, je ne suis ni troublé ni découragé ; mais je me souviens de tous ces nobles chevaliers que nous avons tués autrefois [1], qui nous seraient bien utiles aujourd'hui, et je me dis que nous avons commis là une grande faute dont Dieu, le juste juge, veut peut-être nous punir maintenant. Il me semble qu'il n'y a qu'à convoquer tous nos hommes et à chevaucher tout droit contre l'ennemi en essayant de le prendre au dépourvu et de le faire se débander. »

Marbrun, Esclarmond et Hector mandèrent donc leurs hommes ainsi que le Bâtard de Bouillon et Huon Dodequin, et ils se trouvèrent au nombre de trente mille. Ils décidèrent alors de partir, et prirent congé en ne laissant sur place comme prince que le seul Hector. Enfin, ils se mirent en route en belle ordonnance pour ne pas risquer d'être surpris en désordre par leurs adversaires. Ils arrivèrent à Jérusalem un jour où Baudouin était monté en haut de la tour de David — ce qu'il faisait souvent — pour voir quand ses cousins viendraient. Leur vue le réjouit fort ; il descendit donc réconforter ses hommes, disant qu'il était tranquille maintenant que le Bâtard de Bouillon et Huon Dodequin étaient là. Et les chrétiens de la ville en furent un peu rassérénés. Mais les secours ne purent échapper au passage à la vue du sultan Saladin et des païens qui avaient placé des guetteurs dans le pays.

---

1. C'est un converti qui parle. Huon Dodequin a pris alors le nom de Huon de Tabarie Cette conversion est racontée dans une autre chanson de geste.

VI

Comment il y eut une grande bataille pour Jérusalem où moururent Baudouin et le Bâtard de Bouillon.

Les armées du Bâtard s'installèrent en dissimulant au mieux leur présence. Puis le Bâtard appela le messager qui était venu de Jérusalem le chercher et lui ordonna d'aller trouver Baudouin dans la ville et de le prévenir de son arrivée afin qu'il puisse faire une sortie pour l'aider, le moment venu. Le messager partit en disant qu'il s'acquitterait de sa mission à l'honneur des chrétiens. Une fois dans la cité, il se rendit auprès de Baudouin qui lui fit bon accueil et s'enquit des nouvelles qu'il apportait. « J'ai délivré votre message, seigneur, dit-il, et j'ai amené ceux que vous désiriez tant ; à leur tour, ils m'ont envoyé vous dire de ne pas manquer, lorsque vous verrez et entendrez, demain matin, la bataille s'engager, de faire faire une sortie à vos hommes de l'autre côté, afin que vos ennemis se voient attaqués de toutes parts, car l'intention du Bâtard de Bouillon est de les envoyer défier. » Ces nouvelles ne laissèrent pas de réjouir le Bâtard qui répondit au messager qu'il ne ferait pas faute de se conformer à ses recommandations. Et sur ce, le messager s'en retourna à la tente du Bâtard qui, de son côté, mis au courant des intentions du roi Baudouin, appela un de ses écuyers et envoya par son intermédiaire au sultan un défi de bataille pour le lendemain matin. Le messager partit aussitôt et alla trouver le sultan qui était en la compagnie des plus hauts et nobles princes sarrasins qui soient au monde — il n'y avait pas un rustre parmi eux ! — et il lui signifia la bataille pour le lendemain matin de la part du Bâtard de Bouillon.

Quelle ne fut pas la colère des païens et des princes sarrasins quand ils entendirent ce message de défi où ils ne virent qu'outrecuidance. Ils apprirent aussi à qui ils allaient avoir affaire et à combien d'adversaires. Le sultan, surtout, s'irrita dans son orgueil à l'idée que, tout bien compté, il n'y aurait pas plus de quarante mille combattants à affronter. Cette réaction suscita l'hilarité de Corsuble quand il s'en aperçut : « Pourquoi vous soucier de pareilles balivernes, seigneur ? Ignorez-vous que les chrétiens sont trop orgueilleux pour faire cas de notre puissance ? Considérez donc qu'il pourrait bien leur arriver — et demain, par exemple — de perdre le Bâtard et Huon. Alors, le reste sera vite expédié. Enfin, nous sommes à vingt contre un. Et par la foi que je dois à tous nos dieux, à mon avis, quelque bonne figure qu'ils nous fassent, il ne se peut pas qu'ils ne soient bien plus inquiets que vous le pensez. Pour moi, je pense valoir n'importe qui. » Les nobles princes sarrasins se réjouirent fort d'entendre Corsuble parler ainsi à Saladin. Pendant la nuit, les deux armées placèrent des guetteurs pour se protéger et, le lendemain, sûres d'avoir à se battre, se préparèrent de leur mieux. Les chrétiens se répartirent en cinq corps de troupes de dix mille combattants chacun. Et les païens ordonnèrent les leurs en nombre tel que les chrétiens paraissaient peu de chose en regard. Lorsque la bataille s'engagea, il y eut force cris et combats acharnés. Malgré le petit nombre des Français et nobles chrétiens, ils demeurèrent rangés en bon ordre comme s'ils avaient été aussi nombreux que leurs adversaires. Ils placèrent les archers et arbalétriers en avant-garde pour qu'ils soient les premiers à porter et recevoir les coups. Au centre se trouvait le Bâtard de Bouillon, portant très haut l'étendard de La Mecque [1], puis ses oncles, portant chacun le leur. Dodequin portait celui de Tabarie contre les Sarrasins qui s'avançaient en masse à leur rencontre. Et de l'autre côté, le grand roi Corsuble, à la tête de cent mille combattants, n'attendait que le moment où ceux de la ville tenteraient une sortie : ils étaient en trop petit nombre en comparaison et, à la vérité, le roi Baudouin, qui ne pouvait se faire accompagner de plus de dix mille hommes, était à tous égards mal loti. Finalement, quand tous les corps de troupes en furent venus à la mêlée, Baudouin de Sebourg sortit de la ville pour n'y plus rentrer, ce qui fut grand dommage. Dès qu'il eut franchi l'enceinte, Corsuble, l'oncle du sultan, se porta à sa rencontre avec dix mille Sarrasins hurlant et faisant un tel vacarme qu'on les aurait entendus à une lieue. Baudouin s'enfonça cependant parmi eux et, de sa lourde hache, il les tailla en pièces si bien que tous fuyaient devant lui comme les agneaux en troupeau devant le loup. Et il poussait souvent son cri « Jérusalem ! » pour guider ses hommes et opérer sa jonction avec le Bâtard et Huon Dodequin qu'il désirait voir plus que tout.

Baudouin et les siens se donnèrent tant de peine qu'ils se frayèrent un chemin à travers tous les corps de troupes adverses et que, malgré les hommes de Corsuble, ils firent leur jonction avec ceux qui étaient venus à leur secours, ce qui leur procura à tous une grande satisfaction. La bataille redoubla alors d'acharnement. Corsuble, qui regrettait fort de n'avoir pu, avec ses hommes, empêcher Baudouin de rejoindre les autres, s'enfonça au cœur de la mêlée, jurant par ses dieux que cela allait se retourner contre lui. Cependant qu'il le poursuivait, attendant une occasion favorable, il tomba sur Huon Dodequin qui le frappa de plein fouet et d'un tel élan qu'il l'abattit sur place, lui et son cheval. Huon l'aurait achevé sans l'intervention de Saladin et de plusieurs nobles et puissants Sarrasins qui, malgré les chrétiens, le relevèrent et le remirent en selle, incident qui mécontenta d'autant plus le grand Corsuble qu'il était le plus redouté de tous les Sarrasins. « Babylone ! », s'écria le sultan quand il le vit à cheval. Et la presse était si grande autour de Huon Dodequin qu'il dut crier « Ta-

---

1. Trait romanesque s'il en est : dans *Saladin*, La Mecque est tenue par Sinamonde pour son mari Huon.

barie ! » assez haut pour que le Bâtard de Bouillon se portât à son secours et éclaircît les rangs de tous ceux qui l'entouraient, si bien que Baudouin, qui était derrière lui, saisissant l'occasion, abaissa sa lance et chargea par le travers : il vint au triple galop frapper un roi païen en y mettant toutes ses forces, et, lui passant sa lance à travers le corps, il l'abattit mort sous les yeux de Corsuble et de Saladin qui ne purent rien faire.

Ah ! sainte Marie, quelle douleur Saladin éprouva en son cœur à voir mourir ainsi le roi païen ! Que de regrets ils en éprouvèrent, lui et tout pareillement Corsuble ! Saladin se ressaisit aussitôt et s'enfonça dans la mêlée, jurant par ses dieux de tuer Baudouin ou d'y laisser la vie. Irrité comme un lion peut l'être, féroce comme un serpent, ardent comme un sanglier, il fit tout ce qu'il put pour le retrouver, suivi de ses gens qui l'accompagnaient de leur mieux pour servir celui qui était leur nouveau et souverain seigneur. De son côté, son oncle Corsuble en fit autant, rendu comme enragé par la mort du roi païen tué par Baudouin, dont il voulait prendre vengeance.

Si les Sarrasins se comportaient bien, vous devez savoir que les chrétiens ne dormaient pas non plus : tous faisaient de leur mieux. La bataille offrait plus de dangers et d'occasions de trouver la mort qu'on ne saurait le dire, car Saladin, qui ne cherchait rien d'autre que l'anéantissement des chrétiens, parcourait les rangs dans tous les sens pour parvenir à ses fins. Et la Fortune combattait si bien à ses côtés que tous le fuyaient comme les perdrix fuient l'épervier, tant son audace était sans commune mesure.

Saladin était aussi courageux que confiant en ses armes : il ne craignait personne et allait, chevauchant à travers le champ de bataille, cherchant sans arrêt le roi Baudouin qui, lui-même, ne cherchait qu'à tailler en pièces et à tuer le plus de Sarrasins possible. Cependant que le sultan était en quête d'adversaires de sang royal, il aperçut le roi Esclarmond, oncle du Bâtard de Bouillon, qui faisait trembler les rangs de combattants devant lui : les Sarrasins avaient trop peur de lui pour oser l'approcher. Saladin abaissa sa lance et lui courut sus avec une telle force qu'il l'abattit mort au milieu de ses hommes. À cette vue, son frère Marbrun ne se contint plus de douleur et maudit Saladin et celui qui avait été son maître à la joute. Mais Saladin poursuivit son chemin, disant que sa seule joie serait de retrouver le roi Baudouin. Le Bâtard survint à son tour car, dès qu'il avait su la mort de son oncle, le bon roi Esclarmond, il s'était lancé après Saladin, jurant par Dieu d'en avoir vengeance s'il mettait la main sur lui. C'est ainsi que les deux princes se cherchaient par le champ. Mais la presse était si grande que c'était merveille ; ce pourquoi, d'ailleurs, ils ne restaient pas oisifs, mais allaient œuvrant sans cesse sur leur chemin. Il se passa tant de choses ce jour-là qu'aucune chronique ne peut les rapporter véritablement toutes.

La bataille dura longtemps, jusqu'à la tombée du jour, après vêpres. L'ardeur des combattants n'était pas diminuée pour autant, et en particulier celle de Baudouin qui en avait bien besoin. Il s'était avancé si loin dans les rangs ennemis qu'il y avait perdu bon nombre des siens et à peine pouvait-on se frayer un passage jusqu'à lui au travers des cadavres d'hommes et de chevaux qui l'entouraient. Cependant, il avait affaire à un roi Sarrasin qui l'affronta si longuement que cela donna à Saladin le temps d'arriver, ce qui mit ce dernier au comble de la joie. Brandissant l'épée, il piqua des deux en direction de Baudouin qui n'y prit pas garde, occupé qu'il était lui-même à manier l'épée pour en frapper les Sarrasins qui l'entouraient. Le coup fut si brutal qu'il arracha l'épaule et le bras de Baudouin et que le heurt des deux chevaux et de leurs cavaliers le jeta à terre avec sa monture. C'est ainsi que mourut Baudouin, tandis que Saladin s'écriait : « Voilà comment je me venge sur qui tue nos hommes ! » Aussitôt, il fut assailli de tous côtés tandis que, pour plaire au sultan, ceux qui le pouvaient descendirent de cheval et, après avoir achevé le blessé, mirent son cadavre en pièces. Les chrétiens qui l'avaient suivi jusque-là dans la bataille se détournèrent de lui — au moins ceux qui le purent — et continuèrent de se battre en se ralliant à un autre étendard, car celui de Jérusalem avait été abattu.

Le Bâtard de Bouillon chevauchait par le champ de bataille, ne désirant rien tant que de rencontrer Saladin parce qu'il lui avait tué son oncle Esclarmond. Il croisa sur son chemin les chrétiens qui avaient été faits prisonniers au moment de la mort du roi Baudouin. Ils se plaignirent à lui, lui racontant que leur enseigne avait été abattue et que le corps du roi avait été mis en pièces sur l'ordre de Saladin par ces maudits Sarrasins ; cet acte de cruauté bouleversa le Bâtard au point de lui arracher des larmes, qui pourtant ne servaient à rien. Il s'enfonça au cœur des rangs païens, abattant et tuant tous ceux qu'il trouvait sur son passage. Quant à Saladin, qui ne restait jamais longtemps sur place mais allait d'un endroit à l'autre, cherchant l'exploit là où la presse était la plus épaisse, il aperçut Hector, le frère du roi Esclarmond, qui faisait tant d'armes qu'on n'osait pas attendre ses coups et dont l'histoire témoigne qu'il était en effet homme de très grande vaillance. La mort de son frère l'avait mis dans un tel état de fureur qu'on l'aurait cru enragé et qu'il s'exposait dangereusement dans le combat. Il poursuivit un roi païen nommé Gorhaut, un parent de Corsuble et un cousin au premier degré de Saladin, et alla le tuer au milieu de ses hommes, sous les yeux de Saladin en direction de qui Gorhaut avait fait retraite, pensant être ainsi protégé, dans sa crainte d'Hector qu'il avait déjà longuement affronté. Cette mort affligea tant Saladin qu'il jura sur ses dieux et sa foi de la faire payer à Hector. Ce qu'il fit car, le suivant du regard, il demanda qu'on lui donne une lance et, dès qu'il l'eut, il se jeta à sa poursuite et l'en frappa avec une telle violence qu'il l'abattit mort sur place. Ce fut une grande douleur pour le Bâtard de Bouillon et une joie non moins grande pour les païens qui, réconfortés par ce succès, chantèrent les louanges de Saladin, disant qu'assurément il était le meilleur d'entre eux et qu'il fleurirait en prouesse et honneur.

La bataille dura longtemps et elle se serait encore prolongée si la nuit n'était venue suspendre les hostilités. Tous campèrent à l'écart des morts et des blessés qui, incapables de se relever, osaient à peine faire entendre une plainte par crainte d'être achevés, mais sans pour autant oublier la douleur et le regret de leurs amis tombés au combat : tous y avaient perdu des leurs et avaient sujet de pleurer et de se lamenter. Parmi eux, le Bâtard de Bouillon, retiré dans sa tente où il s'appuyait contre le dossier de la chaise sur laquelle il était assis, la main au menton[1] : la mort du bon roi Baudouin et de ses oncles lui arrachait des soupirs sans fin ; il fallut que Huon Dodequin le reprît :

« Vous dépassez toute mesure, Bâtard, cher seigneur, en vous affligeant ainsi. Ne savez-vous pas que nous sommes tous mortels et que l'on ne saurait mieux acquérir la joie des cieux qu'on vengeant la mort de Notre Seigneur Jésus-Christ, que les Juifs ont fait exécuter, et en faisant la guerre à ces païens qui veulent nous dépouiller du légitime héritage des chrétiens ? Chacun de nous doit prendre la mort en gré, car les âmes de ceux qui meurent ici obtiennent le paradis en douaire. Nous ne devons donc pas les pleurer mais penser à nous en sortir ou à la façon dont nous pourrons causer du tort aux Sarrasins, et, ainsi, venger sur eux la mort de nos amis.

— Je vous entends, seigneur Huon, et à Dieu ne plaise que je m'enfuie demain du champ de bataille tant qu'il y demeurera un Sarrasin. Je mettrai toutes mes forces à leur nuire et à venger mes oncles et mon cousin Baudouin qui était, selon moi, le plus vaillant homme au monde. »

Si le Bâtard de Bouillon se lamentait, Saladin en faisait autant de son côté et Corsuble avait fort à faire pour le calmer, car la journée lui avait fait perdre son cousin Gorhaut et plusieurs autres parents dont on n'a pas parlé jusqu'ici. Mais ce qui le rasséréna ainsi que les siens, c'était le nombre des chrétiens tués et la certitude que, le lendemain, pas un d'entre eux n'en réchapperait. De crainte qu'ils ne s'enfuient, et en particulier qu'ils ne se réfugient à l'intérieur de la ville — ce qu'ils auraient bien dû faire —, il les fit surveiller. Puis tous allèrent se reposer jusqu'au lendemain. Le premier à se réveiller fut Saladin qui fit sonner si haut ses cors et ses trompettes que le son en parvint clairement au Bâtard de Bouillon. « Aux armes, chers seigneurs, fait-il, nos ennemis sont déjà prêts et je crois que leur seul désir est de nous exterminer. » Aussitôt, les nobles chrétiens s'armèrent et s'avancèrent sur le champ de bataille. Saladin fut surpris de ce qu'ils ne se soient pas enfuis alors pourtant que, même en comptant les blessés, ils n'étaient pas plus de dix mille. Ils se rangèrent cependant en bon ordre et coururent sus aux païens, semblables au loup

---

1. Au Moyen Âge, cette attitude sert à exprimer la douleur.

affamé qui s'abat sur un troupeau de brebis. La chronique rapporte que le Bâtard en tua tant que tous fuyaient ses coups, ce qui affligea fort Saladin et le renforça dans son désir de se venger de lui.

Si le valeureux Bâtard se comportait au mieux, vous devez savoir que, de son côté, Huon Dodequin ne s'épargnait pas ; il s'enfonça au milieu des païens dont il fit un massacre indescriptible, tandis que Marbrun le grand, le frère d'Esclarmond et d'Hector, faisait aussi tout ce qu'il pouvait pour venger leur mort : il s'engagea si avant dans la mêlée que Corsuble l'aperçut. Aussitôt, il lança son cheval au galop dans sa direction et Marbrun, qui ne songeait pas à l'éviter, en fit autant. Ils se battirent longtemps jusqu'à ce que Marbrun réussisse à désarçonner son adversaire, mais sans le blesser ; cependant, celui-ci aurait eu fort à faire sans l'intervention du roi de l'Inde, nommé Lucien [1], qui voulut le venger ; ce qui n'empêcha pas Marbrun de l'abattre d'un coup d'épée au milieu de ses hommes. « La Mecque ! », cria-t-il ; puis il tua tant de païens que tous se prirent à le fuir. La chronique rapporte que Corsuble s'était alors remis en selle et qu'il ne pensait plus qu'à se venger du roi Marbrun. Prenant en main une lance, il lança son cheval contre lui et lui asséna un coup qui le porta à terre sous les yeux des chrétiens qui se trouvaient là. Mais cela ne lui suffit pas : il fit descendre ses hommes de cheval et leur ordonna de lui arracher les intestins du corps, ce qu'ils firent. La nouvelle en plongea le Bâtard dans la plus profonde douleur. À force de chercher au milieu de la bataille, il retrouva son oncle, qui n'avait plus que le cœur et quelques lambeaux de viscères dans le corps, pitoyable spectacle en vérité ! Le noble Bâtard lui demanda comment il se sentait. « Bien, avec l'aide de Dieu, mon cher neveu, lui répondit-il très doucement. Qu'Il ait soin de mon âme, car il n'y a plus grand-chose à faire pour le corps. Maudits soient les païens qui ont réduit la chrétienté à pareil état ! » À ces mots, le Bâtard fondit en larmes, puis, mettant pied à terre, il embrassa Marbrun et l'installa de son mieux sur son cheval. Il se dirigea alors tout seul vers le Calvaire, dans l'intention d'y déposer, assez à l'écart pour qu'il soit tranquille, le corps de Marbrun qui l'avait bien mérité, ce bon et vaillant chrétien ! Mais des Sarrasins ne tardèrent pas à l'apercevoir et crurent qu'il s'enfuyait. Ils lui coururent sus à plus de vingt mille, si bien qu'il ne tarda pas à être complètement encerclé : il était impossible pour lui de s'échapper !

Sainte Marie ! Quelles pertes les chrétiens subirent là ! En un moment, ils furent si bien décimés qu'ils ne purent plus, dès lors, se rassembler à plus de quatre-vingts. Quand Huon vit que leur nombre allait ainsi diminuant et que le Bâtard était assailli de tous côtés, il prit trente hommes avec lui, tant écuyers que chevaliers, et, malgré les Sarrasins, ils réussirent à se porter au secours du Bâtard qui dit à Huon d'un air accablé que

1. Il y a un sultanat à Delhi depuis la fin du XIIᵉ siècle, mais aucun Lucien n'y a régné.

les choses allaient fort mal pour eux. « Vous avez raison, lui répondit Huon, nous sommes morts ou tout comme, puisque nous avons perdu nos hommes et que les Sarrasins sont à nos trousses. Il ne nous reste plus qu'à chercher le salut dans la fuite, c'est ce que nous avons de mieux à faire, car si nous pouvons nous réfugier dans la ville, Dieu pourra encore nous venir en aide. » Sans plus parler, ils tentèrent de s'enfuir, mais, frappés de tous côtés, ils furent acculés au Calvaire, au lieu dit Golgotha, selon le nom que lui donne la chronique, où ils n'eurent plus que le choix entre une mort honteuse et une défense jusqu'à la mort.

VII

Comment le comte de Ponthieu, nommé Jean, étant parti de France pour aller au Saint-Sépulcre, y fut fait prisonnier par les Sarrasins.

En ce temps dont parle la chronique, un prince nommé Jean, légitime héritier des seigneurs et comtes de Ponthieu, était parti de France, emmenant avec lui cinq cents soldats, chevaliers et nobles hommes, qui avaient décidé d'aller en pèlerinage, pour l'honneur et l'amour de Dieu, aux lieux où Notre-Seigneur avait vécu et était mort. Pour être bref, disons que ce comte Jean de Ponthieu, le fils de Guillaume d'Aumarie, avait tant fait déjà qu'il avait traversé la mer et était arrivé près de Jérusalem. Or, l'histoire rapporte que, le jour où avait lieu la bataille que nous venons de raconter, et à l'heure même où il s'apprêtait à entrer dans la ville, il entendit s'élever un vacarme qui le surprit fort. Il s'enquit de ce que cela pouvait être — si l'on demande, la chronique répond que c'était sans doute dû aux fuyards — et on finit par lui dire que c'étaient des chrétiens aux prises avec des Sarrasins, et on lui raconta comment l'affrontement avait, ce jour-là, mal tourné pour les premiers. Il ne se laissa pas abattre pour autant, mais réconforta ses compagnons qui étaient tous en bonne santé et pleins de bonne volonté, en vaillant chevalier prêt à vivre ou à mourir selon ce que Fortune lui réservait. Ils s'enfoncèrent courageusement au plus épais de leurs ennemis, mais de même que la mer reçoit et absorbe toutes les eaux sans déborder et sans en être augmentée, de même les vaillants pèlerins furent engloutis et si vite anéantis qu'ils furent tous abattus et tués comme en un instant. Cependant, il y a lieu de croire qu'eux aussi firent subir de lourdes pertes aux païens, et en particulier le comte de Ponthieu qui était homme de grand courage et de grande prouesse, car il se battit longtemps avant de parvenir au mont Calvaire vers lequel il se dirigeait, parce que c'est là que le vacarme était le plus grand, imité en cela par ses hommes, mais on ignore combien ils étaient encore à le suivre vaillamment. Ils y arrivèrent finalement grâce à lui qui

tua, ce jour-là, assez de païens pour susciter la fureur de Saladin, ce pourquoi ce dernier jura par tous ses dieux qu'il s'emparerait du chevalier
vivant. Il ordonna donc qu'on l'assaille de tous côtés, mais sans attenter
à sa vie, disant qu'il ferait de lui justice sans pareille. Le comte de Ponthieu, qui était parent de Saladin, subit donc de multiples assauts et eut
ses derniers hommes tués autour de lui, ce qui n'entama pas son ardeur :
il continua de se battre, attendant l'heure où, par la grâce de Notre-Seigneur, il recevrait un coup mortel. Et les païens l'eussent tué dix fois, sans
la défense de Saladin. La chronique rapporte que Corsuble était là et qu'il
blâma fort son neveu de s'opposer à la mort du chrétien, et il le pria d'y
consentir étant donné tous les dommages qu'il leur causait : il l'avait vu
leur tuer quatre ou cinq rois ou émirs. À la fin, le noble prince fut désarçonné et son cheval tué. Mais il eut vite fait de se relever et, l'épée au
poing, de se mettre à crier « Saint-Sépulcre ! » à si haute voix que le
Bâtard de Bouillon l'entendit ; il ignorait qui il était et savait seulement
que c'était un chrétien.

« Vite ! fait aussitôt le noble Bâtard à Huon Dodequin qui se trouvait
à ses côtés, fendons la presse, j'ai entendu des nôtres appeler à l'aide.

— N'en croyez rien, seigneur, répondit Huon, ce sont sans doute des
Sarrasins qui le font à dessein, pour nous éloigner d'ici et avoir plus facilement raison de nous. » Ils étaient adossés à un grand arbre, raconte la
chronique, et ils se défendaient si bien de face et sur leurs flancs qu'on ne
pouvait réussir à les capturer. Or, le sultan voulait les prendre vivants
pour disposer d'eux à sa volonté.

VIII

*Comment Saladin apprit que Jean de Ponthieu était de ses parents et
comment il l'épargna pour cette raison.*

Les païens assaillaient Huon et le Bâtard de Bouillon de tous côtés afin
de s'emparer d'eux, si bien que les chrétiens pensaient ne plus pouvoir en
réchapper, d'autant qu'ils y avaient perdu tous leurs hommes, et ils ne
voyaient aucun moyen pour se tirer d'affaire. Et ce fut en effet le cas de
Jean de Ponthieu qui, alors qu'il combattait à pied au milieu d'une foule de
Sarrasins, fut maîtrisé, fait prisonnier et remis à Saladin qui rendit grâces à
ses dieux de ce qu'ils l'avaient en partie exaucé. Lui jetant un regard
haineux, il lui demanda s'il lui dirait la vérité. « Certainement, seigneur »,
répondit le comte qui ne se sentait pas très rassuré. Saladin lui demanda
alors, en lui interdisant de mentir, d'où il était, et s'il était roi, duc ou comte,
car il lui avait paru être de noble naissance à voir son comportement dans
la bataille. Le comte pensait bien que la mort l'attendait et doutait seule-

ment quelle elle serait ; mais songeant au martyre que les saints du paradis avaient enduré pour le nom de Dieu, il résolut de répondre franchement à toutes les questions qu'on lui poserait. « En vérité, seigneur, je suis un chrétien de France et je ne suis ni roi, ni grand seigneur. Je suis chevalier, de noble naissance et comte d'un pays qu'on appelle le Ponthieu. Je faisais un pèlerinage avec des gens de chez moi ; nous étions tous venus en bons chrétiens, avec le pieux désir de visiter les lieux où a vécu en son temps notre sauveur Jésus-Christ et où il est mort après sa Passion. De tout cela, nous n'avons fait qu'une chose, c'est de voir le Calvaire. Quant à mes compagnons, ils sont tous morts, et moi, me voilà votre prisonnier. »

Dieu ! quelle ne fut pas la joie de Saladin quand il entendit Jean parler du Ponthieu, car il savait bien qu'il était issu d'une des filles du comte Jean d'Avesnes. Ce fut donc en le regardant avec plus d'aménité qu'il poursuivit son interrogatoire.

« Sur la foi que tu dois au dieu pour l'amour de qui tu as traversé la mer, dis-moi si tu as une sœur.

— Assurément non, mais des parents m'ont raconté que mon père en avait une qui vivait par ici ; je ne l'ai jamais vue, mais que Dieu la garde si elle est encore en vie ! »

À ces mots, Saladin comprit que ce noble comte était de ses proches parents, ce qui le lui rendit très cher et fit qu'il continua de l'interroger, mais sans rien dire de leur parenté. Il lui promit la vie sauve s'il acceptait de renier son Dieu et sa foi, ce qu'il refusa de faire. Cette ferme volonté eut le don de réjouir Saladin :

« Puisque vous ne voulez pas pour le moment renier votre religion, cher seigneur, vous resterez avec moi comme mon prisonnier, c'est-à-dire que vous me donnerez votre parole de ne pas quitter ma maison sans mon autorisation, moyennant quoi je vous accorde la vie sauve pour la noblesse et chevalerie que je vois en vous. Et vous me servirez de guide, car je veux aller en France, comme vous êtes venu ici.

— Par Dieu, Sarrasin, répondit le comte, si vous voulez m'accorder la vie, je m'en remets à vous, mais vous seriez mal avisé de vous fier à moi, car je ne saurais, pour ma part, avoir d'amitié pour vous. »

Mais le sultan ne fit qu'en rire, et il conçut tant d'amitié pour lui que, pour rien au monde, il n'eût voulu lui réserver quelque mauvais traitement.

IX

Comment le Bâtard de Bouillon fut tué.

Quand Saladin eut donné toute sûreté au comte de Ponthieu, son parent, il l'emmena avec lui là où se trouvaient le Bâtard de Bouillon et Huon

Dodequin. Jean, qui était convaincu que tous les chrétiens avaient été tués, ne retint pas ses questions, et Saladin lui dit qu'il s'agissait des deux plus vaillants chrétiens qu'il y eût au monde : il les lui nomma et les lui montra franchement. Le noble comte ne les avait jamais rencontrés, mais avait beaucoup entendu parler de leur grande prouesse et de leur renommée. Aussi, quand il entendit Saladin dire qui ils étaient et qu'il les vit, ainsi attaqués, se défendre avec tant de vaillance, il les prit en pitié et pria Saladin de lui accorder un don, ce que celui-ci lui octroya à cause de la grande amitié qu'il avait déjà conçue pour lui. Jean lui demanda alors l'autorisation d'aller aider ces deux nobles chrétiens qui offraient une si belle résistance. « Que voulez-vous dire ? fit Saladin. Sur la foi que vous devez à votre dieu, préférez-vous mourir plutôt que d'avoir la vie sauve ? Aussi bien, puisque j'ai dit oui, je ne puis m'en dédire, mais prenez garde à vous. » Il lui donna donc congé, fit suspendre l'assaut jusqu'à ce qu'ils fussent tous les trois réunis et il interdit de les tuer, disant qu'il voulait les avoir vivants, ce qui irrita ses hommes au plus haut point.

Le noble comte se mit en selle et alla droit à l'arbre où les deux princes s'étaient reposés pendant que Saladin l'avait fait armer et il les salua à la façon des chrétiens. Ils lui demandèrent qui il était, car ils n'auraient jamais pensé qu'il pût s'agir de lui ni qu'il leur eût montré tant de franche amitié. Il leur raconta tout au long son histoire et, après qu'ils l'eurent remercié, ils se remirent en position de combat, car l'impatience risquait de l'emporter chez les Sarrasins. L'assaut fut si brutal que jamais on ne vit trois hommes en soutenir de comparable, tant il est vrai qu'ils se défendirent en vaillants chevaliers. Et il y avait bien lieu de s'étonner à voir en quel péril de mort s'était mis le comte de Ponthieu pour aller aider les deux autres, lesquels faisaient tant merveille d'armes que nul n'osait les approcher. L'histoire rapporte qu'ils mirent tant d'adversaires en bière devant eux que le roi Corsuble ne se tint plus de colère, voyant les pertes de son camp : « Cher neveu, fit-il à Saladin, vous avez tort de n'en faire qu'à votre tête ; la prière de ce chrétien vous coûte cher : maudite soit l'heure où vous l'avez vu, car trop de vos hommes en sont morts. » Sur quoi, la colère saisit Saladin, et il jura par la foi qu'il était venu défendre que le Bâtard et Huon le paieraient cher ; et dès lors, il les abandonna à ses hommes, continuant seulement à interdire qu'on mît à mal le comte de Ponthieu. L'assaut reprit aussitôt, encore plus violent qu'auparavant du fait des Sarrasins, mais, de leur côté, les chrétiens leur opposèrent une résistance acharnée : ils ne tuèrent pas moins de quatorze rois, émirs et chefs de guerre, ce qui désola tant Corsuble et Saladin qu'ils recherchèrent à toute force la mort des deux princes. Dès que le sultan leur eut permis de tuer le Bâtard et Huon Dodequin, ils s'avancèrent en force contre eux et se firent accompagner d'archers qui les blessèrent grièvement ; mais il restait toujours Jean qui leur causait plus de tort qu'aucun autre. Enfin, il tomba et pour la seconde fois fut remis vivant à Saladin qui le confia à la garde de ses hommes. Le captif était au comble de la douleur de voir les deux princes ainsi mis à mal. Le Bâtard, en particulier, rapporte la chronique, avait reçu plus de trente blessures et pourtant il résistait toujours : il se battit avec Huon Dodequin jusqu'à la nuit tombée ; il fallut alors renoncer à les assaillir plus longtemps.

Dieu, quelle journée ce fut, que de pertes subies dans les deux camps ! Et bien plus encore du côté des païens que des chrétiens ! Mais la veille ils s'étaient vu infliger une telle défaite que, malgré les deux mille hommes tués à Saladin ce jour — ce qui était considérable —, la victoire revenait aux païens. Le sultan fit surveiller les abords du champ de bataille pendant toute la nuit, afin que les deux hommes ne parviennent pas à s'échapper, au demeurant, ils en étaient bien incapables, surtout le Bâtard qui, comme nous l'avons déjà dit, était mortellement blessé. Dès qu'il ne fut plus échauffé par l'ardeur de la bataille, il commença de s'affaiblir, car il continuait de se vider de son sang. Huon le soutenait de son mieux, mais ils n'osaient guère élever la voix, sachant que les païens les guettaient. Quand Huon lui demanda comment il se sentait, le Bâtard répondit qu'il n'en avait plus pour longtemps, car la mort, il le sentait bien, l'accablait. « C'est pourquoi je vous prie, cher seigneur Huon, de faire tout votre possible pour vous sauver ; ma dernière volonté est que vous preniez mes armes et mon épée Murgalie avec laquelle j'ai tué tant de Sarrasins et que vous les emportiez à La Mecque pour les donner à mon frère Gérard, votre fils. Saluez pour moi la reine Sinamonde et vos deux fils que je ne reverrai plus. Mais dites bien à Gérard, s'il reçoit l'ordre de chevalerie, de se souvenir de moi. » Au milieu de ces paroles et de ces soupirs, le noble chevalier, le champion de Dieu, allait s'affaiblissant au fur et à mesure qu'il perdait son sang. Finalement, se recommandant à Dieu les mains jointes, il expira en présence de Huon Dodequin et rendit son âme de martyr aux saints anges qui l'enlevèrent aux cieux devant Dieu, qui vit et règne dans l'éternité.

X

Comment Huon Dodequin fut fait prisonnier et remis à Saladin.

Comme nous venons de le raconter, le Bâtard de Bouillon mourut sous les yeux de Huon Dodequin, qui resta longtemps à pleurer sur son corps. Afin de se conformer de son mieux à la volonté du mort, il lui ôta son armure et son épée, prit le bon destrier Blanchard et, l'ayant chargé comme il le pouvait de ses dépouilles, partit au point du jour, à l'heure où il pensait que ses ennemis s'étaient endormis. Il descendit au bas du Calvaire, se mit en selle, menant en main le cheval du Bâtard, et tenta l'aven-

ture. Mais comme son Destin ne dormait pas, à peine s'était-il éloigné
d'une portée d'arc de la colline qu'il tomba sur un groupe de Sarrasins si
nombreux qu'il fut renversé de son cheval et pris malgré qu'il en eût : il
ne put donc empêcher qu'on le menât au sultan Saladin. Dans sa douleur,
il n'attendait plus que la mort. Tous ses regrets étaient pour sa femme
Sinamonde, la mère du Bâtard de Bouillon, et pour ses deux fils, Gérard
et Seguin, celui qui devait être roi de Mélide[1]. Il se lamentait aussi sur la
mort du Bâtard et du roi Baudouin qui étaient tombés dans la bataille. Sur
ce, on l'amena à Saladin pour qu'il le fît mettre à mort. Le sultan ne se
laissa guère émouvoir par l'accablement du prisonnier, mais lui demanda
ce qu'était devenu le Bâtard. Huon lui répondit qu'il était mort. Saladin
refusa d'abord de le croire et voulut que Huon lui décrivît l'endroit où se
trouvait son corps, que l'on trouva en effet là où il l'avait dit. Saladin en
rendit grâces à ses dieux en disant que dorénavant plus rien ne s'opposait
à ce qu'il devienne le maître de Jérusalem et de toute la Syrie, puisque le
Bâtard était mort et Huon prisonnier. Quand Corsuble entendit le sultan
s'exprimer en ces termes, il craignit qu'il n'eût dans l'idée d'épargner
Huon : « Tu sais ce que tu dois faire, seigneur, lui rappela-t-il. Tu as
devant toi le chrétien qui t'a fait le plus de mal, d'abord parce qu'il a renié
notre religion, et parce que, de son fait, nous avons perdu plus de vingt-
six rois et émirs, et plus de trois cent mille païens. Tu ne dois donc pas
hésiter à te venger de lui et, pour dire le vrai, tu dois le faire écorcher vif
ou, au moins, l'écarteler, car il n'y a pas de supplice suffisant pour lui. »
Huon se vit donc condamné à la plus cruelle des morts, mais Saladin le
regardait sans haine : sa colère était tombée avec la mort du Bâtard de
Bouillon : « Que cela vous plaise ou non, vous êtes en ma merci, cher
seigneur Huon, lui dit-il après l'avoir appelé auprès de lui ; il dépend de
moi de vous faire mettre à mort de la façon qui me plaira. Et c'est bien ce
que j'ai l'intention de faire, sauf si vous accédez à la demande que voici :
j'ai l'intention de traverser la mer pour me rendre en France ; et comme
je ne connais bien ni les chemins, ni les gens que je souhaite rencontrer,
vous aurez la vie sauve à condition de vous mettre à mon service, vous et
Jean de Ponthieu, et de m'accompagner. Pour garantie, je vous demande
votre parole, sous peine de mort, que vous me servirez, sans chercher à
me quitter pour voir femme ni enfants, selon ce qu'un prisonnier de bonne
foi doit faire. » Ces paroles donnèrent à réfléchir à Huon, qui se réjouit
fort d'avoir la vie sauve et répondit qu'il était entièrement d'accord à
condition qu'on ne lui demande pas de renier Jésus-Christ et que, quand
Saladin serait de retour, il lui donnerait la permission de rentrer dans son
pays. Le sultan refusa de lui accorder cette seconde demande, mais
accepta d'être accompagné par un infidèle[2]. Cela convenu, Huon Dode-

---

1. Melide ou Melède pourrait être l'île de Mljet, dans l'Adriatique.
2. Littéralement : « même s'il ne croyait pas en la religion de Mahomet ».

quin demeura avec Saladin, lequel, d'autre part, sachant que le moral des habitants de Jérusalem avait été fort atteint, fit, après cette victoire, dresser pierrières et mangonneaux contre les murs. On bombarda sans cesse la ville de pierres et de pavés qui y causèrent beaucoup de dommages, abattant palais, murs et maisons, si bien que les plus hardis des chrétiens craignaient de passer la tête aux créneaux. Des sapeurs descendirent dans les fossés et onze nuits durant minèrent les murs sur vingt toises : après quoi ils y mirent le feu et, dès qu'ils se furent retirés, la muraille minée s'effondra dans les fossés. Les commandants de la place, épouvantés, se réunirent pour aviser. Rassemblés autour du patriarche et de Bélyant d'Ibelin [1], les uns disaient que, puisque le sort était contre eux, mieux valait faire une sortie en masse contre l'ennemi et mourir courageusement, plutôt que de se laisser affamer et périr dans la ville ; tandis que d'autres soutenaient qu'il n'y avait que de rendre la cité à Saladin à condition qu'il leur laisse la vie sauve, et ce fut cet avis qui l'emporta. On pria Bélyant de se rendre auprès du sultan pour savoir ce qu'il pensait de cette proposition. Bélyant accepta et se mit en route, mais au moment où il arrivait auprès de Saladin, les Sarrasins donnaient l'assaut à la ville et nombre d'entre eux avaient déjà grimpé en haut des murs quand il salua le sultan :

« Qu'as-tu l'intention de faire du menu peuple des habitants qui te crient merci, seigneur sultan ? Arrête l'assaut et qu'il te plaise de prendre la ville en laissant la vie sauve à ceux qui s'y trouvent.

— Que me demandes-tu là, chrétien ? Ne vois-tu pas que je peux raser la cité et la détruire sans rencontrer de résistance ? Tu m'offres ce qui m'appartient, je n'y ai donc aucun avantage ! Mais reviens quand même demain ; d'ici là, j'aurai réfléchi, pendant la nuit, à ce que je peux faire pour les habitants. »

Sur ce, Bélyant prit congé et Saladin fit cesser l'assaut, bien qu'une douzaine d'enseignes et plus encore aient déjà été prêtes à être hissées sur les murs. Les chrétiens passèrent la nuit dans l'angoisse et, le lendemain, Bélyant retourna auprès de Saladin : après quelque discussion sur les conditions exactes du traité, le sultan conclut qu'il accepterait la reddition de la ville si on lui payait comme rançon 30 000 besants d'or pour sept mille habitants — deux femmes ou dix enfants ayant leurs dents comptant pour un homme —, et cela dans un délai de quarante jours. Il prévint Bélyant que c'était à prendre ou à laisser, que tous ceux qui ne se seraient pas acquittés de la rançon dans le délai fixé tomberaient en servage et qu'il disposerait d'eux à son gré. Bélyant prit soigneusement en compte tout ce que Saladin lui avait dit et rentra dans Jérusalem. Il réunit tout le peuple et le mit au courant des conditions fixées par le sultan, lesquelles

---

1. Personnage historique dont le rôle est fidèlement évoqué par *Saladin*, dans la mesure où il n'intervient pas dans l'intrigue proprement romanesque de l'œuvre.

satisfirent la plupart des chrétiens. Ils lui envoyèrent donc les clés de Jérusalem et ouvrirent toutes les portes, à la suite de quoi il amena dix mille hommes pour garder la cité. Toutes les portes furent alors à nouveau fermées, sauf une à laquelle Saladin fit placer un homme chargé de toucher les rançons ; il avait ordre de ne laisser sortir personne qui ne se soit acquitté comme prévu. En même temps, les enseignes des chrétiens furent abattues et jetées dans les fossés, et on les remplaça par celles des païens à toutes les portes et sur tous les palais, ce dont Saladin rendit grâces à ses dieux. Pour prévenir tout mouvement de la population, Saladin fit garder chaque rue par quatre chevaliers et vingt sergents. Les trésors de la ville, ceux des Templiers et des Hospitaliers furent ouverts [1], et Bélyant utilisa l'argent qu'ils contenaient pour payer la rançon d'un grand nombre de chrétiens ; cependant, il en manquait encore plus de la moitié. Bélyant fit alors appel aux bourgeois qui, d'un commun accord, donnèrent tout ce qu'ils avaient, pour l'amour du petit peuple, ne gardant pour eux que ce qu'il leur fallait pour vivre pendant cinquante jours ; le montant de tous ces biens, meubles et autres, permit encore de racheter beaucoup de chrétiens. Cependant, nombreux encore étaient ceux qui n'avaient pas de quoi payer et qui ne trouvèrent pas moyen de se tirer d'affaire avant l'échéance fixée. Au bout des quarante jours, Saladin fit son entrée dans Jérusalem et elle fut fastueuse à souhait. Les chrétiens pauvres s'avancèrent alors vers lui pour lui crier merci, ainsi que quatre cents dames ou demoiselles pleurant à chaudes larmes : elles avaient perdu père ou mari dans la bataille et lui demandaient d'avoir pitié d'elles. Ce qu'il accepta aussitôt, puisqu'il leur remit leur rançon, leur distribua courtoisement de généreuses aumônes et les fit conduire par ses chevaliers dans le lieu de leur choix en Syrie. Il donna encore à Bélyant le montant de la rançon de dix mille chrétiens, autant au grand maître des Templiers et à plusieurs autres aussi, et cela avec tant de libéralité que, de toute la nombreuse population de la ville, il demeura bien peu de gens qui ne soient rachetés et conduits là où ils voulaient demeurer. Pour les pauvres qui restaient malgré tout, Saladin les remit à Huon Dodequin et à Jean de Ponthieu, leur donnant également l'autorité nécessaire pour enterrer les corps des nobles chevaliers morts pendant les combats. Ils firent rechercher les cadavres des princes là où on s'était battu et les firent ensevelir en terre sainte, en particulier ceux du roi Baudouin et du valeureux Bâtard de Bouillon qui, avec le consentement de Saladin, furent inhumés près du Saint-Sépulcre, entre Godefroy de Bouillon et Baudouin de Boulogne [2] qui avait été si vaillant — ou plutôt ce qu'on put ramasser des morceaux de son corps car, ainsi qu'on le rapporte, les païens

---

1. L'histoire témoigne au contraire qu'ils s'ouvrirent le moins possible.
2. Le roi Baudouin Ier, frère de Godefroy de Bouillon et qui lui avait succédé (1100-1118).

l'avaient si bien mis en pièces que ce ne fut pas facile. La ville passa donc sous l'obédience de Saladin, et il se fit aussitôt appeler roi de Jérusalem, ainsi que des autres titres correspondants. Cependant, il ne fut pas satisfait pour autant : à peine s'était-il installé qu'il songea à d'autres conquêtes. Il réunit donc son conseil et, après en avoir délibéré avec les rois et les princes qui le composaient, la décision fut prise de conquérir la ville de Tyr. Il se mit donc en route à la tête de sa grande armée. Quand son avant-garde fut en vue de la cité, le noble Boniface [1], seigneur du lieu et marquis de Montferrat, accompagné de messire Guillaume de la Chapelle, appelèrent aux armes pour résister. Aussitôt alertés, les gens de la ville s'armèrent et firent une sortie contre les Turcs ; une bataille acharnée s'ensuivit qui fit beaucoup de morts, tant chrétiens que sarrasins. Finalement, le rapport de forces tourna si bien au désavantage des chrétiens qu'ils durent rentrer à l'intérieur des remparts. Messire Guillaume de la Chapelle resta sur leurs arrières, au bout du pont-levis, pour protéger leur retraite et il se battit vaillamment. Cependant, il finit par avoir son cheval tué sous lui et par se casser la jambe dans la chute brutale qu'il fit. Malgré quoi, il se remit debout, et, se soutenant sur l'autre jambe, continua de combattre les infidèles si bien que tous les siens purent rentrer dans la ville et lui après eux. La chronique rapporte à ce propos que Saladin, qui avait vu la prouesse, le courage et l'obstination du chrétien, fit prendre le harnachement de son cheval mort, le mit sur un de ses meilleurs destriers et le lui envoya courtoisement en compensation du cheval que ses gens lui avaient tué, ce dont il fut hautement loué par Guillaume et par ceux qui l'apprirent. Saladin fit dresser tentes et pavillons dans une plaine verdoyante sous la ville qu'il assiégea pendant quelque temps. Mais quand il apprit que, non loin de là, il y avait une place forte où résidaient plus de deux cents dames et demoiselles, et parmi elles une dont on lui dit plus de bien que des autres, il partit avec peu de gens, laissant le gros de son armée devant Tyr. Parvenu jusqu'à ce château où s'étaient rassemblées ces dames, retirées de Jérusalem et d'autres lieux, il ne lui donna pas l'assaut mais l'assiégea de si près et, afin qu'elles sachent clairement à quoi s'attendre, il fit garder si étroitement toutes les routes, qu'au bout d'une semaine, elles n'eurent plus rien à manger. Dans leur accablement, elles commencèrent à faire entendre de pitoyables plaintes. Mais celle qui les surpassait toutes en beauté, ayant entendu parler de la courtoisie du Turc, les rassura doucement et les pria de patienter la journée du mieux qu'elles pourraient, ce qu'elles firent. Le lendemain, cette belle dame — la chronique dit qu'elle était princesse d'Antioche [2] — entendit la messe, récita ses prières et revêtit ses plus beaux atours. Lorsqu'elle fut parée comme la

---

1. Dans le roman, amalgame de Boniface et de Conrad de Montferrat.
2. Personnage formé par l'amalgame de plusieurs personnages féminins historiques... et d'une bonne part d'imagination.

plus belle au monde, elle monta aux créneaux de la porte devant laquelle
Saladin s'était installé. Elle s'adressa à lui très humblement et obtint, à
force d'assurances, qu'il s'approchât d'elle, ce qu'il fit de bon cœur, tant
il fut surpris de sa beauté. Finalement, Saladin et la dame, multipliant
les marques de révérence, se rencontrèrent devant la porte même de la
forteresse. Le Turc lui demanda ce qu'elle voulait et elle lui répondit en
se mettant à genoux qu'elle souhaitait conclure un accord avec lui : elle
lui demandait d'avoir pitié d'elle et des autres dames, et de les laisser
partir avec un sauf-conduit ; elles lui remettraient la place, vu la famine
qui y régnait. Saisi de pitié, Saladin envoya chercher dans son camp force
vins, pain et viande, et les donna à la dame, l'assurant qu'il lui suffisait
de les voir reconnaître son pouvoir, ce dont elle le remercia très humblement. Elle lui ouvrit la porte de l'enceinte et il entra avec elle, la tenant
par la main ; elle le mena dans la salle où se trouvaient les autres dames
et où il fut l'objet de tous leurs regards. Quand elles entendirent les termes
de l'accord conclu et la grande courtoisie dont il y avait fait preuve, elles
se jetèrent toutes à ses genoux et lui firent grand honneur. Il vaut la peine
d'ajouter que Saladin, ce même jour, dîna avec la dame sans autre compagnie que celle d'une jeune demoiselle, laquelle se mit en tête de convertir
le sultan en usant d'un subterfuge : deux fois, elle coupa du pain qu'elle
frotta de lard avant de le placer devant Saladin qui n'y toucha pas et ne
fit qu'en rire. La dame, qui ne comprenait pas pourquoi il riait, l'interrogea et il répondit qu'il fallait le demander à la demoiselle, laquelle
comprit alors que le sultan s'était rendu compte de son manège. Elle
l'avoua, expliquant qu'il riait parce qu'elle avait posé devant lui du pain
frotté avec de la graisse de porc, dont les Turcs ne mangeaient pas, et
qu'elle l'avait fait dans l'idée que, s'il en avait pris, il serait devenu chrétien. Le sultan n'ajouta pas un mot et passa tout le dîner à regarder la belle
dame. Après avoir fait fort bonne chère et une fois les tables retirées, il la
prit à part et poursuivit sa conversation avec elle. Il la trouva si pleine de
sagesse et de toutes sortes de qualités qu'il la pria d'être sa dame et sa
maîtresse, ce que sans doute elle aurait volontiers accepté s'il avait été
chrétien et si elle n'avait pas été mariée — car l'histoire assure qu'elle
l'était. Elle lui répondit, le plus doucement qu'elle put, qu'elle était de
trop basse naissance pour un si grand prince, et qu'avant de penser à prier
d'amour une chrétienne il devrait d'abord aimer Dieu, s'excusant sur le
fait que, sans Lui, rien ne peut être mené à bonne fin. Cette réponse donna
à Saladin une très bonne opinion d'elle et il ne voulut pas la contraindre,
disant que jamais il ne voudrait faire tort, honte ni vilenie à aucune dame
au monde, si belle soit-elle. Sur ce, comme il voulait prendre congé d'elle,
elle s'inclina devant lui, le remerciant avec grâce de sa courtoisie et de
ses bienfaits et le suppliant de bien vouloir la faire conduire, elle et tous
ses gens, en tel lieu qu'elle lui nomma, car elle se trouvait au milieu d'ennemis de la chrétienté et elle n'avait pas les forces nécessaires pour se

défendre. Saladin, considérant que les femmes ne font pas la guerre aux hommes et que, laissées seules, elles se trouvent dans une bien misérable situation, fut pris de compassion : il leur remit la place et leur en donna lettres, charte et sauvegarde, en y ajoutant des vivres pour trois mois. Après quoi, il les recommanda à son dieu Mahomet, les quitta, leva le siège et partit en toute hâte retrouver son armée à Tyr ; une fois sur place, il contraignit la ville à se placer sous son obédience, car les habitants ne pouvaient espérer aucun secours, et lui-même était si redouté que personne n'osait s'opposer à lui. C'est ainsi que les chrétiens lui rendirent la ville et que Saladin leur donna un sauf-conduit pour se rendre où ils voulaient. Puis il fit en sorte de se soumettre tous les chrétiens qui continuaient ailleurs la résistance.

Toutes ces conquêtes achevées, le sultan Saladin repartit en prince victorieux vers Jérusalem, où il fit une entrée triomphale. Il y fit abattre un grand nombre d'églises, ne laissant guère intactes que celles du Saint-Sépulcre et de Saint-Jean qu'il transforma en temples païens. À partir de ce moment, Huon Dodequin, seigneur de Tabarie, et Jean de Ponthieu furent en telle faveur auprès de lui que rien ne se faisait sans leur avis. Ils avaient liberté d'aller partout où bon leur semblait, comme tout le monde, sous la sauvegarde du sultan. Cela dura un certain temps, au bout duquel Saladin se mit en tête de conquérir toutes les provinces et les régions dont il pourrait entendre parler et qui n'étaient pas encore en son pouvoir, ce dont il s'enquit auprès d'eux parce qu'ils étaient le mieux placés pour le savoir. Dûment renseigné, il rassembla son armée et partit de Jérusalem à la tête de nombreuses troupes. Disons, pour être bref, qu'il marcha sur Acre où il arriva rapidement et où il mit le siège ; c'était un port de mer et la ville-frontière du royaume de Jérusalem. Au bout du compte, il la conquit et s'en empara sans grand mal car, à la vérité, à ce moment-là, aucun chrétien ni aucun païen n'était en mesure de lui tenir tête. Après y avoir installé une solide et sûre garnison, il poursuivit ses conquêtes, en s'en prenant à des terres et des seigneuries de Syrie proches de Jérusalem, dont il n'eut pas plus de mal à venir à bout. Après quoi, il convoqua son parent et ami très cher Jean de Ponthieu et lui tint ce discours : « Cher seigneur Jean, je vous donne la cité d'Acre et le pays qui en dépend, à cause de toutes vos bonnes qualités et parce que je m'attends à ce que vous le méritiez pour le service que vous ne manquerez pas de me rendre. » Jean l'accepta de bon cœur et le remercia de son mieux en lui rendant honneur. La chronique ne dit pas si la ville était alors chrétienne ou sarrasine mais — plusieurs l'attestent —, à partir du moment où Jean la reçut, elle fut chrétienne [1].

Ces conquêtes faites, il poursuivit son dessein sans s'arrêter et fit

---

1. En fait, la place fut reconquise en 1191 (troisième croisade) par Richard Cœur de Lion.

passer sous son obédience Siglaie [1], l'Esclavonie [2], Antioche et toute l'Égypte qui avait été au pouvoir du Bâtard sans peur, jusqu'au moment où il fut empoisonné par sa femme. À cela il faut ajouter toute la Perse dont il devint le sultan, le pays des Mèdes ainsi que d'autres seigneuries trop nombreuses à énumérer. Il ne resta donc plus que La Mecque et Tabarie que tenait Huon Dodequin. Cela fait, il rentra à Jérusalem au comble de la joie et y célébra une grande fête. Trente rois, émirs et autres hauts personnages l'entouraient dans son palais, tous acceptant sans réserve son pouvoir. Après dîner, il fit appeler le seigneur de Tabarie pour qui il avait la plus vive affection et qu'il considérait comme un des plus vaillants chevaliers de la chrétienté :

« Cher seigneur Huon, je veux vous parler de choses qui me tiennent à cœur.

— Très volontiers, allons donc dans cette chambre. » Lorsqu'ils s'y furent retirés, Saladin lui dit qu'il avait beaucoup d'amitié pour lui à cause de tout le bien qu'il avait entendu dire à son sujet.

« Aussi, je vous prie, sur la foi que vous devez à votre dieu, que vous me montriez quels sont les usages des chrétiens pour faire un chevalier.

— Comment le pourrais-je, seigneur, et sur qui, puisqu'il n'y a que nous deux dans cette pièce ?

— Je veux que vous me le montriez en me faisant chevalier, dit Saladin.

— À Dieu ne plaise, répliqua Huon, que je confère un ordre aussi saint à un homme tel que vous !

— Et pourquoi donc ?

— Seigneur, vous n'êtes pas apte à recevoir ce noble ordre parce que vous n'êtes pas chrétien.

— Huon, Huon, rétorqua Saladin, vous êtes mon prisonnier : gardez-vous donc de me critiquer. Si vous acceptez, personne ne pourra raisonnablement vous en blâmer quand vous serez rentré chez vous. Inutile donc de vous faire trop prier : je ne crois pas qu'à me faire chevalier, vous porteriez atteinte à la puissance de votre religion, ni que votre honneur en serait atteint, car je vous tiens pour un homme de bien et c'est pour cela que je vous ai choisi, de préférence à un autre. Vous pouvez être sûr que si j'avais, avant vous, trouvé un chrétien de votre valeur, c'est à lui que je me serais adressé et il aurait dit oui. »

Huon, qui était sage et réfléchi, répondit à la demande du sultan qu'il acceptait selon la sagesse que Dieu lui avait prêtée et selon qu'il pourrait le faire au mieux, mais qu'il aurait préféré qu'un autre que lui le fît.

---

1. Djebaïl, port entre Beyrouth et Tripoli.
2. Historiquement, c'est une partie de la Croatie ; *Saladin* en fait un royaume sarrasin du Proche-Orient (comme beaucoup de textes médiévaux).

« Mais je vous assure que si vous aviez été chrétien, vous auriez fait un chevalier digne de ce nom.

— Il n'en est pas question pour le moment, dit Saladin ; quant à l'avenir, je ne sais ce qu'il en adviendra. » Sur ce, Huon fit les préparatifs nécessaires pour un adoubement[1]. Il fit laver la tête à Saladin et lui fit raser la barbe. Puis il lui fit prendre un bain et, au moment où il entrait dans la cuve, lui demanda s'il savait ce que ce bain signifiait :

« Non, répondit Saladin.

— Je vous apprends donc que c'est un signe de pureté : celui qui reçoit la chevalerie doit être aussi pur et aussi net que l'enfant qui sort des fonts baptismaux. » Saladin commença donc par se baigner pour se purifier. Au sortir du bain, Huon le mena à un lit qui venait d'être fait. « Ce lit nous donne à entendre, seigneur, que quiconque garde sa pureté dans cet ordre qui vous est conféré est à la fin couché au paradis dans un lit de joie perpétuelle. » Puis, le faisant lever du lit, il lui passa une chemise, disant : « Seigneur, je vous revêts de ce linge blanc en signe de la vie honnête que vous devez mener. » Ensuite une robe rouge d'écarlate ou de soie : « Cette robe représente le sang que vous devez répandre sur les ennemis de la foi en Jésus-Christ, pour protéger la sainte Église et exalter la chrétienté. » Après, ce fut le tour de chaussures brunes : « Elles signifient la terre où vous retournerez, car vous êtes né de la terre et en terre vous irez. » Le faisant lever, il lui ceignit encore une ceinture blanche : « Seigneur, ce lien vous donne à entendre que vous devez être chaste de corps, car du moment où l'on devient chevalier, on ne doit plus commettre de faute charnelle. » En lui attachant une paire d'éperons d'or, il dit : « Ces éperons vous rappellent que vous devez être aussi rapide et empressé à respecter les commandements de Dieu et à défendre la sainte Église que vous voulez trouver votre cheval prêt à répondre à la sollicitation de vos éperons. » En lui ceignant une belle et bonne épée, il ajouta : « Cette épée vous donne à entendre trois choses : la première est l'assurance, la deuxième l'équité et la troisième la loyauté. Voici ce que cela veut dire : la croix que vous voyez ici sur l'épée vous donne assurance et hardiesse contre les esprits du mal, car dès qu'un homme a ceint l'épée, il ne doit plus craindre le diable ; les deux tranchants de l'épée vous enseignent loyauté et droiture, c'est-à-dire que vous devez protéger les faibles contre les forts, et le pauvre contre le riche, en rendant droite justice, loyalement et équitablement. » Et Huon dit encore :

« La remise de l'épée s'accompagne d'un don, mais que je ne vous

---

1. Ce rituel très symbolisé n'a que de lointains rapports avec la sobre cérémonie du XIIᵉ siècle. Cependant, on trouve déjà, par exemple dans le *Lancelot en prose* (roman du début du XIIIᵉ siècle), des commentaires comparables sur les *senefiances* de l'épée et les devoirs du chevalier.

dirai pas, car je préférerais que ce fût un homme plus haut placé que moi qui vous le fît.

— De quel don s'agit-il ? demanda Saladin. Je veux le savoir et je vous demande de me le donner, si cela est en votre pouvoir, car je ne peux le recevoir de plus valeureux que vous.

— C'est une colée, seigneur. »

Et, brandissant son épée, il lui en porta un grand coup sur l'épaule en disant :

« Va ! et que Dieu fasse de toi un preux !

— Que signifie cette colée, cher seigneur Huon ? Et pourquoi un tel coup ?

— C'est pour que, au moment de la tentation, vous vous rappeliez l'ordre reçu. »

Enfin, il prit un bonnet blanc de fine toile et l'en coiffa en disant : « Je le mets sur votre tête pour que vous vous rappeliez que vous ne devez pas vous trouver en un lieu où on prononcerait un jugement non conforme au droit — si vous le savez —, ni où on projette et discute une trahison, ni où on entreprend ou poursuit une mauvaise action, sans vous y opposer de toutes vos forces. Il signifie aussi que vous devez jeûner une fois par semaine — le vendredi — en souvenir du jour où Notre-Seigneur Jésus-Christ a répandu son sang sur l'arbre de la croix pour nous racheter de l'enfer, car l'abstinence est une pénitence due pour les péchés et en particulier pour ceux du corps. Le bon chevalier ne doit pas oublier non plus de commencer sa journée en assistant à la messe, à l'office divin, dans une église, en s'offrant au service de Dieu et à Sa sage Providence. »

Saladin, sachez-le, fut très heureux d'entendre tout ce que Huon lui disait, car jusque-là, il avait porté les armes de façon grossière sans savoir ce que signifiait le très noble ordre de chevalerie. « Ah ! Huon ! s'exclama-t-il très haut, béni soit celui qui a instauré la chevalerie ! Et vive quiconque la maintiendra loyalement ! Car c'est un ordre certes digne d'être loué, qui mérite d'être apprécié par tous les cœurs nobles qui ont l'honneur pour idéal et veulent faire respecter la justice ! » Après tout cela, quand Huon eut remis à Saladin les armes dont on vient de parler, il le prit par la main et le fit sortir de la chambre. Et Dieu sait que Saladin était joyeux d'être ainsi équipé ! Tous les regards se tournèrent alors vers lui, car on ignorait ses intentions. La chronique rapporte que Huon le fit asseoir sur le trône impérial, le suppliant affectueusement de bien penser à tout ce qu'il lui avait dit, et, si sa conscience lui faisait apparaître comme raisonnables toutes ces sollicitations, de les mettre en pratique en renonçant à toutes les erreurs frivoles qui avaient jusque-là été son fait. Saladin, sans refuser d'accéder à cette demande, ne répondit rien au chrétien. Mais comme Huon voulait s'asseoir à ses pieds, il l'en retint : « Il n'est pas juste qu'un homme de bien comme vous s'asseye à mes pieds : vous vous assiérez à côté de moi. » Et il fit apporter un siège sur lequel Huon s'assit

à côté de lui et avec autant d'honneur. Saladin lui dit encore qu'assurément, au cours de la bataille où lui-même avait été fait prisonnier, d'autres
de sa compagnie avaient dû l'être comme lui et que cela devait le peiner
et l'irriter : « Aussi, je vous en donne dix à choisir. Et j'ajoute ceci : dans
la prochaine bataille que je livrerai aux chrétiens, s'il y a parmi les prisonniers un de vos parents ou amis ou quelqu'un à qui vous vouliez du bien,
pour peu que j'en sois averti, je vous le ferai remettre tout quitte, si vous
voulez le recevoir ! » Huon remercia humblement le sultan de ses offres
courtoises. Cela fait, Saladin ne songea plus qu'à se réjouir : pendant deux
jours entiers, il tint cour ouverte. C'est ainsi qu'il régna à Jérusalem,
ayant en son pouvoir toute la Syrie, sauf Acre et Tabarie que tenaient
Huon Dodequin et Jean de Ponthieu. Eux-mêmes demeurèrent bien dix
ans auprès de lui sans retourner voir femmes, enfants et amis.

XI

*Comment Saladin traversa la mer pour aller en France avec Huon et Jean
de Ponthieu, afin de voir ce qu'il en était du pays et de ceux qui en avaient la
seigneurie.*

Un jour où Saladin était dans son palais de Jérusalem, constatant que
plus personne ne lui faisait la guerre, près ou loin, mais que tous les
princes sarrasins s'appliquaient à le servir et à lui plaire, ce qui fit croître
son assurance, il prit à part Huon Dodequin et Jean de Ponthieu : « Vous
savez, chers seigneurs, ce qu'il en est du monde. Pour moi, je ne fais qu'y
penser car je n'en ai encore pour ainsi dire rien vu. Et pour vous dire le
fond de ma pensée, je vous confierai que, maintenant que je suis chevalier, j'ai envie d'aller en France, à la cour du roi, à Paris, voir le pays et
la noblesse de là-bas et ce qu'il en est des chrétiens : comme je vous l'ai
déjà dit, si je me rends compte que leur comportement et leur foi valent
mieux que celle des nôtres et de Mahomet, il pourra se faire, selon ce que
j'aurai appris, que j'abandonne l'une pour l'autre et que j'acquière une
certitude là où je suis en plein doute. Et pour assurer le succès de mon
voyage, je veux que vous me serviez de guides, comme vous me l'avez
promis, autrefois, quand je vous ai sauvé la vie : c'est-à-dire que je puisse
aller avec vous en toute tranquillité sans que vous m'exposiez à subir ni
mal, ni honte pendant tout le voyage aller et retour par mer et par terre
ainsi que pendant mon séjour, à moins que, par malheur, la fortune ne
m'accable sans que vous y soyez pour rien. Vous me suivrez avec
honneur selon ce qu'il conviendra aux heures, aux temps et aux lieux. »
Après qu'ils en furent convenus, Saladin fit affréter un vaisseau ; il le fit
charger de vivres, d'armes et de tout le nécessaire, ainsi que d'or et d'ar-

gent et d'autres bagages afin qu'ils aient de quoi dépenser mais rien à emprunter. Cela fait, ils prirent la mer avec peu de gens et firent voile jusqu'à Brindisi.

Les princes se réjouirent fort quand la traversée fut achevée. Ceux que Saladin voulait emmener avec lui débarquèrent et prirent avec eux or, argent et tout le reste. Puis ils se mirent en selle et chevauchèrent jusqu'à Rome. Ils y firent étape pour la nuit, mais le lendemain, quand Saladin voulut partir, Huon Dodequin et Jean de Ponthieu lui dirent qu'il leur fallait d'abord assister à la messe et parler au Saint-Père. Il les attendit donc, observant tous leurs gestes et comment, après la messe, ils s'agenouillèrent l'un après l'autre devant le pape pour se confesser à lui et recevoir l'absolution de leurs péchés. Cela fait, ils prirent congé et quittèrent Rome. Mais Saladin n'oublia pas les cérémonies auxquelles il avait vu participer les deux barons ; il leur demanda donc ce qu'elles signifiaient. « Nous nous sommes conformés à des commandements de notre religion, lui expliqua Huon Dodequin, qui nous ont été donnés par Dieu autrefois et dont nul ne peut être dispensé sous peine de mort, c'est-à-dire sans mériter l'enfer ; car celui qui ne les respecte pas désobéit à son créateur lui-même. Et comme il ne peut y avoir d'homme qui ne soit aussi pécheur, nous nous sommes adressés au Saint-Père, lequel, en tant que représentant de Dieu sur terre, nous a, en Son nom, donné l'absolution de tous les péchés que nous lui avons sincèrement confessés. » Huon expliqua ainsi le mystère de la confession à Saladin, qui lui répondit qu'il était par trop ignorant s'il pensait être fondé à vénérer un homme semblable à lui et à n'importe qui, au point de lui reconnaître le pouvoir de pardonner à autrui ce qu'il avait fait de mal. « Je ne croirai cela de ma vie, dit-il. Et par la foi que je dois à tous les dieux qu'on peut adorer, si je tenais ce pape en mon pouvoir en Syrie, je le ferais écarteler à quatre chevaux. » Sur ce, il passa outre et poursuivit sa chevauchée pour ne pas entendre davantage parler de la religion chrétienne. Ils pénétrèrent alors en Lombardie, descendirent les montagnes, entrèrent en Bourgogne et, de là, firent force journées jusqu'à Paris, pensant y trouver le roi [1]. Mais il n'y était pas car il était parti depuis peu pour Saint-Omer où il devait rendre un jugement sur une affaire en cours depuis longtemps. Quelle affaire ? me demanderez-vous : il s'agissait d'un crime commis par une dame du Ponthieu, nous y reviendrons longuement par la suite. Finalement, quand Huon de Tabarie et Jean de Ponthieu apprirent l'absence du roi, ils se promenèrent dans la ville en habits de chevaliers étrangers, comme ils étaient, et conduisirent Saladin partout.

Ils passèrent deux ou trois jours à Paris pour s'amuser et ils auraient pu

---

1. Philippe II, dit Philippe Auguste ; il sera appelé « le roi Philippe » dans la suite du chapitre.

y rester sans jamais s'ennuyer, tant cette ville est un monde [1]. Pendant leur séjour, ils eurent l'occasion de se trouver au palais, et il y avait là nombre de grands seigneurs, fût-ce en l'absence du roi, car la reine [2] y était noblement accompagnée de seigneurs et de dames qui s'entendirent à faire bel accueil aux trois princes. De leur côté, Saladin, Huon et Jean de Ponthieu surent se comporter de façon à devenir le point de mire de tous ceux qui étaient là. La reine les fit inviter à dîner. Pendant le repas, Saladin, qui observait tous les usages de la cour, remarqua une table à laquelle étaient assis douze pauvres en mémoire des disciples de Jésus-Christ et il demanda à Jean ce que cela voulait dire. Celui-ci répondit que c'étaient les messagers du Christ.

« Des messagers ? dit-il. Et on les reçoit dans la maison d'un grand seigneur ?

— Eh bien, répondit Jean de Ponthieu, la coutume est, chez les princes chrétiens, de nourrir chaque jour, en signe d'humilité, douze pauvres en l'honneur de Jésus le béni, qui, du temps qu'Il était sur terre, avait avec Lui douze apôtres qui vivaient dans la pauvreté.

— Et comment les nourrit-on ? repartit Saladin. Je ne vois porter à leur table que les restes des autres convives. Je pense donc que vous ne m'avez rien dit qui vaille. Et l'on ne doit point avoir de foi en la religion de gens qui disent tenir du dieu auquel ils croient tous les biens qu'ils ont et dont ils vivent, mais qui ne donnent à ses ministres, serviteurs et messagers que ce qu'ils ont en trop ou qui ne peut pas leur servir. C'est là une faute évidente de votre religion, je ne vous en dis pas plus [3]. » Sainte Marie, comme Jean de Ponthieu fut accablé par le blâme de Saladin ! Il passa donc à un autre sujet et le dîner s'acheva. Chacun de son côté se leva alors, mais il n'y avait pas plus beau et plus gracieux chevalier que Saladin ; aucun ne pouvait rivaliser avec lui pour la jeunesse et le maintien. Pendant le dîner, la reine l'avait regardé plus que tout autre et s'était prise de désir pour lui : ses traits s'étaient si bien imprimés en son cœur qu'elle ne les oublierait plus. Finalement, la compagnie se sépara et Saladin n'y

---

1. Le Moyen Âge a été fasciné par les villes de l'Orient, plus nombreuses, plus populeuses et plus animées que celles de l'Occident. Mais Paris, déjà, est à part : de 150 000 à 200 000 habitants dans le temps aussi bien de l'écriture du *Saladin* en vers (milieu du XIVe siècle) que de ce manuscrit en prose (seconde moitié du XVe siècle) ; de l'un à l'autre, les aléas du siècle de la Grande Peste et de la guerre de Cent Ans.

2. Elle ne sera jamais nommée. On se heurterait à une impossibilité : entre 1183 et 1193, Philippe Auguste est veuf de sa première femme et non remarié. Or, Saladin meurt début 1193. Il est vrai que cela ne serait pas nécessairement pour arrêter notre auteur ! Pour que la courtoisie de Saladin envers les dames (sous la forme de la galanterie) puisse s'affirmer, il faut bien que le roi ait une épouse : elle est seule assez haut placée pour convenir au sultan et pour que celui-ci apparaisse en rival heureux du roi.

3. On trouve un épisode comparable dans la chanson de geste *Anseïs de Carthage* (XIIIe siècle). Des religieux y jouent le rôle des pauvres de *Saladin*, et la réaction du Sarrasin Marsile est identique à celle du sultan. Dans les deux cas, le personnage de l'autre foi sert à moraliser les chrétiens.

pensa plus autrement. Les trois princes rentrèrent à leur hôtel, puis quittèrent Paris pour Saint-Omer où se trouvait le roi Philippe. Le comte Jean de Ponthieu leur servit de guide, car, bien qu'il ne reconnût pas les gens et qu'on ne le regardât pas non plus, il n'avait pas pour autant oublié les chemins. À force de journées, ils arrivèrent en vue de Saint-Omer qu'il put nommer à Saladin et à Huon, qui ne connaissait pas le pays plus que le sultan. Une fois dans la ville, ils se logèrent là où Jean avait eu coutume de le faire. Voyant la foule qui se pressait de toutes parts, Jean appela son hôte qui ne le reconnut pas, et lui demanda pourquoi toute cette assemblée, de par le roi et les princes de France. Celui-ci lui expliqua qu'il y avait à peu près dix ans qu'un chevalier, comte de Ponthieu, était parti pour un pèlerinage dont il n'était pas revenu. Tout le monde le croyait mort, car, depuis, on n'avait plus eu de nouvelles de lui ni de ceux qui étaient partis en même temps. Or, il avait laissé au pays une jeune demoiselle, sa sœur, qui devait donc être dame et comtesse de Ponthieu, ce qu'au demeurant personne ne contestait. « Mais comme elle est belle, riche et de noble naissance, un homme, lui aussi né d'une noble famille, Lambert de Berri, a voulu l'épouser et l'a demandée en mariage, ce qu'elle a refusé tout net, disant qu'elle ne voulait pas de lui. Le chevalier en a tellement voulu, dit-on, à la demoiselle que, je ne sais comment, on a malheureusement monté contre elle une machination qui doit la mener au bûcher, demain ou un peu plus tard, à moins qu'elle ne présente un champion qui se batte contre Lambert. Mais on le redoute tant, il est si fort et a tant d'amis, que personne n'ose se proposer pour défendre la demoiselle, car il se présente en personne devant le roi et tous les barons et chevaliers de France pour soutenir par les armes, contre quiconque prendra le parti de la belle, l'accusation qui a été portée contre elle. » Quand le noble Jean de Ponthieu entendit ainsi mettre sa sœur en cause, quelle ne fut pas sa douleur ! Pour se soulager et se calmer, il appela Saladin et Huon et leur répéta tout ce que l'hôte lui avait raconté — ce qui eut le don d'indigner profondément Saladin, qui en changea de couleur ! — car la demoiselle était sa parente. Mais Jean de Ponthieu et Huon Dodequin n'y firent pas attention, car jamais ils n'auraient pensé qu'il voulût faire quelque chose pour elle.

[XII : Comment Saladin affronta un chevalier nommé Lambert de Berri en duel judiciaire. XIII : Comment Lambert, après sa défaite, épousa la dame de Ponthieu à la prière de Saladin.]

XIV

Comment Saladin fit la connaissance de toute la noblesse et chevalerie chrétienne au tournoi donné pour les noces de Lambert de Berri et de la comtesse de Ponthieu.

Au nombre des barons et nobles princes et princesses qui vinrent au tournoi, Philippe le roi de France avait mandé son épouse la reine de France qui était — l'histoire le précise — fille ou sœur du roi d'Aragon[1] ; ce n'était pas elle qui devait être la mère du saint roi Louis, dont Philippe serait le père. En attendant le jour des noces, Lambert de Berri, Huon Dodequin, Jean de Ponthieu et Saladin s'en allèrent à Saint-Riquier qui était, en ce temps-là, une bonne ville du comté de Ponthieu où il était agréable de résider. Puis chacun se livra aux préparatifs nécessaires et gagna Cambrai où arrivaient de tous côtés, de jour comme de nuit, princes, princesses, barons et dames.

Pour se faire reconnaître, chacun mettait à sa fenêtre ses armes blasonnées, ce qui permettait de savoir qui était là, et c'était un bien beau spectacle, car il y avait tant de monde, de pays si différents, que l'opinion générale était que nulle part on n'avait vu pareil tournoi.

L'affluence fut donc très grande dans Cambrai quand tout le monde fut arrivé. Ceux qui se connaissaient de vue se firent fête. D'autres lièrent intime connaissance, d'autres enfin se mettaient en quête de rencontres. Et à la vérité, l'assemblée était si nombreuse qu'il était bien difficile d'y connaître tout le monde, surtout ceux — et il n'y en avait pas peu — qui étaient venus de pays étrangers comme Saladin. On commença par célébrer solennellement les noces de Lambert et de la demoiselle de Ponthieu. Tout raconter serait fastidieux. Le roi Philippe et son épouse y vinrent dans l'apparat qui convenait à leur rang. Il y avait là également Richard le roi d'Angleterre[2], les comtes de Flandre, de Joigny et de Dammartin, André de Chavigny, Guillaume Longue-Épée, Guillaume des Barres et tant de barons et de grands seigneurs — la chronique les mentionnera plus tard — que c'était bien beau à voir et qu'on en avait plein les yeux. Mais celui qui attirait le plus les regards était Saladin. Et l'histoire rapporte que, pendant le dîner et le bal de ce jour, la reine ne cessa d'avoir les yeux fixés sur lui et en devint si éprise qu'elle ne cessait de se demander où elle l'avait déjà vu. « Vrai Dieu, se disait-elle, qui est-ce ? Et où ai-je pu le rencontrer autrefois ? Hélas ! Jamais je n'ai vu personne qui me plaise

---

1. C'est Philippe III le Hardi, qui épousera en 1262 Isabelle, fille de Jayme Ier (1208-1276).
2. Celui que l'on connaît sous le nom de Richard Cœur de Lion.

autant ! Assurément, c'est le chef-d'œuvre de la Nature. Et il ne me
connaît pas et ne sait pas le fond de ma pensée ! Je l'ai déjà vu une fois
et je lui ai parlé, mais où ? Je n'arrive pas à m'en souvenir. M'en voilà
bien éprise ! Amour me presse tant que s'il y ajoutait l'arme des douces
paroles, je ne pourrais pas résister, tant il est doux, courtois, et si beau de
corps qu'il me faut lui faire savoir ce que j'ai en tête. »

XV

Comment le sultan Saladin conquit l'amour de la reine de France.

Dieu ! combien la reine souffrit pour Saladin qu'elle aimait plus qu'elle
n'avait jamais aimé aucun homme ! Elle ne pouvait se rassasier de le
regarder ni penser à rien d'autre. À force de le regarder tant et plus, elle
se prit à soupirer du fond du cœur : « Hélas ! se dit-elle, quel trésor ce
serait pour une grande dame d'avoir un tel ami, pourvu de tant de grâce
et de courtoisie que je ne crois pas possible de trouver son pareil. Il a l'âge
qu'il faut, et une dame qui serait en sa compagnie dans un lieu dépourvu
de gêneurs — car ils causent bien des malheurs — devrait être au comble
de la joie. Amour me touche si droit au cœur qu'il me faut le voir à mon
aise pour aller bien. » Mais tous étaient dans l'ignorance des maux de la
dame qui avait gardé pour elle ses arguments et ses conclusions. Afin de
calmer sa souffrance, elle se résolut finalement à envoyer chercher
Saladin afin de pouvoir lui parler. Elle dit au roi qu'elle avait envie de
manger du gibier et lui demanda d'aller à la chasse, ce qu'il accepta. Tous
les princes et barons — pas un ne manquait alors à la cour — réclamèrent
leurs chevaux, Saladin y compris. Quand la reine vit le palais se vider des
barons, elle fit dire à Saladin de rester parce qu'elle voulait lui parler,
invite à laquelle il se plia. Une fois en tête à tête avec lui, sachant ce qu'il
lui restait à faire, elle le reçut à la porte de sa chambre, en souriant avec
toute la grâce qu'une femme dans sa situation peut montrer à un homme,
et son accueil lui plut. Puis, le poussant contre le montant d'un lit, elle lui
prit la main et, tout en lui caressant les doigts et le regardant droit dans
les yeux, elle lui dit qu'il avait bien sujet de louer Dieu de l'avoir fait si
plein de grâce : « Nature ne vous a pas oublié quand elle vous a fait si
beau. C'est ainsi que vous m'avez ravi le cœur et que je vais mourir si
votre amour ne me vient en aide. Je n'ai jamais aimé chevalier ni quiconque autant que vous. Puissiez-vous me rendre la pareille et me prendre
pour amie, car, moi, je vous considère comme tel. » Saladin prit le temps
de réfléchir aux paroles de la dame, pour s'excuser ou accepter, car il ne
savait pas exactement où elle voulait en venir. « Je suis un simple chevalier, madame, lui répondit-il poliment, et vous êtes reine, je n'oserais pas

aspirer à l'amour d'une dame de si haut rang et si prisée, et d'ailleurs je ne le mérite pas. De plus, je serais coupable envers Dieu et le roi puisque vous êtes mariée. Mais ne craignez rien et soyez tranquille pour votre honneur car je ferai tout ce qui dépend de moi pour que vous n'encouriez ni reproche ni déplaisir. » Ce discours ne fit qu'augmenter la tristesse de la reine : « Hélas, voilà que j'ai avoué le fond de ma pensée à un homme qui m'ignore et me repousse. Comme voilà mon attente déçue ! Impossible d'être plus mal traitée par l'Amour. » Cependant, tout en continuant à le couver des yeux et à lui montrer encore meilleur visage qu'avant, elle répondit :

« J'ignore pourquoi vous refusez ce que je n'ai jamais, de toute ma vie, voulu accorder à personne, mais puisque vous dédaignez de me prier d'amour, et que me voilà trompée dans mon attente, sachez que je vais me venger d'Amour et de vous : si je me mets à crier, vous vous trouverez dans une situation difficile.

— Vous n'en viendrez pas là, madame, car ce serait dangereux pour nous deux : j'aime mieux vous octroyer ce que vous demandez plutôt que risquer le déshonneur et la mort. »

Et sur ce, prenant la dame par le cou, il l'embrassa à sa fantaisie et ainsi commencèrent dans la joie des amours qui devaient se terminer dans la douleur.

Saladin et la reine passèrent un long moment ensemble et l'histoire ne peut raconter tout ce qu'ils pensèrent, firent et se dirent. Cependant, il leur fallut se séparer quand le roi revint de la chasse, ce qui ennuya fort la reine qui aurait bien voulu ne jamais quitter son ami. Elle lui demanda son nom ; mais, pour cette fois, il refusa de répondre et, prenant congé d'elle, regagna son logis où il trouva Huon Dodequin et Jean de Ponthieu auxquels il tut son aventure. Ils retournèrent ensemble à l'hôtel du roi où il tint, pour le dîner, une cour aussi somptueuse qu'il l'avait fait pour le déjeuner. La reine y assistait, et ses yeux grands ouverts ne cessèrent de regarder et de lui procurer plus d'agrément qu'elle n'en avait jamais eu.

Le lendemain, Saladin, qui avait apporté avec lui plus d'or et d'argent que tous les autres pour fêter le roi, appela Huon et Jean de Ponthieu : « Me voilà, grâce à mes dieux, dans un pays étranger où personne ne me connaît et où je ne souhaite pas être connu. Toutefois, même si vous êtes mes deux seuls amis — amis irréprochables, je le sais —, je suis riche et puissant. Je n'ai pas l'intention de rapporter chez moi tout cet argent, je veux le dépenser de manière à me faire honneur, et me conduire de façon qu'on dise toujours du bien non seulement de moi mais aussi de mon pays. Je suis allé à la cour du roi, il m'a invité à des festins. Je veux qu'on lui prépare un grand déjeuner auquel assisteront la reine et tous les nobles et grands seigneurs que j'y prierai pour que je puisse dire que j'ai eu la compagnie des plus nobles, preux et vaillants parmi les chrétiens et aussi pour faire leur connaissance à tous. Il me restera à faire mes preuves au tournoi le lendemain. » Huon et Jean de Ponthieu l'approuvèrent, et les princes et dames convenus y furent invités, cependant que les hérauts, dont le plus grand désir était la largesse, annoncèrent que la table était ouverte à tout venant.

Cependant qu'on préparait le déjeuner et que la foule affluait de toutes parts pour assister au tournoi, arriva dans la ville un marchand avec un cheval, le plus beau qu'on eût jamais vu en ce temps. Il fut mis en vente au marché, mais aucun acquéreur ne se présenta, même parmi les grands seigneurs, car le marchand en demandait 400 livres parisis. On disait que c'était un prix de fantaisie et on faisait comme si la question ne se posait pas. Finalement, Saladin qui était occupé aux préparatifs du repas en entendit parler et le vit. Il appela Huon et lui dit de l'acheter à n'importe quel prix. Ce qu'il fit... et qui suscita maints commentaires chez les barons. Saladin, pour sa part, se contenta de dire qu'il le monterait au tournoi, et il le dit assez haut pour qu'on l'entende et cela devint le sujet de toutes les conversations. On admira aussi l'ordre donné par Saladin de payer sans marchander, voire plus que le prix demandé. Au moment du départ, il alla jusqu'à donner 1 000 florins d'or à son hôte, pour l'amabilité de son accueil, ce qui fit encore plus parler que le reste. Après le déjeuner, les barons et les dames se levèrent de table, remercièrent Saladin et, après avoir pris congé, partirent en s'égaillant çà et là, parlant de tout ce qu'ils avaient vu. Certains disaient qu'Alexandre en son temps n'aurait su faire preuve de plus de largesse. Et si les seigneurs parlaient de leur hôte, les dames, de leur côté, ne restaient pas muettes : elles aussi commentaient ce qu'elles avaient vu. Seule, la reine — et non sans raison — ne disait pas tout ce qu'elle savait. Finalement, tous se retirèrent ; et quand Saladin se retrouva avec Huon Dodequin, Lambert de Berri et Jean de Ponthieu, il demanda si le tournoi aurait bien lieu le lendemain et on lui répondit que oui. Le jour même, en effet, il fut annoncé pour le matin suivant ; tous les chevaliers devaient dresser dans les prés tentes et pavillons pour s'armer, puis venir dans la cité — le marché était près de la porte — afin que les dames eussent tout le loisir de mieux les voir. Le roi avait fait dresser des palissades et décorer de grands gradins : il est inutile de demander comment.

Le lendemain, Saladin se leva. Après avoir entendu la messe, Lambert, Huon et Jean firent leurs préparatifs et se mirent en selle. Saladin dit qu'il voulait sortir sur les prés pour voir mieux l'ordonnance des chevaliers de France et il y alla avec ses compagnons. Quand ils furent arrivés à un emplacement d'où l'on pouvait tout voir, Philippe le conquérant s'avança : le roi de France voulait être le premier à pénétrer sur le champ. Saladin ne put que le remarquer, car il chevauchait en belle ordonnance, armé de pied en cap. Aussi, il demanda à Jean de Ponthieu, qui le connaissait mieux que quiconque — à l'exception de Lambert de Berri —, qui pouvait bien être cet homme qui avait en sa compagnie cent chevaliers, tous avec armes et écus nobles et différents, « celui qui a un écu avec trois fleurs de lis d'or sur champ d'azur et un cheval dont le caparaçon est semé tout de même.

— Par Dieu, seigneur, répondit Jean, c'est Philippe le roi de France, et ceux qui l'affronteront aujourd'hui au tournoi éprouveront sa valeur. » Pendant qu'ils échangeaient ces paroles, le roi et sa compagnie passèrent. Après s'avança le roi d'Angleterre Richard, en riche compagnie lui aussi ; et Saladin, qui l'avait remarqué, demanda à Jean qui était sorti des rangs juste après le roi de France :

« Celui qui porte un blason de gueules à trois léopards d'or et dont le cheval porte les mêmes armes.

— Vous avez un bon coup d'œil, fit Jean, car c'est le roi Richard d'Angleterre, qui est renommé parmi les vaillants, pour sa hardiesse. » Saladin n'ajouta rien, mais quand Richard fut passé, il remarqua, venant après lui, une autre bannière et demanda au comte de Ponthieu qui portait ces armes :

« C'est Gautier de Châtillon[1], fit-il. Et je tiens à dire qu'il s'y entend aux armes et que c'est un vaillant chevalier.

— Tant mieux donc, repartit Saladin, car, lorsque je suis parti de Syrie, je me suis juré de jouter avec celui dont vous me direz le plus de bien, puisque j'aurai d'autant plus d'honneur si je réussis à le renverser ou à le conquérir, et d'autant moins de honte si c'est lui qui m'abat. »

Après celle de Gautier de Châtillon, Saladin vit une autre bannière, précédée de ménestrels, de trompettes et autres instruments — encore y en avait-il qui étaient déjà passés — et il s'enquit de qui il s'agissait.

« Je le connais bien, le renseigna Jean. Son écu est de gueules à une grande aigle d'argent ; c'est le comte de Joigny[2], un parent du roi et un valeureux chevalier.

— Voilà qui est bien ; je lui ferai donc tâter de ma lance ou de mon épée », dit Saladin.

Sur ce, la bannière passa et une autre s'avança pour entrer en ville, car chacun sortait du rang l'un après l'autre. Saladin posa la même question.

« Je vais vous dire de qui il s'agit, répondit Jean. On peut le reconnaître à son écu échiqueté. Il s'appelle Guillaume des Barres et il n'a pas son pareil en France.

— Peu m'importe ; si tout se passe comme je veux, avant ce soir, j'en aurai fait mener d'aussi vaillants que lui sous mon étendard. » Après cette bannière, il en passa encore une dont s'enquit Saladin.

« Nul prince de France n'est plus facile à reconnaître, dit Jean. Il serait

---

1. Personnage historique qui participa à la troisième croisade, aida Philippe Auguste à reconquérir la Normandie au début du XIIIe siècle et se croisa contre les Albigeois.
2. Les comtes de Joigny, de Flandre (nommé Baudouin dans le chapitre suivant), de Montfort et du Luxembourg, sont des personnages historiques, ainsi que Huon de Florinde et, comme nous l'avons dit en Introduction, André de Chavigny et Guillaume Longue-Épée.

capable de mener plus de trois cent mille hommes en bataille et ses terres représentent l'équivalent de cinq royaumes comme la Syrie. Ses armes sont d'or à un grand lion tout noir. Il n'est ni roi ni duc : ce n'est que le comte de Flandre, mais il a plus à dépenser que dix rois de votre pays.

— Par mes dieux, Jean, je crois que vous parlez ainsi pour me faire peur, mais cela ne m'empêchera pas de promettre à Mahomet de faire ce que j'ai dit.

— Sur ma foi, seigneur, intervint Lambert, qui n'avait rien dit jusque-là, mais avait entendu les questions de Saladin et les réponses de Jean, à vous entendre, il semble que vous ne craignez nul homme en France. Ce qui me surprend beaucoup, car vous ne les avez pas tous mis à l'épreuve comme vous l'avez fait avec moi. Je vous signale qu'après le comte de Flandre j'ai vu passer un chevalier qui porte un blason d'argent et de gueules à six lambeaux d'argent : quatre hommes comme moi ne le feraient pas fuir ; et si son nom vous intéresse, sachez qu'il s'appelle André de Chavigny. Et il est aussi beau et d'aussi noble maintien que bon chevalier : tout le monde ne parle que de lui. » Saladin crut que Lambert s'était irrité de ses paroles. « Vous ne dites assurément que ce dont vous êtes sûr, fit-il. Quant à moi, je m'en réjouis et je prendrai garde à lui pour tout le bien que vous pensez de lui. Et certes, je ne l'éviterai pas si le hasard veut que nous nous rencontrions face à face. » Saladin regretta cette discussion et, voyant que Lambert était fâché, il n'ajouta rien, mais n'en pensa pas moins et se jura à lui-même de l'affronter, fût-ce au péril de sa vie, à cause des louanges dont il avait été l'objet. Une autre bannière s'avança alors, qui portait un lion d'argent sur champ de gueules et au sujet de laquelle Saladin s'enquit auprès de Jean de Ponthieu. « Je vais vous le dire, seigneur. C'est celle du comte de Montfort, un homme noble, riche et puissant. Et celui qui vient après, avec une bannière qui porte quatre lions, c'est Guillaume Longue-Épée, dont la valeur est comparable à celle de Chavigny. » Saladin hocha la tête, mais garda pour lui ce qu'il pensait, c'est-à-dire qu'il n'aurait pas voulu être ailleurs pour la moitié du trésor de France en ce jour où il pouvait voir sa chevalerie dans tout l'éclat de son orgueil. Une autre bannière s'avança encore : elle avait un champ d'or fin bordé de sinople, avec, au milieu, une croix de gueules, et nombreux étaient ceux qui étaient rassemblés sous elle. Saladin demanda qui était le chevalier qui portait ces armes ; Jean de Ponthieu lui dit qu'il s'appelait Huon de Florinde, et il lui montra aussi la suivante comme étant celle du comte du Luxembourg et du Limbourg. Saladin ne posa plus de questions, car c'eût été trop long, mais il regarda passer les différentes bannières à la file en disant tout haut que les Français étaient en belle ordonnance.

Quand toutes les bannières furent passées, les princes firent dresser deux tentes somptueuses à l'usage de ceux qui auraient la charge des chevaux destinés à remonter les cavaliers désarçonnés. Puis on fit publier à son de trompe comment chacun devait se placer. Le moment venu, un par un, les chevaliers sortirent des rangs, chacun à son avantage. Au premier choc, ils firent sauter les heaumes de leurs adversaires et se désarçonnèrent mutuellement. Mais on n'avait la victoire que si on parvenait à emmener les chevaux à l'écart du combat, c'est-à-dire jusqu'aux palissades où avaient été plantées les bannières, car, lorsqu'un chevalier était abattu, des gens s'avançaient en force pour récupérer les chevaux, ce qui était très dangereux, étant donné qu'on se battait avec autant de violence qu'en bataille. Dames, demoiselles et bourgeois contemplaient le spectacle avec plaisir. Saladin surtout attirait les regards : il n'y avait pas de plus beau cheval ni de plus belles armes que les siens. Il était au milieu du tournoi avec Jean de Ponthieu, Huon Dodequin et Lambert de Berri qui le connaissait seulement parce qu'il l'avait affronté une fois à Saint-Omer, ainsi qu'on l'a dit. Comme son cheval suscitait maintes envies, il fut assailli de tous côtés et il aurait été abattu sans l'aide de Huon Dodequin et des siens. Quand il se vit ainsi pris à partie, il dit à ceux qui le suivaient qu'il voulait attaquer à son tour. Et ils lui dirent qu'il pouvait y aller sans crainte et qu'eux-mêmes protégeraient ses arrières.

XVI

Comment Richard d'Angleterre fut désarçonné par Saladin.

Saladin regarda les chevaliers se risquer les uns contre les autres et considéra les plus hauts barons pour savoir l'honneur qui pourrait lui en revenir. Après quoi, il lança son cheval et, fendant la presse, s'en prit au roi d'Angleterre. Il le serra de si près, ne lui laissant pas même le loisir de reprendre son assiette, que, d'un coup d'épée, il l'abattit tout étourdi entre les arçons de sa selle, et, par la même occasion, le désarçonna. Jean de Ponthieu s'empara de son cheval pour le mener au pavillon prévu pour rassembler les chevaux conquis. Ce fut une grande douleur et une non moins grande surprise pour les Anglais que de voir leur seigneur renversé sous leurs yeux. Craignant qu'il n'eût été blessé, tous s'empressèrent pour le relever, et la nouvelle que le roi Richard s'était fait désarçonner et avait perdu son cheval fit beaucoup de bruit. Tous ceux qui demandaient qui avait accompli cet exploit s'entendaient répondre que c'était le chevalier étranger. Le tournoi n'en devint que plus disputé car, de tous côtés, on requit Saladin et, sans Huon Dodequin, il se serait trouvé en mauvaise posture. Mais leur commune valeur faisait que personne ne pouvait durer contre eux. André de Chavigny qui avait déjà, grâce à sa prouesse, abattu douze chevaliers, constatant que les hérauts et poursuivants d'armes ne cessaient de crier dans leurs appels « le chevalier étranger ! », rassembla les nobles et chevaliers de sa maison et se dirigea du côté où se trouvait Saladin. Il le frappa dans son élan, lui assénant un coup d'épée qui fut loin de réjouir le sultan, et le fit se ruer sur son assaillant ; mais son épée glissa sur la jambe de Chavigny jusqu'au talon, dont elle arracha un morceau ; le blessé était trop échauffé pour s'en rendre compte.

Ce fut un combat acharné que celui de Saladin et de Chavigny. Ils s'affrontèrent au corps à corps : Saladin sauta sur son adversaire, et, l'empoignant par le heaume, il le serra de si près qu'il le fit tomber par terre. Son cheval aurait été emmené sans ses chevaliers qui vinrent à sa rescousse pour remettre leur maître en selle ; finalement, on lui ramena son cheval, mais il boitait et saignait tant du talon que Saladin, qui l'avait ainsi blessé, s'en aperçut à son plus grand regret : « Hélas ! Quel malheur ! Comment ai-je pu blesser de cette façon le plus vaillant des chevaliers ! » Sur quoi, il s'éloigna pour quitter la place un moment et se rafraîchir, sans faire attention davantage. Un chevalier flamand, qui l'avait vu partir sans ses compagnons, en profita pour le suivre et pour l'empoigner par les épaules alors qu'il portait la main à son heaume pour l'enlever afin de mieux prendre l'air. La force du Flamand était si extraordinaire qu'il réussit à renverser Saladin malgré que celui-ci en eût ; cela fait, il prit le cheval de son adversaire et l'emmena sous les yeux du millier de chevaliers qui se trouvaient là. Des cris s'élevèrent autour du Flamand, cependant que Saladin connaissait la honte d'être à pied sur le champ du tournoi. Il n'eut d'ailleurs pas à aller loin, car Huon Dodequin et Jean de Ponthieu l'aperçurent vite et le rejoignirent. Huon lui demanda où était son cheval et il répondit qu'il avait eu le malheur de le perdre. « Le cheval m'importe peu, dit-il, mais ce qui me fait honte, c'est qu'un méchant homme soit venu m'attaquer par-derrière sans rien dire, alors que je m'écartais et que j'étais en train d'enlever mon heaume, après quoi il s'est dépêché d'emmener mon cheval. »

Dès que Saladin leur eut raconté sa mésaventure, ils se hâtèrent de lui donner un autre cheval qu'ils avaient conquis sur le roi d'Angleterre. Une fois en selle, il s'enfonça dans les rangs des cavaliers, jurant par Mahomet de recouvrer son honneur s'il rencontrait le chevalier. Mais cela ne se produisit pas, car sitôt que le Flamand se vit hors de danger, il se remit en selle sur son propre cheval et envoya celui de Saladin chez lui, dans l'intention de le vendre au comte de Flandre ou au plus offrant. Saladin perdit donc son temps à le chercher. Le tournoi dura jusqu'à vêpres et Saladin, toujours à la recherche de son cheval, y accomplit nombre d'exploits, faisant trembler devant lui tous les chevaliers, si bien que, pour la seconde fois de la journée, il ne fut à juste titre question que de lui. La chronique ne donne pas plus de détails et se contente de dire que, la nuit venant, il fallut suspendre les joutes et que les barons durent rentrer dans leurs logis. Après le tournoi, hérauts et officiers d'armes se rassemblèrent pour décider celui qui avait été le meilleur, et d'un commun accord ils décernèrent le prix et l'honneur de la journée au chevalier étranger, c'est-à-dire à Saladin : ils proclamèrent donc assez haut pour que tous l'entendent « Au chevalier étranger ! » ; et ils l'escortèrent jusqu'à son hôtel, criant son nom et faisant retentir leurs instruments. Les princes et les barons, au nombre desquels les rois de France et d'Angleterre, se mirent en groupe pour lui faire cortège avec honneur.

Dieu ! quelle fut la joie de Saladin quand il sut qu'on lui avait donné le prix ! Il appela les hérauts et poursuivants d'armes et leur ordonna expressément de parcourir la ville en faisant savoir qu'il tiendrait table ouverte pour le dîner, ce dont ils s'acquittèrent. Princes et barons y vinrent, ainsi que les dames et princesses qui étaient réunies là, et parmi elles la reine de France. L'histoire ne dit pas grand-chose du dîner, du service, des honneurs qu'on y rendit, de la succession des mets, car ce serait par trop fastidieux à écouter. Il y eut surtout un joyeux intermède entre les princes, car le comte Baudouin de Flandre dînait à une table avec le chevalier qui avait conquis le cheval de Saladin. Celui-ci réussit à se le faire montrer et, afin d'amuser la compagnie, il prit ses armes — elles étaient à six besants d'or sur champ de gueules — et, entouré de force officiers, clairons et trompettes — moitié par plaisanterie, moitié sérieusement —, il s'avança en personne vers lui, et ce chevalier n'était pas somptueusement armé, car il n'était pas riche. Il lui dit en souriant : « Franc et courtois chevalier, qui m'avez, ce jour, abattu de mon cheval et l'avez conquis par votre grande prouesse et votre force, ce que personne d'autre n'a pu faire, je vous offre cet écu pour votre vaillance et je vous accorde que ce cheval soit vôtre, comme si vous m'aviez renversé en joute loyale. Et je vous prie de bien vouloir, dorénavant, porter ces armes en l'honneur de moi, car je vous les donne, en pensant que la fortune pourrait bien encore vous sourire. » Le chevalier flamand prit les armes et l'écu, et remercia beaucoup Saladin qui passa de table en table pour parler avec les nobles princes. Puis il se dirigea du côté des dames qui le dévoraient des yeux. L'histoire ne peut raconter tout ce à quoi elles pensaient : disons seulement qu'il y eut un fort beau dîner et une grande fête qui devaient donner lieu à beaucoup de commentaires.

Après dîner, on ôta les tables et on se mit à danser au son des instruments. Les réjouissances durèrent presque toute la nuit à l'instigation des dames et en particulier de la reine qui ne voulait pas partir avant d'avoir parlé à Saladin. Elle n'avait d'yeux que pour lui, tant il lui paraissait beau et plaisant ; aussi s'arrangea-t-elle pour s'approcher de lui : elle le prit par la main et il en fit autant, et ils se mirent à danser comme les autres au son des instruments dont le son éclatant empêchait presque de s'entendre parler. Tout en dansant, elle lui adressa la parole et lui demanda son nom, car son plus cher désir était de savoir qui il était. Puis ils cessèrent de danser, cependant que Saladin réfléchissait à ce qu'il allait dire. Ils s'assirent sur un banc dans un endroit où ils pouvaient se parler tranquillement.

La reine le pressa tant de questions qu'il finit par lui répondre, tant une femme s'entend bien à parvenir à ses fins. À force de belles paroles, elle obtint que Saladin lui dît son nom et qui il était, mais il lui fit promettre et jurer sur sa foi qu'elle n'en répéterait rien. Elle fut fort surprise d'apprendre qu'il était païen. Tout cela ne l'empêcha pas de la quitter brusquement, la laissant plongée dans ses pensées, comme s'il voulait aller faire fête aux siens, en réalité parce qu'il était décidé à partir le lendemain. Quand elle comprit qu'il était bel et bien étranger, consciente qu'elle était éprise de lui et se rappelant sa beauté, comme elle connaissait aussi sa haute naissance et sa grande valeur, elle lui donna son cœur. Cependant qu'elle songeait ainsi, la fête s'acheva et chacun rentra chez soi. Quant à Saladin, il fit faire ses préparatifs. Pour l'amour de sa cousine de Ponthieu, il puisa assez largement dans son trésor pour les rendre riches, elle et Lambert. Le lendemain, il alla voir le roi et ses barons dont il prit congé courtoisement après avoir échangé avec eux toutes sortes de civilités. Une fois retourné à son hôtel, il paya grassement son hôte, car il avait été très content de lui et de sa famille. Puis il s'en alla. L'histoire ne raconte pas tout son voyage — et d'ailleurs elle ne le pourrait pas —, mais elle dit qu'il gagna Brindisi où il retrouva le navire qui l'avait amené. Avec Huon et Jean, le bateau les ramena par mer jusqu'en Syrie d'où ils regagnèrent Jérusalem par voie de terre.

XVII

Comment Saladin réunit les siens pour conquérir la France avec Huon Dodequin et Jean de Ponthieu.

Quand Saladin fut de retour en son pays, il se hâta de faire venir ceux qu'il considérait comme ses fidèles et leur raconta ce qu'il avait vu en France, se louant en particulier des deux princes chrétiens : « Chers seigneurs, apprenez que je suis allé en France, qui doit, selon toute raison, me revenir. C'est pourquoi, je voudrais m'en rendre maître par les armes, ce que je ne peux faire sans votre aide à tous. Je vous la demande donc et vous prie de ne pas me faire défaut, car, à mon avis, d'ici deux ans je serai roi du pays. » Les barons et princes païens commencèrent par se regarder les uns les autres, comprenant mal son intention et la considérant comme impossible à réaliser. Certains se hasardèrent à lui dire que conquérir la France était une entreprise qui dépassait leurs moyens, quelles que fussent les forces qu'ils pourraient rassembler. Mais il leur dit qu'il voulait voir ce qui en adviendrait à cause d'une prédiction qui lui avait été faite qu'il réussirait cette conquête, ce qui fit taire les barons, car il y avait lieu de craindre ses paroles, tant il était obstiné et pouvait montrer de violence dans ses actes. Il fit donc écrire et sceller des messages qui convoquaient tous ceux qui étaient le plus en mesure de le seconder. Ils furent si nombreux à se rassembler que, de toute une vie, on n'avait vu autant de gens à la fois. Cependant, il appela Huon et Jean de Ponthieu : « Chers seigneurs, vous êtes mes sujets, et vous me devez la vie : personne, pas même vous, ne pourrait soutenir le contraire. Rappelez-vous ce que j'ai fait pour vous quand vous m'avez été livrés prisonniers. Je vous promis alors que vous ne seriez pas mis à mort, et vous vous êtes engagés à me servir en tout, sauf à renier votre dieu. Jusqu'ici, je n'ai eu qu'à me louer de vos services ; mais il me reste encore une chose — une seule — à vous demander ; après quoi, je m'estimerai satisfait et vous pourrez vous considérer comme quittes en tout honneur. On m'a prédit autrefois que je ferais plus de conquêtes qu'aucun roi ni émir de mon temps, en particulier aux dépens des chrétiens. C'est pourquoi je veux conquérir la France avec l'aide de Mahomet et de ceux que j'ai déjà convoqués. Je suis persuadé que j'en serai couronné maître et seigneur, mais je ne vois pas comment y pénétrer sans votre conseil. Il faut que vous m'y meniez et que vous m'appreniez les chemins les plus sûrs par où passer. Acquittez-vous ainsi, je vous en prie, des obligations que vous avez contractées à mon égard : faites aboutir mon projet et ce sera aussi à votre avantage. » Après s'être consultés un moment, les deux chrétiens lui firent la même réponse :

« Tu te rappelles, seigneur, que tu nous as promis, il y a longtemps, que nous aurions la vie sauve à condition de te servir de guides en France, ce dont nous nous sommes acquittés de notre mieux. Examine donc notre situation et, s'il se peut, ne nous demande pas de t'y mener une seconde fois ; il est bien temps, pour nous, de rentrer au pays : c'est notre plus cher désir.

— Par la majesté et la bonté de mes dieux ! s'écria Saladin, je serai encore plus content de vous — et je saurai mériter votre geste ! — si vous acceptez de m'aider à nouveau. Vous pourrez vous considérer comme libres dès que vous m'aurez conduit outre-mer et montré le chemin le plus sûr pour mener à bien mon entreprise, car je me fie entièrement à vous et plus qu'en quiconque. »

Finalement, les deux barons acceptèrent contraints et forcés. Lorsque ses gens furent arrivés et qu'il n'y eut plus qu'à partir, Saladin prit la mer avec Huon et Jean de Ponthieu, qui se désolaient fort à la vue de cette armée qui comptait bien neuf cent mille Sarrasins. Enfin, le vent se leva, on dressa les mâts, on largua les voiles et on cingla en mer à vive allure : bientôt, la terre de Syrie fut hors de vue.

Saladin appela alors Huon Dodequin et Jean de Ponthieu et leur demanda, sur leur foi, de lui dire où débarquer pour être mieux à même de conquérir la France. « Assurément, répondit Huon, nous sommes liés à vous par serment et nous voudrions vous donner un avis loyal. En ce qui me concerne, bien que chrétien, je ne suis pas originaire de France et j'y ai peu vécu, sauf avec vous. Le meilleur conseil que je puisse vous donner, c'est de ne pas chercher à conquérir directement le pays : mieux vaut que vous commenciez par aborder ailleurs. Mais Jean, qui est un homme entendu et qui, lui, est natif du pays et connaît les terres voisines et les marches qui pourraient vous donner plus d'avantages, saura mieux que tout autre vous donner un conseil autorisé. » Jean de Ponthieu, qui avait écouté avec plaisir les sages paroles de Huon, répondit en le regardant, tout en s'adressant à Saladin : « Je crois mieux connaître en effet que Huon le pays où vous voulez aller. Mais mon opinion est la même que la sienne. Mieux vaut pour vous une terre sur laquelle vous puissiez facilement pénétrer avant d'entreprendre de conquérir le royaume de France. Et celle d'où vous serez le mieux à même de nuire aux Français, c'est le royaume d'Angleterre : une île qui n'est pas très grande mais très forte. Une fois que vous y aurez pris pied, personne ne pourra vous en déloger. Malgré que tous en aient, vous pourrez, à votre volonté, passer, à partir de là, en Normandie ou en Picardie : le port le plus proche fait partie de mes terres ; j'y trouverai assez d'appuis pour vous y donner accès. » À ces discours, Saladin ne se tint plus de joie et se dit en lui-même qu'il était impossible de trouver hommes plus loyaux. Il leur demanda ce qu'il convenait de faire et ils répondirent qu'il fallait d'abord aller reconnaître l'endroit où ils voulaient débarquer. Saladin leur confia un bateau solide et, sur son ordre, ils montèrent à bord avec des Sarrasins parlant français. Ils dirent au sultan de ne pas se hâter de rien entreprendre tant qu'il n'aurait pas de nouvelles d'eux, ce à quoi il se conforma. L'histoire rapporte que, quand Huon Dodequin et Jean de Ponthieu se trouvèrent seuls l'un avec l'autre et qu'ils eurent tout le temps de se parler, ils se prirent tous deux à pleurer à chaudes larmes. Après une longue réflexion, ils décidèrent d'un commun accord de faire passer le salut de la chrétienté avant l'honneur et l'avancement de Saladin, et de faire prévenir par lettre le roi d'Angleterre de son arrivée, pour que lui-même en avertît le roi de France. Le roi Richard, effrayé au point d'en pleurer, voulut s'opposer au projet des infidèles : il fit mettre ses ports en état de défense et installa dans chacun des hommes d'armes expérimentés et aguerris.

XVIII

Comment Saladin aborda en Angleterre par un passage défendu par les chrétiens.

Tout en envoyant ses ordres et en renforçant ses frontières de son mieux, le roi d'Angleterre avertit celui de France de la menace que Saladin faisait peser sur son royaume. Le roi de France se hâta donc de convoquer ses barons et il envoya force hommes d'armes en Picardie, Normandie, Bretagne et autres lieux. Il dépêcha aussi en Angleterre le comte de Flandre, André de Chavigny, Guillaume des Barres, Guillaume Longue-Épée, Huon de Florinde, le duc de Luxembourg et de Limbourg, Gautier de Châtillon et les comtes de Joigny et de Montfort[1], afin qu'ils défendent le passage. Y allèrent aussi, en bons et vaillants chrétiens qu'ils étaient, le comte de Clèves et d'autres nobles chevaliers d'Allemagne. Impossible de décrire la joie de Richard, le roi d'Angleterre, quand il vit la fleur de la chevalerie française : les mains levées au ciel, il en rendit grâces à Dieu, se disant qu'il n'avait rien à craindre de la puissance du sultan Saladin. Mais, à tout hasard, il fit quand même fortifier les places voisines du lieu où celui-ci risquait de toucher terre. Puis il mena ses barons entre Écosse et Warwick[2] : il y avait là une magnifique pente, un immense pré, c'était un lieu auquel païens ou autres ne pouvaient donc causer grand dommage. Et si on demande pourquoi le roi les y menait, l'histoire répond que c'est parce que Jean de Ponthieu l'avait prévenu qu'il y conduirait l'armée ennemie : il savait en effet que, pour s'avancer davantage en Angleterre à partir de là, il fallait d'abord traverser une lande couverte de bruyère en passant par une voie assez raide et pas plus large qu'un chemin de chars qui se prolongeait sur quatre milles en mesure du pays — soit deux lieues françaises — et que dix hommes auraient suffi à garder contre mille. Jean de Ponthieu ne pouvait se tromper d'endroit, car, au sommet de la pente, il y avait un arbre au feuillage très dense qui servirait de repère et, au-delà, la campagne était fertile et plantureuse. Le roi Richard fit dresser ses tentes dans le plus bel apparat possible à deux portées d'arc environ de cet arbre. Et on y installa les loges et pavillons des hommes d'armes, en belle et noble ordonnance. Ainsi, lorsque Jean de Ponthieu eut compris que les chrétiens avaient pris leurs dispositions, il retourna vers la nef amirale du sultan qui voguait sur la mer et, de là, il le mena à proximité du lieu de débarquement, lui tenant force propos qu'il serait trop long de rapporter. Finalement, quand Saladin fut en vue des dunes d'Angleterre, il demanda à Jean quel pays c'était là. « Au nom de Dieu, seigneur, répondit-il, nous nous trouvons à l'endroit idéal : nous avons dépassé la Bretagne et longé sur une bonne distance la côte d'Angleterre à la recherche de l'emplacement le plus favorable pour débarquer. Et je crois que nous ne pourrions mieux trouver qu'au pied de cette montagne, à l'aplomb de l'arbre que vous voyez là. » Saladin, qui ignorait tout du pays et faisait toute confiance à Jean ainsi qu'à Huon, approuva ses dires. Et ils débarquèrent en effet à l'endroit convenu. Quand ils furent au milieu du pré et que Saladin ne vit aucun dispositif de défense, il se vit déjà maître du pays. Il fit sortir tentes et

---

1. Sur ces personnages, voir n. 2, p. 461.
2. Comté du centre de l'Angleterre qui, en réalité, n'a pas accès à la mer.

pavillons, décharger les vivres et installer son campement sur place. Au matin, les Sarrasins, qui brûlaient d'attaquer les chrétiens, partirent en groupes, dans l'intention d'aller fourrager comme une armée en campagne a l'habitude de le faire, et ils s'égaillèrent par les prés, pensant conquérir le monde. Mais ils eurent beau chercher, il n'y avait pas d'autre passage que le chemin de chars qui aboutissait droit au grand arbre ; ils durent donc faire demi-tour jusqu'à la tente du sultan qui fut fort surpris du fait. Il appela Huon et Jean et leur demanda où menait ce chemin entre les deux montagnes. « Vous vous en êtes si bien remis à nous, seigneur, lui répondit Jean de Ponthieu assez froidement, que pour rien au monde nous ne voudrions vous décevoir. Sachez que nous connaissons le pays mieux que vous, puisque vous n'y avez jamais mis les pieds, et dites-vous bien que si, par hasard, on s'était douté de notre venue, on aurait fait l'impossible pour défendre ce passage dont, apparemment, nous sommes les maîtres : il n'y a qu'à monter sur ces deux rochers, de part et d'autre de cet arbre, après quoi tout le pays jusqu'à Londres est aussi plat que cette grève. Et il faut bien dire qu'il est impossible de concevoir débarquement plus sûr puisque nous n'avons rencontré aucune résistance. » Mais Saladin, à voir ce chemin si raide et difficile, ainsi que les montagnes pénibles à escalader et l'impossibilité de trouver aucun autre chemin dans tout le pays, se refusa à croire ce qu'on lui disait. Il appela donc un courrier qu'il avait nommé « Épieur », et l'envoya en haut des rochers pour savoir si on lui avait dit la vérité, car jusque-là aucun païen ni Sarrasin ne s'y était aventuré. Il lui demanda de regarder quels obstacles on pourrait rencontrer jusqu'au sommet et de faire un tour dans le pays pour savoir s'il risquait de rencontrer quelque opposition. L'espion promit de s'acquitter de sa mission et se mit en route. Il prit un chemin qui, large en bas, devenait plus étroit au fur et à mesure qu'il s'élevait au milieu des dunes et des pentes abruptes, qui étaient hautes et difficiles à franchir. Le trajet fit augmenter ses craintes, car, plus il montait, plus le sentier devenait étroit et défoncé par les eaux qui s'y écoulaient. L'histoire dit que quatre personnes seulement pouvaient passer de front. À mi-parcours, le païen s'arrêta pour se reposer, maudissant celui qui le lui avait indiqué. Mais finalement, et non sans mal, il parvint au sommet. Sous ses yeux s'étendait un très beau pays sans montagnes. Il s'assit à l'ombre du grand arbre qui se trouvait là et qu'on apercevait de vingt lieues en mer. Tandis qu'il se reposait — il avait en effet bien besoin de se rafraîchir, car il était trempé de sueur —, il vit les préparatifs faits pour garder le passage. Et comme il n'était pas novice en la matière, tant s'en faut, il comprit aussitôt que tout cela avait été fait à dessein, et d'abord l'indication même du passage, ce qui ne le réjouit guère.

Le guetteur resta longtemps sous l'arbre, considérant d'un côté la belle plaine couverte d'hommes d'armes et de l'autre la mer sur laquelle une file de navires de plus de deux lieues cernait tout le site, et il se demandait par où et comment le sultan pourrait escalader ces rochers que mille hommes auraient suffi à défendre contre toutes les forces du monde. Finalement, il retourna auprès de Saladin : « J'ai grimpé comme vous me l'aviez demandé, fit-il. Tout ce que je peux vous dire au sujet de ce chemin, c'est que mille hommes suffiraient à le défendre contre n'importe quel ennemi et qu'il est si étroit qu'on ne peut y faire passer plus de quatre hommes de front. Qui plus est, quand on est en haut, dans une plaine magnifique, ce qu'on y voit, c'est une armée innombrable : à une portée d'arc, il y a des tentes, pavillons, baraquements qu'il est impossible de dénombrer, et avec tout cela, une foule stupéfiante de bannières, à se demander s'il n'y a pas de la magie là-dessous. » Quand Saladin eut appris par le messager ce qu'il en était du passage et de ce pays d'amont couvert de tentes et de bannières à une simple portée d'arc, il se dit que Huon Dodequin et Jean de Ponthieu voulaient sans doute trahir son armée et il leur jeta un tel regard d'animosité que malgré toute leur hardiesse ils en furent effrayés. Ils continuèrent cependant à faire bon visage pour ne pas nourrir ses soupçons. Saladin eut brusquement l'idée d'aller escalader les hauts rochers pour vérifier ce que lui avait raconté son espion et pour ne pas risquer de penser du mal d'eux à tort. Il se mit donc en chemin et avec difficulté atteignit l'arbre d'où, parmi toutes les bannières qui s'offraient à ses yeux, il en reconnut douze d'autant plus facilement qu'il les avait déjà vues au tournoi de Cambrai. L'histoire rapporte qu'il n'en fut guère ébranlé. Il se dit seulement qu'en effet les deux chrétiens l'avaient trompé. Mais, voulant voir comment les choses tourneraient, il différa sa vengeance. Il redescendit donc tout en observant le chemin défoncé et les rochers qui le dominaient de haut, et il regagna sa tente, absorbé dans ses pensées et l'air si triste que ses hommes ne savaient que dire. Quand il le vit en proie à une humeur si noire, son oncle Corsuble ne put se retenir : « Vous vous laissez trop abattre, cher neveu, vous ne devez pas vous inquiéter autant pour le si petit nombre — à ce que j'ai entendu dire — de vos ennemis. Songez à achever au mieux ce que vous avez commencé.

— Ce n'est pas peu de chose, répliqua Saladin, que de voir, en une heure de temps, tant de forces assemblées en un lieu.

— Ah ! cher neveu, votre visage est tout changé : je comprends que votre cœur est inquiet et qu'il souffre, je le crois, autant que le mien. Mais je voudrais que vous fassiez preuve de plus de modération, car vous donnez le mauvais exemple à vos hommes en montrant votre désarroi : si les choses tournaient mal, vous seriez le responsable de la perte de tous ces gens que vous avez amenés ici.

— Par mon dieu Mahomet, ce n'est pas la peur des chrétiens qui me fait ainsi changer de couleur, mais une crainte dont je ne veux pas parler, car mon intention est bien de conduire mon armée à l'assaut de cette montagne et de m'emparer sans tarder de cette île qui ne peut nous résister. »

XIX

Comment Saladin fit assaillir le passage pour s'en emparer.

Saladin et Corsuble discutèrent longuement des dispositions à prendre contre leurs ennemis. Le sultan réunit alors tous ses princes, dit l'histoire, et leur exposa son projet : dès le lendemain matin, tous devaient être prêts à gagner le sommet de la montagne ; puis on se sépara. Le lendemain matin, on fit sonner les trompes et mettre en rangs les troupes sur la plage. Cela ne passa pas inaperçu des nobles barons chrétiens. Si on veut savoir comment, l'histoire précise qu'on avait fait surveiller le sommet des rochers jour et nuit de telle façon que personne ne pût y grimper sans être vu. Mais le roi Richard avait interdit de faire du bruit, sauf en cas de nécessité. Les chrétiens se préparèrent donc à aller au-devant des païens, au passage près de l'arbre qui était tout en haut. Les païens faisaient peur à voir tant ils étaient nombreux. Saladin en avait rangé cent mille pour le premier assaut, et cent mille pour le second, qui devaient en même temps prêter main-forte aux premiers.

Les nobles barons firent avancer rapidement leurs bannières au passage que le sultan voulait conquérir, et il les entendit quand ils se mirent en marche, ce qui l'affligea fort. Il commanda néanmoins qu'on leur donnât l'assaut : « On va voir, chers seigneurs, qui s'appliquera en ce jour à faire croître mon honneur. Tout ce que je vous demande, au titre du service que vous me devez, c'est de vous rendre maîtres de ce passage, car si nous pouvons arriver jusqu'à l'arbre que vous voyez là, toute la puissance des chrétiens ne saurait m'empêcher de conquérir l'Angleterre, la France et l'Allemagne. » Les Sarrasins, qui étaient frais et dispos, et désireux chacun de servir Saladin comme il le devait, commencèrent à monter, les uns par le sentier où ne pouvaient passer que quatre hommes de front, les autres, persuadés de mieux s'y prendre, grimpant par les rochers ; mais tous se retrouvaient au passage où les barons chrétiens les attendaient, prêts à combattre au besoin. De plus, les Sarrasins, avant même d'arriver là où étaient les chrétiens, s'étaient si bien épuisés qu'ils auraient préféré se retrouver à leur point de départ. Et les plus avancés auraient bien voulu se reposer, mais ils n'osaient pas s'y risquer, car il en venait toujours par-derrière qui les suivaient et s'avançaient le plus loin possible. Parmi les chrétiens, à ce que raconte l'histoire, il y avait André de Chavigny, qui les jugeait bien longs à venir. Ayant repéré une colline et des roches qui pourraient servir de voie de passage aux Sarrasins, il y alla et, constatant que la majorité de leurs premiers rangs s'y trouvaient et s'étaient déjà emparés d'une grande partie de la place, il sauta d'en haut, à pieds joints et l'épée au poing, au milieu des infidèles à qui il fit grand-peur ; nombre d'entre eux le crurent tombé du ciel. Brandissant son épée, il se mit à en frapper ses ennemis de toutes ses forces, et en tua tant qu'aucun d'entre eux n'osait lui faire front. La troupe commença de murmurer et se dispersa. Ceux qui avaient eu l'audace de grimper par les rochers furent saisis d'une telle frayeur qu'ils en perdirent sagesse et courage et se mirent à trébucher ; et pareillement, ceux qui montaient par le chemin de chars furent rapidement si épouvantés qu'ils firent tous demi-tour, s'entre-tuant pour se sauver plus vite et laissant seul ce Chavigny qui les avait ainsi mis à la fête.

Saladin fut très affligé de cette déconfiture ; il donna l'ordre aux cent mille autres Sarrasins, qui s'étaient targués de prendre le passage, de relayer les premiers ; ils montèrent jusqu'en haut, mais ne firent rien de plus qu'eux ; leur chef fut le premier à se faire tuer, et il leur fallut tourner le dos encore plus vite et plus honteusement. L'histoire serait bien incapable de rapporter tous les faits d'armes accomplis dans les deux camps pour conquérir et défendre le passage. Les opérations occupèrent toute la journée, et, finalement, la nuit donna à tous le signal de la retraite. Quelque défaite que les païens aient subie pendant le jour, ils firent fête pendant la nuit : Saladin les y convia et les réconforta avec gaieté. Quand chacun se fut retiré, il songea à ce qu'il avait à faire et, se voyant entouré de Huon Dodequin et de Jean de Ponthieu, il leur dit en les prenant par la main : « Que Mahomet me vienne en aide, chers seigneurs, vous ne m'avez guère amené à bon port, à ce que je vois. On pourrait croire pour assuré, sans se tromper et sans mentir, qu'il y a eu là évidente trahison. Mais je ne veux rien approfondir pour le moment ; il sera temps de le faire une fois de retour en Syrie. » Huon Dodequin, qui avait plus d'esprit de repartie que Jean de Ponthieu, répliqua aussitôt qu'il ne savait pas pourquoi Saladin tenait ces propos : « Mais j'ose affirmer devant tous vos hommes que jamais je n'ai eu de toute ma vie pensée traîtresse. Et je suis prêt à le soutenir en combat contre tout contradicteur, à moi seul contre deux. » Jean de Ponthieu voulut s'excuser en termes semblables, mais Saladin l'aimait trop pour le laisser parler. Le lendemain, un païen vint demander au sultan l'autorisation de donner l'assaut au passage, ce qu'il lui accorda. Il fit monter ses hommes, qui ne firent rien de plus que les attaquants de la première journée, ce qui ne le réjouit guère. Mais il prit son mal en patience et resta longtemps sur place, parce que c'était là qu'il avait débarqué et qu'il avait honte de partir, se disant que toute la chrétienté était avertie de sa venue et que les côtes et les ports étaient tous gardés.

XX

Comment Saladin essaya de s'emparer du roi Richard.

Un jour, peu après ces assauts livrés au passage, Saladin réunit tous les rois, princes et émirs dans sa tente, avec Huon Dodequin et Jean de Ponthieu, dont il voulait mieux sonder les intentions. Voir autant de païens rassemblés, et des plus nobles de leur pays, avait de quoi étonner. Quand ils furent tous là, il les regarda l'un après l'autre et en particulier Huon et Jean, qui n'auraient pas osé désobéir à son ordre. « Je vous ai fait venir ici, chers seigneurs, déclara-t-il à haute voix, pour recevoir vos conseils sur la façon de poursuivre mon voyage, car, d'après ce que je vois, nos affaires vont si mal qu'il y a lieu de craindre qu'elles ne tournent à la catastrophe. Aussi, que personne n'hésite à dire son opinion, car c'est le moment de le faire. » Un silence général accueillit ces paroles, ce qui affligea fort Saladin, qui poursuivit : « Je suis très surpris qu'il n'y ait personne parmi vous pour me donner conseil, quand j'en ai le plus besoin. » À ces mots, le roi de Farinde, qui était très prudent et avisé, bien qu'il ne lui revînt pas de parler avant Corsuble et plusieurs autres, dit que le sultan le savait, on ne pourrait arriver à rien par la force ; il fallait donc avoir recours à la ruse. « Quand on fait la guerre, on doit nuire à l'ennemi par tous les moyens. Et puisqu'il en est ainsi, à mon avis, ce serait pour vous un très grand avantage de détenir en votre pouvoir le roi d'Angleterre, sur les terres de qui nous sommes, en vous y prenant adroitement. Même si ce n'est pas le plus vaillant des chrétiens, et s'il y a, dans leur armée, quelqu'un qui pourrait nous causer plus de tort, je crois plus profitable d'essayer de nous emparer de lui, parce qu'il est le chef, et que, par son intermédiaire, vous pourriez plus facilement parvenir à vos fins que par or, argent, trahison ou autre moyen. Réfléchissez donc à ce qu'il faut faire. Et si mon opinion vous semble bonne, vous pouvez, par exemple, envoyer à ce roi votre cheval Moreau : il n'est chevalier, comte, duc, prince ni roi qu'il ne vous ramène dans votre tente, malgré son cavalier, dès qu'on le monterait ! Qu'il vous plaise donc de le lui envoyer, faites-le-lui présenter par un écuyer, qui lui demandera de venir discuter avec vous au passage. S'il accepte, je suis sûr que le cheval l'amènera ici. » Quand ce roi eut achevé d'exposer son plan en détail, Saladin, considérant que c'était là un très astucieux conseil, se rangea à son avis et confia le cheval à un écuyer qui se chargea d'exécuter point par point ce qu'il avait entendu proposer. Le païen se mit en selle et gagna le passage où se trouvaient plusieurs nobles barons. Après l'avoir franchi, il arriva devant le roi Richard d'Angleterre qu'il salua à la mode sarrasine et de façon à lui faire honneur. Puis il s'acquitta de son message et présenta le cadeau offert. Quand le roi Richard vit le cheval, il le trouva étonnamment beau, l'accepta sans faire de réserve et l'aurait immédiatement essayé, n'eût été le comte de Stanford [1] qui l'en dissuada : « Seigneur, celui qui a créé tous les chevaux ne les a pas disposés de même, quelle que soit leur commune apparence. » Richard y renonça donc et, en l'absence du Sarrasin, réunit son conseil à qui il parla de la demande de Saladin et de son cadeau. Pour que Saladin ne pensât pas que le roi Richard n'avait pas eu le courage d'aller le trouver, on décida de faire appel à un chevalier qui monterait le cheval et qui, portant les armes d'Angleterre, irait avec l'écuyer demander à Saladin à quel propos il voulait parler au roi.

Le vaillant Chavigny [2] demanda au roi d'être cet envoyé. Mais le roi n'y consentit pas, car un autre était déjà prêt : il lui expliqua ce qu'il devait faire et lui recommanda de ne pas aller au-delà du passage dont Saladin voulait s'emparer. Le cheval fut revêtu du harnachement du roi Richard — il porte des léopards d'or — comme si le roi lui-même l'avait monté. Et quand le chevalier, qui était très entreprenant et désirait l'aventure, fut armé de façon à être méconnaissable — car il avait la même allure que le roi —, Richard s'écarta. Et les chrétiens l'escortèrent jusqu'à l'écuyer sarrasin en lui rendant les honneurs dus à un souverain. Si on demande le nom du chevalier anglais, l'histoire dit qu'on l'appelait Antoine le Hardi et l'Audacieux parce que, issu d'une grande et noble famille, il était pauvre et recherchait toutes les occasions d'acquérir réputation et honneur pour s'élever.

Bref, le chevalier Antoine se mit en selle ainsi que l'écuyer. Et ils allèrent jusqu'au passage qu'Antoine avait l'intention de ne pas dépasser, mais, malgré éperons et mors, le cheval ne s'arrêta pas et passa outre sous les yeux des chrétiens. Et le chevalier fut emporté malgré lui à la suite de l'écuyer qui piqua des deux de son mieux, entraînant à toute allure Antoine après lui : plus celui-ci tirait sur les rênes, plus sa monture galopait. Au moment de franchir le passage, Antoine cria plusieurs fois à l'écuyer de s'arrêter, mais le païen, pensant avoir affaire au roi d'Angleterre, fit comme s'il n'entendait pas. Quand Antoine fut arrivé au bas de la pente, son cheval prit son élan et sa course le mena droit à la tente de Saladin. Les Sarrasins qui le voyaient venir en furent très joyeux, persuadés que c'était bien là le roi Richard, puisqu'ils le voyaient revêtu de ses armes. Ils se pressèrent tous autour de lui qui, en homme vaillant, dégaina l'épée et voulut faire demi-tour en éperonnant son cheval, mais ce fut en vain : rien n'aurait pu le faire bouger. Finalement, on s'empara du chevalier et on le livra à Saladin, en le prenant toujours pour le roi d'Angleterre. La nouvelle s'en répandit aussitôt dans le camp ; Huon Dodequin et Jean

1. Le titre ne sera créé qu'au XVIIe siècle.
2. Il était sujet de Richard Cœur de Lion ; il est donc normal qu'il se trouve dans son entourage, et qu'il ait figuré, ainsi que Richard, au tournoi de Cambrai.

de Ponthieu eurent tôt fait de l'apprendre et ils s'en affligèrent beaucoup. Ils accoururent au plus vite là où était le prisonnier, et le saluèrent en ces termes : « Bienvenue à vous, seigneur roi d'Angleterre. » Antoine ôta alors son heaume afin que Jean le reconnaisse, ce qui le mit au comble de la joie. Saladin, les voyant s'entretenir ensemble, les interpella pour leur demander ce qu'ils avaient, ce à quoi Jean de Ponthieu répondit :

« Ah ! seigneur, ne vous réjouissez pas trop, de peur de devoir ensuite vous affliger.

— Pourquoi donc ?

— Parce que c'est peine perdue pour vos gens : ils pensent s'être emparés du roi d'Angleterre et ils n'ont qu'un simple chevalier qui n'a pas 100 besants vaillant. Et qui pis est, Richard et ses barons pourront se moquer de l'aventure. »

À ces mots, Saladin fit descendre le chevalier de son cheval et ordonna qu'on le désarme. Puis il le regarda un moment sans parler avant de le questionner :

« Qui vous a envoyé ici, chevalier ? Et pourquoi le roi Richard n'est-il pas venu ?

— Je l'ignore, seigneur sultan, mais je crois qu'il n'a pas osé se fier à votre cheval, ce qui ne me surprend pas : une fois armé et monté dessus suivant l'ordre de mon roi, je n'ai pu le maîtriser ; plus je tirais sur les rênes pour le retenir, plus il galopait, et je ne vous trouve pas là où mon maître m'avait dit. En tout cas, je suis à votre merci. » Saladin, qui était plus courtois qu'aucun prince au monde, défendit que quiconque portât la main sur lui, et alla jusqu'à le retenir là où il était logé, le traitant de son mieux.

XXI

Comment Saladin voulut éprouver l'intelligence du plus vaillant chrétien qui fût dans l'armée de Richard ; et comment il demanda une trêve pour aller parler aux chrétiens.

Après cela, Saladin appela un de ses écuyers, lui remit une épée plus courte d'un demi-pied que la normale et lui ordonna de se rendre à l'armée du roi Richard, de lui demander, ainsi qu'aux princes qui seraient avec lui, si l'épée était bonne ou non pour se battre et de lui rapporter soigneusement les réponses et les noms de ceux qui prendraient l'épée en main. Il le chargea aussi de demander une trêve pendant laquelle il voulait aller les voir et se divertir avec eux. L'écuyer se mit en selle et dit qu'il s'acquitterait de son message. Il parvint au passage qui était gardé par de nombreux nobles chrétiens qui veillaient à ce que personne ne pût les surprendre. Comme c'était un simple messager, ils finirent par le laisser passer. Quand il fut arrivé à la tente où se trouvait le roi d'Angleterre avec ses barons, il le salua de par Mahomet son dieu. Puis il lui montra l'épée : « Seigneur, Saladin vous envoie cette épée et vous prie de lui donner votre avis ainsi que celui de vos hommes : est-elle bonne ou non pour combattre ? » Le roi Richard, après avoir écouté le Sarrasin, regarda l'épée, la prit en main et dit qu'elle était un peu courte. À son tour, le comte de Flandre la prit, l'examina et dit qu'il était bien dommage qu'elle ne fût pas assez longue, car il n'en avait jamais eu de meilleure. Les autres princes firent de même et, l'un après l'autre, répétèrent la même chose jusqu'à ce qu'enfin Chavigny la prît et déclarât hautement que d'après lui c'était une si bonne épée qu'il était impossible d'en trouver une meilleure. « Pour moi, je ne trouve pas qu'elle présente de défaut : si elle paraît un peu courte, il n'y a qu'à avancer le pied d'autant. » À ces mots, tous les princes le regardèrent et dirent qu'il avait raison. Ce que le païen n'eut garde d'oublier. Il demanda aussi une trêve, comme son maître le lui avait ordonné. Les barons se retirèrent à part pour en délibérer et acceptèrent finalement. Mais avant qu'il ne prît congé, Richard s'enquit de la raison pour laquelle Saladin lui avait fait présent de son cheval et avait retenu prisonnier son chevalier.

« Je l'ignore, seigneur, répondit le païen, et vous ne pourrez le savoir que lorsqu'il sera venu à vous.

— Tu lui diras, fit alors le roi, qu'il peut venir tranquille jusqu'au passage : personne ne lui fera rien, à condition qu'il ne soit pas accompagné d'hommes en armes. »

Sur ce, le Sarrasin se retira et il regagna la tente de Saladin, lequel s'enquit de ses nouvelles. Il rapporta donc ce qu'il avait fait. Saladin l'interrogea en particulier sur les réponses qu'on lui avait données au sujet de l'épée. Il lui raconta mot pour mot qui l'avait prise et avait parlé en premier et pour dire quoi. Il mentionna en particulier ce qu'avait dit Chavigny : que, si l'épée était courte, il suffisait d'avancer le pied pour tout arranger. Cela retint fort l'attention de Saladin qui hocha la tête et dit que Chavigny était le plus vaillant des chrétiens.

Saladin, qui n'osait pas s'en remettre à la parole d'un seul écuyer, appela alors Huon Dodequin et Jean de Ponthieu et, après leur avoir exposé son affaire, les chargea de se rendre dans l'armée chrétienne et de parler aux barons afin d'avoir un sauf-conduit du roi Richard pour lui-même et deux ou trois de ses hommes. Les barons y allèrent et obtinrent ce qu'ils étaient venus demander — le sauf-conduit vaudrait pour trois jours —, puis ils s'en retournèrent. L'histoire se tait sur la bienvenue et la fête qu'on leur fit secrètement ; elle dit seulement qu'après avoir accompli leur mission, ils rentrèrent auprès de Saladin qui, une fois connue la réponse, se prépara à partir non le jour même, mais le lendemain. Ce matin, il se mit en selle et se fit accompagner de Huon Dodequin et de Jean de Ponthieu, ainsi que de son écuyer. Il se rendit au passage qu'il n'avait pu conquérir, où il trouva plusieurs nobles chrétiens postés là pour le garder jour et nuit. Cependant, ils passèrent outre, car ceux qui gardaient le passage avaient reçu les ordres nécessaires. Finalement, ils parvinrent à la tente du roi qui, pour l'heure, était là avec le comte de Flandre, Chavigny, Huon de Florinde, les comtes de Montfort et de Joigny et tous les nobles qui avaient promis de défendre le passage contre l'armée de Saladin.

XXII

Comment Saladin décida du combat de deux Sarrasins contre deux chrétiens.

Les nobles barons n'eurent pas de mal à reconnaître Saladin, puisqu'ils l'avaient déjà vu à Cambrai ; aussi lui firent-ils fort bel accueil. Cela ne prit nullement le sultan au dépourvu ; une fois les saluts échangés, il leur dit avec assurance :

« Je veux que vous sachiez, seigneur roi et vous tous qui êtes ici, que ce pays m'appartient comme le reste du monde à cause du bon roi Alexandre le Grand dont descendent mes aïeux ; il me revient donc en légitime et directe succession. Je suis venu pour en prendre possession, vous avez grand tort de vous y opposer. Je vous prie donc de me livrer le passage. Obéissez-moi, ou donnez-moi une réponse sur laquelle je puisse me fonder, car mon intention est de ne pas rentrer dans mon pays ni de quitter celui-ci tant que mon obédience n'y sera pas reconnue, de gré ou de force, en tant que vrai et légitime héritier de celui que je vous ai nommé, qui a commandé au monde entier.

— Sur ma foi, seigneur, se hâta de répondre Chavigny, il peut bien être vrai qu'Alexandre ait été vaillant et qu'il ait eu la chance de conquérir le monde, mais il ne l'a possédé qu'un jour : cela ne suffit donc pas à fonder votre droit ici et maintenant.

— Je sais bien, seigneur chevalier, répliqua Saladin sur un ton de dépit et de colère, que vous voudriez, à coup sûr, m'en empêcher, mais je fais vœu à Mahomet qui donna et enseigna à nos pères la foi dont nous nous réclamons, de conquérir le passage que vous pensiez bien garder contre moi, et je serai le maître dans le pays, s'il le faut envers et contre tous ceux qui voudront ou oseront s'y opposer.

— Faites le vœu que vous voudrez, seigneur, fit alors Chavigny. Mais je crois que lorsque vous vous présenterez au passage, j'y serai aussi. C'est pourquoi moi également je fais un vœu : je sais qu'assurément vous êtes le plus vaillant chevalier ou prince qu'il y ait au monde, mais je promets au Dieu créateur de l'univers en lequel nous croyons que, si vous faites ce que vous avez dit, je vous arracherai le heaume de la tête, à la force de mes bras — à moins qu'il ne tienne mieux qu'avec de la poix ou du ciment. »

Ce vœu suscita un rire général et affligea Saladin ; il le fit aussi renoncer à parler avec superbe, comme il l'avait fait, à des gens qui étaient en situation de lui répondre sur le même ton. Il connaissait d'ailleurs Chavigny et l'avait éprouvé pour le plus vaillant chrétien de l'armée, ce qui ne l'empêcha pas de lui répondre :

« Vous auriez fort à faire pour accomplir votre vœu et me prendre la vie au milieu des neuf cent mille vassaux qui désirent tous l'accroissement de mon honneur.

— Je continue de soutenir que je n'y manquerai pas, si vous voulez conquérir le passage comme vous vous y êtes engagé. Je n'ai certes pas dit que mon vœu et le vôtre pourraient être accomplis. Mais pour moi, je pense en réchapper, peut-être même sans blessure. Que Mahomet vous aide et que le Dieu en qui je crois en fasse autant pour moi ! »

Les barons n'ajoutèrent rien et Saladin dit plus poliment qu'il ne l'avait fait auparavant : « Chers seigneurs, puisque, d'après ce que vous dites, il vous semble impossible de conquérir ce passage, je vais vous faire une proposition que vous ne devez pas refuser : il y a ici les plus vaillants et les plus aguerris des chrétiens. Et si on me demande comment je le sais, je répondrai que je les ai tous mis à l'épreuve. Je pense, de mon côté, en avoir amené de comparables : je choisirai donc parmi eux deux des plus valeureux, et vous de même vous choisirez les deux que vous voulez. Et afin d'éviter tout débat qui pourrait être gênant, nous les ferons combattre ainsi : si mes hommes sont victorieux et que les vôtres sont déconfits et doivent s'avouer vaincus, vous livrerez le passage à moi et à mes hommes, tout à fait libre. Si, au contraire, ce sont vos hommes qui ont la victoire, je vous jurerai, sur ma religion, de retourner comme je suis venu par mer avec mon armée, pourvu que je sois assuré, de votre part, de conditions semblables. »

Grande fut la liesse des chrétiens, qui ne demandaient rien d'autre. Tous regardèrent le roi, qui était le plus joyeux de tous, et accorda sa requête à Saladin. Le roi et le sultan jurèrent solennellement de faire ce qui avait été promis au jour qu'ils fixèrent. Puis Saladin prit congé ainsi que Huon Dodequin et Jean de Ponthieu, et ils retournèrent jusqu'à leurs tentes où se trouvait Corsuble le grand, qui se réjouit fort de revoir Saladin et qui était très désireux d'entendre ce qu'il avait à lui dire.

XXIII

Comment Saladin choisit deux champions pour affronter les deux chrétiens.

Quand Saladin fut de retour à sa tente, il convoqua ceux qui lui paraissaient être les hommes, les plus sages et ils étaient si nombreux, émirs et vaillants hommes qu'il y avait foule. Il déclara nettement qu'on l'avait dirigé vers un passage impossible à conquérir sans y subir des pertes irréparables. C'est pourquoi il avait négocié avec les barons de France et les chrétiens, et avait convenu avec eux de choisir deux des plus hardis chevaliers de son armée pour combattre les deux chrétiens qu'on voudrait leur opposer. Tout le monde garda le silence, sauf Corsuble son oncle qui dit qu'il serait le premier puisque c'était pour l'honneur de Mahomet en qui il croyait. Un autre roi se leva alors, un nommé Bruyant, noble, grand et puissant de sa personne comme de ses biens, car il était seigneur de la Grèce, et il dit qu'il serait le second : « Grâces en soient rendues à Mahomet, répondit Saladin, car je me serais moi-même battu contre les deux, l'un après l'autre ou ensemble, plutôt que de faire défaut. » Les deux rois se sentirent encouragés par cette déclaration et lui demandèrent quel jour ils devaient se battre.

« C'est demain, chers seigneurs, que vous aiderez à défendre mon honneur et à conquérir toute la chrétienté, car il nous faut en passer par là puisqu'il n'y a pas d'autre voie. Si la Fortune est de notre côté et que vous puissiez déconfire les chrétiens, personne ne pourra plus s'opposer à nous. En échange de quoi, je vous octroie tout le royaume d'Angleterre avec celui d'Écosse et la Normandie ; pour moi, il me suffit d'en avoir l'honneur.

— C'est ainsi qu'ont procédé vos ancêtres, répondit Bruyant le roi de Grèce. Pour preuve de ce que je dis, on lit que le roi Alexandre, votre aïeul, le plus grand conquérant de tous les temps, ne gardait pour lui, dans toutes ses conquêtes, que l'honneur, ce qui n'est pas peu, puisque tout le mal et toutes les peines qu'on se donne en ce monde, en faisant preuve de beaucoup de courage, ne tendent qu'à l'acquérir. Et quand on est mort, on ne peut rien laisser derrière soi d'autre qu'un bon renom. » Les deux Sarrasins demandèrent à Saladin s'ils devaient combattre à pied ou à cheval et il leur répondit que la bataille se ferait à pied parce qu'il ne voulait pas entendre parler de fuir : comme il avait confiance en ses dieux, il pensait que même si les chrétiens se présentaient à cheval et ses hommes à pied, ceux-ci les déconfiraient quand même.

[XXIV : Comment les chrétiens choisirent Chavigny et Guillaume Longue-Épée pour la bataille. XXV : Comment Chavigny coupa le roi Bruyant en deux.]

[...] Quand Corsuble le grand vit son compagnon Bruyant mourir ainsi des mains de Chavigny, coupé en deux d'un seul coup, revêtu comme il l'était d'une armure irréprochable, il n'y a pas lieu de s'étonner s'il en resta stupéfait. La peur lui fit tourner casaque et se diriger rapidement vers Saladin, dont la voix se fit alors clairement entendre : « Que se passe-t-il, cher oncle ? Par tous les dieux que nous adorons, il m'est arrivé la plus grande honte qui pourra jamais frapper un prince. Ou il faut que la puissance de nos dieux soit anéantie et que les diables se soient mis du côté des chrétiens, ou que les Sarrasins ne vaillent rien au combat, puisque Bruyant, un de nos vaillants combattants, alors qu'il avait deux coups à donner en premier pour n'en recevoir ensuite qu'un, n'a réussi ni à tuer ni à blesser un ennemi qui l'a, lui, coupé en deux d'un seul coup. » Corsuble ne sut que répondre et dit seulement qu'il n'en ferait pas plus. Quant à Saladin, considérant qu'il avait promis de se retirer du passage si ses chevaliers ne l'emportaient pas sur les chrétiens, affligé de cette déconfiture mais voulant être fidèle à sa parole, il ne demeura pas davantage, mais retourna à son campement. Le lendemain, il fit charger les navires et reprit la mer. L'histoire dit que, renonçant à poursuivre sa tentative d'invasion de la chrétienté, il cingla à vive allure jusqu'en Syrie, où il arriva rapidement. Après son départ, on appela « le Pas de Saladin » ce passage qu'il n'avait pu conquérir, ce dont les barons chrétiens, qui avaient remporté la victoire par la grâce de Dieu et celle du vaillant chevalier Chavigny, louèrent et remercièrent Dieu. Puis chacun rentra chez soi.

XXVI

Comment Huon Dodequin, accusé d'avoir trahi Saladin et son armée, combattit deux païens.

Quand Saladin, après avoir quitté le passage, fut de retour à Jérusalem, il donna congé à tous ceux qui voulaient rentrer dans leurs terres, les remerciant de leurs services. Et quand Huon Dodequin vit cela, il le pria de lui donner l'autorisation d'aller à La Mecque pour voir sa femme Sinamonde et ses enfants. Saladin lui jeta un mauvais regard et, hochant la tête, lui dit :

« On ne laisse pas un traître quitter ainsi la cour de celui qu'il a trahi.

— Que voulez-vous dire, seigneur sultan, répondit Huon qui compre-

nait fort bien ce que Saladin avait en tête. Par le corps Dieu, est-ce ainsi
que sont payés ceux qui vous servent loyalement comme je l'ai fait en
vous accompagnant dans tant de pays ? Je vous ai honoré, soutenu et
défendu et vous m'appelez "traître" ! Par le Dieu en qui j'ai foi, si je ne
m'en défendais, on me le reprocherait partout et toujours. J'en offre donc
mon gage, devant vous et tous ceux qui sont ici présents : je suis prêt à
faire la preuve, en combattant seul contre les deux champions que vous
voudrez choisir — excepté vous, contre qui je ne voudrais pas porter les
armes sauf cas de nécessité —, que je ne vous ai jamais trahi ni en pensée,
ni en acte. »

Le roi de Mauritanie, qui se trouvait présent parmi d'autres rois et
émirs, s'avança alors parce qu'il était apparenté au roi Bruyant que Chavigny avait fendu en deux. Il déclara hautement ce que voici, tenant son
fils, qui était un beau Sarrasin, par le bord de son manteau : « Seigneur
sultan, Huon de Tabarie soutient qu'il n'a pas trahi et affirme qu'il vous
a très loyalement servi. Et afin que chacun reconnaisse sa loyauté, il dit
qu'il fera la preuve par combat à un contre deux qu'il n'a jamais pensé à
trahir. Il en a jeté ici son gant. Mais moi je dis que mon fils, que voici, et
moi-même nous le combattrons et, d'un jour à l'autre, lui ferons avouer
qu'il a perpétré une trahison contre vous, en vous conseillant, avec Jean
de Ponthieu, de débarquer en un lieu où vous n'avez pu réussir à passer,
et que, en cela, ils sont traîtres. » La bataille fut donc convenue. Le jour
fixé, les chevaliers furent armés et menés au champ pour s'affronter en
un combat décisif. Huon était revêtu d'une armure de grande qualité et
avait un excellent cheval : c'était Blanchard, que le Bâtard de Bouillon
lui avait jadis légué pour le donner à son frère Girard, le Bel Armé ; il
avait aussi l'armure du Bâtard et son épée Murglaie. Mais on peut croire
que, de leur côté, les païens n'avaient pas manqué de s'armer au mieux.

Quand tous furent dans le champ et que l'heure de combattre fut venue,
Huon, qui ne portait pas les Sarrasins dans son cœur, lança son cheval
contre le roi de Mauritanie qui fut le premier à se présenter devant lui. Il
ajusta si bien son coup qu'il le désarçonna et qu'il s'en fallut de peu que
celui-ci en eût le cou brisé sous les yeux de Maloré, son fils, que cette vue
ne réjouit guère. Néanmoins, il éperonna son cheval et chargea Huon si
rapidement après que celui-ci eut désarçonné son père, qu'il réussit
presque à lui faire vider les étriers, pour le plus grand plaisir des païens.
Mais Huon tira l'épée et, à pied, s'escrima si bien contre les deux Sarrasins qu'après mille coups échangés de part et d'autre, il les tua tous deux.
Cela fait, il se remit en selle, et, ainsi victorieux, retourna auprès de
Saladin qui, dès lors, n'eut plus aucun soupçon contre lui et conçut encore
plus d'amitié pour lui qu'auparavant. Il le pria même de bien vouloir lui
pardonner d'avoir pensé du mal de lui ; Huon le lui accorda, mais, comme
il ne voulait plus rester à son service, il lui demanda de s'estimer satisfait
de ce qu'il avait fait pour lui et de tenir la promesse qu'il lui avait faite

jadis de le laisser retourner dans son pays. Cette demande rendit Saladin fort triste et il refusa de la satisfaire, tant il l'aimait ; il lui interdit donc de partir, disant qu'il était son prisonnier et qu'il ne quitterait pas sa maison tant qu'il ne lui aurait pas versé 100 000 marcs d'argent pour sa rançon.

« Hélas, dit Huon, comment pourrais-je me procurer une telle somme, alors que toute la terre de mes parents ne la vaut pas ! Vous agissez vraiment mal en me demandant l'impossible. Même si tous vendaient leurs biens, ils n'arriveraient pas à réunir tant d'argent.

— Par mes bons dieux, répondit Saladin, si un de mes hommes, aussi vaillant que vous, était prisonnier des chrétiens, je me réjouirais qu'on exigeât de lui une rançon encore plus élevée, et il ne tarderait guère à être délivré, car la coutume de notre pays est d'organiser une collecte parmi les nobles pour racheter les captifs : ils donnent volontiers et beaucoup, si bien que les prisonniers peuvent empocher le surplus. Vous n'avez donc aucune raison de vous plaindre de moi, et je trouve même que je vous fais une grande grâce en renonçant à vous pour si peu.

— Puisque je dois payer, répondit Huon, je commencerai ma collecte par toi : donne-moi quelque chose, je t'en supplie.

— Au nom de Mahomet, fit Saladin noblement, en vrai chevalier, à titre de récompense mais pour que vous sachiez que je désire votre compagnie, cher seigneur Huon, je diminue de moitié la somme que vous aurez à me verser ; mais si vous ne vous êtes pas acquitté d'ici un mois, elle augmentera de 100 000 marcs. » Saladin pensait bien que Huon ne pourrait pas réunir pareille somme. Mais c'est pourtant ce qu'il fit, car, aussitôt que le sultan lui eut fait son présent, il s'adressa à tous les autres ducs, comtes et nobles hommes et leur présenta si bien sa requête que le jour même, il paya sa rançon et qu'en plus il lui resta de quoi retourner dans son pays. Il remercia beaucoup tous ceux qui avaient contribué au paiement et prit congé de Saladin, non sans regrets de celui-ci. Puis, quoique le sultan fût fort peiné de son départ, et qu'il le priât instamment de rester auprès de lui, il partit pour Tabarie, où on l'accueillit dans la liesse. Aussitôt après, Saladin parcourut en tous sens le royaume de Syrie, soumettant à sa juridiction toutes les cités, tous les châteaux et forteresses, sauf la ville d'Acre qu'il avait donnée à Jean de Ponthieu et dont il le couronna roi après le départ de Huon Dodequin, l'installant là, au milieu des païens qui l'honorèrent un certain temps, cependant qu'il faisait grande diligence pour prémunir contre tous assauts ses places, villes et cités. Car, peu après que la reine de France se fut éprise de Saladin et lui eut parlé, comme on l'a déjà raconté, elle fit en sorte, afin de voir son ami le sultan, que son mari, le roi de France Philippe, entreprît le pèlerinage de Jérusalem [1]. Il manda le roi d'Angleterre et ceux qui avaient gardé le

---

1. C'est ainsi que *Saladin* « explique » la troisième croisade. Rappelons que, lorsqu'il y est parti, le roi était veuf non remarié, et que l'expédition dut reconquérir Acre, alors qu'ici Saladin apparaît en assiégeant.

passage et prit la mer avec la reine qui feignait de vouloir pieusement visiter les Lieux saints. Ils arrivèrent en vue de Jérusalem et débarquèrent au port d'Acre : le roi Jean s'en réjouit aussitôt, comme de la meilleure chose qui pût lui arriver. Il envoya un messager au-devant des princes de France et de Philippe le Conquérant et leur fit dire de venir se loger dans la cité avec le plus grand nombre possible de leurs gens, ce qui plut fort au roi. Il se dirigea donc de ce côté, ainsi que tous les nobles chevaliers et soldats de son armée, excepté ceux qui restèrent pour garder les navires. Le roi Jean vint au-devant d'eux dans l'apparat le plus éclatant qu'il put. Il fit fête d'abord au roi et à la reine, puis aux ducs et aux comtes, mettant à leur disposition son pays — ville et royaume — et s'offrant lui-même à les aider contre les Sarrasins s'ils voulaient s'en prendre à eux.

XXVII

Comment Saladin vint demander la joute contre quatre chevaliers ; et la plainte que fit entendre la reine quand elle apprit sa venue.

Il ne fut rien possible de dissimuler : Saladin apprit l'arrivée des Français, et l'accueil de Jean de Ponthieu qui ne le réjouit guère. Il rassembla ses troupes à Jérusalem et vint mettre le siège devant Acre, où il attendit — l'histoire ne précise pas combien de temps — que les chrétiens fissent une sortie ; et il les estima moins car aucun d'eux ne s'y risqua. Il jura donc par ses bons dieux qu'il irait au plus près de la ville voir s'il y avait un homme assez vaillant pour oser l'affronter. Il s'arma, se mit en selle et demanda une lance qu'on lui apporta. Puis, s'avançant jusqu'au bord des fossés, il demanda quels étaient celui ou ceux, jusqu'au nombre de quatre, qui auraient le courage de jouter avec lui à la lance. Aucun de ceux qui étaient sur les murs ne lui répondit, mais on alla porter la nouvelle au palais et on fit savoir à tous que Saladin, le fort, le robuste combattant, défiait à la joute les quatre meilleurs champions de la chrétienté. Quand la reine l'apprit, elle se dit qu'assurément son ami Saladin devait vouloir risquer sa vie pour elle. Elle gagna secrètement un endroit d'où on avait une bonne vue et put le contempler en train de faire tourner son cheval : peut-être avait-il été averti de sa présence. Sa vue lui causa une grande joie et elle estima en son cœur que c'était un grand bonheur que de le voir comme elle l'avait désiré. Enfin, le roi Philippe et ses barons, ayant appris le défi de Saladin, en furent assez morfondus, et au premier rang d'entre eux, Guillaume Longue-Épée qui était un merveilleux chevalier. Il se fit donc armer, se mit en selle et chevaucha jusqu'au pré où se trouvait le sultan contre lequel il abaissa sa lance sans dire un mot. Saladin en fit autant et ils se heurtèrent avec tant de violence que la lance de Guillaume se brisa et que Saladin l'abattit par terre rudement, ce qui le réjouit — et aussi la reine. Avec beaucoup de courtoisie, le sultan aida Guillaume à se remettre en selle et le renvoya dans la ville ; aussitôt après, quatre chevaliers, dont je ne sais pas les noms, en sortirent et tous joutèrent contre le noble sultan. Mais il les désarçonna comme il l'avait fait pour Guillaume Longue-Épée et les renvoya de la même manière, ce dont la reine lui sut bon gré. Et elle tint pour évident que ce n'était autre que son courtois ami qui avait accompli ces exploits. Couvert de gloire, Saladin retourna dans son armée et il resta sur place une grande partie de la belle saison sans que les chrétiens fissent la moindre sortie. Quand il vit l'hiver arriver, considérant que ses forces n'étaient pas suffisantes pour prendre la ville d'assaut, et voyant que s'attarder davantage ne l'avançait à rien, il leva le camp avec son armée et il retourna à Jérusalem passer l'hiver, car ce n'est pas là le temps des armes. Ce départ réjouit tous les chrétiens, sauf la reine qui en demeura toute triste et affligée. Un jour qu'elle était dans sa chambre, en proie à une profonde mélancolie et hors de tout bon sens, elle se prit à se lamenter : « Hélas, fit-elle, noble Saladin, puissant plus qu'aucun prince au monde, plus vaillant que tous ceux qui se mêlent de chevalerie, beau par la faveur de Nature qui n'a pas perdu son temps avec vous, vous dont la grâce est sans pareille, aimable et plaisant plus que je ne saurais le dire, fleur d'amour, espérance de joie, miroir de prouesse et d'honneur, sage à tous égards ! Voilà ma joie changée en douleur, le plaisir de mes yeux s'est perdu et transformé en pensées mélancoliques ! Hélas ! J'étais comblée quand mes yeux pouvaient vous contempler ! Mais nous sommes maintenant si loin l'un de l'autre que je ne sais comment jamais vous revoir ! »

XXVIII

Comment la reine persuada le roi qu'elle pourrait convertir le sultan et comment il la laissa aller le trouver.

Ainsi la reine se lamenta-t-elle sur ses amours et se mit-elle à songer jour et nuit à la façon dont elle pourrait malignement tromper son mari. Une nuit y passa et plusieurs autres. La reine, affligée d'attendre en vain le retour de Saladin que rien n'indiquait proche, alla finalement trouver son mari qui était fou d'elle, tant elle était belle. Elle lui dit qu'elle avait fait un songe dont elle aimerait lui faire part, ainsi qu'à ses princes, car, selon elle, si on voulait l'écouter, la chrétienté en tirerait avantage. Le roi Philippe, qui n'aurait jamais soupçonné sa malice et se montra décidé à l'entendre, réunit rapidement ses princes. Une fois rassemblés, la reine se leva au milieu d'eux et dit en dissimulant sa ruse : « La décision de ce

voyage outre-mer, chers seigneurs, a été prise sous de bons auspices. Si
certains prétendent que "songe n'est que mensonge", et ne mérite pas
qu'on y accorde foi, je vous dis, moi, avec quelque apparence de vérité,
que l'on voit souvent advenir ce que l'on a rêvé et qu'on peut avoir en
songe des visions qui ne sont pas vaines. C'est pourquoi je veux vous dire
que, par deux fois, dans mon sommeil, j'ai entendu une voix qui me
donnait ce précieux conseil d'aller à Jérusalem visiter les Lieux saints et
le Sépulcre, comme j'en ai fait vœu, et cette voix m'a chargée d'aller
prêcher à Saladin les articles de notre foi, c'est-à-dire la naissance, ɪa vie,
la Passion, les miracles, la Résurrection et l'Ascension de notre doux
Sauveur Jésus-Christ, et elle ajouta que moi seule, en agissant ainsi, je
pourrais convertir le Turc et les siens. Voilà, je ne sais si ce fut illusion
ou erreur dont je me doive garder. Mais ce que je veux dire, c'est que, si
vous en étiez d'accord, je serais toute prête à me mettre au service de la
chrétienté universelle dans les formes précisées par la voix. » Les chrétiens furent si surpris par ce discours qu'ils ne surent que répondre. Mais,
après un moment de silence, le roi, craignant d'irriter Dieu et persuadé
que les mensonges de sa femme étaient autant de vérités, conclut en présence de ses hommes qu'il la laisserait essayer, à condition qu'elle eût un
sauf-conduit et qu'elle se fît accompagner de ses plus vaillants chevaliers.
Sans attendre, il dépêcha un messager à Saladin, qui réussit d'autant
mieux dans sa mission que le sultan, se rappelant l'amour que la reine lui
avait jadis montré, ne fit pas de difficulté pour lui remettre un sauf-
conduit à son sceau. Il l'envoya donc au roi Philippe qui, tout à sa joie,
se hâta de faire préparer le chariot qui devait porter les bagages de la
reine. Puis il choisit le vaillant Chavigny[1] pour l'accompagner, ce qui
déplut beaucoup à la reine qui le savait méfiant de nature. Néanmoins,
elle n'osa pas s'opposer à la décision du roi ni la modifier ; elle prit donc
congé de son époux en compagnie de ce chevalier et de plusieurs dames
et demoiselles. Son voyage la mena jusqu'aux portes de Jérusalem où elle
trouva son ami le sultan qui attendait tous les jours sa venue. Il la salua
avec honneur et elle fit de même, toute consolée en son cœur de le revoir.
L'histoire rapporte qu'il fit conduire son chariot jusqu'au palais, où elle
descendit. Il la prit dans ses bras et l'embrassa plusieurs fois pour lui souhaiter la bienvenue, ce que Chavigny ne put regarder sans être fort
troublé. Il soupçonna ce qu'il en était en réalité et se promit de ne pas la
laisser s'éloigner de lui, et de la suivre de si près — fût-ce malgré elle —
qu'elle ne pourrait mal faire, si telle était son intention.

Quand Saladin eut accueilli la reine et qu'il l'eut tenue tendrement dans
ses bras en lui donnant des baisers qu'elle ne songeait pas à lui refuser, il
la prit par sa douce main et la fit entrer dans le palais. De son côté, Chavi-

---

1. Ici, il apparaît en auxiliaire du roi de France et, plus loin, Philippe y est dit son « seigneur ».

gny s'approcha et la prit par l'autre main pour entendre ce qu'ils se diraient, ce qui fit de lui l'objet de tous les regards du sultan. À voix basse, il demanda non sans gêne à la reine qui était ce chevalier qui se montrait si familier avec elle. Elle répondit que c'était le seigneur de Chavigny à la garde de qui le roi l'avait confiée. Saladin en fut si mécontent qu'il se tut et la promena si longtemps sans mot dire que Chavigny n'en pouvait plus. « Si vous le vouliez bien, dame, finit-il par déclarer, je vous entendrais volontiers vous acquitter de votre message, car si vous vous attardiez par trop, cela pourrait déplaire au roi. La dame ne répondit rien à ce discours ; ce fut Saladin qui releva le propos :

« Vous ne devez pas être ennuyé, chevalier, de me voir faire fête à votre maîtresse, et vous n'êtes guère bien éduqué si vous ignorez que les princes ont coutume de faire bel accueil aux dames plus qu'à quiconque, tant il est vrai que tout honneur et toute joie proviennent d'elles.

— Je sais parfaitement ce qu'il en est, seigneur, et cela ne me déplaît pas. Mais comme je suis en charge de cette dame, je me tiens le plus près possible d'elle pour entendre les propos que vous échangez. »

À ces mots, le sultan pensa emmener la reine à l'écart dans une chambre. Mais Chavigny lui emboîta le pas et, où qu'ils allassent, il les suivit, ce qui irrita assez Saladin pour que Chavigny s'en aperçût. Mais c'est surtout à la reine que cela déplut, car il les empêchait de jouir de leurs amours, et elle n'arrêtait pas de lui jeter des regards meurtriers.

Ils s'entretinrent longuement ensemble, et Dieu sait que Saladin aurait bien aimé se venger de Chavigny s'il avait pu le faire avec honneur, ce qui n'était pas le cas, puisque le chevalier avait son sauf-conduit. Chavigny ne tarda pas à concevoir quelque méfiance de ces façons et pensa que la dame y entendait malice. Finalement, ne pouvant plus se contenir, il lui dit :

« À quoi pensez-vous, dame, de ne pas parler de ce que vous êtes venue faire ? Le roi doit être en train de nous attendre, pensant que nous allons lui amener Saladin ou venir lui annoncer qu'il veut se faire baptiser. Dites donc tout ce que vous avez à dire sans perdre de temps, et prenez congé de ce Turc. Et si vous voulez rendre quelque dévotion aux Lieux saints, dépêchez-vous car le temps passe.

— Vous parlez en vain, Chavigny, repartit la reine. Vous m'avez amenée ici à vos risques et périls, et si l'aventure tourne à votre profit, tant mieux : vous ne manquerez pas de me ramener au roi mon époux, comme vous le lui avez promis, si vous laissez les choses arriver en temps et lieu, tant il est vrai que je suis venue pour affaire avec Saladin. Mais vous êtes si pressé que vous ne prenez pas le temps d'attendre sa réponse. C'est un grand prince, et on peut bien lui accorder un délai pour l'amour de sa haute noblesse. Je ne m'en irai pas tant que je n'aurai pas fait ce que je veux, et dussé-je y perdre votre compagnie, dont je suis fort mécontente. »

XXIX

Comment Chavigny ramena la reine ; et comment, après cela, il y eut force escarmouches et batailles.

Quand Chavigny eut entendu la reine et vu ce qu'elle avait en tête, il réfléchit et comprit très vite qu'elle aimait Saladin et qu'elle n'avait nulle intention de retourner en France avec son mari, ce qui l'irrita au plus haut point. Afin d'éviter le pire, il la laissa, monta sur son destrier et renvoya tous ses hommes vers Acre. Puis il revint sur ses pas et la vit appuyée, avec Saladin, à l'embrasure d'une fenêtre. Et, la saluant discrètement, il s'écria : « Ha ! ma dame ! comme je regrette que vous vouliez rester ici, ainsi que je le vois ! Mais, je vous en prie, laissez-moi vous parler : il me faut vous faire part d'un secret que le roi m'a confié. S'il me fait mettre à mort à cause de vous, au moins, qu'il se mette, ce faisant, dans son tort ! » La dame lui répondit que, s'il avait quelque chose à lui dire, il pouvait descendre de cheval pour lui en faire part. Chavigny s'en excusa : ses gens étaient déjà en chemin et il avait promis de pas entrer dans le palais avant de s'être déchargé d'elle, à moins qu'elle ne voulût lui obéir ou qu'elle le convainquît de rester en le retenant. Saladin, pensant que Chavigny disait la vérité, conseilla à la reine d'y aller, ce qu'elle fit très à contrecœur. Mais finalement elle descendit par une porte, de l'autre côté de laquelle se tenait Chavigny, sans armes, sauf l'épée avec laquelle il avait jadis fendu en deux le roi de Grèce. Quand il la vit s'approcher, il réfléchit à la meilleure manière de se saisir d'elle pour la jeter sur son cheval. Il se baissa donc comme s'il voulait lui parler à l'oreille, l'empoigna à force et la troussa devant lui, tout en éperonnant son bon cheval. La dame jeta de hauts cris, si bien que Saladin l'entendit ; tout en galopant, Chavigny s'avisa de tirer son épée et il fit à la dame une telle peur qu'elle se laissa emporter comme la brebis entre les mains du boucher. Chavigny réussit, après avoir traversé une lande, à s'enfoncer au cœur d'une profonde forêt, avant que Saladin et ses hommes eussent pu arriver à temps pour la secourir, bien que, dès qu'il l'eût vu enlever sous ses yeux, très inquiet, il se fût hâté de se mettre en selle ; il passa la journée à sa recherche, mais il lui fut impossible de retrouver sa trace ou de rencontrer quelqu'un qui sût lui dire par où Chavigny était passé. Le sultan le voua à tous les diables et, pour plus de sûreté, rentra dans Jérusalem. Quant à Chavigny, il fonça droit devant lui jusqu'à ce qu'il eût — pour faire bref — regagné Acre. Il remit la dame aux mains du roi, se déchargeant d'elle et racontant tout ce qui lui était arrivé et comment elle avait voulu rester avec Saladin, ce qui donna sujet à son mari de se trouver bien accablé. Cependant, il ne voulut pas la punir de son méfait et se contenta de la renvoyer à son père, le roi d'Aragon, disant qu'il renonçait à poursuivre la vie commune avec elle, étant donné ses fautes et la volonté maligne qu'elle avait manifestée de vouloir vivre avec les Turcs. Le roi son père fut si mécontent d'elle qu'il en fit justice — à ce que dit l'histoire — et il fit satisfaction au roi Philippe et aux nobles barons de France en la punissant aussitôt qu'elle lui eut été remise, après l'avoir fait passer en jugement. Le conte n'en dit pas plus sur la fin de la reine et en revient à Chavigny : l'hiver passé, comme on était en mars et que les chrétiens continuaient de laisser les infidèles en repos, il eut une vision [1] : à la tête de cinq cents hommes d'armes, il s'emparait de Jérusalem. Cela lui donna à penser. Guillaume Longue-Épée et lui-même essayèrent, avec sept cents chevaliers forts et puissants, de faire passer son rêve dans la réalité. Ils commencèrent par s'y préparer pendant le printemps, en se pourvoyant de tout ce dont ils avaient besoin, et en particulier d'armes de France et d'Angleterre. Ils partirent secrètement et, un matin, arrivèrent là où ils le voulaient ; ils décidèrent donc d'un commun accord que, la nuit venue, ils s'approcheraient de la cité et tenteraient de s'en emparer. Ils se mirent en embuscade le plus discrètement possible pour accomplir leur dessein, mais un espion eut, malgré tout, tôt fait d'avertir Saladin de leur présence. Il s'arma, ordonna à ses hommes d'en faire autant et fit une sortie, droit contre l'embuscade des chrétiens, menant si grand bruit que tout le pays en retentissait et que Guillaume des Barres les entendit s'approcher. Quoiqu'il en fût tout accablé et se repentît fort de s'être mêlé de la folle entreprise de Chavigny, et malgré sa peur, il fit bon visage et donna le signal du combat. Aussitôt, l'armée fut sur pied et en ordre de bataille, car elle n'était pas nombreuse. Tout de suite, Saladin et les siens les serrèrent de si près qu'ils furent réduits à la défensive : ils se ruèrent avec courage sur l'ennemi. Quand les deux partis furent aux prises et durent montrer l'amour qu'ils se portaient, chacun des chrétiens se comporta le mieux du monde. Chavigny s'enfonça au cœur de la mêlée où il multiplia les exploits. Leur rage contre les chrétiens portée à son comble, les païens les chargeaient sans répit et leur assénaient des coups redoublés. En peu de temps, ils eurent jeté le désarroi dans leurs rangs et les eurent tous abattus, sauf Chavigny et Guillaume des Barres. Reconnaissant leur folie et contraints de mourir sur place ou de fuir pour sauver leurs vies, désolés de ce qui leur arrivait, ils cédèrent la place, ainsi que d'autres chevaliers dont j'ignore le nombre ; certains s'enfuirent par la route d'Acre. Finalement, ils s'éloignèrent le plus qu'ils purent du champ de bataille, et, galopant au hasard, arrivèrent au château de Sayette [2], dont le commandant

---

1. Elle est illusoire. Ce détail en dit long sur les changements d'état d'esprit survenus depuis le XIIᵉ siècle : de l'invention de la vraie Croix aux rêveries fantasmatiques d'un chevalier en mal de gloire !
2. Saïda (l'antique Sidon), port du Liban.

était ce chevalier Antoine qui — comme on l'a rapporté plus haut — avait monté le cheval merveilleux à la place du roi d'Angleterre, lorsque Saladin se trouvait au passage et l'avait envoyé au roi Richard. Il s'était déjà si bien fait aimer des infidèles qu'ils lui avaient confié le gouvernement de cette place forte ; et, persuadés qu'un jour ou l'autre il se convertirait, ils le considéraient comme un Sarrasin. Mais il ne l'était pas en son cœur et on s'en aperçut à l'évidence, car, lorsqu'il vit Chavigny, Guillaume et les autres, comprenant qu'il s'agissait de chrétiens, il alla au-devant d'eux et se fit raconter leur triste histoire, ce qui lui fit venir les larmes aux yeux. Il leur montra de la pitié, les réconforta et les fit entrer à l'intérieur de la forteresse, les assurant qu'il les protégerait de l'armée de Saladin, si besoin était. Ils pénétrèrent dans la place, pensant s'y reposer pour la nuit. Mais à peine y étaient-ils entrés que le sultan, averti de la fuite de Chavigny, et sachant qu'il était descendu au château, jura par son grand dieu Jupiter de ne pas s'en aller avant d'avoir son ennemi à sa merci. Il fit donc étroitement assiéger la place et le lendemain attaqua avec toute son armée. L'histoire dit que l'assaut fut rude et que la bataille se prolongea jusqu'au moment où Philippe de France et ceux qui étaient sous ses ordres, qui avaient eu vent, la veille au soir, de la défaite, vinrent à la rescousse, si bien rangés en bataille que, de prime abord, ce fut, avec les assaillants, une mêlée comme on n'en avait pas vu depuis la venue des Français. Quand Chavigny, Guillaume et les autres virent arriver les secours, ils montèrent à cheval, ceignirent leurs épées, saisirent lances et écus et sortirent à leur tour, prenant chacun pour soi part au combat. Chavigny se dirigea vers son seigneur, le roi Philippe, et le salua. Mais le roi, affligé de la perte honteuse qu'il venait de subir, sachant comment il avait porté ses armes, jura que, s'il avait la chance de se tirer de cette affaire honorablement, il en tirerait une vengeance mémorable. Quand Chavigny vit que le roi était irrité, il rougit et, élevant un peu la voix, dit : « Par Dieu, seigneur, vous ne devez pas tant me reprocher ce que j'ai fait. Sachez que je me garderai de vous, s'il plaît à Dieu, de façon à ne jamais tomber entre vos mains ; j'aimerais mieux mourir en vengeant la Passion de Notre-Seigneur ! » Il s'enfonça alors au cœur de la bataille avec une telle fougue que le roi et les siens le voyaient renverser tout ce qui lui faisait obstacle et défier la mort à tout moment. Le noble roi Philippe en vint à regretter ce qu'il lui avait dit. Au bout du compte, il affronta avec vaillance le Turc Saladin. Mais il se heurtait là à trop forte partie : trois fois, Saladin le désarçonna et il finit par le faire prisonnier. Il faut savoir que la bataille dura jusqu'au soir et qu'il y eut beaucoup de sang versé ; la nuit venue, chacun se retira ; Philippe retourna sur Acre et Saladin rentra dans Jérusalem en triomphe, emmenant Chavigny avec lui. Le sultan confia son prisonnier à la garde de quelques Sarrasins et le fit envoyer à Damas qui était, sans comparaison, une place plus forte que Jérusalem, parce qu'il craignait un siège. Et pour que Chavigny fût mieux

gardé encore, il se rendit peu après en personne à Damas où on le reçut
au milieu de la liesse générale qui accompagnait d'autre part les noces
d'un sultan qui venait d'y épouser une très belle dame du nom de Glorian-
de ; et les deux époux témoignèrent de grandes marques d'honneur à
Saladin. Ils l'invitèrent dans leur palais et, à la fin du souper, il les pria
instamment de lui garder Chavigny en le surveillant étroitement, car, leur
fit-il entendre, par son courage et sa puissance, c'était le meilleur chevalier de la chrétienté. Saladin exalta si bien le nom du prisonnier que la
reine s'éprit d'un amour profond pour lui ; malgré son interdiction, elle
s'arrangea pour le faire sortir de prison, avec la complicité du geôlier ; et
elle l'installa dans une petite chambre dérobée, où elle passa son temps à
aller le voir et le réconforter le plus joyeusement du monde. Elle lui montrait un visage si riant que Chavigny comprit bien que c'était assurément
par amour qu'elle lui rendait tous ces services et se montrait si bonne et
courtoise. C'est pourquoi il se conduisit de même avec elle en amoureux.
Et finalement, ses amours connurent, par quelque bon moyen, un accomplissement total puisqu'il eut même d'elle un fils qu'elle nomma Polis.
Ils dissimulèrent si bien leurs relations que l'empereur ne s'en aperçut pas
jusqu'à un moment que l'histoire va maintenant raconter : cette même
année, Philippe et les Français, désolés d'avoir perdu Chavigny, ayant
appris qu'il avait été emmené prisonnier à Damas, vinrent assiéger la cité.
Et ils proposèrent à Saladin de leur rendre Chavigny contre rançon. Mais
il leur répondit qu'à cause de tous les ennuis qu'il lui avait causés, il le
ferait étrangler et pendre en haut des créneaux.

XXX

*Comment les chrétiens vinrent devant Damas où il y eut plusieurs escar-
mouches et batailles ; et comment Chavigny, grâce à la reine, participa à la
bataille où il fit merveille.*

L'histoire dit que les chrétiens furent très peinés de la réponse de
Saladin et qu'il y eut plusieurs escarmouches, batailles et assauts contre
la cité. Un jour, Saladin fit une sortie contre eux à la tête d'environ quarante mille Turcs puissamment montés et armés, contre lesquels s'armèrent pareillement les Français, le roi Philippe et les pairs qui marchèrent
à leur rencontre en belle ordonnance. Quand il n'y eut plus entre les deux
armées que l'espace de la charge, les archers turcs, maures et d'autres
pays sarrasins se mirent devant les rangs et commencèrent à faire pleuvoir
des traits à la volée sur les chrétiens qui, de leur côté, avaient fait s'avancer leurs archers d'Écosse, d'Angleterre et d'ailleurs pour recevoir leurs
ennemis et les affaiblir autant qu'ils le pourraient. Quand les flèches

furent épuisées — ce qui prit peu de temps —, on mit la main aux épées et on se frappa à mort. Les adversaires se serraient de si près que beaucoup tombèrent de leur cheval et furent foulés aux pieds des montures qui galopaient au hasard. Le noble Turc Saladin se distingua particulièrement contre les Français : d'un coup de lance, il abattit le premier, le deuxième et le quatrième de ses adversaires. Puis il tira l'épée au cri de « Jérusalem ! » et commença à en frapper l'ennemi : c'était un étonnant spectacle que de le voir bousculer l'un, abattre l'autre, faire sauter le heaume d'un troisième, en blesser mortellement d'autres encore, ou les tuer sur place car personne ne pouvait, en ce début de bataille, se garder de ses coups, si fort fût-il. L'affrontement se prolongea longtemps et fut à l'avantage des païens, jusqu'au moment où les chrétiens reçurent le renfort de Chavigny. Sachant que la bataille était en cours, il avait obtenu de la reine qu'elle le menât à un endroit d'où il pourrait voir ce qui se passait. Il reconnut aussitôt Saladin, dont la vaillance dépassait celle de tous les autres païens, et il le faisait bien voir aux chrétiens, découpant l'un en quartiers, fendant l'autre en deux et multipliant tellement les exploits que tous les rangs de combattants qu'il attaquait étaient aussitôt découragés, rompus et renversés à terre ; même les plus hardis des Français tremblaient devant lui. La bataille se serait achevée à son honneur, n'eût été Chavigny qui, pris de pitié à voir ainsi malmener les chrétiens, obtint de la reine, à force de promesses, qu'elle l'armât de haubert, heaume, lance, cheval et écu sans marque distinctive, peint d'une couleur unie. Bref, en échange d'accords tenus secrets entre elle et lui, Chavigny sortit, s'étant toutefois entendu recommander un vaillant Turc nommé Baudeladas qui était le frère de la reine. Chavigny galopa jusqu'au champ de bataille. Dès qu'il fut en vue des païens, il chargea, lance baissée, et sur son élan frappa trois Turcs avec une telle violence qu'il les abattit l'un après l'autre. Puis, tirant l'épée, il en fit tant d'exploits que personne n'osait attendre ses coups : tous le fuyaient, le vide se creusait devant lui de quelque côté qu'il allât. Et cela valait mieux pour ses adversaires, car il renversait tous ceux qui se trouvaient sur son passage si bien qu'il s'ouvrit un chemin jusqu'à Saladin qui tenait tête aux chrétiens et en faisait un tel massacre que tous le redoutaient. Brandissant l'épée, il affronta le sultan avec un tel allant que leurs armes le payèrent cher et qu'ils se seraient entre-tués sans l'intervention de secours de part et d'autre, qui les séparèrent de force. Quand les chrétiens virent la puissance du chevalier qui avait attaqué Saladin, ils reprirent courage. Ceux de France s'évertuèrent alors si bien qu'ils renversèrent et abattirent tous les obstacles, dominant leurs adversaires. Ils les firent reculer, malgré Saladin, jusqu'aux portes de la cité où ils rentrèrent, non sans de grosses pertes dans les deux camps. Finalement, vers la fin du jour, les chrétiens regagnèrent joyeusement le gros de l'armée, emmenant Chavigny, qu'ils avaient reconnu aux coups qu'il portait, jusqu'à la tente du roi Philippe qui cessa de lui en vouloir et se réjouit plus que personne au récit de son heureuse délivrance. Du coup, les Français en furent tout réconfortés.

En revanche, la nuit fut pénible pour les païens, et surtout pour Saladin qui, s'interrogeant sur le chevalier chrétien qui lui avait causé tant de tort et se souvenant de Chavigny, jugea que ce devait être lui. L'histoire rapporte que, la nuit même, il mena son enquête et que, grâce à la confession du geôlier qui raconta comment il avait confié le prisonnier à la reine, il apprit qu'il avait perdu Chavigny du fait de celle-ci ; il la fit venir aussitôt, mais elle nia tout ce qu'avait dit le geôlier, affirmant qu'il avait menti et qu'elle n'avait jamais pensé à une chose pareille. Malgré toutes ses excuses, Saladin suivit l'avis du roi de Mauritanie et fit confiance au geôlier ; il décida donc qu'elle serait reconnue coupable, à moins qu'un champion ne fît la preuve de son innocence. Les choses en vinrent au point que le roi de Mauritanie jeta son gant contre elle et dit qu'elle méritait la mort. Mais elle fut défendue par son frère Baudeladas qui voulut lui servir de champion et fixa un jour au roi. L'issue du combat sauva l'honneur de la reine [1] : son adversaire y fut tué en champ clos, puis pendu au gibet avec le geôlier ; après quoi, leurs corps furent attachés et traînés sur des claies. Cette issue convint à Saladin, car il était de nature miséricordieuse et plein de pitié [2]. Il faut redire qu'après la délivrance de Chavigny — on l'a déjà vu —, les chrétiens furent dans la joie et ragaillardis par sa prouesse. Jour après jour, ils assaillirent la cité. Les affrontements furent nombreux et les assiégés, de leur côté, faisaient des sorties. Les deux partis, tour à tour, perdaient et gagnaient, car Saladin, malgré toutes ses forces, n'arrivait pas à gagner deux batailles d'affilée sur les Français, pas plus que les chrétiens sur lui. Cela dura deux années entières, au cours desquelles le roi Richard, qui s'était mis en tête de trahir le roi Philippe pour les Turcs, dut retourner en Angleterre avec tous ses hommes. Que Dieu les maudisse, ces ennemis de la France ! Pour les remplacer, Huon Dodequin vint au secours du roi Philippe avec une grande armée venue de Tabarie, à laquelle les Français réservèrent un joyeux accueil avant d'envoyer un défi au sultan Saladin. On fixa un jour et un lieu où chrétiens et païens se retrouvèrent, le matin, prêts à se battre. Trompettes et clairons donnèrent le signal du combat. Les archers s'avancèrent et firent ce qu'ils devaient. Puis on empoigna les épées et les hommes d'armes chargèrent en belle ordonnance et au milieu de tels cris que tout le pays en retentissait : ce fut un affrontement à mort, chacun s'efforçant de rompre des lances ; ce n'étaient que hampes brisées, écus percés, hommes et chevaux renversés : plus de vingt mille hommes, tant païens que chré-

---

1. Autre détail significatif de l'évolution des mentalités : les duels judiciaires ne sont plus des jugements de Dieu. C'est ainsi, déjà, que Huon Dodequin a battu les deux champions qui l'accusaient, à juste titre, d'avoir trahi Saladin.
2. La formulation peut surprendre, vu le sort réservé aux deux vaincus qui, de surcroît, disaient la vérité.

tiens, y furent abattus ou tués. Rapidement, le combat devint si acharné
qu'il était rare de voir se relever ceux qui avaient été renversés, car la
cohue était telle que tous les corps de bataille étaient mélangés. Chacun
hurlait son cri de guerre pour qu'on vînt à son aide. Les vapeurs dégagées
par les chevaux et la sueur des gens d'armes firent que le champ de
bataille était couvert d'une fumée qui empêchait les adversaires de se
reconnaître, sauf aux cris qu'ils poussaient.

XXXI

*Comment il y eut une grande bataille devant Damas ; comment le sultan
Saladin y mourut[1] et comment, après sa mort, son fils acheva les conquêtes
de son père.*

Dieu, quelle bataille ce fut dans la plaine sous Damas que celle qui
opposa les barons chrétiens au vaillant et courtois Turc Saladin ! Chacun
y fit la preuve de sa vaillance, s'efforçant de porter atteinte à la puissance
de l'ennemi. On finit par ne presque plus pouvoir sortir de la cohue à
cause de la boue et des cadavres sanglants entassés à même le sol, ce qui
faisait peine à voir. Chacun appelait en criant son dieu, si bien qu'au
milieu du fracas des armes, on ne pouvait plus s'entendre. Au centre de
la bataille allait et venait un vaillant chevalier nommé Gérard Bel Armé ;
c'était le fils de Huon Dodequin et il cherchait à mettre la main sur
Saladin, car son plus cher désir était de venger la mort du noble Bâtard
de Bouillon, que le sultan avait tué devant Jérusalem. Il finit par le trouver
au milieu de ses gens et, au cri de « La Mecque ! », il brandit son épée et
se lança sur les païens avec une telle ardeur qu'il renversait tous ceux
qu'il frappait. Cela n'effraya pas Saladin, qui vint sur Gérard et lui porta
un coup qui l'aurait assurément pourfendu s'il ne l'avait amorti avec son
écu : cela n'avança donc guère le sultan. Gérard rassembla ses forces et
frappa durement le Turc à son tour. Ils se seraient gravement blessés l'un
l'autre si on les avait laissés faire, mais tant de païens et de chrétiens survinrent sur le champ de bataille que les deux vaillants chevaliers furent
séparés et éloignés l'un de l'autre, non sans qu'il y eût beaucoup de sang
versé des deux côtés, car la bataille reprit et se poursuivit, maintenant à
l'avantage des chrétiens, qui n'abattirent pas moins de cent cinquante
mille Turcs. Et dès lors, les survivants étaient si stupéfaits devant les
prouesses de Chavigny, Philippe, Gérard, Huon et les autres, qu'ils ne
valaient guère mieux que des vaincus. Cette bataille mortelle se prolongea

---

1. Un chevalier ne peut mourir qu'au combat, même si le texte fait ensuite allusion à une
possibilité différente. Le Saladin historique est mort d'un prosaïque refroidissement.

jusqu'au moment où, de toutes les enseignes sarrasines, il n'y eut plus que celle de Saladin à être restée debout. Le sultan se plaignit à Fortune quand il vit la défaite des siens, mais elle dormait en lui tournant le dos, comme on pouvait s'en rendre compte. Saladin en fut plus affligé qu'on ne pourrait le dire : il fit donc sonner du cor pour rassembler ses hommes autour de lui. Mais dès qu'ils se furent regroupés, voici que Chavigny, Gérard et Huon avec de nombreux autres chrétiens, se précipitant de divers lieux, s'abattirent sur lui avec tant de violence qu'au premier assaut ils arrachèrent l'enseigne de Mahomet et la mirent en pièces ; puis ils accablèrent si bien de coups les païens qu'ils furent dispersés, blessés, abattus ou tués et qu'ils abandonnèrent le vaillant Turc Saladin. Voyant qu'il avait tout perdu en cette journée, il voulut quitter le champ de bataille et s'enfuir en direction de la mer avec un certain nombre de Sarrasins. Gérard le Bel Armé l'aperçut et se jeta à sa poursuite, lui criant à plusieurs reprises de se retourner. Mais Saladin, en guerrier expérimenté, sachant qu'il ne pouvait rien y gagner, poursuivit sa route jusqu'au port où il mit pied à terre. Il fit monter ses hommes à bord d'une galère et les y rejoignit. À ce moment, Gérard, croyant qu'il ne pouvait pas le rattraper, jeta sa lance sur lui comme il put avec tant de force que le fer faussa le haubert et l'armure, s'enfonçant profondément dans le corps. Le coup l'abattit au milieu du navire, que les Turcs se hâtèrent de mener en pleine mer où ils voguèrent un certain temps. Puis ils s'occupèrent de Saladin : le fer était resté fiché dans la blessure et il ne voulut pas qu'on l'en retirât. Il fit presser l'allure jusqu'à Babylone, où il arriva rapidement mais dans un état grave. Il fit venir, en leur adressant un sauf-conduit, le plus savant juif de Judée, le plus savant chrétien qu'on put trouver et le plus savant païen de sa terre pour les faire discuter et disputer ensemble de leur religion et de leur foi. Quand il les eut tous bien écoutés, il fit apporter un grand bassin plein d'eau claire et pure. Il ordonna qu'on le laisse seul et, les yeux levés au ciel, il prononça trois mots — l'histoire les ignore —, puis dit, en faisant le signe de la croix sur l'eau : « Il y a autant d'ici à là que de là à ici. » Alors, il ordonna qu'on lui retire du corps le fer de l'épée ou de la lance. Puis il prit le bassin et en versa l'eau sur sa tête. Il faut supposer qu'au moment de mourir il se convertit à Notre-Seigneur Jésus-Christ, à l'issue de la controverse entre les trois clercs. Ainsi s'achève l'histoire de sa vie. Il fut enterré à Babylone au milieu des lamentations de tous et placé dans un tombeau sur lequel on devait graver par la suite : « Ci-gît le corps du très preux, très courtois et très excellent prince Saladin, sultan de Babylone, roi d'Égypte et souverain chef de Syrie et de Jérusalem ! Que les dieux aient pitié de lui et de son âme ! » Certaines chroniques et histoires rapportent qu'il mourut devant Acre, alors qu'il y avait mis le siège, de blessure ou de maladie, et que, après sa mort, son fils, nommé Saladin, acheva la conquête des territoires qui, depuis, ont été sous la domination des infidèles et le resteront tant qu'il plaira à

Notre-Seigneur Jésus-Christ. Quoi qu'il en soit du lieu de sa mort et de cette mort même, il est juste de le louer, car c'était un homme de grandes vaillance, générosité et courtoisie, ce par quoi il a mérité qu'on garde sa mémoire jusqu'à la fin du monde. Nous terminerons ici notre récit à la louange de notre Créateur. L'auteur prie humblement son public et ses lecteurs de bien vouloir l'excuser, s'ils trouvent dans son histoire quelque faute de langage ou quelque écart par rapport à la vérité, car il s'est conformé à sa source et l'a transcrite sans artifice ni ornements rhétoriques, sans rien ajouter, retrancher ni modifier qui lui semblât jurer avec sa matière. Et si l'on y trouve à redire, qu'on en accuse son ignorance.

CHRONIQUE ET POLITIQUE

Chronique [1]

Guillaume de Tyr
Troisième tiers du XIIe siècle

INTRODUCTION

La *Chronique* de Guillaume de Tyr est considérée comme l'une des plus grandes œuvres historiques du XIIe siècle. C'est une histoire de l'Orient latin depuis sa conquête par les croisés jusqu'à l'année 1183, où s'interrompt le récit. L'auteur, Guillaume de Tyr, était un homme d'outre-mer. Il naquit vers 1130 à Jérusalem et c'est sans doute là qu'il mourut le 29 septembre 1186, exactement un an avant la prise de la ville par Saladin. Mais quand il commença à écrire vers 1170, il revenait depuis peu d'Occident où il avait passé de longues années d'études : il a lui-même raconté avec quel enthousiasme il avait étudié les arts libéraux, le droit civil et le droit canon et suivi les principaux maîtres du temps, en France et en Italie, pendant presque vingt ans, de 1146 à 1165 (livre XIX, 12). À son retour en 1165, il avait été fait chanoine d'Acre, et il devint archidiacre de Tyr en 1167. Il fut très vite remarqué par le roi de Jérusalem, qui lui demanda d'écrire cette histoire de la région, et aussi une histoire des Arabes qui est perdue. Il devint chancelier du royaume de Jérusalem en 1174 et fut élu archevêque de Tyr en 1175. Dans cette dernière période, il fit un long séjour à Byzance envoyé en mission par le roi de Jérusalem auprès de l'empereur, et il alla au moins deux fois à Rome, entre autres pour le troisième concile du Latran en 1179.

En général sans titre, improprement appelée Chronique, intitulée d'ailleurs *Historia rerum in partibus transmarinis gestarum* dans deux manuscrits qui ne sont pas les meilleurs toutefois, la *Chronique* est une *Histoire* hautement revendiquée comme telle, avec un H majuscule, dans un écrit où la majuscule est très rare. « Moi Guillaume, en la patience du Seigneur, ministre indigne de la sainte église de Tyr, écrivain de cette Histoire que je compile pour laisser quelque chose de l'antiquité aux descendants », ainsi se présente l'auteur avant de faire une digression sur

---

1. Traduit du latin, présenté et annoté par Monique Zerner.

ses études. Discutant les causes de telle affaire, c'est « dans l'intention de consigner dans cette Histoire présente ce que j'avais appris » qu'il pose des questions autour de lui et rapporte les réponses divergentes (livre XVII, 7).

Quand il réfléchit sur la poursuite de son œuvre, malgré le caractère honteux des faits à relater, c'est l'exemple de Tite-Live et Flavius Josèphe qu'il invoque (livre XXIII). Outre les fréquentes allusions à son travail, il a composé un long prologue nourri de ses lectures antiques et une petite préface ajoutée au livre XVI parce qu'il aborde alors les premières années qu'il a pu connaître directement, les années 1143-1148. « Ce que nous avons composé jusqu'à présent, écrit-il, était l'Histoire que nous avons recueillie autant que nous l'avons pu par la relation des autres, servis par une mémoire plus pleine du temps d'autrefois — c'est pourquoi nous avons recherché la vérité, le contenu des événements, l'année avec grande difficulté, semblable à ceux qui mendient les secours étrangers. Malgré cela, nous avons mis par écrit un récit aussi fidèle que possible. Mais tout ce qui va suivre maintenant, nous l'avons vu en partie de nos propres yeux, ou bien les hommes qui ont assisté eux-mêmes aux événements nous en ont informé par une narration fidèle... »

En effet, Guillaume de Tyr avait à sa disposition les principaux récits de la première croisade, bien connus de nous, dont il fit un habile et difficile montage pour suivre l'ordre chronologique que lui imposait le genre historique, montage que l'on peut démêler. Cependant, à partir de la prise de Jérusalem en juillet 1099 et la fondation du royaume du même nom, les récits auxquels il pouvait puiser se réduisent. À partir du début du XIIe siècle, sa seule source latine connue est l'*Histoire de Jérusalem* de Foucher de Chartres, lequel ne quitta plus l'Orient après y être arrivé avec la croisade et poursuivit son récit jusqu'en 1127[1]. Guillaume de Tyr a aussi utilisé, pour les années 1115 et 1119-1122, un récit d'origine franque composé dans la principauté d'Antioche[2]. A-t-il eu accès à l'importante *Chronique* arménienne de Mathieu d'Édesse, qui a le défaut de s'interrompre en 1136[3] ? Mais il n'a certainement pas utilisé les chroniques contemporaines de langue arabe, multiples et variées. À partir des années 1130-1140, il est le seul représentant de l'historiographie franque

1. Foucher de Chartres, *Historia Hierosolymitana (1095-1127)*, éd. H. Hagenmeyer, Heidelberg, 1913. Notons que Guillaume de Tyr n'a pas connu la fin de l'*Historia Hierosolymitana* d'Albert d'Aix (cf. le repérage des sources par l'éditeur de Guillaume de Tyr dans le *Corpus Christianorum*, qui nous a beaucoup aidé dans nos notes).

2. Gautier le Chancelier, *Bella Antiochena*, éd. H. Hagenmeyer, Innsbrück, 1891.

3. Mathieu d'Édesse, *Chronique*, trad. Dulaurier, *Bibliothèque Arménienne*, Paris, 1858, et *Recueil des historiens des croisades*, publié par l'Académie des inscriptions et belles-lettres, *Documents arméniens*. Mathieu était supérieur d'un couvent d'Édesse et mourut peu après 1136. Notons que les éditeurs du *Corpus Christianorum* n'ont pas cherché à repérer les emprunts de Guillaume de Tyr à Mathieu d'Édesse.

de la Syrie, l'unique source du point de vue latin. C'est dire son importance.

L'histoire composée par Guillaume de Tyr est très longue, un monument de neuf cent soixante-sept pages serrées, dans la dernière édition du *Corpus Christianorum*, parue il y a peu de temps, à laquelle ce travail doit beaucoup. Il divisa son histoire en vingt-deux livres à peu près d'égale longueur, sans leur donner de titre, en suivant l'ordre chronologique et en s'efforçant de faire ses coupures à des dates clefs — ainsi, à partir de la prise de Jérusalem, chaque début de règne fait le début d'un livre. Le vingt et unième livre commence au début du règne de Baudouin IV (1174), le vingt-deuxième commence au mariage de la sœur du roi avec Guy de Lusignan (1180), dont le roi lépreux et de plus en plus malade voulut malencontreusement faire son successeur, et se termine à la fin de l'année 1183. Guillaume de Tyr avait résolu de s'arrêter d'écrire, mais reprit la plume à la demande de son entourage : il commença donc un vingt-troisième livre qui s'ouvre sur une longue explication des raisons pour lesquelles il ne supportait plus de raconter des choses aussi honteuses et décidait de continuer néanmoins, et reprit son récit mais l'interrompit presque aussitôt. Les livres ne portent pas de titre. Ils sont eux-mêmes divisés en nombreux chapitres, en moyenne une trentaine, chacun présenté par une rubrique qui en indique le contenu. Ces rubriques ont peut-être été composées par Guillaume de Tyr avant que tout ne soit écrit, pour s'aider lui-même à suivre la trame des faits. Dans les principaux manuscrits, elles figurent à la fois en tête du livre et dans le corps du texte. Elles n'ont pas été traduites dans les continuations en langue vulgaire.

Le succès de l'histoire de Guillaume de Tyr fut grand. En 1194, six ans après sa disparition, un auteur anonyme rédigea une continuation jusqu'à la mort de Baudouin IV en 1192. L'œuvre est utilisée dès le début du XIIIe siècle par les historiens français et anglais : Guillaume de Tyr est repris par Guy de Bazoches dès avant 1200 dans la *Cronographia* ; par Jacques de Vitry, évêque de Saint-Jean d'Acre de 1216 à 1228, dans l'*Historia orientalis* ; enfin par les historiens de l'abbaye anglaise de Saint Alban, Roger Wendhover et Matthieu Paris, qui disposaient de copies de la *Chronique* et en ont inséré de larges morceaux dans les *Chronica majora* et dans l'*Historia Anglorum*. L'œuvre est adaptée en français entre 1220 et 1223 et continuée jusqu'en 1277 sous le titre de *Livre du Conquest*, ou d'*Estoire* ou de *Roman d'Éracles* (Éracles parce que Guillaume de Tyr commence son histoire par un chapitre sur la conquête de la Syrie par les Arabes « au temps où Eraclius Augustus gouvernait l'empire »). De l'œuvre de Guillaume de Tyr proprement dite, il reste une dizaine de manuscrits. Elle a été éditée à six reprises à partir du XVIe siècle, sans compter la dernière édition. Mais elle n'a été traduite en français moderne qu'une fois seulement, au début du XIXe siècle, par François Guizot dans sa « Collection des Mémoires relatifs à l'Histoire de France », qui n'a jamais été rééditée.

LES EXTRAITS CHOISIS

Nous présentons un choix nécessairement limité d'extraits de cette très longue œuvre. Les huit premiers livres qui racontent l'expédition de la première croisade ont été exclus : ils ont été composés à partir des principales histoires de la croisade plus ou moins contemporaines des faits et, certes, la recomposition des événements par Guillaume de Tyr a beaucoup d'intérêt. Mais la première croisade fait l'objet de nombreuses publications, et l'un des récits qui sont la source de cette histoire est accessible en traduction. Tandis que l'histoire des implantations franques en Syrie est moins répandue, que Guillaume de Tyr est notre seul témoin latin pour de nombreuses décennies, et que les quatorze livres consacrés à la Syrie franque méritaient d'être plus largement traités dans un ouvrage dont le thème général est l'Outre-mer. Même ainsi tronquée, vu sa longueur, dans le cadre de cet ouvrage, l'œuvre ne peut pas être présentée dans sa continuité. Il a fallu écarter environ les quatre cinquièmes du texte. Le lecteur ne pourra donc pas apprécier l'effort remarquable de synthèse chronologique auquel s'est livré Guillaume de Tyr. Pour suivre le déroulement narratif, il faut encore aujourd'hui se reporter à la traduction de François Guizot, et d'ailleurs s'y perdre faute de titres, car celui-ci n'a pas signalé les changements de chapitre, et encore moins traduit les rubriques qui coupent le récit original : une superbe traduction, dans un style fleuri où abondent périphrases et interprétations qui donnent une grande fluidité au récit, en contraste total, il faut bien le dire, avec le latin heurté de Guillaume de Tyr qui ne craint pas les phrases excessivement longues, les répétitions de mots ou de propositions, les clichés, les raccourcis syntaxiques ou ellipses à la limite de la correction grammaticale, ce dont l'éditeur du *Corpus Christianorum* fait un minutieux inventaire pour s'élever contre la prétendue qualité du style, sans en nier les aspects précieux. Nous avons donc sélectionné différents types de récits. Des récits de guerre, les plus nombreux forcément, sièges, batailles, installation des camps, retraites ou raids offensifs, choisis soit à cause de leur enjeu, soit, il faut l'avouer, pour le pittoresque de l'information qui peut être significative, par exemple des relations entre Latins et Orientaux. Des récits de paix, qu'on pourrait dire politico-familiaux, mariages, morts et maladies (qui intéressent beaucoup Guillaume de Tyr), disputes. Mais Guillaume de Tyr a interrompu un certain nombre de fois la narration proprement dite, soit pour parler de problèmes d'Église parce que, écrit-il, « nous n'avons pas le droit d'écarter complètement les sujets qui nous concernent » (livre XIV, 14), soit pour donner une analyse historique générale, par exemple à propos des erreurs de la politique des Latins en

Égypte, soit pour décrire tantôt les hommes tantôt le pays et en particulier les villes, soit pour parler de son travail d'historien et même de ses propres études, soit enfin pour insérer des copies de documents d'archives. Nous avons accordé une place relativement plus importante à ces textes. Ainsi avons-nous cité intégralement les portraits des derniers rois de Jérusalem que Guillaume de Tyr a fréquentés lui-même, dont on peut admirer la subtilité : en ce cas, nous avons fait le choix, pour la « grâce » de leur qualité littéraire comme dirait Guillaume de Tyr, et pour leur intérêt du point de vue de l'histoire littéraire — de Plutarque à Suétone, Saint-Simon, Gibbon et aux romantiques —, de les citer dans la traduction de François Guizot, présentée entre guillemets. Il a semblé intéressant de citer intégralement certaines descriptions de villes pour leur érudition conforme à la tradition des éloges de villes, et pour l'état des lieux au moment où écrit Guillaume de Tyr.

TRADUCTION DES RUBRIQUES

Présenter une œuvre sous forme de morceaux choisis, c'est courir un grand risque de la trahir. Nous avons tenté de donner une idée d'ensemble en traduisant les rubriques de tous les chapitres, placées en tête de chaque livre de même que dans les manuscrits. Guillaume de Tyr n'a pas mis beaucoup de soin à les formuler et la traduction s'en ressent ; de plus, dans certains cas, le chapitre ne correspond pas tout à fait à ce qui est annoncé. Elles permettent néanmoins de suivre le déroulement de l'histoire tel que l'a conçu Guillaume de Tyr. Mais son exposé des faits, son tissage, pour adopter la manière métaphorique dont il parle de son travail, n'est plus le nôtre : les travaux modernes, plusieurs synthèses monumentales, une thèse très approfondie sur la Syrie du Nord, ont puisé dans les nombreuses et remarquables sources de langue arabe, riches d'historiens et de géographes, les moyens de replacer l'histoire des Latins dans la très complexe histoire politique de l'Orient musulman, ce que Guillaume de Tyr ne pouvait pas faire. Pour rendre la lecture plus commode, nous avons ajouté un titre, en caractères italiques, à chaque livre, suivi d'un très bref résumé. Dans la table des rubriques, celles dont les chapitres sont cités en tout ou en partie sont signalées par une puce placée devant le numéro. Enfin nous avons intercalé dans le courant du texte nos propres sous-titres, en lettres capitales, qui se veulent suggestifs.

LES PARTIS PRIS DE LA TRADUCTION

La traduction est une autre manière de courir le risque de trahir un auteur. Nous avons pris certains partis que nous signalons ici pour finir. Nous avons indiqué les dates dans le style d'aujourd'hui et donné celles rétablies par les auteurs de l'édition du *Corpus Christianorum* dans les nombreux cas où il y a un décalage d'un an. Nous nous sommes permis de simplifier le vocabulaire de la mort : Guillaume de Tyr a plusieurs formules-clichés sous la main, comme « quitter le jour », « sortir de ce monde », « entrer dans la voie de toute chair », etc., dont les variations ne sont pas significatives, et nous avons opté pour une simplification qui a été de règle — on trouvera seulement et toujours « mourir ». Nous avons en général préféré la fidélité à l'élégance, sans toutefois prêter à Guillaume de Tyr la rigueur qu'on aurait voulu lui trouver dans le vocabulaire concret. Nous avons toujours traduit *fines* par « confins », qui permet de souligner que la guerre se déroulait en général loin des centres, mais nous avons finalement préféré traduire *solitudino* par « désert » — bien que jamais Guillaume de Tyr n'emploie le terme *desertum*. Nous avons voulu respecter scrupuleusement la façon dont il désigne les centres habités et semble introduire une hiérarchie entre *presidium* que nous avons traduit par « forteresse » (et non « citadelle » comme Guizot), *castrum* au singulier que nous avons traduit par « château », *oppidum*, dont la traduction est bien embarrassante, qui semble avoir une connotation de peuplement indigène, et *municipium* qui semble avoir la même connotation qu'*oppidum*, mais n'implique pas de site perché ; mais force est de constater qu'il arrive à Guillaume de Tyr de désigner par ces différents termes le même lieu à quelques lignes d'intervalle. Le vocabulaire militaire est redoutable, car Guillaume de Tyr utilise le latin classique, dont les mots renvoient à une réalité tout autre, et n'utilise qu'exceptionnellement les termes de la langue vulgaire qui se répandent au XIIIe siècle. Selon son dernier éditeur, la guerre ne l'intéressait pas, et, en ce domaine, il fait pleuvoir les clichés. Faut-il traduire *acies* par « armée en ordre de marche », « armée en rangs, en ordre de bataille » — ce qui n'est pas le cas quand justement l'armée se déplace simplement en bon ordre ? Faudrait-il traduire *turme* par « escadrons », ou « bataillons », ou « bandes », et comment traduire *cunei*, mot à mot « formations en triangle » ? Dans certains cas, il nous a paru préférable de garder l'ambiguïté du vocable classique appliqué à la réalité médiévale ; ainsi avons-nous gardé les termes « légion » et « cohorte ». Nous demandons à nos lecteurs l'indulgence dans ce domaine.

Reste le problème des noms propres, noms de lieux et noms de personnes. Guillaume de Tyr a lui-même le souci des noms de lieux et indique jusqu'à trois noms, le nom antique (biblique ou romain), le nom latin actuel et le nom en langue vulgaire *(vulgari dicitur)*. Nous avons distingué différents cas. Quand le nom en vieux français est courant, nous l'avons adopté dans la traduction, quelle que soit la forme donnée par Guillaume de Tyr. Quand le nom arabe est connu, nous l'avons ajouté entre crochets après le nom donné par Guillaume de Tyr (qui est parfois une phonétisation latine du nom turc ou arabe). Quand le nom nous a paru peu connu, nous l'avons repris selon le cas sous la forme donnée par Guillaume de Tyr ou sous la forme usuelle dans les ouvrages modernes sur la croisade — par exemple nous avons retenu Jaffa de préférence à Joppé. On trouvera dans l'index les autres formes des noms de lieux et des points de repères géographiques. Les personnages célèbres sont désignés par le nom qui leur est habituellement donné, dans quelques cas transcrits de l'arabe de préférence au latin — par exemple nous avons opté pour Zengî et non Sanguin, ce chef turc qui a défrayé la chronique. On trouvera dans l'index des noms de personnes les différentes formes des noms propres.

MONIQUE ZERNER

BIBLIOGRAPHIE : le texte est traduit d'après le *Corpus Christianorum, Continuatio Medievalis, LXIII, Willelmi Tyrensis archiepiscopi chronicon*, éd. critique par R.B.C. HUYGENS, identification des sources historiques et détermination des dates par H.E. Mayer et G. Rösch, Turnhout, Brépols, 1986, 2 vol. (abrégé en note sous le sigle CC).

GUIZOT M., « Collection des Mémoires relatifs à l'Histoire de France », tomes 1, 2, 3, *Histoire des croisades par Guillaume de Tyr*, Paris, 1824.

Grandes synthèses sur les croisades et l'Orient latin : GROUSSET R., *Histoire des croisades et du royaume franc de Jérusalem*, Paris, 1934-1936, 3 vol.

Sous la direction de SETTON K. M., *A History of the Crusades*, University of Pennsylvania Press, Philadelphia, vol. 1, *The First Hundred Years*, 1955, rééd. 1969 et vol. 5, *The Impact of the crusades on the Near East*, 1985.

PRAWER J., *Histoire du royaume latin de Jérusalem*, tomes I et II, traduit de l'hébreu par G. Nahon, revu et complété par l'auteur, Éditions du CNRS, Paris, 1970, et *Crusader Institutions*, Clarendon Press, Oxford, 1980.

Une thèse orientalisante très approfondie : CAHEN C., *La Syrie du Nord à l'époque des croisades et la principauté franque d'Antioche*, Paris, Librairie orientaliste Paul Geuthner, 1940 (voir entre autres la présentation des sources littéraires de langue arabe extrêmement riches).

Une brève synthèse très commode : RICHARD J., *Le Royaume latin de Jérusalem*, Paris, PUF, 1953.

PROLOGUE

Guillaume, en la patience du Seigneur ministre indigne de la sainte église de Tyr,
Aux vénérables frères en Christ à qui l'œuvre présente parviendra,
Salut éternel dans le Seigneur.

Qu'il soit périlleux et grandement difficile de décrire les actions[1] des rois, c'est ce dont aucun homme sage ne peut douter. Outre le labeur, le joug des études et les longues veilles qu'exige d'ordinaire une affaire de cette sorte, les historiographes marchent entre deux précipices, et ils ont grand'peine à éviter l'un ou l'autre. S'ils veulent fuir Charybde ils tombent dans Scylla, qui, avec sa ceinture de chiens, n'est pas moins féconde en naufrages. Ou ils recherchent en effet la vérité sur toutes les actions, et alors ils soulèvent contre eux la haine de beaucoup de gens ; ou, pour échapper à toute colère, ils dissimulent la suite des choses et c'est là bien certainement un grave délit. Car on sait que rien n'est plus contraire à leur office que de passer artificieusement sous silence et de cacher à dessein la vérité ; et, manquer à son office, c'est sans aucun doute une faute, puisqu'on dit que l'office est « la fonction convenant à chaque personne selon les mœurs et les institutions de la patrie ». Mais rapporter sans l'altérer la suite des actions et ne pas s'écarter de la règle de vérité, c'est une chose qui excite communément la colère, selon ce vieux proverbe qui dit que « l'obséquiosité enfante les amis, la vérité enfante la haine ». Ainsi, ou ils manqueront au devoir de leur profession en montrant une obséquiosité indue ; ou, s'ils poursuivent la vérité, ils auront à supporter la haine dont elle est la mère ; ce sont là les deux périls qu'ils encourent et qui les travaillent tour à tour péniblement. Selon la phrase de notre Cicéron qui dit en effet que « la vérité est fâcheuse, car elle enfante souvent la haine, ce poison de l'amitié, mais l'obséquiosité

---

1. *Gesta*, dans le texte latin.

est plus fâcheuse encore, car, par notre indulgence pour les vices d'un ami, nous le laissons courir à sa ruine [1] », ce qui se rapporte évidemment à celui qui, par obséquiosité et contre le devoir de son office, passe sous silence la vérité. Quant à ceux qui par flatterie mêlent impudemment des mensonges aux chapitres de leurs *Gesta*, c'est, croit-on, un fait si détestable qu'ils ne méritent pas d'être associés au nombre des écrivains ; si l'omission de la vérité est en effet une faute contraire à l'office des écrivains, combien plus grave sera le péché de mêler le faux au vrai et de transmettre à la postérité crédule le mensonge au lieu de la vérité ? Il est encore un autre écueil, autant et peut-être même plus redoutable, que les écrivains d'histoires doivent fuir de tout leur pouvoir ; c'est que la dignité des actions ne soit obscurcie et abaissée par la sécheresse de la langue et la pauvreté du discours ; les mots doivent convenir aux choses dont il s'agit, et il ne faut pas que la langue de l'écrivain demeure au-dessous de la noblesse de la matière. Il faut donc prendre bien garde que la grandeur de la matière ne disparaisse par suite de la faiblesse du traitement, et que ce qui est riche et dense par sa nature ne devienne petit et misérable par le vice de la narration ; car, ainsi que le dit l'illustre orateur dans le premier livre de ses *Tusculanes*, « confier à l'écriture de ses pensées quand on ne sait ni les bien disposer, ni les présenter avec éclat, ni attirer le lecteur par le charme de la parole, c'est la conduite d'un homme qui abuse follement des lettres et de son loisir [2] ».

Nous nous sommes trouvé présentement particulièrement exposé à ces périls nombreux et contradictoires ; dans cette œuvre de notre main, nous avons en effet entremêlé beaucoup de choses sur les mœurs, la vie et le physique des rois [3], soit louables, soit blâmables, à mesure que la suite des actions nous a paru l'exiger, beaucoup de choses que leurs descendants liront peut-être avec humeur, et ils s'irriteront injustement contre le chroniqueur [4], ou le jugeront menteur et haineux, ce que, vive le Seigneur, nous évitons comme la peste. Nous ne saurions nier, d'ailleurs, que nous avons audacieusement entrepris un ouvrage au-dessus de nos forces, et que notre discours n'est point au niveau de la dignité des choses. Ce que nous avons fait n'est pourtant pas rien. De même, en effet, que les hommes peu exercés à peindre, et qui ignorent les secrets de l'art, ont coutume de tracer seulement les premiers linéaments du tableau, et de n'y mettre que des couleurs ternes auxquelles une main plus habile vient ensuite ajouter l'éclat et la beauté, de même nous avons posé avec grand soin, et en observant scrupuleusement la vérité, des fondements sur les-

---

1. Cicéron, *De Amicitia*.
2. Cicéron, *Tusculanes*, même citation dans le prologue de la *Vie de Charlemagne* par Eginhard, font remarquer H.E. Mayer et G. Rösch, CC, LXIII, 1, p. 98.
3. « Mœurs, conduite, physique », pour *mora, vita, habitudino corporis*.
4. *Chronographus*, dans le texte latin.

quels un plus savant architecte pourra élever avec art un bel et grand édifice.

Parmi tant de difficultés et de périls, il eût été plus sûr de demeurer en repos, de nous taire et de laisser notre plume oisive ; mais l'amour de la patrie nous presse de toute urgence, de la patrie pour laquelle un homme de bien, si la nécessité l'exige, est tenu de donner sa vie. Il nous presse, je dis, et nous commande impérieusement, avec l'autorité qui lui appartient, de ne pas laisser ensevelir dans le silence et tomber dans l'oubli les actions qui se sont passées autour de nous durant un espace d'environ cent ans, mais, d'une plume appuyée, en conserver diligemment le souvenir pour la postérité. Nous avons donc obéi et avons mis la main à une œuvre que nous ne pouvions honnêtement refuser, nous inquiétant peu de ce que la postérité pensera de nous, et de ce que, dans une matière si excellente, pourra mériter notre pâle discours. Nous avons obéi pleinement à ce commandement, nous espérons avec autant d'efficacité que de zèle, avec autant de succès que de dévouement, compensant largement les efforts mis en ce labeur par la douceur à traiter du sol natal, non en se fiant au talent mais dans l'élan d'une pieuse ferveur et la sincérité de l'amour.

En outre, est venu l'ordre — qu'il n'est pas facile de négliger — du seigneur roi Amaury, dont l'âme jouisse du saint repos, d'illustre mémoire et célèbre souvenir en le Seigneur. Ce sont ses instances répétées qui nous ont surtout déterminé à cette entreprise. C'est aussi à sa demande et à l'aide des recueils arabes qu'il nous a fournis, que nous avons composé une autre Histoire depuis le temps du séducteur Mahomet jusqu'à cette année qui est pour nous l'an 1188 depuis l'incarnation du Seigneur, et que nous avons écrit sur une période de cinq cent soixante-dix ans, en suivant principalement pour guide le vénérable Seith, fils de Patrice, patriarche d'Alexandrie. Mais quant à ce dont il s'agit ici, n'ayant pour nous guider aucun écrit grec ou arabe, et instruit seulement par les traditions, à l'exception du peu que nous avons vu de nos propres yeux, nous avons ordonné la suite de la narration en commençant par le départ des hommes vaillants et des princes chers à Dieu, qui, sortant des royaumes d'Occident à l'appel du Seigneur, entrèrent dans la Terre promise et revendiquèrent presque toute la Syrie à la force du poignet. Nous avons continué avec grand soin notre histoire depuis cette époque jusqu'au règne du seigneur Baudouin IV, qui, en comptant le seigneur duc Godefroi, premier possesseur du royaume de Jérusalem, est monté le septième sur le trône, ce qui fait un espace de quatre-vingt-quatre années.

Afin que rien ne manque au lecteur curieux pour la pleine intelligence de l'état de la région d'Orient, nous avons brièvement exposé en introduction à quelle époque et combien durement elle a subi le joug de la servitude ; quelle fut alors, au milieu des infidèles, la condition des fidèles qui l'habitaient, et à quelle occasion, après un si long esclavage, les princes des royaumes d'Occident, appelés à sa délivrance, assumèrent le poids d'un tel pèlerinage. Que celui qui considère nos occupations, combien elles pèsent sur nous en grand nombre, avec l'illustre métropole de Tyr dont nous occupons le siège non à cause de notre mérite mais par la seule grâce du Seigneur, ou avec les affaires du seigneur roi dans le palais sacré duquel nous remplissons la dignité de chancelier, ou avec d'autres nécessités du royaume qui chaque jour s'élèvent plus pressantes, soit porté à l'indulgence s'il rencontre dans le présent ouvrage quelque faute dont il ait le droit de s'offenser. L'esprit occupé d'un si grand nombre d'objets devient plus lent et plus faible dans l'examen de chacun en particulier, et, se partageant entre tous, il ne peut donner à chacun autant de soin qu'il le ferait s'il recueillait toutes ses forces vers un seul but et se dévouait tout entier à une seule étude : d'où on mérite plus facilement la bienveillance. Nous avons divisé l'ensemble du volume en vingt-trois livres et nous avons disposé chaque livre en chapitres définis, afin que le lecteur trouve plus facilement ce qu'il jugera à propos de chercher dans les diverses parties de l'histoire. Nous avons le projet, si nous continuons à vivre, de leur ajouter les péripéties futures qui se produiront de notre temps, et d'augmenter le nombre des livres en fonction de la quantité de matière qui nous arrivera.

Nous tenons pour assuré et sommes bien certain de ne pas nous tromper en ceci que nous produisons dans ce présent ouvrage un témoin de notre impéritie ; nous révélons en écrivant une faiblesse que nous aurions pu cacher en gardant le silence ; mais nous nous acquittons d'un office de charité et nous aimons mieux qu'on nous trouve dépourvu de la science qui enorgueillit que de la charité qui édifie. Plusieurs qui ont manqué de la première n'ont pas laissé d'être admis au festin et jugés dignes de s'asseoir à la table du roi ; mais celui qui, sans posséder la seconde, s'est rencontré au milieu des convives, a mérité qu'on lui adressât ces paroles : « Comment êtes-vous entré en ce lieu sans avoir la robe nuptiale [1] ? » Que le Seigneur miséricordieux écarte de nous ce mal, car lui seul le peut ! Sachant néanmoins que « les longs discours ne seront point exempts de péché », et que la langue de l'homme misérable, sur une pente glissante, devient aisément fautive, nous invitons fraternellement et exhortons en le Seigneur notre lecteur, s'il trouve un juste lieu de blâme, de ne s'y livrer qu'avec mesure et charité, afin qu'en nous reprenant, il acquière lui-même des droits à la vie éternelle. Qu'il se souvienne de nous dans ses prières et obtienne du Seigneur que toutes les fautes qu'ici nous pourrons avoir commises ne nous soient pas imputées à mort ; que bien plutôt le Sauveur du monde, dans son inépuisable et gratuite bonté, nous accorde sa clémence. Misérable et inutile serviteur dans sa maison, nous nous

---

1. Mt, XXII, 12.

courbons avec respect à la voix d'une conscience qui nous accuse, et redoutons avec grande raison son tribunal.

LIVRE IX

Le court règne du duc Godefroi de Lorraine, premier roi de Jérusalem (22 juillet 1099-18 juillet 1100)

Il est traité du duc-roi, du patriarcat, de la guerre autour de Jérusalem (Ramla, Arsûf), du périlleux voyage du prince d'Antioche et du comte d'Édesse jusqu'à Jérusalem, du départ des chefs croisés [1].

1. Le huitième jour après la prise de la ville, les princes se rassemblèrent pour élire l'un d'entre eux à la tête de la ville et de la région, le clergé essaye de s'y opposer sans discernement.

• 2. Les princes négligent l'opposition du clergé, choisissent le seigneur duc et présentent l'élu au Sépulcre du Seigneur avec hymnes et chants.

3. Le duc promu réclame au comte de Toulouse la tour de David qu'il avait prise aux ennemis ; les princes sont en désaccord, mais enfin il obtient la tour demandée.

4. L'évêque de Matura, homme fourbe et mauvais, cherche à promouvoir au patriarcat un certain Arnulfe qui lui ressemble, mais n'y réussit pas. On retrouve la croix du Seigneur.

• 5. Il est montré qui est le duc Godefroi, d'où et de quels grands il est né.

6. Le présage de la mère sur le futur état des fils.

7. Est raconté un fait mémorable de lui dans un certain combat singulier.

8. De même un beau fait de lui dans la victoire de l'empereur Henri contre Raoul, le pseudo-roi des Saxons.

• 9. Combien il abonde en libéralités auprès des églises qui sont à Jérusalem et dans quel esprit d'humilité il refuse de se distinguer en portant le diadème royal.

• 10. Le prince d'Égypte excite sa milice et toutes ses forces contre les nôtres, et se dirige vers la Syrie.

11. Le duc, après avoir achevé litanies et prières à Jérusalem, les princes réunis, rassemble une expédition vers Ramula [Ramla].

• 12. Un combat est livré et la victoire est divinement donnée aux nôtres, on recueille d'innombrables richesses.

---

1. Pour composer ce livre, Guillaume de Tyr peut encore s'aider des principales chroniues de la première croisade. Dans les chapitres traduits ci-dessous, il emprunte à Foucher e Chartres *(Histoire de Jérusalem)*, à Raymond d'Aguilers *(Historia Francorum qui cepeunt Iherusalem, Recueil des historiens des croisades*, publié par l'Académie des inscripons et belles-lettres, *Historiens occidentaux*, Paris, 1866, t. 3, p. 231-309, qui donne le oint de vue provençal) et à l'auteur anonyme des *Gesta Francorum et aliorum Hierosoly-*

13. Les princes se séparent un par un : le Normand et le Flamand se rapatrient, le Toulousain repart à Constantinople, Tancrède est à la tête de la ville de Tibériade.

• 14. Bohémond, le prince d'Antioche, et Baudouin, le comte d'Édesse, viennent à Jérusalem, ils y célèbrent la nativité du Seigneur.

• 15. Daimbert, archevêque de l'église de Pise, est mis à la tête du patriarcat de l'église de Jérusalem.

• 16. De graves questions et la brouille surgissent entre le duc et le patriarche au sujet de la tour de David et du quart de la cité, par mauvaise passion.

• 17. Pour quelle raison le quart de la cité relève du droit et du pouvoir du seigneur patriarche.

• 18. De même, sur le même sujet, et quels lieux vénérables se trouvent dans cette part.

• 19. Quel était le statut du royaume dans ces temps-là et comment le duc assiégea la ville maritime d'Arsur et pour quelle cause il a levé le siège.

• 20. Un fait digne de mémoire qui lui arriva pendant le même siège.

21. Bohémond, prince d'Antioche, est fait prisonnier à la ville de Melitène [Malatya].

22. Un fait du duc digne de mémoire dans la région des Arabes.

• 23. La mort du duc et sa sépulture.

2

L'ÉLECTION DU DUC DE LORRAINE GODEFROI COMME ROI DE JÉRUSALEM

Les princes cependant, tenant pour légères et frivoles ces paroles, se mirent à traiter de leur projet. Quelques personnes rapportent qu'afin de mieux procéder à l'élection selon Dieu et selon les mérites des personnes, les princes firent appeler en particulier des familiers de chacun des grands princes, qu'ils les obligèrent, sous la foi du serment, à déclarer la vérité sans y mélanger de mensonge, et les interrogèrent sur les mœurs et la conversation de leurs maîtres : les électeurs agirent ainsi dans l'intention d'être plus fidèlement et plus complètement instruits du mérite de chacun des éligibles. En effet les familiers, soumis par les électeurs à un interrogatoire très diligent sous serment, furent contraints de confesser les vices secrets de leurs maîtres, comme aussi d'énumérer leurs vertus, en sorte que l'on put constater qui pouvait être élu en pleine connaissance de cause. Parmi eux, les familiers du duc [de Lorraine] interrogés répondirent que dans tous les actes de leur seigneur, ce qui paraissait le plus choquant aux domestiques était qu'une fois entré dans l'église, il ne pouvait

---

mitanorum (voir texte et traductions de L. Bréhier aux Belles Lettres, *Histoire anonyme de la première croisade*, 1964), qui donne le point de vue des Normands de l'Italie du Sud. Nous donnerons en note à la fin de chaque chapitre le détail des emprunts de Guillaume de Tyr.

plus en sortir, même après la célébration des offices divins ; mais qu'il exigeait des prêtres et de tous ceux qui lui paraissaient experts des explications sur chaque image et chaque peinture ; que ses compagnons qui avaient d'autres sentiments en tournaient à l'écœurement et la nausée, parce qu'il faisait attendre très fâcheusement et longuement des repas prêts en temps opportun, et que les mets mangés ainsi hors de propos devenaient insipides. Ceux qui remplissaient l'office d'électeurs, lorsqu'ils entendirent ces récits, estimèrent heureux l'homme « dont on disait de telles choses et à qui l'on imputait comme un défaut ce que d'autres se seraient attribués comme une vertu » ; enfin, se concertant tous ensemble et après de longues délibérations, ils élirent le duc de Lorraine à l'unanimité et le conduisirent au Sépulcre du Seigneur, en chantant des hymnes et des cantiques très pieusement. On dit cependant que la majorité des grands s'était mise d'accord sur le seigneur Raymond comte de Toulouse, mais avec l'idée que s'il n'obtenait pas le royaume, il retournerait tout de suite à la maison ; conduits par la douceur du sol natal, contre leur conscience, ils firent tout pour que le comte soit repoussé. Mais lui, méprisant toujours sa patrie et suivant le Christ très pieusement, ne prit pas le chemin du retour et élargit le pèlerinage commencé, en suivant la pauvreté volontaire jusqu'à la fin.

5

PORTRAIT DU DUC

Cependant, le seigneur duc se trouvant confirmé par la grâce de Dieu au sommet du royaume, tous les sujets de scandale qui pouvaient encore subsister furent successivement supprimés, et le royaume commença à grandir et à s'affirmer. Mais il régna une seule année, à la mesure des péchés des hommes, qui exigeaient que la nouvelle plantation du royaume ne jouît pas longtemps du réconfort d'un tel prince et ne reçût pas de consolation contre les peines qui le menaçaient. Il fut enlevé d'entre eux pour que la méchanceté ne changeât son cœur, de même qu'il est écrit : *Les hommes de miséricorde se rassemblent et aucun ne calcule* [1]. Godefroi était originaire du royaume des Francs, de la province de Reims et de la cité de Boulogne, située sur le rivage de la mer d'Angleterre. Il devait la vie à des parents illustres et pleins de piété. Son père était le seigneur Eustache l'Ancien, illustre et puissant comte de la même région ; ses œuvres furent nombreuses et mémorables, sa mémoire est encore en vénération chez les seigneurs des régions environnantes ; tous se souviennent avec un pieux sentiment de cet homme religieux et craignant Dieu.

---

1. Is, LVII, 1.

Sa mère fut distinguée entre toutes les dames nobles d'Occident, tant par l'excellence de ses mœurs que par l'éclat de sa générosité ; elle se nommait Ide et était sœur de l'excellent duc de Lorraine, dénommé Struma. Celui-ci se trouvant sans enfant, adopta comme fils son neveu, qui portait le même nom que lui, et le déclara héritier de tout son patrimoine, en sorte qu'après sa mort, Godefroi lui succéda dans son duché. Il avait trois frères des mêmes père et mère, bien dignes, par leurs mœurs et par la prestance de leurs qualités, d'être alliés à un si grand prince. Le seigneur Baudouin, comte d'Édesse, lui succéda dans le royaume. Le seigneur Eustache, comte de Boulogne, porta le nom de son père, hérita de ses biens et eut le comté après lui ; sa fille, nommée Mathilde, épousa l'illustre et puissant roi des Anglais, Étienne ; lorsque son frère Baudouin mourut sans enfants, celui-ci fut appelé par les princes de l'Orient pour lui succéder, mais ne voulut pas venir, dans la crainte que sa promotion ne pût être célébrée sans scandale. Le troisième était le seigneur Guillaume, qui, par ses sentiments d'honneur et sa bravoure, se montra digne de son père et de ses frères. Les deux premiers suivirent l'expédition avec leur frère, mais le troisième resta à la maison. « Godefroi, le premier-né de sa famille, selon la chair, fut aussi, selon l'homme intérieur, le plus distingué par ses qualités, et réunit le plus de titres aux honneurs qui lui échurent en partage. Il était religieux, clément, plein de piété et de crainte de Dieu, juste, exempt de tout vice, sérieux et ferme dans sa parole, méprisant les vanités du siècle, ce qui est rare à cet âge, et plus encore dans la profession militaire. Il se montrait assidu aux prières et abondant en œuvres de piété ; il se distinguait par sa libéralité, son affabilité était pleine de grâces, et il était doux et miséricordieux ; enfin il fut digne d'éloges dans toutes ses voies et toujours agréable au Seigneur. Il était grand, moins grand cependant que les hommes les plus hauts de taille, mais plus grand que les hommes ordinaires. Il joignait à cela une force sans exemple, ses membres étaient vigoureux, sa poitrine large et forte ; il avait une belle figure, la barbe et les cheveux légèrement roux ; de l'aveu de tout le monde, il excellait parmi les hommes de son temps dans le maniement des armes et dans tous les exercices de chevalerie [1]. »

8

[...] Cet homme remarquable fit un grand nombre d'autres œuvres magnifiques et dignes d'admiration ; elles sont encore aujourd'hui dans la bouche des hommes et se sont transformées en une histoire célèbre ; entre autres aussi, quand il fit le projet de partir en pèlerinage, il donna à

---

1. Le portrait entre guillemets est cité selon la traduction de Fr. Guizot, *op. cit.*, t. 2, p. 9-11 (voir l'Introduction).

l'église de Liège en aumône perpétuelle et en pieuse libéralité le château de Bouillon, dont venait son nom, très renommé pour ses terres, son site, ses fortifications, sa commodité, le vaste territoire qui l'entourait. Mais nous, qui entreprenons de décrire seulement ce qu'il a fait chez nous, revenons à notre propos.

9

LES PREMIERS ACTES DU ROI EN FAVEUR DE L'ÉGLISE

Peu de jours après avoir obtenu le royaume, en homme religieux qu'il était, il offrit à son Seigneur les prémices de sa sollicitude, en commençant par s'occuper de la parure de la maison de Dieu. En premier lieu, il établit des chanoines dans l'église du Sépulcre et dans le Temple du Seigneur, et leur assigna d'amples bénéfices qu'on appelle prébendes, ainsi que des logements convenables situés dans les environs de ces deux églises agréables à Dieu. Il maintint d'ailleurs l'ordre et l'institution tels qu'on les observe dans les plus grandes et les plus riches églises fondées outre-monts [1] par des princes pieux ; et si la mort ne l'eût prévenu, il eût fait davantage. Quand il était parti en pèlerinage, ce prince aimable à Dieu avait choisi dans des cloîtres bien disciplinés, et emmené avec lui, des moines qui étaient des hommes pieux et remarquables pour leur sainte fréquentation, et qui, pendant tout le cours du voyage, de nuit comme de jour, célébrèrent des offices divins pour lui, selon la coutume ecclésiastique. Lorsqu'il fut devenu roi, il les installa, selon leur demande, dans la vallée de Josaphat, et leur donna par grâce un très vaste patrimoine. Il serait long d'énumérer toutes les choses que ce prince concéda aux églises de Dieu dans sa pieuse libéralité : d'après la teneur des privilèges accordés aux églises, on peut recueillir et montrer combien cet homme plein de Dieu distribua aux lieux vénérables pour le salut de son âme. Après sa promotion, son humilité le porta à ne pas vouloir être distingué dans la cité sainte par une couronne d'or semblable à celle que portent les rois ; il se contenta, avec un pieux respect, de celle en épines que le Rédempteur du genre humain porta dans le même lieu pour notre salut jusqu'aux fourches patibulaires de la croix. C'est pourquoi certains, qui n'ont pas su reconnaître les mérites, ont hésité à l'énumérer dans le catalogue des rois, plus attentifs au corps extérieur qu'à l'âme du fidèle qui plaît à Dieu. Pour nous, il nous paraît non seulement avoir été roi, mais encore le meilleur des rois, la lumière et le miroir des autres : en effet, il ne faut pas croire que ce prince fidèle méprisa les dons de la consécration et les sacrements de l'Église, mais la pompe du siècle et la vanité dont toute créature est

---

1. Au-delà des Alpes.

sujette. Il refusa humblement une couronne périssable pour conquérir ailleurs une couronne qui ne se flétrit point.

10

COMBATS AU SUD DE JÉRUSALEM : LES LATINS ET LES NOMADES

À ce moment-là, après la prise de la ville, alors que les princes qui l'avaient rendue au culte divin ne s'étaient pas encore séparés, la rumeur se répandit, et c'était vrai, que le prince d'Égypte, le plus puissant d'entre tous les princes d'Orient, indigné de voir un peuple barbare accouru des points les plus reculés de la terre entrer dans son royaume et occuper de force une province soumise à son pouvoir, avait convoqué ses forces militaires dans toutes les régions sous sa domination, et rassemblait d'immenses armées. Il appela auprès de lui le chef de sa milice, al-Afdal [1], nommé aussi Émir, lui ordonna de réunir la force de toute l'Égypte et les forces de l'empire, et de monter en Syrie pour faire disparaître ce peuple présomptueux de la surface de la terre et qu'on oublie son nom. Cet Émir était de nation arménienne, il avait des parents d'origine chrétienne, mais il avait apostasié. [...] En conséquence, les forces innombrables des Égyptiens, des Arabes et des Turcs se réunirent en une seule armée, et s'établirent dans les plaines d'Ascalon, se disposant à marcher de là sur Jérusalem : car ils ne croyaient pas que notre armée osât se porter à la rencontre d'une telle multitude [2].

12

« Le comte de Toulouse et les autres princes dévoués à Dieu ayant appris par le messager du duc l'arrivée de cette innombrable quantité d'ennemis et leur campement dans une position si rapprochée, invoquèrent les secours du Ciel, rassemblèrent toutes les forces dont le temps et leur situation leur permettaient de disposer, et se rendirent aussitôt dans le pays des Philistins, au lieu qui s'appelle maintenant Ibelin, où ils savaient que le duc s'était arrêté. Ils avaient avec eux douze cents chevaliers et environ neuf mille hommes de pied. Après que cette petite armée se fut reposée toute la journée, vers la onzième heure du jour on vit au loin dans la plaine un rassemblement considérable ; croyant que c'était l'armée ennemie qui s'approchait, le duc envoya en avant deux cents chevaux légers, pour reconnaître l'état et la force de ces troupes, et lui-même se prépara au combat. Les cavaliers s'étant portés vers le point qui

---

1. Chez Guillaume de Tyr : Elafdalio.
2. Le chapitre 10 est tiré de Foucher de Chartres, *op. cit.*

leur était indiqué ne tardèrent pas à découvrir que ce qu'ils avaient vu n'était autre chose que d'immenses troupeaux de bœufs, de chevaux et de chameaux. Il y avait auprès d'eux quelques hommes à cheval qui, de même que les bergers, veillaient à la garde de ces animaux. Notre armée s'avança, et, dès qu'elle fut à portée des troupeaux, les bergers et les cavaliers prirent la fuite en même temps et abandonnèrent tout leur bétail. On fit cependant quelques prisonniers, dont les relations firent connaître exactement la situation et les projets des ennemis : on sut par eux que le prince qui les commandait avait dressé son camp à sept milles du lieu où l'on se trouvait, qu'il comptait y passer deux jours et se remettre ensuite en marche pour venir détruire l'armée chrétienne. Les chefs aussitôt, certains qu'ils auraient à combattre, divisèrent leurs forces en neuf lignes de bataille ; trois marchèrent en avant, trois autres demeurèrent au centre, et les trois dernières formèrent l'arrière-garde ; par cette disposition l'ennemi, sur quelque point qu'il attaquât, devait trouver toujours une ligne de bataille ordonnée en triple, prête à le recevoir. Il était impossible à qui que ce fût de se faire une opinion précise sur la force de l'armée ennemie ; elle formait une multitude innombrable et de jour en jour il lui arrivait de nouveaux renforts. L'immense butin qu'ils venaient de conquérir, sans éprouver la moindre opposition, excédait aussi toutes les bornes du calcul. Ils s'en réjouirent beaucoup et passèrent la nuit sur le point où ils venaient de s'arrêter ; mais, en gens prudents et qui avaient une grande expérience de la discipline militaire, ils ne cessèrent de veiller et posèrent des gardes tout autour de leur camp. Le lendemain, les hérauts annoncèrent de tous côtés les apprêts de la guerre ; ils se formèrent dans l'ordre qui avait été établi, et se recommandant au Seigneur pour en obtenir le succès de leur entreprise, ils se mirent en marche pour se porter vers l'ennemi, plaçant toutes leurs espérances de victoire en Celui à qui il est facile de triompher de beaucoup d'hommes avec un petit nombre des siens. Cependant, les Égyptiens et ceux qui s'étaient réunis à eux des diverses parties de la Syrie, voyant les nôtres s'avancer avec ardeur et marcher en toute assurance, plus sages qu'ils ne l'avaient été jusqu'alors, commencèrent à se méfier de leurs forces et à ne plus tant compter sur leur multitude, car ils croyaient que tout ce qu'ils voyaient s'approcher n'était qu'une immense foule de légions ennemies. J'ai déjà dit que l'armée des nôtres était au contraire fort peu considérable. Mais les troupeaux dont j'ai aussi parlé et que nos légions avaient pris, s'étaient mis à suivre leur marche, sans que personne même les conduisît ; ils s'arrêtaient lorsque les nôtres suspendaient leur mouvement, et suivaient spontanément leurs pas lorsqu'ils se remettaient en route. L'armée égyptienne s'imagina que les nôtres traînaient à leur suite des forces innombrables, et en conséquence elle se mit à prendre la fuite, sans être poursuivie. [...] Notre armée, après avoir obtenu la victoire du Ciel même, s'empara du camp des Égyptiens ; elle y trouva d'immenses bagages et des vivres, et des provisions de voyage en si grande abondance que les nôtres furent bientôt rassasiés jusqu'au dégoût du miel et des gâteaux dont ils se nourrirent[1]. »

14

LE PRINCE D'ANTIOCHE ET LE COMTE D'ÉDESSE VIENNENT À JÉRUSALEM : VOYAGE PÉRILLEUX

Tandis que toutes ces choses se passaient dans le royaume de Jérusalem, le seigneur Bohémond, prince d'Antioche, et le seigneur Baudouin, frère du susdit duc et comte d'Édesse, ayant appris par une foule de relations que leurs frères et leurs anciens compagnons de pèlerinage avaient conquis la Ville sainte avec la faveur divine, et accompli ainsi l'objet de leur entreprise, convinrent ensemble de prendre jour pour se mettre en route, après avoir fait tous leurs préparatifs de voyage, afin d'aller aussi s'acquitter de leur vœu, en présence du Seigneur, et présenter leurs devoirs fraternels au duc, à Tancrède et aux autres princes. Ces deux seigneurs, illustres et puissants, étaient constamment demeurés l'un à Antioche, pour conserver sa principauté ; l'autre à Édesse, pour protéger son comté contre les invasions des ennemis. Ces dispositions avaient été réglées ainsi aussitôt après la prise d'Antioche, et l'on avait arrêté, dans un sentiment de sollicitude pour l'intérêt général des nôtres, qu'ils demeureraient chacun dans les villes qui leur avaient été livrées par le Seigneur, et qu'ils appliqueraient tous leurs soins et toute leur vigilance à les conserver, de peur que les ennemis ne cherchassent à former de nouvelles armées et à recommencer une guerre qui aurait pu rendre superflus les efforts et les succès antérieurs. Quoique l'un et l'autre fussent constamment occupés, ils formèrent cependant le projet d'aller accomplir le vœu de leur pèlerinage et en conséquence se mirent en route le jour dont ils étaient convenus. Le seigneur Bohémond emmena avec lui tous ceux qui parurent animés des mêmes désirs et partit accompagné d'une grande multitude de gens à pied et à cheval ; ils arrivèrent ainsi jusqu'à Valenia, ville située sur les bords de la mer, en dessous du château de Margat, et y dressèrent leurs tentes, malgré l'opposition des habitants. Baudouin, qui le suivait de près, le rejoignit en ce lieu, et leurs corps

---

1. Le chapitre 12 est une composition réunissant et résumant la *Geste des Francs* de l'anonyme (le début), l'*Histoire des Francs* de Raymond d'Aguilers (la majorité du chapitre) et l'*Histoire de Jérusalem* de Foucher de Chartres (la fin). Dans le cas du chapitre 12 de même que dans le chapitre 14, nous avons suivi la traduction de Fr. Guizot pour donner un exemple de ce beau style, en faisant toutefois les corrections indispensables : conformément au texte latin, nous avons traduit « les nôtres » au lieu de « croisés » (terme inconnu de Guillaume de Tyr) ou « chrétiens » (terme qu'il emploie très rarement), « ligne de bataille » au lieu de « corps » (latin : *acies*), « art militaire » au lieu de « loi de la guerre » (latin : *discipline militaris*), « légion » au lieu de « troupe » (latin : *legio*).

s'étant réunis ils poursuivirent leur route. À la même époque, des hommes partis d'Italie venaient de débarquer à Laodicée [Lattaquié] en Syrie : il y avait parmi eux un homme très lettré, plein de sagesse et de piété, ami de la vertu et de la probité, le seigneur Daimbert, archevêque de Pise ; on y remarquait encore l'évêque d'Ariano dans la Pouille. Ces nouveaux arrivants vinrent aussi se réunir aux camps des princes d'Antioche et d'Édesse : le nombre des pèlerins se trouva augmenté par ce renfort, et l'on dit qu'il s'élevait alors à vingt-cinq mille individus des deux sexes, marchant tant à pied qu'à cheval. Ils suivirent ainsi leur route, s'avançant toujours sur le bord de la mer, et ne rencontrant que des ennemis dans toutes les villes par où ils passaient ; en sorte qu'ils éprouvaient sans cesse les plus grandes difficultés et souffraient fréquemment du défaut de vivres. Comme ils n'avaient pas la faculté de commercer, et ne trouvaient point à acheter ce dont ils pouvaient avoir besoin, ils eurent bientôt épuisé toutes leurs provisions de voyage. On était en outre au milieu de l'hiver, au mois de décembre, en sorte que la rigueur du froid et les pluies incommodes de la saison réduisirent un grand nombre de pèlerins aux dernières extrémités. Les habitants de Tripoli et ceux de Césarée [1] furent les seuls, sur toute la longueur de la route, qui offrirent aux nôtres des denrées à acheter. Ils continuèrent cependant à souffrir beaucoup du défaut de vivres et de la disette, parce qu'ils n'avaient pas de bêtes de somme ou d'autres animaux qu'ils pussent employer au transport de leurs provisions. Enfin, protégés par la clémence divine, ils arrivèrent à Jérusalem. Le duc, tout le clergé et tout le peuple les accueillirent avec empressement. Ils visitèrent les lieux saints en toute contrition de cœur, et dans un profond sentiment d'humilité, apprenant enfin de leurs propres yeux ce qu'ils n'avaient su jusqu'alors que par la parole et l'enseignement. Ils célébrèrent dans la sainte Bethléem le jour de la nativité du Seigneur, et virent l'admirable grotte où la Mère de Dieu, qui est la porte du salut, enveloppa dans ses langes le Rédempteur du monde, et apaisa de son lait ses premiers cris [2].

15

DU PATRIARCHE, COMMENT LA QUATRIÈME PARTIE DE JÉRUSALEM RELÈVE DU PATRIARCHE

Comme jusqu'à ce moment, et depuis cinq mois environ, le siège de Jérusalem était demeuré vacant, et n'avait point de chef qui lui fût spécia-

---

1. Caesara Maritima.
2. Le chapitre 14 est un condensé du récit très personnel et vivant de Foucher de Chartres, qui était de ce voyage. Notons que Fr. Guizot avait pris la liberté d'ajouter une crèche (absente du texte latin) à la grotte de Bethléem.

lement affecté, les princes alors rassemblés résolurent de s'occuper à pourvoir en ce point à l'Église de Dieu. Après avoir longuement hésité et délibéré dans les réunions générales qu'ils tinrent à cette occasion, ils se déterminèrent à placer le seigneur Daimbert sur le siège patriarcal [1]. Car, ce que nous avons dit avoir été fait au sujet d'Arnoul, étant une œuvre de légèreté et d'imprudence, fut détruit avec facilité et promptitude. Lorsque l'homme de Dieu eut pris possession de son siège, le seigneur Godefroi et le seigneur prince Bohémond reçurent humblement de lui l'investiture, le premier de son royaume, le second de sa principauté, pensant ainsi rendre honneur à celui dont le patriarche était reconnu le ministre sur la terre. Après cela, ils assignèrent des possessions au seigneur patriarche, tant celles que le patriarche grec avait possédées au temps des Gentils, depuis la fondation de l'empire grec, que quelques-unes récemment attribuées, afin de soutenir honorablement la maison patriarcale. Ces rites achevés, le seigneur Bohémond et le seigneur Baudouin prirent congé du duc pour retourner chacun aux confins de leurs terres : ils descendirent vers le Jourdain, de là par la Vallée Illustre ils suivirent la rive du fleuve, ils traversèrent Scitopolis et parvinrent à Tibériade. Là ils se fournirent en choses nécessaires pour se nourrir en chemin, suivirent la voie abîmée qui longe la mer de Galilée, entrèrent dans la Phénicie du Liban en prenant à droite de Panéade, qui est Césarée de Philippe, entrèrent en Iturée, et arrivèrent jusqu'au lieu nommé Éliopolis qui est dit d'un autre nom Malbec [Baalbek]. De là, ils atteignirent Antioche sains et saufs, la divine clémence les protégeant.

16

Des hommes malintentionnés, qui n'ont jamais à cœur que de susciter des scandales et de se montrer jaloux de la tranquillité des autres, parvinrent, à force de travail et de peine, à faire naître des différends entre le seigneur patriarche et le seigneur duc. Le patriarche demanda à celui-ci de lui restituer la cité sainte consacrée à Dieu, la forteresse de la cité et la ville de Jaffa avec tout ce qui lui appartenait. Il s'éleva à ce sujet un différend qui se prolongea pendant quelque temps : enfin, comme le duc était humble, d'un caractère doux, et en même temps rempli de respect pour la parole de Dieu, le jour de la purification de la bienheureuse Marie, il résigna le quart de Jaffa en faveur de l'église de la Sainte-Résurrection,

---

1. Les deux premières phrases du chapitre 15 viennent de l'*Histoire de Jérusalem* de Foucher de Chartres. La suite est propre à Guillaume de Tyr : il introduit ici le problème qu'il va soulever et traiter dans les trois chapitres suivants, résultat de recherches personnelles comme il s'en explique plus loin. Cependant, respectant scrupuleusement l'ordre chronologique, il finit son chapitre en condensant en quelques mots le long récit du retour de Bohémond et Baudouin donné par Foucher de Chartres.

en présence du clergé et de tout le peuple. Puis, le saint jour de Pâques suivant, il résigna également entre les mains du patriarche, et en présence du clergé et du peuple, qui s'étaient réunis pour cette solennité, la ville de Jérusalem avec la tour de David et tout ce qui lui appartenait, à la condition cependant d'en user et d'en jouir jusqu'au moment où le Seigneur lui permettrait de s'emparer d'une ou deux autres villes et d'étendre ainsi le royaume. Il fut encore convenu que, si le duc mourait avant cette époque sans héritier légitime, tout ceci reviendrait au seigneur patriarche, sans difficulté ni contestation aucune. Nous avons inséré ceci dans la narration présente, bien que connu par d'autres relations et même mis par écrit par quelques-uns : nous nous étonnons cependant des raisons qui ont poussé le seigneur patriarche à susciter ce différend au duc. En effet, nous n'avons lu nulle part ni entendu dire par des hommes dignes de foi que le royaume eût été donné à cette condition au seigneur duc par les premiers vainqueurs, ni qu'il se tînt obligé envers quiconque à quelque prestation annuelle ou lien perpétuel. Et notre ignorance ne doit pas être prise pour de la grossièreté ou de la paresse, alors que nous fîmes des investigations très soigneuses sur la vérité de ces choses périssables plus que n'importe où, ceci avec un zèle particulier pour le mander à cet écrit, comme ce fut notre projet depuis longtemps.

17

Il est juste de dire cependant, et il est certain que, dès l'époque de l'entrée des Latins, comme aussi depuis fort longtemps auparavant, le patriarche de Jérusalem en avait possédé à peu près autant en propre. Il faut montrer brièvement comment ceci arriva, quel fut le début de ce droit de possession, quelle en fut la cause. En effet, nous, faisant des recherches avec beaucoup d'ardeur, par des enquêtes répétées, nous sommes arrivé enfin à la preuve de cette chose. On voit par les traditions des anciens que, tant que cette cité fut détenue par les infidèles, elle n'a jamais connu de paix continue, sinon pour des temps courts, elle a été perpétuellement accablée de guerres répétées, de sièges cruels, les princes limitrophes l'ont revendiquée. [...] Au temps où le royaume d'Égypte s'éleva au-dessus de tous les autres empires de l'Orient ou du Sud, tant par ses forces, ses richesses que par sa sagesse temporelle, le calife d'Égypte voulut reculer les limites de son pouvoir, étendre sa domination de tous les côtés, et envoya ses armées dans toute la Syrie jusqu'à Laodicée, qui fait la limite entre Antioche et la Celessyrie, l'occupa de force et désigna des gouverneurs dans les villes maritimes et du milieu des terres ; il établit des impôts, rendit toute la région tributaire et ordonna aux habitants de chaque lieu de relever leurs tours et leurs murs tout autour de leur cité. Comme les autres, celui qui gouvernait Jérusalem contraignit les habitants à obéir aux lois communes et remettre en état les tours et les murs. Quand les travaux futurs furent répartis, il arriva que le quart des constructions à faire fut assigné aux malheureux chrétiens qui habitaient la ville, plus par méchanceté que par évaluation. Déjà les susdits fidèles se trouvaient tellement écrasés de corvées ordinaires et extraordinaires, d'impôts, de tributs, de redevances et de toutes sortes de charges viles, que leurs forces auraient à peine suffi pour construire une ou deux tours. Voyant qu'on cherchait des prétextes contre eux, n'ayant pas d'autre refuge, ils vinrent en larmes trouver le gouverneur et le supplier de leur imposer une tâche proportionnelle à leurs possibilités, car ils ne suffisaient pas à supporter ce qu'on leur avait enjoint. Mais le gouverneur ordonna de les chasser de sa présence, et fit une grave menace. Il dit : « Violer les édits du prince au sommet est un sacrilège, ou vous vous acquitterez de la tâche enjointe, ou il faut que vous succombiez sous le glaive vengeur en tant que coupables de lèse-majesté. » Finalement, ils obtinrent un délai auprès du gouverneur après de multiples intercessions et à l'aide de présents, jusqu'à l'envoi d'une mission auprès de l'empereur de Constantinople implorant des aumônes pour accomplir cette tâche.

18

[...] L'empereur ajouta cependant une condition : il ne donnerait l'argent que s'ils pouvaient obtenir du seigneur de la région qu'à l'intérieur du périmètre du mur qu'ils allaient ériger grâce aux aumônes impériales, nul à l'exception des chrétiens ne pourrait habiter. [...] Ceci arriva en 1063, trente-six ans avant la délivrance de la ville. Jusqu'à ce jour, les Sarrasins avaient habité dans la promiscuité avec les fidèles, en sécurité ; mais à partir de cette heure, sur l'ordre princier, ils furent contraints de se transporter dans les autres parties de la ville, et d'en abandonner un quart aux fidèles sans contestation. Les serviteurs du Christ se trouvèrent dès lors dans une situation bien meilleure. Leur cohabitation avec les hommes de Bélial était souvent source de scandales et leur attirait des vexations de tout genre. Les habitants continuèrent leur vie séparément plus tranquillement, sans s'emmêler dans les zizanies. S'ils avaient entre eux quelque différend, ils s'en rapportaient à l'Église par l'intermédiaire du jugement du patriarche d'alors et concluaient entre eux dans leurs controverses. Ainsi, depuis ce jour, et pour la raison que nous avons dite, le quart de la cité n'eut pas d'autre juge ou seigneur que le patriarche, et l'Église la revendiqua pour toujours comme lui appartenant en propre. Cette quatrième partie est ainsi séparée : de la porte ouest, dite de David, par la tour d'angle, dénommée de Tancrède, jusqu'à la porte nord, dite du proto-martyr Étienne ; et depuis le mur extérieur jusqu'à la limite donnée par la voie publique qui va directement de cette porte aux tables des changeurs et de là revient à la porte ouest. À l'intérieur, elle contient le lieu vénérable de la Passion et de la Résurrection du Seigneur, la maison de l'hôpital, les deux monastères d'hommes et de femmes, l'un et l'autre dénommés « De Latina », la maison du patriarche et le couvent des chanoines du Sépulcre du Seigneur avec tout ce qui en dépend.

19

LA CONDITION DU ROYAUME

À ce moment-là déjà, la plupart des princes qui étaient venus dans cette expédition étaient retournés chez eux. Ainsi, le duc à qui le royaume avait été confié y restait seul avec le seigneur Tancrède, qu'il avait retenu comme un homme sage, vaillant et heureux, et partageait ses soucis. À cette époque, les biens et les ressources militaires des nôtres étaient si faibles qu'en les convoquant et en les réunissant tous, on aurait trouvé tout au plus trois cents cavaliers et deux mille hommes de pied. Les villes qui étaient venues sous notre domination étaient en très petit nombre et dispersées parmi des lieux hostiles, si bien qu'on allait de l'une à l'autre en s'exposant à des dangers, quand la nécessité l'exigeait. Les zones suburbaines à l'intérieur de nos confins étaient toutes cultivées par les infidèles et les Sarrasins, en qui notre peuple n'avait pas d'ennemis plus cruels, d'autant plus mauvais qu'ils étaient des domestiques : il n'y a pas de peste plus nuisible qu'un familier inamical. Ils massacraient sur les chemins publics les nôtres qui marchaient sans précaution et les livraient en servitude aux ennemis ; bien plus, ils refusaient de travailler aux champs, afin d'affamer les nôtres, se résignant eux-mêmes à souffrir de la faim plutôt que de procurer quelques avantages à ceux qu'ils comptaient comme ennemis. Et ce n'était pas seulement ceux qui sortaient des villes qui redoutaient les chemins de traverse. Dans les maisons établies à l'intérieur des remparts, à peine trouvait-on un lieu où reposer en sûreté, parce que les habitants peu nombreux se trouvaient disséminés et les brèches des murs faisaient accès : en effet, les voleurs nocturnes faisaient des irruptions clandestines dans les villes vides et dans les zones cultivées où l'habitation était rare ; beaucoup étaient molestés dans leur propre domicile. Il en résultait que quelques-uns d'entre eux abandonnaient en secret, ou mieux, ouvertement, les possessions acquises, et s'en retournaient chez eux, jugeant qu'un jour, ceux qui s'efforçaient de protéger la patrie seraient écrasés et que personne ne pourrait les soustraire des désastres imminents. Ils furent la cause d'un édit où ceux qui persévéreraient à posséder quelque chose au milieu des tribulations pendant un an et un jour, tranquillement et sans contestation, auraient le lieu par prescription annuelle et feraient feu dans cet endroit. L'édit fut introduit, comme nous l'avons dit, par haine pour ceux à qui la peur faisait abandonner leurs possessions, de crainte qu'ils fussent admis à les revendiquer s'ils revenaient après un an [1].

AU SIÈGE D'ARSÛF : LE DUC REÇOIT LES ARABES ASSIS SUR UNE BOTTE DE PAILLE

Malgré la grande pénurie dont souffrait le royaume, l'homme craignant Dieu et agréable à Dieu [le duc], poussé par le Seigneur, voulut étendre plus loin les limites du royaume. Il convoqua l'aide militaire avec le peuple de la région et mit le siège devant la ville maritime, autrefois dite Antipatris, voisine de la cité de Jaffa, et qu'aujourd'hui on appelle en langue vulgaire Arsur [Arsûf]. Mais dedans, il y avait des hommes forts et vaillants, qui avaient en abondance des armes, des vivres et toutes les choses nécessaires pour soutenir une attaque de ce genre. Dehors au contraire, le duc était dénué de ressources et surtout n'avait pas de nef à sa disposition pour empêcher les assiégés de sortir ou entrer. Il se vit forcé de lever le siège, attendant que le temps lui apportât une meilleure occasion d'y réussir, avec l'aide de Dieu. Mais il ne put parvenir à son projet, prévenu par une mort prématurée [2].

20

Il arriva dans le cours de ce siège quelque chose de digne de mémoire que nous prenons soin d'insérer pour le lecteur présent. Du haut des montagnes de Samarie, où est située la ville de Neapolis [Naplouse], quelques petits rois de ces campagnes [3] descendirent au siège, portant avec eux des présents en pain et en vin, en figues et en raisins secs, bien plus, croyons-nous, dans l'intention de voir de plus près les forces et le nombre des nôtres et de connaître le statut des assiégeants, que pour offrir quelques cadeaux au duc. Parvenus à l'armée chrétienne, ils commencèrent par demander instamment à être introduits devant le duc, et arrivés en sa présence, ils lui offrirent les cadeaux qu'ils avaient avec eux. Mais le duc, de même qu'un homme humble, était assis sur un sac rempli de paille posé sur le sol, méprisant en tout la pompe du siècle. Il attendait le retour des siens qu'il avait envoyés fourrager. En le voyant ainsi, figés d'étonnement, ils demandèrent pourquoi un si grand prince et si admirable seigneur venu d'Occident pour ébranler tout l'Orient et occuper un grand

---

1. Le début du chapitre est tiré de l'*Histoire de Jérusalem* de Foucher de Chartres, mais Guillaume de Tyr est notre seule source sur l'édit et ses causes.
2. Voir les détails dans l'*Histoire de Jérusalem* de Foucher de Chartres.
3. L'expression latine est savoureuse : *reguli suburbani*.

royaume avec un bras vigoureux était ainsi assis sans gloire, pourquoi il avait ni tapis, ni soierie autour de lui selon l'habitude royale, pourquoi il ne se présentait pas, formidable, entouré de satellites armés ? Quand ils eurent fini, le duc demanda de quoi ils parlaient et une fois qu'il l'eût appris, il répondit qu'à un homme mortel la terre peut à juste titre suffire comme siège temporaire, puisqu'elle sera son domicile perpétuel après sa mort [...] [1].

LA MORT DU DUC ET SA SÉPULTURE (JUILLET 1100)

Ce même mois, en juillet, le seigneur Godefroi, cet excellent souverain du royaume de Jérusalem, fut pris d'une grave maladie incurable qui l'amena jusqu'à la mort : son mal empira et les remèdes furent inutiles, il reçut le viatique du salut, et, dévot pénitent, sincère confesseur du Christ, il entra dans la voie de toute chair pour aller recevoir une rétribution centuple, et jouir de la vie éternelle au milieu des esprits bienheureux. Il mourut le 18 juillet 1100. Il fut enseveli dans l'église du Sépulcre du Seigneur, au-dessous du Calvaire où le Seigneur a souffert la passion, lieu où sont ensevelis ses successeurs jusqu'au jour présent.

LIVRE X

Début du règne de Baudouin (1100-1104)

Il est traité du patriarcat de Jérusalem en crise (Daimbert s'exile à Antioche), de la difficile venue de Baudouin à Jérusalem, des oppositions à son élection comme roi, de la guerre autour de Jérusalem (prise d'Arsûf et Césarée, bataille de Ramla), du début de la conquête du littoral (prise d'Acre), du futur comté de Tripoli (prise de Tortose), et des déboires en Mésopotamie (grave échec devant Carran).

• 1. Le seigneur Baudouin, comte d'Édesse, succède à son frère défunt à la tête du royaume.
• 2. Du physique et des habitudes du seigneur Baudouin.
   3. Le comte Garnier occupe la tour du défunt duc, il appelle Baudouin par messager secret.
   4. Lettre du seigneur Daimbert au prince d'Antioche.

---

1. Ce récit édifiant ne se trouve pas dans les autres chroniques de la croisade.

5. Le seigneur Baudouin arrive, en chemin vers Jérusalem, il découvre une embuscade des ennemis vers le fleuve du Chien.

6. Les ennemis sont vaincus et, achevant sa route, Baudouin parvient à Jérusalem.

7. Le patriarche Daimbert, craignant l'arrivée de Baudouin, quitte la maison du patriarcat et se transporte à l'église du mont Sion.

8. Le comte [Baudouin] dirige une expédition vers Ascalon ; il traverse le Jourdain, force la terre ennemie, revient enfin à Jérusalem.

9. Le comte [Baudouin] et le patriarche s'étant l'un et l'autre réconciliés, le comte reçoit l'onction royale. Tancrède, appelé par les gens d'Antioche, s'en va, en mémoire d'une vieille offense.

• 10. Le roi, après avoir traversé le Jourdain, rapporte des frontières ennemies un butin innombrable, un fait, accompli par lui et admiré par beaucoup, est décrit.

11. Les princes occidentaux prennent de nouveau la route et parviennent à Constantinople avec d'immenses forces.

12. L'empereur Alexis, selon son habitude, ourdit des embûches contre eux par le moyen des Turcs : la plupart des pèlerins sont battus, les rescapés suivent le comte de Toulouse et parviennent à Antioche.

• 13. Le roi assiège Antipatris [Arsuf] et occupe la place de force.

14. De même, le roi assiège la ville maritime de Césarée et prend la place par combat.

• 15. Une multitude infinie d'habitants périt dans le lieu de prières de la cité, et un archevêque est assigné à la ville une fois prise.

16. Le roi vient à Ramula [Ramla], il attend l'armée des ennemis qu'on dit arriver, les attaque et obtient la victoire.

17. De là, il traverse vers Joppé [Jaffa] et réconforte ses habitants consternés.

18. Les princes, qui venaient d'arriver, prennent Tortose [Antartûs] et la donnent au comte toulousain, ensuite s'avancent vers Jérusalem ; le roi part à leur rencontre jusqu'à Beyrouth.

19. Les Égyptiens franchissent nos frontières avec des troupes immenses ; le roi accourt imprudemment à leur rencontre, les attaque, est vaincu.

20. Le roi, fuyant le combat, se réfugie dans le château de Ramula [Ramla] ; il est sorti de là grâce à un Arabe, les autres sont tués.

21. Le roi s'enfuit d'Arsur par des moyens divers, de là parvient à Joppé [Jaffa] ; tous arrivent du royaume pour secourir le roi, on combat contre les ennemis, ils sont vaincus.

22. Pendant ce temps, Tancrède reçoit dans sa domination les villes très nobles d'Apamée et Laodicée [Lattaquié].

• 23. Baudouin du Bourg, comte d'Édesse, épouse Gabrielle, la fille du duc.

24. Bohémond, délivré des liens des ennemis, revient à Antioche et soutient généreusement Daimbert le patriarche qui s'est réfugié auprès de lui.

25. Après avoir expulsé Daimbert, un certain Ébremarus gouverne Jérusalem sans avoir été ordonné. Le roi assiège Ptolémaide [Acre] sans succès, en revenant de là il est blessé gravement.

• 26. Le comte de Toulouse édifie un château devant la ville de Tripoli, nommé Montpélerin.

27. Le roi assiège de nouveau Ptolémaide et il occupe la ville de force grâce à l'aide d'une flotte de Génois.

• 28. Les princes du Christ rencontrent les Turcs à Carran, ville de Mésopotamie, ils assiègent la ville.

• 29. On combat serré, les nôtres sont vaincus, l'accident est très périlleux pour nous.

1

BAUDOUIN, LE SUCCESSEUR DE SON FRÈRE GODEFROI, SON PORTRAIT, SON COURONNEMENT

Après la mort du duc Godefroi, de pieuse mémoire en le Seigneur, premier gouverneur insigne des Latins du royaume de Jérusalem, le royaume demeura vacant trois mois. Finalement, soit sur les dernières instructions du duc, soit à la suite du conseil que tinrent en commun les princes peu nombreux qui se trouvaient à Jérusalem, le seigneur Baudouin, comte d'Édesse, frère du duc par chacun de ses parents, fut invité à lui succéder dans le gouvernement du royaume en vertu de ses droits héréditaires. Baudouin, après s'être pénétré dans sa jeunesse des disciplines « libérales », avait été fait clerc dit-on, et avait obtenu dans les églises de Reims, de Cambrai et de Liège des bénéfices, vulgairement appelés prébendes. Des causes qui nous sont cachées le portèrent à déposer l'habit de clerc pour revêtir les armes ; il fut fait chevalier. Dans la suite, il se maria avec une femme d'Angleterre, noble et illustre, nommée Gutuère, qu'il emmena avec lui lorsqu'il accompagna ses deux frères, Godefroi et Eustache, hommes dont les vertus ont immortalisé la mémoire dans cette première et heureuse expédition. Avant que l'armée des fidèles fût arrivée à Antioche, la femme de Baudouin, épuisée par de longues souffrances, mourut à Maresie d'une bonne mort, et y fut ensevelie, comme je l'ai déjà dit. Ensuite, Baudouin fut appelé et adopté pour fils par le duc d'Édesse, lui succéda après sa mort dans le comté et ce qui en dépendait, puis épousa la fille d'un noble et vaillant prince arménien du nom de Taftoc. Celui-ci et son frère Constantin possédaient dans les environs du mont Taurus des places fortes inexpugnables et de nombreuses ressources en hommes vaillants : leurs richesses et leurs forces immenses les faisaient considérer comme les rois de cette contrée. Il n'est pas nécessaire de traiter plus avant de l'origine des consanguins de Baudouin, de l'illustration de ses excellents parents ou du lieu de sa naissance, puisque tout ce que nous avons dit à ce sujet sur le duc lui est également applicable.

2

« On dit que Baudouin était d'une taille très élevée, beaucoup plus grand que son frère, et que, comme Saül, il dépassait tous les autres de la hauteur de la tête. Il avait les cheveux noirs, la barbe noire, et cependant la peau assez blanche, le nez aquilin, la lèvre supérieure un peu proéminente, les dents bien rangées, mais légèrement en arrière, sans que ce fût toutefois un défaut trop choquant. Il avait de la gravité dans sa démarche, dans les manières et dans le langage ; il portait toujours un manteau sur ses épaules, en sorte que ceux qui ne le connaissaient pas l'auraient pris pour un évêque plutôt que pour un laïc [1], en voyant les habitudes sévères qu'il affectait. En même temps, et afin qu'on ne pût douter qu'il était l'un des enfants de la race vicieuse d'Adam et qu'il héritait de la première malédiction portée contre le genre humain, on dit qu'il avait tout l'emportement des passions de la débauche. Cependant, il prenait si bien ses précautions pour cacher sa conduite en ce genre qu'il ne donna jamais de scandale à personne et ne se rendit coupable d'aucune violence, ni d'aucune offense grave, en sorte qu'il n'y eut tout au plus qu'un petit nombre de ses serviteurs qui purent connaître le secret de ses actions, ce qui est très rare dans ce genre de dérèglement. Si quelqu'un voulait, par un sentiment de bienveillance, et comme font tous les pécheurs, chercher des excuses à de tels péchés, il semble que l'on pourrait en trouver quelques-unes propres à être présentées, sinon à un juge sévère, du moins aux hommes, comme on le verra par la suite de ce récit. Baudouin n'avait ni un embonpoint excessif, ni une maigreur démesurée ; son corps était de moyenne grosseur ; il était fort dans le maniement des armes, cavalier agile, plein d'activité et de zèle toutes les fois que l'intérêt des affaires publiques le commandait. Il serait presque superflu de louer en lui la magnificence, le courage, l'expérience consommée en tout ce qui concerne l'art de la guerre, et toutes les excellentes facultés d'un esprit bien ouvert, qualités qu'il tenait des auteurs de ses jours comme de droit héréditaire et par lesquelles ses frères furent aussi constamment distingués. Ce fut surtout tant que le duc vécut que Baudouin s'appliqua sans relâche à se montrer son digne émule, regardant comme un crime tout ce qui l'aurait écarté de sa trace ; cependant, il fut lié d'une familiarité trop intime avec un certain Arnulfe, archidiacre à Jérusalem, homme méchant et pervers, que son penchant et sa volonté portaient constamment au mal, et qui avait envahi le siège patriarcal ainsi que je l'ai déjà rapporté [2] ; Bau-

---

1. *Secularis persona* écrit Guillaume de Tyr, et non *laicus* comme pourrait le faire croire la traduction de Fr. Guizot.
2. Fr. Guizot fait écrire Guillaume de Tyr à la première personne du singulier, alors que ce dernier use toujours du pluriel, à de très rares exceptions près qui sont significatives.

douin se laissait trop diriger par ses conseils, et on lui en fit constamment le reproche. »

9

L'an 1100, le seigneur patriarche Daimbert et le seigneur comte Baudouin s'étant réconciliés grâce à l'heureuse intervention de quelques sages, Baudouin fut consacré le jour de la Nativité du Seigneur dans l'église de Bethléem, en présence du clergé et du peuple, des prélats des églises et des princes du royaume, il reçut l'onction de roi de la main du seigneur Daimbert patriarche, et fut solennellement couronné du diadème royal. Dès que Baudouin eut obtenu le trône et la confirmation du royaume, le seigneur Tancrède, d'éclatante et pieuse mémoire en Christ, se rappelant l'offense dont il avait injustement souffert de la part du même seigneur Baudouin à Tarse en Cilicie, en homme religieux qu'il était et attaché à sa conscience personnelle, craignant de s'obliger par le lien de fidélité envers quelqu'un qu'il ne pouvait pas entourer d'un amour sincère, abandonna aux mains du seigneur roi la ville de Tibériade et Caypha [Haifa], que le seigneur Godefroi d'illustre mémoire lui avait concédées généreusement pour son mérite insigne. Il s'en sépara à la tristesse de tous et partit pour la région d'Antioche. En effet, il avait plusieurs fois été appelé par les princes de cette région, pour prendre soin de la principauté jusqu'au retour du seigneur Bohémond, si du moins le Seigneur daignait le faire sortir de sa captivité [...]

10

UN BEAU GESTE DU ROI

Il arriva ces jours-là, à la suite de rapports venant de ceux qui avaient la charge d'explorer l'état des régions limitrophes et les faiblesses des ennemis, que le roi passa le Jourdain et entra sur les terres des Arabes. Il pénétra au sein des solitudes où ce peuple habite ordinairement, et arriva au lieu qui lui avait été indiqué. Il se précipita subitement et au milieu de la nuit sur les tentes qu'il surprit à l'improviste ; il y trouva quelques-uns des hommes, les épouses et tous leurs petits, toutes leurs affaires, dont il s'empara, emportant avec lui un immense butin et aussi une multitude inouïe d'ânes et de chameaux. La plupart des hommes, voyant au loin l'arrivée des nôtres, s'élancèrent sur leurs rapides coursiers et prirent la fuite, cherchant leur salut dans les profondeurs du désert, et abandonnant aux ennemis leurs épouses, leurs enfants, et toutes leurs affaires. Mais il arriva que, sur le chemin du retour, esclaves et bétail poussés devant, se trouvait parmi eux une femme illustre, épouse d'un prince grand et puissant, qui s'était trouvée prise dans le mauvais sort commun. Elle était grosse, et même sur le point d'accoucher, si bien qu'en effet elle se trouva prise au milieu de la route des douleurs qui précèdent l'enfantement et accoucha ensuite. Le roi, instruit de cet événement, ordonna de la descendre du chameau sur lequel elle était assise, lui fit préparer avec les objets enlevés un lit aussi commode que les circonstances pouvaient le permettre, et donner des aliments avec deux outres pleines d'eau ; il lui laissa aussi, selon ses désirs, une servante et deux chamelles dont le lait devait servir à sa nourriture ; puis il la fit envelopper lui-même dans le manteau qu'il portait sur ses épaules, et partit ensuite avec toute sa troupe. Le même jour ou le jour suivant, le satrape arabe, marchant sur les traces de l'armée chrétienne, selon l'usage de sa nation, et conduisant une nombreuse escorte, le cœur plein de tristesse d'avoir perdu sa femme, noble matrone, au moment même où elle était près d'accoucher, et uniquement préoccupé de ses tristes pensées, la rencontra par hasard au lieu où on l'avait déposée. Il admira avec étonnement les sentiments d'humanité que le roi avait manifestés en cette occasion, exalta jusqu'aux cieux le nom des Latins, et plus particulièrement la clémence de leur roi, et résolut de se montrer fidèle et reconnaissant en tout ce qui lui serait possible. Peu de temps après et dans une circonstance très importante, il se montra empressé à tenir soigneusement sa parole [1].

13

ARRIVÉE D'UNE FLOTTE GÉNOISE, ACCORD AVEC LES GÉNOIS, PRISE D'ARSÛF PUIS DE CÉSARÉE (1101)

Pendant que l'armée susdite [les nouveaux croisés d'Occident, chap. 11] supportait toutes sortes de maux dans les environs de la Romanie comme nous l'avons dit, le seigneur roi de Jérusalem, incapable de s'engourdir dans l'oisiveté, brûlait du désir d'étendre les limites du royaume et cherchait tous les moyens possibles d'y parvenir. Vers le commencement du printemps, une flotte génoise était venue aborder au port de Joppé [Jaffa], et le seigneur roi ainsi que les habitants de cette ville l'avaient accueillie avec les plus grands honneurs. Comme les solennités de Pâques approchaient, les Génois poussèrent leurs vaisseaux sur le rivage et se rendirent à Jérusalem pour y passer les jours de fête. Après que Pâques eut été célébré selon l'usage, le roi choisit quelques hommes sages et doués du talent de la parole, et les chargea d'aller trouver les consuls de la flotte, les hommes les plus âgés et les chefs des bataillons [2],

1. Cette histoire est inconnue des chroniques latines contemporaines sur l'Orient. Selon Guillaume de Tyr, c'est cet homme qui permit à Baudouin de s'échapper de Ramla, à l'insu de l'armée égyptienne, où il s'était laissé mettre en très mauvaise posture et où périrent des croisés fameux (raconté au chap. 20).
2. *Turma* (petite unité armée), dans le texte latin.

et de s'informer s'ils avaient le projet de repartir ou s'ils ne voudraient pas s'employer pendant quelque temps au service de Dieu pour l'accroissement du royaume, pour un honnête salaire. Lesquels, après avoir tenu conseil avec les leurs, répondirent que, s'ils pouvaient traiter à de bonnes conditions pour la durée de leur séjour dans le pays, ils avaient formé le projet dès leur départ de travailler pendant quelque temps avec fidélité pour le service de Dieu et l'agrandissement du royaume. Une fois rédigées des conditions convenables, il fut statué entre eux et confirmé sous la foi du serment de part et d'autre, que, tant qu'ils voudraient demeurer avec la flotte dans le royaume, toute ville ou village fortifié[1] qui serait pris sur les ennemis avec leurs secours leur vaudrait le tiers des dépouilles et de tout l'argent qui seraient enlevés, à partager entre eux sans aucune contestation, et que les deux autres tiers seraient réservés au roi. On convint encore que, dans toutes les villes qui seraient prises de la même manière, on désignerait un quartier[2] qui appartiendrait en toute propriété aux Génois. Animé par cette espérance et se confiant en la protection divine, le seigneur roi convoqua aussitôt dans les villes qu'il possédait tout ce qu'il put rassembler d'hommes d'armes et de gens de pied, et alla assiéger la ville d'Arsur, par terre et par mer. Arsur, autrement appelée Antipatris, dut ce dernier nom à Antipater, père d'Hérode ; la ville est située dans un pays fertile ; les forêts et les pâturages qui l'avoisinent lui offrent toutes sortes de commodités[3] [...].

14

La ville de Césarée, située sur les bords de la mer, fut d'abord appelée Tour de Straton. Les anciennes histoires nous apprennent qu'elle fut fort agrandie par Hérode l'Ancien, qui l'orna de beaux édifices, la nomma Césarée en l'honneur de César-Auguste, et en fit la métropole de la seconde Palestine, sous l'autorité du prince romain. On y trouve de nombreux cours d'eau et des jardins irrigués qui font son agrément, mais pas de port, bien qu'on sache qu'Hérode fit beaucoup d'efforts à grands frais pour parvenir à donner aux vaisseaux une station sûre et commode, mais en vain. Le roi se rendit à Césarée avec toute son armée, la flotte le suivit par la mer et arriva en même temps. Il fit aussitôt investir la ville de toutes parts et disposa les machines sur les points les plus favorables : on attaqua avec beaucoup d'ardeur, on livra de fréquents combats autour des portes de la ville ; les assiégés étaient frappés de crainte ; les blocs énormes

---

1. *Oppidum*, dans le texte latin.
2. *Vicus*, dans le texte latin, qui peut désigner aussi une bourgade.
3. Le chapitre 13 est tiré de l'*Histoire de Jérusalem* de Foucher de Chartres, sauf les quelques lignes sur l'origine de la ville d'Arsuf.

qu'on lançait sans interruption ébranlaient les tours et les remparts, allaient jusque dans l'intérieur de la place enfoncer les maisons des citoyens, et ne leur laissaient aucun moment de repos. Dans le même temps, on construisait une machine d'une hauteur étonnante, plus élevée que les tours des remparts, et qui devait donner aux assiégeants plus de facilité pour attaquer la ville. Pendant quinze jours environ, les habitants et notre armée persévérèrent de part et d'autre dans leurs efforts. [*La ville est prise.*] Les hommes en armes se répandent de tous côtés, ils pénètrent de vive force dans les maisons où les citoyens croyaient avoir trouvé refuge, s'emparent des récipients de la maison et de tous les objets propres à exciter leur cupidité après avoir tué les pères de familles, occupent les cours une fois la famille massacrée. Il serait superflu de parler de ceux qui avaient la malchance d'être vus par les nôtres dans la rue ou sur les places de la cité, puisque même ceux qui fuyaient, cherchant les lieux les plus secrets, les asiles les plus retirés, ne pouvaient échapper au massacre. Beaucoup, qui eussent peut-être autrement bénéficié d'indulgence, devinrent eux-mêmes la cause de leur mort, en avalant des pièces d'or et des pierres précieuses et en excitant ainsi la cupidité de leurs ennemis, qui leur ouvraient le ventre pour chercher jusqu'au fond de leurs entrailles les objets qui y étaient cachés [1].

15

Il y avait, dans une partie de la cité située en hauteur, l'oratoire public, où on dit qu'autrefois Hérode avait construit un admirable temple en l'honneur de César-Auguste. Presque tout le peuple de la cité s'y était réfugié dans l'espoir d'y trouver le salut, puisque c'était le lieu de prières. On y entra par effraction, et on massacra un si grand nombre de ceux qui étaient dedans que les pieds de ceux qui tuaient baignaient dans le sang des morts et c'était une horreur de voir la multitude des cadavres. On trouva dans ce même oratoire un vase d'un très beau vert en forme de plat long [2]. Les Génois crurent qu'il était en émeraude, ils le reçurent dans le partage au prix d'une forte somme d'argent et ils en ont fait hommage à leur église, comme devant être le plus bel ornement. D'où, jusqu'à aujourd'hui, la coutume de montrer le vase aux magnats passant par chez eux, quasiment comme un miracle, en les persuadant que le vase est vraiment ce que la couleur indique : de l'émeraude [3]. [...]

---

1. Le chapitre 14 est tiré de l'*Histoire de Jérusalem* de Foucher de Chartres, sauf les quelques lignes sur l'origine de la ville et sa description.
2. *Parapsis*, dans le texte latin.
3. Le passage sur l'oratoire, certainement une mosquée, ne se trouve pas dans l'*Histoire de Jérusalem* de Foucher de Chartres, dont est tirée en revanche la description du massacre qui se poursuit encore après ces lignes. La coupe serait celle conservée dans le trésor de la cathédrale San Lorenzo de Gênes (art musulman, IXe siècle), comme trophée de croisade,

23

DANS LE COMTÉ D'ÉDESSE (1103). MARIAGE DU COMTE AVEC UNE ARMÉ-NIENNE, ARRIVÉE DE SON PARENT DU GÂTINAIS JOSSELIN

Le seigneur Baudouin, comte d'Édesse, homme magnifique et recommandable en toutes choses, qui avait succédé dans ce comté au roi de Jérusalem comme on l'a dit, gouvernait avec autant de force que de bonheur la terre soumise à sa domination et se rendait redoutable à tous les ennemis qui l'entouraient. Comme il n'avait ni femme ni enfant, il épousa la fille d'un certain Gabriel, duc de Mélitène, dont nous avons fait mention plus haut, qui se nommait Morfia, qui lui apporta à titre de dot une somme d'argent considérable dont le comte avait le plus grand besoin. Gabriel était arménien de naissance, par sa langue et dans son mode de vie, mais il était grec pour sa foi. Il arriva que, Baudouin étant ainsi dans l'état le plus prospère et jouissant de la plus parfaite tranquillité vit arriver auprès de lui un de ses parents, Josselin de Courtenay, noble de France et de la région qu'on appelle Gâtinais. Comme Josselin n'avait ni terre ni possession, Baudouin lui concéda de très grands biens, afin qu'il ne fût point contraint d'aller auprès d'un inconnu chercher à gagner quelque bénéfice : il lui donna toute la partie de la région en deçà du grand fleuve de l'Euphrate, où se trouvaient les grandes villes de Coricium et Tulupa, et les villages grands et très fortifiés de Turbessel, Hantab et Ravendel [1]. Mais lui-même détenait toute la région au-delà de l'Euphrate, plus voisine des ennemis, et se réservait une seule ville en deçà, Samosate. Josselin était un homme sage de ce siècle, circonspect dans l'action, très prévoyant dans le soin de ses propres affaires, très bon père de famille, pourvoyeur en choses utiles, généreux quand la nécessité l'exigeait, mais modeste sinon regardant, très adroit conservateur de ses biens domestiques, sobre dans ses aliments, sans beaucoup de soin pour son apparence et l'ornement de son propre corps. C'est ainsi qu'il régit la partie de la région que lui avait généreusement concédée le seigneur comte avec beaucoup d'habileté, dans l'abondance des biens [2].

---

ite *Sacro Catino*, entourée de légende (on en a fait le calice du Graal et le calice de la sainte Cène). Elle est de forme hexagonale.

1. « Villages » traduit *oppida*. Les cinq lieux se trouvent tous au pied de la chaîne montagneuse qui ferme le bassin supérieur de l'Euphrate, à l'ouest (voir l'Index).

2. Cet intéressant portrait d'un seigneur du Gâtinais transplanté outre-mer, comiquement vraisemblable, ne se trouve pas dans les autres chroniques de la croisade : voir plus loin plusieurs autres évocations de Josselin dans la logique de ce portrait (livre XI, 22, livre XII, 3).

26

CONSTRUCTION DU MONTPÈLERIN DEVANT TRIPOLI, PAR LE COMTE DE TOULOUSE (1104)

Dans le même temps, le seigneur Raimond, comte de Toulouse, de précieuse mémoire, après avoir conquis la cité appelée Tortose en langue vulgaire [1], [...] fit construire une forteresse sur une colline située en face de la ville de Tripoli, à peine à deux milles de distance, à laquelle il donna un nom adapté aux circonstances, Montpèlerin, puisqu'il était construit par des pèlerins, nom qui a servi jusqu'à aujourd'hui pour ce site naturel bien fortifié par des ouvrages artificiels. De là, le comte ne cessait pas de causer des dommages aux citoyens de Tripoli presque chaque jour, en sorte que tous les paysans de la région et même les habitants de la cité lui payèrent annuellement un tribut et ne lui étaient pas moins soumis que s'il eût possédé la ville sans aucun obstacle. Il eut alors de sa femme, qui était très pieuse et craignait Dieu, un fils qui naquit dans ce lieu ; il l'appela Alphonse, du nom de ses ancêtres, et dans la suite ce fils lui succéda dans le comté de Toulouse.

27

PRISE D'ACRE PAR LE ROI AVEC L'AIDE DES GÉNOIS (1104)

L'an 1104 en mai, le seigneur roi convoqua ses forces et tout le peuple, du plus petit au plus grand, pour assiéger de nouveau Ptolémaide [Acre], dont nous avons parlé plus haut. Il saisit l'occasion excellente de l'arrivée dans la région syrienne d'une flotte génoise de soixante-dix nefs à éperons, qu'on appelle des galères [...]. Après vingt jours continus d'acharnement, tant des nôtres à combattre que d'eux à repousser les outrages, on posa des conditions : ceux préférant partir sortiraient librement avec femmes, enfants et biens meubles, et ceux voulant rester sur le sol natal ne l'abandonneraient pas mais payeraient une prestation annuelle déterminée au seigneur roi. À ces conditions, ils livrèrent la cité au roi. Celle-ci obtenue, ce qui revenait de droit aux Génois leur fut remis selon la teneur des pactes, et le roi assigna au peuple victorieux des possessions et des domiciles en proportion des mérites de chacun, selon le conseil d'hommes sages. Ici pour la première fois, la tranquillité s'ouvrit à ceux qui arrivaient par une mer sûre, accueillis dans un port plus commode, par un littoral un peu débarrassé des ennemis.

---

1. Tortose avait été prise par le comte de Toulouse avec l'aide de nouveaux croisés en avril 1102 (chap. 18).

28

EN MÉSOPOTAMIE, DÉFAITE DEVANT LES TURCS À CARRAN (1104)

Cette même année, le seigneur Bohémond, avec tous les magnats de sa province [d'Antioche], ainsi que le seigneur Tancrède, aussi le seigneur Baudouin comte d'Édesse et le seigneur Josselin son parent, se réunirent tous ensemble et s'engagèrent sous la foi du serment à passer l'Euphrate pour aller mettre le siège devant la ville de Carran, voisine d'Édesse et occupée par les infidèles. En rapport avec ce projet, ils convoquèrent l'aide militaire chacun dans leur région, de toutes parts, et au jour convenu ils passèrent l'Euphrate et parvinrent à Édesse. Des hommes vénérables, illustres flambeaux de l'Église, participaient à cette malheureuse expédition, le seigneur Bernard patriarche d'Antioche, le seigneur Daimbert patriarche de Jérusalem qui vivait alors auprès de Bohémond, fugitif en exil, et aussi le seigneur Benoît archevêque d'Édesse. Après avoir pris leurs dispositions pour réussir dans cette entreprise, tous se mirent en marche à la tête de leurs légions et les conduisirent au lieu de leur destination. L'histoire des temps antiques nous apprend que la ville de Carran fut celle où Tharé, sortant de la ville d'Ur des Chaldéens pour se rendre dans la terre de Canaan, conduisit son fils Abraham et son petit-fils Loth, fils de leur fils Aran, ainsi qu'on peut le voir dans le livre de la Genèse. Tharé habita et mourut à Carran et ce fut là aussi qu'Abraham reçut du Seigneur l'ordre de sortir de sa terre, de quitter ses parents et de suivre les promesses du Seigneur. De même ce fut en ce lieu que Crassus, le dictateur romain, se gorgea de l'or des Parthes dont il s'était montré si avide. Lorsqu'ils furent arrivés, ils bloquèrent la ville en l'assiégeant, ainsi qu'ils en étaient convenus au départ. Et en effet, comme les habitants n'avaient que très peu de ressources en vivres, il n'était pas nécessaire de les attaquer autrement qu'en leur interdisant toute communication avec l'extérieur. La cause de leur pénurie était le seigneur Baudouin lui-même, qui depuis fort longtemps avait œuvré pour que la pénurie usât les habitants, et que poussés par la faim ils en vinssent à lui livrer la ville. Et voici ce qu'il avait imaginé pour réussir dans son projet. Les villes d'Édesse et de Carran sont tout au plus à quatorze milles de distance l'une de l'autre. Le territoire qui les sépare est arrosé par un fleuve dont les eaux, réparties en de nombreux canaux d'irrigation, fécondent toute la plaine et la rendent extrêmement fertile en toutes sortes de produits. Depuis les temps les plus anciens, le fleuve seul faisait la limite ; tout ce qui était en deçà revenait sans contestation aux gens d'Édesse, tout ce qui se trouvait au-delà était la propriété de ceux de Carran. Le seigneur Baudouin, voyant que la cité ennemie ne tirait du dehors aucun aliment, mais que la plaine possédée en commun lui assurait tout son vivre, aima mieux renoncer pour son compte aux avantages qu'il en retirait, que de laisser à ses adversaires une ressource qui devait leur être beaucoup plus difficile à remplacer. Depuis longtemps, il avait pris l'habitude de faire de fréquentes incursions sur ces lieux pour y détruire l'agriculture, espérant que la région en deçà de l'Euphrate et celle entre Édesse et l'Euphrate, au milieu, suffirait à nourrir les siens, tandis que ceux de Carran, privés des lieux qu'ils avaient coutume d'avoir en commun, seraient poussés dans une pénurie intolérable. Ce qui semble avoir été manifestement le résultat, en ce que, depuis plusieurs années qu'il leur faisait obstacle, le lieu souffrait d'une grande insuffisance de vivres et de pénurie des choses nécessaires. Lorsque les assiégeants arrivèrent sous les murs de Carran, ils trouvèrent les habitants en proie à toutes les souffrances d'une grande disette. Ceux-ci cependant, prévoyant depuis longtemps les projets de leurs ennemis, avaient envoyé des députés et écrit des lettres à tous les princes de l'Orient pour solliciter des secours, et leur annoncer qu'ils étaient sur le point de succomber si l'on ne venait promptement les délivrer. Lorsque enfin ils virent que nul ne venait leur prêter assistance, et que de jour en jour la famine étendait ses ravages au milieu d'eux, les habitants tinrent conseil, et se résolurent à livrer leur ville plutôt que de languir constamment dans la souffrance et de mourir de faim.

29

Ils sortirent donc de la place et la livrèrent sans condition à ceux qui les assiégeaient. Un malheureux sentiment de jalousie fit naître aussitôt une contestation entre les princes. Le seigneur prince Bohémond et le seigneur Baudouin se disputèrent à l'envi pour décider auquel des deux la ville était remise, et lequel des deux entrerait et déploierait le premier sa bannière dans la cité : et pour se donner plus pleinement à ce frivole différend, ils différèrent jusqu'au lendemain matin l'occupation de la ville qui s'était livrée, et purent reconnaître par l'expérience de la réalité la vérité de ce proverbe : « Tout délai entraîne avec lui un péril », et de celui-ci : « Il nuit de différer quand on est prêt. » Le lendemain même, avant le point du jour, on vit arriver une immense multitude d'ennemis et l'armée des Turcs se présenta en une masse si formidable que les nôtres craignirent pour leur vie [...]. Dès la première rencontre, les ennemis se rendirent maîtres du champ de bataille, les nôtres cédèrent honteusement, et abandonnant leur camp et leurs bagages, cherchèrent le salut dans la fuite, mais ne purent le trouver. Les Turcs se débarrassèrent promptement de leurs arcs, leur instrument ordinaire dans les combats, poursuivirent les nôtres le glaive en main et les massacrèrent presque tous. Le comte d'Édesse et Josselin son parent furent faits prisonniers ; on les chargea de chaînes et on les traîna dans des terres reculées. Mais le seigneur Bohémond avec le seigneur Tancrède et les deux patriarches s'échappèrent du tumulte de la mêlée, s'esquivèrent en toute hâte par des raccourcis et parvinrent à Édesse sains et saufs. Quant à l'archevêque du lieu, enchaîné comme s'il avait été un simple combattant, il vint augmenter le nombre de prisonniers ; il arriva qu'il fut confié en garde à un chrétien qui fut ému de charité jusqu'aux entrailles quand il vit qu'il était évêque et lui permit de partir en risquant sa vie pour la sienne, lequel, enfin protégé par le Seigneur, revint en peu de jours à Édesse où il fut accueilli en grande liesse par les habitants. Le seigneur prince était encore à Édesse quand il apprit que le comte était captif, pour ses péchés : il remit au seigneur Tancrède le soin de veiller à la sûreté de la ville et de toute la région, avec le consentement des habitants à condition qu'il s'engageât à ne faire aucune difficulté pour remettre le gouvernement au seigneur Baudouin à son retour de captivité. Bohémond se chargea lui-même de prendre soin de la terre du seigneur Josselin. Jamais dans tout l'Orient au temps des Latins, ni avant ni après, on ne lit qu'il y eut nulle part un combat aussi dangereux, un tel massacre d'hommes forts et valeureux, une fuite aussi honteuse pour notre peuple [1].

LIVRE XI

De 1104 à la mort du roi Baudouin (7 avril 1118)

Il est traité de quinze années déterminantes pour la constitution des établissements latins en Orient. Guerres contre les différents chefs orientaux, un jeu complexe d'alliance des Latins avec certains, des réactions turques particulièrement menaçantes pour le comté d'Édesse. Prise des villes du littoral les plus importantes sauf Tyr (Sidon, Gibelet, Beyrouth, Tripoli). Extension au sud avec la construction de Montréal face au désert. Installation de l'Église avec la délimitation problématique du patriarcat de Jérusalem par rapport à celui d'Antioche, et le choix non moins problématique du patriarche de Jérusalem. Mise en place de rapports féodaux.

1. Le seigneur Bohémond, prince d'Antioche, remet le principat à Tancrède, fait la traversée vers la France, épouse la fille du roi des Francs. Daimbert, le patriarche de Jérusalem, gagne Rome. Le roi répudie sa femme légitime sans raison connue.

---

1. Ni la description des origines de Carran, ni la description de la manière dont Baudouin essaya de l'affamer ne se trouvent dans les autres chroniques de la croisade en Orient. En

2. Le seigneur Raymond, comte de Toulouse, meurt, Guillaume-Jourdain son petit-fils lui succède. Rodoan [Ridwân], le grand prince des Turcs, franchit nos confins, Tancrède accourt, le confond et le fait fuir.

3. Les Égyptiens s'enfoncent dans le royaume avec d'immenses troupes ; le roi accourt, en fait captifs quelques-uns, en tue beaucoup, fait fuir le reste.

4. Le patriarche Daimbert meurt à Messine en Sicile, sur le chemin du retour et muni des lettres apostoliques qu'il était allé chercher ; Ébremarus, usurpateur de son siège, part à Rome ; on envoie comme légat Gibelin l'archevêque d'Arles, qui le remplaça ensuite sur le siège du patriarcat.

5. Le noble Hugues de Saint-Omer, seigneur de Tibériade, installe son camp dans la montagne qui domine la ville de Tyr, du nom de Toron ; il meurt peu après, blessé mortellement en combattant contre les gens de Damas, quoique victorieux. Les gens d'Ascalon tombent aussi dans le piège qu'ils avaient préparé en voulant prévenir nos embuscades.

6. Bohémond, revenu de France par la Pouille, franchit les frontières des Grecs avec d'immenses troupes et fait des ravages, puis veut revenir en Syrie, mais meurt en laissant un fils, Bohémond.

7. De même aux frontières orientales, d'immenses troupes de Turcs cherchent à occuper la région d'Édesse, mais Tancrède et le seigneur roi résistent avec force.

8. Baudouin le comte d'Édesse est libéré des chaînes ennemies, et Josselin avec lui ; ils provoquent la guerre contre Tancrède.

• 9. Bertrand, le fils du comte de Toulouse, descend en Syrie avec une flotte de Génois, demandant à succéder à son père, Guillaume-Jourdain s'y oppose. Biblium [Gibelet, Jubail] est prise.

• 10. Le roi Baudouin s'avance vers Tripoli, le siège se renforce, la cité est prise.

• 11. Baudouin, le comte d'Édesse, descend chez son beau-père Gabriel Meletenia, où se passe un fait assez mémorable accompli par lui.

12. L'église de Bethléem est élevée à la dignité de cathédrale par le soin du roi.

• 13. La cité de Beyrouth est assiégée par terre et par mer et elle est prise au second mois du siège.

14. Une flotte de Danois et de Norvégiens descend en Syrie, avec eux le roi assiège Sidon et la prend, un événement admirable concernant le roi est raconté.

15. Gibelin, le patriarche de Jérusalem, meurt. Lui succède Arnulfe, un homme impie et méchant.

16. De nouveau, en Orient, une immense troupe de Turcs avec des forces innombrables enfoncent les frontières d'Antioche, mais Tancrède, avec le comte de Tripoli Bertrand, résiste avec courage.

17. On assiège Tyr, mais devant la puissante résistance des habitants, on renonce à cette intention.

---

revanche, le récit de la bataille devant Carran et de la capture des prisonniers est repris de l'*Histoire de Jérusalem* de Foucher de Chartres.

18. Le seigneur Tancrède meurt, après avoir laissé le principat à Roger, fils de Richard.

19. Mendouc [Maudoûd], le très puissant prince des Turcs, entre de nouveau dans le royaume avec des forces immenses ; le roi accourt, il est épuisé, toute la région est affaiblie au-delà de ses forces.

20. Les gens d'Ascalon attaquent Jérusalem, mais finalement les armées ennemies sont dispersées et rentrent chez elles.

• 21. La comtesse de Sicile, future femme du roi, arrive au port d'Acre.

• 22. Une grande famine commence dans la région d'Édesse. Baudouin capture Josselin son parent, et l'oblige de force à quitter toute la région.

• 23. Un grand tremblement de terre touche la région d'Antioche. Borsequin [Bursuq] aussi, le très puissant satrape des Turcs, sévit dans cette région.

24. Les gens d'Ascalon assiègent la ville de Joppé [Jaffa], mais ils rentrent chez eux sans avoir réussi leur affaire par peur de l'arrivée du roi.

25. Borsequin [Bursuq] ravage de nouveau les confins d'Antioche, mais il est mis en fuite par le prince Roger et ses auxiliaires, ses légions sont défaites.

• 26. Arnulfe, le patriarche de Jérusalem, part à Rome sous de multiples accusations. Le roi édifie un château du nom de Montréal dans la Syrie de Sobal au-delà du Jourdain.

• 27. Le roi, voyant la Ville sainte vide d'habitants, y conduit depuis l'Arabie des fidèles chrétiens syriens, dont il fait des habitants de la ville en leur y donnant un domicile.

28. Le roi, à la suggestion du clergé, demande au seigneur pape que toutes les villes sous sa domination soient soumises à l'église de Jérusalem. Copie de différentes lettres.

• 29. Le roi descend vers la mer Rouge et parcourt la région. Il renvoie chez elle la comtesse de Sicile qu'il avait prise pour épouse, fatiguée par la maladie.

30. Le château d'Alexandrie, appelé Scandalium en langue vulgaire, est édifié devant la ville de Tyr.

• 31. Le roi descend en Égypte, il occupe Pharamia [Farâma]. Il tombe malade ; épuisé, il meurt en chemin ; il est enseveli à Jérusalem à côté de son frère.

9

PROBLÈMES DE MOUVANCE FÉODALE AU SIÈGE DE TRIPOLI (1109)

En ce temps-là, Bertrand, fils de Raymond comte de Toulouse, de bonne mémoire, aborda avec une flotte de Génois près de Tripoli, là où son parent Guillaume-Jourdain s'était établi et poursuivait le siège depuis la mort de cet homme vénérable à ce même siège. Dès son arrivée, une querelle s'éleva entre eux. Bertrand se réclamait de la succession de son père. Guillaume prétendait recevoir la récompense du labeur et des soins qu'il avait dépensés pendant quatre ans. Celui-là voulait succéder dans les biens paternels en tant qu'héritier légitime, celui-ci s'efforçait de revendiquer pour lui le lieu de son combat zélé. La controverse dura long-temps, et sur l'intervention d'amis communs pour qu'ils fassent la paix, il fut convenu entre les médiateurs que Guillaume-Jourdain aurait les cités de Tortose et Archis [Arqah] avec ce qui en dépendait, et Bertrand, Tripoli, Biblium [Gibelet ou aujourd'hui Jubail] et Montpèlerin avec ce qui en dépendait. Il en fut fait ainsi et la concession de chacune des parties fut ratifiée. Pour sa partie, Guillaume-Jourdain fut fait homme du prince d'Antioche et lui prêta fidélité de la main [1] ; pour la sienne, Bertrand reçut l'investiture du roi de Jérusalem et lui prêta fidélité solennellement. Il fut ajouté au traité que si l'un mourait sans enfant, l'autre lui succéderait en tout. Le différend fut donc mis en sommeil ; mais il arriva qu'une querelle pour une cause futile s'éleva entre les écuyers [2] de chaque maison, que le comte Guillaume accourut à cheval rapidement pour la calmer et fut frappé d'une flèche et tué. Quelques-uns dirent que le comte Guillaume mourut d'un coup monté par le comte Bertrand, mais jusqu'à aujourd'hui on n'a pas trouvé de preuve certaine que celui-ci en fut l'auteur. Ainsi Bertrand resta seul dans l'expédition, sans rival [3].

PRISE DE GIBELET (JUBAIL), L'ANTIQUE BYBLOS, ORTHOGRAPHIÉ BIBLIUM (1109). PRISE DE TRIPOLI AU BOUT DE SEPT ANS DE SIÈGE (1109)

La flotte génoise qui avait conduit Bertrand en Orient se composait de soixante-dix galères sous le commandement de deux nobles Génois, Ansaldus et Hugues Ébriacus [4]. Ceux-ci voyant qu'ils consommaient le temps à cette tâche aux environs de la ville de Tripoli, jugèrent bon de tenter quelque chose digne de mémoire et, après avoir invité le comte Bertrand à les assister par terre, dirigèrent leur flotte vers Biblium. La ville maritime de Biblium de la province de Phénicie est l'une des églises suffragantes du ressort de la métropole de Tyr. Le prophète Ezéchiel l'a fait passer dans la mémoire en disant : « Les vieillards et les sages de Biblium, O Tyr, te donnaient des matelots pour le service de tes équipa-ges [5]. » Et de même il est écrit dans le second livre des Rois : « Ceux de Biblium préparèrent le bois et les pierres pour bâtir la maison du Sei-

---

1. La formule latine (que Guillaume de Tyr répète au chapitre suivant) n'est pas habi-tuelle et il n'est pas question de serment : *fidelitate ei manualiter exhibita*.
2. *Armigerus* (portant les armes d'un autre), dans le texte latin.
3. Le récit suit celui de Foucher de Chartres, qui cependant ne parle pas de querelle d'hommes d'armes, et qui est moins précis sur les accords de fidélité. Le récit est très insuf-fisant à la compréhension des enjeux faute d'évoquer le rôle de Tancrède qui gouvernait alors Antioche, rôle connu d'Albert d'Aix, auquel Guillaume de Tyr n'a pas eu recours pour cette période — il n'a pas eu connaissance de la deuxième partie de la chronique d'Albert d'Aix (après 1099).
4. *Ebriacus* signifie ivre, mais il paraît abusif de traduire Hugues l'Ivrogne comme le fait Fr. Guizot.
5. Ez, XXIX, 9.

gneur [1]. » Biblium était appelée dans l'ancien langage Ève, et l'on croit qu'elle fut fondée par Éveus, sixième fils de Canaan. Ils parvinrent à la ville et l'entourèrent par mer et par terre. Complètement terrifiés, se défiant de leurs moyens de protection, les habitants envoyèrent une légation aux chefs de la flotte Ansaldus et Hugues Ébriacus, leur signifiant qu'ils étaient prêts à ouvrir leurs portes et les reconnaître pour seigneurs, si on laissait sortir librement ceux qui voudraient s'en aller avec leurs femmes et leurs enfants, et si on permettait à ceux qui ne voulaient pas abandonner leur domicile d'y demeurer dans de bonnes conditions. Ces conditions admises, ils livrèrent la ville aux deux hommes ; le second, Hugues Ébriacus, en prit possession sous un cens annuel à verser au fisc génois pendant un certain temps. Cet Hugues est l'aïeul de cet autre Hugues qui aujourd'hui dirige la même cité, et porte les deux noms de son grand-père. Aussitôt la cité prise, la flotte génoise retourna à Tripoli [2].

10

Le roi ayant appris que la flotte génoise resterait encore dans la région de Tripoli après la prise de Biblium, se hâta de venir pour tenter de conclure des arrangements avec les Génois et les retenir afin de s'emparer avec leur aide de l'une des villes maritimes. Il restait encore quatre rebelles sur notre littoral, Beyrouth, Sidon, Tyr et Ascalon, qui gênaient beaucoup la croissance de notre nouvelle implantation. Sa venue fut un grand sujet de joie pour tous ceux qui étaient occupés au siège [de Tripoli] tant par terre que par mer et sa présence les rendit plus ardents. [...] Les nôtres recommencèrent à livrer des assauts avec autant de vigueur que si leurs troupes eussent été fraîches, ils attaquaient la ville de tous côtés avec une activité jusqu'alors inconnue, comme s'ils eussent été au premier moment du siège quoiqu'ils fussent occupés presque sans relâche depuis environ sept ans. Les habitants, voyant les forces des nôtres s'accroître chaque jour et, à l'inverse, les leurs diminuer, fatigués par un si long labeur, sans aucun espoir de recevoir des secours, tinrent conseil pour chercher les meilleurs moyens de mettre fin à leurs maux. Ils envoyèrent donc une délégation au roi et au comte, qui proposa de remettre la ville entre leurs mains, à condition de permettre à ceux qui le voudraient de sortir librement et sans difficulté et de transférer leurs familles avec tout leurs bagages où ils le choisiraient, et à ceux qui ne le voudraient pas de rester tranquillement et en sécurité dans leurs maisons et cultiver leurs terres, contre une redevance annuelle déterminée, à payer au comte. Après avoir

---

1. III Rois, v, 18 (et non II Rois comme l'écrit Guillaume de Tyr).
2. L'intervention génoise qui aboutit à la prise de Gibelet n'est pas racontée par Foucher de Chartres.

entendu ces demandes des habitants, le roi jugea en commun conseil avec le comte et les autres magnats de recevoir la ville sans retard. [...] Les habitants ouvrirent leurs portes. La ville fut prise le 10 juin 1109. Là, le comte Bertrand fut fait homme lige du roi, après lui avoir prêté fidélité de la main, et depuis lors jusqu'à aujourd'hui leurs successeurs sont tenus de même de prêter fidélité [1].

11

RUSE DU COMTE D'ÉDESSE ENVERS SON BEAU-PÈRE ARMÉNIEN

Il arriva en ce temps-là que Baudouin comte d'Édesse, délivré des chaînes ennemies, parce qu'il avait beaucoup de cavaliers et qu'il n'avait pas de quoi payer les soldes de ceux qui l'avaient servi fidèlement, tint conseil de façon assez ingénieuse : aller avec ses compagnons d'armes à Mélitène rendre visite à son beau-père qui était très riche, en ayant auparavant ordonné ce qu'il conviendrait de faire une fois lui-même arrivé. Après avoir fait le nécessaire, il arriva. Là, après les salutations d'usage et beaucoup d'embrassades mutuelles en signe de paix et des démonstrations réciproques d'amitié, il fut reçu par son beau-père de la manière la plus magnifique, dépassant de beaucoup toutes les lois ordinaires de l'hospitalité, traité comme un homme de la maison et un fils affectionné. Comme le comte avait demeuré là quelques jours, que beau-père et gendre passaient une partie de la journée à converser de choses plus ou moins nécessaires, ses chevaliers se présentèrent et vinrent interrompre leur entretien, comme il avait été convenu à l'avance. L'un d'eux alors s'adressa au comte comme s'il le faisait au nom de tous. [...] Gabriel se demanda avec étonnement ce que voulait ce rassemblement et à quoi tendait ce discours solennel, jusqu'à ce que des interprètes l'instruisent de la chose et il demanda alors sur quel gage le comte s'était obligé pour les soldes. Le comte n'osait pas répondre comme si la pudeur l'en empêchait. L'avocat répondit alors que le comte avait hypothéqué sa barbe et devait se laisser raser sans résistance s'il ne pouvait pas payer les soldes au jour fixé. À ces mots, Gabriel, confondu de la bizarrerie d'une telle convention, fut saisi d'une sorte de stupeur et parut bientôt rempli de crainte et d'anxiété, et ne respirait plus qu'avec peine. L'usage des Orientaux en effet, tant les Grecs que les autres peuples, est de laisser croître la barbe et d'en prendre un soin tout particulier. C'est à leurs yeux le comble du déshonneur et la plus grande offense qui pût être faite à la réputation d'un homme, qu'un seul poil de la barbe lui soit enlevé, quel que soit d'ailleurs le motif d'une telle injure. Il demanda au comte si les choses

---

1. Voir ci-dessus, chap. 9, n. 1, p. 540.

étaient comme on venait de le dire, et celui-ci répondit : « C'est ainsi. »
Il fut encore plus stupéfait et devint hors de lui. Il demanda de nouveau
comment il pouvait se faire qu'il eût engagé une chose qu'il faut conserver avec tant de soin, la marque du mâle, la gloire de son visage, ce qui
fait l'autorité de l'homme, comme si c'était une chose médiocre dont
l'homme puisse se séparer sans confusion. À quoi le comte répondit :
« Parce que je n'avais rien de mieux à ma disposition pour satisfaire les
chevaliers qui me pressaient violemment. Mais il ne convient pas que
mon seigneur et père en ait beaucoup de souci ; car j'espère de la miséricorde du Seigneur. » [...] Mais les chevaliers, selon leurs instructions,
assurèrent à l'unanimité que si le comte ne les payait pas au plus tôt, ils
le quitteraient sur-le-champ et ils se répandirent en menaces. Gabriel,
entendant ceci, dans sa simplicité, ignorant de leur ruse, hésitant en lui-
même sur ce qu'il fallait faire, choisit de payer aux chevaliers ce pour
quoi son gendre s'était obligé, sur le sien, plutôt que de souffrir une telle
ignominie envers celui qu'il regardait comme un fils. Il demanda quelle
était la somme due. On lui répondit : trente mille michels. C'était une
pièce d'or alors connue dans le commerce, qui tirait son nom d'un empereur de Constantinople, Michel, qui avait fait frapper cette monnaie à son
effigie. Il consentit donc à payer cette somme pour son gendre, contre sa
promesse de ne plus contracter envers quiconque un tel pacte d'argent,
quelles que soient les circonstances ou la nécessité. L'argent fut donc
payé. Le comte prit congé de son beau-père et, parti dans le besoin, il s'en
revint chez lui riche, la bourse bien gonflée.

13

PRISE DE BEYROUTH (1110)

Cette même année, le roi, fidèle serviteur de Dieu et puissant vainqueur, occupé sans relâche au soin d'accroître le royaume que le Seigneur
lui avait confié, profita de l'occasion fournie par quelques galères hiver-
nant dans le royaume pour mettre le siège devant la ville de Beyrouth, en
février, après avoir rassemblé depuis les extrémités de son royaume la
multitude des hommes du peuple chrétien. Beyrouth est une cité maritime
située entre Biblium et Sidon en Phénicie, l'une des villes suffragantes de
la métropole de Tyr. Cette ville fut jadis très bien traitée par les Romains.
Ainsi était-elle réputée parmi les colonies parce que ses habitants avaient
reçu le droit des Quirites. Ulpien l'atteste dans le Digeste, dans le titre *De
censibus*, à propos de la province de Phénicie : « On trouve dans la même
province la colonie de Beyrouth, comblée de bienfaits par Auguste, si
bien que le divin Adrien dit dans un certain discours que Beyrouth était
une colonie d'Auguste et jouissait du droit italique. » Outre le droit itali-

que, la ville de Beyrouth obtint du même Auguste le pouvoir d'enseigner le droit romain, ce qui fut très rarement concédé aux villes, comme il est dit dans le premier livre du Code, à la constitution qui commence ainsi : *Cordi nobis est*, où on lit ceci : « et Dorothée, docteur des habitants de Beyrouth ». On croit que cette ville fut anciennement appelée Gerse, et on lit qu'elle fut fondée par Gerse, cinquième fils de Canaan. À son arrivée, rejoint par le seigneur Bertrand, comte de Tripoli, il s'occupa avec ardeur de l'investissement de la ville. Quelques nefs, remplies d'hommes robustes et belliqueux, étaient venues de Tyr et de Sidon pour porter aide à la ville, et il est certain que si l'entrée et la sortie avaient pu été libres, tous les efforts des assiégeants auraient été consommés en pure perte. Mais avec l'arrivée de la flotte, sur laquelle le roi avait compté pour le succès de sa tâche, les nefs ennemies n'osèrent plus aller loin en mer et se retirèrent à l'intérieur du port, si bien que les habitants n'eurent plus de sortie ou d'entrée par la mer. Il y avait au voisinage de la cité une forêt de pins qui fournissait aux assiégeants abondance de matériaux propres à la construction des échelles et des machines. Ils firent se dresser des tours en bois, construisirent des machines à lancer des flèches et fabriquèrent ce qui est d'habitude nécessaire dans ce genre d'opération, puis assaillirent continûment la ville, en sorte que les assiégés ne pouvaient trouver de repos ni la nuit ni le jour : ils se succédaient à tour de rôle et épuisaient les habitants de peines intolérables. Après avoir travaillé avec la même vigueur pendant deux mois de suite, les assiégeants attaquèrent un jour avec encore plus d'ardeur qu'à l'ordinaire en plusieurs points et quelques-uns sautèrent sur la muraille depuis les tours de bois qui avaient été appliquées de force contre les remparts ; d'autres les suivirent, les uns de la même manière, les autres avec des échelles, ils redescendirent à l'intérieur et ouvrirent de force la porte de la cité. Notre armée entra alors sans difficulté, elle occupa toute la ville et les habitants s'enfuirent vers la mer. Ceux qui étaient dans les nefs, apprenant que le roi avait envahi la ville avec les siens, descendirent à terre, occupèrent eux-mêmes le port, repoussèrent au glaive les habitants venus chercher le salut en s'enfuyant par là, et les forcèrent à se replier vers l'ennemi, si bien que les malheureux, coincés entre les cohortes jumelles de leurs ennemis, périssaient sous les coups des glaives, ici des uns, là des autres. Jusqu'à ce que le roi, à la vue de ce carnage excessif, sur les supplications de ceux qui restaient et demandaient miséricorde, ordonnât la fin du massacre par voix de hérault et accordât la vie aux vaincus. La cité fut prise le 13 avril 1110[1].

---

1. Le récit est calqué sur celui de Foucher de Chartres, mais non l'historique de la ville ; il en va de même du chapitre suivant qui raconte la prise de Sidon (qui se rend le 19 décembre 1110).

15

L'ARCHIDIACRE ARNULFE, HONNI PAR GUILLAUME DE TYR, DEVIENT
PATRIARCHE DE JÉRUSALEM

En ce temps-là mourut le patriarche de Jérusalem Gibelin, de bonne
mémoire. Il fut remplacé, contre la volonté divine croyons-nous, par
Arnulfe, dont nous avons souvent fait mention plus haut, l'archidiacre de
Jérusalem, dénommé en langue vulgaire Mal Couronné. Mais à cause des
péchés du peuple, Dieu souffrit que régnât l'hypocrisie. Celui-ci continua
à administrer de la pire façon comme auparavant. Entre autres, il maria
sa nièce au seigneur Eustache Grenier, l'un des plus grands princes du
royaume, seigneur de deux nobles villes, Sidon et Césarée, en lui confé-
rant d'excellentes parties du patrimoine ecclésiastique, à savoir Jéricho
avec tout ce qui lui appartenait, dont on dit qu'aujourd'hui la rente
annuelle vaut cinq mille pièces d'or. Il fut, durant son pontificat, d'une
fréquentation immonde, et montrait son ignominie ouvertement. Pour
masquer la chose, il changea l'ordre institué par les premiers princes dans
l'église de Jérusalem avec beaucoup de soin et de réflexion en introduisant des chanoines réguliers. Il poussa aussi le roi à épouser une autre
femme, alors que sa femme vivait encore, comme il sera dit dans ce qui
suit.

22

LE COMTE D'ÉDESSE CHASSE JOSSELIN DE LA RÉGION EN DEÇÀ DE
L'EUPHRATE

Il arriva en ces jours qu'une famine très grande commença aux confins
d'Édesse, à cause des intempéries, du sol et de l'isolement de la région
au milieu des ennemis : entourés de toutes parts d'ennemis, les habitants
des lieux ne pouvaient s'adonner à l'agriculture, si bien que les habitants
de la ville et des faubourgs étaient contraints dans leur pénurie à manger
du pain d'orge et même du pain avec une mixture de glands. Mais la terre
du seigneur Josselin, tout entière en deçà de l'Euphrate, avait abondance
de grains et d'aliments, et le susdit Josselin, bien que sa province regor-
geât de tous biens, en ceci moins sage et comme un ingrat, ne donna pas
la moindre part de son superflu à son seigneur et parent qui lui avait tout
donné, tout en sachant que celui-ci souffrait de pénurie. Il se fit que le
seigneur comte Baudouin envoya des messagers au seigneur Roger, fils
de Richard et prince d'Antioche, auquel il avait donné sa sœur en mariage ; ceux-ci traversèrent l'Euphrate et passèrent à l'aller et au retour par la
terre du seigneur Josselin où ils furent assez bien traités avec hospitalité.

Comme il arrive aux imprudents, un familier du seigneur Josselin se mit à parler en termes provocants aux messagers du seigneur comte, reprochant la pauvreté de celui-ci, comparée aux immenses richesses de son seigneur en froment, vin, huile, et autres, en argent, en chevaliers et en hommes de pied, ajoutant même de sa langue imprudente que le comte n'était pas apte à gouverner la région et ferait mieux de vendre son comté au seigneur Josselin et de retourner en France après avoir reçu beaucoup d'argent. [...] Baudouin [comte d'Édesse] fit enchaîner Josselin et lui infligea misérablement et de façon étonnante toutes sortes de questions et de tourments jusqu'à ce qu'il renonçât par serment à toute la région qui lui avait été donnée par lui-même le comte, et la lui remît. Il quitta ces confins dépouillé de tous ses biens, et partit aussitôt trouver le seigneur roi Baudouin auquel il raconta dans l'ordre tout ce qui lui était arrivé, et lui ouvrit son projet, qui était de se préparer à rentrer dans sa patrie. Après l'avoir entendu, le seigneur roi voyant qu'il serait très utile au royaume, lui donna la ville de Tibériade et ses confins à posséder par droit héréditaire, afin d'apporter soulagement à un tel homme. On dit qu'il gouverna la ville et tout ce qui lui appartenait, tant qu'il y resta, avec beaucoup de vigueur et de sagesse et étendit ses confins, alors que Tyr était encore détenue par les infidèles. On dit qu'il causa beaucoup de gêne aux habitants de Tyr à l'exemple de son prédécesseur, et pénétra souvent sur leurs confins malgré son éloignement et les montagnes qui étaient entre eux, pour leur porter dommage.

23

TREMBLEMENT DE TERRE

L'an 1114, un tel tremblement de terre ébranla la Syrie que beaucoup de villes et un nombre infini de bourgs furent renversés de fond en comble, principalement vers la Cilicie, l'Isaurie et la Celessyrie. En Cilicie, il détruisit Mamistra et beaucoup de bourgs, il détruisit aussi Maresia et ses faubourgs, de sorte qu'il en reste à peine quelques vestiges. Les tours et les remparts étaient ébranlés, les édifices majeurs étaient très périlleux et en s'écroulant causaient le massacre d'un nombre infini de gens, les cités les plus vastes étaient comme des champs avec des monceaux de pierres, transformés en tombeaux pour les habitants écrasés. La plèbe, dans la consternation, fuyait le séjour des villes, craignant l'écroulement des maisons ; chacun espérait trouver le repos sous la voûte des cieux, mais interrompait son sommeil, frappé de terreur, et voyait en songe les catastrophes qu'il avait redoutées dans sa veille. Cet immense fléau ne toucha pas une seule région, mais s'étendit jusqu'au fin fond des provinces les plus reculées de l'Orient.

SYRIENS ET CROISÉS ALLIÉS CONTRE LES TURCS (1115)

L'année suivante, Borsequin [Bursuq], très puissant satrape des Turcs, rassembla de nouveau une immense multitude de gens de sa nation, pénétra en ennemi dans la région d'Antioche, et, traversant toute la province, alla établir son camp entre Alep et Damas, attendant les occasions favorables pour entreprendre ses incursions vers l'une ou l'autre de nos régions. Cependant, Doldequin [Toghtekin], roi de Damas, redoutait leurs expéditions et craignait que ces troupes ne se fussent rassemblées et ne vinssent combattre dans l'intention de nuire à son royaume et à lui-même, plutôt qu'aux chrétiens dont ils avaient souvent éprouvé les forces. Il était soucieux du fait que les Turcs lui imputaient la mort d'un noble homme tué à Damas, comme s'il avait su qu'on procédait au meurtre d'un tel personnage. Ayant donc appris l'arrivée des Turcs et en toute connaissance de leurs intentions, après avoir envoyé des délégations chargées de présents magnifiques tant au roi qu'au prince d'Antioche, il demanda instamment la paix pour un temps déterminé, prêtant serments et otages, s'engageant à se montrer fidèle allié des chrétiens, tant du royaume que de la principauté d'Antioche, durant tout le temps du traité. En même temps, le prince d'Antioche, voyant les Turcs très voisins de sa région et instruit par quelques rapports qu'ils se disposaient à envahir sa terre, appela le roi au secours et invita aussi Doldequin à s'avancer avec ses troupes, conformément au traité qu'ils venaient de conclure. Le roi, très soucieux du salut de la région, rassembla sa milice et s'avança en toute hâte, suivi d'une honnête escorte ; après s'être adjoint le comte Pons de Tripoli, il arriva en peu de jours au lieu où le prince avait rassemblé ses forces. Doldequin, comme il était plus voisin, était arrivé avant l'armée du roi et s'était réuni aux camps des nôtres en fidèle allié. Toutes les forces s'étant réunies, ils se dirigèrent à l'unanimité devant la ville de Césarée [aussi appelée Panéas, Shaîzar] où l'on avait appris que les ennemis étaient arrivés. À cette nouvelle, les Turcs, en voyant qu'ils ne pourraient soutenir une attaque des nôtres sans grand péril, simulèrent un retour comme pour ne pas revenir de nouveau. Les nôtres se séparèrent et chacun rentra chez soi [1].

---

1. Tout le chapitre 23 est tiré de Gautier le Chancelier, auteur d'une histoire de la guerre d'Antioche portant sur les années 1115 et 1119-1122, chancelier de Roger (prince d'Antioche après la mort de Tancrède).

26

AFFAIRES INTÉRIEURES : DÉPOSITION MANQUÉE D'ARNULFE. LE ROI FONDE MONTRÉAL AU-DELÀ DU JOURDAIN ET REPEUPLE JÉRUSALEM

À cette époque, le seigneur pape, ayant appris les excès du patriarche Arnulfe et pleinement informé de sa fréquentation immonde, envoya comme légat en Syrie un homme vénérable et connu pour sa grande piété, l'évêque d'Orange. Arrivé dans nos régions, il convoqua en concile tous les évêques du royaume, ordonna à Arnulfe de s'y présenter, et finalement le déposa de son office de pontife, en vertu de l'autorité apostolique, conformément à ce qu'il avait mérité. Mais lui, encore confiant dans les tours grâce auxquels il convertissait presque toutes les âmes, entreprit la traversée et parvint à l'église romaine où il sut circonvenir la piété du seigneur pape et de l'église entière avec des paroles enjôleuses et profusion de cadeaux. Il revint chez lui avec la grâce du siège apostolique, et retrouva avec son siège de Jérusalem la même vie licencieuse qui lui avait valu sa déposition [1].

À cette époque, le peuple chrétien n'avait pas encore de forteresse au-delà du Jourdain. Le roi, désirant reculer les limites du royaume de ce côté, résolut de fonder, avec l'aide du Seigneur, un place fortifiée dans la Troisième Arabie, autrement appelée Syrie de Sobal, et d'y établir des habitants qui pussent protéger des irruptions ennemies la terre sujette et tributaire du royaume. Voulant accomplir au plus tôt ce dessein, il convoqua toutes ses troupes, passa la mer Morte, traversa la Seconde Arabie qui a Pétra pour métropole, et entra dans la Troisième Arabie. Sur une colline propre à l'exécution de son projet, il fonda une forteresse que sa position naturelle et les travaux d'art rendirent très redoutable ; et dès que l'ouvrage fut terminé, il installa comme habitants des piétons et des cavaliers, auxquels il conféra de vastes territoires. Elle fut munie avec soin de murailles, de tours, de remparts avancés, de fossés, d'armes, de vivres et de machines, et le roi qui l'avait fondée décida de lui donner un nom qui rappelât la dignité royale, celui de Montréal. Le lieu est remarquable par la fertilité du sol, qui fournit en abondance froment, vin et huile, pour sa salubrité, son agrément. La forteresse domine et commande toute la contrée environnante.

---

1. L'affaire est traitée brièvement par Foucher de Chartres, qui présente Arnulfe comme victime de la rumeur. La fin ne se trouve pas dans Foucher de Chartres.

27

Vers la même époque, le roi était très préoccupé de voir la ville sainte et agréable à Dieu dégarnie d'habitants, si bien qu'il n'y avait pas dans la cité de population qui pût protéger des irruptions subites de l'ennemi les entrées, les tours et les remparts, alors que lui-même était nécessairement appelé pour les autres affaires du royaume. Il cherchait avec anxiété comment il pourrait la remplir d'une population chrétienne, méditant en lui-même et plus fréquemment interrogeant les autres. En effet, lorsque la ville fut prise de force, les habitants étaient des Gentils qui succombèrent presque tous sous le glaive, et à ceux qui échappèrent il ne fut pas donné d'endroit où demeurer à l'intérieur de la ville. Bien plus, il aurait paru sacrilège aux princes dévoués à Dieu de permettre qu'il y eût des habitants ne faisant pas profession chrétienne dans un lieu si vénérable. Les nôtres étaient peu nombreux et sans ressource, ils pouvaient à peine occuper l'un des quartiers [1] de la ville. Les Syriens, qui au début habitaient la cité, étaient désormais rares, à cause des multiples tribulations et infinis ennuis en ce temps d'hostilité, et leur nombre était quasiment nul. Car, depuis l'entrée des Latins en Syrie et surtout la marche vers Jérusalem après la prise d'Antioche, leurs concitoyens avaient commencé à accabler les serviteurs de Dieu, à les tuer pour le moindre mot léger sans égard pour l'âge ou la condition, redoutant qu'ils n'envoyassent des messagers et des lettres aux princes occidentaux dont on disait qu'ils arrivaient. Ainsi donc, le roi cherchait à remédier à cette désolation, et s'informait avec diligence d'où il pourrait faire appeler des habitants. Il apprit qu'il y avait au-delà du Jourdain, en Arabie, beaucoup de chrétiens qui habitaient dans les campagnes et qui étaient asservis aux ennemis par un tribut, dans de lourdes conditions. Il leur fit dire de venir à Jérusalem, en leur promettant de meilleures conditions. En peu de temps, beaucoup vinrent avec leurs femmes, leurs enfants, leurs troupeaux, leurs équipements et toute leur famille, attirés par le respect pour ces lieux, par leur affection pour les nôtres et par l'amour de la liberté, et ils furent reçus par le roi. Beaucoup d'autres encore accoururent pour habiter la ville digne de Dieu, qui n'avaient pas été appelés et fuyaient le joug d'une dure servitude. Le roi remplit les demeures des quartiers qui paraissaient avoir le plus besoin de ce renfort.

---

1. *Vicus*, dans le texte latin.

21

MARIAGE DU ROI BAUDOUIN AVEC LA COMTESSE DE SICILE, ET SON RENVOI
TROIS ANS APRÈS [1]

L'armée s'étant séparée et chacun étant rentré chez soi, un messager se
présenta pour annoncer au roi que la comtesse de Sicile venait d'arriver
dans la ville d'Acre. Cette comtesse avait été femme du seigneur comte
Roger, nommé Bursa, frère du seigneur Robert Guiscard. Elle était noble,
puissante et riche. L'année précédente, le roi lui avait envoyé des nobles
de sa cour pour l'inviter avec insistance à bien vouloir s'unir à lui selon
la loi conjugale. Elle avait fait part de ces paroles à Roger son fils, qui fut
par la suite roi de Sicile, et ils en avaient délibéré ensemble. Ils jugèrent
l'un et l'autre que, si le roi voulait confirmer sa parole en acceptant certaines conditions, ils étaient prêts à accéder à sa requête. Ces conditions
étaient que si le roi avait un enfant de la comtesse, après sa mort le
royaume serait concédé à cet enfant sans contradiction ni difficulté
aucune, et que si au contraire le roi venait à mourir sans héritier né de la
comtesse, le comte Roger, fils de celle-ci, deviendrait son héritier et lui
succéderait sans contradiction ni difficulté aucune. Le roi avait donné
comme mandat à ses légats de consentir à toute espèce de condition et
d'employer tous leurs moyens à ramener la comtesse avec eux. Car il
avait entendu dire et tenait pour certain qu'elle était une femme riche, qui
habitait chez le fils et abondait en biens, tandis que lui-même au contraire
était pauvre et faible, et avait à peine de quoi suffire aux nécessités quotidiennes et aux soldes des cavaliers ; d'où sa soif de subvenir à ses besoins
à l'aide de cette surabondance. Ses envoyés acceptèrent donc avec reconnaissance les conditions susdites, et jurèrent comme on leur demanda que
le pacte serait maintenu par le roi et les princes de bonne foi, sans fraude
et sans malice. Après que son fils lui eut fourni tout le nécessaire, la
comtesse se prépara au voyage, fit charger les nefs de froment, de vin,
d'huile, de viandes salées, et en outre d'armes et de beaux harnache-
ments ; elle emporta aussi infiniment d'argent, et aborda notre région
comme je l'ai déjà dit, suivie de toutes ses troupes. Cette vilenie, comme
je l'ai dit, avait été machinée par le patriarche Arnulfe en sorte que cette
femme noble et honorable fut abusée. Nous ne pouvons pas en effet nier
qu'elle fut abusée, celle qui dans la simplicité de sa route pensait que le
roi était personne idoine pour l'épouser légitimement. Mais il en allait
tout différemment. Car la femme qu'il avait épousée bien légitimement à
Édesse était encore vivante [...].

---

1. Les deux faits, distants de trois ans, sont réunis ici pour la commodité du lecteur. Le
mariage du roi Baudouin avec la comtesse de Sicile et sa répudiation sont mentionnés très
brièvement et sans commentaire par Foucher de Chartres.

29

[...] Le roi retourna à Jérusalem, et tomba gravement malade de façon imprévue [1117]. Comme il perdait ses forces et craignit de mourir, la conscience déchirée par le fait qu'il avait injustement renvoyé sa femme légitime pour en épouser une autre, le cœur contrit, repentant, il ouvrit sa conscience à des hommes religieux et craignant Dieu, confessa son péché, et promit satisfaction. On lui conseilla alors d'abandonner la reine qu'il avait épousée en second et de rappeler à la dignité royale celle qu'il avait rejetée ; il aquiesça et fit vœu d'agir ainsi s'il lui était accordé de vivre. En conséquence, il fit appeler la reine et lui expliqua la chose. Bien qu'elle en fût déjà quelque peu instruite pour en avoir entendu parler par plusieurs personnes, elle parut cependant douloureusement affectée d'avoir été invitée avec tant d'audace et circonvenue par les tromperies des princes de la région qui avaient été envoyés la chercher. Triste et affligée, tant par l'affront subi que par la perte inutile de ses richesses, elle prépara donc son retour chez elle, trois ans après sa venue auprès du roi. Son retour bouleversa son fils au plus haut point et lui inspira pour jamais une violente haine contre le royaume et ses habitants. Tandis que tous les autres princes chrétiens de l'univers n'ont cessé de faire les plus grands efforts, soit de leur personne, soit par leurs immenses libéralités, pour protéger et faire prospérer notre royaume comme une nouvelle plante, lui et ses héritiers n'ont pas même cherché jusqu'à ce jour à nous adresser une parole d'amitié ; et cependant ils pourraient nous assister dans nos besoins de leurs conseils et de leurs secours beaucoup plus facilement et plus commodément que tout autre prince. Ils paraissent avoir conservé à jamais le souvenir de cette injure et font injustement peser sur tout un peuple la faute d'une seule personne.

31

MORT DU ROI BAUDOUIN (7 AVRIL 1118)

L'année suivante, le roi, afin de rendre aux Égyptiens les maux qu'ils avaient souvent faits à son royaume, descendit en Égypte à la tête de forces nombreuses, entra de force dans la très antique ville du nom de Pharamia, et donna en proie ses richesses à ses compagnons d'armes. C'est une ville antique comme nous le disons, située sur le littoral marin, pas loin de l'embouchure du Nil qui est dite Carabeix, au-dessus de laquelle se trouve une deuxième très ancienne ville, Tampnis, familière des signes que le Seigneur opéra devant Pharaon par l'intermédiaire de son serviteur Moïse. Après avoir pris la ville, le roi se rendit vers les bouches du Nil, admira ses eaux qu'il n'avait pas encore vues et les examina avec d'autant plus d'intérêt qu'on dit et croit que le Nil, dont le bras près duquel il se trouvait va jusqu'à la mer, est l'un des quatre fleuves du Paradis. Après avoir fait pêcher des poissons qui se trouvaient là en grande abondance, le roi retourna dans la ville qu'ils avaient occupée, et en fit préparer pour son repas. Au moment où il sortit de table, il se sentit pris de douleurs internes, une ancienne blessure commença à le faire violemment souffrir, et il désespéra de vivre. Le retour fut ordonné aux légions par la voix des hérauts, le mal avait envahi le roi au point qu'il ne put monter à cheval, on fit une litière et l'y installa, il souffrait beaucoup ; ils traversèrent en partie le désert entre l'Égypte et la Syrie et parvinrent à la ville de ce désert, la ville antique de Laris. Il mourut là [...]. Il fut enseveli avec la magnificence royale en dessous du Calvaire à côté de son frère, au lieu-dit Golgotha [1].

LIVRE XII

Le règne de Baudouin II jusqu'à sa capture (1118-1123)

Difficultés au nord avec une terrible bataille perdue aux confins d'Antioche, livrée sans laisser au roi le temps d'arriver, où le prince trouve la mort ; un peu plus tard, malencontreuse capture du roi et du comte d'Édesse dans le Haut-Euphrate. Succès au sud malgré les tentatives du roi de Damas et des Égyptiens, grande victoire navale vénitienne.

• 1. Le seigneur Baudouin [du Bourg], comte d'Édesse, est élevé à la royauté ; on décrit qui il fut et d'où il vint.
• 2. Pour quelle raison il s'avançait vers Jérusalem quand il fut choisi comme roi.
• 3. Où l'on explique le mode d'élection et l'on décrit un fait mémorable du comte Eustache de Boulogne.
• 4. Du physique, des habitudes et de la conversation de ce roi.
5. Mort de l'empereur de Constantinople Alexis, aussi du seigneur pape Pascal, et de la comtesse de Sicile qui fut reine de Jérusalem.
6. Une armée d'Égyptiens pénètre dans le royaume par terre et par mer ; le roi accourt avec les siens mais ils ne se rencontrent pas ; le patriarche de Jérusalem Arnulfe meurt, il est remplacé par Gormundus.
• 7. L'ordre de la milice du temple de Jérusalem est institué.

---

1. Le récit est repris de Foucher de Chartres presque dans les mêmes termes, sauf les références à l'histoire biblique.

8. Mort du pape Gélase, auquel succède Calixte.

9. Gazi [Ilghâzi], très puissant satrape des Turcs, se répand dans la région d'Antioche avec d'immenses forces et ravage tout.

10. Le prince Roger tombe au combat et notre armée est battue.

11. Le roi et le comte de Tripoli s'approchent d'Antioche pour résister audit Gazi.

12. Le roi et le comte rencontrent Gazi, le battent et le font fuir, après avoir fait beaucoup de morts ; le soin du principat est remis au roi.

13. Un concile est célébré à Naplouse, ville de Samarie.

14. Le susdit Gazi [Ilghâzi] recommence ses expéditions, pénètre dans les confins d'Antioche, le roi accourt, mais Gazi meurt frappé d'apoplexie.

• 15. Le roi donne pleine liberté aux habitants de Jérusalem et les munit de son privilège.

16. Doldequin [Toghtekin], roi des Damascènes, chasse la population des confins de Tibériade, le roi accourt, il détruit la ville de Gérase.

• 17. Balak, le très puissant prince des Turcs, pénètre de force dans les confins d'Antioche, capture le comte Josselin et aussi le roi, qui tombe entre ses chaînes.

• 18. Des Arméniens s'exposent à un grave péril pour secourir le roi : ils occupent le château où il était détenu captif, et le comte Josselin est libéré.

19. Balak reprend de force le même château après avoir massacré les Arméniens par le glaive.

20. Le comte Josselin, après avoir rassemblé d'immenses forces pour secourir le seigneur roi, parvient à Antioche, mais un fait nouveau le pousse à dissoudre ses troupes qu'il renvoie chez elles.

21. Les Égyptiens pénètrent de nouveau dans le royaume avec d'immenses forces, mais ils sont miraculeusement battus par les nôtres accourus en une troupe vaillante.

• 22. Le duc de Venise descend en Syrie avec une flotte très nombreuse.

• 23. Le duc détruit de force une flotte ennemie découverte près de Jaffa et la fait se retourner et fuir, après avoir retenu plusieurs galères.

• 24. Les princes du royaume se réunissent avec le duc et on met le siège devant Tyr.

• 25. Copie du privilège contenant la teneur des pactes entre les Vénitiens et les princes du royaume pour le siège de Tyr.

1

ÉLECTION DU ROI BAUDOUIN II

Le second roi latin de Jérusalem fut le seigneur Baudouin du Bourg, dénommé Aculeus, homme pieux et craignant Dieu, illustre par sa foi, et d'une grande expérience dans la chose militaire. Il était de nation franque, de l'évêché de Reims, fils du seigneur Hugues, comte de Réthel, et de Mélisende, illustre comtesse, qui eut, dit-on, beaucoup de sœurs qui mirent au monde beaucoup de fils et de filles, autant qu'on sache par ceux qui mettent leur soin à faire les généalogies des princes. Baudouin avait pris la route de Jérusalem du vivant de son père, avec beaucoup d'autres nobles, dans la suite du seigneur duc Godefroi son parent ; il partit avec dévotion comme les autres, laissant à la maison son père déjà chargé d'ans, deux frères et deux sœurs, lui-même étant l'aîné de tous. L'un de ses frères s'appelait Gervais et fut plus tard élu à l'église de Reims, l'autre s'appelait Manassès ; une de ses sœurs eut comme mari le châtelain de Vitry [...].

2

Lorsque le seigneur Baudouin, frère du seigneur duc Godefroi, de pieuse et illustre mémoire, fut appelé au royaume de Jérusalem après la mort de son frère et fut solennellement installé sur le trône royal, cet autre Baudouin, dont nous avons à parler maintenant, lui succéda dans le comté d'Édesse, qui lui fut confié par le nouveau roi son parent, qu'il administra pendant dix-huit ans et un peu plus avec vigueur et succès. La dix-huitième année où il était comte, voyant que sa région jouissait de la tranquillité désirable, il se proposa de rendre visite au roi de Jérusalem son seigneur, son parent et son bienfaiteur, et de faire ses dévotions aux lieux saints. Il ordonna donc le nécessaire pour la route, remit la région à ses fidèles dont la foi et l'habileté lui inspiraient toute confiance, laissa ses places [1] en bon état de défense, en homme sage et circonspect, et s'engagea sur la voie prévue en s'adjoignant une suite honorable. Tandis qu'il poursuivait sa route, voici qu'un envoyé arriva pour lui annoncer que le roi venait de finir ses jours en Égypte, ainsi qu'il était vrai. Consterné d'apprendre la mort de son seigneur et parent, ce qui n'est pas étonnant, il poursuivit le chemin commencé et hâta sa marche pour se rendre à Jérusalem. Il arriva qu'il y parvint le jour de la fête appelée les Rameaux, quand selon l'habitude tout le peuple se rassemble dans la vallée de Josaphat en procession solennelle pour célébrer une telle journée. D'un côté arrivèrent le comte et les siens, de l'autre on faisait entrer le cercueil du roi et le cortège des obsèques avec toute la milice qui était descendue avec lui en Égypte et suivait le cercueil de son seigneur comme il est d'usage.

---

1. *Municipia*, dans le texte latin.

3

Le cercueil royal fut introduit dans la cité sainte et porté dans l'église du Sépulcre à côté de son frère, au lieu appelé Golgotha, au-dessous du mont du Calvaire. Après qu'on lui eut rendu tous les honneurs de la sépulture, les plus grands seigneurs du royaume qui étaient présents, les évêques, archevêques et autres prélats des églises se réunirent avec le seigneur Arnulfe, le patriarche, et quelques princes laïques, parmi lesquels on distinguait un homme capable dont j'ai eu souvent occasion de parler, Josselin, puissant en œuvres autant qu'en paroles et seigneur de Tibériade. On mit en délibération l'importante affaire de l'élection d'un roi, et divers avis furent proposés. Les uns pensaient qu'il fallait attendre l'arrivée du seigneur comte Eustache, et ne point violer la très antique loi de la succession héréditaire, surtout si l'on considérait que ces deux frères, de précieuse mémoire, avaient heureusement administré le royaume, et s'étaient illustrés par la sagesse et la douceur de leur gouvernement. D'autres disaient que les affaires du royaume, et les dangers auxquels il était constamment en butte, ne pouvaient admettre de si longs délais, et que tout retard serait pernicieux ; qu'il fallait donc se hâter de pourvoir aux besoins du pays, de peur que, s'il se présentait une circonstance difficile, il n'y eût personne en état de se mettre à la tête de l'armée et prendre soin des affaires publiques qui pourraient se trouver, faute de chef, exposées au plus grand péril. Tandis que l'assemblée flottait incertaine entre ces diverses propositions et n'osait prendre aucun parti, Josselin, s'étant assuré d'abord des dispositions du patriarche et l'ayant amené à partager son opinion, usant du grand crédit dont il jouissait dans tout le royaume, mit un terme à ces hésitations en se prononçant pour le parti qui voulait que l'on s'occupât sans délai de l'élection d'un roi. « Il y a ici présent, dit-il, le comte d'Édesse, homme juste et craignant Dieu, cousin du roi défunt, vaillant dans les combats et digne d'éloges en tout point : aucune contrée, aucune province ne pourraient nous fournir un meilleur prince, et il est beaucoup plus convenable de le choisir pour roi que d'attendre des chances remplies de péril. » Nombre de ceux qui entendirent ces paroles crurent que Josselin parlait en toute sincérité de cœur, car ils savaient comment il avait été maltraité, peu de temps auparavant, par le comte d'Édesse ; ils jugeaient, selon le proverbe, que « tout éloge venu d'un ennemi est vrai », et comme ils ne savaient pas que Josselin eût d'autres vues, ils firent confiance en ses paroles. Mais comme on disait, il était poussé par un autre sentiment, car il s'efforçait d'élever le seigneur comte au royaume dans l'espoir de lui succéder dans le comté. Le patriarche Arnulfe et le seigneur Josselin ayant donc embrassé et soutenu cette opinion, les autres les suivirent facilement et il fut roi d'un consentement unanime. Le jour suivant, qui était celui de la sainte Résurrection, selon la coutume, il reçut solennellement, et l'onction, et la consécration, et l'insigne royal de la couronne. Quelles que fussent en cette occasion les intentions secrètes du patriarche et du seigneur Josselin, le Seigneur, dans sa miséricorde, tourna en bien cet événement. Soutenu par la grâce divine, Baudouin se montra juste, pieux, craignant Dieu et par la grâce de Dieu, il réussit dans toutes ses entreprises. Il semble cependant que son entrée fut peu régulière et il est certain que ceux qui le promurent le firent en excluant l'héritier légitime du royaume. Car après la mort du roi, soit que ce prince l'eût ordonné par une dernière disposition, soit que le conseil des seigneurs l'eût ainsi résolu, nous n'avons pu trancher avec certitude, on avait fait partir quelques hommes nobles et illustres, avec mission de se rendre de la part de tous auprès du comte de Boulogne, le seigneur Eustache, frère de l'excellent duc Godefroi et du roi Baudouin, et de l'inviter à venir prendre possession de leur héritage. Arrivés auprès de lui, ils le trouvèrent peu disposé à se rendre à leurs vœux et s'en défendant avec insistance [...].

4

« Le nouveau roi avait, dit-on, belle apparence, les traits du visage beaux, une chevelure peu fournie, mais blonde et mêlée de quelques poils blancs, la barbe claire et tombant cependant sur sa poitrine, le teint animé et même rosé, autant du moins que son âge le comportait. Habile au maniement des armes et excellent cavalier, il avait une grande expérience de tout ce qui se rapporte à l'art militaire. Il avait de la prévoyance dans sa conduite et réussissait d'ordinaire dans ses expéditions. Il se montrait pieux dans toutes ses œuvres, clément et miséricordieux, rempli de religion et de crainte du Seigneur ; il était infatigable à la prière, à tel point que ses genoux et ses mains étaient couverts de callosités, par suite de ses fréquentes génuflexions et des pénitences qu'il s'imposait. Enfin, quoiqu'il fût déjà d'un âge avancé, il était d'une extrême activité toutes les fois que les affaires du royaume l'exigeaient [1]. » Parvenu sur le trône royal, soucieux du comté d'Édesse qu'il avait laissé sans chef, il appela son parent Josselin : il voulut lui donner pleine satisfaction des torts qu'il lui avait faits auparavant et lui donna le comté, à lui qui connaissait pleinement la région. Il reçut sa fidélité, l'investit de sa bannière et lui en fit prendre possession. Il appela de là-bas sa femme, ses filles et ses familiers, et par les soins de Josselin les accueillit tous sains et saufs. Sa femme, du nom de Morfia, était la fille d'un noble grec du nom de Gabriel, dont nous avons parlé plus haut, qu'il épousa quand il était comte et qui lui apporta beaucoup d'argent en dot ; elle lui avait donné trois

1. Traduction de Fr. Guizot, CC, t. 2, p. 197-198 (voir l'Introduction).

filles, à savoir Mélisende, Alice et Hodiernam ; elle accoucha d'une qua-trième fille après qu'il eut reçu le royaume, qui eut le nom d'Yvette [...].

7

FONDATION DE L'ORDRE DES TEMPLIERS (1118)

Dans le cours de la même année, quelques nobles cavaliers de l'ordre équestre, hommes dévoués à Dieu et animés de sentiments religieux, se consacrèrent au service du Christ et firent profession entre les mains du patriarche de vivre à jamais selon l'usage des chanoines réguliers, dans la chasteté, l'obéissance et sans bien propre. Les premiers et les plus distingués d'entre eux furent deux hommes vénérables, Hugues de Payns et Godefroi de Saint-Omer. Comme ils n'avaient ni église ni domicile déterminé, le roi leur concéda pour un certain temps un logement dans son palais situé à côté du Temple du Seigneur, au sud. Les chanoines leur concédèrent aussi la place qui leur appartenait vers le palais, pour leurs exercices, à certaines conditions. Le roi et les grands, le seigneur patriarche et les prélats des églises leur donnèrent en outre, sur leurs propres domaines, certains bénéfices, les uns à terme, les autres à perpétuité, destinés à leur vivre et à leur vêtement. Lorsqu'ils firent leur première profession, il leur fut enjoint, par le seigneur patriarche et par les autres évêques, de travailler de toutes leurs forces et pour la rémission de leurs péchés à protéger les voies et les chemins, et de s'appliquer à défendre les pèlerins contre les attaques ou les embûches des voleurs et des maraudeurs. Durant les neuf premières années de leur institution, ils portèrent l'habit séculier, et n'eurent jamais d'autres vêtements que ceux que le peuple leur donnait par charité. Dans le cours de la neuvième année et lors du concile qui fut tenu en France à Troyes, auquel assistèrent les seigneurs archevêques de Reims et de Sens et leurs suffragants, l'évêque d'Albano, légat du Saint-Siège apostolique, aussi les abbés de Cîteaux et de Clairvaux, et plusieurs autres encore, on institua une règle pour eux, et on leur assigna un habit, à savoir le vêtement blanc, sur l'ordre du seigneur pape Honorius et du seigneur Étienne, patriarche de Jérusalem. Depuis neuf ans qu'ils avaient fait leur première profession, ils étaient seulement neuf ; mais alors leur nombre commença à s'augmenter et leurs propriétés à se multiplier. Dans la suite, et sous le pontificat du seigneur pape Eugène, on dit qu'ils commencèrent à faire coudre sur leurs manteaux des croix de drap rouge pour mieux se distinguer des autres hommes, et ces croix étaient également cousues au manteau des frères inférieurs qui étaient dit servants [1]. Depuis, leurs affaires ont crû immen-

1. *Servientes*, dans le texte latin.

sément, si bien qu'ils ont en ce moment dans leur couvent plus ou moins trois cents cavaliers, tous revêtus de manteaux blancs, sans compter les frères servants dont le nombre est presque infini. On dit qu'ils ont d'immenses propriétés, tant au-delà qu'en deçà de la mer, et qu'il n'y a pas dans le monde chrétien une seule province qui ne leur ait assigné une portion quelconque de biens ; en sorte que leurs richesses sont, à ce qu'on assure, égales à celles des rois. Puisqu'ils demeurent dans le palais royal à côté du Temple du Seigneur, on les appelle frères de la milice du Temple. Ceux qui, pendant longtemps, se sont maintenus dans leur honorable projet, satisfaisant assez sagement à leur profession, oublièrent ensuite l'humilité, qui est comme on sait la gardienne de toutes les qualités et préserve du malheur tant qu'on veut la faire siéger intérieurement, se sont soustraits au seigneur patriarche qui leur avait donné l'institution de l'ordre et les premiers bénéfices, et lui ont refusé l'obéissance montrée par leurs prédécesseurs. Ils sont devenus une grande gêne pour les églises de Dieu, auxquelles ils ont retiré les dîmes et les prémisses et dont ils ont troublé indûment les possessions.

15

FRANCHISE COMMERCIALE ACCORDÉE À LA VILLE DE JÉRUSALEM (1120)

Au même moment à Jérusalem, le roi, avec une pieuse libéralité et un grand désintéressement, donna aux habitants jérosolomitains la liberté des coutumes qu'on avait l'habitude d'exiger de tous ceux qui importaient ou exportaient quelque marchandise. Ceci, valable à perpétuité, fut confirmé par un acte revêtu du sceau royal. De sorte que tout Latin qui entrait dans la ville ou en sortait, apportant ou emportant des marchandises quelconques, ne fut plus contraint de payer aucune sorte de coutume, mais eut libre et complet pouvoir de vendre et d'acheter. Il donna aussi aux Syriens, aux Grecs, aux Arméniens et à tous les hommes de toute nation, pas moins même aux Sarrasins, le libre pouvoir d'apporter dans la cité sainte du froment, de l'orge et toute espèce de légumes, sans avoir à craindre aucune exaction. Il remit aussi la taxe coutumière prélevée sur les mesures et les poids, par où il se concilia la bienveillance des âmes dans tout le peuple et mérita la faveur publique. Il semble avoir poursuivi deux buts, comme il est habituel à un roi et par affection pour les habitants : il voulut, et que la cité abondât davantage en aliments, sans souffrir d'exactions, et que la ville agréable à Dieu multipliât et renforçât sa population, à l'exemple de son prédécesseur.

17

LES TURCS S'EMPARENT DU ROI PRÈS D'ÉDESSE (1124)

Tandis que les affaires du royaume se trouvaient ainsi dans un état de prospérité satisfaisante par la grâce de Dieu, l'ennemi de la paix, jaloux de la tranquillité que l'on espérait, s'efforça de susciter un scandale. Pons, second comte de Tripoli, nous ne savons poussé par qui, refusa de rendre hommage au roi de Jérusalem et poussa l'impudence jusqu'à refuser le service qu'il lui devait en vertu du serment de fidélité. Le roi, ne pouvant supporter un tel affront, rassembla dans tout son royaume autant de cavaliers que de gens de pied et partit pour Tripoli, résolu à demander raison d'une si grande offense. Mais, avant que l'une ou l'autre des deux parties eût souffert quelque dommage, des hommes honnêtes et agréables à Dieu interposèrent leur médiation et rétablirent la paix entre eux. Au moment de son départ, il fut appelé par les habitants d'Antioche qui se trouvaient en danger et il descendit dans cette région. En effet Balak, puissant et magnifique prince des Turcs, tourmentait la région par de fréquentes irruptions, et ceci d'autant plus audacieusement qu'il venait de faire prisonnier et enchaîner le seigneur Josselin, comte d'Édesse, et le seigneur Galeran son parent, après les avoir attaqués à l'improviste. Lorsqu'il fut informé de l'arrivée du roi, il ralentit cependant un peu ses incursions et chercha à éviter une rencontre, car il savait que le roi avait de la chance au combat et qu'il n'était pas facile de triompher de lui. Il continua toutefois à rôder de loin avec ses meilleures troupes, guettant sans cesse l'occasion de faire aux nôtres quelque dommage. Le roi se rendit alors, avec la troupe de chevaliers qu'il avait amenés, dans la terre du comté d'Édesse, afin d'apporter quelque consolation à ce peuple privé de recteur [1]. Il parcourut toute la région, examinant avec soin si les forteresses étaient bien munies, s'il y avait dans chacune d'elles assez de cavaliers et d'hommes de pied, abondance suffisante d'armes et de vivre, et prenant soin de leur faire fournir tout ce qui pouvait leur manquer. Il arriva qu'en sortant de Turbessel pour aller à Édesse, dans le même souci, afin de mieux s'instruire de l'état de la région au-delà de l'Euphrate et de tout réformer le mieux possible, une certaine nuit où il cheminait avec les gens de sa maison, en sécurité, il était peu sur ses gardes : il laissa ses rangs se disperser et presque tous se livrèrent au sommeil. Balak, qui avait connaissance de la marche du roi et s'était placé en embuscade, en sortit subitement, se jeta sur l'escorte qu'il surprit sans défense et accablée par le sommeil, parvint même jusqu'au roi, s'empara de sa personne, et l'emmena prisonnier, tandis que les hommes de sa suite qui se trouvaient en

---

1. Terme générique pour « chef », généralement ecclésiastique.

avant ou en arrière furent mis en fuite, et se sauvèrent de divers côtés, sans savoir même ce que le roi était devenu. Balak le fit conduire, enchaîné, dans une forteresse située au-delà de l'Euphrate et nommée Quartapiert, où se trouvaient déjà le comte Josselin et Galeran, dont il a été question plus haut. Quand ils apprirent le misérable accident arrivé au roi, vivement en souci pour le royaume, nos princes restés là-bas, de concert avec le patriarche, se retrouvèrent comme un seul homme à la ville d'Acre avec tous les prélats, et d'un commun accord désignèrent comme chef et recteur le seigneur Eustache Garnier, un homme sage, remarqué, pleinement expérimenté dans la chose militaire, qui possédait deux cités du royaume par droit héréditaire, Sidon et Césarée, avec ce qui leur appartenait. Ils lui confièrent donc le soin du royaume et de l'administration générale jusqu'à ce qu'un visiteur se lève d'en haut et libère le roi. Mais revenons à l'histoire que nous avons commencée sur le roi.

18

Des Arméniens de la terre du comte apprirent que le roi et le comte se trouvaient enchaînés dans le château nommé plus haut[1], que de si grands princes du nom chrétien étaient tenus captifs dans cette place[2]. En tenant pour rien le danger, même si leur artifice n'avait pas d'issue heureuse, ils s'engagèrent dans des voies nouvelles et inouïes — et certains assurent qu'ils avaient été appelés diligemment par le seigneur Josselin et s'exposaient sans critique dans l'espoir d'une rémunération très importante. Cinquante en effet, qui paraissaient très forts, s'engagèrent sur la foi d'un serment réciproque à libérer ces hommes magnifiques quel que soit le péril. Habillés comme des moines, portant des poignards sous leurs amples vêtements, ils se dirigèrent vers la place en hauteur[3] comme s'il s'agissait d'une affaire de moines, simulant des gens qui auraient été attaqués, par la parole, par leur voix gémissante et en modifiant leur mine. Ils affirmèrent en larmes qu'ils voulaient en témoigner auprès du gouverneur du lieu, qui veillait à ce qu'il ne se passe pas d'excès allant contre la discipline des temps dans les localités adjacentes. Ils furent finalement admis à entrer, ils sortirent aussitôt leurs glaives et massacrèrent tous ceux qui venaient à eux. Quoi de plus ? Ils prirent le château, délivrèrent le roi et le comte, munirent le château comme ils purent. Le roi fit partir le comte Josselin pour rassembler des secours et les envoyer en toute rapidité [...][4].

---

1. Guillaume de Tyr emploie ici le terme de *castrum* pour désigner Quartapiert.
2. *Municipium*, dans le texte latin.
3. *Oppidum*, dans le texte latin.
4. L'histoire continue de façon romanesque, avec au passage le récit d'un songe prémonitoire de Balak. Le roi, enfermé dans le château par les Turcs qui réussirent à le reprendre et massacrèrent tous les Arméniens, s'échappa par miracle. L'histoire de la capture et la délivrance des chapitres 17 et 18 se trouve aussi dans l'*Histoire de Jérusalem* de Foucher de

22

ARRIVÉE DU DOGE DE VENISE ET GRANDE VICTOIRE NAVALE

En ce temps-là, le duc de Venise, Dominicus Michaelis, apprenant les besoins du royaume d'Orient, de concert avec plusieurs grands seigneurs de la province, forma une flotte de quarante galères, dont vingt-huit « gates [1] » et quatre nefs plus grandes encore adaptées au transport des bagages. Ils prirent le chemin de la Syrie. Lorsqu'il fut arrivé à l'île de Chypre, où l'on était déjà informé de sa prochaine venue, on lui annonça que la flotte égyptienne avait abordé en Syrie aux environs de Jaffa, où elle stationnait et inspirait de vives craintes à toutes les villes maritimes. Le duc donna aussitôt l'ordre du départ, disposa sa flotte en ordre de bataille et accéléra la course vers Jaffa. On leur annonça entre-temps que la flotte égyptienne avait quitté Jaffa et se dirigeait vers Ascalon, ayant appris par des rumeurs de mauvais augure que les nôtres s'étaient portés contre la cité et s'y battaient. Ils dirigèrent la flotte par là avec le souhait profond de trouver la flotte ennemie et tenter l'attaque. Ensuite, en hommes prévoyants et expérimentés en ce genre d'affaire, ils ordonnèrent la flotte selon ce qu'ils jugèrent le plus utile. Ils avaient dans leur flotte un certain nombre de nefs à éperons plus grandes que les galères, qu'ils appellent « gates », garnies de cent rames, dont chacune exigeait le service de deux rameurs. Ils avaient en outre quatre nefs plus grandes, ainsi que nous l'avons déjà dit, uniquement chargées du transport des bagages, des machines, des armes et des vivres. Ils disposèrent les quatre en avant des « gates », afin que l'ennemi, si par hasard il les apercevait de loin, fût persuadé que c'était une flotte de marchands et non d'ennemis ; les galères suivaient. Ainsi ordonnée, l'armée s'avança vers le littoral. Le vent était favorable, la mer calme, la flotte ennemie proche. Comme le crépuscule du matin commençait à paraître et que l'aurore annonçait la lumière à l'Orient, les ennemis aperçurent la flotte et au fur et à mesure que le jour se levait ils la voyaient plus proche. Stupéfaits, apeurés, ils saisirent les rames, s'encourageant par voix et par gestes à couper les cordes, lever les ancres, ordonner les rameurs, s'emparer des armes de combat.

Chartres, avec des différences : ainsi, les Arméniens se seraient-ils déguisés en pauvres marchands ; l'équipée de Josselin réussissant à s'enfuir est plus longuement racontée et de façon plus pittoresque.

1. *Gatus* est un terme technique qui désigne aussi les machines de guerre appelées « chattes » en langue vulgaire.

23

Tandis que les ennemis se trouvaient encore dans ce moment de saisissement et de tumulte où la crainte entraîne la confusion, voici que l'une des galères vénitiennes, celle où était le duc, s'élançant par sa vitesse en avant des autres, rencontra celle où par hasard se trouvait le duc de l'adversaire, et la choqua si violemment que celle-ci avec ses rameurs fut presque entièrement recouverte par les flots ; les autres suivaient à toute vitesse. [...] Les Vénitiens obtinrent finalement l'avantage avec l'aide du Seigneur et mirent leurs ennemis en fuite. Ils avaient pris quatre galères, autant de « gates » et une grosse nef, ils avaient tué leur duc ; les Vénitiens remportèrent ainsi une victoire mémorable dans les siècles. Après avoir obtenu du Ciel même un si grand succès, le duc ordonna, sans perdre de temps, de diriger la flotte vers l'Égypte, et ils parvinrent à la très antique ville maritime du désert, Laris, cherchant l'occasion de croiser d'autres nefs ennemies. Ce qu'ils firent, et leur souhait se réalisa avec succès, comme s'ils s'étaient donnés à un messager qui leur aurait annoncé pour certain ce qui arriva ensuite : en effet, comme ils peinaient en haute mer pour cette raison, ils virent à une petite distance dix nefs ennemies, et coururent aussitôt rapidement sur elles. Au premier choc, ils les occupèrent de force et tuèrent en se battant ou firent prisonniers et enchaînèrent tous les hommes qui s'y trouvaient. Les nefs étaient chargées de marchandises orientales, et principalement de draps de soie et d'épices, que selon la coutume ils divisèrent entre eux ; enrichis de ce fait, traînant à leur suite les nefs susdites, ils abordèrent près de la ville d'Acre[1].

24

COMMENT FUT PRISE LA DÉCISION D'ASSIÉGER TYR PLUTÔT QU'ASCALON

Le seigneur patriarche de Jérusalem, Gormond, également Guillaume de Bure connétable et procureur du royaume, également Paganus chancelier royal, de concert avec les archevêques, évêques et les autres grands du royaume, apprenant que le duc de Venise avait abordé nos côtes avec une armée navale et triomphé des ennemis de la façon la plus glorieuse, lui envoyèrent des messagers, hommes sages et raisonnables, chargés de le saluer, lui, les premiers du peuple vénitien et les chefs de l'armée, de la part du seigneur patriarche, des princes et du peuple, et de lui signifier la joie de son arrivée. Ils les invitèrent à utiliser les avantages du royaume

---

1. Le récit est emprunté à l'*Histoire de Jérusalem* de Foucher de Chartres.

indifféremment, comme s'ils étaient des habitants et des hommes de la maison. Ils les assurèrent qu'ils voulaient les traiter selon les lois de l'humanité et de l'hospitalité, comme il convenait d'en avoir le propos. Donc le duc, qui depuis longtemps avait l'intention de visiter les lieux saints par dévotion et voulait s'entretenir avec les princes qui l'avaient invité avec tant de bienveillance, laissa les nefs aux hommes sages qui les gouvernaient et vint à Jérusalem avec les plus grands de son peuple. Là, il fut bien accueilli et traité avec grand honneur, et on célébra la fête de la Nativité du Seigneur. Il fut diligemment sollicité par les princes du royaume de consacrer quelque temps au service du Christ et à l'accroissement du royaume et il répondit qu'il était venu spécialement pour cela et que ses intentions l'y dirigeaient. On fit donc un conseil commun en présence du seigneur patriarche et des autres princes du royaume, et il fut convenu entre eux, après avoir conclu des conventions, d'assiéger une ville maritime, soit Tyr soit Ascalon : en effet, par la grâce de Dieu, les autres étaient sous notre domination, depuis le ruisseau Égyptus jusqu'à Antioche. Là, la vérité est que les volontés des nôtres furent envahies de désirs variés, et les choses en vinrent à une altercation dangereuse. En effet, ceux de Jérusalem, de Ramla, de Jaffa, de Naplouse et ceux qui se trouvaient dans leurs confins avaient grand besoin qu'on assiégeât Ascalon, plus voisin d'eux, et qui leur semblait devoir coûter moins de frais et de peine. Mais ceux d'Acre, de Nazareth, de Tibériade, de Sidon, de Beyrouth, de Biblium [Gibelet], et les habitants des autres villes maritimes alléguaient qu'il fallait diriger l'armée vers Tyr, qui était une noble cité très fortifiée, qu'il fallait faire travailler toutes les forces pour qu'elle cédât en notre pouvoir, de peur qu'elle ne fût un jour l'occasion pour l'ennemi de pénétrer chez nous et de récupérer toute la région et la province. Ainsi, à cause de la différence des souhaits, la chose fut-elle en danger de s'interrompre. Finalement on décida, à l'aide de quelques médiateurs, de faire trancher la controverse par le sort, selon une forme non détestable : ils écrivirent en effet dans deux petits codex de parchemin, dans l'un la mention de Tyr, dans l'autre d'Ascalon, ils mirent les petits cartulaires sur un autel, firent venir un enfant seul parmi les innocents [1], et tous étant présents, on lui demanda de prendre celui qu'il voudrait, et le nom qu'il porterait avec lui serait celui de la ville vers laquelle il faudrait diriger l'armée sans discuter. Le sort tomba sur Tyr. Ceci, nous l'avons entendu dire par des hommes très âgés qui assurèrent fermement avoir été présents. Le conseil ainsi terminé, le seigneur patriarche et les grands de la région allèrent ensemble avec tout le peuple à Acre, où se trouvait la flotte des Vénitiens. Des deux côtés, on prêta le serment d'observer fidèlement

---

1. *Unum de pueris innocentibus*, dans le texte latin : faut-il comprendre un enfant sans parent comme l'interprète Fr. Guizot ?

les pactes jusqu'au bout, on prit les dispositions nécessaires à ce genre de tâche, et, le 15 février 1124, le siège s'installa doublement [1].

25

COPIE DU PRIVILÈGE ACCORDÉ AUX VÉNITIENS AU DÉBUT DU SIÈGE DE TYR

Comme nous ne voulons omettre rien d'ancien sur ce qui se passa entre-temps, pour une meilleure connaissance de ces choses, il nous plaît de mettre la copie convenable du privilège contenant les pactes faits entre les Vénitiens et les princes du royaume de Jérusalem, qui est tel :

« Au nom de la sainte et indivisible Trinité, du Père, du Fils, et du Saint-Esprit, au temps où le pape Calixte II [...] [2]. Dans toutes les cités sous la domination du susdit roi et de ses successeurs ainsi que de tous les barons, que les Vénitiens aient une église et une rue entière [3], une place [4] ou une maison de bain, aussi bien qu'un four, et les aient en possession héréditaire et à perpétuité, libres de toute exaction, comme le sont les biens propres du roi. Cependant, sur la place [5] de Jérusalem, qu'ils aient en propre autant que le roi a usuellement. Si les Vénitiens veulent établir dans leur rue d'Acre un four, un moulin, une maison de bain, une balance, des mesures à grain et des pots pour mesurer le vin, l'huile ou le miel, qu'il soit permis à tout habitant qui le veut d'y aller cuire, moudre ou se baigner, librement et sans contradiction comme sur les possessions royales. Mais qu'ils utilisent la balance, les mesures et les pots de la façon suivante : lorsque les Vénitiens commercent entre eux, qu'ils utilisent leurs propres mesures, c'est-à-dire vénitiennes ; lorsqu'ils vendent leurs choses aux autres nations [6], qu'ils utilisent aussi leurs propres mesures ; mais quand les Vénitiens achètent aux autres nations étrangères quoi que ce soit pour en faire commerce, qu'il leur soit permis d'en payer le prix avec les mesures royales. Pour ceci, que les Vénitiens ne payent aucun droit [7] d'utilisation ou autre sorte, pour entrer, séjourner, vendre, acheter ou habiter, ou sortir pour aucune cause, sauf seulement lorsqu'ils vien-

---

1. Le début du chapitre est emprunté à l'*Histoire de Jérusalem* de Foucher de Chartres, mais non le récit du conseil terminé par tirage au sort.
2. Il existe plusieurs copies de la charte, que Guillaume de Tyr a dû trouver dans les archives de la chancellerie royale. Il a paru intéressant de la citer, comme marque de son intérêt pour la question. Guillaume de Tyr a inséré dans son œuvre trois diplômes (voir aussi chap. 22, 24) et plusieurs lettres. Nous n'avons pas traduit le long préambule de la charte qui décrit les circonstances historiques, ni le protocole final.
3. *Integra ruga*, dans le texte latin.
4. *Platea*, dans le texte latin.
5. *Idem.*
6. Nation pour *gens*, tout au long de ce privilège.
7. *Datio*, dans le texte latin.

nent ou partent avec des nefs transportant des pèlerins : alors en vérité, qu'ils donnent le tiers au roi selon la coutume du roi.

« Que le roi de Jérusalem lui-même et nous tous, doivent payer chaque année, le jour de la fête des apôtres Pierre et Paul, trois cents "byzantins sarrasins [1]", sur la bourse de Tyr.

« Nous vous promettons en outre, à vous, duc de Venise, et à votre nation, de ne rien recevoir de ces nations qui commercent avec vous, sinon ce qu'ils ont coutume de nous donner et ce que nous recevons de ceux qui négocient avec d'autres.

« De plus, nous vous confirmons par la présente page la partie de la place et de la rue d'Acre qui vont de la maison de Pierre Zanni au monastère de Saint-Dimitri. Et en outre la partie de la même rue où il y a une maison en bois [2] et deux maisons en pierre, autrefois des petits casals en joncs [3], que le roi de Jérusalem Baudouin Ier a données au bienheureux Marc, au duc Ordolafe et à ses successeurs à l'acquisition de Sidon, nous la confirmons à saint Marc, à vous Dominicus Michaelis duc de Venise et vos successeurs, et nous vous concédons tout pouvoir de les tenir et posséder à perpétuité, et d'en faire tout ce qu'il vous plaira. Nous vous donnons aussi en entier le même pouvoir qu'aurait le roi sur cette autre partie de la même rue, qui va tout droit de la maison de Bernard de Novo Castello, qui fut autrefois à Jean Juliani, à la maison de Guibert de Jaffa de la famille Lande.

« En outre qu'aucun Vénitien, sur toute la terre sous la domination du roi et de ses barons, ne paye, sous aucun prétexte, aucun droit pour y entrer, y demeurer ou en sortir, mais qu'il soit libre comme s'il était à Venise. Si un Vénitien a quelque plaid ou quelque litige au sujet d'une affaire avec un autre Vénitien, qu'il en soit jugé dans la cour des Vénitiens. Si quelqu'un croit avoir une querelle ou un litige envers un Vénitien, qu'il en soit également jugé dans la même cour des Vénitiens. Mais si un Vénitien a quelque plainte à faire, qu'il lui soit fait justice dans la cour du roi, comme à un autre. Si un Vénitien, dans les ordres ou non, meurt comme nous disons "sans langue [4]", que ses biens passent au pouvoir des Vénitiens. Si quelque Vénitien fait naufrage, qu'aucun de ses biens ne souffre dommage, et s'il est mort dans le naufrage, que les biens laissés soient rendus aux héritiers ou aux autres Vénitiens. En outre, que les Vénitiens aient sur les bourgeois d'une nation quelconque qui habiteront dans leurs rues et dans leurs maisons la justice et les coutumes que le roi prélève sur les siens.

« Enfin, que les Vénitiens aient à perpétuité le tiers des deux cités de Tyr

---

1. *Bizantios sarracenatos*, dans le texte latin.
2. *Machomaria*, dans le texte latin.
3. *Casule de cannis*, dans le texte latin.
4. Probablement : sans avoir parlé, c'est-à-dire sans avoir exprimé ses dernières volontés.

et d'Ascalon, des terres et de tout ce qui leur appartient, ou l'une ou l'autre, cités qui sont encore soumises aux Sarrasins et ne sont pas aux mains des Francs, si le Saint-Esprit veut les livrer au pouvoir des chrétiens, avec leur aide ou autrement. Que les Vénitiens en possèdent le tiers à perpétuité et sans empêchement par droit héréditaire, à partir du jour de Saint-Pierre, librement et royalement, de même que le roi aura les deux autres tiers.

« Nous, Gormond, patriarche de Jérusalem, nous nous engageons à faire confirmer par le roi le jour où il sortira de captivité, avec l'aide de Dieu [...]. Donné à Acre, par les mains de Paganus, chancelier du roi à Jérusalem, l'an 1123. »

LIVRE XIII

De la prise de Tyr à la mort de Baudouin II
(1124-21 août 1131)

Presque la moitié du livre est consacrée à Tyr, qui se rend le 29 juin 1124. Le roi est libéré contre rançon en août 1124. Le récit se partage ensuite entre les expéditions guerrières du roi, au nord deux expéditions en 1125 et 1126 contre les Turcs à l'appel d'Antioche dépourvue de prince (Roger est mort en 1119, Bohémond ne lui succède qu'en 1126), au sud deux tentatives sans succès, l'une vers Damas avec le projet de la prendre et l'autre vers Ascalon (1126, 1130). Par deux fois le roi dénoue des collaborations latino-turques contre d'autres Latins (le comte d'Édesse, Josselin, contre le nouveau prince d'Antioche, Bohémond, frais venu d'Italie du Sud ; la jeune veuve de Bohémond contre le roi de Jérusalem son père). Le dossier du rattachement de l'archevêché de Tyr au patriarcat d'Antioche est ouvert avec copie de plusieurs lettres du pape.

- 1. L'antiquité en même temps que la noblesse de Tyr sont décrites.
- 2. Jusqu'où va la Syrie et combien elle a de parties.
- 3. Description de la région voisine de la ville et des approvisionnements qui lui sont fournis.
- 4. Qu'elle fut souvent assiégée dans les temps anciens.
- 5. La cité est décrite, l'état des habitants et leur condition sont montrés.

6. Le siège s'installe, leur place est désignée aux princes et la cité est attaquée.

7. Les Damascènes qui étaient dans la cité [de Tyr] résistent très courageusement, après avoir renvoyé un certain nombre d'habitants.

8. Les gens d'Ascalon viennent attaquer Jérusalem, mais ils repartent et sont maltraités par les habitants à leur retour.

9. Doldequin [Toghtekin], le roi des Damascènes, vient faire lever le siège [de Tyr] ; les nôtres accourent, celui-ci s'en va, effrayé par leur résolution.

• 10. Les habitants mettent le feu à nos machines, les nôtres résistent avec courage ; on fait appel à quelqu'un d'Antioche expert en armes de jet.

• 11. Balac est tué à Iérapolim ; à ce bruit, notre armée se réjouit et insiste plus vivement dans ses attaques de la ville.

12. De nouveau les gens d'Ascalon, pendant que notre armée est retenue au siège, dévastent la région de Jérusalem.

• 13. Les habitants [de Tyr] peinent sous la famine et se préparent à se rendre ; Doldequin s'avance pour leur porter secours, mais inutilement : la cité se donne à nous.

14. La ville prise, les habitants sortent voir les camps, les nôtres occupent la ville.

15. Le roi est libéré de ses chaînes, il assiège Alep mais lève le siège, les ennemis accourant : le roi revient à Jérusalem. Le pape Calixte meurt, il est remplacé par Honorius.

16. Borsequin [Bursuq], le prince des Turcs, ravage la région d'Antioche ; le roi accourt, ils combattent, l'armée des ennemis est battue.

17. Le roi bat les gens d'Ascalon en même temps que les Égyptiens venus à leur aide.

18. Le roi pénètre dans les confins de Damas, Doldequin accourt ; le combat est livré ; notre armée revient victorieuse.

19. Le comte de Tripoli occupe la ville de Raphanie. L'empereur des Romains Henri meurt, il est remplacé par Lothaire.

20. Borsequin pénètre de nouveau dans les confins d'Antioche ; il meurt enfin, tué par les siens. Une flotte égyptienne monte en Syrie, mais revient endommagée sans avoir rien fait.

• 21. Bohémond le Jeune parvient à Antioche, le roi lui restitue sa terre après lui avoir donné en mariage sa fille nommée Alice.

22. De graves mésententes commencent entre Bohémond et le comte d'Édesse Josselin, mais le roi y vole rapidement et les réconcilie. Des Africains détruisent violemment la ville de Syracuse en Sicile.

23. L'archevêque de Tyr est établi le premier des Latins.

• 24. On appelle Foulque, le comte d'Anjou, il arrive et Mélisende, la fille aînée du roi, lui est donnée pour épouse.

25. Gormundus le patriarche de Jérusalem meurt, il est remplacé par Étienne ; entre le roi et le patriarche s'élèvent des différents difficiles.

• 26. Le roi, le prince d'Antioche, le comte de Tripoli et le comte d'Édesse pénètrent dans les confins de Damas mais sont confondus, une partie de l'armée est perdue, ils reviennent. Étienne le patriarche meurt, il est remplacé par Guillaume.

• 27. Bohémond, le prince d'Antioche, est tué en Cilicie près de Mamistra : le roi se dépêche d'aller à Antioche. La femme de Bohémond tente de repousser la venue paternelle, mais la cité se livre au roi par le vouloir des habitants, après avoir exclu la princesse.

• 28. Le roi revient à Jérusalem, pris d'une grave maladie, il meurt, il est enterré avec les autres rois dans l'église du Sépulcre du Seigneur.

1

TYR[1]

La ville de Tyr est d'une haute antiquité, selon le témoignage d'Ulpien, très savant jurisconsulte, qui en était originaire, et qui en parle dans le Digeste, au titre *De Censibus*, disant : « Il faut savoir qu'il y a des colonies qui jouissent du droit italique, comme, dans la Phénicie de Syrie, la très illustre colonie de Tyr dont je suis originaire ; ville noble parmi toutes les autres, sur laquelle des séries de siècles ont passé, puissante par les armes, et très attachée au traité qui l'unit avec les Romains. Le divin Sévère, notre empereur, lui accorda le droit italique en récompense de sa constante fidélité envers la république et l'empire romain. » En remontant à l'histoire des temps antiques on apprend que le roi Agénor fut aussi originaire de cette ville, ainsi que ses trois enfants, Europe, Cadmus et Phénix ; celui-ci donna son nom à son pays, qui fut depuis appelé Phénicie. Son frère Cadmus, fondateur de la ville de Thèbes et inventeur de l'alphabet des Grecs, a laissé à la postérité une mémoire célèbre. La fille du même roi donna son nom à cette troisième partie du globe terrestre, qui est maintenant appelée Europe. Les habitants de Tyr, remarquables par l'extrême sagacité et l'activité de leur esprit, tentèrent de distinguer les éléments indivisibles des voix par des lettres s'y accordant ; et, édifiant les trésors de la mémoire, ils furent les premiers des mortels à livrer à la postérité la sagesse d'écrire et une forme pour distinguer par des caractères la parole, intermédiaire de l'esprit. Ce fait se trouve établi par les anciennes histoires, et Lucain, ce brillant narrateur d'une guerre civile, en parle en ces termes : « *Phœnices primi, famæ si creditur, ausi mansuram rudibus vocem signare figuris*[2]. » La ville de Tyr fut aussi la première qui tira d'un précieux coquillage la belle couleur de pourpre ; aussi cette couleur doit sa dénomination à la ville et même aujourd'hui, elle est dite en général « Tyria ». On lit aussi que Sichée et sa femme Élissa Dido étaient originaires de Tyr ; ils fondèrent dans le diocèse d'Afrique cette admirable cité de Carthage, qui fut rivale de l'empire romain, et appelèrent leur royaume Punique, par analogie avec le nom de la Phénicie, pays dont ils étaient sortis. Les Carthaginois, fidèles au souvenir de leur origine, voulurent toujours être appelés Tyriens, aussi lit-on dans Virgile : « *Urbs antiqua fuit, Tyrii tenuere coloni.* » Et encore « *Tros Tyriusque mihi nullo discrimine*

---

1. Foucher de Chartres, après le récit du siège et de la prise de Tyr, sur lequel il s'étend beaucoup moins longuement que Guillaume de Tyr, fait lui aussi une pause pour parler de l'histoire ancienne de Tyr, principalement les sièges dont elle fut l'objet, et évoque aussi Sidon, Carthage et même Jérusalem, mais sa présentation est très différente et plus courte.

2. Ces vers de Lucain sont cités par Isidore de Séville avec le nom du poète (*Livre des étymologies*, I, 3, 5), cf. CC.

habetur[1]. » Au début, son nom fut double, Sor en hébreu — aujourd'hui le nom le plus utilisé — et Tyr, plus récent, qui semblerait venir du grec où il signifie en cette langue détroit, mais le vocable vient certainement de son fondateur. Il est certain en effet, d'après les vieilles traditions, que Tyras, septième des fils de Japhet fils de Noé, fonda la ville de Tyr et voulut l'appeler de son nom. Combien fut grande la gloire de cette cité dans les temps anciens, les paroles d'Ezéchiel le prouvent [...][2] et d'Isaïe [...][3]. De cette ville aussi fut Hyram, coopérateur de Salomon pour la construction du Temple du Seigneur, et Apollonius dont la « geste » est célèbre et divulguée par l'histoire, et non moins l'adolescent Abdimus, fils d'Abdemonis qui résolvait avec une subtilité étonnante tous les sophismes et toutes les paraboles énigmatiques de Salomon envoyées au roi Hyram pour les résoudre. Ceci, on le lit au huitième livre des Antiquités de Josèphe [...][4]. Peut-être cet Abdimus est-il celui que les récits populaires et fabuleux appellent Marcolfus, dont il est dit qu'il résolvait les énigmes de Salomon et auquel il répondait de façon aussi puissante en lui proposant de nouvelles énigmes à résoudre. La même ville cache le corps de l'éminent docteur Origène, comme même aujourd'hui il est permis de le voir avec les yeux de la foi, et Jérôme l'assure lui-même quand il écrit dans sa lettre à Pammachio et Occeano, dont l'*incipit* est *Scedule quas misitis*, en disant : « Il y a aujourd'hui environ cent cinquante ans qu'Origène est mort à Tyr[5]. » Mais si nous revenons à l'histoire évangélique, la ville engendra aussi cette admirable Cananéenne dont le Sauveur, qu'elle suppliait pour sa fille tourmentée par le démon, a recommandé la grandeur de la foi en lui disant : « Femme, ta foi est grande. » Elle laissa aux filles de ses concitoyens les monuments de sa foi admirable et de sa patience recommandable, la première elle enseigna à implorer le Christ Sauveur dans les dons de la foi, de la charité et de la sainte espérance, selon la parole du prophète qui a dit : « Les filles de Tyr implorent ta face dans les dons[6]. » Et la ville est la métropole de toute la Phénicie, parmi les provinces de Syrie, pour l'avantage de tous les biens et le nombre des habitants que le lieu a toujours eu.

2

Ensuite il faut prévenir que le nom de Syrie est tantôt pris au sens large pour donner le nom de l'ensemble, tantôt au sens étroit pour désigner une partie, et tantôt on ajoute un adjectif et on note la partie pour que cela soit

---

1. *Énéide*, I, 12 et 574, cf. CC.
2. Longue citation d'Ezéchiel, xxvii, 2-7, cf. CC.
3. Citation d'Isaïe, xxiii, 6-8, cf. CC.
4. Suivent deux longues citations de Josèphe, *Antiquités judaïques*, 8, 5, cf. CC.
5. Jérôme, *Lettres*, 84, cf. CC.
6. Ps, xliv, 13.

dit plus clairement. Ainsi la Syrie Majeure contient beaucoup de provinces : elle s'étend en effet du Tigre jusqu'à l'Égypte et de la Cilicie jusqu'à la mer Rouge. Sa partie inférieure, qui se trouve entre le Tigre et l'Euphrate, qui est la première de ses parties, est dite Mésopotamie, parce qu'elle s'étend quasiment entre deux fleuves : en effet, *potamos* en grec se dit « fleuve » en latin, et c'est pourquoi cette partie de la Syrie est fréquemment dite la Mésopotamie de Syrie dans les Écritures. Après elle, la Syrie Celessyria est la région la plus grande, où se trouve la noble cité d'Antioche, avec ses villes suffragantes : limitée quasiment au nord par les deux Cilicie qui font partie de la Syrie, au sud elle s'adjoint la principale partie de la Phénicie, autrefois et pendant longtemps une seule, simple et uniforme, aujourd'hui divisée en deux. La première est dite Maritime, sa métropole est Tyr, d'où notre discours : elle a quatorze villes suffragantes, elle commence à la rivière Valanie sous le château de Margat et va jusqu'à Pierre Incise, aujourd'hui dite Districtum, à côté de la très vieille ville qui est dite Tyr Antique. Les villes qui s'y trouvent sont les suivantes [...]. La seconde partie de la Phénicie est dite du Liban, sa métropole est Damas, qui est parfois aussi dite Syrie, « Damas tête de la Syrie ». Par la suite, la deuxième Phénicie fut divisée en deux, la Phénicie Damascène, et la Phénicie Émissena [d'Homs]. Il y a aussi les deux Syrie arabes, l'Arabie Première dont la métropole est Bostrum, l'Arabie Seconde dont la métropole est Pierre Deserti [Petra]. Mais la Syrie de Sobal fait aussi partie de la Syrie Majeure, dont la métropole est Sobal. Enfin, la Palestine fait trois parties de la Syrie : la Première dont la métropole est Jérusalem et qui s'appelle en propre la Judée, la Seconde dont la métropole est Césarée Maritime, la Troisième dont la métropole est Scitopolis dite Bethsan, où est aujourd'hui Nazareth. L'Idumée, qui est la partie la plus récente de la Syrie Majeure, touche à l'Égypte.

3

La ville de Tyr était non seulement très bien fortifiée, ainsi que nous l'avons dit plus haut, mais elle était aussi remarquable par sa fertilité, et quasiment singulière pour son agrément. Quoiqu'elle soit située au milieu de la mer, et presque entourée comme une île par les flots, elle dispose à l'extérieur d'une campagne en tout point recommandable, une plaine qui se prolonge sur un sol riche et fécond, et fournit beaucoup d'avantages aux habitants. Bien qu'elle soit modeste en comparaison des autres régions, son exiguïté est amplement compensée par sa fertilité, et ses jugères [1] infiniment multipliées [...]. Il y a dans cette plaine un grand nombre de sources qui donnent des eaux claires et salubres, par lesquelles

---

1. Mesure agraire romaine.

la température est agréablement rafraîchie par les fortes chaleurs. La meilleure et la plus célèbre est celle chantée par Salomon, dit-on, dans ses cantiques : « La source des jardins, le puits d'eaux vives qui coulent avec impétuosité du Liban [1]. » Cette source prend naissance dans la partie la plus basse de toute la région, elle ne descend pas comme beaucoup d'autres sources des montagnes, mais elle semble plutôt sourdre du fond même de l'abîme. Cependant, les soins et l'art manuel l'ont élevée dans les airs, en sorte qu'elle arrose et fertilise toute la région environnante et sert dans son cours bienfaisant à des usages très variés : elle est surélevée et conduite par un ouvrage admirable d'une hauteur de dix coudées en pierres dures presque comme du fer. La source qui, dans la profondeur de sa position naturelle, n'eût été que très peu utile, se trouvant ainsi élevée par le triomphe de l'art sur la nature, est devenue infiniment précieuse pour tout le pays, et donne une grande quantité d'eaux [courantes] qui favorisent les productions de la terre. Ceux qui viennent pour examiner ce merveilleux ouvrage n'aperçoivent d'abord qu'une tour plus élevée à l'extérieur, en sorte qu'on n'y voit aucun indice de la source ; mais lorsqu'ils sont parvenus sur la hauteur, ils découvrent un immense réservoir d'eaux [courantes] qui circulent ensuite par des aqueducs d'une même hauteur et d'une admirable solidité, et se répandent de là dans tous les environs. On a pratiqué, pour ceux qui désirent monter jusqu'en haut, un escalier très solide en pierre, dont les marches sont si douces que des cavaliers pourraient parvenir à l'extrémité sans la moindre difficulté. Toute la région en tire des avantages inappréciables ; elles fécondent les jardins et les lieux plantés d'arbres à fruits, et donnent beaucoup d'agrément à tous les vergers ; elles favorisent en outre la culture de la canne à sucre, avec laquelle on fabrique le sucre si précieux et si nécessaire aux hommes pour toutes sortes d'usages comme pour leur santé, et que les négociants transportent ensuite dans les parties les plus reculées du monde. On fait aussi merveilleusement, avec un sable qui se trouve dans la même plaine, la plus belle quantité de verre, qui, sans aucun doute, occupe le premier rang parmi les produits de la même espèce. Ce verre, transporté de là dans les provinces les plus éloignées, fournit la meilleure matière pour faire des vases de la plus grande beauté, remarquables surtout par leur parfaite transparence. Ces diverses productions ont rendu le nom de la ville de Tyr assez célèbre chez toutes les nations étrangères, et fournissent aux négociants les moyens de faire des fortunes considérables. Outre ces précieuses ressources, la ville de Tyr a encore l'avantage de posséder des fortifications incomparables, comme il sera dit dans ce qui suit. Tant de biens réunis la rendaient infiniment précieuse et chère au prince d'Égypte, le plus puissant presque de tous les princes d'Orient, et dont le pouvoir s'étendait sans contestation sur tout ce pays, depuis

1. Ct, IV, 15.

Laodicée de Syrie jusqu'à la brûlante Lybie. Il la considérait comme la force et le siège même de ses royaumes : aussi l'avait-il approvisionnée avec le plus grand soin en vivres, en armes et en hommes valeureux, pensant que les parties du corps se maintiendraient en sûreté, tant qu'il pourrait préserver de toute atteinte une tête si précieuse.

4

Donc, le 15 février, comme nous l'avons dit plus haut, notre armée arriva des deux côtés et commença à installer le siège. Cette cité est située au cœur de la mer selon les mots du prophète, entourée d'eaux profondes, sauf sur un espace modeste, à la portée d'une flèche. Les Anciens rapportent qu'autrefois elle était située sur une île séparée de la terre, et que le très puissant prince Nabuchodonosor qui l'assiégeait voulut la rattacher à la terre et ne put terminer. Le prophète Ezéchiel a aussi perpétué la mémoire de ce siège, quand il a dit [...][1]. Josèphe en perpétue la mémoire dans le dixième livre des *Antiquités* [...][2]. Après lui, Alexandre le Macédonien continua par la terre et occupa Tyr de force, selon Josèphe qui en perpétue la mémoire dans le onzième livre des *Antiquités* où il dit [...][3]. Auparavant, Salmanasar l'avait aussi assiégée et avait envahi toute la Phénicie, de ceci Josèphe fait mention dans son neuvième livre des *Antiquités* où il dit [...][4].

5

Cette ville située au milieu des eaux, comme nous l'avons dit plus haut, est entourée d'une mer extrêmement orageuse, dont la navigation offre d'autant plus de dangers qu'elle est remplie de rochers cachés et placés à des hauteurs fort inégales. L'abord de la ville du côté de la mer est donc périlleux pour les pèlerins et pour tous ceux qui ne connaissent pas les localités, et il est impossible qu'ils arrivent sans échouer, s'ils n'ont soin de prendre un guide qui ait une connaissance exacte de ces parages. Du côté de la mer, la ville était fermée par une double muraille, garnie à distances égales de tours d'une hauteur convenable. À l'est et sur le point où l'on arrive par terre, il y avait une muraille triple et des tours d'une hauteur prodigieuse, fort rapprochées et qui se touchaient presque. En avant, on voyait un fossé vaste et profond, dans lequel on pouvait facilement faire

---

1. Citation d'Ez, XXVI, 7-8.
2. Citation de Josèphe, *op. cit.*, 10, 13.
3. *Ibidem*, 11, 8.
4. Très longue citation de Josèphe, *op. cit.*, 9, 15, sur laquelle se termine le chapitre.

entrer les eaux de la mer, des deux côtés. Au nord, se trouve le port intérieur de la ville, défendu à son entrée par deux tours et enveloppé par les remparts de la place ; l'île, en avant, est exposée au premier choc des flots et défend ainsi le port qui, placé entre cette île et la terre ferme, offre aux nefs une station sûre et commode, à l'abri de tous les vents, excepté cependant de l'aquilon [1]. La flotte alla s'établir dans cette partie du port et s'y plaça en toute sûreté : l'armée occupa les vergers qui avoisinent la ville ; elle dressa son camp en cercle, et par ce moyen les assiégés, privés de la faculté de sortir et d'entrer, furent forcés de se tenir derrière leurs remparts. La ville de Tyr obéissait alors à deux maîtres ; le calife d'Égypte, seigneur supérieur, en possédait deux portions ; il avait cédé la troisième au roi de Damas, qui se trouvait plus voisin, afin qu'il laissât la place tranquille, et aussi afin que, en cas de besoin, il pût lui prêter ses secours. Il y avait à Tyr des habitants nobles et très riches, qui faisaient constamment le commerce avec toutes les provinces situées sur les bords de la mer Méditerranée, rapportant chez eux une grande quantité de marchandises étrangères et des richesses de tout genre. En outre beaucoup d'illustres et riches habitants de Césarée, de Ptolémaïs, de Sidon, de Biblium, de Tripoli, et des autres villes maritimes qui étaient déjà tombées en notre pouvoir, s'étaient réfugiés à Tyr pour se mettre à l'abri de ses remparts et y avaient acheté à grand prix des maisons, jugeant impossible pour les nôtres de faire tomber sous leur domination une ville aussi bien fortifiée, quel que soit le cas : elle semblait être en effet l'unique et singulière forteresse de toute la région, et d'une force [2] incomparable.

10

ÉPISODES DU SIÈGE DE TYR

[...] Cependant les nôtres, voyant que l'une des machines de la place lançait contre les tours mobiles des pierres d'un énorme poids, qui les frappaient toujours en droite ligne, et les endommageaient de toutes parts, reconnaissant en même temps qu'ils n'avaient parmi eux aucun homme qui fût en état de bien diriger les machines et qui eût une pleine connaissance de l'art de lancer les pierres, firent demander à Antioche un certain Arménien, nommé Havedic, homme qui avait une grande réputation d'habileté ; son adresse à manier les machines et à faire voler dans les airs les blocs de pierre était telle, à ce qu'on dit, qu'il atteignait et brisait sans difficulté tous les objets qu'on lui désignait. Il arriva en effet à l'armée, et aussitôt qu'il y fut, on lui assigna sur le trésor public un honorable

---

1. Vent du nord.
2. *Robur* (le chêne), dans le texte latin, dont Guillaume de Tyr fait souvent cet usage métaphorique.

salaire qui pût lui donner les moyens de vivre avec magnificence, selon ses habitudes ; puis, il s'appliqua avec activité au travail pour lequel on l'avait mandé, et déploya tant de talents que les assiégés durent croire bientôt qu'une nouvelle guerre commençait contre eux, tant ils eurent à souffrir de maux beaucoup plus cruels[1].

11

[...] Il arriva cependant un jour un événement digne d'être rapporté. Quelques jeunes de la ville, fort habiles à la nage, sortirent du port intérieur, et allèrent en nageant dans le port extérieur, jusqu'auprès de la galère, qui, comme je l'ai dit, était toujours en mer pour les cas imprévus : ils avaient apporté une corde qu'ils attachèrent fortement à la galère, et après avoir coupé celles par lesquelles elle était retenue, ils retournèrent eux-mêmes du côté de la ville, traînant la nef à leur suite, à l'aide de la corde qu'ils y avaient adaptée. Les hommes qui étaient dans les « castels[2] » pour surveiller, s'en aperçurent bientôt, et se mirent à crier pour donner l'alarme : à ce signal les nôtres accoururent sur le rivage ; mais avant qu'ils se fussent entendus sur les moyens de s'opposer à cette entreprise, les jeunes susdits étaient rentrés dans la ville et y avaient conduit la galère. Il y avait dedans cinq hommes, chargés de la garde ; l'un d'eux fut tué, les quatre autres se jetèrent à la mer et parvinrent à gagner le rivage à la nage, sains et saufs[3].

13

LA REDDITION DE TYR (29 JUIN 1124)

Entre-temps les Tyriens, de plus en plus accablés par la faim, cherchèrent d'autres moyens et commencèrent à se réunir en petits groupes pour discuter de comment mettre fin à leurs souffrances, disant qu'il serait plus avantageux de livrer la ville aux ennemis pour pouvoir aller, libres, dans les autres cités de leur peuple, plutôt que dépérir de faim, plutôt que voir leurs femmes et leurs enfants se consumer dans la pénurie sans pouvoir leur porter secours. À la fin, à travers les troubles des discussions de cette sorte, on porta les propos en public d'un commun accord, et aux mieux-nés de la ville, et à ceux qui la gouvernaient. Toute la cité fut rassemblée, les propos dits et écoutés publiquement et discutés diligemment. Pour

1. Le début du chapitre 10 est inspiré par Foucher de Chartres, mais non pas cette histoire.
2. Tours de bois bâties pour le siège.
3. L'histoire est racontée aussi par Foucher de Chartres.

tous, la sentence fut de mettre fin à de tels maux et de parvenir à la paix en tout cas, à n'importe quelles conditions. Peu après, le roi des Damascènes, ému du malheur des habitants, apprenant qu'ils en étaient aux dernières extrémités, compatissant à leurs peines, convoqua de toutes parts l'aide militaire, descendit une deuxième fois à la mer, et installa son camp auprès du fleuve voisin de la ville. En l'apprenant, les nôtres eurent peur de son arrivée, s'attendant à un nouveau combat à l'extérieur, mais néanmoins continuèrent à presser la ville. Pendant ce temps, le roi des Damascènes envoya des messagers avec des paroles de paix aux chefs de notre armée, à savoir au seigneur patriarche, au seigneur duc de Venise, au seigneur comte de Tripoli, au seigneur Guillaume de Bures et aux autres grands du royaume, des hommes sages et remarquables qui tentèrent de trouver la voie de la paix. Finalement, après beaucoup d'altercations, il plut à chaque parti de livrer la cité aux chrétiens, après avoir concédé aux femmes et aux enfants de sortir librement avec toutes leurs affaires. À ceux qui préféreraient demeurer dans la cité, il était concédé l'autorisation d'habiter librement, possessions et domiciles sains et saufs. Il est vrai que le peuple et les hommes de second rang [1], comprenant ce qui avait été traité entre les princes, supportant avec indignation que la cité fût livrée à ces conditions et qu'elle ne s'ouvrît pas au pillage après avoir été enlevée de force, décidèrent à l'unanimité de soutirer des obligations de la guerre leurs activités [2], tout à fait prêts à être d'un avis différent des princes. L'opinion la plus saine des grands prévalut cependant, la ville fut livrée, la faculté de sortir librement fut donnée aux habitants [...]

21

DEUX MARIAGES AVEC DES PRINCES ARRIVÉS D'OCCIDENT

L'automne suivant [1126], le seigneur Bohémond Junior fils du seigneur Bohémond Senior, prince de Tarente, conclut avec son oncle paternel Guillaume duc des Pouilles, par pacte et traité écrit, que celui qui mourrait le premier aurait toute la succession de l'autre. Puis il fit préparer des nefs, dix galères et douze autres pour le transport des bagages, des armes et des vivres nécessaires au voyage, et se dirigea vers la Syrie, comptant sur la bonne foi du roi de Jérusalem, et espérant qu'il ne lui refuserait pas à son arrivée de lui rendre l'héritage paternel. Il arriva aux bouches du fleuve Oronte où sa flotte s'établit en toute sûreté. Le roi, dès qu'il en fut informé, partit avec les magnats de la région et marcha à sa

---

1. *Secunde classis homines*, dans le texte latin.
2. L'expression en latin est très obscure dans sa concision, *operas unanimiter bellicis necessitatibus subtrahere decreverunt*, que Fr. Guizot interprète en traduisant ainsi : « résolurent d'un commun accord de remporter le prix de leurs œuvres » (*op. cit.*, t. 2, p. 275).

rencontre ; il entra dans Antioche et lui rendit avec bonté la ville et toute la région, dont le soin l'avait accablé pendant huit années consécutives de soucis sans cesse renaissants. Le principat ainsi restitué, tous les grands et les magnats de la région, en présence et sur l'invitation du seigneur roi, présentèrent leur fidélité lige envers le jeune Bohémond, dans le palais. Puis, sur l'intervention de quelques familiers des deux parties, le seigneur roi lui donna en mariage la seconde de ses filles, nommée Alice, après conclusion des conditions réciproques, afin d'augmenter en proportion l'amitié et la bienveillance entre les deux. Le seigneur Bohémond était un adolescent de dix-huit ans ; il était beau, de taille assez élevée ; il avait les cheveux blonds, une figure agréable, et tout en lui décelait le prince, même aux yeux de ceux qui ne le connaissaient pas. Il parlait avec grâce et savait se concilier par ses discours la faveur de ceux qui l'écoutaient ; généreux à l'excès et magnifique ainsi que son père, il n'était inférieur à nul homme pour l'éclat de la noblesse selon la chair [...] [1].

24

L'année suivante [1129], vers le milieu du printemps, arriva à la ville d'Acre un homme illustre et magnifique, le seigneur Foulques comte d'Anjou, auquel le roi avait fait offrir, du consentement unanime des princes ecclésiastiques et séculiers, de venir épouser sa fille aînée Mélisende. Il arriva suivi d'une brillante escorte de nobles et dans un appareil qui surpassait la magnificence royale. Venait aussi avec lui le seigneur Guillaume de Bures, connétable royal, qui, une fois libéré par le roi des chaînes ennemies, avait été dirigé auprès du comte avec quelques autres nobles. À son départ, il avait reçu l'ordre de jurer confidentiellement au comte, sur l'âme du roi et des princes du royaume, que, aussitôt qu'il aurait atteint sain et sauf le royaume, dans les cinquante jours, lui serait donnée la fille aînée du roi avec l'espoir d'avoir le royaume après la mort du roi. Dès son arrivée, sans délai selon ce qui avait été convenu, avant les solennités de la sainte Pentecôte qui était proche, le roi lui donna sa fille aînée selon la loi maritale et les deux villes de Tyr et d'Acre à posséder de son vivant, lesquelles les deux époux possédèrent jusqu'à la mort du roi. [...]

---

1. L'*Histoire de Jérusalem* de Foucher de Chartres prend fin sur cet épisode, raconté plus brièvement et sur un ton fort différent (on ne croyait plus à l'arrivée de Bohémond, explique l'auteur).

26

L'APPÂT DU GAIN ET UN GROS ORAGE FONT ÉCHOUER L'ARMÉE DES LATINS
DEVANT DAMAS

L'année suivante [1129], on vit revenir à Jérusalem Hugues de Payns,
le premier maître de la milice du Temple et quelques autres hommes religieux qui avaient été envoyés par le roi et les autres princes du royaume
chez les princes occidentaux pour faire se lever les peuples à notre
secours, et spécialement engager les puissants à assiéger la ville de
Damas. Ils furent suivis par une grande foule de nobles qui vint dans le
royaume sur la foi de leurs paroles. Confiants en leurs forces et en leurs
œuvres, tous les princes chrétiens d'Orient se réunirent en faisant une
convention, à savoir le seigneur roi Baudouin, le seigneur Foulque comte
d'Anjou, le seigneur Pons comte de Tripoli, le seigneur Bohémond Junior
prince d'Antioche, le seigneur Josselin Senior comte d'Édesse : ils se rassemblèrent et firent à eux tous un conseil commun, ils levèrent en même
temps toutes leurs forces militaires et leurs aides, et ordonnèrent leurs
rangs pour aller à la hâte assiéger la belle et noble cité de Damas, ou pour
la forcer à se livrer, ou pour l'emporter à la force des armes. Mais la providence divine alla contre tant d'efforts, par un jugement secret et cependant juste. L'armée atteignit les confins de Damas sous la protection de
Dieu avec succès. Mais lorsqu'elle fut parvenue au lieu dit Mergesaphar,
les hommes de la troupe « inférieure » se séparèrent de l'armée ; leur
office dans les camps est d'habitude de se disperser de long en large dans
la zone suburbaine pour y chercher les approvisionnements nécessaires à
la nourriture tant des hommes que des bêtes de somme. On les avait mis
sous la garde du seigneur Guillaume de Bures avec mille cavaliers. Ils
commencèrent selon la coutume à se séparer les uns des autres et à se
répandre imprudemment dans toute la région, chacun cherchant à
marcher sans compagnon afin de pouvoir s'emparer de ce qu'il découvri-
rait pour son propre compte sans partage. Tandis qu'ils étaient ainsi
occupés, détruisant et dévastant les alentours pour emporter les dépouilles, ils commencèrent avec beaucoup d'imprudence à transgresser la discipline militaire. En apprenant cela, le prince de Damas Doldequin
espéra, comme cela arriva, qu'il pourrait défaire ces imprudents, ignorants des lieux, s'il surgissait subitement sur eux avec les siens. Il prit les
plus rapides et les plus habitués à la chose militaire parmi les siens et vint
tout d'un coup attaquer les nôtres qui fourrageaient. Il les mit promptement en fuite, surpris sans défense tandis qu'ils étaient occupés à de tout
autres soins, il les dispersa à travers champs, les massacra, ne cessa de les
poursuivre jusqu'à ce que, tant le vulgaire que l'élite chargée de les garder
n'eussent pris la fuite ; beaucoup périrent. En l'apprenant, les nôtres qui
se trouvaient dans l'armée prirent les armes pour repousser une attaque si

audacieuse et venger l'affront, ils se préparèrent à aller à la rencontre de l'ennemi, animés d'une vive indignation et avec leur ardeur accoutumée. Alors, subitement, la puissance divine, et contre elle les affaires des hommes progressent en vain, envoya une telle tempête de pluie, des nuages si sombres, une telle abondance d'eau sur les voies devenues impraticables, qu'on en vint à presque désespérer de la vie sans autre ennemi que la cruelle intempérie de l'air. L'air sombre, la densité des nuages, le tourbillon irrégulier des vents, le tonnerre et les éclairs se succédant sans interruption avaient fait signe bien auparavant, mais l'esprit aveuglé de l'homme ignorant n'entendit pas le rappel divin dans sa longanimité, et en dépit de lui persévéra dans l'impossible. Ils virent que l'intempérie avait été envoyée pour leurs péchés et ils renvoyèrent par nécessité leur projet. Les conditions s'étaient transformées, ceux qui avaient paru terribles et très redoutables aux ennemis étaient maintenant un fardeau pour eux-mêmes et pensaient que rentrer chez soi serait une immense victoire [...].

27

ALICE, VEUVE DE BOHÉMOND ET FILLE DE BAUDOUIN II, VEUT GARDER POUR ELLE LA PRINCIPAUTÉ

[...] Entre-temps [1130], la fille de Baudouin, ayant appris la mort de son mari, agitée d'un esprit mauvais, conçut une chose abominable, avant de tout savoir au sujet de la venue de son père : afin de s'y préparer dans un état plus tranquille et de s'assurer de l'exécution du projet, elle envoya des messagers à un très puissant chef turc nommé Zengî, dans l'espoir de pouvoir revendiquer pour elle et à perpétuité Antioche, en dépit des pères et de tout le peuple. Il y avait une unique fille de Bohémond, de bonne mémoire, qui ne semblait pas trouver beaucoup d'amour auprès de sa mère : tout l'esprit de la mère semblait en effet tendu dans cette direction, déshériter sa fille et posséder à perpétuité le principat, soit en restant veuve, soit en se remariant. Elle avait envoyé audit noble homme, par l'intermédiaire d'un familier, un palefroi très blanc, ferré d'argent, le mors et tout le reste du harnachement en argent, couvert d'un velours très blanc, pour que tout soit harmonieusement d'une blancheur de neige. Le messager fut par hasard intercepté en chemin et amené en présence du roi. Il confessa la teneur des faits et perdit la vie dans le supplice suprême, en récoltant les fruits de ses actes. Et ainsi, sous l'effet de cette infortune, le roi partit en hâte à Antioche ; parvenu là, sa fille lui interdit d'entrer dans la cité. Elle avait peur de sa conscience brûlante et craignait même le jugement de son père. Livrant la ville à ses complices que l'argent avait corrompus, elle essaya par tous les moyens de résister et d'exercer plus librement sa tyrannie. Mais il lui arriva quelque chose bien éloigné de son projet. Il y avait en effet dans cette cité des hommes craignant Dieu, méprisant l'audace d'une femme insensée, parmi lesquels Pierre Latinator, moine de Saint-Paul, et Guillaume de Adversa. Ces derniers appelèrent le roi par des messagers secrets avec le consentement des autres, s'entendirent avec lui et placèrent le seigneur Foulque, comte d'Anjou, à la porte du Duc et le seigneur comte Josselin à la porte Saint-Paul. Ensuite ils ouvrirent la porte et introduisirent le roi. En l'apprenant, la princesse se dirigea vers le fort, après quoi, à l'appel de sages en lesquels elle avait toute confiance, elle alla se présenter devant son père pour se soumettre à son arbitrage. Le père, malgré l'indignation qui le remuait contre elle pour ce qu'elle avait commis, vaincu par les prières des intercesseurs et non dénué d'affection paternelle, après avoir reçu Antioche, lui concéda les villes maritimes de Laodicée [Lattaquié] et Gabulum [Jabala], que son mari lui avait destinées comme donation de mariage dans ses dernières dispositions. Après avoir ordonné les affaires de la cité, en avoir concédé le soin aux princes, il retourna à Jérusalem, rappelé par ses soucis domestiques. Auparavant cependant, il avait reçu les serments de fidélité des petits et des grands qui s'étaient engagés en personne envers lui, de son vivant et après sa mort, à conserver fidèlement Antioche et ce qui lui appartenait pour sa pupille Constance, la jeune enfant du seigneur Bohémond. Il craignait en effet la méchanceté de sa propre fille et avait peur qu'elle n'essayât de la déshériter comme elle avait déjà fait.

28

MORT DU ROI BAUDOUIN II (21 AOÛT 1131)

À peine le roi était-il de retour à Jérusalem qu'il tomba dangereusement malade. Voyant le jour de sa mort approcher, il sortit de son palais et, après avoir déposé le faste royal, humble et suppliant sous le regard du Seigneur, il ordonna de se faire transporter dans la maison du patriarche parce qu'elle était plus voisine du lieu de la résurrection du Seigneur, en mettant son espoir en Celui qui avait vaincu la mort ici, et le ferait participer à sa résurrection. Et là, il fit appeler sa fille, son gendre et leur enfant Baudouin qui avait déjà deux ans, devant le patriarche, les prélats des églises et quelques princes que le hasard avait rassemblés là, leur confia le soin du royaume et pleine puissance, et leur donna sa bénédiction paternelle selon l'usage d'un prince pieux. [...] Il fut enseveli au milieu des rois ses prédécesseurs, de pieuse mémoire, au-dessous du mont Calvaire, en avant du lieu-dit Golgotha.

LIVRE XIV

Les débuts du règne de Foulque
(1131-1137)

Le roi consacre beaucoup de temps aux affaires du principat d'Antioche, en tutelle jusqu'au mariage de l'héritière avec Raymond de Poitiers (1133), sous la menace du chef turc Zengî (1133). Il est traité longuement de la division de l'archevêché de Tyr entre les deux patriarcats de Jérusalem et d'Antioche. Le comte de Jaffa provoque un scandale (1132-1133). Le même Zengî menace le comté de Tripoli et livre une bataille où le comte trouve la mort, et le roi se fait enfermer dans le château de Montferrand et durement assiéger dans une expédition de secours (1137). L'empereur byzantin s'approche d'Antioche et s'apprête à en faire le siège, en réaction au mariage de l'héritière d'Antioche avec Raymond de Poitiers, fait sans son consentement.

- 1. Qui fut le seigneur Foulque, troisième roi de Jérusalem, ses mœurs, de quels grands il est issu.
- 2. Qu'avant d'être appelé par le seigneur roi Baudouin, il était venu à Jérusalem en pèlerinage, et de sa promotion comme roi.
  3. Josselin Senior, comte d'Édesse, malade, court à l'ennemi en litière, remporte la victoire et meurt ; et de son fils Josselin.
- 4. Le roi est appelé par les gens d'Antioche ; la malice de la princesse est montrée.
  5. Le roi se hâte, le comte de Tripoli lui fait obstacle mais il est déjoué ; le gouvernement d'Antioche est mis sous tutelle.
- 6. Le roi est de nouveau appelé par les gens d'Antioche. Zengî [Sanguinus] assiège un certain château aux confins de Tripoli, le roi lui fait lever le siège sur l'intervention de sa sœur.
- 7. Le roi se hâte vers Antioche, il met en fuite les ennemis qui venaient à sa rencontre, les gens d'Antioche s'enrichissent des dépouilles des ennemis.
  8. Le patriarche de Jérusalem et les princes du royaume fondent une forteresse grandement nécessaire du nom de Château-Arnaud.
- 9. Sur le conseil du roi, on envoie le message d'épouser Constance, la fille de Bohémond, à Raymond, fils du comte de Poitiers.
  10. Bernard le patriarche d'Antioche meurt, Raoul l'archevêque de Mamistra lui succède dans la confusion.
- 11. Le pape Honorius meurt, il est remplacé par Innocent ; un schisme périlleux commence. Guillaume, archevêque de Tyr, meurt, il est remplacé par Foulque, qui va à Rome demander le pallium et l'obtient.
- 12. L'Église romaine ordonne qu'il soit dans l'obédience du pontife de Jérusalem et qu'il y conserve le rang qu'il avait auparavant à Antioche.

13. On demande à ses suffragants de lui obéir et plusieurs envoient une lettre à ce sujet.

• 14. Il est montré d'où et pourquoi naquit cette controverse entre les deux patriarches et derrière quel argument chacun s'est abrité.

• 15. Le comte de Jaffa est blâmé devant le roi et un grand trouble s'élève dans le royaume.

• 16. Gautier de Césarée provoque le comte en duel ; celui-ci se rapproche des ennemis, il est désavoué par les siens.

17. La cité de Jaffa est assiégée, les princes du royaume traitent de paix. Entre-temps, Belinas [Panéas] est pris par les ennemis.

• 18. Le comte de Jaffa est méchamment blessé à Jérusalem ; il y a trouble pour la deuxième fois, mais sa convalescence achevée, il fait la traversée de la mer selon ce qui avait été dit.

19. On fait une trêve avec les gens de Damas, ceux qui avaient été faits captifs à Belinas sont rendus.

20. Raymond le fils du comte de Poitiers arrive secrètement ; parvenu à Antioche, il épouse Constance la fille de Bohémond en dépit de la princesse, mère de la jeune fille, et obtient le principat.

21. Il est décrit qui fut Raymond et sa longue suite d'ancêtres.

22. Pour abaisser l'insolence des gens d'Ascalon, le roi édifie un château dont le nom est Beit Gibelin, nommé aussi Bersabée.

23. Le comte de Tripoli est tué à côté de Montpèlerin par suite de la trahison de quelques-uns des siens ; lui succède son fils Raymond, qui venge la mort de son père.

24. Jean, l'empereur de Constantinople, se hâte vers Antioche, il occupe toute la Cilicie.

• 25. Zengî assiège le château qui a nom Montferrant ; le roi cherche à lui faire lever le siège avec le comte de Tripoli, mais ils échouent et sont vaincus, le comte est fait prisonnier, le roi se réfugie dans le château.

26. Zengî assiège à nouveau le château, les assiégés appellent au secours leurs voisins de toutes parts.

27. Bezzeuge [Beza-Uch], commandant des Damascènes, incendie et ravage Naplouse.

28. On se hâte à l'aide du roi, mais pendant ce temps de grands dommages sont portés aux assiégés.

• 29. L'aide arrive, mais pendant ce temps le roi a penché pour la reddition, et rentre sauf chez lui après avoir engagé des accords.

30. Le prince de retour découvre la ville d'Antioche assiégée, il s'oppose à l'empereur de toutes ses forces, mais finit par se réconcilier avec lui sur l'intervention de quelques-uns.

1

FOULQUE, TROISIÈME ROI DE JÉRUSALEM

Baudouin II, que l'on avait dénommé du Bourg, second roi latin de Jérusalem, eut pour successeur au royaume le seigneur Foulque, son gendre, comte de Tours, du Mans et d'Anjou, auquel le susdit roi avait donné en mariage sa fille aînée nommée Mélisende, comme nous l'avons annoncé. Foulque était roux, mais le Seigneur le trouva selon son cœur, à l'instar de David : « Il était rempli de fidélité et de douceur, affable, bon et miséricordieux, contre le penchant habituel des hommes qui ont le même teint, généreux à l'excès pour toutes les œuvres de piété et de commisération envers les pauvres, prince puissant selon la chair, comblé de félicités dans son pays et avant qu'il fut appelé à prendre le gouvernement de notre royaume, doué d'une grande expérience dans la science militaire, patient et prévoyant à la fois au milieu des fatigues de la guerre. Il était d'une taille moyenne et d'un âge déjà avancé, puisqu'il avait passé soixante ans[1]. L'un des principaux défauts, par où il obéissait à la loi de l'infirmité humaine, était d'avoir la mémoire courte et fugitive, à tel point qu'il ne se souvenait pas des noms de ses domestiques, et ne reconnaissait presque jamais personne ; il lui arrivait souvent, après avoir rendu les plus grands honneurs à un homme et lui avoir donné les témoignages d'une bienveillance familière, de demander un moment après qui il était, s'il le rencontrait de nouveau à l'improviste. Aussi beaucoup d'hommes qui comptaient sur les relations familières qu'ils avaient avec lui tombèrent souvent dans la confusion, en reconnaissant qu'ils auraient eux-mêmes besoin d'un patron auprès du roi, lorsque, par exemple, ils voulaient se porter protecteurs de tel autre individu[2]. » Son père, comte de Tours et d'Angers [...][3].

2

Le susdit Foulque était allé à Jérusalem pour des prières d'actions de grâces après la mort de sa femme et avant que le seigneur roi ne l'eût appelé. Il se montra plein de magnificence et de zèle pour le service de Dieu, et gagna par ses mérites la faveur de tout le peuple et la très grande amitié du seigneur roi et de tous les princes. De fait, il entretint cent cava-

1. Guillaume de Tyr fait probablement erreur : fils cadet de Foulque le Réchin et Bertrade de Montfort, il a dû naître vers 1090 et avait donc environ quarante ans.
2. Entre guillemets, le portrait de Foulque dans la traduction de Fr. Guizot, *op. cit.*, t. 2, p. 315-316.
3. Suit une description soigneuse de la famille de Foulque, père, mère, frères et sœurs et leurs épouses et époux.

liers à ses frais dans le royaume durant toute l'année. Il retourna ensuite chez lui, fit les noces de ses filles, maria ses fils, et mit les affaires de son comté dans le meilleur état possible. Alors qu'il s'occupait de ses affaires avec sagesse et courage, le seigneur roi de Jérusalem, soucieux de sa succession et cherchant à qui il pourrait donner sa fille aînée en mariage, résolut, après grande délibération en commun conseil avec tous les princes et avec la faveur du peuple, d'envoyer auprès du comte quelques-uns de ses princes, entre autres Guillaume de Bures et le seigneur Guy de Brisebarre, et de l'inviter à épouser sa fille et à lui succéder à la tête du royaume. [...] Le seigneur roi étant mort le 21 août de l'an 1131 de l'Incarnation, le comte fut couronné et consacré solennellement selon l'usage, ainsi que sa femme, le 14 septembre, jour de l'Exaltation de la sainte Croix, en l'église du Sépulcre du Seigneur, par le seigneur Guillaume, de bonne mémoire, patriarche de Jérusalem.

4

LES AFFAIRES D'ANTIOCHE

La première année du règne de Foulque, comme la ville et tout le pays d'Antioche se trouvaient privés de l'assistance d'un prince — depuis la mort de Bohémond Junior, qui ne laissait qu'une fille comme héritière —, les grands, craignant que la province ne souffrît des attaques des ennemis en l'absence d'un chef, appelèrent auprès d'eux le seigneur roi de Jérusalem, pour qu'il se chargeât aussi du gouvernement de ces régions et lui consacrât sa sollicitude. Car la veuve du prince d'Antioche défunt, fille du seigneur roi Baudouin et sœur de dame Mélisende, femme remplie de ruse et de méchanceté au-delà de tout, avait des partisans et comptait sur leur coopération pour son pernicieux projet au sujet du principat. Elle voulait s'emparer de tout le pays, en déshéritant la fille unique que son mari lui avait laissée, afin de pouvoir à son gré célébrer un second mariage dès qu'elle aurait pris possession de la principauté. Son père, aussitôt après la mort de son mari, avait réussi assez habilement à déjouer une première tentative et l'avait expulsée d'Antioche, en l'obligeant à demeurer satisfaite de ce que son mari lui avait laissé à titre de donation pour cause de mariage, savoir les deux villes maritimes de Gabulum [Jabala] et Laodicée [Lattaquié]. Ensuite, à la mort de son père, pensant avoir trouvé une occasion favorable, elle revint à son premier projet. À force de largesses et de promesses beaucoup plus considérables encore, elle avait attiré quelques-uns des plus puissants seigneurs, tels que Guillaume de Seona frère de Guaranton, Pons comte de Tripoli, et Josselin Junior comte d'Édesse. Les grands de cette région, qui le redoutaient, s'efforçaient autant qu'ils pouvaient d'aller contre ces machinations impies : d'où l'appel au seigneur roi, comme nous l'avons dit, pour avoir son aide en ces choses et donner à la région le réconfort d'un chef.

6

Quelque temps plus tard, alors que le seigneur roi pourvoyait énergiquement aux nécessités du royaume que Dieu lui avait confié et, comme Marthe, « était absorbé par les multiples soins du service [1] », un messager vint lui annoncer de la part des gens d'Antioche qu'une immense troupe de Turcs venus du golfe Persique et de tout l'Orient avait traversé le grand fleuve de l'Euphrate et s'était installée en une multitude fâcheuse autour de la région d'Antioche. [...] Arrivé avec ses troupes à Sidon, le seigneur roi y rencontra sa sœur, la comtesse Cécile [2], épouse de Pons, comte de Tripoli, qui venait lui annoncer des choses affligeantes. Elle lui dit que Zengî, prince d'Alep et très puissant satrape des Turcs, avait audacieusement assiégé son mari dans une de ses places fortes, nommée Montferrant. Elle le pria et lui demanda instamment, comme font les femmes, de venir promptement au secours de son mari en position critique, en retardant ses autres affaires qui ne demandaient pas tant de diligence. Le seigneur roi, touché par son insistance extrême, remit d'un court moment sa première entreprise et dirigea l'armée là-bas, en prenant en charge quelques chevaliers du comte qui ne l'avaient pas suivi dans son expédition. Zengî, ayant appris que le seigneur roi s'avançait pour lui faire lever le siège, après avoir tenu conseil avec les siens sur ce qui paraissait le plus utile, leva le siège gratuitement, et rentra chez lui avec ses légions.

7

[...] Cependant le bruit et la rumeur se répandirent de toutes parts que l'armée turque qui, disait-on, avait passé l'Euphrate avec de grandes forces et dans tout l'appareil de la guerre venait de s'adjoindre tous ceux qu'elle avait trouvés en deçà du fleuve et connaissant bien les lieux, qu'elle avait dressé son camp sur le territoire d'Alep, et qu'elle dévastait toute cette contrée par de soudaines incursions. Les Turcs, en effet, étaient accourus de toutes les provinces limitrophes, et s'étaient réunis sur un seul point en un lieu nommé Canestrive, afin de pouvoir de là s'avancer en masse sous la conduite de ceux qui connaissaient le mieux les lieux, et faire leurs irruptions à l'improviste dans les diverses parties de la province. Le seigneur roi, en ayant été informé, convoqua aussitôt

---

1. Lc, x, 40.
2. Cécile est la demi-sœur de Foulque, fille de Bertrade de Montfort et du roi Philippe Ier.

les forces militaires de toute la principauté, sortit d'Antioche avec les siens qui étaient avec lui, et alla dresser son camp auprès du château d'Harenc. Il s'y arrêta pendant quelques jours selon une sage habitude qui sait que l'impétuosité est mauvais ministre, attendant que les ennemis, qu'on disait beaucoup plus nombreux, vinssent le provoquer au combat, ou fissent connaître de toute autre manière leurs intentions ultérieures. Voyant que de cette façon ils ne bougeaient pas, mais qu'ils restaient tranquillement en sécurité dans leur camp pour attendre peut-être de nouveaux renforts, le roi fondit sur eux soudainement, les surprit à l'improviste avant même qu'ils pussent courir aux armes, et les fit attaquer avec le glaive et la lance. À peine quelques-uns eurent-ils les moyens de s'élancer sur leurs chevaux et de chercher leur salut dans la fuite, tandis que le reste succomba [...].

9

PROJET DE MARIAGE POUR LA FILLE DU DÉFUNT PRINCE D'ANTIOCHE

Ainsi, après avoir remporté une si grande victoire, disposant à son gré de toutes les affaires de la principauté d'Antioche, le seigneur roi était illustre ; loti par provision divine de deux royaumes comblés l'un et l'autre de prospérité, il gardait le peuple dans un état de pleine tranquillité. Les plus grands de la région, et spécialement ceux qui avaient à cœur de garder fidélité au prince Bohémond déjà mort, vinrent alors trouver le seigneur roi en privé et le prièrent, lui qui mieux que tous connaissait les nobles hommes et les illustres adolescents habitant dans les pays ultramontains, de leur apprendre quel serait parmi tant de princes celui qu'il conviendrait le mieux d'appeler afin de lui donner en mariage la fille de leur seigneur, héritière des biens paternels. Le seigneur roi reçut ces mots avec gratitude, loua la confiance et la sollicitude de ceux qui lui parlaient, puis il se mit à délibérer avec eux. À tous, réunis en conseil, il leur plut d'appeler en premier à ce mariage un noble bien né, un adolescent du nom de Raymond, fils du seigneur Guillaume comte de Poitiers, après en avoir passé beaucoup en revue. On disait que Raymond demeurait alors à la cour du seigneur Henri l'Ancien, roi d'Angleterre, chez qui il avait reçu les armes de chevalier. Son frère aîné, le seigneur Guillaume, gouvernait l'Aquitaine en vertu de ses droits héréditaires. On mit alors en délibération les divers partis qu'il y avait à prendre, et l'on décida que le meilleur serait de déléguer secrètement un certain Gérard, frère de l'Hôpital [...].

24 [1]

[...] Aussitôt que la rumeur lui eut appris de manière certaine que les habitants d'Antioche avaient appelé auprès d'eux le jeune Raymond, lui avaient livré leur ville et donné pour femme la fille du seigneur Bohémond, l'empereur résolut de se rendre à Antioche, très indigné qu'à son insu ils eussent osé, sans son consentement et son ordre, soit marier la fille de leur seigneur, soit entreprendre d'asservir leur cité au pouvoir de quelqu'un.

11

L'ARCHEVÊCHÉ DE TYR

[...] Guillaume fut remplacé dans son siège par le seigneur Foulque, de précieuse mémoire, de nation aquitaine, sa patrie étant Angoulême, homme religieux et craignant Dieu, modestement lettré, mais ferme et très attaché à la discipline. Il avait été chez les siens abbé de chanoines réguliers dans un monastère du nom de Celle. Mais ensuite, à l'époque du schisme qui s'éleva entre le pape Innocent et Pierre fils de Pierre Léon, Gérard, évêque d'Angoulême et légat du siège apostolique, fut favorable à Pierre, et tourmentait de toutes sortes de manières ceux qui approuvaient l'autre parti. Le vénérable Foulque, ne pouvant le supporter, prit congé de ses frères et se rendit à Jérusalem pour faire des prières d'actions de grâces ; il fit profession de vie régulière et d'assiduité au cloître de l'église du Sépulcre du Seigneur, et fut ensuite appelé à l'église de Tyr. Il la gouverna avec fermeté et bonheur durant douze ans, et fut le quatrième avant nous, qui maintenant présidons à cette même église, non par la préférence accordée à notre mérite, mais bien plutôt par la bonté et la patience du Seigneur. Après avoir reçu la consécration des mains du seigneur Guillaume, patriarche de Jérusalem, Foulque voulut, à l'exemple de son prédécesseur, se rendre auprès de l'église romaine pour recevoir le pallium. Mais le patriarche et ses complices lui tendirent des embûches et essayèrent même de lui faire violence ; il eut beaucoup de peine à s'échapper de leurs mains et ne parvint à l'église romaine qu'à travers des difficultés sans nombre. Ces faits sont prouvés avec évidence par la lettre suivante qu'écrivit le seigneur pape Innocent [...] [2].

---

1. Cet extrait du chapitre 24 est placé à la suite du chapitre 9 pour la commodité du lecteur.
2. Copie de la lettre du pape (datée du 17 janvier 1139).

12

Après son retour de Rome, l'archevêque de Tyr reçut mandat d'obéir au patriarche de Jérusalem, tant qu'il ne serait pas délibéré duquel des deux patriarches il devrait ressortir, de même que son prédécesseur, et de prendre dans l'église de Jérusalem le rang que ses prédécesseurs avaient occupé dans l'église d'Antioche tant qu'ils lui avaient obéi. Or il est certain qu'entre les treize archevêques qui, depuis le temps des Apôtres, avaient été soumis au siège d'Antioche, l'archevêque de Tyr avait occupé le premier rang, puisque, pour ce fait, il était appelé dans l'Orient *Prototronos*, comme il est écrit dans le catalogue des évêques suffragants qui ressortissaient à l'église d'Antioche, où on lit [...] [1].

14

[...] Nous imputons à juste titre la cause d'un si grand mal à l'Église romaine, qui souffre que nous soyons injustement mutilés par l'Église d'Antioche en même temps qu'elle nous ordonne d'obéir à l'Église de Jérusalem. Nous en effet, si l'on nous restituait notre intégrité, nous serions prêt à nous soumettre à l'une ou l'autre sans opposition et sans dommage, comme les fils de l'obéissance que nous sommes. Que personne ne trouve étranger à notre propos que nous, qui avons professé d'écrire l'histoire, nous fassions ici une insertion sur le statut de notre Église : en effet, il ne convient pas de traiter de ce qui nous est étranger et d'être sans mémoire pour nos affaires. Comme on a coutume de dire proverbialement, « Celui qui s'oublie prie mal ». Mais revenons maintenant à l'histoire.

15

AFFAIRES DE COUR : LE SCANDALE DU JEUNE COMTE DE JAFFA, FILS D'HUGUES DU PUISET

Après que le seigneur roi fut revenu de la région d'Antioche, voici que s'élevèrent de nouveau des troubles très périlleux. En effet, on dit que pour certaines raisons, quelques-uns des plus grands princes du royaume s'étaient conjurés, à savoir Hugues comte de Jaffa, et Raymond de Podio seigneur de la région au-delà du Jourdain. Pour faire bien comprendre ceci, il faut reprendre l'histoire plus haut.

---

1. Copie du catalogue ou *ordinatio* des archevêchés suffragants de l'église d'Antioche, suivi d'une lettre d'Innocent II au patriarche de Jérusalem du 17 juillet 1138. Le chapitre 13

Sous le règne du seigneur Baudouin du Bourg qui avait précédé
Foulque dans le royaume de Jérusalem, un homme noble et puissant chez
les siens, de l'évêché d'Orléans, Hugues du Puiset, partit à Jérusalem
pour faire des prières d'actions de grâces avec sa femme Mamilia, fille
du seigneur Hugues Cholet comte de Roucy, et eut un fils en Pouille. Car
sa femme était enceinte au moment de son départ. Comme l'enfant était
encore trop jeune pour pouvoir supporter un tel voyage, son père le laissa
au seigneur Bohémond son parent ; puis il traversa la mer et arriva auprès
du seigneur roi Baudouin, qui était aussi un proche selon la chair. Le seigneur roi, aussitôt après son arrivée, lui donna la cité de Jaffa avec toutes
ses dépendances, à lui et ses héritiers par droit héréditaire ; le noble
homme y finit sa vie peu de temps après. Alors le seigneur roi concéda
de nouveau l'épouse avec la ville à un homme noble, le comte Albert,
frère du comte de Namur, homme très puissant de l'empire, de l'évêché
de Liège. Comme tous les deux finirent leur vie en peu de temps, tant le
comte que sa femme, le fils de Hugues, qui était resté enfant en Pouille,
déjà pubère, demanda au seigneur roi, qui le lui concéda, l'héritage de
son père qui lui était dévolu par droit héréditaire à la mort de ses parents.
Ceci obtenu, il épousa dame Emelota, nièce du patriarche Arnulfe et
veuve de l'illustre seigneur Eustache Grenier. Eustache avait eu de son
mariage avec celle-ci deux fils jumeaux, Eustache le jeune, seigneur de
la ville de Sidon, et Gautier qui gouvernait Césarée. Après la mort du
seigneur Baudouin et l'élévation du seigneur Foulque au royaume de
Jérusalem, une profonde inimitié s'éleva entre le seigneur roi et le comte
Hugues, pour des raisons cachées. Quelques-uns disaient que le seigneur
roi soupçonnait grandement le comte d'avoir des conversations trop
privées avec la reine, à quoi il semblait en effet que l'on pouvait fournir
de nombreux arguments. D'où on disait que le seigneur roi, enflammé de
zèle marital, avait conçu une haine implacable contre le comte. Le comte
était adolescent, d'une taille élevée et de belle figure, illustre pour ses
actions chevaleresques, plein de grâce aux yeux de tous ; il semblait que
les dons de la nature s'étaient réunis en lui avec libéralité et plénitude, si
bien que dans le royaume nul sans aucun doute n'avait son pareil, ni en
beauté physique, ni en générosité, ni en exploit chevaleresque. Il était en
outre, par son père, très proche parent de la reine, puisque leurs deux
pères étaient cousins germains, fils de deux sœurs. Quelques-uns, qui
voulaient ainsi cacher ce dont on parlait, disaient que la seule source de
haine venait de ce que le comte, emporté par sa présomption, se prétendait
l'égal du seigneur roi, ne voulait pas se soumettre à lui selon l'usage des
autres princes du royaume et refusait obstinément d'obtempérer à ses
commandements.

---

cite deux lettres d'Innocent II aux évêques suffragants de l'archevêque de Tyr du 17 janvier
1139 et analyse toute l'affaire au chapitre 14, dont nous citons seulement la conclusion.

16

C'est alors que se dressa Gautier de Césarée, beau-fils du même comte, d'une très grande élégance physique, célèbre pour sa force et qui se trouvait dans toute la vigueur de l'âge, en présence des grands et du seigneur roi, avec une très grande affluence à la cour, suborné, dit-on, par le seigneur roi : il se présenta comme accusateur du comte et lui imputa publiquement le crime de lèse-majesté [1], pour avoir conspiré contre le salut du seigneur roi avec quelques complices de sa faction, contre les bons usages et contre la discipline de nos temps. Le comte nia le crime et s'offrit à subir le jugement de la cour sur les faits objectés, ce à quoi il était prêt parce qu'il était innocent. Ainsi, après cet échange de mots, il fut décidé un combat singulier entre eux selon la coutume des Francs, et un jour convenable fut fixé pour y procéder. Mais la cour s'étant séparée, le comte, revenu à Jaffa, ne se présenta pas au jour fixé, sans qu'on sache s'il craignait sa conscience et reconnaissait son crime ou s'il se méfiait de la cour ; d'où le soupçon du crime accru avec raison, même chez ses partisans. La cour et l'assemblée des grands jugeant par coutumace le condamnèrent, quoique absent, coupable du crime dont on l'avait accusé. Aussitôt que le comte l'apprit, il se livra à une chose inouïe jusqu'à ce jour et digne de la haine du peuple et de l'indignation de tous : il se rendit par la mer à la ville d'Ascalon, ville ennemie du nom chrétien et accueillante à nos ennemis, pour aller solliciter des secours contre le roi. Ceux-ci, voyant bien que ces querelles intérieures et ces séditions domestiques ne pouvaient que tourner à leur profit et mettre en péril les nôtres, lui accordèrent gratuitement leur soutien, le comte leur livra des otages, rédigea ensuite un traité conforme et retourna à Jaffa. Par suite, les Ascalonites, conduits par la haine ancienne et tenace qu'ils nourrissaient contre nous et rassurés par l'alliance du comte, franchirent nos limites avec plus de forces et plus de confiance qu'ils n'en avaient jamais déployées ; se répandant librement, sans rencontrer aucun obstacle, faisant du butin, ils ne craignirent pas de pousser leurs incursions jusqu'à Arsuf, autrement nommée Antipatris. Apprenant ceci, le roi convoqua aussitôt toutes les forces chevaleresques du royaume et toute la masse du peuple, et assiégea Jaffa. Quelques-uns des fidèles du comte qui étaient avec lui dans cette même ville, à savoir Balian l'Ancien et quelques autres craignant Dieu, voyant que le comte était entièrement déterminé à aller jusqu'au bout, que les sages avis de ses fidèles et de ses amis ne pouvaient le faire renoncer à son pernicieux projet, au contraire qu'il ne craignait pas d'exposer sa cause à un plus grand danger par son obstination, aban-

---

1. *Quod majestatis crimine reus erat*, dans le texte latin.

donnèrent les bénéfices qu'ils tenaient de lui et allèrent se réunir au roi, suivant le meilleur parti.

17

Pendant ce temps, le patriarche Guillaume, homme très doux et ami de la paix, et quelques-uns des princes du royaume virent le péril de ces luttes intestines pour le royaume, attentifs à cet évangile : « Tout royaume divisé contre lui-même court à sa ruine, et ses maisons croulent l'une sur l'autre [1]. » Ils craignirent à juste titre que ce ne soit une bonne occasion pour les ennemis du nom de chrétien de porter des dommages. Ils se portèrent médiateurs et s'efforcèrent de trouver des traités utiles, pour le bien de la paix entre le roi et le comte. Enfin, après beaucoup d'altercations comme d'habitude dans les affaires de ce genre, les négociateurs convinrent entre eux qu'il fallait, pour le bien de la paix et pour donner en même temps au seigneur roi une satisfaction d'honneur, que le comte quittât le royaume pendant trois ans ; qu'après ce temps il lui serait permis d'y rentrer avec la grâce du seigneur roi, sans souffrir d'autre calomnie pour cette affaire, qu'il pourrait ramener avec lui les siens emmenés par lui, qu'enfin pendant son absence les revenus de ses possessions seraient employés à acquitter ses dettes et à rembourser tout l'argent qu'il avait emprunté de toutes parts à des étrangers [...].

18

UN ATTENTAT CONTRE LE COMTE DE JAFFA DEVIENT UNE AFFAIRE DE LÈSE-MAJESTÉ

Le comte de Jaffa attendait de faire la traversée et demeurait à Jérusalem comme il en avait l'habitude. Il arriva qu'un jour dans la rue dite des Corroyeurs, devant la boutique d'un marchand nommé Alfane, il jouait aux dés sur une table, sans méfiance et attentif uniquement à son jeu, quand tout à coup un chevalier de nation bretonne tire à l'improviste son glaive et le blesse de nombreux coups, à la face de tous ceux qui étaient présents. Un grand concours de peuple se rassemble aussitôt ; la cité entière est agitée et frémit d'horreur en apprenant un fait si monstrueux. Bientôt on en vint à dire publiquement, et ces paroles volèrent de bouche en bouche, que ceci ne pouvait avoir été fait sans que le seigneur roi le sût, qu'un tel méfait n'aurait pas pu être projeté sans confiance en la faveur du seigneur roi ; le bruit se répand et circule de toutes parts dans le peuple

---

1. Lc, xi, 17.

que le comte est innocent et victime d'odieuses calomnies et que le seigneur roi a donné un témoignage trop évident d'une haine imméritée et conçue contre lui gratuitement et sans justice. Il arriva que le comte se trouva en peu d'instants l'objet de la faveur et de la bienveillance du peuple, et que, malgré ce qui lui avait été reproché, tout paraissait procéder de la méchanceté. Après que le seigneur roi eut été informé de bonne source, il voulut se justifier complètement du fait et établir son innocence par des preuves manifestes et ordonna que le criminel soit soumis au jugement. Et comme on n'avait pas besoin d'un accusateur et de témoins pour une ignominie notoire à tous, où l'ordre du droit n'était pas nécessaire, il conseilla d'apporter un jugement digne de ce qui était mérité[1]. La cour fut convoquée, on jugea d'un commun accord que le susdit meurtrier subirait le châtiment de la mutilation des membres. Ce qui fut ensuite annoncé au roi qui ordonna de faire exécuter la sentence, à l'exception de la langue qui ne devait pas être comprise dans les membres à mutiler, afin qu'on ne dise pas éventuellement que la langue avait été coupée pour l'empêcher d'avouer le rôle du roi et la vérité. En quoi le roi agit très sagement, rétablit sa considération et calma la grande indignation conçue contre lui : car ni en secret ni en public, ni avant ni après la mutilation, on ne put extorquer du meurtrier qu'il avait commis ce fait horrible sur mandat du roi ou celui-ci le sachant, mais au contraire qu'il reconnaissait avoir eu de son propre mouvement l'audace d'espérer pouvoir ainsi mériter la grâce du seigneur roi. Quant au comte, il demeura encore à Jérusalem pour s'occuper de la guérison de ses blessures et du rétablissement de sa santé ; enfin, lorsqu'il fut en pleine convalescence, il partit le cœur plein de douleur, tant de l'offense tout récemment reçue, que de se voir forcer d'abandonner son héritage et d'aller porter sa misère dans des lieux inconnus. Il sortit du royaume selon ce qui avait été dit et se rendit en Pouille. Là, le seigneur Roger, qui avait alors soumis toute la région à sa domination, l'accueillit avec bonté, pensant que la jalousie seule avait porté ses rivaux à faire expulser du royaume un homme si noble et si vaillant ; il eut compassion de son sort et lui donna le comté de Gargana. Le jeune homme mourut là-bas, frappé d'une mort prématurée, digne des regrets de la postérité et sans être revenu dans le royaume. De ce jour, ceux qui avaient été délateurs du comte auprès du roi et instigateurs de haine encoururent l'indignation de la dame Mélisende la reine, sur qui

---

1. Comme Guillaume de Tyr a suivi les leçons des meilleurs juristes de son temps (cf. livre XIX, 12), il choisit ses mots en toute connaissance de cause. L'affaire racontée ici concerne le très important problème de la naissance de la procédure inquisitoire ; nous citons ci-dessous ses propres termes : *volens factum purgare et se constituere manifestis indiciis innocentem, maleficum iubet iudicio sisti et pro commisso flagicio, omnibus notorio nec accusatore nec testibus indigente, ubi iuris ordo non erat necessarius, dignam pro meritis precipit reportare sententiam.*

l'infamie de l'accusation semblait rejaillir et que la douleur de l'expulsion inhumaine du comte minait à l'intérieur de son corps [...].

25

ÉPISODE MILITAIRE MALHEUREUX : LE ROI ENFERMÉ DANS MONTFERRANT

Au moment où tout ceci se passait dans la principauté, le très scélérat Zengî, le très cruel persécuteur du nom du Christ, voyant que le comte de Tripoli était tombé avec une nombreuse troupe des siens et que toute la région était dégarnie de forces chevaleresques, pénétra à l'intérieur des limites du comté de Tripoli et assiégea en force une forteresse située dans la montagne au-dessus de la cité de Rafania, du nom de Montferrant, que j'ai aussi mentionnée plus haut. Il attaqua les habitants de cette place avec la plus grande vigueur, les pressa vivement et poussa ses opérations sans leur laisser un moment de repos. Raymond le comte de Tripoli, un adolescent, fils du défunt Pons, neveu du seigneur roi par sa mère, expédia des envoyés en toute hâte au seigneur roi pour le supplier de ne pas tarder à lui venir en aide dans une telle nécessité, presque désespérée, et d'accélérer les secours. Ainsi le seigneur roi, au cœur paternel rempli d'une juste sollicitude pour toutes les nécessités du peuple chrétien, convoque aussitôt tous les princes du royaume et l'aide chevaleresque tout entière, tant à cheval qu'à pied, vole infatigable, et surgit à l'improviste aux confins tripolitains. Des envoyés du prince d'Antioche le rencontrent là même, pas moins porteurs de sinistres nouvelles, affirmant de vive voix et écrits à l'appui que l'empereur assiégeait Antioche, lui demandant et le priant instamment de descendre avec toutes ses forces et venir au secours de ses frères en position angoissante. Après avoir délibéré sur ce qu'il conviendrait le mieux de faire dans une telle situation si ambiguë, il plut à tous de commencer par porter aide aux chrétiens retranchés dans le château voisin, ce qui paraissait assez facile, et ensuite de partir tous ensemble au secours d'Antioche. Le seigneur roi et le comte de Tripoli réunirent donc tous leurs hommes et s'efforcèrent de marcher à la rencontre des ennemis, mais la protection de la grâce divine leur fit défaut. Lorsqu'ils se furent rapprochés du lieu de leur destination, Zengî, ayant appris leur prochaine arrivée, leva le siège, disposa son armée en ordre de bataille et marcha à leur rencontre. Les nôtres aussi, ayant formé leurs rangs en les disposant selon la discipline chevaleresque, s'avançant sans mollesse et unanimes, se dirigèrent vers la forteresse pour porter secours aux assiégés et approvisionner la place dépourvue de vivres avec les denrées qu'ils avaient emportées. Les guides qui montraient le chemin et marchaient devant notre armée laissèrent sur la gauche une route plus facile et plus plate — on ne sait si ce fut par erreur ou par méchanceté —, pour entrer dans la montagne et conduire les troupes à travers des chemins étroits et presque impraticables, où, pour les rassemblements de Mars, ne se trouvait pas de lieu convenable, ni propre à résister, ni commode pour attaquer. Ce que voyant, Zengî, qui avait une grande sagacité et beaucoup d'expérience de la chose militaire, sut faire un meilleur calcul : il convoque avec fougue les siens, marche le premier à la tête de milliers d'entre eux, les encourage par ses paroles, les provoque par son exemple et se précipite au milieu de nos rangs ; attaquant en force, il excite les siens au massacre des nôtres ; il bat nos premiers rangs qui se retournent pour fuir. Alors, les plus grands de notre armée, voyant les premiers rangs enfoncés, désespérant de pouvoir résister, se trouvant eux-mêmes étroitement serrés et dans l'impossibilité de secourir ceux qui étaient en souffrance, conseillent au seigneur roi de songer à son salut et de se transporter dans la forteresse voisine. Le seigneur roi, voyant que c'était le plus expédient pour le moment, entra dans la forteresse avec un petit nombre, tandis que presque toutes les forces à pied, soit périssaient, soit étaient jetées dans les chaînes. Là fut pris le comte de Tripoli, bel adolescent très doué, et avec lui furent pris quelques-uns de l'ordre équestre. La partie qui avait suivi le seigneur roi et qui était entrée dans la place avait du moins la vie sauve, quel qu'en soit le moyen. On perdit en cette journée une immense quantité de bagages avec tous les chevaux et tous les animaux chargés du transport des approvisionnements que l'on avait eu le projet de faire entrer dans la forteresse [...].

29

Cependant, le prince Raymond d'Antioche s'avançait avec ses légions ; le comte d'Édesse, traînant à sa suite de nombreuses colonnes, n'était pas non plus très éloigné, et l'armée de Jérusalem qui suivait le bois de la croix du salut hâtait également, avec unité, sa marche. Zengî en fut informé par de fidèles messagers ; il craignit l'arrivée de tant de princes et surtout il eut peur que le seigneur empereur, qu'il savait être dans les environs d'Antioche, apprenant les maux des assiégés et pris de compassion, ne marchât contre lui dans sa colère, avec ses forces redoutables. En conséquence, et avant que ces nouvelles pussent parvenir aux assiégés, Zengî envoya des députés au seigneur roi et aux princes qui étaient avec lui, pour leur faire ses premières propositions de paix [...].

LIVRE XV

La fin du règne de Foulque
(1138-13 novembre 1143)

Rapports fluctuants avec l'empereur byzantin qui continue son séjour en Cilicie et assiège Césarée sur l'Oronte avec les Latins, repart, revient en Syrie quatre ans plus tard et séjourne à nouveau en Cilicie. Alliance, contre Zengî, des Latins et des Damascènes, qui assiègent en commun Banyas. Crise du patriarcat d'Antioche. Construction de forteresses pour bloquer Ascalon.

- 1. L'empereur assiège Césarée après que le prince et le comte d'Édesse lui ont prêté hommage.

  2. Indigné par le travail mal fait, l'empereur lève le siège et revient à Antioche.

  3. L'empereur redemande la forteresse au prince de la cité, comme pour se retarder dans la région.

  4. Des troubles s'élèvent dans la cité, l'empereur prend peur et renonce à sa demande, le scandale se calme après que lui-même est sorti de la ville.

  5. Des messagers sont envoyés pour calmer l'indignation de l'empereur et réussissent ; l'empereur retourne chez lui.

- 6. Le roi de Jérusalem assiège une forteresse au-delà du Jourdain et l'occupe par la force. Les nôtres sont misérablement battus à Thecua.

- 7. Zengî inquiète le royaume de Damas, les Damascènes demandent de l'aide aux nôtres et l'obtiennent après qu'ils y ont mis des conditions ; Zengî retourne chez lui.

  8. On assiège la cité de Panéas [Banyas], les Damascènes ayant demandé de l'aide.

- 9. Le prince d'Antioche et le comte de Tripoli arrivent au siège [de Panéas], la cité est attaquée très vivement.

  10. [pas de titre]

- 11. Un légat de l'Église romaine aborde, il arrive au siège ; la cité [de Panéas] est prise et un évêque y est ordonné ; tous les princes vont à Jérusalem.

  12. Le prince d'Antioche conspire avec les adversaires du patriarche d'Antioche, le patriarche part à Rome ; il est pris par le duc de Pouille Roger, mais ils font la paix et il parvient enfin à Rome.

  13. Le patriarche est accusé par des adversaires ; il retourne enfin chez lui pleinement en grâce.

  14. De retour, à l'instigation du prince, il n'est pas accueilli par son clergé et il se retire sur la terre du comte d'Édesse ; il fait la paix avec le prince et entre enfin à Antioche.

15. L'archevêque de Lyon, légat du siège apostolique, meurt à Acre ; un autre est envoyé, Albéric évêque d'Ostie. Un synode est fixé à Antioche.

16. Une accusation contre le patriarche est portée devant l'assemblée des évêques, celui-ci est cité mais il diffère sa venue ; Serlo, archevêque d'Apamée, de son parti, est déposé.

• 17. Le patriarche, absent, est déposé comme contumace ; honteusement traité, il est asservi dans les chaînes ; il part de nouveau à Rome et obtient grâce, mais il meurt empoisonné en revenant.

• 18. Le légat revient à Jérusalem, il célèbre un synode, consacre le Temple du Seigneur.

• 19. De retour, l'empereur descend en Syrie, il convie le prince aux accords engagés auparavant.

• 20. Les habitants, après avoir envoyé une légation à l'empereur s'opposent aux accords et l'empêchent d'entrer.

• 21. L'empereur envoie des messagers au roi de Jérusalem, faisant semblant de se proposer de visiter les lieux vénérables, et reçoit du roi une réponse à ce sujet.

• 22. En Cilicie où il s'était installé, l'empereur est blessé mortellement pendant la chasse.

23. L'empereur meurt après avoir élevé son plus jeune fils à l'empire ; le duc Manuel ayant remplacé l'empereur, l'armée retourne chez elle.

• 24. Le roi et les princes du royaume fondent un château devant Ascalon, nommé Ibelin.

• 25. Un deuxième château est édifié devant Ascalon, du commun conseil des princes, dont le nom est Blanche-Garde.

• 26. La reine édifie un monastère au lieu appelé Béthanie, l'enrichit d'un très large patrimoine et y met sa sœur à la tête.

• 27. Le roi chassant le lièvre dans la campagne d'Acre se fracture le crâne en tombant de cheval ; il meurt et il est enterré à Jérusalem au milieu de ses prédécesseurs.

1

CONTRASTE ENTRE L'ARDEUR COMBATTANTE DE L'EMPEREUR BYZANTIN ET LES JEUNES PRINCES : SIÈGE DE CÉSARÉE (SUR L'ORONTE)

L'armée impériale passa les mois d'hiver dans la région de Cilicie, et lorsque les approches du printemps ramenèrent une température plus douce, l'empereur, expédiant de tous côtés des hérauts, fit publier un édit par lequel il était prescrit aux chefs, aux centurions et aux « cinquanteniers[1] » de former les cohortes, de réparer les machines de guerre et d'armer le peuple entier. Par messagers, le seigneur prince d'Antioche, le seigneur comte d'Édesse et tous les principaux

---

1. *Primicerii, centuriones et quinquagenarii*, dans le texte latin.

seigneurs de la région furent invités de la part du seigneur empereur à se préparer au combat. Après avoir ainsi rassemblé tout son monde de partout, l'empereur, voulant accomplir les conditions du traité qu'il avait conclu avec le prince d'Antioche, vers le commencement d'avril, ordonna de donner le signal du départ au son des trompettes et avec le roulement des tambours, et de faire marcher toute l'armée en direction de Césarée [...]. Cette ville, entre les montagnes et le fleuve qui coule sous Antioche, est située à peu près comme Antioche ; elle est bâtie en majeure partie sur la plaine et se prolonge ainsi jusqu'au fleuve ; l'autre partie se déploie sur le versant de la montagne, au sommet de laquelle est une forteresse qui semble suspendue dans les airs et que sa position rend inexpugnable pour des forces humaines. Deux murs descendent à droite et à gauche du haut de cette montagne jusqu'au fleuve et enferment la cité ainsi que le faubourg adjacent. L'empereur, ayant passé le fleuve, disposa son armée en cercle et investit la cité [...]. L'empereur, homme d'un grand courage, pressait les travaux avec zèle ; il proposait des prix aux jeunes gens avides de gloire, pour enflammer leur valeur et les animer au combat martial. Lui-même, revêtu de sa cuirasse, armé de son glaive et la tête recouverte d'un casque doré, était sans cesse au milieu des troupes, un moment les exhortant par les sermons appropriés, un autre moment les provoquant par l'exemple, tel un homme sorti du peuple, s'avançant virilement pour que les autres s'avancent avec plus d'hardiesse. S'illustrant donc par sa belle hardiesse, toujours en mouvement et supportant les fatigues de la guerre, depuis la première jusqu'à la dernière heure du jour, il ne prenait aucun repos et négligeait même le soin de sa nourriture. [...] Cependant, tandis que l'armée impériale faisait les plus grands efforts, le prince d'Antioche et le comte d'Édesse [1], tous les deux adolescents et cédant trop facilement aux passions légères de leur âge, ne cessaient, dit-on, de jouer aux dés, non sans dommage pour leur propre affaire ; et, négligeant les soins de la guerre, ils entraînaient les autres par leur exemple et les détournaient de se livrer à leur ardeur belliqueuse. L'empereur en fut informé, et fut très ému d'une conduite si funeste ; il chercha à les ramener en les sermonant en privé et en secret, leur proposant son exemple, lui le plus puissant des rois et des princes de la terre, et qui cependant se livrait en personne à toutes sortes de travaux physiques et à d'immenses fatigues. [...]

---

1. Le jeune Raymond de Poitiers et Josselin junior.

6

LE ROI ET THIERRY, COMTE DE FLANDRE, AUX CAVERNES DES MONTS DE GALAAD

Pendant que ces choses se passaient autour d'Antioche, peu de temps après, dans l'été suivant [1139], un homme grand et illustre parmi les princes de l'Occident, le seigneur Thierry, comte de Flandre et gendre du seigneur roi [1], avec une honnête escorte de nobles hommes, vint pieusement en pèlerinage à Jérusalem, pour la grâce de la prière. Le roi et le peuple entier accueillirent leur arrivée avec grande joie. Confiants dans l'illustre et brave chevalerie que le comte avait à sa suite, ils résolurent à l'unanimité, avec le conseil du seigneur patriarche et des autres princes du royaume, d'assiéger une forteresse très dangereuse pour nos régions, au-delà du Jourdain, aux confins du pays des Ammonites, à côté de la montagne de Galaad. Elle était faite de grottes situées sur le côté le plus raide d'une haute montagne, et l'entrée était presque inaccessible ; elle était dominée par une élévation à pic qui formait un immense précipice et se prolongeait jusque dans la profondeur de la vallée, des deux côtés de la grotte le précipice était terrible. Dedans se rassemblaient une troupe nuisible de voleurs et une foule de bandits des pays de Moab, d'Ammon et de Galaad, qui envoyaient en exploration des hommes, étaient bons connaisseurs des lieux, et les informaient exactement de l'état de nos régions, faisaient fréquemment irruption au moment opportun, à la dérobée, et rendaient périlleux nos confins. Les nôtres voulurent mettre fin à ces maux et proposèrent comme nous l'avons dit d'assiéger la caverne. Après avoir convoqué et rassemblé tout le peuple du royaume et les forces militaires, traversé le Jourdain, ils y parvinrent et, malgré les aspérités du terrain, ils occupèrent les abords étroits, installèrent les camps en cercle, disposèrent et entamèrent le siège. En obéissant à la règle des camps, ils cherchèrent tous les moyens de nuire aux assiégés, les bloquant de tout leur possible pour les pousser à se rendre, tandis que du côté adverse on utilisait les ruses habituelles dans ces malheureuses choses pour veiller constamment à se protéger.

Pendant que presque toute l'armée chrétienne se fatiguait ici, des Turcs saisirent l'occasion opportune [...].

---

1. Le comte de Flandre avait épousé Sybille, seconde fille de Foulque et de sa première femme, la fille et héritière du comte du Mans.

7

ALLIANCE DES LATINS ET DES DAMASCÈNES CONTRE LES TURCS

Tandis que ces choses se passaient dans les environs de Jérusalem, Zengî, enorgueilli de ses succès et semblable au ver de terre qui s'agite sans cesse, osa former le projet de s'emparer du royaume de Damas. Ainard[1], gouverneur de ce royaume, chef de la milice, beau-père aussi du roi de Damas, ayant appris que Zengî avait franchi de force ses confins, envoya au seigneur roi de Jérusalem des messagers porteurs de paroles de paix chargés de solliciter instamment du roi et du peuple chrétien secours et conseil contre un ennemi si formidable pour chacun des deux royaumes ; et afin que l'on ne pût croire qu'il réclamait témérairement des subsides du seigneur roi et de ses princes, gratuitement et sans espoir de grandes récompenses, il promit de payer vingt mille pièces d'or par mois pour les frais nécessaires à cette entreprise. En outre, il s'engagea, dès que l'ennemi aurait été chassé de ses confins, à nous restituer sans aucune contestation la ville de Panéas qui nous avait été enlevée de vive force quelques années auparavant ; et, pour mieux garantir l'observation complète des divers articles de cette convention, il promit de donner comme otages des fils de nobles en nombre déterminé. Le seigneur roi, après avoir reçu ces propositions, convoqua tous les princes du royaume, leur exposa l'objet de la légation et les conditions qui lui étaient offertes et leur demanda conseil sur la réponse qu'il y avait à faire. On tint conseil pour délibérer à ce sujet ; et, après avoir mûrement examiné le projet, on jugea que le mieux était de porter secours à Ainard et aux habitants du pays de Damas contre un ennemi cruel et également dangereux pour les deux royaumes ; on décida même que ces secours seraient fournis gratuitement, de peur que l'ennemi commun, devenu plus puissant si les nôtres demeuraient dans l'oisiveté, ne trouvât dans un triomphe sur le royaume de Damas de nouvelles forces dont il se servirait ensuite contre les nôtres [...].

9

PANÉAS ASSIÉGÉE ET PRISE PAR LES LATINS ALLIÉS AUX DAMASCÈNES (1140)

Panéas est celle que l'on nomme vulgairement Belinas, appelée Lesen dans les temps anciens, avant l'entrée des enfants d'Israël dans la Terre promise. Elle échut en partage aux fils de Dan, qui la nommèrent Lesen-

---

1. Ainard [Aynar, Euneur] : mamelouk de Doldequin.

Dan, comme on l'apprend par ces paroles de Josué [...] [1]. Dans la suite, elle fut nommée Césarée-de-Philippe, parce que Philippe-le-Tétrarque, fils d'Hérode l'Ancien, la fit agrandir en l'honneur de Tibère. César l'illustra d'admirables édifices, ce qui la fit désigner sous le double nom de César et de celui qui avait contribué à son embellissement. Les armées réunies suivirent leur marche vers Panéas, arrivèrent vers le commencement de mai, et investirent aussitôt la cité de toutes parts. Ainard prit position vers l'est, et se plaça avec toute son expédition entre la ville et la forêt, au lieu-dit Cohagar. Le roi et notre armée prirent position vers l'ouest, et les légions occupèrent toute la plaine. Après avoir ainsi ordonné leur position tout autour, on s'arrangea pour interdire toute possibilité de sortir et d'entrer librement et de s'évader à ceux qui l'auraient voulu. On décida en outre, après avoir tenu un conseil commun, d'envoyer de fidèles messagers au seigneur Raymond prince d'Antioche et au comte de Tripoli pour apporter leur aide à la tâche présente. [...] Il n'était pas facile de discerner laquelle des deux armées portait les armes contre l'adversaire commun avec le plus d'ardeur, laquelle déployait le plus d'acharnement dans les combats, ou se montrait la plus disposée à persévérer dans les longues fatigues de la guerre, tant nos chevaliers et les cohortes de Damas paraissaient animés du même zèle et des mêmes désirs. L'habitude et l'expérience des armes n'étaient pas les mêmes ; mais on y voyait une égale volonté de nuire à l'ennemi commun. Les assiégés, de leur côté, résistaient vaillamment, quoiqu'ils eussent à supporter toutes sortes de fatigues, des assauts presque continuels, des veilles et un service extrêmement lourd ; combattant de toutes leurs forces pour la défense de leur liberté, de leurs femmes et de leurs enfants, la difficulté même de leur position leur donnait une nouvelle habileté, et leur inspirait toutes sortes de moyens d'assurer le succès de leur résistance. Au bout de quelques jours d'attaque, les assiégeants reconnurent qu'il leur serait impossible de réussir s'ils ne faisaient construire une tour en bois pour la dresser contre les murs et attaquer d'un point plus élevé. Mais, comme on ne pouvait trouver dans toute la région les matériaux nécessaires à ce genre d'ouvrage, Ainard envoya des hommes à Damas pour y chercher des poutres fort longues et fort grosses, préparées depuis longtemps pour cet usage ; il leur donna ordre de les rapporter et de revenir en toute hâte.

10

[...] Voici que ceux que l'on avait envoyés à Damas revinrent, rapportant des poutres d'une étonnante dimension et aussi solides qu'on pouvait les désirer. Des artisans et des coupeurs de bois s'occupèrent avec rapidité

---

1. Citation de Jos, XIX, 47.

à les dresser ; puis ils les assemblèrent solidement avec des clous en fer, et élevèrent en peu de temps une machine d'une énorme hauteur, du sommet de laquelle on dominait toute la ville, d'où les assiégeants pouvaient viser les gens de la ville, en lançant de la main des flèches, des traits de toutes sortes et des pierres. Aussitôt que la machine fut dressée, on aplanit le terrain entre la machine et le mur, on la poussa contre les remparts, et il y avait vue sur toute la ville tant qu'il sembla qu'une nouvelle tour se fût élevée subitement au milieu [...].

11

Pendant que se menait l'expédition, un légat de l'Église romaine nommé Albéric, évêque d'Ostie, de nation franque, de l'évêché de Beauvais, débarqua à Sidon. Il venait, envoyé spécialement au sujet du différend survenu dans l'Église d'Antioche entre le seigneur patriarche et ses chanoines. Peu de temps auparavant, un autre vénérable homme, le seigneur Pierre, archevêque de Lyon, remplissant l'office de légat, était également venu en Syrie ; mais la mort l'empêcha de mettre fin à l'affaire qui lui avait été commise, et ce fut alors que l'évêque d'Ostie fut nommé à sa place et chargé de donner la fin méritée à cette grande querelle, comme je vais le dire dans ce qui suit. Ayant appris que toute l'armée chrétienne était occupée au siège de Panéas et que séjournaient là, avec les autres princes du royaume, le seigneur Guillaume patriarche de Jérusalem, le seigneur Foucher archevêque de Tyr, il se hâta d'aller les y rejoindre. Il trouva les assiégeants fort occupés à poursuivre le succès de leur entreprise et ne perdant pas un seul instant dans l'oisiveté ; lui-même cependant, avec le zèle d'un homme sage et s'appuyant sur l'autorité apostolique, les encouragea dans leur propos ; ses sermons d'exhortation furent un nouvel aiguillon pour tous [...]. Ainard, homme plein de prévoyance, fidèle allié et zélé coopérateur des nôtres, chargea secrètement quelques-uns de ses familiers d'aller faire, de vive voix, quelques tentatives d'arrangement et d'engager les assiégés à se rendre. Ceux-ci, d'abord horrifiés et imaginant continuer tant qu'il y aurait quelque espoir de résister, bientôt accueillirent avec avidité et reconnaissance les paroles qui leur étaient portées. Le magistrat cependant, que les Turcs eux-mêmes appellent émir, homme noble et puissant, exigea, comme condition supplémentaire pour la reddition de la ville, de prendre en considération qu'il ne fallait pas qu'il tombât dans le besoin et qu'on lui fît quelque indemnité qui serait fixée au jugement d'un notable : il semblait en effet honteux et indécent qu'un homme noble, seigneur d'une ville si célèbre, fût expulsé de son propre patrimoine et réduit en outre à aller mendier. Ainard vit qu'il était juste et équitable de satisfaire à cette demande, et désirant ardemment parvenir à remettre la cité en notre pouvoir, il s'engagea conformément au désir qui lui fut exprimé, à faire assigner à l'émir une rente annuelle qui ne dépasserait pas une certaine somme, qu'on eut soin de fixer, et qui serait prélevée sur le produit des bains et des vergers. Il donna au peuple qui voudrait sortir de la ville la faculté de sortir libre avec toutes ses choses ; à ceux qui ne voudraient partir nulle part, de continuer à habiter dans la ville ou exploiter leurs biens tant urbains que ruraux [...]. Les princes chrétiens rendirent justice à la sagesse et à la sincérité du gouverneur de Damas, ils approuvèrent les conditions proposées, lui témoignèrent leur reconnaissance et leur satisfaction, et lui promirent formellement d'exécuter toutes les dispositions qu'il aurait faites. La cité leur fut donc livrée et les habitants sortirent en toute liberté pour se rendre dans les lieux qu'il leur convenait de choisir, emmenant avec eux tout leur bagage avec leurs femmes et leurs enfants. Après avoir reçu la cité, les nôtres élirent le seigneur Adam archidiacre d'Acre comme évêque du lieu, sur la demande du seigneur patriarche et avec l'approbation du seigneur Foucher archevêque de Tyr qui avait de façon certaine l'église de Panéas dans sa juridiction selon son droit de métropolitain. On lui confia donc les soins spirituels de ceux qui voudraient demeurer là et on restitua la juridiction temporelle au seigneur Rainier dénommé Brus, qui en avait été chassé peu d'années auparavant. [...]

17

DÉPOSITION DU PATRIARCHE AU SYNODE D'ANTIOCHE (30 NOVEMBRE 1140)

Le troisième jour, l'assemblée s'étant de nouveau réunie et les prélats ayant repris leurs places, on prescrivit de citer le patriarche pour la dernière fois, et de l'inviter à venir fournir ses réponses sur l'accusation. Il refusa encore positivement, soit qu'il craignît sa conscience, soit qu'il connût les dispositions défavorables du synode et redoutât la violence du prince, je n'ai pu le découvrir avec certitude. Il demeurait dans son palais avec les gens de sa maison, sans cesse entouré d'une suite de cavaliers et de gens du peuple : tous ceux de la cité s'étaient portés en foule pour lui prêter secours, et si la puissance du prince ne leur avait inspiré des craintes, ils auraient été disposés à chasser honteusement de la ville le légat et tous ceux qui s'étaient réunis pour le déposer. Cependant le légat, voyant que le patriarche ne voulait pas venir à lui et confiant dans la protection du seigneur prince, monta au palais et, là, prononça contre le patriarche la sentence de déposition et le contraignit de vive force à remettre l'anneau et la croix. Puis, sur l'ordre du légat, le patriarche fut livré au prince, misérablement enchaîné, maltraité ignominieusement, comme un homme ayant versé le sang, et fut incarcéré dans le monastère de Saint-Siméon, situé près de la mer sur une montagne très élevée. Le patriarche, qui était alors le seigneur Raoul, que j'ai vu moi-même dans mon enfance, était grand et beau physiquement ; il avait les yeux un peu obliques, sans qu'il y eût cependant rien de choquant. Il était peu lettré, mais plein de faconde, d'une conversation très agréable et rempli de grâce. Généreux à l'excès, il avait su gagner au plus haut degré la bienveillance des chevaliers et des gens de second rang. Il oubliait facilement ses promesses et ses engagements ; il était léger dans ses discours, inconstant, plein de ruse et multiple dans ses voies, et en même temps doué de beaucoup de prévoyance et de réserve. Il ne se montra imprudent qu'en une seule occasion, lorsqu'il refusa d'accueillir des adversaires qu'il avait irrités à juste titre et qui cherchaient à rentrer en grâce auprès de lui. On disait encore, et c'était vrai, que le patriarche était d'une arrogance et d'une présomption excessives. Ce fut même à ces défauts qu'il dut des malheurs qu'il eût facilement évités en se conduisant avec plus de modération. Il demeura longtemps dans le monastère, prisonnier et chargé de fers ; enfin il parvint à s'échapper et se rendit à Rome. Il y réussit à recouvrer jusqu'à un certain point la faveur du siège apostolique et se disposait à repartir, lorsqu'il mourut misérablement, ayant bu un poison que lui présenta un artisan du crime, dont le nom nous est inconnu : nouveau Marius, qui éprouva dans sa personne les vicissitudes les plus contraires de la fortune.

18

Donc le légat, après la déposition du patriarche, ayant terminé les affaires qui l'avaient appelé à Antioche, retourna à Jérusalem. Il y demeura jusqu'aux solennités pascales. Après avoir tenu conseil avec les prélats des églises, le troisième jour après la sainte Pâques, il célébra solennellement la dédicace du Temple du Seigneur, avec le concours du patriarche et de quelques-uns des évêques. Beaucoup d'hommes nobles et illustres, tant des parties ultramontaines que des régions d'outre-mer [1], étaient présents, et parmi eux, le seigneur Josselin junior, comte d'Édesse, qui était venu passer les solennités pascales dans la cité et déploya une grande magnificence. Après cela, le légat convoqua les archevêques, les évêques, tous les autres prélats des églises, et tint avec le seigneur patriarche un concile qui s'assembla dans la sainte église primitive de Sion, mère de toutes les autres : on délibéra sur toutes les affaires qui pouvaient se rapporter aux circonstances du temps. Était présent à ce synode Maxime, pontife des Arméniens, ou plutôt prince et illustre docteur de tous les évêques de Cappadoce, de Médie, de Perse et des deux Arménies, dit *catholicus*. On traita avec lui des articles de foi sur lesquels son peuple

---

1. Guillaume de Tyr écrit ici *cismarinis regionibus*, littéralement les régions cis-marines, de ce côté-ci des mers : il se place du point de vue de l'outre-mer.

est en dissentiment avec le nôtre, et il promit pour sa part d'en corriger plusieurs. Ceci fini selon les règles, le légat se rendit à la cité d'Acre, prêt à retourner à Rome [...].

19

L'EMPEREUR BYZANTIN EN SYRIE, ET LES LATINS

En ce temps-là [1142], le seigneur Jean empereur de Constantinople, quatre années à peine depuis qu'il avait quitté Tarse en Cilicie et toute la Syrie, ses forces réparées et ses légions rappelées, dirigea de nouveau son armée vers la Syrie, à l'appel de nombreux messagers du prince et des gens d'Antioche pour de nouvelles expéditions. [...] Il entra en Cilicie, mais ne s'y arrêta point ; à peine la rumeur avait-elle annoncé sa prochaine arrivée, qu'il entrait dans la terre du comte d'Édesse avec toutes ses forces et faisait dresser son camp presque à l'improviste devant Turbessel. Ce château très riche est situé à vingt-quatre milles en deçà de l'Euphrate, ou peut-être un peu plus. Dès qu'il y fut arrivé, l'empereur fit demander au comte Josselin Junior de lui livrer des otages. Lequel, frappé d'étonnement en apprenant une arrivée si subite, voyant d'une part des forces innombrables, telles qu'il semblait qu'aucun roi de la terre ne pût en entretenir de semblables, d'autre part l'état de dénuement dans lequel il se trouvait lui-même et l'impossibilité absolue de tenter quelque résistance, se faisant de nécessité vertu, envoya en otage l'une de ses filles, nommée Isabelle. L'empereur n'avait fait cette demande qu'afin de le lier plus étroitement à ses intérêts et de s'assurer davantage de sa fidélité pour exécuter ses mandements. De là, dirigeant son armée vers Antioche et s'avançant avec rapidité, il s'installa à côté d'une petite agglomération nommée Guast, le 24 septembre. Là, il envoya aussitôt des messagers au prince d'Antioche, pour lui rappeler les termes des pactes qui les unissaient et l'inviter en conséquence à lui remettre la ville et son fort, toutes les munitions qui s'y trouvaient renfermées, sans aucune distinction, afin de pouvoir plus commodément, depuis ce voisinage, diriger ses expéditions contre toutes les villes limitrophes encore occupées par les ennemis. Et réciproquement, il lui fit assurer qu'il serait constamment disposé, quant à lui, à donner la plus large interprétation possible aux conventions qui avaient été mises par écrit antérieurement, et même à lui faire bonne et forte mesure, suivant la qualité de ses mérites.

20

Mais le prince d'Antioche, le seigneur Raymond, qui auparavant avait tant accablé l'empereur de ses messagers, se voyant maintenant serré de près et connaissant bien l'étendue de ses engagements, demeurait incertain sur ce qu'il fallait faire. Il convoqua aussitôt les grands et les premiers habitants tant de la cité que de toute la région, les réunit pour délibérer avec eux, demandant conseil sur ce qu'il y avait besoin de faire dans une occurrence si périlleuse. Après avoir longuement discuté, tous furent unanimement d'accord qu'il ne pouvait convenir à l'état de la région de remettre entre les mains de l'empereur, à quelque condition que ce fût, une ville si noble, si puissante et si bien fortifiée : prévoyant que dans le futur, comme il était arrivé peu avant, les Grecs indolents se laisseraient enlever par les ennemis et la ville et toute la région [...].

21

Se voyant refuser à lui et les siens l'entrée qu'il souhaitait faire dans la cité, l'empereur espéra trouver quelque moyen de prendre possession d'Antioche, en dépit des habitants, l'hiver fini et la douceur du printemps revenue. Il dissimula ses projets au fond de son cœur, et, pour mieux cacher son propos, il envoya des hommes de la plus haute noblesse au seigneur Foulque, roi de Jérusalem, signifiant qu'il viendrait volontiers si les chrétiens le voulaient bien, pour la grâce de la prière et de la dévotion et afin d'apporter son secours contre les ennemis de ces régions. Le roi tint conseil et chargea du soin de porter sa réponse le seigneur Anselme, évêque de Bethléem, le seigneur Geoffroi, abbé du temple du Seigneur qui connaissait bien la langue grecque[1], et Roardus gouverneur du fort de Jérusalem. Sa réponse disait que le royaume était fort étroit, qu'il ne pourrait fournir assez de vivres pour des forces si nombreuses et serait hors d'état de pouvoir entretenir son armée sans s'exposer aux dangers de la famine et au manque absolu de toutes les choses nécessaires ; qu'en conséquence si l'empereur, agréable à Dieu, voulait se rendre avec dix mille hommes seulement dans la ville bienheureuse, venir aux vénérables lieux de notre salut et disposer de tout autre chose selon son vœu, tous se porteraient à sa rencontre avec un extrême empressement et l'accueilleraient à son arrivée avec joie et dans les transports de leur cœur, qu'enfin ils lui obéiraient comme à leur seigneur et au plus grand prince de la terre. À ces mots, l'empereur retira ses paroles, jugeant qu'il serait peu digne

---

1. R. Huygens fait remarquer que Geoffroi est le seul personnage dans toute la chronique dont Guillaume de Tyr mentionne la connaissance du grec (CC, t. 2, p. 703).

de sa gloire de marcher avec une si faible escorte, lui qui ne s'avançait jamais qu'environné de tant de milliers d'hommes. Il renvoya les messagers du roi en les comblant d'honneurs et en leur donnant de nombreux témoignages de sa bienveillance et de sa libéralité, et il alla passer l'hiver en Cilicie dans les environs de Tarse, se promettant dans le futur proche d'accomplir quelque chose de grand et digne de mémoire dans la région de Syrie [...].

22

LA MORT DE L'EMPEREUR BYZANTIN EN CILICIE, BLESSÉ À LA CHASSE (1143)

Cependant, vers le commencement du printemps, et avant l'époque où les rois rassemblent d'ordinaire leurs armées pour la guerre, l'empereur, amateur passionné des bois et forêts pour le plaisir de la chasse, cherchant à se distraire de ses ennuis et conformément à ses anciennes habitudes, avec son escorte usuelle dans ce cas, entra dans la zone des bois. Comme il poursuivait les bêtes féroces avec son ardeur accoutumée, portant en main son arc, et, selon l'usage, un carquois chargé de flèches suspendu sur ses épaules, voici qu'un sanglier lancé par des chiens habiles, fatigué de leur poursuite et fuyant leurs aboiements acharnés, fut forcé de passer devant le seigneur empereur qui s'était placé en embuscade. Le prince saisit une flèche avec une admirable rapidité, et, tendant son arc par un mouvement brusque, il se blessa à la main qui tenait l'arc, avec la flèche empoisonnée. Quelque léger que parût cet accident, le venin mortel pénétra, et bientôt l'activité du mal força l'empereur à quitter la forêt et à rentrer au camp. On fit venir aussitôt un grand nombre de médecins. L'empereur leur raconta ce qui lui était arrivé et ne craignit pas d'annoncer qu'il était lui-même la cause de sa mort. Les médecins cependant, pleins de sollicitude pour le salut de leur maître, lui prodiguèrent tous leurs soins ; mais le poison subtil avait pénétré dans l'intérieur et repoussait tous les remèdes ; il se glissait comme un serpent, s'avançant peu à peu et fermant les voies à tout salut. Bientôt les médecins déclarèrent qu'il ne restait plus qu'un seul moyen à employer, moyen extraordinaire et peu digne d'un si grand prince : c'était de couper la main blessée, dans laquelle le mal résidait encore avec toute sa force, et de l'enlever avant que toutes les autres parties du corps en fussent infectées. Mais cet homme plein de courage dédaigna ce conseil, quoiqu'il éprouvât d'horribles douleurs et qu'il ne doutât pas que la mort était près de l'atteindre, il se montra ferme à soutenir la majesté impériale tout entière, et répondit, à ce qu'on assure, qu'il serait indigne de l'Empire romain d'être gouverné d'une seule main [...].

21[1]

CONSTRUCTION DE TROIS FORTERESSES

Dans le même temps un homme noble, du nom de Paganus, qui avait été d'abord échanson du roi et qui eut ensuite pour ses mérites la terre au-delà du Jourdain, après que Raymond de Podio et son fils Raoul en furent déshérités, fit construire aux confins de la Seconde Arabie un château du nom de Krak [Kerak]. Ce lieu, que sa position naturelle et l'ouvrage qu'on y fit rendaient extrêmement fort, était situé près d'une ville très ancienne, métropole de l'Arabie, dite autrefois Raba, au sujet de laquelle on lit qu'elle connut un siège où périt l'innocent Urie, sur l'ordre de David et par les soins de Joab. Plus tard, la ville de Raba fut appelée Pierre du Désert, d'où le nom de Petra dans la Seconde Arabie d'aujourd'hui.

24

Cependant, le seigneur roi de Jérusalem Foulque et les autres princes du royaume, ensemble avec le seigneur patriarche et les autres prélats des églises, voulant réprimer les attaques insolentes des Ascalonites qui parcouraient la région avec trop de licence et l'enserraient étroitement, résolurent de construire en commun un château dans la plaine, à côté de la ville de Ramula [Ramla], non loin de celle de Lydda, soit Diospolis. Il y avait au milieu de cette région une colline peu élevée, sur laquelle les traditions anciennes nous apprennent qu'avait été construite l'une des villes des Philistins, nommée Geth, près d'une autre de leurs cités, dite Azotum, à dix milles d'Ascalon et non loin du bord de mer. Ils convinrent donc à l'unanimité, en faisant un pacte, d'édifier une forteresse avec quatre tours en un ouvrage très solide, les fondations jetées profondément. Les anciens édifices, dont il restait encore beaucoup de vestiges, fournirent des pierres en grande quantité ; on trouva aussi, dans le périmètre même de la ville détruite, des puits antiques qui donnèrent de l'eau en abondance, tant pour les besoins de l'ouvrage que pour l'usage des hommes. Lorsque le château et toutes ses parties furent terminés, on le confia d'un commun conseil à un homme noble et sage, à savoir le seigneur Balian le vieux, père de Hugues, Baudouin et Balian le jeune, qui tous furent dénommés d'Ibelin du nom de ce lieu : ce qui était en effet le

---

1. La construction du Krak, racontée avant la mort de l'empereur, est placée ici pour faciliter le parallèle avec les deux autres constructions de forteresse.

nom du lieu avant même la construction du château. Cet homme montra une diligence vigilante dans la garde du château et la poursuite des ennemis, condition de la donation du château, et après sa mort, ses fils, hommes nobles et habiles au maniement des armes, jamais inactifs, l'eurent sous leur garde très diligente jusqu'à ce que la cité d'Ascalon fût redevenue chrétienne.

25

L'année suivante, les princes du royaume s'étant convaincus par l'expérience que les deux forteresses qu'ils avaient fait construire à Bersabée et à Ibelin leur étaient fort utiles pour rabattre l'orgueil et l'insolence des habitants d'Ascalon, mettre un frein à leurs attaques et réprimer leurs incursions, résolurent d'en faire construire une troisième afin d'infliger plus de dommages en les multipliant autour de la ville, pour semer la terreur plus fréquemment, quasiment comme dans un siège, et la frapper de terreur sous les dangers répétés. Il y avait dans cette portion de la Judée où se terminent les montagnes et où commence la plaine, près des confins du pays des Philistins, dans l'ancienne tribu de Siméon et à huit milles d'Ascalon, un emplacement que l'on pourrait appeler colline en le comparant aux montagnes qui l'avoisinent, et montagne élevée eu égard à la plaine à laquelle il est uni, dans un lieu dont le nom arabe est Telle Saphi, qui chez nous se traduit Mont-Clair — ou bien Colline. Il parut bon aux plus sages de fonder une forteresse, qui serait plus voisine de la cité que les autres, construites pour le même usage, et qui serait située sur un site plus fort. On fit construire sur de solides fondations et en pierres carrées une forteresse avec quatre tours d'une bonne hauteur, d'où la vue était libre jusqu'à la ville ennemie, formidable et odieuse pour les ennemis qui voulaient sortir faire du butin ; on l'appela vulgairement *Blanche-Garde*, qui se dit en latin *Alba Specula*. Quand le château et toutes ses parties furent complètement finis, le seigneur roi le prit sous sa garde, l'approvisionna convenablement en vivres et en armes, et le remit à des hommes sages pour qu'ils le servent, des hommes ayant une grande expérience de la guerre et dont la fidélité et le dévouement étaient connus et éprouvés. Ceux-ci sortaient seuls fréquemment. Plus fréquemment encore, ils se réunissaient aux chevaliers qui gardaient les autres forteresses édifiées pour les mêmes raisons, et tous ensemble marchaient à la rencontre des ennemis lorsqu'ils faisaient quelque sortie et déjouaient ainsi leurs entreprises ; quelquefois même ils allaient attaquer directement les Ascalonites, leur livraient de rudes combats, et triomphaient d'eux le plus souvent. De plus, ceux qui possédaient la région alentour, confiants dans la défense et le voisinage des forteresses, édifièrent de nombreux lieux suburbains, où ils eurent beaucoup de familles et d'agriculteurs, grâce auxquels toute cette région inhabitée devint plus sûre, et une grande abondance de vivres vint de ces lieux limitrophes. Entre tout ceci, les Ascalonites, voyant leur ville entourée de forteresses inexpugnables, commencèrent à se défier de leur isolement et, par messagers répétés, à rappeler au très puissant prince d'Égypte leur seigneur, à qui plus rien ne restait dans toute la région, qu'il tournât sa sollicitude envers la ville qui était le pilier de sa domination.

26

FONDATION DE BÉTHANIE, MONASTÈRE DE FEMMES

Vers le même temps, et tandis que le royaume était enfin amené à quelque tranquillité par un effet de la grâce surabondante du Seigneur, la dame Mélisende, reine de pieuse mémoire, pour le rachat de son âme et de celle de ses parents, aussi pour le salut de son mari et ses enfants, forma le projet de fonder un monastère de vierges consacrées, si elle trouvait un lieu selon son cœur. La plus jeune de ses sœurs, nommée Yvette, avait fait profession de vie monastique dans le monastère de Sainte-Anne, mère de la sainte génitrice de Dieu, la Vierge Marie[1]. C'était principalement pour sa protection que la reine tenait vivement à son projet : il lui semblait indigne de la fille du roi de se trouver au cloître soumise à quelque mère comme une personne du peuple. Après avoir parcouru dans son esprit toute la région et examiné avec le plus grand soin quel serait le lieu le plus convenable pour fonder un monastère, après beaucoup de délibérations enfin, la reine fixa son choix sur Béthanie, le « castel » de Marie et de Marthe et de leur père Lazare, que Jésus aima, lieu de repos et domicile du Seigneur Sauveur. Le lieu était éloigné de Jérusalem de quinze stades selon la parole de l'évangéliste, sur la pente orientale du mont des Oliviers. Le lieu appartenait en propre à l'église du Sépulcre du Seigneur, et la reine le reçut des chanoines contre la remise de la ville des prophètes, Thecua. Là, comme ce lieu se trouvait quasiment dans le désert et exposé aux attaques ennemies, la reine fit d'abord construire à grands frais une tour très forte, en pierres carrées et polies, distincte des officines nécessaires, afin que les vierges données à Dieu ne manquassent pas du secours d'une forteresse inexpugnable en cas d'attaque imprévue. La tour construite, le lieu prêt en quelque sorte pour le culte religieux, la reine y fit entrer les femmes, saintes moniales, leur donna pour mère une vénéra-

---

1. Yvette est la dernière et quatrième fille de Baudouin II. À l'âge de cinq ans, contre la libération de son père et en attendant le paiement d'une très grosse rançon, elle fut laissée en otage à Bursuq (1125). Elle fut libérée la même année, après la grande victoire de Baudouin rejoint par le comte d'Édesse et le comte de Tripoli contre le même Bursuq, auquel s'était joint Toghtekin le gouverneur de Damas, devant le village fortifié de Hasard (livre XIII, 16).

ble matrone déjà âgée et remplie d'expérience pour toutes les choses de la religion, et conféra à l'église des biens considérables, en sorte qu'en ce qui concernait les biens temporels, elle n'était inférieure à nul monastère d'hommes ou de femmes. On dit même qu'il n'y avait aucune église qui pût s'égaler à celle-là pour les richesses. Entre autres possessions qu'elle offrit au monastère, elle assigna généreusement un lieu très fameux, connu pour l'abondance de commodités, situé dans la plaine du Jourdain, Jericho et ses dépendances. Elle offrit aussi audit monastère de la vaisselle sacrée en or, en pierres précieuses et en argent, en grande quantité, en même temps que des soieries pour décorer la maison de Dieu, ainsi que des vêtements sacerdotaux et en tout genre, comme l'exige la discipline ecclésiastique. Après la mort de la vénérable matrone qu'elle avait mise à la tête de ce lieu, la reine revint à son projet avec le consentement du seigneur patriarche et l'agrément des saintes moniales, et mit sa sœur à la tête du monastère. Elle ajouta aussi des calices, des livres et d'autres ornements utiles aux usages ecclésiastiques, et tant qu'elle vécut, elle ne cessa d'enrichir le lieu de ses dons, pour la protection de son âme et de sa sœur qu'elle chérissait tout particulièrement.

27

LA MORT DU ROI FOULQUE (13 NOVEMBRE 1143)

Il arriva ces jours-là, vers la fin de l'automne, que le seigneur roi se trouvait avec la reine en séjour dans la cité d'Acre et que la reine voulut, pour sortir de son ennui, sortir de la ville et aller se promener dans des lieux environnants, arrosés de sources. Le seigneur roi ne voulant pas la laisser seule, partit avec elle, emmenant son escorte habituelle. Tandis qu'on était en marche, des enfants qui précédaient les rangs et l'escorte firent par hasard lever un lièvre qui se tenait caché dans les sillons et s'enfuit, poursuivi par les acclamations de tous. Le roi, se livrant à une fatale impulsion, saisit aussitôt sa lance, et se jetant à la poursuite du lièvre, poussa vivement son cheval dans la direction que suivait l'animal. Tandis qu'il hâtait imprudemment sa course, le cheval s'emporta, tomba par terre et jeta son cavalier sous lui ; la violence de la chute lui fit perdre toute connaissance et au même moment la selle lui fendit la tête de sorte que la cervelle jaillit par les narines et les oreilles [...].

Il fut enseveli dans l'église du Sépulcre du Seigneur, au-dessous du mont Calvaire, à la droite de ceux qui entrent, près de la porte, et à côté des autres rois ses prédécesseurs, de bienheureuse mémoire. Le seigneur Guillaume, de pieux souvenir, vénérable patriarche de Jérusalem, présida à cette cérémonie qui fut célébrée avec une magnificence royale. Foulque laissait après lui deux fils, qui n'avaient pas encore atteint l'âge de puberté, Baudouin, l'aîné, alors âgé de treize ans, et Amaury qui n'en avait que sept. Le pouvoir royal passa entre les mains de la dame Mélisende, reine agréable à Dieu, en vertu de son droit héréditaire.

LIVRE XVI

De l'avènement de Baudouin III à la deuxième croisade (1143-1148)

Prise d'Édesse par Zengî, qui meurt peu après, à qui succède Nûr al Dîn. Rupture de l'alliance avec le gouverneur de Damas en raison de sombres intrigues où tel est pris qui croyait prendre (expédition ratée sur Bosra). Départ de la deuxième croisade et double désastre dans la traversée de l'Asie Mineure. Déconvenue du prince d'Antioche à qui le roi capétien Louis VII refuse de prêter main-forte. Arrivée du roi et de l'empereur germanique à Jérusalem.

Il est mis en premier une brève petite préface
- 1. Au défunt Foulque succède son fils Baudouin III ; il est décrit quel fut son physique.
- 2. De son caractère et de sa conversation.
  3. De sa promotion à la tête du royaume et combien longtemps il aura régné sous la tutelle de sa mère.
- 4. Zengî assiège Édesse, le site de la cité est décrit.
- 5. La cité est prise et sa population massacrée.
- 6. Un château au-delà du Jourdain, nommé Val-Moïse, est acquis par le roi.
- 7. Zengî meurt pendant qu'il assiège Calagembar ; lui succède son fils Nûr al Dîn.
- 8. Un certain noble de Damas, gouverneur de la cité de Bostrum [Bosra], fait la paix avec le roi, et l'armée du royaume s'avance vers Bostrum ; Ainard, le gouverneur de Damas, essaye de l'en empêcher.
- 9. L'armée court de grands périls en s'avançant [vers Bostrum].
- 10. Arrivant à destination, on découvre une cité occupée par l'ennemi et le retour est ordonné sans que l'affaire soit conclue.
- 11. Sur son retour, l'armée souffre des dangers intolérables ; l'ennemi s'étonne de la persévérance des nôtres.
- 12. Un légat pour la paix est envoyé à l'ennemi. Un certain noble ennemi meurt, l'armée ennemie se dissout, la nôtre avance plus librement.
- 13. Nos légions parviennent à Gadara. Le lieu est décrit, l'armée rentre chez elle.
  14. Les habitants d'Édesse appellent le comte, le comte accélère et reçoit la ville à l'insu de l'ennemi.

15. Nûr al Dîn accourt, assiège la ville, tourmente misérablement les nôtres.

16. Le comte sortant avec les siens prend le chemin du retour chez lui ; Nûr al Dîn le suit, l'armée est arrêtée, le comte en réchappe par la fuite.

• 17. Le patriarche de Jérusalem Guillaume meurt, il est remplacé par Foulque l'archevêque de Tyr ; Raoul, chancelier du roi, est mis de force sur le siège de Tyr par le roi.

18. Le peuple d'Occident se lève ; prennent la route pour secourir les chrétiens d'Orient l'empereur des Romains Conrad, le roi des Francs Louis, avec beaucoup d'autres princes.

• 19. L'empereur parvient le premier à Constantinople avec son expédition. Le soudan d'Iconium [Qoniya] lui prépare des embuscades.

• 20. Après avoir traversé l'Hellespont, l'empereur Conrad est détourné par la ruse des Grecs et son armée est entraînée dans des lieux extrêmement périlleux.

• 21. Les guides donnés à son armée par l'empereur grec s'absentent perfidement et l'armée de l'empereur est en péril.

• 22. Les Turcs se précipitent soudainement sur les légions teutoniques et les massacrent, l'empereur toutefois s'évade.

23. Le roi des Francs, après avoir traversé l'Hellespont, parvient à Nicée en Bythinie avec ses légions ; ils [le roi et l'empereur germanique] ont un entretien, l'empereur retourne à Constantinople.

24. Le roi des Francs, prenant un autre chemin, parvient à Éphèse ; là le comte Guy de Ponthieu meurt.

25. L'armée des Francs est battue par un hasard malheureux ; la partie qui était en avant s'évade.

26. Le roi, échappant au malheur, rejoint ceux qui les précédaient, le reste de l'armée parvient à Atalia, de là traverse pour la Syrie.

27. Raymond, le prince d'Antioche, reçoit noblement le roi des Francs au port Saint-Siméon, le conduit à Antioche, mais à la fin ils se séparent mutuellement fâchés.

28. Après avoir traversé le Hieme, l'empereur Conrad parvient en Syrie par nef ; de même le comte Alphonse arrive à la cité d'Acre, il meurt à Césarée.

29. Le roi des Francs, sorti d'Antioche, s'avance vers Jérusalem ; le patriarche de Jérusalem vient à sa rencontre.

IL EST FAIT UNE BRÈVE PETITE PRÉFACE

Ce que nous avons composé jusqu'à présent était l'Histoire que nous avons recueillie autant que nous l'avons pu auprès de la relation des autres, servis par une mémoire plus pleine du temps d'autrefois — c'est pourquoi nous avons recherché la vérité, le contenu des événements, l'année avec grande difficulté, semblable à ceux qui mendient les secours étrangers. Malgré cela, nous avons mis par écrit un récit aussi fidèle que possible. Mais tout ce qui va suivre maintenant, nous l'avons vu en partie de nos propres yeux, ou bien les hommes qui ont assisté eux-mêmes aux événements nous en ont informé par une narration fidèle. C'est pourquoi, forts de ce double appui, avec l'aide du Seigneur, nous confierons à la postérité ce qui reste à la lecture avec plus de facilité et d'exactitude. Car la mémoire des temps récents a l'habitude de survenir plus solidement, et ce que la vue apporte à l'esprit ne se ressent pas aussi facilement du désagrément de l'oubli que ce que l'on recueille par ouï-dire : utilisons les paroles de notre Flaccus qui s'accordent aux nôtres [...] [1].

1

PORTRAIT DE BAUDOUIN III

[...] « C'était un jeune homme d'un excellent naturel, et déjà l'on était fondé à attendre de lui tout ce qu'il devait être en effet par la suite. Parvenu à l'âge viril, Baudouin était remarquable entre tous les autres pour l'élégance de sa figure et de toute sa personne. La vivacité de son esprit et la grâce de son langage lui donnaient une supériorité incontestable sur tous les princes du royaume. Il était plus grand que les hommes de moyenne grandeur ; les diverses parties de son corps se trouvaient si bien en harmonie, et dans une proportion si parfaitement exacte avec sa taille élevée, qu'il était impossible de remarquer en lui la moindre défectuosité. Les traits de son visage étaient beaux et pleins d'élégance ; son teint animé annonçait la vigueur naturelle de tout son corps, et surtout il ressemblait infiniment à sa mère, et paraissait le digne descendant de son aïeul maternel. Ses yeux étaient de grandeur moyenne, un peu proéminents et d'un éclat tempéré ; il avait les cheveux plats et pas tout à fait blonds, le menton et les joues agréablement arrondis et recouverts d'une barbe bien disposée ; une corpulence moyenne et bien proportionnée, de telle sorte qu'on ne pouvait dire qu'il fût trop gras comme son frère, ou maigre à l'exemple de sa mère. Pour tout dire en un mot, il se distinguait tellement par la parfaite élégance de toute sa personne, que ceux même qui ne le connaissaient pas trouvaient en lui un éclat de dignité qui décelait la majesté royale sans qu'il fût possible de s'y méprendre [2].

2

« Cette beauté de l'homme extérieur était de plus en parfaite harmonie avec tous les dons d'un esprit richement partagé. Il avait l'intelligence prompte, parlait avec facilité et abondance (privilège précieux autant que

---

1. Citation de trois vers d'Horace, *Art poétique*, 180-182.
2. La traduction des chapitres 1 et 2, entre guillemets, est celle de Fr. Guizot, *op. cit.*, t. 2, p. 447 *sqq.* (cf. l'Introduction).

rare), et l'ensemble de ses estimables qualités l'élevait au niveau des meilleurs princes. Il était affable et miséricordieux autant qu'il soit possible ; en même temps qu'il se montrait généreux envers tout le monde, souvent même au-delà de ses facultés, il n'était nullement avide du bien d'autrui, n'entreprenait point sur les patrimoines des églises, et ne cherchait point, comme font les prodigues, à dresser des pièges pour s'enrichir aux dépens de ses sujets. Chose bien rare encore à cette époque de la vie, au temps de son adolescence, il se montrait rempli de la crainte de Dieu, et témoignait toute sorte de respect pour les institutions ecclésiastiques et pour les prélats des églises. Doué d'un esprit fort actif, il avait en outre le précieux avantage d'une très bonne mémoire ; il était suffisamment lettré, et beaucoup plus que son frère, le seigneur Amaury qui lui succéda. Dès qu'il pouvait dérober au soin des affaires publiques quelques moments de loisir, il les employait volontiers à la lecture : il aimait surtout entendre les histoires des anciens rois, cherchait avec empressement à connaître les actions et les vertus des meilleurs princes et se plaisait infiniment à s'entretenir avec les gens lettrés et les laïques renommés pour leur sagesse. Son affabilité était gracieuse et prévenante ; les personnes même les plus obscures, il se montrait empressé de leur donner le salut, même à l'improviste, leur adressant la parole et les appelant par leur nom ; il était le premier à fournir l'occasion de s'entretenir avec lui à ceux qui désiraient l'aborder ou qui le rencontraient, et ne refusait point cette grâce à qui la lui demandait. Ces manières lui avaient concilié la bienveillance du peuple et des seigneurs, à tel point qu'il était de beaucoup préféré à tous ses prédécesseurs. Il était patient dans le travail, et, comme le meilleur des princes, rempli de prévoyance pour les chances toujours incertaines de la guerre. Dans les situations les plus difficiles, où il se trouva très souvent placé en travaillant à l'agrandissement du royaume, il eut toujours la fermeté digne d'un roi, et ne perdit jamais cette assurance qui décèle l'homme fort. Il était très expert dans le droit coutumier qui régissait l'empire d'Orient ; dans toutes les questions obscures, les princes les plus âgés recherchaient les lumières de son expérience et admiraient son érudition et sa sagesse. Sa conversation était agréable et enjouée ; il possédait un talent tout particulier pour s'adapter aux mœurs des diverses personnes qu'il voyait, et se conformer avec grâce à toutes les différences d'âge et de condition. Son urbanité eût été accomplie s'il n'eût abusé parfois de la liberté de la parole ; tout ce qui fournissait dans ses amis matière à une observation ou à un reproche, il le leur jetait à la tête, en présence de tout le monde, sans examiner si un tel langage devait déplaire ou être agréable ; toutefois, comme ce n'était jamais dans l'intention de nuire, mais plutôt par une sorte d'hilarité d'esprit ou par légèreté qu'il parlait ainsi, il ne perdait presque rien de la bienveillance de ceux-là même qu'il attaquait le plus librement, d'autant plus excusable aux yeux de tous qu'à son tour il supportait avec une rare égalité d'humeur les sarcasmes que l'on pouvait lancer contre lui. Il aimait les jeux pernicieux des dés et des osselets, et s'y livrait plus qu'il ne convenait à la majesté royale ; avide des plaisirs des sens, on dit qu'il ne craignait pas de déshonorer le lit conjugal de l'étranger. Ceci cependant ne fut qu'un tort de sa jeunesse ; "devenu homme, il se défit de tout ce qui tenait de l'enfant[1]" selon le langage de l'apôtre saint Paul. Adonné alors à la pratique des plus belles vertus, il racheta ainsi les vices du jeune âge, et dès qu'il eût pris une femme, on assure qu'il ne cessa de vivre avec elle dans la plus parfaite régularité. Suivant alors les conseils d'une sagesse plus éclairée, il s'appliqua avec zèle à réformer les habitudes réprouvées par le Seigneur et dignes de blâme, qu'il avait contractées dans le premier emportement d'une jeunesse passionnée. En ce qui concerne la nourriture et l'entretien du corps, il était d'une extrême sobriété et montrait même une réserve qui semblait exagérée à son âge : il disait que "l'excès, tant pour les aliments que pour la boisson, portait souvent aux plus grands crimes" ; et il l'avait en abomination. »

3

Son père étant mort le 10 novembre, le jour de Noël suivant, l'an 1143, il fut solennellement oint, consacré et couronné avec sa mère par les mains de Guillaume, patriarche de Jérusalem de bonne mémoire, dans l'église du Sépulcre du Seigneur, devant les princes et tous les prélats des églises selon l'usage, sous le pontificat romain d'Eugène III [...][2].

4

ÉDESSE EST PRISE (1144)

[...] Zengî assiégea Édesse, rendu hardi par le nombre de son peuple et de ses forces, et par la connaissance des graves inimitiés qui s'étaient élevées entre Raymond, prince d'Antioche, et le seigneur Josselin, comte de la cité. Cette cité était située au-delà de l'Euphrate, à une journée de marche de ce fleuve. Le comte, oubliant l'exemple de ses prédécesseurs, avait renoncé au séjour d'Édesse pour venir s'établir auprès de l'Euphrate dans le lieu appelé Turbessel ; il y demeurait constamment, tant à cause de la richesse du lieu que pour ses loisirs ; ainsi placé à l'abri des attaques de ses turbulents ennemis, il se livrait à une vie de délices, mais en même temps il négligeait les soins qu'il aurait dû prendre d'une si noble cité.

---

1. I Cor, XIII, 11.
2. Erreur : Eugène III sera élu pape en 1145, on est alors sous le bref pontificat de Célestin II (26 septembre 1143-8 mars 1144).

Édesse était aux mains des Chaldéens et des Arméniens, des hommes qui n'étaient pas des guerriers et connaissaient à peine l'usage des armes, familiers seulement de l'art du commerce ; il n'y avait que très peu de citoyens latins, et des domestiques qui la fréquentaient rarement. La garde de la ville était commise à des mercenaires qui ne recevaient pas même leur solde selon le temps de leur service, ou selon les usages auxquels on les avait employés ; presque toujours ils attendaient un an et davantage l'argent qu'on leur avait promis. Au contraire, Baudouin et Josselin l'Ancien, tous les deux, lorsqu'ils avaient obtenu le gouvernement de ce comté, avaient eu grand soin d'établir leur résidence à Édesse : ils y demeuraient constamment et y faisaient sans cesse apporter de tous les lieux voisins, et en grande abondance, des approvisionnements en vivres, en armes, et en toutes les choses nécessaires, pour un assez long espace de temps ; ainsi la ville se trouvait en parfaite sûreté et était en outre devenue à juste titre redoutable à toutes les villes environnantes. Mais les querelles qui s'étaient élevées entre le prince d'Antioche et le comte d'Édesse n'étaient déjà plus secrètes, comme nous l'avons déjà montré, et il en était résulté une inimitié qui n'était pas cachée ; chacun des deux s'occupait peu, ou même ne s'occupait nullement des maux ou des événements fâcheux qui accablaient l'autre, et souvent même ils paraissaient s'en réjouir réciproquement [...].

5

[...] La ville prise et livrée au glaive des ennemis, les plus sages des habitants ou ceux qui furent les plus prompts se retirèrent dans la forteresse qui était, comme je l'ai dit, au milieu de la ville, emmenant avec eux leurs femmes et leurs enfants, et cherchant à sauver leur vie, quoique ce ne dût être que pour bien peu de temps. À l'entrée, il y eut tumulte à cause de l'afflux de peuple et beaucoup périrent misérablement étouffés par la foule ; on dit que le vénérable Hugues, archevêque de cette ville, se trouva dans le nombre de ceux qui périrent de cette manière, avec quelques-uns de ses clercs. Ceux qui étaient présents à cette affaire le rendent un peu fautif de ce misérable événement : on dit en effet qu'il avait ramassé une infinité d'argent, qui aurait pu aider les chevaliers de la ville et qu'il leur refusa, que cet avare préféra se coucher avec ses richesses que de secourir le peuple en perdition. Ainsi, il arriva qu'il recueillit le fruit de son avarice et que le sort lui donna une mort qui ne le distinguait pas des gens du peuple, sans avoir pu se mettre à l'abri d'un mauvais accueil, sauf si le Seigneur y a pourvu dans sa miséricorde : car c'est pour de tels hommes qu'ont été dites ces paroles terribles de l'Écriture « que ton argent soit ta perdition [1] ». Ainsi, tandis que le prince d'Antioche,

---

1. Ac, VIII, 20.

dominé par une haine imprudente, différait de porter à ses frères le secours qu'il leur devait, tandis que le comte d'Édesse attendait l'arrivée des auxiliaires dont il avait sollicité l'assistance, cette ville très antique, vouée à la foi chrétienne depuis le temps des Apôtres, que les paroles et les prédications de l'apôtre Thaddée avaient arrachée aux superstitions des infidèles, passa sous le joug d'une servitude indue [...].

6

REPRISE DE VAL-MOÏSE : CHANTAGE AUX OLIVIERS

La première année du règne du seigneur Baudouin, des Turcs, bien vus des habitants de ces lieux et à leur appel, s'étaient emparés de l'un de nos châteaux, nommé Val-Moïse, situé dans la Syrie de Sobal, au-delà du Jourdain, tout près de ces lieux où Moïse, pour apaiser les clameurs du peuple d'Israël et satisfaire sa soif, fit jaillir les ondes du rocher et abreuva tout le peuple et les bêtes de somme. Apprenant que les ennemis tenaient l'endroit après avoir tué les nôtres qui s'y trouvaient, le seigneur roi convoqua ses forces chevaleresques de toutes parts, et quoique bien jeune encore, il se mit en route sans délai, traversa avec ses troupes d'expédition la vallée illustre où l'on trouve la mer Morte, dite Lac-Asphalte, et se dirigea vers les montagnes de la Seconde Arabie, ou Arabie de Petra, aux confins de la montagne de Moab. De là ils entrèrent dans la Syrie de Sobal, qui est la Troisième Arabie, et qu'aujourd'hui on appelle vulgairement terre de Mont-Réal, et après l'avoir traversée ils arrivèrent au lieu de leur destination. Les indigènes de la région, prévenus de notre approche, s'étaient retirés dans la forteresse avec leurs femmes et leurs enfants, confiants en leurs fortifications qui semblaient en effet inexpugnables. Les nôtres, voyant la difficulté du lieu et les fortifications invincibles, après avoir pendant quelques jours lancé des masses de pierres et de flèches et employé divers autres moyens d'attaque sans en obtenir aucune espèce de succès, suivirent d'autres conseils. Cette région était entièrement plantée d'oliviers féconds, qui formaient une épaisse forêt et couvraient de leur ombre toute la surface de la terre, d'où les habitants de la région tiraient de façon variée leur vivre, comme leurs ancêtres ; privés d'eux, ils perdraient tout espoir de vie. On décréta donc de les arracher et d'y mettre le feu, afin que les habitants, effrayés du moins de voir couper les oliviers, fussent désespérés et amenés ainsi à livrer ou à chasser les Turcs rassemblés dans la forteresse et à nous la restituer. Ce projet mis à exécution ne manqua pas de réussir. Dès qu'ils virent brûler leurs arbres amis, ils changèrent d'avis [...].

7

MORT DE ZENGÎ : JEU DE MOTS SUR SANGUIN ET ÉLOGE DE NÛR AL DÎN

Pendant ce temps [1146], Zengî, dont nous avons fait mention ci-dessus, enivré du succès qu'il venait de remporter en soumettant la ville d'Édesse, vint mettre le siège devant la cité fortifiée située sur l'Euphrate, du nom de Calagembar. Pendant qu'il poursuivait ce siège, le seigneur de la ville assiégée entra en relation et prit des dispositions avec quelques-uns de ses ennuqᵢes, familiers de sa chambre, et une nuit, où il gisait étendu dans sa tente pris de vin et d'excès de table, il fut tué par ses domestiques eux-mêmes avec leurs glaives. L'un des nôtres, à l'annonce du meurtre, s'écria ceci :

Quel heureux événement ! De sang, il fut ensanglanté,
Cet homme auteur d'homicide du nom de Sanguin.

Ceux qui l'avaient tué furent reçus par le seigneur de la ville à l'intérieur des remparts comme convenu et échappèrent à la vengeance des parents de l'assassiné. Toute l'armée, privée de l'appui de son seigneur, prit la fuite. Lui succédèrent ses fils, l'un à Mossoul à l'intérieur de l'Orient ; l'autre, le cadet, à Alep, un homme probe et remarquable, craignant Dieu selon les traditions superstitieuses de ce peuple, qui accrut avec bonheur l'héritage paternel.

8

UNE EXPÉDITION VAINE, SAUVÉE AU RETOUR PAR DEUX MIRACLES

Peu de temps après, la seconde année du règne du seigneur Baudouin, un noble satrape des Turcs, ayant encouru la colère de Meieredin, roi de Damas, et disgracié auprès de son gouverneur Mehenedin, nommé aussi Ainard, dont l'autorité sur les confins des Damascènes était beaucoup plus grande que celle du roi lui-même, vint à Jérusalem devant le seigneur roi et sa mère, suivi d'une honorable escorte, proposant de remettre aux chrétiens la ville de Bostrum [Bosra] dont il était gouverneur, si le seigneur roi voulait lui donner une compensation suffisante selon l'arbitrage de notables. [...] Ainard était très prudent et aimait notre peuple. Il avait trois filles, il avait donné l'une au roi de Damas, l'autre à Nûr al Dîn, fils de Zengî, et la troisième à un illustre chevalier nommé Manguarth. Il avait donc le soin du royaume, tant comme beau-père du roi que pour son habileté, tandis que le roi, paresseux et ivrogne, passait son temps uniquement en plaisirs et, complètement dissolu, se laissait couler dans la débauche. Ainard, comme nous l'avons dit, s'efforçait de gagner la grâce de notre race. [...] Il craignait son gendre Nûr al Dîn comme autrefois le père, redoutant qu'il ne chassât le roi de Damas son autre gendre, homme complètement anéanti et plongé dans une honteuse ignorance, et ne l'exclût lui-même de l'administration de ce royaume. C'était là le principal motif qui lui rendait nécessaire notre grâce et le portait à la rechercher par toutes sortes de moyens. On eût dit que cet homme clairvoyant avait la prescience de l'avenir, car ce qu'il craignait arriva : aussitôt après sa mort, Nûr al Dîn s'empara du royaume de Damas, du consentement même de tous les habitants, et expulsa de vive force celui qui régnait. Ainard, fidèle à son dessein, faisait donc tous ses efforts pour déterminer le roi de Jérusalem à retourner chez lui, après qu'il eut remboursé pour lui les dépenses faites pour convoquer l'expédition [...].

9

Parmi les messagers qui vinrent annoncer ceci [les propositions d'Ainard], on remarquait un familier du seigneur roi, Bernard Vacher, dont le peuple se mit à s'écrier que c'était un traître, que quiconque voulait faire obstacle à cette affaire par des paroles dissuasives n'était pas fidèle au peuple chrétien. La foule imprévoyante se mit à clamer à grands cris qu'on devait continuer, qu'il ne fallait pas renoncer facilement à une si noble ville, qu'il fallait être reconnaissant au noble homme qui offrait à la chrétienté un bénéfice à jamais mémorable et suivre en tout ses propositions avec zèle et dévouement. Au milieu de tant de tumulte, l'avis du vulgaire prévalut, et les conseils de la sagesse furent méprisés. On prépara tous les bagages, on leva le camp et l'armée se remit en route vers ledit lieu. Après avoir traversé la vallée profonde de Roob, elle arriva dans la plaine que l'on appelle Médan, où les peuples arabes et les autres peuples orientaux se réunissent tous les ans pour une foire. Là, les nôtres commencèrent à rencontrer la foule des ennemis, et même en si grand nombre que ceux qui d'abord avaient demandé à grands cris que l'on poursuivît l'entreprise jusqu'au bout auraient préféré si possible retourner en arrière. [...] Après conseil, les nôtres décidèrent qu'il fallait marcher en avant, parce que revenir eût été à la fois très honteux et à peu près impossible. Les ennemis qui nous entouraient de toutes parts semblaient l'empêcher. Toutefois les nôtres s'avançant avec courage et s'élançant au milieu des lignes ennemies, s'ouvrirent passage par le fer et se dirigèrent vers le lieu de leur destination ; mais chargés de cuirasses, de leurs casques et de leurs boucliers, ils ne pouvaient marcher qu'à pas lents et sans cesse entourés d'ennemis qui redoublaient leurs embarras. Les cavaliers eussent pu se tirer d'affaire plus facilement, mais ils étaient forcés de ralentir leur mouvement et de demeurer toujours auprès des gens de pied, afin que les rangs ne fussent pas rompus et que les ennemis ne pussent trouver aucune occasion de les entamer [...].

10

[...] Pendant quatre jours de suite, ils n'eurent pas un seul moment de repos et furent sans cesse tourmentés des mêmes maux ; dans la nuit même, ils avaient à peine le temps de satisfaire aux besoins de la nature. De jour en jour les ennemis augmentaient en nombre et les nôtres diminuaient ; les uns étaient tués, d'autres blessés mortellement, d'autres enfin, désespérant de la vie et frappés d'une énorme terreur, allaient augmenter l'embarras des bagages, se cachaient au milieu des chevaux et des bêtes de somme et feignaient de ne pouvoir faire un mouvement, de peur qu'on ne les fît sortir de force pour les contraindre à soutenir les attaques des ennemis. [...] Enfin, le quatrième jour d'une marche suivie à travers tant de périls, les nôtres s'approchèrent du lieu de leur destination, et découvrirent de loin la ville. Avec beaucoup de difficultés, ils chassèrent les ennemis d'une éminence où quelques filets d'eau coulaient doucement entre des rochers, ils y dressèrent leur camp, prirent quelque nourriture, et s'occupèrent, autant qu'il leur fut permis, du soin de réparer leurs forces. Cette nuit, l'armée demeura en repos tant bien que mal et l'on attendit avec une extrême impatience la journée du lendemain. Cependant, au milieu du profond silence de la nuit, un homme porteur de funestes nouvelles sortit de la ville, traversa le camp des ennemis, et vint se présenter [...], il annonça que la ville avait été livrée aux ennemis par la trahison de la femme même de ce noble, que leurs satellites y étaient entrés, qu'ils avaient expulsé les autres troupes, et qu'ils occupaient maintenant toute la place et le fort. Frappés de consternation en apprenant cette triste nouvelle, les nôtres délibérèrent aussitôt sur ce qu'il fallait faire et jugèrent enfin qu'il fallait à tout prix se hâter de rentrer dans le royaume [...].

11

MIRACLE DE L'INCENDIE

Cependant, dès que le jour eut reparu, Nûr al Dîn, que son beau-père avait appelé à son secours, sortit de la ville de Bostrum, traînant à sa suite des troupes infinies de Turcs, et se joignit aux cohortes ennemies, tandis que les nôtres reprenaient le chemin pour rentrer selon ce qui avait été décidé. Ce que voyant, les adversaires poussèrent de grands cris et marchèrent en avant pour empêcher la retraite. Animés par les difficultés mêmes qui les environnaient de toutes parts, les nôtres renversèrent de l'épée et du glaive les corps qu'ils rencontrèrent devant eux, et s'ouvrirent un passage de force, en bravant dangers et massacre. On avait publié dans le camp l'ordre de déposer les corps des morts sur les chameaux et autres bêtes de somme employées au transport des bagages, afin que le spectacle du carnage ne fût pas un nouvel encouragement pour les ennemis ; on prescrivit aussi de mettre sur les bêtes de somme les malades et les blessés, afin que l'on pût croire qu'aucun des nôtres n'avait été tué ou n'était hors d'état de marcher, et l'on avait même ordonné à ceux-ci de porter leurs glaives nus, pour avoir l'air du moins forts et vigoureux. Ainsi les plus sages des ennemis s'étonnaient-ils qu'après une telle émission de flèches, des attaques si fréquentes, l'injure de la soif, de la poussière et de la chaleur excessive, on ne pût trouver aucun des nôtres mort ou mourant ; et le peuple, qui se montrait capable de supporter avec une telle persévérance tant et de si continuelles fatigues, leur semblait de fer. Voyant qu'ils ne réussissaient pas ainsi, les ennemis se tournèrent vers d'autres dommages. Toute la région était couverte de buissons, de petits arbrisseaux, de chardons secs, de plantes de senevé, de vieux chaume et de grains déjà bien mûrs : à tout ceci, ils mirent le feu, le vent contre nous alimentant et ranimant sans cesse les foyers. La flamme de l'incendie tout proche et le nuage de très épaisse fumée qui venait vers les nôtres aggravaient encore les difficultés. Et voici que, vers le vénérable seigneur Robert archevêque de Nazareth qui gardait la croix du Seigneur, tout le peuple se tourna en clamant sa plainte dans les larmes, et lui demanda : « Priez pour nous père [...]. » Le peuple était sur le mode des forgerons exerçant dans leurs officines, le vent faisant tourbillonner la fumée, les visages et les corps devenus de couleur noire ; la chaleur de l'incendie redoublait celle de l'été et portait la souffrance de la soif à un point extrême. Aux voix gémissantes du peuple, l'homme aimable à Dieu, le cœur contrit et l'âme compatissante, leva le bois sauveur contre les flammes [...], la puissance divine se manifesta ; en un instant les vents soufflèrent dans le sens opposé, et les flammes en même temps que la noire fumée brûlante furent poussées contre les ennemis qui se trouvaient en avant de notre armée ; les maux qu'ils avaient préparés pour la ruine des nôtres se retournèrent contre eux-mêmes. Les ennemis furent stupéfaits de cette nouveauté miraculeuse et regardèrent comme singulière la foi des chrétiens qui leur faisait obtenir si promptement du Seigneur leur Dieu les secours qu'ils imploraient de leurs vœux [...].

12

MIRACLE DU CHEVALIER INCONNU

[...] Après quelques jours de marche, les nôtres arrivèrent de nouveau à la vallée de Roob [...]. Les princes firent donc publier que l'on eût à continuer la marche en suivant un chemin plus élevé, plus uni et moins dangereux, mais comme ils n'avaient pas de chef pouvant aller au-devant des troupes et connaissant les lieux par lesquels il faudrait passer, voici que subitement, il y eut devant l'armée un certain chevalier inconnu monté sur un cheval blanc, en sa garde un étendard rouge, vêtu d'une cuirasse, aux manches courtes descendant jusqu'aux coudes. Tel l'ange du Seigneur des armées, il suivait les chemins raccourcis, s'arrêtait toujours auprès de sources jusqu'alors ignorées, et indiquait les positions les plus convenables et les plus commodes pour dresser le camp. L'armée avait eu de la peine à arriver en cinq jours de marche à la vallée de Roob, et dès qu'elle s'avança sous la conduite et en suivant les indications de son nouveau guide, elle arriva en trois jours auprès de Gadara.

13

[...] Ceux qui conservent encore aujourd'hui un souvenir fidèle du fait que j'ai rapporté s'accordent tous à dire que personne ne connut le chevalier qui servit de guide à l'armée. En effet, dès que l'on était arrivé au lieu où il fallait dresser le camp, il disparaissait subitement, on ne le voyait plus nulle part dans le camp, et le lendemain il était de nouveau à la tête de l'armée. Nul homme des temps présents ne se souvient d'une expédition aussi périlleuse et non suivie d'une victoire manifeste des ennemis, du temps des Latins en Orient [...].

17

LES AFFAIRES DE L'ÉGLISE

[...] À peu près à la même époque, et le jour de l'Épiphanie, la foudre du ciel tomba sur l'église du Sépulcre du Seigneur sur la montagne de Sion, et la mit en grand danger ; présage effrayant dans notre opinion, et qui remplit toute la ville de terreur. On vit aussi pendant plusieurs jours une comète et quelques autres apparitions extraordinaires qui annonçaient les choses de l'avenir.

Ces jours-là, comme l'Église de Tyr était devenue vacante, le seigneur roi et sa mère, qui continuait à s'occuper des soins du royaume et de tout, ainsi que le seigneur patriarche qui avait jadis occupé cette Église et ses évêques suffragants, arrivèrent à Tyr afin d'en pourvoir le siège. Là, selon l'usage, ils traitèrent de l'élection de l'évêque, et comme d'habitude dans ce genre de chose, les électeurs se divisèrent en deux tendances. Une partie en effet réclamait le seigneur Raoul, homme certainement lettré mais trop séculier, de nation anglaise, de belle allure, bien reçu par le roi, la reine et tous ceux de la cour, qui lui étaient favorables. Mais les autres, en tête Jean Pisan, archidiacre de cette Église qui fut par la suite cardinal de l'Église romaine du titre des saints Sylvestre et Martin, Bernard l'évêque de Sidon et Jean l'évêque de Beyrouth, à la suite du patriarche, ne voulaient pas promouvoir Raoul ; et après avoir déposé un appel, ils l'interdisaient par tous les moyens, en prévision d'actes de violence de la part de la royauté, et avec le patronage du patriarche. Le fait est que le chancelier Raoul s'empara de l'Église par la violence, envahit ses biens et les posséda pendant deux ans, jusqu'à ce que le pontife romain, en la personne du seigneur Eugène, par décision de justice en présence des parties, annulât les actes du chancelier. Cependant par la suite, le même Raoul eut la faveur du seigneur pape Adrien qui était son compatriote et reçut la charge de l'église de Bethléem où il fut ordonné évêque. Dans ladite métropole, d'un commun accord et avec l'approbation générale, on lui substitua un homme d'une simplicité et d'une bonté admirables, craignant Dieu, éloigné du mal, dont la mémoire est bénie des hommes et de Dieu, le seigneur Pierre prieur de l'église du Sépulcre du Seigneur, natif de l'Espagne citérieure, de la cité de Barcelone, noble selon la chair et plus encore en esprit, dont la vie et les entretiens réclament d'être traités plus longuement et soigneusement. Mais l'Histoire nous rappelle d'avoir à faire connaître des choses générales et de passer sur les détails.

19

L'ARRIVÉE DE LA DEUXIÈME CROISADE. L'EXPÉDITION DE L'EMPEREUR GERMANIQUE TOURNE À LA CATASTROPHE (1147)

[...] Pendant ce temps, le sultan d'Iconium [Qoniya], instruit longtemps à l'avance de la venue de tant de princes et redoutant leur arrivée, avait convoqué l'aide militaire depuis les confins les plus reculés de l'Orient. En souci, il cherchait comment il pourrait repousser les périls imminents qui le menaçaient, il fortifiait des villes, relevait ce qui était écroulé, implorait les secours des peuples voisins ; et dans une anxiété continue, il attendait de jour en jour l'arrivée de ceux qu'il savait à sa porte, apportant la mort aux siens et la désolation dans sa patrie. On disait en effet que venait une multitude iouïe depuis des siècles, que leur cavalerie pouvait couvrir toute la surface de la terre, que les plus grands fleuves ne suffisaient pas à les abreuver, que les régions les plus fertiles ne pouvaient leur fournir assez de vivres ; et quoique la rumeur exagérât beaucoup ces rapports, la vérité de la chose pouvait inspirer une vive terreur aux grands princes étrangers à la foi chrétienne. Car, comme l'assurent avec constance ceux qui étaient présents à ces expéditions, la seule escorte du seigneur Empereur [germanique [1]] faisait soixante-dix mille cuirasses sans compter piétons, enfants, femmes et cavaliers légèrement armés, et de même l'armée du roi des Francs atteignait le nombre de soixante-dix mille hommes équipés de cuirasses [...].

20

[...] À la demande de l'Empereur [germanique] au moment de son départ, le Constantinopolitain lui avait donné des guides experts des lieux, qui avaient la connaissance des provinces limitrophes mais qui étaient de peu de foi. On croyait qu'ils marchaient devant l'armée de bonne foi pour lui éviter de passer par des lieux dangereux et étroits, ou bien là où les vivres manqueraient aux légions. Ceux-ci, après avoir introduit les cohortes en terre ennemie, demandèrent aux chefs de l'armée de prendre des vivres en quantité suffisante pour quelques journées pendant lesquelles il faudrait traverser des lieux inhabités avec l'intérêt de prendre un chemin plus court, en promettant avec force qu'après un petit nombre de jours qu'ils indiquaient même à l'avance, l'armée arriverait à la célèbre ville d'Iconium [Qoniya], et serait alors dans un pays excellent, où l'on trouverait en abondance toutes sortes d'approvisionnements [...]. En vérité les Grecs, usuellement d'une méchanceté native et conduits par leur haine habituelle des nôtres, soit sur l'ordre de leur seigneur, soit corrompus par l'argent des ennemis, commencèrent à entraîner les légions avec fermeté et habileté hors du chemin et les faire pénétrer dans des lieux où les occasions de surprendre et vaincre le simple peuple seraient bien meilleures pour l'ennemi.

21

Mais l'Empereur, voyant que le nombre des journées prévues était déjà écoulé et que l'armée n'était pas encore parvenue aux lieux souhaités et promis, fit appeler les guides grecs de la route et commença à leur demander devant les princes pourquoi l'armée avait pris une route pendant plus de jours que ce qui avait été mandé et n'était pas parvenue au lieu convenu. Ceux-ci, recourant à leurs mensonges habituels, affirmèrent que

---

1. L'empereur germanique Conrad III (1138-1152).

toutes les légions arriveraient à Iconium dans les trois jours. À ces mots, l'Empereur, persuadé en homme simple qu'il était, ajouta qu'il pouvait bien encore supporter trois jours, ayant foi en leur promesse. La nuit suivante on dressa le camp comme à l'ordinaire ; et tandis que tout le monde se reposait des fatigues de la journée, ces hommes pestiférés, profitant du silence de la nuit, prirent secrètement la fuite, abandonnant sans guide tout le peuple qui s'était commandé à leur foi. Le jour revenu, comme le moment de repartir pour l'armée s'approchait, on ne trouva pas ceux qui avaient coutume de s'avancer en tête des colonnes [...].

22

Tandis que l'armée impériale souffrait de son ignorance des lieux, de la faim, de ses longues fatigues, de la difficulté des chemins, du manque de fourrage pour les chevaux et du poids de ses bagages, les satrapes des Turcs et toutes les sortes de magistrats qui avaient auparavant convoqué l'aide militaire vinrent à l'improviste attaquer les camps, et cette irruption subite alors que personne ne s'attendait à rien de tel jeta le désordre dans les légions. Les Turcs au contraire, montés sur des chevaux rapides, qui n'avaient manqué de rien, armés eux-mêmes à la légère, et ne portant que leurs carquois, voltigeaient autour du camp en poussant de grandes clameurs, et s'élançant avec leur agilité ordinaire sur des hommes pesamment armés, ils les pressaient dangereusement. Les nôtres, chargés de leurs cuirasses, de leurs bottes et de leurs boucliers, montés sur des chevaux exténués par la faim et une longue route, et insuffisants pour courir sus, quoique supérieurs en forces et en armes, n'étaient pas aptes à s'éloigner de leurs camps, ni à poursuivre les Turcs, ni à se jeter dans la mêlée. Ceux-ci au contraire surgissaient par bandes, lançaient de loin une énorme quantité de flèches [...]. Des soixante-dix mille cuirasses et de la troupe en nombre infini de piétons, à peine un dixième en réchappa, comme l'affirmèrent ceux qui étaient présents, les uns morts de faim, les autres morts par le glaive, quelques-uns aussi asservis aux chaînes. Le seigneur Empereur s'échappa cependant avec un petit nombre de ses princes, et avec le reste des siens se transporta dans la région de Nicée en quelques jours, malgré d'extrêmes difficultés.

24

L'ARRIVÉE DE LA DEUXIÈME CROISADE. L'EXPÉDITION DU ROI DES FRANCS
TOURNE AUSSI À LA CATASTROPHE (1147-1148)

[...] Le roi [1] fit dresser son camp sur les bords du Ménandre, au milieu de belles et vastes prairies. Ce fut là qu'il fut donné aux Francs de rencontrer les ennemis qu'ils désiraient tant voir. En voulant s'approcher des eaux, ils découvrirent sur la rive opposée une foule nombreuse d'ennemis qui défendait les abords du fleuve et voulait interdire aux nôtres d'utiliser l'eau. À la fin, les nôtres trouvèrent des gués, traversèrent le fleuve en dépit des ennemis, s'élancèrent sur eux, en tuèrent un grand nombre, en asservirent beaucoup aux chaînes, et mirent le reste en fuite. Ils prirent aussitôt possession de leur camp, y recueillirent de riches dépouilles, s'emparèrent de tout le bagage, et se rendirent maîtres de la rive opposée [...].

25

[...] L'armée se trouva alors en présence d'une montagne fort escarpée et difficile à gravir. Il convenait, d'après le règlement de la marche, de la franchir ce jour-là. En outre, dans l'expédition, l'habitude était de désigner chaque jour, parmi les hommes illustres, ceux qui iraient en tête et ceux qui suivraient à l'arrière pour veiller à la sûreté des non-combattants et principalement de la foule des gens à pied ; et d'ordonner le type de chemin, la quantité à marcher et le choix de l'emplacement des camps pour le jour suivant. Ce jour-là, le sort avait désigné pour aller devant avec la bannière royale un homme noble d'Aquitaine, nommé Geoffroi de Rancun. Lorsqu'il eut grimpé la montagne avec les colonnes d'avant-garde, parvenu au faîte de la montagne, bien qu'il ait été ordonné d'installer les camps au sommet, contre le règlement établi, il proposa d'avancer encore un peu plus loin. En effet, il lui parut que l'armée avait à faire une marche trop courte ce jour-là, qu'il restait encore une bonne partie de la journée : il se porta en avant, sous la direction de ses guides qui promettaient de le conduire un peu plus loin dans un lieu voisin plus commode. Mais ceux qui suivaient en arrière, jugeant que les autres s'arrêteraient au sommet de la montagne pour y dresser le camp, et voyant qu'il restait à faire peu de chemin vu ce qui avait été désigné pour la journée, allèrent très lentement, et ils commencèrent à s'éloigner de ceux qui les précédaient, en sorte que l'armée se trouva séparée en deux, les uns ayant déjà

---

1. Le roi de France Louis VII (1137-1180).

traversé la montagne, les autres arrêtés sur la montagne. Ce que voyant, les pointes[1] ennemies qui observaient la marche de l'armée de loin, sur le côté, toujours prêtes à trouver une occasion d'attaquer et spécialement pour cette raison la suivant sans relâche, saisirent l'occasion [...]. Cette fatale journée, marquée par un grand désastre, vit tomber l'immense gloire des Francs ; leur valeur abattue, jusqu'alors redoutable pour tous les peuples, fut détruite et devint un sujet de raillerie pour ceux qui niaient Dieu et qui naguère étaient remplis de terreur. Pourquoi donc, ô Seigneur Jésus béni, ce peuple tout dévoué à toi, qui voulait adorer les traces de tes pas, qui voulait couvrir de ses baisers ces lieux vénérables consacrés par ta présence corporelle, a-t-il été détruit par la main de ceux qui te haïssent ? En vérité, tes jugements sont des abîmes sans fond où personne ne peut aller : car tu es le seul, Seigneur, qui peut toutes choses, et il n'est personne qui puisse résister à ta volonté.

26

Le roi échappa par hasard plus que par habileté aux périls qui le menaçaient dans cette horrible confusion et, gravissant le sommet de la montagne avec quelques compagnons de fuite, marchant sans guide, dans le silence d'une nuit obscure, il rejoignit le reste de son armée dans le camp qu'elle avait dressé un peu plus loin. Ceux qui les précédaient en suivant la bannière royale, comme je l'ai dit, après avoir franchi les défilés de la montagne sans difficulté, avaient établi leurs camps sur un lieu assez commode et sans en être empêchés, et ils ignoraient le désastre [...]. Ceci se passa l'année 1148 en janvier. À partir de ce jour, on commença à manquer de pain et de toute espèce de vivres dans les camps, et ensuite pendant de nombreux jours il n'y eut aucun moyen d'en avoir commerce, mais ce qui était pire encore, on errait çà et là sans guide, sans personne qui marchât en avant et sans aucune connaissance des lieux. Enfin ils entrèrent en Pamphilie, à travers les précipices des montagnes et les défilés des vallons avec d'extrêmes difficultés mais sans rencontrer d'ennemis, et ils arrivèrent à Atalia, la métropole de la région. Atalia est une cité au bord de la mer et soumise à l'empereur de Constantinople, entourée de campagnes fertiles et pourtant inutiles à ses habitants. En effet, les ennemis la pressent de tous côtés et ne permettent pas de cultiver les champs [...]. On y trouve cependant beaucoup d'autres avantages : les étrangers y sont accueillis avec bienveillance, il y a des eaux limpides et saines, le sol est couvert de vergers à fruits et le site même est très agréable. Il y a abondance de grains apportés de loin par mer et tous ceux qui la traversent peuvent se procurer assez de vivres. Comme elle est entourée

---

1. *Cunei*, dans le texte latin.

d'ennemis contre lesquels il ne vaudrait rien de se défendre sans cesse, elle est devenue leur tributaire et elle commerce avec eux pour tout ce qui est nécessaire. Les nôtres qui ne connaissent pas la langue grecque l'appellent par corruption Satalia [...]. Le roi s'embarqua promptement avec ses princes, laissant à Atalia la foule des gens à pied. [...]

27

LES CHEFS OCCIDENTAUX NE SONGENT QU'À ALLER À JÉRUSALEM (1148). LE ROI DES FRANCS

Aussitôt que le prince Raymond d'Antioche fut informé que le roi des Francs, qu'il attendait depuis plusieurs jours avec une vive impatience, venait de débarquer chez lui, il convoqua les nobles de toute la région et les premiers dans le peuple, et marcha à la rencontre du roi avec une escorte de choix. Il le ramena de là à Antioche, en lui témoignant toutes sortes de respects, et le fit entrer avec la plus grande magnificence, au milieu de tout le clergé et le peuple qui avaient accouru. Depuis longtemps, et dès qu'il avait été informé de l'expédition future du roi des Francs, le prince d'Antioche avait conçu le projet d'employer son aide pour agrandir sa principauté et lui avait envoyé de beaux présents en France même, avant son départ, afin de se concilier ses bonnes grâces. Il comptait, en outre, pour le succès de ses desseins, sur l'intervention de la reine auprès du roi qu'elle avait suivi dans son pèlerinage. Elle était nièce du prince d'Antioche, en tant que fille aînée du seigneur Guillaume, comte de Poitou, son frère [...]. Confiant dans l'aide et les richesses du roi, son espoir le plus grand était de parvenir à se rendre maître des villes voisines, Alep, Césarée et quelques autres. Et certes il n'eût pas été déçu de ses espérances, s'il eût pu obtenir du roi et de ses grands de le seconder. L'arrivée du roi répandit une si grande terreur chez nos ennemis qu'ils n'avaient plus aucune confiance en leurs forces, et semblaient même désespérer de leur propre vie. Le prince se présenta solennellement devant le roi et les princes, tant ceux du roi et les siens, il lui exposa les projets qu'il avait conçus et dont il l'avait déjà entretenu quelquefois en secret, et lui montra que ces desseins pourraient être accomplis sans difficulté, et que le succès en serait à la fois utile et honorable. Mais le roi désirait ardemment et avait irrévocablement résolu de se rendre à Jérusalem [...].

28

L'EMPEREUR GERMANIQUE

Pendant ce temps, l'empereur Conrad, après avoir passé l'hiver dans la ville royale, où l'empereur de Constantinople le traita comme il convenait à un tel prince selon les lois humaines, comblé des plus riches présents à son départ, s'embarqua sur la flotte que l'empereur mit à sa disposition avec magnificence, fit voile vers l'Orient avec quelques-uns de ses princes, et atteignit le port d'Acre. De là, il se rendit à Jérusalem [...].

LE COMTE DE TOULOUSE

En ces mêmes jours, on vit aussi débarquer au port d'Acre un homme illustre et magnifique, le comte de Toulouse, nommé Alphonse, fils du seigneur comte Raymond le Vieux, qui s'était montré si grand prince et avait rendu de si grands services dans la première expédition. Illustre par ses qualités personnelles, plus illustre encore par la pieuse mémoire de son père, le comte partit pour Jérusalem afin d'aller rendre grâce au Seigneur de l'heureuse issue de son pèlerinage. En passant à Césarée, la ville maritime, il mourut sous l'effet d'un poison qui lui fut, dit-on, administré, mais on ne sait pas qui fut l'auteur d'une telle scélératesse. Le peuple entier de Jérusalem attendait avec une extrême impatience l'arrivée de ce prince, d'illustre mémoire, espérant qu'elle serait pour le royaume un présage de bonheur, comme l'avait été le nom de son père [...].

29

[...] Tous ces hommes grands et puissants avaient au début conçu l'espoir qu'ils pourraient élargir leurs frontières et accroître immensément leurs limites à l'arrivée des rois, grâce à leur œuvre et leur aide. Tous avaient pour voisins de féroces ennemis et des villes détestées, qu'ils désiraient s'annexer. Chacun d'eux était donc fort soucieux de soins domestiques et de croissance propre, et chacun s'empressait d'envoyer à ces rois des messagers et des présents pour les attirer auprès de lui et prendre les autres d'avance.

LIVRE XVII

Du siège de Damas à la reddition d'Ascalon (1148-1153)

Le roi de Jérusalem, l'Empereur germanique et le roi capétien mettent le siège devant Damas, puis s'en retirent à la suite de manœuvres peu claires (1148). Graves problèmes au nord, avec les offensives de Nûr al Dîn, la mort du prince d'Antioche (1149) et du comte d'Édesse (1150) au cours des combats, l'intervention grecque, l'occupation du comté d'Édesse par Nûr al Dîn. Dissensions qui se finissent bien entre la reine Mélisende et son fils Baudouin III (1152). Succès au sud du royaume avec le siège et la reddition d'Ascalon (1153).

1. Une cour générale se tient dans la ville maritime d'Acre ; on nomme les princes qui s'y réunirent.

2. Ils proposent d'assiéger la ville de Damas, ils font une convention, ils arrivent devant Damas.

• 3. Description du site de la ville de Damas.

• 4. Les nôtres pénètrent de force dans les vergers et occupent le fleuve à main forte malgré les ennemis. Un acte extraordinaire et admirable de l'Empereur est décrit.

• 5. Les habitants désespèrent et pensent à fuir ; l'armée se transporte de l'autre côté de la ville sur l'insistance de quelques-uns de nos princes corrompus par l'argent.

• 6. Les vivres manquent dans nos camps ; la malice des traîtres se dévoile et les nôtres abandonnent le siège.

• 7. Les opinions divergent sur qui fut la cause d'une telle trahison. On propose d'assiéger à nouveau Ascalon, mais on ne part pas.

8. L'empereur Conrad rentre chez lui, le roi des Francs demeure en Syrie.

• 9. Nûr al Dîn entre à l'intérieur des confins d'Antioche, le prince Raymond accourt ; ils se battent, le prince Raymond est tué.

• 10. Toute la région est soumise à l'arbitraire de Nûr al Dîn, le roi se hâte de lui apporter soulagement, le sultan d'Iconium [Qoniya] pénètre dans la terre du comte d'Édesse.

11. Le comte d'Édesse est capturé par les ennemis après le départ du roi d'Antioche, il meurt ignominieusement.

12. Le roi réédifie Gaza à côté d'Ascalon avec les princes du royaume.

13. De graves malentendus naissent entre le roi et sa mère, et il se fait couronner à son insu.

14. Le royaume est divisé entre la mère et le fils ; le roi de Jérusalem pénètre de force dans la tour de David et assiège sa mère, enfin la paix et la tranquillité sont restaurées.

15. Le sultan d'Iconium revient dans le comté d'Édesse, le roi s'y dirige avec grande célérité.

16. L'empereur de Constantinople dirige son armée vers la région d'Antioche, il demande que le comté d'Édesse lui soit remis, il l'obtient. Les châteaux se donnent aux Grecs, le roi en fait sortir les Latins.

17. Nûr al Dîn court au-devant du roi, l'empêche de sortir. Le roi revient à Antioche quoique avec quelque difficulté ; Nûr al Dîn, après avoir éjecté les Grecs, occupe toute la région.

• 18. Le roi demande à la princesse de prendre pour mari un des princes capables de gouverner la région, mais ne réussit pas ; de là, le roi va à Tripoli pour retourner chez lui.

• 19. Le roi et sa mère se retrouvent à Tripoli pour réconcilier le comte avec sa femme, mais n'y réussissent pas. Le comte est tué à la porte de la cité par les Assassins.

20. Une immense multitude de Turcs vient vers Jérusalem pour l'occuper, mais les nôtres sortent et les font céder avec beaucoup de courage.

21. Le roi et les princes du royaume s'avancent vers Ascalon pour dévaster les vergers autour de la ville, mais, poussés par un propos plus ambitieux, ils assiègent la ville.

• 22. Le site de la cité est décrit, et ses avantages sont montrés.

23. Le siège s'ordonne, quelles flottes sont présentes et quelles légions sont dirigées par la terre.

24. Au second mois du siège arrive un passage de pèlerins. Ils apportent beaucoup de choses utiles pour le siège.

25. Au cinquième mois arrive vers la ville une flotte d'Égyptiens, apportant beaucoup de réconfort aux habitants assiégés.

26. Constance, princesse d'Antioche, épouse Renaud de Châtillon. Nûr al Dîn occupe aussi par la force le royaume de Damas. Amalric est à la tête de l'église de Sidon.

• 27. Ceux qui sont au siège [d'Ascalon] attaquent la ville avec insistance, les habitants s'efforcent de détruire une machine extérieure, le mur de la cité s'effondre à un endroit, les nôtres voulant entrer par là périssent, notre armée désespère.

28. Les nôtres sont réconfortés, s'encouragent à continuer le siège, se pressent plus combatifs.

29. Les Ascalonites désespèrent et, en conseil commun, inclinent à la reddition.

• 30. Ils envoient au roi les notables de la cité, obtiennent de sortir librement avec femmes, enfants et affaires, et ils quittent la ville.

3

DAMAS, SES VERGERS, LES TROIS ARMÉES DES LATINS

Damas est la cité principale et la métropole de la Syrie Mineure, autrement appelée Phénicie du Liban. On lit que Damas est la capitale de la

Syrie, et reçut son nom d'un serviteur d'Abraham, qui en fut, à ce qu'on croit, le fondateur ; ce nom signifie la « ville de sang » ou la « ville ensanglantée ». Elle est située au milieu d'une plaine stérile qui serait entièrement aride si elle n'était arrosée par les eaux qui y sont conduites dans des canaux antiques. Les eaux d'un fleuve, en effet, qui descend d'un mont proche dans la partie supérieure de la région, vont dans ces canaux pour être de là dirigées dans la plaine et distribuées de tous côtés pour fertiliser un sol par ailleurs infécond ; ce qui reste — car les eaux sont abondantes — arrose, sur l'une et l'autre rive, des vergers couverts d'arbres fruitiers et coule ensuite le long du mur oriental de la cité.

Lorsque les princes furent arrivés au village de Daria, comme ils se trouvaient déjà dans le voisinage de Damas, ils formèrent leurs rangs et assignèrent à toutes les légions un ordre de marche, de peur que, si elles s'avançaient pêle-mêle, il ne s'élevât des querelles mutuelles nuisibles au succès. Selon les statuts décidés en commun par les princes, le roi de Jérusalem reçut l'ordre de marcher le premier avec son armée pour montrer le chemin aux autres, surtout parce qu'on disait que ses cohortes avaient les meilleurs experts des lieux. On prescrivit au roi des Francs d'être en second pour occuper le centre avec toutes ses troupes, afin d'être prêt, s'il était nécessaire, à porter secours à ceux qui marchaient devant lui. De même, l'Empereur [germanique] reçut l'ordre d'être en troisième et se préparer à résister aux ennemis au cas où ils viendraient faire une attaque par derrière, afin que les deux premiers soient plus en sûreté de ce côté. Les trois armées ainsi formées dans un ordre convenable, on porta le camp en avant, afin de se rapprocher de la ville le plus possible.

LA GUERRE DANS LES VERGERS DE DAMAS

Mais la cité, vers l'ouest par où les nôtres arrivaient et vers le nord, est entourée de long en large par des vergers, à l'instar d'un bois serré ou d'une forêt dense, qui se prolongent vers le Liban sur cinq milles et plus. Afin que les seigneuries ne soient pas confondues et qu'on ne puisse entrer à son gré, ces vergers sont entourés de murs en terre, car il y a peu de pierres dans le pays. Ces clôtures servent donc à déterminer les possessions de chacun, et sont séparées elles-mêmes par des sentiers et chemins publics, fort étroits en vérité, mais suffisants pour le passage des jardiniers et de ceux qui ont soin des vergers lorsqu'ils vont porter des fruits à la ville avec leurs bêtes de somme. Ces vergers sont en même temps pour la ville de Damas d'excellentes fortifications ; les arbres y sont plantés très serrés et en grand nombre, les chemins sont fort étroits, en sorte qu'il est à peu près impossible d'arriver jusqu'à la ville si l'on veut passer de ce côté. C'était cependant par là que nos princes avaient résolu au début de conduire leurs armées et de s'ouvrir un accès vers la ville. Deux motifs les avaient déterminés : ils espéraient qu'après s'être emparés des lieux les mieux fortifiés et sur lesquels le peuple de Damas mettait le plus sa confiance, ce qui resterait ensuite à faire serait peu de chose et pourrait être accompli plus facilement ; en second lieu, ils désiraient pouvoir profiter de la commodité des fruits et des eaux pour leurs armées. Le roi de Jérusalem fit donc entrer le premier ses rangs dans les vergers ; mais l'armée avait beaucoup de difficultés à avancer, soit à cause de l'étroitesse des chemins, soit parce qu'elle était incessamment harcelée par des hommes cachés derrière les broussailles, soit enfin parce qu'il fallait se battre souvent contre les ennemis qui s'étaient emparés des entrées et occupaient tous les défilés. Car tout le peuple de la cité était sorti unanime, était descendu s'établir dans les vergers pour empêcher le passage de notre armée, en embuscade ou à découvert. Il y avait en outre, à l'intérieur même des vergers, des maisons avec enceinte et élevées, garnies d'hommes prêts au combat dont les propriétés étaient voisines. De là, lançant des flèches et toutes sortes de projectiles, ils défendaient l'entrée de leurs jardins et ne laissaient approcher personne ; et comme leurs flèches portaient aussi sur les chemins publics, ceux qui voulaient y passer ne pouvaient le faire sans courir les plus grands dangers. Ce n'était pas seulement ainsi que les nôtres étaient exposés ; des périls de toutes sortes les environnaient de tous côtés, et la mort les menaçait de manière imprévue. Il y avait encore dans l'intérieur des vergers et le long des murs des hommes cachés avec des lances qui pouvaient voir tous ceux qui passaient à travers de petites ouvertures pratiquées à dessein, sans être vus eux-mêmes, et qui les transperçaient en les frappant sur le côté [...].

4

L'EXPLOIT DE L'ARMÉE GERMANIQUE

[...] Les cavaliers, tant ceux de Damas que ceux venus à leur secours, ayant appris que notre armée s'avançait du côté des vergers pour faire le siège de la ville, s'étaient installés sur les bords du fleuve qui coule le long de la ville, afin d'attaquer nos troupes avec leurs arcs et leurs machines à projectiles, et les repousser loin de la rivière lorsqu'elles y arriveraient pour chercher quelque soulagement à leur soif à la suite des longues fatigues du voyage. Les nôtres, en effet, apprenant que le fleuve était proche, se hâtèrent de s'y rendre, pour apaiser la soif ardente que leur avaient donnée les travaux et les nuages de poussière soulevés par les pieds des hommes et des chevaux. Ils s'arrêtèrent un moment en voyant les bords du fleuve occupés par une multitude innombrable d'ennemis ; la nécessité ranimant leurs forces et leur audace, ils rassemblèrent leurs forces et tentèrent de se rendre maîtres des eaux à deux reprises consécutives, mais toujours en vain. Tandis que le roi de Jérusalem et les siens faisaient des efforts en vain, l'Empereur qui commandait les rangs de derrière demanda pourquoi l'armée ne se portait pas en avant. On lui annonça que les ennemis occupaient les bords du fleuve et fermaient ainsi le passage. Aussitôt l'Empereur, enflammé de colère, s'élançant à travers les rangs du roi des Francs, à la tête de ses princes, arriva rapidement là où l'on combattait pour le fleuve. Il mit sur-le-champ pied à terre ainsi que ceux qui étaient avec lui, car c'est ainsi que font les Teutons lorsqu'ils se trouvent réduits à quelque grande nécessité à la guerre, et tous ensemble, le bouclier en avant et le glaive en main, ils s'élancèrent sur les ennemis pour combattre corps à corps. D'abord ceux-ci avaient vigoureusement résisté, mais ils ne purent soutenir le choc des nouveaux assaillants, et prenant aussitôt la fuite, ils abandonnèrent le fleuve et se retirèrent en toute hâte dans la ville [...].

5

LA CORRUPTION FAIT ABANDONNER LE SIÈGE, LA RÉPUTATION DES LATINS FAIBLIT

[...] La cité de Damas était serrée de très près, les habitants n'avaient plus d'espoir de résistance et de salut, ils avaient fait leurs bagages et se disposaient à quitter le lieu, lorsqu'en punition de nos péchés, ils en vinrent à fonder quelque espérance sur la cupidité des nôtres et voulurent vaincre par l'argent les âmes de ceux qu'ils ne croyaient plus pouvoir vaincre par la force. À l'aide de toutes sortes d'arguments, en ayant promis et collecté quantité d'argent, ils persuadèrent quelques-uns de nos princes d'employer leur zèle pour faire interrompre les travaux du siège et remplir le rôle du traître Judas. Corrompus par ce qu'ils avaient reçu et par les promesses qu'on leur faisait encore, suivant leur cupidité conseillère de tous les vices, par leurs suggestions impies, ils persuadèrent les rois et les princes pèlerins confiants en leur bonne foi et leur habileté d'abandonner les vergers, pour transporter leur expédition à l'extrémité opposée de la ville. Ils dirent, pour cacher leur ruse, que de cet autre côté face au sud et du côté est, il n'y avait ni verger pour appuyer la défense, ni fleuve ni fossés pour empêcher l'attaque du mur, qui était bas et fait de briques non cuites, disaient-ils en outre, en sorte qu'il ne pourrait même pas soutenir un premier assaut. Ils ajoutaient encore que, de ce même côté, on n'aurait besoin ni de machines ni d'efforts considérables, que dès la première attaque il ne serait nullement difficile de renverser le mur en poussant à la main et pas difficile de faire irruption dans la ville. En faisant ces propositions, ils n'avaient d'autre but que d'éloigner l'armée de la partie où elle s'était établie et par où la cité se trouvait vivement pressée et dans l'impossibilité de résister longtemps, sachant que du côté opposé ils ne pourraient continuer le siège. Les rois aussi bien que les principaux chefs les crurent et, abandonnant les lieux dont ils s'étaient emparés auparavant à la sueur de leurs fronts et après beaucoup de massacres, ils transportèrent les légions vers l'autre extrémité de la ville et installèrent leurs camps sous la conduite de leurs séducteurs. Là, loin de l'eau et des fruits qu'ils avaient avant en abondance, privés d'aliments, ils comprirent la ruse [...].

6

[...] Les princes pèlerins, discutant entre eux, voyant la méchanceté manifeste de ceux à qui ils avaient fait foi pour commettre leurs âmes et leur entreprise, persuadés qu'ils ne pourraient pas réussir, résolurent de retourner dans le royaume [de Jérusalem], détestant les perfidies de ceux qui les avaient trompés. Ainsi, ces rois et ces princes, dont le nombre fut tel que nous n'avons rien lu de semblable pour aucun siècle, remplis de confusion et de crainte, forcés à cause de nos péchés de renoncer à leurs desseins sans avoir pu les accomplir, rentrèrent dans le royaume par la route suivie en venant. Ils ne cessèrent dans la suite, et même après qu'ils eurent quitté l'Orient, de tenir pour suspectes toutes les voies de nos princes, à juste titre ils déclinaient leurs conseils comme trop mauvais, ils se montraient tièdes pour les affaires du royaume, et après qu'il leur fut donné de retourner dans leurs régions, ils gardèrent le souvenir des affronts, eurent en horreur la méchanceté des princes et ils ne furent pas les seuls, à devenir plus détachés de l'amour du royaume, mais aussi d'autres qui n'avaient pas fait partie de l'expédition : on ne vit plus un aussi grand nombre de pèlerins entreprendre le voyage ni témoigner autant de ferveur ; et ceux qui arrivaient ou arrivent encore, voulant éviter d'être pris aux mêmes pièges, s'empressent de retourner chez eux aussi promptement qu'il leur est possible même aujourd'hui.

7

Je me souviens d'avoir très souvent questionné à ce sujet des hommes sages, ceux qui avaient conservé une mémoire plus solide de ce temps, et je le faisais principalement dans l'intention de consigner dans cette Histoire présente ce que j'avais appris. Je leur demandais quelle avait été la cause d'un tel mal, qui étaient les auteurs d'une si grande scélératesse, comment un projet aussi détestable avait pu être exécuté. J'ai recueilli des relations divergentes sur la cause que l'on peut assigner. L'opinion de quelques-uns est que l'occasion de ce mal serait venue d'un acte du comte de Flandre. Il fut dans cette armée, comme nous l'avons dit. Après que nos légions furent arrivées à la ville et se furent emparées des vergers de force, quand la cité était assiégée à hauteur du fleuve, on dit que le comte lui-même alla trouver en particulier et séparément les rois pour dire avec force prières qu'il souhaitait que la ville lui fût donnée quand elle serait prise, on dit même qu'il l'avait obtenue. L'apprenant, quelques-uns de nos grands s'indignèrent qu'un tel prince à qui ses biens pouvaient suffire et qui semblait servir le Seigneur gratuitement postulât pour une portion du royaume. Ils espéraient en effet que tout ce qui serait conquis par les soins de ces princes tournerait à l'accroissement du royaume ou au leur. Dans leur indignation, ils tombèrent dans une infamie sinistre, et préféraient le voir conserver par l'ennemi qu'être cédé grâce au sort au comte : eux qui avaient passé toute leur vie à peiner au service du royaume, il leur semblait indigne, de toutes façons, que le fruit de tant de peines allât à d'autres qui étaient arrivés récemment, les laissant sans espoir de rémunération, eux qui la méritaient depuis longtemps. D'autres disent que le prince d'Antioche, indigné que le roi des Francs eût oublié la reconnaissance qu'il lui devait et l'eût abandonné sans vouloir lui prêter assistance, avait engagé quelques-uns des princes de l'armée, autant du moins qu'ils pouvaient tenir à sa bienveillance, à faire en sorte que les entreprises du roi n'eussent aucun succès [...]. D'autres enfin affirment qu'il ne se passa rien, sinon qu'infinies furent les quantités d'argent remis par les ennemis [...].

9

NÛR AL DÎN HUMILIE LE ROYAUME D'ANTIOCHE

Depuis ce jour, la situation des Latins d'Orient commença à se détériorer visiblement. Car nos ennemis virent et raillèrent les travaux infructueux de nos princes et de nos plus grands rois qui semblaient les plus fermes appuis du peuple chrétien, leurs vains efforts, leurs forces usées, leur gloire cassée, la présence sans danger de ceux dont le seul nom était auparavant redoutable pour nos ennemis. De ce fait, ils s'élevèrent à une telle désinvolture, une telle audace, qu'ils ne mirent plus en doute leurs forces et ne craignirent plus d'attaquer les nôtres plus vivement qu'ils n'en avaient l'habitude. Ainsi, après le départ des deux rois, Nûr al Dîn, fils de Zengî, dont j'ai déjà eu l'occasion de parler, convoqua à lui, dans tout l'Orient, une multitude infinie de Turcs, commença à exercer ses fureurs dans les environs d'Antioche avec plus de témérité qu'habituellement et, voyant la terre des Latins abandonnée des princes, entreprit d'assiéger un château [...].

10

[...] Cependant Nûr al Dîn, se montrant comme son père le plus grand persécuteur de la foi et du nom de chrétien, voyant que le prince de la région et la plupart des hommes vigoureux avaient péri dans le combat et que toute la province d'Antioche se trouvait ainsi livrée à sa merci, y pénétra aussitôt avec ses expéditions et fit le tour de la région en ennemi ; il passa près d'Antioche, livrant aux flammes tout ce qui tombait sous sa main, jusqu'au monastère de Saint-Siméon, situé sur des montagnes très élevées, entre Antioche et la mer ; là, il usa des possessions en maître, traita de toutes choses selon son libre pouvoir. De là, il descendit jusqu'à la mer qu'il n'avait jamais vue, et il s'y baigna devant les siens, en signe qu'il était arrivé en vainqueur jusqu'à la mer. Puis il revint vers le château de Harenc, situé à une distance de dix milles d'Antioche à peine, l'occupa au passage, le munit avec diligence de chevaliers, d'armes et de vivres, afin qu'il pût soutenir un long siège. En conséquence, le peuple entier fut saisi de crainte, sa terre humiliée sous ses yeux, parce que le seigneur avait livré entre ses mains la force de la chevalerie et le prince de la région, qu'il n'y avait nulle aide, personne qui pût apporter le remède de la protection contre les périls qui le menaçaient. Il ne restait, pour prendre soin de la chose publique et de l'administration de la principauté, que la femme du prince, Constance, et avec elle deux fils et deux filles encore impubères ; il n'y avait personne pour remplir l'office de prince et relever la plèbe de son profond abattement [...].

18

AFFAIRES INTÉRIEURES : LES FEMMES

Cependant, le seigneur Baudouin roi de Jérusalem était soucieux pour la ville d'Antioche et le diocèse adjacent, et craignait qu'elle ne tombât aux mains des ennemis, comme la terre du comte dont nous avons parlée, privée du secours du prince ; que le désordre n'augmentât encore pour le peuple chrétien et misérable. Il voyait qu'il n'était pas libre d'y demeurer plus longtemps et de renvoyer le soin du royaume. C'est pourquoi il demandait souvent à la dame princesse [1] de choisir l'un des nobles pour époux, qui apporterait au gouvernement du principat ses soins et ses conseils. Il y avait alors dans la région des hommes illustres et nobles qui avaient rejoint le camp du seigneur roi, à savoir le seigneur Yves de

---

1. La jeune princesse d'Antioche, veuve de Raymond de Poitiers mort en 1148, est Constance, fille d'Alice et Bohémond, qu'Alice aurait voulu déshériter pour régner seule, après la mort de Bohémond (voir livre XIII, 27, et livre XIV, 4 et 9).

Nesles, comte de Soissons, homme magnifique, sage et remarquable, qui avait beaucoup d'autorité dans le royaume des Francs ; Gautier de Falquenberga, châtelain de Saint-Omer, qui fut ensuite seigneur de Tibériade, lui aussi un homme sage, de grande urbanité, habile en conseil, courageux aux armes ; le seigneur Raoul de Merle, très noble, expérimenté en armes, débordant de sagesse : ils semblaient convenir au gouvernement du principat. Mais elle craignait les liens du mariage, elle préférait une vie dissolue et libre, s'inquiétait peu de ce qui conviendrait au peuple et se souciait plus de satisfaire à ses désirs charnels. Le roi convoqua à ce propos une cour générale à Tripoli, où il invita tant le seigneur patriarche d'Antioche et ses suffragants que la princesse et ses grands ; sa mère la reine Mélisende fut présente, et les princes du royaume à sa suite. On y traita et s'occupa des affaires publiques, on en vint à l'affaire de la princesse, mais ni le roi, ni le comte ses parents, ni la reine ni la comtesse ses tantes maternelles ne purent la convaincre de pourvoir au bien de la région de cette façon. On disait qu'elle s'appuyait sur le conseil du patriarche, un homme assez adroit et dissimulé qui l'entretenait dans cette erreur afin de pouvoir exercer plus librement sa domination sur toute la terre, chose dont il était très avide.

19

À ce moment-là aussi, une inimitié était née entre le seigneur comte, animé de jalousie maritale, et sa femme la sœur de la reine Mélisende. Il semblait que la reine Mélisende était venue pour l'apaiser, en même temps que pour voir la princesse sa nièce. Comme elle n'avait pas bien réussi à les raccommoder et repartait, elle décida d'emmener sa sœur avec elle, et toutes les deux étaient déjà sorties de la ville [1] [...].

22

DESCRIPTION D'ASCALON

Ascalon est l'une des cinq villes des Philistins, située sur le bord de la mer, avec la forme d'un demi-cercle dont le rivage fait la corde ou le diamètre, et dont la circonférence ou l'arc regarde la terre à l'est. La cité entière niche quasiment dans un creux qui s'incline vers la mer, ceinte de tous côtés par des levées artificielles, sur lesquelles se dressent les remparts avec des tours nombreuses, un ouvrage solide entremêlé de ciment

---

1. C'est à ce moment-là que le comte ainsi qu'un chevalier et Raoul de Merle sont tués à une porte de la ville par un « Assassin ».

qui le rend plus dur que la pierre ; les murs ont l'épaisseur voulue et une hauteur bien proportionnée, en outre ils sont ceints tout autour d'une deuxième muraille en avant d'une même solidité de construction, qui renforce la fortification. On ne trouve à Ascalon aucune fontaine, ni à l'intérieur des murs, ni dans le voisinage ; mais on voit au-dedans aussi bien qu'au-dehors une grande quantité de puits qui donnent des eaux pleines de saveur et très bonnes à boire, et les habitants avaient aussi construit à l'intérieur quelques citernes recueillant les eaux de pluie, pour plus de prudence. Les remparts sont percés de quatre portes fortifiées avec beaucoup de soin par des tours élevées et solides. La première, qui regarde vers l'est, s'appelle la porte Majeure et on l'a surnommée porte de Jérusalem parce qu'elle regarde vers la cité sainte ; elle est située entre deux tours très hautes qui paraissent dominer la cité comme la forteresse centrale. En avant, la deuxième muraille est percée de trois ou quatre portes plus petites, par lesquelles on arrive à la grande par des détours. La seconde porte, qui regarde vers l'ouest, est appelée la porte de la Mer, parce que les habitants qui vont à la mer sortent par là. La troisième regarde vers le sud en direction de la ville de Gaza dont nous avons fait mention plus haut, d'où son nom. La quatrième, regardant vers le nord en direction de la ville voisine sur le littoral, est dite porte de Jaffa. Mais cette cité, dont le site ne présente aucune aptitude aux choses de la mer, n'a pas de port ou d'endroit où les nefs puissent se mettre à l'abri, et n'en a pas eu ; la côte est tellement sableuse et les vents font grossir la mer si fort alentour qu'il est très douteux d'y aborder en confiance, sauf si la mer est très calme. Le sol à l'extérieur de la ville est couvert de sable, mauvais pour les champs, adapté cependant à la vigne et aux arbres fruitiers, sauf au nord où un petit nombre de vallons fertilisés par du fumier et irrigués par l'eau des puits produisent de l'herbe et des grains pour la commodité des habitants. Il y avait dans la cité une population nombreuse, où le plus petit, jusqu'au nouveau-né comme on disait vulgairement, recevait un salaire pris sur les trésors du calife d'Égypte : ce seigneur et ses princes prenaient grand soin de cette ville, jugeant que si elle défaillait et venait sous la domination des nôtres, nos princes n'auraient plus qu'à descendre librement et sans obstacle jusqu'en Égypte et occuper de force le royaume. Elle leur servait donc de rempart, et quatre fois par an ils envoyaient des subsides aux habitants par terre et par mer, pour profiter eux-mêmes de la tranquillité voulue pendant que les nôtres consommeraient leur zèle et leur œuvre à la circonvenir. Ils envoyaient donc pour cette raison à grands frais et à des époques déterminées ce qui était nécessaire à la ville, armes, vivres, troupes fraîches, pour occuper les nôtres et avoir moins de souci de nos forces dont ils se méfiaient.

23

Donc les nôtres essayèrent enfin d'assiéger cette ville qui avait résisté jusqu'alors à nos efforts, pendant cinquante ans et plus après que le Seigneur eut livré au peuple chrétien les autres parties de la Terre promise, chose extrêmement difficile et presque impossible. En outre en effet, du premier au dernier jour du siège, le nombre des assiégés resta le double de celui des assiégeants [...].

27

PREMIÈRE PERCÉE À TRAVERS LES REMPARTS D'ASCALON, QUE LES TEMPLIERS FONT ÉCHOUER

[...] Les Ascalonites tinrent donc conseil entre eux, et, attendant surtout l'avis de ceux qui avaient plus d'expérience dans ce genre de chose, ils proposèrent de jeter entre le mur et le castellet[1] du bois sec bon pour alimenter les flammes, quel que soit le péril et l'état critique des habitants, et d'y mettre le feu secrètement : il leur paraissait qu'autrement, ainsi pressés et abattus à l'extrême, il ne leur restait aucun espoir de salut, aucune chance de résister. Donc, en réponse à leurs exhortations, quelques hommes remarquables pour leurs forces et leur courage, préférant le salut des habitants au leur, se présentèrent pour affronter ce péril, transportèrent du bois là où le mur était le plus voisin du castellet et le jetèrent à l'extérieur entre le mur et la machine. Ils en firent un très grand tas qui paraissait suffisant pour incendier le castellet et jetèrent par-dessus de la poix, de l'huile, des résines, et toutes les sortes de substances dont on se sert pour alimenter un incendie. Le feu mis, la divine clémence alla manifestement vers nous, car, dès que l'incendie se propagea, un vent violent vint de l'est qui repoussa vivement le souffle de l'incendie vers le mur de la cité. Le vent continua avec la même force toute la nuit à pousser les flammes vers le mur qui fut réduit en cendres, si bien qu'au petit matin tout s'écroula de fond en comble, depuis une tour jusqu'à la tour voisine, et le fracas de la chute ébranla toute l'armée. La chute d'un tel poids retentit sur le castellet qui jusqu'alors n'avait pas souffert de l'incendie, brisant quelques-unes de ses principales pièces, et projetant plus ou moins à terre ceux qui étaient en sentinelle au sommet ou sur les avancées. Mue par le fracas de l'écroulement, toute l'armée courut aux armes, et se pressa directement à cet endroit, pour entrer par le passage ouvert quasi divinement. Mais le maître de la milice du Temple, Bernard de Tremelay,

---

1. Tour mobile construite par les assiégeants.

et ses frères, arrivés bien avant les autres, avaient occupé le passage et ne permettaient à personne d'entrer sauf aux leurs. On dit qu'ils les repoussaient pour obtenir plus de dépouilles et plus grande abondance d'argent en entrant les premiers. C'est un usage observé jusqu'à aujourd'hui comme une loi chez nous, que dans toutes les villes prises de force, ce que chacun ravit pour son compte en entrant lui est acquis de droit et à perpétuité, à lui et à ses héritiers. Si tous avaient pu entrer indistinctement, la cité aurait pu être prise et les dépouilles auraient suffi aux vainqueurs. Mais il est rare qu'une œuvre viciée à la racine et pervertie dans l'intention finisse bien, parce que « mauvais butin ne donne pas de bons résultats ».

Pendant qu'emportés par leur cupidité, ils refusent d'avoir des associés dans le partage du butin, seuls ils se trouvent exposés au péril mérité de la mort. Quarante d'entre eux environ entrent et les autres ne peuvent les suivre. Les habitants, d'abord soucieux de leur vie et prêts à supporter le pire sans opposition, les voyant peu nombreux, retrouvent leur force et leur courage, saisissent leurs glaives et massacrent ceux qu'ils interceptent. Joignant à nouveau leurs rangs, leurs forces renaissantes, les armes retrouvées qu'ils avaient déposées quasiment vaincus, ils s'élancent tous en même temps là où le rempart était tombé. Et ainsi, entrelaçant les poutres d'une taille immense et les énormes pièces de bois qu'ils tirent en abondance de leurs nefs, ils comblent l'ouverture, ferment le passage, et se dépêchent à l'envi de le rendre impénétrable. Puis ils fortifient de nouveau les tours, des deux côtés desquelles l'incendie s'était approché, qu'ils avaient d'abord abandonnées dans l'impossibilité de supporter la vigueur des flammes ; ils renouvellent la guerre, se disposent à combattre de nouveau et provoquent eux-mêmes les nôtres au combat comme s'ils n'avaient enduré aucun revers.

Ceux qui étaient dans le castellet, sachant que leurs bases étaient moins solides, que la machine était abîmée dans sa partie inférieure, pressèrent moins vivement, peu confiants dans sa solidité. Eux suspendirent les corps de ceux qu'ils avaient tués au bout de cordes jetées par-dessus le mur, pour notre honte ; ils insultaient les nôtres, exprimaient la joie qui les avaient envahis par des signes et des paroles. Mais la détresse et la joie se rejoignent aux extrêmes et ce qui suivit montre bien la vérité de ce qui est dit : « Avant la ruine, le cœur s'exaltera[1]. » Mais les nôtres, consternés de ce changement d'esprit, le cœur amer, rendus apeurés, doutèrent de la victoire.

---

1. Pr, xvi, 18.

30

APRÈS LA PRISE D'ASCALON

[...] Le fait est que les assiégés, qui avaient obtenu une trêve de trois jours continus en vertu des conventions, redoutant la présence des nôtres, rassemblèrent tous leurs bagages en deux jours et sortirent de la ville avec leurs femmes, leurs enfants, leurs serviteurs et leurs servantes, et des objets de toutes sortes. Le seigneur roi leur donna des guides pour les conduire jusqu'à Laris, ville antique située dans le désert, et les renvoya en paix selon la teneur des conventions.

Le roi, le seigneur patriarche, les autres princes du royaume et les prélats des églises étaient ensuite entrés dans la ville. Marchant avec tout le clergé et le peuple, précédés du bois de la croix du Seigneur, ils se rendirent d'abord au principal oratoire, au décor extraordinaire, qui fut dans la suite consacré en l'honneur de l'apôtre Paul, et y déposèrent la croix du Seigneur. Là, on célébra l'office divin ; et, après ces actions de grâces, chacun se rendit dans la maison qui lui était destinée et fêta cette journée de bonheur, digne de la mémoire du siècle. Peu de jours après, le seigneur patriarche ordonna l'église. Il institua un certain nombre de chanoines, auxquels il assigna un salaire fixe appelé prébende. Il ordonna aussi comme évêque un certain Absalon, chanoine régulier de l'église du Sépulcre du Seigneur, malgré les réclamations et l'opposition formelle de Gérald, évêque de Bethléem. Dans la suite, cette cause ayant été portée en appel à l'audience du pontife romain, cet évêque obtint l'exclusion du prélat que le seigneur patriarche avait consacré et la possession à perpétuité de cette église et de toutes ses possessions par l'église de Bethléem.

Sur le conseil de sa mère, tant en ville qu'au-dehors, le roi distribua des possessions et des terres réparties au cordeau à ceux qui avaient bien mérité, et aussi à certains contre un prix d'argent. Puis il concéda libéralement toute la cité à son frère adolescent, le seigneur Amaury, comte de Jaffa. La cité d'Ascalon fut prise le 12 août 1154, la dixième année du règne de Baudouin, quatrième roi de Jérusalem.

LIVRE XVIII

De la prise d'Ascalon à la mort du roi Baudouin III (1153-1163)

Prospérité du royaume de Jérusalem. Guillaume de Tyr prend le temps de retracer l'histoire de la maison de l'Hôpital depuis l'origine. Panéas (Banyas) est difficile à tenir, Nûr al Dîn l'assiège, il est sur le point de la prendre quand le roi arrive, il décampe, surprend l'armée qui s'en retourne, fait de nombreux prisonniers mais non le roi, recommence le siège et décampe à nouveau à l'arrivée du prince d'Antioche et du comte de Tripoli. Renaud de Châtillon, qui a épousé la princesse d'Antioche, défraye la chronique par sa conduite impulsive. Relations assez amicales avec l'empereur byzantin qui passe une année en Cilicie, mariage du roi avec une nièce de l'empereur, mariage de l'empereur avec une fille du prince d'Antioche.

● 1. Renaud de Châtillon, prince d'Antioche, traite ignominieusement le patriarche d'Antioche, celui-ci s'enfuit dans le royaume. Une grande famine commence sur la terre.

2. Adrien succède au défunt pape Anastase, l'empereur Frédéric est couronné à Rome. Entre le seigneur pape et Guillaume, le roi de Sicile, commencent de graves querelles.

● 3. Entre le seigneur patriarche et les frères de l'Hôpital des questions surgissent au sujet des dîmes et certains dommages qu'ils portaient aux églises.

4. Sont décrits l'origine et les débuts de la maison des Hospitaliers.

5. Comment le calife d'Égypte, à la demande des Amalfitains, commanda de leur désigner un lieu où édifier l'église.

6. Le seigneur patriarche part à Rome auprès du pape Adrien avec un grand nombre d'évêques d'Orient.

7. L'empereur de Constantinople envahit les Pouilles avec le consentement du seigneur pape. Le seigneur patriarche parvient avec les siens à la curie.

8. Le pape Adrien s'approche de Bénévent, le seigneur patriarche se dépêche d'y arriver, propose des actions, mais la curie corrompue par des cadeaux ne respecte pas la justice : le patriarche revient sans avoir achevé son affaire.

9. En Égypte, s'élèvent des troubles civils ; le sultan s'enfuit, il est tué par les nôtres, son fils Nosceradinus est fait prisonnier.

● 10. Le prince Renaud occupe l'île de Chypre et dépouille de force ses habitants.

● 11. Le roi, malgré les accords et le traité de paix qu'il avait conclus avec eux, fait prisonniers des Arabes et des Turcs dans les bois de Panéas.

12. Henfredus le connétable concède la moitié de la ville de Panéas aux Hospitaliers ; Nûr al Dîn s'empare des secours qu'il apportait et la cité est assiégée.

13. Le roi s'approchant, le siège est levé, mais en revenant imprudemment, notre armée est prise en chemin dans des embuscades dangereuses.

14. Le roi, fuyant le combat, se retrouve au château de Saphet, l'armée est battue, plusieurs princes sont faits prisonniers.

15. Nûr al Dîn assiège de nouveau Panéas, mais sans succès, le roi étant revenu.

● 16. Thierry, le comte de Flandre, arrive. Des messagers sont envoyés à Constantinople demander une épouse pour le seigneur roi.

• 17. Le roi s'approche d'Antioche avec tous les hommes du royaume et le comte de Flandre. Nûr al Dîn contracte une maladie désespérée.

• 18. Césarée [près d'Antioche] est assiégée et prise de force peu après.

19. Le frère de Nûr al Dîn traverse [l'Orient] dans notre direction. Le patriarche de Jérusalem Foucher meurt. Une grotte au-delà du Jourdain est restituée aux nôtres. Le roi assiège le château d'Harenc dans la région d'Antioche et l'occupe.

20. Amaury, le prieur de l'église du Sépulcre du Seigneur, est élu patriarche de Jérusalem ; un conflit naît entre les évêques au sujet de son élection.

21. Nûr al Dîn assiège notre grotte dans la région de Suita ; le roi accourant, il lève le siège, Nûr al Dîn attaque les nôtres et il est vaincu.

• 22. Les messagers qui avaient été envoyés à Constantinople pour le mariage royal reviennent et amènent la nièce de l'empereur au roi pour qu'il l'épouse.

• 23. L'empereur de Constantinople vient à Antioche, il se réconcilie avec le prince Renaud qui satisfait à la pénitence pour ce qu'il avait commis à Chypre.

24. Le roi s'approche de ces régions, il est accueilli noblement par l'empereur et remporte une infinité de présents.

• 25. L'empereur entre à Antioche, fait beaucoup de libéralités aux habitants ; et retourne peu après chez lui.

26. Après la mort d'Adrien naît un schisme dangereux dans l'église de Rome.

27. Nûr al Dîn, franchissant les frontières du sultan d'Iconium [Qoniya], occupe par la force la région. Le roi ravage les confins des Damascènes.

28. Renaud, le prince d'Antioche, est pris par les ennemis et enchaîné captif à Alep.

29. Un certain Jean, prêtre cardinal de l'Église romaine, descend en Syrie comme légat, il naît des divergences au sujet de son accueil parmi les évêques. Amaury, le comte de Jaffa, frère du roi, a un fils, Baudouin.

• 30. Le roi, appelé par les gens d'Antioche, se hâte de venir. Des légats impériaux viennent, qui demandent au seigneur roi une de ses parentes comme épouse pour leur seigneur.

• 31. Le roi leur donne la sœur du comte de Tripoli, vierge illustre du nom de Mélisende, mais après une année l'empereur la répudie et prend comme femme Marie, fille du prince Raymond.

• 32. Le roi réédifie le château vers Antioche qui est dit Pont-de-Fer. Sa mère, la reine Mélisende, meurt.

33. Le comte de Tripoli, en colère à cause de la répudiation de sa sœur, fait autant de dommages qu'il peut à l'empereur.

• 34. Le roi boit à Antioche une drogue qui le rend très malade et il demande à rentrer chez lui, mais sa maladie s'aggrave en chemin et il meurt à Beyrouth.

1

LA RICHESSE DE LA RÉGION D'ASCALON COMPENSE LA FAMINE DANS LE
ROYAUME

[...] Une grande famine s'éleva l'année suivante [1154] sur toute la
terre, et le Seigneur, irrité par nous, épuisa tout ce qui sert à faire du pain,
à tel point que le muids de froment était vendu quatre pièces d'or. Si l'on
n'avait eu la ressource du froment trouvé dans la ville d'Ascalon lorsqu'elle fut vaincue, le peuple presque entier aurait péri de la famine qui
attaquait la région. Cependant les années suivantes, la région qui touchait
Ascalon et gisait inculte dans la peur des hostilités depuis cinquante ans,
ressentit les effets du travail agricole, le peuple de la région libéré de la
crainte des ennemis travailla librement la terre, tout le royaume se trouva
dans une grande abondance, si bien que le temps passé comparé au
présent put s'appeler le temps du jeûne et de la stérilité. Depuis longtemps
en effet, cette terre n'avait pas connu le soc de la charrue et elle avait
gardé en elle ses forces intactes ; après qu'elle eut senti les effets des soins
rustiques, la semence fut payée avec un profit qui la multiplia par
soixante.

3

GRIEFS CONTRE LES HOSPITALIERS

Tandis qu'en Italie les affaires troublaient tant l'Église que le royaume
de Sicile, notre espace oriental n'était pas non plus exempt de troubles.
En effet, à ce même moment, après que la faveur divine eut restitué aux
chrétiens la ville d'Ascalon, alors que les affaires du royaume se dérou-
laient dans une prospérité suffisante, avec abondance de grains, l'homme
ennemi commença à semer la zizanie, jaloux de la tranquillité que le Seigneur nous avait rendue. En effet, le maître de la maison de l'Hôpital,
Raymond, avec ses frères remplis du même esprit, quoique par ailleurs
on le croyait homme religieux et craignant Dieu, commença à susciter
beaucoup d'ennuis tant au seigneur patriarche qu'aux autres prélats des
églises, à propos du droit paroissial et du droit des dîmes. Car ils admettaient sans distinction et sans discernement à la célébration des offices
divins ceux que leurs évêques avaient, pour leur méfait, excommuniés ou
interdits par leur nom et séparés de l'Église. Ils ne refusaient pas à ceux
qui étaient malades le viatique et l'extrême-onction, et la sépulture à ceux
qui mouraient. Si pour quelque faute extraordinaire le silence était imposé
à toutes les églises d'une cité ou d'un bourg, aussitôt au son des cloches

et avec des clameurs sortant de l'ordinaire, ils appelaient au service divin le peuple frappé d'interdit, ceci afin d'avoir pour eux-mêmes les oblations et les autres revenus dus aux églises-mères, et ils étaient les seuls à se réjouir, tandis que les autres étaient dans l'affliction, oubliant ces belles paroles du prédicateur : « Soyez dans la joie avec ceux qui sont dans la joie, et pleurez avec ceux qui pleurent [1]. » Quant à leurs prêtres, ceux qu'ils admettaient n'étaient pas présentés par eux à l'évêque du lieu pour recevoir de lui l'autorisation de célébrer les offices divins dans son diocèse, selon l'antique sanction des saints décrets. Et ceux qu'ils rejetaient, justement ou injustement, ils ne le faisaient pas savoir à l'évêque. Ils refusaient de donner la dîme sur leurs biens et sur leurs rentes quel que soit le droit selon lequel cela leur avait été dévolu. Tous les pontifes étaient en querelle avec eux, toutes les églises cathédrales étaient affligées de pertes, mais spécialement le seigneur patriarche et la sainte Église de Jérusalem qui souffrirent une offense odieuse pour tout chrétien. En effet, devant les portes elles-mêmes de l'église de la Sainte-Résurrection, ils entreprirent, en témoignage de mépris et d'insulte pour cette église, de faire construire des édifices beaucoup plus somptueux et plus élevés que ceux possédés par l'église dédiée au Seigneur sauveur suspendu sur la croix, qui lui donna une très douce sépulture après le supplice de la croix. Bien plus, toutes les fois que le seigneur patriarche voulait parler au peuple et montait selon l'usage vers le lieu où le Sauveur du monde fut attaché à la croix pour notre salut et la rédemption du globe, ils faisaient sonner aussitôt les cloches, tant et si fort et si longtemps, que la voix ne suffisait pas au seigneur patriarche pour crier et que le peuple ne pouvait l'entendre malgré beaucoup d'efforts. Comme le patriarche se plaignait souvent aux habitants et dénonçait leur méchanceté avec des preuves tirées du présent, plusieurs les réunirent et on les trouva incorrigibles et même menaçant de faire pire. Ce qu'ils firent. Car ils en vinrent aussi à une témérité d'une hardiesse diabolique, conçue dans un esprit de fureur : ils prirent les armes dans une maison du peuple et firent irruption dans la susdite église aimable à Dieu, et tirèrent de nombreuses flèches comme dans une caverne de voleurs, lesquelles furent ensuite ramassées, rassemblées en une poignée, et placées suspendues à une corde devant le lieu du Calvaire où le Seigneur fut crucifié, où nous les avons vues nous-mêmes et une infinité d'autres que nous. Il semble à ceux qui examinent la chose avec attention que l'Église romaine soit à l'origine d'un tel mal, quoiqu'elle ait ignoré sans doute et pas beaucoup pesé le poids de ce qui lui avait été demandé : le lieu avait été, en effet, indûment émancipé de la tutelle du patriarche [...].

---

1. Rm, XII, 15.

10

DEUX ACTIONS DÉSHONORANTES DES LATINS

Raid sur Chypre

L'année suivante [1155], Renaud de Châtillon, prince d'Antioche, cédant aux conseils d'hommes pervers qui exerçaient sur lui une très grande influence, commit de nouveau une action déshonorante demandant à être expiée : il occupa de force et en ennemi l'île de Chypre, notre voisine, pleine d'une population croyante, toujours utile et amicale pour notre royaume, en y pénétrant avec ses légions. La cause d'une invasion si abominable semble être celle-ci : en Cilicie vers Tarse, il y avait un noble et très puissant seigneur du nom d'Armenus Toros qui offensait fréquemment l'empereur [...] [1]. Prévenus par quelques-uns des nôtres, les insulaires avaient rassemblé tant bien que mal toutes les forces de l'île ; mais le prince Renaud, à son arrivée, dispersa aussitôt leur armée, et détruisit leurs forces au point qu'ensuite on ne trouvait plus personne qui osât lever la main contre lui. Parcourant librement l'île, il détruisit les villes, mit bas les villages, brisa impudemment les portes des monastères d'hommes et de femmes, livrant les saintes moniales et les vierges tendres à la moquerie. En effet, la quantité d'or, d'argent, et de vêtements précieux n'était rien en comparaison des offenses à la pudeur, vues comme une chose immonde par le malheureux peuple. Ainsi donc, ils se livrèrent à la frénésie pendant quelques jours dans toute la région, et comme personne ne leur résistait, ils n'épargnèrent ni l'âge ni le sexe et ne firent nulle différence entre les conditions. Enfin, emportant de partout dépouilles et toutes sortes de richesses, ils se rendirent vers la mer, préparèrent les nefs et descendirent dans la région d'Antioche. Des trésors si mal acquis furent promptement dissipés entre leurs mains...

11

Raid sur des nomades dans la forêt du Liban

Dans le même temps [1157] s'était rassemblée une multitude inhabituelle d'Arabes et de Turcomans, qui n'en habitaient pas moins dans des tentes et vivaient des produits de leurs troupeaux comme en ont coutume les Arabes, dans une forêt voisine de la cité de Panéas qu'on surnomme aujourd'hui ainsi en langue vulgaire : en effet, anciennement, toute la forêt était appelée forêt du Saut du Liban, tant celle qui s'étend vers le

---

1. L'empereur demanda à Renaud de Châtillon de chasser Toros et lui promit que son trésorier lui donnerait de l'argent si besoin était ; l'affaire réglée sans avoir rien reçu, Renaud impatient partit à Chypre.

nord que celle qui se prolonge vers le sud et couvre le même Liban — c'est pourquoi on lit que Salomon y construisit une demeure somptueuse et admirable dite la Maison du Saut du Liban [1] —, mais maintenant la forêt est universellement appelée d'après la ville à proximité comme je l'ai dit. Ces peuples nommés ci-dessus, ayant auparavant obtenu la grâce du seigneur roi et conclu solennellement la paix, y avaient introduit leurs animaux et surtout des chevaux, en nombre infini, pour la commodité des pâturages. Plus tard, des hommes impies, fils de Bélial qui n'avaient point devant les yeux la crainte du Seigneur, allèrent trouver le roi et lui suggérèrent en l'enroulant facilement dans leur perfidie de gaspiller sa foi, d'oublier le traité conclu, de faire irruption subitement sur eux qui avaient introduit dans la forêt leurs gros et leurs menus troupeaux pour les faire pâturer, et de les donner en proie tant eux que leur bétail. Ce qui fut fait. En effet le roi, sous le poids de l'argent étranger, dans l'obligation de nombreuses dettes alors qu'il ne savait comment satisfaire ses créanciers, de ce point de vue favorable à ce qui l'arrangerait quel qu'en soit le moyen, prêta une oreille attentive à ces instigateurs dépravés et aquiesça à leurs suggestions. S'abandonnant aux avis des impies, il convoqua ses chevaliers et s'élança à l'improviste sur eux, qu'il surprit sans défense et ne craignant rien de tel, se retourna hostilement contre eux et lança le pillage des siens. Ceux qui purent trouver le salut en s'enfuyant grâce à la rapidité de leurs chevaux et ceux qui réussirent à se cacher dans la forêt sauvèrent leur vie, tous les autres furent durement réduits en servitude [...].

16

SIÈGE INTERROMPU PRÈS D'ANTIOCHE (1157). DISSENSIONS ENTRE LE COMTE DE FLANDRE ET LE PRINCE D'ANTIOCHE

Pendant que ces choses variées se passaient ainsi dans le royaume qui gisait dans la désolation à cause de la captivité de la plupart de nos princes, la clémence divine laissa tomber sur nous un regard de bonté, et il arriva dans le port de Beyrouth l'illustre et magnifique seigneur Thierry comte de Flandre, dont l'entrée dans le royaume avait été souvent bénéfique et nécessaire, avec sa femme Sibylle, sœur du seigneur roi par son père. Sa venue souleva le peuple entier d'une telle exultation que cela semblait déjà présager du relèvement que lui et les siens apporteraient au royaume qui subissait des pressions insupportables. Tous ceux qui étaient pieusement soucieux de la tranquillité du royaume ne furent pas trompés dans leur désir, car dès son arrivée le comte fut comme un ange de grand

---

1. III Rs, VII, 2-8.

conseil qui, marchant en avant, dirigea les voies des nôtres pour le profit
du royaume et pour la gloire du nom chrétien, comme le dit la suite [...].

17

Entre-temps, afin que l'arrivée d'un tel prince et de tant de nobles
valeureux ne fût pas inutile et sans fruit, inspirés par la grâce divine, ils
décidèrent en plus, en commun conseil, de se rendre dans la région d'Antioche avec toutes leurs forces chevaleresques. L'ayant d'abord signifié
au prince de la région et au seigneur comte de Tripoli, ils leur suggérèrent
à l'un et à l'autre, officieusement, de tenir leurs chevaliers prêts pour un
certain jour afin de pouvoir pénétrer subitement dans la terre ennemie au
jour fixé. Le fait est que, protégés par la faveur céleste, quoique partis de
points très divers, tous se retrouvèrent ensemble au lieu appelé dans la
langue vulgaire La Boquée, dans les environs de Tripoli. De là, ayant
ordonné leurs rangs, ils pénétrèrent en force aux confins de la terre
ennemie. Mais d'abord ils n'eurent aucun sujet de se réjouir. Ils attaquèrent avec beaucoup de vigueur un bourg appartenant aux ennemis et
nommé dans la langue vulgaire Chastel-Ruge ; mais tous les efforts furent
infructueux. Ce mauvais début fut suivi cependant d'une meilleure
chance. Le seigneur Renaud, prince d'Antioche, leur suggéra de se rendre
dans sa principauté et travailla beaucoup à l'obtenir, et les princes, qui
avaient rassemblé leurs expéditions, se dirigèrent vers la région d'Antioche sous de plus favorables auspices. Après qu'ils furent arrivés à Antioche, et tandis qu'ils y faisaient quelque séjour pour délibérer sur ce qu'il
y avait de mieux à faire pour eux sur le moment, voici qu'un messager
porteur d'une rumeur très bienvenue se présenta au roi et aux princes :
Nûr al Dîn, le plus puissant de nos ennemis, qui avait tout récemment
établi son camp auprès du château de Nepa avec une nombreuse armée,
était ou mort, ou frappé d'un mal incurable [1] [...]. Les nôtres, ayant appris
ces nouvelles et voyant que tout semblait favoriser leurs projets, résolurent d'un commun accord et après avoir tenu conseil, d'envoyer des messagers au très puissant prince des Arméniens, le seigneur Toros : ils le
supplièrent instamment en employant tous les moyens possibles de se
rendre en toute hâte à Antioche avec son aide militaire, sans remettre l'occasion, et daigner s'associer à de tels princes qui l'appelaient pour
recueillir avec eux les fruits de leurs travaux. Celui-ci reçut la légation et
se rejouit en homme actif et vaillant qu'il était, il convoqua ses forces
considérables, prit la route et arriva à Antioche. Après l'avoir accueilli
avec beaucoup de joie, les nôtres conduisirent leur expédition hors de la
ville et se dirigèrent vers Césarée.

---

1. En fait, Nûr al Dîn guérit.

18

Césarée est une cité située sur le fleuve Oronte qui coule à Antioche. Certains l'appellent en langue vulgaire Cesarea et croient que c'est la métropole célèbre de Cappadoce, où prévalut le bienheureux et savant docteur Basile. Mais ceux qui le croient dévient. Car cette métropole est à plus de quinze jours de marche d'Antioche ou environ ; c'est en Syriaceles, qui est une autre province, séparée du diocèse de Cappadoce par plusieurs provinces, et on ne dit pas Cesarea mais plutôt Césara, l'une des villes suffragantes du patriarcat d'Antioche. La cité était assez avantageusement située, sa partie inférieure s'étendait dans la plaine, la partie supérieure avait à son sommet une forteresse très bien munie, assez vaste mais resserrée, dont la cité d'une part, le fleuve d'autre part, étaient l'appui naturel et rendaient l'accès impraticable. Nos princes, ayant ordonné leurs rangs selon les lois de l'art militaire, s'avancèrent donc, et aussitôt qu'ils furent arrivés, chacun plaça ses rangs dans la position correcte et le siège s'installa. La cité assiégée, les habitants rentrés dans la ville par crainte des ennemis, le roi et ceux qui avaient campé au-dehors firent mettre en place les machines et les instruments à projectiles, et ne cessèrent de faire tout le mal possible à la ville en poursuivant leurs travaux sans relâche [...]. Les habitants de cette cité n'avaient aucune expérience de la guerre et s'adonnaient au commerce. En outre, ignorants des événements présents, ils n'avaient nullement redouté un siège et ils étaient confiants en la puissance de leur seigneur qu'ils croyaient en parfaite santé, et en la puissance des fortifications du lieu [...]. Aussi perdirent-ils tout courage au bout de quelques jours ; les assiégeants, persévérant avec ardeur, s'élancèrent sur les remparts, et pénétrèrent de là dans la ville du milieu ; ils la prirent de force ; les habitants se retirèrent dans la forteresse ; les nôtres prirent possession de la partie inférieure de la ville ; tout fut exposé en proie indistinctement [...]. Mais il s'éleva entre nos princes un conflit assez frivole, cependant très nuisible. Le seigneur roi en effet, voulant prendre des mesures pour la patrie et voyant que le seigneur comte de Flandre était assez pourvu en chevaliers et en argent pour conserver le lieu indemne et s'y maintenir contre les forces ou les embûches des ennemis, destinait depuis le début la cité au comte de Flandre, et dans cette intention il avait en outre décidé d'attaquer en force la forteresse afin de lui en remettre également la garde et lui donner en possession héréditaire et perpétuelle les deux. Tous les princes avaient trouvé ceci correct et donné leur consentement unanime. Mais le prince Renaud suscita bientôt des difficultés, disant que cette ville ainsi que ses dépendances faisaient à l'origine partie de l'héritage du prince d'Antioche, qu'ainsi celui qui la posséderait, quel qu'il fût, devrait engager sa foi au prince d'Antioche. Mais si le comte susdit était tout disposé à engager sa fidélité envers le roi pour cette possession, il refusait d'y consentir à l'égard du prince d'Antioche, que ce fût le seigneur Renaud qui administrait la principauté présentement, ou que ce fût l'adolescent Bohémond que l'on espérait voir prochainement devenir prince. Et le comte disait qu'il n'avait jamais engagé sa fidélité qu'envers des rois. Ce différend survenu entre nos princes, en punition de nos péchés, fit négliger l'affaire la plus importante, alors qu'il eût été facile cependant d'obtenir le succès, et ils retournèrent alors à Antioche avec les légions, gorgés de butin et courbés sous le poids de leurs riches dépouilles.

22

MARIAGE DU ROI AVEC UNE PRINCESSE GRECQUE (1159)

[...] Nous avons déjà fait mention des messagers qui avaient été chargés de se rendre à Constantinople pour y négocier le mariage du seigneur roi. [...] Les plus importants des messagers, à savoir Henfredus le connétable, Josselin dit aussi Pisellus et Guillaume des Barres, hommes nobles et illustres, habiles dans les choses séculières, pressant avec la diligence voulue l'entretien avec l'empereur, après de multiples réponses dilatoires et énigmatiques telles que les Grecs tous moqueurs ont l'habitude de faire, des réponses ambiguës et compliquées, ces messagers obtinrent enfin satisfaction à ce sujet ; ils réglèrent les conditions, tant de la dot que de la donation pour cause de mariage, et on leur promit de donner pour épouse au roi la plus illustre des vierges élevées dans les retraites sacrées de l'empire. Elle était nièce du seigneur empereur, fille du seigneur Isaac son frère aîné, et se nommait Théodora : elle était alors dans sa treizième année et singulièrement remarquable par la beauté de sa personne, l'élégance de sa figure, et toutes ses manières prévenaient en sa faveur. Sa dot se montait à cent mille yperpères [1] de juste poids, sans compter dix autres mille de la même monnaie que le seigneur empereur donna généreusement pour les dépenses des noces, et sans compter son trousseau virginal, consistant en or, pierreries, vêtements, perles, tapis, soieries et vases précieux, le tout pouvant être compté au plus juste à quarante mille. Le roi s'était engagé envers le seigneur empereur, par un écrit de sa propre main, à ratifier tout ce que ses messagers arrêteraient précisément avec lui, et il promit formellement par leur intermédiaire qu'après sa mort, elle serait mise en possession et jouirait durant toute sa vie, en toute tranquillité et sans aucun obstacle, de la ville d'Acre et de toutes ses dépendances, à titre de donation pour cause de mariage. Ces pactes faits et rédigés en accord avec les deux parties, les plus grands princes de l'empire furent

---

1. Monnaie byzantine.

désignés pour servir de « paranymphes[1] » à l'illustre jeune fille et l'accompagner jusqu'auprès du roi. Elle partit avec les messagers royaux et arriva en Syrie auprès du mari. Elle arriva en septembre saine et sauve avec toute son escorte et débarqua à Tyr. Peu de jours après, selon la coutume du royaume, elle fut consacrée à Jérusalem et parée du diadème royal, puis donnée à l'homme une fois célébrées les noces solennelles. Et puisqu'à ce moment-là, le patriarche élu de Jérusalem n'avait pas encore reçu sa consécration et les envoyés qui devaient défendre sa cause auprès du siège apostolique n'étaient pas encore de retour, on fit venir sur ordre royal le patriarche d'Antioche Aimeric, afin qu'il conférât à la reine la grâce de l'onction royale et qu'il célébrât les solennités usuelles du mariage. Le roi, précisément après avoir pris femme, déposa toute la légèreté dont on disait à juste titre que jusqu'à ce jour il la pratiquait largement [...].

23

RENAUD DE CHÂTILLON FAIT PÉNITENCE D'IGNOBLE FAÇON DEVANT L'EMPEREUR EN CILICIE

Cette même année [1158], le seigneur empereur de Constantinople, après avoir convoqué avec une magnificence impériale ses forces militaires depuis toutes les frontières de l'empire et une immense armée rassemblant les peuples tributaires, les langues et les nations, après avoir traversé l'Hellespont, se proposa de descendre en Syrie. Il traversa les provinces intermédiaires à l'improviste fort rapidement, de sorte qu'il arriva subitement avec ses armées en Cilicie début décembre, ce qui est à peine croyable. La principale cause d'une marche aussi rapide était qu'un prince arménien très puissant nommé Toros, dont nous avons fait mention plus haut, avait occupé de force toute la Cilicie située au pied des montagnes où il avait des châteaux très fortifiés ; il avait occupé tout le pays, depuis la ville entourée d'un rempart jusqu'au moindre faubourg, à savoir les métropoles de Tarse pour la première Cilicie, et d'Anavarzam pour la seconde Cilicie, et les autres cités, Mamistra, Adana, Sisium, chassant de là les procureurs des affaires impériales et les réduisant à son pouvoir. Pour pouvoir le surprendre sans qu'il soit sur ses gardes, l'empereur accéléra sa marche et cacha ses intentions. Il n'en était pas moins mu par la triste affaire digne d'intérêt des Chypriotes, contre qui le prince d'Antioche avait si inhumainement exercé sa tyrannie, comme s'ils étaient des ennemis de la foi et de détestables parricides, ainsi que nous l'avons dit plus haut. L'arrivée des armées impériales fut donc si subite, comme nous

---

1. « Paranymphe » : qui reconduit les mariés.

l'avons dit plus haut, que Toros, qui demeurait alors à Tarse, eut à peine le temps de pourvoir à son salut en se retirant dans les montagnes voisines, que déjà les légions et les premiers de l'armée s'étaient répandus dans la campagne découverte. À cette nouvelle, le prince d'Antioche Renaud fut agité par les mouvements de sa conscience en ce que, peu de temps avant la venue de l'empereur, il avait sévi contre les Chypriotes innocents qui ne le méritaient pas, avec tant de folie qu'il avait porté des injures abominables à leurs femmes, leurs enfants, à Dieu et aux hommes. Il craignait l'arrivée de l'empereur par peur que, poussé par leurs vociférations gémissantes, il ne fût descendu pour venger leurs injures. Il se mit à délibérer anxieusement, tantôt avec lui-même, tantôt avec ses familiers les plus dévoués, sur ce qu'il convenait de faire et par quel genre de réparation il pourrait se réconcilier avec la grandeur impériale au sujet d'une telle offense. On dit que l'arrivée de l'empereur l'avait frappé d'une si grande terreur qu'il ne voulut même pas attendre la présence du seigneur roi de Jérusalem dont pourtant il attendait la venue prochaine, alors qu'il ne pouvait pas ne pas savoir que l'intervention de celui-ci, son dévouement et surtout sa nouvelle affection le mettraient dans de bien meilleures conditions pour sa cause [...]. À Mamistra, il fut enfin réconcilié avec l'excellence impériale, mais à la plus grande honte et à la confusion de notre peuple : on dit en effet qu'il se présenta devant le seigneur empereur, à la vue de toutes les légions, pieds nus, vêtu de laine, les manches raccourcies jusqu'aux coudes, le cou entouré d'une corde, ayant en main un glaive nu qu'il portait par la pointe afin de pouvoir tendre la poignée au seigneur empereur. Et là, devant ses pieds, prostré par terre après lui avoir remis son glaive, il demeura si longtemps que tous furent pris de nausée. Extrêmement emporté, et dans le mal, et dans la réparation, il changea en opprobre la gloire de la latinité.

25

L'EMPEREUR BYZANTIN ACCUEILLI À ANTIOCHE, IL CHASSE, IL PRATIQUE LA MÉDECINE

Après avoir célébré en Cilicie la solennité dominicale de Pâques [1159], passés ces jours de foule, l'empereur dirigea l'armée vers Antioche et, lorsque les légions furent arrivées aux portes de la ville, il s'arrêta au milieu de cette multitude infinie et redoutable. Là, le seigneur patriarche se présenta avec tout le clergé et le peuple, avec les textes des évangiles et dans tout l'appareil des églises. Le roi sortit aussi au-devant de lui, avec le prince du lieu, le comte d'Ascalon et tous les grands du royaume et de la principauté. Ils introduisirent dans la ville l'empereur avec toute la gloire impériale, orné du diadème, décoré de tous les insignes augustes, au son des trompettes, au bruit des tambours, au milieu des hymnes et des cantiques. On le conduisit jusqu'à l'église cathédrale, à savoir la basilique du prince des apôtres, et de là on le conduisit au palais, avec la même escorte composée des pères et de la plèbe. Là, après s'être donné quelques jours de bain et autres délices corporels, après avoir répandu ses libéralités dans la population de la cité avec sa profusion accoutumée, l'empereur proposa de sortir pour aller à la chasse et échapper à l'ennui, entraînant avec lui et s'associant le seigneur roi, et ils se rendirent dans les lieux les plus aptes à la chasse. Il arriva que, ces princes se livrant à cet exercice avec ardeur et parcourant les bois le jour de la fête de l'Ascension du Seigneur à la façon des chasseurs, le roi fut emporté par le cheval qu'il montait sur un terrain couvert de broussailles et de buissons épineux, fut renversé et se cassa le bras, en roulant par terre avec son cheval. Dès qu'il en fut informé, l'empereur, compatissant avec beaucoup d'humanité et remplissant aussitôt les fonctions de chirurgien, mit le genou à terre et prodigua au roi les soins les plus empressés, comme eût pu le faire un homme du peuple. En sorte que ses princes et ses parents furent frappés d'indignation et s'étonnèrent que l'empereur, oubliant la majesté impériale et négligeant le soin de son auguste dignité, s'exhibât ainsi dévoué et familier devant le roi, ce qui leur parut à chacun d'eux indigne. Ils revinrent à Antioche à cause de cet accident. L'empereur allait tous les jours rendre visite au seigneur roi, il renouvelait les cataplasmes avec les onguents nécessaires, bandait à nouveau le bras avec diligence, presque aussi soucieux de le soigner qu'il aurait pu l'être pour un fils malade [...].

30

PRÉPARATIFS DE MARIAGE POUR UNE PRINCESSE LATINE AVEC L'EMPEREUR BYZANTIN

[...] Voici qu'arrivèrent des légats du seigneur empereur de Constantinople, des hommes respectables et illustres dans le sacré palais, apportant au seigneur roi des lettres impériales à la bulle d'or en même temps que des choses à dire secrètement [1160]. Le premier était un homme illustre, Gundostephanus parent de l'empereur, le deuxième était le meilleur interprète des palais, Triphilus, un homme subtil et très soucieux des affaires impériales. Ils apportèrent comme nous l'avons dit les écrits sacrés, dont la teneur au total était celle-ci : « [...] Nous, soucieux de la succession à l'empire et sans descendant du meilleur sexe, nous avons eu souvent diligente délibération sur un second vœu [de mariage] avec les grands du sacré palais. Enfin, il nous a plu, de l'avis et du consentement de tous les princes, d'associer à l'empire une personne de ton sang [...] soit la sœur de l'illustre comte de Tripoli, soit la sœur plus jeune du magnifique prince d'Antioche [...]. »

31

Après avoir délibéré avec ses familiers sur le choix qu'il convenait le mieux de faire, dans le présent, pour lui et pour la grandeur impériale, le roi appela les messagers impériaux et leur ordonna de recevoir pour épouse de leur seigneur la sœur du comte de Tripoli, Mélisende, adolescente et d'un bon naturel. Ceux-ci écoutèrent la parole du roi avec grande révérence, donnèrent leur consentement, sous réserve toutefois qu'il convenait de le signifier à l'empereur par lettres et par messagers. Pendant ce temps, la mère et la tante paternelle, le frère et tous les amis de la vierge destinée à un tel sommet, firent préparer à grands frais et sans aucune mesure des ornements au-dessus des moyens royaux : des chaînes, des pendants d'oreilles, des bracelets, des bracelets de jambe, des bagues, des colliers et des couronnes de l'or le plus pur, aussi des vases en argent d'un poids énorme et d'une grandeur inouïe pour l'usage de la cuisine, des mets, des boissons et le service des bains — y compris les mors des chevaux et les selles et ce qu'on appelle brièvement le mobilier de toute espèce. On fabriqua et se procura tout avec tant de frais et un tel zèle que l'opération par elle-même prouvait l'excès et dépassait largement le luxe royal. Entre-temps, pendant que les Grecs scrutaient tout parfaitement, fouillaient plus en dedans les habitudes de la jeune fille, la disposition des parties cachées du corps, avec des allers-retours fréquents de messagers entre eux et l'empereur, une année s'écoula. Supportant très mal ceci, le seigneur roi, le comte de Tripoli, et tous les parents et amis de la vierge firent une réunion publique avec les messagers et leur proposèrent de se décider, ou à renoncer en termes précis à ce mariage négocié depuis longtemps et rembourser les dépenses, ou à cesser des retardements qui accroissaient les perplexités et mettre un terme à cette affaire selon les premières conventions. Le comte était accablé par ses multiples dépenses : il avait fait construire en effet et approvisionner au grand complet douze galères, avec lesquelles il avait résolu d'accompagner sa sœur lui-même jusqu'à son mari. Tous les grands de la principauté et du royaume s'étaient rassemblés à Tripoli et attendaient le départ prochain de la dame, auxquels le comte fournissait le nécessaire en tout ou en grande partie. Les Grecs répondaient à leur façon ambiguë habituelle et s'efforçaient de prolonger encore la chose, mais le seigneur roi, allant à l'encontre de leurs efforts captieux, envoya un messager spécialement chargé de cette affaire, le seigneur Otton de Risberg, à l'empereur, pour le supplier instamment de déclarer sa volonté par son intermédiaire d'une manière précise et sans détour. Celui-ci revint auprès du seigneur roi plus vite que prévu et lui apprit de vive voix et par lettres que tout ce qui avait été fait au sujet de ce mariage avait déplu au seigneur empereur [...].

27 [1]

MALADIE, MORT ET PRATIQUE DE LA MÉDECINE. LA REINE MÉLISENDE (1161), LE ROI BAUDOUIN (1163)

[...] Pendant ce temps [1159], dame Mélisende la reine, femme sage et remarquable, au-dessus du sexe féminin, qui avait régi le royaume pendant trente ans et plus avec la vigueur appropriée, tant du vivant de son mari que sous le règne de son fils, dépassant les forces féminines, tomba dans une maladie incurable dont elle ne put se guérir jusqu'à sa mort, malgré tous les soins que lui prodiguèrent ses deux sœurs, la dame comtesse de Tripoli et la dame abbesse de Saint-Lazare de Béthanie, et les remèdes des médecins très experts venus de partout, qu'ils jugeaient nécessaires et qu'ils ne cessèrent de lui administrer. Elle demeura long-temps couchée dans son lit, la mémoire un peu perdue, le corps à demi détruit et dans un état presque de dissolution, très peu de personnes admises auprès d'elle.

32

[...] Tandis que le roi s'occupait dans ces régions de ses affaires [1161], sa pieuse mère mourut le 11 septembre, consumée de faiblesse, épuisée par ses souffrances continues. Quand la nouvelle lui parvint, le roi se répandit en lamentations, montrant par de vraies preuves combien il l'avait aimée, et pendant plusieurs jours il ne voulut pas recevoir de consolation. La dame Mélisende d'illustre mémoire, digne de rejoindre le chœur des anges, fut ensevelie dans la vallée de Josaphat, à droite en descendant vers le tombeau de la bienheureuse Marie vierge et mère de Dieu, dans un caveau de pierre fermé de portes en fer, avec à côté un autel où l'on offre tous les jours l'hostie agréable au Créateur, tant pour le salut de son âme que pour les esprits de tous les croyants défunts.

34

À Antioche, le roi voulut, selon son habitude, prendre une médecine avant l'arrivée de l'hiver. Il reçut des pilules de la main de Barac, médecin du comte de Tripoli, dont il devait prendre quelques-unes au moment même et les autres peu de temps après. Nos princes de l'Orient, en ceci très influencés par les femmes, dédaigneux de la physique de nos

---

1. Ce chapitre est placé ici pour la commodité du lecteur.

Latins, n'ont confiance que dans la médecine des Juifs, des Samaritains, des Syriens et des Sarrasins ; ils s'abandonnent imprudemment à eux pour être soignés et se livrent à des gens ignorants des principes physiques. On dit que les pilules étaient infectées de poison et ce n'est pas invraisemblable. En effet, le reste, qui devait lui être administré une seconde fois, fut plus tard à Tripoli mêlé à du pain et donné à une petite chienne qui en mourut au bout de peu de jours. À partir du jour où le roi but cette médecine, il fut saisi d'une petite fièvre avec de la dysenterie qui se changea ensuite en consomption, et de là jusqu'au jour de sa mort il ne ressentit aucun mieux. Sentant en lui la pression de la douleur et la croissance de la maladie, le roi descendit d'Antioche à Tripoli, il y languit quelques mois, espérant de jour en jour sa guérison. Enfin, voyant augmenter sa maladie et n'ayant plus aucune confiance en son salut, il se fit porter à Beyrouth et ordonna d'appeler rapidement à lui les prélats des églises et les princes du royaume. Ceux-ci rassemblés en sa présence, il articula sa profession de foi pieusement et religieusement, il confessa ses péchés aux pontifes présents dans un esprit de contrition et d'humilité et, abandonnant la chair, il porta son âme aux cieux [...]. Il mourut le 10 novembre 1163, la vingtième année de son règne, âgé de trente-trois ans, sans laisser d'enfant, ayant institué son frère comme héritier du royaume. Il fut transporté à Jérusalem dans la pompe des obsèques pour être enterré au milieu de ses prédécesseurs [...]. Nulle Histoire, nulle mémoire des hommes du présent ne rapporte que dans notre royaume ou dans un autre il y eut pour le décès d'un prince une telle tristesse, tant de preuves de douleur intérieure. Car, outre les habitants des villes où passa le cortège funèbre royal, dont les manifestations de douleur et d'affliction furent sans exemple, une multitude d'infidèles descendirent des montagnes et suivirent les obsèques en se lamentant, et ainsi de Beyrouth à Jérusalem pendant presque huit jours, les lamentations ne cessèrent pas, se renouvelant d'heure en heure. On dit que les ennemis ne souffraient pas moins de sa mort si bien que, quand certains suggérèrent à Nûr al Dîn d'entrer dans nos confins pour piller la terre pendant que nous nous donnions aux obsèques, celui-ci aurait répondu : « Il faut compatir et céder à leur juste douleur, car ils perdent un prince comme l'univers n'en a plus aujourd'hui. » Et nous, en terminant ce livre, nous prions que son âme sainte jouisse de la paix au milieu des pieux et des élus.

LIVRE XIX

Premières années du règne d'Amaury (1163-1167)

Long portrait du roi Amaury et évocation des études de Guillaume de Tyr en France et en Italie. 1163 : première descente du roi en Égypte. 1164 : Nûr al Dîn lance des expéditions aux confins de la principauté d'Antioche et du comté de Tripoli, il capture le prince et le comte, il assiège et prend Panéas (Banyas). 1167 : Shirkûh descend en Égypte, les Latins et le calife font alliance contre lui sur la pression du sultan du Caire Shâwar. Descente des Latins en Égypte. Ils découvrent les Fatimides, sont éblouis par les merveilles du Caire, livrent une bataille au résultat mitigé contre Shirkûh, assiègent Alexandrie où se trouve Saladin, neveu de Shirkûh, lèvent le siège après échange d'otages.

1. Amaury succède à son frère le seigneur Baudouin, à la tête du royaume.
• 2. Il est décrit quels furent ses habitudes, son genre de vie et sa conversation.
• 3. De son apparence physique et d'une question qu'il demanda à son familier de résoudre.
4. Qu'avant d'être couronné, il fut contraint de se séparer de sa femme qu'il avait épousée contrairement aux canons sacrés.
• 5. Le roi descend en Égypte et combat Dirghâm le sultan ; Shâwar envoie Shirkûh en Égypte, Dirghâm envoie des messagers au roi lui demandant la paix.
6. Le seigneur Pierre, archevêque de Tyr, meurt, lui succède le seigneur Frédéric, évêque d'Acre.
7. Dirghâm le sultan est tué en Égypte par une ruse des siens, Shâwar est fait sultan ; il invite le roi, le roi descend en Égypte, Shirkûh l'expulse de force.
8. Nûr al Dîn est vaincu aux environs du pays de Tripoli et échappe de justesse par la fuite à nos forces.
9. Nûr al Dîn assiège le château d'Harenc dans la région d'Antioche ; le prince d'Antioche, le comte de Tripoli, et Calamannus le procurateur de Cilicie sont faits prisonniers.
10. Le comte de Flandre Thierry descend en Syrie. Nûr al Dîn assiège Panéas et la prend.
11. Le roi revenant d'Égypte s'avance vers Antioche, le prince est rendu à la liberté contre de l'argent. Une grotte de la région de Sidon est livrée aux ennemis, de même une autre grotte au-delà du Jourdain.

• 12. Le retour dans sa patrie du compositeur de cette Histoire est décrit, et quelques aspects de son parcours sont montrés.

13. Shirkûh descend en Égypte, traînant avec lui une nombreuse milice.

14. Le roi suit Shirkûh et descend de même en Égypte pour apporter de l'aide aux Égyptiens.

15. Le Caire est décrit, il est montré qui fut le premier fondateur.

16. Le roi accourt au-devant de Shirkûh qui arrive, celui-ci l'empêche de traverser le fleuve.

• 17. Le sultan Shâwar travaille à de nouveaux accords avec le roi.

• 18. On envoie au calife ceux qui préparent le nouveau traité, la magnificence de la maison royale est décrite.

• 19. Les accords sont complétés et le calife donne sa [main] droite à Hugues de Césarée pour leur mise en vigueur.

20. Il est expliqué pourquoi le prince d'Égypte est dit « mulene ».

21. Il est ajouté pourquoi le même est dit calife et comment il est l'adversaire du calife du Baldac.

• 22. Le roi édifie un pont sur le Nil. Shirkûh descend dans l'île, le roi le suit.

23. L'île est décrite, et combien et quelles bouches le Nil a dans la mer. Après avoir expulsé les ennemis, les nôtres occupent l'île, Shirkûh s'enfuit dans le désert.

24. La région d'Égypte est décrite, on découvre quelle elle est.

• 25. Un combat se produit dans le désert entre le roi et Shirkûh, au grand péril des deux partis.

26. Shirkûh se réfugie à l'intérieur d'Alexandrie, le roi s'en approche et assiège la ville.

• 27. Le site d'Alexandrie est décrit.

28. Le roi continue le siège et porte de très graves dommages aux habitants d'Alexandrie.

• 29. Shirkûh, l'apprenant, parle de paix avec Hugues de Césarée.

• 30. Hugues complète la teneur des traités avec le roi et les princes.

31. La cité se rend au roi et la paix s'établit avec les Alexandrins.

32. Le roi, joyeux de sa victoire, revient chez lui après les avoir tous reçus [à son camp].

2

PORTRAIT DU NOUVEAU ROI DE JÉRUSALEM AMAURY, FRÈRE DE BAUDOUIN III[1]

« Amaury se montra plein d'expérience pour les affaires du monde et doué de beaucoup de sagesse et de prudence dans sa conduite. Il avait la

---

1. Le portrait entre guillemets (chap. 2 et 3) est cité selon la traduction de Fr. Guizot, *op. cit.*, t. 2, p. 49-51. Guillaume de Tyr a beaucoup fréquenté le roi Amaury, il en fait un portrait particulièrement long, où la touche personnelle est manifeste.

langue un peu embarrassée, sans que ce fût cependant au point de lui être reproché comme un défaut grave, et de telle façon seulement qu'il n'y avait dans sa manière de s'exprimer ni facilité ni élégance ; aussi était-il beaucoup mieux pour le conseil que pour l'abondance de la parole ou pour l'agrément du langage. Nul ne lui était supérieur dans l'intelligence du droit coutumier qui régissait le royaume, et il se distinguait entre tous les princes par la sagacité de son esprit et la justesse de son discernement. Au milieu des périls, et dans les situations difficiles où il se trouva fréquemment placé, en combattant vigoureusement et sans relâche pour l'accroissement du royaume, il se montra toujours plein de force et de prévoyance, et son âme, douée d'une fermeté vraiment royale, l'éleva toujours au-dessus de toutes les craintes. Il était peu lettré, et surtout beaucoup moins que son frère ; mais en même temps il avait de la vivacité dans l'esprit et l'heureux don d'une mémoire solide ; il interrogeait souvent, lisait avec goût, dans tous les moments de loisir dont il pouvait disposer après les affaires, et était par conséquent assez bien instruit de toutes les choses qui peuvent entrer dans les occupations d'un roi : il avait de la subtilité dans la manière de proposer ses questions et se plaisait beaucoup à en rechercher la solution. Outre son goût pour la lecture, il écoutait avec avidité le récit des faits de l'histoire, en conservait à jamais le souvenir, et les répétait ensuite avec beaucoup de présence d'esprit et de fidélité. Entièrement adonné aux choses sérieuses, il ne recherchait jamais les représentations des baladins ni les jeux de hasard, et son principal divertissement était de diriger le vol des hérons et des faucons, et de les faire chasser. Il supportait la fatigue avec patience, et, comme il était gros et gras à l'excès, les rigueurs du froid ou de la chaleur ne le tourmentaient pas beaucoup. Il voulait que les dîmes fussent toujours payées à l'Église en toute intégrité et sans aucune difficulté, et se montrait en ce point parfaitement évangélique. Il entendait la messe tous les jours très religieusement (à moins cependant qu'une maladie ou une circonstance impérieuse ne l'en empêchât) ; il supportait avec une grande patience et oubliait avec bonté les mauvais propos ou les injures qui pouvaient être prononcés contre lui en secret, et plus souvent encore en public, par les personnes même les plus viles et les plus méprisables, à tel point qu'on eût dit qu'il n'avait pas même entendu les choses qu'il entendait. Il était sobre pour le manger et la boisson, et avait en horreur l'un et l'autre de ces excès. On dit qu'il avait une telle confiance pour ses agents que, du moment qu'il leur avait remis le soin de ses affaires, il ne leur demandait aucun compte, et ne prêtait jamais l'oreille à ceux qui auraient voulu exciter en lui quelques doutes sur leur fidélité ; les uns lui reprochaient cette disposition comme un défaut, d'autres la louaient comme une vertu et comme une preuve de sa sincérité et de sa bonne foi. Ces dons précieux de l'esprit, ces qualités plus estimables du caractère étaient cependant gâtés par quelques défauts notables, qui semblaient les envelopper en quelque sorte d'un nuage. Amaury était sombre et taciturne, plus qu'il n'eût été convenable, et n'avait aucune urbanité ; il ne connaissait nullement le prix de cette affabilité gracieuse qui sait mieux que toute chose gagner aux princes les cœurs de leurs sujets. Il était bien rare qu'il adressât jamais la parole à quelqu'un, à moins qu'il n'y fût forcé par la nécessité ou qu'on ne l'eût d'abord fatigué d'un long discours ; et ce défaut était d'autant plus choquant en lui que son frère au contraire avait toujours eu la parole fort enjouée, et s'était fait remarquer par une affabilité pleine de bienveillance. On dit encore qu'il était sans cesse travaillé du démon de la chair, ce que le Seigneur veuille lui pardonner dans sa clémence, au point d'attenter souvent au lit de l'étranger. Violent adversaire de la liberté des églises, pendant son règne il attaqua souvent leurs patrimoines, les accabla d'injustes exactions et les réduisit aux abois en les contraignant à charger les lieux saints de dettes qui excédaient de beaucoup la portée de leurs revenus. Il se montrait avide d'argent, plus qu'il ne convenait à l'honneur d'un roi : séduit par des présents, il prononçait souvent autrement que ne le permettent la rigueur du droit, l'impartialité de la justice ; et plus souvent encore il différait de prononcer. Il lui arrivait fréquemment, en causant familièrement avec moi, de chercher des excuses à cette avidité, et de vouloir lui assigner quelque motif ; il me disait alors "qu'un prince quelconque, et surtout un roi, doit toujours avoir grand soin de se tenir à l'abri des besoins ; et cela pour deux principales raisons ; l'une, parce que les richesses des sujets sont en sûreté lorsque celui qui gouverne n'a pas de besoins ; l'autre, parce qu'il convient qu'il ait toujours en main les moyens de pourvoir à toutes les nécessités du royaume, s'il s'en présente surtout qui n'aient pu être prévues, et parce que dans des cas semblables un roi prévoyant doit être en mesure d'agir avec munificence et de ne rien épargner dans ses dépenses, afin que l'on juge par là qu'il possède, non point pour lui, mais pour le bien de son royaume, tout ce qui peut être nécessaire." Les envieux même ne sauraient nier qu'il s'est montré tel qu'il disait en toute circonstance. Au milieu des plus grandes nécessités, il n'a jamais calculé aucune dépense, et les fatigues personnelles ne l'ont jamais détourné d'aucune entreprise. Mais les richesses de ses sujets n'étaient pas pour cela parfaitement en sûreté ; à la plus légère occasion, il ne craignait pas d'épuiser leurs patrimoines, et recourait beaucoup trop souvent à cette ressource.

3

« Il avait une taille avantageuse et bien proportionnée, et était plus grand que les hommes de moyenne grandeur, et moins grand cependant que les hommes les plus grands. Il avait une belle figure et un air de dignité qui eût pu révéler un prince digne de respect à ceux-là même qui ne l'eussent point connu. Ses yeux, pleins d'éclat, étaient de moyenne grandeur ; il avait, comme son frère, le nez aquilin, les cheveux blonds et un peu rejetés en arrière, les joues et le menton agréablement ornés d'une barbe bien fournie. Sa manière de rire était désordonnée, et quand il se livrait à un accès de ce genre, tout son corps en était ébranlé. Il aimait à s'entretenir avec les hommes sages et éclairés, qui avaient des notions sur les pays éloignés et sur les usages des nations étrangères. Je me souviens qu'il me faisait appeler quelquefois familièrement, tandis qu'il était retenu dans la citadelle de Tyr par une petite fièvre lente, qui cependant n'avait rien de sérieux, et que j'ai eu avec lui beaucoup de conférences particulières, pendant les heures de repos et dans les bons intervalles que laissent toujours les fièvres intermittentes. Je lui donnais, autant que le temps me le permettait, des solutions sur les questions qu'il me présentait, et ces conférences avec moi lui plaisaient infiniment. Entre autres questions qu'il me proposa, il m'en adressa une un jour qui me donna au fond du cœur une vive émotion, soit parce qu'il était assez bizarre qu'on pût faire une pareille demande, puisqu'on ne peut guère mettre en question ce qui nous est enseigné par une foi universelle et ce que nous devons croire fermement ; soit encore parce que mon âme fut douloureusement blessée de voir qu'un prince orthodoxe, et descendant de princes orthodoxes, pût avoir de pareils doutes sur une chose aussi certaine, et hésitât ainsi dans le fond de sa conscience. Il me demanda donc "s'il y avait, indépendamment de la doctrine du Sauveur et des saints qui avaient suivi le Christ, doctrine dont il ne doutait nullement, des moyens d'établir, par des arguments évidents et irrécusables, la preuve d'une résurrection future." Saisi d'abord de la singularité d'un tel propos, je lui répondis qu'il suffisait de la doctrine de notre Seigneur et Rédempteur, par laquelle il nous a enseigné la résurrection future de la chair de la manière la plus positive, dans plusieurs passages de l'Évangile ; qu'il nous a promis qu'il viendrait comme juge, pour juger les vivants et les morts, qu'il donnerait aux élus le royaume préparé depuis la création du monde, et que les impies auraient en partage le feu éternel qui a été préparé pour le diable et pour ses démons ; enfin j'ajoutai que les pieuses assurances des saints apôtres et celles mêmes des Pères de l'Ancien Testament suffisaient pour en fournir la preuve. Il me répondit alors : "Je tiens tout cela pour très certain ; mais je cherche un raisonnement par lequel on puisse prouver à quelqu'un qui nierait ce que vous dites, et qui n'admettrait pas la doctrine du Christ, qu'il y a en effet une résurrection future et une autre vie après cette mort." Sur quoi je lui dis : "Prenez donc pour vous le rôle de la personne qui penserait ainsi, et essayons de trouver quelque chose comme vous le désirez. — Volontiers", me dit-il. Et moi alors : "Vous reconnaissez que Dieu est juste ? " Lui : "Rien de plus vrai, je le reconnais." Moi : "Qu'il est juste de rendre le bien pour le bien et le mal pour le mal ? " Lui : "Cela est vrai." Moi : "Or, dans la vie présente il n'en est pas ainsi.

Dans le temps actuel, il y a des hommes bons qui ne font qu'éprouver des malheurs et vivre dans l'adversité ; quelques méchants au contraire qui jouissent d'une facilité constante, et nous en voyons tous les jours de nouveaux exemples." Lui : "Cela est certain." Je continuai alors : "Il y aura donc une autre vie, car il ne se peut pas que Dieu ne soit pas juste dans ses rétributions : il y aura une autre vie et une résurrection de cette chair, lors de laquelle chacun devra recevoir son prix, et être récompensé comme il aura mérité, selon le bien ou le mal qu'il aura fait." Il finit en me disant : "Cette solution me plaît infiniment, et vous avez dégagé mon cœur de tous ses doutes." Telles étaient les conférences, et beaucoup d'autres semblables, dans lesquelles ce prince se complaisait infiniment. Je reviens maintenant à mon sujet.

« Le roi Amaury était excessivement gras, et à tel point qu'il avait comme les femmes la poitrine fort proéminente et arrondie en forme de seins. La nature l'avait traité avec plus de bienveillance pour toutes les autres parties du corps, qui non seulement étaient bien, mais se faisaient même remarquer par la beauté particulière des formes. Enfin le roi était d'une grande sobriété pour tout ce qui tient à la nourriture du corps et pour la boisson, et ses ennemis même ne sauraient le nier. »

12

RETOUR DE GUILLAUME DE TYR EN ORIENT, SES ÉTUDES EN OCCIDENT [1]

Cette même année, moi Guillaume, en la patience du Seigneur, ministre indigne de la sainte Église de Tyr, écrivain de cette Histoire que je compile pour laisser quelque chose de l'antiquité aux descendants, après presque vingt ans où j'ai suivi de façon continue et avidement, en France et en Italie, les gymnases des philosophes et les lieux où l'on étudie les disciplines libérales, les dogmes salvateurs de la philosophie céleste et aussi la sagesse du droit tant ecclésiastique que civil, revenant chez moi, vers le foyer paternel [2] et une pieuse mère dont l'âme sainte repose en paix, j'ai été rendu à mes liens d'affection dans la sainte Jérusalem aimable à Dieu où je suis né et au domicile de mes géniteurs. Pendant ce temps où nous avons passé notre adolescence dans les régions au-delà des mers à étudier, où nous avons dédié nos jours aux études des lettres dans la pauvreté volontaire, les principaux docteurs en arts libéraux, hommes vénérables et dignes de pieuse mémoire, puits de science, trésors d'enseignement, furent pour nous maître Bernard le Breton qui fut plus tard

---

1. Sur les « principaux docteurs » que Guillaume de Tyr a écoutés, voir R. Huygens, *Latomas*, 21, 162, p. 825-829. Dans les notes qui suivent, on trouvera surtout des indications chronologiques.
2. *Paternis laribus*, dans le texte latin.

évêque de Cornouailles dans la patrie dont il venait[1], maître Pierre Hélie de nation poitevine[2], maître Yves de nation et naissance chartraine[3]. Tous ces maîtres furent pendant longtemps des auditeurs de Thierry[4], un vieillard très savant ; cependant, le plus jeune d'entre eux, maître Yves, mettait au-dessus la doctrine de Gilbert de la Porrée[5], évêque de Poitiers, qu'il avait écouté après Thierry. Nous les avons tous écoutés alternativement pendant environ dix ans, selon qu'ils nous le permettaient, étant présents ou absents pour leurs affaires. Nous en avons écouté d'autres, bien que peu assidûment, cependant très souvent et surtout pour le plaisir de la « dispute », des hommes sortant de l'ordinaire qu'il faut accompagner d'honneurs, maître Aubry du Mont[6], maître Robert de Melun[7], maître Mainier[8], maître Robert Amiclas, maître Adam du Petit-Pont[9], qui apparaissaient comme les plus grandes lumières. Mais en théologie, c'est un homme singulier dans cette science que nous avons écouté pendant six années continues, un homme dont les œuvres dominent le chœur des sages, s'amplifient avec la vénération et croissent avec le respect, un homme recommandable pour toute sa saine doctrine, à savoir maître Pierre Lombard[10], qui fut ensuite évêque de Paris. Nous avons aussi écouté souvent maître Maurice[11], qui lui succéda ensuite dans cet épiscopat. En droit civil aussi, à Bologne, nous avons eu comme précepteurs des hommes d'une suprême autorité, le seigneur Hugolin de la Porte de Ravenne[12] et le seigneur Bulgarus, jurisconsultes, mais nous avons aussi vu souvent leurs autres contemporains, à savoir le seigneur Martinus et le seigneur Jacques, des hommes très experts en droit, et nous sommes fréquemment entrés dans leurs auditoires[13]. Les quatre sont comme les

---

1. Bernard de Moëlan (arrondissement de Quimper), évêque de Cornouailles à partir de 1159, mort avant 1167.

2. Pierre Hélie, encore mentionné en 1166, auteur d'un commentaire important du traité de grammaire de Priscien.

3. Yves, doyen de l'église de Chartres, présent au concile de Reims de 1148.

4. Thierry de Chartres quitte Chartres en 1134, vient enseigner à Paris, retourne à Chartres en 1141 où il devient chancelier des écoles, et meurt avant 1155.

5. Le très fameux et très contesté philosophe Gilbert de la Porrée, né vers 1075, chancelier des écoles de Chartres, élu évêque de Poitiers en 1142, mort en 1154.

6. Albéric du Mont, lié à Robert de Melun.

7. Robert de Melun (vers 1100-1167), né en Angleterre, étudie à Oxford et Paris, est évêque d'Hereford en 1163.

8. Mainerius, cité dans une lettre d'Alexandre III datée de 1174.

9. Le fameux maître parisien Adam du Petit-Pont, auteur d'un *Ars disserendi*, né vers 1105, mort en 1159, chanoine à Paris.

10. Pierre Lombard, né vers 1100, mort en 1160, élu évêque de Paris en 1159, le plus fameux théologien du XIIe siècle.

11. Maurice de Sully, né vers 1120, venu à Paris vers 1140, élu évêque en 1160, mort en 1196.

12. Hugolin de la Porte de Ravenne est connu sous le nom de Hugo ; il y eut peut-être, de la part du seul scribe à avoir transmis le chapitre 12, confusion avec Hugolinus, grand juriste du premier quart du XIIIe siècle à Bologne (R. Huygens, art. cit.).

13. *Auditoria*, dans le texte latin.

colonnes aux bases solides du temple de la justice, dressées pour le soute-nir[1]. Nous eûmes aussi pour le commentaire des autorités un vieux docteur d'Orléans, maître Ylarius, pour les géomètres et surtout Euclide nous eûmes Guillaume de Soissons, un homme à la langue plus embarras-sée mais d'un esprit aigu et d'une immense subtilité. La mémoire d'eux tous vit jusqu'à aujourd'hui dans la bénédiction, leur illustre souvenir reste. Ils révélèrent la science et, en passant, ils la firent multiple ; ils en ont amené beaucoup à la justice, en qui ils vivent à jamais sans éprouver les dommages de l'oubli ; eux dont la lumière est comme sidérale selon la parole de Daniel qui dit : « Beaucoup passent et multiple sera la scien-ce », et de même : « Les doctes resplendiront comme la splendeur du fir-mament et ceux qui en ont amené beaucoup à la justice comme les étoiles pour toute l'éternité[2] ». Que le Seigneur soit miséricordieux et clément dans la rétribution de tous ces justes de pieuse mémoire ; et à tous ceux qui nous ont élevés de l'ignorance des ténèbres à la lumière de la science par le savoir qu'ils nous ont communiqué miséricordieusement, même modestement, que soit donnée généreusement la faveur éternelle.

Après donc que nous fûmes revenu chez nous, le seigneur Guillaume, l'évêque d'Acre de pieuse mémoire, de nation lombarde, homme sage et distingué, transféré de l'archidiaconat de Tyr à cette église, aussitôt après notre arrivée, par simple générosité de l'esprit de charité selon la volonté et l'accord de tout le chapitre, nous concéda dans son église un bénéfice qu'on appelle prébende. Mais aussi, on vit le seigneur roi de bonne mémoire Amaury, dont nous décrivons maintenant les actes, accueillir notre arrivée avec assez de plaisir. Et pour que personne, conduit pas la jalousie, ne nous fasse d'empêchement et nous prévienne jusqu'à un certain point contre les sentiments royaux, il nous assigna aussitôt sur le sien tous les bénéfices, comme on disait. Cependant, il ne changea pas, montrant du souci pour nous : il dirigea ses requêtes chez les évêques là où il en repéra l'opportunité et gagna des bénéfices pour nous qui l'igno-rions. Mais notre conversation l'a amusé. À sa demande aussi, à laquelle nous nous sommes attaché volontiers, nous écrivons le monument présent des événements qui arrivèrent dans le royaume à partir de sa libération des ennemis. Mais revenons maintenant à l'histoire.

---

1. Bulgarus, Martinus, Ugo et Jacobus sont les quatre fameux docteurs de l'école de droit de Bologne des années 1150, conseillers de Frédéric I Barberousse, dont la tradition a fait les disciples d'Irnerius. L'image des « quatre colonnes » se trouve dans la chronique d'Otto Morena à l'année 1162 (cf. CC, p. 881, note), mais notons que la métaphore n'est pas poussée aussi loin que chez Guillaume de Tyr, qui ajoute : « les bases solides du temple ».
2. Da, XII, 3.

17

EN ÉGYPTE : L'ALLIANCE AVEC LE CALIFE

Cependant le sultan[1], voyant que l'ennemi [Shirkûh] avait pénétré au cœur du royaume, qu'il ne pourrait nullement lui résister ou le repousser des confins du royaume sans le seigneur roi, cherchait par quel pacte il pourrait le retenir en Égypte. Il craignait que le roi ne prenne ses dispositions pour rentrer chez lui, fatigué de son immense labeur, et ne voyait pas d'autre moyen de l'engager à demeurer plus longtemps sur cette terre que de lui assigner une somme plus considérable en tribut, et de pourvoir avec générosité à toutes ses dépenses et à celles de ses princes. Il lui plut donc, et il en parut de même aux nôtres, de renouveler les anciens pactes et d'établir sur des bases inviolables un traité de paix perpétuelle entre le seigneur roi et le calife, d'augmenter aussi le tribut annuel en constituant une pension déterminée pour le roi payée sur les trésors du calife. Il semblait qu'il ne serait pas facile de donner une fin à la chose, qui demanderait beaucoup de travail et de temps. Ceux qui intervinrent pour régler ces conventions, ayant sondé les désirs des deux parties et pris connaissance de leur volonté, attribuèrent au seigneur roi quatre cent mille pièces d'or, deux cent mille payées aussitôt, les autres deux cent mille pièces promises pour des dates déterminées sans faire de difficultés, sous la condition que le seigneur roi s'engagerait de sa propre main, de bonne foi, sans fraude et sans malice, à ne pas sortir du royaume d'Égypte tant que Shirkûh[2] et toute son armée ne seraient pas, soit presque anéantis, soit expulsés de toute l'Égypte. La condition plut aux deux parties. Le seigneur roi donna sa main droite à ceux que le calife avait envoyés au sujet des conventions décidées. Il envoya Hugues de Césarée, jeune homme d'une admirable sagesse et d'une prudence au-dessus de son âge, auprès du calife pour que celui-ci confirmât aussi de sa main son accord décidé par le pacte : l'engagement envers lui du seul sultan ne lui paraissait en effet pas suffisant.

18

EN ÉGYPTE : DESCRIPTION ÉMERVEILLÉE DU PALAIS DU CAIRE ET DE LA RÉCEPTION DU CALIFE

Puisque la coutume de la maison de ce prince est singulière et inconnue de nos siècles, qu'il soit permis de rapporter avec soin ce que nous avons

---

1. *Soldanus*, dans le texte latin : Guillaume de Tyr désigne ainsi les vizirs.
2. Shirkûh, *Siracunus* : « connétable » de Nûr el-Dîn, oncle de Salah al-Dîn Yusuf, c'est--dire Saladin.

appris du fidèle récit de ceux qui furent introduits auprès d'un tel prince, sur l'état, la magnificence, et l'immensité de ses richesses, et sur la diversité de sa gloire : il ne sera pas sans profit d'en avoir meilleure intelligence. Le susdit Hugues de Césarée et avec lui Geoffroy Foucher, frère de la milice du Temple, à la tête de la légation, sous la conduite du sultan, entrèrent au Caire et arrivèrent au palais, *Cascere* dans leur langue, avec un très grand nombre de hérauts qui les précédaient avec leurs glaives et à grand bruit. Ils furent conduits par des ruelles étroites et des lieux manquant de lumière, et à chaque entrée ils rencontraient des cohortes d'Éthiopiens armés qui effectuaient à qui mieux mieux l'office répété de la salutation au sultan. Traversant le premier et le second poste de garde, introduits dans des lieux dispersés et plus spacieux pénétrés par le soleil et exposés au jour, ils découvrirent des déambulatoires appuyés sur des colonnes de marbre, lambrissées d'or et cachées par des ouvrages en saillie, le sol d'un pavage varié, si bien qu'ils faisaient voir la dignité royale dans tout leur pourtour. L'élégance des matériaux et des ouvrages était telle qu'elle retenait les yeux de ceux qui traversaient même contre leur gré, et l'avidité de voir, la nouveauté extraordinaire des ouvrages, empêchaient le regard de se rassasier de cette vue. On y trouvait encore des bassins en marbre remplis de l'eau la plus limpide, il y avait une multitude d'oiseaux inconnus dans notre monde, de chants variés, de formes inconnues et de couleurs étranges, d'un aspect combien prodigieux pour nous [...]. De là, admis plus loin, les princes eunuques devant eux, ils trouvèrent des édifices tellement plus élégants encore que les précédents, que ceux qu'ils avaient vus d'abord leur parurent vulgaires et usuels alors qu'ils leur avaient paru supérieurs. Ils rencontrèrent là une étonnante variété de quadrupèdes, comme la main lascive des peintres est habituée à peindre, comme la licence poétique est habituée à feindre ou l'âme du dormeur à imaginer dans ses visions nocturnes, comme les diocèses de l'Orient et du Midi sont habitués à soigner mais comme l'Occident n'a jamais coutume de voir et plus rarement d'entendre : il semblait sans aucun doute que notre Solin eût extrait l'histoire de ces lieux de son *Polistoris* [1].

23 [2]

[...] Afin d'accélérer sa marche, parce que les cavaliers allaient plus vite, le roi laissa les gens à pied et partit seulement avec les cavaliers. Il renvoya cependant le seigneur Hugues d'Ibelin et Gemel, fils du sultan

---

1. Solinus Gaius Lulius, géographe latin du IIIe siècle, auteur de *De situ et mirabilibu. orbis* et *Polyhistor*.
2. Ce passage, qui est un signe de plus de l'ébahissement des Latins devant Le Caire, es placé avant le chapitre 22, pour la commodité du lecteur.

l'un avec beaucoup des nôtres, l'autre avec la milice égyptienne, pour protéger la ville du Caire et le pont que l'on avait construit d'incursions ennemies inopinées. Les tours et tous les points fortifiés de cette noble ville furent livrés aux nôtres, ils eurent libre accès à la maison du calife jusqu'alors inconnue des nôtres, car le seigneur et tous les gens de sa maison ne mettaient plus leur espoir qu'en nous seuls. Alors furent révélés aux nôtres les saints des saints cachés depuis des siècles et s'ouvrirent les arcanes stupéfiants [...].

19

EN ÉGYPTE : LES FÉODAUX FACE AU CALIFE

Par de nombreux tours et détours variés, capables de retenir dans la contemplation même les gens affairés, on arriva au palais royal lui-même [...]. Lorsqu'ils furent entrés dans l'intérieur du palais, le sultan présenta, selon l'usage, la révérence habituelle au seigneur : une fois et une deuxième fois prosterné sur le sol comme un culte dû à une divinité, il commença une sorte d'adoration, le genou plié ; une troisième fois de nouveau prosterné à terre, il déposa le glaive qu'il portait suspendu au cou. Et voici que, soudain, on tira avec une étonnante rapidité des rideaux tissés d'or et de pierres précieuses, suspendus au milieu et cachant un siège. Le calife apparut alors de face, assis sur un trône doré, habillé plus que royalement, entouré d'un petit nombre de familiers, domestiques et eunuques. Alors, s'avançant avec grand respect, le sultan baisa humblement les pieds de celui qui siégeait et exposa en peu de mots la cause de la venue des légats, la teneur des pactes, la nécessité très pressante où se trouvait le royaume, les ennemis très cruels présents jusqu'à ses centres vitaux, ce qu'on exigeait du calife et ce que le seigneur roi était disposé à faire pour lui. À quoi le calife répondit avec beaucoup de bonté, l'air calme et enjoué, qu'il était tout prêt à accomplir et à interpréter de la manière la plus généreuse les conventions décidées et consenties de part et d'autre, en faveur de son très aimé le seigneur roi. Les nôtres demandèrent que le calife le confirmât de sa propre main de même que le seigneur roi l'avait fait. On vit en premier, sur le visage de ceux qui l'entouraient en familiers, auditeurs et chambriers, qui exerçaient toute l'autorité dans les conseils royaux, se dessiner l'horreur de la chose comme si elle était inouïe du siècle. Mais enfin, après une longue délibération et sur l'insistance pressante du sultan, avec beaucoup de répugnance, le calife tendit la main mais couverte d'un voile. Alors, et à la grande surprise des Égyptiens qui ne pouvaient assez s'étonner qu'on osât parler si librement au prince souverain, Hugues de Césarée dit : « Seigneur, la foi n'a pas de détour ; dans la foi, les moyens par lesquels les princes ont coutume de s'obliger doivent être nus et ouverts, et il convient de lier et délier avec sincérité tout pacte engagé sur la foi de chacun. C'est pourquoi, ou tu donneras ta main nue, ou nous serons réduits à croire qu'il y a de ta part mensonge ou peu de pureté. » Alors, bien forcé, comme s'il trahissait sa majesté, souriant cependant, ce que les Égyptiens supportèrent très douloureusement, il mit sa main droite nue dans la main d'Hugues de Césarée, et, en suivant syllabe après syllabe le même Hugues qui disait la formule du pacte, il s'engagea à observer la teneur des conventions de bonne foi, sans fraude et sans malice. Le calife, selon ce que nous a raconté le seigneur Hugues, était dans la première fleur de la jeunesse, d'un brun sombre, d'une taille élevée, d'un beau visage et d'une grande libéralité ; il avait un nombre infini de femmes, et se nommait Elhadeth, fils d'Elfeis. Aux légats qui partaient, il fit donner des présents en signe de la libéralité royale [...].

22

EN ÉGYPTE : BATAILLE INDÉCISE CONTRE SHIRKÛH (MARS 1167)

Après que les traités eurent été renouvelés et rédigés comme je l'ai dit, avec l'approbation des deux contractants, unanimes, ils prirent leurs dispositions pour poursuivre l'ennemi et l'expulser de tout le royaume. La nuit tombant apporta le repos, mais le lendemain matin, les affaires se présentèrent sous une nouvelle face. À la tombée de cette même nuit, Shirkûh était venu dresser son camp sur la rive du fleuve [le Nil] opposée au lieu occupé par notre armée. Le seigneur roi fit aussitôt avancer des nefs et transporter des poutres de palmier, arbre qui se trouve d'habitude dans la région, et donna l'ordre de construire un pont : on joignait les nefs deux à deux et on les fixait à l'aide des ancres, puis on plaçait par-dessus des poutres ordinaires que l'on recouvrait de terre, et alors on l'armait de tours en bois et de machines dressées. Au bout de quelques jours, l'ouvrage se trouva conduit jusqu'au milieu du courant ; mais alors la terreur de l'ennemi empêcha d'achever le reste et de pousser jusqu'à l'autre rive. Ainsi la guerre fut en suspens pendant un mois et plus, les nôtres étaient peu habiles à traverser le courant, les ennemis n'osaient pas aller plus loin de peur que les nôtres ne surgissent par derrière [...].

25

[...] La distribution des forces était en vérité très inégale entre ceux qui s'apprêtaient au combat. Shirkûh avait environ douze mille Turcs, dont neuf mille étaient couverts de casques et de cuirasses, et les trois mille autres seulement armés d'arcs et de flèches. Il avait en outre dix ou onze mille Arabes se servant de lances, suivant l'usage. Les nôtres étaient tout juste trois cent soixante-quatorze cavaliers, sans les Égyptiens vils et efféminés, qui étaient plutôt un poids et un obstacle que de quelque utilité. Il y avait encore des cavaliers armés légèrement qu'on appelle des Turcopoles, nous ne savons pas combien, mais nous avons entendu dire par le récit de beaucoup que ce jour-là, dans un si grand combat, la majorité fut complètement inutile. Ayant donc compris qu'ils se trouvaient dans le voisinage des ennemis, qui avaient eux-mêmes appris l'arrivée des nôtres, ils ordonnèrent les rangs comme la chose semblait l'exiger, disposèrent les formations en triangles et préparèrent les armes : les plus sages, qui avaient une vieille expérience de la chose militaire, encouragent les autres, instruisent les ignorants, enflamment les âmes par leurs exhortations, promettent la victoire et la louange immortelle qui est le fruit de la victoire. Le lieu du combat était aux confins de la terre cultivée et du désert, c'était un terrain inégal de collines sableuses divisées par des vallées, si bien qu'il n'était pas possible de voir les arrivants de loin ou de suivre longtemps de l'œil les partants. Le nom du lieu est Beben, qui signifie « la Porte », parce qu'il sert à fermer le passage entre les collines opposées, à dix mille de Lamonia, d'où le nom que certains donnent aujourd'hui à ce combat. Mais les ennemis très actifs n'avaient pas moins ordonné leurs rangs et occupaient les collines à droite et à gauche, vers lesquelles il était difficile aux nôtres de s'élancer tant à cause de la pente qu'à cause du sable mou, et avaient mis Shirkûh au milieu avec la cohorte qu'il commandait, les autres rassemblés de chaque côté. Venu le moment de combattre de près, les nôtres, ceux qui étaient dans le rang du roi, firent une sortie tous ensemble sur la cohorte commandée par Shirkûh, la firent courageusement plier, massacrèrent par le glaive ceux qui étaient à terre et le poursuivirent lui-même qui s'enfuyait. Ensuite Hugues de Césarée, se jetant impétueusement sur la cohorte commandée par Saladin, neveu de Shirkûh, se trouva seul et tomba. En tombant il fut pris, et beaucoup d'autres furent pris avec lui, plusieurs tués. Là mourut un homme noble et vaillant aux armes, Eustache Cholet de la région du Ponthieu. Encouragés par ce succès, les autres cohortes se reformèrent et enfermèrent de tous côtés nos rangs chargés de la défense des équipements et des provisions, les attaquèrent et les jetèrent à terre : là, on dit que mourut un jeune homme noble et honorable de Sicile, Hugues de Creona ; les rangs défaits, beaucoup tués, ceux qui purent échapper au glaive cherchèrent le salut dans la fuite et les ennemis s'emparèrent sans obstacle des équipements et des provisions et les emportèrent. Pendant ce temps, les rangs défaits, dispersés çà et là dans les vallons, le combat se fit avec des chances diverses qui n'avaient pour témoins que ceux qui s'y livraient, car il n'était donné à personne d'autre de les voir. Le combat était incertain, ceux-ci, ceux-là se croyaient vainqueurs, ignorants ce qui se passait ailleurs : des deux côtés, les uns se croyaient vainqueurs, dans un autre endroit vaincus. Notre frère vénérable, le seigneur Raoul, évêque de Bethléem et chancelier du roi, à qui nous avons succédé ensuite dans cet office, gravement blessé, perdit tous ses équipements dans le tumulte. On combattit longtemps sans qu'il fût possible de reconnaître avec certitude quels étaient les vainqueurs, jusqu'à ce que le jour tombant invitât ceux qui étaient dispersés à se rallier aux signaux ; alors enfin, craignant l'approche de la nuit, ceux qui étaient libres commencèrent à se hâter vers les leurs et cherchèrent le roi, ils arrivèrent de tous côtés et se groupèrent à nouveau. Là où il avait combattu, le seigneur roi avait été victorieux. Les autres éprouvèrent le sort varié de Mars, ici favorable, là contraire, en sorte que la victoire ne couronna aucun des deux partis. Revenu avec un petit nombre des siens occuper une colline quelque peu élevée, le roi dressa sa bannière afin de rallier tous ceux qui étaient dispersés et attendit ses compagnons. Lorsqu'ils se trouvèrent rassemblés, ils virent sur deux collines jumelles devant eux, en désordre, ceux des ennemis qui avaient enfoncé les rangs gardant les équipements, les avaient en partie détruits et en partie enlevés. Les nôtres n'avaient aucun autre moyen de revenir qu'en passant entre les deux collines. Ayant résolu de revenir, ils ordonnèrent leurs rangs, se mirent en marche, s'avançant lentement, et passèrent au milieu des ennemis qu'ils voyaient sur leur droite et sur leur gauche. Mais ils s'avançaient avec une telle assurance que les ennemis n'osèrent faire aucune tentative hostile : en rangs serrés, les hommes les plus forts et les mieux armés entourant la colonne, tous se dirigèrent vers les bords du fleuve et le traversèrent à un gué, indemnes. Ils marchèrent ensuite pendant toute la nuit, suivant toujours le chemin par lequel ils étaient venus à Beben [...].

27

EN ÉGYPTE : À ALEXANDRIE

Alexandrie est la plus récente de toutes les cités du diocèse d'Égypte, dans cette partie du pays qui fait face à la Libye et se prolonge à l'ouest. Elle est située aux confins du sol cultivé et du désert brûlant, si bien qu'à l'extérieur de la cité, du côté du couchant, un immense erme [1] touche les murs, qui n'a jamais ressenti les bienfaits d'aucune culture. [...] Le site d'Alexandrie est des plus avantageux pour pratiquer le commerce. Elle a deux ports séparés par une langue de terre très étroite. En avant de cette

---

1. Latin *heremus*, vieux mot encore en usage dans le Midi pour désigner les terrains en friche. On peut se demander si l'auteur l'emploie par préciosité ou sous l'influence de la langue vulgaire : les deux sont tout à fait possibles, car il a un vocabulaire recherché, sinon pédant, mais ne recule pas devant les vulgarismes (cf. CC, Introduction, p. 39-40).

langue intermédiaire s'élève une tour d'une hauteur étonnante appelée Phare, que Jules César fit construire, dit-on, pour ses besoins lorsqu'il y installa une colonie. On y apporte de la Haute-Égypte par le Nil une grande quantité de denrées et presque toutes les choses nécessaires à la vie. Les productions inconnues à l'Égypte arrivent par navigation à Alexandrie de toutes les régions transmarines et y sont toujours en abondance ; aussi dit-on qu'elle abonde en denrées plus que tout autre ville maritime. Les deux Indes, le pays de Saba, l'Arabie, les deux Éthiopies, la Perse et toutes les provinces adjacentes envoient les aromates, les perles, les pierres précieuses, les trésors de l'Orient et toutes les marchandises étrangères dont notre monde est privé, par la mer Rouge, depuis la Haute-Égypte jusqu'à la ville dite Aideb située sur le rivage de cette mer, par où passe la route de ces peuples dans notre direction. Arrivées en ce lieu, on les transporte sur le Nil, et de là, elles descendent à Alexandrie. Aussi les peuples de l'Orient et ceux de l'Occident se rencontrent ici, et cette cité est comme le marché public des deux mondes [...].

29

Pendant que ceci se passait à Alexandrie, Shirkûh parcourait la Haute-Égypte. Parvenant à Chus, il essaya de faire le siège de la cité, et voyant qu'il n'y réussirait pas et gaspillerait trop de temps, que d'autres affaires le pressaient d'aller vers son neveu [à Alexandrie], il leva des sommes d'argent dans ces villes et revint en Basse-Égypte avec l'armée qu'il traînait. Comme il arrivait à Babylone [1], voyant que le roi avait confié la garde du Caire et du pont à Hugues d'Ibelin, et que tout allait autrement qu'il n'avait pensé, il fit venir Hugues de Césarée qu'il tenait captif pour s'entretenir en privé, et comme celui-ci était un homme éloquent, disert et urbain, il commença à l'entreprendre par un discours bien arrangé : « Tu es grand prince, noble, très illustre chez les tiens, et il n'est personne parmi vos princes à qui, si j'étais libre de mon choix, je préférerais communiquer une pensée secrète et confier ces mots. La fortune m'a offert et le sort de la guerre m'a donné ce qu'il aurait fallu autrement chercher avec beaucoup d'efforts, de pouvoir employer ton expérience à la tâche présente. J'avoue qu'avide de gloire comme il arrive aux mortels, attiré par la richesse du royaume et confiant dans l'imbécillité des indigènes, j'ai conçu l'espoir de livrer entre mes mains ce royaume. C'est pourquoi avec des frais et des peines infinis, infructueux toutefois comme je le vois, avec une nombreuse cavalerie de nobles tous attirés de la même façon, je suis descendu en Égypte à travers tant de périls, comptant que les choses tourneraient autrement qu'il n'est arrivé. Je vois que la fortune

---

1. Nom de Memphis.

m'a été contraire à mon arrivée. Plaise au ciel la prospérité ou fasse que
je rentre ! Tu es un homme noble comme j'ai dit, cher au roi, puissant en
paroles et en actes : sois le médiateur de la paix entre nous, que mes
paroles prospèrent par tes soins. Dis au seigneur roi : "Nous sommes
oisifs, le temps passe sans donner de fruits, il reste beaucoup de choses à
faire à la maison." La présence de ton roi dans son royaume lui serait
aussi extrêmement nécessaire. Il consume maintenant sa tâche pour d'autres : car après qu'il nous aura repoussés, il laissera son opulence à des
hommes misérables à peine dignes de la vie. Qu'il reçoive les siens qui
sont dans mes chaînes ; que lui aussi, le siège levé, me restitue ceux qu'il
a dans les chaînes et qu'il a enfermés dans Alexandrie. Et moi, je suis prêt
à partir après avoir reçu la garantie que je ne rencontrerai aucun obstacle
de la part des siens sur mon chemin. »

30

À ce discours, le seigneur Hugues, qui était un homme sage et remarquable, pesant beaucoup le discours en lui-même, bien qu'il ne doutât pas
que la forme et la teneur du traité de paix seraient utiles aux nôtres, pour
ne pas paraître entraîné par le désir d'obtenir sa liberté personnelle plutôt
que par l'intérêt public, jugea plus honnête que les premières propositions
fussent faites par un autre. Lui-même nous exposa par la suite en privé
son intention. On envoya donc comme porte-parole un familier du roi, de
même prisonnier, Arnaud de Turbessel, qui avait été pris dans le même
combat que Hugues. Instruit du discours, il arriva au roi, s'empressa de
découvrir la cause de sa légation et, l'assemblée des princes ayant été
convoquée, en présence du sultan et son fils, il exposa le contenu du discours et l'arrangement de la forme. La teneur de la paix plut à tous, il
sembla qu'il suffirait pour la gloire et pour la pleine exécution des pactes
conclus entre le roi et le calife que la cité [d'Alexandrie] fût livrée au
pouvoir du roi, et que les ennemis, ceux qui y étaient enfermés comme
ceux qui avaient suivi Shirkûh et se trouvaient dispersés aux confins de
toute l'Égypte, fussent obligés de sortir tous ensemble d'Égypte. Ceci,
une fois libérés ceux des nôtres qui étaient captifs et nos captifs libérés
reçus par eux [...].

LIVRE XX

La fin du règne d'Amaury
(1167-1174)

Le roi dénonce son alliance égyptienne, descend en Égypte attaquer le sultan avec le soutien de l'empereur byzantin, assiège et prend Belbeis, traîne devant Le Caire et repart. Shirkûh prend alors la place du sultan auprès du calife et peut occuper l'Égypte ; il meurt et Saladin lui succède (1169). Réflexions de Guillaume de Tyr sur la situation générale. Appuyé par une grosse flotte byzantine, le roi descend à nouveau en Égypte, met, puis lève le siège devant Damiette (automne 1169) et repart. Saladin monte en force en Syrie, assiège et ravage la région de Gaza, mais ne livre pas bataille et repart (automne 1170). Le roi décide de demander en personne des secours à l'empereur à Constantinople, où il est somptueusement reçu (1171). Le roi est réclamé dans la principauté d'Antioche menacée par Nûr al Dîn allié à un prince arménien, Saladin fait une expédition au sud de la Syrie qui échoue (1172). Morts par maladie de Nûr al Dîn et du roi (1174).

1. Le seigneur Hernesius, archevêque de Césarée, et Odon de Saint-Amand, échanson du roi, reviennent de Constantinople en conduisant avec eux la future femme du seigneur roi ; le roi est couronné dans l'église de Tyr et épouse sa femme.

2. Un certain Andronic, parent de l'empereur, emmène avec lui Théodora, la veuve du seigneur roi Baudouin, par les terres des ennemis.

3. Les églises de Pétra et d'Hébron sont organisées après qu'on leur ait donné un évêque. Étienne, chancelier du roi de Sicile et élu à l'église de Palerme, descend en Syrie. Le comte de Nevers, Guillaume, meurt chez nous.

• 4. Des messagers de l'empereur se rendent auprès du roi pour lui demander un accord : on envoie l'archidiacre de Tyr pour achever les accords avec l'empereur.

• 5. Le roi descend avec les siens en Égypte, et malgré les clauses du traité qu'il avait scellé avec les Égyptiens, il fait la guerre.

• 6. La cité de Bilbeis est assiégée et prise ; le sultan envoie au roi la promesse d'une infinité d'argent.

• 7. Le roi installe son camp devant Le Caire, attendant l'argent promis par le sultan.

8. Notre flotte arrivée par le Nil s'ajoute à notre armée. Le sultan revient sur les accords, tente de résister et implore l'aide des Turcs.

• 9. Milon de Plancy subvertit l'esprit du roi par son sinistre conseil. Shirkûh appelé d'Égypte arrive, court à la rencontre du roi dans le désert, mais ne le trouve pas et revient chez lui, l'affaire non faite.

10. Shirkûh occupe l'Égypte, il tue le sultan, et lui-même meurt peu après.

• 11. Saladin, son neveu par son frère, succède au défunt et obtient le royaume d'Égypte.

12. Le seigneur Bernard, abbé du monastère du mont Tabor, est élevé à l'église de Lidda. Le seigneur Frédéric, archevêque de Tyr, va dans les régions d'Occident demander de l'aide aux princes occidentaux.

13. L'empereur, voulant satisfaire aux accords, envoie en Syrie une flotte et quelques-uns de ses princes.

14. Le roi descend en Égypte avec son expédition, les Grecs le suivent, tant par mer que par terre.

15. Le roi assiège Damiette, et l'armée, tant celle des Latins que celle des Grecs, se fatigue inutilement.

16. La faim commence dans les camps et notre flotte est presque entièrement incendiée ; le siège est enfin levé, une opération jusqu'au bout inutile.

17. Ayant renvoyé son expédition, le roi revient chez lui. La flotte des Grecs périt presque tout entière au retour, par le fait de vents défavorables.

• 18. Un très grand tremblement de terre frappe presque tout l'Orient et détruit des villes très antiques.

• 19. Saladin franchit nos confins et assiège un château du nom de Darum.

• 20. Le roi accourt avec une modeste troupe de chevaliers, plusieurs des nôtres sont massacrés par les ennemis, tant dans la ville de Gaza qu'en chemin.

• 21. Saladin retourne chez lui, le roi aussi : après avoir réparé le château qui avait été en partie détruit, il revient à Ascalon. Cette même année le glorieux martyr du Christ, Thomas, archevêque de Cantorbery, est tué dans sa propre église.

• 22. Le roi part à Constantinople avec quelques-uns de ses princes, l'empereur se donne du mal pour l'accueillir avec beaucoup d'honneur.

23. Il est introduit devant l'empereur, il est traité noblement ; et ils ont de fréquentes conversations sur les choses nécessaires à faire.

24. Après avoir achevé leurs affaires, tant le roi que ses princes comblés de présents, ils rentrent chez eux.

25. Le roi convoque l'armée à Seforis. Le seigneur archevêque de Tyr, Frédéric, revient des régions ultramontaines. Le seigneur évêque d'Acre, Guillaume, est tué en Romanie.

26. Milon l'Arménien, frère du seigneur Toros, se joint à Nûr al Dîn et ravage la région d'Antioche ; le roi vient en hâte arrêter le mal.

27. Saladin assiège un château au-delà du Jourdain qui a nom Montréal, mais il rentre chez lui sans avoir rien réussi.

28. Saladin ravage toute la terre au-delà du Jourdain, le roi place l'armée au lieu nommé Carmel, le comte de Tripoli Raymond revient de prison.

• 29. La secte des Assassins est décrite, et la mission de leur messager auprès du seigneur roi.

• 30. Le messager des Assassins est tué par les frères de la milice du Temple ce qui excite un grand trouble dans le royaume. Le seigneur évêque de Bethléem, Raoul, meurt.

• 31. Nûr al Dîn meurt, le roi assiège Panéas [Banyas], mais revient après avoir conclu une trêve ; tombé malade, il part à Jérusalem où il meurt au bout de peu de jours.

4

ALLIANCE DE L'EMPEREUR ET DU ROI CONTRE L'ÉGYPTE, DISCUSSIONS SUR CE RETOURNEMENT. REMARQUES DÉSOBLIGEANTES SUR LES HOSPITA-LIERS

[...] La légation disait ceci, en résumant : le seigneur empereur avait compris que le royaume d'Égypte, infiniment puissant jusqu'alors et très riche, était tombé entre les mains de gens faibles et efféminés, et que l'impéritie, la faiblesse et l'incapacité du seigneur et de tous ses princes étaient venues à la connaissance des peuples voisins. Comme il ne paraissait pas que cet état présent pût durer longtemps, qu'il ne convenait pas que la seigneurie et la direction de l'Égypte vinssent à des peuples étrangers, l'empereur avait pensé en lui-même qu'il pourrait facilement, avec le secours du seigneur roi, la soumettre à sa juridiction, d'où l'envoi de légats sur ce sujet. Quelques-uns disent que l'empereur avait auparavant été sollicité par le roi, par l'intermédiaire d'envoyés et par plusieurs lettres, ce qui est très vraisemblable, pour lui demander de l'assister avec ses forces militaires, ses ressources et sa flotte, et qu'il aurait une partie du royaume et du butin selon des conditions à définir. Les envoyés étant donc venus trouver le roi pour traiter cette affaire, on arrêta des conventions qui furent approuvées par les deux parties : puis le roi me donna l'ordre de me joindre à eux, pour apporter au seigneur empereur la résolution du roi et du royaume avec leurs lettres et donner vigueur aux pactes aux conditions qu'on exigerait de moi, toutefois en une forme déterminée. J'allai donc rejoindre les mandataires du seigneur empereur qui attendaient mon arrivée à Tripoli, comme le roi le leur avait signifié par lettre, et nous partîmes ensemble pour la ville royale. Le seigneur empereur se trouvait à cette même époque en Serbie [1], pays montagneux, couvert de forêts, d'un abord très difficile, situé entre la Dalmatie, la Hongrie et l'Illyrie, où les Serbes s'étaient révoltés, confiants dans les difficultés à y pénétrer et le caractère impraticable de leur région. De vieilles traditions rapportent que tout ce peuple était à l'origine des déportés et des exilés qui avaient été condamnés à scier du marbre et extraire des métaux, d'où leur nom de Serbes. Ce peuple inculte et sans discipline habite les montagnes et les forêts et ignore l'agriculture, mais possède beaucoup de gros et de menu bétail, et a en grande abondance du lait, du fromage, du beurre, de la viande, du miel et des gâteaux de cire. Ils ont des magistrats appelés

---

1. Serbie, Serbes : chez Guillaume de Tyr, *Servia, Servii.*

suppanos[1]. Ils servent quelquefois le seigneur empereur, d'autres fois ils sortent tous de leurs montagnes et de leurs forêts et, en hommes auda-cieux et belliqueux, ils ravagent la région autour d'eux. L'empereur marcha contre eux [...]. Ayant reçu les lettres impériales contenant le traité en bonne forme, la légation achevée dans la munificence selon l'usage, je pris le chemin du retour le 1er octobre.

5

Entre-temps, aussitôt après notre départ, avant que le roi ne devînt certain de l'aide du seigneur empereur grâce à notre légation, le bruit se répandit, dit-on, que Shâwar, le sultan d'Égypte, envoyait fréquemment des hommes à Nûr al Dîn pour implorer secrètement son secours, disant qu'il voulait revenir sur les pactes conclus avec le roi, qu'il s'était lié malgré lui par traité de paix avec un peuple inamical, qu'il romprait les pactes s'il pouvait être certain de son aide. C'est pourquoi le roi, animé, dit-on, d'une juste indignation, après avoir convoqué tout le royaume, levé cavaliers et gens de pied, se hâte de descendre de nouveau en Égypte. Certains disent que toutes ces choses sont des mensonges, que porter ainsi la guerre au sultan Shâwar, innocent, ne méritant rien de tel, observant de bonne foi le traité, va contre le ciel et la justice, qu'on cherche à colorer de quelque excuse un acte si notoire : c'est pourquoi le Seigneur, juste juge de nos consciences et de nos secrets, a retiré toute sa faveur à nos tentatives et a refusé le succès à de durs efforts d'où la justice était absente. Ils disent en outre que la cause de ce mal est Gerbert, surnommé Assallit, maître de la maison de l'Hôpital à Jérusalem, un homme d'un grand courage et généreux jusqu'à la prodigalité, mais instable et d'un esprit très mobile. Dépensant tous les trésors de sa maison, empruntant de plus des quantités d'argent infinies, il distribua tout aux chevaliers qu'il pouvait trouver et attirer à lui, c'est pourquoi il chargea ladite maison d'une telle masse de dettes qu'il n'y avait aucun espoir d'y mettre fin. Lui-même par la suite, au désespoir, abandonnant son office et renon-çant à l'administration, laissa cette maison grevée d'obligations pour cent mille pièces d'or. On dit cependant qu'il fit toutes ces énormes dépenses pour qu'après la conquête et la soumission de l'Égypte, Belbeis[2], ancien-nement appelée Pelusium, et tout son territoire reviennent à la juridiction de sa maison et lui soient cédées à perpétuité, en vertu d'un pacte conclu antérieurement avec le roi. Mais la milice du Temple ne voulut prendre aucune part à cette expédition, soit parce que cela semblait aller contre sa conscience, soit parce que le maître de la maison rivale semblait l'auteur

---

1. Terme kurde ?
2. Bilbais, Égypte (au nord-est du Caire).

et le prince de la chose et ils refusèrent donc complètement de fournir des forces ou de suivre le roi : il leur semblait impudent de porter la guerre à des gens qui ne la méritaient pas et servaient la fidélité, dans un royaume ami qui se reposait sur notre fidélité, contre la teneur des pactes et contre la religion du droit.

6

BELBEIS PRISE DE FORCE, SA POPULATION MASSACRÉE

Le roi s'étant donc armé, ayant fait ses préparatifs, convoqué ses forces, la cinquième année de son règne, au mois d'octobre [1168], il descendit en Égypte, traversa les ermes [1] qui sont entre les deux, et arriva à Pelusium [Belbeis] quasiment en dix jours, qu'il assiégea aussitôt et prit de force en moins de trois jours ; il l'ouvrit par le fer et y jeta les siens sans hésitation. Ceci arriva le 4 novembre. La cité prise par conséquent, ses habitants en grande partie massacrés au glaive, sans égard pour l'âge ou le sexe, ceux qui avaient par hasard échappé à la mort perdirent la liberté, ce que les hommes honnêtes de toute origine craignent plus que la mort, et furent soumis à une misérable servitude. Entre autres, de cette condition, furent pris Mahazan, fils du sultan, et un neveu, qui gouvernaient la ville et avaient le soin de l'armée rassemblée là. Donc, la cité prise par effraction, les petits bataillons [2] font immédiatement irruption en tous sens, pénètrent dans les recoins les plus secrets des maisons, ouvrent les portes et en tirent ceux qui paraissaient avoir échappé à la mort en se cachant, qu'ils mettent à mort ignominieusement, transperçant par le glaive ceux en âge et capables de porter les armes ; on épargne à peine les plus vieux et les enfants, on n'a pas plus d'indulgence pour le second sort [3]. Consterné par la rumeur qui lui apprend cela, Shawâr ignore quoi faire et délibère [...].

7

Le roi cependant, après la destruction de Pelusium, dirige ses troupes vers Le Caire, mais en avançant avec une telle lenteur qu'il fait à peine en dix jours la marche d'une seule journée, et le camp enfin installé devant la ville, il prépare les machines, dresse les claies et tout ce qu'il faut. Ce qui

---

1. Voir ci-dessus, livre XIX, 27, n° 1, p. 675.
2. *Cuneum*, dans le texte latin, mot à mot formation en triangle (cf. l'Introduction).
3. *Secunde sorti*, dans le texte latin : faut-il comprendre ceux que le sort a désignés dans un second temps, ou ceux de condition seconde ? Fr. Guizot traduit : « les gens du menu peuple ne rencontraient pas plus d'indulgence » (*op. cit.*, t. 3, p. 240).

se fait à l'extérieur semble promettre une attaque prochaine, jette la terreur chez les assiégés qui voient déjà l'image menaçante de la mort. Mais ceux qui ont connu les secrets des événements affirment que la cause du retard fut que le sultan, frappé de terreur à la venue de l'armée, avait trouvé le moyen de gagner du temps et ne cessait de promettre beaucoup d'argent pour obtenir la retraite des troupes. Le roi, de son côté, n'avait pas d'autre intention que d'arracher le plus d'argent possible au sultan. Il aimait mieux en effet vendre sa retraite qu'exposer ces villes au peuple en pillage comme il était à arrivé à Pelusium, ainsi qu'il est montré ci-dessous. Le sultan tente et explore tous les moyens de s'insinuer jusqu'au roi, par l'intermédiaire des siens et des familiers du roi. Il accable enfin l'esprit cupide du roi de tant de promesses d'argent, il lui en promet une quantité infinie, comme le roi n'aurait pu en payer avec toutes les ressources du royaume. Ils disent qu'il lui promit deux cent mille pièces d'or s'il lui rendait son fils et son neveu et retournait chez lui. Mais la suite montra bien qu'en faisant de telles offres, le sultan ne voulait pas s'acquitter en entier, mais empêcher le roi d'arriver trop vite au Caire, qui n'était pas prête, dépourvue de munitions, et s'en emparer à la première attaque. Ce qui serait arrivé sans aucun doute, comme l'affirment avec constance ceux qui étaient présents, si aussitôt après la prise de Pelusium, notre armée était arrivée au Caire [...].

9

POURQUOI CERTAINS PRÉFÈRENT PRENDRE LES VILLES DE FORCE

[...] Il y avait dans l'armée du seigneur roi un homme noble selon la chair, mais dégénéré de caractère, ne craignant pas Dieu, ne respectant pas les hommes, Milon de Plancy, un homme impudent, criard, médisant, fauteur de troubles[1]. Connaissant l'avarice immodérée du seigneur roi, préférant complaire à ce caractère plutôt que lui donner des conseils salutaires, il lui avait donné dès le début le conseil d'essayer de composer avec le calife et le sultan et continuait obstinément à le persuader de ne plus tenter de s'emparer de force du Caire et de Babylone[2], après avoir prélevé l'amende susdite sur le royaume ; non qu'il crût impossible, à ce qu'on dit, de réussir, mais afin de tromper les chevaliers et les autres qui avaient préparé leurs esprits et leurs mains au pillage, pour que tout le gain de tant de peine pût entrer dans le fisc du roi. En effet, quand les villes sont prises de force, les armées remportent toujours de bien plus riches dépouilles que si elles sont livrées aux rois et aux princes à la suite

---

1. Milon de Plancy (département de l'Aube), vassal du comte de Champagne : voir au livre XXI le chapitre très défavorable qui lui est consacré.
2. Memphis.

d'un traité et sous des conditions déterminées, qui sont avantageuses seulement aux seigneurs eux-mêmes. Ici, en effet, au milieu du tumulte et des dévastations, ce qui se présente à chacun et qu'il occupe lui appartient en vertu du droit de la guerre, quel que soit le cas, et accroît le pécule du vainqueur ; là, en revanche, ce qui est l'objet de tractations est utile aux seuls rois et ce qui est revendiqué va au fisc. Et quoiqu'il semble que ce qui augmente la fortune des rois et des plus puissants enrichisse en retour les sujets et augmente l'opulence de tous, on recherche toujours avec plus d'ardeur ce qui enrichit les foyers, et les raisons domestiques nous poussent. C'est ainsi qu'ils se divisèrent et qu'il y eut querelle. La plupart réclamait de prendre tout à la force de l'épée, mais le roi et son parti voulaient l'opposé. Prévalut cependant la deuxième position et la volonté du roi obtint satisfaction.

10

L'ÉGYPTE PASSE AUX MAINS DE SHIRKÛH, DÉPLORATION SUR LA FAUTE POLITIQUE DES LATINS

[...] Ainsi, en l'absence du roi, Shirkûh accomplit ses vœux, s'empare du royaume, se rend auprès du calife et lui rend le respect qui lui est dû. Lui-même inversement est honoré et revêtu de la dignité et de la charge de sultan, et, armé du glaive, il reçoit toute puissance sur l'Égypte. Ô aveugle cupidité des hommes, le plus grand de tous les crimes ! ô coupables entraînements d'un esprit cupide et d'une âme enragée et insatiable ! Voici qu'une soif immodérée de richesse nous jeta de la douceur et la tranquillité à un état rempli de trouble et d'anxiété ! Toutes les ressources de l'Égypte et l'immensité de ses richesses étaient à notre disposition, notre royaume était parfaitement en sûreté de ce côté, il n'y avait rien à redouter du sud. Ceux qui voulaient se confier à la mer trouvaient les routes assurées, les nôtres pouvaient entrer sans crainte en Égypte pour le profit de leurs affaires et du commerce, et les traiter à de bonnes conditions. De leur côté, eux-mêmes nous apportaient des richesses étrangères et toutes sortes de marchandises inconnues de nous, et lorsqu'ils venaient à nous, leurs voyages nous étaient à la fois utiles et honorables. En outre, la prestation d'un énorme cens annuel donnait des forces tant au fisc royal qu'aux pécules domestiques. Maintenant au contraire, on tire au sort le mauvais caillou, la bonne couleur a viré, nos cithares se sont changées en gémissements, quel que soit le côté où je me tourne, je trouve des sujets de méfiance : la mer refuse les approches paisibles, les régions voisines obéissent tout autour aux ennemis, et les royaumes limitrophes s'arment pour notre ruine. La cupidité et l'avarice d'un seul homme, racine de tous les vices, ont couvert d'un voile épais le temps serein qui était nôtre par grâce divine. Mais revenons à l'histoire. Après la mort du sultan et de ses fils, meurtre indu dont nous avons fourni la cause, contre les règles de la piété, Shirkûh, qui avait accompli son vœu, obtint le principat. Mais il ne jouit pas longtemps de ce succès, et mourut après un an de pouvoir à peine.

11

Il eut pour successeur Saladin, le fils de son frère Negemedine, un homme d'un esprit ardent, vaillant à la guerre, et généreux au-dessus de tout. À l'aube de son principat, il se rendit auprès du calife son seigneur, et, entré pour lui présenter le respect comme il est habituel, on dit qu'il le frappa d'une massue qu'il avait en main, le renversa par terre et le tua ; il transperça également de son glaive toute sa progéniture, afin de n'avoir aucun supérieur et d'être lui-même et son calife et son sultan. Car il craignait qu'il n'ordonnât de l'étrangler lui-même quelque jour où il viendrait chez lui, parce que les Turcs étaient devenus odieux au peuple [...].

18

TREMBLEMENT DE TERRE

L'été suivant [1170], la septième année du règne du seigneur Amaury, en juin, il y eut un tel tremblement de terre dans toutes les régions orientales, si terrible qu'on ne se souvient pas de mémoire d'homme dans ce siècle et qu'on ne lit pas qu'il soit jamais arrivé rien de tel. Il détruisit dans tout l'espace oriental les villes les plus antiques aux fondations les plus fortes, il enveloppa les habitants dans l'écroulement des édifices [...]. En Syrie, Antioche, métropole de plusieurs provinces, et jadis capitale de plusieurs royaumes, fut complètement détruite, ainsi que toute la population qui y habitait ; les murs et les fortes tours dont ils étaient garnis dans toute l'enceinte, ouvrage d'une solidité incomparable, les églises et tous les édifices furent si violemment renversés qu'aujourd'hui même, à la suite de travaux infinis et de dépenses énormes, malgré un soin et un zèle infatigables, on est à peine arrivé à les réparer médiocrement. Tombèrent aussi dans cette province de belles villes maritimes comme Gabulum [Jabala] et Laodicée [Lattaquié] ; de la terre médiane aux mains des ennemis : Verea dite aussi Alep, Césarée, Hamam, Émèse et bien d'autres, et les petites villes dont on n'a pas le nombre. En Phénicie, à Tripoli, cité noble et très peuplée, le 29 juin la secousse fut telle à la première heure du jour qu'à peine un seul à l'intérieur en réchappa, toute la cité en un instant fut comme un champ de pierres, tombeau et sépulcre public de ses habitants. Mais à Tyr, fameuse métropole de la même province, la secousse fut assez violente pour faire tomber des tours très solides, mais sans qu'il y eut péril pour les habitants. [...] Cet événement, par où se révélait la colère de Dieu, ne fut pas, comme de coutume, un accident d'une heure ; durant trois ou quatre mois et même plus, on ressentit ces formidables secousses, tantôt de nuit tantôt de jour, à trois ou quatre reprises différentes ou plus souvent encore. On redoutait toujours une secousse, et on ne trouvait plus de tranquillité nulle part. Nos provinces supérieures toutefois, à savoir la Palestine, demeurèrent à l'abri de ces malheurs sous la protection du Seigneur.

19

GUERRE CONTRE SALADIN À PROXIMITÉ DE GAZA (1170). DES RAPPORTS ENTRE CULTIVATEURS ET CHEVALIERS

[1170] [...] Le roi appela de tous côtés toutes ses ressources en cavaliers et gens de pied, autant que lui permirent l'urgence des circonstances et le voisinage des ennemis, et sortant d'Ascalon le 18 du mois de décembre, il se dirigea vers Gaza. Étaient présents avec lui le seigneur patriarche portant le précieux bois de la croix vivifiante, le seigneur Raoul évêque de Bethléem et chancelier du royaume, de même le seigneur Bernard évêque de Lidda [1], et juste un petit nombre de princes, leur recensement donne à peine deux cent cinquante cavaliers et deux mille piétons. Là, cette nuit se passa sans dormir à cause du poids des soucis, les frères du Temple qui étaient venus pour protéger le lieu se joignirent à eux, et le lendemain au lever du soleil, ils prirent ensemble la route du château. Ledit château était situé, croyons-nous, en Idumée — elle-même Édom —, à côté du torrent dit Égypti, aux confins de la Palestine et de ladite région. Le seigneur Amaury l'avait fait construire peu de temps auparavant sur une petite éminence en se servant de vieux édifices dont il restait encore quelques vestiges. Les habitants les plus âgés de la région rapportent que dans les temps anciens, il y avait un monastère grec, d'où il tient le nom qu'il a porté jusqu'à aujourd'hui de Darum qui signifie maison des Grecs. Le seigneur roi avait fondé un château de petite grandeur, sur l'espace d'à peine un jet de pierre, de forme carrée avec quatre tours d'angle, l'une plus grosse et plus fortifiée que les autres, mais sans fossé ni une deuxième muraille en avant. Il est à environ cinq stades de la mer et à quatre milles de Gaza. Quelques cultivateurs des champs étaient venus là depuis les lieux limitrophes, s'étaient adonnés à leurs affaires, avaient édifié là un faubourg et une église non loin de la forte-

---

1. Diospolis.

resse et étaient devenus les habitants de ce lieu. Car c'était un lieu commode où les hommes de plus faible condition pouvaient mieux prospérer qu'en ville. Le roi leur avait concédé dans cette intention le susdit « municipe [1] » afin d'étendre ses confins, et de pouvoir percevoir plus facilement et complètement des rentes annuelles sur les faubourgs adjacents, que les nôtres appellent des *casalia*, et des coutumes bien établies sur les passants.

20

Notre armée étant sortie de Gaza et s'étant arrêtée sur une hauteur qui se trouvait sur la route, aperçut les camps des ennemis ; effrayés de leur nombre prodigieux, les nôtres commencèrent à se serrer plus qu'ils n'avaient coutume, au point de pouvoir à peine avancer à cause de la densité de la foule. Les ennemis s'élancèrent aussitôt sur les nôtres pour essayer de les séparer les uns des autres, mais protégés par la Divinité propice [2], plus ramassés encore, les nôtres soutinrent le choc et poursuivirent leur marche à pas pressés. Arrivée enfin au lieu de leur destination, les tentes détachées, toute l'armée s'arrêta en même temps, le seigneur patriarche se rendit dans le fort, et tous les autres installèrent les camps en dehors à côté du faubourg. On était alors vers la sixième heure du jour. Il y eut dans ce même jour plusieurs combats singuliers et quelques-uns à plusieurs, où les nôtres attaquèrent avec audace et résistèrent vigoureusement. À l'approche de la nuit, Saladin ordonna ses rangs et dirigea son armée vers Gaza ; ils reposèrent cette nuit-là près du torrent, et le lendemain matin ils commencèrent à se rapprocher de la ville. Gaza était une ville très ancienne, la belle métropole des Philistins dont on parle beaucoup dans les histoires tant ecclésiastiques que séculières et même aujourd'hui on y trouve les preuves de son ancienne noblesse dans plusieurs nobles monuments. Mais elle gisait déserte depuis longtemps, au point qu'on n'y voyait plus un seul habitant, jusqu'à ce que le seigneur Baudouin d'illustre mémoire, quatrième roi de Jérusalem, avant la prise d'Ascalon, après avoir convoqué toutes les forces du royaume, édifie aux frais publics un assez bon fort dans une partie de la cité, et donne aussitôt la construction aux frères de la milice du Temple, en possession perpétuelle. Ce fort ne put occuper toute la colline sur laquelle j'ai déjà dit que la cité avait été bâtie ; mais ceux qui vinrent y habiter, pour y demeurer plus en

---

1. Village organisé, qu'on ne peut traduire par « municipalité » sous peine d'anachronisme (voir les problèmes de traduction soulevés dans l'Introduction).
2. *Divinitas*, dans le texte latin. Le mot fait partie du vocabulaire philosophique du temps de Guillaume de Tyr : pour Gilbert de la Porrée, *divinitas* est ce qui fait Dieu, *quo est*. Le terme n'est pas rare chez notre auteur et ne relève sans doute pas seulement de son goût pour l'archaïsme.

sécurité, tentèrent de munir le reste de la colline de murs et d'une porte, mais bas et peu solides.

Apprenant l'arrivée des ennemis, les habitants de ce lieu avaient décrété d'entrer dans la forteresse avec leurs femmes et leurs enfants — ils étaient en effet sans armes, des cultivateurs des champs étrangers à ces activités — et de laisser la partie restante de la cité exposée aux ennemis puisqu'elle n'était pas fortifiée. Mais Milon de Plancy, l'un des magnats du royaume mais un homme méchant, interdisait absolument d'entrer, comme s'il voulait donner du courage au peuple, et l'exhortait à défendre la partie non fortifiée de la cité. Il y avait en outre soixante-cinq jeunes, tous équipés et prompts aux armes, du bourg dit Mahoméria aux environs de Jérusalem. Ils se rendaient en hâte à l'armée et étaient arrivés par hasard à cette même ville cette nuit-là. Tandis que, sur l'ordre de Milon, ils combattaient à la porte extérieure de la ville pour la liberté et la patrie, et résistaient avec vigueur aux ennemis qui voulaient ouvrir un passage à la force de l'épée, d'autres ennemis surgirent dans la cité par un autre côté, les trouvèrent combattant toujours entre la porte et la forteresse pour en refuser l'entrée : ils surgirent par derrière, les entourèrent alors qu'ils ne s'y attendaient pas, massacrèrent au glaive ceux qui n'étaient plus capables de résister ; beaucoup périrent, beaucoup furent blessés, mais la victoire fut sanglante. Les habitants du lieu voulurent une seconde fois se retirer dans la forteresse, leur seule voie de salut, puisque les ennemis se trouvaient à l'intérieur des murs et leur portaient la mort un peu partout et indistinctement, mais on ne les laissa pas entrer. Les Turcs, maîtres de la place, s'élancèrent sur eux sans épargner l'âge et le sexe ; briser les enfants au sein sur la pierre semblait à peine assouvir leur fureur. Ceux qui étaient dans la forteresse les tinrent cependant éloignés des tours et des murs en leur lançant sans interruption des pierres et une grêle de flèches, et parvinrent à garder le château, le Seigneur aidant. Ainsi donc, après avoir occupé la cité et massacré ses habitants, les Turcs reprirent la route de Darum, comme s'ils tenaient la palme [de la victoire]. Sur le chemin, ils rencontrèrent environ cinquante de nos hommes de pied qui s'avançaient vers l'armée et n'étaient pas sur leur garde ; ils se protégèrent assez vigoureusement et résistèrent avec courage, mais furent tous tués au glaive.

21

SALADIN ET L'ART DE LA DÉROBADE

Les rangs de l'armée ordonnés comme l'exige la discipline de la chose militaire[1], les Turcs forment quarante-deux cohortes, vingt-deux reçoi-

---

1. *Prout rei exigit militaris disciplina*, dans le texte latin ; exemple de formule cliché, qui sert ici pour l'armée adverse. Fr. Guizot traduit : « selon les règles de l'art militaire ».

vent l'ordre de longer le littoral et de passer entre Darum et la mer, les autres doivent tenir le chemin au milieu des terres, jusqu'à ce que tous aient dépassé le château pour se réunir de nouveau en un seul corps. Les nôtres cependant, voyant les ennemis revenir en bon ordre, se préparent à la mêlée ; quoiqu'en petit nombre, ils se confient en la clémence du Seigneur ; invoquant l'aide du ciel, ils prennent leurs dispositions pour le combat ; le Seigneur leur donnant force et fermeté d'âme, ils pensent que rien n'est plus certain que le retour des ennemis pour livrer combat aux nôtres. Mais ceux-ci avaient un dessein bien différent, ils se hâtaient de revenir en Égypte, sans se détourner ni à droite ni à gauche [...].

22

LE ROI VA LUI-MÊME À CONSTANTINOPLE, RÉCEPTION MAGNIFIQUE

[...] Il est décrété en même temps que l'on ferait connaître aussi la situation précaire et difficile du royaume à l'empereur de Constantinople, plus voisin de nous, plus riche, qui pourrait plus facilement nous fournir les secours désirés. Ils ajoutèrent aussi qu'on envoyât une personne telle qu'elle sache par sa sagesse, son éloquence et son autorité incliner l'âme de tels princes en notre faveur et, pendant qu'on délibérait sur qui pourrait remplir ce rôle, le roi, après avoir pris conseil de quelques familiers, découvrit son projet et révéla son idée devant tous : disant que personne ne pourrait mieux convenir que lui-même, ajoutant qu'il était prêt à supporter peines et périls pour les besoins du royaume. Comme les plus grands du royaume, frappés de stupeur et pleins d'admiration, dirent que ce serait très dur parce que sans la présence du roi le royaume se trouverait comme désolé, celui-ci répondit : « Que le Seigneur régisse son royaume, dont je suis le serviteur ; pour moi je suis fixé, je pars et personne ne pourrait me détourner de mon projet. » Alors, ayant pris avec lui le seigneur Guillaume évêque d'Acre et des magnats du royaume, [...] le roi, suivi d'une nombreuse escorte comme il convenait à sa majesté, s'embarqua le 10 mars sur dix galères [...].

23

[...] Là, l'entrée au palais supérieur avait coutume d'être réservée au seul Auguste, mais il fut permis au seigneur roi d'entrer par là, par grande faveur et honneur, en relâchant un peu les règles habituelles. Les grands du palais sacré allèrent à sa rencontre avec une foule de personnes de la cour et le reçurent avec beaucoup d'honneur, d'où on le conduisit à travers de nombreux détours et divers endroits admirables, entouré des ordres des siens et des palatins, jusqu'à la maison royale où résidait le seigneur empereur avec les illustres siens. On avait suspendu en avant de la salle d'audience une tenture d'une matière précieuse, d'un ouvrage qui ne l'était pas moins, à quoi on peut bien appliquer ceci de Nason : *l'ouvrage dépassait la matière*[1]. Les plus grands princes vinrent au seigneur roi, au-dehors, et l'introduisirent ensuite derrière la tenture. On dit que cette tenture avait été ainsi placée pour maintenir la gloire impériale et se concilier la grâce du seigneur roi. Car on dit que le seigneur empereur se leva familièrement vers lui, au milieu de l'assemblée de ses grands, en présence seulement des illustres siens : ce qui, s'il l'avait fait en présence de toute la cour, l'aurait montré comme un seigneur empereur dérogeant trop à sa majesté. Après que le seigneur roi fut entré, on tira subitement la tenture, et ceux qui étaient restés en dehors virent alors le seigneur empereur assis sur un trône d'or et revêtu des ornements impériaux, et à côté de lui, le seigneur roi également assis sur un trône d'honneur mais un peu plus bas. Alors l'empereur donna à nos princes le baiser de paix [...]. Le seigneur roi avait très fréquemment aussi des entretiens particuliers avec le seigneur empereur, parfois en tête à tête, d'autres fois au milieu de l'assemblée des illustres siens : il expliqua la cause de son voyage, il lui apprit les besoins du royaume, il lui parla de la gloire immortelle que le seigneur empereur pouvait acquérir en faisant la conquête du royaume d'Égypte et lui expliqua, de la manière la plus claire, tous les moyens qu'il avait à sa disposition pour y réussir. Persuadé, le seigneur empereur prêta une oreille favorable à ses assertions et lui promit que ses désirs seraient entièrement satisfaits. En même temps, il ne cessait d'honorer le seigneur roi et ses princes d'une immense quantité de présents dignes de la magnificence impériale, et dans les fréquentes visites dont il les honorait, il se montrait soucieux de leur bien-être et leur santé. Il ordonna même de leur ouvrir, comme à ses familiers, les parties intérieures du palais, les lieux où seuls les domestiques pouvaient pénétrer, les demeures consacrées aux usages les plus secrets, les basiliques inaccessibles au vulgaire, les trésors et tout ce qu'il y a de plus désirable déposé par les ancêtres. Il ordonna qu'on exposât les reliques des saints et toutes les très précieuses preuves de notre Seigneur Jésus-Christ, savoir, la croix, les clous, la lance, l'éponge, le roseau, la couronne d'épines, le suaire et les sandales : il n'y eut pas de secret, de mystère caché dans la chambre sacrée depuis les temps des bienheureux augustes Constantin, Théodose et Justinien, qui ne leur fût découvert et familièrement présenté[2]. De temps en temps, il y avait des fêtes et l'empereur invi-

---

1. Ovide, *Métamorphoses*, 2,5 : *materiam superabat opus.*
2. C'est alors peut-être que les Latins prennent conscience de la richesse des reliques de Constantinople, qu'ils pilleront en 1204, au point qu'on a pu dire qu'on prit la ville pour s'emparer des reliques.

tait le seigneur roi et les siens à des moments de récréation, à des jeux nouveaux qui ne dérogeaient pas à l'honnêteté des uns et des autres, où il ordonnait d'exhiber divers genres d'instruments de musique, des chants d'une admirable suavité et remarquables pour l'artifice des sonorités, des chœurs de vierges aussi, et des pantomimes d'histrions dignes d'admiration où cependant la discipline des mœurs était respectée. L'empereur voulut aussi que l'on donnât en l'honneur du roi les spectacles publics que nous avons l'habitude d'appeler les jeux du théâtre ou du cirque, et ils furent représentés à grands frais et avec toute la magnificence due.

29

LE CHEF DES ASSASSINS EN PASSE DE SE CONVERTIR AU CHRISTIANISME. COMMENT UN TEMPLIER COMMET LE CRIME DE LÈSE-MAJESTÉ

Il arriva chez nous ces jours-là [1173] une chose très périlleuse et détestable, déplorable pour le royaume et pour l'Église, jusqu'à présent et peut-être pour toujours. Mais afin de la faire mieux connaître, il faut parler du début en remontant plus haut dans le récit. Il y a dans la province de Tyr, dite Phénicie, et dans les environs de l'évêché de Tortose [Antarados], un peuple qui possède dix châteaux forts [1], qui font plus de soixante mille habitants à ce que j'ai souvent entendu dire, avec les faubourgs. Ce peuple est dans l'usage de se donner pour le gouverner un maître [2], non par droit héréditaire mais par droit de mérite, et de l'élire précepteur ; ils l'appellent au mépris de tout autre nom de dignité le Vieux. La coutume est que le lien de soumission et d'obéissance qui les enchaîne à lui soit si dur qu'il n'est rien de difficile ou périlleux qu'ils n'entreprennent d'exécuter avec la plus grande ardeur au commandement du maître. Entre autres, s'il y a des princes odieux ou suspects à leur race, il remet un poignard à l'un ou à plusieurs des siens, et aussitôt celui qui en reçoit l'ordre part, sans examiner quelle sera la suite de l'événement ni s'il lui sera possible de s'échapper, et va travailler aussi longtemps qu'il le faudra pour le satisfaire. Tant les nôtres que les Sarrasins les appellent « Assissins », nous ne savons pas à partir de quel nom. Depuis environ quatre cents ans, ils pratiquaient la loi des Sarrasins avec beaucoup de zèle, la respectaient et jugeaient que tous les autres étaient des traîtres par rapport à eux. Mais il arriva que de nos jours, ils se donnèrent pour maître un homme doué d'éloquence, d'habileté et d'un esprit extrêmement ardent. Passant outre les habitudes des siens, cet homme entra en posses-

---

1. *Castellum*, dans le texte latin : à distinguer d'*oppidum* (village de hauteur fortifié) et *presidium* (forteresse, ou citadelle dans la traduction de Fr. Guizot). Cf. l'Introduction.
2. *Magistrum*, dans le texte latin.

sion des livres des évangiles et du recueil apostolique [1] : il les étudia sans relâche et avec beaucoup de zèle, et parvint enfin à force de travail à connaître assez bien la suite des miracles et des préceptes du Christ, ainsi que la doctrine de l'Apôtre. Comparant alors cette douce et honnête doctrine du Christ et des siens avec ce que le misérable séducteur Mahomet avait apporté à ses complices et à ses dupes, il en vint bientôt à mépriser tout ce qu'il avait « bu avec le lait » et à prendre en abomination les ordures du séducteur susdit. Il instruisit son peuple de la même manière, fit cesser les pratiques de son culte superstitieux, renversa les oratoires dont on s'était servi jusqu'alors, mit fin à leurs jeûnes et permit le vin et la viande de porc. Voulant ensuite s'instruire plus à fond de la loi de Dieu, il envoya au seigneur roi un homme sage, rempli de prudence dans le conseil, éloquent, respirant la doctrine de son maître, nommé Boabdelle, avec mission de lui porter en secret des propositions verbales. Le premier et le plus important article était ceci : si les frères de la milice du Temple, qui possédaient des châteaux forts limitrophes, voulaient abandonner les deux mille pièces d'or qu'ils avaient coutume de prélever tous les ans sur leurs hommes quasiment en tribut, et observer désormais une charité fraternelle, eux-mêmes se convertiraient à la foi du Christ et recevraient le baptême.

30

Le roi reçut leur légation avec joie et satisfaction, et comme il avait beaucoup de discernement, il fut pleinement d'accord sur la demande de remettre les deux mille pièces d'or et se disposa même, à ce qu'on dit, à les asseoir sur ses propres rentes pour les frères du Temple. Après avoir longtemps retenu l'envoyé pour conclure sur les propositions, il le renvoya auprès de son propre maître afin d'achever ce qui était dit, et lui donna un guide pour le conduire en chemin et veiller à la sûreté de sa personne. Comme il venait de traverser Tripoli avec son guide et arrivait aux confins de chez lui, tout à coup quelques-uns des frères du Temple tirent leur glaive et s'élancent à l'improviste sur l'homme sous conduit royal, qui n'était pas sur ses gardes et se confiait en la bonne foi de notre race, le massacrent et se rendent ainsi coupables du crime de lèse-majesté. Le roi, en apprenant cet horrible fait, fut saisi de colère et comme d'un accès de rage : il convoqua aussitôt les princes du royaume, leur déclara que ce qui venait d'arriver était une injure dirigée contre lui-même, et demanda leur avis sur ce qu'il avait à faire. Les princes réunis en conseil commun dirent qu'il ne fallait pas négliger ce qui était arrivé, parce que,

---

1. Guillaume de Tyr écrit *evangeliorum libros et codicem apostolicum*, distinguant maté-riellement deux ouvrages, d'une part les Évangiles, d'autre part les écrits des apôtres.

et l'autorité royale s'en trouverait affaiblie, et la foi dans le nom chrétien et sa permanence se couvrirait d'infamie, et l'Église d'Orient perdrait l'accroissement agréable à Dieu qui se préparait. On envoie donc Sohier de Mamedum et Godescalcus de Turholt, du conseil commun, spécialement choisis pour cela, exiger du maître des susdits frères, Odon de Saint-Amand, qu'il donne satisfaction au roi et à tout le royaume pour un excès aussi grand, un scandale aussi malheureux. On disait que c'était un de leurs frères, Gautier à savoir Du Mesnil, qui l'avait fait, un homme méchant, borgne, l'esprit à hauteur du nez [1], sans presque aucun discernement, mais non à l'insu de ses frères. C'est pourquoi, dit-on, le maître du Temple l'épargna plus qu'il ne le méritait : par messagers au roi, il fit savoir qu'il lui avait ordonné de faire pénitence et d'aller trouver le pape, mais d'empêcher que quiconque osât porter violemment la main sur ce frère, de la part du pape. Il ajouta d'autres paroles dans un esprit d'arrogance dont il abondait, et qu'il n'est pas nécessaire d'insérer dans la présente narration. Le roi se rendit à Sidon pour cette affaire et y trouva le maître du Temple avec beaucoup de ses frères, entre autres celui qu'on accusait du crime. Après avoir tenu conseil avec ceux qui l'avaient accompagné, le roi le fit sortir de force de leur maison sous l'inculpation de majesté et le fit enchaîner dans la prison de Tyr. À cette occasion, il s'en fallut de peu que tout le royaume ne tombât dans une ruine irréparable. Cependant, le roi fit protester de son innocence auprès du maître des Assissins, dont l'envoyé avait péri si malheureusement, et réussit à se justifier à ses yeux. Et comme il usa d'assez de modération à l'égard des frères du Temple, l'affaire traîna sans conclusion jusqu'à sa mort. On dit toutefois que, s'il s'était relevé de sa maladie fatale, il aurait proposé cette question aux rois et aux princes de toute la terre pour en traiter très diligemment avec les envoyés les plus sages.

31

LA MORT DU ROI AMAURY (11 JUILLET 1174)

[...] Le roi revint en se plaignant à ses familiers que sa santé n'allait pas bien, qu'il n'était pas en bonne forme. Il renvoya son expédition, parvint à Tyr avec son escorte de familiers, où il commença à souffrir d'une dysenterie très dangereuse. Par peur de la maladie, il partit de là, passa par Nazareth et Naplouse, avec assez de force pour être à cheval, et arriva à Jérusalem où sa maladie s'aggrava. Il se mit à souffrir d'une très forte fièvre, qui cessa grâce à l'art des « physiciens ». Comme cette fièvre l'affligea quelques jours au-dessus de ses forces, il ordonna que viennent des

---

1. *Spiritus in naribus eius*, dans le texte latin.

« médecins [1] » grecs, syriens et des hommes de ces nations en leur demandant instamment de le soulager à l'aide d'une de leurs décoctions. Comme il ne put l'obtenir d'eux, il fit venir des Latins en leur demandant la même chose, ajoutant qu'il en imputerait toutes les conséquences à lui-même. Ils lui donnèrent donc une décoction qu'il prit sans difficulté, il alla à la selle plusieurs fois et il lui sembla aller mieux ; mais avant de pouvoir s'alimenter, le corps violemment épuisé par le médicament, la fièvre le reprit et il mourut.

LIVRE XXI

Les débuts du règne de Baudouin IV (1174-1180)

Saladin prend le pouvoir à Damas. Il part se battre vers Alep (1175). Le comte de Flandre arrive et refuse de partir en campagne contre l'Égypte selon le traité conclu avec les Byzantins. Les Latins abandonnent. Ils font la paix avec Saladin et échangent les otages. Le comte de Flandre part assieger Harenc avec le prince d'Antioche, puis abandonne (1177). Saladin, reparti en Égypte, revient et ravage la région de Jérusalem, subit une grave défaite près de Ramla. Réinstallé à Damas, il ravage la région de Sidon, les Latins ratent leur riposte et sont gravement battus à Marj 'Ayûn. Ils construisent une grosse forteresse dans la vallée du Jourdain, Saladin la fait tomber au moment où de grands seigneurs français arrivent (1180).

• 1. Des premiers débuts de Baudouin IV, sixième roi de Jérusalem ; de ses habitudes, de son âge et de son physique.

2. Du moment où il fut oint et couronné.

3. La première année du règne, une flotte du roi des Siciliens vient à Alexandrie et elle encourt d'énormes dommages. Le comte de Tripoli réclame la procuration du royaume et la tutelle du roi en tant que son proche parent du côté paternel.

• 4. Milon de Plancy est tué à Acre. L'archevêque de Tyr, Frédéric, meurt.

• 5. Le comte de Tripoli est décrit : quelles furent ses habitudes, de quels grands il descend, comment il assuma la procuration du royaume. L'écrivain de cette histoire est fait chancelier du roi.

6. Saladin, à l'appel des Damascènes, obtient Damas et les parties restantes de la région ; le comte de Tripoli se dirige vers lui pour s'opposer à ses importants efforts.

---

1. Guillaume de Tyr oppose le médecin lettré (« physicien ») au médecin populaire : sans craindre d'être anachronique, nous dirions le « docteur en médecine » et le « médecin aux pieds nus ».

• 7. Pour quelles raisons il arriva que les ennemis envahirent notre peuple plus que d'ordinaire.

8. Le seigneur de Mossoul s'avance au secours du neveu ; Saladin réussit, occupe toute la région, le comte fait la paix avec lui, il reçoit les otages. L'évêque de Beyrouth, Mainard, meurt. L'écrivain de cette histoire est promu à la métropole de Tyr.

9. Le roi entre dans la région de Damas et la ravage. Hernèse, l'archevêque de Césarée, meurt.

10. Le roi, franchissant de nouveau les frontières des ennemis, ravage une vallée dénommée Bacar. Renaud de Châtillon et Josselin, oncle paternel du roi, sont libérés des chaînes ennemies.

11. Le seigneur empereur de Constantinople est honteusement défait à Iconium [Qoniya].

• 12. Guillaume, le jeune marquis de Montferrat, vient en Syrie épouser la sœur du seigneur roi.

13. Le comte de Flandre [Philippe], longtemps attendu, entre dans le royaume.

14. Ceux qui étaient venus avec lui le séduisent, le prévenant de ne pas céder aux princes du royaume.

15. Des messagers de l'empereur de Constantinople arrivent, demandant instamment de remplir l'accord que le roi avait conclu avec leur seigneur, qui était de préparer une expédition contre l'Égypte.

16. Le comte [de Flandre] empêche de la faire, étranger au noble propos.

17. Les messagers de l'empereur rentrent chez eux, le comte se dirige vers la région d'Antioche. Balianus épouse la veuve du seigneur roi Amaury.

18. Le comte de Flandre assiège le château d'Harenc avec le prince d'Antioche et le comte de Tripoli, et l'œuvre ne porte pas de fruit.

• 19. Saladin, venant d'Égypte avec une foule immense, entre dans le royaume, installe son camp devant Ascalon ; le roi lui court sus avec les hommes de tout le royaume, il y a un très grand heurt avec les ennemis devant ladite ville.

• 20. Les ennemis ravagent la région de long en large, ils incendient les villes et les faubourgs.

• 21. Le roi, sorti d'Ascalon, va à la rencontre des ennemis ; chacune des armées s'ordonne et s'arme pour le combat.

• 22. Le combat est livré, Saladin est vaincu et s'en retourne en fuyant, en grand danger et avec honte.

• 23. Des tempêtes de pluie et un froid inhabituel fatiguent au-delà de leurs forces ceux [les hommes de Saladin] qui s'enfuient du front : innombrables sont ceux qui sont tués, nombreux ceux qui sont pris. Le roi de Jérusalem revient victorieux.

• 24. Ceux qui avaient assiégé le château d'Harenc retournent chez eux sans avoir mené au bout leur affaire.

• 25. Un concile général commence à Rome. Le roi édifie un château au-dessus des flots du Jourdain, à cause de mauvais présages, et remet l'édifice aux templiers.

26. Le roi entre dans la terre des ennemis et souffre de grands dommages. Onfroi le connétable royal trouve ici la mort.

27. Saladin entre dans la région de Sidon, le roi rassemble les forces du royaume et va à la rencontre des ennemis.

28. Le combat est livré, les nôtres sont vaincus, beaucoup d'entre eux sont pris.

• 29. Saladin assiège le château qui avait été édifié de neuf, occupe la place et la détruit. Henri le comte de Troyes, Pierre le frère du seigneur roi des Francs viennent en Syrie.

1

GALERIE DE PORTRAITS

Baudouin IV, le roi de Jérusalem : le roi lépreux

Le sixième roi latin de Jérusalem fut le seigneur Baudouin IV, fils du seigneur roi Amaury d'illustre mémoire, dont nous avons parlé ci-dessus, et de la comtesse Agnès, fille de Josselin Junior comte d'Édesse, dont nous avons fait souvent mention. Le seigneur Amaury fut contraint de la renvoyer, comme il a été dit, à l'époque où il fut justement appelé par droit héréditaire au royaume de ses ancêtres, par l'autre seigneur Amaury de bonne mémoire, alors patriarche de Jérusalem, marchant sur les traces de son prédécesseur Foucher et usant de sa force de coercition ecclésiastique. Car on disait, et cela était vrai, que leurs lignées étaient proches par le sang, comme nous l'avons fait comprendre avec soin en traitant dans l'ordre du règne du seigneur Amaury. « Le fils de ce roi n'était encore qu'un enfant âgé de neuf ans environ, et nous remplissions à Tyr les fonctions d'archidiacre de cette église, lorsque son père, plein de sollicitude pour son éducation, nous adressa beaucoup de prières et de témoignages particuliers de sa bienveillance, et nous donna cet enfant pour être instruit par nous et initié dans l'étude des sciences libérales. Tant qu'il fut auprès de nous, nous veillâmes sur lui avec tout le soin que nous devions à ce royal élève, et nous nous appliquâmes avec sollicitude à former son caractère, autant qu'à lui faire étudier les belles-lettres. Il jouait sans cesse avec les petits nobles ses compagnons et, souvent, comme il arrive entre les enfants de cet âge qui se divertissent ensemble, ils se pinçaient les uns les autres aux bras ou aux mains : tous, lorsqu'ils sentaient la douleur, l'exprimaient par leurs cris ; mais le jeune Baudouin supportait ces jeux avec une patience extraordinaire et comme s'il n'eut éprouvé aucun mal, quoique ses camarades ne le ménageassent nullement. Cette expérience avait été renouvelée fort souvent, lorsque enfin on m'en parla : je crus d'abord que c'était en lui un mérite de patience et non point un défaut de sensibilité ; je l'appelai, je me mis à examiner d'où pouvait provenir une telle conduite, et je découvris enfin que son bras droit et sa main du même côté étaient à moitié paralysés, en sorte qu'il ne sentait pas du tout les pincements ni même les morsures. Je commençai alors à être inquiet, me rappelant en moi-même ces paroles du Sage : "Il est certain que le membre qui est paralysé nuit beaucoup à la santé, et que celui qui ne se sent pas même malade n'en est que plus en danger[1]. » Cette nouvelle fut annoncée au père de l'enfant ; on consulta des médecins ; on lui fit toutes sortes de fomentations, de frictions et de remèdes, mais tous ces soins et ces efforts demeurèrent infructueux. C'était, ainsi que la suite des temps l'a prouvé, le commencement et les premières atteintes d'un mal bien plus grave et entièrement incurable. Lorsqu'il fut arrivé à l'âge de puberté, nous ne pouvons le dire sans pleurer, on reconnut que le jeune homme était dangereusement atteint de la lèpre ; le mal s'accrut de jour en jour et s'établit à toutes les extrémités de son corps et sur son visage, en sorte que ses fidèles, lorsqu'ils portaient les yeux sur lui, ne pouvaient le voir sans éprouver un vif sentiment de compassion. L'enfant cependant faisait des progrès dans l'étude des lettres et donnait de plus en plus des motifs d'espérer en lui des preuves d'un bon naturel. Il avait la beauté de formes qui appartient aux enfants de son âge, et était habile à monter et à diriger un cheval, plus que ne l'avait été aucun de ses ancêtres. Il avait une mémoire solide et aimait beaucoup la conversation. Il était économe et gardait le souvenir des bienfaits aussi bien que des offenses ; il ressemblait à son père en tous points, et non seulement de figure, mais aussi de tout le corps, de la démarche et du son de voix ; il avait l'esprit prompt et la langue très embarrassée ; comme son père enfin, il aimait à entendre raconter des histoires, et se montrait fort empressé à écouter et à suivre les bons conseils[2]. »

2

À la mort de son père, Baudouin avait à peine treize ans. Il avait une sœur du nom de Sibylle, née avant lui de la même mère, qui se trouvait dans le monastère Saint-Lazare de Béthanie, où elle était nourrie par l'abbesse du lieu, dame Yvette, tante maternelle de son père. Il fut oint et couronné solennellement dans l'église du Sépulcre du Seigneur [...].

---

1. Sans doute d'après une traduction d'Hippocrate, *Aphorisme*, 2, 6 (cf. CC, p. 961, note).
2. Entre guillemets, la traduction du portrait de Baudouin IV citée d'après Fr. Guizot, *op. cit.*, t. 3, p. 304-306.

3

Milon de Plancy, un mauvais noble

[...] Dans notre royaume, où Milon de Plancy dirigeait toutes les affaires, il s'éleva de graves inimitiés entre lui et quelques princes du royaume. « Ceux-ci ne pouvaient voir sans colère et sans jalousie que Milon de Plancy fût toujours seul auprès du roi, laissant tous les autres dans l'ignorance, ne les appelant même pas, s'abandonnant à son orgueil excessif, méprisant et éloignant tout le monde de la familiarité du roi, ne consultant personne et faisant seul toutes les affaires du royaume [1] [...]. »

4

Le susdit Milon de Plancy, dont nous avons parlé ci-dessus, était un homme noble, de Champagne ultramontaine, de la terre d'Henri, comte de Troyes ; parent du seigneur roi Amaury, il avait été excessivement familier, à tel point que celui-ci l'avait créé sénéchal de son royaume, et qu'après la mort d'Onfroi junior, fils d'Onfroi senior, il lui donna pour femme Stéphanie sa veuve, fille de Philippe de Naplouse. Milon de Plancy était, du chef de sa femme, seigneur de la Syrie de Sobal, cette région au-delà du Jourdain, dite en langue vulgaire Montréal. Ladite veuve avait eu de son premier mari des jumeaux, un fils et une fille. Milon de Plancy, comme nous l'avons dit, fort de la familiarité excessive qu'il avait eu auprès du seigneur roi son père, n'avait pas de respect pour les princes du royaume, même les plus grands. « Il était, quant à lui, arrogant, prodigue de paroles inutiles, et rempli d'une présomption excessive. Voulant chercher en apparence quelque moyen de calmer la jalousie dont il était l'objet, il employa un artifice dont le but n'échappa cependant aux yeux de personne, et, subordonnant un certain Roardus, gardien de la citadelle de Jérusalem, homme du commun et fort peu capable, il feignit de lui laisser le pouvoir et d'être lui-même soumis à ses ordres ; mais dans le fait, c'était tout le contraire ; l'un portait un titre plus brillant que solide ; l'autre, sous ce masque, dirigeait à son gré toutes les affaires du royaume. Se conduisant avec imprudence, parlant toujours à la légère, attirant à lui, en dépit de tous les autres, le soin du gouvernement, il disposait de toutes choses, dispensait les faveurs selon son bon plaisir, et soulevait ainsi contre lui-même des haines opiniâtres. On suborna quelques individus pour attenter à ses jours, et lorsqu'on l'en instruisit, il ne fit nul

---

1. Entre guillemets, la traduction du portrait négatif de Milon de Plancy citée d'après Fr. Guizot, *op. cit.* t. 3, p. 310, qui commence au chapitre 3 et qui est reprise un peu plus loin au chapitre 4 (cf. ci-dessous).

cas de cet avis, et le traita de crainte frivole. Il continua donc, selon son usage, à ne prendre aucune précaution, et, tandis qu'il faisait quelque séjour dans la ville d'Acre, il fut attaqué un soir, à la tombée de la nuit, frappé de plusieurs coups d'épée, et périt honteusement, après avoir subi toutes sortes de mauvais traitements. » [...].

5

Raymond, comte de Tripoli

Vers le même temps encore, les princes et les prélats des églises étant assemblés, et le seigneur roi se trouvant à Jérusalem, le comte de Tripoli s'y rendit une seconde fois, pour se faire entendre sur les pétitions qu'il avait présentées auparavant et avoir une réponse, et il insista[1]. Le roi en délibéra deux jours de suite, et enfin, d'un commun accord, on lui remit la pleine procuration et le pouvoir sur le royaume après le roi, dans le chapitre du Sépulcre du Seigneur, aux acclamations du peuple. Et puisque la teneur des choses exige que nous parlions du comte, il convient pour nous de transmettre à la postérité ce que nous avons pu apprendre avec certitude à son sujet, non dans l'intention d'écrire un panégyrique, mais afin de faire savoir qui et quel il fut, dans la mesure où le discours succinct de l'Histoire le souffre en abrégé. Celui dont nous parlons, le comte Raymond, tirait son origine charnelle de la semence du seigneur Raymond qui fut un si grand prince dans l'armée du Seigneur [...][2]. « Le comte Raymond était mince de corps, extrêmement maigre, de taille moyenne, brun de visage, les cheveux plats et assez noirs, les yeux vifs et pénétrants, la tête haute. Il avait de la sagesse dans l'esprit, beaucoup de prévoyance, un courage déterminé dans l'action, une sobriété toute particulière pour la boisson et pour la nourriture, beaucoup de générosité envers les étrangers, et très peu d'affabilité avec les siens. Pendant sa captivité chez les ennemis, il s'était donné beaucoup de peine pour s'instruire, et était passablement lettré ; mais la vivacité naturelle de son esprit l'aidait encore mieux à saisir avec intelligence tout ce qui était écrit, semblable en ce point au seigneur roi Amaury. Il faisait beaucoup de questions toutes les fois qu'il rencontrait quelqu'un qu'il jugeait capable de lui en donner la solution. La même année où il fut chargé de l'administration du royaume, il épousa la dame Esquive, veuve du seigneur Gautier, prince de Galilée, extrêmement riche, et qui avait eu plusieurs fils de son premier mari. Dès qu'elle se fut unie à Raymond, elle cessa d'avoir des enfants, par des motifs qui nous sont inconnus, et le comte s'attacha à ses

---

1. Milon de Plancy s'était opposé à la première demande en ce sens du comte de Tripoli.
2. Nous ne traduisons pas la généalogie de Raymond IV de Saint-Gilles, très soigneusement faite par voie descendante.

fils et les aima avec une tendresse aussi vive que si lui-même leur eût donné la vie[1]. » Mais en vérité, cette brève disgression parcourue, revenons à la teneur de l'histoire.

12

Guillaume, marquis de Montferrat (qui épouse la sœur de Baudouin IV)

Dans la troisième année du règne du seigneur Baudouin [1176], vers le commencement du mois d'octobre, le seigneur marquis Guillaume, dénommé Longue-Épée, fils du marquis Guillaume de Montferrat senior, que le seigneur roi et tous les princes du royaume, tant séculiers qu'ecclésiastiques, avaient appelé auprès d'eux, débarqua dans le port de Sidon. Dès l'année précédente, il avait été invité spécialement pour le projet qui s'exécuta plus tard, que l'on avait arrêté par un traité confirmé de la main du seigneur roi et pour lequel tous les princes avaient prêté serment en s'engageant de leur personne. En conséquence, et quarante jours après son arrivée, le seigneur roi lui donna en mariage sa sœur aînée et lui conféra en même temps les deux villes maritimes de Jaffa et d'Ascalon, avec toutes leurs dépendances et tout le comté, ainsi qu'on en était convenu d'avance dans le traité [...]. « Le marquis Guillaume était d'une taille convenable, il avait bonne tournure et les cheveux blonds. Plein de courage, irascible à l'excès, extrêmement généreux, il se livrait avec une excessive facilité et ne savait jamais cacher aucun de ses projets ; tel il se montrait au dehors et tel il était dans le fond de son âme. Il s'adonnait habituellement aux excès de la table et de la boisson, mais non cependant jusqu'au point de faire tort à sa raison. Il avait, dit-on, l'habitude des armes dès sa première enfance, et en connaissait parfaitement l'usage ; enfin il était noble selon le siècle, de telle sorte qu'il n'y avait point, ou bien peu d'hommes qui pussent se comparer à lui à cet égard. Son père, en effet, était oncle du seigneur Philippe, roi des Francs, comme frère de la mère de celui-ci : sa mère avait été sœur du seigneur Conrad, illustre empereur des Romains, et était tante du seigneur Frédéric qui, depuis la mort du seigneur Conrad son oncle, de glorieuse mémoire, a gouverné et gouverne maintenant l'empire romain avec succès ; ainsi le marquis Guillaume était cousin au même degré de ces deux illustres souverains. Après son mariage, il vécut avec sa femme pendant pas plus de trois mois en bon état de santé et fut pris ensuite d'une maladie grave ; il en souffrit

---

1. Entre guillemets : la traduction du portrait du comte de Tripoli citée d'après Fr. Guizot, *op. cit.*, t. 3, p. 312-314.

sans relâche pendant environ deux mois, et mourut enfin dans le mois de juin [1]. » [...]

7

Qu'il soit permis de se séparer un peu du tissu de l'histoire, non pour vagabonder inutilement mais pour apporter quelque chose qui n'est pas sans fruit. On demande souvent, et on le demande semble-t-il avec raison, pourquoi nos pères en nombre plus petit ont soutenu avec avantage l'attaque de forces ennemies plus grandes et ont détruit avec de modestes troupes leur multitude [...]. En considérant et en discutant avec soin notre état, une première cause nous est apparue, qui se rapporte à Dieu auteur de toute chose, parce qu'à la place de nos pères qui furent des hommes religieux et craignant Dieu, sont nés des fils perdus, des fils scélérats, des prévaricateurs de la foi chrétienne, qui courent au hasard et sans réfléchir à travers tout ce qui n'est pas permis, tels les méchants qui dirent à Dieu leur seigneur : « Retire-toi de nous, nous refusons les voies de ton savoir. » C'est à juste titre et selon l'exigence de leurs péchés que le Seigneur, ainsi provoqué à la colère, retire sa grâce. Tels sont les hommes du siècle présent et surtout ceux de l'espace oriental. Celui qui tenterait avec sa plume diligente de poursuivre leurs habitudes, ou plutôt la monstruosité de leurs vices, succomberait sous l'immensité du matériel et passerait plutôt à la satire qu'à la composition de l'Histoire. Une deuxième cause nous est apparue à côté : qu'au temps passé, quand ces hommes vénérables conduits par un zèle divin, remplis intérieurement d'une foi ardente, descendirent en premier dans les régions orientales, ils étaient accoutumés aux disciplines guerrières, exercés au combat, l'usage des armes leur était familier. Au contraire le peuple oriental, amolli par une longue paix, sans arme, inexpérimenté dans les lois du combat, vivait en vacance. C'est pourquoi il ne faut pas s'étonner si un petit nombre résista à un grand nombre plus facilement, ou si après avoir vaincu, ils eurent l'avantage dans les événements de la guerre [...]. Une troisième cause aussi, ni inférieure ni moins efficace, s'est derechef imposée à nous : que dans les temps anciens toutes les cités avaient des seigneurs différents, de sorte que, pour parler à la façon de notre Aristote, elles n'étaient pas en position subordonnée et leurs dévouements étaient rarement les mêmes, plus souvent contradictoires. On combattait avec moins de péril contre elles, dont le savoir était différent, qui se redoutaient souvent les unes

---

1. Entre guillemets : la traduction du portrait du marquis de Montferrat cité d'après Fr. Guizot, *op. cit.*, t. 3, p. 331, placé à la suite des autres portraits pour la commodité de la lecture.

les autres. Le fait est que, pour repousser leurs maux communs, elles ne pouvaient pas facilement ou ne voulaient pas se réunir. Et ceux qui avaient plus peur des leurs que de nous prenaient peu les armes pour nous ruiner. Mais maintenant tous les royaumes qui nous sont limitrophes sont soumis à un seul pouvoir, avec le soutien du Seigneur. Car dans le proche passé, un homme très cruel qui abhorrait le nom chrétien comme la peste, Zengî, père de ce Nûr al Dîn qui est mort récemment, occupa d'autres royaumes de force, c'est dans notre mémoire, puis occupa de force Ragès la belle et noble métropole des Mèdes, aussi appelée Édesse, jusqu'à ses confins, après avoir donné la mort à tous les fidèles qui se trouvaient dedans. De même Nûr al Dîn son fils, après avoir expulsé le roi de Damas, plus grâce à la perfidie des siens que grâce à ses propres forces, revendiqua pour lui ce royaume et l'ajouta à l'héritage paternel. Tout récemment le même Nûr al Dîn, grâce à l'aide et l'intelligence de Shirkûh, s'asservit le très antique et opulent royaume d'Égypte, comme nous l'avons expliqué plus largement en traitant ci-dessus du règne du seigneur Amaury. Ainsi, comme nous le disions, tous les royaumes voisins obéissent au pouvoir d'un seul, répondent aux signes d'un seul, même malgré eux, s'arment pour notre malheur à la voix d'un seul, comme un seul homme : nul parmi eux n'est emporté par des dévouements différents, nul ne passe outre les ordres du seigneur impunément. Tout ceci, Saladin le possède pleinement, Saladin que nous avons souvent mentionné, un homme d'humble origine, un homme de condition extrême, à qui la fortune a ensuite été extrêmement souriante. Il a abondance d'un or très pur, dit obrizum, qui vient de l'Égypte et de ses confins, des autres provinces il a des cavaliers pugnaces et des troupes innombrables assoiffées d'or, qu'il est assez facile de réunir quand on a abondance d'or. Mais revenons maintenant à l'histoire [...].

19

SALADIN ARRIVE DEVANT ASCALON (1177)

Pendant que ces choses se passaient dans la région d'Antioche, Saladin apprenant que le comte [de Flandre] et le principal de l'armée chrétienne, que lui-même attendait non sans crainte en Égypte, s'étaient rendus dans la région d'Antioche, jugea fort sagement qu'il pourrait envahir impunément le royaume vidé de ses forces et obtenir facilement l'un ou l'autre de ces deux résultats : ou la levée du siège [d'Harenc], ou un triomphe certain sur ceux des nôtres qui étaient demeurés dans le royaume, s'ils persévéraient là-bas. Il rassembla de tous côtés ses forces militaires, en quantité innombrable, s'approvisionna plus encore que de coutume en armes et en toutes les choses nécessaires à la guerre, sortit d'Égypte, tra-

versa la vaste étendue de désert qui nous sépare et arriva à marches
forcées dans la très antique ville de Laris maintenant inhabitée, y laissa
une partie de ses équipements et se débarrassa des bagages lourds. Il prit
avec lui ceux qui semblaient plus rapides et plus experts au combat, laissa
derrière lui nos villages fortifiés de Darum et Gaza la très fameuse,
envoya en avant quelques éclaireurs, et surgit devant Ascalon. Le seigneur roi, averti quelques jours avant de son arrivée, convoquant en hâte
ce qui restait de militaire dans le royaume, était entré peu de jours avant
dans cette même ville avec les siens. Comme nous l'avons dit plus haut,
le comte de Tripoli était absent avec cent de nos chevaliers choisis parmi
beaucoup [au siège d'Harenc], avec aussi le maître de l'Hôpital et ses
frères, et la plus grande partie de la milice du Temple, une petite partie
s'étant installée à Gaza dans la crainte que Saladin ne l'assiégeât, vu que
c'était la première de nos villes qu'il rencontrerait. Comme nous l'avons
dit, Onfroi le connétable du roi souffrait d'une maladie très grave. Le seigneur roi avait donc peu de gens avec lui lorsqu'il apprit que les ennemis
couraient librement à travers la plaine voisine de la ville et la ravageaient :
il invoqua l'aide divine, laissa quelques-uns dans la cité pour la protéger
et sortit avec les siens pour les combattre. Saladin rassembla ses gens en
un seul corps près de la cité. Une fois l'armée chrétienne dehors, vu la
multitude infinie de la partie adverse, les plus expérimentés dirent qu'il
était plus sûr de rester immobile que de se lancer dans les risques incer-
tains de la guerre. On demeura donc immobile jusqu'au soir [...] et on
rentra prudemment dans la cité à la nuit [...].

20

Nous pensions donc qu'ils installeraient leurs camps devant la ville
cette nuit, là où ils étaient la veille, ou bien qu'ils se mettraient plus au
voisinage de la ville pour fermer le siège. La vérité est qu'ils ne prirent
aucun repos, ni eux ni leurs chevaux, parcourant toute la région par
bandes, chacun pillant où l'élan le poussait. Il y avait parmi eux un
satrape d'origine arménienne nommé Ivelin, vaillant à la guerre, ouvert
aux tentations, un apostat qui avait abandonné la foi du dieu médiateur
pour suivre l'impiété des gentils. Avec sa troupe, il alla jusqu'à Ramla,
une ville dans la plaine, la trouva vide car les habitants du lieu s'étaient
méfiés du fait qu'elle n'était pas bien fortifiée : les uns avaient suivi l'expédition de Baudouin jusqu'à Ascalon, d'autres en troupe plus faible
s'étaient transportés à Jaffa avec les femmes et les enfants, d'autres
avaient grimpé jusqu'à un château assez bien fortifié situé dans la montagne, du nom de Mirabel. Après avoir incendié cette ville, Ivelin s'avança
avec sa suite vers la ville limitrophe de Lidda, divisa ses troupes, l'encercla soudainement, et l'attaqua de flèches en grand nombre et de toutes

sortes d'armes, et la harcela sans s'arrêter. Toute la population s'était sauvée au-dessus de l'église Saint-Georges. Alors, une telle peur avait envahi les nôtres qu'ils ne mettaient plus leur espoir que dans la fuite ; l'horreur frappait non seulement ceux qui habitaient dans la plaine parcourue librement par l'ennemi, mais aussi les habitants de la montagne ; les habitants de la cité sainte l'abandonnaient presque, sans faire confiance à sa sécurité, ils se réfugiaient dans le fort de David [...].

21

LE ROI LIVRE BATAILLE VERS RAMLA AVEC PEU DE FORCES ET REMPORTE LA VICTOIRE. ÉVOCATION DES MAMELOUKS

Pendant que ceci se passait, le seigneur roi, apprenant que la multitude des ennemis avait occupé ses confins de long en large, sort d'Ascalon avec les siens, se prépare à faire face à l'ennemi, préférant tenter le risque de la bataille que soutenir le pillage, l'incendie et le massacre des siens. Sortant du côté de la mer, suivant le littoral pour ne pas être vu et pouvoir surprendre l'ennemi, il parvient à la plaine où Saladin s'était installé [vers Ramla], et aligne son armée dans tout son appareil, à cheval et à pied, rejoint par les frères de la milice du Temple qui étaient restés à Gaza [...]. Avec le roi se trouvaient Odon de Saint-Amand, le maître de la milice du Temple et quatre-vingts des siens, le prince Renaud, Baudouin de Ramla et Balian son frère, Renaud de Sidon, le comte Josselin, oncle du roi et sénéchal : à eux tous, de toute condition, ils étaient tout juste trois cent soixante-quinze. Après avoir invoqué l'aide du ciel, devant eux le merveilleux bois vivifiant de la Croix portée [1] par l'évêque de Bethléem, le seigneur Albert, tous se préparèrent à combattre vigoureusement et dans l'ordre qui avait été fixé. En même temps, ceux des ennemis qui étaient partis plus loin piller et incendier venaient les uns après les autres s'ajouter aux formations ennemies, leur nombre grossissait, en sorte que les nôtres étaient poussés à désespérer non seulement de la victoire mais aussi du salut et de la liberté, à moins que le Seigneur qui n'oublie pas ceux qui espèrent en lui, dans sa clémence, ne les soulevât par une inspiration intérieure. Les ennemis ordonnent leurs rangs selon la discipline militaire, décidant qui combattrait en premier, qui en secours.

---

1. *Gestabat in manibus*, dans le texte latin ; la relique de la Croix était apportée dans les batailles.

22

Alors les rangs des guerriers se rapprochèrent graduellement, la bataille commença, d'abord l'issue fut incertaine malgré l'inégalité des forces, puis les nôtres, qui se pressèrent avec plus de courage, rendus plus forts que d'habitude par une grâce céleste qui les habitait, brisèrent les légions et les mirent en fuite. Lorsque j'ai voulu savoir et cherché avec diligence dans de nombreuses relations véridiques quel était le nombre des ennemis, il apparut qu'il était entré à l'intérieur de nos confins vingt-six mille cavaliers équipés, sans compter ceux qui montaient des bêtes de somme et des chameaux ; sur ce nombre, huit mille étaient remarquables, les Turcs les appellent dans leur langue *Toassim*, et les dix-huit mille restant n'en faisaient pas partie, les Turcs les appellent *Caragolam*. Parmi les remarquables, il y en avait mille revêtus de soie de couleur safran par-dessus leurs cuirasses, de même que l'était Saladin, qui l'assistaient comme gardes du corps privés. En effet, les satrapes des Turcs et leurs plus grands princes, qu'eux-mêmes appellent Émir en langue arabe, ont l'habitude d'élever avec soin des adolescents nés d'esclaves, ou achetés, ou tombés entre leurs mains dans les combats ; ils les instruisent diligemment dans la discipline de la guerre ; lorsqu'ils sont devenus adultes, ils leur donnent un salaire proportionné au mérite de chacun et leur confèrent même des possessions considérables. Dans les hasards de la guerre, ils ont l'habitude de leur confier le soin de veiller à la sûreté de leur personne, et mettent beaucoup d'espoir en eux pour remporter la victoire. Ils les appellent en leur langue Mamelouks. Entourant sans cesse leur seigneur, ils font tous ensemble les plus grands efforts pour éloigner de lui les blessures et le suivent jusqu'à la mort. Ceux-ci continuèrent à se battre avec constance et persistèrent jusqu'au moment où leur seigneur prit la fuite, si bien que, tandis que les autres se sauvaient, les Mamelouks furent presque tous tués [...].

Cette belle victoire, à jamais mémorable, nous fut accordée par le Ciel la troisième année du règne de Baudouin IV, le 18 novembre, le jour de la fête des saints martyrs Pierre d'Alexandrie et la vierge Catherine. Le seigneur roi étant retourné à Ascalon, y attendit l'arrivée de tous ceux qui avaient poursuivi les fugitifs de divers côtés ; ils furent tous rassemblés le quatrième jour. On les voyait arriver chargés de butin, traînant à leur suite des esclaves, des troupeaux de chameaux, des chevaux, des tentes, exultant, « comme les vainqueurs après la prise du butin, quand ils partagent les dépouilles », selon ce que dit le prophète.

23

[...] Qu'il soit permis ici de regarder avec attention et considérer inté-rieurement la largesse du don divin, et de dire comment le pieux consola-teur voulut revendiquer pour lui toute la gloire qu'il a manifestée dans sa libéralité envers nous. Certes, si le comte de Flandre, le prince d'Antio-che, le comte de Tripoli et cette multitude de chevaliers alors absente eussent pris part à l'œuvre présente divinement dirigée par le Ciel, à la façon des imprudents que l'orgueil surprend d'habitude dans la prospé-rité, ils n'eussent pas craint, sinon de dire, du moins de penser : « C'est notre main excellente et non le Seigneur qui a fait tout ceci [1]. » Et mainte-nant, suivant Sa parole, où il est écrit « Moi, je ne donnerai point ma gloire à un autre », le Seigneur, se réservant pour lui seul toute l'autorité et toute la gloire, utilisant les services non d'un grand nombre mais de peu d'hommes et renouvelant dans sa clémence les miracles de Gédéon, a détruit une immense multitude, signifiant que c'est à lui-même et non à un autre qu'appartient le bienfait où un seul poursuit mille, et deux mettent en fuite dix mille [...].

24

LE DÉPART NON REGRETTÉ DU COMTE DE FLANDRE, QUI ABANDONNE LE SIÈGE D'HARENC (1178)

Tandis que ces choses se passaient auprès de nous, le comte de Flandre et ceux qui étaient avec lui continuaient à assiéger le château de Harenc, mais inutilement. Adonnés aux plaisirs dissolus, ils s'occupaient plus de jeux de dés et autres voluptés nocives que ne l'exigeait la discipline mili-taire ou la règle d'un siège ; ils se rendaient sans cesse à Antioche pour s'adonner aux bains, aux excès de la table, à l'ébriété et autres voluptés lubriques, ils abandonnaient le siège à la paresse. Mais ceux qui parais-saient plus assidus étaient comme engourdis dans leur paresse, ne fai-saient rien de bon et d'utile : ils perdaient leur temps dans l'oisiveté et passaient leurs journées immobiles, comme les eaux des marais. Le même comte ne cessait aussi de répéter tous les jours qu'il était obligé de partir et qu'il demeurait là malgré lui. Ces paroles non seulement détournaient ceux qui faisaient le siège à l'extérieur de projet honorable, mais ren-daient aussi les assiégés plus décidés à résister [...]. Après des événements variés et des assauts fréquents qui auraient rendu la prise possible si la

1. Dt, XXXII, 27.

chose avait été menée avec plus de courage et la divinité[1] nous avait été propice, la négligence s'abattit comme nous l'avons dit ci-dessus, et à cause de nos péchés, tout courage quitta les nôtres, toute sagesse disparut, et alors que ceux qui étaient tenus enfermés étaient tombés plus tôt dans le désespoir suprême, les nôtres commencèrent à discuter pour rentrer chez eux. Nous ne pouvons assez nous étonner — cela paraît en effet dépasser l'entendement humain — que le Seigneur ait conduit tant de princes à une telle obscurité de l'esprit, qu'il les ait frappés d'un tel aveuglement dans son indignation qu'on rende aux ennemis un château déjà presque conquis, sans que personne ne l'empêche, uniquement par négligence et jalousie. Donc le seigneur prince, voyant que le comte de Flandre avait ainsi irrévocablement fixé son projet et s'obstinait dans son discours, reçut des assiégés une quantité d'argent inconnue de nous et leva le siège. Le comte de Flandre revint à Jérusalem, y passa les jours solennels de la sainte Pâques, se prépara au retour, fit préparer des galères et les nefs nécessaires pour le transport de ses bagages, et alla s'embarquer à Laodicée de Syrie, pour retourner chez lui en passant chez le seigneur empereur de Constantinople. Il ne laissa derrière lui aucune action qui pût mettre sa mémoire en honneur [...].

25

DES ÉVÊQUES DU ROYAUME VONT AU TROISIÈME CONCILE DE LATRAN

L'an 1178 et la cinquième année du règne du seigneur Baudouin IV, au mois d'octobre, convoqués à Rome au synode général annoncé l'année précédente dans tout le monde latin, partirent depuis notre Orient : moi Guillaume archevêque de Tyr, Héraclius archevêque de Césarée, Albert évêque de Bethléem, Raoul évêque de Sébaste, Josce évêque d'Acre, Romain évêque de Tripoli, Pierre prieur de l'église du Sépulcre du Seigneur, et Renaud abbé de l'église de la montagne de Sion. L'évêque Josse, qui se rendait au concile avec nous, était en outre chargé d'une mission auprès du seigneur Henri duc de Bourgogne, qu'il devait inviter à se rendre chez nous. Nous étions convenus à l'unanimité de donner en mariage à ce duc la sœur du seigneur roi, qui avait épousé d'abord le marquis, et de lui accorder les mêmes conditions. Déjà le duc avait accepté avec joie ces propositions qui lui avaient été portées auparavant par le même évêque, et l'on dit même qu'il avait juré de sa propre main qu'il viendrait. Cependant, il s'y refusa dans la suite, pour des causes qui nous sont encore inconnues, oubliant ses promesses et méconnaissant les

---

1. Latin *divinitas* : il faut bien constater que Guillaume de Tyr se sert aussi bien du mot *divinitas* que de *deus* (Dieu, écrit sans majuscule) ou *dominus* (Seigneur, écrit sans majuscule).

serments par lesquels il s'était engagé [...]. Le synode fut célébré dans la basilique constantinienne qui est dite le Latran, avec trois cents évêques, le 5 mars 1179, la vingtième année du pontificat d'Alexandre III. Si quelqu'un désire connaître les statuts, les noms des évêques, leur nombre et leurs titres, qu'il lise l'écrit que nous avons composé avec soin à la demande des saints pères présents au synode, que nous avons ordonné de placer dans les archives de la sainte église de Tyr, que nous gouvernons depuis six ans déjà, au milieu des autres livres que nous y avons apportés.

27

SALADIN RAVAGE LA RÉGION DE SIDON, DÉSASTRE DE MARGIUM (MARJ 'AYÛN) (1179)

Le mois suivant, Saladin, qui était déjà entré deux fois et même plus dans le pays de Sidon et l'avait ravagé librement, incendiant et tuant, résolut d'y retourner, installa ses camps entre la ville de Panéas et le fleuve de Dan, envoya des coureurs en avant faire du butin et allumer des incendies, lui-même ne quittant pas le camp, comme en secours ; il attendait leur retour et le résultat de leurs agressions. On annonça donc au seigneur roi que Saladin sévissait ainsi dans nos confins. Lequel, prenant avec lui le bois de la croix du Seigneur, convoqua tous les siens et se rendit en hâte à Tibériade avec tous les hommes qu'il put rassembler ; de là par le village fortifié de Sephet, la très antique ville de Naason, il arriva au susdit Toron, où il apprit en toute certitude par les messagers qui allaient et venaient que Saladin était toujours dans le même lieu avec son armée, pendant que ses chevaliers avec une armure plus légère, envoyés en avant, pillaient et ravageaient la région de Sidon. Après délibération, il plut à tous d'aller à l'ennemi ; ils convinrent de se diriger vers Panéas, arrivèrent au bourg dit Mésaphar, situé au sommet de la montagne d'où on voyait toute la région au-dessous jusqu'aux pieds du Liban, ils voyaient aussi à distance les camps des ennemis, et chacun découvrait les ravages et les incendies. Descendant rapidement la pente de la montagne, ils ne pouvaient entraîner avec eux la masse des piétons, ceux-ci étaient fatigués par la longueur du chemin depuis le village, les cavaliers ne pouvaient pas adapter leurs pas à ceux qui marchaient : c'est pourquoi ils arrivèrent dans la plaine aux pieds de la montagne avec un petit nombre de piétons, les plus agiles, au lieu appelé en langue vulgaire Margium [Marj 'Ayûn]. Ils s'arrêtèrent là quelques heures pour délibérer sur ce qu'il fallait faire. Pendant ce temps Saladin, un peu effrayé de l'arrivée subite du roi, craignant pour ses coureurs qu'il voyait comme séparés de lui et de tous les siens et redoutant en outre d'être attaqué dans son camp, ordonna de transporter tous ses équipements, bagages et provisions[1] entre les remparts intérieurs et extérieurs de la ville à côté, pour être plus rapide quelle que soit la tournure de la guerre. Prêt, très incertain de la suite, il attendait. Mais ses coureurs qui étaient partis piller, effrayés en apprenant l'arrivée des nôtres, éloignés des autres, se dirigèrent au mieux pour se regrouper, traversèrent le fleuve qui coupe par le milieu les champs de Sidon et la plaine où nous avons dit que les nôtres se trouvaient et coururent à la rencontre des nôtres. Le combat de près commença ; le Seigneur aidant, les nôtres eurent très vite l'avantage, ils en tuèrent et en jetèrent beaucoup à terre, mais plus encore prirent la fuite et s'efforcèrent de rentrer dans leur camp.

28

En même temps Odon, maître de la milice du Temple, le comte de Tripoli et d'autres qui les suivaient montèrent sur une colline devant eux, ayant le fleuve à leur gauche et sur la droite la grande plaine et le camp des ennemis. Saladin, apprenant que les siens avaient des difficultés, qu'ils étaient en péril et même risquaient la mort, se prépara à leur porter secours [...] il s'élança subitement sur les nôtres qui les poursuivaient, trop sûrs d'eux. Nos gens de pied, pendant ce temps, chargés des dépouilles de ceux qu'ils avaient tués, et croyant qu'il ne restait plus rien à faire pour une victoire qui leur semblait complète, se reposaient tranquillement sur les bords du fleuve. Nos cavaliers virent les ennemis qu'ils croyaient vaincus se précipiter sur eux avec des forces nouvelles, ils n'eurent pas le temps ou le loisir d'organiser la troupe selon la discipline militaire et de se ranger en bon ordre, ils résistèrent dans la confusion un certain temps et soutinrent avec constance le choc des ennemis. Enfin, les forces trop inégales et ne pouvant pas s'aider mutuellement, dispersés en désordre comme ils étaient, ils prirent la fuite et succombèrent honteusement. Il leur eût été assez facile d'échapper aux ennemis par divers autres côtés et de se mettre en sûreté ; mais ils suivirent le plus mauvais parti, en punition de nos péchés, et se jetèrent dans des défilés tout parsemés de rochers escarpés dont il était à peu près impossible de sortir [...].

Parmi ceux des nôtres qui furent faits prisonniers, il y eut Odon de Saint-Amand, maître de la milice du Temple, homme méchant, orgueilleux et arrogant, coléreux[2], ni craignant Dieu, ni respectueux des hommes. Il fut même cause dudit dommage, au dire de beaucoup, dont

---

1. *Impedimenta, sarcinas et omnem suppelectilem*, dans le texte latin une des nombreuses formules dans toute description de l'armée, qui pourrait être résumée en « chargements », pour moins de lourdeur.
2. Guillaume de Tyr se sert d'une métaphore intraduisible : *spiritum furoris habens in naribus*, « ayant dans le nez l'esprit de fureur ».

nous avons recueilli un éternel opprobre. On dit qu'il mourut l'année où il fut pris, dans les chaînes et dans une prison affreuse, pleuré de personne. Baudouin de Ramla, homme noble et puissant, Hugues de Tibériade aussi, beau-fils du seigneur comte de Tripoli, jeune homme d'un bon naturel et très aimé de beaucoup, et bien d'autres dont nous n'avons su ni les noms ni le nombre furent aussi faits prisonniers.

29

L'ARRIVÉE DU COMTE DE CHAMPAGNE ET DE GRANDS SEIGNEURS PARENTS DU ROI. DIEU SEMBLE AVOIR ABANDONNÉ SES FILS : QUESTIONS DE GUILLAUME DE TYR

Donc, tandis que nos affaires étaient ainsi contraires, voici qu'arriva dans la cité d'Acre, avec une nombreuse suite de nobles, le seigneur Henri, comte de Troyes, homme magnifique, fils du comte Thibaut l'Ancien, que nous avions laissé nous-même à Brindes, ville de la Pouille, au moment où nous revînmes du concile. Beaucoup de nobles avaient traversé la mer en même temps, avons-nous dit, à savoir le seigneur Pierre de Courtenay, frère du seigneur Louis roi des Francs, et aussi le seigneur Philippe fils du seigneur comte Robert, frère du même roi, et élu à l'évêché de Beauvais. Leur arrivée rendit quelque espérance aux nôtres, très frappés de consternation par les derniers événements. Ils espéraient que le patronage de tant de si grands princes repousserait les affronts futurs et vengerait les affronts passés. La vérité est que, la divinité étant contre nous, ils ne chassèrent pas les premiers affronts et tombèrent même dans de plus grandes calamités. Saladin en effet, notre très cruel ennemi, s'enorgueillit tant de ses succès et des faveurs de la fortune qu'avant de permettre aux nôtres de respirer, il mit immédiatement le siège devant le château souvent mentionné, achevé le mois d'avril précédent[1]. Le château avait été confié aussitôt construit aux frères de la milice du Temple, qui revendiquaient la possession de toute la région en vertu d'une concession des rois, et furent chargés de le défendre. Lorsque le seigneur roi l'apprit, il convoqua tout l'appui du royaume et toute la milice, et prenant avec lui le seigneur comte Henri et les autres nobles qui venaient d'arriver, il se rendit en hâte à Tibériade, où, aux grands du royaume rassemblés, il proposa d'aller porter secours aux assiégés et de forcer les ennemis à se retirer. Mais pendant qu'il attendait et qu'on remettait le jour du départ, on vint annoncer, et c'était vrai, que le château avait été pris de force, détruit jusqu'aux fondations, et que tous ceux

---

1. On sait par les sources arabes que la forteresse construite au lieu-dit le Gué de Jacob, dans la vallée du Jourdain (cf. chap. 25 du même livre), était très puissante et avait été très coûteuse ; le massacre fut sans merci.

CHRONIQUE ET POLITIQUE

laissés pour le défendre étaient tués ou prisonniers. Ainsi vint s'ajouter aux malheurs précédents une plus grande confusion, si bien qu'on pouvait dire en vérité : « Le Seigneur Dieu s'est retiré d'eux », en vérité, « Les jugements de Dieu sont des abîmes très profonds », en vérité « Dieu est terrible dans ses desseins sur les fils des hommes ». Après avoir, l'année précédente, donné à ses fidèles une telle immensité de munificences, il souffre que les mêmes soient maintenant mis dans la crainte et la confusion. Quelqu'un a-t-il connu les intentions du Seigneur, quel fut son conseiller ? Qu'est-ce donc, Seigneur Dieu ? As-tu retiré Ta grâce parce que la présente multitude de nobles est nombreuse, de peur qu'ils ne s'attribuent à eux-mêmes ce qui n'est pas donné aux mérites mais par la grâce ? Ou bien parce qu'ils n'avaient pas rendu assez d'actions de grâces à Toi, leur Bienfaiteur, pour les bienfaits que Tu leur avais accordés naguère gratuitement ? Ou bien parce que Tu châties le fils que Tu as aimé ? Remplis-Tu nos faces d'ignominie, afin que nous cherchions Ton saint Nom, qui est béni dans tous les siècles ? Nous savons, Seigneur, et nous confessons que Tu ne changes pas, car Tu as dit : « Je suis Dieu et je ne change pas. » Ainsi donc, quoi qu'il en soit, nous savons que Tu es juste, Seigneur, et que Ton jugement est droit !

LIVRE XXII

La suite du règne de Baudouin IV
(1180-1183)

Une trêve est signée avec Saladin. Divisions à la cour au sujet d'une régence du royaume. La trêve est rompue en 1182, Saladin revient d'Égypte, passe aux environs de Montréal, s'installe à Damas. Imprévisible, de là, il ravage la Galilée, met le siège devant Beyrouth, abandonne à l'arrivée du roi, part en Mésopotamie où il prend Alep, revient et franchit le Jourdain. Les Latins vont à sa rencontre mais ne veulent pas livrer bataille. Saladin redescend vers l'Égypte et met le siège devant Kérak (Montréal). Le roi fait couronner son neveu Baudouin âgé de cinq ans.

• 1. Le roi donne en mariage sa sœur, qui avait été la femme du marquis, à un certain adolescent, Guy de Lusignan. Une trêve est signée avec Saladin, à conditions égales, contre l'habitude.

• 2. Saladin envahit en ennemi la région de Tripoli et ravage les récoltes et les bonnes terres.

3. Une flotte d'Égyptiens arrive à l'île d'Antarados [Tortose] ; le comte de Tripoli établit un traité avec Saladin.

4. L'archevêque de Tyr repart à Constantinople. Le seigneur Louis, roi des Francs, meurt.

5. le seigneur roi donne sa sœur plus jeune en mariage à Onfroi III. L'empereur de Constantinople meurt.

6. Le prince d'Antioche est frappé d'anathème à cause d'une maîtresse qu'il avait épousée alors que sa femme vivait encore.

• 7. Le patriarche de Jérusalem s'y dirige, pour tenter de porter remède à une affaire éprouvante. Le seigneur pape Alexandre meurt.

8. Le fils de Nûr al Dîn meurt, son héritage va au seigneur de Mossoul, son parent.

• 9. [Conversion des Maronites.]

10. Une rivalité dangereuse naît entre le roi et le comte de Tripoli et va jusqu'à la haine manifeste.

11. Des troubles naissent à Constantinople et, un méchant homme étant au gouvernement, Andronic, le peuple des Latins est expulsé.

12. On attribue les causes des troubles et de la querelle.

13. Andronic occupe la ville [de Constantinople] et les palais après avoir tué les nobles et opprime le peuple sous une domination violente.

14. Le peuple des Latins, qui s'était replié dans les galères, ravage par acte d'hostilité les îles et les lieux maritimes.

• 15. Saladin casse à nouveau le traité qu'il avait établi avec le seigneur roi, le roi va à sa rencontre au-delà du Jourdain ; les Turcs détruisent le village de Buria, réduisant ses habitants en captivité.

• 16. Le même occupe impétueusement notre château dans la région de Suites, à savoir une grotte très défendue.

17. Le même entre de force dans nos confins ; un combat est livré au château de Forbelet, la victoire est ambiguë.

• 18. Le même assiège Beyrouth après avoir appelé une flotte d'Égypte.

• 19. Le roi s'avance jusqu'à Tyr pour la libérer, Saladin lève le siège.

• 20. Saladin traverse l'Euphrate, entre en Mésopotamie.

21. Le roi ravage par acte d'hostilité les confins des Damascènes.

22. Le même assiège la forteresse que Saladin avait occupée récemment [Suites], la prend et la restitue à la chrétienté.

23. Le roi entre de nouveau dans les confins des Damascènes avec ses expéditions.

• 24. Un cens est collecté dans le royaume pour protéger des futurs événements.

• 25. Saladin assiège Alep et obtient la place à certaines conditions, le prince d'Antioche échange Tarse avec Rupin, le duc des Arméniens.

• 26. Le roi, envahi par la maladie à Nazareth, institue Guy de Lusignan, comte de Jaffa, procurateur du royaume.

• 27. Saladin, entré dans nos confins avec d'immenses forces, s'arrête autour de la région de Scitopolis [Bethsam], les nôtres vont à sa rencontre.

• 28. Une grande famine commence dans l'armée ; alors, tant les nôtres que les ennemis se séparent sans avoir livré combat.

• 29. Saladin assiège la ville de Pétra au-delà du Jourdain, il combat avec ardeur.

30. Le roi retire l'administration des mains du comte de Jaffa, il couronne Baudouin, son neveu, du diadème royal.

• 31. Le roi, après avoir rassemblé ses troupes, se dépêche d'aller au-delà du Jourdain pour secourir les assiégés, Saladin lève le siège.

1

SALADIN ENTRE TIBÉRIADE ET PANÉAS

[...] Pendant que le prince d'Antioche et le comte de Tripoli s'étaient tous deux arrêtés quelques jours à Tibériade, Saladin, ignorant de leur présence, entra dans cette ville à l'improviste ; il ne fit cependant aucun mal aux habitants, et se retira de nouveau aux confins de Panéas [Banyas]. Comme il demeurait là avec ses armées, en attendant comme il apparut ensuite une flotte armée de cinquante galères qu'il avait fait préparer tout l'hiver précédent, le seigneur roi, qui redoutait ce séjour, lui envoya des messagers chargés de traiter avec lui d'une trève. Saladin accepta, dit-on, ces propositions avec empressement, non qu'il se méfiât de ses forces, ni qu'il eût la moindre crainte de ceux qu'il avait souvent battus cette année, mais parce que toute espèce d'aliments pour les chevaux aussi bien que pour les hommes manquait à cause de l'extrême sécheresse et du manque de pluie depuis cinq ans continus dans la région de Damas. On conclut donc une trève sur terre et sur mer, tant pour les étrangers que pour les indigènes, confirmée par serments réciproques, à des conditions assez modestes quant à nous, en ce que, chose qui n'était encore jamais arrivée dit-on, le traité était sur pied d'égalité, les nôtres ne se réservant rien de particulier.

2

SALADIN DANS LE COMTÉ DE TRIPOLI, ENTRE ARCIS (ARQÂ) ET LE KRAK DES CHEVALIERS

Cette même année, l'été suivant [1180], Saladin, ayant pourvu à la sûreté de ses provinces de Damas et de Bosrâ, conduisit toute sa cavalerie vers la région de Tripoli, y installa son camp et dispersa ses escadrons[1] par toute la région. Le comte s'était retiré avec les siens dans la ville d'Arqâ, et cherchait une occasion favorable pour se commettre avec les ennemis sans s'exposer à de trop grands dangers. En outre, les frères de la milice du Temple qui étaient dans la même région se tenaient renfermés

---

1. *Turme*, dans le texte latin.

dans leurs places [1], s'attendant d'un moment à l'autre à y être bloqués, et n'osaient se commettre témérairement avec ceux qui se rassemblaient. Les frères de l'Hôpital, saisis des mêmes craintes, s'étaient renfermés dans leur château appelé Krak et estimaient qu'ils auraient assez à faire, au milieu de ce trouble, à protéger leur susdite place [2] des dommages ennemis. L'armée des ennemis était ainsi au milieu, entre les susdits frères et les expéditions du seigneur comte, en sorte qu'ils ne pouvaient se prêter mutuellement aide ni même s'envoyer des messagers qui les auraient informés les uns les autres de leur situation. Pendant ce temps, Saladin déambule par toute la plaine et surtout là où elle est cultivée ; personne ne s'opposant, il parcourt tout librement, il incendie les récoltes, en partie déjà rassemblées dans les aires, en partie en gerbes dans les champs, en partie enfin encore sur pied ; il pousse au loin le butin, tout est ravagé.

7

LE CLERGÉ VA EN VAIN À ANTIOCHE FAIRE RENONCER LE PRINCE À SA MAÎTRESSE [3]

Les nôtres, voyant le mal s'aggraver et n'espérant nul remède — déjà en effet, non seulement le prince était frappé d'anathème mais toute la région était mise sous interdit à cause des rapines, des incendies de lieux vénérables commis dans les possessions, si bien qu'on n'administrait aucun sacrement au peuple sinon le baptême des enfants —, prirent encore plus peur en voyant dans quel malheur la cause était tombée, où l'on ne pourrait rester longtemps sans faire courir de péril à tous. Ils ordonnent donc en conseil commun que le seigneur patriarche, également le seigneur Renaud de Châtillon qui avait été quelque temps prince d'Antioche et qui était le beau-père du jeune seigneur Bohémond, également le maître de la milice du Temple frère Arnaud de Toroge et le maître de la maison de l'Hôpital frère Roger de Molins viennent dans ces régions pour trouver avec l'aide de Dieu un remède à de tels maux, provisoire ou définitif. Car nous avions peur que ce fût imputé à nous comme négligence ou même méchanceté, par le seigneur pape et les princes d'au-delà des mers, que nous ne donnions pas de signe de compassion à nos voisins souffrant de telles misères, que nous ne travaillions pas à chercher des remèdes. Donc le seigneur patriarche prend avec lui, parmi les prélats des

---

1. Place (trad. de Fr. Guizot) — traduction du latin *municipium*, où *muni* (*munere*, fortifier) compte plus que municipe.
2. Ici traduction du latin *oppidum*.
3. Bohémond Junior, le prince d'Antioche, a renvoyé sa femme, Théodora, nièce de l'empereur byzantin, pour « une certaine Sibylle qui usait dit-on de maléfices » (livre XXII, 5).

églises, le seigneur Monachus de Césarée, élu, le seigneur Albert évêque de Bethléem, le seigneur Renaud abbé du Mont-Sion, le seigneur Pierre prieur de l'église du Sépulcre du Seigneur, des hommes sages et remarquables, et suivi de tous ses autres compagnons de route, ils descendent dans ces régions et s'ajoutent le seigneur comte de Tripoli, très familier et aimé du prince, pour pouvoir se l'attacher plus facilement dans la négociation. Ils se retrouvent à Laodicée et, se réunissant à part tant avec seigneur patriarche [d'Antioche] qu'avec le seigneur prince, ils conviennent avec tous les deux d'un jour à Antioche. Ils établirent une paix provisoire : à savoir que, une fois remis tout ce qui avait été enlevé tant au patriarche qu'aux évêques et aux lieux vénérables, l'interdit cesserait, les bienfaits des sacrements de l'Église seraient restitués, et lui-même supporterait avec patience la sentence portée par les évêques, ou bien, s'il voulait être absous tout à fait, il renverrait sa maîtresse et rappellerait sa femme. Ceci fait, ils pensèrent donc avoir calmé l'incendie et retournèrent chez eux. Mais le prince, irrévocablement obstiné, a persévéré dans ses souillures [...].

9

CONVERSION DES MARONITES (1182)

Tandis que notre royaume jouissait d'une paix provisoire, comme nous l'avons dit plus haut, une nation de Syriens, habitant dans la province de Phénicie, vers le Liban à côté de la ville de Gibelet, subit une mutation importante dans son statut. Après avoir pendant près de cinq cents ans suivi l'erreur d'un certain hérésiarque Maron, c'est pourquoi ils sont dits Maronites, et s'être complètement séparés des sacrements de l'Église, par inspiration divine revenus à eux-mêmes, déposant leur faiblesse, l'erreur, qui les avait mis si longtemps en péril, abjurée auprès du patriarche d'Antioche Amaury, troisième patriarche latin qui gouverne maintenant cette Église, ils revinrent à l'unité de l'Église catholique, adoptèrent la foi orthodoxe, prêts à embrasser et observer en tout respect les traditions de l'Église romaine. Cette population était assez considérable, on dit qu'elle dépassait le nombre de quarante mille et habitait dans les évêchés de Jebaïl, Bosrâ et Tripoli, au milieu des montagnes et sur les revers du Liban comme nous l'avons dit. C'étaient des hommes forts, vaillants à la guerre, et fort utiles pour nous dans les très fréquents rapports qu'ils entretenaient avec les ennemis. Aussi leur conversion à la sincérité de la foi causa une très grande joie aux nôtres. L'erreur de Maron et ses disciples est et fut celle-ci, comme on le lit dans le sixième synode dont on sait qu'il fut réuni contre eux, où fut portée la sentence de condamnation : que dans notre Seigneur Jésus-Christ, il y a seulement une volonté et une opération dès l'origine, un article réprouvé par l'Église des orthodoxes. Ils ajoutèrent beaucoup d'autres choses pernicieuses après s'être séparés de l'assemblée des fidèles. Conduits à se repentir de tout cela, comme nous l'avons dit plus haut, ils revinrent à l'Église catholique avec leur patriarche et quelques évêques, qui se tinrent à leur tête sur le chemin du retour à la pieuse vérité, comme ils les avaient auparavant précédés dans l'impiété.

15

SALADIN REVIENT DANS LA RÉGION DE DAMAS (1182)

[...] Saladin, rompant le traité, reprenant le cours de sa vieille haine, commença à réfléchir comment accabler de nouveau notre royaume. Il convoqua donc toutes ses expéditions, toutes ses forces tant à pied qu'à cheval et la multitude de ceux qui avaient abandonné Damas et les régions limitrophes les années précédentes, pour descendre en Égypte et échapper au fléau de la famine, et il se proposa de revenir à Damas pour mieux nous accabler en étant quasiment voisin. S'ajoutait aussi de pouvoir nous porter dommage au passage, en traversant notre région située au-delà du Jourdain, soit en brûlant les grains déjà blancs prêts à être moissonnés, soit en s'emparant de force d'une ou de plusieurs forteresses qui étaient dans cette province. On dit que Saladin avait surtout en considération d'obtenir satisfaction pour lui-même du prince Renaud qui commandait la région, parce que celui-ci, disait-on, avait pris des Arabes pendant le temps du traité, contre la loi des pactes, et qu'il avait refusé de les rendre lorsqu'on les redemanda. Informé par ses éclaireurs de son arrivée et de son propos, le roi tint à Jérusalem une cour générale, et après qu'on eut examiné avec soin les demandes de Saladin, sur l'avis de quelques-uns, il se rendit avec toutes les forces du royaume dans ladite région, en traversant la vallée Silvestre où se trouve la mer Morte, à la rencontre de Saladin pour s'opposer à la dévastation de la province. Saladin cependant, ayant traversé le désert avec ses troupes, cheminant presque vingt jours avec beaucoup de difficultés, arriva sur la terre habitable et installa son camp sur nos confins à dix milles environ de la forteresse appelée Montréal, attendant d'être certain de l'état de la région et d'où se trouvaient le roi et ses expéditions. Lequel avait installé son camp auprès d'une ville antique, nommée Petra Deserti, en Seconde Arabie, à presque trente-six milles de distance de l'armée de Saladin. Il était là avec toute la force du royaume. Mais le comte de Tripoli n'y demeurait qu'à regret, car c'était contre son conseil que le roi avait dirigé là son armée et laissé les autres parties du royaume sans surveillance et sans chevalerie : en faveur du susdit prince Renaud, en effet, plutôt qu'en considération du meilleur avantage, quelques-uns y avaient poussé le roi, sans faire beaucoup attention à ce qui pouvait arriver entre-temps au royaume privé de ses forces. Combien ce fut imprudent, la suite ne tarda pas à le prouver. Ceux qui étaient princes autour de Damas, de Bosrâ, de Baalbek et d'Homs, voyant la force du royaume absente et toute la région dépourvue de chevalerie, convoquèrent leurs forces à notre insu et sans bruit, passèrent le Jourdain près de la mer de Galilée, qui est la mer de Tibériade, arrivèrent secrètement sur nos confins, et parvinrent dans la région de Galilée qui est sous le mont Tabor, à un lieu nommé Buria [...].

16

[...] Les princes ennemis qui avaient, comme nous l'avons dit, forcé Buria et emmené notre peuple en captivité se dirigèrent vers ce lieu [dans la région de Suites], apparurent subitement devant la forteresse[1] et s'en rendirent maîtres au bout de cinq jours. Sur ce fait, tous n'ont pas la même opinion. Certains assurent que ceux qui étaient dans la forteresse la livrèrent pour de l'argent, d'autres que la caverne fut percée par côté, ce qui était facile parce que c'était une roche en calcaire friable, qu'ils entrèrent de force à l'étage inférieur, l'occupèrent et de là obligèrent ceux qui étaient au milieu et en haut — car on dit qu'il y avait là trois demeures — à se rendre. On découvrit plus tard que le fort[2] parvint aux ennemis par la faute des « magistrats[3] » qui dirigeaient les autres : en effet, les autres voulant résister, les dirigeants empêchèrent d'autorité qu'il y eût une défense et passèrent ensuite à l'ennemi après la reddition. On disait que ceux qui dirigeaient étaient syriens, qui sont considérés chez nous comme mous et efféminés, ce qui aggravait la faute de Foulque [de Tibériade] qui avait mis de tels hommes à la tête d'un lieu si nécessaire. Cette nouvelle se répandit au loin à travers le royaume et arriva jusqu'aux nôtres qui se trouvaient au-delà du Jourdain et voulaient empêcher le passage de Saladin, qui montait d'Égypte en Syrie et s'approchait de Damas. En le découvrant, ils furent tous consternés et surtout le comte de Tripoli, des soins de qui le fort dépendait. Ceux qui avaient laissé le royaume avec négligence firent ici preuve de plus de négligence, ils ne purent rien faire qui plaise à Dieu, rien faire d'utile au royaume. Car, alors qu'ils auraient dû aller à la rencontre de Saladin jusqu'aux confins de notre région et l'empêcher d'entrer, ils le laissèrent très imprudemment arriver jusqu'au lieu nommé Gerba, où il trouva abondance de tout et surtout de l'eau dont

---

1. Forteresse dans un site rupestre dont Guillaume de Tyr ne donne pas le nom.
2. *Municipium*, dans le texte latin.
3. *Magistri*, dans le texte latin.

l'armée assoiffée manquait. De là, Saladin, dirigeant une partie de son expédition vers les environs de notre forteresse nommée Montréal, fit brûler les vignes et causa des dommages aux ruraux. Si les nôtres s'étaient rendus là avant lui, sans aucun doute il aurait dû revenir en Égypte, car il traînait à sa suite une multitude infinie de population désarmée qui n'avait plus d'eau dans ses outres, plus de pain dans ses corbeilles, et tous auraient péri dans le désert [...].

18

SALADIN PRÉPARE AVEC MINUTIE ET SECRÈTEMENT LE SIÈGE DEVANT BEYROUTH. L'ART DE LA SURPRISE

[...] Saladin, très irrité d'avoir vu ses efforts et ceux des siens déjoués, de nouveau convoqua ses forces, de nouveau examina avec anxiété en tenant conseil les moyens de récidiver dans le mal contre nous. Jugeant que la meilleure manière d'accabler les nôtres serait de tenter de les attaquer à partir de différents points, il manda à son frère, à qui il avait laissé en Égypte la procuration de ses affaires, et lui ordonna impérativement de faire promptement partir d'Alexandrie et de toute l'Égypte une flotte qu'il dirigerait vers la Syrie, lui annonçant son projet d'investir la ville de Beyrouth par terre et par mer aussitôt que cette flotte serait arrivée. Afin que le peuple du royaume ne pût venir rapidement avec le roi pour sa libération, il lui ordonna de rassembler ses forces en cavaliers, qu'il avait laissés en Égypte, d'entrer lui-même par le sud et de ravager toute la région autour de Gaza, Ascalon et Darum, qui sont les dernières villes du royaume dépendant du diocèse d'Égypte. [...] Il fut fait comme projeté. En peu de jours, une flotte de trente nefs à éperons arriva comme il avait été convenu, et le frère introduisit autour de Darum les forces qu'il avait pu lever dans toute l'Égypte. Saladin lui-même, pour se trouver mieux préparé à l'arrivée de la flotte, dirigea ses expéditions dans la région qu'on appelle en langue vulgaire la vallée Bacar, établit des éclaireurs sur les montagnes entre cette région et la campagne de Beyrouth qui domine la mer pour le prévenir de l'arrivée des galères, et par intervalle il convoquait des auxiliaires à pied dans les localités adjacentes, soucieux de se procurer ce qu'il trouvait nécessaire pour le futur siège. Sans délai, début août, la flotte susdite aborda sur le rivage de Beyrouth, les éclaireurs qu'il avait spécialement envoyés à cet effet l'en informèrent sans retard ; il franchit aussitôt les montagnes [...] et alla investir de toutes parts la ville de Beyrouth, comme il s'y destinait depuis longtemps. Aux nôtres cependant, toujours campés à Séforis, on rapportait des bruits variés sur le projet de Saladin [...].

19

L'ART DE LA DÉROBADE : SALADIN LÈVE LE SIÈGE DE BEYROUTH

Après avoir convoqué ses expéditions, le roi arriva à Tyr avec toute l'armée, ordonnant de préparer aussi la flotte, qu'il prit tant à Acre que dans le port de Tyr, et en moins de sept jours, contre tout espoir, il établit une flotte armée, forte de trente-trois galères montées par des hommes vigoureux. Tandis qu'on se préparait chez nous avec beaucoup de zèle et d'ardeur, Saladin assiégeait la ville comme nous l'avons dit et portait autant de dommages qu'il pouvait aux habitants, et faisait suer chacune de ses deux armées. Il avait disposé ses légions autour de la ville, les troupes se relevaient successivement, et pendant trois jours consécutifs les assiégés furent si pressés qu'ils ne prirent aucun repos et ne trouvaient pas même le temps de réparer leurs forces. Il n'avait apporté aucune machine à lancer des pierres ou autres, avec lesquelles on prend d'habitude les forteresses aux ennemis, soit parce qu'il pensait possible de briser la ville rapidement et sans difficulté, malgré leur absence, soit parce qu'il attendait une arrivée rapide de notre armée et refusait d'accomplir une telle tâche inutilement. Mais en même temps il recourait à tout ce qu'il pouvait faire sans machine avec beaucoup de zèle et d'ardeur [...]. Enfin, après trois jours d'attaques continuelles qui ne progressaient pas, ceux qui étaient arrivés par mer reçurent de Saladin l'ordre de remonter sur leurs galères, et le soir, au commencement de la troisième nuit, ils repartirent en secret. Saladin éloigna aussi les troupes qu'il avait rappelées à une petite distance de la ville, il commença à les disperser par petites bandes dans la plaine, il ordonna de jeter par terre jusqu'à leurs fondations les tours dans les faubourgs adjacents et de couper à la hâche et à la cognée les vergers et les vignes qui étaient nombreux autour de la ville. Pour être plus libre et plus en sécurité dans la poursuite du siège, non seulement il fit occuper par les gens de pied quelques passages difficiles et étroits placés entre la ville susdite et Sidon, par où notre armée devait passer nécessairement si elle voulait venir la libérer, mais il fit aussi élever des murs en pierres sèches et sans ciment jusqu'à la mer, aux passages les plus étroits ; en sorte de retarder par ce double obstacle nos légions qui arriveraient moins facilement à lui, tandis que lui-même pourrait continuer à la harceler. On dit qu'il avait le projet ferme et stable de ne pas repartir avant d'avoir emporté la ville de force, mais il changea d'intention et rentra en hâte chez lui. On dit que la cause de son retour est due au hasard suivant : ceux qui surveillaient le passage prirent un homme porteur de lettres envoyées aux assiégés par quelques fidèles pour les encourager, qui fut conduit devant Saladin et très cruellement soumis aux questions. Là, apprenant que chacune de nos deux armées était prête et arriverait sans aucun doute d'ici trois jours, tant par sa confession extorquée de force que par le contenu des lettres, ils changèrent leur projet comme nous l'avons dit et levèrent le siège. Notre flotte cependant alla jusqu'à sa destination, mais on découvrit au port que la ville était libre et la flotte repartit peu de temps après par où elle était arrivée. Après avoir appris que les ennemis s'étaient éloignés de la ville assiégée, le roi renvoya les expéditions, et comme il était resté un certain nombre de jours à Tyr, il retourna à Séforis avec toute son armée.

20

SALADIN PART EN MÉSOPOTAMIE

Saladin cependant, toujours actif, aspirant sans cesse avec la plus grande ardeur à accroître la gloire de son nom et à étendre le royaume, tenant pour rien nos forces et soupirant après de plus grandes choses, se disposa à aller dans les régions orientales. On ne sait pas encore avec certitude s'il tenta une chose à ce point difficile qui paraissait au-dessus de ses forces de son propre chef, conduit par son esprit de grandeur habituel, ou invité par les princes de cette région [...]. Laissant derrière lui la ville d'Alep et passant l'Euphrate, il se rendit maître des villes les plus splendides de la Mésopotamie, Édesse, Carran et beaucoup d'autres, des bourgs qui en dépendaient, et de presque toute la région qui jusqu'alors était soumise au pouvoir du prince de Mossoul [...].

24

COLLECTE D'UN CENS EXCEPTIONNEL POUR LA GUERRE CONTRE SALADIN : COPIE DU DIPLÔME

Pendant ce temps, une rumeur incertaine courait au sujet de Saladin, les uns disant qu'il progressait beaucoup dans la région de Mossoul et soumettait toute la région, les autres disant que les princes de tout l'espace oriental convergeaient pour l'expulser de force et le renvoyer de ces régions que lui-même revendiquait grâce à son adresse et son argent. Pour nous, son avancée était redoutable, nous étions très soucieux de ses progrès en craignant qu'il ne revînt plus fort avec ses forces démultipliées. C'est pourquoi au mois de février suivant, tous les princes du royaume se réunirent à Jérusalem pour tenir conseil sur l'état des choses présent. Car, comme nous l'avons dit, on craignait beaucoup son retour et l'on cherchait avec anxiété à rassembler tous les moyens possibles de résistance. Après beaucoup de délibérations, il plut au commun conseil de lever un impôt dans toute l'étendue du royaume, pour pouvoir lever les forces à pied et à cheval nécessaires à ces temps, afin que l'ennemi nous trouvât à son retour prêts à lui résister : le roi et les autres princes se trouvaient réduits à une telle pauvreté qu'il leur était impossible de faire face aux dépenses nécessaires. On leva donc de l'argent public, dont voici la description tirée du rescrit sur le mode de perception.

« Ceci est la forme du cens à lever du consentement unanime de tous les princes, tant ecclésiastiques que séculiers, et de l'assentiment de tout le peuple du royaume de Jérusalem, qui doit être levé pour les nécessités qui pressent le royaume. Il est décrété publiquement qu'on choisisse dans chaque cité du royaume quatre hommes sages et dignes de foi, lesquels, après avoir eux-mêmes prêté serment personnellement d'agir de bonne foi dans la présente affaire, devront d'abord donner pour eux et forcer ensuite les autres à donner 1 sur 100 byzantins en leur avoir ou les valant, soit sur tous les biens en leur possession, soit sur les dettes qui leur sont dues, mais quant aux rentes, 2 byzantins sur 100. Ils devront obliger les autres, citoyens ou habitants des cités ou lieux à la tête desquels ils sont placés, à payer selon ce qu'ils jugeront de bonne foi que valent leurs biens, ordonné à chacun secrètement selon sa possibilité. Si celui à qui on aura ordonné ce qu'il doit payer dit qu'il a été surchargé et imposé au-dessus de ses forces, qu'il montre selon sa propre conscience combien valent ses biens meubles, qu'il prête serment, qu'il ne paye pas davantage, et qu'il se retire non inquiété conformément à cette condition. Les quatre élus seront tenus en vertu de leur serment de garder le secret sur ce qui aura été apporté par les citoyens, soit grands, soit petits, et seront tenus par serment de ne pas dévoiler la richesse ou la pauvreté. Ils doivent observer ceci pour tous ceux qui ont en valeur 100 byzantins, et quelles que soient la langue, la nation, la foi, sans distinction de sexe, hommes et femmes indifféremment, tous seront soumis à la même loi. Mais si lesdits quatre élus chargés de ceci savent avec certitude que la fortune de quelqu'un ne vaut pas 100 byzantins, qu'ils reçoivent de lui un fouage [1], c'est-à-dire, pour un feu, 1 byzantin ; s'ils ne le peuvent intégralement, qu'ils reçoivent 1/2 byzantin ; et s'ils ne peuvent en recevoir 1/2, qu'ils reçoivent 1 raboin, selon ce qu'ils jugeront devoir faire de bonne foi. À cette condition sont soumis tous ceux dont les biens meubles ne valent pas 100 byzantins, quels que soient la langue, la nation, la foi, et le sexe.

« Il est aussi décrété que chaque église, chaque monastère, tous les barons, quel que soit leur nombre, et tous les vavasseurs, devront donner 2 byzantins pour chaque 100 byzantins qu'ils auront en rentes, de même que tous les autres du royaume, quels qu'ils soient, qui possèdent des rentes, mais ceux qui touchent un salaire ne devront donner qu'1 byzantin pour 100. Mais ceux qui ont des casals sont tenus de jurer qu'ils donneront de bonne foi, en plus de ce qui est dit ci-dessus, 1 byzantin par feu

---

1. Fouage, feu : *foagium, foco*, dans le texte latin.

qu'ils ont dans leurs domaines et leurs casals, en sorte que si un casal a cent feux, on devra obliger les paysans [1] à payer 100 byzantins. Ce sera ensuite au seigneur du casal de répartir ces byzantins dans des proportions convenables entre les paysans dudit lieu, en sorte que chacun soit obligé de payer sa part selon sa possibilité et que les plus riches ne soient pas trop allégés, ni les plus pauvres trop surchargés. Il en sera de même si le casal a plus ou moins de feux.

« Que ceux qui sont à la tête comme nous l'avons dit de chaque ville et chaque château, depuis Caiffa jusqu'à Jérusalem, apportent à Jérusalem l'argent collecté dans chacune des villes ; qu'ils le remettent séparément avec le poids et le nombre à ceux chargés de cette tâche, comme il aura été reçu dans chaque cité et chaque lieu, dans des sacs distincts et scellés, en présence du patriarche ou de son envoyé, présents aussi le prieur du Sépulcre du Seigneur et le châtelain de la ville. Ils devront le mettre dans la caisse qui sera dans le trésor de Sainte-Croix avec trois serrures et autant de clefs, dont le patriarche aura la première, le prieur du Sépulcre la deuxième, et le châtelain et les quatre habitants élus pour la collecte la troisième. De Caiffa à Beyrouth, qu'ils apportent l'argent collecté à Acre dans les mêmes conditions [...], le seigneur archevêque de Tyr aura la première clef, le seigneur Josselin sénéchal du roi la deuxième, les quatre élus d'Acre la troisième.

« Cet argent collecté ne doit pas être dépensé pour les menues affaires du royaume, mais seulement pour la défense de la terre et tant que cet argent sera conservé, toutes les exactions, qu'on appelle en langue vulgaire tailles, devront cesser, tant des églises que des habitants. Que ceci ne se fasse qu'une fois et ne soit pas regardé comme une coutume dans le futur [...]. »

25

SALADIN REVIENT DE MÉSOPOTAMIE, IL S'EST EMPARÉ D'ALEP (1183)

[...] Cependant Saladin occupe la région de Syrie en Mésopotamie et s'empare de force des principales cités [...]. Ayant ainsi terminé ses affaires selon ses vœux, il se transporta alors à Damas avec ses légions. Ce mouvement répandit parmi les nôtres une terreur d'autant plus grande et dangereuse que les éclaireurs ne pouvaient en aucune manière s'assurer des intentions qu'il pouvait avoir. Les uns disaient qu'il essaierait d'assiéger Beyrouth comme l'année précédente à l'appel de l'armée navale, d'autres prétendaient qu'il avait le projet de prendre deux forteresses dans la montagne qui domine Tyr, Toron et Château-Neuf, d'autres qu'il avait

---

1. *Rustici*, dans le texte latin.

à cœur de ravager la Syrie de Sobal au-delà du Jourdain et renverser les forts[1] qui se trouvent dans cette région. Il y en avait même qui prétendaient faire croire qu'il avait le projet de descendre en Égypte, fatigué de ses longues et lointaines expéditions et ayant obtenu la paix pour un certain temps, afin de réparer ses armées fatiguées et collecter de nouveau les choses nécessaires à ses futures expéditions. Au milieu de ces incertitudes, les roi et tous les princes du royaume demeuraient en suspens avec terreur, et on réunit toutes les forces du royaume à la source de Séforis, où nos armées avaient depuis longtemps l'habitude de se rassembler [...].

26

LE ROI INSTITUE MALADROITEMENT UN PROCUREUR À LA TÊTE DU ROYAUME

Pendant que notre armée était dans l'incertitude à la source de Séforis, il arriva que le roi fut pris subitement à Nazareth d'une fièvre qui le rendit sérieusement malade : la maladie de la lèpre[2], dont il était atteint depuis le début de son règne et l'avait gêné dès les premières années de son adolescence, s'aggravait plus vite que de coutume : il avait perdu la vue, les extrémités de son corps étaient lésées et se putréfiaient, il ne pouvait plus se servir de ses pieds et de ses mains. Cependant il conservait toujours sa dignité royale et il avait refusé jusqu'à ce moment de se démettre de l'administration, malgré la suggestion de quelques-uns d'y renoncer et de pourvoir à une vie tranquille et retirée sur les biens royaux. Malgré la faiblesse de son corps et son impotence, il avait beaucoup de force d'âme et faisait des efforts extraordinaires pour cacher sa maladie et assumer les soucis royaux. Pris de fièvre comme nous l'avons dit et désespérant de la vie, il convoqua ses princes à lui, et, en présence de sa mère et du seigneur patriarche, il constitua procurateur du royaume Guy de Lusignan, mari de sa sœur, comte de Jaffa et d'Ascalon, dont nous avons fait très souvent mention ci-dessus : sa dignité royale étant sauve, retenant pour lui la seule ville de Jérusalem et une rente annuelle de dix mille pièces d'or, il lui transmit à ces conditions la libre et générale administration de toutes les autres parties du royaume, et ordonna à ses fidèles et à tous les princes en général de se reconnaître comme ses vassaux et de lui engager leur foi avec la main. Ce qui fut fait. On rapporte qu'il aurait juré auparavant, sur l'ordre du roi, de ne pas aspirer à la couronne du vivant de celui-ci, de ne transférer à personne aucune des villes et aucun des châteaux que le roi possédait actuellement, ni d'aliéner le fisc. On croit qu'avec beaucoup

---

1. *Oppida*, dans le texte latin.
2. *Morbus elephantiosus*, dans le texte latin.

d'intelligence et de zèle, il lui fut enjoint et il fut obligé de jurer ceci en présence de tous les princes : car il avait promis à presque tous les plus grands du royaume des parts loin d'être modestes pour qu'ils l'aidassent de leurs suffrages à obtenir ce qu'il demandait, et se serait lié à eux par des promesses. À nous, il ne convient pas cependant de l'affirmer, parce que nous n'avons rien découvert de sûr. Cependant, ce changement ne plaisait pas à certains [...].

27

SALADIN OCCUPE UNE RÉGION DE SOURCES EN GALILÉE, L'ARMÉE DES LATINS LE SUIT

Pendant que ces choses se passaient ainsi chez nous, que notre armée s'était réunie de divers côtés à la source de Séforis, Saladin, après beaucoup de délibérations, réunit ses forces de la région au-delà de l'Euphrate, convoqua de partout tout ce qu'il put de cavaliers et de piétons et pénétra sur nos confins avec de nouvelles forces, armées jusqu'aux dents. Après avoir traversé la région du Hauran, suivi la mer de Tibériade dans la plaine du Jourdain, il apparut avec ses légions dans le lieu nommé Cavan, divisa son armée et suivit le Jourdain jusqu'à Scitopolis aujourd'hui appelée Bethsan [...]. Ils trouvèrent le lieu évacué et se servirent de ce qu'ils voulurent, emportant armes, vivres et enfin tout ce qui leur parut utile. Ils s'avancèrent alors en se divisant et une partie installa son camp autour d'une source du nom de Tubania, qui sort au pied du mont Gelboe, à côté d'une noble ville antique dite Gezrael et maintenant appelée en langue vulgaire Petit-Gerinum, pour la commodité de l'eau. Les nôtres étaient encore dans leurs camps à la source de Séforis, [...] ayant alors formé leurs rangs et pris toutes les dispositions selon la discipline militaire, ils se portèrent en masse vers la source de Tubania où Saladin s'était établi au bord de l'eau avec une forte troupe de chevaliers distingués et choisis, comme s'ils avaient le projet d'expulser les ennemis et revendiquer pour eux la commodité des eaux. Ils crurent en y arrivant qu'ils ne pourraient y réussir sans difficulté et sans combats périlleux ; mais subitement Saladin leva son camp, abandonna la source d'une manière inespérée, et en suivant le courant il alla installer son camp un peu au-dessous en direction de Bethsan, éloigné d'un mille à peine de notre armée. Peu avant l'arrivée des nôtres en ce lieu, les ennemis s'étaient séparés par bandes du gros de leur armée, et avaient commencé à se répandre dans tous les environs et à les dévaster, les uns détruisirent le bourg cité plus haut de Petit-Gerinum [...], d'autres allèrent détruire le bourg qu'on appelle en langue vulgaire Forbelet [...], quelques-uns grimpèrent au mont Tabor, ce qui ne s'était jamais entendu auparavant, et tentèrent de détruire le monastère grec qui est dit de Saint-Élie, mais les moines, toute leur famille et quelques-uns des villages voisins [1] qui étaient à l'intérieur de l'enceinte du monastère, entouré de fossés et muni de tours, les repoussèrent vigoureusement [...], d'autres grimpèrent sur la montagne au-dessus de la cité de Nazareth, d'où ils pouvaient contempler toute la cité en dessous [...].

28

LES LATINS NE LIVRENT PAS BATAILLE

Comme ceux des ennemis qui s'étaient séparés du gros de leur armée et dispersés de long en large à travers toute la région exposaient sans cesse aux plus graves dangers les nôtres qui voulaient se rendre auprès de nos légions, la terreur devint telle que personne n'osait plus aller à notre camp pour y commercer ou apporter l'aide habituelle. C'est ainsi que la famine commença dans notre armée, les nôtres s'étaient transportés sans bagages et sans aucune espèce de charge pour accourir contre l'ennemi, espérant que la chose serait terminée en deux ou trois jours. Les gens de pied surtout étaient dans la pénurie, et principalement ceux qu'on avait convoqués depuis la zone côtière, les Pisans, les Génois, les Vénitiens et les Lombards, qui avaient laissé leurs nefs appareillées pour la traversée — car le temps pressait, on était presque à la mi-octobre —, ainsi que les pèlerins qu'ils emmenaient avec eux, qui s'étaient ajoutés au camp des nôtres. Tous ceux-là avaient eu du mal à porter les armes parce que notre camp était à vingt milles de distance des bords de la mer, et n'avaient pris avec eux aucune espèce de victuaille. On expédia des messagers dans toutes les villes voisines pour demander à ceux qui y commandaient d'envoyer des vivres sans retard, et ceux-ci, empressés d'obtempérer aux ordres du roi, ne mirent aucun retard à faire partir tout ce qu'ils purent trouver. La plus grande partie arriva en effet dans notre camp et y porta l'abondance suffisante vu le temps et l'endroit ; mais une autre partie, dont on ne prit pas assez de soin, tomba aux mains des ennemis et leur fut infiniment utile, car eux aussi avaient à souffrir d'une semblable disette. On avait envoyé en avant quelques cavaliers spécialement chargés de protéger la marche de ceux qui venaient porter des vivres à l'armée : ils accompagnèrent en effet sains et saufs jusqu'à notre camp ceux qu'ils rencontrèrent, mais les autres, qui ne reçurent pas les mêmes secours, tombèrent entre les mains des ennemis, périrent par le glaive ou furent repoussés dans l'asservissement perpétuel aux ennemis.

---

1. *Viculi*, dans le texte latin : habitants des petits bourgs.

QUESTIONS DE GUILLAUME DE TYR, SON ANALYSE

Ainsi, si nos péchés n'avaient pas empêché Dieu de nous être propice, il semble que la force de l'ennemi aurait pu facilement tourner en ruine et leur orgueil intolérable descendre sur un terrain glissant. On ne lit nulle part qu'une telle multitude de cavaliers et gens de pied ait jamais été rassemblée dans tout l'espace oriental, et les hommes les plus âgés ne se souviennent pas d'avoir vu une armée aussi nombreuse réunie en une seule troupe à partir des forces propres au royaume. Elle comptait en effet treize cents cavaliers environ, et l'on dit qu'il y avait plus de quinze mille hommes de pied parfaitement bien armés. Cette armée était en outre commandée par des chefs grands et remarquables, illustres par leur naissance et connus pour leur expérience des armes, le seigneur Bohémond III prince d'Antioche, le seigneur Raymond comte de Tripoli, le seigneur Henri duc de Lovania, un noble prince de l'empire germanique, Raoul de Malleone un homme noble et remarquable d'Aquitaine, sans compter les princes du royaume, Guy comte de Jaffa, Renaud de Châtillon seigneur de l'Outre-Jourdain, quelque temps prince d'Antioche, Baudouin de Ramla, Balian de Naplouse son frère, Renaud de Sidon, Gautier de Césarée, Josselin le sénéchal du roi. Il paraissait assez probable que nos ennemis avaient de façon bien inconsidérée traversé le Jourdain pour s'établir sur nos confins ; mais, en punition de nos péchés, l'esprit de rivalité se répandit sur les princes, en sorte que les affaires publiques qui semblaient demander tant de diligence furent non seulement négligées, mais même trahies avec méchanceté à ce qu'on dit. Ceux qui auraient pu faire avancer les choses étaient pleins de haine, dit-on, pour le comte de Jaffa à qui le roi avait confié deux jours auparavant le soin du royaume, et supportaient avec indignation qu'au milieu de si grands périls, dans une nécessité si pressante, tant et de si grands intérêts eussent été mis dans les mains d'un homme inconnu, sans discernement et tout à fait incapable. Il en résulta que pendant huit jours de suite, on supporta avec une patience excessive, bien plutôt honteuse, que le camp des ennemis demeurât à moins d'un mille de distance et que la région fût ravagée en pleine liberté, ce qui n'était jamais arrivé. Les hommes simples qui étaient présents et ne connaissaient pas la méchanceté de nos princes s'étonnaient qu'on négligeât une si belle occasion de combattre les ennemis, et qu'on ne prît aucune disposition pour les attaquer. S'il arrivait qu'on en parlât en public, ils prétendaient que Saladin, prince des légions ennemies, s'étant établi dans un lieu entouré de rochers, nos rangs ne pourraient arriver jusqu'à lui sans grand danger, et qu'en outre ses cohortes disposées en cercle se proposaient de surgir sur nous de partout si nous tentions de lancer nos rangs contre Saladin. Les uns disaient que c'était vrai et justement allégué par les princes, mais d'autres affirmaient que c'était un prétexte imaginé pour fuir le combat afin qu'on ne pût attribuer au comte le succès qui pourrait arriver et que la chose semblât bien gérée sous sa conduite. Nous avons recueilli et rapporté ces diverses interprétations sans rien affirmer avec assurance, parce que nous n'avons pu reconnaître l'exacte vérité des choses. Il est certain toutefois que les ennemis demeurèrent en toute liberté sept ou huit jours de suite à l'intérieur de nos limites en deçà du Jourdain, et qu'ils firent tous les jours et impunément de multiples dégâts. Enfin le huitième, ou plutôt le neuvième jour, Saladin rappela ses troupes, rentra chez lui sans avoir souffert aucun dommage, et les nôtres revinrent à Séforis.

29

SALADIN MET LE SIÈGE DEVANT LE KRAK DE MONTRÉAL, PUIS S'EN VA

Il arriva peu après ce qu'on pensait. Un mois s'était à peine écoulé que Saladin reprit la guerre [...], il se disposa à assiéger Petra Deserti. Renaud de Châtillon, qui avait le soin de la région en tant qu'héritage de sa femme, l'apprit par ses éclaireurs et vint au plus vite entraînant avec lui une troupe de chevaliers qui paraissait suffisante pour protéger le château. Mais autre chose se passait là [...]. Il y avait dans l'intérieur une foule des deux sexes et de condition mélangée, nombreuse, un poids et non une utilité pour les assiégés : des histrions, des joueurs de flûte et d'instruments à cordes, que le jour de la noce avaient attirés de toute la région [...], en outre des Syriens habitant les faubourgs avaient rempli le lieu avec leurs femmes et leurs enfants [...], la foule était si grande que ceux qui voulaient courir de côté ou d'autre n'avaient pas la voie libre et faisaient obstacle aux hommes plus actifs qui se donnaient au soin de la défense avec ardeur. On dit cependant que le lieu avait abondance de vivres, mais non les armes que semblait exiger la protection du lieu.

31

Pendant que ceci se passait à Jérusalem [1], Saladin poussait de toutes ses forces et avec la plus grande vigueur le siège, et dans son importune insistance il ne laissait aucun moment de repos aux assiégés. Il avait fait élever huit machines, six dans la partie intérieure à l'emplacement de la cité antique, deux au-dehors dans le lieu appelé en langue vulgaire Obelet, et faisait attaquer continuellement la forteresse, de nuit aussi bien que de jour, en lançant des blocs de pierre si énormes qu'aucun de ceux qui étaient enfermés n'osait plus avancer la main, ni regarder à travers les

---

1. Le roi a révoqué le comte de Lusignan et fait couronner son neveu âgé de cinq ans, Baudouin.

ouvertures des remparts, ni entreprendre un travail de défense quelconque. Ils avaient tellement perdu tout courage, que les ennemis se glissaient par des cordes dans le fossé contre la forteresse, pour y tuer le bétail que les pauvres habitants y avaient introduit, le dépecer, le retirer pour le manger, sans souffrir la moindre opposition des assiégés. Et même, ceux qui remplissaient l'office de cuisiniers ou de boulangers dans l'armée ennemie et ceux qui tenaient un marché avaient logé leurs officines dans les maisons des habitants où ils trouvaient toute commodité [...]. Saladin, ayant appris par les éclaireurs que l'armée chrétienne venait d'arriver dans le voisinage et que le comte de Tripoli commandait les légions, abandonna ses machines, donna l'ordre de départ, leva le siège qui avait affligé le lieu pendant un mois consécutif et retourna chez lui. Cependant le roi, parvenant au lieu souhaité avec toute l'armée, apporta consolation aux habitants, puis il donna l'ordre du départ, rappela l'armée et retourna sauf à Jérusalem.

LIVRE XXIII

Un prologue suivi d'un seul chapitre

Lassé des malheurs qui arrivent dans notre royaume plus fréquemment que de coutume et presque sans relâche, nous avions résolu de quitter la plume et d'ensevelir dans le silence ce que nous avions d'abord entrepris de publier pour la postérité. Nul ne saurait sans douleur produire au grand jour les maux de sa patrie et les fautes des siens ; car il est en quelque sorte d'usage entre les hommes, et l'on regarde comme chose naturelle, que chacun mette toutes ses forces à célébrer la patrie et ne se montre pas envieux des titres des siens. Cependant, tout sujet de louange nous est maintenant enlevé ; nous n'avons sous les yeux que les calamités de notre patrie en deuil et des misères de tout genre qui ne peuvent nous arracher que des larmes et des gémissements. Jusqu'à présent nous avons décrit de notre mieux les beaux faits des grands princes qui, pendant quatre vingts ans et plus, ont exercé le pouvoir dans notre Orient et principalement à Jérusalem. Le courage nous manque maintenant : nous détestons le présent, nous demeurons interdits devant les choses qui se présentent à nos yeux et à nos oreilles, choses qui ne seraient pas même dignes des chants d'un Codrus ou des récits d'un Mevius, quel qu'il fût [1]. Nous ne rencontrons rien dans les actions de nos princes qu'un homme sage puisse croire devoir confier au trésor de la mémoire, rien qui soit capable d'inté-

---

1. Mevius Codrus, *Virg. Ecl.*, 3, 90.

resser le lecteur ou de faire quelque honneur à l'écrivain. Nous pouvons répéter pour nous la complainte du prophète : « La prudence a manqué au sage, la parole au prêtre, l'esprit de prévision au prophète [1]. » Maintenant aussi chez nous, « le prêtre est comme le peuple [2] », en sorte qu'on peut nous appliquer ces paroles d'un autre prophète : « Toute tête est languissante et tout cœur est abattu ; depuis la plante des pieds jusqu'au haut de la tête il n'y a rien de sain [3]. » Nous sommes arrivé à ce point de ne pouvoir supporter ni nos maux, ni les remèdes. Aussi, et en punition de nos péchés, les ennemis ont-ils repris tout l'avantage : nous qui avions triomphé, qui remportions habituellement sur eux la palme glorieuse de la victoire, privés maintenant de la grâce divine, nous avons la plus mauvaise part dans presque toutes les rencontres. C'est pourquoi il vaudrait mieux se taire ; il vaudrait mieux couvrir nos fautes de l'ombre de la nuit, que de porter la lumière sur des choses honteuses. Mais ceux qui ont à cœur de nous voir poursuivre ce que nous avons commencé une première fois et nous prient instamment de signifier à la postérité la situation du royaume de Jérusalem aussi bien dans l'adversité que dans la prospérité, ceux-là nous donnent des stimulants. Ils mettent en avant de très habiles historiographes qui ont confié à l'écrit l'adversité et la prospérité : Tite-Live pour les Romains, Josèphe en vérité qui a publié dans de longs traités non seulement les belles actions des Juifs mais aussi ce qui leur est arrivé de honteux. Ils abondent en autres exemples pour mieux nous persuader et nous pousser, parce qu'il est évident que les deux propos ont une égale raison d'être pour ceux qui écrivent des *gesta* : de même que raconter des *gesta* heureuses donne à la postérité quelque ardeur, de même celles qui sont soumises à l'infortune rendent prudents ceux qui sont dans des circonstances semblables. Car les écrivains d'annales, de par leur office, n'ont pas coutume de confier aux lettres ce qu'ils désirent eux-mêmes, mais ce que les temps font, et tout particulièrement les événements de la guerre qui sont variés et non uniformes, où la prospérité n'est pas continuelle et où les malheurs connaissent, à l'opposé, des intervalles de lumière. Nous sommes donc vaincus. Ce que les temps qui suivent feront, nous prendrons soin de le confier à l'écrit comme nous avons commencé, fasse que ce soit propice et heureux. Dieu voulant, s'il nous prête vie, nous renonçons à notre deuxième intention [4].

---

1. Jr, XVIII, 18.
2. Os, IV, 9.
3. Is, I, 5-6.
4. Ce dernier prologue est suivi d'un seul chapitre qui raconte la lamentable discorde entre le roi et le comte de Jaffa (Guy de Lusignan son beau-frère), que le patriarche, le maître du Temple et le maître de l'Hôpital ont aggravée par un discours public auquel le roi ne voulut pas obtempérer (du moins c'est ce que suggère Guillaume de Tyr). Moyennant quoi, en représailles, le comte de Jaffa s'en alla faire un raid sur des Arabes qui campaient tranquillement avec leurs troupeaux sous la garantie du roi.

La Conquête de Constantinople [1]

Robert de Clari
Début XIIIᵉ siècle

INTRODUCTION

Robert de Clari (seconde moitié du XIIᵉ siècle - début du XIIIᵉ siècle) est souvent victime des multiples comparaisons qu'on a faites entre son œuvre et celle de Geoffroy de Villehardouin et qui ont eu tendance à l'écraser. En effet, autant Villehardouin s'impose à nous par sa forte personnalité, son action constante à la tête de la quatrième croisade comme ambassadeur, négociateur, conseiller et capitaine, et le rôle important qu'il y joua, autant Clari se fond dans la masse des croisés. Mais on aurait tort de trop déprécier son témoignage : c'est un bon échantillon de la petite chevalerie des XIIᵉ et XIIIᵉ siècles, qui nous permet de pénétrer au cœur du Moyen Âge ; il nous procure de précieux renseignements, un document important, grâce auxquels nous pouvons mieux apprécier les divergences qui opposèrent les croisés. C'est de surcroît, avec la chronique de Villehardouin, la première œuvre historique en prose française, où l'on décèle l'influence conjointe de la chanson de geste et du cycle de la Croisade, de l'historiographie en vers, des romans d'Antiquité *(Thèbes, Énéas, Troie)* et de romans comme *Florimont* d'Aymon de Varennes. La prose française lui a semblé, comme à Villehardouin, la forme la plus apte pour dire la vérité, pour transmettre et authentifier le témoignage.

Clari était un petit seigneur picard, un chevalier sans importance, ni clerc comme son frère Aleaume, ni grand baron ; Villehardouin ne le cite jamais. Lui-même ne se mentionne pas parmi les croisés, et d'une rare élégance il ne parle pratiquement jamais de lui. Il possédait le fief de Cléry-lès-Pernois (Somme) qui, « d'une étendue d'environ 6,5 hectares, était tout juste suffisant à lui valoir le titre de chevalier et certainement insuffisant à le nourrir ». Il participa à la quatrième croisade qu'il raconta, à partir de 1207, dans une chronique composée de deux parties disproportionnées : les cent douze premiers chapitres relatent les faits qui vont de

---

1. Traduit de l'ancien français, présenté et annoté par Jean Dufournet.

1198 à 1205 : préparatifs, voyage, prise de Constantinople par deux fois, établissement de l'empire franc. Les sept derniers chapitres vont de la bataille d'Andrinople (1205) à la mort d'Henri Ier (1216) : ils sont très brefs, en sorte qu'on peut penser que Clari avait quitté Constantinople au milieu de 1205.

Son unique souci, proclamé haut et fort, semble être de rapporter le vrai sans que des engagements politiques et polémiques viennent le fausser. Petit chevalier curieux et bavard, vassal de Pierre d'Amiens qu'il exalte (c'est *li biax chevaliers et li preus et li vaillans*) et dont il partage l'enthousiasme dans les premiers temps de la croisade, mais ignorant les desseins et les accords des chefs, impartial, modeste, même s'il a le sentiment d'avoir participé à une entreprise épique, il est partagé entre l'hostilité à l'égard des hérétiques déloyaux et le remords d'avoir commis une injustice en allant contre Constantinople plutôt qu'à Jérusalem. Fortement influencé par la propagande de l'armée croisée qu'il est incapable d'interpréter, il est doué d'une bonne mémoire visuelle, mais reste à la surface des choses et il est gêné par son manque de préparation politique ; au total, c'est un homme simple, peu cultivé, qui démythifie sans le vouloir les grands personnages.

Clari a été émerveillé par les beautés de Constantinople (le palais de Boucoléon et des Blachernes, les églises Sainte-Sophie et des Saints-Apôtres, l'hippodrome, les portes de la ville, les statues, les colonnes), et peut-être plus encore par la richesse des matériaux et des substances, et le cas échéant par les vertus thérapeutiques de ces dernières ; par les abondantes reliques, telles que des morceaux de la vraie Croix et des vestiges de la crucifixion, la tuile et la serviette du saint homme que visita le Christ, l'image de saint Démétrius, la table de marbre sur laquelle on étendit Jésus après la descente de croix ; et tout autant par la mer, comme en témoigne le récit du départ de la flotte pour Zara : pour pallier un vocabulaire limité, il utilise des mots intensifs et les images du fourmillement et de l'embrasement. À quoi s'ajoute tout ce qui ressortit au merveilleux et à l'exotisme des coutumes byzantines et des mœurs des Coumans, ces Turcs établis en Moldavie. Mais le charme de son récit vient de ce que l'histoire et l'extraordinaire (grands crimes, noires ingratitudes et châtiments des empereurs byzantins, fabuleux destin de Conrad de Montferrat, pèlerinage du roi noir de Nubie) baignent dans un climat de familiarité et de réalisme.

Clari, écrivain novice, autodidacte, mais sans doute moins naïf qu'on ne l'a dit, préfère la répétition d'un substantif à l'emploi des pronoms jugés trop ambigus et manifeste ainsi un vif souci de netteté : quand il affirme qu'il ne sait pas écrire, ne serait-ce pas une suprême rouerie ? Quoi qu'il en soit, il a une attitude plus ethnographique que les autres historiens de la quatrième croisade, et le discours direct vise à donner l'impression d'une *mimesis*. Au contraire de Villehardouin qui, par une sorte d'ascétisme, élimine tous les petits faits inutiles à la compréhension des événements et ne dit mot du spectacle du monde ou des misères du quotidien, Clari aime les anecdotes qui, si elles relèvent souvent du conte populaire, sont aussi l'écho d'une certaine propagande et ne manquent pas d'intérêt historique.

D'étonnantes similitudes entre les deux chroniqueurs, par exemple à propos de la tentative d'incendie par les Grecs de la flotte vénitienne, font penser à une source commune, peut-être une relation contemporaine des événements que chacun aurait récrite avec plus ou moins d'originalité, en essayant de résoudre un problème important : comment éviter un émiettement total de la matière, quand le sujet se développe dans le temps et dans l'espace ? Clari a écrit l'œuvre la moins unifiée, avec ses incertitudes chronologiques, à cause de son goût prononcé pour l'anecdote ; de là, un récit éclaté. Mais on peut se demander si c'est un effet de la maladresse ou le fruit d'une volonté délibérée, comme dans le *De nugis curialium* (« les Contes des courtisans ») de Gautier Map.

À travers anecdotes, brefs tableaux et petits discours au style direct, transparaît l'idéal chevaleresque qui détermina la conduite de Clari : préoccupations religieuses et goût pour les actions héroïques ; mais les femmes, exclues de la chronique de Villehardouin, ne le sont point ici. Son modèle est Pierre de Bracheux, « celui qui des pauvres et des puissants accomplit le plus de prouesses », à la pointe du combat lors de la seconde prise de Constantinople, consommant la défaite de l'usurpateur Murzuphle, rendant visite à Johannisse le Valaque et étonnant les ennemis par sa taille gigantesque, conquérant son royaume sur les Sarrasins. Clari est surtout le porte-parole des petits chevaliers déçus. Il se montre presque indifférent à l'égard des Vénitiens qui sont à ses yeux âpres au gain, moins preux que ne le dit Villehardouin, et qu'il lui arrive d'admirer pour leur richesse et leurs qualités de marins, tandis que leur doge y est à la fois plus familier et très influent à chaque moment décisif de la croisade. Il méprise les Grecs qu'il juge traîtres, versatiles et lâches. Sévère pour Boniface de Montferrat, cupide et ambitieux, mauvais vassal de l'empereur Baudouin, il cloue au pilori les « hauts hommes », les barons, hypocrites, orgueilleux, poussés par la convoitise et l'ambition, traîtres envers leurs compagnons, finalement châtiés par Dieu lors de la défaite d'Andrinople. Nous retrouvons dans la chronique de Clari, comme dans *Le Pèlerinage de Jérusalem (De Hierosolymitana peregrinatione)* de Pierre de Blois, cette élection des petits et des pauvres qui est liée à la prééminence de la christologie dans l'expérience religieuse, à l'imitation du Christ homme, humble et souffrant, grand dans l'humilité et innocent dans la souffrance.

Clari n'est donc pas un témoin négligeable, et Albert Pauphilet a eu raison de le réhabiliter et de signaler sa complexité : « Ignorant qui parle de *Troie la Grant* ; chroniqueur d'escouade qui voudrait comprendre l'état de l'empire et pénétrer les desseins des grands politiques ; témoin impur dont les historiens ne peuvent tirer grand-chose et qui avait lui-même, par don de nature, quelque partie de l'historien : Robert de Clari n'est pas un auteur facile à définir. »

N.-B. : Il est délicat de traduire Robert de Clari, dont le témoignage, pourtant, est très important pour connaître un peu mieux l'univers mental et moral des humbles chevaliers qui prirent part à la quatrième croisade. Non que son texte soit difficile à comprendre, mais il charrie tant de répétitions qu'il peut devenir fastidieux. Aussi avons-nous essayé à la fois d'introduire un peu de variété pour en faciliter la lecture et d'être le plus fidèlement exact pour ne pas fausser le témoignage de notre auteur.

Nous avons relu le manuscrit de la chronique (Bibliothèque royale de Copenhague, 487, f°s 100-128) : nous avons pu apporter quelques corrections à l'édition de Philippe Lauer, au demeurant très satisfaisante.

JEAN DUFOURNET

BIBLIOGRAPHIE : **Éditions** : ROBERT DE CLARI, *La Conquête de Constantinople*, éd. par P. Lauer, Paris, Champion, 1924 (« Classiques français du Moyen Âge »).

ROBERTO DI CLARI, *La Conquista di Costantinopoli (1198-1216)*, trad. et étude par A.M.N. Patrone, Gênes, 1970.

Études : DEMBOWSKI P.F., *La Chronique de Robert de Clari. Étude de la langue et du style*, Toronto, 1963.

DUFOURNET J., *Les Écrivains de la quatrième croisade. Villehardouin et Clari*, Paris, Sedes, 1974, t. II.

GOUGENHEIM G., *Études de grammaire et de vocabulaire français*, Paris, Picard, 1970.

JACQUIN G., *Le Style historique dans les récits français et latins de la quatrième croisade*, Paris-Genève, Champion-Slatkine, 1986.

LONGNON J., *Les Compagnons de Villehardouin*, Genève, Droz, 1978.

PAUPHILET A., « Sur Robert de Clari », *Romania*, 1931, t. 57, p. 289-311.

I

Ici commence l'histoire de ceux qui conquirent Constantinople, et nous vous dirons ensuite qui ils furent et pour quelle raison ils y allèrent. Il arriva, en ce temps où Innocent [III] était pape de Rome, Philippe [Auguste] roi de France et un autre Philippe [de Souabe] empereur d'Allemagne[1], en l'an de l'incarnation 1203 ou 1204, qu'il y eut un prêtre nommé maître Foulques de Neuilly [sur-Marne], paroisse de l'évêché de Paris[2]. Ce prêtre, d'une grande piété et très bon clerc, prêchait la croisade par les terres, et beaucoup de gens le suivaient, car il était si pieux que Dieu notre Seigneur faisait de très grands miracles en sa faveur, et il rassembla beaucoup d'argent pour la Terre sainte d'outre-mer.

Alors se croisèrent le comte Thibaut de Champagne, Baudouin le comte de Flandre, Henri son frère, Louis le comte de Blois, Hugues le comte de Saint-Pol, Simon le comte de Montfort et Guy son frère[3]. Ensuite nous nommerons les évêques qui y participèrent : l'évêque Nivelon de Soissons, qui était très pieux et valeureux en tous commandements et tous besoins, l'évêque Garnier de Troyes, l'évêque de Halberstadt en Allemagne et maître Jean de Noyon, choisi pour être évêque d'Acre ; il y avait aussi l'abbé de Loos en Flandre, qui appartenait à l'ordre de Cîteaux et qui était très sage et très pieux, et d'autres abbés, et

---

1. Innocent III (1160-1216) fut pape de 1198 à 1216, Philippe II Auguste (1165-1223) roi de France de 1180 à 1223, Philippe Ier de Souabe (vers 1177-1208) empereur germanique de 1198 à 1208.
2. En fait, Foulques de Neuilly prêcha la croisade entre le 8 janvier et le 29 mars 1198. Neuilly-sur-Marne est aujourd'hui dans le département de Seine-Saint-Denis.
3. Thibaut III de Champagne (1179-1201), qui succéda à son frère aîné Henri II devenu roi de Jérusalem en 1192 et mort en 1197 ; Baudouin IX de Flandre et de Hainaut (1171-1206), empereur latin d'Orient de 1204 à 1206 ; Henri de Flandre et de Hainaut (1174-1216), frère de Baudouin IX, empereur latin d'Orient de 1206 à 1216 ; Louis de Blois et de Chartrain (1171-1205) ; Hugues de Saint-Pol en Ternois, mort en 1205 ; Simon IV de Montfort (1150-1218), qui participa à la quatrième croisade, puis à la guerre contre les Albigeois.

un grand nombre d'autres clercs dont nous sommes incapables de vous donner le nom.

Pour les barons qui y participèrent, il est impossible de tous les nommer, mais nous pouvons vous en citer une partie. De l'Amiénois il y eut messire Pierre d'Amiens le beau chevalier courageux et valeureux, messire Enguerrand de Boves avec ses trois frères, l'un Robert, l'autre Hugues et un troisième qui était clerc ; Baudouin de Beauvoir, Mathieu de Warlincourt, l'avoué de Béthune et son frère Conon[1], Eustache de Cauteleux, Anseau de Cayeux, Renier de Trith, Walet de Frise, Girard de Manchecourt, Nicole de Mailly, Baudouin Cavaron, Hugues de Beauvais, et beaucoup d'autres chevaliers, des personnages importants de Flandre et d'autres pays, qu'il nous est impossible de tous vous nommer, et il y eut messire Jacques d'Avesnes.

De Bourgogne il y eut Eudes de Champlitte et son frère qui eurent de nombreuses troupes dans l'armée, et beaucoup d'autres Bourguignons qu'il nous est impossible de tous vous nommer.

De Champagne vinrent le maréchal[2] [Geoffroy de Villehardouin], Ogier de Saint-Chéron, Macaire de Sainte-Menehould, Clérembaud de Chappes et Milon de Brabant, tous champenois.

Ensuite, il y eut le châtelain de Coucy[3], Robert de Ronsoi, Mathieu de Montmorency qui fit preuve d'une grande sagesse, Raoul d'Aulnoy, Pierre de Bracheux[4] le preux chevalier hardi et valeureux, et Hugues son frère : ceux que je vous nomme en ce moment étaient d'Île-de-France et du Beauvaisis.

Du pays de Chartres, il y eut Gervais du Châtel et son fils, Olivier de Rochefort, Pierre d'Alost, Payen d'Orléans, Pierre d'Amiens, bon et preux chevalier qui accomplit de nombreuses prouesses, et son frère, un clerc, chanoine d'Amiens, Manessier de Lille en Flandre, Mathieu de Montmorency, le châtelain de Corbie.

Il y eut tant d'autres chevaliers d'Île-de-France, de Flandre, de Cham-

---

1. L'avoué de Béthune est un seigneur à qui l'abbaye confie, de plein gré ou sous la contrainte, l'administration de ses biens, la charge de la représenter en justice et le soin de la protéger et de la défendre ; Conon de Béthune est le grand poète qui avait pris part à la troisième croisade et dont Villehardouin et Henri de Valenciennes signalent le rôle important ; voir notre livre *Les Écrivains de la quatrième croisade, Villehardouin et Clari*, éd. cit., t. I, p. 42-45, et notre *Anthologie de la poésie lyrique française des XIIe et XIIIe siècles*, Paris, Gallimard, « Poésie », 1989, p. 120-127.

2. Il s'agit de Geoffroy de Villehardouin qui écrivit une très importante chronique sur la conquête de Constantinople, à peu près en même temps que Robert de Clari. Voir notre article « Villehardouin et les Champenois dans la quatrième croisade », *Les Champenois et la croisade*, Paris, Aux Amateurs de livres, 1989, p. 55-69.

3. Le châtelain de Coucy était aussi un poète ; voir notre *Anthologie...*, éd. cit., p. 112-119 et 338-339.

4. Pierre de Bracheux (près de Beauvais) fut le héros incontesté de la croisade. Sur ce personnage et les autres qui sont mentionnés, on utilisera le très précieux ouvrage de Jean Longnon, *Les Compagnons de Villehardouin, Recherches sur les croisés de la quatrième croisade*, Genève, Droz, 1978.

pagne, de Bourgogne et d'autres pays qu'il nous est impossible de tous vous les citer, de valeureux et preux chevaliers. Ceux que nous avons cités étaient les plus puissants, portant bannière ; encore ne les avons-nous pas tous cités.

Parmi ceux qui accomplirent le plus de prouesses et de hauts faits d'armes, puissants ou pauvres, il nous est possible d'en citer une partie : Pierre de Bracheux, celui qui, des pauvres et des puissants, réalisa le plus d'exploits, Hugues son frère, André de Durboise, messire Pierre d'Amiens le preux et beau chevalier, Mathieu de Montmorency, Mathieu de Warlincourt, Baudouin de Beauvoir, Henri le frère du comte de Flandre et Jacques d'Amiens : voilà, parmi les puissants, ceux qui accomplirent le plus de hauts faits d'armes et de prouesses. Parmi les pauvres, Bernard d'Aire, Bernard de Soubrengien, Eustache de Heumont et son frère Gilbert de Visme, Walet de Frise, Hugues de Beauvais, Robert de Ronsoi, Alart Maquerel, Nicole de Mailly, Guy de Manchecourt, Baudouin de Hamelincourt, Guillaume d'Embreville et le clerc Aleaume de Clari en Amiénois qui, très courageux, accomplit de nombreux hauts faits et prouesses, Aleaume de Sains, Guillaume de Fontaine. Ceux que nous avons nommés accomplirent le plus de hauts faits d'armes et de prouesses, sans compter beaucoup d'hommes vaillants à cheval et à pied, tant de milliers que nous n'en savons pas le nombre.

II

Ensuite s'assemblèrent tous les comtes et les grands barons qui s'étaient croisés. Ils convoquèrent les puissants seigneurs qui avaient pris la croix ; et une fois réunis, ils délibérèrent pour désigner leur chef et seigneur, tant et si bien qu'ils choisirent le comte Thibaut de Champagne dont ils firent leur chef ; puis ils se séparèrent, et chacun de rentrer dans son pays. Très peu de temps après, le comte Thibaut mourut en laissant cinquante mille livres aux croisés et à celui qui, après lui, en serait le chef et seigneur, pour en disposer comme ils l'entendraient. Mourut aussi maître Foulques : ce fut une très grande perte pour les croisés[1].

---

1. Villehardouin ne dit pas que Thibaut de Champagne fut choisi comme chef de la croisade. Il mourut le 25 mai 1205 ; Foulques décéda le même mois. Sur tous ces personnages et ces événements, on fera de fructueuses découvertes en comparant les textes de Clari et de Villehardouin (à lire dans les éditions d'E. Faral, Paris, Les Belles Lettres, 2 vol., 1961, et de Jean Dufournet, Paris, Garnier-Flammarion, 1970).

III

Quand les croisés apprirent la mort de leur chef le comte de Champagne et de maître Foulques, ils en furent très affligés et très troublés[1]. Aussi s'assemblèrent-ils tous un jour à Soissons et ils délibérèrent pour savoir ce qu'ils feraient et qui ils choisiraient comme chef et seigneur, tant et si bien qu'ils s'accordèrent pour envoyer un message au marquis de Montferrat en Lombardie[2]. Ils lui envoyèrent de très bons messagers qui se préparèrent et s'en allèrent vers le marquis. Une fois là-bas, ils lui parlèrent et lui dirent que les barons de France le saluaient et qu'ils lui demandaient et le priaient par Dieu de venir s'entretenir avec eux à une date qu'ils lui fixèrent. À ces paroles, le marquis s'étonna fort de la requête des barons de France ; il répondit aux messagers qu'il prendrait conseil et leur ferait connaître le lendemain sa décision ; et il leur fit fête. Le lendemain, il leur dit qu'il irait à Soissons pour s'entretenir avec eux à la date fixée. Alors les messagers prirent congé et s'en retournèrent ; le marquis leur offrit de ses chevaux et de ses joyaux, mais ils ne voulurent rien accepter. De retour, ils rendirent compte aux barons de leur mission. Le marquis prépara son voyage, passa les Alpes au Mont-Joux[3] et s'en vint en France à Soissons, annonçant par avance son arrivée aux barons qui vinrent à sa rencontre et lui réservèrent un très chaleureux accueil.

IV

Une fois à Soissons, il demanda aux barons pourquoi ils l'avaient fait venir[4] ; lesquels, après s'être concertés, lui dirent : « Sire, nous vous avons fait venir parce que le comte de Champagne, notre seigneur et chef,

1. Pour désigner ceux qui participèrent à la croisade, Clari utilise les mots de « croisés », « pèlerins » et « Français ». *Pèlerin* est employé tout au long de l'œuvre (48 fois), *croisé* (19 fois) ne se trouve que jusqu'au chapitre XLII et *Français* (51 fois) qu'à partir du chapitre XLIV. *Se croiser, prendre la croix, être croisé*, c'était d'abord, pour manifester son vœu, mettre sur son épaule la croix de tissu, image du Christ rédempteur par la souffrance, image de la grâce recherchée en Orient par un voyage dangereux. La croisade est un *pèlerinage* autant qu'une entreprise militaire : confessions et prêches mettent l'accent sur l'esprit de pénitence et de pauvreté, et l'on y acquiert l'indulgence plénière. Tout concourt à rapprocher croisade et pèlerinage : les deux impliquent mise en marche, exil, séparation. Quant à *Français*, il désigne ceux qui parlent français : on peut penser que, dans un pays étranger, le lien linguistique qui unissait les divers éléments s'était resserré.
2. Sur le marquis Boniface de Montferrat (vers 1150-1207) fils de Guillaume III et frère de Guillaume Longue-Épée, de Conrad et de Renier, voir Jean Longnon, *op. cit.*, p. 227-234 et notre étude, « Villehardouin et Clari, juges de Boniface de Montferrat », *Les Écrivains de la quatrième croisade*, éd. cit., t. I, p. 208-244.
3. Le Mont-Joux, ou les *monz de Mongeu* : le mont Saint-Bernard et, d'une manière générale, les Alpes.
4. Cette assemblée se tint en juin 1201.

est mort ; et nous vous avons fait venir comme le plus sage que nous connaissions, et qui pouvait le mieux organiser notre entreprise, que Dieu en soit témoin ! Aussi vous prions-nous tous d'être notre seigneur et de prendre la croix pour l'amour de Dieu. » À ces mots, les barons se mirent à genoux devant lui et lui dirent de ne pas se préoccuper du financement, car ils lui donneraient une grande partie de l'argent que le comte de Champagne avait laissé aux croisés. Le marquis répondit qu'il y réfléchirait et, quand il l'eut fait, il leur dit que pour l'amour de Dieu et pour secourir la terre d'outre-mer, il prendrait la croix. L'évêque de Soissons eut tôt fait de se préparer, et il lui remit la croix. Lorsqu'il l'eut prise, on lui donna, sur l'argent laissé aux croisés par le comte de Champagne, vingt-cinq mille livres.

V

Après que le marquis se fut croisé, il dit aux barons : « Seigneurs, par où voudriez-vous passer et en quelle terre des Sarrasins voudriez-vous aller ? » Les barons répondirent qu'ils ne voulaient pas aller en terre de Syrie, car ils ne pourraient remporter aucun succès, mais ils avaient projeté d'aller au Caire ou à Alexandrie, au beau milieu des infidèles, où ils pourraient leur causer le plus de dommages, et ils avaient le projet de louer une flotte qui les y transporterait tous ensemble. Le marquis dit alors que c'était un bon conseil auquel il donnait son plein accord, et qu'on envoyât, parmi leurs plus sages chevaliers, de bons messagers soit à Pise, soit à Gênes, soit à Venise : à cet avis se rangèrent tous les barons.

VI

Alors ils choisirent leurs messagers et ils furent tous d'accord pour que messire Conon de Béthune y allât, ainsi que le maréchal de Champagne. Leur choix fait, les barons se séparèrent, le marquis retourna dans son pays et chacun des autres aussi. L'on commanda aux messagers de louer des vaisseaux pour faire passer quatre mille chevaliers avec leur harnachement et cent mille hommes à pied. Les messagers préparèrent leur voyage et s'en allèrent directement à Gênes où ils s'entretinrent avec les Génois et leur dirent ce qu'ils cherchaient, mais les Génois répondirent qu'ils ne pouvaient leur apporter aucune aide. De là ils allèrent à Pise et parlèrent aux Pisans, qui rétorquèrent qu'ils n'auraient pas assez de vaisseaux et qu'ils ne pourraient rien faire. Ils se dirigèrent ensuite vers Venise et parlèrent au doge à qui ils présentèrent leur requête [1] : ils cher-

---

1. Henri Dandolo avait été élu doge de Venise en 1192, à l'âge de quatre-vingt-deux ans ; il avait donc quatre-vingt-douze ans en 1202. Voir notre étude « Villehardouin et les

chaient à louer de quoi transporter quatre mille chevaliers avec leur harnachement et cent mille hommes à pied. Après les avoir écoutés, le doge dit
qu'il tiendrait son conseil, car une si grande affaire demandait réflexion.
Il convoqua les membres du haut conseil de la ville, il leur parla et leur
exposa ce qu'on lui avait demandé. Quand ils eurent bien délibéré, le
doge donna sa réponse aux messagers : « Nous conclurons volontiers un
marché avec vous : nous vous procurerons une grosse flotte pour cent
mille marcs [1], si vous le voulez, à cette condition que je vous accompagnerai avec la moitié de tous les Vénitiens qui pourront porter les armes,
et aussi que nous aurons la moitié de toutes les conquêtes qu'on y fera, et
nous vous amènerons cinquante galères à nos frais, et d'ici un an à partir
de ce jour que nous fixerons, nous vous conduirons en quelque terre que
vous voudrez, que ce soit au Caire ou à Alexandrie. » Quand les messagers l'entendirent, ils répondirent que ce serait trop cher que cent mille
marcs, et ils discutèrent tant qu'ils conclurent le marché à quatre-vingt-
sept mille marcs, si bien que le doge, les Vénitiens et les messagers jurèrent de tenir cet accord. Ensuite, le doge dit qu'il voulait avoir vingt-cinq
mille marcs d'arrhes pour commencer la constitution de la flotte, et les
messagers lui répondirent d'envoyer des émissaires en France avec eux,
et qu'ils leur feraient volontiers payer les vingt-cinq mille marcs. Ils
prirent ensuite congé et s'en retournèrent. Le doge envoya avec eux un
grand personnage de Venise pour recevoir les arrhes.

VII

Et après le doge fit crier son ban à travers tout Venise : qu'aucun Vénitien ne fût assez hardi pour aller faire aucun commerce, mais que tous
aidassent à constituer la flotte. Ainsi firent-ils, et ils commencèrent à
construire la plus puissante flotte qu'on eût jamais vue.

VIII

Venus en France, les messagers annoncèrent leur retour. Puis on
convoqua tous les barons croisés à Corbie. Lorsque tous furent réunis, les
messagers firent connaître le résultat de leur ambassade. En l'entendant,
les barons furent très joyeux : ils approuvèrent fort leur action et ils entourèrent d'honneurs les envoyés du doge à qui on donna des deniers du

---

Vénitiens », *Les Écrivains de la quatrième croisade*, éd. cit., t. I, p. 175-207. Geoffroy de
Villehardouin et Conon de Béthune arrivèrent à Venise le 10 février 1201.
    1. *Marc*, « poids d'une demi-livre ou 8 onces d'or et d'argent ; on se sert de cette unité
comme d'une monnaie de compte » (Lucien Foulet).

comte de Champagne et de ceux que maître Foulques avait collectés ; le comte de Flandre y ajouta tant des siens qu'on arriva à vingt-cinq mille marcs. On les remit à l'émissaire du doge, ainsi qu'une bonne escorte pour l'accompagner jusqu'en son pays.

IX

Puis on fit savoir à tous les croisés, par toutes les terres, de se mettre en route à Pâques pour se rendre sans faute à Venise et qu'ils y fussent tous entre la Pentecôte et le mois d'août. Ainsi firent-ils. La pâque passée, ils y arrivèrent absolument tous. Nombre de pères et de mères, de frères et de sœurs, de femmes et d'enfants eurent beaucoup de chagrin au départ d'êtres chers.

X

Quand les pèlerins furent tous assemblés à Venise et qu'ils virent la puissante flotte qu'on avait construite, les riches nefs, les grands dromons, les huissiers pour transporter les chevaux et les galères, ils en furent tout émerveillés, ainsi que de la grande richesse qu'ils découvrirent dans la ville [1]. Constatant qu'ils ne pouvaient pas tous s'y loger, ils décidèrent d'aller s'installer dans l'île Saint-Nicolas, tout entière entourée par la mer, à une lieue de Venise. C'est là que les pèlerins se rendirent, dressèrent leurs tentes et se logèrent le mieux possible.

XI

Lorsque le doge de Venise vit que tous les pèlerins étaient arrivés, il convoqua tous les gens de sa terre ; quand ils furent venus, il commanda que la moitié d'entre eux se préparât et s'équipât pour s'embarquer avec les pèlerins. À cette nouvelle, les uns se réjouirent, les autres dirent qu'ils ne pourraient y aller ; et ils n'arrivèrent pas à se mettre d'accord pour déterminer la moitié qui partirait, tant et si bien qu'ils tirèrent au sort : ils faisaient ensemble deux boulettes de cire et ils plaçaient dans l'une un billet ; puis ils les remettaient à un prêtre qui les bénissait et donnait à chacun des deux Vénitiens une de ces boulettes : celui qui tirait la boulette

---

1. Les nefs servent essentiellement de transports ; elles sont aussi des navires marchands. Les dromons sont des sortes de croiseurs. Les huissiers, qui doivent leur nom aux portes dont ils sont munis, sont destinés à transporter la cavalerie, hommes et chevaux. Les galies ou galées (« galères »), qui peuvent être mues à la fois à la rame et à la voile, sont les navires de guerre par excellence. Voir Georges Gougenheim, *op. cit.*, p. 310-315.

au billet devait s'embarquer avec la flotte. C'est ainsi que se fit la répartition.

Dès que les pèlerins se furent logés dans l'île Saint-Nicolas, le doge et les Vénitiens vinrent leur parler et demandèrent de respecter la convention signée pour la flotte qu'ils avaient fait construire. Le doge leur reprocha d'avoir demandé par leurs messagers de préparer une flotte pour quatre mille chevaliers avec leur harnachement et pour cent mille hommes à pied ; or, de ces chevaliers, il n'y en avait pas plus d'un millier, car le reste était allé dans d'autres ports, et, des hommes à pied, il n'y en avait pas plus de cinquante ou de soixante mille. « C'est pourquoi nous voulons, dit le doge, que vous nous payiez les sommes convenues dans nos accords. » En l'entendant, les croisés se concertèrent et arrêtèrent que pour chaque chevalier on aurait à donner quatre marcs, pour chaque cheval quatre marcs, pour chaque sergent à cheval deux marcs et pour les plus pauvres un. Ces deniers recueillis furent remis aux Vénitiens, mais il restait encore cinquante mille marcs à payer. Quand le doge et les Vénitiens virent que les croisés ne leur avaient pas donné davantage, ils furent si irrités que le doge leur dit : « Seigneurs, vous n'avez pas été corrects à notre égard, car, aussitôt que vos messagers eurent conclu un accord avec mes gens et moi, j'ai commandé par toute ma terre qu'aucun marchand n'allât commercer, mais qu'on aidât à préparer cette flotte, et dès lors ils s'y sont appliqués sans rien gagner depuis plus d'un an et demi ; ils ont même beaucoup perdu. Aussi mes hommes veulent-ils, et moi aussi, que vous nous payiez les deniers que vous nous devez. Sinon, sachez que vous ne bougerez pas de cette île avant que nous ne soyons payés, et vous ne trouverez personne pour vous apporter à boire et à manger. » Le doge était un homme de bien ; aussi ne laissa-t-il pas pour autant de leur faire porter suffisamment à boire et à manger.

XII

Quand les comtes et les croisés eurent entendu les propos du doge, ils en furent affligés et embarrassés. Ils refirent une collecte, empruntant autant de deniers qu'ils purent à ceux qu'ils pensaient en avoir, et ils les donnèrent aux Vénitiens ; mais ce paiement effectué, il leur resta encore à payer trente-six mille marcs. Ils leur disaient qu'ils étaient dans une situation difficile, que cette collecte avait beaucoup appauvri l'armée, qu'ils ne pouvaient plus se procurer de l'argent pour les payer, mais qu'ils en avaient bien trop peu pour entretenir leurs troupes.

Lorsque le doge vit que, loin de pouvoir payer toute la somme, les croisés étaient dans de grandes difficultés, il parla aux siens et leur dit : « Seigneurs, si nous les laissons retourner chez eux, on nous prendra à jamais pour de mauvaises et déloyales gens. Allons plutôt les trouver et disons-leur que s'ils veulent nous rendre ces trente-six mille marcs qu'ils nous doivent sur les premières conquêtes qu'ils feront et qui constitueront leur part, nous les mènerons outre-mer. » Les Vénitiens approuvèrent ces propos et se rendirent aux cantonnements des pèlerins auxquels, une fois qu'ils furent arrivés là-bas, le doge dit : « Seigneurs, nous nous sommes concertés, mes gens et moi, de telle manière que, si vous voulez nous garantir loyalement que vous nous paierez ces trente-six mille marcs que vous nous devez sur la part qui vous reviendra de votre première conquête, nous vous mènerons outre-mer. » Quand les croisés entendirent les propositions du doge, ils en furent très heureux et tombèrent de joie à ses pieds, lui assurant loyalement de faire bien volontiers ce qu'il avait projeté. Ils manifestèrent, la nuit, une si grande joie qu'il n'y eut si pauvre personne qui ne participât à l'illumination en portant au bout des lances de grandes torches de chandelles autour de leurs tentes[1] et à l'intérieur, si bien qu'il semblait que toute l'armée fût en flammes.

XIII

Ensuite le doge vint à eux et leur dit : « Seigneurs, c'est maintenant l'hiver, nous ne pourrions pas passer outre-mer, je n'en suis pas responsable, car je vous aurais fait passer depuis longtemps sans votre défaillance. Mais agissons au mieux, dit-il. Il y a près d'ici une ville nommée Zara dont les habitants nous ont causé de grands torts[2] ; mes hommes et moi voulons nous venger d'eux si nous pouvons. Si vous voulez m'en croire, nous irons y séjourner cet hiver, jusqu'aux environs de Pâques ; nous équiperons votre flotte et irons outre-mer avec l'aide de Dieu. La ville de Zara est riche, elle abonde en toutes sortes de biens. » Les barons et les grands seigneurs, chez les croisés, consentirent aux propositions du doge, mais tous ceux de l'armée ne furent pas au courant de cette décision, hormis les grands seigneurs. Alors ils préparèrent leur voyage et leur flotte dans les moindres détails, et ils prirent la mer. Chacun des grands seigneurs avait son propre navire pour lui et ses gens, et son huissier pour transporter ses chevaux. Quant au doge de Venise, il avait avec lui cinquante galères entièrement à ses frais. Le bateau où il se tenait était tout vermeil et portait une grande tente de soie vermeille ; quatre trompettes d'argent, devant lui, sonnaient, et des tambours menaient un joyeux vacarme. Tous les grands seigneurs, les clercs et les laïcs, petits et grands, manifestèrent une telle joie au départ qu'on n'en vit jamais d'aussi

---

1. Pour Robert de Clari, *se herbergier*, c'est « cantonner », utiliser les bâtiments existants, et *se logier*, c'est « camper », utiliser des tentes qu'on installe sur le terrain. Voir Georges Gougenheim, *op. cit.*, p. 315-320.
2. Zara *(Jadres)* se trouve sur la côte Adriatique, en Dalmatie du Nord. Les croisés prirent la mer le 8 octobre 1202.

grande, pas plus qu'on ne vit ni n'entendit une flotte de cette importance. Les pèlerins firent monter sur les châteaux des navires tous les prêtres et les clercs qui chantèrent le *Veni, creator Spiritus*. Et tous, grands et petits, de pleurer d'émotion et d'allégresse. Quand la flotte quitta le port de Venise, les navires, les dromons, les puissantes nefs et tant d'autres vaisseaux étaient si nombreux que c'était le spectacle le plus beau à regarder depuis le commencement du monde, car il y avait bien cent paires de trompettes en argent ou en airain qui toutes sonnèrent au départ, et tant de tambours et de tambourins et d'autres instruments que c'était une pure merveille. Une fois qu'ils furent en mer et qu'ils eurent tendu leurs voiles et mis leurs bannières et leurs enseignes sur les châteaux des nefs, il sembla tout à fait que la mer n'était qu'un vaste fourmillement, tout embrasée des navires qu'ils conduisaient et de l'allégresse qu'ils manifestaient. Ils naviguèrent tant et si bien qu'ils arrivèrent à une cité nommée Pola, où ils débarquèrent et se reposèrent, faisant une brève escale, si bien qu'ils reprirent des forces et achetèrent de nouveaux vivres pour embarquer dans leurs navires. Ensuite, ils reprirent la mer. S'ils avaient mené grande joie et grande fête auparavant, ils en menèrent d'aussi grandes, voire de plus grandes encore, si bien que les habitants de la ville s'émerveillèrent et de cette allégresse et de la puissance de cette flotte et de l'extraordinaire noblesse dont ils témoignaient ; ils dirent, et c'était vrai, que jamais si belle et si puissante flotte n'avait été vue ni rassemblée en aucune terre.

XIV

Les Vénitiens et les pèlerins firent voile si bien qu'ils arrivèrent à Zara la nuit de la fête de saint Martin [1]. Les habitants de Zara, quand ils virent arriver ces navires et cette grande flotte, furent effrayés ; aussi firent-ils fermer les portes de la ville et s'armèrent-ils du mieux qu'ils purent, en gens décidés à se défendre. Une fois équipés, le doge parla aux grands personnages de l'armée : « Seigneurs, cette ville nous a causé beaucoup de tort à mes gens et à moi ; je m'en vengerais volontiers. Je vous prie de me porter aide. » Les barons et les grands personnages lui répondirent qu'ils le feraient de bon cœur.

Or les habitants de Zara savaient bien que les Vénitiens les haïssaient. Aussi s'étaient-ils procuré une lettre de Rome selon laquelle tous ceux qui leur feraient la guerre ou leur causeraient du dommage seraient excommuniés. Ils envoyèrent cette lettre, par des messagers sûrs, au doge et aux pèlerins qui avaient abordé. Les émissaires parvenus à l'armée, on lut la lettre devant le doge et les pèlerins. Le doge, après qu'il en eut

---

1. Les croisés arrivèrent à Zara le 11 novembre 1202, et la ville se rendit le 24 novembre.

entendu le contenu, déclara qu'il ne renoncerait pas, malgré l'excommunication du pape, à se venger des habitants de la ville. Sur ce, les messagers repartirent. Le doge parla une seconde fois aux barons : « Seigneurs, sachez qu'à aucun prix je ne renoncerai à me venger d'eux, pas même pour le pape. » Et il pria les barons de l'aider. Ils répondirent tous qu'ils le feraient volontiers, à la seule exception de Simon de Montfort et de messire Enguerrand de Boves, qui refusèrent de désobéir au pape, ne voulant pas être excommuniés, et qui firent leurs préparatifs, puis allèrent passer l'hiver en Hongrie.

Quand le doge vit que les barons l'aideraient, il fit dresser ses machines de guerre pour attaquer la ville. Les habitants, comprenant qu'ils ne pourraient résister, se rendirent à merci et livrèrent la cité. Les pèlerins et les Vénitiens y entrèrent, et on la partagea en deux moitiés, l'une pour les pèlerins, l'autre pour les Vénitiens.

XV

Survint ensuite une grosse bagarre entre les Vénitiens et le menu peuple des croisés, qui dura bien une nuit et une demi-journée. Elle fut si violente que les chevaliers eurent grand-peine à les séparer. Quand ils eurent réussi, ils établirent une telle concorde que jamais plus il n'y eut entre eux de malveillance. Puis les plus nobles des croisés et les Vénitiens parlèrent de l'excommunication qui les frappait pour avoir pris la ville, si bien qu'ils décidèrent de demander à Rome leur absolution et qu'ils envoyèrent l'évêque de Soissons et monseigneur Robert de Boves afin d'obtenir du pape une lettre d'absolution pour tous les pèlerins et tous les croisés. Quand ils l'eurent, l'évêque revint le plus tôt qu'il put ; quant à messire Robert de Boves, il ne l'accompagna pas, mais alla outre-mer directement de Rome.

XVI

Tandis que les croisés et les Vénitiens séjournaient à Zara, au cours de l'hiver, ils se rendirent compte qu'ils avaient fait de grosses dépenses et, se concertant, ils conclurent qu'ils ne pouvaient aller au Caire, ni à Alexandrie, ni en Syrie, car ils n'avaient pas suffisamment de vivres ni d'argent : ils avaient presque tout dépensé à payer tant les frais de séjour que la location élevée de la flotte. Impossible d'y aller, et s'ils y allaient, ils ne feraient rien, manquant de vivres et d'argent pour leur entretien.

XVII

Le doge de Venise se rendit compte de la gêne des croisés ; il leur parla en ces termes : « Seigneurs, il y a en Grèce une terre fort riche qui abonde en tous biens. Si nous pouvions trouver une bonne raison d'y aller et d'y prendre des vivres et d'autres choses jusqu'à ce que nous nous fussions approvisionnés, cela me semblerait un bon parti, et nous pourrions aller facilement outre-mer. » Le marquis se leva alors et dit : « Seigneurs, j'ai été l'an dernier à Noël en Allemagne, à la cour de monseigneur l'empereur. J'y ai vu un jeune homme, le frère de la femme de l'empereur d'Allemagne, le fils de l'empereur Isaac de Constantinople, à qui son frère avait, par trahison, enlevé l'empire. Celui qui pourrait avoir avec lui ce jeune homme, fit le marquis, pourrait facilement aller en la terre de Constantinople et prendre des vivres et d'autres choses, car ce jeune homme en est l'héritier légitime [1]. »

XVIII

Maintenant, nous en resterons là pour les pèlerins et la flotte, et nous vous dirons à propos de ce jeune homme et de l'empereur Isaac son père comment ils vinrent au premier plan. Il y eut un empereur de Constantinople appelé Manuel, homme d'une très grande sagesse, le plus puissant de tous les chrétiens du monde et le plus généreux : jamais personne de religion chrétienne qui pût lui parler ne lui demanda de son bien sans qu'il lui fît donner cent marcs : nous l'avons entendu témoigner [2]. Cet empereur aimait beaucoup les Français et leur faisait confiance. Un jour, il arriva que les gens de sa terre et ses conseillers le blâmèrent fort — et ils l'avaient déjà fait mainte et mainte fois — d'être si généreux et de tant aimer les Français. Il leur répondit : « Il n'y a que deux êtres qui puissent donner : notre Seigneur Dieu et moi. Mais, si vous le conseillez, je donnerai congé aux Français et à tous les gens de religion chrétienne qui sont autour de moi et de mon trône. » Les Grecs, au comble de la joie, lui répondirent : « Ah ! sire, ce serait une très bonne décision, et nous vous servirons très bien. » L'empereur commanda que tous les Français partissent, ce qui transporta de joie les Grecs. Ensuite, il demanda aux Français et à ceux à qui il avait donné congé de venir lui parler en tête à tête. Ainsi firent-ils. Quand ils furent venus, l'empereur leur dit : « Seigneurs, mes

---

1. L'empereur germanique Philippe de Souabe avait épousé Irène, la fille de l'empereur Isaac II de Constantinople, et recueilli le fils de ce dernier, le futur Alexis IV le Jeune. Alexis III avait pris la place de son frère Isaac II en 1195.
2. Manuel Comnène (1122-1180) fut empereur de Constantinople de 1143 à 1180.

sujets me harcèlent pour que je ne vous fasse aucun don et que je vous chasse de ma terre. Partez donc tous ensemble, et je vous suivrai avec mes gens, et rendez-vous en un lieu (qu'il leur fixa). Je vous donnerai l'ordre par mes messagers de partir, et vous me répliquerez que vous ne le ferez ni pour moi ni pour mes gens, et vous ferez semblant de m'attaquer : je verrai alors comment les miens se comporteront. » C'est ce qui fut fait. Après leur départ, l'empereur convoqua ses gens, et tous de le suivre. Arrivé auprès des Français, il leur ordonna de partir immédiatement et de quitter sa terre. Ceux qui lui avaient conseillé de les chasser furent très heureux, et ils lui dirent : « Sire, s'ils refusent de partir sur-le-champ, permettez-nous de les tuer tous.

— Volontiers », repartit l'empereur.

Ses messagers vinrent chez les Français et leur commandèrent avec arrogance de décamper aussitôt. Les Français leur répondirent qu'ils ne s'en iraient ni pour l'empereur ni pour ses gens. Les messagers, de retour, rapportèrent leur réponse. Alors l'empereur commanda à ses gens de s'armer et de l'aider à les attaquer. Après s'être armés, ils s'avancèrent contre les Français qui vinrent à leur rencontre après avoir rangé leurs troupes en ordre de bataille. Quand l'empereur vit qu'ils s'avançaient contre lui et ses gens pour combattre, il dit aux siens : « Seigneurs, pensez donc à bien vous comporter. Vous pouvez maintenant vous venger d'eux. » À ces mots, les Grecs furent effrayés par les Latins, à les voir si proches d'eux — on appelle aujourd'hui Latins tous ceux de la religion romaine — et ceux-ci donnèrent l'impression de les attaquer. Ce que voyant, les Grecs se mirent en fuite, laissant l'empereur tout seul. À ce spectacle, il dit aux Français : « Seigneurs, revenez, et je vous donnerai plus que je ne le fis jamais. » Il les ramena et, de retour, il convoqua ses gens : « Seigneurs, leur dit-il, maintenant, on peut bien voir en qui on doit se fier. Vous avez fui, quand j'avais besoin de vous ; vous m'avez laissé tout seul : si les Latins l'avaient voulu, ils auraient pu me mettre en pièces. Désormais j'ordonne que nul de vous ne soit assez audacieux ni assez hardi pour parler de ma largesse et de mon affection pour les Français, car je les aime et je leur fais plus confiance qu'à vous ; aussi leur donnerai-je plus que je ne leur ai donné. » Les Grecs n'eurent plus la hardiesse d'oser en parler.

XIX

Cet empereur Manuel, qui avait un beau fils [1] de sa femme, songea à lui procurer un très riche mariage et, sur le conseil des Français qui l'entouraient, il demanda à Philippe [Auguste], roi de France, de lui donner sa

---

1. Alexis II Comnène (1164-1183), qui épousa Agnès de France et fut empereur de 1180 à 1183 avant d'être étranglé par son cousin Andronic (1100-1185) qui, empereur de 1183 à 1185, fut renversé et mis à mort par Isaac II.

sœur pour son fils. Il envoya en France ses messagers, de très importants personnages, qui s'y rendirent en grande pompe. Jamais on ne vit gens en plus riche et plus noble équipage : le roi de France et les siens s'émerveillèrent de la somptuosité qu'ils déployaient. En présence du roi, ils lui exposèrent la requête de l'empereur. Le souverain répondit qu'il réunirait ses conseillers, lesquels lui recommandèrent d'envoyer sa sœur à un homme aussi important et puissant que l'empereur. Aussi le roi répondit-il qu'il lui enverrait volontiers sa sœur.

XX

Alors le roi fit de somptueux apprêts pour sa sœur, qu'il envoya à Constantinople avec les messagers et une suite considérable. Ceux-ci ne cessèrent de chevaucher jusqu'à ce qu'ils parvinssent à Constantinople, où l'empereur réserva à la demoiselle un accueil très chaleureux et lui manifesta une très vive allégresse, à elle autant qu'à ses gens. Pendant qu'il l'avait envoyé chercher, il avait, d'autre part, dépêché outre-mer un de ses parents qu'il aimait beaucoup, appelé Andronic, pour ramener sa sœur, la reine Théodora de Jérusalem, afin qu'elle participât au couronnement de son fils et aux festivités. La reine s'embarqua avec Andronic en direction de Constantinople. Une fois en mer, ne voilà-t-il pas que celui-ci fut pris de passion pour la reine, qui était sa cousine, et qu'il la viola. Son forfait accompli, il n'osa revenir à Constantinople, mais prit la reine et l'emmena de force à Konieh, chez les Sarrasins, où il s'installa.

XXI

Lorsque l'empereur Manuel apprit le viol et l'enlèvement de la reine sa sœur, il en fut très affligé, mais il ne laissa pas pour autant d'organiser une somptueuse fête pour le couronnement de son fils et de la demoiselle. Peu de temps après, l'empereur mourut. Quand il l'apprit, le traître Andronic dépêcha un messager à son fils, le nouvel empereur, et le supplia au nom de Dieu de lui pardonner et de renoncer à sa colère, le persuadant qu'on l'avait mensongèrement accusé, si bien que l'empereur, qui n'était qu'un enfant, lui accorda son pardon et le fit revenir. Cet Andronic, de retour, vécut auprès du jeune homme ; il devint le gouverneur de tout l'empire, et cette charge l'emplit d'un orgueil si démesuré que, peu de temps après, il se saisit une nuit de l'empereur et le tua ainsi que sa mère. Son crime accompli, il prit deux très grosses pierres qu'il fit attacher à leur cou ; puis il les fit jeter dans la mer. Ensuite, par la force, il se fit couronner empereur et fit saisir tous ceux qu'il savait défavorables à son avènement ; il les fit aveugler et exécuter d'une mort cruelle. Il prenait toutes les belles femmes qu'il rencontrait et les violait. Il épousa l'impératrice, qui était sœur du roi de France, et commit plus de félonies qu'aucun traître et meurtrier. Toutes ces traîtrises accomplies, il demanda à son plus important gouverneur, qui l'aidait à perpétrer ses forfaits, s'il lui restait encore des ennemis ; et l'autre de lui répondre qu'il n'y en avait plus, hormis, à ce qu'on disait, trois jeunes gens de la ville, du lignage des Anges, de grande noblesse, mais peu fortunés, voire pauvres, et sans grand pouvoir[1]. Quand l'empereur Andronic apprit leur situation, il commanda à son gouverneur, qui était une canaille et un traître de la pire espèce, d'aller s'emparer d'eux, de les pendre ou de les faire mourir d'une cruelle mort. Celui-ci s'en alla donc les arrêter, mais il n'en prit qu'un et les deux autres s'échappèrent. Au prisonnier, on creva les yeux et il devint moine. Des deux autres qui s'enfuirent, l'un s'en alla en Valachie — il s'appelait Isaac — et l'autre se réfugia à Antioche : il fut capturé par les Sarrasins lors d'une chevauchée des chrétiens. Celui qui avait fui en Valachie était si pauvre qu'il ne pouvait pourvoir à son entretien, si bien que la misère le força à revenir à Constantinople, où il se cacha dans la maison d'une veuve. Il n'avait aucun bien au monde, sinon une mule et un serviteur, lequel gagnait leur vie en transportant avec la mule du vin et d'autres marchandises, et c'est ce dont ils vivaient, son maître Isaac et lui.

L'empereur, le traître Andronic, finit par apprendre qu'Isaac était bel et bien revenu dans la ville. Il commanda alors à son gouverneur, que tout le monde haïssait à cause de ses crimes quotidiens, d'aller capturer Isaac et de le pendre. Il monta un jour à cheval et, accompagné d'une forte escorte, se rendit dans la maison de la brave femme qui hébergeait Isaac. Une fois arrivé, il frappa à la porte : la brave femme s'avança et s'étonna de ce qu'il voulait ; il lui ordonna de faire venir celui qui était caché dans sa maison. Elle répondit : « Ah ! seigneur, au nom de Dieu, pitié ! Aucun homme n'est caché ici. » Il réitéra son ordre : si elle ne le faisait pas venir, il se saisirait de l'un et de l'autre. À ces mots, la brave femme eut grand-peur de ce démon qui avait fait tant de mal. Elle rentra dans sa maison et vint dire au jeune homme : « Ah ! cher seigneur Isaac, vous êtes mort ! Voici le gouverneur de l'empereur et de nombreuses gens avec lui, qui sont venus vous chercher pour vous mettre à mort ! » Le jeune homme fut troublé d'entendre ces nouvelles, si bien que, s'avançant, il ne put éviter de sortir au-devant du gouverneur. Tout aussitôt, il prend son épée qu'il cache sous sa tunique ; il sort de la maison, vient devant le gouverneur et lui dit : « Sire, que voulez-vous ? » L'autre de lui répondre avec violence : « Canaille puante, on va vous pendre sur-le-champ ! » Isaac, voyant qu'il lui faut aller avec eux malgré lui et désireux de se venger de

---

1. Des trois fils du lignage des Anges, Andronic fut pris, ses frères Isaac (le futur Isaac II) et Alexis (le futur Alexis III) s'enfuirent l'un en Valachie, l'autre en Asie Mineure.

l'un d'eux, se rapprocha le plus possible du gouverneur et, tirant son épée, le frappa en pleine tête, si bien qu'il le pourfendit jusqu'aux dents.

XXII

Quand les hommes d'armes et les gens du gouverneur le virent ainsi exécuté par le jeune homme, ils prirent la fuite. Celui-ci, à cette vue, s'empara du cheval du gouverneur, monta en selle, avec son épée tout ensanglantée. Aussitôt il se mit en route vers l'église Sainte-Sophie. Chemin faisant, il criait grâce aux gens qui étaient descendus dans la rue, tout troublés du tumulte qu'ils avaient entendu, et il leur disait : « Seigneurs, au nom de Dieu, pitié ! Ne me tuez pas, car j'ai exécuté le diable et l'assassin qui a couvert de honte les habitants de cette ville et d'autres. » Arrivé à Sainte-Sophie, il monta sur l'autel et embrassa la croix pour sauver sa vie. Cris et vacarme se répandirent dans la ville, envahissant tous les quartiers, si bien qu'on sut partout comment Isaac avait mis à mort ce démon et cet assassin. Cette nouvelle remplit de joie les habitants, qui coururent à qui mieux mieux à Sainte-Sophie pour voir le jeune homme qui avait accompli cet audacieux exploit. Tous assemblés, ils commencèrent à se dire l'un à l'autre : « Cet homme est valeureux et hardi pour avoir accompli un exploit aussi audacieux. » Puis les Grecs en vinrent à proposer : « L'occasion est bonne : faisons de ce jeune homme notre empereur. » Tant et si bien que tous tombèrent d'accord et envoyèrent prier le patriarche, qui résidait à proximité dans son palais, de venir couronner le nouvel empereur qu'ils avaient choisi. Celui-ci, à cette nouvelle, refusa et se mit à leur dire : « Seigneurs, vous avez tort. Demeurez en paix. Vous n'avez pas raison de vous lancer dans une telle entreprise. Si je le couronne, l'empereur Andronic me tuera et me mettra en pièces. » Les Grecs lui répondirent qu'en cas de refus ils lui couperaient la tête, en sorte que le patriarche, tant par force que par peur, descendit de son palais, vint à l'église où se tenait Isaac en bien pauvre équipement, le jour même où l'empereur Andronic avait envoyé son gouverneur et ses gens pour le prendre et l'exécuter. Le patriarche finit par revêtir ses habits et par le couronner sans délai, bon gré mal gré. La nouvelle du couronnement se répandit partout et parvint à Andronic qui apprit aussi qu'Isaac avait tué son gouverneur, sans pouvoir le croire avant qu'il n'eût envoyé ses messagers ; lesquels constatèrent, arrivés sur les lieux, que c'était la vérité ; ils s'en revinrent aussitôt auprès de l'empereur, lui disant : « Sire, c'est l'exacte vérité. »

XXIII

La nouvelle confirmée, Andronic se leva, prit avec lui nombre de ses gens et gagna Sainte-Sophie par un passage qui reliait son palais à l'église. Parvenu là, il grimpa sur les voûtes d'où il vit celui qui était couronné. Profondément affligé, il demanda à ses gens s'il y en avait un qui possédât un arc ; on lui en apporta un avec une flèche. Andronic le prit, le banda, croyant frapper en plein corps Isaac, le nouvel empereur. Comme il tendait la corde, elle se rompit, à son grand désespoir. Aussi, revenu au palais, commanda-t-il à ses gens d'en fermer les portes, de s'armer pour en assurer la défense. Ainsi firent-ils, tandis que lui quittait le palais par une porte dérobée et sortait de la ville ; il entra dans une galère avec une escorte et prit la mer pour éviter d'être capturé par les gens de Constantinople.

XXIV

Ceux-ci amenèrent le nouvel empereur au palais qu'ils prirent de force, et ils installèrent le prince sur le trône de Constantin, puis l'adorèrent tous comme un saint empereur [1]. Lequel, tout heureux du grand honneur que Dieu lui avait accordé, dit aux gens : « Voyez donc cette merveilleuse faveur dont Dieu m'a gratifié, puisque le jour même où l'on devait me capturer et me détruire, je suis couronné empereur. Et pour le grand honneur que vous m'avez rendu, je vous donne tout le trésor qui se trouve en ce palais et en celui des Blachernes. » À l'entendre, les gens furent transportés de joie pour le don considérable que leur avait fait l'empereur, et ils allèrent défoncer le trésor, où ils trouvèrent tant d'or et d'argent que c'en était incroyable, et ils se le partagèrent.

XXV

La nuit même où Andronic s'enfuyait, il se leva une si grande tourmente sur la mer et une si violente tempête de vent, de tonnerre et d'éclairs que ni lui ni ses gens ne surent se diriger et que l'orage et la bourrasque les ramenèrent à Constantinople, sans qu'ils s'en rendissent compte. Comme ils se voyaient sur la terre ferme et incapables d'avancer, Andronic dit à ses gens : « Seigneurs, regardez où nous sommes. » Après examen, ils virent qu'ils étaient revenus à Constantinople et lui dirent :

---

1. Isaac II l'Ange (1155-1204) fut empereur de 1185 à 1195 et rétabli avec son fils Alexis IV en 1203-1204.

« Sire, nous sommes morts, car nous voici de retour à Constantinople. »
Cette nouvelle effraya tant Andronic qu'il ne sut que faire. « Seigneurs,
dit-il à ses gens, par Dieu, conduisez-nous ailleurs. » Et eux de répondre
qu'il était impossible de bouger, dût-on leur couper la tête. Ce que constatant, ils prirent l'empereur Andronic et l'emmenèrent dans une taverne où
ils le cachèrent derrière les tonneaux. Le tavernier et sa femme, quand ils
les eurent attentivement examinés, furent convaincus qu'ils appartenaient
à l'empereur Andronic. La femme alla par hasard vérifier que les tonneaux étaient bien bouchés. Regardant de tous les côtés, elle vit Andronic
assis derrière les tonneaux avec ses vêtements impériaux et elle le reconnut tout à fait. Elle revint vers son époux : « Sire, lui dit-elle, l'empereur
Andronic est caché ici. » À ces mots, le tavernier fit avertir un personnage
important qui habitait tout près dans un grand palais, et dont Andronic
avait tué le père et violé la femme. Le messager lui dit qu'Andronic était
dans la maison du tavernier, dont il lui donna le nom. Cette nouvelle le
remplit de joie et, avec quelques-uns de ses gens, il se rendit chez le tavernier et se saisit d'Andronic qu'il conduisit dans sa demeure. Le lendemain
matin, il l'emmena au palais de l'empereur Isaac.

Celui-ci, quand il le vit, lui demanda : « Andronic, pourquoi as-tu
commis une si exécrable trahison envers ton seigneur l'empereur Manuel
et pourquoi as-tu assassiné sa femme et son fils ? Pourquoi t'es-tu complu
à faire du mal à ceux qui n'acceptaient pas que tu fusses empereur, et
pourquoi voulais-tu te saisir de moi ? » Et Andronic de lui répliquer :
« Taisez-vous, car je ne daignerai pas vous répondre. » En entendant son
refus, l'empereur Isaac convoqua un grand nombre d'habitants ; quand ils
l'eurent rejoint, il leur dit : « Seigneurs, voici Andronic qui a fait tant de
mal à vous-mêmes et aux autres. Je ne pourrais pas, me semble-t-il, faire
justice de lui de manière à tous vous satisfaire ; mais je vous le livre pour
que vous fassiez de lui ce que vous voudrez. » Les habitants, au comble
de la joie, se saisirent d'Andronic : les uns disaient de le brûler, les autres
de le faire bouillir dans une chaudière pour prolonger sa vie et ses souffrances, d'autres de le traîner par la ville. Comme ils ne pouvaient s'accorder sur la mort et le supplice dont ils le feraient périr, un homme sage
finit par leur dire : « Seigneurs, si vous vouliez me croire, je vous appren-
drais de quelle manière nous pourrions tirer de lui une juste vengeance.
Je possède un chameau : c'est au monde la bête la plus répugnante, la
plus sale, la plus laide. Nous prendrons Andronic et le mettrons tout nu ;
puis nous l'attacherons au dos du chameau si bien que son visage tou-
chera le cul de la bête, et nous le promènerons d'un bout de la ville à
l'autre en sorte que tous ceux et toutes celles à qui il a fait du mal pourront
alors bien se venger. » Approuvant tous ces propos, ils prirent Andronic
et l'attachèrent comme l'autre le leur avait conseillé.

Au fur et à mesure qu'ils le promenaient à travers la ville, ses victimes
venaient le transpercer, le piquer et le frapper, les uns avec des couteaux,

les autres avec des alènes, d'autres avec des épées, en disant : « Vous avez pendu mon père, vous avez violé ma femme. » Les femmes, dont il avait pris de force les filles, lui tiraient les moustaches et lui infligèrent les traitements les plus infamants, si bien que, lorsqu'on parvint à l'autre bout de la ville, il n'avait plus de chair sur tout le corps : ensuite, on prit ses os et on les jeta dans un cloaque. C'est ainsi qu'on se vengea de ce traître.

Dès lors qu'Isaac fut empereur, on peignit sur les portails des églises comment, par un véritable miracle, Notre-Seigneur d'un côté et Notre-Dame de l'autre lui placèrent la couronne sur la tête, et comment l'ange coupa la corde de l'arc avec lequel Andronic voulait le frapper ; c'est pourquoi on disait que sa lignée avait pris le surnom d'Ange.

XXVI

Ensuite, pris d'une très forte envie de voir son frère captif chez les païens, il choisit des messagers qu'il envoya à sa recherche. Au terme d'une longue enquête, on leur apprit qu'il était prisonnier. Ils se rendirent à cet endroit-là et le demandèrent aux Sarrasins, lesquels, ayant appris que le jeune homme était le frère de l'empereur de Constantinople, lui accordèrent une bien plus grande valeur et dirent qu'ils ne le rendraient que contre une grosse rançon. Les messagers leur donnèrent tout l'or et l'argent qu'ils exigeaient et, l'ayant racheté, s'en revinrent à Constantinople.

XXVII

Quand l'empereur Isaac vit son frère, il en éprouva une très grande joie et lui réserva un très chaleureux accueil ; son frère, de son côté, fut très heureux de le voir empereur, après avoir conquis la couronne de vive force. Ce jeune homme s'appelait Alexis. Peu de temps après, l'empereur le nomma gouverneur et commandeur de toute sa terre. Cette charge suscita en lui un tel orgueil que, parmi les sujets de tout l'empire, il fut très renommé et craint parce qu'il était le frère de l'empereur et, de sa part, l'objet d'une grande affection.

XXVIII

Un jour, il advint que l'empereur alla chasser dans sa forêt où, tout aussitôt, son frère Alexis se rendit, le prit par trahison et lui creva les yeux. Son crime commis, il l'emprisonna, à l'insu de tout le monde.

Ensuite il revint à Constantinople où il répandit la nouvelle que son frère l'empereur était mort et où il se fit couronner de vive force [1]. Quand le précepteur du fils de l'empereur Isaac vit que son oncle avait trahi son père et pris de force la couronne, sur-le-champ il prit l'enfant qu'il fit conduire en Allemagne chez sa sœur, la femme de l'empereur d'Allemagne, car il ne voulait pas que son oncle le fît périr, d'autant qu'il était plus que lui l'héritier légitime.

XXIX

Vous avez donc appris comment Isaac, après s'être imposé par la force, devint empereur et comment son fils alla en Allemagne. C'est à ce dernier que les croisés et les Vénitiens envoyèrent des messagers sur le conseil du marquis de Montferrat, leur chef, ainsi que vous l'avez appris précédemment, afin d'avoir un motif d'aller dans l'empire de Constantinople. Maintenant, nous vous parlerons de cet enfant et des croisés, comment ceux-ci lui envoyèrent une ambassade, et comment ils gagnèrent et prirent Constantinople.

XXX

Quand le marquis eut dit aux pèlerins et aux Vénitiens que, si l'on avait l'enfant dont nous avons précédemment parlé, on aurait un bon motif d'aller à Constantinople et de s'y approvisionner, les croisés procurèrent un bel et riche équipement à deux chevaliers qu'ils envoyèrent auprès de ce jeune homme pour l'inviter à les rejoindre, en ajoutant qu'ils l'aideraient à recouvrer ses droits. Parvenus à la cour de l'empereur d'Allemagne auprès du jeune prince, ils s'acquittèrent du message dont on les avait chargés. Quand celui-ci eut connaissance du message des chefs de la croisade, il en fut au comble du bonheur et manifesta beaucoup de joie, réservant un accueil très chaleureux aux émissaires auxquels il dit qu'il consulterait l'empereur son beau-frère. Ce dernier, après l'avoir entendu, lui répondit qu'une grande chance lui était arrivée, le poussant à y aller et lui affirmant qu'il ne recouvrerait jamais rien de son héritage sans l'aide de Dieu et des croisés.

---

1. Alexis III (mort en 1210) fut empereur de 1195 à 1203, puis renversé par les croisés et emprisonné par son gendre Théodore Lascaris Ier, empereur de Nicée.

XXXI

Le jeune homme comprit le bien-fondé de ce conseil ; aussi fit-il les plus beaux préparatifs qu'il put et il partit avec les messagers [1]. Avant leur arrivée à Zara, la flotte était partie pour l'île de Corfou, parce que la pâque était déjà passée. Mais, quand elle se mit en route, on laissa deux galères pour attendre les messagers et le jeune homme. Les pèlerins restèrent à Corfou jusqu'à l'arrivée de ceux-ci qui, à Zara, trouvèrent les deux galères, prirent la mer et naviguèrent jusqu'à Corfou où la flotte faisait escale. Quand ils virent venir le jeune homme, les croisés allèrent à sa rencontre, le saluèrent et lui réservèrent un chaleureux accueil. À la vue des honneurs que lui rendaient les grands seigneurs et de toute la flotte qui mouillait en ces lieux, le jeune prince éprouva un bonheur extraordinaire. Alors le marquis s'avança, le prit et l'emmena avec lui sous sa tente.

XXXII

Dès qu'il y fut, tous les grands barons et le doge de Venise s'y rendirent, parlèrent de choses et d'autres, finirent par lui demander ce qu'il ferait pour eux s'ils le couronnaient empereur de Constantinople. Il répondit qu'il ferait toutes leurs volontés. Au terme de cet entretien, il promit de donner à l'armée deux cent mille marcs, d'entretenir à ses frais la flotte pendant une année, de les accompagner outre-mer avec toutes ses forces, d'assurer un an durant la subsistance de tous les croisés qui quitteraient Constantinople pour aller outre-mer.

XXXIII

Alors on convoqua tous les barons de l'armée et les Vénitiens ; une fois qu'ils furent tous rassemblés, le doge de Venise se leva et s'adressa à eux : « Seigneurs, nous avons maintenant un bon motif d'aller à Constantinople si vous en êtes d'accord, car nous avons avec nous l'héritier légitime. » Or certains refusaient d'y aller en disant : « Eh bien ! que ferons-nous à Constantinople ? Nous avons à réaliser notre pèlerinage et notre projet d'aller au Caire ou à Alexandrie ; or notre flotte ne nous est assurée que pour un an, et déjà la moitié est passée. » Les autres répliquaient : « Que ferons-nous au Caire ou à Alexandrie, puisque nous n'avons ni

---

1. Les pèlerins arrivèrent à Corfou début mai et en repartirent le 24 ; Alexis les rejoignit entre le 19 et le 25.

vivres ni argent pour y aller ? Il vaut mieux auparavant utiliser un bon motif pour nous procurer de l'argent et des vivres que d'y aller pour mourir de faim. Ainsi pourrons-nous leur causer des dommages, d'autant qu'il nous offre de nous accompagner et d'entretenir à ses frais notre flotte et notre expédition encore un an. » Le marquis de Montferrat était le plus acharné pour aller à Constantinople, parce qu'il voulait se venger d'un tort que lui avait causé l'empereur de Constantinople.

Maintenant nous en resterons là pour l'expédition et nous vous dirons le tort pour lequel le marquis haïssait l'empereur de Constantinople. Il arriva que son frère, le marquis Conrad, se croisa et, allant outre-mer avec deux galères, passa par Constantinople où il conversa avec l'empereur qui lui souhaita la bienvenue et le salua [1]. Or à cette époque un grand personnage de la cité avait assiégé l'empereur si bien qu'il n'osait en sortir. Le marquis, voyant cela, demanda comment il se faisait qu'ainsi assiégé, l'empereur n'osât affronter son ennemi. Celui-ci répondit qu'il ne pouvait s'appuyer sur l'affection ni sur l'aide de ses sujets ; c'est pourquoi il ne voulait pas le combattre. Le marquis lui proposa donc de l'aider s'il le voulait ; et l'empereur d'accepter et de lui promettre sa reconnaissance. Le marquis lui demanda de convoquer tous ceux qui étaient d'obédience romaine, tous les Latins de la ville : il les prendrait avec lui parmi ses troupes, il combattrait avec eux et formerait l'avant-garde ; quant à l'empereur, il les suivrait avec tous ses gens. Quand ce dernier eut convoqué et réuni tous les Latins de la ville, il leur commanda de s'armer tous, comme le marquis l'ordonna à ses gens ; après quoi il prit la tête de ces Latins et disposa ses troupes en ordre de bataille. De son côté, l'empereur s'arma ainsi que tous ses gens. Aussitôt le marquis marcha en tête, suivi de l'empereur.

À peine le marquis eut-il passé la porte avec sa troupe que l'empereur la fit fermer derrière lui. Quand Branas, qui l'avait assiégé, vit que le marquis s'avançait avec vigueur pour le combattre, il se mit en mouvement à sa rencontre avec ses hommes. Sans tergiverser, il piqua des éperons, devança tous les siens d'un bon jet de pierre, pour presser l'allure et se jeter sur la troupe du marquis. Lequel, le voyant venir, se précipita contre lui et le frappa à l'œil au premier coup et de ce coup l'abattit mort. Il frappa à droite et à gauche, ainsi que ses gens, se livrant à un grand massacre. Les autres, à la vue de leur seigneur mort, commencèrent à se décourager et prirent la fuite.

Quand l'empereur félon, qui avait fait fermer les portes derrière le marquis, vit la fuite des ennemis, il sortit alors de la cité avec tous ses hommes et commença à pourchasser les fuyards. Le marquis et les autres firent un riche butin en chevaux et en autres biens. C'est ainsi que le marquis vengea l'empereur de celui qui l'avait assiégé. L'ennemi décon-

---

1. Conrad de Montferrat affronta Alexis Branas pour le compte d'Isaac II l'Ange.

fit, ils rentrèrent l'un et l'autre à Constantinople. Une fois de retour, après qu'ils se furent désarmés, l'empereur remercia chaleureusement le marquis de l'avoir si bien vengé de son ennemi, tant et si bien que celui-ci lui demanda pourquoi il avait fait fermer les portes derrière lui :

« Eh bien ! il en est ainsi ! dit l'empereur.

— Fort bien ! », répondit le marquis.

Peu de temps après, l'empereur et ses traîtres tramèrent une monstrueuse trahison qui visait à faire périr le marquis ; mais un homme âgé, qui l'apprit, eut pitié de lui et vint le trouver en secret ; il lui dit : « Seigneur, je vous en prie, éloignez-vous de cette ville car, si vous y demeurez trois jours, l'empereur et ses traîtres ont tramé une monstrueuse trahison pour vous prendre et vous mettre à mort. » Ces nouvelles inquiétèrent le marquis qui, cette même nuit, fit équiper ses galères et prit la mer avant le jour. Ainsi s'en alla-t-il sans cesser de naviguer jusqu'à Tyr.

Or, avant la perte de cette terre-ci, étaient survenues la mort du roi de Jérusalem[1] et la perte de tout son royaume, sans que résistassent d'autres villes que Tyr et Ascalon. Le feu roi avait deux sœurs mariées, l'aînée, l'héritière du royaume, à un chevalier, messire Gui de Lusignan en Poitou, et la cadette à messire Humphroi de Thoron. Un jour, tous les grands barons du pays, le comte de Tripoli[2], les maîtres des Templiers et des Hospitaliers s'assemblèrent au Temple et décidèrent de séparer monseigneur Gui de sa femme, qui avait hérité du royaume, et de la donner à un autre mari, plus apte à être roi. Ils prononcèrent la séparation, mais ne purent s'accorder pour choisir un nouvel époux, si bien qu'ils s'en remirent totalement à la reine, l'ex-femme de monseigneur Gui. Ils lui donnèrent la couronne, à charge pour elle de la transmettre au roi de son choix.

Ils se rassemblèrent donc un autre jour, tous les barons, les maîtres des Templiers et des Hospitaliers, ainsi que le comte de Tripoli, le meilleur chevalier du royaume, qui croyait que la dame lui donnerait la couronne, et monseigneur Gui, son premier mari. Dans cette assemblée, la dame, tenant entre ses mains la couronne, regarda de tous les côtés ; quand elle vit celui qui avait été son époux, elle s'avança et la lui posa sur la tête. C'est ainsi que messire Gui devint roi. Ce spectacle affligea si profondément le comte de Tripoli qu'il se retira de dépit dans son pays, à Tripoli.

XXXIV

Peu de temps après, le roi combattit les Sarrasins ; il fut fait prisonnier, ses troupes défaites, son royaume pratiquement perdu au point que ne résistaient plus d'autres villes que Tyr et Ascalon. Quand Saladin se vit

---

1. Il s'agit d'Amaury Ier, qui fut roi de 1163 à 1174.
2. Raymond II.

ainsi maître de la terre, il vint voir le roi de Jérusalem, qui était son prisonnier, et lui dit que, s'il obtenait la reddition d'Ascalon, il le libérerait avec
une bonne partie de ses hommes. Le roi lui répondit : « Si vous m'y
menez, je vous en obtiendrai la reddition. » Saladin l'y mena et, une fois
sur place, le roi parla aux habitants de la ville et leur demanda de la
rendre : c'était sa volonté. De retour, ils en firent la reddition. Maître de
la ville, Saladin libéra le roi et une partie de ses hommes. Le roi, délivré
avec tous ceux qui l'accompagnaient, regagna Tyr.

Pendant ces tractations, le marquis s'était rallié tous ceux de Tyr et les
Génois qui s'y trouvaient, et tous lui avaient, sur les Évangiles, juré fidélité comme à leur seigneur, à charge pour lui de les aider à défendre la
ville. Le marquis y avait trouvé le coût de la vie si élevé qu'on vendait la
mesure de blé cent besants [1], alors qu'elle n'aurait pas fait plus d'un setier
et demi à Amiens.

Quand le roi Gui vint à Tyr, ses soldats commencèrent à appeler : « Ouvrez, ouvrez la porte ! Voici le roi qui vient. » Les habitants leur refusèrent l'entrée et le marquis vint sur les murs et dit que le roi n'entrerait
pas :

« Eh bien ! Comment ? ne suis-je donc pas le seigneur et le roi de ces
lieux ?

— Par le nom de Dieu, fit le marquis, vous n'êtes ni seigneur ni roi, et
vous n'entrerez pas, car vous avez déshonoré et perdu tout le royaume, et
d'autre part le coût de la vie est si élevé ici que si vous et vos gens y
entriez, la ville serait complètement affamée. Je préfère, ajouta-t-il, que
vous soyez perdus, vous et vos gens, qui n'avez guère accompli de brillants exploits, plutôt que nous qui sommes présents ici, ou que la ville. »

Devant ce refus, le roi s'en retourna avec ses gens et s'en alla vers Acre,
jusqu'à une colline où il campa et resta jusqu'à ce que les rois de France
et d'Angleterre l'y trouvassent. Pendant le séjour du marquis à Tyr, alors
que le coût de la vie était si élevé, Dieu leur envoya un réconfort, puisqu'un marchand y vint avec un navire chargé de blé et qu'il le vendit à
dix besants alors qu'il était à cent. Ce qui remplit de joie le marquis et
tous les habitants, et tout le blé fut acquis et acheté dans la ville.

XXXV

Peu de temps après, Saladin vint assiéger Tyr et par terre et par mer, si
bien qu'aucun vivre ni rien d'autre ne pouvait pénétrer dans la ville, et le
siège dura si longtemps que le coût de la vie y fut aussi élevé qu'avant [2].

---

1. Le besant était une monnaie d'or, c'était le nom donné aux hyperpères byzantins à
partir du XIe siècle ; cf. Étienne Fournial, *Histoire monétaire de l'Occident médiéval*, Paris,
Nathan, 1970, p. 73.
2. Saladin (1138-1193), sultan d'Égypte (1171-1193) et de Syrie (1174-1193), s'empara
de Jérusalem en 1187 et s'opposa à Philippe Auguste et à Richard Cœur de Lion pendant la

XXXVI

Quand le marquis eut constaté que la vie était si chère et qu'on ne pouvait avoir d'aucun côté ni secours ni aide, il convoqua tous les habitants et les résidents génois et tout un chacun, et il leur adressa ce discours : « Seigneurs, fit-il, nous sommes en piteux état si Dieu ne nous prend en pitié, car le coût de la vie est si élevé en cette ville qu'il n'y a guère de vivres et de blé pour pouvoir nous entretenir longtemps, et nul secours ne peut venir ni par terre ni par mer. Par Dieu, s'il est parmi vous quelqu'un qui connaisse une solution, qu'il la propose ! » Alors un Génois s'avança vivement :

« Si vous vouliez me croire, fit-il, je vous donnerais un bon conseil.

— Lequel donc ? dit le marquis.

— Je vais vous le dire. Nous avons en cette ville des navires, des galères, des canots et d'autres bateaux. Voici ce que je ferai : je prendrai quatre galères, je les ferai équiper des hommes les plus compétents que nous aurons, et je prendrai la mer avant le jour, comme si je voulais m'enfuir. Aussitôt que les Sarrasins m'apercevront, ils ne prendront pas le temps de s'armer, dans leur hâte à me poursuivre et à me rattraper ; ils se lanceront tous après moi. Quant à vous, vous aurez équipé tous vos autres vaisseaux, canots et galères, de tous les gens les plus compétents, que vous aurez et, dès que vous verrez les Sarrasins lancés à ma poursuite et bien engagés, alors larguez les amarres de tous vos vaisseaux et élancez-vous ; je ferai demi-tour et nous les affronterons. Et alors Dieu nous conseillera, s'il lui plaît. » Ce plan recueillit l'accord de tous, qui firent comme il l'avait conseillé.

XXXVII

Vers le point du jour, quand le Génois eut ses quatre galères bien préparées et bien équipées, et que tous les autres vaisseaux le furent tout autant, aussitôt il prit la mer juste avant le jour. Le port par lequel sortaient et entraient les bateaux se trouvait à l'intérieur des murs de la ville. Il partit donc et commença à naviguer à vive allure. Quand il se fut un peu éloigné, les Sarrasins l'aperçurent et eurent tellement hâte de le poursuivre qu'ils ne s'armèrent pas et laissèrent filer leurs cent galères, tout au désir de le pourchasser. Une fois celles-ci bien lancées, ceux de la ville se mirent à les suivre, tandis que le Génois, poursuivi par les Sarrasins, faisait demi-tour. Ainsi les Tyriens attaquèrent-ils les Sarrasins désarmés,

---

troisième croisade. Le personnage historique devint vite mythique, comme modèle des vertus chevaleresques.

en tuèrent un grand nombre, les déconfirent, si bien que sur leurs cent galères, les Tyriens n'en laissèrent échapper que deux. Saladin contemplait cette scène au comble du désespoir, se tirant la barbe et s'arrachant les cheveux de douleur, à voir tailler en pièces ses gens devant lui sans qu'il pût les aider. Privé de sa flotte, il leva le camp et partit. C'est de cette manière que la ville fut sauvée par le marquis, tandis que le roi Gui se tenait sur cette colline près d'Acre où l'avaient trouvé les rois de France et d'Angleterre.

XXXVIII

Peu de temps après, le roi Gui mourut ainsi que sa femme. Aussi le royaume échut-il à la femme de monseigneur Humphroi de Thoron, la sœur de la reine. Les choses allèrent ainsi qu'on enleva sa femme à monseigneur Humphroi et qu'on la donna au marquis. Ainsi celui-ci devint-il roi, et il eut une fille de sa femme ; il fut ensuite tué par les Assassins. L'on prit la reine pour la donner au comte de Champagne. Par la suite, on assiégea et enleva Acre.

XXXIX

Maintenant que nous vous avons conté le tort qui avait suscité la haine du marquis de Montferrat contre l'empereur de Constantinople et qui le poussait à déployer de plus grands efforts que tous les autres et à prodiguer des conseils pour aller à Constantinople, nous allons revenir à notre sujet. Lorsque le doge de Venise eut dit aux barons qu'ils avaient un bon motif pour aller dans l'empire de Constantinople et qu'il le leur recommandait vivement, tous alors en tombèrent d'accord. L'on fit demander ensuite aux évêques si ce serait un péché d'y aller : ils répondirent que, loin d'être un péché, ce serait au contraire œuvre très charitable ; en effet, puisqu'ils avaient avec eux l'héritier légitime qui en avait été déshérité, ils pouvaient bien l'aider à recouvrer ses droits et à se venger de ses ennemis. Ils firent alors jurer au jeune homme, sur les saintes reliques, de respecter les engagements qu'il avait auparavant pris à leur égard.

XL

Alors tous les pèlerins et les Vénitiens tombèrent d'accord pour y aller ; ils préparèrent leur flotte et leur expédition, et ils prirent la mer. Ils naviguèrent jusqu'à un port appelé Bouche d'Avie, distant de Constantinople d'une bonne centaine de lieues et qui se trouvait sur l'emplacemen de Troie la Grande, à l'entrée du Bras-Saint-Georges[1]. Ils en repartirent pour remonter le Bras jusqu'à une lieue de Constantinople. Ils s'attendirent les uns les autres, si bien que tous les vaisseaux se présentèrent en même temps. Une fois tous réunis, ils décorèrent et équipèrent leurs bateaux si somptueusement que c'était le plus merveilleux spectacle du monde à contempler. Quand ceux de Constantinople virent cette flotte si magnifique, ils en furent émerveillés, et ils étaient montés sur les murs et sur les maisons pour contempler cette merveille. Quant à ceux de la flotte, ils contemplèrent la grandeur de la ville, si longue et si large, et de leur côté ils en furent frappés d'émerveillement. Ils poursuivirent alors leur route et mouillèrent à Chalcédoine[2], au-delà du Bras-Saint-Georges.

XLI

Quand l'empereur de Constantinople l'apprit, il leur demanda par de bons messagers ce qu'ils recherchaient là et pourquoi ils étaient venus ; il les informa que, s'ils voulaient de son or et de son argent, il leur en donnerait bien volontiers. Lorsqu'ils eurent entendu ces propos, les chefs répondirent aux messagers qu'ils ne voulaient rien de son or ni de son argent, mais que l'empereur se démît de l'empire, car il ne le tenait pas de façon légitime et loyale, et qu'ils avaient avec eux l'héritier légitime, Alexis, le fils de l'empereur Isaac. À quoi les messagers répliquèrent que l'empereur n'en ferait rien, et ils s'en retournèrent.

Ensuite le doge de Venise s'adressa aux barons : « Seigneurs, j'aimerais vous conseiller de prendre dix galères, de mettre sur l'une d'elles le jeune homme et des gens qui se rendraient, grâce à des trêves, sur le rivage de Constantinople et demanderaient aux habitants de la cité s'ils voulaient reconnaître le jeune homme pour leur seigneur. » Les chefs répondirent que ce serait une bonne idée. Aussi équipèrent-ils ces dix galères, le jeune homme et un grand nombre d'hommes armés. Ils naviguèrent tout près des murs de la ville et firent des allées et venues en montrant aux gens le jeune Alexis et en leur demandant s'ils le reconnaissaient pour leur seigneur : ils répondirent que non et qu'ils ne savaient pas qui il était ; et ceux qui l'accompagnaient sur les galères disaient que c'était le fils de leur empereur Isaac, et les autres de répéter qu'ils ne le connaissaient pas du tout.

Ils s'en retournèrent alors jusqu'au camp et rapportèrent la réponse. L'on commanda par toute l'armée que tout le monde s'armât, grands et

---

1. Bouche d'Avie : Abydos, port d'Asie Mineure, à l'entrée du Bosphore ou Bras-Saint-Georges (ce sont les Dardanelles).
2. Chalcédoine (Manchidone), aujourd'hui Kadi-Koei, est située sur la rive est du Bosphore.

petits. Une fois en armes, ils se confessèrent et communièrent, car ils redoutaient vivement d'aborder à Constantinople. Ensuite, ils organisèrent leurs troupes, les navires, les huissiers, les galères. Les chevaliers entrèrent avec leurs chevaux dans les bateaux de transport et ils se mirent en route ; on fit sonner les trompettes d'argent et d'airain, jusqu'à cent paires au moins, et retentir tambours et tambourins en nombre très important.

XLII

Quand les gens de la ville virent cette grande flotte et cette grande expédition, et qu'ils entendirent résonner trompettes et tambours qui menaient grand tapage, tous s'armèrent et montèrent sur les maisons et sur les tours de la ville. Ils eurent tout à fait l'impression que la mer et la terre tout entières tremblaient, que toute la mer était recouverte de navires. Pendant ce temps, l'empereur avait fait venir toute son armée sur le rivage pour le défendre.

XLIII

À la vue des Grecs sur le rivage avec leurs armes dirigées contre eux, les croisés et les Vénitiens se concertèrent si bien que le doge proposa d'aller en tête avec toutes ses troupes et d'occuper le rivage avec l'aide de Dieu. Alors, avec ses navires, ses galères et ses vaisseaux de transport, il se plaça en première ligne ; puis on mit les arbalétriers et les archers au-devant dans des canots, pour libérer le rivage des Grecs. Ainsi disposés, ils avançaient vers le rivage. Les Grecs, voyant que les pèlerins, loin de renoncer par peur à avancer, s'approchaient d'eux, se replièrent sans oser les attendre, en sorte que la flotte aborda et que les chevaliers sortirent sur leurs montures des huissiers, lesquels étaient faits de telle manière qu'ils comportaient un vantail facile à ouvrir et qu'on lançait au-dehors un pont par où les chevaliers pouvaient gagner la terre sur leurs montures. Quand la flotte eut abordé et que les Grecs, qui s'étaient retirés, les virent tous dehors, ils en furent affligés. Or ces gens-ci, ces Grecs venus défendre le rivage, s'étaient vantés à l'empereur que les pèlerins ne pourraient débarquer tant qu'ils seraient là. Sortis des navires, les chevaliers commencèrent à les pourchasser, et ce jusqu'à un pont qui était tout près du bout de la cité et sur lequel se trouvait une porte par où les Grecs passèrent et s'enfuirent dans Constantinople. De retour de cette poursuite, on tint un conseil et les Vénitiens dirent que leurs vaisseaux n'étaient pas en sécurité, à moins d'être dans un port, et ils décidèrent de les y mettre. Or celui de Constantinople était solidement fermé par une très grosse chaîne de fer qui tenait d'un côté à la cité et de l'autre à la tour de Galata, tour bien fortifiée, très facile à défendre et garnie de vaillants défenseurs.

XLIV

Les grands barons décidèrent d'assiéger cette tour, qui finit par être prise de force. D'un bout à l'autre de la chaîne, des galères grecques aidaient à défendre ladite chaîne. La tour prise et la chaîne brisée, les vaisseaux entrèrent dans le port, se mirent en sécurité et prirent des galères et des navires grecs qui s'y trouvaient. Une fois la flotte bien à l'abri dans le port, pèlerins et Vénitiens se rassemblèrent et tinrent conseil pour savoir comment assiéger la ville ; ils tombèrent d'accord que les Français l'assiégeraient par terre et les Vénitiens par mer. Le doge de Venise précisa qu'il ferait construire des machines de guerre sur ses navires et des échelles pour assaillir les murailles. Les chevaliers et tous les autres pèlerins s'armèrent puis allèrent passer par un pont [1] situé à près de deux lieues. Il n'y avait pas d'autre passage pour aller à Constantinople à moins de quatre lieues de là, sinon par ce pont. Lorsqu'ils y parvinrent, les Grecs vinrent leur disputer le passage autant qu'ils purent ; les pèlerins finirent par les en chasser de vive force et par passer. Parvenus dans la cité, les grands barons se logèrent dans des tentes qu'ils tendirent devant le palais des Blachernes que possédait l'empereur, tout juste à l'extrémité de la cité. Alors le doge de Venise fit construire d'extraordinaires et magnifiques machines : il prit les vergues qui soutiennent les voiles des navires, longues de trente toises, voire plus, et les fit lier et attacher par de bonnes cordes aux mâts ; puis il ordonna de fabriquer de solides passerelles, à côté des cordages, assez larges pour que trois chevaliers armés puissent y aller de front. Ces passerelles, il les fit garnir et couvrir sur les côtés de grosses étoffes et de toiles pour que ceux qui partiraient à l'assaut n'eussent pas à craindre les carreaux d'arbalètes ni les flèches. La passerelle dépassait le bateau, par rapport à la terre, d'environ quarante toises ou plus ; et sur chacun des navires de transport il y avait un mangonneau qui n'arrêtait pas d'envoyer des pierres contre les murs et dans la ville.

Quand les Vénitiens eurent préparé leurs bateaux comme je viens de vous le raconter, de leur côté les pèlerins qui attaquaient par terre avaient disposé leurs pierrières [2] et leurs mangonneaux de telle manière qu'ils pouvaient atteindre le palais de l'empereur de leurs projectiles. Les habi-

---

1. Il s'agit du pont de Justinien ou de Saint-Callinique, jeté sur la Corne d'Or, au nord-est de Constantinople, du côté du palais des Blachernes.

2. Selon Littré, « la pierrière se distinguait du mangonneau en ce que l'une lançait de grosses pierres et l'autre de petites ; c'est ce que dit au XIIᵉ siècle Guillaume Le Breton dans sa *Philippéide*, liv. VII ». Nous avons adopté *pierrière*, que préfère Littré, plutôt que *perrière* ou *pierrier*.

tants de la ville tiraient tout autant jusqu'aux tentes des pèlerins. Ensuite, ceux-ci et les Vénitiens, se concertant, fixèrent au lendemain l'assaut général de la ville et par terre et par mer.

Le lendemain matin, comme les Vénitiens se préparaient, ordonnaient leurs vaisseaux et se rapprochaient le plus près des murs pour attaquer, et que de la même façon les pèlerins avaient d'autre part organisé leurs troupes, voici que l'empereur de Constantinople, Alexis, sortit de la cité par une porte appelée Porte Romaine avec tous ses gens en armes qu'il disposa en dix-sept corps de bataille qu'on estimait à bien près de cent mille cavaliers. Il envoya la plupart de ces dix-sept corps de bataille contre l'armée des Français et garda les autres avec lui ; il fit sortir de la cité tous les gens à pied qui pouvaient porter les armes et il les fit ranger d'un bout à l'autre des murs, entre ceux-ci et l'armée des Français. Ces derniers, se voyant encerclés de ces corps de bataille, furent épouvantés et organisèrent les leurs avec pas plus de sept à sept cents chevaliers chacun, car ils n'en avaient pas davantage ; et encore, parmi les sept cents, y en avait-il cinquante à pied.

XLV

Ensuite, ces corps de bataille ainsi constitués, le comte de Flandre demanda à prendre la tête du premier, et on le lui accorda ; le deuxième échut au comte de Saint-Pol et à monseigneur Pierre d'Amiens ; le troisième revint à monseigneur Henri, le frère du comte de Flandre, et aux Allemands. Puis ils décidèrent que les hommes à pied suivraient les corps de bataille à cheval, à raison de trois ou quatre compagnies pour un corps de bataille à cheval, chacun accompagné d'hommes du même pays. Une fois qu'ils eurent organisé les trois corps de bataille chargés de combattre l'empereur, ils préparèrent les quatre autres qui devaient garder le camp. Le marquis, qui était le chef de l'armée, obtint l'arrière-garde pour protéger les arrières de l'armée. Le comte Louis de Blois eut le deuxième corps, les Champenois le troisième, les Bourguignons le quatrième, les quatre corps étant sous le contrôle du marquis. Ensuite, on prit tous les garçons d'écurie et tous les cuisiniers capables de porter les armes ; on les équipa tous de courtepointes, de tapis de selle, de pots de cuivre, de pilons et de broyeurs, ce qui les rendait si laids et si hideux que les petites gens à pied de l'empereur, qui étaient hors les murs, en furent, à les voir, apeurés et épouvantés. Quant aux quatre corps de bataille que je viens de nommer, ils gardèrent le camp de peur que les troupes de l'empereur qui l'entouraient ne fissent une percée et n'endommageassent le camp et les tentes. L'on mit les garçons et les cuisiniers du côté de la cité, contre les fantassins de l'empereur rangés au pied des murailles. Lorsque cette piétaille vit notre menue gent en si laid équipage, elle éprouva une telle peur et une telle épouvante qu'à aucun moment elle n'osa bouger ni avancer, si bien que de ce côté-là le camp n'eut rien à redouter.

XLVI

Ensuite on ordonna au comte de Flandre, au comte de Saint-Pol et à monseigneur Henri, qui commandaient les trois premiers corps de bataille, d'engager le combat avec l'empereur ; et on interdit formellement aux quatre autres, quelle que fût la nécessité, de bouger, à moins de se considérer comme totalement perdus, encerclés et attaqués par les troupes ennemies qui entouraient le camp. Tandis que les Français étaient ainsi disposés, les Vénitiens, sur mer, sans rien négliger, amenèrent leurs navires près des murs, si bien qu'ils les escaladèrent facilement par les échelles et les passerelles qu'ils avaient construites sur les navires, lancèrent des traits et des carreaux, manœuvrèrent leurs mangonneaux et attaquèrent avec une si extraordinaire vigueur qu'ils mirent le feu dans la ville, dont fut brûlée une étendue aussi vaste que la cité d'Arras. Ils n'osèrent se disperser ni s'introduire dans la ville, car, en trop petit nombre, ils n'auraient pu résister, mais ils retournèrent sur leurs navires [1].

XLVII

Les grands chefs qui, de l'autre côté, devaient engager le combat contre l'empereur, avaient décidé qu'on choisirait dans chaque corps deux des plus valeureux et des plus avisés personnages qu'on y connaîtrait et qu'on aurait à exécuter tous leurs ordres : s'ils commandaient : « Partez à toute allure », on partirait à toute allure ; s'ils commandaient : « Allez au pas », on irait au pas. Le comte de Flandre, à la tête de l'avant-garde, s'avança le premier, au pas, contre l'empereur qui, à un bon quart de lieue du comte, faisait chevaucher ses troupes contre lui. Le comte de Saint-Pol et monseigneur Pierre d'Amiens, qui commandaient le deuxième corps de bataille, chevauchaient un peu plus loin, à côté. Monseigneur Henri de Hainaut et les Allemands, avec le troisième corps de bataille, venaient ensuite. Il n'y avait pas de cheval qui ne fût couvert de caparaçons ou d'étoffes de soie par-dessus leur harnachement ordinaire. Trois à cinq compagnies de soldats à pied suivaient chacun des corps de bataille, juste derrière les chevaux, et l'on chevauchait en rangs si serrés que personne n'était assez audacieux pour oser passer devant les autres.

Quant à l'empereur, il chevauchait contre nos troupes avec neuf corps de bataille, d'au moins quatre mille chevaliers, et même pour certains de

---

1. Ces événements se passèrent le 17 juillet 1203.

quatre ou cinq mille. Quand le comte de Flandre eut devancé son armée de deux portées d'arbalète, ses conseillers lui dirent : « Sire, il n'est pas raisonnable de votre part d'aller combattre l'empereur si loin de l'armée car, si vous engagez le combat et que vous ayez besoin d'aide, ceux qui gardent le camp ne pourront pas vous secourir. Mais, si vous nous en croyez, vous retournerez près des palissades et vous y attendrez l'empereur en toute sécurité, s'il veut combattre. » Le comte de Flandre recula vers les palissades comme on le lui conseilla, ainsi que le corps de monseigneur Henri, tandis que le comte de Saint-Pol et monseigneur Pierre d'Amiens, refusant de revenir en arrière, s'installèrent au milieu du champ, sans bouger, avec leurs troupes ; et quand ils virent le recul du comte de Flandre, ils dirent d'une seule voix qu'il se déshonorait à revenir en arrière alors qu'il commandait l'avant-garde, et tous de s'écrier : « Sire, sire, le comte de Flandre recule. Puisqu'il recule, il vous laisse la charge de l'avant-garde. Prenez-la donc, par Dieu. » Les barons, d'un commun accord, déclarèrent qu'ils s'en chargeraient. Le comte de Flandre, lorsqu'il vit que le comte de Saint-Pol et monseigneur d'Amiens ne reculeraient pas, leur demanda par un messager de s'en retourner, et Pierre d'Amiens de répondre qu'ils n'en feraient rien. Le comte de Flandre leur demanda une seconde fois par deux messagers de ne pas lui infliger cette honte, au nom de Dieu, mais de reculer, comme on le lui avait conseillé. À quoi ils répondirent de nouveau qu'en aucune manière ils ne reviendraient sur leurs pas.

Survinrent alors messeigneurs Pierre d'Amiens et Eustache de Canteleu, choisis pour conduire le corps de bataille, qui commandèrent : « Seigneurs, au nom de Dieu, chevauchez au pas. » Et ils commencèrent à chevaucher au pas, tandis que ceux du camp, restés en arrière, se mirent à crier : « Voyez, voyez ! Le comte de Saint-Pol et monseigneur d'Amiens veulent attaquer l'empereur. » Et ils ajoutèrent : « Dieu Notre-Seigneur, gardez-les aujourd'hui ainsi que toute leur compagnie ! Voyez ! Ils forment l'avant-garde qui revenait au comte de Flandre ! Dieu Notre-Seigneur, conduisez-les à bon port ! » Les dames et les demoiselles du palais étaient montées aux fenêtres ; d'autres gens et des dames et des demoiselles étaient sur les murs de la ville, et regardaient chevaucher cette compagnie et l'empereur de l'autre côté ; et ils disaient entre eux que les nôtres ressemblaient à des anges pour leur beauté, tellement étaient somptueux leurs équipements et le harnachement de leurs chevaux.

XLVIII

Quand les chevaliers du bataillon du comte de Flandre virent que le comte de Saint-Pol et monseigneur Pierre d'Amiens ne reculeraient pour rien au monde, ils vinrent dire au comte : « Sire, vous nous couvrez de honte à ne pas bouger, et sachez que, si vous ne chevauchez pas, nous ne vous tiendrons plus pour l'un des nôtres. » À ces paroles, le comte de Flandre frappa des éperons, et tous les autres à sa suite, et ils piquèrent des deux jusqu'au moment où ils rattrapèrent le bataillon du comte de Saint-Pol et de monseigneur d'Amiens ; et les ayant rejoints, ils chevauchèrent de front avec eux, tandis que le bataillon de monseigneur Henri chevauchait derrière. Les bataillons de l'empereur et les nôtres s'étaient tant rapprochés que les arbalétriers impériaux tiraient sur nos gens et les nôtres sur ceux de l'empereur. Il n'y avait qu'une butte à gravir entre l'empereur et nos bataillons, et de chaque côté montaient les uns et les autres. Quand les nôtres parvinrent au sommet et que l'empereur les vit, il s'arrêta ainsi que tous ses gens, si stupéfaits et si surpris de voir nos bataillons chevaucher de front contre eux qu'ils ne surent plus que décider. Tandis qu'ils restaient là si stupéfaits, les autres bataillons impériaux, envoyés autour du camp des Français, reculèrent et se rassemblèrent autour de l'empereur dans le vallon. Quand les Français les virent ainsi tous regroupés, ils s'immobilisèrent au sommet de la butte, s'interrogeant sur les intentions de l'empereur ; les comtes et les chefs des trois bataillons se consultèrent les uns les autres par des messagers pour savoir s'ils marcheraient jusqu'à l'armée de l'empereur ou non. Ils décidèrent que non, car ils étaient très éloignés de leur camp et, s'ils engageaient le combat à l'endroit où se tenait l'empereur, ceux qui gardaient le camp ne les verraient pas et ne pourraient les aider en cas de besoin ; d'autre part, entre eux et l'empereur, il y avait un grand canal, un grand conduit qui approvisionnait en eau Constantinople : à vouloir le passer, ils perdraient beaucoup de leurs gens. C'est pourquoi ils décidèrent de ne pas y aller. Pendant que les Français se consultaient, voici que l'empereur se retira à Constantinople où, une fois revenu, il fut vivement critiqué par les dames et les demoiselles, par les uns et les autres, pour ne pas avoir affronté un si petit nombre de Français, alors qu'il disposait d'une si grande foule de gens.

XLIX

Après cette retraite de l'empereur, les pèlerins retournèrent à leurs tentes et se désarmèrent. C'est alors que les Vénitiens, qui avaient passé la mer sur des navires et des barques, vinrent demander de leurs nouvelles : « Par notre foi, dirent-ils, nous avions entendu dire que vous vous battiez contre les Grecs : nous étions inquiets à votre sujet et nous venions à votre aide. » Les Français répondirent : « Par notre foi, grâce à Dieu, nous nous en sommes bien sortis, car nous avons marché contre l'empereur, et il n'a pas osé nous combattre. » Les Français, de leur côté, demandèrent des nouvelles aux Vénitiens : « Par notre foi, nous avons livré un rude assaut et nous sommes entrés dans la cité en escaladant les murs : nous y avons mis le feu, et une grande partie en a été brûlée. »

L

Tandis que les Français et les Vénitiens échangeaient ces propos, il s'éleva dans la ville un grand murmure : les habitants demandèrent à l'empereur de les délivrer des Français qui les avaient assiégés et lui dirent que, s'il ne les combattait pas, ils iraient voir le jeune homme que les Français avaient amené et ils feraient de lui leur empereur et leur seigneur.

LI

L'empereur, quand il entendit ces paroles, leur promit de les combattre le lendemain et, vers minuit, il s'enfuit de la ville, en compagnie de tous les gens qu'il put emmener avec lui [1].

LII

Le lendemain matin, lorsque les habitants de la ville apprirent la fuite de l'empereur, tout aussitôt ils se rendirent aux portes, les ouvrirent, sortirent et se dirigèrent vers le camp français où ils demandèrent et cherchèrent Alexis, le fils d'Isaac [2]. On leur indiqua qu'ils le trouveraient dans la tente du marquis. C'est là qu'ils le trouvèrent, et ses amis de le fêter, de manifester une grande joie, de remercier les barons et de leur dire qu'ils avaient accompli une belle action et un remarquable exploit, à faire œuvre si utile. Ils annoncèrent la fuite de l'empereur et leur demandèrent de venir dans la cité et le palais comme chez eux. Alors, tous les grands barons de l'armée se rassemblèrent, prirent Alexis, le fils d'Isaac, et l'emmenèrent au palais dans une atmosphère de liesse et de fête. Une fois rendus, ils délivrèrent Isaac et sa femme [3] du cachot où les avait jetés son frère qui avait tenu l'empire. Libéré, Isaac, tout à la joie de revoir son fils, le prit par le cou et l'embrassa, et il remercia chaleureusement les barons présents, leur disant que c'était par l'aide de Dieu d'abord et la leur ensuite qu'il avait été délivré. L'on apporta alors deux trônes en or, on

---

1. Alexis III s'enfuit de Constantinople dans la nuit du 17 au 18 juillet 1203.
2. La ville capitula le 18 juillet 1203.
3. Marguerite de Hongrie, fille du roi Béla III, et petite-fille de Louis VII, roi de France, par sa mère Marguerite.

assit Isaac sur l'un et Alexis son fils sur l'autre, et Isaac fut mis en possession du siège impérial.

On lui dit alors : « Sire, il y a ici un grand seigneur appelé Murzuphle [1], emprisonné depuis plus de sept ans. Si c'était votre volonté, il serait bon qu'on le libérât. » Ainsi fut alors délivré Murzuphle, dont l'empereur fit ensuite son principal gouverneur : il en fut plus tard bien mal récompensé, comme nous vous le dirons après.

Or il arriva, après les hauts faits des Français, que le sultan de Konieh entendit parler de leur exploit [2]. Aussi vint-il leur parler comme ils étaient encore logés en dehors de Constantinople, et il leur dit : « Oui vraiment, seigneurs, vous avez accompli un extraordinaire exploit et une étonnante prouesse en conquérant une ville aussi exceptionnelle que Constantinople, qui est la capitale du monde, et en remettant sur son trône le légitime héritier et en le couronnant empereur. » L'on disait dans la région que Constantinople était la capitale du monde. « Seigneurs, fit le sultan, je voudrais vous faire une requête. J'ai un frère cadet qui, par traîtrise, m'a enlevé ma terre et ma seigneurie de Konieh dont j'étais le seigneur et dont je suis l'héritier légitime. Si vous vouliez m'aider à conquérir ma terre et ma seigneurie, je vous donnerais à profusion de mes biens ; je me ferais chrétien ainsi que tous mes sujets, si je recouvrais ma seigneurie et que vous vouliez m'aider. » Les barons répondirent qu'ils se concerteraient. L'on convoqua le doge de Venise, le marquis et tous les grands barons ; ils se réunirent en un très important conseil qui finit par conclure de ne pas donner suite à la requête du sultan. À la sortie du conseil, ils lui répondirent qu'ils ne pouvaient faire ce qu'il demandait, car ils étaient encore engagés envers l'empereur, et il serait périlleux de laisser une aussi grande ville que Constantinople dans la situation où elle était ; aussi n'oseraient-ils pas l'abandonner. À ces paroles, le sultan fut fort affligé et il repartit.

LIII

Quand les barons eurent mené Alexis au palais, ils demandèrent à propos de la sœur du roi de France, qu'on appelait l'impératrice de France [3], si elle vivait toujours. On lui répondit que oui, qu'elle était

---

1. Alexis Ducas, surnommé Murzuphle à cause de ses sourcils qui se rejoignaient sur le front, deviendra empereur en 1204 sous le nom d'Alexis V après avoir étranglé Isaac II et Alexis IV.
2. Konieh se trouve en Asie Mineure.
3. Agnès de France, sœur de Philippe Auguste, fille de Louis VII et d'Alix de Champagne, vint à Constantinople en 1178 pour épouser le fils de l'empereur Manuel Comnène, Alexis II Comnène ; plus tard, Andronic Ier, ayant pris la place d'Alexis II, l'épousa en 1183 : elle n'avait alors que onze ans. Puis elle devint la femme de Théodore Branas, fils d'Alexis Branas, après la mort d'Andronic en 1185.

mariée à un grand personnage de la cité nommé Branas et qu'elle demeurait en un palais à proximité. Les barons lui rendirent visite, la saluèrent, lui promirent leurs services, mais elle leur réserva un très mauvais accueil, fâchée qu'ils eussent été là-bas et qu'ils eussent couronné cet Alexis. Elle ne voulut pas leur parler directement, mais recourut à un interprète qui affirmait qu'elle ignorait le français. Toutefois, le comte Louis de Blois, qui était son cousin, la fréquenta.

LIV

Par la suite, il arriva un jour que les barons allèrent passer un moment au palais pour voir Isaac et l'empereur son fils. Pendant qu'ils s'y trouvaient, survint un roi qui avait la peau toute noire et, au milieu du front, une croix faite au fer chaud. Il demeurait en une très riche abbaye de la ville, qu'Alexis, l'ancien empereur, lui avait accordée comme résidence dont il serait le seigneur et maître autant qu'il voudrait y séjourner. Quand l'empereur le vit venir, il se leva à sa rencontre et lui réserva un accueil très chaleureux ; puis il demanda aux barons :

« Savez-vous donc qui est cet homme ?

— Non, sire, firent-ils.

— Par ma foi, répondit l'empereur, c'est le roi de Nubie, venu en pèlerinage en cette ville. »

L'on recourut à des interprètes, on lui fit demander où se trouvait sa terre et il répondit aux interprètes, dans sa langue, que sa terre était à cent journées de Jérusalem où il était venu en pèlerinage ; il dit que, lorsqu'il quitta son pays, il emmena avec lui une bonne soixantaine d'hommes de sa terre ; arrivé à Jérusalem, il n'en restait que dix de vivants, et de Jérusalem à Constantinople il n'en survécut que deux. Il ajouta qu'il voulait se rendre en pèlerinage à Rome, puis de Rome à Saint-Jacques [de Compostelle], et ensuite revenir à Jérusalem, s'il pouvait vivre jusque-là, et y mourir. Il dit que tous ceux de sa terre étaient chrétiens et que, lorsqu'un enfant naissait et qu'on le baptisait, on lui faisait une croix au milieu du front avec un fer chaud, comme il en avait une. Les barons, à le regarder, furent frappés d'un extraordinaire étonnement.

LV

Une fois Alexis couronné par les barons de la manière que je vous ai dite, on arrêta que monseigneur Pierre de Bracheux et ses gens resteraient au palais avec l'empereur ; puis, les barons décidèrent de leur hébergement : ils n'osèrent rester au cœur de la cité, à cause des Grecs qui étaient perfides, mais ils allèrent se loger au-delà du port, du côté de la tour de

Galata, et tous ensemble ils se logèrent dans un ensemble de maisons qui y étaient situées ; ils tirèrent leurs navires qu'ils mirent à l'ancre devant eux, et ils allaient dans la cité quand ils voulaient. Lorsqu'ils voulaient s'y rendre par eau, ils passaient en barques ; lorsqu'ils voulaient y aller à cheval, ils passaient par le pont. Ainsi logés, Français et Vénitiens décidèrent de faire abattre cinquante toises des murs de la ville, car ils redoutaient que les habitants ne se révoltassent contre eux.

LVI

Par la suite, tous les barons se rassemblèrent un jour au palais de l'empereur et lui demandèrent de tenir ses engagements. Il répondit qu'il les respecterait mais qu'il voulait d'abord être couronné. Ils se concertèrent et fixèrent une date pour le couronnement : ce jour-là, il fut solennellement couronné empereur par la volonté de son père qui le lui accorda de bon gré [1]. Cela accompli, les barons réclamèrent leur paiement ; il dit qu'il paierait bien volontiers ce qu'il pourrait et il leur paya alors cent mille marcs. De cette somme, les Vénitiens reçurent la moitié, car ils devaient avoir la moitié des conquêtes ; des cinquante mille restants, on leur en paya trente-six mille que les Français leur devaient encore pour la flotte ; avec les vingt mille marcs qui restèrent aux pèlerins, on remboursa tous ceux qui avaient prêté de l'argent pour le paiement du passage.

LVII

Ensuite, l'empereur, dans une requête aux barons, leur dit qu'il ne possédait que Constantinople et que cela lui serait de peu de profit s'il n'avait rien d'autre, car son oncle possédait toutes les cités et tous les châteaux qui devaient lui revenir ; il les pria de l'aider à conquérir des terres tout autour, et il leur donnerait encore très volontiers de ses biens. À quoi ils répliquèrent qu'ils en étaient tout à fait d'accord et que tous ceux qui voulaient faire des gains pouvaient partir. Alors une bonne moitié de l'armée s'en alla avec Alexis [IV], l'autre moitié restant à Constantinople pour recevoir le paiement et Isaac pour s'en acquitter. Alexis [IV], parti avec l'armée, conquit dans cette terre au moins vingt cités et quarante châteaux, voire plus. Et Alexis [III], l'autre empereur, son oncle, ne cessait de fuir devant lui. Les Français restèrent avec Alexis [IV] très largement trois mois. Pendant qu'Alexis réalisait cette chevauchée, ceux de Constantinople reconstruisirent leur mur plus solide et plus haut qu'auparavant, celui dont les Français avaient abattu au moins cinquante toises

---

1. Le couronnement d'Alexis IV eut lieu le 1ᵉʳ août 1203.

après la prise de la ville, car ils redoutaient une révolte des Grecs contre eux. Lorsque les barons qui étaient restés pour recevoir le paiement virent qu'Isaac ne leur versait rien, ils demandèrent aux barons qui avaient suivi Alexis de s'en revenir, car Isaac ne les payait pas, et d'être tous de retour pour la fête de Toussaint. Les barons, en entendant ces paroles, dirent à l'empereur qu'ils s'en retourneraient, et celui-ci, à cette annonce, dit qu'il reviendrait aussi, car il n'osait pas se fier à ces Grecs. Ainsi s'en revinrent-ils à Constantinople, l'empereur dans son palais et les pèlerins dans leurs logis au-delà du port.

LVIII

Par la suite, les comtes, les grands personnages, le doge de Venise et l'empereur s'assemblèrent. Les Français demandèrent à l'empereur de les payer, et il répondit qu'il avait racheté sa cité et ses gens si cher qu'il n'avait plus de quoi les payer : qu'ils lui accordassent un délai, et il mettrait tout en œuvre pour les payer. Ils le lui accordèrent ; et, le terme passé, il ne les paya pas. Les barons, de nouveau, demandèrent à être payés : l'empereur sollicita un autre répit, qu'on lui accorda. Pendant ce temps, ses vassaux, ses gens et ce Murzuphle qu'il avait tiré de prison vinrent à lui et lui dirent : « Ah ! sire, vous ne leur avez que trop payé, ne leur payez pas plus ! Vous êtes tout à fait quitte, tant vous leur avez payé ! Mais faites-les partir et congédiez-les de votre terre. » Alexis se rallia à cet avis et il ne voulut rien payer. Le délai passé, quand les Français virent que l'empereur ne leur payait rien, les comtes et les grands personnages de l'armée se réunirent, puis ils se rendirent au palais de l'empereur à qui ils demandèrent de nouveau d'être payés. L'empereur leur répondit que c'était absolument impossible ; les barons ripostèrent que s'il ne les payait pas, ils prendraient sur son bien jusqu'à ce qu'ils fussent payés.

LIX

Sur ces paroles, les barons quittèrent le palais et regagnèrent leurs logements où ils se concertèrent sur la suite à donner, tant et si bien qu'ils dépêchèrent à l'empereur deux autres chevaliers qui lui enjoignirent de nouveau de leur envoyer leur paiement. Il répondit aux messagers qu'il ne leur paierait rien, qu'il leur avait trop payé et qu'il ne les redoutait pas du tout ; au contraire, il leur donna l'ordre de s'en aller et de quitter sa terre : s'ils ne partaient pas dans de brefs délais, il leur causerait des ennuis, qu'ils en soient certains. Les messagers, de retour, informèrent les barons de la réponse de l'empereur. Quand ils l'entendirent, les barons se concertèrent sur la conduite à tenir ; le doge de Venise affirma qu'il voulait s'entretenir avec l'empereur, et par l'entremise d'un messager il lui demanda de le rencontrer sur le port pour parler. L'empereur s'y rendit à cheval ; le doge fit armer quatre galères, entra dans l'une et se fit suivre des trois autres pour assurer sa protection. Arrivé au rivage du port et voyant l'empereur qui était venu à cheval, il s'adressa à lui et lui demanda :

« Alexis, que crois-tu faire ? Rappelle-toi que nous t'avons tiré d'une profonde misère et que nous t'avons fait seigneur et couronné empereur. Ne tiendras-tu donc pas tes promesses envers nous et n'en feras-tu pas davantage ?

— Non, fit l'empereur, je n'en ferai pas plus que je n'ai fait.

— Non ? dit le doge. Sale canaille, nous t'avons tiré de la merde et dans la merde nous te remettrons. Je te défie, et sois persuadé que je chercherai à te faire du mal de tout mon pouvoir à partir d'aujourd'hui [1]. »

LX

Sur ces paroles, le doge partit et s'en retourna. Alors s'assemblèrent les comtes, tous les grands personnages de l'armée et les Vénitiens pour se concerter sur leur action. Les Vénitiens dirent qu'ils ne pouvaient placer leurs échelles et leurs machines de guerre sur leurs navires à cause du temps qui était trop froid : c'était la saison entre la Toussaint et Noël. Tandis qu'ils étaient plongés dans cet embarras, sans plus tergiverser, l'empereur et les traîtres qui l'entouraient tramèrent une grande traîtrise, tout à la volonté [... 2].

De nuit, ils prirent dans la ville des navires qu'ils firent remplir de bois sec et truffèrent de lardons, et auxquels ils mirent le feu. Vers minuit, une fois qu'ils furent en flammes et comme soufflait un vent très violent, les Grecs abandonnèrent les navires tout embrasés pour incendier la flotte française [3], d'autant plus que le vent les y poussait à vive allure.

Quand les Vénitiens s'en aperçurent, ils se jetèrent dans des barges et des galères, et firent tant que jamais, grâce à Dieu, leur flotte ne courut de risque. Moins de quinze jours après, les Grecs recommencèrent cette opération : lorsque les Vénitiens, de nouveau, s'en rendirent compte, ils allèrent au-devant et défendirent fort bien leur flotte contre ce feu, si bien que jamais, grâce à Dieu, ils ne subirent de perte, hormis un navire marchand qui était venu là et qui fut brûlé. La vie était si chère dans l'armée qu'on y vendait un setier de vin douze, treize sous et jusqu'à quinze, et

---

1. Ces événements eurent lieu en novembre 1203.
2. Lacune du texte.
3. Cette tentative d'incendie de la flotte eut lieu le 1ᵉʳ janvier 1204.

une poule vingt sous, et un œuf deux deniers[1] ; en revanche, le biscuit n'était pas aussi cher : ils en avaient en quantité suffisante pour entretenir l'armée pendant longtemps.

LXI

Pendant qu'ils passaient là l'hiver, les habitants de la cité se fortifièrent, surélevèrent leurs murailles et leurs tours de pierre qu'ils surmontèrent de solides tours de bois, renforcées à l'extérieur de grosses planches et recouvertes de cuirs résistants, pour n'avoir rien à redouter des échelles des navires vénitiens. Les murailles avaient bien soixante pieds de hauteur et les tours cent. Ils mirent en place, à l'intérieur de la cité, au moins quarante pierrières, d'un bout à l'autre des murailles, partout où l'on s'attendait à une attaque, et il n'était pas extraordinaire qu'ils réalisassent ces fortifications, car ils eurent tout leur temps.

Sur ces entrefaites, les Grecs, ceux qui trahissaient l'empereur, et Murzuphle, que celui-ci avait libéré, se réunirent un jour et projetèrent une grande trahison, désireux de faire un autre empereur qui les délivrât des Français, car Alexis ne leur semblait pas efficace. Murzuphle finit par dire : « Si vous vouliez me croire et si vous vouliez me faire empereur, je vous délivrerais si bien des Français et de l'empereur que jamais vous n'auriez rien à redire. » À quoi ils répondirent que, s'il pouvait les en délivrer, ils le feraient empereur. Murzuphle leur garantit de les libérer en moins de huit jours, et eux acceptèrent de le faire empereur.

LXII

Alors Murzuphle s'en alla. Sans perdre de temps, il prit avec lui des soldats, et entra de nuit dans la chambre où dormait son seigneur l'empereur qui l'avait tiré de prison. Il lui fit serrer le cou avec une corde et le fit étrangler, tout comme son père Isaac[2]. Son crime accompli, il revint vers ceux qui devaient le faire empereur, et il les mit au courant, et eux de s'en aller et de le couronner empereur. Aussitôt, cette nouvelle se répandit à travers la cité : « Qu'y a-t-il de vrai ou de faux, par ma foi ? Murzuphle est empereur, lui le meurtrier de son seigneur ! » Ensuite, on envoya de la cité dans l'armée des pèlerins une lettre qui révélait les forfaits de Murzuphle. Quand les barons l'apprirent, certains envoyèrent à tous les diables ceux qui s'affligeaient de la mort d'Alexis pour la raison

---

1. Le setier était une mesure d'environ 156 litres. La livre valait vingt sous, le sou douze deniers, et un denier deux mailles.
2. Alexis IV fut détrôné le 28 ou 29 janvier 1204, et étranglé le 8 février.

qu'il n'avait pas voulu tenir ses promesses envers les pèlerins ; d'autres dirent qu'une telle mort les peinait. Très peu de temps après, Murzuphle commanda au comte de Flandre, au comte Louis, au marquis et à tous les grands barons de partir et de quitter sa terre : ils devaient se persuader qu'il était l'empereur et que, s'il les rattrapait d'ici huit jours, il les mettrait tous à mort. Les barons, entendant cette injonction, répondirent : « Eh bien ! quoi ? Celui qui a traîtreusement tué son seigneur de nuit nous a intimé cet ordre ? » Aussi, en retour, lui firent-ils savoir qu'ils le défiaient dès maintenant, et qu'il prît garde à eux, qu'ils ne lèveraient pas le siège avant d'avoir vengé celui qu'il avait tué, avant d'avoir pris une seconde fois Constantinople, et d'avoir aussi obtenu la réalisation complète et totale des engagements qu'Alexis avait pris envers eux.

LXIII

Quand Murzuphle apprit cette réponse, il commanda de bien garder les murailles et les tours, de les renforcer, afin de ne rien redouter des assauts des Français. Ce qu'ils accomplirent parfaitement, si bien que les murailles et les tours furent plus solides, plus aisées à défendre qu'auparavant.

LXIV

Il arriva ensuite, à l'époque où le traître Murzuphle était empereur et que l'armée des Français subissait la pauvreté dont je vous ai précédemment parlé et qu'ils mettaient toute leur vigueur à préparer leurs navires et leurs machines de guerre pour attaquer la ville, il arriva donc que Johannisse le Valaque fit savoir aux grands barons de l'armée que, s'ils voulaient le couronner roi et seigneur de sa terre de Valachie, il se déclarerait leur vassal pour sa terre et son royaume et qu'il viendrait les aider à prendre Constantinople avec cent mille hommes armés [1]. La Valachie est une terre qui relève du domaine de l'empereur, et ce Johannisse était un serviteur de l'empereur, dont il gardait un haras ; aussi, toutes les fois que l'empereur demandait soixante ou cent chevaux, Johannisse les lui envoyait et il venait à la cour une fois par an, jusqu'à ce qu'il fût disgracié, si bien qu'un jour il s'y présenta et qu'un eunuque, un des portiers de l'empereur, l'outragea en le frappant en plein visage d'un fouet. Il en fut fort affecté. À cause de cet outrage, il quitta la cour en proie à la colère et retourna en Valachie, laquelle est une terre bien protégée, tout entourée

---

1. Ces négociations eurent lieu en mars 1204. Johannisse (Johannitza ou Kalojan) fut roi de Valachie et de Bulgarie à partir de 1196.

d'une chaîne de montagnes, en sorte qu'on ne peut y entrer ou en sortir que par un défilé [1].

LXV

Une fois de retour, Johamisse commença à se rallier les grands personnages de la Valachie, en homme riche qui avait un pouvoir certain, et à promettre et à faire des dons aux uns et aux autres, tant et si bien que tous les habitants du pays devinrent entièrement ses sujets et qu'il fut leur seigneur. Cela acquis, il se rendit chez les Coumans, et il réussit, par toutes sortes de moyens, à être leur ami, à obtenir leur aide totale, à devenir pour ainsi dire leur maître. Or la terre des Coumans est limitrophe de la Valachie.

Maintenant je vais vous présenter ce peuple des Coumans [2]. C'est un peuple sauvage qui ne laboure ni ne sème. Ils n'ont ni cahutes ni maisons, mais des tentes de feutre, demeures où ils se réfugient. Ils vivent de lait, de fromage et de viande. Il y a en été tant de mouches et de moucherons qu'ils n'osent sortir de leurs tentes que très peu de temps avant l'hiver. En hiver, ils sortent de leurs tentes et de leur pays quand ils veulent faire leurs chevauchées. Voici comment ils procèdent. Chacun d'eux a bien dix ou douze chevaux, si bien dressés qu'ils les suivent partout où ils veulent les mener, montant tantôt l'un tantôt l'autre. Pendant leurs voyages, chacun des chevaux porte un petit sac pendu à son museau et qui contient sa nourriture ; il mange en suivant son maître sans que tous deux cessent de se déplacer de nuit et de jour. Ils chevauchent si fort qu'en une nuit et un jour ils accomplissent six journées de marche, voire sept ou huit. Tandis qu'ils avancent, ils ne se chargeront de rien ni ne prendront rien

---

1. Les Valaques ou Vlaques *(Blas, Blac)* étaient un peuple d'origine latine, descendant des colons établis par Trajan en Dacie et habitant non seulement les Carpathes mais aussi les montagnes balkaniques, Haemos, Rhodope, Pinde. Les Bulgares *(Bougres)*, peuple turc établi entre le Kouban et la mer d'Azov, furent attaqués vers 642 par leurs congénères, les Khazars ; aussi certains émigrèrent-ils vers l'ouest et occupèrent-ils la Dobroudja ; puis ils s'établirent en Scythie et en Mésie, entre le Danube et les Balkans. Ces deux provinces étaient occupées par des Slaves qui fusionnèrent avec eux et leur imposèrent leur langue (Louis Bréhier, *Vie et mort de Byzance*, Albin Michel, coll. « Évolution de l'humanité », 1946, p. 65). Ils se convertirent au christianisme au IXᵉ siècle et furent alors l'objet d'une lutte d'influence entre Byzance et Rome. Bulgares et Valaques se rallièrent vers 1202 à l'Église romaine ; mais leurs rapports avec Rome se refroidirent ensuite, car Innocent III favorisa l'empereur Henri dans sa lutte contre eux.

2. Les Coumans étaient des « hordes sauvages et païennes, d'origine turque, venues des steppes russes et établies au nord du Danube. Lors du soulèvement des Bulgares contre Byzance, les tsars Asén et Kalojan les utilisèrent comme auxiliaires pour leurs incursions dans l'empire : de 1195 à 1206, ils contribuèrent ainsi à la ruine de la Macédoine et de la Thrace. Leurs mœurs particulières ont frappé les Occidentaux » (Jean Longnon, édition d'Henri de Valenciennes, *Histoire de l'empereur Henri de Constantinople*, Paris, Geuthner, coll. « Documents relatifs à l'histoire des croisades », 1948, nᵒ 2, p. 28, n. 2).

avant le retour ; mais alors ils attrapent des proies, capturent des hommes, prennent tout ce qu'ils peuvent saisir. Comme armures, ils n'ont rien d'autre que des vêtements en peau de mouton ; ils portent avec eux des arcs et des flèches. Ils n'accordent leur confiance qu'à la première bête qu'ils rencontrent le matin, et celui qui la rencontre lui fait confiance tout le jour, quelque bête que ce soit. Ce sont ces Coumans que Johannisse le Valaque avait comme alliés, et chaque année il venait piller la terre de l'empereur jusque dans Constantinople même, et l'empereur n'avait pas assez de puissance pour s'en défendre.

Quand les barons de l'armée connurent le contenu du message ue Johannisse le Valaque, ils dirent qu'ils se concerteraient sur ce sujet et, après délibération, ils prirent une mauvaise décision : ils répondirent qu'ils ne se souciaient ni de lui ni de son aide, et qu'il fût persuadé qu'ils lui nuiraient et lui feraient du mal s'ils pouvaient — ce qu'il leur fit payer très cher par la suite. Quel grand malheur, quel grand dommage ce fut ! Ayant échoué auprès d'eux, il envoya un messager à Rome pour sa couronne ; le pape lui adressa un cardinal pour le couronner. Ainsi fut-il couronné roi [1].

LXVI

Nous allons vous raconter une autre aventure qui arriva à monseigneur Henri, le frère du comte de Flandre. Tandis que les Français avaient assiégé Constantinople, il advint que monseigneur Henri et sa compagnie, loin d'être richement pourvus, avaient grand besoin de vivres et d'autres choses, si bien qu'on leur indiqua une cité nommée Philée [2], à dix lieues de l'armée, et qui était très riche et abondamment garnie. Sans faire ni une ni deux, monseigneur Henri prépara son expédition, quitta l'armée de nuit en secret, avec vingt-neuf chevaliers et de nombreux cavaliers, sans que beaucoup de gens le sussent. Arrivé à la cité, il exécuta son opération et y demeura un jour. Mais au cours du trajet on l'espionna et on le dénonça à Murzuphle, lequel, l'apprenant, fit monter à cheval au moins quatre mille soldats et emporta avec lui l'icône : c'est une image de Notre-Dame que les Grecs appelaient ainsi et que les empereurs prennent avec eux quand ils vont au combat. Leur confiance en cette icône est si grande qu'ils sont persuadés que, lorsqu'on l'emporte en bataille, on ne peut être défait ; c'est parce que Murzuphle ne la portait pas à bon droit que nous croyons qu'il fut déconfit.

---

1. Par une lettre du 25 février 1204, le pape reconnut Johannitza roi des Bulgares et des Valaques.
2. Philée *(La Filée)* sur la mer Noire, au nord-ouest de Constantinople. La bataille eut lieu le 2 février 1204.

Les Français avaient déjà envoyé leur butin à l'armée quand Murzuphle les guetta au retour : à une lieue de nos gens, il mit ses soldats aux aguets, dressa son embuscade, sans que les nôtres en sussent rien : ils revenaient à marches forcées et ne se rendirent pas compte du guet-apens. Quand les Grecs les virent, ils poussèrent des cris, et nos Français regardèrent autour d'eux. La vue des Grecs les remplit de frayeur, ils commencèrent à implorer Notre-Seigneur Dieu et Notre-Dame, si désemparés qu'ils ne pouvaient prendre une décision. Ils finirent par se dire : « Par ma foi, si nous fuyons, nous sommes tous morts. Mieux vaut mourir en nous défendant qu'en fuyant. » Alors ils s'arrêtèrent et tinrent ferme ; ils choisirent huit arbalétriers qu'ils avaient et les mirent devant eux. L'empereur Murzuphle le traître et les Grecs les attaquèrent à vive allure et se jetèrent violemment parmi les Français ; mais à aucun moment aucun d'eux ne fut, grâce à Dieu, désarçonné. Quand ils virent que les Grecs les assaillaient de tous côtés, ils laissèrent tomber à terre leurs lances, dégainèrent leurs couteaux et leurs poignards. Ils commencèrent à se défendre avec une extraordinaire vigueur et en tuèrent beaucoup. Les Grecs, voyant que les Français les défaisaient ainsi, se mirent à avoir peur et prirent la fuite. Et les Français de les poursuivre : ils en tuèrent beaucoup, ils en capturèrent beaucoup et firent un riche butin. Ils pourchassèrent Murzuphle sur une bonne demi-lieue, croyant toujours le prendre, et ils le pressèrent tant, lui et les siens, qu'ils laissèrent tomber l'icône, le chapeau impérial et l'enseigne. L'icône, toute en or et chargée de riches pierres précieuses, était si belle et si riche qu'on n'en vit jamais de telle. À sa vue, les Français arrêtèrent leur poursuite et, au comble de la joie, ils prirent l'icône et l'emportèrent dans une atmosphère de liesse et de fête.

Pendant le combat, la nouvelle parvint au camp qu'on se battait contre les Grecs ; aussi ceux de l'armée s'équipèrent-ils, et ils éperonnèrent à la rencontre de monseigneur Henri pour le secourir. Une fois qu'ils furent arrivés sur le champ de bataille, les Grecs s'étaient déjà enfuis, et nos Français ramenaient leur butin et rapportaient l'icône dont je vous ai signalé la beauté et la richesse. À l'approche du camp, les évêques et les clercs de l'armée allèrent en procession à leur rencontre et reçurent l'icône dans une atmosphère de liesse et de fête : on la donna à l'évêque de Troyes qui l'emporta au camp dans une église où ils résidaient, et on chanta solennellement des cantiques et, dès le jour où l'icône fut conquise, tous les barons furent d'accord pour la donner à Cîteaux où on la transféra par la suite.

De retour à Constantinople, Murzuphle fit croire qu'il avait mis en déroute et déconfit monseigneur Henri et ses gens. Quelques Grecs lui demandèrent sans penser à mal : « Où sont l'icône et l'enseigne ? » Et les autres répondirent que tout avait été mis en sécurité. Ces nouvelles se répandirent partout si bien que les Français surent que Murzuphle avait fait croire qu'il les avait déconfits. Aussi ne firent-ils ni une ni deux : ils armèrent une galère, prirent l'icône et la dressèrent bien haut, ainsi que l'enseigne impériale, et ils firent naviguer la galère avec l'icône et l'enseigne d'un bout à l'autre des murailles, si bien que ceux qui s'y trouvaient et beaucoup d'habitants de la cité les virent et reconnurent parfaitement l'enseigne et l'icône de l'empereur.

LXVII

Devant ce spectacle, les Grecs vinrent à Murzuphle et commencèrent à le vilipender et à le blâmer d'avoir perdu l'enseigne impériale et l'icône et de leur avoir fait croire qu'il avait déconfit les Français. Murzuphle, entendant ces reproches, s'en tira du mieux qu'il put et se mit à leur dire : « Ne vous tourmentez pas, car je le leur ferai payer très cher et je me vengerai fort bien d'eux. »

LXVIII

Ensuite, l'ensemble des Français et des Vénitiens s'assemblèrent pour délibérer de l'action à mener et du choix de l'empereur, une fois la cité prise, tant et si bien qu'ils décidèrent entre eux de prendre dix Français parmi les plus sages de l'armée et tout autant de Vénitiens ; et on s'en tiendrait à ce que ces vingt personnages arrêteraient, de telle manière que, si l'empereur était français, le patriarche serait vénitien. L'on arrêta aussi que l'empereur aurait le quart de l'empire et le quart de la cité en sa propre possession, et que les trois autres quarts seraient partagés par moitié entre les Vénitiens et les croisés qui les tiendraient, les uns et les autres, de l'empereur. Toutes ces dispositions prises, on fit jurer sur les reliques à tous ceux de l'armée que le butin en or, en argent et en étoffes neuves, à partir de cinq sous et plus, serait intégralement apporté au camp, hormis les outils et la nourriture, et qu'on ne violerait pas les femmes ni ne les dépouillerait de leurs vêtements : qui en serait convaincu serait exécuté. Et on leur fit jurer sur les reliques qu'ils ne porteraient pas la main sur moines, clercs et prêtres, sauf en cas de légitime défense, et qu'ils n'endommageraient pas les églises ni les monastères.

LXIX

Une fois que tout cela fut fait, la Noël était passée et on s'apprêtait à entrer en carême. Les Vénitiens et les Français recommencèrent à se préparer et à équiper leurs navires ; les Vénitiens firent refaire les passerelles de leurs bateaux et les Français construisirent d'autres espèces de machi-

nes qu'on appelait *chats*, *charcloies* et *truies*, pour saper les murs. Les
Vénitiens prirent du bois de construction dont ils couvrirent leurs navires
sans laisser d'intervalles, et ils se munirent de sarments de vigne qu'ils
posèrent sur le bois pour que les pierrières ne pussent détruire ni mettre
en pièces les bateaux. De leur côté, les Grecs fortifièrent puissamment à
l'intérieur leur cité et recouvrirent avec soin de bon cuir l'extérieur des
bretèches [1] au sommet des tours de pierre, et il n'y en avait pas une seule
qui ne comptât sept ou six étages, ou cinq à tout le moins.

LXX

Il arriva ensuite qu'un vendredi, environ dix jours avant les Pâques
fleuries [2], les croisés et les Vénitiens, ayant fini d'équiper leurs navires et
leurs machines, se préparaient à donner l'assaut [3]. Ils rangèrent leurs
bateaux l'un à côté de l'autre, et les Français de charger leurs machines
sur des barges et des galères, avant de se mettre en mouvement vers la
cité. La flotte s'étendait sur un front d'une bonne lieue. Tous les croisés
et les Vénitiens étaient armés de pied en cap. Or il y avait une colline dans
la cité, à l'endroit où l'on devait donner l'assaut, en sorte que, par-dessus
les murs, on pouvait bien voir des navires, tellement elle était haute. Sur
cette colline était venu l'empereur, le traître Murzuphle, et certains de ses
gens avec lui : il avait fait monter ses tentes vermeilles et il faisait sonner
ses trompettes d'argent et ses tambourins en une orgueilleuse parade, si
bien que les croisés pouvaient le voir distinctement, comme lui-même
leurs navires.

LXXI

Lorsque fut arrivé le moment d'aborder, les croisés, avec de bons
câbles, tirèrent leurs navires le plus près possible des murs, et les Français
firent dresser leurs machines — chats, charcloies, truies — pour saper
les murailles [4]. Les Vénitiens montèrent sur les passerelles et donnèrent
violemment l'assaut, et les Français attaquèrent de même avec leurs
machines. Quand les Grecs virent l'attaque des Français, ils s'élancèrent

---

1. Les chats, selon Du Cange, « étaient des machines faites à guise de galerie couverte
que l'on attachait aux murailles, sous laquelle ceux qui la devaient saper étaient à couvert ».
La charcloie était une machine de guerre consistant en une claie posée en demi-cercle et
montée sur trois roues. La truie était une machine pour lancer des pierres, battre les murailles
et se mettre à couvert en approchant des murs. La bretèche était un château de bois qui
surmontait les murs.
2. Le jour des Rameaux.
3. Le vendredi 2 mars 1204.
4. Les croisés lancèrent cet assaut infructueux le 12 avril 1204.

pour jeter sur les machines d'énormes carreaux d'une taille extraordinaire et ils commencèrent à les écraser, à les briser, à les mettre en pièces, en sorte que personne n'osa plus rester au-dedans ni au-dessus, et que les Vénitiens, de leur côté, ne purent prendre pied sur les murailles et les tours, en raison de leur hauteur. Ce jour-là, Vénitiens et Français ne purent causer aucun dommage ni aux murs ni à la cité. Constatant qu'ils n'y pouvaient rien, ils en furent affligés et se retirèrent. À cette vue, les Grecs se mirent à les huer et à leur crier des injures de toutes leurs forces et, montés sur les murs, ils baissaient leurs culottes et leur montraient leurs culs. Quand Murzuphle vit que les croisés s'en étaient retournés, il commença à faire retentir ses trompettes et ses tambourins avec une singulière ostentation, il appela ses gens et se mit à dire : « Voyez, seigneurs, suis-je un bon empereur ? Jamais vous n'en eûtes d'aussi bon. L'ai-je bien fait ? Nous n'avons plus à craindre ; je les ferai tous pendre et déshonorer. »

LXXII

Ce spectacle remplit de colère et de tristesse les croisés, qui s'en retournèrent à leurs cantonnements de l'autre côté du port. Une fois revenus et descendus des navires, les barons s'assemblèrent fort accablés et dirent que c'était à cause de leurs péchés qu'ils ne pouvaient rien faire ni causer de dommage à la cité ; aussi les évêques et les clercs de l'armée, s'étant concertés, jugèrent que la bataille était légitime et qu'on avait le droit de les attaquer, car autrefois ceux de la cité avaient été soumis à l'obédience de Rome et maintenant ils s'y étaient soustraits, puisqu'ils répétaient que la religion de Rome ne valait rien et que tous ceux qui y croyaient étaient des chiens ; les évêques affirmèrent que, pour cette raison, on avait le droit de les attaquer et que ce n'était pas un péché mais au contraire œuvre très charitable.

LXXIII

L'on fit donc crier par le camp que tous vinssent au sermon, les Vénitiens aussi bien que tous les autres, le dimanche matin ; ce qu'ils firent[1]. Alors les évêques prêchèrent à travers le camp — les évêques de Soissons, de Troyes, de Halberstadt, maître Jean Faicete et l'abbé de Loos : ils démontrèrent aux croisés que la bataille était légitime, car les autres étaient des traîtres et des assassins, des êtres déloyaux, puisqu'ils avaient assassiné leur seigneur légitime, et qu'ils étaient pires que les Juifs. Les

---

1. Ce sermon eut lieu le dimanche 11 avril 1204.

évêques ajoutèrent qu'ils absolvaient au nom de Dieu et du pape tous ceux qui les attaqueraient, leur commandant de se confesser et de communier pieusement et de ne pas craindre d'attaquer les Grecs, car c'étaient les ennemis de Dieu. On ordonna de rechercher et d'éloigner toutes les putains et de les envoyer très loin du camp : c'est ce qu'on fit en les mettant toutes dans un navire, qu'on éloigna à une bonne distance du camp.

LXXIV

Une fois que les évêques eurent prêché et démontré aux croisés que la bataille était légitime, tous se confessèrent pieusement et communièrent. Le lundi matin, tous les croisés prirent grand soin à se préparer et à s'équiper, tout comme les Vénitiens qui réparèrent les passerelles de leurs navires, de leurs chargeurs et de leurs galères ; ils les rangèrent côte à côte et se mirent en route pour aller donner l'assaut. La flotte s'étendait bien sur une bonne lieue. Quand ils eurent abordé et qu'ils se furent approchés le plus possible des murs, ils jetèrent l'ancre. Une fois là, ils commencèrent à attaquer avec vigueur, à tirer des traits, à lancer des projectiles, à jeter du feu grégeois sur les tours, mais celui-ci n'y pouvait prendre à cause des cuirs dont elles étaient recouvertes. À l'intérieur, on se défendait âprement, on manœuvrait soixante pierrières qui à chaque coup tiraient sur les navires, lesquels étaient si bien couverts de bois et de sarments qu'elles ne causaient pas grand dommage, bien que les pierres fussent si grosses qu'un homme à lui seul n'eût pu en soulever une seule de terre.

L'empereur Murzuphle, sur sa colline, faisait retentir ses trompettes d'argent et ses tambourins avec une singulière ostentation, il encourageait ses gens et disait : « Par ici ! Par là ! », les envoyant là où il voyait que le besoin était le plus grand. De toute la flotte, il n'y avait pas plus de quatre ou cinq navires assez hauts pour arriver au niveau des tours, tellement elles étaient hautes, tout comme les étages des tours de bois, construites sur celles de pierre, au nombre de cinq, six ou sept ; et toutes étaient garnies d'hommes d'armes qui les défendaient.

L'assaut fut si vigoureux que le navire de l'évêque de Soissons se heurta à l'une de ces tours, par un miracle de Dieu, emporté par la mer qui n'est jamais calme. Or, sur la passerelle de ce navire, il y avait un Vénitien et deux chevaliers en armes : dès que le navire se fut heurté à cette tour, voici que le Vénitien s'agrippa des pieds et des mains du mieux qu'il put, tant et si bien qu'il se trouva dedans. Alors les soldats qui étaient à cet étage, à savoir des Anglais, des Danois et des Grecs, lui coururent sus avec des haches et des épées et le taillèrent en pièces. Comme la mer avait de nouveau ramené le navire contre la tour, l'un des deux chevaliers nommé André de Durboise [1], ne fit ni une ni deux : il s'agrippa à cette bretèche des mains et des pieds tant et si bien qu'il se glissa à l'intérieur à genoux. Comme il était dans cette position, les autres lui coururent sus avec des haches et des épées et lui assenèrent de rudes coups, mais, comme il était recouvert de son armure, par la grâce de Dieu ils ne le blessèrent pas, dans la mesure où il était protégé par Dieu qui ne voulait pas que les Grecs résistassent davantage et que lui mourût de quelque façon. Il voulait au contraire, à cause de leur traîtrise, du meurtre commis par Murzuphle et de leur déloyauté, que la cité fût prise et qu'ils fussent couverts de honte, si bien que le chevalier se redressa et, une fois debout, tira son épée. Les ennemis, le voyant sur pied, furent si déconcertés, ils eurent si peur qu'ils s'enfuirent à l'étage du dessous dont les défenseurs, à la vue des autres qui fuyaient, vidèrent à leur tour la place sans oser y demeurer. Le second chevalier y entra ensuite et beaucoup de gens après lui.

Une fois à l'intérieur, ils prirent de bonnes cordes et attachèrent solidement ce navire à la tour ; cela fait, beaucoup de gens y entrèrent ; mais comme la mer remportait le navire en arrière, cette tour branlait si fort qu'on croyait que le navire était sur le point de l'abattre ; aussi furent-ils forcés, par peur, de détacher le navire. Quand les gens des autres étages inférieurs virent que la tour se remplissait ainsi de Français, ils eurent si grand-peur que personne n'osa plus y demeurer, mais ils vidèrent toute la tour.

Murzuphle, témoin de cette scène, encourageait ses gens qu'il envoyait là où l'assaut était le plus rude. Pendant que cette tour était prise par un tel miracle, le navire de monseigneur Pierre de Bracheux heurta une autre tour, et aussitôt ceux qui étaient sur la passerelle du navire commencèrent à attaquer vigoureusement cette tour tant et si bien que, par un vrai miracle, elle fut prise.

LXXV

Une fois prises, ces deux tours furent garnies de nos gens qui y restèrent sans oser en bouger à cause de la multitude qu'ils voyaient sur le mur autour d'eux, dans les autres tours et au pied des murailles : c'était un spectacle hallucinant, tellement ils étaient nombreux ! Quand monseigneur Pierre d'Amiens vit que ceux des tours ne bougeaient pas et qu'il constata l'attitude des Grecs, il ne fit ni une ni deux : il mit pied à terre, ainsi que ses gens, dans un petit espace qui se trouvait entre la mer et le mur. Quand ils furent descendus, ils regardèrent devant eux et découvri-

---

1. Sur André de Durboise, ou André Dureboise, de la suite de l'évêque de Soissons, personnage légendaire, voir Jean Longnon, *Les Compagnons de Villehardouin*, éd. cit., p. 129.

rent une fausse poterne dont on avait ôté les vantaux et qu'on avait depuis peu murée. Il s'en approcha avec pas moins de dix chevaliers et de soixante soldats. Parmi eux, un clerc nommé Aleaume de Clari, si courageux en toutes circonstances qu'il était le premier à tous les assauts auxquels il participait : lors de la prise de la tour de Galata, il réalisa de sa personne plus d'exploits, à les examiner un par un, que tous ceux de l'armée, hormis monseigneur Pierre de Bracheux, lequel surpassa tous les autres, les grands et les petits, si bien que personne ne réalisa autant de hauts faits et d'exploits que lui.

Arrivés à cette poterne, ils commencèrent à donner de violents coups de pics, tandis que les carreaux volaient si dru et qu'on jetait tant de pierres du haut des murs qu'ils semblaient presque enfouis sous les pierres, tant on en jetait. Ceux de dessous tenaient des boucliers et des targes dont ils couvraient ceux qui attaquaient la poterne à coups de pics. On leur jetait d'en haut des pots pleins de poix bouillante, des feux grégeois, d'énormes blocs de pierre, et c'était vraiment miraculeux qu'ils ne fussent pas tous écrasés. Monseigneur Pierre et ses gens endurèrent plus de peines et de souffrances qu'on ne peut l'exprimer ; ils attaquèrent cette poterne tant et tant, à coups de haches, de robustes épées, de madriers, de barres et de pics qu'ils firent un grand trou. La poterne percée, ils regardèrent à travers et virent tant de gens, des puissants et des humbles, qu'il semblait que la moitié du monde y fût, si bien qu'ils n'osaient s'enhardir à y pénétrer.

LXXVI

Ce que voyant, Aleaume le clerc sortit des rangs en disant qu'il y entrerait. Or il y avait là un chevalier, son frère, nommé Robert de Clari, qui lui interdit d'entrer ; mais le clerc de dire qu'il le ferait et de s'y engager des pieds et des mains. Son frère, quand il le vit, le prit par le pied et commença à le tirer vers lui ; et le clerc fit tant et si bien que, malgré son frère, qu'il le voulût ou non, il y entra. Une fois dans la place, une foule de Grecs se précipita sur lui et, du haut des murs, on se mit à lui jeter d'énormes blocs de pierre. À ce spectacle, le clerc tira son coutelas et se jeta sur eux, les faisant fuir devant lui comme des bêtes. Et il disait à ceux du dehors, à monseigneur Pierre et à ses gens : « Seigneurs, entrez hardiment. Je vois qu'ils sont en pleine déroute et qu'ils s'enfuient. » Quand monseigneur Pierre et ses gens l'entendirent, ils entrèrent à dix chevaliers et à au moins soixante soldats, tous à pied. Une fois qu'ils furent à l'intérieur, ceux qui étaient sur les murs et en cet endroit, quand ils les virent, éprouvèrent une telle peur qu'ils n'osèrent demeurer sur place, mais vidèrent une grande partie de la muraille et s'enfuirent à qui mieux mieux. L'empereur Murzuphle le traître était tout près de là, à moins d'un jet de pierre, et il faisait retentir ses trompettes et ses tambourins avec une singulière ostentation.

LXXVII

À la vue de monseigneur Pierre et de ses gens à pied qui occupaient l'intérieur, il fit mine de leur courir sus et de piquer des éperons, et il avança jusqu'à mi-chemin. Ce que voyant, monseigneur Pierre commença à encourager ses gens en leur disant : « Allons, seigneurs, c'est le moment de bien faire ! Nous aurons bientôt à nous battre : voici l'empereur qui vient. Prenez garde que personne n'ait l'audace de reculer, mais c'est le moment de bien faire ! »

LXXVIII

Quand Murzuphle le traître vit qu'ils ne fuiraient pas, il s'arrêta, puis retourna à ses tentes. Monseigneur Pierre, quand il vit sa retraite, envoya une troupe de ses soldats à une porte toute proche et ordonna qu'on la mît en pièces et qu'on l'ouvrît. Ils y allèrent et commencèrent à cogner et à frapper contre cette porte à coups de haches et d'épées, tant et si bien qu'ils brisèrent les verrous de fer, pourtant très robustes, et les barres et qu'ils ouvrirent la porte. Celle-ci ouverte, ceux du dehors firent avancer les huissiers et sortir les chevaux, puis ils montèrent en selle et commencèrent à entrer à toute allure dans la cité par la porte. La vue des Français à cheval dans la ville épouvanta tellement l'empereur Murzuphle le traître qu'il abandonna sur place ses tentes et ses joyaux, et s'enfuit dans la cité qui était très étendue en longueur et en largeur : on dit là-bas que, pour faire le tour des murs, il y a bien neuf lieues — c'est la longueur des murs d'enceinte — et à l'intérieur la cité mesure au moins deux lieues françaises en longueur et deux en largeur [1]. Monseigneur Pierre de Bracheux se saisit des tentes de Murzuphle, de ses coffres et de ses joyaux qu'il avait laissés sur place.

Quand les défenseurs des tours et des murs virent que les Français étaient entrés dans la cité et que l'empereur s'était enfui, ils n'osèrent pas y demeurer, mais ils prirent la fuite à qui mieux mieux. C'est ainsi que fut prise la cité [2]. Une fois celle-ci tombée et les Français à l'intérieur, ils se tinrent tranquilles. Alors les grands barons s'assemblèrent et délibérèrent entre eux pour savoir ce qu'ils feraient, si bien qu'on fit crier par l'armée que personne ne fût assez hardi pour s'avancer dans la cité, car

---

1. La lieue française mesurait environ quatre kilomètres et demi.
2. Constantinople fut prise le 12 avril 1204.

ils courraient le risque qu'on leur jetât des pierres du haut des palais, qui étaient très grands et élevés, qu'on les tuât dans les rues si étroites qu'ils ne pourraient se défendre, et qu'on mît le feu derrière eux et qu'on les brûlât. À cause de ces risques et de ces dangers, ils n'osèrent ni pénétrer ni se disperser dans la ville, mais ils se tinrent sur place, tout tranquilles. Les barons s'accordèrent sur cette décision que, si les Grecs voulaient combattre le lendemain, eux qui étaient cent fois plus de gens en armes que les Français, on s'armerait le lendemain matin, on formerait les bataillons, on les attendrait sur un ensemble de places devant la cité, et s'ils ne voulaient pas combattre ni rendre la ville, on regarderait de quel côté le vent viendrait et on mettrait le feu dans le sens du vent et on les brûlerait ; ainsi les prendrait-on de force. Cette décision emporta l'accord de tous les barons. Le soir venu, les croisés se désarmèrent, se reposèrent, puis mangèrent et se couchèrent pour la nuit devant leur flotte à l'intérieur des murs.

LXXIX

Vers minuit, quand l'empereur Murzuphle le traître sut que tous les Français étaient dans la cité, il en fut tout effrayé et n'osa plus rester sur place, mais il s'enfuit au milieu de la nuit sans que personne en sût rien. Les Grecs, constatant que leur empereur s'était enfui, se rendirent auprès d'un homme puissant de la cité, nommé Lascaris, la nuit même, et ils le firent empereur [1]. Une fois proclamé, il n'osa rester sur place, mais monta dans une galère avant qu'il ne fît jour, traversa le Bras-Saint-Georges, gagna Nicée la grande, une ville opulente, où il s'arrêta et dont il fut le maître et empereur.

LXXX

Le lendemain matin, les prêtres et les clercs, vêtus de leurs habits sacerdotaux — c'étaient des Anglais, des Danois et des gens d'autres nations —, ne firent ni une ni deux : ils vinrent en procession au camp des Français, leur demandèrent grâce, les informèrent des faits et gestes des Grecs, leur annonçant que tous avaient pris la fuite et qu'il n'était resté dans la cité que de pauvres gens. Ces nouvelles remplirent de joie les Français. Ensuite, on fit crier par tout le camp que personne ne prît de logis avant qu'on en eût fixé les modalités. Alors s'assemblèrent les hommes importants et puissants : ils décidèrent, sans que les petites gens et les pauvres chevaliers en sussent rien, qu'ils prendraient les meilleurs

---

1. Théodore Lascaris fut empereur en 1204.

hôtels de la ville. C'est depuis lors qu'ils commencèrent à trahir les petites gens, à se comporter à leur égard avec déloyauté et en mauvais compagnons : ils le payèrent ensuite très cher, comme nous vous le dirons après. Ils envoyèrent prendre possession des hôtels les meilleurs et les plus riches de la ville où iis s'installèrent, avant que les pauvres chevaliers et les petites gens s'en aperçussent. Dès que ceux-ci en eurent connaissance, ils se précipitèrent à qui mieux mieux et prirent tout ce qu'ils pouvaient attraper : ils en trouvèrent beaucoup, ils en prirent beaucoup, et il en resta encore beaucoup, car la cité était immense et très peuplée. Le marquis s'appropria le palais de Boucoléon, le monastère de Sainte-Sophie et les maisons du patriarche ; les autres puissants, tout comme les comtes, s'attribuèrent les plus riches palais et les plus riches abbayes qu'on put trouver, car, une fois la ville prise, on ne fit de mal ni à pauvre ni à riche, mais s'en alla qui le voulut, et qui le voulut resta : ce furent les plus riches de la ville qui s'en allèrent.

LXXXI

Ensuite, on commanda que tout le montant du butin fût réuni dans une abbaye de la cité. L'on y apporta tout le butin qu'on donna à garder à dix chevaliers pris parmi les croisés importants et à dix Vénitiens qu'on tenait pour loyaux, dès qu'on eut rassemblé ce butin qui était si riche et comportait tant de riche vaisselle d'or et d'argent, d'étoffes brodées d'or, de riches joyaux que c'était une pure merveille : depuis la création du monde, on ne vit ni ne conquit si grande richesse, si noble, si opulente, ni au temps d'Alexandre ni au temps de Charlemagne, ni avant ni après, et je ne crois pas, de mon point de vue, que les quarante cités les plus riches du monde aient contenu autant de richesse qu'on en trouva à l'intérieur de Constantinople. Et les Grecs attestaient que les deux tiers de la richesse du monde se trouvaient à Constantinople, et le troisième tiers épars dans le monde.

Ceux-là mêmes qui devaient garder le trésor prenaient les joyaux d'or et ce qu'ils voulaient, et volaient le butin ; et chacun des grands barons s'appropriait des joyaux d'or ou des étoffes de soie brodées d'or, ou ce qu'il préférait, et il l'emportait. C'est ainsi qu'ils commencèrent à voler le butin, sans rien distribuer au commun de l'armée ni aux pauvres chevaliers ni aux soldats qui avaient aidé à le gagner, sauf l'argenterie commune, comme les bassines d'argent que les dames de la cité emportaient aux bains. Le reste du butin à répartir fut malhonnêtement dilapidé ; cependant les Vénitiens en eurent la moitié ; quant aux pierres précieuses et au grand trésor qui restaient à répartir, tout s'en alla aussi malhonnêtement, comme nous vous le dirons après.

LXXXII

La cité prise et les croisés logés comme je vous l'ai dit, une fois les palais occupés, on y trouva des richesses en très grande quantité. Le palais de Boucoléon était riche et construit de la manière que je vais dire[1]. Ce palais, qu'occupait le marquis [de Montferrat], comportait cinq cents appartements reliés les uns aux autres, tous faits de mosaïques d'or, et il y avait bien trente chapelles, grandes et petites, dont l'une était appelée la Sainte-Chapelle[2], si riche et si grandiose qu'il n'y avait ni gond ni verrou ni autre pièce, à l'ordinaire en fer, qui ne fût tout en argent, ni de colonne qui ne fût de jaspe ou de porphyre ou de pierres précieuses ; le pavement en était d'un marbre blanc si lisse et si clair qu'il semblait de cristal. Cette chapelle était si riche, si magnifique qu'il serait impossible de rendre compte de sa beauté et de sa magnificence. À l'intérieur, on trouva de riches reliquaires qui contenaient deux morceaux de la vraie Croix, aussi gros que la jambe d'un homme et longs d'une demi-toise, le fer de la lance dont Notre-Seigneur eut le côté transpercé, les deux clous plantés dans ses mains et ses pieds, une grande partie de son sang dans une fiole de cristal, la tunique dont il était vêtu et dont on le dépouilla quand on l'eut mené sur le mont du Calvaire, la sainte couronne dont on le couronna, faite de joncs aussi piquants que des fers d'alêne, un morceau du vêtement de Notre-Dame, la tête de monseigneur saint Jean-Baptiste, et tant d'autres précieuses reliques que je ne pourrais en faire le compte ni la description[3].

---

1. Sur le palais de Boucoléon, devenu pour les croisés *Bouche-de-lion* par fausse étymologie, alors qu'il était nommé ainsi à cause d'un bas-relief représentant le combat d'un taureau et d'un lion, voir en particulier Louis Bréhier, *La Civilisation byzantine*, Paris, Albin Michel, 1950, *passim* ; J. Ebersolt, *Le Grand Palais de Constantinople*, Paris, 1910 ; Baxter, *The Great Palace of the Byzantine Emperors*, Oxford University Press, 1947 ; G. Martiny et *al.*, *The Great Palace of the Byzantine Emperors*, Oxford, 1947 ; D. Talbot Rice, *The Great Palace of the Byzantine Emperors*, Édimbourg, 1958.
2. La Sainte-Chapelle est l'Oratoire du Sauveur, dont la construction remontait au IXe siècle.
3. Sur le culte des reliques, voir A. Frolow, *La Relique de la Vraie Croix. Recherches sur le développement d'un culte*, Paris, Institut français d'études byzantines, « Archives de l'Orient chrétien », n° 7, 1961, et *Recherches sur la déviation de la quatrième croisade vers Constantinople*, Paris, PUF, 1955 ; Louis Bréhier, *La Civilisation byzantine*, éd. cit., p. 225-232 ; E. Gilson, « La Passion dans la pensée française du Moyen Âge », *Revue des questions historiques*, 1934, t. 120, p. 148. On assiste alors à une recrudescence du culte de la Passion. Le Calvaire obsédait les esprits, témoin le rôle du crucifix dans la vie et la pensée de saint Bernard et de saint François d'Assise, l'extension du droit d'asile aux croix rurales, le port par les pèlerins de la croix en divers endroits de l'armure et des vêtements, de préférence sur l'épaule, comme le Sauveur. La croix, symbole, profession de foi, signe juridique de la mission des croisés, signe de protection surnaturelle, fut un des principaux objets de la conquête.

LXXXIII

Or il y avait dans cette chapelle encore d'autres reliquaires que nous avons oublié de mentionner. En effet, deux riches vases d'or pendaient au milieu de la chapelle à deux grosses chaînes d'argent. L'un d'eux contenait une tuile et l'autre un linge. Nous vous en dirons l'origine. Il y eut jadis à Constantinople un saint homme qui, un jour, pour l'amour de Dieu, recouvrait de tuiles la maison d'une veuve. Pendant qu'il y travaillait, Notre-Seigneur lui apparut et s'adressa au saint homme qui portait un linge autour de la taille : « Donne-moi ce linge », fit Notre-Seigneur, et le saint homme le lui donna ; Notre-Seigneur en enveloppa son visage si bien que celui-ci s'y imprima ; puis il le lui rendit en lui disant de l'emporter et d'en toucher les malades, et que quiconque aurait la foi serait délivré de sa maladie. Le saint homme le prit et l'emporta ; mais avant de l'emporter, quand Dieu le lui eut rendu, il le cacha sous une tuile jusqu'au soir. Alors, en s'en allant, il prit le linge et, lorsqu'il souleva la tuile, il y découvrit le visage imprimé comme sur le linge. Il emporta la tuile et le linge grâce auxquels bien des malades guérirent. Ce sont ces reliques qui étaient suspendues au milieu de la chapelle, comme je vous l'ai dit.

Il y avait dans la Sainte-Chapelle un autre reliquaire qui contenait un portrait de saint Démétrius, peint sur un tableau et qui produisait tellement d'huile qu'on ne pouvait en recueillir autant qu'il en coulait. [... [1]]

[D'autre part, dans le palais des Blachernes] il y avait bien vingt chapelles et bien deux cents appartements, voire trois cents, reliés entre eux et tout faits de mosaïques d'or [2]. Ce palais était si riche, si grandiose qu'on ne saurait en décrire ni dénombrer la magnificence ni l'opulence. Dans ce palais, on trouva un trésor exceptionnel, les riches couronnes des précédents empereurs, les riches joyaux d'or, les riches étoffes de soie brodées d'or, les riches robes impériales, les riches pierres précieuses, et tant d'autres richesses qu'on ne saurait dénombrer l'extraordinaire trésor d'or et d'argent qu'on trouva dans le palais et de nombreux autres lieux de la cité.

LXXXIV

Ensuite, les croisés contemplèrent la grandeur de la ville, ses palais, ses riches abbayes, ses riches églises, ses extraordinaires merveilles qui les remplirent d'admiration et particulièrement l'église Sainte-Sophie et la richesse qui s'y trouvait.

---

1. Il y a sans doute ici une lacune dans le manuscrit, car il apparaît une contradiction entre le début du chapitre LXXXII et la fin du chapitre LXXXIII.
2. Sur le palais des Blachernes, voir Louis Bréhier, *op. cit.*, p. 64.

LXXXV

Je vais vous dire maintenant comment était faite l'église Sainte-Sophie. Sainte Sophie en grec, c'est Sainte Trinité en français[1]. L'église était toute ronde ; à l'intérieur, tout autour, des voûtes que soutenaient un ensemble de grosses colonnes très riches ; il n'y en avait pas une qui ne fût de jaspe ou de porphyre ou de riches pierres précieuses, ni aucune qui n'eût de vertu médicinale : l'une guérissait du mal de reins quand on s'y frottait, l'autre du mal au côté, d'autres guérissaient d'autres maladies. Dans cette église, il n'y avait pas de porte, ni de gond, ni de verrou, ni de pièce à l'ordinaire en fer, qui ne fût tout en argent.

Le maître-autel de l'église, qu'un riche empereur avait fait faire, était si riche qu'on ne pourrait en estimer le prix, car la table qui le recouvrait était d'or et de pierres précieuses taillées et polies, le tout fondu ensemble et elle avait quatorze pieds de long. Autour, des colonnes d'argent suppor-taient au-dessus de l'autel un baldaquin en forme de clocher, tout entier d'argent massif, si riche qu'on n'aurait pu en évaluer le prix[2].

L'endroit où on lisait l'Évangile était si riche et si magnifique que nous ne saurions vous le décrire avec exactitude. Ensuite, d'un bout à l'autre de l'église, pendaient bien cent lustres, chacun à une grosse chaîne d'ar-gent, aussi grosse que le bras d'un homme, et chacun comptait bien vingt-cinq lampes, ou plus, et valait au moins deux cents marcs d'argent.

À l'anneau de la grande porte de l'église, totalement en argent, pendait un petit tuyau dont on ne savait de quel alliage il était fait et qui avait la taille d'une flûte de berger[3]. Ce tuyau avait la vertu que je vais vous dire.

1. Sur Sainte-Sophie, voir J. Ebersolt, *Sainte-Sophie de Constantinople, étude topogra-phique d'après les « Cérémonies »* , Paris, 1910 ; J. Ebersolt et Thiers, *Les Églises de Constantinople*, Paris, 1913. On remarquera que la traduction de *sophia* (« sagesse ») est plus qu'approximative.

2. Le mot *baldaquin* traduit *abitacle* de Robert de Clari. Ce mot d'*abitacle*, employé quatre fois par Robert de Clari, désigne la tente des nomades Coumans (chap. LXV), le balda-quin qui abrite l'autel eucharistique (chap. LXXXV) ou le char triomphal des empereurs byzantins (chap. LXXXIX), enfin les cabanes qui servent de logements aux stylites au sommet des colonnes (chap. XCII). Voir Georges Gougenheim, *op. cit.*, p. 330-339.

3. Le petit tuyau ou goulot de la grande porte (*buhotiaus* dans le texte) est présenté ainsi par Albert Pauphilet dans *Le Legs du Moyen Âge*, Meulun, Librairie D'Argences, 1950, chap. VII, p. 235 : « Antoine de Novgorod, qui visita Constantinople à la veille de la conquête, parle aussi de cet objet. Voici son texte, traduit directement du russe : *Sur les portes impériales, il y a un "romanist" appelé "narov", d'airain, par lequel se ferment et se verrouillent les portes : on place là les gens, hommes ou femmes, de façon que celui qui a absorbé le venin du serpent ou quelque poison ne puisse le retirer de sa bouche jusqu'à ce que tout le mal soit sorti en salive de ses lèvres. Romanist* est un mot grec, qui signifie "verrou" ; *narov* qui semble bien, dans l'intention de l'auteur, en être la traduction slave, n'est pas dans les dictionnaires, mais Savaïtov l'explique en note par *proboï*, qui signifie "piton". Donc un objet insolite, pour lequel on ne dispose ou bien, comme le russe, que de mots étrangers, rares, approximatifs, ou bien, comme le français, que de comparaisons. Car *buhotiaus*, diminutif de *buhot*, désigne un goulot de cruche et n'est pas moins une comparai-son que la flûte de berger. Qu'est-ce en réalité ? Quand on se souvient de l'habileté des

Quand un malade qui souffrait d'une enflure ou dont le ventre était gonflé le mettait dans sa bouche, à peine l'avait-il mis que le goulot se saisissait de lui et lui suçait toute sa maladie, expulsant ce venin par la bouche ; et il le tenait si fort qu'il lui faisait rouler et tourner les yeux dans la tête, et le patient ne pouvait s'en défaire avant que le goulot lui eût sucé toute sa maladie hors du corps. Bien plus, plus on était malade, plus longtemps on le tenait, et si on le mettait à la bouche sans être malade, on n'aurait pu le tenir tant soit peu.

LXXXVI

De plus, devant cette église Sainte-Sophie, il y avait une grosse colonne, de bien trois brassées d'homme en grosseur et d'au moins cinquante toises de haut [1] ; elle était faite de marbre et recouverte de cuivre et cerclée de robustes bandes de fer. En haut, tout au sommet de cette colonne, il y avait une pierre de quinze pieds de long et d'autant de large, sur laquelle un empereur coulé dans le cuivre sur un grand cheval de cuivre étendait sa main vers le pays païen ; il portait une inscription selon laquelle il jurait que jamais les Sarrasins n'obtiendraient de trêve de sa part ; dans son autre main, il tenait une pomme d'or surmontée d'une croix. Les Grecs disaient que c'était l'empereur Héraclius. Il y avait bien, tant sur la croupe que sur la tête du cheval et alentour, dix nids de hérons qui s'y installaient chaque année.

LXXXVII

En outre, ailleurs dans la cité, il y avait une autre église qu'on appelait l'église des Sept-Apôtres. On la disait encore plus riche et plus magnifique que l'église Sainte-Sophie [2]. Elle possédait tant de richesses et de splendeurs qu'on ne saurait faire le compte de la magnificence et de la richesse de cette église. Les corps de sept apôtres y étaient enterrés ; on y trouvait aussi la colonne de marbre à laquelle fut attaché Notre-Seigneur avant d'être mis en croix. On disait même que l'empereur Constantin y était enterré, de même qu'Hélène et beaucoup d'autres empereurs.

Byzantins à construire des machines pneumatiques, l'hypothèse est très tentante de voir dans cet instrument à miracles une pompe pneumatique, aspirante et soufflante, que d'astucieux sacristains faisaient fonctionner tantôt dans un sens et tantôt dans l'autre selon la tête du client. »

1. C'est la colonne de Justinien, surmontée de la statue du même empereur.
2. Sur l'église des Saints-Apôtres, voir L. Bréhier, *op. cit.*, p. 229, et J. Ebersolt et Thiers, *op. cit.*

LXXXVIII

Or, dans un autre endroit de la cité, il y avait une porte appelée le Manteau d'or, qui portait un globe d'or fabriqué avec un tel art magique que les Grecs disaient que, tant qu'il serait là, aucun coup de tonnerre ne tomberait sur la cité [1]. Sur ce globe, une statue de cuivre fondu portait un manteau d'or, tendu sur son bras, avec cette inscription : « Tous ceux qui demeurent à Constantinople un an, disait la statue, doivent porter un manteau d'or comme le mien. »

LXXXIX

Dans un autre quartier de la cité, il y avait une autre porte appelée la Porte Dorée, et sur celle-ci deux éléphants en cuivre fondu, d'une extraordinaire grandeur. Elle n'était jamais ouverte avant que l'empereur revînt de bataille et qu'il eût fait une conquête. Quand il revenait victorieux et conquérant, alors le clergé de la cité venait à sa rencontre en procession, on ouvrait cette porte et on lui amenait un *curre* d'or, semblable à un char à quatre roues (on l'appelait curre). À l'intérieur, sur une estrade élevée, un trône était entouré de quatre colonnes portant un baldaquin qui l'ombrageait et semblait tout en or. L'empereur s'asseyait sur ce trône, la couronne sur la tête ; il entrait par cette porte et on le menait sur ce *curre*, au milieu de la joie et de la fête, jusqu'à son palais.

XC

Et voici qu'en un autre endroit de la cité, il y avait une autre merveille, à savoir une place, près du palais de Boucoléon, appelée les Jeux de l'Empereur, longue d'une bonne portée et demie d'arbalète et large de près d'une portée [2]. Tout autour, trente ou quarante gradins, sur lesquels les Grecs montaient pour regarder les jeux ; et au-dessus, des loges élégantes et magnifiques où l'empereur et l'impératrice s'asseyaient pendant les jeux, ainsi que les autres grands personnages et les dames. Deux équipes de joueurs s'affrontaient, et l'empereur et l'impératrice pariaient que l'une serait supérieure à l'autre, tout comme les autres spectateurs. Le long de cette place, une muraille haute de quinze pieds et large de dix portait des statues d'hommes et de femmes, de chevaux, de bœufs et de chameaux, d'ours et de lions et de toutes sortes de bêtes en cuivre fondu,

1. C'est en fait la porte de Gyrolimné.
2. Sur l'hippodrome et les courses, voir L. Bréhier, *op. cit.*, p. 85-91.

si bien faites et si ressemblantes qu'il n'existe pas si habile maître chez les païens et chez les chrétiens pour savoir représenter et façonner des statues comme celles-ci. Autrefois, elles avaient l'habitude de s'animer par magie, mais elles ne le faisaient plus du tout. Ces Jeux de l'Empereur émerveillèrent les Français quand ils les virent.

XCI

Et voici, dans un autre quartier de la cité, une autre merveille : deux statues de femmes en cuivre fondu si bien faites, si ressemblantes, si belles qu'on ne pouvait trouver mieux, et aucune n'avait moins de vingt pieds de haut. L'une tendait sa main vers l'Occident et portait cette inscription : « Du côté de l'Occident viendront ceux qui conquerront Constantinople » ; l'autre tendait la main vers un vilain endroit avec cette inscription : « C'est là qu'on les fourrera. » Ces deux statues se dressaient devant le change, d'une grande opulence, où se tenaient les riches changeurs qui avaient devant eux de grands tas de besants et de pierres précieuses avant la prise de la ville ; mais après il n'y en avait plus autant.

XCII

Dans un autre quartier de la ville, il y avait une merveille encore plus grande, à savoir deux colonnes dont chacune était aussi grosse que trois brassées d'homme et haute de cinquante toises[1]. Au sommet de chacune demeurait un ermite dans une maisonnette, et il y avait une porte à l'intérieur des colonnes par où l'on montait. À l'extérieur étaient dessinées et inscrites, sous forme de prophéties, toutes les aventures et conquêtes advenues et à venir à Constantinople. L'on ne pouvait connaître l'événement avant qu'il ne se fût produit : une fois arrivé, les gens allaient baguenauder et le découvraient pour la première fois. Même cette conquête des Français était écrite et dessinée, avec les navires qui servirent à prendre la cité, sans que les Grecs pussent le savoir avant que ce fût arrivé. Mais alors on alla contempler en flânant ces colonnes, et on découvrit que selon les inscriptions dessinées sur les navires, de l'Occident viendrait un peuple au crâne rasé, en cottes de fer, qui conquerrait Constantinople.

Toutes ces merveilles que je vous ai présentées et bien d'autres encore que nous ne pouvons pas dénombrer, les Français les trouvèrent à Constantinople quand ils l'eurent conquise, et je ne pense pas, tel est mon avis, qu'aucun narrateur soit assez doué pour dénombrer toutes les

---

1. Ce sont les colonnes Xérolophos et Tauros sur le forum de Théodose. Une toise équivaut à un peu moins de deux mètres.

abbayes de la cité, tellement il y en avait, de moines comme de religieuses, sans parler des autres monastères à l'extérieur de la ville. On estimait qu'il y avait dans la cité bien largement trente mille prêtres, moines ou séculiers. Quant aux autres Grecs, grands et petits, pauvres et riches, quant à la grandeur de la ville, aux palais et aux autres merveilles qui s'y trouvent, nous renoncerons à les énumérer, car aucun être humain, si longtemps qu'il eût résidé dans la cité, ne pourrait les dénombrer ni les décrire ; et si l'on vous contait le centième de la richesse, de la beauté, de la magnificence qu'il y avait dans les abbayes, les églises, les palais et la ville, on passerait pour menteur et vous ne le croiriez pas.

Et, parmi les autres églises, l'une d'elles, appelée Notre-Dame Sainte-Marie des Blachernes, abritait le suaire dont fut enveloppé Notre-Seigneur, et qui tous les vendredis se dressait tout droit, si bien qu'on pouvait y voir distinctement la figure de Notre-Seigneur [1]. L'on ne sut jamais, parmi les Grecs et les Français, ce que devint ce suaire quand la ville fut prise.

Dans une autre abbaye, était enterré le bon empereur Manuel : jamais aucun humain, ni saint, ni sainte, n'eut si riche et si magnifique sépulture [2]. Cette abbaye abritait aussi une table de marbre sur laquelle fut étendu Notre-Seigneur quand on le descendit de la croix, et on y voyait encore les larmes que Notre-Dame avait versées sur lui.

XCIII

Il advint ensuite que tous les comtes et les puissarts s'assemblèrent un jour au palais de Boucoléon, occupé par le marquis [de Montferrat], et ils décidèrent d'élire un empereur et de choisir leurs dix représentants ; ils demandèrent au doge de Venise de choisir les dix siens. À cette nouvelle, le marquis voulut y placer ses partisans et ceux dont il croyait qu'ils l'éliraient empereur : il voulait le devenir sur-le-champ. Les barons refusèrent que le marquis plaçât ses seuls partisans, mais ils acceptèrent qu'il y en eût quelques-uns. Ce que voyant, le doge de Venise, un homme très avisé et sage, parla à leur assemblée en ces termes : « Seigneurs, accordez-moi votre attention. Je veux qu'avant qu'on élise l'empereur, les palais soient mis sous la garde commune de l'armée ; car si on m'élit, il faut que j'y aille tout aussitôt sans aucune contestation et que je sois mis en possession des palais ; et qu'il en soit de même si on élit le comte de Flandre ou le marquis ou le comte Louis [de Blois] ou le comte de Saint-Pol, ou si

---

1. Sur l'église Sainte-Marie des Blachernes, voir les ouvrages cités à la note du chap. LXXXVII.

2. L'empereur Manuel Comnène était enterré dans l'abbaye de Pantocrator ; cf. L. Bréhier, *op. cit.*, p. 434.

on élit un pauvre chevalier, afin que l'élu possède les palais sans aucune contestation, soit du marquis, soit du comte de Flandre, soit de l'un ou de l'autre.

XCIV

À ces propositions le marquis ne put s'opposer, mais il quitta le palais qu'il tenait ; et on alla mettre, dans les palais qui appartenaient à l'ensemble de l'armée, des gens pour les garder. Le doge, son discours achevé, dit aux barons de choisir leurs dix électeurs, car il aurait tôt fait de choisir les siens. Sur ce, chacun des barons voulut placer ses partisans, que ce fût le comte de Flandre, le comte Louis, le comte de Saint-Pol ou les autres grands seigneurs, tant et si bien qu'ils ne purent cette fois-ci s'accorder sur les gens à placer et à choisir. Aussi fixèrent-ils un autre jour pour choisir les dix, mais, le moment venu, ils ne purent pas davantage se mettre d'accord. Le marquis s'obstinait toujours à placer ceux dont il croyait qu'ils l'éliraient empereur, et il voulait le devenir pour ainsi dire par force. Cette discorde dura bien quinze jours sans qu'ils pussent s'entendre, et il ne se passait pas de jour sans qu'ils se réunissent pour cette affaire, tant et si bien que pour finir ils décidèrent que le clergé de l'armée, les évêques et les abbés, seraient les électeurs. Après cet accord, le doge alla choisir ses dix électeurs de la manière que je vais vous dire. Il appela quatre de ceux qu'il croyait être les plus sages de sa terre, et il leur fit jurer sur les reliques qu'ils choisiraient dix parmi les plus sages de sa terre présents dans l'armée. Ce qu'ils firent : quand ils en appelaient un, il devait s'avancer et ne plus avoir l'audace de parler ni de s'entretenir avec personne, mais on l'isolait aussitôt dans un monastère, et ainsi de suite pour les autres, jusqu'au moment où le doge eut ses dix électeurs. Une fois tous placés en ce monastère, les dix Vénitiens et les évêques, on chanta une messe du Saint-Esprit afin qu'Il les inspirât et les incitât à désigner un homme qui fût valeureux et efficace.

XCV

La messe chantée, les électeurs se réunirent et délibérèrent sur tel ou tel, tant et si bien que les Vénitiens, les évêques et les abbés, les vingt électeurs, furent unanimes pour choisir le comte de Flandre sans qu'aucun émît d'objection. L'accord obtenu, au moment de se séparer, ils chargèrent l'évêque de Soissons d'être leur porte-parole. Alors tous ceux de l'armée se rassemblèrent pour entendre nommer celui qui serait empereur. Réunis, ils se tinrent silencieux : le plus grand nombre avait grand-peur qu'on ne nommât le marquis, et ses partisans redoutaient fort qu'on ne nommât quelqu'un d'autre. C'est dans ce silence que se leva l'évêque de Soissons et qu'il leur dit : « Seigneurs, avec le commun accord de vous tous, nous avons été délégués pour faire cette élection. Nous avons choisi quelqu'un dont nous savions en notre âme et conscience qu'il est bien fait pour cette fonction, qu'avec lui l'empire est entre de bonnes mains, qu'il a la force de maintenir la justice, qu'il est noble et puissant. Nous vous le nommerons : c'est Baudouin le comte de Flandre[1]. » Cette annonce remplit de joie tous les Français et en affligea d'autres, comme les partisans du marquis.

XCVI

Après l'élection, les évêques, tous les grands barons et les Français, au comble de la joie, prirent l'empereur et l'emmenèrent au palais de Boucoléon dans une atmosphère, d'allégresse et de fête. Et les grands seigneurs, une fois tous réunis à l'intérieur, fixèrent la date du couronnement.

Le jour venu, les évêques, les abbés et les grands barons, les Vénitiens et les Français montèrent à cheval et se rendirent au palais de Boucoléon ; de là, ils emmenèrent l'empereur à l'église Sainte-Sophie où on le conduisit à l'écart, dans une chambre. On lui ôta ses vêtements, on lui enleva ses chausses pour lui en mettre de vermeilles en soie ; on le chaussa de souliers recouverts de pierres précieuses ; on l'habilla d'une cotte très riche, cousue de boutons en or par-devant et par-derrière, des épaules à la ceinture ; puis on le revêtit du pallium[2] : c'était une sorte de vêtement qui battait sur le cou-de-pied par-devant et qui, par-derrière, était si long qu'on s'en ceignait, et puis on le rejetait en arrière sur le bras gauche comme un manipule. Ce pallium était très riche, somptueux, tout chargé de riches pierres précieuses. Ensuite, on revêtit l'empereur par-dessus d'un très riche manteau, tout entier recouvert de riches pierres précieuses, sur lequel des aigles en pierres de grand prix brillaient tellement qu'on eût dit que le manteau était lumineux.

Ainsi vêtu, on l'amena devant l'autel : le comte Louis portait son gonfanon impérial, le comte de Saint-Pol son épée et le marquis sa couronne, tandis que deux évêques soutenaient les bras du marquis et que deux autres marchaient aux côtés de l'empereur. Tous les barons étaient somptueusement vêtus, et il n'y avait Français ni Vénitien qui ne fût vêtu d'une robe de samit ou de soie. L'empereur, arrivé devant l'autel, s'agenouilla, et on lui ôta le manteau, puis le pallium : il resta simplement en cotte, dont on détacha les boutons en or par-devant et par-derrière, en sorte qu'il fut tout nu au-dessus de la ceinture. On lui fit alors l'onction. Ensuite, on

---

1. Baudouin de Flandre et de Hainaut fut élu empereur de Constantinople le 9 mai 1204.
2. Le couronnement eut lieu le 16 mai 1204. Le pallium est le manteau impérial.

rattacha la cotte avec les boutons d'or, on lui remit le pallium, on lui agrafa le manteau sur l'épaule. Ainsi revêtu, tandis que deux évêques tenaient la couronne au-dessus de l'autel, tous les évêques allèrent ensemble la prendre, ils la bénirent, la consacrèrent et la lui mirent sur la tête. Ensuite, on lui suspendit au cou, en guise de fermail, une somptueuse pierre précieuse que l'empereur Manuel avait achetée soixante-deux mille marcs.

XCVII

Quand ils l'eurent couronné, ils l'installèrent sur un trône élevé où il resta jusqu'à la fin de la messe, tenant d'une main son sceptre et de l'autre une pomme d'or surmontée d'une petite croix ; tout son habillement avait plus de valeur que le trésor d'un riche roi. Après la messe, on lui amena un cheval blanc sur lequel il monta, et les barons le ramenèrent dans son palais de Boucoléon, où on le fit asseoir sur le trône de Constantin : alors ils le tinrent pour le véritable empereur et tous les Grecs présents l'adoraient comme un saint empereur. L'on mit les tables et l'empereur mangea au palais en compagnie de ses barons, lesquels, après le repas, se séparèrent et s'en allèrent dans leurs hôtels, tandis que l'empereur resta dans son palais.

XCVIII

Un jour, les barons s'assemblèrent et décidèrent de partager le butin. Mais on ne distribua que la grosse argenterie, uniquement les bassines d'argent que les dames de la cité emportaient aux bains. On en donna à chaque chevalier, à chaque homme à cheval et à toutes les petites gens de l'armée, bref à chacun, jusqu'au moment où Aleaume de Clari, le clerc déjà mentionné, qui fut si courageux et accomplit tant de faits d'armes, comme nous vous l'avons signalé précédemment, dit qu'il voulait participer au partage en tant que chevalier ; quelqu'un rétorqua qu'il n'y avait pas droit, et lui de soutenir le contraire : n'avait-il pas eu cheval et haubert tout comme un chevalier, et accompli autant de faits d'armes, sinon plus, que tel ou tel chevalier ? Tant et si bien que le comte de Saint-Pol rendit ce jugement : il devait participer au partage en tant que chevalier, car il avait accompli plus de faits d'armes et de prouesses, selon le témoignage du comte, que trois cents chevaliers pris individuellement, et par conséquent il devait être du partage comme un chevalier. Ainsi le clerc prouvat-il que les clercs devaient participer au partage comme les chevaliers. L'on répartit donc toute la grosse argenterie comme je vous ai dit ; quant au reste du butin, à l'or, aux étoffes de soie dont il y avait une prodigieuse quantité, on en repoussa le partage et on le confia à la garde commune de l'armée, à la garde de gens dont on croyait qu'ils le garderaient loyalement.

XCIX

Ensuite, il ne s'écoula pas beaucoup de temps que l'empereur convoqua tous les grands barons, le doge de Venise, le comte Louis, le comte de Saint-Pol et tous les puissants, et il déclara qu'il voulait aller conquérir des terres, si bien qu'on décida qui accompagnerait l'empereur et qui resterait pour garder la cité. Il fut décidé que le doge de Venise resterait, ainsi que le comte Louis et une partie de leurs gens, et de même le marquis, qui épousa la femme de l'ancien empereur Isaac, sœur du roi de Hongrie. Quand ce dernier vit que l'empereur allait se mettre en route pour conquérir le pays, il vint lui demander de lui donner le royaume de Salonique, situé à quinze journées de Constantinople ; à quoi l'empereur répondit qu'il ne lui appartenait pas, car les barons de l'armée et les Vénitiens en possédaient la plus grande partie ; ce qui dépendait de lui, il lui donnerait bien volontiers et de très bon cœur, mais pour la partie des barons de l'armée et des Vénitiens, il ne le pouvait pas. Ce refus irrita fort le marquis[1].

Ensuite l'empereur s'en alla où il avait décidé, avec tous ses gens. Au fur et à mesure qu'il parvenait aux châteaux et aux cités, on les lui rendait sans opposition, on venait à sa rencontre lui apporter les clés ; les prêtres et les clercs, en vêtements sacerdotaux, se rendaient en procession audevant de lui et l'accueillaient, et les Grecs l'adoraient comme un saint empereur. Il mettait ses garnisons dans les châteaux et les cités partout où il passait, tant et si bien qu'il conquit des terres jusqu'à quinze journées de Constantinople et qu'il arriva à une journée de Salonique.

Pendant que l'empereur conquérait ainsi le pays, le marquis s'était mis en route avec sa femme et ses gens, après l'empereur, dont il rejoignit l'armée avant qu'il n'eût atteint Salonique. Une fois parvenu là, il alla se loger à une bonne lieue plus loin ; il choisit et envoya des messagers à l'empereur, à qui il fit dire de ne pas aller en sa terre de Salonique qu'on lui avait donnée : il devait savoir que s'il s'y rendait, lui-même n'irait pas avec lui et qu'il ne se tiendrait pas à ses côtés, mais qu'il s'en retournerait à Constantinople et qu'il ferait de son mieux.

---

1. Les démêlés entre Baudouin et Boniface se situent durant l'été 1204.

C

Quand les barons qui accompagnaient l'empereur entendirent cette mise en garde, ils en ressentirent beaucoup de dépit et d'affliction ; ils répondirent au marquis que ni lui-même ni son message ne les empêcheraient d'y aller, pas plus que s'il n'avait rien dit, car la terre ne lui appartenait pas.

CI

Le marquis, à cette nouvelle, retourna sur ses pas, s'en vint à une cité [1] où l'empereur avait mis de ses gens pour la garder, et il la prit par traîtrise. Ensuite, il y mit une garnison de ses hommes, et s'en vint à une autre cité appelée Andrinople, où l'empereur avait mis de ses gens. Il l'assiégea, fit dresser ses pierrières et ses mangonneaux pour l'attaquer, mais ceux de la cité tinrent bon contre lui. Quand il vit qu'il ne pourrait les prendre par la force, il parla à ceux qui étaient sur les murs et leur dit : « Eh bien ! seigneurs, ne reconnaissez-vous donc pas la femme de l'empereur Isaac ? » Et il faisait avancer sa femme qui disait : « Eh bien ! seigneurs, ne reconnaissez-vous pas en moi l'impératrice et ne reconnaissez-vous pas mes deux enfants que j'ai eus de l'empereur Isaac ? » Et elle faisait avancer les enfants si bien qu'un homme sage de la cité répondit :

« Oui, nous reconnaissons bien que ce fut la femme d'Isaac et que ce furent ses enfants.

— Eh bien ! fit le marquis, pourquoi ne reconnaissez-vous donc pas l'un des enfants pour seigneur ?

— Je vais vous le dire, dit le sage. Allez à Constantinople et faites-le couronner ; quand il sera assis sur le trône de Constantin et que nous le saurons, alors nous ferons à son sujet ce que nous devrons faire. »

CII

Pendant ces agissements du marquis, l'empereur se rendit à Salonique qu'il assiégea. Le siège en place, l'armée était si pauvre qu'il n'y avait pas de pain pour nourrir plus de cent hommes ; mais ils avaient de la viande et du vin en grande quantité. L'empereur n'assiégeait pas la cité depuis longtemps quand on la lui rendit ; après la reddition, on eut à satiété le nécessaire en fait de pain, de vin et de viande. Ensuite, l'empereur y mit

---

1. Démotika *(Le Dimot)* sur la Maritza, au sud d'Andrinople.

sa garnison ; il n'eut pas l'intention d'aller plus loin, mais il s'en retourna pour revenir à Constantinople.

CIII

C'est alors que survint dans l'armée une très grande perte et une profonde affliction, car monseigneur Pierre d'Amiens, le beau et le valeureux, mourut sur le chemin du retour[1] dans une cité qu'on appelle La Blanche, très près de Philippes où naquit Alexandre le Grand ; en ce voyage moururent bien cinquante chevaliers. Pendant son voyage de retour, l'empereur apprit que le marquis avait pris une de ses cités par trahison, qu'il y avait mis une garnison de ses gens et qu'il avait assiégé Constantinople.

CIV

Ces nouvelles plongèrent l'empereur et les barons de l'armée dans une violente colère et dans de vives inquiétudes : ils menacèrent le marquis et ses hommes, s'ils les rattrapaient, de les mettre en pièces et de ne pas y renoncer pour personne au monde. Quand le marquis apprit le retour de l'empereur, il fut effrayé, en homme qui avait commis une faute très grave, si bien qu'il lui fut difficile de prendre une décision et qu'il finit par informer à Constantinople le doge de Venise, le comte Louis et les barons qui y étaient restés, qu'il se rangerait à leur avis et qu'il réparerait par leur intermédiaire la faute qu'il avait commise. Le doge, le comte et les autres barons, quand ils apprirent que le marquis voulait réparer le mal commis et commencé, envoyèrent quatre messagers à l'empereur pour l'informer de la requête du marquis et pour le prier de ne faire de mal ni à lui ni à ses gens.

CV

À cette nouvelle, les barons et les chevaliers de l'armée répondirent que cela ne les empêcherait en rien de couvrir de honte le marquis et ses gens, de les tailler en pièces s'ils pouvaient les rattraper, si bien qu'on eut beaucoup de peine à les apaiser : ils finirent toutefois par accorder des trêves au marquis. Les barons demandèrent ensuite aux messagers des nouvelles de Constantinople et ce qu'on y faisait ; ils leur répondirent que tout se passait bien, qu'on avait réparti le reste du butin et la cité. « Quoi ?

---

1. Sur la mort de Pierre d'Amiens, comparer avec Villehardouin, chap. 291.

firent les chevaliers et les jeunes gens de l'armée. Vous avez réparti notre butin pour lequel nous avons souffert de grandes peines et de terribles fatigues, la faim, la soif, le froid et la chaleur, et vous l'avez réparti sans nous ? Tenez, faisait l'un d'eux aux messagers, voici mon gage, pour vous montrer que vous êtes tous des traîtres. » Et un autre de bondir en avant et d'en dire tout autant, et puis d'autres de la même façon : ils étaient si violemment en colère qu'ils voulurent tailler en pièces les messagers et qu'il s'en fallut de peu qu'ils ne les tuassent, tant et si bien que l'empereur et les grands personnages se concertèrent pour rétablir la concorde la plus complète possible et qu'ils revinrent ensemble à Constantinople. Une fois de retour, il n'en est pas un qui pût revenir à son hôtel, car les logements dont ils étaient partis n'étaient pas restés en leur possession : on avait partagé la cité, et les gens de leur maison s'étaient installés ailleurs dans la cité, en sorte qu'il leur fallait chercher leurs logements à au moins une ou deux lieues de distance de ceux qu'ils avaient quittés.

CVI

Mais nous avons oublié de raconter une aventure qui survint à monseigneur Pierre de Bracheux. Il arriva que, tandis que l'empereur Henri était en campagne, Johannisse le Valaque et les Coumans avaient fait irruption sur ses terres et s'étaient logés à deux lieues, ou même moins, de son armée. Or ils avaient beaucoup entendu parler de monseigneur Pierre de Bracheux et de ses exploits chevaleresques, si bien qu'un jour ils lui firent savoir par des messagers qu'ils lui parleraient volontiers à une date fixée et à la faveur d'un sauf-conduit. Monseigneur Pierre répondit qu'avec un sauf-conduit, il irait volontiers leur parler ; aussi les Valaques et les Coumans envoyèrent-ils des otages de valeur à l'armée de l'empereur jusqu'à ce que monseigneur Pierre fût revenu. Celui-ci s'y rendit avec trois chevaliers, monté sur un grand cheval. Comme il approchait du camp des Valaques et que Johannisse l'apprit, il alla à sa rencontre avec de grands personnages de Valachie ; ils le saluèrent et lui souhaitèrent la bienvenue. Ils eurent de la peine à le regarder, étant donné sa haute taille. Après avoir parlé de choses et d'autres, ils finirent par lui dire : « Seigneur, nous nous émerveillons de vos exploits chevaleresques et nous nous demandons avec étonnement ce que vous cherchez en ce pays, vous qui êtes venus de régions si lointaines pour conquérir des terres. N'avez-vous donc pas en votre pays des terres qui assurent votre subsistance ? » Monseigneur Pierre répondit :

« Eh bien ! n'avez-vous pas appris de quelle manière Troie la Grande fut détruite, et par quelle ruse ?

— Mais si, firent les Valaques et les Coumans, nous l'avons bien entendu dire, il y a fort longtemps.

— Eh bien ! fit monseigneur Pierre, Troie appartenait à nos ancêtres, et ceux qui en réchappèrent vinrent s'installer là d'où nous sommes venus ; et parce qu'elle appartint à nos ancêtres, nous sommes venus ici conquérir cette terre. »

Sur ce, il prit congé et s'en retourna.

CVII

Après le retour de l'empereur et des barons qui l'avaient accompagné, une fois qu'ils eurent conquis une grande partie de la terre et au moins soixante cités, outre les châteaux et les villages voisins, on partagea la cité de Constantinople : l'empereur en eut le quart en toute propriété ; quant aux trois autres quarts, les Vénitiens en eurent la moitié et les croisés l'autre. Ensuite, on décida de partager les terres qui avaient été conquises : on servit d'abord les comtes et ensuite les autres grands personnages dont on examinait le degré de richesse et d'importance, ainsi que le nombre de leurs gens qui servaient dans l'armée, et on leur donnait plus ou moins de terre. À tel d'entre eux, on donna deux cents fiefs de chevalier, à tel autre cent, à d'autres soixante ou quarante ou vingt ou dix ; les moins bien pourvus en avaient sept ou six, chaque fief valant trois cents livres angevines ; et à chaque grand personnage on disait : « Vous, vous aurez tant de fiefs, vous tant, et vous tant, dont vous doterez vos hommes et ceux qui voudront les tenir de vous ; et vous aurez cette cité, vous celle-ci, et vous cette autre » ; de même pour les seigneuries qui en dépendaient. Quand on eut ainsi donné à chacun sa part, les comtes et les grands personnages allèrent visiter leurs terres et leurs cités, où ils mirent leurs baillis et leurs garnisons.

CVIII

Et voici qu'un jour, comme monseigneur Thierry, le frère du comte de Loos, allait visiter sa terre, il rencontra par hasard, dans un défilé, Murzuphle le traître qui s'en allait je ne sais où, accompagné de dames, de demoiselles et de beaucoup d'autres gens, et il chevauchait avec l'élégance et la magnificence d'un empereur, avec une suite aussi nombreuse que possible. Monseigneur Thierry ne fit ni une ni deux : il se précipita sur lui et finit, aidé de ses gens, par se saisir de lui de vive force [1]. Quand

---

1. La capture de Murzuphle eut lieu à la fin de novembre 1204.

il l'eut pris, il l'emmena à Constantinople où il le rendit à l'empereur Baudouin qui aussitôt le fit mettre en prison sous bonne garde.

CIX

Murzuphle en prison, l'empereur Baudouin convoqua au palais tous ses barons et tous les plus grands personnages qui étaient en la terre de Constantinople, le doge de Venise, le comte Louis, le comte de Saint-Pol et tous les autres qui y vinrent. Une fois qu'ils furent là, il leur dit qu'il tenait Murzuphle en prison et il leur demanda ce qu'ils lui conseillaient de faire de lui, si bien que les uns dirent de le pendre et les autres de le traîner par la ville, jusqu'au moment où le doge de Venise affirma que c'était un personnage trop important pour qu'on le pendît : « Mais pour un haut homme, ajouta-t-il, je vous dirai la haute justice qu'il faut en prendre. Il y a en cette ville deux hautes colonnes dont chacune a facilement soixante ou cinquante toises de haut : qu'on le fasse monter au sommet de l'une d'elles, et ensuite qu'on le précipite jusqu'à terre [1]. » Or il s'agissait de ces deux colonnes en haut desquelles se tenaient les ermites et où les aventures de Constantinople étaient écrites, comme je vous ai dit auparavant. Les barons se rallièrent à la proposition du doge. Aussi prit-on Murzuphle et le mena-t-on à l'une des colonnes qu'on lui fit gravir par l'escalier intérieur. Une fois au sommet, on le poussa en bas, en sorte qu'il fut tout écrabouillé. Voilà la vengeance qu'on tira de Murzuphle le traître.

CX

Après qu'on eut réparti les terres de la manière que je vous ai dite, se produisit la réconciliation du marquis et de l'empereur, qui en fut critiqué pour ne pas avoir convoqué tous les grands barons. Quoi qu'il en soit, le marquis demanda le royaume de Salonique et il l'obtint de l'empereur. Quand il l'eut obtenu, il s'y rendit avec sa femme et ses gens ; et une fois sur les lieux, il se rendit maître des garnisons et il s'en fit seigneur et roi.

---

1. Villehardouin raconte la même scène aux chapitres 306-307. Sur ces colonnes, voir ci-dessus, chap. XCII, p. 787, n. 1.

CXI

Ensuite, monseigneur Henri, le frère de l'empereur, demanda le royaume d'Edremid[1], qui était de l'autre côté du Bras-Saint-Georges, s'il pouvait le conquérir, et on le lui accorda. Alors monseigneur Henri s'y rendit avec tous ses gens et en conquit une bonne partie. Puis le comte Louis demanda un autre royaume[2] qu'on lui donna. À son tour, Pierre de Bracheux en demanda un autre[3] qui se trouvait en terre sarrasine près de Konieh, s'il pouvait le conquérir, et qui lui fut accordé : il y alla avec ses gens, le conquit facilement et en fut le seigneur. De la même manière, les puissants personnages demandèrent les royaumes qui n'étaient pas encore conquis. Le doge de Venise et les Vénitiens obtinrent les îles de Crète, de Corfou et de Modon[4], et encore beaucoup d'autres qu'ils avaient souhaitées. C'est alors que l'armée subit une très grande perte, car le comte de Saint-Pol mourut peu après.

CXII

Il arriva ensuite qu'une cité conquise par l'empereur se révolta contre lui. Elle s'appelait Andrinople. À cette nouvelle, l'empereur convoqua le doge de Venise, le comte Louis et les autres barons, et il leur dit qu'il voulait aller assiéger Andrinople qui s'était révoltée, et qu'il demandait leur aide pour la reconquérir ; à quoi les barons répondirent qu'ils le feraient volontiers. Aussi l'empereur ainsi que les barons se préparèrent-ils à y aller. Une fois rendus, ils l'assiégèrent. Or voici que pendant le siège, Johannisse le Valaque et les Coumans, avec une foule de gens, envahirent la terre de Constantinople comme ils l'avaient déjà fait, et ils trouvèrent l'empereur et son armée en train d'assiéger Andrinople. Quand ceux de l'armée virent ces Coumans vêtus de leurs pelisses, ils ne les redoutèrent ni ne les estimèrent pas plus qu'une troupe d'enfants ; et ces Coumans et leurs gens venaient à toute allure ; ils se précipitèrent sur les Français, dont ils tuèrent un grand nombre et qu'ils déconfirent totalement dans cette bataille. Ainsi fut perdu l'empereur, dont on ne sut jamais ce qu'il devint, de même que le comte Louis, beaucoup d'autres grands personnages et une telle foule de gens que nous n'en connaissons pas le nombre, sauf qu'on y perdit bien trois cents chevaliers. Ceux qui purent s'échapper s'enfuirent jusqu'à Constantinople, comme le doge de Venise

---

1. Edremid (L'Andremitte, Adramytte) se trouve en Asie Mineure.
2. Nicée en Bithynie.
3. Cyzique (Equise) en Phrygie sur la Propontide.
4. Modon (Mosson), Méthone en Messénie, sur la mer Ionienne.

et beaucoup de gens avec lui, abandonnant leurs tentes et leurs équipements dans l'état même où ils étaient pour assiéger la cité, sans jamais oser revenir de ce côté-là : la déroute fut totale. C'est ainsi que Dieu se vengea d'eux pour leur orgueil et pour leur déloyauté envers les pauvres gens de l'armée et pour les horribles péchés qu'ils avaient commis dans la cité après sa prise[1].

CXIII

Une fois l'empereur perdu dans une si terrible mésaventure, les barons survivants en furent affligés. Ensuite, ils se réunirent pour choisir un empereur. L'on convoqua monseigneur Henri, le frère de l'ancien empereur Baudouin, pour le faire empereur, alors qu'il était dans sa terre, conquise au-delà du Bras-Saint-Georges.

CXIV

Quand le doge de Venise et les Vénitiens virent qu'on voulait faire empereur monseigneur Henri, ils s'y opposèrent et ne voulurent pas l'accepter, à moins d'avoir une image de Notre-Dame, peinte sur un tableau, et qui était d'une extraordinaire richesse, toute chargée de riches pierres précieuses. Les Grecs disaient que c'était la première image de Notre-Dame qu'on eût jamais faite ni dessinée ; ils avaient en elle une si grande confiance qu'ils la vénéraient par-dessus tout et qu'ils la portaient chaque mardi en procession ; ils la vénéraient et lui faisaient de grands dons. Or donc, les Vénitiens refusaient que monseigneur Henri fût empereur, à moins d'avoir cette image, tant et si bien qu'on la leur donna. Ensuite, on couronna empereur monseigneur Henri[2].

CXV

Après, il eut de nombreux pourparlers avec le marquis, qui était roi de Salonique, si bien que celui-ci lui donna sa fille en mariage et que l'empereur l'épousa[3] ; par la suite, l'impératrice ne vécut pas longtemps et trépassa.

---

1. Démotika et Andrinople furent perdues en mars 1205. La défaite d'Andrinople eut lieu les 14-15 avril 1205. Voir notre étude « La bataille d'Andrinople », *Les Écrivains de la quatrième croisade*, éd. cit., t. II, p. 245-281.
2. Henri de Flandre fut couronné empereur le 20 août 1206. Sur ce personnage, voir notre étude « Robert de Clari, Villehardouin et Henri de Valenciennes, juges de l'empereur Henri de Constantinople. De l'histoire à la légende », *Mélanges... offerts à Jeanne Lods*, Paris, École normale supérieure de jeunes filles, 1978, p. 183-202.
3. L'empereur épousa Agnès de Montferrat le 4 février 1207.

CXVI

Peu de temps après, Johannisse le Valaque et les Coumans firent des incursions dans la terre du marquis de Salonique qui, s'y trouvant, livra à ces Valaques et à ces Coumans une bataille au cours de laquelle il fut tué [1] et sa troupe mise en déroute. Johannisse le Valaque et ces Coumans vinrent assiéger Salonique et dresser leurs machines pour attaquer la cité où était restée la femme du marquis avec des chevaliers et d'autres gens qui défendaient la ville.

Or celle-ci abritait le corps de monseigneur saint Démétrius, qui ne voulut souffrir qu'elle fût prise par la force ; de ce corps coulait une telle quantité d'huile que c'en était miraculeux. Il arriva qu'un matin que Johannisse le Valaque était couché dans sa tente, monseigneur saint Démétrius vint le frapper d'une lance à travers le corps et le tua [2]. Quand ses gens et les Coumans surent qu'il était mort, ils levèrent le camp et retournèrent dans leur pays. Le royaume de Valachie échut ensuite à un neveu de Johannisse appelé Borislas. Le nouveau roi avait une fille très belle [3].

Par la suite, Henri, qui était un très bon empereur, consulta ses barons sur ce qu'il ferait avec ces Valaques et ces Coumans qui faisaient une telle guerre à l'empire de Constantinople et qui lui avaient tué son frère l'empereur Baudouin : ils lui conseillèrent d'envoyer des émissaires à ce Borislas, qui était de Valachie, et de demander sa fille en mariage. L'empereur répondit qu'il n'épouserait jamais une femme d'aussi basse naissance. Les barons lui dirent : « Sire, vous le ferez ; nous vous conseillons de vous accorder avec eux, car ce sont les gens les plus puissants et les plus redoutés de l'empire et de la terre. » Ils parlementèrent tant que l'empereur envoya deux puissants chevaliers qu'il fit équiper somptueusement et qui se rendirent en messagers, non sans appréhension, dans cette terre sauvage. Une fois là-bas, on voulut les exécuter. Toutefois, les messagers parlèrent tant avec ce Borislas qu'il leur répondit qu'il enverrait volontiers sa fille à l'empereur.

CXVII

Alors le roi Borislas fit parer sa fille de somptueux et magnifiques vêtements, ainsi que sa nombreuse escorte, et il l'envoya à l'empereur avec soixante bêtes de somme chargées de richesses, d'or, d'argent, d'étoffes

---

1. Boniface fut tué le 4 septembre 1207. C'est sur cette mort que s'achève la chronique de Villehardouin (chap. 498-500).
2. Johannitza mourut le 8 octobre 1207.
3. En fait, c'était la fille du roi Johannitza.

de soie et de riches joyaux ; il n'y avait aucune de ces bêtes qui ne fût couverte d'une soie vermeille si longue qu'elle traînait derrière chacune sur au moins sept ou huit pieds ; et elles auraient eu beau aller par des fondrières et des chemins défoncés, aucune de ces étoffes de soie n'eût été endommagée à cause de leur somptueuse magnificence.

CXVIII

Quand l'empereur sut que la demoiselle arrivait, il alla à sa rencontre, accompagné des barons, et il leur fit fête, à elle et à ses gens ; puis il l'épousa.

CXIX

Peu de temps après, on fit venir l'empereur à Salonique pour couronner roi le fils du marquis : il s'y rendit. Quand il l'eut couronné, il tomba malade là-bas et y mourut : ce fut une perte très grande et tout à fait déplorable [1].

CXX

Maintenant vous avez entendu la vérité sur la conquête de Constantinople, sur l'élection comme empereur du comte de Flandre Baudouin et ensuite de monseigneur Henri son frère. C'est le témoignage d'un homme qui fut présent aux faits et qui les vit et qui les entendit, du chevalier Robert de Clari, qui a fait mettre par écrit la vérité sur la conquête ; et quoiqu'il ne l'ait pas racontée aussi bien que l'auraient fait maints bons auteurs, toutefois il en a raconté l'exacte vérité, et il en a passé sous silence une bonne partie, ne pouvant tout rappeler.

FIN

---

1. L'empereur Henri mourut soudainement le 11 juin 1206.

La Fleur des histoires de la terre d'Orient [1]

Prince Hayton
Début XIVᵉ siècle

INTRODUCTION

La *Fleur des histoires de la terre d'Orient*, au sens où on parlerait aujourd'hui de *florilège*, fut présentée au pape Clément V à Poitiers en août 1307. L'auteur, Hayton, neveu du roi Héthoum Iᵉʳ d'Arménie (mort en 1268), était depuis peu religieux prémontré à Chypre.

Les détails manquent sur sa vie. Né sans doute vers 1230, il aurait passé sa jeunesse à la cour de son oncle plutôt que dans le fief familial de Korykos, puissante forteresse sur la côte sud de l'Anatolie. Puis, il épousa Isabeau, fille de Gui d'Ibelin, d'une vieille famille franque de Terre sainte, et de Marie, fille de Héthoum Iᵉʳ d'Arménie. De ce mariage, il eut six enfants, dont l'aîné, Oschin, lui succéda comme seigneur de Korykos. Il exerça sans doute des fonctions importantes auprès des souverains arméniens, les représentants auprès des khans tartares, notamment Ghazan, Il-khan de Perse de 1295 à 1304, qu'il semble avoir très bien connu.

L'Arménie se trouvait, à la mort de Léon III (1289), dans une période de troubles liés aux rivalités entre Héthoum II, son successeur, au caractère irrésolu, et ses frères, notamment Thoros et Sempad. Byzance et les Mongols étaient évidemment impliqués dans ces querelles, et Hayton semble avoir agi pour régler le problème en faisant proclamer roi le jeune fils de Thoros, Léon, sous la régence d'un autre de ses oncles, Constantin.

Hayton prit enfin une part qui semble non négligeable aux expéditions menées avec Ghazan contre l'Égypte, dont les attaques incessantes harcelaient l'Arménie et qui disputait aux Mongols le contrôle de la Syrie du Nord, notamment des puissantes cités d'Alep et de Damas.

Si l'on met au conditionnel tout ce rôle joué par Hayton, c'est qu'il reste très discret sur ce sujet, laissant entendre seulement qu'il ne pouvait réaliser son vœu d'entrer en religion tant que le roi, les seigneurs et les

---

1. Traduit du moyen français, présenté et annoté par Christiane Deluz.

siens avaient besoin de lui. On peut seulement l'entrevoir à travers les faits qu'il rapporte dans son livre.

En 1305, les Égyptiens ayant subi une grave défaite près de Lajazzo et conclu une trêve avec l'Arménie, et la question de la succession au trône semblant réglée, Hayton se retira à l'abbaye des Prémontrés de Notre-Dame de Lapaïs à Chypre. S'il faut en croire les chroniques chypriotes, il avait été contraint à l'exil en raison de ses menées contre Héthoum II. Il ne prit sans doute aucune part au complot qui aboutit en avril-mai 1306 à la déposition du roi de Chypre Henri II, remplacé par son frère Amaury de Lusignan. Mais il était lié avec Amaury, époux d'une princesse arménienne, de là sans doute son voyage en France pour justifier auprès du pape le coup d'État, avant l'envoi d'une ambassade officielle. C'est en effet en France qu'il dicta son ouvrage avant de le présenter au pape en août 1307.

Au printemps 1308, Clément V confia à Hayton des lettres pour Amaury, par lesquelles il lui demandait de procéder contre les Templiers de Chypre. Hayton était de retour à Chypre en mai. Ayant appris qu'Héthoum II et le jeune Léon IV avaient été assassinés par un Tartare (1307), il retourna sans doute dans son pays. La date et les circonstances de sa mort ne sont pas connues. En février 1310, son fils Oschin est dit seigneur de Korykos, soit en raison du décès de son père, soit parce que ce dernier lui a abandonné la seigneurie. On trouve mention d'un « Hayton, connétable d'Arménie » parmi les signataires d'un concile tenu à Adana en 1314 pour l'union des Églises, peut-être s'agit-il de lui. On n'a ensuite plus aucun document le concernant.

Le livre de Hayton comporte quatre parties :

La première décrit quatorze royaumes d'Asie depuis « le Cathay », la Chine, jusqu'à la Syrie et l'Arménie ;

la deuxième établit l'histoire sommaire des dynasties arabes et turques depuis l'époque de Mahomet jusqu'au milieu du XIIIe siècle ;

la troisième, plus longue, est consacrée à l'histoire des Mongols depuis Gengis Khân jusqu'au début du XIVe siècle ;

la quatrième est un traité sur la croisade.

Au moment où écrit l'auteur, l'Occident se passionne pour une Asie qu'il commence à mieux connaître depuis les récits des premiers envoyés chez les Mongols, Jean de Plan Carpin en 1246, Guillaume de Rubrouck en 1253, largement relayés par la tradition écrite ou orale, et depuis le succès du tout récent *Devisement du monde* de Marco Polo (1298). La *Fleur des histoires* se veut, elle, œuvre d'historien. Hayton expose avec rigueur ses sources : souvenirs racontés par le roi Héthoum Ier († 1270) à ses enfants et neveux et « mis en écrit » pour en garder mémoire exacte, chroniques tartares, *Livre de la Terre sainte*, c'est-à-dire la *Continuation de Guillaume de Tyr*, et enfin son propre témoignage sur des événements qu'il a vécus et dans lesquels il a joué un rôle important. Il organise sa matière selon un plan rigoureux, qu'il s'agisse de la présentation géographique des royaumes d'Asie ou des règnes des souverains des divers khanats mongols, notamment les plus proches de l'Arménie, ceux du Qipchaq et de Perse. Il donne des dates précises, il cite des documents, comme le traité conclu par Mongka Khân avec le roi Héthoum Ier. Sans se refuser à évoquer les mœurs des Tartares, ni quelques-unes de leurs légendes sur Gengis Khân, il privilégie les faits. Rares sont les passages où il évoque des paysages, par exemple les puissantes forteresses qui gardent le haut Euphrate, Rakkah, Bireh, dont les ruines attestent encore aujourd'hui à quel point cette frontière fut disputée pendant des siècles. On voit aussi la riche plaine de Homs, où les grandes norias tournent encore de nos jours pour puiser l'eau de l'Oronte, et la Ghoutâ de Damas, noyée par ses habitants sous les eaux des canaux, piège mortel pour les cavaliers tartares. Le style est sobre, sans grâce, soucieux surtout de précision. Il s'émeut rarement, sauf à chanter le courage du khan Ghazan, car il a été témoin de ses prouesses au combat. Mais, dans l'ensemble, il n'écrit pas ses souvenirs, ni le récit de longues journées de voyage, il rédige une histoire s'étendant sur plusieurs siècles. Et, malgré quelques erreurs sur les dates ou les filiations, cette histoire reste une de nos meilleures sources pour la connaissance de l'échiquier compliqué du Proche-Orient à la fin du XIIIe siècle et au début du XIVe.

Sur cet échiquier, l'Arménie est une pièce maîtresse. La principauté de Cilicie, devenue royaume en 1199 sous Léon II avec la double reconnaissance pontificale et impériale, se trouvait à l'un des carrefours les plus importants du Proche-Orient. Carrefour commercial où se croisaient les routes vers la Turquie et les steppes russes, vers la Perse et au-delà l'Orient lointain, vers la Syrie et l'Égypte. Le port de Lajazzo était un des plus fréquentés de la Méditerranée orientale. Carrefour culturel aussi, entre Byzance, la Géorgie, les Comans et Turcs des steppes, la Syrie franque et musulmane, l'Égypte des Mamelouks et les nouveaux venus mongols. Les rois et les grands d'Arménie ont-ils rêvé de jouer de tous ces atouts et de devenir, avec l'aval des Mongols, les fédérateurs d'un vaste ensemble chrétien inséré entre l'Égypte et le khanat de Perse et allant de Jérusalem à Damas et à Sis, leur capitale ? La lecture du livre de Hayton le donnerait à penser. C'est une histoire engagée qu'il présente où les méchants sont clairement désignés, les musulmans et leur principal souverain depuis la chute du calife de Bagdad, à savoir le sultan d'Égypte. De l'Islam, il n'y a à attendre que guerres et persécutions. Les Mongols en revanche sont tout acquis aux chrétiens, à quelques rares exceptions près ; certains de leurs princes ont même reçu le baptême. Ils restaurent les églises, ils autorisent le culte et ils sont prêts à partir à la reconquête de la Terre sainte, avec l'aide des chrétiens et pour la leur rendre. Les rois d'Arménie sont pour cette entreprise leurs interlocuteurs privilégiés et leurs alliés fidèles.

Reste à savoir comment une telle histoire pouvait être « reçue » en Occident. On sait que, passé les premières frayeurs causées par le grand raid mongol de 1241 sur l'Europe orientale, les papes et les souverains ont cherché à nouer des contacts avec les nouveaux maîtres de l'Asie. Les premiers récits des ambassadeurs, en faisant état de la présence de chrétiens dans l'entourage, voire la famille des khans, permettaient toutes les espérances. Qu'il s'agît de nestoriens hérétiques ne semblait pas un obstacle insurmontable. Tranchant avec l'infrangible intolérance de l'Islam, la politique des souverains mongols, respectueuse de toutes les religions, ouvrait au christianisme l'immense espace asiatique. Une intense activité missionnaire se déploie à partir du milieu du XIIIe siècle. Les fils des chevaliers, membres d'ordres militaires devenus inutiles et incompris (les Templiers sont condamnés en 1311), sont remplacés par les fils des bourgeois entrés dans les ordres mendiants. Sur le chantier urbain des boutiques et des universités, ils ont appris l'art de la négociation et de la persuasion, ils se font fort de convaincre les « idolâtres » et de rassembler les chrétiens dans l'Église de Rome.

Dès 1245, avant d'ouvrir le concile de Lyon, le pape Innocent IV envoyait des frères prêcheurs comme messagers aux prélats du monde entier et aux Tartares, et demandait aux princes musulmans dont ils traverseraient les États de leur faire bon accueil. Les franciscains et dominicains envoyés auprès des chrétientés orientales, Maronites, Arméniens, Géorgiens notamment, semblaient être bien reçus, même si beaucoup d'ambiguïtés demeuraient sur la question précise de l'union à Rome. Après le voyage de Plan Carpin, les missions abordèrent la Tartarie. Des résidences franciscaines s'échelonnèrent le long des routes marchandes de Caffa à Astrakhan, Urgenj et Almaligh en Asie centrale. Certains religieux adoptèrent même la vie nomade, vivant sous la tente et se déplaçant sur des chariots au gré des migrations mongoles. Le *Codex cumanicus*, dictionnaire latin, persan et turc, rédigé en 1330, témoigne de l'effort des missionnaires pour franchir l'obstacle linguistique. Le grand succès, la conversion des khans au christianisme, fut annoncé à plusieurs reprises, à tort en général. La lettre que Guyuk Khân envoie au pape en réponse à la mission de Plan Carpin déclare : « Vous avez dit que si je recevais le baptême, ce serait bien... Cette tienne requête, nous ne l'avons pas comprise. » La nouvelle de sa conversion, propagée par une lettre du connétable d'Arménie Sempad, semble donc dénuée de fondement. Il est très peu probable que le khan Mongka ait reçu le baptême, comme l'affirme Hayton. Le fils de Batu, Sartaq, khan du Qipchaq, fut sans doute baptisé, des historiens syriens et musulmans l'attestent. Quant aux Ilkhans de Perse, Hulagu et Abaqa, leur sympathie pour le christianisme ne les amena pas jusqu'à embrasser cette religion.

Il n'en demeure pas moins que la paix mongole, en ouvrant les routes d'Asie, avait permis à tous, Occidentaux et Orientaux, un immense élargissement de leurs horizons. Le principal intérêt du livre de Hayton est de porter témoignage de cet élargissement à la fois dans l'espace et dans le temps.

L'*explicit* de plusieurs manuscrits atteste que la *Fleur des histoires de la terre d'Orient* fut dictée par Hayton en français à Nicolas Falcon, qui la traduisit ensuite en latin sous le même titre, *Flos Historiarum Terrae Orientis*. L'étude comparative des manuscrits français et latins montre bien que c'est le texte français qui est premier, sauf pour la quatrième partie, concernant la croisade. On peut penser qu'aux trois premiers livres, traitant de la terre d'Orient, Hayton a ajouté, à la demande du pape (comme le précise l'*explicit*), un projet de croisade rédigé en latin, puis traduit en français. Il ne faut pas oublier que les papes déployèrent au début du xive siècle une intense activité pour relancer la croisade et que les traités sur le « passage » se multiplièrent alors, comme ceux de Pierre Dubois (1305), de Marino Sanudo (1306) ou le *Directorium ad passagium faciendum* de Raymond Étienne (1332). Le texte latin fut retraduit en français en 1351 par frère Jean le Long, bénédictin à Ypres, avec une série d'autres textes sur l'Orient.

Le succès de l'œuvre de Hayton est attesté par le nombre de manuscrits qui nous sont parvenus, seize manuscrits français, trente et un manuscrits latins, plus quatre manuscrits français de la traduction de Jean le Long, un manuscrit d'une version espagnole (xive siècle), un manuscrit d'une version anglaise (xve siècle). Le texte français fut édité à trois reprises au xvie siècle, puis en 1877 par L. de Backer. Il existe aussi quatre éditions du xvie siècle du texte latin et deux du xviie siècle. La traduction de Jean le Long a été éditée au xvie siècle et à deux reprises au xviie siècle. Deux traductions anglaises partielles (xvie et xixe siècles), une traduction allemande (xvie siècle), traductions italiennes (xvie siècle) une traduction néerlandaise (xvie siècle) et une traduction espagnole (xvie siècle) disent l'intérêt que lui porta le public lettré européen. Rappelons que Pantagruel rencontre au pays de Satin « Chaiton Arménien » (livre V, chap. xxxi).

La traduction présentée ici a été faite d'après le texte publié dans le *Recueil des historiens des croisades* (*Documents arméniens*, t. II), édition critique établie à partir de treize manuscrits français et donnant le texte latin à la suite du texte français.

CHRISTIANE DELUZ

BIBLIOGRAPHIE : Le meilleur texte est donné dans le *Recueil des historiens des croisades, Documents arméniens*, t. II, p. 111 à 254, texte français, et 255 à 363, texte latin, avec une introduction très complète sur l'auteur, l'œuvre et les manuscrits et éditions, p. XXIII à CXLII.

Sur l'Arménie au Moyen Âge : *Histoire des Arméniens*, dir. G. Dedeyan, Toulouse, Privat, coll. « Grandes synthèses », 1986.

MUTAFIAN C., *Le Royaume arménien de Cilicie XIIᵉ-XIVᵉ siècle*, Paris, CNRS, 1993.

Sur la situation au Proche-Orient aux XIIIᵉ et XIVᵉ siècles : RICHARD J., *La Papauté et les missions d'Orient au Moyen Âge (XIVᵉ-XVᵉ siècle)*, École française de Rome, 1977.

— *Croisés, missionnaires et voyageurs. Les perspectives orientales du monde latin médiéval*, Londres, Variorum Reprints, 1983.

Sur la croisade : GROUSSET R., *Histoire des croisades et du royaume franc de Jérusalem*, Plon, 1934-1936, 3 vol. La problématique a vieilli, mais toutes les sources sont étudiées systématiquement.

A History of the Crusades, dir. K.M. Setton, Philadelphie, 1955-1985, 5 vol. Nombreux chapitres sur les Turcs, les Mongols...

Sur l'Asie mongole : GROUSSET R., *L'Empire des steppes*, Paris, 1939.

LIVRE PREMIER

I

LE ROYAUME DE CATHAY

Le royaume de Cathay[1] est le plus noble et le plus riche royaume du monde, il est sur le rivage de la mer Océane. Il y a tant d'îles dans cette mer qu'on ne peut en savoir le nombre exact. Les gens qui habitent en ce royaume sont appelés Cathaïens. Parmi eux, il y a beaucoup de beaux hommes et de belles femmes, mais tous ont les yeux très petits et la barbe rare. Leur écriture ressemble à celle des Latins, mais ils parlent une langue très différente des autres langues du monde.

Ces gens ont des croyances très diverses ; certains adorent des idoles de métal, d'autres le soleil, d'autres la lune, d'autres les étoiles, d'autres les éléments naturels, le feu ou l'eau, d'autres les arbres ou le bœuf parce qu'il travaille la terre qui les fait vivre. Et certains n'ont ni religion ni croyance, mais vivent comme des bêtes.

Ces gens si simplistes dans le domaine de la croyance et de l'esprit sont plus sages et plus avisés que tous les autres dans le domaine des œuvres. Les Cathaïens disent qu'ils voient des deux yeux, que les Latins ne voient que d'un œil et que les autres peuples sont aveugles. Et, en vérité, on voit venir de ce pays tant de choses étranges, merveilleuses et faites avec un art subtil qu'ils semblent bien être les gens les plus habiles pour l'art et le travail manuel.

Les gens de ce pays ne sont pas très vaillants à la guerre, mais ils sont très habiles et ingénieux et ont ainsi souvent vaincu leurs ennemis grâce à cette ingéniosité. Ils ont des armes que n'ont pas les autres nations.

On use en ce pays d'une monnaie de papier de forme carrée, scellée du sceau du seigneur, et le sceau détermine sa plus ou moins grande valeur. Ils l'utilisent pour tout vendre ou acheter. Quand cette monnaie se dégrade, par usure ou toute autre raison, on la rend à la cour du seigneur pour en recevoir une nouvelle.

L'huile d'olive est très prisée en ce pays et, quand les rois et les sei-

---

1. Ce nom désigne la Chine du Nord. La Chine du Sud est nommée Manzi ou Sin.

gneurs peuvent en trouver à grand prix, ils la font garder comme une merveille.

Cette terre de Cathay n'a de frontière qu'avec le royaume de Tarse, vers l'ouest, sinon, elle est entourée de toutes parts par le désert ou la mer Océane.

II

LE ROYAUME DE TARSE

Le royaume de Tarse [1] comprend deux provinces, dont les seigneurs se font appeler rois. Ils ont un alphabet et une langue propre et les gens sont appelés Uïgours. Ils ont été de tout temps idolâtres et le sont encore aujourd'hui, sauf les compatriotes des trois rois qui sont venus adorer notre Seigneur Jésus-Christ à sa naissance guidés par une étoile. Il y a encore parmi les Tartares de grands seigneurs qui appartiennent à la descendance de ces rois et croient fermement en Jésus-Christ.

Les gens de cette terre ne s'exercent pas aux armes, mais sont très intelligents pour apprendre les arts et les sciences. La plupart d'entre eux ne mangent pas de viande, ne boivent pas de vin et ne veulent tuer aucun être vivant. Ils ont de belles et riches cités et beaucoup de grands temples où ils croient que demeurent leurs idoles, qu'ils révèrent.

Le blé et les autres plantes poussent bien en ce pays, mais ils n'ont point de vignes et pour eux boire du vin est un grand péché.

Ce royaume de Tarse est voisin à l'est du royaume de Cathay, à l'ouest, du Turquestan, au nord, du désert, au sud, d'une riche province appelée Sin, qui est entre le royaume de Cathay et celui d'Inde et dans laquelle se trouvent de beaux diamants.

III

LE ROYAUME DE TURQUESTAN

Le royaume de Turquestan est voisin à l'est du royaume de Tarse, à l'ouest, du royaume de Perse, au nord, du royaume de Corasme [2] et, au sud, il s'étend jusqu'au début du désert d'Inde. Il y a peu de belles villes en ce royaume, mais beaucoup de grandes plaines et de bons pâturages. C'est pour cela que les gens sont presque tous bergers et se logent dans des tentes, qu'ils peuvent facilement transporter d'un endroit à un autre.

La principale ville de ce royaume s'appelle Otrar. Dans ce pays, l'orge

---

1. Ce royaume était à l'est de la Transoxiane, au nord du Ferghana, dans l'actuel Kazakhstan.
2. Le Khwarezm, au sud de la mer d'Aral.

ne pousse pas ou à peine ; ils mangent du millet et du riz. Ils n'ont point de vin, mais boivent de la cervoise et d'autres breuvages.

Les gens de ce pays sont appelés Turcs. Presque tous croient aux faux enseignements de la religion de Mahomet et certains n'ont ni foi ni loi. Dans les cités et les châteaux, ils n'utilisent que l'alphabet arabe.

IV

LE ROYAUME DE CORASME

Le royaume de Corasme renferme beaucoup de villes et de cités et le pays est très peuplé. Le blé y pousse bien, la vigne peu ou pas. Ce royaume s'étend vers l'ouest jusqu'à la mer Caspienne ; au nord, il est voisin du royaume de Comanie [1], vers le sud, du royaume de Turquestan. La principale cité de ce royaume est appelée Corasme ; les gens de ce pays sont appelés Corasmiens. Ils sont païens et n'ont ni religion ni alphabet propres. Une sorte de chrétiens habitent en cette terre, on les nomme Soldains [2], ils ont leur alphabet et leur langue, ils ont la même foi que les Grecs et dépendent du patriarche d'Antioche. Ils chantent et célébrent à l'église comme les Grecs, mais le grec n'est pas leur langue.

V

LE ROYAUME DE COMANIE

La Comanie est un des plus grands royaumes qui soient au monde. Cette terre est peu habitée à cause de la rigueur du climat, car certaines régions sont si froides que ni hommes ni bêtes n'y peuvent vivre. Et d'autres sont si chaudes en été que nul ne peut endurer la chaleur et les mouches. Cette terre est toute plate, mais il n'y pousse aucun bois dont on puisse faire des madriers ou des bûches ; il n'y a qu'à certains endroits que l'on a planté des arbres pour faire des jardins. Une grande partie des gens vivent sous la tente et font du feu avec le fumier de leurs bêtes.

Cette terre de Comanie est voisine vers l'est du royaume de Corasme et, partiellement, d'un grand désert ; vers l'ouest, elle est voisine de la mer Majeure et de la mer de Tanis [3], au nord, du royaume de Russie et, vers le sud, elle s'étend jusqu'au plus grand fleuve qui soit au monde, que l'on appelle Étil [4]. Ce fleuve gèle chaque année et reste parfois gelé toute

---

1. Le pays des Coumans s'étendait du sud de la Russie au nord de la mer Caspienne.
2. Il s'agit de nestoriens.
3. Ce sont la mer Noire et la mer d'Azov.
4. C'est le nom turc de la Volga.

l'année, de sorte qu'hommes et bêtes le traversent comme la terre ferme. Sur la rive croissent quelques arbrisseaux.

De l'autre côté du fleuve, vers le sud et vers l'ouest, habitent plusieurs peuples qui disent ne pas appartenir au royaume de Comanie, mais sont soumis à son roi. Ils demeurent autour de la montagne du Caucase, qui est très vaste et haute. Les vautours et autres oiseaux de proie qui naissent en cette montagne sont tout blancs. Cette montagne du Caucase est entre deux mers, la mer Majeure, vers l'ouest, et la mer Caspienne, vers l'est.

Cette mer Caspienne ne s'écoule ni vers la mer de Grèce, ni vers la mer Océane, elle est comme un lac, mais on l'appelle mer en raison de sa grandeur, car c'est le plus grand lac du monde. Il s'étend de la montagne du Caucase jusqu'au début du royaume de Perse et sépare toute l'Asie en deux parties. La partie orientale est appelée l'Asie profonde, la partie occidentale est appelée l'Asie majeure. Les eaux de la mer Caspienne sont douces et renferment des poissons en abondance. On trouve dans la région des buffles sauvages et beaucoup d'autres bêtes. Dans la mer, il y a plusieurs îles où nichent des oiseaux, notamment des faucons pèlerins, des émerillons et d'autres oiseaux que l'on ne trouve que dans ces îles.

La principale cité du royaume de Comanie s'appelle Saraï, une très belle ville jadis [1], mais les Tartares l'ont presque entièrement ruinée.

VI

LE ROYAUME D'INDE

Le royaume d'Inde est tout en longueur sur la mer Océane, que l'on appelle en ce pays la mer d'Inde. Il commence aux confins du royaume de Perse et s'étend vers l'est jusqu'à une province appelée Balacian [2] et, en cette région, on trouve les pierres appelées rubis balais. Au nord s'étend le grand désert d'Inde où l'empereur Alexandre trouva une si grande diversité de serpents et de bêtes, comme le raconte son *Roman* [3]. Saint Thomas l'apôtre prêcha la foi au Christ en ces contrées et convertit plus d'une province à la foi chrétienne. Mais ces gens sont très loin de toutes les autres régions où l'on croit au Christ, aussi il y en a peu qui ont conservé la foi au Christ ; il n'y a qu'une seule ville où habitent les chrétiens, tous les autres sont devenus idolâtres.

Au sud, ce royaume est bordé par la mer Océane contenant beaucoup d'îles où habitent des Indiens qui sont noirs, vont tout nus à cause de la

---

1. Cette ville, aujourd'hui disparue, se situait non loin d'Astrakhan.
2. C'est le Badakhchan, dans l'Afghanistan actuel, au nord des montagnes de l'Hindou-Kouch.
3. Le plus ancien écrit de cette légende date du début du XIIᵉ siècle (version provençale). Il fut repris et augmenté à plusieurs reprises jusqu'au XVᵉ siècle. Les vers de douze syllabes du texte de la fin du XIIᵉ furent appelés « alexandrins ».

chaleur et adorent des idoles. On trouve dans ces îles des pierres précieuses et de bonnes épices et, dans une île nommée Ceylan, de bons rubis et de bons saphirs.

Le roi de cette île possède le plus grand et le plus beau rubis du monde et, quand il doit être couronné roi, il porte ce rubis à son bras.

La terre d'Inde est comme une île : d'un côté elle est entourée du désert, de l'autre, de la mer Océane, on ne peut donc entrer facilement en cette terre, sauf par le royaume de Perse. Ceux qui veulent entrer en cette terre se rendent d'abord à une ville nommée Hermès [1], que le philosophe Hermès fit, dit-on, avec grand art. Puis ils passent un détroit et vont jusqu'à une cité nommée Combahoth [2], où l'on trouve les oiseaux appelés perroquets, il y en a autant que les passereaux en nos régions. Les marchands trouvent en ce pays toutes sortes de marchandises. Le blé et l'orge ne croissent guère en cette contrée, aussi mangent-ils du riz, du millet, du lait, du beurre, des dattes et d'autres fruits qu'ils ont en abondance.

VII

LE ROYAUME DE PERSE

Le royaume de Perse est divisé en deux parties, mais ne forme qu'un seul royaume qui a toujours été gouverné par un seul roi. La première partie du royaume de Perse s'étend de l'ouest jusqu'au fleuve du Phison [3], un des quatre fleuves du paradis terrestre. Vers le nord, il s'étend jusqu'à la mer Caspienne, vers le sud, jusqu'à la mer d'Inde. Ce pays est très plat ; on y trouve deux grandes cités, l'une est appelée Boukhara et l'autre Samarcande.

Les gens de ce pays sont des Persans, ils ont une langue propre, ils vivent de commerce et du travail de la terre et ne s'intéressent ni aux armes ni à la guerre. Jadis, ils adoraient des idoles et avaient pour dieu le feu. Mais depuis que les mauvais disciples de Mahomet sont venus dans ces régions, ils sont tous devenus sarrasins et croient à la fausse religion de Mahomet.

L'autre partie de la Perse commence au fleuve Phison et s'étend vers l'ouest jusqu'au royaume de Médie [4] et jusqu'à une partie de la Grande Arménie. Vers le sud, elle est voisine d'une province du royaume d'Inde, de la mer Océane et de la terre de Médie. Il y a deux grandes cités en ce

---

1. Il s'agit d'Ormuz. La plupart des récits de voyage occidentaux donnent ce faux nom et sa fausse étymologie.
2. Cambay, au nord de Bombay.
3. Ainsi est nommé le Gange.
4. C'est la partie sud-ouest de l'Iran actuel.

royaume de Perse, l'une s'appelle Nichapour, l'autre Ispahan. Les gens de cette contrée ont les mêmes mœurs et usages que les précédents.

VIII

LE ROYAUME DE MÉDIE

Le royaume de Médie est très long, mais n'est pas large. Vers l'est, il commence au royaume de Perse et en partie au royaume d'Inde mineure et s'étend vers l'ouest jusqu'au royaume de Chaldée. Au nord, il commence au royaume de grande Arménie et s'étend au sud jusqu'à Quissim [1] sur la mer Océane où on trouve les plus grosses et les plus belles perles du monde.

Il y a de grandes montagnes et peu de plaines dans ce royaume de Médie. On y trouve deux sortes de gens, les uns nommés Sarrasins et les autres Kurdes. Il y a dans ce pays deux grandes villes, Chiraz et Kerman-chah. Ils suivent la religion de Mahomet et utilisent l'alphabet arabe. Ce sont de bons archers à pied.

IX

LE ROYAUME D'ARMÉNIE

Il y a trois royaumes en Arménie, mais sous la seigneurie d'un seul souverain. En longueur, l'Arménie commence au royaume de Perse et va vers l'ouest jusqu'à la Turquie. En largeur, elle commence à l'ouest à la grande cité appelée Porte-de-Fer, que le roi Alexandre fit édifier pour enfermer les diverses nations habitant dans l'Asie profonde qu'il ne voulait pas voir passer en Asie Mineure contre sa volonté. Cette cité est dans un défilé près de la mer Caspienne et touche à la grande montagne du Caucase [2]. De cette ville, le royaume d'Arménie s'étend en largeur jusqu'au royaume de Médie.

Il y a plusieurs grandes et riches villes en ce royaume, la plus célèbre est Tabriz. Il y a de hautes montagnes et de vastes plaines en ce royaume d'Arménie, de grands fleuves et des lacs d'eau douce ou salée renfermant des poissons en abondance.

Les habitants de l'Arménie sont appelés de noms divers, selon la région qu'ils habitent. Ce sont de bons guerriers, à cheval ou à pied. Ils chevau-chent et s'habillent comme les Tartares, car ils ont longtemps été sous leur domination. Ils utilisent l'alphabet arménien ou celui des Alains.

---

1. Qeshm, à l'entrée du golfe Persique.
2. C'est la ville de Derbend, dont les puissantes fortifications avaient fait naître toutes sortes de légendes.

Il y a en Arménie la plus haute montagne du monde, appelée Ararat, sur laquelle l'Arche de Noé reposa après le Déluge. Personne ne peut gravir cette montagne en raison de la neige que l'on y trouve en abondance, hiver comme été, mais, tout en haut, au sommet, on voit une grande chose noire qui, dit-on, est l'Arche de Noé.

X

LE ROYAUME DE GÉORGIE

Vers l'est, le royaume de Géorgie commence à une grande montagne appelée Elbrouz. Diverses nations y vivent et ce pays est appelé Alanie. De là, le royaume de Géorgie s'étend vers l'ouest et le nord jusqu'à une des provinces de la Turquie. En longueur, la Géorgie s'étend sur les rives de la mer Majeure. Vers le sud, elle est voisine de la grande Arménie.

Ce royaume de Géorgie comprend deux royaumes appelés Géorgie et Abchazie. Celui de Géorgie est sous la souveraineté de l'empereur d'Asie, celui d'Abchazie, puissant par sa population et ses châteaux forts, n'a jamais été soumis à l'empereur d'Asie ni aux Tartares.

Il y a dans ce royaume de Géorgie une grande merveille, dont je n'oserais parler si je ne l'avais vue, mais j'ose la raconter, car j'ai été dans ce pays et l'ai vue. Il y a en Géorgie une province que l'on appelle Hampasi, longue d'environ trois journées. Sur toute l'étendue de cette province, il règne une si grande obscurité que personne ne peut rien voir et personne n'a la hardiesse de pénétrer dans cette terre, car il ne saurait ensuite revenir sur ses pas. Les habitants de cette terre racontent qu'ils entendent des voix d'hommes, des chants de coqs, des hennissements de chevaux et, aux abords d'un fleuve qui sort de la province, on aperçoit des signes prouvant que des hommes y demeurent véritablement. En lisant les histoires de l'Arménie et de la Géorgie, on apprend qu'il y eut un cruel empereur qui adorait les idoles et persécutait durement les chrétiens. Il ordonna un jour à tous les habitants d'Asie de venir sacrifier aux idoles ; tous ceux qui ne viendraient pas devraient être brûlés. Certains chrétiens fidèles subirent le martyre avant même d'avoir voulu sacrifier aux idoles ; d'autres sacrifièrent par peur de la mort et de la perte de leurs biens ; d'autres s'enfuirent dans les montagnes. De bons chrétiens habitaient alors dans une région appelée Moghân ; ils abandonnèrent tous leurs biens et voulaient fuir en Grèce. L'empereur les rencontra dans cette région de Hampasi et ordonna de couper en morceaux tous les chrétiens. Ceux-ci implorèrent notre Seigneur Jésus-Christ pour qu'il les prenne en pitié. Aussitôt survint cette grande obscurité qui aveugla l'empereur et toute sa suite. Les chrétiens lui échappèrent et demeurèrent dans cette obscurité et y demeureront, selon ce que l'on croit et raconte, jusqu'à la fin des temps.

XI

LE ROYAUME DE CHALDÉE

Le royaume de Chaldée commence à l'est aux montagnes de Médie et s'étend jusqu'à une grande et ancienne cité près du Tigre appelée Ninive. La Sainte Écriture en parle, c'est là que fut envoyé le prophète Jonas pour prêcher selon l'ordre de Dieu. Cette cité est aujourd'hui en ruines, mais, d'après ce qui en subsiste, il semble bien qu'elle fut l'une des plus grandes cités du monde.

En largeur, le royaume de Chaldée commence vers le nord à une ville appelée Maraga et s'étend au sud jusqu'à la mer Océane. La plus grande cité du royaume de Chaldée est Bagdad, jadis appelée Babylone. C'est en cette terre que Nabuchodonosor mit en captivité les enfants d'Israël quand il eut pris Jérusalem.

Il y a dans le royaume de Chaldée de grandes plaines et peu de montagnes, et il y a peu d'eaux courantes. Les gens qui habitent ce royaume sont appelés Nestoriens, ils ont un alphabet chaldéen et un alphabet arabe et suivent la fausse religion de Mahomet.

XII

LE ROYAUME DE MÉSOPOTAMIE

Le royaume de Mésopotamie commence vers l'est à la grande ville de Mossoul, qui est près du fleuve du Tigre ; vers l'ouest, il s'étend jusqu'à la ville d'Édesse, sise sur le fleuve de l'Euphrate. Cette ville d'Édesse appartint au roi Abgar, auquel Notre-Seigneur envoya la Véronique qui est maintenant à Rome [1]. Près de cette ville est la terre de Harran où demeurait jadis Abraham avec son lignage quand Notre-Seigneur lui ordonna de quitter ce pays, de traverser l'Euphrate et de venir dans la Terre promise, comme la Bible le raconte plus complètement.

Cette terre est appelée Mésopotamie en langue grecque, parce qu'elle est entre les deux grands fleuves du Tigre et de l'Euphrate. En largeur, ce royaume commence à une montagne d'Arménie appelée Sasoun [2] et s'étend vers le sud jusqu'au désert de petite Arabie. Il y a en cette terre de Mésopotamie de grandes plaines, fertiles et agréables, et deux longues montagnes où l'on trouve en abondance des fruits et toutes sortes de biens. Une des montagnes se nomme Sinjar et l'autre Bashnik [3]. Il n'y a

---

1. Selon la légende, Véronique, une des femmes qui suivaient Jésus sur le chemin du Calvaire, lui essuya le visage avec son voile et l'image de la face du Christ y resta imprimée.
2. Région voisine du haut Tigre.
3. Sinjar est à l'ouest de Mossoul ; Bashnik, près de Diyarbakir.

guère d'eaux courantes dans ce pays, mais les gens boivent l'eau des puits et des citernes.

Quelques chrétiens, syriens et arméniens, habitent en ce royaume de Mésopotamie ; les autres sont sarrasins. Les gens ne sont pas guerriers, ils sont artisans, bergers ou paysans, sauf quelques-uns, qui demeurent dans une province nommée Mardin et sont de bons archers à pied. Ils sont sarrasins, on les appelle Kurdes.

XIII

LE ROYAUME DE TURQUIE

Le royaume de Turquie est très grand et riche. On y trouve beaucoup de bonnes mines d'argent, de bronze, de fer, d'alun. Le vin, le blé, les fruits y sont en abondance et il y a nombre de bêtes et de bons chevaux. Vers l'est, cette terre est voisine de la grande Arménie et, en partie, du royaume de Géorgie. Vers l'ouest, elle s'étend jusqu'à la cité de Satalie, sise sur la mer de Grèce. Au nord, elle n'est voisine d'aucune terre, mais s'étend sur le rivage de la mer. Vers le sud, elle est en partie voisine de la petite Arménie et de la Cilicie et s'étend en partie jusqu'à la mer de Grèce, face à l'île de Chypre. La plupart des gens d'Orient appellent Grèce la Turquie, car l'empereur de Grèce la tenait en propre et la gouvernait par des officiers qu'il y envoyait chaque année. Mais les Turcs ont conquis maintenant la Turquie et se sont donné un souverain qu'ils ont appelé sultan. Depuis que les Turcs ont habité cette terre, on l'appelle Turquie, notamment les Latins.

Il y a plusieurs provinces dans ce royaume de Turquie avec de bonnes villes dans chacune d'elles. La première province se nomme Lycaonie, avec la noble ville de Koniah ; la deuxième est appelée Cappadoce, avec la ville de Césarée de Cappadoce[1] ; la troisième est l'Isaurie, où est la ville de Séleucie-Trachée[2] ; la quatrième, appelée Briquie, renferme la ville de Laodicée[3]. La cinquième, Saroukhan, a pour ville Éphèse. La sixième est dite Bithynie, là est la ville de Nicée. La septième est appelée Paphlagonie, sa ville est Germanicopolis[4] ; la huitième s'appelle Djanik, on y trouve la ville de Trébisonde[5]. Cette province a été créée il y a peu de temps : quand les Turcs conquirent la Turquie, ils ne purent prendre la ville de Trébisonde ni ses dépendances, en raison de ses nombreux châteaux forts, et elle demeura aux mains de l'empereur de Constantinople.

---

1. Aujourd'hui Kayseri.
2. Aujourd'hui Silifke.
3. Ville aujourd'hui en ruines, dans l'ancienne Phrygie.
4. Aujourd'hui Ermenek, à environ 130 kilomètres au sud-ouest de Konya.
5. Aujourd'hui Trabzon, sur la mer Noire.

L'empereur avait l'habitude d'y envoyer un bailli, avec le titre de duc pour la gouverner. Mais l'un de ces ducs se révolta contre l'empereur et se fit proclamer roi. Aujourd'hui, celui qui a le pouvoir à Trébisonde se fait appeler empereur.

Ceux qui habitent en cette terre sont grecs, ils utilisent l'alphabet grec et s'habillent comme des Grecs. Mais nous mettons Trébisonde au nombre des provinces et non des royaumes, selon ce que disent les histoires d'Orient.

Dans le royaume de Turquie vivent quatre sortes de peuples, les Grecs, les Arméniens, les Jacobins et les Turcs, qui sont sarrasins et ont enlevé cette terre aux Grecs. Ceux qui demeurent dans les villes sont marchands et paysans ; les autres sont des bergers qui vivent aux champs hiver comme été et font paître leurs bêtes. Ce sont des bons gens d'armes, à cheval comme à pied.

XIV

LE ROYAUME DE SYRIE

Le royaume de Syrie commence vers l'est au fleuve de l'Euphrate et s'étend vers l'ouest jusqu'à la ville de Gaza sur la mer de Grèce au début du désert d'Égypte. En largeur, le royaume de Syrie commence au nord à la ville de Beyrouth et s'étend jusqu'au Krak de Montréal. À l'est, il est voisin de la Mésopotamie, au nord, de la grande Arménie et en partie de la Turquie. Au sud se trouvent la mer de Grèce et le désert d'Arabie.

Le royaume de Syrie est divisé en quatre parties qui étaient autrefois des royaumes avec chacun un roi. La première province se nomme Cham, là est la ville de Damas ; la deuxième est la Palestine avec la ville de Jérusalem ; la troisième Antioche, où sont les deux grandes villes d'Alep et d'Antioche ; la quatrième est appelée Cilicie avec la ville de Tarse où naquit saint Paul. Cette Cilicie s'appelle aujourd'hui Arménie, car depuis que les ennemis de la foi chrétienne ont pris cette terre aux Grecs, les Arméniens ont mis tous leurs efforts à reconquérir la Cilicie, et le roi d'Arménie en est aujourd'hui souverain par la grâce de Dieu.

Divers peuples habitent en ce royaume, Grecs, Arméniens, Jacobins, Nestoriens et deux autres nations chrétiennes, Syriens et Maronites. Les Syriens suivent le rite grec et furent jadis fidèles de la Sainte Église romaine. Ils parlent l'arabe et célèbrent les offices en grec. Les Maronites sont jacobites, ils utilisent la langue et l'alphabet arabes, ils habitent autour du mont Liban et près de Jérusalem et sont bons soldats. Les Syriens sont nombreux, les Maronites non. Parmi eux sont de vaillants hommes d'armes et de bons seigneurs.

Le royaume de Syrie a bien vingt journées de long et cinq de large, ou parfois moins selon que le désert d'Arabie ou la mer de Grèce se rapprochent plus ou moins.

LIVRE II

Il traite des empereurs d'Asie.
Puisque nous avons parlé des quatorze principaux royaumes d'Asie, nous parlerons des empereurs qui ont eu seigneurie en Asie après la Nativité de notre Seigneur Jésus-Christ d'après ce qu'en disent les histoires d'Orient.

I

LE PREMIER EMPEREUR D'ASIE

Selon l'Évangile de saint Luc, l'empereur de Rome, César Auguste, avait seigneurie sur le monde entier au temps de la Nativité de Notre-Seigneur. Puis un roi de Perse, Coserossac [1], se dressa contre l'empire et se fit appeler empereur d'Asie. Il devint maître de la Perse, de la Médie, de la Chaldée, et sa puissance grandit à tel point qu'il chassa les Romains de toutes ces terres. Et son pouvoir dura, comme on va le dire.

II

LA NATION DES SARRASINS ET LA RELIGION DE MAHOMET

L'an 632 après l'Incarnation de Notre-Seigneur, la mauvaise semence de Mahomet pénétra au royaume de Syrie. Les Sarrasins prirent d'abord aux Grecs la noble ville de Damas, puis occupèrent tout le royaume de Syrie. Ils assiégèrent ensuite la ville d'Antioche qui appartenait aux Grecs. L'empereur Héraclius appela au secours nombre de gens pour la défendre. Quand l'armée de l'empereur Héraclius fut parvenue dans une plaine appelée Possène [2], les Sarrasins se portèrent à sa rencontre et une grande bataille commença. Elle dura longtemps et, à la fin, les Sarrasins furent victorieux. Tant de gens périrent dans la bataille que l'on voit encore les ossements des combattants en cette plaine. Épouvantés, les Grecs qui tenaient la ville d'Antioche cédèrent la terre aux Sarrasins par traité. Les ennemis de la foi occupèrent alors la Cilicie, la Cappadoce et la

---

1. Khosroès II (590-628).
2. Plaine proche d'Antioche. La bataille est connue sous le nom de bataille du Yarmouk, elle fut livrée en 636.

Lycaonie et d'autres riches contrées. Cela leur donna tant d'orgueil qu'ils appareillèrent des galères et allèrent vers Constantinople. Ils arrivèrent d'abord à Chypre et prirent une grande ville nommée Constance[1] où était le tombeau de l'apôtre saint Barnabé. Après avoir pillé la ville, ils abattirent les murs jusqu'aux fondations et la ville ne fut plus habitée depuis lors. De là, ils partirent pour l'île de Rhodes, la prirent ainsi que plusieurs autres îles de la Romanie, emmenant des prisonniers sans nombre.

Puis ils vinrent mettre le siège devant Constantinople par mer et par terre. Les chrétiens qui habitaient la ville eurent une grande peur et implorèrent Notre-Seigneur d'avoir pitié d'eux. Et Dieu, miséricordieusement, souleva une tempête soudaine de pluie et de vent, alors qu'on était en été, de sorte que toutes les galères sarrasines furent mises en pièces et les ennemis qui y étaient furent presque tous noyés. Alors, les ennemis retournèrent en leur pays sans tenter une autre action.

III

LES GRECS CHRÉTIENS ET LA CONQUÊTE DES ROYAUMES DE PERSE, DE CHALDÉE ET DE MÉSOPOTAMIE PAR LES SARRASINS

Quand les chrétiens de Constantinople se virent délivrés par la miséricorde de Dieu, ils ordonnèrent que l'on célèbre chaque année une fête solennelle en l'honneur du Sauveur, ce qui est fait encore aujourd'hui.

Après un temps de repos, les Sarrasins entreprirent de conquérir la Perse. Ils réunirent une grande armée et prirent les royaumes de Mésopotamie et de Chaldée qui étaient soumis à la Perse. Le roi Assobarich[2], redoutant la puissance des Sarrasins, envoya des messagers vers les rois et seigneurs voisins en deçà du fleuve du Phison pour leur demander leur aide, promettant de grandes récompenses à ceux qui viendraient.

Sur ce, environ cinquante mille hommes d'armes, nommés Turcomans, se rassemblèrent dans le royaume du Turquestan et se mirent en route pour venir aider le roi de Perse contre les Sarrasins. Ils passèrent le fleuve du Phison, mais comme ce peuple a coutume de mener femmes et enfants où qu'il aille, ils ne purent faire de longues étapes. Les Sarrasins, établis dans le royaume de Chaldée qu'ils avaient conquis, craignirent que l'union des armées des Turcomans et des Persans ne les empêchât de réaliser leur projets de conquête de la Perse et décidèrent de se porter vers la Perse avant que l'aide y parvînt. Ils pénétrèrent donc en Perse et le roi de Perse, ne pouvant les éviter, alla au-devant d'eux. Il y eut une grande bataille près d'une ville nommée Maraga. Elle dura longtemps et il y eut

---

1. Aujourd'hui Salamine. La prise eut lieu en 648.
2. Yazdgard III (632-651).

grand nombre de morts de part et d'autre. À la fin, le roi de Perse fut tué au combat. Cela se passa l'an de Notre-Seigneur 633 [1].

IV

LE PREMIER ROI ÉLU PAR LES SARRASINS SOUS LE NOM DE SULTAN

Après avoir conquis la Perse et plusieurs autres royaumes d'Asie, les Sarrasins se choisirent un roi qu'ils appelèrent calife ; il était de la famille de Mahomet. Ils décidèrent qu'il siégerait en la ville de Bagdad et, dans tous les autres royaumes et pays qu'ils avaient conquis, ils placèrent un souverain qu'ils appelèrent sultan [2], ce qui est l'équivalent de roi en latin. Ces Sarrasins gouvernaient toute l'Asie Mineure, sauf le royaume d'Abchazie, en Géorgie, et une région du royaume d'Arménie, appelée Aloen. Ces deux pays leur résistèrent et les Sarrasins ne les possédèrent jamais ; ils servirent de refuge aux chrétiens qui craignaient leurs ennemis.

Nous parlerons brièvement des Turcomans qui vinrent aider le roi de Perse, pour qu'on comprenne mieux leur histoire. Ces Turcomans arrivèrent jusqu'à un pays appelé Corasme. Là, ils apprirent la défaite des Perses et la mort de leur roi. Ils ne voulurent donc plus poursuivre leur route et pensèrent garder pour eux cette terre de Corasme et la défendre contre les Sarrasins. Alors, les Sarrasins réunirent une grande armée et marchèrent contre les Turcomans. Redoutant la bataille, ceux-ci envoyèrent des messagers au calife de Bagdad, lui offrant leur soumission. Cela plut grandement au calife et aux Sarrasins ; ils reçurent la promesse de fidélité des Turcomans, leur firent quitter la terre de Corasme, les installèrent dans une autre région où ils ne pouvaient craindre de révolte de leur part et leur ordonnèrent de payer chaque année un tribut au calife. Ainsi, les Turcomans furent soumis au pouvoir des Sarrasins, tandis que ceux-ci faisaient la conquête de la Perse, de la Médie et de la Chaldée et les convertissaient à la fausse religion de Mahomet.

Après cela, le calife de Bagdad convoqua les plus âgés et les plus braves des Turcomans et leur demanda de croire à la religion de Mahomet et d'encourager les autres Turcomans à faire de même, leur promettant faveurs et honneurs s'ils lui obéissaient. Les Turcomans, qui n'avaient aucune religion, consentirent facilement à la volonté du calife et c'est ainsi que les Turcomans, qui étaient très nombreux, devinrent tous sarrasins, sauf deux tribus qui se séparèrent des autres. Les Sarrasins commencèrent alors à aimer les Turcomans, à les honorer, à leur accorder des faveurs. Les Turcomans grandirent en nombre et en puissance, mais se

---

1. Il y a ici quelques confusions : la bataille eut lieu à Qadisiyya sur l'Euphrate, dans le sud de l'Irak actuel, en 636. Le roi fut tué près de Merv en 651.
2. Le titre de sultan ne fut pris qu'après 1055 par les Turcs, maîtres de Bagdad.

comportèrent avec sagesse et humilité. Toutefois, ils enlevèrent finalement aux Sarrasins leurs terres et leur pouvoir, comme on le verra plus loin.

Les Sarrasins dominèrent l'Asie pendant quatre cent dix-huit ans et après perdirent leur pouvoir comme nous le dirons plus loin.

V

LA RÉVOLTE DES SEIGNEURS SARRASINS CONTRE LE SULTAN LEUR SOUVERAIN

À cette époque, il arriva qu'une grande discorde divisa les Sarrasins ; elle dura bien trente ans. Les sultans et les seigneurs des régions ne voulaient plus obéir au calife de Bagdad, ils se révoltèrent contre lui et la puissance des Sarrasins commença à décroître.

Il y avait en ce temps-là à Constantinople un courageux empereur nommé Diogène. Il commença à envahir avec vaillance les terres des Sarrasins et reprit plusieurs villes et châteaux conquis sur les chrétiens du temps de l'empereur Héraclius. Il reprit la noble ville d'Antioche, la Cilicie et la Mésopotamie [1].

Les Sarrasins gardèrent les autres pays jusqu'à ce que les Turcomans les leur prennent, comme on le verra plus loin.

VI

LES TURCS ÉLISENT UN ROI QUE LE CALIFE DE BAGDAD ÉTABLIT SOUVERAIN DES TURCS

L'an de Notre-Seigneur 1051, les Turcomans commencèrent à dominer en Asie. Après s'être multipliés et enrichis, voyant la discorde qui régnait entre les Sarrasins, ils pensèrent à se révolter. Ils s'assemblèrent et élurent un roi, nommé Seljuq. Ils n'avaient pas jusque-là de roi pour leur peuple. Puis ils se réunirent et attaquèrent vigoureusement les Sarrasins et, en peu de temps, prirent le pouvoir en Asie. Ils ne firent aucun mal au calife de Bagdad, mais l'honorèrent de telle sorte que le calife, plus par crainte que par amour, fit de Seljuq le souverain des Turcomans et l'empereur d'Asie pour leur plaire.

Peu après, cet empereur Seljuq mourut et l'un de ses petits-fils, nommé Dolrissa [2], le remplaça. Il fit la guerre à l'empereur de Constantinople et

---

1. Là encore, il y a confusion. C'est Romain Lécapène qui commence cette reconquête au milieu du IXᵉ siècle. Romain Diogène, lui, fut battu et fait prisonnier par les Turcs à la bataille de Manzikert (1071).
2. Tughril, mort en 1063.

prit plusieurs villes et châteaux des Grecs. Il envoya dans le royaume de Mésopotamie un de ses cousins nommé Ortoq avec une bonne armée et lui confia ce royaume de Mésopotamie et toutes les terres qu'il pourrait conquérir sur les Grecs. Ortoq s'en alla avec une grande armée assiéger la ville d'Édesse. Il prit toute la Mésopotamie et siégea en la ville de Mardin, où il prit le titre de sultan.

À cette époque, Dolrissa, le roi de Perse, mourut. Son fils, Alp Arslan, lui succéda [1]. Cet Alp Arslan avait un neveu nommé Soliman qui avait longuement servi son père. C'était un vaillant homme d'armes. Alp Arslan, le roi de Perse, donna un grand nombre de soldats à son neveu Soliman, l'envoya en Cappadoce et lui donna tout ce qu'il pourrait conquérir sur les Grecs. Soliman pénétra dans le royaume de Turquie, prit des villes et châteaux et soumit tout le pays. Il changea alors son nom et se fit appeler Soliman Shah [2]. Les histoires de la croisade de Godefroy de Bouillon en parlent, car il combattit les croisés et leur causa bien des ennuis avant qu'ils ne quittent la Turquie.

VII

MALIK SHAH DEVIENT EMPEREUR DE TURQUIE AU TEMPS OÙ
GODEFROY PASSE LA MER

Après cela, Alp Arslan, empereur des Turcs, mourut et son fils nommé Malik Shah lui succéda [3]. Il ordonna à Ortoq, sultan de Mésopotamie, et à Soliman Shah, sultan de Turquie, d'aller assiéger la ville d'Antioche, tenue par les Grecs. Ils la prirent en peu de jours. Ainsi les Grecs furent chassés de toute la terre d'Asie par la puissance des ennemis de la foi chrétienne.

Puis Malik Shah, l'empereur des Turcs, mourut, laissant deux enfants. L'un d'eux, Barkiaruk, lui succéda, mais son frère, qui était un homme d'armes plus vaillant, occupa une grande partie de la Perse. Lors de la croisade de Godefroy de Bouillon, Barkiaruk était empereur de Perse et Soliman Shah, sultan de Turquie [4] et il causa maints dommages aux croisés avant qu'ils ne quittent la Turquie.

---

1. Alp Arslan est en réalité un neveu de Tughril ; il fut sultan de 1063 à 1072.
2. Suleiman Shah, fondateur du sultanat seljukide d'Iconium en 1074.
3. Malik Shah, sultan de 1072 à 1092.
4. Suleiman Shah mourut en 1086. C'est son fils, Qilidj Arslan, qui était maître de la Turquie en 1096.

VIII

LES SARRASINS ASSIÈGENT ANTIOCHE

Godefroy et les autres pèlerins de la croisade allèrent assiéger Antioche. Quand l'empereur de Perse apprit que les chrétiens avaient mis le siège devant Antioche, il réunit un grand nombre de Turcs et les envoya pour secourir la ville. Mais les chrétiens la prirent avant l'arrivée des Turcs. Toutefois, la puissance des ennemis était telle qu'ils assiégèrent la ville ; de sorte que les chrétiens, d'assiégeants devinrent assiégés. À la fin, nos croisés combattirent contre cette multitude d'ennemis et, par la grâce de Dieu, les battirent tous et tuèrent leur chef, Corbaran [1]. Ceux qui s'échappèrent du combat rentrèrent en Perse où ils trouvèrent leur empereur Barkiaruk mort. Son frère voulait prendre sa succession, mais ses adversaires se retournèrent contre lui et le tuèrent.

La discorde fut grande parmi les Turcs et ils ne purent se mettre d'accord pour élire un empereur ni un souverain qui régnerait sur eux tous. Ils commencèrent à se faire la guerre entre eux, alors les Géorgiens et les Sarrasins de la grande Arménie les attaquèrent et les chassèrent de toute la terre de Perse, si bien qu'ils s'enfuirent en Turquie avec femmes et enfants. Ainsi la puissance du sultan de Turquie s'accrut grandement ; il maintint la prospérité dans le pays jusqu'à l'arrivée des Tartares qui occupèrent la Turquie, comme on le dira plus loin.

IX

LES CORASMIENS CONQUIÈRENT L'ASIE MINEURE ET SONT CHASSÉS PEU DE TEMPS APRÈS

Il y avait au royaume des Corasmiens un peuple demeurant tout le temps dans les montagnes et les champs, faisant paître ses bêtes et très vaillant au combat. Ils apprirent que le royaume de Perse était sans souverain et pensèrent pouvoir le conquérir facilement. Ils se réunirent et élurent un seigneur nommé Djelal ed-Din [2]. Après quoi, ils allèrent jusqu'à la noble ville de Tabriz sans que personne ne s'y opposât. Ils s'y établirent et proclamèrent Djelal ed-Din empereur d'Asie, pensant occuper les autres royaumes d'Asie comme ils l'avaient fait pour la Perse.

Ces Corasmiens se reposèrent quelque temps et, enrichis des trésors de la Perse, ils se montrèrent très orgueilleux. Ils pénétrèrent donc en Turquie, croyant l'occuper et la prendre. Mais le sultan de Turquie,

---

1. Kerboga, prince de Mossoul.
2. Mort en 1231.

nommé Ala ed-Din [1], rassembla son armée, livra bataille aux Corasmiens, les vainquit et les chassa de Turquie. Leur souverain Djelal ed-Din fut tué au combat. Ceux qui en réchappèrent vinrent au royaume de Mésopotamie, s'assemblèrent dans la plaine d'Édesse et décidèrent d'aller envahir le royaume de Syrie, alors gouverné par une dame [2].

Les Corasmiens réunirent donc à nouveau leur armée et entrèrent en Syrie. Cette noble dame réunit ses gens dans la ville d'Alep, près du fleuve de l'Euphrate et alla au-devant des Corasmiens pour les combattre. La bataille fut grande ; à la fin, les Corasmiens furent vaincus et s'enfuirent vers le désert d'Arabie. Ils passèrent le fleuve de l'Euphrate près du château de Rakkah, entrèrent dans le royaume de Syrie et atteignirent la province de Palestine dans le royaume de Jérusalem. Ils causèrent de grands dommages aux chrétiens, comme il est raconté dans les histoires de la croisade de Godefroy de Bouillon [3]. À la fin, ces Corasmiens s'opposèrent entre eux, ne voulant plus obéir à leur souverain qu'ils abandonnaient. Les uns allaient vers le sultan de Damas, les autres vers le sultan d'Alep, les autres encore vers les sultans qui étaient en Syrie au nombre de cinq.

Quand le chef des Corasmiens, nommé Burka, se vit abandonné des siens, il envoya des messagers au sultan de Babylone et lui offrit ses services, ce dont le sultan se réjouit grandement. Il le reçut bien volontiers et honora le duc des Corasmiens et ceux qui l'accompagnaient. Mais il répartit les Corasmiens à travers ses terres, ne voulant pas qu'ils restassent ensemble. La puissance du sultan de Babylone, qui était alors médiocre, augmenta beaucoup grâce aux Corasmiens. À la fin, le peuple des Corasmiens perdit rapidement toute importance et les Tartares commencèrent à détenir le pouvoir.

LIVRE III

I

LES DÉBUTS DU POUVOIR DES TARTARES

La terre et le pays où étaient d'abord les Tartares est au-delà de la grande montagne de Belgian [4]. Les histoires d'Alexandre parlent de cette montagne en faisant mention des hommes sauvages qu'il y trouva. Les Tartares y demeuraient, vivant comme des bêtes, sans foi ni loi, allant de

---

1. Sultan d'Iconium (1220-1237).
2. Dhaifa, sœur du sultan d'Égypte al-Kamil et régente pour son petit-fils, as-Zahir II.
3. Les luttes que raconte Hayton se déroulèrent dans la première moitié du XIIIᵉ siècle. Jérusalem fut pillée par les Khwarezmiens en 1244.
4. C'est le mont Baljuna, au sud-est du lac Baïkal.

place en place comme des animaux au pâturage et méprisés des autres peuples auxquels ils étaient soumis.

Plusieurs peuples tartares, appelés Mongols, se réunirent et se donnèrent des chefs et des gouverneurs. Ils grandirent et se répartirent en sept nations qui sont considérées jusqu'à ce jour comme plus nobles que les autres. La première de ces nations s'appelle Tartares, la deuxième Tangut, la troisième Eurach, la quatrième Jalair, la cinquième Sonit, la sixième Merkit, la septième Tibet.

Tandis que ces sept nations étaient soumises à leurs voisins, comme on vient de le dire, il arriva qu'un pauvre vieillard, un forgeron, nommé Gengis, eut une vision en songe : un chevalier armé, monté sur un cheval blanc, l'appela par son nom et lui dit : « Gengis, la volonté du Dieu immortel est que tu sois gouverneur et seigneur des sept nations des Tartares, dits Mongols, qu'ils soient délivrés par toi de leur long servage et qu'ils dominent leurs voisins. » Gengis se leva, tout joyeux d'avoir entendu la parole de Dieu et raconta à tous sa vision. Les grands et les gentilshommes ne voulaient pas le croire et se moquaient du vieillard. Mais, la nuit suivante, les chefs des sept nations virent le chevalier blanc et toute la vision telle que Gengis l'avait contée, commandant, de la part du Dieu immortel, que tous obéissent à Gengis et veillassent à ce que ses ordres fussent suivis.

Les chefs réunirent donc le peuple tartare et lui firent promettre obéissance et respect à Gengis, et eux-mêmes en firent autant, comme à leur seigneur.

II

LES TARTARES ÉLISENT LEUR PREMIER SEIGNEUR ET LE NOMMENT KHAN

Après cela, les Tartares dressèrent un siège au milieu de leur assemblée et étendirent à terre un feutre noir sur lequel ils firent asseoir Gengis. Puis les chefs des sept nations l'élevèrent sur le feutre, le placèrent sur le siège et le nommèrent khan ; s'agenouillant, ils l'honorèrent et le révérèrent comme leur seigneur. Il ne faut pas s'étonner de cet hommage que les Tartares prêtèrent alors à leur seigneur, car ils ne connaissaient pas de plus beau drap sur lequel le faire asseoir. Mais on pourrait s'étonner qu'ils n'aient pas voulu changer leur première coutume, eux qui ont conquis tant de terres et de royaumes, car ils l'ont maintenue.

J'ai assisté deux fois à l'élection de l'empereur des Tartares et j'ai vu que, quand ils veulent élire leur seigneur, ils se réunissent dans un grand champ et font asseoir sur un feutre noir celui qui va être leur seigneur et placent un riche siège au milieu d'eux. Puis les grands seigneurs et les parents de Gengis Khân l'élèvent et le font asseoir sur le siège et le révèrent et l'honorent comme leur seigneur. Ils n'ont jamais voulu changer leur coutume, malgré toute leur richesse et toutes leurs conquêtes.

III

LES LOIS DE L'EMPEREUR DES TARTARES APPELÉ KHAN

Après avoir été élu empereur au consentement de tous les Tartares, Gengis Khân voulut, avant toute chose, savoir si tous lui obéiraient. Il promulgua trois commandements. Le premier était que tous croient au Dieu immortel dont la volonté l'avait fait empereur et l'adorent. Et dès ce moment, tous les Tartares commencèrent à croire en Dieu et à agir en son nom. Le deuxième commandement ordonnait à tous les hommes capables de porter des armes de se faire recenser. Pour chaque dizaine, il nomma un chef, sur dix dizaines, un chef, sur mille, un chef, sur dix mille, un chef ; la compagnie de dix mille s'appelle Tuman. Puis il commanda aux sept chefs des sept nations tartares de déposer toutes leurs armes, d'abandonner leur commandement et de recevoir la rétribution qui leur serait donnée.

Le troisième commandement de Gengis Khân semble très cruel. Il ordonna aux sept grands chefs d'amener chacun son fils aîné et, quand ce fut fait, il ordonna à chacun de couper la tête de son fils. Et bien que cet ordre leur semblât horrible et cruel, ils n'osèrent se dérober, car ils craignaient le peuple et savaient que Gengis Khân avait été fait empereur sur l'ordre de Dieu, et chacun coupa donc la tête de son fils.

Gengis Khân, voyant quelle était la volonté de son peuple et que tous lui obéiraient jusqu'à la mort, ordonna à tous de s'armer et de chevaucher avec lui.

IV

L'EMPEREUR DES TARTARES EST SAUVÉ PAR UN OISEAU DANS UN BUISSON

Après avoir bien, et avec sagesse, organisé son armée, Gengis Khân entra dans les terres de ceux qui avaient longuement asservi les Tartares, leur livra bataille, les vainquit et soumit tous leurs territoires. Puis Gengis Khân conquit terres et pays, et tout allait à son gré.

Il advint un jour que Gengis Khân, chevauchant avec une petite escorte, rencontra une grande quantité d'ennemis qui l'attaquèrent très durement. Gengis Khân se défendit vigoureusement mais, à la fin, son cheval fut tué sous lui. Quand les siens virent leur seigneur à terre pressé de tous, ils perdirent courage et se mirent à fuir, poursuivis par leurs ennemis qui ne prirent pas garde à l'empereur Gengis, qui était à pied. Voyant cela, Gengis Khân se cacha dans un buisson qui était tout près. Victorieux, les ennemis partirent à la recherche des fuyards. Ils voulaient fouiller le buisson où Gengis Khân était tapi, quand un oiseau, nommé grand-duc, vint se poser sur le buisson. Quand ils virent cet oiseau posé sur le buisson où se cachait l'empereur Gengis Khân, ils s'éloignèrent, disant que si quelqu'un était là, l'oiseau ne se serait pas posé. Pensant donc qu'il n'y avait personne dans ce buisson, ils partirent sans chercher.

V

LES TARTARES PORTENT SUR LA TÊTE LA PLUME DE L'OISEAU APPELÉ GRAND-DUC PARCE QU'IL SAUVA LEUR SEIGNEUR DANS LE BUISSON

Quand la nuit vint, Gengis Khân s'en alla par des chemins détournés et finit par arriver près de ses gens et leur conta tout ce qui lui était arrivé, comment l'oiseau s'était posé sur le buisson où il était tapi et comment, à cause de cela, les ennemis ne l'avaient pas cherché. Les Tartares rendirent grâces à Dieu et, depuis lors, honorèrent cet oiseau appelé grand-duc, de sorte que celui qui peut avoir une plume de cet oiseau la porte sur la tête.

J'ai raconté cette histoire afin que l'on sache pourquoi tous les Tartares portent une plume sur la tête. Gengis Khân rendit grâces à Dieu de l'avoir sauvé de cette manière. Il ne faut pas s'étonner si je n'ai pas mis en ce livre la date où tout cela est arrivé. Je ne l'ai pas pu, malgré tous mes efforts pour la connaître. On ne peut savoir la date de cette histoire, parce que les Tartares n'avaient pas alors d'alphabet et ne gardaient donc pas souvenir des faits. Ils ont ensuite oublié ce qui s'était passé alors [1].

VI

LE CHEVALIER BLANC APPARAÎT À GENGIS KHÂN, EMPEREUR DES TARTARES, ET LUI APPREND QU'IL CONQUERRA LES TERRES ET ROYAUMES DE DIVERSES NATIONS

Gengis réunit ensuite son armée, attaqua ses ennemis, les battit et les soumit. Et Gengis Khân conquit toutes les terres jusqu'à la montagne de Belgian et les gouverna jusqu'à ce qu'il eût une autre vision, comme on le dira plus loin.

Quand Gengis Khân eut conquis le pouvoir sur toutes les régions jusqu'au mont Belgian, il arriva, une nuit, qu'il eut une nouvelle vision du chevalier blanc qui dit : « Gengis Khân, la volonté du Dieu immortel est que tu passes la montagne de Belgian vers l'occident. Tu conquerras les royaumes et les terres de diverses nations, tu auras sur eux le pouvoir. Et pour que tu saches que je te parle de la part du Dieu immortel, lève-toi,

---

1. Gengis Khân fut élu en 1196 et vainquit les tribus tartares avant 1207.

va avec tous les tiens au mont Belgian. Quand tu seras arrivé au lieu où la mer longe la montagne, tu descendras toi et les tiens, tu t'agenouilleras neuf fois vers l'orient et tu prieras le Dieu immortel de te montrer le chemin, il te le montrera et tu pourras passer avec les tiens. »

VII

NOTRE-SEIGNEUR MONTRE À GENGIS KHÂN ET AUX SIENS LE CHEMIN POUR PASSER LE MONT BELGIAN

À son réveil, Gengis Khân crut à cette vision et ordonna aussitôt aux siens de chevaucher, car il voulait passer le mont Belgian. Ils chevauchèrent donc tous jusqu'à la mer, mais ils ne pouvaient aller plus loin, car il n'y avait aucun chemin, petit ou grand. Gengis Khân descendit aussitôt de cheval, fit descendre aussi tous les siens et ils s'agenouillèrent vers l'orient neuf fois, priant le Dieu tout-puissant et immortel de leur montrer la voie. Gengis Khân et les siens passèrent toute la nuit en prière et, le lendemain matin, Gengis Khân vit que la mer s'était écartée de la montagne sur neuf pieds, laissant une belle et large voie. Quand Gengis Khân et les siens virent cela, ils s'émerveillèrent et rendirent grâces à Notre-Seigneur, puis partirent vers les régions d'Occident.

Les histoires des Tartares disent qu'après avoir passé la montagne de Belgian, Gengis Khân trouva des eaux amères et une terre déserte avant de parvenir en un pays où lui et les siens souffrirent bien des maux. Puis ils trouvèrent une bonne terre, plantureuse et riche, et demeurèrent longuement à se reposer dans ce pays.

Mais, par la volonté de Dieu, une grave maladie frappa Gengis Khân. Il fit alors venir devant lui ses douze enfants et leur ordonna de rester d'accord, bien unis. Pour le leur faire comprendre, il ordonna à chacun d'eux d'apporter une flèche et, quand les douze flèches furent réunies, il ordonna à son fils aîné de les prendre toutes et de les briser de ses mains. Il les prit, mais ne put les rompre. Il les donna ensuite à son deuxième fils, qui ne put les rompre, puis il les donna au troisième et ainsi à tous, et aucun ne put les rompre. Gengis Khân ordonna alors de séparer les flèches et commanda au plus petit de ses enfants de prendre les flèches l'une après l'autre et de les briser, et l'enfant brisa les douze flèches. Alors Gengis se tourna vers ses enfants et leur dit :

« Pourquoi n'avez-vous pas pu briser les flèches comme je vous l'avais ordonné ? »

Et ils dirent :

« Parce qu'elles étaient toutes ensemble.

— Et pourquoi ce petit enfant les a-t-il brisées ?

— Parce qu'il les a séparées l'une de l'autre. »

Gengis Khân dit alors : « Il en sera de même pour vous. Tant que vous serez unis et aurez une seule volonté, votre pouvoir demeurera toujours et si vous vivez séparés, dans la discorde, votre pouvoir dépérira et ne pourra durer. »

Gengis Khân donna bien d'autres ordres et conseils à ses enfants et aux siens, et les Tartares les observent encore avec grand respect.

VIII

GENGIS KHÂN, APRÈS SON RÈGNE, FAIT COURONNER SON FILS AÎNÉ

Après avoir ainsi fait, Gengis Khân vit qu'il ne pourrait vivre encore longtemps. Il prit le meilleur et le plus sage de ses fils pour qu'il fût empereur après lui. Il demanda à tous de lui jurer obéissance comme à leur seigneur. On l'appela Ogodaï Khân [1]. Puis le bon empereur, le premier des empereurs des Tartares, mourut et son fils Ogodaï Khân eut le pouvoir après lui.

Avant de terminer l'histoire de Gengis Khân, nous dirons pourquoi les Tartares ont grande révérence envers le chiffre neuf. En souvenir des neuf agenouillements et des neuf pieds dont se retira la mer, ouvrant un chemin large de neuf pieds, les Tartares trouvent le nombre neuf béni. Aussi, il convient que celui qui vient se présenter à l'empereur lui offre neuf choses s'il veut que son présent soit bien accueilli. Tel est l'usage des Tartares jusqu'à ce jour.

IX

OGODAÏ KHÂN, FILS DE GENGIS KHÂN, LE DEUXIÈME EMPEREUR DES TARTARES, ET SES TROIS ENFANTS

Ogodaï Khân fut empereur des Tartares après la mort de son père Gengis Khân. Il fut vaillant et sage. Son peuple l'aima beaucoup et lui fut fidèle et loyal. Ogodaï Khân eut le projet de conquérir toute l'Asie, mais avant de quitter sa terre, il voulut connaître la puissance des rois d'Asie et savoir lequel était le plus puissant. Il voulait combattre celui-ci en premier lieu, pensant venir facilement à bout des autres s'il vainquait le plus fort. Ogodaï envoya donc un capitaine sage et vaillant, nommé Sebesabada, accompagné de dix mille combattants, avec ordre d'entrer en Asie et de voir la situation des pays ; s'ils trouvaient un seigneur puissant qu'ils ne pussent attaquer, ils devraient revenir sur leurs pas.

Cet ordre fut exécuté et le capitaine avec ses dix mille Tartares pénétra en Asie et il surprit les villes et les pays avant que les habitants s'en aper-

---

1. Ogodaï, troisième fils de Gengis, régna de 1229 à 1241.

çussent et pussent préparer leur défense. Ils tuaient les hommes d'armes, ne faisaient aucun mal au peuple et prenaient les chevaux, les armes et le ravitaillement dont ils avaient besoin. Ils allèrent ainsi jusqu'au mont Caucase. De cette montagne on ne peut passer d'Asie profonde en Asie Mineure sans l'accord des habitants d'une ville que le roi Alexandre fit enclore. Elle est sur un détroit d'une mer qui longe cette montagne du Caucase. Les dix mille Tartares surprirent cette ville de sorte que ses habitants n'eurent pas le temps de se défendre et les Tartares la prirent. Ils passèrent au fil de l'épée tous ceux qu'ils trouvèrent, hommes et femmes, puis abattirent les murs afin de ne pas trouver d'obstacle à leur retour. On appelait jadis cette ville Alexandrie, mais on l'appelle aujourd'hui Porte-de-Fer.

Le bruit courut de la venue des Tartares et le roi de Géorgie nommé Yvannus[1] rassembla donc son armée, marcha contre les Tartares et les combattit dans une plaine appelée Mougan. La bataille dura longuement. Mais, à la fin, les Géorgiens furent battus et s'enfuirent. Les Tartares poursuivirent leur route et arrivèrent devant une ville de Turquie appelée Erzerum. Là, ils apprirent que le sultan de Turquie était proche avec une grande armée. Les Tartares prirent peur et n'osèrent aller plus avant. Voyant qu'ils ne pourraient rien contre le pouvoir du sultan de Turquie, ils rentrèrent vers leur seigneur par un autre chemin. Ils le trouvèrent dans une ville nommée Almalic[2], lui racontèrent tout ce qu'ils avaient fait et ce qu'ils avaient trouvé en Asie.

X

LE KHAN OGODAÏ ENVOIE SES TROIS FILS DANS LES TROIS PARTIES DU MONDE POUR ACCROÎTRE SA SEIGNEURIE

Quand Ogodaï Khân eut appris la situation en Asie, il pensa qu'aucun prince ne pourrait lui tenir tête. Il appela donc ses trois fils et donna à chacun d'eux de grandes sommes d'argent et grande quantité d'hommes d'armes, puis leur ordonna d'aller en Asie conquérir les pays et les provinces. À son fils Djotchi, il ordonna d'aller vers les régions orientales jusqu'au fleuve Phison. Au deuxième fils, nommé Batu[3], il ordonna de faire route vers le nord. Au troisième, nommé Djagataï, il ordonna de chevaucher vers le sud[4]. C'est ainsi qu'il sépara ses trois enfants et les envoya à la conquête des pays et des provinces.

Après cela, Ogodaï Khân répartit son armée sur son territoire de sorte

---

1. La Géorgie était alors gouvernée par la reine Russudan. Iwané n'était que le chef de l'armée.
2. Ville aujourd'hui en ruines, au sud-est du lac Baïkal.
3. Batu est en réalité le fils de Djotchi.
4. Hayton commet ici quelques erreurs. Djotchi et Djagataï sont fils de Gengis Khân : Batu est fils de Djotchi.

que, d'une part, elle allait jusqu'au royaume de Cathay et, de l'autre, au royaume de Tarse. Dans ces régions, les Tartares commencèrent à utiliser un alphabet, ils n'en avaient pas auparavant. Et comme les habitants de ces régions étaient idolâtres, ils commencèrent à adorer les idoles, mais tout en proclamant que le Dieu immortel était plus grand que les autres.

XI

BATU, FILS D'OGODAÏ KHÂN, ARRIVE EN TURQUIE

Après cela, l'empereur Ogodaï Khân confia à l'un de ses capitaines nommé Batu trente mille Tartares appelés Qanqaly, c'est-à-dire conqué-rants, et leur ordonna d'aller par le chemin qu'avaient suivi les dix mille Tartares et de ne s'arrêter que lorsqu'ils seraient arrivés dans le royaume de Turquie. Il leur ordonna d'essayer de combattre le sultan de Turquie, mais s'ils voyaient que la puissance de ce sultan était trop grande, ils devraient ne pas l'attaquer et demander à celui de ses enfants qui serait le plus proche d'eux de leur donner de l'aide et des hommes d'armes pour qu'ils pussent combattre plus efficacement.

Avec ses trente mille Tartares, Batu alla d'étape en étape jusqu'en Turquie. Là, il apprit que le sultan qui avait mis en fuite les dix mille Tartares était mort et que c'était un de ses fils, nommé Giat ed-Din, qui régnait. Ce sultan eut très peur de l'arrivée des Tartares. Il enrôla les gens de toutes langues qu'il put trouver, Barbares et Latins. Il s'en rassembla beaucoup sous deux capitaines, l'un nommé Jean de Limnati, originaire de Chypre, et l'autre Boniface de Molins, originaire de Venise.

XII

LA MORT D'OGODAÏ KHÂN ET LE COURONNEMENT DE GUYUK KHÂN, SON FILS

Quand le sultan de Turquie eut rassemblé son armée, il vint combattre les Tartares en un lieu nommé Cossadac [1]. Il y eut une grande bataille avec beaucoup de morts de part et d'autre, mais les Tartares eurent finale-ment la victoire ; ils pénétrèrent en Turquie et la conquirent l'an du Sei-gneur 1244.

Peu de temps après, Ogodaï Khân, l'empereur des Tartares, mourut et on nomma khan pour lui succéder un de ses fils, appelé Guyuk Khân. Ce Guyuk Khân vécut peu de temps ; après lui, un de ses cousins, nommé Mongka Khân, fut fait empereur [2]. Il fut vaillant et sage et conquit beau-

---

1. C'est la bataille d'Aqcheher, livrée près du mont Keussé-Dagh, en Turquie centrale.
2. Guyuk Khân régna de 1241 à 1248 : Mongka Khân, de 1251 à 1260.

coup de terres et de seigneuries. À la fin, en homme courageux, il pénétra par mer dans le royaume de Cathay et assiégea une île qu'il voulait prendre par mer. Alors les habitants, qui sont très ingénieux, firent venir des nageurs qui se placèrent sous le vaisseau où se trouvait Mongka Khân et restèrent dans l'eau jusqu'à ce qu'ils eussent percé ce vaisseau en plusieurs endroits. L'eau pénétra dans le vaisseau et Mongka Khân n'y prit pas garde avant qu'il ne fût rempli d'eau. Il coula au fond et Mongka Khân, l'empereur des Tartares, périt noyé.

L'armée se retira et on fit seigneur son frère, Qubilaï Khân, qui régna quarante-deux ans sur les Tartares. Il était chrétien et fonda la ville appelée Jong, qui est plus grande que Rome[1]. Qubilaï Khân, sixième empereur des Tartares, demeura en cette cité jusqu'à la fin de sa vie.

Maintenant, nous laisserons Mongka Khân pour parler des enfants d'Ogodaï Khân, d'Hulagu[2], de ses héritiers et de ses œuvres.

XIII

DJOTCHI, FILS AÎNÉ D'OGODAÏ KHÂN, CONQUIERT LE TURQUESTAN, TRAVERSE L'ASIE MINEURE ET VA JUSQU'AU PHISON

Djotchi, fils d'Ogodaï Khân, chevaucha vers l'Occident avec toute la troupe que son père lui avait confiée. Il conquit le royaume du Turquestan et la Perse Mineure et parvint jusqu'au fleuve du Phison. Il trouva ces contrées riches, pleines de toutes sortes de biens. Il demeura dans ces terres en paix et repos en multipliant ses richesses. Les héritiers de Djotchi ont conservé jusqu'à ce jour leur seigneurie sur ces terres[3]. Ils sont deux frères à tenir aujourd'hui la seigneurie sur le pays, l'un nommé Tchepar et l'autre Doa. Ils vivent en paix et en repos.

XIV

BATU, LE DEUXIÈME FILS D'OGODAÏ KHÂN

Batu, deuxième fils d'Ogodaï Khân, chevaucha vers les régions du nord avec la troupe que son père lui avait donnée. Il parvint ainsi au royaume de Comanie. Le roi de Comanie, croyant bien défendre sa terre, assembla son armée et combattit contre les Tartares. Mais à la fin, les

---

1. Qubilaï Khân, l'empereur que servit Marco Polo, régna de 1260 à 1294. Il fit construire une ville nouvelle à côté de l'ancienne ville de Khân-Baligh. Les deux villes forment Pékin. Jong est l'ancien nom donné par les Chinois à Khân-Baligh.
2. Frère de Mongka, Il-khan de Perse de 1256 à 1265.
3. L'apanage de Djotchi allait du lac Balkach à la Volga, il s'étendait sur les steppes au nord de la mer d'Aral.

Coumans furent battus et s'enfuirent jusqu'au royaume de Hongrie, où beaucoup d'entre eux habitent encore aujourd'hui.

Après avoir chassé les Coumans du royaume de Comanie, Batu pénétra dans le royaume de Russie et le prit. Puis il conquit la terre de Gazarie et la terre des Bougres[1]. Il chevaucha ensuite jusqu'au royaume de Hongrie où il trouva des Coumans qu'il fit prisonniers. Après cela, les Tartares avancèrent vers l'Allemagne jusqu'à la rive d'un fleuve qui traverse le duché d'Autriche. Les Tartares pensaient le traverser par un pont qui se trouvait là, mais le duc d'Autriche fit fortifier le pont et les Tartares ne purent passer.

Quand Batu vit qu'ils ne pouvaient traverser le pont, il entra dans le fleuve et ordonna à son armée de passer à la nage, mettant ainsi en péril de mort et lui et ses gens. En effet, avant d'avoir traversé, son cheval fut si fatigué qu'il ne put plus avancer et Batu fut noyé dans le fleuve, ainsi qu'une grande partie de ses gens, avant d'avoir pu atteindre l'autre rive. Quand les Tartares, qui n'étaient pas encore entrés dans le fleuve, virent leur seigneur Batu et leurs compagnons noyés, ils repartirent, affligés et tristes, vers le royaume de Russie et de Comanie et, depuis, ils n'entrèrent plus jamais en Allemagne.

Les héritiers de Batu sont seigneurs du royaume de Comanie et du royaume de Russie ; celui qui est roi aujourd'hui s'appelle Toktaï, c'est le deuxième fils d'Ogodaï Khân[2].

XV

DJAGATAI, TROISIÈME FILS D'OGODAÏ KHÂN

Djagatai, troisième fils d'Ogodaï Khân, chevaucha vers le sud avec la troupe que son père lui avait donnée. Il parvint à la contrée de l'Inde mineure et trouva les terres désertes et abandonnées. Il ne put donc passer et perdit une bonne partie de sa troupe et de ses bêtes.

Il se dirigea ensuite vers l'Occident et parvint finalement chez son frère Djotchi auquel il raconta ce qui lui était arrivé. Djotchi reçut avec bonté son frère et ses compagnons et leur donna une partie des terres qu'il avait conquises[3]. Et par la suite, les deux frères et leurs héritiers ont été en paix. Celui qui est seigneur aujourd'hui se nomme Boraq.

---

1. C'est la région au sud de la Russie, comprenant la Crimée, qui forma le khanat du Qipchak.
2. Toktaï succéda à Mangu Timur, petit-fils de Batu. Il fut khan du Qipchak de 1291 à 1312.
3. Djagatai gouvernait la région de l'Ili, ses successeurs y ajoutèrent la Transoxiane.

XVI

MESSIRE HÉTHOUM, ROI D'ARMÉNIE. À SA REQUÊTE, LE ROI DES TARTARES LUI OCTROIE SEPT CHOSES GRACIEUSEMENT ET SE FAIT CHRÉTIEN AINSI QUE TOUTE SA MAISON

En l'an du Seigneur 1253, Messire Héthoum, le roi d'Arménie de bonne mémoire, voyant que les Tartares avaient conquis tous les royaumes et contrées jusqu'au royaume de Turquie, décida d'aller trouver le seigneur des Tartares pour se concilier sa bienveillance et son amitié. Sur le conseil de ses barons, le roi d'Arménie appela son frère, Messire Sempad, connétable du royaume. Le connétable alla donc trouver le seigneur des Tartares, Mongka Khân, en lui apportant de riches présents. Il fut reçu très courtoisement et traita fort bien toutes les affaires pour lesquelles le roi d'Arménie l'avait envoyé. Il demeura exactement quatre ans avant de revenir en Arménie.

Quand le connétable fut de retour et eut raconté à son frère le roi ce qu'il avait fait et ce qu'il avait trouvé, le roi fit ses préparatifs et partit secrètement pour la Turquie, car il ne voulait pas être reconnu. Il rencontra un chef tartare qui avait battu le sultan de Turquie, se fit connaître de lui et lui dit qu'il allait trouver l'empereur. Ce chef lui donna une escorte et le fit conduire jusqu'à la Porte-de-Fer. Le roi trouva ensuite une autre escorte qui le conduisit jusqu'à la cité d'Almalic. Là se trouvait Mongka Khân, empereur des Tartares, qui se réjouit de la venue du roi d'Arménie, le reçut avec de grands honneurs et lui accorda cadeaux et faveurs. En effet, depuis que les Tartares avaient passé le mont Belgian, aucun grand seigneur n'était venu vers eux. C'est la raison pour laquelle l'empereur le reçut avec grande bonté et courtoisie, ordonnant à plusieurs nobles de son hôtel de l'honorer et de lui tenir compagnie. L'empereur lui fit tant d'honneur et lui accorda tant de faveurs que l'on en parle encore aujourd'hui.

Au bout de quelques jours, le roi d'Arménie présenta à l'empereur ses requêtes, lui demandant sept choses. Premièrement que l'empereur et tous les siens deviennent chrétiens et se fassent baptiser. Puis que soit établie une paix perpétuelle entre les Tartares et les chrétiens. Puis que dans toutes les terres conquises ou à conquérir par les Tartares, les églises des chrétiens, les prêtres, les clercs, les religieux soient libres et quittes de toute servitude. Puis qu'il plaise à Mongka Khân de donner aide et conseil pour délivrer la Terre sainte des mains des Sarrasins et la rendre aux chrétiens. Puis qu'il ordonne aux Tartares de Turquie d'aller détruire la cité de Bagdad et d'abattre le calife, chef et propagateur de la fausse religion de Mahomet. Puis il demanda comme privilège que l'on ordonnât aux Tartares les plus proches du royaume d'Arménie de lui porter aide s'il le demandait. La septième requête portait sur toutes les terres du royaume d'Arménie que les Sarrasins avaient prises et qui étaient parvenues aux mains des Tartares afin qu'elles lui fussent rendues en toute liberté. De même, toutes les terres que le roi d'Arménie pourrait enlever aux Sarrasins, les Tartares devraient, sans objection, les lui laisser gouverner en paix et en repos.

XVII

MONGKA KHÂN ACCORDE AU ROI D'ARMÉNIE TOUTES SES DEMANDES

Quand Mongka Khân eut entendu toutes les demandes du roi d'Arménie, il réunit sa cour et fit venir en sa présence le roi d'Arménie. Devant ses barons et toute sa cour, il répondit ainsi : « Puisque le roi d'Arménie est venu avec bonne volonté de terres si éloignées jusqu'à notre empire, il est convenable que nous exaucions toutes ses prières. Nous vous disons, à vous, roi d'Arménie, nous qui sommes empereur, que nous nous ferons baptiser et croirons au Christ et que nous ferons baptiser tous ceux de notre hôtel et ils auront la même foi que les chrétiens. Nous conseillerons aux autres de faire de même, mais sans les contraindre, car la foi ne peut être imposée. Pour la deuxième requête, nous répondons que nous voulons établir la paix et l'amitié entre les chrétiens et les Tartares, mais nous voulons que les chrétiens s'engagent à garder bonne paix et amitié loyale envers nous comme nous le ferons envers eux. Et nous voulons que toutes les églises des chrétiens et les clercs, de quelque condition qu'ils soient, séculiers ou religieux, soient libres et exempts de toute servitude et que leur personne et leurs biens soient conservés sans trouble. Au sujet de la Terre sainte, nous disons que nous irions là-bas volontiers en personne par respect pour Jésus-Christ, mais, comme nous avons fort à faire en notre pays, nous demanderons à notre frère Hulagu d'accomplir cette besogne et qu'il délivre la Terre sainte de la domination des Sarrasins pour la rendre aux chrétiens. Nous enverrons nos ordres à Batu et aux autres Tartares qui sont en Turquie et aux autres qui sont dans ce pays d'aller prendre la cité de Bagdad et d'abattre le calife, notre ennemi mortel. Le roi d'Arménie demande le privilège de recevoir l'appui des Tartares, nous voulons que ce privilège soit rédigé selon ses désirs et nous le confirmerons. Et nous accordons bien volontiers que les terres dont le roi d'Arménie demande la restitution lui soient rendues et nous demanderons à notre frère Hulagu de lui rendre toutes les terres qui ont été en la seigneurie du roi d'Arménie et nous lui donnons toutes celles qu'il pourra conquérir sur les Sarrasins. Et, par grâce spéciale, nous lui donnons tous les châteaux proches de sa terre. »

XVIII

MONGKA KHÂN, EMPEREUR DES TARTARES, SE FAIT BAPTISER,
LUI ET TOUT SON PEUPLE, À LA DEMANDE DU ROI D'ARMÉNIE,
QUI SE REND POUR CELA AUPRÈS DE LUI

Quand Mongka Khân eut accordé toutes les requêtes du roi d'Arménie, il se fit aussitôt baptiser par un évêque qui était chancelier du royaume d'Arménie. Il fit baptiser ceux de sa maison et beaucoup d'hommes et de femmes [1].

Puis il prépara l'armée qui devait suivre son frère Hulagu et, avec une grande compagnie, Hulagu et le roi d'Arménie chevauchèrent jusqu'au fleuve du Phison. Avant six mois, Hulagu avait conquis tout le royaume de Perse et pris toutes les contrées et les terres jusqu'à celle où demeuraient les Assassins [2]. Ce sont des gens sans foi ni croyance, sauf ce que leur seigneur, le Vieux de la Montagne, leur apprend à croire. Ils sont si obéissants envers leur seigneur qu'ils se tuent sur son ordre. Il y avait en cette terre des Assassins un château très résistant et bien fortifié, appelé Tidago. Hulagu ordonna à un chef tartare d'assiéger ce château et de ne lever le siège que lorsqu'il l'aurait pris. Les Tartares tinrent le siège pendant vingt-sept ans. À la fin, les Assassins rendirent le château pour la seule raison qu'ils n'avaient plus de quoi se vêtir.

Après avoir appris la prise du château, le roi prit congé d'Hulagu et revint en Arménie au bout de trois ans et demi, sain et sauf par la grâce de Dieu.

XIX

HULAGU PREND LA CITÉ DE BAGDAD ET FAIT MOURIR DE FAIM LE CALIFE

Après avoir organisé la garde du royaume de Perse, Hulagu partit pour un pays très agréable nommé Sorlac où il demeura tout l'été. Quand la température se fut rafraîchie, il chevaucha jusqu'à la cité de Bagdad et l'assiégea avec le calife, maître et chef de la religion de Mahomet. Après avoir assemblé son armée, il encercla la cité de Bagdad et arriva à la prendre de force. Tout ce qu'ils trouvèrent d'hommes et de femmes, les Tartares les passèrent au fil de l'épée. On amena vivant le calife devant Hulagu. On trouva tant de richesses dans la cité de Bagdad que c'était une

---

1. La nouvelle de ce baptême circula au Proche-Orient, mais elle était dénuée de fondement (voir l'Introduction).
2. Les Hashishins, de tendance shi'ite, étaient établis dans la région d'Alamut au sud de la mer Caspienne où ils avaient une puissante forteresse et une importante bibliothèque. Une partie d'entre eux étaient allés s'établir au Liban et jouèrent un rôle assez important au XIIe siècle par les meurtres politiques qu'ils pratiquèrent. C'est de là que vient le mot français *assassin*.

merveille à contempler. Et la ville fut prise l'an de l'Incarnation de Notre-Seigneur 1258.

Donc, Hulagu ordonna que le calife fût conduit devant lui et il fit apporter aussi son grand trésor. Puis, il dit au calife : « Reconnais-tu ce grand trésor comme tien ? » Et celui-ci répondit : « Oui. » Hulagu lui dit alors : « Pourquoi n'as-tu pas levé une grande armée pour défendre ta terre contre nous ? » Le calife répondit qu'il pensait que même de chétives femmes suffiraient à défendre sa terre. Alors Hulagu dit au calife de Bagdad : « Puisque tu es maître et chef de la religion de Mahomet, nous te ferons te repaître de ces précieuses richesses que tu as tant aimées durant ta vie. » Et il ordonna que le calife fût mis dans une chambre, que toutes ses richesses fussent mises devant lui et qu'il les mangeât s'il le voulait. C'est ainsi que messire le calife acheva sa vie et il n'y eut plus dès lors de calife à Bagdad.

Quand Hulagu eut pris la cité de Bagdad, le calife et toutes les contrées environnantes, il distribua les seigneuries et mit en chacune d'elles les baillis et gouverneurs qu'il lui plut. Il honora grandement les chrétiens et soumit les Sarrasins à un dur servage.

Hulagu avait une femme, Doquz Khatun, une bonne chrétienne, issue du lignage des trois rois qui vinrent adorer Notre-Seigneur à sa naissance [1]. Cette dame fit réédifier toutes les églises des chrétiens et abattre les temples des Sarrasins et asservit ces derniers de sorte qu'ils n'osaient plus se montrer.

XX

HULAGU PREND LES CITÉS D'ALEP ET DE DAMAS ET CONQUIERT LA TERRE SAINTE JUSQU'AU ROYAUME D'ÉGYPTE

Après s'être reposé un an avec ses gens dans la cité d'Édesse, Hulagu manda au roi d'Arménie de venir le trouver, car il avait l'intention de reconquérir la Terre sainte pour la rendre aux chrétiens. Le roi Héthoum, de bonne mémoire, fut tout heureux de cette convocation. Il rassembla une grande armée de vaillants hommes, tant cavaliers que piétons. Le royaume d'Arménie était alors si prospère qu'il pouvait lever douze mille cavaliers et soixante mille piétons ; je l'ai vu de mon temps.

À son arrivée, le roi d'Arménie tint parlement et conseil avec Hulagu au sujet de la Terre sainte et dit à Hulagu : « Sire, le sultan d'Alep a la seigneurie sur le royaume de Syrie ; puisque nous voulons reconquérir la Terre sainte, le mieux me semble d'assiéger d'abord la cité d'Alep, capitale du royaume de Syrie, car, si l'on peut prendre Alep, on occupera rapidement le reste des terres. » Ce conseil du roi d'Arménie plut grandement à Hulagu, il fit donc assiéger la cité d'Alep, qui était bien fortifiée et

---

1. C'était la première épouse du khan.

murée. Mais les Tartares prirent la cité de force en neuf jours grâce à des mines posées sous terre et autres engins. Cependant, la forteresse au milieu de la ville résista encore onze jours après la prise de la ville. Les Tartares trouvèrent de grandes richesses en la cité d'Alep. Elle fut prise, ainsi que tout le royaume de Syrie, l'an de Notre-Seigneur 1260.

Le sultan d'Alep était alors à Damas. Quand il apprit la prise d'Alep où étaient sa femme et ses enfants, il n'eut rien d'autre à faire que de venir se rendre à merci à Hulagu. Il se jeta à ses pieds, implorant sa miséricorde, espérant qu'Hulagu lui rendrait sa femme, ses enfants et une partie de sa terre. Mais son espérance fut déçue, car Hulagu envoya le sultan et ses enfants dans le royaume de Perse pour mieux s'assurer de sa personne. Après cela, Hulagu distribua de grandes richesses à ses gens. Au roi d'Arménie, il donna en outre les terres et châteaux qu'il avait conquis, notamment ceux qui étaient les plus proches de son royaume, et le roi les fit garnir par ses gens. Hulagu fit ensuite mander le prince d'Antioche, qui était gendre du roi d'Arménie [1], le combla d'honneurs et lui fit rendre toutes les terres de sa principauté que les Sarrasins lui avaient enlevées.

XXI
LE MESSAGER DE MONGKA KHÂN

Après avoir pourvu à toutes les nécessités de la garde des cités d'Alep et de Damas et de toutes les terres environnantes conquises sur les Sarrasins, Hulagu entendait pénétrer dans le royaume de Jérusalem pour délivrer la Terre sainte et la rendre aux chrétiens. Mais arriva un messager lui annonçant que son frère Mongka Khân était mort et que les barons le réclamaient pour le faire empereur.

XXII
APRÈS LA MORT DE MONGKA KHÂN, QUBILAÏ EST ÉLU EMPEREUR DES TARTARES

À l'annonce de cette nouvelle, Hulagu se désola de la mort de son frère. Sur les conseils de ses gens, il laissa un baron nommé Kitbuqa avec dix mille Tartares pour garder le royaume de Syrie et ordonna de rendre aux chrétiens toutes les terres qui avaient été leurs. Puis il fit route vers l'Orient, laissa un de ses fils, nommé Abaqa, à Tabriz et s'achemina vers la Perse. Sur ce, il reçut la nouvelle que son frère Qubilaï avait été élu empereur.

---

1. Bohémond VI d'Antioche, marié à Sibylle, fille d'Héthoum Ier.

XXIII

HULAGU REÇOIT DES NOUVELLES DE BERKÉ

En apprenant cela, Hulagu ne voulut pas poursuivre sa route, il revint à Tabriz où il avait laissé sa mesnie[1] et son fils. Alors qu'il séjournait à Tabriz, on lui apprit que Berké, qui tenait la seigneurie de Batu (noyé dans un fleuve en Autriche), tentait d'envahir ses terres[2]. Hulagu assembla donc son armée et vint à la rencontre de ses ennemis. Il y eut une grande bataille entre les deux armées d'Hulagu et de Berké sur un fleuve gelé. La glace se rompit sous les poids des bêtes et des hommes, et plus de trente mille Tartares des deux camps furent noyés. Les uns et les autres s'en retournèrent sans rien faire d'autre, tristes et courroucés de la mort de leurs amis.

XXIV

KITBUQA ATTAQUE LES CHRÉTIENS QUI ONT TUÉ SON FRÈRE [SIC]

Kitbuqa, laissé par Hulagu avec dix mille Tartares au royaume de Syrie et en Palestine maintint ses terres en paix et repos. Il aimait et honorait les chrétiens, car il était du lignage des trois rois d'Orient qui vinrent adorer Notre-Seigneur à Bethléem.

Mais alors que Kitbuqa s'efforçait de reconquérir la Terre sainte, le diable sema la discorde entre lui et les chrétiens de la région de Sidon. En effet, dans la terre de Belfort, qui était dans la seigneurie de Sidon, se trouvaient plusieurs villes habitées par les Sarrasins, qui payaient tribut aux Tartares. Or il arriva que les gens de Sidon et de Belfort se rassemblèrent, coururent s'emparer de ces villes, tuant une partie des Sarrasins et emmenant prisonniers les autres. Un neveu de Kitbuqa qui était dans la région poursuivit les chrétiens avec une petite compagnie de cavaliers, les blâmant pour leur action et voulant délivrer les captifs qu'ils emmenaient. Mais quelques-uns des chrétiens se lancèrent contre lui et le tuèrent.

Quand Kitbuqa apprit que les chrétiens de Sidon avaient tué son neveu, il partit à cheval avec tous ses gens, parvint à Sidon et passa au fil de l'épée tous les chrétiens qu'il trouva. Mais il y eut peu de tués, car les gens de Sidon s'étaient réfugiés sur un îlot en mer. Kitbuqa fit mettre le feu à la cité et abattre une partie des murs. Ni lui ni ses successeurs n'eurent depuis confiance dans les chrétiens de Syrie. Puis les Tartares furent chassés du royaume de Syrie par le sultan d'Égypte comme on va le voir.

---

1. L'ensemble de ceux qui forment la compagnie ordinaire d'un roi ou d'un haut seigneur et constituent sa « maison ».
2. Berké était frère de Batu, il fut khan du Qipchak de 1257 à 1266.

XXV

LE SULTAN D'ÉGYPTE REPREND AUX TARTARES LE ROYAUME DE SYRIE

Pendant que Berké faisait la guerre à Hulagu, comme on l'a vu plus haut, le sultan d'Égypte réunit son armée et arriva au pays de Palestine en un lieu nommé Aïn-Djalud où il se battit contre les Tartares [1]. Les Tartares ne purent résister aux forces importantes du sultan, ils s'enfuirent et Kitbuqa, leur chef, fut tué dans la bataille. Les Tartares qui échappèrent à cette déconfiture allèrent en Arménie. À partir de ce jour, le royaume de Syrie tomba aux mains du sultan d'Égypte, à l'exception de quelques cités sur la côte tenues par les chrétiens.

XXVI

LE KHAN HULAGU MEURT. ABAQA DEVIENT KHAN

En apprenant que le sultan d'Égypte était entré dans le royaume de Syrie et qu'il en avait chassé ses gens, Hulagu rassembla son armée et demanda au roi d'Arménie, au roi de Géorgie et aux autres chrétiens de la région de se préparer à marcher avec lui contre le sultan d'Égypte. Il avait fait tous ses préparatifs pour aller au royaume de Syrie, quand il fut pris d'une grave maladie et mourut au bout de quinze jours.

La mort d'Hulagu arrêta l'entreprise en Terre sainte. À Hulagu succéda son fils Abaqa [2]. Il voulut que son oncle Qubilaï Khân le confirmât dans sa seigneurie, ce que Qubilaï Khân fit bien volontiers, car il savait qu'Abaqa était le meilleur et le plus sage des fils d'Hulagu. On l'appela donc Abaqa Khân. Son pouvoir commença l'an de Notre-Seigneur 1264.

XXVII

ABAQA, FILS D'HULAGU, RÈGNE APRÈS LA MORT DE SON PÈRE

Le khan Abaqa fut preux et sage, il gouverna très sagement sa seigneurie et fut heureux en tout sauf sur deux points. D'une part, il refusa de devenir chrétien comme l'avait été son père Hulagu et demeura idolâtre. D'autre part, tout le temps qu'il vécut, il fut en guerre avec ses voisins et ne put donc attaquer le sultan d'Égypte. Le royaume d'Égypte demeura donc longtemps en paix, tous les Sarrasins qui purent quitter les régions

---

1. La bataille d'Aïn-Djalud, livrée le 3 septembre 1260, scella la fin de l'avance mongole en Syrie.
2. Il-khan de Perse de 1265 à 1282.

des Tartares s'enfuirent en Égypte et la puissance de l'Égypte s'accrut grandement.

Le sultan d'Égypte agit subtilement, il envoya par mer des messagers aux Tartares des royaumes de Comanie et de Russie et fit alliance avec eux, stipulant que si Abaqa voulait entrer en Égypte ils devraient attaquer ses terres et lui faire la guerre. Grâce à cette alliance, le sultan eut toute facilité pour attaquer les terres des chrétiens de Syrie, et les chrétiens perdirent la cité d'Antioche et plusieurs autres possessions, comme on le trouve plus longuement raconté dans le livre de la conquête de la Terre sainte.

XXVIII

LE SULTAN D'ÉGYPTE ANÉANTIT LA PUISSANCE DE L'ARMÉNIE

Baybars [1], le sultan d'Égypte, fut très heureux et puissant. Il envoya son armée en Arménie. Le roi était alors aux côtés des Tartares, mais ses deux fils rassemblèrent l'armée, qui était alors très puissante, ils se portèrent à la rencontre de l'ennemi et combattirent. Il y eut une grande bataille à la fin de laquelle les chrétiens furent vaincus et des deux fils du roi, l'un fut pris, l'autre tué au combat [2]. Les Sarrasins entrèrent dans le pays et ravagèrent et pillèrent presque toute la plaine d'Arménie. Ainsi fut frappée la puissance des chrétiens et renforcée celle des Sarrasins.

Quand le roi d'Arménie apprit les nouvelles concernant ses enfants et sa terre, il fut très attristé et chercha comment affaiblir ses ennemis. Il alla trouver Abaqa Khân et les autres Tartares, les suppliant de venir en aide aux chrétiens. Le roi d'Arménie se donna beaucoup de peine, mais Abaqa se récusa, car il était en guerre avec ses ennemis. Voyant qu'il ne pourrait avant longtemps obtenir l'aide des Tartares, le roi envoya des messagers au sultan d'Égypte et conclut avec lui une trève pour libérer son fils. Le sultan posa comme conditions que le roi fît libérer Sengolascar, un compagnon du sultan détenu par les Tartares, et rendît les châteaux qu'il tenait dans la terre d'Alep ; son fils lui serait alors rendu. Le roi d'Arménie réussit à obtenir la libération de Sengolascar ; il le remit au sultan ainsi que le château fort de Tarpessach, et fit abattre deux châteaux à la demande du sultan. Le baron Léon, fils du roi, fut alors libéré.

Après cela, le roi Héthoum, de bonne mémoire, qui avait fait grand bien à la chrétienté durant sa vie, donna son royaume à son fils Léon et, abandonnant la gloire de ce siècle, entra en religion. Selon l'usage des Arméniens, il prit le nom de Macaire. Il mourut, moine, l'an de Notre-Seigneur 1270.

---

1. Malik ad-Dahir Baybars, sultan de 1260 à 1277.
2. La bataille eut lieu à Derbesak, le 24 août 1266.

XXIX

LÉON, ROI D'ARMÉNIE

Le baron Léon, fils du roi Héthoum, fut sage et vaillant et gouverna sagement son royaume ; il fut très aimé de son peuple et les Tartares l'honoraient grandement.

Le roi Léon se préoccupait de faire attaquer les Sarrasins par les Tartares et ses messagers réclamaient souvent à Abaqa de venir reprendre la Terre sainte et d'écraser la puissance égyptienne.

À cette époque, le sultan d'Égypte vint avec son armée dans le royaume de Turquie, il tua et chassa les Tartares qui s'y trouvaient et prit plusieurs cités et régions, car un traître, nommé Parvana [1], se déclara pour le sultan, s'efforçant de chasser les Tartares de Turquie. En apprenant ces faits, Abaqa assembla son armée et chevaucha en toute hâte vers la Turquie, puisqu'il arriva en quinze jours au lieu de quarante.

À la nouvelle de la venue des Tartares, le sultan n'osa les attendre, il partit en hâte. Abaqa le fit poursuivre et, avant que le sultan eût pu retourner au royaume d'Égypte, les Tartares atteignirent l'arrière-garde de l'armée des Sarrasins au lieu nommé le pas Blanc [2]. Ils leur tombèrent dessus, prirent deux mille cavaliers et un grand butin. Ils prirent aussi cinq mille maisons de Kurdes qui étaient dans la région. On conseilla à Abaqa de ne pas pénétrer en Égypte à cause de la grande chaleur qui y régnait et de la grande fatigue des chevaux. Abaqa revint donc en Turquie, reprenant les cités et terres qui s'étaient rebellées. Il attrapa enfin le traître Parvana et, selon la coutume tartare, il le fit couper en deux et demanda que l'on mette de sa chair dans tous les plats qui lui seraient servis. Et Abaqa mangea la chair de ce Parvana et en donna à manger à ses gens ; voilà comment il se vengea de ce traître.

XXX

ABAQA, APRÈS SA CONQUÊTE, OFFRE AU ROI D'ARMÉNIE LE ROYAUME DE TURQUIE

Quand Abaqa eut repris toutes les terres rebelles et eut tout réorganisé selon son bon plaisir dans le royaume de Turquie, il fit venir à lui le roi d'Arménie et lui offrit la possession et la garde du royaume de Turquie, puisque le roi d'Arménie et ses ancêtres s'étaient toujours montrés loyaux envers les Tartares. Le roi d'Arménie se montra sage, il remercia Abaqa

---

1. *Pervaneh* signifie chambellan en persan. Ce personnage est Muin ed-Din Suleiman, gouverneur du Rum (Asie Mineure).
2. C'est le défilé d'Aqcheh-Boghaz, en Turquie centrale.

pour un si grand don, mais déclara ne pouvoir assurer le gouvernement de deux royaumes, car le sultan d'Égypte s'efforçait de nuire au royaume d'Arménie. Le roi d'Arménie conseilla à Abaqa de ne donner la seigneurie sur le royaume de Turquie à aucun Sarrasin. Le conseil plut à Abaqa, qui n'accorda aucun pouvoir en Turquie à un Sarrasin.

XXXI

ABAQA KHÂN DEMANDE AU ROI D'ARMÉNIE D'ENVOYER DES LETTRES AU PAPE ET À TOUS LES ROIS CHRÉTIENS

Le roi d'Arménie demanda ensuite à Abaqa avec instance de bien vouloir, lui ou son frère, délivrer la Terre sainte des mains des Sarrasins pour la rendre aux chrétiens. Abaqa promit volontiers de le faire et conseilla au roi d'Arménie d'écrire au pape et aux autres rois et seigneurs chrétiens d'Occident afin qu'ils viennent ou envoient une armée au secours de la Terre sainte et qu'ils tiennent et gardent les cités et terres conquises.

Le roi d'Arménie s'en retourna chez lui et envoya des messagers au pape et aux rois d'Occident. Abaqa, après avoir réorganisé le royaume de Turquie, revint au royaume de Corasme où il avait laissé sa mesnie.

Baybars, ayant été bafoué et battu, fut empoisonné alors qu'il rentrait en Égypte et ne put revenir vivant à Damas. Les chrétiens furent très joyeux de cette mort, tandis que les Sarrasins menaient grand deuil, car il avait été un vaillant homme d'armes. Après lui, son fils, nommé Malik as-Saïd, fut choisi comme sultan, mais pour peu de temps. Il fut chassé et on nomma sultan un certain Elf[1].

XXXII

ABAQA FAIT VENIR MANGU-DEMUR EN SYRIE

Quand revint la saison des chevauchées, Abaqa fit appeler son frère Mangu-Demur avec trente mille Tartares et lui ordonna d'occuper le royaume de Syrie avant que lui-même ne chevauchât vers l'Égypte. Si le sultan les attaquait, qu'ils le combattissent avec vigueur et, s'il n'osait combattre, qu'ils occupassent terres et cités et les donnassent à garder aux chrétiens.

Mangu-Demur chevaucha avec trente mille Tartares donnés par son frère Abaqa et le roi d'Arménie l'accompagna avec une grande armée de cavaliers. Quand l'été fut passé, Mangu-Demur et le roi d'Arménie

---

1. Malik as-Saïd ne régna qu'un an, de 1277 à 1278. Son frère, Malik al-Adil, lui succéda, mais fut aussitôt chassé par Qalaûn al-Elphi.

pénétrèrent en Syrie, dévastant les terres des Sarrasins jusqu'à la cité de Homs, nommée La Chamelle, au milieu du royaume. Il y a, devant cette cité, une belle plaine où se trouvait le sultan avec toutes ses forces. La bataille commença entre les chrétiens et les Sarrasins. Le roi d'Arménie, qui commandait l'aile droite, attaqua l'aile gauche des Sarrasins et la mit en déroute, les chassant à trois lieues et plus de Homs. Le connétable des Tartares, nommé Halinac, attaqua l'aile droite des Sarrasins, les battit et les poursuivit jusqu'à une cité nommée Chara [1]. Mangu-Demur, demeuré sur le champ de bataille, vit arriver une horde de Bédouins et prit peur, en homme qui n'a jamais combattu. Il quitta sans raison le champ de bataille, abandonnant le roi d'Arménie et le connétable qui poursuivaient les ennemis.

Quand le sultan vit l'abandon des Tartares, il monta sur un tertre avec quatre cavaliers. Le roi d'Arménie, à son retour, fut ébahi de ne pas trouver Mangu-Demur. Il apprit par où il était parti et chevaucha à sa suite. Le connétable Halinac attendit son seigneur deux jours durant, puis, ayant appris qu'il s'en allait, il chevaucha avec sa troupe jusqu'à l'Euphrate sans pouvoir retrouver Mangu-Demur. Ainsi, par la faute de Mangu-Demur, le champ de bataille fut abandonné malgré la victoire. Les Tartares retournèrent dans leur pays, mais le roi d'Arménie et son armée eurent beaucoup à souffrir, à cause de la longueur de la route et du manque de vivres, hommes et bêtes étaient recrus et ne pouvaient avancer. Ils se dispersèrent, et des Sarrasins vivant dans ces régions firent beaucoup de tués et de prisonniers, si bien que la plus grande partie de l'armée fut perdue et les nobles presque tous tués. Ce désastre, causé par la faute de Mangu-Demur, eut lieu l'an de Notre-Seigneur 1282.

XXXIII

ABAQA KHÂN EST EMPOISONNÉ PAR SES FAMILIERS

Ayant appris cela, Abaqa ordonna à ses barons de venir vers lui en toute hâte et réunit ainsi une grande armée pour entrer au royaume d'Égypte. Mais un Sarrasin arriva d'Égypte et corrompit quelques familiers d'Abaqa afin qu'ils fissent boire un venin mortel à lui et à son frère Mangu-Demur. Ils ne survécurent que huit jours. Abaqa Khân mourut l'an de Notre-Seigneur 1282.

---

1. Peut-être dans la région du Djebel Chaar, à l'est de Homs.

XXXIV

TAKUDAR, FILS D'HULAGU, RÈGNE À LA MORT DE SON FRÈRE ABAQA ET CONVERTIT SON PEUPLE À LA RELIGION DE MAHOMET

Après la mort d'Abaqa Khân, les barons s'assemblèrent et prirent pour seigneur un frère d'Abaqa nommé Takudar. Ce Takudar était plus âgé que son frère. Il avait été baptisé enfant sous le nom de Nicolas, mais, après son élection, il se rapprocha des Sarrasins et se fit appeler Mahomet Khân [1]. Il fit tous ses efforts pour convertir les Tartares à la fausse religion de Mahomet, ceux qu'il ne pouvait contraindre, il les décidait par force présents. Sous le règne de ce Mahomet Khân, une multitude de Tartares furent convertis à la religion des Sarrasins. Mahomet Khân, ce fils du diable, fit abattre toutes les églises des chrétiens, leur interdit de célébrer ou de proclamer leur foi dans le Christ et chassa tous les prêtres et religieux chrétiens. Il fit prêcher la religion de Mahomet sur toutes ses terres.

Ce Mahomet Khân envoya des messagers au sultan d'Égypte et fit avec lui pacte d'alliance. Il promit au sultan de contraindre tous les chrétiens de ses terres à devenir sarrasins sous peine de mort. Ceci réjouit grandement les Sarrasins et désola les chrétiens qui ne savaient que faire appel à la miséricorde de Dieu, car ils prévoyaient de grandes persécutions. Mahomet Khân ordonna au roi d'Arménie, au roi de Géorgie et aux autres chrétiens d'Orient de venir le trouver, ce qui inquiéta grandement les chrétiens.

Mais alors que les chrétiens vivaient toutes ces tribulations sous les contraintes de ce mauvais Mahomet Khân, le Seigneur Dieu, qui n'abandonne pas ceux qui espèrent en lui, les réconforta. Un frère de Mahomet Khân et un de ses neveux nommé Argun se révoltèrent contre lui à cause de ses méfaits et firent savoir à l'empereur Qubilaï Khân qu'il contraignait tous les Tartares à devenir sarrasins. À cette nouvelle, Qubilaï Khân ordonna à Mahomet Khân de cesser d'agir ainsi, sinon il marcherait contre lui. Mahomet Khân, très troublé, se saisit de son frère et le tua, puis marcha contre son neveu Argun. Mais celui-ci se retrancha dans un château fort dans les montagnes. Mahomet Khân le fit assiéger, Argun se rendit, mais lui et les siens eurent la vie sauve.

XXXV

SUITE DU RÈGNE DE MAHOMET KHÂN

Ayant son neveu en son pouvoir, Mahomet Khân le fit garder par un de ses connétables. Puis il ordonna à son armée de venir avec lui à Tabriz où il avait laissé ses épouses, le connétable devait tuer secrètement Argun

---

1. Il prit en réalité le nom d'Ahmed (Il-khan jusqu'à sa mort en 1284). Sa mère était chrétienne.

et lui apporter sa tête à Tabriz. Mais il se trouva un puissant homme, que le père d'Argun avait élevé et dont il avait pris soin. Il eut pitié d'Argun ; aidé de ses gens, il vint de nuit tuer le connétable et ceux de sa suite et délivra Argun de sa prison. Ils prirent Argun pour seigneur et lui prêtèrent serment d'obéissance.

Après cela, Argun chevaucha en hâte, rejoignit Mahomet Khân avant qu'il n'eût atteint Tabriz et le fendit en deux. Ainsi finit la vie de ce mauvais Mahomet Khân, la deuxième année de son règne.

XXXVI

ARGUN, FILS D'ABAQA KHÂN, SEIGNEUR DES TARTARES

L'an de Notre-Seigneur 1285, après la mort de Mahomet Khân, ennemi des chrétiens, Argun fut fait seigneur des Tartares et le grand empereur confirma sa seigneurie et voulut qu'il fût appelé khan [1]. Ainsi, Argun fut plus honoré que ses ancêtres.

Cet Argun était très beau, avec un visage plaisant et un corps vigoureux, il gouverna avec sagesse. Il aima et honora grandement les chrétiens et fit reconstruire les églises que Mahomet Khân avait fait abattre. Aussi, le roi d'Arménie, le roi de Géorgie et les autres chrétiens d'Orient vinrent le trouver, lui demandant de penser à reprendre la Terre sainte. Argun reçut avec plaisir cette requête et promit de songer à la délivrance de la Terre sainte. Il voulait faire la paix avec ses voisins afin de pouvoir attaquer le sultan avec plus de sécurité. Mais, alors qu'il faisait ces projets, il plut à Dieu de le faire mourir, la quatrième année de son règne. On choisit pour lui succéder un de ses frères nommé Gaïkhatu, qui fut le moins recommandable des souverains depuis Gengis Khân, comme on le verra plus loin.

XXXVII

GAÏKHATU, SEIGNEUR DES TARTARES

L'an de Notre-Seigneur 1291, après la mort d'Argun Khân, son frère Gaïkhatu gouverna ses terres. Il n'avait ni foi ni loi, ne valait rien au combat et s'adonnait au péché et à la luxure, vivant comme une bête puante. Il emplissait son ventre de vin et de nourriture et ne fit rien d'autre durant les six ans de son règne. Son peuple commença à le mépriser et le haïr pour sa bassesse et sa faiblesse, et à la fin, il fut noyé par ses gens.

---

1. Argun fut Il-khan de Perse de 1284 à 1291. Gaïkhatu de 1291 à 1295.

Après la mort de ce Gaïkhatu, on choisit un de ses cousins nommé Baïdu, un bon chrétien [1], qui aurait bien favorisé les chrétiens, mais il mourut tôt.

XXXVIII

BAÏDU, SON RÈGNE ET SA MORT

L'an de Notre-Seigneur 1295, après la mort de Gaïkhatu, Baïdu reçut le pouvoir de son frère. En bon chrétien, il fit reconstruire les églises chrétiennes et interdit de prêcher la religion de Mahomet sur ses terres. Cela troubla grandement les Sarrasins, qui étaient alors devenus très nombreux. Donc, les Sarrasins et les Tartares convertis s'adressèrent en secret à Ghazan, fils d'Argun, lui promettant qu'ils l'éliraient à la place de Baïdu s'il voulait renoncer à la foi chrétienne. Ghazan, qui se souciait peu des chrétiens et désirait ardemment le pouvoir, leur accorda ce qu'ils demandaient.

Il se révolta donc contre Baïdu. Baïdu rassembla son armée et marcha contre Ghazan. Il ignorait la trahison des siens. Alors qu'il pensait pouvoir attaquer Ghazan, les tenants de la religion de Mahomet passèrent à Ghazan. Se voyant trahi par les siens, Baïdu s'enfuit, mais Ghazan le poursuivit, le prit, et Baïdu mourut dans cette fuite. Ghazan prit le pouvoir.

XXXIX

GHAZAN, FILS D'ARGUN, SON RÈGNE ET SES ACTES

Après la mort de Baïdu, Ghazan prit le pouvoir [2]. Au commencement de son règne, il se montra très arrogant envers les chrétiens, pour plaire à ceux qui l'avaient porté au pouvoir de la façon qui a été racontée plus haut. Mais, quand son pouvoir se fut affermi, il commença à aimer et honorer les chrétiens et à prendre en haine les Sarrasins. Il fit beaucoup au profit de la chrétienté, avant tout en chassant tous ceux qui lui conseillaient de persécuter les chrétiens. Puis il ordonna à toute son armée de se tenir prête pour l'année suivante, quoi qu'il en coûtât, à envahir l'Égypte et à abattre le sultan. Il demanda au roi d'Arménie, au roi de Géorgie et aux autres chrétiens d'Orient de se préparer à l'accompagner.

Quand la saison fut venue, Ghazan chevaucha avec toutes ses forces jusqu'à la cité de Bagdad. Parvenu sur les terres du sultan, il rassembla son armée. Le sultan d'Égypte, Malik an-Nasir [3], rassembla ses forces

---

1. Baïdu n'était pas chrétien (voir l'Introduction). Il mourut en 1295.
2. Ghazan, Il-khan de Perse de 1295 à 1304.
3. Fils du sultan Qalaûn. Proclamé sultan en 1293, il fut deux fois déposé avant 1310, mais remonta sur le trône et régna jusqu'à sa mort en 1341.

devant la cité de Homs au milieu du royaume de Syrie. Ghazan apprit que le sultan s'avançait pour le combattre ; sans s'attarder à prendre ville ou château, il marcha droit vers le lieu où se trouvait le sultan et s'installa à un jour de marche de l'armée du sultan dans une prairie à l'herbe abondante. Puis Ghazan ordonna à toute son armée de faire reposer les bêtes qui étaient fatiguées de la longue route faite en hâte. Il y avait auprès de Ghazan un Sarrasin nommé Qipchaq, jadis bailli de Damas, mais qui avait fui vers Ghazan par crainte du sultan. Ghazan l'avait comblé de faveurs et d'honneurs et lui faisait confiance. Mais ce Qipchaq fit connaître au sultan tout ce qu'avaient préparé les Tartares et lui conseilla d'attaquer rapidement Ghazan tant que ses gens étaient las et fatigués.

Le sultan d'Égypte, qui se proposait d'attendre Ghazan dans la région de Homs, suivit les conseils du traître Qipchaq et vint en hâte avec toutes ses forces attaquer Ghazan à l'improviste. Les gardes de l'armée de Ghazan annoncèrent l'arrivée du sultan. Ghazan ordonna à ses barons de chevaucher en ordre de bataille contre le sultan et son armée, lui-même chevauchait en tête avec ses compagnons, allant au-devant du sultan qui marchait rapidement avec nombre de ses meilleurs combattants. Ghazan, voyant que son armée, dispersée dans la plaine, ne pourrait le rejoindre rapidement et qu'il ne pouvait esquiver le combat, s'arrêta et ordonna à tous ceux qui l'entouraient de mettre pied à terre, de s'abriter derrière leurs chevaux et de tirer des flèches pour abattre leurs ennemis accourant à cheval. Les Tartares mirent pied à terre, tendirent leurs arcs, attendant que les ennemis fussent à proximité. Ils tirèrent alors leurs flèches tous ensemble, frappant ceux qui arrivaient en courant. Les premiers trébuchèrent, les suivants tombèrent sur eux et ils tombèrent ainsi les uns sur les autres. Les Tartares tiraient rapidement, car ils sont très habiles à l'arc, et peu de Sarrasins en réchappèrent, tous étaient tués ou blessés.

À cette vue, le sultan se retira et Ghazan ordonna alors à ses gens de remonter à cheval et de poursuivre vigoureusement l'ennemi. Il partit en tête, la petite troupe qui l'entourait le suivit jusqu'à ce que tous les barons arrivassent en ordre de combat. Alors commença la mêlée qui dura du lever du soleil jusqu'à none. À la fin, le sultan ne put soutenir le combat contre Ghazan qui frappait de sa main de grands coups, il s'enfuit avec son armée. Ghazan et les siens le poursuivirent jusqu'à minuit, tuant tous ceux qu'ils atteignaient. Tant de Sarrasins furent tués que la terre en était couverte. Ghazan passa la nuit en un lieu nommé Canet [1], tout joyeux de la victoire que Dieu lui avait donnée. Cela se passa l'an de Notre-Seigneur 1301, le premier mercredi avant Noël.

---

1. Aujourd'hui Rahit, sur la route de Homs à Damas.

XL

SUITE DU RÈGNE DE GHAZAN

Ensuite, Ghazan ordonna au roi d'Arménie et à l'un de ses barons nommé Mulaï de poursuivre, avec quarante mille Tartares, le sultan jusqu'au désert d'Égypte, à bien douze journées de marche du champ de bataille et d'attendre ses ordres dans la région de Gaza. Le roi d'Arménie, Mulaï et les quarante mille Tartares partirent avant le jour à la poursuite du sultan, tuant tous les Sarrasins qu'ils pouvaient atteindre dans cette poursuite.

Le troisième jour, Ghazan ordonna au roi d'Arménie de revenir, car il voulait assiéger Homs. Mulaï devait continuer à poursuivre le sultan. Mais le sultan s'enfuit, chevauchant de jour et de nuit sur des coursiers, conduit par des Bédouins. Ainsi, il entra au Caire misérablement, sans compagnie. Les Sarrasins s'enfuirent de tous côtés par divers chemins, pensant ainsi mieux échapper à leurs poursuivants. Une grande partie d'entre eux alla vers Tripoli et ils furent tués ou capturés par les chrétiens du mont Liban. Le roi d'Arménie rejoignit Ghazan et trouva la cité d'Homs soumise. Tout le trésor et les richesses que le sultan et les siens avaient amassés à Homs furent apportés à Ghazan. Ils s'émerveillèrent de ce que le sultan et les siens avaient apporté de telles richesses là où ils pensaient se battre. Ghazan partagea entre tous ses gens les splendides trésors et richesses qu'il avait gagnés.

Moi, frère Hayton, j'ai été présent à toutes ces grandes entreprises que les Tartares ont menées contre les Sarrasins depuis le temps d'Hulagu, mais je n'ai jamais vu ni appris plus grands exploits de la part d'un seigneur tartare que ceux accomplis par Ghazan en deux jours. Le premier jour de la bataille, Ghazan, avec une petite compagnie, opposée au sultan et à sa grande armée, paya tant de sa personne que sa renommée surpassa celle des autres combattants, et les Tartares ne cesseront pas de vanter sa prouesse. Le second jour, Ghazan se montra d'un cœur si généreux qu'il partagea entre tous ses gens les innombrables richesses qu'il avait gagnées, ne retenant pour lui qu'une épée et une bourse de cuir pleine de documents sur l'Égypte ; il donna tout le reste avec libéralité. Il était étonnant de voir tant de vertus enfermées en un si petit corps, car, sur vingt mille chevaliers, on n'en aurait pas trouvé un seul plus petit ni plus laid. Mais il les dominait tous en prouesse et en vertu. Et comme ce Ghazan fut notre contemporain, je veux parler de lui plus longuement que des autres, car le sultan qu'il a battu est encore vivant et ceux qui projettent la croisade pourront y trouver de bons exemples.

XLI

SUITE DU RÈGNE DE GHAZAN

Après s'être reposé quelques jours et avoir tout organisé, Ghazan chevaucha droit sur Damas. Quand les habitants apprirent sa démarche, ils prirent peur, pensant que s'il prenait la cité d'assaut il les traiterait sans pitié. Ils envoyèrent donc des messagers à Ghazan avec de grands présents et les clés de Damas. Ghazan reçut les présents et ordonna aux messagers de retourner à Damas, de préparer des vivres pour lui et son armée et de ne pas craindre la destruction de leur ville qu'il voulait conserver comme sa propre chambre.

Les messagers partirent tout joyeux de ces réponses. Ghazan les suivit à cheval et alla loger sur la rive du fleuve de Damas. Ils lui envoyèrent de beaux présents et abondance de vivres pour son armée. Ghazan séjourna à Damas avec son armée pendant quinze jours, seuls les quarante mille Tartares de Mulaï étaient à Gaza, attendant ses ordres. Tandis qu'il se reposait avec les siens, arriva un messager annonçant que Baïdu était entré dans le royaume de Perse, causant de grands dommages et pire encore.

Ghazan ordonna à Qutlugchah de rester en Syrie pour la garder. Il ordonna à Mulaï et autres Tartares qui étaient avec lui à Gaza d'obéir à Qutlugchah comme à son lieutenant. Il nomma ensuite des baillis et gouverneurs pour chaque cité, et le traître Qipchaq devint bailli de Damas. Après cela, il fit appeler le roi d'Arménie et lui apprit qu'il voulait retourner en Perse. « Roi d'Arménie, lui dit-il, nous aurions volontiers confié les terres de Syrie à la garde des chrétiens s'ils étaient venus. Quand ils viendront, nous avons donné ordre à Qutlugchah de rendre la Terre sainte aux chrétiens et de les aider à remettre en état les terres ravagées. »

Puis Ghazan partit pour la Mésopotamie. Arrivé à l'Euphrate, il ordonna à Qutlugchah de laisser Mulaï avec vingt mille hommes pour garder la terre et de venir en hâte en Mésopotamie avec le reste de l'armée. Qutlugchah, obéissant aux ordres, partit, laissant Mulaï en garde de la terre de Syrie. Sur les conseils du traître Qipchaq, Mulaï s'en alla vers Jérusalem dans la vallée du Jourdain où il y avait de bons pâturages pour les animaux. Quand vint l'été, Qipchaq envoya des messagers au sultan, promettant de lui rendre Damas et toutes les terres que les Tartares tenaient en Syrie. Le sultan promit à Qipchaq la seigneurie de Damas, une grande partie de son trésor et sa sœur en mariage. Qipchaq se révolta et entraîna les autres régions dans sa révolte car il savait bien que les Tartares ne pourraient les attaquer en pleine chaleur de l'été. Voyant Damas et les autres régions révoltées, Mulaï n'osa demeurer en Syrie avec si peu de forces ; il alla trouver Ghazan en Mésopotamie et lui raconta tout ce qu'avait fait le traître Qipchaq.

À ces nouvelles, Ghazan fut très troublé, mais ne put rien faire en raison de la forte chaleur. Quand l'été fut passé et que l'hiver approcha, il rassembla son armée sur la rive de l'Euphrate, ordonna à Qutlugchah de marcher sur Antioche avec trente mille Tartares, fit venir le roi d'Arménie et les chrétiens de Chypre et les prit avec lui. Qutlugchah chevaucha vers Antioche avec trente mille Tartares et fit appel au roi d'Arménie qui vint sans tarder avec toutes ses forces, tout en demandant aux chrétiens de Chypre de venir reconquérir la Terre sainte. Ceux-ci arrivèrent à Tortose par mer. Il y avait le frère du roi de Chypre, seigneur de Tyr, conduisant les chevaliers [1], les maîtres du Temple et de l'Hôpital avec les frères. Alors qu'ils étaient tous prêts, pleins d'ardeur au service du Seigneur Dieu, on apprit que Ghazan était frappé d'une grave maladie. Qutlugchah retourna donc auprès de lui avec toute son armée, le roi d'Arménie revint dans son pays et les chrétiens venus à Tortose repartirent pour Chypre. C'est ainsi que fut abandonnée l'attaque de la Terre sainte, en l'an de Notre-Seigneur 1301.

XLII

SUITE DU RÈGNE DE GHAZAN

L'an de Notre-Seigneur 1303, Ghazan rassembla à nouveau une grande armée sur l'Euphrate avec l'intention d'entrer au royaume de Syrie, de battre le sultan, de recouvrer la Terre sainte et de la rendre aux chrétiens. Apprenant la venue de Ghazan et voyant qu'ils ne pourraient le vaincre, les Sarrasins ravagèrent et brûlèrent toute la zone par laquelle il devait passer. Ils enfermèrent le plus possible de céréales et de bétail dans les forteresses et mirent le feu à tout le reste, pour que les chevaux n'eussent pas de quoi manger. À ces nouvelles, Ghazan comprit que ses chevaux ne trouveraient rien à paître et décida de passer l'hiver sur l'Euphrate et de ne prendre la route qu'au printemps, quand le blé commencerait à lever. Les Tartares se soucient plus de leurs chevaux que d'eux-mêmes, comme gens habitués à vivre de peu.

Installé avec toute son armée sur l'Euphrate, Ghazan fit appeler le roi d'Arménie. L'armée était si grande qu'elle s'étendait sur une distance de trois jours de marche, du château de Rakkah à celui de Bireh. C'étaient des châteaux sarrasins, mais ils se rendirent à Ghazan. Or tandis que Ghazan attendait sur le fleuve la saison propice pour aller délivrer la Terre sainte des Sarrasins, on lui apprit que Baïdu avait de nouveau envahi ses terres, leur causant grand dommage et chassant devant lui ceux qui avaient été préposés à leur garde. On lui conseilla donc de retourner sur

---

1. Amaury de Lusignan, frère du roi Henri II de Chypre et époux d'Isabelle d'Arménie, sœur du roi Héthoum II.

ses terres et d'attendre l'année suivante pour envahir le royaume de Syrie. Ghazan fut très courroucé de tous ces délais concernant la Terre sainte. Il ordonna à Qutlugchah d'entrer en Syrie avec quarante mille Tartares, de prendre Damas et de passer au fil de l'épée tous ceux qu'il prendrait, hommes et femmes. Et il ordonna au roi d'Arménie d'aller avec son armée accompagner Qutlugchah.

Après cela, Ghazan retourna vers ses terres ; le roi d'Arménie et son armée, Qutlugchah et quarante mille Tartares à cheval entrèrent en Syrie, dévastant tout jusqu'à la cité de Homs. Ils croyaient y trouver, comme la première fois, le sultan et son armée, mais il n'y était pas ; ils apprirent qu'il était à Gaza et ne voulait en bouger. Qutlugchah et le roi d'Arménie attaquèrent la cité de Homs et la prirent d'assaut rapidement, massacrant sans pitié hommes et femmes. Ils trouvèrent là de grandes richesses, beaucoup de vivres et de bétail.

Ils arrivèrent devant Damas, voulant l'assiéger. Mais les citoyens de Damas leur firent demander un délai de trois jours, après quoi ils se rendraient à leur merci. On le leur accorda, mais les fourragers de l'armée tartare, qui avaient été à une journée de marche au-delà de Damas, capturèrent quelques Sarrasins qu'ils envoyèrent à Qutlugchah leur chef. Il apprit de ces Sarrasins qu'il y avait, à deux journées de marche de Damas, douze mille cavaliers sarrasins attendant la venue du sultan. En apprenant cela, Qutlugchah chevaucha en hâte et arriva à l'heure de vêpres là où se trouvaient les douze mille Sarrasins, croyant les surprendre avant l'arrivée du sultan. Mais celui-ci était arrivé peu auparavant avec toutes ses forces. Qutlugchah et le roi d'Arménie tinrent conseil sur la conduite à suivre. Il était tard, c'était déjà l'heure de vêpres, on leur conseilla de se reposer cette nuit et d'attaquer le lendemain le sultan et son armée. Mais Qutlugchah, qui méprisait le sultan, ne voulut pas attendre et ordonna à son armée de se mettre en ordre et d'attaquer vigoureusement l'ennemi.

Les Sarrasins étaient retranchés en un lieu fortifié et ne vinrent pas combattre ; ils étaient entourés sur deux côtés d'un lac et d'une montagne et savaient bien que les Tartares ne pourraient venir jusqu'à eux sans grandes pertes, ils ne voulaient donc pas bouger. L'armée tartare chevaucha rapidement pour attaquer l'ennemi, mais elle trouva un ruisseau plein d'eau que l'on ne pouvait traverser qu'en quelques endroits. Le passage de ce ruisseau les retarda grandement. Quand Qutlugchah, le roi d'Arménie et la plus grande partie de l'armée furent passés, ils attaquèrent vigoureusement leurs ennemis, déconfirent tous ceux qui résistaient et les poursuivirent jusqu'à la nuit. Mais le sultan ne voulut pas quitter la place et n'alla pas au combat.

Qutlugchah passa la nuit près d'une montagne avec son armée, sauf environ dix mille Tartares qui n'avaient pu passer le ruisseau de jour. Le lendemain, Qutlugchah mit son armée en ordre et vint sur le champ de bataille pour combattre. Le sultan ne voulut pas combattre, mais resta sur le lieu fortifié. Les Tartares déployèrent tous leurs efforts pour faire quitter la place aux Sarrasins, mais ils ne purent rien et l'assaut dura jusqu'à none. Manquant d'eau, les Tartares se retirèrent en ordre pour en trouver et arrivèrent dans la plaine de Damas. Là, ils trouvèrent de l'eau et des pâturages, et Qutlugchah ordonna plusieurs jours de repos pour l'armée et les chevaux afin de retourner plus dispos combattre le sultan.

L'armée tartare croyait pouvoir demeurer en repos dans cette plaine, mais les habitants de Damas ouvrirent les vannes des conduits et des ruisseaux et, avant la fin des huit heures de nuit, l'eau du fleuve avait recouvert toute la plaine. L'armée tartare se leva en hâte, la nuit était obscure, les fossés pleins d'eau, les chemins recouverts. Il en résulta une grande confusion, chevaux, bêtes et harnais furent perdus, plusieurs hommes furent noyés et le roi d'Arménie subit de grands dommages. Le jour les délivra de tous ces périls, grâce à Dieu. Mais les arcs et les flèches dont les Tartares usent beaucoup au combat étaient si mouillés qu'ils étaient inutilisables. L'armée tartare était dans un tel état de surprise que, si les Sarrasins avaient attaqué, elle aurait été facilement déconfite. Les Tartares secoururent ceux qui avaient perdu leurs chevaux et atteignirent l'Euphrate en huit jours. Ils durent le traverser sur leurs chevaux, le mieux qu'ils purent. Le fleuve était grand et profond, beaucoup périrent, Arméniens, Tartares et Géorgiens. Ainsi les Tartares s'en retournèrent vaincus, non par les forces ennemies, mais par la malchance et les mauvaises décisions [1]. Car Qutlugchah aurait pu éviter ces périls en écoutant les bons conseils.

Et moi, frère Hayton, qui raconte cette histoire, j'étais présent et je prie que l'on me pardonne si j'ai traité ce sujet trop longuement, mais j'ai fait de mon mieux pour que tous les périls soient évités. Car si l'on agit sagement, avec une intention droite, on doit réussir, mais si on agit sans prévoyance, on échoue dans ses projets.

XLIII

LE ROI D'ARMÉNIE VA TROUVER GHAZAN

Quand le roi d'Arménie eut traversé l'Euphrate, non sans fatigues et pertes pour son armée, il décida d'aller voir Ghazan avant de rentrer en Arménie. Il fit route droit sur Ninive où demeurait Ghazan. Celui-ci le reçut avec bonté et compatit aux pertes que le roi et son armée avaient subies. Et parce que le roi et son armée s'étaient comportés avec courage et loyauté, Ghazan lui accorda par faveur spéciale mille cavaliers tartares pour garder la terre d'Arménie. Ils seraient payés aux frais du royaume

---

1. La bataille eut lieu les 1er et 2 mai 1303.

de Turquie et ce royaume assurerait aussi la solde de mille chevaliers choisis par le roi d'Arménie. Puis le roi d'Arménie prit congé de Ghazan et rentra dans son pays. Et Ghazan lui recommanda de bien garder sa terre jusqu'à ce qu'il pût personnellement reconquérir la Terre sainte.

XLIV

LE RETOUR DU ROI D'ARMÉNIE

Le roi d'Arménie rentra dans son pays, mais ne put guère prendre de repos car, cette année-là, le sultan envoya presque chaque mois quantité de gens d'armes qui parcouraient la terre d'Arménie, ravageant tout, surtout la plaine, et le royaume fut dans un état pire que jamais. Mais Dieu tout-puissant n'abandonne pas ceux qui espèrent en lui, il eut pitié du peuple chrétien de la terre d'Arménie. Au mois de juillet, sept mille Sarrasins, les meilleurs combattants de la maison du sultan d'Égypte, entrèrent dans le royaume d'Arménie, parcoururent la plaine, ravageant et pillant tout jusqu'à la cité de Tarse où naquit saint Paul. Ils avaient causé de grands dommages ; comme ils s'en retournaient, le roi d'Arménie réunit son armée et vint à leur rencontre près de la cité de Lajazzo. La bataille commença et, par la volonté de Dieu, les ennemis furent déconfits de telle manière que, de sept mille Sarrasins, il n'en réchappa que trois cents, les autres étant morts ou prisonniers. Cet événement en lieu le dimanche 18 juillet [1305]. Après cette défaite, les Sarrasins n'osèrent plus pénétrer en terre arménienne et le sultan conclut des trêves avec le roi d'Arménie.

Et moi, frère Hayton, rédacteur de cette œuvre, je fus présent à tout ceci. J'avais décidé longtemps auparavant de prendre l'habit, mais à cause des grandes difficultés que connaissait alors le royaume d'Arménie, je ne pouvais, sans déshonneur, abandonner mes seigneurs, mes parents et mes amis dans de tels dangers. Mais après que Dieu, dans sa miséricorde, nous eut donné la victoire sur nos ennemis et à moi la grâce de laisser le royaume d'Arménie en bon état, je pensai à accomplir mon vœu. Je pris congé de monseigneur le roi et de mes autres parents et amis sur ce champ même où Dieu nous avait donné la victoire. Je pris la route de Chypre jusqu'au monastère de Notre Dame de Lapaïs, de l'ordre des Prémontrés, et je reçus l'habit religieux, souhaitant, après avoir été longtemps chevalier dans le monde, refuser les pompes du siècle et servir Notre-Seigneur dans l'humilité tout le reste de ma vie. Cela se passa l'an de Notre-Seigneur 1305.

Grâces et remerciements à Dieu, le royaume d'Arménie est en meilleur état, nommément grâce au jeune roi, monseigneur Léon, fils du baron

Thoros, plein de grâce et de vertus[1]. Nous avons espérance que, sous ce jeune roi, le royaume d'Arménie retrouvera sa première grandeur avec l'aide de Notre-Seigneur Jésus-Christ.

XLV

AVERTISSEMENT DE L'AUTEUR

Moi qui ai rédigé ce livre, j'ai appris de trois façons ce que contient la troisième partie. Les débuts de Gengis Khân, je les raconte d'après ce que disent les histoires des Tartares. De Mangu Khân jusqu'à la mort d'Hulagu, je dis ce que j'ai appris de monseigneur mon oncle, Héthoum, roi d'Arménie, de bonne mémoire, qui racontait soigneusement à ses enfants et à ses neveux ce dont il avait été témoin et nous en faisait garder mémoire par écrit. Et d'Abaqa Khân, fils d'Hulagu, jusqu'à la fin de la troisième partie de ce livre où se termine l'histoire des Tartares, je parle en témoin, présent lors des événements et je peux attester de la vérité de ce que j'ai vu.

Après avoir raconté l'histoire des Tartares, je vais parler brièvement de leur puissance.

XLVI

LA GRANDE PUISSANCE DES TARTARES ET PREMIÈREMENT DE L'EMPEREUR

Le grand empereur des Tartares, qui en est à présent seigneur, est nommé Temur Khân[2], c'est le sixième empereur. Le siège de son empire est au royaume de Cathay dans une très grande cité nommée Jong que fonda son père. La puissance de cet empereur est grande, il a à lui seul plus de pouvoir que tous les autres princes tartares. Le peuple de cet empereur est regardé comme plus noble que les autres Tartares ; ils sont plus riches et mieux pourvus de toutes choses, car le royaume de Cathay abonde en richesses.

Il y a trois autres rois tartares, très puissants, qui révèrent le grand empereur et lui obéissent. Les conflits qu'ils ont entre eux sont portés devant la cour du grand empereur et jugés par lui. Le premier de ces rois se nomme Tchepar, l'autre Toktaï et l'autre Oljaïtu[3]. Tchepar est maître du royaume du Turquestan, le plus proche de la terre de l'empereur. On dit qu'il peut conduire au combat quatre mille hommes à cheval. Ce sont des hommes preux et hardis, mais ils n'ont pas beaucoup de bonnes armes

---

1. Léon IV, assassiné en 1307, l'année où Hayton rédigeait son livre.
2. Temur Khân régna de 1294 à 1307.
3. Tchepar, khan du Djagatai de 1300 à 1308. Toktaï, khan du Qipchak de 1291 à 1312. Oljaïtu, fils de Ghazan, Il-khan de Perse de 1304 à 1316.

ni de bons chevaux. Parfois, l'empereur lui fait la guerre ; parfois Tchepar fait la guerre à Oljaïtu et lui prendrait volontiers sa terre, mais l'autre se défend vigoureusement. La seigneurie de Tchepar a été récemment tenue par un seigneur, et son frère Duwa Khân tient une grande partie de sa terre.

XLVII

LA SEIGNEURIE DE TOKTAÏ

Toktaï, second roi des Tartares, gouverne le royaume de Comanie et sa capitale est une cité appelée Saraï. Il peut conduire au combat, dit-on, six mille cavaliers. En vérité, ils ne sont pas aussi vaillants au combat que ceux de Tchepar, bien qu'ils aient de meilleurs chevaux. Parfois, ils font la guerre à Oljaïtu, parfois ils vont vers le royaume de Hongrie, parfois ils se disputent entre eux, mais en ce moment, Toktaï tient sa seigneurie en paix et en repos.

XLVIII

OLJAÏTU ET SON POUVOIR

Oljaïtu a son pouvoir en Asie majeure et sa capitale est la cité de Tabriz. Il peut conduire au combat environ trois cent mille cavaliers, venus de diverses nations, riches et bien armés. Tchepar et Toktaï font souvent la guerre à Oljaïtu et lui prendraient volontiers sa terre s'ils le pouvaient, mais il la défend sagement. Il ne se mêle de guerre avec personne, excepté contre le sultan d'Égypte, avec lequel ses ancêtres ont été souvent en guerre. Les princes Tchepar et Toktaï feraient volontiers la guerre pour détrôner Oljaïtu s'ils le pouvaient, mais ils ne le peuvent, bien qu'ils aient plus de terres et de gens.

La raison pour laquelle Oljaïtu défend sa terre contre la puissance de ses voisins est la suivante. L'Asie est divisée en deux parties : l'une dite Asie profonde, l'autre, Asie majeure, là où demeure Oljaïtu. Il n'y a que trois routes pour aller de l'une à l'autre, l'une du royaume du Turquestan au royaume de Perse ; l'autre par Derbend, proche de la cité fondée par Alexandre appelée Porte-de-Fer ; la troisième est vers la mer Majeure et passe par le royaume d'Abchazie. Par la première route, l'armée de Tchepar ne pourrait entrer sur les terres d'Oljaïtu sans péril et difficultés, car l'on ne pourrait trouver de pâture pour les chevaux durant plusieurs jours, la contrée étant sèche et déserte ; avant qu'elle soit parvenue aux bonnes terres, ses chevaux seraient morts de faim et d'inconfort et ceux qui passeraient seraient vite déconfits par leurs ennemis.

Par la route de Derbend, l'armée de Toktaï ne pourrait passer que durant les six mois d'hiver. Mais Abaqa a fait faire, sur une distance d'une journée de marche, des lices et des fossés et tranchées au lieu nommé Kuba et il y a là des hommes armés qui gardent le passage. L'armée de Toktaï a souvent tenté de passer secrètement, mais cela a été impossible. Il faut en effet traverser une plaine et, dans cette plaine, notamment en hiver, sont assemblés en grand nombre des oiseaux, grands comme des faisans, avec un très beau plumage, que l'on appelle « seiserchs ». Si quelqu'un entre dans la plaine, les oiseaux s'enfuient par-dessus les lices jusqu'à la plaine de Mugan et ceux qui sont chargés de garder le lieu, avertis par l'arrivée des oiseaux, se postent pour garder le passage.

Par la route de la mer Majeure, ils n'osent entrer, car il faut traverser le royaume d'Abchazie, bien peuplé, fait de hautes terres, et ils ne pourraient passer. C'est ainsi qu'Oljaïtu est ses ancêtres ont défendu leur terre contre la grande puissance de leurs voisins.

XLIX

LES COUTUMES DES TARTARES

Je veux parler encore des coutumes des Tartares. Les Tartares sont très différents des autres gens par leurs mœurs et leurs coutumes, et l'on ne pourrait en dire toute la diversité sans susciter l'ennui.

Les Tartares croient en un dieu qu'ils nomment simplement Dieu. Ils le disent immortel et le nomment au début de leurs discours. Mais ils ne l'honorent ni par des prières, ni par des pénitences, ni par des jeûnes, ni par de bonnes actions. Un Tartare ne pense pas pécher en tuant un homme, mais s'il laisse le mors à son cheval quand il va paître, il fait un péché mortel. Les Tartares ne jugent pas la luxure comme un péché, ils ont plusieurs femmes et, après la mort du père, le fils doit prendre pour femme sa marâtre ; de même, le frère doit prendre la femme de son frère défunt et ils couchent ensemble.

Les Tartares sont de bons combattants, obéissants à leur seigneur plus que tout autre peuple. Le seigneur ne leur donne ni gages ni solde, mais peut exiger d'eux tout ce qu'ils ont selon son bon plaisir. Le seigneur n'est tenu de donner quoi que ce soit, ni pour l'ost [1], ni pour la chevauchée. Il leur faut donc vivre de la chasse et du butin qu'ils font sur l'ennemi. Quand les Tartares savent qu'ils doivent traverser un pays où ils pensent trouver pénurie de vivres, ils emmènent avec eux quantité de bétail, vaches et juments, et vivent de lait et mangent de la viande de cheval qu'ils trouvent bonne. Les Tartares sont très rapides au combat à cheval, mais ne valent pas grand-chose à pied, ils ne marchent pas. Quand les Tartares sont en ordre de bataille, ils comprennent vite la volonté de

---

1. Armée féodale.

leur chef et savent ce qu'ils ont à faire, aussi les chefs n'ont pas de mal à commander leur troupe.

Les Tartares sont très habiles à prendre les châteaux et les villes. Au combat, ils cherchent l'avantage immédiat sur leurs ennemis, mais n'ont aucune honte à fuir ou à chercher du butin. Ils ont cet avantage sur l'armée adverse qu'ils la combattront tous ensemble sur un champ s'il leur plaît. Sinon, leurs ennemis ne pourront les forcer au combat. Une bataille contre les Tartares est très dangereuse, mortelle ; il y aura plus de gens tués et blessés dans un petit combat contre les Tartares que dans une grande bataille contre un autre peuple, à cause des arcs et des flèches qu'ils utilisent. Quand les Tartares sont battus, ils fuient ensemble en rangs serrés, et il est périlleux de les poursuivre, car ils tuent hommes et chevaux avec les arcs et les flèches. Ils tirent en arrière aussi bien que de face. S'ils voient les ennemis les suivre inconsidérément, ils font volte-face et il est souvent arrivé que les poursuivants soient déconfits. L'armée des Tartares n'a pas grande allure, car ils vont en rangs si serrés que mille semblent seulement cinq cents.

Les Tartares sont très accueillants pour leurs hôtes, partagent avec eux courtoisement leur nourriture et attendent qu'on en use de même, sinon ils se servent de force. Ils savent bien conquérir les terres étrangères, mais ne savent les garder, car ils préfèrent vivre dans des tentes ou sur les chariots que dans les villes. Ils sont très envieux et prennent volontiers le bien d'autrui. Quand ils sont en compagnie d'autres gens, s'ils se sentent les plus faibles, ils se montrent courtois et humbles, mais s'ils sont les plus forts, ils sont outrageusement orgueilleux. Les Tartares mentent aisément si cela leur profite, mais ils n'osent mentir sur deux points. Un Tartare n'osera se vanter d'une prouesse ou d'une action d'éclat aux armes s'il ne l'a vraiment faite et n'osera nier une faute s'il l'a commise. Et devant son seigneur ou devant le juge, il n'osera nier la vérité, même s'il doit être condamné et en perdre la vie.

Il suffit sur ce sujet, car il serait trop long de dire toutes leurs coutumes et leurs mœurs.

LIVRE IV

I

LES RAISONS POUR LES CHRÉTIENS DE CONQUÉRIR LA TERRE SAINTE TENUE PAR LES ENNEMIS DE JÉSUS-CHRIST

La raison demande à celui qui veut faire la guerre à ses ennemis de considérer quatre choses. Premièrement, il faut avoir une raison juste et raisonnable de la faire ; deuxièmement, il faut voir si l'on a les forces et les ressources suffisantes pour commencer la guerre, la poursuivre et la terminer à son avantage ; troisièmement, il faut considérer avec sagesse les intentions et l'état de l'ennemi ; quatrièmement, il faut commencer la guerre à la bonne saison.

Moi, frère Hayton, je dois traiter ce sujet sur ordre du seigneur pape et dire qu'en vérité les chrétiens ont une raison juste de faire la guerre aux Sarrasins et à la lignée prostituée de Mahomet, car ils ont occupé leur héritage, la Terre sainte, promise par Dieu aux chrétiens et tiennent le Saint-Sépulcre de notre Seigneur Jésus-Christ qui est à la source de la foi chrétienne. Ces mécréants ont aussi insulté gravement les chrétiens et répandu leur sang dans le passé, et il y a encore bien d'autres raisons qui seraient trop longues à raconter.

Sur le deuxième point, je dis que nul ne doit craindre, car la sacro-sainte Église romaine qui gouverne le monde entier a le pouvoir suffisant, avec la grâce de Dieu et l'aide des rois et princes de la chrétienté et des fidèles du Christ qui prennent la croix, de délivrer le Saint-Sépulcre du pouvoir des Sarrasins qui l'occupent en punition de nos péchés.

Sur les troisième et quatrième points, l'état de l'ennemi et la saison favorable pour commencer la guerre, je parlerai plus longuement. Tel un bon médecin qui doit connaître les raisons de la maladie qu'il veut guérir, le bon chef doit s'enquérir de la situation, des intentions et de l'état de ses ennemis s'il veut commencer, poursuivre et mener à bonne fin son expédition. Lorsqu'il s'agit de guerre, rien ne doit être caché à un bon et sage chef de ce qui concerne ses ennemis, car prévoir ne cause aucun tort, alors que l'imprévu affecte souvent le courage de l'armée, notamment lors des batailles où l'on n'a pas le temps de faire face aux périls qui surviennent. C'est dans la bataille plus qu'en toute autre action que l'on ne peut remédier aux erreurs, car la sanction suit aussitôt la faute. Donc, pour que ce que nous voulons dire sur le « passage » soit bien clair, nous parlerons de l'état de la terre d'Égypte, de l'armée du Caire et de la puissance des ennemis.

II

L'ÉTAT DE LA TERRE D'ÉGYPTE

Le sultan qui a le pouvoir sur le royaume d'Égypte et de Syrie est Malik an-Nâsir, de nation comaine. L'armée et la cavalerie d'Égypte viennent de régions diverses et de pays étrangers, car les gens du pays ne sont pas bons guerriers, ni à pied ni à cheval, ni sur terre ni sur mer. Le sultan a peu de gens de pied et beaucoup de cavaliers. La plus grande partie d'entre eux sont des esclaves vendus par de mauvais chrétiens qui les amènent en Égypte par appât du gain. D'autres ont été pris dans des combats et contraints de renier leur foi au Christ, mais les esclaves sont plus prisés et honorés si bien que plusieurs se font vendre pour que leur seigneur leur soit plus attaché.

Le sultan d'Égypte se méfie toujours beaucoup de son armée, car plus d'un cherche à usurper le pouvoir, et plus d'un sultan a ainsi perdu la vie. La cavalerie d'Égypte comprend environ vingt mille cavaliers. Certains sont de bons combattants, bien entraînés, mais la plupart ne valent pas grand-chose. Quand le sultan chevauche avec son armée, il a avec lui quantité de bagages et de chameaux chargés. Ils ont d'assez bons destriers, des juments très rapides à la course, peu de roncins et de mulets. L'armée d'Égypte est très rapidement prête pour le sultan, car tous habitent ensemble dans la cité du Caire. Voici comment elle est organisée. Chaque homme d'armes reçoit une solde qui ne dépasse pas 120 florins. Chaque cavalier doit entretenir trois chevaux et un chameau. Si le sultan mène son armée hors d'Égypte il peut, par grâce, leur donner quelque chose en plus s'il le veut. Le sultan répartit ses soldats entre ses barons qui les commandent ; on les appelle émirs. Il donne à l'un cent soldats, à l'autre deux cents, ou plus ou moins selon l'honneur qu'il veut leur faire. Car si le sultan donne à un émir le commandement de cent ou deux cents cavaliers, il lui donne aussi la somme que représentent toutes leurs soldes, somme qui sera pour l'émir. Cette organisation nuit au bon service du sultan, car les émirs qui doivent fournir cent ou deux cents cavaliers achètent des esclaves de leurs deniers, leur donnent des chevaux et des armes, les font passer pour des gens d'armes et reçoivent les soldes pour eux. Ou bien, ils prennent des hommes de peu de valeur, leur prêtent des chevaux et des armes, les font servir dans l'armée et reçoivent leurs soldes, gardant tout le reste dans leur bourse. Ainsi l'armée est importante, mais il y a peu de bons combattants.

III

LA PUISSANCE DU SULTAN AU ROYAUME DE SYRIE

Au royaume de Syrie, le sultan a environ cinq mille cavaliers, payés sur les revenus des terres [1]. Il y a aussi grande quantité de Bédouins et Turcomans nomades qui sont d'une grande aide pour le sultan, car ils assiègent les villes ou parcourent les terres sans réclamer de solde, se contentant du butin. Mais pour la défense du pays ou les combats, Bédouins et Turcomans ne feraient rien pour le sultan sans se faire bien payer et, si le sultan exerçait sur eux quelque contrainte, ils s'enfuiraient, les Turcomans dans les montagnes et les Bédouins au désert d'Arabie.

---

1. C'est le système appelé *iqtâ*. Les gouverneurs reçoivent les revenus d'une partie des terres d'État, à charge pour eux d'assurer la défense de la province. Cela aboutit à une sorte

Le sultan a encore des sergents à pied dans la région de Baalbek, autour du mont Liban et dans le pays des Assassins. Ils peuvent l'aider pour le siège d'une ville ou d'un château ou pour garder leur pays, mais ils ne le quitteraient pas et le sultan ne pourrait les y contraindre, car ils sont retranchés dans les montagnes.

L'armée du sultan d'Égypte est très habile à prendre cités et châteaux. Ils attaquent avec toutes sortes d'engins, arbalètes, machines, pierrières, mines souterraines, feu grégeois et d'autres encore, et conquièrent ainsi une région sans danger et facilement.

IV

LA PUISSANCE DE L'EMPEREUR DE GRÈCE

L'empereur de Grèce avait jadis seigneurie sur l'Égypte qu'il gouvernait par des ducs et officiers qui percevaient chaque année les revenus de cette terre et les envoyaient à l'empereur à Constantinople. La seigneurie des Grecs sur l'Égypte dura jusqu'à l'an de Notre-Seigneur 704. Les habitants de l'Égypte ne purent supporter les charges que les Grecs faisaient peser sur eux et se rendirent aux Sarrasins. Ils élurent un seigneur de la lignée de Mahomet et le nommèrent calife, et tous leurs rois furent depuis appelés califes. La lignée de Mahomet conserva sa seigneurie sur l'Égypte pendant trois cent quarante-sept ans. Puis les Sarrasins perdirent le pouvoir et les Mèdes appelés Kurdes prirent le pouvoir comme nous le dirons plus loin.

V

AMAURY, ROI DE JÉRUSALEM, PÉNÈTRE EN ÉGYPTE ET CONQUIERT DES TERRES

L'an de Notre-Seigneur 1253, Amaury, roi de Jérusalem, de bonne mémoire, rassembla l'armée de toutes les terres du royaume de Jérusalem et pénétra en Égypte. Il conquit bien des terres et des villes, comme on le voit dans le livre de l'histoire de la conquête de la Terre sainte.

Voyant qu'il ne pouvait se défendre contre la puissance des chrétiens, le calife envoya des messagers au sultan d'Alep pour l'appeler à l'aide. Le sultan d'Alep, qui était de la religion de Mahomet et pensait recevoir de grands trésors du calife, envoya un de ses capitaines nommé Shirkuh [1]

---

de féodalisation, le gouverneur se comportant en seigneur de la terre dont il devrait seulement percevoir les revenus.

1. Ce Kurde, au service de Zengî, puis de Nur ad-Din, *atabeg* d'Alep, était l'oncle de Saladin.

avec une grande compagnie de gens d'armes pour secourir le calife. Ils réussirent à chasser les chrétiens d'Égypte.

Puis Shirkuh vit la richesse et les agréments de la terre d'Égypte et la faiblesse du pouvoir du calife. Convoitant le pouvoir, il se saisit du calife et le mit en prison. Puis, ayant attaqué vigoureusement et soumis le pays, il se fit nommer seigneur et sultan d'Égypte. Ce Shirkuh, du royaume de Médie, de la nation kurde, fut le premier de sa nation à être souverain en Égypte.

VI

SALADIN EST FAIT SULTAN, BAT LES CHRÉTIENS ET PREND JÉRUSALEM

Après la mort de Shirkuh, un de ses fils, nommé Saladin, fut fait seigneur d'Égypte. Il battit le roi de Jérusalem, prit d'assaut la cité de Jérusalem et plusieurs autres terres appartenant aux chrétiens, comme il est raconté dans le livre de la conquête de la Terre sainte. Après la mort de ses neveux, son frère et ses neveux eurent l'un après l'autre la seigneurie sur l'Égypte jusqu'à l'époque du sultan appelé Malik as-Salih [1]. Ce Malik as-Salih était sultan d'Égypte lorsque les Tartares conquirent le royaume de Comanie. Le sultan d'Égypte apprit que les Tartares vendaient en quantité les Comans qu'ils avaient faits prisonniers. Il envoya des marchands avec beaucoup d'argent pour acheter des Comans. Quantité de jeunes furent transportés en Égypte, Malik as-Salih les fit nourrir et les aimait beaucoup. Il leur fit apprendre à chevaucher et à manier les armes, il avait confiance en eux et les gardait près de lui.

À cette époque, le roi de France Saint Louis passa la mer et fut fait prisonnier par les Sarrasins. C'est alors que les Comans, qui avaient été vendus et achetés, tuèrent leur seigneur Malik as-Salih et firent roi l'un d'eux nommé Turan Shah. C'est la raison pour laquelle le roi de France et son frère, qui étaient captifs des Sarrasins, furent facilement rachetés et délivrés. C'est ainsi que les Comans commencèrent à dominer l'Égypte. En Orient, on appelle ces Comans Qipchaq.

Peu de temps après, un autre de ces esclaves, nommé Qutuz, tua Turan Shah et devint sultan sous le nom de Malik al-Mu'izz [2]. Il alla en Syrie et en chassa Kitbogha et dix mille Tartares qu'Hulagu avait laissés pour garder le pays. Mais, alors qu'il revenait en Égypte, un autre de ces Comans, Baybars, le tua et se proclama sultan sous le nom de Malik al-Dahir [3]. C'était un homme sage et vaillant aux armes ; la puissance des Sarrasins s'accrut grandement en Égypte et en Syrie et il prit beaucoup

1. Petit-neveu de Saladin, sultan de 1240 à 1249
2. Malik al-Mu'izz, sultan de 1250 à 1257.
3. Malik al-Dahir Baybars, sultan de 1260 à 1277.

de cités aux chrétiens. Il prit d'assaut la noble cité d'Antioche l'an de Notre-Seigneur 1268 et causa de grands maux au royaume d'Arménie.

VII

LE ROI ÉDOUARD D'ANGLETERRE PASSE LA MER POUR SECOURIR LA TERRE SAINTE

Au temps de ce Baybars, Messire Édouard, roi d'Angleterre, passa la mer pour secourir la Terre sainte. Le sultan pensa le faire tuer par un Assassin qui le blessa avec un poignard empoisonné, mais le roi s'en remit par la grâce de Dieu.

Puis il advint que le sultan but un breuvage empoisonné et mourut en la cité de Damas. Après sa mort, son fils Malik as-Saïd n'eut que peu de temps le pouvoir sur l'Égypte, car un autre Coman, nommé Elfy, le chassa du pays et se proclama sultan[1]. C'est cet Elfy qui assiégea la cité de Tripoli et la prit d'assaut l'an de Notre-Seigneur 1289.

VIII

LE SULTAN EST EMPOISONNÉ PAR UN DE SES ESCLAVES ET LA CITÉ D'ACRE EST PRISE

L'année suivante, Elfy rassembla ses forces et quitta Le Caire pour assiéger Acre. Un jour, alors qu'il se reposait dans un lieu agréable, un de ses serfs, en qui il avait toute confiance et qu'il avait fait connétable, lui donna du poison à boire et le sultan mourut aussitôt.

Ce connétable pensait prendre le pouvoir, mais ses compagnons le poursuivirent et le dépecèrent. Un fils d'Elfy fut élu sultan sous le nom de Malik al-Ashrâf[2]. Ce fut lui qui prit la cité d'Acre et chassa tous les chrétiens de Syrie. Cela advint l'an de Notre-Seigneur 1291.

IX

MALIK AL-ASHRÂF EST TUÉ DANS UN BOIS OÙ IL CHASSAIT

Après être rentré en Égypte, Malik al-Ashrâf alla un jour à la chasse et un de ses esclaves le tua dans le bois. Cet esclave fut aussitôt dépecé par les autres. Après cela, on nomma sultan celui qui règne aujourd'hui, Malik an-Nâsir. Mais comme il était très jeune, on lui donna un tuteur

---

1. Malik as-Saïd ne régna que deux ans, de 1277 à 1278. Son frère Malik al-Adil lui succéda et fut détrôné par Qalaün el-Elfy cette même année 1278.
2. Malik al-Ashrâf, sultan de 1291 à 1293.

tartare nommé Kitbogha. Ce Kitbogha chassa le jeune Malik an-Nâsir, l'enferma au château de Montréal et prit le pouvoir comme sultan sous le nom de Malik al-Adil[1].

Pendant le règne de ce Malik al-Adil, l'Égypte connut une grande disette et tous les Sarrasins seraient morts de faim si de mauvais chrétiens ne leur avaient apporté des vivres par appât du gain. Puis on annonça l'arrivée des Tartares. Malik al-Adil rassembla son armée et partit pour la Syrie la défendre contre les Tartares. Mais ce Kitbogha honorait les Tartares, il en avait près de lui, ce qui provoqua la jalousie des Comans. Si bien que, alors que Kitbogha retournait en Égypte, des Comans lui retirèrent le pouvoir et firent sultan l'un d'eux, nommé Ladjin, qui prit le nom de Malik al-Mansûr. Il ne voulut pas tuer Kitbogha qui avait été son compagnon, mais lui donna la terre de Sarkhad, et ensuite la seigneurie de Homs[2], mais il ne voulut pas qu'il restât en Égypte. Ladjin resta deux ans sans bouger du Caire, tant il redoutait son entourage, sauf un jour qu'il descendit dans une plaine pour jouer à la paume à cheval[3] et que son cheval tomba sous lui et lui cassa la jambe. Mais un jour qu'il jouait aux échecs et avait posé son épée près de lui, un de ses esclaves prit cette épée du sultan, l'en frappa et le tua. Les autres coururent sur celui qui avait tué le sultan et le mirent en pièces.

La discorde se mit alors chez les Sarrasins et, ne sachant qui élire sultan, ils s'entendirent finalement pour rétablir Malik an-Nâsir, que Kitbogha avait enfermé à Montréal[4]. C'est ce sultan que Ghazan vainquit et qui est aujourd'hui sultan d'Égypte.

Pardonnez-moi si j'ai parlé trop longuement de ces Comans qui sont des esclaves vendus et achetés, et des sultans de leur lignée qui se tuent sans cesse entre eux. Je l'ai fait pour démontrer que les Sarrasins ne peuvent vivre sans que quelque adversité ne survienne et qu'ils ne peuvent donc sortir d'Égypte et attaquer d'autres terres.

X

LE ROYAUME D'ÉGYPTE

Le royaume d'Égypte est riche et agréable. En longueur, il s'étend sur quinze journées de voyage, en largeur sur trois journées seulement. La terre d'Égypte est semblable à une île, entourée de deux côtés de désert et de sable et de l'autre côté est la mer de Grèce. Vers l'est, elle est la plus

---

1. Malik an-Nâsir n'avait que neuf ans en 1293. Kitbogha prit le pouvoir au bout d'un an, mais en fut dépouillé dès 1296 par Malik al-Mansur.
2. Sarkhad est dans les environs de Damas.
3. Cette sorte de polo, d'origine persane, était très pratiquée au Proche-Orient.
4. Cela se passa en 1299. Malik an-Nâsir eut un règne troublé par plusieurs abdications, mais qui dura jusqu'en 1341.

proche voisine de la Syrie. Entre les deux pays, il y a bien sept journées de voyage, entièrement dans le sable. Vers l'ouest, elle est voisine d'une province de la Barbarie appelée Barca, mais il y a bien quinze journées de voyage au désert entre les deux. Vers le sud, elle est voisine du royaume de Nubie où sont des chrétiens tout noirs en raison de la chaleur du soleil ; il y a entre eux douze journées de voyage dans le désert et le sable.

Il y a cinq provinces au royaume d'Égypte, la première est appelée Saït, la deuxième Misr, la troisième Alexandrie, la quatrième Rosette, environnée de fleuves comme une île, et l'autre est Damiette. La capitale du royaume d'Égypte est nommée Le Caire, elle est grande et riche, proche d'une autre cité nommée Misr [1]. Ces deux cités sont sur la rive du Nil, qui court à travers l'Égypte et est appelé Gyon dans la Bible. Ce fleuve du Nil est très bienfaisant, car il arrose et abreuve toutes les contrées qu'il traverse et rend les terres plantureuses, abondant en tous biens. Le fleuve du Nil a beaucoup de bons poissons et peut porter de grands navires, car il est grand et profond. On pourrait louer sans réserve ce fleuve du Nil s'il ne contenait une sorte de bête, semblable à un dragon, qui dévore hommes et chevaux, dans l'eau ou sur la rive ; cette bête est appelée crocodile.

Le fleuve du Nil croît chaque année. Il commence à croître à la mi-août et croît jusqu'à la Saint-Michel. Quand il a fini de croître, les gens du pays laissent courir les eaux par des ruisseaux et des canaux qui arrosent tout le pays et l'eau demeure quarante jours sur les terres. Puis la terre sèche, les gens sèment et plantent et tout pousse grâce à cette inondation, car il ne pleut ni ne neige dans ces régions, si bien qu'on distingue à peine l'hiver de l'été. Les habitants de l'Égypte ont une colonne de marbre au milieu du fleuve sur une petite île face à Misr et, quand le fleuve est en crue, ils regardent les marques sur cette colonne qui leur indiquent par la hauteur de l'eau s'ils auront abondance ou disette cette année et cela leur sert à fixer les prix. L'eau du fleuve est saine à boire. En vérité, quand on la puise au Nil, elle est très chaude, mais on la met dans des jarres de terre et elle devient claire, froide et saine.

Il y a deux ports de mer au royaume d'Égypte, l'un est Alexandrie, l'autre Damiette. Les nefs et les galères peuvent aborder à Alexandrie et la cité a de fortes murailles. L'eau que l'on boit à Alexandrie vient du Nil par des canaux et remplit des citernes qui sont nombreuses dans la cité. Ils n'ont pas d'autre eau et, si on leur coupait l'eau, ils seraient en grande difficulté et ne pourraient résister longtemps. Sinon, il serait très difficile de prendre la ville d'assaut.

La cité de Damiette est sur le Nil, elle fut jadis bien fortifiée, mais elle a été prise deux fois par les chrétiens, une fois par le roi de Jérusalem et les autres chrétiens d'Orient, l'autre par le roi de France, monseigneur

---

1. C'est le Vieux Caire.

Saint Louis. Aussi, les Sarrasins l'ont détruite et transportée loin de la mer et du fleuve, ils n'y ont construit ni mur ni forteresse. On l'appelle la Nouvelle Damiette et l'ancienne est désertée. Le sultan tire de grands revenus des navires qui entrent dans ces ports d'Alexandrie et de Damiette. La terre d'Égypte a en abondance du sucre et d'autres produits, mais ils ont peu de vin. Celui que l'on fait est très bon, de bonne odeur, mais les Sarrasins n'osent pas en boire, cela leur est défendu par leur religion. Ils ont suffisamment de viande de mouton, de chèvre, de poule et autres volatiles, mais peu de bœuf ; ils mangent de la viande de chameau.

Il y a au royaume d'Égypte des chrétiens, appelés Coptes. Ce sont des Jacobins. Ils ont de belles abbayes qu'ils possèdent librement et en paix. Ces Coptes sont les plus anciens habitants de l'Égypte, car les Sarrasins ne commencèrent à habiter cette terre qu'après la conquête.

Les Égyptiens manquent de fer, de bois, de poix et d'esclaves pour renforcer leur armée et n'en ont que si on leur en apporte d'autres pays. Ils en ont grandement besoin et ne pourraient tenir longtemps sans en recevoir. Dans tout le royaume d'Égypte, il n'y a ni cité, ni château, ni autre lieu fortifié, sauf Alexandrie, qui a de très bons remparts, et la citadelle du Caire, qui n'est pas très bien fortifiée. C'est en cette citadelle que le sultan demeure. Toute la terre d'Égypte est défendue par l'armée et la cavalerie et, dès lors qu'on les a battues, le pays est facile à conquérir sans grand danger.

XI

IL EST TEMPS DE FAIRE LA GUERRE AUX ENNEMIS DE LA FOI CHRÉTIENNE

Nous avons montré les justes raisons que les chrétiens ont de faire la guerre aux Sarrasins. Nous avons traité de la puissance de la Sainte Église, de l'état des royaumes d'Égypte et de Syrie, du pouvoir du sultan et de son armée. Il nous reste à dire quel est le temps convenable pour commencer la guerre contre les ennemis de la foi chrétienne.

Brièvement, je crois pouvoir dire : « Voici le jour favorable. Voici le jour du salut [1]. » Car en vérité il est proche le temps convenable pour aider la Terre sainte, qui a été longtemps tenue en servitude par les mécréants. C'est le temps favorable où le courage des fidèles du Christ doit s'enflammer pour le « passage de Terre sainte », pour délivrer le Saint-Sépulcre de Notre-Seigneur, source de notre foi, des mains des mécréants. Jamais nous n'avons eu au temps passé l'espérance d'un temps aussi favorable, comme Dieu, dans sa pitié, nous le montre de maintes manières.

En premier lieu, Dieu tout-puissant et miséricordieux nous a donné un

---

1. Citation de saint Paul, 2 Cor vi, 2.

pasteur très saint, très chrétien et plein de vertus qui, jour et nuit depuis qu'il a été placé sur le siège apostolique, réfléchit ardemment aux moyens de secourir la Terre sainte d'outre-mer et de délivrer le Saint-Sépulcre de Notre-Seigneur des mains des mécréants qui blasphèment le nom du Christ. Nous pouvons donc croire fermement que Dieu a tourné ses regards miséricordieux vers la Terre sainte et a choisi pour la racheter le Saint-Père, notre seigneur le pape sous le règne duquel, par la miséricorde de Dieu, la sainte cité de Jérusalem sera délivrée après avoir été longuement tenue en servitude par nos ennemis pour nos péchés, et sera rendue à sa liberté première et aux chrétiens.

XII

L'APPEL DE L'AUTEUR DE CE LIVRE AUX SEIGNEURS CHRÉTIENS

C'est maintenant le moment favorable et convenable où Dieu nous montre clairement que la Terre sainte sera délivrée des mains des ennemis. Car, par la grâce de Dieu, tous les rois et princes chrétiens et les communes sont en bon état et en paix et n'ont pas entre eux les discordes qu'ils avaient jadis et donc il semble bien que Dieu tout-puissant veuille délivrer la Terre sainte.

Tous les chrétiens des divers pays, des divers royaumes, sont prêts à prendre la croix et à passer outre-mer pour secourir la Terre sainte et à offrir leurs personnes et leurs biens pour l'honneur de Notre-Seigneur avec courage et bon vouloir.

XIII

SUITE DE L'EXHORTATION

C'est maintenant le temps favorable et convenable que Dieu montre aux chrétiens, car la puissance des ennemis de la foi a été très affaiblie par la guerre contre les Tartares, dans laquelle ils furent vaincus et perdirent des guerriers innombrables. Et aussi parce que le sultan qui règne en Égypte est un homme qui ne vaut rien. D'autre part, tous les princes sarrasins qui aidaient le sultan d'Égypte ont été tués ou anéantis par la puissance des Tartares. Un seul demeurait, le sultan de Mardin, mais il vient d'être soumis par les Tartares. Ainsi, on pourrait à présent reprendre la Terre sainte sans péril et avec peu d'efforts, on pourrait conquérir le royaume d'Égypte et celui de Syrie et on pourrait détruire complètement la puissance des ennemis, plus aisément aujourd'hui que par le passé.

XIV

SUITE DE L'EXHORTATION

C'est le temps favorable que Dieu montre aux chrétiens, car les Tartares se sont offerts à aider les chrétiens contre les Sarrasins. C'est pour cela que Carbanda, roi des Tartares [1], a envoyé des messagers, offrant d'employer toute sa puissance à confondre les ennemis de la chrétienté. En ce moment, surtout grâce à l'aide des Tartares, la Terre sainte pourrait être reconquise et les royaumes d'Égypte et de Syrie aisément conquis, sans péril.

Il conviendrait que les chrétiens viennent en aide à la Terre sainte sans trop attendre, car attendre n'est pas sans risques. Carbanda, qui est maintenant ami des chrétiens, pourrait mourir et être remplacé par un autre qui serait de la secte de Mahomet et s'accorderait avec les Sarrasins. Il y aurait alors grand dommage et péril pour la chrétienté et la Terre sainte d'outre-mer.

XV

ADRESSE AU PAPE

Très Saint-Père, j'avoue à Votre Révérence que mon savoir est insuffisant pour donner des conseils sur une affaire aussi importante que la direction du passage en Terre sainte. Mais je ne veux pas encourir le châtiment du fils désobéissant et il me faut obéir à l'ordre de Votre Sainteté, ce que nul chrétien ne peut refuser. Donc, en demandant d'abord de l'indulgence pour ce que je vais dire, je vais donner mon avis, selon mon petit savoir, sur ce passage en Terre sainte, mais je ne refuserai pas de meilleurs conseils des sages.

XVI

L'ORGANISATION DU PASSAGE D'OUTRE-MER

Donc pour l'honneur de notre Seigneur Jésus-Christ, dont la miséricorde viendra je l'espère compléter mes lacunes, je dis que, pour conquérir la Terre sainte avec le moins de peines et de dangers possible, les chrétiens doivent pénétrer en cette terre et attaquer leurs ennemis en un moment précis où ceux-ci subissent quelques adversités. Car si les chré-

---

1. Oljaïtu portait le nom de Kharbanda avant de devenir khan. Il aurait peut-être reçu le baptême.

tiens voulaient le faire alors que leurs ennemis sont en pleine prospérité, ils ne pourraient arriver à leurs fins sans grandes peines et dangers. Nous allons donc dire brièvement quelles peuvent être la prospérité et l'adversité.

La prospérité, c'est quand les Sarrasins ennemis ont pour seigneur un sultan vaillant et sage, qui gouverne ses sujets sans crainte de soulèvement ou de trahison. Ou bien quand ils ont été longuement en paix sans guerre avec les Tartares ou quelque autre peuple. Ou encore quand il y a une bonne année aux royaumes d'Égypte et de Syrie avec abondance de céréales et d'autres vivres. Ou encore quand les voies terrestres et maritimes sont ouvertes et sûres et que tout ce dont les ennemis ont besoin peut leur être apporté des pays étrangers. Ou encore quand les Sarrasins sont en paix avec les Nubiens et les Bédouins du désert d'Égypte et que ceux-ci ne leur font ni menace ni guerre. Ou enfin quand les Turcomans et les Bédouins qui demeurent dans les royaumes d'Égypte et de Syrie sont bien soumis au sultan d'Égypte.

Si toutes ces conditions sont remplies, ce ne serait pas chose facile que de détruire les ennemis.

XVII
SUR LE MÊME SUJET

Au contraire, l'adversité peut survenir pour les ennemis de mainte manière. Par exemple si les mécréants se soulevaient et tuaient leur sultan comme ils l'ont fait souvent. Depuis que la lignée des Comans a commencé à avoir le pouvoir en Égypte, il y a eu neuf sultans ; de ces neuf sultans qui ont gouverné l'Égypte jusqu'à aujourd'hui, quatre ont péri par le glaive, Turan Shah, Qutuz, Malik al-Ashrâf et Ladjin, deux furent empoisonnés, Baybars et Qalaûn, et les deux autres furent déposés, Malik as-Saïd et Kitbogha. Et Malik an-Nâsir, qui est maintenant sultan, a été déposé une fois et sa vie est peu sûre, dans l'attente d'une mauvaise fin.

XVIII
SUR LE MÊME SUJET

Une autre adversité qui peut survenir, c'est que le fleuve du Nil ne croisse pas assez pour inonder les terres, comme c'est nécessaire, car les Sarrasins d'Égypte souffriraient alors de disette et de famine. Il n'y a pas si longtemps que c'est arrivé et ils auraient dû quitter l'Égypte ou mourir de faim si les chrétiens ne leur avaient pas apporté par mer du ravitaillement par désir du gain. Si un tel accident survenait, les ennemis deviendraient pauvres, devraient vendre leurs chevaux et leurs armes et diminuer leurs forces armées et ainsi, ils ne pourraient quitter l'Égypte pour venir en Syrie. En effet, il faut emporter alors avec soi huit jours de vivres pour les hommes et les bêtes, car on ne trouve que du sable pendant huit jours de marche. Donc, sans cheval ou chameau, il est impossible de partir d'Égypte et le sultan ne pourrait secourir la Syrie.

Une autre adversité serait que les ennemis aient longtemps souffert de la guerre ou encore que les routes de mer soient si bien surveillées que rien ne puisse leur être apporté de ce dont ils ont le plus grand besoin, fer, acier, bois, poix et esclaves ou toute autre chose qui puisse leur venir de l'étranger ; sans tout cela, ils ne peuvent tenir.

Ou encore, si les Nubiens et les Bédouins faisaient la guerre au sultan, car cette guerre l'empêcherait de quitter l'Égypte pour aller en Syrie. Ou encore, si la terre de Syrie était affaiblie par une mauvaise année, la sécheresse ou une attaque des Tartares ou toute autre cause. Car si les revenus de Syrie baissent, l'armée d'Égypte ne pourrait venir ni demeurer en Syrie, car on ne pourrait rien lui apporter d'Égypte ou d'ailleurs, et l'armée ennemie ne pourrait quitter l'Égypte.

Donc, si les ennemis souffrent d'une de ces adversités, il est sûr qu'ils seraient totalement empêchés de quitter l'Égypte pour venir défendre la Syrie, et les chrétiens pourraient occuper facilement le royaume de Jérusalem, relever les cités et les châteaux sans obstacle et se fortifier de telle manière qu'ils ne craindraient plus la puissance des ennemis.

XIX

LE COMMENCEMENT DU PASSAGE EN TERRE SAINTE

Après avoir exposé raisonnablement les prospérités et les adversités qui pourraient survenir pour nos ennemis, je vais, dans cette partie, parler du commencement du passage en Terre sainte, selon mon petit savoir, pour obéir à Votre Sainteté.

Il me semble que pour organiser avec sûreté et profit le passage général, il faudrait envoyer d'abord des gens d'armes à cheval et à pied pour reconnaître quelle est la puissance de l'ennemi. À mon avis, il suffirait de mille chevaliers, dix galées [1] et trois mille piétons. Cette armée serait dirigée par un légat de l'Église et un chef sage et vaillant qui passeraient la mer avec elle, la dirigeraient et l'organiseraient. Ils aborderaient à Chypre ou au royaume d'Arménie, selon ce qu'ils jugeraient le meilleur. Puis, sans tarder, avec l'accord du roi d'Arménie, ils enverraient des mes-

---

1. Navires à rames et à voiles d'environ 290 tonnes.

sagers à Carbanda, roi des Tartares, en lui demandant deux choses : d'ordonner sur tout son territoire que rien ne soit envoyé en pays ennemi et d'ordonner à ses gens d'armes de la région de Malatya [1] d'aller ravager la région d'Alep.

Après cela, nos pèlerins chrétiens, joints à ceux du royaume de Chypre et aux Arméniens, commenceraient la guerre et attaqueraient vigoureusement la terre des ennemis par terre et par mer et surveilleraient la côte, de sorte que rien ne puisse être apporté en terre ennemie. Les chrétiens pourraient aussi fortifier l'île de Tortose, qui est un bon point de débarquement pour les galées, et, de là, ils pourraient causer de grands dommages à l'ennemi. En vérité je n'en dis pas plus sur la manière de commencer la guerre et d'envahir les terres ennemies, car, selon l'état des ennemis, il faudrait peut-être changer d'avis et prendre conseil des personnes sages qui participeraient à l'entreprise, je vais donc dire rapidement le profit que l'on pourrait tirer de ce premier petit passage.

XX

LE PROFIT À TIRER D'UN PREMIER PETIT PASSAGE OUTRE-MER

Le premier profit de ce petit passage serait que les ennemis seraient si menacés par l'aide des autres chrétiens d'Orient et des Tartares qu'ils ne pourraient être en repos et subiraient de grands ennuis et dommages. En effet, si la guerre était menée contre le sultan d'Égypte par les chrétiens et par les Tartares sur terre et sur mer, au royaume de Syrie, le sultan devrait faire garder par son armée toutes les terres proches de la côte et les autres menacées d'invasion. Et si les Tartares menaient la guerre de Malatya à Alep, il faudrait que l'armée du sultan vienne du Caire défendre Alep qui est à vingt jours de marche. Ceux qui viendraient du Caire pour cette besogne seraient appauvris en peu de temps et devraient vendre leurs chevaux et leurs harnais et auraient tant de difficultés qu'ils ne pourraient tenir. Il faudrait donc que d'autres viennent et qu'eux s'en retournent. Au bout de trois ou quatre relèves, les ennemis auraient perdu leurs biens et souffert de grands maux.

D'autre part, le premier passage troublerait grandement l'ennemi, car, avec l'arrivée des dix galées, plus celles qui viendraient à l'aide du royaume d'Arménie ou de Chypre, les terres de la côte pourraient être ravagées et pillées et les galées revenir en sûreté à l'île de Tortose. Et si le sultan voulait défendre ces terres, il lui faudrait venir en personne avec toutes ses forces du Caire en Syrie pour avoir suffisamment de gens pour garder les terres côtières. Et la sortie du royaume d'Égypte pour venir en

---

1. Ville fortifiée à l'ouest de l'Euphrate, dans la Turquie orientale actuelle.

Syrie serait dangereuse pour le sultan, car son armée pourrait être si troublée de l'invasion des chrétiens qu'il ne pourrait lui donner de repos sans dommage ; tout son trésor y passerait, car le sultan et son armée dépensent une somme incroyable de deniers chaque fois qu'ils quittent l'Égypte pour aller en Syrie.

Et les galées garderaient les ports et toutes les routes de mer, de sorte que rien de ce dont les ennemis ont le plus grand besoin ne pourrait leur être apporté. Ils ne peuvent tenir sans fer, acier, poix, bois, esclaves qui leur viennent de l'étranger. De plus, les ennemis perdraient les revenus qu'ils tirent des ports de la côte qui leur rapportent un grand avoir.

XXI

SUR LE MÊME SUJET

Et s'il arrivait que les ennemis subissent quelque adversité et ne puissent partir d'Égypte ni secourir les terres de Syrie, les pèlerins de ce premier passage, avec l'aide des autres chrétiens d'Orient, pourraient relever la cité de Tripoli. Il y a dans les monts du Liban environ quarante mille chrétiens, bons combattants, qui aideraient grandement les pèlerins ; ils se sont maintes fois rebellés contre le sultan en causant des dommages à son armée. Une fois la cité de Tripoli relevée, les chrétiens pourraient la tenir jusqu'à l'arrivée du passage général et pourraient s'emparer de tout le comté de Tripoli, ce qui aiderait beaucoup l'armée du passage général, car elle trouverait un port préparé où elle pourrait débarquer en sécurité. Et si les Tartares occupaient le royaume de Syrie et la Terre sainte, les chrétiens seraient prêts à recevoir d'eux les terres, à les fortifier et à les garder.

Moi qui connais assez bien les intentions des Tartares, je crois fermement qu'ils donneraient volontiers aux chrétiens la garde des terres qu'ils conquerraient sur les Sarrasins, en toute liberté et franchise, car ils ne peuvent demeurer dans ces contrées en raison des fortes chaleurs de l'été. Donc, ils trouveraient bon que les chrétiens tiennent les terres et les gardent, car les Tartares ne combattent pas le sultan d'Égypte pour conquérir des pays et des villes, ils ont toute l'Asie à eux, mais parce que le sultan a toujours été leur principal ennemi et leur a causé plus de torts que nul autre, notamment quand ils étaient en guerre avec d'autres voisins.

Donc, pour toutes ces raisons, je crois que pour commencer l'entreprise, il suffit, comme je l'ai dit, de mille chevaliers, dix galées et trois mille sergents. Il me semble qu'au début, davantage de gens ne servirait à rien et occasionnerait beaucoup trop de dépenses.

XXII

SUR LE MÊME SUJET

En outre, avec ce premier passage, ceux qui seraient restés toute une saison outre-mer connaîtraient les conditions de vie là-bas, la puissance et les habitudes des ennemis et pourraient ainsi avertir les autres qui participeraient au passage général. Et si les Tartares, en raison d'une guerre avec leurs voisins ou pour toute autre cause, ne pouvaient ou ne voulaient aider les chrétiens contre les Sarrasins, que le sultan et son peuple soient en période de prospérité et qu'il ne soit pas aisé de conquérir la Terre sainte et de la délivrer de la puissance des ennemis, Votre Paternité, connaissant la situation de la terre d'outre-mer et la puissance du passage général, pourrait avoir de meilleurs conseils et avertissements sur ce qu'il conviendrait de faire ou non, organiser le passage général ou attendre un temps et une saison plus convenables. Ainsi, on pourrait éviter les ennuis et les périls possibles.

XXIII

L'AUTEUR PARLE AU PAPE DU PASSAGE OUTRE-MER

Pardonnez-moi, Votre Sainteté, si j'ose dire encore deux choses. La première, que Votre Sainteté veuille bien écrire au roi des Géorgiens, qui sont chrétiens et plus que toute autre nation dévots aux pèlerinages et aux sanctuaires de Terre sainte, afin qu'ils aident les pèlerins à reconquérir la Terre. Je crois fermement que, pour l'honneur de Dieu et le respect envers Votre Sainteté, ils accueilleraient favorablement votre demande, car ce sont des chrétiens dévots, nombreux, puissants et vaillants aux armes et ils sont presque voisins du royaume d'Arménie. L'autre requête est que vous écriviez au roi des Nubiens, qui sont chrétiens et ont été convertis à la foi au Christ par l'apôtre saint Thomas en Éthiopie, pour leur demander de faire la guerre au sultan et à son armée. Je crois fermement que les Nubiens, pour l'honneur de notre Seigneur Jésus-Christ et par respect envers Votre Sainteté, feraient la guerre au sultan et à son armée et causeraient de grands dommages à son armée et à sa puissance. Ce serait un grand désarroi dans l'armée du sultan. Ces lettres pourraient être envoyées au roi d'Arménie qui les ferait traduire en leur langue et les enverrait par des messagers sûrs.

XXIV

LE PASSAGE GÉNÉRAL OUTRE-MER

Avec dévotion et fidélité, selon mon petit savoir, je vous ai dit ce qu'il convenait de faire pour le commencement du passage pour secourir la Terre sainte. Toujours pour obéir à l'ordre de Votre Sainteté, je dirai ce qui convient pour le passage général outre-mer.

XXV

LES TROIS ROUTES QUE PEUT PRENDRE LE PASSAGE GÉNÉRAL OUTRE-MER

Le passage général peut emprunter trois routes. L'une serait par la Barbarie, mais j'en confie le conseil à ceux qui connaissent la situation de ce pays. L'autre serait la route de Constantinople, c'est celle qu'ont suivie le duc Godefroy de Bouillon et les autres pèlerins de ce temps-là. Je crois que le passage général pourrait aller en toute sécurité jusqu'à la cité de Constantinople, mais, après la traversée du Bras-Saint-Georges, de la Turquie jusqu'au royaume d'Arménie, la route ne serait pas sûre à cause des Turcomans qui sont sarrasins et habitent en Turquie. Mais en vérité, les Tartares pourraient rendre la traversée libre et sûre et ordonner que l'on apporte de Turquie à l'armée des pèlerins du ravitaillement et des chevaux à prix convenable.

L'autre route, qui est connue de tous, est celle de la mer. Si l'on veut faire ce passage par mer, il faut que dans tous les ports de la côte on prépare des nefs et d'autres vaisseaux en nombre suffisant pour transporter les pèlerins. Il faudrait fixer un moment, à une saison convenable, où tous les pèlerins seraient prêts à monter sur les nefs pour faire le passage ensemble. Ils pourraient s'arrêter à Chypre pour se reposer, ainsi que les chevaux, des fatigues de la traversée. Après être arrivés à Chypre et s'être reposés quelques jours, si les pèlerins du premier passage ont fortifié la cité de Tripoli ou une autre sur la mer, ceux du passage général pourraient traverser en droiture et ce serait chose aisée.

Si, par hasard, les pèlerins du premier passage n'avaient fortifié aucune ville en Syrie, il conviendrait que le passage général se fasse par le royaume d'Arménie. Les pèlerins se reposeraient avec leurs chevaux au royaume de Chypre jusqu'à la fête de Saint-Michel, pour éviter les inconvénients de la chaleur de l'été dans les plaines d'Arménie. Après la Saint-Michel, ils pourraient demeurer en toute sûreté en terre arménienne où ils trouveraient tout ce dont ils ont besoin. Ils pourraient demeurer en la cité de Tarse bien à l'aise, ils y trouveraient de l'eau en abondance et des pâturages pour leurs chevaux. Du royaume de Turquie voisin viendraient la nourriture, les chevaux et tout ce dont l'armée aurait besoin, d'Arménie également. Ils pourraient passer l'hiver en Arménie puis, au printemps suivant, l'armée des pèlerins pourrait aller par terre jusqu'à Antioche, à une journée de distance, pendant que les navires arriveraient par mer au port d'Antioche, ainsi l'armée de mer et l'armée de terre se rejoindraient.

Après avoir occupé la cité d'Antioche, qu'ils prendraient rapidement avec l'aide de Dieu, les pèlerins pourraient s'y reposer plusieurs jours et de là faire des raids de pillage sur les terres ennemies des environs. Ils pourraient connaître l'état et la détermination des ennemis. Dans cette région d'Antioche, il y a beaucoup de chrétiens, bons guerriers, qui viendraient rencontrer l'armée chrétienne et lui rendraient des services.

Les pèlerins pourraient ensuite aller par le rivage jusqu'à la cité de Laodicée, ce serait la route la plus courte et la meilleure, et la flotte pourrait suivre de près l'armée de terre. Mais il y a un mauvais passage entre le château de Marqab et le rivage, très difficile pour une troupe importante. S'il arrivait que les ennemis aient garni ce passage pour l'interdire aux pèlerins, nos gens pourraient revenir sans danger à Antioche et prendre la route d'Apamée et de Shaizar en remontant le fleuve Oronte. Sur cette route, l'armée trouverait des pâturages, de l'eau et des terres ennemies abondantes en ressources de toutes sortes dont elle pourrait se servir à l'aise. Par cette route, nos gens pourraient aller jusqu'à la cité de Hama, une très riche ville que les chrétiens pourraient facilement occuper avec l'aide de Dieu. S'il arrivait que les ennemis veuillent défendre Hama parce qu'elle est riche et qu'ils livrent bataille aux chrétiens, ceux-ci auraient grand avantage à combattre en ce lieu et, avec l'aide de Dieu, ils triompheraient facilement des ennemis.

Une fois vaincue l'armée du sultan, les chrétiens ne rencontreraient plus aucun obstacle et pourraient marcher droit sur Damas et la prendre, ou bien elle se rendrait par pacte aux chrétiens. Car, le sultan étant vaincu, les gens de Damas ne pourraient se défendre et se rendraient volontiers pour avoir la vie sauve, comme ils le firent à Hulagu et à Ghazan après leur victoire sur le sultan. Après avoir pris Damas, les chrétiens pourraient atteindre Tripoli en trois jours et pourraient reconstruire la ville, aidés par les chrétiens du mont Liban. Tenant la cité de Tripoli, les chrétiens pourraient ensuite conquérir le royaume de Jérusalem avec l'aide de Dieu.

XXVI

LES RAISONS POUR LESQUELLES L'AIDE DES TARTARES SERAIT TRÈS PROFITABLE AUX CHRÉTIENS

À mon avis, les Tartares pourraient accompagner les chrétiens en grand nombre, jusqu'à environ dix mille. Ils seraient d'un grand secours aux chrétiens contre les Sarrasins, rien qu'en cheminant à travers le pays. Car, craignant les Tartares, les Bédouins et les Turcomans n'oseraient approcher de l'armée chrétienne et les Tartares fourniraient à l'armée chrétienne du ravitaillement qu'ils feraient venir de terres lointaines par appât du gain. Grâce aux Tartares, on pourrait connaître les projets des ennemis, car les Tartares se déplacent rapidement et connaissent bien les chemins et savent entrer et sortir de jour comme de nuit. Et les Tartares pourraient être très utiles pour prendre villes et cités, car ils sont très habiles à cela.

Et s'il arrivait que Carbanda, ou un autre, pénètre en Égypte avec toute son armée, il faudrait se séparer d'eux, car les Tartares ne voudraient pas se plier aux volontés des chrétiens et ceux-ci ne pourraient suivre les Tartares qui sont tous à cheval et se déplacent en hâte, alors que les chrétiens ne le peuvent à cause des piétons.

XXVII

COMMENT LES TARTARES SE COMPORTENT ENVERS LES CHRÉTIENS QUAND ILS VOYAGENT EN LEUR COMPAGNIE

Quand les Tartares ont le pouvoir et se voient les plus forts, ils sont dédaigneux et orgueilleux ; ils ne pourraient s'empêcher de nuire aux chrétiens, et les chrétiens ne pourraient le supporter. Ainsi naîtraient des contestations et de la haine entre eux. Mais on pourrait remédier à cela en décidant que les Tartares iraient par la route de Damas, comme ils ont coutume de le faire, et les chrétiens iraient vers le royaume de Jérusalem. Ainsi éloignés les uns des autres, la paix serait gardée entre chrétiens et Tartares et la puissance des ennemis serait plus vite détruite par les deux forces que par une.

Il faut rappeler encore une chose à Votre Sainteté, c'est que les projets des chrétiens soient soigneusement tenus secrets. Car, au temps passé, les chrétiens ont connu de grands ennuis pour n'avoir pas su tenir secrets leurs projets, les ennemis ont ainsi échappé à de grands périls et ont empêché les chrétiens de réaliser leurs vœux. Mais même si la nouvelle du passage général ne peut être cachée, car elle court par le monde entier, cela ne sera d'aucun avantage pour les ennemis. Car aucune aide ne pourra leur venir de nulle part et on pourra masquer les intentions des chrétiens en faisant semblant d'entreprendre une chose et en en faisant une autre. Les Tartares ont eu souvent bien des ennuis pour n'avoir pu tenir secrets leurs projets. Ils ont coutume en effet, à la première lune de janvier, de décider de tout ce qu'ils feront dans l'année. S'il arrive qu'ils veuillent faire la guerre au sultan d'Égypte, cette décision est aussitôt connue de tous. Les Sarrasins le font savoir au sultan, qui se fortifie contre eux. Les Sarrasins, eux, savent bien cacher leurs projets et cela leur a été souvent bénéfique.

Voilà ce que nous avions à dire sur le passage en Terre sainte.

XXVIII

L'AUTEUR SUPPLIE LE PAPE DE BIEN VOULOIR RECEVOIR SON OUVRAGE

Après tout ceci, je prie humblement qu'il plaise à Votre Sainteté de recevoir avec bonté ce que j'ai écrit avec dévotion sur le passage en Terre sainte. Et veuillez corriger ce que j'ai dit de trop ou d'insuffisant. Je n'aurais jamais eu la hardiesse de donner mon avis sur une affaire aussi importante que le passage en Terre sainte si Votre Sainte Paternité ne m'en avait donné l'ordre. Placée sur le siège pastoral par la providence de Dieu, Elle a pensé de tout cœur et avec grand désir à proposer les moyens de délivrer des mains des ennemis mécréants la Terre sainte, arrosée du précieux sang de notre Seigneur Jésus-Christ. Pour cela, Elle a appelé à un concile tous les rois et princes chrétiens afin d'avoir conseil et avis sur le passage en Terre sainte. C'est Dieu tout-puissant et miséricordieux qui nous montre par de vrais signes qu'Il veut délivrer la Terre sainte de l'esclavage où la tiennent les mécréants au temps de Votre Sainte Paternité. Prions tous humblement que longue vie et bonheur Lui soient donnés par ce Dieu qui vit et règne aux siècles des siècles. Amen.

Ainsi finit le livre des Histoires des terres d'Orient écrit par un homme religieux, frère Hayton, de l'ordre des Prémontrés, seigneur de Cruk, cousin germain du roi d'Arménie, sur le passage en Terre sainte, sur l'ordre du Saint-Père notre seigneur le pape Clément V en la cité de Poitiers. Moi, Nicolas Falcon, de Toul, j'ai écrit ce livre d'abord en français, comme le frère Hayton me le dictait, sans note ni exemplaire, puis je l'ai traduit de français en latin. Notre seigneur le pape a reçu ce livre l'an du Seigneur 1307, au mois d'août. *Deo gracias*. Amen.

PÈLERINAGES EN ORIENT

Les relations du pèlerinage Outre-Mer : des origines à l'âge d'or

par Béatrice Dansette

ESSAI DE DÉFINITION DU GENRE

Les voyages ont tenu une place considérable dans l'Occident médiéval, ce qui peut sembler un paradoxe dans une société qui fut très cloisonnée, et pourtant l'homme au Moyen Âge ne cessa de se déplacer : voyages de clercs et de marchands, migrations de toute nature, défrichements, expéditions maritimes, missions et pèlerinages faisaient partie de sa vie quotidienne. La très grande variété des récits de voyage rend difficile, ainsi que l'a souligné Jean Richard[1], l'établissement de leur typologie, mais les relations de pèlerinage outre-mer à Jérusalem y occupent une place bien particulière, et, très prisées des contemporains, elles figuraient souvent en vertu de leur genre propre dans les bibliothèques médiévales, ainsi par exemple dans la section Outre-Mer de la « Librairie » du duc de Bourgogne, Philippe le Bon.

Ces relations représentent en effet un genre littéraire bien défini puisqu'elles ont toujours pour objet la description d'un pèlerinage occidental aux Lieux saints du christianisme. Cependant, il s'agit d'un genre double, où le récit du pèlerin se mêle au récit du voyageur attiré par les mirages de l'Orient. Rédigées dès la fin de l'Antiquité, ces sources narratives ont bien évidemment évolué au cours des siècles, et se sont multipliées au XVe siècle, âge d'or de ce genre littéraire dont les règles de composition ne furent pas fixes pour autant.

Le « voyage outre-mer » fut avant tout un itinéraire spirituel, une *sequela Christi*, marche à la suite du Christ pour la conversion du chrétien, en Terre sainte, berceau du christianisme défini par saint Jérôme comme une partie de la Foi, *pars Fidei*. Les textes présentés ici, malgré une sélection inévitable, ont été choisis pour illustrer cette longue tradition du pèlerinage occidental à Jérusalem, et ils ne sont en aucun cas des

---

1. Jean Richard, *Les Récits de voyage et de pèlerinage*, Turnhout, Brépols, 1981, p. 24.

relations de croisades. Les neuf récits de ce livre vont donc permettre de saisir la différence entre pèlerinage et croisade, et de lever une certaine ambiguïté. Cette ambiguïté se retrouve d'ailleurs chez les chroniqueurs eux-mêmes qui utilisent le mot *peregrinus* (pèlerin) pour désigner indifféremment le croisé, homme de guerre, ou le pèlerin pacifique. C'est qu'au-delà de leur différence, tous deux partageaient bien la même espérance salvatrice en entreprenant leur *peregrinatio transmarina*. Si le pèlerinage armé et le pèlerinage pacifique présentent donc des points communs sur le plan idéologique, ce qui entraîne parfois une parenté entre leurs récits, la croisade reste d'abord une conquête militaire et toute assimilation entre les deux pèlerinages prête à confusion [1].

Les pèlerinages en Terre sainte étaient également une « Invitation au voyage ». En tant que tels, ils suscitèrent dès leur origine une certaine hostilité : saint Augustin les désapprouva, suivi tout au long du Moyen Âge par de nombreux théologiens et mystiques, et la littérature médiévale se fit souvent l'écho de la désapprobation des contemporains à l'encontre de ces lointains voyages qui, sans aucun doute, laissaient parfois libre champ à toutes sortes d'excès, les faux pèlerins n'étant pas rares. Ainsi lisait-on dans l'*Imitation de Jésus-Christ*, traité spirituel rédigé vers 1440 par Thomas Hemerken a Kempis, un moine d'origine rhénane : « Ceux qui partent en pèlerinage, se sanctifient rarement. » Cette opinion générale concernant les pèlerinages, si nombreux dans la chrétienté, valait aussi pour le pèlerinage à Jérusalem, mais celui-ci conserva cependant une place exemplaire dans la piété du peuple chrétien.

Le voyage outre-mer, entrepris tout au long du Moyen Âge par les Occidentaux, offrit donc ce double aspect d'itinéraire spirituel et d'invitation au voyage. Les récits séculaires des pèlerins constituent pour nous une source d'informations irremplaçable sur les relations entre l'Orient et l'Occident. Les pèlerins hiérosolymitains que Dante surnomma les « Paumiers » dans sa *Vita nuova* [2], nous ont transmis à différentes époques la description de trois univers interdépendants :

— celui de l'Ancien Testament, dont les grands épisodes se localisaient en Palestine, au Sinaï et en Égypte ;

— l'univers christologique, à savoir la Palestine où se déroula la vie du Christ ;

— enfin, le Proche-Orient, qui devint au cours des siècles un monde de plus en plus étranger aux pèlerins occidentaux lorsque les Lieux saints passèrent de la domination romano-byzantine à celle de l'Islam. Les pèlerins, à travers leurs écrits rendant compte de l'évolution d'une géographie

1. Arye Graboïs, « Les pèlerins occidentaux en Terre sainte au Moyen Âge », *Studi medievali*, t. 30, 1989, p. 15-48.
2. Dante, *Œuvres complètes*, traduction et commentaires par André Pézard, Paris, Gallimard, Bibliothèque de la Pléiade, 1988, p. 79.

sacrée [1], devinrent de véritables « pérégrins » (*peregrinus* = étranger) en abordant la Terre sainte après la disparition des États latins d'Orient en 1291, et constituèrent « une minorité étrangère dans sa patrie spirituelle », selon l'expression d'Aryeh Graboïs.

HISTORIQUE DU GENRE LITTÉRAIRE

Les origines

Les débuts de cette littérature occidentale remontent au IVe siècle, puisque le premier récit que nous possédons, l'*Itinéraire de Bordeaux à Jérusalem* [2], fut rédigé en 333 par un pèlerin aquitain anonyme. Son pèlerinage coïncida avec la mise en valeur des Lieux saints, alors que l'empire romain adoptait officiellement le christianisme. L'empereur Constantin manifestait ce qu'Henri-Irénée Marrou appela « une sympathie agissante » pour la nouvelle religion, faisant édifier de nombreuses églises dans toute la Palestine, en particulier à Jérusalem. Le pèlerin de Bordeaux admira quatre basiliques édifiées par l'empereur et sa mère Hélène : celles du Saint-Sépulcre, du mont des Oliviers, appelée ultérieurement par les pèlerins *Eleona*, celles de Bethléem et de Mambré près d'Hébron. Son récit témoigne de la politique religieuse impériale visant à fournir des lieux de culte aux chrétiens. Pour propager le christianisme, l'empereur et la hiérarchie ecclésiale édifièrent des églises sur les sites bibliques, honorant particulièrement les lieux de la vie et de la mort du Christ par de somptueuses constructions. Constantin, par l'entremise de l'évêque Macaire, transforma Jérusalem en un vaste chantier pour découvrir les vestiges de la Passion qui avaient été effacés par l'empereur Hadrien vers 130, après qu'il eut détruit la capitale juive révoltée contre Rome et construit une nouvelle ville, *Aelia capitolina*. Dès 326, l'impératrice Hélène se rendit en pèlerinage à Jérusalem alors que débutaient les fouilles, et elle fut à l'origine de la vogue des pèlerinages aux Lieux saints. On lui attribua la découverte, l'*Invention de la vraie Croix* : c'est Eusèbe de Césarée, le père de l'*Histoire ecclésiastique* et favori de l'empereur, qui rapporte cette tradition, transmise ensuite par la majorité des récits de pèlerinage. La dédicace de la basilique du Saint-Sépulcre, construction double édifiée à la fois sur le tombeau du Christ et le Calvaire, eut lieu le 13 septembre 335, et donc le pèlerin aquitain ne put la voir achevée.

D'autres pèlerins poursuivront la description des Lieux saints en s'ins-

---

1. P. Maraval, *Lieux saints et pèlerinages d'Orient*, Histoire et Géographie des origines à la conquête arabe, Paris, le Cerf, 1985, p. 23-60.
2. « Itinerarium a Burdigala Hierusalemusque », *Itinera et alia geographica*, Corpus Christianorum, series latina, Turnhout, Brépols, 1965.

pirant souvent de textes qui faisaient *autorité*. Ainsi, un des plus illustres pèlerins du IVᵉ siècle, saint Jérôme, traduisit en latin vers 390 l'*Onomasticon* d'Eusèbe de Césarée, sorte de catalogue des toponymes bibliques qu'il compléta et auquel se référèrent dorénavant les pèlerins en rédigeant leur récit, d'autant que l'inventaire des Lieux saints s'acheva avec l'Antiquité tardive.

En 395, la division de l'Empire romain entre Orient byzantin et Occident barbare n'entraîna pas pour les siècles à venir la suppression des pèlerinages occidentaux en Terre sainte. Mais les événements successifs au Proche-Orient eurent comme conséquence, soit de remettre en cause le libre accès des Lieux saints, soit au contraire de favoriser le déroulement du voyage outre-mer.

Les récits de pèlerinage durant la période byzantine de la Terre sainte (395-636)

Le récit anonyme d'un pèlerin parti de Plaisance avant 562 [1] décrit les Lieux saints alors qu'ils venaient d'être embellis par l'empereur Justinien (527-565). Relaté à la première personne, son récit est d'autant plus précieux qu'il décrit les sanctuaires peu avant leur destruction par les Perses. Les empereurs byzantins s'étaient épuisés à guerroyer contre les Sassanides (224-651), leurs grands rivaux en Orient, et le 20 mai 614, ils perdaient Jérusalem conquise par les Perses. Une partie des habitants fut massacrée, d'autres déportés, et les sanctuaires furent incendiés. Mais dès 622, avant que l'empereur Héraclius ne reprît la ville sainte, un édit du roi des Perses avait autorisé les chrétiens à restaurer les Lieux saints. Ces affrontements ne favorisèrent pas, à l'évidence, le déroulement continu des pèlerinages occidentaux, d'autant que d'autres bouleversements s'annonçaient au Proche-Orient.

Les récits de pèlerinage durant la première domination arabo-musulmane des Lieux saints

Le Proche-Orient connut au VIIᵉ siècle une complète redistribution de peuples et de souverainetés. Byzance et les Perses, affaiblis par leur lutte réciproque, laissèrent la place à d'autres vainqueurs, les soldats de l'Islam, qui s'emparèrent de Jérusalem en 638. La Palestine passa tout entière sous domination musulmane, mais le calife Omar préserva les Lieux saints de la destruction. Bien plus, à l'issue de négociations avec le

---

1. *Itinerarium Antonini Placentini, un viaggio in Terra santa del 560-570*, éd. Celestina Milani, Milan, 1977.

patriarche de Jérusalem, Sophronios, il autorisa la poursuite des pèlerinages chrétiens.

Lorsque les Lieux saints furent aux mains des califes Omeyyades (638-751), un évêque gaulois, Arculphe, se rendit en pèlerinage à Jérusalem [1]. Il visita la ville vers 670 et décrit dans sa relation de voyage les sanctuaires reconstruits après l'invasion perse par le moine Modeste. Son récit fut un des « best-sellers » du Moyen Âge. Il le dicta, à partir de ses notes de voyage, à un moine de grande réputation, Adamnan, abbé d'Iona en Irlande. Bède le Vénérable (674-735), un des plus célèbres moines lettrés de l'Angleterre, en rédigea un abrégé, le *De locis sanctis*, qui fut longtemps un ouvrage de référence pour les pèlerins occidentaux.

Les Omeyyades dirigeant depuis Damas un immense empire, dont les frontières s'étendaient de la Chine à l'Espagne, pratiquèrent d'abord une politique de tolérance religieuse à l'égard des chrétiens et des juifs. Mais vers 720, leur pouvoir ébranlé par les rivalités internes, les premières mesures de persécutions contre les chrétiens apparurent. À cette époque, un moine anglo-saxon, Willibald, accomplit un pèlerinage en Terre sainte, et des extraits de sa relation sont présentés ici. Évangélisateur de la Germanie, ce pèlerin manifesta son désir de connaître le berceau du christianisme. C'est le temps des progrès de la christianisation de l'Europe, du développement du culte des saints, mais aussi du commerce des reliques et de la formation de diverses légendes ayant trait à la Terre sainte.

Avec la domination des Abbassides s'ouvrait une autre période pour les Lieux saints. Après la crise révolutionnaire de 750 qui mit fin au califat omeyyade, les califes abbassides s'installèrent à Bagdad, prenant la tête de l'empire arabo-musulman. La Palestine devint alors un des districts de la Syrie, de peu d'intérêt pour la nouvelle dynastie, toute tournée vers l'Orient. Le récit du moine franc Bernard, rédigé vers 865 et présenté ici, se situe à la fin de la période de grandeur et de prospérité de l'empire abbasside, illustrée par les califes Mansur, Harun al-Rachid et Mamun, dont les noms sont inséparables des contes des *Mille et Une Nuits*. Le pèlerin franc décrit dans son récit les fondations latines attribuées à Charlemagne, en particulier un hôpital à Jérusalem destiné aux pèlerins. Il confirme les affirmations du biographe de l'empereur, Eginhard, concernant l'existence d'un protectorat franc sur les Lieux saints qui aurait été le résultat d'un accord entre Charlemagne et le célèbre calife de Bagdad, Harun al-Rachid. Faute d'autres documents, il est difficile de cerner la réalité de ces accords, d'autant que ce protectorat aurait pris fin dès le ixᵉ siècle.

Le Proche-Orient subit de nouveaux bouleversements qui provoquè-

---

1. Le récit d'Arculphe figure dans « Adamnan's *De locis sanctis* », éd. Denis Meehan, texte et traduction, *Scriptores latini Hiberniae*, vol. III, Dublin, 1983.

rent en 842 le morcellement de l'empire musulman. Les Lieux saints comme l'ensemble de la Palestine passèrent sous le contrôle de l'Égypte des Toulounides. Puis, au Xᵉ siècle, des califats rivaux surgirent, notamment celui des Fatimides de Tunisie. Ces musulmans chi'ites s'emparèrent à leur tour de l'Égypte et de la Palestine (969), y maintenant leur domination jusqu'en 1171. L'un d'entre eux, le calife Hâkim, avait détruit le Saint-Sépulcre en 1009 et lança des persécutions contre les chrétiens. Mais après son règne, le contexte politique du XIᵉ siècle favorisa la reprise des pèlerinages occidentaux. En effet l'Empire byzantin retrouvait sa puissance sous la dynastie des empereurs macédoniens qui peu à peu normalisèrent leurs relations avec les Fatimides d'Égypte, ce qui permit la reconstruction du Saint-Sépulcre entre 1027 et 1048. Les pèlerins revinrent alors en grand nombre à Jérusalem jusqu'à la veille de la première croisade, où apparaissent alors des pèlerinages collectifs. Nous ne possédons pas de récit de voyage célèbre pour le XIᵉ siècle, mais les chroniques font état de l'importance de ces pèlerinages occidentaux en Terre sainte durant cette période. Deux phénomènes ont sans doute contribué à leur développement, la conversion au christianisme des Hongrois et de leur roi Étienne qui rendit la route de Constantinople très sûre pour les pèlerins, ainsi que les progrès généraux de la christianisation en Europe favorisant la pratique des pèlerinages. Le chroniqueur Raoul Glaber parle d'une « foule de pèlerins » qui s'était rendue à Jérusalem après les destructions du calife Hâkim. Même s'il faut relativiser le propos, il souligne néanmoins un phénomène qui se renforce dans la seconde moitié du XIᵉ siècle, la « collectivisation » du voyage outre-mer. Les sources nous apprennent, par exemple, qu'en 1064 eut lieu un pèlerinage à Jérusalem qui rassembla plusieurs milliers de pèlerins dont de très nombreux Normands. Ces conquérants, des plus nobles comme les Hauteville, jusqu'aux mercenaires, se répandaient à cette époque de l'Angleterre à la Méditerranée à la recherche de terres. Dès 1064 par conséquent, le voyage outre-mer devenait une tentative de croisade [1], et lorsque le pape Urbain II lança son appel à la croisade au concile de Clermont en 1095, à la suite de la conquête des Lieux saints par les Turcs seldjoukides qui avaient désorganisé les pèlerinages chrétiens, le désir de la guerre sainte en Occident n'était pas motivé uniquement par une revanche sur l'Islam.

Or, le développement des pèlerinages collectifs supposait le libre accès des Occidentaux au Saint-Sépulcre. En outre, l'attrait des richesses de ces régions outre-mer s'exerçait sur une Europe en pleine expansion démographique et économique. Mais la lutte contre les « infidèles », détenteurs du tombeau du Christ, fut certainement une des principales motivations des pèlerins qui se croisèrent en cette fin du XIᵉ siècle.

---

1. Ludovic Lalanne, « Des pèlerinages en Terre sainte avant les croisades », Bibliothèque de l'École des chartes, 1845-1846, p. 21.

Les relations de voyage outre-mer au temps des croisades : xie-xiiie siècle

L'éparpillement des forces musulmanes et la décadence du califat abbasside à Bagdad, dont les Turcs s'étaient emparés en 1055, ont facilité la réussite de l'extraordinaire aventure de la croisade franque. Les Occidentaux devinrent alors en 1099 les maîtres des Lieux saints qu'ils ravirent aux Fatimides d'Égypte. L'installation du royaume franc de Jérusalem (1099-1291) renforça l'afflux des pèlerins[1] sur les lieux de culte que le clergé latin partageait avec les chrétiens orientaux. Avec les pèlerins, croisés, colons, chroniqueurs et clercs occidentaux prirent possession du berceau de christianisme. L'Occident retrouvait ses racines religieuses. Mais très rapidement apparaissait la faiblesse numérique des colons, ce qui compromit sans cesse la colonisation latine en Palestine. Ce fut toutefois pendant quelques décennies une période privilégiée pour les pèlerinages occidentaux, car les pèlerins trouvèrent des facilités de transport maritime et des structures d'accueil, inconnues jusqu'alors. Des guides et des descriptions de la Terre sainte furent rédigés à leur intention, mais les relations de pèlerinage restèrent encore peu nombreuses, malgré l'essor de la prose dans la littérature occidentale. Le récit de l'Anglo-Saxon Saewulf[2] fait partie de ce modeste ensemble de textes relatif à cette période. Son pèlerinage se déroula entre juillet 1102 et septembre 1103. Il nous donne peu de détails personnels dans son récit, mais décrit la basilique du Saint-Sépulcre qui avait été restaurée par l'empereur Constantin Monomaque en 1048 après sa destruction par le calife Hâkim. Son témoignage se situe avant la reconstruction de cette basilique par les croisés au début du xiie siècle.

Un autre récit de l'époque des croisades, celui de Jean de Wurzburg[3], rédigé vers 1162, renferme pour sa part la description du Saint-Sépulcre édifié par les croisés en 1149. Ces deux textes se complètent donc heureusement.

Le premier royaume franc s'acheva le 2 octobre 1187, lorsque Saladin, maître de l'Égypte, reprit Jérusalem aux croisés. L'ancienne capitale du royaume des Francs fut alors transformée en ville musulmane. Les croisés cependant n'étaient pas encore chassés de Terre sainte. Après la signature d'un traité avec Saladin en 1192, un second royaume franc de Jérusalem fut reconstitué le long d'une étroite bande côtière allant de Jaffa à la Syrie du Nord, avec Saint-Jean-d'Acre pour capitale. Hormis une brève période

---

1. J. Richard, *Histoire des Croisades*, Paris, Fayard, 1996, p. 111.
2. M.A.P. d'Avezac, « Relation des voyages de Saewulf à Jérusalem et en Terre sainte », *Recueil de voyages et de mémoires*, publiés par la Société de géographie, 4, Paris, 1839, p. 833-854.
3. « Johannis Wirziburgensis descriptio Terrae sanctae », *Descriptiones Terrae sanctae ex saeculo VIII IX XII et XV*, éd. Titus Tobler, Leipzig, 1874, reprint New York, 1974.

entre 1229 et 1239, durant laquelle le sultan d'Égypte, Malik el-Kâmil, céda à l'empereur Frédéric II de Hohenstaufen les lieux saints de Jérusalem, les musulmans en restèrent définitivement les maîtres à partir de 1244. Ainsi se posa un problème permanent d'accès à Jérusalem pour les pèlerins occidentaux. De cette période date le récit du pèlerin Thietmar, présenté ici. Il s'agit peut-être d'un franciscain[1] qui rédigea sa relation à l'intention du pape Honorius III, le prédicateur de la croisade de 1217. Thietmar accomplit précisément son pèlerinage au cours d'une trêve précédant cette cinquième croisade. Son récit montre que les pèlerinages, depuis la perte de Jérusalem par les Francs, étaient devenus difficiles mais n'avaient pas cessé pour autant.

Au milieu du XIIIe siècle, les nouveaux maîtres de l'Égypte, les Mamelouks, firent la conquête à leur tour de la Palestine. Poursuivant leurs conquêtes au Proche-Orient, ils firent la conquête de Saint-Jean-d'Acre et chassèrent définitivement les Francs de Terre sainte, mettant donc fin au second royaume de Jérusalem. La fiction de l'ancien royaume franc fut alors entretenue à Chypre par la dynastie royale des Lusignan, qui accueillit les Latins chassés de Palestine. Une autre période s'ouvrait pour les Lieux saints.

Les récits de voyage outre-mer durant la période mamelouke : 1250-1517

Les Mamelouks allaient en effet permettre le renouveau des pèlerinages occidentaux en Terre sainte. Dès la fin du XIIIe siècle, ils les tolérèrent. Ainsi, le dominicain allemand Burchard de Sion effectua un pèlerinage vers 1283, alors que le Proche-Orient était l'objet d'affrontements entre Mamelouks et Mongols. Dans sa *Description de la Terre sainte*[2], Burchard exhorte les pèlerins occidentaux à visiter les Lieux saints. Sa relation est une œuvre d'érudition, très fréquemment lue et recopiée par les voyageurs au Moyen Âge.

Après la conquête définitive des États latins d'Orient en 1291, les sultans mamelouks facilitèrent le déroulement des pèlerinages chrétiens, car le problème de l'accès des Lieux saints faisait partie de leur politique méditerranéenne. Issus d'anciens esclaves utilisés pour la garde personnelle du sultan du Caire, les Mamelouks s'emparèrent du pouvoir en 1250 et le conservèrent jusqu'en 1517. Après la conquête du sultanat, en quelques décennies, ils repoussèrent les frontières de leur empire de la Haute-Égypte à l'Anatolie centrale, contrôlant les ports du Hedjaz, s'emparant

---

1. *Chronica fratris Nicolai Glassberger ordinis Minorum Observantium*, sous la direction de S. Bonaventure, *Analecta franciscana*, t. II, Quaracchi, 1887, p. 12.

2. *A Description of the Holy Land by Burchard of Mount Sion*, traduit du texte original latin par Audrey Stewart, *Palestine Pilgrim's Text Society*, Londres, 1896, vol. 12, reprint New York, 1971.

de la Palestine et de la Syrie, maîtres jusqu'au début du XVIe siècle du plus vaste empire musulman. Leur pouvoir surtout avait un fondement religieux, car le sultan mamelouk était considéré par les musulmans comme le délégué du calife, issu de la lignée abbasside, héritier authentique du Prophète et résidant au Caire. La Terre sainte était donc aux mains de la première puissance de l'Islam. Au XIVe siècle, des négociations officielles entre les rois de Naples et le sultan du Caire allaient permettre une solution juridique et pacifique au problème de l'accès des Lieux saints, ainsi que le retour de religieux occidentaux. Les pèlerinages connurent alors un renouveau au bas Moyen Âge, et il s'ensuivit une floraison de récits du voyage outre-mer.

L'ÂGE D'OR DES RELATIONS DE VOYAGE OUTRE-MER ET LE RENOUVEAU DES PÈLERINAGES OCCIDENTAUX EN TERRE SAINTE

Si les récits des pèlerins constituent la source essentielle de notre connaissance de ces voyages, d'autres documents complètent la vision qu'ils nous en donnent : documents diplomatiques, archives de l'ordre des frères mineurs et des hospitaliers, sources arabes ou archives vénitiennes et pontificales, pour ne citer que les plus importantes. Ainsi peut-on dégager certains aspects propres à ces voyages aux XIVe et XVe siècles. Mais il faut auparavant évoquer brièvement le contexte géopolitique de cette époque en Méditerranée orientale.

La situation géopolitique des XIVe et XVe siècles

Dans l'Orient méditerranéen, les voyageurs étaient tributaires de diverses puissances rivales. L'Empire byzantin était de plus en plus affaibli par les conquêtes des Turcs ottomans et comptait peu pour les pèlerins, tandis qu'au contraire le royaume des Lusignan à Chypre et l'île de Rhodes, possession des Hospitaliers, représentaient des escales indispensables pour les galères pèlerines. Mais c'est la République de Venise qui, pour l'essentiel, assurait le bon déroulement du voyage outre-mer. Elle détenait un quasi-monopole du transport des pèlerins vers la Terre sainte, et son empire, la Romanie vénitienne, garantissait une sécurité maximale au cours des escales maritimes. Toutefois, les Turcs ottomans devinrent, au cours des décennies, de plus en plus redoutés par les patrons de galères, car ils pratiquaient la guerre de course et les conflits avec les puissances chrétiennes en Méditerranée s'aggravaient. En revanche, les maîtres des Lieux saints, les Mamelouks [1], favorisèrent la venue des pèlerins occiden-

1. J.C. Garcin *et al.*, *États, Sociétés et Cultures du monde musulman médiéval X^e-XVe siècle*, Nouvelle Clio, PUF, 1995.

taux en Terre sainte, et malgré les attaques incessantes des Turcs dans l'Europe balkanique [1], les pèlerinages reprirent à la suite de négociations diplomatiques entre Le Caire et le royaume de Naples.

Une solution juridique [2] au problème des Lieux saints, et l'installation officielle des frères mineurs en Terre sainte

Les Lieux saints ne seront plus jamais libérés de la tutelle de l'Islam, malgré l'élaboration de projets de croisade jusqu'à la fin du Moyen Âge de la part de différents souverains ou princes d'Occident. En revanche, le libre accès des Lieux saints trouva une solution négociée entre Robert de Naples, petit-fils de Charles d'Anjou, et le sultan du Caire, al Nâsir Muhammad. Le souverain angevin, durant son long règne (1309-1343), développa une politique influente en Méditerranée, tandis que le sultan mamelouk voulait consolider son pouvoir au Proche-Orient en nouant diverses alliances. Toutefois, n'intervinrent pas seulement dans ces négociations des intérêts politiques, mais également des considérations spirituelles.

En effet, l'ordre de saint François avait des liens privilégiés avec la Terre sainte par la volonté de son fondateur qui s'était rendu lui-même en Orient en 1217. Les frères mineurs [3] furent partie prenante dans les négociations qui s'ouvrirent au début du XIVe siècle avec Le Caire, à travers la personne du provincial de Terre sainte, frère Roger Guérin. La province de Terre sainte avait été créée par saint François, et les frères mineurs qui s'y succédaient, fidèles à leur mission spirituelle de garder le tombeau du Christ, connaissaient une situation précaire, certains d'entre eux ayant même subi le martyre. Depuis 1309, frère Roger Guérin avait reçu l'appui du roi Robert de Naples pour négocier avec Le Caire l'installation officielle des franciscains sur les Lieux saints, et pour garantir aux pèlerins le libre accès de Jérusalem.

Pour quelles raisons les franciscains furent-ils privilégiés par la cour de Naples ? Le frère du roi Robert, Louis, second fils de Charles d'Anjou, avait renoncé au trône pour entrer dans l'ordre des frères mineurs qu'il illustra par sa sainteté. Giotto et Simone Martini, qui fréquentèrent la cour de Naples, firent son portrait, revêtu de la bure franciscaine, bien qu'il eût été également évêque de Toulouse. Par ailleurs, la femme de Robert de Naples, Sancha de Majorque, était très attachée à l'ordre de saint François et multipliait ses faveurs envers les frères.

---

1. Alain Ducellier et *al.*, *Les Chemins de l'exil. Bouleversements de l'Est européen et migrations vers l'ouest à la fin du Moyen Âge*, Paris, Armand Colin, 1992.
2. Bernardin Collin, *Les Lieux saints*, Paris, PUF, 1969.
3. C'est-à-dire les franciscains.

Ainsi, pour ces raisons diverses, des ambassades furent échangées entre Naples et Le Caire, dans le but de négocier l'achat de terrains en faveur des Franciscains, et de restituer à leur profit certains lieux saints. En même temps serait garantie la liberté de pèlerinage pour les chrétiens occidentaux. Les négociations conduites par frère Roger Guérin aboutirent dans ce sens vers 1340 et un véritable contrat fut établi pour l'achat de titres de propriété qui furent remis à la papauté : les frères mineurs se trouvaient ainsi en possession du Cénacle, d'une chapelle dans la basilique du Saint-Sépulcre, où ils obtenaient le droit d'officier, ainsi qu'à la grotte de Béthléem et au tombeau de la Vierge. De ce fait, le clergé latin se réinstallait sur les Lieux saints, mais représenté par les seuls franciscains, et la liberté des pèlerinages était rétablie. En outre, Le Caire accordait aux souverains de Naples le droit de restaurer et d'entretenir les Lieux saints.

Le rôle des frères mineurs à l'égard des pèlerins

Ce rôle fut double : à la fois prise en charge matérielle des pèlerins, car les frères étaient les intermédiaires obligés auprès des autorités musulmanes, et prise en charge spirituelle, car ils pratiquaient une spiritualité fondée sur la recherche de l'intériorité, caractéristique de la mentalité religieuse de la fin du Moyen Âge. Beaucoup de consciences acceptaient mal de voir l'Église s'écarter d'une certaine vérité évangélique, elle qui était devenue, du fait des papes d'Avignon, une lourde administration aux yeux des fidèles. La petite communauté franciscaine de Terre sainte, installée au mont Sion, propagea auprès des pèlerins l'idéal mystique du *Poverello* d'Assise. Les récits témoignent du climat religieux dans lequel vivent les pèlerins en Terre sainte, dominé par une piété christocentrique : mettre ses pas dans les pas du Christ, méditer sur sa vie et sa mort, inviter les pèlerins à suivre des itinéraires précis dans Jérusalem, conduits par les franciscains. Cette « marche à la suite du Christ » avait pour but la conversion et la pénitence des pèlerins, préoccupations des religieux franciscains qui visaient à développer une piété intérieure et individuelle dans le sens du mouvement de l'observance dont ils faisaient partie. Cela les avait conduits à une véritable « direction spirituelle » des pèlerinages outre-mer. Ils firent naître à Jérusalem de ce fait les premiers chemins de croix, pratique de piété nouvelle qui se diffusera en Europe surtout à partir du xvie siècle. Le chemin de croix inaugurait une méditation méthodique de la Passion du Christ.

Les voyages outre-mer et leur organisation

Aux deux derniers siècles du Moyen Âge, ces pèlerinages furent de véritables « voyages organisés » par Venise pour la très grande majorité des pèlerins. Les archives du sénat vénitien ont gardé un registre concernant la réglementation du transport des pèlerins. La galère pèlerine appartenait à l'armement privé, elle était construite selon les normes de la galère vénitienne la plus courante [1]. Elle était obligatoirement la propriété d'un patricien vénitien, responsable juridiquement des pèlerins, qui était patron du navire. Il devait faire dresser un contrat entre lui et le voyageur par des fonctionnaires vénitiens, les *tholomarii*. Ce contrat garantissait les droits des deux parties pour le trajet Venise-Jaffa, aller et retour, avec le séjour à Jérusalem et dans les environs. Le prix convenu était forfaitaire, comprenait les traversées et les déplacements en Terre sainte, mais à l'exclusion du Sinaï et de l'Égypte. La somme prévue était toujours largement dépassée, ce dont les pèlerins ne manquaient pas de se plaindre. Étant donné les risques multiples en Méditerranée, mais aussi à l'intérieur de l'empire mamelouk — car les rapports entre pèlerins occidentaux et communautés musulmanes étaient toujours difficiles —, une organisation du voyage et des déplacements des centaines de pèlerins se rendant annuellement en Terre sainte était plus que nécessaire. Cela n'empêchait pas l'existence de pèlerinages individuels, qui étaient souvent le fait de pèlerins disposant de ressources importantes.

Les textes qui suivent ici illustrent une très longue tradition, celle des pèlerinages occidentaux en Terre sainte. Le genre littéraire qu'ils représentent, inauguré dès le IVe siècle, acquit ses principales lettres de noblesse aux XIVe et XVe siècles, et se prolongea jusqu'au XIXe siècle, comme en témoigne en particulier le très célèbre récit de Chateaubriand, l'*Itinéraire de Paris à Jérusalem*. Les relations des voyages outre-mer connurent leur âge d'or à la fin du Moyen Âge, alors que les navigateurs occidentaux sillonnaient déjà l'Atlantique, attirés par des rivages plus lointains.

B. D.

---

1. Jules Sottas, *Les Messageries maritimes de Venise aux XIVe et XVe siècles*, Paris, 1938.

Vie ou plutôt pèlerinage de saint Willibald[1]

VIIIe siècle

INTRODUCTION

C'est le premier pèlerin anglo-saxon du Moyen Âge dont la relation de pèlerinage nous soit parvenue. Ce Willibald est de haute naissance, son père, Richard, est qualifié de roi, c'est-à-dire chef de clan. Sa mère est la sœur de saint Boniface, l'apôtre de la Germanie, qui fut aidé dans son œuvre d'évangélisation par Willibald, son frère Wunebald et sa sœur Walburge, dont le culte s'est maintenu en Allemagne jusqu'à nos jours. Il est représentatif des Anglo-Saxons de ce VIIIe siècle qui vit l'Angleterre se convertir définitivement à la foi chrétienne et prendre une large part à la christianisation des pays germaniques. Willibald n'a pas écrit lui-même le récit de sa pérégrination, il l'a racontée de vive voix. Nous la connaissons par deux textes, celui d'une religieuse, restée anonyme, du monastère de Heidenheim (près d'Ulm), dont Wunebald était abbé, et celui d'un diacre, lui aussi anonyme, que la religieuse nous dit avoir assisté comme témoin au récit de Willibald et qui a rédigé un abrégé de son œuvre.

Cette religieuse fait preuve de la fameuse « indifférence au temps » relevée par Jacques Le Goff, car, si elle nous donne le jour et le mois où elle commence sa rédaction (23 juin), elle omet de préciser de quelle année. On voit, en la lisant, que Willibald n'est pas encore mort, mais a déjà atteint un âge avancé : elle conduira, dit-elle, son récit « jusqu'à l'âge du déclin ». Or, Willibald est mort âgé, vers 785. Elle écrit donc vraisemblablement entre 760 et 780. Par les indications fournies ici et là dans le texte, il est probable que Willibald s'embarqua d'Angleterre en 720 ou 721. Il avait alors une vingtaine d'années, puisque nous savons que, lorsque après son retour il est consacré évêque d'Eichstatt, en 741, il a environ quarante ans. Ainsi, ce sont les souvenirs d'un vieil homme, consignés par une religieuse qui le tient pour saint, que nous possédons à.

---

1. Traduit du latin, présenté et annoté par Christiane Deluz.

Ces précautions nécessaires n'enlèvent pas au document son intérêt. Willibald avait pérégriné assez longtemps, durant six ou sept ans, et avait connu assez d'aventures pour garder un souvenir précis de ces années passées outre-mer. Et l'auteur a eu grand souci de consigner fidèlement ce qu'elle entendait. À propos d'un épisode au bord du Jourdain, on voit même apparaître sous sa plume un « nous » révélateur : « Les bergers nous donnèrent à boire du lait aigre. »

Le texte nous apporte aussi la vision que les milieux monastiques pouvaient avoir du pèlerinage. Le titre est déjà éloquent : toute la vie du chrétien est un pèlerinage et quitter sa terre, sa famille pour l'outre-mer, c'est manifester de façon tangible que l'on est « étranger et voyageur sur la terre ». La décision de Willibald apparaît comme un geste de suprême détachement, celui de l'entrée dans la vie religieuse ne contentant pas sa soif de perfection. Il ira donc jusqu'aux « terres des frontières lointaines » et affrontera « les étendues prodigieuses de la mer ».

Il existait cependant un courant réservé à l'égard du pèlerinage, et ce depuis saint Jérôme, qui avait déclaré que la perfection ne consistait pas à aller à Jérusalem, mais à vivre en bon chrétien. Ceci explique sans doute l'insistance que met l'auteur à rappeler que Willibald continue, dans toute la mesure du possible, à vivre selon la règle bénédictine et que ses cheminements se font « en priant ». Ceci explique également que les pèlerins semblent ne rien retenir sur leur route qui n'ait de valeur religieuse. Les villes ne sont définies que par les corps saints qu'elles renferment. Éphèse s'enorgueillit ainsi d'abriter non seulement la sépulture de saint Jean, mais la caverne où reposent les Sept Dormants. Ces jeunes gens, refusant l'apostasie lors de la persécution de Dèce en 249, avaient été enfermés dans une grotte où ils dormirent deux cents ans, ne se réveillant que lorsque le christianisme eut triomphé. Quant à la Terre sainte, elle est tout entière vue à travers les souvenirs bibliques ou évangéliques. Ces derniers sont d'ailleurs privilégiés. Willibald part, non seulement en esprit de pauvreté radicale, mais il entend mettre ses pas dans les pas du Christ et être témoin de tout ce qu'Il a accompli sur cette terre où Il a vécu. Il reviendra de son pèlerinage en quelque sorte consacré comme témoin authentique de la vérité de l'Évangile, habilité à le proclamer parmi les païens. Le récit qu'il fait au pape à son retour est très éclairant à cet égard. Il se présente comme une profession de foi, partant de Bethléem, lieu de la naissance du Christ, continuant au Jourdain, lieu de son baptême et de son envoi en mission, pour s'achever à Jérusalem, lieu de la Passion, de la Résurrection et de l'Ascension. La réponse du pape est l'envoi de Willibald en mission comme apôtre de la Germanie aux côtés de Boniface.

Le récit de la religieuse n'est toutefois pas un austère traité théologique. Nous y découvrons les difficiles conditions dans lesquelles s'effectue un voyage outre-mer au VIIIe siècle. Même si la mention des dangers encourus est un cliché, on voit à quel point les routes de terre sont imprati cables ou peu sûres en Italie, puisqu'on leur préfère la route de mer, même pour de courts trajets comme celui de Gaëte à Naples. En Terre sainte, en revanche, la sécurité semble régner, mais le danger vient des fauves : l'épisode de la rencontre d'un lion rugissant sur la route d'Acre est révélateur. Les lions continuaient à terrifier les campagnes à l'époque des croisades et c'était, en raison de sa nécessité, la seule chasse autorisée par la règle du Temple aux moines chevaliers qui entendaient renoncer aux plaisirs de leur condition de nobles.

La sécurité règne, mais les chrétiens sont l'objet d'incessants soupçons. On voit en eux des espions potentiels, on les soumet à des interrogatoires, on les jette en prison. Dans ces moments difficiles, le rôle joué par les marchands est de grande importance. Ils apportent avec eux une vision du monde plus large que celle des petits potentats locaux. Les îles britanniques sont à l'extrémité de la terre : « Nous ne connaissons aucune terre plus lointaine, il n'y a ensuite que de l'eau. » On ne saurait entreprendre un tel voyage pour espionner. Tels sont les arguments qu'ils emploient pour prendre la défense de Willibald et de ses compagnons. Le rôle joué par les gens d'Espagne est, lui aussi, important. Il n'y a encore qu'un seul califat, et ils peuvent servir d'intermédiaires entre Occidentaux et Orientaux.

Une autre source de difficultés vient des maladies. À Rome, dont la Campagne n'est pas encore drainée, c'est la malaria, dont les symptômes sont décrits avec grande précision, et en Orient, des maladies d'yeux et d'autres, moins nettes, résultant sans doute d'une grande fatigue. C'est ce qui explique les longs arrêts, de plusieurs semaines, à Jérusalem, ou à Salamias. D'autres séjours sont liés à la dépendance à l'égard du climat qui entraîne de longs hivernages, à Rome, à Patara, à Jérusalem. Le pèlerinage devient ainsi une interminable pérégrination.

Willibald en a-t-il profité pour acquérir une meilleure connaissance de l'Islam ? Il ne le semble pas. Il a plus ou moins retenu la titulature du calife, *Emir-al-Mumini*, Commandeur des croyants, mais il qualifie sans cesse les Sarrasins de païens. Il faudra attendre longtemps pour que la reconnaissance se fasse et qu'un Guillaume de Tripoli, à la fin du XIIIe siècle, écrive qu'ils croient au même Dieu que les chrétiens.

Willibald était cependant un esprit curieux, n'hésitant pas à tenter l'ascension du Vulcano pour voir l'intérieur du terrible volcan où le pape Grégoire le Grand, dans ses *Dialogues*, avait situé le lieu du châtiment infernal de l'empereur Théodoric après le meurtre du pape Jean V et de Boèce (525). L'amas de cendres l'en empêcha et il dut se contenter de voir jaillir du cratère les pierres ponces utilisées dans les bibliothèques pour polir les parchemins. La biographe raconte-t-elle cet épisode pour nous signifier que l'enfer refuse le saint évêque ?

Il reste à dire un mot du texte lui-même. À la fois fière et tremblante de son audace à oser prendre la plume, la religieuse s'efforce de faire preuve de son parfait maniement de la langue latine. Le prologue est révélateur de cette ambition et nous avons décidé de le présenter, malgré sa longueur et son emphase. Trop rares sont les textes du Moyen Âge écrits de la main d'une femme. Nous avons suivi l'édition critique établie par T. Tobler à partir de trois manuscrits et de sept éditions (entre 1603 et 1857). C'est dire que le *Pèlerinage* de Willibald connut un certain succès.

CHRISTIANE DELUZ

BIBLIOGRAPHIE : TOBLER T., *Descriptiones Terrae Sanctae ex saeculo VIII, IX, XII et XV*, Leipzig, 1874, p. 1-55 et 282-347.

Une bonne étude en anglais se trouve dans : BEAZLEY C.R., *The Dawn of modern Geography*, 1897, reprint New York, Peter Smith, 1949, 3 vol., vol. I, p. 140-157.

PROLOGUE

Vous tous que je vénère et qui m'êtes très chers dans le Christ, vous les prêtres revêtus des honorables insignes du sacerdoce, vous les diacres aux qualités éclatantes, vous aussi les abbés et les grands laïcs à qui le pieux souverain pontife, dans son zèle pastoral, a confié et le saint ordre des prêtres et les diacres, remarquables de sobre discrétion, et la milice des moines cénobites et, dans le cadre de la discipline scolaire, l'apprentissage et l'enseignement des savantes études des lettres pour apprendre aux princes à mieux exercer leur pouvoir — et ainsi, comme le noble nourricier de ses armées, le pontife les réchauffe par son zèle dans les diocèses, comme on entoure de soins et réchauffe ses propres enfants —, c'est à vous qui demeurez sous l'autorité de la loi divine que je m'adresse. Pourtant, je ne suis qu'une indigne femme saxonne, la dernière de toutes, non seulement par les années, mais aussi par les vertus et, par comparaison avec mes compatriotes, en quelque sorte un avorton. Pour vous, les pieux catholiques, préposés à la bibliothèque céleste, j'ai décidé, en rassemblant en peu de mots ce qui mérite mémoire, de traiter méthodiquement des débuts de la vie remarquable du vénérable Willibald. Mais surtout, moi qui ne suis qu'une femme, rendue faillible par la faiblesse de son sexe, qui ne suis soutenue ni par l'excellence de la sagesse, ni par l'assurance de grandes forces, j'ai été poussée par l'élan spontané de ma volonté. Comme une ignorante, j'ai fait ma cueillette avec la petite sagesse de mon cœur et, malgré mon peu de moyens, parmi tant d'arbres couverts de feuillages, de fruits, de floraison à l'infinie variété, j'ai pu cueillir pour vous quelques fleurs, fût-ce à l'extrémité des branches.

Et maintenant, je le répète, ce n'est pas entraînée par une présomption personnelle, ni avec une audace téméraire que je commence ce récit. Je crois pouvoir aboutir, aidée par la grâce de Dieu, par le prestige de cet homme vénérable, qui a vu tant de choses, par votre autorité reconnue et l'accord de votre volonté. Je parcourrai rapidement mon sujet : toute la

grandeur de l'œuvre divine, tous les miracles, tous les signes de puissance
que Dieu, s'humiliant pour le salut du genre humain, s'abaissant jusqu'à
prendre forme dans un corps humain, a daigné accorder et accomplir en
ce monde, avec la toute-puissance divine. Tout cela est apparu clairement
au vénérable Willibald, par le témoignage de ses yeux, de ses pieds, de
ses mains, de tout son corps. Et non seulement il voyait les miracles qui
nous sont certifiés par la grâce de l'Évangile, mais aussi les lieux mêmes
où, sur terre, notre Dieu a voulu nous apparaître, naissant, souffrant et
ressuscitant, ainsi que tous les autres vestiges des prodiges de sa puissance que le Seigneur a daigné imprimer sur cette terre et nous faire
connaître. Ce pédagogue avisé, fort de sa foi, favorisé par le destin, parcourait tous ces lieux, s'enquérant avec hardiesse, visitant tout, découvrant tout, voyant tout. Il m'a semblé, si j'ose dire, répréhensible que la
parole humaine enferme dans un silence obstiné, lèvres closes, tout ce que
le Seigneur avait daigné, en notre temps, révéler à son serviteur par la
vision de ses yeux et les fatigues de son corps.

Tout ce qui est relaté ici, nous savons que ce ne sont pas des sottises
apocryphes, ni des dissertations qui s'égarent. Mais, sous ses yeux et sous
son contrôle, nous avons confié à l'écrit exactement ce que nous avions
entendu de sa propre bouche, en présence de deux diacres qui écoutaient
avec moi, comme témoins. C'était le 9 des calendes de juillet, la veille du
solstice.

[Le Prologue se poursuit sur le même ton sur encore deux paragraphes.]

I

COMMENT VA ÊTRE ÉCRITE SA VIE

J'ai décidé d'ourdir la trame de ce petit livre et de le tisser avec
méthode, en commençant par le début de la vie du vénérable Willibald,
prêtre et pontife du Dieu très haut, lui qui s'appliquait à suivre dans sa
pensée et sa conduite les bons exemples des saints qui l'avaient précédé
dans le service de la loi divine. C'est pourquoi, depuis les commence-
ments et l'éclat de la jeunesse, nous poursuivrons jusqu'à l'entrée de la
vieillesse et jusqu'à l'âge du déclin.

II

ENFANT, IL EST ATTEINT D'UNE GRAVE MALADIE

Tout petit, aimable et charmant dans son berceau d'enfant, il fut réchauffé et nourri par les tendres caresses de son entourage, surtout de ses parents, tout à sa dévotion, prenant soin de lui chaque jour avec une sollicitude prévoyante. Il parvint ainsi à l'âge de trois ans. Ayant parcouru ce cycle de trois années, il était encore bien petit et fragile à un âge aussi tendre et ses membres encore faibles. Subitement, une grave maladie s'attaqua à ce corps de trois ans et s'en saisit avec une telle violence que ses petits membres étaient tout désarticulés. Cet état, en se prolongeant, le menaçait d'une mort prochaine. Le père et la mère, voyant leur enfant malade et déjà presque à demi mort, commencèrent à s'inquiéter, à s'affoler et à s'angoisser, en éprouvant pour la première fois une telle détresse. Ils voyaient leur enfant, né de leur chair, frappé d'une maladie fatale, qui allait leur être arraché par une mort subite. Celui qu'ils allaitaient, réchauffaient, nourrissaient depuis trois ans, qu'ils espéraient avoir comme héritier pour leur survivre, ils craignaient désormais de le pleurer, qu'il fût réduit à un état misérable ou mort et enseveli sous la terre.

Mais le Dieu tout-puissant qui a fait le monde et parfaitement élaboré le ciel et la terre ne voulait pas retirer de la prison de son corps son serviteur encore enfant, encore inachevé, dont les membres frêles ne s'étaient pas encore construits, un être encore mal assuré parmi les hommes. Il entendait au contraire que, par la suite, dévoilant à de nombreux néophytes dans le monde entier la loi divine, il répandît en abondance les dons de la vie éternelle.

III

LES PARENTS PROMETTENT DE FAIRE MENER À LEUR FILS
LA VIE MONASTIQUE

Mais revenons à l'enfance de Willibald. Ses parents, dans une grande inquiétude, craignant la mort de leur fils, le prirent et le présentèrent devant la sainte Croix du Seigneur Sauveur. C'est en effet la coutume chez les Saxons, dans nombre de domaines de nobles personnages, de consacrer dans un lieu élevé un monument à la sainte Croix du Seigneur, entouré de grands honneurs, pour faciliter la prière quotidienne. Ils déposèrent donc l'enfant devant la Croix, suppliant obstinément le Seigneur Dieu, créateur de toutes choses, de mettre fin à leur angoisse et, par sa puissance, de secourir leur fils et le conserver en vie. Se relayant dans une prière instante, ils promettaient, en échange de la guérison de leur fils, de lui faire aussitôt recevoir la tonsure de l'ordre sacré, pour militer dans la loi divine selon la discipline de la vie monastique, et ils s'engagèrent à le faire entrer au service du Christ. À peine avaient-ils prononcé ce vœu, à peine avaient-ils dit les paroles par lesquelles ils confiaient leur fils à la milice du roi du ciel, que le Seigneur leur accorda aussitôt l'objet de leur demande et l'enfant retrouva la santé.

[IV-V. À cinq ans, Willibald est conduit par ses parents au monastère de Waldham, au nord de Londres, à la limite occidentale de l'Essex. Il y reçoit une culture religieuse et pratique la vie monastique.]

VI

IL COMMENCE À PENSER AU PÈLERINAGE

Dans son zèle, il commença à tourner et retourner dans son esprit comment il réaliserait et traduirait ses pensées en actes, pour pouvoir mépriser et abandonner tout ce qui est transitoire en ce monde, quitter non seulement les richesses des biens terrestres, mais sa patrie, ses parents et ses proches, se lancer sur les routes du pèlerinage et se mettre en quête de terres inconnues et lointaines. Dans l'intervalle, du temps s'était écoulé après les jeux charmants de la petite enfance, les ardeurs folâtres de l'enfance et les enthousiasmes séduisants de l'adolescence, temps pendant lequel il était toujours accompagné de la grâce inépuisable et ineffable de Dieu. Il était sorti de l'adolescence et entrait dans l'âge d'homme. Dans l'assemblée des frères, son amour de l'obéissance faisait naître l'affection, sa bonté suscitait la générosité à son égard. Ainsi, tous avaient pour lui affection et respect. En même temps, en s'appliquant jour et nuit à l'étude approfondie des lettres, il formait son esprit à la vigueur et à une rigoureuse rectitude. Ainsi, il devenait de jour en jour un meilleur instrument au service de la mission céleste.

VII

SON PÈRE DÉCIDE DE PARTIR AVEC SON FILS WUNEBALD

Comme nous l'avons dit plus haut, cet adolescent, esclave de la maison du Christ, voulait tenter les chemins inconnus du pèlerinage, souhaitait aller contempler les terres des frontières lointaines et avait décidé d'affronter les étendues prodigieuses des mers. Tout de suite, il révéla à son père selon la chair ce désir secret de son cœur, tenu caché à tous. Il l'assiégeait de demandes pressantes, afin qu'il le conseillât sur ce désir d'accomplir son vœu de pèlerinage, qu'il lui donnât son consentement et la permission de partir. Il lui demandait même de l'accompagner dans son voyage. En l'invitant à accomplir un tel labeur et à changer totalement de vie, il voulait le voir se séparer des plaisirs du siècle, des délices du monde, de la fausse prospérité des richesses de la vie d'ici-bas. Il lui demandait, avec le secours du Seigneur, de s'engager dans la voie d'une vie bien construite, de commencer à se mettre au service de Dieu et, pour cela, d'abandonner sa propre patrie et de parcourir les vastes territoires de pèlerinage qui s'ouvraient devant lui. Ainsi, s'appliquant à lui parler avec douceur, il l'invitait à se joindre à ses fils et à gagner le bienheureux seuil de Pierre. Mais le père, tout d'abord, refusa le départ demandé par son fils, invoquant la fragilité et la faiblesse de son épouse, de ses enfants encore jeunes et jugeant malhonnête et cruel de les priver de sa présence et de les abandonner à des étrangers.

Alors, le soldat du Christ reprit avec vaillance ses paroles d'exhortation et ses prières insistantes. Tantôt il le menaçait en lui faisant craindre une vie plus dure, tantôt il l'encourageait par la promesse de la paisible vie éternelle et de la douceur du Paradis dans l'amour du Christ. Bref, il essaya par tous les moyens et arguments d'obtenir son consentement et de susciter son courage. Enfin, avec l'aide du Dieu tout-puissant, la volonté de Willibald l'emporta. Lui-même, son père et son frère Wunebald firent le vœu d'entreprendre le chemin qu'il désirait et qu'il les exhortait à prendre.

VIII

DÉPART DE WILLIBALD, ROUTE VERS ROME

Le cours du temps fit approcher le moment où son père et son frère entreprirent la route tant désirée. Au moment favorable de l'été, ayant tout préparé et pris avec eux de quoi vivre, ils arrivèrent en compagnie d'autres pèlerins comme eux à l'étape qui s'appelait autrefois Hamelea Mutha, près du marché de Hamvith [1]. Il n'y eut guère longtemps à attendre pour que le navire fût prêt. Une fois le prix du voyage payé, tous montèrent à bord d'un vaisseau léger, les pèlerins et l'équipage, avec ses hommes et son patron, au souffle du vent du nord, sur la mer houleuse, dans le battement des rames et les cris des matelots.

Puis, après être passés au travers des menaces des flots et des dangers redoutables de la mer, grâce à la course rapide du vaisseau sur la vaste étendue marine, toutes voiles dehors, poussés par des vents favorables, ils arrivèrent sains et saufs et aperçurent la terre ferme. Bientôt, avec des cris de joie, on descendit à terre, on installa un campement en dressant des

---

1. Hambith se trouve dans la région de Southampton. Le port tire son nom de l'embouchure de la Hamble (Hamble mouth), dans la même région.

tentes sur la rive d'un fleuve appelé Sigona, près d'une ville nommée Rotum où se tient un marché[1].

Après quelques jours de repos, ils prirent la route et trouvèrent, pour leur profit, beaucoup d'oratoires de saints qu'ils gagnèrent en priant. Cheminant ainsi, ils traversèrent bien des régions jusqu'à la ville de Lucques. Willibald et Wunebald guidaient leur père dans la troupe des pèlerins. Mais voici qu'un mal soudain s'empara de lui et, en peu de temps, il fut menacé d'une mort imminente. La maladie s'aggrava, ses membres affaiblis et glacés se décomposèrent et il rendit le dernier soupir. Ses deux fils prirent avec chagrin et compassion le corps sans vie de leur père, l'enveloppèrent d'un beau linceul et l'ensevelirent dans cette ville de Lucques, dans l'église Saint-Frigidien. C'est là que repose le corps de leur père.

Aussitôt après, parcourant les vastes territoires de l'Italie, ils firent route rapidement, par les vallées profondes et les montagnes abruptes, les plaines et les champs. Ils montèrent à pied jusqu'aux hautes forteresses des Apennins, d'accès si difficile. Avec l'aide du Dieu très bon et le soutien des saints, ils passèrent les sommets dans des tourmentes de brouillard et de neige glacée, tous sains et saufs avec leurs compatriotes et la troupe de leurs compagnons, et ils échappèrent aux ruses menaçantes des gens d'armes pour parvenir bientôt à l'illustre seuil du bienheureux Pierre, prince des Apôtres. Ils y demandèrent la protection du Dieu toutpuissant et lui rendirent d'infinies actions de grâces. N'avaient-ils pas échappé aux menaces de la mer et aux divers dangers de la route du pèlerinage, pour mériter de monter heureusement l'échelle de la connaissance et de pénétrer dans la célèbre basilique Saint-Pierre ?

IX

ROME, ILS SOUFFRENT DE LA FIÈVRE

Les deux frères demeurèrent à Rome de la fête de saint Martin jusqu'aux Pâques suivantes. Pendant tout ce temps, durant le passage de l'hiver glacé et austère, le tout début du printemps encore en germe, puis les feux du temps pascal illuminant le monde, les deux frères menèrent la bienheureuse vie monastique, sous la loi sacrée de la règle. Puis les jours passèrent, la chaleur de l'été s'accrut, annonciatrice des fièvres. Et, en effet, ils furent saisis d'un mal soudain et violent, respirant péniblement, tout fiévreux, parfois grelottant de froid, parfois étouffant de chaleur ; une souffrance atroce parcourait leurs membres, la fièvre les envahissait, les paralysait, ils se sentaient près de la mort, à peine un souffle de vie s'échappait de leur corps épuisé. Toutefois, la Providence, toujours pré-

---

1. Ils abordent sur la rive de la Seine, près de Rouen (Rotomagum).

sente dans sa bonté paternelle, daigna leur porter secours, car ils étaient malades à tour de rôle et, pendant le répit de son mal, un frère pouvait soigner l'autre. Dans la mesure où leur faiblesse le leur permettait, ils ne s'écartaient pas de la règle, s'attachant avec passion à la lecture de l'Écriture sainte qui dit avec raison : « Celui qui persévérera jusqu'à la fin sera sauvé. »

X
L'ITALIE DU SUD ET LA SICILE

[Ils n'oublient pas leurs projets de pèlerinage et se préparent à repartir.]

Quand les fêtes de Pâques furent passées, l'armée vaillante se leva, avec ses deux compagnons, et reprit la route. Ils parvinrent ainsi à la ville de Terracine, à l'est, où ils restèrent deux jours. De là, ils gagnèrent Gaëte qui est sur le bord de la mer. Ils y prirent un navire pour faire la traversée vers Naples où ils quittèrent ce navire et demeurèrent une semaine. Ces villes sont aux Romains, elles leur sont soumises, bien que situées sur le territoire de Bénévent[1].

Très rapidement, car la bonté divine est sans cesse à l'œuvre pour hâter la réalisation des désirs de ses serviteurs, ils trouvèrent un navire égyptien qu'ils prirent pour arriver en Calabre, à la ville de Reggio. Après un séjour de deux jours, ils repartirent pour l'île de Sicile, dans la ville de Catane où repose le corps de sainte Agathe, vierge. Il y a là le mont Etna et quand, pour diverses causes, ce volcan menace de répandre la lave embrasée sur la région, vite, les habitants prennent le voile de sainte Agathe, le tendent contre le feu et le feu s'arrête.

Au bout de trois semaines, ils reprirent la mer pour Syracuse.

XI
LA MER ADRIATIQUE

De là, ils traversèrent en bateau la mer Adriatique jusqu'à la ville de Monemvasie, en terre slave[2]. Puis ils reprirent la mer vers l'île de Chio, laissant Corinthe sur leur gauche, et de là vers l'île de Samos et enfin vers la ville d'Éphèse en Asie, située à un mille de la côte. Ils visitèrent le lieu

---

1. Vers 580, les Lombards avaient établi une puissante principauté sur le territoire de Bénévent. Au début du VIIIe siècle, la papauté, les Byzantins (appelés ici Romains) et les Lombards se disputaient âprement l'Italie du Sud.
2. Le Péloponnèse était alors occupé par les Bulgares.

où reposent les Sept Dormants [1] et la basilique de saint Jean l'Évangéliste, dans un site magnifique à côté d'Éphèse. Ils firent encore deux milles le long de la mer jusqu'à la ville de Pygala [2] et y restèrent un jour. Ils demandèrent du pain et allèrent s'asseoir sur la margelle d'un puits au centre de la ville pour manger ce pain trempé dans de l'eau. Puis, longeant toujours la mer, ils parvinrent à la ville de Strobole, sur une haute montagne, et de là gagnèrent Patara [3] jusqu'à ce que le froid de l'horrible hiver glacé soit passé. Ils reprirent alors la mer jusqu'à la ville de Milet [4] qui faillit jadis être engloutie sous les eaux. Là demeuraient deux solitaires sur un style, c'est-à-dire une construction étayée par un grand mur de pierres, très haute, si bien que l'inondation ne put les atteindre. De là, ils firent la traversée jusqu'à la montagne des Galliens, qui a été complètement désertée [5]. Ils y souffrirent cruellement des tourments de la faim, au point de craindre de voir arriver le jour de leur mort, faute de nourriture. Mais le tout-puissant berger des peuples daigna procurer quelque aliment à ses pauvres.

Toujours par mer, ils gagnèrent l'île de Chypre, qui est partagée entre les Grecs et les Sarrasins [6]. Ils demeurèrent à Paphos trois semaines, puis à la ville de Constantia [7], où repose saint Épiphane, et ils y séjournèrent jusqu'après la nativité de saint Jean-Baptiste.

XII

LA CÔTE SYRIENNE

Ils reprirent ensuite le bateau vers le pays des Sarrasins et la ville de Tortose, au bord de la mer. De là, ils marchèrent pendant neuf à douze milles pour atteindre un château appelé Archas [8], où il y avait un évêque grec et ils entendirent l'office selon le rite grec, puis ils firent encore douze milles jusqu'à la ville d'Émèse [9] où se trouve une grande église construite par sainte Hélène en l'honneur de saint Jean-Baptiste et où sa tête fut longtemps conservée. C'est en Syrie.

---

1. Cette grotte, vénérée tant par les chrétiens que par les musulmans, est encore aujourd'hui un lieu de culte.
2. Port antique, aujourd'hui abandonné, sur l'embouchure du Caystre ; un temple à Artémis y avait été édifié.
3. On ne sait avec quel site identifier Strobole. Patara était alors un port assez important, aujourd'hui un petit village.
4. L'itinéraire semble étrange, car Milet est au nord de Patara.
5. L'itinéraire continue à être confus. Ils abordent sans doute sur la côte rocheuse de la Cilicie.
6. L'île fut conquise par les Arabes en 649 ; mais, en 685, un traité fut conclu avec Byzance, prévoyant le partage des revenus entre les deux puissances.
7. Aujourd'hui Salamine.
8. Situé entre Tripoli et Tortose, aujourd'hui Tell Arkas.
9. Aujourd'hui Homs, chef-lieu administratif sous le califat omeyyade.

Il y avait avec Willibald sept de ses compatriotes. Les païens sarrasins, apprenant que des étrangers inconnus étaient arrivés, les prirent et les emprisonnèrent, ne sachant pas de quelle nation ils étaient et les prenant pour des espions. Ils les amenèrent enchaînés à un riche vieillard qui devait les voir et reconnaître d'où ils venaient. Il les interrogea, leur demanda d'où ils venaient et de quelle mission ils étaient chargés. Ils répondirent en exposant tout au long les raisons de leur voyage. Le vieillard déclara : « J'ai souvent vu venir ici des hommes du même pays que ceux-ci, ils ne nous veulent aucun mal, mais désirent seulement observer leur loi religieuse. » Ils s'en allèrent donc au palais demander de pouvoir faire route vers Jérusalem. Mais à peine étaient-ils entrés que le gouverneur déclara qu'ils étaient des espions et les fit jeter en prison jusqu'à ce qu'il eût demandé au roi ce qu'il devait en faire.

À peine avaient-ils été emprisonnés que la grâce admirable du Dieu tout-puissant se manifesta, Lui qui, dans sa bonté, daigne protéger de son bouclier et garder sains et saufs les siens, sous les coups et dans les tourments, parmi les barbares et les hommes de guerre, dans les prisons et au milieu d'une troupe menaçante. Il se trouva là un marchand qui avait le désir de les racheter en aumône pour le salut de son âme et de les arracher à la prison pour qu'ils pussent tranquillement accomplir leur dessein. Il ne put l'obtenir, mais il leur envoya chaque jour le repas de midi et du soir et, le jeudi et le samedi, il envoyait son fils à la prison pour les conduire aux bains et les en ramener. Et le dimanche, il les accompagnait à l'église en traversant le marché pour qu'ils pussent choisir parmi les marchandises ce qui leur ferait plaisir. Et aussitôt, il leur achetait ce qu'ils avaient choisi. Les habitants de la ville prirent aussi l'habitude de venir les regarder avec curiosité, car ils étaient jeunes, beaux et bien vêtus.

Pendant qu'ils étaient ainsi retenus en prison, arriva un homme d'Espagne. Il vint leur parler dans la prison et leur demanda soigneusement qui ils étaient et d'où ils venaient. Ils lui décrivirent dans l'ordre tout leur parcours. Cet Espagnol avait un frère au palais royal qui était chambellan du roi des Sarrasins. Lorsque le gouverneur qui les avait fait jeter en prison et le patron du navire qui les avait amenés de Chypre vinrent aussi, ils se présentèrent tous trois ensemble devant le roi des Sarrasins, nommé *Mirumini* [1]. On parla de leur cas ; l'Espagnol raconta à son frère tout ce qu'ils lui avaient dit en prison et lui demanda d'en parler au roi et de leur porter secours. Puis tous trois se présentèrent devant le roi et, sur son ordre, lui exposèrent le cas des prisonniers. Le roi leur demanda d'où ils venaient. Ils répondirent : « Ces hommes sont venus des rivages occidentaux où le soleil se couche. Nous ne connaissons aucune terre plus lointaine, il n'y a ensuite que de l'eau. » Le roi répondit : « Pourquoi devrions-nous les punir ? Ils n'ont commis aucune faute envers nous.

---

1. Émir Al-Muminin, Commandeur des croyants, un des titres du calife.

Libérez-les et permettez-leur de partir. » Les autres prisonniers devaient payer un cens d'un tiers de sou ; on les en dispensa.

XIII

DAMAS, NAZARETH, LE THABOR

Sans perdre de temps, munis de leur licence, ils parcoururent les cent milles qui les séparaient de Damas, où repose saint Ananie. Cette ville est en Syrie. Ils y restèrent une semaine. À deux milles il y avait une église, au lieu de la conversion de saint Paul, quand le Seigneur lui dit : « Saül, Saül, pourquoi me persécutes-tu ? » En priant en chemin, ils parcoururent la Galilée jusqu'au lieu où Gabriel vint trouver la Vierge Marie et dit : « *Ave Maria.* » Il y a là maintenant une église et le bourg où se trouve l'église, c'est Nazareth. Cette église, les chrétiens l'ont souvent protégée contre les païens sarrasins qui voulaient la détruire.

En se recommandant au Seigneur, ils quittèrent Nazareth pour le village de Cana où le Seigneur changea l'eau en vin. Il y a là une grande église dans laquelle est conservée une des six urnes que le Seigneur avait ordonné de remplir d'eau, qu'Il changea en vin et dont on versa à boire. Ils y demeurèrent sept jours. Puis ils se rendirent au mont Thabor, où le Seigneur fut transfiguré. On y trouve maintenant un monastère d'hommes et une église dédiée au Seigneur, à Moïse et à Élie.

XIV

TIBÉRIADE, MAGDALA, CAPHARNAÜM

Puis ils se dirigèrent vers la ville appelée Tibériade. Elle est sur le rivage de la mer où le Seigneur marcha et où Pierre, essayant d'aller vers lui sur l'eau, s'enfonça. On y trouve beaucoup d'églises et une synagogue des juifs. Ils restèrent là quelques jours. C'est là que le Jourdain passe au milieu de la mer. Ils firent le tour de cette mer, arrivant près du village de Madeleine et, de là, au village de Capharnaüm où le Seigneur ressuscita la fille du chef ; il y avait sa maison et un grand mur. On disait que Zébédée habitait là avec ses fils Jean et Jacques. Puis ils gagnèrent Beth-saïde, d'où étaient originaires Pierre et André et où il y a maintenant une église à l'emplacement de leur maison. Ils y passèrent la nuit et, au matin, partirent pour Corozaïm où le Seigneur guérit les possédés du démon en envoyant le diable dans un troupeau de porcs. Il y avait là une église.

XV

LE JOURDAIN

Après avoir prié dans l'église, ils poursuivirent leur route jusqu'à l'endroit où deux sources jaillissent du sol, Jor et Dan, qui viennent de la montagne, se réunissent et forment le Jourdain. Ils passèrent la nuit entre les deux sources et les bergers nous [1] donnèrent à boire du lait aigre. Leurs bêtes sont étonnantes, avec une longue échine, de courtes pattes et de grandes cornes dressées. Elles sont toutes de la même couleur. En été, quand l'ardeur du soleil brûle la terre, les bêtes se lèvent, vont dans un étang où elles se plongent entièrement, à l'exception de la tête.

Ensuite, ils se rendirent à Césarée où il y a une église et un grand nombre de chrétiens.

XVI

MONASTÈRE ET ÉGLISE SAINT-JEAN-BAPTISTE

Après quelque temps de repos, ils reprirent leur route vers le monastère de Saint-Jean-Baptiste où il y avait environ vingt moines. Ils y passèrent la nuit et, de là, ils firent encore un mille pour atteindre le Jourdain au lieu du baptême du Seigneur. On y voit maintenant une église avec des colonnes de pierre et, au-dessous, la terre nue. C'est le lieu précis du baptême du Seigneur. À l'endroit où l'on baptise maintenant, une croix de bois est dressée au milieu d'une petite dérivation du courant et une corde est tendue solidement d'un bord à l'autre du Jourdain. Le jour de l'Épiphanie, les malades et les infirmes se tiennent à cette corde pour se plonger dans l'eau. Les femmes stériles qui viennent ici sont aussi favorisées de la grâce du Seigneur. Notre évêque Willibald s'est baigné là, dans le Jourdain. Ils sont restés en ce lieu un jour.

XVII

GALGALA, JÉRICHO

Ils partirent du Jourdain pour Galgala, qui est distant de cinq milles. On y trouve douze pierres, dans une église de bois qui n'est pas très grande. Ce sont les douze pierres que les fils d'Israël retirèrent du Jourdain et portèrent sur cinq milles jusqu'à Galgala, où ils les déposèrent en témoignage de leur traversée du fleuve. En priant, ils atteignirent Jéricho.

---

1. On observera l'intérêt de ce « nous » qui associe aux pèlerins le personnage de la narratrice.

Au flanc de la montagne, jaillissait une source, celle qui était tarie et inutile aux hommes jusqu'à la venue du prophète Élisée qui la sanctifia. Dès lors, elle jaillit et l'eau irrigua le territoire de la ville, les champs, les jardins, partout où elle était nécessaire. Tout ce qu'arrose cette source croît et est bon pour la santé, grâce à la bénédiction du prophète Élisée. Puis ils se rendirent au monastère de Saint-Eustochius, qui est à mi-chemin entre Jéricho et Jérusalem.

XVIII

JÉRUSALEM

Puis il arriva à Jérusalem, au lieu où la sainte Croix du Seigneur fut trouvée. Il y a là maintenant une église à l'endroit appelé le Calvaire. Il était jadis à l'extérieur de la ville, mais quand Hélène découvrit la Croix, elle fit inclure ce lieu dans Jérusalem. Trois croix de bois sont maintenant dressées à l'extérieur, contre le mur oriental de l'église, en mémoire de la sainte Croix du Seigneur et de ceux qui ont été crucifiés avec lui. Elles ne sont pas dans l'église, mais au-dehors, abritées sous un toit. À côté se situe le jardin où se trouvait le tombeau du Seigneur. Ce tombeau avait été taillé dans le roc. Le roc s'élève au-dessus du sol, il est carré à la base et se termine en pointe. Au sommet, il y a une croix. Maintenant s'élève là un merveilleux édifice. Du côté de l'orient, on a creusé une porte dans la pierre du tombeau par laquelle on entre dans la tombe pour prier. À l'intérieur se trouve le lit de roche sur lequel gisait le corps du Seigneur. Quinze lampes à huile d'or y brûlent nuit et jour. Le lit sur lequel reposait le corps du Seigneur est du côté nord, à l'intérieur du roc du tombeau, à main droite quand on entre dans le tombeau pour prier. Et, devant la porte du tombeau, est déposée une grande pierre carrée, semblable à celle que l'Ange roula à l'entrée du tombeau.

XIX

MALADIE DE WILLIBALD. SAINTE-SION

C'est le jour de la fête de saint Martin que notre évêque arriva à Jérusalem. À peine était-il arrivé qu'il commença à être malade et il resta couché sans force une semaine avant la Nativité du Seigneur.

Quand il retrouva des forces et se guérit de sa maladie, il se leva et alla voir l'église appelée Sainte-Sion. Elle est au centre de Jérusalem. Il y pria et se rendit de là au Portique de Salomon où se situe la pierre sur laquelle gisaient les malades attendant le bouillonnement de l'eau, quand l'ange venait et agitait l'eau ; alors, celui qui descendait dans la piscine le premier était guéri. C'est là que le Seigneur dit au paralytique : « Lève-toi, prends ton grabat et marche. »

XX

COLONNE VOTIVE LÀ OÙ LES JUIFS VOULAIENT ENLEVER LE CORPS DE SAINTE MARIE

Willibald dit aussi que, devant la porte de la ville, il y a une grande colonne surmontée d'une croix pour rappeler que les juifs voulaient enlever le corps de sainte Marie. Les onze Apôtres avaient pris le corps de sainte Marie et l'emportaient hors de Jérusalem. Dès qu'ils parvinrent à la porte de la cité, les Juifs voulurent s'en emparer. Mais, à peine certains avaient-ils tendu les bras vers le cercueil pour essayer de le prendre, que leurs bras furent retenus et comme collés au cercueil. Ils ne purent plus bouger jusqu'à ce qu'ils fussent libérés par la grâce de Dieu et la prière des apôtres. Ils abandonnèrent alors leur entreprise [1]. C'est en ce lieu, au centre de Jérusalem, qui est appelé Sainte-Sion, que sainte Marie mourut. Alors, comme je l'ai dit, les onze apôtres l'emportèrent et les anges vinrent la prendre dans leurs mains pour la transporter au Paradis.

XXI

VALLÉE DE JOSAPHAT, MONT DES OLIVIERS

De là, l'évêque Willibald descendit dans la vallée de Josaphat qui longe la ville de Jérusalem vers l'est. Dans cette vallée se trouve l'église Sainte-Marie et, dans l'église, son tombeau, non que son corps y repose, mais en mémoire de son corps. Puis il monta en priant au mont des Oliviers, qui est de l'autre côté de la vallée à l'est. La vallée est entre Jérusalem et le mont des Oliviers. Sur ce mont, se trouve une église au lieu où le Seigneur priait avant sa Passion et disait à ses disciples : « Veillez et priez pour ne pas entrer en tentation. » Ensuite, il arriva au sommet du mont, à l'église de l'Ascension du Seigneur. Au centre de l'église, il y a une belle plaque de bronze, juste au milieu, là où le Seigneur monta au ciel. Au milieu du bronze, il y a une petite lampe sous un verre. Le verre est bien scellé tout autour de la lampe pour qu'elle puisse toujours brûler, sous le soleil ou sous la pluie. Car cette église est sans toit, ouverte sur le ciel. À l'intérieur de l'église, sur le mur sud, se dressent deux colonnes, en souvenir des deux hommes qui dirent : « Hommes de Galilée, pourquoi restez-vous à

---

1. Cette légende, très répandue, est figurée entre autres sur des bas-reliefs ornant le mur extérieur nord du chœur de la cathédrale Notre-Dame de Paris.

regarder le ciel ? » Celui qui peut se glisser entre le mur et les colonnes est pardonné de tous ses péchés.

XXII

BETHLÉEM

Il se rendit ensuite à l'endroit où l'Ange apparut aux bergers en disant : « Je vous annonce une grande joie. » De là, il arriva à Bethléem, à sept milles de Jérusalem, où le Seigneur est né. Ce lieu de la naissance du Seigneur était autrefois une grotte souterraine. Maintenant, on a creusé une construction dans le roc, on a déblayé la terre tout autour et, par-dessus, on a élevé une église. Au-dessus de l'endroit où est né le Seigneur, il y a maintenant un autel et on a fait un autre petit autel pour que ceux qui veulent célébrer la messe dans la grotte puissent prendre cet autel, le porter à l'intérieur le temps de la messe et le reporter ensuite dans l'église. L'église supérieure de la Nativité est en forme de croix, c'est une très belle construction.

XXIII

THECUA, LES LAURES

Toujours priant, ils allèrent à un grand village nommé Thecua, où Hérode fit jadis massacrer les Innocents. Il y a là une église où repose l'un des prophètes. Puis il parvint dans la vallée de la Laure. On y trouve un grand monastère où résident l'abbé et le portier de l'église, ainsi que beaucoup d'autres moines qui habitent le monastère ou vivent le long de la vallée sur les pentes de la montagne. Ils ont creusé çà et là dans le roc de petits ermitages. Cette montagne forme un cercle autour de la vallée. Dans la vallée se trouve un monastère où repose saint Sabas.

XXIV

GAZA, CHÂTEAU D'ABRAHAM

Puis ils vinrent au lieu où Philippe baptisa l'eunuque. Il y a là une petite église dans la grande vallée entre Bethléem et Gaza. Ils allèrent à Gaza où se trouve un sanctuaire puis, toujours priant, allèrent à saint Mathias. Alors qu'on célébrait la messe, notre évêque Willibald, qui y assistait, perdit la vue et demeura deux mois aveugle. Ils se rendirent ensuite à Saint-Zacharias, du nom du prophète, non pas le père de saint Jean-Baptiste, mais un autre prophète[1]. Il alla enfin au château d'Abraham[2] où reposent les trois patriarches, Abraham, Isaac, Jacob et leurs épouses.

XXV

JÉRUSALEM, DIOSPOLIS

Puis il revint à Jérusalem et, comme il entrait dans l'église où la sainte Croix du Seigneur fut découverte, ses yeux s'ouvrirent et il recouvra la vue. Après quelque temps, il repartit pour Diospolis, à l'église Saint-Georges, à dix milles de Jérusalem, et de là vers un autre village où est l'église de Saint-Pierre-Apôtre, là où saint Pierre ressuscita une veuve du nom de Dorkas[3]. Il fit ensuite route en priant jusqu'à la mer Adriatique[4], loin de Jérusalem, jusqu'aux villes de Tyr et de Sidon, sur le rivage, distantes l'une de l'autre de six milles. Puis, toujours sur le rivage, il trouva Tripoli d'où il traversa le mont Liban pour gagner Damas, puis revint à Césarée.

XXVI

JÉRUSALEM, ÉMÈSE

Pour la troisième fois, il revint à Jérusalem pour y passer tout l'hiver. De là, il parcourut trois cents milles jusqu'à Émèse en Syrie et arriva à la ville de Salamias à l'extrémité de la Syrie[5]. Il y resta tout le Carême, car il était malade et ne pouvait continuer sa route. Ses compagnons de voyage se rendirent chez le roi des Sarrasins nommé Mirumini. Ils avaient l'intention de lui demander une lettre pour poursuivre leur voyage, mais ils ne purent le trouver, car il avait quitté la région pour fuir une épidémie qui la dévastait. Ne trouvant pas le roi, ils retournèrent à Salamias où ils demeurèrent jusqu'à une semaine avant Pâques.

Ils retournèrent alors à Émèse pour demander au gouverneur de la ville de leur donner une lettre ; il la leur accorda, mais pour deux fois deux personnes. Il exigeait qu'ils ne voyageassent pas tous ensemble, mais deux par deux, pour obtenir plus facilement des vivres. Alors, ils allèrent à Damas.

---

1. Ces sanctuaires, très nombreux avant les croisades, sont difficiles à localiser.
2. Il s'agit d'Hébron, qui fut appelée ainsi pendant la période des croisades.
3. Diospolis est aujourd'hui Lod, et le lieu du miracle de saint Pierre se situe à Jaffa.
4. Tel dans l'original.
5. Aujourd'hui Salamiyé, entre Homs et Alep. Elle servit de résidence à une branche de la famille abbasside.

XXVII

JÉRUSALEM, SÉBASTE

Pour la quatrième fois, ils revinrent à Jérusalem. Ils y séjournèrent un certain temps, puis allèrent à Sébaste, jadis nommée Samarie, mais, après la destruction de Samarie, on construisit une nouvelle ville fortifiée qu'on appela château de Sébaste. Là reposent maintenant saint Jean-Baptiste, Abdias et le prophète Élisée.

Près de ce château est situé le puits où le Seigneur demanda à boire à la Samaritaine. Sur ce puits s'élève maintenant une église, et tout près le mont où adoraient les Samaritains. Et cette femme dit au Seigneur : « Nos pères ont adoré sur cette montagne et toi tu dis que c'est à Jérusalem que l'on doit adorer. » Ils traversèrent en priant le pays des Samaritains et passèrent la nuit dans un grand village aux confins du pays.

XXVIII

LES CHAMPS D'ESDRELON

De là, ils arrivèrent dans une grande plaine, couverte d'oliviers. Avec eux cheminait un Éthiopien avec deux chameaux et une mule, il conduisait une femme à travers la forêt. Sur leur route, surgit un lion, rugissant la gueule ouverte, très menaçant, il voulait se saisir d'eux et les dévorer. Mais l'Éthiopien leur dit : « N'ayez pas peur, continuons à marcher. » Ils continuèrent et s'approchèrent de lui. Mais le lion, par le secours du Dieu très bon et tout-puissant, partit dans une autre direction, leur laissant la voie libre. Ils dirent avoir entendu ensuite ce lion craintif pousser de grands rugissements et dévorer des hommes occupés à la cueillette des olives.

Puis ils parvinrent à la ville de Ptolémaïs sur le bord de la mer [1], près du cap du Liban qui s'avance dans la mer. C'est un promontoire où s'élève la Tour du Liban. Celui qui arrive là sans sauf-conduit ne peut passer, car c'est un lieu bien gardé, barré par une chaîne. Si quelqu'un arrive sans sauf-conduit, les habitants se saisissent de lui et l'envoient à Tyr. Ce mont est situé entre Tyr et Ptolemaïs. Alors, l'évêque Willibald revint à Tyr.

Pendant son séjour à Jérusalem, l'évêque Willibald avait acheté du baume dont il avait rempli un flacon. Il prit un roseau creux et fermé au fond. Il le remplit d'huile de roche [2], l'introduisit dans le flacon et coupa

---

1. Devenue ensuite Saint-Jean-d'Acre.
2. C'est ainsi qu'on désignait le pétrole. Willibald a pu se procurer un peu d'asphalte de la mer Morte.

le roseau à la dimension du flacon, de sorte que, sur le bord, tous deux étaient au même niveau. Puis il ferma l'orifice du flacon.

À leur arrivée dans la ville de Tyr, les habitants se saisirent d'eux et fouillèrent tous leurs bagages pour voir s'ils n'avaient rien de caché. S'ils avaient eu quoi que ce soit, ils les auraient martyrisés. Mais, en fouillant tout, ils ne trouvèrent rien sinon le flacon de Willibald. Ils l'ouvrirent et sentirent ce qui était à l'intérieur, c'est-à-dire l'huile de roche qui était au-dessus dans le roseau, mais ils ne trouvèrent pas le baume qui était au-dessous de l'huile de roche. Ils les laissèrent donc partir.

XXIX

CONSTANTINOPLE

Ils restèrent plusieurs jours à Tyr à attendre qu'un navire soit prêt. Ils naviguèrent ensuite durant tout l'hiver, de la fête de l'apôtre saint André jusqu'à une semaine avant Pâques. Ils arrivèrent alors à la ville de Constantinople où reposent trois saints, André, Timothée et Luc l'évangéliste, sous un seul autel. Quant à saint Jean Bouche d'Or, il repose devant l'autel, là où se tient le prêtre quand il célèbre la messe. C'est là qu'est son tombeau. Notre évêque séjourna deux ans à Constantinople. Il avait une cellule à l'intérieur de l'église et pouvait chaque jour voir les tombeaux des saints.

Puis il se rendit à la ville de Nicée où l'empereur Constantin réunit jadis un concile auquel assistaient trois cent dix-huit évêques, tous assemblés pour ce concile. L'église est en tout semblable à celle de l'Ascension du Seigneur sur le mont des Oliviers. À l'intérieur, il y a les portraits des évêques qui ont assisté au concile. Willibald vint de Constantinople à Nicée pour voir comment cette église était construite, puis il revint à Constantinople.

XXX

LA SICILE, VULCANIA

Au bout de deux ans, ils firent voile avec des envoyés du pape et de l'empereur vers l'île de Sicile, à la ville de Syracuse[1]. De là, il se rendit à Catane, puis à la ville de Reggio en Calabre. Puis ils reprirent le bateau jusqu'à l'île de Vulcania où est l'enfer de Théodoric[2]. Quand ils eurent atteint l'île, ils descendirent du navire pour voir comment était cet enfer. Willibald, curieux de voir l'intérieur de cet enfer, voulait monter au

---

1. Cette ambassade, liée au conflit entre le pape Grégoire II et l'empereur Léon l'Isaurien, eut lieu en 728. On est alors en pleine crise iconoclaste.
2. Aujourd'hui Vulcano, dans les îles Lipari.

sommet du mont sous lequel était l'enfer, mais cela ne lui fut pas possible car les cendres de ce noir Tartare étaient accumulées sur les bords et semblaient de la neige. Comme la neige tombe du ciel en flocons blancs et serrés et s'amoncelle, tels des bataillons venus des forteresses de l'éther, les cendres s'étaient accumulées sur le sommet du mont, interdisant à Willibald d'en faire l'ascension. Il put cependant voir une flamme noire, terrible, effrayante, jaillissant du puits du cratère avec un bruit comparable à celui du tonnerre. Il contempla cette grande flamme et des vapeurs ignées s'élevant haut en l'air de façon menaçante. Il vit aussi monter de l'enfer cette pierre ponce qu'utilisent les copistes. Elle était projetée brûlante, engloutie dans la mer, puis rejetée par la mer sur la rive où les gens la récoltent et l'emportent.

[XXXI-XXXII. Willibald gagne ensuite Naples, puis Capoue. Les évêques auxquels il va rendre visite l'envoient au monastère Saint-Benoît du mont Cassin où il séjourne dix ans, restaurant la vie monastique. L'abbaye avait beaucoup souffert des invasions lombardes.]

XXXIII

ROME

Au bout de dix ans, un prêtre espagnol qui séjournait à Saint-Benoît demanda à l'abbé Petronax la permission d'aller à Rome et, l'ayant obtenue, il demanda à Willibald de l'accompagner et de le conduire à Saint-Pierre. Willibald acquiesça aussitôt à cette demande. Ils se mirent en route et, dès leur arrivée à Rome, pénétrèrent dans la basilique Saint-Pierre et demandèrent le saint secours du portier céleste, se recommandant à son patronage. Apprenant que le vénérable Willibald était à Rome, le saint pontife du siège apostolique Grégoire [1] lui demanda de venir le trouver. Il se présenta aussitôt devant le souverain pontife et le salua, prosterné, le visage contre terre. Puis cet homme pieux qui gouverne les peuples demanda à Willibald, en l'encourageant avec bienveillance, tout le récit de son pèlerinage, comment il avait voyagé pendant sept ans jusqu'aux extrémités du monde, comment il avait réussi à de nombreuses reprises à échapper aux méchancetés pernicieuses des païens. Il voulait tout savoir dans le détail.

Immédiatement, l'actif serviteur du Christ fit son récit au glorieux maître des nations. Avec l'humilité du sage, il lui raconta tout son voyage, jour après jour, les nombreuses demeures de ce monde qu'il avait connues au cours de ses déplacements ; son adoration, ses prières et son désir de

---

1. Grégoire III, pape de 731 à 741.

tout voir quand il était allé à Bethléem, le lieu sacré de la naissance et de l'avènement du très haut Créateur du ciel ; ce qu'il avait vu également en cet autre lieu, celui du baptême dans le Jourdain où il s'était lui-même baigné ; et aussi Jérusalem et la Sainte-Sion où le Saint Sauveur des hommes de tous les temps fut suspendu à la Croix, mourut et fut enseveli et ensuite monta au ciel sur le mont des Oliviers. Par quatre fois, il était venu à Jérusalem pour y prier et se recommander à Dieu. Il fit tout ce récit avec force, en donnant explications et détails.

[Le pape apprend alors à Willibald que saint Boniface le réclame pour l'aider dans ses missions. Après s'être recueilli sur la tombe de son père à Lucques, il rejoint Boniface à Eichstadt et part avec lui pour la Thuringe, où il retrouve son frère Wunebald. En 741, il est consacré évêque d'Eichstadt en Bavière par saint Boniface. Le texte se termine par une louange vibrante des vertus de Willibald.]

Itinéraire de Bernard, moine franc [1]

Bernard le Moine
IXe siècle

INTRODUCTION

Nous ne savons pas grand-chose de l'auteur de ce récit de pèlerinage. Il se dit né en France et est vraisemblablement originaire de Bretagne, car il consacre curieusement les dernières lignes de son texte à quelques remarques sur certaines coutumes des Bretons.

Malgré les leçons fautives de certains manuscrits, reprises dans tel ou tel ouvrage, son pèlerinage ne se situe pas en 970, mais aux alentours de 865. Il nomme en effet les grands dignitaires ecclésiastiques des lieux où il passe, notamment, à Rome, Nicolas Ier, pape de 858 à 867, à Jérusalem, Théodose, patriarche de Constantinople de 864 à 880 et, au Caire, Michel Ier, patriarche copte d'Alexandrie, de 859 à 871. D'autre part, quand il arrive à Bari, la ville est encore aux mains des musulmans, soit avant que l'empereur Louis II en fasse le siège en 871.

Le récit de Bernard est intéressant en ce qu'il témoigne de la situation sur le pourtour de la Méditerranée en ce milieu du IXe siècle, où trois grandes puissances luttent pour le contrôle de la mer, au moins dans sa partie orientale, le califat de Bagdad, l'Empire byzantin et l'Empire franc, l'Italie du Sud étant un des enjeux de cette lutte. Lutte violente, puisque dans les six bateaux en partance au port de Tarente, l'auteur a vu entassés des captifs chrétiens, neuf mille selon lui. Même si le chiffre est sans doute exagéré, le fait demeure. On va les répartir entre l'Afrique du Nord, la Syrie et l'Égypte. Mais ces souverains qui se disputent ainsi l'Italie sont dans leur capitale, éloignée du théâtre des opérations, et ceux qui commandent réellement sont de plus petits princes, Lombards de Bénévent, émirs de Bari ou d'Alexandrie, qui entendent faire respecter leur autorité, sans recevoir d'ordre de personne. Les tribulations des pèlerins, dont les lettres de recommandation obtenues dans une ville ne sont pas

---

1. Texte intégral traduit du latin, présenté et annoté par Christiane Deluz.

reconnues dans l'autre, montrent cet émiettement des pouvoirs dans le sud de la péninsule et même dans l'Orient musulman.

Face à ce pouvoir éclaté, l'Église apparaît comme une force unie par-dessus toutes les frontières. Même si les relations ne sont pas toujours cordiales entre Rome et Byzance, le voyage se situe deux siècles avant le schisme et la conquête islamique fait sans doute quelque peu oublier les querelles avec le patriarcat schismatique d'Alexandrie, pour voir surtout en lui le défenseur des chrétiens d'Égypte. Quant aux monastères, ils forment un vaste réseau où l'on se retrouve en quelque sorte en famille, quelle que soit leur localisation. Bernard lui-même part en compagnie de deux moines, l'un de Saint-Vincent de Bénévent, l'autre originaire d'Espagne, et peut-être réfugié à la suite de la conquête musulmane.

Intéressant pour la connaissance de la situation politique et religieuse en Méditerranée, le récit de Bernard nous renseigne aussi sur les conditions de la circulation sur cette mer, une mer où naviguent surtout les vaisseaux musulmans. Ce sont eux que nos pèlerins empruntent, même si la puissance de Venise commence à poindre : Bernard est averti du vol des reliques de saint Marc à Alexandrie par les marins vénitiens en 828. La route la plus suivie conduit des ports du sud italien, Amalfi, Tarente, voire Bari, vers Alexandrie atteinte en un mois de navigation. Il faudra attendre le XIᵉ siècle et la croisade pour voir privilégier l'itinéraire des ports du nord, Venise et Gènes, vers la Syrie, Acre ou Tyr.

Se déplacer suppose se soumettre à toutes sortes de contrôles imposés par les autorités musulmanes, soucieuses de se préserver des espions et de tirer profit des voyageurs. Ce système de taxation est dû sans doute à l'administration des Abbassides, il n'apparaît pas dans les récits de la période omeyyade, celui de Willibald par exemple. Le passage où Bernard décrit ce qui apparaît comme un passeport avant la lettre a été souvent cité. Les pèlerins doivent se munir d'un document « donnant, dit-il, la description de nos visages » et l'itinéraire qu'ils entendent suivre. Taxes et tributs sont exigés sans cesse, pour débarquer à Alexandrie, pour quitter la ville, pour sortir de la prison où on les a jetés au Caire. Chaque fois, les sommes sont assez lourdes, six pièces d'or pour débarquer, soit environ vingt sous d'argent, treize deniers au Caire, treize autres à Alexandrie, soit à peu près chaque fois un sou. À titre de comparaison, un bœuf valait à cette époque environ six sous d'argent. Le texte de Bernard évoque à propos de ces taxes tout un système de ce que nous appellerions aujourd'hui les changes. Les Carolingiens avaient abandonné définitivement un monnayage d'or devenu sans commune mesure avec le volume des échanges pratiqués dans un empire où le grand commerce ne concernait plus que quelques catégories privilégiées. Mais l'or continuait à être frappé en Italie, concurremment à l'argent, comme d'ailleurs en terre d'Islam où circulaient dinars d'or et dirhems d'argent. Ces pièces des Occidentaux ne sont peut-être pas de très bon aloi, puisque

Bernard précise que les Sarrasins pèsent celles qui leur sont remises et les évaluent à la moitié de leur valeur, « trois sous et trois deniers chez eux sont six sous et six deniers chez nous ». Mais il ne formule pas de remarques trop désobligeantes sur les Sarrasins, vantant même à la fin de son discours la sécurité qui règne sur leurs terres, en contraste avec le banditisme qui désole les pays de chrétienté.

Sur le pèlerinage lui-même, le texte est sobre, au contraire de beaucoup d'autres récits du même genre. Il a dû se limiter à Jérusalem et Bethléem, toute visite supplémentaire entraînant le paiement de nouvelles taxes. Il énumère les principaux sanctuaires visités, en leur consacrant quelques lignes de description. Nous voyons une Jérusalem où la basilique du Saint-Sépulcre n'a pas encore été édifiée, et qui renferme les quatre sanctuaires de l'époque constantinienne, plusieurs fois restaurés au cours de l'histoire mouvementée de la Ville sainte, l'église ronde de la Résurrection, sur l'emplacement de tombeau du Christ, une basilique consacrée au sacrifice du Christ, et nommée pour cette raison *martyrium*, une église sur le Golgotha et une autre dédiée à sainte Marie. Il sait que beaucoup de descriptions détaillées des Lieux saints circulent et semble juger plus utile de parler des conditions d'hébergement. À l'hospice Sainte-Marie des Latins à Jérusalem, dont la fondation était attribuée à Charlemagne, il vante la bibliothèque, dont aucun pèlerin ne fait mention. Il a aussi apprécié les caravansérails sur la route entre l'Égypte et la Terre sainte, dans un désert dont l'étrangeté des paysages l'a fortement impressionné.

Le pèlerinage, commencé au sanctuaire de Saint-Michel du mont Gargan, s'achève au Mont-Saint-Michel, signant sans doute l'origine bretonne, ou normande, de Bernard.

Ce récit n'est conservé que dans un petit nombre de manuscrits, sa sobriété ayant sans doute joué contre sa diffusion. Nous avons suivi ici l'édition critique de T. Tobler, faite à partir de deux éditions plus anciennes, celle de Mabillon (1672) qui repose sur un manuscrit de Reims, celle de la Société de Géographie (1819) établie à partir des manuscrits de Cambridge, Leyde et Londres.

CHRISTIANE DELUZ

BIBLIOGRAPHIE : TOBLER T., *Descriptiones Terrae Sanctae ex saeculo VII, IX, XII et XV*, Leipzig, 1874, p. 85-99 et 395-408.

Ici commence l'itinéraire de trois moines, Bernard et ses compagnons, aux Lieux saints et à Babylone [1].

I

Au nom de Dieu, voulant voir les Lieux saints qui sont à Jérusalem, moi, Bernard, je me suis associé à deux frères dans l'amour et la piété. L'un, nommé Theudemond, venait du monastère du bienheureux Vincent à Bénévent, l'autre était un Espagnol du nom de Vincent. Quant à moi, c'est en France que je suis né.

Nous sommes donc allés dans la ville de Rome nous présenter au pape Nicolas [2] et il nous accorda, avec sa bénédiction, la licence que nous souhaitions pour nous aider dans notre pérégrination.

II

De là, cheminant, nous sommes arrivés au mont Gargan où se trouve l'église Saint-Michel [3] dominée par un rocher où croissent des chênes. On dit que c'est sans doute l'archange lui-même qui l'a consacrée. L'entrée de l'église est au nord, elle peut contenir soixante personnes. À l'intérieur, à l'orient, se trouve la statue de l'ange ; au midi est l'autel sur lequel on offre le sacrifice et où on ne dépose aucune autre offrande. Devant cet

---

1. C'est le nom sous lequel on désigne la ville chrétienne à côté de laquelle sera construite, au Xᵉ siècle, la ville du Caire.

2. Nicolas Iᵉʳ, pape de 858 à 867.

3. Un des plus anciens sanctuaires dédiés à saint Michel, dont l'abbé Aubert rapporta au VIIIᵉ siècle un fragment du manteau de l'archange pour fonder le Mont-Saint-Michel.

autel, il y a un vase suspendu dans lequel on dépose les dons. L'abbé de ce lieu se nomme Bénigne ; il gouverne un grand nombre de frères.

III

Quittant le mont Gargan, nous sommes arrivés, au bout de cent cinquante milles, à Bari, ville qui appartient aux Sarrasins, mais avait été auparavant sous l'autorité des Bénéventins[1]. Cette ville, située sur la mer, est renforcée au midi de deux murs très épais, tandis qu'au nord elle se dresse sur un cap exposé à la mer. Là, munis de deux lettres, nous sommes allés trouver le chef de cette cité, nommé le sultan, pour lui demander tout ce dont nous avions besoin pour naviguer. Ces lettres, adressées au maître d'Alexandrie et à celui de Babylone, donnaient la description de nos visages et exposaient notre itinéraire. Ces deux chefs sont soumis à l'autorité de *l'amaroumini*[2] qui demeure à Bagdad et à Axinarre[3] et commande à tous les Sarrasins qui sont au-delà de Jérusalem.

IV

Au départ de Bari, nous avons fait route vers le midi pendant quatre-vingt-dix milles jusqu'au port de Tarente. Là, nous avons trouvé six navires où il y avait neuf mille captifs chrétiens de Bénévent. Dans deux autres navires, qui partirent les premiers vers l'Afrique, il y avait trois mille captifs. Deux autres navires partirent ensuite en conduisant de même à Tripoli trois mille autres captifs.

V

Nous sommes montés dans un des deux autres navires, où se trouvait aussi le même nombre de captifs et, au bout de trente jours de navigation, nous avons été débarqués au port d'Alexandrie. Nous voulions descendre à terre, mais le chef des marins — ils étaient plus de soixante — nous en empêcha et, pour obtenir l'autorisation de débarquer, il fallut lui donner six *aurei*[4].

---

1. Bari fut prise par les musulmans en 841 et reprise par Louis le Germanique, allié à Basile le Macédonien, en 871.
2. Transcription du titre du calife, émir Al-Muminin, Commandeur des croyants.
3. Sans doute Samarra, édifiée par le calife Al-Mu'tasim en 836.
4. Sou d'or byzantin ou dinar d'or musulman, de valeur sensiblement égale.

VI

De là, nous sommes allés nous présenter au prince d'Alexandrie, auquel nous avons montré la lettre que nous avait donnée le sultan. Mais elle ne nous servit à rien, bien qu'il eût dit qu'il reconnaissait les lettres du sultan. Il nous contraignit à lui verser chacun treize deniers et il nous donna des lettres de recommandation pour le maître de Babylone. Chez ces gens, la coutume veut que l'on n'accepte que pour son poids tout ce qui peut se peser, de sorte que six sous et six deniers de chez nous ne valent pour eux que trois sous et trois deniers.

Cette ville d'Alexandrie est située au bord de la mer. C'est là que saint Marc l'Évangéliste prêcha et occupa la charge d'évêque. Au-delà de la porte orientale, se trouve le monastère de ce saint, avec des moines, près de l'église où il fut d'abord enseveli. Mais des Vénitiens vinrent par mer, prirent furtivement le corps à l'insu des gardiens et l'emportèrent dans leur île. À la sortie de la porte occidentale, il y a un monastère dit des Quarante Saints, où demeurent aussi des moines. Le port est au nord de la ville. Au midi se trouve l'embouchure du Gyon ou du Nil, qui arrose l'Égypte et traverse la ville, avant de se jeter en mer en ce port.

VII

Nous avons remonté le fleuve et, après six jours de navigation vers le midi, nous sommes arrivés à Babylone d'Égypte où régna jadis Pharaon, le roi sous lequel Joseph édifia sept greniers, qui sont encore debout[1]. À notre arrivée à Babylone, les gardes de la ville nous ont conduits auprès du maître de la ville, un Sarrasin qui s'appelait *Adelhacham*. Il voulut savoir tout ce qui concernait notre itinéraire et quels chefs nous avaient remis des lettres. Nous lui avons donc montré les lettres du sultan et du prince d'Alexandrie, mais cela ne nous servit de rien car il nous fit jeter en prison. Finalement, au bout de six jours, sur le conseil qu'on nous donna, grâce à Dieu, nous lui avons versé chacun treize deniers, comme nous l'avions déjà fait. Grâce aux lettres qu'il nous donna alors, personne ne devait dans aucune ville ou aucun lieu rien exiger de nous. Ce chef est le deuxième en dignité après l'*amaroumini*. Par la suite, quand nous étions entrés dans une ville, on ne nous laissait pas sortir sans que nous ayons obtenu une charte ou un document scellé que nous payions deux ou trois deniers.

À Babylone réside monseigneur le patriarche Michel[2] sous l'autorité

---

1. Les Pyramides étaient censées être les greniers de Joseph.
2. Michel Ier, patriarche d'Alexandrie de 859 à 871.

duquel sont placés, par la volonté de Dieu, tous les évêques, les moines et les chrétiens de toute l'Égypte. Ces chrétiens sont soumis aux païens et doivent, chaque année, en échange de la paix et de la liberté, payer un tribut au maître de Babylone. Le montant de ce tribut est de trois, deux, ou un *aureus* ou, pour les plus pauvres, de treize deniers. Si quelqu'un ne peut payer ces treize deniers, qu'il soit chrétien indigène ou étranger, il est mis en prison jusqu'à ce que, dans sa bonté, Dieu le fasse libérer par son ange ou qu'il soit racheté par les autres bons chrétiens.

VIII

Toutes ces formalités accomplies, nous sommes revenus en arrière, sur le fleuve Gyon et parvenus à la ville de Sitimuth. De Sitimuth, nous sommes allés à Mohalla [1] et de Mohalla à Damiette qui est entourée à peu près de tous côtés par le fleuve du Nil, sauf au nord où se trouve la mer. De là, nous avons navigué jusqu'à la ville de Tanis [2], où vivent des chrétiens très pieux qui pratiquent une hospitalité chaleureuse. Cette ville n'a qu'un petit espace de terre sur lequel s'élèvent des églises. On y montre les champs de Tanis où sont ensevelis, enclos de trois murs, ceux qui ont été massacrés au temps de Moïse.

IX

De Tanis, nous sommes arrivés à la ville de Fara [3]. On y trouve une église dédiée à sainte Marie, au lieu où Joseph, averti par l'ange, s'enfuit vers l'Égypte avec l'enfant et sa mère. Dans cette ville, il y a une multitude de chameaux que les étrangers prennent en location aux habitants pour porter leurs fardeaux dans le désert, dont la traversée dure six jours. Ce désert commence à la sortie de Fara. On a bien raison de l'appeler désert, car on n'y voit ni herbe, ni fruit d'aucune semence, sinon des palmiers. Il est blanc comme la campagne sous la neige. En chemin, on trouve deux hospices, nommés Albara et Albacara [4], dans lesquels païens aussi bien que chrétiens font commerce de tout ce qui est nécessaire aux voyageurs. Tout autour, en dehors des palmiers, la terre ne produit rien. Après Albacara, la terre redevient fertile jusqu'à Gaza, qui fut la ville de Samson et qui regorge de toutes sortes de richesses.

---

1. Sans doute aujourd'hui Semenoud et Mehalla-al-Koubra, dans le Delta.
2. Aujourd'hui en ruines, près du village de San el-Hagar.
3. Fara, ou Farama, à l'est de la branche orientale du Nil, près de l'actuelle El-Arish.
4. Sans doute deux caravansérails nommés Al-Bir, le puits, et Al-Bakara, la poulie.

X

Puis nous sommes venus à Alarixa[1] et d'Alarixa à Ramla à côté de laquelle se trouve le monastère où repose le bienheureux martyr Georges. De Ramla, nous nous sommes hâtés vers le château d'Emmaüs et, d'Emmaüs, nous sommes parvenus à la sainte cité de Jérusalem et on nous a reçus dans l'hospice du très glorieux empereur Charles[2]. On y reçoit tous ceux qui viennent en ce lieu par dévotion et sont de langue romane. Il est voisin d'une église dédiée à sainte Marie. Grâce au zèle de l'empereur, l'hospice possède aussi une très belle bibliothèque, douze maisons, des champs, des vignes et un jardin dans la vallée de Josaphat. Devant l'hospice, il y a une place où tous ceux qui y viennent commercer paient au responsable deux *aurei* par an.

Dans la ville, il y a quatre églises principales qui sont contiguës, l'une à l'Orient, appelée la basilique de Constantin, où se trouve le mont du Calvaire et l'endroit où fut trouvée la Croix du Seigneur, une autre au midi, la troisième à l'occident au milieu de laquelle est le sépulcre du Seigneur. Il est entouré de neuf colonnes, entre lesquelles s'élèvent des cloisons de belles pierres. Quatre de ces colonnes sont devant le Sépulcre et, avec les cloisons, elles enferment la pierre posée à l'entrée du tombeau que l'ange fit rouler et sur laquelle il s'assit après la résurrection du Seigneur. Il n'est pas nécessaire d'écrire davantage sur ce sujet, car Bède, dans son *Histoire des Anglais*, en parle suffisamment et nous ne pourrions rien ajouter. Il faut cependant dire que le samedi saint, veille de Pâques, on commence l'office du matin dans cette église ; à la fin de l'office, on chante *Kyrie Eleison* jusqu'à ce qu'un ange vienne allumer la lumière dans les lampes suspendues au-dessus du tombeau. Le patriarche donne cette lumière aux évêques et au reste du peuple pour que chacun l'emporte chez lui. Le patriarche s'appelle Théodose[3] ; il fut arraché par les chrétiens à son monastère, en raison de sa grande dévotion, et établi comme patriarche sur tous les chrétiens qui habitent en Terre sainte.

Au milieu des quatre églises, il y a le Paradis, sans toit, dont les murs sont couverts d'or et le pavement est fait de pierres très précieuses. Au centre, se réunissent quatre chaînes, venant des quatre églises ; on dit que c'est là le centre du monde.

---

1. El-Arish.
2. Fondé par Charlemagne, grâce à ses relations avec le calife Haroun-al-Rachid.
3. Patriarche de Jérusalem de 859 à 880.

XI

Dans la ville, se trouve une autre église, au midi, sur le mont Sion, dite de Saint-Syméon. Le Seigneur y lava les pieds de ses disciples et la couronne d'épines y est suspendue. La tradition veut que sainte Marie y soit morte. À côté, vers l'orient, est située l'église dédiée à saint Étienne, là où on affirme qu'il fut lapidé. Toujours en direction de l'orient, une église dédiée à saint Pierre à l'endroit où il renia le Seigneur. Au nord, le Temple de Salomon où se trouve la synagogue des Sarrasins. Au midi, les portes de fer par lesquelles l'ange fit sortir Pierre de sa prison. Elles ne furent plus ouvertes depuis.

XII

Quittant Jérusalem, nous sommes descendus dans la vallée de Josaphat, à un mille de la ville, où se trouve le village de Gethsémani, lieu de la nativité de sainte Marie. Une église ronde lui est dédiée, qui renferme son tombeau, quelque peu exposé à la pluie, car il n'y a pas de toit au-dessus. Au même endroit est l'église où le Seigneur a été livré ; on y voit quatre tables rondes, utilisées pour la Cène. Dans la vallée de Josaphat, se trouve encore l'église Saint-Léon, où le Seigneur reviendra, dit-on, au jour du Jugement.

XIII

De là, nous avons gravi le mont des Oliviers, sur la pente duquel on montre le lieu où le Seigneur pria son Père. À côté de ce mont, on montre l'endroit où les pharisiens conduisirent au Seigneur la femme surprise en adultère. On y conserve, dans une église dédiée à saint Jean, et sur un bloc de marbre, l'inscription tracée par le Seigneur sur le sol.

XIV

Au sommet du mont des Oliviers, à un mille de la vallée de Josaphat, se trouve le lieu de l'Ascension du Seigneur vers son Père. Il s'y trouve une église ronde, sans toit, avec, au centre, à l'endroit précis de l'Ascension du Seigneur, un autel en plein air sur lequel on célèbre la messe.

XV

Puis nous sommes allés à Béthanie, qui est au midi, au pied du mont des Oliviers à un mille de distance. On y voit un monastère dont l'église abrite le tombeau de Lazare et à côté, vers le nord, une piscine dans laquelle Lazare, ressuscité, alla se laver sur l'ordre du Seigneur. On dit qu'il fut ensuite évêque d'Éphèse pendant quarante ans. Au bas du mont des Oliviers, vers l'occident, on montre le marbre sur lequel le Seigneur monta pour se hisser sur l'ânon. Par là, au midi, dans la vallée de Josaphat, est située la piscine de Siloé.

XVI

De Jérusalem, nous avons fait route vers Bethléem. Six milles avant le lieu de la naissance du Seigneur, on montre le champ dans lequel travaillait Habacuc quand l'ange du Seigneur lui ordonna d'apporter son repas à Daniel à Babylone où régnait Nabuchodonosor. Maintenant, c'est la demeure des bêtes sauvages et des serpents. Bethléem possède une belle église très grande, dédiée à sainte Marie. Au centre, il y a une crypte voûtée d'une seule pierre, dont l'entrée est au midi et la sortie à l'orient. Dans la partie occidentale, on montre la crèche du Seigneur. Mais l'endroit où vagissait le Seigneur est à l'orient, avec un autel où on célèbre la messe. À côté de cette église, au midi, se trouve l'église des Bienheureux Innocents, martyrs. Enfin, à un mille de Bethléem, est le monastère des saints bergers auxquels l'ange apparut la nuit de la Nativité.

XVII

À trente milles de Jérusalem, vers l'orient, coule le Jourdain et, sur sa rive, le monastère de Saint-Jean-Baptiste. Dans cette région, se sont édifiés beaucoup de monastères.

XVIII

À l'occident de la ville de Jérusalem, à un mille, l'église Sainte-Mamilla conserve beaucoup de corps de martyrs tués par les Sarrasins et que cette sainte a enterrés là avec soin.

XIX

Quittant à nouveau Jérusalem, la Ville sainte, nous sommes revenus au bord de la mer et, après être montés sur un bateau, nous avons navigué soixante jours dans une grande angoisse, car le vent ne nous était pas favorable. Nous avons enfin abandonné la mer pour nous rendre au Mont d'Or[1] où se trouve une crypte avec sept autels. Au-dessus, il y a une grande forêt et personne ne peut entrer dans la crypte sans lampe allumée, tant elle est obscure et ténébreuse. L'abbé est monseigneur Valentin.

XX

Du Mont d'Or, nous sommes parvenus à Rome. À l'intérieur de la ville, à l'orient, au lieu-dit le Latran, se trouve une église dédiée à saint Jean-Baptiste, bien construite. C'est le véritable siège apostolique où, chaque soir, on apporte à l'Apôtre[2] les clés de toute la ville. À l'occident, l'église du bienheureux Pierre, le prince des Apôtres, où il repose. Sur toute la terre, il n'y a pas d'église de grandeur comparable ; elle est décorée d'ornements de toutes sortes. Dans cette ville reposent des corps saints en nombre incalculable.

XXI

C'est à Rome que nous nous sommes séparés ; puis, seul, je suis allé à Saint-Michel des deux tombes[3]. C'est un mont qui s'avance à deux lieues en mer. Au sommet se trouve une église en l'honneur de saint Michel. Deux fois par jour, matin et soir, la mer entoure le mont sans qu'on puisse l'atteindre tant qu'elle ne s'est pas retirée. Mais, le jour de la fête de saint Michel, la mer n'encercle pas le mont, elle reste immobile comme un mur à droite et à gauche, de sorte qu'en ce jour de solennité, tous, à quelque heure qu'ils viennent prier, peuvent accéder au mont, ce qui est impossible les autres jours. L'abbé du lieu est Phénimont, un Breton.

XXII

Il faut que je vous dise pour terminer comment les chrétiens observent la loi divine, soit à Jérusalem, soit en Égypte. Les chrétiens et les païens vivent dans une telle paix que, si je voyage et que, sur le chemin, mon

---

1. Prieuré bénédictin situé près d'Avellino, entre Rome et Naples.
2. C'est-à-dire le pape.
3. Le Mont-Saint-Michel, fondé en 708 par Aubert, évêque d'Avranches.

chameau ou mon âne, la monture du pauvre, vient à mourir et que je laisse tout mon bagage sans garde pour chercher une autre monture en ville, je trouverai tout intact à mon retour. Pour assurer la paix et la sécurité, si en ville ou sur un pont, ou sur le chemin, on trouve un homme marchant de nuit, ou même de jour, sans une charte quelconque ou un document scellé du roi ou du prince de la terre, on le fait aussitôt jeter en prison jusqu'à ce qu'on puisse s'assurer s'il est ou non un espion.

XXIII

Les Bénéventins ont tué par orgueil leur prince Sichard et grandement malmené les chrétiens. Puis ils ont eu entre eux des rixes et des querelles jusqu'à ce que Louis, frère de Lothaire et de Charles, appelé par ces mêmes Bénéventins, reçoive le pouvoir [1].

En Romanie, les choses vont mal, il s'y trouve beaucoup de voleurs et de brigands ; c'est pourquoi ceux qui veulent aller au tombeau de saint Pierre ne peuvent passer par là sinon en groupe et armés.

En Lombardie, où règne Louis, la paix est assez stable. Les Bretons vivent aussi en paix. Je vais vous dire leur coutume : si un homme a causé du tort à un autre, aussitôt arrive un troisième, quel qu'il soit, qui se dit témoin de tout et venge l'homme lésé comme s'il était de sa famille. Et si quelqu'un est convaincu d'un vol supérieur à quatre deniers, il est mis à mort et suspendu au gibet.

Enfin, au village de Gethsémani, nous avons vu des pierres de marbre taillées d'une telle minceur que l'on peut, si l'on veut, voir n'importe quoi au travers, comme à travers une vitre.

---

1. Sicard, prince de Bénevent, fut tué en 839. La guerre civile dura entre les princes Radelchis et Sikenoff jusqu'à ce qu'ils prêtent serment de fidélité à Louis II (849).

Le Pèlerinage de Maître Thietmar [1]

Thietmar
XIIIe siècle

INTRODUCTION

On connaît très mal Thietmar. Dans l'avant-propos de son édition, T. Tobler dit qu'il souhaiterait pouvoir en dire quelque chose. Il est possible qu'il faille voir en lui un des premiers frères mineurs à se rendre en Terre sainte, peu avant le départ de saint François pour l'Égypte, lors de la cinquième croisade. La chronique du frère mineur Nicolas Glassburger, rédigée entre 1491 et 1508, mentionne un Dithmar, pèlerin en 1217 et ayant rédigé un livre sur l'état de la Terre sainte destiné au pape. Le récit de Thietmar est daté de cette même année 1217, mais ne fait toutefois aucune allusion à la croisade. L'auteur dit avoir entendu chanter le rossignol à Damas le jour de la Saint-Martin, le 11 novembre, ce qui permet de situer son arrivée à Saint-Jean-d'Acre vers le mois de septembre. On peut ajouter qu'il est originaire de Westphalie puisqu'il dit avoir rencontré des compatriotes de cette région prisonniers à Damas.

Le texte de Thietmar est lui-même méconnu, à peu près jamais cité par ses contemporains ou successeurs, comme c'est habituel pour les récits de pèlerinage, et c'est regrettable, car il présente de l'intérêt à plus d'un titre.

La date est tout d'abord à remarquer, c'est le premier état détaillé de la situation en Terre sainte après le désastre de Hattin et la perte de Jérusalem en 1187. Mieux, ce début du XIIIe siècle représente une sorte de « trou » documentaire, les récits de pèlerinages ne réapparaissant en plus grand nombre que dans la deuxième moitié du siècle, avec le retour d'une certaine sécurité. Thietmar note soigneusement les ruines des églises et châteaux francs rencontrés sur son chemin, l'abandon désolant dans lequel il trouve le Saint-Sépulcre et au contraire les nouvelles constructions des Sarrasins, par exemple la forteresse du mont Thabor, ou encore ce « temple » élevé à Hattin par Saladin en mémorial de sa victoire et que

---

1. Traduit du latin, présenté et annoté par Christiane Deluz.

nul autre voyageur ne mentionne. Intéressé par les monuments contemporains, il l'est aussi par les ruines antiques, à Acre, à Césarée de Philippe. Et l'on voit apparaître au fil des pages non seulement les nombreuses citations de l'Écriture, indispensables pour un pèlerin, mais la mention de légendes de l'Antiquité païenne, celle de la fosse Memnon qui se remplit toute seule de sable, ou celle d'Andromède, accompagnée, il est vrai, d'un prudent « Le croie qui veut ! ».

Faut-il voir dans cet intérêt nouveau un reflet de l'ouverture de l'Occident à la culture antique dans les écoles épiscopales et les jeunes universités ?

Thietmar est en tout cas un esprit curieux de tout. Les routes étant encore peu sûres pour un pèlerin franc, il n'hésite pas à se laisser pousser la barbe et à se vêtir comme un moine géorgien pour pénétrer dans l'intérieur des terres et parvenir au mont Sinaï. Si ses connaissances géographiques sont encore bien imprécises, il pose un regard attentif sur le paysage, énumérant longuement tous les animaux sauvages du Carmel, s'émerveillant de la beauté de l'oasis de Damas, des fleurs, des chants d'oiseaux. Mais on voit aussi l'effroi de l'homme des grandes plaines d'Allemagne du Nord devant les montagnes de Transjordanie, leurs pentes rocheuses abruptes dominant des précipices qu'il juge vertigineux. Et l'étonnement de l'homme des verts pâturages, des forêts touffues, devant la terrible sécheresse du désert, sable, pierrailles et rares puits aux eaux putrides. C'est au cours de cette difficile route vers Sainte-Catherine du Sinaï qu'il passe par le défilé de Pétra, nous offrant ainsi la première description faite par un pèlerin occidental de la ville, et des demeures et temples taillés dans le roc, mais le site est selon lui inhabité et il n'en donne pas le nom.

Curieux du pays, Thietmar l'est aussi de ses habitants. Il raconte toutes sortes de rencontres qui nous permettent de voir vivre la société composite de cette Terre sainte au XIIIe siècle. Il y a les prisonniers, non seulement ses malheureux compatriotes enfermés dans les geôles de Damas, mais d'autres, Français, Anglais, Latins de divers pays, pêcheurs au service du sultan dans un îlot de la mer Rouge. Il y a les Grecs, une vieille femme qui l'héberge près du Krak de Moab, un évêque au même endroit qui le reçoit et le bénit « dans sa langue ». Il y a les Francs, demeurés là malgré la défaite, comme cette veuve à Montréal, qui joue en quelque sorte le rôle d'aubergiste et fournit vivres et guide pour la traversée du désert. Et, bien sûr, il y a les Sarrasins, avec lesquels les relations sont diverses. L'auteur subit toutes sortes de tracasseries administratives à son entrée à Damas, tombe dans une embuscade près de Bethléem et se retrouve enfermé pour plusieurs jours jusqu'à ce qu'un de ses compagnons, un Hongrois, réussisse à les faire libérer par des compatriotes passés au service de l'Islam. D'un autre côté, nous assistons à des grandes joutes dans la plaine au pied du mont Carmel, au cours desquelles cavaliers bédouins et chevaliers des ordres militaires fraternisent dans un même amour des prouesses équestres.

Thietmar est vraiment intéressé par l'Islam. Il s'est soigneusement informé sur la loi coranique, les pratiques religieuses, il décrit les ablutions rituelles, la gestuelle de la prière. Certes, les musulmans ne sont pas idéalisés et certaines coutumes sont stigmatisées, notamment l'enfermement des femmes sous la garde d'eunuques. Mais le pèlerin qu'il est tient leur foi en grande estime. Il ose mettre en parallèle leur pèlerinage vers La Mecque avec celui des chrétiens à Jérusalem. Dans le long chapitre qu'il consacre au monastère de Notre-Dame de Seidnaya, près de Damas, il fait le récit de miracles accomplis par la Vierge en faveur de musulmans, une pauvre femme, soutenue par la prière de toute l'assemblée, un sultan parce que « bien que païen, il avait foi en Dieu ».

Ce texte est donc un témoignage assez remarquable, non seulement sur la Terre sainte au début du XIIIe siècle, ses paysages, ses monuments, ses habitants, mais aussi sur un changement d'attitude envers l'Islam, ou plutôt un autre regard posé sur les musulmans, un lent passage de l'esprit de croisade à l'esprit de mission.

CHRISTIANE DELUZ

BIBLIOGRAPHIE : Le texte traduit ici est celui de l'édition de J. C. M. LAURENT, *Magistri Thietmari peregrinatio*, Hambourg, 1857, d'après un manuscrit de Hambourg et « plusieurs autres », sans précision. C'est l'édition la plus récente et la mieux annotée. Les chapitres sont simplement numérotés, nous avons ajouté des titres.

Il existe deux autres éditions : TOBLER T., *Magistri Thietmari Iter ad Terram Sanctam*, Saint-Gall, 1851, d'après le manuscrit de Berne et celle du baron J. DE SAINT-GÉNOIS, *Voyages faits en Terre sainte par Thietmar en 1217 et par Burchard de Strasbourg en 1175, 1189 ou 1225*, Mémoires de l'Académie royale de Belgique, t. XXX.

La mention du pèlerinage du frère Dithmar se trouve dans : *Chronica Fratris Nicolai Glassburger, Ordinis minorum observantium edita, Analecta Franciscana seu chronica aliaque varia documenta ad historiam fratrum minorum spectantia*, t. II, Florence, Quarachi, 1887.

Sur la Terre sainte en 1217, on consultera les histoires des croisades et du royaume de Jérusalem, notamment : PRAWER J., *Histoire du royaume latin de Jérusalem*, Paris, CNRS, 1969-1971, 2 vol.

I

LES MOTIFS DU DÉPART

Moi, Thietmar, pour le pardon de mes péchés, je me suis armé du signe de la croix et ai quitté ma maison, en pèlerin, avec mes compagnons. Je suis parvenu à Acre après avoir couru, sur mer et sur terre, des dangers qui semblaient bien menaçants à ma fragilité, mais bien minimes en comparaison de la récompense divine.

Je m'y suis reposé environ un mois. La Terre sainte connaissait alors quelque répit grâce aux trèves signées entre les Sarrasins et les chrétiens [1]. Je savais que c'est en ne vivant pas selon l'esprit de ce monde, mais en peinant et en me fatiguant que je parviendrais à la vie éternelle. Aussi, pour ne pas m'abandonner à l'oisiveté et aux plaisirs de la chair qui conspirent contre l'esprit, mais pour faire grandir mon âme par les peines imposées à mon corps, je pris ma décision : visiter, dans la mesure de mes possibilités, les lieux que notre Seigneur Jésus-Christ, vrai Dieu et vrai homme, vrai Fils de Dieu et de l'homme, a marqués du sceau de sa présence corporelle et a sanctifiés. Ces lieux aussi qui ont été habités par nos vénérables Pères, comme on le lit dans le Pentateuque, et ceux où reposent beaucoup de saints.

Je désirais d'un ardent désir voir en personne ce dont j'avais souvent entendu parler dans l'obscurité et le mystère des Écritures. Et, comme j'ai apprécié l'odeur du thym, le goût du miel en m'adonnant à la lecture, j'ai pensé qu'il n'était pas inutile de confier à l'écrit ce que j'avais vu moi-même ou appris sûrement de témoins dignes de foi. Avec le secours de l'écriture, je ne risquerais pas de voir sombrer dans le brouillard de l'oubli ce que la nature seule ne me permettrait pas de garder en mémoire.

En rédigeant ces lignes, je veux seulement plaire à Dieu, et je rejette

---

1. Des trèves avaient été conclues en 1204 entre le roi de Jérusalem, Aimery de Lusignan, et le sultan d'Égypte al-Malik al'Adil. Elles furent renouvelées jusqu'au début de la cinquième croisade, en juin 1217.

tout orgueil et fausse gloire ne voulant pas être de ceux qui recherchent les louanges des hommes et une vaine renommée et dont l'Évangile dit : « En vérité, je vous le dis, ils ont reçu leur récompense. » Il serait à mon avis tout à fait stupide et absurde d'échanger tous les si grands dangers du voyage sur terre et sur mer supportés dans l'épuisement du corps et de l'esprit, mais avec la récompense que j'en attends de Dieu dans la vie éternelle, contre une gloire humaine, une gloire vaine, ou pour mieux dire, contre rien.

Si quelque lecteur veut bien ouvrir ce livre et y prendre plaisir avec moi, qu'il ne s'irrite pas, et ne me méprise pas, il verra qu'après tout mon livre a été composé sans apprêts, en toute simplicité, pour occuper mes loisirs et me remémorer les lieux que j'ai visités en Terre sainte et les miracles que la puissance de Dieu y a accomplis.

II

ACRE ET LA GALILÉE

Donc, l'an de l'Incarnation du Sauveur du monde 1217, j'étais à Acre, appelée jadis Ptolémaïs. On y trouvait autrefois l'idole de Béelzébuth, c'est pourquoi on lit dans l'Évangile qu'il y avait un Dieu à Acre et, dans le port, il y a encore une tour appelée Tour des mouches [1]. Dans cette ville, Jonathas, père de Judas Macchabée, fut pris par ruse et tué par Triphon. La ville d'Acre est une des cinq villes des Philistins.

Je suis parti d'Acre, avec quelques Syriens et Sarrasins, à travers le pays de Zabulon et de Nephtali. J'ai traversé la ville de Séphor où naquit sainte Anne, mère de la bienheureuse Vierge, ainsi que Nazareth, où eut lieu l'Annonciation, où le Seigneur fut élevé et passa son enfance. Près de la ville est le mont d'où les proches de Jésus, étonnés de sa sagesse, voulaient le précipiter. Encore aujourd'hui, l'endroit garde le nom de Précipice ou Saut du Seigneur, parce qu'il disparut à leurs yeux au moment où ils voulaient le jeter en bas et certains racontent même qu'il a sauté de ce mont dans la vallée. On a construit là une chapelle.

Après Nazareth, je me suis rendu à Cana en Galilée où le Seigneur changea l'eau en vin le jour des noces. On y a construit une église et on voit encore quelques ruines de l'endroit où furent posées les urnes d'eau. Un Sarrasin me dit que la citerne où on puisa l'eau changée en vin contient encore de l'eau ayant goût de vin.

De Cana de Galilée, je suis allé au mont Thabor, où, en présence des apôtres Pierre, Jacques et Jean, le Seigneur fut transfiguré entouré de Moïse et Élie. Ce mont est très élevé. On a construit au sommet une église

---

1. La citation est en réalité dans le Livre des Rois et concerne une autre ville. Béelzébuth signifiait, selon certains, « dieu des mouches ».

pour une abbaye importante de bénédictins. Mais les Sarrasins viennent de l'occuper et l'ont fortifiée avec une muraille et une tour [1].

Au pied du mont Thabor, j'ai rencontré un noble, richement vêtu, châtelain du mont, qui chassait à l'épervier. Il me questionna en détail sur l'Empire, l'empereur, les rois chrétiens et l'état de nos terres, alors qu'il en était informé car, à peine avais-je répondu, qu'il reprit plus longuement ce qu'il avait demandé à savoir et, sur toutes choses, il en savait plus et mieux que moi.

Au pied du mont Thabor, j'ai vu sur mon chemin le mont Hermon et les vastes plaines de Galilée où périrent Sisara et toute son armée. J'ai ensuite traversé la plaine où l'armée des chrétiens fut vaincue et la sainte Croix prise par les ennemis de la croix. Au milieu de la plaine, sur une petite éminence, Saladin édifia un temple à ses dieux en action de grâces pour sa victoire [2]. Le temple est toujours là, mais abandonné et en ruines, ce qui n'est pas étonnant, car il n'a pas été construit sur le rocher qui est le Christ, duquel vient tout bien parfait et sans lequel rien n'est bon ni solide.

Non loin de là, j'ai vu la ville de Naïm où le Seigneur a ressuscité le fils de la veuve. À côté est le mont Endor d'où jaillit le torrent du Cyson.

Puis ma route m'a conduit à la mer de Galilée où le Seigneur appela Pierre et André et sur les flots de laquelle il marcha, tandis que la barque de Pierre était battue des vagues et que lui-même fut tiré hors de l'eau par le Seigneur alors qu'il se noyait. C'est là aussi que le Seigneur apparut à ses disciples après sa résurrection et mangea avec eux du poisson grillé. On appelle ce lieu La Table. On y avait élevé une chapelle qui a été détruite par les Sarrasins. Il croît à l'entour des plantes aromatiques qui restent vigoureuses toute l'année, hiver comme été. Les Sarrasins ont souvent essayé de les arracher, mais sans succès ; ils ne peuvent aller contre la volonté de Dieu.

Dans le voisinage, se trouve le mont où le Seigneur a nourri cinq mille hommes avec cinq pains et a enseigné ses disciples. L'Évangile le dit : « Descendant de la montagne, Jésus s'arrêta dans une plaine. »

Enfin, je suis arrivé à Tibériade, appelée jadis Cinnereth. Elle a reçu son nouveau nom de Tibère César. Dans cette ville résidaient jadis un évêque et un noble laïc appelé le seigneur de Tibériade. Elle était célèbre pour ses remparts. L'enfant Jésus y était souvent venu dans son enfance. Elle a été détruite par les Sarrasins et aujourd'hui il ne reste que quelques habitants tant Sarrasins que chrétiens.

J'ai suivi ensuite la rive de la mer de Galilée jusqu'au Jourdain, à l'endroit où ce fleuve sort de la mer et sépare la Galilée de l'Idumée. Il faut

---

1. Cette occupation eut lieu en 1212.
2. La victoire de Hattin, en juillet 1187, remportée par Saladin sur les chrétiens et qui mit fin au premier royaume de Jérusalem.

noter que la mer de Galilée contient de très bons poissons, très bons à manger. La Galilée s'étend entre le pays de Zabulon et celui de Nephtali.

J'ai traversé le Jourdain pour aller en Idumée, faisant en chemin l'ascension d'un très beau mont d'où je voyais à droite et à gauche beaucoup de terres et de villes dans lesquelles le Seigneur Jésus se rendait souvent.

La mer de Galilée commence entre Bethsaïde et Capharnaüm. C'est de Bethsaïde qu'étaient originaires Pierre, André, Jean et Jacques fils d'Alphée. Là se trouvent aussi Génésareth et Corozaïm où doit naître l'Antéchrist et Cédar dont le Psaume dit : « J'ai habité avec ceux qui habitent à Cédar. » Vers le sud, on trouve Dothaïm où Joseph retrouva ses frères qui le vendirent. J'ai vu aussi les monts de Gelboé où périrent Saül et Jonathan. De là, les mots de David : « Monts de Gelboé que ni pluie ni rosée ne descendent sur vous. » Mais je n'ai pas pu savoir si, en fait, la pluie tombait ou non sur eux. J'ai entendu dire que là vivent des perroquets, qui ne peuvent supporter la pluie. Dans le voisinage, on trouve Béthulie, la ville de Judith où elle tua Holopherne, et les villes que Salomon donna à son ami le roi Hiram.

III

DAMAS ET SA RÉGION

Au-delà du mont qui domine le Jourdain aux confins de l'Idumée, j'ai traversé des plaines cultivées à la terre bonne et fertile avant de parvenir à une ville nommée Nawa, jadis très belle, très puissante, mais aujourd'hui détruite, quoique quelques Sarrasins y habitent encore[1]. À gauche, je pouvais contempler les monts du Liban au pied desquels jaillissent deux sources, Jor et Dan, qui forment le Jourdain. Dan a un cours souterrain sur quelque distance, Jor, non. Ils traversent un même lac puis, par la mer de Galilée au pied des monts de Gelboé, ils forment le Jourdain.

Non loin de là, on trouve la cité de Césarée de Philippe où le Seigneur demanda à ses disciples : « Aux dires des gens, qui est le Fils de l'Homme ? » Jadis, elle s'appelait Belinal, du nom du mont Belinas, tout proche, qui sépare l'Idumée de la Phénicie. Il y a là un fleuve qui coule seulement le jour du sabbat et que l'on nomme Sabbaticus[2]. Non loin de ce lieu où commence le territoire de Dan, se trouve le tombeau en forme de pyramide du bienheureux Job, que tous tiennent en grande vénération. À proximité, tous les ans, au début de l'été, une grande foule se rassemble pour des foires : Arabes, Parthes, Iduméens, Syriens et Turcs et beaucoup d'autres qui campent là avec leurs troupeaux.

---

1. Nawa, à environ 40 km au sud-est de Qounaïtra, fut importante aux premiers siècles de l'Islam.
2. Cette légende remonte à l'*Histoire naturelle* de Pline, II, 102-106.

Aux confins de l'Idumée, à deux milles du Jourdain, est le fleuve de Jacob où il lutta avec l'ange.

[...] Je suis ensuite parvenu à une cité nommée Salomen [1], actuellement détruite, mais on y voit encore beaucoup de tours, toutes construites d'une façon merveilleusement simple, les pierres assemblées sans ciment ni autre joint. Là, j'ai passé la nuit dans une maison d'hôtes où les voyageurs sont hébergés aux frais du sultan. J'y ai vu un Sarrasin avec sept femmes, tous couchés dans le même lit. Les femmes avaient des pantalons, leurs surcots leur allaient jusqu'aux genoux, les jambes des pantalons descendant jusqu'aux pieds. De Salomen, je suis allé jusqu'à un village distant de trois milles de Damas, où les voyageurs doivent s'arrêter pour passer la nuit aux frais du sultan, même s'ils arrivent à midi. Puis je suis arrivé à Damas. Près de la route royale sortant de Damas, est situé le lieu où le Seigneur convertit Paul. Cet endroit est appelé Les prés de Sophar. C'est la coutume de rechercher minutieusement combien d'or ont sur eux les voyageurs qui entrent à Damas, car on doit au sultan la dîme de l'or. On a fouillé tous mes vêtements, jusqu'à mon linge de corps, ainsi que ceux de tous mes compagnons, les pauvres comme les riches.

La ville de Damas est située à l'endroit où Caïn tua son frère Abel, dont le sang criait vers Dieu depuis la terre. Elle n'est pas très bien fortifiée, mais je n'ai jamais vu une ville aussi peuplée. Elle est exceptionnellement riche, pleine d'artisans réputés et remarquables dans des domaines divers. Elle est charmante et opulente, car son territoire est cultivable et aussi bien cultivé que possible, fleuri et propre aux pâturages. Elle est embellie de fontaines et de canaux artificiels plus merveilleux qu'on ne peut l'imaginer. Dans chaque maison, dans chaque rue, il y a des bassins ou des lavoirs carrés ou ronds, admirablement disposés selon le goût ou la fantaisie des riches.

La cité est toute entourée de jardins très agréables, arrosés de ruisseaux et de canaux d'irrigation artificiels ou naturels. Ils sont très riches en toutes espèces d'arbres, fruitiers ou non, ils sont plaisants par leur fraîcheur, les jeux des oiseaux et leurs fleurs multicolores, qui les couvrent comme d'un manteau de pourpre impérial. La grâce de la nature tout entière a voulu paraître en ce lieu si bien qu'on pourrait vraiment l'appeler un second paradis. J'y ai entendu, en la fête de saint Martin, chanter le rossignol, l'alouette, la corneille et d'autres oiseaux. J'ai vu des violettes fraîchement écloses et, dans mon émerveillement, j'en ai acheté.

De même que ce lieu est plein de délicatesse, de même, ses habitants sont délicats, comme le veulent le cadre et le climat. Les plus délicieuses variétés de nourriture imaginables et mieux encore, on les trouve chez eux. J'ai vu plus de vingt sortes de pains et j'en ai goûté plusieurs. On fait

---

1. Sanamein, en Syrie, qui conserve encore des ruines romaines, notamment celles d'un grand temple du IIe siècle ap. J.-C.

rarement la cuisine chez soi, car c'est la coutume de préparer des plats en public sur le marché et, une fois préparés, de les emporter pour les vendre à travers la ville. Personne n'ose, c'est interdit sous peine des sanctions les plus graves, vendre de la nourriture de la veille sans l'indiquer. Ce sont les pauvres qui achètent les plats qui ont plus d'un jour et une nuit.

Je suis resté six jours à Damas et j'ai un peu compris la loi et les mœurs des Sarrasins. Leur vie est ignoble et leur loi corrompue. Les Sarrasins prennent tous les plaisirs, licites ou illicites. [...] Chacun a autant de femmes qu'il le peut. Au temps du jeûne, ils jeûnent jusqu'au crépuscule, puis ils mangent toute la nuit ou chaque fois qu'ils le peuvent. Il y a des sortes de hérauts, établis sur les tours, qui proclament la nuit : « Levez-vous, vous qui avez jeûné. Mangez bien, refaites vos forces. »

Le beau et grand monastère construit jadis par les Grecs en l'honneur de saint Paul a été converti par les Sarrasins en mosquée. Ils y ont un bassin où celui qui a péché va se laver et il est réconcilié avec Dieu. Il se lave le membre avec lequel il a péché, et voilà leur confession ! Ils prient quatre fois par jour et une fois dans la nuit. En guise de cloches, ils utilisent la voix du héraut. À son appel, ils se rassemblent solennellement à l'église [1]. Les Sarrasins pieux se lavent à toute heure avec de l'eau, ou du sable si l'eau manque. Ils commencent par la tête, se lavent le visage, les bras, les mains, les jambes, les pieds, les parties honteuses et l'anus. Ensuite, ils vont prier. Ils ne prient jamais sans faire beaucoup de prosternations. Ils prient tournés vers le midi, se frappent la poitrine devant tous, et prient à haute voix. Ils se prosternent sur des tapis carrés qu'ils portent toujours avec eux sous leur ceinture et, en se prosternant, ils frappent la terre de leur front. Quant à leurs morts, ils les déposent dans la tombe avec beaucoup de chants. Ils les couchent sur le côté droit, de façon qu'ils paraissent regarder au midi, vers le temple de Mahomet.

Les femmes des Sarrasins sortent voilées, couvertes jusqu'aux pieds de boucran [2]. Elles n'entrent jamais dans leurs temples. Les femmes nobles sont strictement gardées par des eunuques et ne quittent jamais leur domicile, sauf par ordre de leur mari. Personne, pas même un proche du mari ou de la femme, n'ose s'approcher d'une femme sans le consentement de son mari.

Alors que j'étais dans le palais du sultan, une grande et belle construction, j'ai voulu voir des chrétiens captifs dans la fosse du sultan, qui est la prison, mais cela ne parut pas sage à mon guide. N'osant pas entrer, j'ai reçu des lettres d'eux et leur en ai fait parvenir par des intermédiaires. Un chevalier suève me fit donner une bourse qu'il avait faite de sa main dans la prison. J'ai vu aussi en ville plusieurs captifs chrétiens, des Allemands, mais je n'osai leur parler de crainte d'être tué. J'ai vu un captif de

---

1. Tel dans le texte.
2. C'est un fin tissu de lin ou de coton dont le nom vient de Boukhara.

Wernigerode et un chevalier de Quedlinburg [1] nommé Jean, qui me donna une bourse.

Il faut noter qu'à Damas et dans les environs chaque nation pratique librement son culte et on y trouve plusieurs églises chrétiennes. [...]

IV

NOTRE-DAME DE SEIDNAYA

Mon séjour à Damas a duré six jours et j'ai pu traverser les deux fleuves de Syrie, l'Abana et le Pharphar, et me rendre jusqu'au mont Seyr où se trouve une icône de la bienheureuse Vierge Marie, formée de chair par une sorte d'incarnation [2].

Au temps où les Grecs demeuraient en Terre sainte, vivait à Damas, capitale de la Syrie, une vénérable matrone. Elle prit l'habit monastique pour se mettre au service de Dieu et, afin de pouvoir plus librement se consacrer à la prière, elle se retira loin du tumulte de la ville, à six milles, en un lieu nommé Sardenai. Elle y construisit une petite maison et un oratoire en l'honneur de Marie, la sainte Mère de Dieu, et elle offrait l'hospitalité aux pauvres pèlerins.

Or il arriva qu'un moine de Constantinople, venu à Jérusalem pour visiter les Lieux saints et y prier, fut reçu chez la religieuse. Apprenant qu'il se rendait dans la Ville sainte, elle le supplia humblement et très instamment de lui rapporter de cette Ville sainte une icône (c'est une tablette peinte) pour qu'elle la dépose dans son oratoire et qu'ainsi elle prie devant l'image de la Mère de Dieu. Le moine promit de lui rapporter l'icône. Il se rendit à Jérusalem, y fit ses dévotions, visita les Lieux saints et s'apprêta à repartir, oubliant sa promesse. Il était déjà sur la route hors de la ville quand une voix venue du ciel lui dit : « Comment repars-tu ainsi les mains vides ? Où est l'icône que tu as promis de rapporter à la religieuse ? » Le moine se rappela sa promesse, rentra en ville et demanda où on vendait les icônes. Parmi celles qui étaient en vente, il en choisit une et l'acheta. Il quitta à nouveau la ville, cette fois avec l'icône, et parvint à un lieu nommé Geth où était alors caché un lion qui dévorait tous ceux qu'il pouvait atteindre. Mais l'animal vint humblement lécher les pieds du moine, qui put ainsi passer sans mal, sous la protection de la grâce divine. Il arriva ensuite à une caverne où se réunissaient beaucoup de voleurs. Dès qu'ils l'aperçurent, ils voulurent porter la main sur lui, mais ils furent terrifiés par la voix d'un ange et ne pouvaient plus ni

----

1. Deux villes du Harz, pourvues d'importants châteaux. Ces prisonniers étaient peut-être là depuis les combats de la troisième croisade de 1189-1191.
2. Le sanctuaire de Seidnaya, à 35 km au nord de Damas, est resté jusqu'à nos jours un lieu de pèlerinage très fréquenté par chrétiens et musulmans.

bouger ni parler. Quant au moine, il passa son chemin en toute sécurité avec l'aide de Dieu. Il pensa alors que l'icône qu'il portait était chargée d'une vertu divine et décida de ne pas la donner à la religieuse, mais de l'emporter avec lui dans son pays.

Il vint donc à Acre et monta dans un navire pour rentrer chez lui. Les matelots firent voile vers Constantinople. Mais, au bout de quelques jours de mer, une tempête soudaine et violente se leva, les matelots prirent peur et chacun commença à jeter ses bagages en mer. Le moine se préparait lui aussi à jeter la besace où se trouvait l'icône, mais un ange lui dit : « Ne jette pas l'icône, élève-la dans tes mains vers Dieu. » Aussitôt, la tempête s'arrêta, le calme régna sur la mer. Les marins, ne trouvant plus leur route, revinrent malgré eux à Acre d'où ils étaient partis. Alors le moine prit conscience de ce qui s'était passé et comprit la volonté de Dieu ; il décida de respecter sa promesse et revint chez la religieuse avec l'icône. Elle le reçut avec le respect dû à un homme d'Église, mais elle ne l'avait pas reconnu parmi ses très nombreux hôtes et ne lui demanda pas l'icône qu'il lui avait promise. Quand il vit qu'elle ne la lui réclamait pas, le moine décida de ne pas rendre l'icône et de la garder pour lui. Il entra dans l'oratoire pour faire une prière avant de retourner dans son pays. Mais, quand sa prière fut terminée et qu'il voulut sortir, il ne trouva plus d'issue par où quitter l'oratoire. Il posa l'icône qu'il portait, aussitôt, il vit la porte de l'oratoire ouverte et, s'apprêtant à sortir, il reprit l'icône. De nouveau, la porte et la sortie disparurent à ses yeux. Et cela dura toute la journée : quand il posait l'icône, il voyait la porte, quand il voulait sortir avec l'icône, ce n'était plus possible. Comprenant alors le bien-fondé de la volonté divine, le moine déposa l'icône dans l'oratoire, retourna auprès de la religieuse et lui raconta avec exactitude tout ce qui s'était passé par l'intervention divine. Il ajouta que c'était la volonté de Dieu que l'icône restât là et reçut des fidèles la vénération qui lui était due.

La religieuse reçut donc l'icône et se mit à louer et bénir Dieu et la glorieuse Vierge Marie de tout ce qui s'était passé. Quant au moine, il décida de servir Dieu tout le reste de sa vie en ce même lieu, à cause du miracle qu'il savait avoir été accompli par Dieu grâce à l'image de sa Sainte Mère. Or l'icône, qui était tenue en grande vénération, commença à suer et à émettre un liquide que la religieuse essuya avec un linge très fin et propre. Le liquide qui émanait de l'icône avait une telle vertu qu'appliqué sur les membres, il faisait disparaître la souffrance. Cette vertu dure encore aujourd'hui.

L'icône commença donc à recevoir de grands honneurs parce que les gens, souffrant de diverses infirmités, venaient vers elle et étaient guéris. [...] Peu à peu, l'image de la Mère de Dieu se revêtit de chair, avec une poitrine. J'ai appris par le témoignage de frères qui l'ont vue, notamment frère Thomas [1], lequel l'a même touchée du doigt, et par beaucoup d'autres qui l'ont vue, qu'elle semble revêtue de chair de la poitrine jusqu'aux pieds. Un liquide en émane que les frères du Temple emportent chez eux quand ils viennent au sanctuaire rendre grâces pour avoir obtenu des trêves avec les païens.

Il est arrivé qu'un sultan de Damas, qui était borgne, perdit aussi l'autre œil et devint aveugle. Il entendit parler de l'image de la Mère de Dieu et de tous les miracles que Dieu accomplissait par elle. Il vint donc au lieu où on la vénérait et entra dans l'oratoire ; bien que païen, il avait foi en Dieu qui pouvait lui rendre la santé grâce à l'image de sa Mère, il se prosterna à terre et pria. Quand il se releva, il leva les yeux et vit la flamme briller dans une lampe posée devant l'icône. Ensuite, il retrouva complètement la vue et glorifia Dieu avec tous les assistants. Et comme la première chose qu'il avait vue était la flamme brillant dans la lampe, il fit vœu au Seigneur de donner chaque année soixante mesures d'huile pour le luminaire de l'église.

[Suit le récit d'autres miracles.]

Il faut savoir aussi que dans la ville où se trouve l'icône de Notre-Dame, aucun Sarrasin n'ose demeurer ni même passer la nuit. Après la perte de la Terre sainte, les Sarrasins décidèrent d'occuper la ville et de la fortifier, mais ils ne purent s'y maintenir un an. Il y a là un évêque, une abbesse et des moniales, mais, par égard pour la bienheureuse Vierge, la primauté revient à l'abbesse.

Le jour de la fête de Notre-Dame, on voit se produire des miracles. Un jour, par exemple, une grande foule s'était rassemblée pour prier et recevoir de l'huile et, tandis que tous en avaient déjà reçu dans leurs flacons, il se trouva une femme sans récipient. Elle emplit l'église de ses pleurs et de ses lamentations de ne pouvoir, faute de récipient, recevoir la précieuse huile. La Mère de miséricorde eut pitié de cette femme qui se lamentait et répondit à son espoir, non à cause de ses mérites, car c'était une Sarrasine, mais à cause de la piété de la foule et de la certitude de cette femme d'être sauvée grâce à cette huile. La femme trouva soudain par miracle une ampoule pleine d'huile entre ses mains.

Le vin est abondant en ce lieu. Les Sarrasins cherchent une occasion pour venir en boire en cachette, car leur loi ne le leur permet pas. S'ils s'enivrent, ils meurent. Et, à toutes les portes de Damas, on surveille très strictement que personne n'apporte de vin.

---

1. Il s'agit sans doute d'un maître de théologie assez réputé, dont parlent d'autres contemporains de Thietmar.

V

BAGDAD ET LE CALIFE

Aux confins de cette province se trouvent la Chaldée et la Mésopotamie. Non loin de là coule l'Euphrate dont le nom signifie « pur et froid ». Il traverse les ruines de Babylone. [...] C'est là que régnait Nabuchodonosor, là que se trouvait la tour de Babel et on y voit le tombeau du prophète Daniel, merveilleusement construit et décoré.

Vers l'orient, aux confins de la Chaldée, de l'Idumée et de la Perse, on trouve une grande cité fortifiée nommée Bagdad. C'est la capitale, où réside le pape des Sarrasins, nommé calife, immensément riche et puissant. Il est le gardien de la loi des Sarrasins, ordonnant à tous, comme le pape chez nous, de l'observer sous peine de péché. S'il veut sortir, ce n'est jamais de jour mais de nuit, si cela lui plaît. Mais si, pendant la nuit, quelqu'un le voit marcher, l'appelle ou le désigne, c'est pour eux une faute mortelle. Pendant le jour, il réside dans son palais ; ceux qui viennent le voir s'agenouillent devant lui et s'approchent en marchant sur les genoux, puis embrassent les siens. S'ils sont nobles, ils embrassent non ses genoux mais ses épaules. Ce pape a dans sa résidence beaucoup de jeunes vierges auxquelles il s'unit à son gré. Si l'un des nobles peut obtenir comme épouse une de ces filles corrompues, il lui semble avoir reçu la reine du ciel, Diane ou Vénus. [...]

Près de Damas, il y a une grande plaine dont la moitié appartient au pape des Sarrasins, l'autre moitié au sultan de Damas. C'est là que pousse une laine que l'on nomme coton en français et *bombix* en latin. On la ramasse sur de petits arbrisseaux.

Après avoir traversé toute la région dont je viens de parler et vu l'icône de Notre-Dame, je suis revenu à Acre.

VI

LA ROUTE DE LA CÔTE

Je désirais du désir le plus vif me rendre auprès du corps de la bienheureuse Catherine d'où s'écoule une huile sainte, et mon désir était d'autant plus vif que je me le promettais depuis longtemps. C'est pourquoi je me confiai corps et âme à la grâce de Dieu et au secours de la bienheureuse Catherine, sans craindre les dangers ni les obstacles imprévus. Tel est donc le désir dont je brûlais, prêt à subir la mort, la captivité perpétuelle, les hasards de la tempête et des flots quand je pris le départ à Acre, vêtu comme un moine géorgien, et j'avais une longue barbe pour changer mon apparence.

Sur le bord de la mer, au bout de trois milles, je suis arrivé au mont Carmel. [...] Au pied de ce mont, se trouve une ville nommée Haïfa, aujourd'hui détruite par les Sarrasins. On l'appelait jadis Porphiria. Je l'ai traversée.

Il faut savoir aussi que près d'Acre se trouve le fleuve Belus et, tout proche, le tombeau de Memnon, qui peut compter parmi les plus beaux. La source de ce fleuve occupe une vallée arrondie d'où on extrait du sable. Si l'on en prélève, la vallée se remplit à nouveau et le sable devient verre. Et si on jette sur les bords de la vallée ce qui était là du verre, cela redevient du sable ordinaire [1].

Au-dessus de Haïfa, sur la pente du Carmel, est située la caverne des prophètes Élie et Élisée, où l'on a bâti une chapelle. Au sommet, il y a une abbaye où habitent encore des moines grecs et syriens. C'est sur ce mont Carmel qu'Élie accomplit beaucoup de prodiges. Il pria pour qu'il ne pleuve pas et la pluie cessa pendant trois ans et six mois. Puis il pria à nouveau et le ciel laissa tomber la pluie. C'est là également qu'il massacra les prophètes de Baal puis, fuyant la reine Jézabel, il parvint au désert où il s'endormit sous un genévrier. L'ange le réveilla, lui donna à manger et, fortifié, il marcha pendant quarante jours jusqu'à la montagne de Dieu, l'Horeb ou le Sinaï.

À l'extrémité du mont Carmel, est la ville de Jezréhel où Jézabel la reine impie, qui avait volé la vigne de Naboth, fut jetée à bas de son trône. On voit encore sa tombe, en forme de pyramide. Près de Jezréhel, se trouvent aussi les champs de Megiddo où mourut le roi Ozias qui est enterré au mont Sion.

Le mont Carmel a plusieurs sommets. Vers le sud, il s'avance en mer sur une longueur de près de deux journées de marche et il est large d'une journée. Il est couvert de pâturages, utiles au bétail et très plaisants à voir. Les lions, les léopards, les ours, les cerfs, les daims, les sangliers et un animal très cruel que les habitants appellent « lonza [2] », plus terrible que le lion, s'y trouvent en abondance. On y voit aussi des chiens sauvages qu'ils appellent « papions », des renards grands comme des loups et une multitude de chèvres, plus petites que les nôtres, avec de longues queues.

En période de trève, les chrétiens, Templiers, Hospitaliers, frères de la nation allemande, se rassemblent auprès de ce mont chaque année en février avec chevaux et mules. Ils plantent des tentes dans les prés et passent agréablement et joyeusement le temps pendant que leurs chevaux s'engraissent de bonne herbe. Ils appellent cette foire « haraz ». Les Sarrasins et les Bédouins y viennent également en période de trève pour des joutes, car les Bédouins sont des cavaliers merveilleusement experts. Ils dressent un panneau circulaire, comme dans les joutes, qu'ils doivent

---

1. Autre légende qui remonte à Pline, *Histoire naturelle*, XXXVI, 65.
2. C'est sans doute une hyène, à moins qu'il ne s'agisse d'une sorte de panthère.

transpercer de leur lance en se lançant au galop. Celui qui échoue et ne transperce pas la cible avec son arme est la risée de tous et est frappé du poing et humilié par le chef des cavaliers bédouins. Les chevaliers chrétiens se montrent très courtois envers les chevaliers bédouins, les honorent et vont jusqu'à leur offrir des cadeaux.

Du mont Carmel, en traversant le fleuve qui en descend et qui est plein de crocodiles, je suis venu à Césarée. C'est Césarée de Palestine et non Césarée de Philippe dont j'ai parlé plus haut. On y trouvait autrefois la tour de Straton[1]. Cette ville a été appelée ainsi par Hérode, roi de Judée, en l'honneur de César Auguste. Là commence la Palestine. J'y ai vu l'église Saint-Pierre, édifiée sur la maison du centurion Corneille que saint Pierre convertit et baptisa, et la maison de Philippe avec la chambre des quatre prophétesses.

Après Césarée de Palestine, j'ai gagné Arsûf, une ville aujourd'hui à peu près ruinée, autrefois célèbre, d'où venaient les meilleurs et les plus fameux cavaliers de toute la Terre sainte.

De là, j'ai atteint Jaffa, laissant à gauche les ruines d'Antipatris, ainsi nommée par Hérode du nom de son père. De l'Antiquité jusqu'à nos jours, Jaffa a connu bien souvent le fracas des combats. Cette ville, autrefois grande et peuplée, est aujourd'hui ruinée. C'est le port d'où Jonas voulut fuir devant la face de Dieu. [...] Selon la légende, c'est aussi à Jaffa qu'Andromède, fille de Céphée et de Cassiopée, fut abandonnée par sa mère sur l'ordre de Jupiter et, en punition de sa faute, exposée sur les rochers pour être dévorée par un monstre marin. Mais Persée tua le monstre, la délivra et la prit pour femme. Le croie qui veut !

VII

LA SAMARIE ET LA JUDÉE

Je me suis ensuite dirigé vers Rama, traversant le champ où le prophète Habacuc fut enlevé par un ange pour aller porter son repas à Daniel à Babylone dans la fosse aux lions. Laissant à ma gauche Lydda où fut ressuscitée Dorcas, comme on le lit dans les Actes des Apôtres, ainsi que Listra, non loin d'Arimathie d'où était originaire Joseph, qui ensevelit le Christ, [...] je suis parvenu à Rama, qui fut autrefois très grande, comme le prouvent ses ruines. Elle fut édifiée par Hérode. L'Écriture dit : « Une voix a été entendue dans Rama, etc. »

Puis j'ai fait route vers Bethléem, à travers la Judée, en laissant à ma droite la Philistie, les cinq villes des Philistins, Gaza dont Samson brisa et emporta les portes, Ascalon, aujourd'hui déserte, où l'on voit encore

---

1. C'est en réalité l'ancien nom de la ville à l'époque des Séleucides.

une tour dite Tour des jeunes filles cimentée, dit-on, de sang humain et Accaron. Laissant tous ces lieux à ma droite, j'ai traversé les monts de Judée. À ma gauche, j'ai vu Samarie, appelée aujourd'hui Sébaste, où saint Jean-Baptiste fut enseveli entre les prophètes Abdias et Élisée.

Non loin de Sébaste est Sichem, aujourd'hui appelée Naplouse, où fut enlevée Dina, fille de la sœur de Jacob. Tout près se trouve le puits de Jacob où le Seigneur demanda de l'eau à la Samaritaine et lui dit : « Tu as eu cinq maris. » [...] À droite se trouvent Ajalon et Gabaon où Josué combattit contre cinq rois. Sur son ordre, le soleil arrêta sa course jusqu'à la victoire du peuple de Dieu.

En allant vers Bethléem depuis les monts de Judée et en passant tout près de Jérusalem, je suis tombé dans une embuscade. Comme le dit le poète : « En voulant éviter Charybde, il tomba en Scylla. » Comme Bethléem est toute proche de Jérusalem, je fis un détour pour éviter les dangers de la Ville sainte. Mais en vain ; ce que je craignais arriva. Je fus pris par les Sarrasins et emmené à Jérusalem. À ce moment-là, j'étais encore vivant, mais je me voyais déjà mort. Car ma situation, entre les angoisses du présent et la crainte de la mort ou d'une captivité perpétuelle, n'était guère éloignée de la mort. Plus exactement, bouleversé par la crainte de la mort ou de la captivité, il me semblait mourir à chaque instant. C'est ainsi que je fus retenu prisonnier pendant deux jours et une nuit, devant la porte de la ville, au lieu de la lapidation de saint Étienne, premier martyr, où avait été construite une église aujourd'hui entièrement démolie par les Sarrasins.

Dans cette captivité et cette angoisse, je ne voyais aucune raison d'espérer, mais Dieu, proche de ceux qui l'invoquent, me visita dans mon désespoir, me rendit confiance et me préserva miraculeusement, voici comment : j'avais pour compagnon un noble Hongrois qui réussit à savoir que quelques-uns de ses compatriotes, convertis à l'Islam, se trouvaient à Jérusalem. Il les fit appeler. Ils vinrent, le reconnurent et se montrèrent très amicaux. Une fois informés des raisons de notre captivité, ils jouèrent les intermédiaires et, non sans mal, nous firent libérer.

VIII

JÉRUSALEM

Comme beaucoup ont parlé de la Ville sainte, je trouve vain d'en parler moi aussi. Pourtant, je dirai quelques mots sur un aussi vaste sujet. C'est une ville très bien fortifiée, avec remparts et tours. Le temple du Seigneur, dit de Salomon, admirablement orné a été transformé par les Sarrasins en une mosquée à leur usage où jamais aucun chrétien n'a le droit d'entrer. L'église du tombeau du Seigneur et du lieu de la Passion est encore debout, mais sans luminaire, sans que le culte y soit célébré. Elle est toujours fermée, sauf quand les pèlerins se la font ouvrir moyennant une offrande.

Le mont Sion est au-delà de la cité, au sud. Au sommet se trouve l'église où le Seigneur lava les pieds de ses disciples et c'est là qu'ils reçurent l'Esprit saint le jour de la Pentecôte. C'est là que la Vierge Marie, entourée des Apôtres, a rendu son esprit à Dieu. C'est là que le Seigneur fut présenté au tribunal de Pilate, là qu'il célébra la Cène avec ses disciples, là qu'il leur apparut après sa Résurrection, les portes étant fermées.

À gauche du mont, hors du rempart, est le champ des pèlerins, appelé Haceldama, c'est-à-dire le Champ du Sang, et à côté le mont Gihon où Salomon fut couronné.

Près de la cité sainte, on trouve vers l'orient le mont des Oliviers d'où le Sauveur monta vers le Père. On y voit encore l'empreinte de ses pieds. C'est aussi sur ce mont que, chaque année, on offrait en holocauste à Dieu une vache rousse et un agneau, comme le voulait la Loi ; leurs cendres expiaient les péchés du peuple d'Israël.

Au pied de ce même mont des Oliviers, vers l'orient, à un jet de pierre au-delà du Cédron, le Christ pria son Père et sua une sueur de sang, puis dit à Pierre : « Vous n'avez pu veiller une heure. » Revenant à Gethsémani, il fut saisi par les Juifs et conduit au prétoire de Pilate. Devant la question de la servante, Pierre le renia puis, reconnaissant sa faute, il descendit dans une grotte où il pleura amèrement. On appelle aujourd'hui cette grotte Gallicante.

Près de la porte de la cité qui regarde au midi, se trouve une grotte dans laquelle, sous Cosdroès, un lion transporta en une nuit sur l'ordre de Dieu un grand nombre de martyrs. On l'appelle encore le charnier du lion.

Après deux jours et une nuit à Jérusalem, j'ai pris la route de Bethléem. À mi-chemin, j'ai vu le tombeau de Rachel, la femme de Jacob, au lieu où elle mourut en enfantant Benjamin. Son tombeau est une pyramide merveilleusement construite. De là, je suis parvenu à Bethléem.

IX

BETHLÉEM ET HÉBRON

Bethléem, cité du Dieu Très-Haut, est située sur une hauteur, toute en longueur. Elle est encore intacte, les Sarrasins ne l'ont pas détruite. Elle est habitée par des chrétiens soumis aux Sarrasins, mais aucun Sarrasin, pense-t-on, ne doit y demeurer. Il y a bien des Sarrasins gardiens du monastère qui perçoivent les péages des pèlerins, mais ils n'habitent pas à Bethléem.

Ce monastère est très beau. Les bases et les chapiteaux, les architraves sont de très beau marbre, de même que le pavement. Les murs sont couverts d'or et d'argent, ornés de peintures de diverses couleurs. Les Sarrasins auraient plus d'une fois détruit ce monastère si les chrétiens ne l'avaient protégé avec sollicitude, au prix de grandes dépenses.

Sous le chœur de l'église est la grotte où le Seigneur est né. Moi, pauvre pécheur, j'ai embrassé la crèche dans laquelle il a vagi, petit enfant, j'ai adoré l'endroit où la bienheureuse Vierge a donné le jour à l'Enfant Dieu. Dans ce même monastère, au nord, j'ai vu la cellule du bienheureux Jérôme où il a traduit d'hébreu, grec et chaldéen en latin la plupart des livres de la Sainte Écriture. Il est enterré dans une grotte voisine avec Paula, Eustochium et dix de ses disciples. J'ai vu aussi une autre vaste grotte où furent déposés les corps des Saints Innocents.

À six milles de Bethléem, au sud, se trouve Hébron où les quatre patriarches, Adam, Abraham, Isaac et Jacob ont été ensevelis avec leurs femmes dans une double caverne. On a construit une belle église, que même les Sarrasins ont en grande vénération à cause d'Abraham. Cette province est encore aujourd'hui appelée : « Terre d'Abraham ».

Il existe à Hébron un champ très vénéré pour les vertus de la terre qu'il contient. Les Sarrasins creusent le sol et emportent de la terre en Égypte où ils la vendent en raison de ses vertus. Mais, quelle que soit la quantité de terre qu'on ait retirée, au bout d'un an le champ a retrouvé son niveau normal. C'est de cette terre, dit-on, et en ce lieu qu'Adam a été formé ; elle est de couleur rouge [1]. Selon d'autres, Adam a été formé sur le territoire de Damas.

À côté d'Hébron, il y a aussi le mont Mambré au pied duquel est le térébinthe sous lequel Abraham vit les trois anges. Il en vit trois et en adora un seul. [...]

À un mille de Bethléem, dans la direction de Sodome et Gomorrhe, est situé l'endroit appelé *Gloria in Excelsis* où les anges annoncèrent la naissance du Seigneur. [...] Entre Bethléem et Jérusalem, se trouve un monastère où vivaient, quand on perdit la Terre sainte, de très belles moniales. Averti de leur beauté, le sultan voulut s'unir à elles. Il leur ordonna de revêtir de beaux vêtements et de se parer de bijoux, pour l'exciter au mal. Mais l'abbesse ne voulut pas se donner en jouet au diable et plonger dans le cloaque de la luxure le lis de sa chasteté, ce qui lui aurait fait perdre le mérite de ses renoncements. Elle préféra se mutiler ainsi que ses sœurs plutôt que d'apparaître le corps intact et le visage serein, comme une prostituée devant ce porc immonde. Sous l'inspiration du Seigneur, elle prit les devants dès que le tyran approcha de la porte, en réconfortant ses sœurs par cette exhortation : « Voici pour nous, vénérables

---

1. Cette légende vient de livres bibliques apocryphes et est rapportée en Occident vers le XIᵉ siècle.

sœurs, le moment de l'épreuve. Saladin approche, ennemi de notre pudeur virginale. Vous ne pouvez lui échapper, mais suivez mon conseil et faites ce que vous me verrez faire. » Toutes acceptèrent. Alors l'abbesse, la première, se mutila le nez et chacune d'elles fit de même l'une après l'autre, de sa propre volonté. Saladin, en l'apprenant, ressentit une extrême confusion et, muet d'admiration devant leur fermeté et leur sagesse, il approuva grandement leur geste et la foi inébranlable dont il témoignait.

X

LE JOURDAIN ET LA MER MORTE

De Bethléem, je suis allé à Béthanie près du lieu où le Seigneur ressuscita Lazare. Puis, descendant vers Jéricho, je suis passé par le lieu où le Samaritain tomba aux mains des bandits, comme le dit l'Évangile : « Un homme allait de Jérusalem à Jéricho. » Ce lieu s'appelle Adomim et on y a souvent vu des brigands verser le sang des voyageurs. Je suis aussi passé par l'endroit où le Seigneur a rendu la vue à l'aveugle. [...] À ma gauche, je voyais le mont de la Quarantaine où le Seigneur jeûna et fut tenté par le diable.

Je suis ensuite arrivé à Jéricho d'où étaient originaires Raab, la prostituée, et Zachée, l'homme de petite taille. Ce sont ses murailles que Dieu fit s'écrouler par un miracle. C'est là encore que des enfants, qui s'étaient moqués d'Élisée en disant : « Monte chauve », furent dévorés par deux ours, vengeurs du prophète. C'est une petite ville. [...]

J'ai traversé le gué du Jourdain où les enfants d'Israël passèrent à pied sec et où le Seigneur fut baptisé. On a construit là une belle église en l'honneur de saint Jean-Baptiste. Chaque année, à l'Épiphanie, des Grecs et des Syriens, venus de très loin, se rassemblent en foule pour y baptiser leurs enfants. C'est en ce lieu aussi que, sur l'ordre d'Élie et d'Élisée, l'eau se divisa en deux, comme deux parois, et leur ouvrit un passage. C'est là qu'Élie fut enlevé au ciel par le Seigneur. Tous ces événements se sont passés dans une vallée qu'on appelle vallée du Jourdain ou val d'Achor. [...] Elle est plaisante et belle. Jadis, elle était si féconde qu'elle produisait des grenades grosses comme des urnes, je n'ose dire comme des tonnelets quoique mon guide me l'ait hautement affirmé. Il y poussait aussi des vignes dont on pouvait à peine porter les grappes. Mais elle a perdu sa fécondité à cause de la proximité des émanations de Sodome. Elle ne produit plus rien, sinon la canne dont on tire du sucre. Les arbres sont beaux, avec de très belles feuilles, mais ils ne portent aucun fruit : leur sève est encore aujourd'hui infectée par le vice des Sodomites. Si on brise un de leurs rameaux, la mauvaise odeur en restera sur les mains toute la journée. On a beau les laver, avec quelque liquide que ce soit, elle ne pourra disparaître.

Non loin de là se trouve Béthel où le pauvre Jacob, fuyant son frère, s'endormit sur la terre nue et vit une échelle dressée vers le ciel sur laquelle montaient et descendaient les anges...

Après avoir traversé le gué du Jourdain, je suis arrivé dans la plaine à l'endroit même où le Seigneur détruisit Sodome et Gomorre ; on appelle cet endroit lac Asphaltide. Ce lac rejette un genre de bitume très utilisé en médecine, nommé asphalte [1]. On appelle aussi ce lac mer Morte, car elle ne contient rien de vivant. Un homme ne peut s'y enfoncer dans l'eau ; ni oiseau ni poisson ne peuvent y vivre. Jadis, Titus avait ordonné d'y jeter des condamnés, pieds et mains liés. Ils flottèrent pendant quatre jours, ne pouvant ni s'enfoncer ni mourir ; on les retira vivants. Si on y dépose une lampe allumée, elle surnage, mais, si la lumière s'éteint, elle coule aussitôt. Ce lac est aussi appelé lac du Diable, car c'est par une influence diabolique et à cause de leurs péchés que les quatre cités, Sodome, Gomorrhe, Séboïm et Adama y furent ensevelies. Sur la rive de cette mer, il pousse des arbres dont les pommes sont extérieurement saines et rouges, mais si on les ouvre, elles ne sont à l'intérieur que cendres fétides. Il faut savoir que, une ou deux fois par an, se lève un vent nommé Assur [2] redoutable, violent, desséchant, brûlant, destructeur des hommes et des plantes. Il fait sentir sa force jusqu'à dix milles en mer au-delà d'Acre où, enfin, il s'affaiblit. Un an sur deux, ce vent d'Assur est si destructeur qu'il fait mourir beaucoup de gens d'une toux mortelle. Quand il se lève, il ne dure guère qu'une demi-journée ; on ne pourrait le supporter plus longtemps.

Ce lac est appelé aussi lac Salé, car beaucoup y récoltent du sel. Le Jourdain s'y jette et n'en ressort plus, comme beaucoup me l'ont assuré. Sur la rive, à un mille du lieu où fut baptisé le Seigneur, est la statue de sel en laquelle la femme de Loth fut changée.

Du lac de Sodome et Gomorrhe, je suis venu à Ségor où Loth se réfugia après la destruction de Sodome. On l'appelle en langue syrienne Zora, en latin, Ville des palmes. Sur une colline voisine, Loth fut enivré par ses filles et pécha avec elles.

Puis je suis parvenu à la vigne d'Engaddi, appelée jadis vigne du baume, car le baumier y poussait, mais les Égyptiens s'emparèrent furtivement des arbrisseaux et les tranplantèrent près de Babylone et du Caire. Le jardin du baume mesure à peu près un demi-manse. Le bois du baumier ressemble à celui d'une vigne de deux ans, avec des feuilles à trois sépales. Au mois de mai, à l'époque de la maturité, on fend l'écorce du baumier et elle sécrète goutte à goutte une gomme qui est recueillie dans des récipients de verre, placée et mise en réserve pendant quelques mois sur des fientes de pigeon, jusqu'à ce que, au bout du compte, le

---

1. On utilisait l'asphalte pour les embaumements.
2. D'un nom arabe signifiant « vent de feu ».

baume se sépare de ses impuretés. Il ressemble alors par sa couleur et sa consistance à du vinaigre miellé. Il se trouve aussi dans le jardin du baume une source particulière, qui sert à l'arroser, car aucune autre eau ne peut le faire.

Je suis ensuite monté, en terre de Moab, sur la montagne où se trouve la grotte dans laquelle David se cachait quand il coupa le pan du manteau de Saül, pendant que celui-ci satisfaisait ses besoins naturels. [...]

Je suis enfin arrivé aux champs de Moab où blé et bétail abondent. Pourtant, les habitants sont difformes, misérables, mal vêtus et demeurent pour la plupart dans des grottes. C'est une plaine herbeuse, agréable, mais sans bois ni arbre, à peine y voit-on de petits buissons et quelques arbustes. [...]

XI

LES DÉSERTS DE TRANSJORDANIE

Je suis ensuite descendu au torrent du Jabok. C'est une horrible vallée, dont la profondeur m'a terrifié. J'ai mis près d'une journée à y descendre et à en remonter. De là, je suis parvenu à Abarim où mourut Moïse. Il fut enseveli par le Seigneur et nul ne sait où est son tombeau. [...] Le Seigneur lui dit : « Monte et contemple la Terre, tu la verras, mais tu n'y entreras pas. » Ce mont est très élevé, dressé au milieu d'une plaine. Au sommet se trouve un monastère de moines grecs où j'ai passé la nuit. [...]

De là, je suis parvenu à la vile de Robda, jadis grande et célèbre, aujourd'hui détruite [1], puis à une autre grande ville, située sur un sommet, munie de tours et de remparts, nommée Krak [2]. Et j'aboutis dans une grotte où une pauvre femme grecque me donna l'hospitalité. Mais, à la nuit, arriva en voisin un évêque grec, un homme vénérable aux cheveux blancs, au noble visage. Il m'emmena chez lui, m'offrit les présents d'hospitalité, du pain et du fromage et me bénit dans sa langue.

Je suis ensuite parvenu au torrent de l'Arnon, dans une vallée extraordinaire, effroyablement profonde. Je n'ai jamais vu un précipice aussi profond ni si effrayant. [...] Puis ce fut une haute montagne. Au sommet, le froid était tel que je me suis cru proche de la mort. Et j'ai perdu un de mes compagnons qui n'a pu supporter l'intensité du froid. Après avoir passé cette montagne, je suis venu au rocher où le prophète Jérémie cacha l'Arche d'alliance. On y voit souvent, encore aujourd'hui, une nuée de feu dans la nuit.

J'ai ensuite traversé un désert laissant à droite de hauts escarpements et à gauche une grande montagne et je suis arrivé à la hauteur appelée

---

1. Aujourd'hui Rabbah, en Jordanie, à 87 km au sud d'Ammân, où on peut voir des ruines nabatéennes et romaines.
2. Le Krak de Moab, célèbre château construit par les croisés vers 1140.

Petra en latin, Montréal en français, Schobak en arabe[1]. Un superbe château la couronne, entouré d'une triple enceinte. C'est le plus fort de tous ceux que j'ai vus. Il appartient au sultan de Babylone. Dans les faubourgs vivent des Sarrasins et des chrétiens. J'ai été hébergé par une veuve franque qui m'a renseigné sur l'itinéraire et les moyens de traverser le désert jusqu'au mont Sinaï. Elle m'a procuré des provisions de voyage : du biscuit, des fromages, des raisins secs, des figues et du vin. Elle a recruté pour moi des Bédouins, avec leurs chameaux, pour me conduire jusqu'au mont Sinaï, car ils sont les seuls à connaître la route dans le désert. Nous avons fait une convention, par serment prêté sur leur Loi, selon laquelle ils me ramèneraient, mort ou vif.

XII

LES DÉSERTS DU SINAÏ

Sous la conduite de ces Bédouins, avec leurs chameaux, j'ai traversé la terre d'Édom, bonne et fertile, laissant à droite Archim, ancienne capitale des Arabes, grande ville aujourd'hui déserte[2], et la roche d'où Moïse tira l'eau de contradiction. Cette eau se divise en deux petits ruisseaux qui irriguent la terre. Je suis ensuite passé par le lieu où les enfants d'Israël furent mordus par les serpents et où, sur l'ordre du Seigneur, Moïse éleva un serpent sur une perche pour qu'en le regardant, ils fussent guéris de leurs blessures.

Ensuite, j'ai traversé de très hautes montagnes, par un chemin étroit et effrayant. De part et d'autre, les rochers surplombaient, dressés comme des parois ou des murailles qui, parfois, se refermaient au-dessus de moi comme les valves d'une coquille. La route s'élevait, encaissée, pleine d'ombre et, souvent, à cause des rochers qui nous enfermaient et se rejoignaient, je ne pouvais plus voir le ciel. Dans ces roches, j'ai découvert des maisons taillées dans le roc, très belles et bien décorées, de grandes salles avec des cheminées, des oratoires, des chambres, tout ce qui est nécessaire. Mais toutes ces demeures étaient abandonnées ; personne n'y habitait[3].

Enfin, je suis parvenu au mont Hor où mourut Aaron. Au sommet, il y a une église où demeurent deux moines grecs. On appelle ce lieu

---

1. Le Krak de Montréal, élevé en 1140 sur l'ordre du roi Baudouin Ier, d'où son nom, pour surveiller la route de Damas à La Mecque et celle de Damas à l'Égypte. C'était une des plus importantes forteresses des croisés. Elle fut conquise par Saladin en 1188.
2. Ville difficile à identifier. Peut-il s'agir de Pétra, ancienne capitale des Nabatéens, qui semble décrite quelques lignes plus loin ? Abulfeda parle pour cette région d'une ville d'er-Rakim qui est peut-être l'Archim de Thietmar.
3. Cette description de Pétra est la première donnée par un pèlerin occidental.

Muscera. Ce mont Hor est très haut, très difficile d'accès et domine toutes les montagnes de la région.

Au pied du mont, j'ai commencé à pénétrer dans le désert, descendant parmi des rochers abrupts et de très profonds précipices par des degrés taillés dans la pierre. C'est le désert de Babylone, dit Birrie, une terre sans route, sans eau, une vaste solitude que les enfants d'Israël ont traversée jadis selon l'admirable providence de Dieu. Il fit pour eux beaucoup de miracles mais, dans leur grand aveuglement, ils méprisèrent la bonté divine, ce qui occasionna la mort d'un grand nombre d'entre eux. À main droite, j'ai laissé Cadès Barné où est morte Marie, sœur de Moïse et d'Aaron, et je me suis avancé à travers le désert de Pharan jusqu'à une vallée sablonneuse entre les montagnes. Elle est sablonneuse en raison du vent qui disperse le sable des montagnes à l'entour, qui sont tout entières de sable. Le vent disperse le sable si abondamment qu'il est dangereux pour les voyageurs de passer par là. En effet, comme une sorte de neige ou de grêle, le sable soulevé par le vent comble les creux, recouvre les routes, enveloppe les voyageurs. Nul ne peut retrouver son chemin, sinon les Bédouins qui connaissent la région et auquel l'itinéraire est familier.

C'était l'hiver, mais la chaleur était telle dans cette vallée que je pouvais à peine tenir debout. Et la chaleur est trop forte pour que quiconque puisse se mettre en route en été [...].

Près de cette vallée fleurit la verge d'Aaron. À gauche sont les très hautes montagnes d'Éthiopie par lesquelles Moïse fit passer son armée, précédé d'ibis et de cigognes qui débarrassaient la route de la vermine. Il assiégea et prit Saba, une ville d'Éthiopie[1].

XIII

LA MER ROUGE

Puis je suis arrivé à la mer Rouge, nommée ainsi d'après le contenant et non le contenu. L'eau elle-même n'est pas rouge, mais le fond de la mer et la terre environnants sont rouges. Par ailleurs, j'ai trouvé sur le rivage des conques et des coquillages admirables et ravissants ainsi que des pierres non moins belles d'un blanc éclatant comme des cornes de cerf, ou de teinte dorée[2]. Certaines paraissaient sculptées, mais c'est l'œuvre de la seule nature. J'ai pris un très grand plaisir à tout cela, mais la surabondance est mère de la satiété et, si agréable que cela fût, à la longue, je m'en suis fatigué. En ces terres, on trouve aussi du très bon minium.

Dans cette mer, j'ai vu un château situé sur un rocher à deux mille pieds

1. Légende d'origine inconnue.
2. On trouve encore aujourd'hui du corail sur le rivage.

de la côte[1]. Il était gardé en partie par des chrétiens, en partie par des Sarrasins. Les chrétiens étaient des captifs, Français, Anglais, Latins ; mais tous, chrétiens et Sarrasins, étaient des pêcheurs au service du sultan de Babylone. Ni agriculteurs ni guerriers, ils ne faisaient d'autre service que la pêche, sans autre moyen d'existence. Ils mangent rarement de pain et sont à plus de cinq journées de marche de toute habitation.

C'est là que s'est épuisée l'eau que j'avais emportée avec moi sur les chameaux. Je n'ai trouvé qu'une eau très amère, salée, couleur de cuir, pleine de vers. J'en ai bu malgré ma répugnance et elle m'a rendu aussitôt malade. J'ai trouvé dans le voisinage une autre source très claire, mais celui qui en boit perd tous ses cheveux.

L'Inde où repose saint Thomas n'est pas très éloignée. Les Indiens viennent souvent sur leurs bateaux par la mer Rouge à Babylone ou en Égypte en transportant leurs marchandises sur le fleuve du paradis Gyon, c'est-à-dire le Nil.

Il faut savoir que la mer Rouge sépare l'Éthiopie, l'Arabie, l'Inde et l'Égypte. Elle a d'excellents poissons que j'ai même mangés crus. J'ai cheminé trois jours sur le rivage entre la mer et de très hautes montagnes. J'étais parfois en très grand danger en traversant des éboulis de roches qui s'étaient écroulées sous l'action de l'eau et des tempêtes et avaient obstrué le chemin.

XIV

LE SINAÏ

En quittant la mer Rouge, j'ai fait route parmi de très hautes montagnes d'où l'eau dévale quand il pleut. Je les ai contournées par divers passages et suis arrivé au bout de trois jours au mont Sinaï, que les Arabes appellent Thor Sina. Pendant ces trois jours, deux corbeaux nous ont accompagnés de la mer Rouge au mont Sinaï sans s'éloigner de plus d'un jet de flèche devant ou derrière nous. Ils surveillaient l'heure de notre repas de midi ou du soir, comme s'ils attendaient une aumône et ils ont fait de même au retour.

Il faut savoir qu'il y a dans ce désert de multiples dangers : des lions, très souvent, dont j'ai vu les empreintes fraîches, des vers nuisibles, des serpents et la pluie aussi car, quand il pleut, les eaux provenant des montagnes se rassemblent et causent une telle inondation à travers le désert que nul ne peut échapper à ce péril. Il y a également la chaleur dont l'excès fait périr les voyageurs et la rareté de l'eau, que l'on ne trouve que tous les cinq, voire tous les six jours. Enfin, les brigands, Arabes sau-

1. C'est le château d'el-Merâch.

vages, Bédouins, dont on redoute les vols et les agressions. Nul ne peut traverser ce désert en été et même les oiseaux y sont rares.

Avant d'arriver au mont Sinaï, il y a une belle et large plaine où Moïse faisait paître le troupeau de son beau-père Jéthro quand il vit le buisson ardent. [...] C'est là aussi que les enfants d'Israël firent un veau de métal et l'adorèrent. [...]

Au pied du mont Sinaï, au lieu du buisson que Moïse contempla brûlant, voyant avec surprise qu'il ne se consumait pas, on a construit une belle église en l'honneur de la bienheureuse Vierge. À l'extérieur, elle est revêtue de marbre poli et couverte de plomb ; à l'intérieur, elle est éclairée d'innombrables lampes. Là vivent un évêque et des moines, des hommes pieux, Grecs et Syriens, que l'évêque dirige au temporel comme au spirituel. Il faut noter qu'ils ont pour tous une seule demeure, fermée d'une unique porte de fer, solide, entourée d'un mur épais. Cette seule et unique demeure les accueille tous, mais ils ont des cellules séparées, de sorte qu'ils habitent à deux, un jeune et un vieux pour que le jeune puisse aider le plus vieux. Ils ont des cellules individuelles, des autels et des oratoires individuels, mais ils vont en commun dans une grande église principale où ils se rassemblent la nuit pour les Matines, à un signal donné, car ils n'ont pas de clocher. L'office de nuit est plus solennel que celui du jour. Ils ont un seul grand et beau réfectoire, commun à tous, avec une seule longue table au milieu. L'évêque s'assied à une extrémité et les moines tout autour, deux par deux. Ils mangent sur le bois nu, sans nappe. Un jour sur deux et lors des fêtes, ils mangent dans le réfectoire, les autres jours dans leur cellule, du pain et de l'eau. J'ai mangé avec eux dans le réfectoire ; ils mangent sans lecteur, mais en silence. Ils boivent toujours de l'eau, sauf à quelques grandes fêtes où ils ont un peu de vin. Ils ont en suffisance de bons poissons de la mer Rouge, du pain, des racines, de l'huile et des dattes ; ils ne mangent jamais de viande. Leur vêtement est pauvre, leur coucher aussi, sur la terre presque nue, sans couverture ni paillasse. La plupart de ce qu'ils ont leur est apporté de Babylone.

Dans le chœur du monastère se trouve le lieu du buisson ardent, vénéré par tous, tant chrétiens que Sarrasins, honorablement décoré et séparé du reste du monastère. Personne, ni l'évêque, ni les moines, ni les chrétiens, ni les Sarrasins n'ose y venir sans être déchaussé. Même le grand sultan roi de Babylone, lors de sa venue, vénéra ce lieu avec humilité et y entra pieds nus. Moi aussi, j'ai adoré pieds nus. Le buisson lui-même a été enlevé et distribué comme relique parmi les chrétiens, mais on en a fait une copie en lames d'or. Au-dessus du buisson, il y a l'image du Seigneur et l'image de Moïse debout à la droite du buisson et se déchaussant, toutes deux en or. Une autre image de Moïse, en or, se trouve à la gauche du buisson ; il est debout, déchaussé et pieds nus. C'est là que le Seigneur lui donna mission auprès de Pharaon, le roi d'Égypte, pour délivrer son peuple. On détache ici du rocher des pierres sur lesquelles est comme imprimé le dessin du buisson. Elles guérissent de diverses maladies.

Il faut savoir que c'est dans cette même église, près du chœur, dans un lieu surélevé, au midi, que se trouve la tombe de la bienheureuse Catherine. Elle est petite, en marbre très blanc, bien travaillé. Le couvercle, assez haut, en forme d'arche, peut s'ouvrir et se fermer. L'évêque du lieu, comprenant mon désir et la raison de ma venue, se prépara avec dévotion par des oraisons et des chants, puis s'approcha du sarcophage de la bienheureuse Catherine avec des lampes allumées et des encensoirs. Il ouvrit le sarcophage et me dit de regarder à l'intérieur. J'ai vu vraiment, comme face à face, le corps de la bienheureuse Catherine et j'ai baisé son crâne. Ses membres et ses os, tenus par les nerfs, flottent dans de l'huile qui coule de son corps, non de la châsse, comme, aux bains, la sueur coule goutte à goutte des pores du corps humain.

Il faut dire que, selon le récit de sa passion, son corps a été emporté par les anges aussitôt après son martyre et déposé au sommet du mont Sinaï. J'ai posé des questions sur la translation du mont à l'église. Mon guide, qui me conduisait au sommet du mont Sinaï, m'a raconté qu'un ermite vivant en solitaire dans cette même partie du mont Sinaï, mais sur un autre sommet que celui où les anges avaient déposé le corps de la sainte vierge Catherine, apercevait souvent, de jour comme de nuit, du feu et une grande clarté sur le lieu où reposait le corps et aux alentours. Étonné et ne sachant pas de quoi il s'agissait, il descendit jusqu'à l'église au pied de la montagne et expliqua à l'évêque du lieu et aux moines ce qu'il avait souvent vu et le lieu où il l'avait vu. Ils décidèrent un jeûne et l'accomplirent, puis ils montèrent sur la montagne en procession avec d'humbles prières. Arrivés en haut, ils trouvèrent bien le corps, mais ils se demandaient de qui il s'agissait et d'où il venait, pourquoi, quand et comment il avait été transporté là, car leur ignorance était totale. Ils se tenaient tous là dans leur étonnement et leur ignorance, quand survint un vieil ermite, vénérable personne originaire d'Alexandrie, miraculeusement conduit sur le sommet du Sinaï par la grâce de Dieu, tel le prophète Abacuc envoyé à Daniel dans la fosse aux lions, sans toutefois avoir été pris par les cheveux ! Il leva leurs doutes, leur apprit que c'était le corps de sainte Catherine, porté là par la main des anges. Les vénérables et pieux moines furent convaincus et transportèrent le corps dans leur église, car le lieu où les anges l'avaient mis était à peu près inaccessible et inhabitable, faute d'eau. [...] La tombe n'est pas longue, car le corps est petit. Il s'y produit de nombreux et grands miracles par la grâce de Dieu et les mérites de sainte Catherine. Au moment où j'étais là, il s'en produisit un remarquable. Un moine du monastère, qui apportait de l'huile sur des chameaux pour les besoins des frères, traversa le désert et tomba entre les mains de brigands qui prirent un des chameaux et toute la charge d'huile. Quand ils furent assez éloignés du moine avec le chameau, ils ouvrirent une outre pour prendre de l'huile pour leur repas. Et voici que du sang limpide s'en échappait au lieu d'huile ! À cette vue, les brigands refermèrent l'outre et ramenèrent bien vite au moine leur butin et le chameau en lui demandant de leur donner un peu d'huile. Le moine accepta, ouvrit l'outre qu'ils avaient eux-mêmes déjà ouverte et voilà qu'ils reçurent des mains du moine une huile très pure et non pas du sang comme celui qu'ils avaient tiré auparavant de la même outre. Ils se retirèrent stupéfaits et confus.

Un noble de Pétra voulut, à la demande d'un moine, transporter ailleurs le corps de la bienheureuse Catherine. Il se préparait à l'emporter et était déjà presque arrivé dans l'église, avec une importante escorte, quand la main miséricordieuse de Dieu l'arrêta de façon admirable. Pour l'empêcher d'accomplir l'œuvre des ténèbres qu'il avait commencée, un puissant tourbillon de ténèbres s'empara de lui et l'enveloppa, corps et esprit, de ténèbres en quelque sorte palpables. En outre, se produisit un tremblement de terre, assez violent pour ébranler la montagne, entraînant l'auteur de ce forfait dans un danger presque mortel. Les traces des éboulements dans la montagne sont encore visibles aujourd'hui. [...] Le voleur, égaré et confus, parvint tant bien que mal à l'église, d'un pas hésitant. Il y retrouva ses esprits et manifesta un vif repentir de sa faute et la honte de son orgueilleuse présomption, en demandant avec crainte et révérence au Dieu tout-puissant de se faire son protecteur et son défenseur. En compensation et pour se réconcilier avec Dieu et la Vierge sa Mère, il fit à cette église, en l'honneur de Dieu et de sainte Catherine, une donation très généreuse dont jouissent encore pleinement les moines qui desservent le couvent.

[Suit le récit d'un autre miracle.]

J'étais depuis trois jours chez les moines (j'y suis resté en tout quatre jours), quand j'ai demandé à l'évêque de me donner un guide pour me conduire au sommet du Sinaï où Moïse reçut la loi du Seigneur. L'évêque m'a accordé ce guide et, sous sa conduite, j'ai fait l'ascension de la montagne. Elle est très haute et domine tous les autres sommets de la région. Encore aujourd'hui, on dit que Dieu y demeure. Le sentier pour monter est fait de marches taillées, il est étroit et si abrupt qu'on ne pourrait pas faire l'ascension sans les marches, taillées au prix de grands efforts par des ermites et autres saints personnages. Souvent les marches ont été taillées, non sans peine, dans le rocher, très distantes les unes des autres en hauteur, comme cela se fait dans les hautes tours.

Grâce à ces marches, je suis monté au sommet du Sinaï. Au tiers de l'ascension, j'ai trouvé une toute petite chapelle où la bienheureuse Vierge Marie apparut clairement aux moines du couvent d'en bas. Voici comment. Souvent, déjà, par la permission de Dieu et pour que se manifestent davantage sa bonté et sa puissance, ces moines avaient été frappés de calamités étonnantes. À une certaine époque, les puces se multiplièrent chez eux, si grosses et si nombreuses qu'il devint impossible de rester sur place. Les moines délibérèrent et décidèrent unanimement de partir pour échapper aux puces, cette calamité intolérable. Or ils ont l'habitude, quand ils s'apprêtent à changer de lieu sous la pression de la nécessité, de fermer le monastère et les bâtiments, de tout boucler solidement à clé et, en partant, de déposer les clés dans la chapelle de Moïse, au sommet du mont Sinaï. Conformément à cette habitude, devant l'urgente nécessité, ils fermèrent le monastère et les bâtiments et, avant de s'en aller, ils se hâtaient d'aller déposer les clés à la chapelle. Mais, arrivés au tiers de l'ascension, là où depuis fut construite la chapelle, la bienheureuse Vierge Marie leur apparut sous une apparence corporelle, elle leur demanda à quel voyage ils se préparaient et, en réponse à leurs explications, leur dit : « Revenez chez vous ! La calamité est terminée et ne reviendra plus. » Ils revinrent chez eux et on n'y vit plus jamais de puces.

Une autre fois, ils n'avaient plus d'huile ni rien d'autre pour éclairer le monastère et pensèrent de nouveau partir. Car c'est l'usage chez les Grecs d'avoir dans les églises des lampes très nombreuses ou plutôt innombrables ; il leur semble que, sans elles, Dieu n'est pas dignement honoré. Voyant donc que leurs lampes manquaient d'huile, ils se disposaient à partir et, en parvenant à l'endroit où ils avaient déjà vu Notre-Dame, ils virent de nouveau face à face la bienheureuse Vierge Marie sous une apparence corporelle. Elle apprit la raison de leur départ et leur dit : « Revenez ! Vous trouverez la jarre dans laquelle vous gardez l'huile emplie d'une huile inépuisable. Jamais plus vous ne verrez l'huile manquer dans cette jarre. » Ils rentrèrent chez eux et, selon la parole de Notre-Dame, ils trouvèrent aussitôt la jarre remplie d'huile. J'ai vu la jarre, on m'a donné de son huile. On la tient en grande vénération.

J'ai poursuivi l'ascension par les marches dont j'ai parlé plus haut ; j'ai passé deux portes de pierre et suis arrivé à la chapelle du prophète Élie au lieu-dit Oreb, où Élie jeûna quarante jours et où il se tint dans le creux du rocher pour voir le Seigneur. Il vit le vent passer en brisant les roches et les pierres, mais le Seigneur n'était pas dans le vent ; puis un tremblement de terre, mais le Seigneur n'était pas dans le tremblement de terre ; puis un feu, mais le Seigneur n'était pas dans le feu ; enfin, le souffle d'une brise légère et là était le Seigneur, qui lui parla.

De là, je suis parvenu au sommet du mont Sinaï où a été édifiée la chapelle de Moïse. C'est là que Dieu lui donna la Loi et lui ordonna de construire la Tente et l'Arche. Il parlait avec le Seigneur comme un ami avec son ami.

À la porte de la chapelle se trouvent une pierre et la grotte où Moïse se cacha lorsqu'il voulait voir Dieu en lui disant : « Montre-moi ton visage. » Dieu répondit : « Je te montrerai ma majesté, mais tu ne pourras pas voir mon visage. Tiens-toi dans le creux du rocher et, quand je passerai, tu me verras par derrière. » Moïse se tint près de la roche et, quand le Seigneur passa, la pierre fondit comme de la cire travaillée au feu. Dans sa crainte, lorsqu'il vit la gloire de Dieu, Moïse se blottit contre la roche dans laquelle ses traits s'imprimèrent. J'en ai vu les traces, encore imprimées et pourtant c'est une roche très dure qu'aucun fer ne peut entamer.

Du sommet de ce mont, j'ai vu toute la région au loin, en un vaste cercle. Mon guide m'a montré Hélym où il y a douze sources et soixante-dix palmiers, ainsi que le lieu où les enfants d'Israël mangèrent la manne pour la première fois. Il n'y pleut jamais, dit-on, mais le sol est arrosé par cette rosée. Pendant que j'étais sur le sommet, il tomba un peu de pluie, il n'en était pas tombé depuis cinq ans. J'ai vu aussi le lieu où le corps de sainte Catherine avait été transporté par les anges.

XV

L'ÉGYPTE

Il faut savoir que la mer Rouge est au pied du Sinaï au midi et s'étend jusqu'à Babylone d'Égypte [1] où elle se termine à une distance de cinq jours de la Méditerranée. Mais elle comporte un bras de mer qui s'étend à la manière d'un petit fleuve. C'est à travers ce petit fleuve, à l'orient, que passe le fleuve du paradis, le Gyon, c'est-à-dire le Nil qui descend à travers l'Égypte jusqu'aux murs de Babylone, traverse la ville de Damiette et se jette dans la Méditerranée à Alexandrie [2]. Ce fleuve du Nil entre en crue pendant quarante jours au mois de juillet. La décrue dure aussi quarante jours. Les Égyptiens amènent l'eau du Nil par des conduits souterrains ou apparents. Dès que commence la décrue, les agriculteurs jettent la semence dans la terre encore imbibée d'eau et, en une nuit, la graine mise en terre pousse en herbe de la hauteur d'un doigt. À la porte de la ville de Babylone, les Égyptiens ont un repère qui leur permet de prévoir la fécondité ou la pénurie pour l'année à venir. Si l'eau du Nil en crue atteint le repère, la saison sera bonne et productive ; si elle le dépasse, la récolte sera abondante ; si elle n'atteint pas le repère, ce sera la disette.

Il y a trois villes principales en Égypte, Babylone, Alexandrie et Damiette. Babylone n'est pas fortifiée, n'a pas de remparts, mais elle est extrêmement riche. L'ancienne Babylone est à vingt jours de marche et plus de Babylone d'Égypte. Les deux autres villes sont fortifiées.

L'Égypte est un pays plat et fertile où il pleut rarement. Les roses y

1. C'est le nom donné au Moyen Âge au Caire.
2. On mesure ici à quel point la géographie est imprécise.

fleurissent toute l'année, sauf au mois d'août. Les brebis et les chèvres ont deux portées par an. Il y a beaucoup de chrétiens en Égypte et un très grand nombre d'églises pour les chrétiens qui ont un patriarche à Alexandrie.

Au-delà de l'Égypte, il y a un pays dont les habitants sont appelés Abyssins. Il est tout entier chrétien. Les habitants ont tous la croix marquée sur le front parce que, dans leur enfance, ils sont marqués au fer rouge sur le front du signe de la croix. Ils combattent souvent les Sarrasins d'Égypte. Ils pensent venir bientôt en tel nombre à Babylone, en emportant chacun une pierre, qu'il ne restera plus une pierre dans la ville.

XVI

MAHOMET ET LES SARRASINS

Entre cette province de chrétiens et l'Égypte, il y a une ville appelée La Mecque où se trouve la tombe de Mahomet, le prophète des Sarrasins. Les pèlerins sarrasins y viennent en très grand nombre en pèlerinage de divers pays, parfois très éloignés, comme les chrétiens vont en pèlerinage au Saint-Sépulcre du Seigneur. Mais nul, riche ou pauvre, n'est admis s'il ne donne un dernier d'or. Ici, on s'attache plus à l'extérieur qu'à l'intérieur, à l'or qu'à un cœur repentant. La tombe de Mahomet n'est pas suspendue en l'air comme certains l'affirment, elle repose sur le sol. Il ne reste plus de son corps que le pied droit, tout le reste a été dévoré par les porcs des chrétiens[1]. Sur la vie de Mahomet, j'ai entendu dire un très grand nombre de sottises.

Mahomet était un gardien de chameaux pauvre et épileptique, du peuple des Bédouins. Il fut corrompu charnellement et spirituellement par un ermite hérétique qui lui apprit le mal et le rendit expert en l'art de nécromancie. De son vivant, il prêcha une doctrine selon laquelle le Paradis était sur terre, arrosé de quatre fleuves faisant couler le vin, le miel, le lait et l'eau. Il enseignait aussi que tous les Sarrasins tués à la guerre contre les chrétiens étaient reçus au Paradis et jouissaient charnellement à volonté de nombreuses vierges, car il présentait un paradis charnel de nourritures et de boissons, de toute forme de plaisir charnel et de luxe, et il promettait toutes sortes de biens et une volupté surabondante. Son enseignement était plein de beaucoup d'autres sottises de ce genre. Il apprenait aussi à être compatissant l'un envers l'autre et à aider les malheureux.

Il faut savoir que tout Sarrasin peut prendre sept épouses légitimes, mais il est tenu de subvenir à leurs besoins. Il peut aussi s'unir librement

---

1. La polémique antimusulmane contenait beaucoup d'affirmations erronées de ce genre.

avec ses servantes, ses esclaves, même si elles sont mille, sans que cela soit une faute. Il peut constituer comme héritier n'importe lequel de ses enfants des servantes aussi bien que des épouses légitimes. Si une servante ou une esclave enfante un fils, son maître la libère. J'ai toutefois entendu dire qu'il y a des Sarrasins, mais peu nombreux, qui n'ont qu'une seule épouse.

Il faut encore savoir que les Sarrasins sont circoncis. La circoncision a lieu en grande et joyeuse solennité. Je les ai vus s'y rendre en grande pompe, armés, sur des chevaux caparaçonnés, vêtus de pourpre et de soie, comme les gens importants lors de nos fêtes solennelles. Ils célèbrent aussi leurs anniversaires. Ils ont des calendes, prennent les augures et les auspices. Ils croient que sainte Marie a conçu à la parole de l'Ange et est restée néanmoins vierge. Quant au Christ notre Seigneur, ils le croient un très grand prophète après Mahomet. Ils croient qu'il a marché sur la mer, qu'il a ressuscité des morts et accompli réellement beaucoup d'autres miracles et qu'il a été ensuite enlevé corporellement au ciel. Ils ont une grande partie de nos Évangiles, des prophètes et quelques livres de Moïse. Ils vénèrent certains martyrs et confesseurs.

XVII

LA FIN DU VOYAGE

Comme je l'ai dit plus haut, alors que j'étais au sommet du mont Sinaï, j'ai contemplé toutes ces régions qui m'ont fourni l'occasion de me livrer à cette digression, car j'ai posé beaucoup de questions à mon guide qui m'a renseigné au cours de notre descente de la montagne et de notre retour à l'église Sainte-Catherine.

Au bout de quatre jours parmi les moines, quand l'évêque eut connaissance de mon désir de partir, il s'approcha avec beaucoup de dévotion du sarcophage de la bienheureuse Catherine. Il l'ouvrit et me donna de l'huile de cette vierge. En outre, il m'honora de ses présents, me fournit des provisions de voyage, du poisson avec des fruits et du pain, me dit adieu et me renvoya en paix avec sa bénédiction.

Je me mis en route et, bien vivant par la grâce de Dieu, je suis rentré à Acre sain et sauf.

[Suit une énumération des églises chrétiennes orientales, des évêchés et monastères de Terre sainte et de quelques arbres et plantes de ce pays.]

Le voyage de Symon Semeonis d'Irlande en Terre sainte[1]

Symon Semeonis
XIVᵉ siècle

INTRODUCTION

Ce texte, le premier que nous possédions d'un pèlerin irlandais, nous est connu par un seul manuscrit, conservé à la bibliothèque du *Corpus Christi* à Cambridge. Ce manuscrit, que l'on peut dater des années 1330-1350, donc de peu postérieur au pèlerinage effectué en 1323-1324, est incomplet et s'arrête au milieu de la description des sanctuaires de Jérusalem. Il ne semble pas toutefois que l'auteur soit décédé dans cette ville, puisque ailleurs dans son récit il mentionne un séjour au Caire et à Alexandrie en février 1324, c'est-à-dire sur le chemin du retour. Il avait débarqué en effet à Alexandrie en octobre 1323 et avait pris la route de Jérusalem en décembre de cette même année.

Nous restons donc dans l'ignorance et d'ailleurs nous ne connaissons guère l'auteur, en dehors des quelques renseignements qu'il nous donne sur lui-même. Il est frère mineur au couvent de Clonmel, au sud de l'Irlande, et on l'a peut-être pressenti pour occuper une charge importante dans l'ordre puisqu'il déclare avoir renoncé aux plus grands honneurs pour partir en pèlerinage. Le nom de Symon Semeonis peut être interprété comme Symon Fitzsimon, selon l'anthroponymie anglo-normande ou hiberno-normande courante. Des Fitzsimon sont mentionnés dans les archives irlandaises à partir de la fin du XIIIᵉ siècle, mais on n'a pas suffisamment d'indices pour les rattacher à notre auteur. Quant à son compagnon, Hugues l'Enlumineur, il est mentionné dans le compte rendu du procès des Templiers à Dublin en juin 1310 comme témoin à charge.

Toutes ces incertitudes n'enlèvent rien à l'intérêt du texte qui traite de façon détaillée de l'itinéraire suivi d'Irlande à Alexandrie et de l'Égypte. Si le pèlerin a le regard fixé vers son but, Jérusalem, il prend intérêt à tout ce qu'il rencontre sur sa route. Certes, les corps saints conservés dans les villes ont toujours leur importance, mais ces villes n'apparaissent plus

---

1. Traduit du latin, présenté et annoté par Christiane Deluz.

comme d'immenses reliquaires. Nous voyons désormais leurs remparts, la foule qui circule dans leurs rues avec ses costumes variés, nous sommes informés sur les monnaies qui ont cours et sur le prix des marchandises que l'on peut s'y procurer. Le récit de pèlerinage devient peu à peu récit de voyage.

En ce genre qui se renouvelle, Symon excelle. Il a entrepris son périple avec enthousiasme et, dès les premières étapes, tout lui semble très célèbre, magnifique, splendide : les mêmes adjectifs reviennent comme un refrain. Il est vrai que l'Irlande n'offrait aucune ville de l'importance de Londres, Paris ou Venise. Symon en admire les monuments, Saint-Paul, la Tour de Londres, Notre-Dame de Paris, la Sainte-Chapelle, Saint-Marc et le palais du doge, mais il se plaît aussi à embrasser du regard l'ensemble du panorama urbain, tel qu'il peut s'offrir de la route, avec la ligne des tours et des clochers. Ses descriptions évoquent les « portraits de ville » que l'on dessinera au XVIe siècle, par exemple pour le voyage de Catherine de Médicis en France.

En avançant le long de la côte adriatique puis en abordant les îles grecques, il est moins frappé par les monuments que par l'incroyable mélange de populations des ports, qui se traduit par la diversité des costumes, dépeints avec minutie. Il observe aussi, non sans humour, les conduites, par exemple celle des veuves de Crète, vêtues comme des chanoines, poussant de longs soupirs et fuyant la société des hommes comme s'ils étaient des serpents. Et il est le premier à mentionner en Crète la présence des Gitans qui commençaient alors à apparaître en Europe.

Si son regard est aigu — il a remarqué la similitude entre les pierres de la muraille de Paris et celles de la Citadelle du Caire —, il aime aussi écouter et nous entendons avec lui les voix angéliques des choristes de Saint-Paul ; il aime sentir et nous sommes transportés au milieu de tous les parfums de Crète, fleurs, bois odoriférants, qui évoquent pour lui le « Paradis ou la boutique d'un apothicaire ».

Mais l'essentiel de son récit est consacré à l'Égypte et constitue une sorte de reportage d'une grande richesse sur ce pays au début du XIVe siècle. Il s'intéresse à l'administration mamelouke, aux tracasseries de la douane, à l'efficacité des pigeons voyageurs, à l'exercice d'une justice égale pour tous. Partout se manifeste la volonté omniprésente du sultan et le respect qu'on lui porte, signifié par exemple par toute la gestuelle d'un fonctionnaire à la réception du sauf-conduit d'un pèlerin, baisant la lettre, la mettant sur sa tête et son cou, tout en récitant des formules de louange au souverain.

Son autre centre d'intérêt est l'Islam. Il traite longuement des croyances, des pratiques religieuses, de la morale, avec beaucoup de précision. Il semble s'être informé avant son départ, car il connaît assez bien le Coran, qu'il cite d'après la traduction établie à la demande de Pierre le Vénérable, abbé de Cluny, en 1143. Les références sont quelquefois erronées, il doit les donner de mémoire, mais les citations sont dans l'ensemble exactes. Son autre source d'information est, hélas, moins recommandable. Il s'agit de *La Doctrine de Mahomet*, version latine d'un texte arabe qui présentait un dialogue fictif entre un juif et un musulman. Cette version avait été faite par Hermann le Dalmatien en Espagne aux environs de 1142 et avait connu une assez grande diffusion. Elle contient toutes les allégations fausses que l'on pouvait présenter sur l'Islam dans le contexte de la *Reconquista* : inconduite de Mahomet, vie paradisiaque vue comme une orgie, etc. Symon ajoute foi à cette peinture caricaturale et ne prononce jamais le nom du Prophète ou de ses coreligionnaires sans les assortir d'injures. Cette attitude est d'autant plus regrettable que, lorsqu'il échappe à l'emprise de ses sources, il pose sur les musulmans rencontrés un regard plus serein, impressionné par leur piété dans la prière, leur respect pour leurs mosquées, et il tient à affirmer, en dépit des racontars, que les esclaves et captifs chrétiens sont traités avec justice et humanité et, pour certains d'entre eux, notamment les artisans, très appréciés.

S'il ne considère pas beaucoup mieux les juifs que les musulmans, il ne semble en revanche pas animé d'hostilité envers les chrétiens « schismatiques », ce qu'il ne manque jamais de rappeler. Il est vrai que les années qui avaient précédé immédiatement son pèlerinage avaient vu une sanglante persécution s'abattre sur les chrétiens d'Égypte. Elle est mentionnée par les historiens arabes, notamment Makrizi, et avait pour origine, semble-t-il, des rancœurs populaires envers les Coptes, trop riches et influents, et envers les marchands étrangers. De fait, même si le récit qu'il en donne est influencé jusque dans le vocabulaire par celui de la Passion du Christ, l'accueil fait aux pèlerins par la foule d'Alexandrie est franchement hostile. Des négociations furent menées, notamment par Guillaume de Bonnemains, un riche marchand, non de Montpellier, comme le dit Symon, mais de Figeac et sans doute consul au *fondaco* de Marseille en 1323. Il fut à nouveau chargé d'une mission de conciliation par le roi Charles IV le Bel en 1327, mission qui échoua. Dans ce contexte de persécution, les chrétiens, de quelque confession qu'ils soient, se retrouvent unis. On voit par le récit de Symon qu'il a assisté à des offices chez les Jacobites, qu'il a eu avec eux des discussions théologiques, qu'il a bénéficié des dons et des conseils des patriarches grec et jacobite du Caire. Bien plus, il se montre plein de compassion pour les renégats, nombreux à travailler dans l'administration du sultan, notamment comme interprètes, et proclame qu'ils continuent, « dans le secret de leur cœur », à être fidèles à leur foi.

Symon a séjourné trois mois en Égypte. D'Alexandrie, il présente surtout le port, avec les comptoirs des marchands d'Occident, qui se pressent en nombre croissant pour profiter du fructueux commerce avec l'Égypte mamelouke, distributrice des produits d'Orient. Mais il a regardé aussi le spectacle de la rue, les vêtements des riches, des pauvres, des femmes fières de leurs parures. Il a ensuite parcouru longuement Le Caire, ou plutôt les deux villes, Babylone, la vieille ville chrétienne, et Le Caire, la cité musulmane. Il en décrit tous les monuments, dépeint les maisons et leur riche décor intérieur, présente la bousculade dans les rues étroites et tortueuses parcourues par d'innombrables ânes de location. La foule, là aussi, est des plus bigarrée : Symon observe, il remarque le teint sombre « très semblable au charbon » des Nubiens et des « Indiens », c'est-à-dire des Éthiopiens, venus d'un pays où l'on situe désormais le mystérieux royaume du prêtre Jean, puisqu'il s'avère qu'il n'est pas en Asie. Il voit des Turcs au visage triangulaire, aux yeux bridés « tout à fait semblables à ceux de la belette », à la barbe « de chat ». Il a assisté à une sorte de jeu de polo pratiqué par le sultan et les cavaliers de sa garde, il a admiré les pyramides, les couveuses ainsi que les animaux du zoo. Nous retrouvons encore l'acuité de son regard lorsqu'il nous montre la girafe « étirant son cou vers le haut quand elle marche ».

Il s'intéresse aussi aux campagnes, émerveillé par la fécondité d'une terre largement irriguée par la crue mystérieuse du Nil et par les norias. Partout éclate la beauté des arbres, des fleurs. Il s'attarde à traiter des « pommes de paradis », ces bananes délicieuses inconnues en Occident, et à minutieusement décrire la plante qui les porte. Le contraste n'en est que plus saisissant entre ce foisonnement de verdure et l'aridité du désert qu'il voit comme une sorte de rempart enfermant l'Égypte. Le récit de la traversée du désert entre Le Caire et Gaza est pittoresque, les voyageurs dormant à même le sol au milieu des excréments des chameaux et n'osant pas uriner debout, puisque les Sarrasins jugent ce geste sacrilège. Le costume des Bédouins, leurs campements, leurs mœurs, tout est présenté avec le même souci de précision déjà rencontré. Et nous apprenons que l'on faisait lisser le sable autour de Gaza chaque soir pour éviter que l'on ne pénètre en Égypte ou n'en sorte sans passer devant l'émir gardien du poste, une sorte de « rideau de fer » avant la lettre.

Ces quelques indications suffisent à montrer la valeur du récit de Symon. Il a d'ailleurs été édité à plusieurs reprises, notamment en 1960 par M. Esposito. C'est cette édition, qui reprend le texte manuscrit avec grand soin et en donne en même temps une traduction anglaise un peu abrégée, que nous avons utilisée pour notre traduction. Le manuscrit ne comporte aucune division en chapitres. M. Esposito a découpé le texte en cent numéros, sans leur donner de titre. Nous avons choisi de proposer quelques titres, tout en indiquant les numéros de l'édition de M. Esposito, pour ceux qui voudraient s'y reporter.

Christiane Deluz

BIBLIOGRAPHIE : *Itinerarium Symonis Semeonis ab Hybernia ad Terram Sanctam*, édition et traduction anglaise, ESPOSITO M., *Scriptores latini Hiberniae*, vol. IV, Dublin, 1960.

Sur l'Égypte mamelouke, un bon aperçu d'ensemble : MIQUEL A., *L'Islam et sa civilisation*, Paris, A. Colin, 1977, livre III, chap. 2, p. 224-231.

1

Méprisant les plus grands honneurs et débarrassé des raisons de retarder mon départ, je suis parti pour méditer avec Isaac dans la campagne et, comme autrefois Abraham, riche entre tous les patriarches, j'ai quitté le sol natal et la maison paternelle pour suivre le Christ sur le chemin de la pauvreté. Nous désirions courir avec zèle sur la voie du pèlerinage aussi, moi, Symon Semeonis et Hugues l'Enlumineur, de l'ordre des frères mineurs, unis tous deux par l'indestructible ciment de l'amour dans le Christ, nous sommes partis d'Irlande pour cette Terre sainte que le Christ, descendu des hauteurs du ciel pour sauver les pécheurs, a foulée de ses propres pieds.

1-5

L'ANGLETERRE

Nous avons commencé notre voyage le 16 mars 1323, après le chapitre de Clonmel tenu en la fête de notre très saint père François. Nous avons traversé la mer d'Irlande, cruelle et dangereuse entre toutes, et nous sommes arrivés à Caer Gybi[1] dans le pays de Galles. Le jeudi saint 24 mars 1323, nous avons atteint la ville de Chester en Angleterre, un port où arrivent sans cesse les bateaux d'Irlande. Nous y avons célébré la fête de Pâques, puis, passant par Stafford, Lichfield et sa belle église, Coventry, riche ville marchande, Saint-Albans où se trouve un monastère bénédictin, nous sommes arrivés à Londres, la plus célèbre et la plus opulente cité qui soit sous le soleil.

Le flux et le reflux de la marée se font sentir sur le célèbre fleuve de la

---

1. Holyhead, à la pointe du pays de Galles qui fait face à Dublin.

Tamise, enjambé par un pont couvert de boutiques, avec au centre une église du bienheureux archevêque et martyr Thomas. Au milieu de la ville se dresse l'église Saint-Paul, merveilleusement grande avec un superbe campanile, de cinq cents pieds de hauteur, dit-on. Dans le chœur, se trouve la chapelle de la bienheureuse Vierge et Reine, ornée d'épisodes de la Bible. La messe y est chantée chaque jour en son honneur. Le chant joyeux des Angles, ou plutôt des Anges[1], semblable à celui des rossignols ou des chérubins, est bien différent des cris des Lombards et des hurlements des Allemands.

À l'extrémité de la ville, vers la mer, il y a un château célèbre et imprenable, ceint d'un double mur et de larges fossés pleins d'eau, bien défendu, au centre duquel se dresse la très célèbre Tour de Londres. Elle est très haute, faite de pierres bien taillées, et extrêmement solide. Hors des murs de la ville, dans un monastère bénédictin nommé Westminster, sont enterrés les rois d'Angleterre, parmi eux, le corps du roi Édouard d'heureuse mémoire qui, tel les Macchabées, partit combattre en Terre sainte avec Saint Louis roi de France, le roi Très-Chrétien. Ce monastère a deux cloches, les meilleures du monde pour leur taille et leur timbre admirable. À côté du monastère se trouve le magnifique palais des rois d'Angleterre avec une chambre renommée dont la magnificence royale a fait orner les murs de l'histoire de toutes les guerres de la Bible, parfaitement et complètement expliquées en français[2].

Au bout de quelques jours, nous sommes partis par Rochester pour Canterbury où repose le précieux corps du bienheureux Thomas, archevêque et martyr. Il est dans une abbaye bénédictine, dans une châsse d'or merveilleusement faite et ornée de pierres précieuses et de perles d'une valeur inestimable qui brillent comme les portes de Jérusalem. Elle est surmontée de la couronne impériale. De l'avis des habitants, il n'existe pas de châsse aussi belle sous la lune. Dans cette même ville, dans une autre abbaye bénédictine, se trouve le corps du bienheureux évêque Augustin, qui a converti la nation anglaise à la foi catholique et l'a soumise à l'église de Rome.

Après avoir vénéré ces reliques, nous sommes arrivés à la célèbre forteresse de Douvres, protégée par des fossés, des précipices et toutes sortes de défenses. Elle est située sur une colline. C'est de ce port que l'on a l'habitude de traverser le bras de mer qui le sépare du royaume de France.

---

1. Ce jeu de mots est attribué au pape Grégoire Ier, quand il envoya en mission Augustin de Canterbury en 597.
2. Le français est resté langue officielle de la cour d'Angleterre jusqu'au règne d'Henri V.

5-12

LA FRANCE

De Douvres, nous avons abordé à Wissant, en France, dans le royaume du roi pacifique, du roi de France. Nous sommes allés à Boulogne dans un monastère qui garde une statue très vénérée de la bienheureuse Vierge, appelée Notre-Dame de Boulogne. Puis, par la ville forte de Montreuil-sur-Mer, nous avons atteint la cité d'Amiens où se trouve une église d'une largeur, d'une hauteur et d'une beauté étonnantes, dédiée à la Vierge. Elle conserve parmi d'autres reliques la tête de saint Jean-Baptiste. On voit aussi dans la ville la porte par laquelle passa saint Martin quand il partagea son manteau avec un pauvre.

De là, par Beauvais, nous sommes arrivés à Saint-Denis, où les rois de France sont enterrés dans une belle abbaye bénédictine ; parmi les reliques de l'église, il y a un clou de la croix du Seigneur.

Puis nous sommes entrés dans la célèbre ville de Paris, la plus peuplée de toutes les villes chrétiennes, riche de toutes sortes de biens, entourée d'une muraille de pierres taillées[1], fortifiée de hautes tours bien défendues. Comme Londres, Paris renferme un grand nombre d'abbayes et d'églises, dont les hautes tours et les campaniles bien décorés font la beauté de la ville. Paris est la nourricière de la théologie et de la philosophie, la mère des autres arts libéraux, la maîtresse de la justice, le modèle de la morale, le miroir et la lampe de toutes les vertus morales et cardinales. Elle est traversée par la fameuse rivière de Seine, qui forme en son milieu une île oblongue dans laquelle est édifiée l'église bien connue dédiée à la Vierge Marie. L'église est en pierres taillées et sculptées ; la façade occidentale et les hautes tours sont décorées d'une infinie variété de sculptures. Dans la même île, on voit le magnifique palais du roi de France avec sa célèbre et splendide chapelle ornée d'histoires bibliques et renfermant les reliques les plus précieuses, la couronne d'épines, intacte, du bois de la glorieuse et salutaire Croix du Christ, deux clous, la lance dont Longin perça le côté du Christ d'où sortit du sang et de l'eau, comme en témoigne saint Jean l'Évangéliste. Il y a aussi du lait et des cheveux de la Vierge et beaucoup d'autres reliques de saints et de saintes que le roi garde avec grand soin.

Nous avons ensuite dirigé nos pas vers Châtillon-sur-Seine, par Provins et Troyes. Là, nous n'avons pas pu prendre la route directe vers la Lombardie par Dijon, Salins et Lausanne, à cause de la guerre entre Milan et Robert, roi de Sicile et de Jérusalem[2]. Nous avons laissé Dijon

---

1. C'était encore la muraille de Philippe-Auguste.
2. Cette guerre opposait Robert d'Anjou, allié de la papauté, aux Visconti, maîtres de Milan et adversaires du pape.

à notre gauche et atteint, par Beaune, Châlon-sur-Saône où nous avons pris un bateau pour descendre la Saône jusqu'à Lyon, au confluent de la Saône et du Rhône, où le pape Grégoire a tenu un concile célèbre [1].

Nous avons ensuite descendu le Rhône jusqu'à Valence et Vienne où le saint pontife Mamert organisa les litanies solennelles précédant l'Ascension [2]. Toujours descendant le Rhône, nous avons vu Pont-Saint-Esprit et son célèbre pont de pierre sur le Rhône d'un demi-mille de long, avec de larges arches admirées par tous ceux qui le traversent.

Nous sommes parvenus ensuite à Avignon, qui appartient au roi Robert de Jérusalem. Nous y avons trouvé le pape Jean [3], remplissant avec diligence sa charge pastorale. Nous avons vu Tarascon, où est le corps de sainte Marthe, sœur de sainte Marie-Madeleine, et notre bateau nous a ensuite conduits à Arles où saint François apparut à saint Antoine de Padoue, alors qu'il prêchait devant le chapitre des frères.

Nous avons traversé sur le Rhône beaucoup de riches villes fortifiées dont je n'ai pas retenu le nom. Elles sont aussi grandes et prospères que celles de bien d'autres régions.

Nous sommes allés ensuite par terre à Salon-de-Provence et de là à Marseille, où fut jadis évêque saint Lazare, le frère de sainte Marthe que le Seigneur avait ressuscité. Puis, par Draguignan, Saint-Maximin et Brignoles, nous avons atteint Nice où fut jadis tenu le solennel concile de Nicée auquel assistait dit-on saint Nicolas [4].

12-13

L'ITALIE DU NORD

Par mer, nous avons abordé à Gênes. C'est une des plus renommées, des plus puissantes, des plus triomphantes villes du monde, surtout sur mer, car elle fabrique quantité de navires immenses et de galères armées et est mère et maîtresse des matelots. Elle est au cœur d'une riviera splendide, d'aspect enchanteur, magnifiquement parée de très beaux oliviers et d'autres arbres fruitiers, de châteaux, de palais et de toutes sortes de richesses. Sa beauté est impériale.

Par des montagnes abruptes, des vallées profondes, des forêts épaisses, peuplées de voleurs, nous sommes arrivés à Bobbio où nous avons vu une des jarres de pierre dont l'eau fut changée en vin aux noces de Cana et le corps de saint Colomban, le bienheureux abbé irlandais. Puis, par les

---

1. Le concile de Lyon, tenu en 1274 par Grégoire X et où mourut saint Bonaventure, maître général des Franciscains.
2. Saint Mamert, évêque de Vienne, créa les rogations en 474.
3. Jean XXII, pape de 1316 à 1334.
4. Symon confond Nice et Nicée et rien n'atteste la présence de saint Nicolas à ce concile.

villes de Lombardie, Plaisance, Parme, Mantoue, Vérone et Vicence, riches en reliques, nous avons abouti à la ville de Padoue où repose le corps du bienheureux Antoine, de l'ordre des frères mineurs. Une très grande église, bien solide, a été construite en son honneur.

14

VENISE

Nous avons pris un bateau pour nous rendre à Venise, en la vigile des saints Pierre et Paul. Cette très célèbre ville est entièrement située en mer. Par sa beauté, son éclat, elle mériterait d'être placée entre les brillantes étoiles d'Arcturus et des Pléiades. Elle est à deux milles de la terre ferme ; un tiers de ses rues est pavé de briques, les deux autres tiers sont des canaux par lesquels la mer afflue et reflue sans cesse. Elle renferme les corps de saint Marc l'Évangéliste, du prophète Zacharie, père de saint Jean-Baptiste, de Grégoire de Samos, du martyr Théodore, de sainte Lucie, vierge et martyre, de sainte Marine et d'autres saints martyrs, confesseurs et vierges.

On a construit en l'honneur de saint Marc une somptueuse église, toute en marbre et matériaux précieux, décorée et embellie de mosaïques racontant les épisodes de la Bible. En face, une place bien connue est, de l'avis unanime, unique au monde. À côté de l'église se trouve le palais du doge de Venise qui, pour son renom et celui de ses concitoyens, y nourrit des lions vivants. En face du palais, sur le port, se dressent deux hautes colonnes rondes en marbre. Sur l'une d'elles, à la gloire de la ville, est juché un lion d'or resplendissant comme Diane ou l'étoile de la mer. Sur le portail occidental de Saint-Marc, il y a deux chevaux de cuivre d'un éclat incomparable.

Dans une île hors de la ville, près du port [1], le corps du bienheureux évêque Nicolas repose dans une abbaye bénédictine.

15-17

L'ADRIATIQUE

Quittant Venise, le jeudi 18 août, nous avons navigué vers Pola dans la province d'Istrie, sujette des Vénitiens. Le port est excellent, bien abrité du vent. Deux autres jours de navigation nous ont conduits à Zara, une ville riche, bien fortifiée, dans laquelle est conservé le corps du bienheureux martyr Grégoire. Elle est à trois cents milles de Venise dans la Dal-

---

1. Il s'agit du Lido.

matie, qui appartient aussi aux Vénitiens. Les femmes y sont merveilleusement parées. Certaines portent sur la tête des ornements en forme de corne, comme une crête de coq, d'autres sont oblongs, d'autres carrés ; d'autres encore portent un grand et haut chapeau rond orné sur le devant de pierres précieuses. C'est une bonne protection, comme un bouclier contre la grêle, le vent, la pluie, le soleil. On dit que de cette province dépendent autant d'îles qu'il y a de jours dans l'année.

Nous sommes passés ensuite devant deux châteaux insulaires appartenant à Venise, Lesina et Curzola[1], avant d'aborder à Raguse, une ville riche, bien fortifiée avec de hautes tours et des défenses solides. Elle est en Dalmatie, à deux cents milles de Zara et appartient à Venise. Les marchands schismatiques, slaves, albanais, patarins[2] et autres la fréquentent. Leurs mœurs, leurs vêtements, leur langue sont totalement différents de ceux des Latins. La langue des Slaves est très proche de celle de la Bohême, mais leur religion est différente. Les Tchèques suivent le rite latin, les Slaves, le rite grec. La monnaie qui circule dans cette ville est de bronze ou de cuivre, sans aucune figure ou inscription ; trente dinars y valent un gros[3] de Venise et un gros de Venise vaut un sterling et une obole. À Raguse se trouve la tête de saint Blaise, martyr. Les faucons y sont innombrables et beaucoup d'autres sortes d'oiseaux. On les achète et les vend sur le marché pour presque rien. La citadelle est sur une roche élevée, dominant la cité, protégée par la mer très profonde en cet endroit et par de terribles précipices.

Après avoir passé quelques jours à Raguse, nous avons traversé Dulcigno qui appartient au roi de Serbie[4] et sommes arrivés par mer à Durazzo. Cette ville a été jadis célèbre pour sa puissance terrestre et maritime ; elle appartenait à l'empereur de Byzance, maintenant elle dépend du prince de Romanie[5], frère du roi de Jérusalem ; elle est dans la province d'Albanie, située entre la Slavonie et la Romanie, et qui a sa propre langue. Elle a été récemment soumise au roi de Serbie, un schismatique, comme le sont les Albanais, qui suivent le rite grec. Leurs vêtements, leurs mœurs, sont proches de ceux des Grecs. Les Grecs ne portent presque jamais de capuchon, mais un chapeau blanc, à peu près plat, abaissé par devant, relevé par derrière, de sorte qu'on peut très bien voir leurs cheveux, longs et beaux, dont ils sont très fiers. Les Slaves, eux, portent un chapeau blanc, oblong ou rond, sur lequel les nobles fixent une longue plume pour

---

1. C'est de cet îlot que Marco Polo est originaire.
2. La Pataria fut un mouvement hérétique lombard au XIᵉ siècle. On ne voit pas quelle nationalité Symon veut désigner par ce terme.
3. Le gros est une pièce d'argent.
4. Étienne Ourosch III, roi de 1321 à 1331.
5. Jean, fils de Charles II d'Anjou et frère du roi Robert d'Anjou. On désigne sous le nom de Romanie les provinces de l'Empire byzantin prises par les Francs à la suite de la croisade de 1204.

se distinguer et être plus facilement reconnus par les paysans et les vilains.

Durazzo est une ville très étendue à l'intérieur de ses murailles, mais les maisons sont petites et misérables, car elle a été totalement détruite par un tremblement de terre [1] qui fit périr, dit-on, vingt-quatre mille habitants, enterrés vivants sous leurs demeures. Elle a aujourd'hui peu d'habitants — Latins, Juifs perfides, Albanais barbares —, peu de religion, des langues et des mœurs très diverses. La monnaie qui y circule est faite de petites pièces appelées tournois, qui ont cours dans toute la Romanie. Onze tournois valent un gros de Venise. Cette ville est à deux cents milles de Raguse.

[18-19. La traversée se poursuit jusqu'en Crète.]

20-23

LA CRÈTE

Nous sommes arrivés dans l'île de Crète dont le poète dit :
« Saturne vint d'abord des rivages de Crète [2]. »

La première localité rencontrée fut Contarin [3] puis nous avons atteint La Canée, ville entourée d'une magnifique forêt de cyprès. Ces arbres, d'une superbe hauteur, tels les cèdres du Liban, dépassent les tours et les clochers. Leur bois convient parfaitement à la construction des églises et des palais royaux ; il est d'une prodigieuse solidité, ne plie sous aucune charge et conserve toujours sa rigidité. Les frères mineurs et les autres habitants ont l'habitude de brûler du bois d'acacia et de cyprès, la ville est presque entièrement bâtie avec ces essences, il en émane un tel parfum que l'on se croirait en Paradis ou dans l'officine d'un apothicaire.

En longeant la côte en bateau, nous sommes arrivés à Candie [4], entourée d'un solide rempart avec des tours et autres fortifications. Les Vénitiens tiennent la ville et toute l'île en paix après avoir soumis les Grecs et leur avoir enlevé toute liberté. Candie est peuplée de Latins, de Grecs et de Juifs perfides, sous l'autorité d'un gouverneur responsable devant le doge de Venise. Les femmes des Latins portent, comme celle des Génois, de l'or, des perles et d'autres pierres précieuses. Si l'une d'entre elles devient veuve, elle se remarie rarement, pour ainsi dire jamais. Elle ne porte plus le vêtement des femmes mariées, mais un voile noir de veuve ;

---

1. Ce tremblement de terre eut lieu en mars 1273.
2. Théodule, *Églogue*, V.
3. Sans doute un avant-poste nommé ainsi en l'honneur du doge Contarini.
4. Héraklèion.

elle ne sort plus jamais avec un homme ni ne s'assied à côté d'un homme, à l'église ou ailleurs, mais, le visage voilé, poussant de profonds soupirs, elle recherche les endroits solitaires et évite la société des hommes comme s'ils étaient des serpents. Les veuves juives et grecques de Candie portent un costume étrange : certaines se vêtent de surplis comme les choristes à l'église, d'autres portent des manteaux sans capuchon, curieusement brodés d'or sur le devant, comme les chanoines. Elles portent ces vêtements pendant les processions ou les fêtes religieuses. Elles portent aussi des boucles d'oreilles dont elles sont très fières.

Dans cette ville, comme dans celles d'Istrie, d'Albanie et de Romanie où nous sommes passés, il y a du très bon vin en abondance, ainsi que du fromage et des fruits. On exporte dans tous les pays du monde le fameux vin de Crète. Les bateaux et les galères sont chargés de fromage. On peut acheter à très bon marché des grenades, des citrons, des figues, du raisin, des melons, des pastèques, des courges et toutes sortes de fruits excellents.

Vue de la mer, l'île a belle apparence, mais ses rues sont petites, sales, étroites, tortueuses et ne sont pas pavées. On y voit beaucoup de bateaux, de galères et de chevaux. On dit qu'elle conserve le corps de l'évêque Tite, disciple de saint Paul, souvent mentionné dans ses Épîtres et dans les Actes des Apôtres. C'est le saint patron des Crétois.

Nous avons rencontré à Candie un évêque, de l'ordre des frères mineurs, juif converti. Il y a dans cette ville une tribu qui pratique le rite grec, mais affirme être de la descendance de Caïn. Ces gens ne séjournent pas dans un endroit plus de trente jours, mais sont toujours nomades et vagabonds, comme sous l'effet d'une malédiction divine [1]. Avec de petites tentes oblongues et noires, comme celles des Arabes, ils vont de champ en champ ou de grotte en grotte, mais l'endroit qu'ils ont occupé est si rempli de saleté et de vermine au bout de trente jours qu'il est impossible de vivre dans leur voisinage.

L'île de Crète est allongée, couverte de très hautes montagnes. L'une d'elles est comme une forteresse inexpugnable, avec au sommet une plaine que l'on ne peut atteindre que par un sentier étroit, presque impraticable. Là vivent au moins dix mille Grecs, qui ont tout le nécessaire, sauf du sel et du blé. Ils sont gouvernés par un Grec nommé Alexis, qui est le seul au monde à régir une terre aussi bien défendue.

Il faut savoir que cette île a cinq cents milles de tour, selon les mariniers qui décrivent les îles de la mer. Il faut d'autre part faire remarquer que, même si les villes de toutes ces régions, Slavonie et autres, sont riches et bien fortifiées, en comparaison des villes d'Italie, elles sont petites et de peu d'importance.

---

1. Il s'agit des Gitans, venus de Valachie.

24-27

L'ARRIVÉE À ALEXANDRIE

À notre départ de Candie, nous sommes passés devant Scarpanto et avons atteint la célèbre ville d'Alexandrie, chère à tous les marchands, le jour de la saint Calixte [1]. Cette ville est en Égypte, distante de Candie de cinq cents milles. À un mille de la ville se trouve le lieu du martyre de saint Marc l'Évangéliste, patron de Venise. À l'intérieur de la ville, celui du martyre de la glorieuse vierge Catherine, marqué par deux larges et hautes colonnes de pierre rouge entre lesquelles passe la grand-rue. Les anges portèrent dans leurs mains le corps de la sainte sur le mont Sinaï qui, aux dires des habitants, est à treize jours de marche d'Alexandrie.

Dès notre entrée dans le port, selon la coutume, quelques Sarrasins, fonctionnaires du port, montèrent à bord, enlevèrent la voile et inscrivirent les noms de tous ceux qui étaient à bord. Puis ils examinèrent soigneusement les marchandises et toute la cargaison du bateau et firent une liste de tout ce qu'il contenait. Ils retournèrent en ville en emmenant les passagers avec eux, laissant deux gardes à bord. Puis ils se rendirent auprès de l'émir de la cité, et nous parquèrent entre la première et la seconde porte. Ils lui firent leur rapport, car aucun étranger ne peut entrer à Alexandrie ni en sortir, aucune marchandise ne peut être introduite sans la permission et la présence de cet émir. Les gardes laissés dans le bateau ne le quittèrent que quand il fut entièrement déchargé. Les fonctionnaires en usent ainsi avec chaque bateau pour voir s'il ne contient pas quelque marchandise qui n'aurait pas été portée sur la liste du premier inventaire. L'émir reçoit un tribut fixe pour tout ce qui est trouvé dans le navire et consigné dans les listes et il doit en rendre compte au sultan.

À l'annonce de l'arrivée de notre bateau, l'émir, comme c'est l'usage, envoya immédiatement au Caire par un pigeon voyageur un message pour le sultan. À Alexandrie et dans tous les ports, on trouve ces pigeons, qui sont élevés dans la citadelle du sultan au Caire où est leur pigeonnier et sont apportés dans des cages par des courriers spéciaux jusqu'aux ports. Chaque fois que les gouverneurs veulent informer le sultan de l'arrivée de chrétiens ou de toute autre nouvelle, ils lâchent un pigeon, avec une lettre attachée sous la queue, et le pigeon ne s'arrête pas avant d'avoir retrouvé la citadelle d'où il a été apporté. On emmène les pigeons élevés à la citadelle dans les ports, et vice versa. De la sorte, le sultan est tenu informé presque chaque jour de tout ce qui arrive d'important dans ses possessions et les émirs savent les mesures qu'il va prendre.

Nous, les chrétiens, sommes restés entre les portes dont j'ai parlé du

1. Le 14 octobre.

petit matin jusqu'à midi. Les passants nous crachaient dessus, nous jetaient des pierres, nous injuriaient. Vers midi, selon l'usage, l'émir arriva, accompagné d'une escorte importante armée d'épées et de bâtons. Il s'assit devant la porte et ordonna que l'on pesât en sa présence toutes les marchandises qui devaient entrer dans la ville, et qu'on lui présentât ceux qui désiraient entrer. Les marchands chrétiens et leurs consuls nous présentèrent ainsi que d'autres. L'émir nous fit questionner par un interprète sur les raisons de notre venue en Égypte et ordonna que l'on examinât nos livres et toutes nos affaires. Finalement, à la demande pressante du consul, il nous autorisa à entrer.

En examinant nos affaires, ils virent des images du Crucifix, de la bienheureuse Vierge Marie et de saint Jean l'Évangéliste que nous avions emportées pieusement d'Irlande. Ils se mirent à blasphémer, à cracher sur elles et à crier des injures : « Ah ! ce sont des chiens, de vils porcs qui ne croient pas que Mahomet est le prophète de Dieu, mais qui l'insultent continuellement dans leurs prédications et incitent les autres à faire de même. Ils racontent des fables mensongères, disant que Dieu a un Fils et que c'est Jésus, le fils de Marie. » Il y avait aussi des chrétiens renégats qui, par crainte de la cruauté des Sarrasins, criaient : « Sûrement ce sont des espions et leur venue ne nous vaudra rien de bon. Qu'on les chasse honteusement de la ville et qu'ils retournent dans les pays chrétiens, ou plutôt, idolâtres, d'où ils viennent. » Ils parlaient ainsi pour plaire aux Sarrasins, mais beaucoup de ces renégats ne le sont que par force et, dans leur cœur, ils restent fidèles au Seigneur Jésus. Quand le silence fut rétabli, nous avons répondu : « Si Mahomet est vraiment prophète et seigneur, demeurez en paix avec lui et louez-le. Pour nous, il n'y a qu'un seul Seigneur, le Seigneur Jésus-Christ, engendré éternellement par Dieu et né de Marie dans le temps. Nous sommes ses fils et non des espions ; nous voulons visiter pieusement son sépulcre glorieux et, à genoux, l'embrasser de nos lèvres et l'arroser de nos larmes. »

Après tout cela, l'émir ordonna expressément aux marchands de nous conduire au *fondaco* de Marseille et, en chemin, nous avons été encore exposés aux injures de la populace. Nous sommes restés cinq jours dans une chapelle avant d'obtenir un permis pour partir, car les Sarrasins n'aiment guère voir les pauvres traverser le pays, surtout les frères mineurs, car ils ne peuvent tirer d'eux aucun argent.

À Alexandrie, chaque port chrétien a son *fondaco* et son consul. Le *fondaco* est un bâtiment élevé pour les marchands d'une ville ou d'une région, par exemple, le *fondaco* de Gênes, le *fondaco* des Vénitiens, le *fondaco* de Marseille, le *fondaco* des Catalans. Chaque marchand de cette ville ou région doit se rendre à ce *fondaco* et y apporter les marchandises qu'il a avec lui, selon les ordres du consul. Ce consul est à la tête de l'établissement et de tous ceux qui y habitent ; sans son accord et sa présence, aucun marchand de la ville ou de la région qu'il représente ne peut entrer dans la ville ni y introduire ses marchandises. Il siège avec l'émir devant la porte dont j'ai parlé plus haut et ne reçoit que les marchands et les marchandises de la puissance qu'il représente. Il réquisitionne une certaine quantité de ces marchandises à l'arrivée et doit en rendre compte au moment du départ.

28-30

ALEXANDRIE, LES MUSULMANS

Les Sarrasins agissent ainsi pour protéger avec le plus grand soin leur ville, particulièrement le vendredi où, durant le temps de la prière, on interdit à tous les chrétiens, de quelque condition qu'ils soient, de sortir de leurs maisons que les Sarrasins ferment et verrouillent du dehors. Dès que la prière est finie, les chrétiens sont libres de circuler dans la ville pour leurs affaires. Après la prière, quelques Sarrasins vont au cimetière prier pour leurs morts, les autres se hâtent vers leurs occupations quotidiennes. Quelques-uns ne prient jamais, ne vont jamais à l'église [1] et travaillent comme si le vendredi était un jour ordinaire.

Les Sarrasins ne jeûnent à peu près jamais, sauf quand ils observent leur ramadan, les trente jours pendant lesquels, selon eux, le Coran est descendu sur Mahomet. Ils jeûnent tout le jour, jusqu'à ce qu'ils aperçoivent la première étoile, ils peuvent alors manger, boire et approcher leurs femmes jusqu'à ce que le jour pointe et permette de distinguer un fil noir d'un fil blanc. Tels sont les préceptes qu'ils ont reçus de ce vil porc, amateur de femmes, et qui sont contenus dans le Coran.

Ils appellent leurs églises ou oratoires *keyentes* [2] ; ce ne sont pas des églises, mais des synagogues de Satan. À l'extérieur de chacune on trouve un bassin d'eau dans lequel tous, sans exception, se lavent les mains, les pieds, les jambes et le postérieur avant d'entrer. Chaque église a aussi une haute tour, comme un clocher, entourée d'une plate-forme extérieure d'où, à certaines heures, un prêtre crie les louanges du prophète Mahomet, ce porc immonde, et appelle le peuple à la prière. Entre autres choses, ils clament à haute voix avec admiration qu'une nuit il s'est uni quatre-vingt-dix fois à neuf femmes. Ils considèrent cela comme un grand et beau miracle. Ils disent aussi que si Mahomet aimait et désirait l'épouse d'un autre, elle ne pouvait demeurer avec son mari, mais devait l'abandonner et se hâter sans délai vers la couche du Prophète.

Ils respectent beaucoup leurs églises et les tiennent très propres. Aucun chrétien ou membre d'une autre secte n'est autorisé à y pénétrer, sous peine de mort, à moins d'avoir renié le Christ, fils de Marie, et reconnu Mahomet comme prophète et envoyé de Dieu. Ils tiennent le Christ pour

---

1. Tel dans le texte.
2. Déformation de *kanisah*, lieu de prière.

un homme juste et un très saint prophète, mais refusent qu'il ait souffert la Passion et soit Dieu. Ils ne veulent rien entendre sur ce sujet et s'en tiennent à ce qui est écrit dans leur maudite loi, le Coran, sourate x : « Prenez bien soin de ne rien dire d'injuste ou d'indigne concernant votre religion, ni rien de faux sur Dieu, par exemple que Jésus, fils de Marie, était l'envoyé de Dieu, son Esprit et son Verbe, envoyé du ciel à Marie. Vous ne devez pas dire non plus qu'il y a trois dieux, car Dieu est l'unique, sans fils, tout-puissant, à qui le ciel et la terre sont soumis. Mais il ne faut pas nier l'existence du Christ, ni des anges qui sont au service de Dieu[1]. »

Mahomet parle aussi dans le Coran des juifs, qu'il appelle meurtriers des prophètes : « Ils blasphèment contre Marie en affirmant que son fils, le Christ, envoyé de Dieu, a été mis à mort ; ils ont suspendu à la croix non pas lui, mais quelqu'un qui lui ressemblait et Dieu dans son insondable sagesse l'a pris auprès de lui au ciel[2]. » Ces mécréants, qui nient la divinité et la Passion du Christ, le placent cependant au-dessus de Moïse et de tous les autres prophètes, excepté Mahomet. Ils l'appellent *Messiath Ebyn Meriam*, mais jamais *Ebyna Allah*[3], c'est-à-dire, Fils de Dieu, car ils estiment impossible que Dieu ait un fils, puisqu'Il n'a ni femme ni concubine et ne prend pas de plaisir avec elles.

En ce qui concerne le Paradis et la vie éternelle, ce qu'ils croient est contenu dans un livre intitulé *La Doctrine de Mahomet*[4] où il est dit : « Le Paradis est pavé d'or et de pierres précieuses. Toutes sortes d'arbres fruitiers y poussent et des rivières de lait, de miel et de vin y coulent. Un jour y dure mille ans et une année, quarante mille. Chaque désir est immédiatement satisfait. » Les vêtements des élus sont de toutes couleurs, sauf le noir, réservé au Prophète. Tous ont la taille d'Adam et la conservent ; ils ressemblent à Jésus-Christ. À leur entrée au Paradis, on leur donne à manger le foie d'un poisson délicieux, *allehbut*[5], ainsi que les fruits des arbres et l'eau des fleuves du Paradis. Tout ce qu'ils peuvent désirer leur est aussitôt apporté : ils ont du pain, du vin, des viandes, mais aucune nourriture défendue, notamment la viande de porc qu'ils détestent. « Si la volupté était absente de ce lieu, la béatitude ne serait pas complète. » Ils ont aussitôt tout ce qu'ils veulent, quand ils le veulent, tout à volonté sans aucun délai ni obstacle. « Ceux qui auront eu des épouses fidèles les retrouveront, les autres seront concubines ; il n'y aura que peu de servantes[6]. » Tout ceci est déclaré par ce porc de Mahomet, amateur de femmes.

---

1. La citation est à peu près exacte, mais se trouve dans la sourate IV, 169-170.
2. Sourate IV, 156-157.
3. *Masih ibn Mariam*, Messie, fils de Marie. *Ibn Allah*, Fils de Dieu.
4. Ce livre, dialogue supposé entre un juif et un musulman, a été écrit par Hermann le Dalmatien vers 1142.
5. Déformation de l'arabe *lib-al-hut*, cœur de poisson.
6. Toutes ces citations sont tirées de *La Doctrine de Mahomet*.

31-32

ALEXANDRIE, LES ÉGLISES CHRÉTIENNES

Ces bandits de Sarrasins appellent les Occidentaux Francs, les Grecs *Rumi* et les Jacobites ou chrétiens de la ceinture *Nysrani*, c'est-à-dire Nazaréens. Les moines sont appelés *Ruben* et les juifs *Kelb*, c'est-à-dire chiens. Les juifs sont divisés en plusieurs sectes, certains, nommés en hébreu *Rabanym*, observent la Loi selon les gloses des maîtres ; d'autres, appelés *Caraym*, observent la Loi à la lettre ; d'autres enfin, les *Cusygym*, n'observent pas du tout la Loi. Tous sont méprisés par les Sarrasins ; comme ailleurs, ils sont traités en captifs et, comme si Dieu les avait vendus, ils errent, sans loi et détestés de tous.

Les Jacobites pratiquent la circoncision et pensent que la grâce n'est pas donnée aux enfants lors du baptême. Ils ne baptisent donc que les enfants en danger de mort, mais baptisent les adultes auxquels ils donnent la communion au corps et au sang du Christ. Ils ne font le signe de croix qu'avec un seul doigt, l'index. Beaucoup de leurs cérémonies ne suivent pas le rite de l'Église romaine, mais pour les principaux articles de la foi, ils partagent tout à fait nos croyances et le reconnaissent volontiers dans leurs discussions avec nous en public comme en privé. Comme nous, ils sont en perpétuel débat avec les Grecs sur la procession du Saint-Esprit [1]. Ils jugent les Grecs infidèles et les blâment de célébrer l'Eucharistie avec du pain fermenté. C'est pourquoi un prêtre jacobite ne célèbre jamais la messe sur un autel où a officié un prêtre grec tant que l'autel n'a pas été consacré à nouveau. Comme ceux des Grecs, leurs prêtres se marient, mais non les moines, qui suivent la règle de saint Macaire et sont très nombreux dans le désert où ils mènent une vie d'une austérité presque inhumaine.

La messe que célèbrent les prêtres jacobites est très longue, selon un rite très différent de celui de l'Église romaine. Ils lisent l'épître et l'Évangile en deux langues, en égyptien, qui est pour eux comme le latin pour nous et dont les lettres ressemblent beaucoup aux lettres grecques [2], puis en arabe, ou sarrasin, qui est une langue gutturale, très voisine de l'hébreu. Ils consomment beaucoup de pain et de vin à la messe, car ils sont toujours sept ou huit prêtres autour de l'autel, surtout les dimanches et jours de fête, avec au milieu d'eux le patriarche, tel le Christ.

---

1. Le Saint Esprit procédait-il du Père *par* le Fils, ou du Père *et* du Fils ? C'est un des points de désaccord entre l'Église romaine et l'Église orthodoxe.
2. Cette langue égyptienne est le copte.

33-37

ALEXANDRIE, LA VIE QUOTIDIENNE

La cité d'Alexandrie est ceinte d'un double rempart, bien fortifiée de tours, de fossés d'un côté et de machines de guerre. À l'intérieur, il y a deux collines de sable, assez hautes, où montent les habitants quand ils veulent respirer l'air pur et contempler la mer. Ses portes sont soigneusement gardées, surtout celles qui font face au port, les deux entre lesquelles on nous a détenus et une troisième par laquelle passe la route du Caire. C'est une ville très riche où abondent les étoffes de soie précieuse, admirablement tissées de façon variée, les tissus de lin, de coton, car tous sont fabriqués ici et vendus ensuite dans le monde entier par les marchands.

La ville est dans une plaine au-dessus du port, avec de splendides jardins et vergers. Des cannes à sucre, des bananiers et toutes sortes d'arbres fruitiers la parent. Il n'est pas facile de la voir depuis les navires en mer, puisqu'elle est dans une plaine et que toute l'Égypte est plate. Aussi, les habitants ont construit, sur un rocher à l'entrée du port, une très haute tour carrée du haut de laquelle des vigiles dirigent les navires vers le port. Entre la tour et la ville, il y a un immense cimetière où sont inhumés les habitants, riches ou pauvres.

Dans cette ville, vivent des Sarrasins, des Grecs schismatiques, des juifs perfides. À l'exception des chrétiens appelés Francs, tous sont vêtus de la même manière et ne se distinguent que par la couleur de la pièce d'étoffe qu'ils portent autour de la tête. Les Sarrasins du peuple portent un vêtement de lin ou de coton, les nobles sont vêtus de robes de soie et d'or qui ressemblent beaucoup à celles des frères mineurs, surtout les manches, mais elles sont plus courtes et n'ont pas de capuchon. Ils ne portent en effet pas de capuchon, mais ils entourent curieusement leur tête d'une toile blanche de lin ou de coton et ne couvrent pas leur cou. Les juifs *Rabanym* portent une toile jaune ou écarlate pour être aisément reconnus, et les chrétiens, sauf les Francs, une bleue ou rouge ; ces chrétiens portent la ceinture dont ils tirent leur nom ; elle est de soie ou de lin.

Les Sarrasins ne portent pas de ceinture, mais une bande de toile qu'ils déroulent devant eux quand ils prient. Les nobles et les chevaliers ont de larges ceintures, comme les dames, faites de soie, ornées d'or et d'argent, dont ils sont très fiers. Ils ne portent pas de chaussures, mais leurs pantalons sont amples et larges. Tous en portent, petits ou grands, un enfant d'un an comme un vieillard chenu et cela parce qu'ils se lavent souvent les jambes et le postérieur. Car leur religion diabolique les oblige à faire cinq prières par jour, sans trop élever la voix. Ils prient à mon avis avec grande dévotion, avec beaucoup d'inclinaisons et de génuflexions sur leur toile, tournés vers le temple de Dieu selon eux, c'est-à-dire La Mecque.

Cette ville est en Orient, c'est là qu'Abraham a fondé le premier temple en l'honneur de Dieu et qu'il reçut de Dieu l'ordre de sacrifier son fils Isaac, comme le dit le Coran, sourate II [1]. Avant de prier, ils se lavent les mains, les bras, les pieds et le postérieur, avec la certitude qu'ainsi leurs péchés sont pardonnés. S'ils se trouvent dans le désert ou dans un lieu sans eau, ils répandent de la terre propre sur leur tête pour se purifier de leurs fautes, comme il est écrit dans la sourate XI du Coran [2]. Les Sarrasins n'ont pas de souliers, mais des sandales rouges qui ne couvrent que le dessus du pied. Il n'y a que les chameliers, les ouvriers et les pauvres qui portent des souliers semblables à ceux des enfants irlandais. Quant aux cavaliers, ils portent des bottes rouges ou blanches qui leur montent jusqu'au genou.

On n'autorise pas les femmes à entrer dans les églises ou dans les lieux de prière. Elles sont cloîtrées à la maison, à l'abri de toute possibilité de conversation futile, surtout les femmes nobles qui ne sont jamais autorisées à sortir de chez elles, sauf pour une raison sérieuse. Elles sont vêtues de façon étrange et étonnante. Toutes sont couvertes d'un manteau de lin ou de coton, plus blanc que neige, et voilées de telle sorte qu'on peut à peine apercevoir leurs yeux à travers une très fine résille de soie noire. Toutes portent des tuniques très courtes, s'arrêtant au-dessus du genou. Certaines sont de soie, d'autres de lin ou de coton, tissées de différentes manières selon leur statut social. Elles portent toutes, notamment les femmes nobles, des pantalons de soie précieuse tissée d'or qui leur descendent jusqu'aux chevilles, comme ceux des cavaliers. On juge de la noblesse et de la richesse d'une femme d'après ses pantalons. Certaines portent des sandales, d'autres des bottes rouges ou blanches, comme celles des cavaliers. Avec leurs bottes et leurs pantalons, et leurs autres ornements, elles ressemblent tout à fait aux démons que l'on voit jouer dans les jeux des clercs. Tout ceci est ordonné dans le Coran, sourate XXIII : « Que les femmes pieuses couvrent leur visage et leur sexe. Cela est bien aux yeux de Dieu, qui connaît tous leurs actes. Que les femmes couvrent leur cou et leur poitrine, qu'elles cachent leur beauté à tous, à moins que quelque nécessité les oblige à se montrer, qu'elles cachent la beauté de leurs pieds quand elles marchent et ne se montrent qu'à leurs maris, leurs parents, leurs fils, leurs frères, leurs neveux et leurs serviteurs. Convertissez-vous à Dieu qui est bon pour vous [3]. » Autour des chevilles et des bras, elles portent de gros anneaux d'or ou d'argent où sont inscrits quelques mots de cette maudite loi qu'ils révèrent autant que nous l'Évangile de saint Jean. Elles se teignent les ongles des mains et des pieds, elles portent des boucles d'oreilles et certaines un anneau dans

---

1. Sourate II, 112 et 139.
2. Il s'agit en fait de la sourate V, 8-9.
3. Il s'agit de la sourate XXIV, 31. La citation n'est qu'approximativement exacte.

le nez, et elles sont très fières de tous ces ornements. Les femmes schismatiques ou juives sont vêtues et parées de la même façon, si ce n'est que les femmes schismatiques portent des bottes noires qui permettent de les reconnaître.

Alexandrie semble d'une beauté éclatante, mais ses rues sont étroites, petites, tortueuses, obscures, pleines de poussière et de saletés et pas du tout pavées. On trouve en ville tout le nécessaire, sauf le vin qui est ici très cher car les Sarrasins pratiquants n'en boivent jamais, au moins en public. En privé toutefois je les ai vus boire à en être malades. Le Coran, dans la sourate IV traitant du vin, des échecs, des dés, et des autres jeux de hasard, dit que c'est un très grand péché de boire et de jouer [1]. La raison pour laquelle ce porc de Mahomet a interdit le vin se trouve dans *La Doctrine de Mahomet*. Il y avait deux anges, Baroth et Maroth, envoyés par Dieu sur terre pour gouverner et instruire le genre humain. Ils interdirent trois choses, tuer, juger injustement, boire du vin. Au bout de quelque temps, ces deux anges parcoururent le monde entier et une femme d'une très grande beauté vint les trouver. Elle était en procès avec son mari et invita les anges à dîner pour qu'ils soutinssent sa cause. Ils acceptèrent. Elle apporta avec les plats des coupes de vin, leur en offrit, insista pour qu'ils en prissent. Que dire de plus ? Vaincus par la malice de cette femme, ivres, ils acceptèrent de révéler ce qu'elle leur demandait, que l'un lui apprît les paroles qui leur permettaient de descendre du ciel et l'autre celles qui leur permettaient d'y remonter. Quand elle les sut, elle monta aussitôt au ciel. À son arrivée, Dieu fit son enquête et fit d'elle Lucifer, la plus belle des étoiles, comme elle avait été la plus belle des femmes. Quant aux anges, Dieu les convoqua et leur demanda de choisir entre un châtiment en ce monde, ou dans l'autre. Ils choisirent ce monde et furent jetés, tête la première, attachés à des chaînes, dans le puits du diable où ils resteront jusqu'au jour du jugement. Voilà ce que raconte ce faussaire, fils aîné du démon, Mahomet.

On trouve à Alexandrie le pain le meilleur et le plus blanc de toute la région. On vend quatorze beaux pains pour un gros. Ici, le florin vaut vingt-deux gros vénitiens, le besant d'or, vingt-six, le double d'or, vingt-huit. L'hyperpère, qui n'est pas d'or pur, vaut douze gros, une drachme et deux caroubes. Un gros de Venise vaut vingt-deux caroubes, c'est une petite monnaie de cuivre ou de bronze. Deux milliers, qui ne valent rien ailleurs, valent ici un gros [2].

---

1. L'interdiction se trouve dans la sourate II, 216.
2. Le florin, monnaie de Florence, valait en général alors douze gros et demi. Le double d'or, comme son nom l'indique, valait environ deux florins. Par besant d'or, Symon désigne sans doute le dinar d'or. L'hyperpère, frappé à Byzance, avait perdu beaucoup de sa valeur au XIIIᵉ siècle en raison de dévaluations successives.

39-41

D'ALEXANDRIE AU CAIRE, LE NIL

Nous avons repris notre route le mercredi après la fête de saint Luc[1]. Nous avons traversé, sous les insultes de la populace, des jardins et des vergers magnifiques, pleins de hauts palmiers et d'arbres fruitiers, et nous avons atteint, à un mille de la porte de la ville, le port où l'on s'embarque pour Babylone[2]. Là, nous avons navigué sur le canal que le sultan a fait construire, dont les rives sont bordées de palmiers et d'arbres fruitiers et, sur près de trois milles, de grands et beaux bâtiments. Nous avons atteint Fouah, située sur la grande et célèbre rivière du Gyon, l'un des quatre fleuves du Paradis[3] aujourd'hui appelé Nil par les Égyptiens. Fouah est à un mille du canal, à un jour de distance d'Alexandrie et à trois jours de navigation agréable du Caire. La ville est entourée de tous côtés de jardins magnifiques, de vergers où poussent la canne à sucre et le coton, qui fleurit sur de petits arbustes comme une rose sur un rosier, de très hauts palmiers, de melons d'orangers et de toutes sortes d'arbres fruitiers. Il y a une très grande abondance de fruits, notamment de pommes de paradis et de figues du pharaon. À mon avis, la saveur des pommes de paradis est incomparable. Elles sont oblongues et quand elles sont mûres leur couleur est un beau jaune, leur apparence est des plus belles, leur odeur est des plus suaves, leur saveur des plus délicieuses, leur consistance des plus douces. Si on les coupe transversalement, on y voit clairement la figure du Christ pendu à la croix. Elles ne poussent pas sur un arbre, mais sur une sorte d'herbe aussi haute qu'un arbre appelée *musa*, dont la feuille est semblable, pour sa forme et sa couleur, à l'herbe que les Anglais appellent *radighe*[4], mais elles sont beaucoup plus longues et larges, elles ont de deux à six pieds de long et un ou deux de large ; elles protègent le fruit des attaques du vent et de la pluie. Cette herbe ne donne qu'une fois du fruit, après la récolte, elle se dessèche et à sa place une autre surgit de la racine, qui porte du fruit l'année suivante. Les figues du pharaon ont la même couleur et la même forme que les autres figues, mais leur goût est très différent ainsi que leur manière de croître. Leur goût est douceâtre, presque nauséabond, elles sont creuses et noires à l'intérieur et poussent sur de grands arbres aux nombreuses branches qui ne perdent jamais leurs feuilles et ne ressemblent pas aux autres figuiers. Les fruits ne viennent pas, comme pour les autres arbres, sur des rameaux, mais directement sur

---

1. Le 18 octobre.
2. Sous ce nom était désignée la vieille ville chrétienne du Caire.
3. On identifiait communément le Nil avec le Gyon, cité dans la Genèse comme l'un des quatre fleuves du Paradis terrestre.
4. *Musa*, en arabe *mozeh*, nom du bananier. Le mot *radighe*, *radish*, désigne le raifort.

les grosses branches auxquelles ils sont attachés par de toutes petites tiges. On trouve ces figues dans toute l'Égypte et on les vend pour rien [1].

De Fouah au Caire, on ne peut trouver des vivres à acheter en suffisance, il faut donc se procurer à Alexandrie ou à Fouah ce qui est nécessaire pour les trois jours de navigation. On ne circule presque pas par terre, car on remonte et descend le fleuve sans peine et sans dépenser grand-chose, il en coûte à peine trois drachmes [2]. Il est toutefois plus difficile de remonter le fleuve que de le descendre ; c'est impossible sans voile ou sans un bon équipage de rameurs, car, bien que le courant soit faible, il est quand même un empêchement.

Ce grand et célèbre fleuve est d'une longueur infinie. En le remontant de la mer Méditerranée pendant trente longs jours de navigation, on atteint, dit-on, l'Inde Supérieure, la Terre du prêtre Jean [3]. Ce fleuve est pour la navigation le plus agréable, pour son aspect, le plus beau, pour la traversée, le plus doux, pour les poissons, le plus riche, pour les oiseaux, le plus fréquenté, pour ses propriétés le plus efficace et le meilleur, pour la boisson, le plus délectable ; il ne fait aucun mal et est tout à fait adapté à la nature humaine. On ne pourrait en dire que des louanges s'il n'abritait pas des animaux très mauvais, semblables aux dragons, qui dévorent les hommes et les chevaux s'ils les trouvent dans l'eau, mais n'hésitent pas à les attaquer sur la rive. Cet animal est appelé par les gens *cocatrix*.

Toutes les rivières d'Égypte, grandes et petites, viennent de ce fleuve, c'est le fleuve ou du moins un grand bras de ce fleuve qui passe à Damiette, où le bienheureux Louis, le très chrétien roi de France, fut pris par les Sarrasins et emmené captif, à la honte des chrétiens et à l'honneur de ces fils du diable. On parle de ce fleuve dans l'Exode et dans les Psaumes.

42-47

LES CAMPAGNES D'ÉGYPTE

Il ne pleut que rarement, presque jamais, en Égypte, car, par un décret du Dieu tout-puissant, elle est privée des nuages porteurs de pluie et, par un privilège spécial, jouit d'un ciel d'une admirable sérénité. Mais comme, à l'exception de quelques petites collines, la terre arable est toute plane depuis la mer jusqu'au désert de sable qui entoure Le Caire, elle se trouve pendant la plus grande partie de l'année au même niveau que le fleuve. Or, selon les dispositions de la divine Sagesse, le fleuve croît

---

1. Le figuier du pharaon est le figuier sycomore, arbre originaire d'Égypte et dont le bois, léger et imputrescible, a été utilisé pour faire les cercueils des momies.
2. Symon désigne ainsi le dirrhem d'argent.
3. L'Éthiopie. Voir l'Introduction.

chaque année, au mois de juin, à peu près huit jours avant la Saint-Jean [1] et décroît aux environs de la fête des saints Denis et Éleuthère [2]. Il croît tant qu'il couvre admirablement toute la terre, à l'exception des petites collines sur lesquelles habitent les gens et, en s'attardant sur cette terre, il remplace la pluie. Le reste du temps, les paysans puisent l'eau dans le fleuve et les canaux avec des roues entraînées par des bœufs et munies de coupelles et la répandent pour irriguer la terre là où c'est nécessaire, si bien que la terre produit plus encore ; ils se nourrissent de tout ce qu'elle leur donne et le conservent.

Ce pays est le plus noble et le plus beau du monde tant il est plaisant et riche, agréable, doux, opulent, plat et cependant fort. Il a plus que tous les autres une abondance de productions, notamment le blé, l'orge, les fèves, le sucre, le coton, mais il manque totalement de pommes et de poires, si abondantes en Occident. Pendant toute l'année, sauf pendant la crue, il est orné de roses et d'autres plantes, belles à voir, agréables à sentir, savoureuses à goûter, avec lesquelles on prépare l'eau de rose, dont le parfum atteint les sommets de la perfection. Les bœufs sont d'une taille étonnante, les brebis semblent de petits bœufs, certaines ont des queues épaisses, très grasses, larges et laineuses, pesant parfois soixante-dix livres. Leur laine est excellente, quoique épaisse. Les chèvres sont petites, avec des cornes courtes et recourbées et des oreilles longues d'un pied et plus, larges au sommet et pendantes comme celles des chiens de chasse. Leur tête, dans la partie antérieure, est creuse comme une bêche et parfaitement apte à arracher du sol les céréales et les herbes. C'est heureux, car le pays n'est pas riche en forêts ni en arbres, excepté les arbres fruitiers. Ils n'ont pas de bois de construction en dehors de celui qu'ils achètent dans les pays chrétiens et que les marchands leur apportent, oublieux de la crainte de Dieu, au détriment de la justice et du salut de leur âme et, hélas, pour leur damnation éternelle. Certaines chèvres sont toutefois semblables à celles de nos régions.

L'Égypte nourrit d'innombrables chameaux, puisqu'elle est très plate, sans pierres et sans pluie. Ils ne trouvent que rarement, en quelques endroits, des pierres qui pourraient les faire trébucher. Elle a aussi quantité de chevaux et d'ânes, vifs et rapides. Les chevaux ne sont pas grands et pas assez forts pour porter des cavaliers armés, mais ils sont vifs et rapides, tout à fait semblables aux chevaux que montent les enfants irlandais.

Il y a aussi des pigeons, poules et oiseaux en grand nombre et toutes sortes d'autres oiseaux de prix. Ceci, parce que le sultan offre trois mille drachmes, soit cent cinquante florins, à la personne, quelle que soit sa condition, qui lui apporte un gerfaut vivant et, pour un gerfaut mort, il

1. Le 24 juin.
2. Le 9 octobre.

donne mille cinq cents drachmes, soit soixante-quinze florins. Il ajoute à cette somme des cadeaux princiers qu'il distribue sans compter et nourrit ces gens de pain et de vin tant qu'ils n'ont pas été payés jusqu'au dernier sou. Il agit comme l'ont fait ses prédécesseurs et comme le feront ses successeurs.

Tous les quadrupèdes d'Égypte se nourrissent d'orge, de fèves sèches cassées et d'une herbe appelée *trifolium*, en anglais *cowigrass* (trèfle), aussi nourrissante que le blé, que l'on conserve comme lui ; ils la sèment et la ramassent comme du foin, puisqu'ils n'ont pas de prés et n'en désirent pas. Les chameaux se nourrissent aussi des pierres ou des os qu'ils trouvent dans les dattes.

Les paysans d'Égypte sont dégénérés, vils, plus semblables par leurs mœurs et leur conduite à des bêtes qu'à des personnes humaines. Ils vivent sur les collines dans des maisons de torchis et de briques cuites au soleil. Aucun fossé, aucune fortification ne les protège et, comme la majorité des Sarrasins, ils sont désarmés, incapables d'attaquer l'ennemi et de défendre leur patrie. Mais, en toute confiance, ils se jugent protégés et défendus contre les attaques ennemies pour trois raisons. La première est la force de l'armée du sultan, trente mille cavaliers cantonnés dans la citadelle du Caire. La seconde est l'abondance de l'inondation du fleuve, qu'ils peuvent faire se répandre sur la totalité de leurs terres en raison de leur platitude et devenir ainsi inexpugnables. La troisième est l'aridité du désert de sable, qui est pour eux comme une forteresse, entourant toute leur terre jusqu'à la mer Méditerranée. Ainsi, on ne peut entrer en terre égyptienne, sinon par la mer, par le désert ou en descendant de l'Inde par le fleuve. Il n'y a aucune autre entrée possible.

48-52

LE CAIRE

De Fouah, nous avons atteint sur notre bateau la très grande et très célèbre ville du Caire. À mon avis, elle est au moins deux fois plus grande que Paris et quatre fois plus peuplée, et je suis sans doute en dessous de la vérité. Elle n'est entourée ni de fossés ni de remparts, ni munie de défenses, en dehors de portes au centre de la ville, fort bien recouvertes de lames de fer et d'un mur au pied de la citadelle qui s'étend vers le nord sur environ un mille. Si on la compare à Paris, on peut dire qu'elle n'est pas construite, car la plupart des bâtiments sont de briques et de torchis dans leur partie inférieure et, à la partie supérieure, de fines barres de bois, branches de palmier, de canne à sucre et de torchis. Mais à l'intérieur ils semblent « la maison de Dieu et la porte du ciel [1] », car ils sont merveil-

---

1. Genèse, xxviii, 17.

leusement décorés d'une grande variété de superbes peintures et pavés de
marbre et d'autres matériaux précieux. On les lave chaque jour, ou tous
les deux jours avec soin, on balaie toutes les saletés. Quant aux rues, elles
sont étroites, sombres, toutes en courbes et angles, pleines de saletés et
elles ne sont pas pavées. Les rues principales, qui sont rectilignes, sont
emplies d'une foule incessante, barbare et vulgaire, de sorte qu'on a la
plus grande peine à aller d'un bout à l'autre. Aussi, les nobles ne se dépla-
cent-ils qu'à cheval, tandis que les hommes de condition, les femmes et
les marchands qui veulent traiter en hâte une affaire vont sur des ânes.
C'est ce qui explique que, selon des personnes dignes de foi, trente mille
ânes sont placés aux carrefours pour être loués à ceux qui veulent s'en
servir dans la ville ou en dehors et d'autres ânes sont gardés pour d'autres
services.

Il y a aussi dans la ville des chameaux et des chèvres en nombre infini.
Il faut savoir que dans toute la terre d'Égypte et dans l'Inde, on n'utilise
ni charrettes ni d'autres véhicules, comme en Occident ; tout est transporté par bateau, ou sur des chameaux, des bœufs et des ânes.

Je ne dis rien des richesses du Caire, car il serait trop long de les énumérer par écrit ou oralement, or et argent, étoffes d'or et de soie, de coton,
de lin, tissées de différentes manières, pierres éclatantes, perles et pierres
précieuses, vases d'or, d'argent, de bronze, superbement décorés dans le
style sarrasin, verres agréablement ornés, comme on en trouve d'ordinaire
à Damas, baume, huile, miel, poivre, sucre, épices variées et bijoux
innombrables. Il faut savoir aussi que toute l'année, comme dans le reste
de l'Égypte, on y trouve des roses et d'autres plantes, ainsi que des fruits
frais. J'ai vu pendant tout l'hiver des fèves fraîches et, le dimanche avant
la Quadragésime, à Alexandrie, dans la maison du consul de Venise, des
figues fraîches et mûres, que l'on trouvait d'ailleurs en quantité en ville.

53-56

LE CAIRE, LES SARRASINS, LE SULTAN

On trouve au Caire des hommes et des femmes de toutes les tribus,
langues et nations sous le soleil. Ils sont tout à fait semblables aux habitants d'Alexandrie et, du plus petit au plus grand, pratiquent la diabolique
religion musulmane et, de l'émir au sultan, sont des sodomites mauvais
et pervers ; beaucoup d'entre eux ont commerce avec les ânes et les bêtes.
Selon des personnes dignes de foi, le sultan a soixante femmes et mille
servantes qui demeurent en permanence dans la citadelle. Les autres ont
trois ou quatre femmes et beaucoup d'entre eux, sept. C'est dans le Coran,
sourate VII : « Épousez deux, trois ou quatre épouses, à moins que vous

ne craigniez de ne pouvoir les maintenir en paix [1]. » C'est ce que dit ce porc de Mahomet, destructeur de la pudeur et de la chasteté.

La ville du Caire est dans une plaine au pied d'un mont sablonneux et stérile. Elle s'étend en longueur, entourée de toutes parts d'un désert de sable. Il faut huit jours de voyage pour le traverser vers l'est en allant vers Jérusalem ; vers l'ouest, en allant vers une ville de Barbarie appelée Barca [2], il en faut quinze et, vers le sud, en allant vers le royaume de Nubie, il en faut douze. Le pays n'est plat et fertile qu'au nord, je l'ai décrit plus haut. La longueur de l'Égypte est donnée par celle du fleuve, quinze journées de voyage.

Le Nil longe la ville sur un demi-mille, il est bordé de vergers et de jardins avec des arbres magnifiques. On y trouve une place carrée entourée d'un mur bas, appelée *Mida*. C'est là que le sultan vient se récréer avec les émirs et les autres nobles de son armée. Ils jouent à un jeu très semblable à celui des bergers en terre chrétienne, avec une balle et des bâtons recourbés, mais ils jouent à cheval. Toutefois leur jeu n'a rien de militaire, ils ne cherchent pas si les chevaux ou les cavaliers sont agiles, forts, ou font preuve d'autres qualités guerrières, comme on le fait pour les chevaliers chrétiens lors des joutes, des tournois et des autres exercices guerriers. Sans aucun doute, les chevaux et les cavaliers sont blessés dans ces jeux et rendus inaptes au combat. C'est pourquoi le sultan les autorise rarement et les remplace par la chasse ou des jeux efféminés. Au-dessus de la place, est édifié un pavillon grand et haut d'où les épouses du sultan et les autres dames nobles regardent le jeu sans être dans la presse de la foule des spectateurs. Elles sont attentives aux exploits du sultan et, quand il frappe la balle, les spectateurs le félicitent et l'acclament en sonnant de la trompette, en battant de tambours au son rauque, en poussant de telles clameurs qu'elles pourraient arrêter Arcturus dans sa course ou faire disparaître Sodome et ses habitants. Le bruit des chevaux, les collisions des cavaliers, les ruées des spectateurs feraient croire que les bases de la terre, ses colonnes et ses piliers vont s'effondrer, entraînant le bouleversement de tout l'univers.

La citadelle du sultan est à peu près au centre de la ville au sommet d'une colline face à l'orient. Elle est vaste, belle, bien fortifiée, avec des maisons d'habitation, des boutiques, et d'autres bâtiments utilitaires : tout est beau et porte la marque de la magnificence impériale. On dit qu'elle a un mille de tour et est distante de la ville d'un jet de baliste. Dix mille cavaliers, parmi les meilleurs, y sont à demeure, payés pour former la garde personnelle du sultan. D'autres demeurent dans la ville. Tous, comme les autres cavaliers sarrasins, montent comme les dames, sur des selles basses avec des étriers courts. Sur le devant de la selle est fixé un

---

1. Sourate IV, 3. La citation est à peu près fidèle.
2. En Libye, à l'est de Benghazi.

anneau portant une masse pour la protection et la défense du cavalier. Ils sont armés d'une épée recourbée et beaucoup d'entre eux, surtout les Turcs, sont d'excellents archers. Leurs arcs sont en corne et leurs flèches triangulaires, insérées dans le bois comme une lame de couteau dans le manche. Ils ne tuent les oiseaux qu'en l'air avec ces flèches.

Les Turcs diffèrent des Sarrasins par leur aspect, comme les Indiens ou les Éthiopiens en diffèrent par leur couleur. Ils ont des visages courts, larges dans la partie supérieure, étroits vers le bas. Leurs yeux sont très petits et tout à fait semblables à ceux de la belette qui chasse les lapins dans leurs terriers. Leur nez est semblable à celui des Indiens et leur barbe a de grandes affinités avec celle du chat. Leurs femmes leur sont tout à fait semblables, dans tous les détails.

Les fondations et les murs de la citadelle du sultan sont tous construits d'une pierre de même aspect que celle utilisée pour construire la muraille de Paris. Cette citadelle est munie de toutes sortes d'engins de guerre, mais elle manque d'eau et ses murs sont, nous a-t-on dit, assez faciles à percer. En face de la citadelle, il y a dans la ville un très beau lac, couvert d'oies et d'autres oiseaux aquatiques en hiver ; il est entouré d'arbres et très riche de poissons de toutes sortes. Les pêcheurs doivent un lourd tribut au sultan et lui apportent parfois du produit de leur pêche.

Il faut savoir que le sultan mange assis par terre, de façon bestiale, comme le font tous les autres musulmans. On ne lui prépare pas sa nourriture dans la forteresse, mais ailleurs en ville. On ne dresse pas de table dans sa salle, où on ne trouve ni siège, ni nappe, ni serviette. À la place de la table, ils apportent des plateaux ronds décorés avec art d'or et d'argent, un peu surélevés, et les posent devant les convives garnis de nourriture dans de grandes coupes de poterie. Ils mangent comme des porcs ou des chiens, peu soucieux de la politesse qui les a fuis avec la rapidité d'un lièvre. Ils se lèchent les doigts, ils souillent leur barbe et se livrent à toutes sortes de grossièretés inexplicables jusqu'à ce qu'ils soient repus. Dès qu'ils se lèvent, un peu alourdis par leur graisse, d'autres les remplacent et mangent dans les mêmes coupes, exactement de la même façon. Et la scène recommence jusqu'à ce que tous soient repus. Les restes sont ramassés par les serviteurs et vendus sur le marché. Ils valent sans doute cher, car l'on dit que le sultan dépense rien que pour lui seul mille drachmes par jour, sans compter ce qui est prévu pour sa garde.

Dans cette ville comme dans toute l'Égypte, la justice et l'équité sont si bien respectées que tous, nobles et vilains, jeunes et vieux et pèlerins quelles que soient leur religion et leur condition, sont punis de peines égales, sans rachat possible, surtout s'ils sont condamnés à mort. Ils sont alors mis en croix, ou décapités, ou coupés en deux à l'épée.

56-58

LE JARDIN DU BAUME

Au nord de la ville, est situé le lieu appelé *Materia* où se trouve la célèbre vigne, située dit-on jadis en Engaddi, d'où coule le baume. Elle est gardée soigneusement par trente hommes, car elle constitue une grande part du trésor du sultan. Elle ne ressemble pas du tout aux autres vignes ; c'est un petit arbuste odoriférant, très bas, très frêle, fragile comme le noisetier avec une écorce identique à la sienne et une feuille comme celle du cresson. Tout à côté se trouve une source permanente que le Seigneur Jésus fit jaillir de son pied à la demande de sa douce Mère. Elle s'était arrêtée là avec son Fils alors qu'elle fuyait la persécution d'Hérode et souffrait d'une terrible soif. Cette source est enclose d'un mur à l'intérieur duquel se trouvent de belles chapelles. Chaque samedi, les pèlerins chrétiens d'Occident, les Jacobites et autres schismatiques et même parfois des Sarrasins s'y rassemblent pour chanter pieusement les vigiles à la louange de la Vierge glorieuse ; ils se lavent et lavent leurs malades à la source et se baignent dans un endroit prévu pour cela. Par les mérites de la Vierge, de nombreux malades sont guéris et elle apparaît parfois en personne aux Sarrasins, comme nous l'ont affirmé sous serment les gardiens qui l'ont eux-mêmes vue souvent de leurs propres yeux marcher près de la source.

Toute la vigne est arrosée par l'eau de cette source, puisée par une roue à godets mise en mouvement par des bœufs ; elle en tire sa vigueur et la preuve en est qu'elle ne peut pousser nulle part au monde à moins d'être arrosée par cette eau. Les gardiens nous ont juré aussi que les bœufs qui font tourner la roue ne peuvent être contraints à puiser de l'eau le dimanche et que, envers et contre tous, ils observent le repos dominical.

Comme je l'ai dit, cette vigne est un petit arbuste, aux branches légères et courtes, à peine d'un pied de long d'où sortent chaque année des rameaux de deux ou trois pieds de long qui ne portent aucun fruit. Les chrétiens, sous la conduite des gardiens du jardin, entaillent en forme de croix l'écorce avec des couteaux ou des pierres tranchantes et, par ces entailles, le baume coule en abondance à certaines dates et on le recueille dans des flacons de verre. Les gardiens assurent que le baume est meilleur et plus abondant quand les entailles sont faites par des chrétiens plutôt que par des Sarrasins. C'est pourquoi ils prennent pour cette tâche des chrétiens et non des musulmans circoncis et impurs.

Au nord de cette source il existe un endroit où, dit-on, se trouvait un château du pharaon. On y voit deux colonnes carrées dont l'une est à mon avis plus grande que celle qui se trouve à Rome et que le peuple appelle *L'aiguille de saint Pierre*[1].

59-60

LE ZOO ET LES PYRAMIDES

Assez près de la citadelle du sultan se trouve un lieu où l'on garde des éléphants. Nous en avons vu trois, solidement attachés à des poteaux de bois par de grosses chaînes de fer qui leur enserraient le cou et les pattes. Ce sont des bêtes énormes et d'aspect peu gracieux, mais elles semblent bien avoir la force étonnante que leur attribue l'Écriture en raison de leur masse et de leur taille. À côté, nous avons vu une autre bête appelée girafe, très belle à voir, gracieuse, avec la peau tout à fait semblable à celle du cerf et un cou très long qu'elle étire vers le haut quand elle marche. Son corps n'est pas très grand, mais elle est plus haute qu'un cheval, surtout sur le devant, ses membres antérieurs sont bien plus longs que les postérieurs.

À un mille environ au sud du Caire se trouve Babylone, le long du Nil. En face, à l'ouest, il y a une île oblongue dans le fleuve sur laquelle se dressait jadis la grande et célèbre forteresse du pharaon, toute construite en briques cuites. On en voit encore les fondations d'une épaisseur et d'une solidité étonnantes, ainsi qu'une partie des murs, abîmés par les gens. Au-delà de cette île, à trois milles, en bordure du désert, on voit les greniers que Joseph fit faire et dont parle l'Écriture. Il y en a trois, deux sont d'une telle largeur et hauteur que, de loin, ils semblent plus le sommet d'une montagne que des greniers. Le troisième est plus petit, mais de la même forme que les deux autres. À la base, ils sont carrés et très larges, plus ils s'élèvent, plus ils se rétrécissent de sorte qu'au sommet le carré a pris la forme d'une aiguille.

On assure qu'à côté est le départ d'un souterrain long de dix milles qui passe sous le fleuve et sous la ville et aboutit au château du Pharaon près de la vigne du baume.

À un mille à l'est de la ville, on trouve le très grand et très célèbre cimetière des Sarrasins. Des chapelles sont construites sur les tombeaux, si bien qu'à le voir on dirait une ville plus qu'un cimetière.

Au sud, est situé l'endroit où Dieu a ordonné à Moïse de faire sortir d'Égypte le peuple d'Israël. Une tour a été édifiée en mémorial.

---

1. C'est l'obélisque rapporté d'Héliopolis par Caligula et qui est aujourd'hui devant Saint-Pierre de Rome.

62-67

BABYLONE, LA VILLE CHRÉTIENNE

C'est à cette ville de Babylone que les galères et les nefs qui circulent sur le fleuve abordent et sont déchargées. La ville n'est ni murée ni fortifiée. Elle est plus petite que Le Caire, mais tout ce que j'ai dit du Caire peut s'appliquer à Babylone, si ce n'est qu'il y a moins d'ânes à louer. Elle est aussi plus éloignée de la colline sablonneuse au pied de laquelle elle s'étend comme Le Caire, car le cimetière est situé entre elle et la colline.

Il y a dans la ville une très belle et charmante église édifiée en l'honneur de la bienheureuse Vierge et appelée Sainte-Marie-de-la-Cave. On montre sous l'autel le lieu très saint où elle se cacha, dit-on, pendant sept ans avec son très doux fils Jésus jusqu'à la mort d'Hérode. Avec Joseph que l'ange avait averti, elle avait fui la persécution inexorable d'Hérode contre son très doux enfant. On montre aussi le puits creusé dans la pierre dans lequel elle baignait et lavait le fruit de son sein avant de le prendre pour le bercer maternellement dans ses bras virginaux. En face, sur la gauche, un autel consacré à la Vierge sur lequel moi, frère Symon, j'ai célébré une messe solennelle en la fête de la Purification de la Vierge [1] 1324. Cette église a été affectée par le sultan au culte chrétien à la demande de Guillaume Bonnemain [2], citoyen de Montpellier, en la fête de la nativité de la Vierge [3] 1323. Auparavant, le sultan avait, durant trois ans, odieusement persécuté les chrétiens de la ceinture et beaucoup avaient été mis à mort. Alors, par crainte de la mort, beaucoup de Jacobites furent contraints de renier le Christ Dieu et d'affirmer que ce porc immonde de Mahomet était l'envoyé de Dieu et son prophète. À la même époque, un monastère de femmes suivant la règle de saint Macaire fut détruit par ces fils du démon. Il était dédié à saint Martin, et se trouvait le long de la rue, entre les deux villes. Dans l'église de ces religieuses, repose le corps de mon compagnon, frère Hugues l'Enlumineur, qui, après avoir souffert sept semaines de la fièvre quarte et de la dysenterie, mourut le 6 des calendes de décembre [4] au Caire, dans la maison d'un Sarrasin.

À Babylone se trouve aussi l'église Sainte-Barbe dans laquelle, dit-on, est conservé son corps. On n'y célèbre plus le culte depuis la persécution.

---

1. Le 2 février.
2. Sur cette mission de Bonnemain, voir l'Introduction.
3. Le 8 septembre.
4. Le 26 novembre.

[Suit un bref récit du martyre de deux Jacobites.]

Une autre église est consacrée à saint Michel Archange. On y célèbre les offices selon le rite grec. Là réside un *caloyer*, un moine grec qui est patriarche des Grecs. Il se montre très bienveillant envers les pèlerins qui se rendent au mont Sinaï, les conseille et les informe sur la route à suivre et leur donne parfois des lettres de recommandation qui sont très utiles en cas de besoin. Au pied de ce mont, qui est à treize jours de marche, il y a en effet un monastère de moines grecs où demeurent, dit-on, cent moines. On conserve dans l'église en grande révérence la tête de la bienheureuse vierge Catherine ; il en émane encore aujourd'hui une huile qui guérit.

On voit aussi à Babylone l'église Sainte-Marie-de-la-Scala, ainsi nommée car l'on y accède par un escalier. Elle renferme une colonne de marbre très vénérée des chrétiens où l'on dit que la Vierge Marie a parlé à un Jacobite choisi au sujet de la libération des chrétiens souffrant de la persécution. C'est là que réside un moine jacobite, patriarche des Jacobites qui, comme l'autre patriarche, fait avec piété de nombreuses aumônes aux chrétiens et aux pèlerins.

68-72

LES COUVEUSES, LE MARCHÉ D'ESCLAVES

Immédiatement en dehors de la porte de la ville, à gauche, sur la route du Caire, près du monastère Saint-Martin, il y a une maison longue et étroite dans laquelle, avec l'aide du feu, en l'absence des coqs et des poules, on fait éclore les œufs de poule en telle quantité qu'on ne peut compter les poussins. À l'intérieur de cette maison, de chaque côté, sur toute la longueur, il y a une banquette de terre de la hauteur d'un autel sur laquelle sont posés des poêles ou des fourneaux. On y dépose les œufs et on entretient un feu doux jour et nuit pendant vingt-deux ou vingt-trois jours. Au bout de ce temps, les poussins sortent des œufs en telle quantité qu'on les vend non à l'unité, mais à la mesure, comme du blé. Et il est exact que nous avons vu sur la route entre les deux villes des « bergers » de poules et de poussins qui en nourrissaient deux ou trois mille, selon notre estimation, avec du grain tombé des charges des chameaux.

À peu près au centre de cette ville, il y a un endroit appelé *Gazani* où se tiennent quelques-uns des esclaves du sultan. On y trouve une petite chapelle dans laquelle, comme au Caire, moi, frère Symon, j'ai célébré quelquefois la messe pour leur réconfort. À propos de ces esclaves et des captifs chrétiens qui sont à Babylone, au Caire ou ailleurs en terre sarrasine, il ne faut pas ajouter foi aux fables que racontent des femmes sans jugement et qui courent par les rues, selon lesquelles ils seraient attachés au joug comme des bœufs pour labourer et seraient employés comme des bêtes à travailler la terre. Quoique privés de liberté, ils jouissent d'un certain statut, notamment les maçons, charpentiers et autres artisans que le sultan apprécie particulièrement. Il leur donne, comme aux autres ouvriers, un salaire raisonnable en pain et en argent, selon leur compétence et le travail fourni. Et il se montre humain envers leurs femmes et leurs enfants ou les autres captifs en leur faisant distribuer du pain et de l'argent. À mon avis, beaucoup d'entre eux ont le nécessaire pour vivre plus que s'ils étaient dans leur patrie. Reste néanmoins qu'ils ont la douleur de ne pouvoir rentrer chez eux ni d'observer le repos dominical, car les Sarrasins fêtent le vendredi, comme je l'ai dit, et ils doivent faire comme eux.

Il faut savoir que dans ces deux villes les gens de toute religion, à l'exception des musulmans, hommes, femmes, nourrissons, jeunes et vieux sont exposés en public et vendus comme du bétail, particulièrement les Indiens schismatiques et les Nubiens des deux sexes qui sont de la couleur des corbeaux ou du charbon. Les Indiens sont en guerre incessante avec les Arabes et les Nubiens et donc, quand ils sont pris, ils sont mis à rançon ou vendus. Il est dit dans le Coran, sourate LVI : « Les infidèles ou ceux qui n'obéissent pas à la loi, que vous avez vaincus, qu'ils perdent la tête ; les captifs, qu'ils soient fermement attachés jusqu'à ce qu'ils se rachètent. Dieu pourrait en tirer vengeance, mais il veut que ce soit vous qui le fassiez. » Et dans la sourate XVII : « Que nul ne tourne le dos dans le combat contre les infidèles, sinon il ira au feu éternel, mais que les combattants pris soient tués ou emmenés en captivité[1]. »

73-80

MORT D'HUGUES, DÉPART DU CAIRE
POUR LA PALESTINE

Nous avons vu bien d'autres choses dans ces villes et ailleurs en Égypte que nous n'avons pas rapportées dans ce livre. Je ne veux cependant pas passer sous silence et ne pas confier à l'écrit que, hélas, dans la ville du Caire, un sort malheureux fit lever un tourbillon de vent du nord, porteur de mort, et provoqua un flux de ventre torrentiel chez notre frère Hugues qui logeait chez un Sarrasin, comme je l'ai dit. Il était battu comme un petit navire entre les rochers de la fièvre et, finalement, ô douleur, son âme se sépara de son corps, comme le gouvernail d'un navire dans la tempête. Me voyant privé de mon compagnon, auquel j'étais attaché par de tels liens d'affection, je me mis à pleurer et à me lamenter.

---

1. Les citations sont à peu près fidèles, mais il s'agit des sourates LVII, 4-5 et VIII, 15-16.

[Il reprend une série de comparaisons bibliques pour peindre sa douleur.]

Puis j'ai cessé mes lamentations, contenu virilement mes pleurs et enterré mon compagnon, comme je l'ai dit plus haut.

Je me suis rendu ensuite en hâte chez le sultan qui demeurait alors dans la citadelle, accompagné de quatre pèlerins qui étaient venus à pied. Grâce à l'intervention de notables génois et avec l'aide des *druchemani*, c'est-à-dire des interprètes, nous avons heureusement obtenu la licence de nous rendre au sépulcre du Seigneur, moi, deux serviteurs et un pèlerin et d'y entrer ainsi que dans toutes les églises et lieux saints sans payer de tribut. Nous pouvions traverser toute la Terre sainte et l'Égypte en paix, librement et sans péage. Pour le certifier, on nous remit une lettre patente portant le signe spécial du sultan ; elle avait près d'un bras et demi de long. Ce signe est un dessin médiocre d'une main, doigts étendus, que le sultan trace de sa propre main avec un roseau et de l'encre noire et il n'autorise personne à le tracer. Tous les émirs et autres personnes qui prennent connaissance de ce document se découvrent, s'inclinent pour le baiser avec révérence et passent la lettre autour de leur tête et de leur cou en signe d'obéissance en proclamant hautement des louanges en l'honneur du sultan qui a peint le signe.

Il y a trois interprètes qui ont renié de bouche, mais qui continuent à croire dans le secret de leur cœur que le Christ est le vrai Dieu, a souffert la Passion et embrassent avec piété le Sauveur du monde. Le plus âgé, le chef, est romain, par sa naissance et sa religion, c'est un frère mineur nommé Asselin. Avec lui, est frère Pierre, chevalier de l'ordre du Temple, renégat et marié ; deux autres, plus jeunes, sont des Italiens de rite jacobite. Ils sont très courtois, très bienveillants envers les pauvres et les pèlerins auxquels ils sont très utiles. Eux sont riches, vivant dans une pompe excessive, comme des seigneurs, avec de l'or, de l'argent, des pierres précieuses, des vêtements d'or et de soie et toutes sortes d'autres richesses. Si l'on veut en effet demander une faveur au sultan et avoir accès près de lui, il faut oindre leurs mains de l'huile des florins et d'autres beaux présents. En présence du sultan, j'ai uni mes forces à celles de mes frères pèlerins pour qu'ils puissent être mes compagnons sur la route du saint pèlerinage. Comme on le verra, je suis enfin parvenu à Jérusalem, le port ardemment désiré, après avoir été ballotté longtemps dans les flots de l'adversité, grâce au secours infatigable de Celui qui est le soutien inébranlable des siens et n'oublie pas les malheurs des pauvres.

81-89

LA ROUTE DANS LE DÉSERT

Nous avons loué deux chameaux et un chamelier sarrasin pour quatre-vingts drachmes, nous avons quitté Le Caire le lendemain de la fête de saint André Apôtre [1] 1323, comme des brebis au milieu des loups, et nous sommes partis à travers le grand et vaste désert de sable qui entoure la ville et dans lequel les enfants d'Israël errèrent pendant quarante ans. Nous avons rencontré le sultan de retour de la chasse avec toute sa suite, terrible, avec chevaux, mules, ânes et chameaux, qui couvraient le désert sur cinq milles comme des sauterelles. Plusieurs personnes nous ont affirmé que, quand le sultan va à la chasse ou se déplace en dehors du Caire, il se fait accompagner de trente mille cavaliers, sans compter des troupeaux de chameaux et d'ânes ainsi que d'une foule de piétons qu'on ne peut compter, conduisant les animaux nécessaires au ravitaillement.

Les chameaux et les ânes sont chargés de tentes, de pain, d'eau et d'autres victuailles. En effet on ne trouve dans ce désert à peu près jamais d'eau fraîche ni rien de ce qui est nécessaire, en dehors de rares petits arbrisseaux. Ils sont si bas et si petits qu'ils n'offrent pas d'ombre aux voyageurs et ne sont d'aucune utilité, si bien que les Arabes et les Bédouins font du combustible avec leurs excréments et ceux des animaux, séchés au soleil, et allument de grands feux pour cuire du pain sous la cendre. Ils le mangent chaud avec de l'huile ou du miel, de façon bestiale, et n'apprécient aucune autre sorte de pain ou de nourriture.

Dans ce désert, ils vivent en famille sous des tentes oblongues basses et noires dans lesquelles on ne peut se tenir debout et où on entre en rampant comme les serpents. Il est dangereux de traverser leur territoire sans une bonne et solide compagnie, surtout de nuit, car ils s'attaquent aux voyageurs s'ils en ont la possibilité, se conduisant comme des loups plutôt que comme des humains. Ils ont quantité de chameaux avec lesquels ils se rendent à La Mecque où gît le corps de Mahomet, ce porc immonde, avec des pèlerins qu'ils conduisent à grands frais ou encore à Damas, Jérusalem et aux autres villes avec des marchands. Il est en effet très difficile de traverser le désert sans chameaux, comme nous en avons fait l'expérience et comme l'attestent nombre de pèlerins.

Quand ils changent de camp, ils chargent les chameaux de la manière suivante : d'abord, ils font coucher le chameau à terre et posent une grande selle concave près de la bosse qu'il a sur le dos ; ils y attachent deux grandes sacoches l'une à droite, l'autre à gauche, dans lesquelles ils mettent les femmes, les enfants, les tentes, les meules, l'eau, la farine, les

---

1. Le 30 novembre.

ustensiles domestiques et les vivres, essentiellement le pain, l'huile, le lait de chèvre. Ils ont trois sortes de miel, l'un fait par les abeilles et deux autres fabriqués artificiellement, le premier avec le fruit d'un arbre appelé caroubier, le second avec le sucre de la canne. Derrière les chameaux vont les hommes avec les chèvres, féroces, armés d'épées attachées dans le dos, de bâtons, de lances dont la hampe est en général une canne solide. Leurs nobles sont vêtus comme les Sarrasins, mais leur robe a des manches plus longues et est plus longue, très semblable à celle des Cisterciens. Les chameliers portent la même robe ; par-dessus, ils mettent une veste rayée de laine grossière ou de poil de chameau, qui ressemble à une tunique sans manches, mais elle est ouverte sur le côté et n'est pas cousue.

Mais laissons là ces loups. Nous sommes arrivés à un grand village, un casal, du nom de Belbeis [1] qui est à une journée de route du Caire, au bord du désert. Entre lui et la mer s'étend une belle campagne riche en blé et en fleurs. On y trouve des chameaux et des ânes à louer et des vivres, comme dans toute l'Égypte. Nos deux chameaux nous portaient tous quatre dans le désert avec nos provisions et le fourrage nécessaire et, s'il l'avait fallu, ils étaient assez résistants pour en porter davantage. Moi, frère Symon, avec Jean mon serviteur, nous avons dormi sur le sable près des excréments des bêtes, sans le confort d'une maison, mais couverts d'un toit d'étoiles, entourés de chameaux et d'autres bêtes, environnés d'ennemis. Nous supportions comme un joug au cou leur présence ; j'osais à peine uriner debout devant eux car Bédouins et Sarrasins urinent accroupis comme les femmes en montrant leur derrière et déclarent que ceux qui urinent debout offensent Dieu et encourent sa malédiction. Si seulement nous avions eu des sarments de vigne pour nous étendre et les placer sous nos têtes au lieu de sable et d'excréments, ils nous auraient semblé aussi confortables qu'un lit français.

De Bilbeis, nous avons fait une étape rapide jusqu'à Salathia [2], un village très semblable au précédent, avec abondance de vivres et beaucoup d'oiseaux aquatiques, notamment des oies. On peut en acheter huit pour deux drachmes et dix poules pour le même prix. Il faut savoir qu'il est impossible de se diriger dans ce désert, car le sable, léger et ténu, est soulevé par le vent de telle sorte que la route n'apparaît plus aux yeux des voyageurs, ni la clarté du ciel.

Puis nous sommes arrivés à Cathiam [3] au cœur du désert, tout entourée de sable, à deux fatigantes journées de marche de Salathia. J'ai rencontré là un noble émir chrétien, un Arménien renégat, qui gardait la route et collectait les péages et se montrait bienfaiteur des pèlerins, leur distri-

---

1. Cette ville et les deux autres citées plus loin sont sur la vieille route caravanière entre l'Égypte et la Syrie.
2. Es-Salihieh.
3. Katiyeh.

buant largement des aumônes. Il garde la route de telle sorte que nul ne peut venir d'Inde en Égypte, et vice versa, sans son autorisation. Il s'acquitte de sa tâche avec compréhension et prudence. Il le faut, car ce village est entouré, cerné de tous côtés par le désert, sans aucune défense ni aucun obstacle naturel qui empêche les gens de passer. Aussi, chaque soir, après le coucher du soleil, soit près du village, soit un peu plus loin, tantôt à un endroit, tantôt à un autre, ou en travers de la route, on fait passer un cheval avec un tapis ou une natte attaché à la queue sur une distance de six à huit milles, ou plus, ou moins, selon les ordres de l'émir. Le sable est ainsi parfaitement lisse et il est impossible à un homme ou à un animal de passer sans que ses traces ne l'accusent. Et chaque jour, avant le lever du soleil, le terrain est parcouru avec soin d'un bout à l'autre par des cavaliers ; s'ils découvrent des traces de piétons ou de chevaux, ils les suivent, arrêtent les coupables, qui sont gravement punis pour avoir transgressé les ordres du sultan.

On trouve dans ce village toutes sortes de provisions, surtout des poissons de mer et des fruits, notamment des dattes et des pommes de paradis. Entre Salathia et Cathiam, il y a des animaux dangereux qui s'attaquent aux hommes et les tuent. Ils ne sont pas aussi grands que des loups, mais aussi rusés et féroces.

Après le réconfort spirituel et corporel de notre halte près de l'émir, nous avons continué notre route à travers le désert jusqu'à Gaza, dans le pays appartenant jadis aux Philistins et où Samson périt avec leurs chefs dans la maison qu'il détruisit. Cette ville renferme en abondance tout ce qui est nécessaire à l'homme. Les chrétiens de la ceinture y sont nombreux. C'est l'étape où s'arrêtent tous les pèlerins francs qui vont d'Égypte à Jérusalem et vice versa et ils prennent leur repos à l'extérieur, à l'est de la ville, avec pour toit la voûte du ciel.

[90-100. L'itinéraire se poursuit par Hébron jusqu'à Jérusalem, mais le récit s'interrompt au milieu de la description des sanctuaires.]

Traité de l'état de la Terre sainte

Guillaume de Boldensele

XIVᵉ siècle

INTRODUCTION

Le récit de pèlerinage de Guillaume de Boldensele lui a été demandé par le cardinal Élie Talleyrand de Périgord, un des personnages les plus en vue de la cour pontificale d'Avignon. Évêque d'Auxerre à vingt-sept ans, cardinal à trente ans, il décida sans doute, à la tête du parti français, de l'élection de Benoît XII en 1334 et de celle d'Innocent VI en 1352. Froissart le montre aussi chevauchant de Tours à Poitiers en 1356 pour tenter d'empêcher la bataille entre le roi de France et le Prince Noir. En décembre de cette même année, il était à Metz aux côtés de l'Empereur lors de la proclamation de la Bulle d'or définissant pour plusieurs siècles les conditions de l'élection impériale. Ce politique était également un fin lettré, ami de Pétrarque, qui voyait en lui un « trésor dans le champ du troupeau du Seigneur ».

Le cardinal de Talleyrand participait activement à tous les projets de croisade dont bruissait la cour d'Avignon dans les années 1330. La chrétienté ne s'est pas résignée à la perte de la Terre sainte et multiples sont alors les traités au sujet de sa « récupération » qui parviennent au pape et au roi de France, venant de tous les horizons sociaux et géographiques : *De recuperatione Terrae Sanctae* du juriste français Pierre Dubois (1305), *Liber secretorum fidelium crucis* du marchand vénitien Marino Sanudo (vers 1320), avis du Grand Maître de l'Hôpital, Hélion de Villeneuve, en 1323, la liste exhaustive serait longue.

À plusieurs reprises, le « passage » sembla imminent. En 1334, quarante galères de Venise, de Chypre et de France furent convoquées à Nègrepont et, en 1336, le roi Philippe VI de Valois organisa dans les ports provençaux et languedociens un rassemblement de toutes sortes de vaisseaux, que Froissart qualifie « du plus bel appareil jamais fait pour aller outre-mer ». Le vendredi saint 1336, ce même Froissart montre le pape Benoît XII prêchant la croisade à tout un parterre de souverains, les rois

---

1. Texte intégral traduit du moyen français, présenté et annoté par Christiane Deluz.

de France, de Bohême, de Navarre, d'Aragon, sans compter les ducs, comtes, barons et chevaliers. À cette occasion, tous prennent la croix, imités par les cardinaux, parmi lesquels le cardinal de Talleyrand. Guillaume de Boldensele rédige son traité cette même année 1336, alors que tous les regards sont tournés vers la Terre sainte. Il rentre d'un pèlerinage, entrepris vraisemblablement en 1334-1335, précédant de peu celui de Ludolph de Sudheim (1336), qui a rencontré quelques-uns des serviteurs de Boldensele restés en Égypte. Ce pèlerinage est un pèlerinage pénitentiel, imposé en 1330 à Guillaume par le cardinal de Talleyrand pour « apostasie ». Guillaume avait en effet quitté son couvent des Frères prêcheurs de Minden, pour des raisons inconnues. Le personnage est d'ailleurs difficile à saisir. La *Chronique de Minden*, rédigée par Henricus de Hervordia, frère prêcheur au couvent de cette ville, nous apprend que son nom était Otto de Nyenhusen, mais, après son départ du couvent, il prit le nom de sa mère, pour préserver son anonymat. Les recherches menées par un certain nombre d'érudits allemands et, en dernier lieu, par le professeur G. Schnath ont permis, non sans difficulté, d'éclairer les origines de notre auteur. Du côté paternel, une famille de ministériaux — le père de Guillaume, Jean de Nyenhusen, était chambrier de l'évêque de Brême — en train de s'élever dans la hiérarchie sociale, de doter des couvents ; du côté maternel, une famille de haute noblesse, originaire de la région d'Ebstorf et Lünebourg où sa présence est attestée depuis la fin du xiie siècle. Une branche de cette famille se trouve dans les environs de Brême au milieu du xiiie siècle. Même si sa richesse et sa puissance semblent en voie de déclin, elles restent encore objet de considération et le changement de nom est peut-être lié chez Guillaume à un désir de meilleure reconnaissance sociale. Quand il vient demander l'absolution pour son « apostasie », il est reçu à la cour d'Avignon avec des égards que l'on n'accorderait pas à un simple frère en rupture de vœux, et il noue des liens d'amitié avec Élie de Talleyrand, comme le montre le Prologue. Au cours de son pèlerinage, il se conduit en grand seigneur, accompagné de toute une troupe de serviteurs en livrée, et fait une entrée inusitée et remarquée, à cheval, au monastère de Sainte-Catherine du Sinaï ; il a plusieurs entretiens avec l'émir de Jérusalem : ce n'est pas un pèlerin ordinaire.

Son *Traité* se présente de façon classique : Prologue adressé au cardinal de Talleyrand, itinéraire à partir de l'Allemagne avec quelques détails sur la route maritime jusqu'à Constantinople, qui permettent surtout de mesurer l'importance de l'avancée turque en Méditerranée. Puis c'est Constantinople et ses monuments, notamment Sainte-Sophie, Chypre et l'arrivée sur la côte syrienne. Boldensele la longe jusqu'à Gaza, pour gagner l'Égypte. Il consacre plusieurs chapitres à ce pays, à ses ressources, à l'inexplicable crue du Nil, à la description du Caire, ses églises, sa

---

1. Nom officiel de l'ordre des dominicains.

citadelle, son célèbre zoo où la girafe et l'éléphant retiennent son attention, et enfin ses non moins célèbres couveuses. Il va contempler les pyramides avant de prendre le chemin du désert vers le monastère de Sainte-Catherine, ce qui nous vaut un passage intéressant sur les Bédouins, leur aspect, leur genre de vie. Il traite longuement de Sainte-Catherine et de son ascension du mont Sinaï. Puis c'est la Terre sainte, consciencieusement parcourue d'Hébron aux sources du Jourdain. Une Terre sainte mal remise des luttes qui ont abouti au départ des Francs et dont bien des sanctuaires sont en ruines. On retrouve, comme dans les autres récits de pèlerinage, Bethléem, Jérusalem, Nazareth, le Jourdain et la mer Morte, le lac de Tibériade, ainsi que l'évocation des souvenirs bibliques ou évangéliques qui s'y rattachent. Boldensele se rend ensuite à Damas, dont il vante l'activité marchande et les jardins, et va en pèlerinage au célèbre sanctuaire de Notre-Dame de Seidnaya, avant de gagner Beyrouth où il reprend la mer.

Mais, s'il est classique dans sa facture, le *Traité* de Boldensele est original dans son contenu. Il porte en effet la marque de la culture étendue qui était celle d'un frère prêcheur au XIVᵉ siècle. Le cursus des études était long, comprenant, outre une année d'étude de la logique et de la rhétorique, cinq années de philosophie portant sur les œuvres d'Aristote et leurs commentaires par Albert le Grand et Thomas d'Aquin. Venaient enfin trois années de théologie consacrées à la Bible, aux *Sentences* de Pierre Lombard et à la *Somme* de Thomas d'Aquin.

Boldensele connaît sa géographie. Dès le début, il situe le cadre de son voyage, la Méditerranée, au centre de l'ancien monde, encerclé par l'océan, mais il élargit ce cadre jusqu'aux rives de la mer Caspienne où règnent les Tartares, jusqu'à Bagdad, capitale des califes et jusqu'à l'Arabie, patrie de Mahomet. Il montre, tout au long de son récit, qu'il est informé des partages de souveraineté au Proche-Orient entre sultans d'Égypte, Mongols et Turcs, ceci étant sans doute lié aux informations reçues par les couvents des Prêcheurs depuis leurs établissements missionnaires de Russie du Sud, de Turquie et de Mésopotamie.

Mais surtout, il se refuse à accepter avec crédulité tout ce qu'on lui raconte et en donne les raisons avec une grande rigueur dans le raisonnement. Par exemple il démontre que, vu l'étroitesse de leurs ouvertures, les pyramides ne sauraient être les greniers faits par le pharaon sur les conseils de Joseph au temps de la famine, comme le croyaient la plupart des pèlerins. Plus audacieusement encore, il affirme, preuves historiques à l'appui, que le tombeau vénéré au Saint-Sépulcre ne peut être celui dans lequel le Christ a été enseveli et, au cours de sa rencontre avec l'émir de Jérusalem, il lui explique, tout en citant Aristote, que le « miracle » des colonnes qui pleurent la mort du Christ dans la chapelle Sainte-Hélène au Saint-Sépulcre s'explique tout naturellement par le phénomène de la condensation. Il se justifie d'ailleurs d'une pensée qui pourrait être jugée sacrilège par une phrase d'Albert le Grand : « Là où la nature suffit, il ne faut pas recourir au miracle. » Selon Boldensele, ses propos plurent grandement à l'émir qui devint son ami. Comment ne pas évoquer la célèbre amitié de l'empereur Frédéric II avec le sultan d'Égypte, liée à des raisons analogues ? Ce regard critique, lucide, posé par l'auteur sur ce qu'il voit tout au long de son voyage est assez rare, pour ne pas dire unique, dans la littérature de pèlerinage et donne tout son prix au *Traité*.

Esprit logique, rigoureux, Guillaume de Boldensele est aussi un esprit curieux. « J'ai demandé », le terme revient fréquemment au cours du récit, et il avertit qu'il n'a pas toujours suivi les itinéraires classiques, mais s'en est écarté çà et là pour satisfaire sa curiosité, notamment en traversant les « hautes montagnes d'Éphraïm », que d'autres textes peignent comme un repaire de voleurs. Sa description d'un certain nombre de sites, le mont Carmel, étrangement plat à son sommet, Nazareth, gracieusement entourée de collines, montrent qu'il savait décrire un paysage en quelques traits précis.

C'est avec ce même regard lucide porté sur les choses que Boldensele observe aussi les êtres, sans s'encombrer de préjugés. On ne trouve, dans le chapitre sur Constantinople, aucune des allusions au schisme, accompagnées de remarques désobligeantes, que beaucoup de pèlerins insèrent à cet endroit. Il se refuse à énumérer avec complaisance les diverses erreurs des Églises chrétiennes d'Orient. Mais il n'omet jamais de signaler l'accueil fraternel reçu dans les monastères du Sinaï ou du mont de la Quarantaine.

Il en use de même à l'égard des non-chrétiens. Le juif allemand qui lui sert de guide bénévole dans la vallée de Josaphat n'est pas « perfide », mais « fin lettré ». S'il répète les clichés habituels à l'égard de Mahomet, il sait remarquer les égards dont l'hospitalité sarrasine l'a entouré au cours de son voyage et ne cache pas son amitié pour l'émir de Jérusalem. Redisons-le, une telle attitude est très rarement attestée dans la littérature de pèlerinage.

Il ne faudrait pas pour autant voir en notre pèlerin un voltairien avant la lettre. Sa foi est solide et ne remet en cause aucun des points du dogme chrétien. Après avoir argumenté sur l'authenticité du tombeau du Christ, il conclut : « Toutefois, quoi qu'il en soit de la pierre, le lieu demeure, et ne peut changer, où Joseph d'Arimathie et les autres le mirent après l'avoir descendu de la croix. » Pour lui, l'essentiel est de fouler enfin aux pieds cette Terre sainte qu'il désire voir, dit-il, depuis son enfance. Les nombreux démonstratifs (« ce », « cette ») qui jalonnent le texte sont éloquents à cet égard. Les voilà, cette porte, cette pierre tant de fois rêvées. Dans ce contact enfin obtenu avec le réel, les scènes évangéliques prennent une telle intensité que l'émotion lui coupe la parole. « Et quel chrétien pourrait voir sans larme, sans tremblement et sans compassion le lieu où souffrit la Passion celui que sa divinité rendait impassible ? » De tels passages sont d'autant plus remarquables que Boldensele se met rarement en scène, au contraire là encore de ses contemporains volontiers prolixes sur les dangers encourus et les craintes éprouvées. Par cette compassion au Christ souffrant, qui l'arrache à sa réserve coutumière, Guillaume de Boldensele apparaît comme le contemporain des grands mystiques rhénans, un Maître Eckhardt, un Henri Suso, un Jean Tauler, tous d'ailleurs comme lui fils de saint Dominique. Découverte passionnée d'autres terres, d'autres hommes, son pèlerinage est aussi et surtout une longue méditation sur l'Écriture.

Le *Traité* de Guillaume de Boldensele connut un succès certain. En témoignent les vingt-sept manuscrits latins qui nous sont parvenus. En témoigne aussi la traduction qui en fut faite dès 1351 par frère Jean le Long, moine à l'abbaye bénédictine de Saint-Bertin qui mit en « roman » un certain nombre de récits de voyage et de pèlerinage afin de satisfaire la curiosité croissante de ses contemporains pour un monde que l'on commençait à découvrir plus vaste et plus divers qu'on ne l'avait imaginé jusqu'alors. Le *Traité* de Boldensele fut utilisé par plusieurs auteurs postérieurs, notamment Jean de Mandeville, qui le prit en quelque sorte pour guide dans la partie de son *Livre* où il traite de la Terre sainte et de l'Égypte.

Nous présentons ici l'intégralité de la traduction de Jean le Long, éditée une seule fois à Paris en 1520. Il nous est parvenu six manuscrits de ce texte ; pour des raisons de critique interne, nous avons suivi celui de Besançon (bibliothèque municipale, n° 667). La traduction de Jean le Long est assez fidèle à l'original latin, simplifiant seulement les passages où les réflexions théologiques auraient paru sans doute trop pesantes à un public « laïc » et ajoutant en revanche ici et là quelques éléments d'explication.

CHRISTIANE DELUZ

BIBLIOGRAPHIE : Deux éditions anciennes : Paris, 1520, comprenant les traductions de JEAN LE LONG, sous le titre : *L'hystoire merveilleuse du grand khan de Tartarie* ; GROTEFEND C.L., *Zeitschrift des historischen Vereins für Niedersachsen*, Hanovre, 1852, p. 226-280, faite à partir de deux manuscrits seulement.

Édition critique des textes latin et français : DELUZ C., *Liber de quibusdam ultramarinis partibus de Guillaume de Boldensele*, Paris Sorbonne, 1972, ex. ronéotypés, 380 p.

Sur le personnage : SCHNATH G., *Drei Niedersächsische Sinaïpilger um 1330*, *Festschrift Percy Ernst Schramm*, Wiesbaden, 1964, Bd. I, p. 461-478.

Ici commence un traité de l'état de la Terre sainte et aussi d'une partie de la terre d'Égypte. Il fut fait à la requête du très révérend seigneur Monseigneur Thalayrant de Périgord, cardinal au titre de Saint-Pierre-aux-Liens, par le noble Monseigneur Guillaume de Boldensele, en l'an de grâce 1331 et fut traduit de latin en français par frère Jehan le Long.

Sicut audivimus, sic vidimus in civitate Dei nostri. Ces paroles sont écrites au Psautier et notre auteur les met dans sa bouche, puisqu'il fut lui-même à Jérusalem. Elles signifient en notre français : « Ce que nous avions entendu, nous l'avons vu en la cité de notre Seigneur Dieu. » Comme s'il voulait dire : « J'ai entendu raconter beaucoup de merveilles de la Terre sainte, mais je puis bien en parler, maintenant que je l'ai vue, à Jérusalem qui est à bon droit appelée la cité de notre Seigneur Dieu. » Car, bien que tout le monde lui appartienne, la cité de Jérusalem doit spécialement être appelée la cité de Dieu et son terroir l'héritage de Dieu. Dès le commencement du monde, il l'a regardée avec un amour particulier, il l'a promise et donnée à ses fidèles amis, patriarches et prophètes et à son très aimé peuple d'Israël, il l'a hautement anoblie de ses grâces et de ses miracles, il l'a richement dotée de sa présence corporelle et très chèrement achetée de son très précieux sang. Et puisque nous serons d'autant plus parfaits que nous suivrons et répéterons les dits et les gestes de Notre-Seigneur, et puisqu'il a choisi très spécialement cette cité et ce pays, qu'il a daigné y naître et y vivre parmi les gens, nous devons aussi, avec lui, les vénérer d'une dévotion toute particulière, les aimer de toutes nos forces, d'une affection unique, et tendus vers eux du meilleur de notre cœur, dire avec le Prophète : « *Adorabimus in loco ubi steterunt pedes ejus.* » Cela signifie en notre français : « Nous adorerons Dieu en ce lieu même où marchèrent ses pieds. »

Ce lieu, en vérité, c'est la Terre sainte où Dieu daigna naître et vivre avec les hommes. Cette sainte terre, ces saints lieux, plusieurs païens avant l'avènement de Notre-Seigneur et après les ont choisis avec une dévotion très particulière pour y demeurer, sans rien savoir à leur sujet, ni par écrit, ni par ouï-dire ; mais, par je ne sais quel pressentiment naturel, ils pensaient que là serait accompli le mystère de notre salut. Néanmoins, comme chacun doit, par nature, aimer son pays, lieu de sa naissance, avec une telle ardeur qu'il doit, pour le défendre, s'exposer dans la bataille au risque de la mort, j'ose dire que chaque bon chrétien doit, plus encore, sans aucune comparaison, aimer cette sainte terre d'un très spécial amour. Car, dans notre pays, nous sommes nés seulement à la vie de nature, mais en ce saint pays, par la glorieuse mort de Dieu, nous sommes nés à la vie de grâce et de salut. Et la première génération ne nous aurait rien valu si, par cette régénération, nous n'avions été secourus.

Aimons donc, nous chrétiens, cette Terre sainte, commun héritage des chrétiens. Car Jésus-Christ, mourant en croix, nous la donna par testament et, en montant aux cieux, il la laissa aux enfants d'Abraham selon la foi et nous, chrétiens, nous le sommes.

Depuis le temps de mon enfance, j'ai désiré voir cette Terre sainte, comme mon propre et légitime héritage, dû en raison de la foi en Jésus-Christ à moi et à tout bon chrétien ; je voulais que mes yeux soient témoins de ce qui avait été si souvent répété à mes oreilles et que je puisse dire avec le prophète David les paroles que j'ai proposées plus haut : « *Sicut audivimus*, etc. » Donc, tout ce que j'ai vu, toute la disposition des lieux que j'ai observée en faisant mon pèlerinage par la grâce de Dieu, je vous l'exposerai loyalement, Très Révérend Père, comme votre digne Paternité, dévote à Dieu et à la Terre sainte me l'a affectueusement demandé.

I

LE PREMIER CHAPITRE TRAITE DE MON VOYAGE VERS LA SYRIE

Premièrement, je suis parti d'Allemagne, le pays de ma naissance, je suis passé par la Lombardie et venu à un port de mer aux marches de Gênes. Et là, je suis entré dans une galère bien armée et nous nous sommes efforcés d'accomplir notre voyage, voguant sur la mer Méditerranée. Cette mer est nommée la mer au milieu des terres, car elle est exactement au milieu des trois principales parties du monde, Asie, Afrique et Europe, de sorte que ses bras séparent ces trois parties l'une de l'autre. Vers l'orient se trouve l'Asie, vers le midi l'Afrique, vers l'occident l'Europe et, d'un bras, elle ceint l'Espagne. Ce bras s'appelle le détroit du Maroc, il aboutit à la mer Océane qui entoure le monde. Cette mer Méditerranée a un autre bras qui s'appelle Hellespont ou Bras Saint-Georges par lequel elle est contiguë à la mer du Pont qui n'a aucune île. Et comme cette mer s'étend très loin, on la nomme la Grande Mer[1]. Ce Bras Saint-Georges est communément appelé dans le pays la Bouche de Constantinople, parce que cette noble cité est sise sur ce bras. Ce bras sépare l'Asie Mineure de Constantinople et de la Grèce. Une autre mer se trouve en Orient, au-delà de la cité de Sara que tiennent les Tartares de Comanie[2] ; on la nomme la mer Caspienne. Cette mer Caspienne n'est jointe ni à la mer Océane, ni à la mer du Pont par un bras quelconque qui soit apparent ou puisse se voir. Cependant, certains disent qu'elle est reliée par un ruisseau souterrain à la mer du Pont, qui est la plus proche, et ainsi, elle est contiguë aux autres mers, selon leurs dires.

Cette noble cité de Constantinople est sise sur le Bras Saint-Georges et certains la nomment la petite Rome. Cette cité est édifiée en forme de bouclier triangulaire, bien ceinte de murs fortifiés. Deux des côtés regardent vers la mer, le troisième vers la terre et il y a un très grand et bon port. En cette cité, il y a une grande quantité d'églises dont plusieurs sont belles outre mesure, toutes faites de marbre et merveilleusement construites. Et il y a plusieurs très beaux palais. L'église mère est l'église de Sainte-Sophie, c'est la Sainte Sagesse qui est le Christ. C'est Justinien le noble empereur qui l'a élevée et il lui donna de beaux privilèges et de nobles richesses. Je crois que, de tous les grands ouvrages qu'il a fait faire, il n'y en a sous le ciel aucun qui puisse ni doive être comparé à celui-ci en noblesse.

Devant cette église est conservée la statue de l'empereur Justinien, qui la fonda. Il est sur un cheval de métal avec une couronne d'or sur la tête. En sa main gauche, il tient une pomme ronde qui représente le monde dont il était seigneur ; la main droite tient une lance tendue vers l'orient, comme menaçant les rebelles. Cette statue est sise sur un haut maçonnement de grosses pierres fortement liées de ciment.

En cette noble cité, j'ai vu, par ordre de l'empereur, une grande partie de la vraie Croix et la tunique de Notre-Seigneur, qui n'avait point de couture, l'éponge avec laquelle il fut abreuvé sur la croix et le roseau sur lequel elle fut fichée et l'un des clous, le corps de saint Jehan Bouche d'Or et plusieurs autres saintes reliques.

À l'autre bout du Bras Saint-Georges, sur le rivage de la mer, en Asie Mineure, en face de la mer Méditerranée, se trouvait jadis la cité de Troie, ancienne et renommée. Elle était sise en un lieu beau et agréable, dans une large plaine regardant vers la mer. Il ne semble pas qu'elle ait eu un bon port, mais une rivière y passait jadis qui pouvait accueillir et garder les navires. À peine apparaissent quelques vestiges d'une si grande et si noble cité.

---

1. Il s'agit de la mer Noire, ainsi nommée par les géographes antiques.
2. C'est la région sud de la Russie, jadis occupée par les Coumans.

Par la grâce de Dieu, je suis parvenu sans encombre jusqu'à cette région de Troie, passant par-devant toutes les marches de Lombardie, Toscane, Campanie, Pouille, Calabre et les îles renommées d'Italie, la Corse, la Sardaigne, la Sicile et par le gouffre de Venise qui sépare l'Italie de la Grèce et par-devant les rivages de la Grèce, la Morée, Athènes, la Macédoine et les autres régions de Grèce qui sont appelées Romanie. C'est en passant devant tous ces pays que j'ai navigué jusqu'à cette région de Troie.

J'ai parcouru et visité quelques îles de Grèce ; entre autres, l'île de Chio, là où croît le mastic, et nulle part ailleurs dit-on. Ce mastic est une gomme qui coule de petits arbrisseaux par certaines fentes que l'on y fait avec un instrument approprié par lequel on ouvre leur écorce à la saison voulue.

De là, je suis venu à l'île de Patmos en laquelle saint Jean l'Évangéliste, envoyé en exil, écrivit l'Apocalypse. Puis ce fut Éphèse la cité où saint Jehan se mit tout vif en son sépulcre. Sur ce sépulcre est édifiée une très belle église en forme de croix, toute couverte de plomb. Cette cité d'Éphèse est sise en un très beau lieu, plantureux, pas très loin de la mer. Les Turcs la tiennent, comme toute l'Asie Mineure, et ils en ont chassé tous les chrétiens ou les ont réduits au servage. Les églises dont saint Jean fait mention dans l'Apocalypse sont toutes détruites, hormis celle d'Éphèse où j'ai vu le sépulcre de saint Jean, qui est derrière le grand autel. Cette Asie Mineure a perdu son nom depuis que les Turcs l'ont conquise et on la nomme maintenant Turquie.

De là, j'ai parcouru de nombreuses îles, car il y en a beaucoup qui jadis furent très riches, mais maintenant elles sont toutes ravagées par les Turcs. Je suis ainsi arrivé à une ville en Asie Mineure sur la mer, qui a nom Pathera, où est né monseigneur saint Nicolas, puis à la cité de Myrrhe où il fut ensuite évêque par ordre de Dieu.

On trouve ensuite l'île de Crète, très agréable, et l'île de Rhodes que les Hospitaliers ont conquise à main armée sur l'empereur de Constantinople [1]. Ils y ont leur principal couvent qui est à la tête de tout leur ordre. C'est un lieu assez agréable, non loin de la Turquie, sur un bras de mer.

De là, j'ai gagné Chypre. En cette île on trouve le très bon vin d'Engadi dont Salomon fait mention dans le *Cantique des Cantiques*. Ces vignes sont à Chypre à côté de la cité de Nicosie et ceux du pays les nomment Engada. Les vins de Chypre sont d'abord rouges mais, au bout d'un an, ils deviennent blancs et clairs et, plus ils sont vieux, plus ils deviennent blancs et clairs. Ils sont très sains, doux à humer et très dangereusement forts, de sorte qu'on ne peut les boire si on n'y met une grande quantité d'eau. À Chypre, dans une abbaye de l'ordre de saint Benoît sur une montagne, est la croix du bon larron, une partie d'un clou de Notre-Seigneur

1. La conquête eut lieu en 1310.

et plusieurs autres nobles reliques. En cette île de Chypre, se trouve le corps de monseigneur saint Hilaire, en la garde du roi, au château qui a nom Dieu d'Amour[1]. Un autre saint est tenu à Chypre en très grande révérence, il a pour nom saint Zozomino ; sa tête est en la chapelle du roi. À Chypre est né monseigneur saint Barnabé, en la cité de Salamine, appelée autrefois Constantia, qui est toute détruite. À côté de Famagouste, dans les montagnes de Chypre, il y a des brebis sauvages, semblables à des cerfs, extraordinairement fortes. J'en ai vu prendre plusieurs à la chasse avec des chiens et spécialement des léopards princiers. La viande de ces brebis et très bonne et très tendre et on ne les trouve point ailleurs qu'à Chypre.

De Chypre, j'ai eu bon vent, aussi suis-je parvenu en Syrie en un jour et une nuit.

II

LA TERRE DE SYRIE ET LES VILLES DE LA CÔTE
JUSQU'AU DÉSERT QUI SÉPARE LA SYRIE DE L'ÉGYPTE

En Syrie, je suis arrivé, par la grâce de Dieu, au port de Tyr qui est une ville très ancienne. Elle fut jadis très belle et très forte ; aujourd'hui, elle est presque entièrement détruite. Les Sarrasins gardent ce port avec grand soin. La cité est sise au milieu de la mer, qui l'enclôt de tous côtés. Du côté de la terre, elle était défendue par de bons murs et de fortes tours. La sainte Écriture mentionne en plusieurs endroits cette cité, ce qui indique clairement sa célébrité.

Assez près de Tyr, se trouve la fontaine dont parle Salomon dans le *Cantique des Cantiques*. Et assez près, le lieu où la dame cananéenne demanda et obtint grâce pour sa fille, comme le raconte l'Évangile. À côté, est le lieu où une autre femme dit à Notre-Seigneur : « *Beatus venter qui te portavit et ubera quae succisti* » ce qui veut dire en français : « Béni et saint est le ventre qui t'a porté et les mamelles qui t'allaitèrent. »

De Tyr, j'ai pris la mer jusqu'à Acre, jadis nommée Ptolémaïs. Elle est située dans une très belle plaine et fut jadis, pour les chrétiens, le port le meilleur et le plus important. Elle fut détruite par les Sarrasins, mais pourrait facilement être restaurée. Le port est assez convenable, mais il est en partie obstrué par les ruines. Cette ville, de même que Tyr, est en Syrie phénicienne et non en Terre sainte, mais on doit la considérer avec respect comme un lieu saint, car elle fut consacrée par la grande effusion de sang des chrétiens qui y moururent pour Dieu quand elle fut prise à main armée par les Sarrasins[2].

---

1. Ce château est encore debout au lieu dit aujourd'hui *Haghios Hilarion*.
2. La chute d'Acre, en 1291, signa la perte totale de la Terre sainte. Ce désastre resta gravé dans les mémoires.

D'Acre, je suis venu par terre en quatre jours jusqu'à la ville de Gaza, qui fut jadis une des cinq cités des Philistins. Tout le pays environnant était le pays des Philistins et fut jadis nommé Palestine ; les *Livres des Rois* dans la Bible en font souvent mention.

Entre Acre et Gaza, il y a quatre milles. À droite d'Acre, au bord de la mer, est le mont Carmel, pas très haut, plus long que large, très beau et très fertile ; le sommet forme une plaine. Ce fut jadis la demeure d'Élie. Là fut fondé l'ordre des Carmes. Il y a plusieurs églises et de grands ermitages. Au pied de ce mont, il y avait une ville chrétienne nommée Haïfa, maintenant détruite. De là, j'ai traversé Césarée de Palestine, une ville jadis célèbre, et le Chastel Pèlerin, édifié par les chrétiens, puis la cité d'Ascalon, jadis très forte ainsi que la ville de Jaffa, très ancienne qui, selon certains, fut fondée par Japhet, le fils de Noé. Toutes ces villes sont sur le rivage de la mer, mais toutes ont été détruites par les Sarrasins et sont désertées.

À côté de Jaffa, du côté de la terre, se trouve la ville de Ramla, bien peuplée, saine et agréable. À côté, à gauche, la ville de Diospolis est elle aussi bien peuplée. Dans les Actes des Apôtres, on la nomme Lydda. On dit que saint Georges y fut décapité et on montre le lieu de son martyre dans le chœur d'une église, qui jadis fut belle. Non loin du mont Carmel, à gauche, la ville de Safran est située sur une montagne [1]. C'est là, dit-on, que naquirent saint Jean l'Évangéliste et saint Jacques son frère. Sur le lieu de leur naissance est une belle église que les pèlerins visitent.

Après avoir vu tous ces lieux, je suis arrivé à Gaza. La ville est assez grande, un peu au-dessus de la mer, bien peuplée. C'est là que Samson le Fort fut emprisonné par les Philistins, qu'il brisa les murs de la prison et emporta les portes de la ville jusque sur une colline toute proche. C'est là qu'il fut aveuglé sur l'ordre de sa femme Dalida et qu'il tua un grand nombre de ces Philistins et lui en même temps, quand il brisa les colonnes et abattit sur eux et sur lui-même la maison où ils se trouvaient, comme nous le lisons dans la Bible.

De cette ville, je suis venu au Chastel Darum [2] qui est le dernier qu'on trouve sur la route d'Égypte. J'ai fait tout ce chemin en laissant Jérusalem à vingt milles à ma gauche, car je voulais aller d'abord en Égypte et en Arabie pour y demander des lettres du sultan afin de pouvoir, à mon retour, mieux visiter la Terre sainte en toute sûreté et tranquillité.

---

1. Lydda, aujourd'hui Lod, où se trouve l'aéroport de Jérusalem. Safran, aujourd'hui Sefaram, à 20 km à l'est d'Acre.
2. Ce point fortifié a aujourd'hui disparu.

III

LE PAYS D'ÉGYPTE ET LE DÉSERT QUI SÉPARE L'ÉGYPTE ET LA SYRIE, LA CITÉ DE BABYLONE ET PLUSIEURS AUTRES

Du Chastel Darum, j'ai mis sept jours à atteindre l'Égypte par un désert sablonneux où on ne trouve point d'eau. J'avais donc emporté avec moi mon ravitaillement et ce qui m'était nécessaire, quoiqu'on trouve certaines auberges et hôtelleries, construites par les Sarrasins, selon les étapes, où on peut se procurer ce dont a besoin. Le désert passé, je suis arrivé en Égypte où on trouve de très beaux villages en grand nombre, abondant de tous les biens, sauf de vin que les Sarrasins ne boivent point. Ils ne cultivent donc pas de vigne, de même qu'ils n'élèvent aucun porc, car ils n'en mangent pas, cela leur est strictement défendu par leur loi.

Je me suis dirigé vers Babylone [1] en passant par la ville renommée de Bilbeis et laissant à ma droite sur le bord de la mer les nobles villes d'Alexandrie et de Damiette. Je suis arrivé ainsi au Caire et à Babylone, la capitale de l'Égypte, où est le siège du sultan en un beau château près du Caire. Ce château est sur un mont pas très haut, mais très pierreux ; il est grand et comprend plusieurs beaux palais. Les autres émirs, chefs et gens d'armes en très grand nombre demeurent sous le château, dans la ville, sous le commandement de milleniers, centeniers, cinquanteniers et dizeniers et, selon leur grade, ils reçoivent leurs gages du sultan.

Le Caire et Babylone sont deux très grandes villes, si proches qu'elles se touchent. Le Caire est la plus grande. Babylone est un peu au-dessus du fleuve du Nil, vers le désert de Syrie, elle est construite tout au bord du fleuve. Elles sont très peuplées, et renferment de très beaux édifices, plus qu'il ne semble du dehors, car les gens d'Orient ont l'habitude d'orner leurs maisons au-dedans et non au-dehors, de beaux parements et de belles et riches sculptures sur les murs et les cloisons.

Il faut savoir que cette Babylone n'est pas celle où régna Nabuchodonosor où les enfants d'Israël furent menés en captivité, mais c'est la nouvelle Babylone, qui a le même nom et joue le même rôle que l'ancienne. Car de même que l'ancienne fut jadis l'ennemie des enfants d'Israël — qui étaient alors le peuple élu de Dieu —, ainsi la nouvelle, avec son chef, le sultan et ses membres, les Sarrasins est, plus que tout autre peuple incroyant, notre ennemie à nous chrétiens, vrais Israëlites et vrai peuple de Dieu. Car ce sultan est le souverain défenseur de la fausse religion de Mahomet. Ce Mahomet naquit dans un pays soumis au sultan et donna sa religion à un peuple bestial du désert d'Arabie. Ce mauvais Mahomet est enterré dans la ville de La Mecque, à vingt-cinq journées de voyage de

---

1. C'est le nom sous lequel on désignait fréquemment la vieille ville chrétienne, construite avant la fondation du Caire, qui eut lieu en 969.

Babylone. Son sanctuaire est très vénéré et sous la protection du sultan. Nul ne croit qu'il est suspendu en l'air par un aimant, comme certains en ont fait courir le bruit ; ce n'est pas exact, il gît en une tombe précieuse, édifiée en une de leurs églises qu'ils nomment en leur langue mosquée. Les Sarrasins viennent en pèlerinage au tombeau de leur prophète de toutes les parties du monde, comme nous le faisons à Jérusalem au Sépulcre de Notre-Seigneur. C'est pour cela que le sultan de Babylone est souverain défenseur de la religion de Mahomet et ennemi de la foi chrétienne plus que tout autre.

L'ancienne Babylone est en Chaldée, à vingt-cinq journées de voyage vers le nord-ouest. Le seigneur en est le Grand Khan, empereur des Tartares de Perse. Certains disent que la ville de Bagdad est la même que celle que l'on appelait jadis Babylone, sise sur l'Euphrate. D'autres disent que l'ancienne Babylone était à côté de la ville actuelle de Bagdad, puisqu'elle fut jadis détruite et on en voit encore de grandes ruines imposantes. La Tour de Babel que firent les enfants de Noé et où les langues furent confondues, comme le dit la Bible, en est assez proche selon les affirmations de certains. Elle est en un lieu désert dont on ne peut approcher à cause d'une multitude sans nombre de bêtes sauvages et venimeuses. J'ai écrit tout cela pour que l'on puisse savoir la différence entre l'ancienne et la nouvelle Babylone, dont nous allons parler.

Le Nil, fleuve du Paradis sur lequel est sise la nouvelle Babylone, court à travers la terre d'Égypte et l'arrose et la fait fructifier d'une grande abondance de biens. En la Bible, on l'appelle Gyon. Certains disent que le Gyon et le Phison se rejoignent en haute Éthiopie et que ces deux fleuves courent ensemble tous deux dans le même lit. Ce fleuve se sépare, se réunit, se divise en plusieurs bras, se rassemble en enserrant ainsi plusieurs îles riches et délicieuses. Il se jette dans la mer Méditerranée, séparé en plusieurs branches, assez près de la ville d'Alexandrie dont nous avons déjà parlé. L'eau de ce fleuve est très douce, très saine à boire et procure une bonne digestion. On y trouve beaucoup de bons poissons. Autour du fleuve, on trouve du bois d'aloès et des pierres de diverses couleurs.

À Babylone et au Caire, il y a plusieurs très belles églises. Une des plus célèbres est l'église Notre-Dame au lieu où elle habita avec son fils béni Jésus-Christ et Joseph son mari, quand ils s'enfuirent de Judée en Égypte sur le conseil de l'ange pour échapper à la persécution d'Hérode qui avait fait tuer les Innocents, comme le dit l'Évangile. Il y a aussi l'église de Sainte-Barbe, dont le corps est dans une petite tombe de marbre.

L'Égypte est un pays plus long que large et en certains endroits bien étroit en raison du désert très sec qui l'enserre des deux côtés. Elle est toute de la nature de ce désert, sauf là où le fleuve l'arrose et la féconde, la rendant habitable pour la population par sa crue naturelle ou artificielle. Car chaque année, à une certaine saison, il croît tant qu'il déborde par-dessus ses rives, sort de son lit et arrose le pays partout où l'eau se répand. Il pleut très peu en Égypte, car le pays est par lui-même très sec et la forte chaleur y fait évaporer et sécher les vapeurs, les bruines et l'humidité quand elles apparaissent, mais ceci arrive fort peu souvent. C'est ainsi que le pays d'Égypte s'étend tout le long du fleuve, de l'Éthiopie jusqu'à Alexandrie et jusqu'à la Méditerranée. Mais il n'est guère plus large que la bande arrosée par le fleuve dans sa crue naturelle, quoique les gens usent habilement de certains artifices pour le conduire sur leurs terres.

J'ai vu, au Caire, trois éléphants vivants. C'est une très grande bête, sa peau est aussi dure que des écailles de poisson. C'est une bête très intelligente que l'on peut dresser ; on lui apprend à sauter et à danser au son d'un instrument de musique. Il a de grandes dents qui sortent de sa bouche comme des dents de sanglier. Au-dessus de sa bouche, il y a un grand boyau rond, comme un sac rond, aminci en avant. Ce sac n'est pas un boyau droit, car il est en cartilage, plus dur que la chair, plus mou qu'un os et flexible en tous sens. Il s'en sert comme d'une main pour prendre sa nourriture. Quand il l'a mise au bout de ce boyau, il le ploie par-dessous et met ainsi la nourriture dans sa bouche, puis mange comme n'importe quelle autre bête. Certains disent que l'éléphant ne peut se relever quand il est tombé par terre ; ce n'est pas vrai, car il s'ébat, se couche et se lève comme les autres bêtes. Au commandement de son maître, il fait fête aux visiteurs, il incline la tête, se met à genoux, baise la terre, car tel est l'usage en ce pays d'honorer les seigneurs. J'ai vu au Caire une bête qu'on appelle la girafe. Par-devant, elle était très haute et son cou était si élevé que, de terre, elle eût pu prendre sa nourriture sur une maison de hauteur normale. Mais, par-derrière, elle était si basse qu'un homme aurait pu lui passer la main sur le dos. Elle n'était ni sauvage ni cruelle, mais aussi paisible qu'un cheval ou une jument. Sa peau était très belle, comme une marquetterie de blanc et de rouge. J'ai vu aussi plusieurs babouins, singes et perroquets, si bien dressés que leurs ébats procuraient grand plaisir aux gens. On ne donnerait pas certains perroquets pour cent deniers d'or, car les gens du pays recherchent avec excès leur confort et les plaisirs corporels.

Dans la Haute-Égypte, il y a une mine d'émeraudes, de sorte qu'on trouve les émeraudes en plus grande quantité et à meilleur prix qu'en toute autre partie du monde. En Égypte et en Syrie, on trouve une sorte de pommes longues que l'on nomme pommes de paradis. Elles sont molles et d'une saveur délicieuse, fondant légèrement dans la bouche[1]. Si on les coupe en travers ou d'une autre manière, on y trouve toujours un crucifix, si parfaitement dessiné qu'on peut souvent apercevoir nettement le visage et les autres traits du corps. Elles ne se conservent pas, si bien qu'on ne peut les porter en nos pays sans qu'elles se corrompent. Il

---

1. Il s'agit de la banane.

pousse en Égypte du très bon sucre et plusieurs plantes qu'on ne trouve pas chez nous. Et celles qu'on trouve chez nous et chez eux sont en Égypte beaucoup plus vigoureuses.

Il y a au Caire une grande maison commune, basse, dans laquelle se trouvent plusieurs fourneaux bas au-dessus desquels on met des œufs sur de la paille, autant que chacun veut en apporter et, par la douce chaleur du feu, sans que les poules couvent, les œufs mûrissent et les poussins dedans. Leur art à imiter la chaleur naturelle est si parfait que les poussins sortent vivants des œufs aussi bien que si la poule les eût couvés. On les rend aux propriétaires des œufs qui les emportent et les nourrissent, c'est pourquoi on trouve ici une grande quantité de volailles. Je considère que, de toutes les merveilles que j'ai vues, c'est la plus grande.

En ce pays, on vend les hommes et les femmes, et si le vendu est d'une autre foi et d'une autre religion que l'acheteur, il est mis en servage. On les vend plus ou moins cher selon qu'ils sont jeunes, forts, sains, vigoureux, instruits.

Il y a à Babylone une contrée riche à merveille de prairies, que l'on nomme terre de Jessen. C'est la terre où demeurèrent les fils d'Israël au temps où ils vivaient en Égypte. La Bible en parle et des miracles que Dieu fit pour eux. Près du Caire, du côté du désert de Syrie, est le jardin où pousse le baume, plante rare et spéciale. Le jardin n'est pas grand ni enclos de murs et j'ai été très étonné de ce qu'un si noble lieu ne soit pas mieux enclos. Les arbrisseaux du baume ne sont ni hauts ni épais, ils ressemblent à de la vigne. On arrose ce jardin avec une petite source qui est à l'intérieur et les chrétiens du pays disent que Notre-Dame y lava et baigna souvent son glorieux fils et y lava ses langes. Et il convient que ce jardin soit arrosé de l'eau de cette source pour produire du baume, car il reçoit disent-ils ses vertus du corps de Jésus-Christ.

Au-delà de Babylone et du fleuve du Paradis, vers le désert qui est entre l'Égypte et l'Afrique [1], se trouvent plusieurs tombes et mémoriaux des Anciens, qui sont maçonnés de grandes pierres bien polies, bien hauts et bien aigus comme un clocher pointu [2]. Parmi eux, il y en a deux admirablement hauts et grands, sur lesquels je trouvai des inscriptions en diverses langues gravées dans la pierre. L'une portait des vers latins assez obscurs qui m'arrêtèrent longuement. Ceci témoigne que ces colonnes, ces édifices sont des tombes et mémoriaux des Anciens. On peut le voir à d'autres indices, si on regarde attentivement. Cependant, les simples gens du pays disent que ce sont les granges et greniers du Pharaon où Joseph fit garder le blé au temps de la grande famine dont parle la Bible et ils les appellent les greniers du pharaon. Mais ce ne peut être vrai, car on ne peut y trouver aucune place où mettre du blé ; il n'y a dans ces

---

1. Dans la géographie médiévale, l'Égypte était située en Asie.
2. Le texte latin dit : « en forme de pyramide ».

colonnes aucune place vide où l'on puisse mettre quoi que ce soit. De haut en bas, elles sont fermées et maçonnées de grosses pierres très bien jointes, sauf une petite porte assez haut au-dessus de la terre et un petit chemin très étroit et très sombre par lequel on y descend. À l'intérieur, il y a un certain espace, mais il n'est pas assez vaste pour y mettre du grain comme le croient et le disent ceux du pays.

IV

MON VOYAGE VERS LE MONT SINAÏ EN ARABIE ET LES LIEUX SAINTS JUSQU'À LA TERRE SAINTE

J'ai quitté Le Caire, Babylone et l'Égypte pour l'Arabie. Je suis venu à cheval en dix jours au mont Sinaï. Tout le chemin est désert et les vieux moines de l'abbaye Sainte-Catherine me dirent qu'ils n'avaient jamais vu de pèlerin chrétien arriver à cheval avant moi. Tous les pèlerins ont l'habitude de venir sur des chameaux, car ce sont des bêtes très endurantes et peu exigeantes, qui mangent les épines et les chardons qu'ils trouvent dans le désert et restent parfois deux jours sans boire. Quand les chameliers veulent faire plaisir à leurs chameaux, ils leur donnent un peu de feuilles sèches. Et les chameaux peinent, cheminant à travers le désert sous de lourdes charges. Jamais un cheval ne pourrait endurer une telle fatigue et tant de souffrance. Je fis donc porter avec moi de l'eau en des tonneaux pour mes chevaux et tout ce qui était nécessaire à mes serviteurs [1].

En partant du Caire, je suis venu d'abord à la mer Rouge ; c'est un bras de la mer Océane, qui est très étroit le long de l'Égypte, mais va s'élargissant vers la mer Océane. Sur le bord de cette mer Rouge, je suis arrivé à ce lieu où les enfants d'Israël passèrent miraculeusement à pied sec et où pharaon fut noyé avec les Égyptiens, comme nous le lisons dans la Bible. À cet endroit, je juge que la mer n'a pas plus de cinq milles de large. Et l'eau n'est pas rouge, ni le fond, ni les bords ; elle est tout à fait semblable aux autres mers, mais il est possible qu'en une autre partie le fond soit rouge, que l'eau semble donc rouge et que toute la mer soit nommée pour cette raison la mer Rouge.

J'ai chevauché sur le bord de cette mer pendant trois jours, plus agréablement que dans le reste du désert, car le vent venant de la mer nous apporta un grand soulagement. Sur le rivage, on trouve du corail blanc en abondance, avec de belles branches, mais il est de peu de valeur car il est trop fragile. J'ai pourtant trouvé deux morceaux sans branche, assez durs et luisants comme de l'ivoire.

De la mer Rouge, je suis parvenu à la source de Mara où, au passage

---

1. Dans le texte latin, Boldensele dit qu'il a traversé ce désert, suivi de tous ses serviteurs, armés et portant sa livrée.

des enfants d'Israël, les eaux amères furent rendues douces par un miracle de Dieu quand Moïse y jeta le morceau de bois que Dieu lui avait montré. Puis je suis arrivé à Hélim, un endroit très agréable au désert où se trouvent douze sources et soixante-dix palmiers ; ce fut un des campements des enfants d'Israël.

Puis, arrivé au désert de Sin, j'ai vu le mont de Dieu, le mont Horeb, le mont Sinaï, celui que je cherchais en ce désert. Au pied de ce mont est le lieu très saint où Moïse vit le buisson ardent et ne se consumant pas et Dieu lui parlant dans le buisson. Il y a là une très belle et grande abbaye, toute couverte de plomb, bien fortement close d'une porte de fer. Les moines sont pour la plupart arabes ; quelques-uns sont grecs. Quand ils sont tous réunis, ils forment une belle assemblée. Ils mènent une vie pieuse et sont soumis à l'archevêque du lieu qui dirige l'ordre et aux autres prélats. Ils ne boivent pas de vin, sauf en petite quantité lors de quelques fêtes ; ils mangent quelquefois du poisson, mais se nourrissent la plupart du temps de dattes, de légumes, de fruits et de verdure. Ils vivent dans la tranquillité et la concorde. À heures régulières ils célèbrent l'office selon leur rite, avec grande dévotion. Leur église est très bien tenue, bien éclairée de lampes et d'autres luminaires. Ils se déchaussent pour approcher le grand autel et font aussi déchausser les pèlerins, car c'est en ce lieu que Dieu dit à Moïse : « *Solve calciamenta de pedibus tuis, locus enim in quo stas terra sancta est.* » Ce qui signifie en français : « Ôte tes souliers de tes pieds, car le lieu où tu es est terre sainte. »

En cette abbaye, se trouve la source que Moïse fit sourdre de la pierre très dure en la frappant de sa verge selon l'ordre de Dieu. C'est une eau très saine et bonne à boire. En cette abbaye, à droite, un peu au-dessus du grand autel, on voit une châsse de marbre blanc en laquelle est la tête de sainte Catherine, la noble vierge avec ses os entremêlés et non disposés selon la forme de son corps. Ils furent transportés en cette abbaye du sommet du mont où les anges l'avaient déposée. Les prélats de l'église vinrent avec les servants en grande solennité et ouvrirent avec dévotion la châsse pour nous montrer, à nous pèlerins, les dignes reliques. L'archevêque prit un instrument d'argent, en frotta les os et distribua à tous ceux qui en demandaient le liquide qui en émana miraculeusement. Ce liquide émane des os par moments comme une sorte de sueur, il est assez consistant. Il est clair que c'est un don de Dieu dû aux mérites de la sainte vierge Catherine, car ce liquide ne ressemble ni au baume, ni à l'huile, ni à n'importe quel autre liquide naturel, c'est un don de Dieu en dehors de toute loi naturelle. On nous montra, en cette abbaye, plusieurs autres nobles reliques.

Dans l'enceinte de l'abbaye, ne peuvent vivre ni mouche, ni puce, ni autre vermine bien qu'aux environs dans le désert les pèlerins aient à en souffrir continuellement. Mais s'ils en apportent à l'abbaye, elles meurent aussitôt. Étonné, j'en ai demandé la raison, on m'a répondu que jadis les saints hommes du lieu en avaient tant souffert qu'ils avaient pensé quitter cet endroit et s'en aller. Mais ils se mirent en prières, demandant à Dieu que ces insectes ne les tourmentent plus et ils l'obtinrent.

J'ai séjourné quelques jours en cette abbaye. Les moines m'installèrent dans un endroit très agréable et me traitèrent avec grande bonté. Ils ont en effet l'habitude de donner à tous les pèlerins de passage la même nourriture que la leur pendant tout leur séjour. Et quand les pèlerins se mettent en route vers la Syrie, ils leur donnent les vivres nécessaires pour la traversée du désert, quelle que soit leur condition et sans rien accepter en paiement. Si on le leur proposait, ils refuseraient de recevoir quoi que ce soit.

La grande et haute montagne du Sinaï domine l'abbaye. On y monte par un grand nombre de marches. Au sommet, il y a une chapelle de saint Élie et une autre au lieu où la gloire de Dieu apparut à Moïse, où il lui donna la Loi et les dix commandements écrits de sa main sur des tables de pierre et où il accomplit plusieurs grands miracles. On voit là, dans une roche très dure, le trou où Dieu mit Moïse et lui tendit la main, quand il passa dans sa gloire et sa majesté et dit à Moïse : « *Posteriora mea videbis, faciem autem meam non poteris intueri.* » Ce qui signifie en français : « Tu me verras par-derrière, mais tu ne pourras voir mon visage. » Car aucun homme ne peut voir la majesté de Dieu et rester en vie. La figure et la forme du corps de Moïse sont encore empreintes dans la pierre, comme si elles avaient été taillées au ciseau. Et pourtant, la pierre est très dure, on ne peut l'entamer même avec de très forts instruments de fer, à peine peut-on gratter un peu de poudre fine.

Il y a une autre montagne, plus haute, séparée du Sinaï par une vallée. C'est au-dessus de cette seconde montagne que le corps de sainte Catherine fut porté par les anges et trouvé par les moines qui le portèrent dans leur abbaye. Les pèlerins vont donc sur cette autre haute montagne, avec beaucoup de difficulté, pour visiter ce lieu saint. Il n'y a pas de chapelle, mais de grandes pierres indiquent le lieu où le corps saint fut déposé par les anges et trouvé par les moines.

Du mont Sinaï, j'ai traversé le désert vers la Syrie en treize journées. Tout ce désert dont j'ai parlé, du Caire au mont Sinaï, est le pays d'Arabie où demeurent les Arabes en foule innombrable. On les nomme aussi Bédouins. Ils sont dispersés dans le désert dans les endroits où ils trouvent l'eau de petites sources, de puits ou de ruisseaux, mais elle est rare. On manque tellement d'eau en ce désert qu'il faut marcher parfois deux journées pour en trouver. Et là où l'on en trouve à une saison, elle sèche à l'autre. Les gens vivent dans le désert sous des tentes de feutre et de peaux ; ils vivent de leurs chameaux et de leurs chèvres ; ils ne labourent pas les terres car elles ne valent rien ; ils ne mangent pas de pain, sauf quand ils en apportent d'Égypte ou de Syrie. Ce sont des gens bruns, forts et habiles. Ils ont des boucliers et des lances pour armure et chevauchent des chameaux que nous appelons dromadaires, qui font de grandes étapes chaque jour. Ils s'entourent la tête et le cou d'une longue toile ou d'un long drap. Ils n'usent pas d'arcs ni de flèches comme les autres Sarrasins. Ils sont assez indépendants à l'égard du Sultan, qui s'attache cependant leurs chefs par des dons et des promesses. Mais on dit que si ces Arabes du désert le voulaient, ils pourraient facilement conquérir l'Égypte et la Syrie.

V

LE COMMENCEMENT DE LA TERRE SAINTE ET LES LIEUX SAINTS JUSQU'À JÉRUSALEM

D'Arabie, je suis arrivé à Bersabée, qui est au début de la Terre promise vers le sud. C'est un endroit beau et plaisant, jadis s'y dressait une assez grande ville avec plusieurs églises dont certaines sont encore debout. Abraham y demeura longtemps et y bâtit un autel sur lequel il faisait des sacrifices en l'honneur de Dieu. C'est là qu'il reçut l'ordre de sacrifier son fils.

De Bersabée, j'ai mis une demi-journée pour arriver à Hébron, que l'on appelle aussi le val Mambré. En cette ville régna un moment le roi David, en cette ville sont ensevelis les saints Patriarches, Abraham, Isaac, Jacob, Sara, Rébecca et Léa. Sur leur tombeau est construite une belle église bien fortifiée. Les Sarrasins la révèrent grandement en raison des Patriarches qu'ils considèrent comme leurs pères et ancêtres. Ils n'y laissent pas entrer les chrétiens qui doivent prier à la porte de l'église.

La ville est à flanc de coteau. Dans la vallée est le lieu où Abraham, assis à l'entrée de sa tente, vit trois jeunes gens descendant le chemin. Il en vit trois et en adora un seul comme le dit l'Écriture, témoignant ainsi du mystère de la Trinité, car nous devons adorer un seul Dieu en trois personnes, le Père, le Fils et le Saint-Esprit. C'est là qu'Abraham reçut en sa demeure les anges de Dieu, là qu'il reçut la promesse que lui, un vieillard, aurait un enfant de sa femme déjà vieille, ce qui était incroyable selon les lois naturelles, et que toutes les générations seraient bénies en lui.

Assez près, on voit manifesté le châtiment des pécheurs de Sodome et Gomorrhe et des autres villes sur lesquelles Dieu fit pleuvoir du feu et du soufre, comme le dit la Bible.

D'Hébron, j'ai atteint Bethléem en une journée, par une route assez agréable. En cette sainte cité, le Fils de Dieu est né de la bienheureuse Vierge Marie. À l'extrémité orientale de la ville est l'hostellerie où Jésus-Christ est né. À cet endroit est une très belle église, assez grande, couverte de plomb, très bien ornée de marbres sculptés et de peintures illustrant la généalogie de Jésus-Christ. Il me semble que jamais de ma vie en nul lieu du monde, je n'ai vu une église plus belle, plus charmante. Lors de ma visite, elle était bien défendue par de bons murs et des bretèches.

À côté du chœur, à droite, on descend par quelques marches à l'emplacement de la crèche où la Vierge Marie coucha son fils béni. Il est fort bien décoré de marbres et de sculptures. C'est en ce lieu très saint que l'enfant de la pauvre Vierge fut honoré par les présents des trois rois, venus là grâce à la manifestation de l'étoile qui les conduisait. C'est là qu'il fut annoncé aux bergers par les anges et saintement honoré de louanges célestes et terrestres.

En cette cité naquit le roi David, à ses abords furent massacrés les Innocents ; saint Jérôme y vécut et y mourut et plusieurs autres saints ont dévotement passé leur vie en ce lieu vénérable.

Bethléem est une petite villette, mais sa dignité est grande puisque c'est là que Dieu est né. Elle est longue et étroite, naturellement défendue par les deux profondes vallées qui l'entourent. Les habitants sont chrétiens, mais schismatiques. Ils cultivent des vignes qui leur donnent du bon vin en abondance.

Dans l'église de la Nativité, j'ai fait chanter une messe par un prêtre qui m'accompagna pendant tout mon voyage. Il pouvait bien célébrer cette messe, car nous étions munis de l'autorisation du Saint-Père [1].

De Bethléem, je suis allé à Jérusalem ; il y a à peine quatre milles entre les deux villes. À gauche de la route est la tombe de Rachel, la femme du patriarche Jacob, mère de Joseph et Benjamin. On y voit encore les pierres que Jacob mit sur son tombeau au témoignage de la Bible.

Près de là, est le champ où la glorieuse troupe des anges annonça aux bergers la nativité de Notre-Seigneur, en chantant *Gloria in excelsis Deo*. On dit aussi que, près de la route, est la citerne dans laquelle Joseph fut jeté par ses frères et puis vendu aux marchands qui passaient par là pour aller en Égypte. Sur la route, il y a beaucoup de beaux et plaisants monastères chrétiens.

VI

LA CITÉ DE JÉRUSALEM
ET LES LIEUX SAINTS QUI S'Y TROUVENT

Après avoir visité tous ces lieux, par la grâce de Dieu, je suis entré à Jérusalem, la sainte cité du grand roi Jésus-Christ, qui l'a chèrement acquise et richement anoblie de son sang précieux. C'est la capitale de la Terre promise. L'air y est très bon et pur ; elle n'a ni rivière ni source ; l'eau dont ils ont besoin est amenée artificiellement par des conduits et il y a plusieurs citernes dans la ville dans lesquelles ils puisent l'eau. L'eau

---

1. Pour éviter les départs non motivés, surtout s'agissant de religieux, il fallait obtenir une licence pontificale avant d'entreprendre le pèlerinage de Terre sainte.

qui arrive par ces conduits à Jérusalem vient d'Hébron et l'on voit bien ces conduits le long de la route qui vient d'Hébron.

Dans cette ville sainte se trouve le temple de Notre-Seigneur, non celui qu'édifia Salomon, celui-là a été détruit comme le dit la Bible, mais un autre a été réédifié au même endroit, tout rond, assez large, couvert de plomb. Il est fait de pierres taillées et polies, entouré d'une grande cour, ainsi aucune maison n'en est proche. Cette cour est à l'air libre, pavée de marbre blanc, très bien tenue par les Sarrasins qui révèrent grandement ce lieu. Ils se déchaussent pour y pénétrer, se mettent à genoux et baisent le pavement. Ils ne laissent aucun chrétien entrer, disant qu'un lieu aussi saint que la maison de Dieu ne doit pas être pollué ou contaminé par des juifs et des chrétiens qu'ils tiennent pour des chiens mécréants.

C'est en ce lieu, dit-on, que Melchisédech offrit du pain et du vin en figure du saint sacrement de l'autel. Ce lieu fut indiqué à Abraham pour y sacrifier son fils, en figure de la Passion de Jésus-Christ. En ce lieu, le patriarche Jacob eut la vision de l'échelle dressée qui montait jusqu'au ciel et les anges montant et descendant, pour manifester la sainteté du lieu. En ce lieu, David vit l'ange remettant son épée au fourreau après la mort du peuple. En ce lieu, Salomon pria avec dévotion et célébra la dédicace du Temple selon l'ordre de Dieu. En ce lieu, la Vierge Marie fut, avant ses noces, offerte à Dieu par son père et sa mère pour laver le linge du sanctuaire, l'étendre et faire tout travail convenant à la Vierge sainte qu'elle était souverainement. En ce lieu, la Vierge Mère de Dieu présenta Jésus son enfant, comme le voulait la Loi, et saint Syméon le reçut dans ses bras et la sainte veuve Anne prophétisa que le salut du monde était venu. En ce lieu, Jésus-Christ, âgé de douze ans, discuta avec les maîtres de la Loi, prêcha au peuple et accomplit maint miracle, comme le raconte clairement le saint Évangile. Sur le pinacle de ce temple, Jésus-Christ fut transporté, confondit la tentation du diable par sa puissance divine et, comme Seigneur et Dieu, fut servi par les anges. À côté de ce saint lieu, saint Jacques le Mineur, qu'on disait frère de Notre-Seigneur parce qu'il lui ressemblait fort, fut martyrisé avec une perche de foulon.

À gauche du Temple, est située l'ancienne Porte Dorée dont parle la sainte Écriture. À droite, une église longue, couverte de plomb, nommée l'école de Salomon. Non loin, au nord, la piscine où l'ange descendait et guérissait les malades, comme le dit l'Évangile. À côté de la piscine, l'église Sainte-Anne, assez belle. Notre-Dame y naquit ; on y voit sous une voûte les tombeaux de saint Joachim et sainte Anne, père et mère de Notre-Dame.

Dans Jérusalem, on voit l'endroit où Jésus-Christ mangeait avec Simon le pharisien quand Marie-Madeleine, la pécheresse, lui lava les pieds de ses larmes et les essuya avec ses cheveux et obtint le pardon de tous ses péchés.

Assez près se trouve le lieu où Jésus-Christ fut lié à une colonne et flagellé, où on lui cracha au visage, où on le tourna en dérision, où on le condamna et le couronna d'épines et où il souffrit avec patience maints tourments.

Au sud du Temple, le mont Sion semble à peine plus haut que le restant de la ville pour ceux qui y montent depuis la ville. Mais, à l'extérieur, il domine de profondes vallées, c'est le point le mieux fortifié de la ville. Ce mont est souvent appelé dans l'Écriture la cité de David. Ce roi y demeura, et après lui les autres rois de Jérusalem. Les corps de Salomon et de plusieurs prophètes et rois de Jérusalem y reposent. Au pied de ce mont, le sultan a fait construire un château qui surveille la ville et il le fait soigneusement garder.

En ce mont, plusieurs lieux ont été sanctifiés par Notre-Seigneur, sa Mère bénie et ses disciples, spécialement le lieu de la Cène où il donna le saint sacrement de son précieux corps et de son sang et établit la nouvelle alliance. Le disciple bien-aimé reposa sur la poitrine de Jésus-Christ son maître et y puisa les secrets divins qu'il révéla ensuite aux fidèles. En ce mont, les disciples persévèrent dans la prière après la mort de Jésus-Christ. En ce mont, Jésus-Christ vint après sa résurrection et entra, les portes étant fermées. À son disciple qui doutait, il montra son côté et lui fit tâter ses plaies. En ce mont, le jour de la Pentecôte, le Saint-Esprit apparut aux disciples sous la forme de langues de feu et leur distribua ses grâces, comme le chante la sainte Écriture. En ce mont, Notre-Dame séjourna après l'Ascension de son précieux fils. En ce mont se trouve la grande pierre dont on ferma le Saint-Sépulcre quand Jésus-Christ y fut déposé. En ce mont, saint Jacques le Majeur fut décapité. Il y a là une belle église qui est l'église et l'école des Arméniens catholiques, la seule qui obéisse au pape de Rome.

Tous les autres chrétiens sont schismatiques, n'obéissant pas à la Sainte Église. Il y a toutes sortes de schismatiques et les sectes sont nommées selon leurs erreurs. Ce sont les Grecs, Ariens, Nestoriens, Jacobins, Nubiens, Éthiopiens, Indiens, Géorgiens et autres hérétiques qui se disent chrétiens. Il serait trop long d'exposer les erreurs de chacune de ces sectes, mais le *Décret* en fait mention [1]. Notre intention n'est pas de dire tout ce qu'on trouve en Terre sainte, mais les choses les plus notables qui peuvent aider la dévotion du lecteur. Si quelqu'un veut savoir en détail la grandeur des œuvres et des miracles que Dieu y accomplit, qu'il lise la sainte Écriture.

---

1. Il s'agit du *Décret* de Gratien, compilation du droit canon rédigée au milieu du XIIᵉ siècle.

VII

LE MONT DU CALVAIRE OÙ NOTRE-SEIGNEUR FUT CRUCIFIÉ ET LE SAINT-SÉPULCRE

L'église du Saint-Sépulcre, le mont du Calvaire et le Saint-Sépulcre, que je recherchais spécialement, sont à présent à l'intérieur de Jérusalem, alors qu'au temps de la crucifixion ils se trouvaient au-dehors. En effet, après la destruction de Jérusalem par Titus et Vespasien, que Jésus-Christ avait prédite, Hadrien reconstruisit la ville et y inclut ces lieux au nord. Les chrétiens ont construit sur leur emplacement une très belle église, couverte de plomb, arrondie aux deux extrémités. Le chœur est dirigé vers l'orient et, vers l'occident, s'élève une tour de très belles pierres taillées. À une des extrémités, l'église n'est pas couverte, mais il y a un trou rond par lequel la clarté pénètre dans l'édifice. Juste au-dessous de cette ouverture, il y a une petite maisonnette, dont la porte regarde l'orient, si basse qu'il faut se baisser pour entrer. Elle a la forme d'un demi-cercle voûté et est ornée de beaux marbres et de peintures d'or. Il n'y a point de fenêtre, mais elle est bien éclairée par des cierges et des lampes. À droite se trouve le lieu du sépulcre de Notre-Seigneur, touchant aux deux parois de la maisonnette, de l'orient à l'occident. Il a neuf paumes de long et à peu près six de large et la maison a douze paumes de haut. Mais il faut savoir que ce sépulcre n'est pas celui où fut déposé le corps de Notre-Seigneur, car celui-là fut taillé dans la pierre, comme dit l'Écriture et comme on avait l'habitude de faire jadis les tombes des seigneurs, surtout en ce pays. Mais le sépulcre qui est dans l'église est fait de pierres assez mal maçonnées d'un ciment solide. D'autre part, ce saint lieu fut longuement aux mains de ces chiens de Sarrasins, avant l'époque de Godefroy de Bouillon et des Latins, et ils n'y laissèrent rien qui puisse exciter la dévotion des fidèles. Et quand Jérusalem fut récemment conquise par les Sarrasins, elle ne fut pas prise d'assaut, mais elle fut rendue par traité et il n'est guère vraisemblable que les chrétiens aient laissé entre les mains des Sarrasins une telle relique qu'ils auraient malmenée et déshonorée. Mais bien qu'il ne reste rien selon moi du vrai Sépulcre, les pèlerins emportent des pierres et de la terre autant qu'ils le peuvent. S'ils le pouvaient, ils emporteraient toute la Terre sainte.

Toutefois, quoi qu'il en soit de la pierre, le lieu demeure et ne peut changer où Joseph d'Arimathie et les autres le mirent après l'avoir descendu de la croix, le lieu où les saintes Marie le prièrent dévotement le matin de sa résurrection, le lieu que les saints anges visitèrent, épouvantant les païens qui le gardaient et réconfortant les fidèles qui s'y étaient rendus dévotement. Ce lieu est le plus vénérable de tous et doit être honoré solennellement par tous les chrétiens, où le très précieux corps de

Dieu, injustement condamné et mort reposa et, par sa propre vertu divine, ressuscita en gloire, revêtu d'immortalité.

Sur le côté gauche de cette maisonnette, contre le Saint-Sépulcre, une pierre blanche, grosse comme la tête d'un homme, sort de la paroi, à une paume de terre. Voyant les chrétiens du pays la baiser dévotement plus que les autres, j'ai demandé ce qu'était cette pierre. On m'a répondu que c'était une pierre du véritable Sépulcre de Notre-Seigneur montrée aux pèlerins pour qu'ils puissent la toucher et être portés à la dévotion.

Sur le Saint-Sépulcre, j'ai fait célébrer une messe de la Résurrection, avec des chants et plusieurs de mes compagnons ont communié avec piété. Après la messe, j'ai armé deux chevaliers, l'épée tirée et en observant toutes les coutumes de la profession dans l'ordre de chevalerie. Car l'émir de Jérusalem me donna la clef du Saint-Sépulcre et n'y laissa entrer que ceux que je lui désignai nommément, afin que je puisse en toute tranquillité faire mes dévotions et ce qui me semblait convenable pour l'honneur de Dieu. En cette occasion, comme en plusieurs autres, l'émir et les autres chefs se sont montrés très aimables. Mais de même que ce furent des païens et des mécréants qui gardèrent le sépulcre quand le fils de Dieu y gisait, de même ce sont des païens qui le gardent encore et c'est pitoyable.

Autour du Sépulcre, à l'intérieur de l'église, était jadis le jardin où Notre-Seigneur apparut à Marie-Madeleine comme un jardinier et lui ordonna d'aller annoncer à ses disciples sa résurrection. En cette même église, à droite du Sépulcre vers l'orient, se trouvent le Golgotha et le mont du Calvaire auquel on monte par quelques marches. Il n'est pas très haut, c'est un petit mont de pierres blanches veinées de rouge. Sur ce mont, le glorieux et béni Fils de Dieu fut sacrifié pour notre salut, comme le figurait sous l'ancienne loi l'agneau pascal. Car tout dans l'ancienne Loi est figure cachée de la nouvelle Loi, notre foi chrétienne. Et quel chrétien pourrait voir sans larme, sans tremblement, sans compassion ce lieu où souffrit celui qui par sa divinité ne pouvait souffrir, où celui qui était vie mourut, où celui qui était la bonté même fut pour nous pécheurs mis au rang des malfaiteurs ?

En ce lieu, le larron repentant reçut le pardon de ses péchés, la Mère de Dieu fut confiée au disciple et le disciple à la mère comme fils, Jésus-Christ fut dépouillé de ses vêtements, crucifié, cloué, percé de la lance et finalement rendit l'esprit, partageant dans sa miséricorde tout ce que subit notre nature mortelle. J'ai fait célébrer en ce lieu l'office du vendredi saint.

Au-dessous du Calvaire, dans l'église, est l'endroit où Hélène, mère de Constantin, trouva la Croix de Notre-Seigneur, profondément enfouie en terre. À côté sont des colonnes dont suinte incessamment de l'eau. Les simples gens disent qu'elles pleurent la mort de Notre-Seigneur. Il est certain que la nature souffrit à sa mort, mais il n'est pas nécessaire ici de recourir au miracle. Cette colonne est d'une sorte de marbre appelé *enidros* dont les naturalistes et les lapidaires disent qu'il est de nature si froide qu'il humidifie et épaissit l'air environnant et le change sans cesse en eau. C'est raisonnable de le penser, car Aristote, le prince des naturalistes, dit : « *In habentibus simbolum facilior est transitus* », ce qui signifie en français : « La transmutation se fait facilement entre les éléments qui se ressemblent. » Nous le voyons clairement de l'air et de l'eau. L'eau qui est naturellement pesante s'évapore par la chaleur, devient ténue, se transforme en air et s'élève, comme par exemple les nuages, la bruine et la rosée. À l'inverse, l'air, par l'effet du froid grossit, épaissit et se transforme en eau, comme nous le voyons sur cette colonne froide. Par exemple, les nuages, la bruine, la rosée, qui, sous l'effet de la chaleur s'évaporent et se meuvent et s'élèvent, se refroidissent en l'air, épaississent et retombent en pluie, neige et grésil qui sont de l'eau, mais durcie. À Constantinople, au vieux palais impérial, j'ai vu sous terre de grands vases de marbre enidros, comme celui de cette colonne. On les vide complètement, mais au bout d'un an, sans qu'on y touche, ils sont si pleins d'eau qu'elle déborde et les simples gens jugent que c'est un miracle, comme ici pour la colonne. Voyant la nature de la pierre de la colonne, considérant la nature du lieu, je l'ai dit à l'émir et lui ai expliqué la cause naturelle du prodige. Cela lui a beaucoup plu et, depuis, je lui ai été très cher et il m'a pris en amitié, m'honorant de son mieux.

Il faut savoir que la cité de Jérusalem est moins forte vers le nord qu'ailleurs, car elle est sur un plateau, mais elle est protégée de tours et de fossés qui en permettent la défense. Vers l'orient, elle est protégée par la vallée de Josaphat, vers l'occident et le midi par d'autres vallées qui lui servent de défenses naturelles. Elle est à une journée et demie de la mer, le port le plus proche étant Jaffa dont nous avons déjà parlé.

VIII

LES LIEUX SAINTS ENTRE JÉRUSALEM ET LE JOURDAIN

Après avoir bien visité la sainte cité de Jérusalem, je suis parti vers l'ouest, vers les monts de Judée qui sont à cinq milles de Jérusalem, là où Notre-Dame alla saluer sainte Élisabeth, mère de saint Jean-Baptiste et où saint Jean se réjouit dans le sein de sa mère de la venue de la Mère de Dieu, enceinte depuis six mois. Il reconnut Jésus-Christ son Sauveur et les deux saintes mères se saluèrent et s'unirent dans la louange de Dieu, chantant les miracles accomplis en leur faveur.

En ce lieu se trouve une assez belle église en laquelle reposent les corps de Zacharie le père et Élisabeth la mère de saint Jean-Baptiste. Dans un lieu tout proche poussa l'arbre dont le bois fut pris, dit-on, pour faire la croix de Notre-Seigneur. Il y a là une belle église et une abbaye de religieux géorgiens, qui sont des chrétiens schismatiques.

De là, je suis revenu assez près de Jérusalem visiter les tombeaux de plusieurs prophètes et un juif allemand, fin lettré, me tint compagnie. Il était venu en pèlerinage, comme les juifs en ont l'habitude.

Puis je suis retourné à la sainte cité de Jérusalem, sortant par la porte nord, sur la vallée de Josaphat, au lieu où fut lapidé saint Étienne le premier martyr. Je suis descendu ensuite vers la vallée de Josaphat sur laquelle est située la sainte cité et où courait jadis le ruisseau du Cédron. À côté de ce ruisseau, au pied du mont des Oliviers se trouve le jardin où le Fils béni de Dieu avait l'habitude d'aller prier et où, après la Cène, il reçut le traître baiser de Judas, son disciple, et fut vilainement pris et enchaîné par les sergents. Saint Pierre coupa l'oreille de Malchus, le serviteur de l'évêque des juifs et Jésus-Christ, dans sa bonté, le guérit ; les disciples laissèrent mener en prison Jésus-Christ leur maître et s'enfuirent.

Au début de cette vallée, à gauche, se dresse l'église Notre-Dame. On y descend par plusieurs marches de pierre, car l'église est en grande partie sous terre. Mais je crois que cela est dû aux destructions nombreuses de la sainte cité, de sorte que les ruines ont rempli la vallée et exhaussé le sol. Cette église n'est pas belle, mais porte à la dévotion. Au milieu, on montre le sépulcre de la bienheureuse Mère de Dieu dans une petite maisonnette. C'est là que les apôtres placèrent et ensevelirent son précieux corps, mais il ne s'y trouve pas. Selon la foi de certains, elle a été enlevée en corps et en âme au Paradis à la droite de Dieu, son glorieux Fils, mais la sainte Église n'a point voulu l'affirmer, car l'Écriture ne le permet pas. Ne voulant ni abaisser à tort la Mère de Dieu, ni la louer de fausses louanges, elle a donc préféré humblement avouer ne rien savoir et ne pas enseigner une chose dont elle n'est pas certaine. Sur ce saint tombeau, j'ai fait chanter une messe de l'Assomption de Notre-Dame.

À côté de cette église, sous un rocher, se trouve le lieu où Jésus-Christ, prosterné à terre, adressa sa prière à Dieu son Père avant d'être pris et conduit à sa Passion. Par peur de la cruauté de la mort, il frémit, de par sa condition humaine, et sua de grosses gouttes de sang qui tombaient à terre. Il nous montra ainsi clairement qu'il avait totalement pris notre nature sujette aux souffrances humaines, hormis le péché.

En cette vallée, au pied du mont sur lequel est sise la ville, est la fontaine de Siloé, nommée dans l'Évangile. En face est une statue de pierre assez grande qu'Absalon, le fils de David, fit élever à sa mémoire. La Bible la nomme « la main d'Absalon ». Au-dessus de la vallée, vers le sud, est le champ d'Aceldama, acheté des trente deniers pour lesquels Dieu avait été vendu ; il est destiné à la sépulture des pèlerins étrangers et plusieurs corps saints y reposent. Au-dessous, se trouvent plusieurs beaux ermitages et oratoires de chrétiens, creusés dans le roc.

En cette vallée, saint Pierre pleura et se repentit d'avoir renié trois fois Jésus-Christ son maître. Non loin de là, le traître Judas se pendit et, par son désespoir, ferma sur lui la porte de la miséricorde.

En cette vallée, Jésus-Christ, le Fils béni de Dieu, viendra au Jugement dernier rendre à chacun, bon ou mauvais, ce qui lui est dû.

Après avoir vu tout ceci, je suis monté au mont des Oliviers, ainsi nommé pour la quantité d'oliviers qui y poussent. Le val de Josaphat sépare ce mont de la ville de Jérusalem et comme le mont est plus haut que la ville et le mont Sion, comme la vallée n'est pas très large, on peut voir l'intérieur de la ville et spécialement le Temple et sa cour dont nous avons déjà parlé.

Ce mont des Oliviers est à l'est de la ville sainte, très beau et plaisant et le Fils de Dieu y allait souvent, comme le dit l'Évangile. C'est sur ce mont qu'il donna aux apôtres autorité pour prêcher et ordre de baptiser et qu'il promit aux croyants le salut éternel. Puis, de ce mont, il monta aux cieux et envoya à ses disciples des anges pour les réconforter et les assurer de son retour le jour du Jugement dernier. Sur cette montagne, on voit sur une pierre la forme des pieds de Notre-Seigneur au lieu où il monta aux cieux. Il y avait là jadis une très belle église, aujourd'hui à peu près détruite.

Assez proche est Bethfagé, où Jésus-Christ envoya deux de ses disciples chercher l'ânon sur lequel il entra solennellement à Jérusalem au début de la Passion, le jour des Rameaux, comme le dit l'Évangile. Puis nous sommes descendus vers l'est jusqu'à Béthanie à la maison de sainte Marthe et de son frère Lazare. Jésus-Christ visita souvent cette maison ; Marthe le servait avec attention et respect et Marie-Madeleine, sa sœur, demeurait assise aux pieds de Jésus-Christ, le contemplant et écoutant sa sainte parole. C'est en cette maison que Jésus-Christ, ému de pitié, pleura en compatissant à la douleur des deux sœurs, puis ressuscita Lazare leur frère qui était mort et enterré depuis quatre jours.

Il y a de là une courte journée jusqu'au Jourdain, à travers un petit désert où l'homme qui allait de Jérusalem à Jéricho tomba aux mains des larrons qui le dépouillèrent, le blessèrent et le laissèrent à demi mort. Il fut relevé et soigné par le Samaritain miséricordieux, comme Jésus-Christ le dit en l'Évangile.

À l'extrémité de ce désert, il y a un mont où Jésus-Christ jeûna quarante jours et quarante nuits et fut tenté par le diable. Sur ce mont se trouve un bel et plaisant ermitage, tenu par des chrétiens géorgiens schismatiques, qui m'ont reçu très aimablement. Vers les plaines du Jourdain, est situé un jardin dans une vallée avec une source où Abraham, revenant de Chaldée, s'arrêta quelque temps sur l'ordre de Dieu. On le nomme encore le jardin d'Abraham.

Je suis ensuite arrivé à Jéricho qui se trouve en ces plaines. C'est à présent une petite villette, un hameau, mais ce fut jadis une belle et forte

ville que Josué prit par miracle, comme le raconte la Bible. Ce fut la première ville de la Terre promise prise par les enfants d'Israël et entièrement détruite. Seule fut sauvée Raab, une prostituée qui avait reçu chez
elle et caché les messagers d'Israël, afin qu'il ne leur soit fait aucun mal.
À trois milles de là s'étend la mer Morte, un lac, un étang sale et puant,
montrant la vengeance de Dieu sur les pécheurs de Sodome et Gomorrhe.
Dieu fit pleuvoir sur ces villes feu et soufre et les détruisit ainsi que trois
autres, coupables du même péché. En souvenir de cette vengeance divine,
je voulais aller sur cette mer, mais mon interprète sarrasin m'en a
détourné en me disant : « Tu es venu visiter les lieux saints que Dieu a
bénis, tu ne dois pas aller aux lieux qui, par leur méchanceté, ont encouru
sa malédiction. » Les paroles de ce Sarrasin m'ont édifié et je ne suis pas
allé à la mer Morte, mais ai pris le chemin du Jourdain.

Près de la mer Morte, sur la droite, la femme de Loth fut miraculeusement changée en statue de sel pour avoir regardé en arrière, malgré l'ordre
de Dieu, quand il détruisit Sodome et Gomorrhe, mais je n'ai pas pu être
vraiment informé de ce qu'il en restait. Tout près est la petite ville de
Segor qui fut sauvée à la prière de Loth. Sur un mont au-dessus de la ville,
Loth fut enivré par ses filles et engendra en elles Amon et Moab.

Au-delà de la mer Morte, vers l'est, hors de la Terre promise, se trouve
sur une montagne un très fort château, nommé Montréal, ou Krak en
arabe [1]. Il était jadis aux chrétiens, aujourd'hui, il est au sultan. Il s'y
réfugie dans les grands dangers et y fait garder son trésor et ses enfants,
car c'est le lieu le plus fort de toute la Syrie. On dit qu'en la ville de
Chôbak, au-dessous du château, et dans les environs, il y a bien quarante
mille chrétiens schismatiques, nés dans le pays.

IX

LE FLEUVE DU JOURDAIN, LES LIEUX SAINTS DE GALILÉE
ET LA MER DE TIBÉRIADE

Après avoir visité soigneusement tous ces lieux, je suis allé me baigner
dans le fleuve du Jourdain, selon la coutume des pèlerins. Ce fleuve n'est
pas très large ni profond, son fond est boueux, son eau, bonne, et il
contient de bons poissons. Il jaillit à quatre journées de là au pied du mont
du Liban de deux sources, Jor et Dan et, rassemblant l'eau de ces deux
sources, il prend le nom de Jourdain. Il traverse la mer de Tibériade et se
jette dans la mer Morte, assez près du lieu où les chrétiens se baignent. Et

---

1. Les ruines de ce château, édifié par les croisés en 1115, sont encore debout près de
Chôbak, en Transjordanie.

ce fleuve sain et agréable est absorbé et englouti en ce lac sale et puant où il disparaît complètement [1] !

En ce très saint fleuve, le Fils de Dieu, Jésus-Christ, fut baptisé par saint Jean-Baptiste, là, on entendit la voix de Dieu le Père, là, on vit le Saint-Esprit sous la forme d'une colombe descendre des cieux sur le Fils de Dieu, les eaux de ce fleuve devinrent le bain de notre régénération, l'eau devint purification de nos péchés par le saint sacrement de baptême. Les enfants d'Israël passèrent ce fleuve à pied sec et, en mémoire de ce miracle, dressèrent douze pierres, selon le nombre des douze tribus. Dans les eaux de ce fleuve, Naaman le lépreux se baigna et recouvra la santé. Près de ce fleuve, Jean-Baptiste habita, prêcha le baptême de pénitence, rassembla ses disciples, montra de son doigt Jésus-Christ et témoigna qu'il était l'agneau de Dieu, prophétisant qu'il ôterait le péché du monde. Près de ce fleuve, il y a plusieurs abbayes, notamment l'abbaye de Saint-Jean et plusieurs autres lieux de dévotion où demeurent des chrétiens, mais ils sont schismatiques. Dans la région, il y a de nombreux lions sauvages qui causent de grands dommages aux troupeaux des gens du pays.

De là, pendant trois jours, j'ai fait route vers la Galilée par la Samarie et la Judée, en laissant Jérusalem à ma gauche. Tout d'abord, je suis venu à Ramatha Sophim dans les hautes montagnes d'Éphraïm, où demeuraient Alchana, et Anne, le père et la mère de Samuel. Là naquit le saint prophète Samuel et il y fut aussi enterré. Il faut savoir que, pendant mon voyage, je n'ai pas toujours suivi les chemins ordinaires et les voies publiques, mais j'ai fureté ici et là à mon gré pour visiter les lieux saints qui m'intéressaient.

De Ramatha, je suis venu à Silo [2], où l'Arche d'alliance fut gardée longtemps au temps où Hély était l'évêque des Juifs. C'est là que Dieu apparut pour la première fois au prophète Samuel. Après Silo, ce fut Sichem en la province de Samarie, une belle ville dans une belle et riche vallée. On l'appelle à présent Naplouse. Près de la ville, sur le chemin de la Judée, est encore le puits où Dieu parla à la Samaritaine, comme le raconte l'Évangile. Il y avait jadis sur ce puits une belle église, mais aujourd'hui elle est détruite et le puits est presque tout comblé.

Non loin est le tombeau du patriarche Joseph dont les ossements furent apportés là par les enfants d'Israël quand ils revinrent d'Égypte. Les juifs révèrent grandement cet endroit. En cette ville, Dina, fille du patriarche Jacob, fut forcée et violée, mais les fils de Jacob, frères de la demoiselle, la vengèrent durement.

En cette province de Samarie, il y a une secte de gens que l'on appelle Samaritains. Ils ne suivent la loi ni des chrétiens, ni des juifs, ni des Sarra-

---

1. Les manuscrits latins ont conservé le cri d'indignation de Boldensele dans sa langue maternelle : « *Ach quod tam saur fluvius...* ».
2. Aujourd'hui en ruines, près de Khirbet Seiloun, au sud de Naplouse.

sins, ni de quelconques païens. Ils croient en un seul Dieu, ils ont des rites et des coutumes singuliers et maintiennent qu'ils seront les seuls à être sauvés. Ils diffèrent aussi des autres par leurs habits, car la coutume du pays est que tous s'enveloppent la tête de toile, bleue pour les chrétiens, blanche pour les Sarrasins, jaune pour les juifs, mais eux s'enveloppent de rouge. Ils se disent élus de Dieu, au-dessus de tous les peuples.

De Sichem, je suis allé à Samarie, capitale de cette province qui a pris son nom. Elle ressemble beaucoup par son site à la sainte cité, elle fut jadis grande et renommée. Aujourd'hui, on l'appelle Sébaste. Ce fut la capitale du royaume des dix tribus quand elles se séparèrent de la tribu de Juda au temps de Roboam, le fils de Salomon. Leur roi était appelé roi d'Israël et l'autre roi, qui régnait à Jérusalem, était le roi de Judée. Cette ville est détruite. Jadis, elle avait de bien belles églises, particulièrement l'une dont on voit les ruines, au lieu de la décollation de saint Jean-Baptiste là où ses disciples ensevelirent son corps sans tête.

Puis j'ai quitté les montagnes pour entrer dans les plaines de Galilée. Cette Galilée avec ses montagnes, ses plaines, ses vallées, est la meilleure province de la Terre promise. Jésus-Christ l'a anoblie de sa présence et ses miracles. On y trouve ces cités mémorables, Naïm, Capharnaüm, Bethsaïde, Cana et les autres où le Fils de Dieu fit plusieurs miracles qu'il n'est pas nécessaire de raconter, car on nous les rappelle chaque jour dans l'Évangile. À l'extrémité des plaines de Galilée s'élèvent les monts de Gelboé où le peuple d'Israël fut battu par les Philistins ; Saül, leur premier roi, fut tué avec son fils Jonathan que David aimait, comme on le voit dans la Bible à ses lamentations et ses plaintes.

Puis je suis entré dans Nazareth, qui n'est pas une ville comme jadis, mais un pauvre petit village campagnard, dont les maisons sont éparses. Elle est située dans une très charmante vallée, toute entourée de montagnes. C'est la ville dont Notre-Seigneur tient ses origines selon la chair, celle où naquirent ses ancêtres, où demeuraient Marie sa Mère et Joseph. C'est pour cela qu'on l'appelle *Jesus Nazarenus*, c'est-à-dire Jésus de Nazareth. En cette ville, l'archange Gabriel apporta la Bonne Nouvelle, quand il salua la Vierge Marie et lui annonça que le Sauveur naîtrait d'elle. Et elle, par sa sainte humilité et son humble consentement, devint mère de Dieu, sans connaître d'homme, vierge avant et après l'enfantement, malgré les lois de la nature.

Il y avait une belle église, presque détruite, au lieu de l'Annonciation, mais il y a un endroit couvert, que les Sarrasins gardent soigneusement où ils montrent une colonne de marbre, auprès de laquelle fut faite l'Annonciation. À Nazareth, les gens sont de très méchants et mauvais Sarrasins et il semble qu'il en a toujours été ainsi, puisqu'on dit dans l'Évangile que rien de bon ne peut sortir de Nazareth. Mais Dieu a bien voulu vivre parmi les pécheurs, puisqu'il était descendu des cieux pour les sauver.

En ce lieu, Jésus-Christ fut élevé, soumis humblement à ses pères et mère. On y voit la fontaine où Notre-Dame venait baigner son fils béni, laver ses langes et puiser l'eau qui lui était nécessaire. À Nazareth, j'ai fait chanter une messe de l'Annonciation. À un mille se trouve l'endroit où les gens du pays voulaient jeter Jésus-Christ en bas de la montagne, mais il leur échappa et s'en alla librement.

De là, j'ai atteint le mont Thabor en une demi-journée. Il est très haut. Au sommet, il y avait une ville forte dont il reste plusieurs églises chrétiennes. Jésus-Christ avait l'habitude d'y aller pour enseigner ses disciples et leur découvrir les saints mystères, c'est pourquoi on nomme cette montagne l'École de Dieu. Là, Jésus-Christ fut transfiguré, on entendit la voix de Dieu le Père. Moïse et Élie apparurent aux trois disciples et saint Pierre, voyant la gloire de Dieu, dit : « Seigneur, il est bon d'être ici », et les autres paroles qui suivent dans l'Évangile.

De là, je suis parvenu à la mer de Galilée, à la ville de Tibériade qui est sise sur cette mer. Cette mer est un grand lac qui a bien trente milles de tour. Le fleuve Jourdain le traverse. Il y a beaucoup de bons poissons, son eau est très douce et bonne à boire, très agréable. La ville de Tibériade n'est pas importante et il semble qu'elle ne l'a jamais été, mais elle a de bons bains qui guérissent. Sur cette mer, Dieu marcha à pied sec et quand saint Pierre voulut venir vers lui sur l'eau et commença à enfoncer, Jésus-Christ se leva et le sauva. Il commanda à cette mer agitée par la tempête de se calmer et elle obéit à son ordre et s'apaisa. Après sa résurrection, il apparut à ses disciples, les envoya pêcher et, sur son ordre, leur filet fut rempli d'une grande quantité de gros poissons. Il alla souvent en barque sur cette mer ; sur ses bords, il appela saint Pierre et saint André à le suivre et rassasia plusieurs milliers de gens d'un peu de pain et de poisson. Il rendit toute cette région sainte et digne par sa sainte présence.

À l'extrémité de cette mer, vers le nord, il y a un château haut et fort que l'on appelle Saphet, du nom de la grande et noble ville de Saphet[1]. C'est le château le plus fort de tout le pays après celui de Krak dont j'ai parlé plus haut. De tout ce côté de la Terre promise, il n'y a pas de forteresse qui lui soit comparable. Près du château est la ville de Dan, appelée aussi Belmas et Césarée de Philippe. Elle est au pied du Liban et termine la Terre promise au nord.

Il faut savoir que la Terre promise de Dan à Bersabée, de l'extrémité nord à l'extrémité sud, a cent soixante milles de long ; en largeur, de l'ouest à l'est, de Jéricho à Jaffa sur la mer, elle a un peu plus de quarante milles. Sur une si petite terre il y a une grande multitude de gens et une abondance de biens que l'on doit attribuer à la puissance de Dieu et non à l'effort des hommes ou à des causes naturelles, car Dieu a promis cette terre à ses amis, comme la meilleure du monde.

---

1. Le château croisé, élevé vers 1140 par Foulques d'Anjou, roi de Jérusalem, près de la ville actuelle de Safed, en Galilée, n'existe plus aujourd'hui.

X

LA VILLE DE DAMAS ET SES ENVIRONS,
LES MONTS DU LIBAN ET LA FIN DU PÈLERINAGE

Ayant bien visité en long et en large la Terre sainte, j'ai traversé le fleuve du Jourdain entre la mer de Galilée qu'il parcourt et la mer Morte en laquelle il se jette et, en trois jours, je suis arrivé à la ville de Damas, ancienne, noble et renommée.

Toute la région entre le désert d'Égypte et d'Arabie vers le sud jusqu'à la Cilicie et jusqu'à la Chaldée vers le nord et du grand désert vers l'est, jusqu'à la mer Méditerranée vers l'ouest, est appelée Syrie, mais elle est divisée en plusieurs provinces, Palestine, Judée, Galilée, Mésopotamie, Syrie libanaise, Syrie damascaine et d'autres qu'il serait trop long de nommer.

Assez près de Damas, vers la Terre promise, est le lieu où l'apôtre Paul fut jeté à terre par une clarté descendant du ciel et Dieu lui reprocha de persécuter les chrétiens Il s'humilia sous la main de Dieu et se convertit à la foi en Jésus-Christ. De là, il fut amené à Damas et y demeura trois jours sans rien voir et sans manger ni boire. Pendant ces trois jours, il fut ravi en esprit jusqu'au ciel et apprit des secrets qu'il n'est pas permis à l'homme de raconter, comme il le dit lui-même dans ses Épîtres. Et, selon saint Augustin, nul mortel n'a pu durant sa vie avoir la vision de Dieu, hormis les deux premiers docteurs, saint Paul pour les païens et Moïse pour les juifs.

La cité de Damas est très belle et très riche, elle abonde de toutes sortes de marchandises et de vivres. On y apporte d'Inde, de Perse, d'Arménie, de Bagdad et des autres parties d'Orient des épices, des pierres précieuses, de la soie et toutes sortes de richesses. De là, les marchands les emportent vers les autres parties du monde. Cette cité est à trois journées de la mer. Elle est très agréable, bien arrosée des eaux des sources et des ruisseaux qui courent au milieu de la ville. Tout autour, il y a sur quarante milles, dit-on, des jardins pleins d'herbes, de fruits et de tout ce qui peut procurer des plaisirs au corps. Des gens sont chargés de garder ces jardins et on dit que si ces gardes étaient répartis de façon égale il y en aurait au moins trois par jardin. Et il est vrai que quand ils sont tous ensemble ils forment une grande foule. La ville est très peuplée, elle a beaucoup de bons et habiles ouvriers, spécialement des médecins.

De Damas, je suis allé en pèlerinage à Notre-Dame de Seidnaya. C'est un monastère bâti sur un rocher, comme un château bien muré. L'église est très belle. Derrière le grand autel, sur le mur, il y a un tableau noirci, toujours humide, sur lequel jadis, à ce que l'on dit, fut peinte l'image de Notre-Dame, mais elle est sans doute trop vieille, et on ne voit plus rien, sinon un peu de couleur rouge qu'il m'a semblé apercevoir. Ce tableau n'est pas très grand ; au-dessous, il y a un vase de marbre, scellé dans le mur et entouré d'une grille de fer. Une sorte d'huile goutte continuellement du tableau et tombe dans le vase de marbre et les moines en donnent largement aux pèlerins. On affirme que de la véritable huile d'olive suintait jadis miraculeusement de l'image ; le liquide qui coule aujourd'hui ressemble tout à fait à de l'huile d'olive, mais beaucoup pensent que ce n'en est pas.

Les moines et les moniales demeurent au pied de la roche, dans un beau petit hameau. Ils sont aisés, ils ont du vin en quantité. Mais ce sont des chrétiens schismatiques. Ils sont à une journée de Damas.

De là, je suis revenu, laissant à ma droite la noble ville d'Antioche et la ville renommée de Tripoli, jadis possessions chrétiennes, aujourd'hui détruites par les Sarrasins. J'ai traversé le val de Bokar[1] au milieu des montagnes, région très belle, très riche, avec ses prairies, ses rivières, son bétail, bien peuplée de Sarrasins. Je suis arrivé à Beyrouth au bout de trois jours, en traversant les gracieuses montagnes du Liban qui s'étendent du nord-est au sud-ouest. Vers le nord se trouve la Cilicie, que l'on appelle maintenant Arménie, car les Arméniens l'ont conquise par les armes et en ont chassé les premiers habitants ou les ont soumis. À l'autre extrémité est la cité de Dan, début de la Terre promise, dont nous avons parlé. Dans ces monts du Liban il y a de très beaux hameaux et villettes, de belles sources, de beaux arbres, cyprès, cèdres et autres plantes aromatiques à l'odeur agréable, des fruits en abondance et tous les biens de la terre.

La partie du Liban qui regarde vers Tripoli est appelée le mont Nègre. Là habitent environ vingt mille chrétiens, courageux, bons archers, qui attendent impatiemment une croisade où les chrétiens d'Occident passeraient outre-mer pour reconquérir la Terre sainte, car leur plus ardent désir est d'être délivrés de la domination du Sultan. Ils le souhaitent plus que les autres chrétiens de ce pays.

Après avoir traversé les monts du Liban, je suis arrivé à la bonne ville de Beyrouth, sise sur la mer, bien fortifiée, avec de belles fontaines, de beaux jardins, de beaux arbres et quantité de fruits délicieux. Au-dessus de Beyrouth, vers la Cilicie, est Byblos, une ville forte sur la mer et de l'autre côté sont les villes de Sidon et de Sarepta que mentionne la sainte Écriture. Beyrouth est maintenant aux Sarrasins.

Mon pèlerinage étant terminé avec l'aide de Dieu, j'ai pris la mer pour revenir en mon pays dans un port de la chrétienté et me reposer des fatigues d'un si grand voyage. Pour parler en termes spirituels, le port des chrétiens est Jésus-Christ. Après les misères de cette méchante vie, chaque chrétien doit désirer y parvenir et s'y appliquer, non seulement de toutes ses forces corporelles, mais de tout le désir de son cœur. À ce port, que Dieu nous donne de parvenir.

---

1. Il s'agit de la Beqâa libanaise.

Le Chemin de la Terre sainte [1]

Ludolph de Sudheim
XIVᵉ siècle

INTRODUCTION

L'auteur de cet itinéraire était curé de la paroisse de Sudheim, un village aujourd'hui disparu, près de Büren en Westphalie. Il séjourna assez longtemps en Orient, de 1336 à 1341, où il accompagnait, sans doute en tant que chapelain, un chevalier au service du roi d'Arménie. La relation qu'il fit de son voyage se présente sous deux formes quelque peu différentes. Un texte dédié à l'évêque de Paderborn, Baudouin, que la critique interne permet de dater approximativement entre 1350 et 1361. C'est celui dont il nous reste le plus grand nombre de manuscrits, vingt-cinq en latin, huit en bas-allemand et sept en haut-allemand. L'autre texte, dont il reste seulement quatre manuscrits latins, est une compilation faite en 1348 par Nicolas, moine à l'abbaye cistercienne de Hude, et représente sans doute un état plus ancien du récit de Ludolph, suivant de peu son retour et dédié à l'évêque d'Osnabrück, Gottfried.

C'est dans ce deuxième texte que nous est donné le nom de famille de Ludolph, Clipeator, ou Schilder en allemand. Ces Schilder apparaissent dans de nombreux documents d'archives de la première moitié du XIVᵉ siècle. Ce sont des artisans réputés d'Osnabrück. L'un d'eux, qui porte aussi le nom de Ludolph, est échevin de cette ville en 1333. Mais il ne peut s'agir du pèlerin, qui était à cette date clerc du diocèse d'Osnabrück, avant que l'évêque de Paderborn ne l'appelle à la cure de Sudheim après son retour de Terre sainte.

Le nombre de manuscrits parvenus jusqu'à nous témoigne de l'intérêt suscité par l'œuvre de Ludolph. Elle a l'originalité de se présenter non comme un simple itinéraire, suivant fidèlement les étapes du pèlerinage, mais comme une sorte de somme sur les pays de la Méditerranée et du Proche-Orient, comprenant, à côté de l'indispensable description des sanctuaires, des renseignements géographiques, historiques, sur la guerre

---

1. Traduit du latin, présenté et annoté par Christiane Deluz.

de Troie aussi bien que sur la chute d'Acre ou de Bagdad, des souvenirs personnels, des légendes. Cette liberté vis-à-vis de l'itinéraire ne va pas sans entraîner quelques inconvénients. Sa géographie de la Méditerranée apparaît souvent confuse, mêlant les routes maritimes allant vers la Terre sainte à celles du retour ; on passe ainsi de Troie en Corse, de la Turquie à la Crète, pour revenir ensuite à Rhodes. Surtout, écrivant plusieurs années après son retour, ne disposant sans doute pas de bons ouvrages de référence, il donne souvent des localisations de pays très erronées, situe le royaume de Grenade en Afrique du Nord ou la Galice sur la Méditerranée. Il faut ajouter à ceci les confusions entre la Galatie et Galata, faubourg de Constantinople, par exemple, ou entre Rhodes et Colosses, cette dernière erreur étant d'ailleurs assez fréquente.

Mais Ludolph ne se limite pas aux horizons méditerranéens, devenus familiers aux Occidentaux. Il veut embrasser, au-delà des sept « climats » hérités de la géographie antique et qui s'arrêtent à Rhodes, les terres d'Asie où le mystérieux Arbre-Sec marque l'une des bornes du monde et où le khan mongol règne depuis sa capitale de Cambaluc. Il prend donc du recul pour tracer sur une sorte de carte du monde les chemins par lesquels on peut atteindre la Terre sainte, la mer, certes, mais aussi des routes de terre, au nord par les Balkans, au sud par la « Barbarie ». Toutefois, ses connaissances ne sont pas à la hauteur de ses ambitions, Cambaluc est « non loin » de Tabriz, qu'il confond d'ailleurs avec Suse.

Ces réserves n'enlèvent rien à l'intérêt que l'on peut prendre à la lecture de l'ouvrage. Pendant les longues heures de traversée, il a observé les poissons volants, les dauphins, les oiseaux migrateurs tombant épuisés sur les ponts des navires. Il a interrogé les marins et nous pouvons les entendre narrer des histoires fantastiques de poissons géants, fendant la cale d'un bateau d'un seul coup de dent ou déchirant en deux un jeune imprudent qui les défiait. Il a gardé aussi le souvenir de tempêtes terrifiantes, jetant jusqu'à trente navires sur les côtes de Corse, et sait à quel point il est redoutable de naviguer dans le golfe du Lion. Tout ceci ne va pas sans quelque exagération, à mettre sur le compte de ses informateurs, sans doute, mais à lui attribuer également. N'affirme-t-il pas avoir vu des pièces de corail pouvant porter cinquante chevaux !

Dans cet espace insulaire qu'il présente en Méditerranée, la Sicile et ses abords occupent une place privilégiée en raison des volcans. Les pages que Ludolph consacre à la description des éruptions sont d'un grand intérêt, précises, vivantes, on y voit les coulées de lave, les pluies de cendre, les projections de pierre ponce, les nuits embrasées. L'auteur a d'ailleurs le sens des images, celle du navire qui pourrait manœuvrer voiles déployées à l'intérieur de Sainte-Sophie, celle des deux lavandières, l'une musulmane, l'autre chrétienne, qui pourraient s'insulter à travers le détroit de Gibraltar, tant il est peu large, et celle du squelette d'un poisson géant venu s'échouer sur la côte syrienne et dont les côtes semblent une maison retournée, charpente en l'air, qui évoque la description célèbre d'Hemingway dans *Le Vieil Homme et la mer*.

La traduction que nous présentons suit l'édition critique de la version de Paderborn établie à partir de deux manuscrits et quatre éditions par F. Deycks en 1851. Il n'existe pas malheureusement de meilleure, ni de plus récente édition de ce texte. Nous avons choisi, plutôt que les passages sur l'Égypte et la Terre sainte, nécessairement répétitifs, et qui suivent souvent de très près le récit de Boldensele, ceux qui concernent la Méditerranée et ses îles. Nous y avons joint le chapitre sur la prise de Bagdad, qui ne figure pas en général dans la littérature de pèlerinage et que Ludolph a tiré des sources arméniennes, peut-être le livre de Hayton, ainsi que le passage où il relate une expédition à la recherche des sources du Nil, texte lui aussi plein d'originalité.

CHRISTIANE DELUZ

BIBLIOGRAPHIE : LUDOLPH DE SUDHEIM, *De itinere Terrae Sanctae*, éd. F. Deycks, *Bibl. des litt. Vereins*, n° XXV, Stuttgart, 1851 ; *De itinere Terrae Sanctae*, compilation de Nicolas de Hude, éd. G. Neumann, *Archives de l'Orient latin*, 2, 1884, p. 305-377.

SCHNATH G., *Drei Niedersächsische Sinaïpilger um 1330, Festschrift Percy Ernst Schramm*, t. I, Wiesbaden 1964, p. 461-478.

Au très révérend père en Dieu et seigneur Monseigneur Baudouin de Stenvorde, évêque de l'église de Paderborn [1], Ludolph, curé de l'église paroissiale de Sudheim au diocèse de Paderborn, respect et honneur.

Beaucoup de gens racontent ou écrivent ce qu'ils ont appris en voyageant dans les régions d'outre-mer. Moi-même y ai été pendant cinq ans, partageant jour et nuit la vie des rois, des princes, des chefs, des nobles et des seigneurs. C'est pourquoi j'ai désiré écrire en votre honneur et pour le plaisir du lecteur ce que j'avais vu dans les villes, les châteaux, les lieux de prière, ce que je savais des habitants et de leurs mœurs et les merveilles que peuvent apercevoir ceux qui traversent la mer.

J'ai été dans ces régions d'outre-mer de l'an du Seigneur 1336 à l'an du Seigneur 1341. Que l'on ne s'attende pas à ce que je dise tout ce que j'ai vu, je m'inspirerai des écrits de mes prédécesseurs et je dirai ce que j'ai pu apprendre sur place d'hommes dignes de confiance. Je pourrais en dire bien plus encore, mais je craindrais d'être traité de menteur par ceux qui sont indignes d'apprendre et auxquels tout semble inouï et incroyable.

I

LA TERRE SAINTE

[Le chapitre s'ouvre sur la louange habituelle de ce pays sanctifié par la vie du Christ.]

Si l'on veut aller en Terre sainte, il faut prendre garde à ne pas partir sans une licence du pape, car celui qui entre dans les terres du sultan est

---

1. Baudouin de Steinfurt, évêque de Paderborn de 1340 à 1361.

excommunié, puisque la Terre sainte a été excommuniée quand elle est tombée aux mains du sultan. Ceux qui voyagent sans la licence du pape doivent payer le tribut aux Sarrasins, au déshonneur de l'Église. La licence du pape mentionne que l'on ne doit rien vendre ni acheter en dehors de ce qui est nécessaire pour vivre et se vêtir. Mais j'ai appris que, dans certains cas, on pouvait partir sans licence, si on est moine, si on a un père ou une mère ou un ami malade ou prisonnier on peut aller les chercher ou les racheter, ou encore si on va négocier la paix.

Si l'on veut partir pour la Terre sainte, on peut y aller par terre ou par mer. Par terre, des gens qui connaissent bien la route m'ont dit qu'elle passait par la Hongrie, la Bulgarie et la Thrace, mais elle est longue et pénible. Elle aboutit à Constantinople, dont je vais dire quelques mots.

II

CONSTANTINOPLE

C'est une très belle et grande ville, de huit milles de tour, de forme triangulaire, un peu comme Rome. Deux des côtés sont sur un bras de mer, dit bras Saint-Georges, le troisième est sur la terre. Elle a toutes sortes de beaux monuments. Elle a été construite par l'empereur Constantin qui l'a nommée Constantinople, mais les Grecs l'appellent aujourd'hui *Polis*. Il y a dans cette ville une église d'une taille et d'une beauté surprenantes, je crois qu'il n'y en a pas de plus grande dans le monde, un navire toutes voiles dehors pourrait y manœuvrer aisément. Je n'ose pas en dire plus. Elle est dédiée à sainte Sophie en grec, c'est-à-dire à la Transfiguration du Seigneur en latin[1]. Elle contient de nombreuses et insignes reliques.

[Suit la liste des reliques et la description de la statue de Justinien.]

L'empereur des Grecs demeure dans la ville. C'était à mon passage l'époux de la sœur du duc de Brunswick et, devenu veuf, il épousa la sœur du comte de Savoie[2]. Le patriarche des Grecs y demeure aussi, les Grecs lui obéissent comme les Latins au pape. À Constantinople, on trouve de tout à très bon marché, blé, viande, poisson, on ne manque de rien sinon de vin qu'on fait venir de Naples. La ville est peuplée de gens de toutes nations. Il y fait très froid, on peut donc mieux y conserver les viandes

---

1. Ludolph démontre ici son ignorance du grec, *Sophia* signifiant Sagesse.
2. Andronic III Paléologue, empereur de 1325 à 1341, épousa d'abord Agnès, fille d'Henri Ier, duc de Brunswick, puis Anne, fille d'Amédée V de Savoie.

salées que dans le reste de l'Asie où la chaleur l'interdit. On pêche aussi le turbot que l'on fait sécher et que l'on vend dans toute l'Asie.

Dans la ville, dans l'ancien palais impérial, il y a des vaisseaux de pierre qui s'emplissent tout seuls d'eau, puis s'assèchent et de nouveau s'emplissent et s'assèchent.

On trouve ici en grande quantité de belles et grosses pierres précieuses vendues sur le marché.

[Rappel du schisme et des terres perdues par les empereurs grecs.]

III

LA ROUTE DE TERRE ET L'ESPAGNE

De Constantinople on peut aller par terre en Terre sainte si on ne craint pas les Tartares, les Turcs et toutes sortes d'autres obstacles. Cette route de terre passe au nord jusqu'à Constantinople et, de là, si le trajet était faisable et sûr, on pourrait aller par terre dans le monde entier sans avoir besoin de naviguer sur mer. De même, si la route de terre était praticable vers le midi, on pourrait éviter de naviguer. Il faudrait passer par la Barbarie, le royaume du Maroc et le royaume de Grenade, mais les Barbaresques interdisent aux chrétiens le passage. Les Sarrasins qui habitent en Espagne et en Aragon prennent cette route quand ils veulent visiter le sanctuaire de leur prophète Mahomet, mais c'est interdit aux chrétiens.

Les deux royaumes de Maroc et de Grenade sont très puissants, très riches, ne dépendent que peu du Sultan. Ils sont toujours en guerre avec le roi d'Espagne et aident le roi d'Algarve, un Sarrasin dont le royaume est voisin de l'Espagne, de ce côté-ci de la mer, à lutter contre le roi d'Espagne. Ce royaume d'Algarve est très puissant avec de grandes villes, des forteresses, des villages. Je crois que le roi d'Algarve est plus puissant que le Sultan ; il peut, si nécessaire, armer en une journée plus de cent mille hommes. J'ai appris qu'il est sans cesse en guerre avec les rois d'Espagne et de Castille[1].

Dans le royaume d'Aragon, les villes et les villages sont tous habités par les Sarrasins que le roi fait surveiller par de hautes tours bien gardées pour qu'ils n'entreprennent rien contre lui. Si quelque fonctionnaire royal veut exercer une contrainte sur les Sarrasins, il les envoie faire paître les porcs, ce qui est interdit par leur loi.

---

1. La géographie de Ludolph semble confuse. Ce qu'il nomme Algarve doit être le royaume de Grenade. En Afrique du Nord occidentale, il y avait alors deux royaumes, celui des Mérinides de Fès et celui des Abd-al-Walides de Tlemcen. On ne voit pas très bien non plus qui il désigne comme roi d'Espagne, ce pays étant alors divisé entre les royaumes d'Aragon et de Castille.

IV

LA BARBARIE

C'est un pays sablonneux et désert, habité par les Éthiopiens noirs. Hommes et femmes ont tous des visages simiesques et élèvent des singes domestiques chez eux, comme ici les chiens et les poules. Entre le Maroc et l'Espagne, la mer Méditerranée se jette dans l'Océan par un bras de mer à peine large d'un quart de mille. Sur une des rives une femme chrétienne et sur l'autre une femme musulmane, en train de laver leur linge, peuvent se quereller et s'insulter. Ce bras de mer est appelé par les indigènes détroit de Balthar, ou encore détroit du Maroc. Il n'y a que ce petit bras de mer à traverser pour aller dans le monde entier par terre en passant par le sud, comme je l'ai dit. Les rois de Maroc et de Grenade le traversent aisément pour se porter au secours du roi d'Algarve.

À l'autre extrémité, la mer Méditerranée se jette dans la mer de Pont par le bras Saint-Georges, sous les murs de Constantinople. On ne trouve dans la mer du Pont aucune île, sinon celle qui est appelée Chersonèse où le pape saint Clément fut exilé[1].

[Suit une discussion sur le lieu de la sépulture de saint Clément.]

V

LA MER MÉDITERRANÉE

La Méditerranée est la mer par laquelle on parvient à la Terre sainte. Elle est ainsi nommée car elle sépare l'Asie à l'est de l'Europe au nord et à l'ouest et de l'Afrique au sud. On m'a parlé d'un fleuve nommé Aude qui sépare l'Afrique de l'Europe et qui traverse une ville nommée Biterris[2], car elle est entre deux terres, l'Afrique et l'Europe[3]. Cette ville a été construite au temps d'Hannibal quand les philosophes romains partagèrent le monde et Hannibal construisit à proximité une ville appelée Narbonne, c'est-à-dire « narrant le bon ». Elle est maintenant la métropole du Biterrois, son évêque est appelé évêque de Narbonne. J'ai souvent été dans ce pays.

La Méditerranée a des marées et flue et reflue sans cesse, comme on le

---

1. Clément, troisième successeur de saint Pierre, mort vers 100, aurait été, selon une Passion légendaire rédigée au IVᵉ siècle, victime de la persécution de Trajan et serait mort martyr en Chersonèse.
2. Béziers.
3. Là encore, la géographie de Ludolph est bien peu sûre.

voit entre la Calabre et la Sicile où les remous sont si violents qu'aucun marin n'ose s'y aventurer sans un guide averti.

La Méditerranée n'a pas partout la même largeur, elle est tantôt large, tantôt étroite. Elle est large du côté occidental, comme en Espagne, Galice, Catalogne et en partie en Provence ; elle est étroite du côté oriental, comme en Calabre, Apulie, Naples, Venise et autres lieux environnants.

VI

LES DIVERS DANGERS DE LA MER

Si l'on désire aller par mer en Terre sainte, on peut partir de n'importe quel port. Il faut prendre autant de nourriture que l'on peut. En général, on a l'habitude de s'assurer de cinquante jours de vivres pour la traversée d'ouest en est. Pour le retour, on prévoit cent jours [1]. Car, d'ouest en est, le navire avance comme en volant, poussé par un vent favorable, de nuit encore plus que de jour, et fait bien seize milles à l'heure. La raison en est que les terres de l'ouest sont froides et venteuses. En revanche, la terre d'orient est chaude et à peu près dépourvue de vent, aussi la navigation est-elle bien plus lente au retour. Et si les grandes nefs d'Occident reviennent en septembre ou octobre, les galères et les navires plus petits commencent à rentrer en août, quand la mer est calme. En novembre, décembre et janvier, aucun navire ne prend la mer à cause des tempêtes.

De toute façon, il est très rare qu'un navire puisse revenir sans peine, danger, crainte et tempête. Je le sais bien, car j'ai subi des tempêtes variées et inouïes. Personne ne peut dire, personne ne peut croire à quel point les tempêtes sont cruelles. Je sais parfaitement que les pierres et le sable peuvent être arrachés du fond de la mer quand elle est en furie, comme folle. Cela se produit souvent près des îles, là où la mer est étroite. Des pierres sont souvent projetées d'une rive à l'autre par la tempête. Une fois, un voyageur naviguait sur une galère au large de l'Arménie quand, dans la nuit, une tempête s'éleva brusquement. Au matin, trois hommes avaient disparu et la galère était recouverte sur une paume de haut de sable projeté par la mer en furie.

Il y a bien d'autres périls de la mer dont je veux dire quelques mots.

VII

LE DANGER DU COUP DE VENT

Le premier danger vient du vent, notamment d'un vent surprenant que les marins appellent *gulph*, qui vient des grottes des montagnes, mais il ne cause aucun dommage aux navires, sauf s'ils sont près des côtes. L'an

---

1. La durée de la traversée était en général de trente jours.

du Seigneur 1341, la nuit du dimanche de *Laetare*[1], nous revenions de l'orient, poussés par un bon vent d'est, les six voiles étaient déployées et le navire sembla voler toute la nuit. Mais le matin, au lever du jour, alors que nous étions devant la montagne de Sathalie[2] et que les marins dormaient, ce *gulph* projeta violemment sur le côté le navire avec toutes ses voiles qui furent trempées, si bien qu'il courait quasiment sur un bord. S'il s'était incliné encore d'une paume, nous aurions été noyés. On coupa alors tous les cordages des voiles, le navire se redressa un peu et nous avons ainsi échappé au péril, par la grâce de Dieu.

VIII

LE DANGER DU TOURBILLON

Il y a un autre péril lié au vent que les marins appellent *grup*. Il provient du choc de deux vents, mais les marins peuvent bien le prévoir. J'ai été cependant dans un grand péril à cause de ce vent lors de mon retour.

Il y a encore les dangers des pirates ou des corsaires qui attaquent les navires comme s'ils étaient des châteaux. Mais, depuis que la ville de Gênes s'est donné un duc, ces sortes de dangers ont diminué[3].

IX

LE DANGER DES BANCS DE SABLE

Un autre danger est ce que les marins appellent *sicca*. Il faut savoir que la mer n'a pas partout la même profondeur. Il y a dans la mer des montagnes, des rochers, des herbes et de la verdure comme sur terre. Parfois ces montagnes et ces rochers sont hauts, parfois, peu élevés. À certains endroits, les rochers et les montagnes ne sont recouverts que d'une paume ou d'une brasse d'eau. C'est pourquoi personne n'ose naviguer le long des côtes de Barbarie, car il s'y trouve beaucoup de rochers et de bancs de sable. Les marins redoutent beaucoup ce danger.

On voit bien que de l'herbe et de la verdure poussent sous la mer car, au moment des tempêtes, on voit projetés sur le rivage toutes sortes d'herbes et même des coraux dont les branches sont arrachées au fond de la mer et polies ensuite par les artisans. Les coraux sont d'abord blancs et ils ont une mauvaise odeur. Mais le rayonnement du soleil sur le fond de la mer les fait devenir rouges. Ils ont la taille d'un petit buisson d'une

---

1. Quatrième dimanche de carême : en 1341, c'était le 18 mars.
2. L'actuelle Antalya, au sud de la Turquie, un golfe redouté des marins pour ses tempêtes.
3. Simone Boccanegra, premier doge de Gênes, nommé en 1339.

brasse de hauteur. La mer les rejette en grande quantité, on les ramasse et on les vend. J'ai vu dans une maison des coraux qui auraient pu porter cinquante chevaux. Mais je n'ose en dire davantage.

X

LE DANGER DES POISSONS

Un autre danger, mais qui ne menace que les petits bateaux, est celui des grands poissons. Il y a en mer un poisson que les Grecs appellent « truie de mer [1] », que les petits bateaux redoutent beaucoup. Ce poisson ne fait aucun mal aux bateaux, sauf s'il est pressé par la faim. Si les marins lui jettent du pain, il s'en contente et s'en va. S'il ne veut pas s'en aller, il faut qu'un homme le regarde aussitôt d'un air irrité et terrible, alors il s'enfuit effrayé. Mais il faut que l'homme qui le regarde prenne bien soin de n'avoir pas peur du poisson et le fixe avec une audace qui l'horrifie. Si le poisson sent que l'homme a peur, il ne s'en va pas, il mord le navire et le lacère. Un très respectable marin m'a dit que, dans sa jeunesse, il était sur un petit navire ainsi menacé par ce poisson. Il y avait sur le navire un jeune homme réputé audacieux et dur ; quand le poisson approcha, il ne voulut pas lui donner du pain, mais, avec l'audace qu'il croyait avoir, il se jeta dans l'eau au bout d'une corde, comme on en a l'habitude, pour regarder le poisson d'un air furieux. Mais il fut si effrayé à la vue du poisson qu'il appela ses compagnons pour qu'ils le retirassent avec la corde. Le poisson vit la frayeur de l'homme et, tandis qu'ils le retiraient de l'eau, dansant au bout de sa corde, d'un coup de gueule il le coupa en deux jusqu'au ventre, puis il s'éloigna du navire.

Ce poisson n'est ni très gros, ni très long, mais sa tête est énorme et tous les dommages qu'il cause aux bateaux sont le fait de ses morsures.

J'ai entendu le récit d'un autre marin digne de foi qui connaît à peu près toutes les routes sur mer et a couru des dangers innombrables et diverses terreurs en mer. Il me dit qu'une fois, près de la Barbarie, un navire faisait route à cause des vents contraires là où la navigation est des plus périlleuses à cause des rochers et des bancs de sable recouverts de très peu d'eau, alors qu'un peu plus loin, on ne trouve pas le fond à plus de dix mille brasses. Tandis que la navigation se poursuivait dans la crainte, le navire tomba sur un poisson appelé en français « mérou », qui se cachait dans les rochers. Le poisson sentit venir le navire et pensa peut-être que c'était quelque chose à manger. Ouvrant la gueule, il le mordit avec tant de violence que, bien que lourdement chargé, le navire recula fortement. Les passagers s'affolèrent, le pilote leur demanda de prier

---

1. Il semble que ce soit le requin.

Dieu pour le salut de leur âme, car ils n'avaient aucune chance de survivre, le navire ayant sûrement heurté un gros rocher. Les marins descendirent dans la cale pour voir où était la voie d'eau et ils virent la dent du gros poisson enfoncée dans le bateau. Elle était aussi longue qu'une poutre et large de trois coudées. Ils ne purent l'extraire, même avec des instruments de fer, ils la limèrent avec une scie. Si la dent n'avait pas été si pointue, ce qui lui avait permis de pénétrer dans le navire, il se serait sûrement brisé.

J'ai vu près de la Sardaigne trois poissons qui, en respirant, projetaient en l'air une grande quantité d'eau avec un bruit de tonnerre. Près de Tortose, un grand poisson, fuyant de petits poissons, se jeta sur la rive poussé par la grande quantité d'eau qu'il soulevait. Mais l'eau se retira, il resta sur le sable et tous les habitants vinrent le dépecer pour se nourrir. Toutefois, en peu de temps, à cause de la chaleur, toute la région fut infectée de la puanteur due à la putréfaction du poisson dont le cadavre se vit longtemps de loin comme une maison démolie, les poutres à l'air. Puis les tempêtes le rejetèrent à la mer. Mais j'ai entendu dire par des personnes expertes que le plus grand poisson de mer est l'anguille.

XI

LES DIVERSES SORTES DE POISSONS

Il y a en mer de nombreuses et diverses sortes de poissons, grands et petits, de couleur, d'aspect, de formes variées, avec ou sans écailles, de sorte que l'esprit humain ne peut les retenir tous. Parmi tous ces poissons, il y en a de merveilleux qui s'élèvent hors de l'eau et volent assez longtemps, comme des papillons, mais je ne sais pas combien de temps ils peuvent tenir en l'air. J'ai interrogé à leur sujet des marins expérimentés, voulant savoir d'où ces poissons provenaient. Ils me répondirent qu'en Angleterre et en Irlande de très beaux arbres poussent sur le rivage, portant des fruits en forme de pommes. Dans ces pommes naissent des vers et, quand les pommes sont mûres et tombent, elles s'écrasent et les vers s'envolent, car ils ont des ailes comme des abeilles. S'ils touchent en premier lieu la terre, ils deviennent aériens et volent avec les autres oiseaux du ciel. Si c'est la mer, ils deviennent aquatiques, nagent comme les poissons, mais exercent de temps en temps leur capacité naturelle à voler. Je n'ai pas pu constater si de tels arbres existent réellement, je dis ce que j'ai entendu. Mais on les mange comme d'autres poissons et, quand ils passent en mer, ils semblent voler.

XII

LES MIGRATIONS D'OISEAUX

Il faut savoir qu'à certaines saisons toutes sortes d'oiseaux grands et petits traversent la mer d'ouest en est ou vice versa. Ce sont surtout les grues, les cailles, les hirondelles et beaucoup d'autres, grands et petits, de couleurs et de formes variées dont Dieu seul sait tous les noms. Ils volent d'île en île ; ils sont si maigres qu'ils n'ont que les plumes et les os et sont si las qu'ils ne prennent pas garde aux pierres des frondes ou aux flèches. J'ai pris des cailles sur un bateau, elles sont mortes aussitôt.

Dans tous les pays d'outre-mer où je suis allé, je n'ai jamais vu de cigogne, mais dans un couvent de frères mineurs, j'en ai vu une que l'on prenait pour un monstre. On m'a souvent demandé si les hirondelles se trouvaient en hiver dans mon pays, et j'ai répondu : « Elles arrivent en mars, comme d'outre-mer et on ignore d'où elles viennent. »

Il arriva une fois, dans le palais d'un grand seigneur, que l'intendant était endormi sur la table et deux hirondelles entrèrent, se battant et se mordillant et tombèrent sur le visage du dormeur. Il se réveilla, les saisit et leur mit une bague avant de les laisser s'envoler. Et chaque année, elles revinrent à leur nid avec cette bague.

Il serait trop long de parler des autres oiseaux de toutes sortes qui traversent la mer, je laisserai donc ce sujet pour revenir à mon propos.

XIII

LA NAVIGATION PAR MER. TROIE ET LES ÎLES

Si on veut visiter la Terre sainte ou les pays d'outre-mer, il convient de faire la traversée avec une nef ou une galère. Si on prend une nef, on fait une traversée directe, sans s'arrêter dans les ports à moins d'y être contraint par les vents contraires ou le manque de vivres, ou quelque autre nécessité. On laisse au sud la Barbarie à sa droite et on a vers le nord la Grèce à sa gauche. Et l'on peut voir les îles célèbres de Corse, Sardaigne, Sicile, Malte, Scarpantho, Crète, Rhodes et beaucoup d'autres grandes et petites. Après avoir vu tout cela, on arrive à Chypre.

Si on prend une galère, c'est un navire long qui va de rivage en rivage et de port en port, sans jamais s'éloigner de la rive et, chaque nuit, il fait relâche dans un port. Il y a soixante bancs de chaque côté et sur chacun d'eux trois rameurs, manœuvrant trois rames, et un archer. Il faut quotidiennement aller chercher des vivres car on ne peut pas en garder sur le bateau. En naviguant ainsi, près du rivage, on voit de très beaux paysages, des villes, des villages, des châteaux ; tout ce qu'on ne fait qu'apercevoir de la nef, on le regarde en détail longuement, de la galère. Et l'on peut ainsi, avec une galère, parcourir presque tout le monde du côté septentrional.

Avec la galère, de place en place, de port en port, on parvient à Constantinople, puis on voit, çà et là, quelques pierres, quelques colonnes de marbre à demi enterrées. Si on les trouve, on les emporte, ainsi, à Venise, il n'y a pas une colonne ou quelque belle pierre taillée qui ne vienne de Troie. Cette ville était sur le rivage, dans une région nommée Phrygie, non loin de Chalcédoine, mais il ne semble pas que son port ait été bon.

De Troie, avec une galère, on voit le littoral de la Lombardie, de la Campanie, de la Calabre et de l'Apulie et on arrive à une île appelée Corse[1]. Près de cette île, l'apôtre Paul, prisonnier en Judée et qui avait fait appel à César, fit naufrage et, le soir, chez son hôte, près du feu, il sortit indemne d'une piqûre de vipère, comme le disent les Actes des Apôtres[2]. Certains habitants de l'île se disent aujourd'hui descendants de l'hôte de saint Paul et transmettent le pouvoir de guérir avec de la salive si l'on a été mordu par un serpent. Pour ce faire, ils prennent un verre de vin, en boivent, y crachent un peu de salive et la font boire à la personne ; si elle éprouve quelque dégoût, ils mêlent un peu de terre au vin et confèrent leur pouvoir par une oraison.

De Corse, on va en Sardaigne, une île excellente et fertile, abondante en bétail et en pâturages, mais dépourvue de vin qu'il faut importer. Elle appartenait aux Pisans, mais le roi d'Aragon la leur a enlevée[3]. Elle n'a pas beaucoup de villes, sauf une, belle, appelée Castel de Cal[4].

L'an du Seigneur 1341, en la fête de l'Ascension[5], une tempête soudaine, d'une force et d'une violence inouïes, jeta sur la côte de l'île notre grande nef. Le navire fut ballotté par la tempête de midi jusqu'à l'heure de vêpres et pendant quinze heures nous en perdîmes le contrôle. De mémoire d'homme, on n'avait jamais vu une telle tourmente. Pendant cette nuit où nous avons été jetés à la côte, trente-quatre grandes nefs se retrouvèrent au même endroit, venant de différentes parties de la mer et rassemblées par la tempête qui les lançait sur ce rivage. Beaucoup de navires, grands et petits, dont certains avaient jeté à la mer leur cargaison furent brisés et beaucoup d'autres firent naufrage. Parmi ces bateaux, il y avait la plus grande nef du monde, venant de Naples, chargée de mille tonneaux de vin, avec six cents hommes et d'autres marchandises. Elle

---

1. De nouveau, la géographie de Ludolph s'avère bien imprécise.
2. L'épisode se passe en réalité à Malte.
3. Après avoir longtemps convoité l'île, l'Aragon la conquit sous le règne de Jacques II en 1326.
4. Cagliari.
5. Le 18 mai 1341, soit deux mois après leur passage en Turquie.

faisait route vers Constantinople, mais les bourrasques de vent l'avaient rejetée en arrière.

Près de la Sardaigne, il y a une petite île, l'île Saint-Pierre, dans laquelle on trouve de tout petits chevaux sauvages d'une grande beauté qui sont si rapides qu'on ne peut les prendre qu'avec des flèches. On les mange comme du gibier.

Entre cette île et la Provence, il y a un golfe très dangereux appelé par les marins golfe du Lion, c'est-à-dire de la colère du lion. Même si le navire a fait toute sa traversée paisiblement, il ne peut pas entrer dans ce golfe sans subir la tempête et sans craindre quelque dommage, c'est pourquoi on l'appelle golfe du Lion.

De cette île de Sardaigne, on va en Sicile. Ce beau pays a huit cents milles de tour. C'est un beau royaume, une île bien plus riche que toutes les régions environnantes. Dans les terres d'outre-mer, la pauvreté vient en effet du manque de pluie et d'eau, seule la Sicile n'en manque pas.

XIV

L'ÎLE DE SICILE

Le royaume de Sicile a sept évêques et un métropolite à Montréal ; lors de mon voyage, c'était un frère mineur. Elle a de belles villes bien fortifiées, des forteresses, des villages. Les plus belles et les plus fortes cités sont celles du littoral, avec de bons ports, Messine, Palerme, Trapani et Catane. À Trapani, le couvent des Frères prêcheurs garde une image de l'Annonciation de la bienheureuse Marie, très vénérée par les habitants et les marins. Chaque fois qu'un navire arrive devant Trapani, il s'arrête et les matelots vont saluer l'image, persuadés que si un navire passe au large sans s'arrêter, il subira une tempête. Dans la ville de Catane, sainte Agnès fut martyrisée. Son corps est resté intact, il est très bien gardé, très vénéré car, grâce aux mérites de la sainte, Dieu opère des miracles dans toute la Sicile.

Près de cette ville de Catane, il y a une très haute montagne, isolée, appelée le mont Gibel, c'est-à-dire le Beau Mont[1]. Sans interruption, comme une fournaise ardente, il flambe et fume, projetant des pierres brûlées aussi grosses qu'une petite maison. On appelle cette pierre « pierre ponce » et elle sert à polir les parchemins. Ces pierres et les autres débris que rejette la montagne se sont rassemblés sous l'effet du vent et ont formé de grandes montagnes, hautes, de forme allongée. De cette montagne est sorti le fleuve de feu dont parle la Passion de sainte Agathe : « Ils étendirent son voile contre le feu. » On en voit encore la trace aujour-

---

1. C'est l'Etna. L'étymologie donnée est fantaisiste. Gibel est le mot arabe *Djebel*, montagne.

d'hui car, depuis le temps de la bienheureuse Agathe[1], ce fleuve est souvent sorti et sort encore de temps à autre. La Sicile est ravagée par ces fleuves de feu et par la pierre ponce. En se refroidissant, les pierres durcissent à tel point que ni le fer ni aucun instrument ne peut les attaquer. On dit que cette montagne est la bouche de l'Enfer et il doit y avoir quelque vérité à ces dires, cela a été affirmé par bien des voix et est prouvé par des merveilles et des exemples aujourd'hui comme dans l'histoire ancienne du royaume. Quand il y a quelque part de grandes guerres, ce mont jette des flammes jusqu'au ciel et les habitants de Sicile en sont ainsi avertis. Un frère mineur, venu se reposer en Sicile, m'affirma en conscience que, quand l'empereur Henri d'heureuse mémoire et les Pisans firent la guerre au roi Robert[2], le mont brûla tellement que, pendant toute la nuit, les frères mineurs de Messine, distante de vingt milles, purent lire les matines à la lueur des flammes. Ce frère me raconta bien d'autres merveilles qu'il serait trop long de rapporter. En Sicile, il existe un proverbe à propos de ce mont : « Mieux vaut être sur le mont Bel avec les rois et les princes qu'au ciel avec les boiteux et les aveugles. »

Ici, les hommes sont mauvais, les femmes parfaites. Il y a trois rites en Sicile, le rite des Latins, celui des Grecs et celui des Sarrasins[3], mais tous sont chrétiens, même si leurs rites diffèrent.

Il est vraiment étonnant que la Sicile puisse être si fertile, si agréable, malgré tous les dommages que lui cause cette horrible montagne. Il arrive parfois qu'elle rejette des cendres pendant un ou deux jours, si bien que les troupeaux ne trouvent plus leur pâture. D'autres fois, les fleuves de feu sont si horribles que les habitants jeûnent et font des vœux, se voyant déjà descendre vivants dans l'enfer. Parfois sort de la montagne une nuée ardente qui brûle tout sur son passage, aussi bien le bois que les pierres, comme l'eau chaude fait fondre la neige et, sur deux milles, surtout dans la plaine, la terre est ravagée et inhabitable. La Sicile est peut-être un très beau pays, mais il est redoutable d'y vivre.

XV

LE MONT VULCAIN

Près de la Sicile, il y a une petite île entièrement occupée par une montagne au pied de laquelle est un beau verger très agréable. Les habitants l'appellent Vulcain[4]. Telle une fournaise, ce mont émet sans arrêt des

---

1. Elle mourut martyre en 251.
2. Il s'agit de la guerre entre Henri VII, descendu en Italie pour y recevoir la couronne impériale en 1312 et allié des villes gibelines, contre une coalition menée par les guelfes et Robert d'Anjou.
3. Rite mozarabe, pour les chrétiens d'origine arabe.
4. Le Vulcano, dans les îles Lipari.

flammes brûlantes encore plus horribles que celles du mont Bel. On dit que ce mont était jadis en Sicile mais, à la prière du bienheureux apôtre Barthélemy, il s'inclina vers la mer et se sépara de la terre. Ce mont brûle avec une puissance effrayante. Il projette, comme une catapulte, des pierres ponces de la taille d'une petite maison avec une telle violence qu'elles se brisent en l'air et tombent en mer sur plus d'un demi-mille. Les vagues les rejettent sur le rivage où on les ramasse. C'est la pierre ponce que les scribes utilisent pour poncer le parchemin, certains disent qu'elle provient de l'écume de la mer et vous pouvez voir que c'est faux.

Une fois, avant mon passage, un lac de la longueur et de la largeur d'un jet de pierre jaillit dans un verger au pied du Vulcain. Pendant quatre jours et quatre nuits, des flammes en jaillirent jusqu'au ciel. C'était un spectacle horrible et terrifiant, il semblait que le ciel entier, la terre entière brûlaient et certains pensèrent que c'était la fin du monde. Quand l'incendie cessa, des cendres tombèrent en telle quantité pendant quatre jours et quatre nuits que les habitants abandonnèrent villes et villages pour s'enfuir dans la montagne et s'abriter comme ils le pouvaient. Tout le bétail et beaucoup de personnes périrent sous les cendres dans les champs. Des villes entières disparaissaient presque sous les cendres et les fleuves étaient asséchés. De mémoire d'homme, on n'avait jamais vu une telle détresse, une telle angoisse en Sicile [1]. Les habitants firent des vœux, jeûnèrent, firent pénitence, suppliant Dieu, par les mérites de sainte Agathe, de détourner d'eux sa colère et de les délivrer de tous ces maux. Ceux-ci cessèrent enfin et ne se renouvelèrent plus. Et beaucoup de mauvaises actions furent alors interdites sous les peines les plus graves.

XVI

LA VILLE DE SYRACUSE

Il y a une autre ville en Sicile, appelée Syracuse, où sainte Lucie fut martyrisée et où son corps, intact, est conservé. Beaucoup d'autres reliques sont vénérées en Sicile. Il serait trop long de parler des autres merveilles de la Sicile, des splendides palais de l'empereur Frédéric [2], de la pêche au poisson nommé thon et des autres richesses et ressources de l'île.

Il y a tout autour de la Sicile un grand nombre d'îles, petites et grandes. L'une s'appelle Malte, elle a un évêque, je l'ai souvent visitée. Une autre s'appelle Comino, on y vit dans des grottes, car il n'y a pas assez de terrain pour les habitations. On ne passe pas par ces îles, il faut s'y rendre

---

1. Ludolph parle sans doute de la terrible éruption de l'Etna, en 1329.
2. Frédéric II, empereur et roi de Sicile (1194-1250).

spécialement. Assez près se trouve l'île de Gozo [1], riche de lait et de troupeaux. J'ai passé une fois parmi ces îles dans une grande nef, et le péril était sérieux en raison d'une très violente tempête. On ne se rappelait pas avoir vu passer par ces îles un aussi grand navire.

XVII

LA GRÈCE

De Sicile, on traverse le gouffre de Venise qui sépare l'Italie de la Grèce [2] et, le long du littoral de Grèce, on arrive en Achaïe, en Macédoine et aux autres régions appelées Romanie [3]. Il faut savoir que l'Achaïe s'appelle aujourd'hui la Morée. Les Catalans l'ont arrachée aux Grecs [4]. Dans ce pays est la belle ville de Patras où est mort saint André. Saint Antoine et beaucoup d'autres saints y ont jadis habité ou en sont originaires.

Non loin de Patras, Athènes fut autrefois maîtresse du savoir en Grèce. Cette ville, jadis si importante, est aujourd'hui déserte. À Gênes, il n'y a pas une seule colonne de marbre, une seule pierre taillée qui n'ait été apportée d'Athènes, comme les Vénitiens l'ont fait pour Troie.

Dans ce pays d'Achaïe, se trouve aussi Corinthe, une superbe ville fortifiée en haut d'une colline. Je n'en connais pas d'aussi forte ; même si elle était assiégée par le monde entier, elle ne manquerait ni de blé, ni de vin, ni d'huile, ni d'eau. C'est à cette ville que saint Paul adressa plusieurs de ses Épîtres. Non loin est la ville de Galata, à laquelle saint Paul écrivit aussi une Épître. Gala signifie « lait » en grec ; en effet ses habitants sont plus blancs que ceux des environs. Aujourd'hui, cette cité de Galata s'appelle Péra [5]. En Achaïe et en Morée, les frères de l'ordre Teutonique demeurent dans de très forts châteaux et sont en rivalité incessante avec le duc d'Athènes et les Grecs.

D'Achaïe, on peut se rendre dans diverses îles grecques, le long du littoral d'Asie Mineure, comme l'île de Chio, particulièrement célèbre, où croît le mastic. On n'en trouve que dans cette île ; si les arbres poussent dans d'autres régions du monde, ils ne portent aucun fruit. Le mastic est une sorte de gomme qui s'écoule des arbres. On l'exporte dans le monde entier. Il y a dans cette île un évêque qui, lors de mon passage, était de l'ordre des Prêcheurs. Cette île fut conquise sur l'empereur de Constanti-

---

1. Comino et Gozo sont de petites îles proches de Malte.
2. Nom donné au détroit de Messine à l'époque médiévale.
3. On désignait sous ce nom les provinces de l'Empire byzantin passées sous la domination latine après la conquête de 1204.
4. La redoutable Compagnie catalane conquit l'Achaïe en 1311.
5. Ludolph confond la Galatie, en Turquie actuelle, à laquelle est adressée l'Épître de saint Paul, avec Galata, faubourg de Constantinople, voisin de Péra, autre faubourg, dans lesquels étaient situés les comptoirs des marchands occidentaux.

nople par deux frères de Gênes. Mais la mésentente se mit entre eux, l'un des frères rendit sa part à l'empereur, qui emprisonna l'autre et l'île fut donc perdue pour tous les deux. Mais, à mon passage, le frère captif s'était réconcilié avec l'empereur qui lui avait confié un commandement et donné plusieurs châteaux [1].

De Chio, on va à Patmos, une île déserte où saint Jean l'Évangéliste, exilé par Domitien, reçut des révélations du ciel et écrivit l'Apocalypse. De Patmos, on gagne si l'on veut Éphèse sur le littoral d'Asie. Ce pays qui s'appelait autrefois Asie Mineure se nomme maintenant Turquie, car les Turcs l'ont enlevée aux Grecs. Les Turcs sont des hommes minces et bruns, très forts ; ils ne sont pas de la race des Sarrasins ; ce sont plutôt des chrétiens renégats. Comme les Frisons, ils habitent au nord près de la mer dans des châteaux très bien fortifiés enlevés aux Grecs. Ils ne sont armés que d'arcs, ils vivent de lait et se déplacent çà et là avec leurs troupeaux. Ils sont méprisables et ont les mêmes mœurs que les Frisons.

XVIII

ÉPHÈSE

Éphèse est à quatre petits milles de la mer. Dans cette ville il y a une belle église en forme de croix, couverte de plomb, très bien décorée de mosaïques et de marbres, encore intacte. C'est là que le disciple bien-aimé, invité à des noces, entra dans son tombeau, disparut dans la lumière et ne réapparut plus [2]. Ce tombeau est à côté du grand autel, dans une sorte de grotte, on peut le visiter après avoir payé un denier aux Turcs. Les Turcs vendent maintenant dans cette église de la soie, de la laine, du blé et toutes sortes de marchandises.

La cité d'Éphèse était jadis très bien située entre deux collines qu'elle occupait de part en part, le centre étant dans une vallée. L'église du tombeau de saint Jean en était éloignée d'un jet de catapulte, édifiée au sommet d'une colline, c'était le point le plus fort de la ville. Aussi, par crainte des chrétiens, les Turcs ont transféré ailleurs la ville d'Éphèse et le site antique est déserté. Lors de mon passage, vivait là une noble dame, dont le mari était maître de la ville, mais les Turcs la lui enlevèrent et autorisèrent la dame à demeurer près de la citadelle et à vendre du vin aux marchands. Elle nous entretint avec de grands gémissements de la perte de son mari et de la ville, de la tristesse et de la douleur de son cœur.

Près d'Éphèse, il y a une petite fontaine ronde, avec quantité d'excel-

---

1. L'île fut conquise par Benedetto Zaccaria en 1304. L'empereur de Byzance la reprit en 1329.
2. La légende voulait que saint Jean fût entré vivant dans son tombeau.

lents poissons. L'eau en jaillit avec une telle force qu'elle arrose des vergers et tout le terrain environnant.

À quatre milles de la ville antique, sur le rivage, à l'endroit où est le port, on a construit une nouvelle ville, où habitent des chrétiens de Lombardie, expulsés de chez eux en raison de discordes civiles ; ils ont des églises et un couvent de frères mineurs, ils peuvent pratiquer leur religion, bien qu'auparavant les Turcs aient persécuté les chrétiens.

Près de la nouvelle Éphèse, il y a un fleuve, grand comme le Rhin, venant de Tartarie et par lequel, comme pour le Rhin, arrivent beaucoup de marchandises. Les Turcs et les chrétiens renégats font venir par ce fleuve des bateaux, des armes et des vivres quand ils veulent combattre contre les chrétiens, si bien que ce fleuve cause de grands torts et dommages aux chrétiens [1].

XIX

LES ÎLES ET RHODES

D'Éphèse, on peut aller par mer dans un grand nombre d'îles, il y en a soixante-dix dans cette partie de la mer, grandes et petites, certaines habitées, d'autres désertes. Certaines ont des ressources particulières, d'autres sont riches de toutes sortes de biens, d'autres pleines de sources dangereuses et d'animaux venimeux. Parmi ces îles, il y en a une qui possède une source très chaude, bouillant comme une marmite, si dangereuse qu'un oiseau meurt rien qu'en la survolant.

À côté, il y a une autre petite île, d'à peine deux milles de tour, dans laquelle est une petite église. Il y vit tant de cerfs et d'animaux forestiers qu'elle peut à peine les contenir. Un jour, mes compagnons s'y arrêtèrent et trouvèrent dans l'église une grande quantité d'armes, lances, boucliers, catapultes, ainsi que des réserves de venaison séchée. C'était le butin des pirates et corsaires mis là en dépôt. Mes compagnons demeurèrent une journée à attendre les pirates tout en chassant, mais sans rien prendre. Le soir, l'un d'eux était assis entre deux rochers, un cerf passa, il lui coupa le pied droit avec son épée et lui blessa le gauche. Ils s'emparèrent du cerf et repartirent.

À côté, il y a une autre petite île où tous les animaux sont sauvages. C'est un lieu agréable pour la chasse, mais la viande de ces animaux n'est pas aussi bonne à manger que celle des autres gibiers.

Non loin de cette île, il s'en trouve une autre nommée Phocée où l'on trouve quantité de pierre d'alun. On l'exporte dans le monde entier. Les Génois l'ont enlevée par les armes aux Turcs il n'y a pas bien longtemps

---

1. Ludolph veut sans doute parler du Méandre, aujourd'hui Menderes, au sud d'Éphèse.

et l'ont rétablie dans son ancien état avec son siège épiscopal[1]. Cette île est tout contre le littoral, reliée à la Turquie par un pont sur lequel les Turcs ne laissent passer personne, que l'on soit en guerre ou en paix, tant ils ont de rancœur de la perte de la ville.

En quittant ces lieux, on atteint par mer la ville de Patara sur le littoral de l'Asie Mineure ou de la Turquie. Cette ville, jadis puissante et très belle, a été aujourd'hui détruite par les Turcs. C'est là qu'est né l'évêque saint Nicolas. De Patara, on parvient par mer à une autre très belle ville également détruite, nommée Myrrha, où le glorieux pontife Nicolas fut élu évêque et il rendit toute la région célèbre par ses vertus et ses miracles[2].

On peut, de Myrrha, atteindre par mer l'île de Crète, très belle, très puissante, jadis un royaume indépendant. Elle n'a guère aujourd'hui de forteresses ni de villes fortifiées. La ville principale s'appelle Candie[3]. Les Vénitiens ont enlevé cette île aux Grecs[4].

De là, on va par mer jusqu'à une île très belle et noble, saine, délicieuse, appelée jadis Colos à laquelle saint Paul écrivit des Épîtres. Elle s'appelle aujourd'hui Rhodes, elle est la seule à être dans le septième climat auquel elle donne son nom[5]. C'est dans cette île que fut décidée la destruction de Troie. On disait que là était un bélier couvert d'une toison d'or, comme le raconte l'histoire de Troie[6]. L'île de Rhodes est belle, montagneuse, l'air y est très sain. On y voit beaucoup d'animaux forestiers nommés daims. Tous ceux qui naviguent dans cette partie de la mer doivent passer par Rhodes ou à proximité. La capitale s'appelle Rhodes, une ville très belle, bien fortifiée avec de très hautes murailles et des ouvrages de défense inexpugnables, construits en énormes pierres dont on se demande comment des mains d'homme ont pu les poser. Après la perte d'Acre, le maître et les frères de l'Hôpital Saint-Jean de Jérusalem l'ont enlevée aux Grecs après un siège de quatre ans[7]. Mais ils ne l'auraient jamais prise s'ils n'avaient soudoyé les habitants par des présents, si bien que l'île se rendit spontanément aux frères de l'ordre. Ils y établirent le siège de leur ordre et l'habitent en ce moment. Ils sont trois cent cinquante frères sous le grand maître qui lors de mon passage était Hélion de Villeneuve, un vieillard économe qui a amassé un immense trésor,

---

1. L'île échappa aux Turcs, grâce à une expédition byzantine menée en 1329, mais Gênes continua à exploiter l'alun.

2. Patara, aujourd'hui en ruines, près de Kmik, l'antique Xanthos. Myrrha, également en ruines, près de Demre.

3. Hérakléion.

4. Lors de la croisade de 1204.

5. La division de la terre en sept climats est héritée de la géographie antique. La confusion entre Colosses, aujourd'hui près d'Honaz en Turquie, et Rhodes, fréquente au Moyen Âge, vient sans doute du célèbre Colosse de Rhodes.

6. La Toison d'or se trouvait en Colchide, sur les rives de la mer Noire.

7. La conquête eut lieu en 1310.

embelli Rhodes de constructions et libéré l'ordre de toutes ses lourdes dettes.

Cette île est à portée de voix de la Turquie, séparée d'elle par un bras de mer. Toute la région environnante, et la Turquie pour un tiers des récoltes, lui doivent tribut. Ils ont même en Turquie un petit château très bien fortifié.

Les frères sont aussi maîtres de l'île de Lango [1] où abondent blé, vin, huile et fruits. Cinquante d'entre eux y demeurent. Ils possèdent aussi un îlot nommé Castel Roys, jadis ruiné par les Turcs, mais où ils habitent maintenant avec des serviteurs. Sur cet îlot est un château haut et fort d'où on peut apercevoir les bateaux sur cinquante milles en mer. Les frères signalent à ceux de Rhodes et de Lango et aux chrétiens des environs combien de bateaux sont en mer par des signaux, de fumée le jour et de feu la nuit. Ainsi, les frères et les chrétiens, selon le nombre de bateaux, peuvent se préparer à résister et à combattre.

[Suit le récit de la lutte contre les Turcs et des traités passés avec eux.]

Il y a à Rhodes beaucoup de vénérables reliques, parmi lesquelles une croix de bronze que l'on dit être faite du chaudron avec l'eau duquel le Christ a lavé les pieds de ses disciples. L'empreinte de cire que l'on en prend est efficace en mer contre la tempête. Cette croix et d'autres reliques que possèdent les frères de l'ordre de Saint-Jean étaient auparavant aux Templiers, dont les frères ont reçu les biens et les châteaux. Il serait trop long de dire tout ce qui fait la célébrité de l'île et les victoires remportées par les frères.

XX

CHYPRE

De Rhodes, on va à Chypre, une île très noble, très célèbre, très fertile, la plus belle de toutes les îles de la mer, la plus riche en toutes sortes de biens. On dit qu'elle a d'abord été habitée par Japhet, fils de Noé. Elle est entourée par une ceinture de ports d'Égypte, de Syrie, d'Arménie, de Turquie, de Grèce qui ne sont qu'à une journée de voyage.

Cette belle île appartint aux Templiers qui la vendirent au roi de Jérusalem. Après la perte de la Terre sainte, d'Acre et la ruine de la ville, le roi de Jérusalem, les princes, les nobles et les barons du royaume se transportèrent à Chypre et y demeurèrent. Ils y sont encore aujourd'hui et ainsi Chypre devint un royaume.

---

1. Cos.

Il y a trois évêques à Chypre, à Paphos, Limassol et Famagouste et un archevêque à Nicosie. Lors de mon passage, c'était un frère mineur nommé Élie et que le pape Clément VI fit cardinal.

La plus ancienne ville de Chypre est Paphos, jadis grande et noble, mais presque entièrement détruite par un tremblement de terre. Elle est sur le littoral, à peu près en face d'Alexandrie. Cette cité fut convertie à la foi au Christ par les saints Paul et Barnabé et, de là, toute la terre fut convertie à la foi, comme le disent les Actes des Apôtres. Près de Paphos était jadis le temple de Vénus où on venait de très loin adorer son idole. Les jeunes gens et les jeunes filles nobles se rassemblaient au temple. On y décida la ruine de Troie, car Hélène fut enlevée alors qu'elle se rendait au temple [1]. Les jeunes gens et les jeunes filles venaient là pour obtenir de se marier, c'est pour cela que les habitants sont portés plus que partout ailleurs à la luxure. Si on met de la terre de Chypre, spécialement de celle du site du temple, à la tête du lit d'un dormeur, il est incité toute la nuit au plaisir et à l'union charnelle.

XXI

LA VIGNE D'ENGADI

Dans le diocèse de Paphos, il y a le vignoble d'Engadi, unique au monde. Il est sur une haute montagne, long de deux milles, entouré de rochers comme d'un mur ; l'accès en est très difficile, mais le vignoble est sur un terrain plat. Il y pousse toutes sortes de vignes. Certaines portent des raisins de la grosseur de belles prunes, d'autres, de la taille d'un petit pois. Certaines grappes sont grosses comme une urne et d'autres toutes petites. Il y a des raisins blancs, noirs, rouges. Certaines vignes n'ont pas de raisin, d'autres en portent de la taille de glands, ovales et bien visibles. On voit toutes sortes de plants et de fruits dans cette vigne. Elle a appartenu aux Templiers qui y employaient cent esclaves, des prisonniers sarrasins chargés de l'entretenir et de la garder. Elle est maintenant aux frères de l'Hôpital. Beaucoup de savants m'ont assuré qu'il n'existait nulle part de vigne aussi belle et merveilleuse et que Dieu l'avait faite pour le plaisir de l'homme, comme on le lit dans le Cantique des Cantiques : « Mon bien-aimé est une grappe dans les vignes d'Engadi. »

Non loin de Paphos se trouve la ville de Limassol, jadis belle, mais aujourd'hui ravagée par le tremblement de terre et par les eaux qui se ruèrent sur elle de la montagne. Cette ville est sur le rivage, en face de Tyr, Sidon et Beyrouth. Les Templiers et les frères de l'Hôpital Saint-

---

1. Hélène fut enlevée à Sparte.

Jean, les nobles et les bourgeois habitèrent cette ville quand Acre fut perdue et on voit encore en grand nombre leurs palais et leurs châteaux. Il y a près de Limassol une autre vigne, appelée Petite Engadi, où poussent aussi diverses sortes de plants qu'on ne peut pas enserrer des deux bras, mais ils ne sont guère hauts et ne donnent pas beaucoup de grappes. Dans ce diocèse, il y a une maison des frères Teutoniques où demeurent aussi des frères anglais de l'ordre de saint Thomas de Canterbury.

On voit dans ce diocèse une haute montagne isolée, très semblable au mont Thabor avec, au sommet, une abbaye de l'ordre de saint Benoît [1]. On y conserve, entière, la croix du larron qui était suspendu à la droite du Christ, que sainte Hélène a trouvée là et pour laquelle elle a construit et doté ce monastère. Tous ceux qui naviguent en mer, quand ils sont à proximité du mont, saluent dévotement cette croix et Dieu accomplit beaucoup de miracles sur ce mont en l'honneur de cette croix. De ce mont, on peut voir les monts du Liban.

XXII

LA CITÉ DE FAMAGOUSTE

Famagouste est sur le bord de la mer. C'est le port du royaume où se rassemblent nécessairement marchands et pèlerins. Elle est en face de l'Arménie, de la Turquie et d'Acre. C'est la plus riche de toutes les villes de l'île et ses habitants le sont aussi. Au mariage de la fille de l'un d'eux, des chevaliers français qui nous accompagnaient estimèrent que la couronne de la mariée était plus précieuse que les joyaux de la couronne de France. Un marchand de cette ville vendit au sultan un globe d'or royal qui n'avait pas moins de quatre sortes de pierres précieuses, escarboucles, perles, saphirs et émeraudes, le tout d'une valeur de soixante mille florins, et il proposa ensuite de le racheter pour cent mille florins, ce qui lui fut refusé. Le connétable de Jérusalem possédait quatre pierres précieuses que sa femme portait montées en broche et il pouvait les engager pour trois mille florins. Un des apothicaires de la ville a plus de bois d'aloès que cinq charrettes n'en pourraient porter. Je ne dis rien des épices, on en voit partout, comme le pain chez nous. Je n'ose parler des pierres précieuses, des étoffes d'or et des autres richesses, on ne me croirait pas. Il y a aussi dans cette ville beaucoup de prostituées, très riches, certaines possèdent cent mille florins. Mais je me tairai aussi sur ce sujet.

---

1. Le monastère de Sainte-Croix est au nord-est de l'île.

XXIII

SALAMINE ET NICOSIE

Près de Famagouste, se trouve la ville de Constance ou Salamine, sur le bord de la mer. Elle était autrefois le port du royaume, une ville des plus nobles, des plus célèbres, des plus belles ; ses ruines le prouvent encore. Saint Épiphane, un homme d'une sainteté admirable, y fut élu évêque et enseveli. C'est là que naquit la sainte vierge Catherine, une chapelle indique le lieu de sa naissance. C'est là que saint Barnabé apôtre fut martyrisé par le feu et enseveli dans une crypte. Saint Épiphane a accompli beaucoup de miracles pour cette ville et son territoire, mais elle est aujourd'hui détruite jusqu'au sol.

Il y a à Chypre une autre grande ville nommée Nicosie ; c'est la métropole. Elle est située au centre de l'île, au pied des montagnes, dans une très belle plaine où l'air est très sain. À cause de son climat tempéré, le roi de Chypre, tous les évêques et prélats du royaume y demeurent, ainsi que les autres princes, comtes, nobles, barons et chevaliers. La plupart se livrent presque chaque jour aux joutes, aux tournois et à la chasse. Les princes, nobles, barons et chevaliers de Chypre sont les plus riches du monde. Celui qui a au moins trois mille florins de revenu est considéré comme celui qui ici aurait trois marcs, mais ils dépensent tout à la chasse. J'ai connu un comte de Jaffa qui avait plus de cinq cents chiens de chasse. Des serviteurs étaient chargés spécialement de les peigner, de les baigner et de les oindre, tout cela est jugé nécessaire ici pour ces chiens. Un autre noble avait au moins dix ou douze faucons. J'ai connu plusieurs nobles et chevaliers qui auraient pu entretenir deux cents hommes d'armes plus facilement que leurs veneurs et fauconniers. Quand ils vont à la chasse, ils demeurent parfois un mois entier dans les forêts ou les montagnes, vivant sous la tente, ou se déplaçant çà et là, jouant avec leurs chiens et leurs faucons tandis que des chameaux ou d'autres bêtes de somme leur apportent tout le nécessaire et le fourrage.

Les bourgeois et les marchands de Chypre sont les plus riches du monde. Rien d'étonnant à cela, car Chypre est la dernière terre chrétienne et tous les navires petits et grands, toutes les marchandises de tous les pays autour de la mer doivent y faire escale. Et tous les pèlerins de toutes les parties du monde qui vont outre-mer se rassemblent à Chypre et, chaque jour, ils apprennent des nouvelles entre le lever et le coucher du soleil. On y entend parler toutes les langues, qui y sont d'ailleurs enseignées dans des écoles spéciales.

Le vin de Chypre qui pousse sur les hautes montagnes face aux rayons du soleil est excellent. Il est d'abord rouge, mais, gardé dans un flacon de verre pendant quatre, six, voire dix ou vingt ans, il devient blanc. Et, au bout de tout ce temps, il n'a pas perdu de sa force, au contraire elle s'est accrue. C'est pourquoi il faut le couper de neuf parties d'eau pour une de vin. Si quelqu'un buvait tout un tonneau de ce vin, il ne serait pas ivre, mais serait brûlé et détruit de l'intérieur. Il est très sain de boire ce vin à jeûn et il n'y a pas au monde de plus grands buveurs qu'à Chypre.

On trouve à Chypre les mêmes arbres et les mêmes plantes qu'en Terre sainte.

Lors de mon passage, beaucoup de nobles barons et chevaliers d'Allemagne moururent.

Il serait trop long de raconter toutes les merveilles, les richesses et les splendeurs de Chypre.

[XXIV-XXVI. Les villes de la côte de Palestine et récit de la chute d'Acre. XXVII. Gaza. XXVIII. Le mont Carmel. XXIX-XXXI. L'Égypte, le jardin du baume, les Pyramides.]

XXXI (fin) - XXXII
L'ANTIQUE BABYLONE, OU BAGDAD

L'ancienne Babylone, où était la Tour de Babel, est à environ trente jours de voyage au nord-est de la nouvelle Babylone [1]. Elle est en Chaldée près de Bagdad. Pendant les cinq ans de mon séjour en Orient, j'ai demandé sans arrêt, jour et nuit, à tous ceux avec qui je pouvais parler, ce qu'ils pouvaient m'apprendre sur l'ancienne Babylone et voici ce que je peux en dire.

En Orient, en Chaldée, il y a une ville très noble et très belle, extrêmement puissante, une des meilleures cités d'Orient, située sur le fleuve de l'Euphrate, dont le nom est Bagdad. Les habitants de la région croient, à ce qu'on dit, que l'antique Babylone se trouvait à un demi-mille et cela est attesté par les grandes ruines et les immenses monceaux de murs et de pierres qui s'aperçoivent de loin, notamment à l'endroit où se dressait la Tour de Babel où commença la confusion des langues. Bien que le chemin soit impraticable entre ces ruines et Bagdad en raison des animaux venimeux, il y a de nombreux signes qui montrent que c'était là le site de Babylone et les habitants le croient fermement. Mais, en raison de ces animaux venimeux, la ville a été déplacée et appelée d'un autre nom, Bagdad. Je ne peux rien dire d'autre de l'antique Babylone, car je n'ai rien pu apprendre des personnes que j'ai interrogées outre-mer.

Dans la ville de Bagdad, on trouve les marchands les plus riches et les meilleurs qui soient sous le ciel, en plus grand nombre que dans tout le

1. On désignait ainsi la ville chrétienne du Caire.

reste de l'Orient et des marchandises plus nombreuses et plus variées qu'ailleurs. Dans cette ville résidait autrefois le calife, le successeur de Mahomet, auquel tous les Sarrasins obéissent comme les chrétiens au pape, successeur de saint Pierre. Je veux dire ici quelques mots de la chute de la ville de Bagdad, selon ce que j'ai lu dans les Annales et les Histoires du roi d'Arménie et ce que j'ai appris d'un chevalier digne de foi qui y assista.

L'an du Seigneur 1258, alors que les Tartares avaient soumis tous les royaumes d'Orient, Héthoum, roi d'Arménie [1], alla spontanément rendre visite au khan, empereur des Tartares. Le khan le reçut avec bienveillance, flatté de l'honneur que lui faisaient les rois en venant de leur propre gré lui rendre visite et se présenter devant lui. Dans sa joie, il combla le roi de présents et, au bout de quelque temps, quand le roi d'Arménie voulut retourner chez lui, il présenta cinq requêtes au khan. La première était que lui et les siens se convertissent au christianisme, la seconde, qu'une paix perpétuelle fût établie entre les Tartares et les Arméniens, la troisième, que toutes les églises de Mahomet fussent détruites et consacrées à Dieu, la quatrième, que le khan l'aidât à reprendre la Terre sainte pour la rendre aux chrétiens, la cinquième, qu'il assiégeât Bagdad, mît à mort le calife, successeur de Mahomet, et anéantisse son pouvoir. Le khan accéda volontiers à ces demandes et les exécuta toutes, sauf la quatrième, concernant la Terre sainte, car il en fut empêché par la mort [2].

Quant à la cinquième demande, concernant la destruction de Bagdad et la mort du calife, il ordonna à son frère Hulagu [3], qui venait de soumettre la Perse, d'assiéger Bagdad avec le roi d'Arménie, aussitôt qu'il se serait assuré du royaume de Perse et de ses gouvernants. Hulagu accepta volontiers et, ayant disposé du royaume de Perse, il se transporta à la grande ville de Ninive et y passa l'hiver. Au mois de mars, il assiégea Bagdad et le calife avec l'aide du roi d'Arménie, ordonnant aux quatre capitaines, qui avaient chacun trente mille Tartares sous leurs ordres, d'assiéger Bagdad sans trêve jusqu'à ce qu'ils la prissent. Ce fut fait : en trente jours ils prirent la ville, tuant tous les habitants, jeunes et vieux sans distinction et ils prirent un butin inouï en or, argent, pierres précieuses et autres richesses. Dans aucune autre ville, on n'avait jamais vu prendre tant de si riche butin, la Tartarie en est encore enrichie et il ne s'y trouve pas de vase d'or ou d'argent qui n'y ait été apporté de Bagdad. Ils tuèrent tous les habitants, mais prirent le calife vivant et le présentèrent devant Hulagu avec tout son immense trésor. Hulagu fut pris de crainte en le voyant et, plein d'admiration, dit au calife : « Misérable, d'où as-tu tiré un tel trésor que je sois effrayé rien qu'à sa vue ? Avec lui, tu as fait la guerre au

1. Héthoum le Grand, roi de Petite Arménie de 1226 à 1269. L'entrevue eut lieu en 1254.
2. Le khan Mongka, petit-fils de Gengis Khân, mourut en 1259.
3. Khan de Perse de 1256 à 1265. Il prit Bagdad en 1258.

monde entier et tu aurais pu soumettre le monde entier. N'as-tu pas pu payer des mercenaires pour défendre ta ville ? » Le calife répondit : « Mon malheur vient de mes mauvais conseillers, car ils m'ont dit que des femmes suffiraient à défendre la ville contre les Tartares. » Et Hulagu lui dit : « Vois, tu es successeur de Mahomet et docteur de sa loi, je n'ose t'infliger de châtiment, mais il ne convient pas que tu vives comme le reste des hommes ni que tu manges comme eux, car c'est ta bouche qui prononce la loi et la doctrine de Mahomet. » Et il ordonna de le placer dans son beau palais et d'étaler devant lui l'or, l'argent, les pierres précieuses et les perles, en lui disant : « La bouche qui proclame une telle loi, une telle doctrine, doit manger de tels objets précieux. » Ainsi enfermé dans le palais, le calife fut trouvé mort de faim au bout de douze jours. Depuis, il ne se présenta plus de successeur de Mahomet à Bagdad jusqu'à aujourd'hui.

Aujourd'hui, l'empereur des Tartares règne à Bagdad, mais les habitants sont des Sarrasins, qui doivent un important tribut. J'ai entendu dire dans nos pays beaucoup de mensonges à propos de Bagdad. On dit et on écrit que le roi de Bagdad a écrit aux seigneurs d'Occident et les a invités à des joutes et des tournois à Bagdad. C'est parfaitement faux. Personne ne se rappelle avoir vu donner de joutes ou de tournois à Bagdad.

À quatre jours de voyage de Bagdad se trouve une autre ville appelée jadis Suse où vécut Assuérus, elle se nomme aujourd'hui Tabriz [1]. Dans cette ville est situé l'Arbre-Sec [2] auquel, dit-on, l'empereur des Romains devait suspendre son bouclier. Les habitants disent qu'aucun juif ne peut vivre ou mourir dans cette ville. Non loin de Tabriz, est une autre ville nommée Cambaluc qui appartient à l'empereur des Tartares [3] et l'on dit que cette ville est plus riche et plus belle que tout l'empire du Sultan.

XXXIII

LE NIL

Mais, pour revenir à mon propos, le Nil, fleuve du Paradis, traverse l'Égypte par Babylone et Damiette et se jette dans la mer Méditerranée à Alexandrie. Il est plus grand et plus large que le Rhin. Son eau est trouble, car il a parfois un cours souterrain sur deux ou trois milles, puis ressort, puis se perd à nouveau sous terre avant d'entrer en Égypte. Ses poissons sont très bons, très gros, son eau est très saine. Quand on la puise, elle est tiède, mais si on la laisse reposer dans un vase, elle se rafraîchit et procure une bonne digestion.

---

1. Là encore, confusion de Ludolph entre Suse et Tabriz.
2. Une des bornes du monde, selon les légendes antiques.
3. Il s'agit de Pékin.

Personne n'a pu savoir où naît ce fleuve, en dehors de ce que dit l'Écriture et, pourtant, on l'a souvent tenté. Pendant mon séjour, les nageurs du sultan, qui nageaient comme des poissons, se virent promettre une grande récompense s'ils pouvaient découvrir la source du fleuve et rapporter en témoignage un rameau vert de bois d'aloès [1]. Les nageurs partirent et restèrent absents trois ou quatre ans. Quelques-uns moururent en route. Ceux qui revinrent dirent qu'ils avaient vu le fleuve descendre des montagnes avec une si grande impétuosité qu'ils n'avaient pu aller plus loin. Dans ce fleuve vit un animal très méchant nommé crocodile. Il est très fort, très sauvage, très rapide et cause de grands dommages aux habitants et au bétail. À cause de lui, il est dangereux de naviguer sur le Nil. C'est une très grande bête, j'ai vu la peau d'un crocodile, dans laquelle un bœuf aurait bien tenu à l'aise. Un ancien chevalier du Temple me raconta que les Templiers prirent une fois un jeune crocodile et lui arrachèrent les dents. Ils attachèrent à sa queue une pierre que dix hommes ne pouvaient remuer et il la traîna seul jusqu'au chantier. Mais le crocodile est tué par un petit ver qui le suit haineusement partout où il va, de sorte que le crocodile l'avale avec sa nourriture et il le tue en lui perforant le cœur.

Il y a beaucoup d'autres animaux dangereux dans le Nil.

[XXXIV. Les ressources de l'Égypte. XXXV-XXXVI. Le Sinaï et le désert. XXXVII. Hébron, Bethléem. XXXVIII-XL. Jérusalem. XLI. Jéricho, Sodome et Gomorrhe. XLII. Le Jourdain. XLIII. Judée, Samarie, Galilée. XLIV-XLV. Damas et Beyrouth.]

---

1. On identifiait le Nil avec le Gyon, un des quatre fleuves du Paradis terrestre. Et l'on croyait que le bois d'aloès, réputé pour ses vertus curatives, tombait dans le Nil des branches des arbres du Paradis terrestre, ce qui explique l'exigence du sultan.

Le Voyage d'outre-mer à Jérusalem [1]

Nompar de Caumont
XVe siècle

INTRODUCTION

La traduction du *Voyage* de Nompar de Caumont s'appuie sur la transcription par Édouard de La Grange du manuscrit français conservé au British Museum (fonds Egerton, manuscrit 890), qu'il publia en 1858. Ce manuscrit, intitulé *Le Livre Caumont*, contient trois textes différents : la très brève relation d'un pèlerinage de l'auteur à Saint-Jacques-de-Compostelle, puis son voyage outre-mer, et enfin un texte moral et poétique qu'il rédigea pour ses enfants : *Les Dits et Enseignements*. La publication du marquis de La Grange demeure à ce jour la seule édition complète du voyage à Jérusalem de Nompar de Caumont. Une édition plus récente mais partielle a été publiée à Oxford en 1975 par Peter S. Noble dans le cadre d'une étude linguistique. Cette relation de pèlerinage est rédigée en langue vulgaire, où se mêlent au français du provençal, des idiomes du Béarn et du jargon franco-anglais.

Le voyageur qui part pour la Terre sainte en 1419 est issu d'une branche cadette des Caumont. Les armes de cette très ancienne maison de la Gascogne, qu'il porte au Saint-Sépulcre, avaient appartenu à la branche aînée, éteinte antérieurement. La famille de Caumont comptait plusieurs croisés, et avait adopté comme ancêtre un Normand, Richard de Caumont, que célèbre *La Chanson d'Antioche*, consacrée à la première croisade. Nous sommes en réalité assez mal renseignés sur la vie de notre pèlerin. Si plusieurs documents citent le nom de Nompar de Caumont, de fréquentes homonymies empêchent d'établir avec certitude qu'il s'agit du voyageur qui se rendit à Jérusalem. Que peut-on avancer ? Notre auteur précise dans les *Dits et Enseignements* qu'il était âgé de vingt-cinq ans le 1er mai 1416, ce qui le fait naître vers 1391. Il sera élevé à la cour du comte de Foix, indique-t-il dans son récit, sans doute comme écuyer. Caumont, le fief familial, était situé sur la Garonne dans l'actuelle commune du même nom,

---

1. Texte intégral traduit du moyen français, présenté et annoté par Béatrice Dansette.

en amont de Marmande. Les terres qu'il avait héritées de son père, Guillaume-Raimond, se trouvaient non seulement en Agenais, mais aussi en Périgord, dans la Guyenne anglaise et dans le Bazadais. Elles relevaient donc, soit du roi de France, soit du roi d'Angleterre. Les années 1420 furent une des périodes les plus troublées de la guerre franco-anglaise durant laquelle les hommes et les terres changèrent souvent de maîtres. Il en fut ainsi du père du pèlerin, qui avait suivi le parti anglais et dut se soumettre, pour un temps du moins, au roi de France. En 1405, en effet, il fut fait prisonnier par le beau-père de Charles d'Orléans, Bernard d'Armagnac, qui guerroyait dans le Sud-Ouest pour le compte du roi Charles VI. Selon une des principales chroniques de l'abbaye royale de Saint-Denis, celle de Michel Pintoin, dix-huit places fortes appartenant au seigneur de Caumont passèrent alors aux mains du roi de France. Mais nous ne savons pas avec certitude quel parti, français ou anglais, a adopté son fils Nompar, à la veille de son voyage en Terre sainte.

Le 27 février 1419, celui-ci s'apprête à partir pour Jérusalem non seulement, nous dit-il, pour gagner son salut, mais également pour accomplir le vœu de son père, mort à cette date avant d'avoir pu le réaliser. Nompar est alors marié et déjà père de plusieurs enfants, dont l'aîné s'appelle aussi Nompar. Certains actes établis entre 1427 et 1447 peuvent ainsi concerner le père ou le fils, en particulier des lettres du roi Charles VII faisant état de la confiscation des biens d'un Nompar de Caumont, du parti anglais, au profit de son frère Brandélis, partisan du roi de France. Dans ce cas, il pourrait s'agir du fils aîné du pèlerin. À ce jour, nous n'avons connaissance d'aucun document apportant quelque certitude sur la suite et la fin de l'existence de notre voyageur. Cependant, sa relation de voyage apporte des précisions concernant deux de ses proches. Tout d'abord son « bel oncle » Arnaud de Caumont, à qui il laisse en partant la charge de protéger sa femme et ses enfants. C'est probablement cet Arnaud « bastard de Caumont », ainsi nommé dans le testament de Nompar de Caumont, le grand-père du pèlerin. Ce testament, daté du 5 août 1400, léguait à Arnaud de Caumont cent vingt francs de rente (B.n. mss. fonds Périgord, vol. 126, fol. 129). Notre auteur cite ensuite le comte de Foix, Jean de Grailly, son cousin, à qui il laisse la gestion de ses biens durant son absence. Maître du Béarn et du comté de Foix, celui-ci fut un des seigneurs les plus puissants du royaume, officiellement fidèle au roi de France malgré quelques volte-face politiques.

À travers son récit, Caumont apparaît déchiré par les divisions qui résultent de la guerre franco-anglaise, et qu'il évoque longuement dans son prologue. En effet, il quitte la France à la veille d'un épisode lourd de conséquences : le 10 septembre 1419, les partisans du Dauphin vont assassiner le duc de Bourgogne, Jean sans Peur. Quelques mois plus tard, le « honteux traité de Troyes » du 21 mai 1420 consacrera la naissance de « trois France », la France anglaise, la France des Bourguignons proanglaise, et celle du dauphin Charles, futur Charles VII. La tourmente de la guerre civile s'était ajoutée à l'invasion anglaise, opposant aux Bourguignons les partisans du roi de France, les Armagnacs, à un moment où le pouvoir royal était très affaibli par le rapprochement des crises de folie du roi, Charles VI. La Gascogne avait connu au début du siècle un calme relatif par rapport à d'autres régions de France très éprouvées, mais les années 1415-1420 la plongèrent dans la guerre. Nompar l'évoque avec une grande tristesse, d'autant que s'y ajoutèrent les ravages des routiers et des nobles de second rang, devenus chefs de bandes. Le témoignage personnel qu'il nous laisse sur les malheurs de son temps est très évocateur.

La relation du *Voyage d'outre-mer* commence par une sorte de table des matières, peu fréquente dans les récits de voyage, et qui divise le *Livre Caumont* en onze chapitres. En premier lieu sont consignés les ordres, instructions et conventions que le pèlerin laisse à ses écuyers, à ses amis, à ses vassaux, clercs ou laïcs. Ce sont de longues recommandations, révélatrices de la mentalité chevaleresque qui perdure à cette époque, si vivantes qu'elles nous laissent imaginer parfaitement le déroulement de ses adieux. Il fait preuve d'une grande maîtrise de la rhétorique dans son discours qui s'achève par sa devise : « Ferm Caumont ! » (Sois fort Caumont !).

Il rapporte ensuite le contrat passé avec les écuyers et serviteurs qui l'accompagnent à Jérusalem, en précisant les obligations réciproques des contractants. Sept écuyers demeurant sur ses terres se portèrent garants de ce contrat.

Suit un long prologue, qui est à la fois l'expression de ses sentiments religieux et une sorte de méditation mystique sur les conditions de l'existence et le salut de l'homme, entrecoupé de citations bibliques, mais faisant aussi référence à une culture profane, poésie lyrique ou fabliaux.

Le récit se poursuit avec la description du voyage lui-même à partir du château de Caumont, par Agen, Toulouse et Castelnaudary dans l'idée de gagner Venise afin de s'y embarquer pour la Terre sainte. Mais à Saint-Martin-Lalande, Nompar de Caumont rencontre son cousin, le comte de Foix, qui lui conseille de s'embarquer à Barcelone plutôt que de traverser le Languedoc où la guerre sévit. Suivant ces conseils, notre pèlerin rebrousse chemin en sa compagnie, puis traverse les Pyrénées en plein hiver. Arrivé à Barcelone le 21 mars 1419, il y séjourne jusqu'au 4 mai, date à laquelle il s'embarque sur une nef en direction de Jaffa.

La description de sa traversée est précise et détaillée. La mer et ses dangers sont longuement évoqués, d'autant que notre voyageur essuie de fortes tempêtes. Après quelques mésaventures, il arrive en Crète, brève escale semble-t-il, puis à Rhodes, où il rencontre un chevalier navarrais, Sanche d'Échaux, qu'il emmène avec lui pour que celui-ci le sacre « chevalier au Saint-Sépulcre ». Appartenant à une famille de la Basse-Navarre, les Échaux étaient des fidèles du roi de Navarre, Charles III. Sanche d'Échaux, seigneur de Harismendy d'Ossès, était entré dans l'ordre des Hospitaliers en 1413, comme chevalier-frère en même temps que son frère aîné, Jean. Nompar de Caumont est visiblement satisfait d'obtenir ce noble parrainage pour son adoubement.

Puis, il décrit assez rapidement son pèlerinage à Jérusalem et dans les environs. Si on compare cette partie aux autres divisions du récit, elle ne présente que très peu de passages personnels, semblable en cela à la majorité des récits de pèlerins qui recopient souvent de véritables guides, comprenant les étapes à parcourir en Terre sainte.

En revanche, le chapitre consacré à la cérémonie de son adoubement au Saint-Sépulcre, un des principaux objectifs de son pèlerinage, constitue un document personnel tout à fait intéressant. Toutefois, l'existence d'un « ordre chevaleresque du Saint-Sépulcre » tout au long du xvᵉ siècle n'est pas prouvée.

Après ce récit personnel, Nompar de Caumont introduit dans son texte un abrégé de l'un de ces nombreux guides de pèlerinages aux Lieux saints, que nous venons de mentionner, pour consigner dans son *Livre* les indulgences que l'on pouvait gagner en Terre sainte. Les pèlerins se procuraient en général ces guides à Venise, ou à Jérusalem auprès des frères mineurs chargés de les accueillir et de les guider. Toutes les grandes bibliothèques d'Europe en conservent des exemplaires, et certains de très petit format constituaient de véritables guides de poche. Nompar intitule son abrégé *Les Pérégrinations, indulgences et pardons de la Terre sainte.*

Notre auteur rapporte ensuite comment et pourquoi il fonda « l'ordre de l'Écharpe d'azur ». Cet ordre présentait des dispositions consistant surtout à assurer une solidarité religieuse et matérielle entre ses membres, c'est-à-dire Caumont et ses compagnons de voyage.

Les dernières divisions du texte relèvent du récit de voyage proprement dit : Caumont quitte la Terre sainte pour gagner la Sicile et passe par Chypre et Rhodes. Il cherche à renseigner son lecteur sur tout ce qu'il découvre, lui livrant en même temps ses sentiments, ses impressions et ses craintes. Les descriptions des tempêtes qu'il a subies constituent des témoignages exceptionnels sur la mer, « ce lieu de la peur, de la mort et de la démence », selon l'expression de Jean Delumeau.

Une fois arrivé en Sicile — il y séjourne du 14 novembre 1419 au 15 février 1420 —, Nompar de Caumont devient alors un simple voyageur à la découverte de l'île. Il s'informe de son système de défense, de la fabrication du sucre ou bien des monuments qu'il faut visiter.

Le texte s'achève avec le récit de la traversée qui le conduit à Barcelone le 24 mars 1420, et celui de son retour à travers les Pyrénées, le sud du comté de Foix, le Béarn et les Landes, jusqu'au château de Caumont en Agenais, que notre pèlerin retrouve le 14 avril 1420, après plus d'un an de voyage. La liste des cadeaux qu'il a rapportés pour sa femme et ses amis clôt le récit.

Les itinéraires terrestres et maritimes sont souvent très détaillés, et contribuent à notre connaissance des trajets des voyageurs, même si parfois, notamment en ce qui concerne les îles grecques, les noms sont déformés.

Cette relation de voyage retient l'attention à divers titres, tout spéciale-ment parce que son auteur se met en scène et dévoile sa personnalité. Son désarroi est manifeste lorsqu'il évoque les troubles de la guerre de Cent Ans, car ses valeurs sont remises en cause. Nompar de Caumont est fier d'appartenir à l'élite féodale et chevaleresque de son époque. Mais celle-ci connaît alors, du fait des transformations profondes de la société médiévale, un recul de la prépondérance qu'elle y avait exercée jusque-là. Une partie de la noblesse réagit en s'attachant à maintenir d'autant plus les modes de vie chevaleresque qui la caractérisaient. En ce sens, les ordres de chevalerie créés à la fin du Moyen Âge, prestigieux comme celui de la Toison d'or fondé en 1429 par le duc de Bourgogne, ou bien de moindre renom, voire sans notoriété aucune comme sans doute cet ordre de l'Écharpe d'azur institué par Nompar de Caumont, furent le reflet d'une réaction nobiliaire, confirmant l'attachement d'un groupe social à son passé.

Au-delà de cette réaction sociale, le *Voyage d'outre-mer* de Nompar de Caumont permet de comprendre la pensée et l'action d'un homme engagé dans les conflits de son temps. L'auteur, parce qu'il ne cesse, tout au long de son récit, de décrire sa vision du monde, de nous livrer ses réflexions personnelles et ses angoisses, aurait pu écrire avant Montaigne : « Je suis moi-même la matière de mon livre. » Le *Livre Caumont* constitue en effet un exemple des racines individualistes de l'humanisme naissant.

BÉATRICE DANSETTE

BIBLIOGRAPHIE : Éditions du texte : *Voyage d'Outre-Mer en Jérusalem* par le seigneur de Caumont, publié par le marquis de La Grange, Paris, 1858, reprint Genf, 1975.

Le Voyage d'Oultremer en Jherusalem de Nompar, seigneur de Caumond, édité par PETER S. NOBLE, « Society for the study of medieval languages and literature », Basil Blackwell, Oxford, 1975. (Édition partielle, mais reproduisant la majeure partie du récit et qui suit le texte et la ponctuation de La Grange.)

Pour approfondir : AUTRAND F., *Charles VI*, Paris, Fayard, 1986.

DU FRESNE DE BEAUCOURT, *Un voyage en Terre sainte au XVe siècle*, Paris, 1859.

MORGAN M.R., « Le voyage d'outre-mer en Jherusalem de Nompar, seigneur de Caumont, edited by Peter Noble », *Medium Aevum*, 1982, vol. LI, p. 123-124.

DUFFAUT P., *Histoire de Mazères*, Mazères, 1992.

TUCOO-CHALA P., *Gaston Fébus*, Pau, 1981.

CHASTEL A., *L'Art italien*, Paris, Flammarion, 1982.

DELUMEAU J., *La Peur en Occident*, Paris, Fayard, 1978.

« FERM CAUMONT »

Ceci est le livre de mon voyage à Jérusalem et au Jourdain. Moi, seigneur de Caumont et de Castelnau, j'y décris les royaumes, les principautés, comtés et autres terres, en précisant les noms de pays, de lieux, les distances aller et retour par terre et par mer, ainsi que le temps passé depuis mon départ jusqu'à mon retour.

I. En premier lieu, il y a les instructions que j'ai laissées aux habitants de mes terres.

II. Ensuite les conventions que j'ai établies avec les gentilshommes et autres personnes qui m'accompagnèrent dans ce voyage.

III. Puis le voyage à Jérusalem.

IV. Le serment que font les chevaliers au Saint-Sépulcre.

V. Le voyage au désert de Jéricho et au fleuve Jourdain.

VI. Les pérégrinations, les indulgences et les pardons de peine et de coulpe de la sainte Terre de Jérusalem.

VII. Ensuite, la devise que j'ai choisi de porter pendant mon voyage.

VIII. Le retour de Jérusalem.

IX. Les objets de prix que j'ai rapportés d'outre-mer.

X. Également, un autre voyage que je fis à Saint-Jacques et à Notre-Dame du Finistère.

XI. Enfin, un recueil d'enseignements.

I

LES INSTRUCTIONS QUE J'AI LAISSÉES « FERM CAUMONT »

Voici les instructions que j'ai laissées en partant pour le saint passage d'outre-mer en Jérusalem : moi, seigneur de Caumont, de Castelnau et de Berbiguières, je veux faire savoir à vous tous qui demeurez sur mes terres que jadis mon père, mon très vénérable seigneur — que Dieu l'absolve par sa sainte pitié ! —, voulut entreprendre le saint voyage d'outre-mer à Jérusalem, là où Jésus-Christ, notre Sauveur, subit volontairement sa mort et sa Passion, pour nous pauvres pécheurs, afin de nous racheter des peines de l'enfer dont nous étions menacés sans le sacrifice de son précieux corps. Étant donné que Dieu a rappelé mon père dans son royaume, dans la gloire du paradis terrestre, il n'a pu réaliser son désir ; moi, comme son vrai fils et héritier universel, autant à cause de sa grande piété que de la mienne, pour le pardon de mes fautes et péchés commis envers Dieu, mon Créateur, de grand cœur je prends le risque d'accomplir le saint voyage d'outre-mer pour visiter le Saint-Sépulcre de Notre-Seigneur, avec son aide et celle de saint Georges.

C'est pourquoi je vous demande très affectueusement, à vous mes chers vassaux, à vous mes bonnes gens qui vivez sur mes terres, religieux, prêtres, gens d'Église ou tout autre, de prier notre Seigneur Jésus-Christ avec une vraie dévotion pour qu'Il veuille me donner pouvoir, grâce et autorité, ainsi que mon corps le désire. Priez aussi Marie, sa douce Mère, remplie de miséricorde et d'humilité, pour qu'elle soit mon avocate auprès de son précieux Fils. Qu'Il me fasse la grâce par le mérite de sa Passion, d'aller et de revenir sain et sauf auprès de vous, mes bons amis et frères ! Qu'il m'accorde d'accomplir les œuvres nécessaires au salut de mon corps et de mon âme !

Je veux vous dire un peu ce qu'éprouve mon cœur, et vous parler de cette noble cause. C'est pour cette raison que je vous écris certaines recommandations afin qu'en mon absence vous les gardiez en mémoire. Que chacun de vous, pour l'amour de moi, prenne soin de les bien observer. En voici la liste.

Tout d'abord, étant donné que tous vous avez été de bons et fidèles vassaux envers mon très vénéré père et seigneur, envers moi et tous mes ancêtres, sans qu'il y ait un exemple du contraire, je confie à votre sagesse et à votre loyauté ma très chère et très aimée amie, mon amour véritable, ainsi que mes jeunes enfants. Je vous les recommande tous instamment, mais affectueusement, de tout cœur. Prenez aussi soin de toutes mes terres, places, châteaux et forteresses. Faites ce que la raison vous dicte, car vous m'avez toujours donné des signes de véritable amour. Pendant mon absence, agissez au nom de vos sentiments de telle sorte que je puisse vous en remercier. Que l'on puisse dire de vous que vous mériterez récompense, ainsi que j'espère le faire, s'il plaît à Dieu !

Mes véritables amis, vous savez combien le monde d'aujourd'hui est plein de tribulations. Chaque fois que l'on croit être en paix et bonne tranquillité, des luttes et dissensions naissent dans le pays [1], alors si envie,

---

1. Caumont évoque la guerre franco-anglaise ainsi que la guerre civile opposant Armagnacs et Bourguignons, et dénonce en même temps les massacres perpétrés par les bandes de routiers qui ravageaient la Gascogne.

mauvaises relations ou troubles survenaient lorsque je serai loin de mes terres, ne vous hâtez pas de prendre une décision. Sans vous émouvoir, prenez un bon avis, délibérez pour agir avec sagesse afin de ne provoquer aucun trouble. Qu'au contraire, en suivant mes conseils de modération, vous réagissiez selon Dieu, la raison et la vraie justice. Agissez toujours ainsi, avec persévérance, mille et cent fois, pour qu'aucun mal n'arrive, ni que l'on critique votre gouvernement. Quant à vous, frères religieux, curés, vicaires, et prêtres qui habitez sur mes terres, je vous demande humblement de tout cœur de bien vouloir réciter chacun, deux fois par semaine, le *Confitemini Domino quoniam bonus* [« Avouez vos fautes à Dieu, car il est bon »], pour que notre Seigneur Jésus-Christ veuille me garder et me protéger de tous les périls ou tentations du mauvais esprit, sur terre et sur mer. Chaque dimanche, vous chanterez la messe, et au cours du Saint Sacrifice, vous prierez Dieu pour moi dans le *Memento*. Dans les prières habituelles récitées à l'église, vous rappellerez au bon peuple de prier Notre-Seigneur pour moi, afin qu'Il m'accorde de revenir heureux et joyeux près de Lui.

Quant à vous, gentes femmes de ma terre, je prie très affectueusement chacune d'entre vous qui me portez amour et dévouement, comme je crois, de réciter à mon intention, jusqu'à mon retour, tous les samedis à partir de mon départ, sept fois un *Ave Maria*, en souvenir et en l'honneur des sept joies que la précieuse Vierge Marie eut de son très cher Fils. Si vous ne pouvez le samedi, récitez-les le dimanche avec piété afin que, par ces bonnes prières à la Vierge Notre-Dame — qu'il lui plaise de me racheter, elle qui ne fit que porter l'Enfant ! — je puisse faire mon voyage pour mon salut, sain et sauf.

Au cas où il arriverait que Notre-Seigneur me rappelle à Lui au cours de ce saint voyage, attendu que nous sommes tous venus au monde de nos mères pour mourir, pour passer avec notre âme d'un siècle plein de peines et de tristesse à un monde éternel et sans fin, dans ce cas, je vous demande avec insistance de recommander à Notre-Seigneur ma pauvre et malheureuse âme. Priez tous et toutes Notre-Seigneur, pieusement, Lui qui nous fit à son image, et nous rappelle à Lui quand Il veut. Que par sa sainte et miséricordieuse pitié, Il soit rempli de compassion pour mon âme ! Qu'Il me permette de visiter avec un cœur plein de véritable dévotion le saint Lieu où, pour nous les hommes, Il subit sa mort et sa Passion le vendredi saint, c'est-à-dire le Saint-Sépulcre où les bons et sages Joseph d'Arimathie et Nicodème déposèrent son précieux corps, après en avoir fait la demande à Pilate, le tyran ! Que par sa sainte Résurrection, le jour de Pâques, Il veuille ressusciter mon corps et mon âme auprès des anges, au paradis où règne une joie durable et sans fin ! Que mes prières soient exaucées ! Que je puisse accomplir toute chose au bénéfice du salut de vos âmes et pour le bien de vos personnes !

Aussi, mes bons et parfaits amis, si comme je l'ai dit Notre-Seigneur me rappelait à Lui, j'ai ordonné et institué, et institue à présent mon fils aîné, Nompar de Caumont, mon véritable et universel héritier de toute ma terre et de tous mes biens, comme il se doit raisonnablement en ligne directe, selon Dieu et le monde. Je vous prie très affectueusement, au nom de votre devoir et de votre honneur, de veiller à ce que mon fils et véritable héritier, Nompar — je suis certain que vous ne ferez pas le contraire —, reçoive de bons, véritables et obéissants féaux, comme l'ont été ceux de mon très vénérable père, les miens et ceux de mes prédécesseurs. Qu'il vous traite ainsi que doit le faire tout bon seigneur envers ses vassaux. Je veux qu'il en soit ainsi.

Par conséquent, si Dieu décidait que je doive passer de vie à trépas, qu'il agisse également de gré à gré avec mes autres enfants. Recevez-les comme seigneurs et dames, sans aucune réticence, demeurez loyaux envers eux, de par la volonté de Dieu.

Par ailleurs, si certains vous rapportaient qu'au cours de mon voyage j'avais trépassé selon la volonté de Notre-Seigneur, ne les croyez pas trop vite. Il se peut que d'aventure on vous dise des mensonges pour vous faire de la peine, ou que des jongleurs cherchent à provoquer en vous tristesse et mélancolie, alors qu'il n'en serait pas ainsi. Quels que soient les bruits qui courent, ne les croyez pas si ce ne sont pas des gens dignes de foi, qui puissent prouver ce qu'ils affirment. Et encore, attendez un an révolu avant de croire quoi que ce soit. Ensuite, sachez que je remets complètement ma femme, mes petits enfants et toutes mes terres à l'entier gouvernement de monseigneur le comte de Foix [1] qui m'a élevé. C'est en lui que j'ai la plus parfaite confiance.

De plus, j'ai décidé de partager entre mon bel oncle Arnaud de Caumont et mon très affectionné écuyer, Tozeux de Galardet, la protection sur place de ma très chère et très aimée amie, de mes enfants et de vous autres, ainsi que la direction de toutes mes terres de Gascogne, d'Agenais, du Périgord et du Bazadais. Ceux à qui je fais tout à fait confiance étant donné leur loyauté, leur bonne discrétion et leur diligence pour vous gouverner paisiblement et pacifiquement, ceux-là, je vous prie de les croire et de leur être obéissants, lorsqu'ils vous conseilleront et administreront.

---

1. Caumont fut élevé à la cour de son cousin, Jean Ier de Foix-Grailly, devenu par l'effet du mariage de son père, Archambaud de Grailly, maître du comté de Foix et de la vicomté de Béarn. Jean Ier pratiqua d'abord un double jeu pendant la guerre franco-anglaise, mais opta définitivement pour le roi Charles VII en 1425. S'il avait fait hommage au roi de France pour le comté de Foix, concernant le Béarn, il appliqua la politique d'indépendance entre les deux partis qui fut celle de Gaston Fébus au XIVe siècle, et que poursuivit son père, Archambaud, en signant avec les souverains anglais et français le traité de Tarbes du 10 mai 1399 destiné à renforcer une politique traditionnelle de neutralité. Jean de Grailly se comporta dans ses États comme un véritable souverain. Il exerça de hautes charges pour le compte du roi Charles VII, comme celle de gouverneur du Languedoc, fort d'illustres alliances, car il avait épousé la fille du roi de Navarre Charles III. C'est donc à l'un des grands seigneurs du royaume que Caumont confie la gestion de ses biens au moment de son départ.

Secourez-les, aidez-les s'ils en ont besoin, comme s'il s'agissait de notre propre personne. Vous prendrez parti pour eux, fidèles à ce que vous me devez, contre quiconque leur voudrait du mal ou déplaisir, et contre celui qui voudrait attenter à mon bien et à mon honneur, ou à celui de ma mie et de mes enfants en l'éloignant de ma terre.

De la même manière, soyez favorables à ceux que j'ai chargés de la garde de mes lieux, places, châteaux et forteresses, et en cas de nécessité, favorables à leurs ordres. Surveillez ce qu'ils font faire pour conserver en bon état les fortifications afin qu'il ne se produise pas de dégradation par manque de réparation.

Je vous prie ensuite de maintenir entre vous tous bonne paix, amour, concorde et vraie tranquillité. N'ayez pas de dispute, dissension ou débat entre vous. Soyez bons, de fidèles amis, des frères, ainsi que vous devez l'être, car tout le mal du monde provient des discordes et des disputes. Mais si vous voulez formuler quelque réclamation, faites venir mes officiers pour qu'ils siègent dans ma cour qui vous sera ouverte pour vous rendre droit, raison et loyale justice. Toutefois, si un grand débat ou querelle surgissait entre vous, et qu'il vous paraisse que mes officiers ne soient pas compétents, faites savoir qu'il faut remettre le plaid[1] jusqu'à mon retour. Par la grâce de Notre-Seigneur, sachez que je réconcilierai les parties en bonne paix.

Sachez que j'éprouve une grande joie à savoir que vous tous acceptez de bonne grâce que j'entreprenne ce saint voyage que je me propose de faire. À cause de cette joie que je ressens, du grand amour que vous me témoignez, de votre volonté de m'aider et me secourir largement, je vous remercie de tout cœur. Plaise à Dieu le Père tout-puissant qu'Il m'accorde de vivre en bonne santé, que je puisse vous rendre récompense, ainsi que j'en ai l'intention. Je vous demande affectueusement de me pardonner, si j'ai agi envers vous d'une façon qui vous a déplu. Si vous avez eu envers moi quelque tort, de même je vous pardonne de bon cœur et vraie foi. Que Jésus-Christ, notre Sauveur, me pardonne mes péchés et mes défaillances, comme Il a pardonné à ceux qui le mirent en croix !

C'est pourquoi, mes bons, vrais et très chers amis, pour accomplir mon voyage de dévotion, je prendrai la route à partir du 20 février 1418 de l'Incarnation de Notre-Seigneur, s'il plaît à Dieu tout-puissant, à la très précieuse Vierge, sa chère Mère, et au bon chevalier, monseigneur saint Georges. Qu'il leur plaise de m'accorder d'aller sain et sauf, et de revenir paisiblement pour mon honneur, le salut de mon âme, et en rémission de mes péchés ! Que Jésus-Christ, en sa sainte grâce, veuille me les remettre et pardonner ! Quand viendront mes derniers jours, qu'Il m'accorde son pardon comme à Marie-Madeleine, et me fasse la même réponse qu'au bon larron alors qu'Il était sur la Croix, quand il lui demanda : « Seigneur,

1. Cour de justice.

souviens-toi de moi quant ton règne viendra », c'est-à-dire : « Dès maintenant, tu seras avec moi au paradis. » Tous et toutes, veuillez le prier, par le mérite de sa sainte Passion, pour qu'à notre dernier moment, Il lui plaise de dire cette sainte parole à moi comme à vous, pour que nous puissions être à la sainte place des bons élus, à sa droite. Lorsque je serai dans l'au-delà, je le prierai pour vous tous, et je lui dirai vos bienfaits pour qu'Il vous en tienne compte et vous préserve de tout mal.

Je vous demande de considérer ma très chère et très aimée épouse et mes petits enfants innocents, comme s'ils étaient vôtres, tant qu'ils vivront.

Vous tous et toutes, soyez recommandés à Dieu !

Maintenant, embrassons-nous, et que le Saint-Esprit soit avec vous et me garde ! Qu'Il protège mon âme ! En témoignage, pour renforcer mes volontés, j'ai signé de ma propre main : **Ferm Caumont !**

II

LES CONVENTIONS QUE J'AI ÉTABLIES

Voici mot à mot les conventions et décisions passées d'un plein accord entre moi le seigneur de Caumont, de Castelnau et de Berbiguières d'une part, et mes écuyers Bertrand Chastel, Gonsalis de Bonelles et quelques autres de ma compagnie d'autre part, concernant notre voyage au Saint-Sépulcre d'outre-mer en Jérusalem :

Premièrement, mes écuyers et les autres m'ont promis et juré, promettent et jurent sur les Évangiles de Notre-Seigneur, de me servir loyalement, sans s'épargner de peine, que je sois en bonne santé ou malade, et en toutes circonstances autant qu'ils le pourront ; ils ne m'abandonneront jamais, ne me quitteront en aucune manière où que je veuille aller, pour quelque raison que ce soit ou quelle qu'en soit l'occasion, avant que je n'aie regagné ma terre, sauf dans le cas où je mourrais et où Dieu me rappellerait à Lui.

Ensuite, si quelque dispute, discorde ou trouble surgissait entre eux pendant le voyage, ils seront tenus de se pardonner et d'abandonner leur erreur ou leur injustice.

Enfin, je leur ai promis, promets et jure d'être un bon compagnon, de ne les abandonner en aucune circonstance, sauf la mort, ou une grande infirmité qui risquerait d'annuler mon voyage. Dans ce cas seulement, je les quitterai à ma grande douleur, mais en leur laissant les moyens de regagner ma terre. Si ce cas se présentait à notre retour, ou que l'un des deux soit malade, que Dieu me défende de les abandonner jusqu'à la mort.

Ces choses susdites furent mises par écrit, promises et jurées, le

27 février 1418, jour de notre départ de Caumont pour accomplir ce voyage.

Étaient présents comme témoins, Tozeux de Galardet, Naudonet Gaubert, Guassion de la Causée, Archambauld de la Mote, Jehan de Lauriolme, Jehan de Taris, Clément de Salugnac, écuyers de ma terre.

Signé : Ferm Caumont !

III

LE VOYAGE À JÉRUSALEM

Le prologue [1] *du voyage*

Il est chose notoire que notre Seigneur Dieu, Jésus-Christ fit et créa le ciel, la terre, les quatre éléments, le firmament et tout ce qui existe. Il nous forma à sa ressemblance, et, comme chacun sait, à cause du péché de notre premier père Adam qui désobéit en mangeant le fruit de la vie [*Lacunes du manuscrit*] dans sa bonté, Il répandit son précieux sang pour nous sur l'arbre de la vraie Croix, où Il souffrit une cruelle et amère mort, ce dont nous devons bien nous souvenir. Tous les jours, nous devrions nous rappeler les peines, douleurs et angoisses qu'Il a endurées volontairement pour nous sauver. Que par notre foi, corps et âme, nous observions ses commandements pour demeurer auprès de Lui.

À mon avis, sans aucun doute, si un seigneur venait jamais me sauver ici-bas de la mort, jamais je ne viendrais à lui faire défaut, en ce qui concerne les dix commandements. Ce ne serait que justice, puisque Notre-Seigneur nous ayant préservé de la mort éternelle, nous ne devons lui faire défaut en rien, ni un seul jour, ni une seule heure. Jamais nous ne pourrons assez œuvrer pour Lui, et il nous faut prier sans cesse pour qu'Il nous accorde sa grâce et son amour, car nous en avons toujours besoin. Ni bien, ni honneur ne nous sont, ou ne nous seront accordés, si ce n'est par sa volonté. C'est pourquoi, nous nous devons de lui obéir, d'accomplir sa volonté, si nous voulons vivre dans sa gloire pour l'éternité.

---

1. Ce prologue comporte un double discours : une analyse des malheurs du temps et une méditation sur le salut chrétien. Nompar de Caumont dénonce le comportement de certains nobles de second rang, qui, profitant de la guerre, avaient pris la tête des compagnies d'écorcheurs et ravageaient le pays. Il stigmatise par ailleurs, avec force, ceux qui trahissent leur serment de fidélité envers leur seigneur, « ces changeurs de maîtres qui vendent leur honneur », pour de l'or et de l'argent. Caumont se fait le champion de la loyauté politique, mais sans indiquer s'il suit le parti du roi d'Angleterre, Henri V, ou bien celui du roi Charles VII ; or il fait aussi référence à des fidélités, à des liens féodaux entre seigneurs que la guerre avait pu remettre en cause. La propagande des deux partis était vive au début du XVe siècle : de nombreux traités rédigés dans les milieux proches du pouvoir royal en France définirent clairement la trahison et dénoncèrent l'intelligence avec l'ennemi, c'est-à-dire l'Anglais. Qu'en fut-il pour Caumont, visiblement déchiré par ces problèmes, lui dont une partie des terres relevaient du duc de Guyenne, donc du roi d'Angleterre ?

Chacun sait que ce monde n'est pas notre véritable demeure, mais qu'il est le lieu de la mort et des peines, du travail et des tristesses. Nous devons donc être diligents pour préserver notre vie, ne pas attendre des biens en ce monde, ni chercher à remplir notre cœur de délices que notre siècle a laissé échapper et que nous devrons laisser derrière nous, car nous ne savons ni l'heure, ni quand nous serons emportés par la mort, parce que chacun sera récompensé dans l'au-delà, n'en doutez pas, selon la part qu'il aura accordée à Dieu. Aujourd'hui, nous existons, demain peut-être nous n'existerons plus. Comme le dit la Sainte Écriture : *Nullus tam fortis cui pareant vincula mortis*, c'est-à-dire « Personne n'est si fort que la mort ne puisse avoir raison de lui ». D'expérience, vous pouvez voir un être jeune, sain et fort, subitement devenir malade et tomber dans le lit de la mort. Aussi, il me semble qu'il faut agir et se mettre en peine pour mériter d'entrer dans le royaume céleste au moment où nous quitterons ce siècle, misérables comme un roseau. Je n'ai pas de doute sur le fait que si nous le voulons, nous y entrerons, à condition de nous garder de faire le mal, car vous savez que nul n'y entre s'il n'a écarté de lui le mal et choisi le bien. Qui ne se décide pas pour le bien, provoque sa damnation. Ils pourront être plongés dans l'affliction, ceux à qui Notre-Seigneur dira de sa propre bouche le jour du Jugement dernier : *Ite maledicti in ignem aeternum !* « Allez les maudits dans le feu éternel ! » J'ai souvent pensé à cela avec tristesse, en évoquant le moment de la mort qui séparera le corps de l'âme. Je ne sais quel chemin, mes très chers, il plaira à Dieu de nous faire prendre. Si nous pensions au péril qui nous menace quand nous voulons faire le mal, nous ne défaillerions pas, ni si souvent, ni si long-temps. Mais on se rappelle bien peu cela, lorsqu'on constate que l'on ne cesse de faire la guerre, de s'emparer de places fortes, d'incendier, de violer des femmes, de détruire le peuple qui eut tant de prix pour Notre-Seigneur, de tuer des hommes, de dépouiller les serviteurs de Dieu, les églises et les temples de Notre-Seigneur, et je ne cite pas bien d'autres violences.

J'ai entendu dire qu'au temps passé, les rois, les princes, les grands seigneurs et les barons firent bâtir monastères et églises, alors qu'aujour-d'hui au contraire, ils les détruisent et les abattent. Ce que l'ennemi a conservé et s'est attribué, c'est pour l'utiliser à faire la guerre et soutenir la discorde dans le pays, soulevant les uns contre les autres, sans respect du droit et de la raison, péchant par leurs actes ou par ce qu'ils font faire à d'autres. Ils montrent bien que l'amour de Dieu, des bonnes gens et de leur prochain, leur importe peu. Ils ne se soucient guère de la parole de l'Écriture : *Tam regibus quam principibus mors nulli miseretur*, « La mort n'épargne ni les rois, ni les princes, ni personne d'autre ». Ceux qui veulent la guerre, devraient agir comme le loup qui, dans la fable, gravit une haute montagne avec ses petits louveteaux qu'il avait bien nourris pour leur montrer le pays environnant, et leur dit : « Regardez, mes fils, je vous ai nourris autant que j'ai pu, mais maintenant, je suis si vieux que je ne peux plus marcher ; vous, vous êtes assez grands et forts pour vous en remettre à vous-mêmes. Cependant, je veux vous donner un conseil : dans le pays où vous voudrez prendre votre proie, ne construisez pas votre maison, votre habitation, si vous voulez vivre en paix, car vous ne pourriez avoir la longue vie que j'ai eue. Si j'avais fait le contraire, je n'aurais pas tant vécu et ne vous aurais pas si bien nourris. »

Pour en revenir à mon propos, ceux qui ont maison et habitation dans un pays, s'ils entendent y demeurer, ils doivent se garder de faire le mal aux gens qui les entourent, tout particulièrement à leurs proches voisins. Sinon, ils sont assurés de ne pas y rester. Nuits et jours doivent être préservés, et j'ai souvent entendu dire qu'un mauvais voisinage procure de mauvais matins. C'est pourquoi, je préfère avoir, au plus, cent livres de rente et être aimé du peuple et de mes proches, que d'en avoir mille et d'être entouré de gens qui me veulent du mal. Car qui est aimé du peuple, est aimé de Dieu. Croyez-vous que mon profit vaut une rente qui m'oblige à être armé nuit et jour ? Je ne tiens pas à ce qu'une rente me conduise à la mort ! Rien n'est plus beau que l'amour du peuple et de ses proches, qui vous est donné par la grâce de Dieu ! C'est d'ailleurs le second commandement de Notre-Seigneur : *Dilige proximum tuum sicut te ipsum*, c'est-à-dire « Aime ton prochain comme toi-même ». Qui appliquera ce commandement de Dieu, sera sauvé. On doit tant veiller à ne pas faire de mal à son voisin, et réfléchir à ce qui est bien ou mal ! Si le mal est fait, on s'en repent mais il n'est plus temps. Trop d'honneur n'est pas sage, et nous n'y réfléchissons pas. Nous inclinons plutôt à faire le mal qu'à faire le bien ! À peine quelqu'un a-t-il fait le mal, que le mal revient, car rien ne se présente sous plus belle allure que la tromperie ! Qui se tourne du côté d'où elle vient, y est entraîné, et c'est justice. Je vous dis que celui qui prend une telle voie, n'entrera jamais au paradis. Si notre cœur ne se tourne pas vers le bien, Notre-Seigneur nous envoie tempête, mort, tribulations, malchances, pour le mal, les horribles péchés, la tyrannie qu'aujourd'hui nous exerçons à un tel point que j'en suis abasourdi. Nous ne prenons pas à cœur d'appliquer la parole de l'Écriture : *Fac bene dum vivis, post mortem vivere si vis*, « Fais le bien tant que tu vivras, si tu veux vivre au-delà de la mort », c'est-à-dire si tu veux obtenir le paradis. Mais nous ne pouvons nous le représenter. Nous osons agir comme si Notre-Seigneur avait des yeux de cire et ne voyait goutte ! Alors qu'au contraire nous ne pouvons rien entreprendre, ou penser, sans qu'Il le sache et en ait pleine connaissance, car rien n'obscurcit son regard. Pour cette raison nous devrions rendre notre vie meilleure, et faire le bien tant que nous en avons le temps. L'on dit en général, qu'à celui qui croit avoir le temps devant lui, le temps fait défaut. L'Écriture dit à ce sujet : *Non modo laeteris qui forsan cras morieris*, « Ne te réjouis pas trop d'être sain et bien portant, car demain tu peux mourir » ! Donc pour cette raison, faisons le bien et écartons-nous du mal ! Le bon ange que Dieu a laissé à notre droite est là pour nous conseiller de faire le bien, tandis que l'ennemi est à notre gauche pour nous souffler le mal. Prenons donc le meilleur chemin, soyons humble et courtois, ne faisons pas comme Lucifer, le plus bel ange du paradis, qui à cause de son grand orgueil fut précipité par Jésus-Christ dans l'abîme de l'enfer, où il est le plus horrible diable qui soit. Voici une raison de ne pas manquer aux commandements de Notre-Seigneur par orgueil, car ce qui lui déplaît le plus, c'est l'orgueil. C'est le plus grave des péchés mortels, c'est celui d'où proviennent tous les maux. Or, qui est en état de péché mortel meurt et est damné. Plaise à Dieu de nous en préserver ! Mais un teigneux veut que tout le monde lui ressemble, ainsi est l'Ennemi qui veut que nous soyons tous damnés avec lui.

C'est pour cela que nous devons prendre le droit chemin en Notre-Seigneur, et non pas suivre l'exemple de beaucoup en ce monde qui abandonnent leur seigneur pour de l'or et de l'argent, et suivent son ennemi. Ils sont comme ceux qui abandonnent Dieu pour le diable, semblables à la taupe qui change ses yeux pour son cou. Ces changeurs de maîtres vendent leur honneur, qui est la plus belle chose que puisse avoir un homme et qui vaut plus que tout. Ils le troquent contre de l'or et de l'argent, qui ne valent rien. Ceux qui trop embrassent, étreignent mal !

Nous devons faire le bien, rester en Dieu et le prier pour qu'Il ait pitié de nous, car Dieu est éternel. Repentons-nous et revenons à Lui, ainsi qu'Il l'a dit : *Nolo mortem peccatoris, sed ut convertatur et vivat*, « Je ne veux pas la mort du pécheur, mais sa conversion et qu'il vive ». Celui qui ne se convertira pas sera condamné à une mort durable en enfer. Nous devons jeûner, faire le bien, distribuer des aumônes aux pauvres autant que nous en avons la possibilité. Faisons ce que Notre-Seigneur a dit : *Da tua dum sunt, quia post mortem tua non sunt, quia dare non poteris quando sepultus eris*, ce qui veut dire : « Donne ce que tu as autant que tu le peux, car après la mort rien ne t'appartiendra plus. » De cette façon tu pourras acquérir l'amour de Notre-Seigneur qui est la plus précieuse chose qui soit. Nous serons comme de bons marchands qui réalisent des gains importants, si nous acquérons un héritage éternel. Beaucoup n'agissent pas ainsi, et pour différentes raisons obtiennent l'enfer. L'on devrait chercher à bâtir des églises, à réconforter les malheureux, à visiter les malades, à penser à eux avant que de penser à nous, car c'est le commandement de Notre-Seigneur qui dit : *Cum sis in mensa primo de paupere pensa...*, « Quand tu seras à table, dînant ou soupant, avant toute chose, pense aux pauvres, aimés de Dieu, et fais ce qu'Il ordonne, tu iras tout droit au paradis. »

C'est aussi une bonne et très honorable chose, de grand profit, que d'aller visiter le saint Lieu où fut déposé Notre-Seigneur, après avoir été crucifié pour nous. Ceux qui s'y rendent le font par bonne dévotion, et celui qui le peut doit le faire. Mais tous ceux qui le peuvent ne le font pas. Beaucoup de clercs s'y rendent, d'après ce que j'ai entendu dire. Toutefois, beaucoup n'entreprennent pas ce voyage, car il est lointain et trop coûteux. Si certains ont de bonnes raisons de ne pas partir, je crains que d'autres ne restent à cause de leur bien-être, car cette aventure ne leur laisserait ni tranquillité ni repos. Mais il faut prendre un peu de peine, car elle procurera en retour grand bien et profit. Si l'on veut obtenir un bien, il faut mettre la main au panier, dit-on en français, car rien n'arrive sans se donner de la peine. Pour cette raison, personne ne doit négliger d'agir pour gagner son honneur et son salut. Sachez que les négliger est une des pires taches qui puisse vous salir, hormis celle de la trahison. Jamais la demeure de l'homme négligent ne sera pleine de biens, mais sa négligence lui vaudra misère et pauvreté. Ceux qui sont diligents et prudents dans leurs affaires, parce qu'ils sont sages, ne peuvent qu'obtenir des biens.

Maintenant donc, on ne pourra dire que celui qui tient ce discours garde ses intentions pour lui, puisque je livre le fond de ma pensée. Je voudrais bien qu'il plaise à Dieu de m'accorder la grâce de savoir dire et convaincre ceux qui en auront besoin, de chercher à obtenir le bien : ce serait un profit pour eux et un plaisir pour moi. Mais je vous dirai que mon intention n'est pas si grande. En conclusion, je ne sais combien de temps je dois encore demeurer en ce monde, ce sera selon la volonté de Dieu ! J'ai bien réfléchi à ce que je viens de vous dire. Bien que d'heure en heure, nous allions chaque jour vers la mort, je vois que nous tardons à mettre notre volonté à faire le bien. En vérité, je le veux, parce qu'il est évident que nous en avons besoin. Je prie ceux et celles qui liront ce livre de bien vouloir réciter un *Pater noster* pour mon âme, pour moi, Caumont, s'ils en ont le désir. Que Dieu leur octroie le paradis ! Amen.

Le voyage d'outre-mer

Maintenant s'ensuivent l'itinéraire et le voyage d'outre-mer commencés par la grâce de Notre-Seigneur et monseigneur saint Georges à Caumont en Gascogne, le 27 février de l'année 1418 de l'Incarnation [1].

Gascogne : En premier lieu, j'allai coucher à Port-Sainte-Marie qui est à quatre lieues de Caumont.

Agenais : De Port-Sainte-Marie à la cité d'Agen : deux lieues. Je partis d'Agen le 1er mars, premier jour du carême, et j'allai dîner à Moissac en Quercy distant de sept lieues, puis coucher au-delà du Tarn devant Castelsarrasin, à Notre-Dame d'Alem, à une lieue.

---

1. Au Moyen Âge, le changement d'année s'opérait en général à Pâques. Le comput pascal fixait donc le premier jour de l'année entre mars et avril. Aussi la date avancée par Caumont relève-t-elle de l'ancien style et non pas du nouveau style représenté par notre calendrier grégorien, adopté en 1582. Nous sommes en fait le 27 février 1419, selon notre

Languedoc : De Notre-Dame d'Alem à Grisolles : cinq lieues. De Grisolles, je me rendis à Toulouse pour voir le saint suaire de Jésus-Christ notre Seigneur : quatre lieues.

Lauragais : D'Avignonet à Castelnaudary : deux lieues. De Castelnaudary au lieu-dit Saint-Martin (Lalande) : une lieue. J'y rencontrai monseigneur le comte de Foix qui s'était emparé de ce lieu après un combat[1]. Mon intention était de me rendre à Venise pour prendre la mer, mais il me conseilla de ne pas suivre cet itinéraire à cause de la guerre qui se déroulait dans le pays. Aussi me repliai-je vers Barcelone en Catalogne, et ce même jour, je me rendis avec lui dans la ville de Mazères à cinq lieues, où se trouve un très beau château fort sur une rivière, bien entouré de murailles avec des machicoulis et de grosses tours. À l'intérieur se trouvaient de merveilleuses peintures de batailles entre chrétiens et Sarrasins, et des hommes et des femmes des deux côtés[2].

Le comté de Foix : De Mazères à Pamiers : deux lieues. C'est une très belle cité, riche, et où se trouve un grand château fort.

De Pamiers à Foix[3] : deux lieues. C'est une cité souveraine, très fortifiée, et située en hauteur sur le roc, sans aucun chemin pour y accéder, dominée par le château construit avec de solides murs et tours. À ses pieds se trouve une grosse ville de mille feux, bien entourée de murailles, et la rivière passe devant. On dit communément qu'il n'y a pas de place plus fortifiée que cette ville et ce château.

De Foix à Tarascon : deux lieues. On passe par une place fortifiée

façon de compter, alors que pour Caumont c'est l'année 1418, puisque la fête de Pâques n'a pas encore eu lieu.

1. Après avoir dépassé Castelnaudary, Caumont s'arrête à Saint-Martin-Lalande dans l'Aude, dont le comte de Foix vient de s'emparer. Au profit de qui celui-ci a-t-il mené cette opération militaire durant un des moments les plus critiques de la guerre franco-anglaise ? Entre 1416 et 1424, Jean de Grailly, comte de Foix, opéra quelques volte-face politiques, en partie pour des raisons familiales. En effet, son frère Archambaud de Grailly, contrairement à lui, avait soutenu les Anglo-Bourguignons car il était le conseiller de Jean sans Peur, duc de Bourgogne. Or, il mourut le 10 septembre 1419 à Montereau, assassiné par les conseillers du dauphin Charles, futur Charles VII, en même temps que celui qu'il servait. Au moment de sa rencontre avec Caumont, dès avant donc le meurtre du duc de Bourgogne, si le comte de Foix n'avait pas ouvertement pris parti pour ce dernier, tout au moins jouait-il un double jeu. Quoi qu'il en soit, lorsqu'il rencontre Caumont, il lui conseille, à cause de la guerre, de ne pas s'embarquer dans un port languedocien, mais à Barcelone.
2. Le château de Mazères avait été construit vers 1365 par le comte de Foix, Gaston Fébus. Il avait la forme d'un quadrilatère surplombant l'Hers et fut la résidence favorite de Jean de Foix-Grailly entre 1412 et 1436, date de sa mort. Les « merveilleuses peintures de bataille » dont parle Caumont ont sans doute disparu dans l'incendie qui ravagea le château de Mazères en 1493. Seul le *Livre Caumont* semble avoir témoigné de l'existence de cette décoration intérieure du château, à l'un des moments les plus prestigieux de la cour comtale.
3. Caumont exprime ses préoccupations militaires tout au long de son récit, car il ne manque jamais de noter l'existence des châteaux et sites fortifiés qu'il rencontre au cours de son voyage. Le château de Foix était une très solide place forte que Simon de Montfort avait évité d'affronter au début du XIIIe siècle, lors de la croisade des Albigeois. Après la réunion du Béarn et du comté de Foix en 1290, il fut encore habité par les comtes de Foix, y compris Gaston Fébus, mais fut ensuite délaissé au profit du château de Mazères.

qu'on laisse à main gauche, appelée Montgailhard, située dans la montagne, et en avançant, on en voit une autre à main droite, tout aussi en hauteur, appelée Calemès, dont aucune machine de guerre ne peut venir à bout, sauf à manquer de vivres.

De Tarascon à la ville d'Ax-en-Savartes (Ax-les-Thermes) : trois lieues. En dehors de cette ville se trouve un château fortifié sur le roc, très bien implanté.

D'Ax à l'hôpital de Sainte-Suzanne (L'Hospitalet) : deux lieues.

De l'hôpital au château de Carol : deux lieues. Entre les deux, il y a une montagne appelée Puymorens longue d'une lieue et demie ; elle est très enneigée et très périlleuse à franchir. Il ne m'arriva aucun mal, et s'il plaît à Dieu, je ne changerai pas ma résolution de faire mon devoir tant que je le pourrai. Car les grands malheurs, désordres et jalousies que j'observe dans ce pays, entre les uns et les autres, sont prêts à se développer plutôt qu'à s'apaiser, ce qui me déplaît. Je veux éviter et fuir leurs incitations, ainsi qu'une vie mauvaise et désordonnée. Je ne veux pas passer mon temps à attendre les biens de ce monde, alors que je pense aux biens spirituels. En pensant à la sainte Passion que Notre-Seigneur souffrit pour le genre humain, et pour obtenir le pardon et la rémission des péchés que j'ai commis envers mon Créateur et dont je me sens coupable, je lui demande avec humilité d'avoir pitié de moi et de mon âme chétive, attendant sa grâce et sa miséricorde. Que par son beau plaisir, Il veuille me les accorder à la fin de mes jours ! J'ai entrepris avec l'aide de Dieu, de la glorieuse Vierge Marie et de monseigneur saint Georges, d'accomplir le saint passage d'outre-mer à Jérusalem, d'y soumettre mon cœur tout entier, de visiter le Saint-Sépulcre de Jésus-Christ où fut déposé son précieux corps. Il peut arriver que d'autres aient la même intention que moi, et veuillent faire le voyage le plus digne et le plus noble qui soit, mais qu'ils y renoncent faute de savoir quel itinéraire suivre. Afin qu'aucun ne puisse avoir l'excuse de délaisser un voyage si honorable et si profitable, j'ai noté dans ce livre la route que j'ai suivie à l'aller et au retour pour les en informer ; y sont consignés tous les royaumes, principautés, îles et contrées, tous les noms de cités, villes, châteaux, divers lieux et places de ce côté de la mer, comme au-delà, les lieux sont indiqués et les jours depuis mon départ de Caumont, le lundi 27 février 1418. Que ce voyage plaise à Dieu notre Seigneur, que par le mérite de sa sainte Passion, il soit fait pour le salut de mon âme ! Que celle-ci reçoive les bienfaits de l'Amour qu'Il nous prodigua à notre naissance et qu'Il veuille bien nous les accorder le jour de notre fin !

Le pays de Cerdagne

De Carol à Puigcerda : une lieue.

De Puigcerda à la Bourgade de Das : une lieue.

De Das au lieu-dit de Bagua : trois lieues. On franchit une très grande et haute montagne par le col d'Yau en montant une bonne lieue et on redescend pendant une autre par un très mauvais col et un chemin périlleux.

Le comté de Catalogne

De Bagua à la ville de Bergua : trois lieues.

De Bergua à Casserras : une lieue.

De Casserras à Balsareny au lieu de San Pador : deux lieues.

De San Pador à la cité de Manrèse : une demi-lieue.

De Manrèse à Castel Galli : une lieue.

De Castel Galli à Notre-Dame de Montserrat (deux lieues) qui fait de grands miracles ; c'est une chapelle très sainte et riche, édifiée de façon étrange, dans le roc. Plus haut, dans les rochers, se trouve un château que l'on ne peut atteindre que par un étroit chemin, des marches sont taillées dans la paroi rocheuse, mais la montée est difficile et dangereuse. À ses pieds est construite une abbaye où se trouve la chapelle en question. Tous les moines du monastère chantèrent la grand-messe solennelle de Notre-Dame avec les orgues.

De Montserrat à Collbeto : une lieue.

De Collbeto à Esparraguera : une lieue.

D'Esparraguera à la ville de Martorell : une lieue.

De Martorell à Molins de Rey : deux lieues. Entre ces deux endroits, il y a une rivière appelée Lobregat que je franchis jusqu'au port du village appelé Saint-Andrieu.

De Molins de Rey à Barcelone, port de mer : une lieue. J'y arrivai le 21 mars et restai dans la cité jusqu'au 4 mai 1419, jour où je pris la mer par la grâce Notre-Seigneur, avec une nef dont les patrons étaient Ramon Ferre et François Ferrier de la cité de Barcelone.

En mer

Après avoir quitté Barcelone, alors que nous étions en pleine mer, n'apercevant que l'eau et le ciel, commença à se lever un vent si fort que nous crûmes tous être poussés vers la terre de Berbérie. Mais Dieu, qui ne voulait pas notre malheur, nous donna la grâce d'arriver au royaume de Majorque, dans un port appelé Alcudia qui est à 200 miles de Barcelone, en comptant 5 milles pour une lieue. La ville est entourée par la mer, excepté d'un côté, long de deux traits d'arbalète. On dit que dans toute l'île, il y a comme seules bêtes sauvages des cerfs et des lapereaux.

Le royaume de Majorque. Après le retour du beau temps, je quittai le port d'Alcudia, faisant route vers l'île de Minorque qui est à quarante milles, puis vers le golfe du Lion où l'on ne trouve pas le fond. Nous avons parcouru deux cent quatre-vingts milles sans voir la terre d'aucun côté. Au sortir du golfe, à l'heure de midi, le 14 mai, plusieurs dauphins

vinrent près de la nef, et le patron leur jeta une lance à pointe de fer four-
chue retenue par une corde ; après avoir harponné l'un d'eux, on le hissa
dans une des deux nefs qui nous accompagnait. Or, pendant qu'on le partageait pour en donner à l'autre bateau, un vent très fort endommagea
notre nef. Le choc fut si violent qu'il jeta le château de l'avant à l'arrière,
et emporta les chambres secrètes à la mer avec plusieurs tables : tout était
pêle-mêle, envahi par l'eau. Aussi, devant cet accident survenu en partie à
cause du poisson, les patrons furent-ils tout ébahis, et nous tous, accablés.
Certains se dévêtirent et sautèrent d'une nef à l'autre, épouvantés, criant
à haute voix, appelant Dieu et la Vierge Marie pour qu'Ils nous prennent
en pitié, qu'Ils nous aident et nous sauvent du péril où nous nous trou-
vions. Je ne crois pas vraiment que les bonnes prières que chacun faisait
au moment où nous risquions de périr noyés aient pu nous sauver, mais
Dieu seul. C'était une grande pitié de voir et d'entendre les cris et les
plaintes que poussaient les bonnes gens. Mais loué soit Dieu notre Seigneur pour toujours qui dans sa bonté, et par pitié, nous a préservés et
gardés de ce grand péril ! Ensuite, après que Dieu nous eut accordé cette
grâce, en quittant le golfe du Lion, je passai devant l'île Saint-Pierre inhabitée, que nous avons longée pendant un mille.

Depuis cette île jusqu'à un grand rocher appelé Toro : vingt milles.
Il n'est habité par personne et il n'y a pas d'animaux, excepté quelques
oiseaux.

De Toro à vingt milles plus avant, je passai devant une grande montagne au cap Teulada, et nous fûmes pris par un vent fort qui nous força à
retourner en arrière, au port de Porto-Bota dans l'île du royaume de Sardaigne à dix milles du cap Teulada. Devant ce port, se trouve une île
appelée Palma di Soltz, assez grande, faisant vingt milles de tour et dix
de large, où il y a des chevaux, des juments, des moutons, cerfs et chiens
sauvages car ils naissent là à l'état naturel. À l'entrée de cette île, on
trouve un pont de pierre constitué de sept arches, large de quatre brasses
et long de cent brasses. On ne peut y pénétrer en bateau nulle part ailleurs.
Deux fois par an on y récolte du blé.

Le royaume de Sardaigne. Lorsqu'un bon vent se leva enfin, je quittai
Porto-Bota et revins en arrière au cap Teulada d'où j'atteignis le château
de Cagliari en parcourant neuf milles. Ce château est situé sur un rocher,
et à ses pieds se trouvent trois villes dressées en épi et bien protégées de
murailles. La première où j'ai logé s'appelle Napolle, l'autre à main
droite, Villeneuve, et celle qui est à main gauche, Estampaing. Châteaux
et villes appartiennent au roi d'Aragon[1].

---

1. Alphonse V le Magnanime (1396-1458) était devenu roi d'Aragon et de Sicile en
1416, régnant sur un empire qui comprenait, outre l'Aragon, la Catalogne, les Baléares, la
Sardaigne, la Sicile et des comptoirs en Méditerranée. Il étendit son empire en régnant sur
Naples, et devint roi des Deux-Siciles en 1442, portant ainsi la puissance aragonaise à son
apogée.

En partant du château de Cagliari, je passai devant l'église Sainte-Marie de Carbonara qui était à neuf milles.

De Sainte-Marie de Carbonara à Trapani dans le royaume de Sicile, cent quatre-vingts milles. On trouva une île appelée Marettimo, qui ne renferme que des animaux sauvages.

Ensuite, on rencontre deux îles appelées l'une Yuissie [1] et l'autre Favignana, où se trouve un château appartenant au roi de Sicile. Ces deux îles sont près l'une de l'autre ; Marettimo est à vingt milles d'elles deux.

Après on rencontre l'île de Pantelleone, habitée par des Sarrasins, mais il y a un château de chrétiens appartenant au roi de Sicile ; elle est à soixante milles des îles d'Yuissie et de Favignana.

Ladite île de Pantelleone est distante de soixante milles de la ville de Marsala sur la côte de Sicile.

De Marsala à l'île de Mazara : quinze milles.

De Mazara à la cité de Sciacca : trente milles.

De Sciacca à la cité d'Agrigente : quarante milles.

D'Agrigente au château de Licata : trente milles.

De Licata au château de Terranova : trente milles.

De Terranova au cap de Ressequaram : quarante milles.

De Ressequaram au château de Chycle : quinze milles.

De Chycle au château de Pozallo : dix milles.

De Pozallo au cap Passero : trente milles. À quatre lieues de là, se trouve une tour désertée, la tour de Marza, dans le port de Palo, qui abrite une chapelle.

Du cap Passero à la ville de Cuille située sur une montagne, nous passâmes à la tour de Bendique, tour de guet pour les Sarrasins.

Le royaume de Sicile. De cette tour à la cité de Syracuse en Sicile : vingt milles. À l'entrée en arrivant par la mer, se trouve un très beau château carré, à un jet de pierre hors de la cité, appelé Terminaig. Il est flanqué à chaque angle d'une tour ronde, l'intérieur est entièrement voûté de pierre sans ouvrage de bois et renferme une fontaine avec de l'eau bien fraîche ; on y parvient après un très long escalier. L'enceinte a deux grands bras à l'endroit le plus étroit. L'entrée est constituée d'une porte en marbre. La mer l'entoure, sauf la partie orientée vers la cité. La ville est entourée par la mer, à l'exception d'un côté long de la distance d'un jet de flèche.

À deux jets de pierre de la cité, se trouve un autre château appelé Marquet [2], protégé par une muraille qui va jusqu'à la mer pour empêcher quiconque ou les animaux d'entrer ou de sortir. À ses pieds, se trouve une porte par laquelle il faut passer, si l'on ne veut pas tomber dans la mer.

---

1. Non identifiée.
2. Maniace.

La cité, entre les deux châteaux, est bien entourée de murailles, et, construite sur le rocher, domine au loin.

En dehors de la cité, à deux traits d'arbalète, se trouve l'église Sainte-Lucie [1], avec une petite chapelle où l'on descend trente-deux marches pour aller à l'endroit où la bienheureuse sainte habitait et faisait pénitence. Des mécréants avaient déposé là des serpents pour la dévorer, mais ils ne lui firent aucun mal. Alors, ils la tuèrent à coups de dague. Enseveli dans une cavité de la roche, son corps fut dérobé il y a soixante ans par les Génois. En quittant Syracuse, à dix milles en mer, on voit le château et la ville d'Augusta, chef-lieu de comté.

Le golfe de Crète. Ce golfe est long de sept cents milles : on passa devant le royaume de Calabre, puis devant Céphalonie qui est une île de la soie à quatre cents milles d'Augusta. De cette île jusqu'au comté de Zante : quarante milles.

De Zante aux îles Strophadès : trente milles.

Des îles Strophadès à Modon situé dans la principauté de Morée : un mille. Devant, se trouve l'île de Sapience qui est à trois milles de Modon.

De cette île de Sapience à Coron qui est dans le même pays : dix-huit milles.

De Coron au cap Matapan : quatre-vingts milles ; là se situe le Port-aux-Cailles (Portogallo) où s'arrêtent les cailles quand elles franchissent la mer.

Du cap Matapan au cap Saint-Ange, dernier cap de la principauté de Morée : soixante milles. Entre les deux, se trouvent le golfe de Laconie et le château Rampano ; à proximité, il y a l'île Servi où Jésus-Christ apparut en croix à saint Estassi [2]. Dans l'Antiquité, ce pays appartint au roi Ménélas, époux de la belle reine de Grèce, Hélène, qui fut conduite de force par Pâris à Troie.

Du cap Saint-Ange jusqu'à l'île de Cerigo : dix milles.

Elle fut appelée Cythère dans l'Antiquité. Dans cette île, se trouve le temple de la déesse Vénus, où, dit-on, Hélène était venue faire un sacrifice et prier, quand Pâris l'enleva, comme je l'ai rappelé. Devant Cerigo, il y a une petite île rocheuse dont le nom est Lou. À son sommet, on trouve de l'eau fraîche et de nombreux animaux, moutons et chèvres surtout. Près d'elle il y a trois autres rochers déserts, et on entre dans ce qu'on appelle l'Archipel, c'est-à-dire l'endroit où la mer renferme beaucoup d'îles, désertes ou peuplées, nommées les Cyclades dans l'Antiquité. Elles se trouvaient autrefois sous le commandement du roi des Grecs, alors qu'aujourd'hui elles dépendent de divers seigneurs. L'Archi-

---

1. D'origine noble, Lucie fut une vierge de Syracuse martyrisée au début du IVe siècle. Son martyre est rapporté dans la *Légende dorée* de Jacques de Voragine, dominicain et archevêque de Gênes, qui rédigea à la fin du XIIIe siècle un des ouvrages les plus populaires du Moyen Âge dont les martyrs chrétiens sont les héros.
2. Ce saint n'a pas été identifié.

pel commence par trois îles, Tresmontanes, Meyanne et Mijour, devant lesquelles je passai en allant à mon pèlerinage.

En quittant Cerigo, je trouvai l'île de Cerigotto à trente milles ; elle fut de tout temps peuplée mais maintenant elle est déserte. On y rencontre seulement des animaux sauvages, chevaux, ânes, moutons, chèvres, cerfs et d'autres.

L'île de Candie. En s'éloignant de Cerigotto, à trente milles on a touché la grande île de Candie qui dépend de la seigneurie de Venise, et qui dans l'Antiquité s'appelait la Crète. Ses anciens rois et seigneurs étaient alors Saturne et Jupiter, Vénus et Junon, femme et sœur de Jupiter, que les habitants tenaient pour des dieux. Le roi de cette île fut le juste et équitable Minos, qui pour rendre la justice n'avait pas son pareil. De son mariage naquit une étonnante et horrible bête, le Minotaure. Elle fut enfermée dans une maison mystérieuse, le Labyrinthe, construit par Dédale, un merveilleux architecte, qu'aujourd'hui beaucoup appellent vulgairement la cité de Troie [1]. Dans cette maison, des jeunes Athéniens étaient condamnés à être enfermés pour venger la mort d'Androgée, fils du roi Minos, jusqu'à ce que le sort désigne le preux et vaillant Thésée, fils d'Égée roi d'Athènes, pour être dévoré par le Minotaure. Mais Thésée sur le conseil et avec l'aide d'Ariane, fille de Minos, tua le Minotaure, échappant ainsi au péril du Labyrinthe.

Du cap de l'île de Candie jusqu'à la cité de Candie : cent milles. Dans cette cité, on construit des nefs et des caraques en cyprès. À cent milles en face, se trouve une île appelée Standia où habitent des ermites. Éloigné de cinq milles de cette île, il y a un rocher en pleine mer, appelé Lou, où demeure un ermite. À vingt milles en avant, est située une île appelée La Plane qui est déserte.

De La Plane à l'île de Karpathos : cent milles. Elle est habitée et dépend du grand maître de Rhodes [2].

À soixante milles de Karpathos, je trouvai l'île Saint-Nicolas de Carchi [3] ; elle est peuplée, et sous l'autorité du grand maître. Dans cette île, si on prie saint Nicolas, en labourant, aucun soc en fer ne peut se casser ou s'user.

---

1. Tel dans le texte.
2. Rhodes fut un État souverain entre 1309 et 1522. Possession de l'ordre des Hospitaliers qui assuraient une certaine sécurité dans l'Archipel en protégeant les bâtiments de commerce et les navires de pèlerins contre les attaques éventuelles des Turcs. Philibert de Naillac était alors le grand maître de l'Ordre, dont il restaura l'unité et l'autorité entre 1396 et 1421. Outre l'île de Rhodes, les Hospitaliers possédaient en Méditerranée orientale une partie des Sporades, et depuis 1402 le château Saint-Pierre, sur la côte turque face à l'île de Kos, qui était également une de leurs possessions, comme l'île de Castellorizo (Château-rouge) dont Caumont parle plus loin. L'« État » des Hospitaliers s'étend donc sur un ensemble d'îles solidement fortifiées, car destinées à renforcer la sécurité de Rhodes.
3. Chalki.

Il y a dix milles entre l'île Saint-Nicolas et celle de Piscopia qui appartient à la seigneurie de Rhodes.

De Piscopia à Servi : cinquante milles.

De Servi aux Échelles de Saint-Paul : cinq milles, ce sont des îles désertes.

L'Empire grec. De ces îles à Rhodes : trente milles. J'y arrivai le jour de la Fête-Dieu. La cité est dans une grande île de l'Empire grec qui est la dernière de l'Archipel. Son chef est celui des frères de Saint-Jean. Un grand nombre de chevaliers y demeurent continuellement, ils font la guerre aux Sarrasins, sur terre et sur mer. Cela me semble mieux, ainsi qu'ils le disent, que de se faire la guerre entre chrétiens qui de bon cœur se détruisent les uns les autres au lieu de lutter contre les mécréants.

Dans la cité se trouvait un jeune chevalier, bon et sage, d'un grand lignage du royaume de Navarre, qui s'appelait Sanche d'Échaux, frère de messire Jean d'Échaux, vicomte de Vaiguier. Comme j'avais besoin d'être accompagné d'un chevalier pour me faire chevalier au Saint-Sépulcre, je le choisis dans ce but car je connaissais ses bonnes mœurs et sa bonne réputation. Ce chevalier en éprouva une très grande joie. Il m'accompagna à Jérusalem où il me fit chevalier devant le Saint-Sépulcre de Notre-Seigneur, le samedi 8 juillet 1419[1].

En quittant la cité de Rhodes, je passai devant les Sept-Caps en Turquie, à soixante milles de Rhodes, où habitent ceux que l'on appelle Turcs, qui sont contre la foi et la loi de Notre-Seigneur.

Plus loin, à soixante milles des Sept-Caps, je vis un château en Turquie appartenant au grand maître de Rhodes, Château-Rouge.

À trente milles de là, il y a une île déserte, Cacono.

De Cacono à un mille de la côte turque, se trouve le cap de Chélidonia, en face duquel on voit deux îles désertes, Saint-Pierre et Chélidonia, où rien ne pousse si ce n'est des choux sauvages.

À cent soixante milles du cap Chélidonia, se trouve le cap de Saint-Épiphane : premier cap de l'île de Chypre.

Du cap Saint-Épiphane à Paphos en Chypre, il y a trente milles. Cette cité fut autrefois la principale du royaume, et les païens y consacrèrent un grand temple à Vénus.

De Paphos au cap Gata : un mille ; là se trouve un monastère de moines grecs, appelé le monastère des chats, car on en garde beaucoup pour détruire les aspics.

À deux cent soixante milles du cap Gata, se trouve la cité de Jaffa en

---

1. Les pèlerins appartenant à la noblesse pouvaient être adoubés chevaliers au Saint-Sépulcre. Certains adoubements furent sans doute encouragés par les Hospitaliers. C'est en effet un chevalier de cet ordre, Sanche d'Échaux, un noble de Navarre, que Nompar de Caumont emmène avec lui à Jérusalem pour être son parrain au cours de l'adoubement.

terre sarrasine, devant laquelle les deux nefs arrivèrent un peu avant midi, le 28 juin.

La sainte Terre de Jérusalem

Attente à Jaffa. Dans cette cité, l'on dit que fut décidée la mort de notre Seigneur Jésus-Christ. Elle fut conquise par les chrétiens, puis ensuite détruite. À présent, il n'y a aucune habitation. Je restai devant la cité, dans le bateau sans en sortir pendant deux jours, le temps que vinrent à moi un des deux frères mineurs qui gardent le Saint-Sépulcre, et un des trois consuls des chrétiens qui demeurent là-bas. Ils m'apportèrent un sauf-conduit du sultan de Babylone[1] qui a cette terre sous son autorité de mécréant. Enfin, je quittai le bateau et touchai terre à Jaffa le 1er juillet. Le lieutenant du sultan, plusieurs autres Sarrasins et mécréants avec lui, m'accompagnèrent à Jérusalem.

Depuis Jaffa, saint Pierre l'apôtre allait pêcher en mer. Il habitait une demeure en pierre ronde, comme une sorte de colombier mais sous terre. Dans cette maison, Notre-Seigneur lui apparut, et saint Pierre ressuscita une femme appelée Tabitha, servante des Apôtres. À côté, se trouve une autre maison, en bois, plus petite, où demeurait saint Paul, et encore une autre habitée par saint André. Dans tous ces lieux, il y a des pardons semblables à ceux qui sont portés plus loin dans ce livre. Je restai toute la nuit à Jaffa.

Jaffa-Ramleh-Jérusalem, 2-6 juillet 1419. Le lendemain entre midi et l'heure de none, je m'en allai vers la ville marchande de Ramleh située à douze milles. On dit qu'y sont nés le glorieux monseigneur saint Georges et saint Martial dont j'ai vénéré la précieuse tête en la cité de Limoges, dans le duché de Guyenne. Dans cette terre de Jérusalem, l'on compte trois milles pour une lieue.

Il y a deux milles de Ramleh à Lydda. Celle-ci est en ruines, ainsi que la grande église, où saint Georges fut martyrisé et décapité par les ennemis de la foi ; devant le grand autel, je fis dire la messe de monseigneur saint Georges. Les Sarrasins ne marquaient guère de dévotion, et j'étais dépité de leur attitude en face du précieux corps de Notre-Seigneur qui nous a tous rachetés, car ces faux chiens n'en tenaient pas compte et s'en moquaient bien ! Cette église de grand pardon est occupée en grande partie par les Maures, et les Grecs détiennent seulement les deux autels. En haut du clocher, il y a une petite salle ronde d'où les Maures appellent dans leur langue leur Mahomet de La Mecque ; ces appels sont lancés nuit et jour, à certaines heures, d'après leur mauvais cérémonial. En allant

---

1. C'est le sultan mamelouk d'Égypte, al Muayyad Shaykh (1412-1421), qui résidait au Caire. Babylone était le nom du vieux Caire, c'est-à-dire Fustat. Situé sur la rive droite du Nil, il renfermait la citadelle où se tenait la garde mamelouke.

à Lydda, près du chemin à main droite, on trouve un figuier appelé « figuier de pharaon », qui porte ses fruits dans le corps de l'arbre.

Après la messe, je retournai à Ramleh où je restai quatre jours. Ensuite je pris la route au milieu de la nuit à cause de la forte et redoutable chaleur du pays qui provoqua en chemin la mort de beaucoup de personnes, et je m'en allai directement à Jérusalem, situé à trente-cinq milles de Ramleh, ainsi que j'en avais le grand désir.

Jérusalem

J'arrivai à Jérusalem le jeudi 6 juillet, à l'heure de none. Je fus logé en un grand hôtel[1] situé devant l'église du Saint-Sépulcre. Puis, au milieu de la nuit, les frères mineurs qui gardent le Saint-Sépulcre vinrent me chercher. Ils me conduisirent avec beaucoup de lumières à travers la cité de Jérusalem sur tous les Lieux saints que notre Seigneur Jésus-Christ avait parcourus au milieu des faux Juifs qui le faisaient marcher si cruellement.

Puis ils m'emmenèrent hors de la ville, dans le val de Josaphat où le précieux corps de Notre-Dame fut déposé dans un saint sépulcre après sa mort. Les anges la sortirent de ce tombeau et l'emmenèrent au ciel, en passant par une haute fenêtre, du chœur de l'église. On descend vers son sépulcre par quarante-neuf marches de pierre. Ce sont les Sarrasins qui possèdent la clé de cette église, et il faut leur donner de l'argent si on veut y entrer. Dans ce val de Josaphat, on dit que Notre-Seigneur viendra rendre le Jugement. Qu'il Lui plaise d'être bon pour nous et pour tous les fidèles chrétiens !

En quittant le val de Josaphat, j'allai au mont des Oliviers d'où Notre-Seigneur monta au ciel en laissant l'empreinte de son pied dans une roche visible dans une chapelle au milieu d'une église en forme de montagne ronde. On y monte par dix-neuf marches de pierre, à condition de payer si l'on veut entrer.

Du mont des Oliviers, j'allai à Galilée où les Apôtres furent envoyés par l'Ange, et où Jésus-Christ leur apparut.

Ensuite, je me rendis au mont Sion où Notre-Seigneur se réunit avec les Apôtres pour la Cène, puis je revins à Jérusalem.

Le premier jour de mon arrivée était un vendredi. Le père gardien de l'ordre des frères mineurs, après cette visite des saints Lieux, vint me chercher à l'heure de vêpres pour aller dans la sainte église du Saint-Sépulcre de Notre-Seigneur.

Le Saint-Sépulcre. En arrivant devant l'église, je vis une grande place pavée, presque remplie de Sarrasins. À la porte du Saint-Sépulcre, il y

---

1. Il s'agit de l'Hôpital de Jérusalem. Desservi durant l'époque des croisades par les Hospitaliers, il était situé au sud de la basilique du Saint-Sépulcre dans le quartier du Mouristan. Les pèlerins y étaient toujours hébergés au XVᵉ siècle.

avait un officier qui montait la garde avec d'autres pour que personne n'y entre sans avoir payé le tribut ; ils faisaient entrer les pèlerins les uns après les autres en les comptant. Puis, ils fermèrent la porte avec de bonnes clés. Je passai toute la nuit devant le Saint-Sépulcre, qui est en contrebas de l'église, loin du chœur, entouré d'une chapelle ronde voûtée, qui n'est pas grande. Cette nuit-là je me confessai.

IV

LE SERMENT QUE FONT LES CHEVALIERS AU SAINT-SÉPULCRE

Quand vint le lendemain, samedi 8 juillet 1419, j'entrai dans la chapelle du Saint-Sépulcre pour entendre la messe de monseigneur saint Georges sur l'autel du sépulcre de Notre-Seigneur. Une fois la messe achevée, et ayant reçu Notre-Seigneur, le chevalier dont je vous ai parlé me donna l'ordre de chevalerie [1] : je me ceignis, mis les éperons, et il me frappa cinq coups en l'honneur des cinq plaies de Notre-Seigneur, et un coup en l'honneur de monseigneur saint Georges. Puis, le religieux qui avait chanté la messe, encore revêtu de ses habits, me remit en mains avec le chevalier l'épée nue, tandis qu'à genoux je disais : « Je prends cette épée en l'honneur de Dieu et de monseigneur saint Georges pour garder et défendre la sainte Église contre les ennemis de la foi. » Alors, je la mis dans le fourreau que j'avais ceint. Ils me firent promettre et jurer six choses sur l'autel du Saint-Sépulcre, comme le font, selon l'usage, tous ceux qui reçoivent l'ordre de chevalerie en ce lieu très digne et de tant de prix.

Voici donc les promesses que font les chevaliers au Saint-Sépulcre de Notre-Seigneur à Jérusalem, et que moi, Nompar, seigneur de Caumont, de Castelnau, de Castelculier et de Berbiguières, j'ai prononcées pour le plaisir de Dieu le 8 juillet 1419. On promet :

    – en premier lieu, de garder et de défendre la sainte Église ;

    – deuxièmement, d'aider de toute notre puissance à la conquête de la Terre sainte ;

    – troisièmement, de garder et de défendre son peuple, de faire ce qui est juste ;

    – quatrièmement, de garder saintement son mariage ;

    – cinquièmement, de ne se trouver ni aux lieux ni aux places où se commet une trahison ;

---

1. Caumont décrit ici le cérémonial de son adoubement au Saint-Sépulcre. La pratique de « prendre ordre de chevalerie », comme l'écrit notre pèlerin, est confirmée par d'autres relations de voyage du XVe siècle. Mais nous ne possédons aucun statut d'un ordre chevaleresque du Saint-Sépulcre. À l'évidence, il se différencie de l'ordre canonial du Saint-Sépulcre fondé après la première croisade, et qui fut supprimé en 1484.

– sixièmement, de défendre les veuves et les orphelins.

Après que notre Seigneur Dieu Jésus-Christ m'eut fait la grâce de dire les choses susdites, je fis déployer dans l'église du Saint-Sépulcre une bannière portant mes armes, un écu d'azur à trois léopards d'or, onglés de gueules et couronnés d'or, qui fut déposée à côté des armes du roi d'Angleterre [1].

À l'heure de prime, les Sarrasins vinrent à la porte de l'église, et moi, ayant accompli entièrement ce que j'avais désiré avec ardeur, je me dirigeai vers la sortie. Mais les Sarrasins nous racontèrent qu'il fallait payer autant que le jour précédent pour sortir. Après m'en être acquitté, je retournai loger dans la ville et dîner.

Bethléem

La terre de Judée. Après le dîner, je quittai Jérusalem pour aller à Bethléem, qui est à dix milles. Là se trouve une belle église, sur le lieu où naquit le Fils de Dieu de la Vierge Marie. J'assistai à la messe de la Nativité. Devant l'autel se trouve la crèche du bœuf et de la mule, où Notre-Dame cacha son cher enfant, Jésus-Christ, par crainte du roi Hérode qui faisait tuer les Innocents. Un peu plus loin devant se trouve un petit autel où j'ai écouté une autre messe de la Nativité. Je restai toute la journée et toute la nuit à Bethléem.

Le lendemain, à une heure avancée, je partis et cheminai à travers les montagnes de Judée où se trouve la maison de Zacharie. À cinq milles, à main gauche, se trouve Capharnaüm où habitait le centurion, et où on forgea les clous de Notre-Seigneur. Dans la maison de Zacharie, sainte Élisabeth cacha son fils, saint Jean-Baptiste, quand les Juifs le cherchaient ; la roche où elle l'avait déposé s'était ouverte, et ainsi les Juifs ne purent le découvrir. Dans cet endroit, il y a une chapelle, à l'endroit où Notre-Dame composa le *Magnificat*. Des ermites y demeurent, et chaque jour ils disent l'office selon leur règle. Près de la maison de Zacharie, se trouve celle où naquit saint Jean-Baptiste.

Je retournai à Jérusalem, distant de quatre milles de ce lieu. À mi-chemin, entre deux maisons, se trouve l'arbre dont on fit une partie de la vraie Croix de Notre-Seigneur, à ce qu'on dit.

Cette nuit-là j'arrivai à Jérusalem et pénétrai une seconde fois dans le Saint-Sépulcre. J'y restai toute la nuit, jusqu'au lendemain à l'heure de prime.

Dans cette sainte église, il y a six sortes d'ordres :

– tout d'abord, les frères mineurs qui gardent le Sépulcre ;

---

1. En 1419, le roi d'Angleterre était Henri V de Lancastre, le vainqueur d'Azincourt. L'existence des « armes du roi d'Angleterre » dans la basilique du Saint-Sépulcre conduit à rappeler le pèlerinage qu'accomplit en 1392 le père de ce dernier, Henri, comte de Derby, futur Henri IV d'Angleterre.

– ensuite, les Grecs qui desservent le grand autel du chœur de l'église ;

– puis les Indiens qui ont une chapelle derrière le Saint-Sépulcre ;

– les Arméniens dans la chapelle du mont Calvaire où fut crucifié Notre-Seigneur ;

– les chrétiens de la Ceinture, qui avec les Jacobites desservent quatre chapelles situées sur la place, devant l'église.

Chacun dit l'office nuit et jour selon sa culture, et des usages nationaux qui sont étranges.

Cette église du Saint-Sépulcre est vaste et belle, construite d'une curieuse manière : il y a un beau clocher, assez haut, en pierre, mais sans cloche car les Sarrasins n'en veulent pas [1].

La cité de Jérusalem est grande du côté du val de Josaphat, et une partie de la cité s'étage en hauteur de l'autre côté. À l'intérieur de la ville, il y a quatre longues rues principales, en rang, d'une longueur de deux traits d'arc, toutes voûtées de belles pierres bien appareillées. Au sommet de la ville du côté du mont Sion, se trouve le château du roi David [2].

V

VOYAGE AU DÉSERT DE JÉRICHO ET AU JOURDAIN

Le désert de Jéricho

Après avoir visité le Saint-Sépulcre et les autres saints lieux de la cité de Jérusalem et de ses environs, je fis mes préparatifs pour aller dans le désert de Jéricho et sur les rives du fleuve Jourdain, car dans cette région on ne trouve aucun vivre et très peu d'eau, et pour cette raison je fis emmener des provisions. De plus, le pays est périlleux car on rencontre de mauvaises gens qui y habitent et ne vivent que du pillage. C'est pourquoi, je fis en sorte d'être guidé par le neveu d'un de leurs seigneurs, qui était accompagné de vingt personnes, pour l'aller et le retour. Je quittai donc Jérusalem, et j'allai directement à Béthanie qui est à deux milles. Elle est si détruite que peu de gens y habitent, mais il y a une église où se trouve le tombeau de Lazare que Notre-Seigneur ressuscita quatre jours après sa mort.

---

1. En effet, le clocher carré de la basilique du Saint-Sépulcre, édifié vers 1160 par « le maître Jourdain », avait perdu ses cloches depuis la conquête de Jérusalem par Saladin, qui, en 1187, les supprima. Un édit que les musulmans attribuaient au calife Omar avait interdit dès le VIIe siècle l'utilisation des cloches dans l'empire arabo-islamique, au prétexte qu'elles auraient pu couvrir la voix du muezzin.
2. Les Francs avaient retenu le nom du roi David, fondateur d'une forteresse sur l'éperon rocheux du mont Sion, pour l'attribuer à une tour datant du règne de l'empereur Hadrien (117-138), qui fit reconstruire Jérusalem. Lorsqu'il cite ce « château David », Nompar parle donc des fortifications romaines qui se trouvèrent mêlées à la construction du palais royal des croisés, édifié sur l'antique citadelle de Jérusalem, au nord-ouest de la ville.

De cette cité, je m'en allai vers le désert de Jéricho distant de dix-huit milles. Là se trouve la montagne de la Quarantaine où Notre-Seigneur jeûna dans une grotte. À la fin des quarante jours, Notre-Seigneur commença à ressentir la faim, et le diable vint à Lui pour Le tenter, sans savoir avec certitude qui Il était. Il lui apporta des pierres plein sa robe en lui disant : *Si filius Dei es, fac ut isti lapides panes fiant*, c'est-à-dire « Si tu es le fils de Dieu, fais que ces pierres soient changées en pain ». Notre-Seigneur lui répondit : *Non in solo pane vivit homo sed omni verbo quod procedit ex ore Dei*, ce qui veut dire « L'homme ne vit pas seulement de pain, mais de toute parole qui vient de la bouche de Dieu ». Alors le diable prit Notre-Seigneur qui se laissa porter au sommet de la montagne. Il lui montra tous les royaumes de ce monde en lui disant qu'il en serait le seigneur s'il voulait l'adorer. Notre-Seigneur lui répondit : *Unum solum Deum adorabis et illi soli servies*, c'est-à-dire « Un seul Dieu tu adoreras et lui seul serviras ». Après, le transportant sur un plus haut pic rocheux, le diable lui dit : *Si filius Dei es, mitte te deorsum quia scriptum est in psalmista, angelis suis mandavit de te ut custodiant te in omnibus viis tuis, in manibus portabunt te, ne forte offendas ad lapidem pedem tuum*, c'est-à-dire « Si tu es le fils de Dieu, laisse-toi tomber en bas, car il est écrit dans les Psaumes que Notre-Seigneur a ordonné à ses anges de le protéger en toutes circonstances, et ils te porteront dans leurs mains pour que tu ne te fasses pas mal à tes pieds ». Jésus-Christ répondit au diable : *Vade retro, Satana, non temptabis dominum Deum tuum*, ce qui veut dire « Retire-toi, Satan, tu ne tenteras pas le Seigneur ton Dieu ». Alors le diable le laissa, et les anges vinrent le servir.

Après avoir vu le lieu du jeûne, je redescendis au pied de la montagne dans le monastère Saint-Joachim où j'avais logé la nuit précédente.

Le fleuve Jourdain

De ce monastère, je m'en allai vers le fleuve Jourdain qui est à dix milles. Premièrement, à un mille au-delà du fleuve, se trouve un lieu appelé Saint-Jean. Là, fut construite une église à l'endroit où saint Jean-Baptiste baptisa Notre-Seigneur. Toute personne qui se plonge dans le fleuve, nous a-t-on dit, est lavée de tous ses péchés. C'est pour cette raison, en son honneur et par respect, que je m'y baignai et m'y plongeai entièrement, le 12 juillet [1].

Près du fleuve, se trouve une mer où l'on sait que furent construites les cités de Sodome et Gomorrhe, ainsi que trois autres : mais toutes tombèrent dans l'abîme à cause du péché de luxure. On l'appelle à présent la

---

1. La forte chaleur qui éprouvait les pèlerins ne pouvait manquer de rendre attrayant le bain dans les eaux du Jourdain. Mais de tout temps, par piété, les fidèles s'y baignèrent en souvenir du baptême du Christ, pratiquant l'ancien rite de l'immersion, qui était un rite de pénitence destiné à la conversion du pécheur, ce que souligne Nompar de Caumont.

mer Morte. Le fleuve Jourdain y pénètre et la traverse sans se fondre dans cette mer.

Vous devez savoir qu'en Arabie se trouvent des gens qu'on appelle les Arabes. Ils sont vêtus de longues chemises qui tombent jusqu'à terre, portent sur la tête un chapeau fait d'une toile entortillée, se déplacent à pied, sauf ceux qui ont un cheval ou de méchantes bêtes comme ânes ou petites mules. Ils ne portent aucune arme, excepté un bâton à bout de fer, vont pieds nus, et sans éperons, ainsi habillés quand ils se préparent pour la guerre.

Après ces saintes pérégrinations, je quittai cette contrée et regagnai Jérusalem par le chemin que j'avais déjà pris. La chaleur était si forte que je cheminai difficilement, et les pèlerins ne trouvaient ni à boire ni à manger et, à cause de la chaleur, mouraient en route [1].

Retour à Jérusalem

De retour à Jérusalem, cette nuit-là, j'entrai une nouvelle fois dans le Saint-Sépulcre, comme tous les pèlerins qui étaient là et qui veillaient deux ou trois nuits au moins. Quant à moi, j'y suis allé quatre fois, ce qui était plus que de coutume, disaient les autres pèlerins.

Mais à chaque entrée et sortie, vous devez payer les Sarrasins. Aussi, dans ce livre, ai-je mis dans l'ordre les pérégrinations [2], pour que chacun puisse mieux les voir et les entendre. Qu'il plaise à Notre-Seigneur que j'aie racheté le salut de mon âme et transformé ma vie !

VI

LES PÉRÉGRINATIONS, INDULGENCES ET PARDONS
DE LA TERRE SAINTE

Suivent les pérégrinations, indulgences, et pardons de peine et de coulpe de toute la Terre sainte, que j'ai rachetés par la grâce Notre-Seigneur. Ces indulgences furent accordées par le pape saint Sylvestre [3] à la demande de l'empereur Constantin et de sainte Hélène, sa mère. Je les ai mises par écrit en la cité de Jérusalem, le 14 juillet 1419 :

---

1. Les décès sont évidemment difficiles à chiffrer, mais nous savons qu'ils étaient habituels au cours des pèlerinages : à Ramleh, Nompar a déjà relevé la mort de « beaucoup de personnes ».
2. Nompar recopie ici la liste des indulgences qui étaient consignées dans les guides de pèlerinage à Jérusalem.
3. Il s'agit du pape Sylvestre Ier (314-335), dont le pontificat coïncida avec le règne de Constantin, premier empereur romain à s'être converti au christianisme. Celui-ci fit édifier de nombreuses églises sur les Lieux saints, en particulier à l'emplacement du Saint-Sépulcre.

De Jaffa à Jérusalem

À Jaffa où saint Pierre ressuscita Tabitha, serviteur des Apôtres : sept ans et sept quarantaines de vrai pardon ; là où saint Pierre pêchait, sept ans et sept quarantaines d'indulgences.

Près de Ramleh, à main gauche, dans la cité de Lydda où monseigneur saint Georges fut martyrisé et décapité, sept ans et sept quarantaines d'indulgences.

À Ramleh, cité où naquit Joseph dont descend Notre-Seigneur le crucifié : sept ans et sept quarantaines de pardon.

Au château d'Emmaüs, où les deux disciples reconnurent Jésus-Christ à la fraction du pain, après sa Résurrection : sept ans et sept quarantaines de pardon. Dans ce château, il y a le sépulcre de Cléophas, un des disciples de Jésus-Christ, et celui de Samuel, le prophète : sept ans et sept quarantaines de pardon.

Les pérégrinations devant l'église du Saint-Sépulcre

Devant l'église du Saint-Sépulcre, au milieu de la place, se trouve une pierre qui indique l'endroit où Jésus-Christ se reposa lorsqu'il portait sa croix : sept ans et sept quarantaines d'indulgences.

Sur cette place, il y a quatre chapelles : la première est dédiée à la Vierge Marie et à saint Jean l'évangéliste, la deuxième, c'est la chapelle des Anges, la troisième, celle de saint Jean-Baptiste, et la quatrième celle de Marie-Madeleine ; dans chacune d'elles : sept ans et sept quarantaines de pardon.

Les pérégrinations dans le Saint-Sépulcre

Je parlerai d'abord du mont Calvaire où Jésus-Christ fut crucifié, répandit son sang, et mourut pour nous : indulgence plénière de peine et de coulpe.

On trouve :

Devant la porte de la chapelle, la pierre sur laquelle fut déposé Jésus-Christ après la descente de la Croix, et où il fut oint et enveloppé d'un linceul par Joseph et Nicodème : pardon de peine et de coulpe.

Non loin, le sépulcre où fut déposé le Christ après l'onction. Il y reposa trois jours, et de là ressuscita glorieusement : indulgence plénière et vrai pardon de peine et de coulpe.

Après le Saint-Sépulcre, une chapelle de la Vierge Marie où Jésus-Christ apparut à sa mère après sa Résurrection : sept ans et sept quarantaines de pardon.

Dans cette chapelle, à l'intérieur d'une sorte de fenêtre est conservée une partie de la colonne qui témoigne des souffrances de Jésus-Christ dans la maison de Pilate : sept ans et sept quarantaines de vrai pardon.

Puis à main gauche, une autre niche où s'est trouvée longtemps la moitié de la croix de Jésus-Christ ; sept ans et sept quarantaines de pardon.

Toujours dans cette chapelle, au milieu, se trouve une pierre ronde où furent mises à l'épreuve les trois croix au moyen d'un mort qui ressuscita en touchant la croix de Jésus-Christ : sept ans et sept quarantaines de pardon.

En sortant de la chapelle, au pied de la marche, une pierre ronde à l'endroit où Jésus-Christ apparut à Marie-Madeleine partie à sa recherche, sous l'aspect d'un jardinier : sept ans et sept quarantaines de pardon.

Puis à main gauche, une chapelle où fut emprisonné Jésus-Christ, pendant qu'on préparait la croix, l'échelle, les clous et les autres instruments pour la mort de Jésus-Christ : sept ans et sept quarantaines de pardon.

En tournant autour du chœur de l'église, la chapelle où les gardiens divisèrent les vêtements du Christ : sept ans et sept quarantaines de pardon.

En continuant, une chapelle où furent découverts la lance, les clous et la couronne d'épines : vrai pardon de peine et de coulpe.

Tout près, il y a la chapelle Sainte-Hélène : sept ans et sept quarantaines d'indulgences.

Puis, une chapelle où l'on trouve sous l'autel la colonne à laquelle fut attaché le Christ, couronné d'épines : sept ans et sept quarantaines de pardon.

Au milieu de l'église se trouve une pierre qui s'appelle le milieu du monde : sept ans et sept quarantaines d'indulgences.

Les pérégrinations à l'intérieur de la cité de Jérusalem

On trouve en premier lieu :

La maison du mauvais riche qui ne voulait pas même donner les miettes de pain de sa table au pauvre Lazare : sept ans et sept quarantaines de pardon.

Puis la maison de Pilate où Jésus fut tourmenté et condamné à mort : vraie indulgence de peine et de coulpe.

Le lieu où Simon le Cyrénéen fut prié d'aider Jésus-Christ à porter sa croix tandis qu'Il se tournait vers les filles de Jérusalem en leur disant de ne pas pleurer sur Lui, mais sur elles et leurs enfants : sept ans et sept quarantaines d'indulgences.

Puis la maison d'Hérode où Jésus-Christ fut vêtu de blanc pour signifier qu'Il était fou : sept ans et sept quarantaines d'indulgences.

La maison de Joachim et d'Anne où naquit la Vierge Marie ; pardon de peine et de coulpe.

La maison où se trouvait la Vierge Marie quand les Juifs conduisirent son enfant chez Pilate et quand, le voyant arrêté, elle tomba en pâmoison, comme morte ; sept ans et sept quarantaines d'indulgences.

L'endroit où Jésus-Christ pardonna à Marie-Madeleine ses péchés ; sept ans et sept quarantaines de pardon.

Près d'un arc, deux pierres blanches, sur lesquelles, dit-on, Jésus-Christ se reposa lorsqu'Il portait la croix : sept ans et sept quarantaines d'indulgences.

Le temple où la Vierge Marie présenta Notre-Seigneur à Siméon qui reçut l'enfant Jésus entre ses bras le jour de la Purification : pardon de peine et de coulpe.

La porte Saint-Étienne près de laquelle le saint fut lapidé : sept ans et sept quarantaines de pardon.

À droite, la Porte Dorée par laquelle, le jour des Rameaux, Jésus-Christ entra dans Jérusalem ; il y a vrai pardon de peine et de coulpe.

Les pérégrinations du val de Josaphat

Puis, hors de la ville, près du ruisseau du Cédron, se trouve le lieu où saint Étienne fut lapidé ; sept ans et sept quarantaines d'indulgences.

Le ruisseau du Cédron où poussa il y a longtemps l'arbre dont on fit la croix de Jésus-Christ : sept ans et sept quarantaines d'indulgences.

Au milieu du val de Josaphat, la sépulture de la Vierge Marie ; il y a vrai pardon de peine et de coulpe.

Dans ce val, la nuit de sa Passion, Jésus-Christ sua sang et eau pour notre rédemption : sept ans et sept quarantaines d'indulgences.

Les pérégrinations du mont des Oliviers

Premièrement le jardin où Jésus-Christ fut arrêté : sept ans et sept quarantaines d'indulgences.

Puis le lieu où saint Pierre coupa l'oreille de Malchus ; sept ans et sept quarantaines d'indulgences.

Le lieu où les saints Pierre, Jacques et Jean se séparèrent des autres et s'endormirent : sept ans et sept quarantaines d'indulgences.

Un peu plus haut, le lieu où saint Thomas reçut la ceinture de la Vierge Marie ; sept ans et sept quarantaines d'indulgences.

Au milieu du mont des Oliviers, l'endroit où Jésus-Christ, regardant la cité de Jérusalem, se mit à pleurer : sept ans et sept quarantaines d'indulgences.

Un peu plus haut, le lieu où la Vierge Marie reçut une palme de l'ange qui lui révéla le jour de sa mort : sept ans et sept quarantaines d'indulgences.

Un peu plus haut, à main gauche, Galilée où les Apôtres avaient été envoyés par l'ange et où le Christ leur apparut : sept ans et sept quarantaines d'indulgences.

De l'autre côté à main droite, le mont des Oliviers d'où Jésus-Christ monta aux cieux : pardon de peine et de coulpe.

En le quittant, se trouve le lieu où les Apôtres composèrent le *Credo* : sept ans et sept quarantaines d'indulgences.

Au pied de la montagne, l'église Saint-Jacques-le-Mineur qui fit vœu de ne boire ni manger jusqu'à la Résurrection de Jésus-Christ : sept ans et sept quarantaines d'indulgences.

Après, la sépulture de Zacharie, le prophète : sept ans et sept quarantaines d'indulgences.

Près de la vallée de Siloé, la fontaine où la Vierge Marie lavait les langes de son enfant ; sept ans et sept quarantaines d'indulgences.

Après, la place où Isaïe, le prophète, fut scié en deux : sept ans et sept quarantaines d'indulgences.

En gravissant le mont Sion, la maison où les Apôtres se réfugièrent quand Jésus-Christ fut arrêté : sept ans et sept quarantaines d'indulgences.

Un peu plus haut, le champ d'Haceldama acheté avec les trente deniers qui servirent à vendre Jésus-Christ ; sept ans et sept quarantaines d'indulgences.

Les pérégrinations du mont Sion

En arrivant, le lieu où les Juifs voulurent enlever le corps de la Vierge Marie quand les Apôtres la transportèrent vers sa sépulture : sept ans et sept quarantaines d'indulgences.

Après, l'église Saint-Sauveur qui fut jadis la maison de Caïphe où se trouve la grande pierre qui avait été placée devant le tombeau de Jésus-Christ : sept ans et sept quarantaines d'indulgences.

S'y trouve la prison où Il fut enfermé pendant que Caïphe siégeait en conseil avec les Juifs et examinait les faux témoins : sept ans et sept quarantaines d'indulgences.

En quittant le mont Sion, se trouve le lieu où saint Jean disait la messe pour la Vierge Marie, après la mort de Jésus-Christ : sept ans et sept quarantaines d'indulgences.

Après, l'endroit où la Vierge Marie trépassa : pardon de peine et de coulpe.

Puis le lieu où furent élus saint Matthias, à la place de Judas, et saint Jacques le Mineur, évêque de Jérusalem : sept ans et sept quarantaines d'indulgences.

Ensuite, deux pierres sur lesquelles Jésus-Christ prêchait à ses Apôtres : sept ans et sept quarantaines d'indulgences.

Derrière l'église, l'endroit où l'on chauffa de l'eau pour laver les pieds des Apôtres et où fut rôti l'agneau pascal : sept ans et sept quarantaines d'indulgences.

Sous l'église, les sépultures de David, de Salomon et de plusieurs autres rois : sept ans et sept quarantaines d'indulgences.

Dans l'église, le grand autel est situé à l'endroit où Jésus-Christ célébra la Cène et où il sacra son précieux corps et le donna aux Apôtres : vrai pardon de peine et de coulpe.

Après, le lieu où Il lava les pieds à ses apôtres : sept ans et sept quarantaines d'indulgences.

Puis, hors de l'église se trouve le Cénacle où les Apôtres reçurent le Saint-Esprit : il y a vraie indulgence de peine et de coulpe.

En descendant dans le couvent, la chapelle où Jésus-Christ apparut à saint Thomas qui reçut la certitude de la Résurrection : sept ans et sept quarantaines d'indulgences.

En allant vers le château David, l'église Saint-Jacques où l'apôtre fut décapité : sept ans et sept quarantaines d'indulgences.

Plus loin, l'endroit où Jésus-Christ apparut aux trois Marie, disant *Avete...* : sept ans et sept quarantaines d'indulgences.

Les pérégrinations de Bethléem

Sur la route, à deux milles, se trouve le lieu où l'étoile apparut aux trois rois : sept ans et sept quarantaines d'indulgences.

Tout près, la chapelle où est né le prophète Élie : sept ans et sept quarantaines d'indulgences.

Dans l'église, l'endroit où est né Jésus-Christ : vraie indulgence de peine et de coulpe.

Puis, la crèche où Il fut déposé entre le bœuf et l'âne : pardon de peine et de coulpe.

À main droite, la chapelle où Jésus-Christ fut circoncis le huitième jour de sa nativité : vrai pardon de peine et de coulpe.

À main gauche, la chapelle où l'étoile disparut aux yeux des trois rois et où ils préparèrent l'offrande qu'ils firent à Jésus-Christ : sept ans et sept quarantaines d'indulgences.

En dehors de l'église, dans le cloître, l'école où saint Jérôme traduisit la Bible : sept ans et sept quarantaines d'indulgences.

Plus loin, la chapelle où furent déposés une partie des Innocents tués par Hérode : sept ans et sept quarantaines d'indulgences.

En dehors de la cité, en allant vers la montagne de Judée se trouve la sépulture de Rachel : sept ans et sept quarantaines d'indulgences.

Les pérégrinations de la montagne de Judée

On trouve tout d'abord la maison de Zacharie où la Vierge Marie entra pour saluer Élisabeth et composa le *Magnificat* : sept ans et sept quarantaines d'indulgences.

Puis à l'entrée de la maison, dans une chapelle où sainte Élisabeth cacha saint Jean par crainte d'Hérode qui faisait tuer les Innocents, la pierre qui s'ouvrit pour le cacher : sept ans et sept quarantaines d'indulgences.

En haut de la maison, le lieu où Zacharie écrivit à la naissance de Jean : « Jean est son nom » et alors la parole lui fut rendue : sept ans et sept quarantaines d'indulgences.

Les pérégrinations de Jéricho

Près de Jéricho, se trouve l'endroit où s'est assis l'aveugle à qui Jésus-Christ rendit la vue : sept ans et sept quarantaines d'indulgences.

En se rendant dans le désert de Jéricho, à main gauche, il y a une grande montagne où Jésus-Christ jeûna quarante jours et quarante nuits : vrai pardon de peine et de coulpe.

Au sommet de cette montagne, le diable transporta Jésus-Christ pour lui montrer tous les royaumes du monde : sept ans et sept quarantaines d'indulgences.

Puis, se trouve la cité de Jéricho où il y a des serpents dont on extrait la thériaque [1] : sept ans et sept quarantaines d'indulgences.

À main droite, le monastère de Saint-Jérôme : sept ans et sept quarantaines d'indulgences.

Les pérégrinations du fleuve Jourdain

Près du Jourdain, à un trait d'arbalète, se trouve l'église Saint-Jean-Baptiste, où l'on dit que se tenait Jésus-Christ lorsque saint Jean dit trois fois : « Voici l'Agneau de Dieu... » : sept ans et sept quarantaines d'indulgences.

Le fleuve Jourdain sépare la Judée et l'Arabie : il y a vrai pardon de peine et de coulpe.

De l'autre côté du fleuve, c'est le lieu où saint Jean baptisa Jésus-Christ. Là était la seconde Béthanie : sept ans et sept quarantaines d'indulgences.

Après se trouve la mer Morte qui fut créée avec la pluie et le feu au moment de la destruction de Sodome, Gomorrhe et d'autres cités : sept ans et sept quarantaines d'indulgences.

---

1. La thériaque relevait d'une pharmacopée très ancienne, dont les vertus avaient été célébrées par les poèmes de l'empereur Néron. Remède quasi universel depuis l'Antiquité jusqu'au XIXe siècle, il était utilisé pour soigner les maux les plus divers, du mal de mer aux morsures de serpents. La remarque de Caumont confirme la présence d'un des nombreux éléments de sa composition, qui varia selon l'époque et le lieu de fabrication, à savoir le venin de serpent, utilisé comme antidote. Si la thériaque renfermait des substances animales, les éléments végétaux étaient les plus nombreux, l'opium en particulier.

Au-delà de cette mer, la cité de Segor où Loth trouva refuge, échappant aux cités en feu : sept ans et sept quarantaines d'indulgences.

Près de cette cité, on voit la statue de sel en laquelle fut changée la femme de Loth : sept ans et sept quarantaines d'indulgences.

Ici se terminent les pérégrinations, indulgences et pardons de la Terre sainte.

VII

LA DEVISE DE L'ÉCHARPE D'AZUR
QUE LE SEIGNEUR DE CAUMONT A CHOISIE À JÉRUSALEM

Moi, Nompar, seigneur de Caumont, de Castelnau, de Castelculier et de Berbiguières, je fais savoir que j'ai décidé de porter une devise sur écharpe d'azur qui est la couleur de la loyauté. En souvenir et témoignage de ma volonté de l'adopter, l'écharpe porte un blason blanc et une croix vermeille pour garder en mémoire la Passion de Notre-Seigneur, et en souvenir de monseigneur saint Georges — qu'il lui plaise de me conserver sa bonne aide ! — est écrit en haut du blason : « Ferm ».

Si Dieu rappelait à Lui l'un de ceux qui portent cette écharpe, les autres feraient chanter pour son âme trois messes chacun, deux de requiem et une de monseigneur saint Georges ; si c'est moi, vingt messes. En plus de cela, j'ai décidé que si l'un des membres de l'écharpe perdait son héritage et n'avait de quoi vivre, à sa demande, je lui donnerai de quoi tenir son rang [1].

VIII

LE RETOUR DE JÉRUSALEM

Le 17 juillet, je quittai la sainte cité de Jérusalem pour la terre chrétienne et mon pays.

De Jérusalem à Ramleh : trente-cinq milles. J'y demeurai jusqu'au 20 du même mois. Puis, de Ramleh, je partis pour Jaffa : douze milles. Là, les nefs qui m'avaient transporté m'attendaient, et j'embarquai le jour de

---

1. Nompar de Caumont fonda donc à Jérusalem un ordre dont la marque distinctive était un ruban d'azur portant sa devise, « Ferm », et un écu dont le champ était blanc, chargé d'une croix vermeille en souvenir de la Passion du Christ et de saint Georges. Cette fondation, comme dans le cas des confréries, prévoyait des secours mutuels pour ses membres : des messes en cas de décès, et de la part de Caumont une aide destinée à celui qui viendrait à perdre son héritage, afin qu'il « puisse tenir son rang ». Ceci souligne bien les difficultés que rencontrait la noblesse devant la diminution de ses revenus, à cause de la guerre, mais surtout du fait des transformations économiques et sociales. Le marchand et l'homme d'affaires comptaient de plus en plus dans la société féodale.

mon arrivée. Le lendemain nous avons appareillé pour le royaume de Chypre et gagné le port de Famagouste, distant de quatre cents milles. La cité est édifiée au bord de la mer, et il s'y trouve une très belle église. Dans ce pays on compte en lieues.

Le royaume de Chypre

De Famagouste, par voie de terre, j'allai vers le roi de Chypre qui demeure à douze lieues dans une grande cité, appelée Nicosie. En quittant Famagouste à quatre lieues, sur le chemin, je passai devant un château édifié depuis peu de temps par le roi de Chypre sur un terre-plein, appelé Château-Franc, qui me semblait bien construit et bien fortifié. Depuis ce château, sans avoir compté, je parcourus environ quatre lieues jusqu'à l'Hôpital[1] de Rhodes qui s'appelle Mora, où je couchai cette nuit-là. De Mora à Nicosie où résidait le roi : quatre lieues. Le roi[2] me fit grande fête et bonne chère. J'étais logé dans un grand hôtel des chevaliers de Saint-Jean de Rhodes, qui est une commanderie où se trouve une chapelle. On y montre de belles reliques : le bras de monseigneur saint Georges, la tête de sainte Anne, mère de Notre-Dame, le corps entier de sainte Euphémie, ainsi que le fer de lance avec lequel monseigneur saint Georges avait tué le dragon ; il y avait encore d'autres reliques.

Après un séjour de deux ou trois jours avec le roi, je repartis par le même chemin vers la cité de Famagouste où attendaient les nefs. Vous devez savoir que ce pays est vraiment très chaud, au point que les gens hésitent à y chevaucher le jour plutôt que la nuit, tant est grande l'ardeur du soleil. Les gens étrangers à ce pays ne peuvent y demeurer longtemps en bonne santé.

Dans ce pays, les raisins sont en général noirs, mais les vins sont tous blancs.

Je pris la mer à Famagouste, longeant la côte de Chypre jusqu'au cap Saint-André d'où il y a soixante-dix milles. De ce cap à la ville de Carpasia : vingt-cinq milles. De Carpasia au château de Cantara : trente milles, de là au château de Laonda, autrement dit Buffavent : trente milles, de Buffavent au château et à la ville de Cérines (Kyrénia) : dix milles, c'est un port de mer indépendant de Chypre. La cité fut jadis construite par le magnanime Achille, roi de Thessalie. De Cérines au château de Saint-Hilarion : cinq milles.

Ensuite, nous laissâmes le royaume de Chypre pour pénétrer en pays

1. Les Hospitaliers possédaient des commanderies à Chypre. La commanderie, cellule de base de l'ordre, était un domaine rural comprenant le logis conventuel du commandeur et des frères, l'église et les bâtiments hospitaliers pour les voyageurs et les pèlerins.
2. En 1420, le roi de Chypre était Janus de Lusignan, qui avait épousé Charlotte de Bourbon, fille de Jean II de Bourbon-Vendôme. La famille Lusignan était originaire du Poitou et régna sur Chypre de 1192 à 1489, date à laquelle l'île passa aux mains des Vénitiens.

turc qui auparavant s'appelait l'Arménie, mais à présent, ces mécréants de Turcs y sont !

Le pays turc appelé jadis l'Arménie [1]

Premièrement, la cité de Tarse près de laquelle se trouve la grande cité d'Antioche qui est loin du cap Saint-André, à cent milles. Aujourd'hui Tarse appartient au roi de Chypre.

Devant, se trouve une île appelée Colquos, où demeurait le mouton à la toison d'or enlevé par Jason, roi de Thessalie. Depuis Tarse jusqu'au château de Curco : un mille ; en face, se trouve une île à une distance de soixante milles, qui s'appelle Échelle provençale et semble être peuplée. De cette Échelle au château et à la ville de Sachim : cent milles. De Sachim au château d'Hastilimurre : quinze milles. D'Hastilimurre au château et à la ville de la petite Antioche : trente milles. De la petite Antioche à la ville de Candeloro : quarante milles ; elle appartient au grand karamaniy [2], maître des Turcs dont les troupes la contrôlent.

Devant Candeloro [3], le jour de saint Laurent, nous rencontrâmes au point du jour une galère armée de Turcs qui revenaient d'Alexandrie et de Damiette, chargée de marchandises, estimées, à ce qu'on disait, à plus de 60 000 ducats ; on pensait qu'elle devait contenir plus ou moins deux cent vingt combattants. À sa vue, chacun prit les armes, et nous allâmes droit vers eux, pensant les combattre. Ils firent mine de venir contre nous, mais aussitôt que nous nous fûmes approchés d'eux prêts à combattre, ils virèrent de bord et s'enfuirent vers le port de Candeloro qui leur appartenait. Notre nef les suivit pour les empêcher d'y arriver, mais ils avaient l'avantage d'avoir deux voiles et quatre-vingts rameurs qui accéléraient bien ensemble le navire. Comme nous étions devant eux, ils prirent un autre chemin, et nous les avons poursuivis. Mais le vent nous fit défaut au moment le plus crucial, et nous n'avons pu continuer. C'est ainsi que nous échappèrent ces mécréants de Turcs, ce dont nous étions bien courroucés ! Cette poursuite avait duré du point du jour jusqu'à l'heure de none environ.

---

1. En Cilicie, au XIIᵉ siècle, avait été fondé le royaume de Petite Arménie dont la couronne passa en 1342 à la maison des Lusignan. Le dernier roi d'Arménie, Léon VI, en fut chassé en 1375 par les Mamelouks du Caire, qui établirent leur souveraineté sur la région. Caumont localise la légende de la Toison d'or, près de Tarse, au château de Korykos, édifié au XIIᵉ siècle par les souverains arméniens. Certains pèlerins localisèrent la légende des Argonautes, originaire du sud du Caucase, à Rhodes.
2. C'est-à-dire l'émir turc du Karaman, dont le territoire en 1419 ne faisait pas encore partie de l'Empire ottoman. En revanche, le sultan mamelouk du Caire étendait sa suzeraineté sur la région et il venait de soutenir une guerre contre le Karaman qui cherchait à s'affranchir de cette tutelle.
3. L'itinéraire des pèlerins permet de supposer qu'il s'agit du port turc d'Alanya à l'est d'Antalya.

Puis de Candeloro à la cité de Satalie [1] : quatre-vingt-dix milles. Cette cité appartient à Creissi [2], empereur ou roi de Turquie ; elle est située devant un grand golfe qui porte son nom, Satalie. Jadis, les navires qui y passaient périssaient, jusqu'à ce que sainte Hélène, mère de Constantin, y jetât un des clous qui servit à crucifier Notre-Seigneur. Puis de Satalie, au château de Fer et d'Au [3] : deux cents milles ; il est situé en pays turc, mais il appartient au grand maître de Rhodes, au grand dam des Turcs.

L'île de Rhodes

Du château de Fer et d'Au jusqu'à Rhodes : vingt-cinq milles. Je fus de retour à Rhodes le 25 août et j'y demeurai deux mois. La cité de Rhodes est située dans une grande île remplie de tous les biens ; elle possède de belles forteresses bien défendues, autrement que par des Grecs, et qui sont nécessaires à cause de la Turquie qui se trouve en face de l'île, séparée seulement d'elle par un petit bras de mer. La mer bat le pied des murs de la cité, et les navires gagnent tout droit le port qui est à l'abri d'une grande digue construite avec de gros blocs de maçonnerie ; elle est crénelée au bord et fait suite au mur de la cité, pénétrant dans la mer sur une longueur de quatre traits d'arc au moins. Tout au long, ont été construits seize moulins à vent [4], tous sur un rang, qui nuit et jour, hiver comme été, moulent le grain. On les voit tous en activité et puis, tout à coup, ils s'arrêtent.

Un jour à Rhodes, je me levai de bon matin pour gagner une haute montagne à cinq milles de la cité, que l'on appelle le puits de Philerme où jadis fut construite la cité de Rhodes, et que l'on appelait en ce temps Colosse. C'est là que Paul [5] rédigea ses Épîtres. C'est un endroit bien situé, mais entièrement détruit à l'exception d'un château, près du chemin en arrivant. L'autre côté de la montagne n'a rien, excepté une chapelle bien dévote à Notre-Dame qui y fait de grands miracles. Pour cette raison,

---

1. Antalya. Le voyageur arabe Ibn Battutah y débarqua en 1333. Il décrivit dans sa relation de voyage l'activité du port et ses relations permanentes avec Alexandrie, tout comme le souligne Caumont. La galère turque chargée de marchandises n'a pas manqué d'exciter la convoitise du patron de la nef des pèlerins puisqu'il tenta, mais sans succès, de l'arraisonner.

2. Personnage non identifié.

3. La distance de deux cents milles, avancée par Caumont, entre Satalie et ce château de Fer et d'Au, ne permet guère de localiser cette possession des Hospitaliers à Bodrum, c'est-à-dire au château Saint-Pierre, édifié sur le site d'Halicarnasse, qui pourtant se rapporte parfaitement à son propos, mais que le copiste a pu mal transcrire.

4. En arrivant au port de Rhodes, les pèlerins apercevaient d'abord une longue jetée sur laquelle tournaient des moulins à vent. Ils étaient destinés à moudre non seulement le blé de l'île, mais aussi celui qui provenait des îles du Dodécanèse, de la Crète ou de Chypre. Le pèlerin allemand Bernard de Breydenbach en fit faire de célèbres reproductions au cours de son pèlerinage de 1483.

5. Caumont commet une confusion, qui est assez fréquente, entre l'appellation antique de l'île à cause du Colosse d'Apollon à Rhodes, et la cité de Colosses (Kolossaï) située en Asie Mineure qu'évangélisa saint Paul.

je voulus y aller pour entendre la messe, Après quoi, je revins à Rhodes le jour même.

Près de la cité de Rhodes, il y a une petite chapelle à l'endroit où fut trouvée la tête de saint Jean-Baptiste, qui à présent est à Rome. Dieu fit un miracle dans ce lieu en faisant jaillir une source à laquelle chacun boit volontiers s'il se rend ici. Dans la chapelle, on obtient de grands pardons. Je m'y trouvai au moment de la fête de la décollation de saint Jean : j'y fis chanter la messe. Cette chapelle est tenue par les Grecs.

De l'autre côté de la cité, il y a une église appelée Saint-Antoine avec pardon de peine et de coulpe trois fois par semaine, c'est-à-dire le lundi, mercredi et vendredi. J'y suis allé plusieurs fois, et j'ai fait dire des messes. À l'intérieur du château de la cité, il y a un bel hôtel destiné à recevoir les malades [1]. Tous ceux qui finissent là leur vie sont absous de peine et de coulpe, après confession et pénitence. Cette grâce a été octroyée par les Saints-Pères de Rome. Pour cette raison, plusieurs grands seigneurs et d'autres s'y font transporter quand ils sont malades. Ils y ont le service des messes, y sont bien soignés par les médecins, ils ont de bons lits et de bonnes viandes aux frais de l'Hôpital de Rhodes. Tous ceux qui pénètrent pour visiter les malades dans cet hôtel, qu'on appelle infirmerie, obtiennent aussi certains jours d'indulgences.

Dans cette cité de Rhodes, à l'une des extrémités de la ville, sur un cap, se trouve un grand château fortifié [2], bien flanqué de tours et de murailles tout autour. À l'intérieur, dans une chapelle se trouve une des épines de la couronne de Notre-Seigneur ; elle fleurit le jour du vendredi saint à l'heure où Notre-Seigneur a subi la Passion. On dit que les autres épines ne fleurissent pas, excepté celles qui ont touché la tête de Jésus-Christ. Cette épine n'est montrée qu'une fois par an, le vendredi saint, et chacun peut la voir. Je n'y étais pas à ce moment-là, mais j'ai désiré la voir par dévotion. Aussi le lieutenant du grand maître de Rhodes et les frères chevaliers me la montrèrent secrètement. Ils me dirent que pareille faveur n'avait été faite à quiconque, et qu'ils ne contrevenaient à leur coutume que pour l'amour de moi, pour me faire plaisir et honneur. Je les en ai grandement remerciés. Cette épine était enfermée dans une belle châsse d'or. Ensuite ils me montrèrent le bras de madame sainte Catherine ainsi que d'autres reliques que je vénérai en souvenir de la Passion de Notre Seigneur.

---

1. L'Hôpital dont il est question est l'hôpital primitif de Rhodes situé dans l'enceinte du château. La construction d'un second hôpital fut entreprise vers 1440, sous le magistère de Jean de Lastic. Les préceptes de l'hospitalité avaient été codifiés au moment de la fondation de l'ordre.

2. Caumont décrit ici le palais des grands maîtres, qui se dressait sur la principale hauteur de la ville sous la forme d'un quadrilatère d'environ cent mètres de côté. Il comprenait la chapelle privée du grand maître où se trouvait une des épines de la couronne du Christ qui fleurissait le vendredi saint selon la légende ; l'église Saint-Jean-Baptiste, dans la ville, renfermait aussi une autre « sainte Épine » mais qui n'avait pas la même célébrité.

Le 20 septembre, je pris la mer pour revenir dans ma terre au bon pays de Gascogne, et je fis route en longeant la côte de Turquie jusqu'au cap appelé les Échelles de Saint-Paul à trente milles de Rhodes. Après ce cap se trouve une île appelée Simi ; entre eux il y a peu de mer. Il y a le cap de Crio, dernier cap turc à quarante milles de Simi.

Du cap Crio jusqu'à une île qui appartient à l'Hôpital de Rhodes, appelée Lango[1] : dix milles. C'est une île bien peuplée et qui renferme des biens en abondance. De Lango à l'île déserte de Viro : quinze milles. À partir de Viro, je passai entre deux îles, l'une à main gauche appelée Piscopia, et l'autre à main droite, Nitzere, distantes l'une de l'autre de quarante milles, et à cinq milles de Viro. Toutes deux sont habitées, et dépendent de la seigneurie de Rhodes.

Après ces îles, on trouve deux autres îles désertes, Caloquirane et Quirane, à cinq milles en avant à main gauche. Puis, on rencontre deux petits rochers appelés les Coffres où il n'y a rien, situés à vingt milles des îles susdites. À quinze milles des Coffres, se trouve une île assez grande, Stampalie[2], où il y a un château élevé sur un rocher au bord de la mer.

De Stampalie à une île appelée Pipi : dix milles ; là, croît la graine d'écarlate. Elle appartient au seigneur duc de Naxos[3]. De cette île à celle de Namphi[4] : quinze milles ; elle appartient au duc de Naxos qui y possède un château, et produit du coton. De Namphi à l'île de Morgo : trente milles ; sur la côte, au bord de la mer se trouve un monastère de moines grecs. Cette île est à douze milles du duché de Naxos. De Morgo à l'île de Nio : vingt milles ; on y voit un château dans la montagne qui appartient au duc susnommé. De Nio à l'île de Santorin[5] : vingt milles ; elle dépend de la seigneurie de Naxos, elle est grande, bien peuplée et renferme beaucoup d'animaux ; l'on y recueille du coton à foison. Il y a trois châteaux. De Santorin vers deux petites îles désertes, proches l'une de l'autre : dix milles ; on les nomme Christianes ; jusqu'à l'île déserte de Sicandron : trente milles.

De Sicandron à Policandron, île déserte : quinze milles.

De Policandron à l'île déserte de Polino : dix milles.

De Polino à l'île habitée de Milos : vingt milles.

De Milos à l'île de Panaye : dix milles ; il n'y a aucune habitation, rien que des ânes sauvages ; jusqu'à une île déserte appelée Serphino : cinq milles.

De Serphino à Intimil, île déserte : quinze milles.

---

1. Cos.
2. Astypalia.
3. Ce titre fut conféré au vénitien Marco Sanudo au lendemain de la quatrième croisade (1204). L'île de Naxos, la plus grande des Cyclades, resta entre les mains de familles vénitiennes, les Sanudo, puis les Crispi, jusqu'au XVIᵉ siècle.
4. Anafi.
5. Théra.

D'Intimil à Ormouyl, île déserte : dix milles.

D'Ormouyl à Nuye, île déserte : cinq milles.

De Nuye à Falconayre, île déserte : trente milles.

De Falconayre à Caram, île déserte : vingt milles.

De Caram au cap Saint-Ange : quinze milles ; c'est un cap en terre ferme, et en haut de la montagne se trouve un ermitage.

Du cap Saint-Ange à l'île de Cythère : vingt milles ; elle est habitée, et très en hauteur, on voit un château sur le roc.

De Cythère à l'île déserte de Servo : dix milles.

De Servo à Matapan en terre ferme : soixante milles.

De Matapan au cap Mania, aussi en terre ferme : dix milles ; on voit deux châteaux sur ce cap. De là, jusqu'à l'île déserte de Venetico où habitent quatre ermites seuls dans une église perchée sur un sommet : soixante milles.

De Venetico à Coron : dix milles ; c'est une bonne ville dans le pays de Morée, mais ce sont les Vénitiens qui la possèdent.

De Coron au cap Gallo : dix milles.

De ce cap jusqu'à Cabre : dix milles ; personne n'y habite, excepté des pasteurs qui vont garder leurs troupeaux.

De Cabre à l'île déserte de Sapience : cinq milles ; personne n'y habite, excepté des ermites au pied de la montagne dans une église appelée Sainte-Marie-de-Sapience, et des sentinelles sur une haute colline pour surveiller les navires qui s'approchent ; ils font alors des signaux à la cité de Modon, située à deux milles devant l'île de Sapience. J'arrivai à Modon en Morée.

La principauté de Morée

De Modon au port de Navarin [1] : dix milles. Dans ce port, un jour se produisit un miracle. Au moment où une nef passait chargée d'huile, une forte tempête risqua de la fracasser contre la côte rocheuse et montagneuse, et nul ne pouvait le lui éviter, sinon Dieu. Le patron et les passagers, voyant qu'ils allaient tous périr, firent vœux et promesses à Dieu et à la Vierge Marie : s'ils pouvaient en réchapper, ils utiliseraient toutes leurs marchandises à construire une église pour prier Dieu chaque jour. Après que ce vœu fut prononcé, par un miracle de Notre-Seigneur le Tout-Puissant, et de la Bienheureuse Vierge Marie, alors que le bateau allait se jeter dessus, cette roche s'ouvrit en deux, et il passa sain et sauf par cette ouverture ; tous échappèrent ainsi au danger et n'eurent aucun mal. Une fois à terre, le patron et les autres n'oublièrent pas leur vœu, ni la grande grâce de Notre-Seigneur, et ils vendirent toutes leurs marchan-

---

1. Pilos.

dises pour construire une église à proximité de cet endroit, sur une haute colline, qui s'appelle Sainte-Marie-de-Pitié.

Après ce port et le château de Navarin situé dans la montagne, on entre dans un grand golfe, le golfe de Crète, qui dure quatre cent quatre-vingts milles sans voir terre. Quand j'y fus entré, un vent contraire fit retourner notre nef à Modon, que j'avais dépassée de quarante milles. Alors, j'abordai au port et y demeurai quatre jours, attendant le bon vent. C'est une cité en terre ferme, au pied de laquelle la mer vient se jeter sur un côté ; elle est bien entourée de murs et appartient aux Génois [1]. Là, on m'a dit qu'il y avait une église renfermant le corps de saint Léon qui pendant sa vie fut sabotier. En revenant du Saint-Sépulcre, il fut frappé de maladie au retour sur le bateau, et en mourut. Alors on le jeta à la mer dans une caisse. Elle le rejeta à terre près de la cité de Modon, où des hommes, l'ayant découverte, cherchèrent à voir son contenu. À la vue d'un homme mort, ils allèrent l'enterrer dans une fosse. Mais chaque nuit, au-dessus de cette fosse, on voyait trois flammes allumées miraculeusement par Dieu. Une nuit, l'évêque de la cité eut une vision : dans ce lieu reposait le corps d'un saint qu'il fallait déterrer et honorer comme il se doit. Le lendemain, après s'être levé, l'évêque révéla la chose, et ordonna qu'on se rendît là-bas en grande procession avec d'autres évêques, des chapelains et plusieurs personnes.

Une fois arrivé, on le déterra et le transporta sur une charrue tirée par des bœufs pour le conduire dans la ville. À proximité de la cité, on ne pouvait plus avancer, et on décida de le laisser là et d'y construire une église. Il y demeure depuis quatre-vingts ans, à ce qu'on dit, et fait de grands miracles par la grâce de Notre-Seigneur. Quand le pays est en guerre, les habitants savent que le malheur doit arriver, et de peur de le perdre, ils vont le chercher pour le rapporter dans la cité. Ils n'entreprennent rien sans le déplacer. Je suis allé dans cette église pour voir le corps de ce saint que détiennent les Grecs derrière le grand autel du chœur de l'église. Je le vis dans une caisse ferrée, entier, ainsi qu'il lui plut. Je revins par un autre chemin, où il y a un logis ouvert, appelé Saint-Georges de Tribulleye. Il y a une chapelle desservie par les Grecs. De là, je regagnai la cité de Modon.

Je repartis et parcourus à nouveau le trajet que j'avais emprunté lorsque le vent me repoussa du golfe de Crète jusqu'à Modon. Devant l'île déserte de Prédent, qui est à l'entrée du golfe de Crète et à quinze milles du port de Navarin, alors que je voulais me rendre directement au royaume de Sicile, à Syracuse, où j'étais déjà passé à l'aller, je subis dans ce golfe de Crète deux malheureux et périlleux coups du destin.

---

1. Caumont commet une confusion : ce ne sont pas les Génois qui possédaient Modon, mais les Vénitiens. Modon était un des ports les plus importants de l'empire colonial de Venise.

Les tempêtes

La première se produisit le samedi 7 octobre, vers l'heure de prime, alors que j'étais loin en mer, presque à la moitié du golfe de Crète, et qu'on ne voyait la terre de nulle part. L'obscurité arriva soudainement, avec un fort vent. Peu après, très haut dans les airs, il y eut un fracas si grand, si épouvantable, qu'aucune bombarde ou canon au monde n'aurait assez de puissance pour faire autant de bruit. Le ciel et la terre semblaient s'être rencontrés au moment où, dans un immense cri, quelque chose que l'on ne put identifier s'abattit sur notre navire. Il porta un tel coup au grand mât auquel étaient fixées les voiles, que celui-ci prit feu, se brisa en plusieurs morceaux qui endommagèrent à leur tour le château, dont une partie se retrouva sous le mât en question, et l'autre, jetée à la mer. Cela provoqua un immense effroi. Plus de vingt-huit personnes tombèrent à l'eau, il y eut neuf blessés et un mort que l'on jeta à la mer. Puis cette chose pénétra au plus profond de l'intérieur du bateau et détacha une grande ancre de fer de son amarre. Pourtant, nous redoutions beaucoup qu'elle ait traversé le navire de part en part ! Toutes les personnes du bateau étaient très effrayées, fort stupéfaites et découragées. Il y avait bien de quoi ! Ce grand accident, cette épouvantable chose, était arrivé si soudainement que personne ne pouvait dire à quoi cela ressemblait. Certains disaient qu'ils avaient vu une chose noire chargée de feu et de flammes s'abattre sur nous, et que c'était la foudre. D'autres présumaient que c'était le péché infernal qui nous avait mis à mal ainsi. Nous pensions tous périr noyés et ne pas pouvoir sauver notre vie. Si d'autres avaient pu voir dans quel état nous étions, ils n'auraient pas pensé autrement. C'était grande pitié de voir et d'entendre les cris et les gémissements que poussaient toutes les bonnes gens comme s'ils voyaient la mort devant eux ! Prévoyant le moment où la nef allait sombrer au fond de la mer, ils s'étaient dévêtus et s'étaient emparés des planches qu'ils avaient pu trouver, en se donnant les meilleurs conseils pour prolonger leur vie en mer. Bien qu'en mauvaise posture, tous s'étaient confessés l'un à l'autre, ainsi que tout bon chrétien doit le faire absolument à l'approche de la mort. Nous en étions à cette heure-là !

Personne ne pensait plus à soi, croyait ne plus jamais voir la terre puisque le mât du navire était en pièces et que le feu avait pris à l'intérieur du bateau. Nous ne pouvions avoir aucune aide, nous étions au milieu de la grande mer où l'on ne voit que le ciel et l'eau, et nous n'apercevions aucun navire pour nous secourir. Nous errions çà et là dans la mer, perdus, avec une grande peur, et attendant dans l'affolement la miséricorde de Dieu notre Seigneur. Chacun, de tout son cœur, se recommandait sans cesse à Lui ainsi qu'à la Bienheureuse Vierge Marie, sa chère Mère, pleine de pitié. Chacun leur demandait de nous faire la grâce de nous sauver la vie et de nous permettre d'arriver à quelque bon port. Après ces vœux, Dieu et la Vierge Marie nous donnèrent un changement de temps, toute cette obscurité et ce grand vent cessèrent brusquement. Par la vertu de Dieu, tout se transforma en un beau soleil, ce qu'on lui avait réclamé avec force.

Alors, le mât du navire, qui n'était pas complètement abattu, fut ramené par les marins et attaché avec de grandes planches ; on a combattu le feu, et on est arrivé à l'éteindre avec de l'eau, de l'huile d'olive et du vinaigre. Comprenant que par ce miracle, Dieu ne voulait pas notre perte, nous avons été tout à fait réconfortés et nous nous sommes mis à le louer, lui rendant grâce de nous avoir préservés de la mort. Il était impossible d'y échapper, à moins que par miséricorde Il n'eût pitié de nous quand nous lui avons adressé la prière de nous préserver de ce malheur. Ainsi, nous avons échappé à ce péril, et nous nous sommes éloignés du Levant en nous dirigeant vers la cité de Syracuse où je voulais me rendre.

Le samedi suivant, nous avions parcouru une telle distance que nous étions en vue de Syracuse, et je pensai que nous en étions à dix milles environ. Je comptais donc y être pour le dîner, le lendemain 15 octobre. Mais au milieu de la nuit le vent commença à souffler très fort. Au lever du jour, nous eûmes une si grande tempête qu'elle nous poussa jusqu'au royaume de Calabre, puis jusqu'à la cité de Catane, et de Catane vers Messine en Sicile. Nous subissions un vent si violent et une si mauvaise fortune que le patron et les marins n'ont pu aborder dans aucun de ces ports. Nous allions çà et là en mer, à la merci du vent et à pleines voiles car nous n'avions pu les descendre à cause de la soudaineté et de la force du vent qui s'était levé en pleine nuit. La mer était si haute que les ondes entraient dans le navire et se brassaient tellement, d'un côté puis de l'autre, qu'aucun homme ne pouvait se tenir ni sur ses pieds ni assis, sauf à être bien attaché au bord du navire, ou ailleurs dans les chambres, mais bien lié.

Ni coffre, ni table, ni quoi que ce fût, ne restait en place, tout circulait dans le navire entre les gens, tant il était ballotté, excepté ce qui était fixé. Nous pensions chavirer d'un côté, puis de l'autre, car la voile du grand mât touchait la mer, et faisait tant incliner le bateau que l'eau y pénétrait ; nous pensions que la mer allait s'y engouffrer tout entière, car le mât était brisé à l'avant, comme je l'ai expliqué précédemment ; nous pensions qu'il achèverait de se briser et, tombant à la mer, entraînerait le navire avec lui.

Ce vent redoutable, terriblement mauvais, et violent, comme je n'en avais jamais vu, nous poussa vers un grand rocher. Alors, les marins et tous les autres, craignant de périr si la nef se brisait, commencèrent à se dévêtir, à se déchausser, croyant que c'en était fait de nous. Il ne faut pas me demander si je fus réconforté par leur comportement ! Je me confessai rapidement et recommandai mon âme à Dieu et à la Vierge Marie, priant qu'en leur miséricorde, ils eussent pitié et merci. Que vous dirais-je ? Le fait est que dans cette situation, je ne tenais plus compte de mon corps, car si auparavant nous avions été en grand danger de mort, à présent nous l'étions autant, même davantage. Tout le monde s'était attaché très fortement à des planches ou à des mâts, et s'était confessé comme précédemment parce qu'on voyait la mort de face. Il n'est pas besoin de demander si nous fîmes des vœux et des promesses à Dieu et aux saints !

Et personne ne pensait plus jamais en faire ! Mais Dieu et la Vierge, qui ne nous avaient pas abandonnés, nous firent grâce au moment où nous étions à un trait de pierre du rocher, pensant le heurter en plein travers : le vent violent laissa sa place à un autre, qui souffla brusquement et emporta le navire loin de ce rocher montagneux. Nous avions bien besoin d'un secours rapide, sans cela le bateau allait se briser contre les rochers ! La nef erra sur la mer à la merci de la tempête qui dura de samedi dans la nuit jusqu'au dimanche toute la journée, sans arrêt. À grand-peine, à l'approche de mardi, j'arrivai dans la cité de Syracuse. J'y demeurai presque un mois, jusqu'à ce que le mât et le navire eussent été réparés. Devant ma bonne fortune, j'adressai à Notre-Seigneur l'oraison qui suit.

L'oraison

Dieu tout-puissant, mon Créateur, mon souverain Seigneur, Toi qui as formé mon âme à ta ressemblance, et m'as racheté avec ton précieux sang que Tu as voulu répandre pour moi, et pour toute la nature humaine, afin de nous arracher à la mort et à la damnation perpétuelle, je goûte ma très grande fortune [1] !

Je la vois clairement quand je pense aux horribles tourments et aux grands périls que je connaissais dans ce bateau, au milieu d'une mer indignée qui voulait me noyer et me faire périr. Entre la vie et la mort, sans aucun remède ni moyen pour lui échapper, j'attendais ta miséricorde, espérant l'obtenir comme il se doit, car j'y place toute ma confiance et mon recours. C'est pour cela, mon Dieu Sauveur, que je crois très fermement, et sans aucun doute, que Tu m'as impliqué dans ce monde pour Te servir. Sachant que je T'ai coûté un tel prix, je T'adresse humblement ma prière et Te supplie pieusement en ta magnificence, de me prendre, moi ta petite créature, en pitié et protection, car si je suis sorti de ce péril, et si je n'ai pas fini mes jours dans cette mer qui me voulait du mal [2], donne-

---

1. Caumont reprend ici un des thèmes les plus répandus de la littérature médiévale, celui de la bonne ou mauvaise fortune. Les auteurs du Moyen Âge réutilisèrent ce concept déjà largement diffusé dans l'Antiquité par les stoïciens, mais en le christianisant. Ils introduisirent le thème du destin, le *fatum*, intimement lié au sens du salut chrétien. Le pèlerin traduit ici, en évoquant sa bonne et sa mauvaise fortune, le sentiment que l'homme a de son destin, sentiment qui allait s'exprimer avec tant de force au moment de la Réforme, au siècle suivant.

2. La mer est personnalisée comme une force du mal, et la plupart des voyageurs la redoutaient comme telle. Caumont n'a pas exorcisé son angoisse, et la prière qu'il a rédigée doit être ajoutée à la liste de celles qui nous ont été conservées concernant la mer, prière

moi la force de me défaire et de me préserver de cette terrible angoisse, de ces frayeurs que je ressens encore, et dont Toi seul peux me délivrer.

Mon Créateur, que ferai-je si Tu ne m'accordes pas ta grâce et ta bonté ? Qu'il Te plaise en ton humilité de le faire, et d'ouvrir tes yeux de miséricorde sur moi ! Par ta toute-puissance et compassion, délivre-moi rapidement de cette grande pénitence que je connais ! Vrai Dieu, Jésus-Christ, je sais bien que j'ai failli envers Toi de diverses manières, que je suis un vil pécheur en comparaison de ce que Tu m'as donné, mais ne regarde pas mes fautes et mes mauvaises actions, innombrables, car je ne peux être puni à la mesure de mes manques, et j'ai besoin de ta miséricorde et de ta protection. Donne-moi le temps et la durée pour me convertir [1], améliorer ma vie afin que je puisse agir à l'avenir de la façon qui plaise et soit agréable à ta divine Majesté ! Qu'elle me rende digne d'obtenir ta grâce bénie et ton amour que je désire ardemment ! Beau sire Dieu, vois comme je suis désemparé, je ne sais que faire, je suis tout éperdu, si Tu ne m'aides, ne me soutiens, ne me défends contre cette mauvaise fortune qui s'acharne sur moi, et à laquelle je ne peux échapper sans ton aide. Sans Toi, je ne peux vivre, n'avoir nul bien, et je sais avec certitude que si Tu m'abandonnes, la mort viendra me reprendre. C'est pourquoi je Te prie de ne pas m'abandonner, ni maintenant, ni jamais ! Fais-moi vivre longtemps pour Te louer, Te glorifier ! Que je puisse Te rendre grâce pour les grands biens et honneurs que Tu m'as donnés en ce monde, que je puisse faire le bien, distribuer des aumômes pour accomplir tes bons commandements ! Vrai Dieu du paradis dans lequel j'ai ferme espérance et place mon réconfort, aie pitié de moi, ta pauvre créature, et écoute ma prière ! Je Te prie à mains jointes, par le mérite de ta sainte Passion, de ne pas dire non à ma prière, car Tu sais que je T'appartiens corps et âme ! À présent, je Te le confirme et me donne à Toi à jamais.

Autre départ

Quand le navire fut radoubé et son mât bien réparé, je repris la mer à Syracuse pour faire route vers le royaume de Sardaigne. À quarante milles en pleine mer, près du cap Passero un vent se leva et nous fit repartir en arrière vers cette cité, mais il ne dura pas, et nous continuâmes vers Messine qui était à cent milles. Nous avons longé la côte de Sicile et nous avons vu deux châteaux au bord de la mer qui paraissaient bien fortifiés, l'un s'appelait le Môle, et l'autre Taormina ; à dix milles plus bas, il y en

---

« Pour éloigner la tempête », par exemple. Dans le vocabulaire maritime, l'expression « Fortune de mer » est encore employée aujourd'hui.

1. Le salut du pécheur est défini ici non seulement comme le salut par la foi, mais aussi par les « œuvres », à une époque où le désarroi des chrétiens face au schisme de l'Église avait à peine pris fin, à la suite des décisions des Pères du concile de Constance qui rétablirent l'unité de la papauté en élisant en 1418 le pape Martin V.

avait encore un autre nommé Scaletta. De l'autre côté dans le royaume de Calabre, sur la côte nous avons vu un château appelé Pintadol, après la bonne ville de Réjol au bord de la mer. Ces deux royaumes de Sicile et de Calabre sont face à face, à peine séparés par un bras de mer, mais la Calabre est en terre ferme alors que la Sicile est une très grande île. Je croyais passer entre ces deux royaumes en un instant à l'endroit que les marins nomment Bocca di Faro, mais à l'entrée un vent contraire nous surprit et nous força à retourner en arrière. Nous avons erré çà et là, espérant passer le détroit, mais nous demeurâmes ainsi huit jours sans pouvoir le franchir. Le vent nous repoussa en arrière jusqu'au cap Passero où nous nous étions trouvés au départ. Enfin, nous eûmes un bon vent pour reprendre notre route, si bon que c'était merveille, et que nous dépassâmes ce cap de deux cents milles. Mais durant notre parcours, un vendredi, vers le milieu de la nuit du 10 octobre, un vent si fort se leva qu'on put difficilement baisser les voiles. Il pleuvait, tombait de la grêle, et la nuit était si obscure que sur le bateau nous pouvions à peine nous voir les uns et les autres. Le patron et les marins avaient du mal à diriger le navire à cause de ce mauvais temps et de cette grande obscurité de la nuit. Nous avions tant à faire à cause de ce grand péril qui ne nous rendait pas quittes de la mort ! Tout de suite nous eûmes recours à Dieu notre Seigneur, le priant en sa pitié d'améliorer le temps et de sauver nos vies. Nous avons appelé à haute voix les saints et les saintes du paradis, chacun en ordre, l'un après l'autre. Devant cela, Notre-Seigneur nous envoya un glorieux saint que les marins invoquent facilement, qui s'appelle monseigneur saint Elme [1]. Il apparut dans la flamme que les marins entretiennent dans le château arrière de la nef pour observer quelle est la direction du vent. Puis il se dirigea vers le château du mât [2]. Cette nuit-là, nous avons subi deux fois la tempête, et à chaque fois il revint, ressemblant à une torche allumée et jetant une grande splendeur. Par sa grâce, je le vis bien distinctement à chacune de ses venues, ainsi que d'autres sur le bateau, ce qui réconforta chacun. Subitement cette mauvaise fortune nous quitta, et la nuit obscure devint une nuit si claire que l'on pouvait voir au loin la mer apaisée. Mais nous avions le vent contre nous, et il nous repoussa vers la Sicile jusqu'au cap et port de Palo [3], où nous jetâmes les ancres à grand-peine à cause du vent et de la marée.

Devant tous ces orages, de plus en plus périlleux et épouvantables, qui revenaient plus souvent que je n'y comptais, et considérant que le mauvais temps de l'hiver dans lequel nous entrions était contre-indiqué

---

1. Saint Elme ou Érasme fut évêque de Formiae en Campanie et martyrisé selon la tradition vers 303. Patron en effet des marins, on a donné son nom aux aigrettes de feu qui apparaissent parfois en mer à l'extrémité des mâts, ce qui explique l'interprétation de Caumont sur l'apparition de ce saint.

2. Il s'agit de la hune.

3. Porto Palo.

pour prendre la mer, car les orages étaient plus près d'augmenter que de diminuer, considérant aussi l'interdiction du Saint-Père de Rome de partir en mer certains mois de l'année, je réunis mes écuyers et serviteurs pour tenir conseil. Évoquant les grands périls que j'ai décrits, il leur sembla que je ne devais prendre la mer ni avec ce navire ni avec quelque autre. Ils arrivèrent à la conclusion que la meilleure façon de sauvegarder ma personne était de rester en Sicile à présent et d'y attendre la venue du bon temps. Il fallait donc laisser passer l'hiver et ses tempêtes, puis au printemps reprendre la mer pour accomplir mon voyage en sûreté avec la grâce de Dieu. Je fis alors venir le patron du navire dans ma chambre, et lui parlai de tout cela. Il me confirma que de nombreux périls pouvaient survenir et me conseilla, comme mes écuyers, de rester ici. J'ai toujours entendu dire que l'on doit suivre les bons conseils !

Ce que me disait le patron me parut le meilleur pour moi parce qu'il connaissait bien les choses de la mer. Suivant tous ces bons conseils pour éviter un malheur, je restai en Sicile au port de Palo, le 14 novembre. Dans ce port et ses environs, il n'y a aucune habitation, sauf un château à dix-sept milles, appelé Spacaforno. J'y envoyai chercher des chevaux. Puis, je montai à cheval et me dirigeai vers ce château. J'avais l'intention de gagner la cité de Palerme, port de mer, où les navires vont et viennent sans cesse.

Le royaume de Sicile

De Spacaforno, j'atteignis le château et la ville de Modica, qui est à dix milles. C'est le centre d'un comté, et une place forte avec un vaste château, fait pour recevoir des gens d'armes en grand nombre. De Modica à la ville et au château de Raguse[1] : quatre milles ; c'est une très grande ville en contrebas d'une haute montagne, et qui me paraît bien fortifiée. De Raguse à Chiaramonte : sept milles. De Chiaramonte à la ville de Caltagirone : dix-huit milles. De Caltagirone à la ville et au château de Chatce : douze milles. De Chatce à la ville de Calatassibeta[2] : douze milles ; à côté du chemin à main gauche, se trouve un lac qui fait douze milles de tour et on dit que jadis se trouvait là une cité nommée Castroy. Une nuit, à cause des péchés des habitants envers Notre-Seigneur, la ville fut détruite et sombra dans l'abîme, dans une vallée entourée de collines. Elle dominait par sa hauteur, et maintenant ce sont les collines qui la surplombent. Ce lac n'a aucun poisson et si l'on en jette, ils n'y peuvent

---

1. Les pèlerins repoussés par la tempête jusqu'au cap Passero passent donc devant Raguse, fortifiée jadis par les Normands, puis par les Aragonais, car la Sicile était possession de la couronne d'Aragon. Les pèlerins à partir de cette cité gagnent, en traversant l'île du sud vers le nord, Caltagirone, Caltanissetta, « centre géométrique de la Sicile », enfin Termini et Palerme. Durant ce long trajet, une fois de plus, l'homme de guerre qu'est Caumont décrit très soigneusement les fortifications des sites et des villes.

2. Caltanissetta.

vivre. De même, le lin que l'on y apporte pour le préparer avant de le travailler ne vaut rien après. Cette ville de Calatassibeta est située sur une colline. À sa droite, sur une haute montagne se trouve une grande ville, Castro Giovanni[1], avec deux châteaux. Un des chefs de la ville réside dans l'un d'eux, très bien fortifié de toutes parts. Le site présente l'avantage de n'avoir aucun autre accès à l'éperon de la montagne que l'entrée de la ville qui est défendue par une grosse tour construite sur le roc. Ce château s'appelle le château des Lombards, le roi de Sicile y fit un long siège. Nul ne peut le prendre de force.

De la ville de Calatassibeta a une grande ville nommée Polissi[2], vingt-quatre milles.

Cette ville est située en hauteur sur une montagne et à l'entrée, le chemin d'accès du château n'est pas trop raide. La ville n'est pas entourée de murs, car l'avantage du site est suffisant. De Polissi au château et à la ville de Termini : vingt-quatre milles ; c'est une place très fortifiée, construite sur la hauteur, tout entourée de murailles. Le château est assez grand, la ville est en partie au pied du rocher, et en partie ville ouverte sur la côte au bord de la mer. En se rendant là, on passe devant deux châteaux forts, situés l'un près de l'autre, et on les laisse à main gauche ; le premier que l'on rencontre s'appelle Calatavuture, et l'autre Sclafani, qui est le lieu principal du comté, et tous deux ont un seigneur. Du chemin, on voit dans la mer un volcan dont une grande partie crache nuit et jour de la fumée, et quelquefois de grandes flammes en projetant des pierres. Si on s'approche de son côté, on entend de grands bruits et l'on dit que c'est une des bouches de l'enfer. Les nefs qui vont en mer dans cette direction s'éloignent vite de cette montagne pour fuir cette tourmente. On n'ose jeter aucune ancre à proximité qui n'ait une croix, sinon ces mauvaises choses les enlèveraient, mettant le navire et ses occupants en perdition.

Palerme

De Termini, je longeai la côte jusqu'à la cité de Palerme.

Après avoir chevauché pendant douze milles, je trouvai à main droite, au bord de la mer, un beau château, appelé Sollento. De ce château jusqu'à Palerme, on compte douze autres milles.

Dans cette cité, à l'intérieur du palais se trouve une très grande et belle chapelle, la chapelle Saint-Pierre, que fit construire l'empereur Frédéric[3].

---

1. Enna.
2. Polizzi.
3. La chapelle palatine de Palerme, qui fut la capitale des rois normands, ne fut pas construite par l'empereur Frédéric II de Hohenstaufen, mais par le roi normand Roger II de Sicile (1130-1154). Consacrée en 1143, cette chapelle est un témoignage exemplaire de l'art arabo-normand. Mais le souvenir de l'empereur allemand, également roi de Sicile, demeurait très vif à Palerme dont il avait fait sa résidence favorite, sa cour étant devenue un des plus grands foyers culturels de son temps.

On dit que c'est une des plus belles qui existent au monde. À l'intérieur, on voit des mosaïques faites de petites pierres saupoudrées d'or fin, trois absides voûtées, deux rangs de piliers en marbre entre lesquels il y en a deux autres en jaspe, qui est une pierre précieuse. Devant le chœur, il y a dans le mur une grande pierre carrée, si claire que de toute la chapelle ont peut la voir ; elle est transparente comme un miroir et aucune pointe de dague ne peut l'érafler : devant moi, on s'y est essayé. Dans ce même palais, se trouve une autre chapelle dont on dit qu'elle fut aussi belle, mais elle est laissée à l'abandon.

Dans la ville, il y a la chapelle de l'Amiral[1] qui est décorée de ces mêmes sortes de pierres habilement assemblées, mais l'ensemble est moins bien. Par ailleurs, l'église de l'archevêque de la ville est très belle[2], vaste et longue, et l'empereur Frédéric qui fit construire toutes ces chapelles y est enterré avec sa femme, l'impératrice. Ils reposent dans des sépultures faites de pierres étranges, seulement en deux morceaux, une pour le dessus, une pour le dessous ; elles sont si claires que l'on peut s'y voir. On en trouve six de cette sorte, soutenues par de sobres piliers de marbre, hauts d'une demi-brasse.

Dans la cité, j'étais logé au château du roi, au bord de la mer. La ville est située dans une belle plaine côtière, elle est grande, entourée de collines et de montagnes, protégée par des murs bien épais. On dit que c'est la meilleure ville du royaume. Elle produit du sucre à profusion.

En me rendant à Palerme, je rencontrai à mi-chemin un chevalier du Béarn, dont le nom était Arnaud de Sainte-Colombe[3], qui allait aussi dans cette cité. Il éprouva une grande joie en me rencontrant, car il connaissait bien mon nom. En effet, il avait été élevé sur la terre de monseigneur mon père, à Caumont. Que Dieu l'absolve ! Nous avançâmes en parlant en chemin de mon voyage à Jérusalem et il me demanda comment j'avais supporté le voyage, quel temps j'avais eu. Je lui répondis que j'étais resté en bonne santé, Dieu merci ! Mais quant au temps, qu'il m'avait été très contraire, en mer. Je lui ai raconté toutes les mésaventures que j'avais supportées, et que mes écuyers, comme le patron du navire, m'avaient conseillé de passer l'hiver en Sicile jusqu'à l'arrivée du bon temps. Nous sommes allés coucher pour la nuit à Termini. À la tombée du soir, un peu avant souper, le chevalier me pria de lui faire un présent. Je lui répondis

---

1. C'est l'église Sainte-Marie-de-l'Amiral, surnommée la Martorana, qui fut fondée peu avant 1143 par l'amiral du roi Roger de Sicile, Georges d'Antioche.

2. La cathédrale de Palerme fut construite à partir de 1184 par l'archevêque Gualtiero Offamili à l'emplacement d'une ancienne mosquée. On y voit toujours, malgré les remaniements ultérieurs, les tombes de Roger II de Sicile, de l'empereur Frédéric II et de l'impératrice Constance d'Altavilla, morte en 1198.

3. Arnaud de Saint-Colombe, entré au service d'Alphonse V d'Aragon, appartenait à une famille du Béarn dont les terres étaient situées dans le val d'Ossau. Caumont nous apprend que ce chevalier fut élevé sur les terres de son père ; on sait ainsi que les Caumont et les Sainte-Colombe se trouvèrent à différents titres dans le réseau de clientèle du comte de Foix.

que si je pouvais faire quelque chose, je le ferais bien volontiers. Il me pria alors instamment de venir dans sa demeure et d'y rester autant qu'il me plairait, car ce serait pour lui un grand plaisir et un grand honneur. Je le remerciai de son bon vouloir et je lui dis que je ne savais pas encore ce que je devais faire, mais que je retiendrais ce qu'il m'avait proposé et que j'en parlerais à mes écuyers. Mais, en partant, il voulut que je suive sa volonté, et je fis ainsi.

Le lendemain matin, nous avons poursuivi notre chemin vers Palerme, où nous sommes restés huit jours.

Lazenello

Puis nous sommes repartis ensemble, le 1ᵉʳ décembre, pour dormir à Termini afin de nous rendre directement à son hôtel. Après avoir passé la nuit à Termini, je partis le lendemain matin après dîner, avec le chevalier. Après avoir chevauché dix-neuf milles, je passai devant le château et la ville de Golisano [1] situés à main gauche au bord du chemin ; Golisano est la tête du comté. Il n'y avait que cinq milles entre le château et l'hôtel du chevalier appelé Lazenello, où j'arrivai le 2 décembre.

C'est un château fort, avec une ville à ses pieds qui compte quatre cents feux. Il est construit sur un rocher, et il est surplombé en partie par la montagne. On pourrait penser qu'il peut être endommagé de là-haut, mais ce n'est pas possible, même une arbalète de tour peut à peine atteindre le pied du rocher où est construit le château. La hauteur de la montagne est telle qu'elle est beaucoup plus haute qu'il n'y paraît. Ce château est en pleine montagne, là où pousse de la réglisse. Le roi de Sicile l'a donné à ce chevalier pour bons et agréables services rendus dans le pays en guerre. Depuis ce château, on voit deux places fortes, l'une appelée Poleno et l'autre Santo Mauro, toutes deux au même seigneur. Par ailleurs, le château a une belle vue, et une importante réserve de chasse pour le pays. De nombreuses fois, je suis allé chasser et m'ébattre pour passer mon temps de la meilleure façon possible.

Mais comme je ne pouvais rester sans réfléchir, je pensais à ma très chère et bonne amie, ma loyale compagne, que j'aime tant. Depuis que je m'étais éloigné, combien de fois ai-je désiré la voir ! Le grand amour que je lui portais me faisait souvent penser à elle durant le jour. La nuit, en dormant, je la voyais, et j'en éprouvais un si grand plaisir que je ne voulais pas me réveiller. Ma joie et mon bonheur étaient alors si grands ! Mais à mon réveil, je me trouvais dans la peine, empli de douleur, ma joie envolée, j'étais étouffé par les soupirs. Tout ce que j'avais vu était contraire à la réalité ! Hélas, comme ma peine était profonde car mon désir de me rapprocher d'elle ne pouvait se réaliser ! Je n'aurais pourtant pas

---

1. Collisano.

ménagé ma peine pour la rejoindre, à cheval ou même à pied. Mais tout était inutile, puisque j'étais ici dans cette île entourée par la mer, à la merci de Dieu, et du vent qui comptait désormais pour moi davantage qu'un château rempli d'or. Aussi restai-je là en soupirant, priant Dieu de me faire grâce de m'envoyer, très vite, le vent nécessaire à mon retour, afin de pouvoir me rendre, sain et sauf, là où demeure ma très chère et bonne amie.

Au moment où j'avais quitté Palerme pour le château de Lazenello, j'avais donné des ordres au capitaine du port pour qu'il me fasse prévenir, là où j'étais, de la venue d'un navire à Palerme, dès le mois de janvier. À la fin de ce mois, une grosse nef en provenance de Naples arriva au port, et elle devait se rendre à Barcelone, en Catalogne. À son arrivée, le capitaine en question alla parler au patron, qui s'appelait Michel Buguere, pour lui dire où je voulais me rendre et lui demander de m'attendre. Le patron en fut d'accord, et le capitaine me le fit savoir, comme cela avait été convenu.

Le mauvais hiver était passé, et le bon temps du printemps arrivait, apportant la douceur. J'eus une grande joie de ces nouvelles, et je quittai le château où j'avais séjourné pendant les mois de décembre, janvier et jusqu'au 10 février, pour regagner la cité de Palerme.

Je repris le même chemin qu'à l'aller, et passai la nuit à Termini. Le lendemain matin, après la messe, j'allai dîner à un hôtel près de l'église Saint-Michel qui est à mi-chemin. Après ce dîner, je remontai à cheval et poursuivis ma route jusqu'à Palerme, où j'arrivai dans la nuit. J'ordonnai alors d'acheter les provisions dont j'aurais besoin à bord de la nef.

Monreale

Le lendemain de mon arrivée à Palerme, après dîner, je montai à cheval en direction de Monreale, qui est à cinq milles de là, au pied d'une grande montagne, parce que j'avais entendu dire que l'église de l'archevêque est une des plus belles qui existent au monde, renfermant des ouvrages d'art, étranges et remarquables. Comme je voulais voir si ce que l'on disait était exact, je me rendis directement dans cette ville, à l'église Sainte-Marie [1], ainsi qu'on l'appelle. Je trouvai les portes fermées. Mais je vis un moine de l'endroit qui, en me voyant, m'ouvrit la porte fermée à clé. En y pénétrant, j'allai tout droit vers le chœur de l'église où se trouvait le grand autel. Ayant achevé mon oraison, je fis le tour de l'église pour la regarder et voir comment elle était construite. Elle me parut très belle, très richement parée, mais de manière étrange. Très vaste à l'intérieur, son pourtour était orné de grandes plaques de marbre, d'une lance environ de long et de cinq paumes de large. Elles étaient habilement disposées la tête en

---

1. La cathédrale de Monreale, siège épiscopal, fut construite sous Guillaume II en 1174, à proximité d'un monastère de bénédictins. Le « Duomo » est une des plus belles manifestations de l'art normand en Sicile.

haut, formant des rangées. Dans le chœur, on voit de belles pierres, certaines étranges car elles luisent et l'on peut y voir au travers, d'autres en porphyre, vert, blanc et violet. Dans une petite chapelle, se trouvent dix piliers ronds en porphyre violet. En bas du chœur, il y a deux rangées de hauts piliers ronds en marbre. Les murs sont décorés de petites pierres en forme de dé, la plupart recouvertes d'or fin, tandis que d'autres sont de différentes couleurs, et elles sont appelées mosaïques.

Dans toute l'église, elles illustrent des épisodes de la vie de Notre-Seigneur, de Notre-Dame, des saints et saintes du paradis, de façon somptueuse, et c'est un habile travail. Le sol de l'église est pavé de petites pierres carrées de diverses couleurs, et de pierres en porphyre, rondes et carrées. Ce pavement richement ouvragé est très beau à voir. Le haut de l'église n'est pas voûté, mais fait de grands chevrons peints bien décorés. On trouve la sépulture d'un roi qui s'appelait Guillaume[1], jadis roi de Sicile et de Naples. Sa tombe est très riche, faite d'étranges pierres : une grande dalle de porphyre violet, avec au-dessus la même pierre si bien ajustée qu'on ne peut voir comment. Cette sépulture est surélevée par des piliers, et entourée de six colonnes rondes en porphyre qui supportent une dalle également en porphyre, mais blanc, la recouvrant comme le toit d'une chapelle. Devant elle se trouve une autre tombe, celle du fils de ce roi, nommé aussi Guillaume, qui fit construire cette église. Son tombeau n'est pas aussi beau ni aussi richement décoré que le précédent. En mourant il a dit, à ce qu'on rapporte, que de tels honneurs sont vaine gloire en ce monde, et qu'il n'en aurait cure après sa disparition. Toutefois, les moines du lieu ont construit ce tombeau en sa mémoire. De l'autre côté, se trouve une sépulture où fut déposé Saint Louis[2], roi de France, mort en Berbérie, d'après ce que m'a dit le moine qui m'a ouvert la porte de l'église. C'était au moment où il avait attaqué un roi sarrasin devant Tunis, où il mourut de maladie. Son corps fut transporté et déposé dans cette église. Le roi de France qui régnait à ce moment-là demanda à Guillaume de Sicile de lui envoyer le corps de Saint Louis en échange d'une des épines de Notre-Seigneur et d'un linge de Notre-Dame. Le roi Guillaume le lui envoya, excepté les entrailles, qui demeurèrent comme

---

1. En effet, du côté droit du transept sont situées les tombes de souverains de Sicile, Guillaume Ier, surnommé le Mauvais (1154-1166), et Guillaume II le Bon, son fils (1166-1189).

2. La façon dont le moine de Monreale rapporte à Caumont la fin de la seconde croisade de Saint Louis est tout à fait erronée puisque Guillaume le Mauvais, roi de Sicile, vécut au XIIe siècle et le sultan hafside de Tunis, contemporain de Saint Louis, au XIIIe siècle. Si toutefois les faits historiques sont faussement attribués, l'histoire du moine renferme une part de vérité : selon le chroniqueur arabe Maqrizi, le sultan de Tunis, assiégé par Saint Louis, fit remettre au roi de France 80 000 dinars d'or pour qu'il levât le siège. Charles d'Anjou, frère de Saint Louis, était alors roi de Sicile et de Naples depuis 1266. Il se rendit à Tunis après la mort du roi, et négocia effectivement le départ des croisés et la levée du siège de la capitale hafside, en retirant bénéfice pour son royaume de Sicile. Les restes de Saint Louis furent bien rapportés en France à travers la Sicile avant d'arriver à Saint-Denis.

reliques dans cette sépulture. Je demandai au moine comment il avait été conduit ici après le siège de Tunis. Il me répondit qu'à la mort du roi, toute sa nation demeura auprès du roi Guillaume, le père de celui qui construisit l'église, car le roi de Tunis qui était attaqué lui donna une somme d'or pour lever le siège et s'en aller avec sa troupe. Il le fit, et pour cette raison on l'appelle Guillaume le Mauvais, alors que son fils fut appelé Guillaume le Bon parce qu'il fit construire cette église. Il fit transporter les corps de son père et de Saint Louis de France pour les ensevelir dans l'église qui n'était pas achevée. Les portes de l'église sont en bois recouvertes de métal travaillé et de belles statues sculptées.

Devant l'entrée de l'église, se trouve un espace assez grand, gracieux, et recouvert d'un plafond de bois soutenu par huit piliers de marbre, bien hauts, dont les entablements sont assemblés côte à côte. Le pavement est orné de belles pierres violettes, en porphyre et en marbre. Tout proche, un cloître carré de soixante-trois pas de côté porte à trois de ses angles des griffons d'où jaillit de l'eau fraîche, nuit et jour, mais au dernier angle situé près de la porte du cloître, à main droite, il y en a deux, un grand, et un autre sur un pilier de porphyre vert. Tout autour du cloître, il y a des colonnettes par paires, l'une en marbre bien sculptée, l'autre décorée de notations de musique avec ces petites pierres dorées, et les chapiteaux sont entrelacés de différentes manières. Le cloître est voûté seulement sur une partie, l'autre a un plafond de bois, car il n'a pas été achevé. À l'angle du cloître où se trouvent les deux griffons de la fontaine, il y a la porte du réfectoire. Il est vaste et beau, et au milieu est située une fontaine ronde en marbre, d'où l'eau jaillit et s'écoule à l'extérieur par des conduits. L'église et le monastère m'ont paru former une très belle et puissante construction, édifiée de façon remarquable, mais depuis si longtemps qu'elle s'abîme. C'est une grande perte de la laisser ainsi tomber en ruine, car c'est un ouvrage d'art.

Je demandai au moine quand l'ensemble avait été construit. Il me répondit que cela devait faire environ deux cent soixante ans selon l'usage de dater le début de la construction de l'abbaye, entreprise par deux abbés, dont l'un était archevêque, comme cela était le cas à présent. Je lui demandai aussi s'il pouvait me procurer un livre sur cette église pour savoir ce qu'avait coûté sa construction. Il me répondit qu'on ne trouverait rien d'écrit à ce sujet, mais que l'importance de l'édifice et le grand nombre de pierres rares utilisées en grande quantité et apportées de Troie [1] et de Constantinople, faisaient qu'il était difficile d'en estimer le coût car c'était très rare de trouver un ensemble aussi somptueux.

En haut de la montagne, se trouve le château de Monreale, et en face de la cité, à peu de distance, l'abbaye de Loparto. Après avoir visité cette remarquable église, je regagnai Palerme, et rencontrai en chemin Arnaud-

---

1. Tel dans le texte.

Guilhem de Sainte-Colombe, gascon et fils de l'honorable chevalier en compagnie duquel je m'étais longuement trouvé en Sicile ainsi que je l'ai expliqué. Il vint à ma rencontre alors qu'il chassait au faucon, et je chassai avec lui. Mais nous ne prîmes qu'un seul oiseau, appelé francolin, qui ressemble à une perdrix : on lâche un faucon pour la capturer. Ensuite nous sommes retournés à Palerme.

Palerme

Vous devez savoir, ainsi que je l'ai dit, qu'à Palerme on produit du sucre en grande quantité, et je voulus savoir de quelle manière. Aussi le chevalier me conduisit en un hôtel où l'on fabriquait le sucre. Celui-ci pousse dans des champs, qui ressemblent à des chènevières, car il a l'aspect des tiges du chanvre mais avec une sorte de moelle à l'intérieur. Il pousse deux fois par an à ce qu'on m'a dit. Après avoir cueilli ces tiges, on les coupe en petits morceaux, on les met dans un treuil en pierre dont la roue est tournée par un cheval, ainsi qu'on le fait dans notre pays pour l'huile. Quand c'est bien moulu et broyé, on verse le tout dans un treuil en bois pour être encore pilé et en faire sortir toute la substance. On la met alors dans de grands chaudrons disposés dans un four, où sont allumées de grandes pièces de bois, pour la faire fortement bouillir. Une fois bien cuite, on la filtre à travers des manchons de toile, on la fait couler dans des cornues de terre, et on la laisse refroidir jusqu'à ce qu'elle prenne. Une fois durci, le sucre est fait, mais sa préparation est longue, et me semble d'un grand prix.

En mer

Le jeudi suivant, 15 février, je pris la mer à midi avec le navire qui était arrivé du royaume de Naples. C'était un beau bateau, vaste, dont le patron était catalan et s'appelait Michel Boquere, il repartait pour Barcelone. Nous avons pris la route de Cagliari, dans le royaume de Sardaigne.

Après vingt et un milles, nous avons vu arriver une nef, on ne savait d'où. Il y avait la guerre entre les Catalans et les Génois qui avaient rompu la trêve[1], si bien que le patron de notre nef et les autres crurent que ce bateau était génois, et que c'était donc un ennemi, venu sans doute du port de Palerme d'où nous étions partis. Le patron envoya une barque pleine de gens vers eux pour savoir s'ils étaient génois ; de même, ils nous envoyèrent l'écrivain de leur navire, ce que nous ne savions pas. Avant le retour de notre barque, un vent contraire fit virer de bord notre bateau dans la direction d'où nous venions, si bien que les deux nefs suivirent le même chemin. L'autre bateau crut passer devant nous, mais nous nous retrouvâ-

---

1. En 1420, la Corse fut attaquée par le roi Alphonse V en représailles d'un coup de main des Génois en Sardaigne, qui était une possession aragonaise.

mes au même endroit, et je ne sais s'il voulut partir en nous voyant prendre la même route que lui, mais nous étions si proches de lui que les châteaux avant des deux navires s'entrechoquèrent et se brisèrent, ainsi que la mâture, ce qui transperça la grande voile de trous de la taille d'une grosse pipe. Notre navire porta un tel coup à l'autre qu'il lui arracha son château avant et mit en pièces son mât, dont les morceaux volèrent à la mer. En voyant ce qui arrivait, nous avons tous cru qu'il s'agissait de Génois qui voulaient nous attaquer, et nous lançâmes vers eux des flèches et des lances à un tel point que personne ne restait à découvert, et que le nombre des traits les empêchait de se regrouper ou de faire quoi que ce fût pour se défendre. Puis les navires s'éloignèrent un peu l'un de l'autre, et notre bateau refit un tour pour revenir vers eux. Nous leur avons crié d'abaisser leurs voiles.

Craignant un autre choc, ils les rentrèrent, car notre nef était plus puissante et mieux équipée. Arrivés face à eux, ils nous montrèrent une bannière de Sicile, disant qu'ils étaient des nôtres, en appelant à Dieu et à notre pitié car leur bateau était endommagé, et la mer s'y engouffrait en plusieurs endroits. Ils criaient que nous voulions leur perte. Comme je me trouvais près du patron, je lui dis de cesser les attaques. Encore une, et ils auraient été en péril, et nous devions avoir pitié d'eux puisqu'ils le demandaient. Ainsi fut fait, faute de quoi ils auraient péri en mer. Nous leur avons alors demandé pour quelle raison ils avaient voulu nous attaquer puisque nous étions bien plus forts qu'eux. Ils nous répondirent qu'ils ne l'avaient pas voulu, mais que le vent les avait dirigés contre leur volonté. Ensuite, notre barque revint à nous avec l'écrivain de leur nef ; on lui demanda s'il s'agissait de Génois ou de Siciliens comme ils le prétendaient. Il répondit qu'ils étaient bien siciliens, et venaient d'Alexandrie où ils avaient chargé des épices, puis étaient passés par Candie pour acheter cent quatre-vingts pipes de vin de Malvoisie destinées à Palerme. Le vent contraire était si violent que nous avons dû retourner vers Palerme. Le lendemain, nous sommes arrivés dans un port appelé Saint-Georges où il y a une église entre la cité et la montagne, nommée le mont Pellegrino. Le patron me dit que je pouvais gagner la ville, car il fallait attendre un bon vent, et qu'il m'enverrait chercher quand la nef serait réparée. Il me fit amener la barque pour me conduire à terre, et je retournai donc dans la ville d'où j'étais parti le jour précédent.

Détours involontaires vers la Berbérie

J'attendis quatre jours dans cette cité et regagnai la nef le lundi 19 de ce mois, pour reprendre notre route à la grâce de Dieu. Après soixante milles, je trouvai une île déserte appelée Ostegue, puis trois îles alignées l'une devant l'autre : Yuissie, Favignana et Marettimo. On laisse ces trois îles à main gauche pour aller en Sardaigne. Nous avions si bien avancé que la Sardaigne était en vue et que nous pensions y arriver le lendemain. À la tombée de la nuit, qui était très obscure car il n'y avait pas de lune, les marins, craignant de heurter les côtes, revinrent en haute mer. Une fois au large, la nef fut emportée si loin par le vent que le lendemain on ne voyait plus terre. Alors que nous pensions avoir achevé notre parcours, nous avons été tout étonnés de constater que nous étions bien loin de la côte que nous avions vue le jour précédent. Nous avons erré çà et là en mer, à la recherche de l'île sans savoir quel port atteindre, tournant sur nous-mêmes. Le soir venu, les marins montèrent en haut du mât sur la hune pour voir si on apercevait la terre. Nous étions près des côtes de Berbérie et de Tunis où demeure un roi sarrasin à moins de vingt milles ! Tous, nous avons été complètement stupéfaits de voir que nous étions près de ces rivages. Le vent avait cessé, et c'était le calme, si bien que nous ne pouvions aller ni en avant ni en arrière. Devant cette situation, chacun commença à donner son opinion ; l'un disait : « Si nous nous sommes trompés de chemin, c'est parce que les marins ont pris trop au large de notre route » ; l'autre : « La trop grande obscurité de la nuit nous a empêchés de nous diriger » ; un autre : « Il aurait fallu attendre la lune avant d'embarquer » ; un autre encore : « Tant que cette femme restera allongée près de la barre de la nef, nous ne pourrons aller de l'avant » ; ou bien : « Il doit y avoir quelque maléfice là-dessous qui nous empêche d'avancer ». Enfin, quelqu'un ajouta qu'il y avait près de Cagliari une église dédiée à Sainte-Marie-Débonnaire qui accomplissait de grands miracles, et que nous devrions donner de l'argent pour faire brûler un beau cierge devant son image afin qu'elle nous prenne en pitié et nous fasse la grâce de retrouver notre chemin. On vint me parler de la chose. Je répondis que tout ce qui était en l'honneur et révérence de Notre-Dame ne pouvait être que bien. Ils me dirent alors ce qu'ils avaient donné, j'en fus content, et je fis en sorte qu'on ait le cierge, et les autres continuèrent. Aussitôt que ce fut fait, nous nous sommes mis à genoux et avons chanté le *Salve Regina* ; en arrivant à *Ostende* nous avons dit chacun *Ora pro nobis sancta Dei Genitrix* (« Priez pour nous, sainte Mère de Dieu »), et nous avons achevé notre prière. Après cela nous avons attendu toute la nuit, espérant un bon vent pour arriver le lendemain dans un pays connu. Au lever du jour, on ne voyait que le ciel et la mer, et nous étions plus loin que jamais de toute terre. Nous n'étions pas du tout heureux, et il y avait de quoi, car la Berbérie était devant nous, et il y avait toujours des corsaires en mer. De plus, notre navire n'avait plus assez de vivres, car au moment du dernier ravitaillement, nous pensions atteindre prochainement Cagliari. Nous n'avions plus de bûches et nous faisions du feu avec des cordes qui étaient aussi grosses que le bras d'un homme ; il restait peu d'eau fraîche, le bateau était bien pouvu de vin grec, quelque cent soixante-dix pipes, mais il n'y avait plus de provisions. Les gens étaient découragés, redoutant que quelque malheur ne survînt pendant la nuit, comme de heurter des rochers, car nous ne connaissions pas cette mer. « Hélas ! disaient-ils, si nous avons été détournés de notre chemin ainsi, cela s'appelle de l'enchantement ! » Ils sont venus me demander si cela se pouvait. Je leur répondis : « Je ne sais si c'est la volonté de Dieu, mais voilà ce que je pense ; l'autre soir nous avons commencé le *Salve Regina*, et nous ne l'avons pas achevé avec *O clemens, o pia, o dulcis Virgo Maria*, c'est pourquoi je voudrais que nous le récitions en entier. Une fois récité, je place mon espérance en Dieu et la Vierge Marie pour nous envoyer un bon vent. » Les uns approuvèrent, les autres se mirent à rire. « Riez, leur dis-je, mais vous avez peu prié, il me semble donc que vous serez peu aidés. »

Les choses en restèrent là pendant deux jours, sans un vent suffisant pour nous pousser, car notre nef était un grand navire ayant besoin d'un bon vent. Au bout de deux jours, ils revinrent vers moi, et me dirent : « Vous nous avez dit que nous ne pourrions partir d'ici si nous n'achevions pas le *Salve Regina*. » Je leur répondis : « Je vous l'ai bien dit et ce n'est pas une tromperie. Plus vous tarderez à le réciter, plus vous vous en repentirez, mais il faut que vous commenciez tout de suite. » Ils me répondirent : « Nous voulons bien. » C'était mardi soir, et nous étions déjà depuis quinze jours en mer. Nous nous sommes alors tous mis à genoux pour réciter le *Salve Regina*, qui cette fois-ci fut terminé. « Priez, leur dis-je, prions pour que Notre-Seigneur nous aide, ayons foi en Notre-Dame, espérons qu'elle nous aidera ! »

Au point du jour, un petit vent frisquet se leva et nous poussa vers la Sardaigne. Nous avons continué notre route toute la journée. Le lendemain, alors qu'il faisait à peine clair, le guet de notre nef aperçut un bateau. J'étais déjà levé, sorti de ma chambre et près de lui à ce moment là.

Chacun monta sur le pont du navire pour le voir. On ordonna de mettre une barque à la mer pour voir de qui il s'agissait. Cela fut fait tout de suite. Une fois près du navire, les occupants de notre barque y montèrent. Ils apprirent que le bateau était sicilien ; parti de Trapani, il avait erré en mer pendant cinq jours, comme nous l'avions fait, et comme nous, il voulait se rendre en Sardaigne. Nous éprouvions une grande joie d'avoir trouvé de la compagnie et d'avoir des nouvelles, car nous ne savions quel chemin nous restait à parcourir. On nous dit que nous étions bien à trente milles de Sainte-Marie-Débonnaire, qui elle aussi était à trente milles de Cagliari où nous voulions tous nous rendre. Ces nouvelles nous réconfortèrent, car nous pensions être beaucoup plus éloignés et nous redoutions des difficultés si la situation se prolongeait. Mais notre joie fut de courte durée quand nous avons su qu'il nous restait néanmoins cent vingt-cinq milles à parcourir. Heureusement, toute la journée nous avons eu un vent si fort que nous avons dépassé l'autre navire, le perdant de vue. Nous ne nous sommes pas aperçus que nous arrivions au port de Cagliari un peu avant le milieu de la nuit, le 1er mars.

Fin de la traversée

Le lendemain, en mettant pied à terre, sans me reposer en ville, je pris le chemin de Sainte-Marie-Débonnaire avec plusieurs autres personnes du navire. Là, j'entendis la messe dans la chapelle. Le lendemain, on y apporta le cierge que nous avions offert à Notre-Dame avec mes armes dessus, il pesait trente-huit livres. Nous remerciâmes Notre-Dame de la grâce qu'elle nous avait faite. En contrebas de l'église, dans un endroit qui s'avance dans la mer, se trouve une église appelée Saint-Élie, à deux milles de Cagliari.

Je demeurai huit jours à Cagliari, et j'en partis le 9 mars à l'heure de tierce. Nous avons rencontré en mer le bateau que nous avions déjà vu ; il n'avait pu rentrer au port à cause d'une grande tempête, je crois. Nous avons continué notre route jusqu'au cap Teulada, distant de soixante milles de Cagliari.

De Teulada au port de Porto-Bota : dix milles ; devant ce port se trouve une île appelée Palma di Soltz à huit milles, j'en ai parlé en détail au début. Au-delà, à cinq milles en mer, un îlot appelé le Vedel. À dix milles de Vaca, il y a une grande île rocheuse, ronde, appelée le Toro, et je passai entre l'une et l'autre. Le Toro est une belle île où se trouve un château qui paraissait solide et bien fortifié à condition qu'il ait du ravitaillement. De Toro à l'île Saint-Pierre : vingt milles ; elle est assez grande mais inhabitée.

Ensuite, en s'en éloignant, on entre dans le golfe du Lion, long de deux cent quatre-vingts milles, et au bout se trouve l'île de Minorque. Là, à flanc de montagne, il y a une église appelée Sainte-Marie-de-Touron de Minorque. Plus haut, sur une colline, se trouve le château bien fortifié de Fournel. Minorque a cent milles de tour.

De Minorque au royaume de Majorque : soixante milles. Il a deux cents milles de tour.

De Majorque à la cité de Barcelone : deux cents milles. J'y suis arrivé le 14 mars 1419, et j'en repartis le 24 mars.

IX

RETOUR À CAUMONT

Je pris la direction de Molins de Rey, distante de deux lieues. À la moitié du chemin, à main gauche, il y a une place forte très en hauteur, appelée Cornella.

De Molins de Rey à la ville de Martorell : deux lieues ; à mi-chemin, je pris une barque pour franchir la rivière Lobregat.

De Martorell à Saint-Pierre de Breze : une lieue.

De Saint-Pierre de Breze à Esparraguera : une demi-lieue.

D'Esparraguera à Collbeto, où est bien situé un petit château : une demi-lieue.

De Collbeto à Notre-Dame de Montserrat : une lieue ; j'y arrivai le jour de Notre-Dame de mars où l'on compte 1420.

De Montserrat au château Gualhin : deux lieues.

De Gualhin à Manrèse : une lieue.

De Manrèse à Tarruella : une lieue.

De Tarruella au château de Caslus : une demi-lieue.

De Caslus au lieu-dit de Suria : une demi-lieue.

Le comté de Cardone

De Suria à Cardone, capitale du comté : deux lieues ; il y a un château fort en haut d'une montagne de sel à laquelle s'approvisionne toute la Catalogne.

De Cardone à Salsona : deux lieues.

De Salsona au château de Cambrils : trois lieues ; il est très fortifié, et à pic sur un rocher, de tous les côtés, sauf sur un petit chemin, en surplomb.

De Cambril à Perlas : une lieue. À main droite, il y a un château sur un éperon rocheux, appelé Livian. En quittant Perlas, on entre dans la vicomté de Castelbo.

La vicomté de Castelbo

En quittant Perlas, on passe au pied d'un château appelé Canelles, puis près d'un autre, la Roquete, et encore devant Pigols, et Narygo, tous très fortifiés.

Ensuite, on passe par la ville d'Organya, d'où jusqu'à Sentis il y a deux lieues. De là à Asfa : une demi-lieue. Quittant Asfa, on passe par le château de Montferrer. Ensuite, se trouve le beau château de Ciutat, avec à ses pieds la cité de Seo de Urgel, distante d'Asfa de seulement une demi-lieue.

Le val d'Andorre

En quittant le Seo de Urgel, on pénètre dans le val d'Andorre où l'on trouve tout d'abord le château de la Bastide, puis Saint Jolyau[1] et Andorre. Après un pont de pierre, on trouve une fontaine d'eau chaude, ensuite un logis appelé Encamp, ensuite un autre, Canillo, distant d'Urgel de quatre lieues.

De Canillo à l'hôpital Sainte-Suzanne[2] : trois lieues. Là, on franchit un long col enneigé, et la montée, comme la descente, est rude et dangereuse.

---

1. Sant Julia.
2. L'Hospitalet.

De cet hôpital à Mérens : une lieue.

De Mérens à Ax-en-Savartes : une lieue, avant de pénétrer dans la ville. En dehors, à main droite, il y a un château très fortifié et c'est l'endroit où l'on sort du val d'Andorre, et où l'on entre dans le comté de Foix.

Le comté de Foix

Depuis Ax à la ville de Tarascon : trois lieues. Dans cette ville, il y a un château fort, ainsi qu'un autre à proximité, le château de Lordat, qui est très fortifié.

De Tarascon à Foix : deux lieues. En chemin, on trouve deux places fortes, situées toutes deux avantageusement, et la première à main droite s'appelle Montgaillard.

De Foix à Cadarcet : une lieue.

De Cadarcet à la Bastide : une lieue.

De la Bastide à Castelnau : une lieue.

De Castelnau à Rimont : une lieue.

De Rimont à Lescure : une demi-lieue.

Le comté de Cominges

De Lescure à Montjoye : une demi-lieue.

De Montjoye à la cité de Saint-Lizier de Cosserons : une demi-lieue.

De Saint-Lizier à un château appelé Caumont : une lieue.

Au pied du château passe une rivière, appelée Salat, et au-delà, il y a un autre château appelé Taurignan-Castel.

De Caumont au château de Prat Bon-Repaus : une lieue.

De Prat Bon-Repaus à Pointis : trois lieues.

De Pointis à Miramont, qui est bien fortifié : une lieue ; là j'ai franchi la Garonne.

Le pays de Nebusayn [1]

De Miramont jusqu'à une bonne ville appelée Saint-Gaudens, à main gauche de la route, se trouve un lieu appelé Valentine. En continuant, à main droite, se trouve un château qui s'appelle Villeneuve, distant de Saint-Gaudens d'une demi-lieue.

De Villeneuve, où l'on entre dans le Languedoc, à Lannemezan : trois lieues.

De Lannemezan à Tournay : deux lieues ; l'on y voit, à main gauche, un château fort appelé Mauvezin.

De Tournay à la cité de Tarbes : deux lieues.

1. Nébouzan.

Le comté de Bigorre

De Tarbes à Ybos : une demi-lieue.

D'Ybos à Ger : une demi-lieue.

Le pays de Béarn

Entre Ger et le château de Pau : quatre lieues. Ce château est pour beau-coup de gens le plus beau du monde, construit de main d'homme sur un beau talus, rehaussé d'une maçonnerie de pierres carrées. En bas, il y a un moulin, grosse tour fortifiée, et le gave passe à ses pieds. Au sommet de ce talus, on voit un beau jardin avec une fontaine. De là, on peut aller au sommet de la tour du moulin par le pont-levis. Il y a un autre talus construit de la même manière que celui du jardin, en surplomb et entouré d'une muraille, mais moins haut. À l'intérieur se trouve la muraille du château, bien haute aux quatre angles, avec des mâchicoulis et quatres grosses tours. Elles sont bien construites et renferment de nombreuses salles, chambres et chapelles. La place au milieu du château a un beau pavement en pierre, et il a un jeu de paume. En haut de la place, il y a un puits. Celui qui veut entrer dans le château doit franchir cinq portes de fer. À mon avis, c'est le plus beau que j'ai jamais vu et le mieux achevé à tous points de vue. Il a été construit par le comte de Foix, appelé Fébus [1].

De Pau à la cité de Lescures : une lieue.

De Lescures à Lacq : trois lieues.

De Lacq à Orthez : deux lieues ; c'est une ville riche et puissante. Au sommet de la ville, il y a un beau château fort [2], entouré d'un beau fossé en pierres taillées. À l'intérieur des murailles, la tour est belle et bien for-tifiée. Au pied du château, tout autour se trouvent une grande prairie et une forêt entourée d'une palissade où il y a des cerfs et des daims. À l'intérieur du château, à l'entrée de la grande salle, il y a un joli porche où sont sculptés mâles et femelles de ces animaux. J'ai fêté Pâques dans ce château appartenant au comte de Foix.

La fête achevée, je quittai Orthez, et je suis allé dormir à deux lieues dans un château et une ville appelés Sault de Navailles.

De Sault à Urgons : quatre lieues.

D'Urgons à Duhort : deux lieues.

---

1. Le comte de Foix, Gaston Fébus (1343-1391), fit reconstruire en 1388 le château sur le gave de Pau, comme le rapporte Froissart dans ses chroniques.

2. Le château d'Orthez, où Caumont célébra le jour de Pâques, avait été la résidence favo-rite de Gaston Fébus qui y reçut Froissart. Mais au moment du passage de Caumont, le comte de Foix, Jean de Grailly, avait choisi comme résidence principale le château de Mazères.

La vicomté de Marsan

De Duhort, je suis allé dîner dans une abbaye proche, Saint-Jean Castel, d'où je me suis rendu à la ville de Cazères. J'ai continué vers le château de Puyoô-le-Plan, et j'ai passé la nuit à Roquefort, à cinq lieues de l'endroit d'où je venais. Dans cette ville se trouvent deux châteaux et deux rivières, la Douze et l'Estampon.

De Roquefort, je suis allé au château Geleux pour entendre la messe et y dîner.

Je suis arrivé à Caumont, distant de neuf lieues de Roquefort, le 14 avril 1420, ayant achevé mon voyage le huitième jour de Pâques. J'ai accompli ce voyage en un an, un mois et quinze jours. Plaise à Dieu que ce soit pour le salut de mon âme ! Amen.

L'explicit du voyage d'outre-mer

Il s'appelle Jean, celui qui a écrit, et son nom est Ferriol[1]. Qu'il soit béni !

X

VOICI LES OBJETS PRÉCIEUX QUE J'AI ACHETÉS À JÉRUSALEM ET RAPPORTÉS DANS UN COFFRE DE CYPRÈS

Premièrement, un drap de damas rouge, et un drap d'or.

Ensuite, des pièces de camelot noir, de satin blanc, de toile fine, de toile indienne rayée, de la toile blanche, et une pièce de soie blanche.

Un chapelet d'ivoire blanc.

Six chapelets de musc[2] noir.

Quatre chapelets avec de la calcédoine et du cristal.

Quatre ceintures de soie blanche.

Du fil d'or de la longueur du Saint-Sépulcre de Notre-Seigneur, et de celui de Notre-Dame.

Trois bourses de soie et de fils d'or.

Deux petits draps de soie et de fils d'or, faits pour recouvrir le ciboire de Notre-Seigneur.

Ensuite, trente-trois anneaux d'argent qui ont touché le Saint-Sépulcre.

Douze croix d'argent doré, une en calcédoine entourée d'argent ; elles ont toutes touché le Saint-Sépulcre et les autres saintes reliques.

---

1. Le *Livre Caumont* fut très probablement dicté par Nompar de Caumont, qui prit des notes au cours de son voyage ainsi que le laissent supposer certains passages de son récit, à un certain Jean Ferriol. On trouve des Ferriol mentionnés à cette époque dans le comté de Foix.

2. Il s'agit très probablement de noix de muscade.

Une pierre précieuse à trois reflets, enchâssée dans de l'or avec une perle qui a touché le Saint-Sépulcre de Notre-Seigneur.

Une pierre précieuse, bonne pour les yeux.

Cinq serpentines, efficaces contre le venin, trois de couleur jaune, une de couleur perse et blanche, et une dernière toute blanche.

Puis une grosse croix dorée qui a touché le Saint-Sépulcre.

Six anneaux de calcédoine vermeil, qui sont bons pour arrêter le sang et qui ont touché le Saint-Sépulcre.

Dix anneaux de serpentine : cinq verts, cinq bariolés de la même couleur, tous ont touché le Saint-Sépulcre et les autres saintes reliques.

Des reliques [1] de la sainte terre de Jérusalem venant : du lieu où se trouve la sainte colonne à laquelle le Christ fut attaché, battu et flagellé, du mont Calvaire où Jésus-Christ fut crucifié, de la crèche où Notre-Seigneur fut déposé entre le bœuf et l'âne, du lieu où fut trouvée la vraie Croix, du tombeau où fut ensevelie madame sainte Catherine, de la Porte Dorée par laquelle entra Jésus-Christ le jour des Rameaux à Jérusalem, et un fragment d'os de saint Barnabé et des onze mille vierges.

Une bourse de damas noir, brodée de fils d'or.

Deux paires d'éperons dorés, dont une a touché le Saint-Sépulcre.

Quatre roses d'outre-mer qui ont touché le Saint-Sépulcre.

Six paires de gants de chamois, blancs.

Un chapelet en or, avec un fermoir d'or, un rubis et huit perles.

Cinq couteaux de Turquie.

Quinze chapelets de cyprès et de bois d'aloès.

Six bourses faites de fils d'or et de soie.

Des oiselets de Chypre pour parfumer les chambres [2].

Trois coffres : un en cyprès et les deux autres peints où se trouvaient les objets que j'ai cités.

Un autre petit coffre de cyprès où j'ai mis quatre écus de saint Georges, portant ma devise brodée avec des fils d'argent et de soie.

Douze couteaux de Turquie.

Vingt et une bourses de soie.

Une ampoule remplie d'eau du Jourdain et contenant une palme.

Quatorze bourses de soie à fils d'or.

Je rapportai ces objets précieux pour les donner à ma femme, aux seigneurs et dames de mon pays.

---

1. On connaît l'importance des reliques au Moyen Âge. Elles étaient le moyen de prolonger le lien sacré que le pèlerin avait établi au cours de sa visite des Lieux saints, un moyen également de conserver un contact avec des forces bénéfiques.

2. Les oiselets ou « auzelles » de Chypre sont mentionnés en 1412 dans les Comptes du duc de Berry, qui en donnent la description : ce sont des petits oiseaux factices remplis d'une poudre parfumée, que l'on perçait au fur et à mesure de l'usage pour parfumer les chambres, ainsi que le note Caumont.

Journal de voyage à Jérusalem [1]

Louis de Rochechouart
xve siècle

INTRODUCTION

Au siècle dernier, un érudit, Camille Couderc, découvre par hasard sur les quais de la Seine un manuscrit latin relatant le pèlerinage à Jérusalem de Louis de Rochechouart en 1461, et le publie en 1893 avec une importante notice biographique. La traduction qui est présentée ici a été établie à partir de cette édition. Malheureusement, le manuscrit est incomplet de ses derniers feuillets.

Né vers 1433, l'auteur de cette relation est fils de Jean de Rochechouart, seigneur de Mortemart et de Vivonne, et de Jeanne de Torsy. Il embrasse la carrière ecclésiatique, devient archidiacre d'Aunis, puis évêque de Saintes en 1460, succédant dans cette charge à son oncle, Guy de Rochechouart. La date de son décès n'est pas connue avec certitude, mais Camille Couderc la situait au plus tard vers 1496.

C'est donc un jeune évêque, âgé d'environ vingt-huit ans, qui part pour Jérusalem très peu de temps après son élection à l'évêché de Saintes.

Nous le connaissons également par des arrêts des parlements de Paris et de Bordeaux, rendus à la suite d'interminables procès contre le chapitre de Saintes qui l'avait pourtant élu, puis contre son neveu, Pierre de Rochechouart. Dès son retour de Terre sainte, notre évêque s'attaque en effet aux divers privilèges des chanoines. Sans les énumérer ici, précisons que ces privilèges tenaient surtout au système bénéficial et concernaient donc les revenus attachés à une charge ecclésiatique. Les conflits entre évêque et chapitre n'étaient pas rares. Dans le cas présent, les raisons qui firent agir l'évêque de Saintes ne sont pas très bien connues, mais on peut songer à l'action d'un évêque à l'esprit réformateur. Au xve siècle, la réforme de l'Église, dont on débattait depuis quelques décennies, devenait urgente. Toujours est-il que notre évêque tenta d'amoindrir les privilèges de son chapitre, qui adressa alors des requêtes aux parlements de

---

1. Texte intégral traduit du latin, présenté et annoté par Béatrice Dansette.

Bordeaux et de Paris. Les procès se succédèrent jusqu'en 1485. Mais ni la justice civile, ni la justice ecclésiastique ne donnèrent gain de cause à Louis de Rochechouart, qui refusa de se soumettre aux arrêts des parlements. Le roi Louis XI et le pape Sixte IV durent alors intervenir en personne. Le pugnace évêque fut emprisonné à Paris, et son évêché lui fut retiré en 1485.

Mais peu après sa libération, l'affaire rebondit, car il fallait pourvoir l'évêché de Saintes, donc trouver un nouvel évêque. Un conseiller au parlement de Paris, Claude de Chauvreux, fabriqua un faux par lequel Louis de Rochechouart lui donnait procuration pour la résignation (renonciation) de l'évêché de Saintes en faveur de son neveu, Pierre de Rochechouart. Celui-ci, semble-t-il, n'avait pas pris part aux maʳ ʰinations du faussaire qui cherchait à obtenir une rémunération substan. ·lle pour son action.

On fit passer Louis de Rochechouart pour fou, mais il engagea un procès contre son neveu en l'accusant de l'avoir spolié de son bénéfice épiscopal. Ce procès se prolongea jusqu'en 1495, année probable de sa mort. L'existence de notre pèlerin fut donc marquée par de graves difficultés pendant plus de trente ans.

Toutefois, l'existence de celui qui fut un des clercs importants du royaume de France ne se résume pas à ces contentieux. Son journal de voyage et d'autres documents nous le font connaître comme un homme curieux, rigoureux et de grande culture étant donné la qualité de ses informations. Un des arrêts du parlement de Paris indique que sa bibliothèque comportait deux cents livres, dont on ignore malheureusement les titres, livres sans doute manuscrits, car l'imprimerie était encore peu développée. Son récit fait référence à Homère, Virgile, Fortunat, poète latin du VIᵉ siècle, à Bède le Vénérable, moine anglais du VIIIᵉ siècle dont les écrits encyclopédiques furent lus tout au long du Moyen Âge, à Jacques de Vitry, évêque d'Acre au début du XIIIᵉ siècle qui rédigea une *Histoire de l'Orient*. L'auteur nous apprend qu'il a lu des ouvrages sur la Terre sainte pour s'informer avant son départ, et qu'il a poursuivi ses lectures à la bibliothèque du couvent des Franciscains, à Jérusalem.

Nous savons par ailleurs que l'homme fut un grand lettré dont la réputation s'étendait bien au-delà de Saintes. Par son journal de voyage, nous apprenons qu'il avait pour ami le curé de l'église Sainte-Opportune à Poitiers, Pierre Mamoris, maître de l'université. Celui-ci, à la demande de Louis de Rochechouart, avait écrit un traité contre les sorciers, et le lui avait dédié. Dans le prologue de ce traité, il faisait l'éloge de son évêque, insistant sur sa grande culture comme sur sa piété, et soulignant qu'il avait accompli un pèlerinage à Jérusalem.

Cette réputation de l'évêque de Saintes est confirmée par un des grands humanistes du XVᵉ siècle, Robert Gaguin, juriste, historien et philologue, professeur en Sorbonne. Dans trois de ses lettres, il lui témoigne son estime, et il sollicite son avis sur certains de ses écrits. Ainsi que l'a noté Camille Couderc, « nous voilà loin du plaideur obstiné et malheureux... ». La lecture de son récit de voyage confirme cette opinion, et souligne la diversité de sa culture : culture religieuse bien entendu, car il connaît bien la Bible et ses commentateurs, tel Nicolas de Lyre auquel il se réfère et qui était un des exégètes les plus appréciés de ses contemporains ; mais aussi culture profane, dont témoigne sa familiarité avec les auteurs de l'Antiquité, avec les chansons de geste ou les recherches érudites de son temps, comme celles concernant l'étymologie. Sa culture est déjà celle d'un humaniste.

Mais notre auteur est d'abord un pèlerin de son temps, en ce sens que sa piété est très christocentrique, à l'égal de celle de ses contemporains. Il semble peu soucieux en revanche de gagner les indulgences attachées aux Lieux saints, car il ne les mentionne pas une seule fois. Son journal porte témoignage d'une recherche spirituelle aux sources du christianisme, du désir de vénérer les Lieux saints, et souligne le besoin du concret et du tangible qu'éprouve tout pèlerin de son époque, ce qui est manifeste à la lecture de sa description du Saint-Sépulcre, par exemple. Sa piété est une illustration des sentiments religieux des hommes du XVe siècle, non seulement rationnelle, mais aussi affective pour ce que nous pouvons en saisir, toute tournée vers l'humanité du Christ dont il retrouvait les traces en Terre sainte.

Tout au long de ses déplacements, Rochechouart fut un voyageur curieux et observateur. En se rendant à Jérusalem, la plupart des pèlerins découvrent les problèmes politiques de l'Orient méditerranéen que se partageaient au premier chef Turcs et Mamelouks. Dès le début de son récit, lorsqu'il longe les côtes grecques en particulier, Rochechouart souligne l'expansion des Turcs ottomans dans les Balkans. En effet, le sultan turc Mehmed II, le conquérant de Constantinople en 1453, venait de s'emparer de la majeure partie de la Morée (Péloponnèse) et de la Serbie dont il convoitait les mines d'argent de Novo Brdo. Il était de plus devenu le maître des côtes anatoliennes, élargissant ainsi les frontières asiatiques de l'Empire ottoman.

Quant à Venise, Rochechouart souligne bien sa puissance maritime. Elle assurait sans grande concurrence le transport des pèlerins en Terre sainte. Son empire colonial, la Romanie vénitienne, constituait un réseau de communications entre des relais économiques, depuis l'Istrie et le long de la côte adriatique jusqu'à la Grèce et ses îles, qu'elle administrait plus ou moins directement. Ses colonies, que Rochechouart prend soin de relever, nécessitaient un contrôle permanent, des efforts d'organisation et une puissance navale dont les pèlerins bénéficiaient. Cependant, sa puissance était limitée par celle du sultan turc à qui elle versait un tribut. Si elle avait renouvelé en 1454 un traité de paix avec Mehmed II, celui-ci est à la veille d'entreprendre une guerre contre elle (1462-1470), guerre qui lui fera perdre l'Eubée, île grecque de la mer Égée, mais lui laissera l'essentiel de ses possessions pour quelques décennies encore.

Ensuite, les pèlerins découvrent Rhodes. Les Hospitaliers sont maîtres de l'île depuis 1310 et se refusent à payer un tribut aux Turcs. Ordre militaire, chassé de la Terre sainte en 1291 par les Mamelouks, qui s'étaient emparés à cette date des États latins d'Orient, les chevaliers de Saint-Jean-de-Jérusalem restent en lutte contre l'Islam. Rhodes est un État souverain qui prolongera la présence des Occidentaux dans cette région de la Méditerranée jusqu'en 1522, date de la conquête de l'île par les Turcs.

Quant aux Lieux saints, ils se situent tous dans le plus puissant empire musulman, celui des Mamelouks, maîtres du sultanat du Caire. Le centre de gravité de cet empire est l'Égypte, et le sultan est considéré comme le protecteur du calife et des lieux saints de l'Islam. Depuis le XIIIᵉ siècle, la dynastie mamelouke avait autorité et pouvoir sur un empire s'étendant de l'Asie Mineure au désert libyen, mais sa frontière septentrionale vers le Karaman est de plus en plus menacée par les Turcs ottomans. Les émirs mamelouks, qui représentaient les cadres militaires et administratifs de l'empire, élisaient l'un d'entre eux comme sultan, ce qui entraînait des luttes perpétuelles. Bien qu'exposé aux révolutions de palais, le sultanat du Caire reste au XVᵉ siècle une grande puissance politique et économique, contrôlant encore le trafic des épices en provenance de l'océan Indien, à travers la mer Rouge et aux points d'aboutissement des routes caravanières. Lorsque Louis de Rochechouart pénètre dans l'empire des Mamelouks, les émirs se font la guerre pour régler la succession du sultan al-Achraf Aynâl, décédé depuis le 26 février 1461, et il en décrit les conséquences sur le voyage des pèlerins. Sa relation de pèlerinage attire l'attention du lecteur sur les différentes forces politiques qui rivalisent entre elles dans l'Orient méditerranéen.

Le journal de voyage s'articule autour de deux principaux moments : la traversée du pèlerin de Venise jusqu'à Jaffa, et son séjour à Jérusalem. Parti de Paris le 9 avril 1461, Louis de Rochechouart ne décrit pas son trajet vers Venise. Curieusement, il reste muet sur cette ville où tant de pèlerins séjournent pour la visiter. En revanche, il détaille sa traversée, mêlant souvenirs érudits et légendes mythologiques, remarques d'actualité et détails familiers : le mal de mer l'empêche parfois de tenir son journal, nous dit-il. La partie consacrée au séjour en Terre sainte est malheureusement incomplète. Après la relation du pèlerinage proprement dit, l'auteur décrit les coutumes des musulmans, et à cet endroit du texte s'achève la lecture, les dernières pages du manuscrit ayant été perdues.

Néanmoins, la majeure partie du texte a été sauvegardée. Le bouillant évêque de Saintes nous a laissé des informations parfaitement concordantes avec celles des autres voyageurs du XVᵉ siècle. Il confirme le rôle essentiel de Venise dans le transport des pèlerins vers Jérusalem, leur prise en charge matérielle et spirituelle par les Franciscains, la pratique du chemin de croix à Jérusalem, et la localisation des principaux épisodes évangéliques.

Son récit est surtout le témoignage d'un esprit observateur et curieux. Si certaines informations lui échappent légitimement, comme celles concernant les ruines du palais de Cnossos qu'il attribue à Dédale, son journal de voyage figure en bonne place parmi ceux qui sont susceptibles de retenir notre attention.

BÉATRICE DANSETTE

BIBLIOGRAPHIE : Édition du texte : COUDERC C., « Journal de voyage à Jérusalem de Louis de Rochechouart », *Revue de l'Orient latin*, Paris, 1893, t. 1, p. 1-107.

Pour approfondir : CLERMONT-GANNEAU CH., « Le pèlerinage de Louis de Roche-chouart », *Recueil d'archéologie orientale*, Paris, 1905, t. VII, p. 125-141.

Sous la direction de MAYEUR J. M., PIETRI CH., VAUCHEZ A., VÉNARD M., *Histoire du christianisme*, Paris, Desclée-Fayard, 1990, t. VI.

Sous la direction de MANTRAN R., *Histoire de l'Empire ottoman*, Paris, Fayard, 1989.

DUCELLIER A., DOUMERC B., IMHAUS B., MICELI J. DE, *Les Chemins de l'exil, bouleversement de l'Est européen et migrations vers l'ouest à la fin du Moyen Âge*, Paris, Armand Colin, 1992.

AYALON D., *Studies of the Mamluks of Egypt (1250-1517)*, Variorum Reprints, Londres, 1977.

I

DE VENISE À JAFFA
PARENZO, POLA, ZARA, CANDIE, RHODES
25 mai-25 juin 1461

L'année 1461 de l'enfantement de la Vierge, le 9 avril, sous le pontificat romain de Pie II [1], sous le règne de Charles VII de France, moi, Louis de Rochechouart, je partis du pays des Parisiens vers Venise pour gagner la Terre sainte en bateau. Là, je trouvai un navire, c'est-à-dire une galère prête à appareiller, et appartenant au noble vénitien Andrea Contarini, avec qui j'établis un bon contrat. Puis je pris la mer, ainsi que je vais le raconter longuement dans ce récit.

Nous avons quitté Venise le lendemain matin après le jour solennel de la Fête-Dieu, mais nous avons seulement parcouru un mille dans la journée en mer Adriatique. Le 25 mai, le vent que nous attendions s'est levé, on l'appelle communément *ponant* en italien, c'est à mon avis *zéphyr* en latin. Nous avons jeté l'ancre le mardi, attendant l'arrivée du patron qui vint au milieu de la nuit. Le mercredi, nous avons attendu toute la journée jusqu'au coucher du soleil pour avoir un bon vent, le zéphyr dont il a été question. Nous avons navigué toute la nuit, longeant les montagnes de l'Istrie, que nous avons vues de près à notre gauche, tandis qu'à notre droite se trouvait la Marche d'Ancône. À partir de là, nous n'avons plus aperçu la terre, la navigation fut facile, et la mer si paisible qu'aucun des pèlerins ne fut malade. Le jeudi, avançant selon nos vœux sur une mer calme, non pas avec la bora proprement dite mais avec un vent semblable qui soufflait, nous avons vu à notre gauche les montagnes de l'Istrie, et à droite, sans fin, la Marche d'Ancône appartenant au pontife romain.

La province d'Istrie. Le vendredi matin, nous sommes arrivés au port de Parenzo [2]. Le patron envoya une barque vers la cité pour chercher de

---

1. Pie II, le célèbre humaniste Enea Silvio Piccolomini, fut pape de 1458 à 1464. L'une des grandes idées de son pontificat fut l'organisation d'une croisade contre les Turcs, mais elle connut un total insuccès.
2. Porec.

l'eau douce et du poisson frais : l'on y trouve le meilleur. La ville est distante de Venise de cent milles.

Dans une île se trouve un monastère élevé en l'honneur de saint Nicolas ou saint André. Je gagnai la terre en barque pour visiter Parenzo, cité d'Istrie de l'empire de Venise. C'est une petite cité où habitent seulement des pêcheurs qui nous vendirent d'excellents poissons que nous avons apportés sur notre navire. Nous avons attendu au large de Parenzo jusqu'au milieu de la nuit pour larguer les amarres, et, par la grâce de Dieu, un fort bon vent s'est levé.

Le samedi, au lever du soleil, on voyait toujours l'Istrie sur notre gauche, et assez proche la cité de Rovigno[1] qui est sous la domination des Vénitiens. Là se trouve le corps de la vierge sainte Euphémie. Sur notre droite, nous ne voyions pas la terre ferme, mais une large mer au-delà de la Marche d'Ancône. Ce jour fut très ensoleillé, la mer calme et tranquille. De loin, nous voyions sur notre gauche plusieurs places fortes, des cités et des tours, toutes en Istrie, appartenant aux Vénitiens, et notamment Pola, une très belle cité. Au loin de très hautes tours apparurent, construites par Roland tandis que Charlemagne[2] se rendait en Grèce et qu'il entreprenait là même de nombreux combats. Mais à mon avis, bon nombre d'entre eux se déroulèrent en Italie ; cependant, le souvenir de notre Roland reste attaché à l'Istrie.

Près de Pola, des amphithéâtres sont visibles ; ils étaient à l'honneur dans l'Antiquité, très appréciés des païens. Ce jour-là, nous avons mangé de très bons poissons et notre patron nous entretint aimablement.

L'Esclavonie[3] *ou Dalmatie.* Le dimanche de l'octave de la Pentecôte où l'on célébrait la fête de la Trinité, nous avons navigué tranquillement. Je me levai vers la cinquième heure et contemplai la mer de tous côtés. À notre droite, je n'ai pas vu la terre ferme bien qu'on m'ait dit que la Marche d'Ancône était proche ; à notre gauche nous avons vu la Dalmatie ou Esclavonie et nous sommes entrés dans le golfe de Quarnero. Ce golfe se situe là où on laisse l'Istrie au nord et où commence la Dalmatie ; il est très dangereux en cas de tempête, mais grâce à Dieu nous avons eu une mer très calme et très paisible. Sur notre gauche, il y avait plusieurs îles de Dalmatie dont la première est appelée Nya, une autre en italien Sansego et une autre Saint-Pierre en Hyène. Nous avons vogué vers le sud avec un vent du midi soufflant régulièrement.

---

1. Rovinj.
2. La localisation des thèmes épiques de la *Chanson de Roland* en Istrie s'appuie sur une réalité historique, car à la fin du VIIIᵉ siècle elle fut une des marches de l'empire carolingien.
3. La galère pèlerine longe la côte dalmate que l'auteur appelle indifféremment Esclavonie, Sclavonie ou Dalmatie. Il s'agit donc des régions de la Croatie s'étendant de Rijéka (Fiume) à Kotor.

Le lundi 1er juin fut un jour très ensoleillé ; naviguant calmement et tranquillement le long d'innombrables îles de Sclavonie, nous sommes arrivés vers la huitième heure entre deux petites îles. Là, la mer devient plus étroite, c'est pourquoi à notre droite, presque à un mille, nous pouvions toucher terre. Toute la Dalmatie appartient à Venise. À notre gauche, nous voyions continuellement les très hautes montagnes de Dalmatie au pied desquelles se trouve une infinité d'îles dont l'une, appelée Cerva, est très peuplée ; il y a de nombreux et fertiles pâturages. Nous aurions pu avancer vers le large et ne pas circuler entre ces îles, mais nous avons laissé de côté cet itinéraire car nous allions à Zara[1], où nous sommes arrivés à l'heure des vêpres. Par la grâce de Dieu, selon nos vœux, nous avions eu un bon vent, le zéphyr, pour naviguer entre ces îles ; nous les vîmes de près à notre gauche, mais encore plus proches à notre droite, à proximité de Zara. À droite, se trouve le château Saint-Michel, poste de garde de la mer Adriatique contre les pirates ; à gauche, au pied de la montagne, se trouve la cité de Nona.

Mardi, nous nous sommes reposés au port de Zara et nous sommes descendus à terre le matin pour la célébration des offices. Nous nous sommes d'abord dirigés vers l'église Saint-Siméon qui est très majestueuse. Là, nous avons vu le corps du glorieux prophète qui reçut le Christ au Temple ; il est intact, à l'exception du pouce droit que la reine de Hongrie préleva. Une grande controverse s'éleva entre les pèlerins au sujet du nom de la cité ; mais nous avons appris par les habitants que nous avons rencontrés qu'elle était bien appelée Zara, ce qui signifie en dalmate courant « temple des dieux », parce qu'ils l'ont protégée depuis l'Antiquité, Vénus la première, dont la statue fut érigée au sommet d'une colonne ; elle s'y trouve encore. Nous sommes allés à l'église de l'archevêque qui s'appelle Sainte-Anastasie et renferme son corps. J'ai trouvé une inscription qui disait : « archevêque de Zara », alors j'ai noté son nom. La cité de Zara est une petite ville, entourée de murailles de pierres, protégée par la mer depuis le nord jusqu'à l'est, dans une contrée très fertile en céréales, vin et huile. Toutes les provisions sont ici bon marché. La métropole de l'Esclavonie appartient à Venise, elle était autrefois au roi de Hongrie. Une des plus grandes maladies qui soit y sévissait, car de très nombreux lépreux se trouvaient au milieu d'hommes en bonne santé. Je crois que cette maladie est très répandue ici à cause des vins qui sont très forts.

Le mercredi 3 juin, au lever du soleil, nous avons quitté le port de Zara et navigué quelque temps entre des îles appelées Lépreuses, parce que la mer est très étroite à cet endroit. On voyait le fond de la mer, mais il est très dangereux d'y naviguer par temps de tempête.

---

1. Zara, *métropole de l'Esclavonie* fut en effet longuement disputée par la Hongrie et Venise, qui en prit définitivement possession en 1409.

Le 4 juin, jour de la fête du Corps du Christ, nous naviguions toujours entre les îles dalmates. On voyait beaucoup de petites montagnes à droite et à gauche, car la mer était très étroite. Nous avons peu navigué le matin, faute de vent, mais vers midi environ un bon vent nous permit de naviguer toute la journée. Dieu soit loué !

Le 5 juin, nous avons été poussés dans notre course par un vif zéphyr. À droite, nous avons dépassé une petite île appelée Lissa où poussent en grand nombre les meilleurs raisins. Nous avons vu de ce côté six ou huit îles très petites. Vers notre gauche se trouvait la cité de Lesina appartenant aux Vénitiens comme l'île de Curzola renfermant une cité du même nom ; toutes sont en Esclavonie, c'est-à-dire en Dalmatie. Il y avait aussi sur notre droite l'île de Meleda.

Le 6 juin nous sommes entrés dans le port de Raguse [1]. C'est la métropole de la Dalmatie, une cité petite, mais très belle. parée d'or, d'argent, de plomb et d'étain. On dit que c'est l'antique Épidaure où naquit Esculape, dont nous avons vu l'épitaphe sur un tombeau.

Le 7 juin, naviguant toujours entre les montagnes dalmates, nous avons laissé l'Apulie [2] sur notre droite sans pouvoir l'apercevoir à cause de la largeur de la mer. À cet endroit, je fus très malade, c'est pourquoi j'ai peu écrit. Dieu soit loué !

La province d'Albanie, *le 8 juin*. Laissant à notre gauche la Dalmatie, la Hongrie et au-delà l'Illyrie, nous avons longé l'Albanie, dont nous avons vu les très hautes montagnes, mais nous avons peu avancé car le vent du nord-ouest soufflait. Par la grâce de Dieu nous étions tous en bonne santé, alors que la veille nous étions anéantis à cause d'un vent contraire. Louons Dieu ! Autour de l'heure de vêpres, arriva un vent fort qui provoqua un grand changement de temps : l'horizon s'illumina de nombreux éclairs, et nous avons subi une mer déchaînée, plongés toute la nuit dans la tempête.

Le 9 juin, la mer nous fut toujours hostile, et j'étais très malade, ce que montre mon journal, tandis que nous naviguions entre l'Albanie et l'Apulie.

Le royaume de Grèce. Ce grand mal de mer me laissa épuisé presque toute une journée, mais le 10 juin je repris mes esprits. Après avoir interrogé ceux qui avaient connaissance de la situation, les nouvelles étaient

---

1. La république de Raguse (Dubrovnik) était en théorie une cité maritime indépendante, mais en fait sous suzeraineté vénitienne, puis turque, car elle versait un tribut au sultan. Sa prospérité provenait du contrôle qu'elle exerçait sur les mines d'or et d'argent de la Serbie et de la Bosnie. La légende d'Esculape se localisait à Épidaure, site grec de Raguse-la-Vieille.
2. Les Pouilles.

que nous avions navigué entre l'Albanie et la Sicile[1]. À notre gauche, nous avons laissé Durazzo[2], grande cité d'Albanie appartenant aux Vénitiens. C'était déjà une grande ville sous l'empereur Constantin. Nous avons aperçu Valona qui appartient aux Turcs. À partir de là, nous avons quitté le golfe des Vénitiens et nous avons longé la Grèce. À droite et à gauche, il y avait d'innombrables îles qui portent des noms grecs sur lesquels je passe. Vers l'heure du couchant, nous avons pénétré dans une mer plus large qui ne s'appelle plus Adriatique mais Ionienne. À notre gauche, la terre était fertile, pleine de céréales, de vignes, d'oliviers et d'orangers doux : tout était déjà coupé et mûr. Il y avait les vestiges d'une cité antique qui fut détruite par un dragon qui habitait dans de très hautes collines. Il en reste quelques édifices anciens, et l'on appelle cet endroit le rocher du Dragon. Aujourd'hui, une chapelle y a été construite en l'honneur de la très glorieuse Vierge Marie. Là se trouve la frontière de la latinité et commence la langue grecque, vulgaire et littéraire. À notre droite, il y avait un nombre infini de forts sous la domination des Turcs qui en ont pris possession depuis peu[3], tandis qu'à notre gauche, ce sont les possessions des Vénitiens. Nous avons vu également une cité qui s'appelle Buthrote d'après Virgile[4].

Le 11 juin, nous sommes passés devant Corcyre, c'est-à-dire Corfou en français, mais sans nous y arrêter à cause de la peste qui y sévissait. L'île de Corcyre est une île grecque, métropole de la province du même nom qui appartient aux Vénitiens. Il y a deux châteaux très fortifiés, perchés dans la montagne, dont Virgile dit qu'Énée y monta. En ce temps, l'île des Phéaciens appartenait aux Albains ; elle est longue de cent cinquante milles, appelée Kerkyra en grec mais Corcyre en latin. Nous avons navigué toute la journée dans la mer Ionienne qui est très vaste. À notre droite et à notre gauche, nous avons vu la terre ferme, de très nombreuses îles, fertiles en blé, vigne et beaucoup d'autres choses.

Le 12 juin, un vent chaud, contraire, se leva, que les Italiens appellent *sirocco* ; nous n'avons pas avancé, ou très peu, et tous pour ainsi dire, mais seulement les pèlerins, nous avons été malades.

Le 13 juin à l'aurore, grâce à un bon vent que les Italiens appellent *mistral,* nous avons navigué vite et bien. À notre gauche, laissant Céphalonie et Ithaque, l'île d'Ulysse, nous sommes passés devant Zante. Devant

---

1. Tel dans le texte.
2. Durrës.
3. Mehmed II avait récemment agrandi l'Empire turc en s'emparant d'une partie de l'Albanie, malgré la résistance de Georges Castriote dit Scanderbeg, et de la Morée (Péloponnèse) en 1460. Venise conservait, à la suite d'accords avec la Porte, ses possessions de Modon et Coron.
4. L'auteur se réfère au livre III de l'*Énéide,* dans lequel Virgile décrit le moment où les Troyens abordent la cité de Buthrotum, en Épire.

nous, se trouvaient les îles Strophades que l'on appelle communément Strivoli, où résident de nombreux moines grecs, appelés caloyers [1] dans leur langue. Ils desservent une église, fortifiée car chaque jour ils subissent les assauts des Turcs et des Sarrasins venant de Berbérie. À notre droite, nous avons vu la terre ferme, et l'on dit que de l'autre côté se trouve la Sicile, et au-delà, la Sardaigne. À notre gauche, à l'heure de vêpres, nous avons quitté la Morée, province de la Grèce, apercevant les très hautes montagnes d'Arcadie, et un très bon vent nous poussa vers une haute montagne, appelée Sapientia. Là commence l'Achaïe. Un peu plus loin, se trouve la petite cité de Patras, où fut crucifié le bienheureux André.

Le 14 juin, nous sommes passés devant Méthoni, ville d'Achaïe que l'on nomme Modon en français. C'est le port réservé aux navigateurs qui font escale, surtout les Vénitiens car il leur appartient. Mais à cause de la peste, nous ne nous y sommes pas arrêtés et nous avons navigué toute la nuit. Le lendemain matin, nous avons vu de très nombreux rochers près de Méthoni sur notre gauche. Cette région est appelée improprement Morée, mais il s'agit du Péloponnèse que les Turcs ont envahi. Dépassant ensuite la ville de Coron, à notre droite, il y avait non pas la terre ferme, mais seulement la vaste mer Ionienne.

Le 15 juin, à main gauche, nous avons laissé l'île de Delphes que les Italiens appellent Cerigo. On y trouve les vestiges d'un temple dans lequel séjourna Apollon quand Hélène fut enlevée par Pâris. L'île appartient aux Vénitiens et est appelée en grec Kythéria, les Italiens la nomment Cythère. Près de Cythère, nous avons vu d'autres îlots, dont l'un nommé Ovo, parce qu'il surgissait de la mer semblable à un œuf. Toute la journée, grâce à Dieu, nous avons eu une mer calme, alors qu'il semblait que nous aurions dû avoir un vent contraire. Au coucher du soleil, nous avons laissé sur notre gauche la route qui conduit à Constantinople et une chapelle, dite des Saints-Anges, qui se trouve dans l'une des nombreuses îles appartenant aux Vénitiens, comme Nègrepont, appelée Euripe, du nom d'un philosophe, ainsi que Napoli de Romanie et le fort Loreo. Vers ces régions se trouve l'Hellespont [2] que les Italiens appellent le district de Gallipoli.

[La Crète] Le 16 juin, quittant la mer Ionienne, nous avons navigué en pleine mer Égée. À notre droite, nous avons vu l'île de Crète vers laquelle notre navire se dirigea en direction de la cité de Candie [3], qui nous apparut au loin. Nous nous sommes éloignés d'innombrables îles grecques, possessions des Vénitiens.

---

1. « Caloyer » est écrit en grec par l'auteur. Ce mot désigne un moine grec.
2. Nauplie, pour Romanie ; les Dardanelles, pour l'Hellespont.
3. Hérakléion.

Le 17 juin, vers midi, nous sommes arrivés à la cité de Candie, métropole de l'île de Crète. Nous ne sommes pas descendus tout de suite à terre, restant au port à cause de la peste qui sévissait. Le lendemain, beaucoup de pèlerins, presque tous, descendirent vers la cité. Elle est très belle, bien entourée de murailles, les maisons sont magnifiques et toutes construites en pierre. Il y a de nombreuses églises grecques et latines. Cette cité est célèbre à beaucoup d'égards, et surtout pour son vin de Malvoisie, terriblement fort, que l'on coupe à peine d'eau. Des marchands viennent de toutes les parties du monde pour acheter ce vin. L'île de Crète est fertile et produit en abondance des biens comme le bois de cyprès avec lequel on fabrique des plafonds, des écritoires et toutes sortes de coffrets. J'ai même vu tous les meubles d'une maison joliment confectionnés avec ce bois fin. Dans l'île, il y a beaucoup de fruits, très savoureux. Près de la ville de Candie, se trouvent le labyrinthe du Minotaure et la demeure de Dédale. Nous avons interrogé les habitants, qui nous racontèrent qu'il était facile d'y entrer avec des lanternes, mais qu'il se passait là des choses singulières. Nous sommes restés deux jours au port de Candie.

Le 19 juin, nous avons quitté la Crète et navigué en mer Égée entre les îles grecques, laissant les Cyclades sur notre gauche. Nous allions quitter la Turquie quand, à l'heure de vêpres, survint un navire de pirates qui nous pourchassa cinq heures durant. Mais, par la grâce de Dieu, il ne put nous atteindre car le Seigneur nous envoya un bon vent, et nous avons navigué heureusement vers Rhodes.

[Rhodes] Le 20 juin. Autour de la huitième heure, à notre droite, nous avons aperçu l'église de la Bienheureuse Marie de Palerme, autrement dit Philerma. À notre gauche, se trouvaient la Turquie, Lango et le château Saint-Pierre[1] qui sont possessions des chevaliers de Rhodes. Nous avons abordé à Rhodes vers midi, et nous sommes descendus tous à terre, accueillis avec bienveillance par les frères, chacun dans sa langue.

Le 21 juin, nous nous sommes dirigés vers l'église Saint-Jean pour entendre la grand-messe. Là, nous avons vu de très précieuses reliques : tout d'abord une épine de la couronne du Seigneur, conservée dans une châsse de cristal qui permet de bien la voir. Les frères nous rapportèrent que chaque année, le jour de la Parascève[2], elle reverdissait et fleurissait bien visiblement. Au sujet de cette épine, on rapporte que c'est celle qui s'enfonça le plus profondément dans la tête du Sauveur, pénétrant jusqu'au cerveau. En outre, nous avons vu une croix suspendue qui fut

---

1. Le mont Filérimos, pour Philerma ; Cos, pour Lango ; Halicarnasse-Bodrum, pour le château Saint-Pierre.
2. Le vendredi saint. Les Hospitaliers avaient ramené de Terre sainte de nombreuses reliques, donnant lieu à un florilège de légendes. La cathédrale Saint-Jean-Baptiste et la chapelle du grand maître conservaient chacune à Rhodes une épine de la couronne du Christ.

confectionnée par la bienheureuse Hélène avec le bassin dans lequel le Christ lava les pieds des Apôtres. Cette croix a transversalement deux bras. Au-dessus de la sainte Croix, il y avait un très grand parchemin. Nous avons également vu un des trente deniers pour lesquels le Sauveur du monde fut vendu. Ce denier est entièrement en argent en forme de ducat, mais plus épais, et à mon avis en le comparant à la monnaie de France, il vaut bien six blancs [1] ; d'un côté il porte l'image de César et de l'autre une fleur de lis. Nous avons vu une quantité de reliques que je ne citerai pas dans ce livre.

Nous avons visité la ville de Rhodes qui est assez belle mais petite. Il y a un énorme château, imprenable, où se trouve l'archevêque de Colosse [2], mais les Rhodiens disent « de Rhodes ». Dans cette île il y a des fruits en grande abondance, et des vins très forts : on n'en trouve pas de semblable ailleurs, et nous en avons acheté un tonneau pour la France.

Le 22 juin, au lever du soleil, notre navire navigua entre la Turquie et la Berbérie, mais nous n'avons pas vu la terre ferme sur notre droite, tandis qu'à gauche nous avons aperçu les très hautes montagnes de Turquie.

Le 23 juin, nous avons navigué sans interruption, et vers midi nous sommes passés devant Château-Rouge [3], qui jadis appartenait à la seigneurie de Rhodes, mais maintenant est entre les mains des Catalans. Laissant à gauche la cité de Catane, qui a été engloutie par les flots, nous sommes entrés dans le golfe de Satalie où les eaux bouillonnent et tourbillonnent très fortement à cause de la profondeur de la baie. Nous avons franchi ce golfe avec un bon vent. Il est appelé golfe de Satalie à cause de la proximité de la ville de Satalie [4].

Le 24 juin, jour où l'on célèbre la fête de saint Jean-Baptiste le Précurseur, nous avons dépassé l'île de Chypre [5] et Paphos, nous dirigeant vers Jaffa avec un bon vent régulier ; en quittant le golfe de Satalie, nous avons pénétré dans la haute mer à laquelle on donne des noms bien singuliers selon sa bonne ou mauvaise fortune. À notre droite, il y avait la mer Océane que certains appellent la Méditerranée, et je crois que c'est un meilleur nom.

---

1. En France, les blancs désignaient en général des monnaies d'argent, blancs au soleil et petits blancs.
2. Rhodes, place avancée de la chrétienté en Méditerranée orientale, appartenait à l'ordre militaire des chevaliers de Saint-Jean-de-Jérusalem, c'est-à-dire les Hospitaliers. Chassés de la Terre sainte en 1291 au moment de la chute des États latins d'Orient, ils s'installèrent à Rhodes en 1309. L'évêque de Rhodes en 1461 était Jean Morelli et, comme tous ses prédécesseurs, il portait le titre d'évêque de Colosse.
3. Castellorizo.
4. Antalya.
5. Chypre appartenait depuis le XIIᵉ siècle à une dynastie franque, originaire du Poitou, les Lusignan, qui régnèrent sur l'île jusqu'en 1489. Mais depuis 1426 Chypre était sous la

Le 25 juin, nous avons toujours navigué vers Jaffa sans voir ni à notre droite ni à notre gauche la terre ferme, car nous étions en plein océan, ou Méditerranée, bien qu'à notre gauche se trouvât l'île de Chypre. Nous avons laissé l'Europe derrière nous et l'Afrique à notre gauche[1], nous dirigeant vers l'Asie.

II

DE JAFFA À JÉRUSALEM
26 juin-3 juillet 1461

Le 26 juin au milieu de la nuit, nous avons aperçu la Terre sainte, et peu après, la tour de Joppé, appelée communément Jaffa. Le patron envoya deux personnes à terre qui se rendirent à Ramleh auprès de l'émir du sultan pour demander les sauf-conduits. Il écrivit une lettre au père gardien des frères mineurs pour obtenir des ânes et autres choses nécessaires. À propos de la situation de la Terre sainte et de la région, nombreux sont ceux qui ont écrit et parlé sur ce sujet avec discernement, et nous avons notamment les écrits du très vénérable Bède[2], bien qu'à son époque je ne croie pas que Joppé fût en ruine puisqu'elle a été fondée par les chrétiens. Elle a été détruite par le sultan ou par Godefroy de Bouillon[3]. Deux petites tours seulement subsistent qui ressemblent à un pigeonnier sur une colline dominant la Méditerranée. Nous avons dû attendre au port. Sur notre droite, il y avait un petit îlot rocheux où le prince des Apôtres, le bienheureux Pierre, pêchait. Le patron nous rapporta que l'on y voyait la trace du pied de l'apôtre. À notre gauche apparaissaient des rochers, et l'on disait qu'Andromède[4] avait été ligotée à l'un d'eux. Au pied de Jaffa se trouvent de nombreuses grottes rocheuses d'où furent extraites les pierres avec lesquelles on construisit la cité. Aujourd'hui, elles abritent les pèlerins.

Le 27 juin, toujours au port, nous attendions des nouvelles des envoyés de notre patron. Nous étions las et épuisés par les flots, car la Méditerranée est toujours agitée et hostile, et parce que notre galère avait été très secouée. Cependant, pour nous consoler nous avions la vue de la Terre sainte sous nos yeux. Les Sarrasins nous vendirent de très bons fruits, très

---

suzeraineté du sultanat du Caire, et connaissait une guerre de succession au trône depuis 1460.
    1. Tel dans le texte.
    2. Bède le Vénérable (674-735) fut un moine anglais, auteur de nombreux ouvrages parmi les plus lus du Moyen Âge, en particulier une description des Lieux saints, qui était un abrégé du récit de pèlerinage à Jérusalem de l'évêque français Arculphe.
    3. Élu roi de Jérusalem, le 27 juillet 1099, à l'issue de la première croisade et de la prise de Jérusalem, Godefroy de Bouillon prit seulement le titre d'avoué du Saint-Sépulcre.
    4. Au large de Jaffa, les légendes mythologiques comme celle de Persée et Andromède voisinaient avec les traditions évangéliques se rapportant à l'apôtre Pierre.

frais, des prunes, des figues, des melons que nous prenions en quantité, pendant tout ce temps, pour nous rafraîchir. J'ai regardé le lever du soleil, et j'ai constaté que Jaffa n'était pas dans l'axe du soleil levant, mais entre l'orient et le sud, plus proche cependant de l'orient. Ce jour-là, notre pêcheur captura de bons poissons près de l'endroit où pêchait le bienheureux Pierre.

[Jaffa] Le jour des apôtres Pierre et Paul, nous nous sommes enfin rendus au port de Jaffa où nous fûmes dénombrés selon l'habitude, comme du bétail, avant d'aller dans des grottes creusées à la main et dont la cité de Jaffa est pourvue depuis longtemps. Il y a de très nombreuses grottes côte à côte ; on dit qu'elles servaient d'entrepôts aux marchands dans l'Antiquité. Aussitôt à terre, nous fûmes tous comptés par un Sarrasin qui se disait scribe du sultan. Il y avait également le grand truchement du sultan qui servait d'interprète, et dont le nom était Callilus, c'est-à-dire Kalil. Celui-ci n'avait pas bien appris l'italien, mais il avait avec lui deux ou trois brigands qui connaissaient l'italien et l'allemand : l'un s'appelait Abdelcade, ce qui signifie au service de Dieu, l'autre Mahomet. Ils étaient côte à côte sur des ânes, attendant la répartition des pèlerins. Pendant cette répartition, une dispute s'éleva entre les âniers qui voulaient obtenir des pèlerins. Le nom de mon ânier était Abplasis ; il me donna une bonne mule sur laquelle je grimpai. Il en fut de même pour les autres pèlerins, et nous formâmes plus ou moins un cortège. Puis nous avons dirigé nos pas vers Ramleh. Nous avons vu tout d'abord les ruines de la cité de Jaffa, autrefois défendue par une forte et longue enceinte qui l'entourait très largement. Elle fut construite par Godefroy de Bouillon, mais Saladin [1] la détruisit. En avançant, nous vîmes la terre des Philistins où elle se situe. C'est une région plate, faite pour produire, remplie de melons, citrons et concombres. L'eau est rare, il y a des puits profonds où l'on puise de l'eau en faisant travailler avec habileté des chameaux. Nous vîmes plusieurs églises détruites, et nous passâmes par un endroit appelé Jasur. Jadis il y eut de belles églises élevées en l'honneur de la Bienheureuse Marie. En nous approchant de Ramleh, nous avons vu des terres abondantes et fertiles en vin et fruits, regorgeant de tous les produits de la terre. Nous avons laissé l'Égypte, Le Caire et Alexandrie, Acre, Nazareth, le mont Carmel, le mont Thabor et plusieurs lieux très saints auxquels il sera fait référence plus avant.

[Ramleh] Près de Ramleh, à environ un demi-mille, nous sommes descendus des ânes et avons pénétré à pied dans la ville. Nous avons été

---

1. Saladin fut le grand sultan ayyubide d'Égypte (1171-1192) qui s'empara de Jérusalem le 2 octobre 1187.

envoyés à l'Hôpital [1] qui était desservi par les frères mineurs pour recevoir les pèlerins ; il est très adapté à cela, construit selon la mode orientale sans côté. Il ne ressemble à rien de ce qu'on trouve en Occident où toutes les maisons sont couvertes de tuiles, alors qu'ici elles sont recouvertes de terre compacte. Dans cet hôpital, il y a une citerne pour recueillir l'eau de pluie, car il ne pleut que très rarement en Judée. À Ramleh, des Sarrasins vinrent pour notre approvisionnement ainsi que des chrétiens de la Ceinture, qui nous apportèrent tout ce qui est nécessaire comme pommes douces, prunes, amandes et du bon raisin noir, mais nous ne trouvâmes pas de vin. Ils nous vendirent en outre des nattes de jonc parce qu'il n'y avait pas de lits, étant donné que la coutume orientale est de dormir par terre. Nous nous sommes reposés toute la nuit.

Le matin, le père gardien de l'ordre des frères mineurs célébra la messe à l'aurore dans un autre portique puisque à l'hôpital il n'y avait pas d'église. Au moment de l'offertoire, le père gardien nous fit de nombreuses recommandations. Tout d'abord, il a absous ceux qui étaient entrés en Terre sainte sans licence pontificale, ensuite il nous a exhortés à l'amour fraternel et à l'abandon de toute haine ; en troisième lieu, concernant les périls rencontrés habituellement par les pèlerins, il allait de soi que nous devions nous déplacer tous ensemble en prenant garde à nos bourses, et que nous devions cacher notre vin, parce que les Sarrasins l'apprécient beaucoup ; quatrièmement, nous devions distribuer des faveurs en échange des injures qui nous seraient faites, et encore beaucoup d'autres indications qui ne sont pas rapportées dans ce livre. Une fois la messe achevée, nous quittâmes l'Hôpital et la cité, remontant sur nos ânes en dehors des portes de la ville.

[Lydda] Nous sommes arrivés à Lydda par une route droite et plane bordée d'arbres à fruits. Nous nous sommes rendus, à travers le pays des Philistins, à l'église Saint-Georges, où nous avons vu la pierre sur laquelle on lui trancha la tête. Autrefois l'église était très belle et d'une construction majestueuse, mais maintenant elle est en ruine. Les Grecs la desservent et une mosquée de Sarrasins lui est contiguë. Depuis l'église Saint-Georges, nous avons repris la route de Ramleh toute la journée.

Le jour suivant, 1er juillet, nous nous sommes reposés à Ramleh. Nous n'avons pu aller à Jérusalem à cause de la guerre des Sarrasins, qui rendait

---

1. Les frères mineurs étaient établis à Ramleh depuis 1290. Ils avaient reçu en 1403 l'Hôpital fondé par les Hospitaliers à l'emplacement d'un ancien caravansérail. Ramleh était un centre de commerce important au xve siècle, et représentait la première et véritable halte des pèlerins en Terre sainte. Le père gardien qui les accueillait prononçait toujours, au cours de la première messe, un sermon accompagné de recommandations bien nécessaires aux pèlerins, en général totalement ignorants des mœurs et des coutumes locales. Il donnait en outre une absolution collective à ceux qui s'étaient rendus aux Lieux saints sans autorisation pontificale, l'obligation de se la procurer étant largement tombée en désuétude.

les routes peu sûres. À ce sujet, il faut savoir qu'au moment où nous accomplissions notre pèlerinage en Terre sainte, le sultan, mort depuis quarante jours, était enterré. De nombreux Sarrasins voulaient élire sultan son fils contre la coutume du pays, pratiquée par des seigneurs, anciens chrétiens convertis que l'on appelle Mamelouks, ce qui en syrien veut dire « armé ». Au sujet de l'insurrection des Mamelouks[1], qui sont les maîtres de toute cette terre, ils voulaient que l'un d'entre eux fût élu sultan, et le seigneur de Damas était le premier à mettre ses droits en avant. La région était remplie de gens en armes, et beaucoup d'Arabes les redoutaient. Nous avons attendu toute la nuit. Ce jour-là, les enfants sarrasins nous apportèrent des branches d'épines semblables à celles dont fut faite la couronne du Christ. Ce ne sont pas des joncs marins comme ceux qui annoncent un mauvais automne, mais ce sont des branches épineuses comme celles des buissons du pays, de couleur blanche, semblables à celles que nous avons vues à Rhodes.

Le 2 juillet, vers cinq heures du matin, nous avons quitté Ramleh précédés de notre truchement et guide, Kalilo, et nous allâmes jusqu'au centre de la ville que nous n'avions pu voir précédemment parce qu'il nous avait toujours été interdit. C'est une belle ville, possession du sultan. Il y a une église grecque, et les chrétiens de la Ceinture, payant le tribut, y sont nombreux. Cette ville, située dans le pays des Philistins, regorge de fruits et des biens de la terre. En arrivant aux portes de la ville, nous avons trouvé nos âniers qui nous attendaient pour nous faire monter sur nos ânes, et nous nous sommes dirigés vers Jérusalem. Passant à travers le pays des Philistins où il y avait des champs remplis de melons, de citrouilles, de concombres, de mûriers et de nombreux produits de la terre. Nous avons dépassé Béthumbe[2], ancien château des Philistins. Là commence une région de montagnes et de collines. À partir de Béthumbe, nous avons marché à travers les monts sur une route difficile et pierreuse vers le bourg d'Emmaüs où les disciples reconnurent le Seigneur à la fraction du pain. Il y a une église en ruine où fut enseveli Cléophas. Le château fut démoli, il n'en reste que des ruines, dont on vient de parler. À partir d'Emmaüs, la route pour se rendre à Ramatha était très resserrée entre les montagnes et difficile, située entre les monts d'Éphraïm. Joseph d'Arimathie est né à Ramatha, ainsi que le dit de Lyre[3]. Là se trouve le tombeau de Samuel, et jusqu'à ce jour, les Sarrasins appellent cet endroit Saint-

---

1. Le pouvoir du sultan, malgré les tentatives de quelques-uns, n'était pas un pouvoir héréditaire. Celui-ci était choisi parmi les Mamelouks, devenus la classe militaire dirigeante. À l'origine, ils formaient la garde personnelle des sultans ayyubides, constituée d'esclaves turcs. Si les émirs mamelouks élisaient les sultans, ils les renversaient tout aussi facilement.
2. Ce lieu n'a pas été identifié.
3. Nicolas de Lyre fut un exégète franciscain (1270-1340) qui composa un commentaire complet de la Bible, très célèbre au Moyen Âge.

Samuel, comme il est écrit au livre II des Rois, chapitre xx. Le bourg d'Emmaüs est distant de six milles de Jérusalem. Après le Déluge, l'arche de Noé reposa plusieurs années dans cette cité d'Arimathie. Le père gardien nous montra depuis cet endroit le mont des Oliviers.

III

VISITE DE JÉRUSALEM ET DE SES ENVIRONS
4-18 juillet 1461

Avançant entre les montagnes, sur une route difficile, nous montions vers Jérusalem, laissant à notre droite l'Égypte et à notre gauche Samarie. Ayant hâte d'arriver à Jérusalem, à une distance d'un demi-mille à peu près, nous sommes descendus à terre pour voir la sainte Jérusalem. Nous sommes entrés dans la sainte Cité précédés du patron, du gardien, du truchement et des interprètes. Je n'ai pas pu savoir le nom de la porte par laquelle nous sommes entrés. Après avoir pénétré dans la sainte Cité, on nous conduisit en premier lieu devant les portes closes du Saint-Sépulcre. C'est une très belle église, ressemblant à une cathédrale, construite en pierre, et avec beaucoup de marbre. Elle a un très beau clocher à gauche, semblable à une tour. Cette église a vraiment un bel aspect extérieur. Le portail est sculpté, et j'ai pu seulement reconnaître deux tableaux : premièrement, Marie-Madeleine baisant les pieds du Seigneur, et ensuite l'image du Christ marchant avec des palmes vers la sainte Cité. Ce portail est double, fermé par une partie supérieure et inférieure, que nous appelons communément chez nous « crapaud ». La partie supérieure, fermée par un volet de bois, est marquée aux armes du sultan. Devant la porte, se trouve une place peu large, longue, où il n'y a rien à signaler, si ce n'est un pavement de marbre au milieu duquel est insérée une dalle où le Christ Jésus se reposa alors qu'Il portait la Croix. Après cela, nous fûmes conduits à l'Hôpital des pèlerins, qui n'est pas celui de jadis destiné aux pèlerins, mais un hôpital récent acquis par les frères mineurs, médiocrement adapté à la venue des pèlerins, mais pas au point de celui de Ramleh, sans eau, ni citerne.

[La Voie douloureuse] *Le 4 juillet.* Les frères mineurs sont venus au point du jour pour nous faire accomplir les pérégrinations de la sainte Cité, précédés tout d'abord de frère Laurent de Sicile, de l'ordre des frères mineurs, du patron, d'un truchement, et nous fûmes guidés de place en place[1].

---

1. Il s'agit des stations du chemin de croix dont la pratique s'est développée à Jérusalem dès le xive siècle, sous l'influence des frères mineurs. Le « chemin rectiligne » que suivent les pèlerins représente la Voie douloureuse. Ces pérégrinations se déroulent selon un ordre bien établi au xve siècle : maison de Véronique, maison du mauvais riche, Trivion, lieu de

Nous sommes passés d'abord devant la maison de Véronique qui tendit au Christ marchant vers son sacrifice un voile de lin sur lequel la sueur imprégna sa très sainte Face. Ce linge est maintenant honoré à Rome. À partir de cet endroit, nous avançâmes un tout petit peu jusqu'à la demeure du riche qui refusa quelques miettes à Lazare. Ensuite nous gagnâmes un carrefour où les Juifs réquisitionnèrent Simon. De là, toujours en avançant pas à pas vers une autre voie toute droite où la Bienheureuse Vierge Marie rencontra le Christ conduit au sacrifice, se trouve une église en ruine appelée Sainte-Marie-du-Spasme. Toujours sur ce chemin rectiligne, se trouvent deux petits arcs érigés par la bienheureuse Hélène dans lesquels sont enchâssées deux pierres de marbre blanc : l'une en souvenir de l'endroit où s'assit Pilate, l'autre en souvenir de la condamnation du Christ. De là, assez proche à droite, se trouve la maison où la Bienheureuse Vierge est née, et où elle apprit à lire.

Puis de là nous sommes allés à la maison de Pilate où le Christ fut, injustement et à la hâte, condamné au supplice de la croix. Aujourd'hui cette maison paraît bien pauvrement construite, et je ne sais si elle était ainsi autrefois, cependant elle est suffisante pour un juge. De là, à main gauche, dans un endroit en hauteur, sur une éminence, se trouve la maison d'Hérode, qui à présent est encore couverte de marbre noir et blanc, et paraît bien, à première vue, ressembler à la demeure d'un roi ; quoi qu'elle fût, elle est très belle, peu longue mais haute comme un arc. À proximité, se trouve la maison de Simon le lépreux où le Christ remit à Marie-Madeleine ses péchés. De là, nous fûmes conduits le long de cette voie droite à la piscine probatique qui est contiguë au temple de Salomon, et à côté de la porte Saint-Étienne, ainsi appelée parce qu'à cet endroit le saint marcha vers son martyre. Cette piscine probatique montre des ruines anciennes, et l'endroit se présente comme une large fosse. L'été il n'y a pas d'eau, mais l'hiver, je crois qu'il doit y avoir l'arrivée des eaux.

[Val de Josaphat] Nous sommes donc sortis par la porte Saint-Étienne, et nous avons trouvé des chameaux en quantité chargés de marchandises diverses, bois, herbes et autres choses nécessaires aux habitants. Nous sommes descendus dans le val de Josaphat, jusqu'à l'endroit où saint Étienne fut lapidé. La terre est nue, et rien ne distingue cet endroit si on ne connaît pas le passé. En descendant au fond du val de Josaphat, nous

---

la Pâmoison de la Vierge, maison de Pilate, maison d'Hérode et porte Saint-Étienne. Cet itinéraire à stations comportait des indulgences que ne mentionne pas notre auteur, car elles figuraient dans les guides destinés aux pèlerins. En raison des rapports difficiles avec la population locale, cette « marche à la suite du Christ » s'accomplissait du Calvaire au Prétoire, au lieu de suivre les stations dans l'ordre chronologique du Prétoire au Calvaire, tel que le reproduira le chemin de croix en Occident à partir du XVIᵉ siècle. Par cette pratique de piété née à Jérusalem, les Franciscains voulurent inciter les pèlerins à méditer « méthodiquement » la vie du Christ.

sommes arrivés au tombeau de la Bienheureuse et très glorieuse Vierge Marie. On descend quinze marches sous terre au pied du mont des Oliviers, à l'orient et à l'ouest depuis le mont Sion. Nous y descendîmes tous, et priâmes avec humilité, tenant des chandelles dans nos mains parce que l'endroit est très petit et très obscur. Le tombeau de la Vierge est en marbre et, dans ce lieu étroit, il y a un seul autel. Quoique la chapelle soit entièrement souterraine, elle est assez longue mais peu large, et à mon avis, l'escalier qui y conduit est la plus belle partie de cette très sainte église. Les Sarrasins eux-mêmes vénèrent ce très saint sépulcre avec une très grande dévotion.

En sortant de cette très sainte église, nous contemplâmes un peu la vallée de Josaphat et le torrent du Cédron. Notons que ce torrent est à sec ; c'est seulement en hiver ou lorsqu'il pleut que les eaux pluviales descendent du mont Sion et du mont des Oliviers, mais en été aucune eau souterraine ne s'en écoule ; il reste seulement quelques flaques d'eau. Il y a un pont, car la vallée est profonde, resserrée et assez étroite. Dans cette vallée, se situe le domaine de Gethsémani où il y avait dix ou douze maisons dont une seule reste aujourd'hui. Au-delà de Gethsémani, se trouve le tombeau d'Absalon [1], très digne d'intérêt. Mais selon Bède, auquel je me suis référé, c'est la tombe du roi de Josaphat dont la vallée porte le nom, parce qu'Absalon est mort au-delà du Jourdain. Des blocs de pierre ont été disposés en tas au-dessus des morts, et les frères disent les avoir vus.

[Le mont des Oliviers] Quittant la vallée de Josaphat, nous sommes montés au mont des Oliviers, et on nous montra d'abord le lieu où le Christ pria son Père, en disant : « Père, si c'est possible... » C'est une grotte peu vaste, étroite et profonde. Je crois que les pierres tombales disposées tout autour, comme à Gethsémani, en ont été extraites. De là, nous sommes allés dans le jardin où se tint le Christ avec ses disciples quand Il fut arrêté par les Juifs. Ce jardin n'est pas cultivé aujourd'hui, il est entouré d'un muret de pierres sèches, semblable à ceux des autres jardins voisins. C'est le lieu où le Christ alla vers les Juifs en disant : « Qui cherchez-vous ? » De là, à environ quatre pas, se trouve l'endroit où Pierre sortit son épée et trancha l'oreille de Malchus ; je crois que ce lieu est semblable à ce qu'il était quand cet événement se déroula. Là se trouve le mur qui empêcha Malchus de fuir et d'éviter l'épée de Pierre puisqu'il y était adossé. Ce mur a un aspect très ancien, et il pouvait se présenter de la sorte du temps du Christ, ainsi que l'église qui a été édifiée à cet endroit. Puis nous sommes allés vers le lieu où le Christ ordonna aux disciples de demeurer et de prier. Les Apôtres restèrent donc là, au-dessus

---

1. La vallée de Josaphat renferme plusieurs tombeaux juifs, dont, selon la tradition, celui d'Absalon, le fils ingrat de David.

d'un immense rocher enfoncé dans la terre, et s'endormirent parce que leurs paupières s'alourdissaient de sommeil.

Nous avons gravi encore le mont des Oliviers, où restent de très vieux oliviers, et les frères mineurs disent qu'à leur avis, ce sont des arbres qui datent du temps du Christ. De là, nous sommes allés dans un endroit sacré où l'on croit que la Vierge Marie donna sa ceinture à saint Thomas avant de s'élever au ciel. Là se trouve l'endroit où le Christ pleura sur la cité, en disant : « Si vous saviez... » Assez près de là, on dit que se trouve le lieu où les anges vinrent avec des palmes arracher la Vierge aux troubles de ce monde. Là les pèlerins reçoivent des palmes, comme c'est l'usage. Alors, nous montâmes au sommet du mont des Oliviers, et nous vîmes une citadelle en face de nous : c'est bien sûr celle de Jérusalem. Nous eûmes une longue explication au sujet de la cité antique et moderne. Droit devant nous, se tenait le temple de Salomon qui, dans l'Antiquité, était d'une étonnante grandeur ; aujourd'hui, il est divisé en trois mosquées, c'est pourquoi ma voix en tremble, et je ne peux tenir ma plume pour en parler plus longuement. Que les chrétiens regardent et pleurent quand ils s'en approcheront !

En regardant depuis le mont des Oliviers en direction du Temple, se trouve Bethléem où Jacob vit une échelle dans les cieux. L'emplacement du Temple est petit, et aujourd'hui il y a une mosquée de Sarrasins avec une seule coupole selon l'habitude. Les frères nous dirent de regarder les lampes du temple de Salomon, parce qu'on ne pouvait pas s'en approcher de plus près. Nous vîmes la Porte Dorée par laquelle le Christ entra à Jérusalem le jour des Rameaux et des Palmes. Elle est dite « dorée » parce qu'elle est faite en cuivre. J'en ai vu de grands morceaux arrachés ; en effet, quand les pèlerins le peuvent, ils s'en servent comme présents. Aujourd'hui, cette porte est close, obstruée par des pierres et du ciment. Les Sarrasins disent que si on l'ouvrait, il y aurait des déprédations et qu'elle serait détruite.

En montant au sommet d'une colline, les frères nous montrèrent, à droite, l'endroit que l'on appelle Galilée. Je ne sais comment, mais les frères mineurs disent que toutes les indulgences qui étaient en Galilée [1] ont été transférées ici afin de ménager la peine des pèlerins. Là, il y a une ouverture fermée par un rocher, par laquelle on descend sous terre. À notre droite, se trouve une très sainte et très vénérable église où le Christ monta aux cieux. Au milieu de l'église, une chapelle renferme une pierre qui porte visiblement les traces très saintes du pied du Sauveur, qui nous les laissa en montant au ciel, à la droite du Père. Là, les pèlerins prièrent avec une très grande vénération ; les Sarrasins vénèrent aussi ce lieu, et

---

1. Il ne s'agit pas de la Galilée, mais d'une colline sur le mont des Oliviers où les Apôtres virent le Christ après sa Résurrection. Les pèlerins se trouvent dans la basilique de l'Ascension.

ils se prosternèrent ici. Il faut noter que Bède dit que les traces de pas du Christ sont dans la terre meuble, et que même si la terre est cultivée, les marques de pas réapparaissent toujours. Celles que nous avons vues étaient tracées dans la roche dure. Dans cet endroit, on officie rarement, mais pour fêter le jour de l'Ascension, les chrétiens se rassemblent tous dans ce lieu très sacré, Latins, Arméniens, Grecs et Indiens. Près de ce très saint lieu, à peu près à dix pas, se trouve une chapelle où repose sainte Pélagie.

De là, nous sommes allés à l'endroit où les Apôtres composèrent le Symbole [1]. C'est maintenant un champ, bien que seuls quelques restes d'une chapelle soient visibles, gardés par un Sarrasin.

En descendant le mont des Oliviers, du côté de Jérusalem, se trouve le lieu où le Christ fit le « Notre Père ». Cependant, frère Laurent me dit qu'à son avis cette prière fut faite près du mont Thabor.

Ensuite, nous sommes allés là où la Bienheureuse Vierge Marie, après l'Ascension de son Fils notre Seigneur, vint se reposer seule et s'asseoir après la visite des Lieux saints. Il y a là un petit rocher que nous sommes allés vénérer.

En descendant dans le val de Josaphat, nous sommes passés devant le village de Gethsémani et le tombeau d'Absalon au milieu de la vallée. Nous nous sommes rendus à l'endroit où l'on dit que Jacques le Mineur demeura trois jours après la Passion du Christ sans manger ni boire jusqu'à ce qu'il apprenne la Résurrection. Le Christ ressuscité lui apparut, disant : « Lève-toi, Jacques, parce que le Fils de l'homme est ressuscité. » Dans ce lieu, se trouvent les tombes de Zacharie, de Baruch, creusées dans la paroi rocheuse.

[Le mont Sion] Puis, de là, nous avons gravi le mont Sion [2] où se trouvent une petite église et le couvent des frères mineurs. Dès que cela fut possible, les frères mineurs célébrèrent une grand-messe. Une fois achevée, nous fîmes une procession en direction du grand autel, situé à l'endroit où le Christ célébra la dernière Cène avec ses frères et ses disciples. Il y a là une peinture reproduisant la Cène. À droite, se trouve le lieu où le Christ lava les pieds des disciples ; il y a un autel et une peinture figurant la scène.

En sortant de l'église, nous sommes allés vers l'endroit où se tenaient les Apôtres quand l'Esprit saint descendit sur eux. Le duc

---

1. Le Symbole de la foi ou *Credo*.
2. Les frères mineurs s'installèrent sur le mont Sion, au lieu du Cénacle, dès 1230 sous le pontificat de Grégoire IX. Mais c'est seulement en 1309, par un firman du sultan mamelouk, qu'ils reçurent le droit d'y résider officiellement, à la suite de négociations diplomatiques engagées entre le roi de Naples, Robert d'Anjou, et le sultan du Caire pour l'achat de terrains en leur faveur.

de Bourgogne [1] a commencé ici à édifier une très belle et remarquable chapelle, que l'on appelle chapelle du Saint-Esprit, mais il y a plus de cinq ans, et les infidèles et perfides Sarrasins l'ont pillée et détruite de fond en comble.

De là, nous sommes descendus dans le petit cloître du couvent. Il y a une petite chapelle à l'endroit où le Christ apparut à Thomas de Didyme. Ces lieux saints sont dans l'église des frères mineurs. Plus avant, se trouve une maison avec un grand pavement, là où le Christ envoya ses disciples en leur disant : « Allez dans la ville vers une certaine... » Cette maison était grande à l'époque du Christ, située au sommet du mont Sion. Les Anciens disent que, dans l'Antiquité, se trouvait à cet emplacement le château de David qui renfermait l'arche d'alliance. Dans l'église, nous sommes allés à l'endroit où fut rôti l'agneau pascal. Ce lieu est aujourd'hui contre le mur de l'église à droite, et dans l'Antiquité il était dans la maison, de plus on voit une pierre dont on dit qu'elle servit à rôtir l'agneau. Puis nous avons gagné un endroit proche où fut enterré le bienheureux Étienne. Assez près de là, se trouve une pierre où s'assit le Christ quand Il prêchait à ses apôtres au moment de quitter ce monde pour rejoindre le Père, et après avoir mangé l'agneau de la Pâque. Il y a là une autre pierre où se tenait la Mère du Christ.

De là, on se rend, en direction de Jérusalem, à l'endroit où la Vierge Marie demeura quatre ans après la Passion de son Fils. Tout près, se trouve le lieu où le sort désigna Matthias [2]. Quatre pas plus loin, toujours vers Jérusalem, se trouve l'endroit où, dit-on, Jean l'Évangéliste célébra la messe pour la Vierge Marie. Ce lieu est situé entre le mont Sion et la maison de Caïphe où se fit la division des disciples et des Apôtres.

Depuis le couvent des frères au mont Sion jusqu'à la maison de Caïphe, il y a vingt-cinq pas. Ce sont les Arméniens catholiques qui gardent cette maison. Une chapelle s'y trouve avec un grand autel fait d'une pierre digne de respect qui y fut déposée ; de très grande dimension, cette pierre a dû inquiéter les saintes femmes qui ont dit : « Qui roulera pour nous la pierre en arrière... » Moi, je crois, c'est mon avis, que vingt-cinq femmes n'auraient pas pu la rouler. Cette pierre est brute, rugueuse, faite d'une roche dure. Les Arméniens ne permettent pas que l'on en prenne des morceaux, pour ne pas la diminuer, et les frères ne pourront jamais en avoir, à ce qu'ils nous ont dit.

Assez près, à main droite, se trouve un grand autel dans un endroit resserré. C'est le lieu que l'on appelle la prison du Christ, où il demeura

---

1. Le duc de Bourgogne, Philippe le Bon, s'intéressa à divers titres à l'Orient : projets de croisade, traités, envoi d'ambassadeurs, voire d'espions, comme Bertrandon de la Broquière. Il distribua en outre de larges aumônes aux frères mineurs. En 1460, la population musulmane venait en effet de détruire cette chapelle du Saint-Esprit consacrée au souvenir de la Pentecôte et édifiée grâce à ses dons.
2. L'apôtre qui remplaça Judas.

toute une nuit, attendant d'être conduit auprès de Pilate au lever du jour. Là, en outre, se trouve la colonne de marbre où, dit-on, Il fut attaché ; cette chapelle est appelée chapelle du Saint-Sauveur.

Ensuite nous avons quitté la maison de Caïphe, descendant le mont Sion vers la vallée de Josaphat jusqu'à l'endroit où les Juifs voulurent enlever le corps de la Vierge qui venait de mourir, comme beaucoup le racontent. Je ne sais si c'est vrai.

De là, nous fûmes conduits vers la maison d'Anne, et nous quittâmes la route qui conduit à la ville par la porte de Saturne [1]. Il y a dans la maison d'Anne une chapelle gardée par les Arméniens, appelée chapelle des Saints-Anges.

Puis, nous fûmes conduits où Pierre pleura amèrement. Cet endroit est circulaire parce que dans l'Antiquité une chapelle ronde y fut édifiée, dont il reste à peine quelques ruines aujourd'hui. Et, en regardant vers la sainte Cité, on nous montra une porte par laquelle, dit-on, la Vierge entra au Temple pour y présenter l'enfant Jésus. Nous avons vu ce lieu de l'extérieur de la cité, parce que le Temple aujourd'hui est contigu au mur d'enceinte de la ville.

Le même jour, à l'heure de vêpres, on nous conduisit au très Saint-Sépulcre du Seigneur. En venant du mont Sion, vers la sainte Cité, on trouve d'abord l'église de Saint-Jacques-le-Majeur, qu'Hérode fit décapiter. Là se trouve une très sainte église qui est gardée par des Arméniens en très grand nombre. Ensuite, sur une route toute droite, on voit le lieu où le Christ apparut aux trois femmes.

[Basilique du Saint-Sépulcre, la procession] Nous nous sommes rendus devant les portes du Saint-Sépulcre. Nous avons été comptés un à un, introduits, puis enfermés pour toute la nuit. Le père gardien nous rassembla dans la chapelle de la Bienheureuse Marie et nous fit un sermon. Il nous exposa les raisons de la sainteté des lieux. Nous les visitâmes avec des larmes et un cœur meurtri. Les frères organisèrent la procession, et nous avançâmes en suivant un ordre [2]. On nous montra d'abord les lieux saints qui sont dans la chapelle de la Bienheureuse Marie : le lieu où l'on croit pieusement que le Christ ressuscité apparut à la Vierge, sa mère ; en son honneur fut édifiée cette chapelle. À main droite de cette chapelle, il y a une arcade dans laquelle se trouve une partie de la colonne de la fla-

---

1. Ce lieu n'a pas été identifié.
2. La procession des pèlerins à l'intérieur de la basilique du Saint-Sépulcre était conduite par les Mineurs selon un ordre bien établi au XVᵉ siècle, destiné à rappeler la Passion du Christ et sa Résurrection : chapelle de l'Apparition du Christ à sa Mère, chapelle de la Sainte-Croix, chapelle de Marie-Madeleine, prison du Christ, chapelle de la Division des vêtements, chapelle de l'Invention de la Croix, église Sainte-Hélène, chapelle des Impropères ou du couronnement d'épines, le Golgotha, lieu de la Crucifixion, le lieu de la Pierre de l'Onction, et enfin le tombeau du Christ. Le chemin de croix s'achevait donc au Saint-Sépulcre, terme de la Passion.

gellation provenant de la maison de Pilate. Cette colonne est en marbre, de couleur rougeâtre, pas très importante comme grosseur. J'en ai vu une autre à Rome dans l'église Sainte-Praxède, mais qui n'avait pas si parfaite allure, bien que celle-ci soit plus frêle et de couleur plus claire. Je ne sais à quoi est due leur différence.

À main droite, il y a un autel avec une arcade appelée l'Exaltation de la sainte Croix parce qu'il y a là une partie de la Croix que laissa en héritage la bienheureuse Hélène. Devant l'autel central, sur le sol de la chapelle, il y a une dalle de marbre insérée dans le pavement, sur laquelle fut faite l'expérience d'Hélène à la recherche des trois croix, celle du Christ et celles des deux larrons : au cours de ces recherches, on déposa une croix au-dessus d'une fosse et aussitôt elle se redressa.

De là, nous avons marché directement vers une chapelle située à l'endroit où le Christ apparut à Madeleine en jardinier : une pierre de marbre ronde s'y trouve, insérée dans le pavement de l'église.

Toujours en procession, à main gauche, nous sommes allés à l'endroit appelé la prison du Christ. Dans l'Antiquité, il pouvait y avoir une caverne, dans laquelle les Juifs laissèrent le Christ pendant qu'ils faisaient creuser l'emplacement de la Croix ; aujourd'hui c'est une petite chapelle.

Plus loin, nous avons vu la chapelle où les vêtements du Christ furent partagés. Avançant toujours en procession, en arrière du chœur, nous sommes arrivés à l'endroit où la bienheureuse Hélène trouva la Croix : cet endroit est sous terre, nous avons descendu un escalier de quarante marches, d'égale hauteur, et, avec les dernières, cela faisait environ cinquante marches. Cet endroit a un dallage de marbre, la voûte est faite d'un roc très solide, qui dut être très dur à creuser. Les Géorgiens gardent ce lieu transformé en chapelle en l'honneur de la bienheureuse Hélène ; elle est au milieu de l'église. En procession, de l'autre côté derrière le chœur, nous avançâmes vers une chapelle où, sous un autel, se trouve une colonne ronde à laquelle le Christ fut attaché quand on le couronna d'épines.

Puis, à droite du chœur, se trouve le mont Calvaire où l'on gravit vingt marches. C'est le lieu choisi de toute éternité, où le Christ, sauveur du monde, en paya le prix. Il y a une ouverture ronde par laquelle on enfonça jusqu'à deux pieds le bois du Salut. Une pierre reste qui se brisa pendant la Passion du Seigneur. Dans ce lieu, les pèlerins répandirent des larmes et se mirent en adoration. Nous ne pouvons pas expliquer par une simple description la très grande sainteté de ce lieu, cependant, en souvenir de toi, Pierre Mamoris [1], je vais décrire le lieu du Calvaire. Le Calvaire, dans le second Évangile, était à proximité de la ville dans l'Antiquité, mais maintenant il se trouve à l'intérieur de la ville qui fut édifiée par Hadrien

---

1. Pierre Mamoris, curé de Sainte-Opportune à Poitiers, auteur d'un traité des maléfices, à qui Louis de Rochechouart s'adresse plusieurs fois dans son récit.

Aélien[1], sur l'emplacement du Saint-Sépulcre. Là donc, fut construite une chapelle admirable et exceptionnelle entièrement revêtue de plaques de marbre, et le sol est dallé de pierres en damier de couleurs différentes. La voûte est toute dorée et porte de somptueuses peintures[2], semblables à celles des églises vénitiennes. Elles ont été beaucoup plus remarquables et plus riches, mais aujourd'hui, ces maudits infidèles ne permettent à quiconque de les restaurer et les laissent tomber en ruine : les peintures deviennent sombres, les parois noircissent, de telle sorte qu'il est à peine possible de discerner les vestiges de ces anciennes peintures. J'ai fait, quant à moi, un grand éclairage en allumant des chandelles afin de savoir ce qu'elles représentaient. J'y ai d'abord trouvé le témoignage de la prophétie de la Passion du Christ, quand David dit : « La mort l'enleva... » J'ai lu ensuite de la même manière Daniel disant : « Le Christ sera mis à mort... » D'autres peintures consacrées aux prophètes restaient, qui étaient vraiment sombres et que je n'ai pu identifier. Dans cette chapelle dont nous parlons, se trouvent trois autels dans l'ordre suivant : le premier, entre deux autels, marque l'endroit où fut plantée la Croix dans le roc ; un des deux autels, avec une chapelle à l'arrière, est gardé par les Arméniens, et le troisième, à l'angle, est desservi par les Latins, c'est-à-dire les frères mineurs qui y célèbrent l'office quand ils le veulent. Bède dit, je crois, que le Calvaire est au centre du monde, et il composa ces vers : « Voici le lieu que nous appelons nombril du monde, et que les Juifs nomment, dans leur patrie, Golgotha. » D'autres disent que ces vers que j'ai cités sont ceux de Fortunat, évêque de Poitiers.

Ensuite, en descendant le mont Calvaire, et en laissant le chœur à notre droite, nous sommes allés directement devant la grande porte. C'est le lieu où Joseph d'Arimathie, avec l'aide d'autres saintes personnes, déposa le corps du Christ de la Croix pour l'envelopper dans des linges fins et le parfumer d'aromates. Ce lieu est plat, mais il y a sur le sol une pierre[3] sur laquelle toutes ces tâches ont été accomplies. Quatre ou cinq lampes brûlent sans cesse dans ce lieu gardé par les chrétiens syriens.

De là, nous sommes allés à l'entrée du chœur, où, en face, se trouve le Saint-Sépulcre du Seigneur ; nous y fûmes conduits tandis que les frères chantaient : « J'ai organisé le repas pascal... », et arrivant au verset « le Christ s'élève dans la gloire », ils dirent : « Le vainqueur des enfers revint dans ce tombeau... », au moment où nous nous y introduisions l'un après l'autre, car ce lieu est étroit. Si je voulais décrire ce lieu, je le tenterais en vain, puisqu'il faut surtout le voir plutôt que de se fier à ce que l'on

---

1. En 70, le futur empereur Titus termina victorieusement la guerre contre les Juifs révoltés. Il rasa alors Jérusalem, édifiant à la place la cité romaine d'Aelia Capitolina.
2. Il s'agit de mosaïques.
3. Il s'agit de la Pierre de l'Onction.

entend, ou à ce qui est écrit. Je décrirai cependant rapidement ce que je pourrai.

Ce saint lieu du Saint-Sépulcre, où l'auteur de toute vie, le Christ notre Seigneur, a enduré des funérailles, est recouvert de marbres variés tout autour des murs, carrés selon l'habitude, bien que l'endroit soit deux fois plus long que large ; un mur est édifié à l'intérieur. La première porte d'entrée est de bonnes hauteur et grandeur, ce qui permet à un homme grand d'entrer facilement sans se courber. Une fois entré, se présente à vous en premier une pierre sur laquelle les anges étaient assis quand ils annoncèrent aux femmes que le Seigneur était ressuscité. Cette pierre est cassée, et il faudrait deux hommes pour la soulever. Dans ce lieu, dix hommes peuvent se tenir debout sans être serrés : là se trouve le monument qui rappelle le souvenir du Christ. L'entrée de ce très saint monument est carrée, basse et souterraine, et un homme ne peut s'y introduire sans se courber et fléchir les genoux. Une fois entré, on atteint le Saint-Sépulcre à l'avant, à hauteur d'estomac, tandis qu'au fond, le mur est à hauteur des épaules. Cet endroit est tellement étroit que seulement trois hommes peuvent s'y tenir côte à côte, et pas davantage.

Lorsque la messe y est célébrée, les assistants sont hors du monument. Ce lieu fut creusé dans le roc, il est semblable aux monuments funéraires que les Juifs avaient coutume d'y tailler. Nous en avons vu plusieurs de ce type près d'Haceldama, où se trouvent des tombes juives désertes. À mon avis, dans le Saint-Sépulcre, le fond rocheux de la tombe est d'un seul bloc. Cependant il y avait une concavité assez petite, profonde de deux doigts, afin qu'un corps soit séparé de l'autre. Notez qu'il y avait la place pour deux corps, sans qu'ils soient serrés, mais pas davantage, sauf en disposant un corps au-dessus de l'autre. Alors, dans ce cas, on pouvait en déposer dix ou douze, comme le firent les anciens frères, dont on dit : « Dans le monument de ses pères... » Tous les tombeaux juifs que nous avons vus près d'Haceldama sont construits ainsi. En effet, ils sont taillés dans le roc, à la façon des petites sépultures. Tel fut et est le sépulcre du Seigneur. Il faut vraiment savoir que cette partie de ce très saint lieu où reposa le corps du divin Seigneur, notre Christ, est ornée aujourd'hui d'une table de marbre, à la façon d'un sépulcre rectangulaire long de sept pieds trois pouces, et d'une hauteur de trois pieds et demi, et érigée en autel, bien que trop bas. La couleur du marbre est blanche, et je crois que c'est ainsi que le fit faire et déposer la bienheureuse Hélène dans ce lieu, où reposa pendant quarante heures l'Hostie, salut du monde. En outre, le toit de cette crypte est celui d'une voûte en longueur.

Maintenant, retournons à notre description de l'église. La première église au moment de sa construction, comme il se doit, fut très belle et très ornée par sainte Hélène, puis couverte par les rois latins de riches peintures à la mode vénitienne, comme en témoignent les vestiges qui subsistent. Le chœur est très vénérable. Il y a une rotonde à l'est, dont j'ai fait reproduire dans ce livre l'aspect par l'architecte qui nous accompagna dans notre pèlerinage pour que comprenne celui qui en est capable. Je ne décris pas sa longueur et sa largeur parce qu'elle est presque ronde de toutes parts.

En arrière du chœur, à main droite, il y a quatre ou six tombes de rois latins, dont on ignore le nom faute d'épitaphes. Sous le mont Calvaire, à main droite, se trouve le tombeau de Godefroy de Bouillon avec cette inscription : « Ici repose l'illustre duc Godefroy de Bouillon qui rendit toute la Terre sainte au culte chrétien, que son âme repose auprès du Christ. » Notez que Godefroy ne voulut pas être couronné roi à cause du couronnement de notre Seigneur Jésus-Christ.

À droite, juste à l'opposé, se trouve le tombeau de son frère, Baudouin, avec une inscription en vers : « Le roi Baudouin, le second Judas Maccabée, espoir de la patrie, soutien de l'Église... [1] ».

IV

LES CHRÉTIENS QUI SONT À JÉRUSALEM

C'est maintenant le moment de décrire les différentes sortes de chrétiens qui sont au Saint-Sépulcre, elles sont au nombre de neuf. Les Latins tout d'abord, les Grecs, les Arméniens, les Jacobites, les Gorgiens ou Géorgiens, les Syriens, les Indiens — que l'on appelle d'une autre façon également, Abyssins-Maronites —, les Nestoriens et les chrétiens de la Ceinture.

On appelle *Latins* les frères mineurs de Jérusalem qui résident sur le mont Sion ; trois d'entre eux assurent une présence dans l'église du Saint-Sépulcre, et récitent les heures de la Bienheureuse Marie dont ils desservent la chapelle. Ils ont deux ou trois pièces attenantes à l'église. En arrière de la chapelle de la Bienheureuse Marie se trouve une bonne citerne et tout ce qui est nécessaire pour les usages quotidiens. Ils ont, de plus, la garde du très Saint-Sépulcre [2] et de l'autel du Calvaire. Il faut savoir que jadis des chanoines réguliers desservaient l'église du Saint-Sépulcre et le mont des Oliviers. Mais dans la vallée de Josaphat, c'étaient des moines noirs.

---

1. Épitaphes gravées sur les tombeaux des premiers souverains de Jérusalem, Godefroy de Bouillon et son frère Baudoin Ier, roi de 1100 à 1118.
2. À partir du XIVe siècle, les frères mineurs furent les seuls religieux latins à demeurer à Jérusalem, ayant obtenu la « garde » du Saint-Sépulcre. L'idéal de saint François, qu'ils propagèrent en Orient, fut celui de l'idéal missionnaire destiné à supplanter l'idée de croisade. Saint François avait lui-même agi en ce sens durant la croisade proclamée par Innocent III, lorsqu'il se trouva à Damiette en 1218, et qu'il tenta de convaincre les croisés de signer la paix, tout en affrontant le sultan Melek el-Kamel pour le convertir.

Les Grecs[1] possèdent de nombreuses maisons dans la sainte Cité. Ils desservent le chœur du Saint-Sépulcre. C'est dans le chœur que, de nos jours, les pèlerins dorment quand ils sont enfermés dans l'église. Quand nous arrivâmes, les Grecs ne nous permirent pas d'y dormir, et ils projetèrent de l'eau à l'endroit où nous devions nous reposer. Alors le père gardien alla se plaindre, et les Sarrasins mirent en prison le malfaiteur. Les Grecs disent que les Latins ne sont pas dignes de célébrer la messe à leur autel, ils nous appellent chiens, et ils éprouvent une grande haine à l'encontre des frères mineurs. Les mêmes s'enfoncent dans leur erreur de jour en jour au sujet de la procession du Saint-Esprit, du Père et du Fils ; ils célèbrent la messe avec du pain au levain, et ils ne croient pas que le pontife de Rome soit le vicaire du Christ.

Les Arméniens[2] diffèrent peu des Latins, mais entre eux et les Grecs, il y a une haine implacable. Comme les Grecs, ils mangent de la viande seulement deux fois par an, le vendredi. Ce sont nos très chers amis. Ils nous ont baisé les mains et ils nous respectent beaucoup. Leur habit est presque semblable à celui des Grecs. Ils ont un évêque ou un patriarche qui réside dans une maison proche de celle qu'ils habitent à Jérusalem. Ils possèdent des terres et des biens. Des pèlerins sont venus d'Arménie par voie de terre, durant le carême. L'année précédente, on nous a dit qu'il en était venu quatre cents, qui étaient restés quarante jours à Jérusalem. Au sujet de leur foi, il faut savoir qu'ils ne célèbrent pas la Nativité du Christ, mais qu'ils jeûnent pendant la Nativité, et célèbrent la fête le jour de l'Épiphanie. Pour le reste, ils sont assez proches de nous. Ils ont leur propre alphabet. Les Arméniens desservent le Calvaire, l'église Saint-Jacques-le-Majeur, et la maison de Caïphe où se trouve une pierre déposée dans un monument.

On appelle *Géorgiens*[3] ceux qui fêtent saint Georges, mais Georges l'Hérétique dont ils suivent l'erreur : ils entretiennent une barbe et une chevelure immenses, portent de très grands bonnets, aussi bien les laïcs que les clercs, mais les laïcs les ont carrés et les clercs ronds. Ils célèbrent

---

1. Les Grecs, c'est-à-dire les chrétiens schismatiques de rite byzantin. En dépit de l'établissement de l'Acte d'union au concile de Florence en 1439 pour mettre fin au schisme entre les Latins et les Grecs, ceux-ci n'acceptèrent pas l'union avec Rome. Les Grecs orthodoxes formaient une Église héritière du siège de Constantinople. La question de la procession du Saint-Esprit, c'est-à-dire de sa filiation, était un point de désaccord séculaire avec la théologie latine.

2. Les Arméniens, en 1461, étaient divisés en Arméniens catholiques ayant prêté serment de fidélité au pape au concile de Florence, tout en gardant leur rite et leur langue, « nos très chers amis » souligne l'auteur, et Arméniens monophysites, hérétiques, souvent appelés Grégoriens. Les Arméniens formaient une Église héritière du siège d'Antioche.

3. Les Géorgiens étaient de rite byzantin et avaient conservé leur langue. Leur Église était héritière du siège de Constantinople, ce qui fait dire à l'auteur qu'ils « imitent les Grecs ».

le Saint Sacrifice avec du pain au levain, et imitent les Grecs presque en tous points. Cependant, ils ont leur propre alphabet. Ils desservent un autel sous le mont Calvaire, et le lieu de l'Invention de la Croix.

Les Jacobites [1], du nom de Jacob l'Hérétique, ont été pervertis par l'hérésie de Nestorius. Ils ont un alphabet proche de celui de la Chaldée, et desservent une chapelle contiguë à l'arrière du Saint-Sépulcre. Ils sont circoncis ; ils ne se confessent pas. Au lieu de se confesser, ils se placent en arrière de l'autel, brûlent de l'encens et disent que les péchés s'échappent avec la fumée ! Ils se voilent la tête pour l'office et sont pieds nus.

Les Nestoriens [2] sont des hérétiques qui ont suivi Nestorius. Ils affirment que le Christ ne fut pas un homme. Ils ont l'alphabet chaldéen, ils desservent la chapelle Sainte-Marie-Madeleine-de-l'Apparition, située à main droite en sortant de la chapelle de la Bienheureuse Marie que desservent les frères. Ils font le signe de la croix avec un doigt.

Les Syriens [3] sont improprement appelés ainsi parce que le « y » prononcé vient du « u », comme « cupressus » pour « cyprès ». Ils sont originaires du pays des Sarrasins ; entre leur culte et celui des Jacobites, il y a peu de différence. Leur alphabet et leur langue contiennent des mots arabes ou syriens, surtout en langue vulgaire. Dans leur foi, ils sont proches des jacobites. Ils entretiennent une barbe, mais ils la taillent. Ils desservent un autel plus loin derrière le Saint-Sépulcre, ainsi que le lieu où le Christ fut oint.

Les Indiens [4], ou Orientaux du royaume du Prêtre Jean, observent le rite de la circoncision, célèbrent la messe avec du pain levé, ont beaucoup de croyances communes avec les Jacobites, chantent les offices, tiennent une crosse dans leurs mains, font le tour du chœur en hululant comme les loups, quand ils chantent le *Christe eleison* ou l'*Alléluia*. Ils font beaucoup d'abstinences, ne mangent pas le jour du Seigneur avant la Cène, et ils ne se confessent pas.

---

1. Ce sont les Syriens monophysites qui prirent le nom de Jacques Baradaï, ancien évêque d'Édesse au VIᵉ siècle. Leur Église de rite syrien est héritière du siège d'Antioche, et leur langue est à la fois le syrien et l'arabe. L'auteur les différencie avec raison des Syriens melkites, chrétiens restés fidèles à la foi orthodoxe en Syrie et en Égypte, et parlant l'arabe en majorité.
2. Les Nestoriens forment une Église hérétique, héritière du siège d'Antioche en Syrie et Mésopotamie orientale, issue de l'hérésie de Nestorius, patriarche de Constantinople au Vᵉ siècle. Son enseignement concernant le rapport de la divinité et de l'humanité en Jésus-Christ fit scandale, et sa doctrine fut condamnée en 431, au concile d'Éphèse.
3. Il s'agit des Syriens melkites.
4. C'est-à-dire les Éthiopiens, dont le rite en langue gheez caractérise leur Église. La célèbre légende du royaume du Prêtre Jean n'était plus localisée en Inde à la fin du Moyen Âge, mais en Éthiopie, christianisée depuis le VIᵉ siècle.

Les chrétiens de la Ceinture[1]. Tous sont grecs, mais ils portent les mêmes vêtements que les Sarrasins, excepté la couleur puisque les Sarrasins ont des vêtements blancs, alors que ceux de ces chrétiens sont de couleur perse ou bleu azur. Il y a une grande controverse au sujet de la signification de cette ceinture. Certains disent que c'est la ceinture remise par la Vierge au bienheureux Thomas quand elle monta au ciel, et convertit les chrétiens à la foi. Ceci est faux, parce que Thomas prêcha en Inde. La meilleure explication de cette appellation « de la Ceinture » est que, selon l'habitude des Sarrasins dont ils imitent la tenue excepté la couleur, ils portent leur costume sans ceinture, mais également qu'ils se ceignent les reins pour marcher. Ce que nous avons vu est confirmé par ce que nous ont dit les frères.

Les Maronites[2], c'est-à-dire les Maronites chrétiens, habitent à côté du Liban proche de Damas, Beyrouth et Tripoli. On les dit maronites comme disciples de l'hérétique Marone qui affirmait qu'il y a dans le Christ une seule volonté, mais ils ont été convertis par les frères mineurs et aujourd'hui ils sont en tous points, dit-on, en accord avec les Latins pour célébrer la messe. Leur seule différence est leur langue syrienne. Les Maronites ont un grand respect pour notre seigneur le pape, ils ont écrit il y a quelques années à Sa Sainteté. Ils jeûnent les quarante jours, mais ne mangent pas de poisson. Ils ont un chef qu'ils appellent *Machademum*, qui paie un tribut au sultan. Ce chef possède cinquante fermes et cinquante mille habitants près des montagnes du Liban, dans la province de Phénécie. Les frères nous ont dit que souvent ils les avaient interrogés au sujet de la venue des chrétiens pour savoir s'ils viendraient récupérer la Terre sainte, ce qu'ils espéraient ardemment. Secrètement, ils veulent anéantir les Sarrasins. On interrogea les frères mineurs pour savoir si c'était un péché de la part de leurs prêtres de ne pas faire vœu de chasteté. Ils ont un patriarche qui ordonne leurs prêtres.

Beaucoup des différences que j'ai décrites entre les chrétiens attachés au Saint-Sépulcre n'ont pu être détaillées une à une, car nous étions trop pris par les offices et les saintes pérégrinations.

---

1. Cette appellation a donné lieu à diverses interprétations : l'auteur rapporte une des plus fréquentes. Il faut remarquer que ces chrétiens étaient très souvent des intermédiaires entre les voyageurs et les autorités locales.
2. Les Maronites forment une Église héritière du siège d'Antioche. Originaires du Liban, ils tirent leur nom de saint Maron, ascète syrien ami de saint Jean Chrysostome. Ses disciples fondèrent à sa mort un monastère dans la vallée de l'Oronte. Par la suite, les moines du monastère, refusant de prendre parti entre Jacobites et Melkites, se réfugièrent dans les hautes vallées du Nord-Liban. Il faut distinguer Jean Maron, dont parle l'auteur, propagateur au VIIe siècle de l'hérésie monothélite selon une certaine tradition, de saint Maron. Des missions franciscaines furent envoyées auprès des Maronites dès 1445, mais leur rattachement à Rome ne fut définitif qu'au XVIe siècle.

V

VISITE DES ENVIRONS DE JÉRUSALEM. BETHLÉEM, BÉTHANIE
6-9 juillet 1461

Maintenant, je prends la plume pour décrire la suite de notre itinéraire. Voici qui est fait. Nous sortîmes de la basilique du Saint-Sépulcre à peu près à huit heures. On nous conduisit à l'Hôpital, alors que je croyais aller au mont Sion, et qu'après le déjeuner nous irions au mont de la Quarantaine et au Jourdain. Nous ne le pûmes à cause des Arabes qui occupaient les chemins, et nous attendîmes toute la journée sans rien faire.

Le 5 juillet au matin, nous espérions aller au Jourdain, mais nous n'osâmes pas à cause de la guerre qui sévissait entre l'Arabie et le sultan, dont j'ai déjà parlé ; alors, on nous conduisit ce jour-là au Saint-Sépulcre, à l'heure des vêpres.

Le 6 juillet après midi, nous sommes sortis de la sainte Cité avec un interprète, et on nous conduisit dans les montagnes de Judée à travers un chemin détourné et à l'écart. Nous avons vu tout d'abord une église grecque, que l'on appelle Sainte-Croix, parce qu'à son emplacement, raconte-t-on, poussa un des bois de la sainte Croix, ou qu'on l'y a trouvé. Cette église est assez belle et desservie par des Géorgiens. De là, nous avons gagné l'endroit où est né le Baptiste, précurseur du Christ ; c'était dans l'Antiquité la maison de Zacharie, mais ce n'était pas sa demeure principale qui se trouve plus haut dans la montagne[1] ; toutefois, Zacharie pouvait avoir deux maisons, c'est l'opinion générale. Autrefois fut construite là une maison assez belle, mais les Sarrasins en ont fait une maison de commerce, et ils y font reposer les bœufs et les ânes.
Puis nous nous dirigeâmes vers l'endroit où Élisabeth alla directement trouver la Vierge Marie en lui disant : « Voici venir à moi la mère de mon Seigneur. » Là, se trouve une très belle fontaine d'eau douce, celui qui en boit peut en donner le témoignage.
En montant, nous nous sommes dirigés vers la maison de Zacharie qui est plus modeste que l'autre, mais fut belle dans l'Antiquité, d'après les vestiges qui en restent. Dans la partie basse, se trouve l'endroit où la Vierge Marie composa le *Magnificat* ; en montant vingt marches, se trouve la chambre de Zacharie et l'endroit où il prophétisa en disant : « Béni soit le Seigneur, Dieu d'Israël. » Là, se trouvent les ruines d'une très belle chapelle, et il y a un grand autel, à la droite duquel se trouve une assez grande fenêtre : on dit que là se cacha saint Jean par crainte d'Hérode. Cette maison est gardée par les Arméniens.
En se dirigeant vers Bethléem, à droite, se trouve le mont Abakuk d'où

---

1. Aïn-Karem.

il fut enlevé, et la maison du prophète Élie [1]. Puis nous avons pris la route qui conduit à Bethléem, route pierreuse et difficile entre les montagnes. Toutefois, nous avons vu de la vigne, bien que cette terre soit surtout réservée à la culture des céréales. Il faut noter que nous avions laissé de côté la route de Bethléem, mais que depuis la maison de Zacharie nous avions retrouvé notre chemin. On trouva ensuite, à droite, le tombeau de Rachel, femme de Jacob, qui, alors qu'elle engendrait Benjamin, mourut et fut enterrée dans un tombeau ordinaire. Ce tombeau est tout à fait commun, érigé sur une hauteur. Les habitants l'appellent encore aujourd'hui le tombeau de Rachel.

[Bethléem] Nous sommes allés ensuite à Bethléem, cité de David, qui est en contrebas des montagnes de Jérusalem, distant de quinze milles. Mais nous avons parcouru une route plus longue parce que nous sommes allés dans les montagnes de Judée. Nous ne pouvons pas dire grand-chose à propos de cette très sainte cité, parce qu'elle est tout en ruine et qu'il y a peu d'habitants. Tous les murs sont détruits, si bien qu'aucune ville ne semble avoir existé ; il y a seulement quelques vestiges. On nous conduisit à l'église qui, dans l'Antiquité, fut une cathédrale consacrée à la Vierge, recouverte de marbre sur les murs et le sol. La toiture est faite d'un amas de poutres qui jadis a servi à sa construction, et cette armature s'est détériorée avec le temps, surtout au-dessus du chœur. Les Sarrasins ne permettent pas de la réparer ou de la reconstruire, et c'est un miracle de la part de Celui qui est né là, que les restes tiennent debout. Ce fut une très remarquable église, d'un grand coût, ressemblant par sa construction à l'église Saint-Gatien de Tours, à l'exception de sa nef qui n'a pas de voûte en pierre mais en bois. Toutes les parois de cette église sont peintes de très somptueuses peintures semblables à celles des églises vénitiennes. Bien qu'elles soient assombries, il reste de précieux vestiges ; sont représentées les cités de Judée et la généalogie du Sauveur en alphabet latin et grec. À l'intérieur, il y a cinquante colonnes de marbre, et je n'en ai jamais vu autant dans une petite église. Sur l'autel principal avait été peinte l'image de la Vierge Marie, elle fut arrachée de la paroi par la force ; à droite il y a Abraham, et à gauche, David. Au-dessus du chœur, se trouve une épitaphe, pas exactement une épitaphe mais un texte pour expliquer à quel moment et par quel empereur fut construite l'église. Voici les vers : « Le roi Amaury, rempart de l'ennemi, ... Manuel, puissant empereur, l'évêque Raoul [2]. »

Nous sommes restés dans l'église de Bethléem environ une heure, et

---

1. Le prophète Élie, défenseur du monothéisme face au roi d'Israël Achab et de sa femme Jézabel. Son souvenir était surtout localisé au mont Carmel.

2. Il s'agit d'un texte évoquant le roi de Jérusalem, Amaury Ier (1163-1174), l'empereur de Byzance, Manuel Ier Comnène (1143-1180), et un évêque de Bethléem, Raoul.

les frères mineurs, qui desservent cette très sainte église, firent une procession solennelle et nous montrèrent les très saints lieux. Nous sommes allés d'abord dans le cloître. Il y avait eu là, nous dit-on, la grotte où saint Jérôme passa sa vie à interpréter les trois langues. Ce lieu est à environ vingt-cinq marches sous terre. À proximité, se trouve un autre tombeau, de je ne sais qui, et j'ai pensé que ce devait être celui de Paule ou d'Eustochie[1]. Les frères m'ont dit que non, et qu'il appartenait à un ancien monastère de moniales, et qu'elles y étaient enterrées.

Basilique de la Nativité. De là, nous avons pénétré dans l'église[2], nous dirigeant vers la partie sud. À cet endroit se trouve l'autel où le Christ fut circoncis. Puis nous sommes allés au lieu où, dit-on, l'étoile disparut aux yeux des mages qui la suivirent jusqu'à l'endroit où se trouvait l'Enfant.

Hors du chœur, dans la partie gauche, se trouve un autel à l'endroit où les Rois mages déposèrent leurs présents, s'arrêtant l'un derrière l'autre pour les offrir au Seigneur.

De là, nous sommes descendus sous le chœur, dans la partie gauche, pour aller dans la très sainte chapelle où le Christ est né de la Vierge, et où Il fut déposé dans l'étable, qui est en arrière du lieu de la Nativité, à droite mais en oblique. Les Sarrasins vénèrent ce lieu avec un très grand respect.

Personnellement, j'en ai vu un faire ses oraisons, mais je ne sais pas ce qu'il disait, ni s'il s'adressait à Dieu ou à Mahomet. Les frères nous ont dit qu'à leur avis, il s'adressait à Dieu le Père ; cet endroit est un de ceux que vénèrent les Sarrasins. La chapelle et ses parois sont revêtues de très beaux marbres, ainsi que le pavement. Elle renferme des restes de peinture à la mode vénitienne, mais plus belles ; seulement il n'en reste que des parties. On voit d'un côté une peinture intacte, mais très assombrie. À gauche, dans la partie inférieure, se trouve l'endroit où furent jetés les corps des Innocents.

Le 7 juillet, nous avons quitté Bethléem, et on nous montra non loin de la sortie le lieu où les anges annoncèrent aux bergers la Nativité. Nous n'avons pas vu ce lieu, si ce n'est à un mille parce qu'il est assez loin de Bethléem. Les frères nous dirent que c'était une grotte où se reposaient les bergers. Dans l'Antiquité se trouvait là le monastère de Paule et d'Eustochie, dont il reste quelques vestiges.

---

1. Saint Jérôme se retira à Bethléem, où, accompagné de sainte Paule, une patricienne romaine, il propagea l'idéal monastique, et élabora pendant une trentaine d'années une œuvre immense. Sainte Paule y fonda en 386 un monastère, et sa fille Eustochie l'y rejoignit.
2. La basilique de la Nativité fut édifiée par l'empereur Constantin sur une des nombreuses grottes naturelles de Palestine. Remaniée en 526, elle échappa, contrairement au Saint-Sépulcre, aux destructions du XIᵉ siècle et fut seulement transformée et redécorée pendant les croisades. Les frères mineurs desservirent l'église après cette période. Ainsi que le souligne l'auteur, la toiture s'effondrait au moment de son pèlerinage. Ceci est confirmé par une bulle

En avançant plus loin, se trouve le lieu où David vit Goliath, et qu'on appela Beth Golie. Beth, parce que c'est le nom de famille ; Goliath habitait là et non à Bétulie qui est proche de la Jordanie, région également habitée par les Philistins.

Nous avons cheminé des deux côtés en nous suivant et nous sommes arrivés par le chemin de droite qui conduit à Jérusalem. Nous avons trouvé les restes d'un canal qui allait de Jérusalem à Bethléem. Il était très visible, car Bethléem est en contrebas de Jérusalem. Le frère Laurent nous a dit que lui-même avait suivi son tracé du commencement jusqu'à la fin, et qu'il avait vu en hiver les eaux s'écouler dans le temple de Salomon, descendant par le canal souterrain de Bethléem à Jérusalem ; au-delà de Bethléem, il y a des bassins et des aqueducs dans un endroit situé en hauteur et rempli d'eau, qui traverse Bethléem et se dirige vers Jérusalem.

En allant à Jérusalem, nous trouvâmes Gion, lieu où les prêtres tinrent conseil pour comploter contre Jésus. Depuis ce moment jusqu'à aujourd'hui, on l'appelle la maison du Mauvais Conseil. On dit que là, l'étoile attendit les mages quand ils entrèrent dans la ville à la recherche d'Hérode. Dans l'Antiquité, il y eut construction d'une église en l'honneur de saint Cyprien. On dit aussi que c'est le lieu où Salomon fut oint roi.

Le septième jour, on nous conduisit pour la seconde fois à l'intérieur du Saint-Sépulcre.

[Val de Josaphat] Le 8 juillet au matin, on nous emmena accomplir d'autres pérégrinations à travers la sainte Cité, que nous n'avions pas encore faites, en premier lieu vers le champ appelé Haceldama, c'est-à-dire le Champ du Sang, situé sur le méridien de la Sainte Cité au sud ; il mesure en longueur ni plus ni moins de vingt-quatre pas, et environ une dizaine en largeur. Depuis l'Antiquité, ce champ fut un lieu de sépulture des pèlerins, et il reste d'importants vestiges. Beaucoup présentent des ouvertures carrées, et jusqu'à aujourd'hui des Arméniens y étaient enterrés. Dans les excavations vides, l'on pouvait faire reposer de nombreux corps. Alentour, ici et là, on trouve de nombreuses sépultures juives, et je crois que l'une des raisons pour lesquelles ce champ fut utilisé, c'est parce que le cimetière juif lui est contigu.

De là, nous sommes descendus dans la vallée de Siloé qui est proche de la vallée de Josaphat ; un pont les sépare près du village de Gethsémani et du tombeau d'Absalon. Dans notre descente, nous avons vu beaucoup de cavernes et de grottes, dans lesquelles, dit-on, se rendaient les Apôtres, après avoir fui et abandonné le Seigneur, ce qui est très vraisemblable.

De là, nous sommes allés au lieu où fut scié Isaïe[1] ; aujourd'hui s'y

---

du pape Nicolas V (1447-1455) qui autorisa Philippe le Bon à la restaurer. Les Franciscains entreprirent les travaux vers 1465.

1. Le prophète Isaïe annonça la venue du Christ dans de nombreuses prophéties. La Bible ne rapporte pas ce supplice, dont l'histoire appartient à la tradition juive.

trouve un arbre entouré d'un mur de toutes parts. Puis, nous allâmes à la piscine de Siloé : c'est une grande fontaine carrée dans laquelle on peut se plonger, c'est pourquoi on l'appelle piscine. Dans toute la cité de Jérusalem et ses environs, il n'y a pas d'eau courante, excepté en cet endroit. Tout autour se trouvent de nombreux portiques. C'est un endroit assez vaste dans lequel on descend par quarante marches. De nombreux Sarrasins viennent y prendre de l'eau fraîche.

[Béthanie] Le 9 juillet. À la deuxième heure après midi, nous sommes allés à Béthanie. En quittant le mont Sion, avec nos ânes, nous sommes descendus dans la vallée de Siloé. Nous avons pris un chemin qui montait vers Béthanie, laissant le mont des Oliviers sur la gauche. Ce n'est pas la voie que le Christ emprunta le jour des Palmes, puisqu'Il arriva par Bethphagé, chemin direct depuis le mont des Oliviers, que nous laissâmes à notre gauche. À droite, nous avons dépassé d'assez près le lieu où Judas se pendit au sommet d'une colline qui domine Siloé. Il y avait là un arbre qui s'est desséché, et qui en quelques années se déracina. Il y a beaucoup d'arbres de la même espèce dans cette région, que l'on appelle « caroubiers ». Ils portent des fruits assez agréables à consommer.

De là, nous sommes allés à Béthanie, qui est tout à fait abandonnée, l'on y voit à peine quelques ruines. Aujourd'hui, il y a seulement quarante maisons habitées. C'est une colline isolée de toutes parts. Puis nous avons continué vers la maison de Simon le Lépreux, qui est inhabitée, et nous sommes allés voir le tombeau de Lazare, qui est en marbre. Je crois cependant qu'il n'était pas ainsi quand Lazare ressuscita, mais qu'il fut construit par les Latins. Le tombeau n'est pas vraiment au milieu de l'église. Le chevet de l'église est à l'emplacement du lieu où le Christ se tenait quand Il dit : « Lazare, sors de ta tombe. »

En sortant de l'église de Lazare, nous avons vu la maison de Marthe, où fut hébergé notre Seigneur Jésus-Christ. C'est une maison inhabitée.

De là, nous sommes allés à l'endroit où se trouve un grand rocher sur lequel s'est assis Jésus quand Marthe lui dit : « Seigneur, si tu avais été là, mon frère ne serait pas mort. » Là, le Christ fit une halte quand Il descendit de Jérusalem à Béthanie. Tous les pèlerins prirent un morceau de ce rocher. Nous allâmes ensuite de Béthanie à Bethphagé.

VI

AUTRES LIEUX DE PÈLERINAGE EN PALESTINE

Après avoir vu ces lieux, nous avons gravi une petite colline d'où les frères mineurs nous montrèrent la mer Morte, le Jourdain, le mont de la Quarantaine. Je n'ai pu me rendre sur ces très saints lieux, mais je me suis renseigné sur eux tous. Les pèlerins visitent un lieu appelé Champ rouge ou Terre rouge, sur la route qui va de Bethphagé à Béthanie, car c'est la maison que Joachim habita quand il fut expulsé du Temple à cause de la stérilité de sa femme. On l'appelle Terre rouge, car les collines sont rouges, et c'est là que l'Ange annonça la nativité de la Vierge Marie. Ce lieu est distant de quinze milles, et la maison où dorment les pèlerins est un château en ruine.

On chemine parmi les montagnes le long d'une route indirecte et difficile qui se trouve à quinze milles de Terre rouge vers le mont de la Quarantaine où jeûna le Christ. Il y a une grotte. Au pied de la montagne, se trouve un bois ou une forêt, et près de là, la source très douce de Mara qu'Élisée adoucit en lui retirant son sel. Ce mont est d'un accès difficile, c'est pourquoi les pèlerins le gravissent avec beaucoup de peine. Il y a un autre mont très haut où le diable transporta le Christ et lui montra tous les royaumes du monde.

De là, on descend à Jéricho, qui est habitée par les Arabes. C'est une région très chaude, et l'on y trouve des raisins mûrs dès le début du mois de juin, comme me l'a dit frère Laurent. On fait naître ici avec art les poussins : les œufs sont déposés dans du fumier où ils naissent en nombre incalculable, et sont ensuite vendus selon leur taille, mais à faible prix, et en les mesurant à l'aide d'un demi-cercle. C'est aussi le lieu où le Christ rendit la vue à l'aveugle assis au bord du chemin, et où se situe la maison de Zachée qui, après avoir reçu le baptême, fut appelé Sylvain.

De l'autre côté, en allant vers le Jourdain, à main droite existe un monastère dans une vaste solitude où habita saint Jérôme. De là, on va au monastère Saint-Jean-Baptiste, distant d'un mille du Jourdain, monastère édifié en l'honneur de Jean-Baptiste ; ce sont les Grecs qui l'habitent.

On se rend ensuite au Jourdain où le Christ fut baptisé par Jean. Ce fleuve descend des montagnes du Liban, au pied desquelles coulent deux torrents, Jor et Dan, qui réunis dans le même lit forment le Jourdain. Il s'écoule toujours impétueusement, et son cours est rapide et violent. Il est enserré entre les roches, large comme un jet de pierre. Il coule vers la mer Morte qui est proche pour y disparaître. Un pont franchit le Jourdain que l'on emprunte pour aller à Damas, on l'appelle le pont de Jacob. De l'autre côté du Jourdain se trouve une église construite à l'endroit où Jean baptisait. Ce n'est pas le désert de saint Jean, qui est près de la vallée d'Hébron, mais c'est un désert où Marie l'Égyptienne fit pénitence pendant trente ans. Les frères disent qu'ils ont vu des lions dans ce désert de part et d'autre du Jourdain.

[La mer Morte] On dit que le Jourdain s'engouffre dans la mer Morte où Dieu engloutit Sodome. Beaucoup s'étonnent que cette mer ne soit pas faite d'eau douce à cause des eaux du Jourdain qui s'y jettent, mais les décisions de Dieu l'emportent. On peut dire qu'il y a une telle quantité de

bitume [1] et de poix qu'elle ne pourra jamais être de l'eau douce. Les frères m'ont dit que si une goutte d'eau de la mer Morte tombe sur du pain, elle fait une tache comme une olive. Frère Laurent m'a dit en avoir posé une goutte sur sa langue, et que pendant deux heures il en avait conservé de l'amertume. On l'appelle mer Morte parce que rien n'y vit, ni poisson, ni oiseau. On retire de la mer Morte de la poix et du sel ; on ramène sur le bord de la mer la poix qu'elle rejette, à l'aide d'un cheval ou d'un bœuf. Cette poix est très recherchée, principalement par ceux qui ont du vin, car ils l'utilisent pour en enduire le bois des vignes afin que les fourmis ou les limaces ne puissent atteindre le raisin.

En vérité, maître Pierre Mamoris, tu as pratiqué cela selon la théorie de Palladius avec de la graisse de porc, et de la cendre. Le sel provient de la mer Morte naturellement, et il est consommé à Jérusalem et couramment dans toute la Syrie, il est blanc et bon.

À côté de cette mer, à peu près à quatre milles, croissent des arbres qui portent de grosses prunes ; elles ont un jus putride, de couleur cendrée, quand on les retire de l'arbre pour les servir telles quelles, pleines de ce jus. La mer Morte peut avoir vingt-cinq milles de large, et environ cent de long ! En deçà, se trouvent les montagnes d'Arabie, au-delà de la Syrie.

Voilà les habituelles pérégrinations accomplies par les pèlerins aujourd'hui quand ils viennent de Jaffa et qu'ils veulent visiter Nazareth, le mont Thabor et le mont Carmel. Ils doivent descendre à Acre, puisque les Sarrasins ne veulent pas conduire les ânes à Nazareth. C'est pourquoi la foule de pèlerins ne peut y accéder ; mais à dix ou douze personnes, ils peuvent s'y rendre avec plus de facilité car on trouve ce nombre d'ânes, mais non pas pour cent ou deux cents pèlerins. Il faut noter que, tandis que les pèlerins descendent à Jaffa, le patron envoie la galère à Acre pour les marchandises [2]. En effet, là on trouve la soie en abondance, et en attendant les pèlerins, on fait des achats, restant là-bas une dizaine de jours, puis on revient à Jaffa chercher les pèlerins. Cela se passa ainsi cette année.

Acre est à soixante milles de Jaffa. C'est un très beau port, très bien protégé, d'après ce que disent les marins. On lit dans les *Gestes* de Baudouin et de son frère Godefroy de Bouillon que cette contrée fut conquise par les armes afin que les pèlerins puissent y accéder. Deux frères sont à l'origine des noms de cette terre, à savoir Ptolémée qui a donné Ptolémaïs, et Accon, Acre. Elle est située entre la Syrie et la Phénicie, entre la mer et les montagnes, là où s'écoule le fleuve Belo. Depuis Acre, on se rend à Nazareth, qui en est distante de vingt milles. C'est le lieu où s'est annoncé le salut du monde, et où un ange fut envoyé à la Vierge.

---

1. Cette remarque est juste, car la mer Morte comprend des masses bitumeuses qui flottent à la surface. Son goût détestable provient du chlorure de magnésium qu'elle contient.
2. Il s'agit de l'ancienne Saint-Jean-d'Acre perdue par les croisés en 1291. Cette remarque de l'auteur apporte la confirmation de l'habitude qu'avaient les patrons d'utiliser les galères pèlerines pour faire du commerce, ce que Venise avait interdit dans sa législation.

À six milles de là, se trouve le mont Thabor, isolé au milieu d'une plaine, car il n'y a pas d'autres montagnes alentour. Il y a une grotte ronde où le Christ fut transfiguré.

Près de Nazareth, les armées des rois de Juda, dans l'Antiquité, se rassemblaient là à cause de l'étendue des plaines et de l'abondance des sources. Jadis, à Nazareth, une église fut construite, d'une étonnante grandeur et très belle. De grandes colonnes de marbre reposent à terre aujourd'hui. Il y a une grotte où priait la Vierge Marie quand l'Ange vint la saluer où l'on célèbre la messe. Ce lieu est desservi par de pieuses femmes grecques, d'après ce que m'a dit frère Laurent.

De Nazareth à Jérusalem, non loin, on laisse les monts Gelboé. Dans la plaine de Galilée, il y a de petites collines au nombre de sept. J'ai interrogé les frères pour savoir s'il y avait de la pluie, et ils me dirent que sur les monts de Gelboé, il n'y avait ni pluie ni rosée. On dit que c'est l'interprétation de David.

Entre Jaffa et Acre, se trouve le mont Carmel, à une distance de trente milles de Nazareth. Sur ce mont, séjournèrent Élie et Élisée. Il faut remarquer que le sommet du mont Carmel surplombe la mer ; il est double, à quatre milles d'Acre. Il y a un autre Carmel au-delà du Jourdain, à côté d'un vaste désert sans aucune habitation, ni aucun habitant de Moab et où se rendit David s'enfuyant de la vue de Saül.

Il y a beaucoup d'autres saintes pérégrinations dans la vallée d'Hébron, que les pèlerins ne peuvent accomplir parce qu'elles sont trop éloignées de la route habituelle, reliant Gaza à Jérusalem. Hébron aujourd'hui est une aussi grande ville que Jérusalem, et à l'extérieur se trouve le champ de Damas où fut créé Adam. Ce champ, d'après ce que m'a dit frère Laurent, a une terre noire. Tout autour poussent des arbres qui produisent de bonnes prunes.

De là, à peu près à un mille, se trouve la vallée de Mambré où habita Abraham, et où il vit trois anges. C'est le lieu où lui fut annoncée la naissance d'Isaac, et où Sara fut rabrouée. À Hébron, il y a une grotte double où furent enterrés Abraham et d'autres patriarches. Frère Laurent m'a dit qu'aujourd'hui les Sarrasins ont transformé ce lieu en mosquée, et que la grotte des Patriarches est toute couverte d'or et d'argent, car les Sarrasins ont une grande vénération pour ce lieu et s'y rendent en pèlerinage, comme nous à Jérusalem. Nous y avons vu deux ou trois pèlerinages quand nous y étions, car ils célèbrent leur Pâque.

Au-delà d'Hébron, à quinze milles, se trouve le désert de saint Jean-Baptiste. Entre les montagnes, il y a des petits arbres au feuillage peu touffu, qui produisent des fruits que l'on vend aux pèlerins le dimanche. Là se trouve une église construite en l'honneur de saint Jean. À côté, il y a une source où il baptisait, avant de se retirer dans le désert du Jourdain : il y passa le reste de sa vie, y demeurant vingt-cinq ans, et se nourrissant de miel et de sauterelles. J'ai trouvé au mont Sion, dans un livre de l'évêque d'Acre[1], ce qui suit : dans le désert de saint Jean, poussent des tiges qui ont un jus très sucré, et dont on tire le sucre. Les frères disaient que Jean mangeait les feuilles de leurs arbres. Jean se nourrissait également de sauterelles et d'herbes, et de choses diverses. Ceci, je l'ai appris au mont Sion.

VII

SITUATION DE JÉRUSALEM

Maintenant, je reviens à la sainte cité de Jérusalem où nous séjournâmes, ainsi que dans les environs, quatorze jours. Quand j'en eus le loisir, j'interrogeai les frères sur la situation de la ville et les coutumes de la région. Il faut noter en premier lieu que ceux qui ont écrit sur la très sainte cité sont nombreux, parmi eux, Bède, qui écrivit sur le saint voyage. L'évêque d'Acre, contemporain de Godefroy de Bouillon[2], fit une description de toute la Syrie, que j'ai lue au couvent du mont Sion. Mais aujourd'hui, tout est bouleversé : le nom des lieux a changé et les édifices sont en ruine. Toutefois, la région est toujours là, et par la volonté du Très-Haut, qu'Il daigne prendre en considération le cœur des fidèles qui exposent leurs forces pour reconquérir ces Lieux très saints d'un glaive vengeur. L'accès en est très facile, les gens ne sont pas armés, et cette terre est remplie de chrétiens qui se cachent, mais que nous avons reconnus à travers leur langue et leurs mœurs. En l'occurrence, je me retiens de décrire la situation de Jérusalem, car cela a été écrit précédemment, et aucun historiographe n'a négligé de dire ce qu'il fallait. Cependant j'ai pris soin de mettre par écrit le témoignage de ce que j'ai vu de mes propres yeux, car les hommes y accordent davantage de crédit qu'à ce qu'on leur raconte.

La ville de Jérusalem, ainsi qu'en a témoigné l'évêque d'Acre, est possession des patriarches, ville des prophètes, entourée de toutes parts de montagnes, sise dans une partie de la Syrie appelée Palestine et province de Judée où coulent le lait et le miel. Les frères ont dit que là se trouvent en abondance le lait, le blé, l'huile et le meilleur vin. À l'orient de Jérusalem, se trouve le mont des Oliviers, au couchant les monts d'Éphraïm, au nord la Samarie, au sud le mont Sion. Jérusalem ne bénéficie pas directement de l'eau des fleuves, elle n'a pas non plus de sources, excepté celle de Siloé qui est au pied du mont Sion et traverse la vallée de Josaphat, et donne tantôt des eaux en grande abondance, tantôt très peu. Sur ce sujet, on en a dit assez. Il y a une autre fontaine, celle de la Vierge, dont les

---

1. Jacques de Vitry fut évêque d'Acre en 1214. Auteur d'une *Historia orientalis* qui va de 622 à 1218, cet ouvrage servit de référence à Louis de Rochechouart, puisqu'il nous fait savoir qu'il l'a lu à la bibliothèque du couvent franciscain du mont Sion.
2. La référence à Godefroy de Bouillon semble être une erreur du copiste.

eaux sont peu abondantes. Dans la ville de Jérusalem et dans les environs, il y a des citernes pour recueillir les eaux de pluie, ce qui est suffisant tant pour les hommes que pour les animaux. Les moineaux y boivent avec une grande difficulté, car il leur faut descendre au fond de la citerne, sinon ils ne peuvent boire. Mais maître Stéphane Tallivelli leur donne de l'eau à sa fenêtre, et c'est là que se rassemblent tous les moineaux de la ville.

La cité de Jérusalem n'a pas de moulin, à cause du manque d'eau, et on ne peut pas non plus utiliser des moulins à vent comme chez nous. Mais ils ont des moulins près de leurs habitations qu'ils font tourner avec des chevaux, ainsi en ont les frères du mont Sion.

Les portes de Jérusalem ne sont plus telles aujourd'hui que les a décrites Bède, à l'exception de la porte Saint-Étienne, que les Sarrasins appellent Hesbeofel [1], et la porte de la vallée parce qu'elle conduit à la vallée de Josaphat.

VIII

LES HABITANTS DE LA PALESTINE

J'ai décidé de décrire maintenant les mœurs des infidèles qui occupent la Terre sainte.

Commençons par les Sarrasins. Ils se disent descendants de Sara, et c'est faux, les Italiens les appellent communément Maures. Je n'ai pu en savoir l'origine, si ce n'est ce que m'a dit frère Laurent, à savoir qu'on les appelle en latin Amorrhéens, d'autres disent Mosseroumy, ce qui veut dire « du Sauveur ». Il y a une différence entre les Sarrasins, et on les appelle soit Druses, soit Raphati, soit Raranduli, soit Arabes [2].

Les Druses habitent entre Acre et Beyrouth. Ils ne croient pas en Mahomet mais en l'Évangile, et ne mangent pas la viande de porc ; on les appelle Sarrasins, mais cependant ils tuent les Sarrasins. Ils ont une religion secrète sur laquelle ils ne veulent pas s'étendre. Ils boivent du vin ouvertement. Ils sont environ cinquante mille, et se comportent comme des chrétiens, adorant la Croix en secret.

Les Raphati habitent à côté du Liban, ne croient pas aux disciples de Mahomet, mais en Mahomet seul. Ils sont hostiles aux Sarrasins et ne mangent pas dans de la vaisselle.

Les Raranduli. Les Raranduli sont sarrasins, et réputés pour leurs sentiments religieux auprès des Sarrasins. Ils vivent dans les mosquées en soli-

---

1. Ce nom n'a pu être identifié.
2. La transcription des noms arabes est sans doute peu fiable et se prête à diverses interprétations.

taires, vêtus de peaux de bêtes avec par-dessus un vêtement de mille couleurs ; contrairement à la coutume de leur patrie, ils rasent leur barbe et ne portent rien sur la tête ; seulement quelques-uns portent un bonnet, et ils sont couverts de plumes d'autruche, comme cela est habituel pour les fous ; ils ont la réputation comme eux d'être saints. Ils vont et viennent comme des victimes, en demandant l'aumône, brandissant des flûtes et des tambourins et chantant les louanges de Mahomet. Ils portent à même la peau des chaînes de fer et des anneaux à leur prépuce ; frère Laurent m'a dit que l'un d'entre eux avait arraché son membre viril pour conserver sa chasteté ; ils ne sont pas hostiles aux chrétiens. Quand ils marchent à travers la cité, ils s'élèvent jusqu'au troisième ciel, ou font des gesticulations, vociférant comme s'ils voyaient le diable.

Les Arabes [1] habitent de part et d'autre du Jourdain, et vivent comme des bêtes sauvages. Ils ont, en guise de maison, des tentes qu'ils transportent. Ils n'ont aucune attache ni aucune crainte. Ils vivent de rapine, de lait de chamelle et de viande, sont couverts de vêtements l'été, ne boivent du vin d'aucune sorte, et sont les ennemis des Sarrasins : quand nous étions à Jérusalem, ils en tuèrent soixante devant les portes de la cité. Nous les avons vus sur des brancards. Entre Arabes, il y a des différences, et on prend parti pour les uns ou pour les autres qui portent un turban blanc ou rougeâtre. Tous vivent selon la loi de Mahomet.

Les Sarrasins [2] qui habitent en Syrie, en Égypte, en Berbérie et jusqu'en Asie Mineure sont des gens bestiaux. Ils suivent la loi de Mahomet et le Coran. Cependant, contrairement à leur loi, ils boivent du vin, j'en ai vu plusieurs le faire ; quand ils n'ont pas de vin, ils font bouillir des raisins qu'ils ont en grande abondance, et avec lesquels ils font un assez bon vin. Les Sarrasins disent que Jésus-Christ a été conçu par Dieu, et qu'il est né du flanc de la Vierge, car ils disent qu'il est indigne de Dieu de naître par les voies naturelles. Les Sarrasins disent que Marie fut toujours vierge. Ils ont de la haine pour les Juifs. Ils ne croient pas que Jésus soit mort, mais Simon de Cyrène à sa place, et affirment qu'Il est monté aux cieux, vivant et glorieux. C'est pourquoi ils adorent le mont des Oliviers. Les Sarrasins vénèrent quatre lieux saints, d'après ce que m'a dit frère Laurent : d'abord le lieu de la Nativité, en second Nazareth, troisièmement Béthanie, quatrièmement le tombeau de la Vierge ; on en ajoute un cinquième en général, le mont des Oliviers. Les Sarrasins montrent une grande ferveur religieuse dans leurs mosquées, ils ont des prédicateurs qui prêchent tête nue. Les Sarrasins chantent des psaumes traduits dans leur langue, ainsi les cinq livres de Moïse et les quatre Évangiles, mais ils

---

1. Bédouins du désert.
2. Il ne s'agit pas seulement des Arabes, mais de tous les musulmans vivant dans l'Empire mamelouk.

disent que nous avons faussé les textes qui rapportent la Passion du Christ à laquelle ils ne croient pas, car ils n'admettent de l'Évangile que ce qui est contenu dans le Coran. Les Sarrasins s'acquittent du dixième de leurs biens. Ils construisent des mosquées, des hôpitaux pour recevoir leurs voyageurs ; ainsi entre Jérusalem et Le Caire, où il y en a beaucoup, d'après ce que m'ont dit maître Stéphane Tallivelli et frère Laurent le Sicilien.

Les Sarrasins ne portent pas de pantalons parce qu'ils se lavent souvent la nature, et en cela ils sont semblables aux Juifs : « Soyez lavés et propres. » Les femmes, en revanche, portent des pantalons avec par-dessus d'amples vêtements ; quand elles veulent satisfaire un besoin naturel, je les ai vues procéder à la façon des marins puisque leur pantalon descend jusqu'à leurs pieds.

Les Sarrasins ne crachent pas dans les églises ou dans leurs mosquées ; par révérence, jamais ils n'y parlent, et ils s'y déplacent pieds nus. Cependant, ils y dorment et y mangent quand ils voyagent. Pendant que nous étions à Jérusalem, les Sarrasins jeûnaient selon leur coutume, et ils appellent ce jeûne le ramadan. Ils célèbrent le jeûne selon les lunes, ils ont douze mois lunaires, et au treizième commence le jeûne. Cette année, ils ont commencé leur jeune le 8 juin, jour de la première lune ; on l'appelle première, quand elle commence à apparaître, et non seconde, selon l'habitude de l'Église. Pour l'année en cours, ils terminèrent le jeûne le 28 juin, qui fut la première lune après les autres. C'est pourquoi, pour calculer les jeûnes, ils reculent toujours de onze ou douze jours. Quand ils jeûnent, ils ne mangent rien jusqu'à l'apparition d'une étoile dans le ciel, comme je l'ai vu ; mais pendant toute la nuit, ils mangent et forniquent. Ils mangent de la viande et du poisson en même temps. Les Sarrasins mangent tous les jours de la viande, ils pêchent peu de poisson, sauf à Jaffa où ils attrapent de nombreux petits poissons, mais à Jérusalem on en trouve rarement.

Les Sarrasins ne célèbrent pas de fêtes, excepté le vendredi, jour de leurs oraisons au temple, et leur fête de la Pâque. Beaucoup durant leur travail font leurs prières : les uns se tournent vers le soleil [1] s'ils sont dans les champs, les autres se tiennent sur des tapis, dans la position des sarcleurs, pour réciter leurs racontars ; ils font apporter le tapis par des esclaves.

Les Sarrasins ne parlent jamais en urinant, et s'ils le font, c'est une grande injure ; quand ils urinent, ils s'accroupissent comme les femmes, et d'après leur religion, ils s'essuient la nature sur une pierre, et font beaucoup d'autres choses honteuses.

Les Sarrasins disent que c'est faire grande offense à quelqu'un que de

---

1. L'auteur fait allusion à la Qibla, c'est-à-dire à la direction de La Mecque, vers laquelle se tourne tout musulman pour prier cinq fois par jour.

le frapper avec un pied chaussé. Quand ils s'assoient, ils enlèvent leurs chaussures, j'en ai vu plusieurs le faire.

Les Sarrasins ont cinq grandes règles dans leur religion [1] : aller à La Mecque, tous observent communément ce précepte et s'y rendent après leur quarantaine en grande foule ; ils appellent cela dans leur langue Karnavam, et ils font une grande fête avant de se mettre en route.

[Le manuscrit conservé se termine ici.]

---

1. Cette observation concerne les cinq piliers de l'Islam, c'est-à-dire les cinq obligations auxquelles chaque musulman doit se soumettre.

Récit anonyme d'un voyage à Jérusalem et au mont Sinaï[1]

Fin XVe siècle

INTRODUCTION

Le texte dont la traduction est présentée ici appartient à un manuscrit français, sans doute une copie de la fin du XVe siècle ou du début du XVIe, conservé à la bibliothèque municipale de Rennes, qui fut transcrit par nos soins et édité pour la première fois en 1979.

C'est le récit anonyme d'un pèlerinage à Jérusalem et au mont Sinaï dont il manque le début et la fin, qui n'ont pas été recopiés. Néanmoins, le texte comporte des indications permettant de le dater et de cerner la personnalité de son auteur. Celui-ci nous apprend en premier lieu qu'il est français et navigue à bord d'une galère vénitienne, la *Contarina*. Il cite au nombre des passagers un pèlerin allemand, Conrad Grünemberg, dont on sait par sa relation de voyage, conservée intégralement, qu'il se rendit en Terre sainte en 1486. Bien plus, notre pèlerin français rapporte qu'il part visiter le mont Sinaï en compagnie d'un certain Georges Lengherand qui accomplit également son pèlerinage en 1486. Ce dernier fut « mayeur », c'est-à-dire chef des échevins, de la ville de Mons en Hainaut, alors aux Pays-Bas, puis conseiller ordinaire de son souverain, Philippe le Beau (1478-1506). À son tour, il rédigea une relation de son voyage qui permet de compléter celle de l'Anonyme français, dont on peut donc dater avec certitude le pèlerinage de la même année.

L'étude comparée de ces trois récits permet de supposer que l'Anonyme est vraisemblablement un clerc saintongeais, Guy de Toureste. Quelques éléments inclinent à le penser, mais pour que cette hypothèse soit totalement vérifiée, il faudrait retrouver le manuscrit original. Nous continuerons donc de le désigner comme « l'Anonyme de Rennes ».

On peut établir avec profit une comparaison entre les différents récits du pèlerinage de 1486, ce qui permet souvent d'en mieux comprendre le déroulement.

---

1. Texte intégral traduit du moyen français, présenté et annoté par Béatrice Dansette.

Lorsque l'Anonyme de Rennes quitte la France, celle-ci est dirigée par Anne et Pierre de Beaujeu, régents du royaume pendant la minorité du roi Charles VIII (1483-1498). Il s'embarque à Venise dans les derniers jours de mai 1486. Deux galères appareillent ensemble pour la Terre sainte, celle d'Agostino Contarini, qu'il emprunte, et celle d'un autre patron vénitien, Piero Lando, à bord de laquelle navigua Georges Lengherand. Venise conserve le monopole du transport des pèlerins, et détient encore la majeure partie de son empire, malgré l'expansion des Turcs en Méditerranée. En 1479, elle avait dû signer un traité de paix avec le sultan Mehmed II (Mahomet II), qui lui avait fait perdre des possessions en Albanie et en Grèce, l'obligeant en outre à s'acquitter d'un lourd tribut. Il lui fallait de plus en plus compter avec les Turcs, car le nouveau sultan Bayézid II (Bajazet) poursuivait depuis 1481 cette politique de conquête en Europe et en Asie, qui cependant n'empêchait pas les pèlerins de se rendre en Terre sainte.

Nos deux galères ne naviguent pas de conserve. Mais les patrons en général se retrouvent aux principales escales, où ils ménagent leurs intérêts commerciaux malgré les interdictions de l'État vénitien. Après avoir longé l'Istrie dans les premiers jours de juin, puis dépassé Zara et Sebenico (Sibenik) en Croatie, l'île de Curzola (Korcula), Raguse (Dubrovnik), Corfou, Modon et Coron dans le Péloponnèse, la *Contarina* aborde la Crète le 7 juillet, Rhodes le 12, et Chypre le 19 du même mois. Après cette longue traversée, les pèlerins arrivent au large de Jaffa, seulement le 28 juillet. Mais ils sont empêchés de débarquer rapidement, car les formalités auxquelles doivent souscrire obligatoirement les patrons traînent en longueur. L'attente des pèlerins se prolonge donc au large du port, et enfin, le 8 août 1486, ils peuvent descendre à terre.

Le récit de l'Anonyme débute au moment où ils sont tous rassemblés dans les grottes de Jaffa, attendant dans de pénibles conditions, et après une navigation éprouvante, de partir pour Jérusalem. Outre les autorités locales musulmanes et des guides, les frères mineurs accueillaient les pèlerins en Terre sainte. Dans ce rôle, l'Anonyme cite un « frère pèlerin ». Selon la tradition franciscaine, ce nom était porté par un frère mineur en souvenir de Peregrinus de Falerone, étudiant converti par saint François. Il avait en vain recherché le martyre en Terre sainte, et se dévoua alors à la cause des pèlerins sous le nom de « frère pèlerin », fonction conservée après lui.

Le trajet de Jaffa à Jérusalem se déroula du 8 au 13 août, avec une halte habituelle au couvent des frères mineurs de Ramleh. Les pèlerins séjournent dans la ville sainte du 13 au 17 août. Les Français sont logés dans l'ancien Hôpital des chevaliers de Saint-Jean-de-Jérusalem. On les installa probablement dans ce qui fut la grande salle d'armes des Hospitaliers, lieu très inconfortable, souligne l'Anonyme, car ils étaient entourés de musulmans peu accueillants.

Ensuite, les frères mineurs les conduisent le long de la « Voie douloureuse », et à l'intérieur du Saint-Sépulcre, où ils passent, selon l'habitude,
leur première nuit de dévotion.

Entre le 17 et le 22 août, ils visitent Bethléem et le Jourdain. De retour
à Jérusalem le 23 août, la plupart ont alors achevé leur pèlerinage en Terre
sainte et s'apprêtent à regagner l'Europe, en particulier le chevalier allemand, Conrad Grünemberg, qui avait voyagé sur la *Contarina* avec
l'Anonyme de Rennes. Georges Lengherand, au contraire, poursuit son
pèlerinage vers le Sinaï avec celui-ci.

Comment évaluer le nombre de pèlerins qui prolongeaient ainsi leurs
pérégrinations, dans des conditions beaucoup plus difficiles et coûteu-
ses ? Compte tenu de leur capacité, les deux galères avaient probablement
transporté chacune deux cents pèlerins au minimum. Or, seuls dix-sept
d'entre eux partent pour le Sinaï et l'Égypte, dont le duc Jean de Bavière
qui, malade à Gaza, doit quitter le petit groupe de pèlerins avec ses
compagnons, décédant quelques jours plus tard. En outre, évitant de peu
la mort, deux autres pèlerins regagnent à leur tour la Flandre. Au total,
douze voyageurs seulement parviennent alors au Caire après avoir visité
le monastère Sainte-Catherine du Sinaï.

Moins de vingt pèlerins sont donc demeurés à Jérusalem le 23 août.
Jusqu'au 13 septembre, ils se préparent à la traversée des déserts. Les
Français sont logés chez un chrétien de la Ceinture, nommé Gazelles,
auquel plusieurs voyageurs eurent recours à la fin du XVe siècle, tout en
se plaignant de sa malhonnêteté. Mais celui-ci est sans doute un intermédiaire nécessaire entre les habitants et les pèlerins qui devaient se procurer
des objets et des provisions indispensables pour le périlleux voyage du
Sinaï.

Le 14 septembre 1486, le groupe quitte Jérusalem. Après une halte à
Bethléem, les pèlerins arrivent à Gaza le 19 septembre. Ils sont contraints
par leurs guides d'y séjourner jusqu'au 3 octobre, car ceux-ci veulent
faire une partie du chemin avec une caravane de marchands qui empruntent leur itinéraire. Ils traversent alors les déserts de la presqu'île du Sinaï
jusqu'au monastère de Sainte-Catherine, entre le 3 et le 16 octobre.

Dès le lendemain de leur arrivée, sans prendre de repos, les pèlerins
repartent pour gravir les deux montagnes sacrées du mont Moïse (djebel
Mousa) et de Sainte-Catherine (djebel Katerin), où la tradition chrétienne
localisait les souvenirs de la révélation biblique de Dieu à Moïse.

Leur séjour au couvent de Sainte-Catherine dure peu de temps, comme
de coutume : du lundi 16 octobre au vendredi 20 au matin. La petite caravane prend ensuite la direction de l'Égypte en longeant la côte du golfe
de Suez, et atteint Le Caire le 30 octobre, après avoir visité le célèbre
jardin du Baume, propriété du sultan.

Nous savons peu de choses du retour de l'Anonyme. En comparant son
récit avec celui de Georges Lengherand, on peut supposer qu'il se rend

avec lui à Rhodes à bord de la même caravelle. Abordant l'île le 9 décembre, les deux pèlerins prennent une direction différente, alors que la saison devient peu favorable à la navigation. Lengherand regagne directement Venise où il arrive le 4 janvier 1487, tandis que l'Anonyme de Rennes se rend à Chio, l'île du mastic, sans que l'on en connaisse la raison. À cet endroit s'interrompt le texte manuscrit.

Ce récit mérite l'attention du lecteur soucieux de comprendre l'intérêt que les hommes du XVe siècle portaient à l'Orient et à la Terre sainte.

Notre pèlerin anonyme exprime bien la piété de son temps. Il a tout d'abord le souci d'une certaine « comptabilité de l'au-delà », car il relève avec soin les indulgences attachées aux Lieux saints. Mais surtout, comme bon nombre de ses contemporains, il se livre à une méditation affective de la vie du Christ, en particulier à Jérusalem en accomplissant le parcours du « chemin de croix ». Intéressantes dans le contexte des tentatives d'union de la papauté avec les Églises orientales, surtout depuis le concile de Florence en 1439, les préoccupations religieuses de notre pèlerin semblent d'abord tournées vers les chrétiens orientaux, dont il relève les principales distinctions. Ses lectures religieuses sont des textes bibliques bien entendu, mais aussi les *Évangiles apocryphes*, la *Légende dorée* de Jacques de Voragine ou les écrits de saint Jérôme. Il sait expliquer par exemple, comme le ferait un clerc instruit de son époque, l'allégorie mystique du buisson ardent au Sinaï, symbole de la maternité virginale de Marie.

Il faut par ailleurs remarquer ses dons manifestes d'observation, sa curiosité d'esprit, en particulier lorsqu'il décrit la procession d'un « fou sacré » chez les musulmans, ou bien leurs rites funéraires ou le ramadan. Il raconte de façon vivante les péripéties de son voyage, ses difficultés avec les populations locales et ses perpétuelles disputes avec les guides. Autant de descriptions saisies sur le vif, car notre auteur s'informe des croyances et des coutumes des musulmans, observe leurs mosquées, leurs rites, leurs gestes, et s'en indigne parfois, comme le montre l'anecdote de la chamelle de Mahomet.

On le voit également attentif à ses compagnons, à leurs épreuves ou à leurs maux, ainsi lorsqu'en compagnie de Georges Lengherand il va, pour un pèlerin allemand malade, chercher de l'eau qui venait à manquer dans le désert.

Esprit observateur, curieux, l'Anonyme aime aussi le merveilleux et se laisse séduire par les légendes de l'Orient : il décrit avec une certaine naïveté l'existence de « pierres d'aimant » qui seraient au fond de la mer Rouge et provoqueraient le naufrage des navires en leur arrachant leurs clous, ou bien la légende de la montagne de diamants qui appartient aux contes des *Mille et Une Nuits*.

Notre pèlerin sait donc nous faire revivre son voyage en consignant dans son récit des descriptions et des informations de qualité, ainsi que des remarques très personnelles, ce qui est peu fréquent, et cela suffirait à retenir notre attention. Mais sa relation de voyage en Terre sainte a le mérite, en outre, de s'ajouter à celles de Georges Lengherand et de Conrad Grünemberg, ce qui contribue, du fait de possibles recoupements d'informations concernant le voyage de 1486, à étendre notre connaissance de ce qu'on peut appeler « un pèlerinage organisé » au XVᵉ siècle.

Béatrice Dansette

BIBLIOGRAPHIE : Manuscrit : *Voyage en Terre sainte, au mont Sinaï et au couvent de Sainte-Catherine*, manuscrit 15937 de la bibliothèque de Rennes, nᵒ 261 (157) dans le *Catalogue général des bibliothèques de France*, t. XXIV, Paris, 1894.

Édition du manuscrit : DANSETTE B., « Relation inédite d'un pèlerinage effectué en 1486 », *Archivum Franciscanum Historicum*, nᵒ 72, 1979, p. 106-133 et 330-428.

Pour approfondir : MORIN E., « Notice sur un manuscrit de la bibliothèque publique de Rennes », *Mémoires de la Société archéologique du département d'Ille-et-Vilaine*, 1861, Rennes, 1862, p. 216-232.

Voyage de Georges de Lengherand à Venise, Rome, Jérusalem, au mont Sinaï et Le Caire, 1485-1486, traduit par le marquis de GODEFROY DE MÉNILGLAISE, Mons, 1861.

PANNIER L., *Les Lapidaires français du Moyen Âge des XIIᵉ, XIIIᵉ et XVᵉ siècles*, Paris, 1882.

LANE-POOL S., *A History of Egypt in the Middle Ages*, Londres, 1848.

LEWIS P.S., *La France à la fin du Moyen Âge*, Paris, Hachette, 1977.

ASSFALG J., KRUGER P., *Dictionnaire de l'Orient ancien*, Turnhout, Brépols, 1991.

I

Tous ceux de notre galère, la *Contarina*, ont été conduits dans une grotte, tandis que les autres pèlerins le furent dans une autre ; nous dûmes payer deux marques[1] pour avoir un plein poing de paille. Puis, il nous fallut dîner sur un sol jonché d'ordures, et manger des mets que les Maures nous apportèrent déjà cuits. Nous passâmes ainsi deux nuits, maltraités, et complètement entre leurs mains : aucun de nous ne pouvait se lever la nuit, même pour aller pisser, sans payer l'un de ces ribauds qui nous gardait. Plusieurs pèlerins furent battus, notamment un chevalier allemand bien âgé, qui par la suite s'en est mal trouvé. Par des ouvertures de la grotte, d'autres Maures nous lancèrent de grosses pierres. Grâce à Dieu, personne ne fut blessé, bien qu'elles tombassent près de nous. Il en tomba une près de moi, assez grosse pour assommer un bœuf.

II

Nous avons attendu ainsi jusqu'au jeudi matin la venue de deux frères cordeliers. L'un d'eux, nommé frère pèlerin, nous dit que nos ânes étaient prêts, que chacun de nous devait monter sur le sien, après avoir reçu un billet écrit, et que nous nous gardions de donner quelque argent à nos âniers, car quarante-trois médines[2] par personne leur avaient été remis

---

1. Marque, marquet ou sequin sont les différents noms d'une même monnaie d'argent vénitienne, utilisée dans l'Orient méditerranéen, et contenant environ quatre grammes d'argent.
2. Le médine était une subdivision du dirhem, monnaie d'argent qui circulait dans l'empire mamelouk.

pour toutes les courtoisies [1]. Les patrons et les Cordeliers agissaient ainsi à l'encontre des pèlerins, car ils étaient tenus de leur louer des ânes. Certains répondirent qu'ils n'en feraient rien, car leur guide les maltraiterait. On s'en aperçut après, quand certains ne voulurent pas leur donner courtoisie, ainsi que cela avait été interdit : ils furent jetés à terre, et forcés de cheminer à pied. Nous sommes donc montés sur nos ânes, après qu'on nous eut remis par écrit le nom de notre ânier pour pouvoir l'appeler, ou nous plaindre de lui s'il nous faisait autre chose que du bien. Alors nous leur avons donné des courtoisies, chacun selon son vouloir.

À Ramleh. Nous avons chevauché sur nos ânes par la chaleur pendant au moins quatre milles jusqu'à un village appelé Malle Case, où femmes et enfants firent fuir les pèlerins à coups de pierres, en frappèrent et jetèrent certains à terre. À partir de là, nous avons avancé pendant onze milles jusqu'à Ramleh par une chaleur inimaginable. Dès que nous y sommes arrivés, un chevalier allemand, messire Thibaud Habsepert [2], qui avait été battu à Jaffa, ainsi qu'un autre gentilhomme allemand moururent étouffés par la forte chaleur du jour dont ils avaient souffert. Pareillement, l'abbé de Saint-Méen [3] en Bretagne fut si malade qu'il n'y avait plus d'espoir pour sa vie ; furent également en grand danger de mort un gentilhomme de Tournai, Nicolas de Saint-Génois [4], maître Jean d'Acquilla [5], maître des Quinze-Vingts, et bien d'autres.

L'Hôpital du duc de Bourgogne. Nous avons été logés dans une maison appartenant aux frères Cordeliers du mont Sion, avec des chambres selon la coutume du pays, assez honnêtes. Cette maison fut édifiée à Ramleh par le bon duc Philippe de Bourgogne [6] pour accueillir et loger les pèlerins

---

1. Les courtoisies sont des gratifications payées en sus. L'expression, qu'on retrouvera souvent dans le texte, « payer devoirs et courtoisies » signifie le paiement de surtaxes arbitraires.

2. Thibaut de Haspberg, chevalier allemand, s'était embarqué sur la *Contarina* avec l'Anonyme et Conrad Grünemberg, qui mentionne également sa mort.

3. L'abbé de Saint-Méen était Robert de Coëtlogon, fils d'Olivier de Coëtlogon, premier président de la chambre des comptes de Bretagne. L'abbaye bénédictine de Saint-Méen était située près de Rennes.

4. Nicolas de Saint-Génois, bourgeois de la ville de Tournai, était parti avec son frère Arnoul pour Jérusalem. Il fut cinq fois prévôt de Tournai.

5. Jean d'Acquilla, nommé aussi Jean de l'Aigle, fut le premier laïc à diriger l'hospice des Quinze-Vingts fondé pour les aveugles par Saint Louis. C'était un chevalier renommé pour sa piété, qui avait fondé avec sa femme, Louise, des hôpitaux pour les pèlerins, en particulier, face au gué du Mont-Saint-Michel.

6. Philippe le Bon devint duc de Bourgogne après le meurtre de son père, Jean sans Peur, le 10 septembre 1419. Après avoir longtemps soutenu les Anglais contre le dauphin Charles, il abandonna l'alliance anglaise et mit fin à la guerre civile en signant la paix d'Arras en 1435. Il conçut des projets de croisade sans lendemain, mais s'intéressa de très près à l'Orient pendant de longues années. Il y envoya tout à la fois des ambassadeurs et des espions, tout en pratiquant une politique de larges aumônes en faveur des pèlerins et des frères mineurs de Terre sainte, contribuant à la restauration de certains lieux saints.

qui passeraient par là à l'avenir. Depuis Jaffa jusqu'à Ramleh, nous avons traversé tout au long de ce jour un bon et beau pays pour les labours. Le soir, nous avons couché sur des nattes de jonc que nous avions louées.

Le lendemain, nous apprenions que les patrons et les cordeliers avaient décidé de nous conduire à Jérusalem sans passer comme de coutume par Lydda où saint Georges fut décapité. Ils faisaient cela pour éviter de payer le tribut qu'ils devaient verser pour nous à cet endroit. Alors, nous allâmes leur dire que nous voulions nous y rendre, car ils étaient obligés de nous conduire sur les lieux habituellement visités par les pèlerins. Mais ils prétextèrent qu'ils devaient suivre les ordres du gouverneur et seigneur de Jérusalem, et qu'ils ne pouvaient décider de nous y emmener.

Le vendredi matin, le vicaire[1] chanta la messe, fit un petit sermon en latin, puis il le prononça en italien et le fit traduire en allemand. Il encouragea tous les pèlerins à supporter, en l'honneur du voyage et de la Passion du Christ, toutes les injures et tous les maux que leur feraient subir les Maures et infidèles. À la fin de son sermon, en tant que vicaire par l'autorité qu'il détenait de Notre Saint-Père le pape, il donna l'absolution à tous ceux qui étaient excommuniés pour être entrés en Terre sainte sans autorisation pontificale.

Lydda, *samedi 12 août.* Le lendemain, nous avons vu le lieu où saint Georges eut la tête tranchée ; il devait y avoir une belle et grande église, à en juger par les ruines. Elle fut construite autrefois par sainte Hélène, puis détruite par les Maures. Là, au plaisir de Dieu, nous gagnâmes sept ans et sept quarantaines de pardon. Ce jour-là, de bonne heure nous retournâmes à Ramleh. J'y vis un Maure qui prit par la force des offrandes que les pèlerins avaient distribuées à plusieurs chrétiens de la Ceinture, qui furent battus. Bien près de Ramleh, à environ un trait d'arbalète, se trouve Geth, d'où Goliath était natif ; à présent sa maison est transformée en mosquée, qui est le lieu de prière des Maures.

Route de Ramleh à Jérusalem. Le soir, nous avons quitté Ramleh, et nous sommes arrivés de nuit pour dormir en un lieu appelé la Citerne distant de quatorze milles de Ramleh où nous nous sommes couchés sous les oliviers. En chemin, nous avions rencontré un grand rassemblement d'Arabes[2] qui avaient dressé leurs tentes dans les champs ; ils avaient avec eux leurs nombreuses familles et leurs chameaux. Ils ne vivent que de rapine, mais ne nous firent aucun mal, se moquèrent seulement de nous pour obtenir du patron des courtoisies. Ils ont coutume d'aller ainsi de pays en pays, j'en reparlerai plus longuement. Cette nuit-là, les âniers

---

1. C'est-à-dire le père gardien.
2. Ce sont des Bédouins dont les conditions d'existence étaient rendues plus difficiles par la guerre qui sévissait entre les Mamelouks et les Ottomans en 1486.

maures ou sarrasins dérobèrent aux pèlerins ce qu'ils purent ; l'un d'eux voulut m'ôter de force mon bissac, ce que je ne pus souffrir, nous tirâmes longuement chacun sur ma poche, et comme je ne voulais pas la lui laisser, il me prit par une jambe pour me jeter à terre sur un tas de pierres. Je fis un si beau saut que dix jours après je m'en ressentais encore.

Le samedi, au point du jour, nous montâmes sur nos ânes. Sur la route de Jérusalem, nous passâmes par Emmaüs. Il y a une église, aujourd'hui détruite, sur le lieu où les deux pèlerins reconnurent Dieu à la fraction du pain, alors qu'ils parlaient de sa résurrection. Le sépulcre de Cléophas, l'un des deux pèlerins, s'y trouve. Il y a sept ans et sept quarantaines de pardon, seulement en passant et saluant ce lieu. À partir de là nous avons suivi la route empruntée par Dieu après sa glorieuse Résurrection, dont Il parla avec les deux pèlerins. Vous pensez bien qu'il y eut beaucoup de belles paroles entre eux ! Et là, à côté d'un grand chemin, à main gauche, nous avons vu Ramatha à environ neuf heures du matin ; on dit que l'arche de Noé s'y trouva pendant plusieurs années.

III

SÉJOUR À JÉRUSALEM
13 août-13 septembre

Dimanche 13 août. Le lendemain 13 août, joyeusement et en louant Dieu, nous sommes entrés dans la sainte cité de Jérusalem. Assez loin de la cité, nous avons mis pied à terre, et nous nous sommes rendus à la porte de l'église du Saint-Sépulcre. On nous montra et nous fit embrasser une pierre, au milieu d'une grand-place devant l'église, sur laquelle Notre-Seigneur se reposa un peu en regardant le mont Calvaire, lieu où Il devait être crucifié pour notre rédemption. Puis nous sommes allés à l'Hôpital, titre porté par les frères de Rhodes de l'ordre de monseigneur saint Jean de Jérusalem qui autrefois le desservaient, avant d'en être chassés. Nous y avons logé, dans un endroit qui ressemble à une vaste grange avec des piliers de pierre, plein de poussière et de mauvaises odeurs. Les frères cordeliers hébergèrent plusieurs Italiens au mont Sion, la plupart des Allemands se logèrent en ville dans plusieurs maisons, tandis que nous autres, Français, nous sommes restés à l'Hôpital, car nous avions peur, comme je l'ai expliqué [1] plus avant. Nous avons supporté les bruits intem-

---

1. Le récit de Georges Lengherand permet de comprendre le sens de cette allusion : le frère du sultan turc, Bayézid II, le prince Djem, à l'issue d'une guerre de succession, se réfugia à Rhodes, alors qu'auparavant il était allé au Caire. Le grand maître de l'Hôpital, le français Pierre d'Aubusson, avait refusé au sultan Mamelouk, Kâytbay, de lui remettre Djem. Il l'envoya en France dans une commanderie de l'ordre, à Bourganeuf, où de fait il resta prisonnier entre 1482 et 1488. Le prince turc fut un enjeu diplomatique entre Le Caire, la Porte, le pape Alexandre VI et le roi de France Charles VIII.

pestifs des Maures ; ils enlevaient leur vin et leur viande à certains pèlerins, se moquaient de certains autres, et criaient si fort qu'on ne pouvait ni dormir, ni se reposer. Nous sommes restés là, prenant patience, sur des nattes de jonc que nous avions achetées, puis les cordeliers nous firent remettre des tapis de velours et des oreillers de cuir que monseigneur le grand maître de Rhodes leur avait envoyés pour l'usage des pèlerins.

Lundi 14 août. Le lundi matin, lendemain de notre arrivée, deux frères du mont Sion vinrent à l'Hôpital, et l'un d'eux chanta la messe devant les pèlerins. Puis, nous allâmes tous ensemble avec le patron de l'autre galée, nommé messire Bernard [1], et trois frères, visiter les lieux et faire les pérégrinations qui s'ensuivent.

La Voie douloureuse

La maison de Véronique. On nous conduisit en premier lieu devant la maison de sainte Véronique qui, alors que les Juifs conduisaient Jésus-Christ au Calvaire pour le crucifier, lui tendit un linge pour s'essuyer car il était plein de sueur et de crachats que les faux Juifs lui avaient jetés au visage, à tel point qu'on ne le reconnaissait plus. Quand Il s'essuya, sa Face y demeura empreinte. Il y a sept ans et sept quarantaines de pardon.

La maison du mauvais riche. Nous sommes passés devant la maison du mauvais riche qui refusa de donner à un pauvre les quelques miettes de pain qui tombaient sous sa table ; il est, ainsi le croit-on, enseveli aux enfers.

Le Trivion. De là, nous nous sommes rendus à un carrefour appelé le Trivion parce que trois rues y aboutissent ; à cet endroit, les Juifs voyant Notre-Seigneur si las, à cause des souffrances et du martyre qu'Il avait endurés toute la nuit, qu'Il ne pouvait plus porter la croix qu'on lui avait mise sur ses épaules, et redoutant qu'Il mourût avant d'arriver au lieu où honteusement ils voulaient le crucifier, contraignirent Simon de Cyrène à porter la croix pendant le reste du chemin. Là également, Dieu dit aux femmes qu'Il vit pleurer de pitié : « Ne pleurez pas sur moi, pleurez plutôt sur vous-mêmes... » Il y a sept ans et sept quarantaines de pardon.

Lieu de la Pâmoison de Notre-Dame. En tournant à main droite, à environ un demi-jet de pierre, se trouve une grosse pierre à l'endroit que l'on appelle Notre-Dame du Spasme car c'est le lieu où la glorieuse Vierge Marie s'évanouit, et tomba à terre, à cause de l'incommensurable douleur qu'elle ressentit en voyant Jésus, son enfant béni, porter sa croix et maltraité par les Juifs. Il y a sept ans et sept quarantaines de pardon.

Arc de l'Ecce Homo. À environ deux jets de pierre de là, se trouve un arc de pierre qui enjambe la rue et forme une sorte de porte sous laquelle

---

1. Il s'agit bien de la galère de Georges Lenghérand dont le patron était Pierre Lando ; le « patron » dont parle l'Anonyme est son second, Bernard Bousledon.

on passe. Au sommet de l'arc, sainte Hélène fit sceller deux grosses pierres ; sur l'une Dieu était assis quand Il fut condamné à mort, et sur l'autre se tenait Pilate quand il prononça sa maudite sentence. Il y a sept ans et sept quarantaines de pardon.

L'école de Notre-Dame — La maison d'Hérode. Assez près de là, à main droite, se trouve l'école de Notre-Dame, et au bout d'une ruelle, à main droite, il y a la maison d'Hérode qui a été reconstruite. Au coin de la ruelle, dans la grand-rue sur notre chemin, nous vîmes la maison de Pilate où Dieu fut jugé et condamné à mort. C'est une église, mais nous n'y entrâmes point, car des Maures y demeuraient, qui ne l'auraient pas accepté. En la saluant, il y a plénière rémission.

Le temple de Salomon. Puis, à main droite, nous passâmes par une autre ruelle où l'on franchit une porte pour se rendre au temple de Salomon ; de là, on voit le Temple, mais personne n'oserait s'en approcher sans risquer sa vie ; on se recueille là, et il y a plénière rémission.

L'église Sainte-Anne. Près de là, à main droite, se trouve l'école où Notre-Dame apprit son psautier et ses Heures. Puis, encore à droite, on nous montra une grande porte qui est à l'entrée de l'église Sainte-Anne que sainte Hélène fit construire. C'était anciennement la maison de Joachim où naquit la Bienheureuse Vierge Marie. De même, ici nous ne sommes pas entrés parce que les Maures l'ont transformée en mosquée, ni non plus dans la piscine où les malades étaient guéris. Mais après le départ des pèlerins de Jérusalem, nous y allâmes, j'en parlerai plus loin ; en saluant seulement le lieu, on gagne plénière rémission.

Pérégrinations hors de Jérusalem — La porte Saint-Étienne. Puis, nous sommes sortis de la ville en passant par la même porte que saint Étienne, conduit hors de Jérusalem pour être lapidé. À partir de là, en descendant vers la vallée de Josaphat, à mi-chemin, on nous montra un rocher où saint Étienne se tenait au moment de sa lapidation. Un peu plus haut, sur un autre roc, était assis Saül, qui par la suite fut appelé Paul, alors qu'il gardait les vêtements de ceux qui lapidaient saint Étienne. Il y a là sept ans et sept quarantaines de pardon.

La vallée de Josaphat. Nous sommes descendus au fond de la vallée et nous sommes passés sur un pont de pierre qui remplaçait une planche avec laquelle fut faite la croix de Notre-Seigneur ; en dessous, passe le torrent du Cédron, qui alors était à sec à cause de la grande sécheresse, mais en hiver il y a de l'eau en assez grande abondance. La reine de Saba ne voulut pas emprunter cette planche de bois quand elle se rendit à Jérusalem pour voir le Temple, prophétisant que ce serait le bois du Salut. Ainsi que le disent les Écritures, c'est la vallée du Jugement qui doit être rendu après la résurrection de la chair ; là, plusieurs pèlerins, pour signifier la force de leur foi en la résurrection, jetèrent des pierres comme si déjà ils voulaient choisir leur place ; il y a plénière rémission...

Le sépulcre de Notre-Dame. Au-delà de ce torrent, à main gauche, se trouve l'église Notre-Dame où les Apôtres l'ensevelirent dévotement ; ensuite, de ce lieu elle monta aux cieux glorieusement. Au milieu de l'église, qui est sous terre, en descendant au moins quarante marches, se trouve le sépulcre de Notre-Dame recouvert d'une grande dalle de marbre blanc ; on y accède par une petite porte, et on sort par une autre. Là, il y a plénière indulgence.

La grotte de l'Agonie de Notre-Seigneur. En partant de là, nous prîmes une petite ruelle à main gauche en direction du lieu où Notre-Seigneur, après la Cène au mont Sion, pria Dieu, son Père, en disant par trois fois : « Seigneur, si cela est possible, que ce calice s'éloigne de moi, cependant... » Sa grande souffrance le fit suer sang et eau. L'endroit ressemble à une grotte dans laquelle on entre par une ouverture de la hauteur d'un homme à peu près. Il y a sept ans et sept quarantaines de pardon.

La Porte Dorée. Puis nous sommes passés à nouveau devant l'église Notre-Dame pour gravir le mont des Oliviers. On nous montra la Porte Dorée qui jadis était une des portes de la ville et par laquelle Dieu entra à Jérusalem le jour de Pâques fleuries : « Béni soit celui qui vient... » À présent elle est murée, et les chrétiens n'osent s'en approcher parce que les Maures y ont fait un de leurs cimetières ; mais en la saluant pieusement, il y a plénière indulgence.

Un peu plus haut, à un jet de pierre, nous sommes arrivés au lieu où Judas vint embrasser Notre-Seigneur pour le trahir et le livrer aux Juifs. Là, il y a rémission plénière. Près de là, à sept ou huit pas, se trouve l'endroit où saint Pierre coupa l'oreille de Malchus ; il y a sept ans et sept quarantaines de pardon.

Saint Thomas. À environ deux jets et demi de pierre de là, se trouve l'endroit où saint Thomas vit Notre-Dame emportée aux cieux par les anges. Afin qu'il pût en témoigner, il reçut sa ceinture. Entre les deux endroits, à mi-chemin se trouve le lieu où Dieu priait tandis que dormaient les Apôtres. On y gagne sept ans et sept quarantaines de pardon.

Le souvenir du « Dominus flevit ». En montant toujours, nous trouvâmes un gros rocher sur lequel Dieu était assis quand Il pleura sur la cité de Jérusalem, disant en la contemplant : « Si tu savais... » Il y a sept ans et sept quarantaines de pardon.

Au sommet du mont après un assez long chemin, l'un derrière l'autre, empruntant une voie étroite sur une partie du trajet, car nous redoutions les bastonnades des Maures qui gardaient leurs jardins, nous sommes arrivés en Galilée, où apparut Notre-Seigneur à onze de ses apôtres après

sa Résurrection. Il avait demandé aux Marie de les rassembler là, disant :
« Dites aux disciples et à Pierre... » À cet endroit, sainte Hélène fit
construire autrefois une église, mais depuis deux ans les Maures en ont
détruit les fondements, et ils font édifier une tour pour faire le guet. Il y a
plénière rémission...

Nous avons repris le même chemin étroit, jusqu'au coin d'une muraille
située à l'endroit où l'ange révéla à Notre-Seigneur l'heure de sa mort
bénie, lui disant qu'à son trépas Il serait préservé de la vision des diables.

L'église de l'Ascension. Poursuivant notre chemin au sommet du mont
des Oliviers, nous sommes allés dans une église quasiment ronde présentant au centre une sorte de tour voûtée au milieu de laquelle est situé l'endroit d'où Dieu quitta ce monde pour monter glorieusement aux cieux ; il
y a encore là une pierre portant en profondeur la trace du pied droit de
Notre-Seigneur. Là le patron paya tout pour les pèlerins, car les Maures
ont la clé et, sans leur autorisation, on ne peut y entrer. Il y a plénière
rémission...

Assez près, se trouve une petite église gardée par les Maures, à l'endroit où sainte Pélagie fit pénitence. Devant cette chapelle, au milieu du
grand chemin par lequel nous sommes descendus, se trouve un rocher où
Dieu souvent s'asseyait pour prêcher à ses apôtres ; là fut fait le Sermon :
« Heureux les doux... » Il y a sept ans et sept quarantaines de pardon.

Le souvenir du Credo. Puis nous nous sommes dirigés vers les ruines
de l'église Saint-Marc où les Apôtres composèrent le *Credo.* Il y a aussi
sept ans et sept quarantaines de pardon.

Ensuite, nous descendîmes le mont des Oliviers jusqu'à l'endroit où
Notre-Seigneur apprit à ses apôtres et disciples à prier Dieu en composant
le « Notre Père ». Il ne reste qu'une muraille le long d'un grand chemin,
et l'on gagne sept ans et sept quarantaines de pardon. Plus bas dans le
chemin, nous vîmes un rocher sur lequel Notre-Dame avait l'habitude de
se reposer lorsqu'elle venait visiter les saints lieux. Il y a sept ans et sept
quarantaines de pardon. Au pied de la montagne, nous passâmes devant
la sépulture d'Absalon.

La grotte de saint Jacques le Mineur. Puis, sur le grand chemin à main
gauche, nous nous sommes dirigés vers l'église de Saint-Jacques-le-
Mineur, à présent quasiment détruite. Il y a une petite caverne où saint
Jacques demeura trois jours et trois nuits par crainte des Juifs, sans boire
ni manger, jusqu'à ce que Dieu lui apparût le jour de sa Résurrection. Il
fut enterré là après sa mort, ainsi que Zacharias, le prophète, fils de
Baratie. Il y a plénière rémission.

De là, nous voulions aller visiter la vallée de Siloé ; mais le soleil était
tellement chaud et fort que les cordeliers nous dirent qu'il valait mieux
retourner au mont Sion, qu'ils nous montreraient en montant ce qu'il y

avait, et que nous irions un autre jour. Nous repartîmes donc, en passant devant la sépulture d'Absalon.

En gravissant le mont Sion, les cordeliers nous montrèrent, outre la vallée et l'église Saint-Jacques, la maison de Judas et le lieu où il se pendit après qu'il eut vendu et trahi Notre-Seigneur, mais l'arbre a disparu car il est mort. On nous montra aussi une fontaine où Notre-Dame lavait très souvent les langes de Notre-Seigneur, le lieu où le prophète Isaïe fut scié en deux et enseveli ; à cet endroit se trouve une fontaine appelée Natatoria Siloé, où Dieu envoya l'aveugle qui retrouva la lumière.

On nous montra encore le lieu où se cachèrent les Apôtres qui s'enfuirent au moment où Dieu fut arrêté au jardin des Oliviers, puis le champ appelé Archidémac, acheté avec les trente deniers rendus par Judas qui les avait obtenus pour avoir trahi Notre-Seigneur. Partout, il y a sept ans et sept quarantaines de pardon.

Le lieu du « Mauvais Conseil ». De la même façon, on nous montra au fond de ladite vallée, vers le champ d'Archidémac, le mur d'une maison que l'on appelle le château de Mauconseil. C'est là que les Juifs ont décidé de l'arrestation de Notre-Seigneur, et que Judas alla leur dire : « Que voulez-vous me donner ? » C'est aussi à cet endroit que Notre-Seigneur discuta avec les Juifs, prêtres de la Loi, à l'âge de douze ans, alors que Joseph et Notre-Dame le croyant perdu le cherchaient avec inquiétude. Nous fîmes nos prières à cet endroit, car les Maures ne veulent pas laisser pénétrer les chrétiens, mais en visitant le lieu de l'extérieur, on gagne plénière rémission.

La Pierre angulaire. Au coin de l'ancienne muraille de la ville se trouve la pierre dont David dit : « La pierre qu'avaient rejetée les bâtisseurs... » C'est une grosse pierre mal taillée. En montant, nous trouvâmes en chemin le lieu où saint Pierre pleura amèrement après avoir renié Dieu dans la maison de Caïphe ; on y gagne sept ans et sept quarantaines de pardon.

Le lieu où les Juifs se disputèrent le corps de Notre-Dame. Toujours en montant, nous sommes arrivés à un carrefour où aboutissent un chemin venant de la ville, et un autre venant du mont Sion ; il y a une pierre à l'endroit où les Juifs voulurent enlever aux Apôtres le corps de la Vierge Marie tandis qu'ils la transportaient après son trépas dans la vallée de Josaphat pour l'ensevelir ; lesdits Juifs devinrent aveugles. Puis sur la prière de saint Pierre, par miracle, la vue leur fut rendue. De même, il y a sept ans et sept quarantaines de pardon.

Le soir du lundi 14 août. La chaleur était très forte, et nous attendîmes le lendemain pour visiter les autres lieux, ainsi que le mont Sion, bien qu'il fût proche. Or, le jour où les pèlerins le visitent, ils doivent y dîner,

selon la coutume, grâce à une fondation du bon duc Philippe de Bourgogne qui en permet le paiement annuel aux Cordeliers du mont Sion encore
aujourd'hui. Nous étions le jour de la vigile de l'Assomption de Notre-
Dame, et il n'y avait pas assez de vivres ; pour cette raison, on remit ce
dîner au lendemain. Ainsi, tous les pèlerins retournèrent à l'Hôpital, y
compris les Français, mais en vérité on leur donna un mauvais conseil,
car il n'y avait personne pour les protéger, et les Maures leur causaient
beaucoup d'ennuis. Je dis cela, pour avertir ceux qui voyageront, d'en
parler aux patrons avant de partir afin d'être gardés à l'Hôpital, car on
reçoit peu d'aide.

Vêpres au val de Josaphat dans l'église Notre-Dame. Après dîner,
nous allâmes tous entendre les vêpres en l'église Notre-Dame, dans la
vallée de Josaphat. Se trouvaient là toutes les sortes de chrétiens qui sont
à Jérusalem ; il y en a neuf, tous hérétiques, ainsi que je l'expliquerai par
la suite. Les cordeliers chantèrent les vêpres, belles et solennelles, ainsi
que les autres, chacun selon sa cérémonie. Les pèlerins demeurèrent toute
la nuit dans l'église pour entendre la messe le matin, mais la plupart s'en
allèrent car l'église était malodorante et humide. Pour ma part, je dus
partir, car je fus pris d'une fièvre qui dura toute la nuit et d'une étonnante
douleur de gorge, à tel point que le lendemain je ne pus retourner entendre
la messe, ainsi que le firent les autres. Après l'avoir entendue, tous revinrent au mont Sion pour faire les voyages que nous avions délaissés le soir
précédent.

Mardi 15 août. Je les rejoignis, et les cordeliers nous conduisirent en
l'église Saint-Michel desservie par les chrétiens arméniens. C'était autrefois la maison d'Anne, où Dieu fut conduit après son arrestation au jardin
des Oliviers. Là, Dieu répondit à Anne qui l'interrogeait sur sa doctrine,
et les Juifs le frappèrent et lui donnèrent des soufflets en disant : « C'est
ainsi que tu réponds au grand prêtre ? » Il y a sept ans et sept quarantaines
de pardon.

La maison de Caïphe. De là, nous allâmes au coin de la maison de
Caïphe, où Dieu fut conduit après avoir été frappé chez Anne, et nous
vîmes l'endroit où saint Pierre, après avoir renié Dieu trois fois, se souvint
de la parole que Dieu lui avait dite : « Cette nuit même, avant que le coq
ne chante, tu m'auras renié trois fois », et il alla pleurer amèrement à l'endroit dont j'ai parlé où il y a sept ans et sept quarantaines de pardon. À
l'autre angle de la maison, qui est assez grande, se trouve un endroit où
saint Jean, voyant le mauvais traitement que les Juifs infligeaient à Dieu,
courut dire à Notre-Dame la douloureuse nouvelle ; elle accourut immédiatement dans ce lieu où elle resta toute la nuit jusqu'à ce que Notre-
Seigneur sortît de la maison de Caïphe et fût conduit chez Pilate ; il y a
sept ans et sept quarantaines de pardon.

À l'intérieur de la maison, au milieu de la cour, nous vîmes l'endroit où saint Pierre se chauffait près du feu quand il renia Dieu.

Puis, nous entrâmes dans l'église Saint-Sauveur, aujourd'hui détruite, où Dieu fut conduit devant Caïphe, fut couvert de crachats et injurié, comme chacun sait. Dans cette église, une pierre qui scellait le sépulcre de Notre-Seigneur sert d'autel ; elle a neuf paumes de long, quatre de large, et une coudée d'épaisseur environ. Au coin de l'autel, se trouve la prison où Dieu fut conduit, fut couvert de crachats, et détenu une grande partie de la nuit jusqu'à sa comparution devant Pilate ; il n'y a ni fenêtre, ni clarté, pas la moindre, et deux ou trois personnes bien serrées peuvent y tenir. Il y a plénière rémission.

En quittant, l'église, à main gauche, se trouve dans le mur une pierre sur laquelle Dieu s'assit devant Pilate quand doucement et avec pitié Il regarda Pierre après son reniement. Assez près de la maison, il y a une autre pierre où saint Jean l'Évangéliste avait l'habitude, après l'Ascension de Notre-Seigneur, de chanter chaque jour la messe devant Notre-Dame. Il y a sept ans et sept quarantaines de pardon.

La demeure de Notre-Dame. Assez près de là, se trouve une autre pierre à l'endroit où Notre-Dame après l'Ascension de Notre-Seigneur demeura dix-sept ans, et rendit son âme à Dieu, glorieusement. Il y a plénière rémission.

Lieu de la division des Apôtres. En se dirigeant vers l'église du mont Sion, se trouve le lieu où saint Matthias fut reçu au nombre des Apôtres. À partir de là, à main gauche, à environ un petit jet de pierre, fut faite la division des Apôtres, auxquels il fut dit : « Allez, proclamez... » Près de là, à main gauche en revenant vers l'église, se trouve l'endroit où furent découverts les corps de saint Étienne et de saint Abibon.

Lieu où fut rôti l'agneau pascal. À main droite, à l'angle de l'église des frères, se trouve l'endroit où fut rôti l'agneau pascal, le jour de la Cène de Notre-Seigneur.

Le sépulcre de David. En tournant vers la porte de l'église, à une longueur d'elle, nous vîmes le sépulcre de David où les chrétiens n'entrent pas ; aussi n'y a-t-il nul pardon. Au-delà de cette sépulture, il y a deux pierres distantes de quatre à cinq pas l'une de l'autre : sur l'une Dieu s'asseyait lorsqu'Il prêchait à ses apôtres et disciples, et sur l'autre Notre-Dame l'écoutait.

Puis nous fut montré le lieu où Notre-Dame avait son oratoire ; elle y priait Dieu très souvent. Tous ces lieux susdits ont sept ans et sept quarantaines de pardon.

L'église du mont Sion. Montant huit ou dix marches, nous entrâmes dans l'église du mont Sion desservie par les religieux de l'observance de

PÈLERINAGES EN ORIENT

l'ordre de saint François, qui commencèrent à chanter la grand-messe. Le vicaire qui l'avait chantée fit un sermon dans lequel il expliqua la sainteté du lieu. Il convia les pèlerins à dîner après la procession qui se déroula pour visiter les lieux saints de la façon suivante : on chanta l'hymne *Pange lingua gloriosi*, on s'inclina devant la Cène avec ses disciples et apôtres ; là fut mangé l'agneau pascal, et fut institué le très digne sacrement de l'autel. Il y a indulgence plénière.

La chapelle du lavement des pieds. Puis, nous allâmes à côté du grand autel, à main droite, dans une chapelle dont l'autel est situé sur le lieu où Dieu lava les pieds aux Apôtres. Il y a sept ans et sept quarantaines de pardon.

Lieu de la Pentecôte. Nous sortîmes ensuite de l'église, par la porte d'entrée, la croix en tête de notre procession. Nous pénétrâmes dans une cour à la façon d'une terrasse en montant environ vingt marches. Nous trouvâmes une muraille de pierres sèches, construite jadis par les Maures pour empêcher qu'on avance jusqu'à l'endroit où les Apôtres reçurent l'Esprit-Saint et furent illuminés de sa grâce le jour de la Pentecôte, car près de là, sous terre, se trouve le tombeau de David dont ils disent que nous ne sommes pas dignes de fouler le sol ; devant ce mur on chanta l'hymne *Veni, creator Spiritus...* Il y a plénière rémission de tous péchés.

La chapelle Saint-Thomas. De là, nous descendîmes dans la cour et passâmes par un petit dortoir réservé aux frères, puis nous gagnâmes le cloître où se trouve la chapelle Saint-Thomas. Dieu apparut en ce lieu à ses apôtres après sa Résurrection, les portes étant fermées. Saint Thomas, qui ne voulait pas croire en la Résurrection, mit son doigt dans le côté de Notre-Seigneur. Il y a rémission de tous péchés. Nous achevâmes ainsi la visite des saints lieux du mont Sion, puis nous y dînâmes tous, grâce au bon duc Philippe de Bourgogne, comme je l'ai expliqué.

À l'intérieur du Saint-Sépulcre

Nuit du 15 au 16 août. Après le dîner, chacun regagna son logis jusqu'aux vêpres. Ensuite, on nous conduisit à l'église du Saint-Sépulcre où arrivèrent les Mamelouks et le seigneur de Jérusalem pour ouvrir les portes de l'église dont il garde toujours la clé. Que Dieu, par pitié, la leur veuille ôter et remettre entre les mains des chrétiens[1] !

En nous comptant, ils nous firent entrer dans l'église, et nous enfermèrent avec les cordeliers et les chrétiens de huit sectes, dont je parlerai ensuite ; ordinairement, on les enferme ainsi que les cordeliers, et on leur donne leur nourriture à travers des ouvertures de la grande porte de l'église.

---

1. L'espoir de reconquérir la Terre sainte alimentait encore au XVe siècle de chimériques projets de croisade, comme ceux du roi de France Charles VIII.

Une fois à l'intérieur, les frères nous conduisirent immédiatement dans la chapelle de Notre-Dame, nous remettant un cierge allumé entre les mains. Un des frères nous fit un beau sermon, nous recommandant de purifier nos consciences. Puis, tous en procession, la croix devant, nous avons commencé la visite des lieux saints à l'intérieur de l'église.

Chapelle de l'Apparition. L'autel de la chapelle Notre-Dame se trouve à l'endroit où se tenait la Vierge Marie quand Dieu lui apparut après sa Résurrection.

Morceau de la colonne de la flagellation. On nous montra ensuite deux niches à côté de l'autel : l'une d'elles, à main droite, renferme une partie de colonne, de deux pieds de long environ et de la taille d'un homme moyen ; elle est en pierre, et Dieu y fut lié et battu dans la maison de Pilate ; dans la niche de gauche, reposa longtemps la moitié de la digne et véritable Croix de Notre-Seigneur qu'y déposa sainte Hélène après l'Invention de la Croix ; elle donna l'autre moitié à son fils Constantin, ainsi que le rapporte la légende ; à présent, il n'en reste dans cette niche qu'une petite partie enfermée avec d'autres reliques. Au milieu du pavement de la chapelle, il y a un morceau de marbre rond qui marque l'endroit de la résurrection miraculeuse d'un mort, qui permit de distinguer la croix de Notre-Seigneur de celles des deux larrons. Il y a sept ans et sept quarantaines de pardon.

Autel de sainte Madeleine. Nous sommes sortis de la chapelle en procession, et nous avons vu deux morceaux de colonne de marbre à une distance de cinq pas l'un de l'autre : sur l'un d'eux Dieu était assis, lorsqu'Il apparut en jardinier après sa Résurrection à Marie-Madeleine : elle vint à lui pour lui demander s'Il n'avait point vu Dieu, lui disant : « Si vous l'avez trouvé, dites-moi... » Puis, elle reconnut Dieu ressuscité. Pour les deux lieux, il y a sept ans et sept quarantaines de pardon.

Prison de Notre-Seigneur. Nous allâmes ensuite à main gauche, dans une chapelle voûtée, obscure, dans laquelle Dieu fut conduit pour un moment sur le chemin du mont Calvaire où on allait le crucifier, tandis que les Juifs préparaient la croix, les clous et ce qu'il fallait pour le mettre à mort. Il y a aussi sept ans et sept quarantaines de pardon.

Chapelle de la Division des vêtements. De là, allant toujours à main gauche, nous trouvâmes une petite chapelle à l'emplacement de la division des vêtements de Notre-Seigneur ; sa tunique sans couture fut tirée au sort. Il y a sept ans et sept quarantaines de pardon.

Chapelle Sainte-Hélène. Au bout de l'église, derrière le grand autel, nous descendîmes trente-neuf marches, atteignant une chapelle basse où demeura sainte Hélène après l'Invention de la Croix et sa recherche des véritables lieux saints de la Passion de Notre-Seigneur, tandis qu'elle faisait faire une construction somptueuse. Il y a plénière indulgence.

Lieu de l'Invention de la Croix. Puis nous descendîmes encore plus bas onze grandes marches, jusque dans une sorte de grotte en partie taillée dans le roc, où grâce aux recherches de sainte Hélène fut trouvée la vraie Croix. Dans le même lieu on trouva la couronne d'épines de Notre-Seigneur, les clous et l'éponge que les Juifs lui avaient tendue, et qui furent préservés de la destruction par la volonté de Dieu. Il y a plénière rémission de tous péchés.

Chapelle des Impropères. Nous remontâmes par la chapelle Sainte-Hélène en haut de l'église, et nous trouvâmes à main gauche une chapelle dont l'autel recouvre une colonne un peu plus grande que celle dont j'ai déjà parlé, à laquelle Dieu fut attaché quand on lui mit une couronne d'épines. Il y a sept ans et sept quarantaines de pardon.

Autel du Calvaire. Puis nous montâmes une marche à côté du grand autel de l'église et pénétrâmes par seize autres marches de pierre dans une chapelle desservie par les Cordeliers du mont Sion. Tous les pèlerins reçurent là Dieu notre Créateur.

On appelle l'ensemble le mont Calvaire, mais c'est en entrant à main gauche qu'est le lieu proprement dit où notre Sauveur et Rédempteur Jésus-Christ fut mis en croix. Il ne faut pas demander si le lieu est saint, car quand on voit le lieu où Dieu paya le prix de la rédemption humaine, il n'est de cœur, si dur soit-il, qui ne s'attendrisse, il n'est de jambe qui ne tremble de peur. On voit aussi dans ce monument le roc qui s'ouvrit le jour de la Passion et se fendit plus que de merveille. Il y a rémission de tous péchés.

Pierre de l'Onction. Puis nous nous dirigeâmes vers la grande porte de l'église ; entre elle et le chœur, est situé le très digne lieu où Dieu à la descente de la croix fut remis entre les bras de la Vierge Marie, sa glorieuse mère ; se trouvaient là les pieuses Marie, Joseph, Nicodème, et d'autres pieuses personnes. Le Christ fut oint et enseveli à cet endroit. Avec grande douleur et compassion, ils le transportèrent pour l'ensevelir dans le Saint-Sépulcre. De même, il y a plénière rémission.

L'édicule du Saint-Sépulcre. Une fois notre oraison achevée, ainsi que nous l'avions fait vers les autres lieux, nous partîmes en procession jusqu'à la grande porte du chœur vers le très digne et dévot Sépulcre dans lequel on déposa Notre-Seigneur après sa mort, et d'où Il ressuscita glorieusement le troisième jour. Après avoir récité plusieurs belles antiennes et oraisons, on nous ouvrit le Saint-Sépulcre, et tous, l'un après l'autre, nous y pénétrâmes et l'embrassâmes. On y entre par un petit lieu voûté comportant cinq petites fenêtres barrées ; au milieu se trouve une petite pierre carrée sur laquelle était assis l'ange qui apparut aux Marie, leur disant : « Il est ressuscité, Il n'est pas ici... » De ce lieu étroit, par une petite porte devant laquelle une grosse pierre fermait le monument, on pénètre dans un autre lieu étroit, sans clarté, à l'exception de celle des lampes qui brûlent. On ne peut y faire entrer que trois personnes, et bien serrées. Il y a là une belle dalle de marbre creusée à l'avant de la même façon que celle d'une autre tombe. Le très précieux corps de notre Sauveur et Rédempteur Jésus-Christ y fut déposé et étendu ; on y chante la messe.

Nous demeurâmes toute la nuit enfermés dans l'église, faisant çà et là nos voyages à travers les saints lieux, chacun selon sa dévotion.

Mercredi 16 août. Retour à l'Hôpital. Le lendemain matin, vers huit heures, les Maures et les Mamelouks ouvrirent les portes de l'église, nous firent sortir, et chacun regagna son logis. Seuls demeurèrent à l'intérieur des chrétiens de neuf sectes, comme je l'ai dit, deux par secte. À leur sujet, je veux dire ce que j'ai appris concernant leurs coutumes et leur foi. Il s'agit des Cordeliers, des Grecs, des Arméniens, des Géorgiens, des Syriens, des Basins autrement dits Indiens, des Jacobites, des Nestoriens, et des Maronites.

IV

LES DIFFÉRENTES SORTES DE CHRÉTIENS

Les Cordeliers[1]. Je parlerai d'abord des Cordeliers qui sont des chrétiens latins, obéissant au Saint-Siège apostolique et à l'Église de Rome, gardant et observant la vraie foi de Jésus-Christ. Dans l'église, ils sont les maîtres du Saint-Sépulcre, desservent la chapelle où Dieu apparut à la Vierge Marie, la moitié du mont Calvaire à côté de l'endroit où fut plantée la croix. Près de la chapelle Notre-Dame, ils ont des chambres, un logis, et une citerne d'eau, ce que les autres chrétiens n'ont point.

Les Grecs[2]. Ils forment la deuxième sorte de chrétiens de l'église du Saint-Sépulcre. Ils sont, d'après ce que j'ai entendu, depuis toujours, inventeurs d'hérésies. Autrefois, ils exerçaient le plus grand pouvoir tem-

---

1. Les Cordeliers ou frères mineurs de l'ordre de saint François furent les seuls chrétiens latins à demeurer à Jérusalem après la chute des États latins en 1291. Depuis le début du XIVᵉ siècle, les Franciscains avaient obtenu le droit d'officier au Saint-Sépulcre, à la grotte de Bethléem et au tombeau de la Vierge, sans préjudice des droits acquis dans ces lieux par les autres chrétiens.

2. On constate ici que l'opposition séculaire entre Grecs orthodoxes et Latins catholiques est toujours vive malgré l'union proclamée au concile de Florence, le 6 juillet 1439. Le concile avait en théorie résolu la question de la réunion des deux Églises grecque et latine, mais l'empereur Jean VII Paléologue ne réussit pas à l'imposer à son peuple. L'auteur emploie le mot *pappas*, qui est le mot grec désignant familièrement le prêtre orthodoxe, et dans l'église primitive il était réservé à l'évêque. Il fait ici allusion au premier concile œcuménique de Nicée, réuni en 325 pour condamner l'arianisme. Saint Athanase, évêque d'Alexandrie, y joua un rôle de premier plan.

porel et spirituel parmi les autres nations. Mais Dieu qui humilie les orgueilleux, ainsi qu'il lui a plu dans sa divine sagesse, les a tellement punis qu'aujourd'hui ils sont comme esclaves ou tributaires, soit des Vénitiens, soit des Turcs, ou bien du sultan, et sont quasiment dans la pauvreté comme les Juifs.

Revenons aux hérésies qu'ils professent depuis longtemps : ils affirment tout d'abord que le Saint-Esprit ne procède point du Fils mais seulement de Dieu le Père ; ils disent ensuite que le pape de Rome n'est ni le chef de l'Église, ni celui de l'Église catholique en laquelle ils ne veulent pas croire.

Ils ont un patriarche dans la plupart des lieux où je suis allé, à Rhodes et dans l'île de Chio ; ailleurs, selon le lieu, ils ont un *protopappas* admis par les Turcs ou le sultan, qui ordonne les prêtres appelés *pappaï*. Ainsi leur Église repose sur ces prêtres ou *pappaï* qui sont mariés à des filles vierges.

Troisièmement, ils disent qu'il n'existe pas de purgatoire, et que les âmes des morts ne peuvent éprouver aucune joie au paradis jusqu'à la résurrection de la chair.

Le jeudi saint, ils consacrent toutes les hosties dont ils font usage pour la communion des malades tout au long de l'année, et ils affirment qu'elles ont plus de vertu et d'efficacité que celles qui sont consacrées dans l'année.

De plus, chaque année, ils excommunient le pape avec l'ensemble des catholiques qu'ils tiennent pour chiens damnés, disant que seule leur foi est valable, et que la nôtre est fausse. Ils professent d'autres hérésies énormes, et quand ils peuvent convertir un chrétien latin à leur foi, ils le rebaptisent, en particulier les jeunes enfants qu'ils peuvent avoir contre les Latins.

Ils disent encore que c'est licite de vendre leur prélature et d'autres choses saintes ; ils agissent ainsi, car les Turcs confirment le patriarche qui les paie le plus.

Quant au mariage, ils disent qu'on peut le rompre pour trois raisons, qu'on peut faire séparation de lit et se remarier : à cause de la lèpre, d'un adultère et de la parenté. Ils disent aussi qu'une simple fornication n'est pas un péché mortel, mais que le sacrement de dernière onction ne peut l'effacer.

Avant de chanter la messe, ils bénissent le pain qui est un gros pain de froment levé, ils le coupent en deux carrés. L'un est consacré comme hostie, l'autre mis sur la patène est considéré comme relique du corps de la Vierge Marie, ce qui est une horreur. Ils bénissent le reste du pain et après la messe le prêtre le met lui-même dans la bouche des gens. Ils n'autorisent aucun prêtre latin à célébrer la messe à leur autel, soit à Rhodes soit ailleurs, car tous croient que c'est un péché que d'accepter le sacrement des Latins, la messe ou un autre.

Ils ont d'autres hérésies, et toutes furent condamnées au saint concile, contraints à chanter le *Credo* qu'Athanase composa en grec où est contenue toute la croyance de l'Église catholique, et le psaume « Celui qui veut être sauvé ».

Il faut dire que malgré leurs erreurs, ils font de grandes et austères abstinences, ils ont notamment quatre carêmes.

Les Grecs possèdent dans le Saint-Sépulcre le grand autel du chœur, et beaucoup de pieux et saints lieux à travers la Syrie et l'Égypte.

Les Arméniens [1]. Ils représentent la troisième sorte de chrétiens et sont venus du quartier d'Antioche. Ils élisent un évêque parmi eux qu'ils nomment *catholicos*. Ils manifestent un grand respect envers le pape et le Siège de Rome. Ils célèbrent la messe avec du pain rond et non levé comme les Latins, et ils sont plus près de notre foi que les Maronites ; toutefois, ils sont hérétiques en plusieurs points.

En premier lieu, ils disent qu'on ne doit pas célébrer le corps de Jésus-Christ le jour de sa Nativité, mais que l'on doit jeûner, car, disent-ils, on rompt le jeûne en célébrant la messe. C'est pour cette raison qu'ils ne célèbrent la messe que le dimanche pendant le carême ; quand ils consacrent le pain et le vin en corps et sang du Seigneur dans le calice, ils n'y mettent point d'eau. Ils célèbrent la messe en langue vulgaire, si bien que les femmes et le peuple comprennent.

Ils ne croient pas à l'existence du purgatoire, ni que Dieu eut deux natures, mais ils croient qu'Il possède seulement la nature divine. Ils ne veulent jeûner en aucune de nos fêtes, ni à celle des Quatre-Temps. Mais ils jeûnent avec tant d'obstination et d'austérité qu'ils affirment que c'est un plus grand péché de manger avec de l'huile et de boire du vin pendant leurs abstinences que de forniquer.

Ils font communier les enfants à peine âgé de deux mois.

De Pâques à la Pentecôte, le vendredi comme les autres jours, ils mangent de la viande.

En sortant du Saint-Sépulcre, dans l'église, ils desservent une chapelle voûtée ; ils détenaient jadis le mont Calvaire, mais plus maintenant. Hors de la ville, ils possèdent la maison de Caïphe qui est devenue l'église Saint-Sauveur où se trouve la pierre qui fut roulée devant le tombeau du Christ, comme je l'ai dit. Ils possèdent aussi la maison Saint-Ange, qui fut la maison d'Anne, et l'église Saint-Jacques-le-Majeur où il fut décapité. Le tout est situé entre la ville et le mont Sion.

---

1. Les Arméniens étaient divisés en Arméniens catholiques, qui avaient accepté l'union avec Rome depuis 1441, et Arméniens schismatiques, appartenant au groupe des Églises monophysites. Le monophysisme était une doctrine affirmant l'existence d'une seule nature, divine, dans le Christ.

Les Géorgiens [1]. Ils sont la quatrième sorte de chrétiens venus de l'Orient, dits Géorgiens car saint Georges est leur patron. Ils sont aux confins de la Perse et de la Syrie ; courageux, ils sont très redoutés de leurs voisins.

Ils officient comme les Grecs. Les prêtres portent une tonsure ronde et les clercs lettrés l'ont en carré. Une fois par an, ils se rendent très nombreux en procession au Saint-Sépulcre, sans payer aucun tribut au sultan ni aux Maures, entrant à Jérusalem et dans la basilique la bannière déployée. Les Maures les craignent.

Leurs femmes les accompagnent toujours, même à la bataille, armées d'arcs et de flèches comme les hommes. Au commencement d'un combat, elles se mettent à l'avant pour donner courage aux hommes.

Il y a entre eux et les chrétiens arméniens une mortelle inimitié.

Ils ont les mêmes croyances que les Grecs. Ils possèdent au Saint-Sépulcre le mont du Calvaire, qu'ils ont enlevé de force aux Arméniens et où Notre-Seigneur fut mis en croix, ainsi que le bas du Calvaire appelé Golgotha où à présent il y a une chapelle dans laquelle fut enterré Godefroy de Bouillon ; on dit qu'à cet endroit, après le Déluge, on trouva la tête d'Adam. De même, ils ont entre les monts de Judée et Jérusalem l'église Sainte-Croix, à l'emplacement d'un des arbres dont le bois servit à faire la croix de Notre-Seigneur.

Les Syriens [2]. La cinquième sorte de chrétiens sont les Syriens qui viennent de la Syrie et sont aussi appelés chrétiens de la Ceinture : leur foi leur vient de la ceinture de Notre-Dame donnée à saint Thomas. Ils sont en accord avec les croyances et les cérémonies des Grecs, et dans leur langue ordinaire parlent la langue des Maures. En Terre sainte, ils sont en plus grand nombre que les autres car ils sont du pays. Dans le Saint-Sépulcre, ils ont leur chapelle tout au bout de l'église sous la voûte derrière le Saint-Sépulcre, et ainsi ils possèdent le lieu où Notre-Seigneur fut oint et enseveli après sa mort.

Les Indiens [3]. La sixième sorte de chrétiens s'appelle Basins, autrement dit Indiens, car ils sont originaires de l'Inde de la terre du Prêtre Jean, grand seigneur, qui a vingt-deux royaumes sous son autorité. Il a le très

---

1. Les Géorgiens, originaires du Caucase, retiennent l'attention des voyageurs à cause de leurs traditions nationales. L'auteur décrit ici sans doute à la fois le clergé demeurant à Jérusalem et le pèlerinage annuel des Géorgiens, qui étaient très attachés aux Lieux saints. Ayant adopté le rite byzantin, on ne sait à quelle date ils ont rompu avec Rome ; sans doute au XIIIᵉ siècle.

2. Les Syriens, que l'on appelle aujourd'hui les melkites, sont assimilés aux chrétiens de la Ceinture par l'Anonyme. Cette interprétation, qui est fréquente, s'ajoute à celles déjà nombreuses concernant ces chrétiens dont la communauté est mal définie.

3. Indiens pour Abyssins, c'est-à-dire Éthiopiens. L'Église éthiopienne suivait le rite copte, mais utilisait son idiome national, le gheez, dans lequel furent traduits les Livres saints. La légende du Prêtre Jean puisa en partie son origine dans les initiatives missionnaires du pape Alexandre III (1159-1181). Ce royaume fut localisé pendant longtemps en Inde.

grand désir, à ce qu'on dit, de partager la foi des Latins. Il fait toujours porter devant lui une croix de bois, et, quand il combat, une autre en or, richement ornée de pierreries. Dans son royaume, se trouve le corps de saint Thomas qui reçoit de tout le pays grands honneurs et respect. Faute d'avoir reçu la doctrine des Latins, ils sont tombés dans plusieurs hérésies. Ils sont circoncis comme les Maures. Ils consacrent avec du pain levé, comme les Grecs, et donnent à leurs petits enfants le « corps du Seigneur ». Ils font habituellement de si grandes et austères pénitences que c'est stupéfiant et difficile à croire. De même les gens d'Église sont si éprouvés par leurs mortifications que certains ne veulent pas manger et se laissent mourir de faim, croyant ainsi être sauvés et avoir grande gloire. Je crois, d'après ce que j'ai entendu dire, qu'on compte parmi eux plusieurs gens de bien qui facilement seraient amenés à la vraie foi en Jésus-Christ selon l'Église de Rome, s'ils avaient des prédicateurs latins. J'ai entendu dire qu'un grand seigneur de l'Inde s'était rendu il y a trois ans sur l'ordre du Prêtre Jean au Saint-Sépulcre afin de rechercher quelle était la meilleure foi parmi les chrétiens de Jérusalem. Celui-ci finalement reconnut, c'est évident, que la foi des Latins était la meilleure et la plus parfaite, et négocia avec le gardien du mont Sion pour faire parvenir à Rome une demande au pape afin qu'il lui envoie des prédicateurs avec lesquels il parte en Inde. Il donna l'assurance que ceux-ci seraient bien reçus, et que chacun serait contraint de croire leur enseignement. Des messagers allèrent à Rome et Notre Saint-Père le pape envoya certains docteurs. Je ne sais depuis ce qui est arrivé. Dieu par sa grâce veuille y pourvoir ! Ces Indiens ont une chapelle dans l'église du Saint-Sépulcre, sous la voûte, à droite en sortant, ainsi que la chapelle renfermant la colonne à laquelle le Christ fut attaché quand on le couronna d'épines.

Les Jacobites[2]. La septième sorte de chrétiens est représentée par les Jacobites, ainsi nommés à cause de Jacques, le patriarche d'Alexandrie. Ils sont entre l'Orient et la Médie, répandus dans une grande partie de l'Asie jusqu'à l'Inde, et l'Égypte. Ces chrétiens ne se confessent pas à un prêtre mais seulement à Dieu, et ils jettent de l'encens dans le feu, disant qu'ainsi leurs péchés sont pardonnés avec la fumée.

Ils affirment que Jésus-Christ ne possédait qu'une nature divine. Ils se baptisent avec un fer chaud. Ils font le signe de la croix au front, à l'estomac et au bras. Certains parlent le chaldéen, d'autres l'arabe, et les autres

---

Mais, à la fin du Moyen Âge, ce mythe, lié aux richesses de l'Orient comme aux projets de croisade, s'était déplacé en Éthiopie. Il fut entretenu du fait de missions franciscaines conduites dans le cadre des missions pontificales en Orient pour la réunion des Églises chrétiennes avec Rome.

2. Les Jacobites sont souvent différenciés au XVᵉ siècle des Syriens, auxquels on doit cependant les assimiler. Leur communauté était issue de l'Église monophysite fondée au VIᵉ siècle par Jacques Baradaï, évêque d'Édesse et non d'Alexandrie comme l'écrit l'auteur de façon erronée. Leur langue, en revanche, est bien l'arabe, mais aussi le syriaque.

1192   PÈLERINAGES EN ORIENT

la langue de la contrée dans laquelle ils se trouvent. Autrefois, ils ont été condamnés au concile de Chalcédoine. Ils possèdent un emplacement à l'arrière du Saint-Sépulcre.

Les Nestoriens [1]. Ils forment la huitième sorte de chrétiens hérétiques de Constantinople. Ils habitent principalement en Tartarie et Judée majeure. Ils utilisent le chaldéen dans leurs cérémonies et célèbrent la messe avec du pain levé. Ils disent que Jésus-Christ n'était pas fils de la Vierge Marie comme Dieu, mais seulement comme homme. Ils furent condamnés au concile d'Éphèse. Ils ont un emplacement à côté du Saint-Sépulcre, assez proche de l'endroit de l'apparition de Dieu à Madeleine.

Les Maronites [2]. La neuvième sorte de chrétiens s'appelle Maronites, à cause de Maron qui fut un bon serviteur de Dieu. Ils habitent en Liban, province de Phénicie. Ce sont de grands clercs, experts, et courageux au combat. Ils ont un patriarche envoyé par le pape. Ils utilisent le chaldéen pour leurs cérémonies. À l'époque de Maron, ils obéissaient à l'Église de Rome, puis ils s'en séparèrent. Leur patriarche Jérémie fut condamné au concile qui se tint à Rome en l'église Saint-Jean-de-Latran à l'époque du pape Innocent. Condamnés aussi au concile de Constantinople, ils persistèrent dans leurs erreurs. Mais au temps du pape Paul le second, ils furent convertis par la prédication de frère Gazon, français de l'ordre de saint François. Ils persévèrent toujours dans la vraie foi catholique et restent soumis à Rome. Dans l'église du Saint-Sépulcre, ils tiennent la chapelle de madame sainte Hélène.

Quand on se trouve dans cette église, c'est une chose merveilleuse que d'entendre chaque nation et sorte de chrétiens faire à toute heure leurs cérémonies en chantant, chacun sur divers tons, ce qui donne un grand bruit stupéfiant. Ils font de très longues cérémonies et solennelles avec beaucoup d'encens. Que Dieu par sa sainte grâce les veuille tous ramener à la vraie foi catholique véritable.

Dans la ville de Jérusalem, se trouvent d'autres infidèles, comme les Sarrasins, et les Juifs dont je parlerai à un autre endroit, car ils ne sont pas à compter au nombre des chrétiens et ils n'honorent pas l'église du Saint-Sépulcre. Maintenant, je parle à nouveau de notre voyage : le mercredi 16 août, chacun regagna son logis.

---

1. Les Nestoriens pratiquaient en effet le rite chaldéen. Leur communauté prit naissance avec l'hérésie de Nestorius, patriarche de Constantinople au Ve siècle, qui fut condamné au concile d'Éphèse en 431.

2. Les Maronites devaient leur origine au monastère de Saint-Maron en Syrie dans la vallée de l'Oronte. Au VIIIe siècle, leur communauté et leurs fidèles se sont réfugiés dans les hautes vallées du Liban à la suite des conquêtes arabes en Syrie. Leur union avec Rome fut le résultat de missions franciscaines, auxquelles prit part le frère Gryphon, dont l'auteur écorche le nom dans son récit. Ce Flamand franciscain fut un des plus grands missionnaires de son temps, chargé par le pape Paul II en 1470 de l'union des chrétiens orientaux avec Rome.

V

SUITE DE LA VISITE DES LIEUX SAINTS

Le jeudi suivant, au matin, on nous conduisit à l'endroit où Dieu apparut aux Marie, situé à proximité du château de David sur la route du mont Sion. Il y a sept ans et sept quarantaines de pardon.

Église Saint-Jacques-le-Majeur. Nous avons continué notre chemin vers l'église Saint-Jacques que tiennent les Arméniens ; à l'intérieur se trouve une chapelle où saint Jacques fut décapité. Il y a sept ans et sept quarantaines de pardon.

Le mont Sion. Puis, nous sommes allés au mont Sion entendre la messe. Aussitôt après, les patrons firent appeler tous les pèlerins pour leur expliquer que, bien qu'il fût d'usage de les emmener au Jourdain, ils ne pourraient les y conduire, car messire Augustin, c'est-à-dire notre patron, beaucoup plus accoutumé au pays que l'autre patron dont c'était le premier voyage, était très gravement malade. Ils considéraient que le temps était extraordinairement chaud, et qu'il y aurait des malades, et peut-être même des morts comme à Ramleh. De plus, il y avait, disaient-ils, quatre à cinq cents Arabes sur le chemin qui pourraient voler les pèlerins ; ils voulaient les en avertir, afin de décider ensemble si l'on partait ou non. Les pèlerins discutèrent entre eux : il leur sembla que les patrons avaient dit tout cela pour les empêcher d'y aller, et pour être quittes de leurs devoirs et des courtoisies qu'ils devaient payer en chemin. Ils dirent donc aux patrons qu'ils voulaient se rendre au Jourdain. Ceux-ci n'en furent pas très joyeux, et chaque année ils ont l'habitude de faire de telles inventions auxquelles les pèlerins doivent prendre garde. Ils nous dirent que puisqu'il en était ainsi, on irait d'abord à Bethléem, puis au fleuve Jourdain.

VI

BETHLÉEM
17-18 août

Départ pour Bethléem. Le jeudi soir, nous montâmes sur nos ânes pour aller à Bethléem, distant de Jérusalem de cinq milles. En chemin, à environ deux milles de Jérusalem, nous vîmes le lieu où l'étoile apparut pour la seconde fois aux trois rois qui allaient adorer Notre-Seigneur, et où ils passèrent la nuit après avoir quitté Hérode. Un peu plus loin, nous trouvâmes l'endroit où naquit le prophète Élie, et où l'ange prit Habacuc par les cheveux pour le transporter auprès de Daniel dans la fosse aux lions. De l'autre côté du chemin, nous trouvâmes la maison de Jacob, et assez près de Bethléem le sépulcre de Rachel, femme de Jacob. Dans les environs, il y a un champ où chaque année poussent des épis semblables au froment, mais qui portent à la place des petites pierres.

L'église de la Nativité. Le soir après le coucher du soleil, nous entrâmes dans l'église Notre-Dame-de-Bethléem, et on nous donna aussitôt un beau logis à l'intérieur du cloître. Ensuite, un cierge allumé à la main, nous allâmes tous en procession, la croix devant, chantant antiennes et hymnes pour visiter les lieux qui suivent : nous fîmes d'abord une station devant une porte du cloître qui mène en bas à la chapelle où se trouve la sépulture de monseigneur saint Jérôme, mais pour éviter de se hâter nous n'y descendîmes qu'après la procession. Nous allâmes dans une chapelle hors du chœur, à main droite, dont l'autel se trouve sur le lieu de la circoncision de notre Seigneur Jésus-Christ. Il y a plénière rémission.

Puis nous nous sommes dirigés à main gauche, de l'autre côté au bout de l'église, vers un autel situé à l'endroit où les trois rois préparèrent leurs présents pour adorer notre Seigneur Jésus-Christ. Il y a sept ans et sept quarantaines de pardon.

De là, nous descendîmes environ quinze marches, dans une chapelle basse sans clarté, excepté celle des lampes qui brûlent près du grand autel. À l'entrée, à main gauche, nous vîmes le lieu où Jésus-Christ, notre Rédempteur, naquit, et où à présent se trouve un autel de marbre où les prêtres célèbrent la messe. Il y a plénière rémission.

Un peu plus bas, à cinq pas, en descendant trois petites marches, nous vîmes l'endroit où Dieu, après sa naissance, fut déposé dans la crèche [1] entre les animaux qui mangeaient là : c'est sous le roc, car Notre-Dame et Joseph s'étaient logés très pauvrement à cause de la grande foule qu'il y avait à Bethléem, ainsi que chacun sait. Depuis, ce lieu fut construit et orné par sainte Hélène, on ne peut dire à quel point il est sacré. Dans la crèche comme au lieu de la Nativité, il y a plénière indulgence.

Au fond de la chapelle, qui est longue de douze pas environ, est marqué l'emplacement où les trois rois perdirent de vue l'étoile. Ainsi s'acheva la procession.

Puis, nous allâmes tous voir la sépulture de saint Jérôme, dans une chapelle située au bas de vingt-cinq marches, où saint Jérôme demeura plusieurs années, y composant une partie de ses livres.

---

1. L'encadrement de la foi des fidèles par les frères mineurs, à Bethléem comme à Jérusalem, est le résultat d'une volonté pédagogique d'une partie de l'ordre, conforme à la tradition de la mystique franciscaine, de donner à la piété des pèlerins une orientation plus intérieure en les faisant méditer sur les différents aspects de l'humanité du Christ. Le thème de la crèche, en particulier, fut illustré par saint François lui-même, qui célébra Noël en 1223 à Greccio en participant à une crèche vivante. La basilique de la Nativité à Bethléem, édifiée par l'empereur Constantin puis remaniée en 526, restait au XVe siècle l'unique témoignage architectural de l'ère justinienne, et à ce titre le plus ancien des Lieux saints.

Ensuite, par un chemin secret inconnu des Maures, les frères nous conduisirent dans une grotte remplie de recoins où furent déposés très longtemps les corps des Innocents qu'Hérode fit tuer.

Nous passâmes toute la nuit à écouter des messes et accomplir nos dévotions dans cette église très somptueusement construite, et dont les murs sont recouverts de plaques de marbre.

Vendredi 18 août. Le lendemain, en partant, on nous montra l'endroit où l'ange apparut aux bergers, leur disant : « Gloire à Dieu... » À présent, il y a une petite église.

Maison de Zacharie. Ensuite, nous gravîmes les monts de Judée distants de Bethléem de cinq milles environ, et nous arrivâmes d'assez bonne heure près d'une chapelle sans toit qui passe pour être la maison de Zacharie qui écrivit en parlant de saint Jean : « Jean est son nom. » Après avoir recouvré la parole, il y composa « Béni sois-tu, Dieu d'Israël ». Il y a sept ans et sept quarantaines de pardon.

Nous descendîmes par une marche étroite dans une autre chapelle basse à l'endroit où la Vierge Marie rendit visite à sainte Élisabeth, et où ensemble elles composèrent le *Magnificat*. Il y a sept ans et sept quarantaines de pardon.

Dans cette même chapelle, se trouve une niche où l'on dit que saint Jean enfant fut caché, de crainte que les Juifs ne le missent à mort.

Maison de saint Siméon. Nous allâmes assez près de là, vers la maison de saint Siméon le Juste, qui, au Temple, reçut Dieu entre ses bras. Il y a sept ans et sept quarantaines de pardon.

Aïn-Karem. Plus loin, nous passâmes devant une fontaine où saint Philippe baptisa l'eunuque.

Lieu de la naissance de saint Jean. À deux traits d'arc de là, nous entrâmes dans une église que les Maures avaient transformée en étable, y mettant des animaux. À côté du grand autel, à main gauche, se trouve une chapelle carrée à l'intérieur, où naquit saint Jean l'Évangéliste. Il y a plénière rémission.

L'église Sainte-Croix des Géorgiens. Aussitôt après, nous revînmes en arrière, en parcourant trois milles, vers l'église Sainte-Croix aux mains des Géorgiens, qui fut fondée à l'endroit où poussa l'un des arbres dont le bois servit à faire la sainte Croix de notre Sauveur Jésus-Christ. Il y a plénière indulgence. Nous y vîmes une des mains de madame sainte Barbe.

Nous dînâmes ensuite légèrement.

Deuxième nuit au Saint-Sépulcre, du vendredi 18 au samedi 19 août. Nous fûmes de retour à Jérusalem de bonne heure et, après souper, les

Maures firent entrer tous les pèlerins dans l'église du Saint-Sépulcre où nous fûmes enfermés toute la nuit. Nous fîmes nos dévotions çà et là comme l'autre fois, et au matin les Maures revinrent ouvrir les portes pour nous faire sortir.

VII
JÉRICHO, LE JOURDAIN, BÉTHANIE
18-22 août

Dimanche 20 août. Le jour suivant, nos patrons firent amener nos ânes au mont Sion au coucher du soleil, et nous les chevauchâmes pour nous rendre au Jourdain. Nous avons parcouru, ce jour-là, environ sept milles jusqu'à une fontaine, où nous nous sommes reposés, mais bien peu. Quand la lune se leva, nous remontâmes sur nos ânes, cheminant toute la nuit jusqu'au point du jour. Nous parvînmes à l'endroit où Dieu donna la lumière à l'aveugle, sur le chemin de Jéricho, quand celui-ci lui cria : « Fils de David, aie pitié de moi... »

Après avoir descendu une vallée bien droite, nous vîmes à main droite le lieu où le bon Joachim s'enfuit quand on le chassa du Temple, demeurant là plusieurs jours à cause de la honte qu'il éprouvait de ne pas avoir de descendance. Ce lieu est appelé Terre rouge.

Lundi 21 août, Jéricho. Maison de Zachée. À deux milles de là, se trouve Jéricho où nous arrivâmes de bon matin. On nous montra la maison de Zachée où Dieu se logea quand Il descendit à Jéricho. Après le lever du soleil, plus loin, nous trouvâmes le désert où demeurait saint Jean quand il baptisa Dieu dans le fleuve Jourdain.

Le Jourdain. Nous nous dirigeâmes alors vers le fleuve, et un des Cordeliers récita des oraisons, puis certains pèlerins se déshabillèrent et se baignèrent tout nus, et parmi eux le seigneur de La Guerche [1]. À la sortie de son bain, il se sentit moins las qu'il n'était en y entrant, étant donné la fatigue qu'il avait éprouvée, et il se sentit plus frais ainsi qu'il me le dit comme à toute la compagnie.

Le reste des pèlerins se lava le visage et les mains par dévotion, car c'est le lieu où Dieu fut baptisé, et il y a plénière indulgence.

Le Jourdain est large comme la rivière d'Oese ou de Boutonne [2], son eau est trouble et peu courante, boueuse quand on y pénètre, assez pro-

---

1. Il s'agit de François de Tournemine, un important seigneur du duché de Bretagne, qui prit part en 1484 à une révolte contre le trésorier du duc de Bretagne François II, Pierre Landais.

2. La Boutonne est un affluent de la Charente qui naît près de Chef-Boutonne, baigne Dampierre, Saint-Jean-d'Angély et Tonnay-Boutonne. La mention de cette rivière par l'auteur étaye l'hypothèse de ses liens avec la Saintonge.

fonde au milieu, et sablonneuse ; ses rives sont rocheuses, parsemées de souches d'arbres. Non loin, il se jette dans la mer Morte que l'on distinguait clairement, là où furent englouties les cinq cités, Sodome, Gomorrhe...

Nous ne sommes pas allés au-delà du fleuve Jourdain, mais on y trouve non loin le désert où sainte Marie l'Égyptienne fit pénitence, et l'endroit où la femme de Loth fut changée en statue de sel ; on voit aussi dans cette partie le mont Nébo que gravit Moïse quand Dieu lui montra la Terre promise dans laquelle il n'entra point, ainsi que cela est dit dans la Bible, et où il mourut. Toujours dans cette direction, se trouve la cité de Sabac où se rendit Jacob en quittant le Jourdain. À main gauche, nous vîmes d'assez près le monastère où saint Jérôme demeura un long temps, et fit pénitence ; il est appelé « solitude immense » ; c'est le lieu dont on a écrit : « Resté auprès d'Eustochie dans l'immense solitude du désert... »

Lundi 21 août, mont de la Quarantaine, fontaine d'Élisée. Nous sommes revenus par le désert Saint-Jean et par Jéricho. À environ dix heures du matin, nous arrivâmes au lieu dit la Quarantaine, distant de huit milles du Jourdain. Nous descendîmes, et nous nous repûmes de l'eau d'une fontaine, jadis très salée, mais saint Élisée la bénit et y jeta du sel, ce qui la transforma aussitôt en eau douce et bonne à boire, comme nous l'avons connue.

Nous gravîmes ensuite péniblement une montagne haute et dangereuse en bien des endroits, jusqu'à une chapelle taillée dans le roc où Dieu jeûna la sainte Quarantaine ; c'est un lieu de piété et de solitude où il y a plénière indulgence.

Encore plus en haut, se trouve l'endroit où le diable transporta Dieu pour le tenter, mais Il lui dit : « Arrière, Satan, tu ne tenteras pas ton Dieu. » Il y a sept ans et sept quarantaines de pardon.

Château-Rouge. Une fois tous descendus et rassemblés, nous montâmes sur nos ânes, et fîmes si bien que nous retournâmes dormir à quinze milles de là, dans une sorte de cour entourée de murs qu'on appelle Château-Rouge. En chemin, nous avions rencontré des Maures et des Sarrasins qui voulaient obtenir des courtoisies des pèlerins ; certains pèlerins se trouvant très en arrière furent sollicités par eux ; comme ils passèrent outre, ils reçurent de bonnes bastonnades et des pierres, notamment le seigneur de La Guerche, et je sais bien que si je ne le disais, il ne s'en vanterait pas.

Béthanie : mardi 22 août. Le lendemain matin, après être tous montés sur nos ânes, nous voulions partir, mais les Maures et les Mamelouks qui nous conduisaient voulurent avoir des courtoisies avant notre départ. Ils firent rentrer prestement ceux qui étaient déjà sortis, dont mon compagnon qui reçut un bon coup de pierre dans le côté, et s'il eût osé, il s'en serait plaint encore huit jours après. Finalement, les patrons nous firent ressortir un peu après le lever du soleil.

Nous arrivâmes à Béthanie qui est distante de Château-Rouge d'environ six milles ; nous allâmes dans la maison de Marie-Madeleine qui fut pardonnée de tous ses péchés. Il y a sept ans et sept quarantaines de pardon.

Assez près de là, comme à un trait d'arc, nous trouvâmes une maison ou un château tout détruit, où Dieu très souvent se retirait, logeant auprès de Marie et de sa sœur Marthe, à laquelle Il dit : « Marthe, Marthe, tu t'inquiètes et t'embarrasses de beaucoup de choses. » Il y a sept ans et sept quarantaines de pardon.

À un autre trait d'arc environ, nous vîmes une grosse pierre sur laquelle Dieu se reposa en venant de Galilée ; Il s'y reposait quand sainte Marthe vint Lui dire en pleurant : « Seigneur, si tu avais été là, mon frère ne serait pas mort. » De même, il y a sept ans et sept quarantaines de pardon.

Nous fûmes conduits ensuite à l'endroit où Dieu ressuscita le lépreux ; là se trouvait son sépulcre bien paré de marbre, et à présent il y a une église, mais elle ne contient pas d'autel, on trouve seulement au fond une sorte de chaire sur laquelle Dieu était assis lorsqu'Il ressuscita le lépreux, disant : « Lazare, sors [1] ! » Il y a plénière indulgence. Les Maures sont maîtres de ce lieu, et il faut que les patrons payent pour y entrer.

De là, nous allâmes dans la maison de Simon le Lépreux où la bienheureuse Madeleine répandit son parfum sur Notre-Seigneur et Lui inonda les pieds de ses larmes ; ses péchés lui furent tous remis et pardonnés. Il y a sept ans et sept quarantaines de pardon.

VIII

ATTENTE À JÉRUSALEM
22 août-13 septembre

Arrivée le mardi 22 août. Ensuite nous sommes revenus à Jérusalem et le lendemain, pour la troisième fois, nous sommes entrés dans l'église du Saint-Sépulcre pour y dormir.

Durant cette nuit, furent faits chevaliers au Saint-Sépulcre par un chevalier allemand [2] portant l'habit de saint François, messire René de Cha-

---

1. L'auteur commet ici une confusion entre les deux épisodes évangéliques : voir respectivement Mt VIII, 2 et Jn XI, 43-44.
2. Le problème de la continuité d'un ordre de chevalerie appelé ordre du Saint-Sépulcre est assez complexe. Plusieurs témoignages du XVe siècle mentionnent comme fondateur d'un ordre du Saint-Sépulcre vers 1480 Jean de Poméranie, chevalier prussien entré dans l'ordre de saint François. Ayant créé une milice spirituelle destinée à défendre les Lieux saints, il sacrait chevaliers des pèlerins au Saint-Sépulcre. Cependant, on ne peut être certain qu'il existe une continuité avec les traditions antérieures concernant un ordre du Saint-Sépulcre à Jérusalem.

teaubriand, seigneur du Lyon d'Angers, messire Alain de Villiers, seigneur de la Frète, messire Nicolas de Saint-Génois, de Tournai, et plusieurs autres, dont beaucoup de gens de bien d'Allemagne.

Le lendemain, nous sommes sortis de l'église, et certains pèlerins qui n'avaient pas visité la vallée de Siloé ou autre lieu firent leurs dévotions.

Ce jour-là, puis le lendemain, les pèlerins pensaient s'en aller, puisque, grâce à Dieu, tous leurs voyages étaient accomplis, mais les patrons, cherchant leur profit, achetaient des draps de soie et autres marchandises, et différaient leur départ autant qu'ils le pouvaient [1]. Ils prétextèrent que leur guide ne voulait pas abandonner un fou que les Maures appellent « saint homme », ainsi que je l'expliquerai plus loin.

Puis, pour occuper les pèlerins, certains voulurent les faire coucher au Saint-Sépulcre, même les frères du mont Sion, mais les pèlerins furent avertis que les patrons ne voulaient pas y entrer. Or, s'ils n'y pénétraient pas avec eux, ils auraient été fortement rançonnés. C'était bien vrai, car on nous le confirma ensuite, et pour cette raison, ils n'y entrèrent point.

Noms des pèlerins en partance pour le Sinaï. Pendant ce temps, moi qui désirais me rendre à Sainte-Catherine du mont Sinaï, en compagnie du duc de Bavière et de sept autres Allemands, de monseigneur de La Guerche, de messire Nicolas de Saint-Génois et de son frère, de Georges Lengherand [2] du pays de Picardie avec deux Hollandais, nous fîmes un contrat et conclûmes un marché avec un Maure nommé Amet, à présent interprète à Jérusalem. À le voir, il nous semblait être un homme honnête selon sa religion, et beaucoup nous le conseillèrent, mais il nous fit de nombreux larcins. Nous décidâmes avec lui qu'il nous conduirait de Jérusalem à Sainte-Catherine du Sinaï, puis de là jusqu'à Matarea près du Caire ; pour chaque voyage, il devait nous fournir un bon âne pour chevaucher et un chameau pour porter les bagages et les vivres ; il devait nous accompagner en personne, payant pour nous tributs, devoirs et courtoisies quels qu'ils fussent, et dans n'importe quel lieu, jusqu'à Matarea. Pour cela, nous étions tenus de lui payer vingt-cinq ducats par tête, sans autre chose.

Dimanche 27 août. Le dimanche vingt-septième jour d'août, la plupart des pèlerins quittèrent Jérusalem pour regagner Jaffa, et retrouver les galées. Au nom de Dieu, ils prirent la route pour retrouver chacun leur pays ; nous prîmes congé d'eux et nous leur donnâmes par écrit des nouvelles pour nos parents et amis.

---

1. La raison de ce retard est l'existence d'une foire annuelle à Jérusalem qui attirait de nombreux marchands dès la fin du mois d'août.

2. Le pèlerinage d'outre-mer le plus répandu, Jérusalem et ses environs, s'achevait donc, et la majorité des pèlerins allait regagner Jaffa pour réembarquer vers l'Europe. Seuls dix-sept pèlerins des deux galères s'apprêtaient à accomplir un long périple vers le Sinaï et l'Égypte. Les différents récits du pèlerinage de 1486 en donnent la liste. Ainsi est confirmée la présence de Georges Lengherand, dont la personnalité a été évoquée précédemment.

Changement de logis pour les Français. Nous autres, Français, nous avons été logés tous ensemble dans la maison d'un chrétien de la Ceinture nommé Gazelles [1], procureur des religieux du mont Sion. Nous avons préparé là nos provisions de chair de bœuf et de mouton, confitures, ustensiles de cuisine, paillasse de coton pour dormir dans le désert, attendant pour préparer le reste de nos provisions, comme biscuits et volailles ; nous avions apporté suffisamment de vin. Tandis que notre interprète raccompagnait les pèlerins vers les galères, nous nous tenions prêts, car nous espérions partir dès son retour. Mais, il ne fut pas proche, et cela ne nous arrangea pas. Nous avons dû séjourner là jusqu'au 13 septembre. Tous les jours pendant ce temps, nous allions au mont Sion.

Incident avec Foulcardin. Le jour de la vigile de la nativité de Notre-Dame, le gardien des Cordeliers nous rassembla pour nous expliquer, en présence d'un Maure nommé Foulcardin [2] que de tout temps, il avait le droit de prélever, à l'arrivée à Jaffa, la somme de cinq ducats sur chaque galère pèlerine. Cette année, il en était arrivé deux, il demandait donc dix ducats qui ne lui avaient pas été payés étant donné qu'il se trouvait au Caire sur ordre du sultan, et il voulait que les pèlerins qui étaient encore là les lui payassent. Nous lui répondîmes qu'à notre avis, nous ne lui devions rien, et qu'il ne pouvait pas s'en prendre à nous, puisque dans le contrat que nous avions passé avec nos patrons, c'était eux qui devaient régler tous les devoirs et courtoisies. S'il n'avait pas été payé, lui seul était responsable de ne pas en avoir fait la demande aux patrons avant leur départ. Nous ajoutâmes que nous étions en si petit nombre que nous ne pouvions pas payer pour tous les pèlerins qui étaient partis, et que si quelque chose lui était dû, il devait s'en prendre aux patrons des galères, et non pas à nous ; nous n'avions pas l'intention de lui payer quoi que ce fût, et il convenait qu'il attendît l'année à venir le retour des patrons, auxquels il pourrait s'en prendre.

Mais lui, qui était sarrasin, homme sans foi ni raison, ne fut pas satisfait de ces paroles, et jura par son mariage, ce qui est leur grand serment, de nous mettre dans un lieu d'où nous ne pourrions partir si nous ne le payions pas. Pendant qu'il sortait, pour éviter sa fureur et sa menace, le plus secrètement et rapidement que nous pûmes, nous regagnâmes notre logis. Nous y restâmes jusqu'au lendemain matin. Alors, nous décidâmes avec les frères du mont Sion et notre truchement [3] Amet, d'entrer le soir

---

1. Ce chrétien de la Ceinture est mentionné sous ce nom dans plusieurs récits de la fin du xvᵉ siècle : il semble avoir été un intermédiaire entre les pèlerins et la population locale pour leur approvisionnement.

2. Foulcardin ou Fakhr ed-Din et son fils, Khalil, sont mentionnés dans les écrits de frère Suriano, supérieur du couvent du mont Sion, comme « protecteurs » des pèlerins, chargés par le sultan Kâytbây de veiller au bon déroulement de leur pèlerinage. L'anecdote rapportée par l'auteur montre bien qu'ils ne se privaient pas de rançonner les voyageurs.

3. Porte-parole, interprète.

dans l'église du Saint-Sépulcre. Nous passâmes la nuit à grande aise et en nous reposant, car nous étions en petit nombre. Nous avons pu faire nos dévotions à loisir.

Piscine probatique. Le lendemain, jour de la nativité de Notre-Dame, nous allâmes en compagnie des frères du mont Sion et des interprètes qui nous guidaient, voir la « piscine probatique », c'est-à-dire une sorte de petit lac où se tenaient jadis toutes sortes de malades et d'infirmes. Un certain jour, un ange descendit du ciel et vint remuer l'eau. Depuis lors, le malade qui pouvait s'y jeter le premier était guéri sur l'heure, quelle que fût sa maladie. On peut lire à propos de ce lieu qu'il y avait parmi les malades un homme si impotent que, depuis trente-huit ans, il n'avait jamais pu se jeter le premier dans le lac jusqu'à l'arrivée de Notre-Seigneur. Dieu lui demanda pourquoi il n'avait pas été guéri comme les autres : il dit que c'était à cause de son impotence ; alors, par miracle, il fut promptement guéri. À présent, il n'y a plus d'eau, et l'endroit est rempli d'ordures. Il y a sept ans et sept quarantaines de pardon.

Église Sainte-Anne. De cet endroit, nous allâmes non loin en l'église de madame sainte Anne que madame sainte Hélène fonda avec un couvent de nonnes. Mais maintenant, les Maures l'ont transformée en mosquée. Nous y pénétrâmes avec leur permission, moyennant un médine par tête. Près d'une clôture, à l'endroit de l'ancienne grande église, à l'emplacement de la maison du bon Joachim et de sainte Anne, père et mère de Notre-Dame, nous descendîmes dans un lieu en contrebas, sorte de chambre obscure, sans clarté ; au fond, à un angle, nous vîmes l'endroit où naquit la glorieuse Vierge Marie. Il y a plénière rémission. Les autres pèlerins n'avaient pu s'y rendre, car les Maures les en avaient empêchés, mais seulement en saluant le lieu, on gagne le pardon comme je viens de le dire.

Ensuite, nous regagnâmes notre logis, conduits par nos truchements vers une voie couverte et secrète, et à un endroit, ils nous montrèrent bien près et clairement le temple de Salomon : entre autres choses, nous vîmes bien à notre aise une grande place, pavée de larges carreaux, située devant l'entrée du Temple, la plus belle qu'on puisse voir.

Coutumes musulmanes

Anecdote du fou sacré. Peu après, nous avons rencontré une grande procession de Maures à pied et à cheval, criant et hurlant comme des chiens enragés. Parmi eux se trouvait un grand vieillard, maure ou sarrasin, fou de naissance, courant les rues et dont on disait qu'il était un saint homme [1]. Il était vêtu d'une pelisse blanche, chacun lui baisait les mains

---

1. Les pèlerins assistent à une procession en l'honneur d'un fou. C'était une fréquente manifestation du culte populaire des saints chez les musulmans. Le fou était pour eux un

et les pieds, et il y avait une telle bousculade qu'on ne pouvait pas l'approcher. On portait quatre bâtons de laiton doré, au bout desquels il y avait une sorte de cercle, ainsi qu'il est d'usage d'en porter devant les grands seigneurs ; de même, on portait devant lui quatre bannières avec des calices peints[1], représentant les armes du sultan. Ils allaient tous ainsi à travers la ville, chantant selon la religion de leur Mahomet, comme nous le ferions dans la Sainte Église de Dieu devant quelque sainte relique. En général, c'est leur croyance de considérer les fous ou les idiots comme de vrais saints, et ils les honorent durant toute leur vie, comme les chrétiens le feraient envers le corps d'un saint. Ils disent aussi que la première maison dans laquelle ils pénètrent le matin est bénie et sanctifiée, et durant la journée, on va voir avec grand respect ceux qui y demeurent. Nous avons vu de nombreux autres fous, auxquels on fait tant de sottes choses, comme de les oindre de graisse et d'huile, que ce serait naïf d'en parler.

Dimanche 3 septembre 1486. Le dimanche suivant, mon compagnon et moi, nous nous rendîmes aux vêpres, au mont Sion. Nous y trouvâmes encore Foulcardin qui réclamait ses ducats. Il nous reposa la même question, et nous lui fîmes la réponse de l'autre fois. Il n'en fut pas satisfait. Après nous avoir attendu à la sortie de la chambre où nous étions venus rendre visite au duc Jean de Bavière qui était malade, il s'approcha de nous avec d'assez bonnes façons comme s'il n'était pas fâché. Il vint près de mon compagnon en feignant de vouloir regarder une bouteille qui pendait à sa ceinture remplie de l'eau du mont Sion, et sans rien dire, il le frappa sur la joue bien fort, des quatre doigts et du pouce. Sur ces entrefaites arrivèrent les frères, des Maures et des chrétiens de la Ceinture qui lui demandèrent pourquoi il l'avait frappé ; il répondit que c'était parce qu'il ne l'avait pas salué ! Nous sommes partis ainsi, mon compagnon chargé de son soufflet.

Peu après notre départ, Foulcardin se rendit dans la chambre du duc de Bavière, bien malade, et il voulut l'emmener prisonnier, mais les cordeliers l'en dissuadèrent à force de prières. Ils nous demandèrent ensuite de rester dans notre logis sans sortir, car Foulcardin avait projeté de s'emparer de nous. Le lendemain soir, nos interprètes prirent un arrangement avec les autres, disant qu'ils attendraient l'année suivante l'arrivée des patrons pour se faire payer.

Nous pensions partir le lendemain pour faire notre voyage de Sainte-Catherine, mais survint une autre querelle avec notre hôte, le chrétien de

---

être inspiré, mais ces traditions, produit des exigences religieuses populaires, étaient sans rapport avec l'exercice officiel de la religion islamique.

1. La scène à laquelle assistent les pèlerins est un simulacre de la procession solennelle du sultan. Durant cette procession, les emblèmes du pouvoir étaient reproduits sur des bannières. Lorsque l'auteur voit des sortes de « calices », il peut s'agir des insignes du sultan régnant, Kâytbây, ou de ceux de l'émir de Syrie Ezbek.

la Ceinture, nommé Gazelles, qui se disait officier du sultan et de son conseil. À cause de sa fonction, il avait le droit, nous dit-il, d'imposer à tout pèlerin partant à Sainte-Catherine de se fournir en vin chez lui, sinon il fallait lui payer, par privilège du vin, deux ducats par tête. Ce n'était pas vrai, toutefois les cordeliers du mont Sion, dont il est le procureur et ami, nous dirent que c'était l'usage, et que les pèlerins des années précédentes les lui avaient payés. Ils ajoutèrent que si les Maures ne reçoivent pas les tributs qui leur sont dus, ils en tirent les conséquences et se font toujours payer par la suite. Nous retardâmes notre paiement, mais notre truchement, qui était le plus grand ami de Gazelles, nous déclara qu'il ne partirait pas tant que nous ne serions pas en règle avec lui. Voyant que notre voyage était retardé, et comme les cordeliers nous affirmaient que les autres pèlerins avaient payé, nous fûmes contents de nous entendre avec lui pour un ducat par tête ; alors notre truchement nous promit de partir le mercredi suivant, 13 septembre, ce que nous fîmes.

IX

JÉRUSALEM, GAZA, LE SINAÏ
13 septembre-16 octobre

Mercredi 13 septembre. Environ cinq heures après dîner, nous avons fait charger nos vivres et tout ce qui nous était nécessaire sur les chevaux fournis par notre guide. Nous sommes montés sur nos ânes et avons couché à Bethléem. Il y avait des Maures et des Arabes en grand nombre. Des frères cordeliers vinrent à la porte au-devant de nous pour nous dire que si nous transportions du vin, nous devions l'envoyer par un autre chemin, sinon les Sarrasins nous l'enlèveraient et le boiraient. Aussitôt, notre guide le fit porter sur les chameaux qui étaient encore à l'arrière en leur faisant prendre un autre chemin ; ainsi notre vin fut-il sauvé des Arabes, mais les chameliers, qui étaient maures, en burent leur saoûl toute la nuit et goûtèrent largement de nos vivres.

Les musulmans. Nous avons été logés pour la nuit chez les Cordeliers, mais nous sommes allés faire nos dévotions à grande peine dans l'église de la Nativité de Notre-Seigneur, à cause des Maures et des Arabes. En effet, c'était pitoyable de les entendre toute la nuit, car ils ne cessèrent de boire et de manger, étant donné que c'était leur carême qui dure toute la lune de septembre ; pendant cette période, ils ne mangent jamais le jour, seulement dès que le soleil est couché, ils mangent toute la nuit et autant que bon leur semble, n'importe quels viande ou poisson, mais ils ne doivent jamais boire de vin selon la religion de Mahomet.

Durant l'année, ils ne font pas d'autres abstinences, excepté un carême semblable les dix premiers jours de novembre, qu'ils appellent « carême du mouton », en souvenir de l'histoire d'Abraham qu'ils empruntent à l'Ancien Testament : sur l'ordre de Dieu, Abraham voulut sacrifier son fils Isaac, mais Dieu, voyant son obéissance, ne le permit pas, et lui envoya par un ange un mouton, qu'il sacrifia, ainsi qu'il est dit dans la Bible. Donc, en mémoire d'Abraham pour lequel ils ont grand respect et qu'ils honorent fort, ils jeûnent les dix premiers jours de novembre, ne mangeant que la nuit comme je l'ai expliqué, et le onzième jour ils tuent des moutons. Ce jour-là, on voit tuer tant de moutons que c'est étonnant ; ils ne les mangent point mais les donnent à Dieu pendant leur carême. Durant ce temps, plus qu'à aucun autre moment, dans toutes leurs mosquées, qui sont comme des églises autour d'une tour, sorte de clocher, ils font brûler la nuit des lampes en grand nombre ; de nombreuses fois, jour et nuit et au soleil levant, un Maure monte en haut de la tour des mosquées qui sont largement répandues dans leurs villes, pour crier en leur langue mauresque avec une horrible voix beaucoup de choses que nous ne pouvons pas comprendre. Mais toutefois, nous avons appris qu'il criait de louer Dieu et son prophète Mahomet, de croître et de se multiplier [1].

Ils n'ont point de cloches, et les cordeliers doivent user de timbres de bois à la place de cloches.

Mahomet. Ces Maures et Sarrasins, ces infidèles, suivent la religion de Mahomet, qui fut un homme diabolique, plein d'hérésies, et ennemi de toute vérité. Il est né en Arabie en l'an de l'Incarnation 612 [2] ; il fit un livre appelé le Coran, plein de faussetés et d'hérésies, en lequel croient les Maures et les Sarrasins, comme les chrétiens en l'Évangile.

Doctrine. Pour mieux m'indigner de leur folie, je me suis enquis au plus près de leurs hérésies et folles croyances pour les mettre par écrit avec justesse et les garder en mémoire.

Ils croient bien en Dieu, qu'ils appellent Dieu le Grand, mais ils nient la Trinité, car ils disent que Dieu ne peut avoir de fils puisqu'Il n'eut jamais de femme. Ils confessent que Jésus-Christ fut un bon et juste prophète et que tous les hommes ont connu le péché par Satan, excepté Jésus-Christ et sa Mère. Mais ils disent une chose folle : que si Dieu avait un fils, tout le monde serait en péril et en querelle, car le Fils pourrait désobéir au Père, et chacun prendrait parti, ce qui provoquerait de grands maux. D'autre part, Mahomet dit que Jésus-Christ lui-même s'accusa, disant qu'Il n'était pas Fils de Dieu, mais qu'Il était bien né de la Vierge

1. Les informations que nous donne l'Anonyme sont justes dans l'ensemble : il décrit une veillée du mois de ramadan, qui commença le 31 août 1486 et prit fin le 29 septembre.
2. L'auteur a visiblement cherché à se renseigner sur les musulmans et la « doctrine » de Mahomet. En ce qui concerne la date de la naissance du Prophète, que l'on situe sans certitude vers 570, il commet une erreur : 612 serait l'année de la première révélation divine à Mahomet.

Marie pour laquelle ils ont grand respect. Ils disent aussi que Jésus-Christ ne mourut point, qu'Il ne fut pas crucifié par les Juifs, mais un autre qui lui ressemblait, et que Dieu le fit monter à Lui. À la fin du monde, Il reviendra tuer l'Antéchrist, et lui-même se tuera.

Mahomet, par sa fausse religion, leur promet quand ils seront au paradis qu'ils boiront et mangeront à satiété. Ils croient que la béatitude consiste à boire, manger, s'abandonner à la luxure et à tous les plaisirs, comme les robes précieuses, et à toutes les sensualités auxquelles le corps peut se livrer comme la sodomie, qui est détestable. Ils disent que celui qui ne donne pas au corps ce qu'il demande est homicide de lui-même. Ils ont beaucoup d'autres erreurs auxquelles ils croient fermement, et leur manière de vivre est la plus grande horreur du monde : en dehors de la luxure, dont ils n'ont aucune conscience puisqu'ils la tiennent pour une vertu, ils montrent leur nature sans honte comme des chiens, pissent en s'accroupissant comme des femmes et, quand ils ont terminé, s'essuient la nature sur une pierre.

Les femmes. Elles portent beau, restent dans leur maison bien oisives et ne pensent qu'à faire étalage de leurs habits. Quand elles vont en ville, elles sont si couvertes qu'on ne les reconnaît pas ; chez elles, elles sont toujours très richement parées.

Les prières et les rites. Pour leurs oraisons, les Maures et Sarrasins font de grandes cérémonies : quand ils veulent prier Dieu, tout d'abord ils se lavent le visage, les mains, les bras jusqu'au coude, les pieds et les jambes jusqu'aux genoux, cela leur sert de confession, et ils pensent par ce moyen obtenir le pardon de leurs péchés. Ensuite, ils se lèvent, étendent les bras, puis les serrent en s'accroupissant pour baiser la terre très souvent en marmonnant je ne sais quelles paroles. Ils recommencent ainsi plusieurs fois, certains plus d'un grand quart d'heure ou une demi-heure ; peu leur importe l'endroit où ils prient, mais très souvent, et je crois par hypocrisie, ils font leurs oraisons devant les gens, sur les chemins, et le visage toujours dirigé vers le soleil levant. Leur gouvernement et leur police sont étranges, ainsi que je l'expliquerai plus loin.

De Bethléem à Gaza. Revenons au jeudi deux heures après minuit à Bethléem. Nous voulions monter alors sur nos ânes pour partir en évitant la chaleur du jour, mais les Maures qui se trouvaient dans l'église nous empêchèrent de sortir pendant un long moment jusqu'à ce que notre interprète vienne nous dire qu'ils l'avaient rançonné de huit ducats.

Vendredi 15 septembre, arrivée à Gaza. Nous sommes partis ensuite, et vers sept heures du matin, nous sommes arrivés près d'un village appelé Beth Zachara, distant de huit milles de Bethléem. Là et en chemin, notre interprète Amet ne cessa de nous emprunter de l'argent bien plus que prévu dans notre contrat ; sa réputation d'homme respectable fit que chacun lui en donnait, croyant que c'était nécessaire. À quinze milles de Gaza, arriva un autre interprète de la ville, et on nous mena dormir dans une masure close d'assez basses murailles, sans toit, donc il n'y avait pas d'ombre, et nous ne pouvions guère nous protéger de la chaleur. Nos chameaux et nos vivres auraient dû arriver le soir, mais ils ne nous parvinrent que le lendemain vers midi. On nous en avait pris et dérobé très largement, notre truchement ne savait ni où ni quand ! Nous sûmes alors que c'était un misérable voleur, car pendant que nous étions dans notre masure, lui et l'autre truchement de Gaza nous tinrent à leur merci et dans une telle crainte que nous n'osions partir pour aller acheter ce qui nous était nécessaire comme vivres ; de plus, ils ne permettaient à personne d'entrer pour nous en apporter, et il fallait que nous passions par eux, si bien que ce qui valait un médine nous en coûtait trois. Mais nous n'osions rien dire de peur d'aggraver nos ennuis.

Attente de dix-sept jours. Nous ne devions que passer à Gaza, mais nous y sommes restés dix-sept jours, ce qui nous coûtait quantité de biscuits et autres choses. Il faut aussi savoir qu'il y avait un Mamelouk parlant français, qui nous valut beaucoup de maux et d'opprobre, et voulut nous rançonner.

Mardi 19 septembre, maison de Samson. Nous sommes allés le mardi 19 septembre voir la maison de Samson ; il la détruisit par désespoir, à cause de la trahison de Dalila et des Philistins, tuant tous ceux qui s'y trouvaient et lui-même en la faisant s'écrouler, ainsi que le rapporte l'histoire. On voit encore un gros pilier dans une muraille, semblable à l'un de ceux qu'il brisa pour faire choir la maison.

Ce jour-là, notre truchement dut payer pour nous tributs, devoirs et courtoisies, et nous fûmes contraints par le seigneur de la ville, ou celui qui feignait de l'être, de payer un demi-ducat chacun, pour louer la masure où nous étions, alors qu'elle ne valait pas deux médines pour une année.

Épisode de l'ouvrage d'or. Ce même jour, l'interprète nous conduisit devant un Maure qui nous expliqua que le seigneur de Gaza voulait faire fabriquer un ouvrage d'or ; il lui fallait avoir pour cela des ducats vénitiens [1], aussi voulait-il que nous lui en remettions dix chacun, et il nous les changerait en médines. Par crainte, nous lui en donnâmes tous, et certains allèrent jusqu'à seize ducats. Il ne voulut nous donner que vingt-six médines, alors que cela en valait vingt-sept, ce qui nous faisait perdre

---

1. Les ducats vénitiens ou les écus d'or de Florence servaient de monnaie de référence pour le commerce méditerranéen. À la fin du XVe siècle, le bon aloi des monnaies égyptiennes (dinars, dirhems) était très compromis. Les pèlerins qui transportaient de la « bonne monnaie » étaient l'objet de fréquentes exactions.

environ huit blancs par pièce. Or la plupart des médines étaient faux et nous ne pûmes nous en défaire.

Mais cela ne leur suffit point ; le mercredi suivant, nos interprètes, jeunes et vieux, vinrent à nous pour nous dire que le seigneur de Gaza nous demandait de lui envoyer un baril de notre vin ; nous leur répondîmes qu'ils devaient nous acquitter de toute courtoisie. Ils répliquèrent que si nous ne le leur remettions pas rapidement, nos biens seraient détruits ; il voulait notre vin parce qu'il venait de Venise, et qu'il n'y en avait pas d'autre en ville ; le seigneur nous faisait la promesse de nous en récompenser. Nous abandonnâmes donc notre vin, mais les paillards mentaient, car ils le donnèrent au seigneur à nos dépens, puisque jamais il ne nous le paya.

Le jeudi suivant, des jeunes Maures nous apportèrent de l'eau pour un demi-médine le petit seau ; alors nos truchements les en empêchèrent pour nous la vendre eux-mêmes un médine, ce qui fait vingt deniers.

Vendredi 22 septembre, nouveau prix du voyage. Le vendredi matin, vers l'heure du dîner, arrivèrent les Arabes et les chameaux qui devaient nous conduire à Sainte-Catherine. Aussitôt, Amet, notre truchement, continua de bien nous traiter ! Il nous déclara qu'il ne viendrait pas avec nous mais qu'il nous laisserait Califf, le vieux truchement, pour nous guider avec les Arabes auxquels il avait marchandé les chameaux. Nous lui répondîmes que nous n'avions pas passé de contrat avec Califf, mais avec lui-même pour vingt-cinq ducats chacun et qu'il devait s'acquitter de ce pour quoi nous l'avions payé, et que s'il ne venait pas, ce Califf nous rançonnerait car nous savions que c'était un terrible larron, et qu'il nous soutirerait indûment de l'argent. Toutefois, nous ne sûmes que faire ni que dire tandis qu'il laissait plusieurs larrons nous voler. Il nous abandonna entre les mains du vieux voleur Califf.

Mardi 26 septembre. Le mardi, Amet repartit avec le duc de Bavière et son serviteur, qui étaient venus jusqu'à Gaza pour aller à Sainte-Catherine ; celui-ci fut si malade à la suite des mauvais traitements que nous eûmes en ce lieu, qu'il en mourut. Ont également quitté Gaza messire Nicolas de Saint-Génois et son frère Arnoul, que son frère ne voulait pas abandonner parce qu'il était malade. Ils voulaient repartir tous les quatre ensemble, et Amet les rançonna de vingt-sept ducats pour les conduire seulement à Jérusalem. Nous n'étions plus que douze pour nous rendre à Sainte-Catherine. Quand nous vîmes qu'Amet allait partir et nous laisser entre les mains de Califf, nous avons dit à ce dernier de nous prendre en charge à condition seulement de respecter le pacte que nous avions passé avec Amet. Et ce fieffé menteur, qui comme tous les menteurs promettent et ne tiennent rien, nous jura qu'il ferait si bien que nous n'aurions qu'à le louer.

Nous sommes donc restés entre ses mains et celles de vieux diables d'Arabes avec lesquels Amet avait conclu de nous accompagner. Tous, chaque jour, nous promettaient de partir, mais ils n'en faisaient rien ! Ils attendaient toujours la fin de leur carême, qui dure toute la lune de septembre, comme je l'ai dit.

Vendredi 29 septembre. Le culte des morts, les femmes. Le jour de Saint-Michel était un vendredi, qui est l'une de leurs grandes fêtes, comme Pâques pour les chrétiens. Nous vîmes ce jour-là, et déjà la veille, les femmes se rendre dans les cimetières sur la tombe de leurs parents et amis : elles poussaient des cris et des gémissements étonnants, et qui ne duraient pas qu'un peu ! Elles semblaient défaillir, mais les larmes ne jaillissaient pas de leurs yeux. D'autres femmes crièrent toute la nuit dans leur maison, appelant ceux qui venaient de disparaître dans l'année et disant en langue mauresque, ainsi qu'on nous l'a rapporté : « Pourquoi n'es-tu pas ici, mon ami ou mon amie ? Viens manger les viandes que j'ai fait préparer ! Viens voir mes habits de fête ! Que t'ai-je fait ? Pourquoi m'as-tu laissée ? »

Elles criaient toutes ces choses continuellement, et si haut, que toute nuit semblait disparue de la ville [1].

Les hommes. Un repas funéraire. Les hommes vont dans les mosquées appeler Mahomet à leur aide, ils l'appellent à haute voix et de plus en plus fort. Ce jour-là, ils se parent de leurs meilleurs habits, apportent beaucoup de viandes, et ne cessent de boire et de manger, comme des pourceaux. Lorsqu'ils enterrent un Maure, quelque peu homme public, ils disposent devant sa tombe une nappe chargée de viandes. Ses amis mangent devant lui et lui laissent les restes, car ils croient qu'il doit manger. En effet, Mahomet dans son Coran dit que le trépassé doit boire et manger. Si le lendemain ils ne trouvent plus rien — ce qui se produit maintes fois car les souffreteux ou les bêtes mangent les restes —, ils pensent que le mort est au paradis.

Dimanche 1er octobre 1486. Le jour de Saint-Michel, les Arabes étaient venus pour nous guider avec seulement une partie de leurs chameaux. Ils prenaient bonne contenance comme pour partir. Le dimanche 1er octobre, le truchement Califf, toujours prêt à nous voler, nous dit qu'un Arabe lui avait appris que notre chemin n'était pas sûr à cause d'une troupe d'Arabes qui s'y trouvaient et tuaient tout le monde. Mais il ajouta que le lendemain une grande caravane de chameaux devait partir de Gaza dans notre direction, et que ce serait bon de partir en grande compagnie. Nous étions sûrs qu'il mentait, et nous lui répondîmes que nous ne voulions plus retar-

---

1. Le culte des morts chez les musulmans comportait des rites d'origine préislamique comme celui des lamentations. L'Islam a combattu ces coutumes telles que le rituel des pleureuses ou le repas funéraire que l'auteur mentionne peu après, mais la loi islamique fut impuissante à réformer entièrement les usages païens traditionnels.

der notre départ. Comme il ne trouvait plus d'excuse pour nous retenir, il fit jeter hors de notre masure tous nos bagages, et les fit porter dans un champ en dehors de la ville. Il nous retint de force, jusqu'à ce que chacun de nous lui remît deux médines, or nous lui avions déjà donné un demi-ducat auparavant et devions être quittes ; mais par personnes interposées il nous volait. Arrivés dans le champ en question, on nous dit que les chameliers ne voulaient pas charger nos bagages car ils n'avaient pas assez de chameaux. Nous répondîmes qu'on devait, comme convenu, nous fournir un chameau par personne pour transporter nos affaires, et qu'il ne serait pas trop chargé. Califf comprit qu'il n'obtiendrait plus rien par la raison, alors, plein de mauvaises intentions, il nous demanda quatre ducats pour avoir un chameau, sinon nous retournerions dans notre masure. Pour abréger notre voyage et nos ennuis, nous fûmes contraints de les lui donner.

Deux nuits sous la pluie. Nous avons passé toute la nuit dans ce champ, attendant les chameaux avec vent, éclairs et tonnerre. Il plut très fort sur nous, et c'en était stupéfiant, car il n'y avait pas eu de pluie dans le pays depuis huit mois. Il ne pleut que durant trois ou quatre mois de l'année, à savoir novembre, décembre et janvier. Nous sommes restés là, encore toute la journée et la nuit suivante. Ledit Califf s'amusait de nous, nous promettant d'heure en heure de partir, nous volant tellement que nous décidâmes d'aller nous plaindre au seigneur de la ville.

Nous sommes partis avec l'interprète du lieu pour nous conduire à lui. Mais il participait aux larcins dont nous étions victimes, et il nous conduisit auprès d'un seigneur qui était prévenu, et dont nous ne pûmes avoir raison. Je savais bien qu'il nous trompait ! Ce n'était pas lui, car auparavant j'étais allé porter le contrat que nous avions passé avec notre truchement au seigneur de Gaza qui l'avait demandé, en compagnie d'un Allemand. Nous y avons rencontré un méchant teigneux. Nous avons été si mal traités à Gaza que je conseille aux pèlerins de ne jamais s'y rendre, et de la dépasser si possible.

Toutefois, nous avons trouvé moyen de parler au seigneur en question, qui ne savait rien de ce que nous firent subir les truchements, et les punit, nous a-t-on dit. Alors, on nous fit partir promptement.

Gaza-le Sinaï, 3-16 octobre. Le mardi 3 octobre, vers neuf heures du matin, nous sommes montés sur nos ânes. Arrivés à Carsa, distant de Gaza de douze milles, nous avons mis pied à terre pour nous alimenter près de ce village de cinq ou six maisons en pisé. Nous nous sommes assis sous des arbres que les uns appellent « jumels », et les autres « figuiers de pharaon » ; ils portent des petites figues le long de la branche là où il n'y a pas de feuilles. Le truchement de Gaza, qui nous accompagnait bien qu'il ne le voulût point, nous demanda à chacun un demi-ducat pour nous avoir accompagnés. Nous lui répondîmes que notre truchement devait tout payer car nous ne l'avions pas fait venir nous-mêmes, et qu'il n'aurait rien. Mais ce traître de Califf nous dit de le payer, sinon il partirait chercher des Mamelouks pour nous y obliger, et qu'ils nous empêcheraient de nous plaindre au seigneur du lieu, comme nous l'avions fait à Gaza. Il nous rançonna encore d'un ducat et demi.

Mercredi 4 octobre. Nous autres, Français, considérant que nous subirions tous les jours de semblables pilleries, nous avons cherché à nous allier des Arabes qui nous accompagnaient, et nous leur avons demandé s'ils voulaient nous conduire avec diligence en dix jours à Sainte-Catherine pour deux ducats, et en leur donnant à boire et à manger à satiété. Ils nous promirent de n'en point parler à Califf, et d'agir comme nous le voulions. Une heure avant le lever du jour, alors que nous pensions partir, ces Arabes avaient renvoyé deux de leurs chameaux. Ils nous dirent qu'ils s'étaient échappés, et feignirent d'en louer d'autres au village, pensant que nous allions les payer. Mais nous ne voulûmes pas, et à la fin, ils en trouvèrent.

Greniers à blé. Nous avons chevauché jusqu'à midi par un bon pays de labours, et il semble qu'autrefois il y ait eu une grande prospérité, car à travers champs, vous pouvez voir de nombreux greniers à blé [1]. Puis, ce fut la fin du pays fertile, et nous trouvâmes le commencement du désert.

Le désert, jeudi 5 octobre. À partir de là [2], nous avons vu plusieurs bêtes qu'ils appellent moutons sauvages ; leurs corps est rayé comme un daim, mais de couleur plus blanche, et leurs cornes semblables à celles d'une chèvre, ainsi qu'une très grande autruche. Nous avons chevauché à travers des bruyères en touffes mais très clairsemées de-ci de-là, dans lesquelles il y a des rats gros comme une moitié de lapin, et en si grand nombre que c'est étonnant ; ils sont tout blancs, et tellement nombreux dans les champs qu'ils les transforment en clapiers. Ce jour-là, nous avons parcouru trente-six milles, et le soir nous avons dormi dans une combe à l'écart du grand chemin, par crainte des Arabes. Le lendemain 5 octobre, nous sommes partis avant le jour.

Rencontre de Bédouins. Nous avançâmes toute la matinée à travers le même pays de landes et de sables durs puis mous, jusqu'à une autre combe entre des montagnes de sable, distante de trente milles de notre point de départ. Nous nous sommes arrêtés pour manger et dormir, et

---

1. Ces « greniers à blé » sont des silos à grains qui existaient dans tout l'empire mamelouk. On les appelait aussi « greniers du sultan », car les maîtres de l'Égypte avaient le souci permanent de contrôler les réserves de céréales. Ils étaient construits près de moulins et d'entrepôts appartenant au sultan. La région de Gaza était une riche région agricole.
2. En quittant Gaza, les pèlerins s'engagent dans le désert de Tîh, empruntant la route nord-sud du Sinaï, qui croise à Kalaat-en-Nakl, grand centre caravanier, la route est-ouest reliant Suez à Eïlat.

nous avons aperçu des perdrix aussi grosses que des dindes, noires comme je n'en ai jamais vu. Ce jour-là, sur le chemin, sept Arabes vinrent au-devant de nous, l'un à cheval, les autres à pied, chacun ayant en main un solide javelot. Ils nous demandèrent des courtoisies, et nous leur avons donné deux ou trois pains biscuités pour qu'ils s'en aillent.

Ces Arabes[1] sont ainsi appelés car ils viennent d'Arabie, pays des déserts dont j'ai parlé. Ils sont parmi les plus misérables au monde, car ils sont sans habitation ; ils demeurent dans les montagnes et les déserts où ne pousse aucun fruit. Ils vont et viennent sans cesse, espérant toujours rencontrer une caravane ou une troupe de gens qui pourraient leur donner du pain et auxquels ils pourraient dérober quelque chose. Ils mangent si peu que c'en est étonnant : pour six jours, ils se contenteront d'un seul pain qu'un chrétien mangerait en un repas. Ils sont presque tout nus, n'ayant sur eux qu'une chemise ou un vêtement léger ; la plupart vont nu-pieds, certains ont une semelle de cuir attachée au gros orteil et à la jambe par une cordelette. Ils vont ainsi par les montagnes et les rochers, leur lance au poing, munis d'un petit bouclier, courant comme des lévriers, un chapeau rouge sans bord sur la tête et une serviette tout autour[2]. Ils ne reconnaissent aucun seigneur ni maître quel qu'il soit, et ne payent nul devoir à quiconque. S'ils font le mal ou volent quelque chose, c'est une nécessité d'en prendre son parti, car on ne saurait à qui s'en plaindre, ni où les poursuivre. Leur foi est celle des Maures et des Sarrasins, mais ils disent de plus qu'ils peuvent voler sans pécher n'importe où, car Mahomet qui vivait en Arabie le permit expressément. Ils ne vivent que d'herbe et de racines.

Caravane du Caire. Le soir, à l'endroit où nous nous étions arrêtés, entre deux montagnes, arriva une caravane d'au moins cent cinquante chameaux, avec des Maures et des Arabes qui apportaient du blé au Caire. Ils se mirent près de nous et nous regardèrent boire et manger, ce qui ne nous rassurait pas trop, mais ils ne nous firent aucun mal.

Vendredi 6 octobre. Provision d'eau. Nous sommes partis le lendemain, deux heures avant le lever du jour, quittant la caravane et chevauchant sans route ni chemin tracé, entre des montagnes de sable. Vers midi, nous sommes arrivés près d'une fontaine appelée el Marzabé dont l'eau était salée ; nous n'en avions pas trouvé depuis Carsa, mais un peu plus haut, il y en avait une meilleure, nommée Seille, où nous avons envoyé nos guides et âniers remplir les peaux de chèvres qui nous servaient à

---

1. Il s'agit des Bédouins qui inquiètent souvent les voyageurs. Il y eut recrudescence du pillage bédouin à la fin du XVe siècle dans l'empire. C'est la raison pour laquelle les guides des pèlerins voulaient voyager pendant une partie de leur trajet avec les caravanes de musulmans. Trop habitués à ce que les guides leur extorquent de l'argent, les pèlerins ne voulurent pas les croire.
2. Il s'agit à l'évidence du *keffieh*.

transporter l'eau, ainsi que les pots en terre que chacun de nous avait suspendus au bât de son âne pour que nous puissions boire de l'eau qui ne sente pas la chèvre. Les Arabes et âniers abreuvèrent les chameaux et les ânes qui n'avaient pas bu depuis deux jours.

La chamelle de Mahomet. Au moment de partir, lorsque les Arabes chargeaient leurs chameaux, j'en vis un qui mit la main sous la queue d'une chamelle, et ensuite baisa sa main. Je lui demandai pour quelle raison il avait fait cela. Il me répondit que c'était en l'honneur de Mahomet, qui un jour, lorsqu'il était en route, vit une belle fille à qui il demanda de venir en sa compagnie ; mais celle-ci ne voulut point ; aussitôt embrasé de luxure, de façon infâme et détestable, il connut une chamelle. En racontant cela, ces traîtres, ribauds et infidèles, louèrent Mahomet, disant qu'il avait montré une grande humilité en connaissant ainsi une si vile bête. Nous poursuivîmes notre route le reste du jour à travers une contrée toute de sable, sans aucune bosse.

Samedi 7 octobre. Le lendemain, nous avons parcouru au moins trente milles, sans mettre pied à terre, dans une plaine située entre deux montagnes de sable noir, qui semblait être brûlée par la grande chaleur du soleil. Ce jour-là, environ deux heures après midi, nous avons trouvé un grand tas de pierres servant de signal pour guider ceux qui traversent ce pays. À cet endroit, nous avons pénétré dans le grand désert où nous n'avons trouvé que du sable et de gros cailloux de feu. Le soir, nous avons dormi entre deux montagnes de sable fin construites autrefois par le vent. Cette nuit-là, tandis que mon compagnon faisait le guet ainsi que chaque nuit par peur des Arabes, il vit un âne zébré ; on dit qu'il y en a beaucoup à cet endroit.

Dimanche 8 octobre. Nous sommes partis dimanche, avant le lever du jour, à travers le même pays, avançant jusqu'à environ huit heures du matin. Nous sommes arrivés à une fontaine puante et très malsaine, mais il fallut prendre de l'eau, car depuis le vendredi précédent nous n'en avions pas trouvé. Nous avons passé cette eau à travers un linge pour emplir nos pots. Lorsque les chameliers et les guides eurent abreuvé leurs ânes, nous sommes remontés à cheval. Le lendemain, nous avons avancé tout le jour à travers le désert sans mettre pied à terre, dormant peu la nuit, sans trouver ni eau ni broussaille.

Mardi 10 octobre, manque d'eau. Le mardi suivant, nous avons avancé jusqu'à midi, pensant trouver une fontaine. À cette heure-là, un Allemand, le comte de Vert d'Aubert, fut très malade à cause de la forte chaleur et il dut descendre de sa monture. Notre eau puante nous manquait, car nous en avions besoin ; en effet, c'est un grand danger de boire du vin sans eau, alors nous avons mélangé à notre vin de l'eau boueuse que nous avons trouvée dans une petite lisière de bruyères où nous avons vu deux lièvres. Nous avons traversé ensuite le grand chemin qui va du Caire à Bellet et jusqu'à La Mecque, dont je parlerai ensuite [1].

Mercredi 11 octobre. Ledit comte un peu reposé, le mercredi suivant, nous avons cheminé jusqu'à midi, mais il fut à nouveau malade, et pour l'amour de lui, nous nous sommes arrêtés. Mais nous n'avions pas d'eau, et nous n'osions pas boire de vin à cause de la grande chaleur. Alors, mon campagnon et moi sommes allés à six milles de là vers la fontaine Megemardus à côté du grand chemin, accompagnés de trois Arabes pour nous guider. Cette eau était verte, pleine de boue, laide et épaisse, mais elle sentait moins mauvais que la dernière que nous avions trouvée. Mon compagnon et moi avons dîné là avec les vivres que nous avions apportés, à bon profit, car il y avait trois jours que nous n'avions guère bu, endurant une grande soif. Nous sommes revenus alors vers notre groupe par une chaleur étonnante. Nous étions les bienvenus en apportant de l'eau !

Jeudi 12 octobre. Nous chevauchâmes toute la nuit jusqu'au lever du soleil, jeudi matin, où nous arrivâmes à une fontaine nommée Hierca. Là les Arabes et les guides firent boire les bêtes qui n'avaient pas bu depuis dimanche, et ils emplirent les peaux de chèvre. Nous avons dormi en attendant les chameaux, et sommes demeurés là tout le jour et jusqu'au lendemain vendredi.

Vendredi 13 octobre, une dispute. Ce jour-là, onze Arabes vinrent vers nous en courant, munis de javelots et de boucliers. Aussitôt, nous leur avons envoyé notre interprète Califf ; ils lui dirent qu'ils voulaient des courtoisies. Nous leur avons donné du biscuit en quantité, mais ils ne furent pas contents car ils voulaient de l'argent. Alors nous dîmes à notre truchement qu'il était tenu de nous laisser quittes, et que si bon lui semblait, il leur en donnât. Mais il nous répondit qu'il n'en avait pas. Alors, un pèlerin allemand, qui ne comprenait que sa langue, tira son épée et voulut se ruer sur les Arabes. Aussitôt, six autres survinrent si bien qu'ils se trouvèrent dix-sept. Nous mîmes la main à l'épée croyant qu'il y aurait une grande querelle, et nous dîmes à Califf que s'il ne les payait pas, il serait le premier attaqué en cas de querelle. Alors il trouva la façon d'avoir de l'argent et les renvoya.

Le restant du jour nous chevauchâmes par un étrange pays que nous n'avions pas encore vu, fait de montagnes et de vallées rocheuses ; ce n'était pas la route habituelle empruntée par les pèlerins [2], car nous la laissions bien loin à main droite.

---

1. Les pèlerins dépassent la route caravanière reliant Le Caire au port de Tôr (Al-Tûr) sur le golfe de Suez.

2. Cette indication laisse supposer que les douze pèlerins prennent un sentier plus direct, mais abrupt, pour gagner le monastère de Sainte-Catherine du Sinaï : laissant la route caravanière de l'oued Ech-Cheikh, ils s'engagent probablement sur le sentier pentu de l'oued Sahab.

Samedi 14 octobre. Le samedi suivant, nous franchîmes une montagne appelée Abacorba, qui est grande et haute à merveille, pleine de rochers et pénible à descendre. Les Arabes nous dirent qu'il y avait beaucoup de gros serpents, mais nous n'en vîmes aucun. Au bas de la montagne, nous arrivâmes dans une combe large de quarante-cinq à cinquante pieds. Les pentes hautes et droites, faites de sable blanc dur comme du roc, étaient comme une croûte fendue en plusieurs endroits, et très souvent de grands lopins s'en détachaient, pesant bien cinquante pipes, comme nous en eûmes l'expérience. Il y faisait un temps moite et malsain. Nous traversâmes cette combe pendant au moins deux milles, et au bout nous pénétrâmes dans une plaine d'où l'on commençait à voir le mont Sinaï. Chacun avec dévotion remercia Dieu et le loua de son mieux. Nous nous arrêtâmes pour manger et dormir.

Le soir survint une dispute entre l'Allemand dont j'ai parlé et un des Arabes qui nous conduisait, pour une bien petite affaire. Il voulut le battre tellement que les autres Arabes voulurent nous abandonner là, et ils l'eussent fait si nous autres Français nous n'étions intervenus.

Dimanche 15 octobre. Le lendemain dimanche, nous chevauchâmes à travers une plaine de sable fin, puis nous gravîmes de hautes montagnes si près l'une de l'autre que le soleil y pénètre difficilement s'il n'est pas bien haut. Il y avait tant de chemins que nos Arabes s'écartèrent de la bonne route, et que nous dûmes retourner en arrière. Nos guides montaient de sommet en sommet pour retrouver notre chemin, mais rien n'y faisait car ils ne savaient plus où l'on se trouvait. Enfin, ils rencontrèrent un autre Arabe qui nous guida tout le reste de la journée jusqu'à la fontaine Hasquedar. C'était une eau bien meilleure que celle que nous avions trouvée jusque-là, mais non courante, d'ailleurs nous n'en avions jamais vu à travers le désert. Enfin, nous en avons bu à satiété, appréciant la fraîcheur de l'eau avant de dormir.

Lundi 16 octobre. Le lendemain, lundi du mois d'octobre, nous nous sommes avancés à travers un assez beau pays, plat et plein de bruyères, en rencontrant beaucoup de lièvres et de moutons sauvages. Et nous avons retrouvé ces montagnes aux rochers étonnants. Entre deux monts se trouvait un roc d'une hauteur de huit pieds environ où l'on dit que Moïse s'est assis quand il marcha avec les enfants d'Israël vers le Sinaï. La pierre s'inclina sous ses fesses, ainsi qu'on peut le voir ; c'est vrai, ce n'est pas une fable. Les Maures et les Arabes qui nous accompagnaient marquèrent là un grand respect et embrassèrent la pierre.

Nous avons encore avancé pendant huit milles environ, toujours entre de hautes montagnes de roc, mais en trouvant aussi des vallées avec de beaux chemins de sable.

X

LE MONT SINAÏ
16-20 octobre

En s'approchant du mont Sinaï et du monastère Notre-Dame du Buisson où se trouvent des moines grecs pour desservir l'église, des Arabes vinrent au-devant de nous, descendant de toutes parts de la montagne. Mais ce n'était pas pour nous demander quelque chose ou nous faire du mal, car ils venaient du monastère et de ses environs pour nous y conduire. Un peu avant, nous vîmes leurs maisons qui ressemblaient à de petits enclos à pourceaux.

Mont Horeb. Nous étions passés au pied du mont Horeb, où les enfants d'Israël adorèrent le veau d'or ; le laissant à main droite, nous vîmes aussitôt le monastère situé dans une vallée entre deux montagnes, c'est-à-dire entre le mont Sinaï vers le midi appelé aussi le mont Horeb, et une autre montagne au nord. Avant d'entrer, nous trouvâmes un grand jardin clos de pierres sèches planté de beaucoup d'arbres, comme des oliviers ou des amandiers. Les moines y font pousser des herbes dont ils profitent peu, car les Arabes les mangent.

Entrée au monastère. À cet endroit fut forgé le veau que les enfants d'Israël adorèrent, ainsi que nous le dirent les moines par la suite. Nous descendîmes devant la porte du monastère pour déposer nos bagages et nos vivres à l'intérieur. La porte d'entrée est petite, bardée de fer ; il y a beaucoup de petites chambres pour loger les moines.

L'église Sainte-Catherine. Le monastère est carré [1], clos de pierres de taille, et au centre se trouve l'église Notre-Dame du Buisson qui a en vis-à-vis une mosquée, ce qui fait pitié, mais il faut endurer cela, sinon les Arabes mettraient tout à terre. Tout autour de l'église se trouvent les petites chambres des moines et des moulins à bras pour moudre leur farine. Ils nous logèrent dans deux petites chambres tout en haut du monastère où se trouve une chapelle de sainte Catherine. Les pèlerins qui ont apporté leurs ornements peuvent dire la messe, car les moines ne peuvent souffrir qu'on chante autrement qu'en grec dans l'église Notre-Dame du Buisson. Ensuite, nous nous sommes rendus dans l'église, en

---

1. Le couvent, construit au VIe siècle, était situé sur le versant nord du djebel Mousa à 1 518 mètres d'altitude. Les moines grecs qui s'y étaient installés à l'origine vivaient selon la règle de saint Basile. La réputation du couvent, à proximité des lieux consacrés par la Révélation de Dieu à Moïse, reposait sur des reliques de sainte Catherine, dont le culte est attesté au Sinaï à partir du IXe siècle. Cette martyre d'Alexandrie du IVe siècle était l'objet d'un culte très répandu dans toute la chrétienté. Le monastère, ainsi que le souligne l'auteur, renfermait une mosquée, car des musulmans y avaient acquis un très ancien droit de résidence, contre divers services rendus aux moines et aux pèlerins.

descendant onze marches ; il y a des marches des deux côtés de la grande porte. À l'intérieur, à côté du grand autel, à main droite, contre le dernier pilier vers l'orient se trouve une petite châsse de marbre blanc où repose, d'après ce que nous dirent les moines, le corps sacré de madame sainte Catherine ; là nous avons prié.

Du même côté, nous avons pénétré dans une chapelle carrée, dédiée à saint Jean-Baptiste, où il y a sept ans et sept quarantaines de pardon ; on nous avait fait enlever nos souliers auparavant ; à l'emplacement de l'autel se trouve le lieu du buisson dans lequel Moïse vit le feu qui ne brûlait pas, symbole de la virginité de Notre-Dame, ainsi qu'il est écrit : « Le buisson que Moïse vit brûler sans se consumer. » Il faut se déchausser ici, puisque Moïse en reçut l'ordre de Dieu pour s'en approcher, et parce que la chapelle est sur ce saint lieu ; elle est belle et sacrée, et il y a rémission plénière de tous les péchés.

Nous sommes revenus par la nef dans laquelle étaient suspendues de très nombreuses lampes ; il y a douze piliers, six de chaque côté, et chacun d'eux porte un tableau peint qui illustre une fête pour chaque mois de leur année qui commence au mois de septembre, et sous les tableaux se trouve une croix de plomb avec des reliques, disent-ils. L'église est belle, non voûtée, et recouverte de plomb. Enfin, le soir de notre arrivée, sans justification, notre truchement nous rançonna encore de huit médines. Ainsi se déroula la quatorzième journée depuis notre départ de Gaza, sans les trois pèlerins qui repartirent pour Jérusalem ; quatorze jours à travers les déserts, par une forte chaleur, bien que ce fût le mois d'octobre, si forte que même en été, en France, je n'en ai jamais vu ; mais les nuits sont fraîches, et il y a tellement de rosée le matin qu'il semble avoir plu.

Mardi 17 octobre, le mont Sinaï. Le lendemain, dix-septième jour du mois, au point du jour, nous avons pris des vivres pour deux jours, chacun de nous ayant un bâton en main que nous avaient donné les moines, en nous disant que c'était le même bois que celui du bâton de Moïse. En compagnie d'un moine parlant italien et d'un Arabe, nous sommes partis faire nos voyages au mont Sinaï.

En sortant du monastère, nous avons gravi la montagne, et trouvé après un bon moment une source sortant du roc. Plus haut, à environ un quart du chemin, il y a une petite chapelle en l'honneur de Notre-Dame, en souvenir d'un miracle qui se déroula à cet endroit : les religieux du monastère étaient en très grand nombre et disposaient de trop peu de nourriture pour vivre ; de plus, il y avait au monastère tant de poux et de punaises que la plupart avaient décidé de s'en aller. Un jour, alors que tous allaient visiter les saints lieux dans la montagne et gagner les pardons en allant servir Dieu, et à la recherche d'un lieu où ils pourraient manger, à l'endroit de la chapelle, ils virent Notre-Dame en habit de jeune fille assise sur un rocher ; elle leur demanda où ils allaient. Ils lui expliquèrent quelle était leur intention. Elle leur dit de gagner leurs pardons dans la montagne, mais de repasser par le monastère avant de s'en aller. Ils firent ainsi après trois jours passés dans la montagne. Ils trouvèrent à l'entrée du monastère trois cents chameaux chargés de blé, de vin, de pois, de fèves et d'autres provisions. Ils demandèrent alors aux marchands qui les avait fait venir ; ceux-ci dirent avoir rencontré en chemin une dame et un seigneur qui avaient acheté ces vivres pour les provisions des moines. Aussitôt, ils eurent en mémoire la dame qu'ils avaient vue dans la montagne. Alors, remerciant Dieu et Notre-Dame, ils firent rentrer les vivres à l'intérieur. Un des marchands passa devant l'église, vit une image peinte de Notre-Dame et de Moïse et dit que c'était eux qui les avaient envoyés là. Depuis, la vermine disparut du monastère. Les moines disent qu'un pouilleux, s'il demeure au monastère, devient net en trois jours.

La chapelle d'Élie. En montant plus haut, resserrées entre deux monts nous trouvâmes deux portes de pierre voûtées, assez loin l'une de l'autre, avec une fontaine entre elles ; au-dessus se trouve une chapelle où Élie fit pénitence. Là se trouve un moine, plutôt un ermite. Ensuite, nous vîmes une grosse pierre sur laquelle saint Élie, prophète, vit un ange assis, alors qu'il allait visiter le lieu où Moïse reçut la Loi. L'ange lui révéla de s'en retourner et de faire pénitence. Le moine nous dit qu'autrefois pas un pèlerin ne passait par là sans que sa barbe ou sa robe ne brûlât, mais sans lui faire de mal. Je ne sais ce qu'il en est.

Encore plus haut, nous trouvâmes un rocher à l'endroit où Dieu donna à Moïse les Tables de la Loi ; effrayé par la grande lumière autour de Dieu, il se cacha sous ce rocher, bien à l'étroit, mais la pierre s'affaissa sous son poids et lui fit de la place, comme il y en a l'apparence, car elle semble porter la trace de ses épaules et de ses fesses. Il y a plénière rémission.

Chapelle de saint Moïse. Aussitôt au-dessus, se trouve la chapelle de saint Moïse que desservent les moines, en face d'une mosquée devant laquelle on voit une fosse où Moïse jeûna quarante jours et quarante nuits, pour être digne de recevoir la loi de Dieu. Nous avions atteint là le point le plus haut de la montagne, et nous étions très las, car nous avions monté sept mille marches depuis le bas. Nous dînâmes devant l'église et redescendîmes de la montagne par un autre chemin, très mauvais et pénible.

Les Quarante Martyrs. En bas, nous trouvâmes l'église dite des Quarante-Saints, car quarante martyrs furent enterrés entre cette montagne et celle où madame sainte Catherine fut emportée par les anges. Dix moines demeurent dans cette église et dans une maison close de murs, qui avait brûlé il y a deux mois à cause d'un vieux moine chargé de la garder. Devant se trouve un jardin planté, sur au moins deux jets d'arc, de grenadiers, d'orangers, d'oliviers, d'amandiers et de figuiers. Les moines font pousser des herbes pour leurs provisions, et tout au long de ce jardin coule une belle eau vive. Tout au fond, se trouve une pauvre petite chapelle où l'on dit que saint Offic mourut après une longue pénitence. Nous restâmes dans cette maison jusqu'à la fin de la journée à cause de la grande chaleur ; plusieurs Arabes y pénétrèrent pour demander du pain, ils voulurent battre notre moine, qui serait parti si nous ne l'avions retenu par nos prières.

Mercredi 18 octobre. Le lendemain 18 octobre, au moins quatre heures avant le jour, nous partîmes avec notre moine et trois Arabes que nous retrouvâmes couchés dans le jardin dont j'ai parlé. Nous commençâmes à gravir le mont Sinaï. Il faut noter qu'il y a deux montagnes, celle-ci et celle où Moïse reçut la Loi, mais on dit « le » Sinaï car elles se joignent et sont très proches l'une de l'autre.

Nous sommes montés assez longtemps jusqu'à une source belle et claire sortant du rocher, nous reposant souvent à cause de la grande chaleur et de ce long chemin très difficile. Cette montagne est sans comparaison bien pire que l'autre, car il n'y a pas de marches : elle est droite et raide, et deux fois plus haute que celle où Moïse reçut la Loi. Après avoir gravi les trois parties, jusqu'au sommet, nos guides ont lancé des traits d'arc enflammés pour effrayer et écarter les lions et les léopards qui se trouvent dans ces montagnes et mangent souvent ânes et bêtes, ainsi que les femmes et les enfants des Arabes qui demeurent là sans habitation ni maison.

Sommet où fut déposée sainte Catherine. Enfin à l'aube, bien fatigués, nous sommes arrivés au sommet de la montagne. Nous avons vu le rocher sur lequel les anges déposèrent le corps de madame sainte Catherine, qui rendit son âme à Alexandrie après avoir subi glorieusement le martyre. Elle demeura là trois cent soixante ans, sans que personne n'en sache rien car nul ne prenait la peine de monter si haut. Mais une révélation divine permit de la trouver, et on la transporta à Notre-Dame du Buisson où à présent elle repose, je raconterai comment plus tard. On voit ici comment le roc s'amollit sous son corps, l'endroit de sa tête, de son échine et de ses jambes. Il y a rémission de tous péchés.

De cet endroit, on voit la mer Rouge et le désert où saint Antoine fit pénitence. C'est un lieu très étrange, difficile à imaginer. Après nos dévotions, vers sept ou huit heures du matin, nous commençâmes à redescendre par le même chemin qu'à la montée. À dix heures un quart, nous fûmes en bas et allâmes dîner et nous rafraîchir là où nous avions dormi.

Retour au monastère. Puis nous sommes montés sur nos ânes, et nous sommes revenus au monastère par un autre chemin. En route on nous montra une grande pierre que Moïse frappa de son bâton et d'où sortit de l'eau en douze points. Les trous sont encore bien clairement visibles mais rien n'en jaillit. Nous vîmes en chemin des petites églises où se tiennent des moines solitaires comme des ermites.

Jeudi 19 octobre. Le jeudi suivant de bon matin, on nous montra la châsse de madame sainte Catherine dans laquelle nous vîmes sa tête et ses deux mains ; à l'une, il y avait un anneau d'or avec une pierre rouge ; on voyait aussi l'os d'une épaule et d'autres os des jambes. Son corps n'était pas tout entier. On dit que lorsqu'on célèbre la messe dans l'église, il sort de son corps une liqueur. Il est vrai que l'intérieur de cette châsse est très moite et gras, comme si de l'huile avait été répandue, mais si ses ossements rendent manne ou liqueur, je n'ai rien aperçu ; on dit que depuis que le corps a été divisé, et les reliques dispersées de-ci, de-là, il n'en produit plus comme auparavant. Les reliques sont pauvrement enchâssées, car cette châsse est seulement en marbre blanc, mais les moines disent, et je le crois, que si elle était plus ornée les Arabes la pilleraient.

Nous avions achevé nos dévotions, et gagné les pardons qui donnent plénière rémission, au plaisir de Dieu. Ainsi prit fin ce voyage avec l'aide de Dieu.

XI

LE SINAÏ-LE CAIRE
20-30 octobre

Fontaine Aquedar. Le lendemain, vendredi vingtième jour du mois, nous sommes partis, poursuivant notre chemin jusqu'à la fontaine d'Aquedar.

Le samedi 21 octobre, nous avons traversé une combe où il y avait plusieurs arbres nommés en langue mauresque *szaemaic*, plus épineux que de l'aubépine, avec des épines longues, blanches et raides, pointues à merveille. On dit que la couronne du Christ fut faite avec la même sorte d'épines, et je le crois bien, car j'ai vu les mêmes à Rhodes. Ailleurs, ces mêmes arbres produisent de la gomme arabique, que nos Arabes cueillaient et mangeaient fréquemment car ils disaient qu'elle leur rafraîchissait l'haleine.

Nous avons parcouru un bon chemin, car nous avions promis à nos Arabes deux ducats s'ils nous conduisaient à Matarea [1] avec diligence en huit jours. Nous étions partis deux heures avant le lever du soleil, et nous chevauchâmes toute la journée sans mettre pied à terre jusqu'au soleil couchant. Malgré la grande chaleur, il en fut ainsi tous les autres jours, et nous nous arrêtions seulement pour prendre de l'eau.

---

1. Matarea, ou Matariah, est une grande oasis située près des ruines d'Héliopolis, au nord-est du Caire.

Dimanche 22 octobre. À l'heure du dîner environ, nous sommes passés devant la fontaine Mouliart qui se trouve au moins à un mille à l'écart de la route ; les Arabes voulurent faire boire les bêtes, mais ils trouvèrent la mare tarie. Il fallut chevaucher jusqu'à minuit pour arriver à la fontaine Dacre, qui se trouvait au moins à quatre milles en dehors de notre chemin. Les Arabes abreuvèrent alors les bêtes et rapportèrent de l'eau puante que nous n'aurions pu boire.

Lundi 23 octobre. Heureusement, le lendemain nous atteignîmes la fontaine Gharondel, qui est la plus belle et la meilleure que nous ayons trouvée dans le désert. Là, nous fîmes cuire de la viande pour deux jours, car on nous dit qu'à partir de là nous n'allions plus trouver de landes. Les jours précédents, nous avions avancé par une plaine entre deux montagnes, où il y avait de nombreuses traces de bêtes sauvages, dont certaines avaient le pied étonnamment grand. Nous pensions, comme les Arabes et notre interprète, que c'étaient des lions, mais personne ne les vit, excepté Georges Lengherand qui chevauchait un peu à l'arrière : il dit en avoir aperçu un sur la croupe d'une montagne.

Mardi 24 octobre, la mer Rouge. Puis, nous commençâmes à longer la mer Rouge à main gauche. Le mardi soir, nous nous arrêtâmes pour nous reposer, après un chemin de quatre milles. Mon compagnon et moi, avec le seigneur de La Guerche et un Allemand, nous allâmes tout nus nous baigner, ce qui nous rafraîchit fort, car ce jour-là et les précédents il avait fait très chaud.

On parle de mer Rouge, mais l'eau est semblable à celle des autres mers, toutefois le sable et les pierres qui sont au fond sont plus rouges qu'ailleurs ; la marée se produit deux fois par jour comme au Ponant, et cette mer est remplie de poissons. Sur la grève, nous trouvâmes les plus étranges coquillages du monde ; certains sont apportés à Naples et en Catalogne pour fabriquer du fard blanc.

Mercredi 25 octobre. Le lendemain matin, notre truchement conduisit les pèlerins à un autre endroit pour voir la mer. De là nous allâmes chercher de l'eau à la fontaine de Moïse, que certains Maures appellent Hoyon, les autres Golemos. Nous y puisâmes de l'eau trouble et salée, toutefois elle est vive et assez bonne, en comparaison des autres. Moïse fit jaillir cette source après avoir franchi la mer Rouge, en frappant la terre de son bâton, pour donner à boire aux enfants d'Israël. En face, la mer Rouge n'est large que de cinq ou six milles à cet endroit.

Mer Rouge. Il y a un port appelé Suez, et un autre, le port de la Tour, qui est à deux journées de Sainte-Catherine ; on y apporte par barques des marchandises. Il faut savoir que de ce port de la Tour jusqu'aux Indes, il faut naviguer avec des bateaux sans fer ni clou, à cause de la calamite, c'est-à-dire la pierre d'aimant[1]. Car on dit que cette mer renferme de nombreux petits rochers qui grâce au fer pourraient les attirer au fond et les feraient périr. Aussi, aucun navire ne pénètre en mer Rouge, excepté ceux qui sont assemblés et chevillés de bois. Les voiles sont faites de jonc, comme les nattes, et sont appelées *esturiers*. Depuis le port de la Tour jusqu'à Suez, il y a un canal, ou un détroit de mer, et les petites barques cloutées avec du fer peuvent y naviguer, car il n'y a point d'aimant.

Près de là, nous vîmes l'endroit où Moïse traversa la mer Rouge avec les enfants d'Israël quand Pharaon les persécuta. L'endroit que franchit Moïse est une merveille, car sur cent ou cent vingt pas l'eau ne bouge pas : il n'y a ni vague ni marée, elle coule seulement doucement et paisiblement dans le canal.

Jeudi 26 octobre, la fontaine du Sultan. Le soir, nous perdîmes de vue la mer Rouge et le lendemain nous arrivâmes près de la fontaine Agenoust, autrement dite fontaine du Sultan. Il y a une grande citerne, très large et extraordinairement profonde, entourée d'un mur ; à l'intérieur se trouve un petit logis où demeure deux mois par an, c'est-à-dire juillet et août, un envoyé du sultan avec un chameau pour puiser l'eau de la citerne et la faire couler dans des conduits qui passent sous le mur vers quatre réservoirs d'eau, situés à l'extérieur de l'enclos. Ils servent à abreuver les chameaux des caravanes, qui chaque année se rendent à La Mecque, en nombreuse compagnie, et au port de la Tour. Il y avait à peine quatre jours que cinq mille chameaux s'étaient arrêtés là avec huit mille personnes qui se rendaient à La Mecque pour la fête du mouton, dont j'ai déjà parlé, le onzième jour de novembre.

La Mecque. Leur fameuse Mecque est, à vrai dire, la maison qu'Abraham fit construire près de l'endroit où il voulait sacrifier à Dieu son fils Isaac. Une immense foule se déplace pour cette fête, fait étonnant ! À la grande caravane du Caire s'ajoutent celles de Damas, du désert Saint-Antoine, des Turcs et ceux qui viennent de tous les pays où règne la religion de Mahomet. Ceux qui ne peuvent pas s'y rendre, étant donné que cela coûte de l'argent de traverser les déserts pendant quarante jours, vont à Jérusalem au temple de Salomon. La Mecque est située près d'une ville

---

1. Tôr, ou Al-Tûr, était le port de commerce des épices et marchandises en provenance d'Extrême-Orient, commerce contrôlé par les Mamelouks. Cela explique l'importance du trafic caravanier Tôr-Le Caire. Les marchandises transitaient par l'océan Indien jusqu'à Djeddah et Al-Tûr. L'auteur rapporte ici un vieux mythe concernant les dangers de la navigation en mer Rouge dus aux « pierres d'aymant ». Il est rapporté dans les lapidaires du Moyen Âge, qui se référaient eux-mêmes à des passages de l'*Histoire naturelle* de Pline l'Ancien : les fonds de la mer Rouge étaient censés renfermer des pierres attirant à elles les clous des navires s'ils en étaient pourvus. Alors ils étaient disjoints et sombraient dans la mer. De naïves gravures illustraient cette légende dont les fondements reposaient sur les perturbations magnétiques que l'on peut toujours observer en mer Rouge.

appelée Bellet[1], où les Indiens apportent de nombreuses marchandises par la mer Rouge. Au-delà, à douze journées de désert, se trouve Médine où Mahomet fut enterré ; elle a reçu la foudre il y a quatre ans, et elle a brûlé. Beaucoup s'y rendent.

Commerce avec les Indes. Au retour, les chameaux reviennent chargés des marchandises que les Indiens ont apportées au port de Bellet, des épices, des toiles et des pierreries. Celles-ci proviennent en effet des montagnes de l'Inde, ainsi qu'on nous l'a dit, à savoir les rubis balais[2], les émeraudes et les turquoises, extraits des rochers mais jamais de sous la terre : il faut donc utiliser un ciseau pour les retirer du roc. Les diamants sont tirés d'une montagne très haute, droite et inaccessible, qu'aucun homme ne peut gravir, et où les oiseaux peuvent à peine voler. À la saison de fonte des neiges, l'eau jaillit de façon si étonnante qu'elle brise et mine le roc, faisant descendre les diamants. Les seigneurs qui possèdent la montagne les font ramasser et vendre.

Ensuite, depuis la fontaine du Sultan, nous reprîmes la route.

Vendredi 27 octobre. Nous avons chevauché tout le jour sans trouver ni arbustes ni arbres jusqu'au vendredi suivant où nous sommes arrivés dans un endroit appelé Matemoury. Là, grâce à Dieu, nous avons achevé la traversée des déserts. Nous avions vu une autruche parmi les champs. Nous avions mis seulement huit jours de Sainte-Catherine à la sortie du désert, alors que d'habitude il en faut dix ou douze. Mais les deux ducats que nous avions promis à nos Arabes en surplus nous permirent de faire diligence.

Matemoury est un très beau lieu où le sultan a fait construire une maison le long d'un étang, dans laquelle il se rend à l'époque de la crue du Nil. Dans les environs et jusqu'à Matarea, pendant cinq milles, se trouvent les plus beaux jardins du monde, entourés de murets de terre, plantés de palmiers et de cèdres, de telle sorte qu'il y a toujours de l'ombre. Ils ne sont pas plantés près de l'eau afin que les faucons du sultan qui vont voler vers la rivière soient toujours vus des fauconniers qui doivent les récupérer.

Le soir, nous avons marché le long de cet étang. Nous avons été logés à Matarea dans une maison appartenant au sultan où se trouvait une salle basse, sans toit à la façon du pays ; dans un mur il y avait une niche de marbre où Notre-Dame se cacha pour fuir la fureur d'Hérode et cacha notre Seigneur Jésus-Christ sur le chemin de l'Égypte. Devant brûle une lampe qu'entretiennent assez honnêtement des Maures pour l'honneur de Notre-Dame qu'ils respectent un peu ; aussi les chrétiens leur donnent-ils

---

1. Il s'agit sans doute du port de Djeddah, le port de la mer Rouge le plus important pour le commerce en provenance de l'océan Indien.
2. Ces rubis étaient importés des régions montagneuses de l'Afghanistan actuel.

de la monnaie. Au pied du mur où est creusée cette niche il y a une fontaine qui coule à quatre ou cinq pas de là, et dont on dit qu'elle jaillit miraculeusement au moment où Notre-Dame manqua d'eau pour son enfant, notre Seigneur Jésus-Christ.

Dimanche 29 octobre. Le lendemain, un Mamelouk castillan que nous envoya le grand truchement en apprenant notre venue, comme c'est la coutume, nous emmena aussitôt voir le jardin du baume [1] et nous payâmes six médines par tête. À l'entrée, nous vîmes un gros figuier devant lequel les Maures entretiennent une lampe, car on dit que la Vierge Marie s'y cacha avec Jésus-Christ par crainte des gens d'Hérode ; le figuier s'ouvrit par le milieu ; il se rouvrit lorsqu'elle voulut sortir. Puis nous pénétrâmes dans un autre jardin où nous vîmes le baume : c'est un arbre à petites feuilles qui vont par cinq, et le bois est de la couleur de l'érable. Entre la première écorce et le bois se trouve une grosse écorce, verte et tendre, où se trouve le baume. On retire une feuille et on incise l'arbre à cet endroit, alors aussitôt en sort le baume. Il est clair et épais comme l'huile. Notre-Seigneur perdit ses langes près de la fontaine dont j'ai parlé et les éparpilla dans le jardin, les frotta contre le bois de l'arbre qui alors n'embaumait pas, mais qui prit son odeur à ce moment-là et sa vertu. Le baume ne peut provenir d'aucun autre endroit au monde. Le jardin contient environ un journau [2] de terre, et il est arrosé par la fontaine dont il a été question.

Lundi 30 octobre, arrivée au Caire. Le lendemain, au point du jour, nous avons pris de nouveaux chameliers et d'autres ânes pour porter nos vivres et nous rendre au Caire, distant de cinq milles.

Nous sommes arrivés du côté des sépultures des Maures ; elles sont très nombreuses à cet endroit, si vastes que sont enterrés au moins cinq ou six mille morts du pays. Nous avons vu en particulier la sépulture que le sultan fit construire pour lui [3] ; elle est grande comme deux journaux de terre, ou presque, et close de murs, car c'est leur coutume de toujours faire des jardins. Il y en a d'autres aussi belles.

---

1. Les pèlerins ont abordé l'oasis de Matarea à l'est, où se trouvait une résidence d'été du sultan et le très célèbre jardin du baume. Les baumiers ou balsamiers étaient la propriété exclusive du sultan qui s'en réservait l'exploitation. Ce baume était une sorte de myrrhe employée surtout en Occident dans les eaux baptismales et les saintes huiles. Les pèlerins vénéraient à Matarea le souvenir de plusieurs épisodes de la vie du Christ, comme la fuite en Égypte, consignés dans les Évangiles apocryphes.
2. Le *journau* est une ancienne mesure de superficie équivalant à la quantité de terrain qu'un homme pouvait labourer en un jour.
3. Les pèlerins arrivent au Caire du côté de la « ville des morts », le Miçr, où s'élèvent de belles mosquées funéraires, en particulier celle du sultan régnant, Kâytbây, remarquée par l'auteur. Cette mosquée, dont la construction débuta en 1474, est un des chefs-d'œuvre de l'architecture mamelouke du XVe siècle, encore visible aujourd'hui.

XII

LE RETOUR

[...[1]] située dans l'île de Langoul[2] qui appartient à la religion de Rhodes. Dans l'île demeurent vingt-cinq frères pour la défendre contre les corsaires turcs qui se trouvent en face. Nous voulions aller au château Saint-Pierre[3] puisque nous en étions bien près. On le voyait nettement. Mais notre patron n'accepta pas, craignant que le vent ne tombe.

Alors, nous fîmes voile en passant par le golfe des Chaumes et devant une île où il y avait un château appartenant aux Turcs que les frères de la religion de Rhodes ont détruit.

Le vendredi dix-neuvième jour du mois, nous arrivâmes au port de Syon[4] appartenant aux Génois[5]. Nous y descendîmes, et vîmes une ville close de solides murailles qui, bien qu'elle fût voisine des Turcs, était très puissante.

C'est une île fertile, qui regorge de biens. De crainte d'avoir la guerre, les Génois payent chaque année un tribut aux Turcs, entre vingt-cinq et trente mille ducats, dit-on.

Là, les femmes sont très richement habillées, mais plus lourdement que je ne l'ai vu ailleurs, et elles parent bien leur coiffure.

Dans cette île de Syon, le mastic croît dans des arbres de la taille des pruniers. On distille le mastic comme la gomme à partir d'arbres très nombreux. Personne n'oserait en prendre une seule goutte sans risquer la pendaison. Elle est recueillie au profit de la seigneurie, ce qui lui procure énormément d'argent, car il n'en pousse pas dans tout le Levant. Cette ville de Syon est la plus commerçante qui soit au Levant, car elle est proche de Constantinople ; en face d'elle, en Turquie, se trouve une autre ville appelée Terrangue, d'où lui parviennent de grandes quantités de coton et d'autres marchandises. Dans cette ville poussent aussi des arbres qui produisent la térébenthine.

---

1. Lacune du manuscrit.
2. C'est-à-dire l'île de Cos, toujours possession des Hospitaliers malgré la progression des conquêtes turques en Méditerranée orientale. Rhodes avait subi le 28 juillet 1480 un assaut des Ottomans. Le grand maître de l'ordre, Pierre d'Aubusson, avait soutenu le siège de Rhodes jusqu'à sa victoire contre le sultan Mehmed II. L'île resta pour quelque temps encore, jusqu'en 1522, aux mains des Hospitaliers.
3. Bodrum-Halicarnasse.
4. Chio.
5. L'île de Chio, possession des Génois de 1346 à 1566, était un important centre de commerce en Orient, carrefour de routes maritimes bien reliées aux ports européens. Sa réputation provenait de la production du *mastic*, gomme résineuse fournie par le lentisque, qui fit sa fortune. Comme Venise, Gênes payait un tribut au sultan turc.

Dans les villages de l'île, on rencontre de grands troupeaux de perdrix familières, que les jeunes filles et les enfants gardent dans les champs, puis on les ramène le soir à la maison, comme on le fait avec les oies.

C'est là que mourut Jacques Cœur [1], argentier du feu roi Charles — que Dieu l'absolve ! —, il fut enterré chez les Cordeliers, au bout [... [2]]

---

1. Jacques Cœur, le grand argentier du roi Charles VII, homme politique et homme d'affaires, avait constitué un vaste réseau de relations commerciales du nord de l'Europe jusqu'à l'Orient. Disgracié et arrêté en 1451, il s'évada et se réfugia auprès du pape Nicolas V qui projetait une croisade contre les Turcs. Après la mort du pontife, ce projet fut repris par le pape Calixte III, qui réunit une flotte en 1456, dont il confia le commandement à Jacques Cœur. Partie d'Ostie, la flotte mouilla à Chio à l'approche de l'hiver. Déjà malade lorsqu'il y aborda, c'est dans cette île que mourut Jacques Cœur, peu de temps après son arrivée. Il fut effectivement enterré dans l'église du couvent des frères mineurs.
2. Lacune du manuscrit.

Traité sur le passage en Terre sainte [1]

Emmanuel Piloti
XVe siècle

INTRODUCTION

L'unique manuscrit qui nous a conservé le *Traité* d'Emmanuel Piloti sur le *Passage en Terre sainte* provient de la cour de Philippe le Bon. L'ouvrage devrait plus exactement s'intituler *Traité d'Emmanuel Piloti sur l'Égypte et les moyens de conquérir la Terre sainte* [2]. On le verra par la structure même du récit, parcours complexe dans lequel Emmanuel Piloti engage son lecteur.

Le *Traité* nous intéresse à plusieurs titres : Philippe le Bon n'avait pas oublié ce qu'on appelait à l'époque la « déconfiture de Nicopolis » et la défaite de Jean sans Peur ; ses projets de croisade alimentèrent la vie diplomatique et les manifestations festives de sa cour. On pourra aisément s'en souvenir en relisant les chroniques des *Splendeurs de la cour de Bourgogne* [3] : la noblesse bourguignonne, lors de la fête de Lille en février 1454, avait prononcé les *Vœux du Faisan* par lesquels elle s'engageait à partir en croisade [4]. Ainsi la politique orientale de Philippe l'incitait-elle à rassembler des documents, des récits de voyage transmis par des observateurs tels que Bertrandon de la Broquière ou Guillebert de Lannoy. D'autre part, le duc alimentait de ses rêves de conquêtes orientales un bon nombre des productions littéraires de sa cour. À la cour de Bourgogne les ambassades affluaient, et par suite les demandes d'hommes et d'argent pour le combat. La chrétienté tout entière était sollicitée et la chute de Constantinople en mai 1453 avait permis au duc d'accueillir des réfugiés byzantins. Dans ce contexte la fête du Faisan fut l'occasion

---

1. Traduit du moyen français, présenté et annoté par Danielle Régnier-Bohler.
2. C'est l'avis de l'éditeur de l'œuvre, P.H. Dopp, Paris et Louvain, 1958.
3. Dans la collection « Bouquins », Robert Laffont, 1995, en particulier les parties qui concernent « L'imaginaire chevaleresque ».
4. Olivier de La Marche a décrit cette fête des *Vœux du Faisan*. Voir la traduction et l'introduction qu'en donne Colette Beaune dans *Splendeurs de la cour de Bourgogne*, éd. cit., p. 1191 et suivantes.

de jouer le grand spectacle d'un départ en croisade, qui demeura sans suite. S'annoncer chef de croisade, pour Philippe, comme pour son fils Charles le Téméraire, permettait à la fois de lutter pour une cause sainte et de montrer la puissance de la maison de Bourgogne en Occident.

Pour ce qui concerne Emmanuel Piloti, dont la rédaction du *Traité* débute en 1420, il nous intéresse par son témoignage des intentions de croisade turque, très visibles dès lors qu'on se penche sur l'inventaire de la bibliothèque du duc Philippe. Il s'agit de la « Section d'outre-mer » qui contient de nombreux manuscrits sur les croisades et l'Orient. Du fonds des bibliothèques de Jean sans Peur et de Philippe le Hardi, Philippe avait reçu *La Conqueste de Constantinople* de Villehardouin, sa *Continuation* par Henri de Valenciennes, les *Chroniques* d'Ernoult et de Bernard le Trésorier, la *Fleur des histoires d'Orient* du prince Hayton, le récit de Marco Polo ainsi qu'un manuscrit de Jean de Mandeville. Pour sa part, le duc Philippe acquit la *Vie de Saint Louis*, de Joinville, et commanda à Bertrandon de la Broquière une traduction de l'*Advis sur la conqueste de la Grèce et de la Terre sainte* de Jean Torzelo (1439). Parmi les ambassadeurs les plus connus, Ghillebert de Lannoy voyagea en Syrie et en Égypte. Quant à Bertrandon de la Broquière, il se rendit en Palestine, en Syrie et en Asie Mineure, en passant par Constantinople, Andrinople et la Serbie.

Dans ce contexte, la relation de voyage d'Emmanuel Piloti est un document de prix. Sur le vif, il put observer l'Égypte, sa richesse et ses forces armées. « Son traité donne tous les renseignements utiles pour une expédition contre Alexandrie, clef du Caire et de la Terre sainte [1]. » L'intérêt de l'ouvrage est non seulement le fait qu'il laisse apparaître dans la longue durée les désirs de reconquête, mais plus précisément qu'il relève d'un genre bien établi par les chroniques antérieures, ici remarquablement illustré par la plume de l'auteur : le discours testimonial. On est frappé par le registre d'une expérience personnelle dont fait état le *Traité*. L'auteur s'est bien écarté de l'usage de la compilation : il a tout, ou presque, observé lui-même, même les détails qui concernent les assauts possibles, l'approvisionnement de l'armée et son débarquement. Piloti possède l'œil d'un homme de guerre et la sagesse d'un diplomate. S'il s'agit du même espace que celui qu'ont parcouru bon nombre de pèlerins, c'est pourtant une autre voix qui se fait entendre : celle d'un grand marchand à la fois occidental et levantin.

Le *Traité* est un témoignage irremplaçable sur le commerce en Orient : Emmanuel Piloti a laissé un document vivace sur cet aspect des relations avec l'Occident. Son destinataire est le pape, auquel il suggère instamment de subventionner l'expédition, mais le Saint-Siège n'était pas en période faste. Piloti s'adresse alors aux grands de la chrétienté, à ceux de

---

1. Voir l'édition de P.H. Dopp, en particulier son Introduction, pages VI à XLVIII.

« toutes nations crestiennes », aux princes des nations qui pratiquent le commerce, la Bourgogne, Venise, l'ensemble du bassin méditerranéen. Prendre Jérusalem, c'est occuper Alexandrie, et donc favoriser le commerce de l'Égypte et du monde oriental avec les terres chrétiennes. Or dans ce domaine Piloti est une voix extrêmement crédible, car il connaît à la fois les marchands d'Orient et les souverains locaux. Né en Crète vers 1371 [1], il connaît remarquablement l'Orient, et particulièrement le pays auquel il s'attache. Comme il décrit Le Caire, la Citadelle, les prisonniers de Nicopolis, il devait se trouver en Égypte en 1396. C'est en tout cas d'une longue activité commerciale qu'il rend compte ici : sur plus de quarante années, il en a passé vingt-deux en Égypte, séjour entrecoupé de voyages au Moyen-Orient, à Salonique, à Damas, à Venise.

Quant au *Traité* qui a fait partie de la bibliothèque importante de Philippe le Bon, il y eut d'abord une version en vénitien, probablement traduite par l'auteur lui-même. Celui-ci, pour mieux se faire entendre, l'a peut-être envoyée au grand-duc d'Occident. La rédaction même de l'ouvrage commence en 1420 et se termine lorsque Piloti se retire définitivement à Florence, après 1438. L'œil du voyageur est particulièrement attentif à la terre du Levant, à ses ressources, aux produits des lieux et aux richesses. En outre, Piloti est l'homme de la sociabilité et de la tolérance. Il fait état de nombreux entretiens au cours desquels il échange avec les Sarrasins des propos sur la religion. Piloti n'hésite pas à émettre des opinions sur la cour du Saint-Siège. Il tente avec vivacité de convaincre le pape de la nécessité de s'emparer d'Alexandrie. Eugène IV, que Piloti a bien connu, était malheureusement occupé par le grand schisme, et notre auteur n'est pas parvenu à son but. Ses rapports avec les sultans semblent avoir été excellents, en particulier avec le sultan Faradj qui le reçut en audience. Piloti lui rendit des services, et il rapporte du sultan de très belles paroles au chapitre cxxx du *Traité*. Quant au regard porté sur l'Égypte, il révèle que ce pays fut aimé d'une véritable affection. Piloti voudrait le voir soumis à la chrétienté, car il souhaite y finir sa vie et prévoir sa sépulture à Saint-Serge dans le Vieux Caire.

La structure du *Traité* peut déconcerter le lecteur : il y a — P.H. Dopp le soulignait — des digressions et des redites, mais le but en reste toujours très clair : il faut prendre Alexandrie, la chrétienté en tirera de « grands profits matériels et moraux [2] ». L'énonciation testimoniale s'y fait d'une manière conforme à la tradition. Le préambule fait état du peu de savoir de l'auteur, qui néanmoins adresse au pape et aux souverains chrétiens un appel véhément pour la croisade. Il donne des conseils pour la préparation d'une telle entreprise en rappelant les croisades anciennes, menées par

---

1. L'île appartenait alors à Venise.
2. P.H. Dopp parle à juste titre d'un « long plaidoyer pour la prise d'Alexandrie » (Introduction, p. xxvi).

des figures illustres, Godefroy de Bouillon et Louis IX. Puis il s'attache aux conditions de la conquête d'Alexandrie. Hélas ! La chrétienté apparaît divisée alors que les Sarrasins sont unis. Ce qui nuit à l'entreprise devrait être surmonté en vue de l'unité de la chrétienté, rassemblée en un mouvement unique de croisade qui saurait éviter ce qui dans le passé n'a mené qu'à des issues regrettables. Il s'agit à la fois de la construction d'un projet et d'un bilan.

L'unique manuscrit du *Traité sur le passage en Terre sainte* est mutilé de quelques feuillets[1]. Son trajet linguistique ne manque pas d'intérêt, puisque l'original aurait été composé en italien vénitien, ou « dans cette *lingua franca* à base d'italien, mais mêlée d'éléments pris à des idiomes divers, qui servait communément au commerce dans les ports du Levant[2] ». La syntaxe, souvent italianisante, est flottante pour les yeux d'un lecteur familier des textes littéraires, et dans quelques cas il a fallu adapter le texte pour le rendre intelligible. Nombre de pages sont empreintes de solennité, car Piloti se livre à un plaidoyer qui repose sur les constats du passé et invoque les raisons objectives de l'heure présente.

Emmanuel Piloti est un témoin partie prenante : l'homme du négoce évoque l'abondance de la terre et l'ingéniosité des hommes, et il rêve d'un libre échange sur terre et sur mer. Très frappante est l'attention portée aux modes de vie en terre égyptienne : crues du Nil, irrigation, production agricole, modalités d'un négoce que l'on souhaite libre et fructueux, sur lequel cependant pèsent les taxes des sultans. Très généralement, Piloti est ouvert aux mœurs des habitants, à l'étrangeté des coutumes, à la culture de l'Autre. Il sait noter des traits de comportements, l'absence d'esprit belliqueux par exemple. Rapportant la légende de Mahomet et du caloyer, il parle d'un fondateur qui n'est pas barbare, mais intéressé par la discussion et la confrontation, ouvert aux conseils, victime malheureuse des machinations d'hommes du pouvoir. Sur l'esprit de tolérance, il suffit de rapporter ces lignes du chapitre XXIX : « Je me trouvais avec quelques Sarrasins qui étaient mes amis, et auxquels je disais : "Vous entendez que la religion de Mahomet aura bientôt une fin, mais à quelle religion vous attachez-vous ?" — Et ils répondirent : "À une religion pacifique et bonne"[3]. »

Voilà donc une physionomie individualisée par l'expérience et le don

---

1. Ce n'est pas une œuvre inachevée que nous propose E. Piloti : « Les feuillets manquants ont dû se perdre parce qu'ils étaient volants et ne formaient pas un cahier complet » (P.H. Dopp, Introduction, p. VI).

2. *Id.*, Introduction, p. XXXIV.

3. Il s'agit là d'un passage où l'auteur évoque les prédictions sur la fin de l'Islam. Et il poursuit en s'adressant au pape : « ... je vous signale que les Sarrasins ont plus mauvaise opinion des Juifs et les méprisent ainsi que leur religion, plus que nous ne faisons nous-mêmes. Et ils estiment fort notre propre religion et espèrent la retrouver. »

d'observation. C'est en tout premier lieu l'activité intense du commerce qui intéresse Piloti, la diversité des produits qui circulent entre l'Orient et l'Occident, la nécessité d'accorder à ce commerce toute la liberté nécessaire. Pour la reprise de la croisade, c'est une raison de plus, et très importante, que Piloti ne cesse d'invoquer dans son livre. Le commerce, la séduction du profit, suggèrent une façon d'instaurer entre les hommes le dialogue. La liberté du négoce dans l'espace méditerranéen pourrait rejoindre cette cause sainte qui anime les désirs d'une expédition nouvelle en Orient. Celle-ci, on l'aura compris, passe par la conquête d'Alexandrie, la « bouche » et la « clef » de l'Égypte, et l'étape nécessaire vers Jérusalem, pour le plus grand bien des âmes des chrétiens. Le *Traité* conjoint les espoirs de la chrétienté et une perception intelligente des activités des hommes dans un espace propice à l'accomplissement d'un idéal, ainsi qu'aux prospérités plus concrètes. On saura gré à Emmanuel Piloti de donner, en ce Moyen Âge de la première moitié du XVe siècle, deux visions des choses, qui ne sont pas, et de loin, antagonistes.

Pour l'ensemble de notre volume consacré à *Outre-mer*, il n'était pas utile de traduire l'intégralité du *Traité sur le passage en Terre sainte*. On a souhaité en dégager l'esprit par des passages significatifs, tout en livrant la structure de l'ouvrage. Les passages qui n'ont pas été retenus pour la traduction sont indiqués par un résumé qui en donne les arguments, le contenu et la situation, par chapitre ou groupes de chapitres. Les rubriques des chapitres sont fidèles, par leur emplacement, à celles qu'a proposées l'éditeur du texte d'Emmanuel Piloti, P.H. Dopp. Pour leur contenu, elles sont parfois développées. Les notes données pour expliquer le texte qu'il transcrivait ont été précieuses, tant pour leur précision historique que pour l'attachement aux détails de la vie matérielle qui intéressent le grand commerçant du Levant. Le lecteur trouvera ici des chapitres tirés essentiellement de la première et seconde parties [1]. Si la troisième embrasse des sujets plus éparpillés, les deux premières sont extrêmement révélatrices de la conscience d'un homme de bonne foi lorsqu'il entend convaincre les « seigneurs chrétiens », et pour commencer le pape, de la nécessité de reprendre la Terre sainte.

DANIELLE RÉGNIER-BOHLER

BIBLIOGRAPHIE : *Traité d'Emmanuel Piloti sur le passage en Terre sainte (1420)*, publié par PIERRE-HERMAN DOPP, Louvain et Paris, Publications de l'université Lovanium de Léopoldville 4, 1958.

---

1. De ce que l'éditeur du texte considérait comme des « parties ».

Emmanuel Piloti débute son Traité *par la très habituelle clause d'humilité : si la « matière » est « grande », la « réputation de l'aucteur » est « petite ». C'est seulement « pour abréviation » qu'il rappellera la croisade de Godefroy de Bouillon et le rôle de Pierre l'Ermite. L'auteur affirme que sa « science », c'est-à-dire son savoir, est authentifiée par le fait qu'il la possède « par veue propre et pratique personnelle par dessus les dis pays dès que eulx. XXV. ans jusque je eu passé .LX. ans » ; ce sont presque cinquante ans de « longue veue » et « longue pratique », d'observation et d'expérience, qui l'autorisent à parler.*

[I-XII. Il s'agit en tout premier lieu d'un appel au pape en faveur d'une croisade. Emmanuel Piloti s'adresse à Eugène IV, élu en 1431, mort en 1447, « l'un des premiers papes humanistes[1] *». S'il a tenté d'introduire des réformes des ordres religieux, s'il s'est soucié du clergé de Rome, il a affronté le grand schisme. Or, Emmanuel Piloti rappelle au pape que Dieu fait naître dans son cœur et sa « pensée » l'ardent désir de ne pas faillir à la tâche : Dieu souhaite en effet voir les Lieux saints arrachés des mains des païens, revenir enfin aux mains des chrétiens afin que soit cultivé « l'honneur de Dieu en cette Terre sainte selon la manière qui est due », et que vengeance soit tirée des païens, ennemis de Dieu. Ceux-ci, ajoute Emmanuel Piloti, en ne reconnaissant pas la religion authentique, ont commis et commettent sans cesse d'innombrables fautes à l'égard de Dieu, et en particulier à l'égard du Sépulcre du Fils de Dieu. Emmanuel Piloti demande donc au pape d'accorder toute sa vigilance au temps présent. Cette supplique s'adresse également à tous les grands princes et seigneurs du monde.]*

De même que Dieu monta dans la barque de saint Pierre sur le lac de Tibériade pour faire cesser la tempête, ainsi faut-il que la croix de Jésus-Christ prenne place sur les navires et qu'elle conquière Jérusalem avec

---

1. Note de l'éditeur, *op. cit.*, p. 5.

l'armée des chrétiens ; il faut que tous aillent adorer ce lieu sacré, voir et entendre la sainte messe en ce lieu sacré du Saint-Sépulcre, dans le triomphe et bannières déployées sans crainte des païens. Il faut que le Levant soit soumis à la sainte foi, comme il l'a été dans le passé : ce fut le premier lieu où fut vénérée la religion de Jésus-Christ. Et en agissant de la sorte, vous [le pape] travaillerez pour Dieu, pour la rédemption de votre âme, pour la rédemption de nombre de chrétiens, pour l'honneur de toute la chrétienté, pour accroître votre renommée et votre gloire tant que vous serez en ce monde, de sorte que jamais rien ne nous manquera, et vous aurez ainsi tout accompli. Et je prie Dieu de vous aider, de vous apporter son aide ainsi qu'à tous les autres grands princes et autres seigneurs qui sont de fidèles chrétiens, qui vous suivront dans cette entreprise louable et excellente [1].

[Emmanuel Piloti évoque alors les causes qui ont ébranlé la cohésion de la chrétienté. Il s'agit d'abord du grand schisme d'Occident : l'auteur parle des difficultés rencontrées par Sigismond de Luxembourg, qui, élu empereur d'Allemagne et couronné à Aix-la-Chapelle, ne put se faire couronner comme roi des Romains par Eugène IV qu'à l'âge de soixante-cinq ans à Rome. Sigismond nourrissait l'espoir de lancer une croisade contre les Turcs qui menaçaient d'envahir son royaume de Hongrie. Il participa à la croisade de 1396, mais on sait quelle en fut l'issue à Nicopolis. Sigismond lui-même échappa à grand-peine à la défaite.

Cette guerre avait pour objet la suzeraineté sur des villes de l'Istrie appartenant à l'Empire. Les conflits qui opposaient les Vénitiens à l'empereur d'Allemagne, « les dissensions et les guerres entre l'illustre empereur et la seigneurie sérénissime de Venise », *nuirent à la cohésion de la chrétienté. La troisième cause enfin que déplore Emmanuel Piloti concerne les conflits entre le duc de Bourgogne et le roi de France [2]],* qui sont les premiers et principaux seigneurs et chefs des chrétiens, et cette division a suscité de grands malheurs et a dangereusement menacé la chrétienté. Ces faits regrettables furent l'objet de la vigilance de Votre Sainteté, qui envoya légats et ambassades à ces princes de sorte que pour finir, avec l'aide du Saint-Esprit, ils se réconcilièrent et conclurent une paix honorable. Cet accord et cette paix ont apporté un grand réconfort aux chrétiens, ils leur ont donné l'espoir d'être soutenus dans leurs préparatifs et ils ont permis la dispersion des païens.

[Emmanuel Piloti émet alors le vœu que les grands chefs de la chrétienté maintiennent entre eux l'esprit de paix. En apaisant les querelles entre les chrétiens, le pape pourrait réunir toutes les forces de la chrétienté pour la délivrance de Jérusalem.]

---

1. Édition citée, p. 7.
2. Il s'agit des inimitiés entre le duc Philippe et Charles VII et les Armagnacs. Philippe leur reprochait le meurtre de Jean sans Peur, son père. La réconciliation eut lieu avec Charles au traité d'Arras, en septembre 1435.

Comme dans le passé vous avez recherché cette fin, qu'il vous plaise d'en faire de même pour l'heure présente et pour l'avenir, de sorte qu'il en vienne tant de biens que ces chrétiens bénis puissent s'engager à faire leur devoir, pour l'honneur de Dieu, contre les païens et tirer des mains de ces barbares païens la sainte ville de Jérusalem, le lieu saint de Dieu en ce monde ; si elle demeurait entre les mains des païens, comme elle l'est actuellement, les cœurs de tous les fidèles chrétiens devraient en être affligés jour et nuit pour le respect dû à Jésus-Christ [1].

[Il est vrai que les seigneurs qui participeront à la croisade doivent remplir des conditions. La croisade concerne la vie spirituelle : il faut donc que chacun mesure avec prudence les moyens dont il dispose et sache s'ils seront suffisants pour l'ampleur de l'entreprise. Les conditions énumérées par E. Piloti concernent les vertus des Miroirs *du Prince, cette fois mises au service d'une cause immédiate et précise ; il faut s'entourer d'« hommes pourvus de sagesse, de prudence et d'expérience du monde ». La seconde condition est de rassembler suffisamment d'or : il en faudra beaucoup. La troisième, que le peuple des princes témoigne du zèle pour la cause de leur gloire et de leur réputation. La quatrième, que les princes obéissent à l'Empereur. Il faudra observer deux choses :* « L'entreprise doit rester secrète, car le secret la favorise. La rendre publique lui serait nuisible » *; il faut en outre que le seigneur jouisse d'une grande estime, car s'il a besoin d'aide, il l'aura plus vite des seigneurs qui le respectent.*

Si ces conditions sont observées, elles peuvent laisser espérer celle qui assure le succès, c'est-à-dire l'unité du commandement : il faut que des « nacions » diverses s'assemblent pour constituer une force importante et imposante. La vertu d'obéissance est ici louée et souhaitée, et c'est bien un chef unique qu'il faut à cette noble entreprise.

Emmanuel Piloti rappelle brièvement, en en tirant la leçon, les deux croisades passées qui se sont terminées par un échec ou dont les conquêtes n'ont pas été durables. « Ainsi je veux prouver à tous ceux qui possèdent intelligence et expérience que ceci est vrai, et je le prouverai par une expérience solide et par de bonnes raisons. » *L'expérience des événements passés, examinés avec soin, permet de mieux comprendre les choses du présent. Ainsi la croisade de Godefroy de Bouillon, « illustre chrétien et homme de sainte mémoire », n'a pas entamé la puissance du sultan du Caire. Saint Louis a échoué en Égypte, car il ne s'était pas auparavant emparé d'Alexandrie et la saison n'était pas favorable.]*

[XIII-XIV. L'auteur, pour convaincre de la nécessité de prendre Alexandrie, décrira Le Caire et l'Égypte : Le Caire est la résidence principale du sultan. Cette description précise est nécessaire pour éclairer les moyens de les conquérir.]

---

1. Édition citée, p. 10 et 11.

XV

IMPORTANCE DU CAIRE. SA POPULATION. LE NIL. LE DÉSERT

La cité du Caire est la plus grande cité du monde, parmi celles que l'on connaît. Sa circonférence est de dix-sept milles ; il y vit un nombre incalculable de gens, si bien qu'il n'y a pas assez de demeures dans la ville, et qu'ils couchent actuellement dans les rues, sans toit. Leur nombre ne peut se compter. Que chacun sache qu'il y a là une population nombreuse. Cette cité est située dans le pays d'Égypte, sur le rivage du fleuve appelé le Nil, dont on dit qu'il prend sa source au Paradis terrestre[1]. Les habitants y vivent d'eau et de produits de la moisson, de poissons et de fruits, comme je vous l'ai déjà dit auparavant et je compléterai mon propos. Dans aucun écrit on ne trouve que cette ville ait jamais été vaincue, ni entièrement ni en partie, ce qui est dû à la position forte du lieu où elle est assise. D'abord, la cité donne sur le fleuve, dont le cours suit la même direction que le vent appelé *sirocco*, et elle descend dans le sens opposé au vent que l'on appelle vent de Noroît. La ville est placée du côté oriental du fleuve, et de ce côté personne ne peut lui nuire, quel que soit le nombre des hommes qu'on y mettrait. Du côté du levant, on passe par des terres labourées que peuvent recouvrir les eaux du fleuve. Si l'on dépasse ces étendues de terre, commence le désert où l'on ne trouve que du sable ; il n'y a ni eau ni herbe, ni arbre ni habitations. Pour le traverser, il faut plusieurs journées, et il touche aux confins de la Syrie[2]. Le désert entoure la ville.

Puisque la moitié de cette ville du Caire est en position forte, il ne peut y passer beaucoup de monde, car on manquerait de vivres et d'eau. Et si l'on voulait attaquer avec peu de gens, l'armée de la ville opposerait de la résistance. Pour cette raison — c'est ce qui est arrivé dans le temps passé —, personne ne peut lui nuire du côté du levant, ce serait impossible. Et je vais vous le prouver par un fait réel : quand le grand Tartare Tamerlan descendit de Tartarie vers l'année 1400, avec six cent mille hommes, et qu'il conquit toute la Perse, tout l'empire de Tartarie, toute la Turquie, et puis toute la Syrie, en accomplissant des exploits étonnants, il voulut conquérir Le Caire, après avoir pris la Syrie. Il voulut s'informer des conditions du parcours et s'y rendre les yeux bien avertis comme font les seigneurs pourvus de sagesse. Après avoir entendu la description des lieux, comme je l'ai fait plus haut, il se rendit clairement compte qu'il ne lui serait pas possible de passer cet immense désert du côté du Caire, et qu'il n'avait pas assez de forces armées pour une telle conquête. En

---

1. Le Nil était avec le Gange, le Tigre et l'Euphrate, l'un des fleuves du Paradis.
2. Par Syrie il faut entendre la Syrie actuelle et la Palestine.

apprenant ces nouvelles, il renonça à l'entreprise et s'en retourna. Ainsi du côté du levant la ville est imprenable.

Du côté de l'occident il en est de même, à cause du fleuve qui est si large que l'on s'imaginerait une mer, ce qui vaut des fossés et des murs. Pour cette raison, la ville est également inexpugnable du côté occidental. Par cette situation on sait qu'elle peut résister, et l'on ne peut lui causer aucun tort par voie de terre, ni du côté du levant ni du côté de l'occident. Ainsi elle s'est maintenue si longtemps et elle se maintiendra, si Dieu n'ouvre les yeux aux chrétiens sur la voie que je vous indiquerai, et par les manières et moyens que je rappellerai avec la grâce du Saint-Esprit.

XVI

PROSPÉRITÉ DU CAIRE : LA FERTILITÉ DU SOL ET LE COMMERCE

Cette ville est la plus prospère du monde, pour tous les aspects dont on peut parler. Sa prospérité tient à deux raisons principales : d'abord à cause du pays qui est très fertile jusqu'à l'entrée du désert du côté du levant, comme je l'ai dit plus haut. Mais du côté d'occident il n'y a nul désert : cette terre peut être inondée d'eau, elle est féconde et remarquablement fertile pour la quantité et la qualité de ce qu'elle produit, comme je le dirai dans ce livre. De ces conditions du pays provient une grande part de sa prospérité. Le reste vient des activités remarquables et bénéfiques pour la vie des hommes, activités très profitables à la richesse, comme je le dirai ensuite. Nous commencerons par parler des choses qui poussent dans le pays, produits courants et nécessaires à la vie. Puis nous parlerons de l'autre cause de la prospérité.

XVII

PRODUITS DU SOL

D'abord le froment et toutes les céréales poussent en très grandes quantités ; ensuite il y pousse des légumes, c'est-à-dire des fèves, des haricots, des lentilles et toutes autres sortes de légumes en grande abondance, si bien que, malgré le grand nombre des gens qui y demeurent, tous vivent dans l'abondance et sans pénurie. En de nombreuses occasions, la Syrie a manqué de blé et a reçu de l'aide apportée par le pays dont je parle, qui lui a fourni par voie maritime des céréales et des légumes. Que chacun évalue avec bon sens : les habitants sont nombreux, et malgré tout ils vivent dans l'abondance. En outre ils peuvent secourir d'autres pays ! Ainsi peut-on conclure, et sans se tromper, que le pays est fertile. Et pour parler des aliments que l'on mange en période de carême, outre ce dont j'ai parlé plus haut — pour être bref et faire connaître les conditions du pays, et également parce que plus loin, et plus en détail, j'en parlerai dans ce *Traité* —, ils ont du poisson frais, pêché dans le fleuve en très grande abondance ; des fruits, et pour commencer des raisins qui donnent du vin ; quant à la consommation d'autres fruits, ils en ont peu, et ils les mangent avant leur maturité, à cause du nombre élevé de la population. Ils n'ont point d'huile, il faut qu'ils en reçoivent de la région d'occident, et partiellement aussi de Syrie, car la Syrie en produit en grandes quantités.

XVIII

AUTRES APPROVISIONNEMENTS

Parmi les produits comestibles, comme les viandes de toutes sortes, ils en ont en grande quantité : bœufs, buffles, brebis, chèvres et autres sortes d'animaux. Ils ont une grande quantité de volailles et en font commerce, et ceci se déroule d'une manière étonnante, comme je le raconterai en un autre chapitre de ce *Traité*. Ils ont du gibier. Pour toutes les autres denrées nécessaires, il faut qu'elles soient importées par le port de la ville d'Alexandrie, laquelle peut incontestablement être considérée comme l'entrée et l'issue du Caire et de toute l'Égypte ; sans la ville d'Alexandrie, Le Caire ainsi que l'Égypte entière ne pourraient subsister, comme je le montrerai par la suite très clairement.

XIX

CLIMAT SAIN DU CAIRE. VERTU DE L'EAU DU NIL. FORTE NATALITÉ. LES MAUX D'YEUX. CARACTÈRE PACIFIQUE DES HABITANTS.

Outre ce qui est nécessaire à la vie, chacun constate que la ville du Caire jouit du climat le plus agréable au monde, le plus bénéfique à la vie des hommes. Il est tempéré, si bien que jamais il n'y fait froid. Il ne fait jamais trop chaud, et tout particulièrement les habitants connaissent les produits susceptibles de rafraîchir, dont ils usent sans cesse au temps de la chaleur qu'ils supportent ainsi aisément : il s'agit d'eaux médicinales, de sirops de sucre et d'autres préparations, les plus profitables qui soient au monde. Comme ils ont chez eux les maîtres les plus compétents qui soient, avec ces remèdes-là ils restent frais et dispos, et la chaleur ne les accable pas. Enfin ils ont l'eau du fleuve qui est la plus précieuse du monde : tous ceux qui se trouvent là peuvent en boire autant qu'ils veulent, à toute heure, et jamais elle ne leur nuira, si l'on observe les usages du pays. L'eau doit se puiser dans le fleuve : on la verse dans un grand récipient de terre, fermé et placé en un endroit où elle puisse reposer durant vingt-quatre heures. Elle est trouble lorsqu'on la puise, mais quand elle a reposé quelque temps, elle devient tout à fait limpide. Lorsqu'elle est limpide, on peut la boire, et elle est étonnamment bonne, comme je l'ai dit. Elle a sur l'homme les effets suivants : elle permet une très bonne digestion, de sorte qu'on est toujours en appétit, plusieurs fois par jour, et la digestion se fait bien ; elle permet d'éviter les maux d'estomac, les calculs à la vessie, la goutte et ces maux terribles et mortels qui accablent le reste du monde. Tous sont en bonne santé. Et si des habitants de pays étrangers sont frappés de ces maux, ils sont guéris s'ils séjournent en ces lieux un an au moins. C'est la vérité : le climat et l'eau sont excellents, et ceci est prouvé par le fait que ces gens sont prolifiques. Il suffit de considérer la natalité, chacun comprendra que je dis vrai. Une seule maladie se trouve dans ce pays, et aucune autre : elle survient par accident et non par la faute du climat. Il s'agit d'une maladie des yeux, causée par la poussière abondante soulevée dans toute la ville par le grand nombre des gens qui vont et viennent, ainsi que par le commerce actif qui s'y fait. Pour cette maladie ils ont des remèdes puissants, parce qu'ils sont très compétents et pleins d'expérience. En outre, le climat a encore un défaut, c'est que les hommes du pays ne sont pas animés d'humeurs belliqueuses : ils sont paisibles et veulent vivre dans la tranquillité. Ce sont des hommes d'une grande sagesse et d'un esprit très délié, mais ils ne connaissent aucunement l'exercice des armes. Voici les effets du climat et de ces eaux, pour parler bref.

XX

SECOND FACTEUR DE PROSPÉRITÉ : LE COMMERCE. PREMIÈREMENT PAR VOIE DE TERRE

La seconde raison de la prospérité de la ville est l'afflux de gens pour le commerce auquel tout le monde s'adonne au Caire, par voie maritime et par voie de terre. D'abord les marchands en grand nombre, venant de la Perse qui se trouve du côté de l'Empire byzantin, transportent des marchandises de grande qualité et de grande valeur, qu'ils apportent au Caire ; de là ils se rendent en Inde Majeure et Mineure situées dans le sens inverse du vent du sud et du sirocco. Les habitants de la Perse, connaissant l'important négoce et le profit que l'on peut espérer, fréquentent de nombreux marchands du Caire. Et à leur tour, les gens de l'Inde viennent en nombre avec des épices de toutes sortes, qui valent autant qu'une très grande quantité d'or. Ils apportent le tout au Caire, ensuite se rendent dans toute la Perse et l'Occident, et ils rapportent des marchandises pour eux-mêmes, si bien que ces gens de l'Inde en tirent grand profit. Et il serait encore plus grand pour toutes les nations qui se rendent en ces lieux si le sultan les traitait bien : mais il faut dire que la moitié de leurs marchandises est revendiquée par le sultan et ses fonctionnaires, qui soumettent tous ceux qui arrivent à des taxes exorbitantes. Comme cette ville jouit de la position forte que l'on sait, les marchands ne peuvent faire autrement que d'y aller et de subir les taxes que réclament le sultan et tous ses fonctionnaires. C'est de là que provient une grande partie de l'immense et inestimable trésor en la possession du sultan et des siens, ainsi qu'entre les mains d'une grande partie des habitants de la ville, c'est-à-dire les gens importants.

La situation de la ville est étonnante, à cause de tous ceux qui y viennent, de Perse et d'Inde, deux nobles parties du monde, et je vous assure qu'une grande partie du pays du Levant y afflue pour les raisons dont j'ai parlé. Mais ce n'est pas toujours le cas, car une partie des gens du Levant se rend à Damas, ville principale de la Syrie. Voilà pour ce qui concerne le commerce par voie de terre. Les bénéfices de ce commerce — c'est-à-dire ceux qui sont licites et honnêtes, tels que les droits de douane ordinaires — appartiennent au sultan ; outre les taxes dont on a parlé, ces droits de douane rapportent des trésors innombrables chaque année. Les habitants de la ville, pour effectuer leurs achats et pour vendre des marchandises, en tirent grand profit. Et de même les métiers et les industries qui profitent de ce commerce. Enfin les serviteurs et les porteurs, les animaux, les embarcations sur le fleuve, les logements, et tout ce qui concerne les habitants de cette ville, tous en retirent grand profit. Une grande partie des richesses de cette ville provient de ce commerce par voie de terre, le reste provient de la mer, comme je vais en parler plus précisément maintenant.

XXI

DEUXIÈMEMENT : LE COMMERCE MARITIME

L'autre activité menée au Caire est due aux deux mers qui se rejoignent en ce lieu, entre lesquelles se situe la ville du Caire, c'est-à-dire la mer d'Orient et la mer d'Occident. *[Suivent les détails géographiques sur la situation de ces deux mers.]*

La mer du Levant pénètre dans les terres comme dans un golfe, jusqu'à un lieu nommé La Mecque, qui se trouve entre les mains du sultan ; c'est là que parviennent la plupart des épices, et c'est là qu'on en fait le chargement. Ces marchands qui vont chercher les épices de La Mecque apportent d'Occident des marchandises de toutes sortes vers Alexandrie, pour en pourvoir les pays dont il a été question. Ces biens sont apportés généralement par les caravanes de La Mecque, on les vend et on échange, on achète les épices et d'autres marchandises, ce qui est la source d'un grand profit. C'est ce que font les gens du Levant qui apportent les épices et emportent les marchandises d'Occident vers le Levant. De la sorte, Le

Caire, ville située entre ces deux mers, permet au monde de se nourrir et de satisfaire aux nécessités : l'Occident reçoit les marchandises du Levant, et le Levant reçoit les marchandises d'Occident. La Perse et l'Inde s'approvisionnent par cette voie. Ce commerce est une activité remarquable et surprenante : je crois qu'il n'en est pas de semblable au monde. La ville s'enrichit, car la bonne substance se trouve là.

[XXII-XXV. L'auteur reprend en détail la description du Caire et du pays d'Égypte. Il s'attache aux différentes classes de la population, dont la première est le peuple égyptien. Ses maîtres sont le calife et le sultan. Il évoque alors des faits contemporains : la révolte de mamelouks contre le sultan Faradj, la mort de ce sultan.]

XXVI

LA RELIGION MUSULMANE. LOI PUNISSANT LES NÉGATEURS. DISCUSSIONS RELIGIEUSES DE L'AUTEUR AVEC DES MUSULMANS

À propos de sa religion, Mahomet dit : « Comme la religion que je vous enseigne est vraie et bonne et souveraine par-dessus toutes les autres religions, et parce que Dieu sera juge de tous, et afin qu'elle ne soit ni contestée ni mise en doute, j'ordonne qu'elle ne puisse être discutée. Celui qui voudra discuter sera aussitôt fendu de la tête aux pieds. » Et ainsi, si quelqu'un se met à discuter de leur religion, ils le font couper en deux.

Quand leur prêcheur[1] monte en chaire dans leurs mosquées, il prononce d'abord ces phrases, puis tire l'épée hors du fourreau et la tient nue devant lui, jusqu'à ce qu'il ait terminé de prêcher.

Comme j'ai longuement fréquenté les païens, au Caire et en d'autres lieux, quand je me trouvais dans l'intimité avec quelques Sarrasins que je connaissais bien, et comme je voyais que leur cœur était pur et dénué de malice, je me faisais hardi et leur demandais si leur religion ne parlait pas des enseignements pour l'âme. Ils répondaient que non : il s'agissait des plaisirs du corps.

« Pour cette raison elle peut être considérée comme une religion de buffles et de chameaux et d'autres animaux. Mahomet vous a transmis une religion fermée et mise sous clé, car il veut qu'elle ne soit pas connue. Et je considère qu'elle n'est point authentique, elle est très mauvaise et elle mène à la damnation des âmes. »

Et donc, seigneurs chrétiens, je puis affirmer en vérité qu'un grand nombre d'entre eux ont toujours consenti à reconnaître que je disais vrai ;

---

1. Il s'agit de l'imâm qui monte en chaire le vendredi : il tient à la main une épée de bois signifiant la défense de la doctrine de Mahomet.

mais les chrétiens ont le tort de ne pas permettre de discuter de religion, et de considérer que la leur est la meilleure et qu'il faut que tous y adhèrent. Pour cette raison, prions Dieu que l'armée des chrétiens prenne des dispositions telles que l'on puisse confronter la religion chrétienne à celle des païens.

XXVII

SYMPATHIE DE MAHOMET POUR LES CHRÉTIENS.
LÉGENDE DE MAHOMET ET DU CALOYER :
ORIGINE DE L'INTERDICTION DU VIN

Mahomet, disent-ils, a déclaré dans le livre de la religion : « Les chrétiens sont des gens respectables, et ils ont toujours été nos amis ; et ainsi je vous les recommande beaucoup, et je veux que leurs églises ne soient point touchées afin qu'ils puissent en profiter et n'aient pas à édifier d'églises neuves. » Ce qui est fait [1].

Les habitants qui peuplaient la région de la Syrie à La Mecque étaient tous païens, et la moitié d'entre eux croyaient au feu, l'autre moitié à l'eau. Mahomet, le grand chef des Bédouins, sortit de La Mecque avec douze conseillers, et, accompagné d'un grand nombre d'hommes, il alla conquérir ces gens avec grand succès. Près de lui il y avait un caloyer [2], c'est-à-dire une sorte de vieux moine chrétien qu'il aimait comme son père. Il dormait toujours dans sa tente à ses côtés — et les douze conseillers dormaient au-dehors de la tente — parce que Mahomet prenait conseil auprès de ce moine, tous les jours, pour savoir quelle religion il devait enseigner au peuple dont il se rendait maître. Le moine lui parlait toujours de la religion chrétienne. Les conseillers s'y opposaient et disaient de la religion chrétienne qu'elle était mauvaise, sévère et difficile à observer. De sorte que tous les jours il y avait des différends entre les conseillers et le moine, parce que Mahomet tenait fermement à ce que lui disait le moine. Le temps passait et les conseillers étaient fort irrités de

---

1. Piloti ne sait visiblement pas que le Coran ne mentionne pas les églises : le calife Omar, lors de la conquête de l'Égypte, donne l'ordre aux chrétiens de ne construire aucun édifice religieux, et de relever les bâtiments en ruines. (Note de l'éditeur, *op. cit.*, p. 39.)
2. Les caloyers sont des moines grecs de l'ordre de saint Basile. La légende date du VIIIe siècle en Arabie, elle se répand en Mésopotamie, en Syrie, à Byzance puis en Europe : elle fait état d'un moine jacobite ou nestorien. Le point de départ, estime l'éditeur d'Emmanuel Piloti, aurait pu être l'idée d'une influence chrétienne sur l'enseignement de Mahomet. Pourtant, la légende du meurtre du moine par Mahomet ne semble pas s'être réellement répandue dans la culture médiévale. D'après Guillaume de Tripoli, qui se trouve à Saint-Jean-d'Acre en 1273 et qui se sert de sources arabes, le moine, nommé Bahayra, était reclus dans un monastère sur la route de La Mecque au Sinaï. Il aurait fait l'éducation du jeune Mahomet, qui, après avoir déjà acquis beaucoup de notoriété, revenait voir son maître. Les compagnons de Mahomet, mécontents, décidèrent de se débarrasser du moine. La légende de l'origine de l'interdiction du vin est donc connue sous cette forme au XIIIe siècle. Voir également le récit du dominicain Riccoldo da Montecroce, mort en 1320, qui connaissait le Coran et voyagea en Palestine : il fait une allusion à cette légende.

TRAITÉ SUR LE PASSAGE EN TERRE SAINTE

voir qu'un moine s'opposait à l'opinion de ceux qui se considéraient comme des autorités auprès de Mahomet. Si bien qu'un jour Mahomet se rendit à la taverne où il s'enivra. Quand il fut bien ivre, il alla dormir dans sa tente, le moine à ses côtés. Alors, durant la nuit, les conseillers se concertèrent et décidèrent de tuer le moine. L'un des douze conseillers entra dans la tente, prit l'épée de Mahomet, la tira du fourreau et alla vers l'endroit où dormait le moine ; il lui coupa la tête. Puis il remit l'épée toute sanglante dans le fourreau. Le matin, quand Mahomet se leva et vit le moine mort à ses côtés, il en fut très accablé et voulut absolument savoir la vérité et trouver le meurtrier. Alors les douze conseillers lui dirent : « Seigneur, vous avez passé hier toute la journée à la taverne. Vous avez bu plus que de coutume, et puis vous êtes allé dormir. Vers le milieu de la nuit, vous vous êtes levé, en proie à une grande agitation. Vous avez tiré votre épée du fourreau en la brandissant de tous côtés dans la tente. Nous avons craint que vous ne tuiez l'un d'entre nous, et nous n'avons pas osé nous approcher de vous. Allez prendre votre épée, seigneur, et vous la trouverez toute sanglante encore, comme nous venons de vous le dire. »

Mahomet prit son épée, la tira du fourreau et la vit ensanglantée. Il crut donc qu'il était vrai qu'il avait tué le moine. Aussitôt il prononça la promesse de ne plus jamais boire de vin, ni lui ni les autres païens. Et ainsi ils s'en gardent par peur, mais non par dévotion : là où ils en trouvent, ils s'y noient. Seigneurs, depuis la mort du moine, il n'y eut aucun autre pour se souvenir de la religion chrétienne. Et de cette manière les douze conseillers accomplirent leur funeste projet. Cette religion bestiale se répandit, devenant l'ennemie de la sainte religion de Jésus-Christ. Cela est dû à la défaillance des seigneurs chrétiens, et tout d'abord du pape de Rome, de l'Empereur et des autres seigneurs de la chrétienté.

[XXVIII-XXX. Il s'agit là des démarches que l'auteur dit avoir effectuées en faveur des chrétiens et des juifs en 1411. Il rapporte également les prédictions astrologiques sur la fin de l'Islam [1]. Il parle de la révérence en laquelle les musulmans tiennent la foi chrétienne. Enfin il rapporte une anecdote relative à l'auteur sur le châtiment d'un blasphémateur [2]. Il relate la destruction de l'église Sainte-Marie-de-Maghatas sur l'ordre du sultan Barsbey, en 1438, enfin la mort de ce sultan.]

---

1. Il a été impossible de trouver les sources des prédictions qui annoncent cette fin de l'Islam. Elles semblent se servir d'un fonds de traditions connues au XIIIe siècle. Voir Guillaume de Tripoli à la fin du XIIIe siècle, le dominicain Guillaume Adam en 1332 affirmant que les Sarrasins croient à une prédiction suivant laquelle leur secte doit être anéantie par un prince de France. Cf. édition citée, p. 47, note.

2. « Une fois un Sarrasin blasphémait notre religion chrétienne : j'allai trouver l'émir, pour exposer ma plainte de ce qu'il tenait de mauvais propos sur Jésus-Christ, mon prophète, le fils béni de sainte Marie. Alors ce Sarrasin fut pris, et on lui donna tant de coups

XXXI

LE RAMADAN.
LOI CONTRE L'USAGE DE LA CHAIR DE PORC ET DU VIN

Le carême durant lequel les païens jeûnent commence le premier jour de la lune et dure jusqu'à la pleine lune, et jusqu'au moment où ils voient la nouvelle lune, laquelle dure près de trente jours. Et ils commencent à manger lorsqu'ils aperçoivent la première étoile, et ils ont le droit de manger jusqu'à l'aube ; puis ils jeûnent jusqu'à la nuit, au moment où paraît la première étoile. Durant toute la journée, ils ne peuvent ni manger ni boire, et si l'un d'eux a mangé ou bu, la religion prévoit qu'on lui donnera quatre-vingts coups de bâton sur la chair nue et qu'il sera mené tout nu à travers la ville. Leur repas de carême est aussi abondant que d'ordinaire ; leur carême s'appelle le Ramadan. Il a lieu une fois dans l'année.

Mahomet ordonna que celui qui mangerait de la viande de porc ou boirait du vin serait frappé de quatre-vingts coups de bâton sur la chair nue et serait mené dans la ville, car ils n'ont d'autre pénitence que les coups de bâton.

XXXII

L'AUTEUR CONDAMNE LA FOI MAHOMÉTANE.
LA MENACE TURQUE SUR L'EUROPE

Seigneurs chrétiens, la religion de Mahomet ne parle ni d'amour ni de charité ni de foi, car elle ne repose aucunement sur le bien de l'âme, elle ne s'occupe que du corps. C'est une religion bestiale. Elle n'est observée que par peur de l'épée et des coups de bâton, et pour cette raison il est interdit de la discuter. Mais cette religion bestiale prospère, se diffuse, attaque la chrétienté et veut la soumettre. Voyez l'empire de Constantinople où tout est converti et soumis à la puissance du Grand Turc. [...] Tous, avec leurs hommes et leurs armes, vont attaquant la chrétienté, de sorte qu'il n'y a plus de chrétiens dans la nation des Byzantins. Et déjà on a commencé à assaillir la religion catholique, comme cela s'est passé en Hongrie et dans une partie d'Allemagne, où les gens sont pris et traînés comme des troupeaux de bêtes. On les emporte, on les fait devenir turcs ou païens.

---

de bâton qu'il resta pour ainsi dire mort. Et c'est ainsi qu'ils [les Sarrasins] honorent notre très sainte religion », édition citée, p. 48.

[XXXIII-XXXVII. L'auteur s'attache ici à la deuxième classe de la popula-
tion : les mamelouks, à la façon dont les mamelouks furent achetés [1], à leur
éducation, à leur carrière. Emmanuel Piloti parle également de la troisième
classe de la population, les Bédouins [2].]

XXXVIII

IMPORTANCE DES BÉDOUINS ET D'ALEXANDRIE
POUR LA VIE DE L'ÉGYPTE

La domination des Bédouins sur le pays commence au Caire et va
jusqu'à Alexandrie. Cette cité d'Alexandrie se maintient et vit par le
passage des Bédouins : tout d'abord pour les farines et céréales, les oies,
les volailles et toutes sortes de viande de boucherie, bœufs, moutons, et
toutes autres sortes de denrées. Les Bédouins font vivre cette ville. Et
quand ils sont en guerre et que les chemins sont coupés, la cité d'Alexandrie est en grande détresse [...]. Les Bédouins alors ravagent tout ce qui
pousse au pays. C'est qu'ils transportent toutes les choses qui leur sont
nécessaires, sans lesquelles ils ne peuvent vivre. Ces biens, ce sont
d'abord les draps de laine, puis les tissages de Barbarie pour se vêtir, et
ensuite, pour leur consommation, l'huile, le miel, le savon, les noix, les
noisettes, les amandes, les châtaignes, les raisins secs, beaucoup de petits
raisins, l'argent d'orfèvrerie et de nombreux autres produits nécessaires à
leur pays ; ce sont des biens qu'ils achètent, et ils donnent en échange des
produits apportés de leur pays, qui ne pourraient se vendre autrement.
Ainsi il n'est pas possible et d'aucune manière que le pays des Bédouins
puisse vivre sans la ville d'Alexandrie, ni la ville d'Alexandrie sans le
pays des Bédouins.

XXXIX

SYMPATHIE DES BÉDOUINS POUR LES CHRÉTIENS D'OCCIDENT.
LEURS MAUVAISES DISPOSITIONS À L'ÉGARD DU SULTAN

La nation des Bédouins est plus proche que nulle autre nation païenne
de ce que veulent les chrétiens. Souvent nous étions en train de nous
entretenir au sujet des mauvais traitements que leur inflige le sultan,

---

1. « En Turquie, et à la cour du Grand Turc, qui se trouve à Andrinople, il y a d'importants négociants païens, qui ne font autre commerce que d'acheter des petits esclaves,
garçons et filles, à l'intention du sultan, pour les conduire au Caire » (chapitre XXXIV). Les
plus prisés, dit Piloti en indiquant leur prix, sont les Tartares, puis les Tcherkesses, puis les
Byzantins, les Albanais, les Slavons, les Serbes. Le sultan envoie aussi ses serviteurs à
Caffa, porte de Crimée, où l'on demande aux esclaves s'ils veulent être chrétiens ou païens.
Ceux qui disent vouloir être chrétiens sont gardés sur place. Ceux qui disent vouloir être
païens sont conduits au Caire, auprès des autres, et ils prennent la religion de Mahomet.
2. Le texte dit « les Arabes » : il s'agit des Bédouins d'Égypte.

comme aux marchands chrétiens[1]. Et ils disaient : « Où est la grande armée des chrétiens d'Occident, et pourquoi ne veulent-ils pas attaquer la ville d'Alexandrie et libérer tous ces gens des mains du mauvais sultan[2] ? Et pourquoi ne se rendent-ils pas maîtres d'une si noble ville, la tête et la clé du Caire et du reste du pays ? » [...] Et les Bédouins rapportaient les propos de leurs grands maîtres : « Si nous remettions nos femmes et nos enfants entre vos mains, pour votre sûreté au sein de cette ville, nous voudrions vivre et mourir avec vous comme il est juste de le faire, car nous ne pouvons plus supporter les cruautés exercées contre nous. » Et pour cette raison, seigneurs chrétiens, ne doutez pas que si les chrétiens étaient maîtres de la ville d'Alexandrie, en peu de temps les Bédouins seraient à leurs côtés pour précipiter l'anéantissement du sultan, car les seigneurs du Caire ont l'habitude de leur donner des coups de bâton sur la chair nue pour tirer des ducats de la main du peuple du pays, et il leur est interdit de monter des chevaux, ils n'ont droit qu'aux ânes[3].

XL

LA CRUE ANNUELLE DU NIL

Au pays d'Égypte, il ne pleut jamais, et les habitants placent leur espoir et leur vie en la crue du Nil, laquelle a lieu une fois l'an. Elle commence le quinzième jour de juin et elle croît. Au milieu du fleuve, au Caire[4], est plantée une haute colonne de marbre, de couleur sanguine ou violette, semée de signes[5]. Et tous les matins de nombreuses personnes vont à cheval, en ordre et les bannières sur l'épaule, pour observer de combien de marques l'eau est montée durant la nuit. Ces gens-là, à cheval avec leurs bannières, parcourent la ville en criant : « Le fleuve a augmenté cette nuit de tant de marques ! » Ces cris doivent apporter au peuple joie et réconfort. Ainsi, du premier jour d'août au 8 de ce mois, la rivière atteint sa crue la plus forte. Et le peuple est assuré que cette année-là l'abondance régnera.

Autrefois on avait creusé au Caire un fossé dans la terre ; la bouche de

---

1. Musulmans et chrétiens, dès lors qu'ils étaient marchands en Égypte, étaient, semble-t-il, très mécontents du sultan Barsbey qui entravait la liberté du commerce sur les terres se trouvant sous sa domination. Cf. édition citée, p. 59, note 2.

2. Ainsi, ce sont tous les marchands d'Égypte, aussi bien musulmans que chrétiens, qui se plaignent du sultan Barsbey, décrit comme mauvais et rapace.

3. Il s'agit d'une ordonnance de 850 qui concernait le costume des juifs et des chrétiens : ils étaient obligés de porter la ceinture, il leur était interdit de monter à cheval. Ils ne pouvaient chevaucher que des mulets ou des ânes. Ce sont là prétextes à amendes, estime l'éditeur d'Emmanuel Piloti.

4. « Babilone » dans le texte ancien : ce nom désigne le Vieux Caire.

5. Il s'agit du nilomètre, décrit par de nombreux voyageurs. Cette colonne fut édifiée en 715.

ce fossé est fermée de terre pressée à la main [1]. Ce jour-là se déroulent une grande fête et un cortège triomphal de barques et de galères sur le fleuve. Le sultan chevauche vers la bouche du fossé fermée par la terre : il descend de sa monture et avec une houe d'or par trois fois frappe la terre qui recouvre le fossé [2], puis il remonte à cheval. Alors arrive un très grand nombre de gens avec des houes et ils enlèvent la terre de la bouche du fossé. Aussitôt l'eau vive pénètre dans la ville et les hautes demeures de tous les côtés. De nombreuses barques y naviguent. Il y a des chants et des manifestations de joie.

Il est vrai qu'il arrive parfois, mais le fait est rare, que la crue n'ait pas lieu au signe accoutumé, et on ne peut semer. Dans ce cas les vivres sont chers et rares, beaucoup de gens meurent. Et s'il n'y avait des céréales de l'an précédent, et sans les secours que les chrétiens leur apportent par chargements de navires, céréales, farines, bestiaux, pois et fèves, il en mourrait beaucoup plus, car une grande famine les accablerait. Durant les vingt-deux ans où j'ai fréquenté ce pays, ce fait n'est arrivé qu'une seule fois : et chaque jour j'ai vu un grand nombre de gens mourir de faim.

XLI

IRRIGATION DU PAYS

Quand le fleuve a atteint le signal le plus élevé et que la crue est à son comble, à quelque vingt-sept milles du Caire, le fleuve se divise en deux bras. L'un va vers Damiette [3], l'autre vers la bouche de Rosette. Entre ces deux bras se trouve l'île de Gharbîya [4], qui est le principal secours du Caire. C'est de là que proviennent tous ses vivres, ou du moins une grande partie.

Quand le fleuve a atteint son niveau le plus élevé, aussitôt les gardes font dresser sur les rives des tentes rondes très nombreuses. Chacune est destinée à dix mamelouks dont la charge est de faire ouvrir les bouches des fossés et de laisser courir les eaux au milieu des champs. Elles se répandent et couvrent tout le pays, qui alors ressemble à une large mer. Les villages en émergent, qui ressemblent vraiment à des îles. Et quand le pays est recouvert par les eaux, les mamelouks sont prévenus au moyen de feux, la nuit, et ils font refermer les bouches qu'auparavant ils avaient fait ouvrir. Ils le font d'abord du côté de l'Occident, du côté de la Barba-

---

1. Il s'agit d'un canal qui aboutissait au Nil en face de l'île de Roda.
2. Le « fossoir » est une sorte de houe qui était encore en usage en Égypte il y a quelques dizaines d'années. C'est par de telles solennités que le barrage du canal est ouvert.
3. Port sur une bouche du Nil.
4. La Gharbîya est une province de la Basse-Égypte, comprise entre les deux branches de Rosette et de Damiette.

rie [1], puis ils en font de même de l'autre côté du fleuve, vers la Syrie, du côté du levant. Les eaux ainsi répandues sur le pays, on utilise des barques pour aller d'un village à l'autre. Avec le temps, les eaux baissent, et la terre, gorgée d'eau, est prête à être travaillée. Les paysans se mettent alors à semer, et ils font comme il leur plaît. Durant l'été, ils moissonnent et récoltent bien vingt à vingt-cinq fois plus qu'ils n'ont semé. Ils n'ont d'autre eau que celle du fleuve ; durant l'hiver, il y a de grandes rosées, mais seulement la nuit. Pendant la journée, durant l'été, le climat est agréable.

Tous ceux qui veulent construire une demeure au village prennent autant de terre qu'il leur faut dans le fossé, pour édifier une fondation haute de deux quartiers [2], et sur cette fondation ils construisent la maison. Chaque village a ainsi un fossé plus grand que la place d'une ville. Durant l'époque où les eaux se répandent sur la région, les fossés s'emplissent de cette eau dont se servent tous les villages et les animaux. Au bout de l'année, ces fossés restent pleins ou diminuent. Dans tout le pays d'Égypte on ne trouve point d'eau douce, sinon celle du fleuve, et celle du puits de Matariya qui se trouve à trois milles du Caire, où naît le baume, comme le dit l'histoire du pays, et comme on le peut lire dans ce livre.

XLII

SITUATION D'ALEXANDRIE.
SON APPROVISIONNEMENT EN EAU DOUCE

Mes seigneurs, la ville d'Alexandrie est édifiée à trente-cinq milles du fleuve, et elle se trouve en lieu sec. Et celui qui l'édifia le fit dans l'espoir de permettre au secours d'arriver par la voie du fleuve ; il décida que dans la campagne, du fleuve jusqu'aux murs d'Alexandrie, on creuserait la terre à la force des bras, et il fit creuser un canal assez large pour que les bateaux, petits et grands, puissent aller du fleuve à Alexandrie, et retourner au fleuve chargés de toutes les marchandises souhaitables. Du fleuve jusqu'à Alexandrie on compte trente-cinq milles.

La ville d'Alexandrie est en lieu sec, et il n'y a que des puits d'eau salée. Mais chaque demeure se trouve construite sur une crypte dans laquelle se trouve une citerne qui s'emplit d'eau. Ainsi tous les ans, lors de la crue, grâce au fossé creusé à la force des bras comme il est dit plus haut — ce fossé s'appelle Caliz [3] — par lequel les eaux parviennent jus-

---

1. « Barbarie » : les pays barbaresques.
2. Il s'agit d'une unité de mesure, probablement le quart de l'aune.
3. « Caliz » vient du mot arabe *khalîg*, c'est-à-dire « canal ». Des canalisations souterraines mènent l'eau du khalîg vers des puits où les habitants venaient la prendre pour les citernes des maisons particulières. Ghillebert de Lannoy, qui passa par Alexandrie en 1422, parle avec précision de cette alimentation en eau par conduits souterrains.

qu'auprès des murs d'Alexandrie, il y a un passage où se trouve une bouche pourvue de baguettes de fer [1], et les eaux entrent par les conduits jusqu'aux puits de la ville. Par la vertu des eaux nouvelles, ceux-ci se remplissent d'eau douce, de la qualité des eaux du fleuve. Je vous dis que dans toutes les maisons il y a une citerne [2], et au bout de la maison il y a des puits dont on tire de l'eau à l'aide de seaux, grâce aux bras des innombrables paysans du pays. Les citernes de la ville se remplissent de la manière que j'ai décrite. Voici comment la ville d'Alexandrie s'est maintenue et se maintient toujours. Et si elle tombe au pouvoir des chrétiens, elle se pourvoira d'eau par de nombreuses autres façons, parce que Dieu le Tout-Puissant y veillera par Sa grâce et Sa miséricorde.

Dans la ville d'Alexandrie il y a dix citernes de la grandeur d'une grande place, dans des cryptes et sur des colonnes, lesquelles sont nommées citernes du sultan, et celles-ci se remplissent et restent remplies comme réserves, par crainte d'un événement défavorable qui pourrait survenir du fait des chrétiens d'Occident. Au bout d'un certain temps, on les vide, et on les remplit à nouveau. Ces citernes, si Dieu le veut, seront là pour servir la chrétienté.

[XLIII-XLV. Emmanuel Piloti mentionne alors les moyens de chauffage et le bois de construction, les légumes et les fruits. Il s'attarde sur ce grenier de l'Égypte qu'est l'île de Gharbîya.]

[...] Cette île, par son étendue, est la plus féconde du monde, très dense en habitants. Elle a au moins quatre cents villages de cent, deux cents, trois cents et quatre cents feux chacun. Sur cette île habitent des gens de toutes les nations païennes. Et toutes sortes de gens y viennent avec leur famille, des marchands qui vont et viennent, et également des marchands francs d'Occident, pour vendre et pour acheter : ils vont et viennent. Sur cette île poussent le sucre, le coton, le lin en grande quantité. Il y pousse aussi du sésame, dont on fait une grande quantité d'huile, du riz, du blé, des pois et fèves en très grande abondance. Le lieu abonde en toutes sortes d'animaux, chevaux, bœufs, de chameaux, brebis, chèvres et toutes autres bêtes de boucherie ; on y trouve des oies et des gélinottes en grandes quantités. L'on y fait beaucoup de fromage de buffle et de brebis, que l'on apporte au Caire. Il y pousse aussi beaucoup de fruits : des pêches, des coings, des grenades, des figues, des pommes de Paradis [3], des

---

1. Une bouche grillagée.
2. Les voyageurs étaient apparemment très frappés par ces citernes qui étaient l'une des curiosités de la ville : ils sont nombreux à en parler (voir édition citée, p. 55).
3. Il s'agit de bananes : pour ce fruit, le dominicain Félix Faber, qui voyagea en ces lieux à la fin du siècle, dit que c'est le fruit d'un arbre comparé à l'arbre de la science du bien et du mal au Paradis. Tous les Orientaux le pensent, chrétiens, Sarrasins et juifs.

amandes, des courges, des concombres, des oranges, des citrons. Et tous ces fruits se mangent avant leur maturité, à cause du grand nombre des gens qui se trouvent là. Et elle est pourvue de toutes sortes de légumes, en grandes quantités et à très petit prix.

Cette île est fertile comme une fontaine ruisselant de toutes les grâces de Dieu : c'est elle qui assure la vie du Caire. Elle n'a pas besoin de l'aide des autres pays. Et on dit que si cette île n'était pas en la dépendance du Caire, Le Caire ne pourrait subsister, et il faudrait trouver un accord avec ceux qui seraient seigneurs de cette île [...].

[XLVI-XLVII. L'auteur décrit l'industrie du poisson au lac Borollos ainsi que l'irrigation de la Gharbîya.]

XLVIII

MATARÎYA. LE PUITS DE LA VIERGE.
LE JARDIN DES BAUMIERS. RÉCOLTE ET COCTION DU BAUME

Au pays d'Égypte on ne trouve point d'eau douce, sinon celle du Nil, et auprès du Caire, à trois milles dans la direction de Jérusalem, là où se trouve un jardin qu'on appelle la Matarîya[1], avec un puits d'un marbre blanc comme s'il venait d'être taillé. Il est rempli d'eau douce, et c'est en ce lieu que Notre-Dame lava les langes de notre Seigneur Jésus-Christ[2]. Là où elle les étendit pousse le baumier[3], tout proche ; ce sont de petits arbres semblables à une petite vigne, sortant de terre d'un peu plus d'un demi-bras, dont les feuilles sont vertes comme la vigne.

Le baumier verdit et fleurit au mois d'août, et sa feuille est large comme l'ongle d'un homme. Et au mois d'août et de septembre, quelques chrétiens enlèvent les feuilles, de sorte que les branches de ces feuilles distillent une sueur. Les jardiniers chrétiens pressent ces branches de leurs mains et récoltent cette sueur, qu'ils mettent aussitôt en des flacons de

---

1. Il s'agit d'un lieu qui se trouve près de l'emplacement de l'Héliopolis ancienne. C'était l'une des curiosités de l'Égypte : le jardin de baumiers, source miraculeuse vénérée par les musulmans comme par les chrétiens. La légende disait que la Sainte Famille y avait fait halte pendant la fuite en Égypte. Les pèlerins s'y arrêtaient sur leur parcours vers le mont Sinaï. Voir ci-dessus les récits de pèlerinage de Symon Semeonis et de Ludolf de Sudheim. On n'oubliera pas Jean de Ghistele (1481-1485) et Félix Faber (1480, 1483-84). Piloti s'inscrit donc dans une belle tradition. En revanche, aucun autre auteur n'a parlé du marbre dont le puits serait fait.

2. Il s'agit d'une légende apocryphe.

3. La tradition du baumier appartient à la longue durée. Voir Jean-Pierre Albert, *Odeurs de sainteté. La Mythologie chrétienne des aromates*, Paris, Éditions de l'École des hautes études en sciences sociales, 1990, p. 35 à 129. Ce jardin merveilleux fut saccagé en 1497 par un mamelouk insurgé. Les Turcs remirent le jardin en état et firent chercher des rejetons de baumiers dans les environs de La Mecque. (Voir édition citée, p. 74-79.)

verre, jour après jour, tout au long du mois de septembre, de façon à en emplir plusieurs flacons. Ce baume est de couleur verte. Les flacons sont aussitôt apportés au sultan, et alors arrivent le patriarche jacobite [1] — natif de l'Inde, laquelle est soumise au Prêtre Jean [2] — et le patriarche de Constantinople qui est natif du Caire. Ceci se passe en la présence du sultan, du calife, de leurs quatre dignitaires [3] et d'hommes versés en la religion de Mahomet, ainsi que de leur chef d'armée. La scène se déroule dans le palais du sultan. Alors on prend le baume pour le mettre sur le feu et on le fait un peu bouillir. Et pendant cette cuisson, le calife et ses dignitaires d'un côté disent leur office et leurs prières, et de l'autre côté les deux patriarches chrétiens disent leurs offices selon la religion chrétienne. Au terme de cette cuisson, la couleur verte est devenue rouge sombre. Et les patriarches chrétiens sont là parce que les païens croient fermement que cette opération importante se fait grâce au pouvoir de la religion chrétienne. De ce baume on donne six « ralts [4] » au patriarche d'Inde, celui de Constantinople en reçoit quatre ; le reste revient au sultan.

[XLIX. Il y est question de la richesse des patriarches du Caire.]

L

DÉVOTION DES SARRASINS À LA SOURCE DE MATARÎYA

Je me suis trouvé plusieurs fois dans ce jardin et j'ai vu des Sarrasins qui se déshabillaient et se lavaient de l'eau de ce puits avec grande dévotion. Je leur disais : « Pourquoi vous lavez-vous à ce puits qui appartient à la religion chrétienne ? » Ils répondaient : « Ce sont des miracles de sainte Marie, et nous, païens, nous révérons ses miracles. » Je m'entretenais avec eux de la sorte.

Dans ce jardin il y a une chapelle de sainte Marie en forme de grotte, et à côté un grand sycomore [5].

---

1. Le patriarche jacobite, ou copte, est également patriarche d'Abyssinie.
2. Il s'agit du négus d'Abyssinie.
3. Qui sont dits « prélas » dans le texte : les dignitaires malikite, hanafite, shafiite et hanbalite représentent les quatre sectes orthodoxes de l'Islam (édition citée, p. 81).
4. *Rotolli* : le mot « ralt », ou « ritl », est encore en usage en Égypte, et il désigne un poids de 449 grammes. Mais à l'époque, le poids semble plutôt désigner deux à trois livres. (Note de l'éditeur dans son glossaire, édition citée.)
5. Lequel, d'après la légende, abrita la Sainte Vierge. Les pèlerins en ont souvent parlé.

LI

LÉGENDE CONCERNANT LA POSSESSION DU JARDIN DE BAUME

Grâce aux informations que de nombreuses personnes m'ont données au Caire, j'ai su qu'autrefois le jardin se trouvait entre les mains des chrétiens et qu'un sultan le leur enleva pour le placer entre les mains des Sarrasins. De telle sorte que tous ceux qui allaient passer du temps dans ce jardin, une intervention de Dieu les frappait de mort subite afin que le jardin revînt entre les mains des chrétiens. Et ce sera le cas jusqu'à ce que Dieu permette que les seigneurs chrétiens aillent le conquérir et lui rendre l'honneur qui lui revient et y édifier des églises comme lieux de dévotion pour la chrétienté.

LII

DIVERSES PRÉPARATIONS DE BAUME

Quand les arbres de cette petite vigne où pousse le baume sont en fleur, on taille les bouts des branches, on les prépare avec du sucre ; cette préparation porte le nom de « sirop de baume [1] », lequel est très utile pour la santé, comme les médecins le disent et le prouvent. Mais après que ces arbres ont perdu leurs feuilles, comme la vigne, et qu'ils sèchent et perdent leur verdure, les branches sèches sont coupées et on les recueille pour en faire des bottes. On leur donne le nom de *lignum balsamum* ; on les transporte à Alexandrie en bateau, puis en Occident. Les apothicaires achètent ce bois, qui leur est utile pour leurs préparations.

LIII

LE CIMETIÈRE DU CAIRE

À la distance d'un mille du Caire, il est une ville qui n'a point de murs. Elle est de la grandeur de Venise, ses maisons sont basses, d'autres sont hautes [2]. Dans cette ville sont ensevelis tous ceux qui meurent au Caire. Chaque Sarrasin, chaque habitant du bourg a une demeure dans cette ville. Dans la maison basse ils ensevelissent leurs morts. Dans la maison haute tous les vendredis les seigneurs distribuent des aumônes aux pauvres [3]. Ces jours-là sont pour eux des jours de fête où ils récitent leurs

---

1. C'est une préparation médicinale sucrée, élaborée à partir de la sève des rameaux.
2. Les maisons basses sont les tombes où le défunt est placé, la tête tournée vers La Mecque. Les maisons hautes sont les demeures où les parents des défunts se réunissent lors de certaines fêtes, à proximité des tombes.
3. Ces maisons hautes sont en effet construites par les familles riches.

prières bestiales et ils mangent beaucoup. Ce jour-là, tous les pauvres du Caire s'y rendent pour avoir de la nourriture, et également de l'argent. La coutume des Sarrasins est telle — et pour commencer au Caire, à Alexandrie et à Damas ainsi que dans tous les autres pays païens — qu'on ne peut ensevelir un corps dans aucune ville habitée.

[LIV-LV. Emmanuel Piloti parle ici, en négociant et en connaisseur, du lin de Haute-Égypte, des manufactures de soie et de toile à Alexandrie, et de leur décadence.]

LVI

DÉPEUPLEMENT D'ALEXANDRIE

À cause du mauvais exercice du pouvoir par les seigneurs du Caire en ce pays, Alexandrie, qui est pourtant la bouche et la clé de leur condition, est dépeuplée et abandonnée, bien qu'elle soit une belle ville remplie de belles demeures et qu'il s'y trouve de belles œuvres de marbre. Mais comme ses citoyens l'ont quittée et abandonnée, j'ai vu, lorsque j'y étais, que pour l'une de ces demeures valant trois ou quatre mille ducats, on ne donnerait pas quatre cents ducats à l'heure présente. Et ceux qui les achètent maintenant ne les achètent pour nulle autre raison que d'enlever les beaux objets en marbre et autres œuvres qui s'y trouvent, qu'ils transportent par mer, sur une germe [1], pour les placer dans les maisons du Caire. Ainsi Alexandrie peut se dire dépeuplée et abandonnée par les païens. Elle le restera jusqu'à ce que les chrétiens viennent la conquérir, y demeurer et lui rendre sa condition première. Que le béni Jésus-Christ vous en donne la grâce !

LVII

PRODUITS NATURELS DES ENVIRONS D'ALEXANDRIE

La ville d'Alexandrie est environnée de jardins, dans lesquels se trouvent de nobles habitations et de beaux palais. Et il y pousse toutes sortes de fruits, qui se mangent avant leur maturité : figues, grenades, raisins [2], ainsi que des pastèques. Quasiment tout au long de l'année, on trouve des fruits frais en grande quantité, si bien que jamais on n'en manque, tels des citrons à l'écorce fine en abondance ; il n'en est pas de meilleurs au monde, on n'en a nulle part de plus grandes quantités. Et tous les ans on les met dans de grands récipients, avec un brouet, et l'on en fait plus de

---

1. Barque du Nil à fond plat.
2. Le texte dit « roisins armelins », c'est-à-dire « raisins d'Arménie », mais P.H. Dopp pense qu'il s'agit d'une « sorte de raisins d'Égypte ».

cent cinquante tonneaux — parfois plus, parfois moins — qu'on envoie pour une part à Venise, pour une autre à Constantinople, et parfois en Flandre.

Cette ville d'Alexandrie abonde tant en citrons qu'il en reste une grande quantité dans les jardins, car ils ne peuvent être vendus. Les citrons mis en brouet vaudront trois ou quatre ducats le tonneau. Dans les jardins d'Alexandrie pousse le canafistolle [1], appelé « cassia », qui ne se trouve en aucune autre région d'Orient, et qui est transporté à Venise et vers les autres pays d'Occident. Ce canastifolle provient des jardins qui appartiennent au sultan, et les fonctionnaires du sultan le vendent à Alexandrie. Dans la campagne du Delta poussent des câpres de trois sortes, qui sont les meilleures que l'on puisse trouver. Les Bédouins d'Égypte les cueillent, ainsi que les villageois, au mois de mars. Ils en font des bottes à Alexandrie et les vendent sans peine, et on les transporte à Venise, à Constantinople, en Occident, et parfois en Flandre.

LVIII

LE COMMERCE DES POULES AU CAIRE. LES FOURS À COUVER [2]

Entre le Vieux Caire et la ville du Caire [3] on a construit six fours, de la forme des fours dans lesquels nous cuisons la vaisselle et les pots de terre. Et sur l'étage percé de trous où nous posons ces objets, on place environ soixante à quatre-vingt mille œufs, les plus frais que l'on puisse trouver dans tout le pays. Les gens les recouvrent de fiente d'étable. Le lieu où nous allumons le feu, c'est-à-dire le fond de ce four, est rempli de fientes d'animaux. L'entrée de ce four est fermée par une petite porte de fer qui a un petit trou : ils y placent un pieu, et constamment, jour et nuit, ils remuent cette fiente sans jamais prendre de repos, ni nuit ni jour. Il y a des gens expérimentés assignés à cette tâche.

Cette fiente produit une si grande chaleur qu'elle passe dans le four par les trous où sont posés les œufs. Ils s'échauffent de telle sorte qu'en douze, treize, quinze ou dix-sept jours, toutes les coquilles des œufs se brisent ; à l'intérieur se trouvent les poussins. Alors les gens crient partout à haute voix : « Le four à couver est fait et sera déchargé demain. Tous ceux qui veulent acheter des poussins à nourrir, qu'ils viennent, ils en auront autant qu'ils voudront, pour le prix habituel ! » Et les nouvelles vont si loin que beaucoup d'hommes et femmes viennent en acheter, par

---

1. Appelé ainsi par Piloti à cause des « gousses en forme de cannes suspendues aux branches », voir édition citée, p. 93.
2. Cette curiosité de voyageurs a été mentionnée par de nombreux récits.
3. Le Vieux Caire est appelé dans le texte « Babilone », et Caire désigne la ville bâtie au nord de « Babilone » par les Fatimides au xe siècle.

mesures, comme chez nous un plein setier. Ils les remplissent sans compter, puis les emportent chez eux et les élèvent. Grâce à ces fours le pays a beaucoup de volailles et s'ils faisaient comme nous faisons chez nous, ils en tireraient bon prix.

Au Caire l'on vend les gélinottes de la manière suivante : un homme fait aller devant lui trois ou quatre mille gélinottes, comme nous faisons avec les oies de notre côté[1], et il les vend en passant dans les rues. De la même manière, ceux qui ont acheté les poussins nés dans les fours sortiront devant leur porte et diront au gardien du troupeau de gélinottes : « Veux-tu acheter quatre ou cinq cents poussins ? » Aussitôt le gardien va les voir, et s'ils se mettent d'accord, celui qui élève les poussins les poussera hors de la maison vers le troupeau des gélinottes. Ainsi le gardien vend et achète. Les rues peuvent être pleines de monde, à pied et à cheval, et il peut arriver que tout d'un coup il y ait une multitude de gens et de bestiaux, et voici que le troupeau de gélinottes se disperse si bien qu'on les perd de vue. Mais le gardien du troupeau ne bouge pas du lieu jusqu'à ce que la presse soit passée : il aperçoit ses gélinottes d'un côté, qui reviennent toutes au milieu de la rue où elles se trouvaient auparavant, de sorte qu'il n'en perdra aucune, ce qui est un beau spectacle[2]. Quant à moi, pour mon plaisir, je suis allé voir souvent ces gélinottes lorsqu'elles passaient en troupeaux.

LIX

FERTILITÉ DE L'ÉGYPTE QUI A SOUVENT APPROVISIONNÉ LA SYRIE LORS DE DISETTES DANS CE PAYS IMPORTANCE VITALE DU PORT D'ALEXANDRIE À CE POINT DE VUE

Les conditions du Caire, pour ce qui concerne l'alimentation, montrent que le pays d'Égypte est plantureux et fécond, d'abord en céréales et légumes de toutes sortes, en animaux de boucherie de toutes sortes, volailles et oies, et en toutes sortes de denrées dont on a parlé plus haut, en si grande quantité que les habitants peuvent continuellement apporter de l'aide à ceux qui en ont besoin, au-dehors de leur pays. Souvent les habitants de Syrie ont reçu d'eux des céréales ainsi que d'autres denrées. Pour cela il faut passer par Alexandrie. C'est pourquoi, si la ville d'Alexandrie échappait au sultan, il serait nécessaire de négocier avec les chrétiens, si ceux-ci étaient maîtres d'Alexandrie.

---

1. Au temps d'Emmanuel Piloti, le commerce des oies se faisait encore comme dans l'ancienne Rome : des troupeaux immenses partaient de Gaule à pied vers Rome. Pline en fait mention.
2. Voir aussi ci-dessus le récit du pèlerinage de Ludolph de Sudheim.

[LX-LXVIII. Emmanuel Piloti parle de La Mecque sous la suzeraineté du sultan d'Égypte, des démêlés du sultan du Caire avec le prince d'Aden, de la caravane du Caire à La Mecque, de la durée du voyage et de la foire de La Mecque, du transport des marchandises de La Mecque au Caire. L'auteur s'attache au commerce de l'Occident avec l'Égypte et la Syrie, en énumérant les produits importés d'Orient ; il souligne l'importance de ce commerce pour l'Occident, enfin l'importance de la place du Caire dans les relations de l'Égypte avec la Syrie et avec l'Inde. À Alexandrie, des droits exorbitants sont prélevés sur les marchandises par le sultan Barsbey.]

[LXIX[1]. L'auteur adresse une apostrophe au pape, à l'empereur et aux seigneurs chrétiens.]

LXX

IL SUFFIRAIT DE PEU DE FORCES POUR CONQUÉRIR LE CAIRE

Jusqu'ici nous avons exposé les circonstances et la position du sultan au Caire, en parlant également de ses conditions matérielles et de sa religion bestiale. Désormais nous exposerons les raisons multiples et véridiques qui pourront réconforter tous les vrais chrétiens. Et dans ce but, au nom de Dieu, nous commencerons par dire comment une petite armée de seigneurs chrétiens pourrait conquérir Le Caire, qui tient en sa domination Jérusalem et le reste de la Syrie.

LXXI

IMPORTANCE DU CAIRE, RÉSULTANT DE SA SITUATION GÉOGRAPHIQUE

Seigneurs chrétiens, ce livre explique comment la ville du Caire est construite entre deux mers, et comment la jonction des deux mers permet l'entrée des épices, qui grâce à l'accès au port d'Alexandrie se répandent par la voie maritime, par les chargements de navires et de galères qui se rendent dans tout l'Occident et les pays chrétiens. De toutes les parties d'Occident arrivent toutes sortes de marchandises et d'une très grande valeur, et également beaucoup de ducats d'or, et tout ceci passe par la bouche et le port d'Alexandrie, qui commande l'entrée et la sortie. Ces richesses parviennent au Caire et diffusent dans tout le pays. S'il n'en était pas ainsi, Le Caire n'aurait ni puissance ni renommée en ce monde, et serait un lieu dépeuplé et aride comme l'est le reste de l'Égypte.

---

1. Ici commence ce que P.H. Dopp, dans son Introduction, p. xxviii, considérait comme « deuxième partie » du *Traité*, à savoir le « Discours circonstancié pour la conquête d'Alexandrie ».

LXXII

ALEXANDRIE, BOUCHE NÉCESSAIRE À LA VIE DE L'ÉGYPTE

Seigneurs chrétiens, Le Caire, avec tout l'intérieur du pays d'Égypte, peut se comparer à la forme, à la manière et à l'apparence d'une créature qui vit par la bouche. Si vous lui obstruez la bouche, cette créature étouffera et perdra la vie. Et ainsi, seigneurs chrétiens, Le Caire peut lui être comparé : la ville d'Alexandrie est la bouche même qui fournit les aliments et la vie au Caire ainsi qu'au reste du pays. Et si on obstrue la bouche qui sert à importer et à exporter dans et hors de la ville d'Alexandrie, qui diffuse dans le pays d'Égypte et qui exporte et charge sur les navires vers les pays du Ponant, Le Caire ne pourrait résister pour rien au monde et serait à peu près comme une personne emprisonnée, et bien vite le lieu serait aride et sec. Bien vite, si cela leur était possible, les gens chercheraient un accord selon les termes de celui qui serait maître de la ville d'Alexandrie, afin que les marchandises entrent et sortent du pays de la manière accoutumée, et afin que la population nombreuse de l'Égypte puisse subsister.

LXXIII

ON NE POURRA CONQUÉRIR ET GARDER LES LIEUX SAINTS QU'EN S'EMPARANT DU CAIRE, TÊTE DU MONDE MUSULMAN

Seigneurs chrétiens, lorsqu'on veut affronter ses ennemis, il faut les frapper droit sur la tête, et non sur les membres. Car si la tête reste en bon état, on peut toujours guérir les blessures des autres membres. Si les choses du passé peuvent éclairer celles de l'avenir, on dit que Jérusalem et la ville d'Acre et tous les autres lieux de Syrie furent au pouvoir des chrétiens [1]. Mais le sultan du Caire, avec la grande armée qu'il avait emmenée du Caire, alla conquérir Jérusalem et le reste du pays se trouvant sous la domination chrétienne, et il causa beaucoup de tort aux chrétiens. Ainsi, seigneurs chrétiens, l'armée des chrétiens doit avoir pour but de conquérir Le Caire, qui est la tête sur laquelle doit tomber le coup, ce qui permettra aussitôt de s'emparer de tout le reste du corps, et sans résistance.

---

1. Jérusalem, reprise aux croisés par Saladin, fut rendue à Frédéric II en 1229, et annexée à l'Égypte par le sultan Al-Saleh Ayûb. Acre, conquise par Baudouin Iᵉʳ, retombée aux mains de Saladin en 1197, reprise en 1191 par Philippe Auguste et Richard Cœur de Lion, devient la capitale du royaume latin sous le nom de Saint-Jean-d'Acre. Elle tombe définitivement, cent ans plus tard, aux mains du sultan d'Égypte.

LXXIV

L'AUTEUR EST BON JUGE DE LA SITUATION, CAR IL CONNAÎT LE PAYS

Seigneurs chrétiens, pour en arriver à la justification de ce livre et au véritable moyen de conquérir Jérusalem, je réponds et dis que le juge qui entend l'une des parties et n'entend pas l'autre n'est pas un bon juge. Le juge qui entend l'une et l'autre des parties, ce juge-là est un bon et juste juge, et il saura formuler de bons jugements.

De même, celui qui a l'expérience de la condition des païens au Levant et n'aurait pas connu la situation des chrétiens en Occident ne pourrait savoir ce qui convient à l'armée des chrétiens allant affronter celle des païens. Mais celui qui a bien connu la situation des païens au Levant, et également celle des chrétiens en Occident, celui-là est bon juge et peut émettre de vrais jugements concernant l'armée des chrétiens qui doit affronter celle des païens.

Et donc je réponds que dès le temps de ma jeunesse [1], alors que je n'avais pas vingt-cinq ans, jusqu'au temps de ma vieillesse, à l'âge de soixante-dix ans, j'ai fréquenté le Levant et j'ai connu la situation des païens, et j'ai connu également l'Occident, la situation et les forces des chrétiens. Et j'ai toujours prié Dieu qu'Il me veuille apprendre comment conseiller l'armée des chrétiens, et ce savoir Dieu me l'a dispensé. Mais on ne peut voir ni faire autre chose que ce que j'exposerai ci-après — que ce soit au nom de Dieu et du Saint-Esprit, sans lesquels aucun bien ne peut s'accomplir — à savoir la conquête de la ville d'Alexandrie, qui sera le commencement, le moyen et la fin pour parvenir à la conquête de Jérusalem avec la certitude de la garder jusqu'à la fin du monde. Ce sera également le début d'une conversion des païens qui pourront ainsi être guidés vers le respect de la sainte religion de Dieu Jésus-Christ.

LXXV

MOYENS DE CONQUÉRIR ALEXANDRIE :
ARMER SECRÈTEMENT UNE FLOTTE. NÉCESSITÉ DU SECRET,
ILLUSTRÉE PAR LA LÉGENDE DE BARBEROUSSE AU CAIRE

Seigneurs chrétiens, si l'on veut s'emparer de la ville d'Alexandrie, il est nécessaire de passer par l'école de ceux qui se nomment marins, seigneurs et maîtres de la mer, et de voir comment ils peuvent, par leur compétence et secrètement, aborder et conquérir la ville, car ils le savent et ont le pouvoir de le faire. Cette conquête sera la résurrection de la chré-

---

1. *A pueritia*, dit le texte.

tienté, et de cette conquête viendra un grand bien pour les chrétiens. Et pour cette raison, tous les seigneurs chrétiens devraient souhaiter être de ceux qui mèneront à bien cette conquête, pour la gloire de Dieu et la renommée éternelle en ce monde.

C'est la raison pour laquelle il est nécessaire, pour tout dessein des chrétiens, que les choses se passent secrètement. Et je vous en donnerai un bel exemple : il s'agit de l'empercur Barberousse qui s'en alla jusqu'au Caire, déguisé sous l'apparence d'un homme pauvre pour n'être pas reconnu, afin d'acquérir une bonne et parfaite information sur le pays, avec l'intention d'ordonner à son retour les préparatifs pour la conquête de Jérusalem, pour le bien et la protection de la religion chrétienne.

Il arriva que le pape, ou l'un de ses prélats, écrivit au sultan une lettre pour lui révéler comment l'empereur s'était rendu dans son pays, et pis encore, on lui fit savoir comment la personne de l'empereur était déguisée, de sorte que le sultan usa de ruse et s'empara de lui. Le sultan le menaça de mort, et pour l'affliger plus encore, lui montra la lettre qui lui avait été envoyée par le pape de Rome. Ils eurent ensemble beaucoup d'entretiens et pour finir se concertèrent. Pour susciter des divisions entre les chrétiens et provoquer une effusion de sang, et pour que l'empereur eût la possibilité de se venger de ce qui lui avait été fait, le sultan le laissa partir. Quand le pape apprit la décision de l'empereur, il s'enfuit de Rome et fut ensuite retrouvé à Venise, dans un monastère de la Charité, où il exerçait les fonctions de cuisinier. Quand il fut reconnu, la seigneurie de Venise le reçut, et on lui rendit tous les honneurs qu'il méritait.

À cette époque, l'empereur rassembla une grande flotte de galères pour affronter les Vénitiens et prendre le pape. La seigneurie de Venise en fit de même et rassembla beaucoup de galères, qui sortirent de Venise pour affronter l'armée de l'empereur. L'affrontement eut lieu, le combat fut étonnant. La victoire, pour finir, revint aux Vénitiens ; ils prirent le fils de l'empereur, qui était capitaine de l'armée. Ainsi l'empereur vint à Venise et se réconcilia avec le pape. La seigneurie de Venise reçut de grands honneurs du pape. Cette histoire est peinte dans la salle neuve de Venise, et c'est une œuvre très belle à voir qui représente le déroulement de ces faits [1].

Ainsi, seigneurs chrétiens, le seigneur et messager de Dieu qui voudra se lancer dans une telle entreprise doit y réfléchir, s'entourer de bons conseillers, et mener les choses aussi secrètement que possible, jusqu'au moment où il plaira à Dieu que l'assaut soit mené. Puis on fera sonner toutes les cloches de la chrétienté et on organisera de grandes processions

---

1. Les luttes de l'empereur Frédéric Barberousse et de la République de Venise, alliée du pape Alexandre III, avaient été peintes par Gentile. Emmanuel Piloti a pu voir ces fresques dans la salle du Grand Conseil au palais des Doges (édition citée, p. 120, note détaillée).

pour l'honneur de Dieu. C'est la voie qu'il faut prendre pour préserver la chrétienté.

LXXVI

MESURES DE DÉFENSE AUXQUELLES IL FAUT S'ATTENDRE DE LA PART DU SULTAN, SI LE SECRET N'EST PAS BIEN GARDÉ

Seigneur chrétiens, si par hasard et par malheur il arrivait que le sultan, par quelque révélation de chrétiens, vînt à connaître le projet, et si le sultan venait à deviner que les chrétiens ont pour but de se lancer sur Alexandrie, étant donné que cette terre est la clé de toute sa puissance, en homme prudent et avisé, il ferait bien vite des plans. Je crois que le premier serait de détruire et de raser les murs de cette ville, comme ils le firent pour la ville d'Acre, pour cesser de craindre les chrétiens. Et s'il ne leur semblait pas bon d'agir ainsi, le deuxième plan serait de faire de grands préparatifs et de prévoir une très grande armée, la plus grande possible, dans la ville d'Alexandrie. Le sultan la renforcerait pour qu'elle pût affronter toute l'armée des chrétiens. Si cela devait se produire, même si l'armée des chrétiens voulait s'en emparer, elle ne pourrait le faire sans grande effusion de sang chrétien, sans dépenser une fontaine d'or et sans prendre le risque de gagner ou de perdre. Toutes ces circonstances seraient pour la chrétienté une menace d'anéantissement. Ainsi il faut avoir le conseil d'une personne expérimentée qui sache attaquer et exercer le métier de larron pour enlever à l'autre ses affaires [1].

LXXVII

DEUXIÈME CONDITION INDISPENSABLE AU SUCCÈS : L'UNITÉ DU COMMANDEMENT ENTRE LES MAINS D'UNE SEULE NATION, À LAQUELLE ON DONNERA LE GOUVERNEMENT D'ALEXANDRIE APRÈS LA CONQUÊTE

Seigneurs chrétiens, la conquête d'Alexandrie exige qu'un grand puissant, célèbre et aimé de tous les princes et seigneurs de la chrétienté, se mette à agir comme messager de Dieu pour faire aboutir cette conquête. Celle-ci doit être menée et mise en œuvre de façon secrète, et il importe qu'elle ne soit menée que par une seule nation, soumise à l'obéissance et aux ordres de ses chefs. Pour de nombreuses raisons tout à fait justifiées, on voit que la ville d'Alexandrie est de telle nature que toutes les nations des chrétiens et toutes les nations des païens ne peuvent subsister sans elle. Ainsi, seigneurs chrétiens, en fuyant tout scandale et tout différend

---

1. Il s'agit vraisemblablement d'une expression ayant pour sens : « anticiper les plans de l'autre ».

et en préservant la bonne et sainte intention, il faut que cette ville soit laissée au pouvoir du grand seigneur qui l'aura conquise. Il importe que tous soient en bon accord pour la préserver et la gouverner, comme la ville et le bien du grand seigneur dont on a parlé, et tout ceci dans le but de donner aux chrétiens et aux païens la possibilité de bien vivre et longuement, en jouissant de cette ville, dans la paix, sous la domination d'un seul seigneur. Si elle se trouvait sous la domination de plus d'un seigneur, le scandale et le différend pourraient bien vite survenir, et la terre serait perdue. C'est ce qui arriva pour la ville d'Acre : dans la mesure où elle était entre les mains de plusieurs nations chrétiennes, elle fut perdue deux fois à cause de leurs différends. La dernière fois que les païens la prirent, ils décidèrent de la ravager et de la raser jusqu'à ses fondations, comme elle se trouve jusqu'à l'heure présente. Il faut donc prendre en compte les événements passés, lesquels nous expliquent les choses à venir. Mais j'exprime ici l'espoir qu'il n'en sera pas ainsi d'Alexandrie.

LXXVIII

PROSPÉRITÉ ASSURÉE D'ALEXANDRIE APRÈS LA CONQUÊTE

Si c'était la volonté de Dieu qu'Alexandrie tombât sous la domination des chrétiens, elle pourrait s'organiser et accroître son renom. Et la raison en est que lorsque Alexandrie sera devenue terre chrétienne, toutes les nations chrétiennes s'y rendront pour vendre leurs marchandises et en rapporter des épices, et elles seront en sécurité comme dans leur propre demeure et ne seront pas sous la domination des païens. Si cet événement juste et honorable devait s'accomplir, toutes les caravanes des épices souhaiteraient parvenir là où seraient les chrétiens acheteurs d'épices. Et ainsi Damas serait abandonnée de tous les marchands chrétiens et des païens et ne vaudrait plus grand-chose dans le domaine des marchandises. De la sorte, Alexandrie, ville célèbre et noble, port de mer conquis par les chrétiens, mériterait la renommée et la prospérité en ce monde, d'où il résulterait qu'en cette ville les païens se convertiraient à la sainte foi du Christ. Et autrefois à Famagouste, qui est au bout de l'île de Chypre, du côté du levant — de Beyrouth et de Tripoli en Palestine, il y a une distance de cent soixante milles —, on pratiquait le commerce pour toute la nation des chrétiens d'Occident. Ainsi toutes les caravanes chargées d'épices arrivaient à Beyrouth et à Tripoli de Syrie, et de là, avec leurs navires, les cotons et autres marchandises qui proviennent de Syrie, tout cela était transporté sur leurs navires à Famagouste, pourvue d'une enceinte et d'un port. Il y a là une place très grande, ainsi qu'une rue longue avec des loges magnifiques de toutes les nations de chrétiens d'Occident. La plus belle est celle des Pisans, et aujourd'hui encore, au temps présent, elles sont en bon état.

*[LXXIX-LXXXI. Les chrétiens d'Asie Mineure, Turquie et Petite Arménie.
Décadence de Famagouste*[1]. *Interdiction prononcée anciennement par le
pape contre le commerce avec les Sarrasins*[2].*]*

LXXXII

MESURES QU'IL FAUDRAIT PRENDRE
POUR FAVORISER LA PROSPÉRITÉ D'ALEXANDRIE SOUS LES CHRÉTIENS :
RENOUVELER L'INTERDICTION DU TRAFIC DIRECT DES CHRÉTIENS
AVEC LES PORTS SARRASINS

Quand il plaira à Dieu qu'Alexandrie se trouve entre les mains d'un seigneur chrétien, celui-ci devra tout de suite veiller à l'approvisionnement
qui se faisait à Famagouste, et encore plus soigneusement que cela n'était
le cas à Famagouste. Et la première chose serait que le pape de Rome pro-
nonçât l'excommunication expresse contre tous les chrétiens, lesquels,
pour une raison ou une autre, iraient en Terre sainte, afin qu'aucun d'entre
eux ne pût apporter ni charger des épices de la Terre sainte — d'aucun lieu
ni d'aucune région, ni des mains de chrétiens ni de celles de païens — pour
les emporter en Occident, si ce n'est de la ville d'Alexandrie ; et la même
peine serait infligée à celui qui chargerait du coton et d'autres marchandises provenant des régions de Syrie. Cette mesure aurait pour effet que
toutes les nations païennes auraient l'occasion de prendre des dispositions
contre le sultan, afin d'avoir la voie assurée et libre vers la ville d'Alexandrie, et de pouvoir fréquenter les chrétiens, et en terre chrétienne, là où
régneraient le droit et la justice ; ils apprendraient ainsi à connaître la foi
chrétienne. Mais après que les seigneurs chrétiens auront fait connaissance
des habitants de l'Inde, et également des païens qui sont les seigneurs des
îles et des lieux qui produisent les épices, ils veilleront à mille bonnes dispositions afin de pouvoir venir à Alexandrie en toute sécurité et pour toujours, avec leurs épices, comme s'ils étaient dans leur propre demeure ; et
je vous assure qu'ils ont sans cesse adressé et adressent à Dieu leur prière
pour qu'Alexandrie soit entre les mains des chrétiens.

1. Les Génois prennent Famagouste et imposent au successeur de Pierre II de Lusignan,
Jacques Ier, de renoncer à tous les droits sur la ville. Gênes veut y concentrer tout le
commerce de l'île et fait fermer les autres ports de Chypre au commerce extérieur. Contrairement aux attentes de Gênes, ceci ne servit pas Famagouste, qui fut abandonnée au profit
des ports de Beyrouth et d'Alexandrie, puisqu'à cette époque « les anciennes interdictions
de trafic avec les pays sarrasins tombaient en désuétude » (édition citée, p. 126).
2. Le pape fait excommunier les chrétiens qui se rendent en Terre sainte : il s'agit des
marchands, et la mesure ne touche pas, bien évidemment, les pèlerins. Cette mesure remonte
au concile de Latran (1179) qui interdisait le commerce avec les Sarrasins. Cette défense
est renouvelée par les papes durant le XIIIe siècle. Elle s'étend alors à de nombreux produits :
le fer, le bois, les vivres, et également aux patrons de navires. En 1360, l'interdiction est
levée par Urbain V, car le blocus de l'Égypte avait semblé tout à fait irréaliste. C'est ce qui

LXXXIII

ALLIANCE ASSURÉE DU PRÊTRE JEAN, NÉGUS D'ABYSSINIE

Le Prêtre Jean, seigneur de l'Inde, qui est un chrétien authentique et croit en tous les sacrements de la sainte foi catholique [1], à cause de cette victoire dont Alexandrie sera l'objet, fera organiser de grandes processions à la louange de Dieu ; par la suite, il apportera largement son aide à celui qui sera le maître d'Alexandrie, et il donnera également de grandes sommes d'or et d'argent afin que Le Caire et le Vieux Caire soient libérés des mains des chiens et des païens, et que les chrétiens puissent s'établir honorablement dans ce pays. Que Jésus-Christ veuille nous en accorder la grâce !

LXXXIV

LA MESURE PRÉCONISÉE SERA RENDUE EFFECTIVE
PAR UN CONTRÔLE NAVAL

Le seigneur d'Alexandrie devra disposer d'une petite flotte, et voici de quoi elle sera faite : deux navires de haut bord [2] et deux ou trois galères armées. Cette flotte aura à surveiller toute la côte de Palestine jusqu'en Turquie, Adalia [3] et Candelore [4], afin qu'aucun navire, aucun navire de haut bord ni galère, appartenant à des chrétiens ou à des païens, ne puisse naviguer dans ces eaux. Cette disposition causera la ruine de Syrie, car ces gens ont l'habitude de fréquenter les marchands chrétiens, surtout à Damas, mais également dans le reste du pays. Ainsi seront-ils contraints d'examiner la voie et la manière de conclure un accord avec les chrétiens, et ils se rebelleront et anéantiront le pouvoir de ce très mauvais sultan, issu de bêtes, qui pratique une religion bestiale.

[LXXXV-CV. L'auteur revient sur la nécessité d'armer une flotte. Les raisons qu'il donne de s'adresser aux Vénitiens [5]. Le commerce d'Alexandrie avec les pays étrangers, d'abord avec Tunis, Tripoli et la Barbarie. Les mar-

---

permet à Emmanuel Piloti de décrire Alexandrie comme un centre de commerce extrêmement actif.

1. Le négus d'Abyssinie est un copte monophysite d'Égypte. Quelques différences de dogmes et de rites séparent ces coptes de l'Église de Rome.

2. *Naves* dans le texte signifie : navire de haut bord, à voiles, pour le commerce et pour la guerre (glossaire de l'édition citée).

3. Sathalie : port situé sur la côte méridionale de l'Asie Mineure.

4. Candiloro : port sur la côte méridionale de l'Asie Mineure, dans le golfe d'Alia (Alaya).

5. Cet avis est partagé par un personnage bien connu de la vie culturelle et politique à la cour de Bourgogne, Jean de Wavrin, capitaine et gouverneur général des vaisseaux et galères du duc Philippe le Bon. Voir l'édition citée, p. 132.

chandises de Syrie [1]. *Les marchandises d'Asie Mineure* [2]. *Incident contemporain de l'auteur : une galère turque est capturée par un corsaire catalan. Marchandises de Turquie d'Europe* [3]. *Le commerce des esclaves à Caffa* [4]. *Marchandises de Flandre* [5]. *Marchandises de Séville, de Majorque, de Sicile, de Catalogne, de Gênes, de Venise, d'Istrie, de Dalmatie, de Corfou, de Morée* [6], *de l'Eubée, de l'île de Chio et de Palatia* [7], *de Rhodes et des îles de l'Archipel, de Chypre, de Crète.]*

CVI

ALEXANDRIE EST LE MARCHÉ DE RENCONTRE DE L'OCCIDENT ET DE L'ORIENT.

Saint-Père, depuis ce premier jour béni où arrivant de Florence je vins m'incliner au pied de Votre Sainteté, mon but essentiel et premier — au moyen d'une parole et d'écrits incessants, et jusqu'au jour présent — a toujours été la conquête d'Alexandrie. C'est de là que viennent et c'est là que se rendent les chrétiens des mers d'Occident, et elle apparaît comme une fontaine d'or et d'argent et de toutes les autres marchandises et tous les biens nécessaires au pays d'Égypte.

Ce pays est quasiment désert, car il n'y pleut jamais. L'arrivée des chrétiens à Alexandrie est l'occasion pour les marchands du pays d'Inde d'arriver avec leurs navires chargés d'épices et d'autres biens de valeur, joyaux, rubis, diamants, perles de prix et toutes autres choses précieuses — et ceci par mer et par terre —, qui sont transportées à Alexandrie. Les marchands atteignent là le but espéré, pour lequel ils ont quitté leurs demeures, tout comme font les marchands chrétiens qui viennent des mers d'Occident vers Alexandrie. Ils s'y trouvent tous rassemblés, vendent et achètent comme ils ont toujours eu coutume de le faire. Mais en vérité, si les chrétiens des mers d'Occident ne se mettaient pas en mouvement et ne venaient pas à Alexandrie, les marchands de l'Inde n'auraient pas de raison de se rendre à Alexandrie. Et comme il n'y aurait plus

1. Entre autres, le sucre : inconnu en Europe avant les croisades (on utilisait du miel), les Arabes font connaître la culture de la canne à sucre en Espagne, en Sicile, et les croisés en furent témoins en Syrie.
2. Il s'agit de la Turquie d'Asie. Ces marchandises sont, entre autres : le safran très prisé, la soie, la cire, le sésame, les tapis, la noix de galle (à propriétés astringentes), etc.
3. Dite dans le texte « Grétie ».
4. En Crimée.
5. Il s'agit du commerce des draps de laine venus de Flandre et de Brabant. Les galées véniciennes qui servaient Bruges étaient appelées « galées de Flandre ».
6. Dont Piloti dit qu'elle est tenue par les trois frères de l'empereur de Constantinople. Les Francs firent du Péloponnèse — échu aux Vénitiens après la quatrième croisade, lors du partage de l'Empire byzantin — la principauté de Morée. On retrouve ici l'activité de Geoffroi de Villehardouin et de Guillaume de Champlitte. La Morée fut disputée entre les Francs, les Catalans, les Vénitiens, les Génois et les Byzantins. Elle fut reconquise peu à peu par les Paléologues.
7. Port d'Asie Mineure, près de l'emplacement de l'ancienne Milet.

de mouvement de part et d'autre, le sultan du Caire n'aurait et ne pourrait avoir ni de force ni de bien qui vaudrait un seul marc de Venise.

Comme la cité du Caire est édifiée entre deux mers, si ces deux mers ne communiquaient pas, Le Caire ne vaudrait pas grand-chose et serait comme un désert abandonné et dépeuplé. Mais le tort des chrétiens qui se rendent en ces lieux — à savoir les chrétiens qui viennent des mers d'Occident —, c'est de venir avec leur entourage et leur avoir comme bon leur semble, et ils sont soumis au sultan qui fait d'eux et de leurs biens ce qu'il lui plaît, en se moquant de la foi chrétienne et en causant de grands torts à la chrétienté. Ainsi les droits de douane importants et les contraintes qui pèsent sur le marché des épices font qu'elles coûtent le double de ce qu'elles coûteraient. Et tout ceci se fait aux dépens des citoyens de Flandre, d'Allemagne, de Hongrie, et de tous les autres pays chrétiens.

CVII

L'INTERDICTION PRONONCÉE ANCIENNEMENT PAR LE PAPE CONTRE LE COMMERCE DES CHRÉTIENS AVEC ALEXANDRIE NE SAURAIT TENIR. IMPORTANCE VITALE DE CE COMMERCE POUR LES PAYS CHRÉTIENS

Saint-Père, j'apprends de la bouche de Votre Sainteté que vous ne laissez aucun chrétien se rendre, en aucune manière, à Alexandrie. Si ce qui est noté dans ce présent livre est vrai, cette mesure a beaucoup nui à la chrétienté. Cependant, Saint-Père, à ceci je réponds qu'il n'est pas possible que les chrétiens obéissent à Votre Sainteté en ne se rendant pas à Alexandrie et dans les autres parties de Terre sainte. La raison en est que ces pays sont si féconds, et si bien pourvus par la nature, qu'ils sont très utiles au peuple chrétien et qu'ils l'aident à vivre. Et ainsi, si les chrétiens tombent dans ce péché, la faute n'en revient pas à eux, comme on pourrait le dire, car Alexandrie, dès les temps antiques, était déjà sous la domination chrétienne. Et pour l'heure présente, elle attend de le redevenir.

CVIII

MAIS IL FAUT QU'ALEXANDRIE DEVIENNE CHRÉTIENNE. L'OR DE LA PAPAUTÉ DEVRAIT ÊTRE UTILISÉ À CETTE FIN, AU LIEU DE SERVIR À SOUTENIR DES LUTTES FRATRICIDES CONTRE DES CHRÉTIENS

Saint-Père, voici dix ans que je ramène constamment à votre mémoire la conquête de la ville d'Alexandrie, à l'aide des raisons que je consigne dans ce livre. Cette conquête serait le début, le moyen et le but à atteindre pour la conquête de Jérusalem, et pour en être maître jusqu'à la fin du monde. Plus jamais les chrétiens n'auraient à traverser des terres païennes, mais ils seraient en terre chrétienne et la ville d'Alexandrie serait aux chrétiens. Ce serait le lieu où l'on trouverait toutes les nations chrétiennes, lesquelles ne peuvent vivre ni subsister, en particulier ceux qui ont besoin de marchandises, sans cette ville et sans la grâce de Dieu. Cette fois, on pourrait dire que la roue a tourné en faveur des chrétiens[1]. Comme aucune nation païenne ne peut vivre sans la ville d'Alexandrie, et comme tous sont contraints de se procurer les biens qui leur sont nécessaires, ils viendraient à Alexandrie qui serait entre les mains des chrétiens, tout comme par le passé les chrétiens se rendaient vers cette ville qui était entre les mains des païens.

Et pour cette raison, Saint-Père, Votre Sainteté depuis sa jeunesse jusqu'au jour présent a toujours témoigné du désir de conquérir Jérusalem. Pourtant, si depuis que vous êtes pape vous vous y étiez attaché, si vous aviez mis de côté une somme d'or, c'est-à-dire chaque mois un peu d'or dans une cassette, environ cinq mille ducats — ce qui aurait été une petite réserve prise sur quelque bénéfice ecclésiastique —, vous auriez alimenté le désir que Votre Sainteté éprouvait. En dix ans, vous vous seriez trouvé en possession de deux cent mille ducats, lesquels auraient suffi à conquérir Alexandrie, le Vieux Caire et Jérusalem, et en peu de temps. Il est connu, par une information qui m'a été transmise, qu'en dix ans la Chambre apostolique ainsi que les autres domaines de l'État temporel de la chrétienté ont reçu plus de deux millions de ducats ; et jusqu'à présent tous ont été jetés à la mer. Pourquoi ? Dans le passé les papes ont mis ces sommes de côté, et Votre Sainteté a pris la même disposition. Et pourtant Dieu a ordonné la condition de la chrétienté de sorte que sur le plan temporel il ne lui est rien resté, et tout ceci a été permis par Dieu. Pour la raison suivante : les rentrées de l'Église de Rome, qui doivent se dépenser dans la lutte contre les païens en secourant la foi chrétienne, sont dépensées en hommes de guerre que l'on paie, pour ruiner la condition de la chrétienté et créer la discorde entre les chrétiens, de sorte qu'ils sont amenés à s'entretuer.

CIX

UNE PARTIE DES REVENUS DE L'ÉGLISE DE ROME DEVRAIT ÊTRE AFFECTÉE À LA CROISADE

Saint-Père, l'empereur Constantin a doté l'Église de Rome d'une richesse comparable à une fontaine d'or[2], reçue par la Chambre apostolique, sans compter les autres rentrées qu'elle reçoit au fil des jours. Et cette

---

1. Il s'agit de la roue de Fortune, image allégorique bien connue de la culture médiévale.
2. Il s'agit de la fameuse donation de Constantin, qui a d'ailleurs été contestée. Le père Dopp parle du caractère apocryphe du document, sur la foi duquel elle était établie (édition citée, p. 162, note).

donation, l'empereur l'a faite dans l'espoir de fortifier l'établissement de la religion chrétienne. Et qu'en est-il de cet accroissement ? Et que signifie accroître et consolider la foi chrétienne ? La raison et l'intention de cet empereur étaient qu'il faudrait prendre de ce grand trésor d'or que reçoit la Chambre apostolique pour mener la guerre et entreprendre la conquête des païens, pour les amener à se soumettre à l'authentique foi chrétienne, afin que la foi païenne aille reculant, et que la foi chrétienne demeure souveraine comme la lumière de la vérité. Ô seigneurs chrétiens, la foi bestiale de Mahomet ordonne que l'armée des seigneurs païens s'acharne avec constance à la ruine de la chrétienté et à la consolidation de la foi païenne. C'est ce qu'ils font, et tous sont unis en une même volonté pour la ruine de la chrétienté. Le pape de Rome fait tout le contraire à l'égard des païens. Et l'avis général est que si la foi païenne était dotée d'autant de bénéfices que ceux que reçoit l'Église de Rome grâce à la foi chrétienne, les païens espéreraient tirer avantage de tels bénéfices, et ils ne se lanceraient jamais contre les chrétiens. Au contraire, ils garderaient la coutume de Rome, qui profite des bénéfices et ne se lance jamais contre les païens.

[CX-CXIV. Il est traité d'une division idéale du monde, gouverné par des conseillers pontificaux. De même qu'elles ont des consuls à Alexandrie, les nations d'Occident devraient en avoir à la cour de Rome. Ces consuls seraient chargés des affaires de leurs nations à la cour de Rome. On cesserait alors de se plaindre et de médire de Rome dans le monde. L'auteur dit avoir fréquemment entretenu le pape de ces propositions, mais regrette d'avoir rencontré peu d'accueil dans l'entourage de la cour de Rome. L'institution des consuls à Rome sera le moyen de ramener toutes les nations chrétiennes à l'obédience du Saint-Siège.]

CXV

ALEXANDRIE CONQUISE DEVIENDRAIT COMME UNE SECONDE ROME ET UN FOYER DE CONVERSION DES SARRASINS

Saint-Père, moyennant la grâce de Dieu le Tout-Puissant, avec les raisons bien fondées que j'ai consignées dans ce livre, et pour d'autres multiples raisons, plus nombreuses qu'on ne pourrait dire, la conquête de la ville d'Alexandrie doit permettre de relever la situation de la chrétienté et de la glorifier dans un grand triomphe. Et cette ville sera appelée la Rome nouvelle, comme s'appelait Constantinople. Dans cette ville se tiendront ensuite les grandes discussions de la foi chrétienne contre celle des païens, et au terme de tous ces débats, les païens éclairés par la lumière de la vérité se convertiront et se soumettront à la sainte foi de Jésus-Christ.

[CXVI-CXVIII. Emmanuel Piloti propose de prélever pour la conquête et la conservation d'Alexandrie la moitié des redevances que les nations chrétiennes payent à Rome. C'est la révoltante administration temporelle de l'Église qui provoque les guerres impies et ruineuses entre chrétiens. Pirateries du roi de Chypre en Syrie et blocus d'Alexandrie en 1415. Représailles du sultan qui ferme le Saint-Sépulcre. Descente de Barsbey à Chypre en 1426. Il faut donc prémunir le royaume de Chypre contre une nouvelle invasion qui entraînerait son annexion.]

CXIX

LES FORCES QU'IL FAUDRAIT POUR ATTAQUER ALEXANDRIE. LA ROUTE À SUIVRE

Pour conquérir la ville d'Alexandrie, on a besoin en premier lieu de dix navires de sept tonneaux ; sur chaque navire, il faut deux cents arbalétriers et cent marins, ces derniers possédant leurs armes et arbalètes comme les arbalétriers. Ensuite, vingt galères et dix petites galères, et trente barques de la dimension des barques de peottes[1], qui naviguent à l'aide de huit rames. Chacune d'elles porterait quatre arbalétriers et deux bombardelles[2] pour embarcations. Cette flotte, avec la proportion de trois barques pour un navire, serait composée de trente barques, avec vingt barques auprès des galères. Au moment où il en serait besoin, cette flotte pourrait apparaître composée de cent vingt voiles[3]. La dernière escale de cette armée sera le port de Palocacastro[4], où se trouve le cap Sidero de l'île de Crète, du côté de l'orient, et de là elle devra faire voile vers le cap Salmone qui est proche, et de là, au nom du Saint-Esprit, prendre la mer entre la Crète et l'Égypte. De là jusqu'au port d'Alexandrie il y a quatre cent et un milles. Ce parcours se fera du 1er jusqu'au 10 septembre, époque favorable pour traverser ces régions maritimes en quatre ou cinq jours. Il faut garder à l'esprit qu'à la vue d'Alexandrie, les cent vingt voiles devront se montrer toutes ensemble, afin de provoquer une plus grande frayeur chez les habitants du pays. Cette nouvelle parviendra au Caire, non qu'il y a cent vingt voiles : comme ils en ont l'habitude, ils diront qu'il y en a plus de deux cents ! Et cette nouvelle provoquera une grande confusion parmi les gens du sultan. Il s'en trouvera peu pour lui obéir à ce moment, car tout le peuple dira que cette flotte arrive à cause

---

1. « Barques de piotti de Venise » : il s'agit de barques à fond plat, d'une dizaine de mètres, utilisées à Venise pour le transport des marchandises. (Note de l'éditeur, *op. cit.*)
2. Petite pièce d'artillerie.
3. Dix naves, vingt galées et dix galiotes, et trente barques à huit rames, plus trente chaloupes de naves, plus vingt chaloupes de galées : voici le compte que donne en effet le texte édité par P.H. Dopp, p. 177, note.
4. Palaicastro, au nord-est de la Crète.

des torts que le mauvais gouvernement du sultan a fait subir aux chrétiens. Et le peuple sera monté contre lui.

CXX

ON NE MANQUERA PAS D'EAU DOUCE À ALEXANDRIE

À Alexandrie, il pleut en hiver tout comme sur l'île de Crète, à Rhodes et à Chypre. Et les terrasses des demeures sont plates, et les eaux de pluie coulent par un canal qui est prévu à cet effet et elles sont ainsi dirigées vers les citernes. Chaque terrasse correspond à une demeure, et chaque demeure a sa citerne. Les réserves sont mesurées, et ainsi l'eau se répand dans les citernes. Ainsi avec quatre grosses galères on peut se rendre jusqu'à la bouche du fleuve à Rosette [1], car en deux journées elles reviendront avec mille tonneaux. Elles peuvent se décharger dans la ville d'Alexandrie et les vider dans les citernes. Tout ceci montre bien qu'on ne manquera pas d'eau. Mais je le dis pour ceux qui ne sont pas informés et qui ne parlent que par ouï-dire — et non d'après leur propre expérience — et qui penseraient qu'Alexandrie pourrait manquer d'eau.

Pour ce qui me concerne, je ne parle pas par ouï-dire, mais à cause de ce que j'ai vu durant les nombreuses années que j'ai passées dans cette ville d'Alexandrie. Et je me souviens qu'au mois de septembre, nous nous en remettions à Dieu pour pouvoir travailler la terre, et grâce à la grande crue du fleuve, tous les puits d'eau salée se remplissent d'eau douce, et les citernes des demeures habitées sont pleines. Les autres demeures qui ne sont pas habitées peuvent également se pourvoir, quelles que soient les dispositions du sultan, sans qu'il puisse s'y opposer. Par ce moyen très sûr on aura de l'eau pour dix ans. En peu de temps on pourra trouver un accord avec les Bédouins, et ainsi les chrétiens seront maîtres du fleuve et de toute la terre.

CXXI

MANIÈRE D'ABORDER LA PLAGE D'ALEXANDRIE

Pour la raison qu'au port d'Alexandrie navires et galères ne peuvent aborder — il s'agit en effet d'une plage —, je rappelle que le lieu où navires et galères peuvent aborder n'est pas très éloigné. Et comme les préparatifs auront prévu dix galiotes, des chaloupes de navires et autres embarcations, qui atteindront le nombre de quatre-vingt-dix, bien vite les hommes d'armes avec tout ce qui leur sera nécessaire seront à terre ; tous

---

1. Rosette se trouve à l'une des bouches du Nil ; aujourd'hui, Rachid.

seront rapidement prêts pour l'assaut afin de conquérir les lieux. Sans aucun doute, les gens du pays ne seront pas préparés à se défendre, et ils abandonneront plutôt leur terre. Et même s'ils voulaient se défendre, ils ne pourraient le faire contre de telles forces. De même, ils ne pourraient recevoir aucune aide du Caire avant huit jours ou davantage.

[CXXII-CXXIII. Données topographiques pour l'attaque de la ville. Saison la plus favorable à l'entreprise [1].]

CXXIV
CURIEUSES RECOMMANDATIONS DE L'AUTEUR
AU SUJET DES MOYENS DE PROPAGANDE CHRÉTIENNE APRÈS LA CONQUÊTE

Comme cette ville d'Alexandrie est l'objet d'une très importante entreprise, il faut se procurer de grandes cloches et les placer dans les tours et clochers de leurs mosquées, pour rassurer les Sarrasins qui resteront, après ce jour-là, dans les environs d'Alexandrie. Comme il y a à Alexandrie sept églises chrétiennes, il sera bon d'amener, avec l'armée, des moines et serviteurs de Dieu qui puissent dire l'office dans ces églises. Et il faudra organiser de grandes processions chaque jour à travers la ville, pour rendre grâces à Dieu le Béni, pour tous les bienfaits dont Il nous aura comblés, et pour cette raison les Sarrasins ne manqueront pas de venir de leur propre gré en ces lieux. Ils verront nos coutumes, et ainsi commenceront-ils à aimer les chrétiens.

CXXV
PROSPÉRITÉ ASSURÉE D'ALEXANDRIE APRÈS LA CONQUÊTE.
LES FAMILLES CHRÉTIENNES POURRONT S'Y ÉTABLIR

Seigneurs chrétiens, soyez assurés que lorsqu'il plaira à Dieu le Béni qu'Alexandrie se trouve aux mains des chrétiens, en l'espace de deux ou trois ans elle sera peuplée et habitée de toutes les nations chrétiennes. Tous viendront avec leurs femmes et enfants, car la terre est féconde, et toutes les nations chrétiennes et toutes les nations païennes peuvent trouver là leur subsistance. Or on ne le pourrait sans cette cité. Au temps où je vivais à Alexandrie, tous les jours chaque nation chrétienne adressait de grandes prières à Dieu pour demander qu'Alexandrie tombât en la domination des chrétiens. C'est pourquoi ces gens viendraient aussitôt,

1. Il s'agit du mois de septembre, époque des crues, moment du grand commerce et de l'abondance.

amenant leurs femmes et enfants, et ils y habiteraient et finiraient leurs jours dans cette ville. Aussitôt que le peuple d'Occident aura témoigné là de tous ses efforts, ils auront plus grand désir de s'y rendre et de pouvoir lutter contre les païens.

CXXVI

PROJET DE CONVERSION DES MAHOMÉTANS ET DE SOUMISSION DE L'ÉGYPTE PAR LA DISCUSSION OFFICIELLE [1]

Dieu le Glorieux nous comble de bienfaits pour qu'Alexandrie soit entre les mains des chrétiens, de sorte qu'il n'y a rien d'autre à faire que de chanter à Dieu : *Laudamus te*, en le louant, et de faire jouer les ménestrels, résonner les trompettes, les harpes et les luths, et d'être dans la joie et le réconfort. Il n'y aura rien d'autre à faire que de bien nous entendre avec les Sarrasins, sans chercher avec eux de querelle, dans le but de préserver la paix de la terre. La première chose à accomplir sera de faire envoyer par les Sarrasins eux-mêmes des ambassadeurs au sultan et à son calife, comme si c'était leur pape — car Le Caire est la Rome des païens et ce sont les guides de la religion païenne — et ces ambassadeurs leur feront savoir que les chrétiens ne sont venus avec toute leur armée que pour faire du bien aux païens, et pour les arracher à toutes les entraves et aux tourments qu'ils ont subis.

Le but est le suivant : chacun sait que toutes les créatures nées dans le monde croient en un seul Dieu, chrétiens et païens. Or le monde est divisé, et nous croyons en deux religions. L'une d'entre elles est vraie et sainte, et son but est la rédemption des âmes ; l'autre est perdue et condamnée, elle ne peut que perdre les âmes.

Voici ce que l'on peut faire et dire au nom de Dieu : « Nous vous demandons de votre côté d'envoyer dix de vos maîtres, et nous de notre côté nous enverrons dix maîtres diplômés, versés en la foi chrétienne. Ces deux groupes se rendront en des lieux qui auront été prévus et décidés, et ils délibéreront et examineront comment déterminer quelle est la vraie et sainte foi. Une fois celle-ci déterminée, que toute créature du monde universel s'incline, croie et obéisse jusqu'à la fin du monde, de sorte que tous croient en un seul Dieu et en une seule vraie et sainte foi, afin que les âmes ne soient plus damnées à cause de la mauvaise religion qui a régné dans le passé, et que toutes les créatures demeurent en la grâce de Dieu le Tout-Puissant, et que tous puissent prendre la voie du Paradis ! Ce pays d'Égypte est vôtre : chacun sera seigneur de ses biens, dans la paix, à ceci près que le pays sera gouverné par la nation dont la religion aura été reconnue pour bonne. » Nous sommes persuadés que vous pren-

---

1. Emmanuel Piloti est à rapprocher ici de l'esprit de Raymond Lulle au XIIIe siècle : écarter la force et conquérir la Palestine par la force de la persuasion.

drez cette décision, seigneurs chrétiens, et que vous mènerez l'entreprise à bien. Ainsi nous espérons conquérir ce pays, par la force de l'épée que Dieu nous a donnée, et nous le soumettrons, comme il nous semblera bon.

CXXVII

LA PRISE D'ALEXANDRIE SERA UN GRAND PAS VERS LA RÉALISATION DE CE PROJET

Seigneurs chrétiens, pour s'engager dans cette entreprise, il faut être animé d'espoir : de nombreuses fois, nous avons eu des discussions avec les Sarrasins, en leur disant que leur religion pouvait faire l'objet d'un débat face à la nôtre. Ils ne cessent de donner le tort aux chrétiens, mais si les chrétiens obtiennent le pouvoir à Alexandrie, sans aucun doute ils attendront de voir comment les événements se dérouleront. Ainsi le plan sera mené à terme, et il y aura des débats, afin que Dieu pourvoie au bien des chrétiens. Si la ville du Caire, qui est la Rome des païens et qui s'appelle la Sainte Porte de la foi païenne, était convertie, et si elle acceptait dans l'obéissance la foi chrétienne, les autres païens suivraient : la vérité serait alors reconnue comme la lumière et la certitude pour toutes les créatures.

CXXVIII

MODÉRATION À OBSERVER APRÈS LA CONQUÊTE. LES MOULINS D'ALEXANDRIE

Il faut envisager qu'à l'arrivée de l'armée à Alexandrie, il sera difficile d'éviter que la terre ne soit mise à sac pour ce qui concerne les épices et autres marchandises et tout ce qui s'y trouvera ; assurément il faudra ordonner qu'il ne soit fait aucun mal, qu'il ne soit causé aucun désagrément aux Sarrasins, aussi bien hommes que femmes, et qu'on leur accorde des marques d'honneur et de respect. C'est la façon de réconforter et de rassurer tous les gens du pays, elle adoucira leurs esprits et leurs cœurs, et ils se mettront à éprouver amour et affection pour la qualité de la chrétienté. Et je vous rappelle que le peuple d'Égypte est d'une nature pure et sans malice ; les gens sont crédules, et c'est en toute pureté qu'ils observent la foi bestiale de Mahomet, jusqu'à ce que Dieu leur fasse connaître la lumière de la vérité.

Je vous rappelle que dans la ville d'Alexandrie il y a beaucoup de moulins à blé, qui sont mis en mouvement par un cheval, et ainsi se fait la mouture, bien que peu les utilisent. Pourtant si besoin est, il serait facile de les mettre en route.

CXXIX

LES MUSULMANS OBSERVENT PLUS FIDÈLEMENT LEUR RELIGION
QUE LES CHRÉTIENS ET MANIFESTENT PLUS DE CHARITÉ

[L'ensemble des chapitres qui suivent, considéré comme une « troisième partie » du Traité, est très hétérogène : chaque chapitre est indiqué par la rubrique du texte édité. On pourra se faire ainsi une idée des problèmes évoqués ainsi que de la structure même du Traité, dont les éléments les plus importants ont été soulignés plus haut. Reste qu'à travers l'éparpillement documentaire, Emmanuel Piloti complète, en une sorte de polyphonie, ce qu'il exposait plus posément dans les deux premiers tiers de son Traité.]

CXXX

PLAINTE DU CONSUL DES VÉNITIENS AU SULTAN FARADJ VERS 1404
CONTRE DES ÉMIRS D'ALEXANDRIE. NOBLE RÉPONSE DU SULTAN

En l'an 1404, je me trouvais au Caire avec monseigneur Andrea Justinian, consul des Vénitiens, qui avait longuement séjourné en Tartarie et en parlait la langue. Comme il se trouvait en la présence du sultan, il prit la parole :

« Seigneur sultan, votre pays vous vient de Dieu, comme pour tous les païens, tous les chrétiens et toutes les créatures que Dieu a créées en ce monde. Et nous les Vénitiens, dans nos demeures, nous sommes les maîtres comme l'ont été nos prédécesseurs, tout comme vos émirs qui sont devant vous. Et nous avons quitté Venise avec des navires et des galères, avec des hommes et des marchandises, nous avons traversé les périls de la mer et des corsaires, et nous sommes venus dans votre pays pour vendre et acheter, comme Dieu le veut. Mais en votre terre d'Alexandrie, nous sommes mal traités et pressurés par deux émirs et trois fonctionnaires. Pourtant, nous supportons cela avec patience, et aussi longtemps que nous le pourrons. Mais quand nous ne le pourrons plus, nous quitterons votre pays. Plus tard, avec les forces de Dieu, nous reviendrons dans votre pays et y pénétrerons. Alors nous serons reconnus et appréciés ! »

Alors le sultan se tourna vers ses émirs et après s'être brièvement entretenu avec eux, il vint trouver le consul :

« Ta réputation est celle d'un homme sage et plein d'expérience du monde. Cette fois pourtant tu manques de sagesse, et tu te lamentes des mauvais traitements de mes fonctionnaires. Voici ma réponse : si mes fonctionnaires t'ont mal traité, tu aurais dû envoyer vers moi un messager, et aussitôt et sans délai on t'aurait rendu justice. Ensuite tu dis que mon pays dépend de Dieu, comme tous les païens et les chrétiens, et comme toutes les autres créatures. Sur ce point je réponds que je ne puis et ne veux autre chose, sinon que mon pays dépende de Dieu, qu'il s'agisse de païens et de chrétiens et de toutes autres créatures. Tu dis qu'à cause des mauvais traitements que t'ont infligés les fonctionnaires de mon pays, tu veux t'en aller et partir, et qu'après quelque temps, avec les forces que Dieu vous donnera, vous retournerez dans mon pays : sur ce point ultime je réponds que je fais peu de cas de toute votre force, de celle des Vénitiens et de celle de toute la chrétienté, et elle m'importe autant qu'une paire de souliers percés. Et parce que vous, chrétiens, vous êtes divisés dans votre foi, je crois pour ma part en un seul Dieu du ciel et de la terre. Vous avez deux papes, et la moitié des chrétiens croit en un pape, l'autre moitié en l'autre. Votre pouvoir est divisé en deux, il ne peut rien contre les païens. Comme nous, païens, croyons en un seul et vrai Dieu du ciel et de la terre, nous avons un seul calife qui nous tient lieu de pape, à qui tous les païens obéissent. C'est pourquoi Dieu nous a donné l'épée et la force pour attaquer et détruire les chrétiens. » Sur cette réponse, nous quittâmes le sultan Melequenasar, fils de Barquoquo.

[CXXXI-CXXXII. Vaine entreprise de Boucicaut contre Alexandrie en 1403 [1]. Autres faits de Boucicaut dans le Levant. Sac de Beyrouth par les Génois (1403). Bataille de Modon entre les flottes génoise et vénitienne.]

[CXXXIII. Tort que ces expéditions vaines font au prestige des nations chrétiennes en Égypte.]

[CXXXIV. Qu'il ne serait pourtant pas difficile de prendre Alexandrie.]

[CXXXV-CXXXVI. L'auteur chargé par le conseil des marchands vénitiens de négocier, pour le compte du sultan Faradj, le rachat de cent cinquante

---

1. Jean le Maingre, maréchal de Boucicaut, fait prisonnier à Azincourt, meurt en Angleterre. En 1401, il avait été nommé gouverneur de Gênes et en 1403 il fait partir une flotte génoise. Il veut se rendre à Chypre pour obliger le roi Janus de Lusignan à reconnaître les droits de Gênes sur Famagouste. La vérité est que Boucicaut a le projet de se rendre à Alexandrie. Il demande à l'amiral vénitien une aide pour cette expédition contre l'Égypte. Boucicaut met le siège devant Candelore. Il apprend la paix de Nicosie avec Janus de Lusignan. Janus lui promet son appui contre les Sarrasins. Les vents sont contraires : il gagne alors la côte de Syrie pour poursuivre son expédition contre l'Égypte. Il arrive devant Beyrouth où les Sarrasins ont été avertis par Venise. Ses hommes mettent la ville à sac, en particulier les entrepôts vénitiens. D'où les représailles de Venise contre la flotte génoise. A Modon, les pertes génoises sont importantes, il s'agit bien d'une défaite.

prisonniers sarrasins vendus au duc de Naxos par un corsaire. Heureuse issue de cette mission.]

[CXXXVII-CXXXVIII. Satisfaction du sultan. L'auteur lui offre une bannière à l'effigie de saint Marc. Habiles déclarations de l'auteur au sultan. Sa récompense.]

[CXXXIX. Souhaits de l'auteur pour la prise d'Alexandrie et du Caire. Les églises du Vieux Caire[1].]

[CXL. Guerre de Barsbey contre Kara Yuluk[2] sur les frontières de Syrie en 1429. Lourdes pertes de mamelouks.]

[CXLI-CXLII. La perte de Saint-Jean-d'Acre, due aux désaccords des nations chrétiennes, enseigne qu'il faut confier Alexandrie, une fois conquise, au gouvernement d'une seule nation[3]. La même leçon doit être tirée de la chute de Tripoli[4].]

[CXLIII. L'ordre des chevaliers de Rhodes est impuissant à protéger les chrétiens du Levant et à contenir les Sarrasins[5].]

[CXLIV. Funestes effets des rivalités passées entre Venise et Gênes.]

---

1. Sainte-Marie de la Cave : nom de l'église copte du Vieux Caire, aujourd'hui Saint-Serge.
2. Kara Yuluk, prince turcoman du Mouton blanc (c'était son enseigne), menaçait la frontière de Syrie. Barsbey envoie contre lui une armée. Mais les mamelouks sont contraints à la retraite, ils rentrent en Syrie, avec pour prisonnier le fils de Kara Yuluk, en 1429. La disette et la peste empêchent Kara Yuluk de poursuivre son projet. Finalement, il y a trève, mais sans réel succès, car Kara Yuluk poursuit ses incursions en Syrie. Il se soumet en 1434. (Voir P.H. Dopp pour le détail, édition citée, p. 211.)
3. Acre fut perdue deux fois, une fois au temps de Saladin en 1187, l'autre fois en 1291 sous le sultan Al-Ashraf Khalîl, fils de Kalaûn, qui rasa la ville.
4. Emmanuel Piloti date, par erreur, la prise de Tripoli de 1292 : elle eut lieu, en réalité, en 1289 (26 avril).
5. En 1308, les chevaliers de l'ordre assiègent Rhodes, qui appartient à l'empereur de Constantinople. Une fois installés dans l'île, les chevaliers de Saint-Jean prennent le nom de chevaliers de Rhodes (plus tard, en 1530, ils prendront le nom de chevaliers de Malte, d'après le siège nouveau que leur donne Charles Quint). Durant l'époque à laquelle s'attache Piloti, l'ordre était déjà amolli « dans le luxe » (P.H. Dopp, *op. cit.*, p. 216). Il était divisé en huit corps représentant les nations de Provence, d'Auvergne, de France, d'Italie, d'Aragon, d'Allemagne, de Castille et d'Angleterre. Chaque nation était commandée par un « Pilier » et possédait dans son pays un certain nombre de prieurés et de commanderies. En tout, il y a eu dix-neuf grands maîtres à Rhodes, entre 1309 et 1422.

[CXLV. Alliance possible avec certains mamelouks.]

[CXLVI-CXLVII. Les divisions entre chrétiens ont voué à l'échec toutes leurs entreprises contre les Sarrasins. Série d'exemples contemporains de l'auteur. À l'opposé des chrétiens, les princes musulmans s'entendent. Prospérité des Turcs.]

[L'auteur prédit la chute de Constantinople] Seigneurs chrétiens, prenons exemple sur les païens. Il y a trois grands seigneurs païens qui sont les plus proches voisins de cette Italie renommée : le roi de Tunis et de Barbarie, le sultan du Caire et de Jérusalem, et le Grand Turc, seigneur de la Turquie et de la Grèce, depuis Constantinople jusqu'en Hongrie. Ces seigneurs sont voisins, il n'y a entre eux ni guerre ni division, mais ils s'aiment comme des frères. Ils sont unis par la même volonté de l'anéantissement de la chrétienté, ce que montre bien leur grande prospérité. Comme le Grand Turc a conquis l'empire de Constantinople et qu'il ne lui reste plus rien à conquérir en Orient et en Occident, hormis la ville de Constantinople, il est libre de l'avoir quand il lui plaira. Comme il est plein de sagesse et de prudence, il attend de s'affermir dans le royaume de Hongrie ; puis, à la première occasion, il attaquera Constantinople et assemblera tant de forces armées sur mer que l'armée des chrétiens ne pourra pas lui résister.

[CXLVIII. Critique de la politique commerciale du sultan Barsbey, qui paralyse le commerce égyptien.]

[CXLIX. Climat doux et population innombrable du Caire.]

[CXL-CXLI. Le sultan ne peut armer de galères, faute de rames. C'est avec des germes du Nil qu'il a pris Chypre. Les audiences du sultan. Sa justice. Comparaison entre la cour du Caire et celle de Rome, tout à l'avantage de la première.]

[CLII. Il n'y a qu'une voie pour conquérir Alexandrie : la voie de mer, commandée par les Vénitiens.]

[CLIII. Administration égoïste d'un émir du Caire, comparable à celle de la cour de Rome : « ... et je mets sur le même plan Le Caire et la cour de Rome... [1] *»]*

[CLIV. Dans le Levant, Damas rivalise de prospérité avec Alexandrie, mais qu'Alexandrie vienne à appartenir aux chrétiens, elle supplantera entièrement Damas.]

[CLV. Plan d'un ouvrage de défense d'Alexandrie par le moyen de fossés inondés [2]*.]*

[CLVI. Tribut payé anciennement par le sultan au négus d'Abyssinie [3]*.]*

[CLVII. Sort de deux cents croisés faits prisonniers à la bataille de Nicopolis et devenus mamelouks au Caire.]

[CLVIII. Méfaits de corsaires catalans. Interventions diverses des sultans Faradj et Al-Muaiyad.]

[CLIX. Ordre de marche des forces du sultan quand il va du Caire à Jérusalem. Préparation des points d'eau [4]*.]*

[CLX. Les déserts garantissent l'Égypte de toute attaque par voie de terre. Elle n'est vulnérable que du côté de la Méditerranée.]

---

1. Édition citée, p. 226.
2. Si le sultan voulait détourner les eaux du Nil qui enserrent Alexandrie, il ne pourrait assécher les lagunes des côtes d'Égypte, que la mer remplit sans cesse. En construisant des écluses, il serait facile de retenir les eaux de la mer et de maintenir l'inondation qui défend la ville.
3. Il s'agit là d'une légende due à la rumeur tenace que le négus d'Abyssinie serait capable, en temps de guerre, de détourner le cours du Nil, ce qui inquiétait beaucoup les sultans. Voir ce qu'en dit Bertrandon de La Broquière dans le *Voyage d'outre-mer*, p. 99 : « S'il plaisait au Prestre Jehan, il ferait bien aler la rivyere autre part. Mais il la laisse pource qu'il y amoult de Crestiens demourant sur la dite rivyere. »
4. Le sultan fait en effet préparer ces points d'eau, et de la manière suivante : Katiya, agglomération importante sur le chemin de Suez, a une palmeraie importante et des puits échelonnés le long de la route. Le sultan fait charger un grand nombre de chameaux d'outres très larges, faites de cuir de bœuf, qu'on enfouissait dans le sol.

[CLXI. Poussée de Tamerlan, qui détruit Damas (1401) et bat le sultan ottoman à Ancyre[1]. Rapide reconstruction de Damas, rivale d'Alexandrie, mais qui perdrait son rang si Alexandrie venait à appartenir aux chrétiens.]

[CLXII. L'auteur voit au Caire les ambassadeurs apportant au sultan l'amitié de Tamerlan. S'il l'avait voulu, celui-ci aurait conquis l'Égypte :]

Il envoya cette ambassade avec de nombreux présents. Je me trouvai au Caire à cette époque, et j'ai fréquenté ces ambassadeurs. Et, seigneurs chrétiens, si Tamerlan s'était mis en mouvement de si loin avec une très grande armée pour conquérir Damas...

[C'est sur ces termes que le manuscrit s'arrête, des feuillets ayant été la proie du temps.]

---

1. Le sac de Damas par Tamerlan se situe en 1401. Damas était l'ancien siège des califes omeyades.

RÉCITS DE VOYAGE HÉBRAÏQUES
AU MOYEN ÂGE

De la seconde moitié du XIIe siècle au XVIe siècle

Textes rassemblés, traduits de l'hébreu, présentés et annotés
par Joseph Shatzmiller

Récits de voyage hébraïques au Moyen Âge

par Joseph Shatzmiller

INTRODUCTION

Les récits des voyages vers la Terre sainte des juifs occidentaux tels que nous allons les présenter ici remontent à la seconde moitié du XIIe siècle, époque de la domination des croisés en « outre-mer ». Par la suite nous citerons d'autres récits datés, eux, du XVe et même du XVIe siècle. Le dernier d'entre eux a été écrit quelques années seulement avant 1563, à peine quelques années avant la bataille de Lépante, au cours de laquelle la flotte turque fut défaite par Venise. Il ne s'agit bien sûr pas d'une collection exhaustive de documents de ce type rédigés en hébreu ; cependant, les pièces que nous avons choisies donneront une idée de l'importance des voyages dans la société juive de l'époque, ainsi qu'un aperçu des motivations de ces voyageurs et de leurs préoccupations.

UNE CULTURE DES VOYAGES

Il faut tout d'abord insister sur l'importance des pèlerinages et des voyages pour la vie juive de tout temps. La Bible surtout prescrit trois grands pèlerinages vers le temple de Jérusalem (à Pâques, à la Pentecôte et pour la fête des Tabernacles). Des témoignages, qui nous sont parvenus autant de l'Antiquité classique que tardive par l'intermédiaire de Philon d'Alexandrie, de l'auteur anonyme de l'*Itinerarium Burdigalense* au IVe siècle, de Jérôme et de bien d'autres encore, attestent que même sous la domination romaine cette tradition fut maintenue. Il est tout à fait probable que les pèlerinages connurent un arrêt à l'époque byzantine, mais avec la conquête arabe de la Palestine, ils reprirent de plus belle ; comme en témoignent les textes de l'époque, des pèlerins s'acheminèrent en foule de Mésopotamie, mais aussi de l'Europe de l'Ouest, autour de l'an 1030, vers le mont des Oliviers pour célébrer la fête des Cabanes[1]. Notre première histoire juive de l'Europe chrétienne, le livre d'Ahima'az (1054) écrit dans les Pouilles, relate qu'au IXᵉ siècle déjà l'un des ancêtres de l'auteur visita la Ville sainte et fit des dons considérables à l'académie *(yeshivah)* qui y était déjà installée[2].

Dans le sens inverse, on observe aussi un mouvement intense — et pour autant que l'on sache, continu — d'émissaires envoyés de Terre sainte vers les communautés juives de la Diaspora. Appelés *apostoli* dans l'Antiquité tardive et *sheluhim* au cours de la prémodernité, leur tâche principale était la collecte d'argent au profit de ceux qui habitaient Jérusalem ou d'autres villes[3]. Plusieurs de ces émissaires fournirent, à la fin de leur mission, un rapport dont l'objet principal était de justifier les dépenses auxquelles ils avaient dû faire face. Dans certains de ces rapports[4] (par exemple ceux de Hayim Joseph David Azulai, le Hida, datés de 1753-1758 et de 1764), les émissaires nous livrent de précieuses informations sur les conditions de vie des communautés méditerranéennes, européennes et même américaines. De telles missions existent encore de nos jours. Les nombreux émissaires appelés *shlihim* en hébreu moderne sillonnent la Diaspora, toujours avec les mêmes motivations.

Le XIIᵉ siècle européen, siècle d'essor économique aussi bien que de renaissance intellectuelle et spirituelle, revêt une importance toute particulière dans l'histoire de l'Occident. Tous les historiens sont unanimes sur ce sujet. Dans le monde juif, ce XIIᵉ siècle se caractérise en plus par le grand nombre de voyages que l'on n'hésitait pas à entreprendre et qui ne

---

1. Cf. Moshe Gil, *A History of Palestine, 634-1099*, Cambridge, 1992, p. 622-631 ; Mark Hirschmann, « The Priests Gate and Elijah ben Menahem's Pilgrimage » (hébreu), *Tarbiz*, LV, 1986, p. 217-227, et surtout Abraham Grossman, « Elijah ben Menahem's Pilgrimage » (hébreu), *ibid.*, LVI, 1986, p. 273-278. Elijah estime le nombre de pèlerins à « douze mille ».

2. Benjamin Klar éd., *Megillat Ahimaaz* (hébreu), Jérusalem, 1944, p. 15-16, rééd. *Megillat Ahimaaz : The Chronicle of Ahimaaz, with a Collection of Poems from Byzantine Southern Italy and Additions* (hébreu), Jérusalem, 1974, p. 14 ; édité et traduit en anglais par Marcus Salzman, *The Chronicle of Ahimaaz*, New York, 1924, rééd., New York, 1966, p. 4 (hébreu) et p. 65 (anglais).

3. Pour le terme *apostoli*, cf. Abraham Ya'ari, *Sheluhei Erez Yisrael* (Les émissaires du pays d'Israël), Jérusalem, 1951, rééd., Jérusalem, 1977, p. 189-190. Cf. aussi Jean-Baptiste Frey, *Corpus inscriptionum iudaicarum*, I, *Europe*, Cité du Vatican, 1936, rééd., New York, 1975, nᵒ 611, p. 438-440. L'étude la plus approfondie sur les *sheluhim* de la Terre sainte est celle d'Abraham Ya'ari citée plus haut. Une documentation abondante sur les rapports entre les *sheluhim* et la communauté d'Amsterdam est en train d'être publiée à Jérusalem ; cf. Joseph Joel et Benjamin Rivlin, *Letters of the Pekidim and Amarcalim of Amsterdam* (hébreu), 3 vol., Jérusalem, 1965-1979. Pour une opposition à l'institution des *sheluhim* dans la communauté de Venise, cf. Izhak ben Zvi, *Studies and Documents* (hébreu), Jérusalem, 1968, p. 266-280. Cf. aussi l'article de Gérard Nahon, « Les émissaires de la Terre sainte dans les communautés judéo-portugaises du sud-ouest de la France aux XVIIᵉ et XVIIIᵉ siècles », *Métropoles et périphéries sefarades d'Occident*, Paris, 1993, p. 371-417.

4. Cf. Meir Benayahu, *Rabbi H.Y.D. Azulai* (hébreu), Jérusalem, 1958, p. 25-53. Meir Benayahu éd., *Sefer Ha-Hyda, Qovets Ma'amarim u-Mehqarim* (Le livre du Hida, Recueil d'articles de recherche) (hébreu), Jérusalem, 1959, en particulier p. 57-177.

menaient pas exclusivement à Jérusalem ou vers d'autres directions. Pour des raisons d'ordre économique ou pour poursuivre des études, on partait vers des destinations aussi variées que lointaines, et ces entreprises, chez les juifs, faisaient partie du quotidien[1]. Nous disposons de témoignages indirects, mais très instructifs, de la plume même des rabbins décisionnaires. Ceux-ci étaient préoccupés par le fait que des voyageurs juifs demeuraient le samedi et les jours de fêtes à bord de bateaux qui naviguaient sur les grands fleuves européens. Par ailleurs, les commerçants qui parcouraient les déserts d'Afrique et peut-être même d'Asie au sein des grandes caravanes ne pouvaient, sans risquer leur vie, faire étape le samedi. Tout le problème pour ces rabbins se résumait en une seule question : sachant qu'il se trouvera en mouvement le samedi, combien de jours avant ce samedi un juif devra-t-il prendre le départ[2] ? Une autre difficulté concernait l'identité juive du voyageur. Avait-il le droit de changer ses habits, voire d'endosser la robe d'un prêtre pour ne pas être reconnu ? Les femmes juives pouvaient-elles se travestir en hommes et porter l'épée pour ne pas être identifiées[3] ?

Ces interminables périples mettaient les femmes juives, abandonnées par leur maris pour des mois, voire des années, dans de grandes difficultés. Par exemple, en l'absence quasi totale de communications, elles ignoraient si leur époux était encore en vie ou non, si bien qu'elles étaient dans l'impossibilité d'envisager un éventuel remariage. Dans l'Égypte du XIIe siècle, on institua un divorce conditionnel qui était confié à une tierce personne ou à l'épouse elle-même, la libérant au terme d'un certain délai de toute obligation envers son mari dont elle était sans nouvelles[4]. Dans la France du Nord, à peu près à la même époque, les rabbins mirent toute une législation en place destinée à combattre les longues absences des chefs de famille[5]. La durée d'un voyage d'affaires était limitée à dix-huit mois ; à son retour, le mari devait rester trois mois au moins dans son foyer et ne pouvait repartir qu'avec le consentement de sa femme. D'autre

---

1. Voir le chapitre « Travel » chez Irving A. Agus, *The Heroic Age of Franco-German Jewry*, New York, 1969, p. 23-51.

2. La question est discutée amplement dans Jacob Katz, *Le Shabbes goy*, trad. Y. Rash, Paris, 1985. Le phénomène des voyages juifs sur mer est devenu un thème fréquent dans les belles-lettres hébraïques de l'Espagne ; cf. Yehudit Dishon, « Ha-nesi'ah ba-yam », Sha'ar lamed het mi-sefer Tahkemoni li-Yehudah Al-Harizi (Le voyage sur mer, Chapitre trente-huit du livre Tahkemoni de Judah Al-Harizi) » (hébreu), *Mehqarim be-sifrut 'am Yisrael u-ve-tarbut Teyman, Sefer ha-Yyovel la-profesor Yehudah Ratshabi* (Recherches dans la littérature juive et dans la culture du Yémen, Livre de jubilé pour le professeur Judah Ratshabi), éd. Y. Dishon et E. Hazan, Ramat Gan, 1992, p. 377-394.

3. *Sefer Hasidim*, éd. R. Margoliouth, Jérusalem, 1970, nos 199 et 201.

4. Cf. Shlomo Dov Goitein, *A Mediterranean Society : Jewish Communities of the Arab World as Portrayed in the Documents of the Cairo Geniza, III, The Family*, Berkeley, Los Angeles-Londres, 1978, p. 155-156.

5. Le texte a été publié et traduit en anglais par Louis Finkelstein, *Jewish Self-Government in the Middle Ages*, New York, 1924, rééd., Westport, Conn., 1972, p. 168-170.

part, si cette législation ne prévoyait pas un divorce automatique, elle se souciait de procurer à l'épouse restée seule un soutien économique en lui permettant le libre accès aux biens de son conjoint.

Cette atmosphère de mouvements, de voyages, l'absence des chefs de famille trouvent un écho dans la littérature juive de l'époque, par exemple dans le *Sefer Hasidim*, qui est une collection d'*exempla* moralisateurs rédigée vers 1200 en Rhénanie. Une histoire où religiosité et sexualité sont étroitement mêlées. On nous raconte comment en l'absence de son mari, parti pour un long voyage, sa femme cohabitait sous le toit conjugal avec un jeune homme [1]. On imagine même une situation où le mari, ayant abandonné sa femme enceinte sans le savoir, revient au bout de plusieurs années pour découvrir à la maison un jeune homme qu'il soupçonne être le compagnon de son épouse [2]. Une anecdote différente dépeint des maîtres de la Loi recevant des élèves venus de contrées lointaines, ce qui ne manquait pas de provoquer jalousies et rivalités dans le monde érudit [3].

Des témoignages issus de la vie quotidienne nous font découvrir l'arrière-plan des préoccupations des rabbins et des moralistes de l'époque. Le fabuleux dépôt de documents découvert au Caire (la fameuse *gueniza*), contient des dizaines de textes des XIe et XIIIe siècles. Ce sont des correspondances échangées par des commerçants juifs au cours de leurs voyages. Certains d'entre eux quittent l'Égypte pour parvenir en Afrique du Nord, en Espagne ou, après avoir traversé la Méditerranée, en Sicile. Bien d'autres s'aventurent à passer la mer Rouge en route vers le Yémen et l'Inde, tandis que d'autres encore se dirigent vers le nord, c'est-à-dire la Syrie, l'Empire byzantin, l'Iran et la Mésopotamie [4]. La *gueniza* nous a aussi conservé, mais en nombre limité, des lettres de recommandation écrites par des communautés européennes en faveur de personnes en détresse qui cherchaient refuge au Moyen-Orient. C'est ainsi que nous découvrons un prosélyte normand qui, abandonnant son monastère en Italie du Sud, avait pris le nom d'Obadiah tout de suite après la première croisade [5]. De la même période, nous possédons une lettre écrite par la

---

1. Cette histoire est racontée dans Judah ben Samuel he-Hasid, *Sefer Hasidim (Das Buch der Frommen)* (hébreu), éd. J. Wistinetzki et J. Freimann, 2e éd., Francfort-sur-le-Main, 1924, *exempla* nos 52-53. Pour une discussion de ce cas et pour une traduction en anglais du texte, voir Tamar Alexander-Frizer, *The Pious Sinner : Ethics and Aesthetics in the Medieval Hasidic Narrative*, Tubingue, 1991, p. 121 *sqq.*

2. *Sefer Hasidim*, éd. R. Margoliouth, *exemplum* no 655.

3. Cf. *Sefer Hasidim*, éd. R. Margoliouth, *ut supra, exempla* nos 968 et 992. J'ai traité ce cas dans ma contribution au volume de Bernhard Blumenkranz éd., *Art et archéologie des Juifs en France médiévale*, Paris, Commission française des archives juives, 1980, p. 140.

4. Cf. Sh. D. Goitein, *A Mediterranean Society..., op. cit.*, I, Berkeley, 1967, p. 42-74, 271-352 ; *id., Letters of Medieval Jewish Traders*, Princeton, 1973. Pour la Sicile, voir la collection des lettres de la *gueniza* en judéo-arabe avec traduction en hébreu publiées récemment par Menahem Ben Sasson, *The Jews of Sicily, 825-1068*, « Documents and Sources », Jérusalem, 1991 (= « Oriens judaicus », série I, volume I).

5. La lettre d'introduction d'Obadiah le prosélyte par Baruch ben Isaac a été publiée par A. Wertheimer, *Ginzei Yerushalayim* (hébreu), Jérusalem, 1901, fol. 16a-17a.

communauté juive de Monieux en Provence, en faveur d'une femme convertie au judaïsme dont toute la famille avait été sauvagement anéantie par les croisés [1]. D'autres lettres évoquent des voyageurs originaires de Rouen en Normandie [2] ou un juif russe « qui ne connaît ni la langue sacrée ni le grec ni même l'arabe, mais seulement la langue slave que parlent les gens de son pays d'origine [3] ». Une autre lettre d'introduction a été rédigée peut-être à Kiev, métropole khazare au commencement du Xe siècle [4].

Jamais une *gueniza* n'a été découverte en Europe : on peut imaginer, et seulement imaginer, qu'elle aurait montré l'existence de tout un réseau de voyages vers l'Europe de l'Est, tout au long du Danube et bien au-delà. Le peu que l'on connaît de la biographie du maître Éliézer ben Nathan de Mayence (vers 1090-vers 1170) justifie une telle hypothèse. Ce grand talmudiste demeura pendant plusieurs années en Russie et en pays slave avant de revenir en Rhénanie. Il mentionne aussi un séjour qu'il fit en « Grèce », qui peut être l'Italie du Sud (Magna Graecia) [5]. Alors que les voyages d'Éliézer pouvaient être liés à ses activités de commerçant, une de ses connaissances se déplaça de Rhénanie à Barcelone pour se faire opérer par le célèbre médecin R. Sheshet. Bien d'autres ont entrepris des voyages dans le seul but d'étudier [6]. Au XIIe siècle, la *yeshivah* de Tolède abritait des étudiants russes, soi-disant d'origine khazare [7], et un autre juif, russe lui aussi, Isaac de Tchernigoff, apparaît dans les textes anglais de cette époque [8]. À Oxford, en Angleterre, dans l'année 1189, un juif d'ori-

---

1. La lettre a été publiée pour la première fois dans Jacob Mann, *Texts and Studies in Jewish History and Literature*, I, Cincinnati, 1931, p. 31-33. Le manuscrit a été repris par Norman Golb, qui l'a déchiffré de façon exemplaire et qui a proposé Monieux au lieu d'Anjou comme lieu d'origine de cette lettre. Cf. Norman Golb, « New Light on the Persecution of French Jews at the Time of the First Crusade », *Proceedings of the American Academy for Jewish Research*, XXXIV, 1966, p. 1-63.

2. La lettre a été publiée pour la première fois par Jacob Mann, *The Jews in Egypt and Palestine under the Fatimid Caliphs*, 2 vol., Oxford, 1920-1922, rééd., Oxford, 1969, II, p. 191-192. Le manuscrit a été repris par Norman Golb qui a bien identifié son origine rouennaise. Cf. *History and Culture of the Jews of Rouen in the Middle Ages* (hébreu), Tel-Aviv, 1976, p. 163-166 ; 1-12 et *passim*, ainsi que sa traduction française, *Les Juifs de Rouen au Moyen Âge*, Rouen, 1985, surtout p. 51-58 et *passim*.

3. J. Mann, *The Jews in Egypt and in Palestine..., op. cit*, p. 192.

4. Cf. Norman Golb et Omeljan Pritsak, *Khazarian Hebrew Documents of the Tenth Century*, Ithaca et Londres, 1982, spécialement p. 3-35.

5. Cf. Victor Aptowitzer, *Introductio ad Sefer Rabia* (hébreu), Jérusalem, 1938, p. 49-57, et E.E. Urbach, *The Tosaphists : Their History, Writings and Methods* (hébreu), 2e éd., Jérusalem, 1980, p. 173-184.

6. Cf. J. Shatzmiller, « Doctors and Medical Practices in Germany around the Year 1200 : The Evidence of *Sefer Asaph* », *Proceedings, The American Academy for Jewish Research*, L, 1983, p. 149-164, en particulier p. 162.

7. Cf. Gerson D. Cohen éd. et trad., *The Book of Tradition (Sefer ha-Qabbalah) by Abraham ibn Daud*, Londres, 1967, p. 68 de l'original hébreu et p. 92-93 de la traduction anglaise.

8. Cf. Joseph Jacobs, *The Jews of Angevine England*, Londres, 1893, rééd., 1969, p. 73 (document n° 41).

gine andalouse s'était établi. Des bribes de son livre de raison tenu en langue arabe le montrent prêtant de l'argent à la noblesse locale ainsi qu'au clergé [1]. En 1171, on trouve au marché de Cologne deux commerçants d'Europe de l'Est, l'un appelé Abraham Sofer de Carinthie, l'autre Benjamin ha-Nadiv de Vladimir [2]. Peu de temps avant, à Ramerupt en Champagne, la *yeshivah* de Jacob Tam (vers 1100-vers 1170), petit-fils de Rashi, hébergeait des étudiants de Bohême, d'Autriche, de Hongrie et de Russie. L'un de ces élèves, Mossé de Kiev, ne se contenta pas de son séjour en France, il reprit la route pour se rendre aussi à la *yeshivah* de Bagdad. On aurait aimé avoir son journal de voyage [3].

Il est impossible de conclure ce chapitre sans évoquer le grand voyageur que fut Abraham ibn Ezra [4] (1089-1164). Né à Tudèle d'une famille originaire de Grenade, il fut probablement contraint, comme bien d'autres, de quitter son pays natal devant les persécutions des Almohades. Philosophe, poète, astronome, grand grammairien et illustre commentateur de la Bible, Ibn Ezra aurait parcouru une grande partie des contrées que l'on connaissait alors. En Afrique du Nord, il entreprit un périple qui le mena du Maroc à la Tunisie en passant par l'actuelle Algérie. Après un séjour en Andalousie (Cordoue et Lucène surtout), ses écrits rapportent les séjours qu'il fit à Rome (1140), Lucques (1145), Mantoue et Vérone. En 1147, il quitta l'Italie pour se rendre dans le midi de la France. Il se rendit d'abord à Narbonne puis à Béziers, d'où il emprunta le chemin qui devait le mener vers le nord, vers la grande métropole juive que fut alors Rouen et où il passa quelque temps. Nous ne serons donc pas surpris de le voir par la suite en Angleterre. Il n'est pas sûr que nous disposions de tous les détails sur ses voyages. Des sources moins fiables le montrent aussi en Égypte, en Terre sainte et en Inde.

LES RÉCITS RETENUS

La facilité avec laquelle ces juifs du XIIᵉ siècle semblent avoir entrepris des voyages, la banalisation si l'on veut de l'aventure, tout cela explique l'existence de plusieurs récits de voyage au XIIᵉ et au XIIIᵉ siècle. Jehoshua Prawer en répertorie une dizaine. Les deux plus importants par l'étendue

---

1. Cf. Malachi Beit-Arié, en collaboration avec Menahem Banitt et Zefira Entin Rokéah, *The Only Dated Medieval Hebrew Manuscript Written in England (1189 CE) and the Problem of Pre-Expulsion Anglo-Hebrew Manuscripts*, Londres, 1985, et M. Beit-Arié, *The Making of the Medieval Hebrew Book*, Jérusalem, 1993, p. 136.

2. A.M. Haberman éd., *Sefer Guezerot Ashkenaz ve-Sarphat* (Livre des persécutions en Allemagne et en France) (hébreu), Jérusalem, 1965, réimpression, 1971, p. 128.

3. Cf. E.E. Urbach, *The Tosaphists..., op. cit.*, p. 60-113 et 114-226.

4. Il existe une littérature abondante sur cette illustre personnalité, nous nous contentons ici de renvoyer à l'article « Ibn Ezra, Abraham » dans l'*Encyclopaedia judaica*, VIII, col. 1163-1170.

géographique qu'ils couvrent sont ceux de Benjamin de Tudèle et de Pétahia de Ratisbonne[1].

On ne sait pratiquement rien de leur vie. Seuls les récits de leurs voyages nous ont été conservés, récits qui permettent cependant de dater leurs pérégrinations : Benjamin en 1165 et 1173, et Pétahia entre 1175 et 1185. Ce sont donc des contemporains. À la différence des autres voyageurs que nous avons rencontrés jusqu'à présent, on peut suivre les itinéraires que ces deux célèbres voyageurs ont suivis et les différentes étapes de leurs périples. Le premier, Benjamin de Tudèle[2], longea le littoral nord de la Méditerranée, le sud de la France, l'Italie, la Grèce, Byzance et la Syrie pour toucher au but. Le second, Pétahia de Ratisbonne, traversa la Russie du Sud, le Caucase et l'Arménie pour parvenir d'abord en Mésopotamie puis en terre d'Israël. Mais quel était l'objet de leurs voyages ? Benjamin surtout a depuis toujours excité la curiosité des savants[3] : pourquoi par exemple prêtait-il tant d'attention aux artisans juifs spécialisés dans la teinture ? Appartenait-il lui-même à cette profession ? ou était-il plutôt un négociant intéressé dans le commerce des pierres précieuses et impliqué dans les affaires internationales ? était-ce un émissaire des académies espagnoles à la recherche d'une aide matérielle ? était-il un sioniste avant l'heure, démontrant à ses frères la réalité de la terre d'Israël et la possibilité de s'y installer ? Pour ma part, j'ai tendance à le situer dans le cadre d'un pèlerinage, tel qu'on l'entendait au XIIe siècle, à la recherche de Lieux saints.

Comme le montrent des travaux récents, le XIIe siècle chrétien constitue

---

1. Cf. Jehoshua Prawer, « The Hebrew Itineraries of the Crusader Period » (hébreu), *Cathedra for the History of Eretz Israel and its Yishuv*, XL, 1986, p. 31-62 ; XLI, 1986, p. 65-90 ; ce grand article est repris dans son *History of the Jews in the Latin Kingdom of Jerusalem*, Oxford, 1983, p. 169-250. Parmi plusieurs éditions des voyages de Benjamin de Tudèle, j'ai choisi celle de Marcus Nathan Adler, qui contient aussi une traduction en anglais, *The Itinerary of Benjamin of Tudela*, Londres, 1907, réimpression, New York (s.d.). Il faut signaler aussi deux traductions italiennes, celles de Guido Busi, *Benjamin de Tudela itinerarium*, Rimini, 1988, et de Laura Menervini, *Benjamin de Tudela, Libro di viaggi*, Palerme, 1989. Il existe aussi une récente traduction en espagnol par José Ramon Magdalena Nom de Déu, *Libro de viajes de Benjamín de Tudela*, Barcelone, 1982. Pour Pétahia, cf. A. H. Grünhut, *Die Rundreise des R. Petachjah aus Regensburg* (hébreu), Francfort-Jérusalem, 1905 ; en général, Pétahia n'a pas suscité l'attention qu'il méritait auprès des chercheurs et des traducteurs.

2. Voir ci-dessous. Par la suite, les chiffres entre parenthèses renvoient aux divisions des récits rassemblés ici.

3. Voir les questions posées par Haïm Harboun, *Les Voyageurs juifs du Moyen Âge, XIIe siècle*, Aix-en-Provence, 1986, p. 21-29. J. Prawer, dans *Catadra*, XL, p. 34, voit dans ce récit la manifestation d'un pro-sionisme : « Le peuple d'Israël réclame ainsi son droit pour sa terre et démontre la justesse de sa revendication en comptant les tombeaux des ancêtres inhumés en Terre sainte. » Cecil Roth, par contre, dans son article « Benjamin (ben Jonah) of Tudela » dans l'*Encyclopaedia judaica*, IV, col. 535-538, constate : « Nous ne connaissons pas le but de son voyage, bien que l'on puisse supposer qu'il ait été négociant en pierres précieuses, en effet en mainte occasion il manifesta de l'intérêt pour le commerce du corail. »

la grande époque des pèlerinages aux Lieux saints. « Les marcheurs de Dieu », comme les appelle Pierre-André Sigal, mettent en valeur les tombeaux de saint Jacques de Compostelle et ceux de bien d'autres saints, situés sur le chemin vers Compostelle ou dans des localités plus ou moins importantes[1]. Ils s'y rendent non seulement pour expier leurs péchés, mais sans doute principalement dans l'espoir d'une guérison miraculeuse. Il se produisait effectivement des miracles en ces lieux. Les médecins d'aujourd'hui, grâce à la psychosomatique et aux recherches qui ont été faites sur l'hystérie, n'ont pas grande difficulté à expliquer ces miracles qui, somme toute, se limitent à un éventail assez restreint de maladies. Pourtant, pour les gens du Moyen Âge, tout miracle était la preuve même de la qualité sacrée d'un lieu saint.

Nos sources hébraïques comme le *Sefer Hasidim* montrent que les juifs de l'époque étaient très sensibles au surnaturel, pratiquaient la magie et croyaient au diable et aux mauvais esprits. Mauritz Güdemann, dans son grand livre, l'a démontré suffisamment[2]. Le *Sefer Hasidim* parle en effet des juifs qui visitent les cimetières de leur localité pour implorer l'aide des défunts. Judah Hasid, l'auteur principal, leur enjoint de ne pas le faire plus d'une fois par jour : « Il faut qu'il demande tout ce qu'il souhaite et qu'il ne revienne pas avant le lendemain[3]. » Pour des raisons évidentes, les juifs ne pouvaient pas participer au culte des saints chrétiens. Ils étaient pourtant tout à fait au courant, comme en témoigne leur littérature polémique, de ce qui se passait dans de tels lieux, ainsi que des prodiges qui en résultaient. On peut imaginer qu'ils ont même été intrigués par ces miracles. C'est ainsi que des médecins juifs provençaux du milieu du XIVe siècle furent invités à témoigner au procès de la canonisation de Dauphine de Puimichel, comtesse d'Ariano, pour confirmer que cette sainte avait pu guérir là où la médecine scientifique avait échoué[4]. D'autres textes hébreux racontent comment les chrétiens lançaient des défis aux juifs à propos de ces miracles accomplis par des saints chrétiens : une mère juive, désespérée à cause de la maladie de son fils — ceci se passait en Rhénanie vers 1200 —, refusa avec courage d'employer des eaux sacrées provenant du Saint-Sépulcre, alors qu'elles avaient déjà guéri le

---

1. Cf. *Les Fonctions des saints dans le monde occidental (IIIe-XIIIe siècle)*, Actes du colloque organisé par l'École française de Rome avec le concours de l'université de Rome « La Sapienza », 27-29 octobre 1988, Rome, 1991, et les livres de Pierre-André Sigal, *L'Homme et le miracle dans la France médiévale : XIe-XIIe siècle*, Paris, Cerf, 1985, et *Les Marcheurs de Dieu*, Paris, 1974, ainsi que ceux de Ronald C. Finucane, *Miracles and Pilgrims : Popular Beliefs in Medieval England*, Londres, Melbourne-Toronto, 1977.

2. Mauritz Güdemann, *Geschichte des Erziehungswesens und der Kultur der Juden in Frankreich und Deutschland*, Vienne, 1880, réimpression, Amsterdam, 1966, I, p. 199-227.

3. *Sefer Hasidim*, éd. R. Margoliouth, éd. cit., p. 14, n° 12. Pour ce qui est du surnaturel, du miracle et de la superstition dans le *Sefer Hasidim*, voir notamment *exempla* n°s 59, 205-206, 467, 1114, 1153-1155, 1170-1172.

4. Jacques Cambell éd., *Procès de canonisation de Dauphine de Puimichel, comtesse d'Ariano*, Turin, 1978, p. 412, 421, 433.

même type de maladie[1]. Au même endroit et au même moment, les chrétiens montrèrent aux juifs un saint suaire (antérieur à celui de Turin) : la preuve de son authenticité résidait dans le fait qu'il ne pouvait s'enflammer[2]. Auparavant déjà, au cours de la deuxième croisade, les chrétiens démontrèrent aux juifs que la cane qui les avait conduits en Terre sainte était miraculeuse[3]. Plus explicites encore sont les défis lancés par des chrétiens aux juifs selon l'*Ancien Livre des victoires*, livre polémique juif du XIIIᵉ siècle : « Pourquoi ne sollicitez-vous pas l'aide d'un grand comme nous le faisons ? car ils cherchent l'aide de leurs saints. [...] Voilà qu'un tel saint ou un autre a fait des miracles, éclaircissant les yeux des aveugles, affermissant des genoux qui chancellent, libérant des prisonniers[4]. » A la lecture de la réponse hébraïque, on a l'impression que les juifs trouvèrent une parade à tous ces traquenards ; pourtant il s'avère qu'ils étaient beaucoup plus concernés par ces questions qu'ils ne le laissaient entendre.

Or dans l'Occident médiéval, contrairement au Maroc moderne où l'on recense au moins six cent cinquante-deux saints juifs (dont quatre-vingt-dix sont vénérés aussi par les musulmans), ils ne possédaient pas de lieux saints qui leur étaient propres[5]. Il n'y a pas actuellement d'explication à cette absence. Peut-être l'Église était-elle opposée à de tels lieux ? Toujours est-il que les réalités du XIIᵉ siècle contraignirent les juifs à chercher ou à redécouvrir leurs propres lieux saints, et, comme les voyages à longue distance ne les effrayaient pas, ils allèrent les chercher au Moyen-Orient, là où les prophètes et les grands maîtres de l'époque talmudique étaient ensevelis[6].

Pour comprendre Benjamin dans ce contexte, il faut d'abord étudier ses contemporains, tels Pétahia de Ratisbonne, Jacob ben Natanel ha-Cohen et Samuel ben Simson[7]. Plus explicites dans leurs récits, ils ne laissent subsister aucun doute sur leurs objectifs. Ainsi, Jacob ben

---

1. Cf. *Sefer Hasidim*, éd. J. Wistinetzki et J. Freimann (voir *supra*, p. 1284, n. 1), *exemplum* n° 1352.
2. *Sefer Hasidim*, éd. R. Margoliouth, éd. cit., *exemplum* n° 1014.
3. A.M. Haberman, *Sefer Guezerot Ashkenaz be-Sarphat*, (voir *supra*, p. 1286, n. 2), p. 98.
4. David Berger, *The Jewish-Christian Debate in the High Middle Ages : A Critical Edition of the Nizzahon Vetus*, Philadelphie, 1979, p. 147-148 de l'original hébreu et 210-211 de la traduction en anglais.
5. Issachar Ben-Ami, *Culte des saints et pèlerinages judéo-musulmans au Maroc*, Paris, Maisonneuve-Larose, 1990, et le compte rendu d'Agnès Bensimon dans la *Revue des études juives*, CLI, 1992, p. 246-247.
6. Cet aspect de pèlerinage juif est souligné dans la thèse doctorale dactylographiée d'Elchanan Reiner, *Pilgrims and Pilgrimage to Eretz Yisrael 1099-1517*, université hébraïque de Jérusalem, 1988, surtout p. 119-320.
7. La lettre de Jacob ben Natanel fut publiée pour la première fois par Lazar Grünhut en annexe de sa publication du voyage de Pétahia de Ratisbonne, *Die Rundreise des R. Petachjah aus Regensburg* (hébreu), II, Jérusalem, 1904, p. 1-15 ; la dernière publication de la lettre de Samuel ben Simson est celle d'Abraham Yaari, *Letters from the Land of Israel* (hébreu), Ramat Gan, 1971, p. 75-82. Nous nous référons à cette édition.

Natanel ha-Cohen, contemporain de Benjamin, dont nous ignorons tout, jusqu'à son itinéraire avant son arrivée en Terre sainte, ne s'intéressait qu'aux Lieux saints et à eux exclusivement. C'est ainsi qu'il commençait sa relation[1] : « Moi, Jacob ben Natanel ha-Cohen, j'ai marché avec peine, et l'Éternel m'a aidé à parvenir en Israël, j'y ai vu les tombes de nos pieux ancêtres qui sont à Hébron[2]. » Déferle alors une avalanche de références aux tombeaux saints (2,4), citant, à côté des figures bibliques, d'autres personnages auxquels on ne s'attendait pas, depuis Abner ben Ner, le général du roi David, jusqu'au fils du prophète Jonas, fils d'Amittaï, en passant par Hanna, mère de Samuel, et bien sûr Rachel, l'épouse bien-aimée de Jacob. À Méron en Galilée, Jacob ben Natanel visita deux synagogues, l'une appartenant à l'académie de Shammaï et l'autre à celle de Hillel. Il décrivit également une nécropole qui se trouvait là : « Il y a des centaines de grottes dont les propriétaires sont inconnus », et encore : « des tombes anonymes gigantesques ». À Sichem, après avoir évoqué les tombes de « Joseph le Juste », du roi Ba'asa et de Sipora, l'épouse de Moïse, il se montra prudent en mentionnant une grande grotte où, « selon certains le prophète Jonas, fils d'Amittaï, aurait été inhumé ».

Quelque vingt-cinq ans plus tard, en 1210 ou 1211, on assiste au voyage d'un très grand maître de la Loi européen, Jonathan ha-Cohen de Lunel[3]. Celui-ci voyageait en compagnie d'un ami ou secrétaire, Samuel ben Simon, qui laissa d'ailleurs, lui aussi, une description de leurs pérégrinations. Les deux Méridionaux s'intéressaient tout particulièrement (c'est ce que l'on comprend à travers le texte) à ce que nous pouvons maintenant appeler « l'archéologie sainte ». Le roi Asa, les prophètes Nathan et Samuel, Rabbi Meir ou Rabbi Kahana, ne représentaient que quelques-unes des dizaines de personnalités appartenant à tous les niveaux de la chronologie biblique ou talmudique[4]. Il fut parfois impossible pour notre voyageur de se décider entre des informations contradictoires. À Hattin, en Galilée, il déclarait : « J'ai vu deux tombeaux. Les uns soutiennent que c'est celui de Josué, les autres affirment que ce sont les sépultures de Jéthro et du prophète Sephania » (2).

Que ces voyages et ces recherches n'aient eu pour seul but que de découvrir des tombeaux saints, ressort aussi de l'attention que nos deux voyageurs prêtaient au fait que des non-juifs vénéraient également certains de ces lieux saints. Samuel ben Simson écrivait : « la grotte de Rabbi Hanina ben Harkinas ainsi que seize fosses... » et poursuivait en insistant : « Deux musulmans vénèrent ce lieu. Ils y amènent de l'huile pour allumer

---

1. Cf. H. Harboun, *Les Voyageurs juifs des XIIIᵉ, XIVᵉ et XVᵉ siècles*, Aix-en-Provence, 1988, p. 191.
2. Voir ci-dessous, J. ben Natanel, 1,4.
3. 1135-après 1210. Cf. H. Harboun, *Les Voyageurs juifs, op. cit.*, p. 33 et p. 37-58, et Elchanan Reiner, *Pilgrims and Pilgrimage..., op. cit.*, p. 54-55.
4. Voir ci-dessous, S. ben Simon, 1.

des veilleuses en l'honneur du juste » ; « Les musulmans apportent de l'huile... et honorent par des offrandes » (le tombeau de Jonathan ben Ouzziël). Jacob ben Nathanel raconte l'histoire d'un chevalier chrétien qui laissa exploser sa colère en voyant ses coreligionnaires vénérer des tombeaux juifs à Tibériade : « Quand un jour vint un cavalier originaire de Provence et qu'il vit que les chrétiens allumaient beaucoup de cierges sur les tombes, il demanda de quel saint il s'agissait. On lui répondit que cette tombe était celle d'un saint juif qui avait le pouvoir de guérir les malades et de venir au secours des femmes stériles. Il leur rétorqua : "Sots, comment osez-vous rendre un tel honneur à un juif ? " Il prit une pierre et la lança. Il leva de nouveau la main pour jeter une autre pierre, tomba alors de son cheval et mourut » (3). Finalement, c'est grâce à Jacob ben Natanel que nous apprenons l'existence au xııᵉ siècle d'un culte syncrétiste à Méron — juifs et non-juifs confondus —, autour des grottes « pleines de coffres » de Yohanan ben Zaccaï et de Rav Kahana.

Nous pouvons passer maintenant au récit de Pétahia de Ratisbonne. Son rôle comme explorateur de Lieux saints est un peu moins transparent. Cependant même une lecture rapide montre bien que la géographie sainte était au centre de ses préoccupations. Comme nous l'avons déjà dit, Pétahia traversa la Pologne, la Russie, la Crimée, la Tartarie, l'Arménie et la Perse, avant d'arriver en Mésopotamie et en Terre sainte, mais contrairement à Benjamin de Tudèle il fut très discret sur ce qu'il vit chemin faisant. Il est surtout fâcheux qu'il soit resté muet sur la Khazarie, alors que la conversion au judaïsme de ses habitants fut chose connue en son temps.

C'est en des termes très clairs que Pétahia définit l'objet de ses pérégrinations en Mésopotamie : « Rabbi Pétahia emporta avec lui une lettre patente [*hotam*] de Rabbi Samuel [ben Ali, recteur de l'académie]. Dans toutes les localités où il exhibait la lettre du chef de l'académie, les habitants sortaient à sa rencontre pour l'accueillir avec des javelots et lui rendre les honneurs. » Puis le texte ajoute : « On lui fit aussi voir les tombeaux des docteurs de la Loi et des justes. » En effet, il en visita beaucoup. À une journée de marche de Bagdad, à Polos, on lui raconta un miracle survenu à un homme qui put enfin avoir un enfant après avoir bâti un bel édifice sur le tombeau d'un juste ¹. Le tombeau d'Ézéchiel, « à une journée et demie de marche de Bagdad ² », était le monument le plus important à ses yeux, de même que pour Benjamin. C'est en fait l'équivalent du tombeau de saint Jacques de Compostelle. D'ailleurs les juifs n'étaient pas les seuls à vénérer ce lieu saint (60 à 80 000 personnes se rassemblaient là chaque année pour la fête des Tabernacles) : « Tout

---

1. Cf. H. Harboun, *Les Voyageurs juifs du Moyen Âge, xııᵉ siècle*, p. 157-158.
2. Voir ci-dessous, P. de Ratisbonne, 2,3.

musulman qui se rend sur la tombe de Mahomet passe tout près de la sépulture d'Ézéchiel pour faire une offrande ou déposer un don. »

Il est très important de noter que la possession du cercueil du prophète Daniel (7) avait déclenché de violentes rivalités entre les deux communautés installées de part et d'autre du fleuve [1]. En effet chacune en revendiquait la possession. Finalement, la solution suivante fut adoptée : on dressa au beau milieu du fleuve deux piliers de fer auxquels on suspendit, à l'aide de chaînes, le cercueil. « La bière était comme une châsse, au milieu du fleuve, dominant le cours d'eau de dix coudées. À ceux qui de loin la contemplaient elle paraissait n'être que pur cristal. » (Cette anecdote est d'ailleurs contée avec beaucoup plus de détails par Benjamin de Tudèle, 9. Pour apprécier enfin l'importance, pour Pétahia, de cette quête des Lieux saints, il faut tenir compte d'une brève remarque qu'il glisse à la fin de son rapport : « Selon une ancienne tradition, les habitants connaissent cent cinquante sépultures de prophètes et d'Amoraïm », et il poursuit : « Le chef de l'académie donna par écrit à Rabbi Pétahia les noms des maîtres du Talmud qui sont inhumés, mais Rabbi Pétahia oublia cette liste en Bohême. »

Voyons maintenant le cas de Benjamin de Tudèle. Son récit, au premier abord, suscite une tout autre impression. Il ressemble beaucoup plus à un ouvrage de géographie, inspiré des modèles arabes de l'époque. Benjamin s'intéressait à tout et mélangeait les descriptions des pays qu'il était en train de visiter — la côte nord de la Méditerranée, le Moyen-Orient, l'Iran et l'Égypte — avec des considérations sur d'autres pays qu'il devait connaître par ouï-dire, tels la France, l'Allemagne, la Russie, la Bohême et même le Yémen, l'Éthiopie, l'Inde, Ceylan et la Chine. Alors qu'il s'efforçait presque toujours d'évaluer l'importance de la population juive d'une ville donnée en mentionnant les noms des lettrés et des responsables communautaires, son intérêt ne se limitait nullement au monde juif. Il mentionna l'école de médecine de Salerne et le fait qu'à côté de la ville de Sorrente on trouvait « une huile que l'on appelle *petroleum*. On la ramasse à la surface de l'eau pour en faire des remèdes » (2). Il s'intéressa autant à la culture des perles dans le golfe Persique qu'à la manière de pêcher sur le Nil (10,11). Il fut fasciné par des sectes, comme les Druzes, les Assassins (4) ou les Samaritains, et ne trouvait pas assez de mots pour décrire les merveilles architecturales qui avaient été érigées à Rome, Constantinople, Damas (2,3,6) ou Alexandrie. Benjamin considéra le

---

1. Selon H. Harboun, *Les Voyageurs juifs du Moyen Âge, XIIᵉ siècle*, il s'agit d'une rivière qui se jette dans le Tigre, sur laquelle était construite l'antique Suse (p. 167, note 53). Sur des rivalités pareilles dans la société chrétienne de l'Occident médiéval de l'époque, cf. Patrick J. Geary, *Furta Sacra : Thefts of Relics in the Central Middle Ages*, Princeton, 1978. Voir aussi la récente étude de Suzanne Tunc, « Après la mort de Robert d'Arbrissel, le conflit entre l'abbesse et l'évêque », *Le Moyen Âge*, XCVIII, 1992, p. 379-390 : le saint, sentant sa mort venir, participe à la controverse concernant le lieu de son inhumation.

pape à Rome avec le même intérêt que le calife de Bagdad ou le sultan du Caire. Il consacra des parties très importantes à une description détaillée de l'exilarque en Mésopotamie, de ses pouvoirs et des honneurs qu'on lui rendait (7). C'est aussi l'une de nos principales sources sur le mouvement messianique lancé par le célèbre David Alroi, quelque temps avant le passage de Benjamin dans cette région (12).

Ce n'est que bien plus loin dans son récit qu'il commence à évoquer les tombeaux des saints (5). En effet, il n'en existait aucun en Europe ni même sur la côte méditerranéenne avant ceux de la ville de Haifa : Saint-Jean-d'Acre, qui est considéré par le Talmud comme étant hors de la terre d'Israël, n'en possède pas. Une fois arrivé en Terre sainte, il commença à manifester son intérêt pour les Lieux saints, et cette curiosité marquera toute sa traversée de la Mésopotamie. De Haifa, il disait : « D'un côté de la ville, il y a la montagne du Carmel au sommet et au pied de laquelle on trouve de nombreux tombeaux juifs. » Il décrivit ainsi Jérusalem : « En sortant par la porte de Josaphat [...] on trouve la stèle d'Absalon [et] le tombeau du roi Josias, tandis que sur la montagne de Sion on aperçoit les sépultures de la famille de David et des rois qui ont régné après lui. » Passant par la ville de Bethléem en direction de Hébron, il s'arrêta devant le monument funéraire « de notre mère Rachel », tandis qu'à Hébron, lieu de pèlerinage des chrétiens, il nous prévient qu'il faut demander à voir les vrais tombeaux des patriarches et de leurs épouses, et non pas les faux que l'on montre ordinairement aux pèlerins. Benjamin signale d'autres tombeaux au sud et au nord du pays qui pourraient être ceux du prophète Samuel à Ramah, de Rabbi Hiya, de Jonas fils d'Amittaï à Tsipori et de Simon le Juste à Tibériade, et ne manque pas non plus de souligner l'importance de la nécropole de Méron. En Palestine, d'autres noms sacrés doivent encore être retenus comme Barak ben Abinoam, le capitaine de guerre de la prophétesse Déborah, comme ceux des maîtres de la Loi *(Tannaïm)*, Éléazar ben Arah, Éléazar ben Azaria, Honi ha-Meaguel, Simon ben Gamaliel et Rabbi Yossi ha-Galili. Sa visite en Mésopotamie s'avère même plus féconde. Il n'est pas nécessaire d'énumérer ici les noms des prophètes, des rabbins *(Tannaïm* et *Amoraïm)*, qu'il situe dans des villes comme Al-Anbar, Ras Al-Ain, Ain Saphta et Al-Parass. Comme pour Pétahia de Ratisbonne, toute l'attention de Benjamin se porte sur le tombeau du prophète Ézéchiel (8), non seulement en raison de sa taille imposante, mais plus encore parce qu'il attire des foules où se mêlent juifs et musulmans, et que de nombreuses festivités y sont régulièrement célébrées. Il nous confirme ainsi qu'avec ce monument les juifs possèdent l'équivalent de Saint-Jacques-de-Compostelle.

Il devient donc possible de suggérer que le principal objet des voyages de Benjamin de Tudèle était de répertorier les Lieux saints. Cependant, au lieu de se satisfaire d'un banal inventaire, comme ses contemporains l'avaient fait, Benjamin conçut son récit en forme de « Guide à l'usage des pèlerins ». Le voyageur qui, se rendant de ville en ville, suivait scrupuleusement le parcours indiqué par ce guide, était sûr d'atteindre son but, d'autant plus qu'il donnait une approximation de la distance entre deux localités et du temps nécessaire pour la franchir. Géographe par vocation — ou plutôt anthropologue avant l'heure —, il ne peut s'empêcher de mentionner des faits intéressants ou curieux que le voyageur rencontrera sur son chemin.

En guide efficace, il donne pour chaque ville ce que l'on peut espérer de la capacité d'accueil de la part de sa population juive. C'est à mon avis pour cette raison qu'il cite les noms des responsables communautaires et qu'il fait une estimation du nombre d'individus (et non de familles) que le défilé des pèlerins juifs rencontrera. Il est vrai que ce souci de l'hospitalité n'est jamais explicité dans son récit. Mais vers la fin de son livre, Benjamin montre à deux reprises cette préoccupation. Parlant des juifs de France, il dit : « Ce sont des gens pratiquants et très hospitaliers pour les étrangers et ils manifestent leur amitié et leur fraternité envers tous leurs frères juifs » (3). Enfin, dans le tout dernier passage, parlant des juifs en général, il affirme : « Lorsque vient quelqu'un qui leur demande l'hospitalité, ils sont heureux de l'accueillir et d'organiser en son honneur un festin. »

Le « Guide » de Benjamin a-t-il jamais rendu réellement service aux groupes de pèlerins qui se dirigeaient vers le Moyen-Orient ? Les documents dont nous disposons ne nous permettent pas de répondre de façon péremptoire. Il n'existe pas d'autre mention d'un mouvement de masse vers la Terre sainte que le voyage entrepris en 1211 par les célèbres trois cents rabbins de France et d'Angleterre [1]. Ceux-ci se rendaient là-bas apparemment pour y tenir un synode (cependant Judah Al-Harizi en rencontra quelques-uns en 1218 qui séjournaient toujours à Jérusalem [2]). Pour atténuer un peu un jugement aussi négatif, il convient de rappeler que les gens du XIIe siècle démontrèrent une étonnante facilité à entreprendre des voyages ou des pèlerinages. À Marseille, cet engouement donna lieu, vers le milieu du XIIIe siècle, à une législation particulière, qui limita à quatre le nombre de juifs qui embarqueraient sur un bateau, et la destination d'Alexandrie leur fut complètement interdite [3]. Que cette mesure

---

1. Voir la récente publication (et la bibliographie qui y est citée) d'Ephraïm Kanarfogel, « The *Aliyah* of "Three Hundred Rabbis" in 1211 : Tosafist Attitudes toward Settling in the Land of Israel », *The Jewish Quarterly Review*, LXXVI, 1986, p. 191-215.

2. Yehudah Al-Harizi, *Tahkemoni*, chapitre 46 (hébreu), éd. A. Kaminka, Varsovie, 1899, p. 353. Il existe une traduction anglaise de ce livre important : *The Tahkemoni of Judah al Harisi : An English Translation by Victor Emanuel Reichert*, Jérusalem, 1965.

3. Régine Pernoud éd., *Les Statuts municipaux de Marseille*, Monaco-Paris, 1949, p. 156, n° 22, « *De judeis quot debent vehi in singulis navibus* » : « Nous décrétons que, sur un navire marseillais, les juifs n'auront la possibilité et le droit de naviguer ensemble, pour affaires ou autrement, qu'au nombre de quatre au maximum par voyage, quelle que soit la destination ou la provenance de ce navire, à l'exception toutefois d'Alexandrie, où ils n'ont ni la possibilité ni le droit d'aller. »

puisse nous servir d'indication d'un appétit pour les voyages et pèlerinages « outre-mer » dans le monde juif est confirmé par une lettre du 15 mai 1235, trouvée dans la *genizah*. L'auteur, écrivant d'Alexandrie, parle d'une « foule immense de nos coreligionnaires [à Marseille] qui se préparent à venir ici », ajoutant : « Que Dieu nous garde des ennuis qu'ils vont causer[1] ! »

LES VOYAGES DE RECONQUÊTE

Le temps des croisades ne s'acheva pas en 1291 avec la chute de Saint-Jean-d'Acre, dernier bastion chrétien en Terre sainte. La papauté ainsi que le roi de France avaient réagi en formant des projets pour la « récupération » de ce qu'ils venaient de perdre[2]. De semblables desseins avaient déjà été échafaudés tout au long de la première moitié du XIVᵉ siècle et même après, et n'avaient pas échappé à l'attention des juifs. L'un d'entre eux, le philosophe provençal Joseph ibn Kaspi (1279-1340), expliquait en se référant à la raison d'État et à la dynamique de la politique (et non pas en termes messianiques) que ces projets permettraient aux juifs de retourner dans leur pays et d'y fonder un important foyer[3]. Au cours de ces mêmes années (en 1333), un certain Isaac ben Joseph Helo, de Larissa en Grèce, rédigea un opuscule intitulé *Les Chemins de Jérusalem*. Bien que les moyens de parvenir en Terre sainte et à Jérusalem soient décrits avec un grand luxe de détails, il se peut qu'il s'agisse là, pour ainsi dire, d'un « Jean de Mandeville juif », voyageur par l'esprit qui ne quitta jamais son cabinet[4].

Ce ne fut pas le cas d'Estori ha-Parhi. Originaire du Languedoc et appartenant à la famille des Tibbonides, il s'installa en 1313 en Palestine où il effectua pendant de longues années des voyages d'étude et d'observation. C'est au cours de ces mêmes années qu'il rédigea son livre *Kaftor*

---

1. Shelomo Dov Goitein, « Chief Judge R. Hananel b. Samuel, In-Law of R. Moses Maimonides » (hébreu), *Tarbiz*, L, 1981, p. 371-395, en particulier p. 383. Cf. aussi S. D. Goitein, *A Mediterranean Society*, I, *op. cit.*, p. 67.
2. Cf. Aziz Suryal Atia, *The Crusade in the Later Middle Ages*, Londres, 1938 ; Norman Hously, *The Later Crusades 1274-1500 : From Lyons to Alcazar*, Oxford, 1992 ; *id., The Avignon Papacy and the Crusades, 1305-1378*, Oxford, 1986 ; Sylvia Schein, *Fideles Crucis : The Papacy, the West and the Recovery of the Holy Land*, Oxford, 1991.
3. Sur Joseph ibn Kaspi et ses œuvres, voir l'article dans Ernest Renan, *Les Écrivains juifs français du XIVᵉ siècle*, rééd. Gregg international, 1969, p. 477-547, ainsi que le livre de Barry Mesh, *Studies in Joseph Caspi*, Leyde, 1975. Les projets politiques de Joseph ibn Kaspi ont été traités par Shlomo Pines dans son article « Joseph ibn Kaspi's and Spinoza's Opinions on the Probability of a Restoration of the Jewish State », dans la revue philosophique de Jérusalem *Iyyon*, XIV, 1963, p. 289-317 (en hébreu). Cette étude est réimprimée dans S. Pines, *Studies in the History of Jewish Philosophy*, Jérusalem, 1977, p. 273-306.
4. Cf. Gershom Scholem, « Le livre *Chemins de Jérusalem* de R. Isaac Helo est un faux » (hébreu), *Zion*, VI, Jérusalem, 1935, p. 39-53.

va-Ferah[1]. Tout à la fois topographe et historien, il parvint à identifier environ cent quatre-vingts sites, et démontra comment leur appellation en langue arabe dérivait des noms hébraïques qu'ils portaient au cours de l'Antiquité biblique ou talmudique. Estori s'intéressait non seulement à la toponymie et à l'archéologie d'Israël, mais aussi, en sa qualité de médecin, à la botanique. Il décrivit les plantes et les fleurs de chaque région. Son *Kaftor va-Ferah* est considéré avec raison comme le livre fondateur de la discipline que l'on appelait autrefois « palestinographie » et que l'on appelle aujourd'hui dans les universités israéliennes « études du pays d'Israël ».

Alors que pour l'époque qui se termine en 1291 il existe un dénominateur commun à la majorité des récits à notre disposition, il n'en va pas de même pour les siècles suivants, surtout pour le xvᵉ siècle, dont nous ne possédons que quelques récits de voyages en Terre sainte[2]. Cependant, des juifs et des chrétiens ont persisté dans leurs pèlerinages[3]. La raison de cette carence est partiellement au moins la conséquence de l'interdiction qui fut faite aux juifs, en 1428, de voyager sur les bateaux vénitiens[4]. Les juifs avaient été accusés d'avoir, en payant les autorités musulmanes, dépossédé les Franciscains du mont Sion du tombeau attribué au roi David. Il fallait être bien en cour auprès du pape, comme ce fut le cas du célèbre médecin Elia di Sabato da Fermo, pour obtenir une dispense. Celui-ci eut ainsi la possibilité de se rendre vers 1436 en Terre sainte accompagné d'une escorte[5]. Selon le professeur David Jacoby, il semblerait que cet interdit fût assez rapidement levé, aux environs de 1448. Pourtant, le voyageur Obadiah de Bertinoro, quarante ans plus tard, parle de la levée de cette interdiction comme d'un événement récent. Ajoutons aussi qu'Isaac Sarfati, un juif allemand d'origine française, en encourageant ses confrères, à une date indéterminée du xvᵉ siècle, à venir s'installer dans

---

1. Sur Estori ha-Parhi, voir le chapitre qui lui est consacré dans E. Renan, *Les Écrivains juifs français du xivᵉ siècle*, Paris, 1893, p. 403-412 (rééd. Gregg international, 1969).

2. José Ramon Magdalena Nom de Déu, *Relatos de viajes y epistolas de peregrinos judios a Jerusalén (1481-1523)*, Sabadel, Editorial AUSA, 1987.

3. Cf. Michael Ish Shalom, *Christian Travels in the Holy Land : Descriptions and Sources on the History of the Jews in Palestine* (hébreu), Tel-Aviv, 1965 ; *id.*, *In the Shadow of Alien Rule : History of the Jews in the Land of Israel* (hébreu), Tel-Aviv, 1975.

4. Cf. Shlomo Simonsohn, « Divieto di trasportare Ebrei in Palestina », *Italia judaica — Gli Ebrei in Italia tra Rinascimento ed Eta Barocca, Atti del II convegno internazionale*, Rome, 1986, p. 39-53. Cf. également Sylvia Schein, « La *custodia Terrae sanctae* franciscaine et les juifs de Jérusalem à la fin du Moyen Âge », *Revue des Études juives*, CXLI, 1982, p. 369-377, ainsi que David Jacoby, « The Franciscans, the Jews and the Issue of Mount Zion in the Fifteenth Century : A Reconsideration » (hébreu), *Cathedra for the History of Eretz Israel and its Yishuv*, XXXIX, 1986, p. 51-70.

5. Ladislao Münster, « Una luminosa figura de medico ebreo del Quattrocento, maestro Elia di Sabbato da Fermo, Archiatra pontificio », *Scritti in memoria di Sally Mayer (1875-1953), Saggi sull'ebraismo italiano*, Jérusalem, 1956, en particulier p. 255-257.

l'Empire ottoman, insiste pour dire que l'on peut gagner la Terre sainte par la voie terrestre seulement[1].

Presque tous les récits de voyage de cette seconde moitié du xvᵉ siècle sont faits par des juifs italiens. Deux d'entre eux sont absolument contemporains : il s'agit d'une part du récit de Meshoullam de Volterra et d'autre part de la correspondance écrite depuis la Terre sainte par Obadiah de Bertinoro. Cinquante ans plus tard, Mosse Bassola (1480-1560), rabbin italien lui aussi, entreprit un pèlerinage en Terre sainte en 1521 et y séjourna un an et demi. Son *Shivhe Yerushalayim* (Les splendeurs de Jérusalem) constitue une description très claire des conditions économiques et sociales de cette ville, ainsi que de ses institutions communautaires[2].

Meshoullam de Volterra effectua par deux fois ce voyage, en 1481 et en 1487. Son premier périple le conduisit d'Italie à Alexandrie, puis vers les villes de Terre sainte, Gaza, Hébron, Jérusalem, Jaffa, ainsi que Beyrouth et Damas[3]. Lors de son second voyage en 1487, il fut obligé de changer de bateau devant la vive animosité que lui manifestèrent les autres passagers, du fait de sa judaïcité. C'est à cette occasion qu'il rencontra un autre voyageur, Obadiah « Yare » de Bertinoro[4].

Meshoullam était un homme d'affaires et ses succès commerciaux à Florence, sa ville natale, lui avaient permis de nouer des relations amicales avec Laurent de Médicis. En revanche, Obadiah ben Abraham de Bertinoro (vers 1450-1516) se distinguait comme autorité rabbinique, et surtout comme commentateur de la *Mishnah*[5]. Obadiah n'a pas laissé à proprement parler un récit de voyage, mais plutôt trois lettres écrites entre 1488 et 1490, une fois arrivé à Jérusalem[6]. Il nous conte ainsi comment, traversant Palerme (1) ou Le Caire en chemin pour se rendre en Palestine, les juifs de ces localités avaient tenté de le retenir chez eux. Cependant,

---

1. Salo Wittmayer Baron, *A Social and Religious History of the Jews*, XVIII, New York-Philadelphie, 1983, p. 21.
2. Isaac Ben Zvi éd., *A Pilgrimage to Palestine by Rabbi Moshe Bassola of Ancona (1542)* (hébreu), Jérusalem, 1939.
3. Abraham Ya'ari, *Masa' Meshulam mi-Volterra be-Erets Yisrael bi-shnat RMA (1481)* (Le voyage de Meshoullam de Volterra au pays d'Israël en 1481) (hébreu), Jérusalem, 1948. Pour une traduction italienne récente par Alessandra Veronese, voir *Viaggio in terra d'Israele*, Rimini, 1989. Voir aussi l'étude récente d'A. Veronese, « Il viaggio di Meshullam ben Menahem da Volterra », *Viaggiatori ebrei* (cf. note 64 de l'Introduction générale), p. 45-66.
4. Voir ci-dessous, O. de Bertinoro, 2.
5. Sur les différents aspects de la vie et de la créativité d'Obadiah, voir Giulio Busi éd., *Ovadyah Yare da Bertinoro e la presenza ebraica in Romagna nel Quattrocento*, coll. « Quaderni di Henoch », I, Turin, 1989. Noter spécialement l'article de G. Busi dans cet ouvrage, « Ovadyah da Bertinoro come viaggiatore », p. 21-33.
6. Les lettres d'Obadiah ont été récemment publiées de façon exemplaire par M.E. Artom et A. David, « Rabbi Ovadyah mi-Bartenura we-Iggerotaw me-Eres Yisrael (Rabbi Obadiah de Bertinoro et ses lettres d'Erets Israël) », *Jews in Italy : Studies Dedicated to the Memory of U. Cassuto on the 100th Anniversary of his Birth* (hébreu), Jérusalem, 1988, p. 24-108.

sa seule ambition était de s'établir en Terre sainte. En fait, dès son arrivée il s'affirma, d'abord à Jérusalem puis à Hébron, en qualité de principale autorité rabbinique, se préoccupant aussi des affaires communautaires et préparant, sans le savoir, les structures d'accueil pour les juifs expulsés d'Espagne, qui commencèrent à arriver après 1492. Lui-même finit ses jours à Jérusalem (3-6).

La fantaisie d'une part et une minutieuse exactitude de l'autre caractérisent les deux derniers textes hébraïques qui seront encore présentés dans ce chapitre. Le premier, émanant de la première moitié du XVIe siècle, est lié à l'activité messianique d'un aventurier appelé David Reübeni, le second a été écrit quelque cinquante ans plus tard par un commerçant italien, Élie de Pesaro, qui adressait cette correspondance à sa famille.

Depuis son apparition dans le monde juif vers 1520 jusqu'à l'heure actuelle, la personnalité de Reübeni est nimbée de mystère [1]. On ignore si l'autobiographie qui porte son nom est authentique, tant fiction et réalité sont mêlées. Comme bien d'autres documents l'attestent, il n'y a aucun doute sur l'historicité du personnage. Apparaissant d'abord au Moyen-Orient, en Égypte puis en Terre sainte, il sut s'imposer face à bon nombre d'autorités juives, et même, il fut reçu aussi bien par le pape que par le roi du Portugal. En ce temps de découvertes, la légende du Prêtre Jean et de son royaume mystérieux fascinait les esprits. Reübeni, qui se déguisa d'abord comme un descendant du prophète Mahomet, se présenta ensuite en Europe comme un prince hébreu, chef de l'armée de son frère Salomon, lui-même roi d'un État juif en Afrique. Enfin, il fut chassé du Portugal et emprisonné dans le nord de la France, pour avoir, par son comportement, suscité avec succès des espoirs messianiques. Il acheva ses jours dans les geôles de l'empereur, qu'il tenta inlassablement d'intéresser à ses projets militaires. Personnalité énigmatique, les chercheurs d'aujourd'hui ne parviennent pas à se mettre d'accord à son sujet. S'agissait-il d'un imposteur juif ashkenaze, d'un falacha ou d'un juif yéménite ? Récemment on évoquait même la possibilité d'une origine nord-africaine.

La vie de notre dernier voyageur, Élie de Pesaro [2], est beaucoup moins riche en péripéties. Sa biographie nous est pratiquement inconnue, sinon qu'il était d'origine séfarade et qu'il étudia en Italie, dans la *yeshivah* d'Ismaël. En 1563, il entama un voyage vers la Terre sainte, mais il s'arrêta à Famagouste, capitale de l'île de Chypre. De là-bas, il envoya à sa

---

1. David Reübeni reste un mystère malgré les nombreuses recherches qui ont été menées à son sujet ; voir la bibliographie à la fin de l'article « ha-Reuveni, David », que l'*Encyclopaedia judaica*, XIV, col. 114-116, lui consacre. Il faut noter spécialement les travaux de A.S. Aescoly, qui a publié aussi le *Sippur David ha-Reuveni* (hébreu), 1940.

2. Cf. Joseph Shatzmiller, « Travelling in the Mediterranean in 1563 : The Testimony of Eliahu of Pesaro », *The Mediterranean and the Jews : Banking, Finance and International Trade, XVI-XVIII Centuries*, Ramat Gan, 1989, p. 237-248.

famille une longue lettre décrivant son nouveau bonheur. Il s'agit tout d'abord de sa rencontre avec un savant célèbre de l'époque, R. Éliézer Ashkenazi, puis de la facilité à gagner sa vie dans l'île. Pour convaincre sa famille de le rejoindre à Chypre, il prend la peine d'énumérer les prix des différentes denrées et produits pour les comparer avec les prix pratiqués à Venise. C'est donc un texte d'une importance capitale pour l'histoire de Venise et de Chypre.

C'est la première partie de cette lettre qui attire tout particulièrement notre attention. Élie suit pas à pas un voyageur, de l'inspection qu'il subit à la douane de Venise jusqu'à son installation sur un bateau [1]. Il donne une description minutieuse des différentes escales jusqu'à l'arrivée du navire à Chypre (3). De plus, il dépeint les conditions de vie à bord, les quantités de vivres embarquées, sans oublier les services médicaux et même les divertissements musicaux qui étaient offerts aux passagers (1). Ce texte autographe est conservé à la Bibliothèque nationale et fut traduit dès 1874 en français. Il est étrange que les historiens de la navigation et de la Méditerranée du XVIe siècle n'aient pas exploité plus largement cette source.

LES VOYAGEURS D'APRÈS LE MOYEN ÂGE

L'histoire des juifs en Terre sainte et les récits hébraïques qu'elle a engendrés ne s'arrêteront pas avec Élie de Pesaro. Les siècles suivants verront des dizaines de personnes s'acheminer vers Erets Israël, soit pour y finir leurs jours, soit en tant que pèlerins [2]. Ces voyages ont été autant entrepris par des personnes « ordinaires » comme Salomon Meinstril de Resniz en Moravie (1602) que par des célébrités rabbiniques comme Isaiah Horowitz en 1620 et Hayim Mosses ibn Attar en 1741. Gershon de Kutov, le beau-frère d'Israël Baal Shem Tov (Besht), fondateur du hassidisme, y était en 1746, et il semble que le Besht lui-même ait entrepris un pèlerinage sans toutefois atteindre son but.

Un de ces voyages revêt une importance toute particulière. C'est celui d'un groupe de disciples du faux messie, Shabbetaï Sebi (1666), qui était dirigé par le prédicateur messianique sabbatéen Judah Hassid de Dubno

---

1. Voir ci-dessous, É. de Pesaro, 2.
2. Cf. l'article « Travellers and Travels to Erez Israel », in *Encyclopaedia Judaica*, XV, col. 1351-1354, ainsi que l'article fondateur de Léopold Zunz, « Geographische Literatur der Juden », *Gesammelte Schriften*, I, Berlin, 1875, p. 146-216. L'article écrit en 1841, précieux pour tout ce qui relève du Moyen Âge, ne se limite pas à cette époque et se poursuit jusqu'au XIXe siècle. Il faut aussi mentionner à nouveau la thèse de doctorat brillamment soutenue à l'université hébraïque de Jérusalem par Elchanan Reiner, *Pilgrims and Pilgrimage to Eretz Yisrael, 1099-1517* (hébreu), Jérusalem, 1988. La dernière publication semble être *Viaggiatori ebrei, Berichte jüdischer Reisender vom Mittelalter bis in die Gegenwart*, éd. G. Busi, Atti del congresso europeo dell'AISG (Associazione italiana per lo studio del giudaismo), San Miniato, 4-5 novembre 1991, Bologne, 1992.

(vers 1660-1700) et qui arriva en 1700 à Jérusalem. Le professeur Ben
Zion Dinur de l'université hébraïque de Jérusalem, grand historien sioniste, attire notre attention sur ce groupe parce qu'il considère qu'il ne
s'agit pas réellement de pèlerins, mais bien plutôt d'immigrés [1]. Avant
d'atteindre Jérusalem, un noyau de trente et une familles fit tout un
périple qui les conduisit à travers l'Allemagne, la Moravie et la Turquie ;
chemin faisant, d'autres personnes se joignirent à eux, si bien qu'ils furent
environ mille trois cents à parvenir à Jérusalem. Cinq cents d'entre eux,
y compris leur chef, périrent en Palestine. La majorité des survivants
quitta le pays. Pourtant, pour B. Z. Dinur, c'est un événement crucial dans
l'histoire des rapports des juifs avec la Terre sainte, qui n'était plus seulement un lieu de pèlerinage où l'on se prosternait sur des tombeaux saints.

En un mot, c'étaient des sionistes avant la lettre. Ils précédèrent de
deux siècles l'installation des premières colonies agricoles à partir de
1880, alors que le pays était encore sous le régime ottoman. Pour les
XIXe et XXe siècles, la liste des voyageurs s'étend encore bien davantage,
mais il s'agira plutôt d'une émigration *(aliya)* dont le but était d'essayer
de s'implanter dans le pays. Cette histoire ne devait s'achever qu'en 1948
avec la fondation de l'État d'Israël, sans avoir toutefois l'aspect définitif
que voulait lui accorder le grand historien B. Z. Dinur : en effet, aujour-
d'hui encore Israël demeure terre de pèlerinages tout autant que terre
d'accueil.

SUR LA TRADUCTION

Toutes les traductions françaises que nous présentons ici ont été
comparées avec les originaux en hébreu. Si même nous n'avons pas
consulté les manuscrits, nous avons chaque fois tenté de nous référer à
l'édition critique ou à la plus fiable. C'est la raison pour laquelle nous
n'avons pas eu recours au *Ozar Massaoth* (« Trésor de récits de
voyages ») de J.-D. Eisenstein [2], savant qui s'est permis d'intervenir dans
les textes et même d'en intervertir l'ordre. Le cas échéant, nous avons
préféré nous référer à Abraham Ya'ari, dont les ouvrages contiennent des
textes plus sûrs [3].

Il nous faut mentionner à cet endroit les traductions de ces textes faites

---

1. Ben Zion Dinur, *Be-miphne ha-Dorot* (Au tournant des générations) (hébreu), Jérusalem, 1955, premier article. Pour une traduction anglaise de cette étude magistrale, cf. *Israel
and the Diaspora*, Philadelphie, 1969, p. 77-161, et spécialement p. 149 et suivantes.

2. J.D. Eisenstein, *Ozar Massaoth : A Collection of Itineraries by Jewish Travelers to
Palestine, Syria, Egypt and Other Countries* (hébreu), New York, 1926, rééd., Tel-Aviv,
1969.

3. Abraham Ya'ari, *Mas'ot Erets Yisrael shel Olim Yehudim mi-Yemey ha-Beynayim we-
ad Yemey Shivat Tsion* (Voyages des pèlerins juifs en Erets Israël, depuis le Moyen Âge
jusqu'au jour du retour à Sion) (hébreu), Tel-Aviv, 1946.

par notre ami l'excellent hébraïsant et professeur Haïm Harboun. Le rabbin Harboun s'est proposé depuis des années de mettre les récits des voyageurs juifs à la disposition des lecteurs français. Résidant à Aix-en-Provence, il a fondé dans cette ville les éditions Massoreth, où ont déjà été publiés trois volumes [1]. Il nous a autorisé à utiliser librement ses traductions et nous avons profité de sa générosité. Cependant, nous nous sommes trouvé devant l'obligation de revenir aux originaux hébreux avant de présenter nos traductions, et cela pour deux raisons : d'abord parce que ces traductions aixoises accordaient trop de confiance à l'édition Eisenstein, ensuite parce que dans certains cas nous nous sommes trouvé en divergence avec le rabbin Harboun pour la compréhension du texte.

Dans l'ensemble, nous avons choisi des extraits de sept voyages dont les récits étaient déjà traduits en français : les six premiers faits par le rabbin Harboun et le septième (celui d'Élie de Pesaro) achevé par Moïse Schwab au siècle dernier. Cette dernière traduction a demandé, elle aussi, des interventions de notre part, des corrections et, espérons-le, des améliorations. Après la fin de notre travail, le rabbin Harboun a publié de son côté une traduction du voyage d'Élie de Pesaro [2].

Quelques notes techniques enfin s'imposent, pour expliquer notre démarche en publiant ce texte :

Quand il fallait ajouter des mots ou des phrases pour rendre le texte plus compréhensible, nous l'avons mis entre crochets, par exemple : [Rabbi Pétahia] ;

inversement, quand nous avons décidé d'omettre quelques éléments courts ou longs du texte, nous l'avons signalé ainsi : [...] ;

à la fin de chaque extrait, nous avons signalé d'abord la pagination dans l'original hébreu auquel nous avons eu recours, et ensuite dans la traduction française, soit du rabbin Harboun, soit de Moïse Schwab ;

un glossaire des termes hébreux paraissait indispensable ; Anne-Marie Weil-Guény s'est chargée de le préparer. De même un glossaire des termes italiens — surtout ceux qui concernent la navigation vénitienne du XVIe siècle — s'est avéré nécessaire. Nous l'avons emprunté aux notes d'A. Ya'ari pour l'édition du récit de voyage d'Élie de Pesaro. (Voir Glossaire en fin de volume.)

Nous n'aurions pas été en mesure de le faire sans l'aide constante et patiente d'Anne-Marie Weil et de Gérard Jobin, ingénieurs de recherche au CATAB et à l'UMR 5648 du CNRS.

JOSEPH SHATZMILLER

---

1. H. Harboun, *Les Voyageurs juifs du Moyen Âge*, XIIe siècle, Aix-en-Provence, 1986 ; *Les Voyageurs juifs des* XIIIe, XIVe *et* XVe *siècles*, Aix-en-Provence, 1988 ; *Les Voyageurs juifs du* XVIe *siècle, David Reübeni*, Aix-en-Provence, 1909.
2. H. Harboun, *Les Voyageurs juifs du* XVIe *siècle : Moïse Bassola, Élie de Pesaro*, préface de J. Shatzmiller, Aix-en-Provence, 1994.

BENJAMIN DE TUDÈLE

Les chercheurs en général sont d'accord pour les dates du voyage de Ben-
jamin, entre 1165 et 1173. En revanche, on doute fort qu'il ait véritablement
visité toutes les localités dont il parle. Il est certain qu'il a passé par la côte
nord de la Méditerranée pour rejoindre la terre d'Israël par Constantinople
et la côte syrienne. Il a sûrement visité aussi une partie de la Mésopotamie et
la Sicile. Par les extraits que nous publions, nous aimerions présenter la
diversité de ses intérêts, ainsi que l'importance de certains de ses témoi-
gnages.

Éditions : Le texte de Benjamin a été publié à plusieurs reprises. La première édition
parut à Constantinople en 1543. L'édition la plus importante est celle de MARCUS
NATHAN ADLER, *The Itinerary of Benjamin of Tudela Critical Text, Translation and*
Commentary, Londres, 1907, rééd. Philipp Feldheim, New York, s.d. ; cf. aussi HAÏM
HARBOUN, *Les Voyageurs juifs du Moyen Âge, xiiᵉ siècle*, Aix-en-Provence, Éditions
Massoreth, 1986, p. 71-140.

1. *Introduction*

Ceci est le livre des voyages qu'a faits Rabbi Benjamin bar Yonah du
pays de Navarre — que son âme soit au paradis !
Ce Rabbi Benjamin sortit de sa demeure, la ville de Tudèle, il sortit et
voyagea dans plusieurs pays lointains, comme c'est expliqué dans son
livre. De tous les endroits où il alla, il écrivit toutes les choses qu'il vit et
qu'il entendit de la bouche d'hommes dignes de foi, choses qui n'avaient
jamais été entendues en Espagne. Et aussi il mentionne certains sages et
dignitaires qui habitaient dans chaque endroit. Et il apporta ce livre avec
lui lorsqu'il vint en Castille dans l'année 4933 [1].

---

1. L'an 1173 de l'ère chrétienne.

Et c'est le Benjamin mentionné, un homme de compréhension, d'intelligence, et vivant selon la foi et la loi [1]. Et toutes les choses que nous avons examinées sur lui pour vérifier ses dires se sont avérées fondées, exactes et bien établies, car c'est un homme de vérité. Et voici le début de son livre.

2. *Les communautés juives du littoral de la Méditerranée, de la France au nord de l'Italie. Rome et ses monuments*

Tout d'abord je suis sorti de ma ville pour Saragosse, j'ai descendu l'Èbre jusqu'à Tortose, et de là j'ai marché durant deux jours pour rejoindre Tarragone, ville ancienne qui fut construite par les Cyclopes et les Grecs. Aucune construction semblable n'existait dans toute l'Espagne. Elle est au bord de la mer.

De là, il y a deux journées jusqu'à Barcelone, où se tient une sainte assemblée formée de gens sages et instruits, de grands princes tels Rabbi Sheshett, Rabbi Shealtiel, Rabbi Salomon et Rabbi Abraham ben Hasdaï, de mémoire bénie. Cette ville petite et belle est située sur le bord de la mer. Les marchands y accostent de tous côtés pour le commerce. Il en vient de la Grèce, de Pise, de Gênes, de la Sicile, d'Alexandrie en Égypte, de la terre d'Israël et d'Afrique et des pays limitrophes.

De là, il y a une journée et demie jusqu'à Gérone où existe une petite communauté juive. De là à Narbonne, il y a trois journées de marche. Cette ville est connue depuis longtemps par sa science, c'est d'elle que sortit la Torah pour se répandre dans tous les pays. On y trouve de grands savants et des princes, à la tête desquels est Rabbi Kalonymos, fils du grand prince Rabbi Todros, de mémoire bénie, dont la descendance de la famille de David est prouvée. Il a des terres et des possessions qu'il tient des seigneurs de la ville, personne ne peut les lui ravir par force. À leur tête [on trouve aussi] Rabbi Abraham, chef de l'école talmudique, Rabbi Mahir, Rabbi Yéhoudah et plusieurs autres, avec eux il y a de nombreux disciples. Il y a à [Narbonne] environ trois cents juifs.

De là à Béziers, il y a quatre parasanges [2]. On y trouve une communauté d'érudits, avec à sa tête Rabbi Salomon Halafta et Rabbi Joseph, fils de Rabbi Nethanaël, de mémoire bénie.

De là il y a deux journées pour le mont Ga'ash [3] appelé Montpellier, lieu de prédilection pour le commerce, à environ une parasange de la mer. On y vient de toute part pour le commerce, d'Édom, d'Ismaël, d'Algar-

---

1. Selon la Loi et l'Halakhah.
2. 25,6 km. Voir Glossaire.
3. Le mont Volcan.

ve[1], de Lombardie, du royaume de Rome la Grande, de tout le pays d'Égypte, du pays d'Israël, de Grèce, de France, d'Espagne, d'Angleterre. De toutes les contrées on y vient pour le commerce par l'intermédiaire des gens de Gênes et de Pise. On trouve à Montpellier des gens érudits, les plus célèbres de cette génération. À leur tête Rabbi Reüben, fils de Todros, Rabbi Nathan, fils de Rabbi Zacharie, de mémoire bénie, Rabbi Samuel leur maître, Rabbi Shlemia, fils de Rabbi Mardochée, de mémoire bénie. Il y a chez eux des académies destinées à l'étude. Il y en a parmi eux qui sont riches et charitables, prêts à tendre la main pour faire du bien à ceux qui s'adressent à eux.

De là il y a quatre parasanges pour atteindre Lunel, où vit une grande communauté juive, étudiant la Torah nuit et jour. Là vit aussi le rabbin Meshoullam, le grand maître entouré de ses cinq fils, sages de renom et fortunés. [Leurs noms sont] Rabbi Joseph, Rabbi Isaac, Rabbi Jacob, Rabbi Aaron et Rabbi Asher le Pharisien qui s'est éloigné des affaires de ce monde et s'est consacré à l'étude du Livre jour et nuit, se mortifiant et s'abstenant de consommer de la viande. C'est un très grand savant du Talmud.

[Outre ceux-ci, on trouve encore à Lunel] Rabbi Moïse le beau-frère du précédent, Rabbi Samuel l'Ancien, Rabbi Salomon ha-Cohen, Rabbi R. Ulsarnu[2], Rabbi Judah le médecin, fils de Tibbon l'Espagnol. Tous ceux qui viennent de pays éloignés pour étudier la Torah sont pris en charge ; on leur dispense l'enseignement [de la Torah], la communauté leur fournit tout ce qui est nécessaire à leur nourriture et à leur vêtement, durant tout leur séjour à l'académie. Ce sont des gens sages et saints accomplissant les préceptes de Dieu, soutenant tous leurs frères, proches, ou éloignés. Il y a [à Lunel] une communauté juive d'environ trois cents personnes ; que le Rocher d'Israël les préserve !

De là il y a deux parasanges pour Posquières[3] : c'est une grande ville, qui compte environ quarante juifs, abritant une importante école talmudique dirigée par le grand rabbin Rabbi Abraham, fils de Rabbi David, d'heureuse mémoire. C'est un homme d'action remarquable et un grand savant du Talmud et de la Bible. On vient chez lui de pays éloignés pour apprendre la Torah, et l'on trouve l'hospitalité dans sa maison. Et tandis que lui il leur enseigne, si certains ne peuvent subvenir à leurs besoins c'est lui qui effectue les dépenses, sur sa fortune personnelle, laquelle couvre tous leurs besoins, car il est fort riche. S'y trouvent également le munificent Rabbi Joseph, fils de Rabbi Menahem, Rabbi Benvéniste, Rabbi Benjamin, Rabbi Abraham et Rabbi Isaac, fils de Rabbi Moïse, d'heureuse mémoire.

---

1. Édom : pays chrétien ; Ismaël : pays musulman ; Algarve, au Portugal.
2. Peut-être Ulsagro.
3. Vauvert, dans le Gard.

À quatre parasanges [de Posquières], on trouve le village de Bourg-Saint-Gilles, où la communauté juive compte à peu près cent membres et parmi eux des sages. À leur tête sont Rabbi Isaac, fils de Rabbi Jacob, Rabbi Abraham, fils de Rabbi Judah, Rabbi Éléazar, Rabbi Isaac, Rabbi Moïse et Rabbi Jacob, fils de Rabbi Lévi, d'heureuse mémoire. C'est un centre de pèlerinage pour les nations qui viennent des extrémités de la terre, trois milles séparent la ville de la mer. Elle est située sur la rive du grand fleuve appelé Rhône, lequel longe tout le pays de Provence. C'est là que réside le prince Rabbi Abba Mari, fils de Rabbi Isaac, d'heureuse mémoire, prévôt du comte Raymond.

De là trois parasanges nous séparent de la ville d'Arles où vivent à peu près deux cents juifs. À leur tête Rabbi Moïse, Rabbi Tobia, Rabbi Isaïe, Rabbi Salomon, Rabbi Nathan le maître, fils d'Abba Mari, d'heureuse mémoire.

De là à Marseille il y a deux journées. C'est une ville qui compte des docteurs de la Loi et des sages. Deux communautés juives vivent [à Marseille], qui comptent ensemble environ trois cents fidèles. Une communauté est installée au bas de la ville sur le bord de la mer, l'autre est installée en haut, dans une forteresse. Marseille abrite une grande académie avec des étudiants de la Loi. À la tête de la « haute » communauté on trouve Rabbi Salomon, Rabbi Isaac ben Abba Mari, Rabbi Simon, fils de Rabbi Anatoli, Rabbi Jacob son frère et Rabbi Lebaro [?]. À la tête de la « basse » communauté sont Rabbi Jacob Profeit le Riche, Rabbi Abraham et son fils Rabbi Méïr, son gendre Rabbi Isaac, fils de Rabbi Méïr, d'heureuse mémoire. C'est une ville très importante pour le commerce maritime.

De là-bas on s'embarque pour la ville de Gênes située au bord de la mer. Le voyage dure quatre jours. Il n'y a là que deux frères juifs : Rabbi Samuel ben Plat [?] et son frère originaire de Ceuta. Ce sont de braves gens. La ville est ceinte d'une muraille, point de roi n'y règne, mais des juges que les habitants nomment selon leur libre choix. Chacun possède une tour dans sa maison ; quand ils ont un différend, ils se font la guerre les uns aux autres du haut de leur tour. Ils sont les maîtres de la mer : ils construisent des vaisseaux qu'ils appellent galères, avec lesquels ils vont spolier quotidiennement chrétiens et musulmans de même, de la Grèce à la Sicile, pour rapporter à Gênes tout leur butin et leurs prises. Ils font continuellement la guerre aux gens de Pise.

Entre eux et Pise, il y a une distance de deux jours. [Pise] est une très grande ville, où l'on compte environ deux mille tours dans les maisons [des citoyens], d'où ils se font la guerre à l'occasion de leurs querelles. Ce sont tous des gens vaillants, ils n'ont ni roi ni prince, mais des juges qu'ils nomment eux-mêmes. [À Pise] vivent une vingtaine de juifs. À leur tête se trouvent Rabbi Moïse, Rabbi Haïm et Rabbi Joseph, d'heureuse mémoire. La ville n'est pas entourée de murs. Six milles la séparent de la mer. On sort ou on entre grâce à une barque [par la rivière] qui la pénètre.

De là-bas jusqu'à Lucques, qui est au début de la frontière de la Lombardie, il y a quatre parasanges. Lucques est une grande ville où l'on trouve environ quarante juifs ; à leur tête sont Rabbi David, Rabbi Samuel et Rabbi Jacob.

De là, il y a six jours de marche pour atteindre Rome la Grande, capitale du royaume chrétien [1]. Il y a environ deux cents juifs, qui occupent des situations honorables, qui ne payent d'impôt à personne. Parmi eux on trouve des familiers du pape Alexandre [2], qui est le chef suprême de tous les adeptes de la religion chrétienne. [À Rome] résident de grands savants de la Loi, à leur tête sont Rabbi Daniel, Rabbi Yéhiel, chambellan du pape, fort beau jeune homme sage et instruit, qui entre et sort librement du palais du pape, étant l'administrateur de son palais et de tous ses biens. Il est le petit-fils de Rabbi Nathan, auteur du livre « Hé-Arouh » et de ses commentaires. Il y a encore Rabbi Jacob, fils de Rabbi Salomon, Rabbi Menahem, chef de l'académie, Rabbi Yéhiel, qui habite au Transtévère, ainsi que Rabbi Shabbetaï, d'heureuse mémoire.

La ville de Rome a deux parties. Le fleuve du Tibre qui la traverse la sépare en deux, en deçà et au-delà de ce fleuve. Dans la première partie se trouve la grande église qu'on appelle Saint-Pierre de Rome. Là était aussi le palais du grand Jules César et plusieurs autres édifices qui diffèrent de tous les autres qui sont dans le monde. La partie habitée et la partie déserte de Rome s'inscrivent [dans une circonférence] de vingt-quatre milles. On y trouve quatre-vingts palais ayant appartenu à quatre-vingts rois qui y ont habité, tous appelés empereurs, depuis le règne de Tarquin jusqu'aux règnes de Néron et de Tibère qui étaient au temps de Jésus-Christ et jusqu'au règne de Pépin, père de Charlemagne, qui le premier délivra l'Espagne des musulmans.

Là-bas on voit [le palais de Titus], que le consul et trois cents sénateurs refusèrent de recevoir parce qu'il n'avait pas obéi à leurs ordres, ayant mis trois ans pour prendre Jérusalem, alors qu'ils lui avaient prescrit un délai de deux ans. Là-bas il y a le château ou la forteresse du roi Vespasien, qui est un grand et très puissant édifice. Il y a les thermes de Dioclétien [?], dont le palais compte trois cent soixante-cinq pavillons correspondant au nombre des jours de l'année, la circonférence du palais est de trois milles. Dans les temps anciens, il y eut une guerre au cours de laquelle plus de cent mille hommes périrent dans ce palais. Jusqu'à ce jour on voit encore les amas d'os. Le roi a fait graver toute cette histoire dans le marbre, où l'on voit les deux armées face à face, avec les hommes, leurs chevaux et leurs armes. Tout cela pour montrer au monde la guerre

1. Édom.
2. Alexandre III, pape de 1159 à 1181.

qui s'est faite dans les temps anciens. On trouve là encore une caverne souterraine où sont le roi Tarmal Galsin [?] et la reine son épouse sur leur trône ; avec eux environ cent personnes, des princes du royaume, embaumés par les médecins [et conservés] jusqu'à ce jour. On voit aussi là Saint-Jean-de-Latran. Dans la basilique, il y a deux colonnes d'airain de l'ouvrage du roi Salomon, que la paix soit avec lui ! et sur chaque colonne est gravé le nom de Salomon fils de David. Les juifs de Rome m'ont raconté que chaque année, le 9 du mois d'Ab, des gouttes d'eau perlent sur ces colonnes. Là on voit aussi une caverne où Titus, fils de Vespasien, avait caché les vases du Temple qu'il avait rapportés de Jérusalem. Sur l'autre versant de la montagne il y a encore une autre grotte, au bord du Tibre. Là sont enterrés les dix justes martyrs, d'heureuse mémoire. Devant Saint-Jean-de-Latran est taillée l'image de Samson tenant dans sa main un javelot de pierre, comme aussi l'image d'Absalon, fils de David, et celle du roi Constantin qui a bâti Constantine, appelée d'après son nom. Lui-même est sculpté dans l'airain sur son cheval d'or. Il y a encore plusieurs édifices et ouvrages à Rome qu'il n'est pas possible de décrire.

De Rome il y a quatre journées jusqu'à Capoue ; c'est la plus grande ville construite par le roi Capys. Elle est jolie, mais les eaux sont très mauvaises et rendent la terre improductive. Il y a là environ trois cents juifs, parmi lesquels de grands sages, des notables du pays. À leur tête Rabbi Conso, Rabbi Israël, son frère, Rabbi Zaken, le maître Rabbi David, d'heureuse mémoire. Ce royaume est appelé principauté. De Capoue, on va à Pouzzoles appelée aussi Sorrente. Cette grande ville a été construite par Sour fils de Hadarézér, qui fuyait devant le roi David, que la paix soit avec lui ! La mer déborda et inonda les deux tiers de la ville. On y voit encore aujourd'hui les places et les tours qui étaient au milieu. Une source jaillit du milieu de l'abîme et l'on y trouve une huile qu'on appelle pétrole. On la ramasse sur la surface de l'eau pour en faire des emplâtres et des médicaments. Il s'y trouve des bains, dont l'eau chaude sort de la terre au bord de la mer. Il y a environ vingt bains ; quiconque souffre d'une maladie ira se baigner et y trouvera la guérison et du soulagement. Tous les malades de Lombardie y viennent en été.

De là, on va pendant quinze milles sous des montagnes, ouvrage construit par Romulus, ce roi qui a bâti Rome, lequel fit tout cela par peur de David, roi d'Israël, et de Joab, son général d'armée. Il construisit des édifices sur et sous les montagnes jusqu'à la ville de Naples. [Naples] est une ville fortifiée bâtie par les Grecs sur le bord de la mer. On y compte environ cinq cents juifs. À leur tête Rabbi Ézéchias, Rabbi Shalom, Rabbi Élie ha-Cohen, ainsi que le maître Rabbi Isaac, originaire de Naplouse [?].

À une journée de Naples est la ville de Salerne, où se trouve une académie de médecine pour les chrétiens. On y compte environ six cents juifs ; [à leur tête], les sages Rabbi Judah, fils de Rabbi Isaac fils de Rabbi Melchisédech, ce grand maître natif de la ville de Siponte, Rabbi Salomon ha-Cohen, Rabbi Élie le Grec, Rabbi Abraham Narboni et Rabbi Hamon. La ville est entourée d'une muraille, tant du côté de la terre que du côté de la mer ; une très imposante forteresse domine le sommet de la montagne.

De là une demi-journée jusqu'à Amalfi, où se trouve une vingtaine de juifs. [À leur tête] Rabbi Hananel le Médecin, Rabbi Élisée, fils d'Abou Al-Gir [?] le Bienfaiteur. Tous les Gentils de ce pays vivent du négoce. Ils se déplacent, emportant leur marchandise. Ils ne sèment point ni ne moissonnent, mais achètent tout pour de l'argent, parce qu'ils habitent sur les hautes montagnes et au sommet des rochers ; cependant ils ont beaucoup de fruits. La terre convient bien à la vigne, à l'olive, aux jardins et aux orangeraies. Personne ne peut leur faire la guerre.

De là à Bénévent, il y a une journée ; c'est une ville, délimitée d'un côté par le bord de la mer et de l'autre par une montagne. Il y a là une communauté d'environ deux cents juifs, avec à leur tête Rabbi Kalonymos et Rabbi Zérakh, ainsi que Rabbi Abraham.

De là deux journées nous séparent de Melfi, dans la Pouille, qui est la terre de Foul. Deux cents juifs y résident, avec à leur tête Rabbi Ahima'az, Rabbi Nathan et Rabbi Isaac.

De là à Ascoli, il y a environ une journée. On y trouve une quarantaine de juifs ; à leur tête sont Rabbi Consoli, Rabbi Sémah son gendre, et Rabbi Joseph.

De là-bas il y a deux journées jusqu'à Trani, qui est située sur le littoral. C'est là que se rassemblent tous les croisés qui veulent rejoindre Jérusalem, le port y étant très commode. On y trouve une communauté d'environ deux cents juifs. À leur tête Rabbi Élie, Rabbi Nathan le Prédicateur et Rabbi Jacob. Cette ville est grande et belle.

À une journée de là est Colo di Bari, autrefois grande ville, détruite par Guillaume, roi de Sicile, ce qui fait qu'on n'y trouve plus aujourd'hui ni juifs ni Gentils à cause de sa destruction.

De là à Tarente il y a une demi-journée ; c'est le commencement du royaume de Calabre. Ses habitants sont grecs ; c'est une grande ville où l'on compte environ trois cents juifs, parmi lesquels il y en a de très sages, dont les principaux sont Rabbi Méïr, Rabbi Nathan et Rabbi Israël.

De là à Brindes il y a une journée. Brindes est sur le bord de la mer. On y compte dix [juifs] teinturiers.

[Adler, p. 2-11]
[Harboun, p. 71-81]

3. Les merveilles de la ville de Constantinople et l'industrie des juifs là-bas

Après cinq jours de marche entre les montagnes, on arrive à la grande ville de Constantinople. C'est la capitale du royaume de tout le pays de Yavane appelé Grèce. C'est là le lieu du trône du roi Manuel[1], empereur, lequel a douze ministres d'État[2] sous ses ordres. Ils ont chacun leur palais à Constantinople. Ils ont aussi des châteaux et des villes et règnent sur tout le pays. Ils ont à leur tête le roi Hipparcus ; le deuxième d'entre eux est Megas Domesticus, le troisième Dominus, le quatrième Megas Ducas, le cinquième Economos Megalus, et ainsi des autres qui ont des noms semblables.

Le tour de la ville de Constantinople fait dix-huit milles, une moitié est située sur la mer et l'autre moitié sur le continent. Elle est sur deux bras [de mer], l'un vient de la mer de Russie et l'autre de la mer d'Espagne. Des marchands viennent des pays de Babylone, de Sinéar, de Perse, de Médie et de tout le royaume d'Égypte, de la terre de Canaan, du royaume de Russie, de Hongrie, du pays des Petchénègues, de Khazarie, de Lombardie et d'Espagne. C'est une ville très animée, on y arrive de partout avec des marchandises, que ce soit par mer ou par terre. Il n'y a point de ville semblable dans le monde, à l'exception de Bagdad, la grande ville qui appartient aux ismaélites.

Et là-bas, il y a la basilique de Sainte-Sophie et le pape des Grecs, car ces derniers ne sont point soumis aux lois de Rome. On compte autant d'autels que de jours de l'année dans la basilique de Sainte-Sophie. Il y a là-bas des richesses innombrables, parce qu'on y apporte chaque année les impôts des deux grandes îles ainsi que des châteaux et des grandes villes qui s'y trouvent. Aucun temple au monde ne connaît de telles richesses. Au milieu de la basilique, des colonnes d'or et d'argent, des chandeliers d'argent et d'or sont en si grand nombre qu'on ne peut les compter.

Il y a aussi un lieu où le roi se divertit, près de la muraille du palais, appelé « l'Hippodrome ». Chaque année le roi, à l'occasion de la naissance de Jésus le Nazaréen, y organise un grand spectacle. En ce lieu de nombreuses personnes se produisent devant le roi et la reine, soit en magiciens, soit en simples acteurs. On y amène aussi des lions, des ours, des tigres et des ânes sauvages que l'on fait combattre ensemble. Il en est de même pour les oiseaux. On ne peut voir un spectacle semblable dans aucune partie du monde.

Le roi Manuel a aussi bâti un grand palais sur le bord de la mer pour le siège de son royaume, outre ceux qui ont été bâtis par ses ancêtres, et il

---

1. Manuel Ier Comnène, empereur byzantin de 1143 à 1180.
2. Littéralement : « rois ».

l'a appelé « les Blachernes ». Ses colonnes et ses chapiteaux ont été couverts d'or et d'argent pur et il y a fait graver toutes les guerres que lui et ses ancêtres ont menées. Il possède aussi un trône d'or et de pierres précieuses, au-dessus duquel est suspendue une couronne d'or par une chaîne également en or, qui vient juste à sa mesure quand il est assis. [Cette couronne] comprend des pierreries dont personne ne peut évaluer le prix. Point besoin, là-bas, de lumière la nuit, chacun peut voir à la lumière des pierreries qui scintillent beaucoup.

Il y a encore d'autres édifices que personne ne pourrait décrire. On y apporte chaque année de la Grèce les tributs dont les tours sont remplies, en habits de soie, de pourpre et d'or. On ne voit nulle part ailleurs dans le monde de tels édifices ni une richesse semblable. On dit que l'impôt de la ville atteint chaque année vingt mille pièces d'or provenant de la location des boutiques et des places dans les marchés et des impôts payés par les marchands, qui [viennent] par mer et par terre. Les Grecs habitant le pays sont très riches en or et en pierres précieuses. Ils sont habillés de vêtements de soie, garnis de franges d'or, tissés et brodés. Ils sont montés sur des chevaux et ressemblent à des princes.

Le pays est très vaste, abondant en toutes sortes de denrées, même en pain, en viande et en vin. Cette richesse ne se voit nulle part dans le monde. On trouve là-bas des savants très versés dans les livres des Grecs, mangeant et buvant chacun sous sa vigne et chacun sous son figuier.

[Les Grecs] engagent des mercenaires de toutes les nations qu'ils appellent « barbares » pour faire la guerre au roi Massoud, roi des Togarma appelés Turcs, car ils n'ont pas le cœur à la guerre. Ils sont considérés comme des femmes qui n'ont pas la force pour arrêter l'ennemi. Nul juif parmi eux dans la ville. On les a transportés au-delà du bras de mer. Le bras de mer russe les borde d'un côté et ils ne peuvent sortir pour commercer avec les habitants de la ville que par la mer.

On y compte [d'un côté] environ deux mille juifs rabbanites et de l'autre environ cinq cents caraïtes ; entre eux il y a une séparation. Parmi les rabbanites se trouvent des savants, à la tête desquels il y a Rabbi Abtalione, le maître Rabbi Obadiah, Rabbi Aaron Behor Shoro, Rabbi Joseph Sarguino et Rabbi Elyaquim le chef de la communauté. Il y a parmi eux des artisans qui travaillent la soie, beaucoup de marchands et beaucoup de gens riches. Mais aucun juif ne peut monter à cheval, excepté Rabbi Salomon l'Égyptien, médecin du roi. Grâce à lui, les juifs jouissent d'une certaine tranquillité dans leur captivité, qui est d'ailleurs très rude. La haine qu'on leur témoigne est très forte. Elle est due aux tanneurs juifs, qui jettent les eaux sales des peaux devant les portes des maisons, et ainsi salissent le quartier juif.

C'est la raison pour laquelle les Grecs haïssent tous les juifs, sans distinction, qu'ils soient bons ou mauvais. Ils alourdissent leur joug sur eux. Ils les frappent dans les rues et les asservissent par des corvées. Cependant, les juifs sont riches, gens de biens, charitables, ils observent les commandements et supportent le joug de l'exil avec patience. Le nom de l'endroit où habitent les juifs se nomme « Pera ».

[Adler, p. 14-17]
[Harboun, p. 85-88]

Pour une appréciation critique du récit de Benjamin concernant Constantinople, voir José A. Ochoa, « El imperio bizantino en el viaje de Benjamín de Tudela », *Viaggiatori ebrei* (cf. note 64 de l'Introduction générale), p. 81-98

4. *Les assassins — le témoignage de Benjamin*

De là il y a deux journées jusqu'à Gebal ou Baal-Gad sous le mont Liban, qui jouxte le peuple qu'on appelle Al-Hachichine. Ces derniers ne croient pas à la religion des ismaélites, mais à celle d'un certain Cambat [1], qu'ils tiennent pour un prophète. Ils exécutent tout ce qu'il leur ordonne, soit pour la vie, soit pour la mort. Ils l'appellent Cheik Al-Hachichine. C'est leur ancien. Les montagnards sortent et viennent sur son ordre. Le lieu de leur résidence est la ville de Kadmus, c'est Quedémoth sur la terre de Sihon. Ils sont croyants, selon les ordres de leur ancien. On les craint partout, parce qu'ils assassinent les rois au mépris de leur vie. Il faut huit jours pour parcourir leurs terres. Ils sont en guerre avec les chrétiens qu'on appelle Francs et avec le comte de Tripoli qui est Tarablous Al-Sham. Il y a quelques années, la terre de Tripoli trembla. Plusieurs Gentils et juifs périrent, car les maisons et les murs s'écroulaient sur eux, tout fut en ruines. Au même moment, il y eut beaucoup de destructions dans tout le pays d'Israël, où périrent plus de vingt mille personnes.

5. *Les Druzes et leurs coutumes*

Tout près, à dix milles environ, une nation fait la guerre aux Sidoniens. C'est la nation appelée Druzes. Ils sont païens. Ils n'ont point de religion. Ils demeurent dans les montagnes et dans les cavernes des rochers. Point de rois ou de princes pour les gouverner. Ils s'installent volontairement entre les montagnes. Il y a trois jours de marche pour atteindre le Hermon qui est leur frontière. Ils sont plongés dans le vice. Le père épouse sa fille et les frères épousent leurs sœurs. Ils ont une fête dans l'année, en laquelle hommes ou femmes s'assemblent pour manger et boire. Ils s'échangent les femmes entre amis.

Ils disent que lorsque l'âme quitte le corps d'un homme de bien, elle entre dans le corps d'un enfant qui naît à cette même heure. Et si c'est un

---

1. Hamdân Qarmate.

homme méchant, son âme entre dans le corps d'un chien ou d'un âne. « Voici leur croyance qui est pure stupidité. » Les juifs n'habitent point parmi eux, mais des artisans et des teinturiers viennent chez eux pour y travailler ou négocier, et après quoi ils s'en retournent en leur maison. Ils sont amis des juifs. Ils sont très agiles, parcourent les montagnes et les collines, et personne ne peut leur faire la guerre.

[Adler, p. 18-20]
[Harboun, p. 90-91]

6. *Benjamin en Terre sainte ; référence aux lieux saints du pays*

[De Tyr] il y a une journée jusqu'à Acre ou Akko, qui délimitait la frontière de la tribu d'Aser et le commencement de la terre d'Israël. Elle est située sur le bord de la grande mer. Là il y a un grand port où embarquent les pèlerins qui se rendent à Jérusalem en barque. Devant la ville passe le fleuve appelé le torrent de Kédoumin. Il y a là environ deux cents juifs, à leur tête Rabbi Sadoc et Rabbi Japhet, ainsi que Rabbi Yona.

De là, il y a trois parasanges pour Haifa qui est Ha-Héphér au bord de la mer. D'un côté de la ville se trouve la montagne du Carmel, au sommet et au pied de laquelle il y a de nombreuses tombes juives. Dans la montagne il y a la caverne d'Élie, que son souvenir soit béni ! Les chrétiens y ont construit un temple qu'ils appellent Saint-Élie. Au sommet de la montagne, on reconnaît l'emplacement de l'autel en ruine qu'Élie avait construit au temps d'Achab. L'endroit de cet autel est rond, ayant environ quatre coudées. Au pied de la montagne coule la rivière de Cison.

De là, il y a quatre parasanges pour Capharnaüm, c'est le village de Nahum, appelé Maon, lieu de résidence de Nabal le Carmeli.

De là, il y a six parasanges jusqu'à Gath des Philistins ou Césarée, où vivent une dizaine de juifs et deux cents Coutéens. Ce sont des juifs originaires de Samarie appelés les Samaritains. Césarée est une très belle et bonne ville située au bord de la mer et bâtie par l'empereur César, qui l'a nommée Césarée de son nom.

À une demi-journée de là se trouve Qaqoun ou Queïlah, où il n'y a point de juifs. De là il y a une demi-journée à Saint-Georges ou Lod, où vit un seul juif, teinturier.

À une journée de cette ville est Sebastiya ou Samarie ; on y reconnaît encore les vestiges du palais d'Achab, fils d'Omri, roi d'Israël. [Samarie] était une ville très fortifiée, située sur une montagne. On y trouve des ruisseaux et des rivières, des jardins, des vergers, des vignobles et des oliviers. Mais on n'y trouve point de juifs.

De là-bas, il y a deux parasanges jusqu'à Naplouse qui est Sichem, dans les montagnes d'Éphraïm où il n'y a pas de juifs. La ville est située dans la vallée entre les monts Garizim et Ébal. On y trouve environ mille Coutéens qui observent la loi de Moïse, on les appelle les Samaritains. Ils ont des prêtres de la descendance [d'Aaron], on les appelle Aaronites. Eux n'épousent pas les Coutéennes, mais se marient entre eux pour éviter de se confondre avec eux. Ils sont cependant prêtres de leur religion, ils procèdent aux sacrifices dans leur synagogue sur le mont Garizim comme cela est écrit dans leur loi : « Tu donneras la bénédiction sur le mont Garizim. » Ils affirment que c'est bien le lieu du Temple. À Pâque et aux autres fêtes, ils offrent le sacrifice sur l'autel qu'ils ont construit sur le mont Garizim, comme il est écrit dans leur loi : « Construisez [un autel] sur le mont Garizim en prenant des pierres que Josué et les enfants d'Israël avaient employées dans le Jourdain. » Et ils prétendent qu'ils sont de la tribu d'Éphraïm et que le tombeau de Joseph fils de Jacob notre père est chez eux, parce qu'il est écrit : « On ensevelit à Sichem les ossements de Joseph que les israélites avaient apportés d'Égypte [1]. »

[Les Samaritains] n'ont pas ces trois lettres *hé, het* et *ayin*. Ils n'ont pas de *hé* dans le nom d'Abraham, parce qu'ils n'ont pas de gloire. Le nom d'Isaac n'a pas de *het*, c'est pourquoi ils sont dépourvus de bonté. Ils n'ont point de *ayin* dans le nom de Jacob, car ils n'ont pas d'humilité. À la place de ces lettres, ils mettent partout *aleph*, et de ce fait ils font connaître qu'ils ne sont pas de la postérité d'Israël. Ils connaissent la loi de Moïse à l'exception de ces trois lettres. Ils se gardent soigneusement de la souillure des morts, des ossements de cadavres. Lorsqu'ils vont à leur temple, ils changent les vêtements qu'ils ont portés dans la journée, ils lavent leur corps avec de l'eau et se vêtent d'autres habits ; ainsi ils agissent chaque jour. Sur le mont Garizim il y a des sources d'eau, des jardins et des vergers, [en revanche] la montagne d'Ébal est sèche comme des pierres et des rochers. [Entre ces deux montagnes], dans la vallée, est implantée la ville de Sichem.

De là il y a quatre parasanges jusqu'à la montagne de Guilboa, les chrétiens l'appellent le mont Guelboé. C'est une terre fort aride. De là il y a cinq [parasanges] jusqu'à [...]. C'est un village et il n'y a pas de juifs là-bas. De là-bas, deux parasanges jusqu'à la vallée d'Ayalon, que les chrétiens nomment Val de Lune. De là, une parasange pour Mahomerie le Grand. C'est la grande ville de Gabaon qui n'a aucun juif.

[De Gabaon] il y a trois parasanges jusqu'à Jérusalem. C'est une petite ville fortifiée, avec trois murailles et très peuplée. Les ismaélites les appelaient jacobites, Syriens, Grecs, Géorgiens, Francs, il existe là-bas toutes les langues des nations. Une maison de teinturerie s'y trouve ; les juifs la louent chaque année au roi. Personne ne peut exercer le métier de teinturier à l'exception des juifs. Il y a environ deux cents juifs qui résident sous la tour de David, dans un coin de la ville. En ce qui concerne les

---

1. Josué, XXIV, 32.

murailles de la tour de David, la première construction qui constitue le fondement, environ dix coudées, est l'œuvre de nos ancêtres, et le reste celle des ismaélites. Il n'y a point d'édifice dans toute la ville plus fort que la tour de David.

Il y a là aussi deux bâtiments. Le premier est l'hôpital d'où sortent quatre cents chevaliers, et c'est là-bas que se reposent tous les malades qui y viennent, auxquels on fournit tout ce qui leur est nécessaire, quand ils sont en vie et après leur décès. Le second bâtiment est appelé temple de Salomon. C'est le palais bâti par le roi Salomon, roi d'Israël, que la paix soit sur lui ! Dans celui-ci demeurent trois cents chevaliers, qui en sortent chaque jour pour aller à la guerre, outre les chevaliers qui viennent du pays des Francs et d'Europe, qui ont fait le vœu d'y rester des jours et même des années, jusqu'à ce que leur vœu soit accompli. Là aussi est le grand temple qu'on appelle Sépulcre, où se trouve le tombeau de cet homme qui attire les pèlerins [1].

Il y a à Jérusalem quatre portes : la porte d'Abraham, la porte de David, la porte de Sion et la porte de Josaphat qui est la porte Yehosaphat devant le temple qui existait dans l'Antiquité. C'est là le *Templum Domini* qui était l'endroit du Temple sur lequel Omar, fils d'Al-Khataab, a construit [une mosquée] avec une grande voûte très belle. Les Gentils n'y introduisent aucune croix ni aucune image, mais ils viennent seulement pour y faire leur prière. Devant cet endroit s'élève le mur occidental, un de ceux qui étaient dans le Temple dans le Saint des Saints. On l'appelle la porte de la Miséricorde. Tous les juifs vont prier devant cette muraille à l'endroit où était le parvis.

Il y a encore à Jérusalem, près du temple de Salomon, des écuries que ce roi a fait bâtir. C'est un bâtiment très solide, tout en grosses pierres. On ne voit nulle part ailleurs dans le pays un bâtiment semblable. On voit encore aujourd'hui le bassin où les prêtres égorgeaient leurs victimes pour le sacrifice. Les juifs qui viennent là écrivent leur nom sur la muraille.

En sortant de la porte de Josaphat vers la vallée de Josaphat, appelée le désert des peuples, on trouve la stèle d'Absalon, le tombeau du roi Josias et la grande source des eaux de Siloé auprès du torrent du Cédron. Sur la fontaine, un grand bâtiment qui date du temps de nos pères. On n'y trouve que fort peu d'eau, la plupart des habitants de Jérusalem boivent de l'eau de pluie recueillie dans les citernes placées dans leurs maisons.

De la vallée de Josaphat, on monte vers le mont des Oliviers, car entre Jérusalem et le mont des Oliviers, il n'y a que la vallée de [Josaphat]. Du mont des Oliviers, on peut voir la mer de Sodome. De Sodome à la statue de sel — celle de la femme de Loth —, il y a deux parasanges. Les moutons viennent la lécher, après quoi, elle se reconstitue et redevient

---

1. Il s'agit du Saint-Sépulcre de Jésus, lieu de pèlerinage des chrétiens.

comme elle était auparavant. La vue embrasse aussi la vallée entière et le torrent de Shittim ainsi que le mont Nébo.

Devant Jérusalem est la montagne de Sion, sur laquelle il n'y a aucun édifice à l'exception d'une église chrétienne. À l'extérieur de Jérusalem, à environ trois milles, il y a le cimetière juif où l'on enterrait autrefois les défunts dans des grottes. Chaque tombe comporte la date du décès, mais les Édomites [1] détruisirent les pierres tombales et en tirèrent des pierres pour bâtir leurs maisons. Ces sépultures s'étendaient jusqu'à la frontière de Benjamin, à Selsakh. Tout autour de Jérusalem, il y a de grandes montagnes, et sur la montagne de Sion on trouve les sépulcres de la famille de David et des rois qui ont régné après lui. Personne ne connaît cet endroit, car il y a quinze ans une muraille du temple du mont Sion s'est écroulée. Le patriarche ordonna à son représentant : « Prends les pierres des anciennes enceintes et construis une église. » Celui-ci exécuta l'ordre et s'assura le service d'une vingtaine d'ouvriers pour un salaire convenable. Les ouvriers retirèrent les pierres des fondations de la muraille de Sion. Parmi les ouvriers, il y avait deux amis très fidèles. Un jour l'un organisa une réception en l'honneur de l'autre. Après le repas ils rejoignirent leur ouvrage. Celui qui était chargé de la construction leur dit : « Pourquoi venez-vous en retard aujourd'hui ? » À quoi ils répondirent : « Qu'est-ce que cela te fait ? nous travaillerons pendant que nos camarades iront manger. » Le temps du repas arrivé, ses compagnons allèrent manger. Et eux tirèrent les pierres, ils en redressèrent une qui fermait l'entrée d'une grotte. Là-dessus, ils se dirent l'un à l'autre : « Entrons et voyons s'il y a un trésor. » Ils entrèrent donc dans la caverne jusqu'à ce qu'ils parvinssent à un grand palais, bâti sur des colonnes de marbre couvertes d'argent et d'or. Devant [le temple,] une table et un sceptre d'or, avec une couronne d'or. C'était le tombeau de David, roi d'Israël. À sa gauche, le tombeau de Salomon, ainsi que toutes les tombes des rois de Juda qui y ont été ensevelis. Il y avait aussi des coffres fermés, personne ne savait ce qu'ils contenaient. Ces deux hommes voulurent entrer dans le palais, et voici qu'un vent impétueux, qui venait de l'entrée de la caverne, les terrassa, de telle sorte qu'ils tombèrent à terre comme morts, et dormirent jusqu'au soir. Voici qu'un autre vent s'éleva et comme une voix d'homme leur cria : « Levez-vous, sortez d'ici ! » Ils se hâtèrent de sortir tout effrayés. Ils se rendirent auprès du patriarche et lui racontèrent le tout. Le patriarche envoya quérir le rabbin Rabbi Abraham l'Ascète, de Constantinople, un de ceux qui portent le deuil perpétuel de Jérusalem, et lui raconta l'histoire comme elle avait été racontée par les deux hommes qui venaient de là-bas. Rabbi Abraham lui répondit : « Ce sont les tombeaux des rois de la maison de David et des rois de Juda. Demain nous entrerons vous et moi et nous verrons ce qu'il y a là-bas. »

---

1. C'est-à-dire les chrétiens.

Le lendemain on envoya chercher les deux hommes. On les trouva, chacun couché dans son lit. Ils eurent peur et dirent : « Nous ne rentrerons pas là-bas, car l'Éternel ne veut le montrer à personne. » Le patriarche ordonna de boucher cet endroit, et de le cacher aux hommes jusqu'à ce jour. Ce Rabbi Abraham m'a conté lui-même cette histoire.

[De Jérusalem] il y a deux parasanges jusqu'à Bet Lehem, appelé Bethléem par les chrétiens. Près de Bethléem, à un demi-mille, se trouve le monument du sépulcre de notre mère Rachel, à un carrefour. Ce monument est composé de onze pierres, selon le nombre des enfants de Jacob. Au-dessus, il y a une voûte construite sur quatre colonnes. Tous les juifs qui passent par là écrivent leur nom sur les pierres du monument.

À Bethléem, il y a deux teinturiers juifs. C'est un pays arrosé par de nombreux cours d'eau, puits et sources. De là-bas il y a six parasanges jusqu'à Saint-Abraham-d'Ébron, qui est Hébron. Cependant la ville ancienne d'Hébron était située sur la montagne, aujourd'hui elle est détruite. Dans la vallée, dans le champ de Makpélah se trouve aujourd'hui la ville. C'est là qu'on trouve le grand temple qu'on appelle Saint-Abraham. C'était la synagogue des juifs au temps des ismaélites. Les Gentils y ont construit six tombeaux portant les noms d'Abraham et Sarah, Isaac et Rébecca, Jacob et Léa. Ils disent aux pèlerins que ce sont les tombeaux des patriarches, pour en tirer de l'argent. Mais si un juif vient et donne une récompense au portier de la caverne, celui-ci ouvre une porte en fer faite du temps de nos pères. On descend alors par des escaliers, une bougie à la main, on pénètre dans une première caverne vide, et de même la deuxième, jusqu'à ce qu'on arrive à la troisième. On y trouve alors six tombeaux, ceux d'Abraham, Isaac, Jacob, Sarah, Rébecca et Léa. Ils sont tous vis-à-vis les uns des autres. Sur leurs tombeaux sont inscrites des lettres gravées dans les pierres. Sur le tombeau d'Abraham est inscrit : « Ceci est le tombeau d'Abraham », et sur celui d'Isaac : « Ceci est le tombeau d'Isaac, fils d'Abraham notre père », et sur celui de Jacob : « C'est le tombeau de Jacob fils d'Isaac, fils d'Abraham notre père ». Et sur les autres [est gravé] : « C'est le tombeau de Sarah », « C'est le tombeau de Rébecca », « C'est le tombeau de Léa ». Dans la caverne on allume une veilleuse chaque jour et chaque nuit [, qui brûle sur les tombeaux]. On trouve là aussi des jarres pleines d'ossements juifs, car c'est là qu'ils amenaient leurs morts au temps [du royaume] d'Israël. Chacun apportait les restes des ancêtres, qui sont encore là jusqu'à ce jour.

Et dehors, à l'extrémité du champ de Makpélah se trouve la maison d'Abraham, et devant la maison il y a un ruisseau. Il est interdit de bâtir là d'autres maisons, par respect pour Abraham. De là il y a cinq parasanges pour Beth Gibrine qui est Maréshah, où il n'y a que trois juifs.

De là il y a trois parasanges jusqu'à Saint-Samuel de Silo. Silo est éloignée de Jérusalem de deux parasanges. Lorsque les Édomites prirent

Ramlah — appelée aussi Ramah — des mains des ismaélites, ils trouvèrent près de la synagogue des juifs le tombeau de Samuel de Ramah ; alors les chrétiens en tirèrent le corps, le transportèrent à Silo et bâtirent dessus un grand temple et le nommèrent Saint-Samuel de Silo jusqu'à ce jour.

À trois parasanges [de Silo] on trouve Mahomerie le Petit, qui est Guibeah de Saül ou Guibeah de Benjamin, où il n'y a point de juifs. De là, il y a trois parasanges jusqu'à Beth Nuba ou Nob, ville des prêtres. Au milieu du chemin se trouvent les deux rochers de Jonathan, dont l'un s'appelle Bosès et l'autre Sénéh. Il n'y a là que deux juifs teinturiers.

De là, trois parasanges séparent Rémeth [de Ramlah], qui est l'ancienne Ramah. On y voit encore des murailles bâties du temps de nos pères, car c'est ainsi qu'on l'a trouvé écrit sur les pierres. Il y a là environ trois cents juifs. C'était autrefois une très grande ville. Il y a un grand cimetière juif qui a deux milles de pourtour.

À cinq parasanges de là se trouve Jaffa ou Gafo, au bord de la mer, où il n'y a qu'un seul juif teinturier. À cinq parasanges de là se trouve Ébline, c'est Yavné, le lieu de l'académie, mais il n'y a plus de juifs. La frontière d'Éphraïm s'étend jusqu'ici. De là, cinq parasanges jusqu'à Palmid, c'est Asdod des Philistins. [Cette ville] est ruinée et il n'y a point de juifs.

À deux parasanges de là, c'est Ascalon ou Ashkelon la Nouvelle, bâtie par Ezra le Scribe [1] d'heureuse mémoire, au bord de la mer. On l'appelait au début Benêy-Beraq. Elle est éloignée de quatre parasanges de l'ancienne Ascalon qui est déserte. C'est une grande et belle ville. On y vient de partout pour le commerce, car elle est située à l'extrémité de la frontière d'Égypte. On y compte environ deux cents juifs rabbanites qui ont à leur tête Rabbi Sémah, Rabbi Aaron et Rabbi Salomon. Il y a là environ une quarantaine de [juifs] caraïtes et trois cents Coutéens. Au milieu de la ville il y a un puits qu'on appelle Bir Abraham. [On dit] que c'est le puits qu'a creusé Abraham du temps des Philistins.

De là il y a une journée de marche pour Saint-Georges ou Lod et une journée et demie jusqu'à Zerîn ou Jizréël, où il y a une grande fontaine et un seul juif teinturier. À trois parasanges de [Zerîn] il y a Shipouria, c'est Sipori où se trouvent les sépulcres de Rabbénou ha-Qadosh ainsi que de Rabban Gamaliel et Rabbi Hiya, qui est venu de Babylone, et celui du [prophète] Jonas fils d'Amittaï. Les tombeaux sont sur la montagne avec plusieurs autres. Ils sont enterrés sur la montagne et il y a là-bas plusieurs sépultures d'Israël.

À cinq parasanges de là se trouve Tibériade, située sur le Jourdain appelé la mer de Kinnéreth. Là-bas, le Jourdain coule [pour former] une mer que l'on appelle la mer de Kinnéreth. [Le Jourdain] est aussi vaste qu'une mer. Le Jourdain coule entre deux montagnes et arrose la plaine

---

1. Ezra le Prêtre.

qui s'appelle Asdod ha-Pisgah, et ensuite va se perdre dans la mer de Sodome qui est la mer salée. Il y a à Tibériade environ cinquante juifs, qui ont à leur tête Rabbi Abraham le Voyant, Rabbi Mouktar et Rabbi Isaac. Il y a là aussi des eaux chaudes qui jaillissent de la terre, on les appelle les bains chauds de Tibériade. Tout près de là se trouve la synagogue de Caleb fils de Yephounné, un cimetière juif, le tombeau de Rabbi Yohanan ben Zaccaï et celui de Rabbi Judah ha-Lévi. Tout cela est dans la basse Galilée.

[De Tibériade] il y a deux journées jusqu'à Tymim ou Timnathah, où sont les tombeaux de Simon le Juste et de plusieurs autres juifs. De là, il y a une journée jusqu'à Djish ou Goush Halav, où il y a une vingtaine de juifs.

À trois parasanges de là Médon qui est Méron. À proximité, il y a une caverne où sont les tombeaux de Hillel et Shammaï et vingt tombeaux de leurs disciples, de même que ceux de Rabbi Benjamin fils de Japhet et Rabbi Juda fils de Betéra.

De là il y a deux parasanges jusqu'à Alma. Il y a là environ une cinquantaine de juifs et un grand cimetière juif où l'on trouve le tombeau de Rabbi Eléazar ben Arah, Rabbi Eléazar ben Azariah, Honi ha-Meagel, Rabban Simon ben Gamaliel, Rabbi Yossi ha-Galili.

À une demi-journée de là se trouve Qadis ou Qadès-Nephtali au bord du Jourdain. Il y a la tombe de Baraq fils d'Abinoam. Il n'y a là point de juifs. De là il y a une journée jusqu'à Banias ou Dan. C'est là que se trouve la caverne d'où sort le Jourdain, qui, après un parcours de trois milles, se joint à l'Arnon qui descend des frontières de Moab.

Devant la caverne, on reconnaît encore l'endroit de l'autel de Micah qu'adoraient les Danites et celui de Jéroboam, fils de Nebat, où était le veau d'or. C'est ici que se situe la frontière d'Israël, du côté de la mer postérieure.

[Adler, p. 21-30]
[Harboun, p. 92-101]

7. *La grande ville qui est Damas*

[...] [À Damas] il y a une mosquée appelée Djam Damas. Il n'y a point de bâtiment semblable sur toute la terre. On dit que [cette mosquée] était autrefois le palais de Ben Hadad. On y voit une muraille de verre construite par art magique, où il y a autant de trous que de jours dans l'année. Le soleil pénètre dans chacun [de ces trous] dans le trou correspondant au jour et, par la suite, il descend par douze degrés correspondant aux heures de la journée. Le palais comprend des pavillons construits en or et en verre. Quand les gens longent le mur, chacun peut voir l'autre à travers le miroir, et ceci, qu'il soit à l'intérieur ou à l'extérieur, et bien qu'il soit séparé par le mur. On y voit aussi des colonnes couvertes d'or et d'argent, des colonnes de marbre de toutes les couleurs. Au milieu du palais, une tête de géant couverte d'or et d'argent, sous forme d'une vasque, les bords sont en or et en argent. Elle est aussi grande qu'une cuve, pouvant contenir trois personnes pour s'y baigner. Une seule côte de ce géant longue de neuf pans et large de deux pans est suspendue au milieu du palais. On dit que c'était un ancien roi anakéen nommé Abarmaz, car c'est ainsi qu'on l'a trouvé gravé sur une pierre de son sépulcre, où il était aussi écrit qu'il avait régné sur tout le monde.

Il y a à Damas environ trois mille juifs entre lesquels il y a plusieurs sages et plusieurs riches. C'est là que sont les chefs de l'académie d'Erets Israël : Rabbi Azaria et son frère Sar Chalom, président du tribunal rabbinique, et Rabbi Joseph, cinquième de l'académie, Rabbi Masliah, chef de l'ordre et prédicateur, Rabbi Méïr, la gloire des sages, Rabbi Joseph ben Elpalat, principal de l'académie, Rabbi Heymann, chef de la communauté, et Rabbi Sédécias, le médecin. On compte encore à Damas environ deux cents caraïtes et une centaine de Coutéens. La paix règne entre eux, mais ils ne s'allient point par mariage.

[Adler, p. 30-31]
[Harboun, p. 102]

8. *Bagdad. L'éloge du calife. Les honneurs de l'exilarque, chef de la diaspora, issu de la maison de David. Les structures communautaires juives.*

De Okbara à Bagdad il y a deux journées. La grande ville [est la] capitale et résidence du calife abbasside, prince des croyants de la famille de Mahomet, leur prophète. Il est le chef de la religion des ismaélites. Tous les rois des ismaélites lui rendent hommage. Il est considéré comme le pape des chrétiens. Il possède un palais au milieu de la ville de Bagdad qui a trois milles de circonférence. Au milieu de ce palais, il y a un grand parc qui renferme toutes sortes d'arbres existant dans le monde, tant portent des fruits, tant n'ont pas de fruits. On y trouve aussi toutes sortes d'animaux. Le tout est entouré de fossés. Au milieu du parc il y a un bassin qui recueille l'eau du Tigre. Quand le roi désire se promener ou se divertir dans le parc, ses gens vont à la chasse aux oiseaux et aux bêtes, après quoi il retourne à son palais, accompagné de ses conseillers et de ses princes. Le nom de ce grand roi est Al-Abbassi Hafiz. Il aime beaucoup les juifs ; parmi ses serviteurs on compte beaucoup de juifs.

Il connaît toutes langues et connaît fort bien la Torah d'Israël. Il lit et écrit la langue sainte [1]. Il ne veut tirer profit que du travail de ses mains.

---

1. C'est-à-dire l'hébreu.

Il confectionne des paillassons marqués de son sceau, que ses princes vendent au marché. Les grands du pays les achètent ; le prix qu'il en tire est destiné à sa nourriture et à sa boisson.

C'est un homme sincère, croyant et amène envers toutes les créatures. Les ismaélites ne peuvent le voir qu'une fois par an. Les pèlerins qui viennent de pays éloignés pour se rendre à La Mecque qui est dans le pays de l'Al-Yaman[1], demandent à le voir. Quand ils crient devant le palais, ils disent : « Notre Seigneur, lumière des ismaélites, gloire de notre foi, montre-nous la lumière qui émane de ton visage ! », mais lui ne tient aucun compte de leur désir. Alors ses serviteurs, les ministres, viennent le voir et lui disent : « Ô Notre Seigneur, étends la paix sur ces gens qui sont venus de pays lointains et qui aspirent à se réfugier à l'ombre de ta béatitude ! » À ce moment, il se lève et étend par la fenêtre le pan de sa robe que les pèlerins viennent baiser. Un des princes leur dit : « Allez en paix, car le Seigneur des ismaélites vous est favorable et vous donne la paix ! » Il est considéré à leurs yeux comme Mahomet, leur prophète. Ils s'en retournent chez eux tout joyeux de ce que leur a dit ce ministre, qui leur a souhaité la paix de la part du calife, et du fait d'avoir embrassé le vêtement [du calife].

[De] tous ses frères et [de] tous les membres de sa famille, chacun dispose d'un palais au milieu de son palais. Mais ils sont tous enchaînés avec des chaînes de fer et ont des gardes devant leur maison, de peur qu'ils ne se rebellent contre le grand roi, car il est arrivé une fois que ses frères se rebellèrent contre le roi [qui l'avait précédé], ils l'assassinèrent et firent régner un des leurs. Il fut décidé à ce moment que tous les membres de sa famille seraient enchaînés avec des chaînes de fer. Mais chacun d'eux demeure dans son palais, entouré de beaucoup d'honneurs. Ils possèdent des villages et des villes ; leurs régisseurs leur amènent leur tribut et eux mangent, boivent et ils sont heureux tout au long de leur vie. Dans le palais du grand roi, il y a de grands bâtiments en marbre avec des colonnes d'argent et d'or, des médaillons de toutes sortes de pierres précieuses sont montés dans les murs. Dans son palais il y a une grande richesse, les tours sont remplies d'or, de vêtements de soie et de pierres précieuses. Le roi ne sort de son palais qu'une fois l'année, pour la fête que les ismaélites appellent Ali-Bed Ramadan. Ce jour-là ils viennent de pays lointains pour le voir. Il paraît, chevauchant une mule, revêtu des habits royaux d'or et d'argent ; il porte sur la tête une tiare ornée de pierres précieuses d'un prix inestimable. Sur la tiare, il y a un châle noir pour marquer sa modestie comme pour dire : « Voyez-vous tous ces honneurs, au jour de la mort les ténèbres les couvriront. » Tous les princes ismaélites l'accompagnent à cheval, revêtus de vêtements magnifiques,

---

1. Le Yémen.

les princes d'Arabie, de Turquie, d'Eylan, de Perse, de Médie, de Ghuzz et ceux du Tibet, à trois mois de marche à l'est du pays de Samarcande.

Le roi se rend de son palais à la grande mosquée qui est à la porte de Basra. Sur le chemin qui mène à la mosquée, les murs des maisons sont couverts de toile de soie et de pourpre ; des hommes et des femmes sont assis dans les rues et les places, ils jouent de toutes sortes d'instruments de musique, chantent et dansent devant le grand roi qu'on appelle Al-Khalifa. Ils le saluent à haute voix et lui crient : « Paix sur toi, Ô Seigneur notre roi, lumière des ismaélites ! » Quant à lui, il les salue par un signe, en saisissant le pan de son manteau et en l'embrassant. Il va jusqu'au parvis de la mosquée, là, il monte sur une tour en bois et prêche la loi ismaélite. Alors, tous les docteurs de la loi ismaélite se lèvent, prient pour lui, exaltent sa grande majesté et sa piété ; à quoi tous répondent : « Amen ! » Après quoi, [le calife] les bénit.

Ensuite, on lui amène un chameau qu'il égorge, et c'est là le sacrifice de leur Pâque ! Il remet le chameau aux princes, qui expédient les morceaux à tout le pays pour que chacun puisse goûter du sacrifice préparé de la main même de leur saint roi. Les princes sont très contents de faire cette chose. Cela étant fait, le calife sort de la maison de prières et se rend seul le long du Tigre à son palais, pendant que les seigneurs ismaélites parcourent le fleuve en bateau, tout près de lui, jusqu'à ce qu'il ait regagné son palais. Il ne reprend jamais le chemin par lequel il est venu une fois. On garde toute l'année ce chemin par lequel il a marché le long du fleuve, afin que personne ne marche à l'endroit foulé par la plante de ses pieds. [À l'exception de cette fois,] le calife ne sort jamais de toute l'année.

C'est un homme saint et pieux. Il a bâti un palais au-delà du fleuve, sur le bord d'un bras de l'Euphrate qui est de l'autre côté de la ville ; il a aussi construit de grandes maisons, des marchés et des hospices où viennent se faire soigner les malades nécessiteux. On y compte environ soixante apothicaires, qui disposent de plantes et de tout le nécessaire fourni par la maison royale. Tout malade admis à l'hospice est pris entièrement en charge par le roi jusqu'à sa guérison. Il y a là aussi un grand palais appelé Dar Al-Maristan, où l'on enferme tous les fous qu'on trouve en été dans toute la ville. On enchaîne chacun d'eux avec des chaînes en fer jusqu'à ce qu'ils retrouvent leurs esprits durant l'hiver. Tout le temps où ils se trouvent [à l'asile], leurs besoins sont assurés par le roi. Quand ils retrouvent la raison, on les libère et chacun retrouve sa dignité. Car chaque mois, les fonctionnaires du roi se rendent [à l'asile] pour questionner les fous et les examiner. Si ces derniers guérissent, on les délie et on les renvoie chez eux. Le roi dispense aussi la charité à tous ceux qui viennent à Bagdad, qu'ils soient malades ou fous. Car le roi est un homme bon et son intention est bonne.

À Bagdad, il y a environ quarante mille juifs, qui jouissent de la paix et de la tranquillité, et même de beaucoup d'honneur sous la protection de ce grand roi. Parmi eux, il y a de grands savants et des chefs d'académie qui étudient la Torah. La ville compte dix académies. Le rabbin Samuel ben Ali est le chef de la grande école nommée « Geon Ya'acob[1] », il est Lévi, et sa généalogie remonte jusqu'à Moïse, que la paix soit sur lui. Son frère Rabbi Hananiah, l'adjoint des lévites, est le chef de la deuxième école talmudique, la troisième école a Rabbi Daniel à sa tête.

Rabbi Éléazar le Savant[2] est le chef de la quatrième école. La cinquième académie est présidée par Éléazar ben Sémah, responsable de l'ordre. [Ce rabbin] fait remonter sa généalogie jusqu'au prophète Samuel. Lui et ses frères savent chanter et jouer des instruments de musique, tout à fait de la même manière qu'on le faisait lorsque le temple subsistait encore. Rabbi Hasdaï, la gloire des savants[3], est le chef de la sixième école talmudique. Rabbi Haggaï le Prince dirige la septième ; Rabbi Ezra, appelé le « Mystère de la Yeshiva », est le chef de la huitième ; Rabbi Abraham, surnommé « Abou Tahir », est à la tête de la neuvième et Rabbi Zaccaï, fils du prince Bousténaï, « chargé de la clôture[4] » de l'étude d'un traité talmudique, dirige la dixième. Ce sont ceux-là qu'on appelle les dix « oisifs[5] », car ils ne s'occupent de rien d'autre que des affaires de la communauté. Toute la semaine ils administrent la justice à tous les juifs du pays, excepté le lundi. [Ce jour-là], ils viennent tous devant le savant Rabbi Samuel, chef de l'académie « Gloire de Jacob », lequel préside le conseil des « dix oisifs », rend la justice à tous ceux qui se présentent à lui. À la tête de tous est Daniel, fils de Hasdaï appelé notre seigneur chef de l'Exil de tout Israël ; son arbre généalogique remonte jusqu'au roi David. Les juifs l'appellent « Notre Seigneur, l'exilarque ». Les ismaélites l'appellent Notre Maître, fils de David, « Saïdna ben Daoud ». Il a un grand pouvoir sur toutes les communautés d'Israël de la part de l'émir Al-Muminin, seigneur des ismaélites, parce que c'est ce qu'ordonna Mahomet à ses successeurs. Et il a donné un privilège d'autorité sur toutes les saintes communautés demeurant dans le pays de sa religion. Et c'est ainsi qu'il ordonna que chaque homme ismaélite ou juif de cette nation de son royaume se mette debout devant lui, celui qui y contreviendrait en ne se levant pas devant lui devrait recevoir cent coups. Chaque jeudi, l'exilarque se rend auprès du roi, accompagné de cavaliers juifs et Gentils, qui crient devant lui : « Préparez le chemin à Notre Seigneur, le fils de David, comme il le mérite. » Ils expriment cela en leur langue par ces mots : *Amilou tarik lisaidna ben Daoud !* En ce qui le

1. La Gloire de Jacob.
2. *Haver*, en hébreu.
3. *Haverim*, en hébreu.
4. *Baal ha-Siyum*, en hébreu.
5. *Batlanim*, en hébreu.

concerne, il monte un cheval, vêtu d'habits de soie brodée, la tête couverte d'un grand turban d'où flotte un grand pan blanc auquel est attachée une chaîne sur laquelle est gravé le sceau de Mahomet qui l'a ainsi ordonné. L'exilarque vient auprès du roi et baise sa main. Le roi se lève et le fait asseoir sur une chaise, face à lui. Tous les princes ismaélites qui viennent rendre visite au roi se lèvent devant lui ; c'est ce qu'a ordonné le calife afin d'appliquer la parole de l'Écriture : « Le sceptre n'échappera point à Juda, ni l'autorité à sa descendance jusqu'à l'avènement du Messie [1], auquel obéiront les peuples. »

C'est le chef de la captivité qui donne la permission à toutes les communautés de nommer des rabbins et des chantres dans toutes les synagogues de Shinear, de Perse, du Khorassan, du pays de Saba ou Al-Yemen, de Mésopotamie [et tous ceux qui] habitent dans les montagnes de l'Ararat et du pays des Alains, qui est entouré de montagnes et qui n'a point d'issue que par les portes de fer créées par Alexandre, portes qui ont été brisées. Cette nation est appelée Alane. De Sikabia [2], du pays des Ottomans [3], avec les montagnes d'Asveh, le pays des Djordjans qui demeurent près du fleuve Gikhon [probablement l'Oxus] — ce sont les Géorgiens de religion chrétienne —, l'autorité de l'exilarque s'étend jusqu'aux portes de Samarcande, du Tibet et de l'Inde.

[Les rabbins nommés] se rendent auprès de l'exilarque pour avoir l'autorisation d'exercer leur sacerdoce et recevoir leur autorité par l'imposition des mains du chef de la captivité, auquel ils portent des dons et des présents des extrémités de la terre. [L'exilarque] possède à Babel des jardins, des vergers et beaucoup d'autres richesses, héritage de ses pères. Personne ne peut rien lui ravir. Il prélève chaque semaine un impôt sur les marchés et les magasins de commerçants juifs en plus de ce qu'on lui apporte des pays éloignés de sorte qu'il est fort riche. Il est très versé dans l'étude de la Bible et du Talmud, de nombreux juifs mangent chaque jour à sa table.

Cependant, au moment de sa nomination, il dépense une grande fortune pour le roi, ses princes et ses officiers. Le jour où le roi l'installe dans ses fonctions, on le fait monter dans le char du vice-roi et on le ramène depuis la maison du roi jusqu'à sa demeure, au son des tambours et des flûtes. [L'exilarque à son tour] confirme le recteur de l'académie. Les juifs qui habitent cette ville sont érudits et très riches. La ville de Bagdad compte vingt-huit synagogues, réparties entre Bagdad et Al-Karkh qui est au-delà du Tigre, car le fleuve sépare la ville en deux. La grande synagogue de l'exilarque est un bâtiment aux colonnes de marbre de toutes les couleurs, couvertes d'or et d'argent. Sur les colonnes sont écrits en lettres d'or des

---

1. *Shiloh*, en hébreu.
2. Ou Sibérie.
3. *Togharmim*, en hébreu.

versets des psaumes. Devant l'arche sainte, il y a dix marches en marbre. Sur la marche supérieure est assis l'exilarque, accompagné des princes de la famille de David.

Bagdad est une grande ville dont la circonférence mesure vingt milles. C'est le pays des palmiers, des jardins et des vergers, qui n'a point de semblable sur toute la terre. On y voit aussi des savants, des philosophes versés dans toutes sortes de sciences, ainsi que des mages experts en toutes sortes de sorcelleries.

[Adler, p. 35-42]
[Harboun, p. 106-112]

9. *Le tombeau d'Ézéchiel*

À trois parasanges de là, il y a la synagogue d'Ézéchiel le prophète, la paix soit sur lui ! Elle est sur le fleuve Euphrate. Vis-à-vis du lieu où se trouve la synagogue, il y a environ soixante tours, et entre chaque tour une synagogue.

Sur le parvis de la synagogue est la chaire. Derrière la synagogue, il y a la tombe du prophète Ézéchiel, sur laquelle il y a une grande voûte : une magnifique construction de Jéchonias, roi de Judée et de trente-cinq mille juifs qui l'accompagnèrent lorsque Ewil-Merodach le fit sortir de prison. Cet endroit est situé sur une rive du fleuve Kebar et de l'autre côté sur l'Euphrate. Les noms de Jéchonias et de tous ceux qui sont venus avec lui sont gravés sur la muraille, Jéchonias en tête et Ézéchiel [le prophète] à la fin.

Cet endroit est sacré jusqu'à ce jour, et considéré comme une synagogue. On vient de loin pour y prier, de Rosh ha-Shana à Yom Kippour, et les israélites y célèbrent de grandes réjouissances. L'exilarque et les chefs des académies de Bagdad y viennent, campent dans les champs, sur une superficie de deux milles. Les Arabes aussi y viennent et organisent une foire appelée *phira*. À cette occasion, on sort un livre en parchemin écrit de la main du prophète Ézéchiel ; on le lit le jour de Kippour. Sur le tombeau d'Ézéchiel, il y a une lampe qui brûle jour et nuit. Elle n'a jamais été éteinte depuis qu'Ézéchiel l'avait allumée lui-même. On change la mèche, on y ajoute de l'huile jusqu'à ce jour.

Là aussi il y a une grande maison où l'on entrepose les objets sacrés. Elle est remplie de livres de l'époque du premier et du second Temple. Quiconque meurt sans laisser un fils fait don de ses livres à cette institution. Les juifs de Perse et de Médie qui viennent là pour prier apportent les dons que les juifs ont fait à la synagogue du prophète Ézéchiel. Celle-ci possède des biens en héritage, des terres et des villages, qui appartenaient au roi Jéchonias. À son avènement, Mahomet entérina tous les droits attribués à la synagogue d'Ézéchiel.

Les grands du peuple d'Ismaël y convergent aussi pour prier, tant ils ont d'affection pour le prophète Ézéchiel. Ils appellent ce lieu Dar-Meliha. Tous les Arabes y viennent aussi pour prier. À une distance d'un demi-mille de la synagogue, se trouvent les sépultures de Hanania, Michaël et Azariah, surmontées par de grandes coupoles. Même en période de trouble, nul n'ose porter atteinte aux serviteurs juifs ou arabes [chargés de la garde du tombeau].

[Adler, p. 43-45]
[Harboun, p. 113-114]

10. *Controverse autour du tombeau de Daniel*

Au milieu de ces ruines se trouvait la capitale Suse. Un grand édifice y est construit depuis des temps anciens. C'est le palais du roi Assuérus. Dans cette ville habitent environ sept mille juifs, on y trouve quatorze synagogues et, devant l'une d'elles, le tombeau de Daniel, bénie soit sa mémoire. Le Tigre coupe la ville en deux parties, reliées par un pont. Les juifs habitant le côté où se trouvait la tombe de Daniel se sont enrichis, car c'est là-bas que se tenaient les marchés et le grand commerce. Ceux de l'autre côté du pont étaient pauvres, car il n'y avait ni marché ni marchands, mais des jardins et des vergers seulement. [Les pauvres] devinrent jaloux et se dirent : « Toute cette richesse et cette gloire des autres ne viennent que grâce au prophète Daniel qui est enterré chez eux. » Alors ils demandèrent qu'on enterrât Daniel chez eux, mais les autres refusèrent. Longtemps la guerre régna entre eux. À cause de la grande guerre qui sévissait entre eux, personne ne pouvait ni sortir ni entrer [d'un côté à l'autre] jusqu'à ce qu'ils se fussent lassés et retrouvassent la sagesse. Ils parvinrent à une entente selon laquelle le cercueil de Daniel serait alternativement une année d'un côté et l'autre année de l'autre côté. Ainsi fut fait, et les habitants des deux parties de la ville s'enrichirent. [Ce traité] dura jusqu'à l'arrivée, un jour, de Sanigar Shah-ben-Shah qui régna sur les rois de Perse, au nombre de quarante-cinq. Il est appelé en arabe sultan Al-Phars Al-Kabir. Son empire s'étend depuis l'embouchure du fleuve Samara jusqu'à la ville de Samarcande, le fleuve Gozan, la province de Nishapur, les montagnes de Haphton, la province du Tibet. Dans les forêts de celle-ci, on trouve des bêtes d'où l'on tire le musc. Son empire s'étend sur une distance de quatre mois et quatre jours de marche.

Quand donc ce grand empereur Sanigar, roi de Perse, [vint en Élam] et qu'il vit qu'on transportait le cercueil de Daniel d'un côté à l'autre, qu'une foule de juifs, d'ismaélites, d'incirconcis traversaient le pont, il demanda ce que cela voulait dire. On lui dit tout ce que nous venons de raconter. Il répondit : « Il n'est pas convenable de faire un tel affront au prophète Daniel. Je vous ordonne donc de mesurer une distance égale des deux côtés du pont ; vous enchâsserez le cercueil de Daniel dans un autre cercueil de verre et vous le suspendrez au pont avec des chaînes de fer. Dans ce même lieu, vous construirez un temple pour les pèlerins du monde entier. Celui qui le désire pourra venir y prier, qu'il soit juif ou non. » À ce jour encore, le cercueil de Daniel est suspendu au pont. Le roi ordonna que la pêche soit interdite à un mille de distance de chaque côté du pont, par respect pour Daniel.

[Adler, p. 49-50]
[Harboun, 118-119]

11. *La pêche des perles dans le golfe Persique*

De là il y a dix jours par mer pour Katifa, où il y a environ cinq mille juifs. C'est là qu'on trouve les perles. Le vingt-quatrième jour du mois de nissan, la pluie est tombée sur la mer, à la surface de laquelle flottaient toutes sortes de coquillages. Les huîtres reçoivent l'eau de pluie, se referment et descendent au fond de la mer. Au milieu du mois de tishri, les gens descendent au fond de la mer avec des cordes, recueillent les huîtres, les ouvrent et en tirent les perles. Ces dernières sont vendues par un fonctionnaire juif, au profit du trésor royal.

[Adler, p. 58]
[Harboun, p. 126-127]

12. *Le Nil et la vie autour de lui*

C'est un pays très chaud. Le fleuve déborde tous les ans ; une fois dans le courant du mois d'éloul il couvre tout le pays et l'arrose sur une distance de quinze journées de marche. Les eaux restent sur la terre les mois d'éloul et de tishri pour l'arroser et l'humecter. Ils ont une colonne de marbre élevée avec beaucoup d'art, qui leur indique le niveau de l'eau. Cette colonne se trouve dans une île au milieu du fleuve et mesure douze coudées au-dessus de l'eau. Quand le fleuve déborde et submerge la colonne, on sait que les eaux ont couvert déjà le pays d'Égypte sur une superficie de quinze journées de marche ; mais si l'eau arrive à la moitié de la colonne, l'inondation ne couvre que la moitié des terres. Chaque jour un homme mesure la hauteur de l'eau par rapport à la colonne et proclame à Tanis [1] et en Égypte en disant : « Rendez grâces à Dieu, car le fleuve est monté à telle et telle hauteur. » C'est ainsi qu'il mesure et qu'il fait une annonce chaque jour. Si l'eau couvre toute la colonne, il y aura une grande abondance dans tout le pays d'Égypte. Car le fleuve monte

---

1. Soan, en hébreu.

peu à peu, jusqu'à ce qu'il ait couvert le pays jusqu'au bout, sur une superficie de quinze journées. Quiconque possède un champ engage des ouvriers, lesquels creusent une grande fosse dans le champ. Au fur et à mesure que l'eau monte, les poissons entrent dans les fosses. Quand l'eau décroît, les poissons restent dans les fosses, les propriétaires des champs les prennent, les mangent ou les vendent aux marchands, qui les salent et les portent partout. Ces poissons sont grands et très gras. Dans ce pays, leur graisse sert à allumer leurs chandelles. Et même si quelqu'un mange beaucoup de ces poissons et boit l'eau du Nil, il n'aura aucun mal, car l'eau est leur remède.

Des gens se demandent pourquoi le fleuve monte ainsi. Les Égyptiens répondent que les pluies qui tombent abondamment plus haut au pays d'Al-Habach [1] ou Havila font déborder le Nil. L'abondance de l'eau fait déborder le Nil et il recouvre la terre. Si celui-ci ne déborde pas, il n'y a pas de semailles, la famine est intense dans leur pays. [Les Égyptiens] sèment au mois de heshvan quand l'eau se retire. Ils moissonnent l'orge au mois d'adar et le froment au mois de nissan. En ce mois de nissan, ils ont des cerises, des poires, des concombres, des courges en grande quantité, des caroubes, des fèves, des pois, des gabanons, des pois chiches, et toutes sortes de légumes comme le pourpier, l'asperge, la laitue, la coriandre, la chicorée, les choux et les poireaux, les cardes, en un mot, la terre abonde en toutes sortes de biens. Les jardins et les vergers sont arrosés à partir de bassins dont les eaux proviennent du Nil.

Après avoir arrosé l'Égypte, le fleuve se divise en quatre branches. La première va à Damiette, autrefois Caphtor, et se jette dans la mer. La deuxième à Rachid, proche d'Alexandrie, et se jette dans la mer, la troisième passe par Achmon et se jette dans la mer, la quatrième suit la frontière d'Égypte. Tout au long de ces quatre branches, sur les deux rives, il y a des villes et des villages où l'on peut se rendre, soit par terre soit par eau. Pas un pays n'est aussi peuplé que celui-ci. Il est très vaste et abonde en toutes sortes de biens.

[Adler, 62-65]
[Harboun, p. 132-134]

13. *L'affaire du faux messie David Alroï — « le messie d'Hamadhan »*

Il y a à présent dix ans que s'éleva un homme nommé David Alroï, de la ville d'Amadia. Il étudia la loi auprès de l'exilarque Hasdaï et auprès du chef de l'académie, Gaon Jacob, dans la ville de Bagdad. Il était très versé dans la Torah d'Israël, dans la Loi, dans le Talmud, dans la langue et la littérature arabes, dans toutes les sciences étrangères, dans les livres de magie et de sorcellerie.

---

1. Abyssinie.

Il eut l'idée de s'élever contre le roi de Perse, de rassembler les juifs habitant les montagnes du Haphton, de sortir, de faire la guerre aux Gentils et d'aller conquérir Jérusalem. Aux juifs, il fit des signes et de faux miracles en leur disant : « L'Éternel m'a envoyé pour conquérir Jérusalem et vous délivrer du joug des nations. » [Des juifs] crurent en lui et l'appelèrent « Notre Messie ».

Le roi de Perse, ayant appris tout cela, lui envoya dire de venir parler avec lui. Et lui y alla sans crainte. Quand il fut auprès du roi, ce dernier lui dit : « Es-tu bien le roi des juifs ? » À quoi [David] répondit : « Oui, je le suis. » Le roi s'irrita contre lui et ordonna qu'on le saisisse et qu'on le jette en prison, dans la cellule où sont enfermés les prisonniers du roi jusqu'à leur mort dans la ville de Tabristan, sur le grand fleuve Gozan [1]. Trois jours après, le roi siégea avec ses ministres, pour s'entretenir avec eux des juifs qui s'étaient dressés contre lui. Et voici que David, qui s'était délivré lui-même de la prison, se présenta devant le roi. Quand celui-ci le vit, il lui demanda : « Qui t'a libéré et qui t'a amené ici ? » David répondit : « Ma sagesse et mes ruses, car je ne crains ni toi ni tes serviteurs. » Alors le roi cria à ses serviteurs : « Saisissez-vous de lui ! » Ses serviteurs répondirent : « Nous ne voyons pas son corps, mais nous entendons bien sa voix. » Le roi et ses serviteurs étaient ébahis par tant de sagesse. [David] dit alors au roi : « Voici, je vais mon chemin » et il partit. Mais le roi suivit ses pas, les ministres et les princes marchaient derrière le roi, jusqu'à ce qu'ils arrivent sur la rive du fleuve. [David] prit son écharpe, l'étendit sur l'eau et traversa le fleuve.

À cet instant, les serviteurs du roi, l'ayant vu traverser le fleuve sur son écharpe, le poursuivirent en empruntant de petites barques pour s'en saisir, mais en vain. Ils se dirent : « Il n'y a point dans le monde un sorcier comme lui. » Ce même jour, il parcourut l'équivalent d'une distance de dix journées, [en prononçant] le Tétragramme [2]. Arrivé à Amadia, il raconta aux juifs tout ce qui lui était arrivé, ils furent tous stupéfaits devant sa sagesse.

Le roi de Perse s'adressa à l'émir Al-Muminin à Bagdad, seigneur des ismaélites, pour lui dire de parler à l'exilarque et au chef de l'académie « la Gloire de Jacob », afin qu'ils empêchent David Alroï d'agir comme il l'avait fait, faute de quoi, ajoutait-il, « je tuerai tous les juifs se trouvant dans mon royaume ».

Toutes les communautés juives de Perse furent alors plongées dans une grande détresse. Elles envoyèrent des lettres à l'exilarque et aux chefs des académies, « la Gloire de Jacob », à Bagdad, rédigées en ces termes : « Sache que le temps de la délivrance n'est pas encore arrivé, car nous n'avons pas aperçu le signe "car ce n'est point par la force que l'homme

---

1. Kizil ozein.
2. *Shem ha-mephorash*, en hébreu.

l'emporte [1]". » Alors l'exilarque et les chefs des académies écrivirent à David ce qui suit : « C'est pourquoi nous décrétons que tu t'abstiennes d'agir comme tu l'as fait ; faute de quoi tu seras excommunié et retranché de tout Israël. »

Ils écrivirent au prince Zaccaï de Mossoul et à Rabbi Joseph l'Astronome, appelé Borhan Al-Morq, qui se trouvait lui aussi là-bas, afin de transmettre les lettres [à David Alroï]. Ils écrivirent [à David] pour le mettre en garde, mais David refusa. Alors s'éleva le roi des Turcs nommé Zin Al-Din, vassal du roi de Perse. Il envoya demander le beau-père d'Alroï et lui donna un pot-de-vin de dix mille pièces d'or, pour tuer David en cachette. Il alla dans sa maison, le trouva couché et le tua dans son lit pendant son sommeil. Ainsi furent engloutis ses desseins et ses ruses. Malgré cela, la colère du roi de Perse à l'encontre des juifs habitant des montagnes ne fut pas apaisée. Les juifs demandèrent à l'exilarque d'intercéder en leur faveur auprès du roi. Ce qu'il fit en usant de bonnes paroles et d'une indemnité de cent talents d'or, après quoi le pays retrouva son calme.

[Adler, p. 51-53]
[Harboun, p. 119-122]

14. *De nouveau en Europe, seul le passage concernant la Sicile semble refléter une expérience directe de Benjamin. En revanche, le très court propos sur l'Allemagne et la France semble montrer un désir de s'engager dans une géographie universelle*

De là, il y a deux journées jusqu'à la ville de Palerme, la grande métropole. C'est là que se trouve le palais du roi Guillaume. Il y a dans cette ville environ mille cinq cents juifs, beaucoup de chrétiens et d'ismaélites. C'est une terre qui abonde en sources d'eau, en rivières, en jardins, en vergers, en froment et en orge. Il n'y a point de ville semblable dans toute l'île de la Sicile. C'est là aussi que le roi possède un palais-jardin appelé Al-Haziza. On y trouve toutes sortes d'arbres fruitiers. Au milieu il y a une source d'eau qu'on a entourée d'une muraille, avec un bassin appelé Al-Bouhira où il y a toutes sortes de poissons, et les barques du roi, couvertes d'or et d'argent, sur lesquelles le roi et ses femmes se promènent.

Dans le jardin, il y a un grand palais, dont les murailles sont ornées de figures, d'or et d'argent. Le parterre est en marbre, couvert de toutes sortes de dessins d'or et d'argent que l'on trouve dans le monde. Il n'y en a point de semblable sur toute la terre. L'île commence à Messine.

---

1. I Samuel, II, 9.

C'est un lieu de passage pour le monde entier, qui se prolonge jusqu'à Syracuse, Marsala, Catane, Petraliat Trapani, soit une distance de six journées dans l'île. À Trapani se trouve la pierre de corail appelée Al-Mourgan.

De là on peut arriver en dix jours au territoire de Rome, et de Rome on va par voie de terre en cinq jours à Lucques. De là on passe au mont Saint-Jean-de-Maurienne et les cols d'Italie. De là il y a vingt journées jusqu'à Verdun, qui est le commencement de l'Allemagne, pays de montagnes et de collines. [Toutes les communautés juives] d'Allemagne habitent le long du grand fleuve, le Rhin, depuis Cologne, capitale du royaume, jusqu'à Ratisbonne, qui est la limite de l'Allemagne, soit une distance de quinze journées de marche. [L'Allemagne] est appelée Ashkénaze [par les juifs].

Voici les villes d'Allemagne où il y a des communautés juives, toutes généreuses : Metz, Trèves sur la Moselle, Coblence, Andernach, Bonn, Cologne, Bingen, Munster, Worms, [Mistran ?], Kaub, Kartania, Strasbourg, Minden [?], Bamberg, Freising, Duisbourg et Ratisbonne, frontière du royaume. Dans toutes ces villes il y a beaucoup de juifs et, parmi eux, des savants et des riches.

Au-delà se trouve le pays de la Bohême et la ville appelée Prague, commencement du pays de la Slavonie. Les juifs qui y habitent l'appellent Canaan parce que les habitants vendent leurs fils et leurs filles à toutes les nations, de même que ceux de Russie. Celle-ci est un grand royaume qui s'étend depuis Prague jusqu'à Kiev, cette grande ville qui est à l'extrémité du royaume. C'est un pays de montagnes et de forêts où l'on trouve des bêtes sauvages appelées vairs, hermines et zibelines. Le froid y est si rude en hiver que personne ne sort hors de la porte de sa maison. Il y a même des gens qui ont le nez qui tombe, tellement le froid est rigoureux. C'est jusque-là que s'étend le royaume de Russie. Le royaume de France, qui est le pays de Sarphat, commence par Auxerre et s'étend jusqu'à la grande ville de Paris, soit une distance de six journées. Paris est dominée par le roi Louis [1] et est située sur la Seine. Il y a là des docteurs de la Loi, qui n'ont pas de semblables dans tout le pays. Ils étudient la Loi jour et nuit. Ce sont des gens pratiquants et très hospitaliers pour les étrangers et ils manifestent leur amitié et leur fraternité envers tous leurs frères juifs. Que Dieu les bénisse, qu'il ait pitié d'eux et de nous !

[Adler, p. 70-73]
[Harboun, p. 138-139]

---

1. Louis VII, roi de France de 1137 à 1180.

PÉTAHIA DE RATISBONNE

Pétahia de Ratisbonne est un contemporain de Benjamin. Il a entamé son voyage quelque dix années après, entre 1175 et 1185. Alors que Benjamin est une personnalité pratiquement inconnue, Pétahia était le frère d'un tosaphiste assez connu nommé Isaac ha-Lavan (le Blanc), et en outre il était en contact avec l'un des personnages les plus importants de son temps, Judah Hassid, qui semble avoir pris part à l'édition du livre de Pétahia. La dimension méditerranéenne est presque totalement absente du récit de Pétahia, qui est entré au Moyen-Orient par le nord, a traversé la Russie, la Crimée, l'Arménie, la Perse. Presque tout ce qu'il voit concerne le grand centre juif qu'était encore la Mésopotamie, ainsi que le pays d'Israël. Chez lui, plus que chez Benjamin, transparaît le but qui était la recherche des tombeaux saints.

Édition : LAZAR GRÜNHUT, *Die Reisebeschreibungen des R. Benjamin von Tudela*, éd. et trad., Jérusalem, 1903. Cf. la traduction de HAÏM HARBOUN, *Les Voyageurs juifs au Moyen Âge, XII*e *siècle*, Aix-en-Provence, Éditions Massoreth, 1986, p. 143-185. ABRAHAM DAVID, *Koves al-yad* (hébreu), n. s., XIII, Jérusalem, 1996, p. 235 et suiv. : nouvelle version du périple *(sibuv)* de Pétahia de Ratisbonne [1].

1. *Bagdad et son* **Gaon** *(chef de l'académie) Samuel ha-Lévi ben 'Ali*

Bagdad est une ville royale : le calife y a sa résidence. Ce grand roi exerce son autorité sur tous les peuples. La ville est immense, de plus d'un jour de marche dans toute sa longueur et de plus de trois jours de circonférence. Dans la ville de Bagdad résident plus de [*manque probablement un chiffre*] mille juifs qui sortent couverts de châles [2]. On ne voit

---

1. Nous n'avons pas eu accès à cette édition, non parue lors de l'établissement de la présente édition.
2. *Soudarim*, en hébreu.

jamais à Bagdad aucune femme dans la rue et personne ne rend visite à son voisin de peur d'apercevoir son épouse. [S'il arrive qu'une personne entre dans une maison,] on lui dit : « Pourquoi es-tu venu, homme audacieux ? » Le visiteur doit frapper à la porte avec un petit marteau, le propriétaire sort et converse avec lui. [Les juifs de Bagdad] vont et viennent, enveloppés de châles de prière[1] de laine et de franges au coin des vêtements[2].

Le chef de l'académie à Bagdad, Rabbi Samuel ha-Lévi ben 'Ali, est un prince plein de sagesse versé dans la loi écrite, la loi orale et les sciences d'Égypte. Rien ne lui est caché, il connaît la nécronomie et tout le Talmud dans toutes ses versions. Dans toute la Babylonie, l'Assyrie, la Médie et la Perse, on ne trouve pas, même parmi le plus bas peuple, un homme qui ne connaisse pas les vingt-quatre livres de l'Écriture avec sa grammaire, son écriture pleine et quiescente. Dans les synagogues, ce n'est pas le ministre officiant[3] qui lit la péricope de l'Écriture, mais celui qui est appelé à lire la Torah. Le chef de l'académie a plus de deux mille disciples, dont plus de cinq cents sont en sa compagnie. Tous sont très versés dans l'étude de la Torah. Les débutants étudient en ville auprès d'autres enseignants et, quand ils sont très avancés, ils se joignent aux étudiants du chef de l'académie. L'exilarque est Rabbi Éliézer, le chef de l'académie occupe un rang supérieur. Celui-ci possède une maison très vaste, tapissée d'étoffes de soie ; lui-même est habillé de vêtements d'or, il siège sur une estrade, les disciples, eux, sont assis par terre. Il s'adresse à l'interprète et celui-ci dialogue avec les disciples ; quand l'interprète ne sait pas, il pose la question au chef de l'académie. Dans un côté de la salle, un interprète enseigne un traité [talmudique], tandis que dans un autre côté, un autre interprète enseigne un traité différent. L'enseignement du Talmud se fait avec mélodie. Quand le temps de la répétition s'achève, le chef de l'académie explique la leçon.

Un an avant l'arrivée de Rabbi Pétahia, l'exilarque Rabbi Daniel décéda. Il était supérieur au chef de l'académie. Tous [les israélites ?] ont des livres généalogiques qui remontent jusqu'aux tribus d'Israël ; Rabbi Daniel descendait de la maison de David. Le calife n'impose jamais un exilarque, mais suit le choix des notables des juifs. Il n'y avait que deux candidats descendant de la maison de David [sur lesquels les suffrages se sont partagés]. Certains portèrent leur choix sur Rabbi David et les autres sur Rabbi Samuel ; aucun accord ne s'est dégagé jusqu'à présent, car les deux sont des savants. Cependant, Rabbi Daniel n'avait pas de fils, mais seulement des filles. Pour ce qui est de Rabbi Samuel, il détient un livre généalogique qui remonte au [prophète] Samuel ben Elquanah de Ramah.

1. *Talithot*, en hébreu.
2. *Tsitsit*, en hébreu.
3. *Hazan*, en hébreu.

Lui non plus n'a pas de fils, mais seulement une fille. Elle est très versée dans l'Écriture et le Talmud. Elle enseigne l'Écriture aux jeunes gens à travers une lucarne de la maison où elle reste enfermée. Les élèves installés dehors, en bas de la lucarne, ne peuvent pas l'apercevoir.

Il n'y a point de *dayanim* en Assyrie, à Damas, dans les villes de Perse et en Babylonie, autres que ceux nommés par Rabbi Samuel, le chef de l'académie. Il leur donne le pouvoir dans toutes les villes de juger et d'enseigner ; son sceau est reconnu dans tous les pays et même dans le pays d'Israël, car tout le monde le craint. Il a sous ses ordres une soixantaine de serviteurs, qui punissent les délinquants en les frappant du bâton. Lorsque ses disciples ont fini leurs études, les plus âgés questionnent [le chef de l'académie] sur l'astronomie et sur les autres sciences.

[Grünhut, I, p. 8-10]
[Harboun, p. 153-155]

2. *Le tombeau d'Ézéchiel, respecté aussi par les musulmans*

Le tombeau d'Ézéchiel est à une journée et demie de marche de Bagdad dans le désert, il est entre les mains des Charaméens. Il y a une ville proche du tombeau, à une distance d'un mille. Ce sont les juifs qui en détiennent les clefs. Le tombeau d'Ézéchiel est entouré d'une cour aussi grande qu'une ville ceinte d'une muraille ; celle-ci n'a pas une grande porte, mais une étroite ouverture que les juifs ouvrent et par laquelle ils passent en rampant, tellement elle est basse.

À Soukkoth, on vient de partout, la porte s'élargit et s'élève d'elle-même jusqu'à ce que ceux qui montent des chameaux puissent entrer. Plus de soixante à quatre-vingt mille juifs, sans compter les ismaélites, s'y rendent et construisent des cabanes dans la cour du tombeau d'Ézéchiel. Après la fête, en présence de tous les assistants, la porte redevient toute petite. On fait des dons et des offrandes en l'honneur du tombeau. Quiconque est stérile ou dont la femme ou l'animal l'est, fait des vœux et prie sur la tombe.

On raconta à Rabbi Pétahia qu'un grand prince possédait une jument stérile. Il demeurait à quatre jours de marche du tombeau d'Ézéchiel. Il avait fait le vœu que, si la jument engendrait, il offrirait le poulain à Ézéchiel. Au bout de quelque temps, elle donna naissance à un poulain. Le maître, le trouvant beau, le convoita et ne le consacra point à Ézéchiel. Le poulain prit la fuite et se réfugia dans la cour d'Ézéchiel, la petite ouverture s'élargit pour lui permettre de passer. Le prince chercha partout le poulain et ne le trouva pas. Puis il se dit : « C'est peut-être parce que j'ai fait le vœu de le consacrer à Ézéchiel, le juste, que le poulain est parti vers la tombe. » Il se rendit sur la tombe et le trouva. Il voulut le faire sortir et ne put y réussir, car l'ouverture était trop basse. Un juif lui dit : « Ce n'est pas en vain qu'il est entré ici, peut-être l'avez-vous consacré au Juste ? » Le prince avoua et dit : « En effet, j'ai fait le vœu de le consacrer au Juste, que faut-il faire pour le faire sortir ? » Le juif lui dit : « Prenez de l'argent et disposez-le sur la tombe ; si vous déposez la contre-valeur du poulain, celui-ci pourra sortir. » Le prince déposa la somme par petites quantités. Quand il atteignit la contre-valeur du poulain, la porte s'élargit et le poulain sortit.

Rabbi Pétahia se rendit sur le tombeau d'Ézéchiel, avec en main des pièces d'or et des grains d'or. Ayant laissé tomber les grains de sa main, il dit : « Seigneur Ézéchiel, c'est en ton honneur que je suis venu, et voici que les grains tombent et sont perdus. Cependant quel que soit le lieu où ils se trouvent, ils t'appartiennent. Immédiatement après ces paroles, il vit au loin comme une étoile ; il crut d'abord que c'était une pierre précieuse, mais s'en étant approché, il reconnut ses grains d'or qu'il déposa sur le tombeau.

Tout musulman se rendant sur la tombe de Mahomet passe par le sépulcre d'Ézéchiel pour faire une offrande ou déposer un don. Il formule un vœu et prie en ces termes : « Notre Maître Ézéchiel, si je reviens [sain et sauf] je te ferai don de telle ou telle somme d'argent. »

Pour se rendre sur le tombeau de Mahomet, on traverse le désert en quarante jours. Celui qui connaît les routes peut faire le trajet, du tombeau d'Ézéchiel jusqu'au fleuve Sambation, en dix jours.

Quiconque veut se rendre dans un pays lointain dépose en lieu sûr sa bourse ou tout autre objet chez Ézéchiel et dit : « Notre Seigneur Ézéchiel, veille sur cet objet jusqu'à ce que je revienne, et ne permets à personne de s'en emparer, si ce n'est à mes héritiers. » De nombreuses bourses pleines d'argent sont posées là depuis de nombreuses années et, de ce fait, ont été détériorées. Il y avait là aussi des livres : un sot voulut s'emparer d'un livre et ne parvint pas à l'enlever, car il fut atteint de maux et de cécité. Aussi, tout le monde vénère-t-il Ézéchiel.

Quiconque n'a pas vu le palais qui jouxte son tombeau n'a jamais vu de beau monument. Le palais est couvert d'or à l'intérieur. Sur le tombeau même, on a construit un monument à hauteur d'homme. Tout près de ce monument s'élève un édifice en bois de cèdre doré tel que l'œil humain n'en a jamais vu de pareil. Le monument est doté de fenêtres au travers desquelles le visiteur introduit la tête pour prier. Au-dessus se trouve une grande voûte d'or garnie en dedans de beaux rideaux. On y trouve aussi de très beaux vases. Trente lampes à huile brûlent jour et nuit. L'huile d'olive est achetée grâce aux offrandes, pour que les lampes soient éclairées jour et nuit. Des préposés gardent les offrandes déposées sur le tombeau, environ deux cents administrateurs sont chargés à tour de rôle de cette fonction. Avec le solde des sommes offertes, on répare la synagogue quand c'est nécessaire. On procède aussi avec cet argent au mariage des orphelins et on nourrit les étudiants dépourvus de moyens de subsistance. Il y a à Bagdad trois [*manque probablement un chiffre*] synagogues à l'exception de celle que Daniel a construite sur l'endroit où se trouvait l'ang`, des deux côtés du fleuve, comme cela est écrit dans le livre de Daniel.

[Grünhut, I, p. 13-16]
[Harboun, p. 158-160]

3. *Le calife de Bagdad souhaite visiter le tombeau d'Ézéchiel*

Le prédécesseur du calife actuel, celui qui régna du temps de Rabbi Salomon, le père de Rabbi Daniel l'exilarque, aimait beaucoup ce rabbin, parce que ce calife était de la postérité de Mahomet et que l'exilarque était descendant du roi David. Le calife dit à Rabbi Salomon qu'il voulait voir le prophète Ézéchiel qui opérait des miracles. Rabbi Salomon lui répondit : « Vous ne pouvez pas le voir, car il est saint et vous ne pouvez pas ouvrir le sépulcre. » Mais le calife persistait dans sa demande. Rabbi Salomon et les anciens lui dirent : « Seigneur, près du tombeau d'Ézéchiel est inhumé son disciple Baruch ben Nériyah ; si vous voulez, vous pouvez ouvrir son sépulcre et si vous pouvez voir le disciple, vous verrez ensuite le maître. » Le calife réunit ses ministres et ordonna de fouiller le tombeau de Baruch ben Nériyah. Mais quiconque tentait de fouiller la tombe, tombait raide mort. Il se trouvait là un vieillard musulman qui conseilla au calife de faire exécuter les fouilles par des juifs, mais ceux-ci répondirent : « Nous avons peur. »

Le calife leur répondit : « Si vous êtes fidèles à l'enseignement de Baruch ben Nériyah, aucun mal ne vous atteindra car, dit-il, tout ismaélite qui tenta de fouiller la tombe périt. » Rabbi Salomon répliqua : « Accorde-nous un délai de trois jours pour jeûner, afin qu'il nous pardonne. » Trois jours après, les juifs creusèrent sans qu'il leur arrivât aucun mal. Le cercueil de Baruch ben Nériyah était à l'intérieur de deux blocs de marbre et le corps reposait au milieu des deux blocs, un bout du *talith* apparaissait entre les pierres. Le calife dit : « Il ne convient pas que deux rois portent la même couronne et il n'est pas bon que ce juste repose près d'Ézéchiel, je veux le faire transporter en un autre lieu. » Les serviteurs du calife soulevèrent les blocs de marbre avec le cercueil, mais quand ils furent arrivés à une distance d'un mille du tombeau d'Ézéchiel, ils ne purent plus faire bouger le cercueil de sa place. Rabbi Salomon dit alors : « C'est ici que le juste a choisi de se faire inhumer », et en effet on l'inhuma à cet endroit. On éleva dessus un superbe palais.

[Grünhut, I, p. 10-12]
[Harboun, p. 160-161]

4. *La clarté qui émane du tombeau de Baruch ben Nériyah*

Quand le calife, qui régna au temps de Rabbi Salomon père de Rabbi Daniel, vit la clarté qui émanait du tombeau de Baruch ben Nériyah et le bout de son *talith* entre les deux resplendissants blocs de marbre, il se rendit à La Mecque où se trouve le tombeau de Mahomet, pour voir le corps du défunt, mais il ne vit qu'un cadavre meurtri et pétrifié, une odeur nauséabonde insupportable s'exhalait de la fosse que personne ne pouvait supporter. Le calife dit alors à son peuple qu'il n'y a rien de vrai ni dans Mahomet ni dans sa religion, car, dit-il, nous avons vu Baruch ben Nériyah intact, et son *talith* sortait de son cercueil. Les ismaélites qui avaient creusé sa tombe étaient tous morts, alors que les juifs n'avaient subi aucun dommage, ceci démontre que les juifs étaient de la même religion que Baruch ben Nériyah. Les ismaélites voulurent se convertir, mais le calife, avant sa mort, ne put accomplir le désir qu'il avait formé de se convertir avec tout son peuple ; la décision de convertir tout le peuple fut annulée.

[Grünhut, I, p. 26-27]
[Harboun, p. 161-162]

5. *Encore sur les tombeaux saints en Babylonie*

Tandis que Rabbi Pétahia était sur le tombeau d'Ézéchiel, il aperçut dans le palais un oiseau à face humaine. Le préposé à l'entrée du palais se lamentait et disait : « Nous avons une tradition reçue de nos ancêtres, que toute maison sur laquelle cet oiseau se tient sera détruite. » Alors [Rabbi Pétahia] vit que l'oiseau avait voulu sortir par la fenêtre, était tombé sur son côté et était mort. Le préposé *(parnass)* à l'entrée du palais se réjouit et dit : « Puisque cet oiseau est frappé de mort, le décret funeste est annulé. »

Le chef de l'académie dit à Rabbi Pétahia qu'autrefois il y avait une colonne de feu sur le tombeau d'Ézéchiel, mais que des impies étaient venus et l'avaient profané. Car, parmi les quatre-vingt mille hommes environ qui se rendaient en pèlerinage sur le tombeau à l'occasion de la fête des Cabanes, se trouvaient des gens indignes. Les pèlerins élevaient des cabanes dans la cour à proximité du tombeau. Alors la colonne de feu disparut.

L'Euphrate et le Kebar se jettent l'un dans l'autre, mais leurs eaux ne se mélangent pas. Au-delà de l'Euphrate, à un mille du tombeau d'Ézéchiel, se trouvent les tombeaux de Hananiah Mishaël et Azariah, chaque tombeau est à part. [Rabbi Pétahia] revint [à Karkemish et, de là, en deux jours] rejoignit Néhardea. La ville peut être parcourue en trois jours, elle est en ruine ; à l'extrémité de la ville demeure une communauté de juifs. [Rabbi Pétahia] leur montra le sceau du chef de l'académie, et les juifs firent voir la synagogue de Shaph Veyatib et ses triples murs, dont le côté occidental s'élève sur l'Euphrate. Toute la muraille ne comporte ni pierres ni briques, mais tout est en terre rapportée de Jérusalem par Jéchonias. Cette synagogue n'a point de toit, tout a été détruit ; les juifs lui avaient dit que, la nuit, on voyait une colonne de feu qui s'élevait du lieu de la synagogue et qui s'étendait jusqu'au tombeau d'[Ézéchiel ?], dont il a été fait mention ci-dessus.

[Rabbi Pétahia] alla ensuite visiter une ville nommée Hilla, c'est là que se trouve le tombeau de Rabbi Méïr, c'est le Rabbi Méïr de la Mishna. Hors de la ville il y a un champ voisin du fleuve, le tombeau est dans ce champ. Comme l'Euphrate déborde et inonde le tombeau, on a construit, avec une partie des dons offerts par les juifs et les ismaélites, une enceinte et des tours dans le fleuve même. Sur le tombeau, on a érigé un très bel édifice. Les ismaélites l'appellent *Hanouk*[1], parce qu'une fois le sultan vint et s'empara d'une des pierres de l'escalier qui conduit au tombeau. La nuit Rabbi Méïr lui apparut en rêve et, le saisissant au cou comme s'il voulait l'étrangler, lui dit : « Pourquoi as-tu dérobé ma pierre ? Ne sais-tu pas que je suis un saint et aimé de Dieu ? » Le sultan lui demanda pardon, mais Rabbi Méïr lui répondit : « Je ne t'accorde le pardon que si tu charges la pierre publiquement sur tes épaules ; tu diras ensuite : "Ô mon juste Maître, j'ai péché parce que j'ai volé ce qui appartenait à mon juste maître." »

Le lendemain, il porta la pierre sur ses épaules en présence de tout le monde. Il la remit à sa place et s'écria : « Ô mon juste Maître, j'ai péché parce que j'ai volé ce qui appartenait à mon juste maître. » Depuis ce temps, les ismaélites honorent ce juste, se prosternent devant son tombeau, font des offrandes et promettent des sommes d'argent s'ils retournent sans dommage dans leurs foyers.

[Grünhut, I, p. 16-18]
[Harboun, p. 162-164]

6. *Le tombeau d'Ezra le Scribe*

Après six jours de marche, il arriva au tombeau de notre maître Ezra le Scribe. On rapporte qu'autrefois le tombeau d'Ezra fut détruit, un berger vint, et voyant un monceau de ruines, s'endormit dessus. Alors Ezra lui apparut en rêve et lui dit : « Va et dis au sultan que je suis Ezra le Scribe, je le prie de me faire transporter par des juifs et qu'ils me déposent dans tel endroit, et en cas de refus tous ses sujets périront. » Le sultan ne prêta

---

1. Peut-être « colère ».

aucune attention à ce que le berger lui dit et de nombreux habitants péri-rent. On fit venir des juifs, le sépulcre fut fouillé avec beaucoup de respect et l'on trouva le cercueil dans du marbre, sur lequel il y avait une plaque portant cette inscription : « Je suis Ezra le Scribe. » Les juifs l'inhumèrent à l'endroit qu'il avait indiqué au berger. Ils élevèrent un palais sur son tombeau. À la onzième heure de la journée, une colonne de feu s'élève du tombeau vers le ciel et dure la onzième heure et la douzième heure ; on l'aperçoit aussi vers la première heure de la nuit. On peut marcher trois ou quatre parasanges à la lueur de la colonne de feu. Les ismaélites vien-nent pour se recueillir sur ce tombeau. Lorsque la colonne s'élève, on ne distingue plus le bâtiment construit sur ce tombeau. Les clefs des maisons bâties tout près des tombeaux sont entre les mains des juifs. Ceux-ci reçoivent des offrandes avec lesquelles ils prennent en charge les frais occasionnés par les mariages des orphelins, l'entretien des étudiants et la réparation des synagogues des pauvres.

[Grünhut, I, p. 19-20]
[Harboun, p. 168]

7. *La controverse autour du tombeau de Daniel*

Avant de se rendre sur le tombeau d'Ezra, [Rabbi Pétahia] se rendit en huit jours dans la ville de Suse, la capitale. Deux juifs seulement y demeu-rent, ceux-ci sont des teinturiers. Après leur avoir montré le sceau du chef de l'académie, on lui montra le cercueil de Daniel. Autrefois, il était enterré sur une rive du fleuve. Ce côté du fleuve jouissait d'une grande abondance et d'une grande prospérité. Les habitants de l'autre rive disaient : « C'est parce que ce juste n'est pas enterré de notre côté que notre terre n'est pas prospère. » Il y eut des guerres continuelles entre les habitants des deux rives. Tantôt les uns s'emparaient du cercueil, tantôt les autres ; jusqu'à ce qu'enfin des anciens vinrent leur proposer un compromis. On dressa de hautes colonnes de fer au milieu du fleuve et l'on suspendit le cercueil à l'aide de chaînes de fer. Le cercueil est en airain, il est au milieu du fleuve, suspendu à une hauteur de dix coudées au-dessus de l'eau. Ceux qui le regardent de loin ont l'impression que c'est du pur cristal.

Les juifs affirment que le bateau qui passe au-dessous du cercueil, s'il est chargé de personnes intègres, poursuit sa route en paix ; sinon, il sombre dans le fleuve. Les gens craignent de passer là-bas. On dit aussi à Rabbi Pétahia qu'au-dessous du cercueil de Daniel on trouve des poissons avec des anneaux d'or suspendus à leurs oreilles. Il ne passa pas sous le cercueil, mais regarda le cercueil à partir d'une des rives.

[Grünhut, I, p. 20-21]
[Harboun, p. 167-168]

8. *Tombeaux saints en Mésopotamie et en terre d'Israël*

[Rabbi Pétahia] traversa vers l'ouest le Jourdain, à propos duquel on dit [qu'il sort] de la caverne de Panéas, et se rendit à Tibériade où il trouva une communauté. Il y a aussi des communautés [juives] dans tout le pays d'Israël, formées seulement de cent à trois cents âmes. À Tibériade, il y a une synagogue fondée par Josué fils de Noun.

À Séphoris est enterré notre saint rabbin[1]. Une bonne odeur sort de sa sépulture, qui se fait sentir à un mille de distance. Les tombes en Israël sont des caveaux. Il n'en est pas de même en Babylonie parce que, dans ce pays, il y a beaucoup d'eau sous terre et il est impossible de creuser des excavations profondes. De la postérité de Rabbi existe encore un jeune homme nommé Rabbi Néhoraï, qui a lui-même un fils appelé Rabbi Yéhoudah, pour rappeler la mémoire de Rabbi Yéhoudah ha-Nassi. Il possède un livre généalogique remontant jusqu'à Rabbi. Rabbi Néhoraï est un médecin, il vend aussi des aromates au marché de la ville. Ses enfants l'entourent dans sa boutique, couverts d'un voile pour qu'ils ne puissent voir çà et là. C'est un homme aussi savant que juste. Les villes de Tibériade et de Séphoris et toutes les villes aux alentours sont situées dans la plaine en basse Galilée, et non pas dans les montagnes.

[Rabbi Pétahia] visita Ousha et Shefar'am, lieu où résidait autrefois le sanhédrin sous l'autorité de Rabban Gamaliel. À Acre il y a des juifs. On y trouve aussi une source qui jaillit six jours durant, mais le samedi pas une goutte d'eau ne sourd.

Dans la basse Galilée, il y a une caverne très vaste et haute à l'intérieur. Shammaï et ses disciples sont inhumés d'un côté, et de l'autre Hillel et ses disciples ; au milieu, une grande pierre creuse en forme de coupe pouvant contenir plus de quarante *seah* est encastrée. Lorsqu'une personne honorable se rend dans cet endroit et voit la pierre remplie d'eau limpide, elle s'y lave les mains, puis elle prie, formule ses désirs. Le fond de la pierre n'est pas percé, parce que l'eau ne jaillit pas du sol mais se forme naturellement en faveur de chaque homme honorable. Mais s'il se présente un homme qui n'est pas de qualité, l'eau n'est plus visible. Si même on puisait dans cette pierre mille vases d'eau, elle n'en manquerait pas, mais resterait pleine. Pourtant l'eau ne jaillit pas du sol.

De là [Rabbi Pétahia] se rendit dans la haute Galilée, qui s'étend dans les montagnes. Dans la ville d'Arbel il y a Rabbi Nitaï ha-Arbeli. Le volcan est très élevé. Le prophète Abdias est enterré là-bas. Les flancs de la montagne sont en terrasses que l'on gravit. Vers son milieu est inhumé Josué fils de Noun. Près de lui se trouve la tombe de Caleb fils de Yephounnéh. Non loin de leurs tombes jaillit de la montagne une source

1. *Rabbénou ha-Qadosh, Rabbi*, dans le texte hébreu, c'est-à-dire R. Yéhoudah ha-Nassi.

d'eau vive. De beaux mausolées sont construits sur ces tombes. Ils sont, comme tous les édifices du pays d'Israël, construits en pierres. Près d'un des monuments, on reconnaît la trace d'un pied, comme le pas d'un homme qui marche dans la neige. C'est l'empreinte que laissa derrière lui l'ange qui, à la mort de Josué, fit trembler le pays.

Rabbi Pétahia ajoute que l'on peut traverser tout le pays d'Israël en trois jours. De là il se rendit sur le tombeau de Jonas fils d'Amittaï, inhumé dans le village de Ouzza. Un beau mausolée s'élève sur son tombeau. Près de celui-ci s'étend un verger où l'on trouve toutes sortes de fruits. Le gardien du verger n'est pas juif. Lorsque des Gentils viennent visiter la tombe, le gardien ne leur donne rien des fruits du verger. Mais lorsque les visiteurs sont juifs, il les reçoit avec bienveillance et leur dit que Yonah ben Amittaï fut un juif ; c'est pourquoi ce qui lui appartient leur revient, et il leur donne des fruits à manger.

[Rabbi Pétahia] se rendit sur le tombeau de Rachel sur le chemin d'Éphratah, situé à une demi-journée de marche de Jérusalem. Sur le tombeau sont placées onze pierres d'après le nombre des onze tribus, car Benjamin est né en entraînant la mort de sa mère. C'est pourquoi aucune pierre ne lui est attribuée. Toutes ces pierres sont de marbre, une pierre d'un marbre différent les couvre toutes, c'est celle de Jacob. Elle est très grande, plusieurs personnes sont nécessaires pour la porter.

À un mille de là, il y a des moines. Ceux-ci s'emparèrent de la grande pierre pour la déposer dans leur lieu de culte ; mais le lendemain on la retrouva couchée sur le monument, comme elle était auparavant. Ainsi firent-ils plusieurs fois, puis ils renoncèrent à s'en emparer. Sur cette pierre est gravé « Jacob ». [Rabbi Pétahia] vit aussi la grande pierre qui est à l'ouverture du puits près de Harran. Quarante hommes ne pouvaient la bouger de sa place. Le puits est d'une profondeur de trois cents coudées. Il n'y a point d'eau dans ce puits.

[Rabbi Pétahia] se rendit à Jérusalem. Il n'y a plus qu'un seul juif nommé Rabbi Abraham le teinturier, qui paie au roi un grand tribut pour avoir le droit d'y résider. Celui-ci montra à [Rabbi Pétahia] le mont des Oliviers. Il observa que l'esplanade du Temple est large et grande de plus de trois cents coudées. Il y a là un édifice superbe que les ismaélites bâtirent autrefois quand Jérusalem était entre leurs mains. Des impies ont dénoncé au calife : « Il y a parmi nous un vieillard qui connaît le lieu où existaient jadis le sanctuaire et le parvis du temple. » Le calife fit une telle pression sur le vieillard que celui-ci lui livra son secret. Or, comme le calife était favorable aux juifs, il dit : « Je veux bâtir là un temple, et seuls les juifs pourront y prier. » Le temple fut élevé en marbre rouge et vert et en toutes sortes de vitres. Mais des Gentils survinrent et y placèrent des statues. Comme elles tombaient, on les fixa dans l'épaisseur du mur. Toutefois, dans l'emplacement du Saint des Saints, la statue ne pouvait se maintenir.

Loin de là, d'un côté, on voit le Saint-Sépulcre [1] et de l'autre, l'hospice où se trouvent des pauvres. Le terrain est accidenté, on appelle cet endroit la Vallée de Bén-Hinnom, où ils ont leur cimetière. Il faut environ trois jours pour traverser le pays d'Israël.

[Le rabbin Pétahia] vit la mer Morte et la région de Sodome et Gomorrhe, aucune végétation n'y pousse. Mais il ne vit pas la statue de sel, car elle n'existe plus. Il ne vit pas non plus les tas de pierres que Josué fit élever.

Ensuite, [Rabbi Pétahia] se rendit à Hébron. Il vit, sur la caverne de Makpélah, l'édifice bâti par notre père Abraham. Il y a de grandes pierres de vingt-sept à vingt-huit coudées ; les pierres angulaires sont de soixante-dix coudées environ. [Rabbi Pétahia] offrit une pièce d'or à celui qui détient la clef de la caverne, afin qu'il le conduise dans la sépulture des patriarches. Le gardien lui ouvrit la porte. Sur celle-ci, il y a une croix et trois niches à l'intérieur. Des juifs habitants d'Acre lui dirent de prendre garde, parce qu'on avait placé à l'entrée de la caverne trois cadavres que l'on faisait passer pour ceux des patriarches, et que ce n'était pas eux, contrairement aux affirmations du gardien.

[Rabbi Pétahia] lui donna une autre pièce en or pour qu'il le conduise tout à fait à l'intérieur. Le gardien lui ouvrit la porte et lui dit : « Je n'ai jamais autorisé un Gentil à franchir cette porte. » Il apporta des bougies et ils entrèrent ensemble plus à l'intérieur, ils descendirent des marches. Avant d'accéder à cette caverne à l'extérieur il y avait déjà quinze marches. Ils arrivèrent dans une grotte très large, au milieu se trouve l'ouverture qui conduit au tombeau. Le sol est lui-même un roc, tous les caveaux sont taillés dans le rocher, sur cette ouverture du milieu sont posées des barres de fer très épaisses. Nul homme n'en pourrait faire de semblables sans l'aide du ciel. Un vent violent sort des cavités qui sont entre chaque barre de fer. On ne peut venir en ce lieu avec une bougie. [Rabbi Pétahia] comprit que les ancêtres étaient inhumés là. Il se mit à prier. Comme il se penchait sur l'ouverture de la tombe, un vent violent le repoussa en arrière.

À Jérusalem, il y a une porte nommée porte de la Miséricorde. Elle est obstruée de pierres et de chaux, aucun juif ne peut y approcher, et à plus forte raison les Gentils. Une fois, des Gentils voulurent ôter les pierres et ouvrir la porte, la terre d'Israël trembla. Dans la ville, il y eut une panique jusqu'à ce qu'ils cessèrent leur entreprise. Les juifs ont une tradition qui dit que, par cette porte, la providence [2] s'est exilée et que, par cette porte, elle reviendra. La porte fait face au mont des Oliviers, lequel est plus bas ; cependant quiconque se tient sur cette montagne peut voir cette porte. Il est écrit en effet : « Il posera ses pieds en ce jour sur la montagne des

---

1. *Shuha*, en hébreu.
2. *La schekhina*, en hébreu.

Oliviers... Ils verront de leurs propres yeux comment Dieu s'en retournera vers Sion » à travers cette porte. On y fait des prières. La tour de David existe.

[Grünhut, I, p. 29-35]
[Harboun, p. 177-182]

9. *La plaine de Mambré, les fontaines d'Abraham et de Sarah*

Dans la plaine de Mambré, non loin de là, habite un vieillard que Rabbi Pétahia trouva mourant quand il lui rendit visite. Ce vieillard ordonna à son fils de montrer à Rabbi Pétahia l'arbre contre lequel les anges s'étaient appuyés. Le fils lui montra un olivier très beau fendu en trois parties au milieu duquel était une pierre de marbre. Selon leur tradition, lorsque les anges furent assis, cet olivier se fendit en trois, chaque ange s'appuya alors sur un arbre à part, mais les trois s'installèrent sur la même pierre ; les fruits de cet arbre sont très doux.

Tout près de l'arbre est la fontaine de Sarah, dont les eaux sont aussi claires que douces. La tente de Sarah est près de cette fontaine. D'un côté de la plaine de Mambré, à environ cent coudées de la fontaine de Sarah se trouve la fontaine d'Abraham dont les eaux sont excellentes. On lui montra une grande pierre de vingt-huit coudées sur laquelle fut circoncis notre père Abraham.

Le vieillard dit qu'il allait bientôt mourir et ne pouvait donc mentir et affirma, sur la foi du serment, qu'une fois, à l'occasion du jeûne de Kippour, alors qu'il priait auprès de la fontaine de Sarah, il avait vu un ange tout de feu et son cheval qui était pareillement de feu.

[Grünhut, I, p. 35-36]
[Harboun, p. 183-184]

JACOB BEN NATANEL HA-COHEN

Le récit de Jacob ben Natanel ha-Cohen se présente pratiquement comme un inventaire des tombeaux saints qu'il trouve sur sa route en pays d'Israël. À noter aussi la nécropole qui lui a été indiquée à Méron en Galilée, ainsi que l'histoire du chevalier provençal en colère contre les chrétiens qui allument des cierges sur les tombes des saints juifs à Tibériade.

Édition : LAZAR GRÜNHUT, *Die Rundreise des R. Petachjah aus Regensburg* (hébreu), II, Jérusalem, 1904, p. 1-15. ABRAHAM YA'ARI, *Mas' ot Erez Yisrael* (Voyages en Israël) (hébreu), Jérusalem, 1946, p. 165-196. Cf. la traduction de HAÏM HARBOUN, *Les Voyageurs juifs au Moyen Âge, XIIe siècle*, Aix-en-Provence, Éditions Massoreth, 1986, p. 189-204.

1. *Introduction*

Moi, Jacob ben Natanel ha-Cohen, j'ai marché, peiné et l'Éternel m'a aidé à parvenir en Israël. Là, j'ai vu les tombes de nos pieux ancêtres qui sont à Hébron. J'ai également visité la tombe d'Abner ben Ner, qui se trouve près du puits de notre père Abraham, [la tombe du] prophète Jonas fils d'Amittaï dans la « cité des quatre » (Quiriath-Arba) à Hébron, et la tombe d'Anne (Hannah), et la tombe de Rachel, pas loin de Jérusalem, à une parasange et demie.

Éphratah et Bethléem sont deux petits villages sur la route de Jéricho. [On peut voir] à Jérusalem la tour de David, l'emplacement du Temple, du parvis et le mur occidental [dont les pierres de la rangée supérieure] sont nouvelles. [...] [À partir de Jérusalem,] un homme parcourt dix parasanges pour atteindre Nob, la ville des prêtres. De Nob à Lod, quatre parasanges, une parasange pour Dodanim, deux pour Yabné, deux pour Asdod et quatre pour Ascalon. À Ascalon, il y a le puits de notre père Abraham.

Sa forme est carrée, chaque côté mesure deux coudées. Il y a également quatre grottes qui correspondent aux quatre angles du puits. Les eaux de Siloé coulent tout près de la montagne du Temple. [...] Une fois, des moines lavaient [leurs ustensiles] dans les eaux de Siloé, tout près de Jérusalem. Une cuvette échappa des mains d'un moine, on la retrouva [dans le puits d'Abraham] à Ascalon. Les moines la reconnurent quand ils allèrent là-bas. D'Ascalon à Gaza, il y a quatre parasanges, de Gaza à Azéquah, deux parasanges, et encore deux parasanges pour atteindre Madon. [...]

[Grünhut, II, p. 4-5]
[Harboun, p. 191]

2. *La nécropole de Méron et ses environs*

[Il y a à Méron] douze tombeaux d'une même pierre, recouverts d'une dalle identique. Les tombeaux sont disposés sur la même ligne. Ils ont été construits par Hanoch ben Yered. Un docteur de la Loi, présent sur les lieux, me dit : « N'ayez aucune crainte de pénétrer dans cette grotte, n'éprouvez aucune peur du serpent qui enserre la porte. Car ce serpent appartient à un juste et saint homme. » Immédiatement je suis entré dans la grotte et [j'y ai vu] deux synagogues en marbre, l'une appartenant à l'académie de Shammaï et l'autre à l'académie de Hillel. Il y a aussi deux grandes grottes sous la montagne avec deux ouvertures très étroites. Quand une personne y pénètre, elle y trouve des tombes innombrables et toutes anonymes, à l'exception de celle du fils du prophète Isaïe, et celle de Jonathan ben Ouzziël. Tout près de cette dernière tombe coule une rivière. J'ai questionné les autochtones pour savoir comment les gens avaient réussi à creuser ces galeries étant donné que la montagne est entièrement en granit. Ils me montrèrent un livre, dans lequel il était écrit que les gens ne semaient pas et ne cultivaient pas, conformément à l'Écriture : « Tu récolteras pour trois années. » Durant ces trois années, ils perçaient les galeries. Il y a encore une centaine de grottes dont les propriétaires sont inconnus. Tous les tombeaux sont creusés dans la pierre, semblables aux coffres que l'on trouve dans les maisons. Une même pierre couvre les tombes. De là il faut marcher trois parasanges pour atteindre Kfar Hananiah.

[À Méron] sont inhumés Rabbi Siméon bar Yohaï avec son fils. Deux stèles se trouvent là-bas, car la maison d'études de Rabbi Siméon bar Yohaï existe toujours. La synagogue de Kfar Hananiah est creusée dans la montagne, il ne reste qu'un seul mur debout. C'est là que sont enterrés Rabbi Halafta avec son fils, dont les stèles de chacun existent. Plusieurs autres ne sont pas connues. Trois parasanges nous séparent du mont Gaash où l'on trouve trois lieux de culte dans le même bâtiment.

En quittant la troisième synagogue, on voit deux fenêtres superbes, devant lesquelles il y a deux tombes. L'une est celle de notre Maître Josué fils de Noun et l'autre de Caleb ben Yephounnéh. En revenant d'une demi-parasange de là, c'est Timnath-Sérakh, où l'on trouve la synagogue de notre Maître Josué fils de Noun, mais elle est détruite. Seuls, l'entrée, le linteau, le montant de la porte et le seuil sont encore debout. Toutes les inscriptions sont gravées sur des pierres identiques, de huit coudées de longueur et de largeur.

La stèle de Rabbi Zera est à côté, sur laquelle il est écrit : « Rabbi Zera ». [Tout près,] on trouve les tombeaux de Siméon, Ruben, Lévi et de leur sœur Dinah. Les tombeaux sont tellement recouverts de myrte que personne ne peut y poser la main. L'une de ces stèles consiste en un bâtiment sous la forme d'une maison, construite sur la sépulture de Seth fils d'Adam. Dans cette maison, il y a un puits. De là, deux parasanges jusqu'à la grotte de Jokébéd avec huit autres saintes femmes. [De là,] une demi-parasange nous sépare de Rabbi Yohanan ben Zaccaï et de ses huit disciples, quatre de chaque côté. Sa tombe, à l'entrée de la grotte, est plus élevée que les autres. Dans un coin, il y a une petite ouverture par laquelle on pénètre. On y trouve trois coffres d'un côté et quatre de l'autre. Face à ces coffres est la grotte de Rav Kahana, elle aussi pleine de coffres [contenant des ossements]. Des personnes de toutes confessions viennent là pour allumer des cierges ; des malades, des femmes stériles y sont guéris.

[Grünhut, II, p. 6-9]
[Harboun, p. 195-196]

3. *Tibériade. La colère d'un chevalier provençal*

À Tibériade, les tombes de nos ancêtres s'étendent sur deux parasanges environ. On trouve des grottes élevées semblables à des maisons. On inhumait les défunts dans des tombes de quatre coudées sur quatre coudées, reliées entre elles avec de la chaux. Les Gentils procédaient à des exhumations parce qu'ils cherchaient des fils d'or avec lesquels on cousait leurs linceuls. Sur chaque couffin [1] le nom du défunt et celui de son père sont gravés, ainsi que la phrase traditionnelle : « Que son âme soit dans le faisceau de la vie ! »

Quand un jour vint un cavalier originaire de Provence et qu'il vit que les chrétiens allumaient beaucoup de cierges [sur les tombes], il demanda [de quel saint] il s'agissait. On lui répondit [que cette tombe était celle] d'un saint juif guérissant les malades et venant au secours des femmes stériles. Il leur rétorqua : « Sots, comment osez-vous rendre un tel

---

1. Littéralement : « lit ».

honneur à un juif ? » Il prit une pierre et la lança à terre. Il leva de nouveau la main pour jeter une autre [pierre]. Alors qu'il était sur son cheval, il fit une chute et mourut. Les prélats et les prêtres se réunirent immédiatement après et [affirmèrent que la punition infligée au cavalier] n'était pas le fait du juif, mais le fait qu'il avait offensé le maître de Jésus. En conséquence, celui-ci, dans son courroux, avait fait périr [le cavalier]. Toutes ces affirmations ont été avancées en présence du public.

[Grünhut, II, p. 9]
[Harboun, p. 197]

4. *Jacob déguisé en chrétien à Hébron*

Je suis entré à Hébron déguisé en pèlerin chrétien, à l'intérieur de la grotte [de Makpélah]. Les moines ont construit [un bâtiment dans la grotte] pour tromper tout le monde par leurs mensonges. La première moitié [du bâtiment] a été construite par Joseph le Juste, et selon certains, c'est le roi Salomon qui l'a construite. L'autre moitié a été construite par les prêtres pour servir d'église. C'est une ville [nouvelle], qui est la grotte de Makpélah. Toute la première partie de l'époque de David est tombée en ruines.

On trouve aussi le lieu où fut créé Adam. Pour cette raison les gens viennent chercher de la terre pour construire leurs maisons. Malgré cela, la terre ne manque jamais et est toujours abondante. À l'intérieur de la grotte, il y a des trésors qui sont, d'après les moines, ceux des « matriarches ».

Lorsqu'un pèlerin chrétien désire pénétrer dans la grotte, il y entre tout seul. Il descend des marches à l'aide d'une bougie, parce que c'est une longue descente. [En bas des marches] on voit six tombeaux, trois de chaque côté. On dit aux pèlerins que ce sont les tombeaux d'Abraham, d'Isaac et de Jacob, et [de l'autre côté ceux] de Sarah, Rébecca et Léa. Ceci est un mensonge, car il y a un mur solide blanchi à la chaux entre ces nouvelles tombes et l'ouverture de la grotte de Makpélah.

Ils n'ont pas le droit de jeter bas ce mur, car une fois, les moines ont démoli une lucarne dans ce mur, un vent violent pénétra et tua toutes les personnes présentes. Depuis, cette lucarne a été occultée.

La pierre que l'on voit tout près de l'entrée de la grotte [est un vestige du bâtiment] construit par le roi Salomon. Il en est de même de la tombe de Rachel [à Éphratah]. Il y a une tour en granit à chacune des quatre ouvertures. Sur sa tombe, il y a onze pierres, car on dit que Benjamin était très jeune quand sa mère est morte et qu'il n'a pas pu apporter la sienne.

[Grünhut, II, p. 11-12]
[Harboun, p. 201-202]

5. *Jérusalem. Jacob ben Natanel s'arrête au tombeau de « cet homme »*

J'ai vu aussi que, dans la vallée de Josaphat, l'on jetait des pierres et que, chaque jour, on procédait au minimum à cent exécutions.

[Les cortèges funèbres] traversaient la porte de Benjamin, empruntaient la route entre [le mont] Sion et les eaux de Siloé qui descendaient jusqu'à ce qu'elles arrivent au sommet du mont des Oliviers. Là, il y a trois grandes citernes. J'ai questionné les gens du lieu : « Comment se fait-il que les citernes ne soient pas pleines ? » On me répondit que l'eau était bouillante et que l'on ne savait pas où évacuer cette eau. [Alors] moi Jacob, j'ai répondu aux rabbins que cela était conforme à ce qu'avait dit le prophète Isaïe : « Qui a son feu dans Sion, et sa fournaise dans Jérusalem [1]. »

J'ai fait un arrêt sur la tombe de « cet homme » [Jésus], à quatre coudées de la maison de la lapidation.

[Grünhut, II, p. 13]
[Harboun, p. 203-204]

---

1. Isaïe, XXXI, 9.

SAMUEL BEN SIMSON

Samuel accompagna en pèlerinage en Terre sainte l'un des maîtres les plus importants du début du XIIIᵉ siècle : Jonathan ha-Cohen de Lunel, bien connu pour sa correspondance avec Maimonide et auteur de plusieurs ouvrages rabbiniques. Samuel ben Simson devait être son élève. À plusieurs reprises il emploie le terme d'exilarque, et j'avance l'hypothèse qu'il désigne ainsi Jonathan ha-Cohen de Lunel. Son récit, comme ceux de Jacob ben Natanel, se distingue par sa sécheresse et son efficacité : il ne porte que sur la découverte des Lieux saints. Il est reproduit ici en son entier.

Édition : ABRAHAM YA'ARI, *Letters from the Land of Israel* (hébreu), Tel-Aviv, 1971, p. 75-82. Cf. la traduction de HAÏM HARBOUN, *Les Voyageurs juifs des XIIIᵉ, XIVᵉ et XVᵉ siècles*, Éditions Massoreth, Aix-en-Provence, 1988, p. 37-46.

1. *Le sud du pays*

Nous atteignîmes Jérusalem par le flanc ouest de la ville. En la voyant, nous avons déchiré nos vêtements, comme il nous est prescrit. Notre peine fut immense, nous pleurâmes beaucoup, moi et le grand prêtre [Jonathan ha-]Cohen de Lunel. Nous entrâmes dans la ville jusqu'à la tour de David. Nous nous sommes prosternés sur l'emplacement du parvis du Temple, face à terre et devant la porte d'en face. À l'extérieur de la porte coule la source d'Étham, baptistère des prêtres. En face subsistent un portique du mur occidental et à sa base une dalle, fondement du Tabernacle. Les prêtres se rendent par un souterrain à la fontaine d'Étham, où se situait la maison de bains. De là nous allâmes au mont des Oliviers, lieu où l'on brûlait la vache [rousse]. Nous y avons prié deux fois avec un *minyan*, et nous gravîmes la montagne. Le samedi après-midi nous avons prié là où les incirconcis avaient l'habitude de fabriquer des idoles. Mais le lieu ne pouvait les supporter, tout ce que l'on y construisait, à chaque fois, s'effondrait. Ce lieu est aussi une des dix étapes parcourues par la Providence divine. Les musulmans le vénèrent. Il n'en subsiste que les fondations. L'emplacement de l'Arche existe encore. De là nous nous sommes rendus aux eaux de Siloé. Puis nous nous sommes rendus à Hébron. Avant d'atteindre Hébron, nous arrivâmes au tombeau de Rachel notre mère, puis nous découvrîmes le tombeau du prophète Nathan, sur lequel on construisit une mosquée. Puis nous nous rendîmes sur le lieu où Abraham s'est circoncis. C'est un endroit très vénéré par les musulmans, en forme de rocher ressemblant à un tombeau de trois largeurs de main.

De cet endroit nous nous sommes dirigés vers une superbe bâtisse édifiée par le roi Asa ; elle est vraiment magnifique. De là-bas nous nous sommes rendus dans la plaine de Mambré. Là nous avons vu la demeure où Abraham avait dressé sa tente, ainsi que, en face, l'arbre sous lequel il servit à manger aux trois anges. Tout près de là coule la source de Sarah notre mère, non loin d'Hébron.

De là nous nous sommes rendus à Hébron. L'exilarque apporta avec lui le privilège sceau du roi et de Mehemet, le calife. L'homme entra seul ; quant à nous, nous n'avons pu le suivre. Accompagnés de Rabbi Sa'adia et de Rabbi Tobia, nous rencontrâmes le teinturier. Nous lui avons dit : « Nous sommes originaires d'un pays lointain, nous sommes venus prier dans ce lieu et nous prosterner à l'endroit où nos ancêtres ont marché. » L'homme nous répondit : « Attendez demain ; alors, avec l'aide de Dieu, vous y entrerez. »

Nous y restâmes ; lui et ses compagnons partirent. Alors le portier arriva pour nous faire entrer vers minuit. Nous descendîmes vingt-quatre marches dans un endroit très étroit où l'on ne pouvait se tourner ni à droite ni à gauche. Nous vîmes le lieu de la sainte maison. Nous vîmes aussi ses trois stèles. Cette place a été érigée il y a six siècles. Elle est à proximité de la caverne. Nous nous sommes prosternés et avons demandé la bienveillance divine ; après quoi nous retournâmes à Jérusalem.

De là nous sommes allés à Ramathaïm voir le tombeau du prophète Samuel. Ensuite nous nous rendîmes à Beéroth où nous passâmes la nuit. Ce lieu est en ruine.

De bon matin nous sommes arrivés à Béthel et Aï, nous avons vu l'autel que construisit Abraham. Nous sommes allés ensuite à Silo pour voir l'endroit du sanctuaire [1]. Nous vîmes le tombeau de Joseph le Juste ; nous y avons passé la nuit et célébré le shabbat dans la joie.

---

1. *Mishkan*, en hébreu.

2. Vers le nord du pays, la Galilée

De là nous cheminâmes jusqu'à Beth-Shean puis Tibériade. Avant d'entrer dans cette cité, nous avons aperçu le tombeau de Rabbi Méïr et, avant la ville, celui de Rabbi Yohanan ben Nouri, sur lequel s'élevait une maison avec une grotte au-dessous. [L'exilarque] ordonna de restaurer tout cela avec ses propres deniers. Devant la caverne se situent les tombes de Rabbi Éliézer ben Siméon et de Rav Kahana. [...]

De là, je me suis rendu à Kfar Hittin. Du côté de la montagne j'ai vu deux tombeaux ; les uns soutiennent que c'est celui de Josué, les autres affirment que ce sont les sépulcres de Jéthro et du prophète Sephania. De là, nous sommes retournés à Tibériade en une seule journée. Puis ce fut Kfar Hananiah, mais avant de pénétrer dans la ville, nous avons trouvé le tombeau de Habacuc à Kfar Houqqoq.

De là, nous atteignîmes Kfar Lod et le tombeau de Rabbi Éliézer ben Yaacob. Avant d'y arriver nous avons trouvé dans les champs les tombeaux de Rabbi Halafta, de son fils et de son petit-fils. C'est là que nous avons passé la nuit.

De là nous nous sommes rendus à Safed, où nous avons trouvé la grotte de Rabbi Hanina ben Harkinas, contenant seize fosses. Nous l'avons embellie en construisant un mur pour empêcher la poussière de tomber. Nous avons trouvé là-bas deux musulmans qui vénèrent[1] ce lieu ; ils y amènent de l'huile pour l'allumer en l'honneur du juste. L'exilarque et moi, nous sommes allés seuls à Kfar Bar'am. À proximité de la ville, nous avons trouvé le tombeau de Honi ha-Meagel, de sa femme et de ses enfants, enterrés sous des stèles. Arrivant dans la ville, nous avons découvert une synagogue de fière allure, une de celles que construisit Rabbi Siméon bar Yohaï. D'autres synagogues [qu'il a fait construire] existent, bien d'autres sont en ruine. En atteignant Kfar Amouka nous avons trouvé le tombeau de Jonathan ben Ouzziël, sur lequel s'élance un grand arbre. Les musulmans y apportent de l'huile, allument des veilleuses et l'honorent par des dons. De là, nous nous sommes rendus à Kfar Akhbara, où nous avons trouvé le tombeau de Rabbi Méïr. Nous sommes retournés à Safed, pour y fêter le shabbat. Dans tous ces endroits vivent des communautés [juives] dont chacune ne compte plus que huit *minyanim*.

De là, nous partîmes pour Goush Halav et découvrîmes en passant une ville nommée Kisma, où nous trouvâmes le tombeau de Rabbi Yossi ben Pedatt, appelé « fils de Kisma », du nom de la ville.

---

1. C'est-à-dire « nettoient ».

3. *La nécropole de Kfar Méron et autres tombeaux*

Nous montâmes ensuite à Kfar Méron, où nous avons trouvé le tombeau de Rabbi Éléazar ben Hisma et l'académie, de forme carrée, de Rabbi Siméon ben Yohaï, où sont inhumés Rabbi Simon et son fils, Rabbi Éléazar. Sur [le tombeau] s'élèvent deux arbres, c'est un très bel endroit. Au pied de la montagne se trouvent les sépulcres de Hillel et Shammaï, ainsi que trente-six autres. Sur ces tombeaux est bâtie une coupole de marbre en forme de couvercle dont l'intérieur comprend des lucarnes. Il y a également six puits. Nous priâmes en ce lieu. Nous avons découvert que l'un d'eux, du côté droit, était plein d'eau, tandis que le second était à sec. À gauche, un troisième était à moitié plein ; un quatrième était complètement plein. Sous la pièce d'entrée, au milieu, se trouvent quatre tombeaux, trois d'un côté et un de l'autre. Toutes les chambres du vestibule comportent trois tombeaux ; pour ceux qui sont situés en haut près de ces bassins, l'un est rempli et l'autre vide. L'exilarque ordonna d'allumer une lumière de cire pour chercher d'où sortait l'eau qui coulait dans les puits, mais on ne trouva rien. Nous versâmes beaucoup de cette eau par terre, mais les eaux ne diminuèrent ni n'augmentèrent. L'eau est douce comme le miel, c'est tout à fait extraordinaire.

À l'extérieur, près de l'ouverture de la grotte, se trouve une vaste salle avec trois cercueils alignés. Le troisième, posé au-dessus, est le plus grand. Dans la ville, en haut, nous découvrîmes un tombeau d'Esther, ainsi qu'une très belle synagogue portant à l'entrée l'inscription suivante : « Fondée par Shalom ben Lévi. » En sortant de la ville nous avons trouvé le tombeau de Rabbi Siméon Hatufa et, tout près, celui du prophète Obadiah. Sur la pierre tombale en marbre est gravé : « Ici repose le prophète Obadiah, qui craignait Dieu depuis son enfance, mort en l'année 570 de la sortie d'Égypte. »

De là nous nous rendîmes à Goush Halav ; sur la grande place [?] de la ville, nous avons vu le tombeau de Shemaïa et Abtalyon. À côté d'eux se trouvent inhumés Adrammélék et Sarésér, les deux fils de Sennachérib convertis [au judaïsme et qui s'installèrent en terre d'Israël]. Nous nous sommes arrêtés là-bas et nous y avons célébré la fête de Pourim. Nous y rencontrâmes des personnes bonnes et généreuses. Partout sortirent audevant de nous plus de deux *minyanim* en l'honneur de l'exilarque. De là nous nous sommes rendus à Alma. Avant d'y arriver, nous avons trouvé le tombeau de Rabbi Éliézer [ben Horqanos], sur lequel il y a deux arbres ; personne n'est autorisé à en détacher ne serait-ce qu'une feuille. Il est inhumé dans une caverne au milieu de la terre. Sur la tombe on a érigé un monument. Une pierre étant tombée du monument, aussitôt une branche sortit de l'ouverture et la combla. Une autre branche provenant d'un autre endroit entoura le sépulcre, de telle sorte qu'aucune pierre ne pût jamais se détacher. Les musulmans amènent de l'huile pour ranimer la flamme. C'est une chose grande et merveilleuse. Tout près de là est le tombeau de Rabbi Éléazar fils d'Arakh, et plus loin, en face des arbres, le sépulcre de Rabbi Éléazar fils d'Azariah, un grand arbre entoure la tombe [*deux mots incompréhensibles*]. De là nous sommes montés à Silta et nous y avons trouvé la sépulture de Rabbi Yéhoudah ben Tema.

En montant, nous avons trouvé le tombeau de Rabbi Yossi ha-Galili. Parvenus à Kfar Bar'am nous avons trouvé, à l'entrée de la ville, le tombeau de Rabbi Pinhas ben Yaïr, sur lequel est construite une stèle en forme de moulin, avec une colonne en son milieu. Plus haut, on peut embrasser du regard une fort belle synagogue dont les murs sont encore conservés, ainsi que le seuil d'une maison d'études. Plus en contrebas du tombeau du prophète Obadiah mentionné ci-dessus, j'ai trouvé également celui de Barak ben Avinoam.

4. *Les confins nord de la Terre sainte*

De là nous nous rendîmes à Dan et à la caverne Panéas d'où jaillit le Jourdain. À l'extérieur de la ville repose le prophète Iddo. De là, nous sommes allés à Damas. Nous y avons prié dans la synagogue bâtie par Élie. C'est un très bel édifice hors de la ville.

De [Damas], nous nous rendîmes à Ninive. On y trouve le tombeau de Sem fils de Noé ; il l'a lui-même conçu. Il y a dans cette ville une belle synagogue. Une grande plaque de marbre indique que Rabbi Youdan et Rabbi Lévi bar Asher en furent les constructeurs.

SAMUEL BAR SIMSON

Venant de Jérusalem et de Galilée l'année 970 [1], j'ai des lettres patentes du roi de Jérusalem qui attestent la vérité du présent écrit.

---

1. L'an 1210-1211 de l'ère chrétienne.

DAVID REÜBENI

David Reübeni est une personnalité énigmatique du premier quart du XVIe siècle. Avec lui nous n'avons pas un Européen qui voyage en Orient, mais probablement un Oriental venu d'Afrique qui visite l'Europe. Considéré comme un imposteur par ses contemporains déjà, il a démontré une efficacité étonnante à rencontrer des prélats et des princes ainsi que des dirigeants de communautés juives. Il faut comprendre son succès dans le contexte de la fascination des Européens d'alors à l'égard du royaume mystérieux du Prêtre Jean. Son récit est un mélange de fantasmes et de faits réels. Écrit en hébreu, on ne sait pas s'il le rédigea lui-même. Au commencement de ses voyages, il se présentait non seulement comme musulman, mais aussi comme descendant du prophète Mahomet. Les gens semblent avoir été convaincus par son apparence, comme ils le seront par la suite en Europe où il se présentait comme un prince juif. Ses rencontres en Terre sainte, surtout à Gaza et à Jérusalem, sont d'un certain intérêt pour la connaissance des conditions de vie des juifs de l'époque.

*

* *

Une courte note technique s'impose ici, elle concerne la similitude entre les mots hébraïques tsiour et tsioun. Le premier peut être traduit par « gravure », le second signifiait pour les gens du Moyen Âge « stèle ». On se demande parfois si un copiste inattentif n'a pas changé l'un pour l'autre, de telle sorte que des gravures signalées par des gens comme David Reübeni n'étaient en réalité que des stèles.

Édition : ABRAHAM YA'ARI, *Mas' ot Erez Yisrael* (Voyages en Israël) (hébreu), Jérusalem, 1946. A. S. AESCOLY, *Sippur David ha-Reuveni* (Relation de David Reuveni) (hébreu), 1940. Cf. la traduction de HAÏM HARBOUN, *Les Voyageurs juifs du XVIe siècle, David Reübeni*, Éditions Massoreth, Aix-en-Provence, 1989, p. 99-253.

David Reübeni déguisé en musulman visite Gaza et Naplouse

J'arrivai à Gaza dans une maison si grande qu'elle ressemblait à une caserne. On m'a donné une chambre à l'étage, que je partageais avec un commerçant juif de Beyrouth. Il s'appelait Abraham Dounan. Je restai deux jours dans cette chambre sans lui dire un mot. Je priais toute la journée et ne parlais à personne. Mais, en fin de compte, j'appelai [mon voisin de chambre]. Je lui demandai : « Comment t'appelles-tu ? » Il me répondit : « Je m'appelle Abraham. » Je lui demandai : « Quelle prière faites-vous [vous les juifs] maintenant ? Pour la pluie ou pour la rosée ? » Il me répondit : « Nous disons la prière pour la pluie : *Morid ha-geshem*. »

En outre il me dit qu'il avait rencontré beaucoup de musulmans et, parmi eux, des descendants du Prophète, « mais je n'ai jamais rencontré un homme aussi sage que vous ». Je lui dis : « Je sais, d'après les comptes, que ce jour est pour vous un jour de joie que vous appelez *Pourim*. » Il répondit : « C'est tout à fait vrai. » Il me demanda : « Qui vous a fait savoir cela ? » Je répondis : « Dans mon pays vivent beaucoup de juifs très érudits. Nos maisons sont voisines. J'ai des amis [juifs], qui acceptent de manger à ma table des fruits, pas de viande. Nous nous aimons mutuellement. » Il me demanda : « Comment se fait-il que dans ce pays nous les juifs ne puissions parler avec aucun Arabe et [certainement pas] avec les descendants du Prophète, car ils nous haïssent. Ils préfèrent les chiens aux juifs. »

Alors je dis à ce juif : « N'ayez aucune crainte, car dans peu de temps votre ère messianique [1] va arriver, car l'Éternel abaisse les impies jusqu'à terre et élève les opprimés jusqu'au ciel. Dans peu de temps, vous serez témoins de grandes choses, de beaucoup de bouleversements et de plusieurs conflits entre les rois. Quant à toi, Abraham, rends-moi un grand service, trouve-moi des commerçants pour me conduire vers le Temple [à Jérusalem] en passant d'abord par Hébron. » Il me répondit : « Je m'occuperai de tout. »

[Abraham] me quitta et prit contact avec des âniers et des négociants. Il m'avait mis en relation avec un ânier, établissant un rapport entre nous. Je ne voulais pas lui dévoiler mon secret. Ce n'est qu'une fois en route que je lui dévoilai les premières étapes de mon programme. Peu de temps après, [l'ânier] et un bijoutier nommé Joseph, propriétaire d'une boutique, vinrent me rendre visite. Joseph avait un frère nommé Jacob. Leur vieux père était encore vivant. ils restèrent avec moi environ deux heures. Je leur dissimulai mon plan. Je ne leur fis part que du résumé [de mon projet]. Les juifs m'apportèrent en cachette, par l'intermédiaire du juif Abraham, du pain et de la viande. Je restai cinq jours à Gaza.

1. *Qets*, en hébreu.

Puis, le 19 adar 5283 [1], je quittai Gaza pour Hébron, et l'après-midi du 20 j'arrivai à Hébron non loin de la caverne de Makpélah, après avoir marché une journée et une nuit. Les gardiens de la caverne se présentèrent à moi, me baisèrent la main et les pieds et me dirent : « Entrez, béni de Dieu, Maître et fils de notre Maître. » Deux anciens gardiens de la mosquée d'Abraham vinrent également à ma rencontre. Ce sont les plus grands dignitaires responsables des gardiens. Leurs décisions ont force de loi à Hébron. [Ces honorables personnes] me prirent par la main et me conduisirent sur une tombe en me disant : « Voici le tombeau d'Abraham notre père. » Là je priai jusqu'à la fin de ma prière. Puis ils me montrèrent un petit mausolée où se trouve la tombe de notre mère Sarah. Au milieu, entre les tombeaux d'Abraham et de Sarah, a été construite la grande mosquée. Le tombeau d'Isaac se trouve à la grande mosquée, au-dessus de celui d'Abraham, tandis que Rébecca repose à côté d'Isaac, au-dessus du mausolée de notre mère Sarah. [...]

À la suite de cela, je fis un don de dix florins pour l'achat [d'huile] d'olive. Je fis remarquer aux gardiens que la stèle [?] de la tombe de Jacob n'était pas conforme à la vérité. En fait, les tombes d'Abraham, d'Isaac et de Jacob sont dans un même lieu dans une grotte souterraine. [Les patriarches] ne sont pas inhumés [en surface] sur la terre. Ils me répondirent : « Vous avez raison. » Je leur dis : « Montrez-moi la grotte. » Je les suivis et ils m'indiquèrent l'ouverture de la porte de la caverne dans un puits où jour et nuit brûlait une bougie. Ils firent descendre la bougie à l'aide d'une corde ; alors, de l'ouverture du puits j'aperçus une autre ouverture de la taille d'un homme. J'étais enfin sûr qu'il s'agissait véritablement de la caverne [de Makpélah]. J'éprouvai une joie intense. Je demandai aux musulmans de sortir pour me laisser tout seul. Je fis la prière en entier sur l'ouverture du puits. Puis je fis venir les gardiens et [leurs] anciens, et leur dis : « Cette ouverture n'est pas celle qui conduit à la grotte, il y en a une autre. — C'est vrai, me dirent-ils, dans les temps anciens l'entrée de la grotte se situait au milieu de la grande mosquée où l'on voit la reproduction [ou plutôt même la stèle] de la tombe d'Isaac. » Je dis : « Montrez-moi l'endroit de cette porte. »

On m'accompagna au milieu de la mosquée, on ôta les tapis de la terre pour me la montrer, mais l'ouverture était fermée par de grandes dalles scellées et plombées. Personne ne put enlever cette structure. Je leur dis : « Couvrez cette terre avec les tapis. » Puis je leur demandai : « Avez-vous une idée de celui qui a construit cette porte ? » Ils sortirent un certain livre et lurent devant moi. Il était raconté dans ce livre qu'un roi avait construit l'entrée de la caverne, après que les musulmans eurent pris le Temple aux mains des chrétiens. Ce roi seconda Mahomet. Puis quatre hommes, chacun muni d'une bougie, furent envoyés par le roi dans la grotte, où ils

---

1. L'an 1523 de l'ère chrétienne.

s'attardèrent plus d'une heure, puis ils sortirent. Trois périrent immédiatement en sortant et le quatrième resta muet pendant trois jours. [Quand
il put parler,] le roi lui demanda : « Qu'as-tu vu dans la caverne ? — J'ai
vu, dit-il, cette reproduction [ou stèle] [de la tombe d'Isaac] dans la partie
supérieure de la grotte, [ainsi que] le gisant d'Abraham notre père. Tout
autour des cierges allumés et beaucoup de livres. La couche est couverte
de beaux draps. À côté d'Abraham notre père repose notre mère Sarah.
Isaac et Rébecca [sont inhumés] au-dessus de la tête d'Abraham, [tandis
que] Jacob et Léa sont au-dessus des pieds d'Abraham. Partout on voit
des cierges allumés. Sur les tombes sont gravées des figures d'hommes
pour les hommes et de femmes pour les femmes. Les cierges que nous
avions se sont éteints, cependant la grotte était inondée de soleil. Après
avoir vu tout cela nous sommes sortis, l'atmosphère avait le parfum de
l'encens. Tous les quatre nous nous sommes rendus sur la tombe de
Rébecca. Puis la figure humaine gravée sur le gisant d'Isaac nous invec-
tiva à haute voix. Nous quittâmes la grotte, pétrifiés de peur. [...]
    Ensuite je me rendis près de l'ouverture du puits pour prier. Je n'avais
pas quitté du regard l'ouverture de la grotte toute la soirée du shabbat
jusqu'à l'aube. Le matin, je fis la prière jusqu'à la nuit suivante. La nuit
du dimanche, je fis la prière à l'ouverture de la grotte sans dormir jusqu'à
l'aube. Les soixante-dix anciens me dirent que le mardi je serais témoin
de l'apparition d'un « signe ». Je fus très préoccupé par cette idée et j'attendis impatiemment. Mais le dimanche à l'aube les gardiens de la grotte
m'appelèrent avec une grande joie en disant : « Lève-toi, Maître fils de
notre maître le Prophète, réjouis-toi avec nous, car un grand événement
s'est produit, le bassin du bain rituel de la synagogue, sec depuis quatre
ans, est maintenant plein d'eau pure. » Je me rendis avec eux et constatai
en effet que le bassin était plein d'une eau limpide et claire venant d'un
pays lointain.

[Ya'ari, p. 22-24]
[Harboun, p. 121-125]

OBADIAH DE BERTINORO

Obadiah, originaire du nord de l'Italie, est l'un des plus importants voyageurs juifs de la Renaissance. Mais, à l'encontre de voyageurs comme Meshoullam de Volterra ou Moïse Bassola, il avait, lui, l'intention de s'installer en Palestine, ce qu'il a fait. Étant considéré comme l'un des plus grands savants de son temps, ses commentaires sur la Mishna font encore autorité aujourd'hui. Obadiah n'a pas laissé de récit de voyage proprement dit, mais on a de lui une série de trois lettres très intéressantes, où il observe la vie en Terre sainte et parle aussi des communautés juives de Palerme et de Rhodes.

Édition : l'excellente publication récente de M. E. ARTOM et ABRAHAM DAVID, « Rabbi Ovadyah mi-Bartenura we-iggerotaw me-Eres Yisrael » (Rabbi Obadiah de Bertinoro et ses lettres d'Israël) (hébreu), *Jews in Italy : Studies Dedicated to the Memory of U. Cassuto on the 100th Anniversary of his Birth*, Jérusalem, 1988, p. 24-108.

Pour les deux premières lettres : traduction ancienne de MOÏSE SCHWAB, *Lettres d'Obadia de Bertinoro (1487-89)* , Paris, 1866. Cf. aussi la traduction de HAÏM HARBOUN, *Les Voyageurs juifs des XIIIe, XIVe et XVe siècles*, Éditions Massoreth, Aix-en-Provence, 1988, p. 163-223.

1. *Palerme, les juifs et la singularité de leur synagogue*

Palerme est une grande ville et la capitale du royaume de Sicile où vivent environ huit cent cinquante chefs de famille juifs. Ils se sont tous regroupés dans une même rue, dans la plus belle partie du pays. Ce sont des miséreux. Certains sont des artisans qui travaillent le bronze ou le fer ; d'autres sont porteurs ou agriculteurs. Les Gentils les méprisent à cause de leurs guenilles et de leur saleté. Ils sont contraints de porter sur leur cœur un signe distinctif [et on leur] impose de très lourdes corvées.

En effet, ils doivent accomplir tout travail partout où cela est nécessaire, comme, par exemple, tirer des bateaux de pêche vers le rivage ou creuser des tranchées et ainsi de suite. Quiconque commet un crime passible de mort, de bastonnade ou de torture, il appartient aux juifs de le châtier et même de le mettre à mort. Les délateurs sont très nombreux parmi les juifs, à tel point qu'ils croient la délation permise. Ils n'éprouvent aucune honte à se dénoncer l'un l'autre publiquement, chaque jour et de façon permanente. Le calomniateur n'est pas puni si sa victime, après enquête, est lavée d'une accusation mensongère, alors que lui-même hait son prochain et l'accuse de méfaits imaginaires. D'après les lois et les mœurs de ce pays, le calomniateur n'est pas inquiété si la victime ne peut apporter de preuves tangibles. Également, ils sont très accommodants dans l'observation des règles de l'impureté menstruelle. La plupart des fiancées arrivent enceintes sous le dais nuptial. Cependant, ils sont très rigoureux pour ce qui est du vin des Gentils. J'ai été témoin du cas d'un juif, qu'un Gentil employait pour transporter son vin. On le déposséda de son salaire et on pensa même l'excommunier, s'il n'avait démontré avoir agi par inadvertance.

La synagogue de Palerme n'a pas sa semblable dans tout le pays, et elle est même louée par les Gentils. Dans la cour extérieure, une vigne grimpe aux colonnes de pierre. On ne trouve pas de vigne identique. En personne, j'ai mesuré un cep d'une épaisseur de cinq doigts.

On descend dans la cour qui est devant le temple par des marches de pierre, devant la synagogue. Celle-ci est entourée, sur trois côtés, d'une galerie où se trouvent de hautes chaises sur lesquelles s'installent les personnes qui, pour une raison ou pour une autre, ne veulent pas entrer dans la synagogue. Là se trouve un puits beau et élégant. La porte de la synagogue est du quatrième côté. Le bâtiment est carré, de quarante coudées de longueur sur quarante coudées de largeur. À l'est se trouve l'Arche construite en pierre, elle est très belle, en forme de chapelle. Également, on ne met pas les rouleaux de la Loi directement dans l'Arche, mais ils sont posés sur une planche de bois avec leurs étuis, leurs couronnes et leurs grenades d'argent et de pierreries.

Les juifs m'ont dit que la valeur de l'argent, des pierreries et des broderies d'or qui sont dans l'Arche dépasse quatre mille pièces d'or. Le sanctuaire a deux portes, l'une au nord, l'autre au sud ; deux dirigeants de la communauté sont, seuls, chargés de les ouvrir et de les refermer. Au centre de la synagogue se trouve une tour en bois. C'est la table[1] vers laquelle montent les officiants pour prier. La communauté emploie aujourd'hui cinq chantres salariés pour la prière. Ils prient le samedi et les jours de fête, en chantant des airs et des mélodies très agréables. Nulle part ailleurs où je suis passé, je n'ai entendu chez les juifs [d'airs] sembla-

---

1. *Teva*, en hébreu.

bles. Cependant, l'assistance est fort réduite pendant la semaine, un enfant la dénombrerait. Autour de la synagogue, il y a beaucoup de salles, dont celle de l'hospice où sont préparés des lits pour les malades et les étrangers qui viennent de pays lointains et ne savent où passer la nuit, ainsi que le bain rituel et la grande et belle salle des élus[1]. C'est là qu'ils siègent pour juger, [c'est là] qu'ils traitent les affaires de la communauté. Car, chaque année, la communauté choisit douze élus investis par le roi du pouvoir de lever les impôts, de confisquer des biens et d'emprisonner. Ceci est un obstacle et un grand danger pour toute la communauté, car des hommes indignes et iniques se rendent chez le vice-roi et sollicitent d'être imposés comme élus en lui offrant des présents. Quand ils offrent l'argent, ils sont nommés ; alors ils s'emparent de toutes les recettes de la synagogue et des entrées de la communauté pour les remettre ensuite au vice-roi, afin que celui-ci leur accorde son soutien et fasse leur volonté. Ainsi, ils imposent un joug de fer au peuple. Le crime des élus est encore plus grand, du fait des pleurs des pauvres, pressurés et opprimés tout le temps. La plainte de la communauté monte jusqu'au ciel.

J'ai vu qu'à Palerme, en cas de décès, on apporte le cercueil dans la cour extérieure de la synagogue. Les chantres pleurent le mort et récitent des élégies. Si le défunt est une personne importante, surtout un docteur de la Loi, on apporte le cercueil dans la synagogue. On sort la Torah, et on la pose sur un des quatre coins de la table en face du cercueil qui est à même le sol. On prononce l'éloge funèbre du mort et on le pleure là-bas. [On agit] de même aux quatre coins de la table. Après, on l'enterre en dehors de la ville. Les chantres commencent à chanter « Écoutez ceci, vous tous mon peuple[2] » et d'autres psaumes à haute voix jusqu'à leur arrivée au cimetière.

[Artom-David, p. 54-57]
[Harboun, p. 163-166]

2. *Les juifs de Rhodes. La rencontre d'Obadiah avec Meshoullam de Volterra*

Le 11 heshvan 5248[3], nous quittâmes Messine, en route pour Rhodes. Onze juifs nous avaient rejoints à bord, dont un marchand de sucre et ses serviteurs, trois savetiers de Syracuse, un juif espagnol avec sa femme, ses deux fils et ses deux filles. Avec nous cela faisait quatorze juifs à bord. Nous traversâmes le détroit sans problème, puisque Messine est au milieu du détroit. Nous traversâmes le golfe de Venise et nous pénétrâmes

---

1. *Berurim*, en hébreu.
2. Psaume XLIX.
3. L'an 1487 de l'ère chrétienne.

dans l'Archipel [1]. L'Archipel est plein de nombreuses îles, car Corfou, la Crète, Nègrepont [2], Rhodes et Chypre font partie de l'Archipel. On dit qu'il y a trois cents îles dans l'Archipel, les unes habitées, les autres désertes. Nous eûmes un vent favorable pendant quatre jours. Le quatrième jour, vers le soir, Dieu tourna la direction du vent, le bateau recula au milieu d'une grande tempête. Nous nous mîmes à l'abri de la furie de la mer dans une île entourée de montagnes, un vrai port providentiel. Les montagnes étaient pleines de caroubiers et de myrrhe, nous y restâmes trois jours. Le dimanche, 18 heshvan, nous partîmes et arrivâmes à soixante milles de Rhodes. Le long de notre route, nous avons aperçu des îles d'un côté comme de l'autre. Même les montagnes de Turquie étaient visibles. À une distance de soixante milles de Rhodes, le vent tourna et nous fit reculer de quatre-vingts milles. Nous jetâmes l'ancre du bateau près d'une île nommée Lonigo, qui appartient à Rhodes. Nous restâmes dix jours, campant sur la mer, car les vents nous étaient défavorables. Pendant cette attente, il arriva qu'un des rameurs offensa gravement l'honorable Meshoullam de Volterra. Rabbi Meshoullam s'en plaignit devant le patron du bateau, lequel se mit lui-même à la recherche du coupable. Les amis [de ce dernier] tentèrent de le cacher et de le sauver des mains [du patron], mais en vain. Celui-ci ordonna de l'attacher au mât central et de le frapper copieusement. Lorsqu'il vit que l'homme préposé à cet effet s'exécutait mollement, il s'empara lui-même du fouet et le punit. Il exigea que [le coupable] présentât des excuses publiques à Rabbi Meshoullam. Tous les passagers s'indignèrent grandement de ce que le patron ait exigé des excuses uniquement pour des injures faites à ce juif. À partir de ce jour, nous fûmes l'objet de la haine des passagers du bateau. Leur conduite envers nous ne fut plus la même. C'est alors qu'un petit bateau venant de Rhodes et se rendant à Chio nous croisa. Rabbi Meshoullam, le négociant intègre et son serviteur nous quittèrent et montèrent sur ce bateau pour se rendre, finalement, de Chio à Constantinople, car ils avaient renoncé au voyage d'Alexandrie avec nous.

Deux jours après le départ de Rabbi Meshoullam, un petit bateau nous dépassa et nous apprîmes qu'un grand vaisseau de guerre génois équipé venait à notre rencontre [dans l'intention de nous attaquer]. Le patron fut très effrayé, car le vent était tombé. La galéasse ne craint pas les vaisseaux, même les plus grands, à condition que le vent soit favorable. Pour la traversée, il n'y a pas de bateau plus sûr. En effet, une galéasse n'a pas à redouter d'être encerclée par des milliers de galères et de navires, et même, si les vents sont favorables, elle ne craindra pas les grands bâtiments et une flotte imposante ne pourra pas la rattraper. Le patron résolut, en définitive, de se réfugier sous la protection d'une petite ville dans les

---

1. La mer Égée.
2. Eubée.

montagnes de Turquie, appartenant à Rhodes et appelée Castello San Giovanni [1]. C'est la seule ville chrétienne que les Turcs n'ont jamais pu conquérir. Elle est très petite, mais résistante. À partir de la muraille, c'est la frontière turque. Nous y arrivâmes le vendredi 1er kislev 5248. Samedi après-midi, avec l'aide de Dieu, le vent que nous attendions se leva. Nous sortîmes [du port]. Nous avons navigué toute la journée et toute la nuit jusqu'au lendemain, le dimanche 3 kislev 5248. Après avoir passé vingt-deux jours à bord, depuis le jour où nous avions quitté Messine jusqu'à ce jour, nous sommes entrés à Rhodes en chantant notre gratitude, accompagnés par les bombardes.

La ville de Rhodes nous reçut avec allégresse parce que le patron connaissait le grand maître de Rhodes. Les notables de la communauté juive de Rhodes montèrent [à bord de la galéasse] pour nous accueillir avec joie. Le président de la communauté juive de Rhodes, le médecin Rabbi Nathan, est le frère du marchand de sucre qui était avec nous [sur le bateau]. On me prépara une belle chambre, avec un lit, une table, une chaise et un chandelier. À chacun des autres juifs qui étaient avec nous, ils ont procuré bénévolement un grenier, car les maisons des juifs de Rhodes furent détruites lors du siège par le premier roi des Turcs, l'année de sa mort. Quiconque n'a pas vu Rhodes avec ses murailles hautes et fortifiées, ses portes puissantes, ses chicanes, n'a jamais vu de vraie forteresse. L'année de sa mort, le roi turc envoya son armée pour faire le siège [de Rhodes]. On ne saurait compter les pierres des bombardes qui jonchaient le sol. Ces pierres sont là depuis l'attaque des Turcs. Ces derniers réussirent à faire tomber la muraille qui entoure le quartier juif. Toutes les maisons juives furent détruites. Les juifs me racontèrent que les Turcs avaient investi la ville et l'avaient conquise, molestant les habitants et parvenant jusqu'à la porte de la synagogue. Là, Dieu les frappa de confusion. On vit un très grand miracle dans le fait qu'ils s'enfuirent d'eux-mêmes. Ils furent frappés l'un par le glaive de l'autre, ils avaient trébuché sans que personne ne les poursuivît. À cause de ce miracle et de nos péchés, le grand maître s'empara de la synagogue et y construisit une grande église. En échange, il fit don aux juifs d'une autre maison et leur fit verser la somme de cent ducats pour en faire une nouvelle synagogue et la surélever.

Peu de juifs sont restés à Rhodes. On y trouve à peine vingt-deux chefs de famille juifs, toutes misérables, pauvres, menant une vie difficile. Ils se nourrissent, en grande partie, de légumes et de céréales et ne connaissent pas le goût du vin ou de la viande ; car ils ne peuvent pas abattre rituellement le bétail, ni acquérir du vin à cause de la méchanceté des Grecs qui habitent Rhodes. Quand [les juifs] se rendent dans les marchés [grecs], ils ne touchent [pas les denrées]. Les juifs observent scrupuleuse-

---

1. Château Saint-Pierre à Bodrum.

ment la défense de boire du vin des Grecs, comme ils sont attentifs à ne pas consommer la viande de porc. Je n'ai jamais vu de juifs comme ceux de Rhodes : du petit au plus grand, tous sont intelligents, savants, polis, vertueux, bien éduqués, intègres et respectueux de leur prochain. Même les artisans et les tanneurs portent des habits propres et [sont] dignes dans leurs paroles. Tous portent la barbe et sont d'une allure princière. Il n'est pas de femmes plus belles que celles de Rhodes. Elles sont très habiles de leurs mains et expertes en travaux d'art. Elles soutiennent leurs maris par les travaux qu'elles effectuent pour les commandeurs, maîtres du pays. Leur lumière ne s'éteint pas la nuit. Les commandeurs respectent les juifs et se mêlent à eux. Ils fréquentent les maisons des juifs et cherchent la compagnie des femmes occupées à leur travail car elles sont belles. Ce qui a donné chez les Gentils une mauvaise réputation aux femmes juives. En cas de décès, les juifs de Rhodes n'enterrent pas le défunt dans un cercueil, mais uniquement dans un linceul. On creuse au fond de la fosse l'empreinte d'un homme. Car la terre à Rhodes est vierge et épouse la forme du corps. On dépose le corps du défunt dans la forme modelée sur laquelle on place une planche et on le recouvre de terre. L'air de Rhodes est limpide, je n'ai jamais respiré un air pareil et les eaux sont douces. La terre est saine, mais elle n'est pas très fertile. La plupart des habitants sont grecs, mais ils sont soumis aux commandeurs.

Nous demeurâmes à Rhodes du 3 kislev au 15 tebet. Le grand maître n'autorisa pas la galéasse à lever l'ancre pour Alexandrie, car il craignait que le roi d'Égypte ne la confisquât. La raison en était que le grand maître avait reçu du roi d'Égypte un pot-de-vin de vingt mille florins d'or contre la promesse de lui livrer Zamzin, le frère du roi des Turcs, qui se trouvait sous sa protection en France. Ensuite, il tergiversa par crainte des représailles du roi des Turcs. C'est pourquoi le grand maître craignait que le roi d'Égypte ne s'emparât du bateau du patron et de tous ses commerçants. Il y avait sur le bateau beaucoup de richesses ainsi que de l'argent à profusion. Après une longue attente, le commandant de la galéasse, son équipage et les commerçants à bord furent d'avis de lever l'ancre quoi qu'il advînt.

Le 15 tebet, nous quittâmes Rhodes. Six jours plus tard, nous étions devant Alexandrie. Nous traversâmes Alexandrie, car le patron voulait éviter de laisser enfermer son navire dans la ville, en attendant de voir comment la situation évoluerait. Nous allâmes donc jeter l'ancre à Aboukir, où l'espace est grand et les eaux peu profondes, entre Rosette et Alexandrie, sur la route du Caire. Nous mouillâmes l'ancre loin de la côte à quatre milles.

Nous avions aussi en réserve un petit bateau, jaugeant deux cents tonneaux, que le patron avait acheté et chargé de blé pour le vendre à Alexandrie. L'émir, c'est-à-dire le vice-roi siégeant à Alexandrie, assura le patron que le bateau pouvait sans crainte se déplacer à sa guise. Mais le patron ne lui fit pas confiance et ne l'écouta pas, il désirait recevoir des assurances du roi lui-même. Cependant, comptant sur la promesse de l'émir, il décida d'envoyer un autre chargement de blé en permettant à quelques passagers de monter sur le petit bateau. Nous, les juifs, y montâmes ; c'était le vendredi, et nous espérions passer le samedi à Alexandrie. Lorsque l'émir vit que le commandant ne lui avait pas fait confiance, il interdit aussi au petit bateau de venir décharger [à Alexandrie]. Nous, les juifs, restâmes sur ce bateau pendant plusieurs jours, loin de la galéasse, à une distance d'un jet de lance. Les jours passèrent, les messagers ne revenaient pas d'Égypte. Le pain manquait, nous n'avions plus d'eau, nous préférions la mort à la vie.

Or, le 8 shevat, au milieu de la nuit, une grande tempête se leva. Subitement les deux ancres de notre bateau se rompirent et il ne nous resta plus qu'une ancre, la moins solide des deux. Les marins éprouvèrent une grande crainte, ils lancèrent à la mer les objets qui étaient dans le bateau pour l'alléger. Ils firent des signaux pour appeler à l'aide. Ils mirent une bombarde en action pour attirer l'attention de l'équipage de la galéasse, afin qu'il envoie une barque avec des hommes pour nous porter secours. Cela sans succès, car ils étaient préoccupés eux aussi par leur propre sauvetage. Il n'était pas possible qu'une barque ou un bateau pût venir à nous, la mer était de plus en plus démontée. Ballottés par la mer, avec l'ancre en mauvais état qui nous restait, submergés par les vagues, nous dérivions sur la mer. Notre bateau, vieux et délabré, prenait l'eau de toutes parts et faillit se briser, nous étions entourés de rochers et d'écueils. Pendant presque vingt-quatre heures, nous fûmes tout le temps et à chaque instant face à la mort. Chacun de nous portait un seau pour le remplir d'eau et vider le bateau de [son] eau, car le bateau se remplissait d'eau. Avec les larmes de nos yeux, nous pouvions remplir [les seaux]. [Et cela] jusqu'à ce que Dieu nous prît en pitié et nous permît — à l'encontre des lois de la nature — de sortir de cette tempête qui, de mémoire d'homme, n'a pas eu de pareille. Dès que la mer fut calmée, le commandant envoya des secours pour évacuer tous les passagers de notre bateau en mauvais état et très abîmé. Le lundi, nous réintégrâmes la galéasse, où nous attendîmes le retour des messagers avec le sauf-conduit accordé par le roi. [Lorsqu'ils revinrent,] le vent était tombé, ce qui empêcha le bateau de sortir du port d'Aboukir. La grande majorité des commerçants, juifs compris, décida de se sauver et d'emprunter la voie terrestre. Nous débarquâmes à Aboukir à l'aide de barques, et de là nous nous rendîmes à Alexandrie par voie de terre. Nous avons fait un trajet de dix-huit milles à pied, faute de mulets. Nous sommes arrivés épuisés, à bout de forces, à Alexandrie, au soir du 14 shevat.

[Artom-David, p. 59-65]
[Harboun, p. 170-177]

3. La communauté juive d'Hébron

Le dimanche 11 nissan, nous quittâmes Gaza à dos d'âne et arrivâmes ce même jour dans un petit village où nous passâmes la nuit, à deux parasanges d'Hébron. Le lendemain nous arrivâmes à Hébron, petite ville sur le flanc de la montagne, que les musulmans appellent Al-Khalil. Elle est divisée en deux parties, l'une proche de la caverne de Makpélah, et l'autre à une portée de flèche. J'ai visité la caverne de Makpélah surmontée d'un grand bâtiment qui est une mosquée. Les musulmans éprouvent un grand respect et de la crainte pour ce lieu. On y vient de tous les pays arabes pour s'y prosterner. Quant à l'intérieur de la caverne où reposent les patriarches, nul, juif ou arabe, ne peut y entrer. Toutefois les Arabes se tiennent en haut et, par une lucarne, on y fait descendre des torches qui y brûlent en permanence. Les Arabes qui viennent là se prosterner font des dons en argent qu'ils jettent par cette lucarne. Pour les récupérer, un enfant innocent descend à l'aide d'une corde à l'intérieur de la caverne et ramasse tout l'argent avant de remonter. C'est ce que m'ont raconté certains juifs du lieu. Tout Hébron, avec ses maisons, ses terrains et ses champs, appartient à la caverne de Makpélah.

Chaque jour on distribue aux pauvres, arabes, juifs ou chrétiens, du pain et un plat de lentilles ou un autre mets, en l'honneur de notre père Abraham. Une petite fenêtre ménagée dans le mur domine la caverne : on dit qu'elle aboutit en face de la tombe d'Abraham notre père. Là il est permis aux juifs de prier et de se prosterner devant cette fenêtre. En revanche, il leur est interdit de pénétrer à l'intérieur du mur qui domine la caverne. Moi, j'ai prié face à la petite fenêtre. Au sommet d'une montagne, en face de la caverne, il y a une grande grotte, très belle, dominée par un superbe édifice : on dit que c'est la tombe de Jessé, le père de David. Nous sommes également allés nous y prosterner et prier en ce jour. Sur la route qui relie la caverne de Makpélah à la tombe de Jessé, nous avons vu un puits que les Arabes appellent Bir-Ishaq et qui serait le puits d'Isaac notre père, béni soit-il. Près d'Hébron, parmi les rochers, il y a aussi une source d'eau vive où se serait baignée Sarah, notre mère. Hébron est entièrement formée de rocs, de rochers et de montagnes. Beaucoup de vignes et d'oliviers y sont plantés. À Hébron vivent environ vingt chefs de famille [juifs], tous rabbanites ; la moitié descend de marranes venus il y a peu se réfugier à l'ombre de Dieu.

Nous quittâmes Hébron le mardi 13 nissan au matin. Hébron est à une demi-journée de marche de Jérusalem. De Gaza à Hébron, il faut compter un jour de marche. Nous arrivâmes à la sépulture de Rachel couronnée d'un dôme. À mes yeux, cet édifice ne paraît pas aussi ancien qu'on l'attendrait. Il est situé à la croisée des chemins. Nous descendîmes de nos ânes et nous nous prosternâmes sur la tombe, chacun d'entre nous pria de son mieux. À droite, en direction de Jérusalem, à un demi-mille de la tombe de Rachel, sur une colline, se trouve Bethléem qui est un petit village. Il y a là-bas une église chrétienne. Trois milles séparent Bethléem de Jérusalem. Sur la route on ne voit que vignes et oliviers. Les vignes de cette région ressemblent à celles de la Romagne : les ceps sont peu élevés et épais. À trois quarts de mille environ de Jérusalem, en un endroit où l'on descend par des sortes de marches, m'est apparue la ville tant louée, la cité de notre joie. C'est là que, comme il se doit, nous avons déchiré nos vêtements. Ayant avancé un peu plus loin, la vue du Temple en ruine qui fut notre sainteté et notre gloire nous fut révélée. Nous déchirâmes nos vêtements une deuxième fois en souvenir du Temple.

[Artom-David, p. 79-81]
[Harboun, p. 195-198]

4. *Jérusalem et la vie de sa communauté*

Nous arrivâmes aux portes de Jérusalem et entrâmes dans la ville le 13 du mois de nissan 5248 à midi. C'est en ce jour que nos pieds se tenaient devant les portes de Jérusalem. C'est là que vint à notre rencontre un rabbin ashkénaze qui avait été élevé en Italie. Il s'appelait Rabbi Jacob di Colombano. Il me conduisit dans sa maison où je séjournai pendant toute la fête de Pâque. Jérusalem est, dans sa plus grande partie, en ruines et désolée. Il est inutile de dire que nulle muraille ne l'entoure. À ce qu'on dit, les habitants de Jérusalem sont au nombre de quatre mille chefs de famille, mais pas plus de soixante-dix juifs n'y résident maintenant. [Toutes] sont pauvres et sans ressources. Pratiquement tout le monde manque de pain. Quiconque est en mesure de se procurer du pain pour une année est considéré comme riche en ce lieu. Les veuves y sont nombreuses, vieilles et abandonnées, ashkénazes, sépharades et originaires d'autres pays : il y a sept femmes pour un homme.

Actuellement le pays est calme et pacifique, car les anciens ont fait amende honorable, voyant que le pouvoir leur échappait : eux aussi sont devenus plus pauvres et plus misérables qu'auparavant. Ils tentent d'encourager tout nouvel arrivant, l'honorent, l'encensent et s'excusent abondamment de leur conduite passée, disant qu'ils n'en veulent qu'à ceux qui désirent les dominer. Et jusqu'à présent, je dois dire qu'ils ont agi avec moi correctement, pacifiquement et honnêtement. Loué soit Dieu chaque jour.

En vérité, les musulmans n'infligent pas de souffrances aux juifs de ces régions. J'ai parcouru ce pays dans sa longueur et dans sa largeur, nul n'ouvre la bouche pour protester. Ils ont beaucoup pitié de l'étranger, surtout s'il ne connaît pas la langue. Lorsqu'ils voient dans un même lieu des juifs en grand nombre, ils ne leur veulent pas de mal. Je pense que s'il y avait dans ce pays un homme averti en politique, il serait le maître et le juge des juifs aussi bien que des musulmans. Mais il n'existe pas, parmi les juifs de ces régions, un homme sage, avisé et intelligent, susceptible d'être en parfait accord avec tout le monde. Ce sont tous des gens sauvages qui se haïssent les uns les autres et qui ne pensent qu'à leur profit.

À Jérusalem, je suis devenu croque-mort, car on n'y trouve plus personne pour porter et enterrer les défunts. Il est déjà arrivé qu'une femme soit morte, et qu'en cours de route nous ayons dû appeler des femmes pour qu'elles nous aident à la porter, car il n'y avait pas d'hommes avec nous. S'il n'y avait les femmes qui suivaient en grand nombre le corps et quelques pénitents marranes, le mort n'aurait même pas été inhumé ; les hommes de ce pays n'ont ni compassion ni pitié.

J'ai constaté qu'un grand mal sévit dans ce pays. En effet, lorsqu'un étranger tombe malade, tous ses amis, voisins et connaissances craignent de s'approcher de lui et d'entrer dans sa maison, de crainte que les anciens ne les accusent d'avoir volé ou subtilisé quelque objet, car les yeux des anciens sont constamment ouverts. Ils s'abattent comme la pluie dès que des étrangers meurent, afin d'en hériter. Ils prétendent être les administrateurs des biens publics [1] et [exigent] que la fortune des étrangers qui meurent sans héritier appartienne à leur fondation. Or, la majorité des hommes et des femmes qui habitent à Jérusalem sont des étrangers venus de pays lointains, sans héritiers connus dans la contrée, et, bien que selon la loi du pays leurs biens doivent revenir au roi, les anciens les partagent avec les hauts fonctionnaires musulmans et agissent comme bon leur semble. Lorsqu'ils apprennent que quelqu'un a visité un ami avant sa mort, ils l'accusent d'avoir pris son argent ou de l'avoir dissimulé ou encore d'avoir accepté un dépôt, afin de les en priver. Ils le conduisent devant le juge, où il sera fouetté jusqu'à ce qu'il fasse un aveu selon leur [volonté] ou jusqu'à ce qu'il meure. Chaque jour, les fondations captent l'héritage, petit ou grand, de vieillards — hommes ou femmes — qui meurent à Jérusalem. Les anciens prennent tout, en prétendant qu'ils utilisent ces fonds pour s'acquitter de dettes contractées quelques années plus tôt pour la construction de la synagogue. Ces dettes durent toujours, et ils prétendent actuellement devoir plus de mille florins pour cette même [construction]. Aujourd'hui la synagogue de Jérusalem ne compte plus que de rares rouleaux de la Loi, alors que, selon ce que j'ai entendu dire, elle en possédait jadis plus de trois cents. Il est inutile de dire qu'il n'y a pas de mantelets brodés d'or, ni même un seul ornement d'argent : les anciens les ont vendus et ont fait de l'argent ce qu'ils ont voulu. La synagogue de Jérusalem repose sur des colonnes. Elle est longue, étroite et

---

1. *Heqdesh*, en hébreu.

sombre ; la lumière ne pénètre que par la porte. À l'intérieur se trouve
une citerne. Dans la cour de la synagogue, il y a une église et une mosquée
des ismaélites. À l'origine, ce bâtiment appartenait à un juif qui, à la suite
de querelles et de disputes avec les juifs, se convertit à l'islam. Lorsque
la mère vit que son fils avait renié sa foi à la suite des affronts que lui
avaient proférés les juifs, elle fit don de sa maison, qui se trouvait dans la
cour de la synagogue, pour en faire un lieu de culte pour les musulmans,
afin de se venger des juifs. Voilà donc ce qui a provoqué la destruction
de la synagogue et la dilapidation de la fortune des juifs résidant à Jérusalem. Il s'en est fallu de peu que la présence juive à Jérusalem ne disparaisse, si Dieu n'avait incité le roi à prendre les juifs en pitié. Il ordonna
à son peuple et à ses ministres, contre leur volonté, de reconstruire la
maison, plus haute que précédemment. La cour dans laquelle se trouve la
synagogue est très grande. Au milieu de la cour, de nombreuses maisons,
legs des ashkénazes, abritent les veuves ashkénazes. Il y avait de nombreuses cours dans la rue des juifs à Jérusalem, toutes provenaient de
donations. Mais les anciens les ont toutes vendues, à l'exception d'une
maison ashkénaze qu'ils ne pouvaient vendre, car cette maison appartient
en propre aux ashkénazes et les autres pauvres n'y ont pas de droits. [...]

On peut constater une excellente chose pour le Dieu d'Israël à Jérusalem, la prière quotidienne étant admirablement ordonnée. Je n'ai jamais
rien entendu de semblable. Chaque jour, même le samedi, on se lève une
heure ou deux avant l'aube et on récite des chants et des louanges jusqu'à
l'aube, puis on dit le *Qaddish*. Ensuite, les deux chantres permanents
disent les bénédictions de la Torah, la péricope du sacrifice perpétuel et
tous les hymnes, avec agrément et supplications. Ils terminent la lecture
du *Shema* avec le lever du jour, comme le faisaient les [zélés du temps]
ancien. Chaque jour, samedi et toute la semaine, si l'office comporte la
bénédiction des prêtres, les *cohanim* bénissent le peuple. Le matin et
l'après-midi on récite les supplications et on rappelle les treize attributs
divins avec beaucoup de ferveur. La seule différence entre les lundi et
jeudi et le reste de la semaine est qu'on lit la Torah. Il n'existe pas aujour-
d'hui à Jérusalem de fornication, de jeux de hasard ni de parjures : on est
très soucieux d'éviter les fautes de l'homme envers Dieu. Même les
anciens les plus impies et les plus pervers, qui propagent le mal, mettent
tout leur zèle à prier et à remplir les devoirs des hommes envers Dieu. Je
constate que ceux qui habitent de ce côté des pays arabes craignent davantage Dieu que ceux qui résident en l'autre pays [1].

Il n'y a pas ici de juif ou de musulman qui se détourne de Dieu et
penche vers quelque hérésie ou fausse croyance. Pas une seule personne
dans ces pays qui étudie la philosophie et incline du côté d'Aristote ou de
ses disciples — que le nom des impies pourrisse ! Un homme d'Occident

---

1. C'est-à-dire l'Europe.

arrivé au Caire sema la discorde et le trouble en parlant de philosophie, le président de la communauté le chassa sans ménagement. Au sujet des opinions professées par Maimonide dans son *Guide des égarés*, à savoir celles des Mu'tazilites et des Ach'arites, elles sont encore aujourd'hui celles des docteurs musulmans.

Parmi les musulmans, il ne se trouve pas d'homme qui maudisse Dieu ou profère des imprécations contre Lui, ainsi qu'il s'en trouve parmi les chrétiens. N'était la crainte de Dieu qui les inspire, il serait impossible de vivre parmi eux, en raison de la faiblesse des structures politiques, de la mauvaise organisation et de l'absence totale de crainte du gouvernement. Comme ils n'ont pas non plus de lois justes, ils les tournent selon leur bon vouloir. Il est déjà arrivé à Jérusalem qu'un Arabe ait, dans sa colère, égorgé sa mère comme on égorge un mouton : conduit devant les juges, il prétexta l'ivresse. Immédiatement, les juges décidèrent que son crime était imputable aux juifs et aux chrétiens qui résident dans le pays, car ils sont les seuls à produire du vin. Les juifs furent condamnés à une amende de six florins et les chrétiens à verser douze florins. L'assassin ne fut pas puni. Il arrive ainsi nombre de choses qu'on ne saurait écrire. Les faux témoins non juifs pullulent à Jérusalem, car on ne les interroge pas et ils n'ont même pas à prêter serment : le jugement est prononcé immédiatement, d'après leurs dires. Si de semblables lois régissaient les pays chrétiens, chacun avalerait son prochain vivant.

Jérusalem, avec toutes ses destructions et ses ruines, comprend quatre marchés très beaux, disposés en longueur : je n'en ai jamais vu de semblables. Ils sont situés à l'extrémité de Sion. Ils sont tous couverts par des toits voûtés ainsi que par des fenêtres pour permettre l'entrée de la lumière. Les échoppes sont ouvertes de part et d'autre. On y trouve toutes sortes de marchandises. Chaque marché a sa spécialité : celui des négociants et celui des vendeurs d'épices, celui des légumes et celui où l'on vend toutes sortes de mets et de pains. Lorsque je suis venu à Jérusalem, la famine sévissait dans le pays et un homme moyen mangeait, à chaque repas, un dirham de pain, l'équivalent d'un *bolognino* de notre vieil argent, et il n'en était point rassasié. On m'a dit que cette année-là la famine était moins grande que par le passé. De nombreux juifs sont morts de faim, car un jour ou deux avant leur décès ils demandaient du pain que personne ne pouvait leur procurer. Le lendemain, on les trouvait sans vie dans leur maison. Nombreux sont ceux qui mangèrent l'herbe des champs et ressemblaient ainsi à des cerfs, cherchant pâture.

Il reste aujourd'hui, à Jérusalem, un rabbin ashkénaze qui a grandi à Jérusalem : je n'ai pas vu son pareil en humilité et crainte de Dieu. Il tisse le jour et la nuit, dès qu'il arrête l'étude de la Torah. Pendant six mois, il n'a pas connu le goût du pain, si ce n'est de samedi en samedi. Sa nourriture consistait en têtes de navets et en déchets de caroubes dont on avait déjà extrait le miel, car, dans ce pays, il y a beaucoup de caroubiers dont on obtient du miel. Trois sortes de miels se vendent ici : le miel d'abeille, le miel de raisin et le miel de caroubier. En revanche, je n'ai pas trouvé ici de miel de datte et je n'ai même pas vu de palmiers. Jéricho, la ville qui produit le plus de dattes, est à peine éloignée d'une demi-journée de marche de Jérusalem. Un homme, digne de foi, m'a dit n'y avoir vu que trois dattiers maigres et sans fruits. Maintenant, avec la moisson du blé, la famine a cessé et l'abondance est revenue, Dieu merci. J'ai vu à Jérusalem quelques variétés de fruits inconnus [chez nous]. Il y a là une espèce d'arbre à feuilles longues et plus grandes que la taille d'un homme. Il ne porte des fruits qu'une seule fois pour se dessécher ensuite. Une autre pousse naît de ses racines et produit un fruit une autre année, et ainsi de suite [1]. Les raisins sont ici plus gros que chez nous [en Italie].

Pour les autres fruits, je n'ai constaté aucune différence. On ne trouve pas à Jérusalem la moindre espèce de cerise ou de fruits desséchés, ni sorbe, ni amandier, ni châtaignier. Certaines denrées sont bon marché à Jérusalem, à savoir la viande, le vin, l'huile d'olive ou le sésame. Pour la cuisson, l'huile de sésame est préférable à l'huile d'olive, même si celle-ci lui est supérieure. La terre est encore bonne, spacieuse, fertile, mais le profit y est rare. Nul ne peut espérer faire fortune dans quelque métier ou quelque science que ce soit, si ce n'est comme savetier, tisserand ou bijoutier, ou encore revendre dans les villages des marchandises quelconques achetées en ville. Ceux-ci gagnent leur subsistance, et encore, avec difficulté. Dans cette ville, nombreux sont les visiteurs de tous pays, Syrie, Babylonie et pays du Prêtre Jean [2]. Musulmans et chrétiens y viennent pour se prosterner devant l'emplacement du Temple. Ils témoignent d'une grande vénération et de beaucoup de crainte envers le Temple, et les chrétiens viennent pour leurs lieux de culte.

Je me suis enquis de la question du fleuve Sambation. Ce que vous avez appris là-bas, moi je l'ai appris ici de la même manière. Je n'ai aucune idée claire, si ce n'est par ouï-dire. Cependant, ce qui m'est devenu évident et que je sais sans doute, c'est que des israélites résident certainement à l'intérieur du royaume du Prêtre Jean, pays de montagnes et de collines. On dit qu'il faut dix jours de marche pour traverser le pays dans toute sa longueur. Les juifs y habitent sûrement, ils sont dirigés par cinq princes ou rois. On raconte aussi qu'ils ont combattu au cours de grandes et nombreuses guerres le Prêtre Jean, il y a plus de cent ans de cela. À cause de nos péchés, le Prêtre Jean les a vaincus et leur a infligé une lourde défaite. Ensuite, il les a poursuivis jusqu'à l'intérieur de leur territoire et les a massacrés. Il eût suffi de peu pour que le souvenir d'Israël disparût de ces provinces. Les rescapés ont été contraints par décret de se convertir, à l'instar des rois grecs à l'époque des hasmonéens. Enfin,

---

1. Il s'agit du bananier.
2. L'Éthiopie.

Dieu les prit en pitié et d'autres rois apparurent en Inde qui furent moins sévères que leur prédécesseur, à tel point que, selon ce qu'on m'a dit, leur situation et leur nombre se sont à peu près rétablis. Ils versent un tribut au Prêtre Jean, mais n'en sont plus aussi dépendants. Il y a quatre ans, les enfants d'Israël ont provoqué une guerre avec les voisins qui les entourent, ils ont pillé leurs ennemis et ont pris du butin, et leurs ennemis leur ont fait la même chose. [Leurs ennemis ont pris] quelques hommes et femmes qu'ils vendirent comme esclaves à des peuples lointains. Quelques-uns furent conduits en Égypte, où les juifs les rachetèrent. J'en ai vu deux au Caire, ils sont noirs, mais pas comme les nègres. Il était impossible de savoir s'ils se rattachaient aux qaraïtes ou aux rabbanites.

Par certains détails, ils ressemblaient aux qaraïtes, par exemple, lorsqu'ils affirmaient qu'il n'y avait pas de feu dans la maison toute la journée du samedi. Pour le reste, ils sembleraient plutôt rabbanites. Ils prétendent appartenir à la tribu de Dan. Ils disent que la plus grande partie du poivre et des épices que vendent les Éthiopiens provient de leur pays. Ceci je l'ai vu de mes propres yeux et entendu de mes oreilles, malgré le fait que ces deux hommes ne connaissaient que fort mal l'hébreu et que les gens du pays avaient de grandes difficultés à comprendre leur langue arabe. Dans ces régions, tout le monde sait qu'en se rendant d'Égypte vers la Kaaba à La Mecque, les musulmans traversent un désert grand et redoutable, en caravanes d'au moins quatre mille chameaux. Quelquefois un peuple grand et fort comme des géants les attaque dans le désert. Un seul parmi eux peut en défaire un millier. Les musulmans les appellent « Al-Arabis, Banu El-Shaday », ce qui signifie [en arabe] « les Arabes [Al-Arabis], les fils du Dieu puissant », parce qu'ils font la guerre en l'invoquant toujours. Les musulmans attestent qu'un seul homme parmi eux peut porter la charge d'un chameau sur une de ses épaules et manier le sabre pour faire la guerre de l'autre main. Il est bien connu qu'ils sont de religion juive, et on dit d'eux qu'ils sont les descendants des Récabites.

[Artom-David, p. 81-93]
[Harboun, p. 198-208]

5. *Le Temple. Le mur occidental*

Nul juif ne peut entrer sur l'esplanade du Temple. Quoique souvent les musulmans aient voulu y faire pénétrer des juifs menuisiers ou fondeurs pour travailler le bois et pour tout autre labeur, les juifs s'abstiennent en raison de l'impureté. Je n'ai pas pu savoir si les musulmans pénètrent dans le lieu qui fut auparavant le Saint des Saints. J'ai aussi cherché à savoir ce qu'est devenue la « pierre de fondation » sur laquelle était déposée l'Arche sainte ; nombreux sont ceux qui affirment qu'elle

se trouve sous une coupole belle et haute que les musulmans ont construite dans le Temple. Elle y serait enfermée et nul ne pourrait y entrer,
c'est-à-dire approcher de la pierre de fondation, car la coupole est très
grande.

Le Temple renferme d'immenses richesses, à ce qu'on dit. Tous les
rois y construisent des salles couvertes d'or. L'actuel roi y aurait construit
un beau bâtiment décoré d'or et de pierres précieuses, supérieur à celui
de tous les autres royaumes. Le Temple possède aujourd'hui douze
portes. Celles que l'on appelle les portes de Miséricorde sont en fer, toujours closes, situées à l'est du Temple. On n'en voit que la moitié au-
dessus du sol, le reste est enfoncé dans la terre. On dit que les musulmans
ont souvent essayé de les dégager, sans succès.

Le mur occidental qui existe encore, je veux dire en partie, est construit
en pierres grandes et larges. Je n'ai jamais vu de pierres aussi grandes
dans un bâtiment ancien à Rome ou ailleurs. Au nord-est du Temple, dans
un angle, un grand bâtiment est construit sur de grandes et hautes colonnes, très nombreuses. Je suis entré dans cet endroit et j'ai eu peine
à arriver jusqu'au bout du bâtiment, car il est immense. Il est rempli
de terre amassée après la destruction du Temple. Le Temple repose sur
ces colonnes. Dans chacune, un trou permet de passer une corde. On dit
que c'est là qu'on attachait les béliers et les taureaux destinés aux sacrifices.

[Artom-David, p. 93-94]
[Harboun, p. 208-209]

6. *Le mont des Oliviers*

Sur le mont des Oliviers, il y a la caverne du prophète Aggée et plus
de dix cavernes qui s'ouvrent l'une dans l'autre. Il en est de même pour
la caverne des soixante-dix sages qui se trouve à environ deux mille
coudées, ou un peu moins, de Jérusalem et qui est la plus belle. Il y a aussi
la caverne de Simon le Juste. En général, dans les maisons et les champs,
ces cavernes sont innombrables. Les eaux de Siloé coulent au pied de la
montagne dans la vallée de Josaphat. Ce n'est pas vraiment un fleuve,
mais plutôt une sorte de source. Les eaux commencent à monter du matin
jusqu'à midi, ensuite elles diminuent, s'enfoncent dans la montagne et
resurgissent à proximité d'un grand bâtiment en ruines. On dit qu'il fut
construit par Salomon pour frapper sa monnaie. Aujourd'hui, on y travaille le cuir. La vallée de Josaphat, entre le mont des Oliviers et la montagne du Temple, est étroite. Là, on trouve maintenant des tombes juives.
Les vieilles tombes se trouvent sur les pentes, au pied de la montagne du
Temple. Le nouveau cimetière est situé au pied du mont des Oliviers ; ils

sont séparés par une vallée. Non loin de là, en contrebas du mont des Oliviers, se trouve la caverne du prophète Zacharie. Les jours de jeûne on vient là pour prier, et le 9 Ab [1] pour réciter les lamentations. À côté de la grotte de Zacharie se trouve le tombeau d'Absalon.

[Artom-David, p. 94-95]
[Harboun, p. 208-209]

---

1. Jour de jeûne en commémoration de la destruction des temples.

ÉLIE DE PESARO

*Ce dernier récit de voyage hébraïque date de 1563. Il en existe un manus-
crit probablement autographe conservé aujourd'hui à la Bibliothèque nationale. Bien que publié et traduit en français depuis plus de cent ans, son
importance a échappé à la plus grande partie de ceux qui se sont intéressés
à l'histoire des voyages en Méditerranée. Dans sa lettre, écrite peut-être en
partie sur le bateau et en partie tout de suite après être arrivé à Famagouste,
notre auteur, peu connu par ailleurs, décrit avec beaucoup de détails la vie
sur le bateau et le service qu'on peut en attendre ; une attention spéciale est
accordée au voyageur juif et à sa situation précaire. Élie s'attarde longuement sur les formalités de la douane à Venise. Il énumère les différentes villes
portuaires, donnant le rythme des traversées et des voyages. La dernière
partie, que nous ne reproduisons pas, indique les salaires et les prix à Famagouste pour les comparer à ceux de Venise, sa ville.*

Éditions : Nous avons consulté pour cette traduction le manuscrit hébreu 124 de la
Bibliothèque nationale, publié par B. GOLDBERG et M. ADELMAN en 1878, réédité en 1946
à Jérusalem par ABRAHAM YA'ARI, *Mas'ot Erez Yisrael* (Voyages en Israël) (hébreu),
p. 165-196. La traduction offerte au lecteur est fondée sur cette dernière publication.
Il existe une ancienne traduction de MOÏSE SCHWAB, « Voyage ethnographique de Venise
à Chypre. Lettre d'Élie de Pesaro datée de Famagouste, 18 octobre 1563 », *Revue de
géographie*, V, 1879, p. 206-228. Après avoir achevé notre traduction, le rabbin
HARBOUN a publié la sienne sous le titre : *Les Voyageurs juifs du XVIᵉ siècle : Moïse
Bassola, Élie de Pesaro*, préface de J. SHATZMILLER, Aix-en-Provence, 1994.

1. *Le bateau, son personnel et son équipement*

[...] Et toi, mon maître et mon ami, quand tu voudras connaître les
détails nécessaires à un voyage, en ayant l'intention de venir dans ces
contrées avec les galéasses vénitiennes, tu devras porter ton attention sur
les points suivants :

Les galéasses que le gouvernement vénitien expédie au-dehors, soit à Beyrouth, soit à Tripoli, soit à Alexandrie, se ressemblent toutes parfaitement et sont organisées sur le même type sans aucune distinction. Chacune a une longueur de 70 aunes italiennes moyennes et une largeur de 18 aunes ; chacune porte des pièces de grosse artillerie, sans compter les mousquets, falconnets, arquebuses, des boîtes à mitraille, des obusiers, enfin des boulets pleins de feu artificiel[1] sans nombre.

Chaque bâtiment est pourvu de trois mâts : un grand, un moyen, un petit. Au plus grand mât, situé au milieu, on attache la voile la plus large, appelée l'*artimone*[2], composée de huit pièces, formant un total de 2 500 aunes de toile. Parfois cependant, par temps perturbé, on la remplace par une autre, dite le *terzeruolo*, comprenant une étendue de 1 700 aunes de toile ; si l'orage éclate, on remplace la voile par une autre plus petite, n'ayant que 1 200 aunes, nommée *pappafico*. Il y a enfin une plus petite voile encore, appelée la *gabbia*, d'environ 1 200 aunes, dont on se sert seulement en cas de grand danger, lorsqu'on a presque perdu tout espoir de salut. Dieu vous garde et aie pitié de nous de se trouver là dans de tels jours et de telles situations ! Sur le mât moyen, qui se trouve tout près de la poupe, se met une autre voile nommée la *mezzana*, ayant 1 300 aunes, et au troisième mât, placé en avant, [on attache] une petite voile nommée *trinchetta*, n'ayant que 300 aunes.

Il n'arrive jamais que le gouvernement expédie une galère seule, quelle que soit la destination, mais elles [se réunissent toujours] à deux ou trois. Le chef préposé à la direction reçoit l'ordre formel de ne pas baisser la voile — signe de servage et d'humilité — en aucune circonstance, eût-il contre lui un nombre considérable de galères ou de pirates se disposant au vol et au brigandage, de n'importe quel pays, nation ou dignité, que ce soient des Turcs ou des chrétiens — à moins d'avoir devant soi une armada dépassant cent voiles. L'homme qui enfreindra cet ordre du gouvernement le payera de sa tête. L'usage habituel, pour éviter le danger, consiste à bien accueillir l'envoi du salut fait par les galères turques, de leur envoyer un présent de 500 à 1 000 *scudi*, allant parfois jusqu'à 2 000, selon le nombre de galères présentes. Après [paiement, les forces hostiles] se retirent aussitôt, s'écartant à l'ouest ou au sud. La somme est prélevée sur les dépôts des marchandises en transit, et la répartition se fait proportionnellement aux valeurs qui sont inscrites à bord.

Sur la galéasse [supérieure, dite] la *capitana*, voyage toujours l'un des nobles de Venise, à titre de capitaine ; sur l'autre ou les autres, [il y a des officiers] nommés la *conserva*. Sur la proue de la *capitana* se trouve une grande figure dorée nommée *polena*, qui montre qu'elle est chargée de la direction et que le chef qui la monte commande aussi aux autres. Il donne

---

1. Il s'agit peut-être de la poudre.
2. En italien dans le texte, ainsi que tous les termes en italique qui suivent.

l'ordre du départ et des arrêts ; il a le droit d'imposer des amendes et de punir de vie ou de mort. Il a auprès de lui des fonctionnaires chargés de maintenir les gens en respect, d'enchaîner les rebelles et aussi de pendre les malfaiteurs. C'est à lui que tous les passagers, grands ou petits, doivent obéir et, à la suite de ses ordres, les lieutenants ne modifient plus rien. Aussi, ces derniers doivent-ils toujours suivre la *capitana*, se trouver auprès d'elle, la surveiller jalousement, soit pendant la marche, soit à l'escale, ne jamais s'en éloigner à plus d'un mille de distance.

Le gouvernement a l'habitude de céder le fermnage des galères à divers habitants de Venise, soit des bourgeois, soit des nobles, contre un prix forfaitaire. Les fermiers deviennent maîtres à leur tour, cherchant à gagner par la location des places au détail — à l'aller et au retour —, prenant à leur charge les frais à payer pour les ouvriers, les gens de service, les matelots occupés à chaque galère. Ils tiennent un vrai registre et [emploient] un greffier digne de foi pour enregistrer la marchandise, les personnes et les sommes d'argent qui entrent dans les bâtiments. Le gouvernement choisit aussi pour accompagner la *capitana* douze personnes instruites, expertes en l'art de la marine, compétentes dans la connaissance du temps et très aptes aux calculs. Lorsqu'il se présente un cas grave, quelque changement notable dans l'état [de la mer], ces experts se réunissent dans une salle de conseil pour savoir ce qu'il convient de faire. C'est le conseil des Douze, dont la décision doit être immédiatement suivie d'effet.

Il y a toujours trois vigies de quart sur les galères, une en tête du grand mât, une sur la poupe et la dernière sur la proue. Ils servent trois heures jusqu'à ce qu'ils soient remplacés à tour de rôle, tant le jour que la nuit. Ils sont capables de scruter la mer à une distance de cinquante milles de tous côtés.

Sur chaque galère tu trouveras deux médecins, dont l'un est généraliste et l'autre chirurgien, un apothicaire, un barbier, un greffier, un ecclésiastique, un tailleur, un charpentier, un forgeron, un cordonnier, un boucher et un berger chargé d'entretenir les bêtes. Tu trouveras à y acheter toutes sortes de *mercerie* que tu voudras. Tu pourras aussi acheter du vin, de l'huile, des œufs, du poisson salé, de la viande fumée, des fruits, des légumes, des biscuits (ou grains torréfiés). On y trouve un cuisinier et un boulanger.

Pour la direction de la galère, il y a un homme fort versé dans les courants marins : il est appelé le pilote, généralement assis à la poupe. Il connaît les sinuosités de la mer, ses récifs ou bancs de sable ainsi que ses divers ports. Il rend compte à l'amiral de la marche du bâtiment, celui-ci donne les ordres au *comito*, lequel les transmet au *patrono*, qui enfin fait part à l'équipage de la direction suivie. Cette dernière catégorie est divisée en divers groupes, dont chacun est chargé d'un besogne spéciale, sauf s'ils doivent se réunir tous pour quelque travail plus important, par exemple pour enlever une voile ou pour la changer de côté. Chaque groupe se compose de six ou huit compagnons sous les dénominations suivantes : *calfati, marangori, proveri, cordiani, terzechi [?], concari [?], balisteri, plombai, scandofari, portalatti, navicellai, galeotti.* Ils portent aussi le nom générique de *galeotti.* Sur la galère, chaque individu a une place déterminée, d'après son grade et sa valeur, dont il peut disposer pour son usage, selon ses besoins, pour y placer ses marchandises ou même pour la louer à d'autres.

J'ai parcouru toute la galère de bas en haut ; elle regorge de biens, comme les jardins de Dieu ; on chercherait en vain une place vide, de quoi poser le pied sans entrer dans le domaine d'autrui. J'ai trouvé plus de quatre mille barils pleins de marchandises diverses, d'huile, de vin, de vinaigre, de miel, d'eau. Dans la *gebba*[1] réservée aux marchandises en tout genre, il y a environ cinq cents ballots, sans compter [les denrées] qu'elle contient, déposées dans des boîtes, des caisses ou des caissettes. En outre, il y a environ quatre cents cabines, car chaque passager en a une et parfois deux.

Le patron [de la galère] emmène, pour l'entretien des siens, trente-cinq à quarante moutons, deux ou trois bœufs, cinq ou six veaux, de la volaille de toute espèce sans nombre. Chaque galère est pourvue de bois à brûler en quantité suffisante, et il y a de la nourriture sans limites. Aux côtés de la galère se trouve une gondole, un *battello* ou quelque autre petite barque, afin de pouvoir aller et venir en cas de besoin. Le total des personnes qui voyagent sur chaque galère, soit les maîtres, serviteurs, officiers, négociants, voyageurs et matelots, s'élève au nombre de quatre cents. Le poids des ancres, des tringles de fer, des cordages grands ou petits employés pour les manœuvres de la galère, est considérable et ne saurait être chiffré.

La galère est pourvue de quatre-vingts gros avirons, soit quarante de chaque côté, mais l'on s'en sert peu, car elle est excessivement lourde et il serait impossible de la mouvoir à bras d'hommes. Même mille d'entre eux ne pourraient la faire avancer de 4 aunes sans le concours du vent. On n'allume du feu qu'à la place prévue à cet effet, où tous les passagers peuvent cuire sans frais. Un gardien, chargé de veiller sur la cale, conserve toutes les valeurs qui s'y trouvent ; il a sous ses ordres huit serviteurs, qui reçoivent pour complément de salaire un *marcello* de chaque propriétaire de marchandises, un en entrant et un en quittant la galère.

Tout chrétien se trouvant sur la galère, soit négociant, soit voyageur, qui ne regarde pas trop à la dépense, peut prendre place à la table du capitaine, en payant une somme fixe par mois ou partie de mois proportionnellement. Moyennant quoi, on jouit de l'avantage de prendre les repas avant les autres, tant le matin que le soir, à la table du *castello.* Chacun

---

1. La cale.

paye 4 ducats vénitiens par mois, chaque ducat représentant 10 *marcelli* et un tiers d'argent. Après que ceux-ci ont pris leur repas, [c'est le tour de la deuxième classe] des pensionnaires du capitaine, qui ne payent que 5 ducats par mois. Puis arrive la troisième classe, dont la table est dressée à l'office près du *Scalco* [1] ; ceux-là payent 3 ducats par mois. Le patron [de la galère] encaisse les pensions et pourvoit aux frais. On mange à chaque fois de presque tous les mets de cette table, servie comme celle de Salomon en son temps. On mange, on boit, on est joyeux, on festoie. À chaque fois, devant eux des musiciens jouent avec entrain de la musique. Ils jouent de la flûte, de la trompette, du tambour, de la harpe, du violon et toutes sortes d'orgues.

On est aussi tenu de pourvoir au logis pour y passer la nuit, ce qui se paie 4 ou 5 ducats pour toute la durée du voyage jusqu'à l'arrivée à Tripoli. Il faut que tu saches que les galères se rendant en Syrie suivent deux routes, dont l'une est appelée la galère de Beyrouth, car elle passe à Tripoli, qui est éloigné de quarante milles de Beyrouth.

Les emplacements que l'on trouve à louer sur la galère ont des valeurs bien diverses. [Avant d'arriver aux magasins] il y a sous la proue deux pièces assez petites, situées l'une vis-à-vis de l'autre, [très basses] dans l'entrepont de sorte qu'il est impossible à un homme de taille moyenne de s'y tenir debout ; chaque pièce a une longueur de 2 aunes un quart et une largeur de 2 aunes et demie. Au-dessous d'elles, il y a une cavité s'étendant jusqu'à la quille de la galère, qui, au milieu, a une hauteur d'environ une aune et demie. Dans les bas-côtés de cette cavité, on peut conserver des tonnelets de vin ou de petits barils d'eau, de vinaigre ou d'autres biens quelconques, jusqu'à parfait remplissage. Pour le loyer des deux, le patron demande 30 ducats, à condition de fournir toute l'eau dont le locataire a besoin pour boire et de lui laisser cuire tout ce dont il a besoin pour entretenir les personnes vivant avec lui dans cet emplacement. Pour tout cela il faut rédiger à Venise un contrat régulier, en présence de témoins.

C'est la place que j'ai choisie pour moi [et les miens], moyennant 32 ducats. Il est vrai qu'à cette place il fait très chaud ; et comme les matelots chargés de descendre les voiles ou de les mettre au large sont tenus de traverser ces deux pièces, il faut leur laisser le passage libre à chacune de ces manœuvres. Cependant, j'y ai trouvé la tranquillité, car quiconque a femme et enfants en a besoin. Il faut tenir grand compte qu'il y a toujours là-bas une association permanente de femmes, de serviteurs [2] et d'enfants. Si l'un d'eux [les matelots] est distrait de son ouvrage, celui-ci ne sera pas fait. N'échange pas cette place et ne la cède pas, car dans toute la galère on ne peut en trouver une autre moins exposée aux tribulations et

---

1. Chef ?
2. C'est-à-dire des matelots.

aux ennuis de toutes sortes. Quoique le patron se soit engagé, pour cette location, à fournir l'eau, il ne faut pas trop s'y fier et avoir toujours des barils de réserve pour ton usage. En secret si possible et à ton avantage, pour éviter tout geste criminel.

À la proue, il y a deux cabines à droite et à gauche, dont chacune est longue de 2 aunes et demie, large de 1 et demie et haute de 1 et demie. Au-dessus de chacune de ces pièces, il y a un petit grenier espace ayant la longueur et la largeur de la cabine sise au-dessous, mais n'ayant en hauteur qu'un peu plus d'une aune. Chaque unité de ces cabines et de ces greniers est louée de 9 à 10 ducats, parfois 12, pouvant suffire à deux personnes. Ce sont de très bonnes places, et ceux qui en disposent se nomment *proeri*.

Le milieu de la galère, dans toute sa longueur, est occupé par douze cabines ayant chacune en longueur 2 aunes, en largeur 1 et demie et une hauteur égale, et celui qui le désire paye de 4 à 5 ducats. Au-dessous du grand mât se trouve une chambre qui appartient au patron de la galère, qu'il est parfois disposé à louer, puisqu'il a une autre pièce auprès de la poupe, large et belle, aussi grande que deux cabines superposées. Cela se trouve surtout dans [une galère] de *conservo*, parce que le patron séjourne d'ordinaire auprès du *capitano* dans la *capitana*. Cette chambre est juste de la hauteur d'un homme et large de 4 aunes et demie, mais fort sombre. On en demande 50 ducats de loyer, et il n'est pas permis d'y mettre une lumière [sans protection], sinon tout juste un cierge enfermé dans une lanterne. [Tous les fonctionnaires,] le *sicarone*, l'*armilia*, l'aumônier, le patron, le cuisinier, ont des chambres et des cabines selon leur grade, et ils les louent parfois, soit 14, soit 10, soit 8 ducats selon leur dimension.

Des gens d'expérience ont constaté, à juste titre, qu'on ne peut pas déterminer d'avance [toutes les dépenses à faire]. Depuis bien des années, les juifs ont pris spontanément l'habitude de payer au patron de la galère une certaine somme de compensation, soit un ducat par tête, pour laquelle les chrétiens ne paient rien, bien entendu en dehors du prix des loyers ; car ce que l'on paye à l'officier de la galère pour droit de séjour n'est pas un profit pour le patron. C'est pourquoi, et pour le satisfaire, ils se sont habitués à payer un ducat tant par homme adulte que par femme, et à payer un demi-ducat pour chaque enfant, fille ou garçon adolescent. Plus tard, on a augmenté ce droit, et au lieu de ducats on a demandé des sequins. Ce surcroît de frais n'a pas été jugé suffisant, et depuis une vingtaine d'années on perçoit un droit fixe de 3 ducats par personne. En cette année, les patrons des galères de Beyrouth et d'Alexandrie se sont réunis en conseil. Ils ont décidé de modifier leurs tarifs et de n'emmener aucun juif, enfant ou adulte, qui n'aurait pas payé la somme de 6 sequins par tête. Nous avons été obligés d'accepter. Mais en fait, le patron de la galère sur laquelle je me trouvais eut égard à mon zèle, à la peine que je me donnais pour être utile à tous ceux qui arrivaient, d'autant plus qu'ils n'avaient pas de jeunes enfants comme moi, et il consentit donc à la réduction du prix pour une personne et se contenta d'une somme de 6 ducats un quart par tête. Cet impôt va sûrement avoir force de loi pour les juifs du sol vénitien, car on a toujours été disposé à l'augmenter, non à le diminuer. Si donc l'on a beaucoup de personnes à emmener et que l'on sache se tirer d'affaire, on fera bien, avant toute location, de s'entendre sur l'impôt qui pèse sur chaque personne avec le patron de la galère, avant de prendre possession de son logement. [Cette entente préalable] ne peut qu'être avantageuse, en tout cas ne peut pas nuire ; car il y a toujours de la place, même au jour du départ, surtout à l'aller de Venise à Beyrouth, car la galère n'est jamais trop chargée. Mais au retour, il est bon de se hâter pour être parmi les premiers.

[Ya'ari, p. 168-175]
[Schwab, p. 208-213]
[Harboun, p. 149-161]

2. *Les formalités de la douane à Venise*

Maintenant, mon frère, si tu veux suivre le bon chemin et te rendre ici par la voie de Venise, prête l'oreille et écoute bien tous les renseignements que j'ai à te donner. Car je souhaite bien te fixer « sur le chemin qu'il faut prendre [1] », mes paroles vont te montrer le chemin par où il y a de la lumière, [afin que tu saches bien d'avance] par où il faut sortir et entrer [2] ; que ton pied allant à l'aise ne trébuche pas.

Dans Venise, ne fais confiance à personne, même pas à ton frère ; ne fais confiance à aucun homme, ne crois pas à un ami pour te libérer de l'embarras, car presque toujours vous tâtonnez tous deux dans les ténèbres, sans savoir où vous allez échouer ; fussent-ils même aptes à offrir leur concours, ils n'ont guère le temps de t'aider sans cesse, car à Venise les occupations sont nombreuses et ne font qu'augmenter, de sorte que chacun est forcé de songer à lui. En particulier pendant les jours qui précèdent le départ d'une galère, toute la ville est en mouvement et absolument incontrôlable. Parfois une occasion pas tout à fait régulière va se présenter devant toi pour une très courte durée, qui inclut un mécompte évident. Je sais tout cela par expérience, et j'en témoigne pour l'avoir vu. Aussi, fais attention, préserve ton avoir, sois ferme et prudent pour éviter de tomber dans ce piège que l'on te tend.

Avant tout tu iras au *Rialto*, sur le côté de cette place nommé l'*Ester-cordinari*. Tu y trouveras chaque matin et chaque soir les patrons des galères tenant séance, assistés de secrétaires assermentés, avec leurs livres ouverts devant eux, et tu leur diras : « Sachez que j'ai avec moi tant

---

1. Psaume XXXII, 8.
2. Job, XXXVIII, 19.

et tant de ballots, d'effets personnels exempts des droits de douane, et d'autre part j'ai tant et tant de ballots de marchandises ou valeurs diverses soumises aux droits. Veuillez donc me rédiger deux polices, dont l'une sera conçue en ces termes : le sieur N.N. apporte sur la galère X tant de biens mobiliers personnels, qu'il place dans le *stazzo* [1]. » Car, si ce point n'a pas été stipulé dans la police, le gardien du port ne te permettrait pas — quand tu amèneras tes objets à la galère — de porter ces ballots à leur emplacement sans faire payer tous les droits [de douane]. Or, ce qui est inscrit dans ta police est transcrit aussi dans leur registre. Puis, si tu emportes des marchandises ou des objets soumis à la taxe, tu leur diras encore : « Rédigez-moi une deuxième police indiquant que N.N. apportera sur la galère X tant et tant d'articles de ménage. » Puis, tu te rendras avec ces polices à la *gabella* car, sans ces pièces, on ne te fera pas de *bolletta*. Aussi longtemps que tu désires remettre quelque chose qui n'est pas frappé de taxe dans la galère, le changement de la *bolletta* te coûtera fort peu ; pour les valeurs soumises aux droits, il sera fait une estimation, et, selon la valeur, paie la somme demandée. [En général] tu peux estimer [cette somme], car ils te feront payer environ dix pour cent au-dessus de ton estimation. Ensuite, tu demanderas au douanier de te faire accompagner par un *riveditor* pour venir avec toi et vérifier si toutes tes déclarations à la *polizza* sont véridiques. Le *riveditor* va les examiner avec soin. Cependant, moyennant un bon pourboire, il ne sera pas trop tatillon. Devant lui, les douaniers attacheront les ballots et mettront sur les nœuds deux cachets de plomb, pour indiquer que le contrôleur les a vus. Après quoi, tu expédieras tous tes biens par un canot vers la galère. Pendant ce trajet, il se peut bien que tu rencontres toutes sortes de gens mal intentionnés ; bien qu'ils voient ton laissez-passer et les cachets des ballots portant le sceau du gouvernement qu'ils n'ont pas le droit de briser, ils chercheront à t'effrayer, essayeront de te faire retourner à la douane, en prétendant que le *riveditor* a peut-être trompé la douane. C'est la raison pour laquelle ils tiennent à ce que le tout retourne à la *gabella*. [En ce cas,] ouvre ta main et donne-leur une certaine somme pour ne pas les irriter ; autrement, tu ferais une erreur et il en résulterait pour toi une perte de temps et la dépense importante d'un aller et retour. Moi-même j'ai eu à dépenser plus de 3 *scudi* d'or, ayant eu affaire à de tels gens. À certains, je n'ai donné qu'un *marcello*, aux autres des *mocenichi*, mais ils ne m'ont quitté qu'après m'avoir complètement mis à sec.

Lorsque tu seras arrivé à la galère, remets ta *bolletta* au garde qui est à la porte, et avec ses aides il portera lui-même les biens désignés sur la police à la place où ils doivent rester. Lui et son collègue les remettent dans tes pièces. Les ballots enregistrés dans la police de la *gebba*, il les amènera au magasin réservé aux marchandises. Il va garder les polices

---

1. L'endroit qu'il a loué dans la galère.

chez lui, en échange desquelles il va te donner une *ricevuta* pour les biens qui sont restés avec lui. C'est ce reçu que tu conserveras précieusement jusqu'à ton arrivée à Tripoli, car sans cela tu éprouverais les plus grandes difficultés à reprendre possession de ton bien.

Ne te fie pas à ceux qui, [ne sachant pas la date exacte du départ de la galère,] la fixent soit pour le jour même, soit pour le lendemain ; sur de tels on-dit, mieux vaut être en avance qu'en retard, sois parmi les premiers et ne tarde pas à mettre tes biens sur la galère. Ceci pour deux raisons : [d'abord,] lorsque approche le jour du départ, surtout la veille ou l'avant-veille, chacun se presse pour entrer et il arrive parfois que l'encombrement soit tel auprès de la galère, qu'à un demi-mille en mer, il te soit impossible d'en approcher à cause des bateaux qui l'entourent. Lorsque tu seras dans la galère, tu trouveras que tout est plein de bas en haut, et il te sera impossible d'y faire quatre pas. Deuxièmement, si tu tardes à la rejoindre, tu constateras que [la galère] a quitté le rivage et mis sous voile à un mille de distance. Il ne te servira plus à rien de crier. [Les gens de la galère] ne répondront pas et ne s'arrêteront pour aucune raison. Il te faudra alors affréter un bateau spécial, à grands frais, coûtant jusqu'à 10 *scudi* d'or ou plus, afin d'aller à Pola [rejoindre la galère à l'escale].

Il faut que tu saches que nul ne peut conserver auprès de lui les ballots pour lesquels des frais de douane ont été acquittés à Venise, même si ce ne sont pas des marchandises et même s'il te reste de la place libre pour les garder. Le patron de la galère ne permet de les garder auprès de toi que si tu as payé pour eux des droits coutumiers de location. Le patron est tenu, dès que tu le souhaiteras, de conserver ces bagages et de les emmagasiner dans la *gebba* avec les autres marchandises. Le prix de cette location des ballots n'est pas fixe et varie selon leur contenu. Ainsi, pour moi, j'ai dû payer de la douane à Venise pour quatre ballots de vêtements de laine et de fil que j'avais tous emportés pour l'usage de la maison. Il est vrai qu'ils étaient tout neufs, et j'ai acquitté un droit de 22 *scudi* d'or, car ils étaient estimés à la valeur de 200 *scudi*. Aussi, pour la location dans la galère, j'ai payé 6 *scudi* d'or.

Toute somme d'argent que tu emporteras dans la galère, pour la transporter d'une province à l'autre, est sujette aux mêmes règlements, égaux pour tous les voyageurs, qu'ils soient juifs, chrétiens ou turcs ; il faudra en faire la déclaration préalable au patron de la galère et payer un droit de douane de un et un quart pour cent. Il est permis de garder cette somme avec soi, ou, si tu le préfères, tu peux la confier [au patron] en toute sécurité ; il s'engagera à bien la conserver et te la restituera, soit à Tripoli, soit à tout autre endroit du trajet où tu le souhaiteras. Si tu comptes [la somme en la lui confiant], lui aussi comptera en te la rendant. Si tu la mets dans un *gruppo* [1], il te la retournera tel quel. Il dressera une police à ton inten-

1. Sac scellé.

tion, dans laquelle il écrira : « Selon ses dires, telle somme d'argent. » De toute façon, tu accepteras la police et tu la garderas chez toi, jusqu'à ce que tu récupères le sac ou l'argent. Sois attentif à ce que la police soit explicite, en mentionnant comment le paiement a été effectué, si tu l'as préalablement payé. Dans son registre des dépôts, le texte de la police sera reproduit mot à mot sans aucune divergence. Et tu marqueras le sac à ton idée pour le reconnaître. Et ces mêmes marques seront consignées sur la police et sur le registre.

Sache et comprends qu'avant de quitter la galère, on te demandera, sous la foi du serment, si tu n'as pas d'autre argent que la somme déclarée. À Tripoli, une perquisition en règle a lieu, au cours de laquelle on fouille avec soin tes effets et tout ce que tu as sur toi, on fouille tout dans ta chambre et jusqu'à ton lit. Si alors on trouve une somme quelconque, non déclarée à l'avance, on te la confisquera, conformément à la règle selon laquelle cet argent serait perdu, sans appel. Prends donc bien tes précautions, car « le sage a ses yeux dans la tête [1] », et n'omets pas de payer la douane, pour ne pas perdre le tout. Bien des gens te diront de n'en avoir cure, qu'il n'y a pas de danger : ne les écoute pas et ne te laisse pas entraîner par de tels conseils. Le plus souvent, les bourgeois qui ont affermé les galères, comme on l'a dit, tout en étant des notables fort estimables, se heurtent les uns les autres : payant des prix fort au-dessus de ce qu'ils peuvent tirer de la galère, ils perdent [de l'argent]. Puis, par dépit ou par chagrin, ils ne manquent pas de se rattraper sur ceux qui enfreignent les règlements, et spécialement ils n'auront ni indulgence ni pitié, surtout si c'est un juif.

Pour tout droit de douane que tu dois acquitter auprès du patron de la galère, soit pour les personnes, soit pour les effets ou biens mobiliers, soit pour les espèces, soit enfin pour les locations, tu peux parfaitement le faire déjà à Venise, avant le départ, dès qu'on te le demandera, pourvu que tu reçoives un reçu en bonne et due forme. On y compte les *scudi* à raison de 1 livre 18 *soldi*, et les *zecchini* se comptent sur le pied de 8 livres 14 *soldi* d'argent vénitien. Si tu paies en retard, seulement à Famagouste ou Tripoli, ils ne prennent les *scudi* qu'à raison de 6 livres 17 *soldi*, et les *zecchini* pour 8 livres, le tout selon l'usage du pays. De plus, en payant à Venise, tu leur fais plaisir, car[, avec le montant de ces sommes,] ils achètent des marchandises et grâce à toi ils auront réalisé un bénéfice, sans préjudice pour toi.

Pour l'entretien de la route de chaque personne, aie soin de te munir d'un demi-*scudo* de biscuit, d'un *marcello* de pain, d'une outre de vin, de trois cruches de vinaigre, d'un peu de viande séchée, de fromage, d'œufs, de sel, d'huile, de cierges en cire, d'une lanterne, d'un bassin de cuivre, de légumes secs, d'ail et d'oignons. Tu feras bien d'être en bons termes

---

1. Ecclésiaste, II, 14.

avec le boulanger, en lui promettant un petit quelque chose pour qu'il te laisse une place dans le coin du four, et qu'il ne laisse personne te nuire. Fais attention et garde chez toi une partie de ce que tu as l'intention de lui donner jusqu'au moment de le quitter, lors de l'arrivée au terme du voyage.

La plus grande partie des hommes qui sont à bord sont féroces, sanguinaires, impitoyables et menteurs ; on ne peut pas se fier à leur parole. Garde-toi d'avoir aucune relation avec eux, ni en bien, ni en mal. Si l'un d'eux t'adresse de gros mots, fais la sourde oreille : « Ne réponds pas au sot d'après son langage [1] », ou réponds en termes gracieux ; à ceux qui sont assis en face de toi ou à côté de ta place, ouvre ta main pour donner une part de ce dont Dieu t'a gratifié, car ils pourront parfois te rendre service et t'honorer. De toute façon, ne fais confiance qu'à Dieu, notre Rocher, fais attention là où tu vas. Quand tu distribueras cet argent, fais-le avec discernement. Si tu convoites un avantage quelconque, évite de le faire avec les autorités, car même si tu offrais de ton argent aux dignitaires, au capitaine ou au patron de la galère, même un objet précieux et acceptable, ils le considéreraient comme nul à cause de leur orgueil. En général, ils te diront : « Garde cela pour toi. »

[Ya'ari, p. 175-180]
[Schwab, p. 213-216]
[Harboun, p. 161-169]

3. *Le récit du voyage entre Venise et Chypre*

Je n'ai jamais eu de journée plus agréable que celle du mercredi 15 du mois d'ab 323 selon le petit comput, ou 4 août [1563], lorsque nous avons quitté la grande ville de Venise pour nous rendre en Terre sainte. À la sortie, nous formions un ensemble de cinq galères, dont trois se rendaient à Alexandrie, deux à Beyrouth, et sur chacune d'elles il y avait beaucoup de juifs. Moi j'ai pris place dans la *capitania*, dans sa *gebba*, à la proue, endroit qui est attribué au *calafato* et au *marangono*, comme je l'ai écrit plus haut. Toutes les galères firent ensemble un trajet de onze cents milles, jusqu'à un point faisant face à l'île de Candie et que l'on nomme le *Capo Spada*. À partir de là, l'ensemble s'est divisé en deux parties : les galères à destination d'Alexandrie continuèrent leur route vers le port de Candie, siège du gouvernement, au milieu de l'île ; tandis que nous, nous prîmes le large, en dehors de cette ligne, en parcourant en mer quarante-sept milles.

De Venise à Pola, le trajet direct serait de cent milles ; mais, en réalité, nous avons fait plus de cent cinquante milles, à cause du détour qu'exige la traversée, pendant laquelle on contourne les pays de l'Istrie. [A Pola,]

---

1. Proverbes, XXVI, 4.

nous sommes restés sept jours. Pola est une grande ville, ayant peu d'habitants, longue et étroite, fort laide ; on n'y trouve rien de bon et l'air est très malsain. On dit que l'eau y est polluée, et la mortalité fort élevée. J'y suis descendu plusieurs fois, sans avoir pu trouver à y acheter des vivres, pas même du pain. [Je n'y ai rien vu de remarquable,] sauf auprès d'une porte, une cité antique délabrée, avec un puits à côté. On prétend que c'était le palais d'Orlando, construit en cercle comme la *rotonda* à Rome, et ils vont jusqu'à dire que c'est une construction du diable ou de sorciers.

Là, les deux *capitani* de la galère se sont entendus pour prendre chacun à tour de rôle le commandement pendant une semaine. Notre capitaine l'a pris la première semaine pour partir en avant, et les autres [galères] l'ont suivi selon leur rang et le *conservi* était toujours le dernier. Le jeudi 25 ab, 13 août, de grand matin, nous avons continué notre route, cabotant le long de la côte de la Slavonie, et nous sommes passés devant de nombreuses localités, comme celles de Zara, Raguse, Zirone, Cattaro, Castelnovo, cette dernière placée sous le pouvoir du gouvernement des Turcs. Après avoir achevé de longer la Slavonie, nous entrions vis-à-vis des côtes d'Albanie, passions devant Avalona pour atteindre Corfou. À mi-chemin, nous avons eu à subir un violent orage, de quoi nous engloutir dans la mer en furie ; pendant trois jours et trois nuits les vagues s'étaient amoncelées et nous passaient parfois sur la tête, au point que nous avons craint de perdre la vie. Nous avons invoqué Dieu de toute notre âme et il a exaucé notre prière ardente : la mer est redevenue étale, les vagues se sont calmées et grâce à une brise bienfaisante, nous sommes arrivés à Corfou le jeudi 19 août, néoménie d'éloul. Béni soit Dieu, qui nous a témoigné sa grâce au jour du danger.

À une distance de trente milles de Corfou, nous avons trouvé douze canots plats des patrouilles de surveillance de Corfou venant à notre rencontre, selon leur usage. Celui qui n'a pas vu la joie d'une foule en délire, le tonnerre de l'artillerie qu'ont produit les multiples grosses pièces des galères en une seule fois, le bruit strident et la sonnerie des trompettes, des fifres et des *naccheri* qui ont sonné et sifflé pendant plus de deux heures, n'a jamais vu une joie dans sa vie. Puis ils ont attaché devant chacune de nos galères deux de ces canots plats et nous ont remorqués avec des cordages — chaque galère est montée par deux cents rameurs —, pendant que les galiotes mettaient les avirons en mouvement de toutes leurs forces pour nous traîner le plus vite possible. La galère du *provveditor*, qui est le chef des gardes, passe en tête, et toutes les autres la suivent l'une après l'autre, escortées finalement par une autre vide qui fermait la marche. Douze *precatole* les entouraient de toutes parts, marchant tantôt en avant, tantôt en arrière, jusqu'à notre entrée, ce jour-là, dans l'intérieur du port de Corfou, vers l'heure du repas.

Aussitôt, je me suis rendu dans la ville pour acheter du pain et des vivres. J'y ai trouvé deux communautés juives, en tout environ soixante-dix chefs de famille, la plupart siciliens ou apuliens. Les uns se livrent au commerce de l'argent, les autres à la profession de teinturiers ; d'autres sont tanneurs, d'autres marchands de mercerie. La crainte de Dieu n'existe pas en ce lieu ; chez eux [*les juifs*] on ne trouve ni étude ni bonnes manières, et la discorde règne au milieu d'eux. Malheur à la pâte dont le boulanger lui-même médit ! Or, ils témoignent eux-mêmes de leurs vices et de leurs défauts et ils n'ont pas menti en faisant même l'éloge de la ville où l'on fait des choses pareilles. En entrant dans la ville, j'ai vu qu'ils emportaient trois morts, pour les enterrer ensemble. Je les ai blâmés, les invitant à les enterrer un à un, comme il convient. Mais ils n'ont prêté aucune attention à mes paroles et m'ont répondu qu'ils n'auraient pas le temps [de reprendre cette besogne] une deuxième ou une troisième fois, alors que leur cimetière est situé en pleine ville.

De Pola à Corfou, il y a six cents milles de distance. Corfou est située en partie dans la plaine et en partie sur une colline. Elle est aussi grande qu'Ancône et elle est pourvue d'un château fort, grand, beau, solide, situé au centre de la ville et qui s'étend jusqu'à la mer, gardé par deux cents mercenaires italiens. En outre, quinze barques vides croisent sans cesse au large pour protéger la ville de l'arrivée des pirates. Elle est fort laide ; ses chemins sont pleins de boue, ses impasses poudreuses, sales, remplies d'ordures et de détritus. L'eau est mauvaise, la nourriture fort chère, et c'est à grand-peine que nous avons trouvé à y acheter de quoi nous suffire. Le pain est noir et pas assez cuit, plein de petits graviers et de terre. Ceci parce que [les meuniers] ne disposent que de petits moulins, car il n'y en a pas de grands pour moudre, et il en est de même du pain de Zante, car en vérité il est immangeable. Ils ont des melons en quantité, qui ne ressemblent nullement aux nôtres, mais ils sont doux et bons. Nous avons trouvé beaucoup de viande de bœuf, du poisson salé, du raisin mauvais et aigre, des légumes secs, des oignons, de l'ail et des produits de ce genre en grande quantité.

Le lundi 23 août, 4 éloul, nous nous sommes remis en route après un arrêt de trois jours, selon l'usage. Les cinq grandes galères sont parties de conserve, accompagnées de quinze canots plats pendant un trajet de quarante milles, jusqu'à un petit port nommé San Nicolo, où ils ont fait demi-tour pour rentrer paisiblement. De là, nous avons poursuivi notre route le long de l'Albanie [*mot incompréhensible*] jusqu'à notre arrivée à Zante, qui est à une distance de deux cents milles de Corfou, le jeudi 26 août, 7 éloul 323 [selon le petit comput]. La ville est sise au pied d'une montagne. Le pays entier forme une grande plaine, bonne et propre, riche surtout en vins et en bonne huile, en miel de bel aspect. [La ville] est de toute beauté, ses fruits sont doux, les poissons, les œufs et les volailles sont en quantité, rien n'y manque. On y trouve aussi en grande quantité du fromage apprêté selon notre rite. Seulement, tout ce que l'on vend est assez cher, et j'ai même entendu dire que c'est l'arrivée de la galère qui avait provoqué ce renchérissement.

Il y a là une synagogue juive, composée d'une vingtaine de chefs de famille venant de la Sicile ou du Portugal, tous riches. Ils prêtent de l'argent à intérêt, au taux de vingt pour cent. Mais il est évident qu'ils ne sont pas désireux de prêter de l'argent sur gages ; ils préfèrent se livrer au commerce sur lequel on gagne davantage. Aussi ont-ils leurs maisons remplies de mets exquis à peu de frais. Par suite de leur fortune excessive, ils sont gonflés d'orgueil, ils oublient Dieu à qui ils doivent cette richesse, ils ont une confiance excessive dans leur bien et se glorifient de leur richesse. Vraiment, lorsque j'ai vu leur synagogue délabrée et en piteux état, aussi mal entretenue que la grande route, livrant passage aux chacals et pleine d'immondices, j'ai eu le cœur serré ; car, que Dieu me pardonne, je n'aurais pas pu distinguer s'il s'agissait d'une écurie ou d'un abattoir. Le jour du shabbat, une dizaine de personnes s'y réunissent parfois pour prier, au hasard ; mais les autres jours de la semaine, ils ne s'adonnent qu'aux occupations mondaines et à la vanité, chacun poussé par son caprice. Malheur à eux, « ils demeurent dans les tentes de l'impiété, dans le séjour de l'iniquité [1] ». Ils vivent parmi les Grecs impurs et les imitent.

Ils m'ont raconté que la plupart d'entre eux ne trouvent guère de cas défectueux parmi les bestiaux égorgés [selon le rite mosaïque]. Sur ma demande, on a tué un veau que l'on a déclaré propre à la consommation. Or, j'ai vérifié après l'examinateur officiel [s'il n'y avait pas de défaut] et j'ai parfaitement distingué qu'un poumon était attaqué, attaché par un abcès à la graisse du cœur. Ceci est fort grave. Non seulement ils ne veulent pas reconnaître, ni regretter leurs anciens péchés, mais, de plus, ils ont convenu en secret, comme je l'ai entendu moi-même, qu'à l'avenir ils se garderont d'égorger une bête en présence d'une personne instruite, compétente dans la législation religieuse. « Qui veut conserver la vie s'éloignera de telles gens », « mais ceux qui observent la Loi sont pleins de zèle contre lui [2] ».

Nous avons été retenus à Zante cinq jours et le mardi 31 août, 12 éloul 323, le départ a eu lieu ; nous sommes passés tout près de Modon, distant de Zante de cent cinquante milles, à mi-chemin de Venise à Famagouste. À trois milles plus loin, nous avons atteint la place nommée *Capo Spada*. C'est là que la galère qui se rendait à Alexandrie s'est séparée de nous, poursuivant sa route plus près de l'île, pour aborder à Candie ; tandis que nous autres nous avons contourné l'île, faisant un chemin d'environ trois cents milles, l'île entière ayant une circonférence de sept cents milles. Puis nous avons passé au large, à sept milles vers la haute mer. Nous avons traversé le golfe qui s'étend sur cinq cents milles ; pendant tout ce temps, nous n'avons aperçu aucune terre au milieu du golfe. [En route,] nous avons été arrêtés par une tempête de deux jours et une nuit, qui a commencé par nous secouer violemment. Après quoi, Dieu a extrait de ses trésors pour nous un vent favorable, qui a conduit le navire avec calme et sécurité jusqu'à ce que nous ayons atteint la pointe de l'île de Chypre, à une distance d'environ vingt milles de Famagouste. Là, nous avons trouvé vingt canots plats chargés de la surveillance de la localité, qui sont venus à notre rencontre selon l'usage. Le samedi qui précède le Nouvel An de 324, le 11 septembre, nous sommes entrés à Famagouste. Elle est éloignée de Zante d'une distance de treize cents milles ; ce qui fait qu'il y a deux mille deux cents milles de Venise à Famagouste.

En abordant ici, nous avons appris avec beaucoup de peine que toutes les contrées de la Syrie étaient frappées d'une épidémie de peste ; la main de Dieu s'est appesantie sur elles depuis le mois d'adar Ier jusqu'à ce jour. Ce sont surtout Jérusalem la Ville sainte, Safed, Alep et Damas [qui ont le plus souffert], ainsi que Beyrouth et Tripoli. Certes, on nous a donné l'assurance que, dans toutes ces localités, le fléau avait diminué et n'était plus aussi violent ; mais il n'a complètement cessé qu'à Tripoli. On y a envoyé avant tout une frégate qui, en deux jours, fit le voyage d'aller et retour et put attester que la ville était tout à fait saine. Moi, j'étais sous le coup de la frayeur conçue en apprenant ces mauvaises nouvelles, et j'avais peur d'y aller ; au cas, à Dieu ne plaise ! où le mal s'attacherait à moi, je mourrais et je serais anéanti, moi et ma maison. Les galères s'arrê-tèrent ici six jours, et le jour même du Nouvel An hébreu[1] [5324], au lever de l'aurore, elles reprirent la route de Tripoli où elles arrivèrent le lendemain, second jour de cette fête du Nouvel An, à une distance de cent milles. Le vénérable et distingué Salomon de Pise, que Dieu le garde et le sauve ! un savant ashkénaze se rendant avec sa famille à Jérusalem, trois personnes du Levant allant à Safed, un vieillard sépharade venu avec moi de Pesaro, toutes ces personnes préférèrent remonter dans la galère. Que Dieu les guide, fasse prospérer leur voyage, les préserve de tout mal et de toute angoisse, détourne d'eux le satan destructeur et, dans sa bonté infinie, veille sur eux, les protège, ainsi que les autres restes du peuple d'Israël ! Que Dieu comble la brèche ! Ainsi soit-il. *Amen.*

Moi je suis resté seul ici, et avec moi est également resté Rabbi Isaac de la Pouille, que Dieu le garde et le sauve ! qui avait demeuré autrefois à Ferrare ; car nous n'avons pas voulu partir jusqu'à ce que nous ayons eu des nouvelles de la paix et appris que Dieu avait commencé à sauver Israël. Je suivis volontiers le proverbe qui dit : « Le sage envisage le malheur et l'évite[2]. » Dieu m'a témoigné sa grâce en me rendant favora-bles les membres de cette sainte communauté, qui m'ont prié avec insis-

---

1. 18 septembre 1563.
2. Proverbes, XXII, 3.

tance de demeurer avec eux quelque temps. J'ai vu que « le repos était bon et le pays agréable [1] », et je me suis décidé à rester ici quelque temps. Du reste, cette ville est plus proche pour atteindre le but de mon voyage que Tripoli ou Rhodes, car elle est située au carrefour de toutes les directions, comme je vais te le dire : de Rhodes à Tripoli, il y a cent milles ; d'ici à Beyrouth, cent vingt milles ; d'ici à Sidon, cent quarante milles ; d'ici à Acre, deux cents milles, d'où, pour aller jusqu'à Jérusalem, il y a un voyage d'un jour et demi par voie de terre, représentant environ quarante milles. D'ici en Égypte, il y a un trajet de deux cent cinquante milles ; d'ici à Constantinople, trois cents milles, le tout compté par voie de mer. Par tous les temps et à n'importe quelle époque, des galères partent pour aller dans tous les sens ; comme, dans nos contrées, tu trouveras tous les jours un bateau qui parte de Pesaro pour suivre la route de Venise. La raison en est qu'il existe une île qui englobe la majorité des localités d'ici à Jérusalem que j'ai mentionnées, comme je vais te le montrer dans les marges de cette lettre, pour que tu comprennes mieux ce que j'ai écrit.

Les dépenses pour la traversée maritime sont modiques ; car, pour 8 ou 10 ducats au plus, je puis louer d'abord un bateau contenant tous les membres de ma famille, emportant tous mes biens, allant à mon choix, soit d'ici à Acre, soit d'ici à Jaffa. Puis, arrivé là, il n'y a qu'un petit trajet par voie de terre, pour lequel je ne dépenserai pas plus de 5 ou 6 ducats. On a l'habitude le plus souvent de partir en voyage le mardi ou le mercredi, de façon à arriver la veille du shabbat, soit à Safed, soit à Jérusalem. En fait, les juifs se gardent généralement d'aller en été soit à Jaffa, soit à Acre, craignant de rencontrer les galères maltaises. Mais il en est d'autres qui n'y font pas attention et disent qu'il faut agir normalement, [car] « Dieu garde les innocents [2] ». Cependant, depuis le commencement du mois d'octobre jusqu'à la fin de mars, il n'y a aucune crainte à avoir, et l'on voyage avec plus de sécurité avec l'aide de Dieu.

Celui qui veut aller de Tripoli à Safed doit actuellement passer d'abord par Damas, ce qui représente un voyage de trois jours ; et de là à Safed, il faut trois autres journées. En outre, à chaque escale intermédiaire, on s'arrête assez longtemps pour attendre les caravanes allant d'une localité à l'autre. On dit qu'à présent le voyage est plus dangereux qu'autrefois, et la dépense est forte. On m'a dit que pour transporter toute ma famille et mes biens par cette voie, 80 *scudi* d'or ne seront pas suffisants. En outre, il y a en route bien des frontières où il faudra payer des droits [de douane] par tête, variant de 8 à 10 *muaydi* [3]. Surtout, la douane à payer à Tripoli est lourde, et la douane de Damas n'est pas légère non plus. Au

---

1. Genèse, XLIX, 15.
2. Psaume CXVI, 6.
3. Monnaie égyptienne.

sujet des dépenses que j'ai eues pour faire venir les membres de ma famille au nombre de sept, que Dieu les garde et les sauve, amen ! mes ustensiles et mes biens et les dépenses en nourriture à Venise, où je me suis arrêté pour quatorze jours, le total de Pesaro à Famagouste — j'ai tenu un compte exact — s'élevait à 169 et un quart *scudi* d'or.

[Ya'ari, p. 180-186]
[Schwab, p. 216-221]
[Harboun, p. 169-180]

ANNEXE

UN VOYAGE FABULÉ

Le Livre de messire Jean de Mandeville [1]

Version liégeoise, 1396

INTRODUCTION

Les deux cent cinquante manuscrits qui nous sont parvenus du *Livre* de Jean de Mandeville attestent du succès que connut cette œuvre, succès durable, les manuscrits datés s'échelonnant entre 1371 et 1783 ; succès à l'échelle de l'Europe puisque l'ouvrage, rédigé en français en 1356, fut traduit avant la fin du XVe siècle dans toutes les langues parlées sur le continent, anglais, latin, allemand, italien, espagnol, néerlandais, gaélique, danois et tchèque. Les imprimeurs prirent le relais des copistes, les premières éditions datent des années 1478-1480 et se sont poursuivies jusqu'à nos jours, même si, en France, Mandeville fut quelque peu décrié, puis oublié, entre le XVIIe et le XXe siècle, accusé qu'il était de plagiat par méconnaissance des méthodes de composition et de rédaction des écrivains du Moyen Âge.

Le texte français nous est parvenu dans trois versions différentes, une version insulaire, écrite en dialecte anglo-normand, et que la critique interne permet de considérer comme la plus ancienne ; une version continentale, écrite en dialecte de l'Île-de-France, et suivant de très peu la première, puisque le plus ancien manuscrit daté est de 1371 ; une version liégeoise, écrite en dialecte picard et dont le plus ancien manuscrit daté est de 1396. Cette dernière version a déclenché toute une polémique quant à la personne de Mandeville, car le colophon des manuscrits mentionnait que l'auteur avait rédigé son ouvrage à Liège, à la demande d'un médecin, Jean à la Barbe, rencontré autrefois en Égypte, cependant que le *Myreur des Histoires* du chroniqueur liégeois Jean d'Outremeuse affirmait dans le même moment que Jean de Bourgogne, dit à la Barbe, l'avait appelé sur son lit de mort pour lui révéler que son véritable nom était Jean de Mandeville.

Il serait trop long de rappeler ici tous les arguments échangés entre les érudits pour ou contre un Mandeville chevalier anglais, tel qu'il se présente dans le texte, et un Mandeville médecin bourguignon, caché sous un

---

1. Traduit du moyen français, présenté et annoté par Christiane Deluz.

faux nom à Liège pour des raisons plus ou moins avouables. Là encore, la critique interne conduit à penser qu'il faut faire confiance à l'auteur, plutôt qu'à Jean d'Outremeuse, souvent affabulateur, et que Jean de Mandeville est bien, comme il l'affirme, un chevalier « né et élevé en Angleterre, en la ville de Saint-Albans » et qu'il a parcouru, après avoir « pris la mer l'an 1322 », « plusieurs pays et diverses terres, provinces, régions et îles ».

Son « livret », ainsi qu'il le qualifie, a souvent reçu le titre de *Voyages*, ce qui n'a pas peu contribué au discrédit de l'auteur à partir du XVIIᵉ siècle. En effet, si toute la première partie, consacrée à la Terre sainte et aux itinéraires qui y conduisent, est vraisemblablement œuvre d'un authentique voyageur, la seconde partie, qui tente de décrire tout le monde connu, a manifestement été construite à partir de récits de missionnaires ayant parcouru l'Asie, notamment le frère mineur Oderic de Pordenone, d'encyclopédies comme celle de Vincent de Beauvais ou de Brunetto Latini et d'œuvres romanesques, *Roman d'Alexandre* ou *Lettre du Prêtre Jean*, pour ne citer que ses principales sources. Si bien qu'après avoir, et ce jusqu'à la fin de la période des grandes découvertes, considéré Mandeville comme une autorité géographique, on l'a ensuite traité à la fois de plagiaire et de menteur.

La redécouverte de Mandeville, depuis une quarantaine d'années, fait apprécier un ouvrage dont l'originalité est justement de rassembler toutes les œuvres traitant de la Terre pour les présenter en une synthèse qui, sans renoncer aux « merveilles » véhiculées par une tradition vénérable depuis l'Antiquité, fait place aux témoignages les plus récents des voyageurs en Asie [1], et appelle ardemment à poursuivre la découverte d'un monde plus vaste, plus divers qu'on ne l'avait jusque-là imaginé et dont la circumnavigation est possible, puisque « la Terre est ronde ».

La version liégeoise de Mandeville, que nous présentons ici, tout en se rapprochant du texte continental, se distingue nettement des deux premières versions, non seulement par la mention de la rédaction à Liège, mais par une série d'interpolations mettant en scène Ogier le Danois. Ce héros des chansons de geste est présent dès la *Chanson de Roland* où il est nommé, avant les douze pairs, comme un des premiers qui accompagnent Charlemagne au conseil. Comme les autres héros, le personnage subit au fil des temps et des textes des transformations successives. Vers 1080, la *Conversio Othgerii militis* lui fait terminer ses jours comme saint moine à Saint-Faron de Meaux où un mausolée, détruit seulement à la veille de la Révolution, est édifié en son honneur un siècle plus tard, tandis que le *Pseudo-Turpin* (chronique attribuée à tort à l'archevêque Turpin, vers 1150) en fait un des douze pairs, plus ou moins apparenté à Naimes de Bavière. Le héros se voit doté de tout un lignage ; la *Chanson d'Aspre-*

---

1. Le récit d'Oderic date de 1330.

mont (1188) nomme son père, Gaufroi, et la *Chevalerie Ogier* (vers 1200) fait de ce Gaufroi un duc de Danemark, envoyant son fils en otage à la cour de Charlemagne ; *Adenet* (vers 1275) lie les dynasties de Danemark et de Hongrie par un double mariage entre Gaufroi et Constance de Hongrie, d'une part, Henri, son fils, et Flandrine, sœur d'Ogier, d'autre part ; *Doon de Mayence* (vers 1300) donne à Gaufroi un père qui n'est autre que Doon, époux d'une première Flandrine ; Gaufroi lui-même a épousé en premières noces Béatris, fille du roi de Hongrie, mère d'Ogier ; enfin Jean d'Outremeuse dans le *Myreur des Histoires* (vers 1395), repre- nant sa *Geste d'Ogier* aujourd'hui perdue, fait de cette Béatris la fille de Florentine, elle-même fille de Sanche le Lion et sœur de Berthe, la mère de Charlemagne.

Ainsi apparenté aux Carolingiens sans avoir perdu sa qualité de Danois, Ogier devient aussi peu à peu le héros d'aventures diverses et sa psycholo- gie évolue. Le preux fidèle, le pieux converti du XIIᵉ siècle entre au XIIIᵉ siècle dans le groupe des vassaux révoltés. La *Chevalerie Ogier* orga- nise l'action autour de la vengeance que le Danois veut tirer du fils de Charlemagne, Charlot, qui a tué son fils Baudouinet au cours d'une partie d'échecs, vengeance à laquelle il finit par renoncer non sans dramatiques débats intérieurs. Toutefois, plus que la figure du vassal révolté, c'est celle du preux combattant qui s'impose, notamment dans la lutte contre l'Islam. Circonscrit dans les textes les plus anciens à l'Europe carolingienne, le théâtre des exploits d'Ogier s'étend progressivement au monde musulman tout entier. Déjà, dans la *Chevalerie Ogier*, Charlemagne l'appelle au secours contre Brehus, roi d'Afrique, de Babylone et de Turquie, qui ravage la France ; avec *Huon de Bordeaux* (vers 1220), une partie de l'ac- tion se passe à Babylone, c'est-à-dire au Caire. Mais c'est le *Roman d'Ogier* (vers 1310) qui transporte résolument son héros à la fois en Orient et au temps des croisades, le dotant d'une longévité fabuleuse, l'envoyant à Acre où les Templiers le trahissent, puis au Caire et à La Mecque avant de le lancer dans un voyage extraordinaire dans les îles de l'Inde.

Jean d'Outremeuse ne fait donc que s'inscrire dans la tradition des continuateurs en racontant complaisamment les aventures d'Ogier à travers l'Asie. Il avait composé, dit-il, une *Geste d'Ogier* qui n'a pas été retrouvée, mais dont il reprend, semble-t-il, l'essentiel dans sa grande chronique, le *Myreur des Histoires*. Sa venue au monde est prophétisée par les apôtres Pierre, Paul, Thomas, car, en dehors des exploits déjà connus par les œuvres précédentes, il sera l'apôtre des Indes. Après avoir conquis Jérusalem avec Charlemagne, il se lance en effet à l'assaut de l'Inde où il se rend maître de quinze, puis douze royaumes, convertissant rois et peuples, fondant églises et monastères et établissant finalement un de ses cousins, surnommé le Prêtre Jean, comme maître d'un immense empire. Il est doté aussi d'une longévité exceptionnelle, puisqu'on le voit combattre à Bouvines.

Ce sont toutes ces aventures orientales que l'on retrouve dans les interpolations de la version liégeoise de Mandeville. Quel en est l'auteur ? La question a fait couler beaucoup d'encre sans pouvoir être tranchée, mais tout, date, style, précision des détails, semble indiquer qu'il s'agit de Jean d'Outremeuse lui-même. Ce qui importe ici, plus que la question des personnes, est la transformation qu'a subie ainsi l'œuvre.

Le monde que présente le *Livre* de Mandeville est centré sur Jérusalem, vers laquelle conduisent toutes les routes possibles, même par la Tartarie. À peu près la moitié de l'ouvrage est occupée par une description de la Terre sainte, calquée sur le modèle des nombreux récits de pèlerinage qui circulaient en Occident. Ceci est conservé dans la version liégeoise où la première apparition d'Ogier est celle d'un pieux pèlerin dans la suite de l'empereur Charles. Le monde du *Livre* est aussi un monde de merveilles : merveilles d'une Asie où les villes se comptent par milliers, où les remparts des capitales ont plus de vingt lieues de tour ; merveilles d'une nature exubérante et généreuse où les arbres donnent pain, miel et vin, où les épices croissent en abondance, où les poissons se jettent d'eux-mêmes sur les rivages ; merveilles de la richesse, profusion d'or, d'argent, de perles et de pierres précieuses qui composent les vêtements et le mobilier ; merveilles enfin d'hommes et d'animaux aux formes étranges, à l'aspect insolite, voire inquiétant. Et aucune de ces merveilles n'a disparu de la version liégeoise, on pourra le voir à la lecture des chapitres sur la cour du khan, le royaume du Prêtre Jean, les îles de l'océan Indien.

Mais le monde de Mandeville, tout divers et étrange qu'il soit, est marqué par une profonde unité, qui est finalement celle du genre humain. La composition du *Livre* fait voisiner, tout autour de la terre, les gens primitifs de l'île de Tracorde qui ne savent même pas se construire de maison et les habitants de Java, dominée par le somptueux palais du roi aux escaliers d'or et d'argent. Aucun jugement défavorable n'est émis à l'égard des autres mœurs, des autres croyances, si éloignées qu'elles puissent paraître de celles des pays de chrétienté. Cela est d'autant plus sensible que l'auteur a souvent passé sous silence ou modifié dans un sens positif les remarques désobligeantes qu'il pouvait trouver dans les sources utilisées. La version liégeoise, elle, introduit çà et là des notations critiques, plaignant le roi de Dondin d'avoir à gouverner l'humanité disgraciée des îles ou fustigeant la conduite du riche mandarin du Tibet. Mais surtout, la présence d'Ogier modifie le statut de ces peuples et royaumes d'Asie et même du Proche-Orient. Il apparaît dans la première partie de l'ouvrage comme le prédicateur de la vraie foi aux Samaritains, hélas sans que leur conversion ait été durable, et comme le pourfendeur des Bédouins, là encore sans succès définitif. Un certain nombre d'États d'Asie lui ont appartenu, il les a marqués par la fondation d'églises et d'abbayes, il a tenté de convertir leurs souverains ou les a remplacés par des chrétiens de sa parenté. Les richesses naturelles de l'Orient sont dues à autant de miracles que Dieu a faits pour lui. Ainsi se dessine une autre carte où les îles peuplées d'êtres anormaux sont exclues des conquêtes ogériennes, alors que les îles belles et fertiles gardent, d'une façon ou d'une autre, trace de sa présence. Et face à l'immense et tout-puissant empire du khan, la terre du non moins puissant Prêtre Jean témoigne de la vitalité du christianisme.

La vision du monde que livre la version liégeoise est ainsi moins profondément humaniste et beaucoup plus européocentriste que celle de Jean de Mandeville. Par Ogier interposé, c'est l'Europe chrétienne qui met sa marque sur les autres continents, conquérant les terres, imposant ses croyances. Entre 1356, date de la rédaction de l'ouvrage, et 1396, date de l'apparition d'un manuscrit liégeois, on passe de la curiosité pour les pays découverts à la « conquête et exploitation des nouveaux mondes », pour reprendre l'expression de Pierre Chaunu.

La version liégeoise joua d'ailleurs un certain rôle à l'époque des découvertes. Ogier le Danois avait été très tôt un héros populaire en Scandinavie et il figure en bonne place dans la *Karlamagùs Saga*, recueil en prose norroise de chansons de geste françaises et de chroniques latines (vers 1240). La traduction danoise du *Livre* de Mandeville fut faite (avant 1444, date du plus ancien manuscrit) d'après un texte latin, lui-même dérivé de la version liégeoise. Prenant très au sérieux les affirmations de l'ouvrage, un gentilhomme danois, nommé Vallarte, se présenta vers 1445, porteur d'une mission écrite de son souverain, à la cour du roi de Portugal dans l'intention d'aller à la recherche du royaume d'Inde fondé par Ogier le Danois au bénéfice du Prêtre Jean. On retrouve ce Vallarte en 1448 dans une expédition en Afrique. Dix ans plus tard, le Danemark envoya, avec la même mission, un certain Laaland. Un peu plus tard, en 1520, le roi Christian II organisa une expédition vers le Groënland, cherchant des îles où auraient pu s'établir des émigrés danois au temps d'Ogier et du Prêtre Jean. Le Danemark continua d'ailleurs à voir en Ogier un de ses héros, grâce entre autres au grand humaniste Christiern Pedersen (1478-1554) qui, dans la *Keyser Karlls Magnus Kronike* (1534) et dans la *Kong Olger danskis Kronike* (1534), reprend la matière des chansons de geste et du *Livre* de Mandeville. Les chansons populaires, deux contes d'Andersen, la statue d'Ogier érigée à Elseneur en 1908, attestent une popularité qui ne se dément pas et, durant la Seconde Guerre mondiale, l'un des mouvements de résistance les plus importants se plaça sous le patronage d'Ogier le Danois.

On voit donc l'intérêt non négligeable que présente cette version liégeoise, restée malheureusement jusqu'ici inédite. Notre traduction se fonde sur le manuscrit de Chantilly, écrit au XIVᵉ siècle pour le seigneur de Ghistelles en Artois. Il est le seul à donner l'ensemble du corpus, attribué à Mandeville par la version liégeoise, outre le récit des voyages, un traité sur la rotondité de la Terre, un autre sur la forme du ciel, un herbier et un lapidaire. Seul ce dernier ouvrage pourrait être réellement de lui.

Le *Livre* de Mandeville se compose de deux parties :
une description de la Terre sainte et des itinéraires qui y conduisent, accompagnée d'un développement sur Mahomet et le Coran ;
une description du monde, et plus particulièrement de l'Asie et des îles de l'océan Indien.

Les interpolations où figure Ogier le Danois commencent dès la première partie. Nous donnons ici les chapitres où elles figurent, d'après le manuscrit de Chantilly. Ce manuscrit ne comportant pas de titres de chapitres, nous les avons ajoutés pour la clarté de la lecture. Sont donnés également les passages où cette version liégeoise se distingue nettement des autres versions de Mandeville.

CHRISTIANE DELUZ

BIBLIOGRAPHIE : Texte de la version liégeoise : en dehors du manuscrit 699 de Chantilly, il existe cinq manuscrits de la version liégeoise, notamment à la Bibliothèque nationale, fr. 24436, daté de 1396.

Sur ce manuscrit : POERK G. DE, « Le corpus mandevillien du ms. Chantilly 699 », *Mélanges R. Guiette*, Anvers, 1961, p. 31-48.

La version insulaire est donnée en traduction dans : *Jean de Mandeville, Voyage autour de la terre*, traduit et commenté par DELUZ C., Paris, Les Belles Lettres, coll. « La Roue à Livres », 1993.

La version continentale est dans : LETTS M., *Mandeville's Travels* (Hakluyt Society, 2ᵉ série, 101-102), Londres, 1953, 2 vol., qui donne la transcription du plus ancien manuscrit français daté offert à Charles V en 1371.

Sur l'auteur et son œuvre : BENNETT J.W., *The Rediscovery of Sir John Mandeville*, New York, 1954.
DELUZ C., *Le Livre de Jehan de Mandeville, une « géographie » au XIVᵉ siècle*, Louvain-la-Neuve, Publications de l'Institut d'études médiévales, nᵒ 8, 1988.

Sur les voyages et la géographie : HOWARD D.R., « The world of Mandevils Travels », *Yearbook of English Studies* nᵒ 1, 1971, p. 1-17.
MOLLAT M., *Les Explorateurs du XIIIᵉ au XVIᵉ siècle*, Paris, J-C. Lattès, 1984.
POIRION D., *Le Merveilleux dans la littérature française du Moyen Âge*, Paris, PUF, coll. « Que sais-je ? » nᵒ 1938, 1982.

Sur Ogier le Danois : TOGEBY K., *Ogier le Danois dans les littératures européennes*, Copenhague, Munksgaard, 1969.
EHRENSVARD U., « La représentation cartographique des régions arctiques scandinaves », *Premier Congrès international sur l'histoire et la découverte des régions polaires boréales*, Rome, 1981.

PROLOGUE

[...] Moi, Jean de Mandeville, chevalier, né en Angleterre dans la ville de Saint-Albans, ai pris la mer l'an de la Nativité de Notre Seigneur Jésus-Christ 1322, le jour de la fête de Saint-Michel Archange et j'ai depuis été longtemps outre-mer, j'ai vu et parcouru plusieurs pays et diverses provinces, régions et îles. Je suis passé par la Turquie, la petite et la grande Arménie, la Tartarie, la Syrie, la Perse, l'Arabie, la Haute et Basse-Égypte, la Libye, une grande partie de l'Éthiopie, la Chaldée, l'Amazonie, l'Inde mineure, moyenne et grande, par diverses îles qui entourent l'Inde où demeurent beaucoup de peuples divers avec des religions et des mœurs variées. Je parlerai de tout cela en détail et décrirai ce que j'ai vu selon ce dont je pourrai me souvenir. Et pour ceux qui ont l'intention de voir la sainte cité de Jérusalem et les Lieux saints qui l'entourent, je dirai les routes à suivre, car j'ai longuement cheminé et chevauché, en bonne compagnie, grâce à Dieu et à la bonne Vierge Marie. Et sachez que j'aurais écrit ce livret en latin pour être plus concis, mais comme beaucoup ne le comprennent pas aussi bien que le français, je l'ai écrit en français pour être compris de tous et particulièrement des seigneurs chevaliers et autres nobles qui ne savent pas ou peu le latin et qui ont été outre-mer. Ils pourront ainsi savoir si j'ai dit la vérité et me corriger s'il arrivait que par ignorance j'aie fait quelques erreurs, car le passé lointain tombe dans l'oubli et la mémoire d'un homme ne peut tout retenir. [...]

LA TERRE SAINTE

Au nom du Dieu de gloire, celui qui veut aller outre-mer peut prendre plusieurs chemins par terre et par mer, selon les pays d'où il part, et tous conduisent au même endroit. Ne croyez pas que je décrirai tous les lieux, cités, villes et châteaux par lesquels il convient d'aller, mais seulement les principaux pays et lieux que l'on traverse sur le chemin. [...]

Le temple de Jérusalem

Dans ce temple du Seigneur, il y avait des chanoines réguliers, obéissant à un abbé. C'est dans ce temple du Seigneur que se trouvait un jour, en grande dévotion, le roi Charles le Grand, jadis roi de France et empereur de Rome. Avec lui étaient Naimes, duc de Bavière, Ogier le Danois, Roland, Olivier et de nombreux pairs de France[1] qui étaient venus en pèlerinage. Et l'ange apporta à Charles le prépuce de Notre Seigneur Jésus-Christ, celui de sa circoncision. Charles l'emporta et le plaça à Aix-la-Chapelle. Mais Charles le Chauve, dont Charles était aïeul, puisqu'il était père du roi Louis, lui-même père de Charles le Chauve, l'enleva d'Aix et le fit porter à Poitiers. Puis il fut transporté à Chartres.

Ce temple n'est pas le temple que construisit Salomon, car il ne dura que mille cent deux ans et fut détruit avec la cité de Jérusalem par Titus, fils de Vespasien, empereur de Rome, quand il vengea la mort de Notre-Seigneur sur les Juifs qui l'avaient crucifié sans l'autorisation de l'empereur. Titus brûla le Temple et mit à mort onze cent mille Juifs et en mit en prison et en vendit comme esclaves, trente pour un denier. Ils avaient, dit-il, acheté Jésus-Christ trente deniers et il voulait les vendre à meilleur marché.

Après un long espace de temps, Julien l'Apostat autorisa les Juifs à reconstruire le Temple, car il était renégat et apostat et haïssait les chrétiens et les moines. Les Juifs commencèrent donc à rebâtir le Temple, mais le tiers était à peu près achevé quand survint, selon le bon plaisir de Dieu, un tremblement de terre qui détruisit tout.

Après cela, l'empereur Hadrien, qui était de la lignée de Troie, reconstruisit la cité de Jérusalem et le Temple au même endroit et de la même manière que Salomon l'avait édifié, mais il ne voulut pas qu'un seul juif y demeurât, seulement des chrétiens. Cet empereur fit enclore et entourer l'église du Saint-Sépulcre avec le reste de la cité, alors qu'auparavant elle était loin en dehors. Il voulut changer le nom de Jérusalem et l'appeler Hélya, mais cela ne dura guère. [...]

---

1. Dans la *Chanson de Roland*, Ogier le Danois n'est pas un des douze pairs. C'est à partir du *Pseudo-Turpin* (vers 1150) qu'il devient l'un d'eux.

La vallée du Jourdain

Sur les monts du Liban, il croît des cèdres très hauts, portant de gros fruits, certains longs et gros comme une tête d'homme. Le fleuve du Jourdain sépare les pays de Galilée, d'Idumée et de Bostron. Il a un assez long cours souterrain jusqu'à une belle et grande plaine nommée en sarrasinois *Meldan*, c'est-à-dire en français « foire » ou « marché », parce qu'on y tient souvent des foires. À partir de là, le fleuve s'élargit. La tombe de Job est dans cette plaine.

C'est dans ce fleuve du Jourdain que Dieu fut baptisé à l'endroit que je vous ai dit où a été construite l'église Saint-Jean. Là, on entendit la voix de Dieu le Père disant : « Celui-ci est mon Fils bien-aimé. » Et là le Saint-Esprit descendit sous la forme d'une colombe. Ainsi, toute la Trinité fut présente à ce baptême.

Les enfants d'Israël traversèrent ce fleuve du Jourdain à pied sec et placèrent au milieu du fleuve des pierres en mémoire de l'eau qui s'était retirée par miracle. Naaman le Syrien, un homme très riche, mais lépreux, se baigna dans ce fleuve du Jourdain et fut aussitôt guéri.

Autour du fleuve, il y a beaucoup d'églises où demeurent des chrétiens. Assez près, est la cité de Hay que Josué assaillit et dont il se rendit maître. Au-delà du fleuve du Jourdain, se trouve une belle vallée nommée le val Mambré. À deux lieues de la montagne dont j'ai parlé où Notre-Seigneur jeûna quarante jours et quarante nuits, en direction de la Galilée, s'élève une haute montagne où les démons portèrent Notre-Seigneur pour le tenter une troisième fois. Le démon lui montra un grand pays et lui dit : « Tout ce que tu vois, je te le donnerai, mais tombe à mes pieds et adore-moi. »

En allant de la mer Morte vers l'est, hors de la Terre promise, il y a un beau château fort dans la montagne. Il appartient au sultan et se nomme *Krak* en sarrasinois, c'est-à-dire en français « Montroyal ». C'est Ogier qui le fonda et il y installa des chrétiens. Au pied de ce château, il y a une ville appelée Sobak [1]. Aux environs demeurent une multitude de chrétiens, payant tribut. De Sobak, on va à Nazareth, dont Notre-Seigneur porte le nom. [...]

Les Bédouins

Après avoir visité ce saint lieu [le monastère du Sinaï], si l'on veut revenir vers la sainte Jérusalem, on prend congé des moines en se recommandant à leurs prières. Ils donnent aux pèlerins une bonne quantité de

---

1. Le Krak de Montréal est en ruines. Sobak, aujourd'hui Chôbak, en Jordanie, est à une centaine de kilomètres au sud-est de Montréal, dominée par un autre château.

provisions pour traverser les déserts de Syrie, ce qui prend bien treize journées de voyage.

En ces déserts demeurent de nombreux Arabes nommés Bédouins ou Ascopars[1]. Ce sont des gens peu civilisés, ils n'ont pas de maisons en dehors de tentes faites de peaux de bêtes comme les chameaux et d'autres animaux qu'ils mangent. Ils couchent sous ces tentes. Ils demeurent volontiers là où il y a de l'eau, comme au bord de la mer Rouge ou ailleurs, car on manque beaucoup d'eau en ces déserts ; une saison il y en a, une autre il n'y en a pas. Ils changent souvent de terre et d'habitation, c'est pour cela qu'ils ne construisent point de maison. Ces gens ne travaillent ni ne labourent la terre, car ils mangent peu de pain, sauf ceux qui demeurent près des bonnes villes où ils vont quelquefois en manger. Ils font rôtir les poissons et les viandes sur des pierres chaudes au soleil. Ce sont des hommes forts et bons combattants, ils sont en nombre considérable. Ils ne font rien sinon chasser les bêtes sauvages pour se nourrir. Ils font peu de cas de leur vie et ne craignent donc ni le sultan ni les autres princes, et ils oseraient bien attaquer le sultan s'il leur faisait du tort ; ils sont souvent en guerre avec lui. Quand je servais le sultan comme soldat, ils nous attaquaient et j'ai livré plusieurs batailles contre eux avec le sultan. Ils n'ont d'autres armes qu'un bouclier et une lance, ils entourent leur cou et leur tête d'un linge. Ils sont mauvais et félons.

On dit au pays d'Égypte qu'Ogier le Danois, vaillant duc de France, qui conquit jadis dans les terres d'outre-mer quinze royaumes en une seule expédition et douze en une autre, mit à mort toutes ces mauvaises gens dont je parle et les détruisit. Ils lui coûtèrent plus de peines que toutes les batailles qu'il livra contre les Sarrasins. Mais le diable d'enfer les a aujourd'hui multipliés et ils sont plus nombreux qu'ils ne furent jadis. [...]

Les Samaritains

Les gens de ce pays, appelés Samaritains, furent les premiers à être baptisés et convertis par les Apôtres, mais ils furent ensuite vaincus par le sultan et reprirent leur ancienne religion. Au temps de Charles le Grand, roi de France et empereur de Rome, Ogier le Danois, un des douze pairs de France, les convertit à nouveau et les fit baptiser. Comme je vous l'ai dit, Ogier conquit outre-mer quinze royaumes une première fois, et douze une autre fois, et la Samarie fut une des terres et pays qu'il conquit. Dans les pays d'outre-mer, on parle de cet Ogier et leurs chroniques en font souvent mention. C'était selon eux un puissant chevalier, on le

---

1. Albert d'Aix, dans son récit de la croisade, désigne ainsi les habitants de l'Éthiopie.

nommait « Champion de Dieu ¹ » et nul ne pouvait lui résister. Je vous en parlerai plus longuement quand j'en arriverai à l'Inde et aux grands pays qu'il conquit et où les gens croient plus en lui qu'en Dieu.

Ce peuple des Samaritains n'a pas bien conservé sa religion et sa doctrine ; ils ont une religion à eux, différente de celles des chrétiens, des Sarrasins et des juifs. Ils croient bien en un seul Dieu, ils disent qu'il n'y a qu'un seul Dieu qui créa toutes choses et jugera tout. Ils suivent la Bible à la lettre, les cinq livres de Moïse et le Psautier, comme les juifs. Ils se disent vrais enfants de Dieu, le peuple aimé de Dieu par-dessus tous les autres et possédant l'héritage que Dieu avait promis à son peuple préféré. Leur vêtement diffère de celui des autres, car ils entourent leur tête d'un linge rouge, à la différence des chrétiens demeurant là et qui portent un linge bleu, des Sarrasins qui en portent un blanc et des juifs qui en portent un jaune.

Et puisque je vous ai parlé de la Terre promise, qui est celle que les Juifs ont le plus souvent habitée et où ils demeurent, payant tribut, plus qu'en nul autre pays, je vais vous montrer leurs lettres, comment ils les nomment et comment ils les rangent. [*Suit l'alphabet hébraïque.*] [...]

Les chrétiens d'Orient

Vous devez savoir qu'avec les Sarrasins beaucoup de chrétiens demeurent en ces contrées, de diverses sortes et de divers noms. Tous sont baptisés et, quoiqu'ils aient des lois et des coutumes diverses, tous croient en Dieu le Père, au Fils et au Saint-Esprit. Ils errent cependant sur certains articles de notre foi.

Certains sont appelés jacobites, parce que saint Jacques les convertit d'abord et saint Jean les baptisa. [*Suit un exposé des principales erreurs des jacobites.*] Il y a d'autres chrétiens qui sont appelés syriens. Leur religion s'inspire de la nôtre et de celle des Grecs. Ils portent tous la barbe comme les Grecs et célèbrent la messe avec du pain levé. Leur langue s'écrit avec l'alphabet sarrasin, mais pour les célébrations à l'église ils utilisent le grec. Ils se confessent comme les jacobites. Il y a aussi d'autres chrétiens appelés géorgiens, parce que saint Georges les convertit. Ils vénèrent saint Georges plus que tous les autres saints du paradis et l'appellent toujours à leur secours. Les géorgiens portent tous la tonsure, les clercs une tonsure ronde et les laïcs une carrée. Leur religion est semblable à celle des Grecs.

Il y a encore d'autres chrétiens appelés chrétiens de la Ceinture, car ils en portent tous une sur leur vêtement. Il y en a d'autres que l'on nomme

---

1. C'est ainsi que le désigne saint Pierre, en prédisant sa venue, dans le *Myreur des Histoires* de Jean d'Outremeuse (voir l'Introduction).

nestoriens, d'autres ariens, d'autres nubiens et d'autres nommés indiens, qui sont dans la terre du Prêtre Jean[1]. Vous devez savoir qu'Ogier le Danois a finalement converti toutes ces régions par l'épée, comme on le dit dans leurs histoires. C'est par cet Ogier que le premier Prêtre Jean fut installé en Inde. En effet, quand il conquit l'Inde, il la donna à son cousin, le Prêtre Jean, qui en fut le premier roi chrétien, comme je vous le raconterai plus longuement quand je parlerai de la terre du Prêtre Jean.

Tous ces peuples chrétiens ont quelques articles de notre foi, mais sur d'autres, ils en diffèrent beaucoup. [...]

La fin de Mahomet

Vous devez savoir que, quand Mahomet fut mort, il fut placé en une châsse d'or, d'argent et de pierres précieuses, dans une cité appelée Galdara où elle resta deux cent soixante ans. Puis elle fut transportée à la cité de La Mecque où elle se trouve encore. La Mecque avait été reconstruite après avoir été détruite par les Français à cause d'Ogier le Danois qui était emprisonné là. Les Templiers d'Acre l'avaient vendu au roi Ysore, fils du roi Bréhier, qu'Ogier avait tué près de la cité de Laon en France[2].

Et sachez que les Sarrasins disent des choses étonnantes sur la prouesse de cet Ogier. Ils disent qu'il reviendra, conquerra tout leur pays et le convertira à la foi chrétienne.

Il vous faut savoir qu'en Tartarie, Russie et Prusse, ils ont un alphabet à eux avec des noms pour les lettres et ils ont quatre lettres de plus que nous, car leur langue est différente de la nôtre. *[Suit l'alphabet tartare[3].]*

L'ASIE ET LES ÎLES

Le monde de l'Inde et des îles[4]

Après vous avoir parlé de la Terre sainte, des pays qui l'entourent et des divers chemins qui mènent en cette terre, au mont Sinaï et à la petite Babylone[5], je veux vous parler des pays lointains, des îles et des diverses

---

1. Le mystérieux et fabuleux royaume du Prêtre Jean était situé quelque part en Asie, malgré les assertions de Guillaume de Rubrouck affirmant qu'il ne l'avait pas rencontré et que nul n'avait entendu parler de lui.
2. Les premières mentions des Templiers en relation avec la légende d'Ogier apparaissent dans le *Roman d'Ogier* (vers 1310).
3. Cet alphabet n'existe pas dans les autres versions de Mandeville.
4. Nous donnons ici la phrase introduisant la seconde partie du livre.
5. Ainsi est désigné Le Caire.

gens et bêtes qui y vivent. Il y a en effet beaucoup de régions diverses séparées par les quatre fleuves du Paradis terrestre. [...]

La route vers l'Inde

D'Éthiopie, on va vers l'Inde par bien des pays divers. On appelle la haute Inde Évilat. L'Inde est divisée en trois parties, l'Inde majeure, qui est un pays très chaud, l'Inde moyenne, qui est un pays tempéré contigu à la Médie et la petite Inde, dite basse Inde, qui est vers le nord et très froide. En raison de cette froidure et du gel continuel, l'eau se transforme, dit-on, en cristal. Sur les roches de cristal croissent de très bons diamants qui semblent du cristal trouble et jaunâtre, un peu de la couleur de l'huile ; ils sont si durs qu'on ne peut les polir. On trouve d'autres diamants en Arabie, qui sont moins durs et ne sont pas si bons. On en trouve de très peu durs à Chypre et en Macédoine, mais les meilleurs et les plus précieux sont ceux d'Inde. Si vous voulez connaître toutes les sortes de diamants et leurs vertus, vous les trouverez plus loin dans mon *Lapidaire*, qui est le dernier des cinq livres que j'ai composés selon les avis des Indiens, qui sont les plus savants et les plus experts en ces matières [1]. [...]

L'île de Tana et l'Inde du Sud

Cette île de Tana dont je parle est possédée par les Sarrasins. Dans cette île, je vous assure qu'il y a beaucoup de lions et d'autres bêtes sauvages. Et je vous dis qu'en vérité les rats de cette île sont aussi grands que des chiens de chez nous et qu'il faut de grands mâtins pour les attraper. Dans cette île, comme dans plusieurs autres, on n'ensevelit pas les morts, car la chaleur est si grande que la chair est consumée jusqu'aux os en peu de temps.

De cette île, par mer, on vient en Inde majeure à une cité nommée Zarchee [2], noble et belle, où demeurent de nombreux chrétiens. Il y a là beaucoup de beaux monastères fondés par Ogier le Danois et on les appelle encore les églises des Danois.

Puis on arrive par mer au pays de Lombe [3] où croît le poivre dans une forêt nommée Combar. Il n'y a au monde que cet endroit où il pousse et la forêt a bien dix-huit journées de voyage de long. Il y a dans cette forêt deux vieilles cités fondées par Ogier le Danois quand il conquit le pays.

---

1. Ce *Lapidaire*, emprunté pour le chapitre sur le diamant au texte des autres versions du *Livre* de Mandeville, se trouve à la fin du corpus mandevillien dans le seul manuscrit de Chantilly.
2. Aujourd'hui Barochan, au nord de Surat et de Bombay.
3. Région de Polumbum, sur la côte de Malabar.

Il nomma l'une Flandrine, d'après la reine, mère de son père Gaufroi de Danemark, qui s'appelait Flandrine. C'était la femme de Doon de Mayence. Et on appelle encore la ville Flandrine. L'autre, il la nomma Florence d'après l'autre reine, mère de sa mère Béatris, épouse du roi Jean Mullebron de Hongrie, qui s'appelait Florentine. Elle était fille de l'empereur Sanche que l'on surnomma le Lion et sœur de Berthe, la mère de Charlemagne [1]. Mais maintenant on appelle communément la ville de Flandrine Zinglaus [2]. Beaucoup de chrétiens et de juifs y demeurent, mais la chaleur y est très forte.

Vous devez savoir que le poivre ressemble à une vigne sauvage, plantée près d'arbres qui la soutiennent. Le fruit pend comme les raisins et l'arbre est si chargé qu'il semble qu'il va se briser. Quand le poivre est mûr, il est vert comme les baies du laurier ; on le vendange comme une vigne et on le sèche au soleil et il devient noir et ridé. Il faut savoir qu'il y a sur chaque arbre trois sortes de poivre : le poivre long, qui vient le premier quand la feuille commence à apparaître, et il ressemble à la fleur de coudrier ou de noyer. On appelle ce poivre *sorbatin*. Après vient, avec la feuille, le noir, comme des grappes de raisin bien vert, et on l'appelle *fulful*. Et quand on l'a cueilli, vient le poivre blanc, plus petit que le noir et on l'appelle *bavos*. On n'apporte que peu de poivre blanc en nos pays, ils le gardent pour eux parce qu'il est meilleur et plus doux que le noir et il y en a moins que du noir ou du long. [...]

Culte à saint Thomas et pèlerinages païens

En quittant ce pays, on arrive, en traversant plusieurs contrées pendant dix journées de voyage, à un autre pays appelé Mabaron [3]. C'est un très grand royaume avec beaucoup de belles villes et cités. Parmi elles, il y a une cité nommée Calamie où l'apôtre saint Thomas fut martyrisé et enseveli dans un tombeau. Il y resta durant huit cents ans jusqu'à l'époque où le Danois Ogier conquit ce royaume. Il fonda là une belle cité avec une église et fit placer le corps de saint Thomas dans une châsse d'or et d'argent ornée de pierres précieuses. Saint Thomas y fut vénéré pendant trois cents ans, puis les Assyriens le firent porter dans le royaume de Mésopotamie où il resta pendant soixante-trois ans dans la ville d'Édesse. Puis

---

1. Les généalogies des héros des chansons de geste se compliquent à partir du XIIIᵉ siècle, au moment où les familles nobles s'intéressent de plus en plus à leur lignage. Dans *Adenet* (vers 1275) apparaissent les premiers liens entre Gaufroi, père d'Ogier, et la Hongrie. Doon est donné comme aïeul d'Ogier dans *Doon de Mayence* (vers 1300) Le *Myreur* de Jean d'Outremeuse achève de dresser le tableau généalogique complet, non sans modifier quelques noms et parentés par rapport à ses prédécesseurs.

2. Les ports de Fandairana (Flandrine) et Singulir (Zinglaus), sur la côte de Malabar, sont souvent cités par les voyageurs arabes médiévaux.

3. C'est la région de Maliapur, au sud de Madras.

les Indiens le reprirent et le replacèrent dans sa châsse. Et pour qu'on fût bien sûr qu'ils l'avaient, ils ont fait dépasser de la châsse le bras et la main qu'il mit dans les plaies de Notre-Seigneur après la Résurrection quand Jésus-Christ lui dit : « Ne sois pas incrédule, mais croyant. » Ainsi, chacun peut le voir. Vous devez savoir que, dans ce pays, les jugements se font par cette main. Quand il y a contestation entre deux personnes, chacune met sa demande par écrit et la place dans la main de saint Thomas. Aussitôt, la main rejette la demande faite à tort et retient cel'e qui est dans le bon droit. Et le juge donne sa sentence selon ce jugement. Les gens viennent de très loin pour obtenir un jugement sur des causes difficiles.

L'église Saint-Thomas est belle et grande, mais elle est maintenant remplie d'idoles que ces faux chrétiens renégats appellent leurs dieux. La plus petite est grande comme deux hommes. Parmi elles, il y a une très grande statue, toute couverte d'or et de pierres précieuses, assise noblement sur une chaire. Autour du cou, elle a de larges colliers d'or et de pierres précieuses travaillées. L'église aussi est toute dorée à l'intérieur et l'on vient en pèlerinage devant cette statue comme les chrétiens de chez nous vont à Saint-Jacques-de-Compostelle.

Vous devez savoir qu'il y a des gens qui viennent de très lointains pays pour prier cette idole, en regardant à terre tout le long du chemin par piété ; ils n'osent lever la tête pour regarder autour d'eux de crainte de voir quelque chose qui les détourne de leur dévotion. D'autres y vont en portant en mains des couteaux bien aiguisés dont ils se blessent les jambes et les bras, répandant leur sang par amour de cette idole. Et ils tiennent pour bienheureux celui qui meurt pour l'amour de son dieu. Il y en a d'autres qui emmènent leurs enfants pour les tuer en sacrifice devant l'idole puis ils l'aspergent de leur sang. Il y en a d'autres qui, dès le moment où ils ont quitté leur maison, s'agenouillent tous les trois pas jusqu'à ce qu'ils soient arrivés auprès de l'idole. Ils portent de l'encens ou d'autres parfums pour encenser l'idole comme si c'était le corps de Notre-Seigneur. On vient ainsi de plus de cent lieues pour adorer cette idole.

Devant l'église, il y a un vivier, un lac plein d'eau où les pèlerins jettent en offrande de l'or, de l'argent, des pierres précieuses en quantité et quand les ministres de cette idole ont besoin d'argent pour l'église, ils vont prendre ce qu'il leur faut dans ce lac. Ainsi, rien ne manque qui ne soit aussitôt réparé et entièrement achevé.

Quand on fait de grandes fêtes, comme la dédicace de l'église ou l'intronisation de l'idole, tous les gens des environs se rassemblent, on place avec grand respect cette idole sur un char orné de draps d'or et de soie damassée et on la promène autour de la ville. Devant le char vont en procession les jeunes filles du pays, deux par deux, très bien parées. Puis viennent les pèlerins qui sont arrivés de loin ; certains se jettent sous les roues du char qui leur passe si bien sur le corps qu'il y en a qui meurent aussitôt tandis que d'autres ont bras, jambes et côtes brisés. Ils font cela en l'honneur de l'idole et disent qu'ils seront ainsi plus près de Dieu et auront un plus grand bonheur en l'autre monde. Pour dire les choses brièvement, ils font de telles pénitences et souffrent un tel martyre en leur corps pour l'amour de cette idole que nous chrétiens n'oserions pas en faire le dixième pour Dieu.

Après les pèlerins, les ménestrels sans nombre jouent de grandes mélodies avec divers instruments. Et quand ils ont fait le tour de toute la ville, ils retournent à l'église et remettent l'idole à sa place. Et en son honneur et par révérence, deux ou trois cents personnes se tuent devant elle. On met leur corps devant l'idole et on les déclare saints puisque, de leur propre gré, ils se sont tués en l'honneur de leur dieu. De même que chez nous un lignage se juge honoré de compter parmi les siens un ou plusieurs saints hommes et fait mettre par écrit leurs miracles, eux se tiennent pour honorés d'avoir un ami qui se tue. Ils font inscrire son nom dans leurs litanies et se vantent les uns et les autres d'être plus grands que leurs voisins et d'avoir plus de saints dans leur lignage.

Je vous le dis, ceux qui veulent se tuer ainsi font venir tous leurs amis et ont avec eux bien des ménestrels qui vont devant l'idole. Celui qui doit se tuer a en mains un couteau bien tranchant et coupe d'abord un morceau de chair, le jette en face de l'idole en disant ses prières et en se recommandant à son dieu. Et puis il se frappe et se blesse avec ce couteau de tous côtés jusqu'à ce qu'il tombe mort. Alors ses amis présentent le corps à l'idole en disant dans leurs chants : « Regardez, Dieu, ce que votre loyal serviteur a fait pour vous : il a abandonné femme, enfants et tous les biens de ce monde et sa propre vie par amour pour vous et vous a offert en sacrifice sa chair et son sang. Veuillez le placer près de vous dans votre gloire avec vos amis les plus chers, car il l'a bien mérité. » Et puis ils font un grand feu où ils brûlent le corps et chacun prend des cendres et les garde comme des reliques. Ils disent que ces cendres sont saintes et qu'ils ne craignent nul péril tant qu'ils les porteront sur eux. [...]

Les îles de l'océan Indien : Sumatra, Java, Bornéo

Près de l'île de Lamory dont je vous ai parlé il y a une grande île nommée Sinobar[1], dont le roi est très puissant. Les gens de ce pays se font tous marquer le visage au fer chaud, les hommes comme les femmes, en signe de noblesse pour être reconnus par les autres gens, car ils se jugent plus nobles que tous les habitants des environs. Ils sont souvent en guerre avec les gens qui vont tout nus, dont je vous ai parlé.

---

1. Sans doute Sumatra.

Assez près de cette île, il y a une autre île nommée Botenigo [1], belle et riche. Et tout autour, il y a des merveilles dans les îles qu'il serait trop long de raconter. Mais, assez près de cette île, après la traversée d'un bras de mer, on trouve une grande île, un grand pays appelé Java qui a près de deux mille lieues de tour et dont le roi est très riche et très puissant. Sept rois des îles environnantes dépendent de lui. Cette île est très peuplée de gens et il pousse là plus d'épices qu'aileurs, gingembre, cannelle, clous de girofle, noix muscade et macis [2]. Sachez que le macis est comme la noix muscade ; de même que la noix du coudrier est enveloppée d'une coque qui tombe quand elle est mûre, ainsi fait le macis pour la noix muscade. Il pousse bien d'autres choses en ce pays et des épices en quantité, mais pas de vignes et il y a beaucoup d'or et d'argent.

Le roi de ce pays a un palais noble et merveilleux, le plus riche du monde. Tous les escaliers pour monter dans les salles et les chambres sont d'or et d'argent. Le pavement des salles est de carreaux alternés d'or et d'argent et les murs intérieurs sont couverts de plaques d'or et d'argent sur lesquelles sont gravés des histoires et des combats de chevaliers et, dans la grande salle, sont écrites et représentées toute l'histoire et la vie du Danois Ogier, depuis sa naissance jusqu'au moment où il revint de Syrie en France. Et ils savent mieux son histoire que nous ne la connaissons ici, même de ce qu'il accomplit en France. Ils le savent par ses cousins, qui furent rois des province de l'Inde et des régions environnantes ainsi que de l'île de Java. Et leurs chroniques disent qu'il reviendra et fera des conquêtes et détruira la religion de Mahomet. Les Sarrasins ont très grande crainte de lui, car ils disent qu'il ne mourra point. Ils en disent tant que ce serait trop long à raconter.

Sachez que le roi de cette île est si puissant qu'il a souvent fait la guerre au grand khan de Cathay et l'a vaincu, alors qu'il est le plus puissant empereur qui soit sous le ciel par-deçà et par-delà la mer.

Après cette île, en allant sur la mer, on trouve une grande et belle île nommée Talamach [3] ou encore Panthey. C'est un grand royaume où il y a beaucoup de belles et nobles villes. Il y a dans ce pays des arbres qui donnent de la farine dont on fait du pain blanc de bonne saveur, aussi bon que du pain de froment. Il y a d'autres arbres qui donnent du miel bon et doux et d'autres du vin. Mais d'autres encore produisent du venin contre lequel il n'y a qu'un seul remède, prendre de sa propre urine et la boire mélangée d'eau. Sinon on meurt, car ni le triacle [4] ni aucun autre remède ne sont efficaces. Les juifs avaient récemment envoyé chercher de ce venin pour empoisonner toute la chrétienté, ainsi que je le leur entendis

---

1. Resengo, un des royaumes de Sumatra.
2. C'est la coque qui entoure la noix muscade.
3. Peut-être un des royaumes de Bornéo.
4. Triacle, ou thériaque, lotion employée contre la morsure des serpents.

dire en confession avant de mourir, mais ils n'y réussirent pas quoiqu'il y ait eu une grande mortalité [1].

Vous devez savoir que pour avoir la farine de ces arbres, on coupe l'arbre sur tout son pourtour avec une hache pour percer l'écorce en plusieurs endroits. Il en sort une liqueur épaisse qu'on laisse sécher au soleil et elle devient de la farine belle et blanche. On tire le vin et le miel des autres arbres de la même manière et on les conserve dans des jarres. Les gens de cette île disent que les arbres donnent tout cela grâce à un miracle que Dieu fit pour Ogier le Danois. Quand il fit la conquête de l'île, il y eut une si grande famine dans son armée qu'il allait devoir partir. Mais un ange de Notre-Seigneur lui fit savoir que ces arbres, qui jamais n'avaient rien produit, donnaient ces vivres. On fait à ce propos une grande fête et on les appelle les arbres du ravitaillement d'Ogier le Danois qui a conquis cette île.

Il y a dans cette île un lac, comme une mer morte, sans fond ; si quelque chose y tombe, on ne la retrouve jamais. Dans ce lac croissent des roseaux que nous appelons « chaynes » et ils les nomment *chabi*. Ils ont plus de vingt mètres de long et on en fait de belles maisons. Sur la rive du lac poussent d'autres chaynes qui ont des racines s'étendant sur plus de quatre arpents. Au bout de ces racines, on trouve des pierres précieuses qui ont beaucoup de vertu, car si on en porte sur soi, ni fer, ni acier ne peut vous blesser, ni faire de plaie, ni faire couler le sang. Aussi, ceux qui ont cette pierre combattent en toute sûreté. Mais ceux qui les attaquent et savent la vertu de la pierre tirent sur eux des flèches sans fer et ainsi les blessent et les tuent. Et sachez que je ne dis pas de mensonges, car je l'ai vérifié. Et j'ai vu des chaynes si grands que vingt compagnons ne pouvaient en lever un des bouts.

Après cette île, on arrive à une autre île nommée Calanoch [2], où il y a une belle terre et quantité de biens de toutes sortes. Le roi de ce pays a autant de femmes qu'il le veut, car il fait chercher et conduire devant lui les plus belles jeunes filles de son royaume et en prend une pour une nuit, l'autre pour l'autre nuit. Il a bien mille femmes et ne couchera avec chacune d'elles qu'une fois, à moins qu'elle ne lui plaise beaucoup. C'est pour cela que ce roi a deux ou trois cents enfants. Le roi a aussi pour lui quatorze cents éléphants qu'il fait élever par ses paysans dans le pays. Quand il est en guerre, il fait monter ses gens sur ces éléphants pour combattre ses adversaires. Les autres rois de ces régions font de même : c'est la manière de faire la guerre par là-bas. Ils appellent les éléphants *warkes*.

Il y a dans cette île une grande merveille qu'on ne voit, je crois, nulle

---

1. Mandeville écrit peu après la Grande Peste de 1348 dont on rendit souvent les juifs responsables.
2. Peut-être le Cambodge.

part au monde. Toutes sortes de poissons de mer viennent une fois par an se jeter l'un après l'autre sur le rivage en telle quantité qu'on ne voit plus la mer, seulement des poissons. Ils restent là trois jours et chacun en prend autant qu'il veut. Le troisième jour, ils se retirent et sont remplacés par d'autres qui font de même. Et ainsi de suite jusqu'à ce que tous soient passés. J'en ai pris plusieurs. Ceux du pays disent qu'ils ignorent la cause de ce fait, mais leurs histoires racontent que, quand Ogier le Danois conquit cette île, Dieu lui envoya ces poissons à cause d'une famine dont il souffrait comme je vous l'ai dit à propos des arbres produisant farine et vin à Calanoch. Je ne vois pas d'autre raison à vous donner, mais cela me semble la plus grande merveille que j'aie jamais vue. Car la nature produit bien des choses diverses, mais c'est contre nature que les poissons, qui peuvent tourner tout autour du monde dans leurs déplacements, viennent se livrer à la mort de leur plein gré. Certainement ce ne peut être que par un grand miracle de Dieu. Et comme Dieu aima grandement le duc Ogier le Danois, je crois volontiers ce qu'ils disent. On trouve tout cela dans leurs chroniques et dans celles de nos pays, d'Angleterre ou d'ailleurs.

Il y a aussi en ce pays des escargots si grands que plusieurs personnes pourraient se loger dans leur coquille. Ils sont blancs et il est vrai qu'ils sont très grands. J'en ai vu et on dirait que la coquille est un bateau de mer, mais d'autre forme. Les rois et les autres grands seigneurs mangent de ces grands escargots.

Les îles de l'océan Indien. Les îles fabuleuses et Ceylan

En quittant ce pays, on arrive par la mer Océane à une autre île appelée Caffo[1]. Là, les gens, quand leurs amis sont malades, les pendent à un arbre disant qu'il vaut mieux que les oiseaux, qui sont des anges de Dieu, les mangent plutôt que les vers en terre qui sont sales. De cette île, on va à une autre île où il y a des gens mauvais par nature qui nourrissent de grands chiens et les dressent. Quand leurs amis sont malades, ils ne veulent pas qu'ils meurent de mort naturelle de peur qu'ils ne souffrent trop. Ils enferment donc ces chiens dans la chambre du malade et les chiens étranglent le malade. Puis ses amis mangent sa chair comme de la venaison.

Après, on traverse maintes îles jusqu'à l'île de Milke où il y a aussi de mauvaises gens, car ils ne se plaisent qu'à s'entre-tuer et celui qui peut en tuer le plus est le plus honoré. Ils ont une coutume qui veut que si deux

---

1. En dehors de Ceylan, les îles dont il est à présent question sont difficiles à identifier. Mandeville y situe les peuples monstrueux légués par la tradition antique.

hommes qui se haïssent font la paix entre eux, chacun d'eux doit boire du sang de son compagnon, sinon la paix n'est pas stable.

De cette île, en allant d'île en île, on arrive à une île nommée Tracorde, où il y a des gens vivant comme des bêtes dans des cavernes qu'ils creusent en terre, car ils n'ont pas l'idée de construire de maison. Ces gens ne parlent pas, mais ils se font des signes. Ils mangent des serpents qui sont nombreux. Ils ne se soucient d'aucune richesse au monde, sinon d'une pierre précieuse de soixante couleurs, appelée *excandalite*, ou encore, d'après le nom de l'île, *tryacodite*. Ils n'en connaissent pas les vertus, mais la convoitent pour sa beauté, car elle est très belle. Elle a les vertus des pierres dont elle a les couleurs.

Après, par la mer Océane, on arrive à une île nommée Nacumeran. Elle est très grande, belle et riche, elle a plus de mille lieues de tour, mais hommes et femmes y sont très laids, car ils ont tous des têtes de chien. On les appelle Cynocéphales, ce sont des gens pourvus de raison et d'une bonne intelligence. Ils adorent comme dieu un bœuf et chacun d'eux porte sur le front un bœuf d'or ou d'argent en signe d'amour pour ce dieu. Ils vont tout nus, sauf un petit linge par-devant pour couvrir leur sexe. Ce sont des gens forts et bons guerriers ; ils portent à la bataille un grand bouclier qui leur couvre tout le corps et tiennent en main une lance. Mais s'ils font des prisonniers au combat, ils les mangent. Le roi de cette île est très puissant, riche et très dévot selon leur religion. Autour du cou, il porte un collier de trois cents grosses perles d'Orient et, de même que nous disons nos patenôtres avec des grains d'ambre enfilés sur une cordelette, ainsi ce roi dit tous les jours à son dieu avant de manger autant d'oraisons qu'il a de perles à son collier. Il porte aussi au cou un fin rubis d'Orient qui a près d'un pied de long et cinq doigts de large. Je l'ai vu trois fois, je vais vous dire comment. Quand les gens de ce pays élisent un roi, ils lui donnent ce rubis et le conduisent à cheval à travers la cité et à partir de ce jour, ils lui sont soumis. Mais il doit porter ce rubis au lieu de couronne chaque fois qu'il doit se montrer couronné et, s'il ne le portait pas, il ne serait pas reconnu comme roi. C'est ainsi que je le lui ai vu porter trois fois. Sachez que le grand khan de Cathay a fort convoité ce rubis, mais il n'a pu le prendre ni par guerre ni par achat. Ce roi est très droit et rend bonne justice selon sa loi, de sorte qu'on peut traverser son pays en toute sécurité et porter ce que l'on veut sans faire de mauvaise rencontre.

Après, on arrive à une île nommée Ceylan qui a huit cents lieues de tour, mais il y a beaucoup de terre infertile avec tant de serpents, dragons et crocodiles que nul n'ose y habiter. Il vous faut savoir que les crocodiles sont des serpents rayés de jaune, ils ont quatre pieds, les pattes courtes et de grands ongles. Certains sont longs de cinq toises, certains de sept, certains de dix. Quand ils passent sur du sable, il semble qu'on y ait traîné un grand tronc d'arbre. Il y a aussi beaucoup de bêtes sauvages et d'éléphants.

Il y a dans cette île une grande montagne au sommet de laquelle se trouve un grand lac rempli d'eau. Ceux du pays disent qu'Adam et Ève pleurèrent sur cette montagne cent ans après avoir été chassés du Paradis terrestre et que ce lac est fait de leurs larmes. Au fond de ce lac, on trouve beaucoup de pierres précieuses et de perles. Il pousse dans ce lac beaucoup de roseaux et il y a dans l'eau nombre de crocodiles, de sangsues et d'autres serpents. Une fois l'an, le roi du pays permet aux pauvres gens d'entrer dans le lac et de prendre des pierres précieuses pour l'amour de Dieu. Mais avant d'entrer, ils enduisent leurs jambes et leurs bras de jus de citron à cause des serpents. De ce lac sort un ruisseau qui descend sur un des côtés de la montagne. On y trouve quantité de pierres et de perles. Les gens du pays disent que les serpents et les bêtes sauvages de l'île ne s'attaquent pas aux étrangers qui y viennent, mais seulement aux indigènes.

Dans ce pays et dans les autres environnants, il y a des oies à deux têtes, des lions tout blancs aussi grands que des bœufs et beaucoup d'autres bêtes et oiseaux qui ne sont pas dans nos pays par-deçà la mer.

Dans ce pays et dans les autres environnants, il y a une grande merveille : la mer est si haute qu'il semble qu'elle soit suspendue aux nuages et qu'elle va recouvrir la terre. Quand on va le long de cette mer, on voit comme des montagnes grandes et hautes. Mais elle ne déborde pas. Je ne sais comment elle peut tenir ainsi, sinon que la grâce de Dieu la soutient comme sur les côtes de Libye. C'est pourquoi David dit : « Les vagues de la mer sont merveilleuses. »

En allant vers le sud, on trouve une grande île nommée Dondin, où il y a des gens de nature étrange, car le père mange son fils et le fils son père, le mari sa femme et la femme son mari. S'il arrive que le père, la mère ou l'ami de quelqu'un soit malade, le fils ou le voisin vont trouver un prêtre de leur religion et lui font demander à leur idole si le malade mourra. Le diable qui est dans l'idole répond et, s'il dit qu'il ne mourra pas, ils reviennent soigner le malade et lui donnent ce que le diable leur a dit pour le guérir. Ils font ainsi l'un pour l'autre jusqu'à la guérison. Mais si l'idole dit qu'il mourra, le prêtre les accompagne auprès du malade, lui met un drap sur la bouche et l'étouffe. Puis ils coupent le corps en morceaux, le font cuire et font venir tous leurs amis pour manger ce plat. On fait venir tous les ménestrels que l'on peut trouver et on le mange en grande fête. Après le repas, on met les ossements en terre en chantant mélodieusement. Les amis qui n'ont pas été à cette fête sont tout honteux et mal vus et ils en ont grand chagrin, car on ne les considérera jamais plus comme amis. Ils mangent la chair, disent-ils, pour que le corps ne souffre pas du fait des vers, ce qui causerait aussi grande souffrance à l'âme. S'il arrive que le mort soit trop maigre, les amis disent qu'ils ont commis un grand péché car ils l'ont laissé trop longtemps souffrir. S'il est gras, ils disent qu'ils ont bien fait de l'envoyer au paradis sans souffrance.

Le roi de ce pays a cinquante-quatre rois qui lui sont soumis, car il y a beaucoup d'îles où il y a beaucoup de gens différents. Dans une de ces îles demeurent des gens de grande taille, comme des géants. Ils sont très laids, car ils n'ont qu'un œil au milieu du front ; ils ne mangent que chair et poissons, sans pain. Dans une autre île, au sud, il y a des gens de mauvaise nature et de vilaine forme qui n'ont pas de tête, mais les yeux sur les épaules et la bouche tordue comme un fer à cheval au milieu de la poitrine. Dans une autre île, il y a aussi des gens sans tête qui ont la bouche et les yeux derrière les épaules. Dans une autre île, il y a des gens qui ont la figure toute plate, sans nez et sans yeux, sauf deux petits trous à la place des yeux et la bouche comme une fente, sans lèvres. Dans une autre île, il y a des gens laids avec la lèvre supérieure si grande qu'ils s'en couvrent le visage quand ils veulent dormir au soleil. Dans une autre île, il y a des gens petits comme des nains avec un trou à la place de la bouche et ils doivent prendre tout ce qu'ils mangent ou boivent avec un tuyau de plomb ou d'argent ; ils ne parlent pas, car ils n'ont pas de langue, mais ils se font des signes comme les moines et se comprennent fort bien. Dans une autre île, il y a des gens qui ont des pieds de cheval et courent très vite ; ils prennent les bêtes sauvages à la course et les mangent. Dans une autre île, il y a des gens qui marchent sur les pieds et les mains comme des bêtes et rampent rapidement sur les arbres aussi facilement qu'un singe ; ils sont couverts de poils. Dans une autre île, il y a des gens qui sont à la fois homme et femme ; ils ont un sein d'un côté et rien de l'autre et ils ont un sexe d'homme et de femme qu'ils utilisent alternativement. Quand ils agissent en mâles, ils engendrent des enfants et quand ils font œuvre de femme, ils les conçoivent et les portent. Dans une autre île, il y a des gens qui marchent toujours sur les genoux de façon étonnante et il semble qu'ils vont tomber à chaque pas ; ils ont huit orteils à chaque pied.

Tous ces gens et bien d'autres qu'il serait trop long de décrire sont soumis au roi de Dondin qui a une bien vilaine population à gouverner.

La Chine du Sud, le Mancy

Après toutes ces îles, en allant par mer vers l'orient durant de longues journées, on trouve la terre la plus agréable, la plus belle et riche de tous biens qui soit au monde. Elle a plus de deux mille grandes cités, sans compter les autres villes. Tous les habitants sont chrétiens, plus près de notre religion que les autres habitants de ces contrées, car c'est une des terres conquises, comme ils l'affirment, par Ogier le Danois. Ce pays est si fertile qu'il est plus peuplé que tous les autres et nul ne mendie, car tous sont riches. Ils sont de bons chrétiens. Mais ils sont pâles et les hommes portent une barbe longue et claire, avec à peine soixante poils, comme une barbe de léopard ou de chat. Il y a dans ce pays les plus belles femmes de toutes ces contrées lointaines.

La première cité de ce royaume se nomme Latori[1], à une journée de voyage de la mer et plus grande que Paris. Elle est traversée par une rivière navigable qui va jusqu'à la mer. Aucune ville du monde n'a autant de navires que celle-ci. Les oiseaux sont deux fois plus grands que chez nous. Les oies sont blanches avec le tour du cou rouge, elles sont deux fois plus grandes que les nôtres et ont une grosse bosse sur la tête. Il y a aussi quantité de serpents que l'on mange solennellement les jours de fête. Si on sert un grand repas avec toutes les nourritures possibles, on n'a rien fait si on ne sert pas de serpent en entremets.

Dans les cités de ce pays, il y a beaucoup de belles églises qu'Ogier le Danois a fondées, et beaucoup de belles abbayes.

Il y a dans ce pays des poules blanches qui n'ont pas de plumes, mais de la laine meilleure que celle des brebis chez nous. Les femmes mariées portent une sorte de corne sur la tête pour être distinguées des non mariées. Il y a dans ce pays des bêtes appelées loutres qui vont dans l'eau en mangeant les poissons. Les gens du pays les jettent dans les rivières et les eaux profondes et elles ressortent avec de gros poissons chaque fois qu'on les jette.

Au bout de plusieurs journées de voyage, on trouve une cité appelée Cassaie, c'est-à-dire « Cité du ciel[2] ». C'est la plus grande ville du monde, elle a plus de soixante lieues de tour et est si densément peuplée que d'une maison on en ferait dix. Cette cité a trois portes principales avec un grand pont devant chacune d'elles, car elle est dans une lagune comme Venise. Sur ces ponts, il y a de grandes et fortes tours où demeurent des gardes pour surveiller la cité au nom du grand khan, bien qu'elle soit hors de son territoire. Un grand fleuve traverse la ville. On y produit beaucoup de bon vin, appelé *bygon*. Des gens et des marchands de diverses nations demeurent dans la ville puisqu'il y a des chrétiens, et que le pays est très fertile et riche de toutes sortes de biens. C'est la capitale où demeurait le roi de Mancy.

De cette cité, par la voie d'eau, on atteint de nombreuses abbayes de frères mendiants. Assez près de la cité, il y a une grande abbaye avec un grand et beau parc planté d'arbres fruitiers de toutes sortes. Au milieu du parc, il y a une montagne couverte d'arbres où se trouvent diverses bêtes et bestioles, babouins, singes, marmottes et autres. Quand les moines de cette abbaye ont mangé, l'aumônier fait apporter les restes dans le parc tout en sonnant une clochette d'argent qu'il tient en main. Aussitôt, les bêtes descendent de la montagne, au nombre de trois ou quatre mille, et

---

1. On identifie cette ville comme celle de Canton. Mandeville décrit ici la Chine du Sud.
2. C'est la Quinsay mongole, aujourd'hui Hangzhou.

attendent comme des pauvres qu'on leur donne les restes des moines dans de beaux récipients d'argent doré. Quand elles ont mangé, on sonne à nouveau la clochette et elles retournent à leur demeure. Les religieux disent que ce sont les âmes des nobles qui sont entrées dans ces bêtes pour accomplir leur pénitence et ils leur donnent à manger pour l'amour de Dieu, car il n'y a pas de pauvres dans le pays pour recevoir les aumônes. Ils disent aussi que les aumônes sont mieux employées pour ces âmes que pour des pauvres qui savent bien demander l'aumône, ce que ces bêtes sont incapables de faire.

Il y a dans ce pays des merveilles trop nombreuses pour les raconter. De là, on arrive en six journées de voyage à une autre cité nommée Cylempho [1] qui a vingt lieues de tour. Dans la ville, il y a soixante ponts de pierre, les plus beaux que j'aie jamais vus. Cette ville était la première capitale du roi de Mancy, elle est très belle et riche de tous biens. Puis on traverse la rivière appelée Dalay, qui est la plus grande rivière d'eau douce du monde [2]. Là où elle est la plus étroite, elle a quatre lieues de large. Au-delà, on entre dans les terres du grand khan. Cette rivière traverse le pays des Pygmées : ce sont des gens de petite taille qui n'ont que trois empans de haut, mais ils sont beaux et gracieux selon leur petitesse. Ils se marient à six mois, portent des enfants à deux ans et ne vivent que six ou sept ans. Celui qui vit jusqu'à huit ans, on le juge très âgé et on le traite de vieillard. Ces petites gens sont les meilleurs ouvriers et les plus habiles à travailler l'or et la soie. Ils travaillent aussi le coton et tout ce qui peut se faire d'or et de soie dans le monde. Ils font souvent la guerre aux oiseaux du pays pour les manger. Ils ne travaillent pas la terre ni la vigne, mais il y a des gens de notre taille qui cultivent et labourent les terres nécessaires. Les Pygmées se moquent de ces grandes gens et les raillent comme nous le ferions de géants s'ils vivaient parmi nous. Au milieu des villes de la terre des petites gens, il y a une autre cité où demeurent ces grandes gens. Et vous devez savoir que les enfants engendrés par les grandes gens sont aussi petits que les Pygmées et de même aspect qu'eux, de sorte qu'ils semblent presque des Pygmées. Cela vient de la nature de la terre. Le grand khan fait bien garder cette région, car elle lui appartient. Ces Pygmées sont doués de raison en rapport avec leur âge et ont beaucoup de bon sens et de malice.

Puis, de cette région, on vient après bien des journées de voyage et de traversées de villes jusqu'à une cité nommée Jamchay [3], belle et riche ville où l'on vient chercher toutes sortes de marchandises et qui rapporte beaucoup au seigneur du pays. Les habitants disent qu'il en tire chaque année cinquante mille *tumans* de florins d'or. Ils comptent par *tumans* et

---

1. Ville de Chilenfu à l'époque mongole, aujourd'hui Nankin.
2. Le Yang-tsé-Kiang, appelé Talay en mongol.
3. Aujourd'hui Yangzhou.

un *tuman* vaut dix mille florins. Le roi de ce pays est soumis au grand khan et le grand khan règne sur douze provinces semblables. Il y a dans ce pays une très bonne coutume. Celui qui veut faire une fête pour ses amis s'adresse à des hôteliers qui sont en chaque ville. Si l'on dit à l'hôtelier : « Faites-moi préparer demain un repas pour tant de gens (dont on donne le nombre) », et qu'on décide des plats, et qu'on précise ce que l'on veut dépenser, et pas plus, l'hôtelier fera aussitôt tout si bien préparer que rien ne manquera. Et on dépensera moins qu'on ne le ferait en sa propre demeure.

À cinq lieues de cette cité, vers le début de cette rivière Dalay, il y a une autre cité appelée Menque [1], dans laquelle il y a beaucoup de navires et les bateaux sont blancs comme neige en raison de la nature du bois. Ces bateaux sont très beaux, avec à l'intérieur de belles salles et chambres, aussi bien qu'une maison construite à terre. Puis, par bien des cités et des villes, on parvient à une cité nommée Lancherin [2], distante de huit journées de voyage de la précédente. Elle est située sur une grande et large rivière appelée Caramoran [3] qui traverse le Cathay et cause de bien grands dommages quand elle déborde.

La Chine du Nord, le Cathay et la cour du khan

Le Cathay est un pays lointain, beau, bon et riche. Tous les ans, les marchands vont y chercher des épices et toutes sortes de marchandises plus que nulle part ailleurs. Vous devez savoir que les marchands qui y viennent de Venise et des autres pays par-deçà la mer font route pendant onze ou douze mois avant de pouvoir parvenir au Cathay qui est le principal pays de tous ceux de là-bas. C'est le grand khan qui en est le souverain. Il y a au Cathay de nombreuses cités parmi lesquelles, vers l'est, il s'en trouve une nommée Sugarmago [4] qui est une des villes du monde les mieux fournies en épices, soie et autres marchandises.

Plus loin vers l'est on arrive à une autre ancienne cité du Cathay appelée Caydou [5] ; elle a douze portes et entre deux portes il y a plus d'une lieue, et la cité a vingt lieues de tour. Cette cité est la capitale du grand khan ; il y demeure en un très beau et grand palais et, dans le parc du palais, il y a une montagne sur laquelle il y a un autre palais, le plus beau et le plus riche que l'on puisse imaginer. Autour de la montagne et du palais, il y a nombre d'arbres variés portant toutes sortes de fruits.

---

1. C'est la ville actuelle de Jinkiang.
2. La Lin-Tsing mongole, aujourd'hui Xuzhou.
3. C'est le nom mongol du Hoang ho.
4. Aujourd'hui Jining.
5. Taidu est le nom chinois de la ville reconstruite après 1229 par les conquérants mongols, aujourd'hui Pékin.

Autour de la montagne et du palais, il y a de grands et profonds fossés remplis d'eau. De chaque côté, il y a des viviers et un beau pont pour traverser les fossés et il y a dans les viviers des oies sauvages, des canards, des cygnes et des hérons sans nombre. Autour des fossés et des viviers est le grand parc rempli de bêtes sauvages. Quand le grand khan veut avoir des bêtes ou des oiseaux sauvages, on peut les chasser et les prendre de ses fenêtres sans quitter sa chambre.

Ce palais où il siège est très grand et beau ; à l'intérieur, il y a une salle avec vingt-quatre colonnes d'or fin et les murs sont tout recouverts de cuir rouge odorant provenant de bêtes appelées panthères et cette bonne odeur empêche l'air vicié d'entrer dans le palais. Les bêtes dont proviennent ces peaux sont si rouges et si reluisantes au soleil qu'on peut à peine les regarder et plusieurs les adorent pour la vertu de leur odeur et estiment ces peaux plus que des plaques d'or. Au milieu du palais se trouve une tour pour le grand khan, ornée d'or et de pierres précieuses et aux quatre angles sont enroulés quatre serpents d'or et tout autour pendent des filets d'or et de soie et de perles. Au-dessous sont les conduits où courent les boissons que l'on boit à la cour de l'empereur, près d'eux il y a des vases d'or avec lesquels on puise pour boire dans le conduit. Cette salle est parée et richement ornée de toutes sortes d'ornements.

Avant tout, il y a le haut trône où siège l'empereur, fait de fines pierres précieuses entourées de broderies d'or pleines de pierres précieuses et de grosses perles. Les marches du trône sont de diverses pierres précieuses et d'or fin. À gauche du siège de l'empereur, un degré plus bas, est le siège de sa première épouse, fait de jaspe bordé d'or et de pierres précieuses. La deuxième épouse est assise encore un degré plus bas sur un siège de jaspe ; la troisième est encore un degré plus bas, sur un siège semblable. Car, où qu'il soit, il a toujours ses trois épouses avec lui. Après ses épouses, du même côté, sont placées les dames de sa famille, rangées selon leur dignité, et toutes celles qui sont mariées portent une coiffure en forme de pied d'homme d'une coudée de long, ornée de grosses perles et de fruits brillants comme des plumes de paon ou de cou de grue. Cela signifie qu'elles sont au pouvoir d'un homme. À droite de l'empereur, un degré plus bas, siège son fils aîné, qui régnera après lui, et ses autres fils selon leur rang et puis les hommes de sa famille selon leur rang.

Devant l'empereur est placée sa table d'or, de pierres précieuses ou de cristal blanc ou jaune bordé d'or, ou d'améthyste, ou de bois d'aloès et d'ivoire bordé d'or. Chacune des épouses a aussi sa table devant elle, ainsi que ses fils et les autres seigneurs, et chaque table vaut un grand trésor.

Au-dessous de la table de l'empereur sont assis quatre clercs qui mettent par écrit tout ce que l'empereur dit de bienveillant ou de défavorable, car il convient que l'on exécute tout ce qu'il dit et ses décisions ne peuvent être changées ni retirées. Devant la table de l'empereur, on porte des tables d'or sur lesquelles sont sculptés des paons et d'autres oiseaux que l'on fait chanter et danser par artifice ou magie noire ; c'est très beau à voir et c'est une merveille incompréhensible. Mais je peux bien dire en vérité que ces gens sont les plus habiles et les plus savants du monde. Ils le savent bien et disent qu'ils voient des deux yeux et que les chrétiens n'y voient que d'un œil, bien qu'ils soient les plus habiles après eux. Et toutes les autres nations sont aveugles pour la science et les œuvres. Sachez que j'ai fait beaucoup d'efforts pour savoir comment ils faisaient cela, mais le maître me dit qu'il avait fait vœu au Dieu immortel de ne l'apprendre qu'à son fils aîné.

Au-dessus de la table de l'empereur et des autres tables et d'une grande partie de la salle, il y a une vigne d'or fin portant des raisins blancs, jaunes, verts et noirs faits de pierres précieuses, les blancs de cristal, de béryl et d'iris, les jaunes de topaze, les rouges de rubis, grenats et aleman-dines, les verts d'émeraudes, pérides et chrysolithes et les noirs de géra-chite et d'onicle [1]. Ils sont si bien faits qu'on dirait de vrais raisins. Les grands barons se tiennent devant la table pour servir l'empereur et aucun n'est assez hardi pour souffler mot, sauf si l'empereur lui parle. Seuls les ménestrels chantent et récitent des chansons de geste, spécialement celle d'Ogier le Danois et de son lignage. Tous les récipients dont on se sert dans la salle et les chambres sont de pierres précieuses, rubis, saphirs, émeraudes, topazes, pérides et autres ; la vaisselle est aussi d'or fin, il n'y en a pas d'argent, car ils ne jugent pas l'argent assez précieux pour en faire de la vaisselle.

Devant les portes de la salle se tiennent de grands barons qui ne laissent entrer personne en dehors des ménestrels et des serviteurs de la cour, à moins que l'empereur ne l'ordonne autrement, et nul n'a la hardiesse d'approcher. Sachez que moi et mes compagnons et nos serviteurs fûmes jadis soldats de cet empereur contre le roi de Mancy pendant quinze mois. Nous voulions savoir si ce que nous avions entendu dire du khan et de sa puissance était vrai. Et en vérité nous avons trouvé bien plus que ce que nous avions entendu dire. L'organisation est excellente, meilleure que nous n'eussions pu le penser ; si on ne voyait pas cette grandeur, on pour-rait à peine la croire et, bien que ce soit difficile à admettre, je vous ai décrit et raconté ce que j'ai vu, tant pis pour ceux qui ne savent et ne croient rien et ne sont jamais sortis de chez eux. Et ceux qui sont de ces pays sauront bien que je dis la vérité, et aussi ceux qui seront allés là-bas ou qui auront entendu parler du grand khân et de sa puissance me croiront aisément.

Sachez aussi qu'il n'en est pas de la cour du grand khan comme de celle

---

1. Le béryl est une émeraude incolore, l'iris une pierre précieuse irisée, l'alemandine est une calcédoine brune, la péride est un cristal vert foncé, la chrysolithe est vert clair, l'onicle est une calcédoine noire et transparente et la gérachite une pierre noire.

des rois de nos pays, qui ont le moins possible de gens en leur cour. Le grand khan entretient tous les jours à ses frais des gens sans nombre. Mais l'organisation des repas et leur composition ne sont pas du tout comme les nôtres, car le peuple de ce pays mange sans nappe sur des peaux ou sur les genoux. Et ils mangent toutes sortes de viandes, serpents, couleuvres ou autres. Ils mangent peu de pain. Quand ils ont mangé, ils essuient leurs mains sur leur poitrine et ne mangent qu'une fois par jour. [...]

Le gouvernement du khan

Le grand khan a beaucoup de gens à son service, comme je vous l'ai dit. Ses propres ménestrels sont au nombre de treize *tumans*, mais tous ne demeurent pas avec lui bien qu'ils appartiennent à son hôtel. En effet, il fait enregistrer tous les ménestrels qui viennent devant lui, quelle que soit leur nation, et ils peuvent demeurer toujours avec lui s'ils le veulent, c'est pour cela qu'ils sont si nombreux. De même, il y a des valets qui gardent les oiseaux tels que les vautours, gerfauts, éperviers, faucons, faucons laniers, perroquets parlants et autres oiseaux chantants, ainsi que des bêtes sauvages telles que les babouins, singes et marmottes. Il a bien dix mille éléphants domestiques et les valets sont bien quinze *tumans*. En outre, il a bien deux cents physiciens chrétiens et deux cents médecins chrétiens et seulement vingt médecins et physiciens sarrasins, car il a plus de confiance dans les chrétiens que dans les Sarrasins. Et l'ensemble de tous ses serviteurs est innombrable.

Vous devez savoir que tous ces gens ont ce qui leur est nécessaire à la cour de l'empereur dont je parle. Il a à sa cour bien des barons chrétiens, convertis en secret par la prédication des religieux qui demeurent là. Cet empereur peut dépenser autant qu'il lui plaît sans compter, car il ne dépense ni or, ni argent et ne fait pas d'autre monnaie que de cuir ou de papier scellé. Cette monnaie est de valeur diverse selon le sceau qu'elle porte. Quand elle a tant servi qu'elle est déchirée, on l'emporte au trésor de l'empereur et on reçoit de la nouvelle monnaie en échange de la vieille monnaie déchirée. Cette monnaie a cours dans toutes les provinces du pays. L'or et l'argent que l'on apporte en son pays, il les utilise à l'ornement de son palais, à diverses œuvres et il les change souvent selon son bon plaisir.

Dans la chambre de l'empereur, il y a un pilier d'or portant un rubis escarboucle d'un pied de long qui, la nuit, éclaire toute la chambre. Il a plusieurs rubis et pierres précieuses de diverses sortes, mais le rubis dont je parle est le plus grand et le plus précieux, il n'est pas vermeil comme les petits rubis, mais il a la couleur de l'améthyste d'Orient.

L'empereur demeure en été dans une cité située vers le nord et appelée

Sadus[1] où il fait assez froid. En hiver, il demeure en la cité de Cambalech, située dans un pays chaud ; mais les cités où il demeure le plus souvent sont Caydou et Jong[2], situées dans un bon pays, jugé tempéré par eux, mais qui nous semblerait trop chaud.

Quand l'empereur chevauche d'une cité à l'autre ou d'une région à l'autre, il partage son armée en quatre troupes. La première va un jour en avant de lui, là où l'empereur doit s'arrêter le lendemain et chacun trouve ce qui lui est nécessaire. Cette troupe comprend cinquante *tumans* de gens à cheval ou à pied (comme je vous l'ai dit, un *tuman* vaut dix mille). La deuxième troupe va à droite de l'empereur à une demi-journée de voyage et la troisième de même à gauche et chacune comprend autant de personnes que la première. La quatrième troupe est la plus importante, elle marche à un trait d'arbalète derrière l'empereur. Chaque troupe a ses étapes prévues en certains lieux où ils demeurent la nuit et trouvent tout ce dont ils ont besoin. Si l'un des soldats meurt, on le remplace aussitôt de sorte que leur nombre est toujours le même. Et, je vous le dis, si l'empereur ne chevauche en personne, la troupe et les grands seigneurs ne chauvauchent pas, sauf pour se distraire en privé.

Je vais maintenant vous raconter comment l'empereur chevauche d'une région à l'autre. Il se déplace dans un beau chariot à quatre roues sur lequel il y a une belle chambre de bois d'aloès, un bois qui vient du Paradis terrestre. La chambre est très bien faite et recouverte de plaques d'or et de pierres précieuses. Le chariot est attelé de quatre éléphants blancs et de quatre destriers blancs couverts de riches couvertures. Autour du chariot vont quatre des plus grands seigneurs de la cour pour empêcher quiconque d'approcher. Au-dessus de la chambre, quatre ou six grands gerfauts sont posés sur une perche ; si l'empereur voit quelque oiseau sauvage qu'il veuille prendre, il fait voler ces gerfauts, selon son bon plaisir. Ainsi se divertit-il en traversant son pays. Personne ne chevauche en avant de lui, tous vont par-derrière ; personne n'approche du chariot à plus d'un trait d'arc sinon les seigneurs que j'ai mentionnés.

Vous devez savoir que chacune des impératrices chevauche de même dans un chariot semblable et entouré de la même façon, comme l'empereur. Mais elles ont une plus petite escorte. De même, le fils aîné de l'empereur va par une autre route sur un autre chariot semblable. Ils ont tant de personnes avec eux qu'on ne pourrait le croire si on ne l'avait vu. Mais il arrive que, s'ils ne vont pas loin, les impératrices et leurs enfants cheminent ensemble, leur suite mêlée, divisée toutefois en trois troupes.

L'empire du grand khan est divisé en douze provinces et il y a dans chacune plus de deux mille cités et des villes innombrables. Chaque province a un roi qui commande à plusieurs rois et tous sont soumis au grand

---

1. Sheng-tu à l'époque mongole, aujourd'hui Kaiping-fu.
2. Cambalech, Caydou et Jong sont trois noms différents de Pékin.

khan. Son empire est si étendu qu'on ne pourrait le parcourir ni par mer, ni par terre en un an. Il renferme beaucoup de déserts où il n'y a aucune ville, mais des hôtels, à chaque étape, où les voyageurs peuvent trouver ce dont ils ont besoin.

Il y a dans cet empire une coutume admirable et très utile. Si quelque chose se produit qui soit contraire à l'empereur, il le sait en une journée, même si c'est arrivé à quatre journées de voyage de distance. Voici pourquoi : il a des messagers qui montent aussitôt sur des dromadaires, qui sont plus rapides que des chevaux, et ils s'élancent rapidement jusqu'à un des hôtels de l'empereur. Quand ils aperçoivent l'hôtel, ils sonnent du cor, ceux de l'hôtel comprennent aussitôt et un autre messager se prépare et prend la lettre que lui donne le premier messager. Il va jusqu'à un autre hôtel et là se repose tandis qu'un autre reprend la lettre et part. Ainsi, d'hôtel en hôtel, ils parviennent à l'empereur. Quand l'empereur envoie des courriers urgents dans le pays, chacun porte une large ceinture garnie de clochettes et, quand ils approchent des hôtels, ils font sonner leurs clochettes et aussitôt d'autres courriers courent à l'hôtel suivant. Ces courriers sont nommés dans leur langue *chydibo*, c'est-à-dire messagers.

Quand l'empereur arrive dans une cité de son pays, chacun allume un feu devant sa maison et y jette des poudres parfumées pour qu'il sente une bonne odeur et ils se mettent à genoux devant lui. Et les religieux chrétiens des abbayes fondées par Ogier le Danois, comme je vous l'ai dit, vont à sa rencontre en grande procession avec la croix et l'eau bénite en chantant à haute voix : *Veni, creator Spiritus*. Ils s'avancent vers lui et l'empereur les fait approcher et se découvre devant la croix en ôtant son *galyot*, une sorte de chapeau qu'il porte sur la tête, fait d'or et de pierres précieuses, si riche qu'il vaudrait chez nous un royaume. Puis il s'incline devant la croix, et les prélats des abbayes récitent des oraisons et lui donnent de l'eau bénite en faisant le signe de la croix. Le roi la reçoit, dévotement incliné, puis le prélat lui remet un présent, des fruits au nombre de neuf, sur un plateau d'argent. L'empereur en prend et en donne aux seigneurs qui l'entourent. La coutume du pays veut en effet qu'aucun étranger ne se présente devant l'empereur sans lui offrir quelque chose, selon la loi ancienne qui dit : « Que l'on n'arrive pas les mains vides en ma présence [1]. » Après cela, le roi dit aux religieux de se retirer afin de ne pas être bousculés par la grande multitude de gens qui le suivent. Et les chrétiens agissent de même avec le fils aîné de l'empereur quand il passe dans la région.

Sachez que tous ces gens qui chevauchent avec l'empereur ne demeurent pas en permanence avec lui, on les fait venir pour la chevauchée et après chacun retourne en sa maison, à l'exception des serviteurs avec leurs femmes et leurs enfants, ce qui fait bien cinquante mille personnes à cheval et deux cent mille à pied qui demeurent avec l'empereur, sans

---

1. Citation de la Bible, Exode, XXIII, 15.

compter les ménestrels et les gardiens des bêtes et des oiseaux. Il n'y a pas sous le ciel de seigneur aussi puisant que le grand khan, sinon le Prêtre Jean, qui est aussi grand que lui. Mais dans le monde entier, aussi loin que s'étendent le ciel et l'eau, aucun ne peut lui être comparé, excepté le Prêtre Jean, ni le sultan d'Égypte, ni l'empereur de Perse, ni aucun roi, ni le roi de France. C'est pourquoi il est bien regrettable que cet empereur ne croie pas en Dieu. [...]

Les pays d'Afrique

Vers les terres méridionales, on trouve de nombreux pays et régions, la terre d'Éthiopie qui est voisine vers l'orient des grands déserts, vers l'occident du royaume de Nubie, vers le midi du royaume de Mauritanie et vers le nord de la mer Rouge. Il y a ensuite la Mauritanie qui s'étend des montagnes d'Éthiopie jusqu'à la Haute et la Basse-Libye. Ce pays s'étend tout le long de la mer Océane au midi, et, vers le nord, il est voisin de la Libye. Il y a plusieurs royaumes dans ces pays d'Éthiopie et de Mauritanie. Puis vient la Nubie où se trouvent de bons chrétiens ; elle est voisine de ces pays et du désert d'Égypte. L'Égypte est voisine de la Haute-Libye. La Haute et la Basse-Libye s'étendent jusqu'à la mer d'Espagne, elles comprennent plusieurs royaumes et des peuples divers.

Vous devez savoir que tous ces pays font partie des conquêtes d'Ogier le Danois, comme on le dit chez eux, et plusieurs sont soumis au grand khan. [...]

L'empire du Prêtre Jean [1]

De là [*l'Asie centrale*], par de nombreuses journées de voyage, on va vers la terre du Prêtre Jean, le grand empereur d'Inde qui possède un immense territoire et a beaucoup de bonnes cités, de bonnes villes et diverses îles grandes et larges. L'Inde est en effet partagée en îles par les fleuves du Paradis, et l'ensemble de toutes ces îles de l'Inde, on l'appelle l'île de Pentexoire [2]. Le roi possède aussi mainte île en mer. La principale cité de l'île de Pentexoire s'appelle Nyze, c'est la capitale, très riche et agréable.

Le Prêtre Jean a beaucoup de rois, d'îles et de peuples qui lui sont soumis, son empire est très riche et fertile, moins cependant que celui du

---

1. Ce chapitre ne comporte pas d'allusion à Ogier, nous le donnons en raison des liens établis par la suite entre Ogier et le Prêtre Jean.
2. Pays évidemment impossible à identifier. Ce nom est cité dans le récit de voyage du frère mineur Oderic de Pordenone (1330) comme étant celui du royaume du Prêtre Jean. Mandeville emploie ici le mot « île » au sens de terre lointaine.

grand khan. Les marchands n'ont pas l'habitude de s'y rendre, parce que c'est trop loin et qu'ils trouvent au Cathay tout ce dont ils ont besoin, mais ce serait meilleur marché dans l'île de Pentexoire, si elle n'était pas si loin. C'est de ce pays que viennent presque toutes les marchandises, mais les marchands redoutent le voyage, surtout à cause des rochers d'aimant dont la propriété est d'attirer le fer en mer. Si un bateau passe avec des clous ou des bandes de fer, il sera attiré sur les rochers et n'en partira plus. Moi-même, j'ai vu en cette mer au loin une sorte de grande île avec des arbrisseaux, des épines et des ronces en quantité, et les mariniers disaient que c'étaient des vaisseaux que les rochers avaient attirés et arrêtés et que les arbrisseaux et les épines avaient poussé sur la pourriture des corps des marins perdus. Aussi, les marchands redoutent la traversée et prennent tout au Cathay. Mais si on le voulait, on pourrait passer par la Perse et arriver à la cité d'Hermès que fonda le philosophe Hermès [1]. Puis, on traverse un bras de mer et on parvient à la cité de Gobach, où on trouve toutes les marchandises voulues et des perroquets en aussi grand nombre que les alouettes chez nous. Et s'ils veulent continuer, ils le peuvent facilement. Il y a en ce pays peu de froment et d'orge et les gens ne mangent que du riz, du fromage, des fruits, du lait et du millet.

Le Prêtre Jean prend toujours pour épouse la fille du grand khan, et le grand khan la fille du Prêtre Jean, pour renforcer leur alliance car ils sont les deux grands empereurs du monde. Il y a bien des richesses en la terre du Prêtre Jean, des quantités de pierres précieuses dont certaines sont si grandes qu'on en fait des vases, des plateaux, des écuelles et des hanaps. Il y a bien d'autres merveilles qui seraient trop longues à énumérer, aussi je me tairai et parlerai de sa puissance et de son pays.

Cet empereur est chrétien ainsi que la plus grande partie de son pays, mais ils n'ont pas tous nos articles de foi. Ils croient bien au Père, au Fils et au Saint-Esprit. Ils sont très dévots et loyaux l'un envers l'autre, ne faisant ni fraude ni tromperie. L'empereur règne sur soixante-douze provinces, chacune gouvernée par un roi auxquels sont soumis d'autres rois, tous tributaires du Prêtre Jean. Dans ce pays se trouve la mer Aréneuse, qui est toute de sable et de gravier, sans eau. Elle va et vient par grandes vagues comme les autres mers et n'est jamais en repos. On ne peut la traverser en bateau ou autrement, si bien qu'on ne peut savoir ce qu'il y a au-delà. Mais bien qu'il n'y ait pas d'eau, on trouve sur le rivage de bons poissons, différents des poissons de mer, très bons, d'un goût délicieux. À trois journées de voyage de cette mer, on trouve de grandes montagnes dont sort un fleuve de pierres précieuses, sans eau. Il vient du Paradis terrestre, court à travers les déserts de l'Inde et se jette dans la mer Aréneuse où il se perd. Ce fleuve court trois jours par semaine, si fortement qu'il

---

1. C'est la ville d'Ormuz. Cette fausse étymologie se retrouve dans la plupart des récits de voyage.

entraîne avec lui les grosses pierres des rochers, à grand bruit. Nul ne peut y entrer les jours où il court, mais on y entre les autres jours.

Au-delà du fleuve, il y a des déserts entre les montagnes et une grande plaine de sable où, tous les jours, au soleil levant, commencent à croître de petits arbrisseaux, qui croissent jusqu'à midi et portent des fruits. Mais nul n'ose en prendre, car ils sont comme féeriques. Passé midi, ils décroissent si bien qu'au soleil couchant ils sont tous rentrés en terre et rien n'en apparaît. Cela se produit tous les jours et c'est une grande merveille. Il y a dans ce désert nombre d'hommes sauvages, cornus et hideux, qui ne parlent pas, mais grognent comme des porcs. Il y a aussi nombre de « papions », ce sont des chiens sauvages. Il y a nombre de perroquets, qu'ils appellent en leur langue *psytakes* ; certains parlent naturellement, aussi parfaitement qu'un homme. Ils saluent les gens qui traversent le désert et leur indiquent le chemin. Ils ont une large langue et six doigts au pied. Ceux qui ne parlent point ou peu, comme un cri aigu, ont seulement trois doigts au pied. Ils crient et on ne peut les comprendre.

La puissance du Prêtre Jean

Quand cet empereur, le Prêtre Jean, va en guerre contre le grand khan ou un autre, il ne fait porter devant lui aucune bannière, mais treize grandes croix d'or fin et de pierres précieuses, chacune placée sur un chariot et gardée par dix mille chevaliers et cent mille piétons, comme sont gardés dans nos régions les étendards quand on va en guerre. Mais quand il se déplace avec sa maison privée en dehors des guerres, il ne fait porter devant lui qu'une simple croix de bois, sans ornement, en souvenir de la croix de bois sur laquelle Jésus-Christ est mort. Et il fait porter devant lui un plateau rempli de terre pour se rappeler que sa noblesse et sa puissance et son corps retourneront à la terre. Et il fait porter un vase d'argent rempli d'or et de pierres précieuses, en signe de sa souveraineté et de sa noblesse.

Il demeure généralement en la cité de Suse où est son palais principal, si riche et si beau qu'on ne peut en estimer la valeur. Au-dessus de la grande tour du palais, il y a deux pommeaux ronds, en or, avec deux escarboucles grandes et larges qui brillent dans la nuit. Les portes de ce palais sont faites d'une pierre précieuse appelée sardoine [1], les bordures d'ivoire. Les fenêtres de la salle et des chambres sont de cristal. Les tables sur lesquelles on mange sont certaines en or, d'autres en émeraudes, d'autres en améthystes. Les pieds qui soutiennent ces tables sont faits des mêmes pierres. Les marches par lesquelles on accède au trône où il siège sont d'onyx, de cristal, de jaspe vert, d'améthyste, de sardoine, de cornali-

---

1. Pierre de couleur brune.

ne ; l'escabeau sur lequel il repose ses pieds est de chrysolithe. Toutes les marches sont bordées d'or fin, de pierres précieuses et de grosses perles d'Orient. Les montants des sièges sont d'émeraudes à bordure d'or, très richement ornées d'autres pierres précieuses et de grosses perles. Les colonnes de sa chambre sont d'or fin et de pierres précieuses. Plusieurs escarboucles donnent de la lumière la nuit, mais, bien qu'elles soient assez brillantes, il y a aussi un vase de cristal plein de baume pour parfumer la chambre et en chasser le mauvais air. Son lit est de fins saphirs bordés d'or pour procurer un bon sommeil et réfréner la luxure, car il ne couche avec sa femme que quatre fois l'an à chacune des quatre saisons, uniquement pour engendrer des enfants.

Dans son autre capitale, Nyze, il y a un très beau et riche palais où il demeure quand il lui plaît, mais le climat n'est pas aussi tempéré à Nyze qu'à Suse. Il ne mange qu'une fois par jour, comme le grand khan. À la cour du Prêtre Jean, plus de trente mille personnes mangent chaque jour, sans compter ceux qui passent. Mais trente mille en son pays ne causent pas plus de dépenses que douze mille en nos pays. Il a toujours avec lui sept rois pour le servir, ils changent tous les mois. Avec ces rois, il y a pour le servir soixante-douze ducs et trois cent soixante comtes, qui mangent chaque jour à la cour ainsi que douze archevêques et vingt évêques. Le patriarche de Saint-Thomas est en ce pays comme le pape, et les archevêques et évêques sont seigneurs au spirituel et au temporel et vivent comme des rois. Chacun de ces grands seigneurs sait quel service il doit faire et chacun a un office précis.

Le pays de cet empereur est si grand qu'on ne peut en donner les mesures. Toutes les îles que nous disons être en dessous de nous sur la terre lui appartiennent. La largeur de l'empire est de plus de quatre mois de voyage, en marchant chaque jour sans s'arrêter et raisonnablement. Le Prêtre Jean possède bien plus de terres que le grand khan et domine plus de pays et de grands seigneurs. Il a plus de pierres précieuses, de joyaux que le grand khan et son pays est plus beau. Mais il y a plus de marchandises au Cathay qu'en Pentexoire, aussi le Cathay est-il plus riche d'or et d'argent. Au pays du Prêtre Jean, il y a un langage particulier et des lettres que vous pouvez voir ici. Et vous devez savoir qu'ils nomment leurs lettres comme les nôtres. *[Suit l'alphabet de Pentexoire[1].]* [...]

L'Inde des Brahmanes

Après cette île *[une île fabuleuse de l'océan Indien]*, il y en a une autre, grande et plantureuse, où vivent des gens de bien, loyaux, dont les mœurs et la foi sont bonnes selon leurs croyances, bien qu'ils n'atteignent pas la

1. Cet alphabet ne se trouve que dans les manuscrits de la version liégeoise.

perfection de notre religion. Mais, par nature, ils sont remplis de vertus et évitent la malice, la méchanceté et tous autres péchés. Ils ne sont ni orgueilleux, ni cupides, ni paresseux, ni envieux, ni coléreux, ni gourmands, ni luxurieux et ne font pas à autrui ce qu'ils ne voudraient pas qu'on leur fît. Ainsi, ils accomplissent les dix commandements de la Loi. Ils ne se soucient pas d'être riches, ne jurent pas, ne mentent pas en quelque occasion que ce soit, mais disent simplement : oui ou non. Ils disent que celui qui jure cherche à tromper son prochain. On appelle cette île Bragmen ou Terre de foi. Elle est traversée par une rivière nommée Thèbe.

Ogier le Danois, quand il conquit le pays d'Inde, attaqua ces gens, mais il abandonna promptement quand il vit leurs vertus. Elle se trouve au milieu des terres du Prêtre Jean, l'empereur d'Inde. Il ne s'y trouve ni voleur, ni meurtrier, ni femme légère ; jamais personne n'y fut tué ; ils sont chastes et mènent une vie aussi parfaite que celle des religieux et jeûnent tous les jours. Grâce à leur loyauté et à leur bonne conduite, ils n'ont jamais été frappés de foudre, de grêle ou d'autre calamité, guerre, famine ou autre tribulation, comme cela nous arrive souvent à cause de nos péchés. On voit donc bien que Dieu les aime et agrée leurs croyances et leurs bonnes actions. Sachez qu'ils croient en Dieu qui créa le monde et l'adorent. Ils méprisent toute richesse et vivent avec droiture et mesure, buvant et mangeant sobrement. Aussi vivent-ils si longuement que plusieurs meurent sans avoir été malades, mais parce que la vieillesse affaiblit leur nature.

Le roi Alexandre leur fit porter jadis un défi parce qu'il voulait conquérir leur terre. Ils répondirent par une lettre envoyée par des messagers au roi Alexandre, disant ceci : « Que pourrait juger suffisant l'homme à qui le monde ne suffit pas ? Tu ne trouveras chez nous nulle raison pour nous faire la guerre, car nous n'avons nul avoir, nous ne convoitons nulle richesse. Tous les biens de notre pays sont en commun. Notre seule richesse est la nourriture pour soutenir nos corps. Au lieu d'or et d'argent, notre trésor est la concorde, la paix et l'amour les uns pour les autres. Comme parure de nos corps, nous utilisons des linges pour couvrir nos charognes. Nos femmes ne se parent pas pour plaire à ceux qui aimeraient les belles parures. Pourquoi prendre de la peine pour embellir son corps et le faire sembler plus beau que Dieu l'a fait ? Nous ne voulons pas en demander de plus beau que celui que Dieu nous a donné à la naissance. La terre nous fournit deux choses : la nourriture tant que nous vivons et la sépulture après notre mort. Nous avons toujours vécu en paix jusqu'à ce jour, pourquoi voulez-vous nous l'enlever ? Nous avons un roi, non pour rendre la justice, car il ne pourrait découvrir aucun forfait chez nous, mais pour garder notre noblesse et montrer que nous savons obéir et que la justice règne chez nous. Nous ne faisons pas à autrui ce que nous ne voudrions pas qu'on nous fît et nous nous considérons comme frères. Vous ne pourrez rien nous prendre, sinon notre paix qui a duré jusqu'ici. »

Quand Alexandre eut lu cette lettre, il pensa qu'il serait très mal de troubler des gens aussi bons. Il leur ordonna de demeurer en paix et de conserver leurs bonnes mœurs et leur tranquillité comme ils en avaient l'habitude. [...]

Les terres fabuleuses et les arbres du soleil et de la lune

Après cette île, il y en a une autre appelée l'île de Pytan où les gens ne labourent ni ne travaillent la terre car ils ne mangent pas. Ils ont pourtant de belles couleurs et un bon aspect, mais ils sont petits comme des nains et hauts de quatre pieds. Ces gens vivent de l'odeur des pommes sauvages et, quand ils se déplacent, ils emportent des pommes avec eux, car sans leur odeur ils mourraient aussitôt. Ils n'ont pas beaucoup de raison, mais sont simples et bestiaux.

Après, on trouve une île où les gens sont tout velus, sauf la figure et la paume des mains. Ils marchent sur l'eau comme si c'était la terre et mangent chairs et poissons crus. Il y a dans cette île une grande rivière de deux lieues et demie de large appelée Buemar. Au-delà de cette rivière au bout de quinze journées dans le désert, il y a les arbres du soleil et de la lune. C'est ce que m'ont dit les gens du pays, car je n'y suis pas allé, ce n'est pas possible. Ce sont les arbres qui parlèrent au roi Alexandre et lui annoncèrent sa mort. Des prêtres et d'autres personnes les gardent soigneusement au nom du Prêtre Jean, car ils sont dans sa terre. Ils vivent quatre ou cinq cents ans grâce au fruit de ces arbres qu'ils mangent, car ces arbres portent en quantité du baume authentique. On ne le trouve nulle part au monde sinon là et au Caire, comme je vous l'ai dit.

Ogier le Danois, dont j'ai parlé, alla jusqu'à ces arbres et goûta du baume, c'est ce que disent les gens du pays et ce que racontent leurs histoires. Et, par la vertu du baume, il vécut longtemps et vit peut-être encore. Vous devez savoir que nous serions très volontiers allés là si cela avait été possible, mais je crois que même cent hommes d'armes ne pourraient maintenant passer tant il y a de serpents, dragons et autres bêtes sauvages qui sont là et dévorent tous ceux qu'ils peuvent atteindre.

Il y a dans ce pays des éléphants innombrables, ainsi que des licornes, des lions et d'autres bêtes hideuses. Toutes ces terres et îles qu'il serait trop long de décrire sont dans la terre du Prêtre Jean. Il y a aussi d'autres merveilles de richesses et grande abondance de pierres précieuses et bien d'autres choses dont je n'ai pas gardé le souvenir.

Le nom du Prêtre Jean

Puisque personne ne sait pourquoi l'empereur de l'Inde mineure est appelé Prêtre Jean, je veux vous le dire d'après ce que les gens d'ici disent et racontent dans leurs histoires. Quand j'étais encore dans mon pays, j'ai souvent entendu dire qu'il y avait jadis en Inde un empereur très beau et très bon qui eut le désir de voir les offices de la Sainte Église, car la chrétienté s'étendait alors sur la Turquie, la Syrie, Jérusalem, la Palestine, l'Arabie, Alep et toute l'Égypte. Un samedi après la Pentecôte, cet empereur entra avec un chevalier chrétien dans une église d'Égypte alors que l'évêque faisait les ordinations. Quand l'empereur le vit, il demanda quels étaient ces gens que le prélat avait devant lui et pour lesquels il célébrait ces mystères. Le chevalier lui répondit que c'étaient des prêtres. Le roi dit alors : « À partir d'aujourd'hui, je veux qu'on m'appelle prêtre. » Et comme le premier qui sortit de l'église se nommait Jean, le roi prit le nom de Prêtre Jean. Mais à mon arrivée en Inde, je découvris que ce récit était faux. Dans l'église de Notre-Dame, dans la ville de Nyze en Inde, j'ai trouvé une très belle chronique disant qu'en l'an 816 de l'Incarnation de Notre-Seigneur, le Danois Ogier passa la mer avec une grande armée et conquit toute l'Inde et le Cathay et plusieurs autres pays jusqu'à quinze royaumes importants. Il les donna à ses cousins qui avaient passé la mer avec lui. Parmi eux, il y avait un fils de son oncle Gondebaud de Frise, appelé Jean à son baptême. En sa jeunesse, il fréquentait les églises et se mettait toujours à genoux devant les autels, si bien que son père le roi Gondebaud dit qu'il ferait de lui un prêtre pour le détourner de fréquenter les églises, sauf aux moments voulus. Et pour lui faire honte, il le faisait appeler Prêtre Jean et ce nom lui resta. Il passa la mer avec Ogier, et Ogier lui donna le royaume de Pentexoire, c'est-à-dire l'Inde. Comme ce fut le premier roi chrétien de l'Inde, tous ses successeurs ont été appelés Prêtre Jean, quel que fût leur nom, comme le grand empereur de Cathay est appelé khan.

Dans la terre du Prêtre Jean, il y a beaucoup de chrétiens dont les croyances et la religion sont bonnes. Leurs chapelains chantent la messe et célèbrent le sacrement de l'autel comme les Grecs. Ils ne disent pas tant de choses à la messe que nous ici, car ils ne disent que le *Pater noster* et les paroles de la consécration, comme les Apôtres l'ont fait pour célébrer la messe. Nous, nous avons plusieurs additions que les papes ont faites depuis et qu'ils ignorent.

Ceylan

Vers l'est il y a dans la terre du Prêtre Jean une autre île appelée Tapro-bane [1], très grande et riche, dont le roi, très riche, est soumis au Prêtre Jean qui lui a donné l'île. C'est un des royaumes conquis par Ogier le Danois. En cette île, on choisit toujours le roi par élection. Il y a en cette île deux étés et deux hivers, on y moissonne les blés deux fois l'an et les jardins sont toujours fleuris. Là habitent des gens bons et sages, très riches, chrétiens pour la plupart. Jadis, on mettait bien vingt-quatre jours ou plus pour aller en bateau de la terre du Prêtre Jean à cette île, mainte-nant, on y parvient en moins de sept jours et, en beaucoup d'endroits, on voit le fond de l'eau, car elle n'est pas très profonde.

À côté de cette île, il y en a deux autres, l'une nommée Orille et l'autre Argire, dont la terre est faite de mines d'or et d'argent. C'est là que la mer Rouge se sépare de la mer Océane. On ne voit luire en cette île aucune étoile, en dehors d'une appelée Canopos, et on ne voit pas la lune durant toute la lunaison, seulement au second quartier. Il y a dans cette île de grandes montagnes d'or que les fourmis gardent fermement ; elles séparent le pur du non pur et l'affinent très bien. Ces fourmis sont aussi grandes que des chiens, aussi les gens n'osent approcher de cette monta-gne, car les fourmis les étrangleraient. On ne peut avoir l'or qu'à force de ruse. Quand il fait très chaud, les fourmis se cachent en terre de tierce jusqu'à none. Alors, les gens prennent des chevaux, des dromadaires et d'autres bêtes et les chargent de cet or et s'en vont avant que les fourmis soient sorties de terre. Et quand il fait moins chaud, que les fourmis ne se cachent pas, on agit autrement. On prend des juments qui ont de petits poulains, on les charge de paniers, comme de petites huches vides, ouver-tes par-dessus et pendant presque jusqu'à terre. Puis on envoie les juments pâturer autour de cette montagne et on retient les poulains. Quand les fourmis voient les paniers, elles y montent et les remplissent de l'or pour qu'ils ne restent pas vides, car elles ne laissent rien de vide autour d'elles, ni creux, ni terre. Quand on juge que les juments sont assez chargées, on fait hennir les poulains et aussitôt chaque jument retourne près de son poulain. Puis on prend les juments, on les décharge et ainsi ils ont de l'or à foison. Les fourmis laissent d'autres bêtes les approcher, mais ne peuvent souffrir la présence des hommes.

Au-delà de la terre, des îles et de toute la seigneurie du Prêtre Jean, on ne trouve que des montagnes et de grands rochers et la région ténébreuse où on ne peut voir ni de nuit, ni de jour, comme les habitants en témoi-gnent. Ces déserts, ces lieux ténébreux durent d'un côté jusqu'au Paradis terrestre, là où furent mis Adam et Ève. Il est vers l'orient, au commence-

---

1. C'est le nom antique de Ceylan.

ment de la terre, mais ce n'est pas notre orient à nous. Car, quand le soleil se lève sur le Paradis, il est minuit en nos régions à cause de la rotondité de la Terre, comme je vous l'ai dit et comme je vous le dirai plus complètement dans un livre que j'ai fait sur la forme de la Terre et son contenu, aussitôt après ce premier livre [1].

Le Paradis terrestre

Je ne saurais vous parler comme il faut du Paradis terrestre en dehors de ce qui m'a été dit par les gens de la cour du Prêtre Jean, car je n'y suis pas allé et cela me pèse de n'avoir pas été digne d'y aller et d'y pénétrer. On dit que le Paradis terrestre est la plus haute montagne du monde. Il est en Orient, au commencement de la terre, et il est si haut qu'il touche presque au cercle de la lune sur lequel elle fait son tour. Le Déluge de Noé ne put pas l'atteindre, alors qu'il couvrit tout le reste de la terre. Le Paradis est tout enclos d'un mur ; on ne sait de quoi il est fait et il semble tout couvert de mousse de sorte qu'on n'aperçoit ni pierre ni autre chose. Le mur s'étend du midi au nord et il n'y a qu'une seule entrée enclose de feu ardent, si bien que nul mortel ne peut entrer.

Au plus haut de la terre du Paradis, au milieu, se trouve la fontaine d'où jaillissent les quatre fleuves qui courent par le monde entier. Le premier a nom Phison, ou Gange, il court parmi l'Inde et contient beaucoup de pierres précieuses et de bois d'aloès et de sable et de poudre d'or. L'autre rivière a nom Gyon, ou Nil, elle court à travers l'Éthiopie et l'Égypte. L'autre se nomme Tigre, elle court par l'Assyrie et la Grande Arménie. Et l'autre Euphrate, elle court à travers la Médie, l'Arménie et la Perse. Et on dit en ces régions que toutes les eaux douces du monde, dessus et dessous, prennent naissance de cette fontaine du Paradis. La première rivière a nom Phison, ce qui signifie « assemblée », car beaucoup d'autres rivières s'y rassemblent. On l'appelle Gange, à cause du roi Gangeres qui régnait en Inde quand Ogier la conquit. Il fut jeté en cette rivière parce qu'il refusait le baptême et fut noyé. Cette rivière est par endroits claire, par endroits trouble, par endroits chaude, par endroits froide. La deuxième rivière s'appelle Gyon ou Nil. Gyon en langue éthiopienne veut dire « trouble », car elle est toujours trouble, et Nil signifie « trouble » en langue égyptienne. La troisième rivière se nomme Tigre, ce qui signifie en leur langue « courant rapidement », car elle est plus rapide que nulle autre rivière. La quatrième rivière se nomme Euphrate, c'est-à-dire « bien portante », car il pousse toutes sortes de biens sur cette rivière.

Sachez que nul mortel ne peut aller au Paradis ou s'en approcher. Par terre, nul ne peut y aller à cause des bêtes sauvages qui sont dans les

---

1. La mention de ce livre ne se trouve que dans la version liégeoise.

déserts et des passages ténébreux qui sont nombreux. Et nul ne peut y
aller par les rivières, car l'eau, qui vient de haut, court avec tant de force
et en faisant de si grandes vagues que nul ne peut les remonter. Et elle
fait un tel bruit de tempête que l'on ne peut s'entendre l'un l'autre, même
en criant fort. Bien des grands seigneurs ont essayé mainte fois, avec
courage, d'aller par les rivières vers le Paradis, mais ils ne purent achever
leur route et plusieurs sont morts d'épuisement d'avoir lutté contre les
vagues, plusieurs sont devenus aveugles, d'autres sourds. Donc, nul
mortel ne pourrait y aller sans une grâce spéciale de Dieu. Puisque je ne
peux vous en dire plus, je me tais et reviens à mon sujet.

L'Asie centrale et le Tibet

Ces îles dont je vous ai parlé qui sont dans la terre du Prêtre Jean sont
sous terre par rapport à nous. Si on partait en mer pour faire le tour de la
terre et que la grâce de Dieu vous aide à tenir la bonne route, on reviendrait tout droit aux régions dont on serait parti. Mais cela prendrait beaucoup de temps et il y a tant de périls que peu de gens essaient de faire
cette traversée, quoique ce soit possible si on prend la bonne route. Donc
on préfère longer la terre du Prêtre Jean pour revenir de ces îles. On arrive
ainsi à une île nommée Cassan[1] qui a bien soixante journées de voyage
de long et plus de cinquante de large. C'est la meilleure île et le meilleur
royaume du monde excepté le Cathay. Et si les marchands allaient autant
en cette île qu'au Cathay, elle vaudrait trois fois le Cathay, car c'est un
pays riche, bien peuplé, avec de bonnes cités et villes, si bien que quand
on quitte une ville, on en voit une autre devant soi, de quelque côté que
l'on regarde. Il y a là abondance de tous biens pour vivre et toutes sortes
d'épices. Il y a de grandes forêts de châtaigniers. Le roi de cette île est
fort riche et très puissant ; il tient sa terre pour les trois quarts du Prêtre
Jean et pour le reste du grand khan, et leur est soumis. C'est l'un des
royaumes qu'Ogier le Danois a conquis au-delà des mers.

De là, on arrive à un autre royaume appelé Tibet, qui est soumis au grand
khan. C'est un bon pays, très riche en vignes, blés et autres biens. C'est un
autre des royaumes conquis par Ogier. Les cités de ce pays sont bien
murées, mais renferment peu de maisons, les habitants vivent dans des
tentes de feutre noir. La capitale est enclose de pierres noires et blanches et
les rues sont pavées des mêmes pierres. Nul homme en cette cité n'ose
répandre le sang, que ce soit d'homme ou de bête, par respect pour les
idoles qui sont adorées là. En cette cité demeure l'*abassy*[2] qui est le pape

---

1. Peut-être s'agit-il de la province du Kan-Sou, « île » étant ici encore employé au sens
de terre lointaine.
2. Il ne peut s'agir du Dalaï-Lama, titre créé seulement en 1543. Le mot vient du persan
bakshi, désignant les moines bouddhistes.

de leur religion et confère les bénéfices et autres choses appartenant à leurs idoles. Les chevaliers ou les religieux qui tiennent de lui leurs terres lui sont soumis comme les chrétiens de la Sainte Église sont soumis au pape.

Il y a dans toute cette île une coutume étonnante. Quand un père meurt, son fils, pour lui faire grand honneur, convoque tous ses amis et parents et tous les prêtres et ménestrels qu'il peut avoir. Puis on porte le corps sur une montagne en grande et joyeuse fête. Quand il est déposé, le plus grand des prélats lui coupe la tête et la met sur un grand plateau d'or ou d'argent selon sa richesse et sa puissance, puis il donne la tête au fils. Le fils la prend en faisant une grande révérence à celui qui a coupé la tête de son père et puis tous les parents chantent, disant beaucoup d'oraisons à leur manière. Les prêtres et les religieux coupent le corps en morceaux, toujours en disant des oraisons. Alors les oiseaux du pays, qui connaissent cette coutume depuis longtemps, volent au-dessus et mangent les chairs, et les prêtres leur jettent de grands morceaux du cadavre. Les oiseaux sont très nombreux, aigles, vautours et autres. Ils emportent les morceaux plus loin pour les manger. Quand tout ceci est terminé, les prêtres chantent, comme chez nous les chapelains chantent pour les morts : « Venez, anges de Dieu... » Ils chantent à voix haute en leur langue : « Regardez comme cet homme était juste et les anges de Dieu viennent le chercher pour l'emmener au paradis. » Et le fils se considère comme très honoré que les oiseaux aient mangé son père ; celui qui aura le plus grand nombre d'oiseaux sera le plus honoré. Les amis font le compte des oiseaux qui sont venus auparavant manger leurs parents, soit cinq, soit dix, soit vingt et ils s'en glorifient hautement. Quand ils sont revenus à la maison, le fils fait cuire la tête de son père et donne à chacun de ses meilleurs amis un peu de chair comme entremets. Avec le crâne, il fait faire un hanap où lui et ses parents boivent très dévotement en souvenir du saint homme que les oiseaux ont mangé. Et le fils boira toute sa vie dans ce hanap. Ainsi, tous sont de saints hommes selon leurs dires par cette grande cérémonie contre nature.

Le riche mandarin

De cette île, en revenant par la terre du grand khan, on arrive à une autre grande et bonne île, un grand royaume où règne un roi riche et puissant, soumis au grand khan. Il y a dans ce pays un homme riche et puissant et plusieurs personnes dépendent de lui. Il est si riche qu'il a bien chaque année comme revenu trois cent mille chevaux chargés de blé et de riz. Sachez qu'il mène une très noble vie selon les usages de ce pays. Cinquante pucelles le servent pour ses repas, son coucher et en tout ce qu'il lui plaît de faire. Quand il s'assied à table, elles lui apportent les plats, chacune un plat, en chantant une chanson. Puis elles lui mettent la nourriture en bouche, il ne touche à rien et tient ses deux mains devant lui sur la table, parce qu'il a de si grands ongles qu'il ne peut rien prendre ni tenir. En effet, le plus grand signe de noblesse qu'on peut avoir dans ce pays est d'avoir de grands ongles, surtout pour les vieux seigneurs qui ne combattent plus. Ils les soignent et les laissent pousser tant qu'ils peuvent et plusieurs les laissent tant pousser qu'ils entourent toute la main, le feu ne peut les brûler et c'est un signe de très grande noblesse. Mais cette noblesse est pleine de saletés et ils ont les mains puantes.

Pour les femmes, les signes de noblesse sont autres. Le plus grand signe de noblesse qu'une femme puisse avoir dans ce pays est d'avoir de petits pieds. Aussi, dès leur naissance, on commence à leur bander les pieds très étroitement de sorte qu'ils ne grandissent pas la moitié de ce qu'ils devraient.

Et vous devez savoir que ces demoiselles chantent tout le temps du repas du noble. Quand il a terminé les premiers plats, on lui en apporte d'autres, toujours en chantant. Et elles font ainsi jusqu'à la fin du repas. Et il fait ainsi tous les jours et ses ancêtres faisaient de même et ainsi feront ses descendants. Ses plus beaux faits d'armes seront de boire, manger et vivre à son aise comme un porc qu'on engraisse. Je l'ai vu en vérité trois fois en mangeant à sa table en compagnie d'un ami, un homme important qui allait souvent chez lui. C'est une personne sans honneur et j'ai vu de si beaux porcs que je ne veux pas les lui comparer. Il est vêtu de riche velours et de drap d'or orné de pierres précieuses. Il demeure dans un très beau et riche palais dont les murs ont bien deux lieues de tour, enfermant de beaux et riches jardins. Le pavement des chambres est d'or et d'argent. Au milieu du jardin, il y a un petit tertre sur lequel se trouve un pré dans lequel il y a un petit monastère avec de belles tours et des piliers tout en or. Il va souvent s'y asseoir pour prendre l'air et se récréer, ce monastère n'a pas été fait pour autre chose. Cet homme se nomme Meleroth [1], c'est le plus riche du monde selon son rang. Il a le revenu d'un duc ou d'un comte. Ses ancêtres ont amassé de grands biens et tenu le même rang que lui, et lui-même amasse de grands avoirs. Il n'arrive pas à dépenser tout ses revenus et ses successeurs seront encore plus riches que lui. Ainsi est amassée une grande fortune. Comme les porcs amassent du fumier puant et vil, il dépense tout pour boire et manger, sans chercher à conquérir d'honneur ni à servir Dieu.

La fin du voyage

De cette île, on vient aux autres îles par la terre du grand khan de Cathay dont je vous ai parlé ci-dessus, donc il ne convient pas de recommencer, car on revient par le chemin que je vous ai décrit à l'aller. Mais,

---

1. La version liégeoise est seule à donner ce nom.

comme je vous l'ai dit, celui qui n'aimerait par revenir par là où il serait déjà passé et voudrait se lancer sur la grande mer au-delà de l'Inde et aller à l'aventure où Dieu le mène, il pourrait revenir chez lui en allant toujours en avant, car la terre est ronde. Mais ce serait difficile de tenir la bonne route, car la mer est si grande, il y a tant de mauvais passages, de rochers et d'autres périls qu'on pourrait facilement succomber. Et celui qui s'écarterait de la bonne route de l'épaisseur d'un doigt, avant d'avoir avancé d'une lieue, il se serait fourvoyé de plus de trois lieues. Il est donc très difficile de rester sur le bon chemin. Il valait donc mieux pour nous retourner sur nos pas que d'affronter ces dangers, bien que j'eusse tenté l'aventure si mes compagnons l'avaient voulu, mais ils refusèrent. Et ce peut être soit bon, soit mauvais pour moi.

Et moi, Jean de Mandeville, chevalier, bien qu'indigne, né en Angleterre en la ville de Saint-Albans, qui ai quitté mon pays et ai pris la mer l'an de grâce de la Nativité de Notre Seigneur Jésus-Christ 1322, le jour de Saint-Michel Archange, qui ai visité et traversé maints pays différents comme je vous l'ai déclaré plus haut, et ai été, grâce à Dieu, en bonne compagnie, qui ai assisté à de beaux faits d'armes, sans avoir accompli moi-même aucun beau fait, ni aucune belle entreprise, ni aucun bien, maintenant je dois me reposer malgré moi, à cause de la goutte arthritique qui me tient et m'a rendu bien malade. Je me console dans mon pauvre repos en me rappelant le temps passé et j'ai achevé et mis par écrit ce livre sur tout ce que je puis me rappeler. Il a été achevé par moi l'an de grâce 1357, vingt-cinq ans après avoir quitté mon pays en la noble cité de Liège, dans la maison de Hannequin dit le Volt en la Basse-Sauvenière, à la requête et prière de l'honorable et discret Maître Jean de Bourgogne, dit à la Barbe, médecin, qui me visitait durant ma maladie. En me visitant, il me reconnut et se rappela m'avoir vu à la cour du sultan d'Égypte avec lequel il demeurait quand j'y étais.

Je prie tous ceux qui me liront de bien vouloir prier pour moi et je prierai pour eux. Tous ceux qui réciteront un *Pater noster* pour le pardon de mes péchés, je les fais participants et leur octroie une part des mérites de mes bons pèlerinages et de tout le bien que j'ai fait et que je ferai encore avant ma mort. Je prie Dieu, de qui vient tout bien et toute grâce, qu'il veuille remplir de sa grâce le corps et sauver l'âme de tous les chrétiens qui liront ou entendront lire ce livre. À la gloire et à la louange de Dieu et de la sainte Trinité, Père, Fils et Saint-Esprit, un seul Dieu sans division de sa substance et de sa nature, tout-puissant, parfait en toutes vertus, sans commencement ni fin, bon au-delà de toute qualité, grand au-delà de toute mesure, présent en tous biens, fontaine de toute science, que le bien ne peut amender, ni le mal empirer et qui vit et règne en divinité parfaite pour tous les siècles et tous les temps. Amen.

Glossaire des termes de civilisation

Ce glossaire est destiné à faciliter la lecture des textes traduits dans ce volume. Pour cerner plus amplement les termes dans leur contexte littéraire et social, voir le *Dictionnaire étymologique de la langue française* d'O. Bloch et W. von Wartburg, 10ᵉ éd., PUF, 1994 et *Cinquante Mots-Clefs de l'histoire médiévale*, de P. Bonnassie, Privat, 1988, éd. mise à jour. Si l'on souhaite se reporter aux textes dans leur langue d'origine, on tirera grand profit du *Dictionnaire de l'ancienne langue française et de tous ses dialectes, du IXᵉ au XVᵉ siècle*, de Fr. Godefroy, Slatkine, 1983, 10 vol., et de l'*Altfranzösisches Wörterbuch* d'A. Tobler et de A. Lommatzsch, nouv. éd. Wiesbaden, 1955 et suivantes.

Pour l'établissement du glossaire, il a été tenu compte des vœux des spécialistes historiens, et historiens de la littérature, qui ont contribué à ce volume. Pour des explications sémantiques plus détaillées, on consultera la Bibliographie générale en fin de volume.

A-B

19 AB : jour de jeûne en commémoration de la destruction des temples.

ACH'ARIYA : école théologique du monde islamique fondée par Al-Ashari († 935). Sa doctrine est fondée sur l'omnipotence et sur l'omniprésence de Dieu, niant le libre arbitre de l'homme ainsi que les lois de la nature.

ADAR : sixième mois de l'année juive.

ADOUBER : armer chevalier, faire chevalier. L'adoubement est une cérémonie, un rite initiatique auquel l'Église a très tôt conféré un caractère sacré.

ALEF : première lettre de l'alphabet hébraïque qui signifie également le chiffre 1.

ARBALÉTRIER : homme d'armes équipé d'une arbalète.

ARUKH ou **SEFER HE-ARUKH** : premier dictionnaire talmudique, rédigé par Nathan ben Yehiel de Rome (env. 1035-1110).

ASHKÉNAZE (pluriel ashkénazim) : terme qui désigne à l'origine les juifs habitant l'Allemagne, par la suite il désigne les juifs européens.

AUTOUR : oiseau de chasse.

AVOUÉ : — de Béthune : seigneur à qui l'abbaye confie, de plein gré ou sous la contrainte, l'administration de ses biens et le soin de la protéger ; — du Saint-Sépulcre : fonction de Godefroy de Bouillon, responsable, gardien.

BARGE : embarcation à fond plat.

BARON : homme de naissance noble. Par rapport aux chevaliers, les barons en constituent l'élite. Souvent le terme désigne l'ensemble des chevaliers.

BASSINET : calotte de fer portée sous le casque.

BATAILLLE : corps d'armée comprenant fantassins, cavaliers et gens de trait.

BAUDRIER : bande d'étoffe ou de cuir portée en écharpe et servant à soutenir l'épée.

BÉNÉFICE : bien foncier lié à une charge ecclésiastique.

BERURIM : administrateurs élus par la communauté juive pour gérer ses affaires. Ce terme est surtout employé en Espagne et dans sa zone d'influence.

BESANT : monnaie d'or, à l'origine monnaie de Byzance.

BLIAUT : vêtement qui semble être une sorte de tunique, que portent les dames nobles ou les chevaliers, sous ou sur le haubert. L'étoffe en est mince et fine.

BOUCLE : également dite « bosse » du bouclier. Il s'agit de la partie en fer qui forme une bosse au centre du bouclier. On peut y loger des reliques.

BOURDON : gros bâton de marche ; avec l'écharpe, le bourdon est le signe distinctif du pèlerin.

BOURSE : petit sac, pendu à la ceinture, destiné à recevoir des piécettes d'argent ou parfois des reliques.

BRETÈCHE : château de bois surmontant les murs, ouvrage de défense en saillie sur une façade.

C

CALOYER : moine grec de l'ordre de saint Basile (lié avec Mahomet, assassiné par les conseillers de ce dernier).

CARAÏTES : secte juive dont les origines remontent au VIIIe siècle. Elle se distingue du judaïsme officiel par son refus des traditions talmudiques et rabbiniques.

CAVALIERS (du latin *equites*) : combattants à cheval. Guillame de Tyr n'emploie quasiment jamais « chevaliers » (latin *milites*).

CERCLE : entoure le heaume et en maintient l'armature.

CHARCLOIE : machine de guerre consistant en une claie posée en demi-cercle et montée sur trois roues.

CHAT (chatte, gates) : machine de guerre, sorte de galerie couverte attachée aux murailles, ce qui permettait à ceux qui devaient les saper d'œuvrer à couvert.

CHÂTEAU : partie surélevée sur le pont supérieur d'un navire.

CHEVALERIE : l'ensemble des chevaliers, mais aussi l'ensemble des qualités et le code chevaleresque, c'est-à-dire la vaillance et, par suite, l'exploit et la gloire qui en résulte.

CHEVALIER : jeune noble adoubé, et tenant la plupart du temps un fief de son seigneur.

CHRONIQUE : *voir* HISTOIRE.

COIFFE : capuchon de fer servant à protéger la tête sous le heaume.

COMPLIES : *voir* HEURES ; par extension, le soir.

CONNÉTABLE : grand personnage d'une cour. Sa fonction est militaire.

COTTE : tunique que portent sur la chemise aussi bien les hommes que les femmes.

CROISADE : à la fois pèlerinage et entreprise militaire.

CROISER (se) : prendre la croix, être croisé, c'est-à-dire mettre sur son épaule la croix de tissu qui désigne celui qui part pour la cause sainte.

CROIX (sainte) : relique prétendument retrouvée de la vraie Croix ; cf. dans les traditions chrétiennes, la Tête de l'Invention de la Sainte Croix.

D-E

DAME : épouse du seigneur, femme de haut rang. Une jeune fille de très haut rang peut également être nommée « dame ».

DAYANIM : juges dans la communauté juive ayant surtout compétence dans le droit civil et le code des familles.

DÉMAILLER : mettre en pièces les mailles d'un haubert.

DENIER : monnaie qui vaut deux mailles.

DESTRIER : cheval de bataille que monte le chevalier armé.

DISCIPLINES « LIBÉRALES » : les sept arts libéraux hérités de l'Antiquité, à la base de toute formation de lettré (*trivium* : grammaire, rhétorique, dialectique, et *quadrivium* : arithmétique, géométrie, astronomie, musique).

DROMON : sorte de croiseur.

ÉCARLATE : étoffe fine de drap ou de soie dont la couleur était variable.

ÉCOUFLE : oiseau de chasse.

ÉCU : bouclier généralement oblong, muni sur le centre d'une bosse appelée « boucle ».

ÉDOM : pays situé au sud-est de la Transjordanie. Au Moyen Âge, ce terme désigne les chrétiens.

ÉLAM : région qui s'étend au sud-est du plateau iranien.

ÉLOUL : douzième mois de l'année juive.

ENSEIGNE : étendard qui sert à rallier des combattants. *Voir* GONFANON.

ERETS ISRAËL : le pays d'Israël.

ESCARBOUCLE : pierre précieuse et merveilleuse chez les Sarrasins, qui, disait-on, la nuit, pouvait éclairer comme un projecteur.

EXILARQUE : chef suprême de la communauté juive en exil en Babylonie. Il descend de la maison royale davidique. Benjamin de Tudèle parle de ses pouvoirs.

F-G

FER DE LANCE : extrémité pointue et métallique montée sur une longue hampe en bois.

FEU GRÉGEOIS : mot à mot « feu grec ». Arme redoutable. Feu d'étoupe enduite de poix, projeté contre les fortifications ou les navires ennemis.

FIDÈLES (du latin *fideles*) : ceux qui ont la foi chrétienne, par opposition aux infidèles, qui ont la foi mahométane. Guillaume de Tyr par exemple n'utilise quasiment jamais *christiani*, chrétiens.

FIEF : à l'origine désigne un salaire. Les services militaires étant souvent payés en terre, le sens va de « service » à « terre ».

FRANC (franche) : libre donc noble, aussi bien au niveau de la naissance que sur le plan psychologique. Désigne souvent la générosité.

GALÉES (galies) : navires de guerre par excellence, mus à la rame et à la voile.

GENS DE PIED : piétons, combattants à pied.

GONFANON : étendard, enseigne d'étoffe attachée à la lance.

GOUVERNEUR : chez Guillaume de Tyr, ce terme n'a pas de sens institutionnel précis.

GOY (pluriel goyim) : nom donné par les juifs aux peuples étrangers et à leur culte, avec une nuance un peu méprisante de « Gentils ».

H-I

HAUBERT : longue tunique de mailles d'acier tressées.

HAZAN : ministre officiant, chantre.

HEAUME : casque.

HEPDESH : hospice où l'on prodiguait des soins aux pauvres.

HESHVAN : abréviation de marheshvan, deuxième mois de l'année.

HEURES : la journée médiévale est rythmée par les heures canoniales, espacées de trois en trois heures : matines ou minuit, laudes (3 heures du matin), prime (6 heures), tierce (9 heures), secte ou midi (12 heures), none (15 heures), vêpres (18 heures), complies (21 heures).

HISTOIRE (latin *historia*) : l'histoire traite des temps proches ou du temps présent, tandis que la chronique commence aux origines.

HOMMAGE : l'un des éléments essentiels du pacte qui lie au seigneur son vassal ; le vassal devient l'« homme » du seigneur par la cérémonie de l'« hommage ».

HUISSIER : navire destiné à transporter la cavalerie, hommes et chevaux.

INDULGENCE PLÉNIÈRE : rémission par l'Église des peines, souvent comptabilisées en durées. Les récits de pèlerins font fréquemment état des étapes de leur pèlerinage qui leur valent des indulgences partielles ou plénières.

ISMAÉLITES : c'est ainsi que les juifs désignaient les musulmans pendant le Moyen Âge.

K-L

KISLEV : troisième mois de l'année juive.

LANCE (sainte) : relique prétendument retrouvée de la lance qui a percé le côté du Christ en croix.

LANCE : arme essentielle de l'homme d'armes à cheval, composée d'une hampe en bois et d'un fer pointu et tranchant.

LICES : enceintes faites d'une palissade servant à protéger un château, ou espace compris entre les murs et cette enceinte.

LIEUE : la lieue française mesure environ quatre kilomètres et demi.

LIGNAGE : ensemble de tous ceux qui sont liés par le sang. « Être de haut lignage », de noble extraction.

LIVRE : vingt sous.

LOI : religion.

M-N

MAHOMERIE : mosquée, lieu de Mahomet.

MAKPÉLAH : grotte d'Hébron où sont enterrés les patriarches avec leurs épouses.

MANGONNEAU : machine à lancer des projectiles contre une place assiégée (les pierrières lancent des projectiles plus gros).

MARC : unité de poids d'une demi-livre ou huit onces d'or et d'argent, servant à peser les métaux précieux.

MATINES : *voir* HEURES.

MERCI : « crier merci » signifie implorer la grâce du vainqueur, demander sa pitié. Se mettre « en la merci de » : à la discrétion de.

MÉTROPOLE : ville siège d'un archevêché.

MINIAN (pluriel minyanim) : assemblée de dix hommes nécessaire à la prière publique et la célébration des différents actes religieux.

MISHKAN : sanctuaire portable construit par les enfants d'Israël dans le désert sur l'ordre de Dieu.

MU'TAZILITE : mouvement arabe de théologie. Sa doctrine repose sur le monothéisme. Ce mouvement fut particulièrement florissant de 750 à 900 à Bagdad et à Basra.

NAGUID : chef de la communauté juive dans des pays islamiques.

NASAL (du heaume) : pièce de métal fixée au heaume, destinée à protéger le nez et le haut du visage.

NEF : navire servant essentiellement aux transports.

NISSAN : septième mois de l'année juive.

NONE : *voir* HEURES.

O-P

ONCTION ROYALE : les rois de Jérusalem sont sacrés par l'évêque avec l'huile du saint chrême.

PALAIS : salle d'apparat et de réception d'un château. Souvent « salle » et « palais » désignent le même lieu.

PALEFROI : cheval de promenade ou de voyage, par opposition à destrier, cheval de bataille.

PALLIUM : manteau impérial.

PALMES : « cueillir les palmes », c'est rapporter la preuve du pèlerinage à Jérusalem.

PÂQUES FLEURIES : dimanche des Rameaux.

PARASANGE : ancienne unité de mesure itinéraire des Perses, valant 6 500 mètres.

PARNASS : notable d'une communauté juive.

PATRIARCHE : titre donné aux évêques des cités d'Antioche, de Jérusalem, d'Alexandrie, de Constantinople et de Rome depuis l'Antiquité.

PAVILLON : tente de forme ronde, alors que « tente » serait de forme allongée.

PÈLERIN : le latin *peregrinus* désigne le pèlerin qui a pris la croix et fait le vœu de combattre, aussi bien que le simple pèlerin (le nom de « croisé » n'existe pas encore quand Guillaume de Tyr écrit, sinon sous la forme très rare de *Cruce signati*).

PIERRIÈRE : arme de jet (pour les grosses pierres) ; *voir* MANGONNEAU pour les petites pierres.

PIÉTONS : *voir* GENS DE PIED.

PILIER : la colonne où le Christ a été attaché pour la flagellation ; relique prétendument retrouvée.

POURIM : fête célébrée le 14 adar, qui commémore la délivrance des juifs par la lecture du Livre d'Esther.

PRÉTOIRE : siège de Pilate à Jérusalem.

PROVINCE : l'ensemble des diocèses relevant du même archevêque.

Q-R

QADDISH : prière rédigée en partie en araméen, qui clôt chaque partie du service religieux. La plus connue est celle que les endeuillés récitent pour leurs morts.

QUARANTAINE : la sainte quarantaine est la période des quarante jours du carême.

RABBANITE : nom appliqué aux juifs qui accordent à la loi orale la même autorité qu'à l'Écriture (contrairement aux caraïtes).

RABBENOU HA-PADOSH ou **RABBI** : noms qui désignent Yehudah ha-Nassi, patriarche de Judée et auteur de la Mishna (seconde moitié du IIe siècle et début du IIIe).

RÉMISSION PLÉNIÈRE : *voir* INDUL-GENCE PLÉNIÈRE.

ROBE : désigne l'ensemble d'un costume de chevalier : cotte, surcot et mantel.

RONCIN : cheval de charge ou monture pour valets et écuyers.

ROSH HA-SHANA : Nouvel An juif qui a lieu les 1er et 2 tishri.

S

SAGE (sagesse) : avisé, habile, de grande expérience, de bon jugement.

SAMIT : riche étoffe de soie, d'origine orientale, utilisée pour des robes de femme, des bliauts (tuniques) et des mantels d'homme, mais aussi des tapis, des couvertures de lit, etc.

SANHÉDRIN : corps judiciaire, religieux et politique suprême en Palestine à l'époque romaine.

SATRAPE : originellement, gouverneur dans l'Empire perse (chez Guillaume de Tyr, gouverneur en Orient, turc ou arménien).

SEAH : ancienne unité de mesure de capacité pour les grains, usitée chez les juifs, valant 7,66 litres environ.

SEIGNEUR : chez Guillaume de Tyr,

terme réservé aux membres supérieurs de la hiérarchie ecclésiastique et laïque.

SÉPHARADE (pluriel sépharadim) : juifs originaires de la péninsule Ibérique et tout autre juif non ashkénaze.

SÉPULCRE (Saint-) : tombeau du Christ, relique majeure à vénérer lors de tout pèlerinage à Jérusalem.

SERGENT : homme d'armes non noble.

SETIER : mesure d'environ 156 litres.

SEXTE : *voir* HEURES.

SHAVOUOT : une des trois fêtes de pèlerinage qui a lieu le 6 sivan et marque le début des moissons.

SHEM HA-MÉPHORASH : tétra-gramme.

SHEVAT : cinquième mois de l'année juive.

SHOUHA : ravin, terme péjoratif pour désigner le Saint-Sépulcre.

SIGLATON : riche tissu d'origine orientale, souvent de couleur rouge.

SIVAN : neuvième mois de l'année juive.

SOU : monnaie qui vaut douze deniers.

SOUDAR : châle.

SOUDOIER : soldat qui reçoit une solde du seigneur au service duquel il combat. Le terme n'est pas péjoratif.

SUFFRAGANT : adjectif qui signifie hiérarchiquement en dessous de l'archevêque.

SULTAN : titre porté par certains princes sarrasins.

SURCOT : corsage ou gilet, porté par-dessus la cotte.

T-V-Y

TALITH : châle de prière.

TAMMUZ : dixième mois de l'année juive.

TEBET : quatrième mois de l'année juive.

TEMPLE (de Jérusalem) : le temple de Salomon, parfois confondu avec le Cénacle où eut lieu le miracle de la Pentecôte.

TENIR : avoir l'usage d'un bien sans en être complètement propriétaire. On « tient » sa terre de son seigneur.

TEVA : sorte de pupitre sur lequel on dépose selon les besoins de l'office le rouleau de la Torah ou des Prophètes pour leur lecture à la synagogue.

TIERCE : *voir* HEURES.

TISHRI : premier mois de l'année juive.

TOISE : mesure de longueur valant un peu moins de deux mètres.

TORAH : les cinq livres du Pentateuque.

TRUIE : machine de guerre permettant de lancer des pierres, de battre les murailles et de se mettre à couvert en approchant des murs.

TSITSITS : franges aux quatre coins du châle de prière, selon le commandement biblique exprimé dans Nb xv, 37-41 et Dt xxii, 12.

VAVASSEUR : seigneur du rang le plus modeste (vassal d'arrière-fief), toujours présenté dans les textes littéraires comme un modèle de probité chevaleresque et féodale.

VENTAILLE : partie mobile de la coiffe, capuchon de mailles qui recouvre le bas du visage au-dessous du nez, sous le casque.

VÊPRES : *voir* HEURES.

VILAIN : le paysan, le rustre.

YOM KIPPOUR : jour du Grand Pardon qui a lieu le 10 tishri.

INDEX

L'Index a été établi grâce aux indications fournies par les différents collaborateurs de l'ouvrage. Il comporte la plupart des personnages et lieux évoqués, sans être un document exhaustif. Sont identifiés par quelques indications les personnages ainsi que les lieux principaux des chansons et récits de croisade. Pour les textes plus historiques et de pèlerinages, on a relevé les personnages essentiels, à l'exclusion des personnages secondaires et des noms de lieux occasionnels.

Les noms de personnes, en majuscules, sont introduits par leur prénom, puisque l'usage dans le récit les désigne souvent ainsi. Il en va de même pour les grands personnages historiques (rois, empereurs, papes, etc.), ainsi que pour les auteurs des textes médiévaux, classés selon les mêmes principes que dans la Bibliographie. Les noms de lieux sont en majuscules et minuscules.

Quelques dates, événements, institutions de la vie religieuse ou titres d'œuvres nous ont paru devoir figurer dans l'Index : ils sont présentés en caractères italiques.

Les textes où apparaissent les personnages et les lieux sont indiqués par les abréviations suivantes :

IG : Introduction générale, en tête du volume.
CC : Chansons de croisades.
CA : *La Chanson d'Antioche*.
CJ : *La Conquête de Jérusalem*.
BB : *Le Bâtard de Bouillon*.
Sal : *Saladin*.
G de T : Guillaume de Tyr, *Chronique*.
R de C : Robert de Clari, *La Conquête de Constantinople*.
Hay : le prince Hayton, *La Fleur des histoires de la Terre d'Orient*.
PO : Pèlerinages en Orient.
EP : Emmanuel Piloti, *Traité sur le passage en Terre sainte*.
VH : Voyages hébraïques.
J de M : Jean de Mandeville, *Le Livre de messire Jean de Mandeville*.

Index des noms de personnes et des noms de lieux

B

Baalbek : G de T, Hay.
Babel (tour de —) : PO.
Babylone, Babyloine, le Vieux Caire : Sal (désigne aussi le nord de l'Égypte dans ce récit), R de C, PO, EP, VH, J de M.
Babylonie : VH.
Bagdad : CA, CJ, PO, VH, J de M.
Bagua (Cerdagne) : PO.
BALAAM (prophète) : PO.
Balac, Balak, Belek : G de T.
Balacian (Asie centrale) : Hay.
Baldac (en Haute-Égypte) G de T.
BALIAN DE NAPLOUSE : G de T.
BALIAN, seigneur d'Ibelin et ses trois fils Hugues, Baudouin, Balian junior : G de T.
Balthar (détroit de —, ou du Maroc) : PO.
Bamberg : VH.
Banyas : voir CÉSARÉE DE PHILIPPE.
BAPTISTE : PO.
BARAC (médecin de Tripoli) : G de T.
Baratie : PO.
BARATON (divinité sarrasine) : BB.
Barbais (défilés de —), place forte, ville sarrasine d'Asie Mineure (Baalbek ?) : CJ, CA.
BARBAIS, fils de Sucaman : CJ.
BARBARAN, cousin de l'émir d'Orbrie : BB.
BARBARES (Sarrasins) : BB.
Barbarie (pays barbaresques dont la capitale est Tunis) : Hay, PO, EP.
BARBE (sainte) : PO.
Barcelone : PO, VH.
Bari : PO.
BARKIARUK (sultan turc) : Hay.
Barlette (port de la région de Naples) : PO.
BARNABÉ (apôtre) : PO.
BARQUOQUO (sultan) : EP.
BARRE, Sarrasin, fils de Sultan : CJ.
BARSBEY (sultan) : EP.
BARTHÉLEMY (apôtre) : PO.
BARUCH (prophète) : PO.
Basan : PO.
BASCLOIS (Sarrasins) : CJ.
BÂTARD DE BOUILLON, fils bâtard de Baudouin Ier du Bourg et de Sinamonde, princesse sarrasine, héros éponyme de la chanson : BB.
BATU (petit-fils de Gengis Khân) : Hay.
Baucidant, Bocidant (les monts de —, lieu sarrasin) : CA, CJ.
BAUDOUIN Ier (1171-1206), comte de Flandre sous le nom de Baudouin IX (1194-1206) et premier empereur latin de Constantinople : R de C.

BAUDOUIN Ier (roi de Jérusalem, 1100-1118) : G de T.
BAUDOUIN II (roi de Jérusalem, 1118-1131) : G de T.
BAUDOUIN III (roi de Jérusalem, 1143-1163) : G de T.
BAUDOUIN IV, dit le Roi lépreux (1160-1185), fils d'Amaury Ier, roi de Jérusalem (1174-1185) : G de T, R de C, PO.
BAUDOUIN, comte de Flandre : Sal.
BAUDOUIN (enfant), fils du comte de Flandre : CJ.
BAUDOUIN DE BEAUVAIS (croisé, Les Chétifs) : CA, CJ.
BAUDOUIN DE BOULOGNE, Baudouin de Rohais (Baudouin de Bouillon) : frère de Godefroy de Bouillon et d'Eustache III de Boulogne comte de Flandre, comte d'Édesse (voir ÉDESSE) : CA, CJ, BB.
BAUDOUIN DE BOURG, cousin de Baudouin de Boulogne : CA, G de T.
BAUDOUIN DE CAUDERON : CA, BB.
BAUDOUIN DE RAMLA : G de T.
BAUDOUIN DE SEBOURG, chrétien, père de trente bâtards, époux de Blanche, deviendra seigneur de la Terre-Sauvage (personnage construit à partir de trois rois de Jérusalem : Baudouin II du Bourg, Baudouin IV le Lépreux et Gui de Lusignan) : BB, Sal.
BAUFUME DE ROHAIS (Sarrasin) : CJ.
BAVAROIS (croisés) : CJ.
Bavière : J de M.
BAVIÈRE (duc de) : PO.
BAYBARS (sultan d'Égypte) : Hay.
Bayézid (sultan de —) : PO.
Bazadais : PO.
Béarn : PO.
Beauvais : PO.
Beauvaisis : CC.
Beauvoir, Biauveoir, dans la Somme : R de C.
Beben : G de T.
BÈDE (le Vénérable) : PO.
BÉDOUINS (Sarrasins) : CJ, Hay, PO, EP, J de M.
Beéroth : VH.
Belbeis, Bilbeis, autrefois Pelusium, en Égypte : G de T, PO.
Belgian (mont —, près du lac Baïkal) : Hay.
Bélinas : voir CÉSARÉE DE PHILIPPE.
Bellet : PO.
Belo : PO.
Belus (fleuve) : PO.
Belvais (site sarrasin) : CJ.
BELYAN D'IBELIN, Balian II d'Ibelin, seigneur de Rames : Sal.
Ben-Hinnom (vallée) : VH.

Bénévent : PO, VH.
Benêy-Beraq : VH.
BENJAMIN : PO.
BENJAMIN BAR YONAH, de Tudèle : VH.
BENJAMIN DE POSQUIÈRES : VH.
BENVÉNISTE DE POSQUIÈRES : VH.
BERART, cousin de Thomas de Marle (croisé) : CJ.
Berbérie : PO.
Berké (khan du Qiptchak) : Hay.
BERNARD (saint) : PO.
BERNARD, abbé du monastère du mont Thabor : G de T.
BERNARD, patriarche d'Antioche : G de T.
BERNARD DE MEULAN (croisé) : CJ.
BERNARD DE TOR (croisé) : CJ.
BERNARD DE TREMELAY, maître de la milice du Temple : G de T.
BERNARD LE MOINE (pèlerin) : PO.
Berrie (La) (lieu sarrasin) : CJ.
BERRICHONS (croisés) : CJ.
Bersabée, Bethgibelin, Beît-Jibrîn : G de T, PO.
BERTHE (mère de Charlemagne) : J de M.
BERTRADE DE MONTFORT : G de T.
BERTRAND, comte de Toulouse : G de T.
BERTRAND CHASTEL (écuyer) : PO.
BERTRANDON DE LA BROQUIÈRE : EP.
Bet Lehem : *voir* BETHLÉEM.
Beth : PO.
Beth Gabrine (Maréshah) : VH.
Beth Golie : PO.
Beth Zachara : PO.
Beth-Shean (ville) : VH.
Béthanie (monastère de femmes) : CJ, G de T, PO.
Bethel : PO, VH.
Bethfagé, Bethphagé, Betfagé : PO.
Bethléem, Bet Lehem : CJ, G de T, PO, VH.
Béthumbe : PO.
Bétulie : PO.
Beyrouth : G de T, Hay, PO, EP, VH.
Béziers : VH.
BEZZEUGE, Beza Uch (chef turc) : G de T.
Biblium : *voir* GIBELET.
Bigorre : PO.
Bingen : VH.
Bithynie : Hay.
Blak : R de C.
Blakerne (Blachernes), palais de Constantinople : R de C.
Blakie, Valachie : R de C.
BLANCHARD (cheval de Godefroy) : CJ.
Blanche (Le), château entre Cavale et Serrès en Macédoine : R de C.
Blanche-Garde : G de T.

BLANCHE, épouse de Baudouin de Sebourg : BB.
BLASFERS (Sarrasins) : CJ.
BOABDELLE, envoyé du chef assassin : G de T.
Boca di faro (détroit de Messine) : PO.
Bodrum (Château Saint-Pierre à —) : PO, VH.
Bohême : PO, VH.
BOHÉMOND Ier, prince d'Antioche (1099-1111) : G de T.
BOHÉMOND II, prince d'Antioche (1126-1130) : G de T.
BOHÉMOND III, prince d'Antioche (1163-1201) : G de T.
BOHÉMOND (de Sicile, 1066-1111), fils de Robert Guiscard de Sicile, compagnon d'armes du roi Baudouin, premier prince d'Antioche : CA, CJ, BB.
BONIFACE DE MONTFERRAT, chef de la croisade puis roi de Thessalonique de 1204 à 1207 : R de C.
Bonn : VH.
Bordeaux : PO.
Bornes d'Arthur (détroir de Gibraltar) : CJ.
BORSEQUIN, Bursuq, Boursouqî : G de T.
BOSMERS (Sarrasins) : CJ.
Bosra, Bostrum, Bosra, Bosseret, Bussereth : G de T.
Botenigo (île de l'océan Indien) : J de M.
BOUCICAUT (Jean le Maingre) : EP.
Boucoléon : *voir* BOUKE DE LION.
BOUILLON (dynastie de —) : IG.
Bouke d'Ave, relie de Bras-Saint-Georges à la mer Égée : R de C.
Bouke de Lion, Boucoléon, palais de Constantinople : R de C.
Boukhara : Hay.
Boulogne : PO.
BOULONNAIS (croisés) : CJ.
BOURGOGNE (duc de) : EP.
BOURGUIGNONS (croisés) : CJ.
Boutonne : PO.
Boves, dans la Somme : R de C.
BRABANÇONS (croisés) : CJ.
Bracheux : *voir* BRAICHOEL.
Braichoel, Bracheux, dans l'Oise : R de C.
BRAIMONT, Sarrasin, fils de Sultan : CJ.
BRANAS (Théodore) : *voir* VERNAS.
Bras (Brach-Saint-Jorge, Bras-Saint-Georges), Bosphore : CA, R de C, PO.
BRÉHIER (roi imaginaire) : J de M.
BRÉHIER, Sarrasin, fils de Sultan : CJ.
BRETONS (croisés) : CJ.
Brindes, Brindisi : CA, BB, VH.
BROHADAS, Sarrasin, fils de Sultan : CA, CJ.
BRUNAMAN (roi d'Esclandie) : BB.

Cerigotto (île de la mer Égée) : PO.
Cérines (à Chypre) : PO.
Cerva : PO.
CÉSAR AUGUSTE : G de T, Hay.
CÉSAR : PO.
Césarée, Césaire, Caesarea Maritima, port aujourd'hui abandonné entre Jaffa et Acre : CJ, G de T.
Césarée, Cesara, Caesara, Shaizar, dans la vallée de l'Oronte : G de T.
Césarée (Gath des Philistins) : VH.
Césarée de Cappadoce : Hay.
Césarée de Palestine : PO.
Césarée de Philippe (Panéas, Panéade, Banyas, Bâniyâs, Bélinas, Valania) : CJ, G de T, PO.
Ceuta : VH.
Ceylan : Hay, J de M.
Chalcédoine : PO.
Chaldée : Hay, PO, J de M.
Chambre apostolique : EP.
Champ Rouge : PO.
Chanlite, Champlitte, dans la Haute-Saône : R de C.
Chapelle de l'Apparition : PO.
Chapes, Chappes, dans l'Aube : R de C.
CHARAMÉENS : VH.
CHARLEMAGNE (ou Charles le Grand, empereur d'Occident, 800-814) : IG, PO, J de M.
CHARLES (saint) : PO.
CHARLES II LE CHAUVE (roi de France, 843-877) : J de M.
CHARLES VII (roi de France, 1422-1461) : PO.
CHARLES VIII (roi de France, 1483-1498) : PO.
Charnier du lion (site sarrasin) : CJ.
Chartrain (pays de Chartres) : R de C.
Chartres : J de M.
Chastel Darno (en Égypte) : PO.
Chastel-Ruge, Rugia : G de T.
Chatce (en Sicile) : PO.
Château Franc (à Chypre) : PO.
Château-Neuf : G de T.
Château-Rouge (près de Chypre) : PO.
Château Saint-Michel : PO.
Château Saint-Pierre : *voir* BODRUM.
CHÂTELAIN DE COUCY (trouvère) : CC.
Chaumes : PO.
Chelidonia (île et cap) : PO.
Chemin de croix : PO.
Chersonèse : PO.
Chester : PO.
CHÉTIFS, groupe de chevaliers chrétiens qui furent prisonniers (chétifs : *captivos*) de Corbaran d'Oliferne : CJ.

Chiaramonte (en Sicile) : PO.
Chio : PO, EP, VH.
Chiraz : Hay.
Chistiax, Cîteaux, dans la Côte-d'Or : R de C.
CHRÉTIENS DE LA CEINTURE : PO.
CHRISTOPHE COLOMB : IG.
Chus (en Égypte) : G de T.
Chypre : Hay, PO, EP, VH, J de M.
Cilicie : Hay.
Cison (torrent) : VH.
Citerne : PO.
Civetot, près de Nicée, sur le golfe de Nicomédie : CA.
Clagembar, Calogembar : G de T.
Clari, Cléry-lès-Pernois, dans la Somme : R de C.
CLARION, Sarrasin, fils de Sultan, roi de Monbrandon : CJ.
CLAUDE DE CHAUVREUX (chevalier) : PO.
CLÉMENCE, épouse du comte de Flandre : CJ.
CLÉMENT DE SALUGNAC (écuyer) : PO.
CLÉMENT V (pape, 1305-1314) : Hay.
CLÉOPHAS : PO.
Clermont, Clermont-Ferrand, en Auvergne : CA.
Cnossos : PO.
Coblence : VH.
Coine, Konieh, en Asie Mineure : R de C.
Collbeto (en Catalogne) : PO.
Colo di Bari : VH.
Cologne : VH.
COLOMBAN (saint) : PO.
Colosse : PO.
Colquos (île de la mer Égée) : PO.
Comanie (Russie du Sud) : Hay, PO.
Commaine, pays des Commains, ou Koumans : R de C.
COMMAINS, Turcs établis en Moldavie : R de C.
Comminges : PO.
Compostelle : *voir* SAINT-JACQUES-DE-COMPOSTELLE.
CONON DE BÉTHUNE (aussi Quenes de Betune), trouvère : CC.
CONRAD GRÜNEBERG (chevalier allemand) : PO.
CONRAD III (empereur germanique, 1138-1152) : G de T.
CONSO DE CAPOUE : VH.
CONSOLI D'ASCOLI : VH.
CONSTANCE, fille d'Alice et de Bohémond II prince d'Antioche : G de T.
CONSTANTIN Iᵉʳ LE GRAND (empereur romain, 306-337) : R de C, PO, EP.

D

Delphes : PO.
DÉMÉTRIUS, saint guerrier, comme saint Georges : CA, CJ ; représenté sur l'une des images de la chapelle de Boucoléon : R de C.
Demeure de Notre-Dame : PO.
Derondel (oasis) : PO.
Dijon : PO.
DIRGHÂM ou Dîrgam, Dargan : G de T.
DJAGATAI (fils de Gengis Khân) : Hay.
Djebeïl : *voir* GIBELET.
Djebel Katerin : PO.
DJORDJANS (peuple) : VH.
DJOTCHI (fils de Gengis Khân) : Hay.
Dodanim (ville) : VH.
DODEQUIN : *voir* HUON DODEQUIN.
DODEQUIN DE DAMAS : *voir* HUON DODEQUIN.
DOGE DE VENISE : PO.
DOLDEQUIN, Toghtekin : G de T.
DOMITIEN : PO.
Dondin (île de l'océan Indien) : J de M.
DOON DE BEAUCAIRE (croisé) : CJ.
Dothaïn : PO.
Douvres : PO.
Draguignan : PO.
DREUX DE MÂCON (croisé) : CJ.
DRUSES, Druzes : PO, VH.
Duisbourg : VH.
Duras, Durazzo, Durrës : CJ, PO.
Dureboise, sans doute Hurtebise, dans l'Aisne : R de C.

E

Ebal (montagne) : VH.
Èbre (fleuve) : VH.
EBREMARUS, patriarche de Jérusalem : G de T.
ÉCOSSAIS (croisés) : CJ.
Édesse (ou Rohais) : CC, CA, CJ, G de T, Hay, PO, EP, J de M.
Édom : PO.
ÉDOUARD (roi d'Angleterre) : Hay.
Égée : PO.
Églises : de l'Ascension – des Saints-Anges – Marie-Madeleine de l'Apparition – Mont-Sion – Notre-Dame (Jérusalem) – Notre-Dame de Bethléem – Notre-Dame (ou Sainte-Marie) du Spasme – Sainte-Anne (Jérusalem) – Sainte-Croix – Sainte-Lucie (Sicile) – Sainte-Marie (Sardaigne) – Sainte-Opportune – Sainte-Praxède – Saint-Jacques (Jérusalem) – Saint-Marc (Venise) – Saint-Michel – Saint-Sauveur (Jérusalem) : PO.

Égypte : Hay, PO, VH, J de M.
ÉGYPTIENS : VH.
El-Marzabé (oasis) : PO.
Élam : VH.
Elbrouz (mont) : Hay.
ÉLÉAZAR BEN SÉMAH, de Bagdad, responsable de l'ordre : VH.
ÉLÉAZAR DE SAINT-GILLES : VH.
ÉLÉAZAR LE SAVANT (Haver), de Bagdad, chef de la quatrième école talmudique : VH.
ÉLIE (prophète) : PO.
ÉLIE DE TRANI : VH.
ÉLIE HA-COHEN, fils de Rabbi Isaac de Naples : VH.
ÉLIE LE GREC, de Salerne : VH.
ÉLIÉZER DE BAGDAD, exilarque : VH.
Élim : PO.
Éliopolis, Heliopolis, Baalbek : G de T.
ÉLISABETH (mère de Jean-Baptiste) : PO.
ÉLISÉE (prophète) : PO.
ÉLISÉE, fils d'Abou Al-Gir (?), d'Amalfi : VH.
ELME (saint) : PO.
ELYAQUIM DE CONSTANTINOPLE : VH.
Embreville, dans la Somme : R de C.
EMELOTA, nièce d'Arnulfe, femme d'Eustache Garnier, puis d'Hugues comte de Jaffa : G de T.
Émèse, Homs, Emissa, Camela : G de T, Hay, PO.
EMIR AL-MUMININ, de Bagdad : VH, PO.
EMMANUEL PILOTI : IG.
Emmaüs (ou Nicopolis) : PO.
Endor (mont) : PO.
ÉNÉE : PO.
Enfer : CC, EP.
Engaddi : PO.
ENGUERRANT, Enguerran, dit Taillefer, chevalier croisé, fils de Hue, Huon de Saint-Pol : CJ.
Ennemi (Satan) : EP.
Éphèse : G de T, Hay, PO.
ÉPHRAÏM : PO.
Ephratah (ville) : VH.
Épidaure : PO.
ÉRACLES, Héraclius, empereur d'Orient (610-641) : R de C.
Escaloune, Ascalon, en Syrie : R de C.
ESCARBOUCLES (Sarrasins) : CJ.
ESCLAMART (seigneur de La Mecque) : BB.
Esclavonie, pays des Croates et des Serbes (terre sarrasine) : CA, CJ, PO.
ESCLAVONS (confondus avec les Sarrasins) : CA.

ESCLERS (peuple sarrasin) : CA.
ESCOUFART DE MONCLIN (Sarrasin) :
BB.
ESCULAPE : PO.
ESNAON (ceux d'—, Sarrasins) : CJ.
Espagne : PO, VH.
Espagne (mer d'—) : J de M.
Esparraguera (en Catalogne) : PO.
ESPICS (ou « Beccus », Sarrasins) : CJ.
ESQUIVE, veuve de Gautier, femme de
Raymond de Tripoli : G de T.
Estampaing (en Sardaigne) : PO.
ESTASSI (saint) : PO.
ESTATIN L'ESNASÉ, neveu de l'empe-
reur de Constantinople Alexis : CA.
ESTORMARAN (chef sarrasin) : CJ.
Éthiopie : Hay, PO, J de M.
ÉTHIOPIENS : VH.
ÉTIENNE (saint) : CJ, PO.
ÉTIENNE, chancelier du roi de Sicile :
G de T.
ÉTIENNE, comte de Blois, l'un des chefs
croisés († 1102), parent de Rotrou du
Perche : CA.
ÉTIENNE D'AUBEMARLE, chevalier
croisé, fils du comte Odon de Champagne
et de la sœur de Guillaume le Conqué-
rant : CA, CJ.
ÉTIENNE DE LUCHEU (croisé) : CJ.
ÉTIENNE LE NOIR (roi païen) : CJ.
Étil (Volga) : Hay.
Etna (ou Gibel, mont) : PO.
Eubée : PO, EP.
EUDE DE MOHIER (croisé) : CJ.
EUDES (le comte —, croisé) : CJ.
EUGÈNE III (pape, 1145-1153) : G de T.
EUGÈNE IV (pape, 1431-1447) : EP.
EUPHÉMIE (sainte) : PO.
Euphrate : Hay, PO, VH, J de M.
Euripe : PO.
Europe : PO.
EUSTACHE CHOLET, de la région du
Ponthieu : G de T.
EUSTACHE DE BOULOGNE, comte de
Boulogne, frère de Godefroy de Bouillon
et de Baudouin Ier : CA, CJ.
EUSTACHE GRENIER, seigneur de
Césarée et de Sidon : G de T.
EUSTOCHIE (sainte) : PO.
ÈVE : J de M.
ÉVRARD DE PUISAC, croisé d'une
grande famille féodale de la région de
Chartres : CA.
Eylan (pays) : VH.
ÉZÉCHIAS DE NAPLES : VH.
EZRA, de Bagdad, appelé le « Mystère de
la Yeshivah », chef de la huitième école
talmudique : VH.

F

FABINS (Sarrasins) : CJ.
Famagouste : PO, EP, VH.
FANIOS (émir sarrasin) : CJ.
FARADJ (sultan) : EP.
Favignana (île voisine de la Sicile) : PO.
FAYEL (dame de), la dame aimée par le
Châtelain de Coucy : CC
Fer et d'Au (château de —, en Turquie) :
PO.
Ferrare : VH.
Filée (La), Philée en Thrace sur la mer
Noire : R de C.
Filérimos : PO.
FLAMANDS (croisés) : CJ.
Flandre, Flandres : EP.
Flandrine (ville de l'Inde) : J de M.
Florence (en Italie) : PO.
Foix : PO.
Fontaines, Fontaine-sur-Somme : R de C.
FOREZ (évêque du —) : CJ, BB.
FORTUNAT : PO.
Fosse de Memnon : PO.
Fouah : PO.
FOUCHER, évêque de Tyr : G de T.
FOUCHER, patriarche de Jérusalem :
G. de T.
FOUCHER DE CHARTRES (croisé) : CJ.
FOUCHER DE MEULAN (croisé) : CJ.
FOUCHER LE NORMAND (croisé) : CJ.
FOUKES, Foulques, curé de Neuilly-sur-
Marne, prédicateur de la quatrième croi-
sade : R de C.
FOULCARDIN (fonctionnaire mame-
louk) : PO.
FOULQUE, comte d'Anjou, roi de Jérusa-
lem (1131-1143) : G de T.
FOUQUE D'ALENÇON (croisé) : CJ.
FOULQUE DE TIBÉRIADE : G de T.
FRANÇAIS (croisés) : CJ, PO.
France : PO, VH, J de M.
FRANCIENS (croisés) : CJ.
FRANCISCAINS : PO.
FRANÇOIS D'ASSISE (saint) : PO.
FRANÇOIS FERRIER (patron de
navire) : PO.
FRANCS : PO, VH.
FRÉDÉRIC Ier BARBEROUSSE (empe-
reur germanique, 1152-1190) : IG, G de T,
EP.
FRÉDÉRIC, archevêque de Tyr : G de T.
FRÉDÉRIC, évêque d'Acre : G de T.
Freising : VH.
Friuses, Frise, dans la Somme : R de C.

G

Ga'ash (mont —, volcan) : VH.
Gabaon, Mahomerie le Grand : PO, VH.
GABRIEL (archange) : PO.
GABRIEL, père de l'épouse arménienne de Baudouin du Bourg : G de T.
Gabulum, Jabala, Jeble : G de T.
GAD (fils de Jacob) : PO.
Gadara, Gerase, Decapolis : G de T.
Gaète : PO.
Galaad : PO.
GALERAN : G de T.
Galgala : PO.
Galilée : CJ, PO, VH, J de M.
Galilée (mer de —) : PO.
Gallipoli : PO.
GANEBAUT D'ODIERNE (Sarrasin) : CJ.
GANGERES (roi fabuleux) : J de M.
GANOR, Sarrasin, cousin de Saudoine : BB.
GARIN DE BEAUFORT (croisé) : CJ.
Garizim (montagne) : VH.
GARNEIR DE VAL DE RIVIÈRE (croisé) : CJ.
GARSION D'ANTIOCHE, Yaghiôsiyan, émir d'Antioche : CA.
Gascogne : PO.
GASCONS (croisés) : CJ.
Gata (monastère, à Chypre) : PO.
GATIEN (saint) : PO.
GAUFFRES (Sarrasins) : CJ.
GAUTIER D'AIRE (croisé) : CJ.
GAUTIER D'AVALLON (croisé) : CJ.
GAUTIER DE CÉSARÉE, fils d'Eustache Grenier : G de T.
GAUTIER DE CHÂTILLON, admiré par Saladin en Occident ; comme personnage historique, il participa à la troisième croisade et à la croisade contre les Albigeois : Sal.
GAUTIER DE FALQUENBERGA, châtelain de Saint-Omer : G de T.
GAUTIER DU MESNIL, frère templier, meurtrier de l'envoyé du chef assassin : G de T.
GAUTIER LE FLAMAND (croisé) : CJ.
Gaza : G de T, Hay, PO, VH.
Gazarie (Russie du Sud) : Hay.
GAZELLES (interprète) : PO.
GAZI, Ilghâzi : G de T.
GAZON (interprète) : PO.
Gazon : PO.
GÉANTS (Sarrasins) : CJ.
Gebal, ou Baal-Gad, sous le mont Liban : VH.
Gelboé (monts de —) : PO.
Gênes : G de T, PO, EP, VH.

Génésareth : PO.
GENEVOIS, Génois (croisés) : CJ, R de C, PO.
GENGIS KHÂN : Hay.
Genvre, Gênes : R de C.
GEOFFROI DE VILLEHARDOUIN, maréchal de Champagne, l'un des chefs de la quatrième croisade dont il a écrit la chronique : R de C.
GEORGES, saint guerrier, tueur de monstres, patron des chevaliers : CA, CJ, PO, J de M.
GEORGES (saint) l'Hérétique : PO.
GEORGES LENGHERAND (pèlerin) : PO.
GÉORGIE : Hay.
GÉORGIENS : PO, VH, J de M.
GÉRARD, évêque d'Angers : G de T.
GÉRARD, frère de l'Hôpital : G de T.
GERBERT ASSALLIT, maître de la Maison de l'Hôpital à Jérusalem : G de T.
GERIN DE PAVIE (croisé) : CJ.
Gérone : VH.
GESTAS, le « bon larron » de l'Évangile, dans la tradition apocryphe : CA.
Geth : PO.
Gethsémani : PO.
Gharbïya (île) : EP.
GHAZAN (Il-khan de Perse) : Hay.
Ghuzz (pays) : VH.
Gibelet, Byblos, Biblium, Djebeïl, Jubail : G de T, PO.
GIBELIN, archevêque d'Arles, patriarche de Jérusalem (1108-1112) : G de T.
Gihon : voir NIL.
Gikhon (Oxius, fleuve) : VH.
GIRARD DE GOURNAY (croisé) : CJ.
GIRARD DE TORAL (croisé) : CJ.
GIRARD DU DONJON (croisé) : CJ.
GLORIAS (cheval de Corbadas) : CJ.
GLORION, Sarrasin, fils de Sultan : CJ.
GODEFROY DE BOUILLON, duc de Lorraine, frère de Baudouin Ier et d'Eustache III de Boulogne, premier roi de Jérusalem, sous le titre d'« avoué » (1099-1100) : CA, CJ, BB, G de T, Hay, PO, EP.
GODESCALCUS DE TURHOLT : G de T.
Golemos : PO.
Golgotha : PO.
GOLIATH : PO.
Golisano (Collisano) : PO.
Gomore (Gomorrhe) : PO, VH.
GONDEBAUD (roi fabuleux) : J de M.
GONSALIS DE BONELLES (écuyer) : PO.
GORMUNDUS (patriarche de Jérusalem) : G de T.

H

HAYTON : IG, Hay.

Hébron, Saint-Abraham-d'Ébron (Al-Khalil) : G de T, PO, VH.

HECTOR DE SALORIE, frère d'Esclamart de La Mecque : BB.

Heemont, Hesmond, dans le Pas-de-Calais : R de C.

HÉLÈNE (sainte) : PO.

HÉLÈNE, Helaine, impératrice, femme de Constantin : R de C.

HÉLÈNE (femme de Ménélas) : PO.

HÉLÈNE (mère de Constantin) : PO.

Hellespont : PO.

Hélym : PO.

HENRI V (empereur germanique, 1106-1125) : G de T.

HENRI VI (empereur germanique, 1190-1197) : PO.

HENRI, comte de Troyes : G de T.

HENRI DE CHAMPAGNE (1150-1197), comte de Champagne et roi de Jérusalem (1192-1197) : R de C.

HENRI DE HAINAUT (1174-1216), empereur latin de Constantinople : R de C.

HENRI, duc de Bourgogne : G de T.

HENRI, duc de Lovania : G de T.

HÉRACLIUS : Hay.

Hérakléion : PO.

Hermès (Ormuz) : J de M.

Hermon (mont) : PO, VH.

HERNESIUS, archevêque de Césarée : G de T.

HÉRODE (roi sarrasin) : CJ, G de T, PO.

HERVIEU, Hervin de Cherel (croisé) : CJ.

Hesbeofel : PO.

HÉTHOUM Ier (roi d'Arménie, 1226-1270) : Hay.

HEYMANN, chef de la communauté de Damas : VH.

Hierca : PO.

Hilla (ville) : VH.

HOLOPHERNE : PO.

HOMÈRE : PO.

Homs : *voir* ÉMÈSE.

HONGIER L'ALLEMAND (croisé) : CJ.

Hongrie : PO, EP, VH.

HONGROIS (Sarrasins) : CJ.

HONORIUS II (pape, 1124-1130) : G de T.

HÔPITAL (ordre de l'—), Hospitaliers de Saint-Jean-de-Jérusalem, ordre fondé en 1113 en Palestine par Gérard Tenque pour soigner et protéger les pèlerins : IG, R de C, PO.

Hôpital (L') (ou Hospitalet, près de Foix) : PO.

Horeb (mont) : PO.

Hoyon : PO.

HUE DE SAINT-POL, Hugues de Campdavoine, comte de Saint-Pol : CA.

HUGUES, comte de Jaffa, fils d'Hugues du Puiset : G de T.

HUGUES IV, comte de Saint-Pol, en Ternoise : R de C.

HUGUES DE CÉSARÉE : G de T.

HUGUES DE CREONA, en Sicile : G de T.

HUGUES DE SAINT-ALDEMAR : G de T.

HUGUES DE TIBÉRIADE : G de T.

HUGUES DU PUISET : G de T.

HUGUES LE MAINE, Hue le Puîné, Hugues de Vermandois, comte de Péronne, frère cadet du roi de France Philippe : CA, CJ.

HULAGU (Il-khan de Perse, 1251-1265) : Hay.

HUON DE SAINT-POL, père d'Enguerran : CJ.

HUON DODEQUIN (Huon de Tabarie), dit aussi Huon de Damas, de Tibériade, Sarrasin converti, personnage constitué à partir de plusieurs personnages historiques chrétiens et musulmans : CJ, BB, Sal.

HUON L'ALLEMAND (croisé) : CJ.

I

Ibelin, Yabnâ ou Yebnâ (en arabe), Yavne (en hébreu), forteresse à côté de Ramla : G de T.

Iconium, Qoniya, Konya, Rûm : G de T.

Idumée : PO.

Ierapolis (Hierapolis, Manbiji, Mâbuj, Mabbourg), au nord-est d'Alep : G de T.

Inde, Indes : Hay, PO, EP, J de M, VH. (L'Inde majeure désigne tous les pays à l'est de la mer Rouge ; l'Inde mineure désigne l'Éthiopie.)

Inde (mer d'—) : Hay.

INDIENS (Sarrasins) : CJ, PO.

INNOCENT II (pape, 1130-1143) : G de T.

INNOCENT III (pape, 1198-1216) : R de C.

INNOCENTS (saints) : PO.

Ionienne (mer) : PO.

IRÈNE, sœur d'Alexis l'Ange, femme de l'empereur Philippe de Souabe : R de C.

Irlande : PO.

ISAAC : PO.

ISAAC, fils de Rabbi Jacob de Saint-Gilles : VH.

ISAAC, fils de Rabbi Meïr de Marseille : VH.

ISAAC, fils de Rabbi Melchisédech de Salerne : VH.

M

Messine : PO, VH.
Méthoni : PO.
Metz : VH.
Meyanne (île des Cyclades) : PO.
MICHEL (archange) : PO.
MICHEL (saint) : CJ.
MICHEL BUGUERE (patron de navire) : PO.
MICHOMANS (Sarrasins) : CJ.
Mijour (île des Cyclades) : PO.
Milke (île de l'océan Indien) : J de M.
MILON DE PLANCY : G de T.
MILON L'ARMÉNIEN, frère du seigneur Toros : G de T.
Minden : VH.
MINEURS (frères) : PO.
Minorque : PO.
MINOS : PO.
MINOTAURE : PO.
Mirabel (forteresse) : CJ.
Mauritanie : CJ.
Moab : PO, VH.
Modica (en Sicile) : PO.
Modon (ou Méthoni, en Grèce) : PO, EP, VH.
MOÏSE : CC, PO, EP, J de M.
Moïse (mont) : PO.
MOÏSE D'ARLES : VH.
MOÏSE DE LUNEL : VH.
MOÏSE DE PISE : VH.
MOÏSE DE SAINT-GILLES : VH.
Moissac : PO.
Molins de Rey (en Catalogne) : PO.
MONACHUS DE CÉSARÉE : G de T.
Monemvasie : PO.
Mongiu, Mont-Joux, Mont-Saint-Bernard : R de C.
MONGKA KHÂN : Hay.
MONGOLS : Hay, PO, EP.
Monmorenchi, Montmorency, dans le Val-d'Oise : R de C.
Monreale : PO.
Mons : PO.
Montferrant (château) : G de T.
Montpèlerin (château) : G de T.
Montréal : voir KRAK DE MONTRÉAL.
Mont-Saint-Michel : PO.
Montgaillard (dans le comté de Foix) : PO.
Montpellier : VH.
Montserrat : PO.
Monuble, lieu sarrasin « où le blé ne pousse pas » : CJ.
Mora (Rhodes) : PO.
MORCHOFLES, Alexis V Ducas dit Murzuphle, meurtrier d'Alexis IV, empereur de Constantinople en 1204, exécuté par les croisés : R de C.
Morée : PO, EP.

MORFIA, femme arménienne de Baudouin Ier du Bourg : G de T.
MORGAN, Sarrasin, frère de Calcatras : CJ.
Morte (mer —, ou lac Asphaltite) : PO, VH, J de M.
MORTEMART : PO.
Mosseroumy : PO.
Mosson, Modon, ville et îlot du Péloponnèse : R de C.
Mossoul : Hay.
Mouches (tour des —) : CJ.
MOUKTAR DE TIBÉRIADE : VH.
Mouliart : PO.
Munster : VH.
MURGALAN D'ESCLAUDIE (Sarrasin) : CJ.
MURGALÉ DE VAULIS, Sarrasin vaincu par Richard de Chaumont (Les Chétifs) : BB.
Murglaie, épée de Cornumaran : CJ.
MURZUPHLE : voir MORCHOFLES.
MUSULMANS : PO.
Myrrha (en Turquie) : PO.

N

NAAMAN (guéri par Élisée) : PO, J de M.
NABUCHODONOSOR : Hay, PO.
Nacumeran (île de l'océan Indien) : J de M.
Naïm : PO.
NAIMES (héros de chanson de geste) : J de M.
Naples (ou Napoli) : PO, VH.
Naplouse, Nablus, Neapolis, Nâbulus (en arabe), Sichem : CJ, G de T, PO, VH.
Napolle (en Sardaigne) : PO.
Narbonne : VH.
Natatoria Siloé : PO.
NATHAN, fils d'Abba Mari d'Arles : VH.
NATHAN, fils de Rabbi Zacharie de Montpellier : VH.
NATHAN DE MELFI : VH.
NATHAN DE RHODES (médecin) : VH.
NATHAN DE ROME, auteur du hé-Arouh : VH.
NATHAN DE TARENTE : VH.
NATHAN LE PRÉDICATEUR, de Trani : VH.
Nativité (basilique de la —) : PO.
NAUDONET GAUBERT (écuyer) : PO.
Nauplie : PO.
Navarin : PO.
Navarre : PO, VH.
Nazareth : CJ, G de T, PO, J de M.
Nébo (mont) : PO, VH.

Negemedine, Najm al-Dîn Aiyûb, frère de Shirkûk, père de Saladin : G de T.

Nègrepont (Eubée) : PO, VH.

Néhardea : VH.

NÉHORAÏ DE SÉPHORIS (médecin) : VH.

Nepa, Inab, sur l'Oronte, en aval de Shaîzar : G de T.

NESTORIENS (hérétiques) : Hay, PO, EP, J de M.

NESTORIUS : PO.

Nice : PO.

Nicée, ville d'Asie Mineure, prise par les croisés : CA, CJ, BB, G de T, Hay.

NICODÈME : PO.

NICOLAS (saint) : PO.

NICOLAS, croisé, ingénieur en armement : CJ.

NICOLAS DE CLERMONT (croisé) : CJ.

NICOLAS DE LYRE : PO.

NICOLAS DE SAINT-GÉNOIS (pèlerin) : PO.

Nicopolis : EP.

Nicosie : PO, EP.

Nil (ou Gyon, Gihon, fleuve) : Hay, PO, EP, VH, J de M.

Nike le Grant, Nicée en Bithynie : R de C.

Ninive : Hay, VH.

Nishapur (province) : VH.

Nitzere (île près de Rhodes) : PO.

Nob, Beth Nuba (ville) : VH.

NOBLES (évêque de —) : CJ.

NOÉ : Hay, PO, J de M.

Noion, Noyeon (auj. Noyon, dans l'Oise) : R de C.

NOMPAR DE CAUMONT : PO.

Nona : PO.

NORMANDS (croisés) : CJ.

NORRIS (Sarrasins) : CJ.

NOSCERADINUS, fils du sultan d'Égypte : G de T.

Notre-Dame (école de —) : PO.

Notre-Dame-du-Spasme (église) : PO.

Notre-Dame-de-Bethléem (église) : PO.

Notre-Dame-du-Finistère (pèlerinage) : PO.

Novo Brdo (en Dalmatie) : PO.

Nubie : Hay, J de M.

NUBIENS : PO.

NÛR AL-DÎN, Noredin : G de T.

Nya : PO.

Nyze (capitale du Prêtre Jean) : J de M.

O

OBADIAH DE CONSTANTINOPLE : VH.

Océane (mer) : Hay, PO, J de M.

ODERIC DE PORDENONE : IG.

ODON DE SAINT-AMAND, échanson du roi : G de T.

ODON DE SAINT-AMAND, maître du Temple : G de T.

Oese : PO.

OGIER LE DANOIS (héros de chanson de geste) : J de M.

OGODAÏ KHÂN : Hay.

Okbara : VH.

Oliferne, Alep, fief de Corbaran : CA, CJ, BB.

OLIVIER (héros de chanson de geste) : J de M.

Oliviers (mont des) : CJ, PO, VH.

OLJAÏTU (Il-khan de Perse) : Hay.

ONFROI (Henfredus) senior, connétable royal : G de T.

ONFROI (Henfredus) junior : G de T.

Orbendas (terre sarrasine) : BB.

Orbrie (plaine d'—, terre sarrasine) : BB.

ORCANAIS (chef sarrasin) : CJ.

Orille et **Argire** (îles fabuleuses) : J de M.

Oronte : Hay.

Orthez : PO.

OTTOMANS (Togharmim) : VH.

OTTON DE RISBERG, envoyé de Baudouin III auprès de l'empereur : G de T.

Ousha (ville) : VH.

Ouzza : VH.

Ovo : PO.

OZIAS (roi de Juda) : PO.

P-Q

Padoue : PO.

PAGANUS, seigneur de la terre d'Outre-Jourdain : G de T.

PAÏEN DE BEAUVAIS (croisé) : CJ.

PAÏEN DE CAMELI ou Camely (croisé) : CA, CJ.

PAÏEN L'ALLEMAND (croisé) : CJ.

Palatia : EP.

PALÉOLOGUES : EP.

Palerme : PO, VH.

Palestine : Hay, PO.

Palma di Soltz (île près de la Sardaigne) : PO.

Palmid : *voir* ASDOD.

Palo (Sicile) : PO.

Pamiers : PO.

Panéas (Panéade, Banyas, Bâniyâs, Bélinas) : *voir* CÉSARÉE DE PHILIPPE.
Pantalleone (île proche de la Sicile) : PO.
Paphlagonie : Hay.
Paphos : PO.
Paradis terrestre : PO, EP, J de M.
Parascève (fête) : PO.
Parenzo : PO.
PÂRIS, fils de Priam : PO.
Paris : PO, J de M, VH.
PARISIENS : PO.
Parme : PO.
PARTHES : PO.
Passero (cap de —, en Sicile) : PO.
Patera (en Turquie) : PO.
Patmos : PO.
Patras : PO.
Pau : PO.
PAUL (apôtre) : Hay, PO.
PAUL LE SECOND : PO.
PAULE (sainte) : PO.
Pays de Galles : PO.
Pays-Bas : PO.
PÉLAGIE (sainte) : PO.
PÈLERIN (frère) : PO.
Péloponnèse : PO.
Pentecôte : PO.
Pentexoire (terre du Prêtre Jean) : J de M.
PEREGRINUS DE FALERONE (frère mineur) : PO.
Périgord : PO.
PERSANS, Perses (Sarrasins) : CJ, BB.
Perse (terre sarrasine) : CJ, Hay, PO, EP, J de M, VH.
PERSÉE : PO.
Pesaro : VH.
PETCHÉNÈGUES (pays des —) : VH.
Petra Deserti, Petra, à côté du Krak de Montréal : G de T.
Petralia : VH.
PETRIS (cheval d'Estormaran) : CJ.
Pharamia, Farâma (en Égypte) : G de T.
Pharan (désert de —) : PO.
PHARAON : PO.
PHARAON, neveu de Corbadas : CJ.
PHÉACIENS : PO.
Phénicie (ou Phénécie) : G de T, PO.
Philerma : PO.
Philerme (Rhodes) : PO.
PHILIPPE DE SOUABE (empereur germanique, 1198-1208) : R de C.
PHILIPPE IER (roi de France, 1060-1108) : CA, G de T.
PHILIPPE IER LE BEAU (roi des Pays-Bas, 1482-1506, roi de Castille, 1504-1506) : PO.
PHILIPPE II AUGUSTE (roi de France, 1180-1223, mais c'est Philippe le Hardi qui épousa la fille du roi d'Aragon Jayme Ier en 1262) : Sal, R de C.
PHILIPPE (apôtre) : PO.
PHILIPPE, comte de Flandre : G de T.
PHILIPPE, duc de Bourgogne, dit Philippe le Bon : IG, PO.
PHILIPPE, fils de Robert frère de Louis VII : G de T.
PHILIPPE DE BOURGOGNE : PO.
PHILIPPE DE NAPLOUSE : G de T.
PHILISTINS : PO.
Phison (nom biblique du Gange) : Hay, J de M.
PICARDS (croisés) : CJ.
PIE II (pape, 1458-1464) : PO.
PIERO LANDO (patron de navire) : PO.
PIERRE (antipape) : G de T.
PIERRE (apôtre) : PO.
PIERRE, archevêque de Lyon : G de T.
PIERRE, archevêque de Tyr : G de T.
PIERRE, prieur du Saint-Sépulcre : G de T.
Pierre angulaire : PO.
PIERRE et ANNE DE BEAUJEU : PO.
PIERRE DE COURTENAY, frère de Louis VII : G de T.
PIERRE DE ROCHECHOUART : PO.
PIERRE L'ERMITE, prédicateur et chef de la première croisade, mort en 1115 : CA, BB, EP.
PIERRE LATINATOR, moine de Saint-Paul d'Antioche : G de T.
PIERRE MAMORIS (prêtre) : PO.
PILATE : PO.
Pintadol (château, en Calabre) : PO.
Pipi (île proche de Naxos) : PO.
Piscopia (île près de Rhodes) : PO.
Pise : VH.
Plaisance : PO.
PLANTAMOR (cheval de Cornumaran) : CJ.
POITEVINS (croisés) : CJ.
Poitiers : PO, J de M.
Pola, Poles (en Istrie) : R de C, PO, VH.
Polissi, Polizzi : PO.
Ponant (Occident) : PO, EP.
PONS, comte de Tripoli : G de T.
Pont (mer de —, mer Noire) : PO.
Pont d'Argent (lieu sarrasin) : CJ.
Pont-Saint-Esprit : PO.
POPELICANS (peuple sarrasin) : CA, CJ.
Porec (en Istrie) : PO.
Port-aux-Cailles (Portogallo, en Morée) : PO.
Port-Sainte-Marie (en Gascogne) : PO.
Porte de David : *voir* DAVID (porte de —).
Porte de Fer (Derbend) : Hay.

T

Bibliographie générale [1]

Voici les principaux ouvrages qui peuvent éclairer les œuvres présentées dans ce volume : l'esprit de croisade, la guerre sainte, les manifestations de piété, l'opposition des cultures, le regard sur l'Autre, l'imaginaire de l'Orient. Pour l'ensemble de la production littéraire de l'époque, on consultera avec profit l'excellent *Manuel bibliographique de la littérature française du Moyen Âge* de Robert Bossuat, en particulier le troisième Supplément en deux volumes (1960-1980), établi par Françoise Vielliard et Jacques Monfrin, Éditions du CNRS, 1991, ainsi que le *Dictionnaire des lettres françaises. Le Moyen Âge*, publié sous la direction de Geneviève Hasenhor et Michel Zink, LGF, « Pochothèque. Classiques modernes », 1992 (il s'agit de l'édition revue et largement mise à jour de l'ouvrage de Robert Bossuat, Louis Pichard et Guy Raynaud de Lage, 1964).

Pour chacun des textes traduits dans ce volume, une bibliographie spécifique est conseillée à la suite de l'Introduction. Ces titres ne figurent pas nécessairement dans la Bibliographie générale : il est vivement recommandé de s'y reporter lorsqu'il s'agit de textes peu accessibles au lecteur, tels les récits de pèlerinage ou les récits de voyageurs juifs en Orient. Pour le lecteur curieux des créations littéraires de l'époque des croisades, sont également proposées ici quelques œuvres qui appartiennent à l'horizon culturel de ces siècles de guerre sainte, de pèlerinage et de voyages.

ALPHANDÉRY P. et DUPONT A., *La Chrétienté et l'idée de croisade*, Paris, Albin Michel, coll. « Évolution de l'humanité », 2 vol., 1954 et 1959, rééd. 1994, préface de M. BALARD.

ARENTZEN J.-G., *Imago Mundi cartographica, Studien zur Bildlichkeit mittelalterlicher Welt und Oekumenekarten unter besonderer Berücksichtigung des Zusammenwirken von Text und Bild*, Munich, 1984 (Münstersche Mittelalter-Schriften, 53).

ATIYA A. S., *The Crusade. Historiography and Bibliography*, Londres-Bloomington, Oxford University Press-Indiana University Press, 1962.

— *The Crusades in the Later Middle Ages*, Londres, 1938.

---

1. Cette bibliographie tient compte des vœux des différents collaborateurs de ce volume.

Aubry P. *Voir* Bédier J. et Aubry P.

Badel P. Y., *Introduction à la vie littéraire du Moyen Âge*, Paris, Bordas, 1969, rééd. 1984.

Baker N. L., *A History of Geographical Discovery and Exploration*, Londres, 1949 (trad. française, Paris, 1981).

Barnet P. et Gurgand J.-N., *Si je t'oublie, Jérusalem. La prodigieuse aventure de la première croisade (1095-1099)*, Paris, LGF, 1982, rééd. 1984, coll. « Le Livre de Poche » n° 5866.

Bec P., *La Lyrique française au Moyen Âge*, Paris, Picard, 1978, t. II.

Bédier J. et Aubry P., *Les Chansons de croisade avec leurs mélodies*, Paris, 1909, Slatkine Reprints, 1974.

Bellenger Y. et Quéruel D., *Les Champenois et la croisade. Actes des Quatrièmes Journées rémoises, 27-28 novembre 1987*, Paris, Aux Amateurs de Livres, 1989.

Bender K. H., « De Godefroy à Saladin. Le premier cycle de la croisade : entre la chronique et le conte de fées (1100-1300) », dans *Grundriss der romanischen Literaturen des Mittelalters*, vol. III : *Les Épopées romanes*, t.1/2, fasc. 5, Heidelberg, 1989, p. 33-83.

— (dir.) *Les Épopées de la croisade. Actes du colloque international de Trèves, 6-11 août 1984*, dans *Zeitschrift für französische Sprache und Literatur*, Beiheft 11, Stuttgart, Franz Steiner, 1986.

Bernard de Clairvaux (saint), *Les Combats de Dieu*, textes choisis et traduits par H. Rochais, Paris, Stock, coll. « Stock plus. Moyen Âge », 1981.

Boutet D. et Strubel A., *La Littérature française du Moyen Âge*, Paris, PUF, coll. « Que sais-je ? », n° 145, 1994.

Bredero A., « Jérusalem dans l'Occident médiéval », dans *Mélanges offerts à René Crozet à l'occasion de son soixante-dixième anniversaire par ses amis, ses collègues, ses élèves et les membres du CESCM*, Poitiers, Centre de civilisation médiévale, 1966, t. I, p. 259-271.

Bréhier L., *La Civilisation byzantine*, Paris, Albin Michel, 1950.

Bushinger D. (dir.), *La Croisade. Réalités et fictions. Actes du colloque d'Amiens, 18-22 mars 1987*, Göppingen, Kümmerle Verlag, 1989.

— (dir.), *Littérature et Société au Moyen Âge. Actes du colloque d'Amiens, 5 et 6 mai 1978*.

Cahen Cl., *Orient et Occident au temps des croisades*, Paris, Aubier-Montaigne, coll. « Historique », 1983.

— *La Syrie du Nord à l'époque des croisades et la principauté franque d'Antioche*, Paris, Librairie orientaliste Paul Geuthner, 1940.

Campbell M. B., *The Witness and the Other World : Exotic European Travel Writing, 1400-1600*, Ithaca-New York-Londres, Cornell University Press, 1988.

Chanson de la croisade albigeoise, texte et adaptation par H. Gougaud, introduction de M. Zink, préface de G. Duby, Paris, LGF, coll. « Le Livre de Poche. Lettres gothiques », 1989.

Chelini J. et Branthomme H. (éd.), *Les Chemins de Dieu, Histoire des pèlerinages chrétiens des origines à nos jours*, Paris, Hachette, 1982.

Chronique du Templier de Tyr dans l'édition des Gestes des Chiprois établie par G. Raynaud, Genève, 1887, Publications de la Société de l'Orient latin, série historique, n° 5, p. 3-334.

Collin B., *Les Lieux saints*, Paris, 1969.

CONTAMINE PH., *La Guerre au Moyen Âge*, Paris, PUF, 1986 (2ᵉ éd.).

Corpus Christianorum, Continuatio Medievalis, LXIII, Willelmi Tyrensis archiepiscopi chronicon, édition critique par R.B.C. HUYGENS. Identification des sources historiques et détermination des dates par H. E. MAYER et G. RÖSCH, Turnhout, Brépols, 1986, 2 vol.

Croisades (Les), numéro spécial de *Notre Histoire*, n° 20, 1986.

DANIEL N., *Islam and the West. The Making of an Image*, Édimbourg, Edinburgh University Press, 1975.

DANSETTE B., « Les pèlerinages occidentaux en Terre sainte : une pratique de la "Dévotion moderne" à la fin du Moyen Âge ? Relation inédite d'un pèlerinage effectué en 1486 », *Archivum Franciscanum Historicum*, n° 72, 1979, p. 106-428.

DANTE ALIGHERI, *Œuvres complètes*, traduction et commentaires par André PÉZARD, Gallimard, coll. « Bibliothèque de la Pléiade », 1965.

DÉDEYAN G., *Histoire des Arméniens*, Toulouse, Privat, coll. « Grandes synthèses », 1986.

DEFRÈMERY C. et SANGUINETTI, *Voyages d'Ibn Batouta*, 4 vol. Paris, 1853-1858, réimprimés en 3 vol., Paris, Maspero, 1982, introduction de Stéphane YERASIMOS.

DELALANDE J., *Les Extraordinaires Croisades d'enfants et de pastoureaux*, Paris, Lethielleux, 1962.

DELUZ C., *Le Livre de Jehan de Mandeville, une « géographie » au XIVᵉ siècle*, Louvain-la-Neuve, Publications de l'Institut d'études médiévales, n° 8, 1989.

DEMBOWSKI P. F., *La Chronique de Robert de Clari. Étude de la langue et du style*, Toronto, 1963.

DEMURGER A., *Vie et Mort de l'ordre du Temple*, Paris, Seuil, 1985.

DESCHAMPS P., *Les Châteaux des croisés en Terre sainte*, Paris, Librairie orientaliste, 1934-1939, 2 vol.

DESREUMAUX A. et SCHMIDT F., *Moïse géographe. Recherches sur les représentations juives et chrétiennes de l'espace*, Publications du Centre d'analyse pour l'histoire du judaïsme hellénistique et des origines chrétiennes, École pratique des hautes études, Vᵉ section (sciences religieuses), Paris, Vrin, coll. « Études de psychologie et de philosophie », n° 24, 1988.

DOLLINGER P., « Les chevaliers teutoniques », *L'Histoire*, n° 46, juin 1982.

DUBY G., *Hommes et structures du Moyen Âge*, Paris, École des hautes études en sciences sociales, 1973 (en particulier « Les laïcs et la paix de Dieu », p. 227-240).

DUCELLIER A. (dir.), *Les Chemins de l'exil. Bouleversement de l'Est européen et migrations vers l'ouest à la fin du Moyen Âge*, Paris, Armand Colin, 1992.

DUFOURNET J., « Robert de Clari, Villehardouin et Henri de Valenciennes juges de l'empereur Henri de Constantinople. De l'Histoire à la légende », dans *Mélanges de littérature du Moyen Âge au XXᵉ siècle offerts à Mademoiselle Jeanne Lods par ses collègues, ses élèves et ses amis (Collection de l'École nationale supérieure de jeunes filles, 10), t. I, Paris, 1978, p. 183-202.

— *Anthologie de la poésie lyrique française des XIIᵉ et XIIIᵉ siècles*, Paris, Gallimard, coll. « Poésie », 1989.

— *Les Écrivains de la quatrième croisade. Villehardouin et Clari*, Paris, SEDES, 1974, 2 tomes.

DUPARC-QUIOC S., « Les poèmes du 2ᵉ cycle de la croisade : problèmes de composition et de chronologie », dans *Revue d'histoire des textes*, t. 9, 1979, p. 141-181.

— *Le Cycle de la croisade*, Paris, Champion, 1955.

DUPRONT A., *Saint-Jacques-de-Compostelle : puissance du pèlerinage*, Turnhout, Brépols, 1985.

EBERSOLT J., *Le Grand Palais de Constantinople*, Paris, 1910.

EIDELBERG S., *The Jews and the Crusaders. The Hebrew Chronicles of the First and Second Crusades*, Madison University of Wisconsin Press, 1977.

EMMANUEL PILOTI, *Traité d'Emmanuel Piloti sur le passage en Terre sainte, 1420*, édité par Pierre-Herman DOPP, Louvain-Paris, Nauwelaerts, « Publications de l'Université nationale du Zaïre », 1958.

ERDMANN C., *Entstehung des Kreuzzugsgedanken*, Stuttgart, 1935.

Essor et fortune de la chanson de geste dans l'Europe et l'Orient latin. Actes du 9ᵉ congrès de la Société Rencesvals pour l'étude des épopées romanes, Padoue, 1982, Modène, 1984, 2 tomes.

FISCHER W. et SCHNEIDER J. (éd.), *Das Heilige im Mittelalter*, Neustadt, 1982.

FLORI J., *La Première Croisade. L'Occident chrétien conte l'Islam*, Éditions Complexe, coll. « La Mémoire des siècles », n° 221, 1992.

FOURNIAL E., *Histoire monétaire de l'Occident médiéval*, Paris, Fernand Nathan, 1970.

FROLOW A., *La Relique de la Vraie Croix. Recherches sur le développement d'un culte*, Paris, Institut français d'études byzantines, « Archives de l'Orient chrétien », n° 7, 1961.

— *Recherches sur la déviation de la quatrième croisade vers Constantinople*, Paris, PUF, 1955.

GABRIELI F., *Chroniques arabes des croisades*, Paris, Sindbad, 1977, rééd. 1986.

GALLY M. et MARCHELLO-NIZIA CH., *Littératures de l'Europe médiévale*, Paris, Magnard, coll. « Texte et contextes », 1985.

GEOFFROI DE VILLEHARDOUIN, *La Conquête de Constantinople*, édité par Jean DUFOURNET, Paris-Londres, Peeters, 1969. voir aussi J. DUFOURNET.

— *La Conquête de Constantinople*, édition et traduction d'E. FARAL, 2 tomes, Paris, 1938-1939 (« Classiques français du Moyen Âge », 18) ; réimpression revue et corrigée, Paris, Les Belles Lettres, coll. « Les Classiques de l'histoire de France au Moyen Âge », 1961, 2 vol.

GEUTHNER P., *Documents relatifs à l'histoire des croisades*, Paris, Académie des inscriptions et belles-lettres, 1946.

GOLUBOVITCH G., *Biblioteca Bio-Bibliographica della Terra Santa e dell'Oriente Francescano*, Florence, 1906-1927, 6 vol.

GRABAR A., *Ampoules de Terre sainte*, Paris, Klincksieck, 1958.

GRABOIS A., « Les pèlerins occidentaux en Terre sainte au Moyen Âge », *Studi Medievali*, 30, 1989, p. 15-48.

GROUSSET R., *Histoires des croisades et du royaume franc de Jérusalem*, 3 vol., Paris, Plon, 1934-1936.

— *L'Épopée des croisades*, Paris, Plon, 1939, rééd. Marabout, 1981.

GUILLAME DE RUBROUCK. *Voir* KAPPLER CL. et KAPPLER R.

GUIZOT M., *Collection des Mémoires relatifs à l'Histoire de France*, t. I, II et III : *Histoire des croisades par Guillaume de Tyr*, Paris, 1824.

HEINNING R., *Histoire universelle des explorations*, sous la direction de H. PARIAS, 4 vol., Paris, 1960.

HENRI DE VALENCIENNES, *Histoire de l'empereur Henri de Constantinople*, édité par J. LONGNON, Paris, Académie des inscriptions et belles-lettres, 1948, « Documents relatifs à l'histoire des croisades », n° 2.

HIPPEAU CH., *La Chanson du Chevalier au Cygne et de Godefroy de Bouillon*, t. I et II, Caen-Paris, 1852-1877, Genève, Slatkine Reprints, 1969.

HIPPLER C., *Die Reise nach Jerusalem*, Francfort-Berne, 1987 (Europäische Hochschuleschriften, 1).

HOWARD D. R., *Writers and Pilgrims, Medieval Pilgrimage, Narratives and Their Posterity*, Berkeley, 1980.

JACOBY D., « La littérature française dans les États latins de la Méditerranée orientale à l'époque des croisades : diffusion et création », dans *Essor et fortune de la chanson de geste dans l'Europe et l'Orient latin. Actes du 9ᵉ congrès de la Société Rencesvals, Padoue, 1982*, Modène, 1984, t. II, p. 617-646.

JAKEMES, *Roman du Châtelain de Coucy et de la dame de Fayel*, traduit et présenté par Aimé PETIT et François SUARD, Troesnes, Corps 9 Éditions, 1986.

— *Livre des amours du chastellain de Coucy et de la dame de Fayel*, mise en prose du récit de Jakemes, texte édité par Aimé PETIT et François SUARD, publication du Centre d'études médiévales et dialectales de Lille III, Lille, Presses universitaires de Lille, « Textes et perspectives », 1994.

JEAN DE JOINVILLE, *Vie de Saint Louis*, édition et traduction J. MONFRIN, Paris, Dunod, « Classiques Garnier », 1995.

JEAN DE MANDEVILLE, *Voyage autour de la Terre*, traduit et présenté par Christiane DELUZ, Paris, Les Belles Lettres, 1993.

KAPPLER CL., *Monstres, démons et merveilles à la fin du Moyen Âge*, Paris, Bibliothèque historique Payot, 1981, nouv. éd. 1988.

KAPPLER CL. et KAPPLER R., *Guillaume de Rubrouck, Voyage dans l'Empire mongol*, Paris Payot, 1985.

KUHNEL H., « Integrative Aspekte der Pilgerfahrten », dans SEIBT F. et EBERHARD W. (éd.), *Europa 1500, Integrationprozesse im Widerstreit*, Stuttgart, 1987, p. 496-509.

LE GOFF J., *Pour un autre Moyen Âge*, Paris, Gallimard, coll. « Bibliothèque des histoires », 1977.

— « Saint Louis et la parole royale », dans *Le Nombre du temps. En hommage à Paul Zumthor*, Paris, Nouvelle Bibliothèque du Moyen Âge, 12, 1988, p. 126-136.

LECLERCQ J., *Saint Bernard et l'esprit cistercien*, Paris, Seuil, coll. « Microcosme. Maîtres spirituels », n° 36, 1975.

LOBET M., *Godefroy de Bouillon. Essai de biographie anti-légendaire*, Bruxelles-Paris, 1943.

LONGNON J., *Les Compagnons de Villehardouin. Recherches sur les croisés de la quatrième croisade*, Genève, Droz, 1978.

MAALOUF A., *Les Croisades vues par les Arabes*, Paris, J'ai lu, 1983 ; réimpr. 1992.

MARAVAL P., *Lieux saints et pèlerinages d'Orient. Histoire et géographie des origines à la conquête arabe*, Paris, 1985.

MARCHELLO-NIZIA CH. *Voir* GALLY M. et MARCHELLO-NIZIA CH.

MARCO POLO, *La Description du Monde*, texte intégral en français moderne, introduction et notes par L. HAMBIS, Paris, 1955.

MÉNARD PH., « L'esprit de la croisade chez Joinville. Étude des mentalités médiévales », dans *Les Champenois et la croisade. Actes des Quatrièmes Journées rémoises, 27-28 novembre 1987*, publiés sous la direction d'Yvonne BELLENGER et Danielle QUÉRUEL, Paris, Aux Amateurs de Livres, 1989, p. 131-147.

MICHELANT M. et REYNAUD G., *Itinéraires à Jérusalem et description de la Terre sainte rédigés aux XIe, XIIe, XIIIe siècles*, Genève, 1882.

MITCHELL R. J., *The Spring Voyage, The Jerusalem Pilgrimage in 1458*, Londres, 1964.

MOERING H., *Saladin und der dritte Kreuzzug*, Wiesbaden, 1980.

MOLLAT M., *Grands Voyages et connaissance du monde du milieu du XIIIe siècle à la fin du XVe siècle*, Paris, CDU Sedes, 1966.

— *Les Explorateurs du XIIIe au XVIe siècle*, Paris, J.-C. Lattès, 1984.

MONFRIN J., « Joinville et la mer », dans *Études de langue et de littérature du Moyen Âge offertes à Félix Lecoy par ses collègues, ses élèves et ses amis*, Paris, Champion, 1973, p. 445-468.

— « Joinville et la prise de Damiette (1249) », dans *Comptes rendus des séances de l'Académie des inscriptions et belles-lettres*, 1976, p. 268-285.

— (éd.), *Joinville : Vie de Saint Louis*. Voir JEAN DE JOINVILLE.

MUTAFIAN CL., *Le Royaume arménien de Cilicie, XIIe-XIVe siècle*, Paris, CNRS, 1993.

NELSON J. A., *The Old French Crusade Cycle*, Alabama, 1985, t. II.

NOTH A., *Heiliger Krieg und heiliger Kampf in Islam und Christentum*, Bonn, 1966.

OHLER N., *Reisen im Mittelalter*, Munich, 1986 (*The Medieval Traveller*, traduit en anglais par Catherine Hiller, Woodbridge, Boydell Press, 1989).

OLDENBOURG Z., *Histoire des croisades*, Paris, Gallimard, 1965.

— *Les Croisades*, Genève, Beauval P. Famot diff., 1977.

PARROT A., *Golgotha et Saint-Sépulcre*, Neufchâtel-Paris, 1955.

PASTOUREAU M., *Traité d'héraldique*, Paris, Picard, 1979, rééd. 1993.

— « La coquille et la croix : les emblèmes des croisés », dans *Les Croisades*, Paris, Seuil, coll. « Points. Histoire », n° 100, 1988, p. 132-139.

PAUPHILET A., « Sur Robert de Clari », *Romania*, t. 57, 1931, p. 289-311.

— *Historiens et chroniqueurs du Moyen Âge. Robert de Clari, Villehardouin, Joinville, Froissart, Commynes*, Paris, Gallimard, « Bibliothèque de la Pléiade », 1952.

Le Pèlerinage, numéro spécial des *Cahiers de Fanjeaux*, n° 15, Toulouse, 1980.

PERRET M., « A la fin de sa vie ne fuz-je mie », *Revue des sciences humaines*, n° 183, 1981, p. 17-37.

PERROY E., *Les Croisades et l'Orient latin*, Paris, CDU, 1962.

PHILIPPE DE NOVARE, *Mémoires 1218-1243*, éd. C. Kohler, Paris, Champion, « Classiques français du Moyen Âge », n° 10, 1913.

PLAN CARPIN JEAN DE, *Histoire des Mongols*, traduction et notes de Dom Jean Becquet et Louis Hambis, Paris, J. Maisonneuve, 1965.

POIRION D. (dir.), *Jérusalem, Rome, Constantinople. L'image et le mythe de la ville*, Paris, Presses de l'université de Paris-Sorbonne, 1986.

— (dir.), *Précis de littérature française du Moyen Âge*, Paris, PUF, 1983.

PRAWER J., *Crusader Institutions*, Oxford, Clarendon Press, 1980.

— *Histoire du royaume latin de Jérusalem*, t. I et II, traduit de l'hébreu par

G. Nahon, revu et complété par l'auteur, éditions du CNRS, Paris, 1969-1971, réédité en 1977.

— *The World of the Crusaders*, Londres-Jérusalem, Weidenfeld-Nicolson, 1972.

Prescott H., *Le Voyage à Jérusalem au XVᵉ siècle*, Paris, 1960.

Quéruel D. et Bellenger Y. *Voir Les Champenois et la croisade*.

Rank O., *Le Mythe de la naissance du héros*, suivi de *La Légende de Lohengrin*, éd. critique avec une introduction et notes d'Elliot Klein, Paris, Payot, coll. « Science de l'homme », 1983.

Recueil des historiens des croisades, Paris, Imprimerie royale (puis impériale, puis nationale), 1841-1906, 17 vol. En particulier *Documents arméniens*, 2 vol., 1869, 1906, et *Historiens occidentaux*, 5 vol., 1872-1895.

Reiffenberg baron de, *La Chanson du Chevalier au Cygne et Godefroy de Bouillon*, dans *Monuments pour servir à l'histoire des provinces de Namur, de Hainaut et de Luxembourg (Deuxième division, légendes historico-poétiques)*, t. 4, 5, 6, Bruxelles, Commission royale d'histoire, 1846-1859.

Rettenbeck L. K., Mohler G. (éd.), *Wallfahrt kennt keine Grenzen, Themen zur einer Austellung des Bayerischen Nationalmuseums und des Adalbert Stifter Vereins*, Munich-Zürich, 1984.

Riccold de Monte Croce, *Pérégrination en Terre sainte et au Proche-Orient* (texte latin et traduction). *Lettres sur la chute de Saint-Jean-d'Acre* (traduction), par René Kappler, Paris, Champion, 1997.

Richard J., *Croisés, missionnaires et voyageurs : les perspectives orientales du monde latin médiéval*, Londres, Variorum Reprints, coll. « Recueil d'études », nº 182, 1983.

— *La Papauté et les missions d'Orient au Moyen Âge (XIVᵉ-XVᵉ siècles)*, Rome, École française de Rome, 1977.

— *Le Royaume latin de Jérusalem*, Paris, PUF, 1953.

— *Les Récits de voyage et de pèlerinage*, Turnhout, Brépols, coll. « Typologie des sources du Moyen Âge occidental », nº 38, 1981.

— *Orient et Occident au Moyen Âge. Contacts et relations*, Londres Reprints, 1976.

— *Saint Louis et son siècle*, Paris, Fayard, 1985.

— *L'Esprit de la croisade*, Paris, Cerf, coll. « Chrétiens de tous les temps », nº 37, 1977.

Riley-Smith J. (éd.), *The Atlas of the Crusades*, Londres - New York - Sydney - Toronto, 1991.

— *The Crusades : Ideal and Reality 1096-1274*, Londres, 1981 (Documents of Medieval History, 4).

— *The First Crusade and the Idea of Crusading*, Philadelphie-Londres, 1986.

— *What were the Crusades ?*, Londres, Mac Millan Press, 1977.

Robert de Clari, *La Conquête de Constantinople*, édition par Philippe Lauer, Paris, Champion, « Classiques français du Moyen Âge », 1924.

Röhricht R., *Bibliographica Geographica Palestinae*, Berlin, 1890, réédition et compléments par D. H. Amiran, Jérusalem, 1963.

Roman de messire Charles de Hongrie, édité et présenté par M.-L. Chênerie, Toulouse, Presses universitaires du Mirail, 1992.

Rousset P., *Histoire d'une idéologie. La Croisade*, Lausanne, L'Âge d'homme, 1983.

Roux J.-P., *Les Explorateurs au Moyen Âge*, Paris, Fayard, 1985.

Saïd E., *L'Orientalisme. L'Orient créé par l'Occident*, Paris, Seuil, 1980.

Spandoli S. de, *La Libération pacifique des Lieux saints au XIVᵉ siècle, Studia Orientalia Christiana*, Le Caire, 1990.

Schur N., *Jerusalem in Pilgrim's and Traveller's Accounts. A Thematic Bibliography of Western Christian Itineraries 1300-1917*, Jérusalem, 1980.

Schwob M., *La Croisade des enfants*, Paris, 1896.

Senac Ph., *L'Image de l'Autre. L'Occident médiéval face à l'Islam*, Paris, Flammarion, coll. « Histoire de », 1983.

Setton K. M. (dir.), *A History of the Crusades*, Philadelphie, University of Pennsylvania Press, 1955-1985, 5 vol.

Sigal P.-A., *Les Marcheurs de Dieu*, Paris, Armand Colin, 1974.

Sivan E., *L'Islam et la croisade. Idéologie et propagande dans les réactions musulmanes aux croisades*, Paris, Maisonneuve, 1968.

Sottas J., *Les Messageries maritimes de Venise aux XIVᵉ et XVᵉ siècles*, Paris, 1938.

Storme A., *Les Pèlerins célèbres de Terre sainte*, Cahiers de la Terre sainte, Jérusalem, 1984.

Strubel A., « Joinville, historien de la croisade ? » dans *Les Champenois et la croisade. Actes des Quatrièmes Journées rémoises, 27-28 novembre 1987*, publiés sous la direction d'Yvonne Bellenger et Danielle Quéruel, Paris, Aux Amateurs de Livres, 1989, p. 149-156.

Subrenat J. (dir.), *Au carrefour des routes d'Europe : la chanson de geste. Actes du 10ᵉ congrès international de la Société Rencesvals pour l'étude des épopées romanes, Strasbourg, 1985*, Publications du CUERMA, Aix-en-Provence, université d'Aix-Marseille, 1987, 2 vol., « Senefiance » nᵒˢ 20 et 21.

— *Voyage, quête, pèlerinage dans la littérature et la civilisation médiévales. Actes du colloque d'Aix-en-Provence*, Publications du CUERMA, Aix-en-Provence, université d'Aix-Marseille, 1976, « Senefiance », nᵒ 2 (voir les articulations de ce riche volume rassemblant les contributions des conférenciers : Voyages dans le monde réel — Voyages imaginaires et allégoriques — Thèmes littéraires. Littérature arthurienne et courtoise. L'épopée).

Sumpton J., *Pilgrimage : an Image of Medieval Religion*, Londres, 1975.

Thomsen P., *Die Palästina-Literatur, Eine internationale Bibliographie in systematischer Ordnung mit Autoren und Sachregister*, Leipzig-Berlin, 1908-1972, 8 vol.

Tobler T., *Bibliographica Geographica Palestinae*, Leipzig, 1867, Reprint Amsterdam, 1972.

Togeby K., *Ogier le Danois dans les littératures européennes*, Copenhague, Munksgaard, 1969.

Victorio J. (dir.), *L'Épopée*, en particulier les collaborations de Fr. Suard et J. Flori, Turnhout, Brépols, « Typologie des sources du Moyen Âge occidental », fasc. 49, 1988.

Villemart P., *Les Croisades. Mythe et réalité de la guerre sainte*, Verviers, 1972.

Villey M., *La Croisade. Essai sur la formation d'une théorie juridique*, Paris, Vrin, 1942.

Wilkinson G., *Jerusalem Pilgrims Before the Crusades*, Westminster, 1977.

Zacher C., *Curiosity and Pilgrimage, The Literature of Discovery in Fourteenth Century England*, Baltimore-Londres, 1976.

Zink M., « Joinville ne pleure pas mais il rêve », *Poétique*, t. 33, 1978, p. 28-45.

Table des matières

ACHEVÉ D'IMPRIMER POUR
LES ÉDITIONS ROBERT LAFFONT
SUR BOOKOMATIC
PAR MAURY EUROLIVRES
45300 MANCHECOURT

Imprimé en France